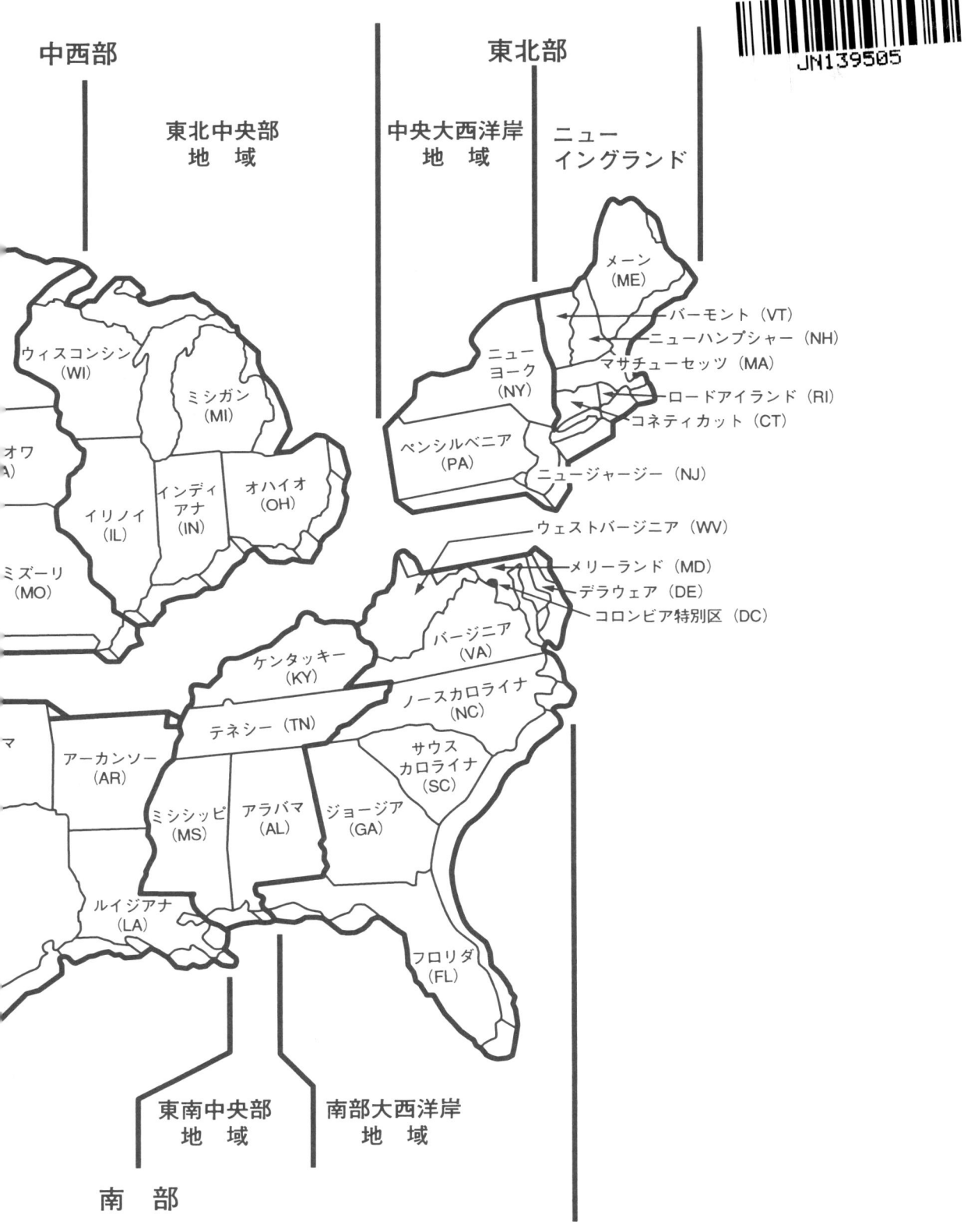

現代アメリカ
データ総覧
2012

合衆国商務省センサス局編
鳥居泰彦 監訳

柊風舎

Statistical Abstract
of the
United States
2012
131th Edition

U.S. Department of Commerce
Census Bureau

序　文

　第2次世界大戦前夜から現代に至る約半世紀を通じて、アメリカは世界の経済の中心であった。ほとんど全ての国の経済は直接、間接にアメリカ経済にリンクして変動し、発展してきた。現在我々の眼前に展開している為替レートの調整やグローバル化の波を見ればわかる通り、あらゆる経済問題はアメリカを抜きにしては解決はあり得ない。アメリカはまだ世界経済の中心であり続けている。

　アメリカ合衆国商務省統計局は、1878年から毎年"Statistical Abstract of the United States"を刊行している。『現代アメリカデータ総覧』はその日本語版であり、1988年版から毎年刊行されていることも広く認められるところであろう。

　原書の"Statistical Abstract of the United States"はアメリカの現状をあらゆる角度から見渡せる基本統計集として有名である。アメリカ合衆国の国土、自然、人口、経済、立法、行政、司法、政治、社会、コミュニティー、教育、報道、文化、芸術、宗教、犯罪等のあらゆる分野の統計を要約して掲載したもので、アメリカの全てがわかると言っても過言ではない。このため、日本における原書の利用者も相当数にのぼっていた。しかし、アメリカの社会と制度に固有のテクニカルタームや、独特の制度を反映した複雑な定義に基づいて作られている統計が多いために理解しにくい部分もあり、日本語版の出版に対する要請が次第に高まっていた。『現代アメリカデータ総覧』は、このような日本語版への要望に応えようとするものである。

　原書の"Statistical Abstract of the United States"は、政府及び民間の多数の統計出版物からデータを選択して編集したものであるが、これらは概要を示すための抜粋、要約であり、標準統計のリファレンスとして、また統計出版物や資料のガイドブックとして役立つように編集してある。各々の表を解読するのに必要な定義は各表の頭注、脚注に示してあり、日本の読者が通常では入手が困難なデータを参照することを容易にしてくれる。資料における変更（過去に遡って行われる数値の見直し、統計をまとめる際の作業手順の変更、項目の変更、削除、定義の変更等）により、表の体制を変更することはあるが、本書に掲載される統計データは可能な限り毎年同様の体制で編集されているので、時系列の変化をたどることもできる。データの制限が生じた表や比較的重要性が薄くなったと判断される表は削除され又、社会状況の変化により、毎年幾つかの統計表が追加されている。

　本書のように、社会のあらゆる分野に関わる統計データを収集、編集した書物では、人間の営みに関わるあらゆる事象をどのような定義によって分類しているか、という点に着目して眺めることによって、現在の合衆国の状況が社会の抱えている問題点、問題の解決のために採られている方策、を含めて理解できるようになる。たとえば人口を例にとってみよう。合衆国の人口統計では性別の次に重要なのは、人種別である。あらゆる分野において、白人・黒人の2区分に加えて、人種という概念とは別に数多く存在しているヒスパニックを加えた3区分で示される。ヒスパニックという概念は人種ではなく、実際にはあらゆる混血が含まれており、外見上の特徴、両親・祖父母の人種にかかわらず、ヒスパニック社会への帰属意識のみがヒスパニックならしめるわけである。日本に生まれて、成長すると理解しにくいことであるが、世界では多民族国家が多い。ま

してや移民によって成り立った国家である合衆国は、移民の出生国別の統計も揃っている。これを見ると、ヨーロッパ系の移民数が80年代には60年代の半分になり、南北アメリカからの移民は60年代から80年代にかけてほぼ横ばいなのに対して、アジア系、とくにインドシナからの移民数が70年代後半から激増し、80年代には60年代のほぼ5倍となっている。ベトナム戦争をこの統計の中にうかがうことができるであろう。

　本書をざっと見渡しただけで、労働者にはどんな権利が認められているか、それはいつ頃からできたシステムか、あるいは女性の社会進出はどのように進んできたのか、マイノリティに対する保護の政策はどんなもので、どのような成果を挙げてきたのか、あるいは、アメリカ人はどんな所へどのくらいの費用で遊びにいっているのか、アメリカ人はどの程度の住宅ローンを抱えているのか、車は何代ぐらいもっているのか、アメリカでおこりやすい犯罪は何か、などを知ることができる。アメリカ人の自殺のほぼ半数が銃火器によるものであること、を知ることで、合衆国における銃火器の所有率が高いこともわかる。アメリカ人が生まれてから死ぬまでの、人生の集約を見ることができる。

　統計は数値の羅列ではなく、様々な物語を語ってくれる。「歴史」と「物語」はイタリア語では全く同じ"storia"という語で表される。英語の"history"も"story"を語の中に持っている。統計は、どのようなデータがあるかということでその「現状」を、時系列的に見ていくことで「歴史」を表すものである。

　毎年刊行されてきた過去の"Statistical Abstract"を時系列統計集としてまとめたものが、同じ国勢調査局の"Historical Statistics of the United States: Colonial Times to 1970"である。この日本語版は、『アメリカ歴史統計：植民地時代〜1970年』として斎藤眞教授（東京大学名誉教授）と私との共同監訳で既に刊行されている。アメリカの経済・政治・社会文化の何かの事柄について長期的なデータが欲しいという場合は、本書と『歴史統計』を併用することができるように、ひとつひとつの統計に参照すべき歴史統計の系列を示してある。

　『現代アメリカデータ総覧』と『アメリカ歴史統計』は、もちろん必要に応じ必要な個所を利用するものであるが、それだけでなくアメリカの社会の奥行きの深さと包容力の広さとを伝えてくれる。また、アメリカ社会の仕組みが、人間の自由と尊厳とを最大限に確保するためにあらゆる努力を積み重ねてきた歴史の上に成立していることを教えてくれる。そのような教材として、大学生や高校生にも重要なものであろうと思う。また、一般の実務の上でも、アメリカを理解するための基本資料として不可欠なものと信ずる。

監訳者　　鳥居　泰彦

目　次

[項目に続く数字は頁を示す]

ページ

凡例 ··· vii
統計データを公表している主な公的機関のURL ··· x

第1章　人　口（表No. 1－77）·· 1
　年齢・性別・人種・ヒスパニック別推計および予測 ····································· 8
　州、大都市地区、主要都市 ·· 18
　人口移動状況 ·· 37
　高齢者、人種・ヒスパニック別人口の状況 ·· 39
　国内生まれ、外国生まれ ·· 43
　移民 ··· 46
　血統、言語 ··· 50
　婚姻状況および世帯 ·· 52
　宗教 ··· 61

第2章　出生、死亡、結婚、離婚（表No. 78－133）································ 63
　出生 ··· 65
　平均余命 ··· 77
　死亡 ··· 81
　結婚、離婚 ··· 96

第3章　保健・栄養（表No. 134－218）·· 99
　保健支出 ··· 101
　メディケア、メディケイドおよびSCHIP ·· 106
　健康保険 ··· 111
　雇用 ··· 114
　病院 ··· 118
　健康の尺度 ··· 123
　食品消費量 ··· 140

第4章　教　育（表No. 219－305）·· 143
　教育状況予測 ··· 145
　学歴 ··· 151
　学校教育におけるコンピュータ利用 ··· 171
　学位授与 ··· 188

第5章　法律の執行・裁判所および刑務所（表No. 306－357）················ 193
　犯罪発生率 ··· 196
　薬物乱用犯罪 ··· 207
　裁判所 ··· 209
　青少年非行、児童虐待 ·· 214
　囚人、拘置所収監者 ·· 217

第6章　地理・環境（表No. 358－396）·· 221
　陸地と水域 ··· 223
　大気汚染 ··· 229
　危険廃棄物所在地 ·· 231
　気候 ··· 236

第7章　選　挙（表No. 397－427）·· 243
　投票結果 ··· 248
　選挙資金 ··· 263

	ページ
第8章　州・地方政府の財政と雇用（表No. 428－468）	265
行政単位別政府数	267
州・地方政府への援助	268
州・地方政府	273
州政府の財政	286
地方政府の財政	292
雇用と給与	300
第9章　連邦政府の財政と雇用（表No. 469－502）	307
歳入、歳出、債務	310
所得税	317
雇用と給与	326
第10章　国家安全保障・退役軍人（表No. 503－537）	329
国防支出	332
軍隊	334
退役軍人	340
国家安全保障	342
第11章　社会保障・ヒューマンサービス（表No. 538－585）	347
社会福祉支出	351
社会保障	354
公的扶助、連邦食糧プログラム	364
託児施設、養育費	366
第12章　労働力・雇用・所得（表No. 586－666）	373
労働力の状況	377
職種	393
雇用予測	398
失業者	401
産業	406
生産性	416
最低賃金	424
死傷	426
労働組合	429
第13章　所得・支出・貧困および富（表No. 667－723）	431
国内総生産	435
個人所得	443
消費者支出	448
家計の貨幣所得	452
州の所得および貧困	460
貧困状況	462
富	467
第14章　物　価（表No. 724－743）	471
消費者物価指数	474
生計費指数	478
生産者物価指数	482
第15章　企　業（表No. 744－798）	489
個人企業、合資会社、株式会社	491
事業所、雇用、給与	499
事業所、開設、閉鎖、拡張、縮小	505
女性および少数民族所有企業	507
破産申告	511
投資、資本支出	514
経済指標	516

	ページ
企業利潤	518
多国籍企業	519

第16章　科学と技術（表No. 799－822）　521
研究開発の財源・支出　522
科学・工学専攻大学院生　527
科学・工学職種　530
宇宙開発計画　532

第17章　農　業（表No. 823－878）　533
農場と農地　536
農業部門バランスシート、農家所得　542
農産物の輸出入　546
主要作物、家畜　549

第18章　天然資源（表No. 879－922）　559
林業　562
水産業　568
石油、ガス、石炭　576

第19章　エネルギーと公益事業（表No. 923－960）　581
エネルギー消費、支出　584
支出　586
石油　591
原子力　593
電力　594
ガス　600

第20章　建設・住宅（表No. 961－1006）　603
建設費用　605
住宅販売　611
持ち家　621
改築　629

第21章　製造業（表No. 1007－1041）　631
製造業の概要　636
労働時間、賃金給与　637
出庫、在庫、新規受注　641
産業別生産　645

第22章　卸売業および小売業（表No. 1042－1062）　653
卸売業　655
小売業　659

第23章　輸　送（表No. 1063－1127）　667
輸送形態　674
航空輸送　677
港湾輸送　683
道路渋滞状況　688
自動車事故　693
交通機関利用状況　699

第24章　情報およびコミュニケーション（表No. 1128－1161）　707
情報産業　709
メディア利用　711
新聞　714
書籍　715

	ページ
録音媒体	716
遠隔通信	719
インターネットへのアクセスおよび利用	723

第25章　銀行・金融・保険　（表No. 1162－1227） …… 727

事業所、収入	730
資金フロー、金融資産、債券	731
金融機関	735
支払手段、クレジットカード、デビットカード	739
支払手段、消費者金融、抵当債務	741
通貨保有、利子率	744
株式、証券、投資信託	746
保険、不動産	754

第26章　芸術、レクリエーションおよび旅行　（表No. 1228－1271） …… 757

雇用、事業所、給与	759
芸術	761
レジャー	763
スポーツ	766
公園、野生生物保護	771
旅行	775

第27章　宿泊・飲食およびその他のサービス　（表No. 1272－1285） …… 779

専門、科学、技術サービス	784
運営、支援、廃棄物処理	786

第28章　外国貿易・援助　（表No. 1286－1312） …… 789

外国貿易	792
外国投資	797
合衆国の対外援助	801
合衆国の輸出入	804

第29章　プエルトリコおよび諸島域　（表No. 1313－1328） …… 815

第30章　国際比較統計　（表No. 1329－1406） …… 823

世界地図	826
世界の人口、人口動態統計	835
経済指標	846
労働力	856
農業	859
エネルギー	863
金融	869

付録Ⅰ
『アメリカ歴史統計』クロスリファレンス …… 877

付録Ⅱ
大都市地区の概念と構成および大都市地区の人口 …… 879

付録Ⅲ
統計的方法論と信頼性 …… 899

付録Ⅳ
2010年度版から削除された表 …… 921

付録Ⅴ
2011年度版の新規掲載表 …… 923

欧文索引／和文索引 …… 924

凡　例

単位の換算

米国法		メートル法	メートル法		米国法
インチ(in)	×	25.400＝ミリメートル	ミリメートル(mm)	×	0.039＝インチ
フィート(ft)	×	0.305＝メートル	メートル(m)	×	3.281＝フィート
ヤード(yd)	×	0.914＝メートル	メートル(m)	×	1.094＝ヤード
マイル(mi)	×	1.609＝キロメートル	キロメートル(km)	×	0.621＝マイル
平方インチ(in²)	×	6.452＝平方センチメートル	平方センチメートル(cm²)	×	0.155＝平方インチ
平方フィート(ft²)	×	0.093＝平方メートル	平方メートル(m²)	×	10.764＝平方フィート
平方ヤード(yd²)	×	0.836＝平方メートル	平方メートル(m²)	×	1.136＝平方ヤード
エーカー	×	0.405＝ヘクタール	ヘクタール(ha)	×	2.471＝エーカー
立法フィート(ft³)	×	0.028＝立方メートル	立方メートル(m³)	×	35.315＝立法フィート
コード(cd)	×	3.625＝立方メートル			
クォート(液体)(qt)	×	0.946＝リットル	リットル(ℓ)	×	1.057＝クォート(液体)
ガロン(gal)	×	0.004＝立方メートル	立方メートル(m³)	×	264.172＝ガロン
オンス(常用)(oz)	×	28.530＝グラム	グラム(g)	×	0.035＝オンス(常用)
ポンド(常用)(lb)	×	0.454＝キログラム	キログラム(kg)	×	2.205＝ポンド(常用)
馬力(hp)	×	0.764＝キロワット	キロワット(kW)	×	1.341＝馬力
華氏度	(32)×	5/9＝摂氏度	摂氏度	×	9/5+32＝華氏度

長さ・面積の単位

米国法		メートル法	メートル法		米国法
インチ(in)		＝25.400mm	ミリメートル(mm)	＝	0.001m＝0.039in
フィート(ft)	＝	12in＝0.305m	センチメートル(cm)	＝	0.01m＝0.394in
ヤード(yd)	＝	36inまたは3ft＝0.914m	デジメートル(dm)	＝	0.1m＝3.937in
マイル(mi)	＝	5,280ft＝1,609km	メートル(m)	＝	＝3.281ft
			キロメートル(km)	＝	1,000m＝0.621mi
平方インチ(in²)		＝6.452cm²	平方ミリメートル(mm²)	＝	0.000001m²＝0.002in²
平方フィート(ft²)	＝	144in²＝0.093m²	平方センチメートル(cm²)	＝	0.0001m²＝0.155in²
平方ヤード(yd²)	＝	1,296in²または9ft²＝0.836m²	平方デジメートル(dm²)	＝	0.01m²＝15.5in²
エーカー	＝	43,560ft²＝0.405ha	平方メートル(m²)		＝10.764ft²
平方マイル(mile²)	＝	640エーカー＝2.590km²	ヘクタール(ha)	＝	10,000m²＝2.471エーカー
			平方キロメートル(km²)	＝	1,000,000m²＝0.386mile²

重量(質量)の単位

米国法		メートル法	メートル法		米国法
グレイン		常用単位[1] ＝0.065g	グラム(g)		＝0.035常用oz または0.032トロイoz
オンス(常用オンス)	＝	437.5グレイン＝28.350g または16ドラム	デジグラム(dag)	＝	10g＝0.353常用oz または0.032トロイoz
ポンド(常用ポンド)	＝	7,000グレイン＝0.454kg または16oz	ヘクトグラム	＝	100g＝3.527常用oz または3.215トロイoz
ハンドレットウェイト(cwt)	＝	100lb＝45.359kg			
米トン(ショート・トン)	＝	2,000lb＝0.907メートル・トン	キログラム	＝	1,000g＝2.205常用lb または2.679トロイlb
英トン(ロング・トン)	＝	2,240lb＝1,016メートル・トン			
		トロイ[2]	メートル・トン	＝ ＝	1,000kg＝1.102米トン または0.984英トン
オンス(トロイオンス)[3]	＝	480グレイン＝31.104g			
ポンド(トロイポンド)	＝	5,760グレイン＝0.379kg または12oz			

容積の単位

米国法		メートル法		メートル法		米国法
		液体		パイント(pt)	=	乾燥 = 0.551dm³
液量オンス(fl oz)			= 29.574ml	クォート(qt)	=	2pt = 1.101dm³
パイント(pt)	=	16fl oz	= 0.473ℓ	ペック(pk)	=	8qt = 8.810dm³
クォート(qt)	=	32fl ozまたは2qt	= 0.946ℓ	ブッシェル(bu)	=	32qt = 35.238dm³
ガロン(gal)	=	8ptまたは4qt	= 3.785ℓ			

	メートル法	米国法	
ミリリットル(mℓ)	= 0.001ℓ	= 0.034fl oz(液体)	= 0.002qt(乾燥)
リットル(ℓ)		= 1.057qt(液体)	= 0.908qt(乾燥)
ヘクトリットル(hℓ)	= 100ℓ	= 26.417gal(液体)	= 90.808qt(乾燥)

1．普通の品物の重量を測定　2．貴金属、宝石等の重量を測定　3．ファイン・オンスとしても知られる

表の見方：

表No.および表タイトル　No.537. 知的所有権（IPR）に関わる押収——商品、貿易相手国別：2009、2010年

頭注　[単位：1,000（260,698は2億6069万8000を表す）。税関・国境警備局（CBP）は、知的所有権を侵害する物品の輸入を阻止するために、多くの資源をさいている。知的所有権を侵害する物資は押収される]

脚注番号 / 表側

項目	2009	2010	貿易相手国	2009	2010
知的所有権侵害による押収件数	14,841	19,959	中国	204,656	124,681
押収物件の合衆国国内における価額（1000ドル）¹	260,698	188,125	香港	26,887	26,173
履物	99,779	45,750	インド	3,047	1,571
家庭用電子製品²	31,774	33,588	台湾	2,454	1,138
ハンドバッグ・財布・バックパック	21,502	15,422	韓国	1,510	1,049
衣料品	21,462	18,682	ヨルダン	(NA)	7,713
時計／部品	15,534	7,848	マレーシア	(NA)	1,286
コンピュータ／テクノロジー要素	12,546	9,502	アラブ首長国連邦	(NA)	493
メディア³	11,100	12,681	カナダ	(NA)	609
製薬	11,058	5,662	ベトナム	604	742
その他	19,941	23,377	その他の国	16,575	22,668

脚注　NA　データなし　1．国内価額は、押収物資のコスト、合衆国に輸入するための出荷費用および利益の合計　2．家庭用電子製品には、携帯電話、ラジオ、延長コード、電動工具、電気機器　3．映画を録画したテープ・レーザーディスク・DVD、インタラクティブなコンピュータソフト（CD-ROMまたはフロッピー）、音楽CDまたはテープ

資料：U.S. Department of Homeland Security, Customs and Border Protection, "Import, Commercial Enforcement, Intellectual Property Rights, Seizure Statistics"；⟨http://www.cbp.gov/xp/cgov/trade/priority_trade/ipr/seizure/⟩

頭注　各表のタイトルの下に記載されている。表全体または主な項目について正確に理解するために必要な情報である。

脚注　各表の下に記載されている。表中の記載事項または数値に関する追加的情報である。

単位　頭注で示す場合と表中に示す場合がある。個々の統計で扱うデータの中には完全な数値では入手できないものもあり、例えば多くの調査の結果は推計値の形で発表されている。また、本書では、より多くのデータを限られたスペースに収めるために数値を概数化しているものもあり、単位の表示が必要となる。

上に示す表No.535の場合の表示の説明を、以下に示す。

年	項目	単位	表中の数値	乗数
2009	押収額	1000ドル	260,698	1,000

最終的に数値を得るためには、表中の数値に単位の数値を掛ける必要がある。即ち——

　　　国境警備隊による押収額 …… 260,698 × $1,000 = $260,698,000
　　　　　　　　　　（ほぼ2億6069万ドル）

一つの表で2種類以上の単位が示されている場合、それらは頭注および表題小項目（表No.2および26参照）、表題分類項目（表No.37）、表側（表No.25）、単位欄（表No.159）等に示す。表中の全数値が共通の単位で表わされる場合、単位は頭注の初めに示す（表No.2）。単位の表示が無い場合、そのデータは絶対値である（表No.1）。

縦罫線　表中の異なる項目の分類（表No.1）、または、表側が複数の欄へと続く場合（表No.2）に、それらを区切るのに用いられる。

平均　平均とは、一つの数値グループの「代表的な値」を表わすのに多用される単一の数値もしくは価値をさす。これは、数値グループの「位置測定」や「主要な傾向」の尺度とみなされる。「算術平均」(arithmetic mean)」は、最も一般的に用いられる平均である。個別項目の数値の合計を項目数で割ることによって得られる。算術平均は、しばしば単純に「平均」または「平均値」と呼ばれる。

「中央値（median）」は、各項目を大きい順に配列（最小値から最大値、またはその逆）した時の中央の数値である。通常、中央値の前と後ろに並ぶ項目数は同じである。項目数が偶数の場合は、中央値は中央の2つの数値の平均とする。

「1人あたり数量（Per capita quantities）」は、総数を人口で割って1人あたりにしたものである。所得、税額、小売販売額等について用いると有効である。

指数（index numbers）　指数は、特定の値を基準値として他の数値を基準値に対する百分率で表したものである。指数は、価格などの時系列変化を表すのに広く用いられるだけでなく、同一時点における統計数値のクロス・セクション比較にも用いられる。

物価指数の算出には、まず基準年または基準期間を定める。基準年と比較年について、対象商品またはサービスの価格を集計して特定の商品群の平均物価を算出し、基準年の数値に対する比を計算する。各表では、基準年を「1982年＝100」のように表示している。価格の関係を表わすには——対象年（例えば1990年）における1項目以上からなる一組の価格を、基準年（例えば1982年）における同組の項目の価格で割り、その数値に100を掛ければ指数が得られる。その指数から100を引いた数値が、基準年からの価格変化率に相当する。

年平均変化率（average annual percent change）　要旨解説中に特に断りがある場合（例えば第1章）を除き、年平均変化率は複利計算方式を用いて算出している。この方式では、特定の複利計算期間（年平均変化率の対象となる1年）を通して変化率が一定であると見なす。この方式は、複利預金口座の残高計算に用いる方式に類似している。同方式によると、複利計算期間の経過時点において、生じた変化（例えば就学率、銀行金利等）の値がその期間の開始時点の値に加算される。その結果、同変化率は、時間の経過（例えば1年毎あるいは四半期毎）に従って次第に大きな数値に加えられる。

指数関数方式は、連続複利計算に基づいており、人口変化率の測定に多用される。この方式が人口学者に好まれるのは、人口および人口関連統計を間断なき継続的変化と認識しているためである。指数関数方式も複利計算方式も、一定の変化率を想定したものである。但し前者の場合、変化の値を各複利計算期間の経過時点にではなく連続的に基礎となる値に加える。年平均変化率が小さい時（例えば5％以下）の両方式による結果は、ほぼ等しいものとなる。これら2つの方式の人口に関連しているものの情報については、センサス局の『*The Methods and Materials of Demography*』第2巻1975年改訂第3版の372～381ページを参照。

名目ドル価格および実質ドル価格（current and constant dollars）　章の多くには、統計を名目ドルおよび実質ドルの両方で示した表（例えば第13章の表No.659）が何点か掲載されている。名目ドルで示した数値は、各年を通して一般的な実際の価格または費用を表わしている。実質ドルで示した数値は、ドルで報告された一連の統計から価格変化の影響を除去したことを表わす推計値である。一般に、実質ドル価格は名目価格を基準年の物価指数で割ることによって算出される。その結果物価が基準年の水準に維持された場合の仮想の統計が得られる。換言すれば、ドルの購買力が一定に保たれた場合の統計が得られる。こうした実質ドル表示に変化が見られたとしても、生産、所得、支出等の実質値における変化のみを示しているに過ぎない。

略語　以下の略語は、脚注に示される。

- —　ゼロまたは概数でゼロ（表示単位の2分の1未満）を示す
- B　母集団が小さすぎて、統計的に信頼に値する数値を得られない
- D　特定の個人または組織の情報が識別されるのを防ぐため未公開
- NA　データが算出されていない、統計にとられていない、またはその分類項目にわけて算出できない
- NS　変化率の表示は無意味である
- S　B以外の理由により、データの信頼性に疑問がある
- X　表項と表側の項目の交わるところの意味するものがない
- Z　表示単位の2分の1未満。多くの表において概数化が行われるため端数は合計に反映していない

統計データを公表している主な公的機関のURL (2005年7月現在)

大統領府 Executive Office of the President
　行政管理予算局　Office of Management and Budget
　　<http://www.whitehouse.gov/omb>

農務省 Department of Agriculture
　経済研究部　Economic Research Service
　　<http://www.ers.usda.gov/>
　農業統計部　National Agricultural Statistics Service
　　<http://www.usda.gov/nass/>

商務省 Department of Commerce
　センサス局　U.S. Census Bureau
　　<http://www.census.gov/>
　経済分析局　Bureau of Economic Analysis
　　<http://www.bea.gov/>
　貿易局　International Trade Administration
　　<http://ita.doc.gov/td/industry/otea>
　海洋大気局　National Oceanic and Atmospheric Administration
　　<http://www.lib.noaa.gov/>

国防総省 Department of Defense
　　<http://www.defenselink.mil>

教育省 Department of Education
　国立教育図書館　National Library of Education
　　<http://www.ed.gov/>

エネルギー省 Department of Energy
　エネルギー情報管理局　Energy Information Administration
　　<http://www.eia.doe.gov/>

保健・福祉省 Department of Health and Human Services
　保健資源・サービス局　Health Resources and Services Administration
　　<http://www.hrsa.gov/>
　精神衛生局　Substance Abuse Mental Health Service Administration
　　<http://www.samhsa.gov/>
　疾病管理予防センター　Centers for Disease Control and Prevention
　　<http://www.cdc.gov/>
　メディケア・メディケイド・サービスセンター　Centers for Medicare and Medicaid Services (CMS)
　　<http://www.cms.hhs.gov/>
　国立保健統計センター　National Center for Health Statistics
　　<http://www.cdc.gov/nchs>

国土安全保障省 Department of Homeland Security
　市民権・入国管理局　U.S. Citizenship and Immigration Services
　　<http://uscis.gov/graphics/>

住宅・都市開発省 Department of Housing and Urban Development
　地域計画開発局　Office of the Assistant Secretary for Community Planning and Development
　　<http://www.hud.gov/>

内務省 Department of Interior
　地理調査院　U.S. Geological Survey
　　<http://minerals.usgs.gov/>,<http://ask.usgss.gov/>

司法省 Department of Justice
　裁判統計局　Bureau of Justice Statistics
　　<http://www.ojp.usdoj.gov/bjs/>
　犯罪参照局　National Criminal Justice Reference Service
　　<http://www.ncjrs.org/>
　連邦捜査局　Federal Bureau of Investigation
　　<http://www.fbi.gov/>

労働省 Department of Labor
　労働統計局　Bureau of Labor Statistics
　　<http://www.bls.gov/>
　雇用・訓練局　Employment and Training Administration
　　<http://www.doleta.gov/>

運輸省 Department of Transportation
　連邦航空局　Federal Aviation Administration
　　<http://www.faa.gov/>
　運輸統計局　Bureau of Transportation Statistics
　　<http://www.bts.gov/>
　連邦ハイウェイ管理局　Federal Highway Administration
　　<http://www.fhwa.dot.gov/>
　幹線道路交通安全管理局　National Highway Traffic Safety Administration
　　<http://www.nhtsa.dot.gov/>

財務省 Department of Treasury
　内国税務局　Internal Revenue Service
　　<http://www.irs.gov/taxstats>

退役軍人援護局 Department of Veterans Affairs
　広報課　Office of Public Affairs
　　<http://www.va.gov/>

独立行政機関 Independent Agencies
　裁判所管理局　Administratire Office of the U.S. Courts
　　<http://www.uscourts.gov>
　環境保護庁　Environmental Protection Agency
　　<http://www.epa.gov/>
　連邦準備制度理事会　Federal Reserve Board
　　<http://www.federalreserve.gov/>
　全米科学財団　National Science Foundation
　　<http://www.nsf.gov/>
　証券取引委員会　Securities and Exchange Commission
　　<http://www.sec.gov/>
　社会保障局　Social Security Administration
　　<http://www.socialsecurity.gov/>

x 凡　例

第1章
人　口

　本章では、合衆国の人口の増加、人口分布およびその他の諸特徴に関する統計を示す。本章の統計の主要な資料は、センサス局（U.S. Census Bureau）による10年おきの人口センサス[a]（Decennial Census of Population）、月別人口動態調査（monthly population survey）、人口推計および人口予測、その他の定期的な調査資料である。

人口センサス[a]

　合衆国憲法は、連邦下院議員の議席数の州別配分を定めることを主たる目的として、10年ごとに人口センサスを実施することを定めている。1790年に最初の人口センサスが実施されてから約1世紀以上にわたって、センサスのたびに設けられた非常設の人口センサス組織（Census Organization）が調査と集計を行ってきた。1902年にセンサス局が常設の政府機関として設置され、センサスと集計および統計の編纂の任務を負うことになった。

　人口センサスは悉皆調査（complete count）である。即ち、全ての人について、1人1人の居住地およびその他の特徴（性別・年齢・家族関係等）を調査する。1940年センサス以降、悉皆調査に加えて、幾つかの項目については標本調査も行われるようになった。1990年および2000年センサスでは幾つかの抽出率が採用されている。6世帯につき1世帯（約17%）がロングフォーム（long form）と呼ばれる標本調査の対象となる。人口2,500人以下と推定される地域については、2世帯に1世帯（50%）が標本調査の調査票を受け取る。標本調査と悉皆調査とは完全に一致することは期待できない。2010年センサスでは回答票はショートフォームのみが用いられた。（ロングフォームの調査内容については、American Community Surveyに引き継がれて、毎年公表することとした）標本調査データは、大標本の場合には信頼度が高い。小標本からは傾向や関係を知ることができる。

毎月人口調査（Current Population Survey：CPS）

　「毎月人口調査」は、一般市民人口に関する毎月の標本調査である。標本は、各州およびコロンビア特別区中の824の地域から無作為抽出される。したがって何らかの抽出誤差があると考えられる。現在、面接対象として適格なものは、約60,000世帯である。ただし、そのうち約6%は何らかの理由で面接調査に応じていない。

　「毎月人口調査」の主目的は、月別労働力人口の統計作成であるが、他の項目に関する調査としても機能している。センサス局は、「毎月人口調査」のデータを用いて『毎月人口報告書（Current Population Reports）』という名称で一連の統計シリーズを出版している。

　毎月人口調査による推計値とセンサスによる統計を比較すると一致しない。というのは、毎月人口調査とセンサスでは、人種・ヒスパニック別人口その他の項目についてのデータ処理方法に違いがあるからである。推計値を時系列で比較する際にも、注意が必要である。毎月人口調査の年順は定期的に変更が加えられており、1994年1月以降のデータは、それ以前のデータと厳密な比較はできない。質問票の改訂、データの収集方法の変更、1990年センサス人口データの導入によるものである。2001年以降、CPS人口動態年次報告(CPS Annual Demographic Supplement)でコントロール・トータルとして用いられる推計値は、2000年センサスの民間人口のベンチマークに基づいている。2002年3月人口動態年次調査の標本規模は約78,000に増加している。2003年には、3月の調査報告が社会・経済年次報告（Annual Social and Economic Supplement）に改称された。これらの手順の変更は、平均値、中央値および百分率分布等の2次的統計量には相対的に僅かな影響しか及ぼさないが絶対水準には有意な差が生ずる。

アメリカン・コミュニティ・サーベイ(American Community Survey: ACS)

　この調査は、住民、世帯、および住宅単位の人口統計情報、社会情報、経済情報、住宅情報に関するデータ収集のための全国調査である。こ

の調査では、2000年センサスのロングフォームと同様のデータを収集している。2010年センサスでは、回答票のロングフォームについてはコミュニティ・サーベイに引き継ぎ、ショートフォームによるデータ収集のみが行われた。2006年以降、推計値は、世帯人口、施設や大学寄宿舎およびその他の集合居住施設の居住人口を含む。

人口推計と予測[b]

合衆国人口の推計値は、2000年センサスで算定された居住人口と人口変化の要素（出生、死亡、純国際移動）に関する情報によって導かれている。推計の元となる2000年4月1日現在人口は、2000年センサスの結果に『Count Question Resolution program』に定められた修正を加えて導いている。

出生および死亡の届出数は保健統計センターのデータにより推計される。純国際移動は以下の3つの要素から成る。(1)外国生まれの人の純国際移動、(2)合衆国生まれの人の国内への、および国外への流出人口、(3)合衆国本土・プエルトリコ間の純移動、(4)合衆国軍人口の純海外移動。外国生まれ人口の年間純移動数はアメリカ・コミュニティ調査を用いて推計される。2005年以前の合衆国生まれ人口の純国際移動およびプエルトリコ・合衆国本土間の移動は、人口動態分析・人口推計プロジェクト（DAPE）により推計されている（Population Division Working Paper Series, No.63およびNo.64を参照）。プエルトリコ・合衆国間の純流入の推計値は、2005年以降アメリカン・コミュニティ調査およびプエルトリコ・コミュニティ調査に基づく。軍隊兵員の海外移動人口の推計値は、国防省マンパワーデータセンターの収集したデータに基づく。

州別、郡別の推計値も、同様の人口変化の要素のデータおよび資料に、国内移動のデータを加えて推計されている。国内移動の推計値は、内国歳入局の連邦所得税申告、州・連邦共同プログラムやメディケア・メディケイド・サービスセンター（Medicare and Medicaid Services）のメディケアのデータから得られている。

1990年4月1日現在の年齢別人口は1990年センサスデータに修正を加えたもの。集計したデータを詳細にわたって点検した結果、回答者は、4月1日現在の年齢ではなく、調査票記入時の年齢を記入している、という傾向が見受けられた。また、誕生日が近い場合、年齢を切り上げて回答する傾向も見られた。年齢修正の方法論については、1990 Census of Population and Housing, Data Paper Listing（CPH-L-74）を参照。

人口の推計値と予測値はセンサス局のウェブサイト <http://www.census.gov/> で見ることができる。推計値と予測値はセンサスカバレッジに修正を加えていない10年ごとの公式のセンサス数値と一致している。ただし、人種別の推計人口と予測人口にはこれらの脱漏分を修正してある。したがってセンサスの人種別人口（後出の「人種」の項を参照）とは比較できない。方法論に関する詳細は、個々の表の下に記した注を参照。

移民[c][d]（流入人口）

流入人口（国内への移動）は国際移動の一要素である。その他の要素は流出人口（国外への移動）である。簡単に言えば、国際移動とは国境を越えた移動である。合衆国においては、国際移動に関する連邦政府レベルの統計は、センサス局と入国統計局（国土安全保障省）である。

センサス局は、10年ごとのセンサスと様々な合衆国人口調査によって国際移動推計に用いるデータを収集している。

移民統計局は、移民の年間流出・流入のレポートと『Yearbook of Immigration Statistics』（米国移民統計年鑑）を公刊している。これらの出版物のデータはDS-230移民ビザの発行および新規入国者の外国人登録（国務省）、およびI-485永住許可登録または移民としてのステータスを調整中の者については移民ステータスの変更登録（USCIS=合衆国市民権・移民局）等から収集されている。

移民または合法的永住者とは、合衆国における永住を法によって許可された外国人である。新規入国者とは、国務省管轄する領事館において移民ビザを発給された、合衆国外に居住する外国人であり、移民ステータスの調整中というのは、すでに合衆国内に居住しており、USCISによる正式な永住許可を申請している者を指す。移民ステータ

スの調整中の者には、難民、亡命者、様々な階層の非移民入国者が含まれる。難民とは、合衆国外にあって、迫害を受ける恐れが甚大であり、母国に帰国することができない、あるいは帰国を望まない外国人である。亡命者は難民と同様の基準をみたし、すでに合衆国に入国し、あるいは入国のために到着している外国人である。これらの難民や亡命者は、1年間の居住の後、合法的な永住許可を申請することができる。非移民入国者は、合衆国への一時的な入国を許可された外国国籍の者である。非移民入国者の入国許可は、主として仕事あるいは観光、学術あるいは職務上の研究、一時的な雇用を目的とする滞在、外国政府または国際機関の職員としての駐在等を目的とするものである。国土安全保障省は、1-94入国・出国記録から非移民入国者の入国許可に関する情報を収集している。

合衆国移民法は、合衆国の市民権もしくは永住権を有する者の親族、必要とされる職業技術を有する者、難民または亡命者としての資格を満たすもの、および合衆国への移民数が少ない国から来た者に優先的に移民の資格を与える。合衆国への移民は2つのカテゴリーに分類することができる。(1) 年間移民数制限内の者、(2) 移民数制限外の者、である。人数制限はビザの発行数を定めたものであり、入国許可数ではない。2008年の移民数制限内の優先ビザの発行数は388,704件、そのうち家族が受け入れ先となるものが226,000件、雇用先が受け入れ先となるものは162,704件であった。人数制限外の入国許可には、合衆国市民権を有する者の直系親族、永住権を取得し得る難民・亡命者、その他さまざまな特例によるものがある。

大都市地区と小都市地区（Metropolitan and micropolitan areas）

合衆国行政管理予算局（OMB）は、センサス局のデータに適用されている公刊標準に従って大都市統計地区および小都市統計地区を定義している。大都市統計地区、小都市統計地区の一般概念は、人口の核をもつ人口集中地域であり、人口の核部分と経済的・社会的に密接な関係を持つ隣接地域のあるところ、である。現在の大都市統計地区、小都市統計地区の定義は、2000年のセンサスデータに対する2000年標準の応用に基づいている。即ち、最新のセンサス局人口推計に対してこうした標準を適用して改訂がなされているのと同様である。大都市地区（metropolitan area: MA）の定義は1990年に採用され、大都市統計地区（metropolitan statistical area: MSAs）と、統合大都市統計地区（consolidated metropolitan areas: CMSAs）と、基本大都市統計地区（primary metropolitan statistical areas: PMSAs）を総称して用いられたものである。人口核統計地区（core-based statistical area: CBSA）という用語は2003年から採用され、大都市地区と小都市地区を総称して用いるもの。大都市・小都市統計地区の一覧と含まれる地域に関しては、付録Ⅱを参照。

都市と農村[e]

2000年センサスにおける都市は、センサス局によって都市地域（urbanized areas : UAs）と都市集団（urban clusters : UCs）の中に位置する国土、人口、住宅であると定義されている。都市地域は人口50,000人以上、都市集団は人口2,500人以上50,000人未満を擁する人口密集地域である。（都市集団という概念は2000年センサスから採用された。）1950-1990年センサスでは、都市人口は、都市地域に住む人口と都市地域外にあって人口2,500人以上の地域の人口の合計であった。

都市地域と都市集団は通常以下の条件の地域を示す。：

・1平方マイルあたりの人口密度が1,000人以上の、1あるいは複数の区画またはセンサスブロックの集団

・上記の周辺の1平方マイルあたりの人口密度が500人以上の、1あるいは複数の区画またはセンサスブロックの集団

・上記の人口密度以下の居住地域で、都市地域に包まれているか、あるいは以前は都市地域と隣接していたものが、現在は切り離されている地域

また、都市に隣接する、年間の搭乗者数が10,000人以上の空港も都市に含まれる。

2010年センサスにおける農村は、都市地域と都市集団以外の全ての国土、人口、住宅である。2000年センサス以前においては、農村は、都市地域および都市に含まれるその他の地域を除くすべ

ての場所と定義されていた。2010年センサスでは、大都市地区、郡等の地理的区分の中に都市と農村双方の国土、人口、住宅が包合されている。

住居（residence）

センサス局が住居を定義するにあたって、人を皆通常の居住場所（即ち人が通常寝起きする場所）の居住者とみなしている。その場所は必ずしも法的な意味での住宅や投票権所在地である必要はない。様々な形態と性質の広義の住居が、センサスの「住居」の定義に含まれる。

人種

1990年センサスでは、センサス局は行政管理予算局（U.S. Office of Management and Budget: OMB）の発令による統計政令第15条（Statistical Policy Directive No.15）に沿って、人種統計を修正し公表している。この政令は、あらゆる連邦機関が利用できるように、統計データにおける民族および人種のカテゴリーについて基準を示している。この政令による基本的な人種のカテゴリーは、アメリカインディアン、アラスカ原住民、アジア人または太平洋諸島民、黒人、白人である（ヒスパニックは人種ではなく、民族としている）。2000年センサスにおける人種に関する質問は、1990年センサスとはいくつかの点で異なっている。最も大きな相違は、回答者が彼らの人種的なアイデンティティを示すのに、一つあるいは複数の人種のカテゴリーを選択することができる点である。この変更により、2000年センサスの人種別データは、1990年以前のセンサスによるデータと直接比較することはできない。合衆国の人種別の人口を時系列で観測する場合にも注意が必要である。2010年センサスは、合衆国行政管理予算局（OMB）が1997年10月に設定した連邦基準に基づく、人種・民族別のデータ収集・編集方法に準拠している。2000年センサスからは、行政管理予算局は連邦政府の各機関に対して、最低限5種類の人種カテゴリーを使用するよう求めている。白人、黒人またはアフリカ系、アメリカインディアンまたはアラスカ原住民、アジア系、およびハワイ原住民または太平洋諸島民の5つである。さらに、混血人種割合の個別データ収集のために、回答者が1つないしは複数の人種を選択できるようにした。この5種の人種カテゴリーのどれにもあてはまらない回答者については、行政管理予算局は6つ目のカテゴリー「その他の人種」を質問票に用意している。2000年センサスでは、人種に関する質問は15の設問と回答者がより詳しく自己の人種について書き込める3つの部分から成り立っている。15の設問と3つの書き込み部分によって、行政管理予算局の設定した5つの人種カテゴリーおよび「その他」に、人種を分類することが可能となる。人種に関する質問に回答した人々のうち、人種が一つに特定された人々を「単一人種人口」のカテゴリーに分類する。この分類によれば、人口は以下の6種類に分けられる。白人、黒人またはアフリカ系、アメリカインディアンまたはアラスカ原住民、アジア系、ハワイ原住民または太平洋諸島民、その他の人種。この6種類のカテゴリーから2種類以上を選択した回答者は、「2種以上の混血人口」のカテゴリーに分類する。さらに、回答者が単一人種と回答した場合と、その回答の人種とその他の人種の混血と回答した場合を合わせて「単一人種またはその混血」のカテゴリーが作られる。例えば「白人および黒人またはアフリカ系アメリカ人」であるとか「白人およびアジア系およびアメリカインディアンおよびアラスカ原住民」といったカテゴリーは、白人単一人種あるいは複数の人種の混合カテゴリーであり、白人と回答したものまたは白人と他人種（複数人種の場合もある）の混血と回答したものが含まれる。

別の考え方をすれば、「白人単一人種または白人と他人種との混血」と報告されたグループは、自らを完全な白人あるいは一部白人と認識する人々の総数を表している。このグループは、他の人種との混血の有無を問わず白人、と説明することもできる。

単一またはその混血のカテゴリーは、回答者数ではなく回答数をカウントしている。すなわち、このカテゴリーではすべての回答が除外されることなくカウントされる。2つの人種を回答した者は、2つの異なる「単一またはその混血カテゴリー」にカウントされ、3つの人種を回答した場合は3つの異なるカテゴリーにカウントされる、という具合である。

したがって、すべての「単一またはその混血カテゴリー」には、回答されたすべての人種が積算されるので、総人口を上回る数となる。

センサス局が採用する人種の概念は、回答者の自己認識による人種にもっとも近いものを選択することになる。このカテゴリは社会的・政治的な概念で構築されている、科学的なあるいは人類学的な説明ができるものではない。また、このカテゴリーには人種とともに出身地グループも含まれる。

アメリカインディアンとアラスカ原住民の部族別のデータも入手可能である。人種に関する詳細については http://www.census.gov/prod/cen2010/doc/sf1.pdf を参照。

2000年4月1日現在の人種別人口のデータ（表No.6、10および11）は修正値であり、2000年センサスの人種カテゴリーと比較できない。数値は2000年センサスの人種別人口のデータを用いて、1997年の行政管理予算局の"Revisions to the Federal Data on Race and Ethnicity"（Federal Resister Notice, Vol.62, No.210, 1997年10月）と一致するように修正を加えたものである。人種別データ修正の詳細な手順についてはセンサス局のウェブサイト〈http://www.census.gov/popest/archives/files/MRSF-01-US1.html〉を参照。

CPSやその他の世帯調査のような面接調査では、回答者は人種について以下の中から選択するように質問される。(1)白人、(2)黒人、アフリカ系またはニグロ、(3)アメリカインディアンまたはアラスカ原住民、(4)アジア系、(5)ハワイ原住民またはその他の太平洋諸島民。2003年1月以降、回答者は複数の人種を回答することが可能になっている。

ヒスパニック人口

センサス局は、2000年および2010年センサスにおけるヒスパニック人口のデータ収集に自己認識形式の質問を採用している。スペイン系・ヒスパニック系・ラテン系の人々とは、質問票にリストされた特定のヒスパニック・カテゴリーのメキシコ系・プエルトリコ系・キューバ系を選択した人々を指すが、同様に、自身をその他のスペイン系・ヒスパニック系・ラテン系であるとした人々（出身がスペイン、中南米のスペイン語圏の国、もしくはドミニカ共和国の人々を指す）も含まれる。「毎月人口調査」でも、ヒスパニック系情報は自己認識形式の質問によって収集された。回答者は先ずヒスパニック系・スペイン系・ラテン系かどうかを回答し、その回答に基づきさらに次のカテゴリーに分類される。

- メキシコ人もしくはメキシコ系アメリカ人もしくはチカノ
- プエルトリコ人
- キューバ人
- 中南米系
- その他のヒスパニック系
- スペイン人もしくはラテン系

従来および現在のデータ収集・分類はOMBのガイドラインにしたがって、人種とヒスパニックを2つの異なるものとして扱っている。人種とヒスパニックは連邦政府のシステムにおいても異なる概念として扱われている。ヒスパニックは人種を問わないし、どの人種の者でもヒスパニックでありうる。また各人は2つの回答をすることになる。彼らの人種と彼らがヒスパニックか否かの2つである。人種とヒスパニックは主要な比較項目である。黒人でヒスパニックの場合、黒人とヒスパニックの双方で別々にカウントされる。詳細についてはセンサス局のウェブページ〈http://www.census.gov/population/www/socdemo/compareaceho.html〉を参照。

外国籍生まれおよび合衆国籍生まれ

センサス局は、居住人口を、出生時に合衆国市民または米国民であったかどうかによって、2つのグループに分けている。合衆国内、プエルトリコもしくは合衆国島嶼部（グアム等）で生まれた者、もしくは合衆国市民を親として生まれた者は合衆国市民であり、合衆国籍生まれとしてカウントされる。外国籍生まれ人口は、出生時に合衆国市民または米国民ではなかった者。このグループには、帰化市民、合法的な永住権を取得した外国人（移民）、一時的な居住者（学生等）、人道的な措置による居住者（難民）および不法滞在者である。センサス局は合衆国内の外国籍生まれ人口について、人口動態的、社会・経済的、地理的特徴や住居の情報を提供している。〈http://www.census.

gov/population/www/socdemo/foreign/> を参照。

人口移動

合衆国人口は、人口センサスまたは人口調査時の居住地とそれ以前の特定時点における居住地の比較による移動状況によって分類できる。調査時点とそれ以前の時点で同じ家またはアパートに住んでいた者を非移動人口と呼ぶ。両時点間で居住地が異なる者は移動人口である。移動人口はさらに、郡内、郡間、州間、地域間の移動および海外からの流入に分類される。調査時点以前に合衆国以外の場所（プエルトリコ、合衆国の海外領土または外国）に居住していた者は流入人口である。

生活の本拠

生活の本拠は世帯または集団居住施設に分けられる。「世帯」とは、一戸建ての家屋、アパートあるいはその他の集合住宅、または借間に居住する状態を指す。世帯を構成するのは同居している家族、親類、下宿人、養子、被雇用者である。単身居住者あるいは、同じ住宅単位を分有している複数の居住者もまた、世帯に数えられる。「居住単位」の定義については、第20章「建築・住宅」を参照。

世帯員として分類されない人々は全て、集団居住施設の居住者に分類される。例えば児童施設・刑務所・矯正施設・病院または療養所等に収容されている者、あるいは、大学寄宿舎・兵舎・下宿等の居住者である。

世帯主

世帯主とは、その人の名前で家屋が所有または賃貸されている人を指す。夫婦が共同で家屋を所有または賃貸している場合、夫か妻のいずれかを最初にあげればよい。

家族（Family）

「家族」とは、出生・結婚または養子縁組によって親族関係にあり、かつ同一世帯に住んでいる2人以上の集団を指す。家族には世帯主が含まれる。

部分家族（サブファミリー）

サブファミリーは、既婚夫婦とその子供（ただし子供の有無は問わない）、または片親と18歳未満の未婚の子供の同居状態を指す。サブファミリーは、「親族関係のあるサブファミリー」と「親族関係のないサブファミリー」とに分けられる。親族関係のあるサブファミリーは、世帯主と親族関係にあるが、この世帯主あるいは世帯主の配偶者を含まない家族である。

このサブファミリーの構成員は同時に、この世帯主が構成する家族の一員である。したがって親族関係のあるサブファミリーの数は、家族数を算定する場合にはこれに含まない。親族関係のないサブファミリーは、宿泊客、下宿人、住み込みの被雇用者などとそれらの配偶者や子供から成る人々で、それらが誰も世帯主と親族関係にない場合に相当する。

既婚夫婦[f]

「既婚夫婦」とは、子供、他の親族の有無にかかわらず、一緒に生活している夫と妻を示す。

統計的信頼度

データ収集、推計、標本抽出、および統計的信頼度については、付録Ⅲを参照。

歴史統計

各表の見出しは『アメリカ歴史統計、植民地時代－1970年』に対応している。クロスリファレンスについては、付録Ⅰを参照。

注）

a．「人口センサス」（Population Census）は日本では「国勢調査」と呼ぶ。国によってはPopulation and Housing Censusとも呼ぶ。

b．推計人口（estimates）は現在および過去の人口の推計であり、予測人口（projection）は将来の人口の予測である。

c．原著はImmigration。日本語の「移民」には入国者（immigration）と出国者（emmigration）の区別がない。ここで前者を「流入人口」、「入国者」とし、後者を「流出人口」、「出国者」とした。

d．合衆国の入国ビザは就業を認めるJ-1ビザ、その家族のJ-2ビザ、留学生用のI-1ビザというように多数のビザ、ステイタスがある。このうち合衆国の居住者として扱われるJ-1ビザ…等へのステイタスの変更があった者を統計として把握することをいっている。

e．urban、ruralの区別を「都市」、「農村」と訳すのが従来からの慣行であり、ここでもそれに

従っている。しかし、ruralは「農村」よりも「地方」または「都市以外」と呼ぶ方が正確である。

f．同性愛者、法的に届けていない同棲者を夫婦の定義から排除するために、このような当たり前のことを定義している。

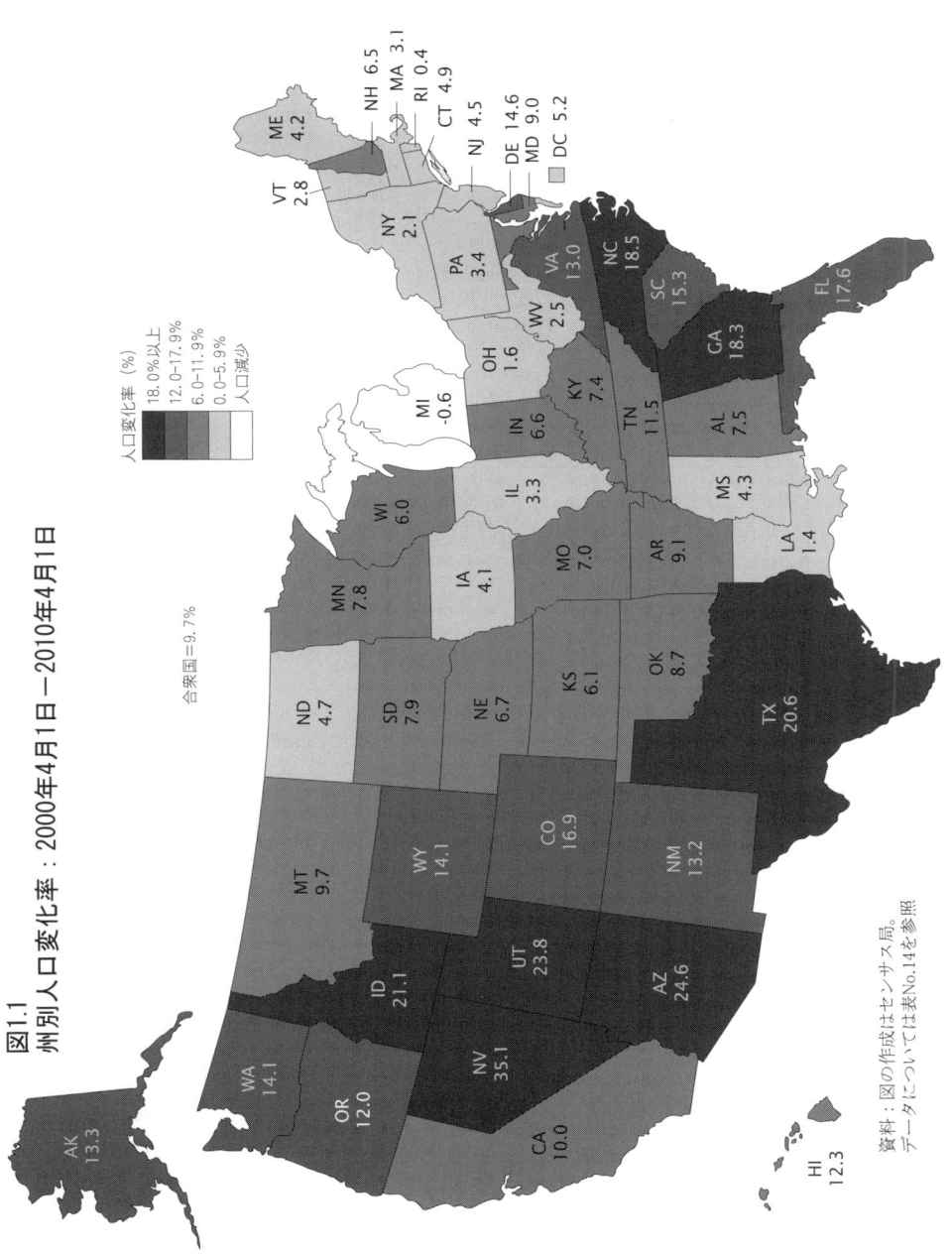

図1.1　州別人口変化率：2000年4月1日－2010年4月1日

資料：図の作成はセンサス局。データについては表No.14を参照

第1章　人口　7

No.1. 人口、面積：1790－2010年

[面積はセンサス実施年月日現在の数値。当時未編入・未精算の地域や、センサスを実施していない地域の面積も含む場合がある。面積には1870年以降のアラスカ、1990年以降のハワイを含む。1790－1970年の面積合計は、1980年センサスにおける州、郡の再測量に基づいて計算し直してある。陸地、水域の面積に関する過去センサスデータは、調整していない。陸地面積は総面積とは別の数値に基づいており、また、貯水池の建設や湖の干上がり等によって面積はしばしば変化するため、陸地、水域の面積と総面積を厳密に比較することはできない。人口密度の数値は、前のセンサスの陸地面積に基づく]

センサス月日	居住人口		前回のセンサスからの増加		面積（平方マイル）		
	数	陸地1平方マイルあたり	数	％	総計	陸地	水域[1]
1790（8月2日）	3,929,214	4.5	(X)	(X)	891,364	864,746	24,065
1800（8月4日）	5,308,483	6.1	1,379,269	35.1	891,364	864,746	24,065
1810（8月6日）	7,239,881	4.3	1,931,398	36.4	1,722,685	1,681,828	34,175
1820（8月7日）	9,638,453	5.5	2,398,572	33.1	1,792,552	1,749,462	38,544
1830（6月1日）	12,866,020	7.4	3,227,567	33.5	1,792,552	1,749,462	38,544
1840（6月1日）	17,069,453	9.8	4,203,433	32.7	1,792,552	1,749,462	38,544
1850（6月1日）	23,191,876	7.9	6,122,423	35.9	2,991,655	2,940,042	52,705
1860（6月1日）	31,443,321	10.6	8,251,445	35.6	3,021,295	2,969,640	52,747
1870（6月1日）	[2] 39,818,449	[2] 11.2	8,375,128	26.6	3,612,299	3,540,705	68,082
1880（6月1日）	50,189,209	14.2	10,370,760	26.0	3,612,299	3,540,705	68,082
1890（6月1日）	62,979,766	17.8	12,790,557	25.5	3,612,299	3,540,705	68,082
1900（6月1日）	76,212,168	21.5	13,232,402	21.0	3,618,770	3,547,314	67,901
1910（4月15日）	92,228,496	26.0	16,016,328	21.0	3,618,770	3,547,045	68,170
1920（1月1日）	106,021,537	29.9	13,793,041	15.0	3,618,770	3,546,931	68,284
1930（4月1日）	123,202,624	34.7	17,181,087	16.2	3,618,770	3,554,608	60,607
1940（4月1日）	132,164,569	37.2	8,961,945	7.3	3,618,770	3,554,608	60,607
1950（4月1日）	151,325,798	42.6	19,161,229	14.5	3,618,770	3,552,206	63,005
1960（4月1日）	179,323,175	50.6	27,997,377	18.5	3,618,770	3,540,911	74,212
1970（4月1日）	203,302,031	57.5	23,978,856	13.4	3,618,770	3,536,855	78,444
1980（4月1日）	[3] 226,542,199	64.0	23,240,168	11.4	3,618,770	3,539,289	79,481
1990（4月1日）	[4] 248,718,302	70.3	22,176,103	9.8	[5] 3,717,796	3,536,278	[5] 181,518
2000（4月1日）	[6] 281,424,603	79.6	32,706,301	13.1	3,794,083	3,537,438	256,645
2010（4月1日）	308,745,538	87.4	27,320,935	9.7	3,796,742	3,531,905	264,837

X 該当なし　1．1790-1980年については内陸水域のみ。1990年のデータは五大湖、内陸水域、沿岸部。2000年のデータは五大湖、内陸水域、沿岸部および領有権のある水域　2．南部諸州の数値を算定し直し改訂。原数値は38,558,371人（1平方マイルあたり10.9人）　3．総人口は、1980年センサス刊行後に改訂されている。年齢、人種、ヒスパニック、性別のデータは修正されていない　4．1990年4月1日、センサスの集計結果は、1997年12月までに処理された修正は含むが、センサスのカバレッジの誤差は調整されていない　5．データは出版後の修正を反映する　6．Count Question Resolutionプログラムで示される、2000年センサス人口の修正値

資料：U.S. Census Bureau, 2010 Census, National Summary File of Redistricting Data; 2000 Census of Population and Housing, *Population and Housing Counts*, Series PHC-3-1, United States Summary; *Notes and Errata, 2000* SF/01-ER,⟨http://www.census.gov/prod/cen2000/notes/errata.pdf⟩; *Areas of the United States: 1940*; Area data for 1990: TIGER®からの未刊行資料および Davis, Warren; personal correspondence; U.S. Census Bureau（2006年6月23日）

No.2. 人口：1960－2009年

[単位：1,000人（180,671は1億8067万1000を表す）、％。7月1日現在の推計値。民間人口には軍隊兵員を含まない。推計値の基づくものについては本章の解説を参照。『アメリカ歴史統計』系列A6-8も参照]

年	海外駐留の軍隊兵員を含む居住者人口		居住人口	民間人口	年	海外駐留の軍隊兵員を含む居住者人口		居住人口	民間人口
	人口	変化率[1]（％）				人口	変化率[1]（％）		
1960	180,671	1.60	179,979	178,140	1989	247,342	0.95	246,819	245,131
1965	194,303	1.26	193,526	191,605	1990	250,132	1.13	249,623	247,983
1970	205,052	1.17	203,984	201,895	1991	253,493	1.34	252,981	251,370
1971	207,661	1.27	206,827	204,866	1992	256,894	1.34	256,514	254,929
1972	209,896	1.08	209,284	207,511	1993	260,255	1.31	259,919	258,446
1973	211,909	0.96	211,357	209,600	1994	263,436	1.22	263,126	261,714
1974	213,854	0.92	213,342	211,636	1995	266,557	1.18	266,278	264,927
1975	215,973	0.99	215,465	213,789	1996	269,667	1.17	269,394	268,108
1976	218,035	0.95	217,563	215,894	1997	272,912	1.20	272,647	271,394
1977	220,239	1.01	219,760	218,106	1998	276,115	1.17	275,854	274,633
1978	222,585	1.06	222,095	220,467	1999	279,295	1.15	279,040	277,841
1979	225,055	1.11	224,567	222,969	2000	282,385	1.11	282,172	280,927
1980	227,726	1.19	227,225	225,621	2001	285,309	1.04	285,082	283,845
1981	229,966	0.98	229,466	227,818	2002	288,105	0.98	287,804	286,537
1982	232,188	0.97	231,664	229,995	2003	290,820	0.94	290,326	289,107
1983	234,307	0.91	233,792	232,097	2004	293,463	0.91	293,046	291,785
1984	236,348	0.87	235,825	234,110	2005	296,186	0.93	295,753	294,562
1985	238,466	0.90	237,924	236,219	2006	298,996	0.95	298,593	297,413
1986	240,651	0.92	240,133	238,412	2007	302,004	1.01	301,580	300,425
1987	242,804	0.89	242,289	240,550	2008	304,798	0.93	304,375	303,202
1988	245,021	0.91	244,499	242,817	2009	307,439	0.87	307,007	305,782

1．直前年からの変化率

資料：U.S. Census Bureau, Population Division, 1960 to 1979: Current Population Reports P25-802 and P25-917; 1980 to 1989: "Monthly Estimates of the United States Population: April 1, 1980 to July 1, 1999, with Short-Term Projections to November 1, 2000," （2001年1月）, ⟨http://www.census.gov/popest/archives/1990s/nat-total.txt⟩; 1990 to 1999: "National Intercensal Estimates (1990-2000)," （2004年8月）, ⟨http://www.census.gov/popest/archives/EST90INTERCENSAL/US-EST90INT-datasets.html⟩; 2000 to 2009: "Monthly Population Estimates for the United States: April 1, 2000 to December 1, 2009 (NA-EST2009-01)," （2009年12月）, ⟨http://www.census.gov/popest/national/tables/NA-EST2009-01.xls⟩.

No.3. 居住人口予測：2010－2050年

［単位：1,000人（310,233は3億1023万3000人を表す）。予測値は将来の出生・死亡・純国際流入に関する仮定に基づく。データは2010年センサスの結果を反映していない。方法論および仮定の詳細については、http://www.census.gov/population/www/projections/methodstatement.htmlを参照］

年	居住人口(1,000人)	変化率[1](%)	年	居住人口(1,000人)	変化率[1](%)	年	居住人口(1,000人)	変化率[1](%)
2010	310,233	1.0	2024	354,235	0.9	2038	399,184	0.8
2011	313,232	1.0	2025	357,452	0.9	2039	402,415	0.8
2012	316,266	1.0	2026	360,667	0.9	2040	405,655	0.8
2013	319,330	1.0	2027	363,880	0.9	2041	408,906	0.8
2014	322,423	1.0	2028	367,090	0.9	2042	412,170	0.8
2015	325,540	1.0	2029	370,298	0.9	2043	415,448	0.8
2016	328,678	1.0	2030	373,504	0.9	2044	418,743	0.8
2017	331,833	1.0	2031	376,708	0.9	2045	422,059	0.8
2018	335,005	1.0	2032	379,912	0.9	2046	425,395	0.8
2019	338,190	1.0	2033	383,117	0.8	2047	428,756	0.8
2020	341,387	0.9	2034	386,323	0.8	2048	432,143	0.8
2021	344,592	0.9	2035	389,531	0.8	2049	435,560	0.8
2022	347,803	0.9	2036	392,743	0.8	2050	439,010	0.8
2023	351,018	0.9	2037	395,961	0.8			

1．変化率は直前年からの変化を示す。2010年は2009年からの変化
資料：U.S. Census Bureau, Population Division, "2008 National Population Projections," 2008年8月,〈http://www.census.gov/population/www/projections/2008projections.html〉

No.4. 人口変化の要素：2000－2009年

［単位：1,000人（281,425は2億8142万5000人を表す）。居住人口］

期間	期首人口	純増加[1] 計	純増加[1] %[2]	出生	死亡	純国際移動[3]	期末人口
2000年4月1日－2000年7月1日[4]	281,425	747	0.3	989	561	319	282,172
2001年7月1日－2002年7月1日	285,082	2,722	1.0	4,007	2,430	1,078	287,804
2002年7月1日－2003年7月1日	287,804	2,523	0.9	4,053	2,423	822	290,326
2003年7月1日－2004年7月1日	290,326	2,719	0.9	4,113	2,450	986	293,046
2004年7月1日－2005年7月1日	293,046	2,707	0.9	4,121	2,433	948	295,753
2005年7月1日－2006年7月1日	295,753	2,840	1.0	4,178	2,418	1,006	298,593
2006年7月1日－2007年7月1日	298,593	2,987	1.0	4,305	2,425	866	301,580
2007年7月1日－2008年7月1日	301,580	2,795	0.9	4,283	2,439	863	304,375
2008年7月1日－2009年7月1日	304,375	2,632	0.9	4,263	2,486	855	307,007

1．特定の人口要素に帰せられない人口変化を表す残差を含む　2．期首人口に占める割合　3．純国際流入には、米国生まれと外国生まれの双方の人口が含まれる。すなわち、(a)外国出生の者の合衆国への純国際流入、(b)合衆国・プエルトリコ間の純移動、(c)合衆国出生の者の純流出入、(d)軍隊兵員の海外流出入、を含む　4．2000年4月1日の人口推計の基礎には、再調査プログラム（Count Question Resolution program）および地理的プログラムの改訂版による2000年センサスの調査人口に対する修正の影響がある
資料：U.S. Census Bureau, Population Division, "Population, Population change and estimated components of population change: April 1, 2000, to July 1, 2009 (NST-EST2009-alldata)"; 2009年12月;〈http://www.census.gov/popest/national/files/NST_EST2009_ALLDATA.csv〉

No.5. 人口変化の要素――人種・ヒスパニック別：2000－2009年

［単位：1000人（25,582は2558万2000人を表す）。居住人口。2000年4月1日から2009年7月1日。2000年4月1日現在の人口は、Count Question Resolutionプログラムによって、2000年人口センサスからの変化を考慮した推計人口ベース］

人種およびヒスパニック	2000年4月1日－2009年7月1日				
	純増加[1]	自然増加	出生	死亡	純国際流入[2]
計	25,582	15,876	38,359	22,483	8,944
単一人種	24,156	14,557	36,894	22,337	8,850
白人	16,192	9,744	28,859	19,115	5,840
黒人またはアフリカ系	3,936	3,062	5,783	2,720	777
アメリカインディアンまたはアラスカ原住民	487	403	513	110	77
アジア系	3,425	1,270	1,650	379	2,119
ハワイ原住民またはその他の太平洋諸島民	116	78	90	12	36
複数人種	1,426	1,318	1,464	146	95
単一人種または混血：[3]					
白人	17,483	10,949	30,186	19,237	5,914
黒人またはアフリカ系	4,699	3,779	6,539	2,760	818
アメリカインディアンまたはアラスカ原住民	736	625	816	192	99
アジア系	3,983	1,779	2,204	425	2,164
ハワイ原住民またはその他の太平洋諸島民	231	180	210	30	48
ヒスパニック[4]	13,113	8,216	9,261	1,045	4,776
白人単一人種、非ヒスパニック	4,274	2,435	20,573	18,138	1,343

1．表No.4の脚注1を参照　2．表No.4の脚注3を参照　3．他の1種類以上の人種との混血。5つの人種グループのデータの合計が総人口を超えているのは、複数の人種を回答した者がいるためである　4．ヒスパニックは民族であり、人種ではない。従ってヒスパニックは人種を問わない
資料：U.S. Census Bureau, Population Division, "Table 5. Cumulative Estimates of the Components of Population Change by Race and Hispanic Origin for the United States: April 1, 2000, to July 1, 2009 (NC-EST2009-05)"; 2010年6月;〈http://www.census.gov/popest/national/asrh/NC-EST2009/NC-EST2009-05.xls〉

No.6. 居住人口——性別・人種別・ヒスパニック別：2000－2009年

[単位：1,000人（281,425は2億8142万5000人を表す）、注記のあるものを除き、7月現在。本表に示す人種別のデータは調整済みのもの。本章の解説を参照]

特徴	人口（1,000人）					変化率（%）2000-2009
	2000 [1]（4月1日）	2005	2007	2008	2009	
男女計						
計	281,425	295,753	301,580	304,375	307,007	9.1
単一人種	277,527	291,087	296,587	299,216	301,683	8.7
白人	228,107	237,251	240,947	242,685	244,298	7.1
黒人またはアフリカ系アメリカ人	35,705	37,813	38,742	39,205	39,641	11.0
アメリカインディアンおよびアラスカ原住民	2,664	2,924	3,038	3,095	3,151	18.3
アジア系	10,589	12,571	13,307	13,665	14,014	32.3
ハワイ原住民およびその他の太平洋諸島民	463	527	553	566	578	25.0
複数人種	3,898	4,666	4,993	5,159	5,324	36.6
単一人種または混血：[2]						
白人	231,436	241,276	245,268	247,156	248,919	7.6
黒人またはアフリカ系アメリカ人	37,105	39,618	40,723	41,277	41,804	12.7
アメリカインディアンおよびアラスカ原住民	4,225	4,620	4,791	4,877	4,961	17.4
アジア系	12,007	14,294	15,156	15,578	15,990	33.2
ハワイ原住民およびその他の太平洋諸島民	907	1,035	1,086	1,112	1,137	25.4
非ヒスパニック	246,118	253,201	256,071	257,396	258,587	5.1
単一人種	242,712	249,167	251,776	252,969	254,028	4.7
白人	195,577	198,074	199,109	199,529	199,851	2.2
黒人またはアフリカ系アメリカ人	34,314	36,150	36,931	37,319	37,682	9.8
アメリカインディアンおよびアラスカ原住民	2,097	2,242	2,302	2,332	2,361	12.6
アジア系	10,357	12,289	13,003	13,349	13,686	32.1
ハワイ原住民およびその他の太平洋諸島民	367	413	431	440	449	22.2
複数人種	3,406	4,034	4,295	4,428	4,559	33.8
単一人種または混血：[2]						
白人	198,477	201,543	202,817	203,357	203,800	2.7
黒人またはアフリカ系アメリカ人	35,499	37,670	38,596	39,058	39,495	11.3
アメリカインディアンおよびアラスカ原住民	3,456	3,687	3,782	3,829	3,874	12.1
アジア系	11,632	13,828	14,647	15,047	15,437	32.7
ハワイ原住民およびその他の太平洋諸島民	752	845	882	900	918	22.1
ヒスパニック[3]	35,306	42,552	45,508	46,979	48,419	37.1
単一人種	34,815	41,920	44,811	46,247	47,655	36.9
白人	32,530	39,177	41,838	43,156	44,447	36.6
黒人またはアフリカ系アメリカ人	1,391	1,663	1,811	1,886	1,960	40.9
アメリカインディアンおよびアラスカ原住民	566	682	735	763	790	39.6
アジア系	232	282	305	316	328	41.0
ハワイ原住民およびその他の太平洋諸島民	95	115	122	126	130	36.1
複数人種	491	632	698	731	764	55.6
単一人種または混血：[2]						
白人	32,959	39,732	42,451	43,799	45,119	36.9
黒人またはアフリカ系アメリカ人	1,606	1,947	2,128	2,219	2,309	43.8
アメリカインディアンおよびアラスカ原住民	770	934	1,009	1,048	1,087	41.2
アジア系	375	467	509	531	553	47.4
ハワイ原住民およびその他の太平洋諸島民	155	190	205	212	220	41.8
男性						
計	138,056	145,561	148,612	150,074	151,449	9.7
単一人種	136,146	143,262	146,147	147,525	148,817	9.3
白人	112,478	117,433	119,428	120,366	121,236	7.8
黒人またはアフリカ系アメリカ人	16,972	18,017	18,484	18,716	18,936	11.6
アメリカインディアンおよびアラスカ原住民	1,333	1,465	1,524	1,553	1,581	18.6
アジア系	5,128	6,079	6,431	6,603	6,769	32.0
ハワイ原住民およびその他の太平洋諸島民	235	268	281	288	294	25.0
複数人種	1,910	2,299	2,465	2,549	2,633	37.8
単一人種または混血：[2]						
白人	114,116	119,423	121,568	122,582	123,528	8.2
黒人またはアフリカ系アメリカ人	17,644	18,894	19,452	19,730	19,996	13.3
アメリカインディアンおよびアラスカ原住民	2,088	2,288	2,375	2,419	2,462	17.9
アジア系	5,834	6,939	7,355	7,559	7,758	33.0
ハワイ原住民およびその他の太平洋諸島民	456	521	547	560	573	25.6
非ヒスパニック	119,894	123,579	125,080	125,773	126,393	5.4
ヒスパニック[3]	18,162	21,981	23,532	24,302	25,057	38.0
女性						
計	143,368	150,192	152,968	154,301	155,557	8.5
単一人種	141,381	147,825	150,440	151,691	152,866	8.1
白人	115,628	119,818	121,519	122,319	123,063	6.4
黒人またはアフリカ系アメリカ人	18,733	19,796	20,258	20,488	20,705	10.5
アメリカインディアンおよびアラスカ原住民	1,331	1,459	1,514	1,542	1,570	18.0
アジア系	5,461	6,493	6,877	7,063	7,244	32.6
ハワイ原住民およびその他の太平洋諸島民	227	259	272	278	284	25.1
複数人種	1,987	2,367	2,528	2,610	2,691	35.4
単一人種または混血：[2]						
白人	117,321	121,853	123,700	124,574	125,391	6.9
黒人またはアフリカ系アメリカ人	19,461	20,723	21,272	21,546	21,808	12.1
アメリカインディアンおよびアラスカ原住民	2,137	2,332	2,415	2,458	2,499	16.9
アジア系	6,173	7,355	7,802	8,019	8,232	33.4
ハワイ原住民およびその他の太平洋諸島民	451	514	539	552	565	25.3
非ヒスパニック	126,224	129,622	130,991	131,624	132,195	4.7
ヒスパニック[3]	17,144	20,571	21,977	22,677	23,362	36.3

1．表No.4の脚注4を参照　2．他の1種類以上の人種との混血。5つの人種グループのデータの合計が総人口を超えているのは、複数の人種を回答したものがいるためである　3．ヒスパニックは民族であり、人種ではない。従ってヒスパニックは人種を問わない

資　料：U.S. Census Bureau, Population Division, "Table 3. Annual Estimates of the Resident Population by Sex, Race, and Hispanic Origin for the United States: April 1, 2000 to July 1, 2009 (NC-EST2009-03)"；2010年6月；<http://www.census.gov/popest/national/asrh/NC-EST2009/NC-EST2009-03.xls>

No.7. 居住人口——年齢別・性別：1980－2010年

[単位：1,000人（226,546は2億2654万6000を表す）。4月1日現在の人口。海外に駐留する軍隊を除く。中央値の定義は凡例を参照。『アメリカ歴史統計』系列A119-134も参照]

年齢層	1980 [1] 計	男	女	1990 [2] 計	男	女	2000 [3] 計	男	女	2010 計	男	女
計	226,546	110,053	116,493	248,791	121,284	127,507	281,425	138,056	143,368	308,746	151,781	156,964
5歳未満	16,348	8,362	7,986	18,765	9,603	9,162	19,176	9,811	9,365	20,201	10,319	9,882
5－9歳	16,700	8,539	8,161	18,042	9,236	8,806	20,550	10,523	10,026	20,349	10,390	9,959
10－14歳	18,242	9,316	8,926	17,067	8,742	8,325	20,528	10,520	10,008	20,677	10,580	10,097
15－19歳	21,168	10,755	10,413	17,893	9,178	8,714	20,219	10,391	9,828	22,040	11,304	10,737
20－24歳	21,319	10,663	10,655	19,143	9,749	9,394	18,963	9,688	9,275	21,586	11,014	10,572
25－29歳	19,521	9,705	9,816	21,336	10,708	10,629	19,382	9,799	9,583	21,102	10,636	10,466
30－34歳	17,561	8,677	8,884	21,838	10,866	10,973	20,511	10,322	10,189	19,962	9,997	9,966
35－39歳	13,965	6,862	7,104	19,851	9,837	10,014	22,707	11,319	11,388	20,180	10,042	10,138
40－44歳	11,669	5,708	5,961	17,593	8,679	8,914	22,442	11,130	11,313	20,891	10,394	10,497
45－49歳	11,090	5,388	5,702	13,747	6,741	7,006	20,093	9,890	10,203	22,709	11,209	11,500
50－54歳	11,710	5,621	6,089	11,315	5,494	5,821	17,586	8,608	8,978	22,298	10,933	11,365
55－59歳	11,615	5,482	6,133	10,489	5,009	5,480	13,469	6,509	6,961	19,665	9,524	10,141
60－64歳	10,088	4,670	5,418	10,627	4,947	5,679	10,806	5,137	5,669	16,818	8,078	8,740
65－74歳	15,581	6,757	8,824	18,048	7,908	10,140	18,391	8,303	10,088	21,713	10,097	11,617
75－84歳	7,729	2,867	4,862	10,014	3,745	6,268	12,361	4,879	7,482	13,061	5,477	7,584
85歳以上	2,240	682	1,559	3,022	841	2,181	4,240	1,227	3,013	5,493	1,790	3,704
5－13歳	31,159	15,923	15,237	31,839	16,301	15,538	37,026	18,964	18,062	36,860	18,834	18,026
14－17歳	16,247	8,298	7,950	13,345	6,860	6,485	16,093	8,285	7,808	17,120	8,792	8,328
18－24歳	30,022	15,054	14,969	26,961	13,744	13,217	27,141	13,873	13,268	30,672	15,662	15,010
18歳以上	162,791	77,473	85,321	184,841	88,519	96,322	209,130	100,996	108,133	234,564	113,836	120,728
55歳以上	47,253	20,458	26,796	52,200	22,450	29,748	59,267	26,055	33,212	76,751	34,964	41,787
65歳以上	25,550	10,306	15,245	31,084	12,494	18,589	34,992	14,410	20,582	40,268	17,363	22,905
75歳以上	9,969	3,549	6,421	13,036	4,586	8,449	16,601	6,106	10,495	18,555	7,266	11,288
年齢の中央値（歳）	30.0	28.8	31.3	32.8	31.6	34.0	35.3	34.0	36.5	37.2	35.8	38.5

1．合計人口は1980年センサス公表後の改定値。年齢別、性別、人口の値は改訂されていない　2．表示のデータは1990年人口センサスの数値に修正を加えたもの。第1章の解説を参照。1990年4月1日付の推計値（248,790,925）は1997年8月までに処理された修正は含むが、それ以外のセンサスカバレッジの誤差は含まない。カリフォルニア、ニュージャージー、ルイジアナの各州の数か所で行なわれた1995年センサステストおよびカリフォルニア、ウィスコンシンの両州で行なわれた1998年のセンサスリハーサルにより推計された調整は含まれる。この調整による変更は計81,052人　3．2000年4月1日の人口推計の基礎には、再調査プログラム（Count Question Resolution program）による2000年センサスの調査人口に対する修正の影響がある

資　料：U.S. Census Bureau, Current Population Reports, P25-1095; "Table US-EST90INT-04-Intercensal Estimates of the United States Resident Population by Age Groups and Sex, 1990-2000: Selected Months," （2002年9月）, <http://www.census.gov/popest/archives/EST90INTERCENSAL/US-EST90INT-04.html> および 2010 Census Redistricting Data (P.L. 94-171) Summary File, <http://www.census.gov/rdo/data/2010_census_redistricting_data_pl_94-171_summary_files.html>

No.8. センサス間居住人口推計——性別・年齢別：2001－2009年

[単位：1000人（285,082は2億8508万2千人を表す）、年齢。7月1日現在。海外駐留中の軍隊兵員を除く。中央値の定義については凡例を参照]

年齢	2001	2002	2003	2004	2005	2006	2007	2008	2009
計	285,082	287,804	290,326	293,046	295,753	298,593	301,580	304,375	307,007
5歳未満	19,430	19,668	19,940	20,243	20,484	20,613	20,921	21,153	21,300
5－9歳	20,238	19,985	19,778	19,655	19,632	19,831	20,054	20,313	20,610
10－14歳	20,898	21,112	21,193	21,113	20,837	20,579	20,319	20,104	19,974
15－19歳	20,370	20,456	20,574	20,808	21,120	21,367	21,562	21,628	21,538
20－24歳	19,802	20,317	20,685	20,959	21,081	21,161	21,217	21,322	21,540
25－29歳	18,899	18,830	18,971	19,372	19,866	20,511	21,018	21,442	21,678
30－34歳	20,685	20,716	20,551	20,260	19,846	19,433	19,353	19,516	19,889
35－39歳	22,245	21,766	21,284	20,896	20,818	20,959	20,993	20,847	20,538
40－44歳	22,820	22,898	22,903	22,943	22,726	22,320	21,858	21,394	20,992
45－49歳	20,694	21,245	21,714	22,053	22,402	22,696	22,787	22,802	22,831
50－54歳	18,649	18,673	19,004	19,447	19,940	20,407	20,962	21,432	21,761
55－59歳	13,930	15,073	15,706	16,460	17,315	18,170	18,209	18,541	18,975
60－64歳	11,101	11,495	12,100	12,573	12,981	13,340	14,459	15,082	15,812
65－74歳	18,342	18,310	18,381	18,502	18,666	18,936	19,389	20,139	20,792
75－84歳	12,624	12,817	12,968	13,077	13,176	13,207	13,213	13,211	13,148
85歳以上	4,354	4,444	4,574	4,684	4,862	5,063	5,264	5,450	5,631
5－13歳	37,085	36,980	36,774	36,396	36,162	36,159	36,180	36,297	36,487
14－17歳	16,221	16,401	16,544	16,854	17,104	17,239	17,239	16,980	16,761
18歳以上	28,001	28,489	28,912	29,286	29,405	29,541	29,734	30,090	30,412
18歳以上	212,345	214,755	217,068	219,553	222,004	224,583	227,240	229,945	232,458
55歳以上	60,352	62,139	63,729	65,296	67,000	68,715	70,535	72,423	74,358
65歳以上	35,320	35,571	35,923	36,263	36,704	37,206	37,866	38,800	39,571
75歳以上	16,978	17,261	17,542	17,762	18,038	18,270	18,478	18,661	18,779
年齢の中央値（歳）	35.5	35.7	35.9	36.0	36.2	36.3	36.5	36.7	36.8

資　料：U.S. Census Bureau, Population Division, "Annual Estimates of the Resident Population by Sex and Five-Year Age Groups for the United States: April 1, 2000 to July 1, 2009 (NC-EST2009-01)," （2010年6月）; <http://www.census.gov/popest/national/asrh/NC-EST2009/NC-EST2009-01.xls>

No.9. 居住人口予測――性別、年齢別：2010－2050年

[単位：1,000人（310,233は3億1023万3000を表す）。7月1日現在。予測値は将来の出生・死亡・純国際流入に関する仮定に基づく。データは2010年センサスの結果を反映していない。方法論および仮定の詳細については、http://www.census.gov/population/www/projections/methodstatement.htmlを参照]

年齢層	2010 計	2010 男	2010 女	2015 計	2015 男	2015 女	2020	2025	2030	2035	2040	2045	2050	構成比(%) 2010	2015	2020	2025	2050
計	310,233	152,753	157,479	325,540	160,424	165,116	341,387	357,452	373,504	389,531	405,655	422,059	439,010	100.0	100.0	100.0	100.0	100.0
5歳未満	21,100	10,779	10,320	22,076	11,278	10,798	22,846	23,484	24,161	25,056	26,117	27,171	28,148	6.8	6.8	6.7	6.6	6.4
5－9歳	20,886	10,654	10,232	21,707	11,074	10,633	22,732	23,548	24,232	24,953	25,893	26,998	28,096	6.7	6.7	6.7	6.6	6.4
10－14歳	20,395	10,421	9,975	21,658	11,049	10,609	22,571	23,677	24,567	25,319	26,105	27,108	28,274	6.6	6.7	6.6	6.6	6.4
15－19歳	21,770	11,159	10,611	21,209	10,844	10,365	22,554	23,545	24,723	25,682	26,501	27,354	28,422	7.0	6.5	6.6	6.6	6.5
20－24歳	21,779	11,100	10,680	22,342	11,378	10,963	21,789	23,168	24,191	25,408	26,408	27,272	28,171	7.0	6.9	6.4	6.5	6.4
25－29歳	21,418	10,873	10,545	22,400	11,353	11,048	22,949	22,417	23,804	24,855	26,102	27,138	28,039	6.9	6.9	6.7	6.3	6.4
30－34歳	20,400	10,308	10,092	22,099	11,182	10,917	23,112	23,699	23,216	24,647	25,745	27,040	28,126	6.6	6.8	6.8	6.6	6.4
35－39歳	20,267	10,191	10,076	20,841	10,506	10,335	22,586	23,645	24,279	23,848	25,321	26,462	27,799	6.5	6.4	6.6	6.6	6.3
40－44歳	21,010	10,509	10,500	20,460	10,247	10,214	21,078	22,851	23,944	24,612	24,224	25,726	26,897	6.8	6.3	6.2	6.4	6.1
45－49歳	22,596	11,165	11,430	21,001	10,447	10,553	20,502	21,154	22,943	24,061	24,759	24,411	25,933	7.3	6.5	6.0	5.9	5.9
50－54歳	22,109	10,827	11,282	22,367	10,977	11,390	20,852	20,404	21,087	22,884	24,025	24,750	24,445	7.1	6.9	6.1	5.7	5.6
55－59歳	19,517	9,450	10,067	21,682	10,524	11,158	21,994	20,575	20,186	20,903	22,703	23,867	24,621	6.3	6.7	6.4	5.8	5.6
60－64歳	16,758	8,024	8,733	18,861	9,023	9,838	21,009	21,377	20,080	19,760	20,513	22,305	23,490	5.4	5.8	6.2	6.0	5.4
65－69歳	12,261	5,747	6,514	15,812	7,449	8,364	17,861	19,957	20,381	19,230	18,989	19,776	21,543	4.0	4.9	5.2	5.6	4.9
70－74歳	9,202	4,191	5,011	11,155	5,109	6,046	14,452	16,399	18,404	18,879	17,906	17,754	18,570	3.0	3.4	4.2	4.6	4.2
75－79歳	7,282	3,159	4,123	7,901	3,480	4,421	9,656	12,598	14,390	16,249	16,771	16,016	15,964	2.3	2.4	2.8	3.5	3.6
80－84歳	5,733	2,302	3,431	5,676	2,342	3,334	6,239	7,715	10,173	11,735	13,375	13,925	13,429	1.8	1.7	1.8	2.2	3.1
85－89歳	3,650	1,297	2,353	3,786	1,409	2,376	3,817	4,278	5,383	7,215	8,450	9,767	10,303	1.2	1.2	1.1	1.2	2.3
90－94歳	1,570	473	1,097	1,856	591	1,265	1,976	2,047	2,360	3,044	4,180	5,007	5,909	0.5	0.6	0.6	0.6	1.3
95－99歳	452	108	344	546	142	404	669	739	795	952	1,270	1,803	2,229	0.1	0.2	0.2	0.2	0.5
100歳以上	79	15	65	105	21	84	135	175	208	239	298	409	601	(Z)	(Z)	(Z)	(Z)	0.1
5－13歳	37,123	18,945	18,178	39,011	19,900	19,111	40,792	42,490	43,858	45,170	46,743	48,664	50,697	12.0	12.0	11.9	11.9	11.5
14－17歳	16,994	8,713	8,281	17,019	8,699	8,320	18,048	18,892	19,796	20,496	21,126	21,834	22,728	5.5	5.2	5.3	5.3	5.2
18－24歳	30,713	15,675	15,037	30,885	15,746	15,139	30,817	32,555	34,059	35,695	37,038	38,234	39,538	9.9	9.5	9.0	9.1	9.0
16歳以上	243,639	118,739	124,900	255,864	124,858	131,006	268,722	282,014	295,595	309,084	322,265	335,328	348,811	78.5	78.6	78.7	78.9	79.5
18歳以上	235,016	114,316	120,700	247,434	120,547	126,887	259,702	272,585	285,688	298,809	311,669	324,389	337,437	75.8	76.0	76.1	76.3	76.9
16－64歳	203,410	101,447	101,963	209,027	104,316	104,711	213,917	218,107	223,503	231,540	241,027	250,872	260,264	65.6	64.2	62.7	61.0	59.3
55歳以上	76,504	34,766	41,737	87,381	40,090	47,291	97,807	105,860	112,358	118,206	124,455	130,628	136,658	24.7	26.8	28.6	29.6	31.1
65歳以上	40,229	17,292	22,937	46,837	20,542	26,295	54,804	63,907	72,092	77,543	81,238	84,456	88,547	13.0	14.4	16.1	17.9	20.2
75歳以上	18,766	7,354	11,412	19,870	7,985	11,885	22,492	27,551	33,308	39,435	44,343	46,926	48,434	6.0	6.1	6.6	7.7	11.0
85歳以上	5,751	1,893	3,859	6,292	2,163	4,130	6,597	7,239	8,745	11,450	14,198	16,985	19,041	1.9	1.9	1.9	2.0	4.3
中央値（歳）	36.9	35.5	38.2	37.1	35.9	38.4	37.7	38.2	38.7	39.0	38.9	38.9	39.0	(X)	(X)	(X)	(X)	(X)

X 該当なし　Z 0.05%未満　1. 中央値の定義は凡例を参照

資料：U.S. Census Bureau, "2008 National Population Projections," 2008年8月, ⟨http://www.census.gov/population/www/projections/2008projections.html⟩

No.10. 居住人口――人種・ヒスパニック別、年齢別：2000年および2009年

[単位：1,000人（281,425は2億8142万5000人を表す）。2000年は4月および2009年は7月現在。中央値の定義については凡例を参照。本書前年版の表No.9も参照]

年齢層	計[1] 2000	計[1] 2009	白人 2000	白人 2009	黒人またはアフリカ系アメリカ人[1] 2000	黒人またはアフリカ系アメリカ人[1] 2009	アメリカインディアン、アラスカ原住民[1] 2000	アメリカインディアン、アラスカ原住民[1] 2009	アジア系[1] 2000	アジア系[1] 2009	ハワイ原住民、太平洋諸島民[1] 2000	ハワイ原住民、太平洋諸島民[1] 2009	複数人種 2000	複数人種 2009	ヒスパニック[2] 2000	ヒスパニック[2] 2009	非ヒスパニック系白人 2000	非ヒスパニック系白人 2009
計[1]	281,425	307,007	228,107	244,298	35,705	39,641	2,664	3,151	10,589	14,014	463	578	3,898	5,324	35,306	48,419	195,577	199,851
5歳未満	19,176	21,300	14,657	15,875	2,925	3,230	233	298	708	1,006	41	53	613	838	3,718	5,485	11,288	11,016
5～9歳	20,550	20,610	15,688	15,640	3,320	2,987	258	255	716	949	44	48	524	729	3,624	4,792	11,392	11,275
10～14歳	20,528	19,974	15,843	15,210	3,221	3,030	264	240	715	844	42	44	443	605	3,163	4,060	12,961	11,516
15～19歳	20,219	21,538	15,745	16,386	3,024	3,457	251	272	776	853	44	47	380	522	3,172	4,032	12,836	12,707
20～24歳	18,963	21,540	14,826	16,610	2,729	3,253	218	274	848	915	46	47	297	440	3,409	3,884	11,681	13,046
25～29歳	19,382	21,678	15,217	16,761	2,645	3,098	204	260	1,019	1,125	42	50	254	383	3,385	4,150	12,077	12,927
30～34歳	20,511	19,889	16,349	15,381	2,710	2,715	202	221	980	1,229	39	49	231	295	3,125	4,030	13,451	11,646
35～39歳	22,707	20,538	18,372	16,025	2,910	2,723	217	210	937	1,276	38	44	233	260	2,825	3,758	15,753	12,535
40～44歳	22,442	20,992	18,346	16,684	2,772	2,715	202	205	870	1,117	33	40	219	230	2,304	3,306	16,213	13,616
45～49歳	20,093	22,831	16,615	18,478	2,330	2,834	169	215	770	1,032	38	39	183	232	1,775	2,894	14,973	15,794
50～54歳	17,586	21,761	14,794	17,833	1,846	2,573	135	192	641	921	27	32	149	210	1,361	2,274	13,530	15,727
55～59歳	13,469	18,975	11,479	15,738	1,332	2,094	95	157	443	789	21	26	106	170	960	1,720	10,582	14,145
60～64歳	10,806	15,812	9,214	13,382	1,082	1,541	70	120	350	616	15	19	78	133	750	1,274	8,511	12,198
65～69歳	9,534	11,784	8,238	10,068	895	1,092	52	82	279	437	11	13	61	92	599	891	7,675	9,235
70～74歳	8,858	9,008	7,799	7,699	742	843	38	58	224	332	8	10	49	65	477	676	7,348	7,066
75～79歳	7,416	7,326	6,634	6,339	557	644	27	41	159	246	6	7	36	49	327	509	6,325	5,860
80～84歳	4,945	5,822	4,466	5,133	350	451	15	27	90	172	4	4	22	35	180	362	4,296	4,792
85～89歳	2,790	3,662	2,525	3,277	200	247	8	15	43	100	2	2	12	21	98	207	2,432	3,081
90～94歳	1,113	1,502	1,007	1,357	82	89	3	6	15	40	1	1	4	9	39	82	970	1,280
95～99歳	287	402	254	363	27	22	1	2	4	12	-	-	1	3	11	28	243	336
100歳以上	50	64	41	57	7	3	-	-	1	3	-	-	-	1	3	7	39	51
5～13歳	37,026	36,487	28,381	27,732	5,923	5,380	471	446	1,288	1,625	78	83	885	1,221	6,186	8,045	22,754	20,408
14～17歳	16,093	16,761	12,523	12,738	2,426	2,671	205	207	590	676	33	37	315	433	2,438	3,220	10,290	9,802
18～24歳	27,141	30,412	21,197	23,377	3,944	4,676	315	387	1,178	1,261	64	67	444	643	4,744	5,503	16,827	18,335
16歳以上	217,151	240,990	178,790	194,435	25,633	29,735	1,857	2,308	8,304	11,046	328	424	2,237	3,042	24,204	33,282	156,352	163,637
18歳以上	209,130	232,458	172,546	187,954	24,431	28,361	1,755	2,200	8,003	10,707	311	405	2,084	2,832	22,964	31,669	151,245	158,626
16～64歳	182,159	201,419	147,826	160,141	22,773	26,345	1,713	2,076	7,489	9,705	305	386	2,051	2,767	22,471	30,521	127,023	131,935
55歳以上	59,267	74,358	51,656	63,415	5,274	7,026	310	509	1,608	2,745	48	84	371	578	3,444	5,755	48,422	58,044
65歳以上	34,992	39,571	30,964	34,294	2,860	3,391	144	232	815	1,340	23	38	186	275	1,734	2,761	29,329	31,702
75歳以上	16,601	18,779	14,927	16,527	1,223	1,456	55	92	312	572	8	15	77	117	657	1,194	14,306	15,400
85歳以上	4,240	5,631	3,827	5,054	316	361	13	24	63	154	2	4	18	34	151	324	3,685	4,748
中央値（歳）	35.3	36.8	36.6	38.3	30.0	31.3	27.7	29.5	32.5	35.3	26.8	29.9	19.8	19.7	25.8	27.4	38.6	41.2

― ゼロまたは概数でゼロを示す　1．2000年4月1日の人口推計の基礎には、再調査プログラム（Count Question Resolution program）による2000年センサスの調査人口に対する修正の影響がある　2．ヒスパニックは民族であり、人種ではない。従ってヒスパニックは人種を問わない

資料：U.S. Census Bureau, "Table 4. Annual Estimates of the Population by Race, Hispanic Origin, Sex and Age for the United States: April 1, 2000 to July 1, 2009 (NC-EST2009-04)"；2010年6月；<http://www.census.gov/popest/national/asrh/NC-EST2009-asrh.html>

No.11. 居住人口——人種・ヒスパニック別、年齢別：2009年

[単位：1,000人（307,007は3億700万7000人を表す）。7月1日現在。推計値については本章の解説を参照。本書前年版の表No.10も参照]

年齢	計	人種 白人	黒人または アフリカ系 アメリカ人	アメリカ インディアン アラスカ 原住民	アジア 系	ハワイ原住民 太平洋諸島民	複数 人種	ヒスパ ニック[1]	非ヒスパ ニック系 白人
計	307,007	244,298	39,641	3,151	14,014	578	5,324	48,419	199,851
5歳未満	21,300	15,875	3,230	298	1,006	53	838	5,485	11,016
1歳未満	4,261	3,163	656	62	198	11	173	1,105	2,187
1歳	4,298	3,183	664	62	206	11	172	1,124	2,190
2歳	4,336	3,226	662	62	204	11	171	1,126	2,228
3歳	4,224	3,163	631	57	198	10	164	1,082	2,202
4歳	4,181	3,140	616	56	200	10	158	1,048	2,208
5－9歳	20,610	15,640	2,987	255	949	48	729	4,792	11,275
5歳	4,186	3,169	599	53	199	10	155	1,015	2,251
6歳	4,139	3,143	588	52	196	10	149	987	2,243
7歳	4,108	3,120	595	51	188	9	145	963	2,238
8歳	4,167	3,160	612	51	191	10	144	949	2,293
9歳	4,010	3,048	593	48	174	9	136	878	2,250
10－14歳	19,974	15,210	3,030	240	844	44	605	4,060	11,516
10歳	3,946	3,004	588	48	167	9	130	827	2,254
11歳	3,941	2,997	596	47	168	9	125	813	2,258
12歳	3,957	3,013	598	47	169	9	119	805	2,281
13歳	4,033	3,077	611	48	172	9	117	808	2,341
14歳	4,096	3,119	637	49	169	9	113	807	2,383
15－19歳	21,538	16,386	3,457	272	853	47	522	4,032	12,707
15歳	4,134	3,138	658	51	168	9	109	801	2,407
16歳	4,225	3,205	683	53	169	9	106	804	2,472
17歳	4,307	3,276	692	55	170	9	104	808	2,539
18歳	4,389	3,345	705	56	171	10	102	808	2,608
19歳	4,484	3,422	719	57	175	10	101	811	2,681
20－24歳	21,540	16,610	3,253	274	915	47	440	3,884	13,046
20歳	4,340	3,322	682	56	177	10	94	775	2,613
21歳	4,291	3,301	659	55	177	9	90	774	2,591
22歳	4,266	3,295	642	54	178	9	87	771	2,588
23歳	4,306	3,332	638	55	187	10	85	777	2,618
24歳	4,336	3,361	633	54	195	10	85	787	2,636
25－29歳	21,678	16,761	3,098	260	1,125	50	383	4,150	12,927
25歳	4,264	3,299	617	53	204	10	80	793	2,568
26歳	4,330	3,353	620	54	214	10	79	821	2,594
27歳	4,350	3,364	620	52	227	10	77	840	2,587
28歳	4,380	3,386	620	51	238	10	75	843	2,608
29歳	4,353	3,359	621	50	242	11	71	853	2,570
30－34歳	19,889	15,381	2,715	221	1,229	49	295	4,030	11,646
30歳	4,136	3,191	581	47	241	10	66	817	2,436
31歳	4,013	3,107	551	45	239	10	61	812	2,356
32歳	3,950	3,056	539	45	243	10	58	807	2,309
33歳	3,844	2,971	517	43	248	9	55	798	2,231
34歳	3,945	3,055	527	42	258	9	54	796	2,315
35－39歳	20,538	16,025	2,723	210	1,276	44	260	3,758	12,535
35歳	3,824	2,960	509	41	254	9	52	764	2,249
36歳	3,909	3,021	529	41	258	9	51	759	2,316
37歳	4,093	3,186	546	42	258	9	52	750	2,490
38歳	4,316	3,391	568	43	252	9	53	742	2,703
39歳	4,396	3,467	571	43	255	9	52	743	2,778
40－44歳	20,992	16,684	2,715	205	1,117	40	230	3,306	13,616
40歳	4,156	3,293	526	41	239	8	48	689	2,654
41歳	4,077	3,226	528	40	230	8	45	674	2,601
42歳	4,084	3,254	525	40	213	8	44	647	2,654
43歳	4,196	3,336	551	41	215	8	45	646	2,737
44歳	4,479	3,575	585	44	220	8	47	651	2,971
45－49歳	22,831	18,478	2,834	215	1,032	39	232	2,894	15,794
45歳	4,543	3,650	576	44	218	8	47	626	3,070
46歳	4,524	3,647	565	43	215	8	47	594	3,097
47歳	4,535	3,680	558	43	200	8	46	573	3,148
48歳	4,576	3,728	557	42	195	8	46	548	3,220
49歳	4,653	3,772	579	43	204	8	47	552	3,260

本表末尾の脚注を参照

No.11. 居住人口——人種・ヒスパニック別、年齢別：2009年（続）

[14頁の頭注を参照]

年齢	計	人種						ヒスパニック[1]	非ヒスパニック系白人
		白人	黒人またはアフリカ系アメリカ人	アメリカインディアンアラスカ原住民	アジア系	ハワイ原住民太平洋諸島民	複数人種		
50－54歳	21,761	17,833	2,573	192	921	32	210	2,274	15,727
50歳	4,460	3,638	541	40	189	7	44	498	3,177
51歳	4,456	3,647	529	40	189	7	44	473	3,210
52歳	4,397	3,607	520	39	182	6	42	454	3,187
53歳	4,218	3,462	493	37	180	6	41	429	3,065
54歳	4,230	3,477	490	37	180	6	40	420	3,088
55－59歳	18,975	15,738	2,094	157	789	26	170	1,720	14,145
55歳	4,040	3,339	456	35	168	6	37	383	2,985
56歳	3,898	3,235	428	33	162	5	36	359	2,903
57歳	3,759	3,128	407	31	154	5	33	335	2,818
58歳	3,652	3,034	402	30	148	5	32	323	2,735
59歳	3,626	3,002	401	30	158	5	32	321	2,704
60－64歳	15,812	13,382	1,541	120	616	19	133	1,274	12,198
60歳	3,479	2,910	364	27	143	5	30	289	2,642
61歳	3,438	2,903	341	26	135	4	29	275	2,647
62歳	3,587	3,081	321	26	126	4	30	262	2,838
63歳	2,666	2,252	259	20	108	4	23	230	2,039
64歳	2,642	2,236	257	20	104	3	22	218	2,032
65－69歳	11,784	10,068	1,092	82	437	13	92	891	9,235
65歳	2,588	2,209	240	18	97	3	21	202	2,020
66歳	2,656	2,288	236	18	90	3	21	191	2,110
67歳	2,329	1,992	213	16	87	3	18	174	1,830
68歳	2,145	1,828	202	15	82	2	17	163	1,675
69歳	2,067	1,752	201	14	81	2	16	161	1,601
70－74歳	9,008	7,699	843	58	332	10	65	676	7,066
70歳	1,949	1,666	180	13	73	2	14	148	1,527
71歳	1,893	1,617	176	12	70	2	14	142	1,485
72歳	1,765	1,508	165	11	66	2	13	133	1,384
73歳	1,712	1,462	162	11	62	2	12	127	1,343
74歳	1,689	1,446	160	11	60	2	12	126	1,328
75－79歳	7,326	6,339	644	41	246	7	49	509	5,860
75歳	1,529	1,310	143	9	54	2	11	111	1,206
76歳	1,506	1,295	138	9	53	1	10	105	1,197
77歳	1,463	1,268	127	8	48	1	10	101	1,173
78歳	1,422	1,241	117	7	46	1	9	97	1,150
79歳	1,406	1,225	119	7	45	1	9	96	1,135
80－84歳	5,822	5,133	451	27	172	4	35	362	4,792
80歳	1,295	1,135	104	6	40	1	8	85	1,055
81歳	1,249	1,099	98	6	37	1	8	79	1,025
82歳	1,173	1,035	90	5	34	1	7	71	968
83歳	1,083	957	83	5	31	1	6	66	895
84歳	1,023	907	76	5	29	1	6	60	850
85－89歳	3,662	3,277	247	15	100	2	21	207	3,081
90－94歳	1,502	1,357	89	6	40	1	9	82	1,280
95－99歳	402	363	22	2	12	－	3	28	336
100歳以上	64	57	3	－	3	－	1	7	51
中央値(歳)[2]	36.8	38.3	31.3	29.5	35.3	29.9	19.7	27.4	41.2

－ ゼロまたは概数でゼロを示す　1．ヒスパニックは民族であり、人種ではない。従ってヒスパニックは人種を問わない

資料：U.S. Census Bureau, "Monthly Population Estimates by Age, Sex, Race and Hispanic Origin for the United States: April 1, 2000 to July 1, 2009"；(2010年6月)；〈http://www.census.gov/popest/national/asrh/2009-nat-res.html〉

No.12. 居住人口予測――人種・ヒスパニック別、年齢別：2010、2015年

[単位：1,000人（310,233は3億1023万3000人を表す）。別に注記するものを除く。7月1日現在。予測値は将来の出生・死亡・純国際流入に関する仮定に基づく。データは2010年センサスの結果を反映していない。方法論および仮定の詳細については、http://www.census.gov/population/www/projections/methodstatement.htmlを参照]

年齢層	計		白人		黒人、アフリカ系アメリカ人		アメリカインディアン、アラスカ原住民		アジア系		ハワイ原住民、太平洋諸島民		複数人種[1]		ヒスパニック		非ヒスパニック白人	
	2010	2015	2010	2015	2010	2015	2010	2015	2010	2015	2010	2015	2010	2015	2010	2015	2010	2015
計	310,233	325,540	246,630	256,306	39,909	42,137	3,188	3,472	14,415	16,527	592	662	5,499	6,435	49,726	57,711	200,853	203,208
5歳未満	21,100	22,076	15,944	16,563	3,034	3,191	286	311	943	1,004	53	56	840	951	5,053	5,622	11,375	11,487
5－9歳	20,886	21,707	15,888	16,412	3,011	3,084	264	292	927	1,018	49	55	746	845	4,888	5,452	11,448	11,465
10－14歳	20,395	21,658	15,560	16,467	3,021	3,080	244	271	894	1,034	45	52	631	754	4,513	5,401	11,440	11,540
15－19歳	21,770	21,209	16,570	16,143	3,410	3,096	268	252	932	1,030	48	48	541	639	4,473	5,040	12,472	11,524
20－24歳	21,779	22,342	16,731	16,976	3,330	3,449	275	273	938	1,047	47	50	459	546	4,010	4,873	13,049	12,499
25－29歳	21,418	22,400	16,544	17,125	3,107	3,374	261	279	1,063	1,106	48	49	395	467	3,887	4,311	12,959	13,160
30－34歳	20,400	22,099	15,711	16,915	2,845	3,158	228	264	1,245	1,305	52	52	319	405	4,039	4,166	11,974	13,068
35－39歳	20,267	20,841	15,674	15,946	2,691	2,872	210	230	1,376	1,413	47	54	269	325	3,868	4,236	12,078	12,023
40－44歳	21,010	20,460	16,610	15,763	2,713	2,690	205	211	1,199	1,476	42	48	241	272	3,431	3,979	13,423	12,062
45－49歳	22,596	21,001	18,202	16,561	2,838	2,679	216	204	1,064	1,272	40	43	236	242	3,002	3,491	15,415	13,316
50－54歳	22,109	21,682	18,049	17,998	2,650	2,765	200	214	957	1,115	34	40	219	234	2,425	3,036	15,800	15,177
55－59歳	19,517	20,885	16,134	17,691	2,170	2,545	165	196	840	1,001	27	34	181	216	1,862	2,450	14,409	15,417
60－64歳	16,758	18,861	14,087	15,582	1,671	2,042	130	160	704	875	21	27	145	176	1,417	1,867	12,769	13,849
65－69歳	12,261	15,812	10,446	13,285	1,130	1,528	87	123	483	717	15	21	99	138	974	1,387	9,534	11,994
70－74歳	9,202	11,155	7,867	9,511	845	990	61	80	350	469	10	14	69	91	710	920	7,201	8,650
75－79歳	7,282	7,901	6,331	6,780	619	690	41	53	236	310	7	9	48	60	514	637	5,848	6,183
80－84歳	5,733	5,676	5,093	4,957	427	458	26	32	151	186	4	5	33	38	354	424	4,759	4,558
85－89歳	3,650	3,786	3,290	3,374	247	271	14	17	78	99	2	3	19	22	195	257	3,106	3,131
90－94歳	1,570	1,856	1,423	1,674	106	125	5	7	27	39	1	1	8	10	78	117	1,350	1,564
95－99歳	452	546	407	492	35	40	1	2	7	11	-	-	2	3	26	35	383	459
100歳以上	79	105	69	92	8	10	-	-	1	1	-	-	-	1	6	9	63	83
5－13歳	37,123	39,011	28,273	29,577	5,412	5,529	459	511	1,636	1,844	85	97	1,259	1,454	8,501	9,786	20,536	20,678
14－17歳	16,994	17,019	12,941	12,937	2,619	2,478	205	204	741	818	38	39	450	543	3,595	4,112	9,648	9,175
18－24歳	30,713	30,885	23,536	23,483	4,741	4,703	387	374	1,315	1,468	66	70	668	787	5,788	6,869	18,225	17,173
16歳以上	243,639	255,864	196,026	203,643	30,201	32,171	2,343	2,547	11,466	13,267	435	489	3,168	3,747	34,372	40,202	164,202	166,441
18歳以上	235,016	247,434	189,473	197,229	28,844	30,940	2,237	2,446	11,095	12,861	416	470	2,950	3,487	32,576	38,192	159,295	161,868
16－64歳	203,410	209,027	161,100	163,478	26,783	28,059	2,108	2,232	10,132	11,437	397	436	2,890	3,384	31,515	36,416	131,959	129,819
55歳以上	76,504	87,381	65,100	73,437	7,258	8,698	531	671	2,877	3,706	87	114	604	755	6,136	8,104	59,421	65,888
65歳以上	40,229	46,837	34,926	40,164	3,418	4,111	235	314	1,333	1,831	39	53	278	363	2,858	3,786	32,243	36,623
75歳以上	18,766	19,870	16,613	17,368	1,442	1,594	87	111	500	645	14	18	110	133	1,173	1,479	15,509	15,978
85歳以上	5,751	6,292	5,189	5,632	397	445	20	26	113	149	3	4	29	36	305	418	4,902	5,238
中央値（歳）[2]	36.9	37.1	38.4	38.6	31.7	32.8	29.9	31.1	36.0	37.5	30.5	32.0	19.9	20.2	27.5	27.8	41.3	42.1

－ ゼロまたは概数でゼロを示す　1．ヒスパニックは民族であり、人種ではない。従ってヒスパニックは人種を問わない。　2．中央値の定義については見例を参照

資料：U.S. Census Bureau, Population Division, "2008 National Population Projections,"（2008年8月）；<http://www.census.gov/www/projections/2008projections.html>

図1.2　人口の中点と重心：1790－2010年

[1960年以前はアラスカとハワイを除く。人口の中点（median center）は総人口を半分にわける南北線と東西線の交差する地点を示す。人口の重心（mean center）は、平らで重量のない板状の合衆国の地図を想定して、センサス時における各地点の人口1人を1重量として置いた場合、どの地点でつりあうかを示すものである]

年	中点		重心		
	北緯	西経	北緯	西経	およその位置
1790 (8月2日) ………	(NA)	(NA)	39 16 30	76 11 12	メリーランド州ケント郡、ボルチモアの東方23マイル
1850 (6月1日) ………	(NA)	(NA)	38 59 00	81 19 00	ウエストバージニア州ワート郡、パーカスブルグの南東23マイル[1]
1900 (6月1日) ………	40 03 32	84 49 01	39 09 36	85 48 54	インディアナ州バーソロミュー郡、コロンバスの南東6マイル
1950 (4月1日) ………	40 00 12	84 56 51	38 50 21	88 09 33	イリノイ州リッチランド郡、アルニーの北北西8マイル
1960 (4月1日) ………	39 56 25	85 16 60	38 35 58	89 12 35	イリノイ州クリントン郡、セントラリアの北西6.5マイル
1970 (4月1日) ………	39 47 43	85 31 43	38 27 47	89 42 22	イリノイ州セントクレア郡、マスクータの東南東5.3マイル
1980 (4月1日) ………	39 18 60	86 08 15	38 08 13	90 34 26	ミズーリ州ジェファーソン郡、デソトの西方25マイル
1990 (4月1日) ………	38 57 55	86 31 53	37 52 20	91 12 55	ミズーリ州クロフォード郡、スティールビルの南東10マイル
2000 (4月1日) ………	38 45 23	86 55 51	37 41 49	91 48 34	ミズーリ州フェルプス郡、エドガースプリングの東3マイル
2010 (4月1日) ………	38 28 25	87 24 37	37 31 03	92 10 23	ミズーリ州テキサス郡プラトーの北東2.7マイル

NA　データなし　1．ウエストバージニア州は1862年12月31日バージニア州より分離、1863年6月19日付で州に昇格

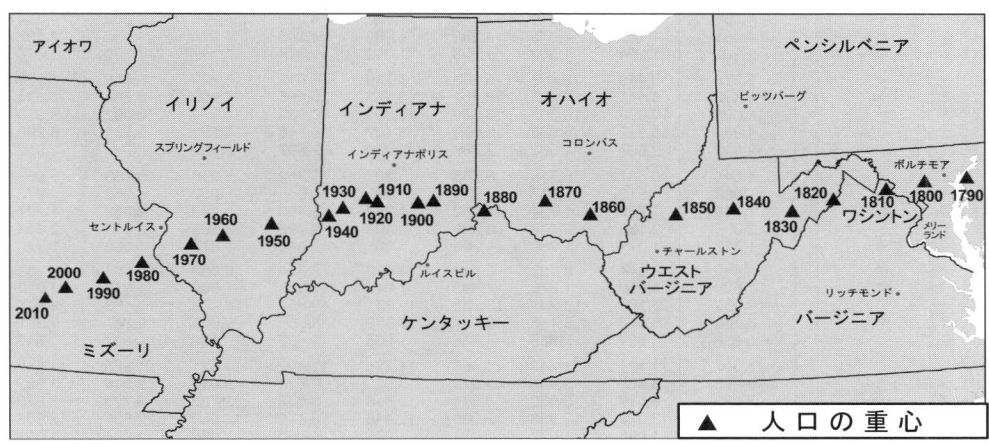

▲　人口の重心

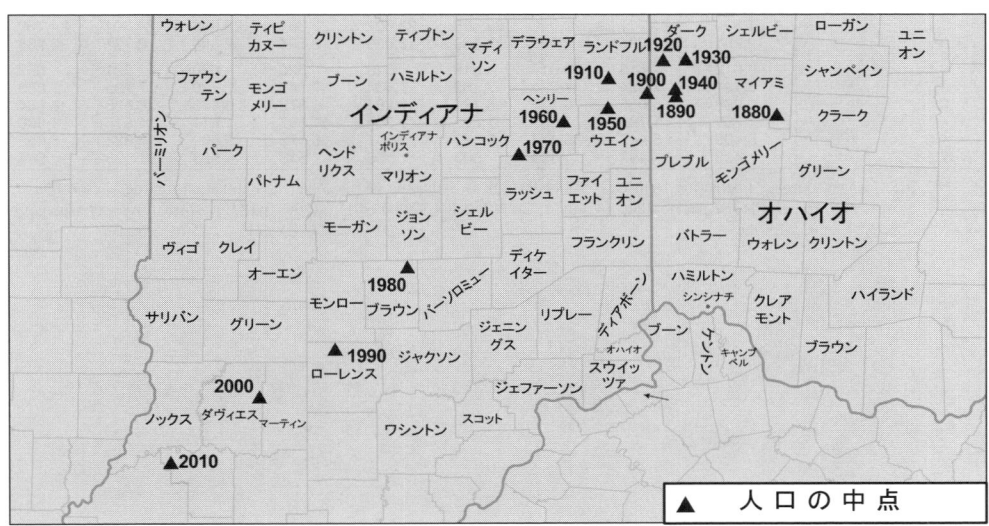

▲　人口の中点

No.13. センサス間居住人口推計──州別：2001－2009年

[単位：1,000人（285,082は2850万8200人を表す）。1980、1990、2000年は4月1日現在。その他の年は7月1日現在。可能な限り、表中の全年について現在の州境に基づく人口を示す。付録Ⅲを参照]

州	2001	2002	2003	2004	2005	2006	2007	2008	2009
合衆国	285,082	287,804	290,326	293,046	295,753	298,593	301,580	304,375	307,007
アラバマ	4,464	4,472	4,491	4,512	4,545	4,598	4,638	4,677	4,709
アラスカ	633	643	651	662	669	677	682	688	698
アリゾナ	5,304	5,452	5,591	5,759	5,975	6,192	6,362	6,499	6,596
アーカンソー	2,691	2,705	2,722	2,746	2,776	2,815	2,842	2,868	2,889
カリフォルニア	34,486	34,876	35,251	35,558	35,795	35,979	36,226	36,580	36,962
コロラド	4,433	4,504	4,549	4,600	4,661	4,753	4,842	4,935	5,025
コネティカット	3,428	3,448	3,468	3,475	3,477	3,485	3,489	3,503	3,518
デラウェア	795	804	815	827	840	853	865	876	885
コロンビア特別区	578	580	578	580	582	584	586	590	600
フロリダ	16,354	16,680	16,981	17,375	17,784	18,089	18,278	18,424	18,538
ジョージア	8,420	8,586	8,735	8,914	9,097	9,330	9,534	9,698	9,829
ハワイ	1,218	1,228	1,239	1,253	1,266	1,276	1,277	1,287	1,295
アイダホ	1,321	1,342	1,364	1,392	1,426	1,464	1,499	1,528	1,546
イリノイ	12,508	12,558	12,598	12,645	12,674	12,718	12,779	12,843	12,910
インディアナ	6,125	6,149	6,182	6,214	6,253	6,302	6,346	6,388	6,423
アイオワ	2,929	2,929	2,933	2,941	2,949	2,964	2,979	2,994	3,008
カンザス	2,701	2,713	2,722	2,731	2,742	2,756	2,776	2,797	2,819
ケンタッキー	4,069	4,091	4,119	4,148	4,182	4,219	4,256	4,288	4,314
ルイジアナ	4,461	4,466	4,475	4,489	4,498	4,240	4,376	4,452	4,492
メーン	1,285	1,294	1,303	1,308	1,312	1,315	1,317	1,320	1,318
メリーランド	5,375	5,440	5,497	5,543	5,583	5,612	5,634	5,659	5,699
マサチューセッツ	6,412	6,441	6,452	6,451	6,453	6,466	6,499	6,544	6,594
ミシガン	10,006	10,039	10,066	10,089	10,091	10,082	10,051	10,002	9,970
ミネソタ	4,983	5,017	5,048	5,079	5,107	5,148	5,191	5,231	5,266
ミシシッピ	2,853	2,859	2,868	2,886	2,900	2,897	2,922	2,940	2,952
ミズーリ	5,644	5,681	5,715	5,758	5,807	5,862	5,910	5,956	5,988
モンタナ	906	910	917	926	935	946	957	968	975
ネブラスカ	1,718	1,725	1,734	1,742	1,752	1,760	1,770	1,782	1,797
ネバダ	2,095	2,166	2,237	2,329	2,409	2,493	2,568	2,616	2,643
ニューハンプシャー	1,257	1,271	1,282	1,293	1,301	1,312	1,317	1,322	1,325
ニュージャージー	8,489	8,544	8,583	8,612	8,622	8,624	8,636	8,663	8,708
ニューメキシコ	1,829	1,850	1,870	1,892	1,917	1,943	1,969	1,987	2,010
ニューヨーク	19,089	19,162	19,231	19,298	19,331	19,357	19,423	19,468	19,541
ノースカロライナ	8,203	8,317	8,416	8,531	8,669	8,867	9,064	9,247	9,381
ノースダコタ	636	634	633	636	635	637	638	641	647
オハイオ	11,397	11,421	11,445	11,465	11,475	11,492	11,521	11,528	11,543
オクラホマ	3,465	3,485	3,499	3,514	3,533	3,574	3,612	3,644	3,687
オレゴン	3,470	3,517	3,550	3,574	3,618	3,678	3,733	3,783	3,826
ペンシルベニア	12,300	12,326	12,358	12,388	12,418	12,471	12,523	12,566	12,605
ロードアイランド	1,058	1,066	1,072	1,071	1,065	1,060	1,055	1,054	1,053
サウスカロライナ	4,063	4,104	4,146	4,201	4,256	4,339	4,424	4,503	4,561
サウスダコタ	759	762	767	774	780	789	797	805	812
テネシー	5,755	5,803	5,857	5,917	5,996	6,089	6,173	6,240	6,296
テキサス	21,333	21,711	22,058	22,418	22,802	23,369	23,838	24,304	24,782
ユタ	2,291	2,334	2,380	2,439	2,500	2,584	2,664	2,727	2,785
バーモント	612	615	617	618	619	620	620	621	622
バージニア	7,191	7,284	7,374	7,469	7,564	7,647	7,720	7,795	7,883
ワシントン	5,988	6,056	6,113	6,184	6,261	6,372	6,465	6,566	6,664
ウエストバージニア	1,799	1,799	1,802	1,803	1,804	1,807	1,811	1,815	1,820
ウィスコンシン	5,409	5,447	5,477	5,511	5,541	5,572	5,602	5,628	5,655
ワイオミング	493	497	499	503	506	513	523	533	544

資　料：U.S. Census Bureau, Population Division, "Table 1: Annual Estimates of the Resident Population for the United States, Regions, States, and Puerto Rico: April 1, 2000 to July 1, 2009 (NST-EST2009-01)," (2009年12月), ⟨http://www.census.gov/popest/states/NST-ann-est.html⟩

No.14. 州別人口——順位、変化率、人口密度別：1980－2010年

[4月1日現在、2009年は7月1日現在。可能な限り、全年を通じて現在の州面積に基づく人口。1990年以前のセンサスについては、Count Question Resolution Program（地域の境界の変更などを反映してデータを改訂するプログラム）およびその他の公式の改訂値を採用している、各州の面積については表No.358を参照。マイナス（－）記号は減少を示す。付録Ⅲを参照。本書前年版の表No.13も参照]

州	順位				変化率（%）			1平方マイルあたり人口[1]		
	1980	1990	2000	2010	1980-1990	1990-2000	2000-2010	1990	2000	2010
合衆国	(X)	(X)	(X)	(X)	9.8	13.1	9.7	70.4	79.7	87.4
アラバマ	22	22	23	23	3.8	10.1	7.5	79.8	87.8	94.4
アラスカ	50	49	48	47	36.9	14.0	13.3	1.0	1.1	1.2
アリゾナ	29	24	20	16	34.8	40.0	24.6	32.3	45.2	56.3
アーカンソー	33	33	33	32	2.8	13.7	9.1	45.2	51.4	56.0
カリフォルニア	1	1	1	1	26.0	13.8	10.0	191.0	217.4	239.1
コロラド	28	26	24	22	14.0	30.6	16.9	31.8	41.5	48.5
コネティカット	25	27	29	29	5.8	3.6	4.9	678.8	703.3	738.1
デラウェア	47	46	45	45	12.1	17.6	14.6	341.9	402.1	460.8
コロンビア特別区	(X)	(X)	(X)	(X)	-4.9	-5.7	5.2	9,941.3	9,370.6	9,856.5
フロリダ	7	4	4	4	32.7	23.5	17.6	241.3	298.0	350.6
ジョージア	13	11	10	9	18.6	26.4	18.3	112.6	142.3	168.4
ハワイ	39	41	42	40	14.9	9.3	12.3	172.6	188.6	211.8
アイダホ	41	42	39	39	6.7	28.5	21.1	12.2	15.7	19.0
イリノイ	5	6	5	5	(Z)	8.6	3.3	205.9	223.7	231.1
インディアナ	12	14	14	15	1.0	9.7	6.6	154.8	169.7	181.0
アイオワ	27	30	30	30	-4.7	5.4	4.1	49.7	52.4	54.5
カンザス	32	32	32	33	4.8	8.5	6.1	30.3	32.9	34.9
ケンタッキー	23	23	25	26	0.7	9.6	7.4	93.4	102.4	109.9
ルイジアナ	19	21	22	25	0.4	5.9	1.4	97.7	103.4	104.9
メーン	38	38	40	41	9.2	3.8	4.2	39.8	41.3	43.1
メリーランド	18	19	19	19	13.4	10.8	9.0	492.5	545.6	594.8
マサチューセッツ	11	13	13	14	4.9	5.5	3.1	771.3	814.0	839.4
ミシガン	8	8	8	8	0.4	6.9	-0.6	164.4	175.8	174.8
ミネソタ	21	20	21	21	7.4	12.4	7.8	55.0	61.8	66.6
ミシシッピ	31	31	31	31	2.2	10.5	4.3	54.9	60.6	63.2
ミズーリ	15	15	17	18	4.1	9.3	7.0	74.4	81.4	87.1
モンタナ	44	44	44	44	1.6	12.9	9.7	5.5	6.2	6.8
ネブラスカ	35	36	38	38	0.5	8.4	6.7	20.5	22.3	23.8
ネバダ	43	39	35	35	50.1	66.3	35.1	10.9	18.2	24.6
ニューハンプシャー	42	40	41	42	20.5	11.4	6.5	123.9	138.0	147.0
ニュージャージー	9	9	9	11	5.2	8.9	4.5	1,051.1	1,144.2	1,195.5
ニューメキシコ	37	37	36	36	16.3	20.1	13.2	12.5	15.0	17.0
ニューヨーク	2	2	3	3	2.5	5.5	2.1	381.8	402.7	411.2
ノースカロライナ	10	10	11	10	12.8	21.4	18.5	136.4	165.6	196.1
ノースダコタ	46	47	47	48	-2.1	0.5	4.7	9.3	9.3	9.7
オハイオ	6	7	7	7	0.5	4.7	1.6	265.5	277.8	282.3
オクラホマ	26	28	27	28	4.0	9.7	8.7	45.9	50.3	54.7
オレゴン	30	29	28	27	7.9	20.4	12.0	29.6	35.6	39.9
ペンシルベニア	4	5	6	6	0.2	3.4	3.4	265.6	274.5	283.9
ロードアイランド	40	43	43	43	5.9	4.5	0.4	970.6	1,014.0	1,018.1
サウスカロライナ	24	25	26	24	11.7	15.1	15.3	116.0	133.5	153.9
サウスダコタ	45	45	46	46	0.8	8.5	7.9	9.2	10.0	10.7
テネシー	17	17	16	17	6.2	16.7	11.5	118.3	138.0	153.9
テキサス	3	3	2	2	19.4	22.8	20.6	65.0	79.8	96.3
ユタ	36	35	34	34	17.9	29.6	23.8	21.0	27.2	33.6
バーモント	48	48	49	49	10.0	8.2	2.8	61.1	66.1	67.9
バージニア	14	12	12	12	15.8	14.4	13.0	156.7	179.2	202.6
ワシントン	20	18	15	13	17.8	21.1	14.1	73.2	88.7	101.2
ウエストバージニア	34	34	37	37	-8.0	0.8	2.5	74.6	75.2	77.1
ウィスコンシン	16	16	18	20	4.0	9.6	6.0	90.3	99.0	105.0
ワイオミング	49	50	50	50	-3.4	8.9	14.1	4.7	5.1	5.8

X 該当なし　Z 0.05%未満　1.1平方マイルあたりの人口は、2010年センサスにおける面積データに基づいて算出

資料：U.S. Census Bureau, United States Summary: 2000 (PHC-3-1), <http://www.census.gov/prod/cen2000/phc3-us-pt1.pdf>; 2010 Census Redistricting Data (P.L. 94-171) Summary File, <http://www.census.gov/rdo/data/2010_census_redistricting_data_pl_94-171_summary_files.html>

No.15. 居住人口——人口変化の要素別、州別：2000－2009年

[2000年4月1日から2009年7月1日の期間。マイナス記号（－）は減少を示す。本書前年版の表No.15も参照]

州	人口変化[1]	出生	死亡	自然増加（出生－死亡）	純移動 合計	純移動 国際移動[2]	純移動 国内移動
合衆国	25,581,948	38,358,804	22,483,225	15,875,579	8,944,170	8,944,170	(X)
アラバマ	261,326	566,363	427,844	138,519	136,452	50,742	85,710
アラスカ	71,542	97,287	28,894	68,393	－724	8,308	－9,032
アリゾナ	1,465,171	875,726	411,488	464,238	986,764	272,410	714,354
アーカンソー	216,064	361,135	258,324	102,811	112,923	36,478	76,445
カリフォルニア	3,090,016	5,058,440	2,179,958	2,878,482	306,925	1,816,633	－1,509,708
コロラド	722,733	641,107	272,191	368,916	357,683	144,861	212,822
コネティカット	112,681	388,331	271,426	116,905	16,608	112,936	－96,328
デラウェア	101,565	106,409	66,314	40,095	66,047	19,523	46,524
コロンビア特別区	27,602	73,986	50,911	23,075	－17,427	24,179	－41,606
フロリダ	2,555,130	2,046,244	1,566,658	479,586	2,034,234	851,260	1,182,974
ジョージア	1,642,430	1,301,426	616,981	684,445	849,133	281,998	567,135
ハワイ	83,640	168,965	83,575	85,390	5,843	38,951	－33,108
アイダホ	251,846	211,735	95,443	116,292	134,462	22,121	112,341
イリノイ	490,751	1,681,839	960,627	721,212	－228,888	403,978	－632,866
インディアナ	342,593	810,225	512,148	298,077	71,633	93,367	－21,734
アイオワ	81,476	361,766	255,370	106,396	－15,876	36,329	－52,205
カンザス	129,936	370,672	225,837	144,835	－17,574	52,388	－69,962
ケンタッキー	271,825	519,005	370,888	148,117	126,831	44,314	82,517
ルイジアナ	23,104	595,844	382,645	213,199	－285,765	33,046	－318,811
メーン	43,386	128,319	116,170	12,149	38,804	8,079	30,725
メリーランド	402,934	698,269	405,035	293,234	95,290	191,262	－95,972
マサチューセッツ	244,468	729,448	508,747	220,701	－31,623	245,145	－276,768
ミシガン	31,235	1,196,297	802,544	393,753	－372,082	168,668	－540,750
ミネソタ	346,722	654,294	348,464	305,830	62,426	106,388	－43,962
ミシシッピ	107,330	403,008	263,192	139,816	－18,973	17,572	－36,545
ミズーリ	390,896	726,153	507,227	218,926	105,461	63,420	42,041
モンタナ	72,799	108,579	77,395	31,184	42,980	3,042	39,938
ネブラスカ	85,354	241,832	139,626	102,206	－9,156	31,988	－41,144
ネバダ	644,825	333,232	165,152	168,080	485,443	110,681	374,762
ニューハンプシャー	88,784	135,471	92,897	42,574	53,460	18,373	35,087
ニュージャージー	293,361	1,038,937	664,523	374,414	－60,000	399,803	－459,803
ニューメキシコ	190,630	265,766	136,175	129,591	70,558	47,343	23,215
ニューヨーク	564,642	2,323,103	1,417,221	905,882	－846,993	839,590	－1,686,583
ノースカロライナ	1,334,478	1,143,251	685,324	457,927	889,589	214,573	675,016
ノースダコタ	4,649	76,697	53,637	23,060	－15,217	4,568	－19,785
オハイオ	189,495	1,389,016	999,895	389,121	－247,751	120,452	－368,203
オクラホマ	236,412	481,766	325,299	156,467	92,977	53,514	39,463
オレゴン	404,220	433,972	284,372	149,600	274,031	95,484	178,547
ペンシルベニア	323,696	1,350,244	1,183,448	166,796	136,359	176,498	－40,139
ロードアイランド	4,894	115,762	89,989	25,773	－14,632	30,017	－44,649
サウスカロライナ	549,410	537,443	355,877	181,566	376,441	65,869	310,572
サウスダコタ	57,548	105,163	64,270	40,893	13,367	6,545	6,822
テネシー	606,978	754,589	525,554	229,035	356,078	91,508	264,570
テキサス	3,930,484	3,568,617	1,444,493	2,124,124	1,781,785	933,083	848,702
ユタ	551,368	479,519	124,262	355,257	118,543	65,961	52,582
バーモント	12,939	59,886	47,266	12,620	3,877	5,001	－1,124
バージニア	803,542	957,904	532,166	425,738	375,639	204,219	171,420
ワシントン	770,052	772,324	424,029	348,295	440,988	202,442	238,546
ウエストバージニア	11,433	192,926	193,308	－382	21,653	5,635	16,018
ウィスコンシン	291,066	654,879	429,869	225,010	59,904	70,347	－10,443
ワイオミング	50,487	65,633	38,277	27,356	25,660	3,278	22,382

X 該当なし　1．総人口変化には残差が含まれる。この残差は、人口統計上の各項に帰することのできない人口変化を示す　2．純国際移動には本国と外国出生の両方の国際移動を含む、具体的には(a)外国出生の者の合衆国への純国際流入、(b)合衆国・プエルトリコ間の純移動、(c)合衆国出生の者の流出入、(d)軍隊兵員の海外流出入、を含む

資　料：U.S. Census Bureau, Population Division, "Table 4. Cumulative Estimates of the Components of Resident Population Change for the United States, Regions, States, and Puerto Rico: April 1, 2000 to July 1, 2009 (NST-EST2009-04)," (2009年12月);
⟨http://www.census.gov/popest/states/tables/NST-EST2009-04.xls⟩

No.16. 居住人口──年齢別・州別：2010年

[単位：1,000人（308,746は3億874万6000人を表す）。4月1日現在。本書前年版の表No.16も参照]

州	計	5歳未満	5－14歳	15－24歳	25－34歳	35－44歳	45－54歳	55－64歳	65－74歳	75－84歳	85歳以上	65歳以上の割合(%)
合衆国…	308,746	20,201	41,026	43,626	41,064	41,071	45,007	36,483	21,713	13,061	5,493	13.0
AL	4,780	305	628	679	609	620	694	588	371	212	76	13.8
AK	710	54	102	107	103	93	111	86	35	15	5	7.7
AZ	6,392	456	902	904	857	822	843	726	498	281	103	13.8
AR	2,916	198	394	403	376	366	407	351	235	134	51	14.4
CA	37,254	2,531	5,097	5,590	5,318	5,183	5,252	4,036	2,275	1,370	601	11.4
CO	5,029	344	681	688	726	700	743	598	310	170	70	10.9
CT	3,574	202	463	479	420	484	576	443	255	167	85	14.2
DE	898	56	113	127	111	116	134	111	72	41	16	14.4
DC	602	33	51	104	125	81	76	64	37	22	10	11.4
FL	18,801	1,074	2,211	2,457	2,290	2,431	2,741	2,338	1,728	1,098	434	17.3
GA	9,688	687	1,385	1,390	1,336	1,398	1,391	1,070	606	312	114	10.7
HI	1,360	87	165	182	185	176	194	176	101	64	30	14.3
ID	1,568	122	238	224	209	192	209	180	110	60	25	12.4
IL	12,831	836	1,739	1,801	1,776	1,726	1,871	1,473	850	525	235	12.5
IN	6,484	434	897	928	827	841	947	769	452	274	115	13.0
IA	3,046	202	402	430	383	365	440	373	225	154	75	14.9
KS	2,853	205	401	408	378	347	406	331	190	126	59	13.2
KY	4,339	282	567	587	566	577	643	539	325	184	69	13.3
LA	4,533	314	613	665	628	565	654	536	312	180	66	12.3
ME	1,328	70	153	168	145	171	219	192	113	69	29	15.9
MD	5,774	364	746	800	762	796	902	696	386	223	98	12.3
MA	6,548	367	791	938	845	887	1,012	803	456	301	145	13.8
MI	9,884	596	1,313	1,409	1,164	1,278	1,510	1,252	725	445	192	13.8
MN	5,304	356	708	723	716	681	808	629	354	222	107	12.9
MS	2,967	211	414	436	387	375	417	347	214	122	44	12.8
MO	5,989	390	787	837	775	749	889	723	450	274	114	14.0
MT	989	62	122	134	123	113	150	139	81	46	20	14.8
NE	1,826	132	252	258	245	221	259	213	123	84	39	13.5
NV	2,701	187	366	360	387	383	377	315	198	96	30	12.0
NH	1,316	70	162	178	144	179	226	178	97	57	25	13.5
NJ	8,792	541	1,152	1,139	1,110	1,238	1,379	1,046	611	395	180	13.5
NM	2,059	145	285	292	267	249	292	257	154	86	32	13.2
NY	19,378	1,156	2,375	2,777	2,659	2,610	2,879	2,304	1,361	866	391	13.5
NC	9,535	632	1,267	1,321	1,247	1,327	1,369	1,139	698	389	147	12.9
ND	673	45	80	106	90	75	97	82	47	34	17	14.5
OH	11,537	721	1,523	1,587	1,410	1,480	1,742	1,452	850	541	230	14.1
OK	3,751	264	513	534	507	461	526	440	280	164	62	13.5
OR	3,831	238	480	508	524	500	539	510	290	166	78	13.9
PA	12,702	730	1,545	1,779	1,511	1,616	1,940	1,622	980	674	306	15.4
RI	1,053	57	124	162	127	137	162	131	74	51	27	14.4
SC	4,625	302	593	661	592	601	659	584	369	192	71	13.7
SD	814	60	109	115	105	93	117	98	58	40	19	14.3
TN	6,346	408	831	863	824	854	926	786	487	266	100	13.4
TX	25,146	1,928	3,810	3,700	3,613	3,458	3,435	2,598	1,472	824	305	10.3
UT	2,764	264	478	448	446	332	307	240	138	80	31	9.0
VT	626	32	72	90	70	78	103	90	50	29	13	14.6
VA	8,001	510	1,023	1,123	1,090	1,109	1,214	955	550	305	122	12.2
WA	6,725	440	868	924	934	908	988	835	457	253	117	12.3
WV	1,853	104	215	237	221	237	276	265	164	98	36	16.0
WI	5,687	358	745	786	722	726	874	700	400	258	119	13.7
WY	564	40	73	78	78	67	84	74	40	22	9	12.4

資料：U.S. Census Bureau, "Demographic Profiles: Census 2010," 〈http://2010.census.gov/news/press-kits/demographic-profiles.html〉

No.17. 従属人口指数——州別：2000、2010年

[4月現在]

州	従属人口指数[1]		年少人口指数[2]		老年人口指数[3]	
	2000	2010	2000	2010	2000	2010
合衆国	**61.6**	**58.9**	**41.5**	**38.2**	**20.1**	**20.7**
アラバマ	62.1	59.9	40.9	37.9	21.1	22.0
アラスカ	56.5	51.8	47.6	40.0	8.9	11.7
アリゾナ	65.7	64.7	44.2	42.0	21.6	22.7
アーカンソー	65.1	63.4	42.0	39.9	23.1	23.5
カリフォルニア	61.1	57.1	44.0	39.2	17.1	17.9
コロラド	54.5	54.6	39.5	37.7	14.9	16.9
コネティカット	62.7	58.8	40.2	36.3	22.5	22.5
デラウェア	60.8	59.5	39.9	36.6	20.9	23.0
コロンビア特別区	47.8	39.3	29.7	23.3	18.1	15.9
フロリダ	67.7	62.9	38.3	34.7	29.5	28.2
ジョージア	56.5	57.2	41.5	40.4	15.0	16.7
ハワイ	60.4	57.9	39.2	35.3	21.3	22.7
アイダホ	66.1	66.1	47.4	45.5	18.7	20.6
イリノイ	61.8	58.6	42.3	38.7	19.5	19.9
インディアナ	62.0	60.7	41.9	39.9	20.1	20.8
アイオワ	66.6	63.3	41.8	39.0	24.8	24.3
カンザス	66.0	63.0	44.0	41.5	22.0	21.5
ケンタッキー	59.0	58.5	39.1	37.4	19.9	21.1
ルイジアナ	63.6	58.6	44.6	39.1	18.9	19.5
メーン	61.3	57.6	38.1	32.6	23.2	25.0
メリーランド	58.5	55.5	40.6	36.4	17.9	19.1
マサチューセッツ	59.2	54.9	37.6	33.6	21.6	21.4
ミシガン	62.3	60.0	42.4	37.9	19.9	22.0
ミネソタ	61.9	59.0	42.4	38.5	19.6	20.5
ミシシッピ	64.8	62.0	44.9	41.3	19.9	20.8
ミズーリ	64.0	60.8	41.8	38.3	22.1	22.5
モンタナ	63.7	59.8	41.7	36.1	21.9	23.7
ネブラスカ	66.3	63.0	43.8	41.0	22.6	22.0
ネバダ	57.6	57.8	40.4	38.9	17.3	19.0
ニューハンプシャー	58.8	54.7	39.8	33.8	19.0	20.9
ニュージャージー	61.4	58.7	40.0	37.3	21.4	21.4
ニューメキシコ	65.6	62.4	46.3	40.9	19.3	21.5
ニューヨーク	60.3	55.8	39.6	34.8	20.7	21.1
ノースカロライナ	57.3	58.4	38.4	37.9	19.0	20.5
ノースダコタ	66.0	58.2	41.6	35.2	24.4	22.9
オハイオ	63.2	60.6	41.5	38.0	21.7	22.6
オクラホマ	64.1	62.0	42.4	40.2	21.7	21.9
オレゴン	60.1	57.6	39.6	35.6	20.5	21.9
ペンシルベニア	65.1	59.8	39.3	35.1	25.8	24.6
ロードアイランド	61.8	55.5	38.2	33.1	23.5	22.4
サウスカロライナ	59.4	58.8	40.1	37.1	19.3	21.7
サウスダコタ	70.0	64.5	45.6	41.0	24.4	23.6
テネシー	58.6	58.8	39.0	37.4	19.6	21.4
テキサス	61.7	60.4	45.7	43.8	16.1	16.6
ユタ	68.6	68.2	54.3	53.0	14.4	15.2
バーモント	58.6	54.3	38.4	31.9	20.2	22.5
バージニア	55.6	54.7	38.2	35.9	17.4	18.9
ワシントン	58.5	55.8	40.7	36.6	17.8	19.2
ウエストバージニア	60.2	58.6	35.6	33.2	24.5	25.5
ウィスコンシン	62.9	59.3	41.6	37.5	21.3	21.8
ワイオミング	60.7	57.4	41.9	37.8	18.8	19.6

1．従属人口指数とは、年少人口（18歳未満）と老年人口（65歳以上）の合計を、生産年齢人口（18-64歳）で割って、100を掛けたもの 2．年少人口指数は、年少人口（18歳未満）を生産年齢人口（18-64歳）で割って、100を掛けたもの
3．老年人口指数は、老年人口（65歳以上）を生産年齢人口（18-64歳）で割って、100を掛けたもの
資 料：U.S. Census Bureau, Table GCT-T6-R "Age Dependency Ratio of the Total Population"; Table GCT-T7-R" Child Dependency Ratio of the Total Population"; and Table GCT-T8-R "Old-Age Dependency Ratio of the Total Population"; <http://factfinder.census.gov/> (2011年5月現在)

No.18. 居住人口──ヒスパニック、州別：2010年

[単位：1,000人（308,746は3億874万6000人を表す）。4月1日現在。ヒスパニックは民族であり、人種ではない。従ってヒスパニックは人種を問わない]

州	総人口	合計 人数	合計 総人口に占める%	メキシコ	プエルトリコ	キューバ	その他のヒスパニック	非ヒスパニック計	非ヒスパニック白人
合衆国…	308,746	50,478	16.3	31,798	4,624	1,786	12,270	258,268	196,818
AL	4,780	186	3.9	123	12	4	46	4,594	3,204
AK	710	39	5.5	22	5	1	12	671	455
AZ	6,392	1,895	29.6	1,658	35	11	192	4,497	3,696
AR	2,916	186	6.4	138	5	1	42	2,730	2,173
CA	37,254	14,014	37.6	11,423	190	89	2,312	23,240	14,956
CO	5,029	1,039	20.7	757	23	6	252	3,991	3,521
CT	3,574	479	13.4	51	253	9	166	3,095	2,546
DE	898	73	8.2	30	23	1	19	825	587
DC	602	55	9.1	9	3	2	41	547	209
FL	18,801	4,224	22.5	630	848	1,213	1,533	14,578	10,885
GA	9,688	854	8.8	520	72	25	237	8,834	5,414
HI	1,360	121	8.9	35	44	2	40	1,239	309
ID	1,568	176	11.2	149	3	1	23	1,392	1,316
IL	12,831	2,028	15.8	1,602	183	23	220	10,803	8,168
IN	6,484	390	6.0	295	30	4	60	6,094	5,286
IA	3,046	152	5.0	117	5	1	28	2,895	2,701
KS	2,853	300	10.5	247	9	3	41	2,553	2,231
KY	4,339	133	3.1	82	11	9	30	4,207	3,746
LA	4,533	193	4.2	79	12	10	92	4,341	2,735
ME	1,328	17	1.3	5	4	1	7	1,311	1,254
MD	5,774	471	8.2	88	43	10	330	5,303	3,158
MA	6,548	628	9.6	38	266	11	312	5,920	4,985
MI	9,884	436	4.4	318	37	10	71	9,447	7,570
MN	5,304	250	4.7	176	11	4	60	5,054	4,405
MS	2,967	81	2.7	52	6	2	21	2,886	1,722
MO	5,989	212	3.5	147	12	5	48	5,776	4,851
MT	989	29	2.9	20	1	(Z)	7	961	869
NE	1,826	167	9.2	128	3	2	34	1,659	1,500
NV	2,701	717	26.5	541	21	21	133	1,984	1,462
NH	1,316	37	2.8	8	12	1	16	1,280	1,215
NJ	8,792	1,555	17.7	218	434	83	820	7,237	5,215
NM	2,059	953	46.3	591	8	4	350	1,106	834
NY	19,378	3,417	17.6	457	1,071	71	1,818	15,961	11,304
NC	9,535	800	8.4	487	72	18	223	8,735	6,224
ND	673	13	2.0	9	1	(Z)	3	659	598
OH	11,537	355	3.1	172	95	8	80	11,182	9,359
OK	3,751	332	8.9	267	12	3	50	3,419	2,575
OR	3,831	450	11.7	370	9	5	66	3,381	3,006
PA	12,702	720	5.7	130	366	18	206	11,983	10,095
RI	1,053	131	12.4	9	35	2	85	922	804
SC	4,625	236	5.1	138	26	6	65	4,390	2,963
SD	814	22	2.7	14	1	(Z)	7	792	690
TN	6,346	290	4.6	187	21	8	75	6,056	4,801
TX	25,146	9,461	37.6	7,951	131	47	1,333	15,685	11,397
UT	2,764	358	13.0	259	7	2	90	2,406	2,222
VT	626	9	1.5	3	2	1	4	617	590
VA	8,001	632	7.9	155	74	15	388	7,369	5,186
WA	6,725	756	11.2	602	26	7	121	5,969	4,877
WV	1,853	22	1.2	10	4	1	8	1,831	1,726
WI	5,687	336	5.9	244	46	4	42	5,351	4,738
WY	564	50	8.9	38	1	(Z)	11	513	484

Z 500人未満

資料：U.S. Census Bureau, "Demographic Profiles: 2010," ⟨http://2010.census.gov/news/press-kits/demographic-profiles.html⟩

No.19. 居住人口——人種、州別：2010年

[単位：1,000人（308,746は3億874万6000人を表す）、4月1日現在。本書前年版の表No.19も参照]

州	総人口	単一人種						複数人種
		白人	黒人または アフリカ系	アメリカ インディアン アラスカ 原住民	アジア系	ハワイ 原住民、 太平洋 諸島民	その他の 人種	
合衆国……	308,746	223,553	38,929	2,932	14,674	540	19,107	9,009
AL……	4,780	3,275	1,251	28	54	3	97	71
AK……	710	474	23	105	38	7	11	52
AZ……	6,392	4,667	259	297	177	13	762	218
AR……	2,916	2,245	450	22	36	6	100	57
CA……	37,254	21,454	2,299	363	4,861	144	6,317	1,815
CO……	5,029	4,089	202	56	139	7	364	172
CT……	3,574	2,772	362	11	136	1	198	93
DE……	898	619	192	4	29	(Z)	31	24
DC……	602	231	305	2	21	(Z)	24	17
FL……	18,801	14,109	3,000	71	455	12	681	473
GA……	9,688	5,787	2,950	32	314	7	389	207
HI……	1,360	337	21	4	525	135	17	321
ID……	1,568	1,396	10	21	19	2	80	39
IL……	12,831	9,178	1,866	44	587	4	861	290
IN……	6,484	5,468	591	18	102	2	173	128
IA……	3,046	2,782	89	11	53	2	56	53
KS……	2,853	2,391	168	28	68	2	110	86
KY……	4,339	3,810	338	10	49	3	56	75
LA……	4,533	2,836	1,452	31	70	2	69	73
ME……	1,328	1,265	16	9	14	(Z)	4	21
MD……	5,774	3,359	1,700	20	319	3	207	165
MA……	6,548	5,265	434	19	350	2	305	172
MI……	9,884	7,803	1,400	62	238	3	147	230
MN……	5,304	4,524	274	61	214	2	103	125
MS……	2,967	1,755	1,098	15	26	1	38	34
MO……	5,989	4,959	693	27	98	6	80	125
MT……	989	885	4	63	6	1	6	25
NE……	1,826	1,573	83	18	32	1	79	40
NV……	2,701	1,787	219	32	195	17	325	126
NH……	1,316	1,236	15	3	28	(Z)	12	21
NJ……	8,792	6,029	1,205	29	726	3	560	240
NM……	2,059	1,408	43	193	28	2	309	77
NY……	19,378	12,741	3,074	107	1,420	9	1,442	586
NC……	9,535	6,529	2,049	122	209	7	414	206
ND……	673	605	8	37	7	(Z)	4	12
OH……	11,537	9,539	1,408	25	192	4	130	238
OK……	3,751	2,707	278	322	65	4	154	221
OR……	3,831	3,205	69	53	141	13	205	145
PA……	12,702	10,406	1,378	27	349	4	301	238
RI……	1,053	857	60	6	30	1	64	35
SC……	4,625	3,060	1,291	20	59	3	113	80
SD……	814	699	10	72	8	(Z)	7	17
TN……	6,346	4,922	1,057	20	91	4	142	110
TX……	25,146	17,702	2,980	171	965	22	2,628	679
UT……	2,764	2,380	29	33	55	25	167	76
VT……	626	596	6	2	8	(Z)	2	11
VA……	8,001	5,487	1,551	29	440	6	254	233
WA……	6,725	5,196	240	104	481	40	350	313
WV……	1,853	1,740	63	4	12	(Z)	6	27
WI……	5,687	4,902	359	55	129	2	136	104
WY……	564	511	5	13	4	(Z)	17	12

本表末尾の脚注を参照

No.19. 居住人口——人種、州別：2010年

[24ページの頭注を参照]

州	構成比（％）						
	単一人種						複数人種
	白人	黒人または アフリカ系	アメリカ インディアン アラスカ 原住民	アジア系	ハワイ 原住民、 太平洋 諸島民	その他の 人種	
合衆国	72.4	12.6	0.9	4.8	0.2	6.2	2.9
AL	68.5	26.2	0.6	1.1	0.1	2.0	1.5
AK	66.7	3.3	14.8	5.4	1.0	1.6	7.3
AZ	73.0	4.1	4.6	2.8	0.2	11.9	3.4
AR	77.0	15.4	0.8	1.2	0.2	3.4	2.0
CA	57.6	6.2	1.0	13.0	0.4	17.0	4.9
CO	81.3	4.0	1.1	2.8	0.1	7.2	3.4
CT	77.6	10.1	0.3	3.8	(Z)	5.6	2.6
DE	68.9	21.4	0.5	3.2	(Z)	3.4	2.7
DC	38.5	50.7	0.3	3.5	0.1	4.1	2.9
FL	75.0	16.0	0.4	2.4	0.1	3.6	2.5
GA	59.7	30.5	0.3	3.2	0.1	4.0	2.1
HI	24.7	1.6	0.3	38.6	10.0	1.2	23.6
ID	89.1	0.6	1.4	1.2	0.1	5.1	2.5
IL	71.5	14.5	0.3	4.6	(Z)	6.7	2.3
IN	84.3	9.1	0.3	1.6	(Z)	2.7	2.0
IA	91.3	2.9	0.4	1.7	0.1	1.8	1.8
KS	83.8	5.9	1.0	2.4	0.1	3.9	3.0
KY	87.8	7.8	0.2	1.1	0.1	1.3	1.7
LA	62.6	32.0	0.7	1.5	(Z)	1.5	1.6
ME	95.2	1.2	0.6	1.0	(Z)	0.3	1.6
MD	58.2	29.4	0.4	5.5	0.1	3.6	2.9
MA	80.4	6.6	0.3	5.3	(Z)	4.7	2.6
MI	78.9	14.2	0.6	2.4	(Z)	1.5	2.3
MN	85.3	5.2	1.1	4.0	(Z)	1.9	2.4
MS	59.1	37.0	0.5	0.9	(Z)	1.3	1.1
MO	82.8	11.6	0.5	1.6	0.1	1.3	2.1
MT	89.4	0.4	6.3	0.6	0.1	0.6	2.5
NE	86.1	4.5	1.0	1.8	0.1	4.3	2.2
NV	66.2	8.1	1.2	7.2	0.6	12.0	4.7
NH	93.9	1.1	0.2	2.2	(Z)	0.9	1.6
NJ	68.6	13.7	0.3	8.3	(Z)	6.4	2.7
NM	68.4	2.1	9.4	1.4	0.1	15.0	3.7
NY	65.7	15.9	0.6	7.3	(Z)	7.4	3.0
NC	68.5	21.5	1.3	2.2	0.1	4.3	2.2
ND	90.0	1.2	5.4	1.0	(Z)	0.5	1.8
OH	82.7	12.2	0.2	1.7	(Z)	1.1	2.1
OK	72.2	7.4	8.6	1.7	0.1	4.1	5.9
OR	83.6	1.8	1.4	3.7	0.3	5.3	3.8
PA	81.9	10.8	0.2	2.7	(Z)	2.4	1.9
RI	81.4	5.7	0.6	2.9	0.1	6.0	3.3
SC	66.2	27.9	0.4	1.3	0.1	2.5	1.7
SD	85.9	1.3	8.8	0.9	(Z)	0.9	2.1
TN	77.6	16.7	0.3	1.4	0.1	2.2	1.7
TX	70.4	11.8	0.7	3.8	0.1	10.5	2.7
UT	86.1	1.1	1.2	2.0	0.9	6.0	2.7
VT	95.3	1.0	0.4	1.3	(Z)	0.3	1.7
VA	68.6	19.4	0.4	5.5	0.1	3.2	2.9
WA	77.3	3.6	1.5	7.2	0.6	5.2	4.7
WV	93.9	3.4	0.2	0.7	(Z)	0.3	1.5
WI	86.2	6.3	1.0	2.3	(Z)	2.4	1.8
WY	90.7	0.8	2.4	0.8	0.1	3.0	2.2

Z　500人未満または0.05％未満

資料：U.S. Census Bureau, 2010 Census Redistricting Data (Public Law 94-171) Summary File, Table P1, 〈www.census.gov/prod/cen2010/doc/pl94-171.pdf〉

No.20. 大都市統計地区の人口：1990－2010年

[4月1日現在。単位：1,000人(658は65万8000人を表す)。2009年11月現在の米国行政管理予算局の定義に基づき、2010年の人口が25万人以上の大都市統計地区。2000－2010年の地理的境界線は2010年1月1日現在の定義による。大都市地区と小都市地区の定義と構成については付録IIを参照。マイナス記号(－)は減少を示す]

大都市統計地区	1990	2000	2010	変化 1990-2000 人数	%	変化 2000-2010 人数	%	順位 2010
アクロン、OH	658	695	703	37	5.7	8	1.2	72
オルバニ-スケネクタディ-トロイ、NY	810	826	871	16	2.0	45	5.4	58
アルバカーキ、NM	599	730	887	130	21.7	157	21.6	57
アレンタウン-ベスレヘム-イーストン、PA-NJ	687	740	821	54	7.8	81	10.9	64
アンカレッジ、AK	266	320	381	54	20.1	61	19.2	133
アナーバー、MI	283	323	345	40	14.1	22	6.8	146
アシュビル、NC	308	369	425	61	19.9	56	15.1	117
アトランタ-サンディスプリングズ-マリエッタ、GA	3,069	4,248	5,269	1,179	38.4	1,021	24.0	9
アトランティックシティ-ハモントン、NJ	224	253	275	28	12.6	22	8.7	166
オーガスタ-リッチモンドカウンティ、GA-SC	436	500	557	64	14.7	57	11.4	92
オースティン-ラウンドロック、TX	846	1,250	1,716	404	47.7	467	37.3	35
ベーカーズフィールド、CA	545	662	840	117	21.4	178	26.9	62
ボルティモア-タウソン、MD	2,382	2,553	2,710	171	7.2	157	6.2	20
バトンルージュ、LA	624	706	802	82	13.2	97	13.7	65
ボーモント-ポートアーサー、TX	361	385	389	24	6.6	4	0.9	132
ビンガムトン、NY	264	252	252	−12	−4.6	−1	−0.2	182
バーミンガム-フーバー、AL	957	1,052	1,128	96	10.0	76	7.2	49
ボイシシティ-ナンパ、ID	320	465	617	145	45.4	152	32.6	86
ボストン-ケンブリッジ-クインシー、MA-NH	4,134	4,391	4,552	257	6.2	161	3.7	10
ボールダー、CO [1]	209	270	295	61	29.1	25	9.2	160
ブレマートン-シルバーデール、WA	190	232	251	42	22.3	19	8.3	183
ブリッジポート-スタンフォード-ノーウォーク、CT	828	883	917	55	6.6	34	3.9	56
ブラウンズビル-ハーリンゲン、TX	260	335	406	75	28.9	71	21.2	126
バッファロー-ナイアガラ・フォールズ、NY	1,189	1,170	1,136	−19	−1.6	−35	−3.0	47
カントン-マッシロン、OH	394	407	404	13	3.3	−3	−0.6	128
ケープコーラル-フォートマイヤーズ、FL	335	441	619	106	31.6	178	40.3	85
シーダーラピッズ、IA	211	237	258	27	12.6	21	8.7	176
チャールストン、WV	308	310	304	2	0.6	−5	−1.7	154
チャールストン-ノースチャールストン-サマービル、SC	507	549	665	42	8.3	116	21.1	79
シャーロット-ガストニア-コンコード、NC-SC	1,025	1,330	1,758	306	29.8	428	32.1	33
チャタヌーガ、TN-GA	433	477	528	43	10.0	52	10.8	97
シカゴ-ナパービル-ジョリエット、IL-IN-WI	8,182	9,098	9,461	916	11.2	363	4.0	3
シンシナティ-ミドルタウン、OH-KY-IN	1,845	2,010	2,130	165	8.9	121	6.0	27
クラークスビル、TN-KY	189	232	274	43	22.6	42	18.1	168
クリーブランド-エリリア-メンター、OH	2,102	2,148	2,077	46	2.2	−71	−3.3	28
コロラドスプリングズ、CO	409	537	646	128	31.3	108	20.1	82
コロンビア、SC	549	647	768	98	17.9	120	18.6	70
コロンバス、GA-AL	266	282	295	15	5.7	13	4.6	159
コロンバス、OH	1,405	1,613	1,837	208	14.8	224	13.9	32
コーパスクリスティ、TX	368	403	428	35	9.7	25	6.2	114
ダラス-フォートワース-アーリントン、TX	3,989	5,162	6,372	1,172	29.4	1,210	23.4	4
ダベンポート-モリーン-ロックアイランド、IA-IL	368	376	380	8	2.1	4	1.0	134
デートン、OH	844	848	842	4	0.5	−7	−0.8	61
デルトナ-デートナビーチ-オーモンドビーチ、FL	371	443	495	73	19.6	51	11.6	103
デンバー-オーロラ、CO [1]	1,667	2,179	2,543	512	30.7	364	16.7	21
デモイン-ウエストデモイン、IA	416	481	570	65	15.6	88	18.3	88
デトロイト-ウォーレン-リボニア、MI	4,249	4,453	4,296	204	4.8	−156	−3.5	12
ダルース、MN-WI	269	275	280	6	2.3	4	1.6	165
ダーラム、NC	345	426	504	82	23.7	78	18.3	102
エルパソ、TX	592	680	801	88	14.9	121	17.8	66
エリー、PA	276	281	281	5	1.9	(−Z)	−0.1	164
ユージーン-スプリングフィールド、OR	283	323	352	40	14.2	29	8.9	143
エバンズビル、IN-KY	325	343	359	18	5.5	16	4.6	142
フェイエットビル、NC	298	337	366	39	13.1	30	8.8	139
フェイエットビル-スプリングデール-ロジャース、AR-MO	239	347	463	108	44.9	116	33.5	109
フリント、MI	430	436	426	6	1.3	−10	−2.4	115
フォートコリンズ-ラブランド、CO	186	251	300	65	35.1	48	19.1	156
フォートスミス、AR-OK	234	273	299	39	16.7	25	9.3	158
フォートウェーン、IN	354	390	416	36	10.1	26	6.7	121
フレズノ、CA	667	799	930	132	19.8	131	16.4	55

本表末尾の脚注を参照

No.20. 大都市統計地区の人口：1990－2010年（続）

[26頁の頭注を参照]

大都市統計地区	1990	2000	2010	変化 1990-2000 人数	%	変化 2000-2010 人数	%	順位 2010
ゲインズビル、FL	191	232	264	41	21.5	32	13.7	173
グランドラピッズ-ワイオミング、MI	646	740	774	95	14.6	34	4.5	69
グリーリー、CO [1]	132	181	253	49	37.3	72	39.7	179
グリーンベイ、WI	244	283	306	39	16.0	24	8.4	153
グリーンズボロ-ハイポイント、NC	540	643	724	103	19.1	80	12.5	71
グリーンビル-モールディン-イースリー、SC	472	560	637	88	18.6	77	13.8	83
ハーガスタウン-マーティンスバーグ、MD-WV	193	223	269	30	15.6	46	20.8	172
ハリスバーグ-カーライル、PA	474	509	549	35	7.3	40	7.9	93
ハートフォード-ウェストハートフォード-イーストハートフォード、CT	1,124	1,149	1,212	25	2.2	64	5.6	45
ヒッコリー-レノア-モーガントン、NC	292	342	365	49	16.9	24	6.9	140
ホランド-グランドヘブン、MI	188	238	264	51	26.9	25	10.7	174
ホノルル、HI	836	876	953	40	4.8	77	8.8	53
ヒューストン-シュガーランド-ベイタウン、TX	3,767	4,715	5,947	948	25.2	1,231	26.1	6
ハンティントン-アシュランド、WV-KY-OH	288	289	288	(Z)	0.2	-1	-0.3	161
ハンツビル、AL	293	342	418	49	16.8	75	22.0	120
インディアナポリス-カーメル、IN	1,294	1,525	1,756	231	17.8	231	15.2	34
ジャクソン、MS	447	497	539	50	11.2	42	8.4	96
ジャクソンビル、FL	925	1,123	1,346	198	21.4	223	19.8	40
カラマズー-ポーテイジ、MI	293	315	327	21	7.3	12	3.7	148
カンザスシティ、MO-KS	1,637	1,836	2,035	200	12.2	199	10.9	29
ケニウィック-パスコ-リッチランド、WA	150	192	253	42	27.9	62	32.1	178
キリーン-テンプル-フォートフッド、TX	269	331	405	62	23.0	75	22.6	127
キングスポート-ブリストル-ブリストル、TN-VA	276	298	310	23	8.3	11	3.7	151
ノックスビル、TN	535	616	698	81	15.2	82	13.3	75
ラファイエット、LA	209	239	274	30	14.5	35	14.5	169
レイクランド-ウィンターヘブン、FL	405	484	602	79	19.4	118	24.4	87
ランカスター、PA	423	471	519	48	11.3	49	10.4	99
ランシング-イーストランシング、MI	433	448	464	15	3.5	16	3.6	108
ラレド、TX	133	193	250	60	44.9	57	29.6	184
ラスベガス-パラダイス、NV	741	1,376	1,951	634	85.6	576	41.8	30
レキシントン-フェイエット、KY	348	408	472	60	17.2	64	15.6	106
リンカーン、NE	229	267	302	38	16.5	35	13.3	155
リトルロック-ノースリトルロック-コーンウェイ、AR	535	611	700	76	14.1	89	14.6	74
ロサンゼルス-ロングビーチ-サンタアナ、CA	11,274	12,366	12,829	1,092	9.7	463	3.7	2
ルイスビル-ジェファーソンカウンティ、KY-IN	1,056	1,162	1,284	106	10.0	122	10.5	42
ラボック、TX	230	250	285	20	8.6	35	14.1	162
リンチバーグ、VA	206	229	253	22	10.9	24	10.5	180
マディソン、WI	432	502	569	69	16.1	67	13.3	89
マンチェスター-ナシュア、NH	336	381	401	45	13.4	20	5.2	129
マックアレン-エディンバーグ-ミッション、TX	384	569	775	186	48.5	205	36.1	68
メンフィス、TN-MS-AR	1,067	1,205	1,316	138	12.9	111	9.2	41
マーセド、CA	178	211	256	32	18.0	45	21.5	177
マイアミ-フォートローダーデール-ポンパノビーチ、FL	4,056	5,008	5,565	951	23.5	557	11.1	8
ミルウォーキー-ウォーキショー-ウェストアリス、WI	1,432	1,501	1,556	69	4.8	55	3.7	39
ミネアポリス-セントポール-ブルーミントン、MN-WI	2,539	2,969	3,280	430	16.9	311	10.5	16
モービル、AL	379	400	413	21	5.6	13	3.3	124
モデスト、CA	371	447	514	76	20.6	67	15.1	100
モンゴメリ、AL	305	347	375	41	13.6	28	8.1	136
マートルビーチ-ノースマートルビーチ-コーンウェイ、SC	144	197	269	53	36.5	73	37.0	171
ネープルズ-マルコアイランド、FL	152	251	322	99	65.3	70	27.9	149
ナッシュビル-ダビッドソン-マーフリーズボロ、TN	1,048	1,312	1,590	264	25.1	278	21.2	38
ニューヘブン-ミルフォード、CT	804	824	862	20	2.5	38	4.7	60
ニューオリンズ-メテリー-ケナー、LA	1,264	1,317	1,168	52	4.1	-149	-11.3	46
ニューヨーク-ノーザンニュージャージー-ロングアイランド、NY-NJ-PA	16,846	18,323	18,897	1,477	8.8	574	3.1	1
ノースポート-ブレデントン-サラソタ、FL	489	590	702	100	20.5	112	19.0	73
ノーウィッチ-ニューロンドン、CT	255	259	274	4	1.6	15	5.8	167
オキャラ、FL	195	259	331	64	32.9	72	28.0	147
オグデン-クリアフィールド、UT	352	443	547	91	25.8	105	23.6	94
オクラホマシティ、OK	971	1,095	1,253	124	12.8	158	14.4	44
オリンピア、WA	161	207	252	46	28.6	45	21.7	181
オマハ-カウンシルブラッフス、NE-IA	686	767	865	81	11.8	98	12.8	59
オーランド-キシミー、FL	1,225	1,645	2,134	420	34.3	490	29.8	26
オックスナード-サウザンドオークス-ヴェンチュラ、CA	669	753	823	84	12.6	70	9.3	63
パームベイ-メルボルン-タイタスビル、FL	399	476	543	77	19.4	67	14.1	95
ペンサコーラ-フェリーパス-ブレント、FL	344	412	449	68	19.7	37	8.9	110
ペオリア、IL	359	367	379	8	2.3	12	3.3	135
フィラデルフィア-キャムデン-ウィルミントン、PA-NJ-DE	5,436	5,687	5,965	252	4.6	278	4.9	5
フェニックス-メーサ-スコッツデール、AZ	2,238	3,252	4,193	1,013	45.3	941	28.9	14
ピッツバーグ、PA	2,468	2,431	2,356	-37	-1.5	-75	-3.1	22

本表末尾の脚注を参照

No.20. 大都市統計地区の人口：1990－2010年（続）

[26頁の頭注を参照]

大都市統計地区	1990	2000	2010	変化 1990-2000 人数	%	変化 2000-2010 人数	%	順位 2010
ポートランド-サウスポートランド-ビッドフォード、ME	441	488	514	46	10.5	27	5.4	101
ポートランド-バンクーバー-ビーバートン、OR-VA	1,524	1,928	2,226	404	26.5	298	15.5	23
ポートセントルーシー、FL	251	319	424	68	27.2	105	32.8	118
ポーキプシー-ニューバーグ-ミドルタウン、NY	567	622	670	54	9.6	49	7.8	78
プロビデンス-ニューベッドフォード-フォールリバー、RI-MA	1,510	1,583	1,601	73	4.8	18	1.1	37
プロボ-オーレム、UT	269	377	527	107	39.9	150	39.8	98
ローリー-ケアリー、NC	544	797	1,130	253	46.5	333	41.8	48
リーディング、PA	337	374	411	37	11.0	38	10.1	125
リノ-スパークス、NV	257	343	425	86	33.3	83	24.1	116
リッチモンド、VA	949	1,097	1,258	148	15.6	161	14.7	43
リバーサイド-サンベルナルディノ-オンタリオ、CA	2,589	3,255	4,225	666	25.7	970	29.8	13
ロアノーク、VA	269	288	309	20	7.4	20	7.1	152
ロチェスター、NY	1,002	1,038	1,054	35	3.5	16	1.6	51
ロックフォード、IL	284	320	349	36	12.9	29	9.1	144
サクラメント-アーデン-アーケード-ローズビル、CA	1,481	1,797	2,149	316	21.3	352	19.6	24
セントルイス、MO-IL [2]	2,581	2,699	2,813	118	4.6	114	4.2	18
セイレム、OR	278	347	391	69	24.9	44	12.5	131
サリナス、CA	356	402	415	46	13.0	13	3.3	122
ソルトレイクシティ、UT	768	969	1,124	201	26.1	155	16.0	50
サンアントニオ-ニューブローンフェルズ、TX	1,408	1,712	2,143	304	21.6	431	25.2	25
サンディエゴ-カールスバッド-サンマルコス、CA	2,498	2,814	3,095	316	12.6	281	10.0	17
サンフランシスコ-オークランド-フレモント、CA	3,684	4,124	4,335	440	11.9	212	5.1	11
サンノゼ-サニーベル-サンタクララ、CA	1,534	1,736	1,837	202	13.1	101	5.8	31
サンルイスオビスポ-パソロブレス、CA	217	247	270	30	13.6	23	9.3	170
サンタバーバラ-サンタマリア-ゴレタ、CA	370	399	424	30	8.0	25	6.1	119
サンタクルーズ-ワトソンビル、CA	230	256	262	26	11.3	7	2.7	175
サンタローザ-ペタルーマ、CA	388	459	484	70	18.1	25	5.5	104
サバンナ、GA	258	293	348	35	13.6	55	18.6	145
スクラントン-ウィルクスバレ、PA	575	561	564	−15	−2.6	3	0.5	91
シアトル-タコマ-ベルビュー、WA	2,559	3,044	3,440	485	18.9	396	13.0	15
シュリーブポート-バッサーシティ、LA	360	376	399	16	4.5	23	6.0	130
サウスベンド-ミシャワカ、IN-MI	297	317	319	20	6.8	3	0.8	150
スパータンバーグ、SC	227	254	284	27	11.9	31	12.0	163
スポーカン、WA	361	418	471	57	15.7	53	12.7	107
スプリングフィールド、WA	673	680	693	7	1.0	13	1.9	76
スプリングフィールド、MO	299	368	437	70	23.3	68	18.6	112
ストックトン、CA	481	564	685	83	17.3	122	21.6	77
シラキュース、NY	660	650	663	−10	−1.5	12	1.9	80
タラハシー、FL	259	320	367	61	23.6	47	14.7	137
タンパ-セントピーターズバーグ-クリアウォーター、FL	2,068	2,396	2,783	328	15.9	387	16.2	19
トレド、OH	654	659	651	5	0.8	−8	−1.2	81
トレントン-アーウィング、NJ	326	351	367	25	7.7	16	4.5	138
トゥーソン、AZ	667	844	980	177	26.5	137	16.2	52
タルサ、OK	761	860	937	99	12.9	78	9.1	54
ユーチカ-ローム、NY	317	300	299	−17	−5.3	(−Z)	−0.2	157
バレーオ-フェアフィールド、CA	339	395	413	55	16.2	19	4.8	123
バージニアビーチ-ノーフォーク-ニューポートニューズ、VA-NC	1,451	1,576	1,672	126	8.7	95	6.0	36
ビサリア-ポータービル、CA	312	368	442	56	18.0	74	20.2	111
ワシントン-アーリントン-アレクサンドリア、DC-VA-MD-WV	4,122	4,796	5,582	674	16.3	786	16.4	7
ウィチタ、KS	511	571	623	60	11.7	52	9.1	84
ウィルミントン、NC	200	275	362	74	37.2	88	32.0	141
ウィンストン-セイラム、NC	361	422	478	61	16.7	56	13.2	105
ウースター、MA	710	751	799	41	5.8	48	6.3	67
ヨーク-ハノーバー、PA	340	382	435	42	12.4	53	13.9	113
ヤングズタウン-ウォレン-ボードマン、OH-PA	614	603	566	−11	−1.7	−37	−6.2	90

Z 500人未満　1．コロラド州ブルームフィールド郡は2001年11月15日、コロラド州のアダムス、ボールダー、ジェファーソン、ウェルドの各郡の一部から成立した。ブルームフィールド市と同義。大都市統計地区の定義およびデータ表示を目的とする場合、ブルームフィールド市は2000年センサス当時、郡であったものとして扱われる　2．ミズーリ州クロフォード郡のサリバン市の一部は、セントルイスMO-IL大都市統計地区に属する。本表のデータにはこの地域を含まない

資料：U.S. Census Bureau, 1990 Census, Census 2000 および 2010 Census; ⟨http://www.census.gov/prod/www/abs/decennial⟩

No.21. 50大・大都市統計地区の人口：2009年／変化要素別：2000－2009年

[2000年4月1日から2009年7月1日。1,227は122万7000人を表す。米国行政管理予算局による2008年11月現在の定義に基く大都市統計地区。2000－2009年の地理的境界線は2009年1月1日現在の定義による。大都市地区および小都市地区の構成に関する定義については付録Ⅱを参照。マイナス記号（－）は減少を示す]

大都市統計地区	人口変化（1000人）							人口増加率（％）
	総変化[1]	自然増			純移動			
		計	出生	死亡	計	国際	国内	
アトランタ-サンディスプリングス-マリエッタ、GA	1,227	458	724	265	643	215	429	28.9
オースチン-ラウンドロック、TX	455	158	223	65	303	68	234	36.4
ボルチモア-タウソン、MD	138	106	322	216	9	46	-36	5.4
バーミンガム-フーバー、AL	80	38	140	102	42	15	27	7.6
ボストン-ケンブリッジ-クインシー、MA-NH	196	190	516	326	-38	197	-236	4.5
バッファロー-ナイアガラフォールズ、NY	-46	6	118	112	-45	10	-55	-4.0
シャーロット-ガストニア-コンコード、NC-SC	415	123	222	99	298	50	248	31.2
シカゴ-ネイパービル-ジョリエット、IL-IN-WI	482	662	1,300	638	-184	378	-562	5.3
シンシナチ-ミドルタウン、OH-KY-IN	162	109	274	165	5	23	-18	8.1
クリーブランド-エリリア-メンター、OH	-57	49	244	195	-108	29	-137	-2.6
コロンバス、OH	189	120	239	119	75	41	34	11.7
ダラス-フォートワース-アーリントン、TX	1,286	611	921	310	652	335	317	24.9
デンバー-オーロラ-ブルームフィールド、CO[2]	373	215	345	131	164	98	66	17.1
デトロイト-ウォーレン-リヴォニア、MI	-49	180	539	359	-270	97	-367	-1.1
ハートフォード-ウエストハートフォード-イーストハートフォード、CT	47	33	126	93	22	31	-9	4.1
ヒューストン-シュガーランド-ベイタウン、TX	1,152	552	836	284	543	300	244	24.4
インディアナポリス-カーメル、IN	219	118	235	117	101	29	73	14.3
ジャクソンビル、FL	205	68	164	96	143	16	127	18.3
カンザスシティ、MO-KS	231	127	270	143	67	36	32	12.6
ラスベガス-パラダイス、NV	527	135	247	112	400	88	311	38.3
ロサンゼルス-ロングビーチ-サンタアナ、CA	509	1,104	1,815	711	-532	833	-1,365	4.1
ルーイビル-ジェファーソンカウンティー、KY-IN	96	49	151	102	51	17	34	8.3
メンフィス、TN-MS-AR	100	86	184	98	12	20	-9	8.3
マイアミ-フォートローダーデール-ポンパノビーチ、FL	539	211	650	438	235	522	-287	10.8
ミルウォーキー-ウォーキーシャ-ウエストアリス、WI	59	80	199	119	-47	28	-74	3.9
ミネアポリス-セントポール-ブルーミントン、MN-WI	301	248	424	176	68	87	-20	10.1
ナッシュビル-ダビドソン-マーフリーズボロ-フランクリン、TN	270	93	196	103	161	38	123	20.6
ニューオリンズ-メテリー-ケナー、LA	-127	51	156	106	-287	15	-302	-9.6
ニューヨーク-ノザーンニュージャージー-ロングアイランド、NY-NJ-PA	746	1,067	2,371	1,304	-846	1,116	-1,962	4.1
オクラホマシティ、OK	132	73	164	91	66	25	41	12.0
オーランド-キシミー、FL	438	119	248	129	323	98	225	26.6
フィラデルフィア-カムデン-ウィルミントン、PA-NJ-DE-MD	281	208	702	494	11	127	-116	4.9
フェニックス-メサ-スコッツデール、AZ	1,112	356	600	243	764	220	543	34.2
ピッツバーグ、PA	-76	-29	230	259	-32	20	-52	-3.1
ポートランド-バンクーバー-ビーバートン、OR-WA	314	129	267	138	196	74	122	16.3
プロヴィデンス-ニューベッドフォード-フォールリバー、RI-MA	18	40	177	137	-13	36	-49	1.1
ローリー-ケアリー、NC	329	92	139	48	233	38	194	41.2
リッチモンド、VA	141	54	144	90	94	18	76	12.9
リバーサイド-サンバーナディーノ-オンタリオ、CA	888	341	577	237	563	94	469	27.3
サクラメント-アーデンアーケード-ローズビル、CA	331	132	266	134	208	67	141	18.4
セントルイス、MO-IL[3]	130	106	339	234	-13	31	-44	4.8
ソルトレイクシティ、UT	161	137	189	52	8	43	-34	16.7
サンアントニオ、TX	360	159	283	124	211	33	177	21.1
サンディエゴ-カールスバッド-サンマルコス、CA	240	242	423	182	-23	103	-127	8.5
サンフランシスコ-オークランド-フレモント、CA	194	251	520	269	-81	267	-347	4.7
サンノゼ-サニーヴェイル-サンタクララ、CA	104	174	258	84	-64	176	-240	6.0
シアトル-タコマ-ベルヴュー、WA	364	197	393	196	172	131	41	12.0
タンパ-セントピーターズバーグ-クリアウォーター、FL	351	28	292	265	337	77	260	14.7
バージニアビーチ-ノーフォーク-ニューポートニュース、VA-NC	98	107	220	113	-18	2	-20	6.2
ワシントン-アーリントン-アレクサンドリア、DC-VA-MD-WV	680	441	721	280	213	320	-107	14.2

1．総人口変化には残差が含まれる。この残差は人口統計上の各項に帰することのできない人口変化を示す。http://www.censis.gov/popest/topics/terms/states.htmlで、「州および郡、用語と定義」を参照のこと　2．コロラド州ブルームフィールド郡は2001年11月15日、アダムズ・ボールダー・ジェファーソン・ウェルド各郡の一部から成立した。ブルームフィールド市と同義。大都市統計地区の定義およびデータ表示を目的とする場合、ブルームフィールド市は2000年センサス当時、郡であったものとして扱われる　3．ミズーリ州クロウフォード郡サリバン市の一部は、正式にはセントルイス、MO-IL大都市統計地区に属する。本表のデータにはこの地域を含まない

資　料：U.S. Census Bureau, "Table 10-Cumulative Estimates of the Components of Population Change for Metropolitan and Micropolitan Statistical Areas: April 1, 2000 to July 1, 2009 (CBSA-EST2009-10),"〈http://www.census.gov/popest/metro/CBSA-est2009-comp-chg.html〉

No.22. 人口75万人以上の大都市統計地区――年齢別人口：2010年

[単位：1000人（871は87万1000人を表す）。4月1日現在。大都市統計地区の定義は行政管理予算局による2009年12月現在のものを適用。地理的境界線は2010年1月1日現在。大都市統計地区、小都市統計地区の定義と内容については付録Ⅱを参照]

大都市統計地区	計	18歳未満	18-44歳	45-64歳	65-74歳	75歳以上	18歳未満人口の%	65歳以上人口の%
オルバニー-スケネクタディ-トロイ、NY	871	186	313	249	62	60	21.4	14.0
アルバカーキ、NM	887	218	323	237	61	48	24.6	12.3
アレンタウン-ベツレヘム-イーストン、PA-NJ	821	187	275	234	62	63	22.8	15.2
アトランタ-サンディスプリングズ-マリエッタ、GA	5,269	1,396	2,076	1,325	283	189	26.5	9.0
オースティン-ラウンドロック、TX	1,716	435	750	392	81	58	25.3	8.1
ベイカーズフィールド、CA	840	254	324	186	44	32	30.3	9.0
ボルチモア-タウソン、MD	2,710	623	992	753	183	159	23.0	12.6
バトンルージュ、LA	802	198	313	205	50	37	24.7	10.7
バーミンガム-フーバー、AL	1,128	270	409	304	80	66	23.9	13.0
ボストン-ケンブリッジ-クインシー、MA-NH	4,552	983	1,721	1,252	306	290	21.6	13.1
ブリッジポート-スタンフォード-ノーウォーク、CT	917	227	309	256	62	62	24.8	13.5
バッファロー-ナイアガラフォールズ、NY	1,136	245	388	323	87	92	21.6	15.7
シャーロット-ガストニア-コンコード、NC-SC	1,758	456	688	437	102	76	25.9	10.1
シカゴ-ネイパービル-ジョリエット、IL-IN-WI	9,461	2,378	3,574	2,429	579	501	25.1	11.4
シンシナチ-ミドルタウン、OH-KY-IN	2,130	531	761	578	140	120	24.9	12.2
クリーブランド-エリリア-メンター、OH	2,077	481	682	598	159	157	23.2	15.2
コロンビア、SC	768	180	299	201	50	37	23.5	11.4
コロンバス、OH	1,837	455	720	468	108	86	24.8	10.6
ダラス-フォートワース-アーリントン、TX	6,372	1,774	2,506	1,532	328	233	27.8	8.8
デイトン、OH	842	193	290	233	66	60	23.0	14.9
デンバー-オーロラ-ブルームフィールド、CO [1]	2,543	634	987	666	144	112	24.9	10.0
デトロイト-ウォーレン-リボニア、MI	4,296	1,044	1,471	1,215	296	271	24.3	13.2
エルパソ、TX	801	241	301	177	44	38	30.1	10.3
フレズノ、CA	930	278	356	204	49	44	29.8	10.0
グランラピッズ-ワイオミング、MI	774	200	281	202	48	43	25.9	11.7
ハートフォード-ウエストハートフォード-イーストハートフォード、CT	1,212	270	420	348	87	87	22.3	14.3
ホノルル、HI	953	211	358	246	69	70	22.1	14.5
ヒューストン-シュガーランド-ベイタウン、TX	5,947	1,662	2,329	1,444	303	208	28.0	8.6
インディアナポリス-カーメル、IN	1,756	460	653	453	105	86	26.2	10.9
ジャクソンビル、FL	1,346	321	493	369	93	70	23.8	12.1
カンザスシティ、MO-KS	2,035	522	730	540	130	113	25.6	12.0
ラスベガス-パラダイス、NV	1,951	489	762	480	135	86	25.0	11.3
ロサンゼルス-ロングビーチ-サンタアナ、CA	12,829	3,139	5,126	3,148	756	659	24.5	11.0
ルーイビル-ジェファーソンカウティ、KY-IN	1,284	308	455	356	90	75	24.0	12.8
マッカレン-エジンバーグ-ミッション、TX	775	268	294	140	40	33	34.7	9.3
メンフィス、TN-MS-AR	1,316	350	487	340	79	60	26.6	10.5
マイアミ-フォートローダーデール-ポンパノビーチ、FL	5,565	1,206	2,001	1,471	443	444	21.7	15.9
ミルウォーキー-ウォーキーシャ-ウエストアリス、WI	1,556	383	560	417	97	99	24.6	12.6
ミネアポリス-セントポール-ブルーミントン、MN-WI	3,280	820	1,232	879	188	162	25.0	10.7
ナッシュビル-デビッドソン-マーフリーズボロ、TN	1,590	388	619	413	98	72	24.4	10.7
ニューヘイブン-ミルフォード、CT	862	193	308	238	61	63	22.4	14.4
ニューオリンズ-メテリー-ケナー、LA	1,168	273	431	322	79	63	23.4	12.2
ニューヨーク-ノーザンニュージャージー-ロングアイランド、NY-NJ-PA	18,897	4,312	7,132	4,980	1,288	1,185	22.8	13.1
オクラホマシティ、OK	1,253	313	477	315	82	66	25.0	11.8
オマハ-カウンシルブラッフス、NE-IA	865	227	323	219	51	45	26.3	11.1
オーランド-キシミー、FL	2,134	499	830	542	146	117	23.4	12.3
オクスナード-サウザンドオークス-ベンチュラ、CA	823	212	298	217	51	45	25.7	11.7
フィラデルフィア-カムデン-ウィルミントン、PA-NJ-DE-MD	5,965	1,391	2,160	1,622	405	388	23.3	13.3
フェニックス-メサ-スコッツデール、AZ	4,193	1,108	1,581	989	289	226	26.4	12.3
ピッツバーグ、PA	2,356	475	778	696	195	212	20.2	17.3
ポートランド-バンクーバー-ビーバートン、OR-WA	2,226	527	854	593	138	114	23.7	11.3
プロビデンス-ニューベッドフォード-フォールリバー、RI-MA	1,601	346	578	447	113	117	21.6	14.4
ローリー-ケイリー、NC	1,130	296	453	280	60	42	26.2	9.0
リッチモンド、VA	1,258	294	462	350	85	68	23.3	12.1
リバーサイド-サンバーナディーノ-オンタリオ、CA	4,225	1,215	1,589	981	244	196	28.8	10.4
ロチェスター、NY	1,054	238	370	298	76	72	22.6	14.1
サクラメント-アーデン-アーケード-ローズビル、CA	2,149	535	797	559	138	120	24.9	12.0
セントルイス、MO-IL [2]	2,813	671	990	777	196	179	23.8	13.3
ソルトレイクシティ、UT	1,124	331	455	241	54	43	29.4	8.6
サンアントニオ-ニューブローンフェルズ、TX	2,143	576	808	524	131	104	26.9	11.0
サンディエゴ-カールズバッド-サンマルコス、CA	3,095	724	1,259	760	181	171	23.4	11.4
サンフランシスコ-オークランド-フレモント、CA	4,335	921	1,689	1,179	289	258	21.2	12.6
サンノゼ-サニーベール-サンタクララ、CA	1,837	446	726	463	109	93	24.3	11.0
シアトル-タコマ-ベルビュー、WA	3,440	786	1,353	929	203	169	22.8	10.8
タンパ-セントピーターズバーグ-クリアウォーター、FL	2,783	590	943	770	249	231	21.2	17.2
ツーソン、AZ	980	225	350	254	82	70	23.0	15.4
タルサ、OK	937	239	333	245	67	54	25.5	12.8
バージニアビーチ-ノーフォーク-ニューポートニュース、VA-NC	1,672	394	648	436	107	86	23.6	11.6
ワシントン-アーリントン-アレクサンドリア、DC-VA-MD-WV	5,582	1,332	2,212	1,480	320	238	23.9	10.0
ウースター、MA	799	187	282	227	51	51	23.4	12.8

1．表No.20の脚注1を参照　2．ミズーリ州クロフォード郡のサリバン市の一部は、正式にはセントルイス、MO-IL大都市統計地区に属する。本表のデータにはこの地域を含まない

資料：U.S. Census Bureau, USA Counties; <http://censtats.census.gov/usa/usa.shtml>; (2011年6月現在)

No.23. 人口75万人以上の大都市統計地区――人種、ヒスパニック別人口：2010年

[単位：1000人（871は87万1000人を表す）。4月1日現在。米国行政管理予算局による2009年12月現在の定義に基く大都市統計地区。地理的境界線は2010年1月1日現在の定義による。大都市統計地区と小都市地区の定義と地域については付録IIを参照]

大都市統計地区	総人口	白人	黒人またはアフリカ系	アメリカインディアンおよびアラスカ原住民	アジア系	ハワイ原住民およびその他の太平洋諸島民	複数人種	ヒスパニックまたはラテン系[1]
オルバニースケネクタディートロイ、NY	871	739	67	2	27	(Z)	21	36
アルバカーキ、NM	887	618	24	52	18	1	38	414
アレンタウンーベスレヘムーイーストン、PA-NJ	821	694	41	2	20	(Z)	19	107
アトランターサンディスプリングスーマリエッタ、GA	5,269	2,920	1,708	18	254	3	126	547
オースチンーラウンドロック、TX	1,716	1,250	127	13	82	1	55	538
ベーカーズフィールド、CA	840	500	49	13	35	1	38	413
ボルチモアータウソン、MD	2,710	1,684	779	9	123	1	68	124
バトンルージュ、LA	802	480	286	2	14	(Z)	10	27
バーミンガムーフーバー、AL	1,128	753	318	3	14	1	13	49
ボストンーケンブリッジークインシー、MA-NH	4,552	3,588	331	11	295	1	118	411
ブリッジポートースタンフォードーノーウォーク、CT	917	686	99	2	42	(Z)	24	155
バッファローーナイアガラフォールズ、NY	1,136	927	139	8	26	(Z)	21	46
シャーロットーガストニアーコンコード、NC-SC	1,758	1,145	421	9	55	1	39	173
シカゴーネイパービルージョリエット、IL-IN-WI	9,461	6,184	1,646	37	533	3	230	1,957
シンシナティーミドルタウン、OH-KY-IN	2,130	1,766	256	4	40	1	39	55
クリーブランドーエリリアーメンター、OH	2,077	1,538	417	4	41	(Z)	42	98
コロンビア、SC	768	464	255	3	13	1	15	39
コロンバス、OH	1,837	1,424	274	4	57	1	46	66
ダラスーフォートワースーアーリントン、TX	6,372	4,161	962	43	342	6	180	1,752
デートン、OH	842	673	126	2	15	(Z)	19	17
デンバーーオーロラーブルームフィールド、CO[2]	2,543	1,983	143	25	94	3	91	571
デトロイトーウォーレンーリヴォニア、MI	4,296	3,011	980	15	141	1	95	168
エルパソ、TX	801	657	25	6	8	1	20	658
フレズノ、CA	930	515	50	16	89	1	42	468
グランドラピッズーワイオミング、MI	774	643	62	4	15	(Z)	21	65
ハートフォードーウエストハートフォードーイーストハートフォード、CT	1,212	932	132	3	47	(Z)	30	151
ホノルル、HI	953	199	19	2	418	91	213	77
ヒューストンーシュガーランドーベイタウン、TX	5,947	3,581	1,026	38	389	4	180	2,099
インディアナポリスーカーメル、IN	1,756	1,353	263	5	40	1	38	108
ジャクソンビル、FL	1,346	940	293	5	46	1	30	93
カンザスシティ、MO-KS	2,035	1,597	255	10	46	3	56	167
ラスベガスーパラダイス、NV	1,951	1,188	204	14	169	14	99	569
ロサンゼルスーロングビーチーサンタアナ、CA	12,829	6,767	908	91	1,885	35	567	5,701
ルイビルージェファーソンカウンティー、KY-IN	1,284	1,037	176	3	20	1	26	50
マッカレンーエジンバーグーミッション、TX	775	682	5	3	7	(Z)	10	702
メンフィス、TN-MS-AR	1,316	601	631	3	24	1	18	65
マイアミーフォートローダーデールーポンパノビーチ、FL	5,565	3,914	1,169	16	126	2	140	2,313
ミルウォーキーーウォーキーシャーウエストアリス、WI	1,556	1,147	261	8	46	1	36	148
ミネアポリスーセントポールーブルーミントン、MN-WI	3,280	2,657	243	23	188	1	91	176
ナッシュビルーダビッドソンーマーフリーズボローフランクリン、TN	1,590	1,222	242	5	36	1	33	105
ニューヘブンーミルフォード、CT	862	645	110	2	30	(Z)	23	130
ニューオリンズーメテリーーケナー、LA	1,168	680	397	5	32	1	23	92
ニューヨークーノーザンニュージャージーーロングアイランド、NY-NJ-PA	18,897	11,178	3,363	93	1,878	9	613	4,328
オクラホマシティ、OK	1,253	901	131	51	35	1	65	142
オマハーカウンシルブラッフス、NE-IA	865	714	68	5	18	1	22	78
オーランドーキシミー、FL	2,134	1,494	345	9	85	2	69	539
オックスナードーサウザンドオークスーヴェンチュラ、CA	823	566	15	8	55	2	37	332
フィラデルフィアーカムデンーウィルミントン、PA-NJ-DE-MD	5,965	4,068	1,242	16	296	2	139	468
フェニックスーメサースコッツデール、AZ	4,193	3,059	208	99	139	9	146	1,236
ピッツバーグ、PA	2,356	2,069	197	3	41	(Z)	37	30
ポートランドーバンクーバーービーバートン、OR-WA	2,226	1,804	64	21	127	10	91	242
プロヴィデンスーニューベッドフォードーフォールリバー、RI-MA	1,601	1,342	78	2	41	1	49	164
ローリーーケアリー、NC	1,130	763	228	6	50	(Z)	27	115
リッチモンド、VA	1,258	780	375	5	39	1	29	63
リバーサイドーサンバーナディーノーオンタリオ、CA	4,225	2,488	322	46	259	14	207	1,996
ロチェスター、NY	1,054	855	123	3	27	(Z)	24	65
サクラメントーアーデンーアーケードーローズビル、CA	2,149	1,390	158	22	256	16	127	434
セントルイス、MO-IL[3]	2,813	2,153	516	7	60	1	51	72
ソルトレイクシティ、UT	1,124	922	17	10	35	16	35	187
サンアントニオーニューブローンフェルズ、TX	2,143	1,617	141	17	45	3	70	1,158
サンディエゴーカールスバッドーサンマルコス、CA	3,095	1,981	158	26	336	15	158	991
サンフランシスコーオークランドーフレモント、CA	4,335	2,240	364	25	1,006	32	240	939
サンノゼーサニーヴェイルーサンタクララ、CA	1,837	872	47	14	572	7	90	510
シアトルータコマーベルビュー、WA	3,440	2,475	192	37	393	28	184	309
タンパーセントピーターズバーグークリアウォーター、FL	2,783	2,193	329	10	81	2	73	452
トゥーソン、AZ	980	729	35	33	26	2	36	339
タルサ、OK	937	665	79	77	17	1	60	78
バージニアビーチーノーフォークーニューポートニュース、VA-NC	1,672	997	522	7	58	2	57	90
ワシントンーアーリントンーアレクサンドリア、DC-VA-MD-WV	5,582	3,059	1,438	23	517	4	206	771
ウースター、MA	799	683	33	2	32	(Z)	19	75

Z 500人未満　1．ヒスパニックは人種を問わない　2．表No.20の脚注1を参照　3．ミズーリ州クロフォード郡サリバン市の一部は、正式にはセントルイス、MO-IL大都市統計地区に属する。本表のデータにはこの地域を含まない

資料：U.S. Census Bureau, USA Counties; <http://censtats.census.gov/usa/usa.shtml>; (2011年6月現在)

No.24. 人口核統計地区（CBSA）の州別人口：2010年

[4月1日現在（308,746は3億874万6000人を表す）。米国行政管理予算局の2009年11月の定義による人口核統計地区（大都市統計地区と小都市統計地区）。2000年－2010年人口推計の地理的境界線は2010年1月1日現在の定義による。大都市統計地区と小都市統計地区の内容と定義については付録Ⅱを参照。マイナス記号（－）は減少を示す]

州	総人口 2010 (1000人)	人口核統計地区（大都市地区と小都市地区）人口、2010			人口核統計地区以外 2010		変化率 (%) 2000-2010		
		計 (1000人)	%	大都市地区 (1000人)	小都市地区 (1000人)	人口 (1000人)	%	大都市地区	小都市地区	人口核統計地区以外
合衆国…	**308,746**	**289,261**	**93.7**	**258,318**	**30,944**	**19,484**	**6.3**	**10.8**	**5.9**	**1.8**
AL……	4,780	4,291	89.8	3,415	876	489	10.2	9.0	8.0	-2.8
AK……	710	537	75.6	478	58	173	24.4	18.9	-0.6	4.6
AZ……	6,392	6,300	98.6	5,915	385	92	1.4	26.0	11.1	3.2
AR……	2,916	2,333	80.0	1,757	575	583	20.0	15.9	1.7	-1.3
CA……	37,254	36,995	99.3	36,409	587	258	0.7	10.1	6.1	6.3
CO……	5,029	4,620	91.9	4,342	278	409	8.1	18.1	13.8	7.7
CT……	3,574	3,574	100.0	3,266	308	－	－	4.9	5.9	－
DE……	898	898	100.0	701	197	－	－	11.8	25.9	－
DC……	602	602	100.0	602	－	－	－	5.2	－	－
FL……	18,801	18,380	97.8	17,690	690	421	2.2	17.8	15.7	16.1
GA……	9,688	8,817	91.0	7,848	969	871	9.0	20.2	9.6	12.2
HI……	1,360	1,360	100.0	953	407	－	－	8.8	21.4	-38.8
ID……	1,568	1,364	87.0	1,028	336	203	13.0	27.4	13.6	6.5
IL……	12,831	12,222	95.3	11,159	1,063	608	4.7	4.1	-0.9	-2.5
IN……	6,484	6,116	94.3	5,079	1,037	368	5.7	8.4	0.8	0.7
IA……	3,046	2,240	73.5	1,722	518	807	26.5	10.1	-1.6	-3.5
KS……	2,853	2,440	85.5	1,949	491	413	14.5	11.2	-0.7	-6.2
KY……	4,339	3,329	76.7	2,524	806	1,010	23.3	11.1	5.5	0.4
LA……	4,533	4,228	93.3	3,381	847	306	6.7	1.2	3.8	-2.2
ME……	1,328	938	70.6	776	162	391	29.4	5.4	3.3	2.3
MD……	5,774	5,690	98.6	5,463	227	83	1.4	8.8	15.1	5.8
MA……	6,548	6,521	99.6	6,521	－	27	0.4	3.1	－	9.0
MI……	9,884	9,113	92.2	8,033	1,080	771	7.8	-0.8	2.5	-1.9
MN……	5,304	4,649	87.6	3,972	677	655	12.4	9.7	4.8	0.3
MS……	2,967	2,331	78.6	1,331	1,000	636	21.4	11.4	-0.2	-1.9
MO……	5,989	5,179	86.5	4,464	715	810	13.5	7.5	8.7	3.0
MT……	989	654	66.1	349	306	335	33.9	10.7	17.8	2.3
NE……	1,826	1,476	80.8	1,071	404	351	19.2	13.7	2.1	-5.9
NV……	2,701	2,651	98.1	2,432	219	50	1.9	37.3	22.0	4.2
NH……	1,316	1,269	96.4	819	450	48	3.6	6.3	6.6	9.5
NJ……	8,792	8,792	100.0	8,792	－	－	－	4.5	－	－
NM……	2,059	1,981	96.2	1,371	611	78	3.8	19.4	3.6	-5.0
NY……	19,378	18,947	97.8	17,815	1,132	431	2.2	2.3	0.1	0.3
NC……	9,535	8,777	92.0	6,704	2,072	759	8.0	22.2	10.9	9.2
ND……	673	480	71.3	325	154	193	28.7	14.6	2.5	-7.1
OH……	11,537	11,023	95.5	9,299	1,723	514	4.5	1.7	0.9	2.0
OK……	3,751	3,207	85.5	2,407	799	545	14.5	11.6	5.2	2.1
OR……	3,831	3,687	96.2	2,979	709	144	3.8	13.8	6.8	2.8
PA……	12,702	12,314	96.9	10,686	1,629	388	3.1	3.5	3.1	1.5
RI……	1,053	1,053	100.0	1,053	－	－	－	0.4	－	－
SC……	4,625	4,351	94.1	3,536	815	274	5.9	17.8	11.2	-1.0
SD……	814	595	73.1	369	226	219	26.9	18.1	5.4	-3.9
TN……	6,346	5,708	89.9	4,660	1,048	638	10.1	13.0	9.5	4.7
TX……	25,146	23,775	94.5	22,085	1,690	1,371	5.5	23.1	7.2	2.9
UT……	2,764	2,623	94.9	2,449	174	141	5.1	24.3	26.4	12.3
VT……	626	461	73.7	211	250	164	26.3	6.2	－	3.1
VA……	8,001	7,166	89.6	6,888	278	835	10.4	14.7	6.5	3.1
WA……	6,725	6,493	96.6	5,900	592	232	3.4	14.5	12.8	7.4
WV……	1,853	1,398	75.4	1,033	365	455	24.6	5.0	0.2	-1.2
WI……	5,687	4,912	86.4	4,142	770	775	13.6	7.1	4.6	2.1
WY……	564	405	71.9	167	238	159	28.1	12.9	16.8	11.7

－　ゼロまたは概数でゼロを示す

資料：U.S. Census Bureau, 2010 Census Redistricting Data (P.L. 94-171) Summary File, and Census 2000, 〈www.census.gov/prod/cen2010/cen2010/doc/pl94-171.pdf〉

No.25. 沿岸部人口：1980－2010年

[4月1日現在（3,537は353万7000を表す）。海洋大気局の1992年の定義による地域。面積の15％以上が集水域に面している（沿岸部・河川の流域）か又は沿岸部とみなされる（集水域に囲まれている）675の郡およびそれに相当する地域を示す。付録Ⅲを参照]

年	合衆国合計	沿岸部の郡 計	大西洋沿岸	メキシコ湾沿岸	五大湖沿岸	太平洋沿岸	沿岸郡以外
面積、2000年（1,000平方マイル）	3,537	889	148	115	115	511	2,649
人口							
1980（100万人）	226.5	119.8	53.7	13.1	26.0	27.0	106.7
1990（100万人）	248.7	133.4	59.0	15.2	25.9	33.2	115.3
2000（100万人）	281.4	148.3	65.2	18.0	27.3	37.8	133.1
2010（100万人）	308.7	159.6	70.2	20.8	27.2	41.4	149.1
1980（％）	100	53	24	6	11	12	47
1990（％）	100	54	24	6	10	13	46
2000（％）	100	53	23	6	10	13	47
2010（％）	100	52	23	7	9	13	48

資料：U.S. Census Bureau, *U.S. Summary, 1980 Census of Population*, Vol. 1, Chapter A (PC80-1-A-1); *1990 Census of Population and Housing (CPH1)*; 2010年センサスおよび未刊行資料

No.26. 沿岸部各郡の州別人口・住宅・事業所と雇用：2000－2010年

[281,422は2億8142万2000人を表す。人口と住宅は4月1日現在。表No.25の頭注を参照。マイナス記号（－）は減少を示す]

沿岸地域および州	人口 2000 (1,000)	人口 2010 (1000人)	人口 2010 州人口に占める％	人口 2000-2010の人口増加率(％)	人口 2010 1平方マイル当たり人口[1]	住宅数 2000 (1,000)	住宅数 2010 (1,000)	住宅 2000-2010の増加率(％)	民間非農業[2] 事業所数 2008 (1000)	民間非農業[2] 被雇用者 2008 (1000人)
合衆国、計	281,422	308,746	(X)	9.7	87	115,905	131,705	13.6	7,601	120,904
内陸部	133,102	149,148	(X)	12.1	56	55,928	64,704	15.7	3,565	58,425
沿岸部、計	148,320	159,597	(X)	7.6	180	59,977	67,001	11.7	4,036	62,478
大西洋沿岸	65,196	70,217	(X)	7.7	475	26,820	29,908	11.5	1,874	28,339
メイン	1,184	1,239	93.3	4.7	61	599	667	11.3	39	480
ニューハンプシャー	1,007	1,073	81.5	6.6	255	432	485	12.4	32	467
マサチューセッツ	6,125	6,318	96.5	3.1	956	2,531	2,712	7.1	169	2,972
ロードアイランド	1,048	1,053	100.0	0.4	1,007	440	463	5.4	30	430
コネチカット	3,406	3,574	100.0	4.9	738	1,386	1,488	7.4	92	1,538
ニューヨーク	13,572	13,952	72.0	2.8	1,800	5,285	5,601	6.0	396	5,587
ニュージャージー	8,312	8,683	98.8	4.5	1,230	3,269	3,509	7.3	236	3,552
ペンシルベニア	5,750	6,108	48.1	6.2	887	2,334	2,512	7.6	146	2,609
デラウェア	784	898	100.0	14.6	460	343	406	18.3	25	389
メリーランド	4,865	5,288	91.6	8.7	698	1,970	2,176	10.5	126	2,034
コロンビア特別区	572	602	100.0	5.2	9,800	275	297	8.0	21	466
バージニア	4,794	5,426	67.8	13.2	390	1,912	2,216	15.9	135	2,242
ノースカロライナ	1,985	2,233	23.4	12.5	114	905	1,069	18.2	48	651
サウスカロライナ	1,653	1,932	41.8	16.9	127	750	953	27.0	47	641
ジョージア	821	945	9.8	15.1	78	346	414	19.8	20	283
フロリダ	9,319	10,894	57.9	16.9	582	4,043	4,940	22.2	311	4,000
メキシコ湾岸	18,003	20,761	(X)	15.3	181	7,718	9,229	19.6	463	7,028
フロリダ	6,248	7,435	39.5	19.0	236	3,074	3,832	24.6	185	2,321
ジョージア	95	98	1.0	3.1	61	40	43	7.0	2	30
アラバマ	712	765	16.0	7.3	88	319	363	13.8	18	261
ミシシッピ	588	629	21.2	6.9	93	246	280	13.7	12	187
ルイジアナ	3,510	3,548	78.3	1.1	138	1,439	1,533	6.5	83	1,309
テキサス	6,850	8,288	33.0	21.0	206	2,599	3,178	22.3	163	2,921
五大湖	27,324	27,190	(X)	-0.5	236	11,405	12,128	6.3	654	11,151
ニューヨーク	3,650	3,635	18.8	-0.4	170	1,586	1,647	3.9	83	1,376
ペンシルベニア	281	281	2.2	-0.1	350	114	119	4.2	7	119
オハイオ	4,418	4,326	37.5	-2.1	410	1,869	1,967	5.2	106	1,846
ミシガン	8,859	8,797	89.0	-0.7	172	3,782	4,050	7.1	207	3,256
インディアナ	1,378	1,433	22.1	3.9	352	556	607	9.2	33	587
イリノイ	6,021	5,898	46.0	-2.0	4,233	2,322	2,441	5.1	150	2,715
ウィスコンシン	2,469	2,569	45.2	4.0	167	1,055	1,165	10.5	61	1,151
ミネソタ	248	252	4.7	1.3	24	121	132	9.2	7	101
太平洋沿岸	37,796	41,429	(X)	9.6	81	14,034	15,737	12.1	1,044	15,960
ワシントン	4,587	5,229	77.8	14.0	212	1,919	2,264	18.0	146	2,072
オレゴン	1,808	1,982	51.7	9.6	94	794	895	12.8	61	822
カリフォルニア	29,660	32,259	86.6	8.8	415	10,650	11,803	10.8	787	12,347
アラスカ	529	598	84.2	13.0	2	211	255	21.2	17	214
ハワイ	1,212	1,360	100.0	12.3	212	461	520	12.8	33	504

X 該当なし 1．2000年センサスによる土地面積に基づき計算 2．給与支払のある事業所のみ。政府による被雇用者の大半、鉄道従業員、自営業者は除外。3月12日を含む週の雇用

資料：U.S. Census Bureau, USA Counties; <http://censtats.census.gov/usa/usa.shtml> (2011年6月現在) および "County Business Patterns"; <http://www.census.gov/econ/cbp/index.html>

No.27. 居住者175,000人以上(2010年)の統合都市人口：1970－2010年

[単位：1,000人（275は27万5000人を表す）。4月1日現在。1900年と2000年については、2000年1月1日の定義による地域に関する数値。1970年と1980年のデータはそれぞれのセンサス時の地境に基づく。マイナス記号（－）は減少を示す。付録Ⅲを参照。本書前年版の表No.27も参照]

統合都市	人口 (1,000)					変化率 (％)		順位
	1970	1980	1990	2000¹	2010	1990-2000¹	2000-2010¹	2010
アクロン、OH	275	237	223	217	199	-2.7	-8.3	109
アルバカーキ、NM	245	332	385	449	546	16.6	21.7	32
アマリロ、TX	127	149	158	174	191	10.2	9.8	119
アナハイム、CA	166	219	267	328	336	23.0	2.5	53
アンカレッジ、AK	48	174	226	260	292	15.0	12.1	63
アーリントン、TX	90	160	262	333	365	27.2	9.8	50
アトランタ、GA	495	425	394	416	420	5.7	0.8	40
オーガスタ-リッチモンドカウンティ、GA²	(NA)	³48	186	200	201	7.3	0.4	107
オーロラ、CO	75	159	222	276	325	24.6	17.6	55
オーロラ、IL	74	81	100	143	198	43.6	38.4	111
オースティン、TX	254	346	466	657	790	41.0	20.4	14
ベイカーズフィールド、CA	70	106	175	247	347	41.2	40.6	51
ボルティモア、MD	905	787	736	651	621	-11.5	-4.6	23
バトンルージュ、LA	166	220	223	228	229	2.2	0.7	84
バーミンガム、AL	301	284	265	243	212	-8.5	-12.6	96
ボイシ・シティ、ID	75	102	126	186	206	48.0	10.7	102
ボストン、MA	641	563	575	589	618	2.5	4.8	24
ブラウンズビル、TX	53	85	114	140	175	22.6	25.3	132
バッファロー、NY	463	358	328	293	261	-10.8	-10.7	69
キャンドラ、AZ	14	30	90	177	236	96.5	33.7	79
シャーロッテ、NC	241	315	428	541	731	26.4	35.2	18
チェサピーク、VA	90	114	152	199	222	31.1	11.6	90
シカゴ、IL	3,369	3,005	2,783	2,896	2,696	4.1	-6.9	3
チューラ・ビスタ、CA	68	84	135	174	244	28.4	40.5	76
シンシナティ、OH	454	385	364	331	297	-9.0	-10.4	61
クリーブランド、OH	751	574	506	478	397	-5.5	-17.1	45
コロラドスプリングス、CO	136	215	280	361	416	28.7	15.4	41
コロンバス、GA	²155	²169	²179	²186	190	²3.9	1.9	121
コロンバス、OH	540	565	633	711	787	12.4	10.6	15
コーパス・クリスティ、TX	205	232	258	277	305	7.4	10.0	59
ダラス、TX	844	905	1,008	1,189	1,198	18.0	0.8	9
デンバー、CO	515	493	468	555	600	18.6	8.2	27
デ・モイン、IA	201	191	193	199	203	2.8	2.4	104
デトロイト、MI	1,514	1,203	1,028	951	714	-7.5	-25.0	19
ダーラム、NC	95	101	137	187	228	36.9	22.1	85
エル・パソ、TX	322	425	515	564	649	9.4	15.2	20
フェイエットビル、NC	54	60	76	121	201	59.5	65.7	106
フォンタナ、CA	21	37	88	129	196	47.3	52.1	113
フォートウェイン、IN	178	172	173	206	254	18.9	23.3	73
フォートワース、TX	393	385	448	535	741	19.5	38.6	16
フレモント、CA	101	132	173	203	214	17.3	5.2	94
フレズノ、CA	166	217	354	428	495	20.8	15.7	34
ガーランド、TX	81	139	181	216	227	19.4	5.1	86
ギルバート、AZ	2	6	29	110	208	276.7	90.0	100
グレンデール、AZ	36	97	148	219	227	48.0	3.6	87
グレンデール、CA	133	139	180	195	192	8.3	-1.7	118
グランドプレーリー、TX	51	71	100	127	175	27.9	37.6	131
グランド・ラッピズ、MI	198	182	189	198	188	4.6	-4.9	122
グリーンボロ、NC	144	156	184	224	270	21.8	20.4	68
ヘンダーソン、NV	16	24	65	175	258	170.0	47.0	72
ハイアレア、FL	102	145	188	226	225	20.4	-0.8	89
ヒューストン、TX	1,234	1,595	1,631	1,954	2,099	19.8	7.5	4
ハンティントン・ビーチ、CA	116	171	182	190	190	4.4	0.2	120
ハンツビル、AL	139	143	160	158	180	-1.0	13.8	127
インディアナポリス、IN²	737	701	731	792	830	8.3	4.8	11
アーバイン、CA	(⁴)	62	110	143	212	29.7	48.4	95
アービング、TX	97	110	155	192	216	23.6	12.9	93
ジャクソンビル、FL	504	541	635	736	822	15.8	11.7	12
ジャージーシティ、NJ	260	224	229	240	248	5.0	3.1	74
カンザスシティ、MO	507	448	435	442	460	1.5	4.1	37
ノックスビル、TN	175	175	165	174	179	5.4	2.9	128
ラレド、TX	69	91	123	177	236	43.7	33.7	80
ラスベガス、NV	126	165	258	478	584	85.3	22.0	30
レキシントン-ファイエット、KY	108	204	225	261	296	15.6	13.5	62
リンカン、NE	150	172	192	226	258	17.5	14.5	71
リトルロック、AR	132	159	176	183	194	4.2	5.7	116
ロングビーチ、CA	359	361	429	462	462	7.5	0.2	36
ロサンゼルス、CA	2,812	2,969	3,486	3,695	3,793	6.0	2.6	2
ルイビル-ジェファーソンカンティー、KY²	⁵362	⁵299	⁵270	⁵256	741	⁵-4.9	189.2	17
ラボック、TX	149	174	186	200	230	7.2	15.0	83
マディソン、WI	172	171	191	208	233	9.1	12.1	81

本表末尾の脚注を参照

No.27. 居住者175,000人以上(2010年)の統合都市人口：1970-2010年（続）

[34頁の頭注を参照]

統合都市	人口 (1,000)					変化率 (%)		順位
	1970	1980	1990	2000 [1]	2010	1990-2000 [1]	2000-2010 [1]	2010
メンフィス、TN	624	646	610	650	647	6.5	-0.5	21
メサ、AZ	63	152	288	396	439	37.6	10.8	38
マイアミ、FL	335	347	359	362	399	1.1	10.2	44
ミルウォーキー、WI	717	636	628	597	595	-5.0	-0.4	28
ミネアポリス、MN	434	371	368	383	383	3.9	-	48
モービル、AL	190	200	196	199	195	1.4	-1.9	115
モデスト、CA	62	107	165	189	201	14.6	6.5	105
モンゴメリー、AL	133	178	188	202	206	7.5	2.1	101
モレノ・バレー、CA	(4)	(4)	119	142	193	19.9	35.8	117
ナッシュビル-ダビッドソン、TN [2]	426	456	488	570	627	16.7	10.0	22
ニューオリンズ、LA	593	558	497	485	344	-2.5	-29.1	52
ニューヨーク、NY	7,896	7,072	7,323	8,008	8,175	9.4	2.1	1
ニューアーク、NJ	382	329	275	274	277	-0.6	1.3	67
ニューポートニューズ、VA	138	145	171	180	181	5.1	0.3	126
ノーフォーク、VA	308	267	261	234	243	-10.3	3.6	77
ノースラスベガス、NV	46	43	48	115	217	141.4	87.9	92
オークランド、CA	362	339	372	399	391	7.3	-2.2	47
オクラホマシティ、OK	368	404	445	506	580	13.8	14.6	31
オマハ、NE	347	314	336	390	409	16.2	4.9	42
オーランド、FL	99	128	165	186	238	12.9	28.2	78
オクスナード、CA	71	108	143	170	198	19.5	16.2	111
フィラデルフィア、PA	1,949	1,688	1,586	1,518	1,526	-4.3	0.6	5
フェニックス、AZ	584	790	983	1,321	1,446	34.3	9.4	6
ピッツバーグ、PA	520	424	370	335	306	-9.5	-8.6	58
プラノ、TX	18	72	128	222	260	73.6	17.0	70
ポートランド、OR	380	368	439	529	584	20.6	10.3	29
プロビデンス、RI	179	157	161	174	178	8.0	2.5	129
ローリー、NC	123	150	212	276	404	30.2	46.3	43
リーノ、NV	73	101	134	180	225	34.8	24.8	88
リッチモンド、VA	249	219	203	198	204	-2.5	3.2	103
リバーサイド、CA	140	171	227	255	304	12.6	19.1	60
ロチェスター、NY	295	242	230	220	211	-4.6	-4.2	97
サクラメント、CA	257	276	369	407	466	10.2	14.6	35
ソルトレークシティ、UT	176	163	160	182	186	13.6	2.6	123
サンアントニオ、TX	654	786	935	1,145	1,327	22.4	16.0	7
サンベルナルディーノ、CA	107	119	165	185	210	12.6	13.2	98
サンディエゴ、CA	697	876	1,111	1,223	1,307	10.2	6.9	8
サンフランシスコ、CA	716	679	724	777	805	7.3	3.7	13
サンノゼ、CA	460	629	782	895	946	14.4	5.7	10
サンタアナ、CA	156	204	294	338	325	15.0	-4.0	56
サンタクラリタ、CA	(4)	(4)	111	151	176	36.5	16.7	130
スコッツデール、AZ	68	89	130	203	217	55.8	7.2	91
シアトル、WA	531	494	516	563	609	9.1	8.0	25
シュリブポート、LA	182	206	199	200	199	0.8	-0.4	108
スポーケン、WA	171	171	177	196	209	10.4	6.8	99
セントルイス、MO	622	453	397	348	319	-12.2	-8.3	57
セントポール、MN	310	270	272	287	285	5.5	-0.7	66
セントピーターズバーグ、FL	216	239	240	248	245	3.3	-1.4	75
ストックトン、CA	110	150	211	244	292	15.6	19.7	64
タコマ、MA	154	159	177	194	198	9.6	2.5	110
タラハシー、FL	73	82	125	151	181	20.7	20.4	124
タンパ、FL	278	272	280	303	336	8.4	10.6	54
トレド、OH	383	355	333	314	287	-5.8	-8.4	65
ツーソン、AZ	263	331	405	487	520	20.1	6.9	33
タルサ、OK	330	361	367	393	392	7.0	-0.3	46
バージニアビーチ、VA	172	262	393	425	438	8.2	3.0	39
ワシントン、DC	757	638	607	572	602	-5.7	5.2	26
ウィチタ、KS	277	280	304	344	382	13.2	11.1	49
ウィンストン-セーラム、NC	134	132	143	186	230	29.5	23.6	82
ウーチェスター、MA	177	162	170	173	181	1.7	4.9	125
ヨンカース、NY	204	195	188	196	196	4.3	-0.1	114

－ ゼロまたは概数でゼロを示す　NA データなし　1．2000年センサスに基づく数値　2．未統合地域に含まれない統合都市の一部を示す　3．データは、市政府、郡政府の統合以前には、アテネ市、オーガスタ市に未統合であった地域のもの　4．未統合　5．データは市・郡政府の統合以前にはルーイビル市に未統合であった地域のもの

資料：U.S. Census Bureau, 1970 data: U.S. Census Bureau, *Census of Population: 1970, Vol. 1, Characteristics of the Population*. 1980 data: U.S. Census Bureau, *1980 Census of Population, Vol. 1, Characteristics of the Population*, PC80-1. 1990 data: U.S. Census Bureau, *1990 Census CP-1-1, General Population Characteristics, and 1990 CPH-L-157 Corrected Counts*. 2000 Census data: 2000 Census of Population and Housing, *Population and Housing Unit Counts PHC-3*. 2010 Census data: *2010 Census Redistricting Data (Public Law 94-171) Summary File*, Table P1

No.28. 統合都市――人口規模別都市数：1980－2010年

[140.3は1億4030万人を表す。付録Ⅲを参照]

人口規模	統合都市数				人口（100万人）				合計に占める割合（％）			
	1980	1990	2000	2010	1980	1990	2000	2010	1980	1990	2000	2010
計	19,097	19,262	19,452	19,540	140.3	153.1	173.5	192.0	100.0	100.0	100.0	100.0
1,000,000人以上	6	8	9	9	17.5	20.0	22.9	23.6	12.5	13.1	13.2	12.3
500,000－999,999	16	15	20	24	10.9	10.1	12.9	16.1	7.8	6.6	7.4	8.4
250,000－499,999	33	41	37	40	11.8	14.2	13.3	14.0	8.4	9.3	7.7	7.3
100,000－249,999	114	131	172	200	16.6	19.1	25.5	30.2	11.8	12.5	14.7	15.7
50,000－99,999	250	309	363	432	17.6	21.2	24.9	30.1	12.5	13.8	14.4	15.7
25,000－49,999	526	567	644	723	18.4	20.0	22.6	25.2	13.1	13.1	13.0	13.1
10,000－24,999	1,260	1,290	1,435	1,542	19.8	20.3	22.6	24.2	14.1	13.3	13.0	12.6
10,000人未満	16,892	16,901	16,772	16,570	28.0	28.2	28.7	28.7	20.0	18.4	16.5	14.9

資料：U.S. Census Bureau, *Census of Population: 1980, Vol. I; 1990 Census of Population and Housing, Population and Housing Unit Counts (CPH-2-1); Census 2000 PHC-3, Population and Housing Unit Counts; 2010 Census Redistricting Data (Public Law 94-171) Summary File*

No.29. 都市および農村人口――州別：1990、2000年

[単位：1,000人（222,361は2億2236万1000人を表す）。4月1日現在。居住人口。都市の定義については本章の解説を参照]

州	都市人口 1990 旧定義(%)	都市人口 1990 現定義(%)	都市人口 2000,現定義 人口(1000人)	都市人口 2000,現定義 都市人口の割合(%)	農村人口 2000 (1000人)	州	都市人口 1990 旧定義(%)	都市人口 1990 現定義(%)	都市人口 2000,現定義 人口(1000人)	都市人口 2000,現定義 都市人口の割合(%)	農村人口 2000 (1000人)
合衆国、計	75.2	78.0	222,361	79.0	59,061						
AL	60.4	56.8	2,466	55.4	1,981	MO	68.7	69.6	3,883	69.4	1,712
AK	67.5	61.0	411	65.6	216	MT	52.5	56.4	488	54.1	414
AZ	87.5	86.5	4,524	88.2	607	NE	66.1	67.2	1,194	69.8	518
AR	53.5	52.0	1,404	52.5	1,269	NV	88.3	87.4	1,829	91.5	170
CA	92.6	93.7	31,990	94.4	1,882	NH	51.0	57.2	732	59.3	503
CO	82.4	83.8	3,633	84.5	668	NJ	89.4	93.5	7,939	94.4	475
CT	79.1	87.0	2,988	87.7	418	NM	73.0	75.0	1,364	75.0	456
DE	73.0	79.2	628	80.1	156	NY	84.3	87.4	16,603	87.5	2,374
DC	100.0	100.0	572	100.0	－	NC	50.4	57.8	4,849	60.2	3,200
FL	84.8	88.0	14,270	89.3	1,712	ND	53.3	53.4	359	55.9	283
						OH	74.1	77.5	8,782	77.4	2,571
GA	63.2	68.7	5,864	71.6	2,322	OK	67.7	65.2	2,255	65.3	1,196
HI	89.0	90.5	1,108	91.5	103	OR	70.5	74.9	2,694	78.7	727
ID	57.4	62.2	859	66.4	434	PA	68.9	76.8	9,464	77.1	2,817
IL	84.6	86.4	10,910	87.8	1,510	RI	86.0	89.9	953	90.9	95
IN	64.9	69.1	4,304	70.8	1,776	SC	54.6	61.5	2,427	60.5	1,585
IA	60.6	59.4	1,787	61.1	1,139	SD	50.0	50.3	391	51.9	363
KS	69.1	69.5	1,921	71.4	768	TN	60.9	62.7	3,620	63.6	2,069
KY	51.8	55.9	2,254	55.8	1,788	TX	80.3	81.2	17,204	82.5	3,648
LA	68.1	72.9	3,246	72.6	1,223	UT	87.0	86.8	1,970	88.2	263
ME	44.6	42.6	513	40.2	762						
						VT	32.2	40.2	232	38.2	376
MD	81.3	85.0	4,559	86.1	738	VA	69.4	71.5	5,170	73.0	1,909
MA	84.3	90.5	5,801	91.4	548	WA	76.4	79.9	4,831	82.0	1,063
MI	70.5	75.2	7,419	74.7	2,519	WV	36.1	46.9	833	46.1	976
MN	69.9	69.0	3,490	70.9	1,429	WI	65.7	67.3	3,664	68.3	1,700
MS	47.1	49.1	1,387	48.8	1,457	WY	65.0	67.1	321	65.1	172

－ ゼロを示す

資料：U.S. Census Bureau, 2000 Census of Population and Housing, *Population and Housing Unit Counts* PHC-3. <http://www.census.gov/prod/cen2000/index.html> も参照

No.30. 主要分類別人口移動：1981－2010年

[3月現在。221,641は2億2164万1000人を表す。1歳以上。表示年前年および表示年の居住場所の比較に基づく。駐屯地外に居住する軍人と、駐屯地内に家族とともに居住する軍人以外の軍隊兵員を除く。毎月人口調査、社会・経済年次補助調査に基づく。本章の解説および付録Ⅲを参照。地域の構成については表紙裏の地図を参照]

移動時期および特徴	計(1,000人)	移動なし	構成比(%) 合衆国内で異なる家に移動					海外から移入
			計	同郡内	郡外に移動			
					計	同州内	州外に移動	
1981年	221,641	83	17	10	6	3	3	1
1991年	244,884	83	16	10	6	3	3	1
2001年	275,611	86	14	8	6	3	3	1
2010年、計	**300,074**	**87**	**12**	**9**	**4**	**2**	**1**	**－**
1－4歳	17,228	80	19	14	5	3	2	－
5－9歳	20,785	86	14	11	4	2	2	－
10－14歳	19,893	89	11	8	3	2	1	－
15－19歳	21,087	88	11	8	3	2	1	－
20－24歳	21,154	73	26	18	8	5	3	1
25－29歳	21,453	74	25	18	7	4	3	1
30－44歳	60,079	86	14	10	4	2	2	－
45－64歳	79,782	93	7	5	2	1	1	－
65－74歳	20,956	96	4	2	2	1	1	－
75－84歳	12,964	97	3	2	1	1	－	－
85歳以上	4,693	96	4	2	1	1	1	－
東北部	53,976	92	8	6	2	1	1	－
中西部	65,271	88	12	8	3	2	1	－
南部	110,699	86	13	8	4	3	2	－
西部	70,129	85	14	11	4	2	1	－
16歳以上	238,095	88	12	8	3	2	1	－
民間労働力	153,517	87	13	9	4	2	1	－
就業	137,753	88	12	9	3	2	1	－
失業	15,764	80	19	13	6	4	2	1
軍隊兵員	937	69	26	13	13	2	11	4
非労働力	83,641	90	9	6	3	2	1	－
16歳以上の就業者	137,753	88	12	9	3	2	1	－
経営、管理職、金融	20,997	91	9	7	2	1	1	－
専門職	30,982	89	11	7	4	2	1	－
サービス	24,258	84	16	12	4	2	1	－
販売	15,467	86	14	10	4	2	2	－
事務、管理補助	17,874	88	12	9	3	2	1	－
農林水産業	905	88	10	9	2	1	1	1
建設、採取業	6,905	87	13	9	3	2	1	－
組立、検査、修理	4,922	89	11	8	3	2	1	－
生産	7,569	88	12	9	2	2	1	－
運輸、物流	7,875	87	13	9	4	2	1	－
居住：								
持ち家	206,274	95	5	3	2	1	1	－
賃貸	89,982	71	28	21	8	4	3	1
家賃免除住宅	3,817	82	18	10	7	5	3	－

－　ゼロまたは概数でゼロを示す

資料：U.S. Census Bureau, Current Population Survey, 2010 Annual Social and Economic Supplement, "Geographical Mobility: 2009 to 2010, Detailed Tables," <http://www.census.gov/population/www/socdemo/migrate.html>

No.31. 引越し――タイプと理由：2010年

[3月現在。37,540は3754万人を表す。1歳以上人口。2009年と2010年の居住場所の比較に基づく。駐屯地外に居住する軍人と、駐屯地内に家族とともに居住する軍人以外の軍隊兵員を除く。毎月人口調査、社会経済年次補助調査に基づく。本章の解説および付録Ⅲを参照。本書前年版の表No.31も参照]

引越しの理由	全該当者	同郡内	他郡間	海外より流入	引越しの理由	全該当者	同郡内	他郡間	海外より流入
計（1000人）	37,540	26,017	10,577	946	居住環境	43.7	52.8	24.4	8.4
構成比（%）					賃貸から持ち家へ	4.6	5.4	3.1	0.3
計	100.0	100.0	100.0	100.0	新築あるいは環境の良い家またはアパートへ	15.5	19.2	7.3	4.3
家族の都合	30.3	30.2	30.7	28.3	近隣環境の良い、犯罪の少ない場所へ	4.1	4.8	2.8	－
婚姻状況の変化	7.3	7.5	7.2	5.0	家賃の安い場所へ	10.8	13.0	6.2	1.7
自分の世帯を持つ	11.2	12.6	8.3	5.7	その他	8.7	10.5	5.0	1.9
その他	11.7	10.1	15.3	17.5					
仕事の都合	16.4	9.6	31.1	40.7	その他の理由	9.5	7.4	13.8	22.6
就職または転職	7.8	2.7	18.9	23.8	大学に入学あるいは卒業/中退	2.7	1.7	4.7	8.4
求職または失職	2.6	1.3	5.1	8.8	気候の変化	0.6	0.3	1.5	0.7
職場に近い所または通勤に便利	4.2	4.2	4.5	1.4	健康上の理由	1.5	1.3	2.1	1.7
退職	0.5	0.3	0.8	2.4	自然災害	0.3	0.3	0.2	0.2
その他	1.3	1.0	1.9	4.3	その他	4.4	3.8	5.3	11.6

－　ゼロを示す

資料：U.S. Census Bureau, Current Population Survey, 2010 Annual Social and Economic Supplement, "Geographical Mobility: 2009 to 2010, Detailed Tables," <http://www.census.gov/population/www/socdemo/migrate.html>

No.32. 世帯主の所得別人口移動：2010年

[3月現在（117,572は1億1757万2000人を表す）。15歳以上の世帯主。2009年と2010年の居住場所の比較に基づく。駐屯地外に居住する軍人と、駐屯地内に家族とともに居住する軍人以外の軍隊兵員を除く。毎月人口調査、社会・経済年次補助調査に基づく。本章の解説および付録IIIを参照。本書前年版の表No.32も参照］

2009年の世帯収入	計 (1,000)	構成比(%)						
		移動なし	合衆国内の異なる家に移動					海外から移入
			計	同郡内	郡外に移動			
					計	同州内	州外に移動	
世帯主、15歳以上	117,572	88	12	8	3	2	1	−
5,000ドル未満	3,757	78	21	15	6	4	3	1
5,000−9,999ドル	4,824	81	19	14	5	3	2	−
10,000−14,999ドル	6,759	85	15	11	4	2	2	−
15,000−24,999ドル	14,024	85	15	11	4	3	1	−
25,000−34,999ドル	13,004	86	13	10	3	2	1	−
35,000−49,999ドル	16,615	87	13	9	4	2	2	−
50,000−69,999ドル	17,587	88	11	8	3	2	1	−
70,000−99,999ドル	17,246	91	9	6	3	2	1	−
100,000ドル以上	23,756	93	6	4	2	1	1	−

− ゼロを示す

資料：U.S. Census Bureau, Current Population Survey, 2010 Annual Social and Economic Supplement, "Geographical Mobility: 2009 to 2010, Detailed Tables," <http://www.census.gov/population/www/socdemo/migrate.html>

No.33. 居住者の移動状況──州別：2009年

[単位：1000人および%（302,952は3億295万2000人を表す）。2008年と2009年の居住地の比較に基づく。アメリカ・コミュニティ調査の母集団には世帯人口の他に、施設・大学寮・その他の集団居住施設の人口も含まれる。標本調査に基づく。標本抽出時の誤差あり。本章の解説および付録IIIを参照。本書前年版の表No.33も参照］

州	1歳以上人口[1] (1,000人)	2008年当時と同一の家 (%)	2008年当時に合衆国内の異なる家に居住		州	1歳以上人口[1] (1,000人)	2008年当時と同一の家 (%)	2008年当時に合衆国内の異なる家に居住	
			同一郡内 (%)	郡外 (%)				同一郡内 (%)	郡外 (%)
合衆国	302,952	84.6	9.4	5.5					
AL	4,654	84.5	9.3	5.8	MO	5,912	83.6	9.4	6.7
AK	686	77.7	12.8	8.7	MT	962	83.0	10.1	6.5
AZ	6,494	79.5	14.5	5.3	NE	1,770	82.2	10.4	7.0
AR	2,853	82.1	11.0	6.6	NV	2,607	78.8	15.6	5.0
CA	36,454	83.7	11.3	4.3	NH	1,313	86.6	7.2	5.7
CO	4,954	81.2	9.9	8.3	NJ	8,607	90.1	5.5	3.7
CT	3,480	88.3	7.1	4.0	NM	1,980	84.2	9.5	5.8
DE	873	85.4	9.2	4.8	NY	19,302	88.8	6.7	3.8
DC	592	84.2	8.0	6.5	NC	9,256	84.3	8.7	6.5
FL	18,312	83.4	10.2	5.7	ND	637	82.4	8.9	8.4
GA	9,686	83.0	8.8	7.7	OH	11,401	85.5	9.6	4.6
HI	1,278	83.4	10.5	4.9	OK	3,633	81.4	10.5	7.7
ID	1,521	83.0	9.6	6.9	OR	3,779	82.1	10.8	6.5
IL	12,737	86.8	8.7	4.0	PA	12,465	87.6	7.5	4.5
IN	6,334	84.4	9.5	5.7	RI	1,043	86.4	8.4	4.5
IA	2,969	84.2	9.4	6.0	SC	4,502	85.3	8.1	6.2
KS	2,777	82.0	10.3	7.3	SD	801	83.7	7.9	8.2
KY	4,258	84.3	9.2	6.1	TN	6,214	84.4	9.7	5.6
LA	4,430	85.5	8.5	5.7	TX	24,384	81.9	11.2	6.2
ME	1,304	87.3	7.4	5.0	UT	2,732	82.8	9.9	6.5
					VT	616	86.9	7.3	5.5
MD	5,624	85.9	7.5	5.9	VA	7,783	83.9	6.8	8.6
MA	6,521	86.6	7.6	5.0	WA	6,578	83.0	10.7	5.7
MI	9,852	85.2	9.7	4.7	WV	1,799	87.6	6.9	5.3
MN	5,200	85.7	7.8	6.1	WI	5,586	85.5	9.2	5.1
MS	2,911	85.2	8.3	6.4	WY	537	83.3	8.6	7.7

1. 個別に示さない海外からの移動を含む

資料：U.S. Census Bureau, 2009 American Community Survey; B07003, "Residence 1 Year Ago by Sex," <http://factfinder.census.gov/>（2010年12月現在）

No.34. 34歳以上人口――性別主要特徴：1990－2010年

[3月現在。注に示す場合を除く（29.6は2960万人を表す）。民間非施設収容人口。駐屯地外に居住する軍人と、駐屯地内に家族とともに居住する軍人以外の軍隊兵員を除く。1990年のデータは1980年センサス人口コントロールに基づく。2000年のデータは1990年センサス人口コントロールに基づく。2005年以降のデータは2000年センサス人口コントロールおよび各種世帯調査に基づく。毎月人口調査に基づく。本章の解説および付録Ⅲを参照]

特徴	計				男				女			
	1990	2000	2005	2010	1990	2000	2005	2010	1990	2000	2005	2010
計（100万人）	29.6	32.6	35.2	38.6	12.3	13.9	15.1	16.8	17.2	18.7	20.0	21.8
構成比（％）												
婚姻状況：												
未婚者	4.6	3.9	4.1	4.3	4.2	4.2	4.4	4.1	4.9	3.6	3.9	4.5
既婚者	56.1	57.2	57.7	57.6	76.5	75.2	74.9	74.5	41.4	43.8	44.7	44.5
配偶者あり	54.1	54.6	54.8	55.2	74.2	72.6	71.7	71.7	39.7	41.3	42.0	42.4
配偶者なし [1]	2.0	2.6	2.9	2.4	2.3	2.6	3.2	2.8	1.7	2.5	2.7	2.1
寡夫、寡婦	34.2	32.1	30.3	28.1	14.2	14.4	13.7	12.7	48.6	45.3	42.9	39.9
離婚	5.0	6.7	7.9	10.0	5.0	6.1	7.0	8.7	5.1	7.2	8.5	11.1
教育水準												
第9学年未満	28.5	16.7	13.4	10.2	30.0	17.8	13.2	10.2	27.5	15.9	13.5	10.1
第9－12学年修了、高校卒業資格なし	[2] 16.1	13.8	12.7	10.3	[2] 15.7	12.7	11.9	9.7	[2] 16.4	14.7	13.3	10.8
高校卒業	[3] 32.9	35.9	36.3	36.4	[3] 29.0	30.4	31.6	32.0	[3] 35.6	39.9	39.9	39.8
大学または準学位	[4] 10.9	18.0	18.7	20.6	[4] 10.8	17.8	18.4	19.7	[4] 11.0	18.2	19.0	21.2
学士またはそれ以上の学位	[5] 11.6	15.6	18.9	22.5	[5] 14.5	21.4	24.9	28.4	[5] 9.5	11.4	14.3	18.0
就業状態 [6]：												
就業者	11.5	12.4	14.5	16.2	15.9	16.9	19.1	20.5	8.4	9.1	11.1	12.9
失業者	0.4	0.4	0.5	1.2	0.5	0.6	0.7	1.6	0.3	0.3	0.4	0.9
非労働力	88.1	87.2	84.9	82.6	83.6	82.5	80.2	77.9	91.3	90.6	88.5	86.2
貧困水準以下（％）[7]	11.4	9.7	9.8	(NA)	7.8	6.9	7.0	(NA)	13.9	11.8	11.9	(NA)

NA データなし 1. 別居を含む 2. 高校1－3年を修了した者 3. 高校4年を修了した者 4. 大学1－3年を修了した者 5. 大学4年以上を修了した者 6. 各月数値の年平均。資料：U.S. Bureau of Labor Statistics, *Employment and Earnings*（各年1月号）。表No.586の脚注2を参照 7. 貧困水準は直前年の所得による分類
資料：脚注に示したものを除く、U.S. Census Bureau, Current Population Reports, The Older Population in the United States: March 2002, P20-546, 2003, and earlier reports; "Educational Attainment," <http://www.census.gov/population/www/socdemo/educ-attn.html>; "Families and Living Arrangements," <http://www.census.gov/population/www/socdemo/hh-fam.html>; and "Detailed Poverty Tabulations from the CPS," <http://www.census.gov/hhes/www/cpstables/032010/pov/toc.htm>

No.35. 65歳以上人口――居住形態と障害：2009年

[単位：1000人（39,507は3950万7000人を表す）および％。アメリカ・コミュニティ調査に基づく。障害者のデータは、民間非施設収容人口に限定。標本調査に基づく。標本抽出時の誤差あり。本章の解説および付録Ⅲを参照]

世帯のタイプ別	数	構成比（％）	障害の種類	計	65－74歳	75歳以上
計	39,507	100.0	障害のある人口、計	14,189	5,278	8,902
家族	37,648	95.3				
家族世帯	25,950	65.7	聴覚障害	5,847	1,904	3,943
世帯主	12,955	32.8	視覚障害	2,696	877	1,819
配偶者	9,299	23.5	認知障害	3,600	1,117	2,483
親	2,125	5.4	歩行障害	9,213	3,392	5,822
その他の親族	1,405	3.6	自己管理に障害	3,326	953	2,374
血縁関係なし	166	0.4	自立生活に障害	6,236	1,699	4,537
非家族世帯	11,698	29.6				
世帯主	11,190	28.3				
単身	10,659	27.0				
他の世帯構成員あり	530	1.3				
血縁関係なし	508	1.3				
集団居住施設	1,858	4.7				

資料：U.S. Census Bureau, 2009 American Community Survey, B09017, "Relationship by Household Type (Including Living Alone) for the Population 65 Years and Over;" B18101, "Sex by Age by Disability Status;" B18102, "Sex by Age by Hearing Difficulty;" B18103, "Sex by Age by Vision Difficulty;" B18104, "Sex by Age by Cognitive Difficulty;" B18105, "Sex by Age by Ambulatory Difficulty;" B18106, "Sex by Age by Self-Care Difficulty;" B18107, "Sex by Age by Independent Living Difficulty," <http://factfinder.census.gov/>（2010年12月現在）

No.36. 人種・ヒスパニック別人口の特徴：2009年

[単位：1000人（201,952は2億195万2000人を表す）および％、ドル。アメリカ・コミュニティ調査の母集団には世帯人口の他に、施設・大学寮・その他の集団居住施設の人口も含まれる。標本調査に基づく。標本抽出時の誤差あり。本章の解説および付録Ⅲを参照。中央値の定義については凡例を参照]

特徴	総人口	白人	黒人または アフリカ系 アメリカ人	アメリカ インディアン またはアラスカ 原住民	アジア系
教育水準					
25歳以上、計	**201,952**	**156,607**	**22,975**	**1,451**	**9,404**
9学年未満	12,641	7,981	1,269	141	814
9－12学年、卒業資格なし	17,144	11,661	3,008	200	568
高校卒業（あるいは同等の資格）	57,552	45,324	7,261	442	1,506
大学（学位なし）	43,087	33,610	5,720	372	1,224
準学位	15,192	12,140	1,673	107	623
学士	35,494	28,916	2,635	124	2,767
修士以上	20,841	16,975	1,404	64	1,902
高校卒業以上（％）	85.3	87.5	81.4	76.4	85.3
学士以上（％）	27.9	29.3	17.6	13.0	49.7
職業					
16歳以上の民間被雇用人口、計	**140,602**	**108,748**	**15,091**	**926**	**6,750**
管理職・専門職および関連職	50,180	40,650	4,225	238	3,288
管理・経営・金融	20,038	16,653	1,495	95	1,088
専門職および関連職	30,142	23,997	2,730	143	2,201
サービス業	25,067	17,525	3,816	228	1,128
販売および事務職	35,426	27,735	3,983	210	1,457
農林水産業	988	748	45	12	12
建設業・鉱業・メンテナンス	12,274	9,938	801	113	219
建設業および鉱業	7,573	6,072	440	79	89
設備・メンテナンスおよび修理	4,701	3,866	362	34	129
製造業・輸送業・物流	16,668	12,153	2,221	125	646
製造	8,309	6,107	929	63	431
輸送および物流	8,359	6,045	1,292	62	216
家族所得（調査に先立つ12ヶ月）					
総家族数	**75,531**	**58,832**	**8,605**	**542**	**3,227**
10,000ドル未満	3,676	2,151	992	62	122
10,000－19,999ドル	5,769	3,740	1,210	69	199
20,000－29,999ドル	7,056	5,021	1,138	75	228
30,000－39,999ドル	7,199	5,369	1,004	62	226
40,000－49,999ドル	6,930	5,399	796	53	229
50,000－59,999ドル	6,450	5,138	674	42	220
60,000－74,999ドル	8,538	6,926	798	52	325
75,000－99,999ドル	10,852	8,969	891	57	467
100,000－124,999ドル	7,026	5,871	499	33	376
125,000－149,999ドル	4,136	3,476	260	15	253
150,000－199,999ドル	4,041	3,407	212	13	295
200,000ドル以上	3,859	3,365	130	8	288
過去12ヶ月の家族所得の中央値（ドル）[2]	61,082	65,319	39,587	40,552	78,529
貧困状況（調査に先立つ12ヶ月）[3]					
貧困水準以下の個人	42,868	26,271	9,408	647	1,539
％	14.3	11.7	25.8	27.3	11.4
貧困水準以下の家族	7,956	4,754	1,924	123	277
％	10.5	8.1	22.4	22.7	8.6
持ち家状況					
世帯主、計	**113,616**	**89,252**	**13,521**	**788**	**4,310**
持ち家所有	74,843	63,262	6,012	430	2,560
賃貸	38,773	25,990	7,510	358	1,750

本表末尾の脚注を参照

No.36. 人種・ヒスパニック別人口の特徴：2009年（続）

[40頁の頭注を参照]

特徴	ハワイ原住民およびその他の太平洋諸島民	その他の単一人種	複数人種	ヒスパニック[1]	非ヒスパニック系の白人
教育水準					
25歳以上、計	277	8,227	3,011	26,107	139,962
9学年未満	14	2,218	204	6,142	4,284
9－12学年、卒業資格なし	25	1,406	275	4,069	9,183
高校卒業（あるいは同等の資格）	102	2,154	761	6,830	40,969
大学（学位なし）	75	1,279	808	4,402	30,771
準学位	22	373	254	1,377	11,219
学士	29	565	458	2,259	27,323
修士以上	10	234	251	1,030	16,212
高校卒業以上（％）	85.8	56.0	84.1	60.9	90.4
学士以上（％）	14.2	9.7	23.6	12.6	31.1
職業					
16歳以上の民間被雇用人口、計	200	6,534	2,354	20,055	96,172
管理職・専門職および関連職	47	991	740	3,728	38,108
管理・経営・金融	19	415	273	1,560	15,585
専門および関連職	28	576	467	2,169	22,523
サービス業	51	1,802	517	5,277	14,313
販売および事務職	55	1,362	623	4,395	24,936
農林水産業	1	156	15	476	443
建設業・鉱業・メンテナンス	17	996	190	2,807	8,223
建設業および鉱業	11	763	120	2,101	4,803
設備・メンテナンスおよび修理	7	233	70	706	3,420
製造業・輸送業・物流	28	1,227	269	3,372	10,149
製造	10	642	126	1,736	5,082
輸送および物流	17	584	143	1,636	5,067
家族所得（調査に先立つ12ヶ月）					
総家族数	99	3,111	1,115	9,877	52,520
10,000ドル未満	5	263	82	760	1,697
10,000－19,999ドル	7	435	109	1,325	2,912
20,000－29,999ドル	10	457	127	1,446	4,101
30,000－39,999ドル	11	414	112	1,247	4,589
40,000－49,999ドル	11	338	105	1,042	4,742
50,000－59,999ドル	9	269	97	848	4,597
60,000－74,999ドル	13	305	119	969	6,303
75,000－99,999ドル	14	310	144	1,018	8,308
100,000－124,999ドル	8	155	84	547	5,504
125,000－149,999ドル	6	75	50	282	3,279
150,000－199,999ドル	4	61	48	236	3,244
200,000ドル以上	2	29	37	157	3,243
過去12ヶ月の家族所得の中央値[2]	57,185	39,632	52,137	41,423	68,390
貧困状況（調査に先立つ12ヶ月）[3]					
貧困水準以下の個人	66	3,620	1,317	11,131	19,463
％	15.1	24.7	18.1	23.5	10.0
貧困水準以下の家族	12	697	169	2,058	3,496
％	11.8	22.4	15.1	20.8	6.7
持ち家状況					
世帯主、計	126	3,896	1,724	12,724	81,067
持ち家所有	55	1,630	894	6,103	59,049
賃貸	71	2,266	830	6,621	22,018

1．ヒスパニックは人種を問わない　2．中央地の定義については凡例を参照　3．貧困水準については、第13章の解説を参照

資料：U.S. Census Bureau, 2009 American Community Survey, B15002, "Sex by Educational Attainment for the Population 25 Years and Over"; B24010, "Sex by Occupation for the Employed Civilian Population 16 Years and Over"; B19101, "Family Income in the Past 12 Months (In 2009 Inflation-Adjusted Dollars)"; B19113, "Median Family Income in the Past 12 Months (In 2009 Inflation-Adjusted Dollars)"; B17001, "Poverty Status in the Past 12 Months by Sex by Age"; B17010, "Poverty Status in the Past 12 Months of Families by Family Type by Presence of Related Children Under 18 Years by Age of Related Children"; B25003, "Tenure," 〈http://factfinder.census.gov/〉

No.37. ヒスパニック人口の社会・経済的特徴：2009年

[3月現在。ただし労働力は年平均。47,485は4748万5000人を表す。駐屯地外に居住する軍人と、駐屯地内に家族とともに居住する軍人以外の軍隊兵員を除く。毎月人口調査に基づく。本章の解説および付録Ⅲを参照]

特徴	人口(1,000人)					構成比（%）				
	ヒスパニック計[1]	メキシコ人	プエルトリコ人	キューバ人	中南米人	ヒスパニック計[1]	メキシコ人	プエルトリコ人	キューバ人	中南米人
総人口	47,485	31,550	4,224	1,647	7,583	100.0	100.0	100.0	100.0	100.0
5歳未満	5,396	3,919	462	85	673	11.4	12.4	10.9	5.1	8.9
5－14歳	8,640	6,072	800	192	1,115	18.2	19.2	19.0	11.7	14.7
15－44歳	22,648	15,174	1,907	659	3,871	47.7	48.0	45.2	40.0	51.1
45－64歳	8,084	4,879	794	385	1,528	17.0	15.5	18.8	23.4	20.1
65歳以上	2,717	1,505	262	326	396	5.7	4.8	6.2	19.8	5.2
教育水準										
25歳以上の人口	25,956	16,461	2,244	1,164	4,696	100.0	100.0	100.0	100.0	100.0
高校卒業以上	16,066	9,168	1,718	914	3,160	61.9	55.7	76.6	78.5	67.3
学士以上	3,428	1,566	370	325	920	13.2	9.5	16.5	27.9	19.6
労働力[2]										
16歳以上の民間人口	32,585	20,984	2,867	1,349	(NA)	100.0	100.0	100.0	100.0	100.0
民間労働力人口	21,971	14,082	1,772	802	(NA)	67.4	67.1	61.8	59.5	(NA)
就業者	19,285	12,313	1,525	734	(NA)	59.2	58.7	53.2	54.4	(NA)
失業者	2,686	1,769	246	68	(NA)	8.2	8.4	8.6	5.0	(NA)
失業率[3]（%）	12.2	12.6	13.9	8.5	(NA)	(X)	(X)	(X)	(X)	(X)
男性	13.1	13.1	16.9	8.9	(NA)	(X)	(X)	(X)	(X)	(X)
女性	11.0	11.6	10.8	7.8	(NA)	(X)	(X)	(X)	(X)	(X)
非労働力人口	10,614	6,902	1,095	547	(NA)	32.6	32.9	38.2	40.5	(NA)
世帯										
総世帯数	13,425	8,335	1,369	630	2,362	100.0	100.0	100.0	100.0	100.0
家族世帯	10,503	6,731	985	440	1,839	78.2	80.8	72.0	69.8	77.9
既婚夫婦[4]	6,911	4,613	518	313	1,144	51.5	55.3	37.8	49.7	48.4
男性世帯主、配偶者なし	1,021	652	89	32	208	7.6	7.8	6.5	5.1	8.8
女性世帯主、配偶者なし	2,571	1,466	378	95	487	19.2	17.6	27.6	15.1	20.6
非家族世帯	2,923	1,604	384	190	523	21.8	19.2	28.0	30.2	22.1
男性世帯主	1,578	917	186	79	293	11.8	11.0	13.6	12.5	12.4
女性世帯主	1,345	687	199	111	230	10.0	8.2	14.5	17.6	9.7
世帯規模：										
1人	2,195	1,175	326	151	363	16.4	14.1	23.8	24.0	15.4
2人	3,067	1,733	361	211	558	22.8	20.8	26.4	33.5	23.6
3人	2,613	1,522	277	124	536	19.5	18.3	20.2	19.7	22.7
4人	2,597	1,717	221	90	480	19.3	20.6	16.1	14.3	20.3
5人	1,705	1,221	120	36	265	12.7	14.6	8.8	5.7	11.2
6人	754	567	40	15	106	5.6	6.8	2.9	2.4	4.5
7人以上	494	400	24	4	53	3.7	4.8	1.8	0.6	2.2
世帯所得 2008年										
総世帯数[5]	10,503	6,731	985	440	1,778	100.0	100.0	100.0	100.0	100.0
5,000ドル未満	436	281	56	7	65	4.1	4.2	5.6	1.8	3.6
5,000－14,999ドル	1,092	741	123	40	154	10.4	11.0	12.5	9.1	8.6
15,000－24,999ドル	1,504	1,021	132	56	231	14.3	15.2	13.4	12.8	13.0
25,000－34,999ドル	1,496	1,009	131	47	238	14.2	15.0	13.3	10.6	13.4
35,000－49,999ドル	1,761	1,169	131	74	313	16.8	17.4	13.3	16.9	17.6
50,000－74,999ドル	1,867	1,143	176	70	359	17.8	17.0	17.9	15.9	20.2
75,000ドル以上	2,346	1,369	236	145	418	22.3	20.3	23.9	32.9	23.5
貧困状況 2008年										
貧困水準以下の世帯[6]	2,239	1,565	224	55	314	21.3	23.2	22.7	12.6	17.6
貧困水準以下の者[6]	10,987	7,821	1,065	277	1,431	23.2	24.8	25.2	16.8	18.9
住宅										
居住住宅総数	13,425	8,335	1,369	630	2,280	100.0	100.0	100.0	100.0	100.0
持ち家所有	6,418	4,109	515	367	920	47.8	49.3	37.6	58.2	40.3
賃貸[7]	7,007	4,226	854	263	1,360	52.2	50.7	62.4	41.8	59.7

NA データなし　X 該当なし　1．個別に明示されない他のヒスパニックグループを含む　2．資料：U.S. Bureau of Labor Statistics, *Employment and Earnings*, 2010年1月号〈http://stats.bls.gov/opub/ee/home.htm〉　3．民間労働人口に占める失業者総数の割合（%）　4．既婚夫婦世帯については、世帯主がヒスパニックであるか否かで分類　5．集団居住施設内の世帯を含む　6．貧困水準については、第13章の解説を参照　7．無償貸与を含む

資料：脚注に示したものを除き、U.S. Census Bureau, "Educational Attainment"; 〈http://www.census.gov/population/www/socdemo/educ-attn.html〉; "Families and Living Arrangements", 〈http://www.census.gov/population/socdemo/hh-fam.html〉; "Detailed Income Tabulations from the CPS"; 〈http://www.census.gov/hhes/www/income/dinctabs.html〉; "Detailed Poverty Tabulations from the CPS"; 〈http://www.census.gov/hhes/www/epstables/032009/pov/toc.htm〉および未刊行資料

No.38. 米国籍出生および外国生まれの人口——州別：2009年

[単位：1,000人（268,489は2億6848万9000を表す）、％。アメリカ・コミュニティ調査の母集団には世帯人口の他に、施設・大学寮・その他の集団居住施設の人口も含まれる。標本調査に基づく。標本抽出時の誤差あり。本章の解説および付録Ⅲを参照。表No.42の頭注を参照。本書前年版の表No.38も参照]

州	米国籍出生 (1000人)	外国生まれ 人口 (1000人)	外国生まれ 総人口に対する割合 (％)	外国生まれ 2000年以後に入国の割合 (％)	州	米国籍出生 (1000人)	外国生まれ 人口 (1000人)	外国生まれ 総人口に対する割合 (％)	外国生まれ 2000年以後に入国の割合 (％)
合衆国、計	268,489	38,517	12.5	31.6	MO	5,775	213	3.6	42.2
AL	4,562	147	3.1	47.6	MT	956	19	2.0	30.3
AK	650	49	7.0	35.7	NE	1,690	106	5.9	44.4
AZ	5,670	925	14.0	32.7	NV	2,137	507	19.2	32.1
AR	2,769	120	4.2	37.8	NH	1,256	68	5.2	30.8
CA	27,015	9,947	26.9	24.9	NJ	6,948	1,759	20.2	32.1
CO	4,538	487	9.7	36.0	NM	1,814	196	9.8	29.9
CT	3,059	460	13.1	34.5	NY	15,363	4,178	21.4	28.2
DE	811	74	8.4	44.3	NC	8,716	665	7.1	44.2
DC	528	72	12.0	39.6	ND	631	15	2.4	53.1
FL	15,054	3,484	18.8	31.8	OH	11,109	433	3.8	37.4
GA	8,909	920	9.4	41.4	OK	3,497	190	5.1	40.0
HI	1,071	224	17.3	26.4	OR	3,458	367	9.6	35.5
ID	1,448	98	6.3	34.1	PA	11,914	691	5.5	35.5
IL	11,170	1,741	13.5	28.4	RI	920	133	12.7	27.0
IN	6,142	281	4.4	44.8	SC	4,356	205	4.5	45.7
IA	2,892	116	3.9	39.8	SD	791	22	2.7	42.2
KS	2,647	171	6.1	39.9	TN	6,031	266	4.2	42.6
KY	4,186	128	3.0	54.0	TX	20,797	3,985	16.1	33.5
LA	4,340	152	3.4	39.5	UT	2,566	218	7.8	38.1
ME	1,274	44	3.3	33.9	VT	601	21	3.3	20.2
MD	4,969	730	12.8	36.4	VA	7,077	806	10.2	37.8
MA	5,650	943	14.3	34.2	WA	5,854	811	12.2	33.2
MI	9,356	614	6.2	36.5	WV	1,797	23	1.3	37.2
MN	4,909	358	6.8	41.8	WI	5,399	256	4.5	36.6
MS	2,892	60	2.0	48.1	WY	527	17	3.1	41.1

資料：U.S. Census Bureau, 2009 American Community Survey; C05002. "Place of Birth by Citizenship Status"; C05005. "Year of Entry by Citizenship Status"; 〈http://factfinder.census.gov/〉 (2011年5月現在)

No.39. 居住人口の国籍および出生地——25大都市：2009年

[単位：1,000（791は79万1000を表す）、％。アメリカン・アメリカ・コミュニティ調査の母集団には世帯人口の他に、施設・大学寮・その他の集団居住施設の人口も含まれる。標本調査に基づく。標本抽出時の誤差あり。本章の解説および付録Ⅲを参照。表No.42の頭注を参照。本書前年版の表No.39も参照]

大都市	総人口 (1,000人)	米国籍人口 計 (1,000人)	米国籍人口 合衆国内出生 (1,000人)	米国籍人口 合衆国外出生 (1,000人)	外国生まれの人口 人口 (1,000人)	外国生まれの人口 総人口に対する割合 (％)	2000年以後に入国 人口 (1,000人)	2000年以後に入国 外国生まれの人口に対する割合 (％)
オースティン、TX	791	631	619	12	159	20.2	75	46.8
ボルティモア、MD	637	596	592	4	41	6.5	21	51.5
ボストン、MA	645	483	468	15	162	25.1	60	37.3
シャーロッテ、NC	704	608	600	7	97	13.7	48	49.9
シカゴ、IL	2,851	2,262	2,211	51	588	20.6	170	28.8
コロンバス、OH	773	690	684	6	83	10.7	44	52.5
ダラス、TX	1,300	978	965	13	322	24.8	128	39.8
デンバー、CO	610	515	507	7	96	15.7	39	40.8
デトロイト、MI	911	851	844	7	60	6.6	28	46.3
エルパソ、TX	620	469	455	14	151	24.4	33	21.6
フォートワース、TX	732	600	592	8	131	17.9	45	34.2
ヒューストン、TX	2,261	1,617	1,596	20	644	28.5	248	38.5
インディアナポリス、IN [1]	808	744	740	4	63	7.8	37	59.2
ジャクソンビル、FL	814	740	723	16	74	9.1	25	33.8
ロサンゼルス、CA	3,832	2,311	2,275	35	1,521	39.7	407	26.8
メンフィス、TN	677	640	636	4	37	5.4	18	50.4
ナッシュビル-デービッドソン、TN [1]	605	535	529	6	70	11.6	31	44.4
ニューヨーク、NY	8,392	5,395	5,067	328	2,997	35.7	860	28.7
フィラデルフィア、PA	1,547	1,368	1,315	53	179	11.6	71	39.5
フェニックス、AZ	1,594	1,247	1,231	16	346	21.7	124	35.8
サンアントニオ、TX	1,374	1,193	1,167	26	181	13.2	51	27.9
サンディエゴ、CA	1,306	980	956	24	326	24.9	91	27.9
サンフランシスコ、CA	815	537	523	14	278	34.1	63	22.7
サンノゼ、CA	965	597	587	10	368	38.1	106	28.7
シアトル、WA	617	512	499	12	105	17.1	35	33.3

1．一つ以上の別個に統合された都市の中にはない合併市の一部

資料：U.S. Census Bureau, 2009 American Community Survey; C05002. "Place of Birthby Citizenship Status"; C05005. "Year of Entry by Citizenship Status"; 〈http://factfinder.census.gov/〉 (2011年6月現在)

No.40. 米国籍出生および外国生まれの人口――主要特徴：2010年

[単位：1,000人（304,280は3億428万人を表す）。3月現在。外国生まれの人口には、出生時に米国籍でなかった者が含まれる。すなわち合法的な永住者（移民）、一時的な滞在者（留学生等）、人道的な移動者（難民等）および不法滞在者を含む。毎月人口調査、社会・経済年次補助調査に基づく。非施設収容人口と、駐屯地の外に居住する軍人と駐屯地内で家族と同居する軍人を含む。本章の解説および付録Ⅲを参照。本書前年版の表No.40も参照]

特徴	総人口	米国籍人口	外国生まれの人口			
			計	国籍取得	非国籍取得	2000年～2010年3月に入国
計	304,280	266,674	37,606	16,024	21,581	13,085
5歳未満	21,434	21,162	272	53	219	272
5－14歳	40,678	39,028	1,651	314	1,337	1,415
15－24歳	42,240	38,433	3,807	878	2,929	2,345
25－34歳	41,085	33,507	7,577	1,974	5,603	4,106
35－44歳	40,447	31,905	8,542	3,323	5,219	2,570
45－54歳	44,387	37,611	6,776	3,546	3,230	1,303
55－64歳	35,395	31,003	4,391	2,747	1,643	624
65－74歳	20,956	18,294	2,663	1,795	868	263
75－84歳	12,964	11,499	1,466	1,048	419	151
85歳以上	4,693	4,233	460	347	114	35
中央値（歳）[1]	36.7	35.4	41.3	48.9	36.2	31.0
男性	149,485	130,728	18,758	7,470	11,288	6,690
女性	154,795	135,946	18,849	8,555	10,294	6,395
婚姻状況						
15歳以上人口	242,168	206,485	35,683	15,658	20,025	11,398
既婚	124,219	102,435	21,784	10,300	11,484	6,316
死別	14,356	12,605	1,751	1,078	673	267
離婚	23,758	21,374	2,384	1,322	1,062	409
別居	5,541	4,348	1,193	455	738	355
未婚	74,294	65,723	8,570	2,503	6,067	4,052
教育水準						
25歳以上人口	199,928	168,052	31,876	14,780	17,096	9,052
高校卒業未満	25,711	16,212	9,499	2,802	6,697	2,799
高校卒業／大学・専門学校	114,376	101,203	13,174	6,785	6,389	3,359
学士	38,784	33,016	5,769	3,296	2,473	1,831
修士以上	21,056	17,620	3,434	1,897	1,537	1,062
2009年の所得[2]						
15歳以上人口	99,270	83,790	15,480	7,459	8,020	4,524
15,000ドル未満	5,685	4,290	1,394	426	969	525
15,000－24,999ドル	14,845	11,294	3,551	1,075	2,475	1,422
25,000－34,999ドル	17,553	14,528	3,025	1,415	1,610	845
35,000－49,999ドル	21,591	18,931	2,660	1,522	1,138	586
50,000－74,999ドル	21,131	18,706	2,425	1,461	964	561
75,000ドル以上	18,465	16,040	2,425	1,561	864	584
所得中央値（ドル）[1]	41,480	42,283	32,932	41,339	27,170	27,198
世帯規模[3]						
世帯数、計	117,538	102,039	15,499	7,834	7,665	3,978
1人	31,399	28,615	2,784	1,626	1,158	578
2人	39,487	35,720	3,767	2,172	1,595	931
3人	18,638	15,736	2,902	1,346	1,556	885
4人	16,122	13,121	3,001	1,383	1,618	833
5人	7,367	5,709	1,658	776	882	412
6人	2,784	2,010	774	312	463	179
7人以上	1,740	1,128	612	218	394	160
2009年の所得[3]						
家族、計	78,833	66,840	11,993	5,952	6,041	3,066
15,000ドル未満	6,030	4,769	1,261	410	851	431
15,000－24,999ドル	6,968	5,500	1,469	520	949	418
25,000－34,999ドル	7,795	6,274	1,522	613	908	439
35,000－49,999ドル	10,881	9,187	1,694	819	875	451
50,000－74,999ドル	15,633	13,387	2,246	1,194	1,052	534
75,000ドル以上	31,525	27,724	3,801	2,395	1,406	794
所得中央値（ドル）[1]	61,265	63,231	50,341	61,333	39,542	41,507
貧困状況 2009年[4]						
貧困水準以下の個人	43,569	36,407	7,162	1,736	5,425	3,350
貧困水準でない個人	260,251	229,815	30,435	14,288	16,147	9,727
住宅[3]						
居住住宅総数	117,539	102,039	15,500	7,834	7,666	3,978
持ち家所有	78,780	70,687	8,092	5,261	2,831	1,121
賃貸[5]	38,759	31,352	7,408	2,573	4,835	2,857

1．中央値の定義については凡例を参照　2．年間を通じて常勤であったもの　3．世帯主の市民権に基づく　4．貧困水準の決定を受けた者。15歳未満の血縁関係のない家族を除く　5．無償貸与を含む

資料：U.S. Census Bureau, Current Population Survey, "Annual Social and Economic Supplement," ⟨http://www.census.gov/population/www/socdemo/foreign/datatbls.html⟩

No.41. 外国生まれ人口の主要特徴——出身地別：2010年

[単位：1,000人（37,606は3760万6000人を表す）。3月現在。「外国生まれ」は誕生時に米国市民ではなかったもの。帰化した米国市民、合法的な永住者（移民）、一時的な滞在者（留学生等）、人道的移住者（難民等）および不法滞在者を含む。毎月人口調査、社会・経済年次補助調査に基づく。本章の解説および付録Ⅲを参照。本書前年版の表No.41も参照]

特徴	外国生まれ計	ヨーロッパ	アジア	ラテンアメリカ				その他
				計	カリブ	中央アメリカ[1]	南アメリカ	
計	37,606	4,509	10,126	20,419	3,649	14,400	2,370	2,553
5歳未満	272	35	100	83	4	76	2	54
5-14歳	1,651	151	466	892	152	667	73	142
15-24歳	3,807	296	848	2,390	351	1,822	217	273
25-34歳	7,577	544	1,868	4,620	536	3,648	436	545
35-44歳	8,542	778	2,190	5,005	637	3,805	563	569
45-54歳	6,776	742	1,927	3,661	805	2,329	527	446
55-64歳	4,391	695	1,405	2,036	523	1,244	268	255
65-74歳	2,663	683	753	1,071	352	534	184	156
75-84歳	1,466	412	457	515	233	205	77	82
85歳以上	460	171	111	147	55	69	23	31
教育水準								
25歳以上の人口	31,876	4,026	8,712	17,054	3,142	11,834	2,078	2,083
第9学年未満	5,906	302	618	4,844	394	4,273	177	142
第9-12学年、高校卒業資格なし	3,593	154	438	2,909	331	2,405	173	92
高校卒業	8,138	1,102	1,836	4,725	967	3,055	703	475
各種大学および準学位	5,035	814	1,259	2,436	748	1,245	443	526
学士	5,769	996	2,753	1,554	500	682	372	466
修士	3,434	659	1807	586	202	176	209	382
高校卒業以上	22,377	3,570	7,655	9,301	2,417	5,157	1,728	1,851
学士以上	9,204	1,654	4,561	2,141	702	857	582	848
2009年の所得								
総世帯数	11,993	1,444	3,365	6,362	1,218	4,439	705	821
15,000ドル未満	1,261	87	241	834	167	614	53	100
15,000-24,999ドル	1,469	128	249	1,035	171	798	66	57
25,000-34,999ドル	1,522	152	276	995	169	753	74	99
35,000-49,999ドル	1,694	165	373	1,050	190	768	92	107
50,000-74,999ドル	2,246	292	633	1,191	200	806	185	130
75,000ドル以上	3,801	621	1,595	1,257	322	700	235	328
所得中央値（ドル）[2]	50,341	64,340	70,856	38,785	41,972	35,789	56,963	55,758
貧困状況、2009[3]								
貧困水準以下の個人	7,162	442	1,325	4,957	689	3,984	285	438
貧困水準でない個人	30,435	4,067	8,801	15,455	2,960	10,409	2,085	2,112

1．メキシコを含む　2．中央値の定義については凡例を参照　3．貧困水準の決定を受けたもの。15歳未満の血縁関係のない家族を除く

資料：U.S. Census Bureau, Current Population Survey, "Annual Social and Economic Supplement," ⟨http://www.census.gov/population/www/socdemo/foreign/datatbls.html⟩

No.42. 外国生まれ人口——市民権取得状況別・出生国別：2009年

[「外国生まれ」は誕生時に米国市民ではなかったもの。帰化した米国市民、合法的な永住者（移民）、一時的な滞在者（留学生等）、人道的移住者（難民等）および不法滞在者を含む。アメリカ・コミュニティ調査の母集団には世帯人口の他に、施設・大学寮・その他の集団居住施設の人口も含まれる。標本調査に基づく。標本抽出時の誤差あり。本章の解説および付録Ⅲを参照。本書前年版の表No.42も参照]

地域	外国生まれ人口計	国籍取得	非国籍取得	
			人口	外国生まれの割合（%）
合計[1]	38,517,234	16,846,397	21,670,837	56.3
ラテンアメリカ	20,455,547	6,556,447	13,899,100	67.9
カリブ	3,465,890	1,934,369	1,531,521	44.2
中央アメリカ	14,393,833	3,491,399	10,902,434	75.7
メキシコ	11,478,413	2,609,110	8,869,303	77.3
その他中央アメリカ	2,915,420	882,289	2,033,131	69.7
南アメリカ	2,595,824	1,130,679	1,465,145	56.4
アジア	10,652,379	6,193,074	4,459,305	41.9
ヨーロッパ	4,887,221	2,999,879	1,887,342	38.6
アフリカ	1,492,785	(NA)	(NA)	(NA)
北アメリカ	822,377	(NA)	(NA)	(NA)
オセアニア	206,795	(NA)	(NA)	(NA)

NA　データなし　1．洋上での出生を含む

資料：U.S. Census Bureau, 2009 American Community Survey; B05002. Place of Birth by Citizenship Status; C05006. Place of Birth for the Foreign-Born Population; and B05007. Place of Birth by Year of Entry by Citizenship Status for The Foreign-Born Population; ⟨http://factfinder.census.gov⟩; (2011年1月現在)

No.43. 永住権取得件数：1901－2010年

[8,795は879万5000件を表す。表示年に終わる会計年度。第8章の解説を参照。率は、1929年まではセンサス局による7月1日現在の居住人口およびその後は総人口（1959年以前はアラスカ・ハワイを除く）基づく。2010年は4月1日現在の居住人口に基づく]

期間	件数 (1000)	率[1]	年	件数 (1000)	率[1]
1901－1910	8,795	10.4	1990	1,536	6.1
1911－1920	5,736	5.7	1995	720	2.7
1921－1930	4,107	3.5	2000	841	3.0
1931－1940	528	0.4	2003	704	2.4
1941－1950	1,035	0.7	2004	958	3.3
1951－1960	2,515	1.5	2005	1,122	3.8
1961－1970	3,322	1.7	2006	1,266	4.2
1971－1980	4,399	2.0	2007	1,052	3.5
1981－1990	7,256	3.0	2008	1,107	3.6
1991－2000	9,081	3.4	2009	1,131	3.7
2001－2010	10,501	3.5	2010	1,043	3.4

1．合衆国人口1000人に対する年率。率は年間移民総数を、同年の合衆国総人口で割ったもの

資料：U.S. Department of Homeland Security, Office of Immigration Statistics, *2010 Yearbook of Immigration Statistics*; 〈http://www.dhs.gov/ximgtn/statistics/publications/yearbook.shtm〉も参照

No.44. 難民および亡命者——国籍別：2005－2010年

[9月30日に終わる年度。表中に示したデータは、表示年度内に合衆国に難民または亡命者として入国を許可された者の数である。国籍不明の者については最終居住地を示す。難民・亡命者に定義については本章の解説を参照。国務省の人口・難民・移民局および司法省の移民審査行政室のデータに基づく]

国籍	難民受け入れ数 2005	2009	2010	国籍	亡命者 2005	2009	2010
計	53,738	74,602	73,293	計	25,228	22,090	21,113
イラク	198	18,838	18,016	中国	5,247	6,118	6,683
ビルマ	1,447	18,202	16,693	エチオピア	730	1,109	1,093
ブータン	－	13,452	12,363	ハイチ	2,935	1,000	832
ソマリア	10,405	4,189	4,884	ベネズエラ	1,105	584	660
キューバ	6,360	4,800	4,818	ネパール	313	667	640
イラン	1,856	5,381	3,543	コロンビア	3,362	993	591
コンゴ民主共和国	424	1,135	3,174	ロシア	487	493	548
エリトリア	327	1,571	2,570	エジプト	336	481	536
ベトナム	2,009	1,486	873	イラン	288	348	485
エチオピア	1,663	321	668	グアテマラ	389	502	465
その他[1]	29,049	5,227	5,691	その他[1]	10,036	9,795	8,580

－ ゼロを示す　1．不明を含む

資料：U.S. Department of Homeland Security, Office of Immigration Statistics, Annual Flow Report, *Refugees and Asylees: 2010*; 〈http://www.dhs.gov/xlibrary/assets/statistics/publications/ois_rfa_fr_2010.pdf〉も参照

No.45. 不法移民推計——主要州別・出生国別：2000、2010年

[単位：1,000人（8,460は846万人を表す）。1月現在。不法移民は、外国生まれの者が入国審査を受けずに入国し、あるいは、一時的な入国許可を得て、許可された日時を超えて滞在している場合を示す。合衆国に滞在の許可を申請中であるがまだ許可を得ていない者は不法移民とみなす。推計値は残余法で求められる。不法移民人口は、外国生まれの総人口から合法的外国生まれの居住人口を引いた残余で示す。これらの要素人口は2010年1月1日現在合衆国に居住し、1980－2009年に合衆国に入国した者。1980年以前に合衆国に入国した者は合法的居住者と看做される。外国生まれの合法的居住者の推計値は、主として国土安全保障省の管理資料に基づく。外国生まれの総人口はセンサス局のAmerican Community Surveyに基づく。2000年の推計値は、同様の方法論、仮定、定義に基づくが、2000年センサスのデータは1980年1月1日から1999年12月31日の間に入国した外国生まれ人口の推計値を用いている点が異なる]

居住州	2000	2005	2010	出生国	2000	2005	2010
合衆国、計	8,460	10,490	10,790	計	8,460	10,490	10,790
カリフォルニア	2,510	2,770	2,570	メキシコ	4,680	5,970	6,640
テキサス	1,090	1,360	1,770	エルサルバドル	430	470	620
フロリダ	800	850	760	グアテマラ	290	370	520
イリノイ	440	520	490	ホンジュラス	160	180	330
アリゾナ	330	480	470	フィリピン	200	210	280
ジョージア	220	470	460	インド	120	280	200
ニューヨーク	540	560	460	エクアドル	110	120	180
ノースカロライナ	260	360	390	ブラジル	100	170	180
ニュージャージー	350	380	370	韓国	180	210	170
ネバダ	170	240	260	中国	190	230	130
その他	1,760	2,510	2,790	その他	2,000	2,280	1,550

資料：U.S. Department of Homeland Security, Office of Immigration Statistics, "Estimates of the Unauthorized Immigrant Population Residing in the United States: January 2010"; 〈http://www.dhs.gov/xlibrary/assets/statistics/publications/ois_ill_pe_2010.pdf〉

No.46. 合衆国市民との養子縁組による孤児の入国―性別、年齢別および出生国・地域別：2010年

[9月30日に終わる年度]

出生国	計	男児	女児	1歳未満	1-4歳	5歳以上
地域別						
合計	11,100	4,864	6,236	2,312	5,874	2,914
アフリカ	3,156	1,605	1,551	937	1,345	874
アジア	5,409	1,984	3,425	1,246	3,267	896
ヨーロッパ	1,721	895	826	53	1,007	661
北アメリカ	433	203	230	9	133	291
オセアニア	28	14	14	17	6	5
南アメリカ	335	154	181	48	108	179
不詳	18	9	9	2	8	8
国別						
合計[1]	11,100	4,864	6,236	2,312	5,874	2,914
アルメニア	18	7	11	5	8	5
ブラジル	24	12	12	-	8	16
中国	3,361	863	2,498	498	2,292	571
コロンビア	233	106	127	47	81	105
エチオピア	2,548	1,301	1,247	864	1,107	577
ガーナ	99	55	44	(D)	(D)	67
グアテマラ	49	30	19	-	22	27
ガイアナ	33	12	21	-	8	25
ハイチ	179	73	106	-	74	105
インド	249	83	166	14	179	56
ジャマイカ	63	30	33	(D)	(D)	58
日本	35	19	16	28	4	3
カザフスタン	182	81	101	70	78	34
ケニア	16	9	7	-	5	11
韓国	875	573	302	464	396	15
ラトビア	40	26	14	-	5	35
リベリア	40	20	20	-	10	30
リトアニア	15	4	11	-	6	9
マーシャル諸島	18	9	9	15	3	-
メキシコ	59	31	28	4	11	44
モロッコ	33	21	12	13	16	4
ニカラグア	12	7	5	-	-	8
ナイジェリア	197	88	109	23	86	88
パキスタン	40	17	23	28	8	4
ペルー	34	15	19	(D)	(D)	27
フィリピン	215	114	101	(D)	113	(D)
ポーランド	48	21	27	(D)	(D)	25
ロシア	1,079	596	483	47	826	206
ルワンダ	42	21	21	14	22	6
台湾	277	153	124	123	89	65
タイ	57	29	28	(D)	37	(D)
ウガンダ	64	33	31	3	30	31
ウクライナ	445	202	243	3	113	329
不詳	18	9	9	2	8	8

- ゼロを示す　D　データの公開に制限あり　1．不詳および個別に明示しないその他の国々を含む

資料：U.S. Department of Homeland Security, Office of Immigration Statistics, *2010 Yearbook of Immigration Statistics*; <http://www.dhs.gov/ximgtn/statistics/publications/yearbook.shtm> も参照

No.47. 帰化申請件数、帰化数および申請却下数：1990-2010年

[表示年に終わる会計年度。第8章の解説を参照。帰化は、18歳以上の者が合衆国市民になることを示す]

年度	申請件数	帰化数				申請却下数
		計	民間人	軍人	不明	
1990	233,843	267,586	245,410	1,618	20,558	6,516
1995	959,963	485,720	472,518	3,855	9,347	46,067
1996	1,277,403	1,040,991	924,368	1,214	115,409	229,842
1997	1,412,712	596,010	532,871	531	62,608	130,676
1998	932,957	461,169	437,689	961	22,519	137,395
1999	765,346	837,418	740,718	711	95,989	379,993
2000	460,916	886,026	812,579	836	72,611	399,670
2001	501,643	606,259	575,030	758	30,471	218,326
2002	700,649	572,646	550,835	1,053	20,758	139,779
2003	523,370	462,435	449,123	3,865	9,447	91,599
2004	662,796	537,151	520,771	4,668	11,712	103,339
2005	602,972	604,280	589,269	4,614	10,397	108,247
2006	730,642	702,589	684,484	6,259	11,846	120,722
2007	1,382,993	660,477	648,005	3,808	8,664	89,683
2008	525,786	1,046,539	1,032,281	4,342	9,916	121,283
2009	570,442	743,715	726,043	7,100	10,572	109,813
2010	710,544	619,913	604,410	9,122	6,381	56,990

資料：U.S. Department of Homeland Security, Office of Immigration Statistics, *2010 Yearbook of Immigration Statistics*; <http://www.dhs.gov/ximgtn/statistics/publications/yearbook.shtm> も参照

No.48. 永住権取得者――入国許可の種類別：2000－2010年

[9月30日に終わる年度。移民の定義については本章の解説を参照]

入国許可の種類	2000	2005	2007	2008	2009	2010
計	841,002	1,122,257	1,052,415	1,107,126	1,130,818	1,042,625
新規入国	407,279	383,955	431,368	466,558	463,042	476,049
移民ステータスの調整	433,723	738,302	621,047	640,568	667,776	566,576
家族優遇	235,092	212,970	194,900	227,761	211,859	214,589
合衆国市民およびその子供の、未婚の子供	27,635	24,729	22,858	26,173	23,965	26,998
外国居住者およびその子供の、配偶者および未婚の子供	124,540	100,139	86,151	103,456	98,567	92,088
合衆国市民の既婚の子供[1]	22,804	22,953	20,611	29,273	25,930	32,817
合衆国市民の兄弟姉妹[1]	60,113	65,149	65,280	68,859	63,397	62,686
雇用ベースの優遇	106,642	246,865	161,733	164,741	140,903	148,343
優先職種の労働者[1]	27,566	64,731	26,697	36,678	40,924	41,055
学位取得の専門職または非凡な能力を持つ外国人[1]	20,255	42,597	44,162	70,046	45,552	53,946
熟練労働者、専門職、非熟練労働者[1]	49,589	129,070	85,030	48,903	40,398	39,762
特別移民[1]	9,014	10,121	5,038	7,754	10,341	11,100
雇用創出（投資家）[1]	218	346	806	1,360	3,688	2,480
合衆国市民の直系親族	346,350	436,115	494,920	488,483	535,554	476,414
配偶者	196,405	259,144	274,358	265,671	317,129	271,909
子供[2]	82,638	94,858	103,828	101,342	98,270	88,297
両親	67,307	82,113	116,734	121,470	120,155	116,208
難民	56,091	112,676	54,942	90,030	118,836	92,741
亡命者	6,837	30,286	81,183	76,362	58,532	43,550
多様性[3]	50,920	46,234	42,127	41,761	47,879	49,763
退去のキャンセル	12,154	20,785	14,927	11,128	8,156	8,180
臨時入国許可	3,162	7,715	1,999	1,172	2,385	1,592
NACARA法（ニカラグア・中米救援法）	20,364	1,155	340	296	296	248
外国人居住者の海外生まれの子供	(NA)	571	597	637	587	716
HARIFA法（ハイチ難民移民公正法）	435	2,820	2,448	1,580	552	386
その他	2,955	4,065	2,299	3,175	5,279	6,103

NA　データなし　1．配偶者と子供を含む　2．孤児を含む　3．PL99-603、PL100-658、PL101-649の三法に基づく、移民の多様性を目指すカテゴリ

資料：U.S. Dept. of Homeland Security, Office of Immigration Statistics, *2010 Yearbook of Immigration Statistics*；〈http://www.dhs.gov/ximgtn/statistics/publications/yearbook.shtm〉も参照

No.49. 永住権取得者――出生国別および主要特徴別：2010年

[9月30日に終わる年度]

年齢、婚姻状況、入国許可の種類	世界[1]	メキシコ	中国	インド	フィリピン	ドミニカ共和国	キューバ	ベトナム	ハイチ
計	1,042,625	139,120	70,863	69,162	58,173	53,870	33,573	30,632	22,582
18歳未満	206,519	24,369	11,610	8,327	11,978	18,808	6,119	6,248	6,396
18－24歳	141,388	22,287	8,246	5,224	6,537	8,625	4,355	5,212	3,146
25－34歳	253,188	33,225	14,045	23,574	10,774	8,496	6,162	5,205	4,393
35－44歳	195,209	26,884	17,498	15,028	9,627	8,258	7,496	5,165	3,683
45－54歳	118,070	14,424	9,931	6,559	7,345	5,067	4,587	5,288	2,194
55－64歳	75,817	9,477	5,119	5,963	7,397	2,821	2,690	2,565	1,385
65歳以上	52,425	8,454	4,414	4,487	4,514	1,795	2,164	947	1,385
不明	9	–	–	–	1	–	–	2	–
独身	390,470	43,248	21,909	14,215	22,684	34,569	14,890	11,663	13,874
既婚	596,959	89,139	45,765	51,783	32,223	17,436	13,834	17,494	7,921
その他	51,174	6,184	3,045	2,990	3,164	1,790	4,688	1,440	681
不詳	4,022	549	144	174	102	75	161	35	106
家族優遇	214,589	34,114	13,610	14,636	17,849	31,089	455	18,027	8,492
雇用ベース優遇	148,343	11,535	17,949	31,118	6,423	396	8	360	179
合衆国市民の直系親族	476,414	88,572	24,198	21,831	33,746	22,218	3,153	11,091	10,665
多様性プログラム	49,763	10	23	58	14	16	125	–	4
難民および亡命者調整	136,291	397	14,943	1,324	55	72	29,804	1,032	2,817
その他	17,225	4,492	140	195	86	79	28	122	425

－　ゼロを示す　1．個別に明示しないその他の国を含む

資料：U.S. Department of Homeland Security, Office of Immigration Statistics, 〈http://www.dhs.gov/files/statistics/data/dslpr.shtm〉

No.50. 永住権取得者——出生国別：1981－2010年

[単位：1000人（7,256.0は725万6000人を表す）。9月30日に終わる年度。1996年以前の国別人数は未改訂値]

出生国	1981-1990, 計	1991-2000, 計	2001-2009, 計	2010	出生国	1981-1990, 計	1991-2000, 計	2001-2009, 計	2010
計[1]	7,256.0	9,080.5	9,458.4	1,042.6	シリア	20.6	26.1	23.3	2.6
ヨーロッパ[1]	705.6	1,226.0	1,175.2	88.7	台湾[5]	([6])	106.3	81.2	6.7
アルバニア	(NA)	26.2	45.8	4.7	タイ	64.4	48.4	58.9	9.4
ベラルーシ	(X)	[2] 28.9	23.7	2.0	トルコ	20.9	26.3	36.6	4.5
ボスニア・ヘルツェゴビナ	(X)	[2] 38.8	88.1	0.9	ウズベキスタン	(X)	[2] 22.9	31.2	4.8
ブルガリア	(NA)	23.1	36.6	2.6	ベトナム	401.4	420.8	275.5	30.6
フランス	23.1	27.4	35.8	3.9	アフリカ[1]	192.3	382.5	759.1	101.4
ドイツ	70.1	67.6	70.8	6.9	エジプト	31.4	46.7	64.1	9.0
アイルランド	32.8	58.9	14.0	1.5	エチオピア	27.2	49.3	95.5	14.3
イタリア	32.9	22.5	23.9	2.6	ガーナ	14.9	35.6	58.1	7.2
ポーランド	97.4	169.5	109.2	7.6	ナイジェリア	計	計	計	13.4
ポルトガル	40.0	22.7	10.1	0.8	ソマリア	(NA)	20.1	59.6	4.6
ルーマニア	38.9	57.5	49.6	4.0	大洋州	(NA)	47.9	52.8	5.3
ロシア	(X)	[2] 127.8	133.0	6.7	北アメリカ[1]	3,125.0	3,910.1	3,268.5	336.6
セルビア・モンテネグロ[3][4]	19.2	25.8	44.0	2.2	カナダ	119.2	137.2	154.9	13.3
ソビエト連邦[3]	84.0	103.8	32.5	5.0	メキシコ	1,653.3	2,250.5	1,554.1	139.1
ウクライナ	(X)	[2] 141.0	140.8	8.5	キューバ	159.2	178.7	284.8	33.6
イギリス	142.1	135.6	140.7	12.8	ドミニカ共和国	251.8	340.8	275.3	53.9
アジア[1]	2,817.4	2,973.2	3,362.5	422.1	ハイチ	140.1	181.7	191.2	22.6
アルメニア	(X)	[2] 26.6	27.0	3.0	ジャマイカ	213.8	173.4	160.9	19.8
バングラデシュ	15.2	66.0	91.9	14.8	トリニダードトバゴ	39.5	63.2	56.3	5.4
カンボジア	116.6	18.5	32.6	3.0	エルサルバドル	214.6	217.3	234.0	18.8
中国[5]	[6] 388.8	424.4	591.8	70.9	グアテマラ	87.9	103.0	150.2	10.5
香港	63.0	74.0	38.4	2.4	ホンジュラス	49.5	66.7	58.9	6.4
インド	261.9	383.0	593.3	69.2	ニカラグア	44.1	94.6	57.3	3.6
イラン	154.8	112.5	111.7	14.2	パナマ	29.0	24.0	15.8	1.5
イラク	19.6	40.7	45.2	19.9	南アメリカ[1]	455.9	539.3	818.8	87.2
イスラエル	36.3	31.9	42.1	4.5	アルゼンチン	25.7	24.3	46.1	4.4
日本	43.2	61.4	69.8	6.3	ブラジル	23.7	52.2	111.5	12.3
ヨルダン[7]	32.6	39.7	34.8	3.9	コロンビア	124.4	130.8	228.9	22.4
韓国[8]	338.8	171.1	199.3	22.2	エクアドル	56.0	76.3	101.1	11.5
ラオス	145.6	43.5	15.3	1.2	ガイアナ	95.4	73.8	69.5	6.7
レバノン	41.6	43.4	36.0	3.5	ペルー	64.4	105.6	131.4	14.2
パキスタン	61.3	124.5	138.7	18.3	ベネズエラ				58.2
フィリピン	495.3	505.3	529.1	58.2					

NA データなし　X 該当なし　1．個別に明示しないその他の国を含む　2．1992-2000年のデータ　3．1992年以前のデータは各共和国を含む。1992年以降は出生の共和国が不詳のもののみ　4．2003年2月7日以前のデータはユーゴスラビアのもの　5．表No.1332の脚注4を参照　6．台湾のデータは中国に含まれる　7．2003年以前はパレスチナを含む。2003年以降はパレスチナは「出生国不詳」のカテゴリに含まれる　8．2009年以前は、少数の北朝鮮からの移民を含む

資料：U.S. Department of Homeland Security, Office of Immigration Statistics, *2010 Yearbook of Immigration Statistics*;〈http://www.dhs.gov/ximgtn/statistics/publications/yearbook.shtm〉も参照

No.51. 難民・亡命者の永住権取得——出生国別：1991－2010年

[9月30日に終わる年度]

出生国	1991-2000, 計	2001-2009, 計	2010	出生国	1991-2000, 計	2001-2009, 計	2010
計[1]	1,016,820	1,189,074	136,291	イラク	22,488	24,934	15,855
ヨーロッパ[1]	425,047	292,024	4,770	ラオス	37,203	6,366	172
アルバニア	3,250	10,276	629	パキスタン	1,649	7,832	507
アルメニア	1,794	11,754	654	タイ	22,716	18,129	4,276
アゼルバイジャン	[2] 10,566	5,910	135	ベトナム	206,530	35,958	1,032
ベラルーシ	[2] 21,592	9,019	291	アフリカ[1]	51,469	220,205	22,634
ボスニア・ヘルツェゴビナ	[2] 37,251	82,258	227	エチオピア[6]	17,829	29,236	2,664
クロアチア	1,786	9,479	19	ケニア	1,438	13,935	1,416
モルドバ	[2] 10,150	10,302	511	リベリア	3,836	26,150	2,658
ポーランド	7,451	391	21	シエラレオネ	272	9,885	484
ルーマニア	15,682	1,349	74	ソマリア	16,737	55,354	3,715
ロシア	[2] 54,488	32,006	813	スーダン	5,174	22,531	1,049
セルビア・モンテネグロ[3][4]	6,242	24,973	449	大洋州	291	1,401	52
ソビエト連邦[3]	117,783	6,455	339	北アメリカ[1]	183,251	292,189	34,657
ウクライナ	[2] 96,974	56,336	850	キューバ	142,571	246,527	29,804
ウズベキスタン	[2] 17,991	13,629	418	グアテマラ	2,029	6,755	644
アジア[1]	350,702	320,882	68,587	ハイチ	9,354	27,007	2,817
アフガニスタン	9,711	13,014	519	ニカラグア	22,468	1,939	121
ビルマ	721	21,459	11,445	南アメリカ[1]	5,840	60,550	5,362
カンボジア	6,358	1,635	113	コロンビア	1,129	37,805	2,516
中国[5]	7,577	96,689	14,943	ペルー	2,500	6,735	523
インド	2,538	22,686	1,324	ベネズエラ	1,390	9,412	1,314
イラン	24,251	40,780	4,735				

1．個別に明示しないその他の国を含む　2．1992-2000年のデータ　3．1992年以前のデータは各共和国を含む。1992年以降は出生の共和国が不詳のもののみ　4．2003年2月7日以前のユーゴスラビア　5．表No.1332の脚注4を参照　6．1993年以前はエリトリアのデータを含む

資料：U.S. Department of Homeland Security, Office of Immigration Statistics, *2010 Yearbook of Immigration Statistics*;〈http://www.dhs.gov/ximgtn/statistics/publications/yearbook.shtm〉も参照

No.52. 血統別人口──地域別：2009年

[単位：1,000人（307,007は3億700万7000人を表す）。4月現在。単一血統と複数血統の混合の双方を含む。血統は個人の民族的根源または祖先、ルーツ、文化的遺産を示し、あるいは、合衆国に入国する以前の、当人または両親または祖先の出生国を示す。アメリカ・コミュニティ調査の母集団には世帯人口の他に、施設・大学寮・その他の集団居住施設の人口も含まれる。標本調査に基づく。標本抽出時の誤差あり。本章の解説および付録Ⅲを参照。合衆国の地域の構成については表紙裏の地図を参照。本書前年版の表No.52も参照]

血統	計(1,000人)	地域別構成比（％）				血統	計(1,000人)	地域別構成比（％）			
		北東部	中西部	南部	西部			北東部	中西部	南部	西部
全人口[1]	307,007	18	22	37	23	イラン	470	12	6	25	57
アフガン	87	20	6	26	47	アイルランド	36,915	25	24	32	18
アルバニア	182	55	28	11	7	イスラエル	139	43	9	23	25
アメリカ	18,699	11	20	56	12	イタリア	18,085	44	17	22	17
アラブ[1]	1,680	25	24	27	23	ラトビア	96	27	23	21	29
エジプト	197	36	12	25	27	リトアニア	727	38	28	19	15
イラク	101	9	44	18	29	北ヨーロッパ	222	12	20	23	45
ヨルダン	68	16	21	31	32	ノルウェー	4,643	6	49	12	33
レバノン	504	25	26	29	20	ペンシルバニア					
モロッコ	78	40	14	31	15	ドイツ	344	55	27	11	7
パレスチナ	104	17	31	29	23	ポーランド	10,091	33	37	18	12
シリア	159	38	19	25	18	ポルトガル	1,477	47	4	12	37
アラブ	286	21	28	28	23	ルーマニア	519	24	28	22	27
アルメニア	485	20	8	10	62	ロシア	3,163	36	17	21	25
アッシリア/カルディア/シリアック	96	3	58	4	35	スカンジナビア	581	7	31	19	43
						スコットランド・アイルランド	3,570	12	17	51	20
オーストラリア	93	19	16	28	37	スコットランド	5,847	17	20	37	27
オーストリア	765	30	23	24	23	セルビア	177	20	42	17	21
バスク	58	4	4	11	80	スラブ	132	27	25	26	22
ベルギー	398	12	54	17	17	スロバキア	801	43	34	15	8
ブラジル	373	44	4	39	13	スロベニア	180	15	59	12	14
ブリティッシュ	1,172	16	17	38	29	サブサハラ・アフリカ[1]	2,855	21	18	45	16
ブルガリア	84	17	28	24	31	カーボベルデ	91	83	1	11	4
ケージャン	104	4	5	81	10	エチオピア	186	10	14	47	29
カナダ	715	27	17	27	29	ガーナ	85	53	12	29	6
クロアチア	434	23	40	15	23	ナイジェリア	253	26	15	47	12
チェコ	1,615	12	45	27	17	ソマリア	103	11	49	12	28
チェコスロバキア	332	24	32	24	20	アフリカ	1,793	15	19	50	16
デンマーク	1,487	8	31	15	46	スウェーデン	4,348	13	39	16	32
オランダ	5,024	16	35	27	23	スイス	1,018	15	33	21	31
東ヨーロッパ	457	45	14	22	19	トルコ	187	36	12	31	20
イギリス	27,658	17	21	37	25	ウクライナ	976	39	21	18	22
ヨーロッパ	3,197	13	19	34	34	ウェルシュ	1,987	20	23	30	27
フィンランド	695	12	47	13	27	西インド諸島[1,2]	2,540	48	3	44	5
フランス（バスクを除く）	9,412	25	23	33	19	英領西インド	97	70	2	23	5
						ハイチ	830	42	2	54	2
フランス系カナダ	2,151	42	20	23	15	ジャマイカ	951	49	4	43	5
ドイツ	50,708	16	39	26	19	トリニダード・トバゴ	185	64	2	31	3
ギリシャ	1,390	34	23	24	19						
ガイアナ	202	72	4	21	3	西インド諸島	259	61	3	31	6
ハンガリー	1,547	32	32	20	17	ユーゴスラビア	325	19	29	22	29

1. 個別に明示しないその他の血統グループを含む　2. ヒスパニック系を除く
資料：U.S. Census Bureau, 2009 American Community Survey; B04006. People Reporting Ancestry; ⟨http://factfinder.census.gov/⟩；(2011年1月)

No.53. 家庭で話される言語──言語別：2009年

[アメリカ・コミュニティ調査の母集団には世帯人口の他に、施設・大学寮・その他の集団居住施設の人口も含まれる。標本調査に基づく。標本抽出時の誤差あり。本章の解説および付録Ⅲを参照。本書前年版の表No.53も参照]

言語	人口	言語	人口
5歳以上の人口、計	285,797,349		
英語のみ	228,699,523	その他のインド系言語	668,596
スペイン語またはスペインクレオール語	35,468,501	その他のインド・ヨーロッパ系言語	455,483
フランス語（パトワ、ケージャンを含む）	1,305,503	中国語	2,600,150
フレンチクレオール語	659,053	日本語	445,471
イタリア語	753,992	韓国語	1,039,021
ポルトガル語またはポルトガルクレオール語	731,282	モンクメール、カンボジア語	202,033
ドイツ語	1,109,216	ミャオ、モン語	193,179
イディッシュ語	148,155	タイ語	152,679
その他の西ゲルマン系言語	271,227	ラオス語	146,297
スカンジナビア系言語	126,337	ベトナム語	1,251,468
ギリシャ語	325,747	その他のアジア系言語	783,146
ロシア語	881,723	タガログ語	1,513,734
ポーランド語	593,598	その他の太平洋諸島の言語	371,653
セルビア‐クロアチア語	269,333	ナバホ語	169,009
その他のスラブ系言語	298,094	その他の北米先住民の言語	196,372
アルメニア語	242,836	ハンガリー語	90,612
ペルシア語	396,769	アラビア語	845,396
グジャラティー語	341,404	ヘブライ語	221,593
ヒンディー語	560,983	アフリカ系言語	777,553
ウルドゥー語	355,964	その他および不特定の言語	134,670

資料：U.S. Census Bureau, 2009 American Community Survey; B16001. Language Spoken at Home by Ability to Speak English for the Population 5 Years and Over; ⟨http://factfinder.census.gov/⟩；(2011年1月現在)

No.54. 居住者の家庭内使用言語――州別：2009年

[単位：1,000人（285,797は2億8579万7000人を表す）。アメリカ・コミュニティ調査の母集団には世帯人口の他に、施設・大学寮・その他の集団居住施設の人口も含まれる。標本調査に基づく。標本抽出時の誤差あり。本章の解説および付録Ⅲを参照。本書前年版の表No.54も参照]

州	5歳以上の人口(1,000人)	英語のみ(1,000人)	英語以外の言語 人口(1,000人)	英語以外の言語 5歳以上の人口に占める割合(%)	州	5歳以上の人口(1,000人)	英語のみ(1,000人)	英語以外の言語 人口(1,000人)	英語以外の言語 5歳以上の人口に占める割合(%)
合衆国	285,797	228,700	57,098	20.0	MO	5,583	5,260	324	5.8
AL	4,395	4,191	204	4.6	MT	914	870	44	4.8
AK	644	538	106	16.4	NE	1,663	1,503	159	9.6
AZ	6,079	4,396	1,684	27.7	NV	2,441	1,746	695	28.5
AR	2,687	2,505	183	6.8	NH	1,250	1,150	100	8.0
CA	34,212	19,462	14,751	43.1	NJ	8,153	5,832	2,321	28.5
CO	4,660	3,883	777	16.7	NM	1,860	1,194	666	35.8
CT	3,309	2,633	676	20.4	NY	18,323	13,011	5,312	29.0
DE	826	731	94	11.4	NC	8,727	7,848	879	10.1
DC	562	491	71	12.6	ND	604	574	30	5.0
FL	17,375	12,802	4,573	26.3	OH	10,805	10,124	681	6.3
GA	9,085	7,950	1,135	12.5	OK	3,415	3,121	294	8.6
HI	1,207	907	300	24.9	OR	3,581	3,058	523	14.6
ID	1,422	1,281	141	9.9	PA	11,861	10,718	1,143	9.6
IL	12,018	9,416	2,602	21.7	RI	993	783	210	21.1
IN	5,979	5,527	452	7.6	SC	4,250	3,981	269	6.3
IA	2,809	2,626	184	6.5	SD	753	705	48	6.3
KS	2,614	2,351	263	10.1	TN	5,874	5,521	352	6.0
KY	4,024	3,843	180	4.5	TX	22,716	14,950	7,766	34.2
LA	4,174	3,832	342	8.2	UT	2,514	2,166	347	13.8
ME	1,247	1,156	91	7.3	VT	589	563	26	4.4
MD	5,320	4,503	817	15.3	VA	7,357	6,366	991	13.5
MA	6,209	4,927	1,282	20.6	WA	6,214	5,159	1,054	17.0
MI	9,354	8,492	862	9.2	WV	1,713	1,674	39	2.3
MN	4,904	4,422	483	9.8	WI	5,294	4,856	439	8.3
MS	2,732	2,630	102	3.7	WY	505	471	34	6.8

資料：U.S. Census Bureau, 2009 American Community Survey; B16005. Nativity by Language Spoken at Home by Ability to Speak English for the Population 5 Years and Over; <http://factfinder.census.gov/>（2011年1月現在）

No.55. 居住者の家庭内言語使用――25大都市別：2009年

[単位：1,000人（731は73万1000人を表す）、％。アメリカ・コミュニティ調査の母集団には世帯人口の他に、施設・大学寮・その他の集団居住施設の人口も含まれる。標本調査に基づく。標本抽出時の誤差あり。本章の解説および付録Ⅲを参照。本書前年版の表No.55も参照]

都市	5歳以上の人口(1,000人)	英語のみ(1,000人)	英語以外の言語、計[1] 人口(1,000人)	5歳以上の人口に占める割合(%)	英語を流暢に話せないもの	スペイン語(1,000人)	その他のインド―ヨーロッパ語系(1,000人)	アジア、太平洋の諸島の言語(1,000人)
オースティン、TX	731	489	242	33.1	119	191	22	24
ボルティモア、MD	592	543	50	8.4	21	18	14	7
ボストン、MA	609	405	205	33.6	102	90	69	35
シャーロッテ、NC	646	535	112	17.3	53	64	22	17
シカゴ、IL	2,639	1,734	905	34.3	415	614	164	93
コロンバス、OH	712	615	97	13.6	44	33	22	20
ダラス、TX	1,175	673	502	42.7	268	452	16	24
デンバー、CO	559	416	143	25.6	69	111	9	12
デトロイト、MI	842	747	95	11.3	39	51	19	3
エルパソ、TX	561	154	407	72.5	159	394	6	6
フォートワース、TX	659	442	217	32.9	111	188	11	13
ヒューストン、TX	2,058	1,135	922	44.8	491	747	66	87
インディアナポリス、IN[2]	742	660	82	11.1	42	52	15	8
ジャクソンビル、FL	751	661	90	12.0	34	39	25	21
ロサンゼルス、CA	3,546	1,399	2,146	60.5	1,072	1,555	236	301
メンフィス、TN	621	574	47	7.6	21	28	6	8
ナッシュビル-ダビッドソン、TN[2]	560	478	82	14.6	41	40	14	13
ニューヨーク、NY	7,811	4,098	3,712	47.5	1,809	1,870	1,037	618
フィラデルフィア、PA	1,437	1,137	300	20.9	130	136	82	59
フェニックス、AZ	1,444	891	553	38.3	253	474	36	26
サンアントニオ、TX	1,261	691	569	45.2	166	524	19	19
サンディエゴ、CA	1,216	763	454	37.3	198	263	49	129
サンフランシスコ、CA	774	432	342	44.2	175	92	50	196
サンノゼ、CA	889	400	489	55.0	225	210	61	211
シアトル、WA	582	461	121	20.8	55	26	24	59

1．個別に明示しないその他の言語グループを含む　2．一つ以上の別個に統合された都市の中にはない合併市の一部

資料：U.S. Census Bureau, 2009 American Community Survey; C16005. Nativity by Language Spoken at Home by Ability to Speak English for the Population 5 Years and Over; <http://factfinder.census.gov/>（2011年1月現在）

No.56. 性別、人種・ヒスパニック別婚姻状況：1990－2010年

[単位：100万人（181.8は1億8180万人を表す）および%。3月現在。18歳以上の者。駐屯地外に居住する軍人と、駐屯地内に家族とともに居住する軍人以外の軍隊兵員を除く。2000年センサスおよび世帯の拡張標本に基づく2005年以降に関する人口コントロール。毎月人口調査に基づく。本章の解説および付録Ⅲを参照。『アメリカ歴史統計』系列A160-171の10年ごとの統計も参照。本書前年版の表No.56も参照]

婚姻状況、人種、ヒスパニック	計				男				女			
	1990	2000	2005	2010	1990	2000	2005	2010	1990	2000	2005	2010
計[1]	**181.8**	**201.8**	**217.2**	**229.1**	**86.9**	**96.9**	**104.8**	**111.1**	**95.0**	**104.9**	**112.3**	**118.0**
未婚	40.4	48.2	53.9	61.5	22.4	26.1	29.6	33.7	17.9	22.1	24.3	27.8
既婚[2]	112.6	120.1	127.4	129.5	55.8	59.6	63.3	64.4	56.7	60.4	64.0	65.1
死別	13.8	13.7	13.8	14.3	2.3	2.6	2.7	3.0	11.5	11.1	11.1	11.4
離婚	15.1	19.8	22.1	23.7	6.3	8.5	9.2	10.0	8.8	11.3	12.9	13.7
%	100.0	100.0	100.0	100.0	100.0	100.0	100.0	100.0	100.0	100.0	100.0	100.0
未婚	22.2	23.9	24.8	26.9	25.8	27.0	28.2	30.4	18.9	21.1	21.6	23.6
既婚[2]	61.9	59.5	58.6	56.4	64.3	61.5	60.4	57.9	59.7	57.6	56.9	55.1
死別	7.6	6.8	6.4	6.3	2.7	2.7	2.6	2.7	12.1	10.5	9.9	9.6
離婚	8.3	9.8	10.2	10.4	7.2	8.8	8.8	9.0	9.3	10.8	11.5	11.7
白人[3]、計	**155.5**	**168.1**	**177.5**	**185.7**	**74.8**	**81.6**	**86.6**	**91.2**	**80.6**	**86.6**	**90.9**	**94.5**
未婚	31.6	36.0	39.7	45.1	18.0	20.3	22.6	25.7	13.6	15.7	17.0	19.4
既婚[2]	99.5	104.1	108.3	109.4	49.5	51.8	54.0	54.7	49.9	52.2	54.2	54.7
死別	11.7	11.5	11.5	11.8	1.9	2.2	2.3	2.5	9.8	9.3	9.2	9.3
離婚	12.6	16.5	18.1	19.4	5.4	7.2	7.6	8.3	7.3	9.3	10.4	11.1
%	100.0	100.0	100.0	100.0	100.0	100.0	100.0	100.0	100.0	100.0	100.0	100.0
未婚	20.3	21.4	22.3	24.3	24.1	24.9	26.1	28.2	16.9	18.1	18.7	20.6
既婚[2]	64.0	62.0	61.0	58.9	66.2	63.5	62.4	60.0	61.9	60.3	59.7	57.9
死別	7.5	6.8	6.5	6.3	2.6	2.7	2.6	2.7	12.2	10.8	10.2	9.8
離婚	8.1	9.8	10.2	10.4	7.2	8.8	8.8	9.1	9.0	10.7	11.5	11.7
黒人[3]、計	**20.3**	**24.0**	**25.2**	**27.3**	**9.1**	**10.7**	**11.2**	**12.3**	**11.2**	**13.3**	**13.9**	**15.0**
未婚	7.1	9.5	10.2	11.7	3.5	4.3	4.7	5.5	3.6	5.1	5.5	6.2
既婚[2]	9.3	10.1	10.3	10.6	4.5	5.0	5.0	5.2	4.8	5.1	5.2	5.3
死別	1.7	1.7	1.7	1.8	0.3	0.3	0.3	0.4	1.4	1.4	1.4	1.5
離婚	2.1	2.8	2.9	3.2	0.8	1.1	1.1	1.2	1.3	1.7	1.8	2.0
%	100.0	100.0	100.0	100.0	100.0	100.0	100.0	100.0	100.0	100.0	100.0	100.0
未婚	35.1	39.4	40.6	42.8	38.4	40.2	42.0	44.5	32.5	38.3	39.5	41.4
既婚[2]	45.8	42.1	41.0	38.8	49.2	46.7	45.5	42.7	43.0	38.3	37.4	35.6
死別	8.5	7.0	6.6	6.7	3.7	2.8	2.7	2.9	12.4	10.5	10.0	9.8
離婚	10.6	11.5	11.7	11.7	8.8	10.3	9.8	9.9	12.0	12.8	13.3	13.2
アジア系[3]、計	(NA)	(NA)	**9.4**	**10.7**	(NA)	(NA)	**4.5**	**5.1**	(NA)	(NA)	**4.9**	**5.6**
未婚	(NA)	(NA)	2.3	2.7	(NA)	(NA)	1.3	1.5	(NA)	(NA)	1.0	1.2
既婚[2]	(NA)	(NA)	6.2	7.0	(NA)	(NA)	2.9	3.3	(NA)	(NA)	3.3	3.7
死別	(NA)	(NA)	0.4	0.5	(NA)	(NA)	0.1	0.1	(NA)	(NA)	0.3	0.5
離婚	(NA)	(NA)	0.5	0.5	(NA)	(NA)	0.2	0.2	(NA)	(NA)	0.3	0.3
%	100.0	100.0	100.0	100.0	100.0	100.0	100.0	100.0	100.0	100.0	100.0	100.0
未婚	(NA)	(NA)	24.8	25.1	(NA)	(NA)	29.7	29.8	(NA)	(NA)	20.3	20.8
既婚[2]	(NA)	(NA)	65.6	65.5	(NA)	(NA)	64.7	65.5	(NA)	(NA)	66.5	65.7
死別	(NA)	(NA)	4.3	4.9	(NA)	(NA)	1.3	1.3	(NA)	(NA)	6.7	8.1
離婚	(NA)	(NA)	5.3	4.5	(NA)	(NA)	4.1	3.4	(NA)	(NA)	6.4	5.4
ヒスパニック[4]、計	**13.6**	**21.1**	**27.5**	**31.8**	**6.7**	**10.4**	**14.1**	**16.4**	**6.8**	**10.7**	**13.4**	**15.4**
未婚	3.7	5.9	8.6	10.9	2.2	3.4	5.2	6.5	1.5	2.5	3.4	4.4
既婚[2]	8.4	12.7	15.6	17.1	4.1	6.2	7.8	8.6	4.3	6.5	7.8	8.5
死別	0.5	0.9	1.0	1.2	0.1	0.2	0.2	0.3	0.4	0.7	0.8	0.9
離婚	1.0	1.6	2.2	2.6	0.4	0.7	0.9	1.1	0.6	1.0	1.3	1.5
%	100.0	100.0	100.0	100.0	100.0	100.0	100.0	100.0	100.0	100.0	100.0	100.0
未婚	27.2	28.0	31.3	34.2	32.1	32.3	36.7	39.3	22.5	23.4	25.6	28.7
既婚[2]	61.7	60.2	57.0	53.8	60.9	59.7	55.6	52.2	62.4	60.7	58.7	55.6
死別	4.0	4.2	3.7	3.8	1.5	1.6	1.5	1.8	6.5	6.5	6.1	5.8
離婚	7.0	7.6	7.9	8.2	5.5	6.4	6.3	6.7	8.5	9.3	9.7	9.9
非ヒスパニック系白人[3]、計	(NA)	(NA)	**151.9**	**156.2**	(NA)	(NA)	**73.4**	**75.9**	(NA)	(NA)	**78.5**	**80.3**
未婚	(NA)	(NA)	31.8	35.2	(NA)	(NA)	17.8	19.8	(NA)	(NA)	13.9	15.5
既婚[2]	(NA)	(NA)	93.5	93.3	(NA)	(NA)	46.6	46.6	(NA)	(NA)	47.0	46.7
死別	(NA)	(NA)	10.6	10.6	(NA)	(NA)	2.1	2.2	(NA)	(NA)	8.5	8.4
離婚	(NA)	(NA)	16.0	17.0	(NA)	(NA)	6.8	7.3	(NA)	(NA)	9.2	9.7
%	100.0	100.0	100.0	100.0	100.0	100.0	100.0	100.0	100.0	100.0	100.0	100.0
未婚	(NA)	(NA)	20.9	22.6	(NA)	(NA)	24.3	26.0	(NA)	(NA)	17.7	19.3
既婚[2]	(NA)	(NA)	61.5	59.7	(NA)	(NA)	63.5	61.4	(NA)	(NA)	59.7	58.1
死別	(NA)	(NA)	7.0	6.8	(NA)	(NA)	2.8	2.9	(NA)	(NA)	10.8	10.5
離婚	(NA)	(NA)	10.6	10.9	(NA)	(NA)	9.3	9.7	(NA)	(NA)	11.7	12.1

NA データなし　1. 個別に明示しない他の人種を含む　2. 既婚で配偶者と同居しているもの、死別しているもの、別居しているものを含む　3. 2005年以降のデータは、この人種グループのみを選択した人を示し、複数の人種を回答した人は除外している。1990年および2000年における毎月人口調査では、一つの人種グループを回答することのみを認めていた。本章の人種に関する解説も参照のこと　4. ヒスパニックは人種を問わない

資料：U.S. Census Bureau, *America's Families and Living Arrangements*, Current Population Reports, P20-537, 2001およびそれ以前のレポート；<http://www.census.gov/population/www/socdemo/hh-fam.html>

No.57. 婚姻状況——性別・年齢別：2010年

[3月現在（111,120は1億1112万人を表す）。駐留地外に居住するか、駐留地内で家族と同居するものは含まれるが、それ以外の軍隊兵員を除く。人口は2000年センサスと拡大世帯標本調査に基づく。毎月人口調査に基づく、本章の解説および付録IIIを参照。本書前年版の表No.57も参照］

性別、年齢	人口(1,000人)					構成比（％）				
	計	未婚	既婚[1]	死別	離婚	計	未婚	既婚[1]	死別	離婚
男性	111,120	33,748	64,437	2,968	9,966	100.0	30.4	58.0	2.7	9.0
18-19歳	4,147	4,040	90	3	14	100.0	97.4	2.2	0.1	0.3
20-24歳	10,677	9,469	1,155	3	49	100.0	88.7	10.8	-	0.5
25-29歳	10,926	6,800	3,787	21	318	100.0	62.2	34.7	0.2	2.9
30-34歳	9,759	3,561	5,577	28	593	100.0	36.5	57.1	0.3	6.1
35-39歳	9,897	2,324	6,665	29	879	100.0	23.5	67.3	0.3	8.9
40-44歳	10,169	2,078	6,919	52	1,119	100.0	20.4	68.0	0.5	11.0
45-54歳	21,779	3,246	15,186	284	3,063	100.0	14.9	69.7	1.3	14.1
55-64歳	16,980	1,545	12,545	424	2,465	100.0	9.1	73.9	2.5	14.5
65-74歳	9,731	441	7,592	627	1,071	100.0	4.5	78.0	6.4	11.0
75歳以上	7,056	244	4,922	1,497	393	100.0	3.5	69.8	21.2	5.6
女性	118,000	27,792	65,096	11,364	13,748	100.0	23.6	55.2	9.6	11.7
18-19歳	4,004	3,816	162	9	18	100.0	95.3	4.0	0.2	0.4
20-24歳	10,465	8,296	2,009	14	146	100.0	79.3	19.2	0.1	1.4
25-29歳	10,519	5,026	5,007	39	448	100.0	47.8	47.6	0.4	4.3
30-34歳	9,864	2,678	6,289	44	854	100.0	27.1	63.8	0.4	8.7
35-39歳	9,982	1,768	6,923	94	1,197	100.0	17.7	69.4	0.9	12.0
40-44歳	10,387	1,430	7,286	170	1,501	100.0	13.8	70.1	1.6	14.5
45-54歳	22,594	2,479	15,432	794	3,889	100.0	11.0	68.3	3.5	17.2
55-64歳	18,401	1,315	12,303	1,499	3,284	100.0	7.1	66.9	8.1	17.8
65-74歳	11,208	576	6,270	2,686	1,676	100.0	5.1	55.9	24.0	15.0
75歳以上	10,576	408	3,418	6,013	736	100.0	3.9	32.3	56.9	7.0

－　ゼロまたは概数でゼロを示す　1．既婚で配偶者と同居しているもの、死別しているもの、別居しているものを含む

資料：U.S. Census Bureau, "America's Families and Living Arrangements: 2010, Table A1. Marital Status of People 15 Years and Over, by Age, Sex, Personal Earnings, Race, and Hispanic Origin, 2010"; 〈http://www.census.gov/population/www/socdemo/hh-fam/cps2010.html〉

No.58. 15歳以上の居住形態——主要分類別：2010年

[単位：1,000人　（242,047は2億4204万7000人を表す）。3月現在。表No.57の頭注を参照。本書前年版の表No.58も参照]

居住形態	計	15-19歳	20-24歳	25-34歳	35-44歳	45-54歳	55-64歳	65-74歳	75歳以上
計[1]	242,047	21,079	21,142	41,068	40,435	44,373	35,381	20,938	17,631
単身	31,399	95	1,272	3,917	3,453	5,480	5,865	4,709	6,608
配偶者と同居	120,768	178	2,655	18,689	25,729	28,619	23,621	13,340	7,937
その他と同居	89,880	20,806	17,215	18,462	11,253	10,274	5,895	2,889	3,086
白人[2]	195,468	16,085	16,388	31,936	31,972	36,134	29,583	17,965	15,407
単身	25,202	71	969	2,895	2,544	4,201	4,739	3,924	5,858
配偶者と同居	103,102	156	2,332	15,455	21,300	24,339	20,465	11,894	7,160
その他と同居	67,164	15,858	13,087	13,586	8,128	7,594	4,379	2,147	2,389
黒人[2]	29,350	3,314	3,082	5,515	5,086	5,333	3,703	1,908	1,411
単身	4,705	18	237	689	670	1,015	913	606	557
配偶者と同居	8,834	9	165	1,462	2,092	2,244	1,674	799	388
その他と同居	15,811	3,287	2,680	3,364	2,324	2,074	1,116	503	466
アジア系[2]	11,201	821	918	2,353	2,364	1,948	1,447	743	607
単身	850	2	37	214	151	115	98	104	128
配偶者と同居	6,573	1	94	1,302	1,777	1,489	1,114	484	309
その他と同居	3,778	818	787	837	436	344	235	155	170
ヒスパニック[3]	34,272	4,041	3,866	8,085	7,068	5,292	3,109	1,687	1,124
単身	2,054	10	133	354	279	368	349	318	242
配偶者と同居	14,622	61	660	3,449	4,094	3,179	1,811	907	461
その他と同居	17,596	3,970	3,073	4,282	2,695	1,745	949	462	421
非ヒスパニック系白人[2]	163,727	12,429	12,892	24,486	25,324	31,263	26,637	16,344	14,353
単身	23,299	62	852	2,575	2,287	3,870	4,408	3,616	5,631
配偶者と同居	89,315	97	1,720	12,240	17,399	21,385	18,740	11,012	6,722
その他と同居	51,113	12,270	10,320	9,671	5,638	6,008	3,489	1,716	2,000

1．個別に明示しないその他の人種および非ヒスパニックを含む　2．表No.56の脚注3を参照　3．ヒスパニックは人種を問わない

資料：U.S. Census Bureau, "America's Families and Living Arrangements: 2010, Table A2. Family Statusand Household Relationship of People 15 Years and Over, by Marital Status, Age, Sex Race, and Hispanic Origin: 2010"および未刊行資料; 〈http://www.census.gov/population/www/socdemo/hh-fam/cps2010.html〉

No.59. 世帯、家族、サブファミリー、既婚夫婦：1980－2010年

[単位1,000人（80,776は8077万6000人を表す）。特別に示す単位を除く。3月現在。駐屯地外に居住する軍人と、駐屯地内に家族とともに居住する軍人以外の軍隊兵員を除く。2005年以降のデータは2000年センサスと世帯の拡張標本に基づく人口コントロール。毎月人口調査に基づく。本章の解説および付録Ⅲを参照。マイナス（－）は減少を示す。『アメリカ歴史統計』系列A288-319も参照］

構成別	1980	1990	2000	2005	2008	2009	2010	変化率（％）		
								1980-1990	1990-2000	2000-2010
世帯	80,776	93,347	104,705	113,343	116,783	117,181	117,538	16	12	12
1世帯平均人数	2.76	2.63	2.62	2.57	2.56	2.57	2.59	(X)	(X)	(X)
白人[1]	70,766	80,163	87,671	92,880	95,112	95,297	95,489	13	9	9
黒人[1]	8,586	10,486	12,849	13,809	14,551	14,595	14,730	22	23	15
ヒスパニック[2]	3,684	5,933	9,319	12,178	13,339	13,425	13,298	61	57	43
家族を構成する世帯	59,550	66,090	72,025	76,858	77,873	78,850	78,833	11	9	9
夫婦	49,112	52,317	55,311	57,975	58,370	59,118	58,410	7	6	6
男性世帯主[3]	1,733	2,884	4,028	4,901	5,100	5,252	5,580	66	40	39
女性世帯主[3]	8,705	10,890	12,687	13,981	14,404	14,480	14,843	25	17	17
家族を構成しない世帯	21,226	27,257	32,680	36,485	38,910	38,331	38,705	28	20	18
男性世帯主	8,807	11,606	14,641	16,543	17,872	17,694	18,263	32	26	25
女性世帯主	12,419	15,651	18,039	19,942	21,038	20,637	20,442	26	15	13
単身者	18,296	22,999	26,724	30,137	32,167	31,657	31,399	26	16	17
家族	59,550	66,090	72,025	76,858	77,873	78,850	78,833	11	9	9
1家族平均人数	3.29	3.17	3.17	3.13	3.15	3.15	3.16	(X)	(X)	(X)
子供あり[4]	31,022	32,289	34,605	36,211	35,709	35,635	35,218	4	7	2
子供なし[4]	28,528	33,801	37,420	40,647	42,164	43,215	43,615	18	11	17
既婚夫婦	49,112	52,317	55,311	57,975	58,370	59,118	58,410	7	6	6
子供あり[4]	24,961	24,537	25,248	25,919	25,173	25,129	24,575	−2	3	−3
子供なし[4]	24,151	27,780	30,062	32,056	33,197	33,989	33,835	15	8	13
男性世帯主[3]	1,733	2,884	4,028	4,901	5,100	5,252	5,580	66	40	39
子供あり[4]	616	1,153	1,786	2,021	2,162	2,111	2,224	87	55	25
子供なし[4]	1,117	1,731	2,242	2,880	2,937	3,141	3,356	55	30	50
女性世帯主[3]	8,705	10,890	12,687	13,981	14,404	14,480	14,843	25	17	17
子供あり[4]	5,445	6,599	7,571	8,270	8,374	8,394	8,419	21	15	11
子供なし[4]	3,261	4,290	5,116	5,711	6,030	6,086	6,424	32	19	26
サブファミリー（親族関係なし）	360	534	571	515	526	397	484	48	7	−15
夫婦	20	68	37	62	95	46	93	(B)	(B)	(B)
男性世帯主[3]	36	45	57	61	63	41	44	(B)	(B)	(B)
女性世帯主[3]	304	421	477	392	368	311	347	38	13	−27
サブファミリー（親族関係あり）	1,150	2,403	2,984	3,427	3,855	3,971	4,300	109	24	44
夫婦	582	871	1,149	1,336	1,664	1,681	1,881	50	32	64
父子家庭[3]	54	153	201	387	335	306	313	(B)	31	56
母子家庭[3]	512	1,378	1,634	1,704	1,855	1,985	2,106	169	19	29
既婚夫婦	49,714	53,256	56,497	59,373	60,129	60,844	60,384	7	6	7
自身の世帯あり	49,112	52,317	55,311	57,975	58,370	59,118	58,410	7	6	6
自身の世帯なし	602	939	1,186	1,398	1,759	1,726	1,974	56	26	66
（％）	1.2	1.8	2.1	2.4	2.9	2.8	3.2	(X)	(X)	(X)

B 原数値が75,000未満　X 該当なし　1. 2003年以降に始まる毎月人口調査では人種について複数回答を認めている。2005年以降は、この人種グループのみを選択した人を示し、複数の人種を回答した人は除外している。2003年以前の年度における毎月人口調査では、一つの人種グループを回答することのみを認めていた。本章の人種に関する解説も参照のこと　2. ヒスパニックは人種を問わない　3. 現在、配偶者のいない者　4. 18歳未満

資料：U.S. Census Bureau, "Families and Living Arrangements"；<http://www.census.gov/population/www/socdemo/hh-fam.html>

No.60. 異人種間の婚姻――人種・ヒスパニック別：1980－2010年

[単位：1000人（49,714は4971万4000人を表す）、3月現在。15歳以上の者。ヒスパニックは人種を問わない。毎月人口調査に基づく。表No.59の頭注および付録Ⅲを参照］

人種、ヒスパニック	1980	1990	2000	2008	2009	2010
既婚夫婦、計[1]	49,714	53,256	56,497	60,129	60,844	60,384
異人種間既婚夫婦、計	651	964	1,464	2,340	2,437	2,413
白人[2]／黒人[2]	167	211	363	481	550	558
黒人の夫、白人の妻	122	150	268	317	354	390
白人の夫、黒人の妻	45	61	95	164	196	168
白人[2]／他人種[3]	450	720	1,051	1,737	1,759	1,723
黒人[2]／他人種[3]	34	33	50	122	128	132
ヒスパニック						
ヒスパニック同士	1,906	3,085	4,739	6,390	6,317	6,166
ヒスパニックと他の人種（非ヒスパニック）	891	1,193	1,743	2,222	2,421	2,289
その他（ヒスパニック以外）	46,917	48,979	50,015	51,517	52,107	51,928

1. 個別に示さない他の夫婦も含む　2. 表No.59の脚注1を参照　3. その他の人種はアメリカインディアン、日本人、中国人のように黒人または白人以外の人種。合計には他人種間の夫婦は除く

資料：U.S. Census Bureau, "Families and Living Arrangements, Table MS-3. Interracial Married Couples: 1980 to 2002," および未刊行資料；<http://www.census.gov/population/www/socdemo/hh-fam.html>

No.61. 世帯数および世帯人員――構成別：1990－2010年

[3月現在（93,347は9334万7000人を表す）。表No.59の頭注を参照]

世帯構成	世帯数 (1,000)			構成比 (%)			1世帯平均人員		
	1990	2000	2010	1990	2000	2010	1990	2000	2010
全世帯数	93,347	104,705	117,538	100	100	100	2.63	2.62	2.59
家族世帯	66,090	72,025	78,833	71	69	67	3.22	3.24	3.24
既婚夫婦	52,317	55,311	58,410	56	53	50	3.25	3.26	3.24
男性世帯主、配偶者なし	2,884	4,028	5,580	3	4	5	3.04	3.16	3.24
女性世帯主、配偶者なし	10,890	12,687	14,843	12	12	13	3.10	3.17	3.23
家族を構成しない世帯	27,257	32,680	38,705	29	31	33	1.22	1.25	1.26
単身生活者	22,999	26,724	31,399	25	26	27	1.00	1.00	1.00
男性世帯主	11,606	14,641	18,263	12	14	16	1.33	1.34	1.35
単身生活者	9,049	11,181	13,971	10	11	12	1.00	1.00	1.00
女性世帯主	15,651	18,039	20,442	17	17	17	1.14	1.17	1.18
単身生活者	13,950	15,543	17,428	15	15	15	1.00	1.00	1.00

資料：U.S. Census Bureau, *America's Families and Living Arrangements*, Current Population Reports, P20-537, 2001およびそれ以前のレポート；<http://www.census.gov/population/www/socdemo/hh-fam.html>

No.62. 世帯――世帯主の年齢および規模別：1990－2010年

[単位：100万人。3月現在（93.3は9330万人を表す）。毎月人口調査に基づく。表No.59の頭注を参照]

世帯主の年齢、世帯規模	1990	2000	2005	2010					
				計[1]	白人[2]	黒人[2]	アジア系[2]	ヒスパニック[3]	非ヒスパニック白人系[3]
計	93.3	104.7	113.3	117.5	95.5	14.7	4.7	13.3	83.2
世帯主の年齢：									
15－24歳	5.1	5.9	6.7	6.2	4.7	1.0	0.3	1.2	3.7
25－29歳	9.4	8.5	9.2	9.4	7.4	1.3	0.4	1.5	6.0
30－34歳	11.0	10.1	10.1	9.8	7.5	1.4	0.6	1.6	6.0
35－44歳	20.6	24.0	23.2	21.5	16.8	3.0	1.1	3.3	13.7
45－54歳	14.5	20.9	23.4	24.9	20.1	3.2	1.0	2.6	17.7
55－64歳	12.5	13.6	17.5	20.4	16.9	2.4	0.7	1.6	15.5
65－74歳	11.7	11.3	11.5	13.2	11.2	1.3	0.4	0.9	10.4
75歳以上	8.4	10.4	11.6	12.1	10.7	1.0	0.3	0.6	10.2
単身	23.0	26.7	30.1	31.4	25.2	4.7	0.9	2.1	23.3
男性	9.0	11.2	12.8	14.0	11.2	2.0	0.4	1.1	10.3
女性	14.0	15.5	17.3	17.4	14.0	2.7	0.4	1.0	13.1
2人	30.1	34.7	37.4	39.5	33.4	4.0	1.3	3.0	30.6
3人	16.1	17.2	18.3	18.6	14.7	2.5	0.9	2.5	12.3
4人	14.5	15.3	16.4	16.1	12.9	1.9	1.0	2.6	10.5
5人	6.2	7.0	7.2	7.4	5.8	0.9	0.4	1.6	4.3
6人	2.1	2.4	2.5	2.8	2.1	0.4	0.2	0.8	1.4
7人以上	1.3	1.4	1.4	1.7	1.2	0.3	0.1	0.6	0.7

1．個別に示さないその他の人種を含む　2．2003年以降の毎月人口調査では人種について複数回答を認めている。2005年および2009年のデータは、この人種グループのみを選択した人を示し、複数の人種を回答した人は除外している。それ以前の年度における毎月人口調査では、一つの人種グループを回答することのみを認めていた。本章の人種に関する解説も参照のこと　3．ヒスパニックは人種を問わない

資料：U.S. Census Bureau, *America's Families and Living Arrangements*, Current Population Reports, P20-537, 2001およびそれ以前のレポート、および "Families and Living Arrangements"；<http://www.census.gov/population/www/socdemo/hh-fam.html>

No.63. 非婚夫婦――パートナーの性別および地域別：2009年

[アメリカン・コミュニティ調査の母集団は、世帯人口および施設・大学・寮・その他の集合居住施設の居住人口を含む。データは標本に基づいており、標本抽出に変化があればその影響を受ける。本章の解説を参照。付録Ⅲを参照。本書前年版の表No.63も参照]

項目	計	北東部	中西部	南部	西部
総世帯数	113,616,229	20,770,447	25,917,520	42,080,155	24,848,107
非婚夫婦世帯	6,502,121	1,209,445	1,537,394	2,167,843	1,587,439
男性世帯主－男性パートナー	280,410	57,817	50,026	95,829	76,738
男性世帯主－女性パートナー	3,053,290	556,884	722,160	1,028,149	746,097
女性世帯主－女性パートナー	300,890	59,924	61,266	98,399	81,301
女性世帯主－男性パートナー	2,867,531	534,820	703,942	945,466	683,303
その他の世帯	107,114,108	19,561,002	24,380,126	39,912,312	23,260,668

資料：U.S. Census Bureau, 2009 American Community Survey; B11009. Unmarried-Partner Households and Household Type by Sex of Partner; <http://factfinder.census.gov/>（2011年1月現在）

No.64. 家族――18歳未満の子供の数：2000－2010年

[3月現在（72,025は7202万5000人を表す）。毎月人口調査に基づく。表No.67の頭注を参照]

人種、ヒスパニック、年	家族数 (1,000人)					構成比率（％）				
	計	子供なし	1人	2人	3人以上	計	子供なし	1人	2人	3人以上
全家族[1]										
2000	72,025	37,420	14,311	13,215	7,080	100	52	20	18	10
2005	76,858	40,647	15,069	13,741	7,400	100	53	20	18	10
2010、計	78,833	43,615	15,149	12,947	7,122	100	55	19	16	9
既婚夫婦[2]	58,410	33,835	9,567	9,658	5,351	100	58	16	17	9
男性世帯主[2]	5,580	3,356	1,375	576	273	100	60	25	10	5
女性世帯主[2]	14,843	6,424	4,207	2,714	1,499	100	43	28	18	10
白人家族[3]										
2000	60,251	32,144	11,496	10,918	5,693	100	53	19	18	9
2005	63,079	34,255	11,872	11,127	5,825	100	54	19	18	9
2010、計	64,120	36,464	11,856	10,275	5,525	100	57	18	16	9
既婚夫婦	50,163	29,616	7,982	8,092	4,473	100	59	16	16	9
男性世帯主[2]	4,194	2,518	1,045	436	196	100	60	25	10	5
女性世帯主[2]	9,762	4,331	2,829	1,747	856	100	44	29	18	9
黒人家族[3]										
2000	8,664	3,882	2,101	1,624	1,058	100	45	24	19	12
2005	8,902	4,077	2,059	1,641	1,125	100	46	23	18	13
2010、計	9,358	4,502	2,142	1,608	1,106	100	48	23	17	12
既婚夫婦	4,274	2,357	733	695	489	100	55	17	16	12
男性世帯主[2]	939	541	235	104	59	100	58	25	11	6
女性世帯主[2]	4,145	1,604	1,174	809	557	100	39	28	20	13
アジア系家族[3]										
2005、計	3,142	1,535	730	646	230	100	49	23	21	7
2010、計	3,592	1,794	777	754	267	100	50	22	21	7
既婚夫婦	2,888	1,327	638	678	246	100	46	22	23	9
男性世帯主[2]	257	202	40	13	2	100	79	16	5	1
女性世帯主[2]	447	265	99	63	19	100	59	22	14	4
ヒスパニック家族[4]										
2000	7,561	2,747	1,791	1,693	1,330	100	36	24	22	18
2005	9,521	3,528	2,130	2,163	1,699	100	37	22	23	18
2010、計	10,412	4,173	2,344	2,269	1,626	100	40	23	22	16
既婚夫婦	6,589	2,497	1,366	1,576	1,149	100	38	21	24	17
男性世帯主[2]	1,079	670	210	124	75	100	62	19	11	7
女性世帯主[2]	2,745	1,005	768	569	402	100	37	28	21	15
非ヒスパニック、白人系家族[3][4]										
2005、計	54,257	30,965	9,924	9,151	4,217	100	57	18	17	8
2010、計	54,445	32,569	9,691	8,173	4,012	100	60	18	15	7
既婚夫婦	43,954	27,254	6,689	6,627	3,385	100	62	15	15	7
男性世帯主[2]	3,200	1,897	851	322	130	100	59	27	10	4
女性世帯主[2]	7,291	3,418	2,152	1,224	497	100	47	29	17	7

1. 個別に示さないその他の人種および非ヒスパニックを含む　2. 配偶者のいない者　3. 2003年以降の毎月人口調査では人種について複数回答を認めている。2009年以降のデータは、この人種グループのみを選択した人を示し、複数の人種を回答した人は除外している。2003年以前の年度における毎月人口調査では、一つの人種グループを回答することのみを認めていた。本章の人種に関する解説も参照のこと　4. ヒスパニックは人種を問わない

資料：U.S. Census Bureau, *America's Families and Living Arrangements*, Current Population Reports, P20-553およびそれ以前のレポート、および "Families and Living Arrangements" および未刊行資料；<http://www.census.gov/population/www/socdemo/hh-fam.html>

No.65. 18歳未満の子供がいる家族世帯――家族構成別：2000、2010年／世帯主の年齢別：2010年

[3月現在（34,605は3460万5000人を表す）。表No.67の頭注を参照]

家族構成	子供がいる家族世帯		子供がいる既婚夫婦		子供がいる男性世帯主[1]		子供がいる女性世帯主[1]	
	数(1,000)	全家族世帯に占める割合(%)	数(1,000)	既婚夫婦に占める割合(%)	数(1,000)	男性世帯主に占める割合(%)[1]	数(1,000)	女性世帯主に占める割合(%)[1]
2000年、計	34,605	48	25,248	46	1,786	44	7,571	60
2010年、計	35,218	45	24,575	42	2,224	40	8,419	57
15～24歳	1,746	51	652	58	150	18	944	66
25～34歳	9,859	75	6,345	73	667	53	2,847	89
35～44歳	13,672	80	10,066	81	737	66	2,869	83
45～54歳	8,353	46	6,318	45	515	42	1,520	50
55～64歳	1,347	10	1,028	9	128	20	191	11
65歳以上	241	2	167	2	27	5	48	2

1. 配偶者なし

資料：U.S. Census Bureau, *America's Families and Living Arrangements*, Current Population Reports, P20-537, 2001および "America's Families and Living Arrangements: 2010"；<http://www.census.gov/population/www/socdemo/hh-fam/cps2010.html>

No.66. 家族の形態――人種・ヒスパニック別：2010年

[単位：1,000（78,833は7883万3000を表す）。3月現在。駐屯地外に家族とともに居住する軍人と、駐屯地内に家族とともに居住する軍人以外の軍隊兵員を除く。2000年センサスおよび各種世帯調査に基づく人口コントロール。毎月人口調査に基づく。本章の解説および付録IIIを参照。本書前年版の表No.66も参照]

家族構成	全家族数	全人種[1]	白人[2]	既婚夫婦家族 黒人[2]	アジア系[2]	ヒスパニック[3]	非ヒスパニック白人[2,3]	全人種[1]	白人[2]	女性世帯主家族[4] 黒人[2]	アジア系[2]	ヒスパニック[3]	非ヒスパニック白人[2,3]	男性世帯主全人種[4]
家族数、計	78,833	58,410	50,163	4,274	2,888	6,589	43,945	14,843	9,762	4,145	447	2,745	7,291	5,580
世帯主の年齢別：														
25歳未満	3,399	1,125	1,005	63	32	272	756	1,436	874	465	38	313	593	838
25～34歳	13,093	8,634	7,207	685	526	1,477	5,832	3,199	1,949	1,042	77	715	1,311	1,260
35～44歳	17,062	12,465	10,375	1,016	811	1,958	8,515	3,473	2,266	1,000	105	739	1,608	1,124
45～54歳	18,177	13,895	11,858	1,083	686	1,434	10,516	3,048	2,072	805	95	483	1,640	1,233
55～64歳	13,706	11,405	9,900	833	480	798	9,140	1,672	1,128	408	75	279	868	629
65～74歳	8,066	6,835	6,131	404	221	436	5,707	994	686	240	28	121	575	237
75歳以上	5,330	4,050	3,687	188	132	208	3,487	1,021	788	185	29	94	696	259
18歳未満の子供なし	43,615	33,835	29,616	2,357	1,327	2,497	27,254	6,424	4,331	1,604	265	1,005	3,418	3,356
18歳未満の子供あり	35,218	24,575	20,548	1,917	1,561	4,091	16,700	8,419	5,432	2,541	182	1,739	3,873	2,224
1人	15,149	9,567	7,982	733	638	1,366	6,689	4,207	2,829	1,174	99	768	2,152	1,375
2人	12,947	9,658	8,092	695	678	1,576	6,627	2,714	1,747	809	63	569	1,224	576
3人以上	7,122	5,351	4,473	489	246	1,149	3,385	1,499	856	557	19	402	497	273
子供の年齢別：														
全年齢	47,463	31,514	26,525	2,601	1,980	4,978	21,570	12,624	8,369	3,542	317	2,355	6,261	3,325
25歳未満	41,422	28,728	24,021	2,285	1,798	4,637	19,659	9,984	6,467	2,971	228	2,013	4,669	2,710
12歳未満	25,867	18,304	15,223	1,426	1,238	3,255	12,167	5,986	3,806	1,870	104	1,332	2,616	1,577
6歳未満	15,506	11,170	9,261	855	790	2,109	7,291	3,382	2,110	1,097	44	759	1,430	954
3歳未満	9,010	6,561	5,496	461	448	1,227	4,343	1,856	1,143	625	16	407	782	594
1歳未満	3,247	2,377	2,034	128	166	363	1,696	621	373	226	4	129	259	249
65歳以上の家族：														
家族に65歳以上の者なし	61,843	45,149	38,421	3,455	2,363	5,647	33,110	12,118	7,836	3,543	331	2,386	5,699	4,575
家族に65歳以上の者あり	16,990	13,261	11,742	819	525	942	10,843	2,725	1,926	602	116	359	1,592	1,005
世帯主の婚姻状況：														
既婚、配偶者あり	58,410	58,410	50,163	4,274	2,888	6,589	43,945	(X)	(X)	(X)	(X)	(X)	(X)	(X)
既婚、配偶者なし	2,766	(X)	(X)	(X)	(X)	(X)	(X)	2,142	1,414	565	88	632	845	624
別居	1,936	(X)	(X)	(X)	(X)	(X)	(X)	1,550	1,051	421	33	447	638	386
その他	830	(X)	(X)	(X)	(X)	(X)	(X)	592	363	144	55	185	207	238
死別	2,936	(X)	(X)	(X)	(X)	(X)	(X)	2,364	1,729	486	90	286	1,461	572
離婚	6,537	(X)	(X)	(X)	(X)	(X)	(X)	4,851	3,686	889	118	668	3,095	1,686
未婚	8,185	(X)	(X)	(X)	(X)	(X)	(X)	5,486	2,933	2,205	151	1,158	1,891	2,698

X 該当なし　1. 個別に示さないその他の人種およびヒスパニックを含む　2. 2003年以降の毎月人口調査は人種について複数回答を認めている。データはこの人種グループのみを選択した人を示し、複数の人種を回答したものは除外している。ヒスパニックは人種を問わない　3. ヒスパニックの解説に関する参照も参照　4. 配偶者がいないもの

資料：U.S. Census Bureau, "America's Families and Living Arrangements: 2010" および未刊行資料; <http://www.census.gov/population/www/socdemo/hh-fam/cps2010.html>

No.67. 18歳未満の子供のいる家族グループ——人種、ヒスパニック別：1990－2010年

[単位：1,000人。3月現在（34,670は3467万人を表す）。家族グループとは、家族世帯、親族関係のある、またはないサブファミリーを含む。駐屯地外に居住する軍人と、駐屯地内に家族とともに居住する軍人以外の軍隊兵員を除く。2000年センサスおよび世帯の拡張標本に基づく2005年に関する人口コントロール。毎月人口調査に基づく。本章の解説および付録Ⅲを参照。本書前年版の表No.67も参照]

世帯主又は代表者の人種、ヒスパニック別	数 (1,000)				構成比 (%)			
	1990	2000	2005	2010	1990	2000	2005	2010
全人種、計[1]	**34,670**	**37,496**	**39,317**	**38,768**	**100**	**100**	**100**	**100**
両親のいる家族グループ[2]	24,921	25,771	26,482	27,082	72	69	67	70
片親の家族グループ	9,749	11,725	12,835	11,686	28	31	32	30
母親が維持	8,398	9,681	10,366	9,924	24	26	26	26
父親が維持	1,351	2,044	2,469	1,762	4	5	6	5
白人[3]、計	**28,294**	**30,079**	**30,960**	**30,186**	**100**	**100**	**100**	**100**
両親のいる家族グループ[2]	21,905	22,241	22,319	22,457	77	74	72	74
片親の家族グループ	6,389	7,838	8,641	7,729	23	26	28	26
母親が維持	5,310	6,216	6,747	6,396	19	21	22	21
父親が維持	1,079	1,622	1,894	1,333	4	5	6	4
黒人[3]、計	**5,087**	**5,530**	**5,495**	**5,555**	**100**	**100**	**100**	**100**
両親のいる家族グループ[2]	2,006	2,135	2,065	2,275	39	39	38	41
片親の家族グループ	3,081	3,396	3,430	3,280	61	61	62	59
母親が維持	2,860	3,060	3,037	2,977	56	55	55	54
父親が維持	221	335	393	303	4	6	7	5
アジア系[3]、計	**(NA)**	**1,469**	**1,757**	**1,986**	**100**	**100**	**100**	**100**
両親のいる家族グループ[2]	(NA)	1,184	1,472	1,694	(NA)	81	84	85
片親の家族グループ	(NA)	285	285	292	(NA)	19	16	15
母親が維持	(NA)	236	222	235	(NA)	16	13	12
父親が維持	(NA)	49	63	57	(NA)	3	4	3
ヒスパニック[4]、計	**3,429**	**5,503**	**6,752**	**7,355**	**100**	**100**	**100**	**100**
両親のいる家族グループ[2]	2,289	3,625	4,346	4,856	67	66	64	66
片親の家族グループ	1,140	1,877	2,406	2,499	33	34	36	34
母親が維持	1,003	1,565	1,964	2,186	29	28	29	30
父親が維持	138	313	442	313	4	6	7	4
非ヒスパニック、白人系[3]、計	**(NA)**	**24,847**	**24,730**	**23,368**	**100**	**100**	**100**	**100**
両親のいる家族グループ[2]	(NA)	18,750	18,253	17,911	(NA)	75	74	77
片親の家族グループ	(NA)	6,096	6,476	5,457	(NA)	25	26	23
母親が維持	(NA)	4,766	4,984	4,404	(NA)	19	20	19
父親が維持	(NA)	1,331	1,492	1,053	(NA)	5	6	5

NA データなし　1．個別に示さないその他の人種および非ヒスパニックを含む　2．2007年以降は既婚および非婚の親と同居する双方の子供を含む　3．2003年以降の毎月人口調査（CPS）では人種について複数回答を認めている。2005年以降のデータは、この人種グループのみを選択した人を示し、複数の人種を回答した人は除外している。2003年以前の毎月人口調査（CPS）では、一つの人種グループを回答することのみを認めていた。本章の人種に関する解説も参照のこと　4．ヒスパニックは人種を問わない

資料：U.S. Census Bureau, *Families and Living Arrangements*, Current Population Reports, P20-537, 2001およびそれ以前のレポート、および"Families and Living Arrangements"；〈http://www.census.gov/population/www/socdemo/hh-fam.html〉

No.68. 専業主婦または専業主夫のいる世帯：1995－2010年

[単位：1000（22,973は2297万3000を表す）。子供のいる家族グループには、自分の世帯（自分の子供のいる家族世帯）、血縁者の家庭に同居（血縁のサブファミリー）、血縁関係のない世帯に同居（非血縁のサブファミリー）がある。専業主婦または専業主夫のいる世帯グループは、15歳未満の子供のいる既婚夫婦家族で、片親が調査の前年に通年で労働力人口に参入しており、もう片親は調査の前年に通年で労働力人口に参入せず、しかもその理由が家事および育児であるもの、である。15歳未満の子供のいる既婚夫婦のみを対象とする。毎月人口調査に基づく。付録Ⅲを参照]

年	15歳未満の子供のいる既婚夫婦グループ			既婚夫婦グループ内の15歳未満の子供の数		
	計	専業主婦のいる世帯	専業主夫のいる世帯	既婚夫婦グループ内計	専業主婦のいる世帯	専業主夫のいる世帯
1995	22,973	4,440	64	41,008	9,106	125
1996	22,808	4,633	49	40,739	9,693	115
1997	22,779	4,617	71	40,798	9,788	140
1998	22,881	4,555	90	41,038	9,432	196
1999	22,754	4,731	71	41,003	9,796	143
2000	22,953	4,785	93	41,860	10,087	180
2001	22,922	4,934	81	41,862	10,194	148
2002	23,339	5,206	106	41,802	10,573	189
2003	23,209	5,388	98	41,654	11,028	175
2004	23,160	5,571	147	41,409	11,205	268
2005	23,305	5,584	142	41,111	11,224	247
2006	23,232	5,646	159	41,259	11,372	283
2007	23,507	5,563	165	41,559	11,193	303
2008	22,445	5,327	140	41,037	11,132	234
2009	22,523	5,095	158	41,208	10,934	290
2010	22,138	5,020	154	41,026	10,833	287

資料：U.S. Census Bureau, "Families and Living Arrangements, Table SHP-1. Parents and Children in Stay-At-Home Parent Family Groups: 1994 to Present"；〈http://www.census.gov/population/www/socdemo/hh-fam.html〉

No.69. 18歳未満児童の両親との同居の有無：2000－2010年

[3月現在。72,012は7201万2000人を表す。18歳未満で自身の世帯あるいは家族を持つものを除外する。毎月人口調査に基づく。表No.67の頭注参照]

人種/ヒスパニック別および年	数(1000人)	両親[1]	同居状況（％）						父親のみ	両親ともなし
			母親のみ						
			計	離婚	別居	未婚	死別		
全人種[2]									
2000	72,012	69.1	22.4	7.9	4.5	9.2	1.0	4.2	4.2
2005	73,494	67.3	23.4	7.9	4.6	10.1	0.8	4.8	4.5
2008	74,107	69.9	22.8	7.5	4.6	9.8	0.9	3.5	3.8
2009	74,230	69.8	22.8	7.0	4.9	10.0	0.8	3.4	4.0
2010	74,718	69.4	23.1	7.1	5.1	10.1	0.8	3.4	4.1
白人[3]									
2000	56,455	75.3	17.3	(NA)	(NA)	(NA)	(NA)	4.3	3.1
2005	56,234	73.5	18.4	7.9	4.0	5.8	0.7	4.7	3.4
2008	56,482	76.0	17.5	7.5	3.9	5.3	0.7	3.6	2.9
2009	56,254	75.8	17.7	7.0	4.2	5.8	0.7	3.4	3.1
2010	56,416	74.9	18.3	6.9	4.5	6.1	0.8	3.5	3.4
黒人[3]									
2000	11,412	37.6	49.0	(NA)	(NA)	(NA)	(NA)	4.2	9.2
2005	11,293	35.0	50.2	8.7	8.1	32.0	1.3	5.0	9.8
2008	11,342	37.5	51.1	8.6	8.2	32.7	1.6	3.3	8.1
2009	11,235	38.1	50.2	7.9	8.7	32.4	1.3	3.5	8.3
2010	11,272	39.2	49.7	8.6	8.4	31.5	1.2	3.6	7.5
アジア系[3]									
2005	2,843	83.6	10.2	4.0	2.3	2.7	1.3	3.6	2.5
2008	2,980	85.1	10.2	2.7	3.5	3.2	0.9	2.3	2.4
2009	3,035	85.2	10.2	2.8	4.5	2.0	1.0	2.5	2.0
2010	3,300	85.5	10.1	3.8	3.7	2.1	0.6	2.2	2.1
ヒスパニック[4]									
2000	11,613	65.1	25.1	(NA)	(NA)	(NA)	(NA)	4.4	5.4
2005	14,241	64.7	25.4	6.1	7.1	11.4	0.8	4.8	5.2
2008	15,642	69.7	24.1	5.8	7.0	10.5	0.7	2.3	3.9
2009	16,360	68.7	24.9	5.2	7.2	11.7	0.8	2.5	3.9
2010	16,941	67.0	26.3	5.8	8.1	11.7	0.7	2.7	4.0
非ヒスパニック、白人系[3]									
2005	43,106	75.9	16.4	8.5	3.1	4.2	0.7	4.8	2.9
2008	42,052	77.8	15.5	8.1	3.0	3.7	0.7	4.1	2.6
2009	41,418	78.1	15.3	7.6	3.1	3.9	0.7	3.8	2.8
2010	41,809	77.5	15.5	7.5	3.1	4.2	0.8	3.8	3.1

NA データなし　1．2007年は既婚および非婚の親と同居する双方の子供を含む　2．個別に明示しないその他の人種および非ヒスパニックを含む　3．2003年以降毎月人口調査（CPS）の回答者は複数の人種を選択できるようになった。2005年以降のデータは、単一の人種グループを選択した者についてのみ示される。2003年以前のCPSでは、回答者は単一の人種のみを選択するように指示されていた。本章の解説の、人種に関する部分も参照のこと

資料：U.S. Census Bureau, "America's Families and Living Arrangements"; <http://www.census.gov/population/www/socdemo/hh-fam.html>

No.70. 孫との同居人口――人種別・性別：2009年

[6,687は668万7000人を表す。祖父母の家で孫と同居するもの、孫の家で祖父母が同居するものの双方を含む。American Community Surveyの母集団は世帯人口および施設・大学寮・その他の集団居住施設の居住者を含む。標本調査に基づく。標本抽出時の誤差あり。本章の解説および付録Ⅲを参照]

人種・ヒスパニック別、性別	孫との同居人口、計	孫を養育する祖父母		
		計	30－59歳	60歳以上
18歳未満の孫と同居する祖父母（1000人）	6,687	2,696	1,815	881
構成比（％）				
計	100.0	100.0	100.0	100.0
白人	62.2	63.3	62.7	64.6
黒人またはアフリカ系	18.8	23.2	23.7	22.0
アメリカインディアンまたはアラスカ原住民	1.4	2.0	2.0	2.0
アジア系	7.3	2.9	2.0	4.6
ハワイ原住民またはその他の太平洋諸島民	0.3	0.3	0.3	0.3
その他の人種	8.0	6.4	7.3	4.6
複数人種	1.8	1.9	2.0	1.9
ヒスパニックまたはラテン系[1]	24.7	20.1	22.0	16.2
白人、非ヒスパニック・ラテン系	46.8	50.8	49.2	54.1
男性	35.9	37.1	34.7	42.1
女性	64.1	62.9	65.3	57.9

1．ヒスパニックは人種を問わない

資料：U.S. Census Bureau, American Community Survey 2009, Subject Table S1002, "Grandparents,"; <http://factfinder.census.gov/>; (2011年2月現在)

No.71. 家族を構成しない世帯──世帯主の年齢別、性別：2010年

[単位：1,000人（18,263は1826万3000人を表す）。3月現在。表No.72の頭注を参照。本書前年版の表No.71も参照]

世帯構成	男性世帯主					女性世帯主				
	計	15-24歳	25-44歳	45-64歳	65歳以上	計	15-24歳	25-44歳	45-64歳	65歳以上
計	18,263	1,536	6,562	6,695	3,470	20,442	1,299	4,058	6,681	8,403
単身生活者	13,971	723	4,466	5,582	3,198	17,428	642	2,903	5,762	8,121
非血縁者と同居	4,291	812	2,097	1,111	273	3,014	656	1,155	919	284
未婚	9,399	1,481	4,898	2,525	495	6,658	1,258	3,007	1,768	626
既婚[1]	1,581	41	528	685	327	1,122	26	282	544	271
死別	1,871	2	30	327	1,512	7,016	4	77	1,108	5,828
離婚	5,412	12	1,106	3,158	1,137	5,646	11	693	3,263	1,678

1．配偶者のいない者

資料：U.S. Census Bureau, "America's Families and Living Arrangements: 2010, Table A2. Family Status and Household Relationship of People 15 Years and Over, by Marital Status, Age, and Sex: 2010," ⟨http://www.census.gov/population/www/socdemo/hh-fam/cps2010.html⟩

No.72. 単身生活者──性別・年齢別：1990－2010年

[3月現在。（22,999は2299万9000人を表す）。駐屯地外に居住する軍人と、駐屯地内に家族とともに居住する軍人以外の軍隊兵員を除く。2005年以降2000年センサスおよび世帯の拡張標本に基づく人口コントロール。毎月人口調査に基づく。本章の解説および付録Ⅲを参照。本書前年版の表No.72も参照]

性別、年齢	人口（1,000人）						構成比（％）				
	1990	2000	2005	2010			1990	2000	2010		
				計	男性	女性			計	男性	女性
計	22,999	26,724	30,137	31,399	13,971	17,428	100	100	100	100	100
15-24歳	1,210	1,144	1,521	1,367	723	642	5	4	4	5	4
25-34歳	3,972	3,848	3,836	3,917	2,293	1,624	17	14	12	16	9
35-44歳	3,138	4,109	3,988	3,453	2,173	1,279	14	15	11	16	7
45-64歳	5,502	7,842	10,180	11,345	5,582	5,762	24	29	36	40	33
65-74歳	4,350	4,091	4,222	4,709	1,600	3,110	19	15	15	11	18
75歳以上	4,825	5,692	6,391	6,608	1,598	5,011	21	21	21	11	29

資料：U.S. Census Bureau, *America's Families and Living Arrangements*, Current Population Reports, P20-537, 2001およびそれ以前のレポート；⟨http://www.census.gov/population/www/socdemo/hh-fam.html⟩ も参照

No.73. 集団居住施設の居住者とその特徴：2009年

[単位：％、別に注記するものを除く（8,277は827万7000人を表す）。アメリカ・コミュニティ調査の母集団には、世帯人口の他に、施設・大学寮その他の集団居住施設の人口も含まれる。標本調査に基づく。標本抽出時の誤差あり。本章の解説および付録Ⅲを参照]

特徴	集団居住施設居住人口[1]	成人矯正施設	看護・特別介護施設	大学寮	特徴	集団居住施設居住人口[1]	成人矯正施設	看護・特別介護施設	大学寮
合計（1000人）	8,277	2,153	1,832	2,464	単一人種（1000人）	8,073	2,085	1,821	2,398
構成比（％）					複数人種（1000人）	204	69	12	67
					構成比（％）				
男性	59.0	90.9	32.3	46.1	白人	69.6	48.9	83.6	77.2
女性	41.0	9.1	67.7	53.9	黒人またはアフリカ系アメリカ人	22.0	41.2	12.8	12.9
15歳未満	0.8	(X)	(X)	(X)	アメリカインディアンおよびアラスカ原住民	1.1	1.9	0.5	0.4
15-17歳	1.9	0.5	(X)	1.7	アジア系	3.3	0.9	1.7	7.1
18-24歳	38.4	17.9	0.2	96.5	ハワイ原住民およびその他の太平洋諸島民	0.2	0.3	0.1	0.2
25-34歳	11.9	32.4	0.7	1.6	その他	3.9	6.8	1.3	2.2
35-44歳	9.8	25.6	1.6	0.2					
45-54歳	9.2	17.4	4.7	0.1					
55-64歳	5.5	5.0	8.6	−	ヒスパニック[2]	11.0	19.8	4.3	6.6
65-74歳	4.4	1.0	13.4	−	非ヒスパニック	89.0	80.2	95.7	93.4
75-84歳	7.5	0.2	28.6	(X)	白人、非ヒスパニック	61.6	36.0	80.2	71.4
85歳以上	10.6	−	42.2	(X)					

− ゼロまたは概数でゼロを示す　X 該当なし　1．個別に明示しない集団居住施設を含む　2．ヒスパニックは人種を問わない

資料：U.S. Census Bureau, 2009 American Community Survey; S2601A. Characteristics of the Group Quarters Population; and S2601B. Charcteristics of the Group Quarters Population by Group Quarters Type; ⟨http://factfinder.census.gov/⟩；（2010年11月現在）

No.74. 集団居住施設の収容人口――州別：2000－2010年

[単位：1000人（7,780は778万人を表す）。2000年は4月現在、2005年以降は7月現在。集団居住施設の定義については本章の解説を参照]

州	2000 [1]	2010	州	2000 [1]	2010	州	2000 [1]	2010
合衆国	7,780	7,987						
AL	115	116	KY	115	126	ND	24	25
AK	19	26	LA	136	127	OH	299	306
AZ	110	139	ME	35	36	OK	112	112
AR	74	79	MD	134	138	OR	77	87
CA	820	820	MA	221	239	PA	433	426
CO	103	116	MI	250	229	RI	39	43
CT	108	118	MN	136	135	SC	135	139
DE	25	24	MS	95	92	SD	28	34
DC	36	40	MO	164	174	TN	148	153
FL	389	422	MT	25	29	TX	561	581
GA	234	253	NE	51	51	UT	40	46
HI	36	43	NV	34	36	VT	21	25
ID	31	29	NH	36	40	VA	231	240
IL	322	302	NJ	195	187	WA	136	139
IN	178	187	NM	36	43	WV	43	49
IA	104	98	NY	581	586	WI	156	150
KS	82	79	NC	254	257	WY	14	14

1．2000年4月1日の人口推計の基礎は、再調査プログラム（Count Question Resolution）および地理的プログラムの改訂による2000年人口センサスに対する修正を反映している

資料：U.S. Census Bureau, "Annual Resident Population Estimates, Estimated Components of Resident Population Change, and Rates of the Components of Resident Population Change for States and Counties: April 1, 2000 to July 1, 2009," （2010年3月）, <http://www.census.gov/popest/counties/files/CO-EST2009-ALLDATA.csv> および 2010 Census Data, <http://2010.census.gov/2010census/data/>

No.75. 成人の宗教意識：1990、2001、2008年

[単位：1000（175,440は1億7544万人を表す）。2008年アメリカ宗教意識調査（American Religious Identification Survey=ARIS）の方法論は、従前の同調査と同様。過去3回の調査は、米国本土48州に居住する世帯に対し、RDD（無作為に作成した番号に自動的に電話をする、社会調査の手法）によって実施された。2008年のサンプルは54,461件、2001年は50,281件、1990年は113,723件。回答者は自らの宗教について自由に表現することを求められており、質問者は回答例をあげたり、回答を誘導しない。また回答者の自己申告による宗教であるため、宗教団体・教会・モスク・シナゴーグが、実際に回答者をメンバーと認識しているか否かは問わない。本調査は、回答者が自身をどういう宗教を支持していると認識しているのかを知るためのものであり、客観的な基準ではなく、主観的な宗教観について調査している]

宗教団体	推計（1,000人）			宗教団体	推計（1,000人）		
	1990	2001	2008		1990	2001	2008
成人人口、計 [1]	175,440	207,983	228,182	クリスチャン改革派	40	79	381
キリスト教徒、計 [2]	151,225	159,514	173,402	フォースクエア福音教団	28	70	116
カトリック	46,004	50,873	57,199	独立キリスト教会	25	71	86
バプテスト	33,964	33,820	36,148	その他のキリスト教 [4]	105	254	206
プロテスタント（宗派の申告なし）	17,214	4,647	5,187	その他の宗教、計 [2]	5,853	7,740	8,796
メソジスト・ウェスレー教徒	14,174	14,039	11,366	ユダヤ教	3,137	2,837	2,680
ルター派	9,110	9,580	8,674	イスラム教	527	1,104	1,349
キリスト教徒（宗派の申告なし）	8,073	14,190	16,834	仏教	404	1,082	1,189
長老教会派	4,985	5,596	4,723	ユニタリアン・ユニヴァーサリスト協会	502	629	586
ペンテコステ派・カリスマ派	3,116	4,407	5,416	ヒンズー教	227	766	582
監督教会・聖公会	3,043	3,451	2,405	アメリカ原住民	47	103	186
モルモン教・末日聖徒	2,487	2,697	3,158	シーク教	13	57	78
キリストの教会（チャーチズ・オブ・クライスト）	1,769	2,593	1,921	ウィッカン	8	134	342
エホバの証人	1,381	1,331	1,914	ペイガン	(NA)	140	340
セブンスデー・アドベンチスト	668	724	938	スピリチュアリスト	(NA)	116	426
アッセンブリーオブゴッド教団	617	1,105	810	その他分類未詳 [4]	991	774	1,030
ホーリネス教会・ホーリー教会	610	569	352	特定の信条なし、計 [2]	14,331	29,481	34,169
				無神論者	([5])	902	1,621
合同教会	438	1,378	736	不可知論者	[5] 1,186	991	1,985
ナザレン教団	549	544	358	ヒューマニスト	29	49	90
チャーチ・オブ・ゴッド	590	943	663	無宗教	13,116	27,486	30,427
東方正教	502	645	824	その他の無宗教 [4]	(NA)	57	45
福音派・ボーンアゲイン [3]	546	1,088	2,154	回答拒否	4,031	11,246	11,815
メノー派	235	346	438				
クリスチャン・サイエンス	214	194	339				
ブレザレン教会（バプティストの宗派）	206	358	231				
特定宗派に属さない [3]	194	2,489	8,032				
ディサイプル教会	144	492	263				
改革派・オランダ改革派教会	161	289	206				
十二使徒教会・新使徒教会	117	254	970				
クエーカー教徒	67	217	130				
フルゴスペル	51	168	67				

NA データなし　1．成人人口は50州のデータ。その他の数値はすべて、本土48州で実施された調査に基づく予測値　2．個別に明示しないその他の組織・団体を含む　3．調査は回答例から選択する方式ではなく、回答者が自由に回答する形式であるため、この項目には特定の宗教や宗派を回答できなかったり、宗教観が明確でなかったりする者が含まれる。したがって、この項目のデータは、時系列で最も変動が大きい　4．標本誤差を最小限にするため、7万5千人以下の成人の人口グループに関する推計値を合算して導出　5．無神論者は不可知論者に含まれる

資料：1990年のデータはBarry A. Kosmin and Seymour P. Lachman, "One Nation Under God: Religion in Contemporary American Society," 1993; 2001年のデータはBarry A. Kosmin and Ariela Keysar, Religion in A Free Market: Religious and Non-Religious Americans, Who, What, Why, Where; Institute for the Study of Secularism in Society and Culture, Trinity College, Hartford, CT; <http://www.trincoll.edu/Academics/AcademicResources/values/ISSSC/archive.htm> および <www.AmericanReligionSurvey-ARIS.org> も参照（copyright）

No.76. 宗教団体——主要データ

[アメリカ・カナダ教会年鑑で75万人以上の信者が報告されている宗教団体。情報を提供していない宗教団体は除く。データは標準化の手続きをしていないため、団体間の比較は困難。「教会員」の定義は各宗教団体の定義による]

宗教団体	報告年	届出協会数	信者数
アフリカメソジスト基督教会	2009	4,100	2,500,000
アフリカメソジスト基督シオン教会	2008	3,393	1,400,000
アメリカ・バプティスト連合	2009	5,402	1,310,505
アセンブリ・オブ・ゴッド	2009	12,371	2,914,669
ローマカトリック教会	2009	18,372	68,503,456
クリスチャン・チャーチ・アンド・チャーチ・オブ・キリスト	1988	5,579	1,071,616
メソジスト基督教会	2006	3,500	850,000
チャーチ・オブ・ゴッド・イン・キリスト	1991	15,300	5,499,875
チャーチ・オブ・ゴッド（クリーブランド、TN）	2009	6,654	1,076,254
末日聖徒イエス・キリスト教会	2009	13,474	6,058,907
チャーチ・オブ・キリスト	2006	13,000	1,639,495
監督教会派	2009	6,895	2,006,343
福音ルター派教会	2009	10,348	4,542,868
ギリシャ正教司教会	2006	560	1,500,000
エホバの証人	2009	13,021	1,162,686
ルター派ミズーリ教会会議	2009	6,178	2,312,111
米国バプテスト協議会	2000	(NA)	3,500,000
合衆国バプテスト協議会	2004	9,000	5,000,000
全国原始バプテスト協議会	1992	(NA)	2,500,000
国際ペンテコステ派神聖教会	2006	1,750	1,500,000
長老派教会（米国）	2009	10,657	2,770,730
進歩的ナショナルバプテスト教会	2009	1,500	1,010,000
セブンスディアドベンティスト教会	2009	4,892	1,043,606
南部バプテスト教会	2009	45,010	16,160,088
キリスト連合教会	2009	5,287	1,080,199
連合メソジスト教会	2009	33,855	7,774,931

NA　データなし

資料：National Council of Churches, New York, NY, *2011 Yearbook of American & Canadian Churches*, annual (copyright). (For more church-related information visit <http://www.ncccusa.org> or call 888-870-3325).

No.77. 州別キリスト教信者：2000年／ユダヤ人人口：2010年

[133,377は1億3337万7000を表す。キリスト教教会信者は「正式な教会員とその子供、および聖体拝領者（または陪餐会員・領聖者）・堅信礼を受けた者・正式会員ではないが定期的に教会行事に参加している物の推計値」である。ユダヤ人人口は、ユダヤ教徒であると自己認識する者と文化的にユダヤ人であると自己認識している者の双方を含む。ユダヤ人人口のデータは各地のユダヤ人コミュニティによる推計値をまとめたものであるが、最大のコミュニティがユダヤ人の人口動態調査を実施しており、ユダヤ人人口はこれにより決定されている]

州	キリスト教信者 2000 人口 (1,000人)	総人口に占める割合(%)[1]	ユダヤ人人口 2010 人口 (1,000人)[2]	総人口に占める割合(%)[1]	州	キリスト教信者 2000 人口 (1,000人)	総人口に占める割合(%)[1]	ユダヤ人人口 2010 人口 (1,000人)[2]	総人口に占める割合(%)[1]
合衆国	133,377	47.4	6,543,820	2.1	MO	2,813	50.3	59,200	1.0
AL	2,418	54.4	8,900	0.2	MT	401	44.4	1,350	0.1
AK	210	33.6	6,200	0.9	NE	995	58.2	6,850	0.4
AZ	1,946	37.9	106,400	1.7	NV	604	30.2	74,400	2.8
AR	1,516	56.7	1,725	0.1	NH	571	46.2	10,170	0.8
CA	14,328	42.3	1,219,740	3.3	NJ	4,262	50.7	504,500	5.7
CO	1,604	37.3	90,120	1.8	NM	1,041	57.2	11,250	0.5
CT	1,828	53.7	119,280	3.3	NY	9,559	50.4	1,624,720	8.4
DE	299	38.2	15,100	1.7	NC	3,598	44.7	29,810	0.3
DC	331	57.8	28,000	4.7	ND	468	72.9	(Z)	(Z)
FL[3]	5,904	36.9	613,235	3.3	OH	4,912	43.3	148,355	1.3
GA	3,528	43.1	127,670	1.3	OK	2,079	60.3	4,500	0.1
HI	431	35.6	8,280	0.6	OR	1,029	30.1	48,350	1.3
ID	624	48.3	1,625	0.1	PA	6,751	55.0	295,050	2.3
IL	6,457	52.0	278,420	2.2	RI	646	61.7	18,750	1.8
IN	2,578	42.4	17,420	0.3	SC	1,874	46.7	11,245	0.2
IA	1,698	58.0	6,190	0.2	SD	510	67.6	(Z)	(Z)
KS	1,307	48.6	17,875	0.6	TN	2,867	50.4	19,550	0.3
KY	2,141	53.0	11,350	0.3	TX	11,316	54.3	130,170	0.5
LA	2,599	58.2	10,675	0.2	UT	1,659	74.3	5,000	0.2
ME	450	35.3	13,915	1.0	VT	230	37.8	5,385	0.9
MD	2,012	38.0	241,050	4.2	VA	2,807	39.7	97,790	1.2
MA	3,725	58.7	282,455	4.3	WA	1,872	31.8	43,835	0.7
MI	3,970	39.9	87,270	0.9	WV	646	35.7	2,335	0.1
MN	2,974	60.5	46,685	0.9	WI	3,198	59.6	28,330	0.5
MS	1,549	54.5	1,550	0.1	WY	229	46.4	1,000	0.2

Z　500人未満または0.05%未満　1．2000年4月1日現在センサス算定居住人口および2010年4月1日現在の推計人口に基づく　2．合衆国のユダヤ人口は600万から640万人であると思われる。データが過大となっているのは、複数の州に居住する者が多いためであると考えられる　3．1年のうち8か月未満フロリダ州に居住する7万6000人のユダヤ人は、ここでは除外している

資料：キリスト信者数-Dale E. Jones, Sherri Doty, Clifford Grammich, James E. Horsch, Richard Houseal, John P. Marcum, Kenneth M. Sanchagrin, and Richard H. Taylor, *Religious Congregations and Membership in the United States: 2000* (copyright, 2002); Glenmary Research Center, Nashville, TN <www.glenmary.org/grc>. ユダヤ人人口-Ira M. Sheskin (University of Miami) and Arnold Dashefsky (University of Connecticut), "Jewish Population of the United States, 2010," published by the Mandell L. Berman North American Jewish Data Bank in cooperation with the Association for the Social Scientific Study of Jewry and the Jewish Federations of North America. <www.jewishdatabank.org> も参照

第2章
出生、死亡、結婚、離婚

本章は、出生、死亡、婚姻と離婚に関する動態統計と、避妊、性生活、堕胎、死産等の出生率にかかわる様々な要素を紹介している。人口動態統計は、全米保健医療統計センター（National Center for Health Statistics ; NCHS）により、全米人口動態統計システムを通じて全国から収集され、結果は公表されている。人口動態統計については『*Vital Statistics of the United States*（年刊）』、『*National Vital Statistics Reprts (NVSR)*』およびその他の出版物が刊行されている。また、全米人口動態統計システムに参加する各州の当局もレポートを刊行している。出生率に影響を与える要因については、NCHSの実施する全米家族調査（National Survey of Family Growth）、センサス局による毎月人口調査（Current Population Survey; CPS）と全米コミュニティ調査（American Community Survey）（『アメリカ女性の出生力（Fertility of American Women）』として刊行されている）で収集されている。堕胎に関するデータは、Alan Guttmacher Instituteにより刊行されており、『*Perspectives on Sexual and Reproductive Health*』の中で扱われている。

出生・死亡等の届け出

合衆国内では出生・死亡・死産等の届け出は、主として州および地方単位で行なわれる。出生・死亡の届け出は、合衆国を57の地域に分けて行われる。50州、プエルトリコ等5つの海外領土、コロンビア特別区およびニューヨーク市である。57の地域はその統計データを直接NCHSに報告している。海外に在住する合衆国民の出生・死亡等の届け出統計は、これら州別統計には含まれない。

出生および死亡

国立保健統計センター（NCHS）が公表している出生・死亡・死産についての統計は、各州・ニューヨーク市およびコロンビア特別区の登録局に保存されている届け出記録に基づいて作成されている。毎年の死亡統計の集計は、登録地区に指定された10州とコロンビア特別区で1900年に始まった。出生統計の年度ごとの集計は、1915年に同じく10の登録州とコロンビア特別区で始まった。1933年以降、出生、死亡届けを義務づけた登録指定州は合衆国の全州に広がった。1959年にはアラスカ州が、1960年にはハワイ州が追加された。死産統計は1918年に開始され、1922年以降は毎年作成されている。

1951年までの出生統計は、公衆衛生局（Public Health Service：NCHSの前身）が受理した届け出記録の全数集計による。1951年から1971年の期間の出生統計は50％標本抽出に基づいている。ただし、1955年は全数集計であり、1967年は20〜50％標本に基づいている。1972年以降の出生統計は、人口動態統計局共同プログラム（Vital Statistics Cooperative Program : VSCP）に加盟している州（詳細は、『*Vital Statistics of the United States*』の技術的事項に関する付録を参照）では全数集計を行うようになったが、その他の州では50％標本集計である。1986年以降、報告した全ての地域はVSCPに参加した。死亡統計は1972年のみ50％標本を用いているがそれ以外の年は全数集計である。1970年以降は、合衆国に滞在している外国人の出生数・死亡数および、海外に在住する合衆国国民の出生数・死亡数は、除外されている。死産および外国駐留の軍人の死亡も、除外されている。標本に基づくデータは、標本誤差を招きやすい。標本についての詳細は、『*Vital Statistics of the United States*』参照。

死因別死亡統計は、世界保健機構（WHO）の基準に基づいて分類・集計されている。WHOの基準では、『国際疾病統計分類（International Classification of Diseases : ICD）』に準拠して死亡原因を分類することになっている。ICDは、約10年おきに改訂される。現行のICDは、1999年以降用いられるようになった第10改訂版である。全年の死亡は、当該年のICDにより分類されていたが、ICDの改訂によって、死亡統計に不連続が生じる。ICDの第9版と第10版の間の連続性については、『*National Vital Statistics Reports*』Vol. 58, No.19を

参照。死亡データの暫定値は、当該年に報告された総死亡数に対する死亡記録のパーセンテージに基づく。暫定値に関するディスカッションは『National Vital Statistics Reports』Vol.59, No.4を参照。統計的有意、各種死亡率の差、標準誤差についても上記の資料を参照。

本章では普通死亡率の他に年齢調整死亡率の表も示してある。年齢調整死亡率は、直接法によって推計した。即ち、各年齢階層別死亡率に標準的年齢別人口も加重して調整死亡率を計算してある。調整によって2時点間の年齢構造の変化あるいは、グループ間の年齢構造の差異によって生ずる死亡率の変動を除去することができる。

出生率と平均余命

合計特殊出生率（total fertility rate）はNCHSによって発表されている。合計特殊出生率とは、1,000人の女性が生涯に経験する年齢別出生率から計算される。

「出生：2008年59，No.1最終報告」、National Vital Statistics Reports, vol..59, No.1を参照。平均余命（ある年齢の人が今後生存を予想される年数）はNCHSにより計算され公表されている。詳細については、「死亡：2007年最終報告」、National Vital Statistics Reports, Vol.58, No.19および ＜http://www.cdc.gov/nchs/product.htm#nvsr＞を参照。

結婚と離婚

1957年と1958年に人口動態統計局は、婚姻および離婚の届出地域を確立した。1957年以後、結婚届け義務州は30州となり、これにアラスカ、ハワイ、プエルトリコ、バージン諸島が加わった。現在は、42州とコロンビア特別区である。離婚届け義務州は1958年には14州が指定され、これにアラスカ、ハワイ、バージン諸島が加わった。現在は31州とバージン諸島である。届け出州における結婚者数と離婚者数の推定手続きは、『Vital Statistics of the United States, Vol.III-Marriage and Divorce』参照。届け出州、非届け出州を含めた全体の結婚数と離婚数は、人口動態統計局および郡の届け出記録の統計を集計することによって作成されている。

詳細な結婚・離婚統計のデータ収集および出版は1996年1月より中断されている。詳細な情報については、国立保健統計センターのウェブサイト ＜http://www.cdc.gov/nchs/datawh/datasite/frnotice.htm＞ を参照。

人口動態統計と比率

特に断らない限り、人口動態統計の比率は、1940年・1950年・1960年・1970年・1980年・1990・2000年の4月1日のセンサス人口を分母としている。その他の年についてはセンサス局によって推計された年央人口を分母としている。第1章を参照。

人種

NCHSの出生・死亡・結婚および離婚に関するデータは、届け出証明書の情報に基づいている。センサス局の「毎月人口調査」では、(1) 白人 (2) 黒人 (3) アメリカインディアン、アラスカ原住民、ハワイ原住民、太平洋諸島民 (4) アジア人、の人種分類を採用している。

1989年度以降、NCHSは出生データをまず母親の人種別で分類している。1988年以前には、出生データは出生証明書に記載される両親の人種から決定される子供自身の人種で分類されていた。

本章に示す各表の人種別は、1980年以降のデータでは母親の人種別による。人種とは別に母親のヒスパニック・非ヒスパニックの区別も報告され、分類されている。従って、ヒスパニックは人種とは関わりなく、どの人種でも有り得る。大多数のヒスパニック女性が白人と報告されている。

統計的信頼度

統計データの収集、推計に関する議論および標本抽出の手順とNCHSとセンサス局のデータの信頼性については、付録IIIを参照。

No.78. 出生、死亡、結婚、離婚：1960－2008年

[4,258は425万8000を表す。1970年以降、合衆国非居住者の出生、死亡を除く。付録Ⅲを参照。本書前年版の表No.78も参照]

年	人数(1,000人)					人口1,000人あたりの割合				
	出生	死亡 計	死亡 幼児[1]	結婚[2]	離婚[3]	出生	死亡 計	死亡 幼児[1]	結婚[2]	離婚[3]
1960	4,258	1,712	111	1,523	393	23.7	9.5	26.0	8.5	2.2
1970	3,731	1,921	75	2,159	708	18.4	9.5	20.0	10.6	3.5
1971	3,556	1,928	68	2,190	773	17.2	9.3	19.1	10.6	3.7
1972	3,258	1,964	60	2,282	845	15.6	9.4	18.5	10.9	4.0
1973	3,137	1,973	56	2,284	915	14.8	9.3	17.7	10.8	4.3
1974	3,160	1,934	53	2,230	977	14.8	9.1	16.7	10.5	4.6
1975	3,144	1,893	51	2,153	1,036	14.6	8.8	16.1	10.0	4.8
1976	3,168	1,909	48	2,155	1,083	14.6	8.8	15.2	9.9	5.0
1977	3,327	1,900	47	2,178	1,091	15.1	8.6	14.1	9.9	5.0
1978	3,333	1,928	46	2,282	1,130	15.0	8.7	13.8	10.3	5.1
1979	3,494	1,914	46	2,331	1,181	15.6	8.5	13.1	10.4	5.3
1980	3,612	1,990	46	2,390	1,189	15.9	8.8	12.6	10.6	5.2
1981	3,629	1,978	43	2,422	1,213	15.8	8.6	11.9	10.6	5.3
1982	3,681	1,975	42	2,456	1,170	15.9	8.5	11.5	10.6	5.1
1983	3,639	2,019	41	2,446	1,158	15.6	8.6	11.2	10.5	5.0
1984	3,669	2,039	40	2,477	1,169	15.6	8.6	10.8	10.5	5.0
1985	3,761	2,086	40	2,413	1,190	15.8	8.8	10.6	10.1	5.0
1986	3,757	2,105	39	2,407	1,178	15.6	8.8	10.4	10.0	4.9
1987	3,809	2,123	38	2,403	1,166	15.7	8.8	10.1	9.9	4.8
1988	3,910	2,168	39	2,396	1,167	16.0	8.9	10.0	9.8	4.8
1989	4,041	2,150	40	2,403	1,157	16.4	8.7	9.8	9.7	4.7
1990	4,158	2,148	38	2,443	1,182	16.7	8.6	9.2	9.8	4.7
1991	4,111	2,170	37	2,371	1,187	16.2	8.6	8.9	9.4	4.7
1992	4,065	2,176	35	2,362	1,215	15.8	8.5	8.5	9.3	4.8
1993	4,000	2,269	33	2,334	1,187	15.4	8.8	8.4	9.0	4.6
1994	3,953	2,279	31	2,362	1,191	15.0	8.8	8.0	9.1	4.6
1995	3,900	2,312	30	2,336	1,169	14.6	8.7	7.6	8.9	4.4
1996	3,891	2,315	28	2,344	1,150	14.4	8.6	7.3	8.8	4.3
1997	3,881	2,314	28	2,384	1,163	14.2	8.5	7.2	8.9	4.3
1998	3,942	2,337	28	2,244	[4]1,135	14.3	8.5	7.2	8.4	[4]4.2
1999	3,959	2,391	28	2,358	(NA)	14.2	8.6	7.1	8.6	[4]4.1
2000	4,059	2,403	28	2,315	[4]944	14.4	8.5	6.9	8.3	[4]4.1
2001	4,026	2,416	28	2,326	[4]940	14.1	8.5	6.8	8.2	[4]4.0
2002	4,022	2,443	28	2,290	[5]955	13.9	8.5	7.0	7.8	[5]3.9
2003	4,090	2,448	28	2,245	[6]927	14.1	8.4	6.9	7.7	[6]3.8
2004	4,112	2,398	28	2,279	[7]879	14.0	8.2	6.8	7.8	[7]3.7
2005	4,138	2,448	28	2,249	[8]847	14.0	8.3	6.9	7.6	[8]3.6
2006	4,266	2,426	29	[9]2,193	[8]872	14.2	8.1	6.7	[9]7.4	[8]3.7
2007	4,316	2,424	29	2,197	[8]856	14.3	8.0	6.8	7.3	[8]3.6
2008	4,248	2,473	28	2,157	[8]844	14.0	8.1	6.6	7.1	[8]3.5

NA データなし 1．乳児死亡率：1歳未満の乳児。死産を除く 2．婚姻および婚姻率は届け出地別。1991年以降のデータは暫定値。1965年までのデータ、および1976、1977年のデータは州によっては推計値。また1973、1975年を除くすべての年について婚姻許可証の数は州によっては推計値である。1978年以降、カリフォルニア州の婚姻許可のない婚姻数を含む 3．離婚および離婚率は届け出地別。すべての年について、婚姻無効の報告数および推計値を含む。1991年以降は暫定値 4．データにカリフォルニア、コロラド、インディアナおよびルイジアナの各州のデータは含まれない 5．データにカリフォルニア、インディアナおよびオクラホマは含まれない 6．データにカリフォルニア、ハワイ、インディアナおよびオクラホマは含まれない 7．データにカリフォルニア、ジョージア、ハワイ、インディアナおよびルイジアナは含まれない 8．データにカリフォルニア、ジョージア、ハワイ、インディアナ、ルイジアナおよびミネソタは含まれない 9．ルイジアナを除く

資料：U.S. National Center for Health Statistics, *Vital Statistics of the United States* および *National Vital Statistics Reports (NVSR)*.<http://www.cdc.gov/nchs/nvss.htm> も参照

No.79. 出生、出生率および合計特殊出生率——ヒスパニック別：2000－2008年

[4,059は405万9000人を表す。届出数。合衆国居住者以外の出産を除く。ヒスパニックおよび人種別は母親のもの。ヒスパニックは人種を問わない。付録Ⅲを参照]

母親のヒスパニック・人種別	出生数 (1000人)				人口1000人あたりの出生率				合計特殊出生率[1]			
	2000	2005	2007	2008	2000	2005	2007	2008	2000	2005	2007	2008
計[2]	4,059	4,138	4,316	4,248	14.4	14.0	14.3	14.0	65.9	66.7	69.5	68.6
ヒスパニック	816	986	1,063	1,041	23.1	23.1	23.4	22.2	95.9	99.4	102.2	98.8
メキシコ	582	693	722	685	25.0	24.7	24.3	22.1	105.1	107.7	107.8	98.9
プエルトリコ	58	63	68	69	18.1	17.2	17.4	16.7	73.5	72.1	73.6	71.5
キューバ	13	16	17	17	9.7	10.2	10.2	10.2	49.3	50.4	49.7	59.3
中南米[3]	113	151	170	156	21.8	22.8	25.0	26.6	85.1	93.2	104.9	116.1
その他および不明	49	62	85	115	(3)	(3)	(3)	(3)	(3)	(3)	(3)	(3)
非ヒスパニック[4]	3,200	3,123	3,222	3,174	13.2	12.4	12.7	12.5	61.1	60.4	62.9	62.4
白人	2,363	2,280	2,310	2,268	12.2	11.5	11.6	11.3	58.5	58.3	60.1	59.4
黒人	604	584	627	623	17.3	15.7	16.6	16.4	71.4	67.2	71.6	71.1

NA データなし 1．15－44歳の各年齢層グループの女性1000人当たりの出生数 2．ヒスパニックであるか否かが不詳のものも含め、すべての人種 3．中南米にその他および系統の不明なヒスパニックを含む 4．個別に明示しないその他の人種を含む

資料：U.S. National Center for Health Statistics, *National Vital Statistics Reports (NVSR), Births: Final Data for 2008*, Volume 59, No.1 (2010年1月)

No.80. 出生、出生率——人種、年齢、性別：1980－2008年

[出生数の単位は1,000人（3,612は361万2000人を表す）。母親の人種別。合衆国非居住者の出生を除く。出生率の基となる人口については、本章の解説および付録Ⅲを参照]

項目	1980	1990	2000	2001	2002	2003	2004	2005	2006	2007	2008
出生数[1]	3,612	4,158	4,059	4,026	4,022	4,090	4,112	4,138	4,266	4,316	4,248
白人	2,936	3,290	3,194	3,178	3,175	3,226	3,223	3,229	3,310	3,337	3,274
黒人	568	684	623	606	594	600	616	633	666	676	671
アメリカインディアン、エスキモー、アリュート…	29	39	42	42	42	43	44	45	47	49	50
アジア・太平洋諸島民	74	142	201	200	211	221	229	231	241	254	253
男性	1,853	2,129	2,077	2,058	2,058	2,094	2,105	2,119	2,184	2,208	2,173
女性	1,760	2,029	1,982	1,968	1,964	1,996	2,007	2,019	2,081	2,108	2,074
女性100人あたりの男性（性比）	105	105	105	105	105	105	105	105	105	105	105
母親の年齢：											
20歳未満	562	533	478	454	433	421	422	421	442	451	441
20－24歳	1,226	1,094	1,018	1,022	1,022	1,032	1,034	1,040	1,081	1,082	1,052
25－29歳	1,108	1,277	1,088	1,058	1,060	1,086	1,104	1,132	1,182	1,208	1,196
30－34歳	550	886	929	943	951	976	966	951	950	962	957
35－39歳	141	318	452	452	454	468	476	483	499	500	489
40－44歳	(NA)	(NA)	90	93	96	101	104	105	106	105	106
45－49歳	(NA)	(NA)	4	5	5	6	6	6	7	7	7
第一子出産の母親の平均年齢…	22.7	24.2	24.9	25.0	25.1	25.2	25.2	25.2	25.0	25.0	25.1
人口1,000人あたりの出生率	15.9	16.7	14.4	14.1	13.9	14.1	14.0	14.0	14.2	14.3	14.0
白人	15.1	15.8	13.9	13.7	13.5	13.6	13.5	13.4	13.7	13.7	13.4
黒人	21.3	22.4	17.0	16.3	15.7	15.7	16.0	16.2	16.8	16.9	16.6
アメリカインディアン、エスキモー、アリュート…	20.7	18.9	14.0	13.7	13.8	13.8	14.0	14.2	14.9	15.3	14.5
アジア・太平洋諸島民	19.9	19.0	17.1	16.4	16.5	16.8	16.8	16.5	16.9	17.2	16.8
母親の年齢：											
10－14歳	1.1	1.4	0.9	0.8	0.7	0.6	0.7	0.7	0.6	0.6	0.6
15－19歳	53.0	59.9	47.7	45.3	43.0	41.6	41.1	40.4	41.9	42.5	41.5
20－24歳	115.1	116.5	109.7	106.2	103.6	102.6	101.7	102.2	105.9	106.3	103.0
25－29歳	112.9	120.2	113.5	113.4	113.6	115.6	115.5	115.5	116.7	117.5	115.1
30－34歳	61.9	80.8	91.2	91.9	91.5	95.1	95.3	95.8	97.7	99.9	99.3
35－39歳	19.8	31.7	39.7	40.6	41.4	43.8	45.4	46.3	47.3	47.5	46.9
40－44歳	3.9	5.5	8.0	8.1	8.3	8.7	8.9	9.1	9.4	9.5	9.8
45－54歳[2]	0.2	0.2	0.5	0.5	0.5	0.5	0.5	0.6	0.6	0.6	0.7
女性1,000人あたりの特殊出生率[3]	68.4	70.9	65.9	65.3	64.8	66.1	66.3	66.7	68.5	69.5	68.6
白人[3]	65.6	68.3	65.3	65.0	64.8	66.1	66.1	66.3	68.0	68.8	67.8
黒人[3]	84.9	84.8	70.0	67.6	65.8	66.3	67.6	69.0	72.1	72.7	71.9
アメリカインディアン、エスキモー、アリュート[3]	82.7	76.2	58.7	58.1	58.0	58.4	58.9	59.9	63.1	64.9	64.6
アジア・太平洋諸島民[3]	73.2	69.6	65.8	64.2	64.1	66.3	67.1	66.6	67.5	71.3	71.3

NA　データなし　1．個別に明示しないその他の人種を含む　2．2000年以降45－54歳の女性の出生率　3．15－44歳の各年齢層グループの女性1000人当たりの出生数

資料：U.S. National Center for Health Statistics, *National Vital Statistics Reports (NVSR), Births: Final Data for 2008*, Vol. 59, No. 1（2010年12月）

No.81. 出生および多胎児出産——母親の人種・ヒスパニック別：1990－2008年

[合衆国非居住者の出生を除く。母親の人種およびヒスパニック別に基づく。ヒスパニックは人種を問わない。表No.79の脚注を参照。付録Ⅲを参照]

出生の種類	1990[1]	2000	2005	2006	2007	2008
全出生数、計[2]	4,158,212	4,058,814	4,138,349	4,265,555	4,316,233	4,247,694
双生児	93,865	118,916	133,122	137,085	138,961	138,660
三つ子またはそれ以上	3,028	7,325	6,694	6,540	6,427	6,268
多胎児出生率[3]	23.3	31.1	33.8	33.7	33.7	34.1
双生児出生率[4]	22.6	29.3	32.2	32.1	32.2	32.6
三つ子またはそれ以上の出生率[5]	72.8	180.5	161.8	153.3	148.9	147.6
非ヒスパニック、白人の出生数、計	2,626,500	2,362,968	2,279,768	2,308,640	2,310,333	2,267,817
双生児	60,210	76,018	82,223	83,108	83,632	82,903
三つ子またはそれ以上	2,358	5,821	4,966	4,805	4,559	4,493
多胎児出生率[3]	23.8	34.6	38.2	38.1	38.2	38.5
双生児出生率[4]	22.9	32.2	36.1	36.0	36.2	36.6
非ヒスパニック、黒人の出生数、計	661,701	604,346	583,759	617,247	627,191	623,029
双生児	17,646	20,173	21,254	22,702	23,101	22,924
三つ子またはそれ以上	306	506	616	580	612	569
多胎児出生率[3]	27.1	34.2	33.8	37.7	37.8	37.7
双生児出生率[4]	26.7	33.4	32.2	36.8	36.8	36.8
ヒスパニックの出生数、計	595,073	815,868	985,505	1,039,077	1,062,799	1,041,239
双生児	10,713	16,470	21,723	22,698	23,405	23,266
三つ子またはそれ以上	235	659	761	787	857	834
多胎児出生率[3]	18.4	21.0	22.8	22.6	22.8	23.1
双生児出生率[4]	18.0	20.2	22.0	21.8	22.2	22.3

1．ヒスパニックに関するデータについては、ヒスパニックか否かの報告のない、ニューハンプシャーとオクラホマのデータを除外する　2．個別に明示しないその他の人種を含む　3．出生（生存）1000件あたりのすべての多胎児出生（生存）の数　4．出生（生存）1000件あたりの双生児出生（生存）の数　5．出生（生存）10万件あたりの三つ子またはそれ以上の多胎児出生（生存）の数

資料：U.S. National Center for Health Statistics, *National Vital Statistics Reports (NVSR), Births: Final Data for 2008*, Vol.59, No. 1（2010年12月）

No.82. 出生数および出生率——州別：2009年

[出生数および出生率。居住地別の出生届出数。合衆国の居住者以外の出生を除く。母親の人種およびヒスパニック別に基づく。元となるデータは、2009年（暦年）に登録された出生の99.95%に基づく。付録Ⅲを参照。本書前年版の表No.82も参照]

州、島嶼部	全人種[1]	非ヒスパニック系白人	非ヒスパニック系黒人	アジア系、太平洋諸島民	アメリカインディアン、エスキモー、アリュート	ヒスパニック[2]	出生率[3]	特殊出生率[4]
合衆国、計	4,131,019	2,211,960	609,552	250,935	48,660	999,632	13.5	66.7
アラバマ	62,476	36,902	19,230	989	217	5,134	13.3	65.7
アラスカ	11,325	6,018	409	950	2,960	695	16.2	78.3
アリゾナ	92,816	40,044	4,136	3,442	6,271	39,176	14.1	71.5
アーカンソー	39,853	26,998	7,649	669	214	4,208	13.8	70.1
カリフォルニア	527,011	146,392	31,090	71,457	3,669	270,239	14.3	68.5
コロラド	68,627	41,169	3,120	2,543	770	20,680	13.7	66.8
コネティカット	38,896	22,798	4,971	2,232	275	8,589	11.1	56.5
デラウェア	11,562	6,183	3,178	517	22	1,648	13.1	65.4
コロンビア特別区	9,044	2,344	4,720	406	28	1,510	15.1	60.0
フロリダ	221,391	100,575	50,723	7,409	644	61,987	11.9	63.6
ジョージア	141,375	61,732	46,242	5,976	360	24,595	14.4	67.7
ハワイ	18,888	4,603	411	12,562	107	3,135	14.6	75.8
アイダホ	23,731	19,048	136	419	458	3,681	15.4	77.4
イリノイ	171,255	90,964	29,947	9,616	269	40,425	13.3	64.7
インディアナ	86,698	66,345	10,076	1,994	130	8,079	13.5	67.6
アイオワ	39,700	33,381	1,907	1,060	256	3,210	13.2	68.7
カンザス	41,396	29,856	3,063	1,366	375	6,795	14.7	74.7
ケンタッキー	57,558	48,059	5,438	1,075	82	2,986	13.3	66.6
ルイジアナ	64,988	34,591	25,150	1,263	452	3,558	14.5	69.8
メーン	13,470	12,504	392	236	125	198	10.2	54.8
メリーランド	75,061	34,014	24,992	5,388	201	10,612	13.2	63.8
マサチューセッツ	75,104	50,411	7,228	6,040	174	11,021	11.4	55.4
ミシガン	117,293	81,218	22,071	4,091	824	7,921	11.8	59.8
ミネソタ	70,648	51,290	6,475	5,313	1,755	5,625	13.4	67.5
ミシシッピ	42,905	21,510	19,043	479	339	1,514	14.5	70.9
ミズーリ	78,920	60,184	12,026	2,028	375	4,290	13.2	66.2
モンタナ	12,261	10,002	65	134	1,537	424	12.6	67.3
ネブラスカ	26,937	19,783	1,759	822	598	4,265	15.0	76.4
ネバダ	37,627	15,939	3,602	3,146	514	14,353	14.2	71.2
ニューハンプシャー	13,378	11,955	217	577	23	552	10.1	51.9
ニュージャージー	110,324	52,161	17,131	11,668	179	29,003	12.7	64.5
ニューメキシコ	29,002	8,081	513	498	3,998	16,159	14.4	73.4
ニューヨーク	248,110	119,530	40,982	23,274	748	59,791	12.7	61.7
ノースカロライナ	126,846	70,428	30,317	4,107	1,828	20,171	13.5	66.3
ノースダコタ	9,001	7,319	162	159	1,035	312	13.9	70.8
オハイオ	144,772	109,698	23,834	3,540	288	6,892	12.5	63.8
オクラホマ	54,574	34,734	5,086	1,365	6,391	7,273	14.8	74.9
オレゴン	47,199	32,849	1,144	2,731	919	9,701	12.3	62.5
ペンシルベニア	146,432	103,302	21,482	6,416	413	14,115	11.6	60.1
ロードアイランド	11,443	6,979	906	662	178	2,508	10.9	53.6
サウスカロライナ	60,632	33,985	19,480	1,236	206	5,562	13.3	66.3
サウスダコタ	11,935	9,118	247	153	2,018	476	14.7	77.8
テネシー	82,213	55,446	17,405	2,107	319	7,433	13.1	64.7
テキサス	402,011	137,603	45,493	16,948	1,174	201,241	16.2	77.6
ユタ	53,887	42,388	548	1,629	764	8,773	19.4	88.4
バーモント	6,109	5,803	76	111	17	94	9.8	50.8
バージニア	105,056	60,404	23,021	7,780	179	13,688	13.3	64.4
ワシントン	89,284	56,543	4,083	9,134	2,407	17,189	13.4	66.4
ウエストバージニア	21,270	19,962	831	146	20	231	11.7	61.7
ウィスコンシン	70,840	52,460	7,288	2,969	1,258	6,934	12.5	63.7
ワイオミング	7,884	6,355	56	102	296	981	14.5	75.0
プエルトリコ	44,765	1,028	146	(NA)	(NA)	43,569	11.3	53.3
バージン諸島	(NA)	(NA)	(NA)	(NA)	(NA)	(NA)	(NA)	(NA)
グアム	3,417	214	33	3,125	3	48	19.2	87.9
米領サモア	1,340	(NA)	(NA)	1,335	1	(NA)	20.4	90.4
北マリアナ諸島	1,110	(NA)	(NA)	−	(NA)	(NA)	21.6	77.1

－ ゼロまたは概数でゼロを示す　NA データなし　1．個別に明示しない非ヒスパニックを含む　2．ヒスパニックは人種を問わない　3．推定人口1,000人当たり　4．15-44歳の女性1,000人当たり
資料：U.S. National Center for Health Statistics, *National Vital Statistics Reports (NVSR), Births: Preliminary Data for 2009*, Vol. 59, No. 3, (2010年12月)

No.83. 合計特殊出生率——人種、ヒスパニック別：1980－2008年

[母親の人種別。合衆国非居住者の出生を除く。「合計特殊出生率」は、女性1,000人が特定年において、各年齢ごとに算出されている出生率に従って生涯に出産するであろう出生数の合計。例えば、合計特殊出生率が2,110では現在の死亡率の条件化では（純移民がないものとして）全人口に対する「代替レベル」の出生率を表す。付録Ⅲを参照]

人種、ヒスパニック	1980	1990	2000	2004	2005	2006	2007	2008
計[1]	**1,840**	**2,081**	**2,056**	**2,046**	**2,054**	**2,101**	**2,122**	**2,085**
白人	1,773	2,003	2,051	2,055	2,056	2,096	2,112	2,067
黒人	2,177	2,480	2,129	2,033	2,071	2,155	2,168	2,132
アメリカインディアン、エスキモー、アリュート	2,165	2,185	1,773	1,735	1,750	1,829	1,867	1,844
アジア、太平洋諸島民	1,954	2,003	1,892	1,898	1,889	1,919	2,039	2,055
ヒスパニック[2]	(NA)	2,960	2,730	2,825	2,885	2,960	2,995	2,912

NA データなし　1．1970年と1991年については、個別に明示しない人種を含む。1992年以降人種不明の母親を含む
2．ヒスパニックは人種を問わない
資料：U.S. National Center for Health Statistics, *National Vital Statistics Reports (NVSR), Births: Final Data for 2008*, Volume 59, No. 1（2010年12月）

No.84. 10代の出産、出生率——年齢、人種、ヒスパニック別：1990－2009年

[特定年齢グループに属する女性1,000人当たりの出生率。本章の解説を参照。母親の人種およびヒスパニック別に基づく]

年齢、人種、ヒスパニック	出生数					出生率				
	1990	2000	2005	2008	2009[1]	1990	2000	2005	2008	2009[1]
全人種、15－19歳計	[2]521,826	468,990	414,593	434,758	409,840	59.9	47.7	40.5	41.5	39.1
15－17歳	183,327	157,209	133,191	135,664	124,256	37.5	26.9	21.4	21.7	20.1
18－19歳	338,499	311,781	281,402	299,094	285,584	88.6	78.1	69.9	70.6	66.2
白人	354,482	333,013	295,265	306,402	(NA)	50.8	43.2	37.0	37.8	(NA)
黒人	151,613	118,954	103,905	112,004	(NA)	112.8	77.4	62.0	63.4	(NA)
アメリカインディアン、エスキモー、アリュート	(NA)	8,055	7,807	8,815	8,316	81.1	58.3	52.7	58.4	55.5
アジア、太平洋諸島民	(NA)	8,968	7,616	7,537	7,041	26.4	20.5	17.0	16.2	14.6
ヒスパニック[3]	(NA)	129,469	136,274	144,914	136,274	100.3	87.3	81.7	77.5	70.1
非ヒスパニック、白人	(NA)	204,056	165,005	168,684	159,526	42.5	32.6	25.9	26.7	25.6
非ヒスパニック、黒人	(NA)	116,019	96,813	104,559	98,425	116.2	79.2	60.9	62.8	59.0

NA データなし　1．暫定値　2．個別に明示しないその他の白人および黒人を含む　3．ヒスパニックは人種を問わない
資料：U.S. National Center for Health Statistics, *National Vital Statistics Reports (NVSR), Births: Final Data for 2008*, Volume 59, No. 1（2010年12月）

No.85. 未婚女性の出産——母親の年齢、人種、ヒスパニック別：1990－2008年

[1,165は116万5000を表す。合衆国非居住者の出生を除く。ヒスパニックは人種を問わない。これらの婚姻状況に関する報告のない州については、出生証明書の両親と子供の姓を比較して婚姻状況を推定した。出生登録の誤りや欠落の推計は含まれない。母親の人種およびヒスパニック別に基づく。付録Ⅲを参照。『アメリカ歴史統計』系列B28-35も参照]

母親の人種、年齢	出生数（1,000）				構成比（％）				出生率[1]			
	1990	2000	2005	2008	1990	2000	2005	2008	1990	2000	2005	2008
出生、計[2]	**1,165**	**1,347**	**1,527**	**1,727**	**100.0**	**100.0**	**100.0**	**100.0**	**43.8**	**44.1**	**47.5**	**52.5**
白人	670	866	1,023	1,169	57.5	64.3	67.0	67.7	32.9	38.2	43.0	48.2
黒人	455	427	439	482	39.1	31.7	28.7	27.9	90.5	70.5	67.8	72.5
アメリカインディアン、エスキモー、アリュート	(NA)	(NA)	28	33	(NA)	(NA)	1.9	1.9	(NA)	(NA)	(NA)	(NA)
アジア、太平洋諸島民	(NA)	(NA)	37	43	(NA)	(NA)	2.4	2.5	(NA)	20.9	24.9	28.2
ヒスパニック	[3]219	348	473	547	[3]18.8	25.8	31.0	31.7	[3]89.6	87.2	100.3	105.1
非ヒスパニック、白人	[3]443	522	578	650	[3]38.0	38.7	37.8	37.6	[3]24.4	28.0	30.1	33.7
非ヒスパニック、黒人	(NA)	415	408	451	(NA)	30.8	26.7	26.1	(NA)	(NA)	(NA)	(NA)
15歳未満	11	8	7	6	0.9	0.6	0.4	0.3	(NA)	(NA)	(NA)	(NA)
15－19歳	350	369	345	377	30.0	27.4	22.6	21.8	42.5	39.0	34.5	37.0
20－24歳	404	504	585	641	34.7	37.4	38.3	37.1	65.1	72.2	74.9	79.2
25－29歳	230	255	332	397	19.7	18.9	21.7	23.0	56.0	58.5	71.1	76.1
30－34歳	118	130	162	193	10.1	9.7	10.6	11.2	37.6	39.3	50.0	59.0
35－39歳	44	65	76	89	3.8	4.8	5.0	5.1	17.3	19.7	24.5	30.4
40歳以上	9	16	21	24	0.7	1.2	1.4	1.4	3.6	5.4	[4]6.2	[4]7.5

NA データなし　1．7月1日現在の未婚、死別、離婚女性1,000人当りの比率。出生率は15－44歳女性のもの　2．個別に明示しないその他の白人および黒人を含む　3．ニューハンプシャー・オクラホマ州は、ヒスパニック別を報告していないため除外　4．出生率は40歳以上の未婚の母親の出生率と40－44歳の未婚の女性の出生率による
資料：U.S. National Center for Health Statistics, *National Vital Statistics Reports (NVSR), Births: Final Data for 2008*, Volume 59, No. 1（2010年12月）およびそれ以前の号

No.86. 10代の女性および未婚の母親の未熟児出産の割合——人種・ヒスパニック別：1990－2008年

[単位：％。出生届け出件数。合衆国居住者以外の出産を除外。ヒスパニック・人種別は母親のもの。付録Ⅲを参照。本書前年版の表No.86も参照]

特徴	1990	1995	2000	2005	2006	2007	2008
10代の母の出産の割合[1]（％）	**12.8**	**13.1**	**11.8**	10.2	10.4	10.5	10.4
白人	10.9	11.5	10.6	9.3	9.4	9.5	9.5
黒人	23.1	23.1	19.7	16.9	17.0	17.2	17.0
アメリカインディアン、エスキモー、アリュート	19.5	21.4	19.7	17.7	17.6	18.4	18.0
アジア、太平洋諸島系	5.7	5.6	4.5	3.3	3.3	3.1	3.0
ヒスパニック[1]	16.8	17.9	16.2	14.1	14.3	14.2	14.1
メキシコ	17.7	18.8	17.0	14.9	15.0	14.9	14.8
プエルトリコ	21.7	23.5	20.0	17.4	17.7	17.2	17.3
キューバ	7.7	7.7	7.5	7.7	8.0	8.2	7.8
中南米	9.0	10.6	9.9	8.6	8.9	9.0	8.4
その他および不詳	(NA)	20.1	18.8	17.1	16.9	17.2	17.1
非ヒスパニック	(NA)	(NA)	10.7	8.9	9.1	9.2	9.1
白人	(NA)	(NA)	8.7	7.3	7.4	7.5	7.5
黒人	(NA)	(NA)	19.8	17.0	17.2	17.3	17.1
未婚の母親の出産の割合（％）	26.6	32.2	33.2	36.9	38.5	39.7	40.6
白人	16.9	25.3	27.1	31.7	33.3	34.8	35.7
黒人	66.7	69.9	68.5	69.3	70.2	71.2	71.8
アメリカインディアン、エスキモー、アリュート	53.6	57.2	58.4	63.5	64.6	65.3	65.8
アジア、太平洋諸島系	13.2	16.3	14.8	16.2	16.5	16.6	16.9
ヒスパニック[1]	36.7	40.8	42.7	48.0	49.9	51.3	52.6
メキシコ	33.3	38.1	40.7	46.7	48.6	50.1	51.3
プエルトリコ	55.9	60.0	59.6	61.7	62.4	63.4	64.6
キューバ	18.2	23.8	27.3	36.4	39.4	41.8	44.2
中南米	41.2	44.1	44.7	49.2	51.5	52.7	52.3
その他および不詳	(NA)	44.0	46.2	48.6	49.2	51.3	54.4
非ヒスパニック	(NA)	(NA)	30.8	33.4	34.8	35.9	36.7
白人	(NA)	(NA)	22.1	25.3	26.6	27.8	28.7
黒人	(NA)	(NA)	68.7	69.9	70.7	71.6	72.3
未熟児で生まれた者の割合（％）[2]	**7.0**	**7.3**	**7.6**	**8.2**	**8.3**	**8.2**	**8.2**
白人	5.7	6.2	6.5	7.2	7.2	7.2	7.1
黒人	13.3	13.1	13.0	13.6	13.6	13.6	13.4
アメリカインディアン、エスキモー、アリュート	6.1	6.6	6.8	7.4	7.5	7.5	7.4
アジア、太平洋諸島系	(NA)	6.9	7.3	8.0	8.1	8.1	8.2
ヒスパニック[1]	6.1	6.3	6.4	6.9	7.0	6.9	7.0
メキシコ	5.5	5.8	6.0	6.5	6.6	6.5	6.5
プエルトリコ	9.0	9.4	9.3	9.9	10.1	9.8	9.9
キューバ	5.7	6.5	6.5	7.6	7.1	7.7	7.8
中南米	5.8	6.2	6.3	6.8	6.8	6.7	6.7
その他および不詳	(NA)	7.5	7.8	8.3	8.5	8.6	8.2
非ヒスパニック	(NA)	(NA)	7.9	8.6	8.7	8.6	8.6
白人	(NA)	(NA)	6.6	7.3	7.3	7.3	7.2
黒人	(NA)	(NA)	13.1	14.0	14.0	13.9	13.7

NA データなし　1．20歳以下の母親　2．ヒスパニックは人種を問わない。個別に示さないその他の人種を含む　3．2,500グラム（5ポンド8オンス）未満
資料：U.S. National Center for Health Statistics, *National Vital Statistics Reports (NVSR), Births: Final Data for 2008*, Volume 59, No. 1 (2010年12月)

No.87. 出産方法——母親の人種、ヒスパニック別：1990－2008年

[単位：1,000（4,111は411万1,000を表す）、％。1990年は、出生証明書に出産方法の記載のないオクラホマ州のデータを除く。ヒスパニックは人種を問わない。付録Ⅲを参照]

出産方法	1990[1]	2000	2005	2008 計[2]	2008 ヒスパニック	2008 非ヒスパニック、白人系	2008 非ヒスパニック、黒人系
出産方法別出生数、計	4,111	4,059	4,138	4,248	1,041	2,268	623
経腟出産	3,111	3,108	2,874	2,864	717	1,527	406
帝王切開	914	924	1,249	1,369	322	733	214
不明	85	27	16	14	3	8	2
帝王切開出生率[3]	22.7	22.9	30.3	32.3	31.0	32.4	34.5

NA データなし　1．1990年のデータは、出生証明書に出産方法の記載のないオクラホマのデータを除く　2．個別に明示しないその他の人種を含む　3．全出産あたり帝王切開による出産の％
資料：U.S. National Center for Health Statistics, *National Vital Statistics Reports (NVSR), Births: Final Data for 2008*, Volume 59, No. 1 (2010年12月) およびそれ以前のレポート

No.88. 分娩誘発——妊娠期間別：1990－2008年

[単位：％。単生児出生のみ]

妊娠期間	1990[1]	1995	2000	2001	2002	2003	2004	2005	2006	2007	2008
計	**9.6**	**16.1**	**20.1**	**20.7**	**20.9**	**20.9**	**21.6**	**22.7**	**23.0**	**23.2**	**23.1**
妊娠37週未満（早期産）	6.9	11.6	14.8	14.7	14.7	14.5	15.1	15.6	15.6	15.6	14.1
32週未満	5.0	7.8	9.2	8.9	8.8	8.6	8.7	8.9	8.9	9.0	7.8
32－33週	6.4	10.6	13.3	12.8	12.8	12.8	13.0	13.4	13.5	13.5	11.6
34－36週	7.5	12.6	16.2	16.2	16.2	16.0	16.7	17.3	17.3	17.2	16.0
妊娠37週以上（満期産）	9.9	16.7	20.8	21.6	21.8	21.9	22.5	23.7	23.9	24.2	24.3
37－39週	7.9	14.3	18.9	19.8	19.8	19.8	20.6	21.7	22.0	22.1	22.1
40－41週	10.7	18.5	22.9	24.1	24.6	24.8	25.3	26.8	27.4	27.9	28.1
42週以上	14.9	21.3	24.4	24.4	24.3	24.3	25.4	26.2	26.8	26.9	27.3

1．オクラホマ州の分娩誘発のデータなし
資料：U.S. National Center for Health Statistics, "VitalStats," 2010年10月, <http://www.cdc.gov/nchs/vitalstats.htm>

No.89. 10代の女性、未婚女性の出産と未熟児——州別・島嶼部別：2000、2009年

[単位：‰。居住地別。合衆国非居住者を除く。本書前年版の表No.89も参照]

州、島嶼部 (海外領土)	10代の母親による出生率[1]		未婚の母親による出生率		未熟児出生率[2]		州、島嶼部 (海外領土)	10代の母親による出生率[1]		未婚の母親による出生率		未熟児出生率[2]	
	2000	2009[3]	2000	2009[3]	2000	2009[3]		2000	2009[3]	2000	2009[3]	2000	2009[3]
合衆国[4]	11.8	10.0	33.2	41.0	7.8	8.2	NV	12.7	10.4	36.4	43.5	7.5	8.1
AL	15.7	13.4	34.3	41.0	9.9	10.3	NH	6.8	5.7	24.7	33.4	6.3	6.9
AK	11.8	9.8	33.0	38.0	5.8	5.9	NJ	7.1	5.9	28.9	35.3	8.0	8.3
AZ	14.3	11.9	39.3	45.4	6.8	7.1	NM	17.4	15.5	45.6	53.5	8.0	8.3
AR	17.3	14.6	35.7	45.5	8.6	8.9	NY	8.2	6.7	36.6	41.5	7.9	8.2
CA	10.6	9.2	32.7	40.6	6.4	6.8	NC	13.0	11.3	33.3	42.3	9.0	9.0
CO	11.7	9.1	25.0	24.9	8.9	8.8	ND	9.2	7.4	28.3	32.7	6.3	6.4
CT	7.8	6.8	29.3	37.6	7.8	8.0	OH	12.1	10.8	34.6	44.2	8.3	8.6
DE	12.3	9.5	37.9	47.7	9.9	8.6	OK	15.9	13.8	34.3	42.0	8.0	8.4
DC	14.2	11.7	60.3	55.8	11.6	10.3	OR	11.3	8.7	30.1	35.5	5.8	6.3
FL	12.6	10.1	38.2	47.7	8.4	8.7	PA	9.9	8.9	32.7	41.0	8.2	8.3
GA	13.9	11.7	37.0	45.5	8.9	9.4	RI	10.2	9.3	35.5	44.8	7.9	8.0
HI	10.3	8.3	32.2	37.9	8.3	8.4	SC	15.3	12.8	39.8	47.6	10.0	10.0
ID	11.6	8.6	21.6	25.6	6.1	6.5	SD	11.6	9.2	33.5	38.4	7.2	5.8
IL	11.4	9.6	34.5	40.8	8.2	8.4	TN	14.7	12.8	34.5	44.5	9.2	9.2
IN	12.5	11.1	34.7	43.8	7.6	8.3	TX	15.3	13.3	30.5	42.4	7.7	8.5
IA	10.0	8.7	28.0	35.2	6.6	6.7	UT	8.9	6.3	17.3	19.4	6.4	7.0
KS	12.0	10.3	29.0	37.9	7.0	7.3	VT	8.0	6.5	28.1	39.5	6.4	6.7
KY	14.1	12.7	31.0	41.3	8.6	8.9	VA	9.9	7.9	29.9	35.8	7.9	8.4
LA	17.0	13.1	45.6	53.6	10.4	10.6	WA	10.2	7.8	28.2	33.5	5.9	6.3
ME	9.4	7.8	31.0	40.6	6.3	6.3	WV	15.9	13.5	31.7	43.6	9.0	9.2
MD	9.9	8.3	34.6	42.7	9.0	9.1	WI	10.2	8.3	29.3	37.0	6.6	7.1
MA	6.6	6.0	26.5	34.7	7.5	7.8	WY	13.5	10.4	28.8	34.0	8.4	8.4
MI	10.5	10.1	33.3	41.3	8.0	8.4							
MN	8.3	6.3	25.8	33.5	6.3	6.5	PR	(NA)	18.2	49.7	63.9	11.5	12.4
MS	18.8	16.5	46.0	55.3	11.2	12.2	VI	(NA)	(NA)	66.7	(NA)	11.8	(NA)
MO	13.1	10.9	34.6	40.9	8.0	8.1	GU	(NA)	11.6	54.8	57.9	6.0	7.7
MT	11.6	10.3	30.8	36.3	6.8	7.1	AS	(NA)	9.7	35.5	38.8	3.9	2.7
NE	10.2	8.3	27.2	34.5	7.2	7.1	MP	(NA)	(NA)	47.7	56.8	6.9	8.6

NA データなし　1．20歳以下の母親　2．2,500g（5ポンド8オンス）未満　3．暫定値　4．海外領土のデータを除く
資料：U.S. National Center for Health Statistics, *National Vital Statistics Reports (NVSR), Births: Final Data for 2009*, Vol. 59, No. 3（2010年12月）

No.90. 前年に出産した女性の家族構成、年齢および教育水準：2010年

[%および数（480は48万人を表す）。6月現在。毎月人口調査に基づく。表No.92の頭注参照]

家族構成	高校卒業未満		高校卒業		大学		学士以上	
	15-29歳	30-44歳	15-29歳	30-44歳	15-29歳	30-44歳	15-29歳	30-44歳
総数（1000人）	480	141	723	281	681	336	347	697
％								
計	100.0	100.0	100.0	100.0	100.0	100.0	100.0	100.0
既婚、配偶者と同居	29.7	71.1	40.7	68.2	46.7	81.2	85.0	91.3
同棲	17.8	9.7	19.7	7.2	16.9	6.2	8.0	3.7
配偶者またはパートナーと同居せず	52.5	19.2	39.6	24.5	36.4	12.7	6.9	5.0

資料：U.S Census Bureau, Current Population Survey, "Fertility of American Women," 〈http://www.census.gov/population/www/socdemo/fertility.html〉

No.91. センサスの前年に出産した女性：1990－2010年

[3,913は391万3,000人を表す。毎月人口調査に基づく。表No.92の頭注を参照]

母親の年齢	前年に子供がいた女性 (1,000人)			女性1,000人あたりの出生数			女性1,000人あたりの初産		
	1990	2000	2010	1990	2000	2010	1990	2000	2010
計	3,913	3,934	3,686	67.0	64.6	60.0	26.4	26.7	23.9
15-29歳	2,568	2,432	2,231	90.8	85.9	71.4	43.2	43.1	35.1
15-19歳	338	586	301	39.8	59.7	29.3	30.1	38.7	22.3
20-24歳	1,038	850	916	113.4	91.8	87.3	51.8	47.1	44.0
25-29歳	1,192	996	1,014	112.1	107.9	96.6	46.2	43.7	38.6
30-44歳	1,346	1,502	1,454	44.7	46.1	48.1	10.6	12.5	12.3
30-34歳	892	871	820	80.4	87.9	82.7	21.9	27.5	22.7
35-39歳	377	506	503	37.3	45.1	50.7	6.5	9.6	12.7
40-44歳	77	125	131	8.6	10.9	12.6	1.2	2.3	1.9

資料：U.S. Census Bureau, *Current Population Reports*, P20-555および未刊行資料

No.92. センサスの前年に出産した女性――社会・経済的状態：1990－2010年

[58,381は5831万1000を表す。6月現在。民間非施設収容人口に基づく。12ヵ月以内に分娩を経験した女性の数を算定。これは実際の分娩回数とは異なり、以下の場合が削除されるため、若干の過少推計となる場合がある。すなわち、(1) 双子以上の出産、(2) 12ヵ月以内に2回以上の出産、(3) 期間内に出産した女性が調査時点で生存していない場合、(4) 施設に収容されたため、調査対象とならない女性、等である。これらの出産は人口動態統計としては記録されていない。この過少評価分は、CPSのデータに含まれる「合衆国生まれの子供を持たない移民の出産」および「非居住者の出産」によって、ある程度相殺されている。前記2例の出産は、人口動態統計には含まれない。CPS6月補遺に基づく。2003年CPSでは、回答者が複数の人種を選択することができた。2003年以降は1種類の人種のみを選択したものを示し、複数人種を回答した者は除外している。また2003年より以前のCPSでは単一に人種のみを回答するようになっていた。第1章の人種に関する項を参照のこと]

分類項目	女性、計	子供のいない女性の%	前年に出産した女性			
			総出産		初産	
			数 (1000件)	女性1,000人あたり	数 (1000件)	女性1,000人あたり
1990	58,381	41.6	3,913	67.0	1,540	26.4
2000	60,873	42.8	3,934	64.6	1,626	26.7
2010, 計 [1]	**61,481**	**47.1**	**3,686**	**60.0**	**1,467**	**23.9**
15－19歳	10,273	94.6	301	29.3	229	22.3
20－24歳	10,493	70.5	916	87.3	462	44.0
25－29歳	10,501	47.6	1,014	96.6	405	38.6
30－34歳	9,923	29.7	820	82.7	225	22.7
35－39歳	9,917	19.7	503	50.7	126	12.7
40－44歳	10,374	18.8	131	12.6	20	1.9
白人	47,186	47.6	2,763	58.6	1,135	24.1
白人、非ヒスパニック	37,271	49.9	2,069	55.5	868	23.3
黒人	9,035	43.3	574	63.5	186	20.6
アジア系	3,353	48.8	237	70.6	93	27.6
ヒスパニック [2]	10,845	39.0	756	69.7	296	27.3
既婚、配偶者あり	25,018	18.6	2,250	89.9	765	30.6
既婚、配偶者なし [3]	2,298	25.4	124	54.1	29	12.4
死別、離婚	4,518	21.3	152	33.6	48	10.6
未婚	29,648	76.8	1,160	39.1	625	21.1
教育水準：						
高校卒業なし	12,380	64.1	621	50.2	230	18.6
高等学校4年	14,763	35.9	1,004	68.0	398	27.0
大学、学位なし	12,463	50.3	667	53.6	291	23.4
準学士	5,498	33.5	349	63.5	139	25.3
学士	11,527	48.0	688	59.7	254	22.0
修士、専門学位	4,851	42.7	356	73.3	154	31.7
雇用状況：						
労働力人口	41,467	45.8	2,026	48.9	851	20.5
就業者	36,983	45.5	1,771	47.9	748	20.2
失業者	4,484	48.7	256	57.0	103	22.9
非労働力人口	20,014	49.7	1,660	82.9	616	30.8
世帯収入：						
10,000ドル未満	3,810	40.4	374	98.3	127	33.3
10,000－19,999ドル	5,327	40.3	398	74.7	156	29.3
20,000－24,999ドル	2,879	43.2	179	62.1	50	17.5
25,000－29,999ドル	3,039	45.5	202	66.4	82	26.8
30,000－34,999ドル	3,066	41.8	208	67.9	87	28.5
35,000－49,999ドル	7,336	47.9	403	55.0	171	23.3
50,000－74,999ドル	9,893	49.7	549	55.5	220	22.2
75,000ドル以上	15,714	51.1	862	55.0	340	21.6

1．個別に明示しないその他の人種および、人種、家計所得について報告のない女性を含む　2．ヒスパニックは、人種を問わない　3．別居中の女性を含む

資料：U.S. Census Bureau, *Current Population Reports*, P20-555および未刊行資料

No.93. センサスの前年に出産した女性――年齢、労働力状況別：1990－2010年

[3,913は391万3000人を表す。毎月人口調査に基づく。表No.92の頭注を参照]

年	15－44歳、計			15－29歳			30－44歳		
	総数 (1,000人)	労働力人口		総数 (1,000人)	労働力人口		総数 (1,000人)	労働力人口	
		総数 (1,000人)	%		総数 (1,000人)	%		総数 (1,000人)	%
1990....	3,913	2,068	53	2,568	1,275	50	1,346	793	59
1995....	3,696	2,034	55	2,252	1,150	51	1,444	884	61
2000....	3,934	2,170	55	2,432	1,304	54	1,502	866	58
2006....	3,974	2,221	56	2,399	1,273	53	1,576	948	60
2008....	3,960	2,261	57	2,372	1,299	55	1,587	962	61
2010....	3,686	2,026	55	2,231	1,114	50	1,454	912	63

資料：U.S. Census Bureau, *Current Population Reports*, P20-555およびそれ以前のレポート、および未刊行資料；<http://www.census.gov/prod/www/abs/p20.html> も参照

No.94. 過去12か月間に出産した女性の市民権、教育水準および貧困状況——州別：2009年

[単位：％および数。15-50歳の女性。2009年全米コミュニティ調査に基づく。同調査の母集団には世帯人口の他に、施設・大学寮その他の集団居住施設に居住する人口も含まれる。標本に基づく。標本抽出時の誤差あり。付録Ⅲを参照]

州	総数	市民権		教育水準					貧困水準以下[2]
		市民権	外国人[1]	高校卒業未満	高校卒業（卒業資格を含む）	大学または準学位	学士	修士以上または専門職学位	
合衆国、計	4,333,485	79.7	20.3	17.4	24.4	30.6	17.8	9.8	26.6
アラバマ	69,364	94.3	5.7	18.6	29.3	32.5	13.4	6.1	33.5
アラスカ	13,598	93.0	7.0	9.9	34.1	37.3	11.7	6.9	19.4
アリゾナ	93,353	76.0	24.0	21.3	24.6	34.3	14.0	5.8	28.6
アーカンソー	41,732	92.5	7.5	17.5	29.6	34.2	13.2	5.5	31.8
カリフォルニア	532,289	59.9	40.1	22.4	22.6	29.3	16.6	9.0	24.1
コロラド	72,492	82.6	17.4	17.6	24.4	26.8	19.6	11.6	21.8
コネティカット	40,387	77.4	22.6	11.2	22.2	27.6	22.3	16.7	17.5
デラウェア	12,190	87.1	12.9	9.7	30.2	29.3	19.1	11.7	20.8
コロンビア特別区	7,915	78.9	21.1	12.1	27.8	15.8	13.2	31.0	24.4
フロリダ	231,153	73.4	26.6	16.5	26.5	32.4	15.9	8.8	28.7
ジョージア	149,184	82.9	17.1	19.8	24.7	30.7	15.9	8.9	29.6
ハワイ	20,598	79.1	20.9	7.6	24.7	38.9	21.3	7.6	18.3
アイダホ	28,738	86.8	13.2	16.7	22.9	39.5	16.4	4.5	23.9
イリノイ	185,509	77.9	22.1	16.2	22.8	29.5	18.9	12.6	24.4
インディアナ	95,945	91.2	8.8	17.8	27.0	32.5	15.8	7.0	29.4
アイオワ	45,083	91.7	8.3	9.4	21.4	39.1	23.2	6.9	25.8
カンザス	47,037	87.3	12.7	16.8	21.9	35.5	18.2	7.6	30.2
ケンタッキー	62,730	94.2	5.8	16.4	26.1	34.3	14.2	9.0	34.5
ルイジアナ	67,870	94.0	6.0	19.2	28.5	29.7	15.5	7.1	29.6
メーン	15,826	94.6	5.4	8.3	35.0	28.5	17.2	11.0	25.3
メリーランド	84,069	76.6	23.4	13.3	21.3	26.8	22.7	15.9	18.5
マサチューセッツ	77,909	75.8	24.2	11.2	20.5	22.7	24.3	21.3	19.5
ミシガン	130,553	90.2	9.8	14.1	25.5	34.5	17.3	8.6	29.1
ミネソタ	75,041	85.2	14.8	11.1	20.4	34.4	25.3	8.8	20.8
ミシシッピ	47,571	97.4	2.6	19.9	21.5	40.5	12.7	5.4	37.8
ミズーリ	82,624	93.0	7.0	17.5	21.3	32.9	17.4	10.8	28.8
モンタナ	13,406	98.5	1.5	15.8	25.9	26.4	21.9	10.1	33.9
ネブラスカ	33,017	87.1	12.9	16.9	22.1	29.7	22.6	8.6	28.8
ネバダ	35,453	63.5	36.5	23.5	24.5	32.8	13.5	5.7	26.5
ニューハンプシャー	14,079	91.0	9.0	8.3	22.2	26.5	33.2	9.7	17.2
ニュージャージー	113,145	67.9	32.1	11.7	23.3	24.2	25.7	15.1	18.8
ニューメキシコ	31,643	85.4	14.6	21.8	21.9	40.5	11.4	4.3	34.6
ニューヨーク	240,633	72.1	27.9	16.1	21.7	25.3	18.8	18.2	24.1
ノースカロライナ	131,909	84.2	15.8	20.8	20.6	31.9	17.7	9.0	31.3
ノースダコタ	10,941	96.5	3.5	7.2	23.7	39.7	20.8	8.6	28.9
オハイオ	152,614	93.9	6.1	15.2	24.5	33.0	17.0	10.3	29.4
オクラホマ	55,175	89.4	10.6	17.3	28.7	31.0	16.2	6.8	28.2
オレゴン	47,691	82.7	17.3	19.5	20.5	37.0	12.4	10.6	28.1
ペンシルベニア	151,344	89.8	10.2	12.4	27.5	26.4	21.5	12.2	24.7
ロードアイランド	10,222	74.2	25.8	10.7	24.3	22.2	26.1	16.7	16.7
サウスカロライナ	66,483	91.0	9.0	17.6	26.6	30.2	18.3	7.4	36.0
サウスダコタ	11,731	92.8	7.2	12.2	19.4	35.0	25.2	8.3	22.9
テネシー	103,522	91.1	8.9	15.6	31.3	30.9	15.7	6.4	31.8
テキサス	418,903	71.7	28.3	24.4	26.2	28.4	15.0	6.1	30.7
ユタ	52,057	90.7	9.3	10.2	22.5	40.5	23.0	3.9	14.0
バーモント	5,642	93.5	6.5	10.2	28.3	26.8	21.1	13.6	27.9
バージニア	106,693	81.6	18.4	13.8	22.3	28.6	20.2	15.1	21.8
ワシントン	89,077	75.3	24.7	15.1	22.2	33.5	20.8	8.4	21.2
ウエストバージニア	22,406	97.6	2.4	15.7	32.8	32.0	12.6	6.9	35.0
ウィスコンシン	76,062	90.5	9.5	12.5	25.9	32.8	20.4	8.3	24.2
ワイオミング	8,877	92.8	7.2	13.0	21.1	44.5	16.0	5.4	21.9

1．外国人は、合衆国市民権を持つ親の合衆国外での出生を含まない　2．貧困状況の母集団人口からは施設収容人口、軍隊の集団居住施設、大学寮に居住する者および15歳以下の血縁関係のない者を除外する

資料：U.S. Census Bureau, 2009 American Community Survey, B13008, "Women 15 to 50 Years Who Had a Birth in the Past 12 Months by Marital Status and Citizenship"; B13010 "Women 15 to 50 Years Who Had a Birth in the Past 12 Months by Marital Stataus and Poverty Status in the past 12 Months"; and B13014," Women 15 to 50 Years Who Had a Birth in the Past 12 Months by Marital Stataus and Educational Attainment," <http://factfinder.census.gov/servlet/DatasetMainPageServlet?_program=ACS&_submenuId=&_lang=en&_ts=>

No.95. 性的体験の諸特徴：2006－2008年

[単位：%、1000人。62,199は6219万9000人を表す。2006年7月から2008年12月にかけて実施された全米家族調査（National Survey of Family Growth）に基づく。付録Ⅲを参照]

特徴	人数(1000人)	異性の交際相手数（調査時までの累積）							同性との性交渉[3]
		あり[1]	1人	2人	3-6人	7-14人	15人以上	中央値[2]	
男性、15-44歳[4]	62,199	88.8	15.0	7.6	26.5	18.1	21.4	5.1	5.2
15-19歳	10,777	58.0	21.2	9.4	17.6	5.4	3.1	1.8	2.5
20-24歳	10,404	85.7	19.1	8.0	26.1	18.1	14.2	4.1	5.6
25-44歳	41,019	97.7	12.3	7.0	28.9	21.5	27.9	6.1	5.8
25-29歳	10,431	96.2	11.8	8.9	29.5	22.9	23.1	5.7	5.2
30-34歳	9,575	96.9	14.2	6.1	26.6	21.7	28.3	6.4	4.0
35-39歳	10,318	98.7	13.3	5.6	29.7	19.6	30.6	6.2	
40-44歳	10,695	98.8	10.3	7.2	29.7	21.6	30.0	6.4	
ヒスパニック	11,724	92.0	12.5	10.2	32.6	17.8	19.1	4.6	
非ヒスパニック、白人	37,374	88.5	16.1	7.3	25.7	18.4	20.9	5.1	
非ヒスパニック、黒人	7,186	90.7	8.3	5.0	25.6	21.6	30.0	6.9	2.4
現在既婚	24,763	100.0	19.1	7.5	30.7	20.7	22.1	4.9	3.5
現在同棲	7,301	100.0	10.3	7.6	24.4	25.9	31.8	7.3	3.2
未婚、同棲なし	27,012	74.2	14.1	8.2	23.6	12.9	14.9	4.1	7.2
結婚経験あり、同棲なし	3,123	100.0	1.4	2.2	23.9	25.1	47.4	11.9	6.4
女性、15-44歳[4]	61,865	89.0	22.2	10.7	31.6	16.0	8.3	3.2	12.5
15-19歳	10,431	53.0	22.7	8.2	15.7	4.1	1.1	1.4	11.0
20-24歳	10,140	87.7	24.5	12.5	31.6	11.7	7.2	2.6	15.8
25-44歳	41,294	98.4	21.4	10.9	35.6	20.1	10.4	3.6	12.0
25-29歳	10,250	96.6	20.0	12.4	31.0	20.4	12.8	3.6	15.0
30-34歳	9,587	98.1	20.9	10.6	31.9	21.3	13.4	4.2	14.2
35-39歳	10,475	99.1	22.2	9.9	38.3	20.8	7.9	3.5	11.5
40-44歳	10,982	99.7	22.4	10.8	40.5	18.0	8.0	3.4	7.9
ヒスパニック	10,377	89.5	35.0	16.7	26.6	6.6	4.4	1.6	6.3
非ヒスパニック、白人	37,660	88.4	19.2	9.7	31.4	18.9	8.9	3.7	14.6
非ヒスパニック、黒人	8,452	90.2	12.3	8.3	40.9	16.7	11.3	4.4	11.3
現在既婚	27,006	100.0	32.2	12.3	34.4	15.0	6.1	2.5	8.3
現在同棲	6,821	100.0	12.8	11.6	37.0	24.9	13.7	4.6	20.5
未婚、同棲なし	22,847	70.1	16.4	9.1	25.2	11.9	6.9	3.2	13.4
結婚経験あり、同棲なし	5,190	100.0	6.8	8.7	37.7	28.0	18.8	5.3	19.6

1．膣・肛門・オーラルセックスを含む　2．異性との性交渉の経験のない者は除外。中央値の定義については凡例を参照　3．女性についてはオーラルセックスまたはその他の性的経験、男性については同性同士のオーラルまたはアナルセックス　4．個別に明示しないその他の人種、複数人種およびヒスパニックの混合を含む

資料：U.S. National Center for Health Statistics, National Health Statistics Report, No.36, "Sexual Behavior, Sexual Attraction, and Sexual Identity in the United States: Data From the 2006-2008 National Survey of Family Growth,"（2011年3月）；<http://www.cdc.gov/nchs/nsfg/nsfg_products.htm> も参照

No.96. 過去12か月間の性交相手の数とタイプ：2006－2008年

[単位：%および1000人。62,199は6219万9000人を表す。National Survey of Family Growthに基く。付録Ⅲを参照]

性別・年齢別	人数(1000人)	過去12か月間の性交相手[1]				
		なし	同性	1人の異性同性なし	複数の異性同性なし	報告なし
男性、15-44歳	62,199	16.0	4.3	60.2	17.6	2.0
15-19歳	10,777	48.9	1.5	25.1	21.2	3.3
20-24歳	10,404	18.3	4.6	48.0	27.2	1.9
25-44歳	41,019	6.8	4.9	72.4	14.2	1.7
25-29歳	10,431	7.6	4.8	65.7	20.3	1.6
30-34歳	9,575	6.6	3.6	75.3	13.0	1.4
35-39歳	10,318	5.1	5.0	73.7	14.2	2.0
40-44歳	10,695	7.7	6.2	75.2	9.3	1.6
女性、15-44歳	61,865	15.9	11.7	61.3	9.4	1.7
15-19歳	10,431	51.3	9.5	24.2	13.5	1.6
20-24歳	10,140	15.8	15.2	49.5	17.7	1.8
25-44歳	41,294	7.0	11.4	73.6	6.3	1.8
25-29歳	10,250	7.6	14.3	65.1	10.6	2.4
30-34歳	9,587	5.2	13.6	73.8	6.0	1.5
35-39歳	10,475	6.8	10.8	76.2	4.2	2.0
40-44歳	10,982	8.3	7.1	79.0	4.5	1.1

1．膣・肛門・オーラルセックスを含む

資料：U.S. National Center for Health Statistics, National Health Statistics Report, No.36, "Sexual Behavior, Sexual Attraction, and Sexual Identity in the United States: Data From the 2006-2008 National Survey of Family Growth,"（2011年3月）；<http://www.cdc.gov/nchs/nsfg/nsfg_products.htm> も参照

No.97. 男女間の性認識：2006－2008年

[単位：％および1000人（55,556は5555万6000人を表す）。男女とも18－44歳を対象。2006年7月から2008年12月にかけて実施された全米家族調査に基づく。付録Ⅲを参照]

特徴	計 (1000人)	性認識				報告なし
		ヘテロセクシュアル またはストレート	ホモセクシュアル またはゲイ	バイセク シュアル	その他	
男性、18－44歳[1]	55,556	95.7	1.7	1.1	0.2	1.3
18－19歳	4,134	96.6	1.6	1.1	(S)	0.6
20－24歳	10,404	95.1	1.2	2.0	0.4	1.3
25－29歳	10,431	96.3	1.7	0.8	0.5	0.8
30－34歳	9,575	96.2	1.5	0.6	(S)	1.8
35－44歳	21,013	95.2	2.1	1.0	0.2	1.5
ヒスパニック	10,618	93.4	1.2	0.9	0.6	3.9
非ヒスパニック、白人	33,573	96.6	1.8	1.1	0.1	0.4
非ヒスパニック、黒人	6,208	97.8	1.4	(S)	(S)	0.4
女性、18－44歳[1]	56,032	93.7	1.1	3.5	0.6	1.1
18－19歳	4,598	90.1	1.9	5.8	(S)	(S)
20－24歳	10,140	90.4	1.3	6.3	0.9	1.2
25－29歳	10,250	91.9	1.2	5.4	0.6	0.9
30－34歳	9,587	94.4	1.1	2.9	0.8	1.0
35－44歳	21,457	96.6	0.7	1.1	0.2	1.3
ヒスパニック	9,272	92.1	0.9	2.2	0.7	4.1
非ヒスパニック、白人	34,410	94.2	0.9	4.1	0.5	0.4
非ヒスパニック、黒人	7,520	93.3	1.6	3.0	1.5	0.7

S 数値が出版基準に達しない　1．表示以外の、複数人種等を含む

資料：U.S. National Center for Health Statistics, National Health Statistics Report, No.36, "Sexual Behavior, Sexual Attraction, and Sexual Identity in the United States: Data From the 2006-2008 National Survey of Family Growth,"（2011年3月）;〈http://www.cdc.gov/nchs/nsfg/nsfg_products.htm〉も参照

No.98. 女性の避妊実行状況——人種・婚姻状況別：2006－2008年

[61,864は6186万4000を表す。National Survey of Family Growthに基づく。付録Ⅲを参照]

避妊の有無と方法	単位	全女性[1]	人種／民族			婚姻状況			
			白人 非ヒスパ ニック	黒人 非ヒスパ ニック	ヒスパ ニック[2]	未婚・ 非同棲	現在 結婚中	結婚 経験有 非同棲	現在 同棲中
全女性	1,000人	61,864	37,660	8,452	10,377	22,847	27,006	5,190	6,821
構成比率（％）									
避妊している（避妊具）[3]	％	61.8	64.7	54.5	58.5	39.3	78.6	60.6	71.2
女性不妊手術	％	16.7	14.9	21.8	19.6	4.5	23.6	35.3	16.3
男性不妊手術	％	6.1	8.3	1.1	3.4	0.3	12.7	2.3	2.2
ピル	％	17.3	21.2	11.4	11.4	18.1	16.3	11.4	23.2
埋め込み式、ルネル（注射）	％	0.7	0.5	0.6	1.5	0.6	0.7	(S)	1.0
3ヶ月間有効な注射剤《商標》デポプロベーラ：合成黄体ホルモン	％	2.0	1.4	4.1	2.6	2.2	1.4	2.6	3.1
避妊リング	％	1.5	1.6	1.7	1.2	1.5	1.0	0.8	3.7
ペッサリー	％	3.4	3.3	2.8	4.8	1.1	5.3	2.1	4.7
コンドーム	％	10.0	9.5	8.8	9.4	9.1	11.7	4.1	10.2
カレンダーリズム法による定期的禁欲	％	0.5	0.5	(S)	0.6	0.2	1.0	(S)	0.4
自然妊娠制御法による定期的禁欲	％	0.1	(S)	(S)	(S)	(S)	0.2	(S)	(S)
中断	％	3.2	3.3	2.1	3.0	1.5	4.5	1.4	5.3
他の方法[3]	％	0.3	0.3	(S)	0.5	0.2	0.3	(S)	(S)
避妊していない	％	38.2	35.3	45.5	41.5	60.7	21.4	39.4	28.8
外科手術による不妊女性または男性（避妊以外の目的による）	％	0.4	0.2	0.4	0.7	0.4	0.3	1.0	(S)
不妊手術によらない不妊女性または男性[4]	％	1.7	1.6	1.8	1.8	2.1	1.0	2.7	2.2
妊娠中または出産後	％	5.4	4.9	5.7	8.3	2.6	7.2	2.6	10.5
妊娠希望者	％	4.1	3.5	4.4	6.2	1.3	6.4	0.8	7.1
その他の非避妊：									
性行為経験無または調査直前の 3ヶ月間性行為なし	％	19.2	18.3	22.6	18.8	45.6	0.9	21.1	1.8
調査直前の3ヶ月間に性行為あり	％	7.3	6.7	10.6	5.8	8.7	5.5	11.3	6.9

S 数値は出版基準に達しない　1．個別に明示しないその他の人種を含む　2．ヒスパニックは人種を問わない　3．移植避妊具、注射剤、経口避妊薬（商標）トウディ・スポンジ（殺精子剤を含んだ膣内挿入避妊薬）およびその他の使用頻度の低い避妊手段　4．疾病、事故、または先天性の原因により生殖機能を喪失した人

資料：U.S. National Center for Health Statistics, National Survey of Family Growth, "Use of Contraception in the United States: 1982-2008," Series 23, No. 29, 2010年5月;〈http://cdc.gov/nchs/nsfg/〉も参照

No.99. 母乳保育——母親の年齢・人種民族別：1999－2006年

[単位：%。1999－2006年の期間中。母乳保育には直接母乳を与えたものと、母乳を採取して与えたものを含む、全国保健栄養診断調査（National Health and Nutrition Examination Survey）に基づく]

民族、人種	20歳以下	20－29歳	30歳以上
計	43	65	75
非ヒスパニック、白人系	40	65	77
非ヒスパニック、黒人系	30	44	56
メキシコ系アメリカ人	66	75	76

資料：U.S. National Center for Health Statistics, "Breastfeeding in the United States Findings from the National Health and Nutrition Examination Surveys: 1999-2006," NCHS Data Brief, No.5 (2008年4月); <http://www.cdc.gov/nchs/data/databriefs/db05.htm>

No.100. 生殖補助医療（ART）の成果：2000－2006年

[Fertility Clinic Success Rate and Certification Actの定めるところにより、1996年、米国疾病予防センターは、合衆国内で実施された生殖補助医療（Assisted Reprodauctive Tecnology: ART）に関するデータの収集を開始した。生殖補助医療には、卵子および精子の双方について、妊娠開始を目的として体外で処置が行われるものを含む。体外受精、およびその他の関連処置]

年	治療開始[1]	妊娠数	出産数[2]	出生児数
2000	99,629	30,557	25,228	35,025
2001	107,587	35,726	29,344	40,687
2002	115,392	40,046	33,141	45,751
2003	122,872	43,503	35,785	48,756
2004	127,977	44,774	36,760	49,458
2005	134,260	47,651	38,910	52,041
2006	138,198	50,571	41,343	54,656

1．新しい処置が評価中の治療を除く　2．出産には、1人または複数の生存する新生児の誕生を含む

資料：U.S. Centers for Disease Control and Prevention, Morbidity and Mortality Weekly Report (MMWR) Surveillance Summary Reports, Assisted Reproductive Technology Surveillance-United States, 2006; Vol.58, No.SS-5 (2009年6月); <http://www.cdc.gov/mmwr/preview/mmwrhtml/ss5805a1.htm> も参照

No.101. 妊娠中絶——人種別の件数と割合：1990－2007年

[58,700は5870万を表す]

年	全人種 15－44歳の女性 (1,000人)	妊娠中絶 件数 (1,000)	妊娠中絶 女性1,000人あたり[1]	白人 15－44歳の女性 (1,000人)	妊娠中絶 件数 (1,000)	妊娠中絶 女性1,000人あたり[1]	黒人 15－44歳の女性 (1,000人)	妊娠中絶 件数 (1,000)	妊娠中絶 女性1,000人あたり[1]	その他 15－44歳の女性 (1,000人)	妊娠中絶 件数 (1,000)	妊娠中絶 女性1,000人あたり[1]
1990[2]	58,700	1,609	27.4	48,224	1,039	21.5	7,905	505	63.9	2,571	65	25.1
1991	59,305	1,557	26.2	48,560	982	20.2	8,053	507	62.9	2,692	68	26.2
1992	59,417	1,529	25.7	48,435	943	19.5	8,170	517	63.3	2,812	69	24.4
1993[2]	59,712	1,495	25.0	48,497	908	18.7	8,282	517	62.4	2,933	70	23.9
1994[2]	60,020	1,423	23.7	48,592	856	17.6	8,390	492	58.6	3,039	76	23.7
1995	60,368	1,359	22.5	48,719	817	16.8	8,496	462	54.4	3,153	80	25.3
1996	60,704	1,360	22.4	48,837	797	16.3	8,592	483	56.2	3,275	81	24.6
1997[2]	61,041	1,335	21.9	48,942	777	15.9	8,694	479	55.1	3,405	79	23.1
1998[2]	61,326	1,319	21.5	49,012	762	15.5	8,785	476	54.2	3,528	81	23.1
1999	61,475	1,315	21.4	48,974	743	15.2	8,851	485	54.8	3,650	87	24.0
2000	61,631	1,313	21.3	48,936	733	15.0	8,907	488	54.8	3,788	92	24.4
2001[2]	61,673	1,291	20.9	48,868	717	14.7	8,962	476	53.1	3,843	99	25.7
2002[2]	62,044	1,269	20.5	48,998	706	14.4	9,026	468	51.8	4,020	96	23.8
2003[2]	61,911	1,250	20.2	48,782	695	14.2	9,054	458	50.6	4,075	97	23.8
2004	62,033	1,222	19.7	48,758	674	13.8	9,116	453	49.7	4,160	95	22.9
2005	62,074	1,206	19.4	48,678	662	13.6	9,177	452	49.3	4,219	92	21.9
2006[2]	62,258	1,242	19.9	48,686	681	14.0	9,248	464	50.2	4,325	97	22.3
2007	62,097	1,210	19.5	48,480	668	13.8	9,288	448	48.2	4,329	93	21.6

1．15－44歳　2．中絶件数は内挿法による推計

資料：R.K. Jones and K. Kooistra, "Abortion Incidence and Access to Services in the United States, 2008," Perspectives on Sexual and Reproductive Health, 2011, 43(1):41-50 および Guttmacher Institute の未刊行資料

No.102. 主要分類別妊娠中絶：1990－2007年

[1,609は160万9000を表す。妊娠中絶件数は、脚注資料の期間による調査。主要分類は、U.S. Center for Disease Control (CDC) の各年妊娠中絶監視概要を、CDCに毎年報告される各州の変更に沿って調整したものによる。本書前年版の表No.100も参照]

分類項目	件数 (1,000)			構成比率 (%)			妊娠中絶率 (女性1000人あたり)		
	1990	2000	2007	1990	2000	2007	1990	2000	2007
合法的中絶、計	1,609	1,313	1,210	100.0	100.0	100.0	27.4	21.3	19.5
女性の年齢：									
15歳未満[1]	13	9	6	0.8	0.7	0.5	7.9	4.4	3.1
15－19歳	351	235	196	21.8	17.9	16.2	40.6	24.0	18.7
20－24歳	532	430	395	33.1	32.7	32.6	56.7	45.9	38.8
25－29歳	360	303	295	22.4	23.0	24.4	34.0	31.8	28.7
30－34歳	216	190	174	13.4	14.5	14.4	19.7	18.6	18.1
35－39歳	108	110	106	6.7	8.4	8.8	10.7	9.7	10.1
40歳以上[2]	29	37	37	1.8	2.8	3.1	3.2	3.2	3.4
ヒスパニック	195	261	270	12.1	19.8	22.3	35.1	30.3	26.0
非ヒスパニック、白人	852	479	398	52.9	36.5	34.2	19.7	11.7	10.6
女性の婚姻状況：[3]									
既婚	341	246	197	21.0	19.0	16.3	10.6	7.9	6.7
未婚	1,268	1,067	1,013	79.0	81.0	83.7	47.7	34.9	31.2
以前の出産児数：									
0	780	533	495	49.0	41.0	40.9	32.0	20.2	(NA)
1人	396	361	328	25.0	28.0	27.1	36.9	32.5	(NA)
2人	280	260	231	17.0	20.0	19.1	20.5	18.9	(NA)
3人	102	104	101	6.0	8.0	8.3	15.6	14.8	(NA)
4人以上	50	56	55	3.0	4.0	4.6	14.7	16.5	(NA)
以前の中絶回数：									
0	891	699	652	55.0	53.0	53.9	(NA)	(NA)	(NA)
1回	443	355	317	28.0	27.0	26.2	(NA)	(NA)	(NA)
2回以上	275	259	241	17.0	20.0	19.9	(NA)	(NA)	(NA)
妊娠期間 (週)：									
9週間未満	825	749	740	51.3	57.1	61.2	(NA)	(NA)	(NA)
9－10週間	416	269	212	25.8	20.5	17.5	(NA)	(NA)	(NA)
11－12週間	195	138	119	12.1	10.5	9.9	(NA)	(NA)	(NA)
13週間以上	173	156	138	10.8	11.9	11.4	(NA)	(NA)	(NA)

NA データなし　1．分母は14歳女性　2．分母は40－44歳女性　3．別居中は既婚に含まれる

資　料：R.K. Jones and K. Kooistra, "Abortion Incidence and Access to Services in the United States, 2008," Perspectives on Sexual and Reproductive Health, 2011, 430(1):41-50; S.K. Henshaw and K. Kost, Trends in the Characteristics of Women Obtaining Abortions, 1974-2004, New York: Guttmacher Institute, 2008; および Guttmacher Instituteの未刊行資料

No.103. 中絶―――州別、件数と率：2000－2008年

[州別の妊娠中絶数のデータは、中絶を行っている病院・診療所・医師に対するGuttmacher Institute（米国のシンクタンク）の調査に基づく。率は、当該年7月1日現在の15－44歳女性人口1000人に対する割合で示す]

州	件数 数			率[1]			州	件数 数			率[1]		
	2000	2005	2008	2000	2005	2008		2000	2005	2008	2000	2005	2008
合衆国	1,312,990	1,206,200	1,211,500	21.3	19.4	19.6	MO...	7,920	8,400	7,440	6.6	7.0	6.3
AL....	13,830	11,340	11,270	14.2	12.1	12.0	MT...	2,510	2,150	2,230	13.5	11.9	12.3
AK....	1,660	1,880	1,700	11.7	13.2	12.0	NE...	4,250	3,220	2,840	11.6	9.1	8.1
AZ....	17,940	19,480	19,500	16.5	16.1	15.2	NV...	13,740	13,530	13,450	32.4	27.7	25.9
AR....	5,540	4,710	4,890	9.8	8.4	8.7	NH...	3,010	3,170	3,200	11.2	11.8	12.3
CA....	236,060	208,430	214,190	31.2	26.9	27.6	NJ...	65,780	61,150	54,160	36.3	34.5	31.3
CO....	15,530	16,120	15,960	16.0	16.2	15.7	NM...	5,760	6,220	6,150	14.7	15.7	15.5
CT....	15,240	16,780	17,030	21.1	23.8	24.6	NY...	164,630	155,960	153,110	39.1	37.7	37.6
DE....	5,440	5,150	7,070	31.3	29.2	40.0	NC...	37,610	34,500	33,140	21.1	18.9	17.5
DC....	9,800	7,230	4,450	68.2	50.0	29.9	ND...	1,340	1,230	1,400	9.9	9.6	11.2
FL....	103,050	92,300	94,360	32.0	26.7	27.2	OH...	40,230	35,060	33,550	16.5	14.9	14.7
GA....	32,140	33,180	39,820	16.9	16.6	19.2	OK...	7,390	6,950	7,160	10.1	9.7	9.9
HI....	5,630	5,350	5,630	22.2	21.3	22.6	OR...	17,010	13,200	12,920	23.6	18.1	17.3
ID....	1,950	1,810	1,800	7.0	6.2	6.0	PA...	36,570	34,150	41,000	14.3	13.9	17.0
IL....	63,690	50,970	54,920	23.2	18.9	20.5	RI...	5,600	5,290	5,000	24.1	23.3	22.9
IN....	12,490	11,150	10,680	9.4	8.6	8.3	SC...	8,210	7,080	7,300	9.3	8.0	8.1
IA....	5,970	6,370	6,560	9.8	10.9	11.3	SD...	870	790	850	5.5	5.1	5.6
KS....	12,270	10,700	10,620	21.4	19.2	19.2	TN...	19,010	18,140	19,550	15.2	14.5	15.5
KY....	4,700	3,870	4,430	5.3	4.5	5.1	TX...	89,160	85,760	84,610	18.8	17.4	16.5
LA....	13,100	11,400	14,860	13.0	11.8	16.1	UT...	3,510	3,630	4,000	6.7	6.4	6.7
ME....	2,650	2,770	2,800	9.9	10.7	11.2	VT...	1,660	1,490	1,510	12.7	11.9	12.5
MD....	34,560	37,590	34,290	29.0	31.3	29.0	VA...	28,780	26,520	28,520	18.1	16.4	17.6
MA....	30,410	27,270	24,900	21.4	19.8	18.3	WA...	26,200	23,260	24,320	20.3	17.8	18.3
MI....	46,470	40,600	36,790	21.6	19.5	18.4	WV...	2,540	2,360	2,280	6.8	6.7	6.6
MN....	14,610	13,910	13,060	13.5	13.1	12.5	WI...	11,130	9,800	8,230	9.6	8.6	7.4
MS....	3,780	3,090	2,770	6.0	5.0	4.6	WY...	100	70	90	1.0	0.7	0.9

1．15－44歳女性人口1000人に対する割合。表示年の7月1日

資　料：R.K. Jones et al., Abortion in the United States: Incidence and Access to Services, 2005, Perspectives on Sexual and Reproductive Health 40:6, 2008; R.K. Jones and K. Kooistra, Abortion Incidence and Access to Services in the United States, 2008, Perspectives on Sexual and Reproductive Health 43:1, 2011 および Guttmacher Instituteの未刊行資料; ⟨http://www.guttmacher.org/⟩ も参照

No.104. 平均寿命（出生時の平均余命）:1970－2008年／および予測値：2010－2020年

［単位：歳。合衆国非居住者の死亡を除く。付録Ⅲを参照。『アメリカ歴史統計』系列B107-115も参照］

年	合計 計	合計 男	合計 女	白人 計	白人 男	白人 女	黒人 計	黒人 男	黒人 女
1970..........	70.8	67.1	74.7	71.7	68.0	75.6	64.1	60.0	68.3
1980..........	73.7	70.0	77.4	74.4	70.7	78.1	68.1	63.8	72.5
1981..........	74.1	70.4	77.8	74.8	71.1	78.4	68.9	64.5	73.2
1982..........	74.5	70.8	78.1	75.1	71.5	78.7	69.4	65.1	73.6
1983..........	74.6	71.0	78.1	75.2	71.6	78.7	69.4	65.2	73.5
1984..........	74.7	71.1	78.2	75.3	71.8	78.7	69.5	65.3	73.6
1985..........	74.7	71.1	78.2	75.3	71.8	78.7	69.3	65.0	73.4
1986..........	74.7	71.2	78.2	75.4	71.9	78.8	69.1	64.8	73.4
1987..........	74.9	71.4	78.3	75.6	72.1	78.9	69.1	64.7	73.4
1988..........	74.9	71.4	78.3	75.6	72.2	78.9	68.9	64.4	73.2
1989..........	75.1	71.7	78.5	75.9	72.5	79.2	68.8	64.3	73.3
1990..........	75.4	71.8	78.8	76.1	72.7	79.4	69.1	64.5	73.6
1991..........	75.5	72.0	78.9	76.3	72.9	79.6	69.3	64.6	73.8
1992..........	75.8	72.3	79.1	76.5	73.2	79.8	69.6	65.0	73.9
1993..........	75.5	72.2	78.8	76.3	73.1	79.5	69.2	64.6	73.7
1994..........	75.7	72.4	79.0	76.5	73.3	79.6	69.5	64.9	73.9
1995..........	75.8	72.5	78.9	76.5	73.4	79.6	69.6	65.2	73.9
1996..........	76.1	73.1	79.1	76.8	73.9	79.7	70.2	66.1	74.2
1997..........	76.5	73.6	79.4	77.1	74.3	79.9	71.1	67.2	74.7
1998..........	76.7	73.8	79.5	77.3	74.5	80.0	71.3	67.6	74.8
1999..........	76.7	73.9	79.4	77.3	74.6	79.9	71.4	67.8	74.7
2000 [1]	76.8	74.1	79.3	77.3	74.7	79.9	71.8	68.2	75.1
2001 [1]	76.9	74.2	79.4	77.4	74.8	79.9	72.0	68.4	75.2
2002 [1]	76.9	74.3	79.5	77.4	74.9	79.9	72.1	68.6	75.4
2003 [1,2]	77.1	74.5	79.6	77.6	75.0	80.0	72.3	68.8	75.6
2004 [1,2]	77.5	74.9	79.9	77.9	75.4	80.4	72.8	69.3	76.0
2005 [1,2]	77.4	74.9	79.9	77.9	75.4	80.4	72.8	69.3	76.1
2006 [1,2]	77.7	75.1	80.2	78.2	75.7	80.6	73.2	69.7	76.5
2007 [1,2]	77.9	75.4	80.4	78.4	75.9	80.8	73.6	70.0	76.8
2008 [1,2,3] ...	78.0	75.5	80.5	78.4	75.9	80.8	74.3	70.9	77.4
予測値： [4]									
2010..........	78.3	75.7	80.8	78.9	76.5	81.3	73.8	70.2	77.2
2015..........	78.9	76.4	81.4	79.5	77.1	81.8	75.0	71.4	78.2
2020..........	79.5	77.1	81.9	80.0	77.7	82.4	76.1	72.6	79.2

1．2000－2008年の平均寿命は改訂された方法を用いて計算しているので、以前に発表された数値とは異なるかもしれない　2．複数人種のデータは、1977年の行政管理予算局の基準による単数人種のカテゴリ分類を他の基準によるカテゴリ分類と比較できるように調整済　3．暫定値　4．中位の推定死亡率に基づく。詳細は資料参照。資料：U.S. Census Bureau, 2008 National Population Projections (2008年8月 現在); <http://www.census.gov/population/www/projections/2008projections.html> を参照

資料：脚注に記したものを除き、U.S. National Center for Health Statistics, National Vital Statistics Reports (NVSR), *Deaths: Final Data for 2008*, Vol. 59, No. 2（2010年12月）

No.105. 平均余命——性別、年齢および人種別：2008年

［残存余命の平均。合衆国の居住者以外の死亡は除外する。データは暫定値。付録Ⅲを参照］

年齢	計[1] 計	計[1] 男性	計[1] 女性	白人 計	白人 男性	白人 女性	黒人 計	黒人 男性	黒人 女性
0.............	78.0	75.5	80.5	78.4	75.9	80.8	74.3	70.9	77.4
1.............	77.6	75.1	80.0	77.8	75.4	80.2	74.3	71.0	77.4
5.............	73.7	71.2	76.1	73.9	71.5	76.3	70.5	67.1	73.5
10............	68.7	66.2	71.1	68.9	66.5	71.3	65.5	62.2	68.5
15............	63.8	61.3	66.1	64.0	61.6	66.3	60.6	57.2	63.6
20............	58.9	56.5	61.2	59.2	56.8	61.4	55.8	52.6	58.7
25............	54.2	51.9	56.4	54.4	52.2	56.6	51.1	48.0	53.9
30............	49.4	47.2	51.5	49.6	47.5	51.7	46.5	43.5	49.1
35............	44.7	42.6	46.7	44.9	42.8	46.9	41.8	39.0	44.3
40............	40.0	37.9	41.9	40.2	38.1	42.1	37.3	34.5	39.6
45............	35.4	33.4	37.2	35.6	33.6	37.4	32.8	30.1	35.1
50............	31.0	29.0	32.7	31.1	29.2	32.8	28.6	26.0	30.8
55............	26.7	24.9	28.3	26.8	25.0	28.3	24.6	22.2	26.7
60............	22.6	20.9	24.0	22.6	21.0	24.0	20.9	18.7	22.7
65............	18.7	17.2	19.9	18.7	17.3	19.9	17.5	15.5	18.9
70............	15.0	13.7	16.0	15.0	13.7	16.0	14.3	12.6	15.4
75............	11.7	10.6	12.5	11.6	10.6	12.4	11.3	10.0	12.2
80............	8.8	7.9	9.4	8.8	7.9	9.3	8.8	7.8	9.5
85............	6.5	5.8	6.8	6.4	5.7	6.8	6.8	6.0	7.1
90............	4.6	4.1	4.8	4.5	4.1	4.7	5.1	4.6	5.3
95............	3.2	2.9	3.3	3.2	2.9	3.3	3.8	3.5	3.8
100...........	2.3	2.1	2.3	2.2	2.0	2.2	2.8	2.6	2.8

1．その他の白人および黒人を含む

資料：U.S. National Center for Health Statistics, National Vital Statistics Reports (NVSR), *Deaths: Final Data for 2008*, Vol. 59, No. 2（2010年12月）

No.106. 生命表の主要項目――平均余命、死亡率、生存率：1959―2008年

[10年ごとのセンサス年には、センサス年と前後2年の3年間の死亡件数に基づく生命表が作成される。センサス年以外は、その年の死亡件数に基づく生命表が作成される。センサス後の推計値に基づく生命表が作成される。1970年以降、合衆国非居住者の死亡件数は除外されている。付録IIIを参照]

年齢、性別	計						白人						黒人[1]					
	1959–1961	1969–1971	1979–1981	1989–1991	1999–2001	2008	1959–1961	1969–1971	1979–1981	1989–1991	1999–2001	2008	1959–1961	1969–1971	1979–1981	1989–1991	1999–2001	2008
平均余命（歳）																		
出生時：男性	66.8	67.0	70.1	71.8	74.1	75.5	67.6	67.9	70.8	72.7	74.7	75.9	61.5	60.0	64.1	64.5	68.1	70.9
女性	73.2	74.6	77.6	78.8	79.5	80.5	74.2	75.5	78.2	79.5	80.0	80.8	66.5	68.3	72.9	73.7	75.1	77.4
20歳：男性	49.8	49.5	51.9	53.3	55.2	56.5	50.3	50.2	52.5	54.0	55.7	56.8	45.8	43.6	46.5	46.7	49.8	52.6
女性	55.6	56.6	59.0	59.9	60.3	61.2	56.3	57.2	59.4	60.4	60.7	61.4	50.8	51.2	54.9	55.5	56.5	58.7
40歳：男性	31.4	31.5	33.6	35.1	36.6	37.9	31.7	31.9	34.0	35.6	37.0	38.1	28.7	27.6	29.5	30.1	32.1	34.5
女性	36.6	37.6	39.8	40.7	41.0	41.9	37.1	38.1	40.2	41.0	41.3	42.1	32.2	33.3	36.3	37.7	37.7	39.6
50歳：男性	23.0	23.1	25.0	26.4	27.8	29.0	23.2	23.3	25.3	26.7	28.1	29.2	21.3	20.7	22.0	22.5	24.1	26.0
女性	27.7	28.8	30.7	31.4	31.7	32.7	28.1	29.1	31.0	31.7	32.0	32.8	24.3	25.5	27.8	28.4	29.0	30.8
65歳：男性	13.0	13.0	14.2	15.1	16.1	17.2	13.0	13.0	14.3	15.2	16.2	17.3	12.8	12.5	13.3	13.3	14.1	15.5
女性	15.8	16.8	18.4	19.0	19.1	19.9	15.9	16.9	18.6	19.1	19.2	19.9	15.1	15.7	17.1	17.4	17.7	18.9
出生1000人あたりの生存数[2]																		
出生時：男性	1,000	1,000	1,000	1,000	1,000	1,000	1,000	1,000	1,000	1,000	1,000	1,000	1,000	1,000	1,000	1,000	1,000	1,000
女性	1,000	1,000	1,000	1,000	1,000	1,000	1,000	1,000	1,000	1,000	1,000	1,000	1,000	1,000	1,000	1,000	1,000	1,000
20歳：男性	955	961	973	979	984	986	959	965	975	981	986	987	931	941	961	963	973	980
女性	968	973	982	986	989	990	971	976	984	988	990	991	947	957	972	976	981	976
40歳：男性	916	915	933	938	954	957	924	926	940	946	959	960	857	834	885	879	919	948
女性	946	951	965	970	975	977	953	958	969	975	978	979	897	908	941	944	956	933
50歳：男性	862	861	890	899	918	925	874	877	901	911	926	929	772	733	801	800	856	910
女性	913	919	941	949	954	956	925	929	947	956	960	959	830	842	896	903	917	887
65歳：男性	642	643	706	740	781	800	658	663	724	760	795	809	514	475	551	568	646	762
女性	785	797	835	851	864	876	807	816	848	863	874	883	608	647	733	750	778	703
出生1000人あたりの生存率																		
出生時：男性	100.0	100.0	100.0	100.0	100.0	100.0	100.0	100.0	100.0	100.0	100.0	100.0	100.0	100.0	100.0	100.0	100.0	100.0
女性	100.0	100.0	100.0	100.0	100.0	100.0	100.0	100.0	100.0	100.0	100.0	100.0	100.0	100.0	100.0	100.0	100.0	100.0
20歳：男性	95.5	96.1	97.3	97.9	98.4	98.6	95.9	96.5	97.5	98.1	98.6	98.7	93.1	94.1	96.1	96.3	97.3	98.0
女性	96.8	97.3	98.2	98.6	98.9	99.0	97.1	97.6	98.4	98.8	99.1	99.1	94.7	95.7	97.2	97.6	98.1	97.6
40歳：男性	91.6	91.5	93.3	93.8	95.4	95.7	92.4	92.6	94.0	94.6	95.9	96.0	85.7	83.4	88.5	87.9	91.9	94.8
女性	94.6	95.1	96.5	97.0	97.5	97.7	95.3	95.8	96.9	97.5	97.8	97.9	89.7	90.8	94.1	94.4	95.6	93.3
50歳：男性	86.2	86.1	89.0	89.9	91.8	92.5	87.4	87.7	90.1	91.1	92.6	92.9	77.2	73.3	80.1	80.0	85.6	91.0
女性	91.3	91.9	94.1	94.9	95.4	95.6	92.5	92.9	94.7	95.6	96.0	95.9	83.0	84.2	89.6	90.3	91.7	88.7
65歳：男性	64.2	64.3	70.6	74.0	78.1	80.0	65.8	66.3	72.4	76.0	79.5	80.9	51.4	47.5	55.1	56.8	64.6	76.2
女性	78.5	79.7	83.5	85.1	86.4	87.6	80.7	81.6	84.8	86.3	87.4	88.3	60.8	64.7	73.3	75.0	77.8	70.3

1. 1970年以前は、黒人人口のデータはない。表に示す1959–70年のデータは非白人口のものである。 2. 同時出生集団1000人あたりの、各年齢時の生存数を示す
資料：U.S. National Center for Health Statistics, National Vital Statistics Reports (NVSR), "U.S. Decennial Life Tables for 1999-2001," United States Life Tables, 2006, Vol. 58, No.21 (2010年6月) および未刊行データ；U.S. Decennial Life Tables, Vol. 57, No. 1 (2008年8月); United States Life Tables, Vol. 58, No.21 (2010年6月) および未刊行データ；⟨http://www.cdc.gov/nchs/products/nvsr.htm⟩

No.107. 人種、性別、年齢別余命、死亡率：2008年

[平均余命の計算方法が改訂されたため、従来の出版物とは値が異なる。平均余命の計算には、動態統計の66歳以下死亡率と、動態統計およびメディケアの死亡予測に基づく66歳以上の死亡率モデルを用いている。付録Ⅲを参照。本書前年版の表No.105も参照]

年齢（歳）	平均余命（歳）					特定年齢1,000人あたりの平均死亡数[1]				
	計[2]	白人		黒人		計[1]	白人		黒人	
		男性	女性	男性	女性		男性	女性	男性	女性
誕生時	78.0	75.9	80.8	70.9	77.4	6.81	6.29	5.22	14.42	11.92
1	77.6	75.4	80.2	71.0	77.4	0.45	0.46	0.39	0.74	0.52
2	76.6	74.4	79.2	70.0	76.4	0.28	0.30	0.22	0.43	0.33
3	75.6	73.5	78.2	69.1	75.4	0.22	0.23	0.16	0.33	0.31
4	74.6	72.5	77.2	68.1	74.5	0.17	0.17	0.14	0.30	0.19
5	73.7	71.5	76.3	67.1	73.5	0.15	0.16	0.13	0.26	0.17
6	72.7	70.5	75.3	66.1	72.5	0.14	0.14	0.11	0.24	0.14
7	71.7	69.5	74.3	65.1	71.5	0.12	0.12	0.11	0.22	0.13
8	70.7	68.5	73.3	64.1	70.5	0.11	0.10	0.10	0.18	0.12
9	69.7	67.5	72.3	63.2	69.5	0.09	0.08	0.09	0.13	0.11
10	68.7	66.5	71.3	62.2	68.5	0.08	0.07	0.08	0.09	0.12
11	67.7	65.5	70.3	61.2	67.5	0.09	0.07	0.09	0.08	0.13
12	66.7	64.5	69.3	60.2	66.5	0.12	0.12	0.11	0.15	0.16
13	65.7	63.5	68.3	59.2	65.6	0.19	0.22	0.14	0.31	0.19
14	64.7	62.6	67.3	58.2	64.6	0.29	0.35	0.19	0.53	0.23
15	63.8	61.6	66.3	57.2	63.6	0.39	0.49	0.24	0.76	0.28
16	62.8	60.6	65.4	56.3	62.6	0.48	0.61	0.29	0.96	0.32
17	61.8	59.6	64.4	55.3	61.6	0.57	0.74	0.33	1.15	0.36
18	60.8	58.7	63.4	54.4	60.6	0.65	0.87	0.35	1.32	0.40
19	59.9	57.7	62.4	53.5	59.7	0.73	1.00	0.37	1.48	0.44
20	58.9	56.8	61.4	52.6	58.7	0.82	1.13	0.39	1.67	0.49
21	58.0	55.9	60.5	51.6	57.7	0.90	1.26	0.41	1.85	0.54
22	57.0	54.9	59.5	50.7	56.8	0.95	1.34	0.43	1.98	0.59
23	56.1	54.0	58.5	49.8	55.8	0.97	1.36	0.45	2.03	0.63
24	55.1	53.1	57.5	48.9	54.8	0.96	1.33	0.46	2.01	0.66
25	54.2	52.2	56.6	48.0	53.9	0.95	1.29	0.48	1.97	0.69
26	53.2	51.2	55.6	47.1	52.9	0.94	1.26	0.49	1.94	0.72
27	52.3	50.3	54.6	46.2	51.9	0.94	1.24	0.51	1.92	0.75
28	51.3	49.4	53.7	45.3	51.0	0.95	1.24	0.52	1.95	0.80
29	50.4	48.4	52.7	44.4	50.0	0.96	1.26	0.54	2.00	0.85
30	49.4	47.5	51.7	43.5	49.1	0.99	1.28	0.57	2.07	0.91
31	48.5	46.5	50.7	42.6	48.1	1.02	1.30	0.60	2.14	0.98
32	47.5	45.6	49.8	41.7	47.2	1.05	1.33	0.64	2.24	1.06
33	46.6	44.7	48.8	40.8	46.2	1.10	1.38	0.69	2.26	1.13
34	45.6	43.7	47.8	39.9	45.3	1.14	1.42	0.74	2.30	1.21
35	44.7	42.8	46.9	39.0	44.3	1.20	1.48	0.79	2.35	1.29
36	43.8	41.9	45.9	38.1	43.4	1.27	1.56	0.85	2.43	1.38
37	42.8	40.9	44.9	37.2	42.4	1.35	1.64	0.93	2.53	1.50
38	41.9	40.0	44.0	36.3	41.5	1.45	1.75	1.01	2.67	1.65
39	40.9	39.1	43.0	35.4	40.6	1.57	1.88	1.11	2.86	1.83
40	40.0	38.1	42.1	34.5	39.6	1.70	2.02	1.22	3.06	2.03
41	39.1	37.2	41.1	33.6	38.7	1.85	2.18	1.34	3.30	2.23
42	38.1	36.3	40.2	32.7	37.8	2.03	2.38	1.48	3.57	2.46
43	37.2	35.4	39.3	31.8	36.9	2.24	2.63	1.64	3.87	2.72
44	36.3	34.5	38.3	31.0	36.0	2.46	2.90	1.81	4.21	2.99
45	35.4	33.6	37.4	30.1	35.1	2.69	3.17	1.99	4.54	3.27
46	34.5	32.7	36.5	29.3	34.2	2.92	3.44	2.16	4.91	3.55
47	33.6	31.8	35.5	28.4	33.4	3.17	3.74	2.33	5.36	3.84
48	32.7	30.9	34.6	27.6	32.5	3.44	4.06	2.51	5.93	4.16
49	31.8	30.1	33.7	26.8	31.7	3.73	4.42	2.69	6.60	4.50
50	31.0	29.2	32.8	26.0	30.8	4.05	4.80	2.90	7.33	4.87
51	30.1	28.4	31.9	25.2	30.0	4.37	5.19	3.12	8.06	5.24
52	29.2	27.5	31.0	24.4	29.1	4.70	5.58	3.34	8.80	5.61
53	28.4	26.7	30.1	23.6	28.3	5.02	5.97	3.56	9.53	5.94
54	27.5	25.9	29.2	22.9	27.5	5.35	6.36	3.79	10.26	6.25
55	26.7	25.0	28.3	22.2	26.7	5.69	6.76	4.03	11.04	6.58
56	25.8	24.2	27.5	21.5	25.9	6.06	7.21	4.31	11.84	6.93
57	25.0	23.4	26.6	20.8	25.1	6.48	7.69	4.65	12.56	7.33
58	24.2	22.6	25.7	20.1	24.3	6.94	8.21	5.06	13.16	7.78
59	23.4	21.8	24.9	19.4	23.5	7.44	8.78	5.55	13.67	8.29
60	22.6	21.0	24.0	18.7	22.7	8.00	9.38	6.09	14.18	8.88
61	21.8	20.3	23.2	18.1	21.9	8.58	10.02	6.66	14.76	9.53
62	21.0	19.5	22.3	17.4	21.2	9.20	10.69	7.25	15.44	10.21
63	20.2	18.7	21.5	16.8	20.4	9.84	11.39	7.85	16.24	10.87
64	19.4	18.0	20.7	16.1	19.7	10.53	12.15	8.48	17.12	11.51
65	18.7	17.3	19.9	15.5	18.9	11.31	13.01	9.20	18.05	12.17
70	15.0	13.7	16.0	12.6	15.4	15.71	17.98	13.41	21.52	16.03
75	11.7	10.6	12.4	10.0	12.2	22.88	25.49	20.76	26.01	22.27
80	8.8	7.9	9.3	7.8	9.5	30.58	32.38	29.96	27.35	28.25
85	6.5	5.7	6.8	6.0	7.1	34.98	34.17	37.38	24.52	31.42
90	4.6	4.1	4.8	4.6	5.3	31.07	26.79	36.44	17.49	28.56
95	3.2	2.9	3.3	3.5	3.8	18.50	13.21	23.65	9.05	19.11
100	2.3	2.0	2.2	2.6	2.8	18.45	8.92	24.78	10.40	30.63

1．ある年齢に達した時には生存していて、次の年齢に達する前に死亡する割合。例えば、当該期間のはじめに50歳であった者1000人につき4（4.05）人が51歳になる前に死亡する　2．個別に明示しないその他の人種を含む

資料：U.S. National Center for Health Statistics, 未刊行資料

No.108. 平均余命－性別、人種別、および州別：1979－1991年

[平均余命とは、ある年齢層の人々があと何年生きられるかの期待値。合衆国非居住者の死亡を除外する。10年ごとのセンサス年には、センサス年と前後2年の3年間の死亡件数に基づく生命表が作成される。センサス年以外は、その年の死亡件数に基づく生命表が作成される。センサス年には、センサス後の推計値に基づく生命表が作成される]

州	計	1989－1991						
		計	男性			女性		
			計	白人	黒人	計	白人	黒人
合衆国、計	73.88	75.37	71.83	72.72	64.47	78.81	79.45	73.73
アラバマ	72.53	73.64	69.59	71.12	64.37	77.61	78.85	73.76
アラスカ	72.24	74.83	71.60	72.82	(B)	78.60	79.40	(B)
アリゾナ	74.30	76.10	72.66	73.04	67.20	79.58	79.84	74.90
アーカンソー	73.72	74.33	70.54	71.54	64.03	78.13	78.89	73.58
カリフォルニア	74.57	75.86	72.53	72.61	65.43	79.19	79.26	74.07
コロラド	75.30	76.96	73.79	73.88	68.96	80.01	80.13	75.89
コネティカット	75.12	76.91	73.62	74.25	66.04	79.97	80.37	75.44
デラウェア	73.21	74.76	71.63	72.75	65.51	77.74	78.62	72.91
コロンビア特別区	69.20	67.99	61.97	71.36	57.53	74.23	81.06	71.61
フロリダ	74.00	75.84	72.10	73.19	64.26	79.60	80.46	73.28
ジョージア	72.22	73.61	69.65	71.46	63.98	77.46	78.94	73.34
ハワイ	77.02	78.21	75.37	75.12	(B)	81.26	81.09	(B)
アイダホ	75.19	76.88	73.88	73.90	(B)	79.93	79.93	(B)
イリノイ	73.37	74.90	71.34	72.83	62.41	78.31	79.33	72.39
インディアナ	73.84	75.39	71.99	72.44	65.87	78.62	79.03	73.56
アイオワ	75.81	77.29	73.89	73.98	(B)	80.54	80.62	(B)
カンザス	75.31	76.76	73.40	73.72	67.48	79.99	80.25	75.04
ケンタッキー	73.06	74.37	70.72	71.01	66.06	77.97	78.24	74.13
ルイジアナ	71.74	73.05	69.10	71.15	63.84	76.93	78.54	73.16
メーン	74.59	76.35	72.98	72.98	(B)	79.61	79.61	(B)
メリーランド	73.32	74.79	71.31	73.20	64.99	78.13	79.23	74.31
マサチューセッツ	75.01	76.72	73.32	73.54	68.17	79.80	79.95	76.50
ミシガン	73.67	75.04	71.71	73.06	63.68	78.24	79.14	73.18
ミネソタ	76.15	77.76	74.53	74.78	(B)	80.85	81.02	(B)
ミシシッピ	71.98	73.03	68.90	70.74	64.66	77.10	78.82	73.82
ミズーリ	73.84	75.25	71.54	72.43	63.87	78.82	79.48	73.52
モンタナ	73.93	76.29	73.05	73.59	(B)	79.49	79.92	(B)
ネブラスカ	75.49	76.92	73.57	73.87	(B)	80.17	80.44	(B)
ネバダ	72.64	74.18	70.96	71.26	(B)	77.76	77.99	(B)
ニューハンプシャー	74.98	76.72	73.52	73.48	(B)	79.77	79.74	(B)
ニュージャージー	74.00	75.42	72.16	73.37	63.87	78.49	79.34	72.88
ニューメキシコ	74.01	75.74	72.20	72.66	(B)	79.33	79.53	(B)
ニューヨーク	73.70	74.68	70.86	72.01	63.86	78.32	79.03	74.35
ノースカロライナ	72.96	74.48	70.58	72.21	64.38	78.27	79.44	74.24
ノースダコタ	75.71	77.62	74.35	74.74	(B)	80.99	81.32	(B)
オハイオ	73.49	75.32	71.99	72.70	65.80	78.45	78.95	74.29
オクラホマ	73.67	75.10	71.63	71.76	67.10	78.49	78.59	74.48
オレゴン	74.99	76.44	73.21	73.28	(B)	79.67	79.73	(B)
ペンシルベニア	73.58	75.38	71.91	72.81	63.33	78.66	79.28	73.02
ロードアイランド	74.76	76.54	73.00	73.31	(B)	79.77	79.97	(B)
サウスカロライナ	71.85	73.51	69.59	71.62	64.07	77.34	78.97	73.35
サウスダコタ	74.97	76.91	73.17	74.30	(B)	80.77	81.59	(B)
テネシー	73.30	74.32	70.38	71.38	64.41	78.18	79.10	73.24
テキサス	73.64	75.14	71.41	72.08	65.36	78.87	79.42	74.23
ユタ	75.76	77.70	74.93	75.00	(B)	80.38	80.44	(B)
バーモント	74.79	76.54	73.29	73.25	(B)	79.68	79.65	(B)
バージニア	73.43	75.22	71.77	73.04	65.75	78.56	79.48	74.37
ワシントン	75.13	76.82	73.84	73.97	67.91	79.74	79.81	75.58
ウエストバージニア	72.84	74.26	70.53	70.66	65.00	77.93	78.02	74.36
ウィスコンシン	75.35	76.87	73.61	73.99	66.42	80.03	80.27	75.27
ワイオミング	73.85	76.21	73.16	73.27	(B)	79.29	79.46	(B)

B　元となる数値が小さいため統計的信頼水準に達しない

資料：U.S. National Center for Health Statistics, National Vital Statistics Reports (NVSR), *U.S. Decennial Life Tables for 1989-91*, Vol. 1, No. 3. および *Trends and Comparisons of United States Life Table Data: 1900-1991*; <http://cdc.gov/nchs/products/life_tables.htm#life>

No.109. 死亡数、死亡率——性別、人種、ヒスパニック別：1970－2008年

[1,921は192万1000を表す。死亡率とは、特定集団の人口1,000人当たり。合衆国非居住者の死亡および胎児死亡を除く。年齢調整については本章の解説を参照。ヒスパニックおよび白人・黒人以外の人種のデータについては取り扱いに注意が必要。ヒスパニックと人種に関しては、死亡証明書によるデータとセンサス・調査による結果が一致していない]

性別、人種、ヒスパニック	1970	1980	1990	2000	2002	2003	2004	2005	2006	2007	2008[1]
死亡数[2] (1,000)	1,921	1,990	2,148	2,403	2,443	2,448	2,398	2,448	2,426	2,424	2,473
男性[2] (1,000)	1,078	1,075	1,113	1,178	1,199	1,202	1,182	1,208	1,202	1,204	1,227
女性[2] (1,000)	843	915	1,035	1,226	1,244	1,246	1,216	1,240	1,224	1,220	1,246
白人 (1,000)	1,682	1,739	1,853	2,071	2,103	2,104	2,057	2,098	2,078	2,074	2,121
男性 (1,000)	942	934	951	1,007	1,025	1,026	1,007	1,028	1,022	1,024	1,047
女性 (1,000)	740	805	902	1,064	1,077	1,078	1,049	1,070	1,055	1,050	1,074
黒人 (1,000)	226	233	265	286	290	291	287	293	290	290	289
男性 (1,000)	128	130	145	145	147	148	146	149	149	148	147
女性 (1,000)	98	103	120	141	143	143	141	144	141	141	142
アジア、太平洋諸島民 (1,000)	(NA)	11	21	35	38	40	41	43	45	46	48
男性 (1,000)	(NA)	7	12	19	20	21	21	23	23	24	25
女性 (1,000)	(NA)	4	9	16	18	19	19	20	21	22	23
アメリカインディアン、エスキモー、アリュート (1,000)	6	7	8	11	12	13	13	14	14	14	15
男性 (1,000)	3	4	5	6	7	7	7	8	8	8	8
女性 (1,000)	2	3	3	5	6	6	6	6	6	6	7
ヒスパニック[3] (1,000)	(NA)	(NA)	(NA)	107	117	122	122	131	133	136	140
男性 (1,000)	(NA)	(NA)	(NA)	60	66	68	69	74	74	76	77
女性 (1,000)	(NA)	(NA)	(NA)	47	51	54	54	57	59	60	63
非ヒスパニック、白人系 (1,000)	(NA)	(NA)	(NA)	1,960	1,982	1,979	1,933	1,967	1,945	1,940	1,981
男性 (1,000)	(NA)	(NA)	(NA)	945	958	956	938	954	948	949	969
女性 (1,000)	(NA)	(NA)	(NA)	1,015	1,024	1,023	995	1,013	997	991	1,012
死亡率[2]	9.5	8.8	8.6	8.5	8.5	8.4	8.2	8.3	8.1	8.0	8.1
男性[2]	10.9	9.8	9.2	8.5	8.5	8.5	8.2	8.3	8.1	8.1	8.1
女性[2]	8.1	7.9	8.1	8.6	8.5	8.4	8.2	8.2	8.1	8.0	8.1
白人	9.5	8.9	8.9	9.0	9.0	8.9	8.6	8.7	8.6	8.5	8.6
男性	10.9	9.8	9.3	8.9	8.9	8.8	8.5	8.6	8.5	8.5	8.6
女性	8.1	8.1	8.5	9.1	9.1	9.0	8.7	8.8	8.6	8.5	8.7
黒人	10.0	8.8	8.7	7.8	7.7	7.6	7.4	7.5	7.3	7.2	7.2
男性	11.9	10.3	10.1	8.3	8.2	8.1	7.9	8.0	7.9	7.8	7.6
女性	8.3	7.3	7.5	7.3	7.2	7.2	7.0	7.0	6.8	6.8	6.7
アジア、太平洋諸島民	(NA)	3.0	2.8	3.0	3.0	3.0	3.0	3.0	3.1	3.1	3.2
男性	(NA)	3.8	3.3	3.3	3.3	3.3	3.2	3.3	3.3	3.3	3.4
女性	(NA)	2.2	2.3	2.6	2.7	2.8	2.7	2.8	2.9	2.9	3.0
アメリカインディアン、エスキモー、アリュート	(NA)	4.9	4.0	3.8	4.0	4.2	4.2	4.4	4.4	4.4	4.3
男性	(NA)	6.0	4.8	4.2	4.4	4.6	4.5	4.8	4.8	4.9	4.8
女性	(NA)	3.8	3.3	3.5	3.7	3.9	3.9	4.0	4.0	4.0	3.9
ヒスパニック[3]	(NA)	(NA)	(NA)	3.0	3.0	3.1	3.0	3.1	3.0	3.0	3.0
男性	(NA)	(NA)	4.1	3.3	3.3	3.3	3.2	3.3	3.2	3.2	3.2
女性	(NA)	(NA)	2.9	2.7	2.7	2.8	2.7	2.8	2.7	2.7	2.8
非ヒスパニック、白人系	(NA)	(NA)	(NA)	9.9	10.0	9.9	9.7	9.8	9.7	9.6	9.8
男性	(NA)	(NA)	9.9	9.8	9.8	9.8	9.6	9.7	9.6	9.6	9.8
女性	(NA)	(NA)	9.0	10.1	10.1	10.1	9.8	9.9	9.7	9.7	9.9
年齢調整死亡率[2][4]	12.2	10.4	9.4	8.7	8.5	8.3	8.0	8.0	7.8	7.6	7.6
男性[2]	15.4	13.5	12.0	10.5	10.1	9.9	9.6	9.5	9.2	9.1	9.0
女性[2]	9.7	8.2	7.5	7.3	7.2	7.1	6.8	6.8	6.6	6.4	6.4
白人	11.9	10.1	9.1	8.5	8.3	8.2	7.9	7.9	7.6	7.5	7.5
男性	15.1	13.2	11.7	10.3	9.9	9.7	9.4	9.3	9.1	8.9	8.9
女性	9.4	8.0	7.3	7.2	7.0	6.9	6.7	8.5	6.5	6.3	6.4
黒人	15.2	13.1	12.5	11.2	10.8	10.7	10.3	10.2	9.8	9.6	9.3
男性	18.7	17.0	16.4	14.0	13.4	13.2	12.7	12.5	12.2	11.8	11.5
女性	12.3	10.3	9.8	9.3	9.0	8.9	8.6	8.5	8.1	7.9	7.8
アジア、太平洋諸島民	(NA)	5.9	5.8	5.1	4.7	4.7	4.4	4.4	4.3	4.2	4.1
男性	(NA)	7.9	7.2	6.2	5.8	5.6	5.3	5.3	5.2	5.0	4.9
女性	(NA)	4.3	4.7	4.2	4.0	3.9	3.8	3.7	3.6	3.5	3.5
アメリカインディアン、エスキモー、アリュート	(NA)	8.7	7.2	7.1	6.8	6.9	6.5	6.6	6.4	6.3	6.1
男性	(NA)	11.1	9.2	8.4	7.9	8.0	7.6	7.8	7.4	7.4	7.2
女性	(NA)	6.6	5.6	6.0	5.8	5.9	5.6	5.7	5.6	5.3	5.2
ヒスパニック[3]	(NA)	(NA)	(NA)	6.7	6.3	6.2	5.9	5.9	5.6	5.5	5.4
男性	(NA)	(NA)	8.9	8.2	7.7	7.5	7.1	7.2	6.8	6.5	6.3
女性	(NA)	(NA)	5.4	5.5	5.2	5.2	4.9	4.9	4.7	4.5	4.5
非ヒスパニック、白人系	(NA)	(NA)	(NA)	8.6	8.4	8.3	8.0	8.0	7.8	7.6	7.7
男性	(NA)	(NA)	11.7	10.4	10.0	9.8	9.5	9.5	9.2	9.1	9.1
女性	(NA)	(NA)	7.3	7.2	7.1	7.0	6.8	6.8	6.6	6.5	6.5

NA データなし　1. 暫定値　2. 個別に明示しないその他の人種を含む　3. ヒスパニックは人種を問わない　4. 年齢調整死亡率は、人口の年齢別構成が変化する場合、さらに異なる年齢層の死亡率を比較する場合に、時系列で死亡リスクを表す粗死亡率よりも優れている。年齢調整死亡率は2000年人口で標準化されている

資料：U.S. National Center for Health Statistics, National Vital Statistics Reports (NVSR), *Deaths: Final Data for 2008*; Vol. 59, No. 2（2010年10月）および *Deaths: Final Data for 2007*, Vol.58, No. 19（2010年5月）

No.110. 死亡率――年齢別、性別、人種別：1950－2008年

[人口100,000人当たり]

性別、年齢、人種	全年齢計[1]	1歳未満	1－4歳	5－14歳	15－24歳	25－34歳	35－44歳	45－54歳	55－64歳	65－74歳	75－84歳	85歳以上
男性												
1950	1,106	3,728	152	71	168	217	429	1,067	2,395	4,931	10,426	21,636
1960	1,105	3,059	120	56	152	188	373	992	2,310	4,914	10,178	21,186
1970	1,090	2,410	93	51	189	215	403	959	2,283	4,874	10,010	17,822
1980	977	1,429	73	37	172	196	299	767	1,815	4,105	8,817	18,801
1990	918	1,083	52	29	147	204	310	610	1,553	3,492	7,889	18,057
2000	853	807	36	21	115	139	255	543	1,231	2,980	6,973	17,501
2005	827	762	33	19	118	143	243	548	1,131	2,612	6,350	14,889
2006	815	756	31	18	119	147	239	541	1,110	2,516	6,178	14,309
2007	810	748	31	17	116	144	232	530	1,101	2,457	6,038	14,006
2008[2]	818	709	32	16	110	142	224	527	1,105	2,434	6,035	14,023
白人：												
1990	931	896	46	26	131	176	268	549	1,467	3,398	7,845	18,268
2000	888	668	33	20	106	124	234	497	1,163	2,906	6,933	17,716
2005	865	640	31	17	110	131	229	509	1,068	2,553	6,343	15,157
2006	852	633	28	16	112	135	224	505	1,051	2,456	6,182	14,577
2007	848	628	28	16	108	134	218	498	1,043	2,397	6,049	14,286
2008[2]	861	600	29	15	103	133	214	501	1,052	2,378	6,054	14,359
黒人：												
1990	1,008	2,112	86	41	252	431	700	1,261	2,618	4,946	9,130	16,955
2000	834	1,568	55	28	181	261	453	1,018	2,080	4,254	8,486	16,791
2005	799	1,437	47	27	172	254	396	949	1,954	3,747	7,667	13,810
2006	787	1,407	47	25	171	254	392	922	1,892	3,669	7,393	13,206
2007	776	1,363	45	25	168	240	379	877	1,871	3,605	7,169	12,965
2008[2]	763	1,293	48	24	159	225	348	828	1,828	3,541	7,108	12,538
アジア・太平洋諸島民[3]：												
1990	334	605	45	21	76	80	131	287	789	2,041	5,009	12,446
2000	333	529	23	13	55	55	105	250	642	1,661	4,328	12,125
2005	334	465	21	14	57	56	94	242	545	1,404	3,759	9,839
2006	331	470	18	11	62	54	89	233	551	1,329	3,606	9,525
2007	331	484	25	12	61	50	89	229	523	1,305	3,538	8,918
2008[2]	338	464	18	12	50	55	88	223	530	1,313	3,500	8,742
アメリカインディアン、エスキモー、アリュート[3]：												
1990	476	1,057	77	33	220	256	365	620	1,211	2,462	5,389	11,244
2000	416	700	45	20	136	179	295	520	1,090	2,478	5,351	10,726
2005	482	882	72	23	145	206	337	589	1,124	2,254	4,373	8,419
2006	477	1,058	58	17	156	194	339	592	1,030	2,147	4,198	7,540
2007	488	1,010	64	23	144	198	333	573	1,037	2,132	4,193	7,639
2008[2]	478	660	38	19	151	199	315	618	1,039	2,173	4,157	6,503
女性												
1950	824	2,855	127	49	89	143	290	642	1,405	3,333	8,400	19,195
1960	809	2,321	98	37	61	107	229	527	1,196	2,872	7,633	19,008
1970	808	1,864	75	32	68	102	231	517	1,099	2,580	6,678	15,518
1980	785	1,142	55	24	58	76	159	413	934	2,145	5,440	14,747
1990	812	856	41	19	49	74	138	343	879	1,991	4,883	14,274
2000	855	663	29	15	43	64	143	313	772	1,921	4,815	14,719
2005	825	619	25	14	43	64	144	320	699	1,736	4,520	13,298
2006	806	622	26	13	43	64	142	318	687	1,678	4,388	12,759
2007	797	618	26	13	42	64	137	315	670	1,633	4,304	12,442
2008[2]	809	588	25	12	40	63	135	318	669	1,623	4,316	12,536
白人：												
1990	847	690	36	18	46	62	117	309	823	1,924	4,839	14,401
2000	912	551	26	14	41	55	126	281	731	1,868	4,785	14,891
2005	883	515	23	13	42	58	130	291	664	1,700	4,519	13,498
2006	864	517	24	12	42	59	129	292	655	1,646	4,395	12,966
2007	855	517	23	12	41	60	126	291	638	1,600	4,318	12,647
2008[2]	869	497	23	11	38	58	126	295	639	1,595	4,344	12,769
黒人：												
1990	748	1,736	68	28	69	160	299	639	1,453	2,866	5,688	13,310
2000	733	1,280	45	20	58	122	272	588	1,227	2,690	5,697	13,941
2005	704	1,180	37	19	51	110	250	568	1,104	2,342	5,264	12,790
2006	684	1,195	39	17	51	107	245	548	1,076	2,240	5,029	12,197
2007	676	1,132	39	17	49	102	229	537	1,047	2,210	4,903	11,997
2008[2]	674	1,084	36	16	50	98	222	526	1,030	2,156	4,819	11,874
アジア・太平洋諸島民[3]：												
1990	234	518	32	13	29	38	70	183	483	1,089	3,128	10,254
2000	262	434	20	12	22	28	66	156	391	996	2,882	9,052
2005	283	395	18	12	26	29	58	143	353	906	2,530	7,793
2006	286	357	21	10	25	29	57	145	333	898	2,526	7,560
2007	287	398	18	10	24	28	55	136	329	833	2,471	7,334
2008[2]	301	381	20	9	23	35	49	137	328	868	2,439	7,487
アメリカインディアン、エスキモー、アリュート[3]：												
1990	330	689	38	26	69	102	156	381	806	1,679	3,073	8,201
2000	346	492	40	18	59	85	172	285	772	1,900	3,850	9,118
2005	399	753	46	17	68	91	194	366	699	1,781	3,603	7,065
2006	400	690	51	17	64	92	205	342	687	1,657	3,746	6,634
2007	400	830	46	13	61	91	196	346	694	1,612	3,437	6,248
2008[2]	386	498	40	17	59	99	217	343	670	1,558	3,264	5,981

1. 年齢に関する明示されていない数字は"全年齢"には含まれるが年齢グループには含まれない　2．暫定値　3．白人・黒人以外の人種の死亡率の扱いについては注意が必要である。死亡証明書上の人種の記載と、センサスや調査上の記載が一致しない場合があるためである。

資料：U.S. National Center for Health Statistics, *Health, United States, 2010*および未刊行データ；<http://cdc.gov/nchs/hus.htm> も参照

No.111. 年齢調整死亡率——人種、性別、ヒスパニック別：1970－2008年

[人口100,000人あたりの年齢調整率。センサス年については4月1日現在の算定人口。その他の年については7月1日現在の推定人口。合衆国の非居住者の死亡を除外。ヒスパニックおよび白人、黒人以外の人種についてのデータの取り扱いには注意が必要である。死亡診断書の人種別と調査の人種別は必ずしも一致しない。本章の解説および付録Ⅲを参照。本書前年版の表No.109も参照]

性別、人種、ヒスパニック	1970	1980	1990	2000	2003	2004	2005	2006	2007	2008[1]
全人種[2]										
計	1,223	1,039	939	869	833	801	799	777	760	759
男性	1,542	1,348	1,203	1,054	994	956	951	925	906	901
女性	971	818	751	731	706	679	678	658	643	644
白人										
計	1,193	1,013	910	850	817	786	785	764	749	751
男性	1,514	1,318	1,166	1,029	974	937	933	908	891	890
女性	944	796	729	715	693	667	667	648	635	637
黒人										
計	1,518	1,315	1,250	1,121	1,066	1,027	1,017	982	958	936
男性	1,874	1,698	1,645	1,404	1,319	1,269	1,253	1,216	1,184	1,151
女性	1,229	1,033	975	928	886	855	846	813	794	779
アジア系・太平洋諸島民										
計	(NA)	590	582	506	466	444	440	429	415	414
男性	(NA)	787	716	624	563	535	534	516	499	493
女性	(NA)	426	469	417	393	376	369	363	351	354
アメリカインディアン、エスキモー、アリュート										
計	(NA)	867	716	709	685	650	663	642	627	610
男性	(NA)	1,112	916	842	797	758	775	740	737	718
女性	(NA)	662	562	605	592	558	568	556	533	515
ヒスパニック[3]										
計	(NA)	(NA)	(NA)	666	621	587	591	564	546	536
男性	(NA)	(NA)	886	818	748	707	717	676	655	635
女性	(NA)	(NA)	537	546	516	486	485	469	453	449
非ヒスパニック、白人系										
計	(NA)	(NA)	(NA)	856	826	797	797	777	763	766
男性	(NA)	(NA)	1,171	1,035	984	949	945	923	907	909
女性	(NA)	(NA)	735	722	702	678	679	660	648	651

NA データなし　1．暫定値　2．1970-1990年については個別に示さないその他の人種の死亡を含む　3．ヒスパニックは人種を問わない

資料：U.S. National Center for Health Statistics, National Vital Statistics Reports (NVSR), *Deaths: Final Data for 2007*, Vol. 58, No. 19 (2010年5月) および未刊行資料

No.112. 死亡率——ヒスパニック、年齢、性別：2000－2008年

[10万人当たりの割合。センサス年については4月1日の人口、その他の年については7月1日の推計人口に基づく率。合衆国に居住しないものを除く。ヒスパニックの死亡に関しては、死亡証明書によるデータとセンサス・調査による結果が一致していないので、取り扱いに注意が必要。本書前年版の表No.110も参照]

年齢	ヒスパニック男性			ヒスパニック女性			非ヒスパニック 白人男性			非ヒスパニック 白人女性		
	2000	2005	2008[1]	2000	2005	2008[1]	2000	2005	2008[1]	2000	2005	2008[1]
年齢調整[2]	818	717	635	546	485	449	1,035	945	909	722	678	651
粗率[3]	331	334	319	275	278	277	979	971	978	1,007	993	986
1歳未満	637	670	579	554	555	482	659	626	596	531	497	489
1－4歳	32	33	28	28	25	22	32	30	29	24	22	23
5－14歳	18	15	13	13	12	11	20	17	15	14	13	11
15－24歳	108	120	104	32	37	31	104	106	101	43	42	39
25－34歳	120	116	107	43	41	43	123	134	141	57	62	62
35－44歳	211	182	159	101	91	83	234	236	226	128	137	134
45－54歳	439	417	374	224	216	201	498	517	516	285	299	307
55－64歳	966	876	836	548	494	480	1,171	1,080	1,067	742	677	652
65－74歳	2,288	2,029	1,839	1,423	1,292	1,161	2,931	2,585	2,413	1,891	1,730	1,628
75－84歳	5,395	4,857	4,289	3,625	3,366	3,148	6,978	6,420	6,167	4,819	4,580	4,420
85歳以上	13,086	10,141	8,475	11,203	9,068	8,343	17,853	15,401	14,721	14,972	13,683	12,997

1．暫定値　2．年齢調整死亡率は、人口の年齢別構成が変化する場合、さらに異なる年齢層の死亡率を比較する場合に、時系列で死亡リスクを表す祖死亡率よりも優れている。年齢調整死亡率は2000年人口で標準化されている　3．当該期間における総死亡者数は、7月1日現在の総居住人口によって配分される

資料：U.S. National Center for Health Statistics, *National Vital Statistics Reports (NVSR), Deaths: Final Data for 2007*, Vol. 58, No. 19 (2010年5月) および未刊行資料

No.113. 死亡数、死亡率——州、海外領土別：1990－2008年

[2,148は214万8000人を表す。居住州別。脚注に示したものを除き、合衆国非居住者の死亡を除く。州別データは、その地域の人口構成により影響を受けているので、州別データの比較時には注意のこと。付録IIIを参照。本書前年版の表No.111も参照]

州、島嶼部(海外領土)	死亡数(1,000人)						人口1,000人あたりの死亡率[1]						年齢調整済死亡率 2008[2,3]
	1990	1995	2000	2005	2007	2008[2]	1990	1995	2000	2005	2007	2008[2]	
合衆国、計	2,148	2,312	2,403	2,448	2,424	2,473	8.6	8.7	8.5	8.3	8.0	8.1	7.6
アラバマ	39	42	45	47	47	48	9.7	10.0	10.1	10.3	10.1	10.2	9.3
アラスカ	2	3	3	3	3	3	4.0	4.2	4.6	4.8	5.1	5.1	7.4
アリゾナ	29	35	41	46	46	46	7.9	8.4	7.9	7.7	7.2	7.0	6.5
アーカンソー	25	27	28	28	28	29	10.5	10.8	10.6	10.1	9.9	10.3	9.0
カリフォルニア	214	224	230	237	234	234	7.2	7.1	6.8	6.6	6.4	6.4	6.6
コロラド	22	25	27	30	30	31	6.6	6.7	6.3	6.4	6.2	6.3	7.1
コネティカット	28	29	30	29	29	29	8.4	9.0	8.8	8.4	8.2	8.2	6.9
デラウェア	6	6	7	7	7	8	8.7	8.8	8.8	8.9	8.5	8.7	7.8
コロンビア特別区	7	7	6	5	5	5	12.0	12.4	10.5	10.0	8.8	8.7	8.5
フロリダ	134	153	164	171	168	171	10.4	10.8	10.3	9.6	9.2	9.3	6.8
ジョージア	52	58	64	67	68	70	8.0	8.1	7.8	7.4	7.2	7.2	8.4
ハワイ	7	8	8	9	9	9	6.1	6.4	6.8	7.2	7.4	7.4	5.9
アイダホ	7	9	10	11	11	11	7.4	7.3	7.4	7.4	7.2	7.2	7.2
イリノイ	103	108	107	104	101	104	9.0	9.2	8.6	8.1	7.8	8.0	7.7
インディアナ	50	53	55	56	54	57	8.9	9.2	9.1	8.9	8.5	8.9	8.4
アイオワ	27	28	28	28	27	29	9.7	9.9	9.6	9.4	9.1	9.5	7.4
カンザス	22	24	25	25	24	25	9.0	9.3	9.2	9.0	8.8	8.9	7.8
ケンタッキー	35	37	40	40	40	41	9.5	9.6	9.8	9.6	9.5	9.7	9.0
ルイジアナ	38	40	41	44	41	41	8.9	9.1	9.2	9.8	9.3	9.2	9.2
メーン	11	12	12	13	12	13	9.0	9.5	9.7	9.7	9.5	9.5	7.6
メリーランド	38	42	44	44	44	44	8.0	8.3	8.3	7.8	7.8	7.8	7.7
マサチューセッツ	53	55	57	54	53	54	8.8	9.1	8.9	8.4	8.2	8.2	7.1
ミシガン	79	84	87	87	87	88	8.5	8.8	8.7	8.6	8.6	8.8	8.1
ミネソタ	35	38	38	38	37	38	7.9	8.1	7.7	7.3	7.1	7.4	6.8
ミシシッピ	25	27	29	29	28	29	9.8	10.0	10.1	10.0	9.7	9.9	9.5
ミズーリ	50	54	55	55	54	57	9.8	10.2	9.8	9.4	9.2	9.6	8.5
モンタナ	7	8	8	9	9	9	9.1	9.2	9.0	9.1	9.0	9.2	7.9
ネブラスカ	15	15	15	15	15	15	9.4	9.3	8.8	8.5	8.6	8.7	7.4
ネバダ	9	13	15	19	19	[4]21	7.8	8.2	7.6	7.9	7.3	[4]8.0	[4]8.7
ニューハンプシャー	8	9	10	10	10	10	7.7	8.1	7.8	7.8	7.8	7.8	7.1
ニュージャージー	70	74	75	72	70	70	9.1	9.3	8.9	8.3	8.0	8.0	7.2
ニューメキシコ	11	13	13	15	15	16	7.0	7.4	7.4	7.8	7.9	8.1	7.6
ニューヨーク	169	168	158	152	148	149	9.4	9.3	8.3	7.9	7.7	7.6	6.8
ノースカロライナ	57	65	72	75	76	77	8.6	9.0	8.9	8.6	8.4	8.4	8.3
ノースダコタ	6	6	6	6	6	6	8.9	9.3	9.1	9.0	8.7	9.2	7.1
オハイオ	99	106	108	109	107	110	9.1	9.5	9.5	9.5	9.3	9.6	8.4
オクラホマ	30	33	35	36	36	37	9.7	10.0	10.2	10.2	10.0	10.2	9.3
オレゴン	25	28	30	31	31	32	8.8	9.0	8.6	8.5	8.4	8.4	7.5
ペンシルベニア	122	128	131	130	125	127	10.3	10.6	10.7	10.4	10.1	10.2	8.0
ロードアイランド	10	10	10	10	10	10	9.5	9.8	9.6	9.4	9.3	9.3	7.5
サウスカロライナ	30	34	37	39	39	40	8.5	9.1	9.2	9.1	8.9	9.0	8.4
サウスダコタ	6	7	7	7	7	7	9.1	9.5	9.3	9.1	8.6	8.8	7.1
テネシー	46	51	55	57	57	59	9.5	9.8	9.7	9.6	9.3	9.5	8.9
テキサス	125	138	150	156	161	165	7.4	7.4	7.2	6.8	6.7	6.8	7.8
ユタ	9	11	12	13	14	14	5.3	5.6	5.5	5.4	5.3	5.1	6.6
バーモント	5	5	5	5	5	5	8.2	8.5	8.4	8.1	8.3	8.4	7.2
バージニア	48	53	56	58	58	59	7.8	8.0	8.0	7.6	7.6	7.6	7.6
ワシントン	37	41	44	46	47	49	7.6	7.5	7.5	7.3	7.3	7.4	7.2
ウエストバージニア	19	20	21	21	21	22	10.8	11.1	11.7	11.4	11.6	11.9	9.6
ウィスコンシン	43	45	46	47	46	47	8.7	8.8	8.7	8.4	8.3	8.3	7.3
ワイオミング	3	4	4	4	4	4	7.1	7.7	7.9	8.0	8.2	7.9	7.7
プエルトリコ	26	30	28	30	28	29	7.3	8.1	7.2	7.5	7.4	7.3	7.0
ヴァージン諸島	(Z)	1	1	1	1	1	4.6	5.8	5.3	6.1	6.4	6.4	6.8
グアム	1	1	1	1	1	1	3.9	4.1	4.2	4.0	4.5	4.3	6.8
米領サモア	(NA)	(NA)	(Z)	(Z)	(Z)	(Z)	(NA)	(NA)	3.3	4.4	3.9	3.7	9.6
北マリアナ諸島	(NA)	(NA)	(Z)	(Z)	(Z)	(NA)	(NA)	(NA)	1.9	2.3	1.6	(NA)	(NA)

NA データなし　Z 500未満　1. 1990年と2000年は4月1日現在の人口、その他の年は7月1日現在の推定人口に基づく割合　2. 暫定値　3. 年齢調整死亡率は、人口の年齢別構成が変化する場合、さらに異なる年齢層の死亡率を比較する場合に、時系列で死亡リスクを表す粗死亡率よりも優れている。本章の解説を参照　4. ネバダ州のデータは、死亡者の居住地に関する情報が不足しているため、ネバダ州内で死亡した者をすべてネバダ州の死者としてカウントしている。データには、ネバダ州外に居住する死亡者が約8％程度含まれるものと考えられる

資料：U.S. National Center for Health Statistics, National Vital Statistics Reports (NVSR), *Deaths: Final Data for 2008*, Vol. 59, No. 2 (2010年12月) および *Deaths: Final Data for 2007*, Vol. 58, No. 19 (2010年5月)

No.114. 胎児および乳幼児の死亡：1990－2005年

[付録Ⅲを参照]

年	胎児死亡[1]			乳幼児死亡		胎児死亡率[2]			周産期死亡率	
	計[1]	20－27週[3]	28週以上[3]	7日未満	28日未満	計[1]	20－27週[3]	28週以上[3]	定義Ⅰ[4]	定義Ⅱ[5]
1990	31,386	13,427	17,959	19,439	23,591	7.49	3.22	4.30	8.95	13.12
1995	27,294	13,043	14,251	15,483	19,186	6.95	3.33	3.64	7.60	11.84
1996	27,069	12,990	14,079	14,947	18,556	6.91	3.33	3.60	7.43	11.64
1997	26,486	12,800	13,686	14,827	18,507	6.78	3.29	3.51	7.32	11.51
1998	26,702	13,229	13,473	15,061	18,915	6.73	3.35	3.41	7.21	11.50
1999	26,884	13,457	13,427	14,874	18,700	6.74	3.39	3.38	7.12	11.44
2000	27,003	13,497	13,506	14,893	18,733	6.61	3.31	3.32	6.97	11.19
2001	26,373	13,122	13,251	14,622	18,275	6.51	3.25	3.28	6.90	11.02
2002	25,943	13,072	12,871	15,020	18,791	6.41	3.24	3.19	6.91	11.05
2003	25,653	13,168	12,485	15,152	18,935	6.23	3.21	3.04	6.74	10.83
2004	25,655	12,894	12,761	14,836	18,602	6.20	3.13	3.09	6.69	10.70
2005	25,894	13,327	12,567	15,013	18,782	6.22	3.21	3.03	6.65	10.73

1．妊娠20週以上の確認された胎児死亡　2．率は、出生と胎児死亡1000件当たりの各グループの胎児死亡の数　3．妊娠期間不詳のものは比例配分している　4．出生と胎児死亡1000件あたりの、7日未満の乳幼児死亡と妊娠28週以上の胎児死亡数　5．出生と胎児死亡1000件あたりの、妊娠28週未満の胎児死亡と妊娠20週以上の胎児死亡数
資料：U.S. National Center for Health Statistics, National Vital Statistics Reports (NVSR), *Fetal and Perinatal Mortality, U.S., 2005*, Vol. 57. No.8 (2009年1月)

No.115. 乳幼児、新生児および母親の死亡率―人種別：1980－2007年

[出生1000件あたりの死亡数。死亡証明書、死産証明書、出生証明書に基づく。合衆国の非居住者の死亡は除く。付録Ⅲを参照]

人種、年	乳幼児死亡率[1]	新生児死亡率[1]		新生児以降[1]	胎児死亡率[2]	後期胎児死亡率[3]	周産期死亡率[4]	母親の死亡率[5]
		28日未満	7日未満					
全人種								
1980	12.6	8.5	7.1	4.1	9.1	6.2	13.2	9.2
1990	9.2	5.8	4.8	3.4	7.5	4.3	9.1	8.2
1995	7.6	4.9	4.0	2.7	7.0	3.6	7.6	7.1
2000	6.9	4.6	3.7	2.3	6.6	3.3	7.0	9.8
2002	7.0	4.7	3.7	2.3	6.4	3.2	6.9	8.9
2003	6.9	4.6	3.7	2.2	6.3	3.1	6.8	[6]12.1
2004	6.8	4.5	3.6	2.3	6.3	3.1	6.7	[6]13.1
2005	6.9	4.5	3.6	2.3	6.2	3.0	6.6	[6]15.1
2006	6.7	4.5	3.5	2.2	(NA)	(NA)	(NA)	13.3
2007	6.8	4.4	3.5	2.3	(NA)	(NA)	(NA)	12.7
白人[7]								
1980	10.9	7.4	6.1	3.5	8.1	5.7	11.8	6.7
1990	7.6	4.8	3.9	2.8	6.4	3.8	7.7	5.4
1995	6.3	4.1	3.3	2.2	5.9	3.3	6.5	4.2
2000	5.7	3.8	3.0	1.9	5.6	2.9	5.9	7.5
2002	5.8	3.9	3.1	1.9	5.5	2.8	5.9	6.0
2003	5.7	3.9	3.1	1.8	5.2	2.7	5.8	[6]8.7
2004	5.7	3.8	3.0	1.9	5.3	(NA)	(NA)	[6]9.3
2005	5.7	3.8	3.0	1.9	5.3	(NA)	(NA)	[6]11.1
2006	5.6	3.7	2.9	1.8	(NA)	(NA)	(NA)	9.5
2007	5.6	3.7	2.9	1.9	(NA)	(NA)	(NA)	10.0
黒人[7]								
1980	22.2	14.6	12.3	7.6	14.7	9.1	21.3	21.5
1990	18.0	11.6	9.7	6.4	13.3	6.7	16.4	22.4
1995	15.1	9.8	8.2	5.3	12.7	5.7	13.8	22.1
2000	14.1	9.4	7.6	4.7	12.4	5.4	13.0	22.0
2002	14.4	9.5	7.8	4.8	11.9	5.2	12.8	24.9
2003	14.0	9.4	7.5	4.6	12.1	5.1	12.5	[6]30.5
2004	13.8	9.1	7.3	4.7	11.6	(NA)	(NA)	[6]34.7
2005	13.7	9.1	7.3	4.7	11.4	(NA)	(NA)	[6]36.5
2006	13.4	8.8	7.0	4.5	(NA)	(NA)	(NA)	32.7
2007	13.2	8.6	6.9	4.6	(NA)	(NA)	(NA)	26.5

NA　データなし　1．乳幼児（1歳未満）、新生児（28日未満）、初期新生児（7日未満）、新生児以降乳幼児（28日から11ヶ月）　2．出生および胎児死亡1000件あたりの妊娠20週以上の胎児死亡数　3．出生と胎児死亡1000件あたりの、妊娠28週以上の胎児死亡数　4．出生と胎児死亡1000件あたりの、妊娠後期の胎児死亡と7日未満の死亡数　5．出生100,000件あたりの、異常妊娠、出産、産褥による死亡数。2000年以降、死亡は国際疾病分類第10版により分類される。それ以前の年は、その時々の版に準拠する。本章の解説を参照　6．増加の原因は、一部は、増加する報告における妊娠の状況別の死亡を判定するのに、異なる項目を使用するようになったことによる　7．乳幼児死亡数は死者の人種による。死産および出産は母親の人種による
資料：U.S. National Center for Health Statistics, *Health, United States, 2010*; ⟨http://cdc.gov/nchs/hus.htm⟩も参照

No.116. 幼児死亡率──人種別、州別：1980－2007年

[居住地ごとの、出生1,000人あたりの死亡数。1歳未満の乳児の死亡。胎児を除く。合衆国非居住者の死亡を除く。表No.112の頭注および付録Ⅲを参照]

州	合計[1]				白人				黒人			
	1980	1990	2000	2007	1980	1990	2000	2007	1980	1990	2000	2007
合衆国、計	**12.6**	**9.2**	**6.9**	**6.8**	**10.9**	**7.6**	**5.7**	**5.6**	**22.2**	**18.0**	**14.1**	**13.2**
アラバマ	15.1	10.8	9.4	9.9	11.6	8.1	6.6	8.0	21.6	16.0	15.4	14.4
アラスカ	12.3	10.5	6.8	6.5	9.4	7.6	5.8	5.2	19.5	(B)	(B)	(B)
アリゾナ	12.4	8.8	6.7	6.8	11.8	7.8	6.2	6.5	18.4	20.6	17.6	15.0
アーカンソー	12.7	9.2	8.4	7.7	10.3	8.4	7.0	6.5	20.0	13.9	13.7	13.2
カリフォルニア	11.1	7.9	5.4	5.2	10.6	7.0	5.1	4.9	18.0	16.8	12.9	12.4
コロラド	10.1	8.8	6.2	6.1	9.8	7.8	5.6	5.9	19.1	19.4	19.5	13.2
コネティカット	11.2	7.9	6.6	6.6	10.2	6.3	5.6	5.9	19.1	17.6	14.4	12.1
デラウェア	13.9	10.1	9.2	7.5	9.8	9.7	7.9	6.1	27.9	20.1	14.6	11.8
コロンビア特別区	25.0	20.7	12.0	13.1	17.8	(B)	(B)	8.5	26.7	24.6	16.1	16.6
フロリダ	14.6	9.6	7.0	7.1	11.8	6.7	5.4	5.5	22.8	16.8	12.6	12.2
ジョージア	14.5	12.4	8.5	8.0	10.8	7.4	5.9	5.6	21.0	18.3	13.9	12.8
ハワイ	10.3	6.7	8.1	6.5	11.6	6.1	6.5	6.1	(B)	(B)	(B)	(B)
アイダホ	10.7	8.7	7.5	6.8	10.7	8.6	7.5	6.6	(NA)	(B)	(B)	(B)
イリノイ	14.8	10.7	8.5	6.7	11.7	7.9	6.6	5.2	26.3	22.4	17.1	14.2
インディアナ	11.9	9.6	7.8	7.6	10.5	7.9	6.9	6.6	23.4	17.4	15.8	16.0
アイオワ	11.8	8.1	6.5	5.5	11.5	7.9	6.0	5.3	27.2	21.9	21.1	11.6
カンザス	10.4	8.4	6.8	7.9	9.5	8.0	6.4	7.0	20.6	17.7	12.2	19.0
ケンタッキー	12.9	8.5	7.2	6.7	12.0	8.2	6.7	6.0	22.0	14.3	12.7	12.7
ルイジアナ	14.3	11.1	9.0	9.2	10.5	8.1	5.9	6.1	20.6	16.7	13.3	14.1
メーン	9.2	6.2	4.9	6.3	9.4	6.7	4.8	6.3	(B)	(B)	(B)	(B)
メリーランド	14.0	9.5	7.6	8.0	11.6	6.8	4.8	4.8	20.4	17.1	13.2	13.6
マサチューセッツ	10.5	7.0	4.6	4.9	10.1	6.1	4.0	4.5	16.8	11.9	9.9	8.8
ミシガン	12.8	10.7	8.2	7.9	10.6	7.4	6.0	6.1	24.2	21.6	18.2	16.4
ミネソタ	10.0	7.3	5.6	5.6	9.6	6.7	4.8	4.7	20.0	23.7	14.6	11.7
ミシシッピ	17.0	12.1	10.7	10.0	11.1	7.4	6.8	6.7	23.7	16.2	15.3	13.9
ミズーリ	12.4	9.4	7.2	7.5	11.1	7.9	5.9	5.9	20.7	18.2	14.7	16.5
モンタナ	12.4	9.0	6.1	6.4	11.8	6.0	5.5	5.9	(NA)	(B)	(B)	(B)
ネブラスカ	11.5	8.3	7.3	6.8	10.7	6.9	6.4	6.1	25.2	18.9	20.3	14.0
ネバダ	10.7	8.4	6.5	6.4	10.0	8.2	6.0	6.0	20.6	14.2	12.7	12.4
ニューハンプシャー	9.9	7.1	5.7	5.4	9.9	6.0	5.5	5.3	22.5	(B)	(B)	(B)
ニュージャージー	12.5	9.0	6.3	5.2	10.3	6.4	5.0	4.1	21.9	18.4	13.6	11.0
ニューメキシコ	11.5	9.0	6.6	6.3	11.3	7.6	6.3	6.0	23.1	(B)	(B)	(B)
ニューヨーク	12.5	9.6	6.4	5.6	10.8	7.4	5.4	5.0	20.0	18.1	10.9	8.8
ノースカロライナ	14.5	10.6	8.6	8.5	12.1	8.0	6.3	6.4	20.0	16.5	15.7	15.1
ノースダコタ	12.1	8.0	8.1	7.5	11.7	7.2	7.5	6.8	27.5	(B)	(B)	(B)
オハイオ	12.8	9.8	7.6	7.7	11.2	7.8	6.3	6.3	23.0	19.5	15.4	14.8
オクラホマ	12.7	9.2	8.5	8.5	12.1	9.1	7.9	7.3	21.8	14.3	16.9	18.0
オレゴン	12.2	8.3	5.6	5.8	12.2	7.0	5.5	5.7	15.9	(B)	(B)	(B)
ペンシルベニア	13.2	9.6	7.1	7.6	11.9	7.4	5.8	6.1	23.1	20.5	15.7	15.1
ロードアイランド	11.0	8.1	6.3	7.4	10.9	7.0	5.9	6.5	(B)	(B)	(B)	16.0
サウスカロライナ	15.6	11.7	8.7	8.6	10.8	8.1	5.4	6.0	22.9	17.3	14.8	13.7
サウスダコタ	10.9	10.1	5.5	6.4	9.0	8.0	4.3	5.6	(NA)	(B)	(B)	(B)
テネシー	13.5	10.3	9.1	8.3	11.9	7.3	6.8	6.4	19.3	17.9	18.0	15.7
テキサス	12.2	8.1	5.7	6.3	11.2	6.7	5.1	5.7	18.8	14.7	11.4	11.5
ユタ	10.4	7.5	5.2	5.1	10.5	6.0	5.1	5.0	27.3	(B)	(B)	(B)
バーモント	10.7	6.4	6.0	5.1	10.7	5.9	6.1	4.8	(B)	(B)	(B)	(B)
バージニア	13.6	10.2	6.9	7.8	11.9	7.4	5.4	5.8	19.8	19.5	12.4	15.4
ワシントン	11.8	7.8	5.2	4.8	11.5	7.3	4.9	4.3	16.4	20.6	9.4	10.3
ウエストバージニア	11.8	9.9	7.6	7.5	11.4	8.1	7.4	7.0	21.5	(B)	(B)	(B)
ウィスコンシン	10.3	8.2	6.6	6.5	9.7	7.7	5.5	5.4	18.5	19.0	17.2	15.2
ワイオミング	9.8	8.6	6.7	7.4	9.3	7.5	6.5	6.7	25.9	(B)	(B)	(B)
プエルトリコ	(NA)	(NA)	9.7	8.5	(NA)	(NA)	10.2	9.1	(NA)	(NA)	(B)	(B)
ヴァージン諸島	(NA)	(NA)	13.4	(B)	(NA)	(NA)	(B)	(B)	(B)	(B)	(B)	(B)
グアム	(NA)	(NA)	5.8	10.3	(NA)	(NA)	(B)	(B)	(B)	(B)	(B)	(B)
米領サモア	(NA)	(NA)	(B)	(B)	(B)	(B)	(B)	(B)	(B)	(B)	(B)	(B)
北マリアナ諸島	(NA)	(NA)	(B)	(B)	(B)	(B)	(B)	(B)	(B)	(B)	(B)	(B)

B 元となる数値が小さく統計的信頼水準に達しない　NA データなし　1．個別に明示しないその他の人種を含む

資料：U.S. National Center for Health Statistics, National Vital Statistics Reports (NVSR), *Deaths: Final Data for 2007*, Vol. 58, No. 19（2010年5月）およびそれ以前の報告

No.117. 主な死因別年齢調整死亡率：1960－2008年

[人口100,000人あたりの年齢調整死亡率。年令調整死亡率は、特定の人口グループの死亡率を年齢別の基準人口に照らし合わせて、年令構造の違いを考慮して調整した死亡率である。年令調整によって、人口の年令構造の違いによる、時点間あるいはグループ間のみかけの死亡率の差を調整して比較可能にする。1999年以降、死亡原因の分類は国際疾病分類第10版に準拠。それ以前の年については当時の国際疾病分類に準拠。このため死亡原因の傾向に関してのデータとして継続性がない。付録Ⅲを参照]

年	心臓病	悪性腫瘍 (癌)	脳血管障害	慢性下気道疾患	事故[1]	アルツハイマー病	糖尿病	インフルエンザ、肺炎	腎炎、腎臓疾患、ネフローゼ	自殺
1960	559.0	193.9	177.9	12.5	63.1	(NA)	22.5	53.7	10.6	12.5
1961	545.3	193.4	173.1	12.6	60.6	(NA)	22.1	43.4	10.0	12.2
1962	556.9	193.3	174.0	14.2	62.9	(NA)	22.6	47.1	9.6	12.8
1963	563.4	194.7	173.9	16.5	64.0	(NA)	23.1	55.6	9.2	13.0
1964	543.3	193.6	167.0	16.3	64.1	(NA)	22.5	45.4	8.9	12.7
1965	542.5	195.6	166.4	18.3	65.8	(NA)	22.9	46.8	8.3	13.0
1966	541.2	196.5	165.8	19.2	67.6	(NA)	23.6	47.9	7.9	12.7
1967	524.7	197.3	159.3	19.2	66.2	(NA)	23.4	42.2	7.3	12.5
1968	531.0	198.8	162.5	20.7	65.5	(NA)	25.3	52.8	6.1	12.4
1969	516.8	198.5	155.4	20.9	64.9	(NA)	25.1	47.9	6.0	12.7
1970	492.7	198.6	147.7	21.3	62.2	(NA)	24.3	41.7	5.5	13.1
1971	492.9	199.3	147.6	21.8	60.3	(NA)	23.9	38.4	5.2	13.1
1972	490.2	200.3	147.3	22.8	60.2	(NA)	23.7	41.3	5.2	13.3
1973	482.0	200.0	145.2	23.6	59.3	(NA)	23.0	41.2	5.0	13.1
1974	458.8	201.5	136.8	23.2	52.7	(NA)	22.1	35.5	4.7	13.2
1975	431.2	200.1	123.5	23.7	50.8	(NA)	20.3	34.9	4.7	13.6
1976	426.9	202.5	117.4	24.9	48.7	(NA)	19.5	38.8	4.9	13.2
1977	413.7	203.5	110.4	24.7	48.8	(NA)	18.2	31.0	4.8	13.7
1978	409.9	204.9	103.7	26.3	48.9	(NA)	18.3	34.5	4.8	12.9
1979	401.6	204.0	97.1	25.5	46.5	(NA)	17.5	26.1	8.6	12.6
1980	412.1	207.9	96.4	28.3	46.4	(NA)	18.1	31.4	9.1	12.2
1981	397.0	206.4	89.5	29.0	43.4	0.9	17.6	30.0	9.1	12.3
1982	389.0	208.3	84.2	29.1	40.1	1.3	17.2	26.5	9.4	12.5
1983	388.9	209.1	81.2	31.6	39.1	2.2	17.6	29.8	9.6	12.4
1984	378.8	210.8	78.7	32.4	38.8	3.1	17.2	30.6	10.0	12.6
1985	375.0	211.3	76.6	34.5	38.5	4.1	17.4	34.5	10.4	12.5
1986	365.1	211.5	73.1	34.8	38.6	4.6	17.2	34.8	10.4	13.0
1987	355.9	211.7	71.6	35.0	38.2	5.5	17.4	33.8	10.4	12.8
1988	352.5	212.5	70.6	36.5	38.9	5.8	18.0	37.3	10.4	12.5
1989	332.0	214.2	66.9	36.6	37.7	6.1	20.5	35.9	9.6	12.3
1990	321.8	216.0	65.3	37.2	36.3	6.3	20.7	36.8	9.3	12.5
1991	312.5	215.2	62.9	37.9	34.7	6.3	20.7	34.7	9.3	12.3
1992	304.0	213.5	61.5	37.7	33.2	6.3	20.7	32.8	9.4	12.0
1993	308.1	213.5	62.7	40.7	34.2	7.1	21.9	35.0	9.7	12.1
1994	297.5	211.7	62.6	40.3	34.2	7.7	22.6	33.6	9.4	11.9
1995	293.4	209.9	63.1	40.1	34.4	8.4	23.2	33.4	9.5	11.8
1996	285.7	206.7	62.5	40.6	34.5	8.5	23.8	32.9	9.6	11.5
1997	277.7	203.4	61.1	41.1	34.2	8.7	23.7	33.3	9.8	11.2
1998	267.4	202.1	62.8	43.8	35.6	8.6	24.2	24.2	9.8	11.1
1999	266.5	200.8	61.6	45.4	35.3	16.5	25.0	23.5	13.0	10.5
2000	257.6	199.6	60.9	44.2	34.9	18.1	25.0	23.7	13.5	10.4
2001	247.8	196.0	57.9	43.7	35.7	19.1	25.3	22.0	14.0	10.7
2002	240.8	193.5	56.2	43.5	36.9	20.2	25.4	22.6	14.2	10.9
2003	232.3	190.1	53.5	43.3	37.3	21.4	25.3	22.0	14.4	10.8
2004	217.0	185.8	50.0	41.1	37.7	21.8	24.5	19.8	14.2	10.9
2005	211.1	183.8	46.6	43.2	39.1	22.9	24.6	20.3	14.3	10.9
2006	200.2	180.7	43.6	40.5	39.8	22.6	23.3	17.8	14.5	10.9
2007	190.9	178.4	42.2	40.8	40.0	22.7	22.5	16.2	14.5	11.3
2008[2]	186.7	175.5	40.6	44.0	38.6	24.4	21.8	17.0	14.8	11.6

NA データなし　1. 故意によらない負傷　2. 暫定値

資料：U.S. National Center for Health Statistics, *Health, United States, 2010*；<http://www.cdc.gov/nchs/hus.htm>を参照。および National Vital Statistics Reports (NVSR), *Deaths: Final Data for 2008,* Vol. 59, No. 2（2010年12月）

No.118. 主要な死因——人種別：2007年

[死因は国際疾病分類（ICD）第10版に基づく]

死因	白人 順位[1]	白人 死亡数	白人 %	黒人 順位[1]	黒人 死亡数	黒人 %	アメリカインディアン・アラスカ原住民 順位[1]	死亡数	%	アジア系太平洋諸島民 順位[1]	死亡数	%
全死亡	(X)	2,074,151	100.0	(X)	289,585	100.0	(X)	14,367	100.0	(X)	45,609	100.0
心臓病	1	531,636	25.6	1	71,209	24.6	1	2,648	18.4	2	10,574	23.2
悪性腫瘍	2	483,939	23.3	2	64,049	22.1	2	2,561	17.8	1	12,326	27.0
脳血管障害	3	114,695	5.5	3	17,085	5.9	5	586	4.1	3	3,586	7.9
慢性下部呼吸器障害	4	118,081	5.7	7	7,901	2.7	7	611	4.3	7	1,331	2.9
事故（故意ではない負傷）	5	106,252	5.1	4	13,559	4.7	3	1,701	11.8	4	2,194	4.8
アルツハイマー	6	68,933	3.3	14	4,760	1.6	13	191	1.3	10	748	1.6
糖尿病	7	56,390	2.7	5	12,459	4.3	4	790	5.5	5	1,743	3.8
インフルエンザおよび肺炎	8	45,947	2.2	11	5,155	1.8	9	280	1.9	6	1,335	2.9
腎炎、ネフローゼ、ネフローゼ症候群	9	36,871	1.8	8	8,392	2.9	10	292	2.0	8	893	2.0
自殺	10	31,348	1.5	16	1,958	0.7	8	392	2.7	9	900	2.0
敗血症	11	27,750	1.3	10	6,297	2.2	12	230	1.6	12	551	1.2
慢性肝臓病、肝硬変	12	25,490	1.2	15	2,558	0.9	6	709	4.9	15	408	0.9
殺人	20	8,914	0.4	6	8,870	3.1	11	220	1.5	14	357	0.8
ヒト免疫不全ウィルス（エイズ、HIV）	22	4,672	0.2	9	6,470	2.2	17	78	0.5	25	75	0.2

X 該当なし　1．死亡者数の順位

資料：U.S. National Center for Health Statistics, National Vital Statistics Reports (NVSR), *Deaths: Final Data for 2007*, Vol. 58, No.19 (2010年5月); 〈http://cdc.gov/NCHS/products/nvsr.htm#vol58〉も参照

No.119. 主要な死因——ヒスパニック・非ヒスパニック別：2007年

[人種とヒスパニックは、死亡証明に別個に記載される。ヒスパニックは人種ではない。死因は国際疾病分類（ICD）第10版に基づく]

死因	ヒスパニック 順位	死亡数	%	非ヒスパニック 順位	死亡数	%	非ヒスパニック白人 順位	死亡数	%	非ヒスパニック黒人 順位	死亡数	%
全死因	(X)	135,519	100.0	(X)	2,284,446	100.0	(X)	1,939,606	100.0	(X)	286,366	100.0
心臓病	1	29,021	21.4	1	586,077	25.7	1	502,683	25.9	1	70,443	24.6
悪性腫瘍	2	27,660	20.4	2	534,614	23.4	2	456,576	23.5	2	63,441	22.2
事故（故意ではない負傷）	3	11,723	8.7	5	111,641	4.9	5	94,584	4.9	4	13,332	4.7
脳血管障害	4	7,078	5.2	3	128,705	5.6	4	107,678	5.6	3	16,934	5.9
糖尿病	5	6,417	4.7	7	64,863	2.8	7	50,046	2.6	5	12,343	4.3
慢性肝臓病、肝硬変	6	3,913	2.9	12	25,190	1.1	12	21,598	1.1	15	2,525	0.9
殺人	7	3,466	2.6	16	14,798	0.6	21	5,512	0.3	6	8,746	3.1
慢性下部呼吸器障害	8	3,531	2.6	4	124,217	5.4	3	114,480	5.9	7	7,830	2.7
インフルエンザおよび肺炎	9	2,735	2.0	8	49,896	2.2	8	43,219	2.2	11	5,091	1.8
周産期に発生したなんらかの理由	10	2,946	2.2	19	11,525	0.5	20	6,064	0.3	13	4,868	1.7
腎炎、ネフローゼ、ネフローゼ症候群	11	2,691	2.0	9	43,694	1.9	9	34,219	1.8	8	8,318	2.9
アルツハイマー	12	2,471	1.8	6	72,101	3.2	6	66,453	3.4	14	4,729	1.7
自殺	13	2,465	1.8	11	32,061	1.4	10	28,897	1.5	16	1,916	0.7
敗血症	15	1,894	1.4	10	32,865	1.4	11	25,856	1.3	10	6,241	2.2
ヒト免疫不全ウィルス（エイズ、HIV）	16	1,516	1.1	21	9,726	0.4	22	3,182	0.2	9	6,398	2.2

X 該当なし

資料：U.S. National Center for Health Statistics, National Vital Statistics Reports (NVSR), *Deaths: Leading Causes for 2007*, Vol. 58, No.19 (2010年5月); 〈http://cdc.gov/NCHS/products/nvsr.htm#vol58〉も参照

No.120. 死亡、死亡率──主要死因別：2006、2007年

［人口100,000人あたりの率。数値は四捨五入して整数にしているため、各項を合算しても合計あるいは小計と一致しない。別に注記する場合を除いて、合衆国居住者以外の死亡を除く。死因の分類は国際疾病分類第10版に基づく。付録Ⅲを参照。本書前年版の表No.118も参照］

死因	2006			2007		
	死亡数	死亡率	年齢調整済死亡率[1]	死亡数	死亡率	年齢調整済死亡率[1]
全死亡[2]	2,426,264	810.4	776.5	2,423,712	803.6	760.2
循環器疾患[2]	823,746	275.1	261.2	806,156	267.3	249.9
心臓病	631,636	211.0	200.2	616,067	204.3	190.9
急性リューマチ熱および慢性リューマチ性心臓疾患	3,257	1.1	1.1	3,201	1.1	1.0
高血圧性心臓疾患	29,788	9.9	9.4	30,780	10.2	9.5
高血圧性心臓および腎臓疾患	2,918	1.0	0.9	2,987	1.0	0.9
虚血性心疾患	425,425	142.1	134.9	406,351	134.7	126.0
急性心筋梗塞	141,462	47.2	45.0	132,968	44.1	41.4
その他の心臓疾患	170,248	56.9	53.9	172,748	57.3	53.4
心不全	60,337	20.2	18.9	56,565	18.8	17.3
原発性高血圧および高血圧性腎疾患	23,855	8.0	7.5	23,965	7.9	7.4
脳血管障害	137,119	45.8	43.6	135,952	45.1	42.2
アテローム性動脈硬化症	8,652	2.9	2.7	8,232	2.7	2.5
悪性腫瘍[2]	559,888	187.0	180.7	562,875	186.6	178.4
口唇、口腔、咽頭の悪性腫瘍	7,720	2.6	2.5	8,067	2.7	2.5
食道の悪性腫瘍	13,686	4.6	4.4	13,592	4.5	4.3
胃の悪性腫瘍	11,345	3.8	3.7	11,388	3.8	36.0
大腸、直腸、肛門の悪性腫瘍	53,549	17.9	17.2	53,586	17.8	16.9
肝臓および胆管の悪性腫瘍	16,525	5.5	5.3	17,146	5.7	5.4
すい臓の悪性腫瘍	33,454	11.2	10.8	34,117	11.3	10.8
気管、気管支、肺の悪性腫瘍	158,664	53.0	51.5	158,760	52.6	50.6
皮膚の悪性腫瘍	8,441	2.8	2.7	8,461	2.8	2.7
乳房の悪性腫瘍	41,210	13.8	13.2	40,970	13.6	12.9
子宮の悪性腫瘍	14,857	5.0	4.8	14,621	4.8	4.6
前立腺の悪性腫瘍	28,372	9.5	9.2	29,093	9.6	9.2
腎臓、腎盂の悪性腫瘍	12,379	4.1	4.0	12,703	4.2	4.0
膀胱の悪性腫瘍	13,474	4.5	4.3	13,843	4.6	4.4
髄膜、脳、その他の中枢神経系の悪性腫瘍	12,886	4.3	4.2	13,234	4.4	4.2
リンパ、造血幹、その他関連組織の悪性腫瘍[2]	55,045	18.4	17.9	54,991	18.2	17.6
非ホジキン型リンパ腫	20,594	6.9	6.7	20,528	6.8	6.5
白血病	21,944	7.3	7.1	21,825	7.2	7.0
事故（故意によらない負傷）	121,599	40.6	39.8	123,706	41.0	40.0
輸送事故[2]	48,412	16.2	16.0	46,844	15.5	15.3
自動車事故	45,316	15.1	15.0	43,945	14.6	14.4
非輸送事故[2]	73,187	24.4	23.8	76,862	25.5	24.6
転落	20,823	7.0	6.6	22,631	7.5	7.0
溺死	3,579	1.2	1.2	3,443	1.1	1.1
焼死、煙にまかれて窒息死	3,109	1.0	1.0	3,286	1.1	1.1
中毒、有害物質に被曝	27,531	9.2	9.1	29,846	9.9	9.8
慢性下気道疾患[2]	124,583	41.6	40.5	127,924	42.4	40.8
肺気腫	12,551	4.2	4.1	12,790	4.2	4.1
喘息	3,613	1.2	1.2	3,447	1.1	1.1
インフルエンザおよび肺炎[2]	56,326	18.8	17.8	52,717	17.5	16.2
肺炎	55,477	18.5	17.5	52,306	17.3	16.1
敗血症	34,234	11.4	11.0	34,828	11.5	11.0
ウイルス性肝炎	7,250	2.4	2.3	7,407	2.5	2.3
ヒト免疫不全ウイルス（HIV）感染症	12,113	4.0	4.0	11,295	3.7	3.7
貧血症	3,996	1.3	1.3	4,829	1.6	1.5
糖尿病	72,449	24.2	23.3	71,382	23.7	22.5
栄養不足	2,556	0.9	0.8	2,852	0.9	0.9
栄養失調	2,377	0.8	0.7	2,644	0.9	0.8
パーキンソン病	19,566	6.5	6.3	20,058	6.7	6.4
アルツハイマー氏病	72,432	24.2	22.6	74,632	24.7	22.7
慢性肝臓疾患および肝硬変	27,555	9.2	8.8	29,165	9.7	9.1
アルコール性肝疾患	13,050	4.4	4.1	14,406	4.8	4.5
腎炎、腎臓疾患、ネフローゼ[2]	45,344	15.1	14.5	46,448	15.4	14.5
腎不全	43,344	14.5	13.9	43,263	14.3	13.6
自殺	33,300	11.1	10.9	34,598	11.5	11.3
火器の発砲による自殺	16,883	5.6	5.5	17,352	5.8	5.6
殺人	18,573	6.2	6.2	18,361	6.1	6.1
銃の発砲による殺人	12,791	4.3	4.3	12,632	4.2	4.2
法的処罰（死刑）	5,131	1.7	1.7	5,381	1.8	1.8
ドラッグ摂取による死亡[3]	38,396	12.8	12.7	38,371	12.7	12.6
アルコール摂取による死亡[3]	22,073	7.4	7.0	23,199	7.7	7.3

1．本章の解説を参照　2．個別に明示しない他の死因を含む　3．その他のカテゴリにも含まれる

資料：U.S. National Center for Health Statistics, National Vital Statistics Reports (NVSR), *Deaths: Final Data for 2007*, Vol. 58, No. 19 (2010年5月)

No.121. 主要死因別死亡——年齢別：2007年

[単位：死亡数。死亡は国際疾病分類第10版に基づいて分類される。付録IIIを参照]

死亡原因	全年齢[1]	1歳未満	1-4歳	5-14歳	15-24歳	25-34歳	35-44歳	45-54歳	55-64歳	65-74歳	75-84歳	85歳以上
全原因[2]	2,423,712	29,138	4,703	6,147	33,982	42,572	79,606	184,686	287,110	389,238	652,682	713,647
敗血症	34,828	283	78	74	160	297	910	2,431	4,231	6,345	10,403	9,614
ヒト免疫不全ウイルス（HIV）感染症	11,295	5	4	10	160	1,091	3,572	4,156	1,721	448	109	16
悪性腫瘍[2]	562,875	72	364	959	1,653	3,463	13,288	50,167	103,171	138,466	163,608	87,656
食道	13,592	-	-	-	5	28	246	1,452	3,379	3,726	3,376	1,380
結腸、直腸、肛門	53,586	-	-	1	35	275	1,302	4,793	9,058	11,634	15,417	11,069
肝臓、肝臓内胆管	17,146	6	19	25	38	90	368	2,503	4,181	3,884	4,266	1,766
すい臓	34,117	-	-	2	6	52	538	2,808	6,507	8,671	10,317	5,217
気管、気管支、肺	158,760	1	1	4	25	135	1,852	12,480	31,216	48,157	48,358	16,528
乳房	40,970	-	-	-	15	344	2,184	5,990	8,756	8,179	9,075	6,426
卵巣	14,621	-	1	-	28	79	352	1,532	2,997	3,616	3,946	2,071
前立腺	29,093	-	1	-	1	1	21	428	2,271	5,716	11,257	9,397
膀胱	13,843	-	1	-	-	-	93	570	1,564	2,817	5,009	3,782
リンパ、造血組織、関連組織[2]	54,991	26	111	352	630	771	1,464	3,606	7,694	12,223	17,884	10,228
非ホジキンリンパ腫	20,528	2	5	33	133	206	516	1,392	2,922	4,476	6,868	3,975
白血病	21,825	21	106	314	428	438	657	1,362	2,801	4,611	6,858	4,228
糖尿病	71,382	7	5	21	168	610	1,984	5,753	11,304	15,112	21,189	15,227
パーキンソン病	20,058	-	-	-	2	-	12	60	396	2,310	9,363	7,911
アルツハイマー病	74,632	-	-	-	-	2	8	95	728	3,984	23,000	46,804
循環器疾患[2]	806,156	571	230	338	1,369	3,950	14,867	46,280	80,797	115,623	229,050	313,044
心臓病[2]	616,067	424	173	241	1,084	3,223	11,839	37,434	65,527	89,589	171,257	235,249
高血圧	30,780	1	-	-	-	8	117	1,372	3,604	4,009	6,324	10,598
虚血性心疾患	406,351	24	8	21	44	338	6,219	24,390	46,164	63,027	116,152	149,126
急性心筋梗塞	132,968	10	4	11	151	1,048	2,402	9,467	17,835	23,441	37,629	41,711
心不全	56,565	21	11	12	54	400	317	1,073	2,758	5,749	15,935	30,558
脳血管障害	135,952	132	52	83	195	505	2,133	6,385	10,500	18,007	41,979	55,975
インフルエンザおよび肺炎	52,717	222	109	103	163	331	784	1,909	3,152	5,547	14,859	25,535
肺炎	52,306	209	90	68	153	322	771	1,890	3,115	5,509	14,780	25,396
慢性下気道疾患[2]	127,924	43	57	118	149	263	796	4,153	12,777	28,664	48,041	32,857
固体・液体を原因とする肺炎	12,790	3	-	-	-	10	60	486	1,590	3,294	5,187	2,509
慢性肝疾患および肝硬変[2]	16,988	10	8	16	47	384	2,570	8,212	8,004	1,724	4,835	8,451
腎炎、ネフローゼ症候群、ネフローゼ[2]	29,165	4	4	-	30	261	754	2,233	4,440	5,167	3,694	1,093
腎不全	46,448	144	22	24	86	237	696	2,091	4,205	7,752	14,711	16,021
事故（故意にない負傷）[2]	43,263	138	16	18	77	14,977	16,931	20,315	12,193	7,330	13,718	14,737
輸送事故	123,706	1,285	1,588	2,194	15,897	14,977	16,931	20,315	12,193	8,753	13,736	15,803
自動車事故	46,844	127	581	1,374	10,928	7,452	6,829	7,199	4,838	3,194	2,983	1,326
非輸送事故	43,945	124	551	1,285	10,568	7,087	6,370	6,530	4,359	2,940	2,845	1,277
毒物摂取、有害物質による疾患	76,862	1,158	1,007	820	4,969	7,525	10,102	13,116	7,355	5,559	10,753	14,477
自殺	22,631	-	-	32	233	334	593	1,304	1,739	2,594	6,552	9,188
殺人による殺人	29,846	24	36	81	3,159	5,700	7,575	9,006	3,120	602	355	192
銃の発砲による殺人	34,598	19	34	184	4,140	5,278	6,722	7,778	5,069	2,444	2,119	858
クロストリジウム・ディフィシルによる全腸炎	18,361	(NA)	(NA)	-	-	-	-	-	-	-	-	-
	12,632	352	398	346	5,551	4,758	3,052	2,140	980	411	268	80
	6,372	15	48	201	4,669	3,751	2,038	1,159	446	185	88	23
		4				14	31	107	313	876	2,338	2,647

- ゼロを示す　X 該当なし　1. 個別に明示しない、年齢不詳のものを含む　2. 個別に明示しないその他の原因を含む

資料：U.S. National Center for Health Statistics, National Vital Statistics Reports (NVSR), *Deaths: Final Data for 2007*, Vol. 58, No. 19 (2010年5月)

No.122. 死亡、死亡率──主要死因別、年齢別：2007年

[国際疾病分類第10版に基づいて分類。当該年齢の人口100,000人あたりの率。数値は四捨五入して整数にしているため、各項を合算しても計とは一致しない。付録Ⅲを参照。本書前年版の表No.120も参照]

年齢および死因	死亡数	率	年齢および死因	死亡数	率
全年齢[1]			悪性腫瘍	13,288	30.8
全死因	2,423,712	803.6	心臓病	11,839	27.4
心臓病	616,067	204.3	自殺	6,722	15.6
悪性腫瘍	562,875	186.6			
脳血管疾患	135,952	45.1	ヒト免疫不全ウイルス（HIV）感染症	3,572	8.3
慢性下気道疾患	127,924	42.4	殺人	3,052	7.1
事故（故意によらない負傷）	123,706	41.0	慢性肝疾患および肝硬変	2,570	6.0
アルツハイマー	74,632	24.7	脳血管疾患	2,133	4.9
糖尿病	71,382	23.7	糖尿病	1,984	4.6
インフルエンザ・肺炎	52,717	17.5	敗血症	910	2.1
腎炎・ネフローゼ症候群およびネフローゼ	46,448	15.4	45－54歳		
敗血症	34,828	11.5	全死因	184,686	420.9
1－4歳			悪性腫瘍	50,167	114.3
全死因	4,703	28.6	心臓病	37,434	85.3
事故（故意によらない負傷）	1,588	9.6	事故（故意によらない負傷）	20,315	46.3
			慢性肝疾患および肝硬変	8,212	18.7
先天的奇形、染色体異常	546	3.3	自殺	7,778	17.7
悪性腫瘍	364	2.2	脳血管疾患	6,385	14.6
殺人	398	2.4	糖尿病	5,753	13.1
心臓病	173	1.1	ヒト免疫不全ウイルス（HIV）感染症	4,156	9.5
インフルエンザ・肺炎	109	0.7	慢性下気道疾患	4,153	9.5
敗血症	78	0.5	ウィルス性肝炎	2,815	6.4
			殺人	2,140	4.9
周産期に発生したなんらかの理由	70	0.4	敗血症	2,431	5.5
			55－64歳		
非浸潤腫瘍、良性腫瘍、未詳または不明の腫瘍	59	0.4	全死因	287,110	877.7
			悪性腫瘍	103,171	315.4
脳血管疾患	52	0.3	心臓病	65,527	200.3
5－14歳			慢性下気道疾患	12,777	39.1
全死因	6,147	15.3	事故（故意によらない負傷）	12,193	37.3
事故（故意によらない負傷）	2,194	5.5	糖尿病	11,304	34.6
悪性腫瘍	959	2.4	脳血管疾患	10,500	32.1
殺人	346	0.9	慢性肝疾患および肝硬変	8,004	24.5
			自殺	5,069	15.5
先天的奇形、染色体異常	374	0.9			
心臓病	241	0.6	腎炎・ネフローゼ症候群・ネフローゼ	4,440	13.6
自殺	184	0.5	敗血症	4,231	12.9
慢性下気道疾患	118	0.3	65－74歳		
			全死因	389,238	2,011.3
非浸潤腫瘍、良性腫瘍、未詳または不明の腫瘍	84	0.2	悪性腫瘍	138,466	715.5
脳血管疾患	83	0.2	心臓病	89,589	462.9
敗血症	74	0.2	慢性下気道疾患	28,664	148.1
			脳血管疾患	18,007	93.0
15－24歳			糖尿病	15,112	78.1
全死因	33,982	79.9	事故（故意によらない負傷）	8,753	45.2
事故（故意によらない負傷）	15,897	37.4			
殺人	5,551	13.1	腎炎・ネフローゼ症候群・ネフローゼ	7,752	40.1
自殺	4,140	9.7	敗血症	6,345	32.8
悪性腫瘍	1,653	3.9	インフルエンザ・肺炎	5,547	28.7
心臓病	1,084	2.6	慢性肝疾患および肝硬変	5,167	26.7
			75－84歳		
先天的奇形および染色体異常	402	0.9	全死因	652,682	5,011.6
脳血管疾患	195	0.5	心臓病	171,257	1,315.0
ヒト免疫不全ウイルス（HIV）感染症（B20－B24）	160	0.4	悪性腫瘍	163,608	1,256.3
			慢性下気道疾患	48,041	368.9
インフルエンザ・肺炎	163	0.4	脳血管疾患	41,979	322.3
妊娠、出産および産褥	160	0.4	アルツハイマー	23,009	176.7
糖尿病	168	0.4	糖尿病	21,189	162.7
敗血症	160	0.4	インフルエンザ・肺炎	14,859	114.1
25－34歳			腎炎・ネフローゼ症候群・ネフローゼ	14,711	113.0
全死因	42,572	104.9	事故（故意によらない負傷）	13,736	105.5
事故（故意によらない負傷）	14,977	36.9	敗血症	10,403	79.9
自殺	5,278	13.0	85歳以上		
殺人	4,758	11.7			
悪性腫瘍	3,463	8.5	全死因	713,647	12,946.5
心臓病	3,223	7.9	心臓病	235,249	4,267.7
			悪性腫瘍	87,656	1,590.2
ヒト免疫不全ウイルス（HIV）感染症	1,091	2.7	脳血管疾患	55,975	1,015.5
糖尿病	610	1.5	アルツハイマー	46,804	849.1
脳血管疾患	505	1.2	慢性下気道疾患	32,857	596.1
			インフルエンザ・肺炎	25,535	463.2
先天的奇形および染色体異常	417	1.0			
インフルエンザ・肺炎	331	0.8	腎炎・ネフローゼ症候群・ネフローゼ	16,021	290.6
敗血症	297	0.7	糖尿病	15,227	276.2
35－44歳			事故（故意によらない負傷）	15,803	286.7
全死因	79,606	184.4	敗血症	9,614	174.4
事故（故意によらない負傷）	16,931	39.2			

1．1歳未満の死亡を含む

資料：U.S. National Center for Health Statistics, National Vital Statistics Reports (NVSR), *Deaths: Final Data for 2007*, Vol. 58, No. 19 (2010年5月)

No.123. 主要死因別、年齢調整死亡率——州、島嶼部別：2007年

[7月1日現在の居住人口100,000人当たりの年齢調整死亡数。居住地ベース。合衆国非居住者を除く。死因の分類は国際疾病分類の第10版による。付録Ⅲを参照。各州の略号については、表紙裏の地図を参照。本書前年版の表No.121も参照]

州、海外領土	計	心臓病	悪性腫瘍	脳血管疾患	慢性下気道疾患	事故 計	事故 自動車事故	アルツハイマー	糖尿病	インフルエンザ、肺炎	自殺
合衆国	760.2	190.9	178.4	42.2	40.8	40.0	14.4	22.7	22.5	16.2	11.3
AL	930.7	235.5	197.3	54.5	50.2	53.9	25.9	30.1	26.0	17.8	12.5
AK	755.1	147.9	179.9	44.3	44.4	55.3	15.2	20.8	23.4	12.9	22.1
AZ	682.1	152.5	152.8	32.7	40.2	49.4	17.6	29.6	17.4	13.5	16.1
AR	882.8	221.8	200.4	57.4	51.7	47.6	23.7	24.6	26.5	22.3	14.3
CA	674.2	177.9	161.7	42.2	37.4	31.9	11.7	24.3	21.8	18.9	9.8
CO	700.8	145.3	153.7	39.0	49.1	44.2	12.3	27.8	16.7	14.3	16.4
CT	694.1	171.0	170.7	34.2	33.1	35.8	8.7	16.9	15.8	17.6	7.4
DE	773.6	200.2	193.9	39.4	40.1	34.8	13.6	20.9	23.4	12.2	10.7
DC	866.9	239.4	199.1	36.9	22.4	32.4	8.9	21.8	25.2	13.2	5.8
FL	685.9	162.4	166.6	33.6	36.7	46.5	18.1	16.2	21.1	8.6	13.3
GA	839.8	203.0	181.8	49.7	43.8	44.2	18.5	25.3	19.5	18.3	10.7
HI	607.4	140.2	146.2	39.6	19.3	33.3	10.3	14.1	18.5	11.6	9.7
ID	734.6	164.1	165.6	43.2	46.6	43.1	18.5	28.2	22.7	15.1	15.1
IL	759.8	192.8	185.9	43.9	36.7	33.0	10.6	19.9	21.8	18.8	8.5
IN	809.9	203.0	193.2	45.7	49.2	38.7	14.8	24.2	23.4	16.1	12.4
IA	718.6	174.8	177.7	42.1	44.7	37.3	15.0	27.9	20.5	18.0	10.6
KS	783.0	178.7	180.0	46.0	48.8	41.2	15.9	25.2	22.8	19.9	13.7
KY	896.9	220.9	213.5	48.1	59.0	55.1	20.0	27.1	24.1	20.1	15.1
LA	926.4	230.0	200.3	50.1	39.7	57.6	24.0	31.3	33.3	20.3	12.2
ME	773.6	172.9	191.9	40.3	44.8	41.5	14.7	27.9	21.9	14.1	13.7
MD	782.7	202.4	180.7	42.7	35.1	26.2	12.0	16.0	23.4	17.9	9.0
MA	707.5	165.5	179.8	36.5	31.6	30.8	6.7	20.9	16.6	19.5	7.6
MI	806.1	221.5	187.3	44.3	43.6	36.1	12.0	22.1	26.3	15.0	11.0
MN	661.5	129.8	169.2	38.1	32.8	37.4	11.7	19.6	19.6	10.2	10.8
MS	943.0	266.5	200.4	53.0	47.5	61.9	31.6	26.5	21.8	18.3	13.8
MO	826.7	214.4	191.6	48.2	47.4	48.4	17.6	24.3	22.3	18.9	13.5
MT	772.7	163.1	172.1	38.5	55.0	60.2	27.6	22.1	23.1	15.8	19.4
NE	743.7	165.3	177.3	43.1	45.8	35.7	15.7	22.9	23.3	15.1	10.2
NV	803.5	200.0	180.2	38.3	47.5	48.4	16.0	12.3	12.9	18.4	18.3
NH	727.0	174.9	184.5	34.3	44.0	38.5	10.3	28.9	20.1	14.5	11.1
NJ	724.2	191.9	180.4	35.8	31.3	26.8	8.2	18.0	24.4	13.7	6.7
NM	755.9	159.2	157.3	39.2	43.6	66.7	19.2	15.5	32.7	14.6	20.4
NY	686.4	225.1	168.0	28.2	30.8	25.3	7.4	8.8	17.5	20.0	7.0
NC	834.4	191.0	189.0	50.3	47.1	48.3	20.0	27.7	23.4	18.4	11.7
ND	679.5	164.1	165.3	37.3	32.9	39.3	17.5	40.4	28.3	14.6	14.4
OH	830.8	204.8	197.9	45.3	50.7	41.1	12.1	27.4	29.1	13.3	11.0
OK	920.4	241.6	198.2	53.8	61.2	58.4	20.4	23.0	29.3	20.1	14.7
OR	753.9	156.9	179.3	43.6	46.3	41.5	13.0	27.6	27.0	11.1	15.2
PA	790.1	199.4	188.2	42.9	38.1	40.9	12.5	19.8	22.0	15.2	11.2
RI	750.0	203.6	179.6	33.5	32.7	34.6	7.6	22.2	19.2	16.1	8.7
SC	849.7	192.9	186.7	53.4	44.0	53.0	24.2	30.9	26.2	15.8	11.7
SD	693.5	159.1	171.3	38.7	47.0	41.8	18.3	30.2	25.6	17.9	12.5
TN	885.2	220.6	200.3	53.9	49.2	52.1	21.0	35.9	26.2	22.5	13.3
TX	777.7	191.9	170.3	49.0	41.2	41.4	16.2	24.7	24.9	16.1	10.4
UT	694.2	152.1	128.8	38.9	31.9	34.4	12.4	20.5	27.6	16.0	15.4
VT	729.3	161.2	188.5	37.6	44.9	44.7	10.9	28.4	24.4	9.8	13.8
VA	770.6	182.7	182.7	44.5	37.7	38.1	13.9	23.4	19.7	16.6	11.2
WA	722.2	167.3	177.7	41.4	42.4	39.8	9.9	40.7	23.2	11.1	13.0
WV	951.7	229.4	207.6	48.9	58.6	65.9	23.6	23.1	35.5	17.8	15.9
WI	732.3	171.9	177.9	42.3	43.8	43.8	14.2	24.3	18.3	15.5	12.7
WY	802.0	178.3	174.4	39.5	56.5	57.0	25.3	21.0	26.2	20.9	19.7
プエルトリコ[1]	726.7	138.4	121.3	41.3	27.9	29.9	11.0	40.7	66.5	25.6	6.9
ヴァージン諸島[1]	700.2	234.7	109.2	36.8	(S)	30.7	(S)	(S)	45.4	(S)	(S)
グアム[1]	694.9	228.4	122.3	50.1	23.2	26.2	16.0	(S)	44.0	(S)	16.0
米領サモア[1]	1,054.4	278.0	150.1	94.2	(S)	(S)	(S)	(S)	126.1	(S)	(S)
北マリアナ諸島[1]	913.0	167.0	239.5	(S)	(S)	(S)	(S)	(S)	(S)	(S)	(S)

S 数値が信頼性または精度の基準に達していない　1．プエルトリコ、バージン諸島、グアム、米領サモア、北マリアナの年齢調整死亡率は、ウエイト付け手続きの中で異なる年齢集団を用いて計算されている。資料「技術的注」を参照

資料：U.S. National Center for Health Statistics, National Vital Statistics Reports (NVSR), *Deaths: Final Data for 2007*, Vol. 58, No. 19（2010年5月）

No.124. 心臓病による死亡率――性別、年齢別：1980－2007年

[人口100,000人当たり死亡数。表No.107、115の頭注および付録Ⅲを参照]

年齢	1980	1990	2000	2002	2003	2004	2005	2006	2007
計（年齢調整済）[1]	412.1	321.8	257.6	240.8	232.3	217.0	211.1	200.2	190.9
計（年齢調整前）[2]	336.0	289.5	252.6	241.7	235.6	222.2	220.0	211.0	204.3
1歳未満	22.8	20.1	13.0	12.4	11.0	10.3	8.7	8.4	10.0
1－4歳	2.6	1.9	1.2	1.1	1.2	1.2	0.9	1.0	1.1
5－14歳	0.9	0.9	0.7	0.6	0.6	0.6	0.6	0.6	0.6
15－24歳	2.9	2.5	2.6	2.5	2.7	2.5	2.7	2.5	2.6
25－34歳	8.3	7.6	7.4	7.9	8.2	7.9	8.1	8.2	7.9
35－44歳	44.6	31.4	29.2	30.5	30.7	29.3	28.9	28.3	27.4
45－54歳	180.2	120.5	94.2	93.7	92.5	90.2	89.7	88.0	85.3
55－64歳	494.1	367.3	261.2	241.5	233.2	218.8	214.8	207.3	200.3
65－74歳	1,218.6	894.3	665.6	615.9	585.0	541.6	518.9	490.3	462.9
75－84歳	2,993.1	2,295.7	1,780.3	1,677.2	1,611.1	1,506.3	1,460.8	1,383.1	1,315.0
85歳以上	7,777.1	6,739.9	5,926.1	5,446.8	5,278.4	4,895.9	4,778.4	4,480.8	4,267.7
男性（年齢調整済）[1]	538.9	412.4	320.0	297.4	286.6	267.9	260.9	248.5	237.7
白人	539.6	409.2	316.7	294.1	282.9	264.6	258.0	245.2	234.8
黒人	561.4	485.4	392.5	371.0	364.3	342.1	329.8	320.6	305.9
アメリカインディアン、アラスカ原住民	320.5	264.1	222.2	201.2	203.2	182.7	173.2	170.2	159.8
アジア系、太平洋諸島民	286.9	220.7	185.5	169.8	158.3	146.5	141.1	136.3	126.0
ヒスパニック[3]	(NA)	270.0	238.2	219.8	206.8	193.9	192.4	175.2	165.0
非ヒスパニック、白人系[3]	(NA)	413.6	319.9	297.7	286.9	268.7	262.2	250.0	239.8
男性（年齢調整前）[2]	368.6	297.6	249.8	240.7	235.0	222.8	221.1	214.0	208.4
1歳未満	25.5	21.9	13.3	12.9	12.1	10.9	9.4	8.8	10.9
1－4歳	2.8	1.9	1.4	1.1	1.1	1.1	1.0	1.1	1.0
5－14歳	1.0	0.9	0.8	0.7	0.7	0.6	0.6	0.7	0.6
15－24歳	3.7	3.1	3.2	3.3	3.4	3.2	3.6	3.3	3.2
25－34歳	11.4	10.3	9.6	10.5	10.5	10.5	10.8	11.2	10.5
35－44歳	68.7	48.1	41.4	43.1	42.8	40.9	40.7	39.5	38.6
45－54歳	282.6	183.0	140.2	138.4	136.2	132.3	131.5	128.9	124.6
55－64歳	746.8	537.3	371.7	343.4	331.7	312.8	306.9	296.8	288.8
65－74歳	1,728.0	1,250.0	898.3	827.1	785.3	723.8	692.3	660.5	624.9
75－84歳	3,834.3	2,968.2	2,248.1	2,110.1	2,030.3	1,893.6	1,829.4	1,743.5	1,656.5
85歳以上	8,752.7	7,418.4	6,430.0	5,823.5	5,621.5	5,239.3	5,143.4	4,819.9	4,621.8
女性（年齢調整済）[1]	320.8	257.0	210.9	197.2	190.3	177.0	172.3	162.2	154.0
白人	315.9	250.9	205.6	192.1	185.4	172.9	168.2	158.6	150.5
黒人	378.6	327.5	277.6	263.2	253.8	236.5	228.3	212.5	204.5
アメリカインディアン、アラスカ原住民	175.4	153.1	143.6	123.6	127.5	119.9	115.9	113.2	99.8
アジア系、太平洋諸島民	132.3	149.2	115.7	108.1	104.2	96.1	91.9	87.3	82.0
ヒスパニック[3]	(NA)	177.2	163.7	149.7	145.8	130.0	129.1	118.9	111.8
非ヒスパニック、白人系[3]	(NA)	252.6	206.8	193.7	187.1	175.1	170.3	160.9	153.0
女性（年齢調整前）[2]	305.1	281.8	255.3	242.7	236.2	221.6	218.9	208.0	200.2
1歳未満	20.0	18.3	12.5	11.8	9.8	9.7	8.0	7.9	9.0
1－4歳	2.5	1.9	1.0	1.0	1.3	1.2	0.9	0.9	1.1
5－14歳	0.9	0.8	0.5	0.5	0.5	0.6	0.6	0.6	0.6
15－24歳	2.1	1.8	2.1	1.7	2.1	1.7	1.7	1.8	1.9
25－34歳	5.3	5.0	5.2	5.2	5.7	5.2	5.3	5.1	5.3
35－44歳	21.4	15.1	17.2	18.0	18.6	17.7	17.1	17.0	16.2
45－54歳	84.5	61.0	49.8	50.6	50.2	49.6	49.2	48.5	47.2
55－64歳	272.1	215.7	159.3	147.2	141.9	131.5	129.1	124.1	117.9
65－74歳	828.6	616.8	474.0	440.1	417.5	388.6	372.7	346.3	325.4
75－84歳	2,497.0	1,893.8	1,475.1	1,389.7	1,331.1	1,245.6	1,210.5	1,136.7	1,079.7
85歳以上	7,350.5	6,478.1	5,720.9	5,283.3	5,126.7	4,741.5	4,610.8	4,322.1	4,099.3

NA データなし 1．年齢調整死亡率は直接的手法で求められる。当該人口の年齢別死亡率を、年齢別の標準人口に適用するものである。年齢調整によって、年齢構成の異なる集団について、また異なる年次について、正確に比較することができるようになる 2．各期間中の総死亡数を7月1日現在の総居住人口で割った比率 3．ヒスパニックは人種を問わない。1997年以前は死亡分類に際して、ヒスパニック別の情報のない州のデータを除外。本章の解説を参照

資料：U.S. National Center for Health Statistics, *Health, United States, 2009*, 〈http://www.cdc.gov/nchs/hus.htm〉

No.125. 脳血管疾患による死亡率――人種別、性別、年齢別：1990－2007年

[人口100,000人あたりの死亡数。表No.107、115の頭注および付録Ⅲを参照]

年齢	計				男性				女性			
	1990	2000	2005	2007	1990	2000	2005	2007	1990	2000	2005	2007
全年齢（年齢調整済）[1]	65.3	60.9	46.6	42.2	68.5	62.4	46.9	42.5	62.6	59.1	45.6	41.3
全年齢（年齢調整前）[2]	57.8	59.6	48.4	45.1	46.7	46.9	38.8	36.4	68.4	71.8	57.8	53.5
1歳未満	3.8	3.3	3.1	3.1	4.4	3.8	3.5	3.5	3.1	2.7	2.6	2.6
1－4歳	0.3	0.3	0.4	0.3	0.3	(B)	0.5	0.2	0.3	0.2	0.3	0.4
5－14歳	0.2	0.2	0.2	0.2	0.2	0.2	0.3	0.2	0.2	0.2	0.2	0.2
15－24歳	0.6	0.5	0.5	0.5	0.7	0.5	0.5	0.5	0.6	0.5	0.5	0.4
25－34歳	2.2	1.5	1.4	1.4	2.1	1.5	1.5	1.2	2.2	1.5	1.2	1.3
35－44歳	6.4	5.8	5.2	4.9	6.8	5.8	5.2	5.3	6.1	5.7	5.1	4.6
45－54歳	18.7	16.0	15.0	14.6	20.5	17.5	16.5	16.2	17.0	14.5	13.6	12.9
55－64歳	47.9	41.0	33.0	32.1	54.3	47.2	38.5	38.0	42.2	35.3	27.9	26.6
65－74歳	144.2	128.6	101.1	93.0	166.6	145.0	113.6	105.2	126.7	115.1	90.5	82.7
75－84歳	498.0	461.3	359.0	322.3	551.1	490.8	372.9	333.2	466.2	442.1	349.5	314.9
85歳以上	1,628.9	1,589.2	1,141.8	1,015.5	1,528.5	1,484.3	1,023.3	895.7	1,667.6	1,632.0	1,196.1	1,072.4

B．基となる数値が小さすぎて統計的信頼水準に達しない 1．表No.122の脚注1を参照 2．各期間中の総死亡数を7月1日現在の総居住人口で割った比率

資料：U.S. National Center for Health Statistics, *Health, United States, 2009*, 〈http://www.cdc.gov/nchs/hus.htm〉

No.126. 悪性腫瘍による死亡率——人種別、性別、年齢別：1990－2007年

[人口100,000人あたりの死亡数。1999年以降の死亡原因は、国際疾病分類第10版に準拠して分類。本章の解説を参照。年齢調整については本章の解説を参照。付録Ⅲも参照。本書前年版の表No.124も参照]

特徴	1990	2000	2003	2004	2005	2006	2007
計（年齢調整済）[1]	216.0	199.6	190.1	185.8	183.8	180.7	178.4
計（年齢調整前）[2]	203.2	196.5	191.5	188.6	188.7	187.0	186.6
1歳未満	2.3	2.4	1.9	1.8	1.8	1.8	1.7
1－4歳	3.5	2.7	2.5	2.5	2.3	2.3	2.2
5－14歳	3.1	2.5	2.6	2.5	2.5	2.2	2.4
15－24歳	4.9	4.4	4.0	4.1	4.1	3.9	3.9
25－34歳	12.6	9.8	9.4	9.1	9.0	9.0	8.5
35－44歳	43.3	36.6	35.0	33.4	33.2	31.9	30.8
45－54歳	158.9	127.5	122.2	119.0	118.6	116.3	114.3
55－64歳	449.6	366.7	343.0	333.4	326.9	321.1	315.4
65－74歳	872.3	816.3	770.3	755.1	742.7	727.2	715.5
75－84歳	1,348.5	1,335.6	1,302.5	1,280.4	1,274.8	1,263.8	1,256.3
85歳以上	1,752.9	1,819.4	1,698.2	1,653.3	1,637.7	1,606.1	1,590.2
乳がんによる死亡率（女性）							
全年齢（年齢調整済）[1]	33.3	29.4	26.6	24.4	24.1	23.5	22.9
全年齢（年齢調整前）[2]	34.0	31.3	28.9	27.5	27.3	26.9	26.5
25歳未満	(B)	(B)	(B)	(B)	(B)	(B)	(B)
25－34歳	2.9	2.6	2.2	2.0	1.8	1.8	1.7
35－44歳	17.8	14.1	12.0	11.3	11.3	10.8	10.1
45－54歳	45.4	38.3	32.9	29.3	28.7	27.6	26.7
55－64歳	78.6	66.8	59.2	55.8	54.5	53.7	51.3
65－74歳	111.7	98.3	88.9	81.6	79.2	76.9	77.3
75－84歳	146.3	137.6	128.9	119.5	119.2	119.2	116.3
85歳以上	196.8	201.7	200.8	178.6	177.9	169.9	170.4
気管、気管支、肺の悪性腫瘍による死亡率							
全年齢（年齢調整済）[1]	37.1	41.3	41.3	40.9	40.5	40.0	50.6
全年齢（年齢調整前）[2]	39.4	45.4	46.1	45.9	45.9	45.7	52.6
25歳未満	(Z)	(Z)	(Z)	(Z)	(Z)	(Z)	0.1
25－34歳	0.5	0.5	0.4	0.3	0.3	0.4	0.3
35－44歳	5.2	5.3	5.1	5.2	5.1	4.5	4.3
45－54歳	34.5	25.0	24.4	24.2	24.5	24.6	28.4
55－64歳	105.0	93.3	87.1	83.9	80.7	78.2	95.4
65－74歳	177.6	206.9	205.0	205.0	199.6	197.0	248.8
75－84歳	190.1	265.6	279.4	277.0	280.9	280.3	371.3
85歳以上	138.1	212.8	221.0	221.3	226.2	226.9	299.8

B 基となる数値が小さすぎて統計的信頼水準に達しない　Z 0.05未満　1．年齢調整死亡率は、人口の年齢別構成が変化する場合、さらに異なる年齢層の死亡率を比較する場合に、時系列で死亡リスクを表す粗死亡率よりも優れている　2．各期間中の総死亡数を7月1日現在の総人口で割った比率
資料：U.S. National Center for Health Statistics, *Health, United States, 2009.* 〈http://www.cdc.gov/nchs/hus.htm〉を参照。

No.127. 自殺および自殺率——年齢および方法別：2007年

[国際疾病分類（ICD: International Classification of Diseases）第10版に基づく。合衆国非居住者の自殺を除く。全米保健医療統計センターの月間資料を国民安全評議会（National Safety Council）が分析したデータ]

自殺の方法	計	0-4歳[1]	5-14歳	15-24歳	25-44歳	45-64歳	65-74歳	75歳以上
数								
計	34,598	(X)	184	4,140	12,000	12,847	2,444	2,983
火器	17,352	(X)	53	1,900	5,185	6,317	1,700	2,197
首つり、絞扼、窒息	8,161	(X)	122	1,533	3,609	2,314	275	308
薬品による中毒死	4,772	(X)	7	273	1,644	2,408	249	191
その他の物質による中毒死	1,586	(X)	0	89	577	754	71	95
その他	2,727	(X)	2	345	985	1,054	149	192
人口10万人当たりの割合								
計	11.5	(X)	0.5	9.8	14.4	16.8	12.6	16.1
火器	5.8	(X)	0.1	4.5	6.2	8.2	8.8	11.8
首つり、絞扼、窒息	2.7	(X)	0.3	3.6	4.3	3.0	1.4	1.7
薬品による中毒死	1.6	(X)	(Z)	0.6	2.0	3.1	1.3	1.0
その他の物質による中毒死	0.5	(X)	(Z)	0.2	0.7	1.0	0.4	0.5
その他	0.9	(X)	(Z)	0.8	1.2	1.4	0.8	1.0

X 該当なし　Z 計測単位1単位の半分未満の数値　1．一般的に5歳未満の幼児は自殺できないと考えられる
資料：National Safety Council, Itasca Ⅱ, Accident Facts,（年刊）(copyright)

No.128. 自殺による死亡率——年齢別、性別、人種別：1990－2007年

[人口100,000人あたりの死亡数。合衆国非居住者の死亡を除く。2000年以降の死亡原因は、国際疾病分類第10版に準拠して分類。付録Ⅲを参照]

特徴	1990	2000	2003	2004	2005	2006	2007
全年齢（年齢調整済）[1]	**12.5**	**10.4**	**10.8**	**10.9**	**10.9**	**10.9**	**11.3**
全年齢（年齢調整前）[2]	**12.4**	**10.4**	**10.8**	**11.0**	**11.0**	**11.1**	**11.5**
1歳未満	(X)	(X)	(X)	(X)	(X)	(X)	(X)
1－4歳	(X)	(X)	(X)	(X)	(X)	(X)	(X)
5－14歳	0.8	0.7	0.6	0.7	0.7	0.5	0.5
15－24歳	13.2	10.2	9.7	10.3	10.0	9.9	9.7
25－44歳	15.2	13.4	13.8	13.9	13.7	13.8	14.3
45－64歳	15.3	13.5	15.0	15.4	15.4	16.0	16.8
65－74歳	17.9	12.5	12.7	12.3	12.6	12.6	12.6
75－84歳	24.9	17.6	16.4	16.3	16.9	15.9	16.3
85歳以上	22.2	19.6	16.9	16.4	16.9	15.9	15.6
年齢調整済							
男性	21.5	17.7	18.0	18.0	18.0	18.0	18.4
女性	4.8	4.0	4.2	4.5	4.4	4.5	4.7
白人男性	22.8	19.1	19.6	19.6	19.6	19.6	20.2
黒人男性	12.8	10.0	9.2	9.6	9.2	9.4	8.8
アメリカインディアン、アラスカ原住民男性	20.1	16.0	16.6	18.7	18.9	18.3	18.1
アジア系、太平洋諸島民男性	9.6	8.6	8.5	8.4	7.3	7.9	9.0
ヒスパニック男性[3]	13.7	10.3	9.7	9.8	9.4	8.8	10.1
非ヒスパニック、白人系男性[3]	23.5	20.2	21.0	21.0	21.2	21.4	21.9
白人女性	5.2	4.3	4.6	5.0	4.9	5.1	5.2
黒人女性	2.4	1.8	1.9	1.8	1.9	1.4	1.7
アメリカインディアン、アラスカ原住民女性	3.6	3.8	3.5	5.9	4.6	5.1	4.9
アジア系、太平洋諸島民女性	4.1	2.8	3.1	3.5	3.3	3.4	3.5
ヒスパニック女性[3]	2.3	1.7	1.7	2.0	1.8	1.8	1.9
非ヒスパニック、白人系女性[3]	5.4	4.7	5.0	5.4	5.3	5.6	5.7

X 該当なし 1．年齢調整死亡率は直接的手法で求められる。当該人口の年齢別死亡率を、年齢別の標準人口に適用するものである。年齢調整によって、年齢構成の異なる集団について、また異なる年次について、正確に比較することができるようになる 2．各期間中の総死亡数を7月1日現在の総居住人口で割った比率 3．死亡分類に際して、1990年および1995年はヒスパニック別の情報のない州のデータを除外。ヒスパニックは人種を問わない
資料：National Center for Health Statistics, *Health, United States, 2009*, 〈http://www.cdc.gov/nchs/hus.htm〉

No.129. HIV（ヒト免疫不全ウイルス）感染症による死亡率——年齢別、性別、人種別、：1990－2007年

[人口100,000人あたりの死亡数。合衆国非居住者を除く。2000年以降の死亡原因は、国際疾病分類第10版に準拠して分類。付録Ⅲを参照]

特徴	1990	2000	2003	2004	2005	2006	2007
全年齢（年齢調整済）[1]	**10.2**	**5.2**	**4.7**	**4.5**	**4.2**	**4.0**	**3.7**
全年齢（年齢調整前）[2]	**10.1**	**5.1**	**4.7**	**4.4**	**4.2**	**4.0**	**3.7**
1歳未満	2.7	(B)	(B)	(B)	(B)	(B)	(B)
1－4歳	0.8	(B)	(B)	(B)	(B)	(B)	(B)
5－14歳	0.2	0.1	0.1	0.1	(B)	(B)	(B)
15－24歳	1.5	0.5	0.4	0.5	0.4	0.5	0.4
25－34歳	19.7	6.1	4.0	3.7	3.3	2.9	2.7
35－44歳	27.4	13.1	12.0	10.9	9.9	9.2	8.3
45－54歳	15.2	11.0	10.9	10.6	10.6	10.1	9.5
55－64歳	6.2	5.1	5.4	5.4	5.3	5.5	5.3
65－74歳	2.0	2.2	2.4	2.4	2.3	2.5	2.3
75－84歳	0.7	0.7	0.7	0.8	0.8	0.8	0.8
85歳以上	(B)	(B)	(B)	(B)	(B)	(B)	(B)
年齢調整済							
男性	18.5	7.9	7.1	6.6	6.2	5.9	5.4
女性	2.2	2.5	2.4	2.4	2.3	2.2	2.1
白人男性	15.7	4.6	4.2	3.8	3.6	3.4	3.1
黒人男性	46.3	35.1	31.3	29.2	28.2	26.3	24.5
アメリカインディアン、アラスカ原住民男性	3.3	3.5	3.5	4.3	4.0	3.3	3.6
アジア系、太平洋諸島民男性	4.3	1.2	1.1	1.2	1.0	1.1	0.8
ヒスパニック男性[3]	28.8	10.6	9.2	8.2	7.5	7.0	6.3
非ヒスパニック、白人系男性[3]	14.1	3.8	3.4	3.1	3.0	2.8	2.5
白人女性	1.1	1.0	0.9	0.9	0.8	0.7	0.7
黒人女性	10.1	13.2	12.8	13.0	12.0	12.2	11.3
アメリカインディアン、アラスカ原住民女性	(B)	1.0	1.5	1.5	1.5	1.5	1.7
アジア系、太平洋諸島民女性	(B)	0.2	(B)	(B)	(B)	(B)	(B)
ヒスパニック女性[3]	3.8	2.9	2.4	2.4	1.9	1.9	1.8
非ヒスパニック、白人系女性[3]	0.7	0.7	0.6	0.6	0.6	0.6	0.5

B 基となる数値が小さすぎて統計的信頼水準に達しない 1．年齢調整死亡率は直接的手法で求められる。当該人口の年齢別死亡率を、年齢別の標準人口に適用するものである。年齢調整によって、年齢構成の異なる集団について、また異なる年次について、正確に比較することができるようになる 2．各期間中の総死亡数を7月1日現在の総居住人口で割った比率 3．死亡分類に際して、1990年はヒスパニック別の情報のない州のデータを除外。ヒスパニックは人種を問わない
資料：U.S. National Center for Health Statistics, *Health, United States, 2009*. 〈http://www.cdc.gov/nchs/hus.htm〉

No.130. 損失余命と損失費用——年齢別、性別、死因別：2009年

[2,436は243万6000を表す。損失余命：死亡時点での平均余命との差。損失費用：生涯所得の損失]

特徴	死亡数 (1,000)	損失余命[1] 計(1,000)	損失余命[1] 死亡者1人当たり	損失費用[2] 計(100万ドル)	損失費用[2] 死亡者1人当たり(ドル)
2009年、計[3]	2,436	38,144	15.7	527,897	216,678
5歳未満	31	2,409	77.8	35,769	1,154,815
5－14歳	6	385	68.5	8,201	1,457,171
15－24歳	30	1,752	57.9	52,410	1,732,506
25－44歳	117	5,002	42.8	160,080	1,370,198
45－64歳	371	12,466	33.6	235,767	634,991
65歳以上	1,881	16,129	8.6	35,670	18,960
心臓病	599	7,449	12.4	80,032	133,709
癌	569	8,906	15.7	105,979	186,378
脳血管疾患	129	1,501	11.7	13,227	102,861
事故、後遺症	117	3,518	30.0	88,668	756,947
その他	1,023	16,769	16.4	239,991	234,500
男性	1,217	20,281	16.7	366,978	301,476
5歳未満	17	1,316	75.6	21,700	1,247,558
5－14歳	3	214	66.4	5,057	1,571,498
15－24歳	22	1,259	56.7	40,463	1,822,258
25－44歳	76	3,140	41.6	113,623	1,504,748
45－64歳	299	7,218	24.2	161,893	542,110
65歳以上	800	7,134	8.9	24,242	30,291
心臓病	307	4,132	13.5	60,640	197,683
癌	297	4,380	14.7	63,675	214,059
脳血管疾患	52	642	12.4	8,321	160,081
事故、後遺症	75	2,351	31.5	67,771	909,176
その他	487	8,776	18.0	166,571	342,366
女性	1,219	17,863	14.7	160,919	132,003
5歳未満	14	1,093	80.5	14,069	1,036,025
5－14歳	2	172	71.2	3,144	1,304,514
15－24歳	8	493	61.3	11,947	1,484,814
25－44歳	41	1,862	45.1	46,457	1,124,317
45－64歳	73	5,248	72.2	73,874	1,016,751
65歳以上	1,081	8,995	8.3	11,428	10,571
心臓病	292	3,318	11.4	19,392	66,455
癌	271	4,526	16.7	42,304	156,011
脳血管疾患	77	859	11.2	4,906	64,034
事故、後遺症	43	1,167	27.4	20,897	490,567
その他	537	7,993	14.9	73,420	136,752

1．死亡時の平均余命に基づく　2．損失費用には、年齢・性・死亡時の平均余命、労働力参入率、年間所得、家財の価額、生存していた場合に得られた所得の合計に3％の割引率を適用したものを用いる　3．年齢がわからない329の死亡数を除く

資料：Wendy Max and Yanling Shi, Institute for Health and Aging, University of California, San Francisco, CA, 未刊行資料

No.131. 初婚の継続期間——性別・婚姻の年別：2009年

[単位：％および年数。15歳以上の現在婚姻期間中のカップル。2008年度の所得および社会保障受給調査（SIPP：Survey of Income and Program Participation）の面会調査に基づく。調査は2009年1月から4月にかけて実施された縦断調査]

性別および婚姻年	婚姻数 (1000件)	継続期間[1] 5年	10年	15年	20年	25年	30年	35年	40年
男性									
1960－1964	4,150	94.6	83.4	74.7	70.2	66.9	64.5	62.1	60.1
1965－1969	5,658	91.7	80.0	69.9	65.8	62.7	60.5	57.9	(X)
1970－1974	7,036	88.0	75.0	65.7	60.2	56.8	53.8	(X)	(X)
1975－1979	6,901	88.2	73.4	63.7	58.7	54.4	(X)	(X)	(X)
1980－1984	7,144	90.6	74.3	65.2	60.0	(X)	(X)	(X)	(X)
1985－1989	7,670	87.7	75.4	66.6	(X)	(X)	(X)	(X)	(X)
1990－1994	7,569	89.7	77.3	(X)	(X)	(X)	(X)	(X)	(X)
1995－1999	8,088	89.6	(X)	(X)	(X)	(X)	(X)	(X)	(X)
女性									
1960－1964	5,495	93.0	82.8	73.5	67.0	60.8	57.2	53.6	49.7
1965－1969	6,705	90.7	79.3	69.6	64.0	59.1	55.8	52.1	(X)
1970－1974	7,667	89.2	74.5	66.1	61.3	56.2	52.6	(X)	(X)
1975－1979	7,619	86.9	72.8	63.2	57.4	53.2	(X)	(X)	(X)
1980－1984	8,051	87.8	71.1	62.9	56.6	(X)	(X)	(X)	(X)
1985－1989	8,027	87.9	74.5	66.4	(X)	(X)	(X)	(X)	(X)
1990－1994	8,164	87.1	74.5	(X)	(X)	(X)	(X)	(X)	(X)
1995－1999	8,229	87.5	(X)	(X)	(X)	(X)	(X)	(X)	(X)

X　調査時において、表示の婚姻期間を満たす該当者なし　1．表示の年数をみたす人口

資料：U.S. Census Bureau, Current Population Reports, "Number, Timing, and Duration of Marriages and Divorces: 2009," P70-125 (2011年5月); <http://www.census.gov/hhes/socdemo/marriage/data/index.html>

No.132. 過去12か月間の結婚と離婚──州別：2009年

[単位：1000件（2,287は228万7000件を表す）。面会調査時に先立つ12か月間、暦年の月に基づく。例えば、2009年1月に面会調査の対象となった人は、2008年1月から2009年1月の間に結婚している場合、本表にカウントされる。15歳以上人口を対象とする。調査時に対象者が居住している州にカウントされる。2009年アメリカン・コミュニティ・サーベイ（ACS）に基づく。ACSの母集団は世帯人口と施設収容人口の双方を含む。標本調査に基づく。標本抽出時の誤差あり。付録Ⅲを参照]

州	過去12か月間に結婚した人口				過去12か月間に離婚した人口			
	男性(1000人)	男性1000人あたりの結婚率	女性(1000人)	女性1000人あたりの結婚率	男性(1000人)	男性1000人あたりの離婚率	女性(1000人)	女性1000人あたりの離婚率
合衆国、計	2,287	19.1	2,209	17.6	1,099	9.2	1,220	9.7
アラバマ	36	20.2	37	18.8	23	12.7	27	13.9
アラスカ	7	26.0	7	24.7	4	12.5	4	16.2
アリゾナ	52	20.3	49	19.0	28	10.8	31	11.9
アーカンソー	29	26.4	27	23.0	15	13.5	15	12.8
カリフォルニア	276	19.1	256	17.5	116	8.0	130	8.9
コロラド	47	23.5	44	22.0	23	11.6	19	9.4
コネティカット	24	17.1	24	15.9	9	6.7	16	10.7
デラウェア	8	23.1	8	20.9	3	8.9	3	8.7
コロンビア特別区	4	17.7	5	16.9	1	6.3	2	8.3
フロリダ	126	17.0	118	15.2	63	8.5	77	9.9
ジョージア	82	22.1	81	20.4	43	11.5	46	11.7
ハワイ	13	24.9	11	21.9	4	8.3	4	7.8
アイダホ	15	25.8	15	25.1	5	7.7	6	9.7
イリノイ	89	17.9	86	16.3	40	8.0	42	8.0
インディアナ	49	19.8	49	18.9	27	11.0	28	10.7
アイオワ	25	21.5	27	21.5	12	10.2	13	10.8
カンザス	24	22.1	24	20.8	12	10.6	12	10.2
ケンタッキー	37	22.2	37	20.5	21	12.6	24	13.5
ルイジアナ	35	20.6	33	17.6	19	11.0	19	10.0
メーン	7	13.5	7	12.2	7	13.0	5	9.1
メリーランド	40	18.3	39	16.1	19	8.8	20	8.2
マサチューセッツ	41	15.8	40	14.1	20	7.8	20	7.0
ミシガン	65	16.5	64	15.6	36	9.2	38	9.3
ミネソタ	32	15.3	33	15.4	15	7.4	17	7.8
ミシシッピ	21	19.3	21	17.3	12	11.1	15	12.5
ミズーリ	43	18.6	46	18.7	22	9.5	26	10.4
モンタナ	7	18.5	8	18.8	4	9.1	4	11.1
ネブラスカ	14	19.6	14	18.9	6	8.8	7	9.8
ネバダ	24	23.2	23	22.4	13	12.3	13	12.3
ニューハンプシャー	9	16.7	9	15.5	5	10.1	5	9.6
ニュージャージー	50	14.8	48	13.3	21	6.1	22	6.0
ニューメキシコ	16	20.4	16	19.9	8	10.2	8	10.1
ニューヨーク	128	16.8	122	14.8	50	6.6	60	7.3
ノースカロライナ	74	20.4	74	19.0	36	9.9	40	10.3
ノースダコタ	7	26.7	7	27.3	2	8.0	2	8.3
オハイオ	76	16.9	74	15.4	43	9.5	48	10.0
オクラホマ	34	23.8	33	22.4	18	12.8	21	14.1
オレゴン	29	18.9	29	18.1	16	10.4	18	11.4
ペンシルベニア	77	15.5	77	14.3	38	7.7	40	7.4
ロードアイランド	6	15.0	7	15.1	4	9.4	4	9.5
サウスカロライナ	32	18.1	30	15.8	14	8.1	15	7.8
サウスダコタ	6	20.1	7	20.3	3	10.9	3	8.9
テネシー	47	19.4	45	17.1	28	11.4	30	11.6
テキサス	202	21.5	195	20.4	94	10.0	114	11.9
ユタ	30	29.6	27	26.7	10	10.2	11	10.8
バーモント	4	16.4	4	15.4	2	9.6	3	11.5
バージニア	63	20.5	61	18.8	28	8.9	33	10.2
ワシントン	57	21.4	55	20.3	27	10.0	29	10.6
ウエストバージニア	16	22.2	16	20.6	8	10.9	9	11.8
ウィスコンシン	39	17.2	38	16.2	19	8.3	17	7.5
ワイオミング	7	30.7	6	28.7	2	10.3	2	10.7

資料：U.S. Census Bureau, 2009 American Community Survey, B12501, Marriage in the Last Year by Sex by Marital Status for the Population 15 Years and Over," B12502, "Marriages Ending in Widowhood in the Last Year by Sex by Marital Status for the Population 15 Years and Over," B12503, "Divorces in the Last Year by Sex by Marital Status for the Population 15 Years and Over," <http://factfinder.census.gov/servlet/DatasetMainPageServlet?_program=ACS&_submenuId=&_lang=en&_ts=>

No.133. 結婚、離婚——州別件数、率：1990－2009年

[2443は244万3000を表す。結婚・離婚地による。州別の結婚・離婚数は暫定値。1990年、2000年は4月1日現在の算定人口、2009年は7月現在の推定人口に基づく。付録Ⅲを参照]

州	結婚[1]						離婚[3]					
	件数(1,000)			人口1,000人あたり[2]			件数(1,000)			人口1,000人あたり[2]		
	1990	2000	2009	1990	2000	2009	1990	2000	2009	1990	2000	2009
合衆国[4]、計	2,443	2,329	2,077	9.8	8.3	6.8	1,182	(NA)	(NA)	4.7	4.1	3.4
アラバマ	43.1	45.0	37.3	10.6	10.1	8.3	25.3	23.5	20.2	6.1	5.5	4.4
アラスカ	5.7	5.6	5.5	10.2	8.9	7.8	2.9	2.7	3.3	5.5	3.9	4.4
アリゾナ[5]	36.8	38.7	35.3	10.0	7.5	5.3	25.1	21.6	23.1	6.9	4.6	3.5
アーカンソー	36.0	41.1	31.6	15.3	15.4	10.7	16.8	17.9	16.3	6.9	6.4	5.7
カリフォルニア	237.1	196.9	213.9	7.9	5.8	5.8	128.0	(NA)	(NA)	4.3	(NA)	(NA)
コロラド	32.4	35.6	37.4	9.8	8.3	6.8	18.4	(NA)	21.2	5.5	4.7	4.2
コネティカット	26.0	19.4	19.8	7.9	5.7	5.9	10.3	6.5	10.8	3.2	3.3	3.1
デラウェア	5.6	5.1	5.1	8.4	6.5	5.4	3.0	3.2	3.4	4.4	3.9	3.6
コロンビア特別区	5.0	2.8	1.9	8.2	4.9	4.7	2.7	1.5	1.3	4.5	3.2	2.6
フロリダ	141.8	141.9	141.2	10.9	8.9	7.5	81.7	81.9	79.9	6.3	5.1	4.2
ジョージア	66.8	58.0	63.6	10.3	7.8	6.5	35.7	30.7	(NA)	5.5	3.3	(NA)
ハワイ	18.3	25.0	22.2	16.4	20.6	17.9	5.2	4.6	(NA)	4.6	3.9	(NA)
アイダホ	14.1	14.0	13.9	13.9	10.8	8.9	6.6	6.9	7.7	6.5	5.5	5.0
イリノイ	100.6	85.5	72.7	8.8	6.9	5.6	44.3	39.1	32.7	3.8	3.2	2.5
インディアナ	53.2	34.5	52.9	9.6	7.9	7.9	(NA)	(NA)	(NA)	(NA)	(NA)	(NA)
アイオワ	24.9	20.3	21.2	9.0	6.9	7.0	11.1	9.4	7.3	3.9	3.3	2.4
カンザス	22.7	22.2	18.5	9.2	8.3	6.5	12.6	10.6	10.3	5.0	3.6	3.7
ケンタッキー	49.8	39.7	33.4	13.5	9.8	7.6	21.8	21.6	19.9	5.8	5.1	4.6
ルイジアナ	40.4	40.5	28.7	9.6	9.1	7.1	(NA)	(NA)	(NA)	(NA)	(NA)	(NA)
メーン	11.9	10.5	9.4	9.7	8.8	7.2	5.3	5.8	5.3	4.3	5.0	4.1
メリーランド	46.3	40.0	32.4	9.7	7.5	5.8	16.1	17.0	15.2	3.4	3.3	2.8
マサチューセッツ	47.7	37.0	36.7	7.9	5.8	5.5	16.8	18.6	12.7	2.8	2.5	2.2
ミシガン	76.1	66.4	53.1	8.2	6.7	5.4	40.2	39.4	32.5	4.3	3.9	3.3
ミネソタ	33.7	33.4	28.4	7.7	6.8	5.3	15.4	14.8	(NA)	3.5	3.2	(NA)
ミシシッピ	24.3	19.7	14.5	9.4	6.9	4.8	14.4	14.4	12.2	5.5	5.0	4.1
ミズーリ	49.1	43.7	39.8	9.6	7.8	6.5	26.4	26.5	23.3	5.1	4.5	3.7
モンタナ	6.9	6.6	7.3	8.6	7.3	7.4	4.1	2.1	3.9	5.1	4.2	4.1
ネブラスカ	12.6	13.0	12.5	8.0	7.6	6.7	6.5	6.4	5.4	4.0	3.7	3.4
ネバダ	120.6	144.3	108.2	99.0	72.2	40.9	13.3	18.1	17.7	11.4	9.9	6.7
ニューハンプシャー	10.5	11.6	8.5	9.5	9.4	6.4	5.3	7.1	4.9	4.7	4.8	3.7
ニュージャージー	58.7	50.0	46.3	7.6	6.0	5.0	23.6	25.6	24.0	3.0	3.0	2.8
ニューメキシコ[5]	13.3	14.5	10.2	8.8	8.0	5.1	7.7	9.2	8.0	4.9	5.1	4.0
ニューヨーク[5]	154.8	162.0	120.1	8.6	7.1	6.4	57.9	62.8	46.1	3.2	3.0	2.6
ノースカロライナ	51.9	65.6	65.8	7.8	8.2	6.7	34.0	36.9	36.7	5.1	4.5	3.8
ノースダコタ	4.8	4.6	4.3	7.5	7.2	6.6	2.3	2.0	1.6	3.6	3.4	2.9
オハイオ	98.1	88.5	64.8	9.0	7.8	5.8	51.0	49.3	36.9	4.7	4.2	3.3
オクラホマ	33.2	15.6	23.5	10.6	(NA)	6.9	24.9	12.4	16.9	7.7	(NA)	4.9
オレゴン	25.3	26.0	25.3	8.9	7.6	6.6	15.9	16.7	13.3	5.5	4.8	3.9
ペンシルベニア	84.9	73.2	64.2	7.1	6.0	5.3	40.1	37.9	28.8	3.3	3.1	2.7
ロードアイランド	8.1	8.0	6.5	8.1	7.6	5.9	3.8	3.1	3.3	3.7	2.9	3.0
サウスカロライナ	55.8	42.7	29.2	15.9	10.6	7.4	16.1	14.4	12.2	4.5	3.8	3.0
サウスダコタ	7.7	7.1	5.9	11.1	9.4	7.2	2.6	2.7	2.6	3.7	3.5	3.3
テネシー	68.0	88.2	55.2	13.9	15.5	8.4	32.3	33.8	25.8	6.5	5.9	3.9
テキサス	178.6	196.4	179.8	10.5	9.4	7.1	94.0	85.2	76.9	5.5	4.0	3.3
ユタ	19.4	24.1	23.9	11.2	10.8	8.2	8.8	9.7	10.7	5.1	4.3	3.6
バーモント	6.1	6.1	4.7	10.9	10.0	8.7	2.6	5.1	2.1	4.5	4.1	3.5
バージニア	71.0	62.4	54.1	11.4	8.8	7.0	27.3	30.2	28.5	4.4	4.3	3.7
ワシントン	46.6	40.9	40.4	9.5	6.9	6.0	28.8	27.2	26.3	5.9	4.6	3.9
ウエストバージニア	13.0	15.7	12.4	7.2	8.7	6.9	9.7	9.3	9.2	5.3	5.1	5.2
ウィスコンシン	38.9	36.1	30.3	7.9	6.7	5.3	17.8	17.6	17.3	3.6	3.2	3.0
ワイオミング	4.9	4.9	4.7	10.7	10.0	8.2	3.1	2.8	2.8	6.6	5.8	5.2

NA データなし　1．データは、注記のあるものを除き、実際に行なわれた結婚件数　2．当該地域の総居住人口に基づく。1990年および2000年は、4月1日現在の人口、その他の年は7月1日現在の推計人口による　3．取消・破棄を含む。郡・州によっては、離婚申請または別居を含む場合もある　4．離婚数の合衆国計は、報告のない州に関する推計値を含む。2000年以降、離婚率は合計数のみに基く。報告のある州とコロンビア特別区の人口のみ。　5．結婚の数値は結婚許可証の数を採用している場合もある

資　料：U.S. National Center for Health Statistics, National Vital Statistics Reports (NVSR), *Births, Marriages, Divorces, and Deaths: Provisional Data for 2009*, Vol. 58, No. 25 (2010年8月) およびそれ以前の報告

第3章
保健・栄養

本章では、医療支出および保険適用範囲（メディケア、メディケイド、医療従事者、病院、看護施設、負傷、疾病、障害、栄養摂取量、食品消費量等を含む）に関する統計を示す。ヘルスケアの最近の統計および関連の議論については、国立保健統計センター（National Center for Health Statistics：NCHS）の年報『*Health, United States*』がある。国の保健衛生関係支出、医療コスト並びに、保険適用範囲に関する統計は、メディケア・メディケイド・サービス・センター（U.S Center for Medicare & Medicaid Services：CMS）とインターネット <http://www.cms.hhs.gov/NationalHealthExpendData/> および年刊の『*Medicare and Medicaid Statistical Supplement to the Health Care Financing Review*』が公刊されている。健康保険に関する統計は、NCHSも集計し、『*Vital and Health Statistics*』（series10および11）として公刊している。センサス局は保険適用範囲の利用状況についてのデータも公表している。病院に関する統計は、アメリカ病院協会（American Hospital Association Company：AHA）の年報『*AHA Hospital Statistics*』がある。栄養および1人当たり年刊食料消費量に関するデータソースは、農務省の刊行する『*Diet Quality and Food Consumption*』である。データは <http://www.ers.usda.gov/Briefing/DietQuality> で得ることができる。

国の保健関係支出

CMSは合衆国における健康管理支出額の推計を行っている。国民保健支出は、支出タイプ別（例えば、病院看護、医師の治療、歯科医治療、その他の専門的看護、家庭保健、処方せん薬の売上、その他医療品、訪問看護およびその他の個人的保健支出。これに加えて、公的な保健活動や保健行政のための保健支出や民間の健康保険の総費用、さらに医療部門への投資と非商業的な医学研究、医療部門の構造設備における資本形成の合計および、財源別（例えば、民間健康保険、直接支払額および、第三者への支払）の支出を推計したものである。

保健支出額の推計は、大部分、他の目的で作成された既存資料によっている。例えばタイプ別支出額の推計は、アメリカ病院協会（AHA）、センサス局、保健・福祉省（Department of Health and Human Services：HHS）等の統計に依存している。財源別保健支出の推計はメディケアおよびメディケイドプログラム、国防総省と退役軍人医療プログラム、社会保障局（Social Security Administration）、センサス局の『*Governmental Finances*』、州・地方政府、HHSの支局および、非政府機関の資料によっている。

メディケア、メディケイドおよびSCHIP

1966年7月以降、連邦政府メディケアプログラムは65歳以上のほとんどの人々に対して2つの制度を提供している。それらは、（1）病院や関連医療サービスをカバーする医療保険および、（2）任意の補助的医療保険、加入者が支払う毎月の手数料で医師および関連医療サービスの費用をカバーしようというものである。1973年7月以降、これらの保険は、受給資格発生後24ヵ月以後のいかなる年齢の身体障害者（社会保障制度や鉄道事業退職年金制度）、および末期の腎臓病患者に対しても適用されるようになった。

2006年1月1日、メディケアは、2003年メディケア改正近代化法の施行により、処方箋薬もカバーすることになった。メディケア加入者であれば希望すればこのプランに加入でき、受給者は毎月の保険料にこのプランのための保険料を加算することで、処方箋薬をメディケアでカバーすることが出来る。

メディケイドは低所得者対象の健康保険制度である。子供のいる低所得家族、所得補償制度の対象となる人々、低所得の妊娠中女性と児童、非常に高額な医療費を支払っている人々が対象となる。介護施設の入居者と自宅介護の障害児童については特例がある。メディケイドは州と連邦が共

同で管轄している。メディケイドに関しては連邦政府には多くの制約があるが、州政府は比較的自由に制度を調整することができる。2009年児童健康保険制度再認可法（CHIPRA、公法111-3）によって、児童健康保険制度（CHIP）は再編された。同法は2009年4月1日発効し、児童健康保険制度は、州立児童健康保険制度（SCHIP）に置き換えられた。新制度は、従来の児童健康保険制度の適用を受けていた数百万の児童の加えて、未保険の数百万の児童にも州の保健制度を適用するための資金を提供する。CHIPは、メディケイド同様連邦・州政府の共同体制によって、収入が民間保険加入には不十分だがメディケイド適用基準は超えてしまう家庭の子供達に対する健康保険の普及を目標に掲げている。

医療資源

アメリカ病院協会（AHA）は毎年定期的に行う調査に基づいて、『*AHA Hospital Statistics*』を公刊している。これは同協会の登録・許可を受けた全病院を網羅している。アメリカ病院協会の認可を受けるためには、登録病院はベッド数・建築・設備・医療看護職員・患者の看護・臨床記録・外科および産科設備・診断治療設備・実験室等の一定の条件を満たさなければならない。したがってNCHSの統計はこれらの基準を充たす全ての病院を網羅している。これらの基準については、『*Vital and Health Statistics*』series 13として公刊されている。

医療関係従事者の人口動態的特徴に関する統計は、労働統計局（Bureau of Labor Statistics）の月報『*Employment and Earnings*』およびその他の諸資料による（第12章の表No.603を参照）。医療関係職員の標本調査並びに、長期看護、外来診療、救急外来での診療および病院医療の利用状況は、NCHSのseries 13「国民栄養統計報告（National Health Statistics Report: NHSR）」に公表され、医療機関への患者の訪問回数の統計はNCHSのseries 10『*National Health Interview Survey Data*』に公表されている。

CMSの『*Health Care Financing Review*』および年刊の『*Medicare and Medicaid Statistical Supplement*』は病院と看護施設、広域看護施設および家庭保健団体に関する統計で、これらの統計は、メディケアプログラムに基づく記録を集計したものである。ただし、連邦政府の適正基準を充たす施設が限られているため、他の資料による統計とは異なる。

身体障害と疾患

精神病、身体障害、負傷、予防接種、心理テストを含む一般の保健統計は、NCHSが行うインタビュー調査（National Health Interview Survey）および保健・栄養試験調査（National Health and Nutrition Examination Surveys）の結果を、『*Vital and Health Statistics*』series 10、11として公表している。届出疾病の発生件数統計は、公衆衛生局（Public Health Service : PHS）が『*Morbidity and Mortality Weekly Report*』の付録として公表している。病名リストは毎年改訂される。各州とPHSが重要伝染病と認定したものは、同リストに追加される。

統計的信頼度

NCHSとCMSの統計収集、推計、標本抽出、信頼度については、付録IIIを参照。

No.134. 国民保健支出――概要：1960－2009年

[単位：10億ドル（27.3は273億ドルを表す）。プエルトリコと海外領土を除く］

年	総支出[1]	保健消費支出計[2]	個人保険支出									
			計[3]	病院医療	医師・医療サービス	その他の専門サービス	歯科サービス	家庭保健医療	介護施設[4]	処方箋薬	耐久医療機器	その他の非耐久医療機器
1960	27.3	24.8	23.3	9.0	5.6	0.4	2.0	0.1	0.8	2.7	0.7	1.6
1961	29.2	26.3	24.8	9.8	5.8	0.4	2.1	0.1	0.8	2.7	0.8	1.8
1962	31.9	28.4	26.6	10.4	6.3	0.4	2.2	0.1	0.9	3.0	0.9	1.9
1963	34.7	30.9	29.0	11.5	7.1	0.5	2.3	0.1	1.0	3.2	0.9	1.9
1964	38.5	34.1	32.0	12.5	8.1	0.5	2.6	0.1	1.2	3.3	1.0	2.1
1965	41.9	37.2	34.7	13.5	8.6	0.5	2.8	0.1	1.4	3.7	1.1	2.2
1966	46.2	41.2	38.4	15.3	9.3	0.6	3.0	0.1	1.7	4.0	1.2	2.4
1967	51.7	46.5	43.5	17.8	10.4	0.6	3.4	0.2	2.2	4.2	1.1	2.5
1968	58.7	52.7	49.2	20.5	11.4	0.6	3.7	0.2	2.9	4.7	1.3	2.8
1969	66.2	59.1	55.5	23.4	12.7	0.7	4.2	0.3	3.4	5.1	1.5	3.0
1970	74.8	67.0	63.1	27.2	14.3	0.7	4.7	0.2	4.0	5.5	1.7	3.3
1971	83.2	74.3	69.4	30.2	15.9	0.8	5.2	0.2	4.6	5.9	1.8	3.5
1972	93.1	83.3	77.1	33.8	17.7	0.9	5.5	0.2	5.2	6.3	2.0	3.7
1973	103.3	93.1	86.1	37.9	19.6	1.0	6.3	0.3	6.0	6.8	2.2	4.0
1974	117.1	105.9	98.8	44.1	22.2	1.2	7.1	0.4	6.9	7.4	2.5	4.5
1975	133.5	121.1	113.2	51.2	25.3	1.3	8.0	0.6	8.0	8.1	2.8	4.9
1976	153.0	139.3	129.3	59.4	28.7	1.6	9.0	0.9	9.1	8.7	3.0	5.4
1977	173.9	159.9	146.7	67.0	33.1	2.1	10.1	1.1	10.3	9.2	3.2	6.1
1978	195.4	180.0	164.3	75.6	35.8	2.4	11.0	1.6	11.8	9.9	3.4	7.1
1979	221.6	204.2	187.2	86.2	41.2	2.8	11.9	1.9	13.3	10.7	3.8	8.5
1980	255.7	235.6	217.1	100.5	47.7	3.5	13.3	2.4	15.3	12.0	4.1	9.8
1981	296.6	273.5	251.9	117.5	55.6	4.3	15.7	2.9	17.3	13.4	4.3	11.3
1982	334.6	308.2	283.2	133.6	61.6	4.9	17.0	3.5	19.5	15.0	4.6	12.6
1983	368.8	339.6	311.8	144.7	68.7	5.7	18.3	4.2	21.7	17.3	5.3	13.8
1984	406.3	375.3	341.9	154.4	77.4	7.3	19.8	5.1	23.7	19.6	6.1	15.0
1985	444.4	413.2	376.8	164.6	90.8	8.1	21.7	5.6	26.3	21.8	7.1	16.0
1986	476.7	444.2	409.4	175.7	100.7	9.3	23.1	6.4	28.7	24.3	8.1	17.1
1987	518.9	482.9	448.3	189.5	112.9	11.4	25.3	6.7	30.7	26.9	9.5	18.3
1988	581.5	541.3	499.3	206.5	128.6	13.8	27.3	8.4	34.3	30.6	11.1	19.4
1989	647.2	603.2	551.4	226.0	143.3	14.6	29.3	10.2	38.7	34.8	11.9	20.8
1990	724.0	675.3	616.6	250.4	158.9	17.4	31.5	12.6	44.9	40.3	13.8	22.4
1991	791.2	739.2	677.4	275.8	176.5	18.7	33.3	15.2	49.4	44.4	13.1	23.2
1992	857.7	800.8	733.4	298.5	191.3	21.0	37.0	18.7	53.1	47.0	13.5	23.2
1993	921.3	860.1	781.0	315.7	202.8	23.2	38.9	22.8	56.0	49.6	14.1	23.7
1994	972.5	908.6	823.0	328.4	212.2	24.2	41.5	27.4	58.6	53.1	15.3	24.3
1995	1,027.3	961.4	872.7	339.3	222.3	27.0	44.5	32.4	64.5	59.8	15.9	25.1
1996	1,081.6	1,013.9	921.7	350.8	231.3	29.2	46.8	35.8	69.6	68.1	17.4	26.0
1997	1,142.4	1,070.2	974.5	363.4	242.9	31.7	50.2	37.0	74.4	77.6	19.2	27.6
1998	1,208.6	1,128.5	1,028.3	374.9	257.9	33.8	53.5	34.2	79.4	88.4	21.3	28.6
1999	1,286.8	1,200.0	1,088.8	393.6	271.1	35.0	57.2	32.9	80.8	104.7	23.0	30.6
2000	1,378.0	1,288.5	1,164.4	415.5	290.0	37.0	62.0	32.4	85.1	120.9	25.1	31.6
2001	1,495.3	1,401.4	1,264.1	449.4	314.7	40.6	67.5	34.4	90.8	138.7	25.1	32.3
2002	1,637.0	1,531.6	1,371.6	486.5	340.8	43.7	73.4	36.6	94.5	158.2	27.0	33.3
2003	1,772.2	1,658.2	1,479.0	525.8	368.4	46.8	76.0	39.8	100.1	175.2	27.8	35.1
2004	1,894.7	1,772.9	1,585.0	564.5	393.6	50.1	81.8	43.8	105.4	190.3	28.9	35.8
2005	2,021.0	1,890.3	1,692.6	606.5	419.6	53.1	86.8	48.7	112.1	201.7	30.4	37.2
2006	2,152.1	2,016.9	1,798.8	648.3	441.6	55.4	91.4	52.6	117.0	219.8	31.9	38.7
2007	2,283.5	2,135.1	1,904.3	686.8	462.6	59.5	97.3	57.8	126.5	230.2	34.4	41.1
2008	2,391.4	2,234.2	1,997.2	722.1	486.5	63.4	102.3	62.1	132.8	237.2	35.1	42.3
2009	2,486.3	2,330.1	2,089.9	759.1	505.9	66.8	102.2	68.3	137.0	249.9	34.9	43.3

1．保健医療消費支出および医学研究、医学施設設備を含む　2．個人医療保険支出および行政の純医療保険費用および政府の公的保健医療活動の費用を含む　3．入院、通院、歯科医療、その他の専門サービス、他の保健・居住・対人サービス、居宅ヘルスケア、介護施設、高齢者居住地域における継続的なケア、処方箋薬、耐久医療設備、その他非耐久医療製品を含む　4．介護施設で提供されるサービス（NAICS6231）、高齢者居住地域における継続的ケア（623311）、州および地方政府の介護施設、退役軍人省の運営する介護施設を含む

資料：U.S. Centers for Medicare & Medicaid Services, Office of the Actuary, "National Health Expenditure Group"；<http://www.cms.hhs.gov/NationalHealthExpendData/>

No.135. 国民保健支出——資金源別：1990-2009年

[単位：10億ドル（724.0は7240億ドルを表す)、および%。プエルトリコおよび諸島地域を除く]

支出の種類	1990	2000	2004	2005	2006	2007	2008	2009
国民保健支出、計	724.0	1,378.0	1,894.7	2,021.0	2,152.1	2,283.5	2,391.4	2,486.3
年変化率（%）[1]	11.9	7.1	6.9	6.7	6.5	6.1	4.7	4.0
国内総生産に占める%	12.5	13.8	16.0	16.0	16.1	16.2	16.6	17.6
自費	138.8	202.1	248.8	263.8	272.1	289.4	298.2	299.3
健康保険	439.2	918.8	1,316.2	1,410.5	1,513.7	1,597.5	1,681.8	1,767.4
民間健康保険	233.9	458.2	653.7	697.2	733.6	763.8	790.6	801.2
メディケア	110.2	224.4	311.3	339.9	403.1	431.4	465.7	502.3
メディケイド（タイトルXIX）	73.7	200.5	291.2	309.5	307.1	327.0	343.1	373.9
CHIP（タイトルXIX、およびXXI）	—	3.0	7.1	7.5	8.3	9.1	10.2	11.1
国防省	10.4	13.7	24.9	26.5	29.7	32.2	33.9	36.5
退役軍人省	10.9	19.1	28.0	29.8	31.9	34.0	38.2	42.4
第三者支払機関およびプログラム	77.4	124.5	153.9	159.8	168.5	179.5	181.2	186.1
産業保健	2.2	3.5	4.0	4.2	4.3	4.4	4.4	4.4
その他の民間資金[2]	29.5	57.5	65.7	69.7	76.9	85.5	81.3	83.8
インディアン保健サービス	1.0	2.0	2.5	2.5	2.6	2.7	2.8	3.2
労働者災害補償	17.5	26.2	34.7	34.9	34.9	35.4	38.9	39.6
一般扶助	5.0	3.9	5.9	6.2	6.7	6.9	7.1	7.1
母子保健	1.6	2.7	2.6	2.6	2.7	2.8	2.9	3.0
職業リハビリテーション	0.3	0.4	0.5	0.5	0.5	0.5	0.5	0.5
その他の連邦政府プログラム[3]	1.5	4.5	6.2	6.3	6.4	6.7	6.9	7.3
薬物中毒および精神保健サービス	1.4	2.6	3.2	3.1	3.2	3.3	3.2	3.2
その他の州・地方政府プログラム[4]	15.9	18.7	25.4	26.4	26.8	27.4	28.9	29.4
学校保健	1.3	2.5	3.3	3.4	3.6	3.9	4.2	4.5
公的保健医療活動[5]	20.0	43.0	54.0	56.2	62.6	68.8	72.9	77.2
投資	48.7	89.6	121.8	130.7	135.2	148.4	157.2	156.2
研究[6]	12.7	25.5	38.5	40.3	41.4	41.9	43.2	45.3
施設・設備[7]	36.0	64.1	83.3	90.4	93.8	106.4	114.0	110.9

— ゼロを示す　1. 表示前年からの年変化率を示す　2. 最も一般的な民間資金は慈善寄付によるものである。慈善による支援は直接個人から、あるいはUnited Wayのような機関の募金を通じて集められる。また団体や企業からの支援も得られる　3. 総合病院、NEC管轄の総合病院、タイトルXIX以外の連邦政府、および機会均等局のプログラムを含む　4. タイトルXIX以外の州および地方政府プログラム、定期払廃疾保険、および州・地方政府の補助金を含む　5. 政府は公共に保健サービスを提供するための組織を作り運営する。疫学調査、接種、免疫／ワクチン接種、病気予防のためのプログラム、衛生検査機関の運営等のサービスを行うものである。国民保健支出では、これらの活動への支出は公的保健医療活動に分類される　6. 非営利および政府機関。医薬品および医療器具設備の製造者の研究開発費はここには含まれない。国民経済計算の定義で中間投入とされるものは含まれない。つまりその研究費は製品販売によって埋め合わされるとみなされる　7. 施設（構造物）は医療部門の新規構造物の建築費用であり、耐久・非耐久を問わず医療製品の小売を行う施設は含まれない。建築費用には、新しい建物の建築、改築、増築、および大規模な改修、配線・機械の入れ替え、造成を含む

資料：U.S. Centers for Medicare & Medicaid Services, Office of the Actuary, "National Health Statistics Group"；<http://www.cms.hhs.gov/NationalHealthExpendData/> も参照

No.136. 国民保健支出——資金源および支出の種類別：1990－2009年

[単位：10億ドル（724.0は7240億ドルを表す)。プエルトリコと諸島地域を除く]

支出	1990	2000	2003	2004	2005	2006	2007	2008	2009
計	724.0	1,378.0	1,772.2	1,894.7	2,021.0	2,152.1	2,283.5	2,391.4	2,486.3
資金源：									
自費	138.8	202.1	237.1	248.8	263.8	272.1	289.4	298.2	299.3
健康保険[1]	439.2	918.8	1,219.2	1,316.2	1,410.5	1,513.7	1,597.5	1,681.8	1,767.4
その他第三者支払機関およびプログラム[2]	77.4	124.5	148.2	153.9	159.8	168.5	179.5	181.2	186.1
公的保健医療活動[3]	20.0	43.0	53.7	54.0	56.2	62.6	68.8	72.9	77.2
投資	48.7	89.6	114.0	121.8	130.7	135.2	148.4	157.2	156.2
支出の種類：									
保健消費支出	675.3	1,288.5	1,658.2	1,772.9	1,890.3	2,016.9	2,135.1	2,234.2	2,330.1
個人保険ケア	616.6	1,164.4	1,479.0	1,585.0	1,692.6	1,798.3	1,904.3	1,997.2	2,089.9
入院	250.4	415.5	525.8	564.5	606.5	648.3	686.8	722.1	759.1
外来医療サービス	158.9	290.0	368.4	393.6	419.6	441.6	462.6	486.5	505.9
その他の専門サービス[4]	17.4	37.0	46.8	50.1	53.1	55.4	59.5	63.4	66.8
歯科サービス	31.5	62.0	76.0	81.8	86.8	91.4	97.3	102.3	102.2
その他の保健、居住、対人ケア[5]	24.3	64.7	84.0	90.7	96.5	102.1	108.3	113.3	122.6
居宅ヘルスケア	12.6	32.4	39.8	43.8	48.7	52.6	57.8	62.1	68.3
介護施設および高齢者居住地域の継続的ケア	44.9	85.1	100.1	105.4	112.1	117.0	126.5	132.8	137.0
処方箋薬	40.3	120.9	175.2	190.3	201.7	219.8	230.2	237.2	249.9
耐久医療設備[6]	13.8	25.1	27.8	28.9	30.4	31.9	34.4	35.1	34.9
その他非耐久医療製品[7]	22.4	31.6	35.1	35.8	37.2	38.7	41.1	42.3	43.3
投資	48.7	89.6	114.0	121.8	130.7	135.2	148.4	157.2	156.2
研究[8]	12.7	25.5	34.9	38.5	40.3	41.4	41.9	43.2	45.3
施設設備[9]	36.0	64.1	79.2	83.3	90.4	93.8	106.4	114.0	110.9

1. 民間の健康保険、メディケア、メディケイド、CHIP（タイトルXIXおよびXXI）、国防省、退役軍人省の保険を含む　2. 表No.141の脚注2を参照　3. 表No.135の脚注5を参照　4. 表No.136の脚注5を参照　5. メディケイドの恩恵を受けない者、介護施設のケア、救急車、学校保健、産業保健等への支出を含む。一般的にこれらのプログラムはコミュニティセンター、高齢者センター、学校、軍隊のフィールドステーション等従来とは異なる分野に資金を提供する　6. 表No.136の脚注7を参照　7. 非処方箋薬および医療雑貨の売上高　8. 表No.135の脚注7を参照　9. 表No.135の脚注7を参照

資料：U.S. Centers for Medicare & Medicaid Services, Office of the Actuary, "National Health Expenditure Group"；<http://www.cms.hhs.gov/NationalHealthExpendData/> も参照

No.137. 保健消費支出——一人当たり消費額——支出の種類および資金源別：1990－2009年

[単位：ドル、％。センサス局の推計による。医学研究、医療施設と医療設備は除く。プエルトリコと島嶼部を除く]

支出目的および財源	1990	1995	2000	2004	2005	2006	2007	2008	2009
計[1]	2,661	3,578	4,561	6,043	6,385	6,746	7,069	7,329	7,578
年平均変化率（％）[2]	10.6	4.7	6.3	5.9	5.7	5.6	4.8	3.7	3.4
病院医療	987	1,263	1,471	1,924	2,049	2,168	2,274	2,369	2,469
医師サービス	626	827	1,027	1,342	1,417	1,477	1,532	1,596	1,645
その他の専門サービス[3]	124	166	220	279	293	306	322	336	332
歯科医サービス	69	100	131	171	179	185	197	208	217
その他の保健、居住、対人ケア[4]	88	93	112	122	126	129	136	139	141
家庭保健医療	96	156	229	309	326	341	359	372	399
介護施設および高齢者居住地域における継続的ケア	54	59	89	99	103	107	114	115	113
処方箋薬	50	120	115	149	165	176	191	204	222
耐久医療機器[5]	159	223	428	649	681	735	762	778	813
その他の非耐久財医薬関連品[6]	177	240	301	359	379	391	419	436	445
公共保健活動[7]	79	115	152	184	190	209	228	239	251
財源	2,661	3,578	4,561	6,043	6,385	6,746	7,069	7,329	7,578
自己負担	547	545	715	848	891	910	958	978	974
健康保険[8]	1,730	2,541	3,252	4,486	4,764	5,063	5,289	5,517	5,748
第三者支払[9]	305	376	441	525	540	545	594	594	605

1．個別に明示しないその他の項目を含む　2．前年からの年平均変化率　3．表No.136の脚注4を参照　4．メディケイドの恩恵を受けない者、介護施設のケア、救急車、学校保健、産業保健等への支出を含む。一般的にこれらのプログラムはコミュニティセンター、高齢者センター、学校、軍隊のフィールドステーション等従来とは異なる分野に資金を提供する　5．表No.136の脚注5を参照　6．非処方箋薬および医療雑貨の売上高　7．表No.135の脚注5を参照　8．表No.136の脚注1を参照　9．表No.136の脚注2を参照

資料：U.S. Centers for Medicare and Medicaid Services, Office of the Actuary, "National Health Expenditure Group"; ⟨http://www.cms.hhs.gov/NationalHealthExpendData/⟩ も参照

No.138. 保健消費支出——支出の種類および資金源別：2009年

[単位：100万ドル（2,330,064は2兆3300億6400万ドルを表す）。プエルトリコと島嶼部を除く。医療研究と建設、設備を除く。本書前年版の表No.134も参照]

支出別	計	患者直接支払	健康保険 計	個人健康保険	メディケア	メディケイド	その他の健康保険プログラム[1]	第三者支払およびプログラム[2]
計[1]	2,330,064	299,345	1,767,416	801,190	502,289	373,941	89,997	186,090
個人保健医療[3]	2,089,862	299,345	1,614,955	712,165	471,260	345,669	85,861	175,562
病院医療	759,074	24,417	669,348	265,894	220,382	136,102	46,971	65,309
医師サービス	505,888	47,943	407,336	237,674	109,434	39,947	20,281	50,609
歯科医サービス	102,222	42,480	59,258	49,960	290	7,147	1,861	484
その他の専門サービス[4]	122,623	8,918	76,780	5,814	4,588	64,403	1,976	36,925
家庭保健医療	68,264	6,015	59,746	5,020	29,835	24,291	600	2,503
介護施設および高齢者居住地域における継続的ケア	136,971	39,812	87,465	10,549	27,991	44,956	3,968	9,694
処方箋薬	249,904	52,992	193,325	108,566	54,818	19,981	9,960	3,587
耐久医療機器[5]	34,878	18,577	15,805	3,970	7,446	4,315	74	496
政府管理[6]	29,812	−	28,434	−	6,956	18,197	3,281	1,378
健康保険の純費用[6]	133,177	−	124,027	89,025	24,073	10,074	855	9,150
公共保健活動[7]	77,213	−	−	−	−	−	−	−

−　ゼロを示す　1．CHIP（タイトルXIXおよびXXI）、国防省、退役軍人省の保険を含む　2．表No.141の脚注2を参照　3．個別に明示しない他の項目を含む　4．表No.136の脚注5を参照　5．表No.136の脚注6を参照　6．定義については資料を参照　7．表No.135の脚注5を参照

資料：U.S. Centers for Medicare and Medicaid Services, Office of the Actuary, "National Health Expenditure Group"; ⟨http://www.cms.hhs.gov/NationalHealthExpendData/⟩ も参照

No.139. 個人保健ケア支出——資金源別：1990－2009年

[単位：10億ドル（616.6は6166億ドルを表す）。プエルトリコと島嶼部を除く]

分類項目	1990	2000	2003	2004	2005	2006	2007	2008	2009
個人保健医療支出	616.6	1,164.4	1,479.0	1,585.0	1,692.6	1,798.8	1,904.3	1,997.2	2,089.9
自己負担	138.8	202.1	237.1	248.8	263.8	272.1	289.4	298.2	299.3
健康保険	403.0	843.5	1,102.4	1,191.5	1,278.3	1,367.6	1,444.7	1,528.1	1,615.0
個人健康保険	204.8	405.8	526.2	562.8	603.8	636.4	663.8	692.7	712.2
メディケア	107.3	215.9	273.8	300.2	326.4	381.7	440.8	440.8	471.3
メディケイド	69.7	186.9	249.8	271.2	287.7	283.7	302.5	316.5	2009,
その他の健康保険[1]	21.2	34.9	52.7	52.7	60.4	65.9	71.0	78.2	予測値
第三者支払およびプログラム[2]	74.8	118.8	139.5	144.7	150.5	159.1	170.3	170.9	175.6

1．CHIP（タイトルXIXおよびXXI）、国防省、退役軍人省の保険を含む　2．表No.141の脚注2を参照

資料：U.S. Centers for Medicare and Medicaid Services, Office of the Actuary, "National Health Expenditure Group"; ⟨http://www.cms.hhs.gov/NationalHealthExpendData/⟩ も参照

No.140. 国民保健支出――支払者別：1990－2009年

[単位：10億ドル（724.0は7240億ドルを表す）。プエルトリコと諸島地域を除く］

支払者	1990	2000	2004	2005	2006	2007	2008	2009
計	724.0	1,378.0	1,894.7	2,021.0	2,152.1	2,283.5	2,391.4	2,486.3
企業、世帯、およびその他の民間	488.0	889.5	1,147.6	1,219.4	1,283.8	1,358.8	1,406.0	1,403.1
民間企業[1]	178.1	345.5	451.9	478.3	492.0	511.4	521.0	518.3
世帯[2][3]	253.0	434.2	559.7	595.5	634.9	671.2	707.2	708.4
その他の民間	56.9	109.9	135.9	145.7	156.9	176.2	177.8	176.4
政府	236.0	488.5	747.1	801.6	868.2	924.7	985.4	1,083.2
連邦政府[4][5]	125.3	261.1	425.9	452.6	494.6	525.0	575.5	678.4
州・地方政府[6][7]	110.7	227.4	321.3	349.0	373.6	399.7	410.0	404.8

1．2006－2009年の推計値は、高齢者向け医薬品補助（RDS）の民間プランの支払を除外　2．2009年の推計値は補助金を受けたCOBRAのプランを除外　3．自営業者のメディケア入院保険ファンドへの保険料および社会保障給付への課税額の半額を含む　4．2006-2009年は、民間および州・地方政府のプランに対するRDSの支払を含む　5．母子保健、職業リハビリテーション、薬物依存・精神保健サービス局、インディアン保健サービス、機会均等局（1965－74年）、連邦政府の労働災害補償、その他の連邦政府のプログラム、公共保健医療活動、国防省、退役軍人省、CHIP（児童保健プログラム）、投資（研究、施設設備）およびCOBRA補助金を含む　6．メディケイド受給者のためのメディケア保険料補助を含む　7．その他の公的扶助と一般扶助、母子保健、職業リハビリテーション、公共保健医療活動、病院補助金、その他の州・地方プログラム、州政府の段階的に削減される支払、投資（研究、施設設備）を含む

資料：U.S. Centers for Medicare and Medicaid Services, Office of the Actuary, "Health Expenditures by Sponsors: Business, Household and Government," ⟨http://www.cms.gov/NationalHealthExpendData/downloads/bhg09.pdf⟩

No.141. 入院、通院、介護施設および高齢者居住地域における継続的ケア、および処方箋薬の支出――資金源別：1990－2009年

［単位：10億ドル（250.4は2504億ドルを表す）。プエルトリコと島嶼部を除く］

支払元	1990	2000	2004	2005	2006	2007	2008	2009
病院医療支出、計	250.4	415.5	564.5	606.5	648.3	686.8	722.1	759.1
自己負担	11.2	13.4	17.6	19.0	20.3	21.6	23.2	24.4
健康保険	206.8	358.3	493.8	532.1	567.2	598.8	634.0	669.3
民間健康保険	96.5	140.8	198.9	214.5	234.0	245.1	258.8	265.9
メディケア	67.8	124.4	165.3	179.1	187.1	195.3	208.1	220.4
メディケイド	26.7	71.2	97.7	104.8	110.2	119.7	123.6	136.1
その他の健康保険[1]	15.8	21.9	32.0	33.7	36.0	38.8	43.6	47.0
第三者支払およびプログラム[2]	32.4	43.8	53.1	55.4	60.8	66.3	64.9	65.3
医師サービス支出、計	158.9	290.0	393.6	419.6	441.6	462.6	486.5	505.9
自己負担	30.2	32.4	39.9	43.2	45.1	47.1	48.4	47.9
健康保険	107.5	221.7	309.9	331.7	350.3	367.1	389.0	407.3
民間健康保険	67.2	137.8	190.2	204.8	214.2	223.2	233.3	233.7
メディケア	30.0	57.9	79.8	84.7	90.0	94.2	102.0	109.4
メディケイド	7.0	19.2	27.7	29.8	31.6	33.2	35.7	39.9
その他の健康保険[1]	3.3	6.8	12.1	12.4	14.5	16.4	18.1	20.3
第三者支払およびプログラム[2]	21.2	35.9	43.9	44.7	46.2	48.4	49.0	50.6
介護施設および高齢者居住地域、計	44.9	85.1	105.4	112.1	117.0	126.5	132.8	137.0
自己負担	18.1	27.7	32.5	34.2	35.1	38.5	40.4	39.8
健康保険	21.9	51.5	66.3	70.5	73.9	78.0	83.2	87.5
民間健康保険	2.8	7.6	7.0	7.5	8.7	9.2	10.0	10.5
メディケア	1.7	10.1	16.9	19.0	21.0	23.4	26.0	28.0
メディケイド	16.4	31.9	39.8	41.2	41.3	42.1	43.6	45.0
その他の健康保険[1]	1.0	1.9	2.7	2.8	2.8	3.3	3.7	4.0
第三者支払およびプログラム[2]	4.9	6.0	6.6	7.4	8.0	10.0	9.2	9.7
処方箋薬、計	40.3	120.9	190.3	201.7	219.8	230.2	237.2	249.9
自己負担	22.9	34.0	47.7	50.6	49.9	52.5	51.8	53.0
健康保険	16.2	84.6	138.9	147.2	165.8	173.9	181.7	193.3
民間健康保険	10.9	60.7	93.1	99.6	99.2	101.5	103.3	108.6
メディケア	0.2	2.1	3.4	3.9	39.6	45.8	50.4	54.8
メディケイド	5.1	19.8	35.7	36.3	18.9	18.1	18.9	20.0
その他の健康保険[1]	0.1	2.1	6.7	7.4	8.1	8.5	9.1	10.0
第三者支払およびプログラム[2]	1.2	2.3	3.7	3.9	4.1	3.8	3.7	3.6

1．児童健康保険制度（タイトルXIXおよびXXI）　2．産業保健、その他の民間、インディアン保健サービス、労働者災害補償、一般扶助、母子保健、職業リハビリテーション、その他の連邦プログラム、薬物依存・精神保健サービス局、その他の州・地方政府のプログラム、および学校保健を含む

資料：U.S. Centers for Medicare & Medicaid Services, Office of the Actuary, "National Health Statistics Group"；⟨http://www.cms.hhs.gov/NationalHealthExpendData/⟩ も参照

No.142. 医療費指数：1980－2010年

[1982－84年＝100。全都市消費者に関する消費者物価指数構成要素に基づく月毎データの年間平均を指数とする。詳細については第14章の解説および付録Ⅲを参照]

年	医療費計	医療サービス					医療品		年変化率（%）[3]		
		計[1]	専門サービス			病院および関連サービス	計[2]	処方箋薬および医療品	医療費計	医療サービス	医療品
			計[1]	医師	歯科						
1980....	74.9	74.8	77.9	76.5	78.9	69.2	75.4	72.5	11.0	11.3	9.3
1985....	113.5	113.2	113.5	113.3	114.2	116.1	115.2	120.1	6.3	6.1	7.2
1990....	162.8	162.7	156.1	160.8	155.8	178.0	163.4	181.7	9.0	9.3	8.4
1995....	220.5	224.2	201.0	208.8	206.8	257.8	204.5	235.0	4.5	5.1	1.9
2000....	260.8	266.0	237.7	244.7	258.5	317.3	238.1	285.4	4.1	4.3	3.2
2004....	310.1	321.3	271.5	278.3	306.9	417.9	269.3	337.1	4.4	5.0	2.5
2005....	323.2	336.7	281.7	287.5	324.0	439.9	276.0	349.0	4.2	4.8	2.5
2006....	336.2	350.6	289.3	291.9	340.9	468.1	285.9	363.9	4.0	4.1	3.6
2007....	351.1	369.3	300.8	303.2	358.4	498.9	290.0	369.2	4.4	5.3	1.4
2008....	364.1	384.9	311.0	311.3	376.9	534.0	296.0	378.3	3.7	4.2	2.1
2009....	375.6	397.3	319.4	318.0	388.1	567.9	305.1	391.1	3.2	3.2	3.1
2010....	388.4	411.2	328.2	331.3	398.8	607.7	314.7	407.8	3.4	3.5	3.1

1．個別に明示しないその他のサービスも含む　2．個別に示さないその他の品目も含む　3．直前年からの増加率
資料：Bureau of Labor Statistics, "CPI Detailed Report, Data for January 2011," <http://www.bls.gov/cpi/cpi_dr.htm>. "Monthly Labor Review Online," <http://www.bls.gov/opub/mlr/> も参照

No.143. 消費者単位の年平均保健医療支出：2007－2009年

[単位：ドル、%。第13章の解説と表No.680の頭注を参照。地域の構成については表紙裏の地図を参照]

分類項目	保健医療、計		健康保険	医療サービス	薬、医療品[1]	構成比（%）		
	総額	支出総額に占める割合（%）				健康保険	医療サービス	薬、医療品[1]
2007	2,853	5.7	1,545	709	599	54.2	24.9	21.0
2008	2,976	5.9	1,653	727	596	55.5	24.4	20.0
2009	3,126	6.4	1,785	736	605	57.1	23.5	19.4
対象者年齢：								
25歳未満	676	2.4	381	167	127	56.4	24.7	18.8
25－34歳	1,805	3.9	1,083	466	256	60.0	25.8	14.2
35－44歳	2,520	4.4	1,436	650	435	57.0	25.8	17.3
45－54歳	3,173	5.4	1,688	862	624	53.2	27.2	19.7
55－64歳	3,895	7.4	2,017	1,054	823	51.8	27.1	21.1
65－74歳	4,906	11.4	3,042	818	1,046	62.0	16.7	21.3
75歳以上	4,779	15.1	3,011	824	945	63.0	17.2	19.8
対象者の人種：								
白人その他	3,314	6.5	1,875	797	642	56.6	24.0	19.4
黒人	1,763	5.0	1,133	294	336	64.3	16.7	19.1
ヒスパニック：								
ヒスパニック	1,568	3.7	848	418	302	54.1	26.7	19.3
非ヒスパニック	3,335	6.7	1,910	779	645	57.3	23.4	19.3
居住地域：								
東北部	3,132	5.8	1,916	625	592	61.2	20.0	18.9
中西部	3,272	7.0	1,845	780	647	56.4	23.8	19.8
南部	3,030	6.6	1,730	672	629	57.1	22.2	20.8
西部	3,128	5.9	1,703	889	536	54.4	28.4	17.1
消費者単位の規模：								
1人	2,007	6.8	1,169	446	393	58.2	22.2	19.6
2人以上	3,578	6.3	2,034	854	691	56.8	23.9	19.3
2人	4,021	7.8	2,332	855	834	58.0	21.3	20.7
3人	3,273	5.8	1,890	783	600	57.7	23.9	18.3
4人	3,300	5.0	1,772	981	546	53.7	29.7	16.5
5人以上	2,960	4.7	1,628	781	551	55.0	26.4	18.6
課税前所得：								
所得5分位：								
下位20%	1,628	7.5	978	323	327	60.1	3.3	20.1
2位20%	2,491	7.9	1,524	437	530	61.2	3.3	21.3
3位20%	3,069	7.5	1,825	642	602	59.5	3.2	19.6
4位20%	3,762	6.6	2,080	995	687	55.3	4.0	18.3
上位20%	4,677	5.0	2,516	1,283	877	53.8	4.4	18.8
教育：								
高校卒業未満	2,010	6.6	1,215	364	432	60.4	18.1	21.5
高校卒業	2,913	7.5	1,712	624	577	58.8	21.4	19.8
高校卒業同等	2,917	6.5	1,635	691	592	56.1	23.7	20.3
準学士	3,000	5.9	1,660	729	611	55.3	24.3	20.4
学士	3,778	5.7	2,121	974	682	56.1	25.8	18.1
修士、専門、博士	4,503	5.9	2,544	1,177	782	56.5	26.1	17.4

1．処方薬、非処方薬を含む
資料：U.S. Bureau of Labor Statistics, Consumer Expenditure Survey（年刊）; <http://www.bls.gov/cex/>

No.144. メディケア支払──給付のタイプ別：1990－2010年

[単位：100万ドル（109,709は1097億900万ドルを表す）。9月30日を年度末とする会計年度。タイプ別の給付額は推計値。SMIは補助的医療保険。表No.149の頭注を参照]

給付のタイプ	1990	1995	2000	2005	2007	2008[1]	2009	2010
総支払額	109,709	180,096	219,276	336,876	434,823	455,069	498,213	521,141
ＨＩ（パートA）支払額[2]	66,687	114,883	130,284	184,142	202,827	230,240	238,001	248,978
給付	65,722	113,394	125,992	181,934	203,990	226,276	234,302	245,180
高齢者	58,503	100,107	110,067	155,772	172,847	183,846	196,766	205,180
障害者	7,218	13,288	15,925	26,161	31,142	33,946	37,536	40,001
ＳＭＩ（パートB）支払額[2]	43,022	65,213	88,992	151,537	179,651	177,709	203,421	208,380
給付	41,498	63,490	88,875	147,449	172,698	174,805	200,169	204,885
高齢者	36,837	54,830	76,340	122,905	142,841	151,386	164,266	167,540
障害者	4,661	8,660	12,535	24,544	29,858	31,903	35,903	37,345
ＳＭＩ（パートD）支払額[2]	(X)	(X)	(X)	1,198	52,345	47,120	56,791	63,783
給付	(X)	(X)	(X)	73	51,331	46,728	56,559	63,525
移転補助給付	(X)	(X)	(X)	1,125	10	-	-	-

－ ゼロまたは概数で示す　X 該当なし　1．2005－2007会計年度内に発生した会計上の誤差を矯正するために、2008年に、パートAとパートBの間で支出の移転が行われた。この移転は給付のデータに反映され、「高齢者への給付と移転」合計額に影響している。パートAとパートBの合計は「給付と移転」の合計である。パートAの給付は合計84億8400万ドル増加する一方、パートBの給付の合計は同額減少している　2．個別に明示しないその他のタイプ

資料：U.S. Centers for Medicare and Medicaid Services, Trustees Report and Trust Funds および未刊行資料；〈http://www.cms.hhs.gov/ReportsTrustFunds/〉も参照

No.145. 児童健康保険制度（CHIP）の加入者と州別支出：2000、2010年

[単位：1,000人（3,357.4は335万7400人を表す）。9月30日に終わる会計年度。この制度は、家族と同居する児童に対し、医療費が限度額を超えた場合に保険金を給付する。通常、連邦政府の定める貧困水準の200％未満の世帯が対象となるが、各州は独自に所得上限を定めている。各州は、医療給付制度を拡大するか、メディケイドとは別の児童向けの保健制度を設定するか、あるいはその双方を行う。SCHIPからCHIPへの変更については、本章の解説を参照]

州	加入者[1] (1,000人)		支払[2] (100万ドル)		州	加入者[1] (1,000人)		支払[2] (100万ドル)	
	2000	2010	2000	2010		2000	2010	2000	2010
合衆国	3,357.4	7,718.4	1,928.8	7,913.1	MO	72.8	91.4	41.2	107.0
AL	37.6	137.5	31.9	128.4	MT	8.3	25.2	4.3	36.5
AK	13.4	12.6	18.1	18.7	NE	11.4	47.9	6.1	36.7
AZ	59.6	39.6	29.4	57.8	NV	15.9	31.6	9.0	22.7
AR	1.9	100.8	1.5	85.8	NH	4.3	10.6	1.6	12.2
CA	484.4	1,731.6	187.3	1,186.8	NJ	89.0	187.2	46.9	562.4
CO	34.9	106.6	13.9	115.6	NM	8.0	9.7	3.4	230.6
CT	19.9	21.0	12.8	29.7	NY	769.5	539.6	401.0	499.4
DE	4.5	12.9	1.5	12.9	NC	103.6	254.0	65.5	359.2
DC	2.3	8.1	5.8	11.3	ND	2.6	6.7	1.8	14.4
FL	227.5	403.3	125.7	308.5	OH	118.3	253.7	53.1	264.0
GA	120.6	248.3	48.7	225.4	OK	57.7	122.9	51.3	113.0
HI	(Z)	27.3	0.4	31.4	OR	37.1	64.7	12.5	86.1
ID	12.4	42.2	7.5	34.1	PA	119.7	273.2	70.7	305.6
IL	62.5	329.1	32.7	259.4	RI	11.5	23.3	10.4	28.8
IN	44.4	141.5	53.7	89.8	SC	60.4	73.4	46.6	92.5
IA	20.0	64.0	15.5	71.6	SD	5.9	15.9	3.1	18.9
KS	26.3	56.4	12.8	52.7	TN	14.9	89.3	41.7	127.0
KY	55.6	79.4	60.0	122.9	TX	131.1	928.3	41.4	776.3
LA	50.0	157.0	25.3	175.7	UT	25.3	62.1	12.8	59.5
ME	22.7	33.0	11.4	33.7	VT	4.1	7.0	1.4	5.5
MD	93.1	118.9	92.2	160.3	VA	37.7	173.5	18.6	165.4
MA	113.0	142.3	44.2	301.0	WA	2.6	35.9	0.6	42.7
MI	55.4	69.8	36.2	114.9	WV	21.7	37.5	9.7	39.2
MN	(Z)	5.2	(Z)	19.5	WI	47.1	161.5	21.4	97.6
MS	12.2	95.6	21.1	152.4	WY	2.5	8.3	1.0	9.3

Z 50人または5万ドル未満　1．児童健康保険制度に加入したことのある児童の数　2．各州がTitleXXIに基づいて連邦政府からの償還を受けることのできる額。推計に基づいて連邦政府から前もって支給される資金と調整

資料：U.S. Centers for Medicare & Medicaid Services, *The Children's Health Insurance Program (CHIP), Annual Enrollment Report and the Statement of Expenditures for the CHIP Program (CMS-21)*. 〈http://www.cms.hhs.gov/NationalCHIPPolicy/〉and〈http://www.cms.hhs.gov/medicaid/mbes/default.asp〉も参照

No.146. メディケア適用者：1990－2010年

[単位：100万人（34.3は3430万を表す）。7月1日現在。プエルトリコおよび海外領土を含む。また外国人の登録者および住所不明の者も含む。SMIは補助的医療保険。表No.149の頭注を参照。本書前年版の表No.142も参照]

項目	1990	1995	2000	2005	2006	2007	2008	2009	2010
計	34.3	37.6	39.7	42.6	43.4	44.4	45.5	46.6	47.5
高齢者	31.0	33.2	34.3	35.8	36.3	37.0	37.9	38.8	39.6
障害者	3.3	4.4	5.4	6.8	7.1	7.4	7.6	7.8	7.9
入院保険（パートA）	33.7	37.2	39.3	42.2	43.1	44.0	45.1	46.2	47.1
高齢者	30.5	32.7	33.8	35.4	36.0	36.6	37.6	38.4	39.2
障害者	3.3	4.4	5.4	6.8	7.1	7.4	7.6	7.8	7.9
SMI（パートB）	32.6	35.6	37.3	39.8	40.4	41.1	42.0	42.9	43.8
高齢者	29.6	31.7	32.6	33.8	34.1	34.6	35.3	36.0	36.7
障害者	2.9	3.9	4.8	6.0	6.2	6.4	6.6	6.9	7.1
SMI（パートD）	(X)	(X)	(X)	1.8	30.5	31.2	32.4	33.5	34.5
メディケア・アドバンテージ[1]	1.3	2.7	6.2	5.8	7.3	8.7	10.0	11.1	11.7

X 該当なし　1. 2004年以前は、メディケアアドバンテージはメディケア＋チョイス

資料：U.S. Centers for Medicare and Medicaid Services, Office of the Actuary, CMS Statistics Medicare Enrollment, "National Trends"；<http://www.cms.hhs.gov/MedicareEnrpts/>も参照

No.147. メディケア——州別適用者数：2000－2009年

[単位：1,000人（39,620は3962万を表す）。7月1日現在の、入院保険（HI）および補助的医療保険（SMI）への加入]

州、地域	2000	2005	2008	2009	州、地域	2000	2005	2008	2009
全地域[1]	39,620	42,395	45,412	46,521	MT	137	146	160	165
合衆国	38,762	41,003	44,385	45,467	NE	254	259	271	276
AL	685	740	809	828	NV	240	294	330	343
AK	42	51	60	63	NH	170	185	212	217
AZ	675	777	870	899	NJ	1,203	1,215	1,283	1,304
AR	439	464	509	520	NM	234	261	294	304
CA	3,901	4,158	4,492	4,620	NY	2,715	2,758	2,891	2,937
CO	467	513	579	602	NC	1,133	1,255	1,405	1,448
CT	515	520	549	558	ND	103	103	107	108
DE	112	125	141	145	OH	1,701	1,731	1,841	1,870
DC	75	72	75	77	OK	508	531	578	592
FL	2,804	3,008	3,212	3,289	OR	489	532	584	602
GA	916	1,016	1,153	1,194	PA	2,095	2,108	2,221	2,252
HI	165	180	194	200	RI	172	171	178	180
ID	165	188	214	222	SC	568	637	724	749
IL	1,635	1,674	1,775	1,806	SD	119	123	132	134
IN	852	893	964	985	TN	829	903	1,004	1,031
IA	477	484	506	512	TX	2,265	2,491	2,802	2,900
KS	390	397	418	425	UT	206	231	264	274
KY	623	668	728	743	VT	89	95	105	108
LA	602	630	656	671	VA	893	981	1,079	1,110
ME	216	233	253	259	WA	736	807	903	938
MD	645	687	745	764	WV	338	351	373	377
MA	961	961	1,019	1,039	WI	783	818	874	892
MI	1,403	1,468	1,580	1,615	WY	65	70	76	78
MN	654	691	749	767	海外領土[2]	537	622	(NA)	653
MS	419	449	479	488					
MO	861	901	966	986	管轄州未定[3]	321	769	(NA)	(NA)

NA データなし　1. 海外領土および管轄州未定を含む　2. 米領サモア、ミクロネシア連邦、グアム、マーシャル諸島、北マリアナ諸島、プエルトリコ、ヴァージン諸島、ウェーク島を含む　3. 外国および居住地不詳を含む

資料：U.S. Centers for Medicare and Medicaid Services, "Data Compendium,"<http://www.cms.gov/DataCompendium/>

No.148. メディケイド——適用者の主要特徴：2009年

[単位：1,000人（47,469は4746万9000人を表す）および％。表示年のいずれかの時期に加入していた者の翌年3月現在の人数。15歳以下の身寄りのない者は除外。対象はメディケイド制度が支払う医療を受けた者には限らない。貧困レベルの説明については第13章の解説を参照。表No.567の頭注も参照。本書前年版の表No.144も参照]

貧困状況	計[1]	白人[2]	黒人[3]	アジア系[4]	ヒスパニック[5]	18歳未満	18－44歳	45－64歳	65歳以上
適用者、計	47,469	32,599	10,408	1,949	12,906	25,042	12,235	6,543	3,649
貧困レベル以下	19,919	12,633	5,404	666	5,905	11,265	5,254	2,436	965
貧困レベル以上	27,550	19,966	5,004	1,283	7,001	13,777	6,981	4,107	2,684
総人口に占める割合（％）	15.6	13.5	27.0	13.9	26.4	33.6	11.0	8.2	9.5
貧困レベル以下	45.7	42.3	54.3	38.1	47.8	72.9	31.0	31.5	28.1
貧困レベル以上	10.6	9.4	17.5	10.5	19.2	23.3	7.4	5.7	7.6

1. 個別に明示しないその他の人種を含む　2. 白人のみは、白人と回答し、他の人種カテゴリーについては回答がない者を示す　3. 黒人のみは、黒人と回答し、他の人種カテゴリーについては回答がないものを示す　4. 「アジア系」には、アジア系であり他の人種との混血がないと報告された人種が含まれる　5. ヒスパニックは人種を問わない

資料：U.S. Census Bureau, Income, Poverty, and Health Insurance Coverage in the United States: 2009, Current Population Reports, P60-238（2010年）および Table HI02, "Health Insurance Coverage Status and Type of Coverage by Selected Characteristics for People in the Poverty Universe: 2009" および Table HI03, "Health Insurance Coverage Status and Type of Coverage by Selected Characteristics for Poor People in the Poverty Universe: 2009."；<http://www.census.gov/hhes/www/cpstables/032010/health/toc.htm>も参照

No.149. メディケア給付——給付元別：1990－2010年

[単位：100万ドル（65,721は657億2100万ドルを表す）。9月30日を年度末とする会計年度。タイプ別の給付額は推計値。メディケアは2つのパートから成り立っている。ひとつは入院保険（メディケア・パートA）と補助的医療保険（SMI．メディケア・パートB（医療保険）、D（処方箋薬プラン））である。本章の解説を参照。2008年データ変更のため表No.144の脚注1を参照。本書前年版の表No.145も参照]

給付元	1990	1995	2000	2005	2007	2008	2009	2010
入院保険給付（パートA）、計	65,721	113,395	125,992	181,934	203,990	217,791	234,302	245,180
入院	57,012	81,095	86,561	122,718	125,533	128,851	132,768	137,834
熟練介護施設	2,761	8,684	10,269	18,644	22,432	24,117	25,826	27,047
家庭保健機関	3,295	15,715	4,880	5,892	6,313	6,537	6,942	7,138
ホスピス	318	1,854	2,818	7,678	10,482	11,137	11,977	12,910
マネージド・ケア（管理医療）	2,335	6,047	21,463	27,001	39,230	47,150	56,789	60,253
補助医療保険給付（パートB）、計	41,498	63,490	88,876	147,449	172,698	183,289	200,169	204,885
医師への支払	(NA)	31,110	35,958	57,211	58,780	59,396	62,462	63,442
医療器具	(NA)	3,576	4,577	7,894	8,188	8,454	8,209	8,131
検査[1]	(NA)	2,819	2,194	3,521	4,050	4,141	4,639	4,924
その他の検査[2]	(NA)	4,513	7,154	15,195	15,698	16,390	17,269	17,199
病院[3]	(NA)	8,448	8,516	18,974	22,882	23,435	26,447	26,800
家庭保健	(NA)	223	4,281	6,750	9,053	10,100	11,326	12,087
仲介検査[4]	(NA)	1,437	1,748	2,820	3,019	2,912	3,274	3,235
その他仲介[5]	(NA)	5,110	6,099	11,350	13,305	12,775	14,375	14,330
マネージケア	(NA)	6,253	18,348	23,735	37,724	45,686	52,167	54,739
補助医療保険給付（パートD）、計[6]	(X)	(X)	(X)	1,198	51,341	46,728	56,559	63,525

NA データなし　1．検査費用規定により、医師の診療所あるいは独立の検査機関による検査に対し支払われたもの　2．独立した外来専門外科施設の施設費用、救急、備品を含む　3．主として外来部門のメディケア・パートBのための病院施設費用を含む。医師に対する報酬は「医師への支払」に含まれる　4．検査費用規定に従って支払われた病院の外来部門で実施された検査費用　5．末期腎臓疾患のための透析専門施設への支払、地方の医療クリニックへ・外来のリハビリテーション施設・精神病院・連邦政府認可保健センターへの支払を含む　6．2006年以降、パートDは希望する受給者に、医薬保険への加入に対する補助を行っている。低所得者については保険料等の費用負担を行う。2006年以前の給付は低所得者向けの暫定支援

資料：U.S. Centers for Medicare and Medicaid Services, 未刊行資料；⟨http://www.cms.hhs.gov/ReportsTrustFunds/⟩ も参照

No.150. メディケア保険信託基金：1990－2010年

[単位：10億ドル（126.3は1263億ドルを表す）。SMIは補助的医療保険。表No.149の頭注を参照。本書前年版の表No.146も参照]

基金の種類	1990	1995	2000	2005	2006	2007	2008	2009	2010
メディケア全体									
総収入	126.3	175.3	257.1	357.5	437.0	462.1	480.8	508.2	486.0
総支出	111.0	184.2	221.8	336.4	408.3	431.7	468.1	509.0	522.8
資産（年度末）	114.4	143.4	221.5	309.8	338.5	368.9	381.6	380.8	344.0
入院保険（パートA）：									
純保険料収入[1]	72.1	103.3	154.5	182.6	194.3	205.4	213.5	206.3	199.3
受け取り利子[2]	8.5	10.8	11.7	16.1	16.4	17.4	16.3	17.0	15.9
給付金支払[3]	66.2	116.4	126.8	180.0	189.0	200.2	232.3	239.3	244.5
年度末資産	98.9	130.3	177.5	285.8	305.4	326.0	321.3	304.2	271.9
SMI（パートB）：									
純保険料収入	11.3	19.7	20.6	37.5	42.9	46.8	50.2	56.0	52.0
一般歳入からの移転	33.0	39.0	65.9	118.1	132.7	139.6	146.8	162.8	153.5
受け取り利子[2]	1.6	1.6	3.5	1.4	1.8	2.2	3.5	3.0	3.1
給付金支払[3]	42.5	65.0	88.9	149.9	166.2	176.4	180.3	202.6	209.7
年度末資産	15.5	13.1	44.0	24.0	32.3	42.1	59.4	75.5	71.4
SMI（パートD）：									
純保険料収入	(X)	(X)	(X)	−	3.5	4.0	5.0	6.3	6.5
一般歳入からの移転[4]	(X)	(X)	(X)	1.1	39.2	38.8	37.3	47.1	51.1
受け取り利子	(X)	(X)	(X)	−	−	−	−	−	−
給付金支払[4]	(X)	(X)	(X)	1.1	47.0	48.8	49.0	60.5	61.7
年度末資産	(X)	(X)	(X)	−	0.8	0.8	0.9	1.1	0.7

− ゼロまたは概数でゼロを示す　X 該当なし　1．1994年以降、給付金への課税収入を含む。入院保険（HI：Hospital Insurance）に加入できない高齢者からの保険料を含む　2．信託基金からの払い戻しを含む　3．1998年以降は、PL105-33によってSMI信託基金に給付される家族保健機関の費用は入院保険給付金支払いには含まれるが補助的医療保険給付金支払には含まれない　4．2005年の数値には、メディケア・パートDへの移行補助への移転支出が含まれる

資料：U.S. Centers for Medicare and Medicaid Services, Annual Report of the Board of Trustees of the Federal Hospital Insurance Trust Fund and Annual Report of the Board of Trustees of the Federal Supplementary Medical Insurance Trust Funds; ⟨http://www.cms.hhs.gov/ReportsTrustFunds/⟩ も参照

No.151. メディケイド——適用基準およびサービスのタイプ別受給者給付支払: 2000－2009年

[9月30日に終わる会計年度 (42,887は4288万7000を表わす)]

適用基準および サービスのタイプ	受給者(1,000人)[1]				給付支払(100万ドル)			
	2000	2005	2008	2009[2]	2000	2005	2008	2009[2]
計	42,887	57,651	58,771	61,825	168,443	274,851	296,830	317,982
65歳以上	3,730	4,395	4,147	4,180	44,560	63,415	61,131	62,887
盲人／障害者	6,890	8,211	8,694	8,927	72,772	119,305	129,040	137,149
児童	19,018	26,341	27,111	28,348	23,490	41,863	51,200	56,082
成人	8,671	12,533	12,903	13,970	17,671	32,162	37,185	43,383
養育施設収容児童	761	874	960	937	3,309	5,286	5,936	5,971
不明	3,817	5,268	4,912	5,416	6,639	12,539	11,825	11,927
BCCA対象の女性[3]	(NA)	29	44	47	(NA)	281	513	583
All service categories:								
前納ヘルスケア[4]	21,292	33,496	38,151	40,334	25,026	46,421	68,130	78,687
診療所	7,678	11,918	11,857	12,560	6,138	8,921	9,152	9,952
歯科	5,922	9,317	9,821	10,773	1,413	3,040	3,819	4,386
家庭内保健	1,007	1,195	1,144	1,159	3,133	5,362	6,620	6,986
ICF/MRサービス[5]	119	109	102	102	9,376	11,709	12,558	12,668
入院者向け病院医療	4,913	5,480	5,259	5,360	24,131	35,131	37,245	38,733
検査・X線診療	11,439	15,959	15,612	16,396	1,292	2,917	2,931	3,112
精神医療施設[6]	100	120	108	115	1,769	2,301	2,374	2,516
看護施設	1,706	1,711	1,616	1,643	34,528	44,790	47,718	48,020
その他の医療[7]	9,022	12,346	12,264	12,165	14,755	26,421	34,257	36,733
外来患者向け病院医療	13,170	16,234	14,789	16,253	7,082	10,011	10,881	11,475
その他の開業医	4,758	5,893	5,165	5,535	664	1,180	884	943
PCCMサービス[8]	5,649	8,723	8,728	9,043	177	232	276	320
処方箋薬	20,325	28,390	24,579	26,561	19,898	42,849	23,515	25,036
内科医療	18,965	24,238	21,661	22,369	6,809	11,269	10,506	10,927
介護サービス[9]	4,559	6,807	6,371	6,869	11,629	20,657	24,539	26,380
不妊手術	137	178	138	132	128	211	143	151
不明	74	73	90	122	496	1,428	1,282	957

NA データなし 1．複数の項目にわたって報告されている受給者が若干あるため、受給者データは累計数と一致しない 2．コロンビア特別区、フロリダ州、ハワイ州、マサチューセッツ州、ミズーリ州、ノースダコタ州、ペンシルベニア州、テキサス州、ユタ州、バーモント州およびウィスコンシン州の2009年の受給者のデータはなし。2008年のデータ 3．女性の乳癌と子宮癌援助 (Women-Breast and Cervical Cancer Assistance) 4．HMO(会員制健康医療団体)の定額前払い医療プラン 5．知的障害者用療養施設(Intermediate care facilities for mentally retarded) 6．老齢者および21歳未満を対象とした入院患者の精神医療 7．個別に明示しないその他の医療に関する受給者と給付支払を含む 8．一次診療症例管理 (Primary Care Case Management Services)。プライマリ・ケア・ケース・マネージメント。プライマリ・ケアとは一般医・家庭医による診療。ケース・マネージメントとは、患者一人ひとりの状況とニーズにあわせて、診療方針をたてること 9．介護、リハビリテーション、物理療法・作業療法のための症例管理、言語療法、ホスピス、看護助産婦、ナースプラクティショナー、在宅看護、非医療の宗教的健康管理施設等を含む

資料：U.S. Centers for Medicare and Medicaid Services, Medicaid Program Statistics, Medicaid Statistical Information System; <http://www.cms.hhs.gov/MedicaidDataSourcesGenInfo/MSIS/list.asp>

No.152. メディケイド——州別概要：2000、2009年

[単位：1,000人 (42,887は4288万7000を表す)。9月30日に終わる会計年度]

州	受給者[1] (1,000人)		支払[2] (100万ドル)		州	受給者[1] (1,000人)		支払[2] (100万ドル)	
	2000	2009[3]	2000	2009[3]		2000	2009[3]	2000	2009[3]
合衆国	42,887	61,825	168,443	317,982	MO	890	1,054	3,274	5,225
AL	619	877	2,393	3,626	MT	104	113	422	714
AK	96	119	473	1,067	NE	229	256	960	1,590
AZ	681	1,588	2,112	8,617	NV	138	281	516	1,196
AR	489	825	1,543	3,579	NH	97	141	651	995
CA	7,918	11,519	17,105	35,224	NJ	822	1,151	4,714	8,293
CO	381	678	1,809	3,288	NM	376	562	1,249	2,913
CT	420	558	2,839	5,289	NY	3,420	4,985	26,148	44,883
DE	115	209	529	1,264	NC	1,214	1,782	4,834	9,665
DC	139	168	793	1,739	ND	63	74	358	551
FL	2,373	2,871	7,433	13,224	OH	1,305	2,238	7,115	13,972
GA	1,369	1,805	3,624	7,376	OK	507	809	1,604	3,574
HI	194	236	600	1,014	OR	558	564	1,714	2,797
ID	131	253	594	1,351	PA	1,492	2,134	6,366	12,501
IL	1,519	2,626	7,807	11,774	RI	179	203	1,070	1,556
IN	706	1,109	2,977	5,390	SC	689	906	2,765	4,712
IA	314	482	1,477	2,877	SD	102	141	402	732
KS	263	355	1,227	2,316	TN	1,568	1,479	3,491	7,262
KY	764	942	2,921	5,017	TX	2,633	3,993	9,277	16,657
LA	761	1,184	2,632	5,430	UT	225	296	960	1,643
ME	194	315	1,310	1,481	VT	139	162	480	883
MD	626	846	3,003	6,325	VA	627	917	2,479	5,548
MA	1,060	1,230	5,413	8,991	WA	896	1,177	2,435	5,734
MI	1,352	1,890	4,881	10,171	WV	342	386	1,394	2,589
MN	558	802	3,280	7,030	WI	577	1,532	2,968	4,589
MS	605	932	1,808	3,198	WY	46	72	215	552

NA データなし 1．会計年度内のいつかの時点において、彼／彼女のためにメディケイドの支出がなされた人の数 2．会計年度内の支払額。連邦および州政府の支払。一部の病院は他に比較して極端に多くのメディケイド患者を受け入れており、これらの病院に対するメディケイドの入院費用支払は除外している 3．コロンビア特別区、フロリダ州、ハワイ州、マサチューセッツ州、ミズーリ州、ノースダコタ州、ペンシルベニア州、テキサス州、ユタ州、バーモント州およびウィスコンシン州の2009年の受給者のデータはなし。2008年のデータ

資料：U.S. Centers for Medicare and Medicaid Services, "Medicaid, Program Statistics, Medicaid Statistical Information System," <http://www.cms.gov/MedicaidDataSourcesGenInfo/MSIS/list.asp>

No.153. メディケイドによる医療——州別、その他の地域別：1995-2009年

[6月30日に終わる会計年度。33,373は3337万3000を表す]

州、地域	メディケイド加入者[1] (1,000人)	メディケイドの管轄する保健医療ケアの受給者[2] 数 (1,000人)	総数に占める%	州、地域	メディケイド加入者[1] (1,000人)	メディケイドの管轄する保健医療ケアの受給者[2] 数 (1,000人)	総数に占める%	州、地域	メディケイド加入者[1] (1,000人)	メディケイドの管轄する保健医療ケアの受給者[2] 数 (1,000人)	総数に占める%
1995	33,373	9,800	29.4	HI	235	228	97.0	NY	4,422	2,927	66.2
2000	33,690	18,786	55.8	ID	198	167	84.1	NC	1,442	1,012	70.2
2004	44,356	26,914	60.7	IL	2,321	1,278	55.1	ND	60	41	67.6
2005	45,392	28,576	63.0	IN	962	712	74.0	OH	1,952	1,375	70.4
2006	45,653	29,830	65.3	IA	398	330	82.9	OK	626	553	88.5
2007	45,962	29,463	64.1	KS	297	257	86.6	OR	475	418	88.1
2008	47,143	33,428	70.1	KY	769	638	83.0	PA	1,920	1,577	82.1
2009,				LA	1,007	692	68.7	RI	178	111	62.1
計	50,472	36,202	71.7	ME	280	178	63.7	SC	763	763	100.0
合衆国	49,451	35,225	71.2	MD	787	620	78.7	SD	107	85	79.7
AL	812	540	66.5	MA	1,227	731	59.6	TN	1,231	1,231	100.0
AK	102	−	−	MI	1,630	1,447	88.8	TX	3,343	2,161	64.6
AZ	1,223	1,096	89.6	MN	675	426	63.1	UT	238	205	85.9
AR	645	511	79.2	MS	674	513	76.1	VT	157	137	87.8
CA	6,956	3,633	52.2	MO	895	883	98.7	VA	815	521	63.9
CO	468	445	95.1	MT	85	56	66.6	WA	1,103	949	86.0
CT	456	343	75.2	NE	215	180	83.6	WV	326	150	46.0
DE	171	126	73.9	NV	213	179	83.7	WI	1,005	607	60.4
DC	154	150	66.0	NH	124	97	77.6	WY	64	−	−
FL	2,426	1,601	92.0	NJ	969	726	74.9	PR	1,013	978	96.5
GA	1,386	1,275	92.0	NM	465	345	74.2	VI	8		

− ゼロを示す　1. 州の保健改善プログラムに加入している個人を含む、重複のないメディケイド加入者数。このプログラムは、加入資格を従来のメディケイドの資格基準以上に拡大している　2. 包括的および限定的に受給している加入者を含む、重複のないメディケイド管理医療ケアの受給者数

資料：U.S. Centers for Medicare and Medicaid Services, "2009 Medicaid Managed Care Enrollment Report"；〈http://www.cms.hhs.gov/MedicaidDataSourcesGenInfo/04_MdManCrEnrllRep.asp〉も参照

No.154. 健康維持機関（HMO）への参加者——州別：2007、2008年

[74,698は7469万8000を表す。データは健康維持機関センサスに基づく。1月1日現在の期間限定のない参加者]

州	参加者数 2008 (1,000)	人口に対する% 2007	2008	州	参加者数 2008 (1,000)	人口に対する% 2007	2008	州	参加者数 2008 (1,000)	人口に対する% 2007	2008
合衆国	74,698	24.7	24.8								
AL	201	3.6	4.3	KY	408	8.1	9.6	ND	10	0.2	1.5
AK	7	1.0	1.1	LA	352	8.6	8.2	OH	2,466	20.3	21.5
AZ	1,942	29.2	30.6	ME	152	29.4	11.5	OK	263	7.2	7.3
AR	106	3.4	3.7	MD	1,701	29.3	30.3	OR	1,007	25.3	26.9
CA	16,415	44.6	44.9	MA	2,964	48.1	46.0	PA	3,744	30.6	30.1
CO	1,053	23.8	21.7	MI	2,841	28.1	28.2	RI	223	22.6	21.0
CT	1,349	41.2	38.5	MN	939	14.1	18.1	SC	417	7.8	9.5
DE	201	26.0	23.3	MS	54	0.9	1.8	SD	148	17.7	18.5
DC	377	64.0	64.1	MO	1,164	23.0	19.8	TN	1,897	31.1	30.8
FL	4,400	24.1	24.1	MT	62	5.1	6.5	TX	3,702	12.8	15.5
GA	2,099	26.5	22.0	NE	135	6.9	7.6	UT	970	35.1	36.7
HI	650	46.7	50.6	NV	608	23.0	23.7	VT	86	19.9	13.8
ID	86	4.6	5.7	NH	219	23.2	16.7	VA	1,665	21.5	21.6
IL	1,762	13.9	13.7	NJ	2,284	26.5	26.3	WA	1,423	20.0	22.0
IN	1,098	24.1	17.3	NM	591	23.3	30.0	WV	277	11.3	15.3
IA	327	9.7	11.0	NY	6,500	32.3	33.7	WI	1,507	23.8	26.9
KS	471	14.9	17.0	NC	838	8.3	9.2	WY	21	2.6	4.1

資料：HealthLeaders-InterStudy, Nashville, TN, *The Competitive Edge,* (copyright).〈http://www.interstudypublications.com/〉も参照

No.155. 健康保険加入状況——特徴別：2008、2009年

[表示年に適用を受けた者について翌年現在で算定（301,483は3億148万3000を表す）。政府健康保険は、メディケア、メディケイド、軍隊プランを含む。毎月人口調査および年次社会経済補助調査に基づく。第1章の解説および付録Ⅲを参照]

特徴	加入者数(1000人)							%				
	民間または政府健康保険加入者						健康保険非加入者	民間または政府健康保険加入者				健康保険非加入者
	合計	計[1]	民間健康保険加入者		政府			計[1]	民間	メディケイド		
			計	団体保険[2]	メディケア	メディケイド						
2008	301,483	255,143	200,992	176,332	43,029	42,641	46,340	84.6	66.7	14.1		15.4
2009	304,280	253,606	194,545	169,689	43,440	47,758	50,674	83.3	63.9	15.7		16.7
年齢：												
18歳未満	75,040	67,527	45,288	41,892	543	25,331	7,513	90.0	60.4	33.8		10.0
6歳未満	25,542	23,192	14,137	13,282	194	10,090	2,350	90.8	55.3	39.5		9.2
6－11歳	24,613	22,268	15,077	14,167	193	8,294	2,344	90.5	61.3	33.7		9.5
12－17歳	24,885	22,066	16,074	14,442	157	6,946	2,819	88.7	64.6	27.9		11.3
18－24歳	29,313	20,389	16,308	12,802	199	4,437	8,923	69.6	55.6	15.1		30.4
25－34歳	41,085	29,122	24,708	22,612	547	4,236	11,963	70.9	60.1	10.3		29.1
35－44歳	40,447	31,689	27,962	26,125	934	3,562	8,759	78.3	69.1	8.8		21.7
45－54歳	44,387	36,481	32,147	29,867	1,796	3,552	7,906	82.2	72.4	8.0		17.8
55－64歳	35,395	30,462	25,718	23,245	3,318	2,991	4,933	86.1	72.7	8.5		13.9
65歳以上	38,613	37,937	22,414	13,146	36,102	3,649	676	98.2	58.0	9.5		1.8
性別：男性	149,485	122,022	95,046	83,774	19,088	21,824	27,463	81.6	63.6	14.6		18.4
女性	154,795	131,584	99,498	85,915	24,352	25,934	23,211	85.0	64.3	16.8		15.0
人種：白人[3]	242,403	204,004	161,513	139,809	36,807	32,814	38,399	84.2	66.6	13.5		15.8
黒人[3]	38,624	30,522	18,813	17,275	4,598	10,459	8,102	79.0	48.7	27.1		21.0
アジア系[3]	14,011	11,602	9,352	8,180	1,304	1,951	2,409	82.8	66.7	13.9		17.2
ヒスパニック[4]	48,901	33,081	19,453	17,830	3,274	12,959	15,820	67.6	39.8	26.5		32.4
世帯収入：												
25,000ドル未満	58,159	42,675	15,795	9,350	14,986	21,693	15,483	73.4	27.2	37.3		26.6
25,000－49,999ドル	71,340	56,062	38,211	31,199	13,821	14,363	15,278	78.6	53.6	20.1		21.4
50,000－74,999ドル	58,381	49,029	41,689	37,376	6,640	6,066	9,352	84.0	71.4	10.4		16.0
75,000ドル以上	116,400	105,839	98,849	91,765	7,993	5,636	10,561	90.9	84.9	4.8		9.1
貧困水準以下	43,569	29,666	8,599	4,996	1,918	19,919	13,903	68.1	19.7	45.7		31.9

1. 個別に明示しないその他の政府保険を含む。2件以上の保険の適用をうけた場合でも1回だけ算入する　2. 本人又は家族の雇用先で加入　3. 選択した人種を回答し、その他の人種カテゴリーについては回答がない者を示す　4. ヒスパニックは人種を問わない

資料：U.S. Census Bureau, Income, Poverty, and Health Insurance Coverage in the United States: 2009, Current Population Reports, P60-238 (2010年), Table HI01, "Health Insurance Data, Health Insurance Coverage Status and Type of Coverage by Selected Characteristics: 2009" および Table HI03, "Health Insurance Coverage Status and Type of Coverage by Selected Characteristics for Poor People in the Poverty Universe: 2009."; <http://www.census.gov/hhes/www/cpstables/032010/health/toc.htm> も参照

No.156. 健康保険加入者、未加入者——州別：2009年

[253,606は2億5360万6000ドルを表す。毎月人口調査、年次社会経済補助調査（ASEC）に基づく。標本抽出時の誤差あり。第1章の解説および付録Ⅲを参照。本書前年版の表No.152も参照]

州	保険加入者総数(1,000人)	健康保険未加入者		健康保険未加入児童		州	保険加入者総数(1,000人)	健康保険未加入者		健康保険未加入児童	
		人数(1,000)	比率(%)	人数(1,000)	比率(%)			人数(1,000)	比率(%)	人数(1,000)	比率(%)
合衆国	253,606	50,674	16.7	7,513	10.0	MO	5,055	914	15.3	139	9.7
AL	3,880	789	16.9	86	7.9	MT	823	149	15.4	23	10.4
AK	568	122	17.7	19	9.9	NE	1,574	205	11.5	31	6.7
AZ	5,239	1,273	19.6	229	13.4	NV	2,086	546	20.8	89	13.3
AR	2,304	548	19.2	81	11.5	NH	1,176	138	10.5	11	3.8
CA	29,449	7,345	20.0	1,012	10.7	NJ	7,309	1,371	15.8	190	9.2
CO	4,209	762	15.3	119	9.6	NM	1,548	430	21.7	72	14.0
CT	3,062	418	12.0	62	7.7	NY	16,347	2,837	14.8	335	7.5
DE	766	118	13.4	19	8.8	NC	7,663	1,685	18.0	276	11.8
DC	522	74	12.4	9	8.0	ND	565	67	10.7	9	5.9
FL	14,287	4,118	22.4	724	17.9	OH	9,819	1,643	14.3	237	8.7
GA	7,687	1,985	20.5	293	11.3	OK	2,977	659	18.1	117	12.6
HI	1,149	102	8.2	11	3.5	OR	3,156	678	17.7	103	11.9
ID	1,294	232	15.2	43	10.2	PA	11,004	1,409	11.4	193	6.8
IL	10,875	1,891	14.8	291	9.1	RI	906	127	12.3	14	6.0
IN	5,462	902	14.2	141	8.6	SC	3,740	766	17.0	136	12.3
IA	2,654	342	11.4	42	5.9	SD	693	108	13.5	17	8.4
KS	2,380	365	13.3	58	8.1	TN	5,290	963	15.4	98	6.6
KY	3,588	694	16.2	84	8.2	TX	18,224	6,433	26.1	1,150	16.5
LA	3,741	711	16.0	97	8.4	UT	2,385	415	14.8	99	11.3
ME	1,167	133	10.2	11	4.0	VT	557	61	9.9	7	5.6
MD	4,874	793	14.0	94	7.0	VA	6,764	1,014	13.0	144	7.5
MA	6,337	295	4.4	43	2.9	WA	5,845	869	12.9	75	4.8
MI	8,465	1,350	13.8	132	5.6	WV	1,552	253	14.0	24	6.2
MN	4,747	456	8.8	68	5.5	WI	5,037	527	9.5	61	4.7
MS	2,349	502	17.6	85	10.9	WY	455	86	15.8	13	9.6

資料：U.S. Census Bureau, Income, Poverty, and Health Insurance Coverage in the United States: 2009, Current Population Reports, P60-236 (2010年), Table HI05, "Health Insurance Coverage Status and Type of Coverage by State for All People: 2009."; <http://www.census.gov/hhes/www/cpstables/032010/health/toc.htm> も参照

No.157. 通年で健康保険未加入者の諸特徴：2008、2009年

[単位：1000人、％ (301,483は3億148万3000人を表す)。毎月人口調査、年次社会経済補助調査に基づく。第1章の解説および付録Ⅲを参照。本書前年版の表No.153も参照]

特徴	2008 合計(1000人)	2008 健康保険未加入者 人数(1000人)	2008 健康保険未加入者 構成比(%)	2009 合計(1000人)	2009 健康保険未加入者 人数(1000人)	2009 健康保険未加入者 構成比(%)
計[1]	301,483	46,340	100.0	304,280	50,674	100.0
18歳未満	74,510	7,348	15.9	75,040	7,513	14.8
18－24歳	28,688	8,200	17.7	29,313	8,923	17.6
25－34歳	40,520	10,754	23.2	41,085	11,963	23.6
35－44歳	41,322	8,035	17.3	40,447	8,759	17.3
45－64歳	78,655	11,355	24.5	79,782	12,840	25.3
65歳以上	37,788	646	1.4	38,613	676	1.3
男性	148,094	25,208	54.4	149,485	27,463	54.2
女性	153,388	21,131	45.6	154,795	23,211	45.8
白人、単一人種[2]	240,852	34,890	75.3	242,403	38,399	75.8
白人、単一・複数人種	245,920	35,680	77.0	247,660	39,118	77.2
黒人、単一人種[2]	38,076	7,284	15.7	38,624	8,102	16.0
黒人、単一・複数人種	40,216	7,602	16.4	40,957	8,414	16.6
アジア系、単一人種[2]	13,315	2,344	5.1	14,011	2,409	4.8
アジア系、単一・複数人種	14,548	2,484	5.4	15,281	2,503	4.9
ヒスパニック[3]	47,485	14,558	31.4	48,901	15,820	31.2
白人単一人種、非ヒスパニック	197,159	21,322	46.0	197,436	23,658	46.7

1．個別に明示しないその他の人種を含む　2．選択した人種を回答し、その他の人種カテゴリーについては回答がない者を示す　3．ヒスパニックは人種を問わない

資料：U.S. Census Bureau, Income, Poverty, and Health Insurance Coverage in the United States: 2009, Current Population Reports, P60-238 (2010年), "Health Insurance Coverage Status and Type of Coverage by Selected Characteristics: 2009." <http://www.census.gov/prod/www/abs/p60.html> および <http://www.census.gov/hhes/www/cpstables/032010/health/toc.htm>も参照

No.158. 労働者の医療保険制度加入および保険料支払の有無：2010年

[National Compensation Surveyに基づく。労働者1億800万人を代表する、規模が様々の8,782民間企業に関する標本調査。付録Ⅲを参照。表No.656も参照。詳しい情報は <www.bls.gov/ncs/ebs/benefits/2010/benefits.htm>]

特徴	加入労働者の割合(%) 医療	歯科	眼科	外来処方箋薬	本人のみ適用 保険料負担あり(%)	本人のみ適用 平均月間保険料[1](ドル)	家族も適用 保険料負担あり(%)	家族も適用 平均月間保険料[1](ドル)
計	51	36	20	50	80	99.07	89	383.12
経営・専門職	66	50	28	65	82	97.05	91	377.11
経営、営業、金融	74	56	30	73	83	98.89	91	376.96
専門職	63	47	26	61	82	96.06	91	377.19
サービス	27	19	11	27	83	100.12	91	420.31
営業職・事務職	50	35	18	49	84	101.75	92	397.12
営業職	41	28	15	40	85	110.63	93	417.51
事務職、管理補助	56	39	20	55	83	97.37	92	387.14
天然資源・建設・メンテナンス	60	37	25	58	66	104.28	79	405.30
製造・輸送・物流	59	39	24	57	77	95.33	84	336.64
製造	65	42	24	63	79	93.10	86	316.67
輸送、物流	52	35	23	51	75	98.32	82	363.28
フルタイム[2]	64	44	25	62	80	98.11	89	379.65
パートタイム[2]	14	10	6	13	78	112.75	86	434.40
組合員[3]	77	63	47	75	55	89.05	63	316.92
非組合員	48	33	17	47	85	100.22	93	390.83
平均時給[4]								
8.10ドル未満	12	7	5	12	86	101.39	93	399.35
8.10－10.63ドル	22	13	8	21	84	102.46	93	425.40
10.63－15.70ドル	52	35	18	51	83	100.62	92	396.72
15.70－24.53ドル	66	44	25	65	79	97.43	89	375.88
24.53－37.02ドル	72	56	33	70	77	97.91	85	361.75
37.02ドル以上	72	59	34	71	80	96.12	87	350.16

NA データなし　1．平均額は、保険プランの適用を受ける者についての平均。均一月額を定めた保険料の平均　2．各事業所の用いる定義に従って、フルタイムとパートタイムに分類されている　3．組合員はその給与が団体交渉で決定される　4．全米報酬調査――保険制度は賃金データをドル金額ではなく％で示す。資料中の「技術的注」を参照

資料：U.S. Bureau of Labor Statistics, National Compensation Survey: Employee Benefits in Private Industry in the United States, March 2010 (2010年9月) <http://www.bls.gov/ncs/ebs/publications.htm>も参照

No.159. 処方箋薬の小売販売額：1995－2010年

[2,125は212万5000を表す]

小売店の種類	単位	1995	2000	2004	2005	2006	2007	2008	2009	2010
処方箋店数	100万	2,125	2,865	3,274	3,279	3,419	3,530	3,559	3,633	3,676
従来型チェーン店	100万	908	1,335	1,494	1,513	1,599	1,652	1,677	1,731	1,760
薬局	100万	672	698	744	719	738	753	739	730	729
量販店	100万	238	293	353	359	375	390	400	423	433
スーパーマーケット	100万	221	394	470	465	476	478	481	488	490
通信販売	100万	86	146	214	223	232	257	262	261	264
ブランド医薬品とジェネリック医薬品の構成比										
ブランド医薬品	%	59.8	57.6	54.1	50.6	44.8	40.8	35.5	32.6	28.8
ジェネリック医薬品（後発医薬品）	%	40.2	42.4	45.9	49.4	55.2	59.2	64.5	67.4	71.2
小売額	10億ドル	72.2	145.6	216.7	226.1	243.2	249.2	249.2	261.3	266.4
従来型チェーン店	10億ドル	27.8	59.1	86.7	90.7	96.0	100.5	101.2	105.3	106.6
薬局	10億ドル	22.0	33.4	44.2	45.4	46.7	45.3	43.3	43.6	44.7
量販店	10億ドル	7.7	13.5	16.8	17.5	21.6	23.6	24.2	25.6	26.6
スーパーマーケット	10億ドル	7.4	17.4	26.4	26.9	28.1	27.3	25.2	25.9	25.9
通信販売	10億ドル	7.4	22.1	42.7	45.5	50.9	52.5	55.4	61.3	62.6
平均価格[1]										
全処方箋薬	ドル	30.01	45.79	62.64	63.87	66.97	68.77	71.69	75.66	79.39
ブランド医薬品	ドル	40.22	65.29	91.80	97.65	112.24	121.26	137.98	151.06	166.61
ジェネリック医薬品	ドル	14.84	19.33	28.23	29.21	30.17	32.60	35.21	39.25	44.14

1．通信販売を除く

資料：National Association of Chain Drug Stores, Alexandria, VA, *NACDS Foundation Chain Pharmacy Industry Profile, 2010* (copyright); ⟨http://www.nacds.org⟩

No.160. 保健産業の年間収益：2007－2009年

[単位：100万ドル（1,668,276は1兆6682億7600万ドルを表す）。課税・非課税の、有給従業員にいる企業を対象とする。推計値は2002年経済センサスにより調整。サービス業年次調査および行政記録に基づく。付録Ⅲを参照。NAICS6211、6212、6213、6215に分類される全ての企業は課税企業とされる。本書前年版の表No.156も参照］

事業の種類	2002北米産業分類[1]	計、全企業[2]			雇用企業		
		2007	2008	2009	2007	2008	2009
保健医療および社会扶助	62	1,668,276	1,756,177	1,835,384	818,395	871,130	904,683
通院医療サービス[3]	621	668,452	706,368	729,255	604,742	639,808	659,034
医師オフィス	6211	336,282	352,700	359,853	336,282	352,700	359,853
歯科医オフィス	6212	93,930	98,707	99,087	93,930	98,707	99,087
その他の診療オフィス	6213	50,318	54,169	56,853	50,318	54,169	56,853
カイロプラクティック	62131	9,980	10,143	10,356	9,980	10,143	10,356
検眼医	62132	10,316	11,072	11,361	10,316	11,072	11,361
メンタルヘルス（精神科医等）	62133	5,132	5,560	6,203	5,132	5,560	6,203
PT/OT/言語・聴覚療法[4]	62134	17,785	19,831	21,084	17,785	19,831	21,084
外来医療センター	6214	74,092	79,290	84,513	35,834	39,871	42,579
臨床診断による検査	6215	40,077	42,638	44,939	40,077	42,638	44,939
在宅介護サービス	6216	47,617	50,860	55,243	32,614	34,862	38,386
その他通院医療サービス	6219	26,136	28,004	28,767	15,687	16,861	17,337
病院[3]	622	702,960	736,888	781,471	80,831	88,487	96,911
一般病院	6221	657,319	688,313	729,870	67,124	72,656	79,294
精神病院・薬物中毒治療病院	6222	17,189	18,131	18,761	3,468	3,987	4,330
その他の専門病院	6223	28,452	30,444	32,840	10,239	11,844	13,287
介護付療養施設[3]	623	169,061	177,565	183,968	101,404	108,596	112,635
介護施設	6231	92,517	97,513	100,821	70,139	74,882	77,422
知的障害者・精神保健福祉施設	6232	26,967	29,002	30,557	7,947	8,887	9,569
知的障害福祉施設	62321	18,275	19,755	21,047	5,189	5,623	6,125
高齢者用コミュニティケア施設	6233	41,238	42,618	44,504	22,065	23,445	24,269
引退者コミュニティの継続的ケア	623311	26,030	26,891	28,410	10,247	11,043	11,514
老人ホーム	623312	15,208	15,727	16,094	11,818	12,402	12,755
その他の居住型ケア施設	6239	8,339	8,432	8,086	1,253	1,382	1,375
社会扶助[3]	624	127,803	135,356	140,690	31,418	34,239	36,103
食料・住宅・緊急・その他の救援サービス	6241	63,063	66,252	68,978	11,603	12,842	14,065
対個人・対家族向けサービス	6242	23,519	25,822	26,713	382	500	477
職業訓練サービス	6243	11,536	12,029	12,649	1,700	1,843	1,911
児童の昼間保育サービス	6244	29,685	31,253	32,350	17,733	19,054	19,650

1．2002年北米産業分類（NAICS）。第15章の解説を参照　2．個別に示さないその他の課税対象非雇用企業を含む　3．個別に示さないその他の業種を含む　4．理学療法、作業療法、言語療法、聴覚療法のオフィスを含む

資料：U.S. Census Bureau, *Service Annual Survey 2009: Health Care and Social Assistance Sector Services* (2011年1月), ⟨http://www.census.gov/services/index.html⟩

No.161. 主要保健産業の収益とその源泉：2008、2009年

[単位：100万ドル（352,700は3527億ドルを表す）。課税・非課税の、有給従業員にいる企業を対象とする。推計値は2007年経済センサスにより調整。サービス業年次調査および行政記録に基づく。付録IIIを参照。NAICS6211、6212、6213、6215に分類される全ての企業は課税企業とされる。付録IIIを参照]

収益源泉	医師オフィス (NAICS 6211)[1]		歯科医オフィス (NAICS 6212)[1]		病院 (NAICS 622)[1]		看護・居住型介護施設 (NAICS 623)[1]	
	2008	2009	2008	2009	2008	2009	2008	2009
計	352,700	359,853	98,707	99,087	736,888	781,471	177,565	183,968
メディケア	70,576	73,155	815	936	186,622	195,737	29,891	31,379
メディケイド	18,416	18,128	3,974	4,376	72,212	77,067	64,251	66,301
その他政府系[2]	5,236	5,743	601	716	39,990	41,689	12,739	13,402
労災	7,156	7,577	101	112	7,254	7,341	(S)	(S)
民間保険	180,050	184,823	44,355	45,047	310,831	333,174	8,357	9,113
患者（自己負担）[3]	36,444	35,954	44,369	42,359	33,895	36,948	43,329	44,274
その他の保険介護事業、n.e.c.[4]	19,615	19,499	3,579	4,534	25,101	26,747	7,039	7,519
非保険収入	15,207	14,974	913	1,007	60,983	62,768	11,570	11,574

S 数値は出版の基準に達しない　1．2002年北米産業分類（NAICS）。第15章の解説を参照　2．退役軍人援護局、国民保健機関、インディアン局等　3．患者とその家族の支払および患者の社会保障給付　4．n.e.c.は他のどこにも分類されないものを示す

資料：U.S. Census Bureau, "Service Annual Survey 2009: Health Care and Social Assistance Sector Services,"（2011年1月）, <http://www.census.gov/services/index.html>

No.162. 保健サービス産業における雇用：1990−2010年

[単位：1,000人（9,296は929万6000を表す）。表No.632の頭注を参照。2007年北米産業分類（NAICS）に基づく。第15章の解説参照。北米産業分類の変更については第15章の解説を参照。<http://stats.bls.gov/ces /cesnaics07.htm>]

産業	2007北米産業分類	1990	2000	2005	2006	2007	2008	2009	2010
保健医療および社会扶助[1]	62	9,296	12,718	14,536	14,925	15,380	15,798	16,103	16,415
通院医療サービス[1]	621	2,842	4,320	5,114	5,286	5,474	5,647	5,793	5,976
医師オフィス	6211	1,278	1,840	2,094	2,148	2,202	2,253	2,279	2,316
歯科医オフィス	6212	513	688	774	786	808	818	818	829
その他の診療オフィス	6213	276	438	549	573	600	627	647	673
医学診断研究所	6215	129	162	198	204	211	217	219	226
在宅介護サービス	6216	288	633	821	866	914	961	1,027	1,081
病院[1]	622	3,513	3,954	4,345	4,423	4,515	4,627	4,667	4,685
一般内科外科病院	6221	3,305	3,745	4,096	4,163	4,242	4,337	4,367	4,375
精神科、物質乱用治療病院	6222	113	86	93	98	99	102	104	106
その他の専門病院	6223	95	123	156	163	174	188	196	205
看護・居住型介護施設[1]	623	1,856	2,583	2,855	2,893	2,958	3,016	3,082	3,129
看護施設	6231	1,170	1,514	1,577	1,581	1,603	1,619	1,645	1,661

1．個別に明示しないその他の産業を含む

資料：U.S. Bureau of Labor Statistics, Current Employment Statistics, "Employment, Hours, and Earnings−National," <http://www.bls.gov/ces/data.htm>（2011年5月現在）

No.163. 整骨医：2001−2010年

[5月31日現在。整骨医は、医療に従事し手術を行う資格を持った医師。整骨医学は、神経・筋肉・骨・軟組織の間の関係を重視する医学の分野である。整骨医もしくはD.O.（整骨医学の学位取得者）は、疾病や傷害の予防、診断、治療のために患者の全身を対象とする考え方を持っている]

特徴	2001	2005	2010	特徴	2001	2005	2010
整骨医学、学位取得者、計	46,990	56,512	70,480	不明	28	318	412
女性	10,875	15,147	22,537	専門（自己申告）[1]	31,996	38,442	50,355
男性	36,115	41,365	47,942	家族診療、一般診療	14,102	17,800	19,720
年齢：				一般内科	2,592	3,107	5,641
35歳未満	9,866	12,983	16,277	一般小児科、青年科	958	1,176	2,211
35−44歳	14,798	16,179	20,118	産科、婦人科	1,219	1,465	2,165
45−54歳	12,754	13,845	15,950	小児科専門医	320	348	380
55−64歳	4,706	7,998	11,195	整骨専門医[2]	414	464	902
65歳以上	4,838	5,189	6,528	その他の専門医	12,001	13,431	18,984
				不詳	390	651	352

1．整骨医学博士は、65歳以下の者は現役で診療しているものと仮定している。ただしAOA（アメリカ整骨医協会：American Osteopathic Association）にリタイアあるいは診療をしていないと申告している者は除く。3年以内に卒業した者、あるいはAOAがポスドクであると把握している者はポスドク（インターン、レジデント、フェロー）であるとされる　2．オステオパシーの診療科には、FOM（一般医療、OMT）、FPO（一般医療、OMM）、NMO（神経筋肉骨格医療、OMM）、NMS（神経筋肉骨格医療、OMT）、OM 1（オステオパシーの手技による治療＋1）、OMM（オステオパシーの手技による治療の専門家）、OMS（スポーツ医学、OMM）、OMT（オステオパシーの手技による治療）を含む。OMTは整骨医が自らの手を用いて患者の身体に力を加えることによって、生理学的な機能を改善し、身体の機能障害を回復しようとするホメオタシスをサポートする療法。OMMは診断と患者の管理に、整骨医学の考え方を導入し、OMTを用いる医療である

資料：American Osteopathic Association, Chicago, IL, *AOA Annual Statistics*（年刊）；<http://www.osteopathic.org/>も参照

No.164. 医師——性別、専門分野別: 1980－2009年

[単位:1,000人(467.7は46万7700を表す)。12月31日現在。1990年は1月1日現在。プエルトリコおよび諸島部を含む。『アメリカ歴史統計』系列B275-280参照]

業務内容	1980 計	1980 診療所医師	1990 計	1990 診療所医師	2000 計	2000 診療所医師	2009 計	2009 診療所医師
医学博士、計[1]	467.7	272.0	615.4	361.0	813.8	490.4	972.4	560.4
医学教育受講地:								
合衆国の医学部卒業生	370.0	226.2	483.7	286.2	616.6	376.5	720.3	421.8
外国の医学部卒業生[2]	97.7	45.8	131.8	74.8	197.0	113.9	252.1	138.6
性別:								
男性	413.4	251.4	511.2	311.7	618.2	382.3	684.7	399.1
女性	54.3	20.6	104.2	49.2	195.5	108.1	287.7	161.2
アレルギー・免疫疾患	1.5	1.4	3.4	2.5	4.0	3.1	4.3	3.4
麻酔科	16.0	11.3	26.0	17.8	35.7	27.6	42.7	31.3
心臓血管疾患	9.8	6.7	15.9	10.7	21.0	16.3	22.8	17.4
児童精神科	3.3	2.0	4.3	2.6	6.2	4.3	7.4	5.3
皮膚科	5.7	4.4	7.6	6.0	9.7	8.0	11.2	9.2
放射線診断	7.0	4.2	15.4	9.8	21.1	14.6	25.6	17.1
救急医療	5.7	3.4	14.2	8.4	23.1	14.5	32.4	20.0
家庭医療	27.5	18.4	47.6	37.5	71.6	54.2	86.8	68.8
消化器科	4.0	2.7	7.5	5.2	10.6	8.5	13.0	10.3
一般診療	32.5	29.6	22.8	20.5	15.2	13.0	9.2	7.7
一般外科	34.0	22.4	38.4	24.5	36.7	24.5	38.0	24.7
内科	71.5	40.6	98.3	58.0	134.5	89.7	162.4	109.3
脳神経外科	3.3	2.5	4.4	3.1	5.0	3.7	5.6	4.0
神経内科	5.7	3.3	9.2	5.6	12.3	8.6	15.5	10.4
産科・婦人科	26.3	19.5	33.7	25.5	40.2	31.7	42.9	34.1
眼科	13.0	10.6	16.1	13.1	18.1	15.6	18.3	15.7
整形外科	14.0	10.7	19.1	14.2	22.3	17.4	25.0	19.2
耳鼻咽喉科	6.6	5.3	8.1	6.4	9.4	7.6	10.3	8.0
病理学	13.6	6.1	16.6	7.5	18.8	10.6	19.8	10.9
小児科	29.5	18.2	41.9	27.1	63.9	43.2	78.1	53.6
物理療法・リハビリテーション	2.1	1.0	4.1	2.2	6.5	4.3	8.8	6.3
形成外科	3.0	2.4	4.6	3.8	6.2	5.3	7.3	6.1
精神科	27.5	16.0	35.2	20.1	39.5	25.0	40.6	26.2
肺疾患	3.7	2.0	6.1	3.7	8.7	5.9	10.9	7.7
放射線科	11.7	7.8	8.5	6.1	8.7	6.7	9.2	6.8
泌尿器外科	7.7	6.2	9.4	7.4	10.3	8.5	10.5	8.7
不特定	12.3	5.0	8.1	1.6	8.3	3.8	9.6	3.6
分類不能	20.6	(X)	12.7	(X)	45.1	(X)	57.4	(X)
その他の分類[3]	-	-	-	-	75.2	(X)	122.1	(X)

X データなし　1. 個別に明示しないその他のカテゴリを含む　2. 合衆国およびカナダ以外の学校で医学教育を受けた外国の医学部卒業生　3. 活動していない者および住所不明の者を含む
資料：特に明記したものを除き、American Medical Association, Chicago, IL, *Physician Characteristics and Distribution in the U.S.*(年刊)(copyright)

No.165. 活動中の医師、および看護師：2009年——州別

[12月現在。整骨医および住所不明の医師、現役で活動していない医師を除く。活動状況による分類がされていない医師を含む。5月現在。看護師のデータは労働統計局からのもの]

州	医師 計	率[1]	看護師 計	率[1]	州	医師 計	率[1]	看護師 計	率[1]
合衆国	838,453	273	2,583,770	842	ミズーリ	14,789	247	62,130	1,038
アラバマ	10,265	218	42,880	911	モンタナ	2,138	219	8,340	855
アラスカ	1,574	225	5,010	717	ネブラスカ	4,511	251	18,930	1,054
アリゾナ	14,051	213	38,570	585	ネバダ	4,967	188	16,100	609
アーカンソー	5,902	204	23,050	798	ニューハンプシャー	3,828	289	13,330	1,006
カリフォルニア	100,131	271	233,030	630	ニュージャージー	27,433	315	74,730	858
コロラド	13,047	260	41,750	831	ニューメキシコ	4,877	243	12,340	614
コネティカット	13,370	380	35,790	1,017	ニューヨーク	77,042	394	165,730	848
デラウェア	2,177	246	10,220	1,155	ノースカロライナ	24,072	257	88,190	940
コロンビア特別区	4,900	817	8,890	1,483	ノースダコタ	1,617	250	6,260	968
フロリダ	46,645	252	150,940	814	オハイオ	31,315	271	117,870	1,021
ジョージア	21,269	216	65,370	665	オクラホマ	6,467	175	27,340	742
ハワイ	4,800	371	8,930	689	オレゴン	10,753	281	30,730	803
アイダホ	2,649	171	10,540	682	ペンシルベニア	38,676	307	129,810	1,030
イリノイ	36,528	283	116,340	901	ロードアイランド	4,020	382	11,630	1,104
インディアナ	13,938	217	57,880	901	サウスカロライナ	10,403	228	38,020	834
アイオワ	5,696	189	30,750	1,022	サウスダコタ	1,818	224	10,530	1,296
カンザス	6,436	228	26,320	934	テネシー	16,754	266	61,980	984
ケンタッキー	10,076	234	43,250	1,003	テキサス	53,546	216	168,020	678
ルイジアナ	11,974	267	39,560	881	ユタ	5,903	212	17,670	635
メーン	3,663	278	14,410	1,093	バーモント	2,313	372	5,680	914
メリーランド	24,118	423	51,620	906	バージニア	21,931	278	60,230	764
マサチューセッツ	31,252	474	83,060	1,260	ワシントン	18,090	271	54,260	814
ミシガン	25,697	258	84,620	849	ウエストバージニア	4,295	236	17,340	953
ミネソタ	15,620	297	57,560	1,093	ウィスコンシン	14,816	262	53,510	946
ミシシッピ	5,281	179	28,030	950	ワイオミング	1,020	187	4,700	864

1. 居住者人口10万人あたり。7月1日現在のセンサス局推計人口に基づく
資料：医師 —American Medical Association, Chicago, IL, *Physician Characteristics and Distribution in the U.S.*, (年刊)(copyright); 看護婦 —Bureau of Labor Statistics, Occupational Employment Statistics, Occupational Employment and Wages; *May 2009 Wage and Employment Statistics*; ⟨http://www.bls.gov/oes/home.htm#data⟩

No.166. 保健医療ケア専門家への訪問回数：2000、2009年

[12ヶ月間の、医師のオフィス、救急部門、家庭保健ケア部門に対する外来の訪問回数。改訂された国民健康面接調査に基づく。民間非施設収容人口の標本調査。付録Ⅲを参照]

特徴	なし		1－3回		4－9回		10回以上	
	2000	2009	2000	2009	2000	2009	2000	2009
全人口[1][2] (%)	16.7	15.4	45.4	46.7	24.6	24.7	13.3	13.2
性別：[2] (%)								
男性	21.7	20.3	45.9	47.1	22.3	22.0	10.1	10.6
女性	11.9	10.5	44.8	46.4	27.0	27.4	16.3	15.7
年齢：(%)								
18歳未満	12.3	9.1	53.8	56.9	26.2	27.4	7.6	6.5
18－44歳	23.5	22.7	45.2	45.7	19.1	19.3	12.2	12.3
45－64歳	15.0	15.4	43.4	43.6	25.7	24.9	15.9	16.1
65－74歳	9.0	5.6	34.5	37.6	34.5	34.6	22.1	22.2
75歳以上	5.8	3.7	29.3	31.1	39.3	38.0	25.6	27.2
人種：[2][3] (%)								
単一人種：								
白人	16.1	15.1	45.1	46.5	25.2	25.0	13.6	13.5
黒人またはアフリカ系アメリカ人	17.2	14.6	46.7	46.8	23.4	24.8	12.6	13.8
アメリカインディアンまたはアラスカ原住民	21.3	21.7	43.0	50.1	20.0	18.4	15.7	9.9
アジア系	20.3	20.8	49.2	50.6	20.8	20.7	9.7	8.0
複数人種	12.1	16.2	41.7	41.4	28.2	28.9	18.0	13.4
人種／ヒスパニック：[2][3][4]								
ヒスパニック、ラテン系	26.8	23.8	41.8	44.3	19.8	21.2	11.6	10.8
メキシコ系	31.0	25.9	40.8	44.5	17.8	20.1	10.3	9.5
非ヒスパニック、非ラテン系	15.2	13.7	45.9	47.2	25.3	25.5	13.6	13.7
白人、非ヒスパニック	14.5	12.9	45.4	47.0	25.9	25.9	14.1	14.2
黒人、非ヒスパニック	17.1	14.4	46.8	46.6	23.5	25.2	12.6	13.8

1．個別に示さないその他のカテゴリーを含む　2．6つの年齢グループ（18歳未満、18-44歳、45-54歳、55-64歳、65-74歳、75歳以上）を用いて2000年標準で年齢調整済　3．人種／ヒスパニック別の推計値は、人種・民族のデータに関する連邦政府の1997年基準に基づく。特定人種別の推計値は統計的信頼性の要件を満たした場合のみカウントされる。「白人」「黒人またはアフリカ系」「インディアンまたはアラスカ原住民」および「アジア系」には、当該カテゴリーのみに所属する者、「複数人種」には1997年の改訂基準が定める5つの人種カテゴリーのうち2つ以上もしくは、5つの人種カテゴリーと「その他の人種」の中から2つ以上のカテゴリーに該当する、と報告されたものを含む　4．ヒスパニック又はラテン系は人種を問わない

資料：U.S. National Center for Health Statistics, *Health, United States, 2010* <www.cdc.gov/nchs/hus.htm> も参照

No.167. 過去12カ月以内に補完代替医療を受けた18歳以上人口：2002、2007年

[以下に示すデータの分母からは、補完代替医療（Complementary and alternative medicine＝CAM）に関する情報のない人口は除外している。推計値は、2000年の合衆国基準人口に基づき、4つの年齢グループ（18－24歳、25－44歳、45－64歳、65歳以上）を用いて年齢調整してある]

治療	2002		2007	
	人数(1000人)	%	人数(1000人)	%
代替医療システム：				
鍼治療	2,136	1.1	3,141	1.4
ホメオパシー	3,433	1.7	3,909	1.8
生物学的治療法：				
非ビタミン・非ミネラル、自然食品[1]	38,183	18.9	38,797	17.7
食餌療法[2][3]	7,099	3.5	7,893	3.6
菜食	3,184	1.6	3,351	1.5
アトキンス・ダイエット	3,417	1.7	2,673	1.2
炭水化物制限ダイエット	(X)	(X)	2,334	1.1
メガビタミン療法	5,739	2.8	(X)	(X)
手技療法・身体療法：				
カイロプラクティス[4]	15,226	7.5	(X)	(X)
カイロプラクティスまたは整骨術[4]	(X)	(X)	18,740	8.6
マッサージ	10,052	5.0	18,068	8.3
運動療法	(X)	(X)	3,146	1.5
ピラティス	(X)	(X)	3,015	1.4
心身医療的システム：				
瞑想	15,336	7.6	20,541	9.4
イメージ療法	4,194	2.1	4,866	2.2
段階的弛緩法	6,185	3.0	6,454	2.9
深呼吸法	23,457	11.6	27,794	12.7
ヨガ	10,386	5.1	13,172	6.1
太極拳	2,565	1.3	2,267	1.0
エネルギー療法／レイキ療法	1,080	0.5	1,216	0.5

X 該当なし　1．2002年、2007年には「非ビタミン・非ミネラル・自然食品」が調査項目になっているが、「非ビタミン・非ミネラル・自然食品」の定義があいまいなため、両者を比較することはできない　2．食餌療法に示される各項の合計は、食餌療法を行った者の人数より多い。これは複数の食餌療法を選択した回答者がいるためである　3．食餌療法に関しては2002年、2007年の双方のデータがあるが、炭水化物制限ダイエットについては2007年のデータしかないため、データの比較には注意が必要　4．カイロプラクティスについては、2002年、2007年の双方のデータがあるが、2002年のデータはカイロプラクティスについて、2007年のデータはカイロプラクティスまたは整骨術についてのものなので、両者の比較はできない

資料：U.S. National Center for Health Statistics, *Complementary and Alternative Medicine Use Among Adults and Children: United States, 2007*, National Health Statistics Reports, Number 12 (2008年); <http://www.cdc.gov/nchs/data/nhsr/nhsr012.pdf>

No.168. 外来医療（医師オフィス、病院外来、救急外来）：2008年

[1,189.6は11億8960万を表す。National Ambulatory Medical Care Survey および National Hospital Ambulatory Care Surveysに基づく。標本抽出の際の誤差あり。詳細については資料を参照]

特徴	通院回数（100万）				100人あたり通院回数			
	計	医療オフィス	病院外来	救急外来	計	医療オフィス	病院外来	救急外来
全診療数	1,189.6	956.0	109.9	123.8	398.3	320.1	36.8	41.4
年齢：								
15歳未満	192.7	147.2	22.3	23.2	315.5	241.0	36.6	37.9
15－24歳	105.3	73.9	11.6	19.8	253.3	177.8	27.8	47.7
25－44歳	256.0	194.6	26.2	35.2	314.8	239.4	32.2	43.3
45－64歳	341.6	284.1	31.1	26.3	440.7	366.5	40.2	34.0
65－74歳	144.9	127.1	10.3	7.5	728.8	639.5	51.7	37.6
75歳以上	149.2	129.0	8.4	11.8	859.7	743.5	48.3	67.9
性別：								
男性	482.5	383.3	42.5	56.7	329.9	262.1	29.1	38.8
女性	707.1	572.7	67.4	67.0	463.9	375.7	44.2	44.0
人種：[1]								
白人	970.9	802.4	79.2	89.4	406.5	335.9	33.1	37.4
黒人／アフリカ系アメリカ人	158.4	104.0	25.4	29.0	420.9	276.4	67.5	77.0
アジア系	43.9	38.4	2.9	2.6	325.7	285.1	21.6	19.0
ハワイ原住民／その他の太平洋諸島民	[2]5.6	[2]4.5	0.3	[2]0.8	[2]1,019.4	[2]820.7	[2]60.3	[2]138.4
アメリカインディアン／アラスカ原住民	4.4	3.0	[2]0.4	[2]1.1	145.1	98.9	[2]13.3	[2]32.9
複数の人種を選択した者	6.4	3.6	[2]1.7	[2]1.1	124.3	71.1	[2]32.5	[2]20.6
推定支払元[3]：								
民間保険	729.3	631.6	45.8	51.9	(X)	(X)	(X)	(X)
メディケア	275.1	231.4	20.9	22.8	(X)	(X)	(X)	(X)
メディケイド/CHIP[4]	175.9	111.6	34.6	29.7	(X)	(X)	(X)	(X)
労災	13.1	10.5	1.0	1.6	(X)	(X)	(X)	(X)
保険以外：[5]	71.3	43.5	8.7	19.1	(X)	(X)	(X)	(X)
自費	64.0	40.1	6.1	17.9	(X)	(X)	(X)	(X)
無料	7.7	3.6	[2]2.7	1.5	(X)	(X)	(X)	(X)
その他	39.7	27.5	6.5	5.7	(X)	(X)	(X)	(X)
その他未詳の支払元	39.1	28.7	2.9	7.5	(X)	(X)	(X)	(X)

X 該当なし　1．通院回数中の30.2%、医療オフィス通院回数の33%、病院外来通院回数の21.1%、救急外来通院回数の16.0%が人種データ不明。不明データは帰属計算されているので、その結果としての推計には注意が必要。さらなる情報は下記のウェブサイトで得られる　2．数値は信頼性、正確さに欠ける　3．推定には通院の報告のあったすべての支払を含む　4．連邦児童医療保険プログラム　5．「無保険」には、「自費のみ」と「無料診療・慈善」の支払カテゴリを含む

資料：U.S. National Center for Health Statistics, National Health Statistics Reports, <http://www.cdc.gov/nchs/ahcd.htm>

No.169. 開業医および病院の外来への通院――病名別：2003、2008年

[405.5は4億550万を表す。表No.168の頭注を参照]

主疾患	回数（100万回）		1,000人あたりの率[1]		主疾患	回数（100万回）		1,000人あたりの率[1]	
	2003	2008	2003	2008		2003	2008	2003	2008
男性、全年齢	405.5	425.8	2,908	2,911	女性、全年齢	595.1	640.1	4,074	4,199
15歳未満[2]	89.1	89.6	2,870	2,869	15歳未満[2]	78.0	79.9	2,630	2,679
乳幼児定期検診	16.8	23.1	541	740	乳幼児定期検診	14.0	21.9	472	733
急性気道炎[3]	7.8	8.1	250	259	急性気道炎[3]	7.8	7.1	262	239
中耳炎、耳管障害	8.4	7.4	269	236	中耳炎、耳管障害	6.4	6.2	217	209
急性咽頭炎	2.1	1.9	66	62	急性咽頭炎	3.3	3.1	110	105
15－44歳[2]	104.0	93.4	1,710	1,524	15－44歳[2]	208.3	212.8	3,386	3,458
一般健康診断	4.4	4.8	72	78	正常妊娠	25.6	24.7	415	401
					婦人科検診	9.8	10.1	160	165
急性気道炎[3]	4.0	3.2	65	53	妊娠、分娩および産褥の合併症	7.4	7.7	121	124
脊髄障害	3.4	3.2	56	52					
高血圧	2.1	2.8	35	46					
45－64歳[2]	112.6	127.2	3,404	3,376	45－64歳[2]	167.9	188.1	4,781	4,720
高血圧	7.6	8.6	231	227	高血圧	8.2	12.0	234	302
糖尿病	5.2	6.4	156	171					
脊髄障害	4.7	5.4	143	144	関節症および関連症状	8.1	7.9	231	198
					リュウマチ（背中を除く）	6.0	6.4	170	161
関節症および関連症状	4.5	4.1	135	110					
65歳以上[2]	99.8	115.5	6,881	7,211	65歳以上[2]	140.9	159.3	7,123	7,509
高血圧	7.2	8.8	496	546	高血圧	11.1	15.4	563	728
心臓病[4]	3.7	6.7	256	416					
悪性腫瘍	6.3	6.3	434	392	関節症および関連症状	8.1	7.7	408	364
虚血性心疾患	3.6	6.0	250	376	心臓病[4]	4.3	6.9	218	328

1．センサス局による7月1日現在の推計民間人口に基づく　2．個別に示さないその他の第一疾病を含む　3．上気道炎を除く　4．虚血性心疾患を除く

資料：U.S. National Center for Health Statistics, National Health Statistics Reports; <http://www.cdc.gov/nchs/ahcd.htm>

No.170. 病院救急外来への通院回数：2008年

[56,742は5674万2000を表す。表No.168、169の頭注を参照]

主疾患	通院回数 (1,000回)	1,000人 あたり の率[1]	主疾患	通院回数 (1,000回)	1,000人 あたり の率[1]
男性			**女性**		
全年齢	56,742	388	全年齢	67,020	440
15歳未満[2]	12,762	409	15歳未満[2]	10,395	348
急性上気道炎[3]	1,129	36	急性気道炎[3]	916	31
中耳炎、耳管障害	826	26	中耳炎、耳管障害	696	23
頭部外傷	742	24	原因不詳の発熱	650	22
原因不詳の発熱	718	23	打撲擦過傷	363	12
打撲擦過傷	577	18	急性の咽頭炎	308	10
15〜44歳[2]	23,246	379	15〜44歳[2]	31,763	516
頭部を除く外傷	1,264	21	腹部の痛み	2,103	34
打撲擦過傷	1,186	19	妊娠、出産、産後の異常	1,394	23
蜂窩織炎および膿瘍	921	15	打撲擦過傷	1,121	18
胸部の痛み	869	14	胸部の痛み	1,121	18
筋違い、捻挫（足首、背中を除く）	765	12	脊髄の痛み	1,048	17
45〜64歳[2]	12,542	333	45〜64歳[2]	13,793	346
胸部の痛み	786	21	胸部の痛み	850	21
頭部を除く外傷	565	15	腹部の痛み	701	18
脊髄障害	512	14	脊髄障害	512	13
腹部の痛み	452	12	打撲擦過傷	433	11
蜂窩織炎および膿瘍	373	10	蜂窩織炎および膿瘍	389	10
65歳以上[2]	8,192	511	65歳以上[2]	11,069	522
胸部の痛み	456	28	胸部の痛み	628	30
心臓病（虚血性心疾患を除く）	442	28	打撲擦過傷	541	25
肺炎	356	22	心臓病（虚血性心疾患を除く）	537	25
打撲擦過傷	254	16	腹部の痛み	459	22
慢性および原因不明の気管支炎	241	15	骨折、下肢を除く	316	15

1．センサス局による7月1日現在の推計民間人口に基づく　2．個別に示さないその他の第一疾病を含む　3．上咽頭炎を除く

資料：U.S. National Center for Health Statistics, *National Health Statistics Reports*; ⟨http://www.cdc.gov/nchs/ahcd.htm⟩

No.171. 短期入院患者に対する治療処置：1990－2008年

[23,051は2305万1000件を表す。処置の分類はInternational Classification of Diseases, Ninth Revision, Clinical Modificationに基づく。表No.176の頭注を参照]

性別、処置	処置件数(1,000)				人口1,000人あたり[1]			
	1990	1995	2000	2008	1990	1995	2000	2008
外科処置、計[2]	23,051	22,530	23,244	28,704	92.4	86.2	83.6	94.8
帝王切開	945	785	855	1,351	3.8	3.0	3.1	4.5
産科処置、裂傷縫合	795	964	1,136	1,325	3.2	3.7	4.1	4.4
心臓カテーテル手術	995	1,068	1,221	1,108	4.0	4.1	4.4	3.7
骨折整復[3]	609	577	628	716	2.4	2.2	2.3	2.4
男性、計[2]	8,538	8,388	8,689	11,317	70.6	65.9	63.9	76.0
心臓カテーテル手術	620	660	732	648	5.1	5.2	5.4	4.4
冠状動脈バイパス設置[4]	286	423	371	329	2.4	3.3	2.7	2.2
骨折整復[3]	300	251	285	362	2.5	2.0	2.1	2.4
女性、計[2]	14,513	14,142	14,556	17,387	113.0	105.3	102.4	112.9
帝王切開	945	785	855	1,351	7.4	5.8	6.0	8.8
産科処置、裂傷縫合	795	964	1,136	1,325	6.2	7.2	8.0	8.6
子宮切除手術	591	583	633	584	4.6	4.3	4.5	3.8
診察および外科以外の処置[5]	17,455	17,728	16,737	18,634	70.0	66.1	60.2	61.5
血管心臓撮影[6]	1,735	1,834	2,005	1,996	7.0	7.0	7.2	6.6
呼吸療法	1,164	1,127	991	1,182	4.7	4.3	3.6	3.9
出産の介助	750	866	898	1,308	3.0	3.3	3.2	4.3
超音波診断	1,608	1,181	886	895	6.4	4.5	3.2	3.0
胎児の心電図およびモニター	1,377	935	750	1,024	5.6	3.6	2.7	3.4
男性、計[5]	7,378	7,261	6,965	7,473	61.0	57.1	51.2	50.2
血管心臓撮影[6]	1,051	1,076	1,157	1,094	8.7	8.5	8.5	7.3
呼吸療法	586	572	507	610	4.9	4.5	3.7	4.1
CTスキャン[7]	736	473	345	278	6.1	3.7	2.5	1.9
女性、計[5]	10,077	10,016	9,772	11,161	78.5	74.6	68.8	72.5
出産の介助	750	866	898	1,308	5.9	6.5	6.3	8.5
胎児の心電図およびモニター	1,377	935	750	1,024	10.8	7.0	5.5	6.7
呼吸療法	578	555	484	572	4.5	4.1	3.4	3.7
超音波診断	941	682	501	476	7.3	5.1	3.5	3.1

1．7月1日現在のセンサス局の民間人口推計値に基づく。1990－2000年の率は1990年センサス推定人口に基づく。2001－2007年は、2000年センサスの推定人口に基づく　2．個別に明示しないその他の外科処置を含む　3．頭蓋骨、鼻骨、顎骨を除く　4．複数の治療を受けた者を含む　5．個別に明示しないその他の非外科的処置を含む　6．造影剤を使用するレントゲン撮影　7．CATスキャンともいう

資料：U.S. National Center for Health Statistics, *Vital and Health Statistics*, series 13 および未刊行資料; ⟨http://www.cdc.gov/nchs/products/series.htm⟩ および ⟨http://www.cdc.gov/nchs/nhds.htm⟩

No.172. 病院——概要：1990－2009年

[単位：ベッド数（1,213は121万3000を表す）。アメリカ病院協会の登録病院。本章の解説参照。短期入院患者受け入れ病院は、患者の平均入院期間が30日未満。長期はそれ以上。特殊病院は、産科、婦人科、眼科、耳鼻咽喉科、リハビリテーション、整形外科、および慢性疾患その他を専門とする病院。ただし、精神病院、結核、アルコール中毒、薬物依存の専門病院は除く]

項目	1990	1995	2000	2004	2005	2006	2007	2008	2009
病院数：									
全病院	6,649	6,291	5,810	5,759	5,756	5,747	5,708	5,815	5,795
病床数100以上の病院	3,620	3,376	3,102	2,972	2,942	2,928	2,901	2,884	2,861
非連邦病院[1]	6,312	5,992	5,565	5,520	5,530	5,526	5,495	5,602	5,584
コミュニティ病院[2]	5,384	5,194	4,915	4,919	4,936	4,927	4,897	5,010	5,008
非政府、非営利病院	3,191	3,092	3,003	2,967	2,958	2,919	2,913	2,923	2,918
営利病院	749	752	749	835	868	889	873	982	998
州、地方政府病院	1,444	1,350	1,163	1,117	1,110	1,119	1,111	1,105	1,092
長期加療一般および特殊病院	131	112	131	108	115	127	135	128	115
精神病院	757	657	496	466	456	462	444	447	444
結核病院	4	3	4	4	3	2	1	1	2
連邦病院	337	299	245	239	226	221	213	213	211
病床数(1,000)[3]：									
全病院	1,213	1,081	984	956	947	947	945	951	944
人口1,000人あたりの率[4]	4.9	4.1	3.5	3.3	3.2	3.2	3.1	3.1	3.1
病院あたり病床数	182	172	169	166	165	165	166	164	163
非連邦病院[1]	1,113	1,004	931	908	901	901	899	905	900
コミュニティ病院[2]	927	873	824	808	802	802	801	808	806
人口1,000人あたりの率[4]	3.7	3.3	2.9	2.8	2.7	2.7	2.7	2.7	2.6
非政府、非営利病院	657	610	583	567	561	559	554	557	556
営利病院	102	106	110	112	114	115	116	121	122
州、地方政府病院	169	157	131	127	128	128	131	131	127
長期加療一般および特殊病院	25	19	18	15	15	16	17	16	16
精神病院	158	110	87	86	82	84	79	79	76
結核病院	(Z)	(Z)	(Z)	(Z)	(Z)	(Z)	(Z)	(Z)	(Z)
連邦病院	98	78	53	47	46	46	46	46	45
1日あたり平均入院患者数(1,000人)：[5]									
全病院	844	710	650	658	656	653	645	649	641
コミュニティ病院[2]	619	548	526	541	540	538	533	536	528
非営利、非政府病院	455	393	382	388	388	384	380	380	375
営利病院	54	55	61	68	68	67	66	70	70
州、地方政府	111	100	83	84	85	86	87	86	83
支出(10億ドル)：[6]									
全病院	234.9	320.3	395.4	533.8	570.5	607.3	638.5	690.0	726.7
非連邦病院[1]	219.6	300.0	371.5	499.0	533.7	569.8	599.7	646.1	676.6
コミュニティ病院[2]	203.7	285.6	356.6	481.2	515.7	551.8	581.0	626.6	656.2
非政府、非営利病院	150.7	209.6	267.1	359.4	386.0	412.8	435.5	468.1	492.9
営利病院	18.8	26.7	35.0	48.9	51.8	54.9	55.8	61.8	64.4
州、地方政府病院	34.2	49.3	54.5	72.8	77.9	83.9	89.8	96.7	98.9
長期加療一般および特殊病院	2.7	2.2	2.8	3.6	3.6	4.0	3.9	4.5	4.2
精神病院	12.9	11.7	11.9	13.8	13.9	15.0	14.5	14.7	15.1
結核病院	0.1	0.4	(Z)	(Z)	(Z)	(Z)	(Z)	(Z)	(Z)
連邦病院	15.2	20.2	23.9	34.8	36.8	37.5	38.8	44.0	50.1
人員(1,000人)：[7]									
全病院	4,063	4,273	4,454	4,695	4,790	4,907	5,024	5,116	5,178
非連邦病院[1]	3,760	3,971	4,157	4,379	4,479	4,569	4,699	4,775	4,814
コミュニティ病院[2]	3,420	3,714	3,911	4,147	4,260	4,343	4,465	4,550	4,585
非政府、非営利病院	2,533	2,702	2,919	3,076	3,154	3,207	3,286	3,340	3,369
営利病院	273	343	378	405	421	423	432	450	464
州、地方政府病院	614	670	614	665	681	713	747	760	751
長期加療一般および特殊病院	55	38	41	42	38	43	44	41	37
精神病院	280	215	200	185	182	180	187	182	183
結核病院	1	1	1	1	1	1	(Z)	(Z)	(Z)
連邦病院	303	301	297	315	311	339	325	341	364
外来患者数(100万)	368.2	483.2	592.7	662.1	673.7	690.4	693.5	710.0	742.0
救急外来	92.8	99.9	106.9	116.9	118.9	122.6	124.7	126.7	131.4

Z　500床未満あるいは5,000万ドル未満　1．機関に付属する病院も含む　2．短期（平均入院期間30日未満）の一般および特殊病院（産科、婦人科、眼科、耳鼻咽喉科、リハビリテーション等。精神病院、結核、アルコール中毒、薬物依存治療病院は除く）。機関付属の病院は除く　3．ベッド数は報告期間末のデータ　4．7月1日現在のセンサス局の推計居住人口に基づく。1990年、2000年は4月1日現在の居住人口。その他の年は2000年センサス人口に基づく改定値による推計　5．報告期間1日あたりの、入院患者数　6．新規建設の費用は除く　7．フルタイム換算のパートタイム人員を含む

資料：Health Forum, An American Hospital Association Company, Chicago, IL, *AHA Hospital Statistics*（2011年版およびそれ以前の号）(copyright); <http://www.ahadata.com/> も参照

No.173. コミュニティ病院の患者1人当たり平均経費：1990-2009年

[単位：ドルおよび%。非連邦短期総合、専門病院（精神病院、結核病院と、各種機関の病院部門を除く）。患者1人あたり総経費は、病院の支出総額（給与、雇用手当、診療代、医療機器等）に基づく。データは、外来患者について調整済み]

経費、病院形態	1990	1995	2000	2003	2004	2005	2006	2007	2008	2009
1日平均支出、計	687	968	1,149	1,379	1,450	1,522	1,612	1,690	1,782	1,853
年平均変化率[1]（%）	7.8	4.0	4.2	6.9	5.1	5.0	5.9	4.8	5.4	4.0
非政府、非営利病院	692	994	1,182	1,429	1,501	1,585	1,686	1,772	1,876	1,957
営利病院	752	947	1,057	1,264	1,362	1,412	1,472	1,519	1,556	1,574
州、地方政府病院	635	878	1,064	1,238	1,291	1,329	1,400	1,460	1,552	1,611
入院平均支出、計	4,947	6,216	6,649	7,796	8,166	8,793	8,970	9,342	9,788	10,043
非政府、非営利病院	5,001	6,279	6,717	7,905	8,266	8,670	9,190	9,574	10,081	10,379
営利病院	4,727	5,425	5,642	6,590	7,139	7,351	7,422	7,740	7,985	8,037
州、地方政府病院	4,838	6,445	7,106	8,205	8,473	8,793	9,147	9,446	9,827	10,068

1. 直前の表示年からの平均変化率

資料：Health Forum, An American Hospital Association Company, Chicago, IL, AHA Hospital Statistics 2011 Edition, およびそれ以前の版（copyright）.<http://www.ahadata.com/> も参照

No.174. コミュニティ病院——州別：2000、2009年

[ベッド数823.6は82万3600床を表す。コミュニティ病院の定義については表No.172の脚注2を参照]

州	病院数 2000	病院数 2009	ベッド数(1,000) 2000	ベッド数(1,000) 2009	入院患者数(1,000) 2000	入院患者数(1,000) 2009	1日平均入院患者数[1](1,000) 2000	1日平均入院患者数[1](1,000) 2009	外来患者数(100万人) 2000	外来患者数(100万人) 2009	1日あたり平均経費（ドル）2000	1日あたり平均経費（ドル）2009
合衆国	4,915	5,008	823.6	805.6	33,089	35,527	525.7	527.9	521.4	642.0	1,149	1,853
アラバマ	108	108	16.4	15.3	680	666	9.8	9.5	8.0	9.2	980	1,319
アラスカ	18	22	1.4	1.5	47	57	0.8	0.9	1.3	1.8	1,495	2,163
アリゾナ	61	72	10.9	13.5	539	705	6.8	8.8	5.3	7.1	1,311	2,106
アーカンソー	83	86	9.8	9.6	368	380	5.7	5.4	4.4	5.0	908	1,428
カリフォルニア	389	343	72.7	68.7	3,315	3,433	47.8	48.2	44.9	48.3	1,438	2,419
コロラド	69	81	9.4	10.4	397	445	5.4	6.1	6.7	8.9	1,280	2,156
コネティカット	35	35	7.7	7.9	349	408	5.8	6.4	6.7	8.2	1,373	2,077
デラウェア	5	7	1.8	2.2	83	102	1.4	1.6	1.5	1.7	1,311	2,154
コロンビア特別区	11	10	3.3	3.5	129	138	2.5	2.5	1.3	2.4	1,512	2,514
フロリダ	202	210	51.2	53.3	2,119	2,453	31.0	33.6	21.8	24.9	1,161	1,776
ジョージア	151	152	23.9	25.4	863	957	15.0	16.6	11.2	14.4	978	1,354
ハワイ	21	25	3.1	3.0	100	112	2.3	2.1	2.5	2.2	1,088	1,892
アイダホ	42	41	3.5	3.4	123	130	1.8	1.7	2.2	3.1	1,003	1,887
イリノイ	196	189	37.3	33.9	1,531	1,558	22.4	21.3	25.1	32.1	1,278	1,948
インディアナ	109	123	19.2	17.3	700	713	10.8	10.1	14.1	17.5	1,132	1,955
アイオワ	115	118	11.8	10.3	360	355	6.8	6.0	9.2	11.0	740	1,204
カンザス	129	133	10.8	10.1	310	316	5.7	5.5	5.3	6.7	837	1,271
ケンタッキー	105	104	14.3	14.1	582	597	9.1	8.5	8.7	10.1	929	1,543
ルイジアナ	123	128	17.5	15.9	654	639	9.8	9.6	10.0	12.4	1,075	1,510
メーン	37	37	3.7	3.6	147	150	2.4	2.3	3.2	5.8	1,148	1,881
メリーランド	49	49	11.9	11.9	587	715	8.2	8.9	6.0	8.3	1,315	2,271
マサチューセッツ	80	78	16.6	15.5	740	820	11.7	11.5	16.7	21.4	1,467	2,351
ミシガン	146	158	26.1	25.9	1,106	1,220	16.9	17.3	24.9	29.3	1,211	1,905
ミネソタ	135	132	16.7	15.6	571	624	11.2	10.2	7.3	10.8	932	1,667
ミシシッピ	95	97	13.6	12.9	425	413	8.0	7.1	3.7	4.7	719	1,231
ミズーリ	119	125	20.1	19.1	773	825	11.7	11.7	14.8	19.2	1,185	1,934
モンタナ	52	48	4.3	3.8	99	101	2.9	2.4	2.6	3.3	579	1,190
ネブラスカ	85	87	8.2	7.4	209	210	4.8	4.3	3.4	4.7	743	1,402
ネバダ	22	35	3.8	5.1	199	246	2.7	3.6	2.2	2.8	1,285	1,912
ニューハンプシャー	28	28	2.9	2.9	111	123	1.7	1.8	2.8	4.7	1,201	1,980
ニュージャージー	80	74	25.3	21.1	1,074	1,095	17.3	15.3	16.3	18.4	1,299	2,147
ニューメキシコ	35	37	3.5	3.9	174	183	2.0	2.3	3.1	4.6	1,388	1,989
ニューヨーク	215	189	66.4	60.4	2,416	2,534	52.1	47.9	46.4	54.2	1,118	1,820
ノースカロライナ	113	115	23.1	22.8	971	1,034	16.0	15.9	12.4	18.3	1,061	1,641
ノースダコタ	42	41	3.9	3.4	89	93	2.3	2.1	1.7	2.4	747	1,140
オハイオ	163	183	33.8	33.9	1,404	1,531	20.6	21.2	26.9	34.2	1,198	2,021
オクラホマ	108	116	11.1	11.3	429	442	6.2	6.6	4.7	5.6	1,031	1,489
オレゴン	59	58	6.6	6.5	330	324	3.9	3.9	7.3	8.9	1,461	2,596
ペンシルベニア	207	194	42.3	39.2	1,796	1,842	28.8	27.0	31.8	37.9	1,080	1,837
ロードアイランド	11	11	2.4	2.5	119	127	1.7	1.8	2.1	2.6	1,313	2,235
サウスカロライナ	63	70	11.5	12.5	495	528	8.0	8.1	7.8	6.3	1,101	1,792
サウスダコタ	48	53	4.3	4.1	99	102	2.8	2.8	1.7	1.9	476	985
テネシー	121	137	20.6	21.0	737	859	11.5	13.2	10.3	11.6	1,078	1,464
テキサス	403	428	55.9	62.1	2,367	2,621	33.1	37.3	29.4	36.0	1,274	1,923
ユタ	42	44	4.3	5.0	194	226	2.4	2.8	4.5	5.5	1,375	2,071
バーモント	14	14	1.7	1.3	52	51	1.1	0.9	1.2	3.4	888	1,586
バージニア	88	90	18.9	17.5	727	793	11.4	12.0	9.5	14.2	1,057	1,747
ワシントン	84	87	11.1	11.3	505	589	6.6	7.3	9.6	11.5	1,511	2,696
ウエストバージニア	57	56	8.0	7.4	288	280	4.8	4.5	5.2	6.7	844	1,134
ウィスコンシン	118	126	15.3	13.6	558	609	9.1	8.6	10.9	14.9	1,055	1,935
ワイオミング	24	24	1.9	2.0	48	52	1.1	1.1	0.9	1.1	677	1,025

1. 報告期間中に1日でも入院したものの平均

資料：Health Forum, An American Hospital Association Company, Chicago, IL, AHA Hospital Statistics 2011 Edition, およびそれ以前の版（copyright）.<http://www.ahadata.com> も参照

No.175. 病院利用率──病院のタイプ別：1990－2009年

[『アメリカ歴史統計』系列B384-387も参照]

病院形態	1990	1995	2000	2005	2006	2007	2008	2009
コミュニティ病院：[1]								
人口1,000人あたり入院患者数[2]	125	116	117	119	118	117	118	116
ベッドあたり入院患者数	34	35	40	44	44	43	44	44
平均入院期間（日）[3]	7.2	6.5	5.8	5.6	5.5	5.5	5.5	5.4
入院患者あたり外来患者数	9.7	13.4	15.8	16.6	16.9	17.1	17.5	18.1
人口1,000人あたり外来患者数[2]	1,207	1,556	1,852	1,976	2,002	2,000	2,053	2,091
外科手術（100万件）[4]	21.9	23.2	26.1	27.5	28.1	28.1	27.5	27.5
入院患者1人あたり外科手術数	0.7	0.7	0.8	0.8	0.7	0.8	0.8	0.8
非連邦精神病院：								
人口1,000人あたり入院患者数[2]	2.9	2.7	2.4	2.5	2.3	2.3	2.4	2.5
人口1,000人あたり入院期間（日）[2]	190	122	93	89	83	82	80	80

1．短期（平均入院日数30日以内）の一般および特殊（産科、婦人科、眼科、耳鼻咽喉科；リハビリテーション等。精神科、結核、アルコール中毒、薬物依存は除外）入院。機関付属の病院を除く　2．センサス局推計の7月1日現在居住人口に基づく。推計値は2000年人口統計の改定値を反映している。1990、2000年は4月1日現在の居住人口に基づく　3．入院期間（日）÷入院患者数　4．21.9は2190万を表す

資料：Health Forum, An American Hospital Association Company, Chicago, IL, *AHA Hospital Statistics 2011 Edition*, およびそれ以前の版 (copyright). <http://www.ahadata.com/> も参照

No.176. 病院利用状況──性別：1990－2008年

[30,788は3078万8000を表す。連邦病院を除く非連邦・短期病院の、退院患者推計。新生児を除く。National Hospital Discharge Surveyから標本抽出した、表示年の退院患者に関する病院記録の、標本抽出時の誤差を考慮した標本調査に基づく。データ収集の改善による変化がある]

項目、性別	1990	1995	2000	2003	2004	2005	2006	2007	2008
退院患者数（1,000人）	30,788	30,722	31,706	34,738	34,864	34,667	34,854	34,369	35,697
1,000人あたり退院患者数、計[1]	122	116	113	120	119	117	117	114	118
男性	100	94	91	98	97	96	95	94	96
女性	143	136	134	141	141	138	138	134	139
1,000人あたり治療期間（日）、計[1]	784	620	555	578	574	562	558	554	577
男性	694	551	486	507	505	498	495	494	518
女性	869	686	620	646	641	624	619	612	635
平均入院期間（日）、計	6.4	5.4	4.9	4.8	4.8	4.8	4.8	4.8	4.9
男性	6.9	5.8	5.3	5.2	5.2	5.2	5.2	5.3	5.4
女性	6.1	5.0	4.6	4.6	4.5	4.5	4.5	4.6	4.6

1．7月1日現在民間人口のセンサス局推計値によって算出。1990年および1995年の人口は、1990年センサスのデータに過小評価分を修正した推計人口に基づく。2000年以降の率は2000年センサスデータに基づくセンサス後の推計人口に基づく

資料：U.S. National Center for Health Statistics, *Vital and Health Statistics*, series 13 および未刊行資料 <http://www.cdc.gov/nchs/products/series.htm#sr13> も参照

No.177. HIV感染患者の病院利用状況：1990－2008年

[HIVはヒト免疫不全ウイルスを表す。表No.176の頭注を参照]

利用状況	単位	1990	1995	2000	2005	2006	2007	2008
退院患者数	1,000人	146	249	173	185	223	221	215
男性	1,000人	114	183	115	113	145	146	133
女性	1,000人	32	66	58	72	78	75	81
退院患者数の比率[1]	率	5.8	9.4	6.2	6.3	7.5	7.4	7.1
総治療日数	1,000日	2,188	2,326	1,257	1,244	1,418	1,483	1,342
男性	1,000日	1,777	1,649	895	751	907	1,009	875
女性	1,000日	411	677	362	493	511	474	468
治療日数の比率[1]	率	86.9	87.6	45.2	42.2	47.6	49.3	44.3
平均入院日数	日	14.9	9.3	7.3	6.7	6.3	6.7	6.3
男性	日	15.5	9.0	7.8	6.7	6.2	6.9	6.6
女性	日	12.9	10.3	6.3	6.8	6.5	6.3	5.7

1．人口1万人当たりの率。センサス局による7月1日現在の民間人口に基づく。1990年および1995年の人口は1990年センサスデータに、過小評価分を修正した推計人口に基づく。2000年以降の人口は2000年センサスのセンサス後の推計値

資料：U.S. National Center for Health Statistics, *Vital and Health Statistics*, series 13 および未刊行資料; <http://www.cdc.gov/nchs/products/series.htm#sr13> および <http://www.cdc.gov/nchs/nhds.htm> も参照

No.178. 病院からの退院と入院日数：2003、2008年

[34,738は3473万8000を表す。表No.176の頭注を参照。地域の構成については表紙裏の地図を参照]

年齢、人種および地域	退院数 人数(1,000人)		退院数 1,000人あたり[1]		1,000人あたりの入院日数[1]		平均入院日数	
	2003	2008	2003	2008	2003	2008	2003	2008
計[2]	34,738	35,697	120	118	578	577	4.8	4.9
年齢：								
1歳未満	833	715	208	166	1,218	940	5.9	5.7
1－4歳	751	563	48	34	149	102	3.1	3.0
5－14歳	986	707	24	18	108	75	4.5	4.3
15－24歳	3,138	2,950	77	70	268	233	3.5	3.3
25－34歳	4,011	4,066	102	100	353	346	3.5	3.4
35－44歳	3,683	3,453	83	82	359	331	4.3	4.0
45－64歳	8,120	9,341	118	120	582	628	4.9	5.2
65－74歳	4,861	5,094	265	253	1,429	1,391	5.4	5.5
75歳以上	8,356	8,808	475	470	2,776	2,735	5.8	5.8
人種：								
白人	21,292	20,487	91	85	437	421	4.8	5.0
黒人	4,102	4,665	111	120	611	642	5.5	5.3
アジア系／太平洋諸島民	550	591	44	42	231	[3]213	5.2	5.1
アメリカインディアン／エスキモー／アリュート…	120	[3]194	43	[3]63	224	[3]259	5.2	4.1
地域：								
北東部	7,267	7,574	134	138	735	771	5.5	5.6
中西部	7,786	8,062	119	121	520	543	4.4	4.5
南部	13,055	13,366	126	120	610	584	4.9	4.9
西部	6,631	6,695	100	95	455	450	4.5	4.7

1．比率には2000年7月1日現在のセンサス局推計人口に基づいて計算　2．個別に明示しない他の人種を含む　3．数値は統計的信頼水準に達しない

資料：U.S. National Center for Health Statistics, *Vital and Health Statistics*, series 13 および未刊行資料 ⟨http://www.cdc.gov/nchs/products/series.htm#sr13⟩

No.179. 退院患者数と入院日数——主要疾病別：2008年

[14,371は1437万1000を表す。短期入院施設からの退院者数推計。連邦病院を除く。新生児は除く。病名は、国際疾病分類全年版に基づく。表No.176の頭注を参照。本書前年版の表No.176も参照]

性別・年齢別および主たる疾患[1]	退院 人数(1,000人)[2]	退院 1,000人あたり[2]	平均入院日数(日)[2]	性別・年齢別および主たる疾患[1]	退院 人数(1,000人)[2]	退院 1,000人あたり[2]	平均入院日数(日)[2]
男性				**女性**			
全年齢[3]、計	14,371	96.5	5.4	全年齢[3]、計	21,326	138.5	4.6
18歳未満[3]	1,336	35.3	4.7	18歳未満[3]	1,203	33.3	3.9
負傷	131	3.5	3.4	出産	138	3.8	2.7
喘息	95	2.5	5.2	負傷	76	2.1	2.4
Asthma	82	2.2	2.3				
18－44歳[3]	2,486	43.9	4.7	統合失調症、気分障害、妄想性精神障害、非器質性精神障害[5]	[4]67	[4]1.8	7.5
負傷	399	7.1	4.6	18－44歳[4]	7,430	133.9	3.2
統合失調症、気分障害、妄想性精神障害、非器質性精神障害[5]	263	4.6	7.2	出産	3,998	72.0	2.7
心臓病	157	2.8	3.7	統合失調症、気分障害、妄想性障害、非器質性精神障害[5]	293	5.3	7.2
アルコール・ドラッグ[6]	118	2.1	3.8	負傷	175	3.1	4.3
45－64歳[3]	4,619	121.4	5.4	子宮筋腫	108	1.9	2.2
心臓病	774	20.3	3.9	45－64歳[3]	4,722	118.2	5.1
負傷	271	7.1	5.2	心臓病	436	10.9	4.3
癌（あらゆる種類のもの）	255	6.7	6.3	癌（あらゆる種類のものを含む）	267	6.7	5.9
65－74歳[3]	2,410	260.2	5.6	骨関節炎	225	5.6	3.3
心臓病	491	53.0	4.4	65－74歳[3]	2,683	247.1	5.4
癌（あらゆる種類のものを含む）	152	16.4	6.9	心臓病	424	39.0	4.5
脳卒中	110	11.8	5.1	骨関節炎	178	16.4	4.0
肺炎	93	10.0	6.1	癌（あらゆる種類のものを含む）	141	13.0	6.5
75－84歳[3]	2,400	449.8	5.8	肺炎	93	8.6	6.0
心臓病	475	89.0	4.8	75－84歳[3]	3,087	401.5	5.8
癌（あらゆる種類のもの）	130	24.4	7.6	心臓病	526	68.5	5.1
肺炎	130	24.3	5.6	負傷	204	26.5	5.2
脳卒中	126	23.6	4.8	肺炎	160	20.8	6.0
85歳以上[3]	1,119	600.4	6.2	脳卒中	160	20.8	5.2
心臓病	230	123.4	4.9	85歳以上[3]	2,202	570.6	5.7
肺炎	90	48.2	6.4	心臓病	384	99.5	5.3
負傷	69	37.0	6.6	負傷	239	62.0	5.3
				肺炎	123	31.9	5.4

1．カルテの診断の一番目のものを主たる疾患とする。あるいはカルテの表紙または医療記録の退院記録の一番目に記された疾患が、通常入院の目的となった疾患である。一番目の診断と退院数は同数となる　2．粗推計値　3．表中に示さない初診時診断で退院するものを含む　4．この推計値は信頼性に問題あり　5．推計値は非連邦系の短期入院施設のみについて。重篤な精神疾患は含まない　6．乱用、依存、禁断症状を含む。推計値は、非連邦系の短期入院施設のみについて。その他の種類の入院施設や退役軍人省のプログラムなどの特殊なプログラム、外来の治療施設からの退院は含まれない

資料：Centers for Disease Control and Prevention, National Center for Health Statistics, National Hospital Discharge Survey, ⟨http://www.cdc.gov/nchs/nhds.htm⟩

No.180. 美容形成外科：2003－2009年

[単位：1000件（8,252.0は825万2000件を表す）。12月31日現在。最終的なデータは全国統計を反映する予定で、アメリカ医療専門分野委員会（AMBS＝American Board of Medical Specialties）が認可する委員会によって認定された医師への調査に基づく。アメリカ美容整形協会（ASAPS＝American Society for Aesthetic Plastic Surgery）が報告する最終的なデータはアメリカ形成外科委員会（ABPS＝American Board of Plastic Surgery）以外のデータを含む場合がある。ASAPSのメンバーはABPSによって認定された形成外科医で、顔と全身の美容整形を専門とする。美容整形の内容は最新年の実施数により順位をつけられている]

美容整形の種類	2003	2004	2005	2006	2007	2008	2009
総実施件数	8,252.0	11,855.0	11,428.8	11,456.8	11,701.0	10,258.6	9,993.7
整形手術（外科）、計	1,819.5	2,120.0	2,131.0	1,922.8	2,079.0	1,766.7	1,471.6
豊胸	280.4	334.1	364.6	383.9	399.4	355.7	312.0
脂肪吸引	384.6	478.3	455.5	403.7	456.8	341.1	283.7
眼瞼形成	267.6	290.3	231.5	210.0	240.8	195.1	149.9
鼻形成	172.4	166.2	200.9	141.9	151.8	152.4	138.3
腹部形成	117.7	145.0	169.3	172.5	185.3	147.4	127.9
非外科的整形、計	6,432.5	9,735.0	9,297.7	9,534.0	9,622.0	8,491.9	8,522.1
ボトックス注射[1]	2,272.1	2,837.3	3,294.8	3,181.6	2,775.2	2,464.1	2,557.1
ヒアルロン酸[2]	116.2	882.5	1,194.2	1,593.6	1,448.7	1,262.8	1,313.0
レーザー脱毛	923.2	1,411.9	1,566.9	1,475.3	1,412.7	1,281.0	1,280.0
マイクロダーマブレージョン[3]	858.3	1,076.4	1,023.9	993.1	829.7	557.1	621.9
ケミカルピール	722.2	1110.4	556.2	558.4	575.1	591.8	529.3
女性の美容整形、計	7,177.9	10,681.4	10,443.8	10,516.7	10,602.5	9,394.8	9,058.5
整形手術、計	1,559.4	1,887.3	1,918.1	1,730.5	1,877.1	1,600.7	1,310.7
豊胸	280.4	334.1	364.6	383.9	399.4	355.7	312.0
脂肪吸引	323.0	416.6	402.9	350.4	398.8	309.7	243.2
眼瞼形成	216.8	249.3	198.1	182.4	208.2	166.4	124.9
腹部形成	112.7	145.3	164.1	164.8	180.5	143.0	123.0
乳房縮小	147.2	144.7	146.0	145.8	153.1	139.9	114.5
非外科的整形、計	5,618.6	8,794.1	8,525.7	8,786.2	8,725.4	7,794.1	7,747.8
ボトックス注射[1]	1,963.0	2,525.4	2,990.7	2,881.1	2,445.7	2,239.0	2,299.3
ヒアルロン酸[2]	104.7	838.9	1,149.2	1,519.9	1,364.5	1,200.4	1,221.8
レーザー脱毛	695.2	1,215.1	1,334.7	1,308.7	1,227.0	1,101.3	1,114.0
マイクロダーマブレージョン[3]	774.3	999.1	939.5	922.0	743.7	517.3	565.0
ケミカルピール	640.1	977.3	533.0	530.1	536.0	554.5	492.3
レーザー照射による皮膚改善	116.5	520.3	432.6	528.1	479.8	532.0	463.3
くも状静脈瘤の硬化療法	431.3	479.2	548.0	541.3	467.8	417.5	442.0
IPLレーザー治療[4]	(X)	(X)	(X)	(X)	584.5	479.9	404.5
男性の美容整形、計	1,074.1	1,173.6	984.9	940.0	1,098.6	863.7	935.2
整形手術、計	260.1	232.7	212.9	192.3	202.0	166.0	160.9
脂肪吸引	61.6	61.6	52.5	53.3	58.0	31.5	40.5
鼻の形成	53.4	39.0	45.9	33.1	31.7	30.2	32.7
眼瞼形成	50.8	41.1	33.4	27.6	32.6	28.7	25.0
女性化乳房形成	22.0	19.6	17.7	23.7	20.3	19.1	16.8
毛髪移植	14.9	16.9	11.2	11.2	16.5	18.1	13.1
フェイスリフト	13.6	11.8	13.0	14.1	12.4	13.4	10.5
非外科的整形、計	814.0	932.6	772.0	747.7	896.6	697.8	774.4
ボトックス注射[1]	309.1	311.9	304.1	300.5	329.5	225.1	257.8
レーザー脱毛	228.0	196.8	232.2	166.6	185.7	179.7	166.0
ヒアルロン酸[2]	11.5	43.6	45.0	73.6	84.2	62.4	91.2
マイクロダーマブレージョン[3]	84.0	99.2	84.4	71.1	85.9	39.8	56.9
レーザー照射による皮膚改善	11.0	69.4	43.1	48.5	30.1	38.9	49.0
IPLレーザー治療[4]	(X)	(X)	(X)	(X)	63.2	46.9	47.7

X 該当なし　1．2009年現在。ディスポートを含む　2．2003年、FDAは軟組織へのヒアルロン酸注入が、しわに効果があると承認した　3．いわゆる「カラスの足跡」、加齢によるしみ、にきび跡の改善のために行われる　4．IPLは intense pulse light の略。顔面の若返りに用いられる施術方法の一つ。シミ取り等に用いられる

資料：The American Society for Aesthetic Plastic Surgery, Statistics（年刊）；<http://www.surgery.org/medhia/statistics> も参照 (copyright)

No.181. 臓器および組織移植：1990－2010年

[年末現在。合衆国で移植を行っている病院・機関の移植センターの報告による]

処置内容	処置件数						施設数		移植待ち人数 2010	1年後の生存率 2009 (%)
	1990	1995	2000	2005	2009	2010	1990	2010		
臓器移植：[1]										
心臓	2,095	2,342	2,172	2,125	2,212	2,333	148	132	3,182	86.7
心肺	52	69	47	35	29	41	79	50	67	67.6
肺臓	203	869	955	1,406	1,661	1,770	70	66	1,774	80.6
肝臓	2,631	3,818	4,816	6,443	6,320	6,291	85	132	16,954	86.4
腎臓	9,358	10,957	13,258	16,481	16,829	16,898	232	238	94,598	94.6
腎臓・すい臓	459	915	910	903	854	828	(NA)	(NA)	2,281	94.7
すい臓	60	103	420	541	379	350	84	144	1,385	93.4
大腸	1	21	29	178	180	151	(NA)	43	266	74.4
多器官	71	124	213	518	(NA)	(NA)	(NA)	(NA)		

NA データなし　X 該当なし　1．腎臓・すい臓同時移植・心肺同時移植は1回に数える。それ以外の各臓器同時移植はそれぞれの臓器にカウントする。臓器移植幹旋ネットワーク（OPTN）の2011年5月20日現在のデータに基づく。データはHHSと契約のあるUNOSが提供している。保健研究局も部分的にサポートしている。これ等のデータの信憑性は、著者が負うものである。データは将来訂正されることもありうる

資料：U.S. Department of Health and Human Services, Health Resources and Services Administration, Office of Special Programs, Division of Transplantation, Rockville, MD; United Network for Organ Sharing (UNOS), Richmond, VA; University Renal Research and Education Association, Ann Arbor, MI; American Association of Tissue Banks, McLean, VA および未刊行資料；<http://optn.transplant.hrsa.gov/> も参照

No.182. 癌——新規患者推計数：2010年／および生存率：1990-2007年

[1,530は153万を表す。5年間の生存率は、表示年間に診断後5年以上生存した者の人数。表で示す生存統計は、表示年間に以下に挙げる居住地での癌の診断を受けた患者に基づく。数値は、National Cancer InstituteのSEERプログラム（Surveillance Epidemiology and End Results）の一環として収集されたもの。コネチカット、ニューメキシコ、ユタ、アイオワ、ハワイの5州と、アトランタ、デトロイト、シアトル-ピュージェット湾、サンフランシスコ-オークランドの4大都市地域における人口統計の一環として病名統計]

患部	新規患者推計[1] 2010 (1,000人)			5年後の生存率 (%)							
				白人				黒人			
	計	男性	女性	1990-1992	1993-1995	1996-2000	2001-2007	1990-1992	1993-1995	1996-2000	2001-2007
計[2]	1,530	790	740	61.5	62.5	65.4	68.6	47.9	52.7	56.0	59.4
肺	223	117	106	14.0	14.6	15.2	16.7	10.4	12.8	12.6	13.3
胸部[3]	209	2	207	86.6	87.8	90.2	91.4	71.7	72.7	75.5	77.4
結腸・直腸	143	72	70	62.2	60.8	64.5	67.1	53.0	52.1	53.8	56.3
結腸	103	49	53	63.0	60.8	64.4	66.5	53.5	51.5	53.5	54.8
直腸	40	23	17	60.2	60.8	65.0	68.7	51.3	54.0	54.8	60.9
前立腺	218	218	(X)	94.4	96.1	98.9	99.9	84.6	91.7	95.6	97.9
膀胱	71	53	18	80.6	81.4	80.3	81.1	63.4	60.0	62.6	64.1
子宮	43	(X)	43	86.4	85.9	86.6	86.3	56.0	60.5	63.4	62.0
非ホジキン・リンパ腫[4]	66	35	30	51.7	53.4	61.4	70.7	42.1	41.9	53.6	62.1
口腔・咽頭部	37	25	11	58.1	60.3	60.9	65.1	32.5	38.0	39.8	44.7
白血病[4]	43	25	18	46.4	48.3	49.0	57.1	36.0	41.1	38.3	50.3
黒皮症	68	39	29	89.3	89.5	91.5	93.0	61.8	68.2	72.7	73.4
膵臓	43	21	22	4.4	3.9	4.3	5.9	3.7	3.4	4.6	3.8
腎臓	58	35	23	60.8	62.0	63.0	71.0	57.2	57.5	65.6	68.4
胃	21	13	8	18.8	19.9	21.0	26.1	22.9	19.5	22.1	27.2
卵巣	22	(X)	22	40.5	40.7	42.9	43.3	36.2	41.7	37.6	36.0
子宮頚管[5]	12	(X)	12	70.9	74.2	73.8	70.3	57.9	63.0	66.6	60.9

X 該当なし　1. American Cancer Society (www.cancer.org) 提供の推計値。National Cancer InstituteのSEERプログラムによる割合に基づく　2. 個別に明示しないその他の患部を含む　3. 生存率は女性のみ　4. 全てのタイプの割合　5. 浸潤性の癌のみ。
資料：U.S. National Institutes of Health, National Cancer Institute, <http://seer.cancer.gov/csr/1975_2008/>

No.183. 癌——新患推計および死亡——州別：2011年

[単位：1,000件（1,596.7は159万6700を表す）。基底細胞癌、扁平上皮細胞癌、および膀胱以外の上皮内癌を除く。本書前年版の表No.179も参照]

州	新患[1]			死亡			州	新患[1]			死亡		
	計[2]	乳癌	肺および気管支	計[2]	乳癌	肺および気管支		計[2]	乳癌	肺および気管支	計[2]	乳癌	肺および気管支
合衆国	1,596.7	230.5	221.1	572.0	39.5	156.9	MO	32.7	4.1	5.5	12.7	0.9	4.0
AL	25.5	3.7	4.2	10.2	0.7	3.2	MT	5.7	0.8	0.8	2.0	0.1	0.6
AK	3.1	0.5	0.4	0.9	0.1	0.3	NE	9.4	1.2	1.3	3.5	0.2	0.9
AZ	31.6	4.2	3.8	10.8	0.8	2.7	NV	12.8	1.4	1.5	4.7	0.3	1.3
AR	16.1	2.1	2.7	6.5	0.4	2.0	NH	8.2	1.2	1.1	2.7	0.2	0.8
CA	163.5	25.5	17.7	56.0	4.0	12.5	NJ	49.1	7.4	6.2	16.4	1.3	4.2
CO	22.4	3.4	2.3	7.0	0.5	1.7	NM	9.6	1.3	1.0	3.5	0.2	0.8
CT	21.4	3.3	2.7	6.8	0.5	1.8	NY	107.3	15.7	14.2	34.4	2.5	8.6
DE	5.1	0.8	0.8	1.9	0.1	0.6	NC	48.9	7.4	7.3	19.8	1.4	5.8
DC	2.8	0.5	0.4	0.9	0.1	0.2	ND	3.6	0.4	0.4	1.3	0.1	0.3
FL	113.4	15.3	17.2	41.0	2.7	11.5	OH	65.1	9.0	10.1	24.9	1.7	7.2
GA	44.6	7.0	6.4	15.9	1.1	4.7	OK	19.0	2.7	3.3	7.8	0.5	2.4
HI	6.7	1.0	0.8	2.4	0.1	0.6	OR	21.2	3.4	2.9	7.6	0.5	2.1
ID	7.5	1.0	0.9	2.6	0.2	0.6	PA	78.0	10.6	10.9	28.6	2.0	8.0
IL	65.6	9.5	9.2	23.1	1.8	6.4	RI	6.1	0.9	0.9	2.2	0.1	0.6
IN	34.1	4.8	5.5	13.0	0.9	4.0	SC	25.5	3.7	3.9	9.3	0.7	2.9
IA	17.5	2.1	2.5	6.4	0.4	1.8	SD	4.4	0.6	0.6	1.7	0.1	0.5
KS	14.1	1.9	2.0	5.4	0.4	1.6	TN	34.8	5.0	5.9	13.8	0.9	4.6
KY	25.0	3.5	4.9	9.8	0.6	3.4	TX	105.0	15.1	13.9	36.8	2.6	9.6
LA	22.8	2.9	3.6	8.4	0.6	2.5	UT	10.5	1.4	0.6	2.9	0.3	0.5
ME	8.8	1.3	1.4	3.2	0.2	1.0	VT	4.0	0.6	0.5	1.3	0.1	0.4
MD	28.9	4.9	4.0	10.2	0.8	2.7	VA	38.7	6.5	5.7	14.3	1.1	4.1
MA	37.5	5.6	5.0	12.9	0.8	3.5	WA	35.4	5.6	4.5	11.7	0.8	3.1
MI	57.0	7.9	8.1	20.8	1.3	5.8	WV	11.1	1.5	2.1	4.7	0.3	1.5
MN	27.6	3.4	3.3	9.2	0.6	2.5	WI	30.5	4.4	4.0	11.4	0.7	2.9
MS	15.0	2.2	2.4	6.1	0.4	2.0	WY	2.7	0.4	0.3	1.0	0.1	0.3

1. 推計値はおおまかな指針として表したもので、取り扱いには注意を要する　2. 個別に明示しないその他の種類の癌も含む
資料：American Cancer Society, Inc., Atlanta, Georgia, *Cancer Facts and Figures-2011* (copyright). <http://www.cancer.org/docroot/STT/stt_0.asp> も参照

No.184. 選択届出疾患——届出件数：1980－2009年

[190.9は19万900を表す。一部の疾患については統計は不完全なものであるが、数値は疾患の発生傾向を示している点に意味がある。国外から持ち込まれた疾患を含む。関連統計として『アメリカ歴史統計』系列B291-303も参照]

疾患	1980	1990	1995	2000	2005	2006	2007	2008	2009
エイズ[1]	(²)	41,595	71,547	40,758	41,120	38,423	37,503	39,202	(¹)
ボツリヌス中毒[3]	89	92	97	138	135	165	144	145	118
ブルセラ症（波状熱）	183	85	98	87	120	121	131	80	115
水ぼうそう[4] (1,000)	190.9	173.1	120.6	27.4	32.2	48.4	40.1	30.4	20.5
コクシジオイデス真菌症	(²)	(²)	(²)	2,867	6,542	8,917	8,121	7,523	12,926
クリプトスポルジア症	(²)	(²)	(²)	3,128	5,659	6,071	11,170	9,113	7,654
国内のアルボウィルス（吸血節足動物により媒介される）感染症[5]									
西ナイルウィルス	(²)	(²)	(²)	(²)	1,309	1,495	1,227	689	386
無症状性感染	(²)	(²)	(²)	(²)	1,691	2,774	2,403	667	334
腸管出血性大腸菌 0157:H7	(²)	(²)	2,139	4,528	2,621	(²)	(²)	(²)	(²)
ジアルジア症	(²)	(²)	(²)	(²)	19,733	18,953	19,417	18,908	19,399
インフルエンザ（ヘモフィラス菌）	(²)	(²)	1,180	1,398	2,304	2,436	2,541	2,886	3,022
ハンセン病	223	198	144	91	87	66	101	80	103
肝炎：A型（感染性，1,000）[6]	29.1	31.4	31.6	13.4	4.5	3.6	3.0	2.6	2.0
B型（血清，1,000）	19.0	21.1	10.8	8.0	5.1	4.7	4.5	4.0	3.4
C型／非A非B型 (1,000)	(²)	2,600	4,576	3,197	652	766	845	877	782
レジオネラ症	(²)	1,370	1,241	1,127	2,301	2,834	2,716	3,181	3,522
ライム病	(²)	(²)	11,700	17,730	23,305	19,931	27,444	35,198	38,468
マラリア	2,062	1,292	1,419	1,560	1,494	1,474	1,408	1,255	1,451
髄膜炎菌感染症	2,840	2,451	3,243	2,256	1,245	1,194	1,077	1,172	980
おたふく風邪 (1,000)	8.6	5.3	0.9	0.3	0.3	6.6	0.8	0.5	2.0
百日咳[7] (1,000)	1.7	4.6	5.1	7.9	25.6	15.6	10.5	13.3	16.9
おうむ病	124	113	64	17	16	21	12	8	9
狂犬病（動物）	6,421	4,826	7,811	6,934	5,915	5,534	5,862	4,196	5,343
ロッキー山脈発疹チフス	1,163	651	590	495	1,936	2,288	2,221	2,563	1,815
風疹[8]	3,904	1,125	128	176	11	11	12	16	3
サルモネラ症[9] (1,000)	33.7	48.6	46.0	39.6	45.3	45.8	48.0	51.0	49.2
シゲラ症[10] (1,000)	19.0	27.1	32.1	22.9	16.2	15.5	19.8	22.6	15.9
侵襲性A群連鎖球菌感染症	(²)	(²)	(²)	3,144	4,715	5,407	5,294	5,674	5,279
侵襲性肺炎球菌感染症：									
薬剤耐性	(²)	(²)	(²)	4,533	2,996	3,308	3,329	3,448	3,370
5歳未満	(²)	(²)	(²)	(²)	1,495	1,861	563	532	583
破傷風	95	64	41	35	27	41	28	19	18
毒素ショック症候群	(²)	322	191	135	90	101	92	71	74
旋毛虫症	131	129	29	16	16	15	5	39	13
結核[11] (1,000)	27.7	25.7	22.9	16.4	14.1	13.8	13.3	12.9	11.5
腸チフス	510	552	369	377	324	353	434	449	397
性病									
クラミジア (1,000)	(²)	(²)	478	702	976	1,031	1,108	1,211	1,244
淋病 (1,000)	1,004	690	393	359	340	358	356	337	301
梅毒 (1,000)	69	134	69	32	33	37	41	46	45

NA データなし 1．エイズ（後天性免疫不全症候群）は1984年迄届出義務なし。National Center for HIV/AIDS, Viral Hepatitis, STD, and TB Prevention (国立エイズ・ウィルス性肝炎・性病・結核予防研究所)のHIV/エイズ予防課に報告された全ての事例を含む 2．届出義務がなかった 3．1980年以降，食品媒介，幼児，けが，特定できないケースを含む 4．1991年に届出リストからはずされたが，多くの州では報告されている 5．アルボウィルス感染症に関する国内の疾患監視制度の定義は2005年に改訂され，無症候性のアルボウィルス感染が特定届出疾患に追加された 6．B型慢性肝炎とウィルス伝染性C型肝炎（過去または現在）についてのデータは，データの精度を再検討中であるため含まれていない 7．百日咳 8．別名ドイツはしか。先天的な症候群のものは除く 9．腸チフスを除く 10．細菌性赤痢 11．新規に報告のあった症例

資料：Centers for Disease Control and Prevention, Summary of Notifiable Diseases, United States, 2009, Morbidity and Mortality Weekly Report, Vol. 58, No. 53 (2011年); <http://www.cdc.gov/mmwr/mmwr_nd/index.html>

No.185. HIV診断、クラミジア、ライム病の報告例——州別：2009年

州	HIV診断[1]	クラミジア[2]	ライム病	州	HIV診断[1]	クラミジア[2]	ライム病	州	HIV診断[1]	クラミジア[2]	ライム病
合衆国	36,870	1,244,180	38,468								
AL	594	25,929	3	KY	289	13,293	1	ND	12	1,957	15
AK	18	5,166	7	LA	1,223	27,628	-	OH	914	48,239	58
AZ	540	26,002	7	ME	48	2,431	970	OK	123	15,023	2
AR	133	14,354	-	MD	1,057	23,747	2,024	OR	203	11,497	38
CA	3,776	146,796	117	MA	307	19,315	5,256	PA	1,469	43,068	5,722
CO	348	19,998	1	MI	731	45,714	103	RI	100	3,615	235
CT	308	12,127	4,156	MN	358	14,197	1,543	SC	727	26,654	42
DE	144	4,718	984	MS	549	23,589	-	SD	20	3,015	1
DC	556	6,549	61	MO	504	25,868	3	TN	902	29,711	37
FL	5,401	72,931	110	MT	27	2,988	3	TX	3,115	105,910	276
GA	1,606	39,828	40	NE	77	5,443	5	UT	107	6,145	9
HI	34	6,026	(NA)	NV	333	10,045	13	VT	4	1,186	408
ID	32	3,842	16	NH	38	2,102	1,415	VA	869	30,903	908
IL	1,202	60,542	136	NJ	908	23,974	4,973	WA	467	21,387	16
IN	425	21,732	83	NM	148	9,493	5	WV	72	3,604	201
IA	123	9,406	108	NY	3,962	92,069	5,651	WI	292	20,906	2,589
KS	136	10,510	18	NC	1,521	41,045	96	WY	18	1,963	3

－ ゼロを示す NA データなし 1．1．2009年12月31日現在、国立AIDS/HIV、ウィルス性肝炎、性感染症、結核センターのHIV/AIDS予防局に報告のあったHIVの診断数。（現国立予防接種・呼吸器疾患センター（NCIRD）） 2．2010年5月7日現在

資料：Centers for Disease Control and Prevention, Summary of Notifiable Diseases, United States, 2009, Morbidity and Mortality Weekly Report, Vol. 58, No. 53 (2011年); <http://www.cdc.gov/mmwr/mmwr_nd/index.html>

No.186. 成人および若年層におけるエイズ診断数の推計――性別・感染経路別：2006－2009年

[データはすべて暫定値。50州、コロンビア特別区およびプエルトリコ、米領バージン諸島、グアムおよび米領太平洋諸島のデータ。推計値は報告の遅れ、危険要因に関する情報の欠落を考慮して調整されているが、不完全な報告についての調整はされていない。AIDSはHIV（ヒト免疫不全ウィルス）に感染することによって重篤な免疫不全を伴う疾患および病状。データは遡及的に変更されるため、表No.184に示されるデータとは異なる。HIV死亡率については表No.129を参照]

感染経路	2006	2007	2008	2009	累積 2009[1]
13歳以上、計	36,987	36,213	35,512	34,980	1,132,836
男性、計	27,067	26,435	26,175	26,102	903,661
男性間の性交	16,665	16,680	16,637	17,171	535,570
薬物の注射	4,126	3,744	3,554	3,207	199,565
男性間の性交と薬物の注射	1,994	1,841	1,729	1,608	79,693
異性間の性交[3]	4,080	4,004	4,066	3,956	75,901
その他[4]	202	167	190	159	12,931
女性、計	9,920	9,777	9,337	8,879	229,173
薬物の注射	2,553	2,453	2,192	1,982	90,102
異性間の性交[3]	7,172	7,139	7,007	6,740	131,886
その他[4]	195	185	137	157	7,185

1．流行の始まりから2009年まで　2．各項の数値は独立して推計されたものであるため、各項を加算した結果は計と一致しない　3．HIV感染している、あるいは感染している可能性の高い異性間性交　4．血友病、輸血、周産期感染、その他リスク要因不明のものを含む

資料：U.S. Centers for Disease Control and Prevention, Atlanta, GA, *HIV/AIDS Surveillance Report, 2009*, Volume 21.
<http://www.cdc.gov/surveillance/resources/reports/2009report/>

No.187. AIDSの診断を受けた人口の推計――諸特徴別：2000－2008年

[表No.186の頭注を参照]

年齢　特徴	2000	2005	2006	2007	2008
計[1][2]	323,679	432,846	452,235	471,749	490,696
年末における年齢					
13歳未満	2,954	1,506	1,211	942	720
13、14歳	528	811	766	700	624
15－24歳	5,158	7,806	8,281	8,873	9,521
25－34歳	56,129	45,923	45,070	44,904	45,509
35－44歳	146,206	164,551	161,547	156,302	149,198
45－54歳	85,474	149,284	162,424	175,766	188,896
55－64歳	21,717	50,376	58,267	67,048	76,362
65歳以上	5,513	12,589	14,669	17,213	19,865
人種／民族					
アメリカインディアン／アラスカ原住民	1,035	1,506	1,571	1,635	1,733
アジア系[3]	2,293	3,777	4,095	4,472	4,883
黒人／アフリカ系アメリカ人	131,826	183,083	191,618	200,281	209,175
ヒスパニック／ラテン系[4]	66,271	90,836	95,532	100,344	104,791
ハワイ原住民／太平洋諸島民	174	331	374	418	449
白人	118,189	147,585	153,055	158,383	163,286
複数人種	3,719	5,566	5,831	6,056	6,222
男性成人／青年					
13歳以上の男性、計	251,286	330,239	344,327	358,519	372,528
男性間の性交	143,594	196,973	207,449	218,049	228,727
薬物の注射	58,437	65,366	66,042	66,741	67,287
男性間の性交および薬物の注射	25,635	30,289	30,831	31,368	31,822
異性間の性交[5]	20,922	34,563	36,898	39,209	41,467
その他[6]	2,698	3,048	3,106	3,151	3,224
女性成人／青年					
13歳以上の女性、計	68,423	98,500	103,819	109,164	114,123
薬物の注射	28,644	34,207	34,872	35,547	35,981
異性間の性交[5]	38,269	62,252	66,803	71,364	75,831
その他[6]	1,510	2,041	2,144	2,252	2,311
児童（診断時13歳未満）					
児童（13歳未満）、計	3,971	4,107	4,088	4,064	4,043
周産期	3,756	3,889	3,875	3,857	3,835
その他[6]	215	218	213	207	208

1．人種、複数人種、性別の不明な人口を含む　2．各項の数値は独立して推計されたものであるため、各項を加算した結果は計と一致しない　3．アジア系および太平洋諸島民のカテゴリから引き継いだ症例を含む　4．ヒスパニック／ラテン系は人種を問わない　5．HIV感染している、あるいは感染している可能性の高い異性間性交　6．血友病、輸血、周産期感染、その他リスク要因不明のものを含む

資料：U.S. Centers for Disease Control and Prevention, Atlanta, GA, *HIV/AIDS Surveillance Report, 2009*, Volume 21.
<http://www.cdc.gov/surveillance/resources/reports/2009report/>

No.188. 3歳－17歳児童の学習障害または注意欠陥・多動性障害――諸特徴：2009年

[単位：1000人、％（61,638は6163万8000人を表す）。学習障害は、「（児童の名前）が学習障害であると、学校あるいは医療専門家から告げられたことがありますか?」という質問に基づいている。注意欠陥・多動性障害については、「（児童の名前）が注意欠陥あるいは多動性障害であると、医師あるいは医療専門家から告げられたことがありますか?」という質問に基く]

諸特徴	計	診断を受けた			
		学習障害		注意欠陥・多動性障害	
		人数[1]	％[2]	人数[1]	％[2]
計[3]	61,638	5,059	8.2	5,288	8.6
性別：[4]					
男性	31,356	3,321	10.6	3,689	11.8
女性	30,281	1,738	5.8	1,599	5.3
年齢別：					
3－4歳	8,776	245	2.8	[6]133	[6]1.5
5－11歳	27,943	2,120	7.6	2,121	7.6
12－17歳	24,918	2,695	10.8	3,035	12.2
人種別：					
単一人種[4][5]	59,450	4,771	8.1	5,012	8.5
白人	46,717	3,759	8.1	4,057	8.7
黒人またはアフリカ系	9,232	863	9.3	904	9.8
アメリカインディアンまたはアラスカ原住民	683	(B)	[6]11	(B)	(B)
アジア系	2,588	78	3.0	[6]21	[6]0.8
ハワイ原住民またはその他の太平洋諸島系	230	(B)	(B)	(B)	(B)
複数人種[4][7]	2,188	289	13.9	277	13.4
黒人またはアフリカ系および白人	1,019	[6]147	[6]14.8	[6]158	16.8
アメリカインディアンまたはアラスカ原住民、および白人	441	[6]104	21.7	[6]74	[6]16.1
ヒスパニックおよび人種：[4][8]					
ヒスパニックまたはラテン系	13,308	940	7.3	659	5.1
メキシコ、メキシコ系	9,279	571	6.4	395	4.4
非ヒスパニック、非ラテン系	48,329	4,119	8.5	4,629	9.5
白人、単一人種	34,724	2,963	8.5	3,460	9.9
黒人またはアフリカ系、単一人種	8,653	793	9.1	857	10.0

B 元となる数値が小さすぎるため統計的な信頼水準に達しない 1．未詳のデータについては、各項には含まれないが「計」には含まれる 2．未詳のデータについては、各項の計算には含まれないが、「計」の分母には含まれる 3．個別に明示しないその他の人種を含む 4．3－4歳、5－11歳、12－17歳の年齢グループを用いて、2000年の予測標準人口で年齢調整ずみの％ 5．単一の人種グループのみに属するもの 6．数値は信頼水準に達しない 7．2つ以上の人種グループに属するもの 8．ヒスパニックまたはラテン系は人種を問わない

資料：National Center for Health Statistics, *Summary Health Statistics for U.S. Children: National Health Interview Survey, 2009*, Vital and Health Statistics, Series 10, Number 247, 2010; <http://www.cdc.gov/nchs/data/series/sr_10/sr10_247.pdf>

No.189. 障害のある児童・青年のためのプログラム：1995－2009年

[単位：1000人（5,078.8は507万8800人を表す）。秋期現在。6－21歳の、障害者教育法（IDEA）パートBによるプログラムに参加している障害者。海外領土を含む]

障害の種類	1995	2000	2004	2005	2006	2007	2008	2009
計	5,078.8	5,773.9	6,116.4	6,113.5	6,085.6	5,999.2	5,889.8	5,882.2
学習障害	2,601.8	2,881.6	2,839.3	2,782.8	2,711.8	2,616.3	2,525.9	2,486.4
言語障害	1,026.9	1,093.4	1,149.6	1,156.9	1,162.1	1,151.9	1,122.0	1,107.4
精神遅滞	585.6	613.4	567.6	546.0	523.5	497.5	476.1	461.3
感情障害	439.2	474.3	484.5	472.5	458.8	439.7	418.1	405.6
重複障害	94.5	122.9	133.4	134.0	133.8	132.5	124.1	124.5
聴覚障害	68.0	70.8	72.6	72.4	72.8	72.0	70.8	70.7
整形外科的障害	63.2	73.0	65.4	63.1	62.0	60.5	62.4	58.0
その他の聴覚障害	134.2	294.0	512.2	561.6	600.4	630.7	648.4	679.0
視覚障害	25.5	26.0	26.1	26.0	26.5	26.4	25.8	25.8
自閉症	29.1	79.6	166.5	193.8	224.6	258.0	292.8	333.2
聾唖・盲目	1.4	1.3	1.7	1.6	1.4	1.4	1.7	1.4
外傷性脳損傷	9.6	14.9	23.3	23.5	23.8	23.9	24.9	24.4
発育遅滞[1]	(X)	28.6	74.4	79.1	84.0	88.6	96.9	104.5

X 該当なし 1．1997年以降、各州は発育遅滞の3－9歳児童について報告している

資料：U.S. Department of Education, Office of Special Education; <http://www.ideadata.org/index.html>

No.190. 特殊教育・早期支援サービスを受ける18歳未満児童：2009年

[単位：1000人、％（73,994は7399万4000人を表す）。特殊教育または早期支援サービスの受益者は、「あなたの家族のうち18歳未満のメンバーで、特殊教育または早期支援サービスを受けているものがいますか？」という質問への回答に基づく]

諸特徴	計	特殊教育・早期支援サービスを受けている18歳未満の者	
		人数[1]	％[2]
計[3]	73,994	5,279	7.1
性別：[4]			
男性	37,818	3,494	9.3
女性	36,177	1,786	4.9
年齢別：			
5－11歳	49,374	3,204	6.5
12－17歳	24,621	2,076	8.4
人種別：			
単一人種[4][5]	71,350	5,064	7.1
白人	55,943	3,998	7.1
黒人またはアフリカ系	11,353	863	7.6
アメリカインディアンまたはアラスカ原住民	708	[6]68	[6]9.5
アジア系	3,041	130	4.3
ハワイ原住民またはその他の太平洋諸島民	306	(B)	(B)
複数人種[4][7]	2,644	215	8.6
ヒスパニックおよび人種：[4][8]			
ヒスパニックまたはラテン系	16,521	938	5.7
メキシコ、メキシコ系	11,543	587	5.1
非ヒスパニック、非ラテン系	57,473	4,342	7.5
白人、単一人種	41,069	3,206	7.8
黒人またはアフリカ系、単一人種	10,612	794	7.4

B 元となる数値が小さすぎるためr統計的な水準に達していない　1．未詳のデータについては、各項には含まれないが「計」には含まれる　2．未詳のデータについては、各項の計算には含まれないが、「計」の分母には含まれる　3．個別に明示しないその他の人種を含む　4．5－11歳、0－17歳の年齢グループを用いて2000年合衆国標準人口で年齢調整ずみの％　5．単一の人種を回答した者のみ　6．数値は信頼性または正確度の基準に達しない　7．複数の人種を回答した者　8．ヒスパニック・ラテン系は人種を問わない

資料：National Center for Health Statistics, *Summary Health Statistics for the U.S. Population: National Health Interview Survey, 2009*, Vital and Health Statistics, Series 10, Number 248, 2010;〈http://www.cdc.gov/nchs/data/series/sr_10/sr10_248.pdf〉

No.191. 障害者――年齢グループ別・州別：2009年

[単位：1,000人（35,992は3599万2000を表わす）。アメリカン・コミュニティ・サーベイ（ACS）に基づく。障害者のデータは民間の非施設収容人口のみを対象とする。以下の5つのカテゴリにどれかに当てはまると報告された5－14歳は、障害ありと分類される。5つのカテゴリとは、聴覚障害、視覚障害、認知障害、歩行障害、生活機能障害である。15歳以上人口については、上記の5カテゴリに加えて、自立して生活することが困難な者も含まれる。標本抽出時の誤差あり。第1章解説およびⅢを参照。本書前年版の表No.187も参照]

州	計	5－15歳	16－64歳	65歳以上	州	計	5－15歳	16－64歳	65歳以上
合衆国	35,992	2,749	19,055	14,189	MO	823	62	454	307
AL	758	57	425	276	MT	127	8	68	51
AK	79	7	49	23	NE	190	14	96	79
AZ	751	58	380	312	NV	264	22	139	102
AR	489	35	279	175	NH	149	10	76	62
CA	3,618	253	1,851	1,514	NJ	862	68	415	379
CO	474	37	258	180	NM	269	16	144	109
CT	359	29	184	146	NY	2,116	150	1,083	882
DE	111	8	59	44	NC	1,181	91	646	444
DC	72	6	42	24	ND	72	4	36	32
FL	2,319	141	1,071	1,107	OH	1,513	122	830	560
GA	1,095	90	620	386	OK	563	40	322	201
HI	130	6	59	65	OR	487	37	260	190
ID	181	13	100	68	PA	1,622	131	832	660
IL	1,279	99	638	542	RI	126	10	68	48
IN	794	68	427	299	SC	607	37	330	239
IA	335	28	168	139	SD	88	6	45	38
KS	336	28	178	130	TN	922	59	525	337
KY	710	56	416	238	TX	2,765	260	1,490	1,015
LA	633	54	351	228	UT	243	25	131	87
ME	209	15	116	78	VT	84	7	46	30
MD	563	48	294	221	VA	830	63	441	326
MA	725	61	377	286	WA	789	55	437	297
MI	1,313	107	731	476	WV	336	16	195	125
MN	513	43	270	201	WI	598	48	312	238
MS	455	35	256	165	WY	68	5	37	26

資料：U.S. Census Bureau, 2009 American Community Survey, B18101, "Sex by Age by Disability Status,"〈http://www.factfinder.census.gov/〉（2011年2月現在）

No.192. 児童の予防接種：1995－2009年

[単位：％。民間非施設収容人口に基づく。生後19－35ヶ月。National Health Surveyに基づく。予防接種資料を検証および（もしくは）完成するために、児童の医療サービス提供者と連絡を取っている。数値は児童の人種・民族に基づく。付録Ⅲを参照。本書前年版の表No.188も参照]

ワクチン	1995, 計	2000, 計	2009 [1] 計	白人 非ヒスパニック [2]	黒人 非ヒスパニック [2]	ヒスパニック [3]	アメリカインディアン／アラスカ原住民 [2]	アジア系 [2]
ジフテリア・破傷風・百日咳（DTP）またはジフテリア・破傷風：								
3回以上	95.0	94.0	95.0	95.6	93.3	94.6	94.5	95.9
4回以上	79.0	82.0	83.9	85.8	78.6	82.9	82.1	86.6
小児まひ（ポリオ）：3回以上	88.0	90.0	92.8	93.3	90.9	92.5	92.2	94.0
はしか、おたふくかぜ、風疹	90.0	91.0	90.0	90.8	88.2	89.3	94.9	90.7
インフルエンザ3回以上 [4]	92.0	93.0	92.4	92.3	91.6	92.6	92.5	93.1
B型肝炎：3回以上	68.0	90.0	92.4	92.3	91.6	92.6	92.5	93.1
水ぼうそう [5]	(NA)	68.0	89.6	89.2	88.2	90.7	89.2	89.5
PCV3回以上 [6]	(X)	(X)	92.6	93.2	91.5	92.7	94.4	88.5
DTP 4回／ポリオ3回／MMR 1回／インフルエンザ3回以上 [7]	74.0	76.0	73.4	73.9	68.9	74.7	77.4	73.3
DTP 4回／ポリオ3回／MMR 1回／インフルエンザ3回／B型肝炎3回 [8]	55.1	72.8	71.9	71.9	67.9	73.9	76.8	72.0

NA データなし　X 該当なし　1．2009年第1四半期から第4四半期の全国予防接種調査の対象となった児童は、2006年1月から2008年6月の間に誕生した者　2．非ヒスパニック　3．ヒスパニックは人種を問わない　4．B型　5．1996年7月より水ぼうそうのデータ収集開始　6．PCV＝結合型肺炎球菌ワクチン　7．MMR＝はしか、おたふく風邪、風疹混合ワクチン　8．児童たちはこの系列に免疫を持っていると考えられる

資料：U.S. Centers for Disease Control and Prevention, Atlanta, GA, National Immunization Program, Data and Statistics, "Immunization Coverage in the U.S."; <http://www.cdc.gov/vaccines/stats-surv/imz-coverage.htm#nis>

No.193. 18歳未満人口の喘息発作：2009年

[単位：1000人（73,996は7399万6000人を表す）、％。National Health Interview Surveyに基づく。民間非施設収容人口を対象とする標本調査。付録Ⅲを参照。本書前年版の表No.189も参照]

特徴	計	喘息発作の経験有 人数 [1]	喘息発作の経験有 ％ [2]	喘息患者 人数 [1]	喘息患者 ％ [2]
計 [3]	73,996	10,196	13.8	7,111	9.6
性別： [4]					
男性	37,818	6,210	16.6	4,268	11.4
女性	36,177	3,986	11.1	2,843	7.9
年齢：					
0－4歳	21,134	1,668	7.9	1,332	6.3
5－11歳	27,943	4,246	15.2	2,997	10.7
12－17歳	24,918	4,282	17.2	2,781	11.2
人種：					
単一人種： [4][5]	71,276	9,719	13.8	6,734	9.5
白人	55,807	6,829	12.3	4,544	8.2
黒人またはアフリカ系アメリカ人	11,293	2,441	21.9	1,893	17.0
アメリカインディアンまたはアラスカ原住民	795	75	[6] 10.1	[6] 57	[6] 7.5
アジア系	3,023	347	11.3	232	7.6
ハワイ原住民またはその他の太平洋諸島民	358	[6] 27	[6] 11.3	(B)	(B)
複数人種 [4][7]	2,720	476	18.1	377	14.1
ヒスパニックおよび人種： [4][8]					
ヒスパニックまたはラテン系	16,522	2,051	12.9	1,276	7.9
メキシコ人またはメキシコ系	11,476	1,153	10.4	757	6.7
非ヒスパニックまたは非ラテン系	57,474	8,145	14.2	5,835	10.2
白人、単一人種	40,952	5,056	12.3	3,473	8.4
黒人またはアフリカ系アメリカ人、単一人種	10,544	2,300	22.1	1,788	17.3

B 元となる数値が小さすぎるためデータは統計的水準に達していない　1．未詳のデータについては、各項には含まれないが「計」には含まれる　2．未詳のデータについては、各項の計算には含まれないが、「計」の分母には含まれる　3．個別に明示しないその他の人種を含む　4．0－4歳、5－11歳、12－17歳の年齢グループを用いて、2000年の予測標準人口に年齢調整ずみ　5．自身の人種として単一の人種のみを選択した者　6．数値は統計的な信頼水準に達しない　7．自身の人種として複数の人種を選択した者　8．ヒスパニックまたはラテン系は人種を問わない

資料：National Center for Health Statistics, Summary Health Statistics for U.S. Children: *National Health Interview Survey, 2009*, Vital and Health Statistics, Series 10, Number 247, 2010; <http://www.cdc.gov/nchs/data/series/sr_10/sr10_247.pdf> も参照

No.194. 介護施設、病床、入居者、入居率──州別：2009年

[認可介護施設のセンサスに基づく]

州	介護施設数	病床数	入居者数	入居率[1]	州	介護施設数	病床数	入居者数	入居率[1]
合衆国…	**15,700**	**1,705,808**	**1,401,718**	**82.2**	MO……	513	55,361	37,588	67.9
AL……	231	26,854	23,186	86.3	MT……	90	7,053	5,077	72.0
AK……	15	716	633	88.4	NE……	225	16,214	12,627	77.9
AZ……	135	16,073	11,908	74.1	NV……	49	5,719	4,699	82.2
AR……	230	24,413	17,801	72.9	NH……	80	7,742	6,941	89.7
CA……	1,252	121,699	102,747	84.4	NJ……	360	51,159	45,788	89.5
CO……	210	19,867	16,288	82.0	NM……	70	6,760	5,569	82.4
CT……	240	29,306	26,253	89.6	NY……	640	121,769	109,867	90.2
DE……	46	4,953	4,256	85.9	NC……	423	44,106	37,587	85.2
DC……	19	2,765	2,531	91.5	ND……	84	6,339	5,777	91.1
FL……	676	81,887	71,657	87.5	OH……	961	93,359	80,185	85.9
GA……	360	39,993	34,899	87.3	OK……	316	29,269	19,209	65.6
HI……	47	4,241	3,841	90.6	OR……	137	12,313	7,708	62.6
ID……	79	6,176	4,419	71.6	PA……	711	88,861	80,562	90.7
IL……	794	102,123	75,673	74.1	RI……	86	(NA)	8,040	91.2
IN……	504	57,450	39,190	68.2	SC……	177	19,085	17,148	89.9
IA……	447	33,301	25,814	77.5	SD……	109	6,900	6,476	93.9
KS……	341	25,732	19,029	74.0	TN……	318	37,185	31,876	85.7
KY……	287	25,996	23,318	89.7	TX……	1,165	128,984	90,534	70.2
LA……	282	35,602	25,077	70.4	UT……	96	8,027	5,358	66.8
ME……	109	7,113	6,485	91.2	VT……	40	3,293	2,980	90.5
MD……	231	29,100	25,025	86.0	VA……	281	31,972	28,392	88.8
MA……	429	49,126	43,227	88.0	WA……	233	22,050	18,188	82.5
MI……	428	47,271	40,306	85.3	WV……	128	10,843	9,613	88.7
MN……	385	32,956	30,073	91.3	WI……	391	36,482	31,619	86.7
MS……	202	18,458	16,294	88.3	WY……	38	2,974	2,380	80.0

NA　データなし　1．介護施設の100ベッド数あたりの入居者数

資料：U.S. National Center for Health Statistics, *Health, United States, 2010*; ⟨http://www.cdc.gov/nchs/hus.htm⟩ も参照

No.195. 休養不足・睡眠不足の日数と特徴：2008年

[単位：％。2000年の年齢調整済米国予測人口。回答者は「過去30日間に、十分な睡眠をとれなかった日が何日ありましたか」と質問される]

特徴	人数[1]	休養・睡眠不足日数			
		なし	1-13日	14-29日	30日
計…………………………………	403,981	30.7	41.3	16.8	11.1
性別：					
男性…………………………………	152,513	33.6	40.9	15.6	9.9
女性…………………………………	251,468	28.1	41.5	18	12.4
年齢別：					
18-24歳…………………………	13,881	23.2	45.5	19.7	11.6
25-34歳…………………………	38,978	21.8	44.1	20.4	13.8
35-44歳…………………………	61,350	22.8	45.2	20.1	12.0
45-64歳…………………………	169,906	30.5	42.4	16.3	10.9
65歳以上…………………………	119,866	56.7	28.3	7.6	7.4
人種/民族：					
白人、非ヒスパニック……………	318,694	27.9	42.7	18.2	11.2
黒人、非ヒスパニック……………	31,513	30.4	40.4	16.0	13.3
その他、非ヒスパニック[2]……	22,108	35.4	37.2	15.8	11.6
ヒスパニック[3]…………………	28,045	38.8	37.7	13.0	10.5
雇用状況：					
就業…………………………………	215,127	28.7	44.2	17.1	9.9
失業…………………………………	16,797	32.5	36.7	16.9	13.9
引退…………………………………	106,325	43.8	33.2	13.4	9.5
就業不能……………………………	25,956	24.3	28.4	21.6	25.8
専業主婦・学生……………………	38,395	31.3	41.7	15.9	11.1
教育：					
高校卒業未満………………………	39,395	37.9	33.6	14.2	14.3
高校卒業またはGED（高校卒業資格）[4]	121,346	33.8	37.3	15.7	13.2
大学または大学卒業………………	242,194	28.0	44.5	17.9	9.6
婚姻状況：					
既婚…………………………………	226,418	30.9	42.1	15.9	11.1
離婚、死別または別居……………	119,372	30.4	35.1	18.6	16.0
非婚カップル………………………	8,945	28.4	42.8	16.7	12.1
未婚…………………………………	48,016	31.6	41.0	16.7	10.6

1．非加重標本。標本によっては回答のない項目もあるため、各カテゴリの加法整合性はない　2．アジア系、ハワイ原住民その他の太平洋諸島民、アメリカインディアン、アラスカ原住民または複数人種　3．ヒスパニックは人種を問わない　4．General Education Development。この試験に合格したものは高校卒業と同等の学力があるとされる

資料：U.S. Centers for Disease Control and Prevention, Atlanta, GA, *Morbidity and Mortality Weekly Report*, Vol. 58, No. 42, 2009; ⟨http://www.cdc.gov/mmwr/index2009.html⟩ も参照

No.196. 18歳以上人口の疾病と健康状態：2009年

[単位：1000人（227,371は2億2737万1000人を表す）。National Health Interview Surveyに基づく。民間非施設収容人口を対象とする標本調査。付録Ⅲを参照。本書前年版の表No.192も参照］

特徴	人数	疾病と健康状態					
		糖尿病[1][2]	潰瘍[1]	腎臓病[3][4]	肝臓病[3]	関節炎[5]	慢性的な関節の痛み[5]
計[6]	227,371	20,490	17,665	4,483	3,287	52,107	64,929
性別：							
男性	109,844	10,447	7,903	2,142	1,651	20,775	29,071
女性	117,527	10,043	9,762	2,342	1,637	31,332	35,858
年齢：							
18－44歳	110,337	3,234	5,242	1,053	901	8,963	18,476
45－64歳	79,195	9,886	7,711	1,551	1,832	23,844	29,155
65－74歳	20,597	4,107	2,691	761	337	9,974	8,883
75歳以上	17,242	3,263	2,020	1,118	217	9,326	8,415
人種：							
単一人種：[7]	224,290	20,148	17,208	4,398	3,181	51,335	63,747
白人	183,739	15,894	14,762	3,639	2,805	43,929	54,751
黒人またはアフリカ系アメリカ人	27,374	3,269	1,746	617	250	5,938	6,871
アメリカインディアンまたはアラスカ原住民	1,856	174	148	[8]43	(B)	329	561
アジア系	10,763	779	527	[8]98	118	1,098	1,462
ハワイ原住民またはその他の太平洋諸島民	558	[8]33	(B)	-	-	[8]41	[8]102
複数人種[9]	3,082	342	457	[8]85	106	771	1,183
ヒスパニック：[10]							
ヒスパニックまたはラテン系	31,312	2,879	1,605	623	557	3,793	5,784
メキシコ人またはメキシコ系	19,687	1,865	1,017	340	331	2,159	3,538

－ ゼロを示す　B 元となる数値が小さすぎるため、データは統計的水準に達していない　1. 回答者は、かつて潰瘍または糖尿病との診断を受けたことがあるか、と質問される。したがって2箇所にカウントされることがある　2. 境界的な糖尿病は除外　3. 回答者は過去12ヶ月間に、腎臓が弱いあるいは疾病がある、または肝臓になんらかの異常があると診断されたかどうかを質問される　4. 腎臓結石、膀胱炎、失禁は除外　5. 回答者は過去に、関節炎、リウマチ性関節炎、痛風、狼瘡あるいは繊維筋痛症と診断を受けたことがあるかを質問される。面接調査の3カ月以上前から関節痛（背中・首を除く）がある、と回答した者は、「慢性的な関節の痛み」に分類　6. 計には個別に明示しないその他の人種を含む　7. 自身の人種として単一の人種のみを選択した者　8. 数値は統計的な信頼水準の達しない　9. 自身の人種として複数の人種を選択した者　10. ヒスパニックまたはラテン系は人種を問わない

資料：National Center for Health Statistics, *Summary Health Statistics for U.S. Adults: National Health Interview Survey, 2009*, Vital and Health Statistics, Series 10, Number 249 (2010); <http://www.cdc.gov/nchs/data/series/sr_10/sr10_249.pdf>

No.197. 18歳以上人口の循環器障害の諸特徴：2009年

[単位：1000人、227,371は2億2237万1000人を表す。以下の各項の質問に対する回答に基く。「医師または医療専門家から、高血圧、冠状動脈疾患、狭心症、心臓発作（または心筋梗塞）と言われたことがあるか？ その他の心臓の状態・疾患について注意されたことがあるか？ 脳卒中の既往はあるか？」　回答者一人が複数の項目にカウントされることがある。National Health Interview Surveyに基く。同調査は民間の非施設収容人口を対象とする標本調査。付録Ⅲを参照。本書前年版の表No.193も参照］

特徴	合計(1000人)	主要循環器疾患			
		心臓病		高血圧[3]	脳卒中
		全種類[1]	冠状動脈疾患[2]		
計[4]	227,371	26,845	14,740	56,582	6,011
性別：					
男性	109,844	14,185	8,909	26,935	2,678
女性	117,527	12,659	5,832	29,647	3,333
年齢：					
18－44歳	110,337	4,885	1,258	9,558	627
45－64歳	79,195	10,323	5,683	25,755	1,992
65－74歳	20,597	5,299	3,445	11,081	1,317
75歳以上	17,242	6,338	4,354	10,188	2,076
人種：					
単一人種：[5]	224,290	26,450	14,521	55,800	5,936
白人	183,739	22,925	12,478	45,178	4,923
黒人またはアフリカ系アメリカ人	27,374	2,825	1,637	8,283	901
アメリカインディアンまたはアラスカ原住民	1,856	[6]115	[6]59	366	(B)
アジア系	10,763	579	347	1,892	106
ハワイ原住民またはその他の太平洋諸島民	558	(B)	-	[6]81	-
複数人種[7]	3,082	395	219	782	[6]75
ヒスパニック：[8]					
ヒスパニックまたはラテン系	31,312	1,947	1,188	5,088	418
メキシコ人またはメキシコ系	19,687	1,110	688	2,957	268

B 元となる数値が小さすぎて統計的信頼水準に達しない　1. 心臓病には冠状動脈疾患、狭心症、心臓発作、その他の心臓病を含む　2. 冠状動脈疾患は冠状動脈疾患、狭心症、心臓発作を含む　3. 複数回の診察で高血圧と診断されたもの　4. 個別に明示しない人種を含む　5. 単一の人種グループに属するもの　6. 数値は信頼水準に達しない　7. 複数の人種グループに属するもの　8. ヒスパニックまたはラテン系は人種を問わない

資料：National Center for Health Statistics, *Summary Health Statistics for the U.S. Population: National Health Interview Survey, 2009*, Vital and Health Statistics, Series 10, Number 249 (2010); <http://www.cdc.gov/nchs/data/series/sr_10/sr10_249.pdf>

No.198. 18歳以上人口の呼吸器疾患：2009年

[単位：1000人（227,371は2億2737万1000人を表す）。回答者は2つの質問に答えることを求められる。かつて医師または専門家から、肺気腫あるいは喘息の診断を受けたことがあるか、また喘息の診断を受けたことのある者には、現在も喘息であるかを問う。また回答者は、過去12ヶ月間に医師または専門家から、干草熱、副鼻腔炎、気管支炎の診断を受けたことがあるかどうかを問われる。National Health Interview Surveyに基づく。民間非施設収容人口を対象とする標本調査。付録Ⅲを参照。本書前年版の表No.194も参照]

| 特徴 | 計 | 呼吸器疾患[1] ||| 干草熱 | 副鼻腔炎 | 慢性気管支炎 |
| | | 肺気腫 | 喘息 || | | |
			既往あり	現状			
計[2]	227,371	4,895	29,734	17,456	17,738	29,305	9,908
性別：							
男性	109,844	2,578	12,311	6,058	7,546	10,555	3,189
女性	117,527	2,317	17,423	11,398	10,192	18,750	6,718
年齢：							
18-44歳	110,337	369	15,743	8,368	7,106	11,342	3,093
45-64歳	79,195	2,065	9,706	6,182	7,932	12,792	4,411
65-74歳	20,597	1,194	2,466	1,720	1,629	3,028	1,329
75歳以上	17,242	1,268	1,819	1,186	1,072	2,142	1,074
人種：							
単一人種[3]	224,290	4,825	29,056	17,061	17,406	28,819	9,750
白人	183,739	4,357	23,880	13,990	15,061	24,447	8,386
黒人またはアフリカ系アメリカ人	27,374	360	3,854	2,380	1,551	3,513	1,082
アメリカインディアンまたはアラスカ原住民	1,856	(B)	275	[4]177	[4]104	155	[4]78
アジア系	10,763	[4]59	968	490	670	694	184
ハワイ原住民またはその他の太平洋諸島民	558	(B)	(B)	[4]25	(B)	(B)	(B)
複数人種[5]	3,082	[4]70	678	394	332	486	158
ヒスパニックおよび人種：[6]							
ヒスパニックまたはラテン系	31,312	200	3,225	1,721	1,648	2,584	820
メキシコ人またはメキシコ系	19,687	107	1,557	826	980	1,561	362
非ヒスパニックまたは非ラテン系	196,059	4,696	26,509	15,735	16,090	26,721	9,088
白人、単一人種	155,185	4,173	21,035	12,484	13,532	22,123	7,647
黒人またはアフリカ系アメリカ人、単一人種	26,213	350	3,675	2,291	1,497	3,393	1,046

− ゼロまたは概数でゼロを示す　B 元となる数値が小さすぎるためデータは統計的水準に達していない　1．複数の項目にカウントされることがある　2．計には、個別に明示しないその他の人種を含む　3．自身の人種として単一の人種のみを選択した者　4．数値は統計的な信頼水準の達しない　5．自身の人種として複数の人種を選択した者　6．ヒスパニックまたはラテン系は人種複数人種を問わない

資料：National Center for Health Statistics, *Summary Health Statistics for the U.S. Population: National Health Interview Survey, 2009*, Vital and Health Statistics, Series 10, Number 249, 2010; <http://www.cdc.gov/nchs/data/series/sr_10/sr10_249.pdf>．

No.199. 偏頭痛、首・腰・顔・顎に痛みの症状のある、18歳以上人口：2009年

[単位：1000人（227,371は2億2737万1000人を表す）。全米保健面接調査に基づく。民間の非施設収容人口を対象とする標本調査。付録Ⅲを参照。本書前年版の表No.195も参照]

| 主要な特徴 | 計 | 偏頭痛および痛み[1] ||||
		偏頭痛または深刻な頭痛[2]	首の痛み[3]	腰痛[3]	顔面または顎の痛み[3]
計[4]	227,371	35,973	34,954	64,810	11,501
性別					
男性	109,844	11,098	14,095	28,842	3,654
女性	117,527	24,875	20,859	35,968	7,847
年齢別					
18-44歳	110,337	21,706	14,306	26,973	5,752
45-64歳	79,195	11,893	15,147	25,795	4,400
65-74歳	20,597	1,415	3,136	6,198	799
75歳以上	17,242	959	2,365	5,843	550
人種					
単一人種[5]	224,290	35,295	34,355	63,689	11,213
白人	183,739	29,118	29,430	53,817	9,599
黒人またはアフリカ系	27,374	4,811	3,569	7,286	1,115
アメリカインディアンまたはアラスカ原住民	1,856	429	363	566	171
アジア系	10,763	902	935	1,879	303
ハワイ原住民または太平洋諸島民	558	[6]33	[6]57	[6]141	(B)
複数人種[7]	3,082	678	598	1,121	288
ヒスパニックおよび人種[8]					
ヒスパニックまたはラテン系	31,312	5,362	4,341	7,905	1,345
メキシコまたはメキシコ系アメリカ人	19,687	3,297	2,446	4,319	818
非ヒスパニックまたは非ラテン系	196,059	30,611	30,613	56,905	10,156
白人、単一人種	155,185	24,379	25,497	46,665	8,423
黒人またはアフリカ系、単一人種	26,213	4,546	3,426	6,982	1,065

B 母集団が小さく引き出された数値は統計的信頼水準に達しない　1．複数の症状を訴えるものも含まれる　2．回答者は「過去3ヶ月間に深刻な頭痛または偏頭痛がありましたか？」と質問される。また回答者は、終日あるいはそれ以上継続するものについて回答するよう求められており、軽微な症状や症状がすぐにおさまったものは報告しないように指導される　3．回答者は「過去3ヶ月間に、首、腰、顔面、あるいは耳の前の顎の筋肉に痛みを覚えたことがありますか？」と質問される。回答者は、終日あるいはそれ以上継続するものについて回答するよう求められており、軽微な症状や症状がすぐにおさまったものは報告しないように指導される　4．計には個別に明示しないその他の人種も含む　5．単一の人種グループのみを回答したもの　6．数値は信頼性または正確性に欠けると思われる　7．複数の人種グループを回答したものがすべて含まれる　8．ヒスパニックまたはラテン系は人種、複数人種を問わない

資料：National Center for Health Statistics, *Summary Health Statistics for the U.S. Population: National Health Interview Survey, 2009*, Vital and Health Statistics, Series 10, Number 249, 2010; <http://www.cdc.gov/nchs/data/series/sr_10/sr10_249.pdf>．

No.200. 外傷および中毒の原因、症状——年齢、性別：2009年

[36,836は3683万6000を表す。面接調査に先立つ5週間に起きた、医療の介入した外傷および中毒の症例。年齢調整は、対象人口の年齢構成上の差を調整するために用いられる。1件の症例について複数の症状がカウントされることもある。改訂された全米保健面接調査に基づく。民間非施設収容人口の標本調査である。付録Ⅲを参照。本書前年版の表No.196も参照]

原因と症状	男性・女性							男性計	女性計
	計	計 年齢調整済[1]	12歳未満	12－21歳	22－44歳	45－64歳	65歳以上		
原因									
症例数 (1,000)	36,836	(X)	4,576	6,829	10,304	9,599	5,528	17,999	18,837
1,000人あたりの年平均件数、計[2]	122.2	122.0	92.7	165.1	110.1	121.4	145.5	121.9	122.6
落下	45.8	45.2	51.2	48.4	24.5	48.7	82.6	38.2	53.2
人、物との衝突	16.5	16.8	12.9	32.5	17.9	10.9	[4]11.9	19.1	14.0
輸送[3]	13.4	13.4	[4]7.2	23.4	13.1	13.0	[4]11.8	13.4	13.4
過労	15.3	15.2	[4]2.1	[4]13.4	22.9	18.3	[4]9.5	15.6	15.0
切断・穿孔工具	8.3	8.5	[4]5.0	[4]14.4	10.8	[4]7.0	[4]3.1	12.8	[4]4.1
中毒[5]	2.4	2.3	[4]3.5	[4]4.4	[4]0.8	[4]2.5	[4]2.4	[4]2.6	[4]2.2
症状									
1,000人あたりの年平均件数、計[2]	166.9	166.1	116.8	203.6	153.3	175.6	207.4	156.0	177.4
捻挫／筋違い	47.1	46.7	14.7	60.5	54.6	55.1	39.1	43.1	50.9
外傷	20.2	20.6	34.2	27.0	18.5	12.7	14.7	28.7	12.1
骨折	24.1	24.1	20.0	38.6	15.0	21.3	42.2	21.4	26.8
打撲	27.0	26.5	14.3	32.0	18.9	33.0	50.4	17.6	36.1

X 該当なし　1. 2000年人口予測値に直接法で年齢調整したデータ　2. 個別に明示しないその他の項目を含む　3. 自動車事故、自転車その他、歩行者その他、輸送機関その他、のカテゴリを含む　4. データは統計的信頼水準に達しない　5. 中毒の症例からはひとつの症状があらわれるものとされる

資料：U.S. National Center for Health Statistics, *Vital and Health Statistics*, 未刊行資料

No.201. 家庭製品による負傷者数：2009年

[合衆国とその領土内での緊急治療を施した病院の代表的標本から推計。データはさまざまな製品に関連して処置が施された全国の救急室での数の推計。製品はU.S. Consumer Product Safety Commission's National Electronic Injury Surveillance System (NEISS) より選択。本書前年版の表No.197も参照]

製品	件数	製品	件数
家庭用工具		階段、段差	1,334,455
のこぎり（手持ちまたは電動）	86,617	その他のドア[2]	322,951
ハンマー	32,933	家庭用娯楽機器：	
家庭用包装容器		テレビ	68,486
家庭用容器	224,227	コンピュータ（装置、ゲーム）	32,434
びん、ジャー	75,340	身の回り品：	
家庭用品		靴	169,208
ナイフ	409,590	車椅子	129,001
食器、皿	97,389	松葉杖、杖、歩行器	108,751
コップ	81,552	宝飾品	83,535
家具：		園芸用品：	
ベッド	613,870	芝刈り機	86,272
椅子	352,691	スポーツ・娯楽用品：	
テーブル[1]	344,036	自転車	544,470
戸棚、棚	289,311	スケート・ボード	144,416
浴槽、シャワー	274,109	トランポリン	97,908
家屋、構造物：		Minibikes or trail bikes	74,913
床、床材	1,266,319	ブランコまたはブランコつきの大型遊具	66,018

1. 赤ちゃんの着替え台、テレビ台を除く　2. ガラスドアおよびガレージドアを除く

資料：National Safety Council, Itasca, IL, *Injury Facts* （年刊）(copyright); <http://www.nsc.org/Pages/Home.aspx> も参照

No.202. 事故による損失：2009年

[693.5は6935億ドルを表す。死亡、障害を伴う負傷に適用した事故損失で、乗り物の事故、火災も含む。本書前年版の表No.198も参照]

損失額	総額（10億ドル）					構成比（％）				
	計[1]	車両	仕事	家庭	その他	計[1]	車両	仕事	家庭	その他
計	693.5	244.7	168.9	192.2	108.2	100.0	100.0	100.0	100.0	100.0
賃金損失[2]	357.4	83.1	82.4	126.4	69.2	51.5	34.0	48.8	65.8	64.0
医療費	147.3	41.9	38.3	42.2	27.0	21.2	17.1	22.7	22.0	25.0
管理支出[3]	117.2	78.3	33.1	11.1	7.0	16.9	32.0	19.6	5.8	6.5
車両の損害	39.4	39.4	2.0	(NA)	(NA)	5.7	16.1	1.2	(NA)	(NA)
雇用主の保険外の費用[4]	19.7	2.0	10.3	4.6	3.2	2.8	0.8	6.1	2.4	3.0
火災損失	12.5	(NA)	2.8	7.9	1.8	1.8	(NA)	1.7	4.1	1.7

NA データなし　1. 労働と自動車の重複（2009年で205億ドル）を除く　2. 実際の賃金損失と将来の逸失収入の現在価格　3. 家庭およびその他の項には、保険契約に応じて自動車事故による負傷の治療費請求を行うためのコストが含まれる　4. 雇用主による保険でカバーされない費用の推定値。保険のない労働者の損失時間を金額に換算して表示したもの

資料：National Safety Council, Itasca, IL, *Injury Facts* （年刊）(copyright); <http://www.nsc.org/Pages/Home.aspx>

No.203. マンモグラフィー（乳がん検査）受けた40歳以上の女性：2000－2008年

[過去2年間にマンモグラフィーを受けた女性の%。民間非施設収容人口。National Health Surveyに基づく。付録Ⅲを参照]

特徴	2000[1]	2005[1]	2008[1]	特徴	2000[1]	2005[1]	2008[1]
計[2]	70.4	66.8	67.6	学校修了年数：			
40－49歳	64.3	63.5	61.5	高校卒業なし、GED	57.7	52.8	53.8
50歳以上	73.6	68.4	70.5	高校卒業、GED	69.7	64.9	65.2
50－64歳	78.7	71.8	74.2	大学以上	76.2	72.7	73.4
65歳以上	67.9	63.8	65.5				
白人、非ヒスパニック	72.2	68.4	68.7	貧困状況[5]：			
黒人、非ヒスパニック	67.9	65.2	68.3	貧困水準以下	54.8	48.5	51.4
ヒスパニック[3]	61.2	65.5		貧困水準以上	72.1	68.8	(NA)

NA　データなし　1．補正データ—2000年のデータは、2000年センサスの人口コントロールを用いて再加重されたもの　2．個別に明示しないその他の人種、および学校修了年数と貧困状況が不明なものを含む　3．ヒスパニックは人種を問わない　4．貧困水準については第13章の解説を参照

資料：U.S. National Center for Health Statistics, *Health, United States* (2010)〈http://www.cdc.gov/nchs/hus.htm〉も参照

No.204. 喫煙者数：1990－2009年

[単位：％。1992年以前、喫煙者は過去100本以上のタバコを吸ったことがあり、現在も喫煙している者。1992年以降、時々喫煙する者も含む。年齢調整済の定義は、第2章の解説を参照。喫煙経験不詳の者は除く。National Health Interview Surveyに基づく。詳細は付録Ⅲを参照]

性別、年齢および人種	1990[1]	2000	2005	2009	性別、年齢および人種	1990[1]	2000	2005	2009
					黒人、計	32.5	26.2	26.5	23.7
年齢調整済総喫煙者数[2]	25.3	23.1	20.8	20.6	18－24歳	21.3	20.9	21.6	18.9
男性	28.0	25.2	23.4	23.2	25－34歳	33.8	23.2	29.8	24.1
女性	22.9	21.1	18.3	18.1	35－44歳	42.0	30.7	23.3	24.0
					45－64歳	36.7	32.2	32.4	28.9
白人男性	27.6	25.4	23.3	23.6	65歳以上	21.5	14.2	16.8	14.0
黒人男性	32.8	25.7	25.9	23.1	女性、計	22.8	20.9	18.1	17.9
					18－24歳	22.5	24.9	20.7	15.6
白人女性	23.5	22.0	19.1	18.7	25－34歳	28.2	22.3	21.5	21.8
黒人女性	20.8	20.7	17.1	18.5	35－44歳	24.8	26.2	21.3	21.2
					45－64歳	24.8	21.7	18.8	19.5
喫煙者、計[3]	25.5	23.2	20.9	20.6	65歳以上	11.5	9.3	8.3	9.5
男性、計	28.4	25.6	23.9	23.5	白人、計	23.4	21.4	18.9	18.3
18－24歳	26.6	28.1	28.0	23.8	18－24歳	25.4	28.5	22.6	16.7
25－34歳	31.6	28.9	27.7	27.6	25－34歳	28.5	24.9	23.1	22.7
35－44歳	34.5	30.2	26.0	25.4	35－44歳	25.0	26.6	22.2	22.9
45－64歳	29.3	26.4	25.2	24.5	45－64歳	25.4	21.4	18.9	19.4
65歳以上	14.6	10.2	8.9	9.5	65歳以上	11.5	9.1	8.4	9.6
白人、計	28.0	25.7	23.6	23.6	黒人、計	21.2	20.8	17.3	18.8
18－24歳	27.4	30.4	29.7	30.0	18－24歳	[4]10.0	14.2	14.2	13.3
25－34歳	31.6	29.7	27.7	28.4	25－34歳	29.1	15.5	16.9	20.1
35－44歳	33.5	30.6	26.3	26.3	35－44歳	25.5	30.2	19.0	20.0
45－64歳	28.7	25.8	24.5	24.0	45－64歳	22.6	25.6	21.0	22.7
65歳以上	13.7	9.8	7.9	9.3	65歳以上	11.1	10.2	10.0	11.5

1．1997年にアンケートの変更があったため、1997年以前のデータはそれ以前のデータと厳密には比較できない　2．5つの年齢グループの2000年基準による年齢調整済推計値。18－24歳、25－34歳、35－44歳、45－64歳、65歳以上の5グループを使用　3．粗推計値。年齢調整していない　4．データは信頼水準に達しない

資料：U.S. National Center for Health Statistics, *Health, United States* (2010年版)〈www.cdc.gov/nchs/hus.htm〉も参照

No.205. 喫煙者——性別・州別：2009年

[単位：％。18歳以上の喫煙者は、今までに100本以上のタバコを喫煙し、現在も毎日あるいはたまに喫煙すると回答したもの。Behavioral Risk Factor Surveillance Systemに基づく、米国の18歳以上の民間非施設収容人口に対する健康にまつわる習慣の電話調査による。本書前年版の表No.201も参照]

州	計	男性	女性	州	計	男性	女性	州	計	男性	女性
合衆国[1]	20.6	23.5	17.9								
AL	22.5	25.7	19.7	KY	25.6	27.1	24.2	ND	18.6	19.3	17.9
AK	20.6	20.7	20.5	LA	22.1	25.1	19.3	OH	20.3	21.2	19.5
AZ	16.1	18.0	14.3	ME	17.3	18.9	15.8	OK	25.5	27.1	24.0
AR	21.5	21.0	21.9	MD	15.2	16.7	13.8	OR	17.9	18.5	17.2
CA	12.9	15.6	10.2	MA	15.0	16.1	14.0	PA	20.2	21.5	19.1
CO	17.1	19.5	14.6	MI	19.6	21.1	18.2	RI	15.1	15.3	14.9
CT	15.4	16.2	14.7	MN	16.8	18.6	14.9	SC	20.4	21.5	19.3
DE	18.3	20.2	16.6	MS	23.3	27.2	19.8	SD	17.5	16.9	18.1
DC	15.3	15.8	14.8	MO	23.1	24.3	21.9	TN	22.0	24.6	19.6
FL	17.1	18.0	16.3	MT	17.6	16.4	17.3	TX	17.9	22.1	13.8
GA	17.7	20.0	15.5	NE	16.7	18.5	15.0	UT	9.8	11.9	7.7
HI	15.4	16.8	13.9	NV	22.0	22.7	21.3	VT	17.1	19.4	15.0
ID	16.3	18.7	13.9	NH	15.8	17.3	14.3	VA	19.0	22.5	15.8
IL	18.6	20.6	16.7	NJ	15.8	17.6	14.2	WA	14.9	16.1	13.8
IN	23.1	24.9	21.5	NM	17.9	19.9	16.1	WV	25.6	27.7	23.6
IA	17.2	19.6	14.8	NY	18.0	19.3	16.8	WI	18.8	20.3	17.3
KS	17.8	18.6	17.1	NC	20.3	23.1	17.7	WY	19.9	20.1	19.7

NA　データなし　1．各州およびコロンビア特別地区の中央値を表示。中央値の定義については凡例を参照

資料：U.S. Centers for Disease Control and Prevention, *Morbidity and Mortality Weekly Report*, Vol. 59, No. 43 (2010年)〈http://www.cdc.gov/mmwr〉を参照

No.206. アルコール中毒および薬物乱用治療：1995－2010年

[1995年は10月2日現在、1998-2000年は10月1日現在、2003-2006年は3月31日および2007年3月30日現在。2008-2010年は3月31日現在。Uniform Facility Data Set (UFDS)、および合衆国とその司法管轄区内でアルコール・薬物中毒治療を施している全既知施設のセンサスNational Survey of Substance Abuse Treatment Services (N-SSATS)に基づく。回答施設に関する主な欠測値は帰属計算されている]

主目的 施設	数	主目的 患者	数	看護と症状	患者数
1995	10,746	1995	1,009,127	2010, 計[1][2]	1,184,415
2000	13,428	2000	1,000,896	外来リハビリ	1,042,496
2004	13,454	2004	1,072,251	外来解毒	13,216
2005	13,371	2005	1,081,049	24時間リハビリ	104,905
2006	13,771	2006	1,130,881	24時間解毒	14,025
2007	13,648	2007	1,135,425		
2008	13,688	2008	1,192,490	2010, 計[1][2]	1,181,830
2009	13,513	2009	1,182,077	薬物のみ	461,359
2010, 計[2]	13,337	2010, 計[2]	1,184,415	アルコールのみ	217,005
				アルコールと薬物	503,466
薬物中毒治療施設	8,099	薬物中毒治療施設	783,203		
精神医療	853	精神医療	45,105	薬物摂取の問題を	
一般診療	168	一般診療	15,965	抱える患者[3]	964,825
薬物中毒および精神医療	4,112	薬物中毒および精神医療	335,928	アルコール中毒患者[4]	720,471
その他	105	その他	4,214		

1．治療中の薬物依存について、その薬物に関する情報のない患者のデータは除外する　2．2010年は暫定値に基づいており、データは改訂されうる　3．薬物依存と診断された者の合計　4．アルコール依存と診断された者の合計
資料：U.S. Substance Abuse and Mental Health Services Administration, Uniform Facility Data Set (UFDS): Annual surveys for 1995-1999, and Office of Applied Studies, Substance Abuse and Mental Health Services Administration, National Survey of Substance Abuse Treatment Services (N-SSATS), 2000-2010; <http://www.samhsa.gov/dataOutcomes/>

No.207. 薬物使用――薬物のタイプ、年齢層別：2003、2008年

[単位：%。データは薬物使用と健康に関する全国調査 (NSDUH) に基づく。現在の使用者は、調査の先立つ1ヶ月間に最低1回ドラッグを使用したもの。12歳以上人口の標本調査に基づく。世帯構成員と集団居住施設（寮、ホームレスセンター等）の双方から標本を得る。約68,000人を対象とするコンピュータを利用したインタビュー調査に基づく推計値。標本誤差あり、資料を参照]

年齢、薬物のタイプ	使用経験あり 2003	使用経験あり 2008	使用中 2003	使用中 2008	年齢、薬物のタイプ	使用経験あり 2003	使用経験あり 2008	使用中 2003	使用中 2008
12歳以上					**18－25歳**				
違法薬物[1]	46.4	47.0	8.2	8.0	違法薬物[1]	60.5	56.6	20.3	19.6
マリファナ、ハッシッシ	40.6	41.0	6.2	6.1	マリファナ、ハッシッシ	53.9	50.4	17.0	16.5
コカイン	14.7	14.7	1.0	0.7	コカイン	15.0	14.4	2.2	1.5
クラック	3.3	3.4	0.3	0.1	幻覚剤	23.3	17.7	1.7	1.7
ヘロイン	1.6	1.5	0.1	0.1	吸入剤	14.9	10.4	0.4	0.3
幻覚剤	14.5	14.4	0.4	0.4	向精神薬[2][3]	29.0	29.2	6.0	5.9
LSD	10.3	9.4	(NA)	0.1	アルコール	87.1	85.6	61.4	61.2
エクスタシー	4.6	5.2	0.2	0.2	「酒盛り」[4]	(NA)	(NA)	41.6	41.8
吸入剤	9.7	8.9	0.2	0.1	たばこ	70.2	64.2	40.2	35.7
向精神薬[2][3]	20.1	20.8	2.7	2.5	無煙たばこ	22.0	20.3	4.7	5.4
鎮痛剤	13.1	14.0	2.0	1.9	葉巻	45.2	41.4	11.4	11.3
トランキライザー	8.5	8.6	0.8	0.7	**26－34歳**				
覚せい剤[3]	8.8	8.5	0.5	0.4	違法薬物[1]	57.3	58.2	10.7	11.2
メタンフェタミン[3]	6.4	5.0	0.3	0.1	マリファナ、ハッシッシ	51.0	51.3	8.4	8.8
鎮静剤	4.0	3.6	0.1	0.1	コカイン	18.1	16.7	1.5	1.5
アルコール	83.1	82.2	50.1	51.6	幻覚剤	20.3	22.2	0.5	0.6
「酒盛り」[4]	(NA)	(NA)	22.6	23.3	吸入剤	13.6	12.8	－	0.1
たばこ	68.7	65.1	25.4	23.9	向精神薬[2][3]	24.7	28.0	3.4	3.2
無煙たばこ	19.4	18.4	3.3	3.5	**35歳以上**				
葉巻	37.1	35.8	5.4	5.3	違法薬物[1]	43.4	45.7	4.4	4.7
パイプたばこ	16.9	14.6	0.7	0.8	マリファナ、ハッシッシ	38.9	40.6	3.0	3.2
12－17歳					コカイン	15.9	16.4	0.6	0.4
違法薬物[1]	30.5	26.2	11.2	9.3	幻覚剤	12.8	13.6	0.1	0.0
マリファナ、ハッシッシ	19.6	16.5	7.9	6.7	吸入剤	7.4	7.7	0.1	0.1
コカイン	2.6	1.9	0.6	0.4	向精神薬[2][3]	18.3	18.9	1.5	1.6
幻覚剤	5.0	3.9	1.0	1.0	**26歳以上**				
吸入剤	10.7	9.3	1.3	1.1	アルコール	88.0	87.3	52.5	54.8
向精神薬[2][3]	13.4	11.1	4.0	2.9	「酒盛り」[4]	(NA)	(NA)	21.0	22.1
アルコール	42.9	38.3	17.7	14.6	たばこ	73.6	70.7	24.7	23.8
「酒盛り」[4]	(NA)	(NA)	10.6	8.8	無煙たばこ	20.6	19.5	3.2	3.3
たばこ	31.0	22.9	12.2	9.1	葉巻	38.7	37.8	4.5	4.4
無煙たばこ	7.6	7.2	2.0	2.2					
葉巻	15.1	12.4	4.5	3.8					

NA データなし　－ ゼロまたは概数でゼロを示す　1．違法薬物には、マリファナ/ハッシッシ、コカイン（クラックを含む）、ヘロイン、覚せい剤、吸入剤、医療目的以外に使用される処方箋を必要とする向精神薬を含む　2．処方箋が必要な向精神薬の治療目的以外での使用には、痛み止め、トランキライザー、覚せい剤、鎮静剤を含むが、市販薬は含まない　3．2006、2007年にメタンフェタミンの従来とは異なるタイプが追加され、そのデータを含む。従来の推計値は、新しいデータと比較可能なように調整されており、2007年度以前に報告されたデータとは異なる　4．「酒盛り」とは過去30日間に1日以上、いちどきに5杯以上のアルコールの摂取（例えば、連続して、または数時間以内に）。
資料：U.S. Substance Abuse and Mental Health Services Administration, National Survey on Drug Use and Health, 2003 および 2008; <http://oas.samhsa.gov/nhsda.htm>

No.208. 主要ドラッグの使用量推計——州別：2007－2008年

[19,966は1996万6000を表す。データは薬物使用と健康に関する全国調査（NSDUH）に基づく。現在の使用者は、調査に先立つ1ヶ月間に1度以上使用した12歳以上の者。全国標本調査に基づく（表No.203の頭注を参照）。州別推計値は州別の標本データに基づく普及率と、国全体の回帰モデルを各州の郡部とセンサスの地域グループに適用して求めた普及率に基づく（すなわち、加重調査を階層的にベイズ解析する推計法）。回帰モデルのパラメータは全国レベルの標本から推計されたもの。各州の比較のため、51州およびコロンビア特別区の推計値を示す]

州	現在の使用者（推計値）(1,000人)					人口に占める割合(%)				
	違法薬物[1]	マリファナ	マリファナ以外の違法薬物[1]	たばこ	飲酒[2]（酒盛り）	違法薬物[1]	マリファナ	マリファナ以外の違法薬物[1]	たばこ	飲酒[2]（酒盛り）
合衆国…	19,966	14,825	8,917	59,918	57,938	8.0	6.0	3.6	24.1	23.3
AL	258	175	146	1,040	733	6.7	4.6	3.8	27.2	19.2
AK	64	50	21	131	131	11.8	9.2	3.9	24.2	24.2
AZ	463	300	230	1,240	1,202	9.0	5.8	4.5	23.9	23.2
AR	185	127	100	723	503	8.0	5.5	4.3	31.1	21.6
CA	2,715	1,998	1,179	5,794	6,466	9.1	6.7	3.9	19.4	21.6
CO	470	370	183	1,007	1,072	11.7	9.2	4.6	25.1	26.7
CT	240	189	95	638	760	8.2	6.5	3.3	21.9	26.1
DE	66	51	30	189	176	9.1	7.1	4.2	26.4	24.5
DC	61	48	23	136	151	12.1	9.6	4.5	27.0	29.9
FL	1,193	853	535	3,677	3,500	7.8	5.6	3.5	24.0	22.9
GA	560	415	236	2,001	1,671	7.3	5.4	3.1	26.0	21.7
HI	104	71	44	227	241	9.9	6.7	4.2	21.6	23.0
ID	97	69	43	262	228	8.0	5.7	3.5	21.7	18.8
IL	758	574	311	2,667	2,824	7.2	5.4	3.0	25.2	26.7
IN	458	326	219	1,437	1,201	8.8	6.3	4.2	27.6	23.0
IA	102	80	45	588	674	4.1	3.2	1.8	23.7	27.2
KS	153	115	80	572	563	6.8	5.1	3.6	25.3	24.9
KY	295	196	154	1,129	696	8.4	5.6	4.4	32.2	19.9
LA	253	177	139	936	840	7.2	5.0	3.9	26.5	23.8
ME	102	92	34	297	244	9.1	8.2	3.0	26.4	21.7
MD	339	249	150	998	1,030	7.3	5.4	3.2	21.5	22.1
MA	484	388	184	1,087	1,404	8.9	7.1	3.4	19.9	25.7
MI	748	587	298	2,130	2,040	9.0	7.0	3.6	25.5	24.4
MN	356	307	133	1,087	1,297	8.2	7.1	3.1	25.2	30.1
MS	151	103	73	595	467	6.4	4.4	3.1	25.3	19.9
MO	358	264	188	1,321	1,154	7.4	5.4	3.9	27.2	23.8
MT	81	67	31	188	215	10.0	8.3	3.9	23.3	26.8
NE	93	72	42	357	367	6.4	5.0	2.9	24.7	25.3
NV	196	130	93	560	508	9.4	6.2	4.5	26.6	24.2
NH	119	100	40	249	289	10.7	9.0	3.6	22.3	25.9
NJ	464	350	197	1,614	1,645	6.4	4.8	2.7	22.4	22.8
NM	141	99	57	365	353	8.7	6.2	3.6	22.7	21.9
NY	1,469	1,130	576	3,463	3,784	9.0	6.9	3.5	21.3	23.3
NC	576	446	261	1,976	1,593	7.8	6.0	3.5	26.6	21.4
ND	31	27	12	133	173	5.9	5.0	2.3	25.1	32.6
OH	724	557	314	2,678	2,430	7.6	5.9	3.3	28.1	25.5
OK	237	140	142	802	633	8.1	4.8	4.9	27.3	21.6
OR	385	271	174	769	739	12.2	8.6	5.5	24.4	23.4
PA	685	499	325	2,592	2,539	6.6	4.8	3.1	24.8	24.3
RI	119	97	52	220	247	13.3	10.9	5.9	24.7	27.7
SC	244	181	113	992	782	6.7	5.0	3.1	27.3	21.5
SD	41	34	15	160	186	6.3	5.2	2.3	24.6	28.5
TN	421	298	219	1,448	958	8.2	5.8	4.3	28.3	18.7
TX	1,194	845	629	4,465	4,427	6.3	4.4	3.3	23.4	23.2
UT	130	89	65	320	315	6.2	4.3	3.1	15.3	15.1
VT	62	54	21	120	135	11.6	10.2	4.0	22.5	25.3
VA	462	365	197	1,465	1,492	7.3	5.8	3.1	23.2	23.7
WA	518	399	202	1,224	1,140	9.6	7.4	3.7	22.7	21.1
WV	104	73	58	447	296	6.8	4.8	3.8	29.1	19.3
WI	406	302	194	1,281	1,317	8.7	6.5	4.2	27.4	28.2
WY	30	24	13	119	109	6.8	5.4	3.0	27.3	24.7

1. 違法薬物には、マリファナ／ハッシッシ、コカイン（クラックを含む）、ヘロイン、覚せい剤、吸入剤、医療目的以外に使用される処方箋を必要とする向精神薬を含む　2. 「酒盛り」とは過去30日間に1日以上、いちどきに5杯以上のアルコールの摂取（例えば、連続して、または数時間以内に）

資料：U.S. Substance Abuse and Mental Health Services Administration, *National Survey on Drug Use and Health, 2007* および *2008*; <http://www.oas.samhsa.gov/nhsda.htm>

No.209. 年齢別・性別の身長（累積パーセント）：2007－2008年

[データはNational HealthとNutrition Examination Surveyに基づく。民間非施設収容人口の標本。本調査では、回答者はインタビューと運動調査を受ける。20歳以上対象。身長は靴を脱いだ状態で測定。標本抽出時の変動の可能性を考慮した標本調査に基づく。資料を参照]

身長 (フィート・インチ)	男性						女性					
	20－29歳	30－39歳	40－49歳	50－59歳	60－69歳	70－79歳	20－29歳	30－39歳	40－49歳	50－59歳	60－69歳	70－79歳
表示の身長以下の者の割合(%)												
4'10"	－	－	－	(B)	－	－	－	¹1.7	－	¹1.0	－	¹3.3
4'11"	－	－	－	(B)	(B)	－	¹2.6	3.1	¹1.6	2.1	¹3.6	8.7
5'	(B)	－	－	(B)	(B)	－	5.7	6.0	5.0	8.0	9.0	16.0
5'1"	(B)	(B)	(B)	(B)	¹0.4	(B)	12.3	11.6	10.8	16.7	14.7	26.0
5'2"	(B)	(B)	(B)	(B)	(B)	(B)	20.8	19.7	19.8	23.3	23.4	36.9
5'3"	(B)	¹3.1	¹1.9	(B)	¹2.3	(B)	30.4	31.3	30.8	36.3	38.4	51.9
5'4"	3.7	¹4.4	3.8	¹4.3	4.4	5.8	43.5	46.6	46.0	50.7	52.8	69.9
5'5"	7.2	6.7	5.6	7.6	7.8	12.8	54.1	61.2	58.0	68.4	66.6	82.8
5'6"	11.6	13.1	9.8	12.2	14.7	23.0	72.4	74.0	72.2	79.7	83.3	89.3
5'7"	20.6	19.6	19.4	18.6	23.7	35.1	82.3	84.9	83.0	88.4	93.3	95.4
5'8"	33.1	32.2	30.3	30.3	37.7	47.7	90.3	91.8	91.2	95.2	97.0	98.4
5'9"	42.2	45.4	40.4	41.2	50.2	60.3	94.1	96.1	94.7	97.3	97.8	99.6
5'10"	58.6	58.1	54.4	54.3	65.2	75.2	97.6	98.9	97.8	98.9	99.6	99.6
5'11"	70.7	69.4	69.6	70.0	75.0	85.8	99.6	98.9	99.4	100.0	99.8	100.0
6'	79.9	78.5	79.1	81.2	84.3	91.0	100.0	99.4	99.5	100.0	100.0	100.0
6'1"	89.0	89.0	87.4	91.6	93.6	94.9	100.0	99.9	99.5	100.0	99.9	100.0
6'2"	94.1	94.0	92.5	93.7	97.8	98.6	100.0	100.0	99.5	100.0	100.0	100.0
6'3"	98.3	95.8	97.7	96.6	99.9	100.0	100.0	100.0	99.5	100.0	100.0	100.0
6'4"	100.0	97.6	99.0	99.5	100.0	100.0	100.0	100.0	99.5	100.0	100.0	100.0
6'5"	100.0	99.4	99.4	99.6	100.0	100.0	100.0	100.0	100.0	100.0	100.0	100.0
6'6"	100.0	99.5	99.9	100.0	100.0	100.0	100.0	100.0	100.0	100.0	100.0	100.0

－　ゼロを示す　B　元となる数値が小さすぎるため統計的水準に達していない　1．数値は信頼性と正確性に欠ける
資料：U.S. National Center for Health Statistics, 未刊行資料 <http://www.cdc.gov/nchs/nhanes.htm>

No.210. 年齢別・性別の体重（累積パーセント）：2007－2008年

[表No.209の頭注参照。データはNational Health and Nutrition Examination Survey(NHANES)に基づく。体重は裸足で計測。妊娠中の女性は分析から除外。標本調査に基づく。標本抽出時の誤差あり。資料を参照]

体重	男性						女性					
	20－29歳	30－39歳	40－49歳	50－59歳	60－69歳	70－79歳	20－29歳	30－39歳	40－49歳	50－59歳	60－69歳	70－79歳
表示体重以下の人口の%												
100 ポンド	－	－	(B)	(B)	－	－	¹2.0	1.3	(B)	¹0.4	0.2	(B)
110 ポンド	(B)	－	(B)	(B)	(B)	(B)	4.9	4.7	3.7	¹4.0	(B)	6.1
120 ポンド	(B)	(B)	(B)	¹1.1	(B)	1.5	16.3	10.5	7.8	7.9	7.2	12.4
130 ポンド	4.3	¹2.1	¹2.5	¹2.3	2.8	3.5	27.8	18.9	16.0	17.1	13.5	22.5
140 ポンド	11.1	6.4	4.7	5.6	5.3	5.2	39.4	29.8	26.4	27.3	27.4	30.1
150 ポンド	20.9	11.5	7.6	8.6	10.0	9.7	49.7	40.6	37.5	38.7	37.4	43.1
160 ポンド	31.3	20.4	15.1	13.9	16.5	17.7	59.7	51.1	49.8	49.7	46.1	53.7
170 ポンド	43.6	30.5	21.3	22.0	24.9	27.4	63.2	59.8	59.3	56.9	58.9	65.6
180 ポンド	55.7	40.9	33.6	33.2	33.4	40.1	72.6	68.7	65.6	63.7	72.4	74.0
190 ポンド	65.0	50.6	43.7	44.5	42.6	50.1	76.3	73.6	75.0	70.3	79.4	81.2
200 ポンド	73.5	59.3	58.0	55.7	55.5	65.7	80.0	79.4	80.0	75.3	84.6	87.3
210 ポンド	79.4	70.0	66.2	64.6	64.4	71.6	82.8	83.7	82.8	81.9	88.4	90.5
220 ポンド	83.8	76.1	75.6	74.0	73.4	80.0	84.9	89.0	87.3	85.9	91.1	93.4
230 ポンド	86.5	81.7	84.6	78.8	81.2	83.5	88.6	91.3	90.6	89.5	93.7	96.4
240 ポンド	89.7	85.2	88.1	85.6	85.1	87.3	90.0	94.1	93.0	91.4	95.6	97.0
250 ポンド	93.2	89.6	89.7	88.0	88.2	90.6	92.3	95.2	95.5	92.9	96.7	98.4
260 ポンド	94.7	92.0	92.8	91.3	90.7	93.1	93.3	95.8	96.7	96.5	97.6	98.6
270 ポンド	95.1	93.3	94.6	93.5	93.0	96.4	95.7	96.4	97.5	97.2	98.0	98.6
280 ポンド	96.1	95.1	95.4	94.2	94.8	97.5	97.0	97.2	97.8	98.2	98.7	99.4
290 ポンド	96.8	96.4	96.4	95.8	97.2	98.5	97.2	97.5	98.2	98.9	99.0	99.6
300 ポンド	97.5	96.9	98.1	98.1	97.8	99.4	97.7	98.4	98.3	99.4	99.3	100.0
320 ポンド	98.1	98.2	98.8	99.0	98.5	99.4	98.9	99.1	98.7	99.7	99.9	100.0
340 ポンド	99.5	98.8	98.8	99.1	99.0	100.0	99.6	99.5	99.4	99.9	99.9	100.0
360 ポンド	99.5	99.4	99.3	99.8	99.0	100.0	99.6	99.7	99.8	99.9	99.9	100.0
380 ポンド	99.7	99.7	99.5	99.8	99.0	100.0	99.6	99.9	99.8	100.0	100.0	100.0
400 ポンド	99.7	99.7	99.5	99.9	99.5	100.0	99.6	100.0	99.8	100.0	100.0	100.0
420 ポンド	99.7	99.7	99.5	100.0	99.5	100.0	99.6	100.0	99.9	100.0	100.0	100.0
440 ポンド	99.8	99.8	99.5	100.0	99.5	100.0	99.6	100.0	100.0	100.0	100.0	100.0

－　ゼロを示す　B　基となる数値が小さすぎて統計的信頼水準に達しない　1．数値は信頼性と正確性に欠ける
資料：U.S. National Center for Health Statistics, 未刊行資料; <http://www.cdc.gov/nchs/nhanes.htm>

No.211. 18歳以上人口のBMI（ボディマスインデックス）——年齢調整済み構成比：2007－2008年

[表No.209の頭注を参照。ボディマスインデックス（BMI）とは、身長と体重の関係を測る体格指数で、体重（kg）を身長（cm）の二乗で割った数値である。BMIの数値が18.5未満は痩身、18.5以上25未満は標準、体重過多はBMIが20以上30未満、BMI30以上は肥満。BMIは受診時の体重・身長を用いて計算される。National Health and Nutrition Examination Survey（NHANES）に基づく]

特徴	過少体重(%)	健康体重(%)	体重過多		
			計(%)	体重過多(%)	肥満(%)
全年齢[1]（年齢調整済）………	1.8	31.6	66.6	33.9	32.6
全年齢[1]（未調整）………	1.8	31.2	67.0	34.0	33.0
年齢：[2]					
18－44歳………	2.1	35.5	62.4	32.2	30.3
45－64歳………	[3]1.6	26.9	71.5	34.2	37.3
64－74歳………	(B)	25.7	73.3	36.5	36.8
75歳以上………	1.7	30.3	68.0	41.7	26.2
性別：					
男性………	1.1	28.2	70.7	39.9	30.8
女性………	2.5	34.8	62.7	28.2	34.5
人種／民族、性別：					
ヒスパニック、ラテン系以外：					
白人、男性………	[3]1.2	27.8	71.1	40.5	30.5
白人、女性………	2.6	37.3	60.0	27.7	32.3
黒人またはアフリカ系アメリカ人、男性………	[3]1.6	31.4	67.0	31.1	36.0
黒人またはアフリカ系アメリカ人、女性………	2.8	21.1	76.0	27.9	48.1
メキシコ人またはメキシコ系アメリカ人、男性………	(B)	20.9	78.6	44.0	34.6
メキシコ人またはメキシコ系アメリカ人、女性………	(B)	25.2	73.6	31.0	42.6
教育：[4]					
高校卒業未満………	2.2	25.1	72.6	34.4	38.3
高校卒業あるいはGED[5]………	1.5	27.6	70.9	36.1	34.8
大学卒業、学士または高等教育………	1.0	31.6	67.4	35.1	32.3

B　元となる数値が小さすぎるため統計的水準に達していない　1．全年齢には、個別に明示しないヒスパニック／人種およびヒスパニック／人種が不明なものを含む　2．年齢グループ別の推計値は年齢調整されていない　3．25歳以上の者を対象とする　4．教育は25歳以上についてのデータ　5．General Education Developmet certificate. 高等学校卒業と同等の資格を得られる

資料：U.S. National Center for Health Statistics, 未刊行資料 <http://www.cdc.gov/nchs/nhanes.htm>

No.212. 運動とフィットネス——特徴（年齢調整済）：2008年

[単位：%。18歳以上人口。国民健康調査（National Health Interview Survey）に基づく。民間非施設収容人口を対象とした標本調査。レジャー活動時の運動については、回答者に対して、運動の頻度がどの程度かを確認する一連の質問を行って評価している。年齢調整済の定義は、第2章の解説を参照。筋肉強化のための運動については、回答者に対して、レジャー時の運動、とくに筋肉強化を目的とした運動について確認する質問を行って評価している]

特徴	レジャー時の運動なし[1](%)	規則的に運動中程度・軽度[2](%)	筋肉強化および持久力[3](%)	特徴	レジャー時の運動なし[1](%)	規則的に運動中程度・軽度[2](%)	筋肉強化および持久力[3](%)
計………	36.2	32.5	21.9	複数人種………	32.3	29.2	23.0
性別							
男性	33.9	34.7	25.7	ヒスパニックおよび人種			
女性	38.2	30.5	18.3	ヒスパニックまたはラテン系[5]…	47.4	25.1	15.0
年齢[4]				非ヒスパニック／ラテン系…	34.3	33.8	23.2
18－24歳	28.7	38.4	29.3	白人、非ヒスパニック………	31.9	35.8	24.2
25－44歳	31.7	35.5	24.6	黒人、非ヒスパニック………	47.9	24.8	19.2
45－64歳	37.2	31.7	19.9				
65－74歳	45.8	26.1	16.3	教育水準（25歳以上）：			
75歳以上	55.9	18.4	11.5	第9学年未満………	64.3	14.6	6.3
人種				第9－11学年………	56.3	18.0	9.2
単一人種：				高校卒業………	47.0	25.0	14.4
白人	34.6	33.8	22.6	大学またはAA学位[6]………	33.0	31.8	22.4
黒人またはアフリカ系	47.3	25.0	19.4	大学卒業以上………	20.7	45.2	31.8
アメリカインディアンまたはアラスカ原住民	49.2	25.0	11.2				
アジア系または太平洋諸島民	(NA)	(NA)	(NA)				

NA　データなし　1．中程度・軽度に分類される頻度で1回10分以上の運動をすることのない者　2．中程度の頻度とは、週に5回以上、1回30分以上の運動を行うこと。軽度の頻度とは、週に3回以上、1回20分以上の運動を行うこと　3．筋肉強化の運動は、週2回以上行う者を示す　4．年齢別データは年齢調整していない　5．ヒスパニックまたはラテン系は人種を問わない　6．文系準学士号（2年制の大学卒業者が取得）

資料：National Center for Health Statistics, National Health Interview Survey-United States, 2008, Hyattsville, MD. <http://wonder.cdc.gov/data2010/> も参照

No.213. 高校生の身体活動――性別：2009年

[単位：％。9－12学年の学生。若者のリスク行動調査に基づく。学校単位の調査。標本抽出時の誤差あり。詳細については資料を参照]

特徴	過去1週間のうち5日、毎日60分以上の運動に参加[1]	過去1週間毎日60分以上の運動に参加[2]	60分以上の運動には参加せず[3]	体育の授業に出席 計[4]	体育の授業に出席 毎日[5]	スポーツチームに参加[6]	1日3時間以上パソコンを利用[7]	1日3時間以上テレビを視聴[8]
全学生	37.0	18.4	23.1	56.4	33.3	58.3	24.9	32.8
男性	45.6	24.8	17.0	57.7	34.6	63.8	28.3	33.5
第9学年	47.5	28.0	17.4	70.7	45.5	65.9	32.2	36.3
第10学年	47.4	25.3	15.7	58.6	34.9	66.8	28.2	35.7
第11学年	46.2	23.3	16.4	50.9	29.7	63.4	27.2	31.8
第12学年	40.4	21.9	18.5	46.9	25.2	57.9	24.5	28.4
女性	27.7	11.4	29.9	55.0	31.9	52.3	21.2	32.1
第9学年	30.8	13.6	26.9	74.3	48.2	56.6	24.6	33.9
第10学年	30.5	12.7	30.3	56.4	32.3	56.4	22.5	33.6
第11学年	26.0	10.3	29.8	45.3	25.5	51.3	19.3	29.6
第12学年	22.4	8.6	33.0	40.7	19.6	44.1	17.7	31.0

1．調査に先立つ7日間以内に、心拍数が上がり、呼吸が激しくなるような何かしらの運動を5日間以上、1日60分以上おこなった者　2．調査に先立つ7日間に、いかなる運動でも、心拍数が上昇し呼吸が荒くなる運動に60分以上参加した者　3．調査に先だつ7日間以内に、最低1回、心拍数が上昇し、呼吸が激しくなるような運動を60分以上していない者　4．学校教育の平均的な週の1日あるいは複数日に受ける授業　5．就学中の平均的な1週間のうち平日5日間　6．調査に先立つ12カ月間の学校または地域社会のチームに参加　7．ビデオゲームやコンピュータゲーム、または学校の課題以外のコンピュータの使用が1日どれくらいあるか　8．登校日平均

資料：U.S. Centers for Disease Control and Prevention, Atlanta, GA, "Youth Risk Behavior Surveillance-United States, 2009," Surveillance Series (2010年6月), *Morbidity and Mortality Weekly Report 2010*, Vol. 59 (SS-5); ⟨http://www.cdc.gov/mmwr/pdf/ss/ss5905.pdf⟩ も参照

No.214. 食糧調達に問題のある世帯および人員：2005－2009年

[114,437は1億1443万7000を表す。食料の確保とは、世帯が世帯構成員全員が活動的かつ健康的な生活を送るために必要な食品を、社会的に受け入れがたい食品に頼ることも食料確保の為に非常な困難を伴うこともなく、常に得ることのできる状態を表す。食料確保が困難であるとされる世帯では、社会的に認められた食品を、社会的に認められた形で購入する能力が欠如あるいは不足している。食品調達に大きな問題のある世帯では、世帯の構成員の1人もしくは複数人が摂取する食料が減少し、通常の食事がとれないものを示す。世帯における食糧調達の困難と飢餓は、基本的な食糧需要を充たすことに困難のある世帯を特徴付ける状況と行動に関する質問を行なうことによって測られる。このような状況と行動は、食糧調達の困難さが増すにしたがって順番にあらわれてくるものである。資源が限られてくると、通常世帯内の成人が最初の充分な食糧の調達に不安を感じる。そして世帯の資源を食い延ばし、他の必需品との間でやり繰りをし、次に世帯員の食品の質と種類を落とす。次に成人の食事の量と回数を減らし、最後には児童の食事の量と回数を減らす。全ての質問は過去12ヶ月間についてであり、それが金銭的な理由によるものであることが確認される。ダイエットあるいは多忙による食糧摂取の制限は除外される。ホームレスについてはデータが不足しているため、除外する。データは毎月人口調査の食糧調査に関する補説による。毎月人口調査については第1章の解説および付録Ⅲを参照]

食糧調達安全度	数(1,000)					割合(%)				
	2005	2006	2007	2008	2009	2005	2006	2007	2008	2009
世帯、計	114,437	115,609	117,100	117,565	118,174	100.0	100.0	100.0	100.0	100.0
食糧調達に問題なし	101,851	102,961	104,089	100,416	100,820	89.0	89.1	88.9	85.4	85.3
食糧調達に問題あり	12,586	12,648	13,011	17,149	17,354	11.0	10.9	11.1	14.6	14.7
食料が不足[1]	8,158	8,031	8,262	10,426	10,601	7.1	6.9	7.0	8.9	9.0
食料が深刻に不足[2]	4,428	4,617	4,749	6,723	6,753	3.9	4.0	4.1	5.7	5.7
児童の食料が深刻に不足[3]	270	221	323	506	469	0.7	0.6	0.8	1.3	1.2
成人	217,897	220,423	223,467	225,461	227,543	100.0	100.0	100.0	100.0	100.0
食糧調達に問題なし	195,172	197,536	199,672	193,026	194,579	89.6	89.6	89.4	85.6	85.5
食糧調達に問題あり	22,725	22,887	23,795	32,435	32,964	10.4	10.4	10.6	14.4	14.5
食料が不足[1]	15,146	15,193	15,602	20,320	20,741	7.0	6.9	7.0	9.0	9.1
児童の食料が深刻に不足[2]	7,579	7,694	8,193	12,115	12,223	3.5	3.5	3.7	5.4	5.4
児童	73,604	73,587	73,575	74,106	74,207	100.0	100.0	100.0	100.0	100.0
食糧調達に問題なし	61,201	60,959	61,140	57,433	57,010	83.1	82.8	83.1	77.5	76.8
食糧調達に問題あり	12,403	12,628	12,435	16,673	17,197	16.9	17.2	16.9	22.5	23.2
児童の食料が深刻に不足[3]	606	430	691	1,077	988	0.8	0.6	0.9	1.5	1.3

1．2006年以前は、USDAはこれらの世帯を「飢餓をともなわない」不足と表示していた　2．世帯の構成員が摂取する食品が減少して、通常の食事がとれないことがある世帯、2006年以前は、USDAは「飢餓をともなう」不足と表示していた　3．食料調達に関する調査は、世帯の状況を調査する。食料調達に問題のある世帯の児童全員がその影響を受けるわけではない。また世帯に属する児童の食の安全性が低いと分類された場合でも、その世帯のすべての児童の食事量が少ないあるいは食習慣が崩壊しているというわけでもない。幼い児童ほど、世帯の食料調達の不足の影響を受けにくい傾向がある

資料：U.S. Dept. of Agriculture, Economic Research Service, *Household Food Security in the United States, 2009, Economic Research Report Number 108* (2010年) ⟨http://www.ers.usda.gov/publications/err108/⟩

No.215. 飲料の1人当たり消費量——種類別：1980－2009年

[単位：ガロン。表No.217の頭注参照。1人当たり消費量には7月1日現在の合衆国居住人口を適用、但し、コーヒー、紅茶、フルーツジュースについては、7月1日現在の合衆国総人口（居住人口および海外駐留軍隊を含む）を適用]

品目	1980	1990	1995	2000	2005	2006	2007	2008	2009
非アルコール飲料	104.0	112.6	107.5	114.8	(NA)	(NA)	(NA)	(NA)	(NA)
牛乳（プレーンおよび味付）	27.5	25.7	23.9	22.5	21.0	21.0	20.6	20.8	20.6
全乳	17.0	10.5	8.6	8.1	7.0	6.7	6.4	6.1	5.9
低脂肪乳、スキムミルク	10.5	15.2	15.3	14.4	14.1	14.2	14.3	14.6	14.6
紅茶	7.3	6.9	7.9	7.8	8.0	8.4	8.4	8.0	9.0
コーヒー	26.7	26.8	20.2	26.3	24.3	24.4	24.6	24.2	23.3
清涼飲料	35.1	46.2	47.4	49.3	(NA)	(NA)	(NA)	(NA)	(NA)
ダイエット	5.1	10.7	10.9	11.6	(NA)	(NA)	(NA)	(NA)	(NA)
レギュラー	29.9	35.6	36.5	37.7	(NA)	(NA)	(NA)	(NA)	(NA)
フルーツジュース	7.4	7.0	8.1	8.9	8.1	7.9	7.9	6.9	7.4

NA　データなし

資料：U.S. Department of Agriculture, Economic Research Service, *Food Consumption, Prices, and Expenditures*, (年刊); Food Consumption (Per Capita) Data System; 〈http://www.ers.usda.gov/data/foodconsumption/〉

No.216. 栄養——民間消費で1人1日あたりに摂取可能な食品の栄養素：1970－2006年

[栄養政策振興センター（CNPP=Center for Nutrition Policy and Promotion）の計算によるデータ。経済研究局（ERS=Economic Research Service）に基づいて、ERSが現在では報告していない食品消費のデータおよびCNPPの推計する家庭菜園の生産量で補完した「食品の消費、価格および支出」によって、消費可能な1人当たりの食品量を推計している。食品供給の推計値は、食品のロスや食品加工、家庭における調理による栄養の変化を反映していない。鉄、亜鉛、チアミン、リボフラビン、ナイアシン、葉酸、ビタミンA、ビタミンB6、ビタミンB12、ビタミンCの栄養強化は含まれる]

栄養素	単位	1970-79	1980-89	1990-99	2000	2006
食品エネルギー	カロリー	3,200	3,400	3,600	3,900	3,900
炭水化物	グラム	395	421	478	495	474
繊維	グラム	20	22	24	24	25
たんぱく質	グラム	96	100	108	111	111
脂肪、計[1]	グラム	143	151	150	169	178
飽和脂肪酸	グラム	49	50	48	52	54
一価不飽和脂肪酸	グラム	57	61	64	75	77
多価不飽和脂肪酸	グラム	27	30	31	35	39
コレステロール	ミリグラム	430	420	400	410	420
ビタミンA	マイクログラム RAE[2]	1,050	1,050	1,100	1,090	940
カロチン	マイクログラム	560	600	710	690	690
ビタミンE	ミリグラム a-TE[3]	14	16	17	20	21
ビタミンC	ミリグラム	109	115	118	121	106
チアミン	ミリグラム	2	3	3	3	3
リボフラビン	ミリグラム	3	3	3	3	3
ナイアシン	ミリグラム	25	29	31	32	32
ビタミンB6	ミリグラム	2	2	2	2	2
葉酸[4]	マイクログラム DFE[5]	341	383	504	902	874
ビタミンB12	マイクログラム	9	8	8	8	8
カルシウム	ミリグラム	930	930	980	980	960
燐	ミリグラム	1,540	1,590	1,690	1,720	1,700
マグネシウム	ミリグラム	340	360	390	400	400
鉄分	ミリグラム	17	20	23	23	23
亜鉛	ミリグラム	13	14	15	15	16
銅	ミリグラム	2	2	2	2	2
カリウム	ミリグラム	3,510	3,550	3,720	3,780	3,620
ナトリウム[6]	ミリグラム	1,210	1,210	1,240	1,230	1,150
セレニウム	マイクログラム	133	143	163	179	181

1．個別に明示しないその他の脂肪を含む　2．レチノール当量　3．アルファ・トコフェロール当量　4．Institute of Medicine's Dietary Reference Intakesのレポートによる最新の定義による　5．食事性葉酸当量　6．加工食品から摂取されるナトリウムを含まないため、実際の摂取可能量よりも少なく推計されている

資料：U.S. Department of Agriculture, Center for Nutrition Policy and Promotion, *Nutrient Content of the U.S. Food Supply, 1909-2006*. Data also published by Economic Research Service in *Food Consumption, Prices, and Expenditures* (年刊); 〈http://www.cnpp.usda.gov/〉も参照

No.217. 主要食品の1人当たり消費量：1980－2009年

[単位：ポンド。特記のないものは小売時重量。消費量は、期首在庫、国内生産、輸入分から、輸出の残り、非常用、期末在庫を差し引いたもの。ほとんどの商品について、センサス局の推計居住人口、海外駐留の米軍の消費に基づく。牛乳やクリームなど大半が海外に出荷されることのない商品については居住人口のみを用いる。関連統計として『アメリカ歴史統計』系列G881-915を参照]

品目	単位	1980	1990	1995	2000	2005	2008	2009
食肉類（骨なし、処理済重量）[1][2]	ポンド	126.4	112.2	113.6	113.7	110.2	106.6	105.7
牛肉	ポンド	72.1	63.9	63.5	64.5	62.5	59.6	58.1
仔牛肉	ポンド	1.3	0.9	0.8	0.5	0.4	0.3	0.3
ラム、マトン	ポンド	1.0	1.0	0.9	0.8	0.8	0.7	0.7
豚肉	ポンド	52.1	46.4	48.4	47.8	46.6	45.9	46.6
家禽類（骨なし、処理済重量）[2]	ポンド	40.8	56.2	62.1	67.9	73.7	72.6	69.4
鶏肉	ポンド	32.7	42.4	48.2	54.2	60.5	58.7	56.0
七面鳥	ポンド	8.1	13.8	13.9	13.7	13.2	13.9	13.3
魚介類（骨なし、処理済重量）	ポンド	12.4	14.9	14.8	15.2	16.2	16.0	15.8
卵	数	271	234	232	251	256	247	246.1
殻付き	数	236	186	172	172	173	170	173
加工品	数	35	48	60	79	83	77	73
乳製品、計[3]	ポンド	543.1	568.0	576.2	591.1	597.5	603.7	607.1
飲料乳[4]	ガロン	27.9	26.2	24.6	23.2	22.2	22.1	22.0
乳飲料	ガロン	27.6	25.7	23.9	22.5	21.0	20.7	20.6
プレーン全乳	ガロン	16.5	10.2	8.3	7.7	6.6	5.9	5.7
プレーン低脂肪（2％）	ガロン	6.3	9.1	8.0	7.1	6.9	7.3	7.3
低脂肪乳（1％）およびスキムミルク	ガロン	3.1	4.9	6.1	6.1	5.6	5.7	5.7
フレーバー入り全乳	ガロン	0.6	0.3	0.3	0.4	0.3	0.2	0.2
その他のフレーバー入りミルク	ガロン	0.6	0.8	0.8	1.0	1.4	1.4	1.4
バターミルク	ガロン	0.5	0.4	0.3	0.3	0.3	0.2	0.2
ヨーグルト（フローズン・ヨーグルトを除く）	1/2パイント	4.6	7.8	11.4	12.0	19.1	21.8	23.1
固形クリーム製品[5]	1/2パイント	10.5	14.3	15.6	18.3	24.0	23.8	23.6
クリーム[6]	1/2パイント	6.3	8.7	9.4	11.6	14.9	15.1	15.0
サワークリームおよびディップ	1/2パイント	3.4	4.7	5.4	6.1	8.3	7.9	7.8
濃縮ミルク（コンデンスミルク）	ポンド	7.0	7.9	6.8	5.8	5.9	7.3	7.1
全乳	ポンド	3.8	3.1	2.3	2.0	2.2	2.2	2.2
スキムミルク	ポンド	3.3	4.8	4.5	3.8	3.7	5.1	5.0
チーズ[7]	ポンド	17.5	24.6	26.9	29.8	31.7	32.7	32.8
アメリカン・チーズ[8]	ポンド	9.6	11.1	11.7	12.7	12.6	13.1	13.4
チェダー	ポンド	6.8	9.0	9.0	9.7	10.3	10.1	10.1
イタリアン・チーズ[8]	ポンド	4.4	9.0	10.3	12.1	13.3	13.9	13.9
モッツァレラ	ポンド	3.0	6.9	8.0	9.3	10.2	10.6	10.6
その他[8]	ポンド	3.3	4.3	5.0	5.0	5.6	5.6	5.5
スイスチーズ	ポンド	1.3	1.4	1.1	1.0	1.3	1.1	1.2
クリームチーズとニューシャテルチーズ	ポンド	0.9	1.6	2.2	2.4	2.4	2.5	2.5
カッテージチーズ、計	ポンド	4.5	3.4	2.7	2.6	2.6	2.3	2.4
低脂肪	ポンド	0.8	1.2	1.2	1.3	1.4	1.3	1.3
冷凍乳製品	ポンド	26.4	28.5	29.0	30.4	25.7	25.2	24.4
アイスクリーム	ポンド	17.5	15.8	15.5	16.7	14.6	13.8	13.4
低脂肪アイスクリーム	ポンド	7.1	7.7	7.4	7.3	6.7	6.9	6.8
シャーベット	ポンド	1.1	1.2	1.3	1.2	1.2	1.2	1.1
フローズン・ヨーグルト	ポンド	(NA)	2.8	3.4	2.0	1.3	1.2	1.1
食用油脂：								
脂肪分、計	ポンド	56.9	62.3	64.2	81.7	85.5	85.2	78.6
バター（現物重量）	ポンド	4.5	4.4	4.4	4.5	4.6	5.0	4.9
マーガリン（現物重量）	ポンド	11.3	10.9	9.1	8.2	4.0	4.2	3.7
ラード（直接消費）	ポンド	2.3	0.9	0.4	0.8	1.6	1.0	1.5
食用獣脂（直接消費）	ポンド	1.1	0.6	2.7	4.0	3.8	2.9	0.7
ショートニング	ポンド	18.2	22.2	22.2	31.5	29.0	18.0	15.9
サラダ油、調理用油	ポンド	21.2	25.2	26.5	33.7	42.7	54.2	51.9
その他の食用油脂	ポンド	1.5	1.2	1.6	1.5	1.6	1.6	1.7
小麦粉、穀物製品[9]	ポンド	144.9	181.0	188.7	199.3	191.3	196.6	194.5
小麦粉	ポンド	116.9	135.9	140.0	146.3	134.3	136.5	134.6
精米	ポンド	9.5	15.8	17.1	19.1	19.9	21.2	21.2
とうもろこし製品	ポンド	12.9	21.4	24.9	28.4	31.4	33.0	33.0
オートムギ	ポンド	3.9	6.5	5.5	4.3	4.6	4.8	4.6
甘味料、計[10]	ポンド	120.4	132.4	144.1	148.9	142.2	136.1	130.7
砂糖（精製さとうきび、砂糖大根）	ポンド	83.6	64.4	64.9	65.6	63.1	65.5	63.5
とうもろこし甘味料[11]	ポンド	35.3	66.8	77.9	81.8	77.6	69.1	65.7
高果糖コーンシロップ	ポンド	19.0	49.6	57.6	62.6	59.1	53.0	50.1
その他：								
ココア豆	ポンド	3.4	5.4	4.5	5.9	6.5	5.6	5.5
コーヒー（処理前）	ポンド	10.3	10.3	7.9	10.3	9.5	9.5	9.1
ピーナッツ（殻つき）	ポンド	5.1	6.1	5.7	5.8	6.6	6.3	6.5
木の実（殻つき）	ポンド	1.8	2.5	1.9	2.6	2.6	3.5	3.7

NA　データなし　1. 食用くず肉を除く　2. プエルトリコ、米領海外領土への出荷を除く　3. 乳脂肪ベースのミルク換算。バターを含む　4. 液状ミルクは製品として出荷されたものに農場で生産消費されるミルクの合計　5. 個別に示さないがエッグノッグを含む　6. ヘビークリーム、ライトクリーム、ハーフアンドハーフ　7. フルスキム・アメリカン、カッテージ、ポット、ベイカーズの各チーズは除く　8. 個別に示さないその他のチーズを含む　9. 個別に示さないライ麦粉および大麦製品を含む。アルコール飲料製造に用いられる量を除く　10. 乾燥重量。食用シロップ（メープル、糖蜜等）および蜂蜜を含む　11. 個別に示さないブドウ糖、デクストロースを含む

資料：U.S. Department of Agriculture, Economic Research Service, *Food Consumption, Prices, and Expenditures, Food Availability (Per Capita) Data System*; <http://www.ers.usda.gov/data/foodconsumption/>

No.218. 果実、野菜の1人当たり消費量：1980－2009年

[単位:ポンド、農場出荷時重量。国内生産果物、野菜消費＝産品の市場シェア＋輸入－輸出。4月1日現在のセンサス局の居住人口に基づく。2004-2008年は7月1日現在]

品目	1980	1990	1995	2000	2005	2006	2007	2008	2009
果実、野菜、計[1]	603.4	648.4	688.2	710.9	684.5	672.2	667.9	649.1	647.9
果実、計	264.9	256.8	273.7	286.0	269.9	268.6	261.4	256.6	257.0
生鮮果実	106.2	116.5	123.1	128.5	125.3	127.8	123.5	126.6	127.5
非柑橘類	80.1	95.2	99.3	105.0	103.7	106.2	105.5	106.0	106.8
りんご	19.2	19.6	18.7	17.5	16.7	17.7	16.4	15.9	16.4
バナナ	20.8	24.3	27.1	28.4	25.2	25.1	26.0	25.0	24.7
カンタロープ・メロン	5.8	9.2	9.0	11.1	9.6	9.3	9.6	8.9	9.3
ぶどう	4.0	7.8	7.4	7.4	8.6	7.6	8.0	8.5	7.9
桃・ネクタリン	7.1	5.5	5.3	5.3	4.8	4.6	4.5	5.1	4.4
なし	2.6	3.2	3.4	3.4	2.9	3.2	3.1	3.1	3.2
パイナップル	1.5	2.0	1.9	3.2	4.9	5.2	5.0	5.1	5.1
プラム・プルーン	1.5	1.5	0.9	1.2	1.1	1.0	1.0	0.9	0.7
いちご	2.0	3.2	4.1	4.9	5.8	6.1	6.3	6.4	7.2
すいか	10.7	13.3	15.2	13.8	13.5	15.1	14.4	15.6	15.3
その他[2]	5.1	5.4	6.3	8.7	10.5	11.3	11.4	11.4	12.5
生鮮柑橘類	26.1	21.4	23.8	23.5	21.6	21.6	17.9	20.6	20.7
オレンジ	14.3	12.4	11.8	11.7	11.4	10.2	7.5	9.9	9.1
グレープフルーツ	7.3	4.4	6.0	5.1	2.6	2.3	2.8	3.2	2.8
その他[3]	4.5	4.6	6.0	6.7	7.5	9.1	7.6	7.5	8.8
加工果実	158.7	140.3	150.7	157.5	144.6	140.8	137.9	130.0	129.5
冷凍果実[4]	3.3	4.3	4.3	4.6	5.2	5.0	5.3	4.9	4.9
乾燥果実[5]	11.2	12.1	12.7	10.4	10.0	10.5	9.8	9.8	9.2
缶詰果実[6]	24.4	20.8	17.2	17.5	16.5	15.4	16.0	15.5	15.5
フルーツジュース[7]	119.0	102.7	116.2	124.6	112.3	109.2	106.3	99.0	99.2
野菜、計	338.6	391.6	414.5	424.9	414.6	403.7	406.6	392.5	390.9
生鮮野菜	151.6	176.4	188.1	200.7	196.5	194.0	194.0	188.9	184.8
アスパラガス	0.3	0.6	0.6	1.0	1.1	1.1	1.2	1.2	1.3
ブロッコリー	1.4	3.4	4.3	5.9	5.3	5.8	5.6	6.0	6.1
キャベツ	8.0	8.3	8.1	8.9	7.8	7.8	8.0	8.1	7.3
にんじん	6.2	8.3	11.2	9.2	8.7	8.1	8.0	8.1	7.4
カリフラワー	1.1	2.2	1.6	1.7	1.8	1.7	1.7	1.6	1.5
セロリ	7.4	7.2	6.9	6.3	5.9	6.1	6.3	6.2	6.1
とうもろこし	6.5	6.7	7.8	9.0	8.7	8.3	9.2	9.1	9.0
きゅうり	3.9	4.4	5.6	6.4	6.2	6.1	6.4	6.4	6.6
玉レタス	25.6	27.7	22.2	23.5	20.9	20.1	18.4	16.8	17.1
マッシュルーム	1.2	2.0	2.0	2.6	2.6	2.6	2.5	2.4	2.4
たまねぎ	11.4	15.1	17.8	18.9	20.9	19.9	21.6	20.9	19.3
スナップ豆	1.3	1.1	1.6	2.0	1.8	2.1	2.2	2.0	1.6
ベル胡椒	2.9	5.9	7.0	8.2	9.2	9.5	9.4	9.6	9.4
じゃがいも	51.1	46.7	49.2	47.1	41.3	38.6	38.7	37.8	36.4
さつまいも	4.4	4.4	4.2	4.2	4.5	4.6	5.1	5.0	5.3
トマト	12.8	15.5	16.8	19.0	20.2	19.8	19.2	18.5	19.3
その他[8]	6.1	16.6	21.1	27.0	29.7	32.0	30.6	29.1	28.8
加工野菜	187.0	215.2	226.4	224.1	218.1	209.7	212.6	203.7	206.1
冷凍野菜[9]	51.5	66.8	78.8	79.3	76.4	75.0	75.8	72.6	71.3
缶詰野菜[10]	102.5	110.3	108.2	103.2	104.8	94.4	96.7	94.6	100.4
乾燥野菜[11]	10.5	14.6	14.5	17.3	13.9	14.2	14.1	13.9	13.7
チップ用ジャガイモ	16.5	16.4	16.4	15.9	16.0	18.6	18.6	15.7	13.7
豆類[12]	5.9	7.2	8.4	8.5	6.9	7.4	7.4	6.9	6.9

1. ワイン用のぶどうは除く　2. あんず、アボカド、チェリー、クランベリー、キウイ、マンゴー、パパイヤ、ハネデューメロン、タンジェロを含む　3. レモン、ライム、タンジェリン、タンジェロを含む　4. りんご、あんず、ブラックベリー、ブルーベリー、ボイズンベリー、チェリー、ローガンベリー、桃、プラム、ラズベリー、イチゴを含む　5. りんご、あんず、デイツ、イチジク、桃、なし、プルーン、レーズン　6. りんご、あんず、チェリー、オリーブ、桃、なし、パイナップル、プラム、プルーン　7. りんご、クランベリー、ぶどう、グレープフルーツ、レモン、ライム、オレンジ、パイナップル、プルーン　8. アーティチョーク、芽キャベツ、なす、キクジシャ、エンダイブ、にんにく、ロメイン・レタス、葉レタス、大根、ほうれん草および果汁。2000年以降コラードケール、マスタード系、オクラ、かぼちゃ、ツミップ茶を含む　9. アスパラガス、スナップいんげん、らいマメ、ブロッコリー、にんじん、カリフラワー、スウィートコーン、グリンピース、じゃがいも、ほうれんそう、およびその他の野菜　10. アスパラガス、スナップいんげん、ビーツ、キャベツ、にんじん、唐辛子、スウィートコーン、ピクルス用きゅうり、グリーンピース、らいマメ、マッシュルーム、ほうれんそう、トマト　11. たまねぎ、じゃがいも　12. 乾燥したピーナッツ、レンズ豆、その他の乾燥食用豆

資　料：U.S. Department of Agriculture, Economic Research Service, *Food Consumption, Prices, and Expenditures, Food Availability (Per Capita) Data System*;〈http://www.ers.usda.gov/data/foodconsumption/〉

第4章
教　　育

本章では、主として合衆国の公立・私立の教育機関に関する統計を示す。学齢人口、在籍者数、教育修了年数、教職員および、教育財政が主たる内容である。これに加えて、チャータースクール、ホームスクール、学校内で使用される安全対策、学校での技術教育、通信教育、大学図書館に関する統計も示してある。主要な原資料は10年毎の人口センサスと毎月人口調査（CPS）である。両者ともセンサス局の所轄であることは前途の通りである（第1章「人口」参照）。その他の主要な資料としては、教育省の一機関である全米教育統計センター（National Center for Education Statistics）が行う毎月の調査、隔年調査、全米教育協会（National Education Association）による調査がある。

人口センサスから、1840年以降の学校在籍者数および、1940年以降の教育修了年数の統計が得られる。CPSからは、1945年以降の毎年の学校在籍者数、1947年以降の教育修了年数の統計が得られる。

全米教育統計センターは、1870年以来教育局（Office of Education）が行ってきた調査を踏襲して、学生、教職員、教育予算、初等・中等・高等教育、高等教育機関等に関する統計を『Digest of Education Statistics』で公刊している。連邦政府の教育財源、在籍者数・卒業者数・教員数等の予測は同書の統計を基礎としている。年報『The Condition of Education』は、政策関係者にとって特に関心のある教育に関する情報の要約である。これらの他に、全米教育統計センターが行なう特殊研究の報告書、各州の教育局が作成する毎年あるいは隔年の報告書も重要な情報源である。

センサス局が2と7で終わる年に5年おきに行うセンサスでは各学区の財政および州・地方政府の教育支出の調査が行われている。労働統計局（Bureau of Labor Statistics）は、教育修了年数と民間労働力の経験とクロス情報を公表している（第12章の表No.593、619、627を参照）。

データのタイプと資料

本章の統計は2つのタイプに分けられる。第1タイプは、センサス局の統計に典型的にみられるように個人および家計の構成員の教育関係情報を直接面接法で調査したデータである。このタイプのデータによって、年齢・性・その他の人口学的特徴別に分類した学校在籍者数と教育修了年数の分布がわかる。学校在籍者数とは、所定の期間の就学者または在籍者数のことである。教育水準とは、履修・修了した最高学年を示す。1992年以降は取得した資格または学位のうち最高位のものを示す。

2001年から、毎月人口調査は、2000年センサス人口コントロールを利用している。1994－2000年は、1990年センサス人口コントロールの値をベンチマークとして用い、過小評価を修正している。又調査方法は、紙の質問票から、コンピュータを用いた方式に変わった。1981年から1993年の期間については1980年センサス人口を、また1971年から1980年については、1970年人口をベンチマークとして用いている。このようにベンチマークを変えることは、集計量（例えば中央値）や割合（例えば在籍率）の測定にさほど大きな影響を与えない。しかし、センサス人口をコントロール・トータル（ベンチマーク）として用いることは、推計値の絶対値に有意な影響を与える。

第2のタイプは、全米教育統計センターと全米教育協会の統計に代表される教育機関および州・地方自治体の教育局の行政上の報告書に基づく統計である。このタイプの統計からは、全国、各州および地方行政単位の学校在籍者数、就学者数、教職員数、財政の情報が得られる。全米教育統計センターは、センサス局の統計では除外されている専門職業学校、商業学校、ビジネス・スクール、あるいは通信教育機関の情報を含んでいる。全米教育統計センター統計は保育所、幼稚園を正規教育課程の一部として、部分的に在籍生徒数に含んでいる。これに対してセンサス局統計は、全ての

保育所と幼稚園を含んでいる。高等教育については、どちらの統計でも学位を付与する資格のある教育機関および短期大学のデータを示している。

義務教育

全ての州は、全ての子供に学校教育を受けることを義務付けている。義務教育年数は各州の法律によって異なるが、一般的には6歳から16歳までである。

学校

全米教育統計センター統計では、「学校」を"1つ以上の学年から成り、特定のタイプの教育を施すため、学校施設に収容される1人以上の生徒によって構成される学校制度の1区分"と定義している。この中には初等課程と中等課程が同一学校施設内に存在する場合のように、複数の学校が同一の学校施設を使用するケースも含まれる。

「正規の学校」(Regular school)とは、学位または卒業証書を目標として勉強させる教育機関を指す。この定義には、公立・私立の保育所、幼稚園、初等・中等教育機関、短期大学、大学および専門学校が含まれる。「公立学校(Public school)」とは、地方政府・州または連邦政府機関が設立・運営し、公的財政援助を受けている学校と定義される。「私立学校(Private school)」は、主として宗教団体、個人または民間団体によって運営される学校と定義される。

センサス局は、統計でいう「初等学校(elementary school)」は第1学年から第8学年まで含む学校と定義し、第9学年から第12学年までの学校を「高等学校(high school)」と定義している。同局の定義による「カレッジ」とは短期大学、コミュニティカレッジ、4年生カレッジ、大学、大学院は大学院(専門：ロースクール、メディカルスクール等を含む)の総称である。このような定義を反映して、全米教育統計センターおよび全米教育協会の統計とセンサス局のそれとは、教育機関の厳密な比較は困難である。例えば初等・中等教育の年限が地方または州によって異なっているからである。

学校年度

各表に明記した例外を除いて初等・中等学校の学校年度は、前年の9月からその年の6月までを指す。教育財政に関する統計は、前年の7月1日から当該年の6月30日までの12ヶ月を1年度としている。在籍者数の統計は、例えば「秋期現在」のように特定の時点のストック量である。その時点では各表に明記してある。

統計的信頼度

センサス局および教育統計センターのデータの収集、推計、標本抽出、統計的信頼度については、付録IIIを参照。

歴史統計

各表の見出しは、『アメリカ歴史統計、植民地時代～1970年』に対応している。クロスリファレンスについては、付録Iを参照。

No.219. 学校在籍者：1980－2020年

[単位：1,000（58,306は5830万6000を表す）。秋期現在。『アメリカ歴史統計』H421-429も参照]

年	全学校			幼小中学校（0－8）		高校（9－12）		大学[3]	
	計	公立	私立	公立	私立[1][2]	公立	私立[1]	公立	私立
1980.............	58,305	50,335	7,971	27,647	3,992	13,231	1,339	9,457	2,640
1985.............	57,226	48,901	8,325	27,034	4,195	12,388	1,362	9,479	2,768
1990.............	60,683	52,061	8,622	29,876	4,512	11,341	1,136	10,845	2,974
1991.............	62,087	53,357	8,730	30,506	4,518	11,541	1,163	11,310	3,049
1992.............	62,987	54,208	8,779	31,088	4,528	11,735	1,148	11,385	3,102
1993.............	63,438	54,654	8,784	31,504	4,536	11,961	1,132	11,189	3,116
1994.............	64,385	55,245	9,139	31,896	4,856	12,215	1,138	11,134	3,145
1995.............	65,020	55,933	9,087	32,338	4,756	12,502	1,163	11,092	3,169
1996.............	65,911	56,732	9,180	32,762	4,755	12,849	1,178	11,121	3,247
1997.............	66,574	57,323	9,251	33,071	4,759	13,056	1,185	11,196	3,306
1998.............	67,033	57,676	9,357	33,344	4,776	13,195	1,212	11,138	3,369
1999.............	67,667	58,167	9,500	33,486	4,789	13,371	1,229	11,309	3,482
2000.............	68,685	58,956	9,729	33,686	4,906	13,517	1,264	11,753	3,560
2001.............	69,920	59,905	10,014	33,936	5,023	13,736	1,296	12,233	3,695
2002.............	71,015	60,935	10,080	34,114	4,915	14,069	1,306	12,752	3,860
2003.............	71,551	61,399	10,152	34,201	4,788	14,339	1,311	12,859	4,053
2004.............	72,154	61,776	10,379	34,178	4,756	14,618	1,331	12,980	4,292
2005.............	72,674	62,135	10,539	34,204	4,724	14,909	1,349	13,022	4,466
2006.............	73,066	62,496	10,570	34,235	4,631	15,081	1,360	13,180	4,579
2007.............	73,451	62,783	10,668	34,205	4,546	15,087	1,364	13,491	4,757
2008.............	74,075	63,237	10,838	34,285	4,335	14,980	1,373	13,972	5,131
2009, 予測値[4]......	75,198	64,092	11,106	34,440	4,151	14,842	1,337	14,811	5,617
2010, 予測値......	75,286	64,231	11,054	34,637	4,092	14,668	1,306	14,926	5,657
2011, 予測値......	75,435	64,420	11,014	34,892	4,057	14,530	1,266	14,998	5,691
2012, 予測値......	75,633	64,665	10,968	35,129	4,034	14,512	1,229	15,023	5,704
2013, 予測値......	76,082	65,093	10,988	35,368	4,025	14,545	1,194	15,180	5,769
2014, 予測値......	76,775	65,713	11,063	35,579	4,027	14,689	1,160	15,445	5,875
2015, 予測値......	77,488	66,342	11,146	35,829	4,042	14,830	1,134	15,682	5,970
2016, 予測値......	78,182	66,947	11,234	36,161	4,073	14,877	1,103	15,909	6,059
2017, 予測値......	78,869	67,545	11,324	36,491	4,110	14,939	1,077	16,115	6,137
2018, 予測値......	79,556	68,133	11,422	36,803	4,146	15,000	1,060	16,330	6,217
2019, 予測値......	80,260	68,736	11,523	37,121	4,181	15,083	1,052	16,532	6,290
2020, 予測値......	80,955	69,342	11,612	37,444	4,216	15,222	1,056	16,676	6,340

1．私立学校の悉皆調査は隔年であるため、奇数年秋季のデータ。偶数年のデータは悉皆調査に基づく推計値　2．幼稚園以上の教育施設を持つ機関に就学する保育園および幼稚園前教育の就学者数を含む　3．1996年以降のデータは、新分類システムに基づく。表No.278の脚注1を参照　4．幼稚園から第12学年の数値は予測値、大学の数値は実際の値
資料：U.S. National Center for Education Statistics, *Digest of Education Statistics*（年刊）および *Projections of Education Statistics*（年刊）；<http://www.nces.ed.gov/annuals> も参照

No.220. 学校支出——経営主体別、教育段階別、実質ドル（2009－2010年）：1980－2010年

[単位：100万ドル（446,896は4468億9600万ドルを表す）。表示年の学校年度末現在。表示されたデータは時系列調整済。公立小中・高等学校の支出には名目支出、学校負債への利息、資本支出を含む。データは消費者物価指数と、それ以降は学校年度ベースの全都市消費者でデフレートしてある（教育統計局（National Center for Education Statistics）による）。付録Ⅲを参照。各州の教育機関の調査に基づく。詳細については資料を参照。『アメリカ歴史統計』系列H494、499、500はデータは比較できないが関連する。私立学校に関連するものはH513-519]

年	計	小・中・高校			大学[1]		
		計	公立	私立	計	公立	私立
1980..........	446,896	288,005	267,904	20,101	158,891	105,440	53,451
1985..........	490,472	306,147	280,737	25,410	184,326	119,497	64,829
1990..........	624,431	394,586	363,179	31,407	229,845	146,403	83,442
1992..........	655,411	410,479	378,017	32,461	244,933	155,010	89,923
1993..........	668,607	417,328	384,633	32,695	251,279	159,018	92,261
1994..........	682,973	426,018	393,260	32,758	256,955	162,028	94,927
1995..........	699,119	435,465	402,034	33,431	263,654	166,383	97,271
1996..........	713,363	446,161	411,932	34,229	[2]267,203	167,671	[2]99,532
1997..........	734,944	462,296	427,107	35,189	[2]272,648	171,822	[2]100,826
1998..........	764,434	484,566	447,984	36,582	279,868	178,015	101,854
1999..........	795,388	506,646	468,710	37,935	288,742	185,118	103,625
2000..........	831,291	528,149	488,846	39,303	303,141	195,013	108,128
2001..........	872,694	550,603	508,516	42,086	322,092	210,859	111,233
2002..........	915,606	574,172	529,534	44,638	341,434	223,113	118,321
2003..........	946,988	586,512	541,405	45,107	360,476	234,489	125,987
2004..........	967,013	598,104	552,333	45,771	368,909	238,837	130,072
2005..........	990,428	611,642	564,833	46,809	378,787	243,986	134,801
2006..........	1,008,252	623,149	575,879	47,270	385,103	246,750	138,353
2007[2]........	1,044,757	646,044	596,887	49,157	398,713	253,567	145,146
2008[2,3]......	1,079,263	661,061	610,794	50,267	418,201	267,252	150,949
2009[2,3]......	1,090,450	655,280	605,806	49,474	435,170	275,642	159,529
2010[2,3]......	1,111,000	650,000	602,000	48,000	461,000	289,000	172,000

1．1996年以降のデータは、新分類システムに基づく。表No.278の脚注1を参照　2．推計値　3．内訳の合計は数字の丸めのため一致しない場合がある
資料：U.S. National Center for Education Statistics, *Digest of Education Statistics*（年刊）；<http://www.nces.ed.gov/programs/digest/> も参照

No.221. 在籍者、教職員、卒業生と財政：2010－2016年

[別に注記するものを除き、秋期現在（54,770は5477万を表す）]

項目	単位	2010	2011	2012	2013	2014	2015	2016
小・中・高校								
在籍者数、計	1,000	54,770	54,704	54,746	54,905	55,133	55,455	55,836
幼稚園－8学年	1,000	38,592	38,729	38,949	39,163	39,394	39,606	39,872
9－12学年	1,000	16,179	15,975	15,797	15,742	15,739	15,849	15,964
公立、計	1,000	49,282	49,306	49,422	49,642	49,914	50,268	50,659
幼稚園－8学年	1,000	34,440	34,637	34,892	35,129	35,368	35,579	35,829
9－12学年	1,000	14,842	14,668	14,530	14,512	14,545	14,689	14,830
私立、計	1,000	5,488	5,398	5,324	5,263	5,219	5,187	5,176
幼稚園－8学年	1,000	4,151	4,092	4,057	4,034	4,025	4,027	4,042
9－12学年	1,000	1,337	1,306	1,266	1,229	1,194	1,160	1,134
教職員、FTE計[1]	1,000	3,644	3,668	3,679	3,696	3,725	3,752	3,782
公立、計	1,000	3,207	3,240	3,253	3,274	3,306	3,334	3,364
私立、計	1,000	437	428	426	422	419	419	418
高校、卒業生、計[2]	1,000	3,321	3,282	3,220	3,197	3,154	3,132	3,165
公立	1,000	3,013	2,982	2,926	2,912	2,875	2,867	2,904
公立学校：[2]								
平均出席日数(ADA)	1,000	46,041	46,063	46,172	46,377	46,631	46,962	47,328
名目価格：[3]								
名目学校教育費	10億ドル	517	526	536	550	570	(NA)	(NA)
生徒1人あたり	ドル	10,482	10,670	10,855	11,081	11,410	(NA)	(NA)
実質価格(2008－2009年)：[3][4]								
名目学校支出	10億ドル	511	514	515	518	525	541	557
生徒1人あたり	ドル	10,377	10,425	10,428	10,434	10,524	10,760	10,987
高等教育								
在籍者数、計	1,000	20,428	20,582	20,688	20,727	20,948	21,320	21,651
男性	1,000	8,770	8,862	8,896	8,894	8,941	9,028	9,100
フルタイム	1,000	5,671	5,689	5,709	5,705	5,730	5,787	5,834
パートタイム	1,000	3,099	3,172	3,186	3,189	3,211	3,242	3,266
女性	1,000	11,658	11,720	11,793	11,833	12,008	12,291	12,551
フルタイム	1,000	7,052	7,095	7,145	7,151	7,232	7,371	7,495
パートタイム	1,000	4,606	4,625	4,648	4,682	4,776	4,921	5,056
公立	1,000	14,811	14,926	14,998	15,023	15,180	15,445	15,682
4年制大学	1,000	7,709	7,771	7,817	7,833	7,913	8,048	8,167
2年制大学	1,000	7,101	7,155	7,181	7,190	7,266	7,397	7,515
私立	1,000	5,617	5,657	5,691	5,704	5,769	5,875	5,970
4年制大学	1,000	5,197	5,238	5,271	5,285	5,346	5,445	5,533
2年制大学	1,000	420	419	420	420	423	430	437
学部生	1,000	17,565	17,699	17,786	17,801	17,965	18,255	18,512
学士以上（修士・博士・専門学位等）	1,000	2,862	2,884	2,903	2,927	2,984	3,065	3,140
フルタイム換算	1,000	12,723	12,784	12,854	12,856	12,962	13,158	13,329
公立	1,000	8,530	8,564	8,607	8,604	8,670	8,797	8,908
2年	1,000	2,881	2,876	2,884	2,878	2,898	2,941	2,979
4年	1,000	5,650	5,688	5,724	5,726	5,772	5,856	5,928
私立	1,000	4,192	4,220	4,247	4,252	4,291	4,361	4,422
2年	1,000	368	368	369	368	371	377	382
4年	1,000	3,824	3,852	3,878	3,883	3,920	3,984	4,039
授与学位、計[2]	1,000	3,365	3,464	3,586	3,615	3,656	3,701	3,756
准学士	1,000	835	863	895	899	906	915	927
学士	1,000	1,673	1,715	1,781	1,791	1,805	1,817	1,835
修士	1,000	691	712	730	741	756	776	795
博士	1,000	70	74	77	80	83	87	90
1級専門資格	1,000	95	100	103	104	104	107	109

NA　データなし　1．フルタイム換算　2．学校年度は翌年6月を年度末とする　3．財務予測は、長期的なインフレの影響があるため表示しない　4．労働統計局による、全都市部の消費者物価指数（CPI）に基づく。消費者物価指数は教育統計局により学校年度に基づいて調整済み

資料：U.S. National Center for Education Statistics, *Projections of Education Statistics to 2020*, <http://www.nces.ed.gov/surveys/AnnualReports/> も参照

No.222. 教育・関連活動の連邦プログラム資金――教育段階、機関、プログラム別：2005－2010年

[単位：100万ドル、％（146,207.0 は 1462 億 700 万を表す）。9 月を年度末とする会計年度。基金の予算額]

レベル、機関、プログラム	2005	2009	2010[1]	レベル、機関、プログラム	2005	2009	2010[1]
全プログラム、計	146,207.0	163,070.7	(NA)	保健・福祉省[2]	1,433.5	1,235.9	1,345.8
連邦予算に占める割合（％）	5.9	4.6		保健専門職教育プログラム	581.7	354.3	406.7
小・中・高校教育プログラム	68,957.7	88,133.6	115,404.3	国民健康保健団体災害	45.0	40.0	41.0
教育省[2]	37,477.6	52,468.1	76,932.5	国立保健教育奨学機関[7]	756.0	776.3	824.4
恵まれない子供への援助	14,635.6	15,880.5	22,134.3	国土安全保障省			
学校改善プログラム	7,918.1	19,600.5	34,267.4	配当された歳入、鉱物貸与法	36.4	52.7	59.0
インディアン教育	121.9	118.2	109.9	その他の受取り	249.2	147.9	159.5
特殊教育	10,940.3	12,768.8	16,450.6	内務省			
職業教育、成人教育	1,967.1	2,034.2	1,944.4	配当された歳入、鉱物貸与法	146.2	15.7	14.9
教育改革ゴール 2000	−35.0	(X)	(X)	その他の受取り	103.0	132.1	144.6
児童栄養プログラム[3]	12,577.3	15,273.4	17,277.4	インディアン・プログラム	424.0	537.0	610.0
農務省マーケティングサービスコスモディティ[3]	11,901.9	13,714.9	15,500.9	国務省	73.0	69.0	104.0
	399.3	1,237.0	1,354.9	運輸省	2,478.6	3,682.3	8,810.6
国防総省[2]	1,786.3	1,907.7	2,048.9	退役軍人[2]戦争後の教育受給	1.1	0.4	0.1
海外・軍人の子供のための学校	1,060.9	1,110.5	1,186.6	全軍志願者の教育機関・プログラム[2]	2,071.0	3,013.6	8,253.2
セクションⅥ学校[4]	410.2	418.5	435.1	その他の教育機関・プログラム[2]	552.2	707.0	802.6
保健・福祉省[2]	8,003.3	9,738.0	8,539.3	全米人文基金	29.3	40.8	40.0
ヘッド・スタート	6,842.3	8,499.1	7,235.2	全米科学財団	490.0	629.0	728.0
社会保障給付	1,161.0	1,238.9	1,304.1	その他の教育プログラム	6,908.5	8,211.0	10,630.5
国土安全保障省	0.5	2.6	2.9	教育省	3,538.9	4,551.4	5,592.7
内務省、その他の資金	938.5	782.5	784.5	リハビリテーション・サービスおよび障害者研究	548.8	1,339.0	1,418.4
鉱物貸与法、その他の教育	140.0	78.1	74.5	農務省	2,973.3	3,185.7	4,145.2
インディアン教育	797.5	703.4	709.1	保健・福祉省	468.6	542.8	565.4
司法省	554.5	821.1	882.1	司法省	313.0	331.0	34.0
受刑者教育	554.5	820.0	881.0	国土安全保障省	278.2	351.1	1,920.0
労働省	5,654.0	6,073.0	7,811.0	その他のプログラム、機関[2]	26.1	29.0	29.6
職業軍人部隊	1,521.0	1,612.0	1,850.0	退役軍人省の職業リハビリテーション	109.3	118.5	118.0
退役軍人省	1,815.0	919.1	967.2	議会図書館	2,174.3	2,287.1	2,370.5
橋病退役軍人リハビリテーション	1,815.0	919.1	967.2	国際開発局	574.0	612.0	614.0
その他の教育プログラムおよび機関	153.2	148.1	158.5	全米芸術基金	430.0	468.0	420.0
高等教育プログラム	38,587.3	36,394.2	47,888.8	全米人文基金	2.5	3.0	4.0
教育省[2]	31,420.0	27,626.6	33,673.3		88.0	93.7	93.0
大学・学生資金援助[5]	15,209.5	23,040.2	31,796.1	大学・関連機関、研究プログラム[2]	31,753.5	30,331.9	(NA)
連邦学生ローン[5]	10,777.5	526.9	−1,003.4	農務省	709.7	538.8	(NA)
農商務省	62.0	73.2	80.7	国防総省	2,675.9	2,507.7	(NA)
国防総省	(NA)	(NA)	(NA)	工ネルギー省	4,339.9	2,883.7	(NA)
軍人への授業料援助[6]	1,858.3	2,262.8	2,243.4	保健・福祉省	16,358.1	17,165.5	(NA)
サービスアカデミー	608.1	657.7	627.5	航空宇宙局	2,763.1	1,655.4	(NA)
上級子備役将校訓練	300.8	371.2	376.9	全米科学財団	3,503.2	4,405.5	(NA)
専門開発教育	537.5	653.6	661.9				
	411.9	580.3	577.0				

NA データなし　X 該当なし　1. 実際の予算報告に基づく教育省報告、推計値　2. 個別に明示しないその他のプログラムを含む　3. 1935年8月注32項により購入される児童栄養プログラム用、コンピュータ・センター、図書館を含む　4. 授業料負担の無い公立学校教育を近隣では受けられない国有地に駐在する連邦政府職員の扶養家族向け教育プログラム　5. 連邦ダイレクト・ローン　6. 教育のための費用のみ。教員、視聴覚、コンピュータ・センター、図書館を含む　7. アルコール、薬物乱用および精神保健訓練プログラム〈http://www.nces.ed.gov/programs/digest/〉も参照

資料：U.S. National Center for Education Statistics, *Digest of Education Statistics*（年刊）

第4章　教育　147

No.223. 学校在籍者——年齢別：1970－2009年

[10月現在（60,357は6035万7000を表す）。保育所以上の学校に在籍する民間非施設収容人口。毎月人口調査に基づく。第1章の解説および付録Ⅲを参照。『アメリカ歴史統計』系列H442-476も参照]

年齢	1970	1980	1985	1990	1995	2000	2005	2007	2008	2009
在籍者数（1,000）										
3－34歳、計	60,357	57,348	58,013	60,588	66,939	69,560	72,768	72,970	73,275	73,905
3－4歳	1,461	2,280	2,801	3,292	4,042	4,097	4,383	4,491	4,458	4,475
5－6歳	7,000	5,853	6,697	7,207	7,901	7,648	7,486	7,792	7,651	7,783
7－13歳	28,943	23,751	22,849	25,016	27,003	28,296	27,936	27,532	27,681	27,609
14－15歳	7,869	7,282	7,362	6,555	7,651	7,885	8,375	8,137	7,965	7,789
16－17歳	6,927	7,129	6,654	6,098	6,997	7,341	8,472	8,205	8,202	7,939
18－19歳	3,322	3,788	3,716	4,044	4,274	4,926	5,109	5,566	5,607	5,935
20－21歳	1,949	2,515	2,708	2,852	3,025	3,314	4,069	3,916	4,052	4,163
22－24歳	1,410	1,931	2,068	2,231	2,545	2,731	3,254	3,375	3,488	3,818
25－29歳	1,011	1,714	1,942	2,013	2,216	2,030	2,340	2,577	2,764	2,819
30－34歳	466	1,105	1,218	1,281	1,284	1,292	1,344	1,379	1,407	1,576
35歳以上	(NA)	1,290	1,766	2,439	2,830	2,653	3,013	2,997	3,079	3,383
就学率（％）										
3－34歳、計	56.4	49.7	48.3	50.2	53.7	55.8	56.5	56.1	56.2	56.5
3－4歳	20.5	36.7	38.9	44.4	48.7	52.1	53.6	54.5	52.8	52.4
5－6歳	89.5	95.7	96.1	96.5	96.0	95.6	95.4	94.7	93.8	94.1
7－13歳	99.2	99.3	99.2	99.6	98.9	98.2	98.6	98.4	98.7	98.2
14－15歳	98.1	98.2	98.1	99.0	98.9	98.7	98.0	98.7	98.6	98.0
16－17歳	90.0	89.0	91.7	92.5	93.6	92.8	95.1	94.3	95.2	94.6
18－19歳	47.7	46.4	51.6	57.3	59.4	61.2	67.6	66.8	66.0	68.9
20－21歳	31.9	31.0	35.3	39.7	44.9	44.1	48.7	48.4	50.1	51.7
22－24歳	14.9	16.3	16.9	21.0	23.2	24.6	27.3	27.3	28.2	30.4
25－29歳	7.5	9.3	9.2	9.7	11.6	11.4	11.9	12.4	13.2	13.5
30－34歳	4.2	6.4	6.1	5.8	6.0	6.7	6.9	7.2	7.3	8.1
35歳以上	(NA)	1.4	1.6	2.1	2.2	1.9	2.0	1.9	2.0	2.1

NA データなし

資料：U.S. Census Bureau, Current Population Reports, PPL-148, P-20およびそれ以前のレポート、および "School Enrollment,"；〈http://www.census.gov/population/www/socdemo/school.html〉

No.224. 学校在籍者——人種・ヒスパニック別、年齢別：2000－2009年

[（54,257は5425万7000を表す）。表No.223の頭注を参照]

年齢	白人[1]			黒人[1]			ヒスパニック[2]		
	2000	2005	2009	2000	2005	2009	2000	2005	2009
在籍者数（1,000）									
3－34歳、計	54,257	55,715	56,080	11,115	10,885	11,110	9,928	12,502	14,121
3－4歳	3,091	3,380	3,228	725	655	787	518	773	912
5－6歳	5,959	5,707	5,926	1,219	1,144	1,117	1,390	1,532	1,878
7－13歳	22,061	21,310	21,035	4,675	4,317	4,098	4,373	5,394	5,931
14－15歳	6,176	6,429	5,981	1,260	1,321	1,177	1,093	1,431	1,482
16－17歳	5,845	6,520	6,052	1,106	1,281	1,250	959	1,357	1,367
18－19歳	3,924	4,006	4,532	716	707	878	617	681	959
20－21歳	2,688	3,262	3,276	416	430	532	311	447	521
22－24歳	2,101	2,411	2,825	393	475	577	309	419	459
25－29歳	1,473	1,740	2,108	353	307	417	198	310	385
30－34歳	939	950	1,117	252	248	277	160	158	227
35歳以上	2,087	2,299	2,505	387	499	638	235	307	407
就学率（％）									
3－34歳、計	55.1	55.9	55.7	59.0	58.4	58.5	51.3	50.9	52.8
3－4歳	50.2	54.2	51.1	59.9	52.2	57.7	35.9	43.0	41.9
5－6歳	95.3	95.3	94.0	96.3	95.9	93.6	94.3	93.8	93.7
7－13歳	98.2	98.6	98.3	98.0	98.6	98.1	97.5	97.6	97.3
14－15歳	98.4	98.3	98.1	99.6	95.8	97.8	96.2	97.3	97.9
16－17歳	92.8	95.4	94.4	91.4	93.1	94.1	87.0	92.6	92.6
18－19歳	61.3	68.0	68.7	57.2	62.8	65.2	49.5	54.3	57.1
20－21歳	44.9	49.3	52.6	36.6	37.6	44.7	26.1	30.0	37.2
22－24歳	23.7	26.0	28.9	24.2	28.0	31.9	18.2	19.5	20.4
25－29歳	10.4	11.3	12.9	14.3	11.7	14.6	7.4	7.8	9.5
30－34歳	6.0	6.2	7.3	9.6	10.0	11.0	5.6	4.2	5.6
35歳以上	1.8	1.8	1.9	2.6	3.1	3.7	2.0	2.0	2.2

1．2005年以降は1つの人種グループのみを回答したもの。表No.229の脚注2を参照　2．ヒスパニックは人種を問わない

資料：U.S. Census Bureau, Current Population Reports, PPL-148, P-20およびそれ以前のレポート、および "School Enrollment,"；〈http://www.census.gov/population/www/socdemo/school.html〉

No.225. 公立・私立学校在籍者数：1970－2009年

[単位：100万人（52.2は5220万人を表す）。比率は％。10月現在。民間非施設収容人口による。1970年から1985年は3～34歳、1990年以降は3歳以上。35歳以上の大学就学者については、表No.223を参照。第1章参照]

年	公立						私立					
	計	保育所	幼稚園	小中学校	高校	大学	計	保育所	幼稚園	小中学校	高校	大学
1970	52.2	0.3	2.6	30.0	13.5	5.7	8.1	0.8	0.5	3.9	1.2	1.7
1975	52.8	0.6	2.9	27.2	14.5	7.7	8.2	1.2	0.5	3.3	1.2	2.0
1980	(NA)	0.6	2.7	24.4	(NA)	(NA)	(NA)	1.4	0.5	3.1	(NA)	(NA)
1985	49.0	0.9	3.2	23.8	12.8	8.4	9.0	1.6	0.6	3.1	1.2	2.5
1990[1]	53.8	1.2	3.3	26.6	11.9	10.7	9.2	2.2	0.6	2.7	0.9	2.9
1993	56.0	1.2	3.5	27.7	12.6	10.9	9.4	1.8	0.7	2.9	1.0	3.0
1994	58.6	1.9	3.3	28.1	13.5	11.7	10.7	2.3	0.6	3.4	1.1	3.3
1995	58.7	2.0	3.2	28.4	13.7	11.4	11.1	2.4	0.7	3.4	1.2	3.3
1996	59.5	1.9	3.4	28.1	14.1	12.0	10.8	2.3	0.7	3.4	1.2	3.2
1997	61.6	2.3	3.3	29.3	14.6	12.1	10.5	2.2	0.7	3.1	1.2	3.3
1998	60.8	2.3	3.1	29.1	14.3	12.0	11.3	2.3	0.7	3.4	1.2	3.6
1999	60.8	2.3	3.2	29.2	14.4	11.7	11.4	2.3	0.7	3.6	1.3	3.5
2000	61.2	2.2	3.2	29.4	14.4	12.0	11.0	2.2	0.7	3.5	1.3	3.3
2001	62.4	2.2	3.1	29.8	14.8	12.4	10.8	2.1	0.6	3.4	1.2	3.5
2002	62.8	2.2	3.0	29.7	15.1	12.8	11.3	2.2	0.6	3.5	1.3	3.7
2003	63.8	2.6	3.1	29.2	15.8	13.1	11.1	2.4	0.6	3.4	1.3	3.5
2004	64.3	2.5	3.4	29.2	15.5	13.7	11.3	2.3	0.6	3.4	1.3	3.7
2005	64.2	2.5	3.3	29.0	15.8	13.4	11.5	2.1	0.6	3.4	1.4	4.0
2006	64.1	2.5	3.6	29.0	15.6	13.5	11.1	2.2	0.5	3.1	1.5	3.8
2007	65.1	2.6	3.7	29.1	15.8	14.1	10.8	2.1	0.5	3.1	1.3	3.9
2008	65.5	2.6	3.6	29.2	15.4	14.7	10.8	2.0	0.5	3.2	1.3	4.0
2009	66.9	2.7	3.8	29.4	15.3	15.7	10.4	2.0	0.4	2.9	1.2	4.0
白人（％）：												
1970	84.5	59.5	84.4	83.1	85.6	90.7	93.4	91.1	88.2	94.1	96.1	92.8
1980	(NA)	68.2	80.7	80.9	(NA)	(NA)	(NA)	89.0	87.0	90.7	(NA)	(NA)
1990	79.8	71.7	78.3	78.9	79.2	84.1	87.4	89.6	83.2	88.2	89.4	85.0
2000	77.0	69.4	77.3	76.7	78.0	78.0	83.5	84.9	82.8	85.9	84.6	79.8
2005[2]	75.7	71.3	78.0	75.2	76.0	76.7	81.4	83.6	79.0	83.0	83.6	78.4
2007[2]	75.4	73.2	77.6	75.3	75.2	77.1	80.9	84.1	81.3	82.1	86.1	76.6
2008[2]	75.7	69.5	76.8	75.4	75.2	77.6	79.9	83.2	79.5	80.6	83.6	76.4
2009[2]	75.2	66.8	75.9	75.8	74.8	76.0	79.3	80.0	80.3	80.7	85.5	76.2

NA データなし　1．1990年以降のデータは、タブレーション・パッケージに基づいて改訂されている　2．2005年以降は1つの人種グループのみを回答したもの。表No.229の脚注2を参照
資料：U.S. Census Bureau, Current Population Reports, PPL-148, P-20およびそれ以前のレポート、および"School Enrollment,"; <http://www.census.gov/population/www/socdemo/school.html>

No.226. 学校在籍者——性別、教育段階別：1970－2009年

[単位：100万人（60.4は6040万人を表す）。10月現在。民間非施設収容人口による。1980年以前は3～34歳、1980年以降は3歳以上。初等学校は幼稚園と第1～8学年、高校（4年制のハイスクール）は第9～12学年、大学は、2年制、4年制、総合大学、専門大学。大学のデータは、学位単位履修者のもの。表No.223の頭注を参照]

年	計[1]			初等学校			高校			大学		
	計	男性	女性	計	男性	女性	計	男性	女性	計	男性	女性
1970	60.4	31.4	28.9	37.1	19.0	18.1	14.7	7.4	7.3	7.4	4.4	3.0
1980	58.6	29.6	29.1	30.6	15.8	14.9	14.6	7.3	7.3	11.4	5.4	6.0
1985	59.8	30.0	29.7	30.7	15.7	15.0	14.1	7.2	6.9	12.5	5.9	6.6
1990[2]	63.0	31.5	31.5	33.2	17.1	16.0	12.8	6.5	6.4	13.6	6.2	7.4
1992	64.6	32.2	32.3	34.3	17.7	16.6	13.3	6.8	6.5	14.0	6.2	7.8
1993	65.4	32.9	32.5	34.8	17.9	16.9	13.6	7.0	6.6	13.9	6.3	7.6
1994	69.3	34.6	34.6	35.4	18.2	17.2	14.6	7.4	7.2	15.0	6.8	8.2
1995	69.8	35.0	34.8	35.7	18.3	17.4	15.0	7.7	7.3	14.7	6.7	8.0
1996	70.3	35.1	35.2	35.5	18.3	17.3	15.3	7.9	7.4	15.2	6.8	8.4
1997	72.0	35.9	36.2	36.3	18.7	17.6	15.8	8.0	7.7	15.4	6.8	8.6
1998	72.1	36.0	36.1	36.4	18.7	17.7	15.6	7.9	7.6	15.5	6.9	8.6
1999	72.4	36.3	36.1	36.7	18.8	17.9	15.9	8.2	7.7	15.2	7.0	8.2
2000	72.2	35.8	36.4	36.7	18.9	17.9	15.8	8.1	7.7	15.3	6.7	8.6
2001	73.1	36.3	36.9	36.9	19.0	17.9	16.1	8.2	7.8	15.9	6.9	9.0
2002	74.0	36.8	37.3	36.7	18.9	17.8	16.4	8.3	8.0	16.5	7.2	9.3
2003	74.9	37.3	37.6	36.3	18.7	17.6	17.1	8.6	8.4	16.6	7.3	9.3
2004	75.5	37.4	37.8	36.5	19.0	17.6	16.8	8.4	8.4	17.4	7.6	9.8
2005	75.8	37.4	38.4	36.4	18.6	17.7	17.4	8.9	8.5	17.5	7.5	9.9
2006	75.2	37.2	38.0	36.1	18.5	17.6	17.1	8.8	8.4	17.2	7.5	9.7
2007	76.0	37.6	38.4	36.3	18.6	17.7	17.1	8.8	8.3	18.0	7.9	10.1
2008	76.3	37.8	38.6	36.4	18.6	17.7	16.8	8.5	8.2	18.6	8.3	10.3
2009	77.3	38.0	39.3	32.2	16.5	15.7	16.4	8.4	8.1	19.8	8.6	11.1

1．個別に明示しない保育所を含む　2．改訂後の数値。1990年以降のデータは、タブレーション・パッケージに基づいて改訂されている
資料：U.S. Census Bureau, Current Population Reports, PPL-148, P-20およびそれ以前のレポート、および"School Enrollment,"; <http://www.census.gov/population/www/socdemo/school.html>

No.227. 教育段階別公立・私立学校在籍者：1980－2010年

[単位：1,000人（58,305は5830万5000を表す）。各年度秋季現在。データは正規の昼間学校のもの。独立した保育所と幼稚園、特殊児童のための居住学校、短大、インディアン向け連邦学校、連邦施設・基地内の連邦運営学校を除く。大学のデータは、学位、非学位の履修者を含む。各州の教育機関の調査に基づく。詳細については資料を参照。予測については表No.219および221を参照。本書前年版の表No.223も参照]

教育段階	1980	1990	1995	2000	2005	2006	2007	2008	2009, 予測値	2010, 予測値
計	58,305	60,683	65,020	68,685	72,674	73,066	73,451	74,075	75,198	75,286
公立	50,335	52,061	55,933	58,956	62,135	62,496	62,783	63,237	64,092	64,231
私立	7,971	8,622	9,087	9,729	10,539	10,570	10,668	10,838	11,106	11,054
幼稚園－第8学年	31,639	34,388	37,094	38,592	38,928	38,866	38,751	38,620	38,592	38,729
公立	27,647	29,876	32,338	33,686	34,204	34,235	34,205	34,285	34,440	34,637
私立	3,992	[1]4,512	4,756	[1]4,906	4,724	[1]4,631	4,546	[1]4,335	4,151	4,092
第9－12学年	14,570	12,476	13,665	14,781	16,258	16,441	16,451	16,352	16,179	15,975
公立	13,231	11,341	12,502	13,517	14,909	15,081	15,087	14,980	14,842	14,668
私立	1,339	1,136	1,163	[1]1,264	1,349	[1]1,360	1,364	[1]1,373	1,337	1,306
大学[2]	12,097	13,819	14,262	15,312	17,487	17,759	18,248	19,103	20,428	20,582
公立	9,457	10,845	11,092	11,753	13,022	13,180	13,491	13,972	14,811	[3]14,926
私立	2,640	2,974	3,169	3,560	4,466	4,579	4,757	5,131	5,617	5,657
非営利	2,528	2,760	2,929	3,109	3,455	3,513	3,571	3,662	3,765	(NA)
営利	112	214	240	450	1,011	1,066	1,186	1,469	1,852	(NA)

NA データなし 1．2000年以降、新しい分類システムに基づく。表No.278の脚注1を参照 2．予測値ではなく、実際のデータ

資料：U.S. National Center for Education Statistics, *Digest of Education Statistics*（年刊）および *Projections of Education Statistics*（年刊）; <http://www.nces.ed.gov/annuals> も参照

No.228. 外国人もしくは外国人の両親を持つ学生：2009年

[単位：1,000人、％（48,684は4868万4000人を表す）。10月現在。初等学校就学以上の民間非施設収容人口。毎月人口調査に基づく。第1章の解説および付録Ⅲを参照。本書前年版の表No.224も参照]

特徴	全学生数	計		少なくとも片親が外国人			
				外国生まれ		合衆国生まれ	
		学生数	%	学生数	%	学生数	%
初等学校および高校							
計[1]	48,684	10,965	22.5	2,355	4.8	8,610	17.7
白人[2]	37,001	7,584	20.5	1,500	4.1	6,084	16.4
白人、非ヒスパニック	27,817	1,806	6.5	314	1.1	1,492	5.4
黒人[2]	7,429	1,052	14.2	313	4.2	739	9.9
アジア系[2][3]	1,878	1,660	88.4	475	25.3	1,185	63.1
ヒスパニック[4]	10,200	6,287	61.6	1,274	12.5	5,014	49.2
大学1－4年							
計[1]	16,012	3,617	22.6	1,534	9.6	2,083	13.0
白人[2]	12,235	2,198	18.0	879	7.2	1,319	10.8
白人、非ヒスパニック	10,252	916	8.9	355	3.5	561	5.5
黒人[2]	2,410	482	20.0	262	10.9	219	9.1
アジア系[2][3]	850	776	91.3	376	44.2	400	47.1
ヒスパニック[4]	2,169	1,375	63.4	548	25.3	827	38.1
大学院							
計[1]	3,752	1,068	28.5	637	17.0	431	11.5
白人[2]	2,792	483	17.3	247	8.8	236	8.5
白人、非ヒスパニック	2,574	345	13.4	173	6.7	172	6.7
黒人[2]	479	167	34.9	109	22.8	58	12.1
アジア系[2][3]	381	366	96.1	273	71.7	93	24.4
ヒスパニック[4]	265	170	64.2	81	30.6	88	33.2

1．個別に明示しないその他の人種を含む 2．1つの人種グループのみを回答したもの。表No.229の脚注2を参照 3．アジア系のみのデータ。太平洋諸島民を除く 4．ヒスパニックは人種を問わない

資料：U.S. Census Bureau, Current Population Survey, 未刊行資料; <http://www.census.gov/population/www/socdemo/school.html>

No.229. 教育水準——人種・ヒスパニック別：1970−2010年

[単位：％。25歳以上。1970および1980年については、4月1日現在の人口センサスのデータによる標本調査に基づく。その他の年については、3月現在の毎月人口調査に基づく。第1章の解説および付録Ⅲを参照。性別のデータは表No.230を参照]

年	計[1]	白人[2]	黒人[2]	アジア・太平洋諸島民[2]	ヒスパニック[3] 計[4]	メキシコ系	プエルトリコ系	キューバ系
高等学校4年以上修了[5]								
1970	52.3	54.5	31.4	62.2	32.1	24.2	23.4	43.9
1980	66.5	68.8	51.2	74.8	44.0	37.6	40.1	55.3
1990	77.6	79.1	66.2	80.4	50.8	44.1	55.5	63.5
1995	81.7	83.0	73.8	(NA)	53.4	46.5	61.3	64.7
2000	84.1	84.9	78.5	85.7	57.0	51.0	64.3	73.0
2005	85.2	85.8	81.1	[6] 87.6	58.5	52.2	72.4	73.3
2007	85.7	86.2	82.3	87.8	60.3	53.9	73.5	79.8
2008	86.6	87.1	83.0	88.7	62.3	55.2	76.4	80.0
2009	86.7	87.1	84.1	88.2	61.9	55.7	76.6	78.5
2010	87.1	87.6	84.2	88.9	62.9	57.4	74.8	81.4
大学4年以上修了[5]								
1970	10.7	11.3	4.4	20.4	4.5	2.5	2.2	11.1
1980	16.2	17.1	8.4	32.9	7.6	4.9	5.6	16.2
1990	21.3	22.0	11.3	39.9	9.2	5.4	9.7	20.2
1995	23.0	24.0	13.2	(NA)	9.3	6.5	10.7	19.4
2000	25.6	26.1	16.5	43.9	10.6	6.9	13.0	23.0
2005	27.7	28.1	17.6	[6] 50.2	12.0	8.2	13.8	24.6
2007	28.7	29.1	18.5	52.1	12.7	9.0	16.4	27.2
2008	29.4	29.8	19.6	52.6	13.3	9.1	15.5	28.1
2009	29.5	29.9	19.3	52.3	13.2	9.5	16.5	27.9
2010	29.9	30.3	19.8	52.4	13.9	10.6	17.5	26.2

NA データなし　1．個別に示さないその他の人種を含む　2．2005年以降は1つの人種グループのみを回答したもの。2003年の毎月人口調査（CPS）では、回答者は複数の人種を回答することができた。2003年以降のデータでは、回答者は表示の人種グループから1つだけを選択することを求められており、複数回答は排除されている。2003年以前のCPSでも回答者は1つの人種グループを回答している。人種に関しては第1章の解説を参照　3．ヒスパニックは人種を問わない　4．個別に示さないその他のヒスパニックを含む　5．1990年以降、高等学校4年生以上および大学4年以上修了　6．2005年よりアジア系のみのデータ。太平洋諸島民は除外されている

資料：U.S. Census Bureau, U.S. Census of Population, 1970, and 1980, Vol. 1; および Current Population Reports P20-550およびそれ以前のレポート。および "Educational Attainment," <http://www.census.gov/population/www/socdemo/educ-attn.html>

No.230. 教育水準——人種、ヒスパニックおよび性別：1970−2010年

[単位：％。頭注と男女の合計については表No.229を参照]

年	全人種[1] 男性	女性	白人[2] 男性	女性	黒人[2] 男性	女性	アジア・太平洋諸島民[2] 男性	女性	ヒスパニック[3] 男性	女性
高等学校4年以上修了[4]										
1970	51.9	52.8	54.0	55.0	30.1	32.5	61.3	63.1	37.9	34.2
1980	67.3	65.8	69.6	68.1	50.8	51.5	78.8	71.4	45.4	42.7
1990	77.7	77.5	79.1	79.0	65.8	66.5	84.0	77.2	50.3	51.3
1995	81.7	81.6	83.0	83.0	73.4	74.1	(NA)	(NA)	52.9	53.8
2000	84.2	84.0	84.8	85.0	78.7	78.3	88.2	83.4	56.6	57.5
2005	84.9	85.5	85.2	86.2	81.0	81.2	[5] 90.4	[5] 85.2	57.9	59.1
2007	85.0	86.4	85.3	87.1	81.9	82.6	89.8	85.9	58.2	62.5
2008	85.9	87.2	86.3	87.8	81.8	84.0	90.8	86.9	60.9	63.7
2009	86.2	87.1	86.5	87.7	84.0	84.1	90.4	86.2	60.6	63.3
2010	86.6	87.6	86.9	88.2	83.6	84.6	91.2	87.0	61.4	64.4
大学4年以上修了[4]										
1970	13.5	8.1	14.4	8.4	4.2	4.6	23.5	17.3	7.8	4.3
1980	20.1	12.8	21.3	13.3	8.4	8.3	39.8	27.0	9.4	6.0
1990	24.4	18.4	25.3	19.0	11.9	10.8	44.9	35.4	9.8	8.7
1995	26.0	20.2	27.2	21.0	13.6	12.9	(NA)	(NA)	10.1	8.4
2000	27.8	23.6	28.5	23.9	16.3	16.7	47.6	40.7	10.7	10.6
2005	28.9	26.5	29.4	26.8	16.0	18.8	[5] 54.0	[5] 46.8	11.8	12.1
2007	29.5	28.0	29.9	28.3	18.0	19.0	55.2	49.3	11.8	13.7
2008	30.1	28.8	30.5	29.1	18.7	20.4	55.8	49.8	12.6	14.1
2009	30.1	29.1	30.6	29.3	17.8	20.6	55.7	49.3	12.5	14.0
2010	30.3	29.6	30.8	29.9	17.7	21.4	55.6	49.5	12.9	14.9

NA データなし　1．個別に示さないその他の人種を含む　2．2005年以降は、1つの人種グループのみを回答した者。表No.229の脚注2を参照　3．ヒスパニックは人種を問わない　4．1990年以降、高等学校4年以上および大学4年以上修了　5．2005年よりアジア系のみのデータ。太平洋諸島民は除外されている

資料：U.S. Census Bureau, U.S. Census of Population, 1970, and 1980, Vol. 1; および Current Population Reports P20-550およびそれ以前のレポート。および "Educational Attainment," <http://www.census.gov/population/www/socdemo/educ-attn.html>

No.231. 教育水準――社会・経済的諸特徴別：2010年

[25歳以上。(199,928は1億9992万8000人を表す)。3月現在。毎月人口調査に基づく。第1章の解説および付録Ⅲを参照。地域の構成については表紙裏の地図を参照。本書前年版の表No.227も参照]

社会・経済的特徴	人口(1,000人)	総人口に占める割合（%）					
		高校卒業未満	高校卒業	大学(学位無)	大学[1](準学士)	大学(学士)	大学院(修士以上)
総数	199,928	12.9	31.2	16.8	9.1	19.4	10.5
年齢：							
25-34歳	41,085	11.6	27.2	18.9	9.5	24.0	8.9
35-44歳	40,447	11.7	28.6	16.3	10.3	21.9	11.2
45-54歳	44,387	10.4	32.8	16.7	10.6	19.0	10.4
55-64歳	35,395	10.4	31.3	17.3	9.2	18.6	13.1
65-74歳	20,956	17.0	35.4	15.7	6.6	14.1	11.1
75歳以上	17,657	24.6	37.6	14.0	4.6	11.9	7.3
性別：							
男性	96,325	13.4	31.9	16.5	8.0	19.4	10.9
女性	103,603	12.4	30.7	17.1	10.2	19.4	10.2
人種：							
白人[2]	163,083	12.4	31.3	16.7	9.2	19.6	10.7
黒人[2]	22,969	15.8	35.2	19.8	9.4	13.3	6.5
その他	13,876	13.0	23.5	13.0	8.1	26.6	15.7
ヒスパニック：							
ヒスパニック	26,375	37.1	29.6	12.9	6.5	10.1	3.8
非ヒスパニック	173,553	9.2	31.5	17.4	9.5	20.8	11.5
地域：							
東北部	36,834	11.4	33.7	13.0	8.4	20.6	12.9
中西部	43,380	10.1	34.6	17.6	10.0	18.2	9.5
南部	73,682	14.5	31.9	16.9	8.7	18.1	9.8
西部	46,032	14.0	25.0	19.0	9.5	21.6	10.8
婚姻状況：							
未婚	35,956	14.0	30.4	17.5	8.4	21.2	8.6
既婚（配偶者あり）	117,966	10.5	30.0	16.2	9.5	21.2	12.6
既婚（配偶者なし）[3]	3,104	26.5	31.3	12.4	6.5	14.6	8.7
別居	5,081	23.3	34.4	18.0	8.6	10.6	5.2
配偶者が死亡	14,317	25.3	38.6	14.5	6.2	9.9	5.5
離婚	23,504	11.3	33.7	21.0	10.5	15.7	7.7
民間労働力状況：							
就業	121,119	8.2	28.2	17.0	10.5	23.2	13.0
失業	11,903	16.3	38.7	18.2	8.4	13.5	4.8
非労働力人口	66,905	20.9	35.6	16.2	6.8	13.5	7.0

1．職業資格を含む　2．1つの人種グループのみを回答した者。表No.229の脚注2を参照　3．別居を除く
資料：U.S. Census Bureau, Current Population Survey, 未刊行資料；⟨http://www.census.gov/population/www/socdemo/educ-attn.html⟩

No.232. 取得学位別平均所得：2009年

[単位：ドル。所得のある18歳以上のもの。2010年3月現在の人数。毎月人口調査に基づく。第1章の解説および付録Ⅲを参照。平均の定義については凡例を参照。本書前年版の表No.229も参照]

特徴	総人数	取得学位別平均所得（ドル）							
		高校卒業未満	高校卒業のみ	大学学位なし	準学士	学士	修士	専門職学位	博士
計[1]	42,469	20,241	30,627	32,295	39,771	56,665	73,738	127,803	103,054
年齢：									
25-34歳	36,595	19,415	27,511	31,392	35,544	45,692	58,997	86,440	74,626
35-44歳	49,356	24,728	33,614	39,806	42,353	65,346	80,593	136,366	108,147
45-54歳	51,956	23,725	36,090	44,135	46,413	69,548	86,532	148,805	112,134
55-64歳	50,372	24,537	34,583	42,547	42,192	59,670	76,372	149,184	110,895
65歳以上	37,544	19,395	28,469	29,602	33,541	44,147	45,138	95,440	95,585
性別：									
男性	50,186	23,036	35,468	39,204	47,572	69,479	90,964	150,310	114,347
女性	33,797	15,514	24,304	25,340	33,432	43,589	58,534	89,897	83,708
白人[2]	43,337	20,457	31,429	33,119	40,632	57,762	73,771	127,942	104,533
男性	51,287	23,353	36,418	40,352	48,521	71,286	91,776	149,145	115,497
女性	34,040	15,187	24,615	25,537	33,996	43,309	58,036	89,526	85,682
黒人[2]	33,362	18,936	26,970	29,129	33,734	47,799	60,067	102,328	82,510
男性	37,553	21,828	30,723	33,996	41,142	55,655	68,890	(B)	(B)
女性	29,831	15,644	22,964	25,433	29,464	42,587	54,523	(B)	(B)
ヒスパニック[3]	29,565	19,816	25,998	29,836	33,783	49,017	71,322	79,228	88,435
男性	32,279	21,588	28,908	35,089	38,768	58,570	80,737	(B)	89,956
女性	25,713	16,170	21,473	24,281	29,785	39,566	61,843	(B)	(B)

B　引き出された数値は、元となる数値が小さすぎるため、統計的信頼水準を満たさない　1．個別に示さないその他の人種を含む　2．1つの人種グループのみを回答した者。表No.229の脚注2を参照　3．ヒスパニックは人種を問わない
資料：U.S. Census Bureau, Current Population Survey, 未刊行資料；⟨http://www.census.gov/population/www/socdemo/educ-attn.html⟩

No.233. 教育水準──州別：1990－2009年

[単位：％。1990年、2000年は4月現在、2009年は暦年による年平均で表す。25歳以上人口。1990年、2000年センサスおよび毎月人口調査に基づく。世帯人口および施設、大学寮、その他の集団居住施設の人口も含まれる。第1章の解説および付録Ⅲを参照。許容誤差については資料を参照。本書前年版の表No.229も参照]

州	1990 高校卒業以上	1990 大学卒業以上	1990 修士号以上	2000 高校卒業以上	2000 大学卒業以上	2000 修士号以上	2009 高校卒業以上	2009 大学卒業以上	2009 修士号以上
合衆国	**75.2**	**20.3**	**7.2**	**80.4**	**24.4**	**8.9**	**85.3**	**27.9**	**10.3**
アラバマ	66.9	15.7	5.5	75.3	19.0	6.9	82.1	22.0	7.7
アラスカ	86.6	23.0	8.0	88.3	24.7	8.6	91.4	26.6	9.0
アリゾナ	78.7	20.3	7.0	81.0	23.5	8.4	84.2	25.6	9.3
アーカンソー	66.3	13.3	4.5	75.3	16.7	5.7	82.4	18.9	6.1
カリフォルニア	76.2	23.4	8.1	76.8	26.6	9.5	80.6	29.9	10.7
コロラド	84.4	27.0	9.0	86.9	32.7	11.1	89.3	35.9	12.7
コネティカット	79.2	27.2	11.0	84.0	31.4	13.3	88.6	35.6	15.5
デラウェア	77.5	21.4	7.7	82.6	25.0	9.4	87.4	28.7	11.4
コロンビア特別区	73.1	33.3	17.2	77.8	39.1	21.0	87.1	48.5	28.0
フロリダ	74.4	18.3	6.3	79.9	22.3	8.1	85.3	25.3	9.0
ジョージア	70.9	19.3	6.4	78.6	24.3	8.3	83.9	27.5	9.9
ハワイ	80.1	22.9	7.1	84.6	26.2	8.4	90.4	29.6	9.9
アイダホ	79.7	17.7	5.3	84.7	21.7	6.8	88.4	23.9	7.5
イリノイ	76.2	21.0	7.5	81.4	26.1	9.5	86.4	30.6	11.7
インディアナ	75.6	15.6	6.4	82.1	19.4	7.2	86.6	22.5	8.1
アイオワ	80.1	16.9	5.2	86.1	21.2	6.5	90.5	25.1	7.4
カンザス	81.3	21.1	7.0	86.0	25.8	8.7	89.7	29.5	10.2
ケンタッキー	64.6	13.6	5.5	74.1	17.1	6.9	81.7	21.0	8.5
ルイジアナ	68.3	16.1	5.6	74.8	18.7	6.5	82.2	21.4	6.9
メーン	78.8	18.8	6.1	85.4	22.9	7.9	90.2	26.9	9.6
メリーランド	78.4	26.5	10.9	83.8	31.4	13.4	88.2	35.7	16.0
マサチューセッツ	80.0	27.2	10.6	84.8	33.2	13.7	89.0	38.2	16.4
ミシガン	76.8	17.4	6.4	83.4	21.8	8.1	87.9	24.6	9.4
ミネソタ	82.4	21.8	6.3	87.9	27.4	8.3	91.5	31.5	10.3
ミシシッピ	64.3	14.7	5.1	72.9	16.9	5.8	80.4	19.6	7.1
ミズーリ	73.9	17.8	6.1	81.3	21.6	7.6	86.8	25.2	9.5
モンタナ	81.0	19.8	5.7	87.2	24.4	7.2	90.8	27.4	8.3
ネブラスカ	81.8	18.9	5.9	86.6	23.7	7.3	89.8	27.4	8.8
ネバダ	78.8	15.3	5.2	80.7	18.2	6.1	83.9	21.8	7.6
ニューハンプシャー	82.2	24.4	7.9	87.4	28.7	10.0	91.3	32.0	11.2
ニュージャージー	76.7	24.9	8.8	82.1	29.8	11.0	87.4	34.5	12.9
ニューメキシコ	75.1	20.4	8.3	78.9	23.5	9.8	82.8	25.3	10.4
ニューヨーク	74.8	23.1	9.9	79.1	27.4	11.8	84.7	32.4	14.0
ノースカロライナ	70.0	17.4	5.4	78.1	22.5	7.2	84.3	26.5	8.8
ノースダコタ	76.7	18.1	4.5	83.9	22.0	5.5	90.1	25.8	6.7
オハイオ	75.7	17.0	5.9	83.0	21.1	7.4	87.6	24.1	8.8
オクラホマ	74.6	17.8	6.0	80.6	20.3	6.8	85.6	22.7	7.4
オレゴン	81.5	20.6	7.0	85.1	25.1	8.7	89.1	29.2	10.4
ペンシルベニア	74.7	17.9	6.6	81.9	22.4	8.4	87.9	26.4	10.2
ロードアイランド	72.0	21.3	7.8	78.0	25.6	9.7	84.7	30.5	11.7
サウスカロライナ	68.3	16.6	5.4	76.3	20.4	6.9	83.6	24.3	8.4
サウスダコタ	77.1	17.2	4.9	84.6	21.5	6.0	89.9	25.1	7.3
テネシー	67.1	16.0	5.4	75.9	19.6	6.8	83.1	23.0	7.9
テキサス	72.1	20.3	6.5	75.7	23.2	7.6	79.9	25.5	8.5
ユタ	85.1	22.3	6.8	87.7	26.1	8.3	90.4	28.5	9.1
バーモント	80.8	24.3	8.9	86.4	29.4	11.1	91.0	33.1	13.3
バージニア	75.2	24.5	9.1	81.5	29.5	11.6	86.6	34.0	14.1
ワシントン	83.8	22.9	7.0	87.1	27.7	9.3	89.7	31.0	11.1
ウエストバージニア	66.0	12.3	4.8	75.2	14.8	5.9	82.8	17.3	6.7
ウィスコンシン	78.6	17.7	5.6	85.1	22.4	7.2	89.8	25.7	8.4
ワイオミング	83.0	18.8	5.7	87.9	21.9	7.0	91.8	23.8	7.9

資料：U.S. Census Bureau, 1990 Census of Population, CPH-L-96; 2000 Census of Population, P37. "Sex by Educational Attainment for the Population 25 Years and Over"; 2009 American Community Survey, R1501, "Percent of Persons 25 Years and Over Who Have Completed High School (Includes Equivalency)," R1502, "Percent of Persons 25 Years and Over Who Have Completed a Bachelor's Degree," および R1503, "Percent of Persons 25 Years and Over Who Have Completed an Advanced Degree," <http://factfinder.census.gov/>, (2011年2月現在)

No.234. 児童の家庭における識字学習：1993、2007年

[単位：児童数を除き％(8,579は857万9000人を表す)。幼稚園入園前の3～5歳児童が家族と共におこなった活動。National Household Education SurveyプログラムのSchool Readiness Early Childhood Program Participation Surveyに基く。資料および付録Ⅲを参照。全米家庭教育調査プログラムのPTA活動調査に基づく。資料および付録Ⅲを参照。表No.231も参照]

特徴	児童数 (1,000人)		読み聞かせ[1]		物語を聞かせる[1]		文字、言葉、数字を教える[1]		図書館に行く[2]	
	1993	2007	1993	2007	1993	2005	1993	2005	1993	2007
計	8,579	8,686	78	83	43	54	58	77	38	36
年齢：										
3歳	3,889	3,755	79	84	46	54	57	75	34	36
4歳	3,713	3,738	78	83	41	53	58	77	41	35
5歳	976	1,193	76	83	36	55	58	80	38	39
人種・民族：										
白人、非ヒスパニック	5,902	4,664	85	91	44	53	58	76	42	41
黒人、非ヒスパニック	1,271	1,312	66	78	39	54	63	81	29	25
ヒスパニック[3]	1,026	1,899	58	68	38	50	54	74	26	27
その他	381	812	73	87	50	64	59	82	43	46
家庭における母国語：[4]										
英語	7,805	7,244	81	88	44	55	58	78	39	38
英語以外	603	1,312	42	57	36	45	52	69	26	24
母親の最終学歴：[4]										
高校卒業未満	1,036	808	60	56	37	39	56	70	22	20
高校卒業	3,268	2,048	76	74	41	51	56	78	31	29
職業教育または短大等	2,624	2,658	83	86	45	57	60	79	44	33
大学学位	912	1,849	90	95	48	56	56	75	55	43
大学院、専門学位	569	1,194	90	95	50	64	60	76	59	53

1．過去一週に3回以上　2．過去一ヶ月に最低1回以上　3．ヒスパニックは人種を問わない　4．世帯に母親または女性の保護者がいない児童を除く

資料：U.S. National Center for Education Statistsics, Statistical Brief, NCES 2000-026, 1999年11月；および the Early Childhood Program Participation Survey, National Household Education Surveys Program, 2005, 未刊行資料；およびthe School Readiness Survey, 2007, 未刊行資料 <http://nces.ed.gov/nhes>

No.235. 児童の就学準備：1993、2007年

[単位：％。3～5歳の幼稚園入園前の児童。全米家庭教育調査プログラムの就学準備に関する調査に基づく。詳細については資料を参照。表No.234も参照]

特徴	全ての文字を認識		20以上数える		名前を書く		読む、児童書を読むまねをする[1]		3－4の準備ができている	
	1993	2007	1993	2007	1993	2007	1993	2005	1993	2005
計	21	32	52	63	50	60	72	70	35	42
年齢：										
3歳	11	17	37	47	22	34	66	67	15	24
4歳	28	38	62	73	70	76	75	73	49	55
5歳	36	59	78	84	84	88	81	72	65	66
性別：										
男性	19	31	49	61	47	56	68	70	32	40
女性	23	33	56	65	53	63	76	71	39	45
人種・民族：										
白人、非ヒスパニック	23	36	56	69	52	64	76	75	39	47
黒人、非ヒスパニック	18	37	53	69	45	58	63	67	31	44
ヒスパニック[1]	10	15	32	41	42	49	59	55	22	26
その他	22	39	49	69	52	61	70	79	36	48
母親の就業状況：[2]										
就業	23	34	57	66	52	63	75	72	39	46
失業	17	14	41	42	46	41	67	61	29	32
労働力人口に含まれない	18	31	49	60	47	58	68	69	32	39
家族のタイプ：										
両親	22	33	54	64	51	62	74	72	37	44
片親、または親なし	18	27	49	57	47	52	65	65	31	36
貧困状況：[3]										
貧困水準以上	24	35	57	67	53	64	74	75	40	47
貧困水準以下	12	21	41	48	41	46	64	54	23	26

1．ヒスパニックは人種を問わない　2．世帯内に母親もしくは女性の保護者のいない児童を除外　3．連邦政府の定める貧困水準以下の世帯で生活する児童は、貧困であるとされる。貧困水準は世帯の規模と構成により必要とされる額が決められている

資料：U.S. Department of Education, U.S. National Center for Education Statistics, *Home Literacy Activities and Signs of Children's Emerging Literacy*, 1993, NCES 2000-026, 1999年11月；および the Early Childhood Program Participation Survey, National Household Education Surveys Program (NHES), 2005, 未刊行資料；および NHES School Readiness Survey, 2007, 未刊行資料 <http://nces.ed.gov/nhes>

No.236. 家庭における日常言語が英語以外の児童――地域別：2009年

[単位：1000人（11,227は1122万7000人を表す）、％。5－17歳の児童。自宅で話される言語。表No.54-55を参照。アメリカン・コミュニティ調査に基づく。第1章の解説および付録Ⅲを参照]

特徴	合衆国	東北部	中西部	南部	西部
家庭における日常言語が英語以外の児童……	11,227	1,888	1,359	3,661	4,318
5－17歳人口に占める％	21.1	20.9	11.8	18.4	33.6
スペイン語…………	8,067	1,023	816	2,889	3,339
英語が流暢……	6,131	808	611	2,177	2,535
英語は流暢とはいえない……	1,936	215	205	713	803
その他の印欧言語……	1,487	516	286	385	299
英語が流暢……	1,206	411	228	320	247
英語は流暢とはいえない……	281	105	58	66	52
アジア・太平洋地域の言語……	1,242	248	159	286	549
英語が流暢……	914	186	111	215	403
英語は流暢とはいえない……	327	62	48	71	146
その他の言語……	431	101	99	100	131
英語が流暢……	342	79	75	83	104
英語は流暢とはいえない……	90	23	23	17	27
英語の会話が困難[1]……	2,634	405	334	867	1,028
言語の面で孤立した世帯の日常生活に用いられる言語[2]……	2,960	468	333	989	1,170
英語のみ……	170	35	21	58	57
スペイン語……	2,134	254	207	777	896
その他の印欧言語……	226	79	39	61	46
アジア・太平洋地域の言語……	352	82	42	78	150
その他の言語……	78	18	25	15	21

1．英語が流暢といえない5－17歳児童　2．14歳以上のメンバーに英語が流暢に話せる者がいない世帯
資料：U.S. Census Bureau, 2008 American Community Survey; B16003 "Age by Language Spoken at Home for the Population 5 Years and Over" および C16004 "Age By Language Spoken at Home For the Population 5 Years and Over in Liguistically Isolated Households," using American Factfinder; ⟨http://factfinder.census.gov/⟩ (2011年1月現在)

No.237. 就学前教育――概要：1970－2009年

[10月現在。民間非施設収容人口に基づく（10,949は1094万9000人を表す）。公立、非公立の保育所と幼稚園プログラムを含む。初等学校に在籍する5歳児を除く。毎月人口調査に基づく。第1章の解説および付録Ⅲを参照]

分類項目	1970	1980	1990	1995	2000	2005	2007	2008	2009
児童数(1,000人)									
3－5歳人口(1,000人)……	10,949	9,284	11,207	12,518	11,858	12,134	12,325	12,583	12,718
在籍者計[1]……	4,104	4,878	6,659	7,739	7,592	7,801	8,056	7,928	8,076
保育所……	1,094	1,981	3,378	4,331	4,326	4,529	4,569	4,570	4,648
公立……	332	628	1,202	1,950	2,146	2,409	2,532	2,609	2,703
私立……	762	1,353	2,177	2,381	2,180	2,120	2,037	1,961	1,945
幼稚園……	3,010	2,897	3,281	3,408	3,266	3,272	3,487	3,358	3,428
公立……	2,498	2,438	2,767	2,799	2,701	2,804	3,087	2,982	3,144
私立……	511	459	513	608	565	468	400	376	284
白人[2]……	3,443	3,994	5,389	6,144	5,861	6,025	6,191	6,011	5,943
黒人[2]……	586	725	964	1,236	1,265	1,148	1,213	1,231	1,337
ヒスパニック[3]……	(NA)	370	642	1,040	1,155	1,494	1,751	1,645	1,721
3歳……	454	857	1,205	1,489	1,540	1,715	1,717	1,654	1,776
4歳……	1,007	1,423	2,086	2,553	2,556	2,668	2,774	2,804	2,698
5歳……	2,643	2,598	3,367	3,697	3,496	3,418	3,565	3,470	3,601
在籍率									
在籍者計[1]……	37.5	52.5	59.4	61.8	64.0	64.3	65.4	63.0	65.3
白人[2]……	37.8	52.7	59.7	63.0	63.2	65.1	68.7	65.1	64.5
黒人[2]……	34.9	51.8	57.8	58.9	68.5	62.0	69.7	66.2	68.6
ヒスパニック[3]……	(NA)	43.3	49.0	51.1	52.6	56.1	63.0	57.6	56.8
3歳……	12.9	27.3	32.6	35.9	39.2	41.3	41.5	39.3	40.7
4歳……	27.8	46.3	56.0	61.6	64.9	62.6	67.8	66.1	64.6
5歳……	69.3	84.7	88.8	87.5	87.6	86.4	87.1	83.8	91.5

NA　データなし　1．個別に明示しないその他の人種も含む　2．2005年以降は1つの人種グループのみと回答したもの。表No.229の脚注2を参照　3．ヒスパニックは人種を問わない。1980年に母親の人種に基づいて分類する方法から個別の児童について確認する方法に変更になった。この方法によりヒスパニック系児童の数が増加した
資料：U.S. Census Bureau, Current Population Reports, PPL-148; およびそれ以前のPPLおよびP-20レポート; ⟨http://www.census.gov/population/www/socdemo/school.html⟩

No.238. 学生および世帯の特徴別就学状況：1996、2007年

[単位：％、世帯数計（34,600は3460万世帯を表す）を除く。第1－第12学年。私立・公立の学校で週に9時間以上就学するホームスクールの生徒を含む。National Household Education SurveyのParent and Family Involvement Surveyに基づく。詳細については付録IIIを参照]

特徴	公立校				私立校			
	就学指定校		選択制度を利用		キリスト教系		非キリスト教系	
	1996	2007	1996	2007	1996	2007	1996	2007
総生徒数（1,000人）	34,600	34,700	6,200	7,400	3,700	4,100	1,000	1,200
比率（％）	76.0	73.2	13.7	15.5	8.0	8.7	2.3	2.6
学年：								
第1-5学年	74.1	71.4	14.8	17.0	8.9	8.7	2.2	2.8
第6-8学年	79.4	77.0	11.2	11.9	7.4	8.6	2.0	2.5
第9-12学年	75.9	72.6	14.1	16.4	7.3	8.6	2.7	2.3
人種/民族：								
白人、非ヒスパニック	77.1	73.6	11.1	12.5	9.2	10.8	2.7	3.1
黒人、非ヒスパニック	72.9	68.9	21.5	23.7	4.2	5.5	1.4	1.8
その他、非ヒスパニック	69.3	72.7	19.0	17.4	9.5	6.4	2.2	3.5
ヒスパニック[1]	76.4	75.8	16.1	17.4	6.3	5.6	1.3	1.2
家族構成：								
両親	76.3	72.7	11.7	14.4	9.5	10.0	2.4	2.9
片親	74.6	74.9	18.4	17.7	5.0	5.4	1.9	2.0
両親以外の保護者	80.2	72.8	14.6	22.7	2.3	3.9	2.9	0.6
両親の教育水準：								
高校卒業未満	78.8	85.4	17.4	12.4	2.0	1.5	1.8	0.6
高校卒業または卒業資格	82.1	79.8	12.3	15.4	5.0	3.5	0.7	1.3
大学（職業・技術専門校を含む）	76.4	75.4	14.7	16.3	7.1	7.3	1.8	1.0
学士	70.7	70.7	13.1	15.3	13.0	11.6	3.3	2.4
学士以上の学位、専門職学位	66.1	62.2	12.6	15.8	15.3	15.1	6.0	6.8
地域：[2]								
東北部	74.3	72.3	12.9	13.3	9.2	10.9	3.6	3.4
南部	78.7	75.2	12.5	14.0	6.4	8.5	2.4	2.3
中西部	75.4	73.6	12.4	15.0	10.9	9.9	1.3	1.5
西部	74.0	70.6	17.7	20.1	6.3	6.1	2.0	3.3

1．ヒスパニックは人種を問わない　2．地域の構成については表紙裏の地図を参照
資料：U.S. National Center for Education Statistics, *Condition of Education, 2009*, NCES 2009-081（2009年6月）

No.239. 公立チャーター校と従来校――諸特徴：2007－2008年

[47,432は4743万2000を表す。2008年を年度末とする学校年度。公立チャータースクールは、公立校であるが、州の条項によって開設許可を与えられて、公的資金を投入され、州や地方自治体の規制にしばられずに教育を行うことのできる学校である]

特徴	全学校		小中学校		高校		一貫教育校	
	従来型	チャーター	従来型	チャーター	従来型	チャーター	従来型	チャーター
学校数	87,190	3,560	60,390	2,050	20,720	920	6,080	590
生徒数（1,000人）	47,432	1,047	29,194	619	16,513	229	1,725	200
生徒の割合（％）								
人種／民族：								
白人、非ヒスパニック	100.0	100.0	100.0	100.0	100.0	100.0	100.0	100.0
	58.2	41.0	56.2	35.9	60.3	43.5	71.3	54.0
黒人、非ヒスパニック	15.7	29.0	15.8	36.1	15.8	(S)	12.2	17.6
ヒスパニック[1]	20.3	23.8	22.1	21.6	18.0	31.5	11.5	22.0
アジア／太平洋諸島民	4.4	3.8	4.5	3.8	4.7	3.5	1.3	(S)
アメリカンインディアン／アラスカ原住民	1.4	2.3	1.4	2.6	1.2	1.5	3.8	(S)
学校の割合（％）								
生徒数：	100.0	100.0	100.0	100.0	100.0	100.0	100.0	100.0
300人未満	28.1	64.2	24.1	59.3	28.9	81.1	65.8	54.9
300-599人	40.6	25.8	49.2	29.2	20.8	14.8	22.8	31.2
600-999人	20.8	7.4	22.5	10.0	19.9	(S)	7.5	6.9
1,000人以上	10.5	2.7	4.3	(S)	30.4	(S)	4.0	(S)
少数民族の就学割合（％）	100.0	100.0	100.0	100.0	100.0	100.0	100.0	100.0
10.0％未満	28.7	(S)	27.7	(S)	30.2	(S)	33.8	(S)
10.0-24.9％	17.9	17.0	18.1	15.7	18.4	(S)	14.5	30.7
25.0-49.9％	19.7	18.0	19.5	15.1	21.3	20.8	17.4	23.9
50.0-74.9％	12.6	14.1	13.1	11.8	11.4	20.7	12.2	(S)
75.0％以上	21.0	42.7	21.7	50.4	18.7	39.2	22.1	21.2
昼食費の減免資格のある生徒の割合（％）[2]	100.0	100.0	100.0	100.0	100.0	100.0	100.0	100.0
15.0％未満	4.0	24.5	1.7	16.2	8.6	35.8	11.0	35.3
15.0-29.9％	27.6	9.9	27.4	9.4	32.7	(S)	11.9	(S)
30.0-49.9％	27.7	18.8	26.5	16.6	30.9	28.7	28.6	(S)
50.0-74.9％	21.4	21.4	23.2	25.9	15.6	(S)	22.6	27.5
75.0％以上	19.4	25.5	21.2	31.9	12.2	16.6	25.9	16.9

S　データは出版基準に達しない　1．ヒスパニックは人種を問わない　2．無料・減額昼食の受給者に関するデータのない学校を除外
資料：U.S. National Center for Education Statistics, School and Staffing Survey (SASS), "Public School Questionnaire," 2007-08 および "Public Teacher Questionnaire," 2007-08; <http://www.nces.ed.gov/>

No.240. ホームスクール──諸特徴別：2007年

[春季現在（51,135は5113万5000を表す）。5-17歳までの、幼稚園からの第12学年のレベルに相当するホームスクールの生徒。ホームスクールは、生徒の両親が責任を持って、私立・公立の学校に通学させる代わりに、自宅で教育を行う。週に25時間以上通学している生徒、病気等により一時的に自宅で教育を受けている者は除外する。National Household Education SurveyのParent and Family Involvement Surveyに基づく。詳細については付録IIIを参照]

特徴	生徒数 総数(1,000人)	生徒数 ホームスクール(1,000人)	ホームスクールの%	構成比(%) 総数	構成比(%) ホームスクール	構成比(%) ホームスクール以外
総計	51,135	1,508	2.9	100.0	100.0	100.0
学年レベル：[1]						
K-5	23,529	717	3.0	46.0	47.6	46.0
幼稚園	3,669	114	3.1	7.2	7.6	7.2
第1-3学年	11,965	406	3.4	23.4	26.9	23.3
第4-5学年	7,895	197	2.5	15.4	13.1	15.5
第6-8学年	12,435	359	2.9	24.3	23.8	24.3
第9-12学年	15,161	422	2.8	29.6	28.0	29.7
性別：						
男性	26,286	633	2.4	51.4	41.9	51.7
女性	24,849	875	3.5	48.6	58.1	48.3
人種/民族：						
白人、非ヒスパニック	29,815	1,159	3.9	58.3	76.8	57.7
黒人、非ヒスパニック	7,523	61	0.8	14.7	4.0	15.0
ヒスパニック[2]	9,589	147	1.5	18.8	9.8	19.0
その他	4,208	141	3.3	8.2	9.3	8.2
世帯内の児童数：						
1人	8,463	187	2.2	16.6	12.4	16.7
2人	20,694	412	2.0	40.5	27.3	40.9
3人以上	21,979	909	4.1	43.0	60.3	42.5
世帯内の親の数：						
両親	37,262	1,348	3.6	72.9	89.4	72.4
片親	11,734	115	1.0	22.9	7.6	23.4
両親以外の保護者	2,139	45	2.1	4.2	3.0	4.2
両親の就業状況：						
両親世帯、片親が就業	26,075	509	2.0	51.0	33.8	51.5
両親世帯、両親ともに就業	10,776	808	7.5	21.1	53.6	20.1
片親世帯、就業	9,989	127	1.3	19.5	8.4	19.9
就業する親なし	4,296	64	1.5	8.4	4.3	8.5
世帯収入：						
2万5000ドル未満	11,544	239	2.1	22.6	15.9	22.8
2万5001ドル～5万ドル	10,592	364	3.4	20.7	24.1	20.6
5万1ドル～7万5000ドル	10,289	405	3.9	20.1	26.8	19.9
7万5001ドル以上	18,710	501	2.7	36.6	33.2	36.7
両親の教育水準：						
高校卒業またはそれ以下	14,303	206	1.4	28.0	13.7	28.4
職業・技術学位または大学教育	14,584	549	3.8	28.5	36.4	28.3
学士	12,321	502	4.1	24.1	33.3	23.8
修士・博士・職業学位	9,927	251	2.5	19.4	16.6	19.5

1．学年レベルのない者を除外　2．ヒスパニックは人種を問わない
資料：U.S. National Center for Education Statistics, "Parent and Family Involvement in Education Survey", National Household Education Surveys Program, 2007, 未刊行資料；<http://nces.ed.gov/nhes> も参照

No.241. 公立小・中学校および高校──教育段階・規模別：2008－2009年

[在籍者数の単位は1,000人（49,054は4905万4000人を表す）。2009年を年度末とする学校年度。学校区ではなく学校単位で集計。Common Core of Data Surveyに基づく詳細については資料を参照。本書前年版の表No.237も参照]

在籍者規模	学校数 計	学校数 小中学校[2]	学校数 高校[3]	学校数 一貫教育校[4]	学校数 その他[5]	在籍者数(1,000人)[1] 計	在籍者数 小中学校[2]	在籍者数 高校[3]	在籍者数 一貫教育校[4]	在籍者数 その他[5]
計	98,706	67,148	24,348	5,623	1,587	49,054	31,446	16,055	1,520	32
構成比(%)										
計	100.00	100.00	100.00	100.00	100.00	100.00	100.00	100.00	100.00	100.00
100人未満	10.51	5.88	17.76	38.56	44.26	0.94	0.63	1.11	5.33	8.45
100－199人	9.53	8.30	11.42	17.27	14.75	2.76	2.68	2.38	8.12	12.18
200－299人	11.42	12.46	8.62	10.00	16.94	5.56	6.71	3.04	7.91	23.68
300－399人	13.76	16.20	7.89	7.76	13.11	9.31	12.08	3.88	8.79	26.30
400－499人	13.86	16.87	6.60	6.72	8.20	12.00	16.09	4.19	9.73	20.36
500－599人	11.30	13.67	5.78	5.06	1.64	11.95	15.90	4.51	9.04	5.20
600－699人	8.33	9.78	5.14	3.60	1.09	10.40	13.44	4.73	7.59	3.84
700－799人	5.74	6.53	4.09	2.79	－	8.27	10.36	4.35	6.77	－
800－999人	6.42	6.50	6.98	3.08	－	11.00	12.20	8.87	8.82	－
1,000－1,499人	5.39	3.43	11.66	3.20	－	12.49	8.47	20.40	12.43	－
1,500－1,999人	2.03	0.31	7.33	1.01	－	6.78	1.08	18.05	5.58	－
2,000－2,999人	1.41	0.06	5.57	0.51	－	6.45	0.31	18.72	4.00	－
3,000人以上	0.31	0.01	1.17	0.43	－	2.11	0.06	5.77	5.90	－
平均在籍者数[1]	517	470	704	308	177	517	470	704	308	177

－ ゼロを示す　1．就学数の報告のない学校のデータを除外　2．第6学年以下から受け入れ、第8学年以上のクラスのない学校を含む　3．第7学年より下のクラスのない学校を含む　4．第6学年より下の学年から受け入れで第9学以上までを受け入れる学校を含む　5．教育段階・期間の分類のない、特殊教育学校、新方式学校、その他を含む
資料：U.S. National Center for Education Statistics, *Digest of Education Statistics* （年刊）；<http://www.nces.ed.gov/programs/digest/>

No.242. 公立小中学校および高校——概要：1980－2009年

[表示年を年度末とする学校年度。別に注記したものを除く。(48,041は4804万1000人を表す)。データは推計値]

分類項目	単位	1980	1990	2000	2005	2007	2008	2009
学校区、計	数	16,044	15,552	15,403	15,731	15,496	15,581	15,609
在籍者								
5－17歳人口[1]	1,000	48,041	44,949	52,811	53,249	53,397	53,419	53,277
居住人口に占める割合	%	21.4	18.2	18.8	18.2	17.9	17.7	17.5
秋期在籍者[2]	1,000	41,778	40,527	46,577	48,417	48,860	49,011	49,036
5－17歳の人口に占める割合	%	87.0	90.2	88.2	90.9	91.5	91.7	92.0
小・中学校[3]	1,000	24,397	26,253	29,243	29,632	29,762	29,903	30,016
高校[4]	1,000	17,381	14,274	17,334	18,784	19,098	19,108	19,020
1日平均出席者(ADA)	1,000	38,411	37,573	43,313	45,088	45,695	45,870	46,374
高等学校卒業者	1,000	2,762	2,327	2,544	2,803	2,905	2,996	3,060
教員								
計[5]	1,000	2,521	2,685	3,273	3,509	3,613	3,654	3,697
学級担任	1,000	2,211	2,362	2,891	3,072	3,157	3,186	3,228
平均給与：								
教員	ドル	16,715	32,638	43,837	49,135	52,770	54,589	56,314
学級担任	ドル	15,970	31,367	41,807	47,516	51,068	52,800	54,274
収入								
収入、計	100万ドル	97,635	208,656	369,754	477,371	535,516	560,140	564,928
連邦政府	100万ドル	9,020	13,184	26,346	42,908	46,158	47,547	57,255
州政府	100万ドル	47,929	100,787	183,986	225,142	255,241	269,993	261,512
地方政府	100万ドル	40,686	94,685	159,421	209,321	234,118	242,599	246,161
支出								
支出、計	100万ドル	96,105	209,698	374,782	496,199	548,039	579,683	591,785
経常支出(昼間学校)	100万ドル	85,661	186,583	320,954	422,346	467,418	495,475	505,694
その他の経常支出[6]	100万ドル	1,859	3,341	6,618	8,710	9,292	9,753	11,212
資本支出	100万ドル	6,504	16,012	37,552	48,757	54,049	57,105	56,111
学校債の利子	100万ドル	2,081	3,762	9,659	16,385	17,280	17,350	18,769
名目価格：								
生徒1人あたり収入	ドル	2,337	5,149	7,939	9,860	10,960	11,429	11,521
生徒1人あたり経常支出	ドル	2,050	4,604	6,891	8,723	9,567	10,110	10,313
実質価格(2009年)：[7]								
生徒1人あたり収入	ドル	6,376	8,582	9,927	10,888	11,341	11,388	11,521
生徒1人あたり経常支出	ドル	5,594	7,674	8,617	9,633	9,898	10,074	10,313

1．前年7月1日現在の推計居住人口。1980、1990、2000年は4月1日現在の算定人口。2000年人口センサスに基づく改訂を反映した推計値　2．前年秋現在の在籍者　3．幼稚園-6年　4．7-12年　5．フルタイム換算　6．地方学校区が運営し、公立小中学校および高校の昼間学校に含まれない、サマー・スクール、成人教育、ポスト・ハイスクール職業教育、パーソナル・リトレーニング等の経常支出　7．合衆国センサス局編纂。U.S. National Center for Education Statisticsが資料提供する(7月に始まり6月に終了する学年度の)全都市の消費者を対象とした消費者物価指数によりデフレート

資料：注に示したものを除き、National Education Association, Washington, DC, Estimates of School Statistics Database (copyright)

No.243. 公立小中学校および高校在籍者数——学年別：1980－2008年

[単位：1,000人(40,877は4087万7000を表す)。秋期現在。各州の教育機関の調査に基づく。詳細については資料を参照。また『アメリカ歴史統計』系列H420-424も参照]

学年	1980	1990	1995	2000	2002	2003	2004	2005	2006	2007	2008
在籍者数[1]	40,877	41,217	44,840	47,204	48,183	48,540	48,795	49,113	49,299	49,293	49,266
幼稚園および1－8学年[1]	27,647	29,878	32,341	33,688	34,116	34,202	34,178	34,205	34,221	34,205	34,286
幼稚園	2,689	3,610	4,173	4,158	4,349	4,453	4,534	4,656	4,706	4,691	4,819
1学年	2,894	3,499	3,671	3,636	3,594	3,613	3,663	3,691	3,750	3,750	3,708
2学年	2,800	3,327	3,507	3,634	3,565	3,544	3,560	3,606	3,640	3,704	3,699
3学年	2,893	3,297	3,445	3,676	3,623	3,611	3,580	3,586	3,627	3,659	3,708
4学年	3,107	3,248	3,431	3,711	3,669	3,619	3,612	3,578	3,585	3,624	3,647
5学年	3,130	3,197	3,438	3,707	3,711	3,685	3,635	3,633	3,601	3,600	3,629
6学年	3,038	3,110	3,395	3,663	3,788	3,772	3,735	3,670	3,660	3,628	3,614
7学年	3,085	3,067	3,422	3,629	3,821	3,841	3,818	3,777	3,715	3,701	3,653
8学年	3,086	2,979	3,356	3,538	3,709	3,809	3,825	3,802	3,795	3,769	3,692
9－12学年[1]	13,231	11,338	12,500	13,340	14,067	14,338	14,617	14,909	15,078	15,087	14,980
9学年	3,377	3,169	3,704	3,963	4,105	4,190	4,281	4,287	4,260	4,200	4,123
10学年	3,368	2,896	3,237	3,491	3,584	3,675	3,750	3,866	3,881	3,863	3,822
11学年	3,195	2,612	2,826	3,083	3,229	3,277	3,369	3,455	3,551	3,558	3,548
12学年	2,925	2,381	2,487	2,803	2,990	3,046	3,094	3,180	3,276	3,375	3,400

1．学年分けのないものを含む

資料：U.S. National Center for Education Statistics, *Digest of Education Statistics* (年刊); <http://www.nces.ed.gov/programs/digest/>

No.244. 公立小中学校および高校数と在学者数——州別：2008－2009年

[2009年を年度末とする学校年度。生徒数の合計。公立学校の会員校（49,136は4913万6000を表す）。Common Core of Data Programに基づく。詳細については資料を参照。本書前年版の表No.240も参照]

州	学校数合計[1]	生徒数合計(1,000人)	学校の種類						
			一般		特殊教育[2]		職業教育[3]		選択教育[4]	
			学校数	生徒の割合(%)	学校数	生徒の割合(%)	学校数	生徒の割合(%)	学校数	生徒の割合(%)
計	98,817	49,136	89,018	98.2	2,089	0.4	1,417	0.3	6,293	1.2
アラバマ	1,600	749	1,370	99.5	41	0.1	72	(Z)	117	0.4
アラスカ	506	132	450	89.3	2	0.1	3	0.6	51	10.0
アリゾナ	2,248	1,076	1,939	98.5	20	0.1	207	0.3	82	1.0
アーカンソー	1,120	481	1,082	99.6	4	(Z)	23	—	11	0.3
カリフォルニア	10,068	6,177	8,472	96.7	146	0.4	75	(Z)	1,375	2.8
コロラド	1,793	832	1,683	98.0	9	0.1	6	0.1	95	1.8
コネティカット	1,165	564	1,049	96.9	56	0.6	16	1.9	44	0.6
デラウェア	217	125	182	91.9	19	1.4	6	5.7	10	1.0
コロンビア特別区	233	69	208	95.5	10	2.2	4	1.4	11	0.9
フロリダ	4,043	2,635	3,398	97.6	170	0.7	53	0.1	422	1.6
ジョージア	2,461	1,668	2,248	99.3	72	0.5	1	—	140	0.2
ハワイ	289	180	285	99.9	3	(Z)	—	(X)	1	0.1
アイダホ	742	276	633	98.1	15	(Z)	11	—	83	1.8
イリノイ	4,405	2,097	4,017	99.2	147	0.4	53	(Z)	188	0.4
インディアナ	1,961	1,047	1,875	99.7	38	0.1	29	—	19	0.2
アイオワ	1,468	482	1,410	99.2	7	0.1	—	(X)	51	0.7
カンザス	1,419	469	1,407	99.9	10	0.1	1	—	1	(Z)
ケンタッキー	1,542	676	1,238	99.0	10	0.1	124	—	170	0.9
ルイジアナ	1,488	691	1,260	94.5	38	0.2	6	—	184	5.4
メーン	649	184	619	100.0	1	(Z)	27	—	2	(Z)
メリーランド	1,447	848	1,321	97.6	40	0.5	24	1.0	62	0.9
マサチューセッツ	1,836	957	1,755	95.4	23	0.5	39	3.7	19	0.4
ミシガン	3,879	1,618	3,332	95.8	197	1.9	38	0.1	312	2.2
ミネソタ	2,433	837	1,666	96.3	276	1.8	11	(Z)	480	1.9
ミシシッピ	1,085	492	928	100.0	3	(Z)	90	—	64	—
ミズーリ	2,427	917	2,181	98.7	68	0.5	66	0.5	112	0.3
モンタナ	828	142	822	99.9	2	(Z)	—	(X)	4	0.1
ネブラスカ	1,120	295	1,087	99.8	28	0.2	—	(X)	5	0.0
ネバダ	636	429	593	98.4	10	0.2	1	(Z)	32	1.4
ニューハンプシャー	484	197	484	100.0	—	(X)	—	(X)	—	(X)
ニュージャージー	2,590	1,387	2,359	97.6	73	0.7	55	1.6	103	0.2
ニューメキシコ	855	333	808	98.4	6	0.2	1	0.1	40	1.3
ニューヨーク	4,730	2,766	4,591	98.7	105	0.8	6	0.2	28	0.3
ノースカロライナ	2,550	1,477	2,531	99.9	14	(Z)	1	(Z)	4	(Z)
ノースダコタ	517	93	474	100.0	34	(Z)	9	—	—	(X)
オハイオ	3,796	1,762	3,653	99.5	64	0.3	73	0.1	6	0.1
オクラホマ	1,795	655	1,786	99.8	4	(Z)	—	(X)	5	0.1
オレゴン	1,301	554	1,256	99.0	2	(Z)	—	(X)	43	1.0
ペンシルベニア	3,244	1,762	3,132	98.8	12	0.1	87	1.0	13	0.1
ロードアイランド	321	144	298	97.3	3	0.1	11	1.2	9	1.4
サウスカロライナ	1,206	723	1,136	99.8	10	0.1	39	—	21	0.1
サウスダコタ	714	124	676	98.9	7	0.1	4	(Z)	27	1.0
テネシー	1,772	973	1,704	99.4	19	0.2	21	0.1	28	0.2
テキサス	8,619	4,850	7,518	98.4	25	(Z)	—	(X)	1,076	1.6
ユタ	1,046	583	862	97.6	86	1.0	6	—	92	1.3
バーモント	323	86	307	100.0	—	(X)	15	—	1	(Z)
バージニア	2,164	1,245	1,883	99.7	42	(Z)	49	—	190	0.2
ワシントン	2,318	1,035	1,885	95.0	103	0.4	15	(Z)	315	4.5
ウエストバージニア	759	283	693	99.6	3	0.1	31	(Z)	32	0.3
ウィスコンシン	2,242	872	2,136	99.3	9	(Z)	8	0.1	89	0.6
ワイオミング	363	88	336	98.6	3	(Z)	—	(X)	24	1.4

－ ゼロを示す　X データなし　Z 0.05％未満　1．加盟校は報告学校年度の10月1日現在の就学者数を報告。各州の総就学者数には、州または管轄区に報告された、一般校、特殊教育校、職業教育校、オルタナティブ教育校のデータのみを含む　2．教材と実践による専門教育を中心にすえ生徒の要求に応えるもの　3．職業訓練、技術教育、キャリア教育を行い、最低一つの技術を身に付けることを目的とする教育を行う　4．一般の教育課程では受けられない教育を必要とする学生のために、従来にない教育を施すもの

資　料：U.S. National Center for Education Statistics, Common Core of Data, "Public Elementary/Secondary School Universe Survey," 2009-10, Version 1a, <http://www.nces.ed.gov/ccd/>

No.245. 公立大学校区の主要統計：2007－2008年

[就学規模による50大学校区の統計。2008年を年度末とする学校年度。2008年春の各州の教育機関の報告に基づく。Common Core Dataプログラムに基づくデータ。詳細については資料を参照。学校区の境界線は市あるいは郡の境界線とは異なる場合もある]

学校区	市	郡	学生数[1]	教員数（フルタイム換算）	2005-06修了者数[2]	学校数
ニューヨーク市学校区、NY	ニューヨーク	ニューヨーク	981,690	71,824	49,978	1,436
ロサンゼルス統合学校区、CA	ロサンゼルス	ロサンゼルス	687,534	35,084	27,004	860
シカゴ市学校区、IL	シカゴ	クック	421,430	21,512	18,263	630
デイド郡学校区、FL	マイアミ	マイアミ-デイド	345,525	22,384	18,030	496
クラーク郡学校区、NV	ラスベガス	クラーク	312,761	15,348	10,943	350
ブロワード郡学校区、FL	フォートローダーデール	ブロワード	256,351	18,729	14,201	303
ヒューストン独立学校区、TX	ヒューストン	ハリス	200,225	11,994	7,645	296
ヒルズボロ郡学校区、FL	タンパ	ヒルズボロ	192,007	13,986	9,858	285
ハワイ教育局、HI	ホノルル	ホノルル	179,478	11,294	11,063	290
オレンジ郡学校区、FL	オーランド	オレンジ	172,257	10,975	9,178	236
パームビーチ郡学校区、FL	ウェストパームビーチ	パームビーチ	170,757	13,213	9,472	247
フェアファクス郡学校区、VA	フォールズチャーチ	フェアファクス	169,030	9,274	11,492	193
フィラデルフィア市学校区、PA	フィラデルフィア	フィラデルフィア	159,867	10,258	8,663	274
ダラス独立学校区、TX	ダラス	ダラス	157,352	10,937	5,874	232
グウィネット郡学校区、GA	ローレンスビル	グウィネット	157,219	10,978	7,441	115
モンゴメリー郡学校区、MD	ロックビル	モンゴメリー	139,282	9,401	10,037	204
ウェイク郡学校区、NC	ローリー	ウェイク	138,443	9,317	6,788	156
シャーロット-メクレンバーグ学校区、NC	シャーロット	メクレンバーグ	135,064	9,312	5,912	166
サンディエゴ市統合学校区、CA	サンディエゴ	サンディエゴ	132,256	6,855	6,335	218
プリンスジョージ郡学校区、MD	アッパーマルボロ	プリンスジョージ	127,977	8,870	8,226	215
デュバル郡学校区、FL	ジャクソンビル	デュバル	122,606	7,973	5,999	175
メンフィス市学校区、TN	メンフィス	シェルビー	111,954	7,201	5,741	200
コブ郡学校区、GA	マリエッタ	コブ	106,747	8,215	6,298	118
ピネラス郡学校区、FL	ラーゴ	ピネラス	106,061	7,878	6,134	173
ボルティモア郡学校区、MD	ボルティモア	ボルティモア	103,180	7,339	7,415	172
シプレス-フェアバンクス独立学校区、TX	ヒューストン	ハリス	100,685	6,411	5,069	78
デカルブ郡学校区、GA	デカトゥール	デカルブ	99,775	6,902	4,730	146
ジェファーソン郡学校区、KY	ルイスビル	ジェファーソン	98,774	6,144	5,032	174
デトロイト市学校区、MI	デトロイト	ウエイン	97,577	5,953	6,185	197
アルバカーキ学校、NM	アルバカーキ	バーナリーリョ	95,934	6,542	3,831	174
ポーク郡学校区、FL	バートゥ	ポーク	94,657	7,548	4,243	156
ノースサイド独立学校区、TX	サンアントニオ	ベクサー	89,000	5,782	4,300	101
フルトン郡学校区、GA	アトランタ	フルトン	88,299	6,530	4,328	98
ロングビーチ統合学校区、CA	ロングビーチ	ロサンゼルス	87,509	4,017	4,654	92
ジェファーソン郡学校区、CO	ゴールデン	ジェファーソン	85,946	4,959	5,580	162
ミルウォーキー学校区、WI	ミルウォーキー	ミルウォーキー	85,381	5,158	4,425	215
オースティン独立学校区、TX	オースティン	トラヴィス	83,483	5,890	3,595	120
ボルティモア市学校区、MD	ボルティモア	ボルティモア	82,266	5,839	4,118	194
ジョーダン学校区、UT	サンディ	ソルトレイク	81,485	3,221	4,632	99
リー郡学校区	フォートメイヤーズ	リー	79,434	5,034	3,801	117
フォートワース独立学校区、TX	フォートワース	タラント	79,285	5,167	3,407	147
フレズノ統合学校区、CA	フレズノ	フレズノ	76,621	3,922	3,450	106
ダビッドソン郡学校区、TN	ナッシュビル	ダビッドソン	74,312	5,307	3,601	139
デンバー郡学校区、CO	ヴィエラ	ブレバード	74,189	4,356	2,814	143
プリンスウィリアム郡学校、CO	デンバー	デンバー	73,917	3,845	3,922	83
アンアランデル郡学校区、MD	アナポリス	アンアランデル	73,653	4,939	5,077	124
ブレバード郡学校区、FL	ヴィエラ	ブレバード	73,098	5,290	4,761	121
ギルフォード郡学校区、NC	グリーンズボロ	ギルフォード	72,951	5,091	4,238	119
バージニアビーチ市学校、VA	バージニアビーチ	バージニアビーチ	71,554	3,984	4,660	84
グリーンビル郡学校区、SC	グリーンビル	グリーンビル	70,441	4,542	3,229	94

NA データなし　1．学校区から教育を受けたと報告のあった学生数　2．高校卒業資格を受けたものおよびその他の修了者（受講証明等）を含むが、高校卒業資格（GED）取得者は含まない

資料：U.S. Department of Education, National Center for Education Statistics, Common Core of Data (CCD), "Public Elementary/Secondary School Universe Survey," 2008-09, "Local Education Agency Universe Survey," 2008-09 および "Local Education Agency-Level Public-Use Data File on Public School Dropouts: School Year 2006-07"；<http://www.nces.ed.gov/ccd/>

No.246. 公立小中学校および高校在籍者——州別：1990－2008年

[単位：1,000人（29,878は2987万8000を表す）、％。秋期現在。分類不明の学生を含む。各州の教育機関の調査に基づく。詳細については資料を参照]

州	幼稚園—第8学年[1]					第9－12学年[1]				
	1990	2000	2005	2007	2008	1990	2000	2005	2007	2008
合衆国	29,878	33,688	34,205	34,205	34,286	11,338	13,515	14,908	15,087	14,980
アラバマ	527	539	529	527	528	195	201	212	218	218
アラスカ	85	94	91	89	89	29	39	42	42	41
アリゾナ	479	641	740	771	772	161	237	355	316	316
アーカンソー	314	318	336	340	342	123	132	138	139	137
カリフォルニア	3,615	4,408	4,466	4,329	4,306	1,336	1,733	1,971	2,015	2,016
コロラド	420	517	550	566	580	154	208	230	236	238
コネティカット	347	406	400	394	392	122	156	175	177	175
デラウェア	73	81	85	85	87	27	34	36	38	39
コロンビア特別区	61	54	56	56	51	19	15	21	23	18
フロリダ	1,370	1,760	1,873	1,856	1,849	492	675	802	811	782
ジョージア	849	1,060	1,145	1,179	1,186	303	385	453	471	470
ハワイ	123	132	127	126	126	49	52	55	54	54
アイダホ	160	170	183	191	194	61	75	79	81	81
イリノイ	1,310	1,474	1,480	1,473	1,479	512	575	631	640	641
インディアナ	676	703	724	730	730	279	286	311	317	316
アイオワ	345	334	326	330	336	139	161	157	156	152
カンザス	320	323	321	327	331	117	147	147	142	140
ケンタッキー	459	471	487	469	472	177	194	192	197	198
ルイジアナ	586	547	482	500	504	199	197	172	181	181
メーン	155	146	133	131	129	60	61	62	66	64
メリーランド	527	609	589	576	576	188	244	271	269	267
マサチューセッツ	604	703	675	667	667	230	273	297	296	292
ミシガン	1,145	1,222	1,191	1,137	1,119	440	498	551	556	541
ミネソタ	546	578	558	558	560	211	277	281	279	276
ミシシッピ	372	364	358	354	352	131	134	137	141	140
ミズーリ	588	645	635	632	635	228	268	283	285	282
モンタナ	111	105	98	96	97	42	50	48	46	45
ネブラスカ	198	195	195	200	203	76	91	92	91	90
ネバダ	150	251	296	308	308	51	90	116	122	125
ニューハンプシャー	126	147	139	134	133	46	61	67	66	65
ニュージャージー	784	968	971	954	957	306	346	425	428	425
ニューメキシコ	208	225	230	230	231	94	95	97	99	99
ニューヨーク	1,828	2,029	1,909	1,856	1,843	770	853	906	909	898
ノースカロライナ	783	945	1,003	1,072	1,059	304	348	413	417	430
ノースダコタ	85	72	66	63	64	33	37	33	32	31
オハイオ	1,258	1,294	1,261	1,241	1,239	514	541	578	586	578
オクラホマ	425	445	457	463	468	154	178	178	179	177
オレゴン	340	379	380	384	395	132	167	173	182	180
ペンシルベニア	1,172	1,258	1,228	1,205	1,194	496	556	603	597	581
ロードアイランド	102	114	104	99	98	37	44	50	48	47
サウスカロライナ	452	493	498	505	508	170	184	204	208	211
サウスダコタ	95	88	84	83	87	34	41	38	38	39
テネシー	598	668	677	682	685	226	241	277	283	287
テキサス	2,511	2,943	3,268	3,375	3,447	872	1,117	1,257	1,300	1,306
ユタ	325	333	358	410	404	122	148	151	166	155
バーモント	71	70	65	63	63	25	32	32	31	31
バージニア	728	816	841	850	855	270	329	372	380	381
ワシントン	613	694	699	697	705	227	310	333	333	332
ウエストバージニア	224	201	197	199	199	98	85	84	84	83
ウィスコンシン	566	595	584	585	590	232	285	291	289	284
ワイオミング	71	60	57	59	61	27	30	27	27	27

1．分類されないものを含む

資料：U.S. National Center for Education Statistics, *Digest of Education Statistics*（年刊）; <http://www.nces.ed.gov/programs/digest/>

No.247. 公立学校の犯罪事件——事件の種類と学校の特徴：2007－08年

[2008年を年度末とする学校年度。学校の建物、グラウンド、スクールバス、および学校の主催する行事や活動の場所で発生した事件。標本に基づく。詳細については資料を参照]

学校の特徴	学校数	事件の発生した学校の%				学生1000人あたりの率			
		暴力[1]	加重暴力[2]	盗難[3]	その他[4]	暴力[1]	加重暴力[2]	盗難[3]	その他[4]
全公立学校[5]	83,000	75.5	17.2	47.3	67.4	27.9	1.2	5.6	9.2
レベル：[6]									
小学校	49,200	65.1	13.0	30.6	55.1	25.6	1.0	2.1	4.9
中等学校	15,300	94.3	22.0	69.5	84.0	41.3	1.9	8.3	12.3
高等学校	11,900	94.0	28.9	83.7	93.5	22.3	1.1	9.9	14.8
就学規模：									
300人未満	19,200	60.6	12.3	33.3	47.6	34.4	[7] 1.8	5.4	9.1
300－499人	24,300	69.1	11.4	35.6	62.1	24.3	0.8	3.2	6.5
500－999人	30,200	83.4	19.8	54.0	75.5	30.0	1.2	5.1	7.7
1000人以上	9,300	97.0	34.0	84.9	95.5	25.5	1.4	8.3	13.4
少数民族の%：[8]									
5%未満	13,700	66.7	15.0	46.1	60.6	21.7	0.8	5.6	7.4
5－20%	21,400	72.7	13.7	43.0	62.0	18.8	0.6	5.5	7.3
20－50%	20,300	77.3	15.2	45.8	70.0	27.1	0.8	5.2	8.4
50%以上	27,600	80.5	22.5	52.4	72.9	36.6	2.0	5.9	11.7

S　データは公刊の基準に達していない　1．暴力事件には、レイプ、レイプ以外の性的暴行、武器の介在を問わない襲撃あるいは喧嘩、武器の介在を問わない身体的脅威、武器の介在を問わない強盗を含む　2．加重暴力事件には、レイプ、レイプ以外の性的暴行、武器の介在する襲撃あるいは喧嘩、武器の介在する身体的脅威、武器の介在と問わない強盗を含む　3．盗難（当事者が対面することなく10ドル以上の金品が盗まれる）事件は、すり、財布またはバックパックの置き引き、自動車窃盗などを含む　4．その他の事件は、火器または爆発物の所持、ナイフまたは類似のものの所持、非合法薬物の配布、アルコールまたは非合法薬物の所持または使用、公共物の破壊・汚損を含む　5．個別に明示しない一貫教育校を含む。幼稚園から第12学年までの学校もあるが、教育する学年の区切りは色々である　6．小学校は、最低学年が第3学年未満、最高学年が第8学年未満の学校、中等学校は、最低学年が第4学年以上、最高学年が第9学年未満の学校、高等学校は、最低学年が第9学年以上、最高学年が第12学年までの学校。その他は、上記の学年のカテゴリに入らないすべての学校。K-12学校を含む　7．データの解釈には注意が必要　8．推計値はテネシー州のデータを除く。テネシー州は学生の人種を報告していないため

資料：U.S. Department of Education, National Center for Education Statistics, "2007-08 School Survey on Crime and Safety," (2008年)

No.248. 公立学校における規律上の問題の割合(%)——学校の特徴別：2007－08年

[単位:%。学校年度。学校の建物、グラウンド、スクールバス、および学校主催の行事・活動の場における規律上の問題。標本に基づく。詳細については資料を参照]

学校の特徴	毎日あるいは毎日1回は起こる問題(%)						年度内に経験した事件(%)	
	学生間の人種的緊張	いじめ	学生間のセクシャルハラスメント[1]	学生が教師に暴言	教室の無秩序	学生の教師に対する無礼な行動	望ましくないギャングの活動[2]	望ましくないカルトまたは過激派グループの活動[3]
全公立学校	3.7	25.3	3.0	6.0	10.5	4.0	19.8	2.6
レベル：[4]								
小学校	2.6	20.5	[5] 1.3	3.7	7.7	3.1	10.0	[5] 0.6
中等学校	5.6	43.5	6.5	9.8	17.7	6.6	35.4	3.1
高等学校	5.3	21.7	5.7	12.1	16.9	4.8	43.1	8.0
その他	[5] 4.3	24.9	(S)	[5] 2.9	[5] 3.8	(S)	14.3	[5] 6.4
就学規模：								
300人未満	[5] 3.2	18.7	[5] 2.7	[5] 4.5	[5] 5.6	[5] 3.2	9.8	[5] 1.3
300－499人	[5] 1.4	20.8	[5] 1.8	3.1	8.4	[5] 2.6	12.8	[5] 1.0
500－999人	5.3	30.6	3.4	6.4	11.9	5.1	21.8	2.6
1000人以上	5.5	33.2	5.7	15.3	22.0	6.1	52.4	9.4
少数民族の%：[6]								
5%未満	[5] 1.2	25.6	[5] 2.7	[5] 2.8	5.6	[5] 2.0	3.9	(S)
5－20%	2.7	24.9	2.2	2.6	5.6	2.1	9.9	[5] 1.7
20－50%	3.0	22.1	2.2	5.5	11.5	[5] 2.3	21.3	2.7
50%以上	6.2	27.6	4.2	10.8	15.9	6.1	34.2	3.6

S　データは公刊の基準に達していない　1．セクシャルハラスメントは、他人に対する、相手の意を無視した攻撃的態度でなされる、不適切な性的言動。言葉あるいは態度　2．ギャングは、公式非公式を問わず、3人以上の人間がゆるやかな組織を結成し、メンバーをあらわす名前やサイン、シンボルまたは色を持ち、個人または集団で暴力あるいはその他の非合法な行動をするもの　3．カルトあるいは過激派グループは、ラジカルな信条や習慣を信奉し、宗教的な要素を含む場合もあり、社会の大多数の共有する基本的な価値観や文化的規範を脅かすもの　4．小学校は、最低学年が第3学年未満、最高学年が第8学年未満の学校、中等学校は、最低学年が第4学年以上、最高学年が第9学年未満の学校、高等学校は、最低学年が第9学年以上、最高学年が第12学年までの学校。その他は、上記の学年のカテゴリに入らないすべての学校。K-12学校を含む　5．慎重に解釈されたい　6．推計値はテネシー州のデータを除く。テネシー州は学生の人種を報告していないため

資料：U.S. Department of Education, National Center for Education Statistics, "2007-08 School Survey on Crime and Safety," (2008年)

No.249. 学校内で、火器による脅威を受けた・負傷した生徒——学校の特徴別：1995－2009年

[単位：％。第9-12学年。調査に先立つ12ヶ月間のデータ。「学校内」は定義されていない]

特徴	1995	1997	1999	2001	2003	2005	2007	2009
計	**8.4**	**7.4**	**7.7**	**8.9**	**9.2**	**7.9**	**7.8**	**7.7**
性別：								
男性	10.9	10.2	9.5	11.5	11.6	9.7	10.2	9.6
女性	5.8	4.0	5.8	6.5	6.5	6.1	5.4	5.5
人種/民族：[1]								
白人	7.0	6.2	6.6	8.5	7.8	7.2	6.9	6.4
黒人	11.0	9.9	7.6	9.3	10.9	8.1	9.7	9.4
ヒスパニック	12.4	9.0	9.8	8.9	9.4	9.8	8.7	9.1
アジア系	([2])	([2])	7.7	11.3	11.5	4.6	[3]7.6	5.5
アメリカインディアン・アラスカ原住民	[3]11.4	[3]12.5	[3]13.2	[3]15.2	22.1	9.8	5.9	16.5
太平洋諸島民・ハワイ原住民	([2])	([2])	15.6	24.8	16.3	[3]14.5	[3]8.1	12.5
複数人種	([2])	([2])	9.3	10.3	18.7	10.7	13.3	9.2
学年：								
第9学年	9.6	10.1	10.5	12.7	12.1	10.5	9.2	8.7
第10学年	9.6	7.9	8.2	9.1	9.2	8.8	8.4	8.4
第11学年	7.7	5.9	6.1	6.9	7.3	5.5	6.8	7.9
第12学年	6.7	5.8	5.1	5.3	6.3	5.8	6.3	5.2

1．人種別はヒスパニック系を除く　2．1999年、従来の調査における分類との比較を可能にするために、人種/民族の回答分類を変更した。1995年、1997年の調査では、アジア系・太平洋諸島民の学生数は個別にカウントしておらず、複数人種を選択することはできなかった　3．データの使用には注意が必要

資　料：U.S. National Center for Education Statistics and U.S. Department of Justice, Bureau of Justice Statistics, *Indicators of School Crime and Safety: 2010*, NCES 2011-002 (2010年11月); <http://www.nces.ed.gov/programs/crimeindicators/crimeindicators2010/> も参照

No.250. 公立校の安全警備対策——学校の特徴別：2000－2008年

[単位：％。表示年に終わる学校年度。校長または学校の規律に関してよく知る担当者を対象とする調査に基づく。通常の授業時間中および学期中の行事・活動時。School Survey on Crime and Safetyに基づく。標本抽出時の誤差あり。詳細については資料を参照]

安全警備対策	2000	2004	2006	2008
授業時間中のアクセス制限：				
建物（施錠またはドアの監視）	74.6	83.0	84.9	89.5
グランド（施錠または入口の監視）	33.7	36.2	41.1	42.6
昼休み中の学生のキャンパス立入制限	64.6	66.0	66.1	65.0
薬物テスト：				
全員	4.1	5.3	(NA)	(NA)
運動選手	(NA)	4.2	5.0	6.4
課外活動を行う生徒（運動選手以外）	(NA)	2.6	3.4	4.5
その他の分類	(NA)	(NA)	3.0	3.0
校内の禁煙	90.1	88.8	90.3	91.4
バッジあるいは写真付IDの装着義務：				
学生	3.9	6.4	6.1	7.6
教員およびスタッフ	25.4	48.0	47.8	58.3
学生に対する金属探知機の使用：				
抜き打ち検査[1]	7.2	5.6	4.9	5.3
毎日の登校時に実施	0.9	1.1	1.1	1.3
探査と機器の設置：				
抜き打ちで麻薬捜査犬による探査実施[1]	20.6	21.3	23.0	21.5
抜き打ちで規制品チェック[1,2]	11.8	12.8	13.1	11.4
教室に電話機設置	44.6	60.8	66.8	71.6
校内監視のためにモニター設置[1]	19.4	36.0	42.8	55.0
無線通話機の設置	(NA)	71.2	70.8	73.1
訪問者：				
訪問時に署名	96.6	98.3	97.6	98.7
金属探知機の使用	0.9	0.9	1.0	(NA)
服装規定：				
制服の着用	11.8	13.8	13.8	17.5
厳格な服装規定の遵守	47.4	55.1	55.3	54.8
学校の設備機器：				
校内においては、透明バッグを使用する、あるいはバッグの使用禁止	5.9	6.2	6.4	6.0
学生用ロッカーの提供	46.5	49.5	50.6	48.9

NA データなし　1．1回以上　2．例えば、薬物、火器。捜査権による探索は除く

資　料：U.S. National Center for Education Statistics and U.S. Department of Justice, Bureau of Justice Statistics, *Indicators of School Crime and Safety, 2009* (2009年12月), NCES 2010-012; <http://www.nces.ed.gov/programs/crimeindicators/crimeindicators2009/> も参照

No.251. 学校内のいじめ、またはネットいじめの被害にあった学生——学生の特徴別：2007年

[単位：%。12-18歳の学生。2007年に終わる学生年度。「学校内」には、学校の建物、付属施設、スクールバス、通学途上を含む。詳細については資料の付録Aを参照]

特徴	計[1]	学校内のいじめ					ネットいじめ[2]
		計	からかう、あだ名、侮辱	噂を流す	脅す	押す、押しのける、転ばせる、唾を吐きかける	
計	32.2	31.7	21.0	18.1	5.8	11.0	3.7
性別：							
男性	30.6	30.3	20.3	13.5	6.0	12.2	2.0
女性	33.7	33.2	21.7	22.8	5.6	9.7	5.3
人種/民族：[3]							
白人	34.6	34.1	23.5	20.3	6.3	11.5	4.2
黒人	30.9	30.4	19.5	15.7	5.8	11.3	3.2
ヒスパニック	27.6	27.3	16.1	14.4	4.9	9.9	2.9
アジア系	18.1	18.1	10.6	8.2	(S)	[4] 3.8	(S)
その他	34.6	34.1	20.1	20.8	7.7	14.4	[4] 2.4
学年：							
第6学年	42.9	42.7	31.2	21.3	7.0	17.6	3.1
第7学年	35.7	35.6	27.6	20.2	7.4	15.8	3.4
第8学年	37.3	36.9	25.1	19.7	6.9	14.2	3.3
第9学年	30.8	30.6	20.3	18.1	4.6	11.4	2.5
第10学年	28.4	27.7	17.7	15.0	5.8	8.6	4.6
第11学年	29.3	28.5	15.3	18.7	4.9	6.5	5.1
第12学年	23.5	23.0	12.1	14.1	4.3	4.1	3.5

S 統計的に有意な水準に達しない 1．種類別のいじめの件数を合計しても計とは一致しない。一人の学生が複数の種類のいじめを受けていることが多いからである。また、計には個別に明示しないその他の種類のいじめも含む 2．ネットいじめは、他の学生から望ましくない接触を受けること、例えば、脅しやからかいの形態メールなどを含む。ネットいじめについては別個に報告されたもので、この部分は報告基準に達していない 3．人種別のデータにはヒスパニック系は含まれない。その他には、アメリカインディアン、アラスカ原住民、太平洋諸島民、複数人種が含まれる 4．データの取り扱いには注意が必要
資 料：U.S. National Center for Education Statistics and U.S. Department of Justice, Bureau of Justice Statistics, *Indicators of School Crime and Safety: 2009* (2009年12月), NCES 2010-012; <http://www.nces.ed.gov/programs/crimeindicators/crimeindicators2009/> も参照

No.252. 保護者の学校行事への参加——学校・学生・世帯の特徴別：2007年

[単位：%および1000人（51,600は5160万人を表す）。2007年に終わる学校年度。幼稚園から第12学年までの児童を持つ保護者を対象とする。自宅学習の生徒は除外]

特徴	幼稚園－第12学年の生徒数(1000人)	保護者（両親その他の家族）の学校行事への参加				
		授業参観・PTO/PTA[1]会合に参加	定期的な教師との面談	学校またはクラスのイベント	学校の委員会への参加	学校の募金活動に参加
計	51,600	89	78	74	46	65
学校の種類：[2]						
公立、指定校	37,168	89	76	72	42	63
公立、選択校	7,951	88	81	74	45	62
私立、宗教系	4,560	96	86	86	73	85
私立、非宗教系	1,438	97	90	86	68	72
学生の性別：						
男性	26,875	89	79	71	45	65
女性	24,725	90	77	78	48	66
学生の人種・民族：						
白人、非ヒスパニック	29,832	91	78	80	54	72
黒人、非ヒスパニック	7,837	87	77	65	35	58
ヒスパニック[3]	9,767	87	80	65	32	51
アジア系・太平洋諸島民、非ヒスパニック	1,566	90	80	72	46	62
その他、非ヒスパニック	2,598	90	74	76	47	62
学年別：[4]						
幼稚園－第2学年	11,516	93	90	78	63	72
第3－5学年	11,519	94	92	83	57	71
第6－8学年	12,058	91	76	72	38	63
第9－12学年	16,503	83	61	68	34	57
両親の最終学歴：						
高校卒業未満	3,504	75	70	48	20	34
高校卒業、または卒業資格	11,070	84	74	65	33	55
職業訓練校・技術校、カレッジ	14,844	89	77	72	42	67
学士	11,353	94	81	83	56	72
大学院または職業学位	10,829	95	82	87	64	77
家庭における両親の言語：						
両親または片親が英語のみ	45,219	90	78	77	49	69
両親のうち片方のみが英語を話す	1,022	82	75	63	42	54
両親とも英語を話さない	5,359	84	82	57	22	38

1．PTO=Parent Teacher Organization、PTA=Parent Teacher Association。PTOは学校単位で独立した組織である場合が多い 2．学校の特徴（学校の種類と規模）については、報告のない学校がかなりの数存在するため、学校の特徴の各項目の学生数の計と、学生の総数は一致しない 3．ヒスパニックは人種を問わない 4．保護者が、学年別に分かれていないと報告した学生については、学年別のデータから除外
資 料：U.S. Department of Education, National Center for Education Statistics, Parent and Family Involvement in Education Survey of the National Household Education Surveys Program (NHES), 2007

No.253. 高校教育未満の就学──性別、人種/ヒスパニック別：2009年

[単位：1,000人（57,523は5752万3000を表す）、%。10月現在。保育園から高等学校までの間に就学する民間非施設収容人口。毎月人口調査に基づく。第1章の解説と付録Ⅲを参照。本書前年版の表No.249も参照]

特徴	計			人種、ヒスパニック				
				白人[2]				
	就学者数[1]	男性	女性	計	非ヒスパニック	黒人[2]	アジア系[2]	ヒスパニック[3]
全学生	57,523	29,363	28,162	43,558	32,664	8,859	2,285	12,095
保育園	4,708	2,331	2,377	3,404	2,575	811	239	930
全日制	2,438	1,177	1,261	1,564	1,167	617	135	459
定時制	2,270	1,154	1,117	1,840	1,408	194	105	471
幼稚園	4,132	2,135	1,997	3,154	2,252	619	167	965
小中学校	32,238	16,504	15,734	24,575	18,244	4,749	1,296	7,058
高校	16,445	8,393	8,053	12,425	9,573	2,680	582	3,142
公立学校	51,145	26,101	25,043	38,368	28,031	8,234	1,954	11,419
保育園	2,744	1,356	1,388	1,832	1,188	640	107	717
全日制	1,418	693	725	817	525	478	42	334
定時制	1,326	663	663	1,015	663	162	66	384
幼稚園	3,767	1,961	1,806	2,860	1,990	578	146	933
小中学校	29,365	15,005	14,359	22,257	16,198	4,424	1,170	6,716
高校	15,269	7,779	7,490	11,419	8,655	2,592	530	3,052
15-17歳人口	12,391	6,334	6,057	9,495	7,437	1,943	421	2,254
本来の学年より下のクラスにいるもの(%)[4]	29.5	33.2	25.6	28.6	27.8	34.8	20.0	32.1
10-12学年の学生	11,651	5,798	5,853	8,886	6,944	1,797	426	2,129
年間中退率(%)	3.2	3.3	3.1	3.0	2.3	4.5	1.7	5.3
18-24歳人口	29,223	14,677	14,546	22,606	17,750	4,346	1,181	5,332
中退者(%)	9.4	10.7	8.0	9.1	5.8	11.6	2.2	20.8
高校卒業者(%)	84.3	82.5	86.2	85.1	89.2	79.6	91.4	70.3
大学就学(%)	41.3	38.4	44.2	41.3	45.0	36.9	65.0	27.5

1．個別に明示しないその他の人種を含む　2．1つの人種のみを回答したもの。表No.229の脚注2を参照　3．ヒスパニックは人種を問わない　4．当該年齢グループの通常の到達学年以下のもの
資料：U.S. Census Bureau, Current Population Survey, 未刊行資料；<http://www.census.gov/population/www/socdemo/school.html>

No.254. 小中学校および高校の教員、学生、および生徒／教員比：1970－2009年

[単位：1,000人（2,292は229万2000人を表す）。比率は%。秋期現在。フルタイム換算。各州の教育機関の調査に基づく。詳細については資料を参照]

年	教員			学生			生徒／教員比		
	計	公立	私立	計	公立	私立	計	公立	私立
1970	2,292	2,059	233	51,257	45,894	5,363	22.4	22.3	23.0
1975	2,453	2,198	255	49,819	44,819	5,000	20.3	20.4	19.6
1980	2,485	2,184	301	46,208	40,877	5,331	18.6	18.7	17.7
1984	2,508	2,168	340	44,908	39,208	5,700	17.9	18.1	16.8
1985	2,549	2,206	343	44,979	39,422	5,557	17.6	17.9	16.2
1986	2,592	2,244	348	45,205	39,753	5,452	17.4	17.7	15.7
1987	2,631	2,279	352	45,487	40,008	5,479	17.3	17.6	15.6
1988	2,668	2,323	345	45,430	40,189	5,242	17.0	17.3	15.2
1989	2,713	2,357	356	45,741	40,543	5,198	17.0	17.2	15.7
1990	2,759	2,398	361	46,451	41,217	5,234	17.0	17.2	15.6
1991	2,797	2,432	365	47,728	42,047	5,681	17.1	17.3	15.6
1992	2,827	2,459	368	48,500	42,823	5,677	17.2	17.4	15.4
1993	2,874	2,504	370	49,133	43,465	5,668	17.1	17.4	15.3
1994[1]	2,925	2,552	373	49,898	44,111	5,787	17.1	17.3	15.5
1995	2,974	2,598	376	50,759	44,840	5,918	17.1	17.3	15.7
1996[1]	3,051	2,667	384	51,544	45,611	5,933	16.9	17.1	15.5
1997	3,138	2,746	391	52,071	46,127	5,944	16.6	16.8	15.2
1998[1]	3,230	2,830	400	52,525	46,539	5,988	16.3	16.4	15.0
1999	3,319	2,911	408	52,876	46,857	6,018	15.9	16.1	14.7
2000[1]	3,366	2,941	424	53,373	47,204	6,169	15.9	16.0	14.5
2001	3,440	3,000	441	53,992	47,672	6,320	15.7	15.9	14.3
2002	3,476	3,034	442	54,403	48,183	6,220	15.7	15.9	14.1
2003	3,490	3,049	441	54,639	48,540	6,099	15.7	15.9	13.8
2004[1]	3,536	3,091	445	54,882	48,795	6,087	15.5	15.8	13.7
2005	3,593	3,143	450	55,187	49,113	6,073	15.4	15.6	13.5
2006[1]	3,622	3,166	456	55,307	49,316	5,991	15.3	15.6	13.2
2007	3,634	3,178	456	55,203	49,293	5,910	15.2	15.5	13.0
2008[1]	3,674	3,219	455	55,235	49,266	5,969	15.0	15.3	13.1
2009[2]	3,617	3,161	457	55,282	49,312	5,970	15.3	15.6	13.1

1．私立学校はthe Private School Universe Surveyからのデータの推計値に基づく　2．予測値
資料：U.S. National Center for Education Statistics, *Digest of Education Statistics*（年刊）および *Projections of Educational Statistics*；<http://www.nces.ed.gov/annuals>

No.255. 公立小中学校および高校教員――主要分類別：2007－2008年

[学校年度（612は61万2000を表す）。2007-2008年Teacher Follow-up Survey、School and staffing Surveyに基づく。標本抽出の誤差あり。詳細は資料および〈http://nces.ed.gov/surveys/sass/〉参照。幼稚園より年少の教育機関の教師は除く。類似の公立学校教員データに関しては表No.266を参照]

特徴	単位	年齢					性別		人種、民族		
		30歳未満	30－39歳	40－49歳	50－59歳	60歳以上	男性	女性	白人[1]	黒人[1]	ヒスパニック[2]
教員数、計[3]	1,000	612	898	808	879	207	821	2,584	2,829	239	240
所持学位：											
学士	％	70.1	46.8	43.7	38.4	35.0	47.0	47.5	46.8	47.0	56.3
修士	％	28.0	46.1	47.3	50.4	51.1	43.9	44.8	45.7	41.4	34.1
教育専門士	％	1.5	6.0	7.3	8.7	9.6	5.5	6.7	6.0	8.7	7.7
博士	％	(S)	0.4	0.7	1.5	3.2	1.6	0.7	0.8	2.0	1.1
フルタイムの教育経験：											
3年未満	％	44.1	10.3	7.4	3.4	2.9	13.6	13.4	13.0	13.1	18.0
3－9年	％	55.9	53.5	25.1	11.4	8.5	33.2	33.7	32.6	38.0	39.0
10－20年	％	(S)	36.3	40.9	26.3	20.0	26.6	27.5	27.6	24.9	26.7
20年以上	％	－	(S)	26.6	59.0	68.6	26.6	25.5	26.8	24.1	16.3
フルタイムの教員数	1,000	572	828	739	803	185	776	2,351	2,579	229	230
賃金	ドル	41,790	48,380	52,850	58,760	59,610	53,910	50,790	51,530	51,110	51,520
基本給	ドル	39,760	46,320	50,870	56,760	57,910	50,560	49,230	49,570	48,910	49,260

－　ゼロまたは概数でゼロを示す　S　報告水準に至らない。この推計値の標準誤差は推計値の50％以上　1.　非ヒスパニック　2.　ヒスパニックは人種を問わない　3.　個々には示さないが学位をもたない教員を含む
資　料：U.S. Department of Education, National Center for Education Statistics, Schools and Staffing Survey (SASS), "Public School Teacher Data Files," 2007-08

No.256. 公立小中学校および高校――教員数、平均給与：1990－2009年、および州別：2009年

[表示年の6月を年度末とする学校年度の推計値（2,362は236万2000を表す）。学校の分類は、教育段階よりも組織形態別を優先して分類。初等学校には幼稚園を含む]

年、州	教員数[1] (1,000)			平均給与 (1,000ドル)			年、州	教員数[1] (1,000)			平均給与 (1,000ドル)		
	計	小中学校	高校	全教員	小中学校	高校		計	小中学校	高校	全教員	小中学校	高校
1990	2,362	1,390	972	31.4	30.8	32.0	MD	59.8	34.9	24.9	62.8	62.6	63.4
1995	2,565	1,517	1,048	36.7	36.1	37.5	MA	70.9	46.9	24.1	67.6	67.6	67.6
2000	2,891	1,696	1,195	41.8	41.3	42.5	MI	96.0	48.9	47.1	57.3	57.3	57.3
2002	2,992	1,751	1,240	44.7	44.2	45.3	MN	51.8	26.3	25.5	52.4	52.4	52.4
2003	3,020	1,769	1,251	45.7	45.4	46.1	MS	34.8	20.6	14.2	44.5	44.5	44.5
2004	3,042	1,782	1,260	46.5	46.2	47.0	MO	68.8	34.9	33.9	44.2	44.2	44.2
2005	3,072	1,799	1,273	47.5	47.1	47.7	MT	10.4	7.0	3.4	44.4	44.4	44.4
2006	3,125	1,811	1,313	49.1	48.6	49.5	NE	21.9	14.2	7.7	45.0	45.0	45.0
2007	3,172	1,848	1,324	51.1	50.7	51.5	NV	23.6	13.7	9.9	50.1	50.1	50.1
2008	3,201	1,860	1,341	52.8	52.4	53.3	NH	15.6	10.6	5.0	50.1	50.1	50.1
2009,合衆国	**3,228**	**1,884**	**1,344**	**54.3**	**53.9**	**54.8**	NJ	114.4	44.4	70.0	63.1	62.3	64.8
AL	47.8	25.5	22.2	46.9	46.3	47.4	NM	21.8	15.0	6.8	45.8	45.5	46.3
AK	8.7	5.9	2.8	58.4	58.4	58.4	NY	229.9	101.8	128.1	69.1	69.5	68.8
AZ	54.6	38.6	16.0	46.4	45.1	49.3	NC	99.1	70.0	29.1	48.5	48.5	48.5
AR	35.4	17.2	18.1	45.7	45.7	45.7	ND	7.7	5.3	2.4	41.7	41.9	41.1
CA	298.9	205.8	93.0	67.0	67.0	67.0	OH	111.3	72.0	39.3	54.7	55.4	54.2
CO	48.6	25.2	23.4	48.5	48.1	48.9	OK	42.1	28.7	13.4	43.8	43.5	44.6
CT	43.5	29.2	14.3	63.2	63.2	63.2	OR	29.9	19.3	10.5	54.1	53.8	54.7
DE	8.3	4.1	4.2	56.7	56.6	56.7	PA	125.0	62.5	62.5	57.8	57.8	57.8
DC	5.7	3.8	1.9	62.6	62.6	62.6	RI	11.2	6.9	4.2	58.4	58.4	58.4
FL	169.0	87.0	82.0	46.9	46.9	46.9	SC	49.3	34.4	14.9	47.4	45.7	46.5
GA	119.0	72.3	46.6	52.9	52.5	53.5	SD	8.9	6.4	2.5	35.1	33.9	37.7
HI	11.6	6.2	5.4	55.0	55.0	55.0	TN	63.8	44.4	19.3	45.5	45.5	45.5
ID	15.1	7.9	7.2	45.2	45.1	45.3	TX	327.7	167.2	160.5	47.2	46.7	47.6
IL	146.8	100.5	46.2	61.3	58.9	66.7	UT	25.2	14.0	11.2	45.9	45.9	45.9
IN	62.2	33.4	28.8	49.6	50.6	50.9	VT	8.9	4.6	4.3	47.9	47.9	47.9
IA	35.6	23.5	12.1	48.6	48.9	48.1	VA	103.4	60.9	42.5	48.4	48.1	48.7
KS	35.4	17.6	17.8	46.2	46.2	46.2	WA	54.6	30.0	24.6	52.6	52.4	52.7
KY	41.3	29.2	12.0	47.9	47.7	48.4	WV	19.8	14.3	5.5	44.7	44.4	45.4
LA	49.0	34.4	14.6	48.6	48.6	48.6	WI	59.5	40.8	18.7	51.1	51.2	51.0
ME	16.9	11.4	5.6	44.7	44.7	44.7	WY	7.0	3.6	3.4	54.6	54.4	54.9

1.　フルタイム換算
資　料：National Education Association, Washington, DC, Estimates of School Statistics Database (copyright)

No.257. 教員の継続勤務、異動、退職——特徴別：2000－2001および2008－2009年度

[2,994.7は299万4700人を表す。全学校年度と当該年度の教員の状況を比較するデータ。継続勤務は前年度と当該年度に同じ学校に勤務する。異動は前年度と違う学校に勤務する。退職は教職から離れたことを示す。学校および教職員調査（School and Staffing Survey）に基づく。詳細については資料を参照]

特徴	公立校				私立校			
	計[1]	継続	異動	退職	計[1]	継続	異動	退職
教師数（1000人）								
2000－01年度	2,994.7	2,542.2	231.0	221.4	448.6	354.8	37.6	56.2
2008－09年度	3,380.3	2,854.9	255.7	269.8	487.3	386.0	24.0	77.3
構成比								
計、2008－09年度	100.0	84.5	7.6	8.0	100.0	79.2	4.9	15.9
年齢：								
30歳未満	100.0	76.1	14.7	9.2	100.0	68.9	10.0	21.1
30－39歳	100.0	84.4	7.3	8.4	100.0	76.9	4.9	18.2
40－49歳	100.0	89.6	6.6	3.9	100.0	83.7	5.4	10.9
50－59歳	100.0	85.9	5.7	8.4	100.0	85.2	2.4	12.4
60歳以上	100.0	82.4	[2] 2.0	15.6	100.0	77.7	[2] 2.7	19.6
性別：								
男性	100.0	84.4	7.8	7.9	100.0	80.0	5.7	14.3
女性	100.0	84.5	7.5	8.0	100.0	78.9	4.7	16.4
人種・民族：								
白人、非ヒスパニック	100.0	85.0	7.0	8.0	100.0	80.7	4.6	14.7
黒人、非ヒスパニック	100.0	80.5	10.4	9.0	100.0	67.2	[2] 8.6	[2] 24.2
ヒスパニック、単一人種および複数人種	100.0	83.8	10.7	[2] 5.6	100.0	69.2	(S)	[2] 23.7
アジア系、ハワイ原住民またはその他の太平洋諸島民、非ヒスパニック	100.0	80.1	(S)	[2] 8.0	100.0	[2] 58.7	(S)	(S)
アメリカインディアン、アラスカ原住民、非ヒスパニック	100.0	[2] 82.5	(S)	(S)	100.0	(S)	(S)	(S)
複数人種、非ヒスパニック	100.0	82.5	(S)	(S)	100.0	100.0	－	－
教員年数：								
3年未満	100.0	76.2	14.1	9.7	100.0	70.5	6.5	22.9
4－9年	100.0	83.4	8.6	7.9	100.0	74.8	7.8	17.4
10－19年	100.0	90.4	5.2	4.4	100.0	84.3	2.8	12.9
20年以上	100.0	84.0	5.2	10.8	100.0	85.8	2.7	11.4
主要な担当教科：								
幼児教育、初等学校一般	100.0	87.0	7.4	5.6	100.0	79.7	6.5	13.8
特殊教育	100.0	78.0	9.8	12.3	100.0	62.9	(S)	[2] 27.5
芸術・音楽	100.0	88.4	7.5	4.1	100.0	87.9	(S)	9.0
英語・言語芸術	100.0	81.8	7.7	10.5	100.0	80.5	[2] 2.9	16.5
数学	100.0	85.6	6.7	7.7	100.0	85.3	(S)	[2] 12.7
自然科学	100.0	83.9	7.1	[2] 9.0	100.0	80.6	[2] 4.8	[2] 14.6
社会科学	100.0	84.2	[2] 8.2	7.6	100.0	83.3	[2] 4.3	[2] 12.4
その他	100.0	84.2	6.7	9.1	100.0	72.3	4.9	22.8

－ ゼロまたは概数でゼロを示す　S 基準を満たしていない　1．前学校年度の教員総数　2．データの取り扱いには注意が必要。推計値の標準誤差が30%以上

資料：U.S. National Center for Education Statistics, Teacher Follow-up Survey (TFS), "Current Teacher Data File" and "Former Teacher Data File," 2008-09

No.258. 公立・私立学校教員の異動と退職——理由別：2008－2009年度

[単位：％。移動した教師は、2007－08年度以降に当時と異なる学校で教職を続けているもの。退職者は、2007－08年度以降教職から離れたもの。学校および教職員調査（School and Staffing Survey）に基づく。詳細については資料を参照]

異動の主たる理由	異動者		退職の理由	退職者	
	公立	私立		公立	私立
連絡がつかない	10.7	12.7	連絡がつかない	5.3	13.0
移動の主たる原因：			移動の主たる原因：		
個人的理由	26.2	16.0	個人的理由	42.9	27.8
地位・資格に関する要因	[1] 7.5	(S)	地位・資格に関する要因	[1] 1.2	[1] 1.6
給与およびその他の給付に関する要因	[1] 4.0	23.2	給与およびその他の給付に関する要因	[1] 4.0	[1] 10.7
授業に関する要因	1.8	(S)	授業に関する要因	(S)	(S)
学校に関する要因	16.1	18.9	学校に関する要因	9.8	12.1
学生の成績に関する要因	[1] 1.6	(S)	学生の成績に関する要因	3.5	(S)
その他	32.0	24.3	Other carrer factors	14.8	22.8
			その他	17.1	10.3

S 基準を満たしていない　1．データの取り扱いには注意が必要。この推計値の標準誤差は推計値の30％以上

資料：U.S. National Center for Education Statistics, *Teacher Attrition and Mobility: Results for the 2008-09 Teacher Follow-up Survey*, NCES 2010-353（2010年8月）

No.259. 公立学校制度における平均給与——地位別：1985－2011年

[単位：ドル。表示年を年度末とする学校年度。生徒数300人以上の学校の層化抽出による報告に基づくデータ。データは、各学校の報告による、学校教職員の平均支払い給与の非ウエイト平均値]

地位	1985	1990	1995	2000	2005	2008	2009	2010	2011
年間給与									
中央行政事務管理職：									
教育長（契約給与）	56,954	75,425	90,198	112,158	128,770	148,387	155,634	159,634	161,992
副／準教育長	52,877	69,623	81,266	97,251	116,186	134,245	136,832	139,463	138,061
教育長補佐	48,003	62,698	75,236	88,913	103,212	116,833	119,755	123,509	122,333
管理職：									
財務・経営	40,344	52,354	61,323	73,499	83,678	96,490	98,590	100,306	101,347
教育・指導サービス	43,452	56,359	66,767	79,023	88,950	99,748	102,322	103,974	103,025
広報	35,287	44,926	53,263	60,655	70,502	80,534	83,235	86,567	84,629
人事	44,182	56,344	65,819	76,608	86,966	98,190	100,620	102,269	101,578
技術	(X)	(X)	(X)	(X)	76,308	86,085	87,898	90,530	90,914
教科指導主事	34,422	45,929	54,534	63,103	68,714	78,309	80,290	80,964	80,534
学校事務管理職：									
校長：									
小学校	36,452	48,431	58,589	69,407	76,182	85,907	88,062	89,673	89,591
中学校	39,650	52,163	62,311	73,877	81,514	91,334	93,478	95,003	95,426
高校	42,094	55,722	66,596	79,839	86,938	97,486	99,365	102,387	102,191
副校長：									
小学校	30,496	40,916	48,491	56,419	63,140	71,192	71,893	73,181	71,764
中学校	33,793	44,570	52,942	60,842	67,600	76,053	77,476	79,164	78,131
高校	35,491	46,486	55,556	64,811	71,401	79,391	81,083	83,074	82,027
学級担任教員	23,587	31,278	37,264	42,213	45,884	51,329	52,900	54,370	54,220
補助的専門職：									
カウンセラー	27,593	35,979	42,486	48,195	52,500	57,618	58,775	60,142	60,188
司書	24,981	33,469	40,418	46,732	50,720	56,933	57,974	59,495	59,093
学校看護師	19,944	26,090	31,066	35,540	40,520	46,025	46,476	48,032	48,044
秘書／事務職：									
中央事務：									
秘書	15,343	20,238	23,935	28,405	32,716	36,657	37,785	38,601	38,606
経理／給与事務員	15,421	20,088	24,042	28,498	33,217	37,732	39,031	39,895	39,790
事務－タイピスト	12,481	16,125	18,674	22,853	26,214	30,072	31,718	32,555	32,636
学校事務：									
秘書	12,504	16,184	19,170	22,630	25,381	28,810	29,480	30,474	30,226
図書館事務員	9,911	12,152	14,381	16,509	18,443	21,004	21,190	21,639	21,142
時間あたり賃金									
その他補助職：									
教員補佐：									
指導職	5.89	7.43	8.77	10.00	11.35	12.86	13.23	13.48	13.55
非指導職	5.60	7.08	8.29	9.77	11.23	12.70	13.13	13.59	13.58
管理人	6.90	8.54	10.05	11.35	12.61	14.19	14.59	15.04	14.92
カフェテリア従業員	5.42	6.77	7.89	9.02	10.33	11.60	11.94	12.18	12.23
バス運転手	7.27	9.21	10.69	12.48	14.18	16.56	16.44	16.62	16.61

X　該当なし

資料：Educational Research Service, Arlington, VA, *National Survey of Salaries and Wages in Public Schools*（年刊）（All rights reserved. Copyright.）

No.260. 公立学校の雇用——職業・性・人種別：1990、2008年

[単位：1,000人（3,181は318万1000を表す）。フルタイム職員100人以上の全公立小中学校・高校の学区を対象とした全数調査]

職業	1990					2008				
	計	男性	女性	白人[1]	黒人[1]	計	男性	女性	白人[1]	黒人[1]
全職業[2]	3,181	914	2,267	2,502	463	4,772	1,213	3,559	3,562	617
事務、管理職員	43	28	15	37	4	76	36	41	60	8
校長と校長補佐	90	56	34	70	13	190	86	104	125	35
学級担任教員[3]	1,746	468	1,278	1,469	192	2,544	613	1,930	2,055	240
小中学校	875	128	747	722	103	1,218	152	1,066	978	107
高校	662	304	358	570	66	1,007	394	614	828	92
その他専門職員	227	58	170	187	30	386	71	315	298	49
教員補佐[4]	324	54	270	208	69	555	72	483	372	96
事務員、秘書	226	5	221	181	24	323	11	312	230	37
サービス労働者[5]	524	245	279	348	129	761	352	409	454	164

1．ヒスパニックの個人は除く　2．2008年は個別に明示しないその他の職種を含む　3．個別に明示しないその他の学級担任教員も含む　4．技術者も含む　5．職人や労働者も含む

資料：U.S. Equal Employment Opportunity Commission, *Elementary-Secondary Staff Information (EEO-5)*（隔年刊行）

No.261. 公立小中学校および高校財政——総数および在籍者規模別：2008－2009年

[単位：100万ドル（590,948は5909億4800万ドルを表す）。別に注記するものを除く。データは年次調査に基づく。詳細については資料および付録Ⅲを参照]

分類項目	全学校制度	在籍者規模別						
		50,000人以上	25,000－49,999人	15,000－24,999人	7,500－14,999人	5,000－7,499人	3,000－4,999人	3,000人未満
合計								
一般歳入	590,948	124,377	73,579	53,837	84,808	52,690	70,586	131,070
連邦政府	55,900	13,217	7,260	5,136	7,815	4,019	5,476	12,977
州政府を通じて	51,997	12,473	6,873	4,908	7,172	3,758	5,143	11,671
児童栄養プログラム	10,687	2,567	1,576	1,111	1,521	827	1,108	1,979
直接	3,903	744	387	228	643	261	333	1,307
州政府[1]	276,154	55,190	36,080	27,980	41,018	23,262	30,977	61,648
一般方式援助	187,040	33,747	25,454	19,677	28,671	16,101	21,031	42,360
補償プログラム	6,224	1,340	1,045	680	1,034	491	568	1,066
特殊教育	16,471	3,951	1,705	1,281	2,090	1,381	2,000	4,063
地方政府	258,894	55,970	30,239	20,721	35,976	25,410	34,134	56,445
税	175,902	29,474	21,069	14,744	25,922	18,710	25,027	40,958
親政府からの補助金	45,826	19,519	4,868	2,817	5,073	3,595	4,762	5,192
その他の地方政府から	5,924	501	696	398	626	527	837	2,339
手数料収入	14,666	2,474	1,700	1,282	2,129	1,311	1,798	3,972
学校給食	6,968	1,052	815	663	1,107	707	952	1,672
その他	16,575	4,002	1,905	1,480	2,226	1,267	1,710	3,984
一般歳出	604,856	129,807	76,570	55,800	86,336	53,811	70,578	131,953
経常支出	517,708	109,271	64,047	47,150	74,088	46,358	61,489	115,304
目的別：								
教育	311,891	68,224	38,283	28,422	44,746	28,170	37,112	66,935
教育支援サービス	178,694	35,357	22,315	16,142	25,509	15,933	21,328	42,109
その他	27,124	5,689	3,449	2,586	3,833	2,255	3,050	6,260
内容別：								
賃金給与総額	310,334	65,516	39,818	29,189	45,011	27,825	36,658	66,317
雇用費用総額	109,188	23,834	12,305	9,838	16,051	10,397	13,138	23,626
その他	98,186	19,921	11,925	8,123	13,026	8,136	11,693	25,362
資本支出	68,045	16,147	9,959	6,919	9,543	5,613	6,943	12,921
負債の利子	17,141	4,090	2,468	1,693	2,476	1,594	1,914	2,904
その他の政府への支払い	1,963	298	96	38	229	247	231	824
債務残高	399,118	91,379	55,310	40,491	58,440	36,694	46,664	70,140
長期	390,652	90,050	54,584	39,896	57,347	35,815	45,563	67,398
短期	8,466	1,329	726	595	1,092	879	1,101	2,743
長期債務：新規	42,396	9,485	5,606	4,121	6,521	3,685	5,132	7,846
長期債務：償還	28,521	5,919	3,298	2,498	4,260	2,775	3,817	5,955
生徒1人あたり								
秋期、就学者数（1000人）	48,239	10,055	6,611	4,880	7,272	4,256	5,625	9,541
一般歳入	12,250	12,369	11,130	11,033	11,663	12,381	12,548	13,738
連邦政府	1,159	1,314	1,098	1,053	1,075	944	973	1,360
州政府[1]	5,725	5,489	5,458	5,734	5,641	5,466	5,507	6,462
一般方式援助	3,877	3,356	3,850	4,032	3,943	3,783	3,739	4,440
特殊教育	341	393	258	263	287	324	355	426
地方政府[1]	5,367	5,566	4,574	4,247	4,947	5,971	6,068	5,916
税	3,646	2,931	3,187	3,022	3,565	4,396	4,449	4,293
親政府からの補助金	950	1,941	736	577	698	845	847	544
手数料収入	304	246	257	263	293	308	320	416
学校給食	144	105	123	136	152	166	169	175
一般歳出[1]	12,305	12,650	11,369	11,251	11,671	12,391	12,311	13,571
経常支出	10,499	10,608	9,475	9,479	9,987	10,639	10,696	11,826
目的別：								
教育	6,369	6,669	5,698	5,766	6,071	6,487	6,490	6,928
教育支援サービス	3,704	3,516	3,376	3,308	3,508	3,744	3,791	4,414
対象別：								
賃金給与総額	6,433	6,516	6,023	5,982	6,190	6,538	6,517	6,951
雇用費用総額	2,263	2,370	1,861	2,016	2,207	2,443	2,335	2,476
資本支出	1,411	1,606	1,506	1,418	1,312	1,319	1,234	1,354
負債の利子	355	407	373	347	341	375	340	304
債務残高	8,274	9,088	8,367	8,298	8,037	8,622	8,295	7,352
長期債務	8,098	8,956	8,257	8,176	7,886	8,415	8,100	7,064

1．個別に示さないその他の財源を含む
資料：U.S. Census Bureau, *Public Education Finance, 2009* (2011年5月) <http://www.census.gov/govs/school>

No.262. 公立小中学校および高校財政の推計：1980－2009年／および州別：2009年

[単位：100万ドル（101,724は1017億2400万を表す）。別に示す単位を除く。表示年6月末を年度末とする学校年度]

年および州	収入						支出				
	合計	受領収入				その他の収入[1]	計[2]	1人あたり[3]（ドル）	経常支出		
		計	財源						小中高校昼間学校	毎日平均出席生徒あたり平均[4]	
			連邦政府	州政府	地方政府					総額（ドル）	順位
1980............	101,724	97,635	9,020	47,929	40,686	4,089	96,105	428	85,661	2,230	(X)
1985............	146,976	141,013	9,533	69,107	62,373	5,963	139,382	591	127,230	3,483	(X)
1990............	218,126	208,656	13,184	100,787	94,685	9,469	209,698	850	186,583	4,966	(X)
1995............	288,501	273,255	18,764	129,958	124,533	15,246	276,584	1,051	242,995	5,957	(X)
2000............	390,861	369,754	26,346	183,986	159,421	21,106	374,782	1,343	320,954	7,410	(X)
2005............	519,291	477,371	42,908	225,142	209,321	41,921	496,199	1,693	422,346	9,367	(X)
2006............	549,853	505,753	45,950	236,977	222,826	44,100	521,129	1,762	443,032	9,731	(X)
2007............	581,645	535,516	46,158	255,241	234,118	46,129	548,039	1,835	467,418	10,229	(X)
2008............	602,989	560,140	47,547	269,993	242,599	42,850	579,683	1,922	495,475	10,802	(X)
2009, 計........	602,159	564,928	57,255	261,512	246,161	37,232	591,785	1,944	505,694	10,905	(X)
アラバマ..........	7,790	7,201	761	4,166	2,273	590	7,763	1,660	6,634	9,321	40
アラスカ..........	1,560	1,387	174	881	332	173	1,531	2,225	1,425	12,198	15
アリゾナ..........	9,334	9,334	730	4,892	3,712	－	7,746	1,192	6,393	6,385	50
アーカンソー......	5,156	4,866	563	2,717	1,587	289	5,208	1,816	4,726	12,512	14
カリフォルニア....	78,639	68,700	11,342	36,520	20,838	9,938	72,202	1,974	57,668	9,472	38
コロラド..........	9,194	8,359	593	3,682	4,084	836	9,183	1,861	7,642	10,069	35
コネティカット....	8,945	8,932	603	3,384	4,946	13	8,931	2,549	7,976	14,099	10
デラウェア........	2,055	1,847	147	1,160	540	208	2,034	2,321	1,635	14,612	6
コロンビア特別区..	910	910	112	－	798	－	1,283	2,174	1,008	13,331	(X)
フロリダ..........	27,451	26,429	2,669	9,048	14,712	1,022	29,243	1,587	23,135	9,374	39
ジョージア........	18,563	18,105	1,688	7,724	8,693	458	17,467	1,801	16,834	10,590	29
ハワイ............	2,689	2,689	392	2,205	92	－	2,422	1,881	2,225	13,417	11
アイダホ..........	2,495	2,265	220	1,519	526	230	2,569	1,682	2,126	8,230	46
イリノイ..........	24,862	23,190	2,908	4,357	15,924	1,673	26,541	2,067	23,074	11,811	18
インディアナ......	11,396	10,782	921	5,662	4,199	614	12,240	1,916	10,225	10,514	30
アイオワ..........	5,585	5,283	379	2,530	2,373	302	5,339	1,783	4,487	10,116	33
カンザス..........	6,618	5,649	414	3,287	1,949	969	5,825	2,082	4,685	11,324	24
ケンタッキー......	6,774	6,765	732	3,936	2,097	9	6,595	1,538	6,021	10,117	32
ルイジアナ........	9,323	8,095	1,264	3,740	3,091	1,229	8,537	1,918	7,277	11,413	23
メーン............	2,822	2,645	286	1,017	1,342	177	2,824	2,140	2,588	14,576	7
メリーランド......	13,382	13,224	832	5,839	6,553	158	12,767	2,256	11,365	14,325	9
マサチューセッツ..	15,158	15,156	1,276	6,090	7,790	2	14,858	2,271	13,980	15,502	5
ミシガン..........	19,636	19,286	1,675	11,338	6,272	351	20,281	2,028	18,842	11,874	17
ミネソタ..........	11,435	10,108	838	7,660	1,609	1,327	11,422	2,184	9,008	11,663	19
ミシシッピ........	4,416	4,316	694	2,304	1,318	100	4,107	1,397	3,710	7,814	48
ミズーリ..........	11,304	10,020	997	3,152	5,870	1,284	9,128	1,533	7,907	9,318	41
モンタナ..........	1,476	1,450	182	693	575	25	1,374	1,419	1,326	11,180	25
ネブラスカ........	2,939	2,914	201	1,148	1,565	25	3,073	1,725	2,673	10,063	36
ネバダ............	5,241	3,338	261	1,099	1,977	1,903	4,357	1,666	3,331	7,777	49
ニューハンプシャー	2,697	2,650	147	980	1,522	47	2,564	1,940	2,430	13,130	12
ニュージャージー..	23,100	23,098	750	8,203	14,145	1	23,120	2,669	22,392	15,983	3
ニューメキシコ....	4,337	3,771	572	2,643	556	566	4,222	2,125	3,363	10,819	26
ニューヨーク......	46,238	46,207	3,704	20,863	21,640	31	48,595	2,496	43,377	14,429	8
ノースカロライナ..	12,633	12,633	1,352	8,132	3,150	－	13,995	1,513	12,500	9,175	43
ノースダコタ......	1,147	1,102	161	408	533	44	1,147	1,788	961	10,805	27
オハイオ..........	18,697	18,697	1,537	8,493	8,668	－	17,783	1,543	17,783	10,796	28
オクラホマ........	6,250	5,764	778	3,038	1,947	486	5,526	1,517	4,977	8,249	45
オレゴン..........	7,073	6,224	670	3,112	2,442	850	6,230	1,652	5,713	11,501	22
ペンシルベニア....	26,618	26,418	1,780	10,102	14,536	200	25,799	2,053	21,742	12,865	13
ロードアイランド..	2,388	2,388	204	960	1,224	－	2,217	2,104	2,130	16,127	2
サウスカロライナ..	8,498	7,717	762	3,680	3,275	781	8,480	1,883	6,688	10,093	34
サウスダコタ......	1,324	1,242	203	410	628	82	1,260	1,566	1,080	9,243	42
テネシー..........	8,253	7,966	900	3,865	3,201	287	7,993	1,281	7,585	9,894	37
テキサス..........	53,550	46,899	5,015	19,973	21,911	6,651	54,120	2,227	40,709	9,143	44
ユタ..............	4,848	4,520	565	2,363	1,592	328	4,684	1,717	3,617	8,141	47
バーモント........	1,565	1,542	123	1,334	85	23	1,511	2,433	1,364	18,913	1
バージニア........	16,434	15,344	949	6,364	8,031	1,090	16,154	2,072	13,320	11,643	20
ワシントン........	12,542	11,734	1,385	7,146	3,202	808	13,076	1,991	10,057	10,399	31
ウエストバージニア	3,609	3,259	426	1,940	892	350	3,595	1,981	3,030	11,537	21
ウィスコンシン....	11,512	10,832	1,302	4,809	4,720	680	11,186	1,988	9,673	11,998	16
ワイオミング......	1,699	1,677	111	945	622	21	1,658	3,111	1,275	15,742	4

－ ゼロまたは概数でゼロを示す　X　該当なし　1．地方政府の教育局が受領した、債権・不動産・機器の売却益と保険からのローン・純益の総額　2．個別に明示しない、学校負債の利子とその他の経常支出を含む　3．センサス局推計の前年7月1日現在居住人口に基づく。1990年、2000年は4月1日現在の算定人口　4．毎日平均出席者数
資料：National Education Association, Washington, DC, Estimates of School Statistics Database (copyright).

No.263. 公立小中高校──学校の種類、人種/民族の集中度、学校給食費の減免：2000−2008年

[表示年の6月に終わる学校年度]

諸特徴	2000				2008			
	計	小中学校	高校	一貫校	計	小中学校	高校	一貫校
総学校数[1]	89,599	63,851	21,431	4,317	94,775	66,420	22,855	5,500
%[1]	100.0	71.3	23.9	4.8	100.0	70.1	24.1	5.8
構成比（％）								
学校の種類	100.0	100.0	100.0	100.0	100.0	100.0	100.0	100.0
一般校	93.8	98.7	87.2	55.0	92.2	98.4	83.8	52.7
特殊教育校	1.8	0.8	1.2	19.5	1.9	0.8	1.5	17.2
職業教育校	0.4	−	1.3	1.4	0.3	−	1.2	0.3
オルタナティブ教育校	4.0	0.5	10.3	24.0	5.6	0.8	13.5	29.8
チャータースクール[2]	1.7	1.3	1.7	6.8	4.5	3.5	5.1	14.8
タイトルIスクール[3]	52.4	62.3	26.4	33.1	65.2	72.9	45.7	52.8
マグネットスクール/プログラム[4]	2.4	2.6	1.9	1.1	4.1	4.3	4.2	2.2
人種/民族の集中度：[5]								
白人学生が50％以上	70.9	70.0	75.4	61.6	63.1	62.2	66.9	56.8
黒人学生が50％以上	11.1	11.6	8.7	15.6	11.4	11.2	10.6	16.9
ヒスパニック系が50％以上	8.8	9.4	7.3	7.2	13.0	13.9	11.1	10.2
給食費減免の学生数の割合	100.0	100.0	100.0	100.0	100.0	100.0	100.0	100.0
0−25％	31.5	27.8	42.6	30.6	25.0	23.7	29.6	22.4
26−50％	26.3	26.2	28.0	19.6	27.8	26.3	33.5	22.9
51−75％	17.3	19.3	11.3	17.5	22.9	24.1	19.3	23.4
76−100％	12.2	14.7	4.6	13.3	17.0	19.5	9.4	18.3
報告なし又は給食費減免の制度なし	12.7	12.0	13.4	19.0	7.2	6.4	8.2	13.1

− ゼロまたは概数でゼロを示す　1．学校年度10月1日現在に1人でも生徒がいると報告した学校は報告加盟校となる。学校年度によっては、学生のいない小規模校も存在する。Common Core of Data(CCD)は1人の学生について、1校あるいは1機関のみが報告することを求める。例えば、職業教育校（time-sharedに分類される学校）は多数の学校区からの生徒を受け入れているが、報告加盟校ではない　2．チャータースクールは、州議会またはその他の機関から資金を得て、契約の下に学生に無料で小中高校教育を提供する公立校である。設立申請を行った団体が運営を担当する。2000年の推計値はデータの欠落により1州を除外　3．タイトルI校は、州または連邦政府によって設立される、PL,107-110のタイトルIに規定されるプログラムに参加する資格のある、貧困地域の学校などを示す。2000年の推計値はデータの欠落により6州を除外　4．マグネットスクール/プログラムは、異なる人種/民族的背景を持つ学生を、学生にとって魅力的なカリキュラムで広範囲から集め、人種的な孤立を減少あるいは予防、消滅させ、それぞれの特徴的なテーマに沿って学術的あるいは社会的な特徴のある教育を提供する。2000年の推計値はデータの欠落により13州を除外、2008年の推計値からは17州を除外している　5．2000年の推計値はデータの欠落により2,220校を除外、2008年は3校を除外。人種別のデータからはヒスパニックを除外

資　料：U.S. Department of Education, National Center for Education Statistics, Common Core of Data (CCD), "Public Elementary/Secondary School Universe Survey," 1999-2000 (version 1b) and 2007-08 (version 1a)

No.264. 公立学校区におけるインターネット接続──小中高校への配備状況：2008年

[単位：％。秋季現在。それぞれのレベルにおける学生のいる公立学校区のパーセンテージ。（公立学校区の97％が小学校を、88％が中高校を擁する）地域の構成については表紙裏の地図を参照]

特徴	サーバー上にストレージスペース				図書館蔵書へのオンラインアクセス				オンラインカリキュラム			
	小中学校		高校		小中学校		高校		小中学校		高校	
	全校	一部校	全校	一部校	全校	一部校	全校	一部校	全校	一部校	全校	一部校
全公立学校区	62	17	83	7	72	6	82	2	47	19	53	25
就学規模別：												
2500名未満	63	15	85	3	69	5	80	[1]1	46	17	53	23
2500−9999人	59	22	78	14	79	7	87	3	50	23	54	28
1万人以上	58	23	74	17	84	7	87	2	49	26	51	34
コミュニティの種類：												
都市部	52	32	75	16	80	14	89	5	47	28	46	36
郊外	67	15	84	7	76	7	87	2	40	23	46	30
町	63	18	84	7	82	4	88	2	44	26	51	31
農村部	60	16	83	6	66	5	77	1	52	14	57	20
地域：												
東北部	73	16	90	4	78	8	88	3	41	22	42	36
南東部	43	20	64	18	74	7	82	3	52	16	59	20
中部	67	14	91	2	71	4	82	(S)	45	20	56	21
西部	53	22	75	10	69	4	77	2	55	17	54	23
貧困層の占める割合：												
10％未満	76	12	92	3	82	6	92	[1]1	45	22	51	30
10−19％	60	19	85	7	69	5	82	2	44	20	51	28
20％以上	50	21	72	10	66	6	72	2	54	14	56	18

S 報告基準に達しない　1．データの取り扱いには注意が必要。変動係数が50％以上

資　料：U.S. National Center for Education Statistics, Educational Technology in Public School Districts: Fall 2008, NCES 2010-003（2009年12月）

No.265. 私立学校：2009－2010年

[5,488は548万8000を表す。2年ごとに実施される私立学校調査に基づく。詳細については資料を参照。地域の構成については表紙裏の地図を参照]

特徴	学校数 計	学校数 小中学校	学校数 高校	学校数 小中高一貫校	学生(1,000人) 計	学生(1,000人) 小中学校	学生(1,000人) 高校	学生(1,000人) 小中高一貫校	教員(1,000人)[1] 計	教員(1,000人)[1] 小中学校	教員(1,000人)[1] 高校	教員(1,000人)[1] 小中高一貫校
計	33,366	21,425	2,776	9,165	5,488	2,937	786	1,766	437	194	68	175
学校の種類：												
カトリック	7,115	5,679	1,097	339	2,160	1,455	587	118	143	89	43	10
教区	3,111	2,893	145	73	856	762	67	28	53	46	5	2
司教区	2,969	2,384	487	98	909	613	261	35	58	37	18	3
私立	1,035	402	465	168	395	80	259	55	31	6	20	6
その他の宗教	15,616	8,903	776	5,937	2,076	884	107	1,086	172	63	11	98
保守主義のキリスト教	4,614	1,645	147	2,823	737	209	18	511	60	15	2	43
附属校	2,882	1,789	259	834	516	246	43	226	45	19	5	21
非附属校	8,120	5,470	370	2,280	823	429	46	349	67	29	5	33
無宗派	10,635	6,842	903	2,889	1,252	599	92	562	123	43	13	67
普通校	5,231	3,899	319	1,014	818	361	64	392	76	24	9	43
重点教育	3,821	2,703	322	797	328	223	16	89	29	17	2	10
特殊教育	1,582	240	263	1,079	107	14	12	81	18	2	2	14
重点を置くプログラム：												
通常の初等/中等教育	22,565	13,812	2,048	6,705	4,648	2,366	742	1,541	367	161	61	144
モンテッソーリ教育法	2,653	2,438	8	207	213	193	1	19	15	13	(Z)	2
特定の特殊プログラム	917	411	102	405	128	50	12	66	15	5	1	9
特殊教育	1,779	278	276	1,225	118	16	12	90	20	3	2	15
職業、技術	2	-	1	1	1	-	(Z)	1	(Z)	-	(Z)	(Z)
選択制	1,327	363	341	623	95	26	19	50	10	3	2	6
幼児教育	4,122	4,122	(X)	-	285	285	(X)	-	10	10	(X)	-
規模：												
50人未満	11,065	7,113	842	3,110	296	198	19	79	34	17	4	13
50－149人	10,469	7,160	541	2,767	950	656	48	245	82	46	6	30
150－299人	6,695	4,742	446	1,506	1,423	1,004	99	320	107	64	10	33
300－499人	3,013	1,770	382	861	1,155	676	150	329	87	43	13	30
500－749人	1,276	536	284	456	769	312	176	281	57	18	13	25
750人以上	848	104	279	464	896	91	294	511	70	5	20	44
地域：												
東北部	7,643	4,982	923	1,739	1,310	686	270	353	115	47	25	43
中西部	8,419	6,226	636	1,557	1,296	840	212	243	92	53	16	23
南部	10,483	5,618	601	4,263	1,842	807	159	876	153	56	14	83
西部	6,821	4,600	616	1,605	1,041	604	144	293	77	38	12	27

－ ゼロを示す　X 該当なし　Z 500未満　1．フルタイム換算

資料：U.S. National Center for Education Statistics, Private School Universe Survey, 2009-2010; ⟨http://nces.ed.gov/surveys/pss/⟩

No.266. 私立小中高校の教師――諸特徴：2007－2008年

[学校年度（80は8万を表す）。2007-08年Schools and Staffing Survey および Private School Teacher Questionnaireに基づく。標本抽出の際の誤差あり。資料参照。幼稚園教師を除く。公立学校教師に関する類似のデータは表No.255を参照]

特徴	単位	年齢 30歳未満	年齢 30-39歳	年齢 40-49歳	年齢 50-59歳	年齢 60歳以上	性別 男性	性別 女性	人種／民族 白人[1]	人種／民族 黒人[1]	人種／民族 ヒスパニック[2]
教師、計[3]	1000人	80	109	116	128	56	127	362	423	20	29
最終学位：											
学士	%	68.3	52.9	54.4	49.8	43.6	45.7	56.8	53.5	55.3	59.3
修士	%	19.1	33.7	30.1	39.8	39.9	37.6	31.1	34.2	22.2	20.9
教育専門学位	%	1.2	2.3	2.9	2.7	6.5	4.2	2.4	2.9	1.6	3.7
博士	%	-	1.9	3.5	2.0	5.1	5.4	1.3	2.4	(S)	(S)
常勤での教職経験：											
3年未満	%	55.5	24.4	20.4	13.2	7.2	24.1	23.5	22.5	30.2	31.9
3－9年	%	44.2	49.7	30.4	17.8	7.5	29.5	31.6	30.6	40.6	29.8
10－20年	%	(S)	25.8	34.3	25.8	17.2	22.2	22.8	22.6	16.4	25.9
20年以上	%	-	(S)	14.9	43.2	68.1	24.2	22.2	24.3	12.7	12.3
常勤教師	1000人	69	90	89	99	41	99	289	334	17	23
所得	ドル	31,800	36,380	36,780	41,310	44,280	42,960	38,000	38,000	32,630	36,120
年間給与	ドル	30,090	34,650	35,270	39,850	42,740	40,380	34,700	36,500	30,300	34,070

－ ゼロまたは概数でゼロを示す　S 基準を満たしていない。この推計値の標準誤差は推計値の50%以上　1．非ヒスパニック　2．ヒスパニックは人種をとわない　3．個別に明示しない、学位のない教師および准学位を持つ教師を含む

資料：U.S. Department of Education, National Center for Education Statistics, Schools and Staffing Survey (SASS), "Private School Teacher Data Files," 2007-08

No.267. 教育能力テスト（SAT）——大学志望者の得点と特徴：1970－2010年

[表示年を年度末とする学校年度。SAT 1についてのデータ。Reasoning Testは1994年3月よりSATに置き換えられた。2種のテストの点数は、200～800点の規模で等しくなるよう調整されているので、比較可能。1995年以前のデータは改訂された]

試験、結果	単位	1970	1980	1990	1995	2000	2005	2007	2008	2009	2010
得点[1]											
言語能力、計[2]	点	537	502	500	504	505	508	502	502	501	501
男性	点	536	506	505	505	507	513	504	504	503	503
女性	点	538	498	496	502	504	505	502	500	498	498
数学能力、計[2]	点	512	492	501	506	514	520	515	515	515	516
男性	点	531	515	521	525	533	538	533	533	534	534
女性	点	493	473	483	490	498	504	499	500	499	500
作文	点	(X)	(X)	(X)	(X)	(X)	(X)	494	494	493	492
男性	点	(X)	(X)	(X)	(X)	(X)	(X)	489	488	486	486
女性	点	(X)	(X)	(X)	(X)	(X)	(X)	500	501	499	498
受験者数											
計[3]	1,000	(NA)	922	1,026	1,068	1,260	1,476	1,495	1,519	1,530	1,548
男性	％	(NA)	48.2	47.8	46.4	46.2	46.5	46.4	46.4	46.4	46.6
白人	％	(NA)	82.1	73.0	69.2	66.4	62.3	60.8	59.8	58.1	54.1
黒人	％	(NA)	9.1	10.0	10.7	11.2	11.6	11.7	12.1	12.8	12.7
得点者分布[1]											
600点以上：											
読解力	％	(NA)	(NA)	20.3	21.9	21.1	22.5	21.2	21.0	20.5	20.5
数学	％	(NA)	(NA)	20.4	23.4	24.2	26.5	24.5	25.0	25.7	25.2
作文	％	(X)	(X)	(X)	(X)	(X)	(X)	18.4	18.3	18.7	18.4
400点以上：											
読解力	％	(NA)	(NA)	17.3	16.4	15.9	15.5	16.5	17.0	17.4	17.5
数学	％	(NA)	(NA)	15.8	16.0	14.7	13.8	14.8	15.0	15.3	14.9
作文	％	(X)	(X)	(X)	(X)	(X)	(X)	18.4	18.5	19.4	19.4

NA データなし　X 該当なし　1.最低得点200点、最高得点800点　2.1970年はSAT受験者総数から推計。2010年は1,547,990人の受験者に基づく　3.922が92万2000を表す

資料：The College Board, New York, NY, *College Bound Seniors 2010*. Copyright 1967 to 2010; <http://www.collegeboard.com>. Reproduced with permission.

No.268. 大学入学能力テスト（ACT）プログラム——大学志望者の得点と特徴：1970－2010年

[表示年を年度末とする学校年度。別に示す場合を除き、大学志望者に関する統計。1980年まで得点と大学志望者については10％の標本調査に基づく。それ以降高校最終学年の全受験者に基づく]

試験、結果	単位	1970	1980	1990[1]	1995[1]	2000[1]	2005[1]	2007[1]	2008[1]	2009[1]	2010[1]
得点[2]											
複合試験	点	19.9	18.5	20.6	20.8	21.0	20.9	21.2	21.1	21.1	21.0
男性	点	20.3	19.3	21.0	21.0	21.2	21.1	21.2	21.2	21.3	21.2
女性	点	19.4	17.9	20.3	20.7	21.0	20.9	21.0	21.0	20.9	20.9
英語	点	18.5	17.9	20.5	20.2	20.5	20.4	20.7	20.6	20.6	20.5
男性	点	17.6	17.3	20.1	19.8	20.0	20.0	20.2	20.1	20.2	20.1
女性	点	19.4	18.3	20.9	20.6	21.0	20.8	21.0	21.0	20.9	20.8
数学	点	20.0	17.4	19.9	20.2	20.7	20.7	21.0	21.0	21.0	21.0
男性	点	21.1	18.9	20.7	21.0	21.4	21.3	21.6	21.6	21.6	21.6
女性	点	18.8	16.2	19.3	19.7	20.2	20.2	20.4	20.4	20.4	20.5
読解[3]	点	19.7	17.2	(NA)	21.3	21.4	21.3	21.5	21.4	21.4	21.3
男性	点	20.3	18.2	(NA)	21.1	21.2	21.2	21.2	21.2	21.3	21.1
女性	点	19.0	16.4	(NA)	21.4	21.5	21.5	21.6	21.5	21.4	21.4
自然科学[4]	点	20.8	21.1	(NA)	21.0	21.0	20.9	21.0	20.8	20.9	20.9
男性	点	21.6	22.4	(NA)	21.6	21.6	21.4	21.4	21.3	21.4	21.4
女性	点	20.0	20.0	(NA)	20.5	20.6	20.5	20.5	20.4	20.4	20.5
受験者数[5]											
計[6]	1,000人	788	822	817	945	1,065	1,186	1,301	1,422	1,480	1,587
男性	％	52	45	46	44	43	44	45	45	45	45
白人	％	(NA)	83	73	69	72	66	60	63	64	62
黒人	％	4	8	9	9	10	12	12	13	13	14
複合得点の得点者分布[7]											
27点以上	％	14	13	12	13	14	14	15	16	16	16
18点以下	％	21	33	35	34	32	34	32	33	34	35

NA データなし　1.1990年以降、新規ACT改訂の導入により前年との比較はできない。1990年以前の複合の推計値は：1989年20.6、1988、1987、1986年は20.8　2.最低得点1点、最高得点36点　3.1990年以前、社会科学：データは前年と比較不能　4.1990年以前：自然科学。データは前年と比較不能　5.1985年以降は表示年度に高等学校を卒業した者で、在学中にACTを受験した者。人種別のデータは質問表の人種に関する回答に基づく　6.788は78万8000を表す　7.1990年以前、26点以上15点以下

資料：ACT Inc., Iowa City, IA, *High School Profile Report*（年刊）

No.269. 公立学校在学生に対するNAEPテスト習熟レベル——州別：2009年

[基本・熟達レベル以上の得点を獲得した公立学校学生の%。基本レベルとは、当該学年において学業を習熟するために必要な基本的な知識とスキルの熟達度を示す。熟達レベルとは、優れた学業成績を示す。このレベルに達した学生は、困難な課題に対応する能力を示す。詳細については＜http://www.nagb.org/pubs/pubs.html＞を参照。NAEPテスト＝全米学力調査。このテストは、公立校、私立校、国防省の学校から標本となる学生を抽出して実施される。本表に示すデータは公立校学生についてのみ]

州	第4学年 数学		第8学年 数学		第4学年 読解力		第8学年 読解力	
	基本レベル以上	熟達レベル以上	基本レベル以上	熟達レベル以上	基本レベル以上	熟達レベル以上	基本レベル以上	熟達レベル以上
合衆国平均…………	**82**	**39**	**73**	**34**	**67**	**33**	**75**	**32**
アラバマ……………	70	24	58	20	62	28	66	24
アラスカ……………	78	38	75	33	59	27	72	27
アリゾナ……………	71	28	67	29	56	25	68	27
アーカンソー………	80	36	67	27	63	29	69	27
カリフォルニア……	72	30	59	23	54	24	64	22
コロラド……………	84	45	76	40	72	40	78	32
コネティカット……	86	46	78	40	76	42	81	43
デラウェア…………	84	36	75	32	73	35	78	31
コロンビア特別区…	56	17	40	11	44	17	51	14
フロリダ……………	86	40	70	29	73	36	76	32
ジョージア…………	78	34	67	27	63	29	72	27
ハワイ………………	77	37	65	25	57	26	67	22
アイダホ……………	85	41	78	38	69	32	77	33
イリノイ……………	80	38	73	33	65	32	77	33
インディアナ………	87	42	78	36	70	34	79	32
アイオワ……………	87	41	76	34	69	34	77	32
カンザス……………	89	46	79	39	72	35	80	33
ケンタッキー………	81	37	70	27	72	36	79	33
ルイジアナ…………	72	23	62	20	51	18	64	20
メーン………………	87	45	78	35	70	35	80	35
メリーランド………	85	44	75	40	70	37	77	36
マサチューセッツ…	92	57	85	52	80	47	83	43
ミシガン……………	78	35	68	31	64	30	72	31
ミネソタ……………	89	54	83	47	70	37	82	38
ミシシッピ…………	69	22	54	15	55	22	62	19
ミズーリ……………	83	41	77	35	70	36	79	34
モンタナ……………	88	45	82	44	73	35	84	38
ネブラスカ…………	82	38	75	35	70	35	80	35
ネバダ………………	79	32	63	25	57	24	65	22
ニューハンプシャー…	92	56	82	43	77	41	81	39
ニュージャージー…	88	49	80	44	76	40	83	42
ニューメキシコ……	72	26	59	20	52	20	66	22
ニューヨーク………	83	40	73	34	71	36	75	33
ノースカロライナ…	87	43	74	36	65	32	70	29
ノースダコタ………	91	45	86	43	76	35	86	34
オハイオ……………	85	45	76	36	71	36	80	37
オクラホマ…………	82	33	68	24	65	28	73	26
オレゴン……………	80	37	75	37	65	31	76	33
ペンシルベニア……	84	46	78	40	70	37	81	40
ロードアイランド…	81	39	68	28	69	36	72	28
サウスカロライナ…	78	34	69	30	62	28	68	24
サウスダコタ………	86	42	83	42	70	33	84	37
テネシー……………	74	28	65	25	63	28	73	28
テキサス……………	85	38	78	36	65	28	73	27
ユタ…………………	81	41	75	35	67	31	78	33
バーモント…………	89	51	81	43	75	41	84	41
バージニア…………	85	43	76	36	74	38	78	32
ワシントン…………	84	43	78	39	68	33	78	36
ウエストバージニア…	77	28	61	19	62	26	67	22
ウィスコンシン……	85	45	79	39	67	33	78	34
ワイオミング………	87	40	78	35	72	33	82	34

資料：U.S. Department of Education, National Center for Education Statistics, National Assessment of Educational Progress (NAEP), 2009 Mathematics and Reading Assessments; ＜http://nces.ed.gov/nationsreportcard/＞ (2010年4月現在)

No.270. 公立高校の卒業者——州別：1980－2009年

[単位：1,000人（2,747.7は274万7700を表す）。表示年を年度末とする学校年度]

州	1980	1990	2000	2009, 推計値	州	1980	1990	2000	2009, 推計値
合衆国	2,747.7	2,320.3	2,553.8	3,004.6					
アラバマ	45.2	40.5	37.8	40.2	ミズーリ	62.3	49.0	52.8	61.4
アラスカ	5.2	5.4	6.6	8.2	モンタナ	12.1	9.4	10.9	10.0
アリゾナ	28.6	32.1	38.3	57.2	ネブラスカ	22.4	17.7	20.1	20.3
アーカンソー	29.1	26.5	27.3	28.7	ネバダ	8.5	9.5	14.6	18.2
カリフォルニア	249.2	236.3	309.9	383.3	ニューハンプシャー	11.7	10.8	11.8	14.1
コロラド	36.8	33.0	38.9	48.2	ニュージャージー	94.6	69.8	74.4	96.1
コネティカット	37.7	27.9	31.6	37.7	ニューメキシコ	18.4	14.9	18.0	17.7
デラウェア	7.6	5.6	6.1	7.6	ニューヨーク	204.1	143.3	141.7	170.8
コロンビア特別区[1]	5.0	3.6	2.7	3.5	ノースカロライナ	70.9	64.8	62.1	80.6
フロリダ	87.3	88.9	106.7	152.7	ノースダコタ	9.9	7.7	8.6	7.0
ジョージア	61.6	56.6	62.6	81.0	オハイオ	144.2	114.5	111.7	122.9
ハワイ	11.5	10.3	10.4	11.2	オクラホマ	39.3	35.6	37.6	37.6
アイダホ	13.2	12.0	16.2	16.7	オレゴン	29.9	25.5	30.2	35.8
イリノイ	135.6	108.1	111.8	131.7	ペンシルベニア	146.5	110.5	114.0	122.8
インディアナ	73.1	60.0	57.0	64.0	ロードアイランド	10.9	7.8	8.5	10.0
アイオワ	43.4	31.8	33.9	34.6	サウスカロライナ	38.7	32.5	31.6	37.0
カンザス	30.9	25.4	29.1	29.6	サウスダコタ	10.7	7.7	9.3	8.1
ケンタッキー	41.2	38.0	36.8	41.7	テネシー	49.8	46.1	41.6	54.4
ルイジアナ	46.3	36.1	38.4	34.2	テキサス	171.4	172.5	212.9	260.1
メーン	15.4	13.8	12.2	14.6	ユタ	20.0	21.2	32.5	34.0
メリーランド	54.3	41.6	47.8	57.3	バーモント	6.7	6.1	6.7	7.0
マサチューセッツ	73.8	55.9	53.0	64.0	バージニア	66.6	60.6	65.6	78.4
ミシガン	124.3	93.8	97.7	115.9	ワシントン	50.4	45.9	57.6	63.4
ミネソタ	64.9	49.1	57.4	59.3	ウエストバージニア	23.4	21.9	19.4	17.8
ミシシッピ	27.6	25.2	24.2	25.7	ウィスコンシン	69.3	52.0	58.5	64.8
					ワイオミング	6.1	5.8	6.5	5.5

1．1990年以降、成人向けプログラムの卒業生を除く
資料：U.S. National Center for Education Statistics, *Digest of Education Statistics*（年刊）;〈http://www.nces.ed.gov/programs/digest/〉

No.271. 高校中退者——人種・ヒスパニック別：1980－2009年

[単位：%。10月現在]

項目	1980	1985	1990[1]	1995	2000	2003	2004	2005	2006	2007	2008	2009
中退者の割合[2]（各年度）(%)												
計[3]	6.0	5.2	4.5	5.4	4.5	3.8	4.4	3.6	3.5	3.3	3.3	3.1
白人[4]	5.6	4.8	3.9	5.1	4.3	3.7	4.2	3.1	3.5	2.8	2.8	3.0
男性	6.4	4.9	4.1	5.4	4.7	3.9	4.9	3.4	3.9	2.8	2.7	3.3
女性	4.9	4.7	3.8	4.8	4.0	3.4	3.5	2.7	3.1	2.7	2.8	2.8
黒人[4]	8.3	7.7	7.7	6.1	5.6	4.5	5.2	6.9	3.7	4.3	6.0	4.5
男性	8.0	8.3	6.9	7.9	7.6	4.1	4.8	7.5	3.2	4.9	4.6	4.4
女性	8.5	7.2	8.6	4.4	3.8	4.9	5.7	6.2	4.3	3.6	7.6	4.6
ヒスパニック[5]	11.5	9.7	7.7	11.6	6.8	6.5	8.0	4.7	6.4	5.5	4.9	5.3
男性	16.9	9.3	7.6	10.9	7.1	7.7	11.5	5.6	6.3	5.5	4.2	5.3
女性	6.9	9.8	7.7	12.5	6.5	5.4	4.6	3.9	6.6	5.6	5.6	5.4
中退者の割合[6]（累積）(%)												
計[3]	15.6	13.9	14.4	13.9	12.4	11.8	12.1	11.3	11.0	10.2	9.3	9.4
白人[4]	14.4	13.5	14.1	13.6	12.2	11.6	11.9	11.3	10.8	10.0	8.8	9.1
男性	15.7	14.7	15.4	14.3	13.5	13.3	13.7	13.2	12.4	11.7	9.8	10.5
女性	13.2	12.3	12.8	13.0	10.9	9.8	10.0	9.4	9.2	8.3	7.8	7.7
黒人[4]	23.5	17.6	16.4	14.4	15.3	14.2	15.1	12.9	13.0	10.2	12.0	11.6
男性	26.0	18.8	18.6	14.2	17.4	16.7	17.9	14.8	11.2	10.0	10.2	13.9
女性	21.5	16.6	14.5	14.6	13.5	12.0	12.7	11.2	14.7	10.3	13.7	9.5
ヒスパニック[5]	40.3	31.5	37.7	34.7	32.3	28.4	28.0	27.3	26.2	25.3	22.3	20.8
男性	42.6	35.8	40.3	34.2	36.8	31.7	33.5	32.1	31.0	29.2	24.3	22.5
女性	38.1	27.0	35.0	35.4	27.3	24.7	21.7	21.8	21.0	21.1	20.2	19.1

1．1990年以降、就学状況に関するデータのない件を扱う手順に変更があった　2．高校課程を修了せず、1年以内で中退した10～12学年の者の割合　3．個別に明示しないその他の人種を含む　4．2003年以降は表示の人種グループから1つだけを選択。表No.229の脚注2を参照　5．ヒスパニックは人種を問わず　6．18～24歳で中退の時期を問わず、高校課程を修了しておらず、また現在就学していないものの割合
資料：U.S. Census Bureau, *Current Population Reports*, PPL-148およびそれ以前のPPLおよびP-20レポートおよび"School Enrollment,";〈http://www.census.gov/population/www/socdemo/school.html〉

No.272. 高校中退者――年齢・人種・ヒスパニック別：1980－2009年

[10月現在（5,212は521万2000を表す）。14～24歳。中退者の定義については、表No.274を参照。毎月人口調査に基づく。第1章の解説および付録Ⅲを参照］

年齢、人種	中退者数(1,000人)					人口に対する割合（％）				
	1980	1990	2000	2005	2009	1980	1990	2000	2005	2009
中退者計 1 2	5,212	3,854	3,883	3,597	3,185	12.0	10.1	9.1	7.9	7.0
16－17歳	709	418	460	303	452	8.8	6.3	5.8	3.4	2.7
18－21歳	2,578	1,921	2,005	1,669	1,519	15.8	13.4	12.9	10.5	9.1
22－24歳	1,798	1,458	1,310	1,485	1,214	15.2	13.8	11.8	12.4	9.7
白人 2 3	4,169	3,127	3,065	2,785	2,421	11.3	10.1	9.1	7.9	6.9
16－17歳	619	334	366	223	362	9.2	6.4	5.8	3.3	2.9
18－21歳	2,032	1,516	1,558	1,299	1,097	14.7	13.1	12.6	10.4	8.6
22－24歳	1,416	1,235	1,040	1,167	962	14.0	14.0	11.7	12.6	9.8
黒人 2 3	934	611	705	616	570	16.0	10.9	10.9	9.2	8.2
16－17歳	80	73	84	64	66	6.9	6.9	7.0	4.7	2.5
18－21歳	486	345	383	281	330	23.0	16.0	16.0	12.4	13.0
22－24歳	346	185	232	231	175	24.0	13.5	14.3	13.6	9.7
ヒスパニック 2 4	919	1,122	1,499	1,467	1,237	29.5	26.8	23.5	18.6	14.7
16－17歳	92	89	121	93	125	16.6	12.9	11.0	6.3	4.1
18－21歳	470	502	733	672	548	40.3	32.9	30.0	24.5	17.8
22－24歳	323	523	602	663	564	40.6	42.8	35.5	30.8	25.0

1．個別に明示しないその他の人種を含む　2．個別に明示しない14～15歳の者を含む　3．2007年についてはこの人種グループのみを選択。表No.229の脚注2を参照　4．ヒスパニックは人種を問わない

資料：U.S. Census Bureau, *Current Population Reports*, PPL-148およびそれ以前のPPLおよびP-20レポートおよび"School Entrollment,"; <http://www.census.gov/population/www/socdemo/school.html>

No.273. 就学状況――人種・ヒスパニック・性別：2000、2009年

[10月現在（15,553は1555万3000を表す）。18～21歳の民間非施設収容人口に基づく。毎月人口調査に基づく。第1章の解説および付録Ⅲを参照。本書前年版の表No.269も参照］

人種、ヒスパニック	18－21歳総人口(1,000人)		構成比率（％）							
			高校在籍者		高校卒業者				高校卒業せず	
					計		大学生			
	2000	2009	2000	2009	2000	2009	2000	2009	2000	2009
計 1	15,553	16,662	9.4	10.5	77.6	80.2	43.5	50.0	12.9	9.1
白人 2	12,383	12,826	8.9	9.7	78.5	81.6	44.4	51.0	12.6	8.6
黒人 2	2,389	2,538	12.6	13.9	71.3	73.0	34.7	41.5	16.0	13.1
ヒスパニック 3	2,439	3,080	12.5	14.4	57.2	67.7	25.3	33.5	30.0	17.9
男性 1	7,814	8,501	11.0	11.4	74.7	78.1	38.9	45.5	14.3	10.5
白人 2	6,313	6,578	10.6	10.4	75.7	79.6	39.8	46.3	13.7	10.0
黒人 2	1,096	1,277	14.9	15.5	66.0	69.0	27.4	36.1	19.1	15.5
ヒスパニック 3	1,269	1,600	14.4	13.4	51.8	67.9	21.9	28.9	33.7	18.7
女性 1	7,739	8,161	7.9	9.6	80.6	82.5	48.1	54.6	11.5	7.9
白人 2	6,070	6,248	7.1	9.0	81.3	83.7	49.3	56.0	11.4	7.3
黒人 2	1,293	1,261	10.7	12.3	75.9	77.0	40.9	47.0	13.5	10.7
ヒスパニック 3	1,169	1,480	10.6	15.4	63.1	67.4	28.9	38.4	26.1	17.2

1．個別に明示しないその他の人種を含む　2．2009年については表示の人種グループから1つだけを選択。表No.225の脚注2を参照　3．ヒスパニックは人種を問わない

資料：U.S. Census Bureau, *Current Population Reports*, PPL-148およびそれ以前のPPLおよびP-20レポートおよび"School Entrollment,"; <http://www.census.gov/population/www/socdemo/school.html>

No.274. 最終学歴高校卒業者と中退者の雇用状況：1980－2010年

[単位：1,000人（11,622は1162万2000を表す）、％。10月現在。16～24歳の民間非施設収容人口に基づく。毎月人口調査に基づく。第1章の解説および付録Ⅲを参照］

雇用状況・性別・人種	卒業者 1				中退者 3			
	1980	1990	2000 2	2010 2	1980	1990	2000 2	2010 2
民間人口	11,622	8,370	7,351	6,999	5,254	3,800	3,776	2,816
労働力人口	9,795	7,107	6,195	5,407	3,549	2,506	2,612	1,817
人口に占める割合（％）	84.3	84.9	84.3	77.3	67.5	66.0	69.2	64.5
有業者	8,567	6,279	5,632	4,201	2,651	1,993	2,150	1,290
労働力人口に占める割合（％）	87.5	88.3	90.9	77.7	74.7	79.5	82.3	71.0
失業者	1,228	828	563	1,206	898	513	463	527
失業率、計（％）4	12.5	11.7	9.1	22.3	25.3	20.5	17.7	29.0
男性	13.5	11.1	9.3	21.7	23.5	18.8	16.3	27.7
女性	11.5	12.3	8.8	23.3	28.7	23.5	20.3	31.4
白人 5	10.8	9.0	7.2	19.5	21.6	17.0	15.0	25.5
黒人 5	26.1	26.0	18.1	33.9	43.9	43.3	33.2	46.6
非労働力人口	1,827	1,262	1,156	1,592	1,705	1,294	1,163	999
人口に占める割合（％）	15.7	15.1	15.7	22.7	32.5	34.1	30.8	35.5

NA データなし　1．高等学校4年間を修了し、大学に在籍していない者　2．これ以前のデータと比較できない。本章の解説および『Employment and Earnings』2000年および2010年2月号を参照　3．正規の学校に在籍せず、第12学年またはこれに相当する普通課程を修了していない者　4．個別に明示しないその他の人種も含む　5．2010年については各人種グループのうち1つのみを選択した者のみを対象とする。表No.229の脚注2を参照

資料：U.S. Bureau of Labor Statistics, News Release, USDL 10-0462, 2011年4月および未刊行資料; <http://www.bls.gov/news.release/hsgec.toc.htm> も参照

No.275. 一般教育向上計画（GED）証書発行数——年齢別：1980－2009年

[GED発行数の単位は1,000（479は47万9000を表す）。50州とコロンビア特別区]

年	GED発行数 (1,000)	年齢別受験者 (%)				
		16－18歳[1]	19－24歳[1]	25－29歳	30－34歳	35歳以上
1980	479	37	27	13	8	15
1985	413	32	26	15	10	16
1990	410	22	39	13	10	15
1995	504	27	36	13	9	15
2000	487	33	37	11	7	13
2003	387	35	37	10	7	11
2004	406	35	38	11	6	10
2005	424	34	37	12	7	11
2006	398	35	36	12	6	11
2007	429	35	35	12	7	11
2008	469	34	35	13	7	11
2009	448	31	36	13	8	12

1．1985年以前については、19歳は、19-24歳ではなく16-18歳のデータに含まれる

資料：U.S. National Center for Education Statistics, *Digest of Education Statistics*（年刊）; <http://www.nces.ed.gov/programs/digest/>

No.276. 高校修了者の大学進学：1970－2009年

[(2,758は275万8000を表す)。調査に先立つ12ヶ月間に高校を卒業した16～24歳を対象とする。GEDを受ける者も含む。標本抽出の際の誤差あり。データは他の表のデータと一致しない]

年	高校卒業者数(1,000人)						大学在籍者の割合(%)[5]					
	計[1]	男性	女性	白人[2]	黒人[2,3]	ヒスパニック[3,4]	計[1]	男性	女性	白人[2]	黒人[2,3]	ヒスパニック[3,4]
1970	2,758	1,343	1,415	2,461	(NA)	(NA)	52	55	49	52	(NA)	(NA)
1975	3,185	1,513	1,672	2,701	302	132	51	53	49	51	42	58
1980	3,088	1,498	1,589	2,554	350	130	49	47	52	50	43	52
1985	2,668	1,287	1,381	2,104	332	141	58	59	57	60	42	51
1990	2,362	1,173	1,189	1,819	331	121	60	58	62	63	47	43
1995	2,599	1,238	1,361	1,861	349	288	62	63	61	64	51	54
2000	2,756	1,251	1,505	1,938	393	300	63	60	66	66	55	53
2001	2,549	1,277	1,273	1,834	381	241	62	60	63	64	55	52
2002	2,796	1,412	1,384	1,903	382	344	65	62	68	69	59	54
2003	2,677	1,306	1,372	1,832	327	314	64	61	67	66	58	59
2004	2,752	1,327	1,425	1,854	398	286	67	61	72	69	63	62
2005	2,675	1,262	1,414	1,799	345	390	69	67	70	73	56	54
2006	2,692	1,328	1,363	1,805	318	382	66	66	66	69	55	58
2007	2,955	1,511	1,444	2,043	416	355	67	66	68	70	56	64
2008	3,151	1,640	1,511	2,091	416	458	69	66	72	72	56	64
2009	2,937	1,407	1,531	1,863	415	459	70	66	74	71	70	59

NA　データなし　1．個別に示さないほかの人種を含む　2．2003年以降、この人種グループのみを選択したもの。表No.229の脚注2を参照　3．標本規模が小さいため、データの標本誤差は非常に大きい　4．ヒスパニックは人種を問わない。標本規模が小さいためデータの扱いには注意を要す　5．10月現在

資料：U.S. National Center for Education Statistics, *Digest of Education Statistics*（年刊）; <http://www.nces.ed.gov/programs/digest/>

No.277. 大学在籍者——性別、年齢、在籍形態別：2005－2010年

[秋期現在。単位：1,000人（17,487は1748万7000を表す）。ブランチキャンパスおよび2年制大学の一部を含むが、学位を授与しない教育機関は除外する。タイトルⅣ連邦財政援助プログラムに参加する資格のある一部の機関における就学を含む。未分類の学生数を含む（単位取得の課程を履修しているが、学位の対象とならない学生）]

性別、年齢	2005		2007		2008		2009		2010 推計値	
	計	定時制・夜間学部	計	定時制・夜間学部	計	定時制・夜間学部	計	定時制・夜間学部	計	定時制・夜間学部
計	17,487	6,690	18,248	6,979	19,103	7,355	20,428	7,705	20,550	7,849
男性	7,456	2,653	7,816	2,787	8,189	2,955	8,770	3,099	8,904	3,172
14－17歳	78	41	75	17	92	19	98	22	90	22
18－19歳	1,592	235	1,805	273	1,850	278	1,798	178	1,987	315
20－21歳	1,778	318	1,633	288	1,792	342	1,854	315	1,987	377
22－24歳	1,355	405	1,551	544	1,558	485	1,666	441	1,700	535
25－29歳	978	539	1,020	435	1,177	602	1,357	725	1,276	622
30－34歳	545	306	659	430	640	414	713	441	704	442
35歳以上	1,130	809	1,074	799	1,080	814	1,284	976	1,161	859
女性	10,032	4,038	10,432	4,192	10,914	4,401	11,658	4,606	11,645	4,678
14－17歳	121	27	104	9	101	12	102	7	118	21
18－19歳	2,018	338	2,173	327	2,240	357	2,250	282	2,387	385
20－21歳	2,000	430	2,129	452	2,137	409	2,037	308	2,330	460
22－24歳	1,717	571	1,811	685	1,922	703	2,025	651	2,028	747
25－29歳	1,406	709	1,502	824	1,560	818	1,702	844	1,646	860
30－34歳	809	499	770	449	842	547	1,006	668	893	554
35歳以上	1,960	1,464	1,943	1,446	2,112	1,554	2,537	1,846	2,243	1,650

資料：U.S. National Center for Education Statistics, *Digest of Education Statistics*（年刊）; <http://www.nces.ed.gov/programs/digest/>

No.278. 高等教育機関とその就学状況：1980-2009年

[秋季現在（686は68万6000を表す）。大学、単科大学、専門大学、短期大学、教員養成学校、および公立・私立の運営により正規の授業を行なう普通科の学校に関する統計。報告のない教育機関については推計を含む。付録Ⅲを参照。『アメリカ歴史統計』系列H690-692、H710も参照]

分類項目	単位	1980	1990	2000	2005	2006	2007	2008	2009
全機関									
施設数[1]	数	3,231	3,559	4,182	4,276	4,314	4,352	4,409	4,495
4年制	数	1,957	2,141	2,450	2,582	2,629	2,675	2,719	2,774
2年制	数	1,274	1,418	1,732	1,694	1,685	1,677	1,690	1,721
教員数（講師以上）[2]	1,000	686	817	(NA)	1,290	(NA)	1,371	(NA)	1,439
常勤教員の割合	%	66	61	(NA)	52	(NA)	51	(NA)	51
総在籍者数[3][4]	1,000	12,097	13,819	15,312	17,487	17,759	18,248	19,103	20,428
男性	1,000	5,874	6,284	6,722	7,456	7,575	7,816	8,189	8,770
女性	1,000	6,223	7,535	8,591	10,032	10,184	10,432	10,914	11,658
4年制	1,000	7,571	8,579	9,364	10,999	11,240	11,630	12,131	12,906
2年制	1,000	4,526	5,240	5,948	6,488	6,519	6,618	6,971	7,521
常勤	1,000	7,098	7,821	9,010	10,797	10,957	11,270	11,748	12,723
非常勤	1,000	4,999	5,998	6,303	6,690	6,802	6,978	7,355	7,705
公立	1,000	9,457	10,845	11,753	13,022	13,180	13,491	13,972	14,811
私立	1,000	2,640	2,974	3,560	4,466	4,579	4,757	5,131	5,617
非営利	1,000	2,528	2,760	3,109	3,455	3,513	3,571	3,662	3,765
営利	1,000	112	213	450	1,011	1,066	1,186	1,469	1,852
学部生[4]	1,000	10,475	11,959	13,155	14,964	15,184	15,604	16,366	17,565
男性	1,000	5,000	5,380	5,778	6,409	6,513	6,728	7,067	7,595
女性	1,000	5,475	6,579	7,377	8,555	8,671	8,876	9,299	9,970
新入生	1,000	2,588	2,257	2,428	2,657	2,707	2,776	3,025	3,210
専門大学院生	1,000	278	273	307	337	343	351	(NA)	(NA)
男性	1,000	199	167	164	170	174	178	(NA)	(NA)
女性	1,000	78	107	143	167	170	173	(NA)	(NA)
大学院生[4]	1,000	1,343	1,586	1,850	2,186	2,231	2,294	(NA)	(NA)
男性	1,000	675	737	780	877	887	910	(NA)	(NA)
女性	1,000	670	849	1,071	1,309	1,344	1,383	(NA)	(NA)
2年制機関									
施設数[1][5]	数	1,274	1,418	1,732	1,694	1,685	1,677	1,690	1,721
公立	数	945	972	1,076	1,053	1,045	1,032	1,024	1,000
私立	数	329	446	656	641	640	645	666	721
教員数（講師以上）[2]	1,000	192	(NA)	(NA)	373	(NA)	381	(NA)	401
在籍者[3][4]	1,000	4,526	5,240	5,948	6,488	6,519	6,618	6,971	7,521
公立	1,000	4,329	4,996	5,697	6,184	6,225	6,324	6,640	7,101
私立	1,000	198	244	251	304	293	294	331	420
男性	1,000	2,047	2,233	2,559	2,680	2,705	2,771	2,936	3,197
女性	1,000	2,479	3,007	3,390	3,808	3,814	3,847	4,035	4,325
4年制機関									
施設数[1]	数	1,957	2,141	2,450	2,582	2,629	2,675	2,719	2,774
公立	数	552	595	622	640	643	653	652	672
私立	数	1,405	1,546	1,828	1,942	1,986	2,022	2,067	2,102
教員数（講師以上）[2]	1,000	494	(NA)	(NA)	917	(NA)	991	(NA)	1,038
在籍者[3][4]	1,000	7,571	8,579	9,364	10,999	11,240	11,630	12,131	12,906
公立	1,000	5,129	5,848	6,055	6,838	6,955	7,167	7,332	7,709
私立	1,000	2,442	2,730	3,308	4,162	4,285	4,464	4,800	5,197
男性	1,000	3,827	4,051	4,163	4,776	4,870	5,045	5,253	5,573
女性	1,000	3,743	4,527	5,201	6,224	6,370	6,585	6,878	7,333

NA データなし　1. 学校数には分校も含む。調査手順が改訂されたため、1990年以降のデータはそれ以前の年のデータと比較できない。2000年以降のデータは新しい教育の分類に準拠している。この分類では主として2年制大学を追加し、学位を授与しない機関をを除外している。またタイトルⅣ連邦政府金融補助プログラムに参加資格のある機関を含む。National Association of Trade and Technical Schools に認可された学校を含む　2. 調査法の変更により1990年以降のデータは前年との比較不能　3. 分校は現状に応じて算定。2年制の分校であれば2年制学校として算定　4. その他の分類不能の学生を含む（学位取得のためではなく、単位をとるために履修している者）

資料：U.S. National Center for Education Statistics, *Digest of Education Statistics*（年刊）および未刊行資料; <http://www.nces.ed.gov/programs/digest/>

No.279. 大学在籍者数：1990－2009年

[単位：1,000人（13,818.6は1381万8600を表す）。秋季現在。非居住外国人の学生は人種グループ内に入らない。本書前年版の表No.275も参照]

特徴	1990	2000[1]	2005[1]	2006[1]	2007[1]	2008[1]	2009[1]
計	**13,818.6**	**15,312.3**	**17,487.5**	**17,758.9**	**18,248.1**	**19,102.8**	**20,427.7**
男性	6,283.9	6,721.8	7,455.9	7,574.8	7,815.9	8,188.9	8,769.5
女性	7,534.7	8,590.5	10,031.6	10,184.1	10,432.2	10,913.9	11,658.2
公立	10,844.7	11,752.8	13,021.8	13,180.1	13,490.8	13,972.2	14,810.6
私立	2,973.9	3,559.5	4,465.6	4,578.7	4,757.3	5,130.7	5,617.1
2年制	5,240.1	5,948.4	6,488.1	6,518.5	6,617.9	6,971.4	7,521.4
4年制	8,578.6	9,363.9	10,999.4	11,240.3	11,630.2	12,131.4	12,906.3
学部生	11,959.2	13,155.4	14,964.0	15,184.3	15,603.8	16,365.7	17,565.3
大学院生	1,586.2	1,850.3	2,186.5	2,231.1	2,293.6	(NA)	(NA)
専門大学院生	273.4	306.6	337.0	343.4	350.8	(NA)	(NA)
白人[2]	10,722.5	10,462.1	11,495.4	11,572.4	11,756.2	12,088.8	12,730.8
男性	4,861.0	4,634.6	5,007.2	5,046.2	5,146.1	5,302.9	5,594.4
女性	5,861.5	5,827.5	6,488.2	6,526.2	6,610.1	6,785.9	7,136.4
公立	8,385.4	7,963.4	8,518.2	8,540.5	8,640.3	8,817.7	9,234.6
私立	2,337.0	2,498.7	2,977.3	3,032.0	3,116.0	3,271.1	3,496.2
2年制	3,954.3	3,804.1	3,998.6	3,969.1	3,975.2	4,101.6	4,373.4
4年制	6,768.1	6,658.0	7,496.9	7,603.4	7,781.0	7,987.1	8,357.4
学部生	9,272.6	8,983.5	9,828.6	9,885.4	10,046.6	10,339.2	10,915.3
大学院生	1,228.4	1,258.5	1,428.7	1,445.3	1,465.0	(NA)	(NA)
専門大学院生	221.5	220.1	238.1	241.7	244.7	(NA)	(NA)
黒人[2]	1,247.0	1,730.3	2,214.6	2,279.6	2,383.4	2,584.5	2,919.8
男性	484.7	635.3	774.1	795.4	838.1	911.8	1,037.1
女性	762.3	1,095.0	1,440.4	1,484.2	1,545.3	1,672.7	1,882.7
公立	976.4	1,319.2	1,580.4	1,612.6	1,667.6	1,759.2	1,937.2
私立	270.6	411.1	634.2	667.0	715.7	825.3	982.7
2年制	524.3	734.9	901.1	917.9	941.7	1,019.5	1,152.8
4年制	722.8	995.4	1,313.4	1,361.7	1,441.7	1,565.0	1,767.0
学部生	1,147.2	1,548.9	1,955.4	2,005.7	2,092.6	2,269.3	2,577.4
大学院生	83.9	157.9	233.2	247.2	263.5	(NA)	(NA)
専門大学院生	15.9	23.5	26.0	26.8	27.3	(NA)	(NA)
ヒスパニック	782.4	1,461.8	1,882.0	1,964.3	2,076.2	2,272.9	2,546.7
男性	353.9	627.1	774.6	810.0	861.6	946.7	1,066.3
女性	428.5	834.7	1,107.3	1,154.3	1,214.5	1,326.1	1,480.4
公立	671.4	1,229.3	1,525.6	1,594.3	1,685.4	1,832.4	2,017.7
私立	111.0	232.5	356.4	370.1	390.7	440.5	529.0
2年制	424.2	843.9	981.6	1,014.3	1,067.4	1,180.7	1,309.0
4年制	358.2	617.9	900.5	950.0	1,008.7	1,092.2	1,237.7
学部生	724.6	1,351.0	1,733.6	1,810.1	1,915.9	2,103.5	2,362.5
大学院生	47.2	95.4	130.7	135.8	140.9	(NA)	(NA)
専門大学院生	10.7	15.4	17.7	18.4	19.3	(NA)	(NA)
アメリカインディアン・アラスカ原住民	102.8	151.2	176.3	181.1	190.0	193.3	207.9
男性	43.1	61.4	68.4	71.2	74.4	76.9	83.4
女性	59.7	89.7	107.9	110.0	115.6	116.4	124.5
公立	90.4	127.3	143.0	145.9	153.3	153.0	161.8
私立	12.4	23.9	33.3	35.2	36.7	40.3	46.1
2年制	54.9	74.7	80.7	81.1	81.4	85.5	90.3
4年制	47.9	76.5	95.6	100.0	108.6	108.6	117.7
学部生	95.5	138.5	160.4	164.2	171.3	175.6	189.4
大学院生	6.2	10.3	13.4	14.5	16.1	(NA)	(NA)
専門大学院生	1.1	2.3	2.5	2.5	2.6	(NA)	(NA)
アジア系・太平洋諸島民	572.4	978.2	1,134.4	1,165.5	1,217.9	1,302.8	1,337.7
男性	294.9	465.9	522.0	536.0	562.5	597.4	621.5
女性	277.5	512.3	612.4	629.5	655.4	705.4	716.1
公立	461.0	770.5	881.9	903.8	942.5	982.9	1,018.5
私立	111.5	207.7	252.4	261.7	275.4	319.9	319.1
2年制	215.2	401.9	434.4	442.8	456.4	479.4	495.7
4年制	357.2	576.3	700.0	722.7	761.5	823.4	842.0
学部生	500.5	845.5	971.4	997.9	1,042.1	1,117.9	1,142.3
大学院生	53.2	95.8	118.4	121.9	127.8	(NA)	(NA)
専門大学院生	18.7	36.8	44.6	45.7	48.0	(NA)	(NA)
非居住外国人	391.5	528.7	584.8	595.9	624.5	660.6	684.8
男性	246.3	297.3	309.5	316.1	333.2	353.3	366.7
女性	145.2	231.4	275.3	279.8	291.2	307.3	318.1
公立	260.0	343.1	372.8	383.1	401.7	427.0	440.8
私立	131.4	185.6	212.0	212.8	222.8	233.6	244.0
2年制	67.1	89.0	91.8	93.4	95.8	104.7	100.2
4年制	324.3	439.7	493.1	502.5	528.7	555.9	584.6
学部生	218.7	288.0	314.7	321.0	335.3	360.3	378.4
大学院生	167.3	232.3	262.1	266.4	280.3	(NA)	(NA)
専門大学院生	5.4	8.4	8.1	8.4	8.8	(NA)	(NA)

NA データなし　1．2000年以降のデータは新しい分類による。表No.278の脚注1を参照　2．非ヒスパニック
資料：U.S. National Center for Education Statistics, *Digest of Education Statistics*（年刊）; <http://www.nces.ed.gov/programs/digest/>

No.280. 学位授与機関およびその在籍者数——州別：2008年

[19,103は1910万3000を表す。学校数は、学校年度の年初現在。在籍者数はフルタイム又はパートタイムの全寮制および通学生の秋期現在在籍者数単位。履修のための住宅学習者、郵便・ラジオ・テレビによる通信教育学生と、外国で運営されている合衆国の教育機関の学生を除く。付録Ⅲを参照]

州	学校数[1]	在籍者数(1,000人)							少数民族在籍者			外国人
		計	男性	女性	公立	私立	フルタイム	白人[2]	計[3]	黒人[2]	ヒスパニック	
合衆国	4,495	19,103	8,189	10,914	13,972	5,131	11,748	12,089	4,857	2,584	2,273	661
アラバマ	72	311	132	179	245	66	205	200	98	90	7	6
アラスカ	7	31	12	19	29	2	13	21	2	1	1	1
アリゾナ	78	704	265	439	331	373	500	430	208	101	107	21
アーカンソー	50	158	64	94	141	18	101	115	35	30	5	4
カリフォルニア	436	2,652	1,186	1,466	2,239	413	1,322	1,066	981	217	764	88
コロラド	82	325	142	183	235	90	204	240	61	23	38	7
コネティカット		184	78	106	119	65	120	129	38	21	18	8
デラウェア		53	21	32	39	14	35	36	13	11	2	2
コロンビア特別区		126	49	77	6	121	66	56	56	49	7	6
フロリダ	207	973	403	570	710	263	549	527	376	179	197	30
ジョージア	131	477	192	285	376	100	321	271	170	154	16	14
ハワイ	20	70	29	41	54	17	40	17	4	2	2	5
アイダホ	15	80	36	45	61	19	54	70	5	1	5	2
イリノイ	181	859	371	489	560	299	508	544	234	128	105	28
インディアナ	106	402	179	223	297	105	278	324	52	39	13	15
アイオワ	65	287	115	172	157	130	177	218	29	19	11	8
カンザス	67	199	89	110	173	26	119	156	24	13	11	10
ケンタッキー	75	258	110	147	209	49	160	221	28	24	4	4
ルイジアナ	87	236	96	141	203	33	164	145	78	71	6	7
メーン	30	68	28	40	48	20	43	62	2	1	1	1
メリーランド	59	339	141	198	281	58	183	188	111	96	15	14
マサチューセッツ	125	477	204	273	206	271	329	335	74	40	34	30
ミシガン	105	653	283	370	528	125	386	490	111	92	19	25
ミネソタ	117	411	169	242	257	154	249	324	51	41	10	12
ミシシッピ	41	160	62	99	144	16	123	91	65	63	2	2
ミズーリ	132	396	165	231	229	168	241	307	64	51	12	12
モンタナ	23	48	22	26	44	4	35	40	1	(Z)	1	1
ネブラスカ	43	130	59	71	100	31	84	110	12	6	6	4
ネバダ	21	120	54	66	109	12	56	70	31	10	21	3
ニューハンプシャー	28	72	30	41	42	30	50	64	4	2	2	2
ニュージャージー	65	410	183	227	329	81	255	236	119	58	61	18
ニューメキシコ	41	142	61	81	133	9	72	59	63	4	59	4
ニューヨーク	305	1,235	524	710	676	559	857	726	321	173	149	78
ノースカロライナ	137	529	214	315	435	94	331	349	146	129	17	13
ノースダコタ	22	51	25	27	44	7	37	43	2	1	1	3
オハイオ	213	654	284	369	476	178	445	519	98	83	15	19
オクラホマ	61	207	90	116	178	29	132	143	28	19	9	9
オレゴン	60	220	98	122	182	39	132	175	20	6	14	7
ペンシルベニア	257	740	322	419	405	335	537	569	108	80	28	27
ロードアイランド	13	84	37	47	43	41	62	64	12	5	7	3
サウスカロライナ	71	231	92	138	187	43	159	154	68	64	5	3
サウスダコタ	25	50	22	29	40	11	33	44	1	1	1	1
テネシー	106	308	127	180	214	93	222	226	68	61	7	6
テキサス	240	1,327	577	751	1,163	164	724	647	547	170	377	52
ユタ	40	217	109	108	158	59	133	185	16	4	13	6
バーモント	25	43	20	23	26	17	32	39	2	1	1	1
バージニア	119	501	214	286	383	118	303	327	126	103	23	14
ワシントン	81	363	159	203	312	50	224	266	43	17	26	12
ウエストバージニア	45	125	61	65	89	37	80	107	13	9	4	3
ウィスコンシン	77	353	154	199	280	72	228	297	33	21	12	8
ワイオミング	11	36	17	19	34	2	19	32	2	(Z)	2	1
米軍[4]	5	16	13	3	16	(X)	16	12	2	1	1	(Z)

X データなし　Z 500人未満　1. 分校は別個の施設として算定　2. 非ヒスパニック　3. 個別に示さないほかの人種を含む　4. 軍学校

資料：U.S. National Center for Education Statistics, *Digest of Education Statistics* (年刊); ⟨http://www.nces.ed.gov/programs/digest/⟩

No.281. 大学在籍者——性別、年齢、人種・ヒスパニック別：1980－2009年

[単位：1,000人（11,387は1138万7000を表す）。14歳以上の民間非施設収容の10月現在の人口。毎月人口調査に基づく。第1章および付録Ⅲを参照]

性別・年齢・人種	1980	1990 [1]	1995	2000	2003	2004	2005	2006	2007	2008	2009
計 [2]	11,387	13,621	14,715	15,314	16,638	17,383	17,472	17,020	17,770	18,632	19,764
男性 [3]	5,430	6,192	6,703	6,682	7,318	7,575	7,539	7,427	7,749	8,311	8,642
18－24歳	3,604	3,922	4,089	4,342	4,697	4,866	4,972	4,874	5,156	5,383	5,640
25－34歳	1,325	1,412	1,561	1,361	1,590	1,604	1,486	1,571	1,625	1,806	1,843
35歳以上	405	772	985	918	970	1,033	1,019	982	968	989	1,069
女性 [3]	5,957	7,429	8,013	8,631	9,319	9,808	9,933	9,593	10,021	10,321	11,123
18－24歳	3,625	4,042	4,452	5,109	5,667	5,742	5,859	5,712	6,004	6,083	6,432
25－34歳	1,378	1,749	1,788	1,846	1,904	2,091	2,115	2,087	2,212	2,207	2,450
35歳以上	802	1,546	1,684	1,589	1,660	1,850	1,838	1,793	1,804	1,922	2,124
白人 [3][4]	9,925	11,488	12,021	11,999	12,870	13,381	13,467	13,112	13,693	14,405	15,027
18－24歳	6,334	6,635	7,011	7,566	8,150	8,354	8,499	8,298	8,780	9,141	9,327
25－34歳	2,328	2,698	2,686	2,339	2,545	2,748	2,647	2,725	2,769	2,859	3,163
35歳以上	1,051	2,023	2,208	1,978	2,075	2,143	2,206	2,090	2,144	2,234	2,377
男性	4,804	5,235	5,535	5,311	5,714	5,944	5,844	5,772	5,989	6,570	6,681
女性	5,121	6,253	6,486	6,689	7,155	7,438	7,624	7,340	7,705	7,834	8,346
黒人 [3][4]	1,163	1,393	1,772	2,164	2,144	2,301	2,297	2,304	2,473	2,481	2,889
18－24歳	688	894	988	1,216	1,225	1,238	1,229	1,321	1,395	1,349	1,604
25－34歳	289	258	426	567	503	522	520	502	629	646	663
35歳以上	156	207	334	361	388	502	448	480	449	451	587
男性	476	587	710	815	798	776	864	886	1,006	919	1,058
女性	686	807	1,062	1,349	1,346	1,525	1,435	1,418	1,468	1,562	1,831
ヒスパニック [3][5]	443	748	1,207	1,426	1,714	1,975	1,942	1,914	2,131	2,227	2,434
18－24歳	315	435	745	899	1,115	1,223	1,216	1,182	1,375	1,338	1,465
25－34歳	118	168	250	309	380	460	438	461	487	500	590
35歳以上	(NA)	130	193	195	207	271	257	271	269	338	336
男性	222	364	568	619	703	852	804	789	864	1,042	1,080
女性	221	384	639	807	1,011	1,123	1,139	1,125	1,267	1,185	1,354

NA データなし　1．1990年以降、統計手順に変更あり　2．個別に明示しないその他の人種を含む　3．個別に明示しない14～17歳の者を含む　4．2003年以降は表示の人種グループから1つのみを選択。表No.229の脚注2を参照　5．ヒスパニックは人種を問わない
資料：U.S. Census Bureau, *Current Population Reports*, PPL-148, P-20およびそれ以前のレポートと"School Enrollment," <http://www.census.gov/population/www/socdemo/school.html>

No.282. 大学における外国人学生：1980－2010年

[単位：1,000人（286は28万6000を表す）。表示前年の秋期現在]

出身地域	1980	1990	1995	1999	2000	2001	2002	2003	2004	2005	2006	2007	2008	2009	2010
全地域計	286	387	453	491	515	548	583	586	573	565	565	583	624	672	691
アフリカ	36	25	21	26	30	34	38	40	38	36	36	36	36	37	37
ナイジェリア	16	4	2	3	4	4	4	6	6	6	6	6	6	6	7
アジア [1][2]	165	245	292	308	315	339	363	367	356	356	346	367	405	444	469
中国 [3]	1	33	39	51	54	60	63	65	62	63	63	68	81	98	128
台湾 [3]	18	31	36	31	29	29	29	28	26	26	28	29	29	28	27
香港	10	11	13	9	8	8	8	8	7	7	8	8	8	8	8
インド	9	26	34	37	42	55	67	75	80	80	77	84	95	103	105
インドネシア	2	9	12	12	11	12	12	10	9	8	8	7	8	8	7
イラン	51	7	3	2	2	2	2	2	2	2	2	3	3	4	5
日本	12	30	45	46	47	46	47	46	41	42	39	35	34	29	25
マレーシア	4	14	14	12	9	8	7	7	6	6	6	5	5	6	6
サウジアラビア	10	4	4	5	5	5	6	4	4	3	8	10	13	16	
韓国	5	22	34	39	41	46	49	52	53	59	62	69	75	72	
タイ	7	7	11	12	11	11	12	10	9	9	9	9	9	9	9
ヨーロッパ [4]	23	46	65	74	78	81	82	78	74	72	85	83	84	88	85
ラテンアメリカ [1][5]	42	48	47	55	62	64	68	69	66	68	65	65	64	68	66
メキシコ	6	7	9	10	11	11	13	13	13	13	14	14	15	15	13
ベネズエラ	10	3	4	5	5	5	6	6	5	5	5	4	5	5	
北アメリカ	16	19	23	23	24	26	27	27	28	29	29	29	29	30	29
カナダ	15	18	23	23	24	25	27	27	27	28	28	28	29	30	28
オセアニア	4	4	4	4	5	5	5	5	4	5	4	5	5	5	5

1．個別に明記しないその他の国々を含む　2．2006年以降はキプロス、トルコを除く　3．1979年1月1日の国交樹立にともない、合衆国政府は中華人民共和国を唯一の中国政府と認め、台湾は中国の一部とみなすこととなった　4．2006年以降はキプロスおよびトルコを含む　5．メキシコ、中央アメリカ、カリブ諸国、南アメリカを含む
資料：Institute of International Education, New York, NY, *Open Doors Report on International Educational Exchange*（年刊）(copyright)

No.283. 大学在籍者──性別、人種・ヒスパニック、学校のタイプ別：2009年

[単位：1,000人（19,764は1976万4000人を表す）、％。10月現在。15歳以上の民間非施設収容人口。大学または大学院に在籍する者。毎月人口調査に基づく。第1章の解説および付録Ⅲを参照。本書前年版の表No.279も参照]

特徴	計			人種およびヒスパニック				
	学生数[1]	男性	女性	白人[2]		黒人[2]	アジア系[2]	ヒスパニック[3]
				計	非ヒスパニック			
総在籍者	19,764	8,642	11,123	15,027	12,826	2,889	1,231	2,434
15－17歳	206	89	116	160	120	34	11	43
18－19歳	4,289	1,928	2,361	3,337	2,842	559	243	550
20－21歳	4,034	1,943	2,091	3,205	2,755	495	216	482
22－24歳	3,749	1,770	1,980	2,784	2,385	550	308	433
25－29歳	2,769	1,194	1,575	2,066	1,736	410	197	373
30－34歳	1,524	649	875	1,097	913	253	114	217
35歳以上	3,193	1,069	2,124	2,377	2,074	587	141	336
学校のタイプ：								
2年制	5,551	2,363	3,188	4,210	3,278	920	257	1,001
15－19歳	1,636	688	948	1,250	967	246	78	313
20－24歳	1,773	885	888	1,341	1,017	292	91	346
25歳以上	2,141	790	1,352	1,618	1,294	383	88	341
4年制	10,461	4,758	5,703	8,025	6,974	1,490	593	1,168
15－19歳	2,827	1,317	1,510	2,224	1,972	343	172	280
20－24歳	5,040	2,403	2,637	3,925	3,446	671	287	515
25歳以上	2,594	1,038	1,556	1,876	1,556	475	134	374
大学院	3,752	1,521	2,232	2,792	2,574	479	381	265
15－24歳	1,002	437	565	746	701	87	151	55
25－34歳	1,556	667	890	1,130	1,016	212	160	145
35歳以上	1,194	417	777	915	856	180	70	65
公立	15,722	6,890	8,833	11,948	10,022	2,322	950	2,122
2年制	5,095	2,199	2,895	3,897	3,022	826	227	937
4年制	8,262	3,754	4,508	6,279	5,389	1,203	490	981
大学院	2,366	937	1,430	1,772	1,610	293	232	204
学生の割合(%)：								
フルタイム雇用	15.4	14.0	16.6	15.5	15.7	17.0	12.1	14.5
パートタイム雇用	21.7	19.2	23.9	23.6	25.0	14.0	17.4	17.2

1．個別に示さないその他の人種を含む　2．人種グループのうち1つのみを選択。表No.229の脚注2を参照　3．ヒスパニックは人種を問わない
資料：U.S. Census Bureau、未刊行資料

No.284. 英語以外の言語により高等教育修学：1970－2009年

[秋季現在（1,111.5は111万1500を表す）。単位履修]

科目	1970	1980	1986	1990	1995	1998	2002	2006	2009
履修登録者[1](1,000人)	1,111.5	924.8	1,003.2	1,184.1	1,138.8	1,193.8	1,397.3	1,577.8	1,682.6
主な履修言語(1,000人)：									
スペイン語	389.2	379.4	411.3	533.9	606.3	656.6	746.3	823.0	865.0
フランス語	359.3	248.4	275.3	272.5	205.4	199.1	202.0	206.4	216.4
ドイツ語	202.6	126.9	121.0	133.3	96.3	89.0	91.1	94.3	96.3
アメリカ手話	(NA)	(NA)	(NA)	1.6	4.3	11.4	60.8	78.8	91.8
イタリア語	34.2	34.8	40.9	49.7	43.8	49.3	63.9	78.4	80.8
日本語	6.6	11.5	23.5	45.7	44.7	43.1	52.2	66.6	73.4
中国語	6.2	11.4	16.9	19.5	26.5	28.5	34.2	51.6	61.0
アラビア語	1.3	3.5	3.4	3.5	4.4	5.5	10.6	24.0	35.1
ラテン語	27.6	25.0	25.0	28.2	25.9	26.1	29.8	32.2	32.6
ロシア語	36.2	24.0	34.0	44.6	24.7	23.8	23.9	24.8	26.9
ヘブライ語	16.6	19.4	15.6	13.0	13.1	15.8	22.8	23.8	22.1
古代ギリシャ語	16.7	22.1	17.6	16.4	16.3	16.4	20.4	22.8	20.7
ポルトガル語	5.1	4.9	5.1	6.2	6.5	6.9	8.4	10.3	11.4
韓国語	0.1	0.4	0.9	2.3	3.3	4.5	5.2	7.1	8.5
指数(1965年＝100)	107.3	89.3	96.8	114.3	109.9	115.2	134.9	152.3	162.4

X　該当なし　1．個別に示さないその他の外国語を含む
資料：Furman, Nelly, David Goldberg, and Natalia Lusin. Enrollments in Languages Other Than English in United States Institutions of Higher Education, Fall 2009. Modern Language Association, December 2010 (copyright). For 1970 to 2006, consult prior Association of Departments of Foreign Languages (ADFL) Bulletins

No.285. 障害のある学生——諸特徴別：2007－2008年

[20,928は2092万8000人を表す。障害のある学生とは、学習障害、視覚障害、聴覚障害、聾・唖、骨格異常、健康に問題のあるもの、このうちの1つ以上に該当する者。2007－2008年度National Postsecondary Student－Aid Studyに基づく。詳細については資料を参照。詳細については資料を参照。プエルトリコを含む。付録Ⅲも参照]

学生の特徴	学部学生			大学院・専門職学位		
	全学生	障害学生	障害のない学生	全学生	障害学生	障害のない学生
全学生（1000人）	20,928	2,266	18,662	3,456	261	3,195
構成比（％）						
計	100.0	10.8	89.2	100.0	7.6	92.4
年齢：						
15－23歳	59.7	54.0	60.4	11.4	7.8	11.7
24－29歳	17.3	20.1	17.0	39.9	36.2	40.2
30歳以上	23.0	25.9	22.7	48.7	56.0	48.1
性別：						
男性	43.1	42.7	43.1	40.1	39.2	40.2
女性	56.9	57.3	56.9	59.9	60.8	59.8
人種／民族：						
白人、非ヒスパニック	61.8	66.3	61.2	66.6	63.6	66.9
黒人、非ヒスパニック	14.0	12.7	14.1	11.7	19.0	11.1
ヒスパニック	14.1	12.3	14.4	8.0	7.4	8.0
アジア系・太平洋諸島民	6.6	4.8	6.8	11.1	7.3	11.4
アメリカインディアン・アラスカ原住民	0.8	0.8	0.9	0.3	0.5	0.3
その他	2.7	3.2	2.6	2.3	2.3	2.3
就学状況：						
フルタイム、通年	39.3	34.7	39.8	34.1	32.6	34.2
パートタイムまたはパートイヤー	60.7	65.3	60.2	65.9	67.4	65.8
居住形態：						
キャンパス内	14.2	11.1	14.5	(NA)	(NA)	(NA)
キャンパス外	54.0	56.3	53.7	(NA)	(NA)	(NA)
両親または親戚と同居	31.9	32.6	31.8	(NA)	(NA)	(NA)
生計の独立：						
被扶養者	53.0	46.8	53.7	(S)	(S)	(S)
独立、未婚	15.3	19.5	14.7	50.0	52.7	49.8
独立、既婚	6.4	6.9	6.3	16.9	12.9	17.2
独立、扶養者あり	25.4	26.7	25.2	33.1	34.4	33.0

NA　データなし　S　出版基準に達しない数値

資料：U.S. National Center for Education Statistics, *Digest of Education Statistics*（年刊）

No.286. 大学新入生——概要：1980－2010年

[単位：％。別に注記するものを除く。（24.5は24,500ドルを表す）。4年制大学のフルタイムの新入生については、秋期現在。標本調査に基づく。標本抽出時の誤差あり。詳細については資料を参照]

分類項目	1980	1990	1995	2000	2005	2007	2008	2009	2010
性別：									
男性	48.8	46.9	45.6	45.2	45.0	45.2	45.4	45.9	44.3
女性	51.2	53.1	54.4	54.8	55.0	54.8	54.6	54.1	55.7
3つ以上の大学に出願	31.5	42.9	44.4	50.5	55.4	56.5	60.1	61.9	64.1
高等学校での平均点：									
A⁻～A⁺	26.6	29.4	36.1	42.9	46.6	45.9	47.2	48.1	48.4
B⁻～B⁺	58.2	57.0	54.2	50.5	48.0	49.0	48.0	47.5	47.5
C～C⁺	14.9	13.4	9.6	6.5	5.4	5.0	4.7	4.4	4.1
D	0.2	0.2	0.1	0.1	0.1	0.1	0.1	0.1	0.1
政治的立場：									
リベラル	21.0	24.6	22.9	24.8	27.1	29.3	31.0	29.0	27.3
中立	57.0	51.7	51.3	51.9	45.0	43.4	43.3	44.4	46.4
保守	19.0	20.6	21.8	18.9	22.6	23.1	20.7	21.8	21.7
志願専攻分野：									
生物化学	4.5	4.4	8.3	6.6	7.2	8.6	9.3	9.7	10.8
経営	21.2	21.1	15.4	16.7	17.4	17.7	16.8	14.3	13.7
教育	8.4	10.3	10.1	11.0	9.9	9.2	8.2	8.1	7.2
工学	11.2	9.7	8.1	8.7	8.3	7.5	9.4	9.7	10.3
自然科学	3.2	2.8	3.1	2.6	3.1	3.2	3.2	3.4	2.7
社会科学	8.2	11.0	9.9	10.0	10.7	11.1	11.5	11.7	8.9
データ処理／コンピュータ・プログラミング	1.7	0.7	0.8	1.5	0.5	0.6	0.5	0.5	0.5
その他[1]	41.6	39.5	44.3	42.9	42.5	42.1	41.1	42.5	45.9
コミュニケーション	2.4	2.9	1.8	2.7	2.0	1.8	1.8	1.9	1.8
コンピュータ・サイエンス	2.6	1.7	2.2	3.7	1.1	1.1	1.0	1.0	1.0
個人的な目標(重要かつ本質的なもの)：									
人格向上	62.5	72.3	72.8	73.4	74.5	74.4	76.8	78.1	77.4
人生の意義を見つけたい	62.5	45.9	45.4	42.4	45.0	49.2	51.4	48.0	46.9
政治問題についていきたい	45.2	46.6	32.3	28.1	36.4	37.2	39.5	36.0	33.2
世帯所得の中央値(1,000ドル)	24.5	46.6	54.8	64.4	73.2	77.9	77.5	76.6	76.1

NA　データなし　1．個々に示さない他の分野を含む

資料：The Higher Education Research Institute, University of California, Los Angels, CA, *The American Freshman: National Norms*（年刊）

No.287. 大学新入生の居住と移住──州別：2008年

[秋季現在。調査に先立つ12か月以内に高校を卒業し、公立または私立の、タイトルIV連邦政府資金援助プログラムが適用される非営利の4年制大学（学位授与）に初めて入学した学生を対象とする。居住あるいは移住の州が不明な回答者を除外。また合衆国の軍の学校（空軍学校、沿岸警備隊学校、商船学校、陸軍学校、海軍学校）も除外する]

州	州内の教育機関に在籍する新入生の総数	新入生全体に対する州内学生の割合	大学新入生居住者に対する州内学生の割合[1]	州	州内の教育機関に在籍する新入生の総数	新入生全体に対する州内学生の割合	大学新入生居住者に対する州内学生の割合[1]
合衆国	1,444,239	0.73	0.74	MO	28,854	0.72	0.77
AL	23,996	0.66	0.86	MT	5,324	0.68	0.75
AK	2,342	0.90	0.60	NE	11,117	0.75	0.80
AZ	22,004	0.62	0.81	NV	7,603	0.85	0.74
AR	15,112	0.73	0.87	NH	9,032	0.40	0.42
CA	116,252	0.88	0.82	NJ	26,223	0.84	0.41
CO	24,467	0.72	0.72	NM	7,393	0.79	0.79
CT	19,656	0.54	0.43	NY	108,398	0.72	0.73
DE	4,905	0.39	0.50	NC	45,861	0.73	0.85
DC	8,659	0.06	0.24	ND	6,239	0.48	0.77
FL	70,373	0.81	0.84	OH	66,257	0.82	0.81
GA	44,482	0.84	0.79	OK	17,572	0.73	0.86
HI	3,846	0.68	0.49	OR	14,633	0.63	0.70
ID	7,510	0.61	0.70	PA	86,833	0.65	0.78
IL	53,440	0.75	0.63	RI	11,393	0.27	0.53
IN	45,913	0.71	0.87	SC	22,095	0.65	0.86
IA	19,022	0.58	0.78	SD	5,715	0.65	0.74
KS	14,746	0.73	0.78	TN	29,351	0.75	0.80
KY	22,576	0.74	0.86	TX	84,742	0.92	0.82
LA	23,928	0.79	0.90	UT	18,118	0.66	0.91
ME	7,541	0.59	0.59	VT	6,460	0.27	0.42
MD	19,922	0.64	0.45	VA	41,853	0.69	0.74
MA	50,540	0.51	0.59	WA	22,786	0.75	0.72
MI	51,283	0.87	0.85	WV	11,998	0.60	0.89
MN	26,776	0.72	0.61	WI	34,522	0.74	0.78
MS	9,353	0.66	0.61	WY	1,601	0.54	0.55

1．入学許可の時点で、在籍機関が居住州であると他州であるとを問わず、本人が居住していた州でカウント
資料：U.S. Department of Education, National Center for Education Statistics, Fall 2008 Integrated Postsecondary Education Data System (IPEDS), (2009年春)

No.288. 大学（学部）教育の平均総授業料：2007－2008年

[単位：ドル。2008年を年度末とする学校年度。2つ以上の大学に在籍するものを除く。学費には、連邦在学支出予算に認められた授業料、書籍・教材費、家賃・食費、交通費、および個人的な支出を含む。2007－2008年のNational Postsecondary Student-Aid Studyに基づく。プエルトリコを含む。詳細については資料および付録IIIを参照]

学生の特徴	全大学[1]	教育機関別学費					
		公立2年制	公立4年制		私立非営利4年制		民間営利機関
			大学院なし	大学院あり	大学院なし	大学院あり	
計	14,006	7,033	12,657	16,615	25,194	31,628	20,636
年齢：[2]							
18歳未満	17,065	12,630	16,664	19,888	32,586	38,311	19,868
19－23歳	16,059	6,830	10,128	12,513	17,861	22,540	20,376
24－29歳	11,551	8,035	11,188	13,833	17,823	21,294	20,275
30－39歳	10,994	3,854	5,739	7,319	8,446	10,419	21,305
40歳以上	9,269	8,268	14,912	18,501	31,809	37,581	21,265
性別：							
男性	13,957	7,406	13,778	17,661	30,099	35,206	21,765
女性	14,044	6,856	10,701	13,005	17,458	20,772	20,133
人種：							
単一人種：							
白人	14,446	6,546	9,690	12,452	15,561	17,839	20,888
黒人	13,235	5,992	9,062	10,623	14,722	14,452	20,141
アジア系	15,122	7,121	12,668	16,486	25,512	31,163	22,203
アメリカ・インディアン、アラスカ原住民	12,150	7,013	13,170	16,707	26,717	32,236	25,013
ハワイ原住民、その他太平洋諸島民	12,904	6,974	12,824	15,891	21,412	26,817	23,122
その他	12,788	6,990	10,511	15,513	19,548	27,808	24,076
複数人種	15,077	7,313	13,285	18,271	29,162	36,973	23,245
ヒスパニック、ラテン系[3]	12,419	6,920	12,644	16,757	24,765	32,182	19,753
在学状態：							
フルタイム、通年	22,368	7,330	10,436	15,078	27,614	(S)	28,638
フルタイム、一部学期	12,227	6,718	12,988	16,878	18,659	40,521	16,653
パートタイム、通年	10,655	6,759	10,879	15,650	16,534	(S)	19,259
パートタイム、一部学期	5,231	7,495	13,028	17,256	28,172	34,460	11,810

S 数字が出版基準に達していない 1．公立校で2年未満のもの、私立非営利校で4年未満のものを含む 2．2007年12月31日現在 3．ヒスパニックは人種を問わない
資料：U.S. National Center for Education Statistics, "Student Financing of Undergraduate Education 2007–08" NCES2009-166 (2009年4月); <http://nces.ed.gov/surveys/npsas/>

No.289. 大学生の授業料自己負担額：2007－2008年

[単位：ドル。2008年を年度末とする学校年度。複数の大学に通う学生は除外する。授業料自己負担額は、学生が高校卒業以後の教育を受けるために自己負担した金額で、財政援助額は支払額から除く。全ての学生の授業料総額と奨学金総額に基づく。2007－2008年度 National Postsecondary Student-Aid Studyに基づく。詳細については資料を参照。プエルトリコを含む。付録IIIも参照]

学生の特徴	全機関[1]	公立2年制	機関の種類別				私立営利
			公立4年制		私立非営利4年制		
			博士課程なし	博士課程あり	博士課程なし	博士課程あり	
計	**8,769**	**5,645**	**7,801**	**10,627**	**12,772**	**18,103**	**11,647**
年齢：[2]							
18歳以下	10,219	6,612	8,927	11,313	15,067	20,967	9,974
19－23歳	9,974	5,995	8,488	11,509	14,672	20,217	11,460
24－29歳	7,160	5,303	6,559	7,508	9,755	11,380	11,239
30－39歳	7,073	5,168	5,916	7,360	8,858	9,832	12,353
40歳以上	6,487	4,998	5,933	7,180	9,365	8,822	12,379
性別：							
男性	8,985	5,705	8,061	11,042	12,946	19,016	11,942
女性	8,603	5,599	7,586	10,248	12,644	17,313	11,517
人種：							
単一人種：							
白人	9,211	5,674	8,266	11,196	13,550	18,899	11,858
黒人またはアフリカ系	7,286	5,192	6,039	7,318	10,564	12,319	11,109
アジア系	10,613	6,386	9,518	12,615	17,147	24,543	12,809
アメリカインディアン／アラスカ原住民	7,715	5,493	6,047	8,115	(S)	(S)	16,623
ハワイ原住民またはその他の太平洋諸島民	8,445	5,627	8,840	9,499	7,855	29,807	11,896
その他の人種	8,286	5,435	(S)	7,968	(S)	(S)	15,868
複数人種	8,867	5,854	7,581	10,100	11,828	17,450	13,817
ヒスパニックまたはラテン系[3]	7,567	5,638	6,941	8,657	9,761	12,824	11,028
就学状況：							
フルタイム、通年	13,218	9,428	9,654	12,419	15,659	21,293	16,875
フルタイム、パートイヤー	7,751	5,442	6,672	8,522	10,386	14,220	8,825
パートタイム、通年	7,410	6,544	7,588	9,030	9,561	12,597	9,174
パートタイム、パートイヤー	3,906	3,348	4,193	5,297	5,498	6,791	5,933

S　データは出版基準に達しない　1．公立の2年未満校および私立非営利の4年未満校を含む　2．2007年12月31日現在　3．ヒスパニックは人種を問わない

資料：U.S. National Center for Education Statistics, "Student Financial Aid Estimates for 2007-08," NCES 2009-166 (2009年4月), <http://nces.ed.gov/surveys/npsas/>

No.290. 高等教育の価格指数：2002－2010年

[1983年＝100。6月30日を年度末とする。高等教育価格指数（HEPI）は、7月―6月の学校会計年度内に大学が支出した、以下の8つの費用について示す。学部教員の給与、管理職員の給与、事務員とサービススタッフ、付加給付、その他のサービス、消耗品、材料、公共料金の8つである。マイナス（－）記号は減少を示す]

年	指数計	人件費					外注サービス、消耗品、施設費用		
		教員給与	管理職員給与	事務職給与	サービススタッフ給与	付加給付	その他のサービス	消耗品	公益費
指数									
2002	212.7	222.7	236.4	205.4	189.6	277.1	205.8	128.2	118.1
2003	223.5	229.4	255.7	211.1	193.9	292.3	209.5	132.2	157.6
2004	231.7	234.2	263.3	217.1	197.6	312.8	216.4	135.6	176.4
2005	240.8	240.7	274.0	223.4	201.4	327.2	222.7	145.5	200.2
2006	253.1	248.2	287.7	229.5	205.5	343.7	228.8	158.1	255.7
2007	260.3	257.6	299.2	237.7	213.6	360.8	238.3	165.3	220.6
2008	273.2	268.1	314.0	245.0	220.4	380.7	246.5	180.0	252.0
2009	279.3	277.3	330.9	251.6	226.7	394.4	253.1	181.6	213.8
2010	281.8	280.6	337.6	255.2	230.0	402.8	255.8	179.3	193.6
年変化率[1]（％）									
2002	3.0	3.8	3.1	3.9	3.8	5.9	3.0	-2.7	-30.5
2003	5.1	3.0	8.2	2.8	2.3	5.5	1.8	3.1	33.5
2004	3.7	2.1	3.0	2.8	1.9	7.0	3.3	2.6	11.9
2005	3.9	2.8	4.1	2.9	1.9	4.6	2.9	7.3	13.5
2006	5.1	3.1	5.0	2.8	2.0	5.0	2.7	8.7	27.7
2007	2.8	3.8	4.0	3.6	4.0	5.0	4.2	4.5	-13.7
2008	5.0	4.1	3.0	3.1	3.2	5.5	3.4	8.9	14.2
2009	2.3	3.4	5.4	2.7	2.9	3.6	2.7	0.9	-15.1
2010	0.9	1.2	2.0	1.4	1.4	2.1	1.1	-1.3	-9.5

1．直前年からの変化率

資料：The Commonfund Institute, Wilton, CT, (copyright). <http://www.commonfund.org>

No.291. 連邦政府奨学金制度：1995－2011年

[35,477は354億7700万ドルを表す］。表示年の7月1日から翌年6月30日までの援助年度。財源データは、運用費用等を除く。学生に与えられた資金のみを示す］

援助のタイプ	1995	2000	2005	2008	2009	2010, 暫定値	2011, 暫定値
利用資金源(100万ドル)							
計	35,477	44,007	72,634	97,478	130,549	144,977	155,102
連邦ペルグラント	5,472	7,956	12,693	18,291	29,992	36,515	35,773
学業競争力奨学金	(X)	(X)	(X)	340	479	548	(X)
SMART奨学金[1]	(X)	(X)	(X)	200	359	384	(X)
TEACH奨学金[2]	(X)	(X)	(X)	25	72	109	131
連邦政府教育機関補助グラント	764	907	1,084	1,039	1,066	959	959
連邦政府ワーク・スタディ	764	939	1,050	1,113	1,246	1,171	1,171
連邦政府パーキンス・ローン	1,029	1,144	1,593	961	818	971	971
連邦政府ダイレクト学生ローン(FDSL)	8,296	10,348	12,930	18,213	29,738	84,704	116,098
連邦政府家庭対象教育ローン(FFEL)	19,152	22,712	43,284	57,296	66,778	19,618	(X)
奨学件数(1,000)							
計	13,667	15,043	21,317	25,713	32,188	34,257	35,730
連邦ペルグラント	3,612	3,899	5,167	6,157	8,094	8,873	9,413
学業競争力奨学金	(X)	(X)	(X)	438	613	786	(X)
SMART奨学金[1]	(X)	(X)	(X)	64	115	150	(X)
TEACH奨学金[2]	(X)	(X)	(X)	8	31	36	44
連邦政府教育機関補助グラント	1,083	1,175	1,419	1,451	1,593	1,339	1,339
連邦政府ワーク・スタディ	702	713	710	678	733	713	713
連邦政府パーキンス・ローン	688	639	727	488	441	493	493
連邦政府ダイレクト学生ローン(FDSL)	2,339	2,739	2,971	3,730	6,109	16,647	23,728
連邦政府家庭対象教育ローン(FFEL)	5,243	5,878	10,323	12,698	14,459	5,220	(X)
平均奨学金額(ドル)							
計	2,596	2,925	3,407	3,791	4,056	4,232	4,341
連邦ペルグラント	1,515	2,041	2,456	2,971	3,706	4,115	3,800
学業競争力奨学金・SMART奨学金[2]	(X)	(X)	(X)	774	760	697	(X)
SMART奨学金[1]	(X)	(X)	(X)	3,107	3,125	2,560	(X)
TEACH奨学金[2]	(X)	(X)	(X)	3,125	2,369	2,966	2,966
連邦政府教育機関補助グラント	705	772	764	716	669	716	716
連邦政府ワーク・スタディ	1,088	1,318	1,478	1,642	1,700	1,642	1,642
連邦政府パーキンス・ローン	1,496	1,790	2,190	1,968	1,852	1,968	1,968
連邦政府ダイレクト学生ローン(FDSL)	3,547	3,778	4,352	4,882	4,867	5,088	4,893
連邦政府家庭対象教育ローン(FFEL)	3,653	3,864	4,193	4,512	4,618	3,758	(X)
債務不履行率[3]							
連邦政府パーキンス・ローン	12.6	9.9	8.1	10.4	10.1	(NA)	(NA)

X 該当なし　NA データなし　1. 全米科学数学奨学金（National Science and Mathematics Access to Retain Talent）Funding for Academic Competitiveness GrantsおよびSMART Grantsは2011年に終了　2. 教師支援給付奨学金（TEACH）　3. 6月30日現在。表示年に債務者となった者のうち、表示翌年に債務不履行となった者の割合を％で示す
資料：U.S. Dept. of Education, Office of Postsecondary Education, 未刊行資料

No.292. 公立大学への州予算割り当て：2009－2010年および州別

[2009-2010年の会計年度（11,618.0は1161万8000を表す）。50州のデータ。本書前年版の表No.288も参照］

州	2009-2010 フルタイム在学者数[1] (1,000)	2009-2010 フルタイム在学者1人当たりの予算割り当て[2] (ドル)	州	2009-2010 フルタイム在学者数[1] (1,000)	2009-2010 フルタイム在学者1人当たりの予算割り当て[2] (ドル)
計	11,618.0	6,454			
AL	204.0	5,574	MT	38.9	4,892
AK	20.3	14,940	NE	84.9	7,149
AZ	251.6	6,653	NV	68.8	7,507
AR	121.4	5,814	NH	39.6	3,229
CA	1,926.4	6,065	NJ	268.1	7,199
CO	182.9	4,511	NM	98.7	7,569
CT	85.0	10,459	NY	571.4	8,431
DE	32.4	7,039	NC	421.0	8,413
FL	596.0	5,764	ND	37.7	6,525
GA	370.7	6,901	OH	443.4	4,604
HI	39.9	11,569	OK	142.0	6,914
ID	49.3	7,208	OR	160.6	4,676
IL	401.3	8,288	PA	371.3	5,326
IN	265.3	4,951	RI	32.1	5,250
IA	127.1	5,835	SC	166.8	5,005
KS	137.4	5,715	SD	32.3	4,806
KY	154.2	6,743	TN	190.3	6,924
LA	178.9	6,567	TX	863.5	7,622
ME	37.5	6,331	UT	118.4	5,678
MD	233.5	7,101	VT	21.8	3,073
MA	165.2	7,240	VA	312.6	5,065
MI	431.6	5,310	WA	254.9	6,105
MN	215.0	5,957	WV	78.8	4,899
MS	123.1	6,473	WI	237.4	6,773
MO	187.2	6,278	WY	25.6	11,657

1. フルタイム換算。学位取得課程在学者、および免許または他の資格取得のための高等教育課程在学者を含む。夏季講座を含む。医学生を除く　2. 公立中等後教育のための一般運営支出の、州および地方政府の支出。2009年米国再生再投資法（American Recovery and Reinvestment Act of 2009: ARRA）基金、州内の公立機関に所属する学生に対する州の資金による財政援助を含む。研究、農業改良研究、教育実習病院（医大付属病院）、医学校に関する費用は除く
資料：State Higher Education Executive Officers, Boulder, CO, (copyright); <http://www.sheeo.org>

No.293. 高等教育機関——学費：1985－2010年

[単位：ドル。暫定値。表示年を年度末とする学校年度のデータ。フルタイム換算学生1人当たりの平均学費。賄い付の寮については、フルタイムの学生ベース]

経営主体、年	授業料[1]				食費[2]				寮費			
	全教育機関	2年制カレッジ	4年制大学	その他4年制学校	全教育機関	2年制カレッジ	4年制大学	その他4年制学校	全教育機関	2年制カレッジ	4年制大学	その他4年制学校
公立：												
1985	971	584	1,386	1,117	1,241	1,302	1,276	1,201	1,196	921	1,237	1,200
1990	1,356	756	2,035	1,608	1,635	1,581	1,728	1,561	1,513	962	1,561	1,554
1995	2,057	1,192	2,977	2,499	1,949	1,712	2,108	1,866	1,959	1,232	1,992	2,044
2000	2,506	1,338	3,768	3,091	2,364	1,834	2,628	2,239	2,440	1,549	2,516	2,521
2005	3,629	1,849	5,939	4,512	2,931	2,353	3,222	2,809	3,304	2,174	3,427	3,413
2006	3,874	1,935	6,399	4,765	3,035	2,306	3,372	2,899	3,545	2,251	3,654	3,672
2007	4,102	2,018	6,842	5,020	3,191	2,390	3,498	3,083	3,757	2,407	3,875	3,881
2008	4,291	2,061	7,173	5,285	3,331	2,409	3,668	3,221	3,952	2,506	4,079	4,083
2009	4,512	2,136	7,624	5,610	3,554	2,769	3,911	3,417	4,190	2,664	4,344	4,322
2010, 推計値	4,751	2,285	8,123	5,964	3,653	2,574	4,018	3,578	4,399	2,845	4,571	4,561
私立：												
1985	5,315	3,485	6,843	5,135	1,462	1,294	1,647	1,405	1,426	1,424	1,753	1,309
1990	8,147	5,196	10,348	7,778	1,948	1,811	2,339	1,823	1,923	1,663	2,411	1,774
1995	11,111	6,914	14,537	10,653	2,509	2,023	3,035	2,362	2,587	2,233	3,469	2,347
2000	14,081	8,235	19,307	13,361	2,882	2,922	3,157	2,790	3,224	2,808	4,070	2,976
2005	18,154	12,122	25,643	17,050	3,485	3,728	3,855	3,370	4,171	4,243	5,263	3,854
2006	18,862	12,450	26,954	17,702	3,647	4,726	4,039	3,517	4,380	3,994	5,517	4,063
2007	20,048	12,708	28,580	18,848	3,785	3,429	4,166	3,672	4,606	4,613	5,691	4,302
2008	21,462	13,126	30,251	20,190	3,992	4,074	4,376	3,875	4,804	4,484	6,006	4,466
2009	22,299	13,562	31,968	20,948	4,193	4,627	4,622	4,080	5,025	4,537	6,254	4,688
2010, 推計値	22,604	14,876	33,315	21,244	4,331	4,390	4,765	4,205	5,249	5,217	6,539	4,897

1. 公立学校データは州内の学生についてのもの　2. 1990年以降は1週7日間の食事よりも週20回の食事の割合を示す

資料：U.S. National Center for Education Statistics, *Digest of Education Statistics* (年刊); <http://www.nces.ed.gov/programs/digest/>

No.294. 高等教育に対する寄付金：1990－2010年

[表示年を年度末とする学校年度 (9,800は98億ドルを表す)。在籍者数は、前年秋期現在。Gift Reporting Standardの定義する助成。連邦政府、州・地方政府および同機関からのあらゆる助成と、利子等、その他の投資基金からの収入を除く]

分類項目	単位	1990	1995	2000	2005	2007	2008	2009	2010
推定助成金総額	100万ドル	9,800	12,755	23,200	25,600	29,750	31,600	27,850	28,000
個人	100万ドル	4,770	6,540	12,220	12,100	13,920	14,820	12,125	12,020
校友	100万ドル	2,540	3,600	6,800	7,100	8,270	8,700	7,130	7,100
企業	100万ドル	2,170	2,560	4,150	4,400	4,800	4,900	4,620	4,730
財団	100万ドル	1,920	2,460	5,080	7,000	8,500	9,100	8,235	8,400
資金調達組合およびその他の団体	100万ドル	700	940	1,380	1,730	2,150	2,400	2,545	2,545
宗教団体	100万ドル	240	250	370	370	380	380	325	305
経常費	100万ドル	5,440	7,230	11,270	14,200	16,100	17,070	16,955	17,000
資本目的	100万ドル	4,360	5,520	11,930	11,400	13,650	14,530	10,895	11,000
学生1人あたり助成金	ドル	724	893	1,568	1,482	1,675	1,732	1,458	1,414
2010年ドル	ドル	1,206	1,276	1,984	1,653	1,760	1,752	1,480	1,414
高等教育機関支出	10億ドル	134.7	183.0	236.8	335.0	375.5	408.0	432.0	444.8
学生1人あたり支出	ドル	9,946	12,814	16,008	19,397	21,147	22,358	22,614	22,455
2010年ドル	ドル	16,576	18,314	20,249	21,633	22,215	22,620	22,960	22,455
高等教育機関の届出件数	件	1,056	1,086	945	997	1,023	1,052	1,027	996
届出助成金総額	100万ドル	8,214	10,992	19,419	20,953	25,247	27,323	23,693	23,487
私立4年制	100万ドル	5,072	6,500	11,047	11,011	13,675	14,296	12,351	12,189
公立4年制	100万ドル	3,056	4,382	8,254	9,780	11,321	12,766	11,141	11,114
2年制カレッジ	100万ドル	85	110	117	163	251	261	201	185

資料：Council for Aid to Education, New York, NY, *Voluntary Support of Education* (年刊)

No.295. 高等教育機関——常勤教員の平均給与：2009－2011年

[単位：1,000ドル (77.0は7万7000ドルを表す)。表示年を年度末とする学校年度。2年制または4年制大学で9ヶ月間講義を行なう常勤教員に関する統計。2009年の付加給付は、公立では21,691ドル、私立で25,374ドル。2010年は、公立22,258ドル、私立25,516ドル。2011年は、公立23,103ドル、私立26,211ドル]

経営主体・教員の地位	2009	2010	2011	経営主体・教員の地位	2009	2010	2011
公立：全教員	77.0	78.0	78.3	私立[1]：全教員	92.3	92.9	94.6
教授	104.5	105.7	105.8	教授	128.3	128.7	131.6
助教授	75.2	75.7	76.2	助教授	82.9	82.9	84.6
準教授	63.4	64.0	64.7	準教授	69.0	69.5	71.0
講師	44.7	46.5	45.7	講師	51.6	52.8	53.6

1. 教会運営の大学を除く

資料：American Association of University Professors, Washington, DC, *AAUP Annual Report on the Economic Status of the Profession*.

No.296. 高等教育機関の雇用──性別・職位別：1995－2009年

[単位：1,000人（2,662.1は266万2100人を表す）。秋期現在。隔年の標本調査に基づく。資料を参照]

年度および雇用形態	合計	専門職 計	管理、運営、経営 男性	管理、運営、経営 女性	教員[1] 男性	教員[1] 女性	研究・教育助手 男性	研究・教育助手 女性	その他 男性	その他 女性	非専門スタッフ
1995年、計	2,662.1	1,744.9	82.1	65.3	562.9	368.8	124.0	91.9	177.2	272.7	917.2
常勤	1,801.4	1,066.5	79.2	61.8	360.2	190.7	－	－	151.5	223.2	734.9
非常勤	860.7	678.4	2.9	3.6	202.7	178.1	124.0	91.9	25.6	49.5	182.3
2005年、計[2]	3,379.1	2,459.9	95.2	101.1	714.5	576.0	167.5	149.6	262.8	393.2	919.2
常勤	2,179.9	1,432.1	92.9	97.2	401.5	274.1	－	－	231.4	335.0	747.8
非常勤	1,199.2	1,027.8	2.4	3.9	312.9	301.9	167.5	149.6	31.4	58.2	171.4
2009年、計	3,723.4	2,782.1	106.9	123.7	761.0	678.1	180.9	161.5	305.0	465.0	941.3
常勤	2,381.7	1,619.5	103.8	118.5	415.8	313.2	－	－	268.6	399.7	762.2
非常勤	1,341.7	1,162.6	3.1	5.2	345.2	365.0	180.9	161.5	36.4	65.3	179.1

－　ゼロを示す　NA　データなし　1．教育と研究　2．2005年のデータは新分類システムに準拠。表No.278の脚注1を参照

資料：U.S. National Center for Education Statistics, *Digest of Education Statistics* (年刊); 〈http://www.nces.ed.gov/programs/digest〉

No.297. 高等教育機関の教員：1980－2009年

[単位：1,000人（686は68万6000人を表す）。秋期現在。隔年の標本調査に基づく。資料を参照]

年	計	勤務体制 常勤	勤務体制 非常勤	運営母体 公立	運営母体 私立	レベル 4年制	レベル 2年制	構成比（%） 非常勤	構成比（%） 公立	構成比（%） 2年制
1980[1]	686	450	236	495	191	494	192	34	72	28
1985[1]	715	459	256	503	212	504	211	36	70	30
1991[2]	826	536	291	581	245	591	235	35	70	28
1995	932	551	381	657	275	647	285	41	70	31
1999[3]	1,028	591	437	713	315	714	314	43	69	31
2001[3]	1,113	618	495	771	342	764	349	44	69	31
2003[3]	1,174	630	544	792	382	814	359	46	67	31
2005[3]	1,290	676	615	841	449	917	373	48	65	29
2007[3,4]	1,371	703	668	877	494	991	381	49	64	28
2009[3,4]	1,439	729	710	914	525	1,038	401	49	63	28

1．在籍者は推計　2．1991年以降のデータはそれ以前のデータと比較できない　3．1997年以降新分類システムに準拠。表No.278の脚注1を参照　4．2007年のデータは、常勤職員が15人未満の機関を含む。2007年より以前には常勤職員15人未満の機関のデータは報告されていない

資料：U.S. National Center for Education Statistics, *Digest of Education Statistics* (年刊); 〈http://www.nces.ed.gov/programs/digest/〉

No.298. 専攻分野別学位取得者の初任給：2005－2010年

[単位：ドル。新卒者に対して、商業、工業、政府、非営利団体、教育機関が提示した初任給の平均。全国から抽出した大学のデータ]

専攻分野	学士 2005	学士 2009	学士 2010	修士[1] 2005	修士[1] 2009	修士[1] 2010	博士 2005	博士 2009	博士 2010
会計学	42,940	48,471	48,378	45,992	48,760	[3] 49,254	(NA)	(NA)	(NA)
ビジネス管理、経営[2]	39,480	44,607	43,991	[3] 50,513	[3] 63,615	[3] 49,875	[3] 66,500	[3] 82,429	[3] 103,667
マーケティング	36,409	42,260	41,670	[3] 47,000	(NA)	[3] 40,933	(NA)	(NA)	(NA)
工学：									
土木	43,774	52,287	51,321	48,619	[3] 53,311	[3] 57,225	[3] 59,216	[3] 60,351	[3] 58,964
化学	53,639	65,675	64,889	62,845	[3] 70,484	[3] 90,333	[3] 73,317	[3] 85,250	[3] 82,488
コンピュータ	52,242	60,844	60,396	58,631	[3] 72,771	[3] 69,389	[3] 69,625	[3] 104,286	[3] 92,556
電気	51,773	60,509	59,512	64,781	70,921	[3] 67,844	[3] 75,066	[3] 89,715	[3] 81,188
機械	50,175	59,222	58,110	60,223	66,961	67,234	69,757	[3] 75,186	[3] 73,036
原子力[4]	[3] 51,225	60,209	[3] 57,417	[3] 59,059	[3] 69,100	[3] 69,467	(NA)	(NA)	(NA)
石油	62,236	85,417	77,278	[3] 65,000	(NA)	[3] 96,000	(NA)	(NA)	(NA)
技術工学	45,790	55,023	52,756	(NA)	(NA)	(NA)	(NA)	(NA)	(NA)
化学	38,635	39,354	39,404	(NA)	[3] 49,800	[3] 58,000	55,874	62,785	[3] 64,249
数学	43,304	50,461	48,499	[3] 34,500	[3] 58,200	[3] 53,200	[3] 55,047	[3] 70,226	[3] 61,888
物理学	[3] 44,700	[3] 53,939	[3] 52,487	[3] 62,500	[3] 98,425	[3] 65,500	[3] 54,897	[3] 74,333	[3] 59,008
人文科学	31,565	[3] 38,292	[3] 34,982	[3] 35,212	[3] 42,380	[3] 49,250	[3] 43,728	[3] 47,491	[3] 53,000
社会科学[5]	31,621	36,217	36,433	[3] 40,575	[3] 47,000	[3] 46,030	[3] 46,838	[3] 54,870	[3] 57,320
コンピュータ・サイエンス	50,664	61,467	60,473	64,840	[3] 68,627	[3] 69,753	[3] 84,025	[3] 84,080	[3] 69,112

NA　データなし　1．1年以下のフルタイム非軍事被雇用者　2．修士については、提示初任給は非技術系学部生になっている　3．報告数50未満　4．物理工学を含む　5．経済学を除く

資料：National Association of Colleges and Enployers, Bethlehem, PA (copyright). Reprinted with permission from Fall 2005, 2009, and 2010 Salary Survey. All rights reserved.

No.299. 学位取得者数――学位別、性別：1960－2009年

[単位：1,000人(477は47万7000人を表す)、％。調査に基づく。付録についてはⅢを参照。『アメリカ歴史統計』系列H751-763に同様のデータがある]

表示年に終わる年度	全学位 計	男性の割合(%)	準学位 男性	準学位 女性	学士 男性	学士 女性	修士 男性	修士 女性	職業学位 男性	職業学位 女性	博士 男性	博士 女性
1960 [1]	477	65.8	(NA)	(NA)	254	138	51	24	(NA)	(NA)	9	1
1970	1,271	59.2	117	89	451	341	126	83	33	2	26	4
1975	1,666	56.0	191	169	505	418	162	131	49	7	27	7
1980	1,731	51.1	184	217	474	456	151	147	53	17	23	10
1985	1,828	49.3	203	252	483	497	143	143	50	25	22	11
1990	1,940	46.6	191	264	492	560	154	171	44	27	24	14
1993	2,167	45.5	212	303	533	632	169	200	45	30	26	16
1994	2,206	45.1	215	315	532	637	176	211	45	31	27	17
1995	2,218	44.9	218	321	526	634	179	219	45	31	27	18
1996 [2]	2,248	44.2	220	336	522	642	179	227	45	32	27	18
1997 [2]	2,288	43.6	224	347	521	652	181	238	46	33	27	19
1998 [2]	2,298	43.2	218	341	520	664	184	246	45	34	27	19
1999 [2]	2,323	42.7	218	342	519	682	186	254	44	34	25	19
2000 [2]	2,385	42.6	225	340	530	708	192	265	44	36	25	20
2001 [2]	2,416	42.4	232	347	532	712	194	274	43	37	25	20
2002 [2]	2,494	42.2	238	357	550	742	199	283	43	38	24	20
2003 [2]	2,621	42.1	253	380	573	775	211	301	42	39	24	22
2004 [2]	2,755	41.8	260	405	595	804	230	329	42	41	25	23
2005 [2]	2,850	41.6	268	429	613	826	234	341	44	43	27	26
2006 [2]	2,936	41.3	270	443	631	855	238	356	44	44	29	27
2007 [2]	3,007	41.2	275	453	650	875	238	366	45	45	30	30
2008 [2]	3,093	41.2	283	468	668	895	246	379	46	45	31	32
2009 [2]	3,205	41.3	298	489	685	916	260	397	47	45	32	35

NA データなし　1. 職業学位には学士を含む　2. 1996年以降のデータは新分類システムに準拠。表No.278の脚注1を参照

資料：U.S. National Center for Education Statistics, *Digest of Education Statistics* (年刊); <http://www.nces.ed.gov/programs/digest/>

No.300. 取得学位――学位別・人種・ヒスパニック別：1990－2009年

[表示年に終わる学校年度。調査に基づく。付録Ⅲを参照]

学位の種類および人種・民族	計 1990	計 2000 [1]	計 2005 [1]	計 2008 [1]	計 2009 [1]	構成比(%) 1990	構成比(%) 2000 [1]	構成比(%) 2009 [1]
準学位、計	455,102	564,933	696,660	750,164	787,325	100.0	100.0	100.0
白人(非ヒスパニック)	376,816	408,772	475,513	501,079	522,985	82.8	72.4	66.4
黒人(非ヒスパニック)	34,326	60,221	86,402	95,702	101,467	7.5	10.7	12.9
ヒスパニック	21,504	51,573	78,557	91,274	97,921	4.7	9.1	12.4
アジア・太平洋諸島民	13,066	27,782	33,669	38,843	40,914	2.9	4.9	5.2
アメリカインディアン・アラスカ先住民…	3,430	6,497	8,435	8,849	8,834	0.8	1.2	1.1
非居住外国人	5,960	10,088	14,084	14,417	15,184	1.3	1.8	1.9
学士、計	1,051,344	1,237,875	1,439,264	1,563,069	1,601,368	100.0	100.0	100.0
白人(非ヒスパニック)	887,151	929,106	1,049,141	1,122,675	1,144,612	84.4	75.1	71.5
黒人(非ヒスパニック)	61,046	108,013	136,122	152,457	156,615	5.8	8.7	9.8
ヒスパニック	32,829	75,059	101,124	123,048	129,526	3.1	6.1	8.1
アジア・太平洋諸島民	39,230	77,912	97,209	109,058	112,510	3.7	6.3	7.0
アメリカインディアン・アラスカ先住民…	4,390	8,719	10,307	11,509	12,222	0.4	0.7	0.8
非居住外国人	26,698	39,066	45,361	44,322	45,883	2.5	3.2	2.9
修士、計	324,301	457,056	574,618	625,023	656,784	100.0	100.0	100.0
白人(非ヒスパニック)	254,299	320,485	379,350	409,312	424,188	78.4	70.1	64.6
黒人(非ヒスパニック)	15,336	35,874	54,482	65,062	70,010	4.7	7.8	10.7
ヒスパニック	7,892	19,253	31,485	36,801	39,439	2.4	4.2	6.0
アジア・太平洋諸島民	10,439	23,218	32,783	37,408	39,944	3.2	5.1	6.1
アメリカインディアン・アラスカ先住民…	1,090	2,246	3,295	3,758	3,759	0.3	0.5	0.6
非居住外国人	35,245	55,980	73,223	72,682	79,444	10.9	12.2	12.1
博士、計	38,371	44,808	52,631	63,712	67,716	100.0	100.0	100.0
白人(非ヒスパニック)	26,221	27,843	30,261	36,390	39,648	68.3	62.1	58.6
黒人(非ヒスパニック)	1,149	2,246	3,056	3,906	4,434	3.0	5.0	6.5
ヒスパニック	780	1,305	1,824	2,279	2,540	2.0	2.9	3.8
アジア・太平洋諸島民	1,225	2,420	2,911	3,618	3,875	3.2	5.4	5.7
アメリカインディアン・アラスカ先住民…	98	160	237	272	332	0.3	0.4	0.5
非居住外国人	8,898	10,834	14,342	17,247	16,887	23.2	24.2	24.9
専門学位、計	70,988	80,057	87,289	91,309	92,004	100.0	100.0	100.0
白人(非ヒスパニック)	60,487	59,637	63,429	65,383	65,439	85.2	74.5	71.1
黒人(非ヒスパニック)	3,409	5,555	6,313	6,400	6,571	4.8	6.9	7.1
ヒスパニック	2,425	3,865	4,445	4,840	5,089	3.4	4.8	5.5
アジア・太平洋諸島民	3,362	8,584	10,501	11,846	12,182	4.7	10.7	13.2
アメリカインディアン・アラスカ先住民…	257	564	564	675	659	0.4	0.7	0.7
非居住外国人	1,048	1,852	2,037	2,165	2,064	1.5	2.3	2.2

1. 2000年以降のデータは新しい教育機関分類に準拠。表No.278の脚注1を参照

資料：U.S. National Center for Education Statistics, *Digest of Education Statistics* (年刊); <http://www.nces.ed.gov/programs/digest/>

No.301. 学士未満学位――専攻分野別：2009年

[2009年学校年度末。高等教育機関における4年未満の後期2次カリキュラムに基づく。改定されなかった分類。調査に基づく。付録Ⅲを参照。本書前年版の表No.297も参照］

専攻分野	1年未満修了		1－4年未満修了		準学位	
	計	女性	計	女性	計	女性
計[1]	285,277	158,888	216,379	133,830	787,325	489,184
農学および天然資源、計	3,167	810	1,817	623	5,724	1,969
建築学および関連科学	256	82	72	27	596	322
地域・民族学、文化およびジェンダー研究	434	335	102	64	173	122
生命科学および生物工学	118	64	26	17	2,364	1,608
経営学、管理、マーケティング	31,869	21,470	15,588	11,398	111,521	73,653
コミュニケーション、コミュニケーション技術	1,465	669	1,324	525	7,525	2,901
コンピュータ・情報科学	10,436	3,297	5,783	1,960	30,006	7,453
建設	9,102	441	8,334	312	4,252	217
教育学	2,788	2,559	2,647	2,261	14,123	12,083
工学、工学テクノロジー	10,345	1,613	7,034	825	32,615	4,602
英語・英文学	1,218	756	252	145	1,525	984
家庭および消費者科学	11,816	9,898	2,738	2,409	9,020	8,664
外国語・外国文学	881	653	512	454	1,627	1,366
保健および関連科学	120,911	97,284	101,312	86,849	165,163	140,893
看護学	2,156	1,934	3,540	3,064	77,929	67,933
法学および法律研究	1,457	1,241	2,281	1,928	9,062	8,125
教養課程、一般教養、人文科学	613	441	10,684	6,479	263,853	161,635
図書館学	184	163	66	52	116	101
数学	10	3	2	－	930	295
メカニック、修理	20,219	1,116	22,341	961	16,066	890
軍事科学	3	－	－	－	721	158
複合・学際研究	845	396	1,154	663	15,459	9,504
公園・レクリエーション、レジャー、フィットネス	346	174	327	197	1,587	641
対人および臨床科学	8,829	6,735	10,981	8,742	16,327	8,460
哲学、宗教学	68	36	35	22	191	55
物理学、科学技術	227	86	453	189	3,617	1,497
製図工作	9,530	556	6,639	335	2,126	138
心理学	81	66	38	34	3,949	3,205
行政および公共サービス	1,006	818	549	453	4,178	3,595
保安・警備	19,113	4,493	5,251	1,382	33,033	15,803
社会科学、歴史	333	163	183	74	9,142	5,889
神学、聖職	135	80	360	200	675	338
輸送、物流	14,848	925	584	40	1,430	182
視覚・舞台芸術	2,624	1,465	6,910	4,210	18,629	11,836

－ ゼロを示す　1．個別に明示しない他の専攻分野を含む

資料：U.S. National Center for Education Statistics, *Digest of Education Statistics* （年刊）; 〈http://www.nces.ed.gov/programs/digest〉

No.302. 学士授与数――専攻分野別：1980－2009年

[2002-03年にClassification of International Programsの新版が導入された。それ以前のデータは、新版との一致の必要に応じて再分類されている。調査によるデータ。付録Ⅲを参照］

専攻分野	1980	1990	2000	2005	2008	2009
計[1]	929,417	1,051,344	1,237,875	1,439,264	1,563,069	1,601,368
農学および天然資源	22,802	12,900	24,238	23,002	24,113	24,988
建築学および関連科学	9,132	9,364	8,462	9,237	9,805	10,119
地域・民族学・文化・ジェンダー研究	2,840	4,447	6,212	7,569	8,454	8,772
生命科学および生物工学	46,190	37,204	63,005	64,611	77,854	80,756
経営学	186,264	248,568	256,070	311,574	335,254	347,985
コミュニケーション・ジャーナリズムおよび関連課程[2]	28,616	51,572	57,058	75,238	81,048	83,109
コンピュータ、情報科学	11,154	27,347	37,788	54,111	38,476	37,994
教育学	118,038	105,112	108,034	105,451	102,582	101,708
工学、テクノロジー	69,387	82,480	73,419	79,743	83,853	84,636
英語・英文学	32,187	46,803	50,106	54,379	55,038	55,462
家庭・消費者科学、人間科学	18,411	13,514	16,321	20,074	21,870	21,905
外国語、文学、言語学	12,480	13,133	15,886	18,386	20,977	21,158
保健および関連臨床科学	63,848	58,983	80,863	80,685	111,478	120,488
法学および法律研究	683	1,632	1,969	3,161	3,771	3,822
教養課程、一般教養、人文科学	23,196	27,985	36,104	43,751	46,940	47,096
数学、統計学	11,378	14,276	11,418	14,351	15,192	15,496
複合・学際研究	11,457	16,557	28,561	30,243	36,149	37,444
公園・レクリエーション・レジャー・フィットネス研究	5,753	4,582	17,571	22,888	29,931	31,667
哲学、宗教学	7,069	7,034	8,535	11,584	12,257	12,444
物理学、科学技術	23,407	16,056	18,331	18,905	21,934	22,466
心理学	42,093	53,952	74,194	85,614	92,587	94,271
行政・公共サービス	16,644	13,908	20,185	21,769	23,493	23,851
保安・警備	15,015	15,354	24,877	30,723	40,235	41,800
社会科学、歴史	103,662	118,083	127,101	156,892	167,363	168,500
神学、聖職	6,170	5,185	6,789	9,284	8,992	8,940
運輸、物流	213	2,387	3,395	4,904	5,203	5,189
視覚・舞台芸術	40,892	39,934	58,791	80,955	87,703	89,140

1．個別に明示しないその他の専攻分野を含む　2．テクノロジーを含む

資料：U.S. National Center for Education Statistics, *Digest of Education Statistics* （年刊）および未刊行資料; 〈http://www.nces.ed.gov/programs/digest/〉

No.303. 修士、博士授与数——専攻分野、学位別：1980－2009年

[2002-03年にClassification of International Programsの新版が導入された。それ以前のデータは、新版との一致の必要に応じて再分類されている。調査によるデータ。付録IIIを参照]

専攻分野	1980	1990	2000	2005	2008	2009
修士						
計[1]	298,081	324,301	457,056	574,618	625,023	656,784
農学および天然資源	3,976	3,382	4,360	4,746	4,684	4,877
建築学および関連科学	3,139	3,499	4,268	5,674	6,065	6,587
地域・民族学、文化、ジェンダー研究	852	1,191	1,544	1,755	1,778	1,779
生命科学および生物工学	6,322	4,906	6,781	8,199	9,565	9,898
経営学	55,008	76,676	111,532	142,617	155,637	168,375
コミュニケーション、ジャーナリズムおよび関連課程[2]	3,082	4,353	5,525	7,195	7,546	7,567
コンピュータ・サイエンス、情報科学	3,647	9,677	14,990	18,416	17,087	17,907
教育学	101,819	84,890	123,045	167,490	175,880	178,564
工学、テクノロジー	16,765	25,294	26,726	35,133	34,592	38,205
英語、英文学	6,026	6,317	7,022	8,468	9,161	9,261
家庭・消費者科学、人間科学	2,690	1,679	1,882	1,827	2,199	2,453
外国語、外国文学	3,067	3,018	3,037	3,407	3,565	3,592
保健および関連臨床科学	15,374	20,406	42,593	46,703	58,120	62,620
法学および法律研究	1,817	1,888	3,750	4,170	4,754	5,150
教養課程、一般教養、人文科学	2,646	1,999	3,256	3,680	3,797	3,728
図書館学	5,374	4,341	4,577	6,213	7,162	7,091
数学、統計	2,860	3,624	3,208	4,477	4,980	5,211
複合、学際研究	2,494	3,182	3,487	4,252	5,289	5,344
公園・レクリエーション、レジャー、フィットネス研究	647	529	2,322	3,740	4,440	4,822
哲学、宗教学	1,204	1,327	1,376	1,647	1,879	1,859
自然科学、科学技術	5,167	5,410	4,810	5,678	5,899	5,658
心理学	9,938	10,730	15,740	18,830	21,431	23,415
行政、公共サービス	17,560	17,399	25,594	29,552	33,029	33,933
保安・警備	1,805	1,151	2,609	3,991	5,760	6,128
社会科学、歴史	12,176	11,634	14,066	16,952	18,495	19,240
神学、聖職	3,872	4,941	5,534	5,815	6,996	7,541
視覚・舞台芸術	8,708	8,481	10,918	13,183	14,164	14,918
博士						
計[1]	32,615	38,371	44,808	52,631	63,712	67,716
農学および天然資源	991	1,295	1,168	1,173	1,257	1,328
建築学および関連科学	79	103	129	179	199	212
地域・民族学、文化、ジェンダー研究	151	125	205	189	270	239
生命科学および生物工学	3,527	3,837	5,180	5,578	6,918	6,957
経営学	767	1,093	1,194	1,498	2,084	2,123
コミュニケーション、ジャーナリズムおよび関連課程[2]	193	272	357	468	496	533
コンピュータ・サイエンス、情報科学	240	627	779	1,119	1,698	1,580
教育学	7,314	6,503	6,409	7,681	8,491	9,028
工学、テクノロジー	2,546	5,030	5,421	6,601	8,167	7,990
英語、英文学	1,196	986	1,470	1,212	1,262	1,271
家庭・消費者科学、人間科学	192	273	327	331	323	333
外国語、外国文学	857	816	1,086	1,027	1,078	1,111
保健および関連臨床科学	821	1,449	2,053	5,868	9,886	12,112
法学および法律研究	40	111	74	98	172	259
教養課程、一般教養、人文科学	192	63	83	70	76	67
数学、統計	724	917	1,075	1,176	1,360	1,535
複合、学際研究	318	442	792	983	1,142	1,273
公園・レクリエーション、レジャー、フィットネス研究	21	35	134	207	228	285
哲学、宗教学	374	445	598	586	635	686
自然科学、科学技術	3,044	4,116	3,963	4,114	4,804	5,048
心理学	3,395	3,811	4,731	5,106	5,296	5,477
行政、公共サービス	342	508	537	673	760	812
保安・警備	18	38	52	94	88	97
社会科学、歴史	3,230	3,010	4,095	3,819	4,059	4,234
神学、聖職	1,315	1,317	1,630	1,422	1,446	1,520
視覚・舞台芸術	655	849	1,127	1,278	1,453	1,569

1．個別に明示しないその他の専攻分野を含む　2．テクノロジーを含む
資料：U.S. National Center for Education Statistics, *Digest of Education Statistics*（年刊）および未刊行資料；<http://www.nces.ed.gov/programs/digest/>

No.304. 専門学位授与数：1970－2009年

[専門学位は修了に単科大学で最低6年の勉強（最低2年の専門トレーニングを含む）を必要とする。調査に基づく。付録Ⅲを参照]

学位の種類、取得者の性別	1970	1980	1985	1990	1995	2000	2005	2007	2008	2009
医学博士(M.D.)：										
学位授与機関数	86	112	120	124	119	118	120	120	120	120
学位授与数、計	8,314	14,902	16,041	15,075	15,537	15,286	15,461	15,730	15,646	15,987
女性の占める割合(%)	8.4	23.4	30.4	34.2	38.8	42.7	47.3	49.2	49.3	48.9
歯学博士(D.D.S.またはD.M.D.)：										
学位授与機関数	48	58	59	57	53	53	53	55	55	55
学位授与数、計	3,718	5,258	5,339	4,100	3,897	4,250	4,454	4,596	4,795	4,918
女性の占める割合(%)	0.9	13.3	20.7	30.9	36.4	40.1	43.8	44.6	44.5	46.4
法学博士(LL.B.またはJ.D.)：										
学位授与機関数	145	179	181	182	183	190	198	200	201	203
学位授与数、計	14,916	35,647	37,491	36,485	39,349	38,152	43,423	43,486	43,769	44,045
女性の占める割合(%)	5.4	30.2	38.5	42.2	42.6	45.9	48.7	47.6	47.0	45.8
神学(B.D., M.Div., M.H.L.)：										
学位授与機関数	(NA)	(NA)	(NA)	(NA)	192	198	(NA)	(NA)	(NA)	(NA)
学位授与数、計	5,298	7,115	7,221	5,851	5,978	6,129	5,533	5,990	5,751	5,362
女性の占める割合(%)	2.3	13.8	18.5	24.8	25.7	29.2	35.6	33.2	34.3	33.1

NA　データなし

資料：U.S. National Center for Education Statistics, *Digest of Education Statistics* （年刊）; <http://www.nces.ed.gov/programs/digest/>

No.305. 大学図書館の諸特徴：2008年

[表示年の秋季現在。公立図書館については表No.1152および1153を参照]

図書館の特徴	図書館数	蔵書 (1000冊)		支出 (100万ドル)	有給スタッフ[1]			
		一般収集	リザーブ		計[2]	図書館員	その他の専門スタッフ	学生助手
合衆国内の大学(学術機関)図書館	3,827	138,103	40,663	6,786	93,438	27,030	7,491	24,110
管掌：								
公立	1,576	88,140	27,745	4,031	56,019	15,666	4,355	13,572
私立	2,251	49,962	12,918	2,754	37,419	11,364	3,136	10,537
レベル：[3]								
4年制以上	2,393	120,659	34,859	6,145	80,431	22,797	6,433	21,315
博士課程	721	88,575	24,553	4,751	56,617	15,367	4,964	13,822
修士課程	911	21,614	6,789	991	16,716	5,143	984	5,158
学士課程	730	10,168	3,333	355	6,572	2,093	456	2,200
4年未満	1,434	17,444	5,805	640	13,007	4,233	1,058	2,794
就学規模 (FTE)：[4]								
1000人未満	1,455	7,255	1,310	329	6,692	2,331	640	2,232
1000-2999人	1,136	19,700	6,072	856	14,630	4,534	1,018	4,569
3000-4999人	475	11,348	3,803	558	9,298	2,955	670	2,414
5000-9999人	405	17,603	7,147	1,017	14,665	4,443	976	3,610
10000-19999人	238	30,325	10,942	1,642	20,625	5,541	1,586	4,838
2万人以上	118	51,872	11,389	2,384	27,528	7,226	2,601	6,446

1．フルタイム換算（FTE）のスタッフ数は、パートタイム職の労働時間数を、図書館がフルタイム職の労働時間と定める時間数で割った数値　2．個別に明示しないその他のスタッフを含む　3．レベルは当該機関の授与する最も高い学位を示す。博士課程、修士課程、学士課程の3レベルの合計が4年制以上の大学の計と一致しないのは、4年制以上の高等教育機関には、博士、修士、学士以外の学位を授与する機関も存在するためである　4．フルタイム換算の就学規模は、フルタイムの就学生にパートタイムの就学生の3分の1を加えたもの

資料：U.S. National Center for Education Statistics, Academic Libraries Survey (ALS), 2008; <http://nces.ed.gov/surveys/libraries/academic.asp>

第5章
法律の執行・裁判所および刑務所

本章では、犯罪、犯罪犠牲者、逮捕者および、裁判制度に関する統計を掲載する。これらの統計の主要な資料の出所は、裁判統計局（Bureau of Justice Statistics：BJS）と連邦捜査局（Federal Bureau of Investigation：FBI）およびアメリカ裁判所管理局（Administrative Office of the U.S. courts）である。BJSは毎年以下の報告書を公表している。資料のリストを参照。連邦捜査局の主要な年報には『Crime in the United States』、『Law Enforcement Officers Killed and Assaulted』（年刊）および『Hate Crimes』（年刊）がある。これらは、州および地方政府の法律執行機関から収集した犯罪報告のデータを掲載している。

司法権と法執行

法の執行は、州および地方の行政官および行政局の権限である。合衆国憲法は、一般警察権は州および地方の行政官と行政機関に存すると定めている。法律の定める所により、合衆国政府に対する犯罪、公務執行中の公務員による犯罪または公務員に対する犯罪、および複数の州にまたがる犯罪または州間商業の妨害は連邦犯罪と規定されている。軍隊を除いて、合衆国には52の刑法管轄区域が存在する。50州とコロンビア特別区および、連邦政府管轄区域である。各区域は、独自の刑法と法執行機関を持っている。各州の法執行システムはかなり類似しているが、同じ犯罪に対する処罰が異なるものも少なくない。

法の執行は、犯罪調査、犯罪実行の疑いのある者の逮捕、犯罪者の告訴と有罪宣言を受けた者の処罰の3段階に分けられる。

犯罪

合衆国法務省は国内における犯罪の規模、状態および影響を測るため、2つの統計プログラムを実施している。統一犯罪報告プログラム（Uniform Crime Reporting Program=UCR）と全米犯罪被害者調査（National Crime Victimization Survey=NCVS）である。双方とも全国の犯罪問題について多様な側面からの情報を提供している。UCRとNCVSは異なる目的で、異なる方法で、また犯罪の異なる側面に焦点をあてて実施されているため、両者のデータを合わせることによって、米国全体の犯罪の問題を、片方のみを利用した場合よりもわかりやすく俯瞰することができる。

統一犯罪報告プログラム（UCR）

FBIのUCRプログラムは1929年から実施され、法執行機関から以下の犯罪に関する情報を収集している。パート1は、殺人および故殺、強姦、強盗、加重暴力、住居侵入窃盗、窃盗、自動車窃盗、放火。法執行機関はその他にも、パート2として21の犯罪カテゴリについて逮捕のデータを報告する。パート2の犯罪事件の種類と定義については＜www.fbi.gov/ucr/cius2009/about/offense_definitions.html＞を参照。

UCRプログラムは、毎月法執行機関から報告されるデータ、直接FBIに伝達される個々の犯罪事件記録、および各州の中央機関が収集した後FBIに報告する個々の事件記録を編纂している。UCRは受け取った報告のそれぞれについて、その合理性、正確さ、およびなんらかの誤謬を示す逸脱がないかどうかを検証する。記録手順の変更や不完全な報告、また司法区分の変更などによって、犯罪のレベルは大きく変わってくる。各機関の犯罪件数の報告に見られる不特定の変動を特定するため、UCRは各機関の月刊報告を以前のものと比較している。

UCRは国全体の犯罪件数と、地域別、州別、郡別、市町村別の件数、さらに部族別（原住民）や大学における件数の統計も公表している。したがって、隣接した地域あるいは人口が同等な地域における犯罪について、あるいはある一定の共通項のある地域間の犯罪を比較研究することが可能である。UCRは、各年度の犯罪に関する暫定値を翌年春に公刊している。また詳細な犯罪白書『Crime in the United States』は秋に出版される。この犯罪

白書には、犯罪件数や犯罪の傾向に加えて、解決された犯罪事件、逮捕者（年齢別・性別・人種別）、法執行機関の人員(法執行官の殺傷)、殺人事件の諸特徴（犠牲者と加害者の年齢・性・人種別、犠牲者と加害者の関係、凶器の種類、殺人の背景）等が報告されている。UCRはこの他にも定期刊行物を公刊している。

全国犯罪被害者調査（National Crime Victimization Survey：NCVS）

犯罪の発生状況を把握するための第二の方法が、司法統計局の実施するこの調査（NCVSと略す）である。NCVSでは、センサス局が司法統計局のために実施する、12歳以上の国民に対する面接調査によって、毎年データを収集している。現行の世帯調査で、NCVSは暴力犯罪と窃盗について、警察に通報されたもの、されなかったものの双方のデータを収集している。この調査によって、全国レベルの犯罪の人的被害、財産被害の割合と水準を得ることができる。

NCVSは、強姦、強盗、暴行、すり、ひったくり、窃盗、自動車窃盗の件数を計測している。NCVSには警察に通報のあった事件だけではなく、報告されなかった事件も含まれる。

NCVSには殺人と誘拐は含まれない。商業上の強奪は、1977年のNCVSから除外されている。いわゆる"犠牲者の無い犯罪"例えばアルコール中毒、麻薬乱用および売春行為もまた報告者の確認と傍証が困難なため、除外している。

犠牲者が特定できない犯罪もまた、把握が不可能である。盗品故買、委託金横領も同じ理由で把握されていない。この他にもかなりの犯罪が、同じ理由で記録されていない。犠牲者が犯罪行為に参加の意志があった事件も、除外されている。

個人的犯罪の中には1つ以上の犯罪行為が同時に実行されるケースがあり得る。例えば、強姦と強盗が同時に実行されることがあり得る。強盗という世帯単位の犯罪が対個人の深刻な事件に発展する可能性は小さくない。しかしNCVSの犯罪の分類では、同時に発生した犯罪のうち最も重い犯罪で分類している。犯罪の重要度はFBIの犯罪重要度分類システムに基づいてランク付けされている。対人犯罪の重要度の順序は、強姦、強奪、暴行、窃盗の順である。個人に対する犯罪は世帯に対する犯罪より重いとされる。

「犠牲者の発生（victimization）」は犯罪の発生を判定する基本的な要件である。犠牲者に影響を及ぼす特定の行為は犯罪行為と見なされる。犠牲者数とは、このような行為の犠牲者の数と定義される。犠牲者数は当該犯罪の犠牲の程度を算定するのに重要な要素である。対人犯罪に関しては、犠牲率は、12歳以上の犠牲者の数、あるいはその他の人口学的特徴を共有する犠牲者の割合として計算される。この比率は、当該犯罪によって個人または世帯が受けた危険の程度を表す指標として充分に工夫されたものとは言えない。

「事件（incident）」とは、1人以上の犠牲者を伴う犯罪行為と定義される。したがって、対人犯罪件数は、犠牲者数より小さくなる。

裁判所

犯罪および告訴に関する裁判所統計は、多くの州データが得られるにもかかわらず不完全である。1982年以降、全米司法報告プログラムを通じて、BJS（司法統計局）は2年ごとに300郡を対象として、全国的な標本調査を実施している。この調査を通じて、重罪人の人口動態的特徴、有罪判決、刑罰の種類、刑期、逮捕から判決までの期間について詳細な情報を収集している。

各郡で発生する民事・刑事訴訟は、州裁判所が審理・判決を行う。民事訴訟は、合衆国憲法または法律が特に連邦裁判所に裁判権を認める時に限り連邦裁判所で審理される。一般的には、連邦裁判所は次の訴訟に対して司法権を持っている。即ち、合衆国による訴訟または合衆国に対する訴訟、合衆国憲法・法律また条約のもとで発生した民間団体間の民事行為、訴訟関係者が異なる州の市民である民事行為、また海事法、海上管轄に関する民事事件および破産に関する全ての事件の訴訟である。

裁判所には、それに付与された司法権の程度に応じて幾つかの異なる裁判所がある。初審裁判所（court of original jurisdiction）は事件を最初に裁判する権限を有し、法律や事実関係の判断をしない。

控訴裁判所（court of appellate jurisdiction）は事件を再審し、控訴審を開く権限を有する裁判所である。一般裁判所（court of general jurisdiction）は公開裁判所（major trial court）とも呼ばれ、民事・刑事事件について無限定に審理を行う権利を有する。有限または特定裁判所（court of limited or special jurisdiction）は、保護観察者、青少年犯罪あるいは交通犯罪等の特定の事件の裁判を行う権限を有する公判裁判所である。

米国内には初審権を持つ94の連邦裁判所がある。これらは地方裁判所（district court）と呼ばれている。全ての州に1つまたは1つ以上の初審裁判所がある。コロンビア特別区、プエルトリコ、バージン諸島、北マリアナ諸島およびグアム島には各々1つの初審裁判所が置かれている。地方裁判所からの控訴は、13の控訴裁判所（court of Appeals）で審議される。合衆国最高裁判所（the supreme court of the U.S.）は、連邦裁判所システムの中で最終かつ最高の控訴裁判所である。

青少年犯罪（juvenile offenders）

FBIおよび多くの州では、18歳以下の犯罪者を青少年犯罪者と定めている。

青少年の法律違反、条例違反または深刻な反社会的行為で青少年裁判所（juvenile court）が関与した全ての事件は青少年非行（delinquency cases）と呼ばれる。判決を受けた非行青少年は各種の施設に収容される。施設は、短期的な身体的制約を課さないものから長期的な身体的拘束を伴なう施設まで広範囲の施設が存在する。

刑務所・軽犯罪刑務所の収監者

BJSは1979年から毎年、連邦および州の刑務所および少年院の収監者のデータを収集している。有罪判決を受けた成人は、刑務所（prison）または拘置所（jail）で服役する。刑務所とは、1年以上の懲役の判決を受けた成人を服役させる監禁施設と定義される。拘置所は、通常地方の法執行機関により運営され、未決拘留および1年以下の判決を受けた者を収監する施設と定義される。地方刑務所収監者のデータは、BJSによって1970年にはじめて収集され、その後も5－6年ごとに収監施設と収監者に関するセンサスを実施している。1984年からBJSはセンサス年以外の毎年、刑務所調査を実施している。

統計的信頼度

国家犯罪犠牲者サーベイ（NCVS）、統一犯罪報告プログラム（UCR）に関する統計の収集、推計、標本抽出、統計的信頼度については、付録Ⅲを参照。

歴史統計

各表の見出しは、『アメリカ歴史統計、植民地時代～1970年』に対応している。クロスリファレンスについては、付録Ⅰを参照。

No.306. 犯罪発生件数と犯罪発生率——1980-2009年

[13,408は1340万8000を表す。3月31日を年度末とする。データは、法執行機関に実際に報告された事件と、報告を行わない或いは一部しか報告を行わない機関についての推計値を含む。犯罪発生率はセンサス局の、7月1日現在の推計居住人口に対する割合。ただし1980、1990、2000年は、4月1日現在の算定人口。詳細については資料を参照。犯罪の定義については <http://www.fbi.gov/ucr/cius2007/about/offense_definitions.html/> を参照。関連統計として『アメリカ歴史統計』系列H952-961も参照]

項目、年	計	暴力犯罪					財産に対する犯罪			
		計	殺人[1]	強姦	強盗	加重暴行	計	住居侵入窃盗	窃盗	自動車窃盗
違法行為件数（1,000件）:										
1980	13,408	1,345	23.0	83.0	566	673	12,064	3,795	7,137	1,132
1985	12,430	1,328	19.0	87.7	498	723	11,103	3,073	6,926	1,103
1990	14,476	1,820	23.4	102.6	639	1,055	12,655	3,074	7,946	1,636
1995	13,863	1,799	21.6	97.5	581	1,099	12,064	2,594	7,998	1,472
1996	13,494	1,689	19.6	96.3	536	1,037	11,805	2,506	7,905	1,394
1997	13,195	1,636	18.2	96.2	499	1,023	11,558	2,461	7,744	1,354
1998	12,486	1,534	17.0	93.1	447	977	10,952	2,333	7,376	1,243
1999	11,634	1,426	15.5	89.4	409	912	10,208	2,101	6,956	1,152
2000	11,608	1,425	15.6	90.2	408	912	10,183	2,051	6,972	1,160
2001[2]	11,877	1,439	16.0	90.9	424	909	10,437	2,117	7,092	1,228
2002	11,879	1,424	16.2	95.2	421	891	10,455	2,151	7,057	1,247
2003	11,827	1,384	16.5	93.9	414	859	10,443	2,155	7,027	1,261
2004	11,679	1,360	16.1	95.1	401	847	10,319	2,144	6,937	1,238
2005	11,565	1,391	16.7	94.3	417	862	10,175	2,155	6,783	1,236
2006	11,467	1,436	17.3	94.8	450	874	10,031	2,196	6,637	1,198
2007	11,295	1,422	17.2	91.9	447	866	9,873	2,187	6,587	1,098
2008	11,168	1,393	16.4	90.5	444	842	9,775	2,228	6,588	959
2009	10,639	1,318	15.2	88.1	408	807	9,321	2,199	6,327	795
人口10万人あたり:										
1980	5,950	597	10.2	36.8	251	299	5,353	1,684	3,167	502
1985	5,225	558	8.0	36.8	209	304	4,666	1,292	2,911	464
1990	5,803	730	9.4	41.1	256	423	5,073	1,232	3,185	656
1995	5,276	685	8.2	37.1	221	418	4,591	987	3,043	560
1996	5,087	637	7.4	36.3	202	391	4,451	945	2,980	526
1997	4,930	611	6.8	35.9	186	382	4,316	919	2,892	506
1998	4,619	568	6.3	34.5	166	361	4,053	863	2,730	460
1999	4,267	523	5.7	32.8	150	334	3,744	770	2,551	423
2000	4,125	507	5.5	32.0	145	324	3,618	729	2,477	412
2001[2]	4,163	505	5.6	31.8	149	319	3,658	742	2,486	431
2002	4,125	494	5.6	33.1	146	310	3,631	747	2,451	433
2003	4,067	476	5.7	32.3	143	295	3,591	741	2,417	434
2004	3,977	463	5.5	32.4	137	289	3,514	730	2,362	422
2005	3,899	469	5.6	31.8	141	291	3,432	727	2,288	417
2006	3,838	481	5.8	31.7	151	293	3,358	735	2,221	401
2007	3,749	472	5.7	30.5	148	287	3,277	726	2,186	365
2008	3,669	458	5.4	29.7	146	277	3,212	732	2,165	315
2009	3,466	429	5.0	28.7	133	263	3,036	716	2,061	259

1．無過失殺人を含む　2．2001年9月11日の事件による殺人は含まれない

資料：U.S. Department of Justice, Federal Bureau of Investigation, "Crime in the United States"（2010年9月）; <http://www.fbi.gov/ucr/cius2009/index.html>

No.307. 犯罪および犯罪率——種類および地域特性別：2009年

[単位：1,000人および率（1,318.4は131万8400を表す）。人口10万人当たりの割合。3月31日を年度末とする。表No.306の頭注を参照。本書前年版の表No.303も参照]

犯罪形態	合衆国		大都市統計地区[1]		大都市地区外の都市		大都市地区に属さない郡	
	計	率	計	率	計	率	計	率
暴力犯罪	1,318.4	429.4	1,177.8	458.7	79.4	396.4	61.2	202.4
殺人[2]	15.2	5.0	13.4	5.2	0.8	4.0	1.0	3.4
強姦	88.1	28.7	72.4	28.2	8.3	41.2	7.4	24.6
強盗	408.2	133.0	390.5	152.1	12.6	63.1	5.1	16.9
加重暴行	806.8	262.8	701.5	273.2	57.8	288.2	47.6	157.6
財産に対する犯罪	9,321.0	3,036.1	8,113.2	3,160.2	733.2	3,658.5	474.6	1,569.8
住居侵入窃盗	2,199.1	716.3	1,867.2	727.3	164.9	822.6	167.1	552.8
窃盗	6,327.2	2,060.9	5,511.9	2,146.9	539.7	2,693.2	275.6	911.7
自動車窃盗	794.6	258.8	734.2	286.0	28.6	142.6	31.8	105.3

1．定義については付録Ⅱを参照　2．故殺を含む

資料：U.S. Department of Justice, Federal Bureau of Investigation, "Crime in the United States"（2010年9月）; <http://www.fbi.gov/ucr/cius2009/index.html>

No.308. 犯罪発生率——州別：2008、2009年／および犯罪類型別：2009年

[人口10万人当たりの犯罪件数。データは、法執行機関に実際に報告された事件と、報告を行わない或いは一部しか報告を行わない機関についての推計値を含む。センサス局推計の7月1日現在居住人口に基づく。犯罪の定義については <http://www.fbi.gov/ucr/cius2008/about/offense_definitions.htm/> を参照。本書前年版の表No.304も参照]

州	暴力犯罪						財産に対する犯罪				
	2008,計	2009					2008,計	2009			
		計	殺人	強姦	強盗	加重暴行		計	住居侵入窃盗	窃盗	自動車窃盗
合衆国	467.2	439.7	5.1	28.5	137.6	268.6	3,248.0	3,071.5	724.9	2,080.6	266.0
アラバマ	465.7	459.9	7.1	32.8	142.5	277.5	4,192.6	3,877.6	1,058.9	2,574.0	244.8
アラスカ	654.4	632.6	3.2	73.4	94.0	462.0	2,920.4	2,934.5	514.2	2,178.9	241.5
アリゾナ	478.6	423.2	5.5	32.7	123.9	261.1	3,805.5	3,302.0	817.3	2,087.6	397.1
アーカンソー	516.4	530.3	6.3	48.7	93.5	381.8	3,911.0	3,885.1	1,224.1	2,445.5	215.6
カリフォルニア	503.8	473.4	5.4	23.6	173.7	270.8	2,940.3	2,728.2	622.1	1,662.5	443.6
コロラド	344.1	340.9	3.2	45.4	67.9	224.5	2,818.5	2,683.6	532.5	1,900.5	250.6
コネティカット	306.7	300.5	3.0	18.7	113.6	165.2	2,490.8	2,345.8	431.1	1,702.7	212.0
デラウェア	708.6	645.1	4.6	44.6	189.7	406.2	3,594.7	3,351.7	784.0	2,352.3	215.4
コロンビア特別区[1]	1,437.7	1,348.9	24.2	25.0	734.4	565.3	5,104.6	4,751.9	616.4	3,213.0	922.5
フロリダ	688.9	612.6	5.5	29.7	168.8	410.6	4,141.3	3,841.1	981.2	2,588.7	271.2
ジョージア	496.1	432.6	6.0	23.7	157.0	245.9	4,068.7	3,748.0	1,025.2	2,368.9	354.0
ハワイ	272.5	274.1	1.8	29.7	79.5	163.1	3,566.5	3,668.7	713.7	2,580.0	375.0
アイダホ	239.3	238.5	1.5	37.2	16.5	183.4	2,089.0	2,017.1	429.3	1,493.0	94.8
イリノイ[2][3]	(NA)	(NA)	8.4	(NA)	260.7	349.1	3,497.9	3,185.7	720.6	2,188.1	276.9
インディアナ	375.5	366.4	5.3	27.2	129.4	204.4	3,571.2	3,305.6	815.9	2,256.3	233.4
アイオワ	298.2	294.5	1.3	30.9	42.2	220.2	2,522.2	2,436.4	570.1	1,730.4	136.0
カンザス	415.1	412.0	4.7	42.7	66.7	297.9	3,384.8	3,249.4	690.0	2,341.3	218.2
ケンタッキー	306.6	265.5	4.3	35.3	86.8	139.0	2,705.1	2,558.5	697.8	1,718.2	142.4
ルイジアナ	658.4	628.4	12.3	29.5	142.3	444.3	3,780.3	3,820.8	1,036.4	2,517.3	267.1
メーン	119.4	119.9	2.0	28.4	30.3	59.2	2,463.7	2,405.1	510.4	1,817.1	77.5
メリーランド	628.2	590.0	7.7	20.3	210.7	351.3	3,516.0	3,198.4	647.5	2,206.7	344.2
マサチューセッツ	466.2	465.6	2.7	26.4	114.1	322.4	2,393.2	2,329.2	524.1	1,624.4	180.7
ミシガン	522.2	504.4	6.3	45.3	126.5	326.5	2,969.8	2,856.3	768.1	1,790.5	297.7
ミネソタ[3]	(NA)	(NA)	1.5	(NA)	70.4	142.3	2,893.1	2,653.6	489.6	2,002.0	162.0
ミシシッピ	328.7	306.7	6.9	37.0	117.3	145.4	3,286.7	3,335.9	1,085.2	2,037.7	213.0
ミズーリ	505.2	500.3	6.6	27.3	127.1	339.2	3,682.3	3,422.6	733.5	2,392.9	296.2
モンタナ	302.0	283.9	3.2	35.7	22.9	222.0	2,733.1	2,544.0	374.1	2,007.6	162.2
ネブラスカ	323.3	305.5	2.5	35.5	74.7	192.8	2,951.6	2,878.4	499.4	2,171.8	207.1
ネバダ	727.5	704.6	5.9	38.6	228.0	432.1	3,456.4	3,060.4	835.7	1,756.1	468.6
ニューハンプシャー	166.0	169.5	0.9	31.2	37.2	100.1	2,217.5	2,283.4	383.7	1,810.2	89.5
ニュージャージー	326.1	311.3	3.7	12.0	133.7	162.0	2,291.4	2,075.2	424.2	1,472.9	178.1
ニューメキシコ	670.6	652.8	10.0	53.9	98.7	490.3	3,923.6	3,866.0	1,117.3	2,409.4	339.3
ニューヨーク	401.8	385.5	4.0	13.2	144.5	223.7	2,004.8	1,927.5	321.6	1,493.6	112.3
ノースカロライナ	486.6	414.0	5.4	25.2	131.6	251.8	4,155.9	3,729.7	1,165.6	2,345.1	219.0
ノースダコタ	200.5	223.6	2.0	43.5	17.2	161.0	2,142.7	2,008.6	375.7	1,497.9	135.0
オハイオ	385.1	358.1	5.0	37.7	167.6	147.8	3,597.0	3,337.0	952.6	2,173.3	211.1
オクラホマ	539.7	510.4	6.5	42.1	92.9	369.0	3,525.3	3,637.8	1,044.7	2,305.4	287.7
オレゴン	265.0	261.2	2.3	31.4	65.3	162.3	3,349.5	2,987.3	513.0	2,212.8	261.5
ペンシルベニア	417.0	388.9	5.4	28.4	142.4	212.6	2,424.8	2,219.2	439.2	1,635.5	144.5
ロードアイランド	252.8	254.3	3.0	28.1	74.5	148.6	2,845.0	2,616.6	546.2	1,842.3	228.1
サウスカロライナ	726.2	675.1	6.7	36.5	126.0	506.0	4,211.4	3,887.1	991.7	2,596.7	298.7
サウスダコタ	300.6	201.1	3.6	59.5	14.9	123.1	1,880.6	1,825.2	324.0	1,394.2	107.1
テネシー	721.6	666.0	7.4	32.1	153.3	473.2	4,028.1	3,766.6	1,013.8	2,514.3	238.5
テキサス	508.2	491.4	5.4	33.5	153.6	299.0	3,985.6	4,017.2	967.4	2,740.9	308.9
ユタ	225.6	216.2	1.4	37.0	47.3	133.8	3,395.3	3,308.8	548.7	2,509.0	251.1
バーモント	140.8	135.1	1.3	21.5	18.0	94.3	2,620.3	2,442.1	562.8	1,806.2	73.2
バージニア	258.1	230.0	4.7	19.9	80.2	125.2	2,535.5	2,456.1	404.8	1,903.4	148.0
ワシントン	332.1	338.3	2.8	35.8	103.4	193.5	3,783.6	3,745.6	791.9	2,597.1	356.5
ウエストバージニア	300.4	331.2	4.9	28.4	56.2	241.7	2,717.9	2,706.2	698.4	1,842.9	164.9
ウィスコンシン	276.9	259.7	2.6	19.8	87.7	149.6	2,770.2	2,612.6	475.5	1,978.1	159.1
ワイオミング	245.5	219.3	2.0	31.7	14.3	171.3	2,720.2	2,613.9	399.8	2,075.1	139.0

1．国立動物園警察からの犯罪報告を含む　2．イリノイ州の2008、2009年のデータは一部しかない　3．イリノイ・ミネソタ両州における強姦罪の、統一犯罪報告制度に基づくデータ収集は、全国レベルの統一犯罪報告制度と一致していない（イリノイ州ロックフォード、ミネソタ州ミネアポリス・セントポールは例外）ため、強姦、および強姦が含まれる暴力犯罪のデータは本表に含まれない

資料：U.S. Department of Justice, Federal Bureau of Investigation, Uniform Crime Reports, Return A Master Files

No.309. 犯罪発生率──犯罪類型、主要都市別：2009年

[12月31日を年度末とする。人口10万人あたりの法執行当局に報告された事件数。センサス局推計の7月1日現在居住人口に基づく。本書前年版の表No.305も参照]

人口規模別都市、2009	暴力犯罪					財産に対する犯罪			
	計	殺人	強姦	強盗	加重暴行	計	住居侵入窃盗	窃盗	自動車窃盗
ニューヨーク、NY	552	5.6	9.9	221	315	1,690	224	1,339	127
ロサンゼルス、CA	625	8.1	23.5	317	276	2,449	479	1,492	478
シカゴ、IL	(¹)	16.1	(¹)	557	552	4,227	930	2,754	543
ヒューストン、TX	1,126	12.6	36.2	500	577	5,319	1,288	3,389	642
フェニックス、AZ	547	7.6	32.7	235	271	4,108	1,019	2,482	607
フィラデルフィア、PA	1,238	19.5	57.9	584	577	3,611	709	2,452	451
ラスベガスMPD、NV	947	8.1	50.7	326	562	3,461	981	1,832	648
サンアントニオ、TX	571	7.2	45.7	195	323	6,671	1,322	4,926	422
サンディエゴ、CA	451	3.1	24.2	145	279	2,453	509	1,373	570
ダラス、TX	792	12.9	37.6	426	315	5,531	1,506	3,215	810
サンノゼ、CA	360	2.9	27.0	107	223	2,385	392	1,429	564
デトロイト、MI	1,992	40.0	36.8	661	1,254	5,606	2,117	2,070	1,419
ホノルル、HI	280	1.5	26.8	96	156	3,679	661	2,607	411
インディアナポリス、IN	1,200	12.2	56.5	483	648	5,829	1,871	3,407	551
ジャクソンビル、FL	836	12.2	26.9	291	506	5,158	1,396	3,426	336
サンフランシスコ、CA	736	5.6	22.1	423	285	4,262	642	3,013	607
シャーロッテーメクレンバーグ、NC	723	7.5	39.0	302	375	4,955	1,262	3,263	429
オースティン、TX	523	2.9	34.5	184	302	6,245	1,138	4,819	289
コロンバス、OH	708	10.8	78.9	448	171	6,454	1,925	3,977	552
フォートワース、TX	587	6.1	52.4	200	328	4,965	1,409	3,262	295
メンフィス、TN	1,809	19.8	58.0	620	1,111	7,080	2,091	4,361	629
ボルティモア、MD	1,513	37.3	24.7	580	871	4,566	1,221	2,621	724
ルイビルメトロ、KY	597	9.8	36.4	249	302	4,262	1,122	2,866	274
ボストン、MA	992	8.0	43.1	365	576	3,324	473	2,484	366
エルパソ、TX	457	1.9	29.4	73	353	2,994	322	2,367	305
ナッシュビル、TN	1,140	12.9	42.4	323	762	4,775	1,036	3,456	283
デンバー、CO	578	5.8	56.4	154	358	3,451	786	2,088	577
ミルウォーキー、WI	1,102	11.9	33.6	525	531	5,770	1,087	3,878	805
シアトル、WA	641	3.7	16.9	297	323	5,824	1,113	4,165	545
ワシントン、DC	1,265	24.0	25.0	667	549	4,504	616	3,004	884
ポートランド、OR	554	3.4	44.9	185	320	4,724	659	3,499	566
オクラホマシティ、OK	930	11.7	52.8	224	642	6,098	1,902	3,509	687
アトランタ、GA	1,150	14.5	24.4	493	618	6,213	1,648	3,529	1,036
トゥーソン、AZ	650	6.4	37.2	227	379	(²)	924	(²)	650
アルバカーキ、NM	769	10.6	61.4	208	489	5,492	1,202	3,649	641
カンザスシティ、MO	1,300	20.6	56.9	406	816	5,508	1,492	3,288	728
フレズノ、CA	609	8.7	17.9	225	357	4,369	919	2,775	675
メーサ、AZ	425	3.0	26.1	130	266	3,415	653	2,485	277
サクラメント、CA	886	6.4	38.1	341	500	4,465	1,092	2,492	882
ロングビーチ、CA	681	8.6	28.2	298	347	2,725	672	1,544	509
オマハ、NE	533	6.8	43.3	201	282	4,129	729	2,920	480
バージニアビーチ、VA	205	4.4	15.1	103	83	3,077	468	2,479	130
クリーブランド、OH	1,396	19.3	88.5	828	460	5,639	2,152	2,545	942
マイアミ、FL	1,189	14.1	15.5	500	660	4,957	1,158	3,193	605
ローリー、NC	493	3.4	24.4	205	260	3,403	785	2,422	196
オークランド、CA	1,679	25.7	80.6	716	857	4,986	1,186	2,183	1,617
コロラドスプリングス、CO	490	3.7	86.1	130	270	3,662	822	2,576	264
タルサ、OK	1,116	17.7	66.0	290	742	6,034	1,722	3,773	539
ミネアポリス、MN¹	1,109	4.7	107.9	435	561	4,668	1,239	2,959	470
アーリントン、TX	615	3.2	40.1	177	394	5,412	1,290	3,742	380
ウィチタ、KS	885	6.8	71.3	143	664	5,347	1,103	3,789	455
セントルイス、MO	2,070	40.3	70.4	766	1,193	8,332	1,924	5,011	1,397
タンパ、FL	752	5.8	23.2	263	460	3,754	1,014	2,346	394
サンタアナ、CA	509	7.4	22.7	256	223	2,004	342	1,228	434
ニューオリンズ、LA	777	51.7	29.1	277	419	3,846	1,136	1,934	776
アナハイム、CA	352	2.7	21.4	150	178	2,379	434	1,664	281
シンシナティ、OH	1,194	16.5	72.2	681	424	6,120	1,886	3,765	469
ベーカーズフィールド、CA	634	8.2	14.8	213	399	4,716	1,175	2,823	718
オーロラ、CO	469	5.9	66.0	171	227	3,095	633	2,102	360
ピッツバーグ、PA	989	12.5	37.2	438	501	3,771	900	2,605	266
リバーサイド、CA	512	5.0	32.7	222	252	3,198	674	2,081	444
レキシントン、KY	594	4.4	36.1	195	358	3,416	819	2,414	183
ストックトン、CA	1,267	11.3	28.1	431	797	5,279	1,362	3,174	744
トレド、OH	1,117	11.3	56.7	420	629	(²)	2,771	(²)	459
コーパスクリスティ、TX	823	4.2	73.7	160	585	5,604	1,035	4,361	208
アンカレッジ、AK	878	4.9	99.5	188	585	3,641	569	2,766	306
セントポール、MN	763	4.6	58.9	248	451	4,080	1,045	2,396	638
ニューアーク、NJ	930	28.7	24.4	472	405	3,160	697	1,354	1,108
プラノ、TX	173	1.5	16.9	52	103	2,940	543	2,224	172
バッファロー、NY	1,459	22.3	52.5	609	775	5,390	1,472	3,330	588
ヘンダーソン、NV	234	1.5	21.4	98	113	1,975	539	1,199	236
チャンドラー、AZ	289	2.0	18.0	80	189	2,912	537	2,186	189
グレナダ、AZ	450	7.1	21.2	165	257	4,896	1,000	3,220	676
リンカーン、NE	458	2.0	49.5	77	329	3,933	636	3,182	116
グリーンズボロ、NC	766	9.5	30.0	359	368	6,044	1,891	3,818	334
フォートウェイン、IN	348	7.2	29.8	193	118	3,728	902	2,656	170
モビール、AL³	810	8.7	15.0	348	437	5,737	1,510	3,842	386

1．イリノイ州とミネソタ州（イリノイ州ロックフォードとミネソタ州のセントポールを除く）では強姦罪に関するデータの収集方法が他とは異なり、統一犯罪報告プログラムのガイドラインに対応していない。したがって本表に示すこの2州の強姦罪と暴力犯罪（強姦罪は暴力犯罪の一部）の数値は推計値である　2．統一犯罪報告プログラムのガイドラインに従って犯罪の報告をしていないため、本章に数値を含めない　3．アラバマ州モービル市の人口には、モービル郡保安官事務所の管轄する地域の60,536人も含む

資料：U.S. Department of Justice, Federal Bureau of Investigation, Uniform Crime Reporting Program, Return A Master Files

No.310. 殺人犠牲者――死因の状況、武器別：2000－2009年

［12月31日を年度末とする。FBIの統一犯罪報告（UCR）プログラムは謀殺と故殺を、ある人間が他人を明確な意思のもとに殺すこと、と定義している。この犯罪の分類は、裁判所・監察医・検視官・陪審・その他の司法制度の決定とは関係なく、警察の捜査によってのみ行われる。UCRプログラムは殺人の犯罪分類に以下のシチュエーションを含まない。過失致死、自殺または事故死、正当防衛（死刑執行も含む）、殺人未遂等は加重暴行に分類される］

特徴	2000	2005	2008	2009	特徴	2000	2005	2008	2009
殺人数、計	13,230	14,965	14,299	13,756	ギャングの縄張りでの殺人	65	96	133	177
殺人要因					少年ギャングの殺人	653	756	711	715
重罪、計	2,229	2,189	2,101	2,051	組織犯罪の殺人	10	12	15	12
強姦	58	45	23	24	狙撃	8	2	4	1
強盗	1,077	930	924	858	その他―不詳	1,901	1,938	2,014	1,996
住居侵入窃盗	76	91	87	110		4,070	5,635	5,000	4,846
窃盗	23	12	16	13	武器の種類または死因				
自動車窃盗	25	32	19	23					
放火	81	39	26	38	火器、計	8,661	10,158	9,484	9,203
					拳銃	6,778	7,565	6,755	6,503
売春および					ライフル	411	445	375	352
不法営利事業	6	13	7	6	ショットガン	485	522	444	424
その他の性犯罪	10	9	11	10	その他不詳または火器の				
麻薬取締法	589	597	501	495	種類不詳	53	138	79	96
賭博	12	2	10	5	火器、種別未詳	934	1,488	1,831	1,828
その他不詳	272	419	477	469					
					ナイフまたは刃物	1,782	1,920	1,897	1,836
重罪の嫌疑	60	45	104	56	鈍器[1]	617	608	614	623
重罪以外、計[1]	6,871	7,096	7,014	6,803	人体[2]	927	905	861	815
三角関係	122	118	104	89	毒	8	9	10	7
ベビーシッターによる児童殺害	30	26	51	29	爆発物	9	2	10	2
					放火	134	125	86	98
酒の上の口論	188	123	125	117	麻薬	20	46	33	52
					喧嘩	15	20	15	8
麻薬の影響による喧嘩	99	97	68	94	絞殺	166	118	88	122
金銭・財産をめぐる					窒息	92	96	89	84
口論	206	210	192	205	その他[3]	799	958	993	905
その他の口論	3,589	3,718	3,586	3,368					

1．こん棒、ハンマー等　2．素手、拳、足等　3．毒殺、溺死、爆発、麻薬、および不詳のものを含む
資料：U.S. Department of Justice, Federal Bureau of Investigation, Uniform Crime Reporting Program, Return A Master Files

No.311. 殺人犠牲者――年齢別、性別、人種別：2008年

［表No.310の頭注を参照。本書前年版の表No.307も参照］

年齢	計	性別			人種			
		男性	女性	不明	白人	黒人	その他	不明
殺人数、計	13,756	10,582	3,158	16	6,655	6,587	365	149
構成比（％）	100.0	76.9	23.1	0.1	48.4	47.9	2.7	1.1
18歳未満[1]	1,363	921	442	−	669	640	44	10
18歳以上[1]	12,393	9,661	2,716	16	5,986	5,947	321	139
乳幼児（1歳未満）	201	106	95	−	113	74	9	5
1－4歳	305	163	142	−	164	131	9	1
5－8歳	74	35	39	−	42	27	4	1
9－12歳	70	35	35	−	44	21	5	−
13－16歳	398	317	81	−	189	198	9	2
17－19歳	1,250	1,072	178	−	477	742	22	9
20－24歳	2,432	2,087	344	1	934	1,409	65	24
25－29歳	1,955	1,616	338	1	799	1,101	39	16
30－34歳	1,545	1,221	324	−	654	848	25	18
35－39歳	1,221	963	258	−	581	588	41	12
40－44歳	1,016	741	274	1	552	419	35	10
45－49歳	941	655	286	−	571	340	23	7
50－54歳	708	526	181	1	425	247	27	9
55－59歳	466	314	152	−	293	147	22	4
60－64歳	321	224	97	−	216	90	12	3
65－69歳	231	153	78	−	169	57	4	1
70－74歳	135	86	49	−	105	26	1	3
75歳以上	294	144	150	−	231	53	10	−
年齢不詳	193	124	57	12	96	69	3	24

− ゼロを示す　1．年齢不詳は含まない
資料：U.S. Department of Justice, Federal Bureau of Investigation, Uniform Crime Reporting Program Return A Master Files

No.312. 殺人事件の傾向：1980－2008年

[FBI（連邦捜査局）の統一犯罪統計報告書（Uniform Crime Reporting: UCR）プログラムによる殺人報告書に基づく。殺人には、殺意をもって他者を殺す、謀殺と故殺が含まれる。過失致死、自殺または事故死、正当防衛、殺人未遂は除外する。正当防衛は法執行当局の判断に基づく。2001年9月11日のテロによる死亡は含まれない。データは警察の捜査対象となった殺人のみ。裁判、監察医、検視官、陪審、その他の司法当局による殺人事件とは異なる]

年	被害者数						率[1]					
	計	男性	女性	白人	黒人	その他	計	男性	女性	白人	黒人	その他
1980	23,040	17,803	5,237	12,275	9,767	327	10.2	16.1	4.5	6.3	37.7	5.7
1985	18,980	14,095	4,885	10,590	7,891	399	7.9	12.2	4.0	5.2	27.6	5.5
1990	23,440	18,320	5,121	11,278	11,489	400	9.4	15.1	4.0	5.4	37.6	4.2
1995	21,610	16,579	5,030	10,376	10,444	581	8.2	12.7	3.7	4.8	31.6	4.9
1996	19,650	15,175	4,475	9,483	9,476	512	7.4	11.5	3.3	4.3	28.3	4.1
1997	18,210	14,079	4,132	8,620	8,842	524	6.8	10.5	3.0	3.9	26.0	4.1
1998	16,970	12,812	4,158	8,389	7,931	393	6.3	9.5	3.0	3.8	23.0	2.9
1999	15,522	11,718	3,804	7,777	7,139	458	5.7	8.6	2.7	3.5	20.5	3.3
2000	15,586	11,844	3,742	7,560	7,425	399	5.5	8.6	2.6	3.3	20.3	2.7
2001	16,037	12,256	3,782	7,884	7,522	424	5.6	8.8	2.6	3.4	20.2	2.8
2002	16,204	12,432	3,772	7,784	7,759	437	5.6	8.8	2.6	3.3	20.6	2.8
2003	16,528	12,828	3,700	7,932	7,893	468	5.7	9.0	2.5	3.4	20.7	2.9
2004	16,148	12,596	3,552	7,944	7,562	417	5.5	8.7	2.4	3.3	19.6	2.5
2005	16,740	13,169	3,571	8,045	8,015	443	5.6	9.0	2.4	3.3	20.5	2.6
2006	17,030	13,433	3,597	7,906	8,428	461	5.7	9.1	2.4	3.3	21.3	2.6
2007	16,929	13,286	3,643	7,924	8,352	402	5.6	8.9	2.4	3.3	20.9	2.2
2008	16,272	12,731	3,541	7,995	7,901	376	5.4	8.5	2.3	3.3	19.6	2.0

1．居住者100,000人当たりの率
資料：U.S. Department of Justice, Bureau of Justice Statistics, *Homicide Trends in the United States, 1980-2008*; 〈http://bjs.ojp.usdoj.gov/content/homicide/homtrnd.cfm〉

No.313. 殺人——犠牲者の人種・性別：1980－2007年

[白人・黒人・男女別居住者人口100,000人当たりの殺人発生率。合衆国非居住者の死亡を除く。1999年以降、死因の分類は国際疾病分類第10版（ICD-10）に拠る。1979-98年のデータは国際疾病分類第9版（ICD-9）に拠る。第9版では殺人のカテゴリに法的介入による死亡（警察の捜査に起因する容疑者の死亡、死刑）を含めているが、第10版では殺人と法的介入による死亡（殺人）を分けている。したがって、1998年と1999年のデータを比較する際には注意が必要である。第2章の解説を参照。『アメリカ歴史統計』H971-978も参照]

年	殺人被害者数					殺人発生率[2]				
	計[1]	白人		黒人		計[1]	白人		黒人	
		男性	女性	男性	女性		男性	女性	男性	女性
1980	24,278	10,381	3,177	8,385	1,898	10.7	10.9	3.2	66.6	13.5
1985	19,893	8,122	3,041	6,616	1,666	8.3	8.2	2.9	48.4	11.0
1990	24,932	9,147	3,006	9,981	2,163	10.0	9.0	2.8	69.2	13.5
1995	22,895	8,336	3,028	8,847	1,936	8.7	7.8	2.7	56.3	11.1
1996	20,971	7,570	2,747	8,183	1,800	7.9	7.0	2.5	51.5	10.2
1997	19,846	7,343	2,570	7,601	1,652	7.4	6.7	2.3	47.1	9.3
1998	18,272	6,707	2,534	6,873	1,547	6.8	6.1	2.2	42.1	8.6
1999	16,889	6,162	2,466	6,214	1,434	6.2	5.6	2.2	37.5	7.8
2000	16,765	5,925	2,414	6,482	1,385	6.1	5.3	2.1	38.6	7.5
2001	20,308	8,254	2,470	6,780	1,446	7.1	7.2	2.6	38.3	7.4
2002	17,638	6,282	2,403	6,896	1,391	6.1	5.4	2.0	38.4	7.0
2003	17,732	6,337	2,372	7,083	1,309	6.1	5.4	2.0	38.9	6.6
2004	17,357	6,302	2,341	6,839	1,296	5.9	5.3	1.9	37.1	6.4
2005	18,124	6,457	2,313	7,412	1,257	6.1	5.4	1.9	39.7	6.2
2006	18,573	6,514	2,346	7,677	1,355	6.2	5.4	1.9	40.6	6.6
2007	18,361	6,541	2,373	7,584	1,286	6.1	5.4	1.9	39.7	6.2

1．個別に明示しないその他の人種を含む　2．各グループの人口10万人あたりの率。1980、1990、2000年は、4月1日現在の確定人口に基づく発生率。その他の年は7月1日現在の推定居住人口による
資料：U.S. National Center for Health Statistics, *Deaths: Final Data for 2007*, Vol. 58, No.19（2010年5月）およびそれ以前のレポート；〈http://www.cdc.gov/nchs/products/nvsr.htm〉

No.314. 強姦発生件数と発生率：1990－2009年

[12月31日を年度末とする。FBIの統一犯罪統計報告プログラム（UCR）の定義による強姦は、女性が意志に反して交接を強制されることを示す。強姦または強姦未遂を含む暴行は含まれるが、法定強姦（本人の同意のある事件のみ）やその他の性犯罪事件は除外]

項目	1990[1]	2000[1]	2001	2002	2003	2004	2005	2006	2007	2008	2009
発生件数											
計	102,560	90,186	79,365	81,953	80,371	82,835	82,725	83,480	82,000	81,009	81,280
実行	86,541	81,111	71,626	74,570	73,483	76,015	75,930	76,773	75,545	74,901	75,720
未遂	16,019	9,075	7,739	7,383	6,888	6,820	6,795	6,707	6,455	6,108	5,560
発生率											
人口10万人あたり発生率	41.1	32.0	32.7	32.9	33.10	33.10	32.50	32.10	30.80	30.10	29.80
女性10万人あたり発生率	80.5	62.7	54.7	56.0	54.40	55.60	55.10	55.10	53.60	52.50	52.30

1．2001-2009年は実際の報告事件数であり、推計や年間平均は含まれない。推計は合衆国人口全体について行われるため、主として女性を対象とした犯罪である強姦については、推計値は実際の数値よりも高くなる傾向にある
資料：U.S. Department of Justice, Federal Bureau of Investigation, Uniform Crime Reporting Program, Return A Master Files

No.315. 犯罪の被害件数、被害率：1995－2009年

[39,926は3992万6000を表す。全米犯罪被害調査に基づく。本章の解説および付録Ⅲを参照]

犯罪の種類	被害件数(1,000件)				被害率[1]			
	1995	2000	2005	2009	1995	2000	2005	2009
全犯罪、計	39,926	25,893	23,441	20,057	(X)	(X)	(X)	(X)
人口：12歳以上（1,000人）	215,709	226,805	244,505	254,106	(X)	(X)	(X)	(X)
対個人犯罪[2]	10,436	6,597	5,401	4,477	46.2	29.1	22.1	17.6
暴力犯罪	10,022	6,323	5,174	4,343	44.5	27.9	21.2	17.1
既遂	2,960	2,044	1,659	1,383	12.9	9.0	6.8	5.4
未遂／暴力の脅威	7,061	4,279	3,515	2,960	31.6	18.9	14.4	11.6
強姦／性犯罪	363	261	192	126	1.6	1.2	0.8	0.5
強姦／強姦未遂	252	147	130	88	1.1	0.6	0.5	0.3
強姦	153	92	69	37	0.7	0.4	0.3	0.1
強姦未遂	99	55	61	50	0.4	0.2	0.2	0.2
性犯罪	112	114	62	38	0.5	0.5	0.3	0.2
強盗	1,171	732	625	534	5.3	3.2	2.6	2.1
既遂／所持物の奪取	753	520	415	368	3.5	2.3	1.7	1.4
障害あり	224	160	143	153	1.0	0.7	0.6	0.6
障害なし	529	360	272	215	2.4	1.6	1.1	0.8
未遂	418	212	210	166	1.8	0.9	0.9	0.7
障害あり	84	66	64	63	0.4	0.3	0.3	0.2
障害なし	335	146	145	103	1.4	0.6	0.6	0.4
暴行	8,487	5,330	4,357	3,684	37.6	23.5	17.8	14.5
加重暴行	2,050	1,293	1,052	823	8.8	5.7	4.3	3.2
障害あり	533	346	331	313	2.4	1.5	1.4	1.2
武器による脅威	1,517	946	722	510	6.4	4.2	3.0	2.0
単純暴行	6,437	4,038	3,305	2,860	28.9	17.8	13.5	11.3
軽微な障害	1,426	989	795	638	6.0	4.4	3.3	2.5
障害なし	5,012	3,048	2,510	2,222	22.9	13.4	10.3	8.7
対個人窃盗[3]	414	274	227	133	1.7	1.2	0.9	0.5
総世帯数（1,000）	101,888	108,353	117,100	122,328	(X)	(X)	(X)	(X)
対財産犯罪	29,490	19,297	18,040	15,581	279.5	178.1	154.0	127.4
家宅侵入窃盗	5,004	3,444	3,456	3,135	47.4	31.8	29.5	25.6
既遂	4,232	2,909	2,900	2,604	40.0	26.9	24.8	21.3
家宅侵入、窃盗未遂	773	534	556	531	7.4	4.9	4.7	4.3
自動車窃盗	1,717	937	978	736	16.2	8.6	8.4	6.0
既遂	1,163	642	775	570	10.8	5.9	6.6	4.7
未遂	554	295	203	166	5.5	2.7	1.7	1.4
窃盗	22,769	14,916	13,606	11,710	215.9	137.7	116.2	95.7
既遂[4]	21,857	14,300	13,116	11,219	207.6	132.0	112.0	91.7
未遂	911	616	489	491	8.4	5.7	4.2	4.0

X 該当なし　1. 12歳以上人口1,000人あたり、または1,000世帯あたり　2. 被害調査では殺人は扱わない。当事者からの事情の聴取が不可能であるからである　3. すり、ひったくり、ひったくり未遂を含む　4. 被害額が不明な事件を含む

資料：U.S. Department of Justice, Bureau of Justice Statistics, *Criminal Victimization*, 2009, NCJ 231327 (2010年10月、年刊); <http://bjs.ojp.usdoj.gov/index.cfm?ty=pbdetail&iid=2217> も参照

No.316. 被害率——犯罪類型別被害者の特徴別：2009年

[12歳以上人口1,000人あたりの率。全米犯罪被害調査に基づく。本省の解説および付録Ⅲを参照]

被害者の特徴	全犯罪	暴力犯罪						ひったくりすり[1]
		計	強姦性犯罪	強盗	暴力			
					計	加重暴行	単純暴行	
計	17.6	17.1	0.5	2.1	14.5	3.2	11.3	0.5
男性	18.8	18.4	[2] 0.2	2.7	15.6	4.3	11.3	0.4
女性	16.5	15.8	0.8	1.6	13.5	2.3	11.2	0.6
12－15歳	37.3	36.8	[2] 0.9	3.1	32.8	6.9	25.9	[2] 0.4
16－19歳	32.3	30.3	[2] 0.6	5.2	24.6	5.3	19.3	[2] 1.9
20－24歳	28.8	28.1	[2] 0.8	3.5	23.8	7.5	16.3	[2] 0.7
25－34歳	22.1	21.5	[2] 0.8	2.8	17.9	4.5	13.4	[2] 0.7
35－49歳	16.3	16.1	[2] 0.4	2.0	13.7	2.6	11.1	[2] 0.2
50－64歳	11.0	10.7	[2] 0.3	1.1	9.3	1.9	7.5	[2] 0.4
65歳以上	3.7	3.2	[2] 0.2	[2] 0.4	2.5	[2] 0.3	2.2	[2] 0.5
白人	16.3	15.8	0.4	1.6	13.7	2.7	11.0	0.5
黒人	27.8	26.8	1.2	5.6	19.9	6.8	13.0	[2] 1
その他[3]	9.8	9.8	(Z)	[2] 0.5	9.3	[2] 1.9	7.4	(Z)
複数人種	43.3	42.1	(Z)	[2] 5.2	36.9	[2] 9.3	27.5	[2] 1.2
ヒスパニック	18.6	18.1	[2] 0.5	3.4	14.2	3.2	11.0	[2] 0.5
非ヒスパニック	17.5	17.0	0.5	1.9	14.6	3.3	11.3	0.5
家計所得：								
7,500ドル未満	49.0	47.7	[2] 3.9	7.3	36.5	15.5	21.0	[2] 1.2
7,500－14,999ドル	40.4	40.0	[2] 1.8	5.7	32.6	6.0	26.6	[2] 0.4
15,000－24,999ドル	23.3	22.3	[2] 0.9	3.8	17.6	4.0	13.5	[2] 1.0
25,000－34,999ドル	18.7	18.6	[2] (Z)	2.0	16.6	3.9	12.8	[2] 0.2
35,000－49,999ドル	16.7	16.6	[2] 0.3	2.0	14.3	4.5	9.8	[2] 0.1
50,000－74,999ドル	13.0	12.6	[2] 0.2	[2] 0.9	11.5	2.0	9.5	[2] 0.4
75,000ドル以上	12.4	11.5	[2] 0.2	1.1	10.2	2.1	8.1	0.9

Z 1000人あたり0.05未満　1. すり、ひったくり（完遂・未遂）を含む　2. 標本10件未満　3. アメリカインディアン、アラスカ原住民、アジア系、ハワイ原住民、およびその他の太平洋諸島民を含む

資料：U.S. Department of Justice, Bureau of Justice Statistics, *Criminal Victimization, 2009*, NCJ 231327 (2010年10月); <http://bjs.ojp.usdoj.gov/index.cfm?ty=pbdetail&iid=2217> も参照

No.317. 暴力犯罪──事件の特徴別：2009年

[単位：％。全米被害調査に基づく。本章の解説および付録Ⅲを参照。本書前年版の表No.313も参照]

被害者の状況	件数	Crimes of violence 計（％）	強姦／性犯罪（％）	強盗（％）	暴行 計（％）	加重[1]（％）	単純（％）
計	4,343,450	100	100	100	100	100	100
被害者と実行犯の関係：[2]							
親類縁者	523,670	12.1	[3]6.6	13.3	12.1	[3]3.7	14.5
知人	1,126,240	25.9	39.4	11.5	27.6	27.8	27.5
顔見知り	552,530	12.7	[3]22.4	[3]2.3	13.9	14.3	13.8
見知らぬ他人	1,813,850	41.8	[3]29.1	56.8	40.0	46.2	38.3
犯行時間：[4]							
午前6時から午後6時	2,264,520	54.8	43.9	49.2	56.1	43.0	59.5
午後6時から午前0時	1,183,920	28.7	[3]26.8	32.3	28.2	39.0	25.3
午前0時から午前6時	488,190	11.8	[3]21.8	13.2	11.2	15.7	10.1
犯行の場所：							
被害者の居住地あるいはその近く	1,649,510	40.0	56.2	43.1	38.9	33.5	40.4
友人、親類、近所の家	323,110	7.8	[3]11.2	[3]5.3	8.1	12.5	6.9
商業地域	397,910	9.7	[3]1.6	[3]6.3	10.4	10.9	10.2
駐車場	214,000	5.2	[3]2.5	8.9	4.7	6.0	4.4
学校	540,780	13.1	[3]3.2	[3]6.9	14.4	6.3	16.5
被害者の家付近以外の路上	575,950	13.9	[3]11.9	26.7	12.1	20.6	9.9
その他[5]	428,870	10.3	[3]13.4	2.7	11.8	10.1	11.7
犯行時の被害者の行動：[6]							
仕事中あるいは通勤途上	668,280	16.2	[3]9.8	10.0	(NA)	15.1	17.9
学校	576,590	14.0	[3]8.1	11.3	(NA)	9.7	15.9
家庭にて家事	1,151,300	27.9	37.1	20.6	(NA)	20.6	30.8
買物、用足し	206,430	5.0	[3]2.5	13.1	(NA)	[3]3.4	4.0
家から離れて余暇活動	901,550	21.8	[3]21.9	23.1	(NA)	34.8	18.1
旅行中	292,520	7.1	[3]6.8	13.6	(NA)	9.0	5.4
その他[7]	285,080	6.9	[3]11.8	7.8	(NA)	6.7	6.6
被害者の家からの距離：[8]							
居住地の中	884,320	21.4	51.2	25.1	19.8	11.9	21.9
家のそば	749,310	18.1	[3]10.8	11.0	19.5	18.6	19.7
1マイル未満	749,020	18.1	[3]12.9	28.2	16.8	26.3	14.3
5マイル未満	890,500	21.6	[3]14.7	17.2	22.5	22.6	22.4
50マイル未満	709,520	17.2	[3]10.4	15.7	17.6	15.7	18.2
50マイル以上	127,840	3.1	[3]-	[3]2.8	3.2	[3]4.9	2.8
使用された武器：							
なし	2,999,560	72.6	84.7	47.5	75.9	11.3	93.2
あり	904,820	21.9	[3]10.3	46.9	18.6	88.2	[3]-

NA データなし　- ゼロを示す　1．加重暴行とは、実行犯が武器を所有していたか、被害者に重篤な障害を負わせたもの　2．関係が不明な者を除く　3．10件以下の犯行に基づく　4．犯行時間不明および犯行時間のデータが不詳のものを除く　5．公共交通機関、駅構内、共同住宅構内、公園、野原、運動場その他の地域を含む　6．「わからない」「データなし」を除外　7．睡眠中を含む　8．「わからない」「データなし」を除く

資料：U.S. Department of Justice, Bureau of Justice Statistics, *Criminal Victimization, 2009*, NCJ 231327（2010年10月）；<http://bjs.ojp.usdoj.gov/index.cfm?ty=pbdetail&iid=2217> も参照

No.318. 配偶者・交際相手（元を含む）による暴力犯罪──被害者の性別：2008年

[強姦および性犯罪、強盗、加重暴行、単純暴行、殺人を含む。配偶者、元配偶者、恋人、元恋人を含む。表No.311の頭注を参照］

年、犯罪の種類	男女 数	1000人あたり[1]	女性 数	1000人あたり[1]	男性 数	1000人あたり[1]
2000	684,970	3.0	584,390	5.0	100,580	0.9
2005	519,130	2.1	410,970	3.3	108,160	0.9
2006[2]	823,360	3.3	665,600	5.3	157,760	1.3
2007	663,780	2.7	587,680	4.6	76,100	0.6
2008、計	652,660	2.6	551,590	4.3	101,060	0.8
強姦、性的暴行	44,000	0.2	(B)	(B)	(B)	(B)
強盗	(B)	(B)	(B)	(B)	(B)	(B)
加重暴行	111,530	0.4	70,550	0.5	(B)	(B)
単純暴行	458,310	1.8	406,530	3.1	51,770	0.4
殺人	(NA)	(NA)	(NA)	(NA)	(NA)	(NA)

B　元となる数値が小さすぎるため統計的信頼水準に達しない　NA　データなし　1．率は被害者1000人あたり。率の不明なカテゴリあり。殺人以外は被害件数は12歳以上人口10万人あたりの数　2．方法論に変更があったため、2006年の犯罪被害率は、それ以前および2007年の被害率と比較することはできない。また、犯罪の年変化をとらえるデータとして使用できない。しかしながら、全国的な犯罪の傾向を検証するのには役立つ。『Criminal Victimization 2007』を参照。<http://www.ojp.usdoj.gov/bjs/abstract/cv07.htm>

資料：U.S. Department of Justice, Bureau of Justice Statistics, *Female Victims of Violence*, NCJ-228356（2009年9月）；<http://bjs.ojp.usdoj.gov/index.cfm?ty=pbdetail&iid=2020> も参照

No.319. ストーキングとハラスメントの被害：2006年

[18歳以上人口、2億4650万200人を対象とする調査。調査ではストーキングを「特定の個人に対して、脅威を感じさせるに十分な、一連の直接的な行動を行うこと」としている。またハラスメントの被害については、ストーキングを伴う行為があっても脅威を感じなかったり、脅威を感じさせるような行為を経験しなかったもの、としている]

特徴	件数 計	ストーキング	ハラスメント	人口1000人当たりの率 計	ストーキング	ハラスメント
被害者、計[1]	5,857,030	3,424,100	2,432,930	23.8	13.9	9.9
性別：						
男性	2,032,460	892,340	1,140,120	16.9	7.4	9.5
女性	3,824,570	2,531,770	1,292,800	30.3	20.0	10.2
年齢別：						
18－19歳	379,610	238,990	140,620	47.2	29.7	17.5
20－24歳	929,710	576,870	352,840	45.7	28.4	17.3
25－34歳	1,198,195	805,260	392,930	30.1	20.2	9.9
35－49歳	1,971,290	1,139,320	831,970	29.9	17.3	12.6
50－64歳	1,046,650	534,870	511,780	20.4	10.4	10.0
65歳以上	331,580	128,790	202,790	9.3	3.6	5.7
人種：						
白人	4,835,270	2,860,810	1,974,460	24.1	14.2	9.8
黒人	678,230	363,280	314,950	22.7	12.2	10.5
アメリカインディアン、アラスカ原住民	55,890	[2] 33,150	[2] 22,740	33.0	[2] 19.6	[2] 13.4
アジア系、太平洋諸島民	151,670	79,790	71,890	13.4	7.0	6.4
全人種[3]	135,960	87,080	48,880	49.3	31.6	17.7
ヒスパニック：						
ヒスパニック	487,320	312,490	174,830	16.5	10.6	5.9
非ヒスパニック	5,308,010	3,089,570	2,218,440	24.7	14.4	10.3
婚姻状況：						
未婚	2,143,400	1,321,870	821,530	26.9	16.6	10.3
既婚	2,078,830	1,071,630	1,007,200	16.8	8.7	8.1
離婚または別居	1,363,540	895,620	467,920	51.8	34.0	17.8
死別	229,450	107,730	121,720	16.0	7.5	8.5
世帯収入：						
7,500ドル未満	395,740	266,800	128,940	47.0	31.7	15.3
7,500－14,999ドル	583,840	399,620	184,210	40.1	27.4	12.6
15,000－24,999ドル	724,270	474,220	250,050	32.3	21.1	11.1
25,000－34,999ドル	625,680	362,180	263,500	27.4	15.8	11.5
35,000－49,999ドル	765,580	480,750	284,830	25.2	15.8	9.4
50,000－74,999ドル	877,660	476,420	401,230	23.1	12.6	10.6
75,000ドル以上	1,063,860	542,730	521,130	18.8	9.6	9.2

1．データのないものは除外　2．標本数10件未満　3．複数人種を含む、その他すべての人種
資料：U.S. Department of Justice, Bureau of Justice Statistics, National Crime Victimization Survey, Supplemental Victimization Survey, *Stalking Victimization in the United States*, Series NCJ-224527（2009年1月）；<http://bjs.ojp.usdoj.gov/index.cfm?ty=dcdetail&iid=245>、も参照

No.320. 窃盗犯罪——世帯の主要特徴別：2009年

[122,328は1億2232万8000を表す。12歳以上の世帯主。全米犯罪被害調査（NCVS）に基づく。本章の解説および付録Ⅲを参照。表No.311の頭注参照]

被害者の特徴	世帯数(1,000)	窃盗犯罪 被害件数 (1,000) 計	住居侵入窃盗	自動車窃盗	窃盗	1,000世帯あたり被害件数 計	住居侵入窃盗	自動車窃盗	窃盗
計	122,328	15,581	3,135	736	11,710	127.4	25.6	6.0	95.7
人種：									
白人	99,433	12,320	2,317	536	9,467	123.9	23.3	5.4	95.2
黒人	15,798	2,359	639	151	1,569	149.4	40.5	9.6	99.4
その他	5,911	596	103	[1] 36	457	100.8	17.5	[1] 6.1	77.3
複数人種	1,200	306	75	[1] 13	218	254.8	62.9	[1] 10.5	181.4
民族：									
ヒスパニック	13,852	2,351	451	217	1,683	169.7	32.6	15.7	121.5
非ヒスパニック	108,164	13,202	2,674	519	10,009	122.1	24.7	4.8	92.5
世帯収入：									
7,500ドル未満	4,063	817	180	[1] 25	612	201.1	44.4	[1] 6.0	150.7
7,500－14,999ドル	6,770	1,063	314	56	693	157.0	46.3	8.3	102.4
15,000－24,999ドル	10,188	1,442	360	66	1,017	141.6	35.3	6.5	99.8
25,000－34,999ドル	10,327	1,384	334	67	984	134.1	32.3	6.5	95.3
35,000－49,999ドル	13,868	1,937	370	141	1,426	139.7	26.7	10.2	102.8
50,000－74,999ドル	14,819	1,779	286	67	1,425	120.0	19.3	4.5	96.2
75,000ドル以上	23,765	2,969	358	101	2,511	124.9	15.1	4.2	105.6
世帯の人数：									
1人	35,317	3,243	947	131	2,164	91.8	26.8	3.7	61.3
2～3人	60,992	7,235	1,390	350	5,495	118.6	22.8	5.7	90.1
4～5人	22,414	4,139	598	192	3,348	184.6	26.7	8.6	149.4
6人以上	3,604	964	200	62	703	267.5	55.4	17.1	195.0

1．標本が10件未満
資料：U.S. Department of Justice, Bureau of Justice Statistics, Criminal Victimization, 2009, NCJ 231327（2010年10月、年刊）；<http://bjs.ojp.usdoj.gov/index.cfm?ty=pbdetail&iid=2217> も参照

No.321. 強盗・窃盗犯――犯罪類型、主要諸特徴別：1990－2009年

[639は63万9000を表す。12月31日を年度末とする]

項目	犯罪数(1,000件)				10万人あたり発生率				平均損害額(ドル)			
	1990	2000	2005	2009	1990	2000	2005	2009	1990	2000	2005	2009
強盗，計[1]	639	408	417	342	256.3	144.9	140.7	125.1	631	1,127	1,239	1,246
犯罪形態：												
街路，幹線道路上	359	188	184	146	144.2	66.7	62.1	53.5	511	858	1,020	865
商業用建物内	73	57	60	46	29.5	20.1	20.1	16.9	945	1,685	1,662	1,774
ガソリンスタンド内	18	12	12	8	7.1	4.1	4.0	3.0	423	679	1,104	862
コンビニエンスストア内	39	26	24	18	15.6	9.3	8.0	6.7	344	566	677	717
住宅内	62	50	59	58	25.1	17.7	20.0	21.1	828	1,243	1,332	1,674
銀行内	9	9	9	7	3.8	3.1	3.0	2.7	2,885	4,379	4,113	4,202
使用武器：												
銃	234	161	175	131	94.1	57.0	59.0	55.3	(NA)	(NA)	(NA)	(NA)
ナイフ，刃物	76	36	37	24	30.7	12.8	12.5	9.9	(NA)	(NA)	(NA)	(NA)
その他の武器	61	53	39	27	24.5	18.9	13.2	11.3	(NA)	(NA)	(NA)	(NA)
素手による	268	159	166	126	107.7	56.4	56.0	53.3	(NA)	(NA)	(NA)	(NA)
住居侵入窃盗，計	3,074	2,050	2,154	1,955	1,232.2	728.4	726.7	715.7	1,014	1,458	1,771	2,087
強制侵入[2]	2,150	1,297	1,310	1,224	864.5	460.7	440.0	448.1	(NA)	(NA)	(NA)	(NA)
不法侵入[2]	678	615	701	655	272.8	218.7	237.5	239.7	(NA)	(NA)	(NA)	(NA)
強制侵入未遂[2]	245	138	133	129	98.7	49.0	45.2	47.4	(NA)	(NA)	(NA)	(NA)
住宅	2,033	1,335	1,417	1,127	817.4	474.3	477.9	412.9	1,037	1,378	1,813	2,709
非住宅建物	1,041	715	738	407	418.5	254.1	248.8	148.8	967	1,610	1,687	2,521
夜間の侵入[2]	1,135	699	708	625	456.4	248.3	238.9	229.0	(NA)	(NA)	(NA)	(NA)
昼間の侵入[2]	1,151	836	890	910	462.8	297.2	328.8	332.8	(NA)	(NA)	(NA)	(NA)
窃盗，計	7,946	6,972	6,783	5,560	3,185.1	2,477.3	2,286.3	2,035.1	426	727	857	865
すり	81	36	29	24	32.4	12.7	9.8	8.8	384	437	346	489
ひったくり	82	37	42	27	32.8	13.2	14.2	9.8	228	387	404	440
万引き	1,291	959	940	1,002	519.1	340.7	317.0	366.9	104	185	184	178
自動車からの置き引き	1,744	1,754	1,752	1,520	701.3	623.3	590.6	556.5	461	692	704	737
自動車部品	1,185	677	693	501	476.3	240.6	233.6	183.2	297	451	482	528
自転車窃盗	443	312	249	187	178.2	110.9	83.9	67.6	188	273	267	345
ビル内窃盗	1,118	914	852	620	449.4	324.6	287.3	226.8	673	1,184	1,738	1,233
自動販売機からの窃盗	63	46	41	22	25.4	16.2	13.8	8.1	144	272	232	348
その他	1,940	2,232	2,184	1,660	780.0	793.0	736.1	607.5	615	957	1,137	1,439
自動車窃盗，計[3]	1,636	1,160	1,236	731	655.8	412.2	417.4	258.6	5,117	6,581	6,204	6,495
乗用車	1,304	877	907	527	524.3	311.5	304.5	193.0	(NA)	(NA)	(NA)	(NA)
トラック，バス	238	209	219	205	95.5	74.1	76.2	74.9	(NA)	(NA)	(NA)	(NA)

NA データなし　1. 個別に明示しないその他の犯罪を含む　2. 不詳データは含まない　3. 個別に明示しないその他の自動車窃盗を含む

資料：U.S. Department of Justice, Federal Bureau of Investigation, Uniform Crime Reports, Return A and Supplement to Return A Master Files

No.322. 憎悪犯罪——偶発事件、軽犯罪、犠牲者、加害者、動機となる偏見：2000－2009年

[FBI（連邦捜査局）はヘイトクライムについて14,422の法執行当局（2009年現在で推計2億7800万人の人口をカバー）からデータを収集している。このプログラムに参加していない法執行当局もある。ヘイトクライムは、人種、宗教、性的志向、民族国籍、障害を動機とする事件を含む。資料および付録Ⅲを参照]

動機となる偏見	偶発事件	軽犯罪	犠牲者[1]	判明した加害者[2]
2000	8,213	9,619	10,117	7,690
2005	7,163	8,380	8,804	6,804
2009、計	**6,604**	**7,789**	**8,336**	**6,225**
動機となる偏見：				
人種的偏見、計	**3,199**	**3,816**	**4,057**	**3,241**
対白人	545	652	668	753
対黒人	2,284	2,724	2,902	2,160
対アメリカ・インディアン、アラスカ原住民	65	84	87	88
対アジア、太平洋諸島民	126	147	149	108
対複数人種	179	209	251	132
民族／国籍に対する偏見、計	**777**	**1,050**	**1,109**	**934**
対ヒスパニック	483	654	692	649
その他	294	396	417	285
宗教的偏見、計	**1,303**	**1,376**	**1,575**	**586**
対ユダヤ	931	964	1,132	353
対カトリック	51	55	59	25
対プロテスタント	38	40	42	17
対イスラム	107	128	132	95
その他の宗教に対する偏見	109	119	131	51
複数の宗教に対する偏見	57	60	68	38
対無神論、不可知論など	10	10	11	7
性的嗜好に対する偏見、計	**1,223**	**1,436**	**1,482**	**1,394**
対男性同性愛者	682	798	817	817
対女性同性愛者	185	216	227	197
対同性愛者	312	376	391	349
対異性愛者	21	21	21	14
対両性愛者	23	25	26	17
障害者に対する偏見、計	**96**	**97**	**99**	**64**
対肉体的障害	25	25	25	25
対精神的障害	71	72	74	39
複数の偏見が絡み合ったもの[3]	6	14	14	6

1．犠牲者には、人間、企業、組織、社会全体を含む　2．加害者については、容疑者が特定された場合ではなく、容疑者の特徴が判明している場合を意味する　3．複数の偏見がからみあったもの、には2つの条件がある。事件において複数のカテゴリの犯罪が行われ、2つ以上の種類の犯罪が、異なる偏見に基づいた動機によるものであること
資料：U.S. Department of Justice, Federal Bureau of Investigation, "Hate Crime Statistics, 2009," <http://www2.fbi.gov/ucr/hc2009/index.html>

No.323. ヘイトクライム——動機および事件の場所別：2009年

[表No.322.の頭注参照]

事件の発生場所	総事件数	動機					複数の動機[1]
		人種	宗教	性的志向	民族国籍	障害	
計	6,604	3,199	1,303	1,223	777	96	6
空港・バスターミナル・鉄道駅	55	29	9	13	2	2	－
銀行・貯蓄機関	8	3	1	2	1	1	－
バー・ナイトクラブ	133	59	2	62	10	0	－
教会・シナゴーグ・寺	283	41	229	9	2	2	－
商業ビル	123	55	38	16	11	3	－
建築現場	13	6	3	1	3	－	－
コンビニ	64	32	9	5	18	－	－
デパート・ディスカウントショップ	59	37	10	8	4	－	－
ドラッグストア・医師のオフィス・病院	50	27	16	2	5	－	－
野原・森林	95	59	10	11	12	3	－
政府・公的機関の建物	108	60	23	12	12	1	－
一般雑貨店・スーパー	44	24	6	2	11	－	－
高速道路・一般道路・路地	1,135	602	92	261	169	11	－
ホテル・モーテル等	35	21	2	6	6	－	－
刑務所・拘置所	48	28	5	10	4	1	－
湖沼・水路	12	5	－	4	3	－	－
アルコール飲料販売店	12	6	1	1	4	－	－
駐車場・ガレージ	403	212	36	84	64	7	－
レンタル倉庫	7	5	1	1	－	－	－
住居・家庭	2,070	1,064	324	381	253	46	2
レストラン	107	53	10	27	16	－	1
学校・大学	754	396	168	123	64	2	1
ガソリンスタンド・修理工場	42	17	2	7	15	1	－
専門店（テレビ、家具等）	64	31	19	8	6	－	－
その他および不詳	877	327	287	168	80	15	－
発生場所が複数	3	－	－	－	1	－	2

－　ゼロを示す　1．表No.322.の脚注3を参照
資料：U.S. Department of Justice, Federal Bureau of Investigation, "Hate Crime Statistics, 2009," <http://www2.fbi.gov/ucr/hc2009/index.html>

No.324. 逮捕者数――性別および年齢別：2009年

[単位：1000人（11,062は1106万2600人を表す）。12月31日を年度末とする年度。統一犯罪統計報告プログラム（UCR）に基づく。2億2752万6916人の人口をカバーする12,910の当局による逮捕件数（起訴件数ではない）。FBIによる推計値。年度内に同一人が複数回逮捕されている場合もある。したがって本表では同一人の複数事件における逮捕を含む。本章の解説および資料を参照]

犯罪	合計 計	合計 18歳未満	合計 18歳以上	男性 計	男性 18歳未満	男性 18歳以上	女性 計	女性 18歳未満	女性 18歳以上
合計	11,062.6	1,540.0	9,522.6	8,263.3	1,071.6	7,191.7	2,799.2	468.3	2,330.9
暴力犯罪	467.9	69.1	398.8	380.2	56.5	323.7	87.7	12.6	75.2
殺人および作為的殺人	10.0	0.9	9.1	9.0	0.9	8.1	1.1	-	1.0
強姦	17.5	2.6	14.9	17.2	2.5	14.7	-	-	-
強盗	102.1	25.5	76.6	90.0	22.9	67.1	12.1	2.5	9.5
加重暴行	338.4	40.1	298.3	264.0	30.2	233.8	74.4	9.9	64.5
財産犯罪	1,396.4	338.7	1,057.7	875.9	210.8	665.1	608.2	127.9	392.6
住居侵入窃盗	240.9	60.3	180.6	205.0	53.4	151.7	35.9	6.9	29.0
窃盗	1,080.1	258.1	822.0	608.8	140.5	468.3	471.3	117.6	353.6
自動車窃盗	65.6	16.0	49.6	53.9	13.3	40.7	11.7	2.7	8.9
放火	9.8	4.3	5.5	8.1	3.7	4.4	1.7	0.6	1.1
その他の暴行	1,061.3	175.3	886.1	785.4	115.4	670.0	276.0	59.9	216.1
偽造、変造罪	68.9	1.7	67.2	42.9	1.2	41.7	26.0	0.5	25.5
詐欺	173.7	5.1	168.5	98.4	3.3	95.0	75.3	1.8	73.5
横領	14.6	-	14.1	7.2	-	6.9	7.4	-	7.2
財産罪[1]	84.3	15.1	69.2	66.7	12.2	54.5	17.6	2.8	14.7
破壊行為	217.4	72.7	144.7	178.1	62.8	115.3	39.3	9.9	29.4
武器（携帯等）	132.9	27.1	105.8	122.1	24.3	97.8	10.8	2.8	8.0
売春および商業目的の性的不道徳行為	56.9	1.1	55.8	17.3	-	17.1	39.6	0.8	38.7
性的違法行為[2]	61.5	10.7	50.7	56.1	9.6	46.5	5.4	1.1	4.3
麻薬常用者による違法行為	1,333.0	136.6	1,196.4	1,084.3	115.2	969.1	248.7	21.4	227.3
賭博	8.2	1.4	6.8	7.2	1.4	5.9	0.9	-	0.9
家族および児童に対する違法行為	92.4	3.7	88.7	68.9	2.4	66.6	23.4	1.3	22.1
薬物摂取、飲酒による運転	1,158.5	109.2	1,147.5	895.8	8.2	887.6	262.7	2.7	260.0
酒類法違反	48.2	90.2	368.0	326.8	55.4	271.4	131.4	34.7	96.6
酩酊	488.1	11.4	476.8	406.8	8.5	398.3	81.3	2.9	78.4
治安紊乱行為	529.5	136.1	393.3	387.1	90.8	296.2	142.4	45.3	97.1
浮浪罪	26.6	2.2	24.4	20.9	1.6	19.3	5.7	0.6	5.1
その他の罪状（交通違反を除く）	306.1	263.4	2,800.8	2,337.1	194.2	2,142.9	727.0	69.2	657.9
不審	1.6	-	1.4	1.2	-	1.0	-	-	-
外出・滞留禁止令違反	91.0	91.0	(X)	63.1	63.1	(X)	28.0	28.0	(X)
逃亡	75.8	75.8	(X)	34.0	34.0	(X)	41.8	41.8	(X)

- ゼロを示す　X 該当なし　1．盗品の売却、受領、所持　2．強姦および売春を除く
資料：U.S. Department of Justice, Federal Bureau of Investigation, Uniform Crime Reports, Arrests Master Files

No.325. 逮捕者数――人種別：2009年

[統一犯罪統計報告プログラム（UCR）に基づく。2億3963万9971人の人口をカバーする12,371の捜査当局による逮捕件数（起訴件数ではない）。FBIによる推計値。表No.324の頭注参照]

犯罪	合計	白人	黒人	アメリカインディアンおよびアラスカ原住民	アジア系および太平洋諸島民
合計	10,690,561	7,389,208	3,027,153	150,544	123,656
暴力犯罪	456,965	268,346	177,766	5,608	5,245
殺人および作為的殺人	9,739	4,741	4,801	100	97
強姦	16,362	10,644	5,319	169	230
強盗	100,496	43,039	55,742	726	989
加重暴行	330,368	209,922	111,904	4,613	3,929
財産犯罪	1,364,409	922,139	406,382	17,599	18,289
住居侵入窃盗	234,551	155,994	74,419	2,021	2,117
窃盗	1,056,473	719,983	306,625	14,646	15,219
自動車窃盗	63,919	39,077	23,184	817	841
放火	9,466	7,085	2,154	115	112
その他の暴行	1,032,502	672,865	332,435	15,127	12,075
偽造、変造罪	67,054	44,730	21,251	345	728
詐欺	161,233	108,032	50,367	1,315	1,519
横領	13,960	9,208	4,429	75	248
財産罪	82,714	51,953	29,357	662	742
破壊行為	212,173	157,723	48,746	3,352	2,352
武器（携帯等）	130,503	74,942	53,441	951	1,169
売春および商業目的の性的不道徳行為	56,560	31,699	23,021	427	1,413
性的違法行為[1]	60,175	44,240	14,347	715	873
麻薬常用者による違法行為	1,301,629	845,974	437,623	8,588	9,444
賭博	8,046	2,290	5,518	27	211
家族および児童に対する違法行為	87,232	58,068	26,850	1,690	624
薬物摂取、飲酒による運転	1,105,401	954,444	121,594	14,903	14,460
酒類法違反	444,087	373,189	50,431	14,876	5,591
酩酊	469,958	387,542	71,020	8,552	2,844
治安紊乱行為	515,689	326,563	176,169	8,783	4,174
浮浪罪	26,347	14,581	11,031	543	192
その他の罪状（交通違反を除く）	2,929,217	1,937,221	911,670	43,880	36,446
不審	1,513	677	828	1	7
外出・滞留禁止令違反	89,578	54,439	33,207	872	1,060
逃亡	73,616	48,343	19,670	1,653	3,950

1．強姦および売春を除く
資料：U.S. Department of Justice, Federal Bureau of Investigation, "Crime in the United States, Arrests,"（2010年9月）; 〈http://www.fbi.gov/ucr/cius2009/arrests/index.html〉

No.326. 薬物乱用犯罪における青少年逮捕者数：1980－2009年

[12月31日を年度末とする。青少年は18歳以下を示す。同年度内に同一人が複数回逮捕される場合もあるので、本表では同一人が複数回複数回含まれることがある]

犯罪	1980	1990	2000	2003	2004	2005	2006	2007	2008	2009
薬物乱用、計	86,685	66,300	146,594	134,746	135,056	137,809	145,153	143,270	134,661	130,317
販売、製造	13,004	24,575	26,432	21,987	21,136	21,607	22,466	21,493	19,467	18,840
ヘロイン、コカイン	1,318	17,511	11,000	7,848	7,852	7,863	8,261	7,334	6,288	4,975
マリファナ	8,876	4,372	11,792	10,463	9,743	9,845	10,333	10,640	9,678	9,871
合成麻薬	465	346	945	1,043	1,119	1,071	1,262	1,162	1,093	1,170
麻酔薬以外の危険薬物	2,345	2,346	2,695	2,633	2,422	2,828	2,610	2,357	2,408	2,824
所持	73,681	41,725	120,432	112,759	113,920	116,202	122,687	121,777	115,194	111,477
コカイン、ヘロイン	2,614	15,194	12,586	9,932	10,805	11,131	12,024	9,756	7,944	6,208
マリファナ	64,465	20,940	95,962	87,909	87,717	88,909	95,120	97,671	93,042	90,927
合成麻薬	1,524	1,155	2,052	2,872	3,279	3,235	3,337	3,142	3,286	3,385
麻酔薬以外の危険薬物	5,078	4,436	9,832	12,046	12,119	12,927	12,206	11,208	10,922	10,957

資料：U.S. Department of Justice, Federal Bureau of Investigation Uniform Crime Reports, Arrests Master File

No.327. 薬物乱用犯罪の検挙率：1990－2005年／地域別：2009年

[人口10万人あたり。12月31日を年度末とする。センサス局の7月1日現在の推計居住者人口に基づく。ただし1990年と2000年は、4月1日現在の算定人口。地域の構成については表紙裏の地図を参照。本書前年版の表No.324も参照]

犯罪	1990	2000	2005	2009 計	2009 地域 東北部	2009 地域 中西部	2009 地域 南部	2009 地域 西部
逮捕者、計	435.3	587.1	600.9	416.0	382.5	295.3	425.8	538.9
販売、製造	139.0	122.7	109.9	76.9	85.4	57.9	76.9	87.9
ヘロイン、コカイン[1]	93.7	60.8	47.8	29.5	48.6	15.0	29.1	28.7
マリファナ	26.4	34.2	29.6	25.2	24.4	26.1	21.7	30.4
合成・人工の薬物	2.7	6.4	8.6	7.5	5.5	3.9	13.2	3.3
その他の危険薬物	16.2	21.3	23.9	14.8	6.9	12.9	13.0	25.5
所有	296.3	464.4	490.9	339.1	297.1	237.4	348.9	451.0
ヘロイン、コカイン[1]	144.4	137.3	131.5	72.8	71.8	31.6	71.9	113.5
マリファナ	104.9	244.4	228.9	190.0	179.5	157.7	216.5	186.1
合成・人工の薬物	6.6	12.0	21.0	15.6	10.8	11.4	21.3	14.2
その他の危険薬物	40.4	69.4	109.6	60.7	35.0	36.6	39.2	137.3

1．モルヒネ、ヘロイン、コデイン等の派生物も含む
資料：U.S. Department of Justice, Federal Bureau of Investigation, Uniform Crime Reports, Arrests Master Files および未刊行資料

No.328. 連邦政府による麻薬犯罪の逮捕と押収——麻薬の種類別：2000－2010年

[表示年は会計年度末。表示年に終わる会計年度。改訂済みデータ。過去の押収薬物の量は、Federal-wide Drug Seizure System (FDSS) より入手。National Seizure System(NSS)が新設され、全国で押収される違法薬物量についてのデータを収集している。最近の押収量はNSSに拠る]

薬物	2000	2003	2004	2005	2006	2007	2008	2009	2010
逮捕件数、計[1][2]	36,845	26,021	26,863	28,118	27,326	27,493	25,783	27,115	27,200
ヘロイン	3,622	2,527	2,491	2,453	2,361	2,169	2,610	3,063	2,991
コカイン	16,375	11,389	11,979	13,045	13,104	12,885	12,168	11,738	10,726
大麻[3]	8,572	6,032	6,312	6,115	6,003	6,887	6,271	7,511	8,108
メタンフェタミン（通称「スピード」）	8,276	6,073	6,081	6,505	5,858	5,552	4,734	4,803	5,375
押収量（ポンド）、計	1,451,412	3,746,766	3,248,585	2,907,197	3,007,207	3,973,738	3,397,766	4,575,249	4,499,621
コカイン	61,051	106,530	104,836	112,076	142,859	124,713	108,838	127,789	137,823
ヘロイン	1,590	5,968	4,159	4,005	4,404	3,633	4,114	4,941	6,234
大麻[3]	1,383,189	3,622,057	3,126,441	2,777,560	2,847,150	3,832,127	3,271,081	4,428,160	4,333,348
メタンフェタミン（通称「スピード」）	5,582	12,211	13,149	13,556	12,794	13,265	13,733	14,359	22,216

1．逮捕件数は麻薬取締当局によるもののみ　2．その他の麻薬関連の逮捕件数を含む　3．ハシッシュを含む
資料：U.S. Drug Enforcement Administration, Stats and Facts および National Seizure System (NSS) からの未刊行資料；〈www.usdoj.gov/dea/statistics.html〉も参照

No.329. 小火器の購買に関する身元調査：1994－2009年

[単位：1,000件（12,740は1274万を表す）。ブレイディ法（拳銃による暴力犯罪予防法）により、連邦火器販売許可証を持つ火器の販売者は、火器の購入希望者の身元調査を求められる]

調査と諾否	1994-1998 計[1]	ブレイディ法[2]									
		2000	2001	2002	2003	2004	2005	2006	2007	2008	2009
申請と却下											
申請数	12,740	7,699	7,958	7,806	7,831	8,084	8,278	8,612	8,658	9,901	10,764
却下数	312	153	151	136	126	126	132	135	136	147	150
却下率	2.4	2.0	1.9	1.7	1.6	1.6	1.6	1.6	1.6	1.5	1.4
却下の主たる理由：											
重罪による起訴・前科	44	88	87	65	53	53	57	52	49	77	67
その他	18	65	64	71	73	73	75	83	87	70	83
申請1000件あたりの重罪を理由とする却下数	(NA)	11.4	10.9	8.3	6.8	6.6	6.9	6.0	5.7	7.2	6.2

NA データなし 1. 申請者の身元調査は、主として拳銃購入に関して、州または地方の機関が実施する。"Presale Handgun Checks, the Brady Interim Period, 1994-98"（NCJ 175034）を参照 2. 1998年11月30日にブレイディ拳銃暴力犯罪防止法（Brady Handgun Violence Prevention Act, PL.103-159, 1993年）が発効し、連邦政府の認可する火器販売、質屋、銃砲店による拳銃と長銃の取引が記録されている
資　料：U.S. Department of Justice, Office of Justice Programs, Bureau of Justice Statistics, "Background Checks for Firearm Transfers-Statistical Tables, 2009," Series NCJ 231679（2010年10月）; 〈http://bjs.ojp.usdoj.gov /index.cfm?ty=pbdetail&iid=1706〉

No.330. 警察官殺害件数と暴行件数：1990－2009年

[本表に示す統計は、全米および海外領土の法執行当局から収集された、FBIの殺害および暴行を受けた法執行官（LEOKA）プログラムによる。統計には、任務遂行中の犯罪による死亡、事故死、州・地方・部族・連邦の法執行官の任務中に受けた暴行を含む。地域の構成については、表紙裏の地図を参照。『アメリカ歴史統計』系列H987-998も参照]

項目	1990	1995	2000	2004	2005	2006	2007	2008	2009
殺害									
殺害件数、計	132	133	134	139	122	114	141	109	96
地域：									
東北部	13	16	13	18	12	12	13	14	13
中西部	20	19	32	25	23	20	20	14	14
南部	68	63	67	66	58	48	78	52	42
西部	23	32	19	24	24	31	28	26	25
プエルトリコ	8	2	3	5	5	3	1	2	2
島嶼部、外国	−	1	−	1	−	−	1	1	−
凶悪犯罪	65	74	51	57	55	48	58	41	48
小火器	56	63	47	54	50	46	56	35	45
けん銃	47	44	33	36	42	36	39	25	28
ライフル	8	14	10	13	3	8	8	6	15
ショットガン	1	5	4	5	5	2	8	4	2
Type of firearm not repoted	−	−	−	−	−	−	1	−	−
鈍器	−	−	−	−	−	−	−	−	−
爆弾	−	8	−	−	−	−	−	2	−
ナイフ	3	1	1	1	−	−	−	−	−
手、こぶし、足等[1]	2	−	−	−	−	−	−	−	−
車両	1	2	3	2	5	2	2	4	3
その他	3	−	−	−	−	−	−	−	−
事故	67	59	83	82	67	66	83	68	48
暴行									
人口(1,000人)[2]	197,426	191,759	204,599	226,273	222,874	227,361	234,734	238,731	243,764
報告機関数	9,343	8,503	8,940	10,589	10,119	10,596	10,973	10,835	11,451
機関被雇用者数	410,131	428,379	452,531	501,462	489,393	504,147	523,944	541,906	556,155
被暴行者数、計	72,091	57,762	58,398	59,692	57,820	59,396	61,257	61,087	57,268
小火器	3,651	2,354	1,749	2,114	2,157	2,290	2,216	2,292	1,994
ナイフまたは刃物	1,647	1,356	1,015	1,123	1,059	1,055	1,028	958	880
その他の武器	7,423	6,414	8,132	8,645	8,379	8,611	8,692	8,466	7,801
手、こぶし、足等[1]	59,370	47,638	47,502	47,810	46,225	47,440	49,321	49,371	46,593

− ゼロを示す 1. 手、拳、足などをふくむ 2. 法執行機関の管轄する人口
資　料：U.S. Department of Justice, Federal Bureau of Investigation, Crime Statistics Management Unit, LEOKA Program

No.331. 合衆国最高裁判所――上告および処理件数：1980－2010年

[裁判所の開延期は10月の第1曜に始まる。関連統計（比較不能）として『アメリカ歴史統計』系列H1060-1078も参照]

訴訟	1980	1990	1995	2000	2005	2007	2008	2009	2010
訴訟事件一覧表にある総件数	5,144	6,316	7,565	8,965	9,608	9,602	8,966	9,302	9,066
上告件数	2,749	2,351	2,456	2,305	2,025	1,969	1,941	1,908	1,895
開廷以前	527	365	361	351	354	355	345	328	337
開廷期間中	2,222	1,986	2,095	1,954	1,671	1,614	1,596	1,580	1,558
上告件数	2,324	2,042	2,130	2,024	1,703	1,666	1,654	1,607	1,618
再審承認	167	114	92	85	63	85	78	69	76
否認、却下または撤回	1,999	1,802	1,945	1,842	1,554	1,529	1,505	1,452	1,461
即決結審	90	81	62	63	46	30	29	45	45
非上告件数	425	309	326	281	322	303	287	301	277
貧民訴訟件数	2,371	3,951	5,098	6,651	7,575	7,628	7,021	7,388	7,167
上告件数[1]	2,027	3,436	4,514	5,736	6,533	6,753	6,214	6,524	6,250
再審承認	17	27	13	14	15	10	9	8	14
否認、却下または撤回	1,968	3,369	4,439	5,658	6,459	6,562	6,136	6,465	6,195
即決結審	32	28	55	61	58	175	65	46	37
非上告件数	344	515	584	915	1,042	875	807	864	917
第1審件数	24	14	11	9	8	5	4	6	4
期間中に処理された件数	7	3	5	2	4	1	1	2	2
法廷弁論総件数	264	201	145	138	122	125	136	125	131
処理件数	162	131	93	89	87	78	88	86	88
弁論件数	154	125	90	86	88	75	87	82	86
却下または差し戻された弁論を伴わない件数	8	6	3	3	1	3	1	4	2
残りの件数	102	70	52	49	31	47	48	40	43
署名入り鑑定により決定された訴訟	144	121	87	83	82	72	83	77	83
全裁判官一致の判決	8	4	3	4	5	2	3	4	3
署名入り鑑定数	123	112	75	77	69	67	74	73	75

― ゼロを示す　1．個別には明示しない再審を認められた件数、および次期に持ち越された件数を含む
資料：Office of the Clerk, Supreme Court of the United States, 未刊行資料

No.332. 連邦裁判所の公判数：2000-2010年

[6月30日を年度末とする]

公判数	2000	2005	2006	2007	2008	2009	2010
連邦高等裁判所：							
公判開始数	54,642	67,999	68,313	58,809	59,406	59,399	56,097
公判終了数	56,509	59,577	67,772	63,916	59,152	60,144	59,343
公判継続数	40,815	57,349	57,996	51,849	52,478	50,954	47,708
連邦地方裁判所、民事：							
公判開始数	263,049	282,758	244,343	272,067	256,354	257,204	285,215
公判終了数	260,277	280,455	264,734	249,960	230,930	255,361	295,909
公判継続数	247,973	266,938	245,667	260,769	295,414	298,493	[1] 287,799
刑事裁判（移動数を含む）：							
公判開始数	62,523	69,876	67,872	67,503	70,024	75,324	78,213
被告人数	84,147	92,356	89,956	88,006	91,782	96,718	100,031
公判終了数	57,543	65,239	67,448	67,791	69,008	74,478	77,633
公判継続数	46,796	70,692	72,417	73,419	75,566	78,186	78,766
連邦破産裁判所：							
公判開始数	1,276,922	1,637,254	1,484,570	751,056	967,831	1,306,315	1,572,597
公判終了数	1,271,300	1,583,959	1,821,396	862,382	929,206	1,109,993	1,441,419
公判継続数	1,396,916	1,748,038	1,423,342	1,312,016	1,325,220	1,527,073	1,658,318
有罪判決後の保護観察処分：							
保護観察中の人数	99,577	113,008	113,697	115,930	120,051	123,839	126,642
公判前司法取引：							
司法取引開始件数	86,067	98,946	99,508	95,955	98,862	103,610	110,666
司法取引開始件数	84,107	97,045	97,800	94,384	97,315	102,434	109,711
ディバージョン取引開始件数	1,960	1,901	1,708	1,571	1,547	1,176	965
保護観察処分つきの釈放件数	31,607	34,348	33,816	32,361	32,460	29,937	29,748
公判前の司法取引による保護観察処分	31,927	32,438	32,112	30,865	31,089	28,754	28,440
ディバージョンによる保護観察処分（前科がつかない）	2,166	1,910	1,704	1,496	1,371	1,183	1,308

1．データは改訂済
資料：Administrative Office of the United States Courts, *Statistical Tables for the Federal Judiciary*, <http://www.uscourts.gov/Statistics/StatisticalTablesForTheFederalJudiciary.aspx>

No.333. 合衆国地方裁判所における民事訴訟件数（結審・係争中）——裁判権および提訴内容別：2009および2010年

[6月30日を年度末とする1年]

訴訟形態	訴訟件数 2009	訴訟件数 2010	結審件数 2009	結審件数 2010	係争中（公判継続）2009	係争中（公判継続）2010
訴訟数、計[1]	257,204	285,215	255,361	295,909	297,257	287,799
裁判権						
合衆国：						
合衆国が原告	9,030	8,427	9,569	8,849	7,672	7,099
合衆国が被告	33,286	34,306	33,348	32,358	30,259	31,763
民間事件：						
連邦問題	133,697	137,776	133,684	137,889	137,309	135,724
州籍相違	81,188	104,703	78,758	116,807	121,955	113,205
提訴内容						
契約訴訟[1]	35,229	31,461	35,828	33,643	30,019	27,467
過剰支払いの回復[2]	3,214	3,079	3,245	3,088	1,625	1,551
財産訴訟[1]	5,413	6,809	5,170	6,153	4,719	5,448
抵当物件の受け戻し権喪失	2,639	3,836	2,277	3,103	1,599	2,291
私犯訴訟	61,936	87,256	60,584	98,184	116,918	109,939
個人傷害	57,332	82,057	56,612	93,158	111,747	104,803
個人傷害所産義務[1]	43,055	66,958	40,772	78,754	86,662	79,230
その他個人傷害[1]	14,277	15,099	15,840	14,404	25,085	25,573
医療過誤	1,076	1,120	1,142	1,127	1,274	1,256
個人財産傷害	4,604	5,199	3,972	5,026	5,171	5,136
制定法に基づく訴訟[1]	154,572	159,683	153,688	157,897	145,512	144,925
破産訴訟	2,334	2,615	2,588	2,352	1,570	1,767
公民権[1]	33,188	34,427	32,156	33,351	35,629	36,226
雇用	13,778	14,343	13,714	13,875	15,500	15,786
環境問題	735	826	718	903	1,236	1,146
収監者申請	52,237	51,748	52,254	52,074	46,080	44,787
没収および罰金	2,322	2,297	2,471	2,332	2,066	1,990
労働基準法	17,153	18,878	17,298	18,527	14,954	15,112
移民	2,166	1,853	1,689	1,553	852	896
財産権保護[3]	8,714	8,519	9,452	8,487	8,234	8,105
有価証券・商品取引および為替	1,720	1,442	1,781	1,938	3,469	2,891
社会保障法	13,222	13,725	13,143	13,277	13,216	13,581
税訴訟	1,411	1,171	1,452	1,337	1,306	1,124
情報の自由	279	315	273	313	370	367
その他の提訴内容	54	6	91	32	89	20

NA データなし　1．個別に示さないその他のタイプを含む　2．学生ローンに関する訴訟、退役軍人給付の支払い超過について移転された件を含む　3．著作権、特許権、商標権を含む
資料：Administrative Office of the United States Courts, "Statistical Tables for the Federal Judiciary,"〈http://www.uscourts.gov/Statistics/StatisticalTablesForTheFederalJudiciary.aspx〉も参照

No.334. 米国控訴裁判所——提訴内容または地方裁判所の判決を不服とする上訴：2000－2010年

[6月30日を年度末とする1年。合衆国連邦巡回区控訴裁判所のデータは除外。件数には、その年度に初めて上訴された件数のほか、再開・再拘置・回復（手続き上の齟齬により一旦停止となった事件の再開）件数を含む]

訴訟および犯罪・違反の種類	2000	2005	2006	2007	2008	2009	2010
総件数	46,682	48,907	47,743	43,789	43,671	45,490	43,880
刑事事件	10,570	15,831	15,426	13,583	13,011	14,259	12,863
民事事件	36,112	33,076	32,317	30,206	30,660	31,231	31,017
合衆国事件	8,707	9,055	8,791	7,541	7,688	8,536	7,772
合衆国が原告	615	356	359	387	386	382	435
合衆国が被告	8,092	8,699	8,432	7,154	7,302	8,154	7,337
民間事件	27,405	24,021	23,526	22,665	22,972	22,695	23,245
連邦問題	24,155	21,000	20,826	19,998	20,289	20,044	20,599
州籍相違	3,239	3,020	2,698	2,664	2,678	2,651	2,646
地方裁判所の一般管轄権	11	1	−	3	5	−	−
刑事事件	10,570	15,831	15,426	13,583	13,011	14,259	12,863
暴力犯罪	683	768	805	703	637	653	621
財産犯罪	1,520	1,974	1,788	1,626	1,585	1,526	1,624
ドラッグ	4,388	5,962	5,966	5,237	5,125	6,519	5,066
火器、爆発物	1,029	2,488	2,404	2,057	1,947	1,997	1,927
性犯罪	190	403	491	520	611	657	651
司法制度	179	216	201	185	166	172	142
移民法	1,109	2,888	2,635	2,198	1,663	1,644	1,787
一般犯罪	579	553	573	574	484	432	411
その他	893	579	563	483	793	659	1,045

− ゼロまたは概数でゼロを示す
資料：Administrative Office of the United States Courts, "Statistical Tables for the Federal Judiciary,"〈http://www.uscourts.gov/Statistics/StatisticalTablesForTheFederalJudiciary.aspx〉

No.335. 各州の事実審裁判所における訴訟開始件数――取扱い事件別：2008年

[訴訟開始件数は、2008年裁判所統計プロジェクトに報告された、新訴件数に、再開及び復活の件数も含む。数値は不完全であったりまた包括的にすぎるものも含まれる。裁判所統計プロジェクトに報告されるデータは、各州の裁判所制度を概観するためのものであるため、本表に示す数値の比較は、他の情報と照らし合わせた上で行う必要がある]

州	計	民事[1]	家族関係[2]	刑事事件[3]	少年犯罪[4]	交通違反／軽犯罪[5]
合衆国	106,091,588	19,400,641	5,665,558	21,264,621	2,078,773	57,681,995
アラバマ	2,091,345	224,447	90,902	275,075	59,012	1,441,909
アラスカ	155,868	25,616	13,034	39,414	2,853	74,951
アリゾナ	2,907,386	343,888	133,695	763,038	21,355	1,645,410
アーカンソー	1,453,913	140,867	51,655	580,700	25,357	655,334
カリフォルニア	9,552,781	1,163,889	443,531	1,724,310	148,920	6,072,131
コロラド	1,023,124	324,301	51,197	187,796	22,157	437,673
コネティカット	887,407	260,218	36,118	167,483	30,611	392,977
デラウェア	546,659	65,265	40,090	402,491	8,062	30,751
コロンビア特別区	125,549	69,104	12,466	36,018	4,407	3,554
フロリダ	5,431,345	1,419,204	503,648	1,503,985	196,204	1,808,304
ジョージア	3,478,995	1,029,507	161,156	649,760	117,371	1,521,201
ハワイ	607,461	32,116	13,282	112,209	18,063	431,791
アイダホ	488,252	82,253	22,549	133,695	16,150	233,605
イリノイ	4,301,942	642,701	140,183	512,133	29,248	2,977,677
インディアナ	2,041,939	512,956	104,980	307,275	59,584	1,057,144
アイオワ	1,049,323	184,370	44,179	91,962	12,215	716,597
カンザス	977,869	195,021	38,117	57,866	20,025	666,840
ケンタッキー	1,048,240	284,899	84,059	251,252	43,850	384,180
ルイジアナ	1,908,961	288,155	56,528	364,760	45,264	1,154,254
メーン	282,265	43,593	15,144	71,218	4,809	147,501
メリーランド	2,335,335	1,014,391	100,127	310,788	40,007	870,022
マサチューセッツ	912,769	424,672	135,878	51,940	44,760	255,519
ミシガン	4,397,286	824,665	124,925	1,012,366	59,787	2,375,543
ミネソタ	1,541,192	236,782	47,886	176,570	53,287	1,026,667
ミシシッピ	121,134	69,439	50,881	(NA)	814	(NA)
ミズーリ	2,222,379	318,115	108,767	189,227	15,270	1,591,000
モンタナ	362,368	64,779	13,318	52,247	2,420	229,604
ネブラスカ	475,496	119,386	26,305	141,814	12,623	175,368
ネバダ	920,049	187,511	56,395	156,489	26,275	493,379
ニューハンプシャー	212,535	54,519	5,641	77,774	2,206	72,395
ニュージャージー	7,859,400	918,527	233,652	757,009	76,420	5,873,792
ニューメキシコ	424,844	93,370	39,739	114,182	7,576	169,977
ニューヨーク	4,492,488	1,852,112	669,874	749,317	76,389	1,144,796
ノースカロライナ	3,472,479	591,007	134,273	1,853,505	40,945	852,749
ノースダコタ	187,330	33,727	17,071	39,962	9,806	86,764
オハイオ	4,130,751	915,127	243,594	901,902	166,671	1,903,457
オクラホマ	579,951	209,142	37,432	110,209	15,706	207,462
オレゴン	611,641	202,283	45,318	93,433	17,152	253,455
ペンシルベニア	3,926,852	463,311	370,109	553,290	63,302	2,476,840
ロードアイランド	230,196	67,518	12,010	42,283	9,878	98,407
サウスカロライナ	2,540,989	346,478	58,486	823,309	16,617	1,296,099
サウスダコタ	251,819	58,416	13,946	28,410	11,787	139,260
テネシー	483,341	70,240	86,445	173,196	136,178	17,282
テキサス	13,303,834	913,184	378,271	2,565,242	49,235	9,397,902
ユタ	852,682	133,650	22,052	121,922	50,570	524,488
バーモント	191,072	25,545	21,034	17,862	2,042	124,589
バージニア	4,172,951	1,017,606	347,319	1,163,226	100,315	1,544,485
ワシントン	2,637,545	307,898	66,323	358,463	46,364	1,858,497
ウエストバージニア	428,779	81,166	52,903	144,496	9,571	140,643
ウィスコンシン	1,018,228	300,005	52,644	144,501	19,748	501,330
ワイオミング	186,057	36,782	1,222	30,592	1,708	115,753
プエルトリコ	247,292	116,918	35,205	76,655	7,827	10,687

NA データなし　1．不法行為、契約、不動産、少額請求、メンタルヘルス、遺言検認、民事控訴を含む　2．離婚／婚姻解消、親権、養育権、養育費、訪問、養子縁組、市民保護または接近禁止命令を含む　3．重罪、軽犯罪、限定的な裁判権を持つ裁判所からの上訴を含む　4．少年犯罪、少年従属事件（虐待や養育放棄を受けた少年の事件）、未成年者の違反状態（特段の理由なく就学しない、等）を含む　5．刑事事件とならない交通違反、駐車違反、条例違反を含む

資料：National Center for State Courts, "State Court Caseload Statistics, An Analysis of 2008 State Court Caseloads," (2010年11月); <http://www.courtstatistics.org>

No.336. 地方裁判所における陪審員：2006－2010年

[9月30日を年度末とする。陪審員選任手続き期間を示す。選任後の裁判の期間は含まれない]

陪審選任	2006	2007	2008	2009	2010
小陪審					
陪審員選任またはオリエンテーションに参加…	323,928	307,204	297,820	282,668	262,376
小陪審に選任された者（％）	24.5	23.3	23.0	22.2	22.7
小陪審として忌避された者（％）	38.8	38.6	39.8	37.9	38.5
選任も忌避もされなかった者（％）	36.7	38.1	37.3	39.9	38.7
予備尋問[1]	24.5	24.0	24.2	24.9	24.9
予備尋問なし[2]	13.7	13.3	13.2	15.0	13.9
選任陪審員、計	6,839	6,139	6,039	5,378	5,332
大陪審					
大陪審（団数）	758	733	749	766	784
陪審員が召集された裁判（開廷数）	9,399	9,279	9,357	9,257	9,277
大陪審に出席した陪審員数	187,646	185,083	186,586	186,194	186,020
1開廷あたりの平均陪審員数	20.0	19.9	19.9	20.1	20.1
大陪審裁判の時間数	45,718	45,197	44,731	44,676	44,845
1開廷あたりの平均時間	4.9	4.9	4.8	4.8	4.8

1. 事前調査の質問票に答えたかあるいは予備質問の実施時に法廷に出席した者　2. 法廷に呼ばれない、あるいは予備質問の場に参加しないなど、選任も忌避もされなかった陪審候補者

資料：Administrative Office of the United States Courts, *Judicial Business of the United States Courts*（年刊）；〈http://www.uscourts.gov/Statistics/JudicialBusiness.aspx〉も参照

No.337. 詐欺およびID窃盗――消費者の苦情申し立て――州別：2010年

[人口10万人あたりの率。10月31日現在。センサス局の人口推計値に基づく。連邦取引委員会（Federal Trade Commision=FTC）は、Consumer Sentinel と呼ばれるデータベースを開発・運営して、消費者の苦情のデータを収集している。このデータベースは、FTCと115以上の組織から消費者詐欺とID窃盗の情報を収集して、法の執行を可能にするべく努めている。協力機関のリストは年次報告の付録を参照]

消費者の居住州	詐欺の申し立て[1] 件数	詐欺の申し立て[1] 率	ID窃盗の被害[1] 件数	ID窃盗の被害[1] 率	消費者の居住州	詐欺の申し立て[1] 件数	詐欺の申し立て[1] 率	ID窃盗の被害[1] 件数	ID窃盗の被害[1] 率
合衆国	1,088,411	352.5	250,854	81.2	MO	19,175	320.2	3,920	65.5
AL	13,457	281.5	3,339	69.9	MT	3,108	314.1	392	39.6
AK	2,731	384.5	342	48.2	NE	5,005	274.0	860	47.1
AZ	23,999	375.5	6,549	102.5	NV	10,757	398.3	2,423	89.7
AR	6,712	230.2	1,667	57.2	NH	4,702	357.2	503	38.2
CA	124,072	333.0	38,148	102.4	NJ	27,227	309.7	6,807	77.4
CO	21,012	417.8	3,961	78.8	NM	6,053	294.0	1,773	86.1
CT	10,054	281.3	2,330	65.2	NY	52,113	268.9	16,494	85.1
DE	3,255	362.5	664	73.9	NC	27,415	287.5	5,986	62.8
DC	3,374	560.7	923	153.4	ND	1,235	183.6	199	29.6
FL	70,858	376.9	21,581	114.8	OH	32,847	284.7	6,844	59.3
GA	31,225	322.3	9,404	97.1	OK	10,038	267.6	2,234	59.6
HI	4,479	329.3	589	43.3	OR	13,508	352.6	2,256	58.9
ID	4,674	298.2	729	46.5	PA	38,024	299.3	9,025	71.0
IL	37,691	293.8	10,345	80.6	RI	2,865	272.2	579	55.0
IN	17,962	277.0	3,560	54.9	SC	12,982	280.7	2,726	58.9
IA	6,397	210.0	1,111	36.5	SD	1,766	216.9	200	24.6
KS	8,177	286.6	1,717	60.2	TN	19,271	303.7	4,175	65.8
KY	10,184	234.7	1,847	42.6	TX	71,164	283.0	24,158	96.1
LA	11,953	263.7	2,896	63.9	UT	8,151	294.9	1,488	53.8
ME	3,343	251.7	425	32.0	VT	1,654	264.3	245	39.2
MD	23,581	408.4	4,784	82.9	VA	28,369	354.6	5,065	63.3
MA	18,936	289.2	4,044	61.8	WA	24,627	366.2	4,646	69.1
MI	27,111	274.3	6,880	69.6	WV	4,249	229.3	750	40.5
MN	14,770	278.5	2,612	49.2	WI	14,716	258.8	2,553	44.9
MS	6,473	218.1	1,992	67.1	WY	1,652	293.1	290	51.5

1. 合衆国内に居住しない者および居住地が不明の者を含む

資料：U.S. Federal Trade Commission, *Consumer Sentinel Network Data Book*, for January-December 2010（2011年3月）；〈http://www.ftc.gov/sentinel/reports.shtml〉

No.338. 政治汚職に対する連邦起訴：1990－2009年

[12月31日現在。Federal Criminal Statutesに違反し、官公署の贈賄した者の告訴]

訴訟状況	1990 起訴	1990 有罪	1990 公判待ち	2000 起訴	2000 有罪	2000 公判待ち	2005 起訴	2005 有罪	2005 公判待ち	2009 起訴	2009 有罪	2009 公判待ち
計[1]	1,176	1,084	300	1,000	938	327	1,163	1,027	451	1,082	1,061	473
連邦公務員	615	583	103	441	422	92	445	390	118	425	426	107
州公務員	96	79	28	92	91	37	96	94	51	93	102	57
地方公務員	257	225	98	211	183	89	309	232	148	270	257	148
その他の関係者	208	197	71	256	242	109	313	311	134	294	276	161

1. 個別に明示しない公務員、雇用者ではないが、違法行為を犯した公務員、雇用者にかかわった者を含む

資料：U.S. Department of Justice, Criminal Division, *Report to Congressen the Activities and Operations of the Public Integrity Section*, 〈http://www.usdoj.gov/criminal/pin/〉

No.339. 金融犯罪：2003－2009年

[9月30日に終わる年度。FBIは、企業債、証券および商品市場詐欺、医療詐欺、抵当詐欺、保険詐欺、マスマーケティング詐欺、およびマネーロンダリング等の金融犯罪の捜査を重視している。FBIの金融犯罪局（FCS）が、これらの金融犯罪を担当している。FCSは金融詐欺の捜査を監督し、連邦犯罪による資金の没収を可能にしている。抵当詐欺を含む金融詐欺に関する詳細については、http://www.fbi.gov/publications/financial/fcs_report2009/financial_crime_2009.htmを参照。抵当詐欺に関する詳細についてはhttp://www.fbi.gov/publications/fraud/mortgage_fraud09.hemlを参照]

金融詐欺の種類	単位指標	2003	2004	2005	2006	2007	2008	2009
企業詐欺：								
係争中	件数	279	332	423	486	529	545	592
起訴	件数	150	192	178	176	183	160	161
有罪判決	件数	143	126	150	134	181	134	162
損害回復	10億ドル	−	0.4	5.6	1.1	12.6	8.2	6.1
回収	1000ドル	37.0	28.0	68.0	41,400.0	27,400.0	6,590.0	16,100.0
罰金	100万ドル	3.0	117.1	122.4	14.2	38.6	193.7	5.3
押収	100万ドル	(NA)	20.8	12.6	82.4	70.1	9.3	40.6
証券／商品市場詐欺：								
係争中	件数	937	987	1,139	1,165	1,217	1,210	1510
起訴	件数	358	393	327	320	408	359	412
有罪判決	件数	320	305	363	279	321	302	309
損害回復	10億ドル	1.6	0.9	2.3	2.1	1.5	3.0	2.1
回収	100万ドル	28.6	13.0	76.3	20.6	25.4	43.7	47.3
罰金	100万ドル	16.7	12.5	14.8	80.7	202.8	128.5	7.4
押収	100万ドル	(NA)	11.9	281.9	41.8	83.0	77.5	85.0
保険詐欺：								
係争中	件数	326	289	270	233	209	177	152
起訴	件数	111	100	72	56	39	73	43
有罪判決	件数	172	77	79	66	47	60	42
損害回復	100万ドル	101.9	121.6	171.7	30.4	27.6	553.7	22.9
回収	1000ドル	115.0	34,200.0	913.0	14.0	21.0	10,400.0	31,400.0
罰金	1000ドル	810.0	330.0	112.0	212.0	447.0	31.0	138.0
押収	100万ドル	0.3	15.7	10.7	3.5	15.9	25.3	2.2
マスマーケティング詐欺：								
係争中	件数	236	192	161	147	127	100	92
起訴	件数	94	66	28	15	13	50	9
有罪判決	件数	93	64	43	46	11	23	23
損害回復	100万ドル	154.2	23.0	503.8	273.2	30.6	4.2	4.4
回収	1000ドル	125.0	1,900.0	4.0	468.0	542.0	173.0	−
罰金	1000ドル	4,900.0	11,100.0	362.0	86,900.0	121.0	23.0	2.1
押収	100万ドル	9.6	1.8	8.1	12.7	(Z)	−	(Z)
医療詐欺：								
係争中	件数	2,262	2,468	2,547	2,423	2,493	2,434	2,494
起訴	件数	523	693	589	588	847	851	982
有罪判決	件数	414	564	550	535	642	707	674
損害回復	10億ドル	1.1	1.0	1.1	0.4	1.1	1.1	1.3
回収	100万ドル	10.0	28.8	115.0	1,600.0	439.8	102.4	517.1
罰金	100万ドル	78.8	543.0	42.4	172.8	33.7	25.6	68.9
押収	100万ドル	79.7	60.4	52.7	28.9	86.1	48.3	55.7
マネーロンダリング：								
係争中	件数	496	509	507	473	443	404	350
起訴	件数	105	127	126	264	140	114	63
有罪判決	件数	61	69	91	112	115	134	96
損害回復	100万ドル	13.2	282.9	313.0	17.1	69.4	222.4	81.9
回収	100万ドル	2.9	0.8	9.3	3.2	2.7	20.9	0.6
罰金	100万ドル	2.4	0.9	0.3	0.4	11.4	34.1	1.5
押収	100万ドル	8.2	5.1	7.8	6.4	10.9	24.2	4.5
抵当詐欺：								
係争中	件数	(NA)	(NA)	721	881	1,211	1,644	2,794
起訴	件数	(NA)	(NA)	93	138	328	574	822
有罪判決	件数	(NA)	(NA)	60	123	283	354	494
損害回復	100万ドル	(NA)	(NA)	151.2	308.3	600.6	825.2	2,540.0
回収	100万ドル	(NA)	(NA)	(Z)	1.2	21.8	3.3	7.5
罰金	100万ドル	(NA)	(NA)	44.0	300.8	1.6	3.1	58.4
押収	100万ドル	(NA)	(NA)	(NA)	(NA)	5.1	6.6	5.0
疑わしい取引報告（SAR）[1][2] 抵当詐欺関連 違反件数：								
抵当詐欺	件数	6,936	17,127	21,994	35,617	46,717	63,713	67,190
商業ローン	件数	1,850	1,724	2,126	2,409	3,240	4,189	4,514
虚偽申告	件数	4,569	6,784	11,611	21,023	28,692	37,622	38,159
損害：								
抵当詐欺SAR	10億ドル	0.2	0.4	1.0	0.9	0.8	1.5	2.8
商業ローンSARの報告	10億ドル	1.0	1.1	0.7	0.5	1.0	1.9	1.7
虚偽申告SAR	10億ドル	0.4	0.5	1.0	1.4	0.8	2.5	2.1

− ゼロを示す NA データなし Z 5万ドル未満 1．連邦保険制度でカバーされる金融機関による報告 2．SARは報告が提出された年度に分類されるが、報告内容は前月あるいは前年の取引である場合もある

資料：U.S. Department of Justice, Federal Bureau of Investigation, *Financial Crimes Report to the Public and 2009 Mortgage Fraud Report, Year in Review*; <http://www.fbi.gov/stats-services/publications/financial-crimes-report-2009/financial-crimes-report-2009> および <http://www.fbi.gov/stats-services/publications/mortgage-fraud-2009> も参照

No.340. 少年裁判所による少年犯罪裁判――犯罪の種類別：1990－2008年

[単位：1,000人（1,337は133万7000人を表す）。非行犯罪は、成人であれば刑事事件として裁判を受ける犯罪を青少年が犯した場合を指す。非行犯罪には、刑事事件として裁判される、事件の取り消し、保護観察に処す、施設に送致する、あるいは罰金、損害賠償、社会奉仕等の処置がとられる]

容疑	1990	1995	1999	2000	2001	2002	2003	2004	2005	2006	2007	2008
全青少年犯罪	1,337	1,800	1,730	1,710	1,687	1,678	1,687	1,689	1,696	1,647	1,658	1,653
立件率[1]	52.1	62.9	57.2	55.6	54.2	53.5	53.5	53.5	53.7	52.3	53.2	53.6
暴力犯罪[2]	256	398	405	397	402	403	410	417	431	413	410	403
殺人罪	2	3	2	1	1	1	1	1	1	1	1	1
強姦罪	4	6	4	4	4	4	4	4	4	4	4	4
強盗罪	28	42	26	22	21	21	21	21	25	29	31	33
加重暴行罪	53	73	54	51	49	47	48	49	51	50	49	48
財産犯罪[2]	776	901	723	697	660	653	643	630	611	586	600	617
住宅侵入窃盗罪	146	149	124	116	112	110	110	104	101	105	106	109
窃盗罪	344	429	327	322	299	298	291	289	273	245	260	281
自動車窃盗罪	70	53	38	38	38	38	38	34	32	29	27	23
放火罪	7	10	9	9	9	9	8	9	8	8	8	8
薬物法違反	71	161	183	186	190	183	183	184	184	181	184	180
公安犯罪[2]	233	340	418	431	436	439	451	458	471	466	464	454
執行妨害	88	135	201	214	213	209	215	210	212	212	213	212
騒乱	56	91	100	106	111	119	123	131	137	131	131	127
兵器犯罪	30	47	37	34	33	32	34	39	43	44	41	39
アルコール法違反	18	17	19	25	24	24	25	25	24	25	26	24
暴力を伴わない性的犯罪	11	10	13	14	14	14	14	14	13	12	12	12

1．件数は少年（10歳以上、上限は裁判所の管轄権により異なる）1000人あたりの裁判数。少年とみなされる上限年齢は州により異なる　2．合計は明示されていないその他の犯罪を含む

資料：National Center for Juvenile Justice, Pittsburgh, PA, *Juvenile Court Statistics*（年刊）；<http://ojjdp.ncjrs.gov/ojstatbb/default.asp>も参照

No.341. 少年裁判所による少年犯罪――犯罪の種類別、性別、人種別：1995－2008年

[表No.340の頭注参照]

性別、人種、犯罪	事件数				事件率[1]			
	1995	2000	2005	2008	1995	2000	2005	2008
男性、計	1,396,000	1,275,600	1,229,300	1,203,600	94.7	80.9	76.0	76.2
対人	300,500	286,400	302,500	284,400	20.4	18.2	18.7	18.0
財産	699,800	519,300	442,800	443,900	47.5	32.9	27.4	28.1
薬物	138,200	155,100	147,700	148,100	9.4	9.8	9.1	9.4
公安秩序	257,500	314,800	336,200	327,200	17.5	20.0	20.8	20.7
女性、計	404,200	434,700	466,700	449,700	28.9	29.1	30.3	29.9
対人	99,200	110,800	128,100	118,900	7.1	7.4	8.3	7.9
財産	204,100	177,300	168,000	172,800	14.6	11.9	10.9	11.5
薬物	23,600	30,400	35,900	31,400	1.7	2.0	2.3	2.1
公安秩序	77,200	116,100	134,800	126,700	5.5	7.8	8.8	8.4
白人、計	1,209,700	1,164,300	1,085,500	1,043,600	52.9	48.2	44.3	43.6
対人	237,400	248,200	244,800	226,400	10.4	10.3	10.0	9.5
財産	646,800	488,900	412,500	405,900	28.3	20.2	16.8	17.0
薬物	106,400	136,300	134,400	131,200	4.7	5.6	5.5	5.5
公安秩序	219,100	291,000	293,900	280,100	9.6	12.0	12.0	11.7
黒人、計	541,400	496,300	561,300	563,500	124.3	102.6	108.4	113.1
対人	152,300	138,900	175,100	167,100	35.0	28.7	33.8	33.5
財産	228,900	183,200	177,500	191,200	52.6	37.9	34.3	38.4
薬物	52,600	44,900	44,300	43,500	12.1	9.3	8.5	8.7
公安秩序	107,500	129,500	164,400	161,600	24.7	26.8	31.8	32.4
アメリカインディアン、計	26,200	26,000	25,000	23,500	69.6	57.0	54.5	53.7
対人	5,200	5,300	5,700	5,200	13.7	11.7	12.4	11.9
財産	15,200	12,700	10,200	9,400	40.2	27.8	22.2	21.4
薬物	1,500	2,500	2,900	2,700	4.0	5.5	6.3	6.2
公安秩序	4,400	5,500	6,200	6,200	11.8	12.1	13.6	14.2
アジア系、計	22,900	23,600	24,100	22,700	20.5	18.3	17.1	15.5
対人	4,800	4,800	5,000	4,500	4.3	3.7	3.6	3.1
財産	13,100	12,000	10,600	10,200	11.8	9.3	7.5	6.9
薬物	1,200	1,900	2,100	2,000	1.1	1.4	1.5	1.4
公安秩序	3,700	4,900	6,500	6,000	3.3	3.8	4.6	4.0

1．危険のある若者（10～17歳）1,000人あたり

資料：National Center for Juvenile Justice, Pittsburgh, PA, *Juvenile Court Statistics*（年刊）；<http://ojjdp.ncjrs.gov/ojstatbb/default.asp>も参照

No.342. 児童虐待および養育放棄の犠牲者——諸特徴別：2000－2009年

[全米児童虐待・養育放棄データシステム（NCANDS）への各州の児童虐待・養育放棄の申立件数開示に基づく。NCANDSは捜査対象あるいはそれに代わる対応のもとに保護された児童についてケースレベルでデータを収集している。各州は連邦法の下に、それぞれ児童虐待と養育放棄に関する定義を定めている。児童虐待とは、親または保護者による、児童の死亡、深刻な身体的精神的な危害、性的虐待または性的搾取にいたる作為または不作為の行為、あるいは児童に対し差し迫った危険や深刻な危害を与える作為・不作為の行為を示す。詳細については資料を参照]

項目	2000 人数	%	2005 人数	%	2008 人数	%	2009 人数	%
訴因[1]								
被害者、計[2]	864,837	116.5	900,642	113.1	773,792	115.0	762,940	116.2
遺棄	517,118	59.8	566,277	62.9	549,399	71.0	548,508	71.9
肉体的虐待	167,713	19.4	149,328	16.6	125,971	16.3	124,863	16.4
性的虐待	87,770	10.2	83,786	9.3	71,162	9.2	67,032	8.8
精神的虐待	66,965	7.7	63,438	7.0	55,236	7.1	53,326	7.0
医療ネグレクト	25,498	3.0	17,653	2.0	16,783	2.2	17,133	2.2
その他および不詳	146,184	16.9	137,946	15.3	71,237	9.2	75,561	9.9
性別[3]								
被害者、計[2]	864,837	100.0	882,239	100.0	770,868	100.0	762,940	99.4
男性	413,744	47.8	426,019	48.3	373,889	48.5	368,380	48.3
女性	446,230	51.6	456,220	51.7	396,979	51.5	389,936	51.1
年齢[3]								
被害者、計[2]	864,837	100.0	881,058	100.0	770,907	100.0	760,607	100.0
1歳未満	133,094	15.4	154,399	17.3	150,866	19.6	148,834	19.6
2－5歳	205,790	23.8	222,387	24.7	194,342	25.2	196,650	25.9
6－9歳	212,186	24.5	193,089	21.4	168,055	21.8	163,500	21.5
10－13歳	176,071	20.4	171,776	19.0	135,838	17.6	132,560	17.4
14－17歳	126,207	14.6	138,934	15.4	121,164	15.7	118,407	15.6
18歳以上	992	0.1	473	0.1	642	0.1	656	0.1

1．児童は複数の虐待を受けていることが多い。従ってこの項の合計は100％を超える　2．児童数は複数カウントされる。各事件のたびにカウントされるため　3．不詳データ

資　料：U.S. Department of Health and Human Services, Administration for Children and Families, Administration on Children, Youth and Families, Children's Bureau, *Child Maltreatment 2009*（年刊）；〈http://www.acf.hhs.gov/programs/cb/stats_research/index.htm#can〉も参照

No.343. 児童虐待および養育放棄の報告件数、捜査件数および被害児童数——州別：2009年

[表No.342の頭注を参照。本書前年版の表No.340も参照]

州 海外領土	18歳未満人口	申し立て件数[1]	捜査対象となった児童数[2][3]	被害者の児童数[3]	州 海外領土	18歳未満人口	申し立て件数[1]	捜査対象となった児童数[2][3]	被害者の児童数[3]
合衆国	75,512,062	2,000,488	3,635,686	762,940	MT	219,828	8,148	13,901	1,628
AL	1,128,864	18,651	27,629	8,295	NE	451,661	13,532	31,375	5,448
AK	183,546	6,100	10,752	3,959	NV	681,033	12,241	25,192	4,708
AZ	1,732,019	32,136	75,064	3,922	NH	289,071	7,880	11,649	984
AR	709,968	30,381	64,124	10,556	NJ	2,045,848	55,909	86,379	9,293
CA	9,435,682	235,812	449,388	79,799	NM	510,238	14,535	23,277	5,368
CO	1,227,763	33,978	52,510	11,881	NY	4,424,083	168,658	282,373	90,031
CT	807,985	24,937	36,946	9,756	NC	2,277,967	67,652	138,229	24,506
DE	206,993	5,862	13,936	2,071	ND	143,971	3886	6936	1254
DC	114,036	6,593	16,710	3,407	OH	2,714,341	78,098	119306	34,084
FL	4,057,773	153,733	339,289	49,078	OK	918,849	29,408	51,809	7,621
GA	2,583,792	28,095	67,686	23,921	OR	872,811	28584	46,592	11802
HI	290,361	2,871	5,404	2,072	PA	2,775,132	25,839	25,839	4,084
ID	419,190	6,966	11,027	1,634	RI	226,825	6,110	9,319	3,065
IL	3,177,377	68,591	150,304	29,836	SC	1,080,732	17,721	40,966	12,707
IN	1,589,365	67,505	104,677	24,108	SD	199,616	3,920	7,186	1,513
IA	713,155	24,940	38,623	13,007	TN	1,493,252	57,143	90,857	9,186
KS	704,951	17,942	26,645	1,363	TX	6,895,969	170,576	292,109	69,169
KY	1,014,323	47,633	73,029	17,470	UT	868,824	20,534	32,518	13,706
LA	1,123,386	22,804	37,255	9,660	VT	126,275	3,215	4,109	762
ME	271,176	6,288	10,596	4,073	VA	1,847,182	30,364	62,596	6,068
MD	1,351,935	28,929	41,611	16,771	WA	1,569,592	30,405	44,900	6,560
MA	1,433,002	42,447	84,424	38,958	WV	386,449	22,249	50,280	5,473
MI	2,349,892	75,441	188,341	32,463	WI	1,310,250	25,543	37,550	4,947
MN	1,260,797	17,678	25,083	4,961	WY	132,025	2,669	5,541	727
MS	767,642	19,717	31,284	7,883					
MO	1,431,338	49,755	71,849	5,451	PR	963,847	19,884	40,712	11,891

1．児童保護局（CPS）による虐待・養育放棄の申し立てののち、その後もCPSが介入するかしないかが決定される。介入が決定した児童が報告数となる　2．捜査または査定の対象となった児童数は、虐待の事実が立証されたもの、推定されたもの、虐待があったと査定されたもの、虐待の恐れがあると査定されたもの、を含む　3．捜査対象あるいはそれに代わる対応がとられたケースのうち、児童保護局によって虐待行為が認定されたもの

資　料：U.S. Department of Health and Human Services, Administration for Children and Families, Administration on Children, Youth and Families, Children's Bureau, *Child Maltreatment 2009*（年刊）；〈http://www.acf.hhs.gov/programs/cb/stats_research/index.htm#can〉も参照

No.344. 州・地方の法執行機関の雇用：2008年

[9月30日現在。全国の州および地方政府の法執行機関に対して4年毎に実施されるセンサスに基づく]

法執行機関の種類	機関数	被雇用者数					
		常勤			非常勤		
		計	宣誓職	民間職	計	宣誓職	民間職
計[1]	17,985	1,133,905	765,237	368,668	100,340	44,062	56,278
地方警察	12,501	593,003	461,054	131,949	58,129	27,810	30,319
保安官事務所	3,063	353,461	182,979	170,482	26,052	11,334	14,718
州警察	50	93,148	60,772	32,376	947	54	893
特務警察	1,733	90,262	56,968	33,294	14,681	4,451	10,230
コンスタブル・マーシャル	638	4,031	3,464	567	531	413	118

1．常勤の警察官、あるいは常勤と同等の非常勤の警察官のいない機関を除外

資料：U.S. Bureau of Justice Statistics, *Census of State and Local Law Enforcement Agencies, 2008*；<http://bjs.ojp.usdoj.gov/index.cfm?ty=pbdetail&iid=249>も参照

No.345. 刑事裁判――州・地方政府の1人当たり支出――州別：2007年

[単位：ドル。センサス局の実施する政府財政調査（毎年）および公務員調査（毎年）に基づく。7月1日現在のセンサス局による居住人口に基づく。付録Ⅲを参照]

州	司法制度全体	警察公安	裁判・司法	矯正	州	司法制度全体	警察公安	裁判・司法	矯正
合衆国	633	279	129	225	ミズーリ	452	238	78	136
アラバマ	463	211	87	165	モンタナ	539	215	134	189
アラスカ	980	347	280	353	ネブラスカ	471	202	85	184
アリゾナ	709	322	143	243	ネバダ	803	385	159	259
アーカンソー	400	169	73	158	ニューハンプシャー	443	225	93	125
カリフォルニア	963	381	236	347	ニュージャージー	747	353	159	235
コロラド	618	278	98	243	ニューメキシコ	686	304	143	239
コネティカット	626	259	177	189	ニューヨーク	861	393	176	291
デラウェア	835	346	181	309	ノースカロライナ	485	225	67	193
コロンビア特別区	1,373	851	139	384	ノースダコタ	402	166	96	140
フロリダ	697	345	119	232	オハイオ	538	258	139	142
ジョージア	552	224	96	232	オクラホマ	467	200	83	185
ハワイ	613	239	220	154	オレゴン	628	259	104	265
アイダホ	483	200	102	180	ペンシルベニア	579	215	119	245
イリノイ	566	317	104	146	ロードアイランド	640	311	120	209
インディアナ	400	175	71	154	サウスカロライナ	416	205	61	150
アイオワ	444	197	101	146	サウスダコタ	426	171	79	176
カンザス	480	244	98	138	テネシー	467	221	91	154
ケンタッキー	402	148	98	155	テキサス	505	220	88	198
ルイジアナ	647	277	128	242	ユタ	509	217	113	179
メーン	397	176	79	142	バーモント	508	228	97	183
メリーランド	744	317	132	296	バージニア	574	247	101	226
マサチューセッツ	634	282	153	199	ワシントン	577	219	113	245
ミシガン	572	233	104	236	ウエストバージニア	412	148	114	151
ミネソタ	555	272	121	162	ウィスコンシン	611	267	100	244
ミシシッピ	416	196	72	148	ワイオミング	836	335	174	327

資料：U.S. Department of Justice, Bureau of Justice Statistics, "Justice Expenditure and Employment Extracts 2007," Series NCJ 231540 (2010年9月); <http://bjs.ojp.usdoj.gov/index.cfm?ty=pbdetail&iid=2315>

No.346. 州裁判所の重罪判決：2000－2006年

[2006年は、推定120万5273人が連邦裁判所および州裁判所において、重罪による判決を受けた。そのうち、113万2290人が州裁判所による判決であり、大多数（94%）が有罪判決を受けた。量刑の宣告を受けた重罪人の約4分の3（77%）は単一の重罪で裁かれた]

最も重い罪による判決	州裁判所の重罪判決							
	2000		2002		2004		2006	
	件数	%	件数	%	件数	%	件数	%
事件数、計	924,700	100.0	1,051,000	100.0	1,078,920	100.0	1,132,290	100.0
暴力犯罪	173,200	18.7	197,030	18.8	194,570	18.0	206,140	18.2
殺人[1]	8,600	0.9	8,990	0.9	8,400	0.8	8,670	0.8
レイプ、性的暴行	31,500	3.4	35,500	3.4	33,190	3.1	33,200	2.9
強盗	36,800	4.0	38,430	3.7	38,850	3.6	41,740	3.7
加重暴行	79,400	8.6	95,600	9.1	94,380	8.7	100,560	8.9
その他の暴力犯罪[2]	17,000	1.8	18,510	1.8	19,750	1.8	21,980	1.9
窃盗事件	262,000	28.3	325,200	30.9	310,680	28.8	321,570	28.4
侵入盗	79,300	8.6	100,640	9.6	93,870	8.7	99,910	8.8
窃盗[3]	100,000	10.8	124,320	11.8	119,340	11.1	125,390	11.1
詐欺・偽造[4]	82,700	8.9	100,240	9.5	97,470	9.0	96,260	8.5
薬物犯罪	319,700	34.6	340,330	32.4	362,850	33.6	377,860	33.4
所持	116,300	12.6	127,530	12.1	161,090	14.9	165,360	14.6
売買	203,400	22.0	212,810	20.2	201,760	18.7	212,490	18.8
武器犯罪	28,200	3.1	32,470	3.1	33,010	3.1	38,010	3.4
その他の事件[5]	141,600	15.3	155,970	14.8	177,810	16.5	188,730	16.7

1．判決が「謀殺」か「故殺」か不明な数件については、「故殺」に分類　2．故殺および誘拐など　3．自動車窃盗がその他の窃盗と分けて分類されていない場合、自動車窃盗は「その他の窃盗」に含まれる。このため、自動車窃盗の推計値は、実際より低い値になっている　4．横領を含む　5．盗品の受け取りや破壊行為等の非暴力犯罪

資料：U.S. Department of Justice, Office of Justice Programs, Bureau of Justice Statistics, *Criminal Sentencing Statistics*, Series NCJ 226846 (2009年12月); <http://bjs.ojp.usdoj.gov/index.cfm?ty=pbdetail&iid=2152>

No.347. 連邦・州立矯正制度の監察下にある囚人──州別概要：1990－2009年

[12月31日を年度末とする。裁判権は、どこで逮捕されたかにかかわらず、囚人の裁かれた法的機関による。本書前年版の表No.344も参照]

州	1990	2000	2005	2008	2009	州	1990	2000	2005	2008	2009
合衆国[1]	773,919	1,391,261	1,527,929	1,609,759	1,613,740						
連邦	65,526	145,416	187,618	201,280	208,118	MS	8,375	20,241	20,515	22,754	21,482
州	708,393	1,245,845	1,340,311	1,408,479	1,405,622	MO	14,943	27,543	30,823	30,186	30,563
						MT	1,425	3,105	3,532	3,545	3,605
AL	15,665	26,332	27,888	30,508	31,874	NE	2,403	3,895	4,455	4,520	4,474
AK[2]	2,622	4,173	4,812	5,014	5,285	NV[6]	5,322	10,063	11,782	12,743	12,482
AZ[3]	14,261	26,510	33,565	39,589	40,627	NH	1,342	2,257	2,530	2,702	2,731
AR	7,322	11,915	13,541	14,716	15,208	NJ	21,128	29,784	27,359	25,953	25,382
CA	97,309	163,001	170,676	173,670	171,275	NM	3,187	5,342	6,571	6,402	6,519
CO	7,671	16,833	21,456	23,274	22,795	NY	54,895	70,199	62,743	60,347	58,687
CT	10,500	18,355	19,442	20,661	19,716	NC	18,411	31,266	36,365	39,482	39,860
DE[2]	3,471	6,921	6,966	7,075	6,794	ND	483	1,076	1,385	1,452	1,486
DC[4,5]	9,947	7,456	(NA)	(NA)	(NA)	OH	31,822	45,833	45,854	51,686	51,606
FL	44,387	71,319	89,768	102,388	103,915	OK	12,285	23,181	26,676	25,864	26,397
GA[3]	22,411	44,232	48,749	52,719	53,371	OR	6,492	10,580	13,411	14,167	14,403
HI[2]	2,533	5,053	6,146	5,955	5,891	PA	22,290	36,847	42,380	49,215	51,429
ID	1,961	5,535	6,818	7,290	7,400	RI[2]	2,392	3,286	3,654	4,045	3,674
IL	27,516	45,281	44,919	45,474	45,161	SC	17,319	21,778	23,160	24,326	24,288
IN	12,736	20,125	24,455	28,322	28,808	SD	1,341	2,616	3,463	3,342	3,434
IA[3]	3,967	7,955	8,737	8,766	8,813	TN	10,388	22,166	26,369	27,228	26,965
KS	5,775	8,344	9,068	8,539	8,641	TX	50,042	166,719	169,003	172,506	171,249
KY	9,023	14,919	19,662	21,706	21,638	UT	2,496	5,637	6,382	6,552	6,533
LA	18,599	35,207	36,083	38,381	39,780	VT[2]	1,049	1,697	2,078	2,116	2,220
ME	1,523	1,679	2,023	2,195	2,206	VA	17,593	30,168	35,344	38,276	38,092
MD	17,848	23,538	22,737	23,324	22,255	WA	7,995	14,915	17,382	17,926	18,213
MA	8,345	10,722	10,701	11,408	11,316	WV	1,565	3,856	5,312	6,059	6,367
MI	34,267	47,718	49,546	48,738	45,478	WI	7,465	20,754	22,697	23,379	23,153
MN	3,176	6,238	9,281	9,910	9,986	WY	1,110	1,680	2,047	2,084	2,075

NA データなし　1．合衆国計には、州別および収監制度別に含まれない連邦刑務所の囚人を含む　2．刑務所と拘置所の双方のデータを含む。刑務所と拘置所は一つの統合システムである　3．数値は司法による報告ではなく実際の収監数　4．2001年末までに、コロンビア特別区における重犯罪人は連邦政府への引渡しを完了した　5．コロンビア特別区の刑期1年以上の囚人は現在刑務所局の管轄下にある　6．2008年末の囚人人口は2009年1月2日現在

資料：U.S. Department of Justice, Office of Justice Programs, Bureau of Justice Statistics, *Prisoners in 2009*, Series NCJ 231675 およびそれ以前のレポート; <http://bjs.ojp.usdoj.gov/index.cfm?ty=pbdetail&iid=2232>

No.348. 執行猶予、仮釈放および収監中の成人：1980－2009年

[12月31日現在。拘置所のデータは6月30日現在]

年	計（推計）[1]	成人の保護観察処分者の%	収監せずに監視		収監中		男性[2,3,4]	女性[2,3,4]
			執行猶予	仮釈放中	拘置所[3]	刑務所		
1980	1,840,400	1.1	1,118,097	220,438	182,288	319,598	(NA)	(NA)
1985	3,011,500	1.7	1,968,712	300,203	254,986	487,593	2,606,000	405,500
1990	4,348,000	2.3	2,670,234	531,407	403,019	743,382	3,756,100	592,000
1995	5,335,100	2.8	3,077,861	679,421	499,300	1,078,542	4,513,000	822,100
1996	5,482,700	2.8	3,164,996	679,733	510,400	1,127,528	4,629,300	853,400
1997[5]	5,725,800	2.9	3,296,513	694,787	557,974	1,176,564	4,823,200	902,600
1998[5]	6,126,100	3.1	3,670,441	696,385	584,372	1,224,469	5,132,600	993,400
1999	6,331,400	3.1	3,779,922	714,457	596,485	1,287,172	5,280,300	1,051,000
2000	6,437,400	3.1	3,826,209	723,898	613,534	1,316,333	5,366,600	1,070,800
2001	6,574,100	3.1	3,931,731	732,333	623,628	1,330,007	5,458,700	1,115,400
2002	6,750,500	3.1	4,024,067	750,934	658,228	1,367,547	5,566,500	1,184,100
2003[6]	6,917,700	3.2	4,120,012	769,925	684,431	1,390,279	5,711,500	1,206,100
2004	6,987,900	3.2	4,143,792	771,852	706,907	1,421,345	5,756,100	1,231,800
2005	7,045,100	3.1	4,166,757	780,616	740,770	1,448,344	5,810,400	1,234,700
2006	7,176,000	3.2	4,215,361	799,875	759,717	1,492,973	5,875,000	1,301,000
2007[7]	7,267,500	3.2	4,234,471	821,177	773,341	1,517,867	5,975,100	1,292,500
2008[7]	7,274,600	3.1	4,244,046	824,834	777,852	1,522,834	5,973,700	1,300,800
2009[8]	7,225,800	3.1	4,203,967	819,308	760,400	1,524,513	5,927,200	1,298,600

NA データなし　1．各項の合計と計は合致しない。概数化と一人で複数の観察処分を受ける者が存在するためである　2．推計値は100の単位で概数化　3．2009年に2000-2009年の収監者数が改訂され、成人として逮捕された少年の数が除外された。したがって本表の数値は、以前の出版とは比較できない　4．1990-2009年の性別データは新しい手法によって推計され、改訂されたもの　5．本表の推計値には、執行猶予中の保護観察についてカバレッジを拡大した結果が反映されている。詳細については、BJSによる "Correctional Populations in the United States, 2009" の方法論の項を参照　6．執行猶予、仮釈放に関する報告について変更のあった州があるため、執行猶予、仮釈放の計についてはBJSの推計値を含む。詳細についてはBJSの報告書 "Probation and Parole in the United States, 2004" を参照　7．データの提供のない州もあるため、BJSによる推計値を含む。詳細については、BJSによる "Correctional Populations in the United States, 2009" の方法論の項を参照　8．暫定値

資料：U.S. Department of Justice, Bureau of Justice Statistics (BJS), *Correctional Populations in the United States, 2009*; *Prisoners in 2009*; *Jail inmates at Midyear 2009-Statistical Tables*; and *Probation and Parole in the United States, 2009*; <http://bjs.ojp.usdoj.gov/index.cfm?ty=tp&tid=1> も参照

No.349. 拘置所収監者──性別、人種別：1990－2009年

[6月最終週現在。2000年および2007-2009年のデータはAnnual Survey of Jailに基づく]

特徴	1990	1995	2000	2005	2007	2008	2009
収監者、計[1][2]	405,320	507,044	621,149	747,529	780,174	785,536	767,434
居住者10万人あたりの収監率	163	193	220	252	259	258	250
収監能力[3][4]	389,171	545,763	677,787	786,954	810,543	828,714	849,895
成人	403,019	499,300	613,534	740,770	773,341	777,832	760,216
男性	365,821	448,000	543,120	646,807	673,346	678,660	667,039
女性	37,198	51,300	70,414	93,963	99,995	99,172	93,176
青少年[5]	2,301	7,800	7,615	6,759	6,833	7,703	7,218
白人、非ヒスパニック	169,600	203,300	260,500	331,000	338,200	333,300	326,400
黒人、非ヒスパニック	172,300	220,600	256,300	290,500	301,700	308,000	300,500
ヒスパニック、ラテン系[6]	58,100	74,400	94,100	111,900	125,500	128,500	124,000
その他[6]	5,400	8,800	10,200	13,000	13,900	14,000	14,800

1．計には、収監施設外で監視を受けている犯罪者を含まない　2．人種・ヒスパニックのデータは複数人種のデータを含まない　3．1995年以降、収監能力のデータは標本調査のため標本抽出時の誤差あり　4．収監能力は、ベッド数あるいは各管轄地域の施設に割り当てられた収監者数　5．青少年は18歳未満。成人としての裁判を受けた、あるいは待っているものを含む　6．ヒスパニックは人種を問わない　7．ヒスパニック、ラテン系を除く。アメリカインディアン、アラスカ原住民、アジア・太平洋諸島民を含む

資料：U.S. Department of Justice, Bureau of Justice Statistics, *Jail Inmates at Midyear 2009* (年刊), Series NCJ 230112 (2010年6月); <http://bjs.ojp.usdoj.gov/index.cfm?ty=pbdetail&iid=2273> も参照

No.350. 州および連邦管轄下の囚人数──性別：1980－2009年

[12月31日現在の囚人数。連邦政府と州政府の当局の管轄下にある全ての囚人（収監されていない者を含む）。1年以上の長期刑を宣告された収監者を示す。『アメリカ歴史統計』系列H1135-1140も参照]

年	計[1]	率[2]	州	男性	女性	年	計[1]	率[2]	州	男性	女性
1980	315,974	139	295,363	303,643	12,331	2001	1,345,217	470	1,208,708	1,260,033	85,184
1985	480,568	202	447,873	459,223	21,345	2002	1,380,516	476	1,237,476	1,291,450	89,066
1990	739,980	297	689,577	699,416	40,564	2003	1,408,361	482	1,256,442	1,315,790	92,571
1995	1,085,022	411	1,001,359	1,021,059	63,963	2004	1,433,728	486	1,274,591	1,337,730	95,998
1996	1,137,722	427	1,048,907	1,068,123	69,599	2005	1,462,866	491	1,296,693	1,364,178	98,688
1997	1,195,498	445	1,100,511	1,121,663	73,835	2006	1,504,660	501	1,331,127	1,401,317	103,343
1998	1,245,402	461	1,141,720	1,167,802	77,600	2007	1,532,850	506	1,353,646	1,427,064	105,786
1999	1,304,074	476	1,189,799	1,221,611	82,463	2008	1,547,742	504	1,365,409	1,441,384	106,358
2000	1,331,278	[3]470	1,204,323	1,246,234	85,044	2009	1,548,721	504	1,360,835	1,443,524	105,197

1．州あるいは連邦の矯正施設に収監されている者　2．推計人口10万人当たり。センサス局推計居住人口に基づく　3．1999－2000年は新しい国勢調査の数値のため、収監率が減少

資料：U.S. Department of Justice, Bureau of Justice Statistics, *Prisoners in 2009*, Series NCJ 231675 (2010年12月); <http://bjs.ojp.usdoj.gov/index.cfm?ty=pbdetail&iid=2232> も参照

No.351. 死刑確定囚：1980－2009年

[12月31日現在。死刑囚で地方の矯正機関にとどまり上告手続き中の者および投獄経験のないものを除く]

特徴	1980	1990	2000	2001	2002	2003	2004	2005	2006	2007	2008	2009
計[1][2]	688	2,346	3,601	3,577	3,562	3,377	3,320	3,245	3,233	3,215	3,210	3,173
白人	418	1,368	1,989	1,968	1,939	1,882	1,856	1,802	1,806	1,806	1,795	1,780
黒人、その他	270	978	1,612	1,609	1,623	1,495	1,464	1,443	1,427	1,409	1,415	1,393
20歳未満	11	8	11	4	4	1	—	—	—	1	—	—
20－24歳	173	168	237	192	153	133	95	61	51	42	44	39
25－34歳	334	1,110	1,103	1,099	1,058	965	896	816	735	680	610	564
35－54歳	186	1,006	2,019	2,043	2,069	1,969	1,977	2,012	2,043	2,060	2,076	2,062
55歳以上	10	64	223	243	273	306	345	365	399	437	477	508
学歴：												
7学年以下	68	178	214	212	215	213	207	192	186	183	176	176
8学年	74	186	233	236	234	227	221	206	195	189	185	180
9－11学年	204	775	1,157	1,145	1,130	1,073	1,053	1,030	1,015	989	977	950
12学年	162	729	1,184	1,183	1,173	1,108	1,091	1,105	1,098	1,089	1,094	1,097
12学年以上	43	209	315	304	294	270	262	256	248	248	247	238
不詳	163	279	490	501	511	483	480	465	486	522	528	532
婚姻状況：												
未婚	268	998	1,749	1,763	1,746	1,641	1,622	1,586	1,577	1,558	1,552	1,531
既婚	229	632	739	716	709	684	658	649	626	635	630	613
離婚[3]	217	726	1,105	1,102	1,102	1,049	1,034	1,019	1,025	1,027	1,025	1,029
判決後経過時間：												
12ヵ月未満	185	231	208	151	147	137	117	122	105	110	106	103
12－47ヵ月	389	753	786	734	609	495	421	399	382	352	339	329
48－71ヵ月	102	438	507	476	468	451	388	299	262	262	244	237
72ヵ月以上	38	934	2,092	2,220	2,333	2,291	2,388	2,434	2,479	2,496	2,518	2,504
逮捕時の法的身分：												
非受刑者	384	1,345	2,202	2,189	2,165	2,048	2,026	1,979	1,952	1,963	1,961	1,931
仮釈放または保護観察[4]	115	578	921	918	909	845	809	792	778	760	753	739
服役中または逃亡	45	128	126	135	141	137	145	144	142	143	146	156
不詳	170	305	344	339	342	344	334	339	356	354	347	347

── ゼロを示す　1．囚人総数の改訂は、人種を除く諸特徴別の各数値にまでは及んでいない　2．個別に明示しない人種を含む　3．別居、寡婦、寡夫、不詳を含む　4．強制釈放、労働釈放、賜暇、無断外出、保釈の28人（1990年）、33人（1995年）、26人（1998年）、21人（1999、2000年）、17人（2001、2002、2003年）、15人（2004年）、14人（2005、2006、2007、2009年）、12人（2008年）を含む

資料：U.S. Department of Justice, Bureau of Justice Statistics, *Capital Punishment, 2009*, Series NCJ 231676 (2010年12月); <http://bjs.ojp.usdoj.gov/index.cfm?ty=pbdetail&iid=2215> も参照

No.352. 行政当局による死刑執行——性別、人種：1930-2010年

[軍当局による死刑執行を除く。『アメリカ歴史統計』系列H1155-1167も参照]

年または期間	計[1]	男性	女性	白人	黒人	殺人罪 計[1]	白人	黒人
計、1930-2009年	5,093	5,049	44	2,544	2,492	4,568	2,457	2,056
1960-1967	191	190	1	98	93	155	87	68
1968-1976	—	—	—	—	—	—	—	—
1977-2010	1,234	1,222	12	793	426	1,234	793	426
1985	18	18	—	11	7	18	11	7
1990	23	23	—	16	7	23	16	7
1995	56	56	—	33	22	56	33	22
2000	85	83	2	49	35	85	49	35
2001	66	63	3	48	17	66	48	17
2002	71	69	2	53	18	71	53	18
2003	65	65	—	44	20	65	44	20
2004	59	59	—	39	19	59	39	19
2005	60	59	1	41	19	60	41	19
2006	53	53	—	32	21	53	32	21
2007	42	42	—	28	14	42	28	14
2008	37	37	—	20	17	37	20	17
2009	52	52	—	31	21	52	31	21
2010	46	45	1	34	12	46	34	12

— ゼロを示す　1. 白人および黒人以外の人種も含む

資料：1978年までは U.S. Law Enforcement Assistance Administration；それ以降は U.S. Department of Justice, Office of Justice Programs, Bureau of Justice Statistics, *Capital Punishment, 2009*, Series NCJ 231676 (2010年12月)；<http://bjs.ojp.usdoj.gov/index.cfm?ty=pbdetail&iid=2215> も参照

No.353. 死刑執行数：1977-2010年

[アラスカ、コロンビア特別区、ハワイ、アイオワ、メーン、マサチューセッツ、ミシガン、ミネソタ、ニュージャージー、ノースダコタ、ロードアイランド、バーモント、ウエストバージニア、ウィスコンシンの各州は死刑制度がない]

州	1977-2010	2000	2005	2008	2009	2010	州	1977-2010	2000	2005	2008	2009	2010	州	1977-2010	2000	2005	2008	2009	2010
合衆国	1,234	85	60	37	52	46	IL	12	—	—	—	—	—	OH	41	—	4	2	5	8
AL	49	4	4	—	6	—	IN	20	—	5	—	1	—	OK	94	11	4	2	3	3
AZ	24	3	—	—	—	1	KY	3	—	—	1	—	—	OR	2	—	—	—	—	—
AR	27	2	1	—	—	—	LA	28	1	—	—	—	1	PA	3	—	—	—	—	—
CA	13	1	2	—	—	—	MD	5	—	1	—	—	—	SC	42	1	3	3	2	—
CO	1	—	—	—	—	—	MS	13	—	1	2	—	3	SD	1	—	—	—	—	—
CT	1	—	1	—	—	—	MO	67	5	5	—	—	—	TN	6	—	—	—	2	—
DE	14	1	1	—	—	—	MT	3	—	—	—	—	—	TX	464	40	19	18	24	17
							NE	3	—	—	—	—	—	UT	7	—	—	—	—	1
FL	69	6	1	2	2	1	NV	12	—	—	—	—	—	VA	108	8	—	4	3	3
GA	48	—	3	3	3	2	NM	1	—	—	—	—	—	WA	5	—	—	—	—	1
ID	1	—	—	—	—	—	NC	43	1	5	—	—	—	WY	1	—	—	—	—	—

— ゼロを示す

資料：1978年まではU.S. Law Enforcement Assistance Administration、それ以降はU.S. Department of Justice, Office of Justice Programs, Bureau of Justice Statistics, *Capital Punishment, 2009*, Series NCJ 231676 (2010年12月)；<http://bjs.ojp.usdoj.gov/index.cfm?ty=pbdetail&iid=2215> も参照

No.354. 火災被害額——総額および1人当たり：1980-2009年

[5,579は55億7900万ドルを表す。FAIRプランのアローワンスおよび無保険の損失を含む]

年	計(100万ドル)	1人あたり[1](ドル)	年	計(100万ドル)	1人あたり[1](ドル)	年	計(100万ドル)	1人あたり[1](ドル)
1980	5,579	24.56	1995	11,887	45.23	2004	17,344	[3]59.22
1985	7,753	32.70	1996	12,544	47.29	2005	20,427	[3]69.11
1988	9,626	39.11	1997	12,940	48.32	2006	20,340	[3]68.17
1989	9,514	38.33	1998	11,510	45.59	2007	[3]24,399	[3]80.98
1990	9,495	38.07	1999	12,428	45.58	2008	30,561	[3]100.51
1991	11,302	44.82	2000	13,457	47.69	2009	28,070	91.43
1992	13,588	53.28	2001[2]	17,118	[3]60.05			
1993	11,331	43.96	2002	17,586	[3]61.12			
1994	12,778	49.08	2003	21,129	[3]72.81			

1. 7月1日現在のセンサス局推計居住人口に基づく。1980、1990、2000年は4月1日現在の算定人口に基く　2. テロ関連の火災のうち保険で補填されたものを除く　3. データは改訂されている

資料：Insurance Information Institute, New York, NY. *The III Insurance Fact Book* (年刊) および Financial Services Fact Book (n 年刊) (copyright). Data from ISO. <http://www.iii.org> も参照

No.355. 合衆国の消防：消防局と雇用：1990－2009年

[単位：1000人（1,025.7は102万5700人を表す）。消防局は、公的あるいは民間の組織で、郡や市町村または定められた消防区において、防火、鎮火、および緊急・非緊急のサービスを提供する。2009年現在、合衆国には推計30,165の消防局が存在する。これらの消防局には、52,050の消防署、68,400台のポンプ車、6,750機の航空機、74,250台の鎮火用車両が所属すると推計される。消防局は23秒に1回火事の通報を受けている]

項目	1990	1995	2000	2004	2005	2006	2007	2008	2009
計	30,391	31,197	30,339	30,400	30,300	30,635	30,185	30,170	30,165
消防局（数）：									
消防士（専門職）のみ		1,949	1,831	2,178	1,917	2,087	2,321	2,263	2,315	2,457
大半が専門職の消防士		1,338	1,660	1,667	1,242	1,766	1,731	1,765	1,790	1,752
大半がボランティアの消防士		4,000	4,581	4,523	4,084	4,902	5,134	4,989	4,830	5,099
全員がボランティア		23,104	23,125	21,971	23,157	21,575	21,449	21,168	21,235	20,857
消防署員（単位：1000人）	1,025.7	1,098.9	1,064.2	1,100.8	1,136.7	1,140.9	1,148.5	1,148.9	1,148.1
消防士（専門職）[1]	253.0	260.9	286.8	305.2	313.3	317.0	323.4	321.7	336.0
ボランティア[2]	772.7	838.0	795.6	823.7	824.0	825.5	827.2	812.1	

1．専門職の消防士とは、常勤、制服着用の消防職員で、その職務内容（消火活動、管理、防火、検査等の職務）は問わない。州・連邦政府および民間の消防団に所属する消防士は除外する　2．ボランティアは、非常勤の現役で、志願または召集によって消防の任務に就く

資料：National Fire Protection Association, Quincy, MA, *Annual Fire Department Profile Report*（2010年10月）, and prior issues（copyright）

No.356. 火災——類型別および建築物用途別火災件数、損失額：2006－2009年

[1,642は164万2000を表す。損害額の11,307は113億700万ドルを表す。消防署の年次標本調査に基づく。報告されていない火災および損失に対する調整はされていない。財産損失は直接的財産損失のみ]

形態、建築物用途	件数（1,000）				損害額（100万ドル）[1]			
	2006	2007	2008	2009	2006	2007	2008	2009
火災、計	1,642	1,557	1,451	1,349	11,307	14,639	15,478	12,531
建築物	524	531	515	481	9,636	10,638	12,361	10,842
建築物外[2]	82	85	71	69	262	707	129	254
雑木材、廃棄物	627	561	523	477	–	–	–	–
車輌	278	257	236	219	1,319	1,411	1,494	1,361
その他	131	123	106	103	90	[3]1,883	[4]1,494	74
建築物用途：								
公共集会場	13	15	14	14	444	498	518	757
教育関係	6	6	6	6	105	100	66	83
機関関係	8	7	7	6	42	41	22	32
店舗および事務所	20	21	20	16	691	642	684	713
住宅	413	414	403	377	6,990	7,546	8,550	7,796
1～2世帯[5]	304	300	291	273	5,936	6,225	6,892	6,391
アパート	92	99	96	90	896	1,164	1,351	1,225
その他[6]	17	15	16	14	158	157	307	180
倉庫	29	31	30	30	650	670	661	796
産業、公共事業、軍事[7]	12	12	10	10	573	779	[8]1,401	572
特殊建築物	23	25	25	22	141	362	459	98

- ゼロを示す　1．直接の財産被害には事業の休止やインフレの影響などの間接的損失は含まれない　2．屋外倉庫、作物、材木等を含む　3．推定18億ドルの損害を出した2007年のカリフォルニアの火災旋風を含む　4．14億ドルの財産被害を招いた2008年のカリフォルニアの山火事を含む　5．移動住宅を含む　6．ホテル、モーテル、大学寮、下宿等を含む　7．民間の消防隊や消防設備による火災事件については報告されないので、表中のデータは過小評価となっている　8．7億7500万ドルの被害をもたらした3件の産業施設の火事を含む

資料：National Fire Protection Association, Quincy, MA, "2009 U.S. Fire Loss," *NFPA Journal*（2010年9月）およびそれ以前の刊行物（copyright）; <http://www.nfpa.org/categoryList.asp?categoryID=15&URL=Research>

No.357. 放火・不審火による火災件数と財産の損失、および財産類型別の民間死傷者：2006－2009年

[524は52万4000を表す。消防署の年次標本調査に基づく]

項目	2006	2007	2008	2009	項目	2006	2007	2008	2009
件数（1,000）					1世帯または2世帯住宅	2,155	2,350	2,365	2,100
建築物火災、計	524	531	515	481	アパート	425	515	390	465
意図的な行動による建築物火災	31	32	31	27	車輌	490	385	365	280
財産損害額[1]（100万ドル）					民間火災傷害				
建築物火災、計	9,636	10,638	12,361	10,842	負傷者、計[2]	16,400	17,675	16,705	17,050
意図的な行動による建築物火災	775	773	866	684	居住財産	12,925	14,000	13,560	13,050
民間火災死者					1世帯または2世帯住宅	8,800	9,650	9,185	9,300
死者、計[2]	3,245	3,430	3,320	3,010	アパート	3,700	3,950	3,975	3,350
居住財産	2,620	2,895	2,780	2,590	車輌	1,200	1,675	1,065	1,610

1．直接損害額のみ　2．個別に示さないその他を含む

資料：National Fire Protection Association, Quincy, MA, "2009 U.S. Fire Loss," *NFPA Journal*（2010年9月）およびそれ以前の刊行物（copyright）; <http://www.nfpa.org/categoryList.asp?categoryID=15&URL=Research>

第6章
地理・環境

　本章は、合衆国の地理的環境に関する情報を示す。基本的な土地面積の統計から全国の測候所の気象データまでを示す。本章の統計は主として環境とその変化に関するものであるが、土地利用状況、水消費量、大気汚染物質の発散、有機物質の放出、原油流出、危険廃棄物、都市ごみとリサイクル、絶滅の危機に直面している野生生物、環境産業等も含まれる。

　本章の情報は、行政上・管理上の目的で統計を収集している連邦機関の統計が中心である。特に、環境保護庁（Environmental Protection Agency：EPA）、地質調査院（U.S. Geological Survey：USGS）、海洋大気局（National Oceanic and Atmospheric Administration：NOAA）、天然資源保全局（National Resources Conservation Service：NRCS）の資料および全国地図より作成した。頻繁にハリケーンに襲われる沿岸の11郡について、新たに表No.362にデータをまとめた。

面積

　2000年および2008年センサスでは、面積測量計算はコンピュータによってなされたが、これは、従来からの現地で手計算された情報によらずに、精度の高い地理データベースとされる総合地理情報伝達システム（Topologically Integrated Geographic Encoding & Referencing system：TIGER®）のデータベースに入っている情報に基づいている。2008年の面積測量計算については表No.358を参照。

地理

　地質調査院は、地理、地質、地勢、地理的情報システム、鉱物、水資源、地熱エネルギー資源並びに自然災害の分野の調査、研究を行なう。地質調査院は、地学情報センター（Earth Sciences Information Center）を通じて合衆国全体の地図作成データを提供し、『Water Resources of the United States』〈http://water.usgs.gov/pubs/〉を通じて水資源データを提供している。

　地質調査院は、1980年代にセンサス局との共同プロジェクトで、センサス局が作成する総合地理情報伝達システム（TIGER®）という全国の地理・地図作成データベースへの入力用の地理的特徴に関する基本情報を提供している。それ以降、センサス局は種々の資料を用いて地勢およびその属性（名称、特徴等）を改訂し、境界線、名前および法的・統計的な地勢の記載について最新の情報をデータベースに挿入している。2008年の国土および水域の面積は、2008年5月1日までにTIGERデータベース（センサス局が質問表送付のために保有する住所ファイル＝マスターアドレスファイル〔MAF〕）に加えられた変更を反映している。州境のデータは2008年1月1日現在。TIGER®データベースを用いてセンサス局が作成する地図は、地理上の境界線と名称を示し、現在の状況を表している。

　利用形態別の国有資源の調査は国有資源回復保全局（National Resources Inventory Conservation Service：旧土壌保全局）が1977年から2003年まで5年毎に実施している。2007年に公刊された最新の調査は、本土48州のすべての非連邦所有の土地をカバーしている。

環境

　環境汚染防止に従事している主要な連邦政府諸機関は環境保護庁（EPA）である。同庁は、大気の質および水質の基準、危険廃棄物処理並びに有害物質の規制・監視業務を行なっている。これらに関する最新のデータはEPAのホームページ〈http://www.epa.gov/enviro/〉で得ることができる。

　1990年に改正された大気浄化法（Clean Air Act）は、EPAに国民の健康と環境を損なうと考えられる汚染物質について、全米大気質基準（NAAQS）（40CFRパート50）の設定を義務付けた。大気浄化法は2種類の大気質基準を設定している。一次基準は喘息患者や子供、老人等の「敏感な」

人口に対する公衆衛生の保護を目的としている。二次基準は視界の減少、動物、穀物、植物、建物への損害に対する公益保護を目的としている。EPAの大気質計画標準部（Office of Air Quality Planning and Standards：OAQPS）は基準汚染物質と呼ばれる6つの物質について、全米大気質基準を設定している。鉛、二酸化窒素、粒子状汚染物質（PM2.5および10）、オゾン、および二酸化硫黄である。全米大気質基準は定期的に見直され、新たに健康や環境に対する影響を反映して改訂される。表No.372は、6つの大気汚染要因に関する健康基準を表示している。これらの州調査局網から得られた情報から、定期的に全国の大気の状態と動向に関する年次報告書を作成し、EPAの国立大気汚染データバンク（National Aerometric Information Retrieval System：AIRS）に提出される。詳細は、EPAのウェブサイトで"Air Trends" <http://www.epa.gov/airtrends/index.html> を参照。

環境保護庁の刊行する『The Toxics Release Inventory（TRI）』は、現在使用、製造、処理、輸送、および環境に放出されている約650の化学物質に関する貴重な情報源である。緊急企画および情報公開法（EPCRA：Emergency Planning and Community Right-To-Know Act）第313条および汚染防止法（PPA：Pollution Prevention Act）第6607条によって、環境保護庁が作成した有害物質データベースに誰でもアクセスすることが可能になっている。このデータベースはTRIと呼ばれ、廃棄物処理や、前述の化学物質を製造・加工処理する施設・もしくは製造加工はせずとも使用はする施設によって放出される有害化学物質に関する情報を含んでいる。これらの化学物質の放出に関するデータは、21,000以上の施設、および1998年に加えられたフルタイム従業員10人以上相当で化学物質リストにある物質の製造・加工・あるいは『それらに該当しない使用』に関して既定のレベルに達している施設から収集されている。施設には放出量や廃棄物処理量の報告義務がある。連邦施設は1994年より産業分類に関わりなく報告を義務付けられている。1997年5月、環境保護庁はあらたに7産業にTRIへの報告を義務付け、1998報告年度のデータを1999年7月までに提出するようにした。このプログラムに関する最新の情報については、<http://www.epa.gov/tri/> を参照。

気象

海洋大気局（NOAA）は傘下に国立気象部（National Weather Service）および国立環境衛星、データ・情報部（National Environmental Satellite, Data and Information Service）を持ち、気象に関するデータを管掌している。NOAAは、約11,600の気象観測所を持ち、その内3,000以上が自動降水量記録装置を持ち、約600が毎時間の気象記録を作成し、その他の観測所は1日1回の観測データを作成している。これらのデータは、月刊の『Climatological Data』並びに月刊の『Storm Data』および年刊の『Local Climatological Data』（主要都市で出版）で公刊されている。

データは表No.388および391-396で見ることができる。

歴史統計

各表の見出しは『アメリカ歴史統計、植民地時代～1970年』に対応している。クロスリファレンスについては、付録Iを参照。

No.358. 陸地面積と水域面積：2008年

[1平方マイル＝2.59平方km。面積の計測値は、センサス局のマスター・アドレス・ファイル/TIGERデータベース（位相幾何統合された地理情報の符号・参照データベース）に基づく。州境および地理的境界線は2008年1月1日現在。国土面積および水域面積は、2008年5月1日現在までのTIGERデータベースの更新を反映している。更新によって水域面積は増加、国土面積は減少している。詳細についてはhttp://www.census.gov/geo/www/tiger/tgrshp2008/tgrshp2008.htmlを参照。陸地面積について、『アメリカ歴史統計』系列A210-263も参照]

地域、州	総面積		陸地面積		水域面積					
					計		内陸	沿岸	五大湖	領海
	平方マイル	平方キロメートル	平方マイル	平方キロメートル	平方マイル	平方キロメートル	(平方マイル)	(平方マイル)	(平方マイル)	(平方マイル)
計	3,805,142	9,855,318	3,535,846	9,157,841	269,296	697,477	86,478	43,201	59,959	76,392
合衆国	3,795,951	9,831,513	3,531,822	9,147,420	264,129	684,094	86,409	43,185	59,959	74,575
アラバマ	52,420	135,768	50,644	131,168	1,776	4,600	1,057	518	(X)	201
アラスカ	664,988	1,722,319	570,665	1,478,022	94,323	244,297	20,028	28,162	(X)	46,133
アリゾナ	113,990	295,235	113,595	294,211	396	1,026	396	−	(X)	−
アーカンソー	53,178	137,732	52,030	134,758	1,149	2,976	1,149	−	(X)	−
カリフォルニア	163,694	423,967	155,766	403,434	7,928	20,534	2,842	222	(X)	4,864
コロラド	104,094	269,604	103,641	268,430	454	1,176	454	−	(X)	−
コネティカット	5,544	14,358	4,840	12,536	703	1,821	164	539	(X)	−
デラウェア	2,489	6,445	1,949	5,048	539	1,396	74	372	(X)	93
コロンビア特別区	68	177	61	158	7	18	7	−	(X)	−
フロリダ	65,758	170,312	53,603	138,832	12,154	31,479	5,373	1,128	(X)	5,653
ジョージア	59,425	153,911	57,501	148,928	1,924	4,983	1,420	49	(X)	455
ハワイ	10,926	28,300	6,428	16,649	4,499	11,652	40	−	(X)	4,459
アイダホ	83,568	216,442	82,643	214,045	926	2,398	926	−	(X)	−
イリノイ	57,916	150,002	55,518	143,792	2,398	6,211	836	−	1,562	−
インディアナ	36,417	94,321	35,823	92,782	594	1,538	361	−	233	−
アイオワ	56,273	145,746	55,858	144,672	415	1,075	415	−	(X)	−
カンザス	82,278	213,101	81,762	211,764	516	1,336	516	−	(X)	−
ケンタッキー	40,411	104,665	39,492	102,284	919	2,380	919	−	(X)	−
ルイジアナ	51,988	134,649	43,199	111,885	8,789	22,764	4,433	1,951	(X)	2,405
メーン	35,384	91,644	30,841	79,878	4,543	11,766	2,282	613	(X)	1,647
メリーランド	12,406	32,131	9,705	25,136	2,700	6,993	736	1,854	(X)	111
マサチューセッツ	10,554	27,336	7,801	20,205	2,754	7,133	461	977	(X)	1,316
ミシガン	96,713	250,486	56,528	146,408	40,185	104,079	2,164	−	38,021	−
ミネソタ	86,935	225,163	79,607	206,182	7,328	18,980	4,782	−	2,546	−
ミシシッピ	48,432	125,438	46,920	121,523	1,512	3,916	772	591	(X)	149
ミズーリ	69,702	180,529	68,716	177,974	987	2,556	987	−	(X)	−
モンタナ	147,039	380,831	145,541	376,951	1,498	3,880	1,498	−	(X)	−
ネブラスカ	77,349	200,334	76,825	198,977	524	1,357	524	−	(X)	−
ネバダ	110,572	286,382	109,780	284,330	792	2,051	792	−	(X)	−
ニューハンプシャー	9,348	24,210	8,952	23,186	396	1,026	328	−	(X)	68
ニュージャージー	8,723	22,592	7,354	19,047	1,369	3,546	458	402	(X)	509
ニューメキシコ	121,590	314,919	121,297	314,159	293	759	293	−	(X)	−
ニューヨーク	54,555	141,298	47,126	122,056	7,429	19,241	1,979	977	3,990	482
ノースカロライナ	53,819	139,391	48,619	125,923	5,200	13,468	4,044	−	(X)	1,157
ノースダコタ	70,698	183,109	69,001	178,713	1,697	4,395	1,697	−	(X)	−
オハイオ	44,825	116,097	40,858	105,822	3,967	10,275	467	−	3,500	−
オクラホマ	69,899	181,038	68,603	177,682	1,296	3,357	1,296	−	(X)	−
オレゴン	98,379	254,801	95,985	248,601	2,394	6,200	1,063	74	(X)	1,256
ペンシルベニア	46,055	119,281	44,739	115,874	1,316	3,408	567	−	749	−
ロードアイランド	1,545	4,001	1,034	2,678	511	1,323	187	9	(X)	315
サウスカロライナ	32,021	82,934	30,070	77,881	1,951	5,053	1,044	74	(X)	832
サウスダコタ	77,116	199,730	75,811	196,350	1,305	3,380	1,305	−	(X)	−
テネシー	42,144	109,154	41,235	106,799	910	2,357	910	−	(X)	−
テキサス	268,597	695,666	261,226	676,575	7,371	19,091	5,607	406	(X)	1,358
ユタ	84,897	219,883	82,191	212,875	2,706	7,009	2,706	−	(X)	−
バーモント	9,616	24,906	9,217	23,872	400	1,036	400	−	(X)	−
バージニア	42,775	110,787	39,493	102,287	3,282	8,500	1,106	1,729	(X)	447
ワシントン	71,298	184,661	66,449	172,103	4,849	12,559	1,646	2,537	(X)	666
ウエストバージニア	24,230	62,755	24,038	62,258	192	497	192	−	(X)	−
ウィスコンシン	65,496	169,636	54,154	140,259	11,342	29,376	1,984	−	9,358	−
ワイオミング	97,812	253,334	97,088	251,458	724	1,875	724	−	(X)	−
プエルトリコ	5,325	13,791	3,424	8,868	1,901	4,924	68	16	(X)	1,817
島嶼部：	3,866	10,013	600	1,554	3,266	8,459	(NA)	(NA)	(X)	(NA)
米領サモア	583	1,510	77	199	506	1,311	(NA)	(NA)	(X)	(NA)
グアム	571	1,479	210	544	361	935	(NA)	(NA)	(X)	(NA)
北マリアナ諸島	1,975	5,115	179	464	1,796	4,652	(NA)	(NA)	(X)	(NA)
米領バージン諸島	738	1,911	134	347	604	1,564	(NA)	(NA)	(X)	(NA)

− ゼロまたは概数でゼロを示す　NA データなし　X 該当なし

資料：U.S. Census Bureau, Census TIGER "R" データベースからの未刊行資料

表No.359. 五大湖の概要

[五大湖は世界最大の淡水の供給源である。世界の淡水の約18%、合衆国の淡水の約90%を五大湖が占めている。五大湖と称されるのは、5つの大きな湖と、1つの小さな湖、4つの水路、およびセントローレンス・シーウェイを含む連続した水域である。これらを合わせると、94,000平方マイル(245,000平方キロメートル)の水域面積となり、5,400立方マイル(23,000立方キロメートル)以上の水量を保持している]

特徴	単位	スペリオル湖	ミシガン湖	ヒューロン湖	エリー湖	オンタリオ湖
南北長	マイル	350	307	206	241	193
東西長	マイル	160	118	183	57	53
深度:						
平均	フィート	489	279	159	62	283
最大深度	フィート	1,333	923	750	210	802
貯水量	立法マイル	2,935	1,180	849	116	393
水面積[1]	平方マイル	31,700	22,300	23,000	9,910	7,340
Surface area in U.S.	平方マイル	20,598	22,300	9,111	4,977	3,560
回復に必要な年数[2]	年	191	99	22	3	6

1. 合衆国とカナダ双方の水域面積を含む　2. 湖から汚染物質を除去するのに必要な年数
資料：Department of Commerce, National Oceanic and Atmospheric Administration, Great Lakes Environmental Research Laboratory, "About Our Great Lakes," (2004年6月); ⟨http://www.glerl.noaa.gov/pr/ourlakes/intro.html⟩

No.360. 五大湖の流域別沿岸長

[単位：マイル]

沿岸	計	カナダ	合衆国	MI	MN	WI	IL	IN	OH	PA	NY
計	10,368	5,127	5,241	3,288	189	820	63	45	312	51	473
スペリオル湖	2,980	1,549	1,431	917	189	325	−	−	−	−	−
セントメリー川	297	206	91	91	−	−	−	−	−	−	−
ミシガン湖	1,661	−	1,661	1,058	−	495	63	45	−	−	−
ヒューロン湖	3,350	2,416	934	934	−	−	−	−	−	−	−
セントクレア川	128	47	81	81	−	−	−	−	−	−	−
セントクレア湖	160	71	89	89	−	−	−	−	−	−	−
デトロイト川	107	43	64	64	−	−	−	−	−	−	−
エリー湖	860	366	494	54	−	−	−	−	312	51	77
ナイアガラ川	99	34	65	−	−	−	−	−	−	−	65
オンタリオ湖	726	395	331	−	−	−	−	−	−	−	331

− ゼロを示す
資料：State of Michigan, Department of Environment Quality, "Great Lakes, Shorelines of the Great Lakes"; ⟨http://www.michigan.gov/deq/0,1607,7-135-3313_3677,00.html⟩

No.361. 合衆国の主要な湖

[湖の一覧には人造湖、合衆国領土にその一部があるもの、を含む]

湖	位置	面積(平方マイル)	湖	位置	面積(平方マイル)
スペリオル湖	MI-MN-WI-オンタリオ	31,700	ポンチャトレイン湖	ルイジアナ	631
ヒューロン湖	MI-オンタリオ	23,000	サカカウィア湖[1]	ノースダコタ	520
ミシガン湖	IL-IN-MI-WI	22,300	シャンプレイン湖	NY-VT-ケベック	490
エリー湖	MI-NY-OH-PA-オンタリオ	9,910	ベチャロフ湖	アラスカ	453
オンタリオ湖	NY-オンタリオ	7,340	セントクレア湖	MI-オンタリオ	430
グレートソルト湖	ユタ	2,117	レッド湖	ミネソタ	427
ウッズ湖	MN-マニトバ-オンタリオ	1,485	セラウィク湖	アラスカ	404
イリアムナ湖	アラスカ	1,014	フォートペック湖[1]	モンタナ	393
オアヘ湖[1]	ND-SD	685	ソルトン湖	カリフォルニア	347
オキーチョビー湖	フロリダ	662	レイニー湖	MN-オンタリオ	345

1. 人造湖
資料：U.S. Geological Survey, 2003 および National Oceanicand Atmospheric Administration, Great Lakes, 2002; The National Atlas of the United States of America; Lakes; ⟨http://nationalatlas.gov/articles/mapping/a_general.html⟩

No.362. 最もハリケーン被害の多い沿岸地域：1960－2008年

[ハリケーンとは熱帯低気圧の一種で、雷を伴う激しい嵐で、最大風速74マイル/時以上の風が渦巻となっていることが認められる、熱帯性気候である]

郡、州	沿岸地域	ハリケーン数	人口変化率（%）		世帯数の変化率（%）	
			1960－2008年	2000－2008年	1960－2008年	2000－2008年
モンロー郡、フロリダ州	メキシコ湾	15	50.8	−9.2	221.8	4.3
ラフォーシェ郡、ルイジアナ州	メキシコ湾	14	67.2	2.9	151.5	8.9
カータレット郡、ノースカロライナ州	大西洋	14	104.3	6.4	366.4	12.4
デア郡、ノースカロライナ州	大西洋	13	465.9	12.1	709.6	22.8
ハイド郡、ノースカロライナ州	大西洋	13	−10.1	−11.1	83.7	5.8
ジェファーソン郡、ルイジアナ州	メキシコ湾	12	108.9	−4.2	201.4	−3.5
パームビーチ郡、フロリダ州	大西洋	12	454.7	11.9	616.9	15.2
マイアミデイド郡、フロリダ州	大西洋	11	156.5	6.4	180.6	14.9
セントバーナード郡、ルイジアナ州	メキシコ湾	11	17.2	−43.9	−2.6	−67.9
キャメロン郡、ルイジアナ州	メキシコ湾	11	4.8	−27.6	87.7	−8.1
テレボーン郡、ルイジアナ州	メキシコ湾	11	78.7	3.9	179.4	11.0

資料：National Oceanic and Atmospheric Administration (NOAA), Coastal Services Center, Historical Hurricane Tracks: 1851 to to 2008, U.S. Census Bureau, Current Population Reports, P25-1139, Population Estimates and Projections, "Coastline Population Trends in the United States: 1960 to 2008," (2010年5月)

No.363. 合衆国とカナダ・メキシコとの国境線長

［2010年、合衆国とカナダの間には5600万人、メキシコとの間では1億2500万人が行き交っている。旅行者の詳細については表No.1234を参照。表には国境に接する州のみを示す。合衆国国定地図についての詳細な情報は〈http://nationalatlas.gov/partners.html〉を参照］

州	国境線の長さ(法定マイル)	州	国境線の長さ(法定マイル)
合衆国-カナダ、計	5,525	オハイオ	146
アラスカ	1,538	ペンシルベニア	42
アイダホ	45	バーモント	90
メーン	611	ワシントン	427
ミシガン	721		
ミネソタ	547	合衆国-メキシコ、計	1,933
モンタナ	545	アリゾナ	373
ニューハンプシャー	58	カリフォルニア	140
ニューヨーク	445	ニューメキシコ	180
ノースダコタ	310	テキサス	1,241

資料：合衆国-カナダ: International Boundary Commission, 2003; 合衆国-メキシコ: U.S. Geological Survey および The National Atlas of the United States, 1976, *Borders*, 〈http://nationalatlas.gov/articles/mapping/a_general.html〉

No.364. 合衆国の沿岸部と海岸線——州別

［単位：法定マイル。法定マイルは1マイルに等しい。**沿岸部**とは海岸の全体的な輪郭を表すために用いられる用語。以下の表では合衆国の沿岸部の数値は、小地図から計測し合計したものである。大小の湾岸部を含む。1948年現在の数値。**海岸線**とは海に接した部分をより詳細に表す用語。表中に示す潮汐海岸長の数値は1939-40年に、当時も最大規模の地図・図表から作成された。本土海岸、島嶼部、大小の湾岸および潮汐の影響を受ける河川・運河の部分を含む。海に接する州のみを示す。詳細については合衆国国定地図（National Atlas）のウェブサイト〈http://nationalatlas.gov/partners.html〉を参照］

州	沿岸部	潮汐海岸長	州	沿岸部	潮汐海岸長
合衆国	12,383	88,633	ミシシッピ	44	359
アラバマ	53	607	ニューハンプシャー	13	131
アラスカ	6,640	33,904	ニュージャージー	130	1,792
カリフォルニア	840	3,427	ニューヨーク	127	1,850
コネティカット	-	618	ノースカロライナ	301	3,375
デラウェア	28	381	オレゴン	296	1,410
フロリダ	1,350	8,426	ペンシルベニア	-	89
ジョージア	100	2,344	ロードアイランド	40	384
ハワイ	750	1,052	サウスカロライナ	187	2,876
ルイジアナ	397	7,721	テキサス	367	3,359
メーン	228	3,478	バージニア	112	3,315
メリーランド	31	3,190	ワシントン	157	3,026
マサチューセッツ	192	1,519			

－ ゼロを示す

資料：National Oceanic Atmospheric Administration, 1975; The National Atlas of the United States, *Coastline and Shoreline*; 〈http://nationalatlas.gov/articles/mapping/a_general.html〉

No.365. 大河川——長さ、流量および流域面積

川	河口	源流（名前と位置）	長さ(マイル)[1]	河口の平均流量(1,000立方フィート/秒)	流域面積(1,000平方マイル)
ミズーリ	ミズーリ	レッドロック・クリーク、MT	[3] 2,540	76.2	[2] 529
ミシシッピ	ルイジアナ	ミシシッピ河、MN	2,340	[4] 593	[2,5] 1,150
ユーコン	アラスカ	マクニール河、カナダ	1,980	225	[2] 328
セントローレンス	カナダ	ノース河、MN	1,900	348	[2] 396
リオグランデ	メキシコ-テキサス	リオグランデ、CO	1,900	([7])	336
アーカンソー	アーカンソー	イーストフォーク・アーカンソー河、CO	1,460	41	161
コロラド	メキシコ	コロラド河、CO	1,450	([7])	246
アトチャファラヤ[6]	ルイジアナ	ティエラブランカ・クリーク、NM	1,420	58	95.1
オハイオ	イリノイ-ケンタッキー	アリゲヘーニー河、CO	1,310	281	203
レッド[6]	ルイジアナ	ティエラブランカ・クリーク、NM	1,290	56	93.2
ブラゾス	テキサス	ブラックウォーター・ドロー、NM	1,280	([7])	45.6
コロンビア	オレゴン-ワシントン	コロンビア河、カナダ	1,240	265	[2] 258
スネーク	ワシントン	スネーク河、WY	1,040	56.9	108
プラット	ネブラスカ	グリッジー・クリーク、CO	990	([7])	84.9
ペコス	テキサス	ペコス河、NM	926	([7])	44.3
カナディアン	オクラホマ	カナディアン河、CO	906	([7])	46.9
テネシー	ケンタッキー	コートハウス・クリーク、NC	886	68	40.9

1．源流から河口まで　2．流域面積は合衆国とカナダの両方を含む　3．ミズーリ川の源流からミシシッピ川とメキシコ湾までの長さは約3,710マイル　4．ミシシッピ川からアトチャファラヤ川へ流れた約167,000立方フィートを含むがレッド川の流出は除く　5．レッド川とアトチャファラヤ川の流域面積を除く　6．東・中央ルイジアナ州では、レッド川にアトチャファラヤ川に流れ、ミシシッピ川の分流である。データでは平均流量長さと流域面積はレッド川を含むがアトチャファラヤ川からミシシッピ川へ流れた水は全て除く　7．毎秒15,000立方フィート未満

資料：U.S. Geological Survey, "*Largest Rivers in the United States*"（2005年9月）; 〈http://pubs.usgs.gov/of/1987/ofr87-242〉

No.366. 州および海外領土の最高・最低標高と平均標高

[1フィート＝0.305m。海抜0フィート以下に2,130平方マイル(デス・バレーが最低地点)、海抜1万フィート以上に20,230平方マイル(マッキンレー山が最高地点)がある。マイナス（－）は海面以下]

州または その他の地域	最高地点 名称	海抜 フィート	メートル	最低地点 名称	海抜 フィート	メートル	およその 平均海抜 フィート	メートル
合衆国	マッキンリー山(AK)	20,320	6,198	死の谷(CA)	−282	−86	2,500	763
AL	チェアハ山	2,407	734	メキシコ湾	(¹)	(¹)	500	153
AK	マッキンリー山	20,320	6,198	太平洋	(¹)	(¹)	1,900	580
AZ	ハンフリーズピーク	12,633	3,853	コロラド川	70	21	4,100	1,251
AR	マガジン山	2,753	840	ウォシタ川	55	17	650	198
CA	ホイットニー山	14,494	4,419	死の谷	−282	−86	2,900	885
CO	エルバート山	14,433	4,402	アーカンソー川	3,315	1,011	6,800	2,074
CT	フリッセル山南面	2,380	726	ロングアイランド海峡	(¹)	(¹)	500	153
DE²	エブライト・ロード²	448	137	大西洋	(¹)	(¹)	60	18
DC	リノのテンレイタウン	410	125	ポトマック川	1	(Z)	150	46
FL	ブリットンヒル	345	105	大西洋	(¹)	(¹)	100	31
GA	ブラスタウン・ボールド	4,784	1,459	大西洋	(¹)	(¹)	600	183
HI	プウェキウ、マウナケア	13,796	4,208	太平洋	(¹)	(¹)	3,030	924
ID	ボラピーク	12,662	3,862	スネーク川	710	217	5,000	1,525
IL	チャールズ・マウンド	1,235	377	ミシシッピ川	279	85	600	183
IN	フースターヒル	1,257	383	オハイオ川	320	98	700	214
IA	ホーキーポイント	1,670	509	ミシシッピ川	480	146	1,100	336
KS	サンフラワー山	4,039	1,232	バーデグリス川	679	207	2,000	610
KY	ブラック山	4,145	1,264	ミシシッピ川	257	78	750	229
LA	ドリスキル山	535	163	ニューオリンズ	−8	−2	100	31
ME	カターディン山	5,268	1,607	大西洋	(¹)	(¹)	600	183
MD	ホイクレスト	3,360	1,025	大西洋	(¹)	(¹)	350	107
MA	グレイロック山	3,491	1,065	大西洋	(¹)	(¹)	500	153
MI	アーボン山	1,979	604	エリー湖	571	174	900	275
MN	イーグル山	2,301	702	スペリオル湖	601	183	1,200	366
MS	ウッドオール山	806	246	メキシコ湾	(¹)	(¹)	300	92
MO	タウム・サウク山	1,772	540	セントフランシス川	230	70	800	244
MT	グラニットピーク	12,799	3,904	クートネル川	1,800	549	3,400	1,037
NE	パノラマポイント	5,424	1,654	ミズーリ川	840	256	2,600	793
NV	バウンダリーピーク	13,140	4,007	コロラド川	479	146	5,500	1,678
NH	ワシントン山	6,288	1,918	大西洋	(¹)	(¹)	1,000	305
NJ	ハイポイント	1,803	550	大西洋	(¹)	(¹)	250	76
NM	ウィーラーピーク	13,161	4,014	レッド・ブラフ遊水地	2,842	867	5,700	1,739
NY	マーシー山	5,344	1,630	大西洋	(¹)	(¹)	1,000	305
NC	ミッチェル山	6,684	2,039	大西洋	(¹)	(¹)	700	214
ND	ホワイト・ビュッテ	3,506	1,069	レッドリバー(北部)	750	229	1,900	580
OH	キャンベル・ヒル	1,550	473	オハイオ川	455	139	850	259
OK	ブラックメサ	4,973	1,517	リトル川	289	88	1,300	397
OR	フード山	11,239	3,428	太平洋	(¹)	(¹)	3,300	1,007
PA	デイビス山	3,213	980	デラウェア川	(¹)	(¹)	1,100	336
RI	ジェリモス・ビル	812	248	大西洋	(¹)	(¹)	200	61
SC	サッサフラス山	3,560	1,086	大西洋	(¹)	(¹)	350	107
SD	ハーニーピーク	7,242	2,209	ビッグストーン湖	966	295	2,200	671
TN	クリングマンズドーム	6,643	2,026	ミシシッピ川	178	54	900	275
TX	グアダループピーク	8,749	2,668	メキシコ湾	(¹)	(¹)	1,700	519
UT	キングスピーク	13,528	4,126	ビーバーダムウォッシュ	2,000	610	6,100	1,861
VT	マンスフィールド山	4,393	1,340	シャンプレーン湖	95	29	1,000	305
VA	ロジャーズ山	5,729	1,747	大西洋	(¹)	(¹)	950	290
WA	レーニア山	14,411	4,395	太平洋	(¹)	(¹)	1,700	519
WV	スプルース・ノブ山	4,863	1,483	ポトマック川	240	73	1,500	458
WI	ティムス・ヒル	1,951	595	ミシガン湖	579	177	1,050	320
WY	ガネットピーク	13,804	4,210	ベルフォアシェイ川	3,099	945	6,700	2,044
プエルトリコ	プンタ山	4,390	1,339	大西洋	(¹)	(¹)	1,800	549
米領サモア	ラタ山	3,160	964	太平洋	(¹)	(¹)	1,300	397
グアム	ラムラム山	1,332	406	太平洋	(¹)	(¹)	330	101
バージン諸島	クラウン山	1,556	475	大西洋	(¹)	(¹)	750	229

Z　0.5メートル未満　1．海面　2．デラウェアーペンシルベニア州境地点

資料：U.S. Geological Survey, for highest and lowest points, "Elevations and Distances in the United States" ⟨http://erg.usgs.gov/isb/pubs/booklets/elvadist/elvadist.html⟩（2005年4月現在）。平均海抜は *Elevations and Distances in the United States*, 1983年版

No.367. 土地利用：1982－2003年

[単位：100万エーカー(1,937.7は193万7,700エーカーを表す)および%。アラスカとハワイおよびコロンビア特別区を除く。主要項目に関する用語の解説についてはhttp://www.nrcs.usda.gov/technical/NRI/glossaries.htmlを参照]

年	総陸地面積	連邦政府所有以外の農村部						開発地域	水域	連邦政府所有地
		農村部面積計[1]	耕作地	牧場	放牧地	森林	その他			
Land										
1982	1,937.7	1,417.2	420.4	131.4	414.5	402.6	48.3	72.8	48.6	399.1
1992	1,937.6	1,400.2	381.2	125.1	406.6	404.0	49.3	86.5	49.4	401.5
2001	1,937.7	1,379.3	369.6	116.9	404.7	404.9	51.4	106.3	50.3	401.8
2002	1,937.7	1,378.1	368.4	117.3	405.3	404.9	50.6	107.3	50.4	401.9
2003	1,937.7	1,377.3	367.9	117.0	405.1	405.6	50.2	108.1	50.4	401.9
総面積に占める%										
1982	100.0	73.1	21.7	6.8	21.4	20.8	2.5	3.8	2.5	20.6
1992	100.0	72.3	19.7	6.5	21.0	20.9	2.5	4.5	2.5	20.7
2001	100.0	71.2	19.1	6.0	20.9	20.9	2.7	5.5	2.6	20.7
2002	100.0	71.1	19.0	6.1	20.9	20.9	2.6	5.5	2.6	20.7
2003	100.0	71.1	19.0	6.0	20.9	20.9	2.6	5.6	2.6	20.7

1．個別に明示しないが、Conservation Reserve Program下の土地を含む
資料：U.S. Department of Agriculture, Natural Resources and Conservation Service, *2003 Annual National Resources Inventory*; <http://www.nrcs.usda.gov/technical/NRI/>

No.368. 連邦政府所有地以外の湿地帯および水域――土地利用状況別・農業生産地域別：2003年

[単位：1000エーカー（110,760は1億1076万エーカーを表す）。内陸部・河口部の全ての湿地帯を含む。資料を参照]

農業生産地域[1]	計	耕作地[2]	森林地帯	放牧地	その他	開発地	水域
湿地、計	110,760	16,730	65,440	7,740	15,800	1,590	3,460
五大湖周辺地域	22,460	2,710	15,480	－	3,880	160	230
東南部	22,360	940	16,010	970	3,460	420	560
ミシシッピ河口地域	17,950	3,240	11,020	270	2,730	190	500
東北部	14,150	1,250	10,890	－	1,550	240	220
北部平原	7,640	3,020	210	2,870	1,090	80	370
アパラチア山脈周辺地域	7,460	400	6,080	－	570	110	300
南部平原	5,590	970	2,350	970	520	230	550
山岳地域	4,780	1,570	220	2,010	820	30	130
コーンベルト	4,690	1,330	2,440	－	380	100	440
太平洋沿岸地域	3,680	1,300	740	650	800	30	160

－ ゼロまたは概数でゼロを示す　1．EPAの経済研究部は、土壌・土地の傾斜・気候・市場からの距離・貯蔵施設と商業施設の違いによって、各州を10のグループに分類している　2．牧草地あるいは保全留保計画（Conservation Reserve Program）の対象となる土地を含む
資料：U.S. Department of Agriculture, Natural Resources Conservation Service, 2003 Annual National Resources Inventory; <http://www.nrcs.usda.gov/technical/NRI/>

No.369. 州別土地利用状況：2003年

[単位：1,000エーカー（1,937,664は19億3766万4000エーカーを表す）、%。州レベルの結果は暫定値。アラスカ、コロンビア特別区、ハワイ、島嶼を除く]

州およびその他	総陸地面積	主要な非連邦政府の農村部の土地の全体に占める割合(%)			州およびその他	総陸地面積	主要な非連邦政府の農村部の土地の全体に占める割合(%)		
		耕作地	放牧地	森林			耕作地	放牧地	森林
合衆国	1,937,664	19.0	20.9	20.9					
アラバマ	33,424	7.5	0.2	64.4	ネブラスカ	49,510	39.5	46.6	1.6
アリゾナ	72,964	1.3	44.2	5.7	ネバダ	70,763	0.9	11.7	0.4
アーカンソー	34,037	22.1	0.1	44.1	ニューハンプシャー	5,941	2.1	－	65.6
カリフォルニア	101,510	9.3	17.5	13.7	ニュージャージー	5,216	10.1	－	30.8
コロラド	66,625	12.5	37.2	4.9	ニューメキシコ	77,823	2.0	51.3	7.0
コネティカット	3,195	5.4	－	53.4	ニューヨーク	31,361	17.1	－	56.1
デラウェア	1,534	29.8	－	22.2	ノースカロライナ	33,709	16.4	－	45.9
フロリダ	37,534	7.7	7.2	33.9	ノースダコタ	45,251	53.6	24.5	1.0
ジョージア	37,741	11.0	－	58.0	オハイオ	26,445	42.5	－	27.3
アイダホ	53,488	10.2	12.0	7.5	オクラホマ	44,738	20.1	31.6	16.5
イリノイ	36,059	66.5	－	11.2	オレゴン	62,161	6.0	15.1	20.5
インディアナ	23,158	57.5	－	16.5	ペンシルベニア	28,995	17.7	－	53.9
アイオワ	36,017	70.8	－	6.4	ロードアイランド	813	2.5	－	45.9
カンザス	52,661	50.3	30.1	2.9	サウスカロライナ	19,933	11.9	－	56.0
ケンタッキー	25,863	21.2	－	40.6	サウスダコタ	49,358	34.6	44.7	1.0
ルイジアナ	31,377	17.3	0.9	42.5	テネシー	26,974	17.6	－	44.3
メーン	20,966	1.8	－	84.0	テキサス	171,052	14.9	56.2	6.2
メリーランド	7,870	19.3	－	30.1	ユタ	54,339	3.1	19.6	3.5
マサチューセッツ	5,339	4.7	－	49.9	バーモント	6,154	9.5	－	67.1
ミシガン	37,349	21.7	－	44.7	バージニア	27,087	10.6	－	48.7
ミネソタ	54,010	39.1	－	30.3	ワシントン	44,035	14.7	13.3	28.9
ミシシッピ	30,527	16.3	－	54.9	ウエストバージニア	15,508	5.3	－	68.1
ミズーリ	44,614	30.7	0.2	28.1	ウィスコンシン	35,920	28.7	－	40.4
モンタナ	94,110	15.4	39.0	5.7	ワイオミング	62,603	3.5	44.0	1.5

－ ゼロを示す
資料：U.S. Department of Agriculture, Natural Resources and Conservation Service, Summary Report, 2003 Annual National Resources Inventory; <http://www.nrcs.usda.gov/technical/NRI/>

No.370. 合衆国の湿地帯および深水地帯：1998－2004年

[単位：1,000エーカー（148,618.8は1億4861万8800エーカーを表す）。湿地および深水地帯は別個に定義される。湿地の定義には永続的な水域は含まれない。深水地帯は、永続的に水でしかも大抵の場合は深く被われており、主として空気ではなく水の中で生育する有機体が生息する（基層に設置しているか否かは問わない）環境を示す。湿地では、植物の大半は水生植物であるが、水底は植物の生育を支えるには水が深すぎるため、土壌であるとは考えられていない。一般的に湿地では、水の浸潤が土壌開発の状態や地中・地表の動植物の種類を決定する主要な要素となる。湿地は陸地と水域の過渡期にある土地であり、常に表面上あるいはその近くに水層がある、あるいは浅い水に被われている。湿地に関する更なる情報については「Classification of Wetlands and Deepwater Habitats of the United States」を、<http://www.fws.gov/wetlands/_documents/gNSDI/ClassificationWetlandsDeepwaterHabitatsUS.pdf>にて参照のこと]

湿地帯または深水地帯	推定面積 1998	推定面積 2004	1998-2004年 の変化
湿地帯、深水地帯、計	148,618.8	149,058.5	439.7
深水地帯、計	41,046.6	41,304.5	247.9
湖水[1]	16,610.5	16,773.4	162.9
河川[2]	6,765.5	6,813.3	47.7
河口域（感潮）[3]	17,680.5	17,717.8	37.3
湿地帯、計	107,562.3	107,754.0	191.8
有潮湿地帯[4]	5,328.7	5,300.3	-28.4
海域	130.4	128.6	-1.9
河口域（植物育成なし）	594.1	600.0	5.9
河口域（植物育成）	4,604.2	4,571.7	-32.4
淡水湿地帯	102,233.6	102,453.8	220.2
淡水（植物育成なし）	5,918.7	6,633.9	715.3
淡水（植物育成）	96,414.9	95,819.8	-495.1
淡水（抽水植物）[5]	26,289.6	26,147.0	-142.6
淡水（森林）[6]	51,483.1	52,031.4	548.2
淡水（低木）[7]	18,542.2	17,641.4	-900.8

1．湖水地帯は以下の特徴をすべて持つ。(1)地勢的に沈下している、あるいは河川を堰きとめる、(2)樹木、潅木、抽水植物、水生の苔類（30％以上の範囲）がないこと、(3)全体の面積が20エーカー以上 2．河川は、海水の流入によって1,000あたり0.5以上の塩分を持つ部分は除外した、深水の水路 3．河口域は、有潮の深水域と隣接する有潮の湿地帯から成る。通常は半分閉ざされた状況だが、海域とつながって、海水が流入することのある地域。感潮とは、基層が海水または河口域の水によって被われており、潮の干満の影響を受けることを表す 4．有潮とは、基層が潮の干満にさらされていることを示す。有潮には沿岸部の波のかかる地域を含む 5．淡水（抽水植物）は、ミズゴケ類を除く水生植物の育成する湿地帯である。ほとんどいつも、季節を問わずに育成する植生が見られ、多年生植物育成の湿地である 6．森林湿地帯は、20フィート以上の樹木が育成する湿地帯である 7．潅木湿地帯は、20フィート未満の樹木が育成する湿地帯で、潅木、若木、またはその環境条件によって大きく育成することのできない潅木樹木が育成している。

資料：U.S. Fish and Wildlife Service, *Status and Trends of Wetlands in the Conterminous United States, 1998 to 2004* (2005年12月); <http://www.fws.gov/wetlands/_documents/gSandt/NationalReports/StatusTrendsWetlandsConterminousUS1998to2004.pdf>

No.371. 合衆国の1日当たり取水量――使用目的別：1950-2005年

[180は1800億を表す。コロンビア特別区、プエルトリコ、米領バージン諸島を含む。取水量、水源から物理的に引き出された水の量。淡水と塩水を含むが、水力発電用の水は除外する。表もデータも改訂されている。2005年の改訂については、「Trends in Estimated Water Use in the United States, Table 14」を参照。『アメリカ歴史統計』系列J92-103も参照]

年	総取水量	公共（水道）	農村部自家用 家畜用自家水源家庭用	家畜用	灌漑	熱電	その他 自家水源家庭用	鉱業	商業	農業
1950[1]	180	14	2.1	1.5	89	40	37	(5)	(5)	(5)
1955[2]	240	17	2.1	1.5	110	72	39	(5)	(5)	(5)
1960[3]	270	21	2.0	1.6	110	100	38	(5)	(5)	(5)
1965[4]	310	24	2.3	1.7	120	130	46	(5)	(5)	(5)
1970[4]	370	27	2.6	1.9	130	170	47	(5)	(5)	(5)
1975[3]	420	29	2.8	2.1	140	200	45	(5)	(5)	(5)
1980[3]	430	33	3.4	2.2	150	210	45	(5)	(5)	(5)
1985[3]	397	36.4	3.32	2.23	135	187	25.9	3.44	1.23	2.24
1990[3]	404	38.8	3.39	2.25	134	194	22.6	4.93	2.39	2.25
1995[3]	399	40.2	3.39	2.28	130	190	22.4	3.72	2.89	3.22
2000[3]	413	43.2	3.58	2.38	139	195	19.7	4.50	(NA)	5.77
2005[3]	410	44.2	3.83	2.14	128	201	18.2	4.02	(NA)	8.78

NA データなし 1．48州、コロンビア特別およびハワイ州 2．48州 3．50州、コロンビア特別区、プエルトリコ、バージン諸島 4．50州、コロンビア特別区、プエルトリコ 5．自家用水源鉱業用を含む

資料：1940-60年は、U.S. Bureau of Domestic Business Development, based principally on committee prints, *Water Resources Activities in the United States*, for the Senate Committee on National Water Resources, U.S. Senate、それ以降はU.S. Geological Survey, *Estimated Use of Water in the United States in 2005*, circular l344; <http://pubs.usgs.gov/circ/1344/> も参照（2009年10月）

No.372. 全米大気質基準対象の大気汚染物質濃度――2003－2009年

[データは複数の観測地点での毎日24時間の平均に基づく、汚染物質の複合平均（年1度）を表す。一酸化炭素については重複のない8時間平均の2番目に大きい数字に基づく。オゾンは8時間のうちの最大値の大きい方から4番目の値。環境鉛レベルの季毎平均。Air Quality Systemのデータに基づく。μg/m³＝空気1m³当たりマイクログラムの汚染物質。ppm＝100万分の1。<http://www.epa.gov/airtrends/index.html>も参照]

汚染	単位	モニター観測所数	標準濃度[1]	2003	2004	2005	2006	2007	2008	2009
一酸化炭素	ppm	300	[2]9	2.7	2.5	2.3	2.2	2.0	1.9	1.8
オゾン	ppm	1,011	[3]0.075	0.080	0.074	0.079	0.077	0.077	0.073	0.069
二酸化硫黄	ppm	384	[4]0.03	0.0043	0.0041	0.0041	0.0037	0.0035	0.0032	0.0027
微粒子（PM-10）	μg/m³	722	[5]150	90.5	70.4	69.4	76.0	69.4	67.3	59.7
超微粒子（PM-2.5）年平均	μg/m³	741	[6]15	12.3	11.9	12.8	11.6	11.9	10.9	9.9
超微粒子（PM-2.5）1日平均	μg/m³	741	[7]35	31.1	31.0	33.6	28.8	31.3	27.1	24.9
二酸化窒素	ppm	311	[8]0.053	0.014	0.013	0.013	0.013	0.012	0.011	0.011
鉛	μg/m³	109	[9]0.15	0.16	0.20	0.15	0.14	0.15	0.19	0.11

NA データなし 1．国民の健康を守る、大気汚染基準（National Ambient Air Quality Standard）による 2．8時間標準値9ppmに基づく 3．8時間基準値0.075ppmに基づく。EPAは2008年3月12日にオゾン濃度の第一基準値と第二基準値を改訂して、0.075ppmとした 4．年間0.03ppm標準 5．24時間（毎日）基準値150mg/立法メートルに基づく。微粒子（PM-10）の基準は1987年に、それまでの浮遊粒子の基準に置き換えられた。2006年、EPAは年間のPM-10基準値を廃止した 6．年間15mg/立法メートル標準。PM-2.5の全国監視ネットワークは1999年に設置された。それ以前のデータは存在しない 7．1日平均35mg/m³の基準に基づく。PM-2.5の全国的な監視ネットワークは1999年に配置されたため、それ以前の全米のトレンドデータは存在しない 8．年間0.053ppm標準 9．3か月1.5mg/m³基準に基づく。2008年10月15日、EPAは鉛に関する第一・第二基準を改訂し、0.15mg/m³とした
資料：U.S. Environmental Protection Agency, *Latest Findings on National Air Quality-Status and Trends through 2009*; <http://www.epa.gov/air/airtrends/2010/index.html>

No.373. 大気汚染物質の放出：1970－2008年

[単位：1,000トン（4,320は432万トンを表す）。PM-10＝10ミクロン未満の微粒子。PM-2.5＝2.5ミクロン未満の微粒子。1970－1984年の放出データ推計に用いられた方法論と1985年－現在用いられている方法論は異なる。1985年以降の最近年についての方法論は<http://www.epa.gov/ttn/chief/net/2005inventory.html>上で閲覧できる]

年	アンモニア	一酸化炭素	二酸化窒素	PM-10[1]	PM-10[2]	PM-2.5[1]	PM-2.5[2]	二酸化硫黄	揮発性有機化合物[3]
1970	(NA)	204,042	26,882	13,022	13,022	(NA)	(NA)	31,218	34,659
1980	(NA)	185,408	27,080	7,013	7,013	(NA)	(NA)	25,926	31,107
1990	4,320	154,188	25,527	27,753	27,753	7,560	7,560	23,077	24,108
2000	4,907	114,465	22,599	23,748	22,962	7,287	6,503	16,348	17,511
2004	4,138	99,041	19,793	21,211	18,321	5,497	3,044	14,820	19,789
2005	4,143	93,034	19,122	21,153	18,266	5,457	3,013	14,844	18,422
2006	4,135	87,915	18,110	19,037	16,150	5,269	2,862	13,656	17,590
2007	4,131	82,801	17,321	16,921	14,034	5,080	2,639	13,006	16,759
2008	4,043	77,685	16,339	14,805	11,918	4,892	2,449	11,429	15,927

NA データなし 1．PM＝粒子状物質。PM10は直径10ミクロン以下、PM2.5は直径2.5ミクロン以下の粒子状物質 2．凝集性粒子を除く 3．揮発性有機化合物
資料：U.S. Environmental Protection Agency, *National Emissions Inventory (NEI) Air Pollutant Emissions Trends Data, 1970-2008 Average annual emissions, all criteria pollutants*, <http://www.epa.gov/ttn/chief/trends/index.html#tables>

No.374. 大気汚染物質の放出――汚染物質別、汚染源別：2008年

[単位：1,000トン（4,043は404万3000を表す）。表No.373の頭注を参照]

発生源	アンモニア	一酸化炭素	二酸化窒素	PM-10[1]	PM-2.5[1]	二酸化硫黄	揮発性有機化合物[2]
計	4,043	77,685	16,339	14,805	4,892	11,429	15,927
燃料燃焼、定置発生源	68	5,283	5,597	1,330	1,006	9,872	1,450
電力産業	34	699	3,007	534	410	7,552	50
工業	16	1,216	1,838	330	175	1,670	130
その他	18	3,369	727	466	421	578	1,269
製造過程	206	3,767	1,047	1,461	751	1,025	7,142
化学および関連製造業	22	265	67	39	29	255	228
食肉加工	3	947	68	78	52	203	46
石油および関連産業	3	355	350	24	17	206	561
その他	151	500	418	967	355	329	404
溶媒使用	-	2	6	8	7	-	4,226
倉庫・運輸業	1	115	18	57	22	4	1,303
廃棄物の処理・再利用	26	1,584	120	288	267	27	374
自動車	308	38,866	5,206	171	110	64	3,418
特殊自動車[3]	3	18,036	4,255	304	283	456	2,586
その他[4]	3,457	11,731	260	11,540	2,742	85	1,332

－ ゼロを表す 1．PMは粒子状物質 2．揮発性有機化合物 3．農業用トラクター等農業用機械、建設機械、工業用機械、レジャー用船舶、芝刈機等の小型エンジンからの排出 4．山火事、農作業、舗装・未舗装道路の浮遊ダスト。建設作業、掘削作業（鉱業）および天然資源からの排出
資料：U.S. Environmental Protection Agency, *National Emissions Inventory (NEI) Air Pollutant Emissions Trends Data, 1970-2008 Average annual emissions, all criteria pollutants*, <http://www.epa.gov/ttn/chief/trends/index.html#tables>

No.375. 温室効果によるガスの放出——種類別：1990－2009年

[単位：100万メトリックトン（6,133.2は61億3320万トンを表す）。1メトリックトン＝2,204.6ポンド。放射の推計値は1992年のEnergy Policy Act（タイトルXVI）のセクション1605 (a) を通じて議会の提出したもの。以下に示すデータは種類と放出源についてであり、二酸化炭素換算で示される。データは年ごとに改訂されている]

ガスの種類と放出源	1990	2000	2004	2005	2006	2007	2008	2009[1]
総放出量	**6,133.2**	**6,935.3**	**7,071.9**	**7,109.4**	**7,027.4**	**7,150.4**	**6,983.1**	**6,575.5**
二酸化炭素、計	5,040.9	5,900.3	6,031.3	6,055.2	5,961.6	6,059.5	5,865.5	5,446.8
項目別エネルギー使用								
住居	963.4	1,185.1	1,227.8	1,261.5	1,192.0	1,242.0	1,229.0	1,162.2
商業	792.6	1,022.0	1,053.5	1,069.0	1,043.4	1,078.6	1,073.5	1,003.6
工業	1,695.1	1,788.1	1,731.1	1,675.2	1,661.1	1,661.6	1,597.6	1,405.4
輸送	1,587.7	1,872.0	1,962.3	1,990.7	2,021.9	2,039.6	1,937.9	1,854.5
エネルギー調整[2]	-82.9	-64.7	-45.3	-44.6	-62.7	-67.5	-76.1	-66.0
調整エネルギー小計	4,955.9	5,802.6	5,929.3	5,951.8	5,855.7	5,954.2	5,761.9	5,359.6
その他	85.1	97.8	102.0	103.5	105.9	105.3	103.6	87.3
メタン	768.8	663.1	661.6	669.2	678.5	690.9	724.2	730.9
エネルギー由来	293.1	281.7	280.0	277.0	279.8	285.8	299.3	303.0
農業由来	190.6	201.2	204.0	209.9	211.8	212.3	219.7	215.9
廃棄物	280.6	174.6	172.0	177.3	181.9	187.6	200.6	207.9
製造業の生産過程	4.5	5.6	5.6	5.0	5.1	5.1	4.6	4.2
亜酸化窒素	221.4	217.8	222.0	223.6	223.7	228.6	223.5	219.6
農業由来	148.7	144.3	154.1	156.9	157.8	162.1	161.1	161.0
エネルギー利用	40.2	52.1	49.7	48.2	47.2	47.3	45.1	42.5
製造業の生産過程	28.5	16.7	13.3	13.6	13.6	14.1	12.1	10.8
廃棄物	4.0	4.7	4.9	5.0	5.1	5.2	5.2	5.3
高GWPガス[3]	102.1	154.0	157.0	161.3	163.6	171.4	169.9	178.2

1．2009年は推定値　2．合衆国海外領土の二酸化炭素排出量は合衆国計に含む。国際輸送の燃料消費による二酸化炭素排出量（船舶・航空機の双方を含む）は合衆国の温室ガス排出量から除外される　3．地球温暖化係数の高いガス：ハイドロフルオロカーボン（HFCs）、パーフルオロカーボン（PFCs）、六フッ化硫黄（SF6）

資料：U.S. Energy Information Administration, *Emissions of Greenhouse Gases in the United States, 2009*, Series DOE/EIA-0573（2009年）(年刊); ⟨http://www.eia.gov/environment/emissions/ghg_report/⟩

No.376. 二酸化炭素の放出——部門別・源泉別：1990－2009年

[単位：メトリック・トン(5,040.9は50億4090万トンを表す)。下記のデータは二酸化炭素換算で計測。表示年についてのデータは改訂済み]

部門	1990	2000	2004	2005	2006	2007	2008	2009[1]
計[2]	5,040.9	5,900.3	6,031.3	6,055.2	5,961.6	6,059.5	5,865.5	5,446.8
計[3]	5,038.7	5,867.2	5,974.7	5,996.4	5,918.3	6,021.8	5,838.0	5,425.6
石油	2,186.6	2,460.6	2,608.6	2,627.6	2,602.5	2,603.2	2,443.5	2,318.8
石炭	1,821.4	2,155.5	2,160.2	2,181.9	2,146.9	2,172.2	2,139.4	1,876.8
天然ガス	1,024.8	1,240.6	1,194.4	1,175.2	1,157.0	1,234.7	1,243.0	1,218.0
家庭用	**963.4**	**1,185.1**	**1,227.8**	**1,261.5**	**1,192.0**	**1,242.0**	**1,229.0**	**1,162.2**
石油	98.4	108.0	106.0	100.9	85.0	86.8	84.9	82.9
石炭	3.0	1.1	1.1	0.8	0.6	0.7	0.7	0.6
天然ガス	238.3	270.8	264.3	262.4	237.5	257.3	265.8	259.1
電力[4]	623.7	805.2	856.4	897.3	868.9	897.2	877.5	819.5
商業	**792.6**	**1,022.0**	**1,053.5**	**1,069.0**	**1,043.4**	**1,078.6**	**1,073.5**	**1,003.6**
石油[5]	72.5	57.9	58.3	54.9	47.6	46.6	46.1	43.6
石炭	12.0	8.8	9.8	9.3	6.2	6.7	6.5	5.8
天然ガス	142.3	172.5	169.8	163.1	154.0	164.2	171.3	169.1
電力[4]	565.9	782.8	815.6	841.8	835.6	861.1	849.5	785.1
工業[6]	**1,695.1**	**1,788.1**	**1,731.1**	**1,675.2**	**1,661.1**	**1,661.6**	**1,597.6**	**1,405.4**
石油	365.5	370.4	418.6	416.8	430.4	415.4	376.2	343.1
石炭	258.4	210.8	190.5	182.9	179.4	174.6	168.2	130.9
天然ガス	432.4	480.8	431.5	397.5	394.2	406.3	406.9	383.1
電力[4]	638.3	718.6	674.7	672.8	650.2	662.3	641.8	551
輸送業[6]	**1,587.7**	**1,872.0**	**1,962.3**	**1,990.7**	**2,021.9**	**2,039.6**	**1,937.9**	**1,854.5**
石油	1,548.4	1,832.8	1,925.6	1,952.7	1,984.0	1,999.0	1,896.3	1,815.7
天然ガス	36.1	35.7	31.9	33.1	33.2	35.3	36.7	34.1
電力[4]	3.2	3.6	4.8	5.0	4.7	5.3	4.9	4.7
発電部門[7]	**1,831.0**	**2,310.2**	**2,351.5**	**2,416.9**	**2,359.5**	**2,425.9**	**2,373.7**	**2,160.3**
石油	101.8	91.5	100.1	102.3	55.6	55.3	40.0	33.6
石炭	1,547.6	1,927.4	1,943.1	1,983.8	1,953.7	1,987.3	1,959.4	1,742.2
天然ガス	175.5	280.9	296.8	319.1	338.2	371.7	362.3	372.6

1．暫定値　2．非燃料使用による放出、エネルギー調整およびその他の放出源を含む　3．再生可能エネルギーからの放出は計に含まれる　4．この部門への販売量で加重した、発電部門の二酸化炭素総放出量の割合　5．少量の石油コークスを含む　6．化石燃料の非燃料使用による放出を含む　7．発電部門による放出は、最終使用部門への電力販売のシェアに応じて分配される

資料：U.S. Energy Information Administration, Environment, *Greenhouse Gas Emissions in the United States, 2009*, Series DOE/EIA-0573 (2009)（年刊）; ⟨http://www.eia.gov/environment/emissions/ghg_report/⟩ も参照

No.377. 自治体の固形廃棄物の発生、リサイクル、エネルギー再生のための燃焼、廃棄：1980－2009年

[単位：100万トン（151.6は1億5160万を表す）。別に示す単位を除く。公共事業の廃棄物回収において、回収物の大半を占める一般家庭および店舗・企業から出たもの。鉱業、農業、製造加工、取り壊しおよび建築における廃棄物、下水の汚泥、廃車、廃棄施設・設備の類を除く。物流を推計し発生時のぬれた重量に基づく]

項目および原料	1980	1990	2000	2005	2007	2008	2009
廃棄物生成量	151.6	208.3	242.5	252.4	255.0	251.0	243.0
1日1人あたり（ポンド）	3.7	4.6	4.7	4.7	4.6	4.5	4.3
再生原料	14.5	33.2	69.5	79.9	84.8	83.9	82.0
1日1人あたり（ポンド）	0.4	0.7	1.4	1.5	1.5	1.5	1.5
再生エネルギー燃焼	14.5	29.0	53.0	59.3	63.1	61.8	61.3
1日1人あたり（ポンド）	0.35	0.6	1.0	1.1	1.2	1.1	1.1
埋め立て廃棄またはその他の廃棄[1]	(Z)	4.2	16.5	20.6	21.7	22.1	20.8
1日1人あたり（ポンド）	(Z)	0.1	0.3	0.4	0.4	0.4	0.4
Combustion with energy recovery	2.7	29.7	33.7	31.6	32.0	31.6	29.0
Per person per day（ポンド）	0.07	0.7	0.7	0.6	0.6	0.6	0.5
Doscards to landfill, other disposal	134.4	145.3	139.4	140.9	138.2	135.6	131.9
Per person per day（ポンド）	3.2	3.2	2.7	2.6	2.5	2.4	2.4
生成量の構成比（%）							
生産物原料、計	71.8	70.3	73.7	73.2	72.9	72.1	70.6
紙および板紙	36.4	34.9	36.2	33.6	32.4	30.8	28.2
ガラス	10.0	6.3	5.3	5.0	4.9	4.8	4.8
金属	10.2	7.9	7.8	8.0	8.2	8.4	8.6
プラスチック	4.5	8.2	10.5	11.6	12.1	12.0	12.3
ゴムおよび皮革	2.8	2.8	2.8	2.9	3.0	3.0	3.1
繊維	1.7	2.8	3.9	4.5	4.7	5.0	5.2
木材	4.6	5.9	5.6	5.9	6.0	6.2	6.5
その他	1.7	1.5	1.6	1.7	1.8	1.9	1.9
その他の廃棄物、計	28.2	29.7	26.3	26.8	27.1	27.9	29.4
食糧廃棄物	8.6	11.5	12.3	12.7	12.8	13.3	14.1
植物（葉、枝、茎等）	18.1	16.8	12.6	12.7	12.8	13.1	13.7
その他廃棄物	1.5	1.4	1.4	1.5	1.5	1.5	1.6

Z　5,000トン未満または0.05%以下　1．伐採された庭木、食品ゴミ、その他の自治体の収集した固形廃棄物のコンポスト化。一般世帯のコンポストは含まない

資料：Franklin Associates, a Division of ERG, Prairie Village, KS, *Municipal Solid Waste in the United States: 2009 Facts and Figures*. U.S. Environmental Protection Agency用に報告されたもの；<www.epa.gov/osw/nonhaz/municipal/msw99.htm>

No.378. 主要固形廃棄物の発生と再生：1980－2009年

[単位：100万トン（151.6は1億5160万を表す）、%。公共事業の廃棄物回収において、回収物の大半を占める一般家庭および店舗・企業から出たもの。鉱業、農業、製造加工、建設および取り壊しにおける廃棄物、下水の汚泥、廃車、廃棄施設・設備の類を除く。物流を推定し発生時のぬれた重量に基づく]

項目および原料	1980	1990	2000	2005	2007	2008	2009
廃棄物量、計[1]	**151.6**	**205.2**	**242.6**	**252.4**	**255.0**	**251.0**	**243.0**
紙および板紙	55.2	72.7	87.7	84.8	82.5	77.4	68.4
ガラス	15.1	13.1	12.8	12.5	12.5	12.2	11.8
金属：鉄	12.6	12.6	14.1	15.0	15.6	15.7	15.6
アルミニウム	1.7	2.8	3.2	3.3	3.4	3.4	3.4
その他金属	1.2	1.1	1.6	1.9	1.9	2.0	1.9
プラスチック	6.8	17.1	25.5	29.3	30.8	30.1	29.8
食料、その他	13.0	20.8	26.8	32.0	32.6	33.3	34.3
植物（葉・枝・茎等）	27.5	35.0	30.5	32.1	32.6	32.9	33.2
廃棄物再生量、計[1]	**14.5**	**33.2**	**69.4**	**79.9**	**84.8**	**83.9**	**82.0**
紙および板紙	11.7	20.2	37.6	42.0	44.5	42.9	42.5
ガラス	0.8	2.6	2.9	2.6	2.9	2.9	3.0
金属：鉄	0.4	2.2	4.7	5.0	5.3	5.3	5.2
アルミニウム	0.3	1.0	0.9	0.7	0.7	0.7	0.7
その他金属	0.5	0.7	1.1	1.3	1.3	1.4	1.3
プラスチック	0.2	0.4	1.5	1.8	2.1	2.1	2.1
食料、その他	(Z)	(Z)	0.7	0.7	0.8	0.8	0.9
植物（葉・枝・茎等）	(Z)	4.2	15.8	19.9	20.9	21.3	19.9
廃棄物再生率（%）、計[1]	**9.6**	**16.2**	**29.7**	**31.6**	**33.3**	**33.4**	**33.8**
紙および板紙	21.3	27.8	42.8	49.5	53.9	55.5	62.1
ガラス	5.0	20.1	22.6	20.7	23.0	23.1	25.5
金属：鉄	2.9	17.6	33.2	33.6	33.8	33.8	33.5
アルミニウム	17.9	35.9	26.9	20.7	21.7	21.1	20.3
その他金属	46.6	66.4	66.3	68.8	69.1	69.4	68.8
プラスチック	0.3	2.2	5.8	6.0	6.8	7.1	7.1
食料、その他	(Z)	(Z)	2.5	2.2	2.5	2.4	2.5
植物（葉・枝・茎等）	(Z)	12.0	51.7	61.9	64.1	64.7	59.9

Z　5,000トン未満または0.05%以下　1．個別に明示しないその他の製品を含む

資料：Franklin Associates, a Division of ERG, Prairie Village, KS, *Municipal Solid Waste in the United States: 2009 Facts and Figures*. U.S. Environmental Protection Agency用に報告されたもの；<www.epa.gov/osw/nonhaz/municipal/msw99.htm>

No.379. 自治体の固形廃棄物――発生、再生および廃棄――製品別：2009年

[表No.378の頭注を参照]

製品別	発生 (1000トン)	再生 対象製品 (1000トン)	再生率	廃棄 (1000トン)
紙・板紙製品[1]	68,420	42,500	62.1	25,920
非耐久財	33,480	17,430	52.1	16,050
新聞紙	5,060	4,490	88.7	570
折り込みチラシ	2,700	2,350	87.0	350
雑誌	1,450	780	53.8	670
事務用紙	5,380	3,990	74.2	1,390
第3種郵便	4,650	2,950	63.4	1,700
その他商業印刷物	3,490	2,310	66.2	1,180
容器・パッケージ	34,940	25,070	71.8	9,870
ダンボール	27,190	22,100	81.3	5,090
折りたたみ容器	4,980	2,490	50.0	2,490
ガラス製品[1]	11,780	3,000	25.5	8,780
ガラス容器	9,660	3,000	31.1	6,660
ビール・清涼飲料水のびん	6,000	2,340	39.0	3,660
ワイン・酒瓶	1,710	310	18.1	1,400
食品その他のびん・容器	1,950	350	17.9	1,600
金属製品[1][2]	20,910	7,220	34.5	13,690
鉄	13,340	3,720	27.9	9,620
アルミ	1,350	(Z)	(Z)	1,350
その他の非鉄金属	540	(Z)	(Z)	540
プラスチック製品[1]	29,830	2,120	7.1	27,710
プラスチック耐久財	10,650	400	3.8	10250
プラスチック非耐久財	6,650	(Z)	(Z)	6,650
プラスチック容器	12,530	1,720	13.7	10,810
ゴム・皮革製品[1]	7,490	1,070	14.3	6,420
タイヤ	3,040	1,070	35.2	1,970

Z　5000トン未満または0.05%未満　1．個別に明示しないその他の製品を含む　2．耐久消費財のみの金属

資料：Franklin Associates, a Division of ERG, Prairie Village, KS, *Municipal Solid Waste in the United States: 2009 Facts and Figures*. 環境保護局のために用意された資料. <www.epa.gov/osw/nonhaz/municipal/msw99.htm> も参照

No.380. 環境関連産業の収入と雇用：2000－2010年

[211.2は2112億ドルを表す。環境関連事業に携わる約30,000社(民間、公共の両者を含む)を対象とする]

業種	収入（10億ドル）				雇用			
	2000	2005	2009	2010	2000	2005	2009	2010
産業、計	**211.2**	**255.0**	**304.6**	**316.3**	**1,371,600**	**1,469,600**	**1,621,300**	**1,657,300**
分析サービス[1]	1.8	1.8	1.9	1.8	20,200	20,000	19,600	19,200
水処理[2]	28.7	35.6	44.1	46.9	118,800	141,100	169,000	178,900
固形廃棄物管理[3]	39.4	47.8	51.1	52.4	221,400	256,500	265,300	271,200
危険廃棄物管理[4]	8.2	8.7	8.6	8.7	44,800	45,000	42,100	42,000
改善／工業サービス	10.1	11.0	11.9	12.2	100,200	96,600	99,600	101,000
コンサルティングおよびエンジニアリング	17.4	22.4	25.7	26.2	184,000	220,800	240,500	242,900
水質改善機器および薬品	19.8	24.8	26.6	27.2	130,500	153,000	157,300	159,300
器具製造	3.8	4.7	5.2	5.5	30,200	34,600	36,100	37,500
大気汚染抑制機器[5]	19.0	18.8	15.8	14.9	129,600	123,400	101,800	95,600
廃棄物管理機器[6]	10.0	10.1	11.0	11.1	75,500	72,900	73,800	73,700
処理技術、防止技術	1.2	1.5	1.8	1.9	29,000	28,100	26,500	26,400
上下水道[7]	29.9	35.1	40.6	42.1	130,000	145,200	162,000	167,200
資源再生[8]	16.0	21.0	24.5	25.2	127,000	78,900	88,200	91,500
環境保護エネルギー源[9]	5.9	11.9	35.8	35.5	30,400	53,500	150,900	150,900

1．環境関連の研究所の検査およびサービス　2．上下水道施設のために自治体が徴収した月間収入　3．固形廃棄物および再生物の収集、搬送、搬入基地、廃棄、埋立地の所有と管理　4．危険廃棄物、医療廃棄物、核廃棄物の搬送と廃棄　5．静止機器と移動機器がある　6．車輌、コンテナ、ライナー、処理、改善機器　7．主として公的部門による水の販売による収入　8．再生した金属、紙、プラスティック等の販売によって生ずる収入　9．施設やシステムおよび電力の販売により発生した収入

資料：Environmental Business International, Inc., San Diego, CA, *Environmental Business Journal* (月刊) (copyright). <http://www.ebiusa.com/> も参照

No.381. 有害化学物質の放出と移転――媒体別：2004-2009年

[単位：100万ポンド（4,253.6は42億5360万を表す）。Emergency Planning and Community Right-to-Know Act（EPCRA、またはTitle III of the Superfund Amendments and Reauthorization Act of 1986）の第313条、公法99-499が要求する報告書に基づく。1990年汚染防止法（Pollution Prevention Act=PPA）は、有毒化学物質のデータを収集することを定めている。有害化学物質は、使用（保管）中のもの、リサイクルされたもの、エネルギー再生のために燃焼処理されたものを含む。指定された有害物質の年間指示量を超えて製造あるいは加工に用いる、フルタイム従業員10人以上の、北米産業分類31-33、2121、2122、2211、4246、4247、562に分類される施設の所有者および運営者は、報告義務を課せられる。PBT（=Persistent, Bioaccumulative, Toxic、残留性・生体蓄積性・毒性のある）化学物質、バナジウム、バナジウム含有物を含む。有害化学物質排出目録制度上、オンサイトで廃棄またはその他の排出を行う施設に転送された、「オフサイトで廃棄」「その他の排出」は含まれない。データは表中の全年について改訂済]

媒体	2004	2005	2006	2007	2008 [1]	2009
報告施設数	24,428	24,140	23,543	22,775	22,319	21,020
施設内外での廃棄と放出	4,253.6	4,364.7	4,322.7	4,118.7	3,872.5	3,386.4
施設設置場所での放出	3,738.1	3,829.5	3,784.6	3,559.8	3,383.8	3,015.3
空中放出 [2]	1,544.1	1,516.4	1,413.5	1,319.8	1,151.2	915.3
表流水への排出	253.3	256.7	250.0	238.7	249.3	204.8
第1種地下注入井	210.3	211.5	199.8	184.1	174.1	153.2
第2-5種地下注入井	27.7	20.2	20.1	21.5	18.2	26.3
資源保護回復法サブタイトルC埋立地 [3]	151.9	155.2	151.8	150.6	123.9	71.7
その他の埋立地	267.8	266.9	263.1	267.2	282.1	280.4
土壌処理耕作	21.5	23.7	26.8	22.0	24.9	17.1
表面貯留池	719.3	782.0	822.2	764.9	738.6	746.8
その他の陸上処分	542.1	596.9	637.3	590.9	621.6	599.7
施設設置場所以外での放出	515.5	535.2	538.1	558.8	488.6	371.1
廃棄物管理のために施設外に移動した総量	4,006.4	3,944.6	3,989.0	3,885.1	3,511.4	2,842.4
リサイクル	2,085.0	2,095.8	2,181.9	2,142.3	1,970.4	1,628.9
エネルギー再生	650.4	609.0	555.3	525.4	450.9	365.0
処理のため移転	326.6	335.4	328.1	286.5	257.4	229.1
POTWへの移転 [4]	259.9	264.6	260.1	252.5	256.7	216.4
POTWへの移転（金属および金属化合物） [4]	1.7	1.8	1.8	2.0	1.2	3.3
その他の施設外移転	71.5	0.4	0.5	0.2	0.2	(Z)
処分およびその他の放出目的の施設外移転	611.3	637.6	661.5	676.3	574.5	399.8
生産関連廃棄物の総量	25,863.8	24,863.3	24,305.5	24,377.3	22,990.2	20,390.7
施設内におけるリサイクル	7,135.9	6,719.6	6,822.9	6,878.2	6,807.9	6,035.9
施設外におけるリサイクル	2,085.3	2,100.7	2,185.2	2,121.5	1,968.9	1,615.1
施設内におけるエネルギー再生	2,617.1	2,462.9	2,392.7	2,286.9	2,269.4	1,871.7
施設外におけるエネルギー再生	649.6	608.9	554.6	523.3	449.7	367.0
施設内における処理	8,447.8	7,918.0	7,314.6	7,755.4	7,050.5	6,644.4
施設外における処理	566.2	574.9	555.7	515.1	484.1	423.2
処分量または施設内外における放出量	4,362.1	4,478.3	4,479.9	4,296.9	3,959.8	3,433.5
非生産財廃棄物処理量	19.3	24.1	18.1	14.3	34.0	11.5

1．データは改訂されている　2．大気への放出は漏えい放出と点源放出を含む　3．RCRA=Resources Conservation and Recovery Act　4．POTW（Publicly Owned Treatment Work）は州または自治体の所有する汚水処理施設
資料：U.S. Environmental Protection Agency, Toxic Release Inventory (TRI) Program, *2009 TRI National Analysis*; <http://www.epa.gov/tri/tridata/tri09/national_analysis/index.htm> 2009年のデータは2011年4月18日現在

No.382. 有害化学物質の放出状況――産業別：2009年

[単位100万ポンド（3,386.4は33億8640万ポンドを表す）、他に示すものを除く。表No.381の頭注を参照]

産業	2002 NAICS [1] コード	有害物質放出量（施設内、外）	施設内放出量 計	大気中への放出量	その他地表で収容	施設外放出量／施設外から廃棄への移転量 [2]
計 [3]	(X)	3,386.4	3,015.3	915.3	744.8	371.1
石炭鉱業	2121	11.3	11.3	0.4	1.8	(Z)
金属鉱業	2122	1,137.0	1,135.5	3.1	563.7	1.5
電力	2211	797.0	730.1	386.4	128.0	66.9
食料品、飲料、タバコ	311/312	142.5	134.8	40.7	0.1	7.7
繊維	313/314	1.8	1.3	1.2	0.1	0.4
衣料	315	(Z)	(Z)	(Z)	―	(Z)
皮革	316	0.6	0.2	0.2	―	0.4
木製品	321	8.6	8.0	7.9	(Z)	0.6
製紙	322	175.0	167.6	128.8	3.8	7.4
印刷、出版	323/51	9.9	9.7	9.7	―	0.2
石油	324	63.9	58.7	35.2	(Z)	5.2
化学薬品類	325	420.3	377.5	157.3	15.8	42.8
プラスチック製品	326	39.9	32.0	31.4	(Z)	7.8
土石ガラス製品	327	23.2	20.8	15.0	0.1	2.4
セメント	32731	5.4	5.3	4.2	(Z)	0.1
一次金属工業	331	305.9	148.6	31.2	29.2	157.3
組立金属工業	332	44.3	22.8	21.2	(Z)	21.5
工業用機械	333	5.6	3.5	3.5	―	2.1
コンピュータ、電子	334	5.2	3.0	1.4	―	2.2
電気機器	335	5.1	1.8	1.8	(Z)	3.3
輸送機器	336	30.3	21.5	21.1	(Z)	8.7
家具	337	4.4	4.3	4.3	―	0.1
その他の製造業	339	4.7	2.8	2.8	―	1.9
化学薬品卸売	4246	1.3	1.2	1.1	―	0.1
石油基地	4247	3.2	3.1	3.1	(Z)	0.1
危険廃棄物管理	562	108.3	79.8	0.5	1.2	28.4
分類なし [3]	(X)	32.0	30.1	1.7	1.0	1.9

― ゼロまたは概数でゼロを示す　X 該当なし　Z 50,000未満　1．北米産業分類。第12章の解説を参照　2．施設外の、クラスI、クラスIIからVの井戸を用いた地中への廃棄、その他の密閉廃棄、地中への放出、その他を、個別に明示しないが含む　3．個別に明示しない、産業別の特定できない産業
資料：U.S. Environmental Protection Agency, *2009 TRI National Analysis*; <http://www.epa.gov/tri/tridata/tri09/national_analysis/index.htm> データは2011年4月18日現在

No.383. 有害化学物質の放出――州・海外領土別：2009年

[単位：100万ポンド（3,386.4は33億8640万を表す）。EPCRAのセクション313により要求される報告に基づく。表No.381の頭注参照]

州・海外領土	有害物質放出量（施設内, 外）	施設内放出量 計¹	施設内放出量 大気中への放出量	施設内放出量 表流水への排出量	施設外放出量／施設外から廃棄への移転量	州・海外領土	有害物質放出量（施設内, 外）	施設内放出量 計¹	施設内放出量 大気中への放出量	施設内放出量 表流水への排出量	施設外放出量／施設外から廃棄への移転量
計	3,386.4	3,015.3	915.3	744.8	371.1	MO	76.1	74.0	15.4	42.6	2.1
合衆国	3,379.1	3,009.3	909.7	744.8	369.7	MT	41.2	39.8	2.3	7.6	1.3
AL	91.1	77.5	34.7	14.1	13.6	NE	29.6	26.8	5.5	(Z)	2.7
AK	699.1	698.8	0.5	279.3	0.3	NV	183.4	181.2	1.7	114.0	2.2
AZ	60.9	60.0	2.7	9.2	0.9	NH	2.9	2.7	2.7	-	0.2
AR	34.0	30.2	14.4	2.1	3.8	NJ	13.1	10.7	4.5	-	2.4
CA	36.7	32.6	9.5	(Z)	4.1	NM	15.3	15.1	1.1	1.0	0.2
CO	20.2	17.1	2.2	2.4	3.1	NY	23.3	18.3	8.9	(Z)	5.0
CT	3.3	2.2	1.9	(Z)	1.1	NC	62.7	56.3	34.2	2.8	6.3
DE	8.1	5.3	3.2	(Z)	2.8	ND	21.2	13.3	3.6	5.2	8.0
DC	0.0	(Z)	(Z)	(Z)	(Z)	OH	158.7	130.2	75.1	10.2	28.4
FL	85.0	80.4	52.6	0.8	4.6	OK	29.6	28.2	14.8	0.8	1.4
GA	80.2	78.3	50.4	13.0	1.9	OR	17.3	12.2	6.1	(Z)	5.0
HI	2.9	2.6	2.2	-	0.3	PA	123.3	74.3	54.1	1.2	48.9
ID	47.9	45.5	3.2	15.6	2.4	RI	0.4	0.2	0.2	-	0.2
IL	95.1	52.6	29.3	8.3	42.5	SC	49.4	43.7	32.6	3.1	5.7
IN	132.5	91.5	45.2	8.4	41.0	SD	4.6	4.3	1.4	(Z)	0.3
IA	43.3	30.3	18.2	0.5	13.1	TN	89.2	79.1	32.0	26.4	10.0
KS	21.1	18.2	8.0	0.3	2.9	TX	196.4	171.4	62.6	6.4	25.1
KY	142.6	133.1	45.6	33.8	9.6	UT	147.4	145.1	6.9	103.6	2.3
LA	119.5	112.5	45.6	4.7	7.0	VT	0.3	0.2	(Z)	-	0.1
ME	8.5	7.7	3.9	-	0.8	VA	56.0	50.9	28.4	1.5	5.1
MD	35.9	33.0	30.2	(Z)	2.9	WA	15.7	13.9	7.0	3.4	1.8
MA	5.4	3.3	3.3	(Z)	2.1	WV	43.0	37.8	27.0	2.2	5.2
MI	71.4	54.1	33.2	6.0	17.2	WI	32.9	19.5	14.6	(Z)	13.4
MN	22.2	19.7	8.5	2.0	2.5	WY	25.0	23.6	2.1	1.9	1.3
MS	54.3	50.0	6.8	0.3	4.0	プエルトリコ	6.5	5.1	5.1	-	1.3

－ ゼロを示す　Z　5万未満　1．個別に明示しないその他のタイプを含む

資料：U.S. Environmental Protection Agency, Toxic Release Inventory (TRI) Program, *2009 TRI National Analysis*; ⟨http://www.epa.gov/tri/tridata/tri09/national_analysis/index.htm⟩ 2011年4月18日現在

No.384. National Priority Listに示された危険廃棄物所在地――州・海外領土別：2008年

[12月31日現在。1980年のComprehensive Environmental Response, Compensation, and Liability Act (CERCLA)と1986年のSuperfund Amendments and Reauthorization Act (SARA)によるスーパーファンド・プログラムのための優先リスト（National Priorities List）に示す暫定所在地および最終所在地。CERCLAおよびSARAに関する情報については⟨http://www.epa.gov/superfund/policy/cercla.htm⟩を参照]

州・海外領土	所在地合計	順位	構成比(%)	連邦	非連邦	州・海外領土	所在地合計	順位	構成比(%)	連邦	非連邦
計	1,318	(X)	(X)	163	1,155	ミズーリ	29	16	2.3	3	26
合衆国	1,301	(X)	(X)	161	1,140	ネブラスカ	13	32	1.0	1	12
アラバマ	15	26	1.2	3	12	ネバダ	1	49	0.1	-	1
アラスカ	5	45	0.4	5	-	ニューハンプシャー	21	19	1.7	1	20
アリゾナ	9	39	0.7	2	7	ニュージャージー	116	1	9.3	8	108
アーカンソー	9	40	0.7	-	9	ニューメキシコ	14	29	1.1	1	13
カリフォルニア	97	2	7.8	24	73	ニューヨーク	86	4	6.9	4	82
コロラド	20	20	1.6	3	17	ノースカロライナ	32	13	2.6	2	30
コネティカット	15	24	1.2	1	14	ノースダコタ	-	50	-	-	-
デラウェア	14	27	1.1	1	13	オハイオ	40	10	3.2	5	35
コロンビア特別区	1	(X)	0.1	1	-	オクラホマ	9	42	0.7	1	8
フロリダ	52	6	4.2	6	46	オレゴン	12	36	1.0	2	10
ジョージア	16	23	1.3	2	14	ペンシルベニア	96	3	7.7	6	90
ハワイ	3	46	0.2	2	1	ロードアイランド	12	37	1.0	2	10
アイダホ	9	41	0.7	2	7	サウスカロライナ	26	17	2.1	2	24
イリノイ	49	7	3.9	5	44	サウスダコタ	2	47	0.2	1	1
インディアナ	31	14	2.5	-	31	テネシー	14	30	1.1	4	10
アイオワ	12	33	1.0	1	11	テキサス	49	8	3.9	4	45
カンザス	12	34	1.0	1	11	ユタ	19	22	1.5	4	15
ケンタッキー	14	28	1.1	1	13	バーモント	11	38	0.9	0	11
ルイジアナ	13	31	1.0	1	12	バージニア	30	15	2.4	11	19
メーン	12	35	1.0	3	9	ワシントン	48	9	3.8	13	35
メリーランド	19	21	1.5	10	9	ウエストバージニア	9	43	0.7	2	7
マサチューセッツ	32	12	2.6	6	26	ウィスコンシン	38	11	3.0	-	38
ミシガン	67	5	5.4	1	66	ワイオミング	2	48	0.2	1	1
ミネソタ	25	18	2.0	2	23	プエルトリコ	13	(X)	(X)	1	12
ミシシッピ	6	44	0.5	-	6						

－ ゼロを示す　X　該当なし

資料：U.S. Environmental Protection Agency, *Supplementary Materials: CERCLIS3/WasteLan Database*;（2009年7月刊）⟨http://www.epa.gov/osw/inforesources/data/biennialreport/⟩ も参照

No.385. 有害廃棄物の発生、出荷および受入――州および海外領土別：2009年

[単位：1000トン（35,331.4は3533万1400トンを表す）。1976年資源保護回復法の下で規制される有害廃棄物を対象とする。データは改訂されている。2009 National Biennial RCRA Hazardous Waste Report（RCRA有害廃棄物報告書（隔年）2009年度版）から除外されたデータについては、資料を参照]

州・海外領土	廃棄物量（1,000トン）			州・海外領土	廃棄物量（1,000トン）		
	発生	出荷	受入		発生	出荷	受入
計	35,331.4	6,144.7	7,282.7	ネブラスカ	28.2	31.2	32.8
				ネバダ	11.1	17.2	62.7
合衆国	35,285.3	6,098.0	7,281.0	ニューハンプシャー	4.5	4.5	－
				ニュージャージー	555.8	546.5	349.7
アラバマ	2,063.6	166.6	220.0	ニューメキシコ	1,078.7	6.2	5.0
アラスカ	1.9	1.3	－	ニューヨーク	1,032.6	218.8	185.9
アリゾナ	21.1	18.0	16.2	ノースカロライナ	71.8	72.7	10.7
アーカンソー	273.2	235.3	289.1	ノースダコタ	530.5	1.3	0.3
カリフォルニア	699.6	828.5	1,143.4	オハイオ	1,300.8	463.1	583.1
コロラド	41.5	31.6	38.8	オクラホマ	41.9	26.0	82.8
コネティカット	21.1	27.2	13.2	オレゴン	61.9	51.5	88.4
デラウェア	19.8	19.5	0.1	ペンシルバニア	290.8	210.2	442.5
コロンビア特別区	0.9	0.9	－	ロードアイランド	4.5	9.2	6.6
フロリダ	168.9	31.3	9.4	サウスカロライナ	102.0	106.7	128.6
ジョージア	4,024.5	90.2	5.0	サウスダコタ	1.2	1.3	0.1
ハワイ	1.0	1.0	0.2	テネシー	78.6	49.3	1.3
アイダホ	4.8	8.3	334.0	テキサス	13,461.9	581.4	637.9
イリノイ	1,045.4	182.7	472.9	ユタ	59.4	79.3	111.5
インディアナ	778.5	313.1	367.7	バーモント	1.5	2.1	1.3
アイオワ	40.3	40.1	0.7	バージニア	51.0	50.4	3.6
カンザス	222.8	111.1	195.0	ワシントン	317.2	97.6	33.6
ケンタッキー	132.7	162.3	70.2	ウエストバージニア	92.4	68.7	9.3
ルイジアナ	3,878.8	527.7	475.9	ウィスコンシン	223.4	152.7	45.8
メーン	3.7	3.7	0.2	ワイオミング	3.5	3.5	－
メリーランド	33.7	42.0	34.6				
マサチューセッツ	32.5	41.5	11.8	グアム	0.4	0.4	0.1
ミシガン	284.3	189.1	341.8	ナバホ	－	－	－
ミネソタ	106.8	34.5	249.6	プエルトリコ	43.0	43.2	1.6
ミシシッピ	1,702.4	63.4	24.4	バージン諸島	2.6	3.0	－
ミズーリ	238.2	69.5	143.4				
モンタナ	37.8	6.3	－				

－ ゼロまたは概数でゼロを示す

資料：U.S. Environmental Protection Agency, *The National Biennial RCRA Hazardous Waste Report (Based on 2009 Data)*, series EPA530-R-03-014a（2010年11月）；〈http://www.epa.gov/epawaste/inforesources/data/biennialreport/index.htm〉も参照

No.386. 合衆国水域における重油流出事故――件数および流出量：2000－2009年

[本表に示す概要は、合衆国の領海（海岸線から3-12マイル）、河川の支流、および隣接する地域を含む可航水域、沿岸部、または海洋環境を脅かす恐れのあるその他の水域に、石油・原油製品の流出が報告された事例の統計に基づく。ハリケーン・カタリーナおよびハリケーン・リタの被害による流出は除外]

流出事故の特徴	流出事故件数				流出量(100万)			
	2000	2005	2008	2009	2000	2005	2008	2009
計	8,354	4,073	3,633	3,492	1,431,370	2,364,169	777,039	195,189
流出規模（ガロン）：								
1－100	8,058	3,857	3,474	3,351	39,355	33,041	25,335	24,428
101－1,000	219	166	130	123	78,779	62,357	50,486	46,062
1,001－3,000	37	26	12	9	67,529	46,019	22,130	20,907
3,001－5,000	12	9	8	2	45,512	36,803	30,396	6,872
5,001－10,000	16	7	3	3	112,415	58,453	21,800	21,400
10,001－50,000	6	5	3	4	108,400	106,870	73,600	75,520
50,001－100,000	4	1	1	－	266,380	84,000	82,274	－
100,001－1,000,000	2	1	2	－	713,000	110,000	471,018	－
1,000,000以上	－	1	－	－	－	1,826,626	－	－
流出源：								
タンカー	111	40	36	34	608,176	2,975	1,338	14,415
貨物タンカー	229	130	184	166	133,540	2,006,774	288,029	5,678
その他船舶	5,220	1,789	1,577	1,585	291,927	115,906	263,632	92,388
施設	1,054	996	1,048	963	311,604	92,399	170,299	38,299
パイプライン	25	20	18	17	17,021	111,253	14,494	1,739
その他非船舶	566	264	297	312	45,136	13,422	29,056	27,557
不詳	1,149	834	473	415	23,966	21,440	10,191	15,113

－ ゼロまたは概数でゼロを示す

資料：U.S. Coast Guard, *Pollution Incidents In and Around U.S. Waters, A Spill/Release Compendium: 1969-2004, 2004-2009*: *U.S. Coast Guard Marine Information for Safety and Law Enforcement (MISLE)* 未刊行資料；〈http://homeport.uscg.mil./mycg/portal/ep/home.do\〉も参照

No.387. 絶滅の危機にある動植物数：2011年

[4月現在。絶滅の危機にある動植物：自然な生息区域の全域あるいはかなりの部分で絶滅の危機にあるもの。絶滅に瀕した動植物：予測可能な未来において絶滅寸前になりそうな種。本書前年版の表No.383も参照］

項目	哺乳類	鳥類	爬虫類	両生類	魚類	巻貝類	貝類	甲殻類	昆虫類	蛛型類	植物
総目録数	359	300	119	33	151	37	75	22	64	12	795
絶滅の危機にある動植物、計	325	271	79	22	83	26	67	19	54	12	645
合衆国	70	77	13	14	72	25	65	19	50	12	644
外国	255	194	66	8	11	1	2	−	4	−	1
絶滅に瀕した動植物、計	34	29	40	11	68	11	8	3	10	0	150
合衆国	14	16	24	10	67	11	8	3	10	0	148
外国	20	13	16	1	1	−	−	−	−	−	2

− ゼロまたは概数でゼロを示す
資料：U.S. Fish and Wildlife Service, *Endangered Species Bulletin*（隔月刊）および〈http://ecos.fws.gov/tess_public/pub/listedanimals.jsp〉;（2011年5月現在）

No.388. 竜巻、洪水、熱帯低気圧、雷：2000－2010年

[『アメリカ歴史統計』系列J268-278も参照］

項目	2000	2002	2003	2004	2005	2006	2007	2008	2009	2010
竜巻、計：[1]										
件数	1,071	941	1,376	1,819	1,264	1,106	1,098	1,691	1,156	1,282
死者	41	55	54	35	38	67	81	126	21	45
負傷者	882	968	1,087	396	537	990	659	1,714	351	699
被害額(100万ドル)	424	801	1,263	537	422	752	1,408	1,844	566	1,107
洪水：										
死者	38	49	85	82	43	76	70	82	56	113
負傷者	47	88	65	128	38	23	51	46	27	310
被害額(100万ドル)	1,255	655	2,541	1,696	1,538	3,768	1,278	3,406	1,050	3,927
北大西洋熱帯低気圧および										
ハリケーン[2]	15	12	21	16	27	9	17	17	11	21
ハリケーン	8	4	7	9	15	5	6	8	3	12
死者	−	51	14	34	1,016	−	1	12	2	(NA)
財産被害(10億ドル)	8.1	1.1	1.9	18.9	93.0	2.4	38.8	7.6	0.9	(NA)
雷：										
感電死	51	51	44	32	38	48	45	27	34	29
負傷	364	256	237	280	309	246	138	216	201	182

− ゼロを示す　NA データなし　1. 資料：U.S. National Weather Service, Internet site 〈http://www.spc.noaa.gov/climo/torn/monthlytorn stats.html〉回転する空気柱で、管状あるいは漏斗状の積乱雲から下りてくる。通常、風速が時速100-300マイルの風、および狭い道筋に沿って動く。「つむじ風」(twister) あるいは「雨樋」(waterspout) という名で知られる　2. トロピカル・サイクロンは、低気圧、嵐、ハリケーンを含む
資料：別に示すものを除き、U.S. National Oceanic and Atmospheric Administration (NOAA), National Weather Service (NWS), Office of Climate, Water, and Weather Services, Natural Hazard Statistics（月刊）, 〈http://www.nws.noaa.gov/om/hazstats.shtml〉も参照

No.389. 合衆国における地震の回数：2000－2010年

[アメリカ地質調査所（USGS）は、合衆国内の鉱山爆発を把握すべく努めてはいるが、全てを把握することはできていない。詳細については「Routine United States Mining Seismicity」（国内で定期的に行われる鉱山・採石場の爆破のリスト）を参照。「地震の多い州」についてはhttp://earthquake.usgs.gov/earthquakes/states/top_states.phpを参照]

マグニチュード	2000	2002	2003	2004	2005	2006	2007	2008	2009	2010[1]	地震の多い州	1974-2003年の地震回数[2]
計	2,342	3,876	2,946	3,550	3,685	2,783	2,791	3,618	4,264	8,444	計	21,080
8.0-9.9	−	−	−	−	−	−	−	−	−	−	AK	[3] 12,053
7.0-7.9	−	1	2	−	1	−	1	−	−	1	CA	4,895
6.0-6.9	6	4	7	2	4	7	9	9	4	8	HI	1,533
5.0-5.9	63	63	54	25	47	51	72	85	58	71	NE	778
4.0-4.9	281	536	541	284	345	346	366	432	289	648	WA	424
3.0-3.9	917	1,535	1,303	1,362	1,475	1,213	1,137	1,486	1,492	3,581	ID	404
2.0-2.9	660	1,228	704	1,336	1,738	1,145	1,173	1,573	2,380	4,087	WY	217
1.0-1.9	−	2	2	1	2	7	11	13	26	37	MT	186
0.1-0.9	−	−	−	−	−	1	−	−	1	−	UT	139
マグニチュードなし	415	507	333	540	73	13	22	20	14	11	OR	73

− ゼロを示す　1. データは2011年3月11日現在　2. マグニチュード3.5以上の地震回数　3. 地震回数の報告なし。アリューシャン列島のマグニチュード3.5～4.0規模の地震は、地震計に反映されない
資料：U.S. Geological Survey, Earthquake Facts and Statistics; 〈http://earthquake.usgs.gov/earthquakes/eqarchives/〉を参照

No.390. 原野火災の件数と焼失面積：1970－2010年

[3,279は327万9000エーカーを表す。原野火災には3つの種類がある。野火・山火事、計画的な野焼き、および自然に起きた野火・山火事を利用した野焼きである。原野火災は、人工的構造物の焼失を含まない、原野の火災を示す]

年	計[1] 件数	面積(1000エーカー)	年	計[1] 件数	面積(1000エーカー)	州	焼失面積の上位10州、2010年 山火事[1] 件数	面積(1000エーカー)	野焼き[2] 件数	面積(1000エーカー)
1970	121,736	3,279	2000	92,250	7,393	合計	71,971	3,422,724	16,882	2,423,862
1975	134,872	1,791	2001	84,079	3,571	AK	689	1,125,419	6	505
1980	234,892	5,261	2002	73,457	7,185	ID	984	642,997	223	36,652
1985	82,591	2,896	2003	63,629	3,961	NM	998	233,056	63	61,403
1990	66,481	4,622	2004[3]	65,461	8,098	TX	6,748	210,320	144	166,006
1994	79,107	4,074	2005	66,753	8,689	CA	6,554	109,529	970	725,565
1995	82,234	1,841	2006	96,385	9,874	OR	1,315	93,731	836	114,716
1996	96,363	6,066	2007	85,705	9,328	OK	1,735	85,770	21	10,064
1997	66,196	2,857	2008	78,979	5,292	WY	533	80,382	58	27,013
1998	81,043	1,330	2009	78,792	5,922	AZ	1,601	76,318	255	86,826
1999	92,487	5,626	2010	71,971	3,423	UT	1,050	64,781	124	22,657

1．野火・山火事についてのデータ。野焼きや、野火・山火事を利用した野焼きは含まない　2．野焼きとは、有害な燃料の除去や環境の改善等を目的として、特定の条件下で計画的に発生させた火事である　3．2004年の件数と面積には、州政府の所有地とノースカロライナ州を含まない

資料：National Interagency Coordination Center, Fire Information, Statisics, 2010 Statistics and Summary, Fires and acres. See also ⟨http://www.predictiveservices.nifc.gov/intelligence/2010_statssumm/2010Stats&Summ.html⟩（2011年6月3日現在）

No.391. 州別最高・最低気温：2010年現在

州	最高気温 観測所	気温(F)	観測日	最低気温 観測所	気温(F)	観測日
AL	センタービル	112	1925年9月5日	ニューマーケット	-27	1966年1月30日
AK	フォートユーコン	100	1915年6月27日[1]	プロスペクトクリーク	-80	1971年1月23日
AZ	レイクハバシティ	128	1994年6月29日	ホウリーレイク	-40	1971年1月7日
AR	オザーク	120	1936年8月10日	ポント	-29	1905年2月13日
CA	グリーンランドランチ	134	1913年7月10日	ボカ	-45	1937年1月20日
CO	Sedgwick	114	1954年7月11日	メイベル	-61	1985年2月1日
CT	ダンベリー	106	1995年7月15日	コベントリー	-32	1961年1月22日[1]
DE	ミルズボロ	110	1930年7月21日	ミルズボロ	-17	1893年1月17日
FL	モンティセロ	109	1931年6月29日	タラハシー	-2	1899年2月13日
GA	グリーンビル 2 NNW	112	1983年8月20日[1]	CCCキャンプF-16	-17	1940年1月27日[1]
HI	パハラ	100	1931年4月27日	マナウキー観測所111.2	12	1979年5月17日
ID	オロフィーノ	118	1934年7月28日	アイランドパークダム	-60	1943年1月18日
IL	イーストセントルイス	117	1954年7月14日	コンガービル	-36	1996年2月3日
IN	カレッジビル	116	1936年7月14日	ニューホワイトランド	-36	1994年1月19日
IA	キーアカック	118	1934年7月20日	エルカダー	-47	1996年2月3日[1]
KS	オルトン付近	121	1936年7月24日	レバノン	-40	1905年2月13日
KY	グリーンズバーグ	114	1930年7月28日	シェルビービル	-37	1994年1月19日
LA	Plain Dealing	114	1936年8月10日	ミンデン	-16	1899年2月13日
ME	ノースブリッジトン	105	1911年7月10日	バンブーレン	-48	2009年1月16日
MD	カンバーランド＆フレデリック	109	1936年7月10日[1]	オークランド	-40	1912年1月13日
MA	ニューベッドフォード＆チェスター	107	1975年8月2日[1]	チェスター	-35	1981年1月12日[1]
MI	マイオ	112	1936年7月13日	バンダービルト	-51	1934年2月9日
MN	ムアヘッド	115	1917年7月29日	タワー	-60	1996年2月2日
MS	ホーリースプリングス	115	1930年7月29日	コリント	-19	1966年1月30日
MO	ウォーショー＆ユニオン	118	1954年7月14日[1]	ワルシャワ	-40	1905年2月13日
MT	メディシンレイク	117	1937年7月5日[1]	ロジャースパス	-70	1954年1月20日
NE	ミンデン	118	1936年7月24日[1]	オシュコシュ	-47	1889年12月22日[1]
NV	ローリン	125	1994年6月29日[1]	サンジャシント	-50	1937年1月8日
NH	ナシュア	106	1911年7月4日	マウントワシントン	-47	1885年1月22日
NJ	ラニオン	110	1936年7月10日	リバーベイル	-34	1904年1月5日
NM	ウェイストイソタ・パイロットピット	122	1994年6月27日	ガビラン	-50	1951年2月1日
NY	トロイ	108	1926年7月22日	オールドフォージ	-52	1979年2月18日
NC	ファイアットビル	110	1983年8月21日	マウントミッチェル	-34	1985年1月25日
ND	スティール	121	1936年7月6日	パーシャル	-60	1936年2月15日
OH	ガリポリス付近	113	1934年7月21日	ミリガン	-39	1899年2月10日
OK	ティプトン	120	1994年6月27日[1]	ワッツ	-27	1947年1月4日[1]
OR	ペンドルトン	119	1898年8月10日[1]	セネカ	-54	1933年2月10日[1]
PA	フェニックス	111	1936年7月10日	スメスポート	-42	1904年1月5日
RI	プロビデンス	104	1975年8月2日	グリーン	-25	1942年1月11日
SC	カムデン	111	1954年6月28日[1]	シーザーズヘッド	-19	1985年1月21日
SD	Fort Pierre	120	2006年7月15日[1]	マッキントッシュ	-58	1936年2月17日
TN	ペルービル	113	1930年8月9日	マンテンシティ	-32	1917年12月30日
TX	モナハンス	120	1994年1月28日[1]	セミノール	-23	1933年2月8日[1]
UT	セントジョージ	117	1985年7月5日	ピーターズシンク	-69	1913年1月5日
VT	バーノン	107	1912年7月7日	ブルームフィールド	-50	1933年12月30日
VA	バルコニーフォールズ	110	1954年7月15日[1]	マウンテンレイク観測所	-30	1985年1月22日
WA	アイスハーバーダム	118	1961年8月5日[1]	マザマ＆ウィンスロッグ	-48	1968年12月30日[1]
WV	マーティンズバーグ	112	1936年7月10日[1]	ルイスバーグ	-37	1917年12月30日
WI	ウィスコンシンデルズ	114	1936年7月13日	カウデレー	-55	1996年2月4日
WY	Diversion Dam	115	1998年3月5日[1]	リバーサイド観測所	-66	1933年2月9日

1．同じ場所または他の場所でこれより以前にも同様の記録有り　2．推計値

資料：U.S. National Oceanic and Atmospheric Administration, National Environmental Satellite, Data, and Information Services (NESDIS), National Climatic Data Center (NCDC), *Temperature Extremes and Drought*. ⟨http://www.ncdc.noaa.gov/Extremes/scec/searchrecs.php⟩

No.392. 合衆国に起きた天災：2008－2010年

[3.0は30億ドルを表す。被害額10億ドル以上の天災]

事例	詳細	時期	推定被害額[1] (10億ドル)	死者
2010年中西部のトルネードと悪天候	トルネード、雹、激しい雷雨を伴う嵐がテキサス、オクラホマ、カンザス、アーカンソー、ミシシッピおよびジョージア州を襲う。被害総額は15億ドル	2010年5月	30億ドル超	3人
中南部の洪水・悪天候	洪水、雹、トルネードおよび激しい嵐がテネシー、ケンタッキー、アラバマ、ミシシッピおよびジョージア州を襲う。テネシー州ナッシュビルの洪水だけで10億ドル以上の損害。テネシー州の南部および西部の一部でハリケーンの降雨量が最も大きく、グレーターナッシュビルの南部および西部では史上最悪の18-20インチの降雨量を記録	2010年4-5月	23億ドル超	32人
東北部洪水	東北部のロードアイランド、コネチカット、マサチューセッツ、ニュージャージー、ニューヨーク、ペンシルベニアで3月下旬に激しい降雨。ロードアイランドでは史上最悪の洪水となる	2010年3月	15億ドル超	11人
2009年南西部・グレートプレーンズ干ばつ	テキサス、オクラホマ、カンザス、カリフォルニア、ニューメキシコ、アリゾナで長期間にわたって干ばつの状況が続き、農業に打撃を与えた。最も被害が大きかったのはテキサス、カリフォルニア	2009年通年	50億ドル超	—
西部山火事	西部および南中部の各州で数千件の火事。最も被害の大きかった州は、カリフォルニア、アリゾナ、ニューメキシコ、テキサス、オクラホマ、ユタ	2009年夏から秋	10億ドル超	10人
中部・南部・東部の荒天	テキサス、オクラホマ、ミズーリ、カンザス、ネブラスカ、アーカンソー、ミシシッピ、テネシー、ノースカロライナ、サウスカロライナ、ケンタッキーで、雷と強風を伴う暴雨が続く	2009年6月	11億ドル超	—
南部・南東部で竜巻および荒天	竜巻の発生、雹、激しい雷雨。アラバマ、アーカンソー、ジョージア、ケンタッキー、ミズーリ、サウスカロライナ、テネシー、テキサスの各州で、85の竜巻が確認されている	2009年4月	12億ドル超	6人
中西部・南東部竜巻	ネブラスカ、カンザス、オクラホマ、アイオワ、ケンタッキー、テキサス、アラバマ、ジョージア、テネシー、ルイジアナ、ミズーリの各州で、56の竜巻が確認されている	2009年3月	10億ドル超	—
南東部・オハイオバレーの荒天	テネシー、ケンタッキー、オクラホマ、オハイオ、バージニア、ウエストバージニア、ペンシルベニアの各州で強風を伴う激しい雷雨。被害の大半はオクラホマとオハイオに集中	2009年2月	14億ドル超	10人
2008年大干ばつ	深刻な干ばつと熱気によって南部および西部の湖水位の記録的な低下。カリフォルニア、ジョージア、ノースカロライナ、サウスカロライナ、テキサス、サウスカロライナ、テキサスの各州	2008年通年	20億ドル超	—
ハリケーン・アイク	テキサス州にカテゴリー2のハリケーンが上陸。大西洋の台風としては過去最大級。沿岸部で高潮を引き起こし、アーカンソー、インディアナ、ケンタッキー、オハイオに及ぶ広域で暴風雨	2008年9月	270億ドル超	82人
ハリケーン・グスタフ	ルイジアナにカテゴリー2のハリケーンが上陸。テキサス、アーカンソー、ニューメキシコ西部で暴風と洪水の被害。焼失面積は520万エーカー超。(主として西部の被害)	2008年9月	50億ドル以上	43人
ハリケーン・ドーリー	テキサス南部にカテゴリー2のハリケーンが上陸	2008年7月	12億ドル以上	3人
全国的な山火事	西部、中部、南東部の15州で山火事による甚大な農業被害および洪水的な損害、メリーランド、ミシガン、ミネソタ、オクラホマ、テキサス、バージニア、ウィスコンシン、ウェストバージニア各州で。	2008年夏から秋	20億ドル以上	16人
南部洪水・中部大西洋岸で暴風雨	南部州の大半、葉煙と洪水による甚大な農業被害	2008年6月	150億ドル以上	24人
中西部のハイオバレー地域	中部のバイオバレー地域(イリノイ、インディアナ、アイオワ、カンザス、ミネソタ、ミズーリ、ネブラスカ、オクラホマ、ワイオミング、コロラド各州)で竜巻が発生	2008年6月	11億ドル以上	18人
南東部・中西部でトルネード	南東部・中西部の各州(アラバマ、アーカンソー、インディアナ、ケンタッキー、ミシシッピ、オハイオ、テネシー、テキサス)で連続して竜巻と雷雨が発生。87の竜巻が確認された	2008年2月	10億ドル以上	57人

― ゼロを示す 1. 各事例時の実際ドル価格を示す。インフレ調整はされていない 2. 暑熱により数人の死亡が報告されているが、年間平均には含まれていない
資料：U.S. National Oceanic and Atmospheric Administration, National Climatic Data Center, "Billion Dollar U.S. Weather Disasters, 1980–2010" (2011年1月現在), ⟨http://www.ncdc.noaa.gov/oa/reports/billionz.html⟩ も参照

No.393. 最高気温観測記録――主要都市別

[単位：華氏度。別に示す場合を除き空港のデータ。2009年までの記録]

州	観測所	観測期間(年)	1月	2月	3月	4月	5月	6月	7月	8月	9月	10月	11月	12月	年間[1]
AL	モービル	68	84	82	90	94	100	102	104	105	99	93	87	81	105
AK	ジュノー	65	57	57	61	74	82	86	90	84	73	61	56	54	90
AZ	フェニックス	72	88	92	100	105	113	122	121	116	118	107	96	88	122
AK	リトルロック	68	83	85	91	95	98	105	112	109	106	97	86	80	112
CA	ロサンゼルス	74	91	92	95	102	97	104	97	98	110	106	101	94	110
	サクラメント	59	74	76	88	95	105	115	114	110	108	104	87	72	115
	サンディエゴ	69	88	90	93	98	96	101	99	98	111	107	97	88	111
	サンフランシスコ	82	72	78	85	92	97	106	105	100	103	99	85	75	106
CO	デンバー	67	73	77	84	90	96	104	105	104	97	89	80	75	105
CT	ハートフォード	55	72	73	89	96	99	100	102	102	99	91	81	76	102
DE	ウィルミントン	62	75	78	86	94	96	100	102	101	100	91	85	75	102
DC	ワシントン	68	79	82	89	95	99	101	104	105	101	94	86	79	105
FL	ジャクソンビル	68	85	88	91	95	100	103	105	102	100	96	88	84	105
	マイアミ	67	88	89	93	96	96	98	98	98	97	95	91	89	98
GA	アトランタ	61	79	80	89	93	95	101	105	104	98	95	84	79	105
HI	ホノルル	40	88	88	88	91	93	92	94	93	95	94	93	89	95
ID	ボイシ	70	63	71	81	92	99	109	111	110	102	94	78	65	111
IL	シカゴ	51	65	72	88	91	93	104	104	101	99	91	78	71	104
	ペオリア	70	70	72	86	92	94	105	104	103	100	93	81	71	105
IN	インディアナポリス	70	71	76	85	89	93	102	104	102	100	91	81	74	104
IA	デモイン	70	67	73	91	93	98	103	108	101	95	91	81	69	108
KS	ウィチタ	57	75	87	89	96	100	110	113	110	108	97	86	83	113
KY	ルイスビル	62	77	77	86	91	95	102	106	105	104	93	84	76	106
LA	ニューオリンズ	63	83	85	89	92	96	101	101	102	101	94	87	84	102
ME	ポートランド	69	67	64	88	92	94	98	99	103	95	88	74	71	103
MD	ボルティモア	59	75	79	89	94	98	101	104	105	100	94	83	77	105
MA	ボストン	58	69	70	89	94	95	100	102	102	100	90	79	76	102
MI	デトロイト	51	64	70	81	89	93	104	102	100	98	91	77	69	104
	スー・セント・メリー	69	45	49	75	85	89	93	97	98	95	81	68	62	98
MN	ダルース	68	52	55	78	88	90	94	97	95	86	71	55	57	97
	ミネアポリス-セントポール	71	58	61	83	95	97	102	105	102	98	90	77	68	105
MS	ジャクソン	46	83	85	89	94	99	105	106	107	104	95	88	84	107
MO	カンザスシティ	37	71	78	86	93	95	105	107	109	106	95	82	74	109
	セントルイス	52	76	85	89	93	94	102	107	107	104	94	85	76	107
MT	グレートフォールズ	72	67	70	78	89	93	101	105	106	98	91	76	69	106
NE	オマハ	73	69	78	89	97	99	105	114	110	104	96	83	72	114
NV	レノ	68	71	75	83	89	97	103	108	105	101	91	77	70	108
NH	コンコード	68	69	67	89	95	97	98	102	101	98	90	80	73	102
NJ	アトランティック・シティ	66	78	75	87	94	99	106	104	103	99	90	84	77	106
NM	アルバカーキ	70	69	76	85	89	98	107	105	101	100	91	77	72	107
NY	オルバニー	63	71	68	89	92	94	99	100	99	100	89	82	71	100
	バッファロー	66	72	71	81	94	91	96	97	99	98	87	80	74	99
	ニューヨーク[2]	141	72	75	86	96	99	101	106	104	102	94	84	75	106
NC	シャーロット	70	79	81	86	93	100	103	105	104	98	95	85	80	104
	ローリー	65	80	84	92	95	97	104	105	105	104	98	88	81	105
ND	ビスマーク	70	63	69	81	93	98	111	112	109	105	95	79	65	112
OH	シンシナティ	48	73	75	84	89	93	102	103	102	98	91	81	75	103
	クリーブランド	68	74	74	83	88	92	104	103	102	101	90	82	77	104
	コロンバス	70	74	75	85	89	94	102	100	101	100	91	80	76	102
OK	オクラホマシティ	56	80	92	93	100	104	105	110	110	108	96	87	86	110
OR	ポートランド	69	66	71	80	90	100	102	107	107	105	92	73	65	107
PA	フィラデルフィア	68	74	74	87	95	97	100	104	101	100	96	81	73	104
	ピッツバーグ	57	72	76	82	89	91	98	103	100	97	87	82	74	103
RI	プロビデンス	56	69	72	85	98	95	97	102	104	100	86	78	77	104
SC	コロンビア	62	84	84	91	94	101	107	107	107	101	101	90	83	107
SD	スーフォールズ	64	66	70	87	94	100	110	108	104	94	81	63	61	110
TN	メンフィス	68	79	81	86	94	99	104	108	107	103	95	86	81	108
	ナッシュビル	70	78	84	86	91	97	106	107	106	105	94	84	79	107
TX	ダラス・フォートワース	56	88	95	96	101	103	113	110	109	111	102	89	89	113
	エルパソ	70	80	83	89	98	105	114	112	108	104	96	87	80	114
	ヒューストン	40	84	91	91	95	99	104	104	107	109	96	89	85	109
UT	ソルトレークシティ	81	63	69	78	89	99	104	107	106	100	89	75	69	107
VT	バーリントン	66	66	62	84	91	93	100	100	101	98	85	75	67	101
VA	ノーフォーク	61	80	82	88	97	100	101	103	104	99	95	86	80	104
	リッチモンド	80	81	83	96	96	100	104	105	104	103	99	86	81	105
WA	シアトル・タコマ	65	64	70	78	85	93	96	103	99	98	89	74	64	100
	スポーケーン	62	59	63	71	90	96	101	103	108	98	86	67	56	108
WV	チャールストン	62	79	79	89	91	93	98	104	102	93	85	80	75	104
WI	ミルウォーキー	69	63	68	82	91	93	101	103	103	98	89	77	68	103
WY	シャイアン	74	66	71	74	83	91	100	100	98	95	83	75	69	100
PR	サンファン	55	92	96	96	92	96	97	95	97	97	98	96	94	98

1．各月のうち最高気温を示す　2．市内事務所のデータ

資料：U.S. National Oceanic and Atmospheric Administration, *Comparative Climatic Data*（年刊）〈http://www.ncdc.noaa.gov/oa/climate/online/ccd/hghtmp.txt〉

No.394. 最低気温観測記録――主要都市別

[単位：華氏度。別に示す場合を除き空港のデータ。2009年までの記録]

州	観測所	観測期間(年)	1月	2月	3月	4月	5月	6月	7月	8月	9月	10月	11月	12月	年間[1]
AL	モービル	68	3	11	21	32	43	49	60	59	42	30	22	8	3
AK	ジュノー	65	-22	-22	-15	6	25	31	36	27	23	11	-5	-21	-22
AZ	フェニックス	72	17	22	25	32	40	50	61	60	47	34	25	22	17
AR	リトルロック	68	-4	-5	11	28	40	46	54	52	37	29	17	-1	-5
CA	ロサンゼルス	74	23	32	34	39	43	48	49	51	47	41	34	32	23
	サクラメント	59	21	23	26	31	36	41	48	49	42	36	26	18	18
	サンディエゴ	69	29	36	39	41	48	51	55	57	51	43	38	34	29
	サンフランシスコ	82	24	25	30	31	36	41	43	42	38	34	25	20	20
CO	デンバー	67	-25	-30	-11	-2	21	30	43	41	17	3	-8	-25	-30
CT	ハートフォード	55	-26	-21	-6	9	28	35	44	36	30	17	1	-14	-26
DE	ウィルミントン	62	-14	-6	2	18	30	41	48	43	36	24	14	-7	-14
DC	ワシントン	68	-5	4	11	24	34	47	54	49	39	29	16	1	-5
FL	ジャクソンビル	68	7	19	23	31	45	47	61	59	48	33	21	11	7
	マイアミ	67	30	32	32	43	53	60	69	68	68	51	39	30	30
GA	アトランタ	61	-8	5	10	26	37	46	53	55	36	28	3	0	-8
HI	ホノルル	40	53	53	55	57	60	65	66	65	66	61	57	54	53
ID	ボイシ	70	-17	-15	6	19	22	31	35	34	23	11	-3	-25	-25
IL	シカゴ	51	-27	-19	-8	7	24	36	40	41	28	17	1	-25	-27
	ピオリア	70	-25	-19	-10	14	25	39	47	41	26	19	-2	-23	-25
IN	インディアナポリス	70	-27	-21	-7	16	28	37	44	41	28	17	-2	-23	-27
IA	デモイン	70	-24	-26	-22	9	30	38	47	40	26	14	-4	-22	-26
KS	ウィチタ	57	-12	-21	-2	15	31	43	51	48	31	18	1	-16	-21
KY	ルイスビル	62	-22	-19	-1	22	31	42	50	46	33	23	-1	-15	-22
LA	ニューオリンズ	63	14	16	25	32	41	50	60	60	42	35	24	11	11
ME	ポートランド	69	-26	-39	-21	8	23	33	40	33	23	15	3	-21	-39
MD	ボルティモア	59	-7	-3	6	20	32	40	50	45	35	25	13	0	-7
MA	ボストン	58	-12	-4	5	16	34	45	50	47	38	28	15	-7	-12
MI	デトロイト	51	-21	-15	-4	10	25	36	41	38	29	17	9	-10	-21
	スー・セント・マリー	69	-36	-35	-24	-2	18	26	36	29	25	16	-10	-31	-36
MN	ダルス	69	-39	-39	-29	-5	17	27	35	32	22	8	-23	-34	-39
	ミネアポリス-セントポール	71	-34	-32	-32	2	18	34	43	39	26	13	-17	-29	-34
MS	ジャクソン	46	2	10	15	27	38	47	51	54	35	26	17	4	2
MO	カンザスシティ	37	-17	-19	-10	12	30	42	51	43	31	17	1	-23	-23
	セントルイス	52	-18	-12	-5	22	31	43	51	47	36	23	1	-16	-18
MT	グレートフォールズ	72	-37	-35	-29	-8	12	31	36	30	16	-11	-25	-43	-43
NE	オマハ	73	-23	-21	-16	2	27	38	44	43	25	13	-9	-23	-23
NV	レノ	68	-16	-16	-2	13	18	21	33	24	20	8	1	-16	-16
NH	コンコード	68	-33	-37	-16	8	21	30	35	29	21	10	-5	-22	-37
NJ	アトランティック・シティ	66	-10	-11	3	12	25	37	42	40	32	20	10	-7	-11
NM	アルバカーキ	70	-17	-5	8	19	16	40	52	50	37	21	-7	-7	-17
NY	オルバニー	63	-28	-21	-21	10	26	36	40	34	24	16	5	-22	-28
	バッファロー	66	-16	-20	-7	12	26	35	43	38	32	20	9	-10	-20
	ニューヨーク[2]	141	-6	-15	3	12	32	44	52	50	39	28	5	-13	-15
NC	シャーロット	70	-5	5	4	21	32	45	53	50	39	24	11	2	-5
	ローリー	65	-9	0	11	23	31	38	48	46	37	19	11	4	-9
ND	ビスマーク	70	-44	-43	-31	-12	15	30	35	33	11	-10	-30	-43	-44
OH	シンシナティ	48	-25	-11	-11	15	27	39	47	43	31	16	1	-20	-25
	クリーブランド	68	-20	-15	-5	10	25	31	41	38	32	19	3	-15	-20
	コロンバス	70	-22	-13	-6	14	25	35	43	39	31	20	5	-17	-22
OK	オクラホマシティ	56	-4	-3	3	20	37	47	53	51	36	16	11	-8	-8
OR	ポートランド	69	-2	-3	19	29	29	39	43	44	34	26	13	6	-3
PA	フィラデルフィア	68	-7	-4	7	19	28	44	51	44	35	25	15	1	-7
	ピッツバーグ	57	-22	-12	-1	14	26	34	42	39	31	16	-1	-12	-22
RI	プロビデンス	56	-13	-7	1	14	29	41	48	10	33	20	6	-10	-13
SC	コロンビア	62	-1	5	4	26	34	44	54	53	40	23	12	4	-1
SD	スーフォールズ	64	-36	-31	-23	5	17	33	38	34	22	9	-17	-28	-36
TN	メンフィス	68	-4	-11	12	28	38	48	52	48	36	25	9	-13	-13
	ナッシュビル	70	-17	-13	2	23	34	42	51	47	36	26	-1	-10	-17
TX	ダラス・フォートワース	56	4	7	15	29	41	51	59	56	43	29	20	-1	-1
	エルパソ	70	-8	8	14	23	31	46	57	56	41	25	1	5	-8
	ヒューストン	40	12	3	22	31	44	52	62	60	48	29	19	7	3
UT	ソルトレークシティ	81	-22	-30	2	14	25	35	40	37	27	16	-14	-21	-30
VT	バーリントン	66	-30	-30	-20	2	24	33	39	35	25	15	-2	-26	-30
VA	ノーフォーク	61	-3	8	18	28	36	45	54	49	45	27	20	7	-3
	リッチモンド	80	-12	-10	10	23	31	40	51	46	33	21	10	-1	-12
WA	シアトル・タコマ	65	0	1	11	29	28	38	43	44	35	28	6	6	0
	スポーケーン	62	-22	-20	-4	17	24	33	37	35	22	7	-21	-25	-25
WV	チャールストン	62	-16	-12	0	19	26	33	46	41	34	17	6	-12	-16
WI	ミルウォーキー	69	-26	-26	-10	12	21	33	40	44	28	18	-5	-20	-26
WY	シャイアン	74	-29	-34	-21	-8	16	25	38	36	8	-1	-16	-28	-34
PR	サンファン	55	61	62	60	64	66	69	69	70	69	46	66	59	46

－ ゼロを示す　1．各月のうち最低気温を示す　2．市内事務所のデータ

資料：U.S. National Oceanic and Atmospheric Administration, *Comparative Climatic Data* (年刊) ⟨http://www.ncdc.noaa.gov/oa/climate/online/ccd/lowtmp.txt⟩

No.395. 雪、あられ、雹──主要都市別

[単位：インチ。特に示す場合を除き空港のデータ。2009年までの記録。Tは痕跡を示す。暖かい時期に観測される少量の降雪（あられ）についてTと表示する。各州の略号については表紙裏の地図を参照]

州	観測所	観測期間(年)	1月	2月	3月	4月	5月	6月	7月	8月	9月	10月	11月	12月	年間
AL	モービル	67	0.1	0.1	0.1	T	T	−	T	−	−	T	0.1		0.4
AK	ジュノー	65	26.7	18.9	15.5	3.5	T	T	−	T	1.1	12.4	21.2		98.2
AZ	フェニックス	62	T		T	T	T	T	−	−	−	−	T		T
AR	リトルロック	58	2.4	1.5	0.5	T	T	T				T	0.2	0.6	5.2
CA	ロサンゼルス	62	T	T	T	T							T		
	サクラメント	50	T	T	T		T					−	−		−
	サンディエゴ	60	T	T	T	T						−	T	T	
	サンフランシスコ	69	−	T	T								−	−	
CO	デンバー	65	8.0	7.4	12.2	8.6	1.6	−	T	T	1.6	4.0	8.8	7.9	59.9
CT	ハートフォード	52	13.2	12.3	10.0	1.5	−	T			−	0.1	2.1	10.9	50.3
DE	ウィルミントン	59	6.6	6.5	3.3	0.2	T	T				0.1	0.9	3.7	21.1
DC	ワシントン	66	5.2	5.4	2.3	2.3	T	T		T		−	0.8	3.2	19.2
FL	ジャクソンビル	60	T	−	−	T	T	T				−	−	−	
	マイアミ	59					T								
GA	アトランタ	70	1.0	0.5	0.5	T	−	−	T			T	T	0.2	2.1
HI	ホノルル	52	−		−	−									−
ID	ボイシ	70	6.4	3.7	1.7	0.6	0.1	T	T	T	T	0.1	2.3	5.9	20.7
IL	シカゴ	50	11.4	8.1	6.5	1.6	0.1	T	T	T	T	0.4	2.1	8.8	38.8
	ペオリア	66	6.6	5.3	4.2	0.8	T	T			T	0.1	2.1	6.4	25.3
IN	インディアナポリス	78	7.0	5.7	3.5	0.5	T	T	−	T		0.2	1.9	5.5	24.2
IA	デモイン	66	8.4	7.5	6.0	1.9	T	T	T			0.3	3.1	7.0	33.9
KS	ウィチタ	56	4.0	4.1	2.8	0.2	T	T				T	1.4	3.6	16.0
KY	ルイスビル	62	5.2	4.2	3.2	0.1	T	T	T	T		0.1	1.0	2.5	16.2
LA	ニューオリンズ	51	T	T	T	T	T	−					T	0.2	0.2
ME	ポートランド	69	19.1	16.6	13.3	3.1	0.2	T				0.2	3.3	15.1	70.8
MD	ボルティモア	59	6.0	7.0	3.6	0.1	T	T				T	1.0	3.6	21.2
MA	ボストン	72	12.9	11.9	8.1	0.9	−	T		T		T	1.3	8.3	43.2
MI	デトロイト	51	11.3	9.4	7.0	2.0	T	T	T		T	0.2	2.5	10.2	42.3
	スー・セント・マリー	62	29.2	18.8	14.4	5.9	0.5	T	T	T	0.1	2.4	15.6	31.2	118.4
MN	ダルース	66	17.5	12.2	14.0	6.8	0.7	T	T	T	0.1	1.6	12.3	16.2	81.7
	ミネアポリス-セントポール	67	10.4	8.1	10.6	2.8	0.1	T	T		T	0.5	7.6	9.8	49.8
MS	ジャクソン	38	0.5	0.2	0.2	T	−	−		T			T	0.1	1.0
MO	カンザスシティ	75	5.3	4.5	3.4	0.8	T	T	T			T	1.3	4.6	20.0
	セントルイス	73	5.3	4.5	3.8	0.5	T	T	T	−		T	1.4	4.1	19.7
MT	グレートフォールズ	72	9.3	8.6	10.6	7.6	1.9	0.4	T	0.1	1.5	3.5	7.4	8.4	58.9
NE	オマハ	74	7.6	6.9	6.2	1.1	0.1	T	T	T	T	0.3	2.6	6.0	30.5
NV	レノ	60	6.0	5.1	4.2	1.2	0.8	−	T	T	T	0.3	2.5	4.8	24.9
NH	コンコード	68	18.1	14.4	11.6	2.8	0.1	T		−	T	0.1	3.8	14.5	65.1
NJ	アトランティック・シティ	60	5.0	5.6	2.6	0.3	T	T		T		T	0.4	2.6	16.2
NM	アルバカーキ	70	2.5	2.1	1.8	0.6	T	T	T			0.1	1.2	3.0	11.3
NY	オルバニー	63	16.9	13.4	11.5	2.8	0.1	T		T	T	0.2	3.9	14.9	64.0
	バッファロー	66	24.3	17.9	12.5	3.2	0.2	T		T	T	0.7	10.9	24.4	94.3
	ニューヨーク[1]	141	7.7	8.7	5.1	0.9	T	−	T	T		T	0.9	5.6	28.9
NC	シャーロット	70	2.2	1.8	1.2	T	T	T				T	0.1	0.5	5.8
	ローリー	65	2.8	2.6	1.3	T	T	T				−	0.1	0.8	7.6
ND	ビスマーク	70	7.7	6.9	8.6	3.9	0.9	T	T	T	0.2	1.9	6.8	7.6	44.0
OH	シンシナティ	62	7.2	5.6	4.2	0.5	−	T	T	T	−	0.3	2.0	3.8	23.5
	クリーブランド	68	14.7	12.7	11.0	2.9	0.1	T			T	0.6	5.0	12.5	59.3
	コロンバス	62	8.9	6.2	4.8	1.0	T	T				0.1	2.2	5.4	28.4
OK	オクラホマシティ	70	3.2	2.4	1.7	T	T	T				T	0.6	2.1	9.6
OR	ポートランド	55	3.2	1.1	0.4	T	−	T		T	T	T	−	1.4	6.5
PA	フィラデルフィア	67	6.0	7.0	3.5	0.3	T	T				T	0.7	3.7	20.8
	ピッツバーグ	57	12.0	9.5	8.1	1.8	0.1	T	T		T	0.4	3.4	8.3	43.5
RI	プロビデンス	56	9.7	9.7	7.4	0.7	0.2	−		−		0.1	1.3	7.6	36.3
SC	コロンビア	61	0.6	0.8	0.2	T	−	−					T	0.3	1.9
SD	スーフォールズ	64	6.9	7.4	9.3	3.3	T	T	T		T	0.9	6.0	7.4	41.5
TN	メンフィス	52	2.2	1.4	0.9	T	T	T				T	0.1	0.6	5.2
	ナッシュビル	63	3.6	3.0	1.5	−	−	T				T	0.4	1.4	10.0
TX	ダラス・フォートワース	51	1.1	1.0	0.2	T	T					T	0.1	0.3	2.6
	エルパソ	60	1.3	0.8	0.4	0.3	T	T	T			T	1.0	1.7	5.4
	ヒューストン	75	0.2	0.2	T	T	T	T					T	−	0.4
UT	ソルトレークシティ	81	13.4	10.0	9.0	4.9	0.6	T	T	T	0.1	1.3	6.8	12.3	58.3
VT	バーリントン	66	19.4	16.9	13.8	4.0	0.2	−		T	T	0.2	6.6	19.0	80.3
VA	ノーフォーク	59	3.0	2.9	1.0	−	T	T			T	−	−	1.0	7.9
	リッチモンド	70	3.8	2.9	1.5	0.1	T	T				T	0.4	2.1	13.6
WA	シアトル・タコマ	53	4.9	1.6	1.3	0.1	T	T				T	1.1	2.4	11.4
	スポーケーン	62	15.5	7.3	4.1	0.8	0.1	T			T	0.4	6.2	14.8	49.2
WV	チャールストン	55	10.7	8.6	5.3	0.9	T	T			T	0.2	2.4	5.4	33.2
WI	ミルウォーキー	69	13.9	9.7	8.6	2.0	0.1	T		T	T	0.2	3.0	11.1	48.5
WY	シャイアン	74	6.1	6.4	11.8	9.5	3.4	0.2	T	T	1.1	4.1	7.2	6.8	55.8
PR	サンファン	54					T								

─ ゼロまたは概数でゼロを示す　1．市内事務所のデータ

資料：U.S. National Oceanic and Atmospheric Administration, *Comparative Climatic Data*（年刊）〈http://www.ncdc.noaa.gov/oa/climate/online/ccd/avgsnf.txt〉

No.396. 曇り、平均風速、冷暖房基準日、平均相対湿度——主要都市別

[特に示す場合を除き空港のデータ。2009年までの記録]

州	観測所	曇りの平均日数[1] (%／年) 観測期間(年)	年間	平均風速 (マイル／時) 観測期間(年)	年間	1月	7月	暖房基準温度以下日数	冷房基準温度以上日数	観測期間(年)	平均相対湿度(%) 年間 午前	年間 午後	1月 午前	1月 午後	7月 午前	7月 午後
AL	モービル	47	72.1	61	8.8	10.1	6.9	1,681	2,539	47	86	66	81	67	89	68
AK	ジュノー	47	87.9	64	8.2	8.0	7.5	8,574	—	43	80	70	78	75	79	67
AZ	フェニックス	57	42.3	64	6.2	5.3	7.1	1,027	4,364	49	49	22	63	61	42	19
AR	リトルロック	35	67.5	67	7.7	8.4	6.7	3,084	2,086	45	82	63	78	66	84	62
CA	ロサンゼルス	60	59.8	61	7.5	6.7	7.9	1,274	679	50	79	66	71	61	86	68
	サクラメント	49	48.5	59	7.8	6.8	8.9	2,666	1,248	23	83	46	90	69	77	29
	サンディエゴ	55	60.0	69	7.0	6.0	7.5	1,063	866	49	77	63	71	58	82	66
	サンフランシスコ	68	56.2	82	10.6	7.2	13.6	2,862	142	50	84	63	86	68	86	60
CO	デンバー	61	68.5	53	8.7	8.7	8.3	6,128	696	41	67	41	62	49	67	33
CT	ハートフォード	41	77.5	55	8.4	8.9	7.3	6,104	759	50	77	53	72	56	78	51
DE	ウィルミントン	47	73.4	61	9.0	9.8	7.8	4,888	1,125	62	78	55	75	59	79	54
DC	ワシントン	48	73.8	61	9.4	10.0	8.3	4,055	1,531	49	74	53	70	55	75	53
FL	ジャクソンビル	47	74.2	60	7.8	8.1	7.0	1,354	2,627	73	89	56	87	57	88	58
	マイアミ	46	79.7	60	9.2	9.5	7.9	149	4,361	45	83	61	83	59	82	63
GA	アトランタ	61	69.9	71	9.1	10.4	7.7	2,827	1,810	49	82	56	78	58	87	58
HI	ホノルル	47	75.3	60	11.2	9.4	13.1	—	4,561	40	71	56	79	61	67	51
ID	ボイシ	56	67.1	70	8.7	7.9	8.4	5,727	807	70	69	43	80	70	53	20
IL	シカゴ	37	77.0	51	10.3	11.6	8.4	6,498	830	51	79	65	77	70	80	62
	ペオリア	52	73.9	66	9.8	10.9	7.8	6,097	998	50	82	67	79	72	85	66
IN	インディアナポリス	64	76.0	61	9.6	10.9	7.5	5,521	1,042	50	83	61	81	70	85	59
IA	デモイン	46	71.3	60	10.7	11.4	8.9	6,436	1,052	48	79	66	76	70	82	64
KS	ウィチタ	39	64.9	56	12.2	11.9	11.2	4,765	1,658	56	79	61	78	66	78	56
KY	ルイスビル	47	74.6	62	8.3	9.5	6.8	4,352	1,443	49	81	58	77	64	83	57
LA	ニューオリンズ	47	72.3	61	8.2	9.3	6.1	1,417	2,773	61	86	67	83	69	90	70
ME	ポートランド	54	72.3	69	8.7	9.0	7.6	7,318	347	69	78	59	75	60	79	59
MD	ボルティモア	45	71.2	59	8.7	9.1	7.5	4,720	1,147	56	77	53	72	56	79	52
MA	ボストン	60	73.2	52	12.3	13.7	11.0	5,630	777	45	72	58	68	57	73	57
MI	デトロイト	37	79.5	51	10.2	11.7	8.5	6,422	736	51	81	59	79	69	82	53
	スー・セント・メリー	54	81.9	49	9.2	9.5	7.8	9,224	145	50	85	66	80	73	87	61
MN	ダルース	47	79.0	60	11.0	11.6	9.4	9,724	189	48	80	68	77	73	84	66
	ミネアポリス—セントポール	57	74.0	71	10.5	10.5	9.4	7,876	699	50	77	65	75	70	79	61
MS	ジャクソン	30	69.6	46	6.9	8.1	5.2	2,401	2,264	46	89	66	84	69	92	65
MO	カンザスシティ	23	67.1	37	10.6	11.1	9.1	5,249	1,325	37	80	67	76	69	83	67
	セントルイス	47	72.4	60	9.6	10.6	8.0	4,758	1,561	49	80	65	79	69	81	62
MT	グレートフォールズ	57	78.4	68	12.5	14.8	10.0	7,828	288	48	68	46	66	60	75	30
NE	オマハ	49	69.6	73	10.5	10.9	8.8	6,311	1,095	45	80	66	78	69	83	66
NV	レノ	53	56.7	67	6.6	5.6	7.2	5,600	493	46	67	31	79	50	57	18
NH	コンコード	54	75.3	67	6.7	7.2	5.7	7,478	442	44	81	53	76	58	82	51
NJ	アトランティック・シティ	37	74.2	51	9.8	10.6	8.3	5,113	935	45	81	56	77	58	82	56
NM	アルバカーキ	56	54.2	70	8.9	8.0	8.9	4,281	1,290	49	58	29	66	38	58	27
NY	オルバニー	57	81.1	71	8.9	9.8	7.5	6,860	544	44	79	57	77	63	80	55
	バッファロー	52	85.2	70	11.8	13.9	10.2	6,692	548	49	79	63	79	72	78	55
	ニューヨーク[2]	42	70.8	72	9.1	10.4	7.5	4,754	1,151	75	72	56	67	59	74	55
NC	シャーロット	49	70.2	60	7.4	7.8	6.6	3,162	1,681	49	82	53	77	54	85	55
	ローリー	47	69.7	60	7.5	8.2	6.7	3,465	1,521	45	84	53	78	54	87	57
ND	ビスマーク	56	74.5	70	10.2	10.0	9.2	8,802	471	50	80	63	76	72	82	56
OH	シンシナティ	44	77.8	62	9.0	10.4	7.2	5,148	1,064	47	82	60	79	68	85	57
	クリーブランド	54	81.9	68	10.5	12.2	8.6	6,121	702	49	79	62	78	70	80	54
	コロンバス	46	80.3	60	8.3	9.8	6.5	5,492	951	50	80	58	77	67	83	55
OK	オクラホマシティ	44	61.9	61	12.2	12.5	10.8	3,663	1,907	44	78	62	76	64	78	58
OR	ポートランド	47	81.3	61	7.9	9.9	7.6	4,400	390	69	85	59	85	75	81	44
PA	フィラデルフィア	55	74.5	69	9.5	10.3	8.2	4,759	1,235	50	76	54	72	58	77	53
	ピッツバーグ	43	83.8	57	9.0	10.4	7.3	5,829	726	49	79	58	77	66	82	54
RI	プロビデンス	42	73.2	56	10.4	10.9	9.4	5,754	714	46	75	55	71	56	76	56
SC	コロンビア	48	68.5	61	6.8	7.2	6.3	2,594	2,074	43	85	51	81	53	87	53
SD	スーフォールズ	50	71.2	61	11.0	10.9	9.8	7,812	747	46	81	67	78	72	83	63
TN	メンフィス	43	67.7	61	8.8	10.0	7.5	3,041	2,187	70	79	61	77	65	82	62
	ナッシュビル	54	72.0	68	8.0	9.1	6.5	3,677	1,652	44	82	64	77	67	86	64
TX	ダラス・フォートワース	42	63.0	56	10.7	11.0	9.7	2,370	2,568	46	79	64	77	65	76	56
	エルパソ	53	47.1	67	8.8	8.3	8.3	2,543	2,254	49	55	27	63	33	60	29
	ヒューストン	26	75.3	40	7.6	8.1	6.6	1,525	2,893	40	88	69	84	70	90	67
UT	ソルトレークシティ	69	65.8	80	8.8	7.5	9.5	5,631	1,066	49	67	43	79	69	50	21
VT	バーリントン	52	84.1	66	9.0	9.7	8.0	7,665	489	44	77	58	73	64	78	53
VA	ノーフォーク	47	71.0	61	10.5	11.4	8.9	3,368	1,612	61	78	58	74	58	81	59
	リッチモンド	50	72.7	61	7.7	8.1	6.9	3,919	1,435	75	82	53	79	56	84	55
WA	シアトル・タコマ	51	84.2	61	8.8	9.5	8.1	4,797	173	50	84	62	82	75	81	48
	スポケーン	48	76.4	62	8.9	8.7	8.9	6,820	394	50	78	52	86	80	64	26
WV	チャールストン	47	82.2	62	5.8	6.9	4.8	4,644	978	62	84	56	78	63	90	59
WI	ミルウォーキー	55	75.3	69	11.5	12.6	9.7	7,087	616	49	79	68	75	70	80	66
WY	シャイアン	60	71.0	52	12.9	15.1	10.4	7,388	273	50	65	45	57	50	68	37
PR	サンファン	40	80.0	54	8.3	8.3	9.6	—	5,426	54	79	65	81	65	78	67

— ゼロを示す 1. やや曇りおよび曇りの日の%を示す 2. 日照率は空港のデータ

資料：U.S. National Oceanic and Atmospheric Administration, *Comparative Climatic Data* (年刊) <http://www.ncdc.noaa.gov/oa/climate/online/ccd/pctpos.txt>; <http://www.ncdc.noaa.gov/oa/climate/online/ccd/wndspd.txt>; <http://www.ncdc.noaa.gov/oa/climate/online/ccd/nrmhdd.txt>; <http://www.ncdc.noaa.gov/oa/climate/online/ccd/nrmcdd.txt> および <http://www.ncdc.noaa.gov/oa/climate/online/ccd/relhum.txt>

第7章
選　挙

本章は、大統領・議会・州知事選挙に関する資料を扱う。さらに、議会および州議会の立法、黒人・ヒスパニックおよび女性公務員、有権者、投票参加および選挙運動資金等に関する資料も掲載する。

連邦選挙に関する公式統計は議会事務局（Clerk of House）が隔年で『Statistics of the Presidential and Congressional Election』と『Statistics of the Congressional Election』として公刊している。連邦および州選挙のデータはまた、ワシントンDCのCQ新聞（CQ Press、議会四季報：Congressional Quarterly, Inc.の一部門）から隔年刊行されている『America Votes』にも掲載されている。連邦選挙のデータはさらにまた、議会が刊行している『Congressional Directory』その他の政府公文書にも掲載されている。社会経済的階層別の有権者登録と投票に関するデータは、センサス局が毎月人口調査（CPS）の一環として収集・編集した『Current Population Reports』Series P-20で発表している（第1章参照）。

ほとんど全ての連邦・州・地方政府は、議会および行政府等の担当者を選挙によって選んでいる。選挙の方法は州法で定められており、一部の市や郡では地方の制令によって規定されている。例外として、合衆国憲法が議会を代表する権限、大統領選挙の方法、連邦行政官の選出時期、場所、方法を決定する議会権限を規定している。また有権者資格は憲法の修正条項で規定されている。即ち、1870年に定められた憲法修正条項第15条は全ての市民に人民・皮膚の色または前科に関わりなく投票の権利を保証している。さらに1919年の修正第19条は、選挙権を性別に関係なく全ての市民に与えることを保証している。連邦選挙権の前提条件であった人頭税の支払い要件は1964年の修正第24条によって禁止された。1971年には、修正第26条によって投票権は全ての18歳以上の市民に拡張された。

大統領選挙

憲法は大統領および副大統領の選出方法を規定している。各州は一般投票によって各州選出の国会議員数と同数の選挙人を選出する。1961年の憲法修正第23条は、コロンビア特別区の大統領選挙人数を3人、即ち最も人口が少ない州の選挙人数と同数と定めている。各州の選挙人は州ごとに集会を開き大統領および副大統領を選出する。通常、選挙人は各州の予備選挙で最も多くの票を獲得した候補者に投票する。全選挙人の過半数を得た者が大統領および副大統領に選出される。どの候補者も過半数を得られなかった場合は、各州1票ずつの代表権を有する下院が、過半数原則の下で大統領および副大統領を選出する権限を持つ。

1951年の憲法修正第22条は、大統領の任期を1期4年最高2期8年間と規定した。また、（選挙を得ずに）大統領の後任として2年以上大統領職を務めた者は、その後の選挙で当選した場合、任期は1期と規定している。

議会選挙

憲法の規定により、下院議員（Representative）の定数は各州の人口に比例して決定される。各州の下院議員定数は10年ごとの人口センサスに基づいて決定される。ただし、各州は少なくとも1人の下院議員を有すると規定されている。下院は、選挙のたびに下院議員の総数を決定する。1912年から1959年までは総数は435人であった。1960年から1962年までは、アラスカとハワイ各州で代表者が1人増加して437人となった。1960年センサスに基づく再配分によって再び435人に戻り現在に至っている。全員2年任期で選出される。コロンビア特別区、米領サモア島、グアム、およびバージン諸島は議決権を持たない代表1人を選出し、プエルトリコは議決権を持たない住民委員を選出して下院に送る。

上院は100人の上院議員（Senate）から成る。各州から2人が選出される。任期は6年である。

上院議員の3分の1は2年置きに選挙される。上院選挙は、従来、州法に基づいて行われていた。1913年の憲法修正第17条によって、上院議員は一般投票で選出されると規定された。

有権者数と投票数

センサス局は、大統領および議員の選挙年の各州の投票年齢人口と投票率の推計値を発表している。これらの投票年齢人口推計値は、年齢条件を充たしているが投票資格を持たない人々(例えば外国人や収容者)の数も含んでいる。1964年以降、投票者数および投票者の特性に関するデータが、毎月人口調査の一環として選挙年の11月に発表されるようになった。このデータは、投票年齢人口推計値に非市民人口を含んでいる。ただし、軍籍人口および施設収容人口は除外している。

統計的信頼度

センサス局統計の収集、推計、標本抽出、統計的信頼度については、付録IIIを参照。

歴史統計

各表見出しは、『アメリカ歴史統計、植民地時代〜1970年』に対応している。クロスリファレンスについては、付録Iを参照。

No.397. 大統領選挙および下院議員選挙、投票率:1932−2010年

[75,768は7576万8000を表す。11月現在。1932−1970年は21歳以上、それ以降は18歳以上の推定居住人口。軍隊を含む。1958年以前はアラスカとハワイを除く。コロンビア特別区は大統領選挙は1964年以降を含む]

年	居住(外国人を含む)[1]有権者人口(1,000人)	投票数 大統領選(1,000人)	投票数 有権者人口に対する投票率(%)	投票数 下院議員選(1,000人)	投票数 有権者人口に対する投票率(%)	年	居住(外国人を含む)[1]有権者人口(1,000人)	投票数 大統領選(1,000人)	投票数 有権者人口に対する投票率(%)	投票数 下院議員選(1,000人)	投票数 有権者人口に対する投票率(%)
1932...	75,768	39,817	52.6	(NA)	(NA)	1972...	140,777	77,625	55.1	71,188	50.6
1934...	77,997	(X)	(X)	32,804	42.1	1974...	146,338	(X)	(X)	52,313	35.7
1936...	80,174	45,647	56.9	(NA)	(NA)	1976...	152,308	81,603	53.6	74,259	48.8
1938...	82,354	(X)	(X)	(NA)	(NA)	1978...	158,369	(X)	(X)	54,584	34.5
1940...	84,728	49,815	58.8	(NA)	(NA)	1980...	163,945	86,497	52.8	77,874	47.5
1942...	86,465	(X)	(X)	28,074	32.5	1982...	169,643	(X)	(X)	63,881	37.7
1944...	85,654	48,026	56.1	45,110	52.7	1984...	173,995	92,655	53.3	82,422	47.4
1946...	92,659	(X)	(X)	34,410	37.1	1986...	177,922	(X)	(X)	59,758	33.6
1948...	95,573	48,834	51.1	46,220	48.4	1988...	181,956	91,587	50.3	81,682	44.9
1950...	98,134	(X)	(X)	40,430	41.2	1990...	185,812	(X)	(X)	62,355	33.6
1952...	99,929	61,552	61.6	57,571	57.6	1992...	189,493	104,600	55.2	97,198	51.3
1954...	102,075	(X)	(X)	42,583	41.7	1994...	193,010	(X)	(X)	70,494	36.5
1956...	104,515	62,027	59.3	58,886	56.3	1996...	196,789	96,390	49.0	90,233	45.9
1958...	106,447	(X)	(X)	45,719	43.0	1998...	201,270	(X)	(X)	66,605	33.1
1960...	109,672	68,836	62.8	64,124	58.5	2000...	[2] 209,787	105,594	50.3	98,800	47.1
1962...	112,952	(X)	(X)	51,242	45.4	2002...	[2] 214,755	(X)	(X)	74,707	34.8
1964...	114,090	70,098	61.4	65,879	57.7	2004...	[2] 219,553	122,349	55.7	113,192	51.6
1966...	116,638	(X)	(X)	52,902	45.4	2006...	[2] 224,583	(X)	(X)	80,976	36.1
1968...	120,285	73,027	60.7	66,109	55.0	2008...	[2] 229,945	131,407	57.1	122,586	53.3
1970...	124,498	(X)	(X)	54,259	43.6	2010...	[3] 234,564	(X)	(X)	86,785	37.0

NA データなし X 該当なし 1.ジョージアでは1944-1970年18歳以上。ケンタッキーでは1956-1970年18歳以上。1960-1970年はアラスカは20歳以上、ハワイは20歳以上 資料:U.S. Census Bureau, "Table 4. Participation in Elections for President and U.S. Represetatives:1920 to 1992";⟨http://www.census.gov/population.socde,p/voting/p25-1117/tab03-04.pdf⟩ (1994年5月);1992-1998年 は "Estimates and Projections of the Voting-Age Population, 1992 to 2000, and Percent Casting Votes for President, by State: November 1992 and 1996"(2000年7月);⟨http://www.census.gov/population/soc demo/voting/proj00/tab03.txt⟩;2000年以降は "Annual Estimates of the Population by Selected Age Groups and Sex for the United States: April 1, 2000 to July 1, 2009"(NC-EST2009-02)(2010年);⟨http://www.census.gov/popest/national/asrh/NC-EST2009/NC-EST2009-02.xls/⟩ 2.7月1日現在。2000年センサスに結果に基づく 3.2010年4月1日現在。2010年センサス区割り変更データ(公法94-171)概要ファイルに基づく。2010 Census Districting Data (PL94-171) Summary File
資料:脚注に示したものを除き U.S. House of Representatives, Office of the Clerk, *Statistics of the Presidential and Congressional Election* (隔年刊);⟨http://clerk.house.gov/member_info/election.aspx⟩ も参照

No.398. 居住有権者人口、投票率——州別：2000－2010年

[219,553は2億1955万3000人を表す。11月現在。18歳以上の推計人口。2010年は2010年4月1日現在のセンサス基準。各州に駐留する軍隊兵員、外国人、施設収容人口を含む]

州	有権者人口(1,000人)[1]				投票率					
					大統領選挙(%)			下院議員選挙(%)		
	2004[2]	2006[2]	2008[2]	2010	2000[2]	2004[2]	2008[2]	2006[2]	2008[2]	2010
合衆国	219,553	224,583	229,945	234,564	50.3	55.7	57.1	36.1	53.3	37.0
AL	3,403	3,476	3,548	3,647	50.0	55.3	59.2	32.8	52.3	37.5
AK	475	493	508	523	65.3	65.8	64.3	47.6	62.5	48.6
AZ	4,232	4,550	4,782	4,763	40.4	47.6	48.0	32.8	45.1	35.7
AR	2,063	2,117	2,161	2,204	46.1	51.1	50.3	36.0	36.4	35.1
CA	26,078	26,534	27,156	27,959	44.4	47.6	49.9	31.3	45.4	34.5
CO	3,448	3,576	3,725	3,804	54.1	61.8	64.5	43.0	61.3	46.4
CT	2,632	2,656	2,689	2,757	56.8	60.0	61.3	40.5	56.8	41.3
DE	627	649	669	692	55.4	59.9	61.6	38.8	57.6	44.2
DC	464	469	477	501	44.2	49.1	55.7	(X)	(X)	(X)
FL	13,455	14,023	14,353	14,799	48.1	56.6	58.5	27.5	51.7	34.6
GA	6,550	6,852	7,132	7,196	42.7	50.4	55.0	30.2	51.2	34.3
HI	959	985	998	1,056	40.1	44.7	45.7	34.3	45.7	34.1
ID	1,010	1,064	1,112	1,139	54.0	59.3	58.9	41.8	57.4	39.3
IL	9,417	9,514	9,660	9,701	51.6	56.0	57.2	36.3	54.3	38.1
IN	4,639	4,715	4,796	4,876	48.7	53.2	57.4	35.4	55.8	35.8
IA	2,229	2,253	2,281	2,318	61.6	67.6	67.4	45.9	64.9	47.7
KS	2,031	2,060	2,097	2,126	54.2	58.5	58.9	41.0	57.6	39.3
KY	3,153	3,213	3,272	3,316	50.6	57.0	55.8	39.0	53.5	40.8
LA	3,319	3,175	3,331	3,415	54.3	58.6	58.9	28.9	31.4	30.3
ME	1,017	1,031	1,044	1,054	66.8	72.8	70.0	52.0	68.0	53.6
MD	4,158	4,236	4,302	4,421	51.2	57.3	61.2	40.2	58.1	41.3
MA	4,966	5,009	5,105	5,129	56.2	58.9	60.8	44.8	60.8	43.4
MI	7,548	7,598	7,610	7,540	57.5	64.1	65.7	48.0	63.2	42.4
MN	3,808	3,883	3,968	4,020	66.9	74.3	73.3	56.1	70.6	52.0
MS	2,122	2,137	2,173	2,212	47.9	53.7	59.4	28.1	58.2	35.7
MO	4,335	4,429	4,521	4,563	56.5	63.0	64.7	47.4	62.4	42.1
MT	706	727	748	766	61.0	63.8	65.6	55.9	64.3	47.1
NE	1,296	1,315	1,334	1,367	55.2	60.0	60.1	45.3	58.1	35.5
NV	1,729	1,848	1,939	2,036	40.6	48.0	49.9	31.1	46.8	34.5
NH	985	1,009	1,028	1,029	61.2	68.9	69.2	39.9	65.6	43.7
NJ	6,495	6,536	6,610	6,727	50.3	55.6	58.5	32.7	52.0	31.5
NM	1,394	1,442	1,481	1,541	45.6	54.3	56.1	38.9	55.0	38.7
NY	14,677	14,819	15,015	15,053	48.6	50.7	51.4	31.6	51.4	31.5
NC	6,446	6,703	6,993	7,254	47.7	54.3	61.5	29.0	60.3	36.7
ND	489	493	498	523	59.9	63.9	63.5	44.1	63.0	45.2
OH	8,642	8,710	8,789	8,806	55.5	65.1	64.9	45.5	61.1	43.4
OK	2,633	2,682	2,737	2,822	48.2	55.6	53.4	33.8	48.9	28.1
OR	2,725	2,817	2,912	2,965	59.4	67.4	62.8	48.2	57.8	48.2
PA	9,530	9,641	9,771	9,910	52.4	60.5	61.5	41.6	59.2	39.9
RI	825	823	824	829	51.0	53.0	57.3	45.3	53.2	40.5
SC	3,172	3,289	3,428	3,545	45.9	51.0	56.0	33.0	54.7	37.8
SD	578	591	606	611	57.2	67.2	63.0	56.4	62.5	52.2
TN	4,486	4,622	4,749	4,850	48.2	54.3	54.7	37.1	48.5	32.1
TX	16,159	16,851	17,538	18,250	42.6	45.9	46.1	24.6	42.9	26.0
UT	1,679	1,781	1,877	1,893	50.6	55.2	50.7	32.0	49.9	33.8
VT	479	486	492	497	63.6	65.2	66.0	54.0	60.5	48.0
VA	5,662	5,818	5,957	6,147	51.1	56.4	62.5	39.5	58.7	35.6
WA	4,662	4,835	5,008	5,143	56.6	61.3	60.6	42.5	58.2	48.2
WV	1,414	1,419	1,427	1,466	46.1	53.5	50.0	32.0	45.2	35.1
WI	4,170	4,243	4,311	4,347	64.9	71.9	69.2	48.6	64.4	49.2
WY	380	389	404	428	58.5	64.1	63.1	50.4	61.8	44.6

X 該当なし 1．7月1日現在。資料：U.S. Census Bureau, "Annual Estimates of the Population by Selected Age Groups and Sex for the United States: April 1, 2000, to July 1, 2009," (SC-EST2009-02) (2010年6月)；<http://www.census.gov/popest/states/asrh/SC-EST2009-02.html> 2．2000年センサスを反映

資料：脚注に示したものを除き U.S. House of Representatives, Office of the Clerk, *Statistics of the Presidential and Congressional Election* (隔年刊)；<http://clerk.house.gov/member_info/electionInfo/index.html> も参照

No.399. 有権者人口、登録率、投票率：1996－2010年

[198.2は1億9820万を表す。11月現在。18歳以上の民間非施設収容人口に基づく。外国人を含む。数値は毎月人口調査に基づいており（第1章の解説および付録Ⅲを参照）、推計人口に基づいた投票動向の数値である表No.397とは異なる]

有権者のタイプ	有権者人口（100万人）								登録率（%）								投票率（%）							
									大統領選挙の年				議会選挙の年				大統領選挙の年				議会選挙の年			
	1998	2000	2002	2004	2006	2008	2010		1996	2000	2004	2008	2002	2006	2010		1996	2000	2004	2008	2002	2006	2010	
計 [1]	198.2	202.6	210.4	215.7	220.6	225.5	229.7		65.9	63.9	65.9	64.9	60.9	61.6	59.8		54.2	54.7	58.3	58.2	42.3	43.6	41.8	
18－20歳	11.4	11.9	11.7	11.5	11.6	11.7	12.2		45.6	40.5	50.7	49.3	32.6	37.0	34.4		31.2	28.4	41.0	41.0	15.1	17.1	16.4	
21－24歳	14.1	14.9	15.6	16.4	16.2	16.6	16.7		51.2	49.3	52.1	56.2	42.5	43.0	47.2		33.4	35.4	42.5	46.6	18.7	21.9	22.0	
25－34歳	38.6	37.3	39.0	39.0	42.6	40.2	41.2		56.9	54.7	55.6	56.5	42.5	50.3	49.8		43.1	43.7	46.9	48.5	27.1	28.3	26.9	
35－44歳	44.4	44.5	43.7	43.1	42.6	41.5	39.9		66.5	63.8	64.2	61.4	60.0	59.3	57.3		54.9	55.0	56.9	55.2	40.2	40.1	37.7	
45－64歳	57.4	61.4	66.9	71.0	75.0	78.1	80.7		73.5	71.2	72.7	70.4	69.4	59.6	66.3		64.4	64.1	66.6	65.0	53.1	54.3	51.1	
65歳以上	32.3	32.8	33.9	34.7	35.8	37.5	39.0		77.0	76.1	76.9	75.0	75.8	75.4	72.5		67.0	67.6	68.9	68.1	61.0	60.5	58.9	
男性	95.2	97.1	100.9	103.8	106.5	109.0	111.1		64.4	62.2	64.0	62.6	58.9	59.5	57.9		52.8	56.2	56.3	55.7	41.4	42.4	40.9	
女性	103.0	105.5	109.5	111.9	114.1	116.5	118.6		67.3	65.6	67.6	67.0	62.8	63.5	61.5		55.5	56.2	60.1	60.4	43.0	44.7	42.7	
白人 [2]	165.8	168.7	174.1	176.6	179.9	183.2	185.8		67.7	65.6	67.9	66.6	63.1	64.0	61.6		56.0	56.4	60.3	59.6	44.1	45.8	43.4	
黒人 [2]	23.3	24.1	24.4	24.9	25.7	26.5	27.4		63.5	63.6	64.4	65.5	58.8	57.4	58.8		50.6	53.5	56.3	60.8	39.7	38.6	40.7	
アジア系 [2,3]	(NA)	8.0	9.6	9.3	9.9	10.5	11.0		(NA)	30.7	34.9	37.3	30.7	32.9	34.1		(NA)	25.4	29.8	32.1	19.4	21.8	21.3	
ヒスパニック [4]	20.3	21.6	25.2	27.1	29.0	30.9	32.5		35.7	34.9	34.3	37.6	32.6	32.1	33.8		26.7	27.5	28.0	31.6	18.9	19.3	20.5	
地域 [5]:																								
東北部	38.5	38.9	41.1	41.0	41.2	41.5	42.3		64.7	63.7	65.3	63.7	60.8	60.3	59.7		54.5	55.2	58.6	57.4	41.4	42.8	41.6	
中西部	45.9	46.4	48.8	48.4	49.1	49.4	50.1		71.6	70.2	72.8	70.6	66.5	68.3	65.0		59.3	60.9	65.0	63.4	47.1	50.7	45.1	
南部	70.1	71.8	74.2	77.2	80.0	82.4	84.2		65.9	64.5	65.5	65.5	61.6	62.0	59.4		52.2	53.5	56.4	57.7	41.6	40.3	39.3	
西部	43.7	45.5	46.3	49.1	50.4	52.2	53.2		60.8	56.9	60.1	59.4	54.0	55.4	55.5		51.8	49.9	54.4	54.6	39.0	42.4	42.7	
学歴:																								
8年未満	13.3	12.9	12.3	12.6	12.1	11.1	11.1		40.7	36.1	32.5	30.1	32.4	29.5	27.0		28.1	26.8	23.6	23.4	19.4	17.1	15.8	
高等学校:																								
高校卒業未満	21.0	20.1	20.9	20.7	20.2	19.1	18.8		47.9	45.9	45.8	43.2	41.6	39.6	37.8		33.8	33.6	34.6	33.7	23.3	22.8	20.8	
高校卒業又はGED取得 [6]	65.6	66.3	68.9	68.5	70.0	70.4	71.0		62.2	60.1	61.5	59.5	57.1	57.5	54.0		49.1	49.4	52.4	50.9	37.1	37.6	35.2	
大学:																								
学位または準学位	52.9	55.3	57.3	58.9	60.2	63.8	65.3		72.9	70.0	73.7	72.0	66.7	68.3	65.5		60.5	60.3	66.1	65.0	45.8	47.3	44.4	
学士以上	45.4	48.0	51.0	54.9	58.2	61.1	72.5		80.4	77.3	78.1	76.8	74.4	73.9	72.5		73.0	72.0	74.2	73.3	58.5	59.5	57.1	
就業者	130.5	133.4	134.9	138.8	143.8	143.2	138.3		67.0	64.7	67.1	66.4	61.7	62.7	61.5		55.2	55.5	60.0	60.1	42.1	43.9	42.5	
失業者	5.2	4.9	7.7	7.3	6.2	9.5	13.9		52.5	46.1	56.3	57.2	48.1	48.5	52.3		37.2	35.1	46.4	48.8	27.2	27.6	31.6	
非労働力人口	62.5	64.2	67.8	69.6	70.5	72.8	77.5		65.1	63.8	64.4	62.0	60.9	60.7	55.8		54.1	54.5	56.2	55.5	44.2	44.3	42.3	

NA データなし。 1. 個別に示さない他の人種も含む。 2. 2003年以降の毎月人口調査では人種について複数回答を認めている。このデータは、この人種グループのみを選択した人を示し、複数の人種グループに回答した人をこれらのいずれの人種グループにも含めていた。 2004年、2006年、2008年、2010年のデータは、それ以前の年度における回答とは一つの人種グループを回答するもののみを認めていた。本章の解説および参照のこと。 3. 2004年以前このカテゴリーは「アジア系および太平洋諸島民」であったため、2004年以前のデータと比較はできない 4. ヒスパニックは人種を問わない 5. 地域の構成については表紙裏の地図を参照 6. GEDは総合教育開発テストを示す。GEDは、高校卒業未満の若が、高校4年間の教育によって得られるべきスキルと知識を身に付けているかどうかを測るテストである。GEDに受かると、高校の卒業証書と同等の資格を得られる

資料：U.S. Census Bureau, "Voting and Registration in the Election of November 2010", Current Population Reports, P20-562 (2010年) およびそれ以前のレポート；<http://www.census.gov/hhes/www/socdemo/voting/index.html>

No.400. 選挙人登録者および投票者——州別：2010年

[229,690は2億2969万票を表す。表No.399の頭注を参照]

州	有権者人口 (1,000人)	有権者人口に占める割合(%) 登録者	有権者人口に占める割合(%) 投票者	州	有権者人口 (1,000人)	有権者人口に占める割合(%) 登録者	有権者人口に占める割合(%) 投票者
合衆国	229,690	59.8	41.8	MO	4,506	66.9	44.5
AL	3,526	63.1	42.8	MT	753	65.2	51.3
AK	498	63.8	48.6	NE	1,323	60.8	38.7
AZ	4,831	60.7	44.9	NV	1,957	50.9	37.3
AR	2,140	58.7	39.3	NH	1,024	65.0	45.9
CA	27,381	50.6	39.2	NJ	6,581	55.6	36.2
CO	3,768	61.0	48.4	NM	1,489	50.1	38.9
CT	2,648	62.0	45.9	NY	14,974	56.1	38.4
DE	667	62.6	48.5	NC	6,998	63.7	43.0
DC	489	60.3	40.8	ND	488	73.9	54.5
FL	14,227	56.2	39.2	OH	8,642	64.8	44.2
GA	7,119	57.2	40.2	OK	2,695	59.5	39.4
HI	965	48.3	39.9	OR	2,974	67.4	53.6
ID	1,114	59.8	44.7	PA	9,631	62.6	42.6
IL	9,619	60.5	41.5	RI	812	62.8	42.9
IN	4,777	59.4	38.2	SC	3,453	66.7	49.2
IA	2,278	67.9	50.2	SD	602	67.4	53.5
KS	2,059	65.5	45.2	TN	4,745	60.1	36.1
KY	3,250	65.0	45.5	TX	17,847	53.2	31.4
LA	3,314	73.2	48.8	UT	1,929	56.8	36.0
ME	1,034	75.4	58.4	VT	490	72.7	54.0
MD	4,279	58.6	42.1	VA	5,873	60.4	38.4
MA	5,097	63.4	48.1	WA	5,095	66.1	52.8
MI	7,513	68.2	45.2	WV	1,420	62.2	40.9
MN	3,982	69.2	52.8	WI	4,291	67.8	52.6
MS	2,113	72.5	46.5	WY	411	58.2	46.1

資料：U.S. Census Bureau, Current Population Reports, "Voting and Registration in the Election of November 2010" および未刊行資料; <http://www.census.gov/hhes/www/socdemo/voting/index.html>

No.401. 合衆国市民（合衆国生まれ・帰化）の選挙人登録と投票——人種・ヒスパニック別：2010年

[単位：1000人および%。210,800は2億1080万人を表す。11月現在]

出生のステータス、人種、ヒスパニック	総市民人口 (1,000人)	選挙人登録 人数(1,000人)	選挙人登録 %	選挙人非登録 人数(1,000人)	選挙人非登録 %	投票 人数(1,000人)	投票 %	投票せず 人数(1,000人)	投票せず %
計：									
全人種[1]	210,800	137,263	65.1	73,537	34.9	95,987	45.5	114,813	54.5
白人（単一人種）[2]	172,447	114,482	66.4	57,965	33.6	80,554	46.7	91,893	53.3
黒人（単一人種）[2]	25,632	16,101	62.8	9,531	37.2	11,149	43.5	14,483	56.5
アジア系（単一人種）[2]	7,639	3,765	49.3	3,874	50.7	2,354	30.8	5,285	69.2
ヒスパニック[3]	21,285	10,982	51.6	10,303	48.4	6,646	31.2	14,639	68.8
合衆国生まれ市民：									
全人種[1]	193,897	128,098	66.1	65,799	33.9	89,740	46.3	104,157	53.7
白人（単一人種）[2]	162,609	109,074	67.1	53,535	32.9	76,696	47.2	85,913	52.8
白人、非ヒスパニック	148,465	101,758	68.5	46,707	31.5	72,495	48.8	75,970	51.2
黒人（単一人種）[2]	23,780	15,003	63.1	8,777	36.9	10,385	43.7	13,395	56.3
アジア系（単一人種）[2]	2,748	1,273	46.3	1,475	53.7	842	30.6	1,906	69.4
ヒスパニック[3]	15,535	7,938	51.1	7,597	48.9	4,541	29.2	10,994	70.8
白人単一または白人を含む複数人種[4]	165,166	110,661	67.0	54,505	33.0	77,715	47.1	87,451	52.9
黒人単一または黒人を含む複数人種[4]	24,713	15,562	63.0	9,151	37.0	10,717	43.4	13,996	56.6
アジア系単一またはアジア系を含む複数人種[4]	3,333	1,628	48.9	1,705	51.1	1,089	32.7	2,244	67.3
帰化市民：									
全人種[1]	16,903	9,165	54.2	7,738	45.8	6,247	37.0	10,656	63.0
白人（単一人種）[2]	9,838	5,408	55.0	4,430	45.0	3,858	39.2	5,980	60.8
白人、非ヒスパニック	4,464	2,558	57.3	1,906	42.7	1,877	42.0	2,587	58.0
黒人（単一人種）[2]	1,852	1098	59.3	754	40.7	763	41.2	1,089	58.8
アジア系（単一人種）[2]	4,890	2,492	51.0	2,398	49.0	1,512	30.9	3,378	69.1
ヒスパニック[3]	5,750	3,044	52.9	2,706	47.1	2,106	36.6	3,644	63.4
白人単一または白人を含む複数人種[4]	9,924	5,454	55.0	4,470	45.0	3,899	39.3	6,025	60.7
黒人単一または黒人を含む複数人種[4]	1,889	1122	59.4	767	40.6	781	41.3	1,108	58.7
アジア系単一またはアジア系を含む複数人種[4]	4,913	2,508	51.1	2,405	48.9	1,525	31.0	3,388	69.0

1．個別に明示しないその他の人種を含む　2．2003年以降、毎月人口調査（CPS）は、回答者が複数の人種を選択することができる。表中のデータは、該当の人種のみを選択したもので、複数の人種を選択したものの回答は除外している　3．ヒスパニックは人種を問わない　4．他に1つまたは複数の人種を回答したもの

資料：U.S. Census Bureau, *Voting and Registration in the Election of November 2010*, Current Population Reports P20-562, 2010; <http://www.census.gov/hhes/www/socdemo/voting/index.html> も参照

No.402. 大統領選挙の投票——政党別：1952－2008年

[61,552は6155万2000を表す。1960年以前は、アラスカとハワイを除く。1960年以前はアラスカおよびハワイを除く。1964年以前は、コロンビア特別区を除く。多数党の候補への投票数には、それら候補への少数党の投票を含む。『アメリカ歴史統計』系列Y79-83、Y135も参照]

年	大統領候補者 民主党	大統領候補者 共和党	一般投票総数[1] (1,000人)	大統領選挙における投票数 民主党 一般投票数 (1,000人)	民主党 %	民主党 選挙人投票	共和党 一般投票数 (1,000人)	共和党 %	共和党 選挙人投票
1952	スティーヴンソン	アイゼンハワー	61,552	27,315	44.4	89	33,779	54.9	442
1956	スティーヴンソン	アイゼンハワー	62,027	26,739	43.1	73	35,581	57.4	457
1960	ケネディ	ニクソン	68,836	34,227	49.7	303	34,108	49.5	219
1964	ジョンソン	ゴールドウォーター	70,098	42,825	61.1	486	27,147	38.7	52
1968	ハンフリー	ニクソン	73,027	30,989	42.4	191	31,710	43.4	301
1972	マクガバン	ニクソン	77,625	28,902	37.2	17	46,740	60.2	520
1976	カーター	フォード	81,603	40,826	50.0	297	39,148	48.0	240
1980	カーター	レーガン	86,497	35,481	41.0	49	43,643	50.5	489
1984	モンデール	レーガン	92,655	37,450	40.4	13	54,167	58.5	525
1988	デュカキス	ブッシュ	91,587	41,717	45.5	111	48,643	53.1	426
1992	クリントン	ブッシュ	104,600	44,858	42.9	370	38,799	37.1	168
1996	クリントン	ドール	96,390	47,402	49.2	379	39,198	40.7	159
2000	ゴア	ブッシュ	105,594	50,996	48.3	266	50,465	47.8	271
2004	ケリー	ブッシュ	122,349	58,895	48.1	251	61,873	50.6	286
2008	オバマ	マケイン	131,407	69,498	52.9	365	59,948	45.6	173

1. 少数政党の候補者、無所属、特定候補者への投票を約束していない選挙人の票および投票用紙に記載のない候補への投票を含む

資料：U.S. House of Representatives, Office of the Clerk, *Statistics of the Presidential and Congressional Election* (隔年刊)；〈http://clerk.house.gov/member_info/elections.html〉

No.403. 大統領選挙における主な少数党の候補者への投票：1952－2008年

[135は13万5000を表す。表No.402の頭注を参照。ライト・イン（候補者名簿にない候補者への投票）、散票、示されていない党の公認候補者への投票は含まない]

年	候補者	党	数 (1,000人)	候補者	党	数 (1,000人)
1952	ヴィンセント・ハリナン	進歩党	135	ステュアート・ハンブレン	禁酒党	73
1956[1]	T・コルマン・アンドリューズ	州権党	91	エリック・ハス	社会主義労働党	41
1960	エリック・ハス	社会主義労働党	46	ラザフォード・デッカー	禁酒党	46
1964	エリック・ハス	社会主義労働党	43	グリフトン・デベリー	社会主義労働党	22
1968	ジョージ・ウォーラス	アメリカ独立党	9,446	ヘニング・ブロメン	社会主義労働党	52
1972[1]	ジョン・シュミッツ	アメリカ党	993	ベンジャミン・スポック	人民党	9
1976	ユージン・マッカーシー	無所属	680	ロジャー・マックブリット	自由党	172
1980	ジョン・アンダーソン	無所属	5,251	エド・クラーク	自由党	920
1984	デヴィッド・バーグランド	自由党	227	リンドン・H・ラ・ローシェ	無所属	79
1988	ロン・ポール	自由党	410	レノラ・B・フラーニ	ニューアライアンス	129
1992	H・ロス・ペロー	無所属	19,722	アンドレ・マロー	無所属	281
1996	H・ロス・ペロー	改革党	7,137	ラルフ・ネーダー	緑の党	527
2000	ラルフ・ネーダー	緑の党	2,530	パット・ブキャナン	改革党	324
2004	ラルフ・ネーダー	無所属	156	マイケル・バドナリック	自由党	369
2008	ラルフ・ネーダー	無所属	739	ボブ・バー	自由党	515

1. ライト・イン、散票、示されていない党の公認候補者への投票を含む

資料：U.S. House of Representatives, Office of the Clerk, *Statistics of the Presidential and Congressional Election* (隔年刊)；〈http://clerk.house.gov/member_info/elections.html〉

No.404. 民主党と共和党、二党による大統領選における投票率——主要特徴別：2004、2008年

[単位：％。合衆国内の個人住宅に居住する有権者を対象とする。民主党への投票率は、100％から共和党への投票率に減ずることで算出。第三党への投票はデータに含まれていない。National Election Studiesと標本からのデータ。標本抽出時の誤差あり。詳細については資料を参照]

諸特徴	2004 民主党	2004 共和党	2008 民主党	2008 共和党	諸特徴	2004 民主党	2004 共和党	2008 民主党	2008 共和党
計[1]	50	50	55	45	人種：				
投票者の誕生年：					白人	42	58	44	56
1975年以降	66	34	65	35	黒人	90	10	99	1
1959－1974年	45	55	56	44	学歴：				
1943－1958年	44	56	54	46	高校未満	69	31	72	28
1927－1942年	51	49	41	59	高校卒業／同等	46	54	57	43
1911－1926年	52	48	52	48	大学（学位なし）	47	53	53	47
1895－1910年	－	－	－	－	大学	50	50	51	49
性別：					既婚	64	36	60	40
男	46	54	52	48	未婚	46	54	54	46
女	53	47	57	43					

－ ゼロを示す　1. 個別に明示しないその他を含む

資料：American National Election Studies；〈http://www.electionstudies.org/〉

No.405. 大統領選挙の選挙人投票——州別、主要政党別：1968－2008年

[D＝民主党、R＝共和党。地域の構成については表紙裏の地図を参照。『アメリカ歴史統計』系列Y84-134も参照]

州	1968[1]	1972[2]	1976[3]	1980	1984	1988[4]	1992	1996	2000[5]	2004[6]	2008[7]
民主党	**191**	**17**	**297**	**49**	**13**	**111**	**370**	**379**	**266**	**251**	**365**
共和党	**301**	**520**	**240**	**489**	**525**	**426**	**168**	**159**	**271**	**286**	**173**
東北部：											
民主党	102	14	86	4	－	53	106	106	102	101	101
共和党	24	108	36	118	113	60	－	－	4	－	－
中西部：											
民主党	31	－	58	10	10	29	100	100	68	57	97
共和党	118	145	87	135	127	108	29	29	61	66	27
南部：											
民主党	45	3	149	31	3	8	68	80	15	16	71
共和党	77	165	20	138	174	168	116	104	168	173	118
西部：											
民主党	13	－	4	4	－	21	96	93	81	77	96
共和党	82	102	97	98	111	90	23	26	38	47	28
AL	([1])	R-9	D-9	R-9	R-9	R-9	R-9	R-9	R-9	R-9	R-9
AK	R-3	R-3	R-3	R-3	R-3	R-3	R-3	R-3	R-3	R-3	R-3
AZ	R-5	R-6	R-6	R-6	R-7	R-7	R-8	D-8	R-8	R-10	R-10
AR	([1])	R-6	D-6	R-6	R-6	R-6	D-6	D-6	R-6	R-6	R-6
CA	R-40	R-45	R-45	R-45	R-47	R-47	D-54	D-54	D-54	D-55	D-55
CO	R-6	R-7	R-7	R-7	R-8	R-8	R-8	R-8	R-8	R-9	D-9
CT	D-8	R-8	R-8	R-8	R-8	R-8	D-8	D-8	D-8	D-7	D-7
DE	R-3	R-3	R-3	R-3	R-3	R-3	D-3	D-3	D-3	D-3	D-3
DC	D-3	D-3	D-3	D-3	D-3	D-3	D-3	D-3	[5] D-2	D-3	D-3
FL	R-14	R-17	D-17	R-17	R-21	R-21	R-25	D-25	R-25	R-27	D-27
GA	([1])	R-12	D-12	D-12	R-12	R-12	D-13	R-13	R-13	R-15	R-15
HI	D-4	R-4	D-4	D-4	R-4	D-4	D-4	D-4	D-4	D-4	D-4
ID	R-4	R-4	R-4	R-4	R-4	R-4	R-4	R-4	R-4	R-4	R-4
IL	R-26	R-26	R-26	R-26	R-24	R-24	D-22	D-22	D-22	D-21	D-21
IN	R-13	R-13	R-13	R-13	R-12	R-12	R-12	R-12	R-12	R-11	D-11
IA	R-9	R-8	R-8	R-8	R-8	D-8	D-7	D-7	D-7	R-7	D-7
KS	R-7	R-7	R-7	R-7	R-7	R-7	R-6	R-6	R-6	R-6	R-6
KY	R-9	R-9	D-9	R-9	R-9	R-9	D-8	D-8	R-8	R-8	R-8
LA	([1])	R-10	D-10	R-10	R-10	R-10	D-9	D-9	R-9	R-9	R-9
ME	D-4	R-4	R-4	R-4	R-4	D-4	D-4	D-4	D-4	D-4	D-4
MD	D-10	R-10	D-10	R-10	R-10	D-10	D-10	D-10	D-10	D-10	D-10
MA	D-14	D-14	D-14	R-14	R-13	D-13	D-12	D-12	D-12	D-12	D-12
MI	D-21	R-21	R-21	R-21	R-20	R-20	D-18	D-18	D-18	D-17	D-17
MN	D-10	R-10	D-10	D-10	D-10	D-10	D-10	D-10	D-10	[6] D-9	D-10
MS	([1])	R-7	D-7	R-7	R-7	R-7	R-7	R-7	R-7	R-6	R-6
MO	R-12	R-12	D-12	R-12	R-11	R-11	D-11	D-11	R-11	R-11	R-11
MT	R-4	R-4	R-4	R-4	R-4	R-4	D-3	R-3	R-3	R-3	R-3
NE	R-5	R-5	R-5	R-5	R-5	R-5	R-5	R-5	R-5	R-5	[7] R-4
NV	R-3	R-3	R-3	R-3	R-4	R-4	D-4	D-4	R-4	R-5	D-5
NH	R-4	R-4	R-4	R-4	R-4	R-4	D-4	D-4	R-4	D-4	D-4
NJ	R-17	R-17	R-17	R-17	R-16	R-16	D-15	D-15	D-15	D-15	D-15
NM	R-4	R-4	R-4	R-4	R-5	R-5	D-5	D-5	D-5	R-5	D-5
NY	D-43	R-41	D-41	R-41	R-36	D-36	D-33	D-33	D-33	D-31	D-31
NC	[1] R-12	R-13	D-13	R-13	R-13	R-13	R-14	R-14	R-14	R-15	D-15
ND	R-4	R-3	R-3	R-3	R-3	R-3	R-3	R-3	R-3	R-3	R-3
OH	R-26	R-25	D-25	R-25	R-23	R-23	D-21	D-21	R-21	R-20	D-20
OK	R-8	R-8	R-8	R-8	R-8	R-8	R-8	R-8	R-8	R-7	R-7
OR	R-6	R-6	R-6	R-6	R-7	D-7	D-7	D-7	D-7	D-7	D-7
PA	D-29	R-27	D-27	R-27	R-25	R-25	D-23	D-23	D-23	D-21	D-21
RI	D-4	R-4	D-4	D-4	R-4	D-4	D-4	D-4	D-4	D-4	D-4
SC	R-8	R-8	D-8	R-8	R-8	R-8	R-8	R-8	R-8	R-8	R-8
SD	R-4	R-4	R-4	R-4	R-3	R-3	R-3	R-3	R-3	R-3	R-3
TN	R-11	R-10	D-10	R-10	R-11	R-11	D-11	D-11	R-11	R-11	R-11
TX	D-25	R-26	D-26	R-26	R-29	R-29	R-32	R-32	R-32	R-34	R-34
UT	R-4	R-4	R-4	R-4	R-5	R-5	R-5	R-5	R-5	R-5	R-5
VT	R-3	R-3	R-3	R-3	R-3	R-3	D-3	D-3	D-3	D-3	D-3
VA	R-12	[2] R-11	R-12	R-12	R-12	R-12	R-13	R-13	R-13	R-13	D-13
WA	D-9	R-9	[3] R-8	R-9	R-10	D-10	D-11	D-11	D-11	D-11	D-11
WV	D-7	R-6	D-6	D-6	R-6	[4] D-5	D-5	D-5	R-5	R-5	R-5
WI	R-12	R-11	D-11	R-11	R-11	D-11	D-11	D-11	D-11	D-10	D-10
WY	R-3	R-3	R-3	R-3	R-3	R-3	R-3	R-3	R-3	R-3	R-3

－ ゼロを示す　1．ジョージ・C・ウォーレスへの選挙人投票46票を除く。内訳は以下の通り：アラバマ10：アンカーソー6：ジョージア12：ルイジアナ10：ミシシッピ7：ノースカロライナ1　2．ジョン・ホスパースへのバージニアでの選挙人投票1票を除く　3．ロナルド・レーガンへのワシントンでの選挙人投票1票を除く　4．ロイド・ベンツェン候補へのウエスト・バージニアにおける1票を除く　5．コロンビア特別区における民主党選挙の白票を除く　6．民主党指名ジョン・エドワーズ副大統領候補への選挙人投票1票を除く　7．ネブラスカ州のバラク・オバマへの1票を除く

資料：U.S. House of Representatives, Office of the Clerk, *Statistics of the Presidential and Congressional Election* (隔年刊); <http://clerk.house.gov/member_info/elections.html>

No.406. 大統領選挙の一般投票──州別、主要政党別：2004、2008年

[単位：1,000人（122,349は1億2234万9000人を表す）。割合は％。『アメリカ歴史統計』系列Y135-186も参照]

州	2004 計[1]	2004 民主党	2004 共和党	2004 得票率(%) 民主党	2004 得票率(%) 共和党	2008 計[1]	2008 民主党	2008 共和党	2008 得票率(%) 民主党	2008 得票率(%) 共和党
合衆国	122,349	58,895	61,873	48.1	50.6	131,407	69,498	59,948	52.9	45.6
アラバマ	1,883	694	1,176	36.8	62.5	2,100	813	1,267	38.7	60.3
アラスカ	313	111	191	35.5	61.1	326	124	194	37.9	59.4
アリゾナ	2,013	894	1,104	44.4	54.9	2,293	1,035	1,230	45.1	53.6
アーカンソー	1,055	470	573	44.5	54.3	1,087	422	638	38.9	58.7
カリフォルニア	12,421	6,745	5,510	54.3	44.4	13,562	8,274	5,012	61.0	37.0
コロラド	2,130	1,002	1,101	47.0	51.7	2,401	1,289	1,074	53.7	44.7
コネティカット	1,579	857	694	54.3	43.9	1,647	998	629	60.6	38.2
デラウェア	375	200	172	53.3	45.8	412	255	152	61.9	36.9
コロンビア特別区	228	203	21	89.2	9.3	266	246	17	92.5	6.5
フロリダ	7,610	3,584	3,965	47.1	52.1	8,391	4,282	4,046	51.0	48.2
ジョージア	3,302	1,366	1,914	41.4	58.0	3,924	1,844	2,049	47.0	52.2
ハワイ	429	232	194	54.0	45.3	456	326	121	71.5	26.4
アイダホ	598	181	409	30.3	68.4	655	236	403	36.1	61.5
イリノイ	5,274	2,892	2,346	54.8	44.5	5,522	3,419	2,031	61.9	36.8
インディアナ	2,468	969	1,479	39.3	59.9	2,751	1,374	1,346	49.9	48.9
アイオワ	1,507	742	752	49.2	49.9	1,537	829	682	53.9	44.4
カンザス	1,188	435	736	36.6	62.0	1,236	515	700	41.7	56.6
ケンタッキー	1,796	713	1,069	39.7	59.5	1,827	752	1,048	41.2	57.4
ルイジアナ	1,943	820	1,102	42.2	56.7	1,961	783	1,148	39.9	58.6
メーン	741	397	330	53.6	44.6	731	422	295	57.7	40.4
メリーランド	2,384	1,334	1,025	56.0	43.0	2,632	1,629	960	61.9	36.5
マサチューセッツ	2,927	1,804	1,071	61.6	36.6	3,103	1,904	1,109	61.4	35.7
ミシガン	4,839	2,479	2,314	51.2	47.8	5,002	2,873	2,049	57.4	41.0
ミネソタ	2,828	1,445	1,347	51.1	47.6	2,910	1,573	1,275	54.1	43.8
ミシシッピ	1,140	458	673	40.2	59.0	1,290	555	725	43.0	56.2
ミズーリ	2,731	1,259	1,456	46.1	53.3	2,925	1,442	1,446	49.3	49.4
モンタナ	450	174	266	38.6	59.1	490	232	243	47.3	49.5
ネブラスカ	778	254	513	32.7	65.9	801	333	453	41.6	56.5
ネバダ	830	397	419	47.9	50.5	968	534	413	55.1	42.7
ニューハンプシャー	678	341	331	50.2	48.8	711	385	317	54.1	44.5
ニュージャージー	3,612	1,911	1,670	52.9	46.2	3,868	2,215	1,613	57.3	41.7
ニューメキシコ	756	371	377	49.0	49.8	830	472	347	56.9	41.8
ニューヨーク	7,448	4,181	2,807	56.1	37.7	7,722	4,805	2,753	62.2	35.6
ノースカロライナ	3,501	1,526	1,961	43.6	56.0	4,298	2,143	2,128	49.8	49.5
ノースダコタ	313	111	197	35.5	62.9	317	141	169	44.6	53.3
オハイオ	5,628	2,741	2,860	48.7	50.8	5,708	2,940	2,678	51.5	46.9
オクラホマ	1,464	504	960	34.4	65.6	1,463	502	960	34.4	65.6
オレゴン	1,837	943	867	51.3	47.2	1,828	1,037	738	56.7	40.4
ペンシルベニア	5,770	2,938	2,794	50.9	48.4	6,013	3,276	2,656	54.5	44.2
ロードアイランド	437	260	169	59.4	38.7	472	297	165	62.9	35.1
サウスカロライナ	1,618	662	938	40.9	58.0	1,921	862	1,035	44.9	53.9
サウスダコタ	388	149	233	38.4	59.9	382	171	203	44.7	53.2
テネシー	2,437	1,036	1,384	42.5	56.8	2,600	1,087	1,479	41.8	56.9
テキサス	7,411	2,833	4,527	38.2	61.1	8,078	3,529	4,479	43.7	55.5
ユタ	928	241	664	26.0	71.5	952	328	596	34.4	62.6
バーモント	312	184	121	58.9	38.8	325	219	99	67.5	30.4
バージニア	3,195	1,455	1,717	45.5	53.7	3,723	1,960	1,725	52.6	46.3
ワシントン	2,859	1,510	1,305	52.8	45.6	3,037	1,751	1,229	57.7	40.5
ウエストバージニア	756	327	424	43.2	56.1	713	304	397	42.6	55.7
ウィスコンシン	2,997	1,490	1,478	49.7	49.3	2,983	1,677	1,262	56.2	42.3
ワイオミング	244	71	168	29.0	68.7	255	83	165	32.5	64.7

1. 他の政党も含む

資料：U.S. House of Representatives, Office of the Clerk, *Statistics of the Presidential and Congressional Election* (隔年刊); <http://clerk.house.gov/member_info/election.html>

No.407. 上院投票数：2008、2010年／および現職上院議員：2011年——州別

[2,060は206万を表す。D=民主党、R=共和党、I=無所属]

州	2008 計[2] (1,000)	2008 与党の得票率	2010 計[2] (1,000)	2010 与党の得票率	現職上院議員と任期満了年[1] 名前、党、年	名前、党、年
アラバマ	2,060	R-63.4	1,485	R-65.2	ジェフ・セッションズ(R)2015	リチャード・シェルビー(R)2017
アラスカ	318	D-47.8	256	R-35.6	リサ・マーコウスキー(R)2017	マーク・ベギッチ(D)2015
アリゾナ	(X)	(X)	1,708	R-58.9	ジョン・カイル(R)2013	ジョン・マッケーン(R)2017
アーカンソー	1,012	D-79.5	780	R-57.9	ジョン・ボーズマン(R)2015	マーク・プライヤ(D)2015
カリフォルニア	(X)	(X)	10,000	D-52.2	バーバラ・ボクサー(D)2017	ダイアン・ファインスタイン(D)2013
コロラド	2,332	D-52.8	1,772	D-48.1	マーク・ユダール(D)2015	マイケル・ベネット(D)2017
コネティカット	(X)	(X)	1,153	D-52.5	リチャード・ブルーメンソール(D)2017	ジョゼフ・リーバーマン(I)2013
デラウェア	398	D-64.7	307	D-56.6	クリストファー・クーンズ(D)2015	トーマス・カーパー(D)2013
フロリダ	(X)	(X)	5,411	R-48.9	マルコ・ルビオ(R)2017	ビル・ネルソン(D)2013
ジョージア	2,266	R-54.2	2,555	R-58.3	サクスビー・チャンブリス(R)2015	ジョニー・アイザクソン(R)2017
ハワイ	(X)	(X)	371	D-74.8	ダニエル・アカカ(D)2013	ダニエル・イノウエ(D)2017
アイダホ	645	R-57.7	450	R-71.2	ジェイムズ・エロア・リッシュ(R)2015	マイケル・クラポ(R)2017
イリノイ	5,330	R-67.8	3,704	R-48.0	リチャード・ダービン(D)2015	マーク・カーク(R)2017
インディアナ	(X)	(X)	1,744	R-54.6	ダニエル・コーツ(R)2017	リチャード・ルーガー(R)2013
アイオワ	1,503	D-62.7	1,116	R-64.4	チェック・グラスリー(R)2017	トム・ハールキン(D)2015
カンザス	1,211	R-60.1	838	R-70.1	ジェリー・マロン(R)2017	パット・ロバーツ(R)2015
ケンタッキー	1,801	R-53.0	1,356	R-55.7	ランド・ポール(R)2017	ミッチ・マッコーネル(R)2015
ルイジアナ[3]	1,897	D-52.1	1,265	R-56.6	メアリ・ランドリュー(D)2015	デイビッド・ビッター(R)2017
メーン	724	R-61.3	(X)	(X)	スーザン・コリンズ(R)2015	オリンピア・スノウ(R)2013
メリーランド	(X)	(X)	1,834	D-62.2	バーバラ・A・ミクルスキ(D)2017	ベンジャミン・カーディン(D)2013
マサチューセッツ	3,103	D-63.6	(X)	(X)	スコット・ブラウン[4](R)2013	ジョン・ケリー(D)2015
ミシガン	4,849	D-62.7	(X)	(X)	カール・レヴィン(D)2015	デビー・スタベノー(D)2013
ミネソタ	2,888	D-42.0	(X)	(X)	アル・フランケン(D)2015	エイミー・クロブシャー(D)2013
ミシシッピ	1,247	R-61.4	(X)	(X)	サッド・コクラン(R)2015	ロジャー・F・ウィッカー(R)2013
ミズーリ	(X)	(X)	1,944	R-54.2	ロイ・ブラント(R)2017	クレア・マカスキル(D)2013
モンタナ	478	D-72.9	(X)	(X)	マックス・バウカス(D)2015	ジョン・テスター(D)2013
ネブラスカ	793	R-57.5	(X)	(X)	マイク・ジョハンズ(R)2015	ベン・ネルソン(D)2013
ネバダ	(X)	(X)	721	D-50.3	ディーン・ヘラー[5](R)2013	ハリー・レイド(D)2017
ニューハンプシャー	695	D-51.6	455	R-60.1	ケリー・アヨッテ(R)2017	ジーン・シャヒーン(D)2015
ニュージャージー	3,482	D-56.0	(X)	(X)	ロバート・メネンデス(D)2013	フランク・ローテンバーグ(D)2015
ニューメキシコ	824	D-61.3	(X)	(X)	ジェフ・ビンガマン(D)2013	トム・ユダール(D)2015
ニューヨーク	(X)	(X)	4,764	D-64.0	キルステン・ジルブランド[6](D)2013	チャールズ・シューマー(D)2015
ノースカロライナ	4,272	D-52.7	2,660	R-54.8	リチャード・バー(R)2017	ケイ・ヘイガン(D)2015
ノースダコタ	(X)	(X)	239	R-76.2	ケント・コンラッド(D)2013	ジョン・ホーベン(R)2017
オハイオ	(X)	(X)	3,815	R-56.9	シェロッド・ブラウン(D)2013	ロブ・ポートマン(R)2017
オクラホマ	1,347	R-56.7	1,017	R-70.6	トム・コバーン(R)2017	ジェームズ・インホフ(R)2015
オレゴン	1,768	D-48.9	1,443	D-57.2	ジェフ・マークリー(D)2015	ロン・ワイデン(D)2017
ペンシルベニア	(X)	(X)	3,978	R-51.0	ロバート・ケーシー・ジュニア(D)2013	パトリック・トゥーミー(R)2017
ロードアイランド	439	D-73.1	(X)	(X)	シェルドン・ホワイトハウス(D)2013	ジャック・リード(D)2015
サウスカロライナ	1,871	R-57.5	1,319	R-61.5	ジム・デミント(R)2017	リンゼイ・グラハム(R)2015
サウスダコタ	381	D-62.5	228	R-100.0	ティム・ジョンソン(D)2015	ジョン・スーン(R)2017
テネシー	2,425	R-65.1	(X)	(X)	ラマー・アレクサンダー(R)2015	ボブ・コーカー(R)2013
テキサス	7,912	R-54.8	(X)	(X)	ジョン・コーニィ(R)2015	ケイ・ハッチソン(R)2013
ユタ	(X)	(X)	585	R-61.6	マイク・リー(R)2017	オリン・ハッチ(R)2013
バーモント	(X)	(X)	235	D-64.3	バーナード・サンダース(I)2013	パトリック・リービー(D)2015
バージニア	3,643	D-65.0	(X)	(X)	ジム・ウエブ(D)2013	マーク・ウォーナー(D)2015
ワシントン	(X)	(X)	2,511	D-52.4	マーラ・キャントウェル(D)2013	パティ・マレー(D)2017
ウエストバージニア	702	D-63.7	(X)	(X)	ジョー・マンチン三世(D)2013	ジョン・ロックフェラー(D)2015
ウィスコンシン	(X)	(X)	2,171	R-51.9	ロナルド・H・ジョンソン(R)2017	ハーブ・コール(D)2013
ワイオミング	250	R-75.6	(X)	(X)	マイケル・エンジ(R)2015	ジョン・バラッソ(R)2013

X 該当なし 1．2011年6月3日現在。表No.412の資料を参照 2．少数政党への投票を含む 3．ルイジアナ州の予備選挙は、全政党で争われ、最大得票者が当選する 4．指名議員ポール・G・カーク・Jrの議席をめぐる2010年1月19日の補欠選挙で選出。2006年のデータは、エドワード・M・ケネディのもの 5．2011年5月3日のジョン・エンザインの辞任による空席に、2011年4月27日就任 6．2009年1月23日指名。2009年1月21日に辞任したヒラリー・クリントンの後任 10．2010年7月16日指名。2010年6月28日に死亡したロバート・C・バードの後任

資料：U.S. House of Representatives, Office of the Clerk, *Statistics of the Presidential and Congressional Election* (隔年刊); <http://clerk.house.gov/member_info/electionInfo/index.html> も参照

No.408. 各州の下院議員配分数：1800－2010年

[議員総数には割り当て後に任命された下院議員を含む。議員数割り当てに用いられる人口は10年毎の人口センサスの州別人口に基づく。1920年センサスにおける再割り当てはなし。議員数の配分方法と歴史については、『House Report 91-1314、91st Congress, 2nd session、The Decennial Population Census and Congressional Apportionment』を参照]

州	センサスに基づく議員																					
	1800	1820	1830	1840	1850	1860	1870	1880	1890	1900	1910	1920	1930	1940	1950	1960	1970	1980	1990	2000	2010	
合衆国	142	213	242	232	237	243	293	332	357	391	435	435	435	435	437	435	435	435	435	435	435	
AL..	(X)	3	5	7	7	6	8	8	9	9	10	10	9	9	9	8	7	7	7	7	7	
AK..	(X)	(X)	(X)	(X)	(X)	(X)	(X)	(X)	(X)	(X)	(X)	(X)	(X)	(X)	¹1	1	1	1	1	1	1	
AZ..	(X)	(X)	(X)	(X)	(X)	(X)	(X)	(X)	(X)	(X)	²1	1	1	2	2	3	4	5	6	8	9	
AR..	(X)	(X)	¹1	1	2	3	4	5	6	7	7	7	7	7	6	4	4	4	4	4	4	
CA..	(X)	(X)	(X)	¹2	2	3	4	6	7	8	11	11	20	23	30	38	43	45	52	53	53	
CO..	(X)	(X)	(X)	(X)	(X)	(X)	¹1	1	2	3	4	4	4	4	4	4	5	6	6	7	7	
CT..	7	6	6	4	4	4	4	4	4	5	5	5	6	6	6	6	6	6	6	5	5	
DE..	1	1	1	1	1	1	1	1	1	1	1	1	1	1	1	1	1	1	1	1	1	
FL..	(X)	(X)	(X)	¹1	1	1	2	2	2	3	4	4	5	6	8	12	15	19	23	25	27	
GA..	4	7	9	8	8	7	9	10	11	11	12	12	10	10	10	10	10	10	11	13	14	
HI..	(X)	(X)	(X)	(X)	(X)	(X)	(X)	(X)	(X)	(X)	(X)	(X)	(X)	(X)	¹1	2	2	2	2	2	2	
ID..	(X)	(X)	(X)	(X)	(X)	(X)	¹1	1	1	2	2	2	2	2	2	2	2	2	2	2	2	
IL..	(X)	1	3	7	9	14	19	20	22	25	27	27	27	26	25	24	24	22	20	19	18	
IN..	(X)	3	7	10	11	11	13	13	13	13	13	13	12	11	11	11	11	10	10	9	9	
IA..	(X)	(X)	(X)	¹2	2	6	9	11	11	11	11	11	9	8	8	7	6	6	5	5	4	
KS..	(X)	(X)	(X)	(X)	(X)	1	3	7	8	8	8	8	7	6	6	5	5	5	4	4	4	
KY..	6	12	13	10	10	9	10	11	11	11	11	11	9	9	8	7	7	7	6	6	6	
LA..	(X)	3	3	4	4	5	6	6	6	7	8	8	8	8	8	8	8	7	7	7	6	
ME..	(X)	7	8	7	6	5	5	4	4	4	4	4	3	3	3	2	2	2	2	2	2	
MD..	9	9	8	6	6	5	6	6	6	6	6	6	6	6	7	8	8	8	8	8	8	
MA..	17	13	12	10	11	10	11	12	13	14	16	16	15	14	14	12	12	11	10	10	9	
MI..	(X)	(X)	¹1	3	4	6	9	11	12	12	13	13	17	17	18	19	19	18	16	15	14	
MN..	(X)	(X)	(X)	(X)	¹2	2	3	5	7	9	10	10	9	9	9	8	8	8	8	8	8	
MS..	(X)	1	2	4	5	5	6	7	7	8	8	8	7	7	6	5	5	5	5	4	4	
MO..	(X)	1	2	5	7	9	13	14	15	16	16	16	13	13	11	10	10	9	9	9	8	
MT..	(X)	(X)	(X)	(X)	(X)	(X)	¹1	1	1	1	2	2	2	2	2	2	2	2	1	1	1	
NE..	(X)	(X)	(X)	(X)	(X)	(X)	1	3	6	6	6	6	5	4	4	3	3	3	3	3	3	
NV..	(X)	(X)	(X)	(X)	¹1	1	1	1	1	1	1	1	1	1	1	1	1	2	2	3	4	
NH..	5	6	5	4	3	3	3	2	2	2	2	2	2	2	2	2	2	2	2	2	2	
NJ..	6	6	6	5	5	5	7	7	8	10	12	12	14	14	14	15	15	14	13	13	12	
NM..	(X)	(X)	(X)	(X)	(X)	(X)	(X)	(X)	(X)	(X)	²1	1	1	2	2	2	2	3	3	3	3	
NY..	17	34	40	34	33	31	33	34	34	37	43	43	45	45	43	41	39	34	31	29	27	
NC..	12	13	13	9	8	7	8	9	9	10	10	10	11	12	12	11	11	11	12	13	13	
ND..	(X)	(X)	(X)	(X)	(X)	(X)	(X)	¹1	1	2	3	3	2	2	2	2	1	1	1	1	1	
OH..	¹1	14	19	21	21	19	20	21	21	21	22	22	24	23	23	24	23	21	19	18	16	
OK..	(X)	(X)	(X)	(X)	(X)	(X)	(X)	(X)	(X)	¹5	8	8	9	8	6	6	6	6	6	5	5	
OR..	(X)	(X)	(X)	(X)	¹1	1	1	1	2	2	3	3	3	4	4	4	4	5	5	5	5	
PA..	18	26	28	24	25	24	27	28	30	32	36	36	34	33	30	27	25	23	21	19	18	
RI..	2	2	2	2	2	2	2	2	2	2	3	3	2	2	2	2	2	2	2	2	2	
SC..	8	9	9	7	6	4	5	7	7	7	7	7	6	6	6	6	6	6	6	6	7	
SD..	(X)	(X)	(X)	(X)	(X)	(X)	¹2	2	2	2	3	3	2	2	2	2	2	1	1	1	1	
TN..	3	9	13	11	10	8	10	10	10	10	10	10	9	10	9	9	8	9	9	9	9	
TX..	(X)	(X)	(X)	¹2	2	4	6	11	13	16	18	18	21	21	22	23	24	27	30	32	36	
UT..	(X)	(X)	(X)	(X)	(X)	(X)	(X)	(X)	¹1	1	2	2	2	2	2	2	2	3	3	3	4	
VT..	4	5	5	4	3	3	3	2	2	2	2	2	1	1	1	1	1	1	1	1	1	
VA..	22	22	21	15	13	11	9	10	10	10	10	10	9	9	10	10	10	10	11	11	11	
WA..	(X)	(X)	(X)	(X)	(X)	(X)	(X)	¹1	2	3	5	5	6	6	7	7	7	8	9	9	10	
WV..	(X)	(X)	(X)	(X)	(X)	(X)	3	4	4	5	6	6	6	6	6	5	4	4	3	3	3	
WI..	(X)	(X)	(X)	¹2	3	6	8	9	10	11	11	11	10	10	10	10	9	9	9	8	8	
WY..	(X)	(X)	(X)	(X)	(X)	(X)	(X)	(X)	¹1	1	1	1	1	1	1	1	1	1	1	1	1	

X 該当なし　1．配分後の割り当て　2．州人口の予測による配分を含む
資料：U.S. Census Bureau, Congressional Apportionment, Census 2010, 〈http://www.census.gov/population/apportionment/〉

No.409. 下院議員の選挙——州別、主要政党別：2006-2010年

[単位：1,000人および％（80,976は8097万6000を表す）。R＝共和党、D＝民主党、I＝無所属。各州の統計は、各下院議員選挙区での投票数の計を示す。ただし、選出議員が1名の大選挙区集では党の代表への投票合計を示す。全ての年について、民主党あるいは共和党の立候補者がいない選挙区が多数存在する。一部の州では、民主党または共和党を支持する他の政党が投票した票数を、民主党または共和党の得票に含む。『アメリカ歴史統計』系列Y211-214も参照]

州	2006 計[1]	2006 民主党	2006 共和党	2006 与党の得票の割合(%)	2008 計[1]	2008 民主党	2008 共和党	2008 与党の得票の割合(%)	2010 計[1]	2010 民主党	2010 共和党	2010 与党の得票の割合(%)
合衆国	80,976	42,082	35,675	D-52.0	122,586	64,888	51,953	D-52.9	86,785	38,854	44,594	R-51.4
AL	1,140	502	628	R-55.0	1,855	718	1,121	R-60.4	1,368	419	914	R-66.9
AK	235	94	133	R-56.6	317	143	159	R-50.1	254	78	175	R-69.0
AZ	1,493	627	771	R-51.7	2,156	1,055	1,022	R-49.0	1,698	712	901	R-53.0
AR[2]	763	457	306	D-59.8	787	415	215	D-52.8	774	318	435	R-56.2
CA	8,296	4,720	3,314	D-56.9	12,322	7,381	4,516	D-59.9	9,648	5,149	4,195	D-53.4
CO	1,539	833	624	D-54.1	2,284	1,260	991	D-55.2	1,763	801	884	R-50.1
CT	1,075	649	420	D-60.4	1,527	909	505	D-59.5	1,138	635	458	D-55.8
DE	252	98	144	R-57.2	385	146	235	R-61.1	306	174	125	D-56.8
FL[2]	3,852	1,600	2,183	R-56.7	7,421	3,435	3,792	R-51.1	5,117	1,854	3,004	R-58.7
GA	2,070	932	1,138	R-55.0	3,655	1,858	1,797	D-50.8	2,469	940	1,528	R-61.9
HI	338	220	118	D-65.0	456	320	83	D-70.2	360	226	129	D-62.9
ID	445	177	248	R-55.7	638	260	377	R-59.2	447	151	264	R-59.0
IL	3,453	1,986	1,423	D-57.5	5,248	3,176	1,961	D-60.5	3,696	1,876	1,720	D-50.8
IN	1,667	812	832	R-49.9	2,677	1,389	1,241	R-51.9	1,748	679	973	R-55.7
IA	1,033	493	522	R-50.6	1,482	759	698	D-51.3	1,107	480	597	R-54.0
KS	845	369	459	R-54.3	1,208	470	690	R-57.1	836	275	528	R-63.2
KY	1,254	602	612	R-48.8	1,750	761	955	R-54.6	1,354	506	844	R-62.3
LA[2]	916	309	580	R-63.3	1,046	398	594	R-56.8	1,036	311	675	R-65.2
ME	536	351	163	D-65.4	710	432	278	D-60.8	564	316	248	D-56.0
MD	1,701	1,099	547	D-64.6	2,498	1,677	763	D-67.2	1,825	1,104	674	D-60.5
MA	2,244	1,632	199	D-72.7	3,103	2,246	318	D-72.4	2,224	1,336	808	D-60.1
MI	3,646	1,923	1,625	D-52.7	4,811	2,517	2,114	D-52.3	3,195	1,415	1,672	R-52.3
MN	2,179	1,153	925	D-52.9	2,803	1,612	1,069	D-57.5	2,091	1,002	971	D-47.9
MS	601	260	304	R-50.7	1,265	732	527	D-57.9	789	351	424	R-53.7
MO	2,097	992	1,049	R-50.0	2,821	1,413	1,313	R-50.1	1,921	708	1,103	R-54.7
MT	406	159	239	R-58.9	481	156	308	R-64.1	360	122	218	R-60.4
NE	596	262	334	R-56.1	775	265	511	R-65.8	486	138	328	R-67.5
NV	575	288	260	D-50.1	908	457	384	D-50.4	703	318	357	R-50.9
NH	403	209	190	D-52.0	675	365	295	D-54.1	450	201	230	R-51.2
NJ	2,137	1,208	903	D-56.5	3,438	1,912	1,462	D-55.6	2,122	1,025	1,055	R-49.7
NM	561	313	248	D-55.8	815	457	321	D-56.1	597	308	289	R-51.6
NY	4,687	2,538	1,160	D-54.1	7,722	4,006	1,800	D-51.9	4,744	2,515	1,613	D-53.0
NC	1,941	1,027	914	D-52.9	4,215	2,294	1,902	D-54.4	2,663	1,205	1,441	R-54.1
ND	218	143	75	D-65.7	314	195	119	D-62.0	236	107	130	R-54.9
OH	3,961	2,082	1,870	D-52.6	5,374	2,752	2,491	D-51.2	3,825	1,611	2,053	R-53.7
OK	905	373	518	R-57.2	1,337	504	803	R-60.0	793	222	520	R-65.5
OR	1,357	766	557	D-56.4	1,683	1,036	436	D-61.6	1,429	733	657	D-51.3
PA	4,013	2,229	1,732	D-55.5	5,788	3,209	2,521	D-55.4	3,956	1,882	2,034	R-51.4
RI	373	265	42	D-71.0	438	304	119	D-69.3	335	186	127	D-55.4
SC	1,086	473	600	R-55.2	1,874	920	940	R-50.1	1,340	537	754	R-56.3
SD	334	230	98	D-69.1	379	256	123	D-67.6	319	147	154	R-48.1
TN	1,715	861	800	D-50.2	2,302	1,196	978	D-51.9	1,559	542	955	R-61.3
TX	4,141	1,831	2,094	R-50.6	7,529	2,979	4,204	R-55.8	4,746	1,450	3,058	R-64.4
UT	570	244	292	R-51.3	937	394	504	R-53.8	640	218	391	R-61.0
VT	263	140	117	D-53.2	298	248	(X)	D-83.2	239	154	76	D-64.6
VA	2,297	947	1,223	R-53.2	3,495	1,853	1,591	D-53.0	2,190	911	1,186	R-54.2
WA	2,054	1,244	798	D-60.6	2,914	1,725	1,189	D-59.2	2,479	1,297	1,135	D-52.3
WV	455	264	191	D-58.0	646	432	213	D-66.9	514	228	283	R-55.0
WI	2,063	1,003	1,040	R-50.4	2,775	1,384	1,275	D-49.9	2,140	939	1,166	R-54.5
WY	196	92	93	R-47.6	250	107	131	R-52.6	191	46	132	R-69.0

X 該当なし　1．少数党への投票を含む　2．州法は対立候補のない候補者に対しては投票数の一覧表作成を要求していない

資料：U.S. House of Representatives, Office of the Clerk, Statistics of the Presidential and Congressional Election（隔年刊）; <http://clerk.house.gov/member_info/election.html> も参照

No.410. 下院議員の選挙——選挙区別、主要政党別：2010年

[一部の州では、民主党または共和党を支持する他の政党が投票した票数を、民主党または共和党の得票に含む]

州 選挙区	民主党候補者 氏名	得票数の割合(%)	共和党候補者 氏名	得票数の割合(%)	州 選挙区	民主党候補者 氏名	得票数の割合(%)	共和党候補者 氏名	得票数の割合(%)
AL	(X)	(X)	(X)	(X)	第47区	Sanchez	52.98	Tran	39.27
第1区	(¹)	(¹)	Bonner	82.58	第48区	Krom	36.45	Campbell	59.94
第2区	Bright	48.79	Roby	50.97	第49区	Katz	31.48	Issa	62.78
第3区	Segrest	40.48	Rogers	59.42	第50区	Busby	38.96	Bilbray	56.65
第4区	(¹)	(¹)	Aderholt	98.82	第51区	Filner	60.05	Popaditch	39.95
第5区	Raby	42.03	Brooks	57.89	第52区	Lutz	32.06	Hunter	63.09
第6区	(¹)	(¹)	Bachus	98.05	第53区	Davis	62.26	Crimmins	34.00
第7区	Sewell	72.43	Chamberlain	27.50	CO	(X)	(X)	(X)	(X)
AK	Crawford	30.51	Young	68.96	第1区	DeGette	67.42	Fallon	28.76
AZ	(X)	(X)	(X)	(X)	第2区	Polis	57.41	Bailey	37.90
第1区	Kirkpatrick	43.73	Gosar	49.72	第3区	Salazar	45.76	Tipton	50.10
第2区	Thrasher	31.06	Franks	64.88	第4区	Markey	41.35	Gardner	52.48
第3区	Hulburd	41.14	Quayle	52.24	第5区	Bradley	29.27	Lamborn	65.75
第4区	Pastor	66.94	Contreras	27.53	第6区	Flerlage	31.46	Coffman	65.68
第5区	Mitchell	43.23	Schweikert	52.00	第7区	Perlmutter	53.44	Fraizer	41.76
第6区	Schneider	29.12	Flake	66.42	CT	(X)	(X)	(X)	(X)
第7区	Grijalva	50.23	McClung	44.23	第1区	Larson	57.75	Brickley	37.20
第8区	Giffords	48.76	Kelly	47.30	第2区	Courtney	57.08	Peckinpaugh	38.76
AR	(X)	(X)	(X)	(X)	第3区	DeLauro	60.97	Labriola	33.58
第1区	Causey	43.48	Crawford	51.79	第4区	Himes	50.94	Debicella	46.93
第2区	Elliot	38.27	Griffin	57.90	第5区	Murphy	52.01	Caligiuri	44.91
第3区	Whitaker	27.56	Womack	72.44	DE	Carney	56.78	Urquhart	41.04
第4区	Ross	57.53	Rankin	40.15	FL	(X)	(X)	(X)	(X)
CA	(X)	(X)	(X)	(X)	第1区	(¹)	(¹)	Miller	80.00
第1区	Thompson	62.79	Hanks	31.03	第2区	Boyd	41.35	Southerland	53.60
第2区	Reed	42.85	Herger	57.15	第3区	Brown	63.04	Yost	33.89
第3区	Bera	43.19	Lungren	50.08	第4区	(¹)	(¹)	Crenshaw	77.21
第4区	Curtis	31.44	McClintock	61.27	第5区	Piccilo	32.57	Nugent	67.43
第5区	Matsui	72.05	Smith	25.28	第6区	(¹)	(¹)	Stearns	71.46
第6区	Woolsey	65.94	Judd	29.62	第7区	Beaven	30.97	Mica	69.03
第7区	Miller	68.32	Tubbs	31.68	第8区	Grayson	38.22	Webster	56.11
第8区	Pelosi	80.10	Dennis	15.12	第9区	Palma	28.57	Bilirakis	71.43
第9区	Lee	84.27	Hashimoto	10.77	第10区	Justice	34.08	Young	65.92
第10区	Garamendi	58.84	Clift	37.86	第11区	Castor	59.63	Prendergast	40.37
第11区	McNerney	47.97	Harmer	46.86	第12区	Edwards	41.14	Ross	48.14
第12区	Speier	75.58	Moloney	22.11	第13区	Golden	31.14	Buchanan	68.86
第13区	Stark	71.95	Baker	27.73	第14区	Roach	27.13	Mack	68.56
第14区	Eshoo	69.09	Chapman	27.83	第15区	Roberts	35.27	Posey	64.73
第15区	Honda	67.60	Kirkland	32.40	第16区	Horn	33.09	Rooney	66.85
第16区	Lofgren	67.82	Sahagun	24.29	第17区	Wilson	86.21	(¹)	(¹)
第17区	Farr	66.65	Taylor	29.85	第18区	Banciella	31.11	Ros-Lehtinen	68.89
第18区	Cardoza	58.48	Berryhill	41.52	第19区	Deutch	62.59	Budd	37.30
第19区	Goodwin	35.15	Denham	64.55	第20区	Schultz	60.15	Harrington	38.10
第20区	Costa	51.70	Vidak	48.30	第21区	(¹)	(¹)	Diaz-Balart	(²)
第21区	(¹)	(¹)	Nunes	100.00	第22区	Klein	45.64	West	54.36
第22区	(¹)	(¹)	McCarthy	98.76	第23区	Hastings	79.12	Sansaricq	20.88
第23区	Capps	57.77	Watson	37.60	第24区	Kosmas	40.32	Adams	59.64
第24区	Allison	40.06	Gallegly	59.94	第25区	Garcia	42.59	Rivera	52.15
第25区	Conaway	38.17	McKeon	61.83	GA	(X)	(X)	(X)	(X)
第26区	Warner	36.52	Dreier	54.13	第1区	Harris II	28.37	Kingston	71.63
第27区	Sherman	65.15	Reed	34.85	第2区	Bishop, Jr.	51.44	Keown	48.56
第28区	Berman	69.54	Froyd	22.42	第3区	Saunders	30.52	Westmoreland	69.48
第29区	Schiff	64.78	Colbert	31.98	第4区	Johnson, Jr	74.67	Carter	25.33
第30区	Waxman	64.63	Wilkerson	31.94	第5区	Lewis	73.72	Little	26.28
第31区	Becerra	83.82	Smith	16.18	第6区	(¹)	(¹)	Price	99.91
第32区	Chu	71.04	Schmerling	28.96	第7区	Heckman	32.93	Woodall	67.07
第33区	Bass	86.08	Andion	13.92	第8区	Marshall	47.30	Scott	52.70
第34区	Roybal-Allard	77.23	Miller	22.77	第9区	(¹)	(¹)	Graves	100.00
第35区	Waters	79.33	Brown	20.66	第10区	Edwards	32.64	Broun	67.36
第36区	Harman	59.62	Fein	34.74	第11区	(¹)	(¹)	Gingrey	100.00
第37区	Richardson	68.36	Parker	23.23	第12区	Barrow	56.59	McKinney	43.41
第38区	Napolitano	73.45	Vaughn	26.55	第13区	Scott	69.43	Crane	30.57
第39区	Sanchez	63.27	Andre	32.60	HI	(X)	(X)	(X)	(X)
第40区	Avalos	33.21	Royce	66.79	第1区	Hanabusa	53.23	Djou	46.77
第41区	Meagher	36.78	Lewis	63.21	第2区	Hirono	72.19	Willoughby	25.32
第42区	Williamson	31.86	Miller	62.21	ID	(X)	(X)	(X)	(X)
第43区	Baca	65.50	Folkens	34.50	第1区	Minnick	41.28	Labrador	51.02
第44区	Hedrick	44.39	Calvert	55.61	第2区	Crawford	24.41	Simpson	68.83
第45区	Pougnet	42.14	Mack	51.49					
第46区	Arnold	37.79	Rohrabacher	62.20					

本表末尾の脚注を参照

No.410. 下院議員の選挙——選挙区別、主要政党別：2010年（続）

[254頁の頭注を参照]

州 選挙区	民主党候補者 氏名	得票数の割合(%)	共和党候補者 氏名	得票数の割合(%)	州 選挙区	民主党候補者 氏名	得票数の割合(%)	共和党候補者 氏名	得票数の割合(%)
IL	(X)	(X)	(X)	(X)	第5区	Tsongas	54.84	Golnik	42.25
第1区	Rush	80.36	Wardingley	15.87	第6区	Tierney	56.85	Hudak	42.99
第2区	Jackson, Jr.	80.52	Hayes	13.83	第7区	Markey	66.42	Dembrowski	33.49
第3区	Lipinski	69.69	Bendas	24.29	第8区	Capuano	98.05	(¹)	(¹)
第4区	Gutierrez	77.36	Vasquez	14.32	第9区	Lynch	68.30	Harrison	26.08
第5区	Quigley	70.62	Ratowitz	25.38	第10区	Keating	46.87	Perry	42.38
第6区	Lowe	36.35	Roskam	63.65	MI	(X)	(X)	(X)	(X)
第7区	Davis	81.50	Weiman	16.09	第1区	McDowell	40.87	Benishek	51.94
第8区	Bean	48.32	Walsh	48.47	第2区	Johnson	31.62	Huizenga	65.27
第9区	Schakowsky	66.34	Pollak	31.14	第3区	Miles	37.47	Amash	59.68
第10区	Seals	48.92	Dold	51.08	第4区	Campbell	30.51	Camp	66.20
第11区	Halvorson	42.65	Kinzinger	57.35	第5区	Kildee	53.04	Kupiec	44.34
第12区	Costello	59.83	Newman	36.53	第6区	Cooney	33.58	Upton	61.98
第13区	Harper	36.19	Biggert	63.81	第7区	Schauer	45.38	Walberg	50.16
第14区	Foster	45.04	Hultgren	51.31	第8区	Enderle	34.33	Rogers	64.08
第15区	Gill	35.68	Johnson	64.32	第9区	Peters	49.76	Reczkowski	47.23
第16区	Gaulrapp	31.04	Manzullo	65.00	第10区	Yanez	25.02	Miller	71.97
第17区	Hare	42.96	Schilling	52.58	第11区	Mosher	38.49	McCotter	59.27
第18区	Hirner	25.79	Schock	69.12	第12区	Levin	61.08	Volaric	34.97
第19区	Bagwell	28.78	Shimkus	71.22	第13区	Clarke	79.39	Hauler	18.46
IN	(X)	(X)	(X)	(X)	第14区	Conyers, Jr	76.76	Ukrainec	19.87
第1区	Visclosky	58.56	Leyva	38.63	第15区	Dingell	56.81	Steele	40.08
第2区	Donnelly	48.18	Walorski	46.84	MN	(X)	(X)	(X)	(X)
第3区	Hayhurst	33.11	Stutzman	62.76	第1区	Walz	49.34	Demmer	44.05
第4区	Sanders	26.28	Rokita	68.57	第2区	Madore	36.59	Kline	63.31
第5区	Crawford	25.39	Burton	62.14	第3区	Meffert	36.57	Paulsen	58.80
第6区	Welsh	29.92	Pence	66.57	第4区	McCollum	59.09	Collett	34.63
第7区	Carson	58.90	Scott	37.81	第5区	Ellison	67.69	Demos	24.14
第8区	VanHaaften	37.43	Bucshon	57.55	第6区	Clark	39.79	Bachmann	52.51
第9区	Hill	42.28	Young	52.34	第7区	Peterson	55.20	Byberg	37.60
IA	(X)	(X)	(X)	(X)	第8区	Oberstar	46.59	Cravaack	48.18
第1区	Braley	49.51	Lange	47.52	MS	(X)	(X)	(X)	(X)
第2区	Loebsack	50.99	Miller-Meeks	45.92	第1区	Childers	40.80	Nunnelee	55.26
第3区	Boswell	50.73	Zaun	46.49	第2区	Thompson	61.47	Marcy	37.64
第4区	Maske	31.95	Latham	65.62	第3区	Gill	31.19	Harper	67.99
第5区	Campbell	32.35	King	65.75	第4区	Taylor	46.83	Palazzo	51.93
KS	(X)	(X)	(X)	(X)	MO	(X)	(X)	(X)	(X)
第1区	Jilka	22.85	Huelskamp	73.76	第1区	Clay	73.55	Hamlin	23.62
第2区	Hudspeth	32.33	Jenkins	63.13	第2区	Lieber	29.16	Akin	67.94
第3区	Moore	38.66	Yoder	58.40	第3区	Carnahan	48.94	Martin	46.66
第4区	Goyle	36.45	Pompeo	58.79	第4区	Skelton	45.11	Hartzler	50.43
KY	(X)	(X)	(X)	(X)	第5区	Cleaver	53.32	Turk	44.18
第1区	Hathett	28.75	Whitfield	71.25	第6区	Hylton	30.54	Graves	69.44
第2区	Marksberry	32.11	Guthrie	67.89	第7区	Eckersley	30.37	Long	63.39
第3区	Yarmuth	54.68	Lally	44.01	第8区	Sowers	28.76	Emerson	65.56
第4区	Waltz	30.52	Davis	69.48	第9区	(¹)	(¹)	Luetkemeyer	77.36
第5区	Holbert	22.58	Rogers	77.42	MT	(X)	(X)	(X)	(X)
第6区	Chandler	50.08	Barr	49.81	NE	McDonald	33.84	Rehberg	60.41
LA ³	(X)	(X)	(X)	(X)	第1区	Harper	28.73	Fortenberry	71.27
第1区	Katz	19.19	Scalise	78.52	第2区	White	39.19	Terry	60.81
第2区 ⁴	Richmond	64.59	Cao	33.47	第3区	Davis	17.90	Smith	70.12
第3区	Sangisetty	36.23	Landry	63.77	NV	(X)	(X)	(X)	(X)
第4区 ⁴	Melville	32.35	Fleming	62.34	第1区	Berkley	61.75	Wegner	35.28
第5区	(¹)	(¹)	Alexander	78.57	第2区	Price	32.66	Heller	63.30
第6区	McDonald,Sr	34.37	Cassidy	65.63	第3区	Titus	47.47	Heck	48.13
第7区	(¹)	(¹)	Boustany, Jr	(²)	NH	(X)	(X)	(X)	(X)
ME	(X)	(X)	(X)	(X)	第1区	Shea-Porter	42.42	Guinta	54.04
第1区	Pingree	56.82	Scontras	43.17	第2区	Kuster	46.76	Bass	48.34
第2区	Michaud	55.13	Levesque	44.87	NJ	(X)	(X)	(X)	(X)
MD	(X)	(X)	(X)	(X)	第1区	Andrews	63.19	Glading	34.80
第1区	Kratovil, Jr	41.98	Harris	54.08	第2区	Stein	30.93	LoBiondo	65.50
第2区	Ruppersberger	64.21	Cardarelli	33.28	第3区	Adler	47.32	Runyan	50.03
第3区	Sarbanes	61.07	Wilhelm	36.01	第4区	Kleinhendler	27.88	Smith	69.41
第4区	Edwards	83.44	Broadus	16.39	第5区	Theise	32.79	Garrett	64.94
第5区	Hoyer	64.26	Lollar	34.62	第6区	Pallone, Jr	54.75	Little	43.71
第6区	Duck	33.22	Bartlett	61.45	第7区	Potosnak	40.63	Lance	59.37
第7区	Cummings	75.18	Mirabile	22.84	第8区	Pascrell, Jr.	62.66	Straten	36.13
第8区	Hollen	73.27	Philips	25.00	第9区	Rothman	60.72	Agosta	37.84
MA	(X)	(X)	(X)	(X)	第10区	Payne	85.18	Alonso	12.83
第1区	Olver	60.00	Gunn	34.88	第11区	Herbert	30.51	Frelinghuysen	67.19
第2区	Neal	57.33	Wesley	42.60	第12区	Holt	53.05	Sipprelle	45.90
第3区	McGovern	56.46	Lamb	39.16	第13区	Sires	74.11	Dwyer	23.04
第4区	Frank	53.90	Bielat	43.36					

本表末尾の脚注を参照

No.410. 下院議員の選挙——選挙区別、主要政党別：2010年（続）

[254頁の頭注を参照]

州 選挙区	民主党候補者 氏名	得票数の割合(%)	共和党候補者 氏名	得票数の割合(%)	州 選挙区	民主党候補者 氏名	得票数の割合(%)	共和党候補者 氏名	得票数の割合(%)
NM	(X)	(X)	(X)	(X)	第3区	Blumenauer	70.02	Lopez	24.55
第1区	Heinrich	51.80	Barela	48.20	第4区	DeFazio	54.49	Robinson	43.58
第2区	Teague	44.60	Pearce	55.40	第5区	Schrader	51.25	Bruun	45.96
第3区	Lujan	56.99	Mullins	43.01	PA	(X)	(X)	(X)	(X)
NY	(X)	(X)	(X)	(X)	第1区	Brady	100.00	(¹)	(¹)
第1区	Bishop	48.67	Altschuler	38.76	第2区	Fattah	89.30	Hellberg	10.70
第2区	Israel	54.21	Gomez	33.54	第3区	Dahlkemper	44.28	Kelly	55.72
第3区	Kudler	27.64	King	70.88	第4区	Altmire	50.81	Rothfus	49.19
第4区	McCarthy	53.61	Becker, Jr.	39.33	第5区	Pipe	28.23	Thompson	68.69
第5区	Ackerman	59.74	Milano	30.48	第6区	Trivedi	42.90	Gerlach	57.10
第6区	Meeks	76.27	Taub	9.01	第7区	Lentz	43.98	Meehan	54.94
第7区	Crowley	72.72	Reynolds	14.04	第8区	Murphy	46.48	Fitzpatrick	53.52
第8区	Nadler	69.06	Kone	20.62	第9区	Conners	26.94	Shuster	73.06
第9区	Weiner	56.98	Turner	32.10	第10区	Carney	44.82	Marino	55.18
第10区	Towns	79.66	Muniz	6.19	第11区	Kanjorski	45.30	Barletta	54.70
第11区	Clarke	83.50	Carr	7.30	第12区	Critz	50.78	Burns	49.22
第12区	Velazquez	79.10	(¹)	(¹)	第13区	Schwartz	56.34	Adcock	43.66
第13区	McMahon	46.24	Grimm	42.47	第14区	Doyle	68.79	Haluszczak	28.17
第14区	Maloney	71.32	Brumberg	21.31	第15区	Callahan	39.00	Dent	53.55
第15区	Rangel	71.80	Faulkner	8.40	第16区	Herr	34.61	Pitts	65.39
第16区	Serrano	86.40	Della Valle	3.16	第17区	Holden	55.50	Argall	44.50
第17区	Engel	68.53	Mele	21.41	第18区	Connolly	32.67	Murphy	67.33
第18区	Lowey	61.71	Russell	32.30	第19区	Sanders	23.31	Platts	71.91
第19区	Hall	45.78	Hayworth	41.13	RI	(X)	(X)	(X)	(X)
第20区	Murphy	43.75	Gibson	45.27	第1区	Cicilline	50.54	Loughlin	44.49
第21区	Tonko	56.92	Danz, Jr	32.00	第2区	Langevin	59.79	Zaccaria	31.72
第22区	Hinchey	51.03	Phillips	39.08	SC	(X)	(X)	(X)	(X)
第23区	Owens	45.06	Doheny	40.35	第1区	Fraiser	28.67	Scott	65.37
第24区	Arcuri	45.25	Hanna	43.19	第2区	Miller	43.76	Wilson	53.48
第25区	Maffei	48.21	Buerkle	37.74	第3区	Dyer	32.90	Duncan	62.46
第26区	Fedele	24.49	Lee	68.29	第4区	Corden	28.79	Gowdy	63.45
第27区	Higgins	57.84	Roberto	30.61	第5区	Spratt, Jr	44.81	Mulvaney	55.12
第28区	Slaughter	61.00	Rowland	27.15	第6区	Clyburn	62.86	Pratt	36.41
第29区	(¹)	(¹)	Reed II	44.33	SD	Sandlin	45.89	Noem	48.12
NC	(X)	(X)	(X)	(X)	TN	(X)	(X)	(X)	(X)
第1区	Butterfield	59.31	Woolard	40.69	第1区	Clark	17.12	Roe	80.84
第2区	Etheridge	48.69	Ellmers	49.47	第2区	Hancock	14.65	Duncan, Jr	81.78
第3区	Rouse	25.75	Jones	71.86	第3区	Wolfe	28.01	Fleischmann	56.79
第4区	Price	57.16	Lawson	42.84	第4区	Davis	38.56	DesJarlais	57.07
第5区	Kennedy	34.11	Foxx	65.89	第5区	Cooper	56.23	Hall	42.07
第6区	Turner	24.79	Coble	75.21	第6区	Carter	29.38	Black	67.26
第7区	McIntyre	53.68	Pantano	46.32	第7区	Rabidoux	24.75	Blackburn	72.37
第8区	Kissell	53.02	Johnson	43.67	第8区	Herron	38.80	Fincher	58.99
第9区	Doctor	31.03	Myrick	68.97	第9区	Cohen	74.00	Bergmann	25.11
第10区	Gregory	28.82	McHenry	71.18	TX	(X)	(X)	(X)	(X)
第11区	Shuler	54.34	Miller	45.66	第1区	(¹)	(¹)	Gohmert	89.73
第12区	Watt	63.88	Dority	34.14	第2区	(¹)	(¹)	Poe	88.61
第13区	Miller	55.50	Randall	44.50	第3区	Lingenfelder	31.34	Johnson	66.28
ND	Pomeroy	45.08	Berg	54.92	第4区	Hathcox	22.00	Hall	73.19
OH	(X)	(X)	(X)	(X)	第5区	Berry	27.52	Hensarling	70.53
第1区	Driehaus	45.99	Chabot	51.49	第6区	Cozad	31.20	Barton	65.91
第2区	Yalamanchili	34.66	Schmidt	58.45	第7区	(¹)	(¹)	Culberson	81.45
第3区	Roberts	31.89	Turner	68.11	第8区	Hargett	17.25	Brady	80.27
第4区	Litt	24.74	Jordan	71.49	第9区	Green	75.74	Mueller	22.88
第5区	Finkenbiner	26.47	Latta	67.82	第10区	Ankrum	33.05	McCaul	64.67
第6区	Wilson	45.15	Johnson	50.19	第11区	Quillian	15.44	Conaway	80.84
第7区	Conner	32.25	Austria	62.17	第12区	Smith	25.13	Granger	71.86
第8区	Coussoule	30.30	Boehner	65.64	第13区	(¹)	(¹)	Thornberry	87.05
第9区	Kaptur	59.35	Iott	40.65	第14区	Pruett	24.01	Paul	75.99
第10区	Kucinich	53.05	Corrigan	43.87	第15区	Hinojosa	55.73	Zamora	41.59
第11区	Fudge	82.93	Pekarek	17.07	第16区	Reyes	58.07	Besco	36.58
第12区	Brooks	40.98	Tiberi	55.79	第17区	Edwards	36.57	Flores	61.80
第13区	Sutton	55.73	Ganley	44.27	第18区	Jackson-Lee	70.15	Faulk	27.26
第14区	O'Neill	31.45	LaTourette	64.92	第19区	Wilson	19.06	Neugebauer	77.78
第15区	Kilroy	41.29	Stivers	54.16	第20区	Gonzalez	63.62	Trotter	34.45
第16区	Boccieri	41.26	Renacci	52.08	第21区	Melnick	27.87	Smith	68.88
第17区	Ryan	53.89	Graham	30.08	第22区	Rogers	29.82	Olson	67.49
第18区	Space	40.49	Gibbs	53.86	第23区	Rodriguez	44.44	Canseco	49.40
OK	(X)	(X)	(X)	(X)	第24区	(¹)	(¹)	Marchant	81.57
第1区	(¹)	(¹)	Sullivan	76.80	第25区	Doggett	52.82	Campbell	44.84
第2区	Boren	56.52	Thompson	43.48	第26区	Durrance	30.70	Burgess	67.05
第3区	Robbins	22.01	Lucas	77.99	第27区	Ortiz	47.10	Farenthold	47.85
第4区	(¹)	(¹)	Cole	(²)	第28区	Cuellar	56.35	Underwood	41.96
第5区	Coyle	34.54	Lankford	62.52	第29区	Green	64.61	Morales	34.09
OR	(X)	(X)	(X)	(X)	第30区	Johnson	75.74	Broden	21.64
第1区	Wu	54.75	Cornilles	41.94	第31区	(¹)	(¹)	Carter	82.54
第2区	Segers	25.87	Walden	73.91	第32区	Raggio	34.88	Sessions	62.61

本表末尾の脚注を参照

No.410. 下院議員の選挙――選挙区別、主要政党別：2010年（続）

[254頁の頭注を参照]

州 選挙区	民主党候補者 氏名	得票数の割合(%)	共和党候補者 氏名	得票数の割合(%)	州 選挙区	民主党候補者 氏名	得票数の割合(%)	共和党候補者 氏名	得票数の割合(%)
UT	(X)	(X)	(X)	(X)	第4区	Clough	32.36	Hastings	67.64
第1区	Bowen	23.93	Bishop	69.19	第5区	Romeyn	36.33	McMorris	63.67
第2区	Matheson	50.49	Philpot	46.06	第6区	Dicks	58.04	Cloud	41.96
第3区	Hyer	22.94	Chaffetz	72.32	第7区	McDermott	82.97	(¹)	(¹)
VT	Welch	64.57	Beaudry	32.03	第8区	DelBene	47.95	Reichert	52.05
VA	(X)	(X)	(X)	(X)	第9区	Smith	54.85	Muri	45.15
第1区	Ball	34.78	Wittman	63.87	WV	(X)	(X)	(X)	(X)
第2区	Nye	42.45	Ringell	53.12	第1区	Oliverio	49.60	McKinley	50.40
第3区	Scott	70.01	Smith	27.18	第2区	Graf	29.69	Capito	68.46
第4区	LeGrow	37.45	Forbes	62.33	第3区	Rahall II	56.04	Maynard	43.96
第5区	Perriello	46.99	Hurt	50.81	WI	(X)	(X)	(X)	(X)
第6区	(¹)	(¹)	Goodlatte	76.27	第1区	Heckenlively	30.10	Ryan	68.21
第7区	Waugh, Jr	34.11	Cantor	59.22	第2区	Baldwin	61.77	Lee	38.16
第8区	Moran	61.03	Murray	37.30	第3区	Kind	50.28	Kapanke	46.49
第9区	Boucher	46.41	Griffith	51.21	第4区	Moore	68.98	Sebring	29.57
第10区	Barnett	34.81	Wolf	62.87	第5区	Kolosso	27.36	Sensenbrenner, Jr.	69.32
第11区	Connolly	49.23	Fimian	48.79	第6区	Kallas	29.27	Petri	70.66
WA	(X)	(X)	(X)	(X)	第7区	Lassa	44.43	Duffy	52.11
第1区	Inslee	57.67	Watkins	42.33	第8区	Kagen	45.12	Ribble	54.77
第2区	Larsen	51.07	Koster	48.93	WY	Wendt	23.98	Lummis	69.00
第3区	Heck	47.03	Herrera	52.97					

X 該当なし　1．候補者なし　2．州法により対立候補のない場合、得票数の計算は必要ない　3．ルイジアナ州はすべての党の候補者で予備選挙を行い、過半数を得た候補者が選出される。50%を得票する候補者がいない場合には、予備選挙で上位2位までを占めた2人で決選投票が11月に行われる　4．2008年12月6日に行われた決戦投票の結果を示す

資料：U.S. House of Representatives, Office of the Clerk, Statistics of the Presidential and Congressional Election (隔年刊); <http://clerk.house.gov/member_info/election.html> も参照

No.411. 議会の構成――政党別：1975－2011年

[D=民主党、R=共和党。データは選挙の即時結果による。別に注記する場合を除いて、各議会の第一会期開始時のデータ。空欄は他の党の候補者を示す。『アメリカ歴史統計』系列Y204-210も参照]

年	与党・大統領	議会	下院 多数党	下院 第一少数党	下院 その他	上院 多数党	上院 第一少数党	上院 その他
1975[1]	R （フォード）	第94回	D-291	R-144	−	D-61	R-37	2
1977[2]	D （カーター）	第95回	D-292	R-143	−	D-61	R-38	1
1979[2]	D （カーター）	第96回	D-277	R-158	−	D-58	R-41	1
1981[2]	R （レーガン）	第97回	D-242	R-192	1	R-53	D-46	1
1983	R （レーガン）	第98回	D-269	R-166	−	R-54	D-46	−
1985	R （レーガン）	第99回	D-253	R-182	−	R-53	D-47	−
1987	R （レーガン）	第100回	D-258	R-177	−	D-55	R-45	−
1989	R （ブッシュ）	第101回	D-260	R-175	−	D-55	R-45	−
1991[3]	R （ブッシュ）	第102回	D-267	R-167	1	D-56	R-44	−
1993[3]	D （クリントン）	第103回	D-258	R-176	1	D-57	R-43	−
1995[3]	D （クリントン）	第104回	R-230	D-204	1	R-52	D-48	−
1997[4]	D （クリントン）	第105回	R-226	D-207	2	R-55	D-45	−
1999[3]	D （クリントン）	第106回	R-223	D-211	1	R-55	D-45	−
2001[4]	R （ブッシュ）	第107回	R-221	D-212	2	D-50	R-50	−
2003[5,6]	R （ブッシュ）	第108回	R-229	D-204	1	R-51	D-48	1
2005[5]	R （ブッシュ）	第109回	R-232	D-202	1	R-55	D-44	1
2007[7]	R （ブッシュ）	第110回	D-233	R-202	−	D-49	R-49	2
2009[6,7,8]	D （オバマ）	第111回	D-256	R-178	−	D-55	R-41	2
2011	D （オバマ）	第112回	R-193	D-242	−	D-51	R-47	2

− ゼロを示す　1．上院に無所属、保守系共和党各1議席　2．上院に無所属1議席　3．下院に1名の無所属社会主義　4．下院には1名の無所属社会主義、1名の無所属を含む　5．上院、下院に各1名の無所属　6．空席1あり　7．上院に2名の無所属議員　8．下院に2議席の空席あり

資料：U.S. House of Representatives, Office of the Clerk, Official List of Members, 2011 (年刊); <http://clerk.house.gov/member_info/olm_112.pdf> も参照

No.412. 議会の構成——州別、政党派別：2005－2011年

[数字は第1セッション開始時（1月3日現在）のもの。本書前年版の表No.404も参照]

州	下院 第109回議会[1][2][3] 2005 民主	共和	下院 第110回議会 2007 民主	共和	下院 第111回議会[4] 2009 民主	共和	下院 第112回議会 2011 民主	共和	上院 第109回議会[3][5] 2005 民主	共和	上院 第110回議会[6] 2007 民主	共和	上院 第111回議会[6][7] 2009 民主	共和	上院 第111回議会[6] 2011 民主	共和
合衆国	202	231	233	202	256	178	193	242	44	55	49	49	55	41	51	47
AL	2	5	2	5	3	4	1	6	–	2	–	2	–	2	–	2
AK	–	1	–	1	–	1	–	1	–	2	–	2	1	1	1	1
AZ	2	6	4	4	5	3	3	5	–	2	–	2	–	2	–	2
AR	3	1	3	1	3	1	1	3	2	–	2	–	2	–	1	1
CA	33	20	34	19	34	19	34	19	2	–	2	–	2	–	2	–
CO	3	4	4	3	5	2	3	4	1	1	1	1	2	–	2	–
CT	2	3	4	1	5	–	5	–	1	–	1	–	1	–	1	–
DE	–	1	–	1	–	1	1	–	2	–	2	–	2	–	1	1
FL	7	18	9	16	10	15	6	19	1	1	1	1	1	1	1	1
GA	6	7	6	7	6	7	5	8	–	2	–	2	–	2	–	2
HI	2	–	2	–	2	–	2	–	2	–	2	–	2	–	2	–
ID	–	2	–	2	1	1	–	2	–	2	–	2	–	2	–	2
IL	10	9	10	9	11	8	8	11	–	2	–	2	1	–	1	1
IN	2	7	5	4	5	4	3	6	1	1	1	1	1	1	1	1
IA	1	4	3	2	3	2	3	2	1	1	1	1	1	1	1	1
KS	1	3	2	2	1	3	–	4	–	2	–	2	–	2	–	2
KY	1	5	2	4	2	4	2	4	–	2	–	2	–	2	–	2
LA	2	5	2	5	1	6	1	6	1	1	1	1	1	1	1	1
ME	2	–	2	–	2	–	2	–	–	2	–	2	–	2	–	2
MD	6	2	6	2	7	1	6	2	2	–	2	–	2	–	2	–
MA	10	–	10	–	10	–	10	–	2	–	2	–	2	–	1	1
MI	6	9	6	9	8	7	6	9	2	–	2	–	2	–	2	–
MN	4	4	5	3	5	3	4	4	1	1	1	1	1	–	2	–
MS	2	2	2	2	3	1	1	3	–	2	–	2	–	2	–	2
MO	4	5	4	5	4	5	3	6	–	2	1	1	1	1	1	1
MT	–	1	–	1	–	1	–	1	1	1	2	–	2	–	2	–
NE	–	3	–	3	–	3	–	3	1	1	1	1	1	1	1	1
NV	1	2	1	2	2	1	1	2	1	1	1	1	1	1	1	1
NH	–	2	2	–	2	–	–	2	–	2	–	2	1	1	1	1
NJ	7	6	7	6	8	5	7	6	2	–	2	–	2	–	2	–
NM	1	2	1	2	3	–	2	1	1	1	1	1	2	–	2	–
NY	20	9	23	6	26	3	21	8	2	–	2	–	2	–	2	–
NC	6	7	7	6	8	5	7	6	–	2	–	2	1	1	1	1
ND	1	–	1	–	1	–	–	1	2	–	2	–	2	–	1	1
OH	6	11	7	11	10	8	5	13	–	2	–	2	1	1	1	1
OK	1	4	1	4	1	4	1	4	–	2	–	2	–	2	–	2
OR	4	1	4	1	4	1	4	1	1	1	1	1	2	–	2	–
PA	7	12	11	8	12	7	7	12	–	2	1	1	1	1	1	1
RI	2	–	2	–	2	–	2	–	1	1	2	–	2	–	2	–
SC	2	4	2	4	2	4	1	5	–	2	–	2	–	2	–	2
SD	1	–	1	–	1	–	–	1	1	1	1	1	1	1	1	1
TN	5	4	5	4	5	4	2	7	–	2	–	2	–	2	–	2
TX	11	21	13	19	12	20	9	23	–	2	–	2	–	2	–	2
UT	1	2	1	2	1	2	1	2	–	2	–	2	–	2	–	2
VT	1	–	1	–	1	–	1	–	1	–	1	–	1	–	1	–
VA	3	8	3	8	6	5	3	8	–	2	1	1	2	–	2	–
WA	6	3	6	3	6	3	5	4	2	–	2	–	2	–	2	–
WV	2	1	2	1	2	1	2	1	2	–	2	–	2	–	2	–
WI	4	4	5	3	5	3	3	5	2	–	2	–	2	–	1	1
WY	–	1	–	1	–	1	–	1	–	2	–	2	–	2	–	2

－ゼロを示す　1．バーモントに無所属社会主義系の1名　2．オハイオ州は2005年4月29日のロブ・ポートマンの辞任により1議席の空席　3．2005年6月28日現在　4．3つの空席。2009年2月24日、ヒルダ・L・ソリスの辞職によりカリフォルニア州に1つの空席、2009年1月6日、ラーム・エマニュエルの辞職によりイリノイ州に1つの空席、2009年1月26日、クリステン・E・ジリブランドの辞職により、ニューヨーク州に1つの空席　5．バーモントに1名の無所属上院議員　6．バーモント州およびコネチカット州にはそれぞれ1名の無所属上院議員　7．2つの空席。2008年11月16日のバラク・オバマの辞任によるイリノイの空席およびノーム・コールマンとアル・フランケンの選挙結果に疑義が生じたことによるミネソタの空席

資料：U.S. House of Representatives, Office of the Clerk, Official List of Members（年刊）, <http://clerk.house.gov/member_info/olm_112.pdf>も参照

No.413. 議会議員数――主要特徴別：1995－2009年

[両院の会期開始時（1月3日）現在。数字は欠員を除く代議員に対するもの]

議会の構成員と年	男性	女性	黒人[1]	アジア・太平洋諸島民[2]	ヒスパニック[3]	40歳未満	40－49歳	50－59歳	60－69歳	70歳以上	2年未満	2－9年	10－19年	20－29年	30年以上
下院															
第104回議会（1995年）	388	47	[7]40	7	17	53	155	135	79	13	92	188	110	36	9
第106回議会（1999年）	379	56	[7]39	6	19	23	116	173	87	35	41	236	104	46	7
第107回議会（2001年）	376	59	[7]39	7	19	14	97	167	117	35	44	155	158	63	14
第108回議会（2003年）	376	59	[7]39	5	22	19	86	174	121	32	54	178	140	48	13
第109回議会（2005年）	369	65	[7]42	4	23	22	96	175	113	28	37	173	158	48	18
第110回議会（2007年）	361	74	[7]42	4	23	26	91	172	118	34	62	159	160	37	17
第111回議会（2009年）	366	72	[7]41	8	(NA)	24	84	156	126	44	66	166	142	42	18
上院															
第104回議会（1995年）	92	8	1	2	－	1	14	41	27	17	12	38	30	15	5
第106回議会（1999年）	91	9	－	2	－	－	14	38	35	13	8	39	33	14	6
第107回議会（2001年）	87	13	－	2	－	－	8	39	33	18	11	34	30	14	9
第108回議会（2003年）	86	14	－	2	－	1	12	29	34	24	9	42	29	13	7
第109回議会（2005年）	86	14	1	2	2	－	17	29	33	21	9	41	29	14	7
第110回議会（2007年）	84	16	1	2	3	－	11	31	34	24	12	42	24	13	9
第111回議会（2009年）[8]	83	17	1	2	(NA)	－	7	31	38	22	8	34	28	17	10

－ ゼロを示す　NA データなし　1.資料：Joint Center for Political and Economic Studies, Washington DC, *Black Elected Officials: Statistical Summary*（年刊、copyright）　2.資料：Library of Congress, Congressional Research, "Asian Pacific Americans in the United States Congress", Report 94-767 GOV.　2005年からは U.S. House of Representatives, "House Press Gallery," <http://www.house.gov/daily/>（2008年5月8日現在）と U.S. Senate, "Minorities in the Senate," <http://www.senate.gov/artandhistory/history/common/briefing/minority_senators.htm>（2008年5月8日現在）　3.資料：National Association of Latino Elected and Appointed Officials, Washington, DC, *National Roster of Hispanic Elected Officials*（年刊）　4.生年を公表しない議員あり　5.公務年数　6.何名か公務についている年数不明の者を含む　7.コロンビア特別区の議員は含むが、バージン諸島の議員は除く　8.空席を除く
資料：注に示すものを除き、U.S. Census Bureau が *Congressional Directory*（隔年刊）のデータを基に作成；<http://www.gpoaccess.gov/cdirectory/browse.html>

No.414. 議会に上程された法案、可決法案、および開会日時数：1993－2010年

[単純決議および同時決議を除く。『アメリカ歴史統計』系列Y189-198も参照]

項目	第103回議会 1993-94	第104回議会 1995-96	第105回議会 1997-98	第106回議会 1999-00	第107回議会 2001-02	第108回議会 2003-04	第109回議会 2005-06	第110回議会 2007-08	第111回議会 2009-10
提出法案	8,544	6,808	7,732	9,158	9,130	8,625	10,703	11,228	10,778
可決法案	7,883	6,545	7,532	8,968	8,953	8,468	10,560	11,081	10,629
共同決議	661	263	200	190	177	157	143	147	149
可決された法案	473	337	404	604	337	504	590	460	385
公法[1]	465	333	394	580	331	498	589	460	383
私法[2]	8	4	10	24	6	6	1	－	2
下院									
開会日数	265	290	251	272	265	243	241	283	286
開会時間	1,887	2,445	2,001	2,179	1,694	1,894	1,917	2,138	2,126
1日あたり審議時間	7.1	8.4	8.0	8.0	6.4	7.8	8.0	7.6	7.4
上院									
開会日数	291	343	296	303	322	300	297	374	349
開会時間	2,514	2,876	2,188	2,200	2,279	2,486	2,250	2,364	2,495
1日あたり審議時間	8.6	8.4	7.4	7.3	7.1	8.3	7.6	6.3	7.1

－ ゼロを示す　1.全員の賛同を得られた公共にかかわる法律　2.特定の個人または企業に対し、通常適用される法律とは反対の、法的救済を与えるための法律
資料：U.S. Congress, *Congressional Record and Daily Calendar*,（各号）；<http://www.senate.gov/pagelayout/reference/two_column_table/Resumes.htm>

No.415. 大統領が拒否権を行使した法案：1961－2011年

[『アメリカ歴史統計』系列Y199-203も参照]

期間	大統領	拒否権総数	通常の拒否権行使数	ポケットビトー（握りつぶし）の件数	支持された拒否権	再議決された法案
1961-63	ケネディ	21	12	9	21	－
1963-69	ジョンソン	30	16	14	30	－
1969-74	ニクソン	43	26	17	36	7
1974-77	フォード	66	48	18	54	12
1977-81	カーター	31	13	18	29	2
1981-89	レーガン	78	39	39	69	9
1989-93	ブッシュ	44	29	15	43	1
1993-2001	クリントン	37	36	1	34	2
2001-2009	ジョージ・ブッシュ	10	10	－	7	3
2009-2011[1]	オバマ	2	－	－	2	－

－ ゼロを示す　1. 2009年1月20日から2011年6月6日まで
資料：U.S. Congress, Senate Library, *Presidential Vetoes ... 1789-1968*; U.S. Congress, *Calendars of the U.S. House of Representatives and History of Legislation*（年刊）；<http://clerk.house.gov/art_history/house_history/vetoes.html>

No.416. 州知事数――政党党派別：1975－2011年

[前年の選挙結果および現職者による]

年	民主党	共和党	無所属	年	民主党	共和党	無所属	年	民主党	共和党	無所属
1975....	36	13	1	2000....	18	30	2	2006....	22	28	－
1980....	31	19	－	2001....	19	29	2	2007....	28	22	－
1985....	34	16	－	2002....	22	27	1	2008....	28	22	－
1990....	29	21	－	2003....	23	27	－	2009....	28	22	－
1995....	19	30	1	2004....	22	28	－	2010....	26	24	－
1999....	17	31	1	2005....	22	28	－	2011....	20	29	1

－ ゼロを示す

資料：National Governors Association, Washington, DC, 1970-87 および 1991-2011, *Directory of Governors of the American States, Commonwealths and Territories*（年刊）および1988-90, *Directory of Governors*,（年刊）（copyright）

No.417. 州知事選挙、投票と当選者：2007、2010年

[D=民主党、R=共和党]

州	最近の選挙選出された候補者[1]	選挙年	得票総数[2]	共和党	民主党	与党の割合(%)
アラバマ	Robert Bentley	2010	1,485,324	860,272	625,052	R-57.9
アラスカ	Sean Parnell	2010	256,192	151,318	96,519	R-59.1
アリゾナ	Jan Brewer	2010	1,728,081	938,934	733,935	R-54.3
アーカンソー	Mike Beebe	2010	781,333	262,784	503,336	D-64.4
カリフォルニア	Jerry Brown	2010	10,095,185	4,127,391	5,428,149	D-53.8
コロラド	John Hickenlooper	2010	1,787,730	199,034	912,005	D-51.0
コネティカット	Dan Malloy	2010	1,145,799	560,874	567,278	D-49.5
デラウェア	Jack Markell	2008	395,204	126,662	266,861	D-67.5
フロリダ	Rick Scott	2010	5,359,735	2,619,335	2,557,785	R-48.9
ジョージア	Nathan Deal	2010	2,576,161	1,365,832	1,107,011	R-53.0
ハワイ	Neil Abercrombie	2010	382,583	157,311	222,724	D-58.2
アイダホ	C.L. "Butch" Otter	2010	452,535	267,483	148,680	R-59.1
イリノイ	Pat Quinn	2010	3,729,989	1,713,385	1,745,219	D-46.8
インディアナ	Mitch Daniels	2008	2,703,752	1,563,885	1,082,463	R-57.8
アイオワ	Terry Branstad	2010	1,122,013	592,494	484,798	R-52.8
カンザス	Sam Brownback	2010	838,790	530,760	270,166	R-63.3
ケンタッキー	Steven L. Beshear	2007	1,055,325	435,773	619,552	D-58.7
ルイジアナ	Bobby Jindal	2007	1,297,840	699,275	397,755	R-53.9
メーン	Paul LePage	2010	572,766	218,065	109,387	R-38.1
メリーランド	Martin O'Malley	2010	1,857,880	776,319	1,044,961	D-56.2
マサチューセッツ	Deval Patrick	2010	2,297,039	964,866	1,112,293	D-48.4
ミシガン	Rick Snyder	2010	3,226,088	1,874,834	1,287,320	R-58.1
ミネソタ	Mark Dayton	2010	2,107,021	910,462	919,232	D-43.6
ミシシッピ	Haley Barbour	2007	744,039	430,807	313,232	R-57.9
ミズーリ	Jay Nixon	2008	2,877,778	1,136,364	1,680,611	D-58.4
モンタナ	Brian Schweitzer	2008	486,734	158,268	318,670	D-65.5
ネブラスカ	Dave Heineman	2010	487,988	360,645	127,343	R-73.9
ネバダ	Brian Sandoval	2010	716,529	382,350	298,171	R-53.4
ニューハンプシャー	John Lynch	2010	456,588	205,616	240,346	D-52.6
ニュージャージー	Chris Christie	2009	2,423,684	1,174,445	1,087,731	R-48.5
ニューメキシコ	Susana Martinez	2010	602,827	321,219	280,614	R-53.3
ニューヨーク	Andrew Cuomo	2010	4,654,352	1,548,184	2,911,721	D-62.6
ノースカロライナ	Beverly Perdue	2008	4,268,941	2,001,168	2,146,189	D-50.3
ノースダコタ	Jack Dalrymple[3]	2008	315,692	235,009	74,279	R-74.4
オハイオ	John Kasich	2010	3,852,469	1,889,186	1,812,059	R-49.0
オクラホマ	Mary Fallin	2010	1,034,767	625,506	409,261	R-60.4
オレゴン	John Kitzhaber	2010	1,453,548	694,287	716,525	D-49.3
ペンシルベニア	Tom Corbett	2010	3,987,551	2,172,763	1,814,788	R-54.5
ロードアイランド	Lincoln Chafee	2010	342,290	114,911	78,896	I-43.4
サウスカロライナ	Nikki R. Haley	2010	1,344,198	690,525	630,534	R-51.4
サウスダコタ	Dennis Daugaard	2010	317,083	195,046	122,037	R-61.5
テネシー	Bill Haslam	2010	1,601,549	1,041,545	529,851	R-65.0
テキサス	Rick Perry	2010	4,979,870	2,737,481	2,106,395	R-55.0
ユタ	Gary R. Herbert[4]	2010	643,307	412,151	205,246	R-64.1
バーモント	Peter Shumlin	2010	241,605	115,212	119,543	D-49.5
バージニア	Bob McDonnell	2009	1,982,424	1,163,523	818,901	R-58.7
ワシントン	Chris Gregoire	2008	3,002,862	1,404,124	1,598,738	D-53.2
ウエストバージニア	Earl Ray Tomblin[5]	2008	705,795	181,612	492,697	D-69.8
ウィスコンシン	Scott Walker	2010	2,133,244	1,128,941	1,004,303	R-52.3
ワイオミング	Matthew Mead	2010	188,463	123,780	43,240	R-65.7

1. 2011年3月8日現在。資料：National Governors Association, Washington, DC; <http://www.nga.org/> 2. 少数党および分散票を含む 3. ノースダコタ州では、ジョン・ホーベン知事の上院議員選出に伴い、2010年12月7日副知事のジャック・ダリンプルが知事に昇格 4. ユタ州では、ジョン・ハンツマン・ジュニア州知事の中国大使就任に伴い、2009年8月11日副知事のゲイリー・ハーバートが知事に昇格 5. ウエストバージニア州では、ジョー・マンチン三世知事の上院議員選出に伴い、2010年11月15日州議会議長のアール・レイ・トンブリンが知事に就任

資料：別に示したものを除きThe Council of State Governments, Lexington, KY, *The Book of States 2011*（年刊）（copyright）

No.418. 州議会における多数党／政党別：1985－2011年

[年初現在。ネブラスカ州は無党派の議会を構成]

年	州議会 民主党	複数党連合	共和党	年	州議会 民主党	複数党連合	共和党	年	州議会 民主党	複数党連合	共和党
1985....	27	11	11	1997....	20	11	18	2005....	19	10	20
1990....	29	11	9	1999....	20	12	17	2006....	19	10	20
1992....	29	14	6	2000....	16	15	18	2007....	22	12	15
1993....	25	16	8	2001....	16	15	18	2008....	23	14	12
1994....	24	17	8	2002....	17	15	17	2009....	27	8	14
1995....	18	12	19	2003....	16	12	21	2010....	27	8	14
1996....	16	15	18	2004....	17	11	21	2011....	15	8	26

資料：National Conference of State Legislatures, Denver, CO, *State Legislatures*（定期刊）

No.419. 州議会の構成――政党別：2010、2011年

[表示年2月に行われた選挙の結果を示す。脚注を除く。表中の数値は選挙の結果を示すが、上院は過半数改選なので、任期中の議員を含めて示す]

州	下院 2010 民主党	共和党	その他	欠員	下院 2011 民主党	共和党	その他	欠員	上院 2010 民主党	共和党	その他	欠員	上院 2011 民主党	共和党	その他	欠員
合衆国	3,028	2,356	21	6	2,453	2,924	22	12	1,026	893	2	1	881	1,032	5	4
AL [1]	60	45	−	−	39	65	−	1	21	14	−	−	12	22	1	−
AK [2]	18	22	−	−	16	24	−	−	10	10	−	−	10	10	−	−
AZ [3]	25	35	−	−	20	40	−	−	12	18	−	−	9	21	−	−
AR [2]	71	28	1	−	54	44	−	2	27	8	−	−	20	15	−	−
CA [2]	49	29	1	1	52	27	−	1	25	14	−	1	25	15	−	−
CO [2]	38	27	−	−	32	33	−	−	21	14	−	−	20	15	−	−
CT [3]	114	37	−	−	98	52	−	1	24	12	−	−	22	14	−	−
DE [2]	24	17	−	−	26	15	−	−	15	6	−	−	14	7	−	−
FL [2]	44	76	−	−	38	81	−	1	14	26	−	−	12	28	−	−
GA [3]	74	105	1	−	63	116	1	−	22	34	−	−	20	36	−	−
HI [2]	45	6	−	−	43	8	−	−	23	2	−	−	24	1	−	−
ID [3]	18	52	−	−	13	57	−	−	7	28	−	−	7	28	−	−
IL [4]	70	48	−	−	64	54	−	−	37	22	−	−	34	24	−	1
IN [2]	52	48	−	−	40	60	−	−	17	33	−	−	13	37	−	−
IA [2]	56	44	−	−	40	60	−	−	32	18	−	−	26	24	−	−
KS [2]	49	76	−	−	33	92	−	−	9	31	−	−	8	32	−	−
KY [2]	65	35	−	−	58	42	−	−	17	20	1	−	15	22	1	−
LA [1]	52	50	3	−	47	52	4	2	24	15	−	−	19	20	−	−
ME [3]	96	54	1	−	72	78	1	−	20	15	−	−	14	20	1	−
MD [1]	104	36	1	−	98	43	−	−	33	14	−	−	35	12	−	−
MA [3]	143	16	1	−	128	31	−	1	35	5	−	−	36	4	−	−
MI [2]	66	43	−	1	47	63	−	−	16	22	−	−	12	26	−	−
MN [2]	87	47	−	−	62	72	−	−	46	21	−	−	30	37	−	−
MS [1]	74	48	−	−	69	53	−	−	27	25	−	−	25	27	−	−
MO [2]	74	88	−	1	57	106	−	−	11	23	−	−	7	26	−	1
MT [2]	50	50	−	−	32	68	−	−	23	27	−	−	22	28	−	−
NE	(5)	(5)	(5)	(5)	(5)	(5)	(5)	(5)	(5)	(5)	(5)	(5)	(5)	(5)	(5)	(5)
NV [2]	28	14	−	−	26	16	−	−	12	9	−	−	11	10	−	−
NH [3]	225	175	−	−	102	296	1	1	14	10	−	−	5	19	−	−
NJ [2]	47	33	−	−	47	33	−	−	23	17	−	−	24	16	−	−
NM [2]	45	25	−	−	37	33	−	−	27	15	−	−	27	15	−	−
NY [3]	105	43	2	−	98	51	1	−	32	30	−	−	30	32	−	−
NC [3]	68	52	−	−	51	67	1	1	30	20	−	−	19	31	−	−
ND [1]	36	58	−	−	25	69	−	−	21	26	−	−	12	35	−	−
OH [2]	53	46	−	−	40	59	−	−	12	21	−	−	10	23	−	−
OK [2]	40	61	−	−	31	70	−	−	22	26	−	−	16	32	−	−
OR [2]	36	24	−	−	30	30	−	−	18	12	−	−	16	14	−	−
PA [2]	103	97	−	3	91	112	−	−	20	30	−	−	19	30	−	1
RI [3]	69	6	−	−	65	10	−	−	33	4	1	−	29	8	1	−
SC [2]	51	73	−	−	48	76	−	−	19	27	−	−	19	26	−	1
SD [3]	24	46	−	−	19	50	1	−	14	21	−	−	5	30	−	−
TN [2]	48	51	−	−	34	64	1	−	14	19	−	−	13	20	−	−
TX [2]	73	77	−	−	49	101	−	−	12	19	−	−	12	19	−	−
UT [2]	22	53	−	−	17	58	−	−	8	21	−	−	7	22	−	−
VT [3]	95	48	7	−	94	48	8	−	23	7	−	−	21	8	1	−
VA [2]	39	59	2	−	39	58	2	1	22	18	−	−	22	18	−	−
WA [2]	61	37	−	−	56	42	−	−	31	18	−	−	27	22	−	−
WV [2]	71	29	−	−	65	35	−	−	26	8	−	−	28	6	−	−
WI [2]	52	46	1	−	38	60	1	−	18	15	−	−	14	19	−	−
WY [2]	19	41	−	−	10	50	−	−	7	23	−	−	4	26	−	−

− ゼロを示す　1．両院の任期とも4年　2．上院の任期は4年、下院の任期は2年　3．上下院とも任期は2年　4．イリノイ州は地域によって任期が4−2年　5．ネブラスカ州は任期4年。無党派で州政府を構成する唯一の州

資料：The Council of State Governments, Lexington, KY, *The Book of Status 2011*（年刊）(copyright)

No.420. 州、地方政府の公職に就いている女性——職位別および州別：2010年

[1月現在。合衆国議会の女性に関するデータは、表No.413を参照。本書前年版の表No.412も参照]

州	計	州の行政当局[1]	州議会 人数	州議会 割合(%)[2]	州	計	州の行政当局[1]	州議会 人数	州議会 割合(%)[2]
合衆国	1,880	71	1,809	25	MO	46	2	44	22
					MT	43	4	39	26
AL	24	6	18	13	NE	11	1	10	20
AK	13	—	13	22	NV	23	3	20	32
AZ	32	3	29	32	NH	156	—	156	37
AR	32	1	31	23	NJ	35	1	34	28
CA	33	1	32	27	NM	37	3	34	30
CO	40	2	38	38	NY	51	—	51	24
CT	64	4	60	32	NC	50	6	44	26
DE	18	2	16	26	ND	24	1	23	16
FL	39	1	38	24	OH	31	2	29	22
GA	46	—	46	19	OK	21	4	17	11
HI	26	1	25	33	OR	28	2	26	29
ID	28	1	27	26	PA	39	—	39	15
IL	51	1	50	28	RI	26	1	25	22
IN	33	1	32	21	SC	17	—	17	10
IA	36	1	35	23	SD	21	—	21	20
KS	51	1	50	30	TN	25	—	25	19
KY	23	1	22	16	TX	45	2	43	24
LA	23	—	23	16	UT	23	—	23	22
ME	54	—	54	29	VT	68	1	67	37
MD	59	—	59	31	VA	27	—	27	19
MA	52	1	51	26	WA	49	1	48	33
MI	39	2	37	25	WV	23	1	22	16
MN	73	3	70	35	WI	31	2	29	22
MS	25	—	14	— (WY)	WY	16	1	15	17

— ゼロを示す　1．司法部に選出された女性、州内閣レベルの職に指名された女性、州議会により執行職に選出された女性、大学の理事会または教育委員会のメンバーに選出された女性を除く　2．表No.411のデータを用いて、上下院双方の州議会における女性の率をセンサス局が計算　3．ネブラスカ州の議員は任期4年で唯一の無党派議員

資料：Center for the American Woman and Politics, Eagleton Institute of Politics, Rutgers University, New Brunswick, NJ, 情報公開（copyright）

No.421. ヒスパニック公選公務員——職位別：1985－2008年／および州別：2008年

[表示年の1月現在。表示されていない州についてはヒスパニック公務員が分類されていない]

州	計	州役員および議員[1]	郡、市公務員	法の執行機関	学校・教育委員会	州	計	州役員および議員[1]	郡、市公務員	法の執行機関	学校・教育委員会
1985	3,147	129	1,316	517	1,185	MD	11	4	6	—	1
1990	4,004	144	1,819	583	1,458	MA	20	4	9	—	7
2000	5,019	217	1,852	447	2,503	MI	14	3	2	4	5
2001	5,205	223	1,846	454	2,682	MN	5	3	1	1	—
2002	4,303	227	1,960	532	1,603	MO	2	1	1	—	—
2003	4,432	231	1,958	549	1,694	MT	3	1	—	2	—
2004	4,651	253	2,059	638	1,723	NE	3	1	1	—	1
2005	4,853	266	2,149	678	1,760	NV	12	6	2	3	1
2006	4,932	244	2,151	693	1,835	NH	4	3	1	—	—
2007	4,954	270	2,152	685	1,847	NJ	117	10	61	—	46
2008	**5,240**	**283**	**2,266**	**738**	**1,952**	NM	654	49	338	105	162
AK	1	—	1	—	—	NY	61	19	27	13	2
AZ	362	19	135	53	155	NC	4	2	2	—	—
CA	1,127	35	416	42	634	OH	6	—	5	1	—
CO	152	9	104	8	31	ND	1	—	1	—	—
CT	28	6	18	—	4	OK	2	—	—	—	2
DE	2	1	1	—	—	OR	12	2	5	5	—
FL	150	21	87	35	7	PA	9	1	5	2	1
GA	6	3	1	2	—	RI	7	3	4	—	—
HI	2	1	1	—	—	SC	1	1	—	—	—
ID	2	2	—	—	—	TN	3	1	2	—	—
IL	111	13	60	8	30	TX	2,245	44	918	441	842
IN	17	1	11	3	2	UT	8	3	3	2	—
IA	1	—	1	—	—	VA	3	1	1	—	1
KS	10	4	6	—	—	WA	35	3	19	—	13
KY	2	—	1	—	1	WI	9	1	3	4	1
LA	10	—	3	4	3	WY	5	2	3	—	—

— ゼロを示す　1．個別に示さない下院議員を含む

資料：National Association of Latino Elected and Appointed Officials (NALEO) Educational Fund, Washington, DC, *National Directory of Latino Elected Officials* (年刊)

No.422. 政治活動団体――団体別数：1980－2009年

[12月31日現在。2009年は5月22日現在]

団体	1980	1990	1995	2000	2005	2006	2007	2008	2009
計	2,551	4,172	4,016	3,907	4,210	4,183	4,234	4,611	4,481
法人企業	1,206	1,795	1,674	1,545	1,622	1,582	1,601	1,598	1,574
労働	297	346	334	317	290	273	273	272	275
商業／会員／健康	576	774	815	860	925	937	925	995	1,104
無所属団体	374	1,062	1,020	1,026	1,233	1,254	1,300	1,594	1,390
協同組合	42	59	44	41	37	37	38	49	43
株主なしの企業	56	136	129	118	103	100	97	103	95

資料：U.S. Federal Election Commission, 2009年5月のプレスリリース

No.423. 政治活動団体――団体別財政活動概要：2003－2008年

[単位：100万ドル（915.7は9億1570万ドルを表す）。表示２年にわたる年度内に行われた財政活動。本書前年版の表No.421も参照]

団体	収入			支出[1]			候補に対する献金		
	2003-04	2005-06	2007-08	2003-04	2005-06	2007-08	2003-04	2005-06	2007-08
計	915.7	477.4	1,212.4	842.9	394.1	1,180.0	310.5	141.1	412.8
法人企業	239.0	131.2	313.4	221.6	116.3	298.6	115.6	56.5	158.3
労働	191.7	100.3	262.1	182.9	73.1	265.0	52.1	21.1	62.7
商業／会員／健康	181.8	95.4	372.7	170.1	74.6	364.6	83.2	38.0	66.6
無所属団体	289.4	141.6	241.0	255.2	122.6	229.5	52.5	22.0	112.9
協同組合	4.2	2.7	10.3	3.9	1.9	9.9	2.9	1.4	6.9
株主なしの企業	9.6	6.1	13.0	9.2	5.7	12.4	4.2	2.1	5.5

1．候補者への献金、独立支出、その他の支出を含む。

資料：U.S. Federal Election Commission, *FEC Reports on Financial Activity, Final Report, Party and Non-Party Political Committees*（隔年刊）

No.424. 大統領選挙の資金――一般選挙の連邦資金：1996－2008年

[単位：100万ドル（152.6は1億5260万ドルを表す）。FEC証明書、会計監査報告、および財務省報告に基づく]

1996		2000		2004		2008	
候補者	総額	候補者	総額	候補者	総額	候補者	総額
計	152.6	計	147.7	計	150.1	計	84.2
クリントン	61.8	ブッシュ	67.6	ブッシュ	74.6	オバマ	―
ドール	61.8	ゴア	67.6	ケリー	74.6	マケイン	84.1
ペロー	29.0	ブキャナン	12.6	ネーダー	0.9	ネーダー	0.1

― ゼロを示す

資料：U.S. Federal Election Commission, プレスリリース（定期刊）

No.425. 大統領選挙の資金――予備選挙キャンペーンの収入と支出：1999－2008年

[単位：100万ドル（351.6は3億5160万ドルを表す）。表示の２年の暦年の選挙運動資金活動。連邦政府の選挙資金を得た、ないしは特筆すべき資金活動を行なった候補者を対象とする]

特徴	計[1]			民主党			共和党		
	1999-00	2003-04	2007-08[2,3]	1999-00	2003-04	2007-08[2]	1999-00	2003-04	2007-08[3]
収入、計[4]	351.6	673.9	1,346.6	96.6	401.8	950.1	236.7	269.6	392.6
個人献金	238.2	611.4	1,325.6	66.7	351.0	932.5	159.1	258.9	390.0
連邦政府の選挙資金	61.6	28.0	21.0	29.3	27.2	17.5	26.5	―	2.6
支出	343.5	661.1	1,414.6	92.2	389.7	1,043.9	233.2	268.9	450.2

― ゼロを示す　1．個別に示さない他の政党を含む　2．オバマについては、予備選挙と一般選挙の双方を含む。オバマは両選挙を一つのコミッティーで戦った。ドッドはマッチングファンドで1,961,742ドルを受け取ったが、彼のコミッティーは1,447,568ドルを受領したと報告。グラベルは2009年前半に追加で115,966ドルを受領（マッチングファンド）　3．タンクレドは2009年前半に追加で83,775ドルを受領（マッチングファンド）　4．個別に明示しないその他のタイプの受領を含む

資料：U.S. Federal Election Commission, *FEC Reports on Financial Activity, Final Report, Presidential Pre-nomination Campaigns*（４年ごと刊）

No.426. 上下両院選挙運動の財務——収入および支出：2003-2008年

[708.5は7億850万ドルを表す。予備選挙、総選挙、決戦投票、臨時選挙に対して示された2年の暦年の選挙運動資金活動。データは選挙運動中のあらゆる団体間の資金移動を除去するために調整を行ったもの。寄付金に関する法律等の詳細についてはFederal Election Campaign Act（1971年）を参照]

項目	下院 合計(100万ドル)			下院 配分の割合(%)			上院 合計(100万ドル)			上院 配分の割合(%)		
	2003-04	2005-06	2007-08	2003-04	2005-06	2007-08	2003-04	2005-06	2007-08	2003-04	2005-06	2007-08
総受領額[1]	708.5	875.4	1,005.2	100	100	100	497.6	564.6	434.1	100	100	100
個人の出資	396.7	478.9	538.8	56	55	54	324.1	383.2	267.0	65	68	62
その他委員会	225.4	279.8	300.4	32	32	30	63.7	68.9	78.2	13	12	18
候補者のローン	47.4	56.1	77.6	7	6	8	39.8	47.0	24.2	8	8	6
候補者の出資	7.8	14.7	32.4	1	2	3	38.2	37.5	5.7	8	7	1
民主党員	307.4	417.5	561.0	43	48	56	250.6	291.8	237.3	50	52	55
共和党員	399.2	453.6	440.8	56	52	44	246.1	245.8	196.1	49	44	45
他の政党員	1.9	4.2	3.4	(Z)	(Z)	(Z)	0.9	26.9	0.7	(Z)	5	(Z)
在職者	452.6	532.6	581.7	64	61	58	171.7	278.4	234.1	35	49	54
新規候補者	118.2	188.7	252.2	17	22	25	79.5	186.6	135.0	16	33	31
空席[2]	137.8	154.1	171.3	19	18	17	246.4	99.6	65.1	50	18	15
総支出	660.3	854.8	929.9	100	100	100	496.4	562.9	449.4	100	100	100
民主党員	288.5	395.5	491.0	44	46	53	254.6	288.6	229.6	51	51	51
共和党員	370.0	455.2	435.6	56	53	47	241.0	249.3	202.0	49	44	45
他の政党員	1.8	4.1	3.3	(Z)	(Z)	(Z)	0.8	25.0	17.9	(Z)	4	4
在職者	410.1	519.2	527.6	62	61	57	171.7	274.3	251.2	35	49	56
新規候補者	116.6	185.6	246.7	18	22	27	76.6	187.1	132.9	15	33	30
空席[2]	133.6	150.0	155.6	20	18	17	248.1	101.5	65.4	50	18	15

Z　5万ドル未満または0.5%未満　1.　個別に明示しないその他のタイプの収入を含む　2.　現職議員が再選をめざさなかった選挙

資料：U.S. Federal Election Commission, *FEC Reports on Financial Activity, Final Report, U.S. Senate and House Campaign*（隔年刊）

No.427. 政治活動団体(PAC)による上下両院選挙活動への献金——団体別：1997-2008年

[単位：100万ドル（158.7は1億5870万ドルを表す）。予備選挙、総選挙、決戦投票、臨時選挙に対して示された2年の暦年の選挙運動資金活動。政治活動団体の数については表No.422参照]

団体の種類	計[1]	民主党員	共和党員	在職者	立候補による選挙戦	空席[2]
下院						
1997-98	158.7	77.6	80.9	124.0	14.9	19.8
1999-00	193.4	98.2	94.7	150.5	19.9	23.0
2001-02	206.9	102.6	104.2	161.0	13.8	32.1
2003-04	225.4	98.6	126.6	187.3	15.6	22.5
2005-06	279.8	125.0	154.8	232.0	24.4	23.5
2007-08、計[3]	**300.4**	**184.3**	**116.1**	**245.7**	**35.8**	**18.9**
法人	108.0	56.7	51.3	99.4	5.0	3.6
商業組合[4]	85.6	47.6	38.0	73.6	7.2	4.8
労働	53.4	49.7	3.7	37.5	11.3	4.6
無所属団体[5]	43.9	25.1	18.8	27.0	11.6	5.4
上院						
1997-98	48.1	20.7	27.3	34.3	6.6	7.2
1999-00	51.9	18.7	33.2	33.5	7.1	11.3
2001-02	59.2	25.4	33.8	37.0	14.2	8.1
2003-04	63.7	28.4	35.3	39.3	5.6	18.8
2005-06	68.9	28.6	37.5	50.0	9.9	8.7
2007-08、計[3]	**78.2**	**33.5**	**44.3**	**56.6**	**12.8**	**9.0**
法人	32.4	11.2	21.2	26.8	2.5	3.1
商業組合[4]	19.4	7.2	12.2	14.9	2.5	2.0
労働	7.0	6.5	0.5	2.8	2.9	1.2
無所属団体[5]	17.5	7.8	9.7	10.7	4.4	2.5

1.　個別に明示しないその他の政党を含む　2.　現職議員が再選を希望しない選挙　3.　個別に明示しないその他のタイプの政治活動団体を含む　4.　会員制組織および健康団体を含む　5.　「イデオロギー」集団、および本質的にイデオロギー的とは限らない問題提起集団を表す

資料：U.S. Federal Election Commission, *FEC Reports on Financial Activity, Final Report, Party and Non-Party Political Committees, Final Report*（隔年間）

第8章
州・地方政府の財政と雇用

本章では、州政府および地方政府の歳入、歳出、負債、雇用に関するデータを掲載する。州・地方政府の財政と雇用に関する統計は、合衆国全体としては、主にセンサス局のセンサスとサーベイに基づいて編集されている。センサス局は、5年ごと（2と7で終わる年）に合衆国の全ての行政単位に関するセンサスを行っている。さらに、同局は、毎年、全ての州政府と一部の地方政府について標本調査を行っている。

センサス局は、毎年、連邦政府および州・地方政府の財務統計をインターネット上で公表している。また、州、都市、郡、学区内の財務統計および州・地方政府の公務員雇用統計も毎年公表される。さらに税収および主要な公務員退職制度に関する統計も四半期毎のシリーズで公表されている。

センサス局は基本的な情報を、州・地方政府に対する郵送調査によって入手している。各州政府および多くの大きな地方政府の財政データは、それら政府の公式記録とセンサス局の報告書から編集している。三分の一以上の州の全て、または一部の地方財政データは、各州政府の中央収集措置（central collection arrangement）を通じて収集する。連邦政府の財政データは、行政管理予算局（Office of Management and Budget）が出版している『Budget』に基づいて作成される（第9章の解説を参照）。

行政単位

合衆国の行政単位は、連邦政府と州政府に加えて何千もの地方政府、即ち、郡、市、町村、学区、および多種類の「特別区」から成っている。行政センサスによれば、2007年に89,476の地方政府が存在する。（表No.428-429参照）同センサスの定義によれば行政単位は、組織・政府特性および実質的な自治権を有する全ての機関または団体と定義される。これらの行政単位の大部分は課税権を持ち、税収入によって運営されるが、多くの特別区、例えば公共住宅公社および多くの地方の灌漑・電力公社地区並びにその他の特別区は、家賃地代収入、サービス料、利益付課金、他の行政単位からの交付金、およびその他の税収以外の財源を資金源としている。州・市および郡から部分的な機能を委ねられる半独立的機関――例えば従属的学校、州立の高等教育機関、行政的または財政的コントロールのもとにあるその他の機関――は、行政単位の定義から除外される。

財政

財政統計は表示年の6月30日を年度末とする会計年度あるいは、表示年月日を年度末とする、それ以前の12ヶ月を1年としている。多くの州では会計年度は6月30日に終わる。ただし、アラバマ州、ミシガン州、コロンビア特別区の州政府およびアラバマ州の学区では会計年度は9月30日に終わり、ニューヨーク州では3月31日、ネブラスカ、テキサス州政府とシカゴ学校区は8月31日を年度末とする。連邦政府の会計年度も1976会計年度までは6月30日に終わり、1976年以後は10月1日から9月30日に改訂された。この改訂に伴い1976年7月1日から9月30日までの3ヶ月間、1四半期を移行期の調整期間とした。

州・地方財政の国全体の統計は、高度に多様な用語、組織、構造を持った個別の州・地方統計の概念を避け、統一的な概念と分類を用いて表示してある。したがって、本書では連邦政府財政と州・地方政府財政の統計は標準化されており、原資料の数値とは一致しないことがありうる。

政府財政統計は、公共事業、酒類販売、保険信託の3事業を一般政府活動と区別し、これら3事業は一般政府活動に含めない。公共事業は政府による水、電力、ガスの供給と交通システムを含む。酒類販売は17の州政府と6州の中の地方政府が直営している。保険信託は、退職金制度、失業保険、および連邦、州・地方政府が運営するその他の社会保険制度を含む。

市および郡のデータは、市または郡の政府およびその従属機関の収支のみを対象とし、市地域に存在するその他の政府関係機関の収支は含まない。そのため、例えば「教育」支出の統計は公立学校を運営する個別の学区の支出を含まない。公的援助、保健、病院、公共住宅、およびその他の機能に対する財政支出の扱い方は、市または郡によって異なるため、市または郡の歳出、歳入、負債に影響を及ぼす。

雇用と給与

地方政府の雇用および給与のデータは、主として州・地方政府の郵送調査に基づいている。給与は指定された月の全ての給料、賃金および個人的報酬支払いを含んでおり、雇用は月給を支給する政府職員、臨時職員および、パートタイム・フルタイム職員を含む政府職員名簿上の全ての者を含む。1997年政府センサスから、政府雇用の参照期間が暦年の10月から3月に変更になった。その結果、1996年10月期をカバーする政府雇用の年次調査が存在しないことになった。10月を参照月とするのは1958-1995年の調査。これらの数値は高等教育機関、行政官庁の基幹部局および主要な付属機関を含む。

統計的信頼度

センサス局のデータの収集、推計、標本抽出、統計的信頼度については、付録Ⅲを参照。

歴史統計

各表の見出しは、『アメリカ歴史統計、植民地時代~1970年』に対応している。クロスリファレンスについては、付録Ⅰを参照。

No.428. 行政単位別政府数：1962-2007年

行政単位	1962	1967	1972	1977	1982	1987	1992	1997	2002	2007
計	91,237	81,299	78,269	79,913	81,831	83,237	85,006	87,504	87,576	89,527
合衆国政府	1	1	1	1	1	1	1	1	1	1
州政府	50	50	50	50	50	50	50	50	50	50
地方政府	91,186	81,248	78,218	79,862	81,780	83,186	84,955	87,453	87,525	89,476
郡	3,043	3,049	3,044	3,042	3,041	3,042	3,043	3,043	3,034	3,033
市	18,000	18,048	18,517	18,862	19,076	19,200	19,279	19,372	19,429	19,492
町区および町	17,142	17,105	16,991	16,822	16,734	16,691	16,656	16,629	16,504	16,519
学区	34,678	21,782	15,781	15,174	14,851	14,721	14,422	13,726	13,506	13,051
特別区	18,323	21,264	23,885	25,962	28,078	29,532	31,555	34,683	35,052	37,381

資料：U.S. Census Bureau, Census of Governments, Volume 1, Number 1, Government Organization, Series GC07(1)-1（5年ごと刊）；<http://www.census.gov/govs/cog/>

No.429. 行政単位別地方政府数——州別：2007年

[政府数は1月現在実在するもの。実在して機能している政府のみを対象とする。従って人口およびその他の特徴を示す統計のための区分として存在する、いくつかの郡、多数の町、および「統合地域」は除外される。独立組織としての郡・町・自治体政府については情報が不足している。付録Ⅲを参照]

州	全地方政府数[1]	郡政府	市政府	町区[1]	学区	特別区[2] 計[3]	天然資源	消防	住宅[4]
合衆国	89,476	3,033	19,492	16,519	13,051	37,381	7,227	5,873	3,463
アラバマ	1,185	67	458	−	131	529	69	11	150
アラスカ	177	14	148	−	−	15	−	−	14
アリゾナ	645	15	90	−	239	301	78	150	−
アーカンソー	1,548	75	502	−	247	724	250	81	119
カリフォルニア	4,344	57	478	−	1,044	2,765	473	353	70
コロラド	2,416	62	270	−	180	1,904	180	252	89
コネティカット	649	−	30	149	17	453	1	72	114
デラウェア	338	3	57	−	19	259	238	−	3
コロンビア特別区	2	−	1	−	−	1	−	−	−
フロリダ	1,623	66	411	−	95	1,051	125	61	94
ジョージア	1,439	154	535	−	180	570	38	2	191
ハワイ	19	3	1	−	−	15	14	−	−
アイダホ	1,240	44	200	−	116	880	174	150	10
イリノイ	6,994	102	1,299	1,432	912	3,249	1,026	841	113
インディアナ	3,231	91	567	1,008	293	1,272	139	1	65
アイオワ	1,954	99	947	−	380	528	247	66	23
カンザス	3,931	104	627	1,353	316	1,531	258	1	197
ケンタッキー	1,346	118	419	−	175	634	126	156	13
ルイジアナ	526	60	303	−	68	95	8	3	−
メーン	850	16	22	466	98	248	15	−	34
メリーランド	256	23	157	−	−	76	38	−	20
マサチューセッツ	861	5	45	306	82	423	16	16	252
ミシガン	2,893	83	533	1,242	579	456	79	25	−
ミネソタ	3,526	87	854	1,788	341	456	144	−	162
ミシシッピ	1,000	82	296	−	164	458	249	33	55
ミズーリ	3,723	114	952	312	536	1,809	329	357	124
モンタナ	1,273	54	129	−	332	758	132	220	13
ネブラスカ	2,659	93	530	454	288	1,294	83	417	168
ネバダ	198	16	19	−	17	146	33	18	5
ニューハンプシャー	545	10	13	221	164	137	10	16	21
ニュージャージー	1,383	21	324	242	549	247	15	196	−
ニューメキシコ	863	33	101	−	96	633	576	−	6
ニューヨーク	3,403	57	618	929	680	1,119	3	891	−
ノースカロライナ	963	100	548	−	−	315	145	−	94
ノースダコタ	2,699	53	357	1,320	198	771	78	281	35
オハイオ	3,702	88	938	1,308	668	700	106	85	77
オクラホマ	1,880	77	594	−	567	642	100	30	137
オレゴン	1,546	36	242	−	234	1,034	204	271	21
ペンシルベニア	4,871	66	1,016	1,546	515	1,728	5	−	90
ロードアイランド	134	−	8	31	4	91	4	37	25
サウスカロライナ	698	46	268	−	85	299	48	83	43
サウスダコタ	1,983	66	309	916	166	526	103	84	49
テネシー	928	92	347	−	14	475	109	1	96
テキサス	4,835	254	1,209	−	1,081	2,291	442	139	387
ユタ	599	29	242	−	40	288	82	18	17
バーモント	733	14	45	237	293	144	14	16	10
バージニア	511	95	229	−	1	186	47	−	−
ワシントン	1,845	39	281	−	296	1,229	178	375	43
ウエストバージニア	663	55	232	−	55	321	14	−	37
ウィスコンシン	3,120	72	592	1,259	441	756	251	−	177
ワイオミング	726	23	99	−	55	549	131	64	−

− ゼロを示す 1．ニューイングランド6州とミネソタ、ニューヨーク、ウィスコンシン州における「町」政府を含む 2．単機能の区 3．個別に示さない他の特別区を含む 4．コミュニティ開発を含む

資料：U.S. Census Bureau, Census of Governments, Volume 1, No. 1, Government Organization, Series GC07(1)-1（5年ごと刊）；<http://www.census.gov/cog/>

No.430. 国民所得勘定における州・地方政府の歳入、歳出：1990－2010年

[単位：10億ドル（738.0は7380億ドルを表す）。国民所得勘定の説明については第13章の解説を参照。マイナス記号（－）は赤字を表す]

項目	1990	1995	2000	2005	2006	2007	2008	2009	2010
経常収入	738.0	991.9	1,322.6	1,730.4	1,829.7	1,923.1	1,967.2	2,005.8	2,128.1
税収	519.1	672.1	893.2	1,163.1	1,249.0	1,313.6	1,332.5	1,267.0	1,331.2
個人税	122.6	158.1	236.7	276.7	302.5	323.1	335.4	287.3	291.7
所得税	109.6	141.7	217.4	251.7	276.1	295.9	308.0	259.1	262.6
その他	13.0	16.4	19.4	25.0	26.4	27.2	27.5	28.2	29.1
製品および輸入税	374.1	482.4	621.3	831.4	887.4	932.7	949.1	930.3	951.9
消費税	184.3	242.7	316.8	402.2	430.4	447.1	442.7	421.1	429.9
財産税	161.5	202.6	254.7	346.9	370.1	396.0	411.7	425.2	436.3
その他	28.3	37.0	49.8	82.3	86.9	89.7	94.7	84.0	85.7
法人税	22.5	31.7	35.2	54.9	59.2	57.8	48.0	49.4	87.6
政府管掌社会保険料収入	10.0	13.6	10.8	24.8	21.8	18.9	19.7	21.6	22.4
資産収益	68.5	68.5	94.3	88.3	103.5	114.5	115.2	116.0	118.1
利子収入	64.1	63.0	86.7	76.4	90.9	100.6	99.5	98.8	98.8
配当	0.2	1.0	1.4	2.1	2.3	2.4	2.5	2.7	3.0
賃貸料・ロイヤリティ	4.2	4.5	6.3	9.8	10.3	11.5	13.2	14.5	16.3
経常移転収入	133.5	224.2	313.9	454.3	456.7	485.1	512.7	610.2	665.5
連邦政府補助金	111.4	184.2	247.3	361.2	359.0	380.8	396.2	484.6	529.6
事業収入（純益）	7.1	13.5	28.6	36.5	38.4	41.3	46.8	50.4	54.9
個人からの収入	14.9	26.5	38.0	56.5	59.2	63.1	69.7	75.2	81.0
政府企業の経常黒字	6.9	13.5	10.4	0.1	-1.3	-9.1	-13.0	-9.0	-9.0
経常支出	731.8	982.7	1,281.3	1,704.5	1,778.6	1,910.8	2,014.6	2,025.9	2,095.2
消費支出	547.0	701.3	930.6	1,212.0	1,282.3	1,368.9	1,448.2	1,424.4	1,447.2
政府管掌社会保障の対個人支払い	127.7	217.6	271.4	404.8	402.9	433.7	455.2	492.1	534.7
利子支払い	56.8	63.5	78.8	87.3	93.0	101.1	108.2	108.0	111.8
補助金	0.4	0.3	0.5	0.4	0.4	7.1	3.0	1.4	1.6
州・地方政府の純貯蓄	6.2	9.2	41.3	25.9	51.0	12.2	-47.4	-20.1	32.9
社会保険基金	2.0	4.0	2.0	7.4	4.7	1.9	1.7	2.6	2.6
その他	4.2	5.1	39.3	18.5	46.4	10.4	-49.1	-22.7	30.3

資料：U.S. Bureau of Economic Analysis, *Survey of Current Business* （2011年4月）；<http://www.bea.gov/national/nipaweb/SelectTable.asp?Selected=N> も参照

No.431. 州・地方政府に対する連邦政府補助金——概要：1990－2011年

[135,325は1353億2500万ドルを表す。9月30日を年度末とする会計年度。マイナス（－）は減少を表す]

年	名目価格（ドル）						実質(2000年)価格	
			対個人補助金		下記に占める補助金の割合(%)			
	補助金総額(100万ドル)	年変化率[1] (%)	総額(100万ドル)	補助金総額に占める割合(%)	州・地方政府の支払[2]	連邦政府支出	国内総生産	補助金総額(10億ドル)	年平均変化率(%)[1]
1990	135,325	11.0	77,264	57.1	25.2	10.8	2.4	198.1	6.2
1995	224,991	6.8	144,427	64.2	31.5	14.8	3.1	283.6	3.9
1997	234,160	2.8	148,236	63.3	30.2	14.6	2.9	283.1	0.9
1998	246,128	5.1	160,305	65.1	30.3	14.9	2.8	293.9	3.8
1999	267,886	8.8	172,384	64.3	31.2	15.7	2.9	314.8	7.1
2000	285,874	6.7	182,592	63.9	27.4	16.0	2.9	326.8	3.8
2001	318,542	11.4	203,920	64.0	28.4	17.1	3.1	354.9	8.6
2002	352,895	10.8	227,373	64.4	29.5	17.5	3.3	387.4	9.2
2003	388,542	10.1	246,570	63.5	30.5	18.0	3.5	416.2	7.4
2004	407,512	4.9	262,177	64.3	30.9	17.3	3.5	424.3	1.9
2005	428,018	5.0	273,898	64.0	30.8	17.3	3.4	428.0	0.9
2006	434,099	1.4	272,585	62.8	29.7	16.3	3.3	417.3	-2.5
2007	443,797	2.2	284,362	64.1	28.4	16.3	3.2	412.4	-1.2
2008	461,317	3.9	300,820	65.2	27.4	15.5	3.2	411.0	-0.3
2009	537,991	16.6	356,692	66.3	33.1	15.3	3.8	476.6	16.0
2010	608,390	13.1	384,480	63.2	37.5	16.7	4.2	527.1	10.6
2011, 推計値	625,211	2.8	392,506	62.8	(NA)	16.4	4.1	532.7	1.1

NA データなし 1．直前の表示年からの年平均変化率。1990年は1989年からの変化率 2．支出は国民所得および生産勘定の定義に従う

資料：U.S. Office of Management and Budget, *Budget of the United States Government, Historical Tables* （年刊）；<http://www.whitehouse.gov/omb/budget>

No.432. 州・地方政府に対する連邦政府補助金——主要機関およびプログラム別：1990－2011年

[単位：100万ドル（135,325は1353億2500万ドルを表す）。9月30日を年度末とする会計年度。信託資金を含む。マイナス（-）記号は、配分された資金が連邦政府に戻ったことを示す。関連データとして、『アメリカ歴史統計』系列Y638-651も参照]

プログラム	1990	2000	2005	2007	2008	2009	2010	2011, 推計値
補助金歳入総額	135,325	285,874	428,018	443,797	461,317	537,991	608,390	625,211
エネルギー	461	433	636	667	524	999	2,656	5,728
天然資源、環境	3,745	4,595	5,858	6,047	5,902	6,285	9,132	9,093
環境保護庁[1]	2,874	3,490	3,734	4,016	3,854	3,580	6,883	6,463
農業	1,285	724	933	803	862	937	843	965
輸送	19,174	32,222	43,370	47,945	51,216	55,438	60,981	61,095
空港補助金[1]	1,220	1,624	3,530	3,874	3,808	3,759	3,156	3,299
連邦補助道路[2]	13,854	24,711	30,915	33,222	35,429	36,049	30,385	35,036
都市公共輸送[1]	3,728	5,262	8,114	8,984	9,847	11,182	12,939	13,235
コミュニティ、地域開発	4,965	8,665	20,167	20,653	19,221	17,368	18,818	18,637
地方共同体先端プログラム	139	479	814	760	5	–	–	–
コミュニティ開発基金	2,818	4,955	4,985	10,867	8,935	6,408	7,043	8,056
国土安全保障	1,184	2,439	13,541	8,267	8,630	9,068	8,393	5,931
州・地方プログラム	–	–	2,116	2,385	2,870	2,529	3,247	1,992
消防支援	–	–	1,185	499	–	–	–	–
運営、計画、支援	11	192	132	–	–	–	–	–
災害被害緩和措置	–	13	39	32	33	11	–	–
災害救済	1,173	2,234	10,069	5,351	5,724	6,525	5,141	3,934
教育、訓練、雇用、社会事業	21,780	36,672	57,247	58,077	58,904	73,986	97,586	101,455
障害者補正教育[3]	4,437	8,511	14,539	14,409	14,799	15,797	19,515	23,661
学校改善プログラム[3]	1,080	2,394	6,569	5,299	5,208	5,247	5,184	5,456
特殊教育	1,485	4,696	10,661	11,585	12,078	12,536	17,075	17,359
社会事業助成金	2,749	1,827	1,822	1,956	1,843	1,854	2,035	2,011
児童・家庭サービスプログラム	2,618	5,843	8,490	8,496	8,633	8,793	10,473	10,990
雇用、職業訓練サービス	3,042	2,957	3,372	3,006	3,052	3,768	4,592	4,053
保健	43,890	124,843	197,848	208,311	218,025	268,320	290,168	295,535
薬物濫用、精神衛生サービス[3]	1,241	1,931	3,203	3,179	2,847	2,888	2,846	2,964
メディケイドのための州への補助金[3]	41,103	117,921	181,720	190,624	201,426	250,924	272,771	276,249
州児童健康保険基金[3]	–	1,220	5,129	6,000	6,900	7,547	7,887	9,069
所得保障	36,768	68,653	90,885	90,971	96,102	103,169	115,156	116,479
フードスタンププログラム[3]	2,130	3,508	4,385	4,602	4,935	5,624	5,739	6,105
児童栄養プログラム[3]	4,871	9,060	11,726	12,871	13,761	15,083	16,259	18,451
貧困家庭緊急援助[3]	–	15,464	17,357	16,876	17,532	17,861	17,513	17,048
退役軍人手当および援護[3]	134	434	552	639	695	809	836	980
司法局	574	5,263	4,784	4,603	4,201	4,810	5,086	5,576

NA データなし　1．信託資金を含む　2．信託資金　3．個人への支払いに対する助成金を含む

資料：U.S. Office of Management and Budget, *Budget of the United States Government, Historical Tables* (年刊); <http://www.whitehouse.gov/omb/budget>

No.433. 州・地方政府に対する連邦政府補助金——州別主要プログラム：2005－2009年

[単位：100万ドル（403,660は4036億6000万ドルを表す）。9月30日を年度末とする会計年度]

州	2005	2007	2008	2009	州	2005	2007	2008	2009
合衆国	403,660	439,794	469,773	552,108	MO	7,407	7,955	8,273	10,293
AL	6,306	6,869	6,994	7,610	MT	2,021	1,835	2,109	2,566
AK	2,671	2,431	2,604	3,624	NE	2,256	2,328	2,439	2,826
AZ	7,965	8,672	9,940	12,997	NV	2,213	2,320	2,450	3,143
AR	4,179	4,474	4,733	5,598	NH	1,483	1,626	1,692	1,986
CA	46,029	49,976	53,818	61,971	NJ	10,479	11,929	11,580	13,515
CO	4,538	4,900	5,321	6,333	NM	4,097	4,347	5,381	6,635
CT	4,539	4,963	5,279	6,759	NY	43,438	43,297	44,454	52,183
DE	1,142	1,225	1,363	1,679	NC	11,568	12,448	12,906	15,308
DC	3,450	2,137	11,946	9,659	ND	1,394	1,281	1,402	1,806
FL	19,046	20,033	20,659	22,686	OH	13,726	15,731	15,230	19,115
GA	8,914	10,465	10,675	12,953	OK	4,935	5,516	5,922	7,828
HI	1,731	1,971	2,120	2,560	OR	4,808	5,003	5,498	6,807
ID	1,814	2,031	2,688	2,458	PA	18,103	18,981	18,832	21,796
IL	14,616	16,141	16,267	20,941	RI	1,937	2,105	2,037	2,310
IN	6,483	7,258	8,272	10,194	SC	5,326	5,863	6,035	6,863
IA	3,594	3,688	4,014	5,033	SD	1,336	1,280	1,473	2,068
KS	2,872	3,415	3,514	3,965	TN	9,083	9,031	9,201	10,210
KY	5,779	6,370	6,867	8,245	TX	25,622	28,104	30,580	35,330
LA	7,148	13,278	12,457	11,534	UT	2,633	2,845	3,160	3,942
ME	2,623	2,546	2,695	3,399	VT	1,213	1,546	1,441	1,671
MD	6,800	7,372	7,473	9,405	VA	6,330	7,173	7,724	8,970
MA	9,989	11,224	11,402	15,200	WA	7,681	8,050	8,668	10,631
MI	12,113	12,822	13,587	16,580	WV	3,482	3,571	3,557	4,031
MN	5,878	7,001	7,533	9,304	WI	6,563	6,719	7,000	9,556
MS	5,168	8,239	7,484	7,642	WY	2,243	1,898	2,334	2,214

資料：U.S. Census Bureau, *Federal Aid to States*; <http://www.census.gov/prod/2010pubs/fas-09.pdf> も参照

No.434. 州・地方政府に対する連邦政府補助金——州別主要プログラム：2009年

[単位：100万ドル（552,108は5521億800万ドルを表す）。9月30日を年度末とする会計年度。マイナスの数値（－）は前年度に前払いされた資金の受給者からの返還、あるいは会計年度内に特定のプログラムまたはプログラムのカテゴリーについて、最初に決定された援助額が減額されたことを示す]

州および島嶼部（海外領土）	連邦政府援助、計[1]	農務省 計	食糧栄養庁 児童栄養プログラム	補足栄養支援プログラム[2] (SNAP)	特別補足食糧プログラム (WIC)	その他	教育省 計	特殊教育プログラム	初等中等教育局 落ちこぼれを作らない初等中等教育法	同法第1編の援助プログラム	その他
合衆国、計	552,108	30,775	14,932	5,356	6,445	4,042	45,168	10,869	4,794	12,452	17,052
アラバマ	7,610	489	269	46	103	71	620	183	87	227	123
アラスカ	3,624	140	42	12	24	62	180	－	4	－	176
アリゾナ	12,997	624	325	55	156	88	958	212	106	289	351
アーカンソー	5,598	348	190	32	69	58	478	123	66	161	129
カリフォルニア	61,971	3,808	1,881	559	1,031	337	5,666	1,496	774	1,898	1,499
コロラド	6,333	345	153	44	69	79	816	169	65	137	445
コネティカット	6,759	204	110	28	46	21	389	143	46	125	75
デラウェア	1,679	98	46	21	15	16	134	36	22	37	38
コロンビア特別区	9,659	75	32	19	15	9	132	17	25	35	55
フロリダ	22,686	1,418	831	87	361	139	2,201	679	256	703	563
ジョージア	12,953	1,108	641	75	274	119	734	4	6	－	725
ハワイ	2,560	124	50	18	33	23	280	69	21	48	141
アイダホ	2,458	177	70	13	30	63	186	53	27	44	61
イリノイ	20,941	1,012	554	130	227	101	2,990	486	206	680	1,618
インディアナ	10,194	535	283	84	99	69	1,350	300	72	277	700
アイオワ	5,033	275	131	29	50	64	519	150	43	81	245
カンザス	3,965	276	148	16	49	63	292	13	4	－	275
ケンタッキー	8,245	479	253	49	96	82	656	172	84	216	184
ルイジアナ	11,534	617	320	89	121	88	65	1	7	－	57
メーン	3,399	109	50	15	19	24	258	62	30	51	114
メリーランド	9,405	391	192	55	98	47	801	216	79	184	323
マサチューセッツ	15,200	412	229	53	88	42	1,201	296	89	242	573
ミシガン	16,580	827	392	139	173	124	1,882	427	173	494	788
ミネソタ	9,304	474	221	79	93	81	552	177	74	127	174
ミシシッピ	7,642	453	244	37	90	82	498	126	73	181	117
ミズーリ	10,293	522	277	69	84	92	260	2	9	－	249
モンタナ	2,566	131	43	16	14	58	242	43	32	45	122
ネブラスカ	2,826	185	95	17	32	41	250	75	36	51	88
ネバダ	3,143	162	84	16	40	22	403	68	31	88	216
ニューハンプシャー	1,986	69	29	8	15	16	173	48	29	38	57
ニュージャージー	13,515	559	297	98	118	46	1,111	313	86	208	504
ニューメキシコ	6,635	333	165	41	52	75	523	97	47	115	263
ニューヨーク	52,183	1,877	943	370	421	143	3,008	759	414	1,143	693
ノースカロライナ	15,308	886	478	90	191	127	1,195	384	114	370	327
ノースダコタ	1,806	91	32	10	12	37	161	31	26	34	69
オハイオ	19,115	917	463	163	185	107	240	3	10	－	227
オクラホマ	7,828	479	241	59	95	84	698	225	66	190	217
オレゴン	6,807	509	159	90	75	185	669	155	59	142	313
ペンシルベニア	21,796	892	438	162	185	107	1,427	440	183	614	189
ロードアイランド	2,310	79	40	10	18	11	72	2	－	－	70
サウスカロライナ	6,863	442	258	23	101	60	640	193	86	192	168
サウスダコタ	2,068	108	42	15	16	35	157	1	3	－	153
テネシー	10,210	580	339	59	102	80	884	244	89	239	312
テキサス	35,330	2,692	1,685	211	582	215	3,577	1,028	442	1,306	801
ユタ	3,942	243	113	29	44	56	568	108	37	67	356
バーモント	1,671	81	23	26	13	19	138	28	27	33	50
バージニア	8,970	466	214	91	91	69	872	290	91	208	282
ワシントン	10,631	524	238	54	131	101	1,174	223	84	196	671
ウエストバージニア	4,031	207	93	25	40	50	281	82	46	101	52
ウィスコンシン	9,556	419	210	50	86	73	1,331	237	97	214	783
ワイオミング	2,214	58	21	7	9	22	137	29	28	34	47
島嶼部：											
米領サモア	180	35	19	5	8	3	34	8	1	－	26
ミクロネシア	98	－	－	－	－	－	4	4	－	－	－
グアム	342	22	8	2	9	4	40	16	－	－	24
マーシャル諸島	136	－	－	－	－	－	2	2	－	－	－
北マリアナ諸島	128	21	6	10	4	1	19	5	－	－	14
パラオ	23	－	－	－	－	－	4	1	－	－	3
プエルトリコ	6,135	2,221	202	1,734	235	51	1,031	114	180	586	152
バージン諸島	302	49	21	14	8	6	7	－	－	－	7
未配分額	2,832	93	－	－	－	93	－	－	－	－	－

本表末尾の脚注を参照

No.434. 州・地方政府に対する連邦政府補助金──州別主要プログラム：2009年（続）

[270頁の頭注参照]

州および島嶼部 （海外領土）	FEMA[3]	住宅／都市開発省 計	コミュニティ開発ブロック援助	公共住宅プログラム 低家賃住宅援助	住宅保証プログラム	資本プログラム	その他	労働省 計	州失業保険および雇用促進	労働力投資	その他
合衆国、計	6,185	47,065	6,617	28,003	1,572	3,651	7,223	9,828	4,052	3,929	1,847
アラバマ	51	645	76	367	8	92	101	116	53	38	25
アラスカ	8	152	21	52	2	3	73	58	33	15	10
アリゾナ	6	495	75	218	4	16	182	148	50	55	44
アーカンソー	179	315	30	224	6	31	24	100	38	39	23
カリフォルニア	212	6,171	1,572	3,624	121	113	742	1,255	580	512	163
コロラド	8	457	34	330	12	22	59	119	54	43	22
コネティカット	1	862	51	612	66	52	81	130	72	36	22
デラウェア	2	112	8	61	16	7	20	28	14	9	5
コロンビア特別区	12	3,992	74	2,033	275	755	854	175	18	11	146
フロリダ	395	1,731	217	1,133	29	76	277	338	159	135	44
ジョージア	33	1,207	99	712	14	129	254	211	95	100	17
ハワイ	7	211	20	137	3	14	36	48	23	10	15
アイダホ	3	93	14	51	6	1	20	54	29	12	12
イリノイ	66	2,345	170	1,516	118	281	260	435	195	175	65
インディアナ	125	613	77	429	12	39	56	189	74	75	40
アイオワ	282	262	68	150	5	11	28	101	41	38	22
カンザス	182	210	28	129	7	17	29	67	28	27	12
ケンタッキー	95	519	50	339	6	57	67	148	47	74	28
ルイジアナ	1,641	1,083	487	415	12	66	103	142	48	81	14
メーン	19	229	23	142	29	8	27	54	23	16	14
メリーランド	4	1,098	75	704	35	71	214	237	93	42	102
マサチューセッツ	29	2,048	120	1,525	140	87	175	208	93	86	29
ミシガン	13	1,112	124	645	128	59	156	571	201	282	87
ミネソタ	20	671	59	387	81	55	90	155	68	58	29
ミシシッピ	366	871	595	206	7	27	36	182	59	92	32
ミズーリ	107	622	76	390	14	51	90	136	39	81	16
モンタナ	19	96	15	52	1	3	25	38	14	10	15
ネブラスカ	41	161	20	100	3	13	24	36	21	9	7
ネバダ	5	217	27	150	1	6	33	71	44	19	8
ニューハンプシャー	25	190	18	131	10	10	21	34	20	10	4
ニュージャージー	9	1,643	103	1,122	123	137	158	227	128	70	29
ニューメキシコ	12	179	23	103	3	7	43	64	24	21	20
ニューヨーク	96	5,496	446	3,894	89	462	606	580	271	234	74
ノースカロライナ	17	859	74	575	15	89	106	264	114	94	56
ノースダコタ	25	106	9	72	−	4	21	27	14	8	5
オハイオ	62	1,636	157	1,128	29	111	211	420	141	228	51
オクラホマ	91	375	38	200	7	27	102	75	34	25	15
オレゴン	25	382	42	266	3	15	55	167	63	67	37
ペンシルベニア	16	1,944	238	1,133	127	200	246	371	191	124	56
ロードアイランド	−	124	18	83	−	−	23	41	19	15	7
サウスカロライナ	11	217	34	137	1	−	46	153	53	81	19
サウスダコタ	14	83	14	40	−	−	28	28	11	11	6
テネシー	12	274	51	174	−	−	48	165	62	81	22
テキサス	1,376	1,692	472	1,003	−	62	155	591	211	288	92
ユタ	9	104	25	65	−	−	15	66	36	16	15
バーモント	9	67	10	46	−	−	12	26	11	9	7
バージニア	309	579	70	323	−	91	95	257	68	42	147
ワシントン	32	523	67	377	−	−	79	244	117	78	49
ウエストバージニア	19	104	36	62	−	−	6	51	23	20	9
ウィスコンシン	48	266	55	162	−	−	49	191	91	58	42
ワイオミング	3	26	6	11	−	−	9	24	14	6	4
島嶼部：											
米領サモア	−	2	1	−	−	−	−	2	−	1	1
ミクロネシア	2	−	−	−	−	−	−	−	−	−	−
グアム	12	43	3	36	−	3	2	6	−	4	1
マーシャル諸島	−	−	−	−	−	−	−	−	−	−	−
北マリアナ諸島	1	4	1	2	−	−	−	2	−	1	−
パラオ	−	−	−	−	−	−	−	0	−	−	−
プエルトリコ	20	346	119	164	2	−	60	191	28	155	8
バージン諸島	2	13	2	10	−	−	2	10	3	4	3
未配分額	−	1,187	179	−154	−	271	−	−	−	−	−

本表末尾の脚注を参照

No.434. 州・地方政府に対する連邦政府補助金――州別主要プログラム：2009年（続）

[270頁の頭注参照]

州および島嶼部(海外領土)	保健福祉省						運輸省				その他連邦援助[4]
		児童福祉、家庭									
	計	児童・世帯(ヘッドスタート)	里親・養子縁組援助	貧困家庭緊急援助	メディケア・メディケイド局	その他	計	ハイウェイ信託基金	連邦輸送機関	その他	
合衆国、計	324,765	8,722	6,850	18,045	256,124	35,025	57,048	35,607	11,298	10,144	31,274
アラバマ	4,304	140	52	108	3,576	428	933	725	67	142	452
アラスカ	1,876	48	22	34	759	1,013	720	335	77	308	489
アリゾナ	9,005	182	139	267	6,855	1,562	947	605	218	124	814
アーカンソー	3,369	86	54	69	2,895	264	564	419	27	118	244
カリフォルニア	37,740	1,067	1,587	3,936	27,888	3,262	4,472	2,494	1,459	520	2,647
コロラド	3,165	219	86	189	2,225	446	809	470	167	172	614
コネティカット	4,235	71	103	268	3,380	414	693	487	156	49	245
デラウェア	935	17	6	29	777	106	235	181	26	27	135
コロンビア特別区	1,914	53	51	108	1,369	332	2,126	133	398	1,595	1,234
フロリダ	13,573	343	229	655	10,822	1,524	2,038	1,518	231	289	990
ジョージア	7,508	220	129	369	6,030	761	1,610	1,265	189	156	542
ハワイ	1,355	38	36	124	1,015	142	355	214	54	87	181
アイダホ	1,364	44	16	33	1,085	186	311	258	12	41	269
イリノイ	10,765	344	283	595	8,374	1,169	2,496	1,370	732	394	833
インディアナ	5,860	127	191	228	4,790	524	1,193	942	105	146	331
アイオワ	2,621	77	67	128	2,065	284	661	453	49	160	312
カンザス	2,245	73	41	90	1,780	262	469	383	22	65	223
ケンタッキー	5,203	145	92	192	4,345	429	685	505	59	121	459
ルイジアナ	6,178	180	72	189	5,267	470	1,108	619	94	395	701
メーン	2,261	42	32	79	1,912	195	261	148	18	95	209
メリーランド	5,627	115	104	270	4,128	1,010	802	497	223	83	443
マサチューセッツ	9,453	156	99	459	7,854	885	1,247	866	274	107	601
ミシガン	9,986	307	227	669	7,766	1,018	1,453	1,100	154	199	735
ミネソタ	5,984	121	81	293	4,854	635	999	563	189	247	449
ミシシッピ	4,237	200	19	114	3,523	382	634	430	20	184	403
ミズーリ	6,797	165	107	250	5,763	512	1,343	981	184	178	505
モンタナ	1,164	45	20	43	719	337	502	387	19	96	375
ネブラスカ	1,557	59	53	64	1,127	253	383	275	16	92	214
ネバダ	1,362	39	51	70	960	243	539	374	93	73	383
ニューハンプシャー	1,021	24	23	56	789	129	252	178	16	58	223
ニュージャージー	7,816	157	156	404	6,260	838	1,581	791	683	108	570
ニューメキシコ	4,195	83	36	152	3,051	873	407	277	59	70	922
ニューヨーク	35,467	586	672	2,595	28,922	2,691	3,976	1,779	2,003	193	1,683
ノースカロライナ	10,129	274	122	363	8,480	891	1,411	1,117	105	190	547
ノースダコタ	708	36	16	30	436	190	323	245	14	64	365
オハイオ	13,491	322	405	985	10,641	1,137	1,600	1,181	246	173	749
オクラホマ	4,581	140	71	193	3,093	1,083	1,044	798	39	206	485
オレゴン	3,731	120	132	181	2,832	465	814	416	248	150	510
ペンシルベニア	14,019	298	183	669	11,719	1,150	2,223	1,478	515	230	905
ロードアイランド	1,554	27	23	99	1,259	146	268	189	44	35	172
サウスカロライナ	4,460	108	56	111	3,788	398	568	476	35	56	372
サウスダコタ	1,008	50	10	21	567	359	343	226	20	97	327
テネシー	6,687	160	83	247	5,640	556	938	634	85	218	671
テキサス	20,208	679	340	648	16,621	1,921	3,601	2,503	618	481	1,592
ユタ	1,866	62	28	90	1,424	263	694	317	281	96	391
バーモント	1,008	24	20	48	814	102	220	137	21	62	121
バージニア	4,714	140	94	208	3,701	570	1,151	845	190	117	623
ワシントン	6,121	181	157	459	4,464	860	1,240	640	347	253	773
ウエストバージニア	2,521	70	59	122	2,052	217	583	475	26	81	266
ウィスコンシン	5,814	143	107	322	4,599	644	1,040	806	77	158	447
ワイオミング	491	21	6	28	348	88	331	226	9	96	1,142
島嶼部：											
米領サモア	30	6	-	-	14	10	18	8	-	9	58
ミクロネシア	3	-	-	-	-	3	-	-	-	-	89
グアム	52	6	-	2	20	24	65	26	-	39	102
マーシャル諸島	2	-	-	-	-	2	57	-	-	57	75
北マリアナ諸島	27	1	-	-	22	4	10	-	-	10	45
パラオ	4	-	-	-	-	3	-	-	-	-	15
プエルトリコ	1,339	262	1	86	652	338	224	127	57	40	762
バージン諸島	47	12	-	4	12	19	14	9	1	5	160
未配分額	9	4	-	-	-	5	1,460	704	228	529	82

－　ゼロまたは概数でゼロを示す　1．個別に示さないプログラムを含む　2．プエルトリコについては栄養補助援助の額、その他についてはフードスタンプ局への支援額　3．FEMAは国土安全保障省の部局　4．他のプログラムに示さない援助を表す

資料：U.S. Census Bureau, Federal Aid to States For Fiscal Year 2009; 〈http://www.census.gov/prod/2009pubs/fas-09.pdf〉

No.435. 州・地方政府の財政の概要：1990－2008年

[単位：100万ドル（1,032,115は1兆321億1500万ドルを表す）。表示年を年度末とする会計年度。本章の解説を参照。地方政府の金額は標本調査による推計値。付録Ⅲと資料を参照。『アメリカ歴史統計』系列Y652-709も参照。本書前年版の表No.433も参照]

歳入財源、歳出の種類	1990	2000	2005	2006	2007	2008
歳入[1]	1,032,115	1,942,328	2,528,912	2,736,542	3,072,645	2,660,475
連邦政府からの歳入	136,802	291,950	438,432	452,233	467,949	481,380
公共福祉	59,961	148,549	225,691	225,605	237,220	247,325
幹線道路	14,368	24,414	33,672	34,559	36,295	37,187
教育	23,233	45,873	74,136	79,397	79,514	80,647
保健、病院	5,904	15,611	22,725	23,819	24,555	25,976
住宅、地域開発	9,655	17,690	28,018	29,121	32,766	34,952
その他	23,683	39,812	54,191	59,732	57,599	55,293
州・地方財源からの歳入	895,313	1,650,379	2,090,479	2,284,309	2,604,695	2,179,095
一般歳入、純政府間歳入	712,700	1,249,373	1,588,292	1,733,785	1,867,945	1,944,398
税	501,619	872,351	1,099,200	1,195,254	1,283,283	1,330,412
財産税	155,613	249,178	335,981	359,109	389,573	409,686
売上税、粗収益税	177,885	309,290	384,383	412,114	439,586	448,689
所得税	105,640	211,661	242,273	268,599	289,827	304,627
法人税	23,566	36,059	43,138	52,931	60,592	57,810
その他	38,915	66,164	93,425	102,500	103,705	109,601
手数料、雑収入	211,081	377,022	489,093	538,531	584,662	613,987
公益事業、アルコール販売	58,642	89,546	119,607	131,642	141,234	146,385
水道	17,674	30,515	37,377	40,274	43,652	45,418
電力	29,268	42,436	59,157	65,387	70,494	72,669
ガス	5,216	8,049	6,937	8,724	8,698	8,930
輸送	3,043	3,954	10,146	10,881	11,568	12,125
アルコール販売	3,441	4,592	5,990	6,377	6,823	7,243
保険信託歳入[2]	123,970	311,460	382,580	418,881	595,516	88,312
退職年金保険	94,268	273,881	316,576	352,521	532,154	26,273
失業手当	18,441	23,366	38,362	35,367	36,989	34,186
直接歳出	972,695	1,742,914	2,368,692	2,500,583	2,661,210	2,834,075
使途別による歳出：						
直接一般歳出[2]	831,573	1,502,768	2,012,422	2,121,946	2,258,229	2,400,204
教育[2]	288,148	521,612	689,057	727,967	774,373	826,063
初等、中等教育	202,009	365,181	473,406	500,528	534,905	565,631
高等教育	73,418	134,352	182,146	191,758	204,706	223,294
道路	61,057	101,336	124,602	135,412	144,713	153,515
公共福祉	107,287	233,350	362,932	370,325	384,769	404,624
保健	24,223	51,366	66,971	71,110	74,196	79,704
病院	50,412	75,976	103,404	110,455	118,876	128,853
警察治安	30,577	56,798	74,727	79,066	84,088	89,676
消防	13,186	23,102	31,439	34,167	36,828	39,683
天然資源	12,330	20,235	25,057	25,482	28,717	29,917
公共衛生・下水施設	28,453	45,261	58,069	61,900	67,016	70,436
住宅・地域開発	15,479	26,590	39,969	41,980	45,937	50,974
公園、レクリエーション	14,326	25,038	31,941	34,769	37,526	40,646
財務行政	16,217	29,300	36,519	37,441	39,631	40,995
公債利息[3]	49,739	69,814	81,119	85,660	93,586	100,055
公益事業・アルコール販売[3]	77,801	114,916	160,682	174,679	189,330	199,287
水道	22,101	35,789	45,799	47,752	54,331	55,215
電力	30,997	39,719	58,612	66,308	69,736	76,667
ガス	2,989	3,724	7,075	9,064	12,073	10,527
輸送	18,788	31,883	44,310	46,327	47,587	50,944
アルコール販売	2,926	3,801	4,885	5,228	5,603	5,934
保険信託歳出[2]	63,321	125,230	195,588	203,958	213,652	234,584
退職年金保険	38,355	95,679	145,796	156,180	166,975	180,058
失業保険	16,499	18,648	29,849	28,097	28,934	35,568
経常業務	700,131	1,288,746	1,764,453	1,863,023	1,977,229	2,095,772
資本支出	123,102	217,063	277,200	295,368	324,467	348,827
建設	89,144	161,694	216,254	229,529	253,858	268,298
設備・土地・構築物	33,958	55,369	60,947	65,839	70,608	80,529
援助金、補助金	27,227	31,375	39,469	41,035	39,802	41,961
公債利息（一般および公益事業）	58,914	80,499	91,981	97,198	106,061	112,931
保険給付、償還	63,321	125,230	195,588	203,958	213,652	234,584
賃金、給与支払[4]	340,654	548,796	693,146	721,255	761,991	800,892
未払いの公債（年末）	858,006	1,451,815	2,085,597	2,200,892	2,411,298	2,550,934
長期	838,700	1,427,524	2,054,838	2,167,684	2,379,359	2,506,350
短期	19,306	24,291	30,759	33,208	31,939	44,585
長期公債：						
新規	108,468	184,831	321,960	339,333	386,465	373,615
償還	64,831	121,897	223,862	227,682	225,945	244,740

1．総額は州および地方政府間の移転支出の重複を除く。資料を参照　2．個別に明示しない金額を含む　3．公益事業の債務の支払利息は「公益事業・アルコール販売支出」に含む。債務への総利息については、「公債利息（一般および公益事業）」の項を参照　4．上記の項目内に含まれる

資料：U.S. Census Bureau; Federal, State and Local Governments, "State and Local Government Finances,"（2011年6月）；<http://www.census.gov/govs/>も参照

No.436. 州・地方政府の歳入、歳出：2007、2008年

[単位：100万ドル（3,072,645は3兆726億4500万ドルを表す）。表示年を年度末とする会計年度。本章の解説を参照。地方政府の金額は標本抽出の変化に影響を受ける推計値。付録IIIと資料を参照。マイナス記号（-）は赤字を示す。『アメリカ歴史統計』系列Y505-637およびY652-848も参照]

歳入財源、歳出の種類	2007 計	2007 州	2007 地方政府	2008 計	2008 州	2008 地方政府
歳入[1]	3,072,645	2,000,366	1,539,014	2,660,475	1,619,128	1,530,814
政府間移転[1]	467,949	430,278	504,407	481,380	446,109	524,738
自己財源からの歳入[1]	2,604,695	1,570,088	1,034,607	2,179,095	1,173,019	1,006,076
自己財源からの一般歳入	1,867,945	1,027,524	840,421	1,944,398	1,067,795	876,604
税[2]	1,283,283	757,471	525,813	1,330,412	781,647	548,765
財産税	389,573	12,621	376,952	409,686	12,691	396,995
所得税	289,827	265,863	23,964	304,627	278,373	26,255
法人税	60,592	52,915	7,677	57,810	50,759	7,051
売上税・総収益税	439,586	352,706	86,880	448,689	358,522	90,166
一般売上税	299,650	238,304	61,346	304,435	241,008	63,427
特定売上税[2]	139,936	114,402	25,534	144,254	117,515	26,739
自動車燃料	37,904	36,543	1,361	37,902	36,477	1,425
アルコール飲料	5,620	5,166	453	5,763	5,293	471
タバコ製品	15,834	15,299	535	16,576	16,068	508
公共事業	27,105	14,333	12,772	28,130	14,794	13,336
自動車税および運転免許税	23,195	21,613	1,582	23,515	21,882	1,633
相続税・贈与税	5,111	4,924	187	5,345	5,101	244
手数料および雑収入[2]	584,662	270,054	314,608	613,987	286,148	327,839
経常増減[2]	351,824	141,573	210,251	373,669	151,002	222,667
教育[2]	103,736	80,180	23,557	110,512	85,551	24,960
給食	6,920	22	6,898	7,000	31	6,969
高等教育	88,433	79,060	9,373	94,665	84,417	10,248
天然資源	4,047	2,480	1,567	4,009	2,543	1,465
病院	91,432	33,838	57,594	97,270	36,268	61,001
下水設備	36,157	44	36,113	38,064	45	38,019
固形廃棄物処理	14,458	432	14,025	15,269	457	14,812
公園、レクリエーション	8,812	1,495	7,317	9,620	1,593	8,027
住宅および地域開発	5,435	675	4,760	5,646	676	4,970
空港	16,583	1,216	15,366	17,781	1,326	16,455
水上輸送・ターミナル	3,867	1,137	2,730	4,139	1,221	2,917
道路	10,640	6,086	4,554	11,167	6,419	4,748
利息	92,170	47,199	44,971	93,370	47,298	46,072
特別課税	8,157	889	7,268	7,928	967	6,961
資産売却	4,590	1,142	3,448	4,440	1,110	3,329
公益事業、アルコール販売	141,234	22,535	118,699	146,385	22,650	123,734
保険信託	595,516	520,029	75,487	88,312	82,574	5,738
歳出[1]	2,665,881	1,635,747	1,499,268	2,838,836	1,733,862	1,593,088
政府間歳出[1]	4,671	459,605	14,200	4,761	477,085	15,790
直接歳出[1]	2,661,210	1,176,142	1,485,068	2,834,075	1,256,777	1,577,298
一般歳出[2]	2,258,229	964,590	1,293,639	2,400,204	1,024,666	1,375,539
教育[2]	774,373	213,868	560,505	826,063	232,212	593,851
初等、中等教育	534,905	8,305	526,600	565,631	8,243	557,388
高等教育	204,706	170,801	33,905	223,294	186,830	36,463
公共福祉	384,769	336,510	48,259	404,624	354,048	50,576
病院	118,876	47,953	70,923	128,853	51,938	76,916
保健	74,196	37,321	36,875	79,704	40,033	39,671
道路	144,713	88,333	56,380	153,515	90,645	62,870
警察治安	84,088	11,383	72,706	89,676	12,034	77,642
消防	36,828	-	36,828	39,683	-	39,683
矯正施設	68,092	44,021	24,071	72,904	47,239	25,665
天然資源	28,717	19,752	8,964	29,917	19,942	9,974
下水設備	44,197	1,364	42,834	46,679	1,273	45,406
固形廃棄物処理	22,819	2,226	20,593	23,757	2,439	21,318
住宅、地域開発	45,937	8,712	37,225	50,974	10,857	40,118
政府行政	119,396	49,236	70,160	126,997	52,102	74,895
公園、レクリエーション	37,526	5,181	32,345	40,646	5,510	35,136
公債利息	93,586	41,594	51,992	100,055	44,719	55,336
公益事業	183,727	24,530	159,196	193,353	26,073	167,280
アルコール販売	5,603	4,664	939	5,934	4,945	989
保険信託歳出	213,652	182,358	31,294	234,584	201,094	33,490
使途目的別による歳出：						
経常支出	1,977,229	809,535	1,167,694	2,095,772	863,372	1,232,399
資本支出	324,467	110,044	214,423	348,827	113,021	235,806
建設	253,858	90,788	163,070	268,298	92,068	176,230
設備・土地・構築物	70,608	19,256	51,352	80,529	20,953	59,576
援助金、補助金	39,802	30,621	9,181	41,961	32,573	9,388
公債利息（一般および公益事業）	106,061	43,584	62,476	112,931	46,717	66,214
保険給付、償還	213,652	182,358	31,294	234,584	201,094	33,490
賃金・給与のための歳出[3]	761,991	217,018	544,973	800,892	229,819	571,073

- ゼロまたは概数でゼロを示す　1．合計からは政府間取引の重複を削除。資料を参照　2．個別に明示しない金額を含む　3．上記の各項目にも含まれる

資料：U.S. Census Bureau, Federal, State, and Local Governments, Finance, *State and Local Government Finances, 2007-08* (2011年6月); <http://www.census.gov/govs/> も参照

No.437. 州・地方政府の資本支出──目的別：1990－2008年

[単位：100万ドルおよび％（123,102は1231億200万ドルを表す）。表示年を年度末とする会計年度。本章の解説を参照。地方政府の金額は標本調査による推計値。付録Ⅲと資料を参照。マイナス（－）は減少を示す。『アメリカ歴史統計』系列Y523-524、673-674、740-741、787-788も参照］

行政単位および使用目的	1990	2000	2003	2004	2005	2006	2007	2008
州および地方政府、計	123,102	217,063	263,198	269,976	277,200	295,368	324,467	348,827
年変化率（％）[1]	12.7	12.5	12.2	11.9	11.7	11.8	12.2	12.3
使用目的別にみた歳出：								
教育[1]	25,997	60,968	70,813	74,597	77,779	82,505	91,466	97,855
初等・中等教育	18,057	45,150	51,118	52,977	54,509	59,256	65,467	70,283
高等教育	7,441	15,257	19,044	21,121	22,782	22,798	25,356	26,953
道路	33,867	56,439	65,523	65,964	69,642	76,371	83,289	88,218
保健・病院	3,848	5,502	7,158	7,241	7,711	8,538	9,737	11,217
天然資源	2,545	4,347	4,244	4,657	4,543	4,473	6,372	6,755
住宅、地域開発	3,997	6,184	7,660	7,578	7,880	8,130	7,991	9,191
航空輸送	3,434	6,717	9,066	9,731	9,326	9,064	9,851	10,386
水上輸送[2]	924	1,618	3,721	1,798	1,598	1,850	2,140	2,149
下水設備	8,356	10,093	12,467	14,068	14,170	15,336	17,683	18,777
公園およびレクリエーション業務	3,877	6,916	9,224	7,866	8,151	9,267	10,085	11,672
公益事業	16,601	24,847	34,538	37,432	34,879	36,795	38,230	41,348
水道	6,873	10,542	13,536	13,651	14,402	14,356	16,960	16,295
電力	3,976	4,177	6,438	7,173	6,055	7,793	7,981	11,637
ガス	310	400	422	582	544	520	508	520
輸送	5,443	9,728	14,142	16,026	13,879	14,126	12,781	12,897
その他	19,657	33,431	38,784	39,044	41,520	43,039	47,624	51,260
州政府、計	45,524	76,233	91,943	90,950	94,181	101,432	110,044	113,021
年変化率（％）	11.5	10.1	9.4	8.9	8.8	9.0	9.4	9.0
使用目的別にみた歳出：								
教育[1]	7,253	14,077	17,727	19,632	20,632	20,623	23,752	24,705
初等・中等教育	388	521	643	716	442	580	1,734	1,592
高等教育	6,366	12,995	16,433	18,417	19,702	19,593	21,375	22,494
道路	24,850	41,651	48,719	48,566	51,578	57,025	61,218	61,705
保健・病院	1,531	2,228	2,930	2,763	3,278	3,469	3,972	4,500
天然資源	1,593	2,758	2,788	2,957	2,670	2,588	3,324	3,024
住宅、地域開発	119	860	774	222	338	196	505	321
航空輸送	339	561	846	795	615	519	655	764
水上輸送[2]	202	310	410	388	367	493	573	524
下水設備	333	403	405	881	486	650	740	601
公園およびレクリエーション業務	601	1,044	1,098	945	931	1,146	1,176	1,192
公益事業	2,605	4,232	7,084	5,211	4,319	5,907	4,859	5,936
水道	20	197	174	321	83	83	89	57
電力	464	296	964	1,089	685	1,826	983	2,738
ガス	－	－	－	－	－	－	－	－
輸送	2,121	3,740	5,945	3,800	3,550	3,998	3,788	3,140
その他	6,098	8,108	9,163	8,589	8,967	8,817	9,272	9,749
地方政府、計	77,578	140,830	171,255	179,026	183,020	193,936	214,423	235,806
年変化率（％）	13.5	14.3	14.5	14.4	14.1	14.1	14.4	15.0
使用目的別にみた歳出：								
教育[1]	18,744	46,890	53,087	54,965	57,147	61,882	67,714	73,150
初等・中等学校	17,669	44,629	50,475	52,261	54,068	58,677	63,733	68,691
高等教育	1,076	2,261	2,612	2,704	3,079	3,205	3,981	4,459
道路	9,017	14,789	16,804	17,398	18,064	19,346	22,071	26,513
保健・病院	2,316	3,274	4,228	4,478	4,433	5,069	5,765	6,717
天然資源	952	1,589	1,456	1,699	1,873	1,885	3,048	3,731
住宅、地域開発	3,878	5,324	6,886	7,356	7,542	7,934	7,486	8,871
航空輸送	3,095	6,156	8,221	8,936	8,712	8,545	9,196	9,622
水上輸送[2]	722	1,308	3,310	1,410	1,231	1,357	1,567	1,626
下水設備	8,023	9,690	12,062	13,186	13,684	14,687	16,943	18,176
公園およびレクリエーション業務	3,276	5,872	8,126	6,921	7,221	8,122	8,909	10,479
公益事業	13,996	20,615	27,455	32,221	30,560	30,888	33,371	35,412
その他	13,559	25,323	29,621	30,454	32,553	34,222	38,352	41,510

－ ゼロまたは概数でゼロを示す　1．個別に明示しないその他の教育支出を含む　2．ターミナルを含む
資料：U.S. Census Bureau, *State and Local Government Finances*, 2007-08（2011年6月）および未刊行資料；<http://www.census.gov/govs/>も参照

No.438. 州・地方政府の公共事業支出：2000－2008年

[単位：100万ドル（230,569は2305億6900万ドルを表す）。公共事業には、運営支出と幹線道路、空港、水上運輸ターミナル、および下水道、固形廃棄物処理、上水道、公共輸送を含む。政府間の補助金を除き、自己資金からの支出を表す。本書前年版の表No.436も参照］

行政単位別支出	計	幹線道路	空港	水上輸送、ターミナル	下水道	固形廃棄物処理	上水道	公共輸送
2000：計	230,569	101,336	13,160	3,141	28,052	17,208	35,789	31,883
州政府	74,974	61,942	1,106	863	955	2,347	354	7,407
地方政府	155,595	39,394	12,054	2,277	27,098	14,861	35,435	24,476
資本支出（％）	41.9	55.7	51.0	51.5	36.0	8.9	29.5	30.5
2005：計	294,638	124,602	17,962	3,896	36,599	21,469	45,799	44,310
州政府	92,823	76,575	1,406	1,156	1,109	3,184	319	9,074
地方政府	201,815	48,026	16,556	2,740	35,491	18,285	45,480	35,237
資本支出（％）	42.4	55.9	51.9	41.0	38.7	9.3	31.4	31.3
2008：計	356,314	153,515	21,264	4,940	46,679	23,757	55,215	50,944
州政府	108,226	90,645	1,758	1,492	1,273	2,439	354	10,267
地方政府	248,087	62,870	19,507	3,448	45,406	21,318	54,860	40,677
資本支出（％）	42.4	57.5	48.8	43.5	40.2	10.0	29.5	25.3

資料：U.S. Census Bureau, Federal, State, and Local Governments, Finance, *State and Local Government Finances, 2007-08* （2011年6月）；および未刊行資料；<http://www.census.gov/govs/>も参照

No.439. 州・地方政府の負債額：1990－2008年

[単位：10億ドルおよび1人当たりドル（858.0は8580億ドルを表す）。表示年を年度末とする会計年度。本章の解説を参照。地方政府の金額は標本調査による推計値。付録Ⅲおよび資料を参照。未払い負債については、『アメリカ歴史統計』系列Y680、747、794も参照]

項目	未払いの負債						長期負債		
		現金および債券の保有	長期負債			短期負債	純長期負債[1]	新規負債	償還負債
	総額		計	民間からの公的債務	その他全て				
1990：総額	858.0	1,490.8	838.7	294.1	544.6	19.3	474.4	108.5	64.8
州政府	318.3	963.3	315.5	154.4	161.1	2.8	125.5	43.5	22.9
地方政府	539.8	527.5	523.2	139.7	383.5	16.5	348.9	65.0	42.0
1995：総額	1,115.4	2,058.5	1,088.3	300.6	787.7	27.0	697.3	129.3	95.1
州政府	427.2	1,393.9	421.1	176.8	244.4	6.1	205.3	52.6	37.5
地方政府	688.1	664.6	667.2	123.9	543.3	20.9	491.9	76.8	57.6
1997：総額	1,224.5	2,546.9	1,207.9	329.0	878.9	16.6	797.7	151.3	109.3
州政府	456.7	1,785.1	454.5	193.7	260.8	2.1	222.6	54.4	41.1
地方政府	767.9	761.8	753.4	135.3	618.1	14.5	575.1	96.8	68.2
1998：総額	1,283.6	2,890.2	1,266.3	335.8	930.5	17.3	842.6	204.4	144.6
州政府	483.1	2,058.6	480.9	202.3	278.7	2.2	237.2	83.4	58.1
地方政府	800.4	831.6	785.4	133.6	651.8	15.1	605.4	120.9	86.5
1999：総額	1,369.3	3,168.5	1,351.4	351.1	1,000.3	17.8	907.3	229.4	153.1
州政府	510.5	2,265.9	507.8	213.9	293.9	2.7	249.4	83.2	55.6
地方政府	858.8	902.5	843.6	137.2	706.4	15.2	657.9	146.2	97.5
2000：総額	1,451.8	3,503.7	1,427.5	372.6	1,054.9	24.3	959.6	184.8	121.9
州政府	547.9	2,518.9	541.5	227.3	314.2	6.4	266.9	75.0	44.4
地方政府	903.9	984.8	886.0	145.3	740.7	17.9	692.7	109.8	77.5
2001：総額	1,554.0	3,592.1	1,531.9	395.1	1,136.8	22.1	1,038.6	199.6	130.6
州政府	576.5	2,537.7	572.8	238.2	334.7	3.7	287.4	81.3	50.7
地方政府	977.5	1,054.3	959.1	157.0	802.1	18.5	751.2	118.3	79.9
2002：総額	1,681.4	3,650.7	1,638.1	417.7	1,220.5	43.2	1,121.0	262.7	161.9
州政府	636.8	2,555.4	618.2	258.5	359.6	18.6	311.8	104.2	64.9
地方政府	1,044.6	1,095.3	1,020.0	159.2	860.8	24.6	809.2	158.5	97.0
2003：総額	1,812.7	3,696.1	1,772.2	431.4	1,340.8	40.5	1,242.7	345.8	215.2
州政府	697.9	2,594.2	681.8	267.3	414.5	16.1	366.2	148.8	85.9
地方政府	1,114.7	1,101.9	1,090.4	164.1	926.3	24.3	876.5	196.9	129.3
2004：総額	1,951.7	4,120.1	1,913.3	448.4	1,464.9	38.4	1,349.6	346.8	241.1
州政府	754.2	2,930.1	740.4	268.4	472.0	13.7	412.2	158.4	107.1
地方政府	1,197.5	1,189.9	1,172.9	180.0	992.9	24.6	937.4	188.5	134.0
2005：総額	2,085.6	4,439.4	2,054.8	480.6	1,574.2	30.8	1,441.1	322.0	231.8
州政府	813.8	3,156.4	808.3	296.1	512.2	5.6	444.7	131.5	101.8
地方政府	1,271.8	1,283.0	1,246.5	184.5	1,062.0	25.2	996.4	190.5	130.0
2006：総額	2,200.9	4,807.1	2,167.7	505.1	1,662.6	33.2	1,519.5	339.3	227.7
州政府	870.9	3,436.4	860.3	315.9	544.4	10.6	473.4	147.0	95.0
地方政府	1,330.0	1,370.7	1,307.4	189.1	1,118.2	22.6	1,046.0	192.4	132.7
2007：総額	2,411.3	5,470.7	2,379.4	553.8	1,825.6	31.9	1,673.3	386.5	227.5
州政府	936.5	3,922.4	929.9	354.7	575.3	6.6	499.7	161.4	92.7
地方政府	1,474.8	1,548.3	1,449.4	199.1	1,250.3	25.4	1,173.6	225.0	134.8
2008：総額	2,550.9	5,379.0	2,506.3	588.2	1,918.2	44.6	1,762.1	373.6	244.7
州政府	1,004.2	3,826.4	990.0	379.0	611.0	14.2	530.3	151.7	93.2
地方政府	1,546.8	1,552.5	1,516.3	209.2	1,307.1	30.4	1,231.8	222.0	151.5

1．未払いの純長期負債とは、返済のために蓄えられなかった資金のために政府によって保有されている長期負債の総額である

資料：U.S. Census Bureau、1990年はGovernment Finances, Series GF, No.5（年刊）；それ以後は Federal, State, and Local Governments, Finance, State and Local Government Finances: 2007-08（2011年6月）；および未刊行資料；<http://www.census.gov/govs> も参照

No.440. 新規債券発行高──州・地方政府：1990－2010年

[単位：10億ドル。122.9は1229億ドルを表す]

州	1990	1995	2000	2004	2005	2006	2007	2008	2009	2010
全発行高、新規および償還額[1]	122.9	145.7	180.4	357.9	409.6	389.5	426.2	394.5	414.3	434.5
発行種別：										
一般歳入債券	39.5	57.0	64.5	130.5	145.8	115.1	130.5	115.5	157.6	150.6
特定財源債券	83.3	88.7	115.9	227.4	263.8	274.4	295.7	279.0	256.7	283.9
発行者別：										
州	15.0	14.7	19.9	47.4	31.6	28.3	35.0	35.1	63.5	55.5
法で定められた特別区[2]	75.9	93.5	121.2	234.2	298.6	293.4	315.3	286.2	270.8	292.9
市町村、郡	32.0	37.5	39.3	76.3	79.4	67.9	75.9	73.2	80.0	86.2
新規資本のための発行	97.9	102.4	154.3	228.4	223.8	262.5	275.3	217.4	265.6	284.7
目的別：										
教育	17.1	24.0	38.7	65.4	71.0	70.3	70.9	56.4	61.7	66.8
輸送	11.8	11.9	11.7	20.5	25.4	30.2	27.9	25.0	35.7	48.6
公益事業および保護管理	10.0	9.6	11.9	9.2	9.9	7.8	11.4	14.5	12.5	13.2
産業支援	6.6	6.6	7.1	19.1	18.6	35.0	38.1	24.9	33.2	47.8
その他の目的	31.7	30.8	47.3	80.4	60.6	72.7	82.9	66.1	94.4	89.9

1．販売日に基づく長期債券の額面額　2．学校区を含む
資料：Board of Governors of the Federal Reserve System, Statistical Supplement to the Federal Reserve Bulletin（月刊）、Securities Data Companyのデータに基づく。<http://www.federalreserve.gov/econresdata/releases/govsecure/current.htm>

No.441. 州・地方政府の歳入と歳出——州別：2000－2008年

[単位：100万ドル（1,942,328は1兆9423億2800万ドルを表す）。別に注記するものを除く。表中に示す年に終わる会計年度。本章の解説を参照。本表の数値は、政府ごとの赤字/黒字を計算するために用いることはできない。州内のすべての州・地方政府の合計推計値であるからである。詳細についてはウェブサイト〈http://www.census.gov/govs/classification/〉の2006 Government Finance and Employment Classification Manualを参照]

州	歳入				歳出			
	2000	2005	2007	2008	2000	2005	2007	2008
合衆国、計	1,942,328	2,529,193	3,072,645	2,660,475	1,746,943	2,373,408	2,665,881	2,838,836
アラバマ	25,726	33,377	40,959	31,834	25,319	33,241	36,198	38,201
アラスカ	10,525	11,404	15,460	18,793	8,628	10,027	11,663	12,903
アリゾナ	27,778	41,103	51,271	47,675	27,293	39,300	47,164	52,533
アーカンソー	13,833	18,866	22,543	19,633	12,245	17,224	19,124	20,172
カリフォルニア	270,380	381,910	473,951	354,000	236,645	344,704	390,452	415,437
コロラド	29,603	38,915	46,709	47,108	26,173	35,063	40,478	42,537
コネティカット	25,828	30,490	37,417	33,284	24,011	29,649	32,672	35,081
デラウェア	6,224	7,637	9,227	8,407	5,153	7,595	8,702	9,072
コロンビア特別区	6,383	9,919	11,389	11,790	6,527	8,787	10,585	12,949
フロリダ	92,402	135,562	172,872	147,940	84,301	130,858	148,513	158,175
ジョージア	49,310	60,297	76,001	73,064	43,517	58,905	73,615	77,709
ハワイ	8,488	11,000	13,575	11,933	8,254	10,534	12,274	13,215
アイダホ	7,590	10,004	12,347	10,547	6,404	8,915	9,967	10,781
イリノイ	80,695	99,826	120,026	104,194	74,727	97,745	108,910	115,627
インディアナ	32,716	44,261	49,162	46,431	31,250	42,048	46,814	49,266
アイオワ	17,220	23,204	27,670	24,980	17,275	21,486	24,248	25,785
カンザス	16,235	19,990	24,269	22,672	14,419	18,948	21,799	23,473
ケンタッキー	25,200	28,044	33,817	29,467	21,473	26,963	31,716	34,359
ルイジアナ	27,109	35,858	46,815	44,211	25,018	32,578	39,298	45,938
メーン	8,554	11,383	12,481	10,756	7,652	10,207	10,862	11,175
メリーランド	33,949	45,075	54,271	45,445	30,598	41,373	47,764	51,225
マサチューセッツ	46,103	62,109	70,530	73,472	44,362	59,312	64,752	67,895
ミシガン	70,112	81,055	91,423	68,603	61,506	75,980	81,004	83,962
ミネソタ	38,785	45,465	54,341	45,666	35,424	42,936	47,216	50,844
ミシシッピ	16,672	21,113	29,627	23,637	15,379	20,041	24,768	25,171
ミズーリ	31,635	41,340	49,755	42,180	27,953	37,186	42,037	45,102
モンタナ	5,643	7,438	9,183	8,520	4,983	6,412	7,448	8,116
ネブラスカ	11,650	15,905	18,271	17,757	10,831	14,332	16,839	18,351
ネバダ	11,885	18,953	23,207	19,961	11,230	17,405	20,017	21,462
ニューハンプシャー	6,948	8,911	10,366	9,632	6,222	8,679	9,416	9,968
ニュージャージー	62,331	79,126	95,276	85,935	54,590	79,845	87,088	91,729
ニューメキシコ	13,073	16,656	20,972	16,911	11,195	15,596	18,123	19,264
ニューヨーク	188,907	234,681	292,764	243,901	171,858	226,951	249,961	263,437
ノースカロライナ	50,542	64,813	75,949	77,178	46,135	60,747	68,131	72,873
ノースダコタ	4,495	5,239	6,346	6,678	4,041	4,794	5,234	5,616
オハイオ	80,074	102,498	121,412	100,926	68,418	91,959	100,220	102,920
オクラホマ	18,760	24,552	30,228	26,781	15,962	22,005	26,062	27,430
オレゴン	28,644	32,406	41,861	28,988	24,086	29,084	32,261	34,561
ペンシルベニア	80,546	103,692	121,211	109,732	75,624	101,484	106,958	111,863
ロードアイランド	7,427	9,731	11,244	9,437	6,432	9,226	10,021	10,576
サウスカロライナ	23,467	33,278	39,435	35,414	23,436	33,011	36,645	39,741
サウスダコタ	4,277	5,857	7,034	5,190	3,760	4,973	5,552	5,833
テネシー	33,625	44,863	52,613	48,026	32,010	42,708	49,098	49,128
テキサス	120,666	162,748	195,732	196,508	109,634	151,927	171,092	188,686
ユタ	14,954	19,183	23,380	22,973	13,044	17,269	19,985	22,204
バーモント	4,019	5,393	6,366	6,085	3,766	5,179	5,806	6,039
バージニア	44,175	56,658	70,485	58,223	38,092	51,529	59,041	63,272
ワシントン	46,372	57,510	72,165	63,207	41,794	55,800	62,268	66,692
ウエストバージニア	10,760	14,576	14,814	13,710	9,990	12,120	12,612	13,686
ウィスコンシン	43,003	48,235	55,882	41,701	34,559	43,146	46,692	49,283
ワイオミング	7,030	7,084	8,539	9,378	3,743	5,619	6,719	7,520

資料：U.S. Census Bureau, Federal, State, and Local Governments, Finance, "State and Local Government Finances, 2007-08," (2011年6月);〈http://www.census.gov/govs/〉も参照

No.442. 州・地方政府の歳入──州別：2008年

[単位：100万ドル（2,660,475は2兆6604億7500万ドルを表す）。表示年を年度末とする会計年度。本章の解説参照]

州	歳入総額	計	連邦政府からの政府間歳入	自己資金源からの一般歳入	一般歳入 税収 計[1]	財産税	売上税	個人所得税	法人所得	その他
合衆国	2,660,475	2,425,778	481,380	1,944,398	1,330,412	409,686	448,689	304,627	57,810	88,256
アラバマ	31,834	32,456	8,060	24,396	14,041	2,306	6,579	3,188	525	1,209
アラスカ	18,793	18,352	2,444	15,908	9,735	1,068	567	–	982	7,050
アリゾナ	47,675	42,896	9,689	33,207	22,992	6,705	11,117	3,409	785	734
アーカンソー	19,633	18,411	4,772	13,639	9,406	1,462	4,838	2,345	343	278
カリフォルニア	354,000	327,817	57,720	270,097	186,015	52,759	53,487	55,746	11,849	9,456
コロラド	47,108	37,222	5,633	31,589	19,636	6,130	6,789	5,068	508	846
コネティカット	33,284	32,439	4,735	27,705	23,115	8,325	5,815	7,504	604	666
デラウェア	8,407	7,893	1,343	6,551	3,712	605	492	1,064	309	1,197
コロンビア特別区	11,790	10,023	3,011	7,012	5,398	1,728	1,388	1,355	420	474
フロリダ	147,940	136,072	23,272	112,800	73,351	30,261	34,470	–	2,209	5,246
ジョージア	73,064	63,897	14,044	49,853	33,633	10,220	12,652	8,845	943	676
ハワイ	11,933	11,663	2,291	9,372	6,737	1,253	3,470	1,545	105	126
アイダホ	10,547	9,991	2,120	7,870	4,940	1,181	1,772	1,439	190	228
イリノイ	104,194	95,513	17,369	78,144	57,834	21,295	19,280	10,320	3,116	2,431
インディアナ	46,431	44,245	8,565	35,680	22,954	6,935	8,496	5,386	909	970
アイオワ	24,980	23,149	4,816	18,333	11,541	3,719	3,729	2,931	347	392
カンザス	22,672	21,327	3,683	17,644	11,877	3,687	4,088	2,947	528	440
ケンタッキー	29,467	28,240	7,022	21,217	14,157	2,780	5,254	4,534	656	678
ルイジアナ	44,211	42,360	15,145	27,215	17,951	2,838	9,497	3,170	703	1,653
メーン	10,756	10,629	2,555	8,074	5,933	2,157	1,710	1,563	185	234
メリーランド	45,445	45,173	8,229	36,943	27,651	6,611	6,808	11,184	735	1,871
マサチューセッツ	73,472	58,939	11,239	47,700	33,997	11,665	6,225	12,496	2,180	1,143
ミシガン	68,603	73,119	14,877	58,241	37,650	14,127	12,203	7,642	1,778	1,007
ミネソタ	45,666	43,400	7,854	35,546	24,724	6,635	7,709	7,777	1,040	1,048
ミシシッピ	23,637	23,085	8,189	14,896	9,213	2,299	4,331	1,551	385	524
ミズーリ	42,180	39,046	9,130	29,916	19,873	5,480	7,286	5,473	384	967
モンタナ	8,520	7,494	2,101	5,393	3,448	1,175	549	870	162	541
ネブラスカ	17,757	14,107	2,774	11,334	7,508	2,485	2,486	1,726	233	419
ネバダ	19,961	18,015	2,261	15,755	10,588	3,216	5,898	–	–	1,304
ニューハンプシャー	9,632	8,933	1,748	7,185	4,963	3,057	793	118	615	286
ニュージャージー	85,935	81,331	11,503	69,828	53,791	22,708	12,641	12,606	2,820	2,585
ニューメキシコ	16,911	17,232	4,527	12,705	7,747	1,124	3,579	1,214	355	1,283
ニューヨーク	243,901	228,845	44,739	184,106	138,288	39,069	33,891	46,454	11,330	6,563
ノースカロライナ	77,178	64,558	15,181	49,377	33,208	7,870	11,148	10,994	1,206	1,344
ノースダコタ	6,678	6,176	1,360	4,816	3,174	740	980	317	162	886
オハイオ	100,926	87,189	18,654	68,534	46,660	13,573	14,693	14,015	892	2,523
オクラホマ	26,781	24,931	5,940	18,991	12,315	2,113	4,738	2,787	360	1,680
オレゴン	28,988	27,185	5,859	21,326	12,552	4,257	1,099	4,975	543	1,173
ペンシルベニア	109,732	96,014	19,083	76,931	54,110	15,257	15,914	14,333	2,204	5,308
ロードアイランド	9,437	8,973	2,072	6,901	4,874	2,064	1,395	1,092	146	126
サウスカロライナ	35,414	31,271	7,006	24,265	13,163	4,299	4,592	2,864	320	926
サウスダコタ	5,190	5,391	1,431	3,959	2,500	859	1,361	–	70	152
テネシー	48,026	39,204	8,850	30,354	19,000	4,670	10,999	291	1,006	1,621
テキサス	196,508	164,175	33,062	131,113	86,383	33,540	40,497	–	–	10,492
ユタ	22,973	18,933	3,811	15,122	9,371	2,218	3,584	2,593	395	302
バーモント	6,085	5,562	1,476	4,087	2,936	1,177	867	623	85	105
バージニア	58,223	56,564	7,969	48,595	32,707	10,569	8,576	10,115	787	2,156
ワシントン	63,207	52,690	9,321	43,369	28,590	7,809	17,908	–	–	2,354
ウエストバージニア	13,710	13,519	3,382	10,137	6,428	1,238	2,380	1,519	539	666
ウィスコンシン	41,701	41,996	7,373	34,623	24,372	8,830	6,692	6,641	863	940
ワイオミング	9,378	8,129	2,090	6,040	3,694	1,260	1,377	–	–	982

本表末尾の脚注を参照

No.442. 州・地方政府の歳入——州別：2008年（続）

[278頁の頭注参照。マイナス（－）は減少を示す]

州	一般歳入 手数料・雑収入 計	手数料 計[1]	手数料 教育	手数料 病院	手数料 下水道	雑収入 計[1]	雑収入 利子	雑収入 特別会計	公益事業 アルコール販売	保険信託収入
合衆国	613,987	373,669	110,512	97,270	38,064	240,318	93,370	7,928	146,385	88,312
アラバマ	10,355	7,429	2,528	3,533	387	2,926	902	42	2,866	-3,487
アラスカ	6,173	1,148	195	211	78	5,026	1,604	7	297	144
アリゾナ	10,215	5,311	1,988	673	655	4,903	1,675	153	4,206	572
アーカンソー	4,233	2,887	1,113	989	220	1,347	559	27	852	370
カリフォルニア	84,082	55,062	9,955	13,579	5,472	29,020	12,430	1,467	26,734	-551
コロラド	11,953	7,509	2,722	1,579	703	4,444	1,899	197	2,313	7,573
コネティカット	4,589	2,658	1,072	426	293	1,932	832	36	754	90
デラウェア	2,838	1,356	600	18	138	1,482	368	392	391	123
コロンビア特別区	1,614	485	64	8	186	1,129	215	－	875	893
フロリダ	39,449	23,978	4,395	5,546	2,508	15,471	5,771	1,556	8,563	3,305
ジョージア	16,221	11,235	2,693	4,278	1,101	4,986	1,545	63	4,454	4,713
ハワイ	2,636	1,689	316	446	234	947	333	22	273	-3
アイダホ	2,931	2,052	450	798	173	879	364	40	328	228
イリノイ	20,310	11,498	4,397	1,256	1,021	8,812	4,061	526	3,357	5,324
インディアナ	12,726	7,995	3,334	2,625	936	4,731	1,723	47	2,028	158
アイオワ	6,792	4,776	1,650	2,025	353	2,016	857	24	1,095	736
カンザス	5,767	3,896	1,266	1,587	302	1,871	770	90	1,192	152
ケンタッキー	7,061	4,708	1,598	1,514	424	2,353	1,141	13	1,475	-248
ルイジアナ	9,265	5,007	1,136	2,155	343	4,258	1,835	25	1,235	616
メーン	2,142	1,169	464	75	145	973	322	5	127	－
メリーランド	9,292	5,590	2,625	168	770	3,702	1,165	65	913	-640
マサチューセッツ	13,703	6,807	2,265	880	927	6,896	2,736	409	3,186	11,347
ミシガン	20,592	13,067	5,158	2,953	1,543	7,525	2,626	245	3,098	-7,613
ミネソタ	10,822	6,612	2,334	1,438	618	4,211	1,534	396	2,300	-35
ミシシッピ	5,684	4,350	1,106	2,553	203	1,334	512	7	1,053	-501
ミズーリ	10,044	6,066	2,345	1,746	617	3,978	1,850	61	1,819	1,315
モンタナ	1,945	1,050	500	63	77	895	356	70	183	843
ネブラスカ	3,826	2,606	826	833	156	1,220	521	70	3,487	163
ネバダ	5,167	3,215	599	644	387	1,952	806	61	974	972
ニューハンプシャー	2,222	1,218	606	12	105	1,004	483	4	566	133
ニュージャージー	16,037	9,807	3,465	1,184	1,392	6,230	2,346	13	1,821	2,784
ニューメキシコ	4,958	1,904	657	614	131	3,054	1,103	24	500	-821
ニューヨーク	45,818	24,003	4,516	6,411	1,780	21,816	7,408	117	13,068	1,988
ノースカロライナ	16,169	11,338	3,148	4,642	1,090	4,831	1,931	7	4,310	8,310
ノースダコタ	1,642	973	440	5	43	669	355	67	116	385
オハイオ	21,874	13,726	5,716	2,969	1,821	8,148	3,156	242	3,230	10,507
オクラホマ	6,676	4,228	1,818	1,083	268	2,448	817	11	1,398	452
オレゴン	8,795	4,991	1,477	1,081	735	3,803	1,017	104	1,714	89
ペンシルベニア	22,822	13,477	4,874	1,962	2,038	9,345	3,946	125	4,145	9,573
ロードアイランド	2,028	948	451	5	95	1,079	437	8	200	264
サウスカロライナ	11,102	8,168	2,155	4,198	466	2,934	1,017	96	2,990	1,152
サウスダコタ	1,460	734	313	41	65	726	371	26	265	-465
テネシー	11,354	6,641	1,860	2,393	597	4,713	954	123	8,324	498
テキサス	44,730	25,602	8,295	7,456	2,682	19,128	9,024	182	10,272	22,061
ユタ	5,750	3,746	1,249	991	306	2,004	797	38	2,034	2,007
バーモント	1,151	680	477	－	53	471	208	3	255	268
バージニア	15,888	10,135	3,430	2,665	1,010	5,753	2,044	202	2,302	-644
ワシントン	14,780	10,184	2,480	2,810	1,526	4,596	1,905	261	6,398	4,119
ウエストバージニア	3,709	2,048	803	343	190	1,660	422	25	285	-94
ウィスコンシン	10,251	6,682	2,395	1,054	646	3,569	1,605	126	1,529	-1,824
ワイオミング	2,346	1,225	194	748	54	1,121	715	11	235	1,014

－ ゼロまたは概数でゼロを示す　1．個別に明示しない項目を含む

資料：U.S. Census Bureau; Federal, State and Local Governments, "State Government Finances 2007-2008,"（2011年6月）; <http://www.census.gov/govs> も参照

No.443. 州・地方政府の歳出と債務――州別：2008年

[単位：100万ドル（2,838,836は2兆8388億3600万ドルを表す）。別に示す場合を除く。表示年を年度末とする会計年度。本章の解説を参照]

州	歳出総額	合計[1]	一般歳出 直接一般歳出							
			合計	教育	公共福祉	保健	病院	道路	警察治安	矯正施設
合衆国	2,838,836	2,404,966	2,400,204	826,063	404,624	79,704	128,853	153,515	89,676	72,904
アラバマ	38,201	32,627	32,627	13,021	4,569	1,043	3,860	1,980	1,044	703
アラスカ	12,903	11,523	11,523	3,010	1,415	200	257	1,521	262	249
アリゾナ	52,533	43,224	43,224	14,041	7,231	1,792	1,216	3,002	2,155	1,644
アーカンソー	20,172	17,890	17,890	6,986	3,785	281	993	1,198	493	499
カリフォルニア	415,437	338,922	335,283	103,871	50,989	13,941	17,959	15,702	14,892	13,727
コロラド	42,537	35,595	35,591	12,603	4,198	960	1,922	2,349	1,452	1,144
コネティカット	35,081	30,415	30,415	11,126	5,185	765	1,385	1,344	996	713
デラウェア	9,072	8,076	8,075	2,878	1,443	418	63	579	289	281
コロンビア特別区	12,949	10,677	10,677	2,227	2,405	564	232	411	591	267
フロリダ	158,175	138,485	138,485	41,310	19,520	4,533	7,732	10,586	6,736	4,751
ジョージア	77,709	65,290	65,290	25,651	9,354	2,298	5,116	3,886	2,293	2,300
ハワイ	13,215	11,705	11,704	3,394	1,628	716	531	578	335	219
アイダホ	10,781	9,697	9,697	3,169	1,642	205	803	880	321	310
イリノイ	115,627	96,219	96,219	32,736	16,235	2,898	2,432	6,787	4,242	1,977
インディアナ	49,266	44,442	44,442	15,419	8,348	809	3,065	2,832	1,223	1,063
アイオワ	25,785	23,031	23,031	8,690	3,891	508	2,387	1,826	614	441
カンザス	23,473	20,893	20,893	7,506	3,204	467	1,744	1,856	684	464
ケンタッキー	34,359	29,473	29,471	10,633	6,127	805	1,629	2,527	702	734
ルイジアナ	45,938	41,362	41,362	11,810	5,758	816	3,150	2,964	1,327	1,243
メーン	11,175	10,322	10,309	3,189	2,506	505	131	714	233	213
メリーランド	51,225	45,740	45,740	17,202	7,331	1,725	495	2,885	1,842	1,684
マサチューセッツ	67,895	56,802	56,606	17,306	12,382	1,168	1,769	2,865	1,843	1,408
ミシガン	83,962	72,284	72,284	28,311	11,649	3,641	3,264	3,713	2,425	2,462
ミネソタ	50,844	44,064	44,064	14,802	10,017	1,109	1,837	3,741	1,527	915
ミシシッピ	25,171	22,454	22,454	7,155	4,245	420	2,867	1,687	601	488
ミズーリ	45,102	39,260	39,260	13,939	6,355	1,504	2,676	2,830	1,632	875
モンタナ	8,116	7,258	7,258	2,523	904	406	109	769	226	196
ネブラスカ	18,351	13,747	13,715	5,090	2,143	418	876	1,201	528	323
ネバダ	21,462	18,233	18,232	6,227	1,827	391	955	1,451	1,079	768
ニューハンプシャー	9,968	8,927	8,927	3,419	1,637	152	60	651	317	168
ニュージャージー	91,729	78,875	78,875	30,503	12,620	1,676	2,434	3,750	3,087	2,062
ニューメキシコ	19,264	17,273	17,273	5,912	3,673	541	881	1,195	603	554
ニューヨーク	263,437	213,004	212,375	64,743	43,948	5,799	12,264	9,696	8,164	5,794
ノースカロライナ	72,873	63,365	63,365	22,785	10,476	2,880	5,599	3,561	2,217	1,772
ノースダコタ	5,616	5,119	5,119	1,845	810	91	18	618	120	84
オハイオ	102,920	86,449	86,440	30,882	16,651	4,183	3,436	4,758	3,157	1,969
オクラホマ	27,430	24,048	24,005	9,145	4,812	690	1,074	1,968	763	705
オレゴン	34,561	28,142	28,142	9,674	4,103	862	1,422	1,905	1,009	1,016
ペンシルベニア	111,863	94,854	94,697	33,107	20,255	4,048	2,444	7,480	2,840	3,051
ロードアイランド	10,576	8,993	8,965	2,936	2,154	187	88	305	317	227
サウスカロライナ	39,741	33,653	33,653	12,253	5,451	1,187	4,502	1,395	980	725
サウスダコタ	5,833	5,223	5,223	1,753	819	156	102	669	141	153
テネシー	49,128	37,817	37,817	12,376	8,189	1,590	2,892	2,012	1,474	957
テキサス	188,686	163,012	163,012	65,970	22,711	3,481	9,982	14,307	5,626	5,210
ユタ	22,204	18,716	18,716	7,471	2,268	566	878	1,428	640	507
バーモント	6,039	5,436	5,436	2,215	1,254	172	20	437	141	119
バージニア	63,272	57,091	57,091	22,693	8,069	1,344	3,081	3,552	2,011	2,080
ワシントン	66,692	53,595	53,590	18,042	7,742	2,239	3,817	3,846	1,448	1,732
ウエストバージニア	13,686	12,420	12,420	4,684	2,544	356	355	1,088	313	272
ウィスコンシン	49,283	42,440	42,440	15,592	7,480	1,838	1,274	3,510	1,552	1,447
ワイオミング	7,520	6,802	6,802	2,240	671	362	774	722	170	240

本表末尾の脚注を参照

No.443. 州・地方政府の歳出と債務——州別：2008年（続）

[280頁の頭注を参照]

州	天然資源	公園・レクリエーション	住宅・コミュニティ開発	下水道	固形廃棄物処理	行政	公債利息	その他一般歳出	公益事業およびアルコール販売支出	保険信託支出	債務残高
合衆国	29,917	40,646	50,974	46,679	23,757	126,997	100,055	216,073	199,287	234,584	2,550,934
アラバマ	320	485	415	329	263	1,417	973	1,946	2,962	2,612	28,008
アラスカ	291	143	271	105	91	788	433	2,646	467	912	9,960
アリゾナ	703	1,079	537	1,284	390	2,629	1,658	3,603	5,873	3,436	43,583
アーカンソー	246	211	173	313	192	956	480	1,106	948	1,334	12,939
カリフォルニア	6,741	6,234	10,285	6,147	3,754	22,430	13,553	34,719	35,889	40,626	341,094
コロラド	364	1,503	708	771	118	2,307	1,885	3,025	3,073	3,868	49,971
コネティカット	126	278	666	443	367	1,762	1,602	3,275	1,198	3,468	36,789
デラウェア	100	92	118	199	126	620	336	604	489	506	7,943
コロンビア特別区	26	662	571	195	319	506	407	1,119	2,117	155	9,581
フロリダ	4,305	3,273	2,436	2,853	2,433	8,329	5,004	15,625	10,759	8,930	142,129
ジョージア	528	1,049	1,239	1,405	618	3,382	1,365	4,305	7,081	5,338	50,562
ハワイ	120	249	199	262	226	766	617	1,830	544	966	10,445
アイダホ	263	138	53	195	133	677	257	771	301	784	5,730
イリノイ	538	2,561	2,012	1,620	524	4,416	5,444	10,142	6,826	12,582	124,163
インディアナ	376	765	660	1,039	268	2,031	1,665	4,482	2,380	2,443	46,548
アイオワ	345	373	164	360	189	973	692	1,723	1,195	1,560	15,457
カンザス	266	268	189	329	153	1,057	942	1,765	1,211	1,369	20,973
ケンタッキー	404	281	295	458	206	1,415	1,538	1,701	1,791	3,095	38,395
ルイジアナ	793	721	5,423	499	307	2,015	1,511	3,296	1,371	3,206	31,887
メーン	170	75	245	164	119	511	348	1,226	127	726	7,796
メリーランド	674	850	1,042	836	597	2,568	1,654	4,134	1,703	3,782	37,965
マサチューセッツ	315	433	1,763	1,102	403	2,638	4,208	6,302	4,690	6,403	92,828
ミシガン	430	817	1,010	2,087	597	3,084	3,047	5,230	3,830	7,848	75,247
ミネソタ	600	1,012	846	642	339	2,089	1,647	3,183	2,582	4,199	41,651
ミシシッピ	311	193	232	202	158	889	491	2,604	1,053	1,665	13,344
ミズーリ	434	661	619	640	149	1,487	1,845	3,409	2,195	3,647	41,124
モンタナ	308	93	111	120	69	501	273	857	203	655	6,472
ネブラスカ	268	214	204	263	88	619	334	1,241	4,005	600	14,014
ネバダ	298	783	235	261	24	1,449	829	1,452	1,774	1,455	24,898
ニューハンプシャー	73	101	190	113	117	499	488	840	509	532	10,526
ニュージャージー	515	1,190	1,188	1,343	1,179	3,511	3,527	9,810	3,865	8,989	87,972
ニューメキシコ	285	334	159	164	157	1,094	523	1,312	631	1,360	13,253
ニューヨーク	687	2,693	4,661	3,927	2,798	11,005	9,847	24,123	24,712	25,720	269,742
ノースカロライナ	777	1,064	869	1,209	746	2,661	1,988	4,677	4,721	4,787	51,202
ノースダコタ	180	109	77	45	43	230	237	746	147	350	3,656
オハイオ	395	1,104	2,138	2,612	510	5,147	3,201	5,151	3,580	12,890	68,659
オクラホマ	221	365	215	401	186	1,211	678	1,354	1,436	1,945	16,943
オレゴン	545	572	486	890	132	1,721	1,128	2,676	2,231	4,188	29,416
ペンシルベニア	773	978	1,917	2,014	777	5,354	4,916	4,863	5,923	11,086	118,611
ロードアイランド	44	58	202	123	98	546	504	949	302	1,281	11,395
サウスカロライナ	319	363	446	484	332	2,007	1,285	1,891	3,313	2,775	36,554
サウスダコタ	150	147	93	135	31	305	197	475	298	312	5,247
テネシー	419	516	650	596	340	1,790	1,032	2,774	9,000	2,311	35,775
テキサス	1,286	2,191	1,920	2,943	1,069	5,806	8,272	11,213	14,308	11,366	215,878
ユタ	242	494	273	394	143	1,312	523	1,523	2,319	1,169	16,729
バーモント	77	38	123	68	44	246	209	310	307	296	4,342
バージニア	283	963	1,036	1,024	701	3,049	1,943	4,449	2,701	3,480	54,700
ワシントン	783	973	1,147	1,798	616	2,291	2,168	4,692	7,844	5,254	64,548
ウエストバージニア	181	156	157	318	69	774	400	848	383	883	9,837
ウィスコンシン	797	590	284	847	384	1,765	1,852	3,413	1,850	4,994	42,120
ワイオミング	220	150	21	106	66	450	96	660	271	448	2,346

1．個別に明示しない項目を含む

資料：U.S. Census Bureau; Federal, State, and Local Governments, "State and Local Government Finances, 2007-2008," (2011年6月); <http://www.census.gov/govs/> も参照

No.444. 州政府の一般会計、歳出：2009、2010年

［単位：100万ドル（1,546,804は1兆5468億400万ドルを表す）。表示年を年度末とする会計年度。本章の解説を参照。一般資金は、幹線道路信託資金および連邦資金等、特定の目的の特別資金を除く。これら資金は、州の経常サービスのほとんどを援助し、政府のあらゆる活動を援助すべく割り当てることができる］

州	計,2009実績	資金源別歳出 2010[1] 推計			一般資金 一般財源[3][4]		歳出[4]		収支[5][6]	
		計[2]	一般資金	連邦資金	2009	2010[1]	2009	2010[1]	2009	2010[1]
合衆国	1,546,804	1,624,666	618,191	563,692	670,301	628,901	660,946	612,600	29,006	$27,589
アラバマ	19,760	24,458	6,847	10,181	7,501	6,742	7,735	7,275	179	55
アラスカ	13,524	9,746	5,375	3,178	5,457	5,615	5,732	4,606	8,898	10,497
アリゾナ	27,080	27,511	9,079	10,655	8,274	7,844	8,754	7,852	3	-
アーカンソー	18,193	20,249	4,207	7,091	4,435	4,323	4,435	4,323	-	-
カリフォルニア	195,476	217,842	86,465	95,398	85,086	81,545	90,940	86,349	-	-
コロラド	28,806	29,003	7,326	8,920	7,830	6,851	7,386	6,705	444	146
コネティカット	25,799	26,062	17,251	3,099	15,880	17,687	16,806	17,238	1,382	103
デラウェア	8,741	8,720	3,077	1,607	3,674	3,614	3,296	3,077	186	186
フロリダ	60,674	66,505	21,195	22,744	24,292	22,765	23,661	21,581	274	275
ジョージア	38,970	38,621	14,870	13,066	19,235	17,110	17,497	15,971	217	193
ハワイ	11,822	10,948	4,838	2,391	5,338	4,817	5,375	4,838	60	63
アイダホ	6,314	7,130	2,349	2,952	2,721	2,442	2,959	2,507	128	31
イリノイ	46,469	47,426	17,244	14,686	29,285	27,370	26,797	22,675	276	276
インディアナ	25,719	26,662	12,915	10,333	14,113	13,656	13,019	12,877	365	-
アイオワ	17,477	18,546	5,302	6,642	5,934	5,634	5,934	5,298	519	419
カンザス	13,960	14,497	5,451	4,544	6,114	5,341	6,064	5,408	-	-
ケンタッキー	24,057	25,837	8,348	10,477	9,263	8,604	9,158	8,452	7	-
ルイジアナ	25,654	29,612	9,011	14,798	10,370	8,576	9,382	7,951	854	644
メーン	8,092	8,257	2,866	3,151	3,100	2,921	3,018	2,849	-	-
メリーランド	31,797	33,409	13,428	9,795	14,396	13,773	14,309	13,429	692	612
マサチューセッツ	48,993	53,410	28,912	5,722	33,587	32,444	32,570	31,693	841	657
ミシガン	45,759	45,723	8,110	19,238	8,633	7,772	8,456	7,772	2	2
ミネソタ	29,897	31,502	15,567	10,400	17,308	15,141	16,861	14,799	-	-
ミシシッピ	16,328	19,384	4,597	8,832	4,991	4,439	4,984	4,899	334	250
ミズーリ	23,094	24,811	7,565	8,743	8,712	7,707	8,449	7,522	260	252
モンタナ	5,526	6,049	1,628	2,285	2,250	2,026	1,858	1,716	-	-
ネブラスカ	9,139	9,591	3,313	2,973	3,752	3,610	3,329	3,313	576	467
ネバダ	9,039	7,875	3,291	2,705	3,989	3,418	3,777	3,250	1	-
ニューハンプシャー	4,978	5,465	1,401	2,073	1,393	1,435	1,418	1,408	9	9
ニュージャージー	46,677	48,975	29,862	14,045	30,926	28,867	30,312	28,362	-	-
ニューメキシコ	15,505	14,351	5,468	5,580	6,747	5,960	6,046	5,471	389	253
ニューヨーク	121,571	130,937	54,262	44,843	56,555	54,504	54,607	54,262	1,206	1,206
ノースカロライナ	43,090	31,792	13,765	10,492	19,745	18,750	19,653	18,513	150	150
ノースダコタ	3,941	4,710	1,501	1,767	1,807	1,898	1,237	1,316	325	325
オハイオ	57,794	57,640	24,141	13,029	28,367	25,685	27,632	25,174	-	-
オクラホマ	21,430	21,559	6,036	10,899	6,568	5,163	6,542	5,119	597	373
オレゴン	24,524	27,920	5,969	8,275	5,889	6,004	5,889	6,431	113	16
ペンシルベニア	62,644	70,376	25,177	29,363	25,054	24,648	27,084	25,138	755	1
ロードアイランド	7,101	8,162	2,887	3,096	2,939	2,883	3,001	2,862	80	112
サウスカロライナ	21,074	22,567	5,275	10,117	5,869	5,363	5,748	5,117	-	111
サウスダコタ	3,546	3,769	1,129	1,718	1,154	1,132	1,153	1,152	107	107
テネシー	29,118	29,136	10,671	12,903	10,841	10,071	10,675	9,738	557	453
テキサス	89,965	97,867	44,156	38,001	44,763	38,838	42,411	32,734	6,276	7,736
ユタ	11,795	12,927	4,441	3,672	5,037	4,462	4,817	4,441	419	209
バーモント	5,617	5,822	1,109	1,845	1,168	1,090	1,146	1,088	60	57
バージニア	40,024	40,773	14,989	9,327	16,104	14,919	15,943	14,787	575	295
ワシントン	33,714	32,543	15,036	8,662	14,807	14,494	14,617	15,036	21	95
ウエストバージニア	20,447	20,247	3,779	4,418	4,479	4,240	3,980	3,677	473	556
ウィスコンシン	38,442	40,085	12,824	11,531	12,817	12,963	12,744	12,824	-	-
ワイオミング	7,648	7,657	3,836	1,430	1,755	1,750	1,750	1,750	398	398

－ ゼロまたは概数でゼロを示す　1．推計値　2．個々に示さない債券と資金を含む　3．予算化された基金、補正額、および前年からの繰越を含む　4．資金移動を含むかどうかは州の会計の慣行による　5．一般財源から歳出をひいたもの　6．期末残高は財政安定化基金に吸収される

資料：National Association of State Budget Officers, Washington, DC, *2009 State Expenditure Report*および*State General Fund from NASBO, Fiscal Survey of the States*（年2回刊）(copyright), <http://www.nasbo.org/publications.php>

No.445. 州債の評価：2010年

[第4四半期現在。評価のランク付けはAから順にB、Cと低くなっていく。AAからCCCのランクにはプラスまたはマイナスの記号をつけて更に細かいランク付けをしている。ランクづけは、スタンダード・アンド・プアーズはAAA、AA、A、BBB、BB、B、CCC、CC、Cの9段階；ムーディズはAaa、Aa、A、Baa、Ba、B、Caa、Ca、Cの9段階。1、2、3の数字は格付に加えられる；フィッチはAAA、AA、A、BBB、BB、B、CCC、CC、Cの9段階。本書前年版の表No.443も参照]

州	スタンダード&プアーズ	ムーディズ	フィッチ	州	スタンダード&プアーズ	ムーディズ	フィッチ
アラバマ	AA	Aa2	AA+	モンタナ	AA	Aa2	AA+
アラスカ	AA+	A1	AA+	ネブラスカ	[1] AA+ (ICR)	(2)	(NA)
アリゾナ	[1] AA-	A1	(NA)	ネバダ	AA	Aa2	AA+
アーカンソー	AA	Aa2	(WD)	ニューハンプシャー	AA	Aa2	AA+
カリフォルニア	A	Baa1	A-	ニュージャージー	AA	Aa3	AA
コロラド	[1] AA (ICR)	Aa2	(NA)	ニューメキシコ	AA+	Aa1	N/A
コネティカット	AA	Aa3	AA	ニューヨーク	AA	Aa3	AA
デラウェア	AAA	Aaa	AAA	ノースカロライナ	AAA	Aaa	AAA
フロリダ	AAA	Aa1	AAA	ノースダコタ	[1] AA+ (ICR)	Aa2	N/A
ジョージア	AAA	Aaa	AAA	オハイオ	AA+	Aa2	AA+
ハワイ	AA	Aa2	AA+	オクラホマ	AA+	Aa3	AA+
アイダホ	[1] AA+ (ICR)	Aa2	(NA)	オレゴン	AA	Aa2	AA+
イリノイ	A+	A2	A	ペンシルベニア	AA	Aa2	AA+
インディアナ	[1] AAA (ICR)	Aaa	(NA)	ロードアイランド	AA	Aa3	AA+
アイオワ	[1] AAA (ICR)	Aa1	AAA	サウスカロライナ	AA+	Aaa	AAA
カンザス	[1] AA+ (ICR)	Aa1	(NA)	サウスダコタ	[1] AA (ICR)	(2)	(NA)
ケンタッキー	[1] AA- (ICR)	Aa2	(NA)	テネシー	AA+	Aa1	AA+
ルイジアナ	AA-	A1	AA	テキサス	AA+	Aa1	AA+
メーン	AA	Aa3	AA+	ユタ	AAA	Aaa	AAA
メリーランド	AAA	Aaa	AAA	バーモント	AA+	Aaa	AAA
マサチューセッツ	AA	Aa2	AA+	バージニア	AAA	Aaa	AAA
ミシガン	AA-	Aa3	AA	ワシントン	AA+	Aa1	AA+
ミネソタ	AAA	Aa1	AAA	ウエストバージニア	AA	Aa3	AA
ミシシッピ	AA	Aa3	AA+	ウィスコンシン	AA	Aa2	AA
ミズーリ	AAA	Aaa	AAA	ワイオミング	[1] AA+ (ICR)	(2)	(NA)

NA データなし　WD 撤回　1. スタンダード・プアの信用格付けは、特定の金銭債務、金銭債務のクラス、あるいは金融プログラムについて、債務者の信用度を示す　2. 評価なし

資料：Standard & Poor's, New York, NY (copyright), <http://www2.standardandpoors.com/portal/site/sp/en/us/page.home/home/0,0,0,0,0,0,0,0,0,0,0,0,0,0,0.html>; Moody's Investors Service, New York, NY (copyright), <http://www.moodys.com/cust/default_alt.asp>; Fitch Ratings, New York, NY (copyright), <http://www.fitchratings.com>

No.446. 市債の評価——都市別：2010年

[第4四半期現在。表No.445の頭注参照]

2000年人口による大都市	スタンダード&プアーズ	ムーディズ	フィッチ	2000年人口による大都市	スタンダード&プアーズ	ムーディズ	フィッチ
ニューヨーク、NY	AA	Aa3	AA	オークランド、CA	AA-	A1	AA-
ロサンゼルス、CA	AA-	Aa2	AA-	メーサ、AZ	AA	A1	(WD)
シカゴ、IL	A+	Aa3	AA-	タルサ、OK	AA	Aa2	(NA)
ヒューストン、TX	AA	Aa3	AA	オマハ、NE	AAA	Aa1	(NA)
フィラデルフィア、PA	BBB	Baa1	A-	ミネアポリス、MN	AAA	Aa1	AAA
フェニックス、AZ	AAA	Aa1	(NA)	ホノルル、HI	AA	Aa2	AA+
サンディエゴ、CA	A	A2	(NA)	マイアミ、FL	A	A2	A
ダラス、TX	AA+	Aa1	(NA)	セントルイス、MO	A+	A2	(NA)
サンアントニオ、TX	AAA	Aa1	AAA	ウィチタ、KS	AA+	Aa2	(WD)
デトロイト、MI	BB	Ba3	BB	サンタアナ、CA	(1)	(1)	(NA)
サンノゼ、CA	AA+	Aa1	AAA	ピッツバーグ、PA	BBB	Baa1	A
インディアナポリス、IN	AA	Aa1	(NA)	アーリントン、TX	AA+	Aa2	(NA)
サンフランシスコ、CA	AA	Aa2	AA	シンシナティ、OH	AA+	Aa1	(NA)
ジャクソンビル、FL	AA-	Aa2	AA+	アナハイム、CA	AA	Aa2	(NA)
コロンバス、OH	AAA	Aa1	AAA	トレド、OH	A	Baa1	(WD)
オースティン、TX	AAA	Aa1	(NA)	タンパ、FL	(1)	Aa2	(NA)
ボルティモア、MD	AA-	Aa3	(WD)	バッファロー、NY	A-	Baa2	A+
メンフィス、TN	AA	A1	AA	セントポール、MN	AAA	Aa2	(WD)
ミルウォーキー、WI	AA	Aa2	AA	コーパスクリスティ、TX	AA	A1	(NA)
ボストン、MA	AA+	Aa1	AA+	オーロラ、CO	AA	Aa2	(NA)
ワシントン、DC	A+	A1	AA-	ローリー、NC	AA+	Aaa	AAA
エルパソ、TX	AA	A1	AA	ニューアーク、NJ	A-	Baa2	(WD)
シアトル、WA	AAA	Aaa	AA+	レキシントン-ファイエット、KY	(1)	Aa2	(NA)
デンバー、CO	AAA	Aa1	AA	アンカレッジ、AK	AA	Aa3	AA+
ナッシュビル-ダヴィッドソン、TN	AA	Aa2	AA	ルイスビル、KY	(1)	Aa2	(NA)
シャーロット、NC	AAA	Aaa	AAA	リバーサイド、CA	AA-	(2)	AA+
フォートワース、TX	AA+	Aa1	AA+	セントピーターズバーグ、FL	(1)	A1	(NA)
ポートランド、OR	(1)	Aaa	(NA)	ベーカーズフィールド、CA	(1)	(2)	(NA)
オクラホマシティ、OK	AAA	Aaa	(NA)	ストックトン、CA	A	A2	(NA)
トゥーソン、AZ	AA-	Aa3	AA	バーミンガム、AL	AA	Aa3	AA
ニューオリンズ、LA	BBB	Baa3	A-	ジャージーシティ、NJ	AA	Baa2	A-
ラスベガス、NV	AA	Aa2	AA	ノーフォーク、VA	AA	A1	AA+
クリーブランド、OH	A (LEASE)	A2	AA-	バトンルージュ、LA	(1)	Aa3	AA+
ロングビーチ、CA	AA-	Aa3	(NA)	ハイアリーア、FL	(1)	(2)	A+
アルバカーキ、NM	AAA	Aa2	AA+	リンカーン、NE	AAA	Aaa	(NA)
カンザスシティ、MO	AA	Aa3	AA	グリーンズボロ、NC	AAA	Aa1	AA+
フレズノ、CA	AA	A1	AA	プラノ、TX	AAA	Aaa	AAA
バージニアビーチ、VA	AAA	Aa1	AA	ロチェスタ、NY	A	A2	(NA)
アトランタ、GA	A	A1	(WD)				
サクラメント、CA	A+	Aa3	(NA)				

NA データなし　WD 撤回　1. 評価なし　2. 発行者の格付け、評価なし

資料：Standard & Poor's, New York, NY (copyright), <http://www2.standardandpoors.com/portal/site/sp/en/us/page.home/home/0,0,0,0,0,0,0,0,0,0,0,0,0,0,0.html>; Moody's Investors Service, New York, NY (copyright); <http://www.moodys.com/cust/default_alt.asp>; Fitch Ratings, New York, NY (copyright), <http://www.fitchratings.com>

No.447. 各州主要都市在住4人家族の州税・地方税支払額推計——所得水準別：2009年

[データは、持家があり課税される市に居住する平均的4人家族（2人の賃金労働者と2人の学齢期の子供）に基づく。州および地方の売上税、所得税、自動車税、不動産税からなる。中央値の定義については凡例を参照。各州の略号については表紙裏の地図を参照。本書前年版の表No.445も参照］

都市	家計総所得水準別支払税額（ドル）					所得水準別所得分布（%）				
	25,000ドル	50,000ドル	75,000ドル	100,000ドル	150,000ドル	25,000ドル	50,000ドル	75,000ドル	100,000ドル	150,000ドル
アルバカーキ、NM	2,487	4,182	6,197	8,431	11,358	9.9	8.4	8.3	8.4	7.6
アンカレジ、AK	2,186	2,355	2,832	3,199	3,978	8.7	4.4	3.8	3.2	2.7
アトランタ、GA	3,270	4,535	7,040	9,837	13,969	13.1	9.1	9.4	9.8	9.3
ボルティモア、MD	2,174	5,797	7,851	10,755	15,271	8.7	11.6	10.5	10.8	10.2
ボストン、MA	3,032	5,031	6,947	9,135	12,185	12.1	10.1	9.3	9.1	8.1
シャーロット、NC	3,353	5,311	7,738	10,868	15,374	13.4	10.6	10.3	10.9	10.2
シカゴ、IL	3,282	5,462	7,308	9,508	11,945	13.1	10.9	9.7	9.5	8.0
コロンバス、OH	2,983	4,559	7,224	10,048	14,514	11.9	9.1	9.6	10.0	9.7
デンバー、CO	2,815	5,426	7,956	10,709		11.3	7.1	7.2	8.0	7.1
デトロイト、MI	3,068	5,722	8,366	11,280	15,515	12.3	11.4	11.2	11.3	10.3
ホノルル、HI	3,283	3,476	5,480	7,767	11,598	13.1	7.0	7.3	7.8	7.7
ヒューストン、TX	2,497	3,003	4,210	5,586	6,588	10.0	6.0	5.6	5.6	4.4
インディアナポリス、IN	3,147	4,334	6,320	8,751	11,962	12.6	8.7	8.4	8.8	8.0
ジャクソンビル、FL	2,656	2,445	3,330	4,532	5,597	10.6	4.9	4.4	4.5	3.7
カンザスシティ、MO	3,203	5,062	7,524	10,243	14,352	12.8	10.1	10.0	10.2	9.6
ラスベガス、NV	2,502	3,257	4,118	5,372	6,203	10.0	6.5	5.5	5.4	4.1
ロサンゼルス、CA	2,757	5,278	7,574	10,263	15,497	11.0	10.6	10.1	10.3	10.3
メンフィス、TN	2,740	2,959	4,182	5,515	6,439	11.0	5.9	5.6	5.5	4.3
ミルウォーキー、WI	2,479	5,405	7,878	10,771	14,929	9.9	10.8	10.5	10.8	10.0
ニューオリンズ、LA	2,695	3,310	5,122	7,233	9,815	10.8	6.6	6.8	7.2	6.5
ニューヨークシティ、NY	2,950	5,169	8,173	11,663	18,186	11.8	10.3	10.9	11.7	12.1
オクラホマシティ、OK	2,731	4,079	6,162	8,580	11,738	10.9	8.2	8.2	8.6	7.8
オマハ、NE	2,422	4,494	6,901	10,061	14,329	9.7	9.0	9.2	10.1	9.6
フィラデルフィア、PA	4,109	6,859	9,310	12,130	16,349	16.4	13.7	12.4	12.1	10.9
フェニックス、AZ	3,200	3,491	5,037	7,351	9,696	12.8	7.0	6.7	7.4	6.5
ポートランド、ME	2,612	5,235	8,082	11,430	16,376	10.4	10.5	10.8	11.4	10.9
シアトル、WA	2,861	3,770	4,915	6,070	6,530	11.4	7.5	6.6	6.1	4.4
バージニアビーチ、VA	2,540	4,182	6,046	8,428	11,571	10.2	8.4	8.1	8.4	7.7
ワシントン、DC	2,585	3,884	6,277	9,076	13,438	10.3	7.8	8.4	9.1	9.0
ウィチタ、KS	2,383	3,813	6,119	8,898	13,009	9.5	7.6	8.2	8.9	8.7
平均値[1]	$2,750	$4,364	$6,392	$8,757	$12,165	11.0	8.7	8.5	8.8	8.1
中央値[1]	$2,700	$4,182	$6,320	$8,906	$12,851	10.8	8.4	8.4	8.9	8.6

1. 各州の最大都市およびコロンビア特別区による。都市の一覧表については、表No.448を参照

資料：Government of the District of Columbia, Office of the Chief Financial Officer, "Tax Rates and Revenues, Tax Burden Comparisons, Nationwide Comparison"（年刊）；<http://www.cfo.dc.gov/cfo/>

No.448. 主要大都市の居住財産税率：2009年

[固定資産税は住宅価値、不動産税、評価基準、自家所有者課税免除および預金の相関関係で決まる。実行税率は使用される評価基準に基づき各管轄当局の判断によって定められる。評価基準は推定市場価格に対する評価額の率で表示される。名目税率は管轄区域によって徴収される"公示"税率を表す。本書前年版の表No.446も参照］

都市	100ドルあたり実行税率		徴税率（%）	100ドルあたりの名目税率	都市	100ドルあたり実行税率		徴税率（%）	100ドルあたりの名目税率
	順位	割合				順位	割合		
インディアナポリス、IN	1	2.75	100.0	2.75	アトランタ、GA	28	1.35	40.0	3.37
ブリッジポート、CT	2	2.71	70.0	3.87	スーフォールズ、SD	29	1.27	85.0	1.49
フィラデルフィア、PA	3	2.64	32.0	8.26	ルイスビル、KY	30	1.26	100.0	1.26
ミルウォーキー、WI	4	2.56	100.0	2.56	オクラホマシティ、OK	31	1.25	11.0	11.34
ヒューストン、TX	5	2.52	100.0	2.52	ミネアポリス、MN	32	1.24	96.8	1.28
ボルティモア、MD	6	2.38	100.0	2.38	ソルトレークシティ、UT	33	1.15	100.0	1.15
プロビデンス、RI	7	2.37	100.0	2.37	ラスベガス、NV	34	1.15	35.0	3.28
デモイン、IA	8	2.29	118.0	1.94	ポートランド、OR	35	1.15	54.3	2.11
デトロイト、MI	9	2.11	32.1	6.58	ロサンゼルス、CA	36	1.11	100.0	1.11
オマハ、ME	10	2.05	96.0	2.13	シャーロット、NC	37	1.08	82.9	1.30
バーリントン、VT	11	2.00	100.0	2.00	ボストン、MA	38	1.06	100.0	1.06
メンフィス、TN	12	1.80	25.0	7.22	コロンビア、SC	39	1.00	4.0	25.00
ポートランド、ME	13	1.79	100.0	1.79	フェニックス、AR	40	0.89	10.0	8.86
コロンバス、OH	14	1.75	35.0	5.01	チャールストン、WV	41	0.86	60.0	1.43
マンチェスター、NH	15	1.74	100.0	1.74	ワシントン、DC	42	0.85	100.0	0.85
ジャクソンビル、FL	16	1.73	100.0	1.73	バーミングハム、AL	43	0.80	10.0	8.02
ジャクソン、MS	17	1.70	10.0	17.04	シアトル、WA	44	0.79	89.3	0.88
ファーゴ、ND	18	1.70	4.5	38.09	ビリングス、MT	45	0.78	26.8	2.93
ニューアーク、NJ	19	1.63	59.7	2.74	バージニアビーチ、VA	46	0.75	100.0	0.75
ボイシシティ、ID	20	1.60	108.4	1.47	シャイアン、WY	47	0.67	9.5	7.10
アンカレジ、AK	21	1.55	100.0	1.55	ニューヨークシティ、NY	48	0.62	3.7	16.70
ウィルミントン、DE	22	1.54	47.2	3.27	デンバー、CO	49	0.53	8.0	6.68
カンザスシティ、MO	23	1.49	19.0	7.84	シカゴ、IL	50	0.52	10.0	5.17
アルバカーキ、NM	24	1.44	33.3	4.32	ホノルル、HI	51	0.34	100.0	0.34
リトルロック、AR	25	1.41	20.0	7.04					
ニューオリンズ、LA	26	1.40	10.0	13.98	非加重平均	(X)	1.46	60.2	5.45
ウィチタ、KS	27	1.38	11.5	12.04	中央値	(X)	1.40	60.0	2.74

X 該当なし

資料：Government of the District of Columbia, Office of the Chief Financial Officer, Tax Rates and Revenues, "Tax Burden Comparisons, Nationwide Comparison,"（年刊）；<http://www.cfo.dco.gov/cfo/> も参照

No.449. 配当税、遊興税、宝くじからの歳入——州別：2006－2008年

［単位：100万ドル（78,521.2は785億2120万ドルを表す）。別に示す場合を除く。会計年度。本章の解説を参照］

州	2006, 総収入	2007, 総収入	2008 総収入	2008 遊興税[1]	2008 配当税	2008 宝くじ収入 計[2]	2008 宝くじ収入 分配 賞金	2008 宝くじ収入 分配 運営	2008 発売によって得られる収益
合衆国	78,521.2	82,218.1	59,388.2	6,376.6	225.5	52,786.1	32,211.4	2,391.7	18,183.1
アラバマ	3.3	3.1	2.8	0.1	2.7	－	－	－	－
アラスカ	2.4	2.4	9.5	9.5	(X)	－	－	－	－
アリゾナ	438.7	432.1	442.6	0.6	0.4	441.6	262.5	35.5	143.7
アーカンソー	5.5	8.1	12.0	6.7	5.3	－	－	－	－
カリフォルニア	3,371.5	3,123.3	2,872.4	(X)	34.9	2,837.4	1,619.5	158.2	1,059.8
コロラド	533.1	568.9	578.4	108.2	2.7	467.4	313.8	33.5	120.1
コネティカット	1,383.2	1,377.8	1,402.3	451.8	8.3	942.2	608.2	41.9	292.1
デラウェア	7,144.4	7,904.3	438.5	(X)	0.1	438.4	65.9	50.3	322.2
フロリダ	3,739.9	3,923.4	3,967.2	(X)	28.1	3,939.1	2,476.0	153.9	1,309.2
ジョージア	2,751.9	2,957.8	3,045.6	(X)	(X)	3,045.6	2,049.5	135.8	860.3
ハワイ	(X)	(X)	(X)	(X)	(X)	－	－	－	－
アイダホ	122.5	121.9	128.0	(X)	1.7	126.3	81.5	8.8	36.1
イリノイ	2,656.7	2,839.6	2,772.1	706.4	8.4	2,057.3	1,199.0	59.6	798.6
インディアナ	1,569.9	1,557.2	1,585.2	817.6	4.2	763.3	503.3	50.1	210.0
アイオワ	486.6	499.2	532.1	294.5	4.1	233.6	144.7	31.7	57.2
カンザス	216.0	229.3	225.3	0.5	1.9	222.9	133.0	24.3	65.6
ケンタッキー	710.5	702.5	734.0	0.2	5.7	728.1	493.1	40.0	195.0
ルイジアナ	970.5	1,065.3	1,100.1	742.8	4.5	352.8	192.8	30.7	129.3
メーン	227.9	235.6	237.7	20.4	3.0	214.3	144.0	20.3	50.1
メリーランド	1,470.9	1,474.7	1,571.8	14.8	1.8	1,555.2	956.9	58.2	540.1
マサチューセッツ	4,208.9	4,196.6	4,424.5	3.5	3.5	4,417.5	3,419.7	101.4	896.5
ミシガン	2,191.4	2,511.1	2,468.1	129.7	8.2	2,330.2	1,350.7	66.6	912.9
ミネソタ	453.1	429.6	455.2	43.2	1.0	411.0	295.0	23.6	92.4
ミシシッピ	145.7	185.8	194.0	194.0	(X)	－	－	－	－
ミズーリ	1,201.2	1,217.0	1,280.4	345.8	(X)	934.6	641.1	35.2	258.3
モンタナ	94.9	94.4	104.5	63.2	0.1	41.3	22.8	7.4	11.0
ネブラスカ	112.1	113.1	120.4	5.7	0.2	114.5	69.2	15.0	30.3
ネバダ	1,045.8	1,089.1	1,047.8	1,047.8	(X)	－	－	－	－
ニューハンプシャー	252.1	253.0	250.0	0.2	2.9	246.9	154.7	17.1	75.0
ニュージャージー	2,774.6	2,669.8	2,810.1	413.0	(X)	2,397.1	1,432.4	77.4	887.3
ニューメキシコ	201.7	214.9	197.6	56.1	0.7	140.8	83.4	17.0	40.3
ニューヨーク	6,321.7	6,608.5	6,871.8	1.0	30.9	6,840.0	3,952.8	299.6	2,587.6
ノースカロライナ	225.2	839.5	1,017.0	14.3	(X)	1,002.7	618.6	48.5	336.0
ノースダコタ	31.1	30.8	30.8	9.2	0.5	21.1	11.4	3.7	6.0
オハイオ	2,091.7	2,131.6	2,191.9	(X)	10.7	2,181.2	1,397.0	109.3	675.0
オクラホマ	195.3	214.6	213.6	11.0	1.8	200.9	112.8	15.5	72.5
オレゴン	2,216.4	2,665.0	997.0	0.3	3.7	993.2	231.4	76.1	685.9
ペンシルベニア	2,838.2	3,103.4	3,655.8	791.6	23.2	2,841.0	1,845.4	81.7	913.9
ロードアイランド	1,542.7	1,619.7	510.5	(X)	2.8	507.7	147.6	9.5	350.6
サウスカロライナ	1,100.2	956.2	960.0	38.0	(X)	922.1	620.5	40.2	261.4
サウスダコタ	580.6	587.0	161.1	8.3	0.3	152.4	23.9	7.0	121.4
テネシー	930.9	989.2	995.2	(X)	(X)	995.2	676.7	51.4	267.1
テキサス	3,619.8	3,618.3	3,522.2	26.5	10.0	3,485.8	2,281.1	167.2	1,037.4
ユタ	(X)	(X)	(X)	(X)	(X)	－	－	－	－
バーモント	98.7	98.4	96.0	(X)	(X)	96.0	64.8	8.9	22.4
バージニア	1,289.2	1,286.0	1,386.5	0.1	(X)	1,386.4	792.3	72.6	521.5
ワシントン	449.5	463.5	492.0	0.0	3.2	488.7	314.9	42.2	131.6
ウエストバージニア	14,027.7	14,545.6	813.3	(X)	2.9	810.4	121.2	32.7	656.5
ウィスコンシン	475.4	460.0	463.1	0.4	0.9	461.8	286.7	32.2	143.0
ワイオミング	0.2	－	0.2	(X)	0.2	－	－	－	－

－ ゼロまたは概数でゼロを示す　X 該当なし　1．非免許税を表す　2．手数料を除く
資料：U.S. Census Bureau, Federal, State and Local Governments, State Government Finances, Lottery および未刊行資料；<http://www.census.gov/govs/state/08lottery.html>

No.450. 宝くじ売上高——種別：1990－2010年

［単位：100万ドル（20,017は200億1700万ドルを表す）。会計年度］

タイプ	1990	1995	2000	2005	2007	2008	2009	2010
総売上高	20,017	31,931	37,201	47,364	52,414	53,360	53,062	54,196
インスタントくじ[1]	5,204	11,511	15,459	25,946	29,736	30,471	30,324	30,711
数字あて-3[2]	4,572	5,737	5,341	5,428	5,586	5,544	5,518	5,415
数字あて-4[2]	1,302	1,941	2,711	3,300	3,499	3,605	3,781	3,884
ロト[3]	8,563	10,594	9,160	9,707	10,014	10,292	9,989	10,554
その他[4]	376	2,148	4,530	2,983	3,579	3,448	3,451	3,632
州の収益金額（純所得）[5]	7,703	11,100	11,404	15,779	17,627	17,877	17,601	17,972

1．くじの数字部分が隠されており、購入後ひっかいて現れた数字によって、即座に当たりはずれがわかる　2．3つあるいは4つの数字を選ぶ。くじの種類によって、並び順により異なる当選金が支払われる　3．数字の表の中から6つを選び、当選番号と3つから6つの共通した場合に当選金が支払われる　4．三角くじ、スパイラル、キーノウ、ビデオくじ等　5．純所得は総売上高から直接、間接のコストを引いたもの
資料：TLF Publications, Inc., Boyds, MD, *2010 World Lottery Almanac* (copyright), <http://www.lafleurs.com/>

No.451. 州政府——財政の概要：1990－2008年

[単位：100万ドル（673,119は6731億1900万ドルを表す）。別に示す場合を除く。表示年を年度末とする会計年度。本章の解説を参照。『アメリカ歴史統計』系列Y710-782も参照]

項目	1990	2000	2003	2004	2005	2006	2007	2008
借入金および歳入	673,119	1,336,798	1,430,303	1,727,347	1,757,221	1,906,455	2,138,574	1,763,725
借入金	632,172	1,260,829	134,644	140,682	115,264	133,247	138,208	144,597
歳入	517,429	984,783	1,295,659	1,586,665	1,641,957	1,773,208	2,000,366	1,619,128
一般歳入	300,489	539,655	1,112,349	1,194,056	1,286,714	1,385,376	1,457,803	1,513,904
税	147,069	252,147	548,991	590,414	650,612	710,864	757,471	781,647
売上税、粗収益税	99,702	174,461	273,811	293,326	312,584	332,972	352,706	358,522
一般消費税	19,379	29,968	184,597	197,949	212,921	226,712	238,304	241,008
自動車燃料	3,191	4,104	32,269	33,762	34,567	35,702	36,543	36,477
アルコール飲料	5,541	8,391	4,399	4,593	4,706	4,925	5,166	5,293
タバコ製品	19,256	35,222	11,482	12,303	12,917	14,499	15,299	16,068
その他	18,842	32,598	41,065	44,718	47,474	51,134	57,393	59,677
許認可税	9,848	15,099	35,863	39,679	42,584	45,241	46,697	49,551
自動車運転免許	3,099	6,460	16,009	17,336	18,221	19,015	19,470	19,719
一般法人	5,895	11,039	6,129	6,339	7,148	7,579	8,570	10,306
その他	96,076	194,573	13,725	16,004	17,216	18,648	18,657	19,527
個人所得税	21,751	32,522	181,933	196,255	221,597	245,883	265,863	278,373
法人純所得税	5,848	10,996	28,384	30,229	38,691	47,466	52,915	50,759
財産税	10,902	16,819	10,471	10,714	11,342	11,794	12,621	12,691
その他	90,612	170,747	18,529	20,211	23,813	27,509	26,668	31,751
手数料および雑収	126,329	274,382	201,741	209,029	228,242	255,369	270,054	286,148
政府間移転	118,353	259,114	361,617	394,613	407,860	419,143	430,278	446,109
連邦政府からの交付金	59,397	147,150	343,308	374,694	386,283	397,597	410,184	423,150
公共福祉	21,271	42,086	196,954	214,528	222,909	222,916	233,479	243,513
教育	13,931	23,790	56,362	64,913	68,275	73,493	73,411	74,233
道路	5,475	14,223	29,481	29,606	32,677	33,536	35,173	35,690
保健・病院	18,279	31,865	19,559	20,377	20,443	21,144	21,592	22,602
その他	7,976	15,268	40,951	45,270	41,980	46,508	46,530	47,113
地方政府からの交付金	3,305	4,513	18,309	19,919	21,576	21,546	20,094	22,959
公益事業	2,907	3,895	12,518	12,955	14,627	15,816	16,736	16,522
アルコール販売	108,530	267,639	4,518	4,866	5,118	5,430	5,799	6,128
保険信託[1]	78,898	230,166	166,274	374,788	335,498	366,586	520,029	82,574
退職年金保険	18,370	23,260	110,839	308,896	269,617	300,350	456,789	20,664
失業補償	18,370	23,260	35,191	38,230	35,243	36,864	34,063	34,360
歳出、負債償還	592,213	1,125,828	1,426,715	1,497,114	1,555,611	1,627,579	1,710,221	1,811,483
歳出	572,318	1,084,097	1,359,048	1,406,175	1,471,936	1,551,555	1,635,747	1,733,862
一般歳出	508,284	964,723	1,163,968	1,209,436	1,277,979	1,347,130	1,424,195	1,501,750
教育	184,935	346,465	411,094	429,341	454,364	481,877	514,147	546,806
公共福祉	104,971	238,890	314,407	339,409	370,219	378,605	393,694	412,130
保健	20,029	42,066	50,221	49,559	48,957	51,121	57,388	60,224
病院	22,637	32,578	38,395	40,426	43,103	44,800	48,916	53,025
道路	44,249	74,415	85,726	86,166	91,063	99,519	103,201	106,877
警察、治安	5,166	9,788	11,144	10,766	11,426	12,233	12,876	13,594
矯正施設	17,266	35,129	39,188	39,314	40,592	42,720	46,498	49,747
天然資源	9,909	15,967	18,577	18,652	18,850	20,034	22,038	22,435
住宅、地域開発	2,856	4,726	8,112	7,191	7,708	7,918	12,475	14,576
その他、配分不能	96,267	164,698	187,106	188,613	191,697	208,302	212,964	222,336
公益事業	7,131	10,723	22,405	21,676	21,824	24,904	24,530	26,073
アルコール販売	2,452	3,195	3,697	3,924	4,082	4,338	4,664	4,945
保険信託[1]	54,452	105,456	168,979	171,139	168,052	175,183	182,358	201,094
退職年金保険	29,562	75,971	103,049	111,376	118,333	127,493	135,760	146,665
失業補償	16,423	18,583	51,411	43,174	29,776	28,009	28,854	35,471
使途目的別歳出：								
政府間歳出	175,028	327,070	382,197	389,706	403,488	428,925	459,605	477,085
直接歳出	397,291	757,027	976,852	1,016,469	1,068,449	1,122,631	1,176,142	1,256,777
経常業務	258,046	523,114	656,989	691,652	739,948	774,651	809,535	863,372
資本支出	45,524	76,233	91,943	90,950	94,181	101,432	110,044	113,021
建設	34,803	59,681	72,374	73,372	77,039	83,858	90,788	92,068
土地・構築物	3,471	4,681	6,945	6,576	6,259	6,135	19,256	20,953
設備	7,250	11,871	12,623	11,002	10,883	11,440	(NA)	(NA)
援助金、補助金	16,902	22,136	25,901	28,104	30,181	31,644	30,621	32,573
公債利息	22,367	30,089	33,040	34,624	36,047	39,720	43,584	46,717
保険給付、償還[2]	54,452	105,456	168,979	171,139	168,052	175,183	182,358	201,094
負債償還	19,895	41,730	67,666	90,939	83,675	76,024	74,474	77,621
未払いの負債、年度末	318,254	547,876	697,929	754,150	813,846	870,939	936,524	1,004,181
長期負債[3]	315,490	541,497	681,796	740,414	808,293	860,310	929,947	990,000
完全保証債および信用	74,972	138,525	179,372	209,385	(NA)	(NA)	(NA)	(NA)
無保証負債	240,518	402,972	502,424	531,030	(NA)	(NA)	(NA)	(NA)
短期負債	2,764	6,379	16,133	13,736	5,553	10,629	6,577	14,181
純長期負債[4]	125,524	266,870	366,207	412,194	444,685	473,447	499,709	530,312
完全保証債・信用のみ	63,481	128,384	170,137	200,295	(NA)	(NA)	(NA)	(NA)

NA データなし 1．個別に明示しないその他の項目を含む 2．支払いを含む 3．2005会計年度については、センサス局は政府債務の情報を長期負債の性質別に集めていない。さらなる情報は「2006年政府財政と雇用分類マニュアル」〈http://www.census.gov/govs/classification/〉を参照 4．長期負債の償還に備えた現金および投資資産を除く

資料：U.S. Census Bureau, Survey of State Government Finances, 2008; 〈http://www.census.gov/govs〉も参照

No.452. 州政府の歳入：2008年

[単位：100万ドル（1,619,128は1兆6191億2800万ドルを表す）。別に示す場合を除く。表示年を年度末とする会計年度。本章の解説を参照。州課税のうち地方政府の部分を含む。マイナス（－）は減少を示す]

州	歳入総額 [1][2]	一般歳入							公益事業、保険信託酒類販売収入	からの収入
		合計	政府間歳入		自己財源からの一般歳入					
			計	連邦政府からの歳入	計	税、合計	手数料	雑収入		
合衆国	1,619,128	1,513,904	446,109	423,150	1,067,795	781,647	151,002	135,146	22,650	82,574
アラバマ	18,354	21,974	7,713	7,146	14,261	9,071	3,473	1,718	249	-3,869
アラスカ	16,028	15,875	2,191	2,186	13,684	8,425	555	4,704	17	136
アリゾナ	27,698	27,088	8,887	8,667	18,200	13,706	1,747	2,747	28	582
アーカンソー	15,107	14,761	4,534	4,511	10,227	7,531	1,930	767	-	346
カリフォルニア	201,070	194,296	51,915	49,366	142,381	117,362	14,960	10,060	5,406	1,367
コロラド	26,503	19,599	4,945	4,853	14,654	9,625	2,892	2,138	-	6,904
コネティカット	22,160	22,068	4,345	4,333	17,723	14,598	1,682	1,443	28	64
デラウェア	6,658	6,565	1,336	1,284	5,229	2,931	1,025	1,273	13	80
フロリダ	68,621	67,717	19,876	19,387	47,841	35,850	6,016	5,975	18	886
ジョージア	41,154	36,672	13,090	12,871	23,581	18,070	3,263	2,248	4	4,478
ハワイ	9,299	9,302	2,093	2,089	7,209	5,148	1,243	819	-	-3
アイダホ	7,107	6,764	2,005	1,986	4,759	3,652	592	515	116	227
イリノイ	58,524	55,256	14,740	14,278	40,516	31,891	4,264	4,362	-	3,267
インディアナ	29,315	29,244	8,349	8,163	20,895	15,116	3,323	2,455	-	71
アイオワ	15,940	15,014	4,630	4,396	10,383	6,892	2,181	1,310	192	735
カンザス	13,542	13,505	3,496	3,460	10,009	7,160	1,990	860	-	37
ケンタッキー	20,582	20,851	6,631	6,609	14,220	10,056	2,778	1,386	-	-269
ルイジアナ	30,308	29,869	14,181	14,111	15,688	11,004	1,913	2,771	8	431
メーン	7,656	7,656	2,428	2,416	5,228	3,786	634	808	-	-
メリーランド	28,423	28,815	7,525	7,167	21,290	15,714	2,963	2,613	117	-510
マサチューセッツ	51,760	41,607	10,048	9,594	31,560	21,909	3,712	5,940	195	9,958
ミシガン	42,259	49,151	13,359	13,143	35,792	24,782	6,290	4,721	768	-7,660
ミネソタ	29,707	29,682	7,256	7,114	22,426	18,321	2,246	1,859	-	25
ミシシッピ	16,278	16,530	7,719	7,623	8,811	6,771	1,391	650	249	-501
ミズーリ	25,243	24,212	8,501	8,303	15,711	10,965	2,422	2,324	-	1,032
モンタナ	6,403	5,491	1,919	1,909	3,571	2,458	525	588	69	843
ネブラスカ	8,388	8,358	2,561	2,497	5,797	4,229	899	669	-	30
ネバダ	10,439	9,398	1,858	1,719	7,541	6,116	685	740	68	972
ニューハンプシャー	6,285	5,707	1,830	1,603	3,877	2,251	811	815	463	114
ニュージャージー	55,046	51,396	11,218	10,625	40,178	30,617	5,231	4,331	865	2,785
ニューメキシコ	12,893	13,713	4,322	4,202	9,391	5,646	1,174	2,571	-	-821
ニューヨーク	147,340	133,010	46,624	39,342	86,386	65,371	8,209	12,807	7,807	6,524
ノースカロライナ	51,421	43,097	13,650	12,966	29,447	22,781	3,846	2,820	-	8,324
ノースダコタ	5,019	4,655	1,233	1,195	3,422	2,312	703	406	-	364
オハイオ	65,615	54,436	17,094	16,551	37,343	26,128	7,036	4,178	713	10,465
オクラホマ	18,657	17,826	5,706	5,581	12,121	8,331	2,108	1,681	458	372
オレゴン	17,138	16,648	4,835	4,820	11,813	7,279	2,278	2,256	402	88
ペンシルベニア	71,142	60,800	16,170	15,968	44,630	32,124	7,065	5,441	1,413	8,929
ロードアイランド	6,691	6,387	2,088	1,933	4,299	2,761	621	917	33	271
サウスカロライナ	23,119	20,519	7,019	6,604	13,500	7,979	3,910	1,611	1,453	1,147
サウスダコタ	2,910	3,426	1,256	1,240	2,170	1,321	307	541	-	-516
テネシー	25,699	25,178	8,308	8,187	16,870	11,538	2,044	3,288	-	521
テキサス	119,095	98,975	33,603	29,487	65,371	44,676	10,114	10,582	-	20,120
ユタ	15,408	13,183	3,442	3,360	9,741	6,109	2,400	1,232	218	2,007
バーモント	5,149	4,857	1,421	1,418	3,436	2,544	510	382	43	249
バージニア	36,232	36,141	7,403	6,859	28,738	18,408	6,367	3,962	533	-442
ワシントン	36,660	32,273	8,304	7,998	23,969	17,960	3,690	2,320	547	3,841
ウエストバージニア	10,724	10,754	3,274	3,194	7,480	4,882	1,279	1,319	75	-105
ウィスコンシン	25,644	27,976	7,014	6,838	20,962	15,089	3,531	2,342	-	-2,332
ワイオミング	6,718	5,624	2,165	1,997	3,460	2,405	174	880	80	1,014

－ ゼロまたは概数でゼロを示す　1．個別に明示しない項目を含む　2．重複する政府間取引額を除外

資料：U.S. Census Bureau, Federal, State, and Local Governments, Finance, "Survey of State Government Finances, 2008."; <http://www.census.gov/govs/> も参照

No.453. 州政府の税収――州別：2008年

[単位：100万ドル（781,647は7816億4700万ドルを表す）]

州	全税収	財産税総額	一般売上税および総売上税 計	特定売上税および総売上税、計	特定売上税 計	アルコール飲料販売	保険料	自動車燃料	公益事業	タバコ	その他
合衆国	781,647	12,691	358,522	241,008	117,515	5,293	15,718	36,477	14,794	16,068	29,165
アラバマ	9,071	301	4,433	2,287	2,146	165	294	546	782	145	214
アラスカ	8,425	82	280	-	280	39	55	42	4	73	66
アリゾナ	13,706	902	8,146	6,433	1,713	65	470	731	38	407	1
アーカンソー	7,531	682	3,778	2,808	970	43	147	471	-	147	161
カリフォルニア	117,362	2,279	39,808	31,973	7,835	327	2,173	3,421	755	1,037	121
コロラド	9,625	-	3,520	2,313	1,207	35	191	637	12	221	111
コネティカット	14,598	-	5,813	3,546	2,267	47	199	490	242	335	954
デラウェア	2,931	-	485	-	485	15	94	118	50	125	83
フロリダ	35,850	2	29,297	21,518	7,779	609	714	2,289	3,159	444	563
ジョージア	18,070	82	7,689	5,797	1,892	166	348	1,011	-	233	134
ハワイ	5,148	-	3,302	2,620	683	46	99	94	127	89	227
アイダホ	3,652	-	1,743	1,347	396	8	83	240	2	55	9
イリノイ	31,891	59	15,472	7,935	7,536	158	316	1,335	1,920	614	3,194
インディアナ	15,116	7	8,396	5,739	2,657	45	189	856	215	520	833
アイオワ	6,892	-	2,961	1,841	1,120	14	112	442	-	253	299
カンザス	7,160	79	3,091	2,265	826	106	134	432	1	118	35
ケンタッキー	10,056	503	4,719	2,876	1,843	108	152	618	57	179	730
ルイジアナ	11,004	47	5,539	3,459	2,080	55	478	604	14	146	782
メーン	3,786	37	1,705	1,061	645	17	97	230	33	150	117
メリーランド	15,714	631	6,249	3,749	2,500	29	414	809	134	376	738
マサチューセッツ	21,909	4	6,056	4,098	1,958	72	396	673	24	437	356
ミシガン	24,782	2,264	11,920	8,226	3,695	139	223	995	21	1,076	1,240
ミネソタ	18,321	712	7,433	4,551	2,882	73	347	649	-	419	1,395
ミシシッピ	6,771	50	4,229	3,135	1,094	42	194	442	2	58	356
ミズーリ	10,965	29	4,771	3,228	1,542	31	284	736	-	109	382
モンタナ	2,458	220	544	-	544	27	65	206	49	94	103
ネブラスカ	4,229	2	2,035	1,534	501	26	37	294	57	75	12
ネバダ	6,116	192	4,930	3,077	1,853	40	257	312	12	135	1,097
ニューハンプシャー	2,251	388	793	-	793	13	86	137	79	170	309
ニュージャージー	30,617	3	12,520	8,916	3,604	104	543	563	930	789	674
ニューメキシコ	5,646	58	2,663	1,950	714	41	144	250	36	48	194
ニューヨーク	65,371	-	20,150	11,295	8,855	205	1,137	528	764	973	5,248
ノースカロライナ	22,781	-	8,930	5,270	3,660	260	506	1,582	389	248	674
ノースダコタ	2,312	2	873	530	343	7	37	143	34	24	97
オハイオ	26,128	-	12,745	7,866	4,880	93	444	1,843	1,142	951	408
オクラホマ	8,331	-	3,034	2,096	938	86	147	385	30	252	36
オレゴン	7,279	22	761	-	761	16	50	414	23	255	4
ペンシルベニア	32,124	59	15,306	8,873	6,433	277	698	2,102	1,355	1,026	974
ロードアイランド	2,761	1	1,381	847	534	11	53	127	100	114	129
サウスカロライナ	7,979	10	4,279	3,052	1,228	150	126	534	26	31	360
サウスダコタ	1,321	-	1,072	732	340	14	62	130	3	64	67
テネシー	11,538	-	8,612	6,833	1,779	116	402	873	10	272	106
テキサス	44,676	-	33,365	21,669	11,696	784	1,405	3,103	1,016	1,447	3,941
ユタ	6,109	-	2,644	1,964	680	40	132	377	31	62	38
バーモント	2,544	810	855	339	516	20	57	92	11	59	278
バージニア	18,408	22	6,093	3,657	2,437	176	397	920	150	168	626
ワシントン	17,960	1,742	14,401	11,345	3,056	267	415	1,170	468	413	323
ウエストバージニア	4,882	5	2,267	1,110	1,157	9	114	404	158	115	356
ウィスコンシン	15,089	125	6,317	4,268	2,049	55	172	1,001	327	485	8
ワイオミング	2,405	279	1,116	981	135	2	26	75	3	27	1

本表末尾の脚注を参照

No.453. 州政府の税収──州別：2008年（続）

[288頁の頭注参照]

州	許認可税 合計[1]	主要な許認可税 法人	主要な許認可税 運転免許	主要な許認可税 土地家屋・法人設立登記 n.e.c.[2]	所得税 計	所得税 個人所得税	所得税 法人税	その他の税 合計[1]	その他の主要な税 相続税・贈与税	その他の主要な税 鉱山税
合衆国	49,551	10,306	2,163	12,526	329,132	278,373	50,759	31,751	5,101	18,278
アラバマ	488	103	18	122	3,602	3,078	525	246	–	198
アラスカ	143	1	–	42	982	–	982	6,939	–	6,939
アリゾナ	421	23	27	99	4,193	3,409	785	44	–	44
アーカンソー	307	23	15	97	2,687	2,345	343	75	–	28
カリフォルニア	7,642	61	235	3,795	67,595	55,746	11,849	38	6	32
コロラド	377	13	14	34	5,576	5,068	508	152	–	151
コネティカット	355	17	39	80	8,108	7,504	604	322	166	–
デラウェア	1,033	619	3	245	1,316	1,007	309	98	–	–
フロリダ	1,875	220	162	247	2,209	–	2,209	2,467	12	56
ジョージア	496	32	65	70	9,789	8,845	943	14	–	–
ハワイ	157	2	–	26	1,650	1,545	105	38	–	–
アイダホ	270	2	7	60	1,629	1,439	190	10	–	7
イリノイ	2,475	234	67	751	13,436	10,320	3,116	450	373	–
インディアナ	800	3	226	44	5,747	4,838	909	166	166	–
アイオワ	640	40	15	106	3,196	2,848	347	96	–	80
カンザス	304	55	17	27	3,473	2,945	528	213	44	169
ケンタッキー	470	76	20	114	4,017	3,483	534	348	51	293
ルイジアナ	499	253	11	108	3,873	3,170	703	1,047	11	1,036
メーン	231	8	12	96	1,747	1,563	185	65	40	–
メリーランド	697	74	29	133	7,675	6,940	735	461	243	–
マサチューセッツ	685	24	93	168	14,676	12,496	2,180	487	254	–
ミシガン	1,354	20	52	151	8,959	7,181	1,778	284	–	114
ミネソタ	1,011	7	50	330	8,818	7,777	1,040	346	116	32
ミシシッピ	419	130	34	84	1,936	1,551	385	136	1	135
ミズーリ	651	89	16	155	5,503	5,119	384	12	3	–
モンタナ	311	3	8	90	1,032	870	162	350	–	347
ネブラスカ	207	7	9	63	1,959	1,726	233	25	7	5
ネバダ	542	72	16	173	–	–	–	451	–	74
ニューハンプシャー	216	39	13	47	733	118	615	122	–	–
ニュージャージー	1,452	313	38	568	15,425	12,606	2,820	1,216	699	–
ニューメキシコ	258	20	5	25	1,568	1,214	355	1,099	–	1,090
ニューヨーク	1,356	70	145	148	41,602	36,564	5,038	2,263	1,038	–
ノースカロライナ	1,412	448	134	185	12,200	10,994	1,206	239	176	2
ノースダコタ	166	–	4	57	479	317	162	792	–	792
オハイオ	2,710	1,016	80	647	10,602	9,848	755	71	61	9
オクラホマ	891	53	15	82	3,148	2,787	360	1,258	55	1,185
オレゴン	917	13	32	307	5,446	4,969	477	133	110	12
ペンシルベニア	2,823	813	62	717	12,600	10,408	2,191	1,336	803	–
ロードアイランド	96	4	1	35	1,238	1,092	146	46	35	–
サウスカロライナ	434	78	45	132	3,184	2,864	320	72	–	–
サウスダコタ	172	3	3	79	70	–	70	7	–	7
テネシー	1,288	645	44	271	1,297	291	1,006	341	103	2
テキサス	7,174	4,453	116	872	–	–	–	4,137	6	4,131
ユタ	371	4	14	38	2,988	2,593	395	106	–	106
バーモント	125	5	5	27	708	623	85	46	16	–
バージニア	653	55	45	159	10,902	10,115	787	738	153	2
ワシントン	953	25	62	246	–	–	–	864	111	44
ウエストバージニア	193	7	4	42	2,058	1,519	539	359	–	348
ウィスコンシン	910	18	36	312	7,504	6,641	863	234	159	5
ワイオミング	121	11	2	19	–	–	–	889	1	884

－ ゼロまたは概数でゼロを示す　1．個別に明示しないその他の項目を含む　2．n.e.c.は他のどこにも分類されないものを示す

資料：U.S. Census Bureau, *Tax collections, State governments tax collections* (年刊); ⟨http://www.census.gov/govs/statetax⟩ も参照

No.454. 州政府の歳出と負債：2008年

[単位：100万ドル（1,733,862は1兆7338億6200万ドルを表す）。別に示す場合を除く。表示年を年度末とする会計年度。本章の解説を参照]

州	歳出総額	一般歳出		直接支出						
		計	政府間支出	計	教育	公共福祉	保健	病院	道路	警察、治安
合衆国	1,733,862	1,501,750	477,085	1,024,666	232,212	354,048	40,033	51,938	90,645	12,034
アラバマ	24,893	22,171	6,721	15,450	5,284	4,521	668	1,346	1,162	154
アラスカ	10,116	9,149	1,488	7,661	1,229	1,409	135	32	1,313	76
アリゾナ	30,779	27,569	10,242	17,327	3,668	6,958	1,548	71	1,557	258
アーカンソー	15,656	14,355	4,392	9,963	2,529	3,772	248	811	751	81
カリフォルニア	246,684	208,783	93,644	115,139	23,379	35,097	3,436	6,865	8,250	1,616
コロラド	22,806	19,291	6,228	13,063	4,044	3,411	673	438	966	137
コネティカット	23,529	20,057	4,231	15,826	2,952	5,082	617	1,385	793	217
デラウェア	7,152	6,561	1,172	5,389	1,217	1,442	381	63	489	111
フロリダ	77,195	69,156	19,703	49,453	7,923	18,031	3,591	831	6,533	453
ジョージア	41,165	36,165	10,415	25,750	7,004	9,143	1,159	805	2,287	317
ハワイ	10,534	9,567	138	9,429	3,394	1,564	670	531	408	12
アイダホ	7,675	6,807	2,038	4,769	1,124	1,614	146	47	565	49
イリノイ	63,368	54,310	14,750	39,560	7,412	15,665	2,168	1,005	3,799	397
インディアナ	30,783	28,418	7,969	20,448	5,734	7,855	586	198	1,959	253
アイオワ	16,523	14,830	4,143	10,687	2,762	3,789	136	1,088	930	90
カンザス	14,969	13,646	4,214	9,431	2,064	3,166	214	973	1,052	99
ケンタッキー	25,422	22,363	4,701	17,662	4,796	6,074	474	1,092	2,067	168
ルイジアナ	33,004	29,983	6,023	23,960	4,761	5,723	641	1,021	2,053	248
メーン	8,151	7,425	1,335	6,090	929	2,471	477	56	451	70
メリーランド	34,030	30,328	8,509	21,819	4,475	7,115	1,305	495	1,981	340
マサチューセッツ	45,635	40,398	9,252	31,146	4,766	12,319	1,049	467	2,043	432
ミシガン	56,869	49,825	19,513	30,312	8,835	10,540	988	2,299	1,499	308
ミネソタ	34,284	30,255	11,189	19,066	5,088	8,388	486	405	1,385	265
ミシシッピ	18,643	16,777	5,112	11,665	2,213	4,219	320	953	1,091	107
ミズーリ	26,789	23,621	5,639	17,983	3,591	6,175	1,136	1,322	1,740	215
モンタナ	6,138	5,424	1,319	4,105	962	858	309	45	590	41
ネブラスカ	8,443	8,024	1,982	6,042	1,602	2,068	337	239	624	66
ネバダ	10,845	9,320	3,860	5,460	1,594	1,492	248	234	508	101
ニューハンプシャー	6,602	5,672	1,452	4,220	926	1,435	123	60	404	50
ニュージャージー	58,539	46,810	10,928	35,883	8,433	11,547	1,270	1,920	2,559	461
ニューメキシコ	15,793	14,413	4,348	10,064	2,060	3,559	491	750	864	124
ニューヨーク	157,398	128,201	52,821	75,401	10,830	33,428	2,117	4,896	4,371	779
ノースカロライナ	46,707	41,820	13,196	28,624	7,992	8,935	1,323	1,461	3,013	494
ノースダコタ	4,126	3,790	805	2,984	830	759	54	16	360	27
オハイオ	67,789	54,581	18,106	36,475	9,187	13,737	1,463	2,090	2,547	252
オクラホマ	19,518	17,209	4,392	12,817	3,567	4,773	556	227	1,196	160
オレゴン	22,387	18,076	5,641	12,435	2,741	3,834	307	1,154	1,088	156
ペンシルベニア	71,635	60,486	17,801	42,685	8,462	16,473	715	2,436	5,845	759
ロードアイランド	7,496	6,228	1,054	5,175	823	2,143	181	88	202	57
サウスカロライナ	27,594	22,988	5,719	17,269	4,606	5,416	1,019	1,685	958	195
サウスダコタ	3,698	3,400	680	2,720	570	806	120	61	393	30
テネシー	26,253	24,415	6,510	17,906	4,020	8,054	1,235	408	1,274	156
テキサス	99,127	88,765	25,158	63,607	16,980	22,432	1,684	2,914	7,603	714
ユタ	14,294	12,967	3,050	9,917	3,234	2,177	347	823	1,000	127
バーモント	5,070	4,707	1,341	3,366	832	1,253	163	20	268	73
バージニア	39,765	36,301	11,032	25,269	7,308	6,665	533	2,850	2,703	301
ワシントン	39,690	34,092	9,144	24,948	6,805	7,607	1,257	1,744	2,282	231
ウエストバージニア	10,597	9,669	2,130	7,539	1,869	2,540	293	106	1,006	65
ウィスコンシン	32,625	27,996	10,088	17,908	4,307	5,856	374	1,106	1,341	126
ワイオミング	5,082	4,564	1,769	2,795	502	656	273	2	521	16

本表末尾の脚注を参照

No.454. 州政府の歳出と負債：2008年（続）

[290頁の頭注参照]

州	一般歳出 直接支出								歳出 公益事業、アルコール販売	保険信託	現金・証券の保有残高	債務残高計
	矯正施設	公園、レクリエーション	住宅・コミュニティ開発	下水道	固形廃棄物管理	政府運営	一般債務利子	その他				
合衆国	47,239	5,510	10,857	1,273	2,439	52,102	44,719	79,618	31,018	201,094	3,826,448	1,004,181
アラバマ	496	49	11	-	1	574	329	854	235	2,487	40,282	8,472
アラスカ	244	15	142	-	-	570	310	2,185	82	885	68,098	6,492
アリゾナ	974	74	81	-	4	722	491	920	31	3,179	50,786	10,519
アーカンソー	361	46	11	-	9	591	194	557	-	1,301	24,149	4,283
カリフォルニア	8,454	421	277	169	1,256	8,782	5,651	11,487	5,225	32,676	541,497	121,930
コロラド	841	67	78	2	2	739	827	837	27	3,488	68,209	15,879
コネティカット	713	28	157	-	167	1,113	1,266	1,336	405	3,066	43,739	27,554
デラウェア	281	52	59	-	94	475	270	456	124	467	13,293	5,723
フロリダ	2,770	192	76	-	220	2,972	1,604	4,256	86	7,954	185,490	42,321
ジョージア	1,535	209	236	6	42	810	598	1,596	34	4,966	76,804	13,072
ハワイ	219	78	129	18	-	481	441	1,486	1	966	17,234	6,028
アイダホ	236	33	14	-	-	360	162	418	86	782	17,133	3,379
イリノイ	1,234	112	248	18	39	1,147	2,867	3,450	-	9,058	131,651	58,437
インディアナ	677	65	274	7	6	639	968	1,229	44	2,322	55,122	19,916
アイオワ	288	51	28	-	2	539	392	592	135	1,558	34,551	7,236
カンザス	312	36	67	-	4	447	334	662	-	1,323	18,478	5,837
ケンタッキー	508	117	153	-	23	811	503	874	-	3,058	42,818	12,210
ルイジアナ	633	336	4,949	-	-	909	904	1,784	5	3,015	59,236	16,388
メーン	142	11	124	2	2	315	258	791	-	726	17,198	5,296
メリーランド	1,336	249	249	112	20	1,239	1,046	1,857	714	2,987	59,309	23,070
マサチューセッツ	1,109	210	398	289	11	1,665	3,627	2,762	235	5,002	103,791	71,892
ミシガン	1,826	85	516	-	9	949	1,310	1,150	622	6,422	97,950	29,065
ミネソタ	467	171	89	-	20	843	497	962	160	3,869	61,291	9,539
ミシシッピ	328	37	15	-	-	323	239	1,822	202	1,665	32,296	6,331
ミズーリ	711	37	178	-	10	507	1,046	1,316	-	3,167	68,868	19,709
モンタナ	168	14	44	-	1	315	209	547	59	655	16,241	4,924
ネブラスカ	219	29	1	5	12	205	108	527	-	419	14,273	2,719
ネバダ	365	45	8	-	-	296	203	366	70	1,455	26,673	4,249
ニューハンプシャー	112	15	96	1	10	231	381	375	407	523	12,578	7,909
ニュージャージー	1,436	494	330	3	53	1,796	2,053	3,527	2,750	8,979	117,590	52,785
ニューメキシコ	377	92	60	-	-	528	393	766	20	1,360	48,222	7,764
ニューヨーク	3,020	510	358	-	150	5,770	3,790	5,382	13,077	16,099	361,160	114,240
ノースカロライナ	1,321	210	178	-	12	1,165	676	1,845	125	4,763	98,410	19,605
ノースダコタ	61	25	25	-	-	120	164	543	-	336	11,840	1,952
オハイオ	1,506	111	278	471	35	1,705	1,441	1,654	445	12,763	202,397	26,885
オクラホマ	600	93	14	6	10	495	461	658	419	1,890	37,066	9,130
オレゴン	607	86	101	2	5	888	450	1,016	217	4,094	70,998	11,647
ペンシルベニア	1,685	219	57	1	22	2,462	1,948	1,600	1,330	9,819	152,816	40,100
ロードアイランド	199	8	44	32	52	362	420	564	139	1,128	16,356	8,912
サウスカロライナ	508	100	133	-	-	1,051	591	1,006	1,832	2,773	977	15,213
サウスダコタ	109	42	40	-	-	168	136	245	-	298	12,286	3,408
テネシー	583	143	39	19	13	716	214	1,031	-	1,838	37,293	4,366
テキサス	3,415	98	29	3	63	1,475	1,190	5,008	140	10,222	273,877	33,299
ユタ	333	59	81	10	-	701	276	749	158	1,169	30,171	5,907
バーモント	119	14	73	11	12	156	181	190	73	290	7,082	3,372
バージニア	1,214	123	164	48	3	985	883	1,490	629	2,835	81,476	21,875
ワシントン	1,205	79	96	-	14	756	1,039	1,833	520	5,077	95,856	23,524
ウエストバージニア	242	57	15	34	9	399	255	649	76	852	16,357	6,366
ウィスコンシン	976	27	25	-	16	641	1,061	2,052	7	4,622	95,054	22,107
ワイオミング	164	34	10	-	3	193	62	358	70	448	20,125	1,343

－　ゼロまたは概数でゼロを示す

資料：U.S. Census Bureau, "Survey of State Government Finances, 2008," (2011年6月); <http://www.census.gov/govs> も参照

No.455. 地方政府の歳入——州別：2008年

[単位：100万ドル（1,530,814は1兆5308億1400万ドルを表す）、表示年を年度末とする会計年度。本章の解説を参照。マイナス（－）は減少を示す]

州	歳入、総額	一般歳入合計	政府間歳入	一般歳入 ‖ 自己財源による一般歳入						
				計	税収 計	財産税	一般売上税・収益税	個人所得税	法人税	その他
合衆国	1,530,814	1,401,341	524,738	876,604	548,765	396,995	90,166	26,255	7,051	28,298
アラバマ	20,313	17,314	7,179	10,134	4,970	2,005	2,146	111	－	709
アラスカ	4,060	3,771	1,547	2,224	1,310	987	287	－	－	36
アリゾナ	29,767	25,599	10,592	15,007	9,286	5,803	2,971	－	－	513
アーカンソー	8,756	7,879	4,468	3,412	1,875	780	1,060	－	－	36
カリフォルニア	246,099	226,689	98,973	127,716	68,653	50,480	13,679	－	－	4,494
コロラド	25,974	22,992	6,057	16,935	10,012	6,130	3,269	－	－	612
コネティカット	15,432	14,680	4,698	9,982	8,517	8,325	2	－	－	190
デラウェア	3,033	2,612	1,291	1,321	781	605	7	57	－	112
コロンビア特別区	11,790	10,023	3,011	7,012	5,398	1,728	1,388	1,355	420	507
フロリダ	101,399	90,435	25,476	64,959	37,501	30,258	5,173	－	－	2,070
ジョージア	43,030	38,345	12,073	26,272	15,562	10,138	4,963	－	－	462
ハワイ	2,891	2,618	455	2,163	1,589	1,253	168	－	－	168
アイダホ	5,510	5,297	2,186	3,112	1,288	1,181	29	－	－	78
イリノイ	62,476	57,062	19,435	37,628	25,943	21,236	3,809	－	－	899
インディアナ	25,252	23,137	8,351	14,786	7,838	6,928	100	548	－	262
アイオワ	13,366	12,462	4,513	7,950	4,649	3,719	768	83	－	78
カンザス	13,009	11,701	4,066	7,635	4,718	3,608	997	2	－	110
ケンタッキー	13,397	11,901	4,904	6,997	4,100	2,276	536	1,051	122	116
ルイジアナ	19,755	18,343	6,816	11,527	6,947	2,791	3,958	－	－	197
メーン	4,499	4,372	1,526	2,846	2,147	2,120	5	－	－	22
メリーランド	24,459	23,794	8,141	15,653	11,937	5,980	559	4,244	－	1,154
マサチューセッツ	31,489	27,109	10,968	16,140	12,089	11,661	169	－	－	259
ミシガン	44,641	42,264	19,814	22,450	12,868	11,862	283	461	－	262
ミネソタ	26,406	24,166	11,046	13,120	6,403	5,922	276	－	－	204
ミシシッピ	11,881	11,078	4,992	6,085	2,442	2,249	101	－	－	92
ミズーリ	22,657	20,555	6,350	14,205	8,907	5,451	2,515	354	－	587
モンタナ	3,283	3,169	1,348	1,821	990	955	5	－	－	30
ネブラスカ	11,348	7,728	2,191	5,537	3,279	2,483	451	－	－	346
ネバダ	14,371	13,465	5,251	8,214	4,472	3,024	968	－	－	481
ニューハンプシャー	4,976	4,854	1,546	3,308	2,712	2,670	－	－	－	42
ニュージャージー	43,230	42,276	12,626	29,650	23,174	22,705	121	－	－	348
ニューメキシコ	8,053	7,553	4,239	3,314	2,101	1,066	916	－	－	119
ニューヨーク	151,229	150,504	52,784	97,720	72,917	39,069	13,741	9,890	6,293	3,925
ノースカロライナ	38,507	34,211	14,281	19,930	10,427	7,870	2,218	－	－	338
ノースダコタ	2,405	2,267	872	1,395	862	738	107	－	－	17
オハイオ	54,536	51,977	20,786	31,192	20,532	13,573	1,948	4,168	138	706
オクラホマ	12,370	11,351	4,481	6,870	3,984	2,113	1,704	－	－	167
オレゴン	17,225	15,912	6,399	9,513	5,253	4,236	338	7	66	607
ペンシルベニア	58,524	55,148	22,847	32,301	21,986	15,478	608	3,924	13	1,963
ロードアイランド	4,089	3,929	1,327	2,602	2,112	2,063	14	－	－	36
サウスカロライナ	17,786	16,244	5,479	10,765	5,183	4,289	313	－	－	581
サウスダコタ	2,938	2,622	833	1,790	1,179	859	289	－	－	31
テネシー	28,423	20,121	6,638	13,484	7,461	4,670	2,386	－	－	405
テキサス	108,196	95,982	30,241	65,741	41,707	33,540	7,132	－	－	1,035
ユタ	10,682	8,866	3,485	5,381	3,262	2,218	940	－	－	104
バーモント	2,359	2,128	1,477	650	391	367	12	－	－	13
バージニア	32,818	31,250	11,392	19,857	14,298	10,547	2,482	－	－	1,269
ワシントン	36,468	30,339	10,938	19,400	10,630	6,067	3,507	－	－	1,055
ウエストバージニア	5,030	4,809	2,152	2,657	1,546	1,233	113	－	－	200
ウィスコンシン	26,142	24,104	10,443	13,661	9,284	8,705	375	－	－	204
ワイオミング	4,486	4,331	1,751	2,580	1,289	981	262	－	－	46

本表末尾の脚注を参照

No.455. 地方政府の歳入──州別：2008年（続）

[292頁の頭注参照]

州	手数料、雑収入計	一般歳入／自己財源による一般歳入／手数料				一般歳入／自己財源による一般歳入／雑収入			公益事業収益	アルコール販売収益	保険信託収益
		計[1]	教育	病院	下水道	計[1]	利息	特別会計			
合衆国	327,839	222,667	24,960	61,001	38,019	105,172	46,072	6,961	122,620	1,114	5,738
アラバマ	5,164	3,957	384	2,463	387	1,207	423	42	2,617	−	382
アラスカ	914	592	28	208	78	321	179	7	269	11	9
アリゾナ	5,721	3,565	540	673	655	2,156	932	153	4,178	−	-10
アーカンソー	1,537	957	147	186	220	580	264	26	852	−	24
カリフォルニア	59,063	40,102	2,701	8,646	5,472	18,961	8,708	1,269	21,327	−	-1,918
コロラド	6,924	4,617	429	1,256	703	2,307	880	197	2,313	−	670
コネティカット	1,464	975	148	−	293	489	182	36	726	−	26
デラウェア	540	331	18	−	138	209	60	31	378	−	43
コロンビア特別区	1,614	485	64	8	186	1,129	215	0	875	−	893
フロリダ	27,458	17,962	2,270	5,134	2,508	9,496	3,828	1,556	8,545	−	2,419
ジョージア	10,709	7,971	553	3,899	1,101	2,738	1,153	63	4,450	−	235
ハワイ	574	446	−	−	234	128	82	13	273	−	−
アイダホ	1,824	1,460	90	772	173	364	128	40	212	−	1
イリノイ	11,685	7,235	1,313	764	1,021	4,450	1,971	526	3,357	−	2,057
インディアナ	6,947	4,672	368	2,616	936	2,276	579	47	2,028	−	87
アイオワ	3,301	2,595	523	1,173	353	706	303	24	903	−	1
カンザス	2,918	1,906	370	712	302	1,012	477	90	1,192	−	115
ケンタッキー	2,897	1,930	132	474	424	967	695	13	1,475	−	21
ルイジアナ	4,580	3,094	62	1,726	343	1,487	800	25	1,227	−	185
メーン	699	535	50	72	145	164	68	5	127	−	−
メリーランド	3,716	2,627	665	−	770	1,089	314	65	591	205	-130
マサチューセッツ	4,052	3,095	306	879	927	957	324	37	2,991	−	1,389
ミシガン	9,581	6,777	1,200	845	1,543	2,804	1,288	245	2,330	−	47
ミネソタ	6,717	4,366	472	1,257	618	2,351	937	396	1,991	309	-60
ミシシッピ	3,643	2,959	398	1,993	203	684	261	7	804	−	−
ミズーリ	5,298	3,644	695	1,161	617	1,653	721	61	1,819	−	283
モンタナ	831	525	71	56	77	307	100	70	114	−	−
ネブラスカ	2,258	1,707	222	643	156	551	240	70	3,487	−	133
ネバダ	3,742	2,530	120	620	387	1,212	456	59	905	−	−
ニューハンプシャー	597	408	55	−	105	189	70	2	103	−	18
ニュージャージー	6,475	4,576	1,180	442	1,369	1,899	659	13	955	−	-2
ニューメキシコ	1,213	730	103	98	131	482	206	24	500	−	−
ニューヨーク	24,803	15,794	1,454	3,567	1,780	9,009	3,295	117	5,261	−	-4,535
ノースカロライナ	9,503	7,492	581	3,793	1,090	2,011	840	7	3,742	568	-14
ノースダコタ	533	270	47	−	43	263	81	67	116	−	22
オハイオ	10,660	6,690	1,116	1,011	1,818	3,970	1,973	242	2,517	−	42
オクラホマ	2,887	2,120	308	823	268	767	311	11	939	−	80
オレゴン	4,260	2,713	494	256	735	1,547	547	104	1,311	−	1
ペンシルベニア	10,315	6,412	891	29	2,038	3,904	2,094	125	2,732	−	644
ロードアイランド	490	327	33	−	94	162	43	8	168	−	-8
サウスカロライナ	5,581	4,258	252	2,812	466	1,323	516	96	1,537	−	5
サウスダコタ	611	427	68	41	65	184	83	26	243	22	50
テネシー	6,023	4,597	385	2,338	597	1,426	609	123	8,324	−	-23
テキサス	24,034	15,488	2,157	4,331	2,668	8,546	5,195	182	10,272	−	1,942
ユタ	2,119	1,347	84	52	306	772	348	37	1,816	−	−
バーモント	259	170	24	−	53	89	33	3	212	−	19
バージニア	5,559	3,768	395	258	1,010	1,791	704	202	1,769	−	-201
ワシントン	8,771	6,495	353	1,831	1,526	2,276	1,033	261	5,851	−	278
ウエストバージニア	1,111	769	35	284	187	342	136	25	210	−	11
ウィスコンシン	4,377	3,150	531	53	646	1,227	627	103	1,529	−	508
ワイオミング	1,291	1,051	74	747	54	240	100	11	155	−	−

− ゼロまたは概数でゼロを示す　1．個別に示さない項目を含む

資料：U.S. Census Bureau; Federal, State and Local Governments, "State Government Finances, 2008," (2011年6月); <http://www.census.gov/govs/>

No.456. 地方政府の歳出と債務――州別：2008年

[単位：100万ドル（1,593,088は1兆5930億8800万ドルを表す）、表示年を年度末とする会計年度。本章の解説を参照]

州	歳出、総額	一般歳出							
		計[1]	直接一般歳出						
			計	教育	公共福祉	保健	病院	道路	警察治安
合衆国	1,593,088	1,391,329	1,375,539	593,851	50,576	39,671	76,916	62,870	77,642
アラバマ	20,046	17,194	17,177	7,737	48	375	2,513	818	890
アラスカ	4,275	3,863	3,862	1,781	6	65	225	208	186
アリゾナ	32,218	26,119	25,897	10,373	273	244	1,145	1,444	1,897
アーカンソー	8,916	7,935	7,927	4,457	14	34	183	446	412
カリフォルニア	259,359	220,745	220,144	80,492	15,892	10,505	11,094	7,452	13,275
コロラド	25,992	22,566	22,528	8,559	787	286	1,484	1,382	1,315
コネティカット	15,787	14,592	14,588	8,175	103	148	-	550	779
デラウェア	3,097	2,692	2,686	1,662	-	36	-	90	178
コロンビア特別区	12,949	10,677	10,677	2,227	2,405	564	232	411	591
フロリダ	100,978	89,329	89,033	33,386	1,489	943	6,901	4,053	6,282
ジョージア	46,997	39,579	39,540	18,646	212	1,139	4,310	1,598	1,976
ハワイ	2,819	2,275	2,275	-	64	46	-	170	323
アイダホ	5,147	4,931	4,928	2,045	28	60	756	315	271
イリノイ	67,016	56,666	56,658	25,324	570	730	1,427	2,988	3,844
インディアナ	26,557	24,099	23,994	9,685	493	223	2,867	873	970
アイオワ	13,498	12,436	12,343	5,928	102	372	1,299	897	524
カンザス	12,727	11,471	11,462	5,443	38	253	771	804	585
ケンタッキー	13,645	11,817	11,809	5,837	53	331	537	459	534
ルイジアナ	18,971	17,415	17,401	7,049	35	175	2,129	912	1,079
メーン	4,351	4,225	4,219	2,260	34	38	75	262	163
メリーランド	25,914	24,130	23,921	12,727	216	420	-	904	1,502
マサチューセッツ	32,175	26,318	25,459	12,540	63	119	1,302	822	1,411
ミシガン	46,856	42,221	41,972	19,476	1,110	2,652	965	2,215	2,118
ミネソタ	27,867	25,115	24,997	9,714	1,628	622	1,432	2,356	1,261
ミシシッピ	11,642	10,791	10,789	4,942	26	101	1,914	596	494
ミズーリ	23,955	21,281	21,278	10,348	181	368	1,354	1,090	1,417
モンタナ	3,298	3,154	3,153	1,560	46	97	64	179	185
ネブラスカ	11,860	7,674	7,673	3,488	75	81	636	577	462
ネバダ	14,488	12,785	12,773	4,633	334	143	721	942	978
ニューハンプシャー	4,901	4,790	4,707	2,494	202	29	-	247	266
ニュージャージー	44,513	43,388	42,992	22,070	1,073	406	514	1,190	2,626
ニューメキシコ	7,850	7,239	7,209	3,852	115	50	131	331	479
ニューヨーク	167,709	146,453	136,975	53,913	10,519	3,682	7,368	5,325	7,385
ノースカロライナ	40,095	35,474	34,741	14,794	1,541	1,557	4,139	548	1,724
ノースダコタ	2,310	2,149	2,135	1,015	51	36	2	258	93
オハイオ	53,634	50,371	49,965	21,696	2,914	2,720	1,347	2,211	2,905
オクラホマ	12,261	11,189	11,188	5,577	39	134	846	772	603
オレゴン	17,830	15,722	15,707	6,933	269	555	268	816	854
ペンシルベニア	58,221	52,361	52,012	24,645	3,782	3,333	8	1,635	2,081
ロードアイランド	4,106	3,790	3,790	2,114	10	6	-	103	260
サウスカロライナ	17,894	16,412	16,384	7,646	35	169	2,817	436	785
サウスダコタ	2,815	2,503	2,503	1,183	13	36	41	276	111
テネシー	29,387	19,914	19,912	8,356	136	355	2,484	738	1,318
テキサス	115,903	100,591	99,405	48,990	278	1,797	7,068	6,705	4,912
ユタ	10,975	8,814	8,800	4,236	91	220	54	429	513
バーモント	2,310	2,070	2,070	1,383	1	8	-	168	68
バージニア	34,561	31,844	31,822	15,385	1,405	811	231	849	1,711
ワシントン	36,191	28,691	28,642	11,237	134	982	2,073	1,565	1,216
ウエストバージニア	5,224	4,886	4,881	2,815	4	62	249	82	248
ウィスコンシン	26,791	24,577	24,532	11,285	1,624	1,463	168	2,169	1,426
ワイオミング	4,208	4,007	4,006	1,738	15	89	771	201	154

本表末尾の脚注を参照

No.456. 地方政府の歳出と債務──州別：2008年（続）

[294頁の頭注を参照]

州	矯正施設	下水道	固形廃棄物	公園、レクリエーション	住宅、コミュニティ開発	行政	一般債務利子	その他	公益事業支出	保険信託支出	債務残高
合衆国	25,665	45,406	21,318	35,136	40,118	74,895	55,336	176,139	168,269	33,490	1,546,753
アラバマ	206	329	262	436	404	843	644	1,672	2,727	125	19,536
アラスカ	5	105	91	127	129	218	123	592	385	27	3,469
アリゾナ	670	1,284	386	1,005	457	1,907	1,167	3,644	5,842	257	33,064
アーカンソー	138	313	183	165	162	364	286	771	948	33	8,656
カリフォルニア	5,273	5,978	2,498	5,813	10,008	13,649	7,903	30,312	30,663	7,950	219,164
コロラド	303	768	116	1,436	630	1,568	1,058	2,835	3,046	380	34,091
コネチカット	-	443	199	250	510	649	336	2,447	793	402	9,235
デラウェア	-	199	31	40	59	145	67	179	365	40	2,220
コロンビア特別区	267	195	319	662	571	506	407	1,323	2,117	155	9,581
フロリダ	1,981	2,853	2,214	3,081	2,360	5,357	3,399	14,733	10,673	976	99,808
ジョージア	764	1,399	576	840	1,003	2,572	767	3,737	7,047	371	37,489
ハワイ	-	244	226	171	70	285	176	500	543	-	4,417
アイダホ	74	195	133	105	40	317	95	493	214	2	2,351
イリノイ	742	1,602	485	2,449	1,764	3,270	2,577	8,886	6,826	3,524	65,726
インディアナ	386	1,032	262	699	387	1,392	698	4,027	2,336	121	26,632
アイオワ	153	360	186	321	136	434	300	1,331	1,060	2	8,221
カンザス	152	329	148	231	122	610	607	1,367	1,211	46	15,136
ケンタッキー	226	457	183	164	141	603	1,035	1,248	1,791	36	26,185
ルイジアナ	610	499	307	385	475	1,106	608	2,033	1,365	190	15,499
メーン	71	162	116	64	121	197	90	565	127	-	2,500
メリーランド	348	725	578	601	793	1,328	608	3,171	989	795	14,894
マサチューセッツ	299	813	392	224	1,365	973	581	4,555	4,455	1,402	20,936
ミシガン	636	2,087	588	732	494	2,135	1,737	5,027	3,208	1,426	46,182
ミネソタ	448	642	319	841	757	1,246	1,151	2,580	2,422	330	32,113
ミシシッピ	160	202	158	156	217	566	253	1,003	851	-	7,003
ミズーリ	165	640	139	624	441	980	799	2,733	2,195	479	21,415
モンタナ	28	120	68	79	67	186	64	410	144	-	1,548
ネブラスカ	104	258	76	185	203	414	226	888	4,005	181	11,295
ネバダ	403	261	24	738	227	1,154	626	1,588	1,704	-	20,649
ニューハンプシャー	56	112	107	86	94	267	107	640	102	9	2,617
ニュージャージー	626	1,340	1,126	696	859	1,715	1,474	7,278	1,115	10	35,187
ニューメキシコ	178	164	157	242	99	476	130	804	611	-	5,489
ニューヨーク	2,774	3,927	2,648	2,184	4,304	5,235	6,057	21,653	11,635	9,622	155,502
ノースカロライナ	451	1,208	735	854	690	1,496	1,312	3,693	4,596	24	31,597
ノースダコタ	23	45	43	84	53	173	71	248	147	14	1,704
オハイオ	463	2,141	475	993	1,860	3,442	1,760	5,039	3,135	128	41,773
オクラホマ	104	395	176	273	201	716	217	1,135	1,017	55	7,814
オレゴン	409	888	128	486	385	833	678	2,205	2,014	94	17,769
ペンシルベニア	1,365	2,012	755	759	1,860	2,892	2,968	3,916	4,593	1,267	78,511
ロードアイランド	28	92	46	51	158	183	84	655	163	153	2,483
サウスカロライナ	217	484	332	263	313	956	694	1,236	1,481	2	21,341
サウスダコタ	44	135	31	106	52	137	60	277	298	14	1,839
テネシー	374	577	328	373	611	1,073	818	2,371	9,000	473	31,408
テキサス	1,795	2,940	1,006	2,093	1,891	4,331	7,082	8,518	14,168	1,144	182,578
ユタ	174	383	143	435	192	612	247	1,071	2,160	-	10,822
バーモント	-	57	31	24	49	90	28	162	234	6	970
バージニア	867	976	698	840	871	2,064	1,061	4,055	2,071	645	32,824
ワシントン	526	1,798	602	894	1,051	1,535	1,129	3,900	7,324	176	41,024
ウエストバージニア	30	283	60	99	142	376	145	286	307	31	3,472
ウィスコンシン	470	847	368	563	260	1,124	791	1,973	1,843	372	20,012
ワイオミング	76	106	62	115	11	257	34	377	201	-	1,003

－　ゼロまたは概数でゼロを示す　1．個別に示さないその他の項目を含む

資料：U.S. Census Bureau, "Survey of State Government Finances, 2008," (2011年6月);〈http://www.census.gov/govs〉も参照

No. 457. 市政府 ── 大都市の歳入：2006年

[単位：100万ドル（83,520は835億2000万ドルを表す）。表示年を年度末とする会計年度。本章の解説を参照。各都市の順位の解説を参照。人口規模順位は4月1日現在の推定居住人口による。データは従属的学校の財務活動の影響あり。都市間の比較について は本章の解説および付録IIIを参照、各州の略号については、表紙裏の地図を参照。本書前年版の表No.455も参照]

人口規模の順位による都市（2006年）	総額	政府間歳入			一般歳入													
		計	連邦政府からの歳入	州・地方政府からの歳入	地方政府からの歳入	計	財産税	税			自己財源・総収益税		一般歳入			その他		
								計[1]	売上税	一般売上税	公共事業	計[1]	手数料	公園、レクリエーション	下水道	計[1]	利子収入	公益事業[2] 歳入	保健信託収入
ニューヨークシティ, NY[3]	83,520	70,823	25,957	3,722	22,045	191	44,866	35,104	12,754	5,953	4,439	516	6,380	63	—	1,151	3,382	1,153	3,472	9,224
ロサンゼルス, CA	14,199	7,863	952	282	670	—	6,911	3,233	1,090	1,362	552	673	2,413	105	—	599	1,264	461	3,143	3,193
シカゴ, IL	8,812	7,257	1,325	449	876	—	5,933	2,179	429	1,454	275	555	2,872	—	—	144	881	248	347	1,207
ヒューストン, TX	4,449	3,119	550	195	328	27	2,569	1,492	781	664	423	187	808	26	—	330	269	153	341	989
フェニックス, AZ	3,377	2,903	1,115	581	488	46	1,788	1,023	261	692	537	84	581	26	—	232	184	137	288	186
フィラデルフィア, PA[3]	7,345	5,809	2,478	653	1,712	113	3,332	2,450	394	225	125	—	698	1	—	240	184	105	1,007	529
サンアントニオ, TX	3,283	1,469	191	54	120	17	1,278	612	292	287	200	27	431	24	—	280	234	107	1,573	242
サンディエゴ, CA	3,266	2,100	411	175	216	20	1,690	744	313	323	173	45	694	63	—	396	252	110	332	833
ダラス, TX	3,027	2,277	164	123	36	6	2,112	857	488	329	198	89	861	35	—	240	394	144	207	543
サンノゼ, CA	1,924	1,498	217	50	141	27	1,281	660	285	238	106	112	440	15	—	185	181	100	20	406
ホノルル, HI[3]	1,483	1,337	197	117	79	—	1,140	807	591	114	—	62	284	23	—	241	50	29	146	—
デトロイト, MI	3,184	2,132	694	97	543	54	1,439	867	309	218	—	61	452	4	—	351	119	47	314	739
ジャクソンビル, FL[3]	3,292	1,889	323	72	251	—	1,506	745	365	371	213	106	383	16	—	158	379	207	1,187	276
インディアナポリス, IN[3]	3,749	3,014	646	86	550	10	2,367	1,638	1,486	47	—	1	506	26	—	74	224	94	687	48
サンフランシスコ, CA[3]	7,955	5,647	2,155	87	1,664	404	3,492	2,047	923	598	327	91	1,045	25	—	165	400	178	426	1,882
コロンバス, OH	1,227	1,058	198	82	103	13	860	560	40	20	—	7	228	11	—	172	72	26	169	—
オースティン, TX	2,272	1,037	108	54	30	24	929	457	255	186	124	30	378	23	—	166	94	26	1,032	203
ルイビル/ジェファーソン, KY[3]	1,090	975	170	73	89	8	805	515	124	55	—	4	117	11	—	—	173	93	115	—
メンフィス, TN[3]	3,777	1,882	1,149	63	557	529	733	449	301	135	99	5	150	11	—	102	134	86	1,587	308
フォートワース, TX	1,132	712	56	—	56	—	656	417	236	144	102	32	153	5	—	120	85	32	184	237
ボルティモア, MD[3]	3,339	2,922	1,504	262	1,205	38	1,418	1,023	558	87	—	56	261	10	—	149	62	48	109	308
シャーロット, NC	1,613	1,507	351	76	114	161	1,157	366	286	39	2	—	398	—	—	199	392	50	80	26
エルパソ, TX	822	627	91	74	17	—	535	339	178	141	107	32	134	3	—	71	62	20	81	115
ボストン, MA	3,626	3,103	1,368	100	1,264	3	1,735	1,333	1,255	40	—	—	194	—	—	122	209	48	112	411
シアトル, WA	2,481	1,424	144	41	100	—	1,279	784	284	307	146	124	387	42	—	288	108	23	882	176
ワシントン, DC	9,248	8,674	2,589	2,589	—	—	6,085	4,545	1,214	1,257	817	214	574	26	—	178	966	205	96	369
ミルウォーキー, WI	1,392	931	442	69	306	67	489	250	237	—	—	—	191	4	—	109	48	17	59	402
デンバー, CO[3]	2,472	2,121	237	17	219	2	1,884	849	226	534	460	26	810	45	—	70	225	15	166	185
ラスベガス, NV	883	882	401	22	272	107	481	233	121	60	—	54	185	11	—	78	63	15	—	—
ナッシュビル/デビッドソン, TN[3]	3,237	1,955	446	8	438	—	1,509	1,101	720	327	271	15	236	9	—	82	172	99	1,008	275
オクラホマシティ, OK	1,069	950	96	56	39	2	854	451	45	358	319	31	268	12	—	84	135	33	78	41
ポートランド, OR	1,053	961	181	54	71	56	780	419	254	65	—	49	294	24	—	205	67	33	91	1
トゥーソン, AZ	953	756	265	79	170	15	492	305	54	243	196	28	149	21	—	38	37	6	126	72
アルバカーキ, NM[3]	1,146	1,047	321	28	259	33	727	414	102	248	219	19	239	15	—	98	74	43	98	—
アトランタ, GA	1,696	1,517	323	118	114	90	1,194	354	186	110	—	38	650	31	—	148	190	155	146	34

― ゼロまたは概数でゼロを示す 1.個別に示さない財源を含む 2.水道、電気、輸送機関を含む 3.実質、市＝郡合併地方政府を表す
資料：U.S. Census Bureau, Federal, State and Local Governments, *State Government Finances, 2006* (2009年7月); 〈http://www.census.gov/govs/〉

No.458. 市政府——大都市の歳出と負債：2006年

[単位：100万ドル（82,454は824億5400万ドルを表す）。表示年を年度末とする会計年度。表No.457の頭注を参照]

人口規模の順位による都市（2006年）	歳出総額	直接歳出計	計[1]	教育	住宅コミュニティ開発	公共福祉	保健病院	警察治安	消防	矯正施設	道路	公園・レクリエーション	下水道	廃棄物処理	政府[2]運営	一般債務利息	公共事業[3]歳出	保険信託支出	債務残高
ニューヨークシティ, NY[4]	82,454	77,456	66,237	17,472	3,710	9,811	8,976	3,971	1,519	1,314	1,526	559	2,161	1,100	1,178	3,205	8,699	7,517	85,234
ロサンゼルス, CA	12,315	12,315	7,252	-	275	-	202	1,659	589	-	561	332	498	238	842	410	3,675	1,388	15,723
シカゴ, IL	7,622	7,544	6,033	1	257	135	178	1,175	390	-	454	77	101	183	153	756	316	1,272	15,862
ヒューストン, TX	3,982	3,953	3,295	-	255	-	98	571	381	20	139	129	384	67	139	357	307	381	11,403
フェニックス, AZ	3,362	3,349	2,592	18	100	-	-	367	187	13	127	577	198	99	114	251	672	97	7,373
フィラデルフィア, PA[4]	6,745	6,660	5,077	23	234	555	1,292	510	172	350	71	94	189	98	332	114	1,054	614	5,825
サンアントニオ, TX	3,625	3,625	1,546	45	35	43	43	242	161	-	112	157	248	57	57	81	2,010	70	6,055
サンディエゴ, CA	2,431	2,418	1,803	-	339	-	44	336	160	9	82	142	290	52	88	70	413	215	2,795
ダラス, TX	2,713	2,704	2,194	-	41	7	27	268	143	8	121	124	196	67	80	229	276	242	8,557
サンノゼ, CA	1,894	1,866	1,703	-	186	-	15	227	116	-	95	138	144	52	192	204	36	156	4,368
ホノルル, HI[4]	1,473	1,473	1,228	-	46	-	26	180	82	-	107	100	159	79	98	100	246	-	3,155
デトロイト, MI	3,349	3,248	2,168	35	98	16	66	447	192	-	146	79	402	107	157	147	627	554	7,515
ジャクソンビル, FL[4]	3,474	3,343	1,847	-	33	47	84	206	96	62	200	77	198	86	97	217	1,447	180	11,022
インディアナポリス, IN[4]	3,412	3,398	2,592	-	268	91	619	188	70	75	110	149	301	40	173	193	741	79	4,125
サンフランシスコ, CA[4]	6,908	6,908	5,305	102	148	605	1,246	317	211	170	143	200	155	-	714	406	1,008	595	8,738
コロンバス, OH	1,152	1,144	1,012	-	-	-	-	212	144	10	94	60	193	34	72	93	140	-	1,703
オースティン, TX	2,304	2,304	1,159	-	35	10	124	176	88	-	83	96	137	43	58	80	1,036	110	3,887
メンフィス, TN	925	924	868	-	39	17	75	130	47	-	15	38	-	18	31	102	57	-	2,520
ルイビル／ジェファーソン, KY[4]	3,508	3,479	1,815	999	36	-	11	180	132	41	65	56	33	43	45	62	1,502	191	2,747
フォートワース, TX	1,047	1,047	766	-	21	-	15	161	81	-	85	58	76	35	31	26	197	83	1,231
ボルティモア, MD[4]	3,289	3,212	2,930	1,029	86	2	147	348	134	-	192	391	147	69	128	58	101	259	2,287
シャーロット, NC	1,448	1,436	1,019	-	42	-	5	151	77	-	96	52	253	40	21	44	413	16	2,665
エルパソ, TX	725	725	476	-	22	-	16	81	52	-	35	25	44	13	27	25	187	61	1,005
ボストン, MA	3,341	3,038	2,813	950	82	150	184	279	160	106	51	34	215	58	55	57	171	357	1,459
シアトル, WA	2,424	2,311	1,400	-	45	36	14	190	135	13	113	195	175	114	67	52	932	93	3,465
ワシントン, DC	8,543	8,291	8,256	1,478	560	1,846	669	493	176	206	96	332	237	266	434	320	169	118	7,824
ミルウォーキー, WI	1,302	1,274	1,026	-	123	-	32	218	99	-	132	4	66	76	37	37	72	203	1,199
デンバー, CO[4]	2,415	2,357	2,110	-	103	98	55	165	87	75	86	216	79	-	132	289	199	106	5,845
ナッシュビル-デイビッドソン, TN[4]	747	600	745	18	-	1	3	124	105	39	-	80	40	5	117	16	1	140	352
ラスベガス, NV	3,270	3,269	2,046	679	28	-	168	158	101	52	38	72	109	21	105	148	1,084	17	3,837
オクラホマシティ, OK	1,115	1,115	960	-	9	-	-	125	111	-	91	83	146	31	137	30	138	80	1,049
ポートランド, OR	1,210	1,210	1,059	-	54	-	-	137	79	-	162	89	192	3	52	85	71	35	2,524
トゥーソン, AZ	874	874	694	-	43	-	-	134	56	49	49	71	-	36	71	46	146	-	1,090
アルバカーキ, NM	843	843	760	-	32	-	19	122	66	-	55	107	29	45	31	37	83	-	777
アトランタ, GA	2,025	1,979	1,552	-	5	-	-	152	66	36	43	103	185	45	61	87	407	65	6,425

－ ゼロまたは概数でゼロを示す 1. 個別に明示しないその他の支出源を含む 2. 公共建物を含む 3. 水道、電気、輸送を含む 4. 実質、市－郡地方政府を表す

資料：U.S. Census Bureau, *State Government Finances, 2006* (2009年7月); <http://www.census.gov/govs/>

第8章　州・地方政府の財政と雇用　297

No.459. 郡政府——主要な郡の歳入：2006年

[単位：100万ドル（21,586は215億8600万ドルを表す）。表示年を年度末とする会計年度。本章の解説および付録Ⅲを参照]

人口規模の順位による郡(2006年)	歳入総額[1]	合計	連邦政府からの歳入		政府間歳入 州政府からの歳入					一般歳入	税			自己財源による一般歳入						その他の一般歳入	
			計[1]	住宅	計[1]	公共福祉	保健病院	地方政府からの歳入	合計	計[1]	財産税	売上税総収益税 計	一般売上税	計[1]	公園レクリエーション	手数料 下水道[2]	病院		計[1]	利子収入
ロサンゼルス, CA	21,586	17,015	9,177	386	4	8,556	4,815	1,311	235	7,838	3,285	3,009	127	42	3,802	95	83	2,220	751	235
クック, IL	3,378	2,851	606	41	1	564	287	—	—	2,245	1,536	810	702	358	577	47	—	333	132	49
ハリス, TX	3,165	3,165	647	91	23	471	174	216	85	2,518	1,318	1,232	56	—	815	3	—	256	385	245
マリコパ, AZ	2,015	2,015	952	55	9	869	167	27	28	1,062	781	604	144	144	80	4	—	—	202	128
オレンジ, CA	4,439	3,464	1,926	51	8	1,800	650	172	75	1,538	626	536	46	43	622	42	114	—	289	181
サンディエゴ, CA	5,117	4,027	2,880	167	120	2,447	986	473	266	1,147	686	585	27	18	259	3	24	—	201	110
サイド, FL	6,528	6,263	1,353	896	254	413	—	55	44	4,910	1,871	1,283	480	119	2,477	36	508	1,084	562	289
ダラス, TX	1,662	1,623	254	9	—	233	150	19	12	1,369	649	597	12	—	608	7	—	545	111	29
リバーサイド, CA	3,399	3,399	1,898	61	13	1,683	904	208	154	1,502	666	534	43	35	581	7	71	184	255	99
サンバナディーノ, CA	3,919	3,290	2,043	134	18	1,826	918	240	83	1,247	383	326	25	17	680	7	73	331	183	62
ウェイン, MI	1,991	1,848	1,117	122	8	862	14	522	134	731	448	423	16	—	229	4	75	10	54	19
キング, WA	2,239	2,108	520	135	16	266	—	178	119	1,588	1,005	446	534	431	499	7	333	—	84	51
ブロワード, FL	2,326	2,270	466	119	10	203	6	—	144	1,804	927	780	124	113	676	16	172	—	201	111
クラーク, NV	4,446	3,980	1,051	87	16	792	38	23	173	2,928	1,333	577	484	140	1,082	66	96	475	513	83
サンタクララ, CA	3,497	3,497	1,717	37	3	1,603	971	180	78	1,779	800	605	143	—	872	4	3	688	107	37
タラント, TX	1,150	1,150	273	51	24	219	7	189	—	877	515	478	15	—	203	—	146	—	158	124
ベクサー, TX	1,113	1,113	203	6	2	188	101	44	9	909	396	363	27	—	421	—	—	389	93	70
サフォーク, NY	2,744	2,592	580	29	7	538	275	153	13	2,012	1,701	556	1,119	1,114	174	—	24	—	137	50
アラメダ, CA	3,198	2,696	1,468	31	3	1,399	737	311	38	1,228	480	399	26	15	609	—	0	341	139	66
サクラメント, CA	3,235	2,559	1,563	46	—	1,457	811	202	60	997	428	275	89	63	373	13	83	—	195	65
ナッソー, NY	3,347	3,347	769	73	21	696	397	136	0	2,578	1,903	906	965	953	431	23	5	247	244	39
クヤホガ, OH	2,170	2,170	964	20	19	940	503	260	4	1,206	565	336	184	169	383	—	—	341	258	198
パームビーチ, FL	1,873	1,823	239	102	9	136	—	—	1	1,584	967	685	154	—	421	13	199	—	196	37
アレゲニー, PA	1,486	1,419	1,026	63	47	961	282	467	2	393	302	262	38	23	64	4	—	—	27	6
オークランド, MI	1,162	1,051	574	201	—	218	6	61	155	477	350	326	9	—	85	9	18	4	42	15
ヒルズボロー, FL	1,836	1,663	259	75	32	183	45	—	1	1,404	901	605	274	199	395	2	78	0	108	44
ヘネピン, MN	1,843	1,843	854	50	8	785	353	169	19	989	478	459	—	—	388	4	70	284	123	30
ブランクリン, OH	1,158	1,156	459	14	—	419	193	128	26	696	459	334	104	85	97	4	3	—	140	124
オレンジ, FL	1,753	1,704	285	85	—	199	5	—	—	1,420	941	506	225	—	322	47	146	—	156	95
コントラコスタ, CA	2,506	2,071	899	113	102	705	391	113	81	1,173	406	342	24	10	670	45	24	404	96	33
フェアファックス, VA	5,137	4,343	1,024	122	68	874	146	76	28	3,319	2,673	2,117	326	155	426	1	232	—	220	127
セントルイス, MO	727	683	71	17	11	54	1	—	—	612	512	152	347	312	78	—	4	—	21	6
ソルトレーク, UT	532	532	76	15	—	51	—	5	—	456	346	203	112	79	70	7	12	—	40	5
フルトン, GA	1,162	1,000	102	29	23	70	32	14	2	898	733	522	178	164	71	—	46	—	91	07
ウェストチェスター, NY	2,468	2,459	508	14	—	484	245	116	10	1,061	1,041	607	426	407	838	31	30	563	73	46

— ピュには該数でゼロを示す 1．個別に明示しないその他の支出源を含む。 2．都市開発を含む。 3．固形産業廃棄物処理を含む。

資料：U.S. Census Bureau, *Survey of State & Local Government Finances, 2006* (2009年7月); ⟨http://www.census.gov/govs/⟩.

No.460. 郡政府——主要な郡の歳出および債務：2006年

[単位：100万ドル（18,720は187億2000万ドルを表す）。表示年を年度末とする会計年度。本章の解説および付録Ⅲを参照]

人口規模の順位による郡（2006年）	歳出総額[1]	直接歳出[1]	一般歳出															一般債務利払い	公益事業歳出[2]	公務員退職金支払	債務残高
			計[1]	教育	住宅およびコミュニティ開発	公共福祉	保健	病院	警察治安	矯正施設	道路	公園レクリエーション	天然資源	下水道固形廃棄物処理	政府運営	General public building				
ロサンゼルス, CA	18,720	18,439	16,859	890	5	4,515	1,925	2,454	1,213	1,128	273	248	424	66	1,572	114	63	1,798	2,713	3
クック, IL	3,048	3,036	2,665	-	10	8	41	916	85	350	119	118	-	-	620	149	-	383	3,246	3
ハリス, TX	3,207	3,207	3,207	-	12	43	208	888	364	70	266	24	142	-	329	450	-	-	8,538	8
マリコパ, AZ	1,813	1,517	1,813	34	13	376	81	-	69	354	138	8	90	6	391	108	-	-	1,880	2
オレンジ, CA	3,482	3,428	3,217	244	14	764	328	-	282	263	54	-	67	100	433	174	-	265	2,856	3
サンディエゴ, CA	4,205	3,843	3,879	425	102	989	518	-	207	297	175	20	20	29	523	125	-	326	1,845	2
ダラス, TX	6,931	6,921	6,344	-	295	298	71	1,380	425	229	153	278	47	502	273	620	587	-	10,985	10
ダラス, TX	1,547	1,547	1,533	-	32	7	42	1,010	32	99	43	3	-	1	131	22	-	13	423	-
リバーサイド, CA	3,156	2,994	3,156	367	78	660	325	271	265	177	162	10	66	66	277	74	-	-	1,298	1
サンベルナルディーノ, CA	3,335	3,187	3,131	379	9	799	219	376	242	203	74	18	56	71	247	116	-	204	1,912	2
キング, WA	1,828	1,771	1,717	-	8	153	474	49	35	250	124	67	46	67	330	50	-	111	643	1
ブロワード, FL	2,226	2,180	1,785	-	30	-	344	1	121	127	112	53	9	413	246	163	441	-	3,167	3
クラーク, NV	2,215	2,160	2,068	-	15	46	99	-	353	190	43	127	19	149	183	165	147	-	3,225	3
サンタクララ, CA	4,013	3,953	3,487	-	22	187	60	495	467	136	483	319	11	42	268	218	526	-	5,865	5
ウエイン, MI	3,350	3,274	3,350	214	9	624	365	905	105	258	102	31	4	3	336	58	-	-	910	-
タラント, TX	1,034	1,034	1,034	-	23	-	95	446	34	98	35	-	1	-	136	114	-	-	1,981	2
ベクサー, TX	1,029	1,004	1,029	-	1	7	52	578	42	73	11	2	-	-	89	67	-	-	933	-
サンフォード, NY	2,750	2,454	2,568	161	7	43	337	-	431	124	42	43	32	79	116	65	182	-	1,797	2
アラメダ, CA	2,563	2,559	2,303	39	6	504	319	394	87	271	27	1	36	-	281	41	44	216	1,327	2
サクラメント, CA	2,804	2,741	2,603	154	10	557	430	-	224	233	133	34	4	94	240	81	18	183	2,167	1
ナッソー, NY	3,633	3,243	3,631	181	23	741	298	380	688	215	127	61	2	111	189	153	2	-	3,532	3
ホウホーク, OH	2,131	2,112	2,131	-	20	573	327	576	26	94	54	-	-	13	260	201	-	-	3,338	3
パームビーチ, FL	1,777	1,690	1,686	-	57	438	50	-	216	102	112	92	37	169	193	63	91	63	1,818	3
アレゲニー, PA	1,477	1,385	1,416	32	63	72	461	8	32	76	29	62	-	-	106	24	-	60	613	1
オークランド, MI	988	964	926	10	9	351	266	-	52	102	123	9	30	98	131	13	27	36	339	-
ヒルズボロ, FL	1,911	1,781	1,785	-	32	89	134	-	165	132	109	78	55	75	222	56	193	-	2,174	2
ヘネピン, MN	1,856	1,847	1,849	-	23	458	288	480	85	83	108	3	-	52	112	25	7	-	544	1
フランクリン, OH	1,164	1,126	1,160	-	7	289	320	-	30	58	47	20	-	6	162	118	3	-	2,178	2
オレンジ, FL	1,689	1,652	1,675	-	30	79	42	-	142	153	159	36	20	232	128	128	14	-	3,074	3
コントラコスタ, CA	2,253	2,198	2,054	127	106	379	189	437	89	116	100	-	28	23	155	58	197	198	1,106	1
フェアファックス, VA	4,831	4,759	4,328	2,195	162	227	178	-	196	37	37	144	9	259	174	177	-	306	3,701	4
セントルイス, MO	725	495	696	-	57	10	24	-	77	20	83	30	5	4	66	16	4	25	410	-
ソルトレーク, UT	519	519	519	-	1	46	26	-	32	63	25	78	-	14	92	6	-	-	197	-
フルトン, GA	1,111	909	952	-	8	62	35	78	65	83	26	4	1	62	259	14	100	59	749	1
ウエストチェスター, NY	2,629	2,311	2,586	95	-	455	277	591	41	134	43	56	1	146	107	53	44	-	1,594	1

－ゼロまたは概数でゼロを示す　1．個別に明示しない種類の支出を含む　2．水道、電気、輸送を含む
資料：U.S. Census Bureau, Federal, State and Local Governments, State & Local Government Finances, 2006（2009年7月）; <http://www.census.gov/govs/>

第8章　州・地方政府の財政と雇用　299

No.461. 公務員の賃金・給与：1982－2009年

[公務員の単位は1,000人（15,841は1584万1000人を表す）。給与の単位は100万ドル（23,173は231億7300万ドルを表す）。1992年までは各年10月現在。それ以後は3月現在。フルタイムおよびパートタイムの公務員を対象とする。地方政府のデータは標本調査による推計値。資料および付録IIIを参照。『アメリカ歴史統計』系列Y272-307も参照]

行政単位	1982	1987	1992	1997	2000	2005	2006	2007	2008	2009
公務員(1,000人)										
総数	15,841	17,212	18,745	19,540	20,876	21,725	22,048	22,116	22,462	22,632
連邦政府(文民)[1]	2,848	3,091	3,047	2,807	2,899	2,720	2,721	2,730	2,769	2,824
州および地方政府	12,993	14,121	15,698	16,733	17,976	19,004	19,327	19,386	19,693	19,809
総数に占める割合(%)	82	82	84	86	86	87	88	88	88	88
州政府	3,744	4,116	4,595	4,733	4,877	5,078	5,128	5,200	5,270	5,329
地方政府	9,249	10,005	11,103	12,000	13,099	13,926	14,199	14,186	14,423	14,480
郡	1,824	1,963	2,253	2,425	(NA)	(NA)	(NA)	(NA)	(NA)	(NA)
市	2,397	2,493	2,665	2,755	(NA)	(NA)	(NA)	(NA)	(NA)	(NA)
学校区	4,194	4,627	5,134	5,675	(NA)	(NA)	(NA)	(NA)	(NA)	(NA)
町区	356	393	424	455	(NA)	(NA)	(NA)	(NA)	(NA)	(NA)
特別区	478	529	627	691	(NA)	(NA)	(NA)	(NA)	(NA)	(NA)
給与支払い総額(100万ドル)										
総額	23,173	32,669	43,120	49,156	58,166	71,599	74,638	78,583	83,268	85,214
連邦政府(文民)[1]	5,959	7,924	9,937	9,744	11,485	13,475	13,896	14,427	15,472	15,106
州および地方政府	17,214	24,745	33,183	39,412	46,681	58,123	60,741	64,156	67,796	70,108
総数に占める割合(%)	74	76	77	80	80	81	81	82	81	82
州政府	5,022	7,263	9,828	11,413	13,279	16,062	16,769	17,789	18,726	19,388
地方政府	12,192	17,482	23,355	27,999	33,402	42,062	43,972	46,368	49,070	50,720
郡	2,287	3,270	4,698	5,750	(NA)	(NA)	(NA)	(NA)	(NA)	(NA)
市	3,428	4,770	6,207	7,146	(NA)	(NA)	(NA)	(NA)	(NA)	(NA)
学校区	5,442	7,961	10,394	12,579	(NA)	(NA)	(NA)	(NA)	(NA)	(NA)
町区	370	522	685	869	(NA)	(NA)	(NA)	(NA)	(NA)	(NA)
特別区	665	959	1,370	1,654	(NA)	(NA)	(NA)	(NA)	(NA)	(NA)

NA データなし　1. 海外に勤務する公務員を含む

資料：U.S. Census Bureau, Federal, State, and Local Governments, "Government Employment and Payroll Data"（2011年5月）; <http://www.census.gov/govs/apes/>

No.462. 公務員の賃金・給与——行政単位・部門別：2009年

[公務員の単位は1,000人（22,632は2263万2000人を表す）。給与の単位は100万ドル（85,214は852億1400万ドルを表す）。表No.461の頭注を参照。本書前年版の表No.460も参照]

部門別	公務員(1,000人) 合計	連邦政府(文民)[1]	州および地方政府 計	州	地方	給与支払い額(100万ドル) 合計	連邦政府(文民)[1]	州および地方政府 計	州	地方
総数	22,632	2,824	19,809	5,329	14,480	85,214	15,106	70,108	19,388	50,720
国防[2]	729	729	(X)	(X)	(X)	3,100	3,100	(X)	(X)	(X)
郵政	704	704	(X)	(X)	(X)	3,236	3,236	(X)	(X)	(X)
宇宙研究・技術	18	18	(X)	(X)	(X)	168	168	(X)	(X)	(X)
初等・中等教育	8,037	(X)	8,037	67	7,970	26,725	–	26,725	243	26,482
高等教育	3,093	(X)	3,093	2,487	606	9,226	(X)	9,226	7,655	1,571
その他の教育	105	10	95	95	(X)	449	70	379	379	(X)
保健	627	152	475	191	284	2,855	1,058	1,797	776	1,021
病院	1,283	193	1,090	446	644	5,653	1,244	4,408	1,827	2,581
公共福祉	557	8	549	247	303	2,015	69	1,946	887	1,060
社会保険	148	65	83	83	(X)	734	404	330	328	2
警察治安	1,195	179	1,017	107	909	5,882	1,084	4,797	543	4,255
消防	429	(X)	429	(X)	429	1,929	(X)	1,929	(X)	1,929
矯正施設	800	37	763	489	274	3,264	203	3,061	1,970	1,091
街路、道路	563	3	560	240	320	2,228	22	2,206	1,016	1,190
航空輸送	97	47	50	3	47	644	418	227	16	211
水上輸送/ターミナル	18	5	14	5	9	80	13	67	24	43
固形廃棄物処理	122	(X)	122	2	120	422	(X)	422	11	411
下水道	136	(X)	136	2	134	572	(X)	572	10	562
公園、レクリエーション	434	25	409	40	369	1,021	132	889	116	773
天然資源	388	181	208	159	49	1,858	1,102	756	591	165
住宅、地域開発	136	15	120	–	120	572	108	464	–	464
上水道	183	–	183	1	183	751	–	751	4	747
電力	82	–	82	4	78	483	–	483	27	455
ガス供給	12	–	12	–	12	50	–	50	–	50
交通	248	(X)	248	33	215	1,200	(X)	1,200	192	1,008
図書館	198	4	194	1	193	460	27	433	2	431
州アルコール販売店	10	(X)	10	10	(X)	24	(X)	24	24	(X)
財政行政	556	124	432	173	258	2,434	734	1,700	721	979
その他の政府行政	453	25	429	62	366	1,380	146	1,234	256	978
司法、法務	518	62	456	183	273	2,481	427	2,055	898	1,157
その他および未配分	752	238	514	201	313	3,316	1,340	1,976	872	1,105

－ ゼロまたは概数でゼロを示す　X 該当なし　1. 海外に勤務する公務員を含む　2. 国際関係を含む

資料：U.S. Census Bureau, Federal, State, and Local Governments, "2009 Annual Survey of Public Employment and Payroll,"（2011年5月）; <http://www.census.gov/govs/apes/>

No.463. 州・地方政府――労働時間あたり雇用コスト：2011年

[単位：ドル．3月現在．標本に基づく，詳細については資料を参照．退職金および補助的失業プランのデータは，公刊されたすべての表で「その他の給付」に含まれており，2006年3月の推計値以降は収集できない．本書前年版の表No.461も参照]

職種、産業	総費用	賃金給与	給付費用					
			計	有給休暇	追加給付金	保険	退職積立	法定給付
全労働者	40.54	26.55	13.99	3.03	0.33	4.88	3.32	2.44
職種別：								
経営、専門職および関連職	49.19	33.50	15.69	3.37	0.24	5.41	3.88	2.79
専門職および関連職	48.28	33.06	15.22	3.04	0.23	5.40	3.83	2.72
教員[1]	55.78	39.41	16.37	2.84	0.14	5.91	4.45	3.04
初等・中等学校、特殊学校教員	56.38	39.62	16.76	2.58	0.15	6.48	4.62	2.92
販売、事務	28.04	17.04	11.00	2.50	0.19	4.43	2.12	1.77
事務および管理補助	28.28	17.13	11.15	2.53	0.19	4.50	2.15	1.77
サービス	30.22	18.04	12.17	2.65	0.56	3.96	2.98	2.03
産業別：								
教育および保健サービス	42.58	28.85	13.72	2.73	0.21	5.10	3.27	2.41
教育サービス	43.55	29.75	13.80	2.66	0.15	5.17	3.41	2.42
初等・中等学校	43.08	29.54	13.54	2.29	0.16	5.33	3.42	2.35
短大、大学	45.36	30.64	14.72	3.84	0.13	4.68	3.40	2.66
医療ケアおよび社会福祉・援助	35.75	22.57	13.19	3.28	0.61	4.62	2.35	2.32
病院	38.04	24.05	14.00	3.54	0.74	4.94	2.37	2.41
行政	38.54	23.49	15.05	3.66	0.55	4.68	3.65	2.51

1．初等・中等教育教員、特殊教育教員およびその他の教員を含む
資料：U.S. Bureau of Labor Statistics, *National Compensation Survey, Benefits, Archives, 2011 National Survey Compensation Publications List, Employer Costs for Employee Compensation News Release* (2011年3月); ⟨http://www.bls.gov/ncs/ncspubs.htm⟩

No.464. 州・地方政府のフルタイム雇用と給与――性別・人種別・民族別：1980－2009年

[6月30日現在．2,350は235万を表す．学校、教育機関を除く．州政府（1980年42、1983年47；1981年、1984～87年は49、1989～91年は50）および15人以上の非公選、非任命のフルタイム公務員のいる郡、市町村、特別地区の標本からの報告に基づく．1993年以降のデータは100人以上の雇用者がいる州・地方政府のもの．中央値の定義については凡例を参照]

年、部門	公務員 (1,000人)						年間給与の中央値 (1,000ドル)					
					少数民族						少数民族	
	男性	女性	白人[1]	合計[2]	黒人[1]	ヒスパニック[3]	男性	女性	白人[1]	合計[2]	黒人[1]	ヒスパニック[3]
1980	2,350	1,637	3,146	842	619	163	15.2	11.4	13.8	11.8	11.5	12.3
1983	2,674	1,818	3,423	1,069	768	219	20.1	15.3	18.5	15.9	15.6	17.3
1984	2,700	1,880	3,458	1,121	799	233	21.4	16.2	19.6	17.4	16.5	18.4
1985	2,789	1,952	3,563	1,179	835	248	22.3	17.3	20.6	18.4	17.5	19.2
1986	2,797	1,982	3,549	1,230	865	259	23.4	18.1	21.5	19.6	18.7	20.2
1987	2,818	2,031	3,600	1,249	872	268	24.2	18.9	22.4	20.9	19.3	21.1
1989	3,030	2,227	3,863	1,394	961	308	26.1	20.6	24.1	22.1	20.7	22.7
1990	3,071	2,302	3,918	1,456	994	327	27.3	21.8	25.2	23.3	22.0	23.8
1991	3,110	2,349	3,965	1,494	1,011	340	28.4	22.7	26.4	23.7	23.0	24.5
1993	2,820	2,204	3,588	1,436	948	341	30.6	24.3	28.5	25.9	24.2	26.8
1995	2,960	2,355	3,781	1,534	993	379	33.5	27.0	31.4	26.3	26.8	28.6
1997	2,898	2,307	3,676	1,529	973	392	34.6	27.9	32.2	30.2	27.4	29.5
1999	2,939	2,393	3,723	1,609	1,012	417	37.0	29.9	34.8	31.1	29.6	31.2
2001	3,080	2,554	3,888	1,746	1,077	471	39.8	32.1	37.5	34.0	31.5	33.8
2003	3,134	2,610	3,919	1,826	1,097	508	42.2	34.7	40.0	35.9	33.6	36.6
2005	3,185	2,644	3,973	1,856	1,100	532	44.1	36.4	41.5	37.7	35.3	38.9
2007	3,383	2,823	4,156	(NA)	(NA)	(NA)	(NA)	(NA)	(NA)	(NA)	(NA)	(NA)
2009年、計	3,239	2,742	3,978	2,004	1,145	601	50	41	48	(NA)	40.3	44.8
事務・管理	230	153	303	79	45	22	72	70	71	(NA)	70.8	71.3
専門職	671	923	1,109	484	261	117	62	53	57	(NA)	50.7	55.8
技師	268	206	324	151	76	48	50	40	47	(NA)	39.8	44.7
警察関係	998	239	857	380	217	134	51	41	50	(NA)	42.2	54.2
準専門職	(NA)	(NA)	(NA)	(NA)	(NA)	(NA)	(NA)	(NA)	(NA)	(NA)	32.0	36.6
管理補助	125	774	562	337	183	116	37	35	35	(NA)	35.0	36.3
熟練工	407	23	305	125	68	43	45	39	35	(NA)	42.0	46.9
サービス、保全	434	142	299	277	180	79	37	29	29	(NA)	29.1	35.9

NA データなし　1．非ヒスパニック　2．個別に明示しないその他の少数民族を含む　3．ヒスパニックは人種を問わない
資料：U.S. Equal Employment Opportunity Commission, 1980-1991, "State and Local Government Information Report,"（年刊）; 1993年以前は隔年刊 ⟨www.eeoc.gov⟩

No.465. 州・地方政府公務員（フルタイム換算）——主要目的別、州別：2009年

[単位：1,000人（1,814.0は181万4000人を表す）。3月現在。地方政府のデータは標本調査による推計値。付録Ⅲおよび資料を参照。本書前年版の表No.463も参照]

州	教育 計[1]		教育 小中高校		教育 大学以上		公共福祉		保健		病院	
	州	地方	州	地方	州	地方	州	地方	州	地方	州	地方
合衆国	1,814.0	7,231.0	53.0	6,884.0	1,673.8	347.0	242.0	284.2	184.4	254.8	417.6	585.0
アラバマ	41.5	104.6	-	104.6	38.4	-	4.2	1.5	6.1	5.6	12.0	26.6
アラスカ	8.8	17.1	3.3	17.0	5.2	0.1	1.9	0.2	0.7	0.4	0.2	0.7
アリゾナ	31.1	144.3	-	130.8	28.1	13.6	4.9	2.3	3.0	3.0	0.8	2.5
アーカンソー	26.0	71.6	-	71.4	24.5	0.2	3.8	0.1	4.9	0.3	5.8	1.8
カリフォルニア	159.1	754.7	-	681.3	154.8	73.4	3.8	66.6	13.4	45.1	43.1	70.7
コロラド	40.7	108.4	-	106.2	39.4	2.1	2.2	6.1	1.3	4.3	5.4	10.4
コネティカット	20.8	95.5	-	92.5	18.2	-	6.3	1.8	4.4	1.3	7.3	-
デラウェア	8.2	15.5	-	15.5	7.8	-	1.8	-	2.2	0.4	1.8	-
コロンビア特別区	(X)	9.2	(X)	8.2	(X)	1.0	(X)	2.2	(X)	0.9	(X)	1.7
フロリダ	58.8	360.9	-	333.0	55.6	28.0	9.7	6.2	20.9	7.0	37	49.6
ジョージア	55.5	255.2	-	255.2	52.4	-	8.4	1.7	4.7	10.8	70	19.5
ハワイ	37.6	-	28.2	-	9.3	-	0.7	0.2	2.4	0.2	4.4	-
アイダホ	8.8	32.7	-	31.3	8.3	1.5	1.9	0.1	1.2	1.0	0.9	4.7
イリノイ	66.4	305.4	-	280.4	64.4	25.0	9.9	6.5	2.5	7.9	11.5	12.3
インディアナ	57.9	147.3	-	147.3	56.8	-	5.0	1.1	1.9	3.3	2.3	27.3
アイオワ	23.7	81.8	-	72.8	22.5	9.0	3.2	1.2	0.5	2.2	8.4	11.2
カンザス	20.6	102.5	-	93.4	20.0	9.1	2.5	0.8	1.2	3.6	3.1	8.9
ケンタッキー	38.9	113.1	-	113.1	36.4	-	6.0	0.5	2.3	5.2	5.6	4.5
ルイジアナ	36.0	100.2	1.9	100.2	30.3	-	6.0	0.9	4.0	1.7	14.9	18.7
メーン	7.6	37.1	-	37.1	7.4	-	3.1	0.4	1.0	0.2	0.6	0.8
メリーランド	29.2	135.9	-	124.6	26.9	11.3	6.7	3.5	6.9	4.6	4.6	-
マサチューセッツ	31.9	154.6	0.1	154.5	30.7	0.1	7.1	2.5	7.6	3.1	7.2	3.1
ミシガン	71.1	215.3	-	199.7	70.6	15.6	10.8	2.8	1.9	9.3	18.8	10.1
ミネソタ	41.3	120.7	-	120.7	37.4	-	2.9	10.4	2.4	3.4	5.1	9.4
ミシシッピ	21.0	82.1	-	76.1	19.4	6.0	2.7	0.3	3.1	0.3	10.0	19.5
ミズーリ	30.3	147.3	-	139.8	28.6	7.5	8.1	3.2	2.8	3.6	11.6	12.6
モンタナ	7.6	22.8	-	22.5	7.2	0.4	1.7	0.6	0.9	0.9	0.6	0.8
ネブラスカ	13.0	50.6	-	47.2	12.4	3.4	2.6	0.8	0.7	0.7	3.9	4.7
ネバダ	11.6	46.1	-	46.1	11.4	-	1.6	0.9	1.3	1.0	1.4	4.8
ニューハンプシャー	6.9	37.0	-	37.0	6.6	-	1.6	2.8	1.0	0.2	0.8	-
ニュージャージー	55.4	225.7	18.9	214.8	33.5	10.9	9.0	11.3	4.5	4.4	18.4	2.5
ニューメキシコ	20.4	52.4	-	48.9	19.4	3.5	1.9	1.0	2.4	0.6	7.4	1.0
ニューヨーク	57.8	522.2	-	498.6	53.2	23.6	5.3	50.2	10.1	19.3	46.1	53.5
ノースカロライナ	60.1	243.1	-	222.0	58.6	21.0	1.6	16.0	5.2	16.8	20.0	39.8
ノースダコタ	8.8	15.4	-	15.4	8.5	-	0.5	0.9	1.4	0.6	0.9	-
オハイオ	73.6	257.5	-	253.3	71.1	4.2	2.8	24.1	3.6	18.3	15.5	11.9
オクラホマ	32.4	94.0	-	93.5	30.4	0.4	7.1	0.4	5.9	1.4	3.0	10.2
オレゴン	23.7	80.2	-	71.5	23.0	8.7	6.4	0.9	1.4	4.3	5.1	2.6
ペンシルベニア	64.5	272.4	-	265.6	60.5	6.7	11.8	20.8	1.8	5.5	11.7	0.8
ロードアイランド	6.7	20.8	0.6	20.8	5.7	-	1.3	0.1	1.1	0.1	1.0	-
サウスカロライナ	32.4	103.6	-	103.6	29.8	-	4.6	0.4	6.0	2.3	7.3	22.2
サウスダコタ	5.5	22.0	-	21.4	5.2	0.6	1.1	0.3	0.7	0.3	1.0	0.3
テネシー	35.5	132.9	-	132.9	33.4	-	8.8	2.3	4.9	4.3	5.7	21.8
テキサス	126.8	742.8	-	697.6	121.9	45.2	25.1	3.7	11.8	25.6	30.6	53.1
ユタ	24.8	55.1	-	55.1	23.6	-	3.2	0.7	1.8	1.4	7.0	0.7
バーモント	5.5	19.6	-	19.6	4.9	-	1.4	-	0.6	0.1	0.3	-
バージニア	56.2	203.3	-	201.4	53.2	1.9	2.8	8.4	5.3	6.0	15.2	2.4
ワシントン	57.7	108.7	-	108.7	55.6	-	10.0	1.7	5.7	4.1	10.4	15.1
ウエストバージニア	14.5	43.3	-	43.3	13.2	0.0	3.3	0.0	0.8	1.2	1.6	2.5
ウィスコンシン	35.6	128.5	-	117.3	34.6	11.2	2.0	12.6	1.5	6.3	3.6	1.3
ワイオミング	4.1	21.2	-	19.3	3.8	1.9	0.8	0.1	0.8	0.5	0.9	6.4

本表末尾の脚注を参照

No.465. 州・地方政府公務員（フルタイム換算）――主要目的別、州別：2009年（続）

[302頁の頭注参照]

州	道路 州	道路 地方	警察・治安 州	警察・治安 地方	消防 州	消防 地方	矯正施設 州	矯正施設 地方	公園・レクリエーション 州	公園・レクリエーション 地方
合衆国	235.5	306.5	106.0	848.1	(X)	348.6	484.4	267.1	34.0	242.0
アラバマ	4.7	6.9	1.7	12.3	(X)	5.8	5.3	3.4	0.5	3.8
アラスカ	3.0	0.7	0.5	1.3	(X)	0.8	1.9	0.1	0.1	0.7
アリゾナ	2.8	4.8	2.1	19.4	(X)	8.4	10.5	6.2	0.3	6.1
アーカンソー	3.6	3.9	1.2	7.2	(X)	2.9	5.2	2.3	0.8	1.2
カリフォルニア	21.7	22.3	12.1	94.1	(X)	34.2	64.5	33.6	3.6	36.6
コロラド	3.2	5.6	1.3	13.7	(X)	6.0	7.4	3.8	0.3	7.1
コネティカット	3.1	3.6	2.1	8.8	(X)	4.7	7.9	-	0.2	2.1
デラウェア	1.6	1.2	1.0	2.3	(X)	0.2	3.0	-	0.3	0.3
コロンビア特別区	(X)	0.9	(X)	4.7	(X)	1.9	(X)	1.4	(X)	1.0
フロリダ	7.8	15.1	4.4	62.2	(X)	30.1	30.0	17.3	1.4	19.5
ジョージア	5.6	8.7	2.1	25.9	(X)	12.8	18.2	10.5	1.9	5.9
ハワイ	0.9	0.9	-	3.9	(X)	1.9	2.5	-	0.2	2.0
アイダホ	1.7	1.7	0.5	3.7	(X)	1.4	2.0	1.4	0.2	0.9
イリノイ	6.8	13.8	3.8	44.8	(X)	17.2	12.1	10.0	0.5	18.0
インディアナ	4.2	5.8	2.1	15.5	(X)	8.3	7.4	5.8	0.2	3.4
アイオワ	2.4	5.6	1.0	6.2	(X)	2.0	3.4	1.5	0.1	2.1
カンザス	3.4	5.3	1.1	8.3	(X)	3.5	3.6	3.1	0.6	2.6
ケンタッキー	4.2	3.1	2.4	7.7	(X)	4.1	4.1	3.7	1.3	2.1
ルイジアナ	4.8	5.4	1.7	15.4	(X)	5.3	7.7	5.7	1.1	4.4
メーン	2.4	1.7	0.4	2.4	(X)	1.6	1.3	0.8	0.1	0.6
メリーランド	4.9	5.0	2.4	16.7	(X)	6.7	12.8	3.5	0.4	7.0
マサチューセッツ	3.6	6.1	6.2	18.9	(X)	13.8	6.2	2.9	0.6	2.6
ミシガン	3.0	9.2	2.7	19.9	(X)	7.4	16.1	5.6	0.3	4.7
ミネソタ	4.6	7.5	1.0	11.0	(X)	2.7	4.2	5.4	0.6	4.5
ミシシッピ	3.4	4.8	1.2	8.1	(X)	3.4	3.7	2.0	0.4	1.2
ミズーリ	6.3	6.8	2.4	16.4	(X)	7.1	12.8	3.3	0.7	4.7
モンタナ	2.2	1.3	0.5	2.4	(X)	0.9	1.3	0.7	0.1	0.4
ネブラスカ	2.1	2.9	0.8	4.3	(X)	1.7	3.0	1.4	0.3	1.1
ネバダ	1.8	1.3	0.8	7.6	(X)	2.9	3.7	2.9	0.2	3.9
ニューハンプシャー	1.8	1.7	0.5	3.5	(X)	2.1	1.3	0.7	0.2	0.5
ニュージャージー	6.9	10.9	4.5	32.2	(X)	8.2	9.9	7.0	2.2	5.9
ニューメキシコ	2.6	2.0	0.7	5.5	(X)	2.3	4.1	2.3	0.8	2.3
ニューヨーク	12.7	30.0	6.7	83.2	(X)	24.9	33.7	25.3	2.5	12.4
ノースカロライナ	11.0	4.1	3.3	23.6	(X)	8.7	22.4	5.0	1.2	6.3
ノースダコタ	1.1	1.1	0.2	1.3	(X)	0.4	0.7	0.3	0.2	0.9
オハイオ	7.0	13.3	2.6	30.0	(X)	17.1	16.0	9.3	0.6	9.1
オクラホマ	3.1	5.6	2.0	9.4	(X)	4.3	5.8	1.5	0.9	1.9
オレゴン	3.8	4.0	1.4	8.1	(X)	4.0	5.5	3.6	0.4	3.4
ペンシルベニア	13.1	10.9	6.4	27.4	(X)	6.1	17.7	13.3	1.7	3.4
ロードアイランド	0.7	0.9	0.4	3.3	(X)	2.5	1.6	0.3	0.1	0.9
サウスカロライナ	5.0	2.6	1.9	11.8	(X)	4.8	7.8	3.0	0.5	3.2
サウスダコタ	1.0	1.7	0.3	1.7	(X)	0.5	0.9	0.6	0.1	0.5
テネシー	4.1	6.9	2.2	17.3	(X)	7.8	7.1	6.4	1.1	3.5
テキサス	14.7	22.6	4.4	66.3	(X)	25.5	44.1	28.8	1.3	15.7
ユタ	1.7	1.9	0.8	5.7	(X)	2.4	3.3	2.1	0.3	3.2
バーモント	1.0	1.2	0.6	0.9	(X)	0.4	1.1	0.0	0.1	0.2
バージニア	8.5	4.5	3.0	19.0	(X)	10.6	14.5	9.3	0.9	8.3
ワシントン	7.6	7.7	2.3	13.6	(X)	9.8	10.0	5.3	0.6	5.5
ウエストバージニア	5.1	0.8	1.0	2.8	(X)	1.0	3.4	0.1	0.6	0.8
ウィスコンシン	1.4	9.2	0.9	14.9	(X)	4.9	10.8	4.0	0.2	3.0
ワイオミング	1.9	0.9	0.3	1.8	(X)	0.5	1.0	0.7	0.1	0.9

－ ゼロまたは概数でゼロを示す　X　該当なし　1．個別に示さないその他の教育関連を含む

資料：U.S. Census Bureau, "2009 Annual Survey of Public Employment and Payroll," (2011年5月); <http://www.census.gov/govs/apes/> も参照

No.466. 州・地方政府公務員、月平均所得――州別：2000－2009年

〔単位：1,000人（4,083は408万3000人を表す）、ドル。3月現在。フルタイム換算雇用総数は、パートタイム従業員数のフルタイム総計値への変換によって各政府のフルタイム雇用総数の推計値を算出する導出統計値。本書前年版の表No.464も参照〕

州	公務員数(フルタイム換算)(1,000人)						月平均所得[2](ドル)					
	州政府			地方政府[1]			州政府			地方政府[1]		
	2000	2008	2009	2000	2008	2009	2000	2008	2009	2000	2008	2009
合衆国	4,083	4,363	4,399	10,995	12,305	12,408	3,374	4,445	4,565	3,169	4,124	4,234
アラバマ	80	89	89	182	199	200	2,841	3,990	4,067	2,431	3,155	3,201
アラスカ	23	26	26	25	28	28	3,842	4,659	5,078	3,818	4,652	4,819
アリゾナ	65	73	69	182	251	241	3,055	4,257	4,215	2,942	4,161	4,100
アーカンソー	49	61	61	96	105	108	2,842	3,459	3,663	2,175	2,866	3,045
カリフォルニア	355	394	411	1,322	1,452	1,434	4,451	5,913	5,714	4,062	5,652	5,782
コロラド	66	69	73	164	195	203	3,779	4,901	5,033	3,076	4,067	4,118
コネティカット	66	66	66	111	125	129	3,909	5,480	5,825	3,856	4,843	4,769
デラウェア	24	27	27	21	24	23	3,222	4,177	4,227	3,163	4,494	4,502
コロンビア特別区	(X)	(X)	(X)	45	47	46	(X)	(X)	(X)	3,923	5,403	5,025
フロリダ	185	189	186	580	720	703	3,149	3,808	3,859	2,865	4,013	4,116
ジョージア	120	130	123	334	409	411	2,899	3,724	3,915	2,677	3,391	3,447
ハワイ	55	60	60	14	15	15	2,926	4,065	4,249	3,352	4,791	4,891
アイダホ	23	23	23	51	59	56	3,022	4,106	4,202	2,478	3,258	3,313
イリノイ	128	129	137	493	519	525	3,441	4,914	5,077	3,307	4,272	4,451
インディアナ	83	91	92	232	263	258	2,990	4,073	4,175	2,711	3,423	3,503
アイオワ	55	55	52	121	128	130	3,656	5,165	5,376	2,727	3,511	3,733
カンザス	43	46	45	128	149	159	3,071	3,895	4,112	2,491	3,242	3,349
ケンタッキー	74	81	81	149	165	163	3,051	3,878	3,946	2,339	2,996	3,022
ルイジアナ	95	92	92	185	190	186	2,807	4,007	4,131	2,278	3,104	3,347
メーン	21	23	21	51	55	53	2,983	3,967	4,141	2,609	3,280	3,407
メリーランド	91	89	90	182	211	214	3,312	4,492	4,606	3,535	4,910	5,129
マサチューセッツ	96	98	97	232	245	247	3,683	4,823	4,924	3,403	4,518	4,773
ミシガン	142	141	143	351	334	340	3,934	4,746	5,023	3,518	4,417	4,515
ミネソタ	73	79	81	206	201	204	3,892	5,070	5,282	3,255	4,265	4,310
ミシシッピ	56	57	58	133	134	137	2,752	3,365	3,450	2,121	2,865	2,982
ミズーリ	91	89	90	208	239	239	2,678	3,291	3,398	2,678	3,307	3,441
モンタナ	18	20	21	34	35	36	2,931	3,822	3,949	2,546	3,261	3,488
ネブラスカ	30	32	32	78	85	87	2,514	3,695	3,868	2,779	3,669	3,765
ネバダ	22	28	30	61	86	87	3,444	4,752	5,016	3,817	4,942	5,027
ニューハンプシャー	19	20	20	46	52	54	3,079	4,367	4,453	2,830	3,776	3,743
ニュージャージー	133	156	154	316	350	360	4,075	5,580	5,686	3,967	5,158	5,183
ニューメキシコ	48	49	49	70	81	82	2,811	3,767	3,938	2,494	3,191	3,454
ニューヨーク	251	255	257	924	981	994	3,859	5,052	5,282	3,961	4,858	5,052
ノースカロライナ	123	146	148	328	421	415	3,012	3,931	4,032	2,708	3,496	3,593
ノースダコタ	16	18	18	23	23	25	2,826	3,639	3,952	2,778	3,662	3,478
オハイオ	136	143	143	459	478	477	3,369	4,635	4,902	3,118	3,897	4,010
オクラホマ	64	72	72	134	144	149	2,821	3,699	3,774	2,280	2,924	3,129
オレゴン	53	60	63	124	130	136	3,269	4,463	4,524	3,332	4,210	4,222
ペンシルベニア	150	162	164	388	434	442	3,436	4,188	4,338	3,296	4,021	4,082
ロードアイランド	20	20	20	36	32	33	3,772	4,853	5,184	3,550	4,631	4,673
サウスカロライナ	79	78	77	155	183	180	2,741	3,530	3,579	2,474	3,374	3,484
サウスダコタ	13	13	14	28	30	33	2,777	3,591	3,749	2,359	3,028	3,127
テネシー	81	86	84	218	242	245	2,786	3,794	3,794	2,631	3,276	3,359
テキサス	269	290	300	909	1,081	1,130	3,095	4,057	4,208	2,643	3,465	3,545
ユタ	49	51	52	73	84	90	2,880	4,152	4,293	2,836	3,857	3,797
バーモント	14	15	15	23	25	25	3,153	4,333	4,389	2,534	3,525	3,611
バージニア	119	128	126	269	323	324	3,229	4,163	4,246	2,928	3,829	3,399
ワシントン	112	123	125	193	227	235	3,551	4,581	4,772	3,835	5,050	5,369
ウエストバージニア	32	39	40	61	63	63	2,694	3,347	3,479	2,517	2,942	3,130
ウィスコンシン	64	69	70	220	214	215	3,710	4,780	4,878	3,210	3,958	4,233
ワイオミング	11	13	14	29	36	38	2,589	3,727	3,922	2,660	3,858	4,094

X 該当なし　1. 標本抽出による推計値。付録Ⅲおよび資料を参照　2. フルタイムの公務員
資料：U.S. Census Bureau, "2009 Annual Survey of Public Employment and Payroll," (2011年5月刊); 〈http://www.census.gov/govs/apes/〉も参照

No.467. 市政府公務員、賃金・給与――主要大都市：1999－2009年

[単位：1,000人（447.0は44万7000人を表す）。3月現在。フルタイム換算雇用総数の定義については表No.466の頭注を参照]

人口規模順都市 (2007年)[1]	公務員総数 (1,000)			フルタイム換算 公務員数			給与支払総額 (100万ドル)			フルタイム公務員の 月平均賃金 (ドル)		
	1999	2008	2009	1999	2008	2009	1999	2008	2009	1999	2008	2009
ニューヨーク、NY	447.0	467.0	453.9	416.4	430.3	423.6	1,485.9	2,166.3	2,315.1	3,694	5,091	5,535
ロサンゼルス、CA	47.2	56.2	57.6	46.2	52.1	53.2	207.4	364.5	393.4	4,534	7,264	7,675
シカゴ、IL	41.9	38.7	37.8	41.9	37.9	37.8	195.8	191.5	192.2	4,670	5,072	5,102
ヒューストン、TX	22.9	22.1	23.0	22.7	21.7	22.6	64.0	89.2	98.6	2,813	4,100	4,353
フェニックス、AZ	13.1	18.1	16.2	12.7	17.2	15.6	48.9	104.8	82.7	3,909	6,285	5,413
フィラデルフィア、PA	30.2	31.1	31.3	29.4	30.3	30.4	102.4	144.3	142.8	3,511	4,786	4,705
サンアントニオ、TX	16.5	16.1	16.0	15.3	15.5	15.5	43.6	60.6	63.8	2,927	3,998	4,184
サンディエゴ、CA	11.7	11.4	11.3	11.0	10.6	10.5	43.8	60.2	61.3	4,072	5,847	6,022
ダラス、TX	15.4	15.7	17.2	15.0	15.3	16.7	49.6	71.8	75.4	3,326	4,763	4,576
サンノゼ、CA	7.4	7.8	7.9	6.7	6.8	7.0	33.2	50.8	52.9	5,227	7,847	7,966
デトロイト、MI	18.5	13.8	13.8	18.1	13.7	13.7	59.5	57.6	60.9	3,301	4,225	4,487
ホノルル、HI	9.7	9.7	10.0	9.0	8.9	9.3	30.9	42.1	45.1	3,479	4,827	4,937
ジャクソンビル、FL	9.2	14.5	9.8	9.2	13.7	9.6	29.7	61.3	40.1	3,238	4,533	4,230
インディアナポリス、IN	11.4	15.5	14.0	11.3	14.6	13.4	30.2	55.4	52.3	2,756	3,803	3,878
サンフランシスコ、CA	26.7	30.8	28.5	26.7	29.1	27.2	119.6	210.6	195.5	4,487	7,482	7,465
コロンバス、OH	8.9	8.8	8.4	8.6	8.4	8.1	28.5	40.9	40.8	3,369	4,904	5,093
オースティン、TX	10.9	13.0	13.1	10.1	12.6	12.7	30.9	58.9	59.9	3,121	4,718	4,731
ルイスビル、KY	5.0	7.9	8.5	4.6	7.6	8.2	11.8	29.1	32.3	2,674	3,909	4,001
フォートワース、TX	6.4	7.0	6.5	6.1	6.7	6.5	18.5	29.2	29.2	3,159	4,446	4,538
メンフィス、TN	26.3	25.9	25.8	25.2	24.7	24.6	73.6	84.0	91.0	2,973	3,459	3,770
シャーロット、NC	5.0	6.7	7.3	4.9	6.5	6.8	15.6	28.2	31.2	3,188	4,377	4,613
ボルティモア、MD	30.9	28.4	30.1	29.5	26.9	28.4	92.4	128.0	129.9	3,229	4,866	4,675
エルパソ、TX	6.2	5.9	6.2	6.1	5.8	6.0	15.6	21.1	22.5	2,596	3,703	3,796
ミルウォーキー、WI	8.0	7.2	7.1	7.9	7.0	6.8	28.6	34.6	34.4	3,636	5,036	5,097
ボストン、MA	22.7	21.8	21.8	21.3	20.5	21.1	73.9	107.0	110.5	3,526	5,283	5,319
シアトル、WA	10.0	14.0	13.7	9.6	12.6	12.4	42.8	67.7	71.5	4,462	5,556	5,918
ナッシュビル、TN	24.2	23.3	23.3	20.0	21.6	21.6	46.8	87.2	91.0	2,353	4,167	4,399
デンバー、CO	14.4	13.6	13.4	14.0	12.7	12.6	45.9	68.8	64.6	3,324	5,549	5,227
ワシントン、DC	36.5	38.9	36.6	34.9	37.3	35.1	129.3	193.7	166.7	3,725	5,309	4,842
ラスベガス、NV	2.6	3.3	3.1	2.5	3.1	2.9	10.8	20.0	21.1	4,512	6,687	7,499
ポートランド、OR	6.0	6.9	6.8	5.3	6.0	5.9	22.6	32.8	33.9	4,390	5,680	5,989
オクラホマシティ、OK	5.1	4.6	4.8	4.8	4.4	4.6	16.0	21.6	22.9	3,482	5,033	5,149
トゥーソン、AZ	6.3	6.4	6.0	5.4	5.9	5.6	17.0	27.4	25.4	3,181	4,836	4,740
アトランタ、GA	8.3	7.9	7.9	8.2	7.9	7.8	23.2	29.8	30.9	2,831	3,749	3,901
アルバカーキ、NM	7.8	7.2	7.1	7.1	6.8	6.8	17.2	23.1	23.7	2,494	3,507	3,612
フレズノ、CA	3.6	4.7	4.6	3.3	4.4	4.3	12.2	22.2	22.2	3,829	5,350	5,403
ロングビーチ、CA	5.9	6.4	6.8	5.5	6.0	6.3	24.3	32.8	36.1	4,720	5,806	5,973
サクラメント、CA	4.3	5.6	5.6	4.3	4.9	4.9	16.0	30.0	24.8	3,733	6,537	5,469
メーサ、AZ	3.3	4.0	3.7	3.2	3.8	3.6	12.0	20.7	20.6	3,819	5,494	5,845
カンザスシティ、MO	6.6	6.8	6.8	6.6	6.9	6.8	19.7	29.2	29.3	3,023	4,283	4,349
クリーブランド、OH	9.9	8.1	7.8	9.3	7.9	7.7	26.8	35.4	34.2	2,899	4,470	4,472
バージニアビーチ、VA	18.3	19.3	19.4	16.0	17.8	18.0	41.0	60.9	62.2	2,744	3,724	3,778
オマハ、NE	3.2	3.0	3.1	2.9	2.8	2.9	10.4	13.5	14.0	3,778	5,147	5,193
マイアミ、FL	3.6	4.1	4.5	3.3	4.0	4.2	14.2	23.0	24.4	4,398	5,977	5,992
オークランド、CA	5.5	5.4	5.4	5.0	5.4	5.3	22.3	37.7	37.7	5,084	7,044	7,109
タルサ、OK	4.5	4.4	4.4	4.4	4.3	4.3	13.5	17.2	17.8	3,118	4,062	4,204
ミネアポリス、MN	10.4	5.5	5.5	6.3	5.2	5.2	21.7	25.1	25.8	3,654	4,957	5,084
コロラドスプリングス、CO	6.9	7.7	8.6	6.6	7.2	7.9	21.5	34.8	38.4	3,371	4,905	4,941
ローリー、NC	3.2	4.1	4.3	2.9	3.6	3.8	8.4	13.9	15.2	3,036	4,040	4,248
アーリントン、TX	3.2	2.9	2.9	2.6	2.5	2.6	7.4	11.8	12.2	3,069	4,941	4,975
ウィチタ、KS	3.4	4.0	3.9	3.2	3.3	3.4	9.2	13.3	13.7	2,928	4,165	4,175
セントルイス、MO	8.6	6.8	6.8	8.1	6.5	6.5	24.6	27.1	26.9	3,033	4,170	4,122
サンタアナ、CA	2.5	2.1	2.1	2.1	1.8	1.8	9.3	13.3	13.8	5,315	7,813	8,101
タンパ、FL	4.2	4.6	4.3	4.1	4.5	4.2	13.3	20.5	22.3	3,272	4,589	5,387
アナハイム、CA	3.2	3.7	3.6	2.6	2.8	2.7	11.4	17.5	17.8	5,038	7,591	7,797
シンシナティ、OH	6.4	5.9	6.0	6.3	5.6	5.7	20.5	26.4	24.9	3,399	4,967	4,518
ベイカーズフィールド、CA	1.4	1.6	1.5	1.3	1.6	1.5	5.2	8.3	8.3	4,389	5,400	5,586
オーロラ、CO	2.4	2.7	2.6	2.3	2.7	2.6	8.4	13.7	13.6	3,572	5,105	5,271
ピッツバーグ、PA	4.4	5.1	4.2	4.3	5.1	4.2	15.3	23.6	18.2	3,610	4,712	4,374
トレド、OH	3.0	3.0	2.9	3.0	3.0	2.9	11.3	13.2	12.7	3,751	4,406	4,406
リバーサイド、CA	2.0	2.7	2.6	1.8	2.5	2.3	7.5	14.5	14.5	4,348	6,325	6,575
ストックトン、CA	2.3	2.2	2.0	1.9	1.8	1.8	6.5	10.6	9.7	3,846	6,187	5,759
コーパスクリスティ、TX	3.4	3.2	3.3	3.2	3.1	3.3	7.9	11.5	12.0	2,507	3,608	3,707
ニューアーク、NJ	5.5	4.4	4.3	5.2	3.7	3.6	21.4	17.5	17.7	4,177	4,926	5,104
アンカレッジ、AK	9.8	10.9	11.1	8.4	9.8	10.0	29.4	45.8	48.5	3,571	4,760	4,938
レキシントン、KY	3.8	4.9	5.1	3.5	4.3	4.4	9.6	15.6	16.6	2,827	4,008	4,099
セントポール、MN	3.5	3.3	3.3	3.2	3.0	3.0	12.1	15.2	15.3	3,961	5,283	5,356
バッファロー、NY	12.0	10.8	10.5	10.7	9.9	9.9	40.4	45.4	45.4	3,999	4,747	4,694
プラノ、TX	1.9	2.6	2.6	1.7	2.3	2.2	5.8	10.5	10.6	3,499	4,843	4,934
グレンデール、AZ	1.5	2.1	2.1	1.4	2.1	2.1	5.5	10.6	10.6	3,997	5,231	5,128
フォートウェイン、IN	1.9	2.2	2.1	1.9	2.1	2.0	5.4	8.5	9.0	2,882	4,170	4,109
ヘンダーソン、NV	1.9	2.9	2.8	1.4	2.3	2.3	5.0	13.7	14.1	4,348	6,798	6,957
リンカーン、NE	2.7	2.9	2.8	2.5	2.6	2.6	8.1	12.0	12.1	3,394	4,734	4,869
グリーンズボロ、NC	4.2	3.3	3.4	3.5	3.0	3.1	11.0	11.2	12.0	3,553	3,799	3,994
セントピーターズバーグ、FL	3.0	4.1	3.2	2.8	3.9	3.0	9.3	16.5	13.5	3,264	4,405	4,663
チャンドラー、AZ	1.4	1.8	1.8	1.3	1.8	1.7	3.9	9.7	9.6	3,140	5,724	5,692

1．2007年は7月1日現在の算定居住人口に基づく

資料：U.S. Census Bureau, "2009 Annual Survey of Public Employment and Payroll,"（2011年5月）；〈http://www.census.gov/govs/apes/〉も参照

No.468. 郡政府公務員、賃金・給与——主要郡別：1999－2009年

[単位：1,000人（93.3は9万3300人を表す）。3月現在。本章の解説を参照。フルタイム換算雇用の定義については表No.466の頭注を参照。本書前年版の表No.466も参照]

人口規模順郡 (2007年)[1]	公務員総数 (1,000人)			フルタイム換算公務員数		給与支払総額 (100万ドル)			フルタイム公務員の月平均賃金 (ドル)	
	1999	2008	2009	1999	2009	1999	2008	2009	1999	2009
ロサンゼルス、CA	93.3	109.5	109.7	89.7	105.8	368.6	594.1	610.1	4,165	5,837
クック、IL	27.4	22.7	22.8	27.4	22.8	91.2	108.6	110.1	3,333	4,828
ハリス、TX	19.4	24.1	26.7	19.1	25.5	56.8	102.9	111.5	2,981	4,335
マリコパ、AZ	14.6	14.6	13.9	14.5	13.6	36.9	58.7	56.3	2,562	4,208
オレンジ、CA	22.8	22.8	19.2	21.4	18.4	71.1	110.4	108.1	3,358	5,902
サンディエゴ、CA	19.1	22.4	22.1	18.1	20.5	62.8	115.5	104.8	3,513	5,148
デイド、FL	36.6	46.9	47.3	35.6	46.4	123.3	274.3	288.6	3,546	6,328
ダラス、TX	12.5	15.8	16.7	11.9	16.1	34.2	66.7	76.2	2,881	4,701
リバーサイド、CA	14.7	21.9	21.3	14.3	20.7	51.9	114.0	116.8	3,688	5,641
サンバーナーディーノ、CA	18.1	21.6	21.5	16.8	20.1	58.2	103.4	102.4	3,553	5,236
ウェイン、MI	6.7	5.6	5.3	6.6	5.2	24.0	28.1	24.8	3,658	4,756
キング、WA	16.1	14.8	14.4	14.2	13.7	52.9	76.1	78.1	3,867	5,911
クラーク、NV	15.6	22.3	22.1	14.2	20.0	54.8	120.2	120.8	3,982	6,212
ブロワード、FL	10.7	13.3	13.2	10.5	12.8	33.5	59.0	59.2	3,220	4,684
サンタクララ、CA	15.2	19.2	19.2	14.6	18.3	62.3	125.2	128.5	4,342	7,179
タラント、TX	6.6	11.4	11.6	6.4	11.3	17.1	41.2	47.1	2,717	4,190
ベクサー、TX	9.2	11.4	10.9	8.9	10.6	22.4	41.0	41.0	2,545	3,863
アラメダ、CA	11.5	12.9	13.2	10.6	12.6	45.4	83.3	87.2	4,263	6,969
サフォーク、NY	12.7	15.9	17.0	11.8	15.0	49.1	80.9	84.5	4,300	5,839
サクラメント、CA	12.7	14.7	13.8	11.7	13.7	46.7	75.4	78.0	3,963	5,696
ナッソー、NY	18.5	21.1	17.6	17.4	15.7	73.5	92.1	85.0	4,518	5,596
クヤホーガ、OH	15.7	16.6	16.1	15.7	15.7	46.2	69.3	70.4	2,939	4,385
パームビーチ、FL	8.4	11.5	11.6	8.2	11.2	26.0	58.1	60.1	3,193	5,483
アレゲーニ、PA	7.3	6.9	6.9	7.2	6.8	18.0	22.3	24.6	2,530	3,682
オークランド、MI	4.7	6.2	4.7	4.4	4.4	15.2	25.4	20.5	3,537	4,761
ヒルズバラ、FL	14.5	11.7	11.9	12.4	11.4	30.2	46.9	48.2	2,640	4,277
ヘネピン、MN	12.9	8.7	7.6	10.9	7.5	40.0	44.3	38.8	3,705	5,299
フランクリン、OH	7.1	6.7	6.7	6.8	6.4	18.1	23.6	25.0	2,727	3,905
オレンジ、FL	9.4	12.4	11.8	8.8	10.9	26.1	50.2	44.7	2,986	4,131
コントラコスタ、CA	9.9	9.9	9.0	9.1	8.3	41.0	57.0	50.2	4,620	6,066
フェアファックス、VA	34.3	43.2	47.3	31.5	39.5	107.5	181.9	204.8	3,514	5,254
ソルトレーク、UT	5.6	6.0	6.1	4.2	4.6	12.2	16.3	17.3	3,176	4,105
セントルイス、MO	4.1	4.0	4.1	4.0	4.0	12.0	15.7	16.0	3,052	4,040
フルトン、GA	7.9	8.9	9.0	7.6	8.6	23.5	37.6	37.4	3,203	4,558
トラヴィス、TX	3.6	5.0	5.2	3.5	5.1	10.4	20.1	21.6	2,949	4,226
ピーマ、AZ	7.9	8.4	7.9	7.1	7.4	18.8	30.1	28.7	2,717	4,014
ウエストチェスター、NY	10.4	11.5	11.8	9.8	10.6	40.0	43.4	48.3	4,067	4,495
ミルウォーキー、WI	8.2	7.4	7.6	7.8	7.1	25.9	30.1	30.7	3,374	4,338
モンゴメリー、MD	36.8	43.4	42.6	28.5	35.5	116.3	214.4	220.8	4,401	6,659
ドゥペイジ、IL	3.6	3.6	3.6	3.4	3.4	10.3	12.6	12.9	3,097	3,819
ピネラス、FL	5.7	7.0	6.5	5.6	6.4	16.2	30.2	28.9	2,915	4,539
エリー、NY	12.3	11.4	11.7	10.6	10.1	35.5	42.1	42.4	3,538	4,341
シェルビー、TN	13.6	14.5	14.5	12.9	14.0	36.2	53.2	51.0	2,825	3,666
フレズノ、CA	7.5	9.1	8.9	7.2	8.4	22.3	37.1	37.7	3,190	4,465
バーゲン、NJ	5.7	5.6	5.8	4.1	4.8	13.2	25.2	25.0	3,273	5,456
メクレンバーグ、NC	23.1	29.4	28.6	20.4	25.9	54.0	101.7	92.8	2,722	4,559
ハミルトン、OH	6.0	6.1	5.4	5.8	5.3	15.0	22.1	19.8	2,604	3,767
ウェイク、NC	16.9	24.2	25.8	14.9	23.3	39.5	85.8	90.3	2,686	3,900
メイコム、MI	3.0	3.3	3.4	2.8	3.1	8.7	12.7	13.1	3,245	4,351
プリンスジョージス、MD	30.0	37.6	34.7	27.2	29.5	84.6	154.6	155.6	3,195	5,453
ヴェンチュラ、CA	8.3	9.1	9.5	8.1	9.1	30.2	54.2	56.7	3,754	6,430
カーン、CA	9.0	11.2	11.2	8.7	10.6	29.4	50.1	55.0	3,426	5,240
ボルティモア、MD	25.7	30.0	29.7	22.6	25.4	66.5	114.7	118.2	3,172	4,928
ミドルセクス、NJ	5.5	4.7	5.1	4.9	4.3	16.9	19.8	22.1	3,528	5,261
グウィネフ、GA	3.7	5.4	5.4	3.5	5.1	10.7	21.3	21.9	3,090	4,346
モンゴメリー、PA	3.7	4.1	4.1	3.5	4.1	9.0	12.4	12.9	2,690	3,270
エセックス、NJ	6.5	5.4	5.4	5.8	4.9	20.2	23.7	24.8	3,573	5,227
ピアース、WA	3.4	3.9	3.9	3.2	3.7	13.7	20.1	21.3	4,367	5,840
デカルブ、GA	6.2	7.6	7.6	6.1	7.4	18.1	27.2	27.8	3,000	3,778
エルパソ、TX	3.7	5.0	5.1	3.6	4.9	9.0	18.5	20.1	2,573	4,120
コリン、TX	1.0	1.8	2.0	1.0	1.9	2.7	7.1	7.6	2,617	3,908
モンロー、NY	6.9	6.9	6.9	6.0	6.0	18.9	24.2	25.7	3,157	4,371
ヒダルゴ、TX	1.6	2.7	2.7	1.6	2.7	3.3	8.1	8.6	2,040	3,219
レイク、IL	2.9	3.3	3.3	2.7	3.0	8.5	13.7	13.8	3,180	4,668
サンマテオ、CA	6.1	7.8	7.7	5.8	7.2	23.9	42.3	42.4	4,346	6,779
マルトノマー、OR	5.7	4.9	4.8	4.6	4.4	12.6	20.3	22.4	2,990	5,161
オクラホマ、OK	2.4	2.3	2.4	2.3	2.3	4.2	6.1	6.5	1,834	2,929
コブ、GA	4.0	6.1	5.1	3.8	4.7	10.7	20.5	17.5	2,933	3,900
スノーミッシュ、WA	2.4	3.0	2.9	2.4	2.8	8.6	15.1	15.1	3,643	5,327
ウィル、IL	1.9	2.3	2.4	1.8	2.3	5.5	9.6	10.0	3,052	4,372
サンホアキン、CA	7.1	8.1	8.2	6.5	7.2	20.7	37.3	37.7	3,364	5,286
ジャクソン、MO	1.9	1.9	2.0	1.8	1.9	4.4	5.9	6.1	2,403	3,199
ジェファーソン、AL	4.9	4.4	4.4	4.8	4.4	14.6	16.4	18.3	3,054	4,203
ノーフォーク、MA	0.9	0.5	0.5	0.9	0.5	2.5	2.4	2.2	2,810	4,995

1. 2007年は7月1日現在の推定居住人口に基づく

資料：U.S. Census Bureau Federal, State, and Local Governments "2008 Annual Survey of Public Employment and Payroll," (2010年5月刊); <http://www.census.gov/govs/apes/> も参照

第9章
連邦政府の財政と雇用

　本章では、連邦政府の財政構造と政府職員の雇用に関する統計を提示する。財政データは、税収、その他の政府収入、歳出額および負債額を含む。財政データの主要な資料は、行政管理予算局（Office of Management and Budget：OMB）が毎年公刊する『Budget of the United States Government』と関連文書並びに、財務省が出版する『United States Government Annual Report』とその付録である。納税申告と徴税に関する詳細なデータは、内国税務局（Internal Revenue Service）が毎年発表する。政府職員のデータは、様々な公共機関や官庁の職員名簿から収集したものであり、職員の特性および公務上の地位による分類をしてある。それらは、人事管理局（Office of Personnel Management）と労働統計局（Bureau of Labor Statistics）によって出版されている。連邦政府所有地および不動産に関するデータは総務庁局（General Services Administration）が収集し、年刊『Federal Real Property Report』に掲載されている。

予算概念

　全ての連邦政府の資産は統一的な予算概念に基づいて単一の包括的な予算の中に含まれている。これらの資産には、連邦政府資金と信託資金の両方が含まれる。連邦政府資金は主として税収と借入金から成り、法律による使途の限定はされない。信託資金は、例えば失業信託基金等であり、信託の協定や法令に従って、特定の目的やプログラムの実行に用いるための特定の税収やその他の政府収入を取り入れている。資金収支には財務省の扱う現金収支と合衆国債券への投資の双方を含む。1985年以前は、法律の規定により、連邦融資銀行（Federal Financing Bank）、郵政公社（Postal Service）、合成燃料公団（Synthetic Fuels Corporation）、農村電化管理局（Rural Electrification Administration）は政府予算とは別枠で扱ってきた。1985年の均衡予算・緊急財政欠陥管理法（Balanced Budget and Emergency Deficit Control Act：P.L.99-177）は前記の勘定主体のオフバジェット状態を撤回して総予算管理の中に組み入れる一方、社会保障（連邦政府老齢者・遺族保険および連邦政府身体障害者保険信託基金）をオフバジェットとし、予算管理から外した。社会保障は今日ではオフバジェットであり、法律によって議会予算決議案の範囲から除外されているが連邦政府プログラムであることには変わりない。

　政府の法的権限に基づいて発生する収入は政府収入として報告されている。その他の政府の収入、例えば事業的活動および市場志向型活動からの収入は支出との純額で表示される。支出は政府支払小切手発行ベース（純）で報告されている。（即ち、支出は勘定支払のための小切手発行時点で記録される。）

負債概念

　合衆国では従来、財務省の借入行為によって生じた負債、即ち公的負債（public debt）が政府負債のすべてであった。しかし、現在の政府負債は公的負債と代理負債（agency debt）の両方を含んでいる。連邦政府総負債（gross Federal debt）は財務省とその他の連邦政府諸機関の借入れ額を含んでいる。連邦政府総負債は最も広い意味での政府負債額である。公的債務総額（total public debt）は法律で定められた負債制限額でなければならず、財務省による借入れのみ含む概念である。

財務省の収入と支出

　全ての政府収入は、幾つかの例外を除いて、最終使途に関わりなく、財務省資金部に預託される。預託された資金は憲法の規定により議会の承認がない限り財務省から引き出すことはできない。

　財務省の行う連邦政府の出納のための現金操作は『Daily Treasury Statement』に報告されている。公的債務に関する包括的な報告は『Monthly Statement of the Public Debt of the United States』

に公表されている。

政府機関の税収、関税収入およびその他政府機関の徴収する収入等の予算収入、並びに出納官と政府機関が支出した全ての支出は『Daily Treasury Statement of Receipts and Outlays of the United States Government』および財務省の『United States Government Annual Report』とその付録で報告されている。政府機関の諸勘定への預け入れとそこからの支払いも前記と同じ予算概念に基づいて扱われる。

季刊『Treasury Bulletin』は、国営企業およびその他の政府事業活動を含む財政運営および財務省の関連活動に関するデータの報告書である。

所得税収益と税金徴収

税に関するデータは財務省の内国税務局によって編集されている。年刊『Internal Revenue Service Data Book』は税の種類別に税金徴収について詳細に報告している。同局の年刊『Statistics of Income』は、個人所得税収入と法人所得税収入に関する詳細なデータを掲載している。季刊『Statistics of Income Bulletin』は全体として『Statistics of Income』の補足刊行物群に代わるものだが、それらは非課税機関、非法人組織企業、信託所得税および遺産税、個人による資本資産売却額、企業および個人によって報告された国際所得と税および相続税等の多様な項目に関するデータを掲載している。

雇用と給与

人事管理局は、中央情報局（Central Intelligence Agency）、国家安全保障局（National Security Agency）、国防情報局（Defense Intelligence Agency）を除く全ての省庁と連邦政府諸機関から、雇用および給与データを収集している。雇用の数値は、職種や支払い方法に関係なく各月末における文民職員の数と連邦政府への個人的な奉仕に従事した人々の数を示している。連邦政府給与は、報告月の個人的サービスに対する支払いと年間累積休暇日数に対する支払いを含んでいる。ほとんどの連邦政府職員の給与は隔週ペースで支払われているので、月別収入は一部で、給料支払い対象の週給の労働日数を月額に換算して推計している。

連邦政府雇用と給与の数値は、人事管理局の『Federal Civilian Workforce Statistics-Employment and Trends』に報告されている。同局はさらに、マイノリティの雇用に関する2年ごとの雇用データやホワイトカラー・ブルーカラー別、また地域別の雇用データも公表している。連邦政府職員の給与・賃金分布に関する報告書は毎年出版されている。明細表は主にホワイトカラーに関するものである。賃金体系は主にブルーカラーに関するものである。連邦政府に関するデータは他に、センサス局の年刊『Public Employment』、労働統計局の『Monthly Labor Review』に公表されている。

歴史統計

各表の見出しは『アメリカ歴史統計、植民地時代〜1970年』に対応している。クロスリファレンスについては、付録Ⅰを参照。

図9.1
連邦政府予算概要：1990－2011年

歳入、歳出、赤字または黒字
単位：10兆実質ドル（2005年）

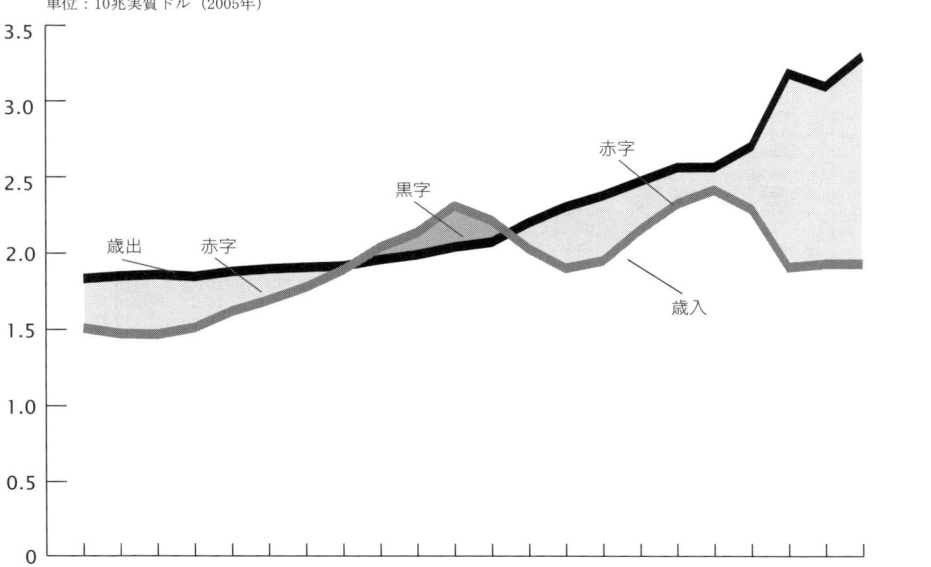

国内総生産（GDP）に占める歳出と連邦政府債務の％
単位：％

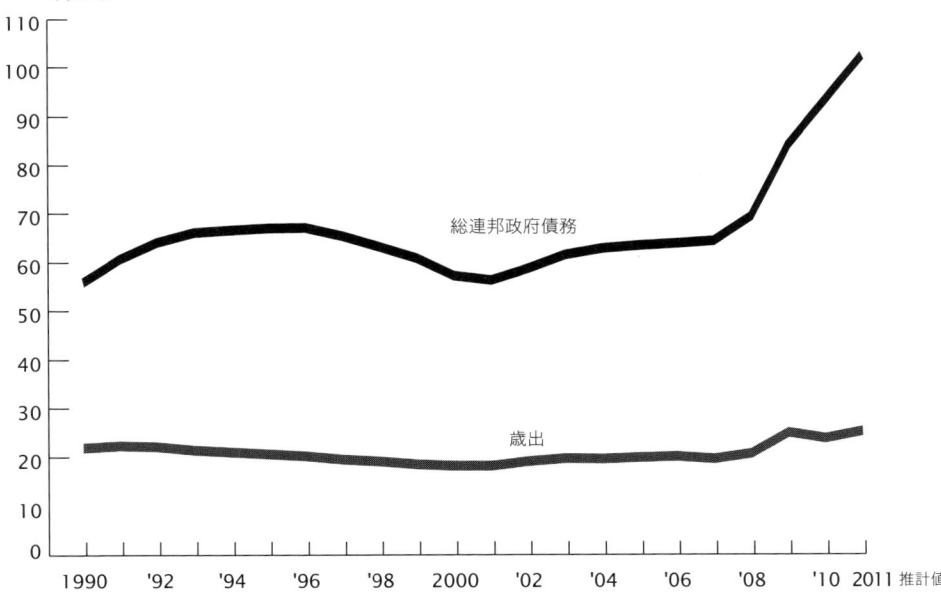

資料：図の作成はセンサス局。データについては表No.469、470を参照

第9章　連邦政府の財政と雇用　309

No.469. 連邦政府予算――歳入、歳出：1960－2011年

[単位：10億ドル（92.5は925億ドルを表す）および%。表示年を年度末とする会計年度。第8章の解説を参照。表No.471の頭注を参照]

会計年度	名目ドル			実質（2005年価格）ドル			GDPに占める割合（%）[1]		
	歳入	歳出	黒字/赤字(－)	歳入	歳出	黒字/赤字(－)	歳入	歳出	黒字/赤字(－)
1960	92.5	92.2	0.3	630.9	628.9	2.1	17.8	17.8	0.1
1970	192.8	195.6	-2.8	968.4	982.7	-14.3	19.0	19.3	-0.3
1980	517.1	590.9	-73.8	1,197.6	1,368.6	-171.0	19.0	21.7	-2.7
1985	734.0	946.3	-212.3	1,250.9	1,612.7	-361.8	17.7	22.8	-5.1
1990	1,032.0	1,253.0	-221.0	1,508.7	1,831.9	-323.2	18.0	21.9	-3.9
1991	1,055.0	1,324.2	-269.2	1,473.0	1,849.0	-375.9	17.8	22.3	-4.5
1992	1,091.2	1,381.5	-290.3	1,467.5	1,857.9	-390.4	17.5	22.1	-4.7
1993	1,154.3	1,409.4	-255.1	1,511.5	1,845.5	-334.0	17.5	21.4	-3.9
1994	1,258.6	1,461.8	-203.2	1,617.7	1,878.9	-261.2	18.0	21.0	-2.9
1995	1,351.8	1,515.7	-164.0	1,691.4	1,896.6	-205.1	18.4	20.6	-2.2
1996	1,453.1	1,560.5	-107.4	1,775.5	1,906.7	-131.3	18.8	20.2	-1.4
1997	1,579.2	1,601.1	-21.9	1,889.9	1,916.1	-26.2	19.2	19.5	-0.3
1998	1,721.7	1,652.5	69.3	2,040.9	1,958.8	82.1	19.9	19.1	0.8
1999	1,827.5	1,701.8	125.6	2,136.4	1,989.5	146.8	19.8	18.5	1.4
2000	2,025.2	1,789.0	236.2	2,310.0	2,040.5	269.5	20.6	18.2	2.4
2001	1,991.1	1,862.8	128.2	2,215.3	2,072.6	142.7	19.5	18.2	1.3
2002	1,853.1	2,010.9	-157.8	2,028.6	2,201.3	-172.7	17.6	19.1	-1.5
2003	1,782.3	2,159.9	-377.6	1,901.1	2,303.9	-402.8	16.2	19.7	-3.4
2004	1,880.1	2,292.8	-412.7	1,949.5	2,377.5	-428.0	16.1	19.6	-3.5
2005	2,153.6	2,472.0	-318.3	2,153.6	2,472.0	-318.3	17.3	19.9	-2.6
2006	2,406.9	2,655.0	-248.2	2,324.1	2,563.8	-239.6	18.2	20.1	-1.9
2007	2,568.0	2,728.7	-160.7	2,411.9	2,562.9	-150.9	18.5	19.6	-1.2
2008	2,524.0	2,982.5	-458.6	2,286.8	2,702.3	-415.5	17.5	20.7	-3.2
2009	2,105.0	3,517.7	-1,412.7	1,898.3	3,172.2	-1,274.0	14.9	25.0	-10.0
2010	2,162.7	3,456.2	-1,293.5	1,919.0	3,066.7	-1,147.7	14.9	23.8	-8.9
2011, 推計値	2,173.7	3,818.8	-1,645.1	1,901.9	3,341.3	-1,439.4	14.4	25.3	-10.9

1. 国内総生産。第13章の解説を参照

資料：U.S. Office of Management and Budget, *Budget of the United States Government, Historical Tables*（年刊）；<http://www.whitehouse.gov/omb/budget/>

No.470. 連邦政府予算債務：1960－2011年

[単位：10億ドル（290.5は2905億ドルを表す）。表示年を年度末とする会計年度。第8章の解説を参照]

会計年度	合計（10億ドル）					GDPに占める割合（%）[1]				
	連邦総債務	連邦政府勘定	公衆保有			連邦総債務	連邦政府勘定	公衆保有		
			計	連邦準備制度	その他			計	連邦準備制度	その他
1960	290.5	53.7	236.8	26.5	210.3	56.0	10.3	45.6	5.1	40.5
1970	380.9	97.7	283.2	57.7	225.5	37.6	9.6	28.0	5.7	22.3
1980	909.0	197.1	711.9	120.8	591.1	33.4	7.2	26.1	4.4	21.7
1985	1,817.4	310.2	1,507.3	169.8	1,337.5	43.8	7.5	36.4	4.1	32.3
1987	2,346.0	456.2	1,889.8	212.0	1,677.7	50.4	9.8	40.6	4.6	36.1
1988	2,601.1	549.5	2,051.6	229.2	1,822.4	51.9	11.0	41.0	4.6	36.4
1989	2,867.8	677.1	2,190.7	220.1	1,970.6	53.1	12.5	40.6	4.1	36.5
1990	3,206.3	794.7	2,411.6	234.4	2,177.1	55.9	13.9	42.1	4.1	38.0
1991	3,598.2	909.2	2,689.0	258.6	2,430.4	60.7	15.3	45.3	4.4	41.0
1992	4,001.8	1,002.1	2,999.7	296.4	2,703.3	64.1	16.1	48.1	4.7	43.3
1993	4,351.0	1,102.6	3,248.4	325.7	2,922.7	66.1	16.7	49.3	4.9	44.4
1994	4,643.3	1,210.2	3,433.1	355.2	3,077.9	66.6	17.3	49.2	5.1	44.1
1995	4,920.6	1,316.2	3,604.4	374.1	3,230.3	67.0	17.9	49.1	5.1	44.0
1996	5,181.5	1,447.4	3,734.1	390.9	3,343.1	67.1	18.8	48.4	5.1	43.3
1997	5,369.2	1,596.9	3,772.3	424.5	3,347.8	65.4	19.4	45.9	5.2	40.8
1998	5,478.2	1,757.1	3,721.1	458.2	3,262.9	63.2	20.3	43.0	5.3	37.7
1999	5,605.5	1,973.2	3,632.4	496.6	3,135.7	60.9	21.4	39.4	5.4	34.1
2000	5,628.7	2,218.9	3,409.8	511.4	2,898.4	57.3	22.6	34.7	5.2	29.5
2001	5,769.9	2,450.3	3,319.6	534.1	2,785.5	56.4	24.0	32.5	5.2	27.2
2002	6,198.4	2,658.0	3,540.4	604.2	2,936.2	58.8	25.2	33.6	5.7	27.8
2003	6,760.0	2,846.6	3,913.4	656.1	3,257.3	61.6	25.9	35.6	6.0	29.7
2004	7,354.7	3,059.1	4,295.5	700.3	3,595.2	62.9	26.2	36.8	6.0	30.8
2005	7,905.3	3,313.1	4,592.2	736.4	3,855.9	63.5	26.6	36.9	5.9	31.0
2006	8,451.4	3,622.4	4,829.0	768.9	4,060.0	63.9	27.4	36.5	5.8	30.7
2007	8,950.7	3,915.6	5,035.1	779.6	4,255.5	64.4	28.2	36.2	5.6	30.6
2008	9,986.1	4,183.0	5,803.1	491.1	5,311.9	69.4	29.1	40.3	3.4	36.9
2009	11,875.9	4,331.1	7,544.7	769.2	6,775.5	84.2	30.7	53.5	5.5	48.1
2010	13,528.8	4,509.9	9,018.9	811.7	8,207.3	93.2	31.1	62.2	5.6	56.6
2011, 推計値	15,476.2	4,619.8	10,856.5	(NA)	(NA)	102.6	30.6	72.0	(NA)	(NA)

NA データなし　1. GDP=Gross Domestic Product 国内総生産。第13章の解説を参照

資料：U.S. Office of Management and Budget, *Budget of the United States Government, Historical Tables*（年刊）；<http://www.whitehouse.gov/omb/budget/>

No.471. 連邦歳出予算額――種類別：1990－2011年

[単位：10億ドル（1,253.0は1兆2530億ドルを表す）。9月30日に終わる会計年度。支出のデフレ化による固有の不整合があるとしても、実質ドルは正確ではないが合理的な見通しを提供している。デフレーターとデフレートしたカテゴリーは時系列での比較可能である。マイナス（－）は減少を表す]

支出	単位	1990	2000	2005	2008	2009	2010	2011, 推計値
歳出、名目ドル	10億ドル	1,253.0	1,789.0	2,472.0	2,982.5	3,517.7	3,456.2	3,818.8
国防[1]	10億ドル	299.3	294.4	495.3	616.1	661.0	693.6	768.2
非国防支出	10億ドル	953.7	1,494.6	1,976.7	2,366.5	2,856.6	2,762.6	3,050.6
個人への支払い	10億ドル	585.7	1,054.5	1,490.2	1,824.6	2,093.0	2,285.6	2,410.7
直接支払い[2]	10億ドル	507.0	867.7	1,212.1	1,520.0	1,732.2	1,893.3	2,010.3
州、地方政府への補助金	10億ドル	78.7	186.8	278.1	304.7	360.7	392.3	400.5
その他の補助金	10億ドル	56.4	99.1	149.9	156.6	177.2	216.0	224.7
純利息[2]	10億ドル	184.3	222.9	184.0	252.8	186.9	196.2	206.7
その他[2]	10億ドル	163.9	160.7	217.8	218.7	492.2	146.9	298.2
非配分の相殺収入[2]	10億ドル	−36.6	−42.6	−65.2	−86.2	−92.6	−82.1	−89.2
歳出、実質ドル（2000年価格）	10億ドル	1,831.9	2,040.6	2,472.0	2,702.3	3,172.2	3,066.7	3,341.3
国防[1]	10億ドル	461.2	361.3	495.3	548.1	588.2	612.3	669.5
非国防支出	10億ドル	1,370.6	1,679.3	1,976.7	2,154.3	2,584.0	2,454.4	2,672.0
個人への支払い	10億ドル	815.4	1,172.3	1,490.2	1,666.5	1,906.9	2,037.5	2,119.4
直接支払い[2]	10億ドル	705.7	964.4	1,212.1	1,388.5	1,578.6	1,688.5	1,768.0
州、地方政府への補助金	10億ドル	109.6	207.9	278.1	278.0	328.3	349.1	351.4
その他の補助金	10億ドル	87.9	118.5	149.9	133.3	148.5	178.4	181.8
純利息[2]	10億ドル	255.7	250.8	184.0	231.9	169.2	176.3	183.3
その他[2]	10億ドル	278.8	190.5	217.8	200.0	441.4	134.5	265.3
非配分の相殺収入[2]	10億ドル	−67.1	−52.9	−65.2	−77.5	−82.1	−72.2	−77.8
歳出のGDPに占める割合（％）[3]	％	21.9	18.2	19.9	20.7	25.0	23.8	25.3
国防[1]	％	5.2	3.0	4.0	4.3	4.7	4.8	5.1
非国防支出	％	16.6	15.2	15.9	16.4	20.3	19.0	20.2
個人への支払い	％	10.2	10.7	12.0	12.7	14.8	15.8	16.0
直接支払い[2]	％	8.8	8.8	9.7	10.6	12.3	13.0	13.3
州、地方政府への補助金	％	1.4	1.9	2.2	2.1	2.6	2.7	2.7
その他の補助金	％	1.0	1.0	1.2	1.1	1.3	1.5	1.5
純利息[2]	％	3.2	2.3	1.5	1.8	1.3	1.4	1.4
その他[2]	％	2.9	1.6	1.7	1.5	3.5	1.0	2.0
非配分の相殺収入[2]	％	−0.6	−0.4	−0.5	−0.6	−0.7	−0.6	−0.6

1．少額の州・地方政府に対する補助金および個人に対する直接支払いを含む　2．予算外の金額を含む。そのほとんどは社会保障給付として個人に支払われるもの　3．国内総生産。第13章の解説を参照
資料：U.S. Office of Management and Budget, *Budget of the United States Government, Historical Tables* （年刊）；〈http://www.whitehouse.gov/omb/budget/〉も参照

No.472. 連邦歳出予算額――省庁別：1990－2011年

[単位：10億ドル（1,253.0は1兆2530億ドルを表す）。表示年を年度末とする会計年度]

省庁	1990	2000	2005	2008	2009	2010	2011, 推計値
歳出総額[1]	1,253.0	1,789.0	2,472.0	2,982.5	3,517.7	3,456.2	3,818.8
立法府	2.2	2.9	4.0	4.4	4.7	5.8	4.9
司法府	1.6	4.1	5.5	6.3	6.6	7.2	7.4
農務省	45.9	75.1	85.3	90.8	114.4	129.5	152.1
商務省	3.7	7.8	6.1	7.7	10.7	13.2	11.9
国防総省－軍	289.7	281.0	474.4	594.7	636.8	666.7	739.7
教育省	23.0	33.5	72.9	66.0	53.4	92.9	79.4
エネルギー省	12.1	15.0	21.3	21.4	23.7	30.8	44.6
保健、福祉省	175.5	382.3	581.4	700.4	796.3	854.1	909.7
国土安全保障省	7.2	13.2	38.7	40.7	51.7	44.5	48.1
住宅都市開発省	20.2	30.8	42.5	49.1	61.0	60.1	60.8
内務省	5.8	8.0	9.3	9.8	11.8	13.2	13.0
司法省	5.9	16.8	22.4	26.5	27.7	29.6	33.5
労働省	26.1	31.9	46.9	58.8	138.2	173.1	148.0
国務省	4.8	6.7	12.7	17.5	21.4	23.8	28.9
運輸省	25.6	41.6	56.6	64.9	73.0	77.8	79.5
財務省	253.9	390.5	410.2	548.8	701.8	444.3	532.3
退役軍人省	29.0	47.0	69.8	84.7	95.5	108.3	141.1
工兵隊	3.3	4.2	4.7	5.1	6.8	9.9	10.6
その他文民国防関連プログラム	21.7	32.8	43.5	45.8	57.3	54.0	59.2
環境保護庁	5.1	7.2	7.9	7.9	8.1	11.0	11.1
大統領府	0.2	0.3	7.7	1.2	0.7	0.6	0.5
国際援助プログラム	10.1	12.1	15.0	11.4	14.8	20.0	25.2
航空宇宙局	12.4	13.4	15.6	17.8	19.2	18.9	19.5
全米科学財団	1.8	3.4	5.4	5.8	6.0	6.7	8.6
人事管理局	31.9	48.7	59.5	64.4	72.3	69.9	80.6
社会保障局（予算）	17.3	45.1	54.6	58.6	78.7	70.8	170.5
社会保障局（予算外）	245.0	396.2	506.8	599.2	648.9	683.4	630.9
未配分予算外支出	−98.9	−173.0	−226.2	−277.8	−274.2	−267.9	−269.7

1．個別に示さない機関および支出を含む
資料：U.S. Office of Management and Budget, *Budget of the United States Government, Historical Tables* （年刊）；〈http://www.whitehouse.gov/omb/budget/〉を参照

No.473. 連邦政府の部門、目的別歳出：1990－2011年

[単位：10億ドル（1,253.0は1兆2530億ドルを表す）。表示年を年度末とする会計年度。マイナス（－）は減少を示す]

部門	1990	2000	2005	2006	2007	2008	2009	2010	2011, 推計値
歳出総額	1,253.0	1,789.0	2,472.0	2,655.1	2,728.7	2,982.5	3,517.7	3,456.2	3,818.8
国防支出	299.3	294.4	495.3	521.8	551.3	616.1	661.0	693.6	768.2
国防総省－軍	289.7	281.0	474.1	499.3	528.5	594.6	636.7	666.7	739.7
軍隊兵員	75.6	76.0	127.5	127.5	127.5	138.9	147.3	155.7	157.0
運営・維持	88.3	105.8	188.1	203.8	216.6	244.8	259.3	276.0	311.9
調達	81.0	51.7	82.3	89.8	99.6	117.4	129.2	133.6	151.9
研究開発、試験・評価	37.5	37.6	65.7	68.6	73.1	75.1	79.0	77.0	80.7
軍事用施設	5.1	5.1	5.3	6.2	7.9	11.6	17.6	21.2	20.9
国防関連原子力エネルギー	9.0	12.1	18.0	17.5	17.1	17.1	17.6	19.3	21.2
国際関係[1]	13.8	17.2	34.6	29.5	28.5	28.9	37.5	45.2	55.2
国際的開発援助および人道的援助	5.5	6.5	17.7	16.7	15.5	14.1	22.1	19.0	28.6
国際安全保障援助	8.7	6.4	7.9	7.8	8.0	9.5	6.2	11.4	11.6
外交	3.0	4.7	9.1	8.6	8.4	10.4	12.2	13.6	15.0
一般科学、宇宙技術	14.4	18.6	23.6	23.6	25.5	27.7	29.4	31.0	33.4
一般科学、基礎研究	2.8	6.2	8.8	9.1	10.3	10.5	11.1	12.7	14.7
宇宙飛行、研究、サポート活動	11.6	12.4	14.8	14.5	15.3	17.2	18.4	18.4	18.7
エネルギー	3.3	-0.8	0.4	0.8	-0.9	0.6	4.7	11.6	27.9
エネルギー供給	2.0	-1.8	-0.9	0.2	-2.0	-0.4	2.0	5.8	13.7
天然資源、環境[1]	17.1	25.0	28.0	33.0	31.7	31.8	35.6	43.7	49.0
水資源	4.4	5.1	5.7	8.0	5.1	6.1	8.1	11.7	12.5
環境保全、土地管理	4.0	6.8	6.2	7.8	9.6	8.7	9.8	10.8	13.9
リクリエーション資源	1.4	2.5	3.0	3.0	3.0	3.2	3.6	3.9	4.1
公害規制、公害排除	5.2	7.4	8.1	8.6	8.4	8.1	8.3	10.8	10.9
農業	11.8	36.5	26.6	26.0	17.7	18.4	22.2	21.4	25.1
農家家計安定化	9.7	33.4	22.0	21.4	13.1	13.8	17.6	16.6	19.7
農業研究、サービス	2.1	3.0	4.5	4.6	4.6	4.6	4.6	4.8	5.4
商業信用、住宅信用[1]	67.6	3.2	7.6	6.2	0.5	27.9	291.5	-82.3	17.4
抵当信用	3.8	-3.3	-0.9	-0.6	-5.0	－	99.8	35.8	35.5
郵便事業	2.1	2.1	-1.2	-1.0	-3.2	-3.1	-1.0	-0.7	0.8
貯蓄保険	57.9	-3.1	-1.4	-1.1	-1.5	18.8	22.6	-32.0	-4.1
輸送[1]	29.5	46.9	67.9	70.2	72.9	77.6	84.3	92.0	94.5
陸上輸送	19.0	31.7	42.3	45.2	46.8	50.0	54.1	60.8	62.0
航空輸送	7.2	10.6	18.8	18.0	18.1	19.4	20.8	21.4	21.6
水上輸送	3.2	4.4	6.4	6.7	7.2	8.1	9.1	9.4	10.3
コミュニティ開発、地域開発[1]	8.5	10.6	26.3	54.5	29.6	24.0	27.7	23.8	25.7
コミュニティ開発	3.5	5.5	5.9	5.8	11.8	10.2	7.7	9.9	11.2
災害救助および保険	2.1	2.6	17.7	46.0	15.2	11.2	16.7	10.7	11.5
教育、訓練、雇用および社会サービス[1]	37.2	53.8	97.6	118.5	91.7	91.3	79.7	127.7	115.1
初等・中等学校および職業訓練	9.9	20.6	38.3	39.7	38.4	38.9	53.2	73.3	78.2
高等教育	11.1	10.1	31.4	50.5	24.6	23.6	-3.3	20.0	0.8
研究援助および一般教育援助	1.6	2.5	3.1	3.0	3.2	3.2	3.5	3.6	4.0
訓練、雇用	5.6	6.8	6.9	7.2	7.1	7.2	7.7	9.9	9.1
社会サービス	8.1	12.6	16.3	16.5	16.7	16.8	17.0	19.2	20.9
保健	57.7	154.5	250.5	252.7	266.4	280.6	334.3	369.1	387.6
保健サービス	47.6	136.2	219.6	220.8	233.9	247.7	300.0	330.7	347.0
保健関連訓練および研究	8.6	16.0	28.1	28.8	29.3	29.9	30.6	34.2	36.1
消費者および職業関連の保健と安全	1.5	2.3	2.9	3.1	3.2	3.0	3.8	4.1	4.5
メディケア	98.1	197.1	298.6	329.9	375.4	390.8	430.1	451.6	494.3
所得保障[1]	148.7	253.7	345.8	352.5	366.0	431.3	533.2	622.2	622.7
一般退職・障害保険（社会保障を除く）	5.1	5.2	7.0	4.6	7.8	8.9	8.2	6.6	7.6
連邦政府職員退職・障害保険	52.0	77.2	93.4	98.3	103.9	109.0	118.1	119.9	127.1
失業手当	18.9	23.0	35.4	33.8	35.1	45.3	122.5	160.1	134.8
住宅手当	15.9	28.9	37.9	38.3	39.7	40.6	50.9	58.7	69.4
食糧および栄養補助	24.0	32.5	50.8	53.9	54.5	60.7	79.1	95.1	107.2
社会保障	248.6	409.4	523.3	548.5	586.2	617.0	683.0	706.7	748.4
退役軍人給付・サービス[1]	29.0	47.0	70.1	69.8	72.8	84.7	95.4	108.4	141.4
退役軍人所得保障	15.3	24.9	35.8	35.8	35.7	41.3	46.0	49.2	72.9
退役軍人の教育、訓練、リハビリテーション	0.2	1.3	2.8	2.6	2.7	2.7	3.5	8.1	10.7
退役軍人の入院・医療	12.1	19.5	28.8	29.9	32.3	37.0	41.9	45.7	49.6
退役軍人用住宅手当	0.5	0.4	0.9	-1.2	-0.9	-0.4	-0.6	0.5	1.3
司法の実施	10.2	28.5	40.0	41.0	41.2	47.1	51.5	53.4	60.7
連邦法執行機関	4.8	12.1	19.9	20.0	19.6	24.6	27.6	27.8	31.8
連邦起訴・裁判	3.6	7.8	9.6	10.1	11.0	11.8	12.1	13.1	13.5
連邦矯正機関	1.3	3.7	5.9	6.2	6.3	6.9	7.3	7.7	7.9
刑事裁判補助	0.5	4.9	4.6	4.8	4.3	3.9	4.6	4.8	7.5
一般行政	10.5	13.0	17.0	18.2	17.4	20.3	22.0	23.0	32.1
純利子[1]	184.3	222.9	184.0	226.6	237.1	252.8	186.9	196.2	206.7
公的債務に対する支払い利子	264.7	361.9	352.3	405.9	430.0	451.1	383.1	413.9	430.4
予算資金の信託基金からの受取利子	-46.3	-69.3	-69.2	-71.6	-72.0	-77.8	-63.6	-67.3	-64.3
予算外資金の信託基金からの受取利子	-16.0	-59.8	-91.8	-97.7	-106.0	-113.7	-118.0	-118.5	-115.7
引当金	－	－	－	－	－	－	－	－	3.1
未配分予算外支出	-36.6	-42.6	-65.2	-68.3	-82.2	-86.2	-92.6	-82.1	-89.7

－　ゼロまたは概数でゼロを示す　1．個別に明示しない目的を含む

資料：U.S. Office of Management and Budget, *Budget of the United States Government, Historical Tables* (年刊); 〈http://www.whitehouse.gov/omb/budget/〉

No.474. 対個人歳出額——種類別・主要制度別：1990－2011年

[単位：10億ドル（585.7は5857億ドルを表す）。表示年に終わる会計年度]

種類および制度	1990	2000	2005	2007	2008	2009	2010	2011, 推計値
対個人歳出、計	585.7	1,054.5	1,490.9	1,690.4	1,825.8	2,094.1	2,286.7	2,411.8
社会保障および鉄道年金	250.5	410.5	523.4	586.7	617.4	681.0	706.5	747.7
社会保障：								
老齢および遺族保険	221.9	351.4	434.0	483.3	506.6	561.4	576.6	612.4
障害保険	24.4	54.4	84.2	97.5	104.7	115.5	123.5	128.6
鉄道年金（社会保障を除く）	4.1	4.6	5.3	5.8	6.1	4.1	6.5	6.8
連邦職員年金および保険	64.1	100.3	126.9	138.0	148.2	161.7	166.5	196.9
軍人年金	21.5	32.8	39.0	43.5	45.8	50.0	50.6	55.3
文官年金	31.0	45.1	54.7	60.9	63.5	67.5	69.4	72.1
退役軍人、軍務に関する障害補償	10.7	20.8	30.9	31.1	36.3	40.4	43.4	66.4
その他	0.8	1.7	2.4	2.6	2.7	3.8	3.1	3.1
失業補助	17.4	21.1	33.1	33.2	43.4	119.8	158.3	132.7
医療	164.3	362.7	562.5	682.4	714.9	813.8	865.5	926.4
メディケア：								
入院保険	65.9	127.9	182.8	204.9	223.6	240.0	250.2	265.0
補助医療保険	41.5	87.2	151.0	230.1	231.1	257.6	268.9	301.1
州立児童健康保険	－	1.2	5.1	6.0	6.9	7.5	7.9	9.2
メディケイド	41.1	117.9	181.7	190.6	201.4	250.9	272.8	276.2
インディアン保健	1.1	2.4	3.1	3.3	3.3	3.6	4.4	4.5
退役軍人の入院・医療	12.0	19.3	23.1	30.5	31.1	35.3	38.2	41.1
保健資源およびサービス	1.4	3.9	5.9	5.9	6.3	6.5	7.1	7.1
薬物濫用および精神科医療サービス	1.2	2.5	3.2	3.2	3.1	3.4	3.3	3.4
医療費の税額控除	－	－	0.1	0.1	0.1	0.1	0.2	0.2
軍人退職者医療基金	－	－	6.3	7.6	7.9	8.4	8.4	9.5
その他	(Z)	0.3	0.2	0.2	0.2	0.5	4.1	3.5
学生支援	11.2	10.9	32.1	31.0	31.1	30.6	55.5	57.7
退役軍人教育給付	0.8	1.6	3.2	3.4	3.6	4.3	8.7	11.2
学生支援、教育省その他	10.4	9.2	28.9	27.5	27.5	26.3	46.8	46.5
住宅補助	15.9	24.1	31.8	33.0	33.4	43.6	50.0	59.2
食糧・栄養補助	23.9	32.4	50.7	54.3	60.5	78.9	95.0	106.4
フードスタンプ（プエルトリコを含む）	15.9	18.3	32.6	34.9	39.3	55.6	70.5	78.5
児童栄養・特別ミルクプログラム	5.0	9.2	11.9	13.0	13.9	15.3	16.4	18.6
追加的食糧援助プログラム（WIC[1]およびCSFP[2]）	2.1	4.0	5.0	5.3	6.2	6.5	6.5	7.7
現物給付およびその他	0.8	0.9	1.2	1.1	1.1	1.6	1.6	1.6
公的扶助および関連のプログラム	34.9	88.3	123.3	126.3	168.6	156.0	183.1	178.5
追加的所得保障プログラム	11.5	29.5	35.3	32.8	38.0	41.4	43.9	49.3
州およびTANF[3]に対する家族支援への支出	12.2	18.4	21.3	21.1	21.8	22.2	21.9	20.7
低所得世帯への燃料補助	1.3	1.5	2.1	2.5	2.7	4.5	4.6	5.1
給与所得の税額控除	4.4	26.1	34.6	38.3	40.6	42.4	54.7	44.9
法的サービス	0.3	0.3	0.3	5.1	5.0	5.3	5.9	5.4
州のデイケア援助への支出	－	3.3	4.9	3.4	3.8	4.2	4.4	5.0
退役軍人年金	3.6	3.0	3.7	6.6	6.8	6.9	7.0	6.9
州の里親・養子縁組援助への支出	1.6	5.5	6.4	16.2	34.0	24.3	22.7	22.9
児童扶養の税額控除が税債務額を超える場合の還付金支出	－	0.8	14.6	－	－	0.7	1.0	0.6
その他の公的扶助	－	－	(Z)	0.4	16.0	4.1	17.1	17.7
その他の対個人支出	3.5	4.3	7.1	5.6	8.1	8.7	6.3	6.2
炭鉱夫および炭塵肺給付	1.5	1.0	0.7	0.6	0.6	3.0	0.5	0.5
退役軍人保険および埋葬給付	1.4	1.4	1.4	1.3	1.4	1.4	1.3	1.4
ワシントン特別区被雇用者退職プログラム	－	0.4	2.2	－	－	－	－	－
高齢者向けサービスプログラム	－	0.9	1.4	1.4	1.4	1.5	1.5	1.5
エネルギー省職員・契約従業員の業務上健康被害補償プログラム	－	－	0.6	1.0	1.1	1.0	1.1	1.0
9月11日被害者への補償プラグラム	－	－	(Z)	－	－	－	－	－
難民支援およびその他	0.6	0.6	0.8	1.3	3.7	1.8	1.9	1.9

－　ゼロを示す　Z　5000万ドル未満　1．WIC=Women, Infants and Children。女性・乳幼児・児童。　2．CSFP= Commodity Supplemental Food Program。低所得の妊娠・授乳中または産後の女性、6歳までの児童、高齢者に対し、栄養を十分に摂取できるよう、食品を給付するプログラム　3．TANF=Temporary Assistance for Needy Families。家族向け緊急一時援助

資料：U.S. Office of Management and Budget, *Budget of the United States Government, Historical Tables* (年刊); ⟨http://www.whitehouse.gov/omb/budget/⟩

No.475. 連邦歳入予算額——財源別：1990－2011年

[単位：10億ドル(1,032.0は1兆320億ドルを表す)。9月30日に終わる会計年度。収入は徴収額を表す。連邦基金と信託基金の双方を含む。本章の解説を参照。関連データについて『アメリカ歴史統計』系列Y343-351、およびY472-487を参照]

財源	1990	2000	2005	2007	2008	2009	2010	2011,推計値
総歳入	1,032.0	2,025.2	2,153.6	2,568.0	2,524.0	2,105.0	2,162.7	2,173.7
個人所得税	466.9	1,004.5	927.2	1,163.5	1,145.7	915.3	898.5	956.0
法人所得税	93.5	207.3	278.3	370.2	304.3	138.2	191.4	198.4
社会保険および年金掛け金	380.0	652.9	794.1	869.6	900.2	890.9	864.8	806.8
消費税	35.3	68.9	73.1	65.1	67.3	62.5	66.9	74.1
その他	56.2	91.7	80.9	99.6	106.4	98.1	141.0	138.4
社会保険および年金掛け金	380.0	652.9	794.1	869.6	900.2	890.9	864.8	806.8
雇用年金・一般年金	0.4	0.6	0.7	0.8	0.9	0.8	0.8	0.9
老齢・遺族保険信託基金(予算外)	255.0	411.7	493.6	542.9	562.5	559.1	540.0	478.6
障害保険(予算外)	26.6	86.2	83.8	92.2	95.5	94.9	91.7	80.8
入院保険	68.6	135.5	166.1	184.9	194.0	190.7	180.1	187.2
鉄道退職金／年金基金信託基金	2.3	2.7	2.3	2.3	2.4	2.3	2.3	2.3
失業保険信託基金	21.6	27.6	42.0	41.1	39.5	37.9	44.8	51.8
その他退職金	4.5	4.8	4.5	4.3	4.2	4.1	4.1	4.3
連邦政府職員退職金	4.4	4.7	4.4	4.2	4.1	4.1	4.1	4.3
消費税計	35.3	68.9	73.1	65.1	67.3	62.5	66.9	74.1
連邦基金[1]	15.6	22.7	22.5	11.1	15.7	13.9	18.3	21.1
アルコール	5.7	8.1	8.1	8.6	9.3	9.9	9.2	9.2
たばこ	4.1	7.2	7.9	7.6	7.6	12.8	17.2	17.5
電話	3.0	5.7	6.0	-2.1	1.0	1.1	1.0	0.8
	0.4	0.1						
輸送燃料	-	0.8	-	-3.3	-5.1	-10.3	-11.0	-9.4
信託基金[1]	19.8	46.2	50.5	54.0	51.6	48.6	48.7	53.0
道路	13.9	35.0	37.9	39.4	36.4	35.0	35.0	37.5
空港、航空路	3.7	9.7	10.3	11.5	12.0	10.6	10.6	10.1
炭塵肺障害	0.7	0.5	0.6	0.6	0.7	0.6	0.6	0.6
内陸水路	0.1	0.1	0.1	0.1	0.1	0.1	0.1	0.1
原油流出責任	0.1	0.2	-	0.5	0.3	0.4	0.5	0.5
水産資源	0.2	0.3	0.4	0.6	0.6	0.6	0.6	0.6
タバコアセスメント	-	-	0.9	0.9	1.1	1.0	0.9	1.0
ワクチンによる障害補償	0.2	0.1	0.1	0.2	0.3	0.2	0.2	0.2

— ゼロを示す　1. 個別に表示しないその他の基金を含む

資料：U.S. Office of Management and Budget, *Budget of the United States Government, Historical Tables* (年刊) <http://www.whitehouse.gov/omb/budget/>

No.476. 連邦政府信託基金の収入と支出および残高：2010－2012年

[単位：10億ドル(10.9は109億ドルを表す)。9月30日に終わる会計年度。収入は預託額、支出は小切手の振り出し額から徴収金額を引いたもの、残高は使用されずに残った額。予算の概念と信託基金について本章の解説を参照]

信託基金	収入			支出			残高[1]		
	2010	2011,推計値	2012,推計値	2010	2011,推計値	2012,推計値	2010	2011,推計値	2012,推計値
空港・航空路信託基金	10.9	10.5	10.6	10.3	10.8	12.1	9.4	9.1	7.6
連邦職員退職年金基金	95.7	95.3	95.1	69.5	72.2	74.8	780.4	803.4	823.8
連邦職員健康保険基金	39.8	43.1	45.5	39.0	42.9	45.8	16.2	16.3	16.1
対外軍事物資販売信託基金	24.0	28.0	27.7	23.6	26.9	27.4	17.6	18.7	19.0
ハイウェイ信託基金	54.8	37.8	64.7	39.7	45.0	60.3	29.2	22.0	26.4
メディケア									
入院保険信託基金	222.9	229.8	243.0	253.9	269.2	271.4	280.1	240.7	212.2
追加的医療保険信託基金	283.1	297.1	313.2	272.5	304.6	307.8	72.0	64.5	69.9
軍人退職年金信託基金	93.7	98.2	106.4	50.6	55.3	48.3	318.6	361.5	419.7
鉄道職員退職年金信託基金	11.6	10.2	10.2	11.2	11.3	11.6	21.6	20.5	19.2
社会保障：									
老齢遺族、傷害保険信託基金	799.4	804.8	855.1	717.7	745.5	779.4	2,585.5	2,644.9	2,720.6
失業信託基金	122.3	107.2	80.8	151.3	134.7	97.7	20.0	17.0	19.5
退役軍人生命保険信託基金	1.0	0.9	0.9	1.6	1.6	1.5	10.2	9.5	8.8
その他の信託基金	18.2	17.5	24.9	13.2	14.3	14.6	78.0	80.8	90.6

1. 残高は年末現在の現金ベース。残高は主として連邦債に投資される

資料：U.S. Office of Management and Budget, *Budget of the United States Government, Analytical Perspectives* (年刊); <http://www.whitehouse.gov/omb/budget/>

No.477. 所得税・法人税の控除による歳入損失額の推計値：2010－2013年

[単位：100万ドル（12,740は127億4000万ドルを表す）。9月30日に終わる年度末現在。税支出は、連邦政府の税法によって、総所得から控除され、あるいは税の減免、税率の減免または債務繰り延べの措置を受けることにより、失われる税収額を表す]

税支出	2010	2011	2012	2013
国防：				
軍隊兵員の給付金・手当の控除	12,740	13,290	13,710	12,200
国際関係：				
合衆国市民の海外における労働所得控除	6,800	5,550	5,400	5,800
国外勤務の政府職員の諸手当の控除	970	1,020	1,070	1,120
棚卸資産譲渡に係る所得源泉地の特例	2,680	2,910	3,160	3,430
外国企業から得る所得の繰延べ（普通税法）	38,130	41,410	42,000	41,810
金融機関から海外で得た所得の課税繰延べ	2,330	－	－	－
科学、宇宙、技術：				
研究、実験の必要経費（普通税法）	3,560	4,610	5,770	6,730
研究活動支援税法	5,890	3,850	3,080	2,460
エネルギー：				
代替燃料生産税額控除	170	170	120	90
エネルギー生産控除	1,540	1,620	1,740	1,900
エネルギー投資控除	130	170	960	1,690
バイオディーゼルおよび小規模アグリバイオディーゼル生産者の税額控除	20	10	－	－
商業・住宅：				
金融機関および保険業：				
生命保険積み立ての利子控除	19,910	21,210	22,660	24,220
住宅：				
持ち家住宅の抵当利子控除	79,150	88,720	98,550	110,660
持ち家住宅の州・地方財産税控除	15,120	19,320	24,910	27,000
住宅販売のキャピタル・ゲイン控除	22,160	27,650	35,200	38,880
純帰属家賃収入の控除	41,200	46,950	50,640	51,080
パッシブ損失規則による賃貸料損失25000ドルの控除	8,790	10,860	13,110	14,830
低所得住宅投資に対する減税	5,650	5,990	6,290	7,130
賃貸住宅の加速償却（普通税法）	−1,490	−1,670	−1,580	−1,370
商業：				
キャピタル・ゲイン（農業、製材、鉄鉱・石炭を除く）	36,300	37,560	38,490	43,260
死亡時キャピタルゲインのステップアップベース	39,520	50,940	61,480	66,090
機械設備の加速償却（普通税法）	39,790	17,540	24,450	44,290
少額投資の必要経費（普通税法）	950	6,710	−710	−2,820
累進法人税法（普通税法）	3,000	3,280	3,220	3,300
国内生産活動控除	13,140	13,800	14,630	15,510
輸送：				
従業員の駐車料金償費の控除	2,970	3,050	3,180	3,320
教育、訓練、雇用および社会サービス：				
教育：				
HOPE税免除	－	540	5,410	5,510
生涯学習税免除	3,490	3,880	5,530	5,660
私立非営利教育機関債務の利子控除	2,340	2,400	2,840	3,360
19歳以上の学生の親に対する税控除	2,960	2,990	3,400	3,210
寄付控除（教育）	3,930	4,520	4,900	5,290
訓練、雇用、および社会サービス：				
児童控除	23,030	18,330	10,580	10,290
児童・扶養家族控除	3,470	1,900	1,710	1,660
寄付控除（教育、保健を除く）	34,080	39,610	43,110	46,570
保健：				
医療保険、保険料の雇用者負担分の控除[1]	160,110	173,750	184,460	196,220
自営業者の医療保険料	5,680	6,210	6,690	7,200
医療費控除	9,090	10,030	10,010	9,930
病院建設債券の利子控除	3,530	3,630	4,290	5,080
寄付控除（保健）	3,850	4,470	4,870	5,250
所得保障：				
労働報酬の控除	6,770	7,050	7,410	7,790
年金掛け金控除と受け取り年金控除：				
企業プラン	39,580	42,200	45,230	46,460
401(K)プラン	52,240	62,850	67,590	69,060
個人年金勘定	12,630	13,930	15,610	16,020
キーオー・プラン	13,820	15,030	17,070	19,580
その他の雇用給付控除：				
団体生命保険保険料	1,950	1,980	2,080	2,120
稼得所得税控除	4,910	7,510	8,500	8,730
失業保険給付控除	5,220	－	－	－
社会保障：				
社会保障給付控除：				
退職者	21,440	20,300	21,830	23,350
障害者	7,040	7,180	7,510	7,840
遺族・扶養家族	3,850	3,160	3,270	3,300
退役軍人給付：				
死亡給付金と障害者補償	4,130	4,510	5,010	5,520
一般目的財政支援：				
州・地方政府公債の利子控除	30,440	31,260	36,960	43,720
持ち家以外の雑所得に対する州・地方税の控除	26,890	37,720	48,640	54,030
利子：				
合衆国貯蓄債券利子への課税繰り延べ	1,180	1,220	1,300	1,320
補遺：州・地方政府への援助：				
控除：				
持ち家住宅に対する財産税	15,120	19,320	24,910	27,000
持ち家住宅以外に対する州・地方税（事業税を除く）	26,890	37,720	48,640	54,030
公共目的の州・地方債券利子の控除	30,440	31,260	36,960	43,720
私立非営利教育機関	2,340	2,400	2,840	3,360
病院建設	3,530	3,630	4,290	5,080

－ ゼロを示す　1．メディカルケアを含む

資料：U.S. Office of Management and Budget, *Budget of the United States Government, Analytical Perspectives*（年刊）；<http://www.whitehouse.gov/omb/budget/> を参照

No.478. 合衆国貯蓄債権：1990－2010年

[単位：10億ドル（122.5は1225億ドルを表す）および％。会計年度末現在。第8章の解説を参照]

項目	単位	1990	1995	2000	2003	2004	2005	2006	2007	2008	2009	2010
発行残高、計[1]	10億ドル	122.5	181.5	177.7	192.6	194.1	189.9	189.2	181.5	177.8	175.6	172.3
販売額	10億ドル	7.8	7.2	5.6	13.2	10.3	6.5	8.5	3.6	3.6	3.0	2.6
割引額	10億ドル	8.0	9.5	6.9	7.3	6.9	6.7	7.5	7.2	7.1	6.9	5.2
買戻し額[2]	10億ドル	7.5	11.8	14.5	12.2	14.6	13.8	16.0	10.8	10.7	9.9	7.8
発行残高に占める割合(％)	％	6.1	6.5	8.2	6.3	7.5	7.3	8.5	6.0	6.0	5.7	4.6

1．金額は利子付き負債の年度末の総額　2．満期債券および満期前債券

資料：U.S. Department of the Treasury, Bureau of Public Debt；<http://www.treasurydirect.gov/govt/reports/pd/pd_sbntables_downloadable_files.htm>

No.479. 連邦基金——州および海外領土別の分配の概要：2009年

[単位：100万ドル（3,238,360は3兆2383億6000万ドルを表す）、別に注記するものを除く。9月30日に終わる会計年度。助成金、給付、賃金および個人への直接払いに関するデータは支出ベース、政府調達は予算をベース]

州・海外領土	連邦基金 総額	1人あたり[1]（ドル）	政府機関 国防関係	政府機関 国防以外	目的 個人への直接支払	目的 政府調達	目的 州、地方政府交付金	目的 賃金俸給
合衆国[2]	3,238,360	10,396	534,889	2,703,471	762,924	550,803	744,115	299,413
アラバマ	54,674	11,611	12,266	42,408	12,119	10,396	10,008	4,704
アラスカ	14,215	20,351	6,043	8,171	875	4,968	3,706	3,128
アリゾナ	63,029	9,556	15,099	47,930	12,138	13,932	14,479	4,618
アーカンソー	27,302	9,449	2,071	25,231	7,065	993	6,937	2,240
カリフォルニア	345,970	9,360	59,330	286,640	80,814	68,979	90,919	23,462
コロラド	47,806	9,514	11,333	36,473	8,644	11,123	8,854	6,845
コネチカット	42,589	12,105	12,880	29,729	9,226	13,005	8,829	1,766
デラウェア	8,137	9,193	899	7,238	1,795	621	2,125	655
コロンビア特別区	49,889	83,196	4,923	44,967	4,980	7,750	12,022	22,290
フロリダ	175,684	9,477	23,186	152,498	50,666	18,531	31,979	12,215
ジョージア	83,917	8,538	16,421	67,497	18,197	7,705	19,185	13,631
ハワイ	24,610	19,001	7,546	17,064	9,155	1,819	3,258	6,156
アイダホ	14,898	9,638	1,157	13,741	2,848	3,427	3,099	1,151
イリノイ	116,070	8,990	9,090	106,981	32,976	11,510	31,485	7,529
インディアナ	61,149	9,520	8,946	52,203	17,353	7,936	13,346	3,709
アイオワ	29,369	9,764	2,332	27,036	8,899	2,323	7,578	1,663
カンザス	34,705	12,312	5,922	28,784	13,775	3,004	5,386	4,339
ケンタッキー	50,012	11,593	10,316	39,696	10,655	6,972	11,366	6,692
ルイジアナ	48,357	10,765	5,550	42,808	12,616	4,036	15,249	3,842
メーン	14,242	10,803	2,043	12,199	2,883	1,431	4,084	1,073
メリーランド	92,155	16,169	23,162	68,993	14,331	34,339	11,805	13,231
マサチューセッツ	83,890	12,723	16,641	67,249	20,570	18,892	22,382	4,266
ミシガン	92,003	9,228	7,445	84,557	26,237	9,316	21,120	4,478
ミネソタ	45,691	8,676	4,170	41,521	12,443	4,776	11,744	3,074
ミシシッピ	32,848	11,127	6,082	26,766	7,456	4,988	8,305	2,633
ミズーリ	67,942	11,347	15,361	52,581	16,212	13,508	13,568	6,179
モンタナ	10,925	11,206	748	10,178	3,135	508	2,940	1,099
ネブラスカ	16,526	9,199	1,876	14,650	4,917	1,164	3,656	1,597
ネバダ	18,894	7,148	2,738	16,156	4,293	2,065	3,757	1,812
ニューハンプシャー	11,844	8,942	2,052	9,792	2,315	1,921	2,612	847
ニュージャージー	80,647	9,262	10,877	69,770	22,745	12,051	16,785	5,193
ニューメキシコ	27,472	13,670	2,792	24,680	3,806	7,736	6,953	2,523
ニューヨーク	194,975	9,978	13,640	181,335	53,965	14,507	62,419	12,422
ノースカロライナ	84,830	9,043	12,542	72,288	18,450	5,203	20,942	11,640
ノースダコタ	8,618	13,323	788	7,829	3,065	474	2,254	959
オハイオ	107,975	9,354	10,206	97,768	33,135	9,103	25,414	6,637
オクラホマ	37,516	10,175	6,071	31,445	8,869	3,149	8,554	4,710
オレゴン	33,594	8,781	2,610	30,983	8,382	2,469	8,705	2,409
ペンシルベニア	135,687	10,765	13,938	121,749	40,010	18,098	27,363	8,324
ロードアイランド	11,517	10,936	1,143	10,374	3,079	689	3,609	911
サウスカロライナ	46,904	10,283	6,726	40,178	10,177	8,211	9,249	3,865
サウスダコタ	9,499	11,693	897	8,603	3,051	569	2,467	968
テネシー	68,546	10,887	4,208	64,337	17,106	10,425	17,064	3,562
テキサス	227,108	9,164	46,736	180,372	49,452	39,311	55,671	24,373
ユタ	20,702	7,435	3,926	16,776	3,478	3,636	4,945	2,848
バーモント	7,092	11,407	1,064	6,029	1,346	1,075	2,162	578
バージニア	155,554	19,734	67,051	88,503	15,515	81,797	12,670	18,253
ワシントン	66,560	9,988	11,798	54,762	13,108	9,214	15,261	9,229
ウエストバージニア	19,808	10,885	900	18,907	4,676	822	4,922	1,870
ウィスコンシン	61,280	10,837	9,215	52,066	13,772	9,514	19,219	2,662
ワイオミング	6,278	11,534	419	5,858	1,165	260	2,604	669

1．センサス局の7月1日現在の推計居住人口に基づく　2．個別に明示しないその他の島嶼部を含む

資料：U.S. Census Bureau, *Consolidated Federal Federal Funds Report for Fiscal Year 2009* (2010年7月)；<http://www.census.gov/gov/cffr/index.html> を参照

No.480 国内徴税総額――財源別：2005－2010年

[2,269は2兆2690億を表す。9月30日に終わる会計年度。第8章の解説を参照。税に関する説明は本章の解説も参照。『アメリカ歴史統計』系列Y358-373も参照]

歳入財源	徴税総額（10億ドル）						全体に占める割合（％）					
	2005	2006	2007	2008	2009	2010	2005	2006	2007	2008	2009	2010
合衆国、計	2,269	2,519	2,692	2,745	2,345	2,345	100.0	100.0	100.0	100.0	100.0	100.0
所得税	1,108	1,236	1,366	1,400	1,175	1,164	48.8	49.1	50.8	51.0	50.1	50.1
源泉徴収	787	849	929	971	881	900	34.7	33.7	34.5	35.4	37.6	38.4
納税[1]	321	387	438	430	295	264	14.1	15.4	16.3	15.7	12.6	11.3
不動産・信託所得税	(NA)	(NA)	(NA)	26	15	12	(NA)	(NA)	(NA)	0.9	0.6	0.5
雇用税	771	815	850	883	858	824	34.0	32.4	31.6	32.2	36.6	35.1
老齢、障害者保険	760	803	838	871	847	813	33.5	31.9	31.1	31.7	36.1	34.7
失業保険	7	8	7	7	7	7	0.3	0.3	0.3	0.3	0.3	0.3
鉄道退職金	5	5	5	5	5	5	0.2	0.2	0.2	0.2	0.2	0.2
法人所得税[2]	307	381	396	354	225	278	13.5	15.1	14.7	12.9	9.6	11.9
遺産税、贈与税	24	27	25	27	22	20	1.0	1.1	0.9	0.9	0.9	0.8
消費税	57	58	53	52	47	47	2.5	2.3	2.0	1.9	2.0	2.0

NA データなし 1．所得税徴収額と税収でまかなう支払の推計額を含む。2004-2007年は遺産税と信託収入税も含む 2．法人税および非課税組織のビジネスによる所得税を含む

資料：U.S. Internal Revenue Service, *IRS Data Book*（年刊）, Publication 55B; <http://www.irs.gov/taxstats/index.html> も参照

No.481. 個人所得税申告――審査範囲: 1995－2010年

[114,683は1億1468万3000ドルを表す。別に示す場合を除く。詳細については年刊IRS Data Book（刊行物55B）を参照]

年度	申告書提出数[1]（1000）	審査された申告書数		追徴課税総額（1000ドル）[3]	1申告当たり平均追徴課税額（ドル）[3]
		計[2]	(%)		
1995	114,683	1,919	1.7	7,756,954	4,041
1997	118,363	1,519	1.3	8,363,918	5,505
1998	120,342	1,193	1.0	6,095,698	5,110
1999	122,547	1,100	0.9	4,458,474	4,052
2000	124,887	618	0.5	3,388,905	5,486
2001	127,097	732	0.6	3,301,860	4,512
2002	129,445	744	0.6	3,636,486	4,889
2003	130,341	849	0.7	4,559,902	5,369
2004	130,134	997	0.8	6,201,693	6,220
2005	130,577	1,199	0.9	13,355,087	11,138
2006	132,276	1,284	1.0	13,045,221	10,160
2007	134,543	1,385	1.0	15,705,155	11,343
2008	137,850	1,392	1.0	12,462,770	8,956
2009[4]	138,950	1,426	1.0	14,940,892	10,478
2010	142,823	1,581	1.1	15,066,486	9,527

1．前歴年の申告数 2．郵便による納税申告を含む 3．1995-1997年の金額は関連した罰金を含む 4．景気刺激対策として導入された減税小切手を受け取るためにのみ申告したものを除く

資料：U.S. Internal Revenue Service, *IRS Data Book*（年刊）, Publication 55B; <http://www.irs.gov/taxstats/index.html> も参照

No.482. 連邦個人所得税申告――調整後総所得、課税所得、および所得税総額：2007、2008年

[142,979は1億4297万9000件を表す。課税年度。申告の標本に基づく。資料および付録Ⅲを参照]

項目	2007		2008		金額の変化率（％）2007-08
	申告件数（1000件）	申告額（100万ドル）	申告件数（1000件）	申告額（100万ドル）	
調整後総所得	142,979	8,687,719	142,451	8,262,860	-4.9
控除額[1]	282,613	943,171	282,929	980,977	4.0
課税所得	110,533	6,063,264	107,995	5,652,925	-6.8
所得税総額	96,270	1,115,602	90,660	1,031,581	-7.5
最低代替税	4,109	24,110	3,935	25,649	6.4

1．申告件数の欄に、控除件数を表示

資料：U.S. Internal Revenue Service, *Statistics of Income Bulletin*（秋号）; <http://www.irs.gov/taxstats/index.html> も参照

第9章 連邦政府の財政と雇用

No.483. 連邦個人所得税納税申告──所得財源、所得階層別の調整済総所得（AGI）：2008年

[単位：100万ドル（8,262,860は8兆2628億6000万ドルを表す）。課税年度。マイナス（－）は純損失が純収入を上まわることを表す。付録IIIを参照。本書前年版の表No.481も参照]

項目	総計[1]	10,000ドル未満	10,000－19,999ドル	20,000－29,999ドル	30,000－39,999ドル	40,000－49,999ドル	50,000－99,999ドル	100,000ドル以上
申告件数（1,000）	142,451	26,268	22,778	18,610	14,554	11,087	30,926	18,227
調整済総所得（AGI）[2]	8,262,860	-42,352	339,856	461,556	506,107	496,891	2,193,691	4,307,111
給与、俸給	5,950,635	122,516	254,845	378,495	420,338	406,847	1,729,618	2,637,976
受取利子	303,113	20,007	10,553	10,527	10,247	10,855	51,998	188,926
調整済所得中の配当金	219,331	8,828	4,859	4,810	9,946	10,573	30,071	160,817
事業・職業の純所得	264,234	39,489	37,221	23,892	19,901	18,557	48,404	148,767
資産の売却、純所得[3]	466,579	13,973	613	444	871	927	11,849	437,901
調整済所得中の年金、年間配当金	506,269	11,147	32,466	36,496	38,913	39,282	181,093	166,872
賃貸およびロイヤリティ[4]	32,940	-8,619	-671	-725	-858	-1,398	-1,374	46,585

1．課税所得申告で修正総所得のないものを少数含む　2．個別に明示しないその他の財源を含む　3．資産およびその他の財産の売却を含む。純所得－損失　4．AGI編集時に認められなかった受動的損失を除く。純所得－損失

資料：U.S. Internal Revenue Service, *Statistics of Income Bulletin*（秋号）;〈http://www.irs.gov/taxstats/index.html〉も参照

No.484. 連邦個人所得税申告──調整後総所得の合計と主要な所得源：2007、2008年

[142,979は1億4297万9000件を表す。課税年度。申告の標本に基づく。資料および付録IIIを参照。マイナス（－）記号は減少を表す]

項目	2007 申告件数（1000件）	2007 額（100万ドル）	2008 申告件数（1000件）	2008 額（100万ドル）	金額の変化率(%) 2007-08 変化額（100万ドル）	金額の変化率(%) 2007-08 変化率（%）
調整後総所得（－赤字）[1]	142,979	8,687,719	142,451	8,262,860	-424,859	-4.9
給与・俸給	120,845	5,842,270	119,579	5,950,635	108,365	1.9
課税利子	64,505	268,058	62,450	223,291	-44,767	-16.7
配当	32,006	237,052	31,043	219,331	-17,721	-7.5
長期保有の株式・債券の配当	27,145	155,872	26,409	158,975	3,103	2
事業・職業の純所得（－損失分）	22,629	279,736	22,112	264,234	-15,502	-5.5
純キャピタルゲイン	27,156	907,656	23,731	469,273	-438,383	-48.3
キャピタルゲイン配当[2]	15,714	86,397	11,544	21,954	-64,444	-74.6
資本資産以外の資産の売却による純所得（－損失）	1,751	4,357	1,723	-7,811	-12,168	-279.3
資本資産以外の資産の売却による純所得	893	15,113	773	12,953	-2,160	-14.3
課税社会保障給付	15,012	167,187	15,015	168,110	924	0.6
賃貸およびロイヤリティ総所得（－純損失）[3]	10,334	20,639	10,545	32,940	12,301	59.6
共同経営およびSコーポレーションの純所得（－損失）	7,945	414,705	7,909	366,965	-47,740	-11.5
不動産および信託の純所得（－損失）	591	18,107	604	18,150	43	0.2
農場純所得（－損失）	1,978	-14,693	1,948	-14,847	-153	-1
農場純所得	556	9,931	549	11,749	1,818	18.3
失業補償	7,622	29,415	9,533	43,675	14,260	48.5
課税年金	25,181	490,581	25,540	506,269	15,688	3.2
課税退職年金勘定給付金	10,683	147,959	11,259	162,150	14,191	9.6
その他の純所得（－損失）[4]	(NA)	36,140	(NA)	34,267	-1,873	-5.2
賭博による収入	2,009	30,139	1,890	27,197	-2,942	-9.8

NA データなし　1．個別に明示しないその他の所得源を含む　2．スケジュールDおよびそれ以外の双方の配当を含む　3．農場賃貸による純所得（－損失）を含む　4．その他の純所得（－損失）はForm 1040, line21で申告されるデータを示す。純運営赤字、外国における所得控除、賭博による収入は除く

資料：U.S. Internal Revenue Service, *Statistics of Income Bulletin*（秋号）;〈http://www.irs.gov/taxstats/index.html〉も参照

No.485. 連邦個人所得税申告──純キャピタルゲインおよびミューチュアルファンドのキャピタルゲイン配当：1989－2008年

[14,288は1428万8000を表す。課税年度。申告の標本に基づく。資料および付録Ⅲを参照。マイナス記号（－）は減少を示す]

課税年度	純キャピタルゲイン（－損失）				キャピタルゲイン配当[2]			
	申告件数 (1000件)	名目ドル (100万ドル)	実質ドル (1982-1984年)[1] 金額 (100万ドル)	変化率 (％)	申告件数 (1000件)	名目ドル (100万ドル)	実質ドル (1982-1984年)[1] 金額 (100万ドル)	変化率 (％)
1989.....	15,060	145,631	117,444	－9.6	5,191	5,483	4,422	34.9
1990.....	14,288	114,231	87,400	－25.6	5,069	3,905	2,988	－32.4
1991.....	15,009	102,776	75,460	－13.7	5,796	4,665	3,425	14.6
1992.....	16,491	118,230	84,269	11.7	5,917	7,426	5,293	54.5
1993.....	18,409	144,172	99,773	18.4	9,998	11,995	8,301	56.8
1994.....	18,823	142,288	96,011	－3.8	9,803	11,322	7,640	－8.0
1995.....	19,963	170,415	111,821	16.5	10,744	14,391	9,443	23.6
1996.....	22,065	251,817	160,495	43.5	12,778	24,722	15,757	66.9
1997.....	24,240	356,083	221,859	38.2	14,969	45,132	28,120	78.5
1998.....	25,690	446,084	273,671	23.4	16,070	46,147	28,311	0.7
1999.....	27,701	542,758	325,785	19.0	17,012	59,473	35,698	26.1
2000.....	29,521	630,542	366,169	12.4	17,546	79,079	45,923	28.6
2001.....	25,956	326,527	184,375	－49.6	12,216	13,609	7,685	－83.3
2002.....	24,189	238,789	132,734	－28.0	7,567	5,343	2,970	－61.4
2003.....	22,985	294,354	159,975	20.5	7,265	4,695	2,552	－14.1
2004.....	25,267	473,662	250,747	56.7	10,733	15,336	8,119	218.1
2005.....	26,196	668,015	342,046	36.4	13,393	35,581	18,219	124.4
2006.....	26,668	779,462	386,638	13.0	14,511	59,417	29,473	61.8
2007.....	27,156	907,656	437,758	13.2	15,714	86,397	41,669	41.4
2008.....	23,731	469,273	217,959	－50.2	11,544	21,954	10,197	－75.5

1. 実質ドルは合衆国労働統計局による都市消費者の消費者物価指数を（CPI-U, 1982-84=100）用いて計算したもの。表No.725を参照　2. キャピタルゲイン配当は、純キャピタルゲイン（－損失）に含まれる。1988－1996年、1999年以降については、ミューチュアルファンドのキャピタルゲイン配当はForm1040とスケジュールDに報告されたものの合計。1997、1998年については、キャピタルゲイン配当はスケジュールDですべてが報告されている

資料：U.S. Internal Revenue Service, *Statistics of Income Bulletin* (秋号); <http://www.irs.gov/taxstats/index.html> も参照

No.486. 代替最低税：1986－2008年

[609は60万9000を表す。課税年度。申告の標本に基づく。資料と付録Ⅲを参照]

課税年度	代替最低税の法定最高税率	代替最低税		課税年度	代替最低税の法定最高税率	代替最低税	
		申告件数 (1000件)	申告額 (100万ドル)			申告件数 (1000件)	申告額 (100万ドル)
1986.......	20	609	6,713	1998.......	[1]28	853	5,015
1987.......	21	140	1,675	1999.......	[1]28	1,018	6,478
1988.......	21	114	1,028	2000.......	[1]28	1,304	9,601
1989.......	21	117	831	2001.......	[1]28	1,120	6,757
1990.......	21	132	830	2002.......	[1]28	1,911	6,854
1991.......	24	244	1,213	2003.......	[1]28	2,358	9,470
1992.......	24	287	1,357	2004.......	[1]28	3,096	13,029
1993.......	28	335	2,053	2005.......	[1]28	4,005	17,421
1994.......	28	369	2,212	2006.......	[1]28	3,967	21,565
1995.......	28	414	2,291	2007.......	[1]28	4,109	24,110
1996.......	28	478	2,813	2008.......	[1]28	3,935	25,649
1997.......	28	618	4,005				

1. 長期保有資産のキャピタルゲインに対する最高税率は20％。2003年以降は15％

資料：Internal Revenue Service, *Statistics of Income Bulletin* (秋号); <http://www.irs.gov/taxstats/index.html> も参照

No.487. 連邦個人所得税申告――調整後総所得における純損失の源：2006－2008年

[5,447は544万7000を表す。課税年度。申告の標本に基づく。資料および付録Ⅲを参照。マイナス記号（－）は減少を示す]

項目	2006 申告件数(1000件)	2006 申告額(100万ドル)	2007 申告件数(1000件)	2007 申告額(100万ドル)	2008 申告件数(1000件)	2008 申告額(100万ドル)
純損失、計	(NA)	343,271	(NA)	390,035	(NA)	477,538
事業または自営純損失	5,447	48,738	5,697	54,849	5,677	60,646
純キャピタルロス[1]	8,642	18,752	7,558	16,508	12,357	28,568
資本資産以外の資産売却による純損失	884	9,819	858	10,756	949	20,764
賃貸およびロイヤリティ純損失[2]	4,658	49,927	4,886	56,288	4,936	57,145
共同経営およびSコーポレーションの純損失	2,597	102,747	2,799	132,696	2,959	175,489
不動産および信託による純損失	45	1,942	47	2,505	48	3,748
農場経営純損失	1,406	23,015	1,422	24,625	1,399	26,596
純運営損失[3]	917	80,796	923	86,369	920	97,019
その他の純損失[4]	347	7,535	228	5,438	244	7,564

NA　データなし　1．調整後総所得の計算における、控除可能なキャピタルロスの一部のみを含む。1申告につき、純キャピタルロスのうち3,000ドル（夫婦個別申告の場合1,500ドル）がマイナスの総所得に含まれ、控除可能である。どんな超過も次年度以降に繰り越される　2．農家の賃貸純損失を含む　3．純運営損失は、前年からの課税所得がゼロ未満の時、取引による損失を繰越す　4．その他の純損失は、純運営損失および海外役務所得控除を除く。Form 1040のline 21で報告されている損失を示す

資料：U.S. Internal Revenue Service, *Statistics of Income Bulletin* (秋号); <http://www.irs.gov/taxstats/index.html> も参照

No.488. 連邦個人所得税納税申告――調整済粗所得階層別申告件数、所得税、平均税額：2000、2008年

[129,374は1億2937万4000を表す。申告書の標本に基づく。付録Ⅲを参照]

調整済粗所得階層	申告件数(1,000) 2000	申告件数(1,000) 2008	調整済粗所得(AGI)総額(10億ドル) 2000	調整済粗所得(AGI)総額(10億ドル) 2008	所得税総額[1](10億ドル) 2000	所得税総額[1](10億ドル) 2008	課税所得の税率(課税申告のみ)(%) 2000	課税所得の税率(課税申告のみ)(%) 2008	平均税額(課税申告のみ)(ドル) 2000	平均税額(課税申告のみ)(ドル) 2008
総計	129,374	142,451	6,365	8,263	981	1,032	16	14	10,129	7,242
1,000ドル未満[2]	2,966	4,412	－58	－163	－	－	(X)	(X)	648	16
1,000－ 2,999ドル	5,385	4,585	11	9	－	－	7	3	134	4
3,000－ 4,999ドル	5,599	5,132	22	20	－	－	4	6	179	12
5,000－ 6,999ドル	5,183	4,918	31	29	1	－	5	2	297	23
7,000－ 8,999ドル	4,972	4,906	40	39	1	－	4	3	331	50
9,000－10,999ドル	5,089	4,540	51	45	1	－	5	3	470	78
11,000－12,999ドル	4,859	4,828	58	58	2	1	6	3	704	124
13,000－14,999ドル	4,810	4,649	67	65	3	1	6	3	883	165
15,000－16,999ドル	4,785	4,477	76	72	3	1	7	3	1,052	224
17,000－18,999ドル	4,633	4,435	83	80	4	2	7	4	1,279	349
19,000－21,999ドル	6,502	6,224	133	127	7	3	8	5	1,565	507
22,000－24,999ドル	5,735	5,806	135	136	8	4	8	5	1,815	714
25,000－29,999ドル	8,369	8,744	229	240	16	9	8	6	2,248	1,042
30,000－39,999ドル	13,548	14,554	471	506	40	26	9	7	3,094	1,756
40,000－49,999ドル	10,412	11,087	466	497	46	31	10	8	4,462	2,832
50,000－74,999ドル	17,076	19,196	1,045	1,180	116	93	11	9	6,824	4,827
75,000－99,999ドル	8,597	11,729	738	1,014	100	92	14	9	11,631	7,835
100,000－199,999ドル	8,083	13,851	1,066	1,845	184	232	17	13	22,783	16,769
200,000－499,999ドル	2,136	3,477	614	993	146	194	24	20	68,628	55,713
500,000－999,999ドル	396	578	269	393	76	94	28	24	192,092	162,563
1,000,000ドル以上	240	321	817	1,076	226	249	28	23	945,172	775,052

－　ゼロまたは概数でゼロを示す　X　該当なし　1．控除後の所得税、選択的最低税額および最低税額からなる　2．低所得納税者に加えて、この層（や他の層）は、「優遇措置」後の納税者を含む。粗所得申告や課税所得は含まない。これらは全所得税に含まれる「選択的最低税額」とされている

資料：U.S. Internal Revenue Service, *Statistics of Income Bulletin* (季刊); <http://www.irs.gov/taxstats/index.html> も参照

No.489. 連邦個人所得税申告——主要な項目別控除および定額控除：2007、2008年

[50,544は5054万4000件を表す。課税年度。申告の標本に基づく。資料および付録Ⅲを参照。マイナス記号（－）は減少を示す]

項目	2007 申告件数[1] (1000)	2007 申告額 (100万ドル)	2008 申告件数[1] (1000)	2008 申告額 (100万ドル)	変化率（%）2007-08 申告件数[1]	変化率（%）2007-08 申告額
項目別控除、計（控除額制限の計算前）	50,544	1,372,138	48,167	1,339,354	-4.7	-2.4
調整後総所得の7.5%を超える医療費	10,520	76,347	10,155	76,387	-3.5	0.1
税金控除[2]	50,119	465,881	47,836	467,212	-4.6	0.3
州・地方所得税	36,683	269,351	35,403	270,958	-3.5	0.6
州・地方一般消費税	11,936	18,522	11,045	17,686	-7.5	-4.5
利子控除[3]	41,283	524,790	39,200	497,618	-5	-5.2
住宅抵当利子	40,777	491,432	38,684	470,408	-5.1	-4.3
寄付控除[4]	41,119	193,604	39,250	172,936	-4.5	-10.7
現金以外の寄付	23,854	58,747	23,027	40,421	-3.5	-31.2
事故・盗難による損失	107	2,337	337	4,348	213.3	86.1
調整後総所得の2%を超えるその他の控除	12,734	85,218	12,437	89,924	-2.3	5.5
その他の限度額のない控除	1,692	23,961	1,642	30,929	-3	29.1
限度額を超える項目別控除	7,131	39,102	6,783	17,077	-4.9	-56.3
項目別控除、計（控除額制限の計算後）	50,544	1,333,037	48,167	1,322,276	-4.7	-0.8
定額控除、計	90,511	654,182	91,781	695,488	1.4	6.3
控除、計（控除額制限の計算後）	141,055	1,987,218	139,948	2,017,764	-0.8	1.5

1．調整後総所得のない申告については数値から除外。したがって、項目別控除あるいは定額控除の申告の合計は申告総数より小さい　2．個別に明示しない不動産税、個人財産税を含む　3．個別に明示しない投資利子および控除可能な抵当金を含む　4．より詳細には表No.584を参照

資料：U.S. Internal Revenue Service, *Statistics of Income Bulletin* （秋号）; ⟨http://www.irs.gov/taxstats/index.html⟩ も参照

No.490. 連邦個人所得税申告——法定調整（控除）：2007、2008年

[36,050は3605万を表す。課税年度。申告の標本に基づく。資料および付録Ⅲを参照]

項目	2007 申告件数 (1000)	2007 申告額 (100万ドル)	2008 申告件数 (1000)	2008 申告額 (100万ドル)	申告額の変化率（%）2007-08
法定調整、計	36,050	123,020	35,774	121,599	-1.2
個人退職勘定（IRA）払込控除	3,300	12,877	2,740	11,666	-9.4
教育費用控除	3,654	926	3,753	947	2.3
引越し費用控除	1,119	2,903	1,113	3,003	3.5
学費ローンの利子控除	9,091	7,464	9,136	7,731	3.6
授業用控除	4,543	10,579	4,577	11,002	4
自営業者の税金控除	17,840	24,760	17,411	24,286	-1.9
自営業者の健康保険料控除	3,839	21,283	3,618	21,194	-0.4
自営業者退職プラン（Keogh）払込控除	1,191	22,262	1,010	20,262	-9
遅延利子およびペナルティ	1,164	353	1,311	389	10.3
扶養手当	600	9,497	580	9,621	1.3
その他[1]	(NA)	1,415	(NA)	1,862	31.6

NA　データなし　1．外国住宅控除、医療貯蓄口座控除、陪審員勤務手当控除、2007年と2008年のその他の調整

資料：U.S. Internal Revenue Service, *Statistics of Income Bulletin* （秋号）; ⟨http://www.irs.gov/taxstats/index.html⟩ も参照

No.491. 個人所得税納税申告――調整済粗所得階層別の項目別控除、法令による調整：2008年

[48,167は4816万7000を表す。付録Ⅲを参照]

項目	単位	総計	10,000ドル未満	10,000-19,999ドル	20,000-29,999ドル	30,000-39,999ドル	40,000-49,999ドル	50,000-99,999ドル	100,000ドル以上
明細控除付申告：									
申告総数[1][2]	1,000	48,167	1,019	2,065	2,980	3,886	4,199	17,942	16,076
総額[1][2]	100万ドル	1,322,276	16,268	32,889	47,082	61,809	71,336	370,996	721,896
医療・歯科支出：[3]									
申告件数	1,000	10,155	660	1,200	1,279	1,297	1,173	3,453	1,094
総額	100万ドル	76,387	5,410	9,189	8,938	7,851	7,785	24,825	12,389
支払税：									
申告件数[2]	1,000	47,836	961	2,001	2,933	3,846	4,163	17,874	16,059
申告総額	100万ドル	467,212	3,013	5,965	9,613	13,920	16,955	108,307	309,439
州および地方政府所得税：[4]									
申告件数	1,000	46,448	832	1,844	2,757	3,704	4,007	17,445	15,860
総額	100万ドル	288,644	669	1,599	3,081	5,408	7,409	55,155	215,325
不動産税：									
申告件数	1,000	41,643	727	1,479	2,234	3,037	3,373	15,819	14,976
総額	100万ドル	167,905	2,231	4,124	6,008	7,838	8,853	49,653	89,198
支払利子：									
申告件数	1,000	39,200	641	1,280	2,089	2,920	3,248	15,082	13,940
総額	100万ドル	497,618	6,342	12,552	19,237	26,280	30,352	161,734	241,121
住宅抵当利子：									
申告件数	1,000	38,684	624	1,256	2,057	2,894	3,223	14,973	13,658
総額	100万ドル	470,408	6,206	12,280	18,893	25,733	29,710	158,552	219,034
慈善寄付：									
申告件数	1,000	39,250	583	1,338	2,008	2,756	3,155	14,756	14,654
総額	100万ドル	172,936	636	2,416	4,122	5,862	7,165	39,792	112,943
返還されない被雇用者の仕事関連費用：									
申告件数	1,000	15,791	92	339	773	1,288	1,504	6,715	5,080
総額	100万ドル	82,226	375	1,509	4,003	6,816	7,930	33,474	28,118
決定修正付申告：	1,000								
申告件数[2]		35,774	4,621	4,485	3,295	3,191	2,888	9,702	7,592
修正総額	100万ドル	121,599	7,539	6,341	6,148	6,219	6,313	25,136	63,903
IRAへの支払い：[4]									
申告件数	1,000	2,740	85	142	260	317	283	1,017	636
総額	100万ドル	11,666	266	411	860	1,085	1,043	4,262	3,739
自営業税額控除：申告件数	1,000	17,411	3,282	3,102	1,559	1,233	1,086	3,652	3,497
総額	100万ドル	24,286	1,454	2,428	1,572	1,311	1,248	5,059	11,214
自営業者健康保険：									
申告件数	1,000	3,618	403	320	325	252	244	826	1,248
総額	100万ドル	21,194	1,583	1,147	1,326	1,161	1,151	4,381	10,444
キーオーへの支払い：									
申告件数	1,000	1,010	17	15	26	26	33	179	714
総額	100万ドル	20,262	149	128	145	193	225	1,664	17,758

1．調整後　2．個別に明示しないその他の控除、調整を含む　3．制限前　4．州および地方税、所得税および売上税を含む

資料：U.S. Internal Revenue Service, *Statistics of Income Bulletin*(秋号);〈http://www.irs.gov/taxstats/index.html〉も参照

No.492. 連邦個人所得税申告――主要な税額控除：2006-2008年

[46,092は4609万2000を表す。課税年度。申告の標本に基づく。資料および付録Ⅲを参照]

項目	2006 申告数(1000)	2006 申告額(100万ドル)	2007 申告数(1000)	2007 申告額(100万ドル)	2008 申告数(1000)	2008 申告額(100万ドル)
税額控除、計[1]	**46,092**	**58,939**	**48,091**	**63,779**	**55,229**	**75,352**
児童保育控除	6,467	3,487	6,492	3,483	6,587	3,527
勤労所得控除[2]	2,960	797	3,420	934	3,382	971
外国税控除	6,418	10,958	7,643	15,435	6,708	16,572
事業費用控除	387	1,302	231	846	304	1,649
代替最低税控除	359	1,032	395	1,035	416	945
児童税控除[3]	25,742	31,742	25,889	31,556	25,174	30,538
教育費控除	7,725	7,022	7,435	6,910	7,741	7,633
退職金勘定への支払額控除	5,192	894	5,862	977	5,961	977

1．個別に明示しないその他の税額控除を含む　2．所得税と相殺される前の勤労所得を示す　3．返還部分を除く
資料：U.S. Internal Revenue Service, *Statistics of Income Bulletin*(秋号);〈http://www.irs.gov/taxstats/index.html〉も参照

No.493. 連邦個人所得税納税申告——州別：2008年

[143,490は1億4349万を表す。本書前年版の表No.491も参照]

州	申告件数 (1000)	調整後総所得 (100万ドル)			項目別控除 (100万ドル)				所得税 (100万ドル)
		計[1]	賃金・給与	純キャピタルゲイン[2]	計[1]	州・地方の所得税	不動産税	抵当利子支払い	
合衆国	143,490	8,178,369	5,949,953	416,936	1,360,124	277,502	172,270	470,565	1,039,754
AL	2,076	99,244	73,161	3,878	13,498	2,335	658	4,621	10,910
AK	360	20,828	14,252	639	1,972	26	317	967	2,721
AZ	2,714	141,788	104,465	6,606	22,822	3,520	2,109	11,652	16,050
AR	1,224	54,403	39,749	2,307	7,072	1,694	355	1,970	5,868
CA	16,478	1,029,474	752,121	52,799	228,505	53,899	25,038	90,958	133,856
CO	2,341	143,080	102,587	9,037	24,579	4,422	1,941	10,754	18,024
CT	1,742	143,947	102,517	8,377	24,853	7,016	4,462	7,661	23,459
DE	425	24,263	17,512	973	3,845	858	294	1,624	2,850
DC	303	22,495	15,900	1,333	4,699	1,412	295	1,362	3,577
FL	8,875	472,430	311,910	37,501	76,018	2,479	10,708	29,582	62,461
GA	4,560	230,079	166,296	17,928	41,257	8,161	3,708	17,157	27,393
HI	694	35,510	23,977	2,881	5,978	1,251	315	2,906	3,998
ID	722	33,553	22,380	3,445	5,602	1,215	420	2,342	3,608
IL	6,559	392,665	267,880	38,792	56,849	8,421	10,518	23,185	54,217
IN	3,243	150,942	109,317	9,067	18,995	4,046	1,990	7,165	17,043
IA	1,415	71,528	51,896	2,568	8,446	2,221	1,000	2,333	7,633
KS	1,329	70,891	51,429	2,834	9,641	2,405	1,074	2,738	8,397
KY	1,869	85,904	63,788	2,903	12,079	3,286	939	3,833	8,917
LA	1,984	106,362	72,793	6,799	12,244	2,458	579	3,531	13,814
ME	634	29,683	21,692	1,071	4,192	1,181	635	1,603	3,028
MD	2,776	185,109	139,474	5,806	41,069	10,780	4,362	14,914	23,104
MA	3,198	226,476	164,888	11,748	38,129	9,966	5,533	12,998	32,674
MI	4,626	231,683	170,351	5,347	35,338	6,498	5,531	12,302	26,212
MN	2,570	151,774	113,388	6,151	26,787	6,801	3,028	9,543	18,474
MS	1,255	52,322	39,301	1,798	7,175	1,113	391	1,915	5,250
MO	2,739	139,188	101,955	6,293	19,921	4,462	1,989	6,499	16,159
MT	477	21,407	14,289	1,443	3,350	722	303	1,105	2,296
NE	858	43,895	31,996	1,911	6,043	1,358	809	1,631	4,890
NV	1,272	71,051	50,801	5,286	13,962	395	1,178	5,828	8,788
NH	669	40,336	30,146	2,127	5,812	461	1,403	2,492	5,056
NJ	4,305	315,972	236,237	12,164	60,977	14,997	13,336	18,967	45,765
NM	923	41,548	29,760	1,666	5,478	931	424	2,176	4,558
NY	9,204	630,575	443,418	43,230	120,053	42,074	17,800	26,660	95,489
NC	4,180	209,057	155,381	7,992	36,694	9,070	3,190	12,452	22,636
ND	323	16,859	11,179	989	1,438	219	194	394	2,013
OH	5,563	270,208	202,686	6,851	37,588	10,404	5,197	12,608	30,126
OK	1,605	82,100	56,921	4,081	10,611	2,137	725	2,729	9,947
OR	1,754	88,955	63,283	3,960	18,312	4,855	1,967	6,766	9,587
PA	6,130	334,702	244,861	12,280	46,313	10,577	7,278	14,949	41,487
RI	511	28,211	20,764	937	4,812	1,082	814	1,719	3,393
SC	2,047	93,513	68,519	3,395	14,666	3,290	964	5,336	9,541
SD	390	19,074	12,694	1,361	1,706	57	200	544	2,299
TN	2,843	134,951	101,709	5,299	15,892	517	1,433	6,092	15,503
TX	10,792	639,971	455,903	42,467	71,788	1,443	12,381	21,877	88,794
UT	1,145	60,032	45,019	3,234	11,898	2,113	822	4,438	6,174
VT	320	15,950	11,258	868	2,366	526	430	740	1,757
VA	3,728	238,154	177,885	9,905	43,980	9,172	4,755	17,658	30,099
WA	3,186	194,218	139,443	11,746	29,814	832	4,045	14,101	24,555
WV	786	34,938	25,893	986	3,005	896	166	1,060	3,692
WI	2,768	145,009	107,497	5,508	23,012	5,874	3,905	7,238	16,238
WY	274	17,865	11,312	1,966	1,871	107	136	626	2,623
その他[3]	1,794	88,035	83,920	10,207	6,378	1,796	494	1,302	11,431

1．個別に明示しないその他の項目を含む　2．損失　3．海外駐在の軍隊兵員が陸軍郵便局または艦隊郵便局をつうじて提出した申告、海外居住の米国民による申告、プエルトリコ以外の源泉から又は米国政府職員として収入のあったプエルトリコ住民からの申告を含む

資料：U.S. Internal Revenue Service, *Statistics of Income Bulletin* (春号);〈http://www.irs.gov/taxstats/index.html〉も参照

No.494. 連邦個人所得税――主要所得階層別税額、実効税率、限界税率：2000－2010年

[課税除外分を除いた所得。標準・項目別・個人別控除前の所得。税債務額は税額控除後の金額。税額控除後の税債務額がマイナスの場合、申告者は還付を受ける。実効税率は税債務額を申告所得で割ったもの。税債務額がマイナスの場合はマイナスになる。限界税率は、所得の課税対象額がある水準から増大したとき、その増大分に適用される税率。税控除が課税対象額より大きいと限界税率はマイナスになる。ここでは項目別控除は調整後総所得の18％または標準控除のうち大きいほうと仮定している。所得はすべて賃金給与と仮定する。通常給与に課される社会保障やメディケア等の雇用税は含まれない。類似のデータとして『アメリカ歴史統計』系列Y412-439も参照]

調整済総所得	2000	2005	2007	2008[1]	2009	2010
税額（ドル）						
独身、扶養家族なし：						
5,000ドル	[2]−353	[2]−383	[2]−383	[1,2]−683	[2,5]−693	[2,5]−693
10,000ドル	[2]391	[2]46	[2]−73	[1,2]−415	[2,5]−598	[2,5]−600
20,000ドル	1,920	1,405	1,296	[1]656	[5]780	[5]779
30,000ドル	3,270	2,845	2,789	2,156	[5]2,280	[5]2,279
40,000ドル	4,988	4,075	4,019	3,394	[5]3,555	[5]3,554
50,000ドル	7,284	6,115	5,824	5,119	[5]5,125	[5]5,119
75,000ドル	13,024	11,240	10,949	10,244	[5]10,250	[5]10,244
100,000ドル	19,233	16,571	16,119	15,969	[5]15,775	[5]15,769
既婚夫婦、被扶養者2人、						
夫婦のうち1人が稼得者：						
5,000ドル	−2,000	[2]−2,000	[2]−2,000	[1,2]−3,200	−2,610	[2,4,5]−2,610
10,000ドル	−3,888	[2]−4,000	[2]−4,000	[1,2,4]−5,425	−5,670	[2,4,5]−5,670
20,000ドル	−2,349	[2,4]−4,986	[2,5]−5,404	[1,2,4]−7,484	−7,828	[2,4,5]−7,836
30,000ドル	475	[2,3,4]−2,810	[2,4,5]−3,490	[1,2,3,4]−5,143	−5,621	[2,3,4,5]−5,637
40,000ドル	2,218	[3,4]−150	[4,5]−428	[1,2,3,4]−2,637	−2,515	[2,3,4,5]−2,531
50,000ドル	3,470	[3]1,350	[4]1,073	[1,3]−838	−35	[3,5]−37
75,000ドル	7,384	[3]4,575	[4]4,403	[1,3]2,523	3,400	[3,5]3,398
100,000ドル	13,124	[3]8,630	[4]7,948	[1,3]5,888	6,475	[3,5]6,473
実効税率（％）						
独身、扶養家族なし：						
5,000ドル	−7.1	[2]−7.7	[2]−7.7	[1,2]−13.7	[2,5]−13.9	[2,5]−13.9
10,000ドル	3.9	[2]0.5	[2]−0.7	[1,2]−4.2	[2,5]−6	[2,5]−6
20,000ドル	9.6	7.0	6.5	[1]3.3	[5]3.9	[5]3.9
30,000ドル	10.9	9.5	9.3	[1]7.2	[5]7.6	[5]7.6
40,000ドル	12.5	10.2	10.1	[1]8.5	[5]8.9	[5]8.9
50,000ドル	14.6	12.2	11.6	[1]10.2	[5]10.3	[5]10.2
75,000ドル	17.4	15	14.6	[1]13.7	[5]13.7	[5]13.7
100,000ドル	19.2	16.6	16.1	16.0	15.8	15.8
既婚夫婦、被扶養者2人、						
夫婦のうち1人が稼得者：						
5,000ドル	[2]−40.0	[2]−40.0	[2]−40.0	[1,2]−64	[2,4,5]−52.2	[2,4,5]−52.2
10,000ドル	[2]−38.9	[2]−40.0	[2]−40.0	[1,2,4]−54.3	[2,4,5]−56.7	[2,4,5]−56.7
20,000ドル	[2,3]−11.7	[2,4]−24.9	[2,5]−27.0	[1,2,4]−37.4	[2,4,5]−39.1	[2,4,5]−39.2
30,000ドル	[2,3]1.6	[2,3,4]−9.4	[2,4,5]−11.6	[1,2,3,4]−17.1	[2,3,4,5]−18.7	[2,3,4,5]−18.8
40,000ドル	[3]5.5	[3,4]−0.4	[4,5]−1.1	[1,2,3,4]−6.6	[2,3,4,5]−6.3	[2,3,4,5]−6.3
50,000ドル	[3]6.9	[3]2.7	[4]2.1	[1,3]−1.7	[3,5]−0.1	[3,5]−0.1
75,000ドル	[3]9.8	[3]6.1	[4]5.9	[1,3]3.4	[3,5]4.5	[3,5]4.5
100,000ドル	[3]13.1	[3]8.6	[4]7.9	[1,3]5.9	[3,5]6.5	[3,5]6.5
限界税率（％）						
独身、扶養家族なし：						
5,000ドル	−	[2]−7.7	[2]−7.7	[2]−7.7	[2,5]−13.9	[2,5]−13.9
10,000ドル	[2]22.7	[2]17.7	[2]17.7	[2]17.7	[2]17.7	[2]17.7
20,000ドル	15.0	15.0	15.0	15.0	15.0	15
30,000ドル	15.0	15.0	15.0	15.0	15.0	15
40,000ドル	28.0	15.0	15.0	15.0	15.0	15
50,000ドル	28.0	25.0	25.0	25.0	25.0	25
75,000ドル	28.0	25.0	25.0	25.0	[5]27.0	[5]27
100,000ドル	31.0	28.0	28.0	25.0	25.0	25
既婚夫婦、被扶養者2人、						
夫婦のうち1人が稼得者：						
5,000ドル	[2]−40.0	[2]−40.0	[2]−40.0	[2]−40.0	[2,4,5]−61.2	[2,4,5]−61.2
10,000ドル	−	[2]−40.0	[2]−40.0	[2,4]−55	[2,4,5]−61.2	[2,4,5]−61.2
20,000ドル	[2,3]21.1	[2,4]6.1	[2,5]6.1	[2,4]6.1	−	−
30,000ドル	[2]36.1	[2,3,4]31.1	[2,4,5]31.1	[2,3,4]31.1	[2]31.1	[2]31.1
40,000ドル	15.0	[3,4]15	[4,5]15	[2,3,4]31.1	[2]31.1	[2]31.1
50,000ドル	15.0	15.0	15.0	15.0	15.0	15
75,000ドル	28.0	15.0	15.0	15.0	15.0	15
100,000ドル	28.0	25.0	25.0	25.0	15.0	15

― ゼロを示す　1．2008年景気刺激法（Economic Stimulus Act of 2008）（PL110-185）により、2008年に支出された税額控除の影響を含む　2．定率控除の影響を含む　3．児童控除の影響を含む　4．追加の（還付される）児童税控除の影響を含む　5．勤労所得の6.2％を控除できる（一定の条件あり）Making Work Pay税控除による影響
資料：U.S. Department of the Treasury, Office of Tax Analysis, 未刊行資料

No.495. 連邦個人所得税——主要所得階層別税額（2000年実質ドル）、実効税率、限界税率：2000－2010年

[合衆国労働統計局による都市消費者（CPI-U）の消費者物価指数を用いて計算した。2000年実質ドルによる所得。第14章の表No.725を参照。表No.494の頭注を参照。純収入に基づく類似のデータとして『アメリカ歴史統計』系列Y412-439も参照]

調整済所得 2000年実質ドル	2000	2005	2007	2008 [1]	2009	2010
実質所得（ドル）						
5,000ドル	5,000	5,670	6,020	6,250	6,230	6,330
10,000ドル	10,000	11,340	12,040	12,500	12,460	12,660
20,000ドル	20,000	22,680	24,080	25,010	24,920	25,330
30,000ドル	30,000	34,020	36,120	37,510	37,380	37,990
40,000ドル	40,000	45,370	48,160	50,010	49,830	50,650
50,000ドル	50,000	56,710	60,200	62,520	62,290	63,310
75,000ドル	75,000	85,060	90,310	93,770	93,440	94,970
100,000ドル	100,000	113,410	120,410	125,030	124,590	126,630
税債務額（ドル） 独身、扶養家族なし：						
5,000ドル	[2] −353	[2] −399	[2] −428	[1,2] −738	[2,5] −843	[2,5] −850
10,000ドル	[2] 391	[2] 283	[2] 287	[1,2] −29	[2,5] −164	[2,5] −130
20,000ドル	1,920	1,807	1,908	[1] 1,408	[5] 1,518	[5] 1,578
30,000ドル	3,270	3,339	3,542	[1] 3,087	[5] 3,233	[5] 3,307
40,000ドル	4,988	5,166	5,447	[1] 5,121	[5] 5,090	[5] 5,252
50,000ドル	7,284	7,491	7,915	[1] 7,685	[5] 7,644	[5] 7,847
75,000ドル	13,024	13,302	14,087	[1] 14,692	[5] 14,399	[5] 14,737
100,000ドル	19,233	19,649	20,805	[1] 21,705	[5] 21,304	21,761
既婚夫婦、被扶養者2人、夫婦のうち1人が稼得者：						
5,000ドル	[2] −2,000	[2] −2,268	[2] −2,408	[1,2] −3,700	[2,4,5] −3,363	[2,4,5] −3,424
10,000ドル	[2] −3,888	[2,4] −4,451	[2,4] −4,760	[1,2,4] −6,624	[2,4,5] −7,176	[2,4,5] −7,270
20,000ドル	[2,3] −2,349	[2,4] −4,823	[2,4] −5,157	[1,2,3,4] −6,693	[2,4,5] −7,091	[2,4,5] −7,021
30,000ドル	[2,3] 475	[2,3,4] −1,561	[2,3,4] −1,589	[1,2,3,4] −3,410	[2,3,4,5] −3,329	[2,4,5] −3,156
40,000ドル	[3] 2,218	[3] 656	[3,4] 796.5	[1,3] −836	[3,5] −60	[3] 3,560
50,000ドル	[3] 3,470	[3] 2,325	[3] 2,582	[1,3] 987	[3,5] 1,809	[3,5] 1,959
75,000ドル	[3] 7,384	[3] 5,812	[3] 6,286	[1,3] 4,831	[3,5] 5,668	[3,5] 5,854
100,000ドル	[3] 13,124	[3] 11,579	[3] 12,682	[1,3] 11,819	[3,5] 12,216	[3,5] 12,722
実効税率（％） 独身、扶養家族なし：						
5,000ドル	[2] −7.1	[2] −7	[2] −7.10	[1,2] −11.8	[2,5] −13.5	[2,5] −13.4
10,000ドル	[2] 3.9	[2] 2.5	[2] 2.38	[1,2] −0.2	[2,5] −1.3	[2,5] −1
20,000ドル	9.6	8.0	7.9	[1] 5.6	[5] 6.1	[5] 6.2
30,000ドル	10.9	9.8	9.8	[1] 8.2	[5] 8.6	[5] 8.7
40,000ドル	12.5	11.4	11.3	[1] 10.2	[5] 10.2	[5] 10.4
50,000ドル	14.6	13.2	13.1	[1] 12.3	[5] 12.3	[5] 12.4
75,000ドル	17.4	15.6	15.6	[1] 15.7	[5] 15.4	[5] 15.5
100,000ドル	19.2	17.3	17.3	[1] 17.4	17.1	17.2
既婚夫婦、被扶養者2人、夫婦のうち1人が稼得者：						
5,000ドル	[2] −40	[2] −40	[2] −40	[1,2] −59.2	[2,4,5] −54	[2,4,5] −54.1
10,000ドル	[2] −38.9	[2,4] −39.3	[2,4] −39.5	[1,2,4] −53	[2,4,5] −57.6	[2,4,5] −57.4
20,000ドル	[2,3] −11.7	[2,4] −21.3	[2,4] −21.4	[1,2,3,4] −26.8	[2,4,5] −28.5	[2,4,5] −27.7
30,000ドル	[2,3] 1.6	[2,3,4] −4.6	[2,3,4] −4.40	[1,2,3,4] −9.1	[2,3,4,5] −8.9	[2,4,5] −8.3
40,000ドル	[3] 5.5	[3] 1.4	[3,4] 1.65	[1,3] −1.7	[3,5] −0.1	[3] 3.01
50,000ドル	[3] 6.9	[3] 4.1	[3] 4.28	[1,3] 1.6	[3,5] 2.9	[3,5] 3.1
75,000ドル	[3] 9.8	[3] 6.8	[3] 6.96	[1,3] 5.2	[3,5] 6.1	[3,5] 6.2
100,000ドル	[3] 13.1	[3] 10.2	[3] 10.5	[1,3] 9.5	[3,5] 9.8	[3,5] 10
限界税率（％） 独身、扶養家族なし：						
5,000ドル	−	−	−	−	[5] −6.2	[5] −6.2
10,000ドル	[2] 22.7	[2] 17.7	[2] 17.7	[2] 7.7	[2] 17.7	[2] 17.7
20,000ドル	15.0	15.0	15.0	15.0	15.0	15.0
30,000ドル	15.0	15.0	15.0	15.0	15.0	15.0
40,000ドル	28.0	25.0	25.0	25.0	25.0	25.0
50,000ドル	28.0	25.0	25.0	25.0	25.0	25.0
75,000ドル	28.0	25.0	25.0	25.0	[5] 27	[5] 27
100,000ドル	31.0	28.0	28.0	28.0	28.0	28.0
既婚夫婦、被扶養者2人、夫婦のうち1人が稼得者：						
5,000ドル	[2] −40.0	[2] −40.0	[2] −40.0	[2] −40.0	[2,4,5] −61.2	[2,4,5] −61.2
10,000ドル	−	[4] −15.0	[4] −15.0	[4] −15.0	[2,4,5] −61.2	[2,4,5] −21.2
20,000ドル	[2,3] 21.1	[2,3,4] 6.1	[2,3,4] 6.1	[2,3,4] 31.1	[2] 21.1	[2] 21.1
30,000ドル	[2] 36.1	[2,3,4] 31.1	[2,3,4] 31.1	[2,3,4] 31.1	[2] 31.1	[2] 31.1
40,000ドル	15.0	15.0	15.0	15.0	15.0	15.0
50,000ドル	15.0	15.0	15.0	15.0	15.0	15.0
75,000ドル	28.0	15.0	15.0	15.0	15.0	15.0
100,000ドル	28.0	[3] 30.1	[3] 30.1	[3] 30.1	[3] 30.1	[3] 30.1

− ゼロを示す　1．2008年景気刺激法（Economic Stimulus Act of 2008）（PL110-185）により、2008年に支出された税額控除の影響を含む　2．還付される稼得所得控除の影響を含む　3．児童控除の影響を含む　4．追加の（還付される）児童税控除の影響を含む　5．勤労所得の6.2％を控除できる（一定の条件あり）Making Work Pay税控除による影響

資料：U.S. Department of the Treasury, Office of Tax Analysis, 未刊行資料

No.496. 連邦政府公務員、年間給与――行政機関別：1970－2010年

[2,997は299万7000人を表す。表示年を年度末とする会計年度。第8章の解説を参照。合衆国の海外領土および諸外国における雇用を含む。データは現役の雇用を示す。非常勤の雇用を含む。年間の雇用は各月の数値の平均。中央情報局（CIA）、国家安全保障局、および1984年11月現在で国防情報局、1996年10月現在で国立地図局を除く。『アメリカ歴史統計』系列Y308-317も参照]

年	雇用						給与支払い額（100万ドル）				
	計(1,000人)	合衆国雇用数に占める割合(%)[1]	行政府(1,000人)		立法府(1,000人)	司法府(1,000人)	計	行政府		立法府	司法府
			総計	国防				総計	国防		
1970	[2]2,997	3.81	2,961	1,263	29	7	27,322	26,894	11,264	338	89
1975	2,877	3.35	2,830	1,044	37	10	39,126	38,423	13,418	549	154
1980	[2]2,987	3.01	2,933	971	40	14	58,012	56,841	18,795	883	288
1985	3,001	2.80	2,944	1,080	39	18	80,599	78,992	28,330	1,098	509
1990	[2]3,233	2.72	3,173	1,060	38	23	99,138	97,022	31,990	1,329	787
1995	2,943	2.36	2,880	852	34	28	118,304	115,328	31,753	1,598	1,379
2003	2,743	1.99	2,677	669	31	34	143,380	139,506	29,029	1,908	1,966
2004	2,714	1.95	2,649	668	30	34	148,037	144,134	29,128	1,977	1,927
2005	2,709	1.91	2,645	671	30	34	152,222	148,275	29,331	2,048	1,900
2006	2,700	1.87	2,636	676	30	34	160,570	156,543	29,580	2,109	1,918
2007	2,695	1.85	2,632	674	30	33	161,394	157,010	29,025	2,119	2,265
2008	2,730	1.88	2,666	682	30	34	167,166	162,675	29,749	2,162	2,328
2009	2,804	2.00	2,740	714	30	34	174,804	170,349	30,995	2,203	2,252
2010	2,841	2.00	2,777	773	31	34	150,321	147,554	32,377	2,515	2,251

1. 文民雇用のみ。第12章の表No.586を参照 2. 臨時センサス調査員を含む

資料：U.S. Office of Personnel Management, *Federal Civilian Workforce Statistics-Employment and Trends* (隔月刊) および未刊行資料；<http://www.opm.gov/feddata> を参照

No.497. 連邦政府の有給フルタイム公務員――給与体系別：2000－2010年

[3月31日現在（1,671は167万1000人を表す）。議会および連邦裁判所の職員、商務省の海運の船員、および賃金が報告されていない少人数を除く。ホワイトカラーおよびブルーカラーついては本章の解説を参照。『アメリカ歴史統計』系列Y318-331も参照]

給与体系	公務員（1,000人）				平均給与（ドル）			
	2000	2008	2009	2010	2000	2008	2009	2010
計（郵便を除く）	1,671	1,885	1,798	1,865	50,429	69,061	63,678	73,908
一般職（給与）	1,216	1,265	1,083	1,162	49,428	68,674	59,330	70,426
賃金雇用	205	200	189	196	37,082	47,652	50,223	50,862
その他	250	420	526	507	66,248	80,444	77,433	90,383
郵便俸給制度[1]	788	663	623	584	37,627	50,294	49,951	53,304

1. 資料：雇用についてはU.S. Postal Service, *Annual Report of the Postmaster General*; <http://www.usps.com/financials/cspo/welcome.htm>, Average pay - U.S. Postal Serviceも参照。平均給与についてはU.S. Postal Service, *Comprehensive Statement of Postal Operations* (年刊)

資料：脚注に示す以外、U.S. Office of Personnel Management, "Pay Structure of the Federal Civil Service," (年刊) (publication discontinued) および未刊行資料；<http://www.opm.gov/feddata/> を参照

No.498. 連邦政府有給公務員――州別：2000、2009年

[12月31日現在（2,766は276万6000人を表す）。中央情報局（CIA）、国防情報局、季節従業員、臨時あるいは呼び出し職員、国家安全保障局関係は除く]

州	2000	2009	州	2000	2009	州	2000	2009
合衆国[1]	2,766	1,992	KY	30	25	OH	84	52
AL	48	41	LA	33	22	OK	43	38
AK	14	13	ME	13	11	OR	29	21
AZ	43	42	MD	130	124	PA	107	71
AR	20	15	MA	53	29	RI	10	7
CA	248	169	MI	58	30	SC	26	22
CO	51	40	MN	34	18	SD	9	8
CT	21	9	MS	24	19	TN	50	28
DE	5	3	MO	54	39	TX	162	140
DC	181	157	MT	11	11	UT	30	29
FL	113	89	NE	10	10	VT	6	5
GA	89	79	NV	13	11	VA	145	147
HI	23	25	NH	8	9	WA	62	56
ID	11	9	NJ	62	31	WV	18	19
IL	94	52	NM	25	27	WI	30	15
IN	37	25	NY	134	72	WY	6	6
IA	18	9	NC	57	43			
KS	25	17	ND	8	7			

1. 個別に明示しないが、合衆国内と合衆国外の被雇用者を含む

資料：U.S. Office of Personnel Management, "Employment by Geographic Area," (隔年刊) (publication discontinued) および未刊行資料；<http://www.opm.gov/feddata/> を参照

No.499. 連邦政府公務員——省庁別：1990－2010年

[9月30日を年度末とする会計年度。毎月の数字の年間平均。CIAとNSAと国防情報局は除く。1996年10月より国立地図局を除外]

政府機関	1990	2000	2005	2008	2009	2010
全政府機関、計	3,128,267	2,708,101	2,708,753	2,730,040	2,803,909	2,841,143
立法機関、計	37,495	31,157	30,303	29,919	29,997	30,643
司法機関	23,605	32,186	33,690	33,682	33,754	33,756
行政機関、計	3,067,167	2,644,758	2,644,764	2,666,440	2,740,158	2,776,744
大統領府	1,731	1,658	1,736	1,717	1,723	1,965
省	2,065,542	1,592,200	1,689,914	1,740,979	1,850,913	1,937,291
国務省	25,288	27,983	33,808	35,779	36,762	39,016
財務省	158,655	143,508	114,194	111,335	110,686	110,099
国防省	1,034,152	676,268	670,790	682,142	714,483	772,601
司法省	83,932	125,970	105,102	107,970	111,214	117,916
内務省	77,679	73,818	73,599	70,515	71,536	70,231
農務省	122,594	104,466	104,989	98,720	97,803	106,867
商務省 [1]	69,920	47,652	38,927	41,339	74,305	56,856
労働省	17,727	16,040	15,599	16,269	16,316	17,592
保健福祉省 [2]	123,959	62,605	60,944	62,344	65,389	69,839
住宅都市開発省	13,596	10,319	10,086	9,599	9,636	9,585
運輸省 [3]	67,364	63,598	55,975	54,676	56,310	57,972
エネルギー省	17,731	15,692	15,050	14,857	15,613	16,145
教育省	4,771	4,734	4,429	4,210	4,097	4,452
退役軍人省	248,174	219,547	236,363	265,390	289,335	304,665
国土安全保障省 [3]	(X)	(X)	149,977	165,839	177,428	183,455
独立機関 [4]	999,894	1,050,900	953,113	923,744	887,522	837,488
連邦準備制度理事会	1,525	2,372	1,851	1,873	1,873	1,873
環境保護局	17,123	18,036	17,964	18,127	18,301	18,740
平等雇用機会委員会	2,880	2,780	2,421	2,209	2,226	2,543
連邦通信委員会	1,778	1,965	1,936	1,809	1,849	1,838
連邦預金保険公社	17,641	6,958	4,998	4,726	5,478	6,436
連邦取引委員会	988	1,019	1,046	1,131	1,131	1,131
総務庁	20,277	14,334	12,685	11,929	12,157	12,820
国立公文書記録管理局	3,120	2,702	3,048	3,068	3,298	3,523
航空宇宙局	24,872	18,819	19,105	18,531	18,441	18,664
全米労働関係委員会	2,263	2,054	1,822	1,670	1,631	1,715
全米科学財団	1,318	1,247	1,325	1,383	1,430	1,474
原子力規制委員会	3,353	2,858	3,230	3,833	4,114	4,240
人事管理庁	6,636	3,780	4,333	5,375	5,408	5,892
平和部隊	1,178	1,065	1,064	1,035	978	1,082
鉄道員退職委員会	1,772	1,176	1,010	977	957	981
証券取引委員会	2,302	2,955	3,933	3,562	3,715	3,917
中小企業庁	5,128	4,150	4,288	3,813	4,087	4,037
スミソニアン学術協会	5,092	5,065	4,981	4,929	4,930	4,984
社会保障局 [2]	(X)	64,474	65,861	62,337	65,085	69,975
テネシー河流域開発公社	28,392	13,145	12,721	11,727	11,688	12,457
広報文化交流局	8,555	2,436	2,212	2,052	1,959	1,953
合衆国国際開発協力局	4,698	2,552	2,644	2,515	2,515	2,515
郵政公社	816,886	860,726	767,972	744,405	703,658	643,420

X 該当なし　1．1990年、2000年センサスの調査員を含む　2．1995年4月、社会保障局は保健福祉省から分離独立した　3．国土安全保障省の設置については第10章の解説を参照　4．個別に明示しないが、2005年に職員1000人未満の機関も含む

資料：U.S. Office of Personnel Management, *Federal Civilian Workforce Statistics - Employment and Trends* (隔月刊)；<http://www.opm.gov/feddata/>を参照

No.500. 連邦政府職員——諸特徴：1990－2008年

[単位：%、別に示す場合を除く。郵政を除く連邦政府公務員]

特徴	1990	1995	2000	2003	2004	2005	2006	2007	2008
平均年齢（歳） [1]	42.3	44.3	46.3	46.7	46.8	46.9	46.9	47.0	46.8
平均勤続年数（年）	13.4	15.5	17.1	16.8	16.6	16.4	16.3	16.1	15.5
退職年金の選択：[2]									
シビルサービス退職制度	8	10	17	27	30	33	37	41	46
連邦政府職員退職制度	3	5	11	12	13	13	13	13	13
大学卒業、学位又は高等教育	35	39	41	41	42	43	43	45	44
性別：男性	57	56	55	55	56	56	56	56	56
女性	43	44	45	45	44	44	44	44	44
人種／国籍：									
少数民族、計	27.4	28.9	30.4	31.1	31.4	31.7	32.1	32.5	33.0
黒人	16.7	16.8	17.1	17.0	17.0	17.0	17.2	17.3	17.5
ヒスパニック	5.4	5.9	6.6	7.1	7.3	7.4	7.5	7.6	7.7
アジア系／太平洋諸島民	3.5	4.2	4.5	4.8	5.0	5.1	5.1	5.4	5.2
アメリカインディアン／アラスカ原住民	1.8	2.0	2.2	2.1	2.1	2.1	2.1	2.1	2.1
障害者	7.0	7.0	7.0	7.0	7.0	7.0	7.0	7.0	7.0
退役軍人	30.0	26.0	24.0	22.0	22.0	22.0	22.0	22.0	22.0
ベトナム戦争退役軍人	17.0	17.0	14.0	13.0	12.0	11.0	10.0	9.0	8.0
退役職業軍人	4.9	4.2	3.9	4.6	4.9	5.4	5.7	6.0	6.3
退役士官	0.5	0.5	0.5	0.8	0.9	1.0	1.1	1.2	1.3

1．常勤の正規職員　2．フルタイムの正規職員でシビルサービス退職制度に加入しているもの（1984年1月以降に雇用されたものを除く）および連邦政府職員退職制度に加入しているもの（1984年1月以降）

資料：U.S. Office of Personnel Management, Office of Workforce Information, *The Fact Book, Federal Civilian Workforce Statistics* (年刊)；<http://www.opm.gov/feddata/>を参照

No.501. 連邦政府行政府（郵政を除く）の雇用——人種、ヒスパニック別：1990-2008年

[9月30日現在。人事管理局の中央人事データファイル（CPDF）に含まれる行政機関の総雇用。CPDFについては、http://www.opm.gov/feddata/acpdf.pdfを参照]

給与体系	1990	1995	2000	2005	2006	2007	2008
全職員[1]	2,150,359	1,960,577	1,755,689	1,856,966	1,848,339	1,862,404	1,916,726
白人、非ヒスパニック	1,562,846	1,394,690	1,224,836	1,267,922	1,254,308	1,254,131	1,297,772
一般職および相当	1,218,188	1,101,108	961,261	973,767	948,740	878,182	858,050
1-4号俸	132,028	79,195	55,067	46,671	43,450	42,135	44,324
5-8号俸	337,453	288,755	239,128	227,387	219,168	208,180	211,004
9-12号俸	510,261	465,908	404,649	408,111	399,400	367,195	351,302
13-15号俸	238,446	267,250	262,417	291,598	286,722	260,672	251,420
全行政官／上級職給与レベル	9,337	13,307	14,332	16,409	16,118	20,718	21,793
賃金体系	244,220	186,184	146,075	135,383	133,942	132,290	134,933
その他の体系	91,101	94,091	103,168	142,363	155,508	222,941	282,996
黒人	356,867	327,302	298,701	315,644	317,697	323,470	337,742
一般職および相当	272,657	258,586	241,135	246,691	246,248	236,721	236,525
1-4号俸	65,077	41,381	26,895	19,774	18,326	17,692	18,286
5-8号俸	114,993	112,962	99,937	94,655	93,717	89,903	90,410
9-12号俸	74,985	79,795	82,809	90,809	91,869	88,042	86,054
13-15号俸	17,602	24,448	31,494	41,453	42,336	41,084	41,775
全行政官／上級職給与レベル	479	942	1,180	1,270	1,218	1,510	1,565
賃金体系	72,755	55,637	42,590	37,666	37,378	37,685	38,540
その他の体系	10,976	12,137	13,796	30,017	32,853	47,554	61,973
ヒスパニック	115,170	115,964	115,247	138,507	138,596	141,968	136,167
一般職および相当	83,218	86,762	89,911	104,927	105,236	102,613	95,016
1-4号俸	15,738	11,081	8,526	7,768	6,854	6,454	5,459
5-8号俸	28,727	31,152	31,703	33,653	33,834	33,738	31,261
9-12号俸	31,615	34,056	36,813	46,268	46,951	45,309	42,542
13-15号俸	7,138	10,473	12,869	17,238	17,597	17,112	15,754
全行政官／上級職給与レベル	154	382	547	682	699	1,070	1,109
賃金体系	26,947	22,128	16,926	15,945	15,822	15,652	15,639
その他の体系	4,851	6,692	7,863	16,953	16,839	22,633	28,646
アメリカインディアン、アラスカ原住民、アジア系、太平洋諸島民	115,476	122,621	116,905	134,893	136,593	141,138	145,045
一般職および相当	81,499	86,768	86,074	97,866	97,870	95,008	93,197
1-4号俸	15,286	11,854	9,340	8,357	7,877	7,938	7,608
5-8号俸	24,960	26,580	25,691	27,417	26,986	26,292	26,046
9-12号俸	31,346	33,810	33,167	38,276	38,492	36,664	35,259
13-15号俸	9,907	14,524	17,876	23,816	24,515	24,114	24,284
全行政官／上級職給与レベル	148	331	504	804	873	2,630	2,851
賃金体系	24,927	21,553	17,613	16,938	16,728	16,661	17,022
その他の体系	8,902	13,969	14,711	19,285	21,122	26,839	33,834

1. 2006年からは個別に明示しない複合人種に分類される人々を含む
資料：U.S. Office of Personnel Management, Central Personnel Data File; ⟨http://www.opm.gov/feddata⟩

No.502. 連邦政府所有の建物面積——合衆国内、州別：2009年

[3,260.7は32億6070万を表す。9月30日現在。行政機関。表No.366を参照]

州	総建物面積[1] (100万平方フィート)	所有建物面積 (100万平方フィート)	賃貸建物面積 (100万平方フィート)	州	総建物面積[1] (100万平方フィート)	所有建物面積 (100万平方フィート)	賃貸建物面積 (100万平方フィート)
合衆国[2]	3,260.7	2,589.0	550.6	MO.	52.9	41.8	8.8
AL	47.6	47.6	4.0	MT	18.1	15.1	2.2
AK	47.6	43.4	3.6	NE	15.2	12.3	1.7
AZ	56.2	49.9	5.2	NV	31.9	28.5	2.6
AR	24.7	19.0	1.5	NH	94.0	2.5	0.6
CA	317.1	258.6	54.1	NJ	46.9	39.3	5.3
CO	56.7	49.1	7.0	NM	61.9	55.6	4.9
CT	15.9	10.8	3.5	NY	95.6	79.9	11.0
DE	6.1	5.0	0.4	NC	89.7	73.0	14.4
DC	88.0	63.5	23.9	ND	23.0	20.3	1.1
FL	109.9	90.3	16.2	OH	69.8	61.6	5.5
GA	109.5	98.9	8.7	OK	65.5	52.2	11.1
HI	59.3	45.6	12.9	OR	24.9	19.8	2.5
ID	22.6	18.9	3.0	PA	77.1	65.6	8.4
IL	73.0	59.7	9.6	RI	12.5	11.5	0.5
IN	36.0	30.6	3.0	SC	56.1	47.4	6.6
IA	16.6	11.9	1.7	SD	18.1	14.6	2.0
KS	36.5	32.0	2.7	TN	65.6	57.3	5.2
KY	48.9	43.2	3.5	TX	196.9	170.3	22.7
LA	45.2	32.7	5.7	UT	34.1	28.9	3.2
ME	12.4	10.6	0.9	VT	4.2	2.5	1.1
MD	124.1	98.0	23.9	VA	171.8	133.2	37.2
MA	36.1	30.1	3.5	WA	87.4	73.5	12.3
MI	33.3	24.2	4.4	WV	20.8	15.8	2.9
MN	21.4	14.6	2.0	WI	24.1	19.0	2.5
MS	42.4	33.0	3.4	WY	15.3	13.5	0.8

1. 個別に明示しない、管理建物面積を含む 2. 場所の不明な建物の面積を含む
資料：U.S. General Services Administration, Federal Real Property Council, "Federal Real Property Report 2009"; ⟨http://www.gsa.gov/portal/content/102880⟩

第10章
国家安全保障・退役軍人

本章では国家安全保障（国防と国土安全保障）および退役軍人給付に関するデータを示す。データは以下の項目について示している。
- 国防とその人件費および財政コスト
- 現役および予備役兵員
- 連邦政府資金によるプログラムと退役軍人給付
- 国土安全保障のための資金、予算および特定機関

これらのデータの主要な資料は、年刊の『Selected Manpower Statistics』および『Atlas/Data Abstract for the United States』、退役軍人省（Department of Veterans Affairs）の『Annual Report of Secretary of Veterans Affairs』、国土安全保障省の『Budget in Brief』、行政管理予算局（Office of Management and Budget）の『Budget of the United States Government』等があげられる。国際支出および兵員についての詳細は第30章の表No.1406を参照。

国防総省（Department of Defense：DOD）

国防総省は、合衆国の軍隊を維持する責任を負っている。国防総省は、国防長官官房、統合参謀本部、陸軍、海軍、空軍およびその他の諸機関から成る。大統領は最高総司令官である。最高司令官の権限は、大統領から国防長官に委任され、統合参謀本部議長を通して、統合部隊および特殊部隊（戦略空軍）の司令官に指揮権が及ぶ。

予備軍

予備役兵員は、陸軍州兵（Army National Guard of the United States）、陸軍予備役兵（Army Reserve）、海軍予備役兵（Naval Reserve）、海兵隊予備役兵（Marine Corps Reserve）、空軍州兵（Air National Guard）、空軍予備役兵（Air Force Reserve）、沿岸警備隊予備役（Coast Guard Reserve）から構成される。予備軍は、戦時もしくは国家緊急事態並びにその他国家の安全が求められる状況において、従軍可能な訓練を受けた兵員および部隊を供給する。

州兵は連邦政府および州の両方に責任を負っており、共同で提供された装備・施設・予算を使用する。大統領は連邦政府の権限の執行にとって必要と判断される時に州兵を用いる権限を有している。

各軍には、即応予備役（Ready Reserve）、待機予備役（Standby Reserve）および退役予備役（Retired Reserve）という予備役がいる。即応予備役には選抜予備役（Selected Reserve）が含まれ、戦時、国家緊急事態あるいはその他の必要時における現役部隊増援のために、訓練された即応部隊や兵員を供給する。また、個人即応予備役（Individual Ready Reserves）は動員可能兵力要員であり、戦時あるいは国家緊急事態に際して現役部隊に召集されることもあり、通常は、現役・警備・予備役部隊の補充要員や戦闘交替要員補給源として用いられる。大部分の即応予備役は現役の資格で任務に就いている。待機予備役および退役予備役については表No.513を参照。

退役軍人省（Department of Veterans Affairs：VA）

退役軍人とは18歳以上（ごく少数17歳の退役軍人も存在する）で現在は軍務についていないが、かつて合衆国陸軍、海軍、空軍、海兵隊、または沿岸警備隊で軍務に就いていた、あるいは第二次世界大戦時に商船員だった者。退役軍人となるには、いろいろな現役の形態がある。予備役や州兵としての訓練中の事故により障害を負った場合は、特例として退役軍人の扱いを受ける。州兵や予備役の一員が大統領命令によって現役に就いたり、常勤の軍隊勤務に就いた場合は退役軍人となる資格を得る。常勤の軍隊勤務に就いた州兵または予備役はAGRと呼ばれる（Active Guard and Reserve）。不名誉除隊となった者は退役軍人にはなれない。

退役軍人省は、退役軍人の有資格者および死亡兵員の遺族である受取人に対して、法律で定められた給付金を支給する。種々の国会制定法による退役軍人給付の対象となる補償には、任務遂行中に受けた身体障害と死亡、軍役に無関係の障害または死亡に対する年金、職業上のリハビリテーション・教育・訓練、住宅ローン保険、生命保険、健康管理、特定の身体障害退役軍人に対する特別住宅・自動車・またはその他の交通機関、葬儀・墓地手当、並びに死亡または身体障害退役軍人の家族や任務中行方不明になったり戦争捕虜となっ

た軍人の家族に対する教育援助等が含まれる。これらの給付金は議会の議決で定められるので、給付金の決定日と適用日が実際に戦闘があった日時と異なることがある。

退役軍人省による退役軍人の推計には、不名誉除隊を除き、現役軍務を除隊したすべての人が含まれている。

国土安全保障省（DHS）

2003年3月に業務を開始したDHSは、22の連邦機関（沿岸警備隊およびシークレットサービスも編入された）を1つの省の下に統合して、国土の安全を守るための活動の指揮を集中させるために作られた。DHS管轄下の組織の中で大きいものとしては、関税・国境警備局（CBP）、移民・関税執行局（ICE）、交通安全局（TSA）、連邦緊急事態管理庁（FEMA）、および沿岸警備隊があげられる。

沿岸警備隊

218年以上の歴史をもつ沿岸警備隊は、海上環境における安全保障を促進し、合衆国の経済的および安全保障上の利益を守る、多目的の、海上を管轄する、軍事組織である。合衆国の5つの軍隊のうち、唯一DHSに含まれる。国防総省における同様の任務をもつ組織とは異なり、沿岸警備隊は、国内に多くの部局を持つ、法執行機関である。

連邦緊急事態管理庁（FEMA）

FEMAは、ロバート・T.・スタッフォード災害救援・緊急事態支援法に基づいて、あらゆるタイプの国内の災害および緊急事態に対応し、復興を支援する。またFEMAは、あらゆるレベルの政府の緊急事態対応部局が、テロリストの攻撃、大規模災害、その他の緊急事態にすばやく対応できるように支援する。FEMAは災害救援基金により、災害によって被害を受けた人々や地域の、再建と復興の支援を行う。またFEMAは、州・地方政府が、テロおよび他の破壊的な事件、あるいはその脅威を予防し、対応するために、州・地方プログラムを通じて支援を行っている。

税関・国境警備局（Customs and Border Protection: CBP）は、合衆国国境の管理・警備・統制の任に当たる。これには以下の従来からの国境関連任務の遂行も含まれる。

・違法薬物や不法居留外国人の流入阻止
・合法的な国際貿易の維持と促進
・有害動植物や疫病からの食糧供給産業と農業の保護

税関・国境警備局は、国境警備隊と国境検査所（いずれも移民帰化局から移管）、税関（財務省から吸収）、および動植物検疫所（Animal and Plant Health Inspections Service — 農務省から吸収）から成る。

移民・関税執行局（Immigration and Customs Enforcement: ICE）は、テロリストや犯罪行為を支える、人・金・物の国境通過を監視することによって、アメリカを守り、公共の秩序を維持することを目的としている。ICEは国土安全保障省の最も大きな捜査機関である。ICEは5つの法執行機関から成る。捜査局、拘留・移送局、情報局、連邦防護局、国際協力局である。ICEは安全保障、金融関係の違法行為、密輸入について広範な捜査を行う。捜査の対象には、麻薬の密輸入、密入国、違法な武器輸出、金融犯罪、商法上の詐欺行為、人間の密輸、文書詐欺、マネーロンダリング、児童ポルノあるいは児童の搾取、入国管理法違反が含まれる。

運輸保安局（Transportation Security Administration: TSA）は、2001年11月19日施行の航空・運輸保安法（Aviation and Transportation Security Act）の関連で創設。元々は運輸省の部局であったが、国土安全保障省に移管された。同局の役割は、航空の安全を主眼とした国家の運輸システムの保安である。

歴史統計

各表の見出しは『アメリカ歴史統計、植民地時代〜1970年』に対応している。クロスリファレンスについては、付録Iを参照。

図10.1
将校および下士官・兵員数：2010年

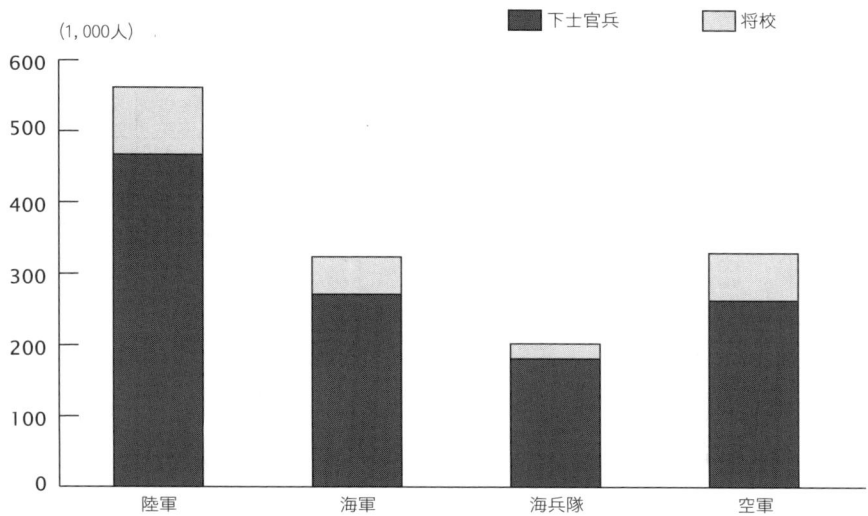

資料：図の作成はセンサス局。データについては表No.510を参照。

図10.2
国防総省の人員――性別：2010年

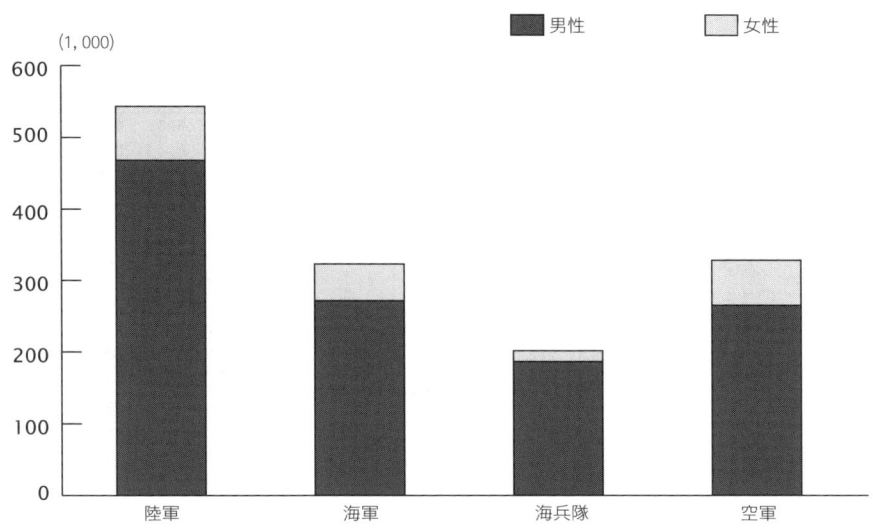

資料：図の作成はセンサス局。データについては表No.510を参照。

No.503. 国防支出および退役軍人給付：1960－2012年

[単位：10億ドル（53.6は536億ドルを表す）、％。表示年を年度末とする会計年度。第8章の解説を参照。国防総省、退役軍人省、その他主として国防および退役軍人プログラムに関係する諸機関の支出。年平均変化率（％）の解説については凡例を参照。マイナス（－）は減少を示す。関連データとして『アメリカ歴史統計』系列Y472、473およびY476も参照]

年	国防および退役軍人支出				年平均変化率[1]（％）			国防支出の割合（％）	
	支出総額 (10億ドル)	国防支出		退役軍人支出 (10億ドル)	支出総額	国防支出	退役軍人支出	連邦支出に占める割合	GDPに占める割合[2]
		名目ドル (10億ドル)	実質ドル (2005年会計年度) (10億ドル)						
1960	53.6	48.1	369.4	5.4	2.50	2.40	3.10	52.2	9.3
1970	90.4	81.7	463.9	8.7	0.26	-0.98	13.60	41.8	8.1
1980	155.2	134.0	330.1	21.2	13.88	15.17	6.30	22.7	4.9
1985	279.0	252.7	433.1	26.3	10.28	11.14	2.64	26.7	6.1
1990	328.4	299.3	461.2	29.0	-1.56	-1.39	-3.23	23.9	5.2
1995	309.9	272.1	375.6	37.9	-2.91	-3.40	0.81	17.9	3.7
1997	309.8	270.5	354.6	39.3	2.34	1.79	6.30	16.9	3.3
1998	309.9	268.2	346.1	41.7	0.05	-0.85	6.26	16.2	3.1
1999	317.9	274.8	347.6	43.2	2.58	2.45	3.39	16.1	3.0
2000	341.4	294.4	361.3	47.0	7.37	7.13	8.88	16.5	3.0
2001	349.7	304.7	363.1	45.0	2.45	3.52	-4.29	16.4	3.0
2002	399.4	348.5	401.7	50.9	14.21	14.35	13.24	17.3	3.3
2003	461.7	404.7	444.6	57.0	15.61	16.15	11.89	18.7	3.7
2004	515.6	455.8	480.3	59.7	11.66	12.62	4.85	19.9	3.9
2005	565.4	495.3	495.3	70.1	9.67	8.66	17.36	20.0	4.0
2006	591.6	521.8	499.3	69.8	4.64	5.35	-0.44	19.7	3.9
2007	624.1	551.3	509.2	72.8	5.48	5.64	4.31	20.2	4.0
2008	700.7	616.1	548.1	84.7	12.28	11.76	16.25	20.7	4.3
2009	756.5	661.0	588.2	95.4	7.96	7.30	12.73	18.8	4.7
2010	802.0	693.6	612.3	108.4	6.01	4.92	13.58	20.1	4.8
2011,推計値	909.6	768.2	669.5	141.4	13.42	10.76	30.47	20.1	5.1
2012,推計値	862.2	737.5	633.2	124.7	-5.21	-3.99	-11.85	19.8	4.7

1．表示年の前年からの変化。1960年は1955年からの変化　2．会計年度のGDPを示す。定義については第13章の解説を参照

資料：U.S. Office of Management and Budget, "Budget of the United States Government, Historical Tables"（年刊）；<http://www.whitehouse.gov/omb/budget/> も参照

No.504. 国防予算——内容別：1990－2011年

[単位：10億ドル（303.3は3033億ドルを表す）および％。9月30日を年度末とする。データには国防予算当局と他の省の支出を含む。マイナス（－）は減少を示す。『アメリカ歴史統計』系列Y458-460も参照]

項目	1990	1995	2000	2004	2005	2006	2007	2008	2009	2010	2011 推計値
認可予算、計	303.3	266.4	304.0	490.5	505.8	556.3	625.8	696.2	697.8	721.3	739.3
国防総省、軍隊	293.0	255.7	290.3	470.9	483.8	532.9	603.0	674.7	667.5	695.6	712.7
兵員	78.9	71.6	73.8	116.1	121.3	128.5	131.8	139.0	149.3	157.1	156.8
作戦、行動	88.4	93.7	108.7	189.8	179.2	213.5	240.2	256.2	271.6	293.6	294.9
物資調達	81.4	43.6	55.0	83.1	96.6	105.4	133.8	165.0	135.4	135.8	134.2
研究開発、試験、評価	36.5	34.5	38.7	64.6	68.8	72.9	77.5	79.6	80.0	80.2	80.9
軍事建造物建設	5.1	5.4	5.1	6.1	7.3	9.5	14.0	22.1	26.8	22.6	17.3
家族宿舎	3.1	3.4	3.5	3.8	4.1	4.4	4.0	2.9	3.9	2.3	2.3
その他	-0.4	3.4	5.5	7.4	6.6	-1.3	1.6	9.9	0.6	4.0	26.3
原子力エネルギー国防活動	9.7	10.1	12.4	16.8	17.9	17.4	17.2	16.6	23.0	18.2	19.0
国防関連活動	0.7	1.0	1.3	2.8	4.0	5.9	5.7	4.9	7.3	7.4	7.6
総支出	299.3	272.1	294.4	455.8	495.3	521.8	551.3	616.1	661.0	693.6	768.2
国防総省-軍隊	289.8	259.4	281.1	436.4	474.1	499.3	528.5	594.6	636.4	666.7	739.7
兵員	75.6	70.8	76.0	113.6	127.5	127.5	127.5	138.9	147.3	155.7	157.0
作戦、行動	88.3	91.0	105.8	174.0	188.1	203.8	216.6	244.8	259.3	276.0	311.9
物資調達	81.0	55.0	51.7	76.2	82.3	89.8	99.6	117.4	129.2	133.6	151.9
研究開発、試験、評価	37.5	34.6	37.6	60.8	65.7	68.6	73.1	75.1	79.0	77.0	80.7
軍事建造物建設	5.1	6.8	5.1	6.3	5.3	6.2	7.9	11.6	17.6	21.2	20.9
家族宿舎	3.5	3.6	3.4	3.9	3.7	3.7	3.5	3.6	2.7	3.2	3.4
その他	-1.2	-2.4	1.5	1.6	1.5	-0.4	0.2	3.2	1.5	0.1	13.8
原子力エネルギー国防活動	9.0	11.8	12.1	16.6	18.0	17.5	17.1	17.1	17.6	19.3	21.2
国防関連活動	0.6	0.9	1.2	2.8	3.2	5.1	5.7	4.3	6.8	7.6	7.3

資料：U.S. Office of Management and Budget, "Budget of the United States Government, Historical Tables, Budget Authority by Function and Subfunction, Outlay by Function and Subfunction,"（年刊）；<http://www.whitehouse.gov/omb/budget> も参照

No.505. 軍人、文民および支出額：2000－2009年

[単位：100万ドル (229,072は2290億7200万ドルを表す)。9月30日を年度末とする。詳細については表No.506、508の頭注を参照]

項目	2000	2005	2006	2007	2008	2009
支出、計	229,072	381,290	408,249	455,769	501,032	527,824
給与支出	103,447	141,018	146,858	154,326	146,781	195,170
現役軍人	36,872	50,482	55,829	61,918	52,159	84,460
文民	29,935	43,798	45,105	43,587	46,170	49,736
予備役・州兵	4,646	11,087	10,123	12,325	11,068	22,759
退役軍人	31,994	35,651	35,801	36,496	37,384	38,216
契約報酬[1]	123,295	236,986	257,456	297,363	349,557	327,462
陸軍	32,615	74,432	79,962	98,171	139,437	109,995
海軍・海兵隊	38,963	62,775	70,351	82,321	92,679	91,868
空軍	35,369	51,671	58,552	66,240	59,262	63,946
その他の国防省組織	16,348	48,108	48,592	50,630	58,178	61,653
補助金	2,330	3,285	3,934	4,080	4,694	5,192

1．25,000ドル以上の契約

資料：U.S. Department of Defense, *DoD Personnel and Procurement Statistics, Personnel, Publications, Atlas/Data Abstract for the United States and Selected Areas* (年刊)；<http://siadapp.dmdc.osd.mil>

No.506. 国防総省の契約報酬額、給与、人員——州別：2009年

[単位：100万ドル (195,170は1951億7000万ドルを表す)。9月30日を年度末とする。給与支出には、文官および現役兵員、予備兵・州兵、政府機関に勤務する退役軍人の給与および現金給付の各種手当を含む。雇用給付の雇用者負担分、兵員退役給付積立、駐屯地の移動費用については含まない。契約報酬については当該年のものだが、支出は通常数年間にわたって行われる。補給品、サービス、建設に関する軍事契約。各州における2万5000ドルを超える契約の総額。主契約者の属する州と、下請け契約者が仕事を実行する場所が異なる場合も多い。州に配分されていない民間人および兵員とその給与、および州に配分されているパフォーマンスに関する主契約は除外する]

州	給与支払額 計	現役兵員	契約報酬額	補助金	州	給与支払額 計	現役兵員	契約報酬額	補助金
合衆国	195,170	84,460	303,355	4,971	MO	3,787	1,311	10,454	40
AL	4,724	1,255	9,502	66	MT	541	188	289	24
AK	2,660	2,078	2,180	49	NE	1,152	435	931	59
AZ	3,138	1,263	12,065	106	NV	1,415	600	1,819	35
AR	1,622	435	986	66	NH	411	73	1,568	36
CA	14,568	5,183	41,698	477	NJ	2,671	543	8,227	122
CO	5,125	2,966	5,544	56	NM	1,626	571	1,604	40
CT	720	198	11,818	100	NY	4,819	2,701	8,545	199
DE	537	216	315	24	NC	10,558	7,012	3,995	125
DC	3,599	1,907	4,741	66	ND	631	336	437	32
FL	9,418	2,816	13,189	195	OH	3,834	640	6,249	172
GA	11,495	6,668	7,039	74	OK	4,100	1,679	2,880	124
HI	6,344	4,529	2,377	79	OR	1,051	141	1,546	99
ID	709	262	166	59	PA	4,210	574	12,363	216
IL	3,129	738	5,937	172	RI	743	120	662	26
IN	2,338	351	6,795	55	SC	3,683	1,530	5,299	39
IA	747	140	1,285	57	SD	514	198	445	68
KS	3,668	2,465	3,158	42	TN	2,235	282	3,083	44
KY	5,681	4,339	6,534	70	TX	19,299	11,128	22,484	300
LA	2,688	1,417	6,408	54	UT	2,116	432	2,206	39
ME	847	113	1,407	128	VT	262	64	550	17
MD	6,538	2,013	12,912	477	VA	18,071	6,214	38,372	131
MA	1,491	320	13,347	244	WA	8,224	4,407	5,174	127
MI	1,827	264	5,332	130	WV	617	107	396	50
MN	1,208	206	1,530	69	WI	1,152	222	7,674	72
MS	2,224	629	3,447	18	WY	405	177	140	21

資料：U.S. Department of Defense, *DoD Personnel and Procurement Statistics, Atlas/Data Abstract for the United States and Selected Areas* (年刊)；<http://siadapp.dmdc.osd.mil/>

No.507. 支出、人員——主要勤務地別：2009年

[単位：1000ドル (8,406,173は84億617万3000ドルを表わす)、人員を除く。9月30日を年度末とする。表No.508の頭注を参照]

主要勤務地	支出 計	給与支払額	契約額・補助金	主要勤務地	兵員および文民人員数 計	現役兵員	文官
ワシントン (DC)	8,406,173	3,599,245	4,806,928	フォートフッド (TX)	60,309	54,309	6,000
フォートフッド (TX)	6,478,403	6,075,895	402,508	キャンプ・ペンドルトン (CA)	49,114	46,242	2,872
サンディエゴ (CA)	6,413,361	1,884,891	4,528,470	キャンプ・ルジューン (NC)	44,286	40,789	3,497
オシュコシュ (WI)	5,780,785	20,929	5,759,856	ファイエットビル (NC)	36,223	36,198	25
ハンツビル (AL)	5,744,462	366,537	5,377,925	フォートルイス (WA)	35,250	32,220	3,030
アーリントン (VA)	5,279,716	2,946,069	2,333,647	フォートキャンベル (KY)	33,971	32,799	1,172
ツーソン (AZ)	4,879,568	325,019	4,553,549	フォートカーソン (CO)	26,759	23,796	2,963
ファイエットビル (NC)	4,658,633	4,623,376	35,257	アーリントン (VA)	26,335	9,305	17,030
セントルイス (MO)	4,623,210	203,614	4,419,596	フォートベニング (GA)	26,101	22,123	3,978
ルイスビル (KY)	4,436,075	167,250	4,268,825	フォートブラグ (NC)	23,843	15,580	8,263

資料：U.S. Department of Defense, *DoD Personnel and Procurement Statistics, Personnel, Publications, Atlas/Data Abstract for the United States and Selected Areas* (年刊)；<http://siadapp.dmdc.osd.mil/>

No.508. 合衆国基地内の兵員および文官：2009年

[9月30日現在。文官職員は、行政管理予算局（Office of Management and Budget: OMB）による上限規制内の合衆国市民および外国籍直接雇用文官、合衆国内の文職に従事する人員を含む。間接雇用文官およびOMBの上限規制外の直接雇用文官は除外する。兵員は、陸上勤務現役人員を含むが、一時的身分にある沿岸基地臨時勤務の人員もしくは海上勤務の人員を除外する]

州	現役兵員 計[1]	陸軍	海軍/海兵隊	空軍	予備役および州兵、計[1]	文官 計[1]	陸軍	海軍/海兵隊	空軍
合衆国	1,088,465	537,407	264,375	286,683	819,318	709,265	274,140	186,135	160,339
アラバマ	11,896	8,121	403	3,372	22,099	24,794	19,768	84	2,472
アラスカ	23,178	14,087	113	8,978	4,747	5,356	3,049	20	1,938
アリゾナ	21,343	5,531	4,118	11,694	13,728	9,591	4,471	637	3,408
アーカンソー	6,717	1,219	109	5,389	13,051	4,168	3,073	6	973
カリフォルニア	117,806	11,097	88,370	18,339	57,792	61,365	9,278	34,798	10,720
コロラド	35,404	25,471	715	9,218	12,491	11,585	4,187	65	5,675
コネティカット	1,914	624	1,172	118	6,369	2,625	618	1,120	257
デラウェア	3,870	246	15	3,609	4,881	1,622	292	5	1,248
コロンビア特別区	13,424	7,831	3,040	2,553	6,378	16,088	4,708	9,617	853
フロリダ	42,642	5,363	13,782	23,497	34,653	28,429	4,070	11,871	10,297
ジョージア	73,988	59,892	3,724	10,372	29,358	37,012	14,169	4,757	15,222
ハワイ	40,874	22,435	13,642	4,797	9,276	18,400	5,532	9,605	2,188
アイダホ	4,967	526	41	4,400	5,892	1,716	893	51	711
イリノイ	10,111	2,212	2,805	5,094	25,084	15,770	9,016	1,842	3,688
インディアナ	3,108	2,612	209	287	21,073	10,932	2,403	3,243	952
アイオワ	1,296	997	118	181	12,390	1,733	1,157	8	525
カンザス	25,482	21,994	117	3,371	11,479	7,800	6,296	6	1,103
ケンタッキー	43,138	42,532	279	327	13,126	8,962	7,655	164	248
ルイジアナ	17,398	10,223	1,553	5,622	18,011	6,647	4,045	793	1,476
メーン	730	334	265	131	4,153	6,946	402	5,580	287
メリーランド	29,160	8,239	12,652	8,269	16,000	34,966	14,460	15,826	2,384
マサチューセッツ	3,205	1,157	574	1,474	15,335	6,918	2,632	192	3,171
ミシガン	2,858	1,708	743	407	17,618	8,972	6,456	46	892
ミネソタ	1,897	1,291	378	228	19,256	2,752	1,766	23	798
ミシシッピ	9,895	1,443	1,394	7,058	17,332	9,124	3,878	2,428	2,515
ミズーリ	17,925	12,053	2,028	3,844	23,769	9,982	7,569	490	1,246
モンタナ	3,623	397	12	3,214	4,748	1,596	686	1	862
ネブラスカ	6,845	653	450	5,742	7,498	3,785	1,468	15	2,197
ネバダ	10,034	545	584	8,905	6,087	2,319	561	285	1,316
ニューハンプシャー	675	307	198	170	4,251	1,047	568	34	304
ニュージャージー	6,673	1,538	277	4,858	17,312	15,217	10,798	2,122	1,575
ニューメキシコ	11,038	1,094	166	9,778	5,199	7,029	3,041	46	3,460
ニューヨーク	29,553	26,568	1,676	1,309	30,362	12,318	7,561	151	2,528
ノースカロライナ	116,073	53,231	54,942	7,900	22,542	20,426	8,975	7,669	1,472
ノースダコタ	7,209	416	14	6,779	4,669	1,910	617	3	1,214
オハイオ	8,261	1,939	684	5,638	28,523	25,001	1,884	91	13,671
オクラホマ	21,673	12,216	926	8,531	15,640	22,115	5,739	91	14,794
オレゴン	1,615	815	336	464	10,470	3,561	2,893	26	615
ペンシルベニア	5,215	3,270	1,443	502	32,297	27,107	10,606	6,469	1,290
ロードアイランド	1,490	420	905	165	4,438	4,372	289	3,777	209
サウスカロライナ	32,518	11,074	12,613	8,831	19,102	10,406	3,875	3,868	1,912
サウスダコタ	3,910	406	1	3,503	4,982	1,388	565	3	775
テネシー	3,511	1,610	1,422	479	20,606	7,967	4,767	1,202	1,227
テキサス	131,548	88,346	4,606	38,596	56,367	48,057	27,585	1,404	15,271
ユタ	6,237	1,614	170	4,453	11,999	14,818	2,470	45	11,244
バーモント	565	347	32	186	3,952	729	403	3	290
バージニア	63,160	24,386	25,171	13,603	25,109	89,713	23,532	39,844	4,983
ワシントン	46,161	34,557	4,907	6,697	19,470	27,980	9,471	15,577	1,980
ウエストバージニア	1,199	677	317	205	9,303	2,146	1,431	97	605
ウィスコンシン	2,046	1,522	163	361	15,833	2,810	2,138	34	522
ワイオミング	3,407	221	1	3,185	9,521	1,193	374	1	776

1. 個別に明示しないその他の国防省組織（Other Defense Activities: ODA）を含む
資料：U.S. Department of Defense, DoD Personnel and Procurement Statistics, Personnel, Publications, *Atlas/Data Abstract for the United States and Selected Areas* (年刊); <http://siadapp.dmdc.osd.mil/>

No.509. 勤務地別現役兵員：1980－2010年

[単位：1,000人（2,051は205万1000人を表す）。9月30日現在]

勤務地	1980	1990	1995	2000	2005	2006	2007	2008	2009	2010
総計	2,051	2,046	1,518	1,384	1,389	1,385	1,380	1,402	1,419	1,431
陸上[1]	1,840	1,794	1,351	1,237	1,262	1,263	1,264	1,294	1,313	1,328
海上[2]	211	252	167	147	127	121	115	108	105	103
合衆国[3]	1,562	1,437	1,280	1,127	1,098	1,100	1,085	1,113	1,156	1,134
諸外国	489	609	238	258	291	285	295	289	263	297

1. 沿岸に配備されている海軍を含む　2. 海兵隊を含む　3. プエルトリコおよび海外領土を含む
資料：U.S. Department of Defense, DoD Personnel and Procurement Statistics, Personnel, Publications, *Atlas/Data Abstract for the United States and Selected Areas* (年刊); <http://siadapp.dmdc.osd.mil>

No.510. 国防総省の人員：1960－2010年

[単位：1,000人（2,475は247万5000人を表す）。会計年度末現在。第8章の解説を参照。州軍、予備役の解説を参照。予備役および延長あるいは継続して兵役にあたる退役した正規兵員を含む。沿岸警備隊を除く。その他の士官候補生は下士官以下に含まれる。『アメリカ歴史統計』系列Y904-916参照］

年	計[1][2]	陸軍					海軍[2]					海兵隊					空軍			
		計[1]	男性		女性		計[1]	男性		女性		計[1]	男性		女性		男性		女性	
			将校	下士官・兵	将校	下士官・兵		将校	下士官・兵	将校	下士官・兵		将校	下士官・兵	将校	下士官・兵	将校	下士官・兵	将校	下士官・兵
1960	2,475	873	97	762	4.3	8.3	617	67	540	2.7	5.4	171	16	153	0.1	1.5	815	126	677	3.7	5.7
1965	2,654	969	108	846	3.8	8.5	670	75	583	2.6	5.3	190	17	172	0.1	1.4	825	128	685	4.1	4.7
1970	3,065	1,323	162	1,142	5.2	11.5	691	78	600	2.9	5.8	260	25	233	0.3	2.1	791	125	648	4.7	9.0
1975	2,128	784	98	640	4.6	37.7	535	62	449	3.7	17.5	196	19	174	0.3	2.8	613	100	478	5.0	25.2
1980	2,051	777	91	612	7.6	61.7	527	58	430	4.9	30.1	189	18	164	0.5	6.2	558	90	404	8.5	51.9
1983	2,123	780	97	602	9.5	66.5	558	62	444	6.3	40.8	194	19	166	0.6	8.3	592	94	428	10.6	55.3
1984	2,138	780	98	601	10.2	67.1	565	62	448	6.6	42.6	196	19	167	0.6	8.6	597	95	430	11.2	55.9
1985	2,151	781	99	599	10.8	68.4	571	64	449	6.9	45.7	198	19	169	0.7	9.0	602	96	431	11.9	58.1
1986	2,169	781	99	597	11.3	69.7	581	65	457	7.3	47.2	200	19	170	0.6	9.2	608	97	434	12.4	61.2
1987	2,174	781	96	596	11.6	71.6	587	65	462	7.2	47.7	200	19	170	0.6	9.1	607	94	432	12.6	63.2
1988	2,138	772	95	588	11.8	72.0	593	65	466	7.3	49.7	197	19	168	0.7	9.0	576	92	405	12.9	61.5
1989	2,130	770	95	584	12.2	74.3	593	65	464	7.5	52.1	197	19	168	0.7	9.0	571	91	399	13.4	63.7
1990	2,044	732	92	553	12.4	71.2	579	64	451	7.8	52.1	197	19	168	0.7	8.7	535	87	370	13.3	60.8
1991	1,986	711	91	535	12.5	67.8	570	63	444	8.0	51.4	194	19	166	0.7	8.3	510	84	350	13.3	59.1
1992	1,807	610	83	449	11.7	61.7	542	61	417	8.3	51.0	185	18	157	0.6	7.9	470	77	320	12.7	56.1
1993	1,705	572	77	420	11.1	60.2	510	58	390	8.3	49.3	178	17	153	0.6	7.2	444	72	302	12.3	54.5
1994	1,610	541	74	394	10.9	59.0	469	54	355	8.0	47.9	174	17	149	0.6	7.0	426	69	287	12.3	54.0
1995	1,518	509	72	365	10.8	57.3	435	51	324	7.8	47.9	175	17	150	0.7	7.4	400	66	266	12.1	52.1
1996	1,472	491	70	347	10.6	59.0	417	50	308	7.8	46.9	174	17	149	0.7	7.0	389	64	256	12.0	53.8
1997	1,439	492	69	346	10.4	62.4	396	48	290	7.8	44.8	173	17	148	0.8	7.8	377	62	246	12.0	54.2
1998	1,407	484	68	340	10.4	61.4	382	47	280	7.8	42.9	173	17	146	0.9	8.5	368	60	237	12.0	54.6
1999	1,386	479	67	337	10.5	61.5	373	46	271	7.7	43.9	173	17	145	0.9	8.9	361	58	232	11.8	55.0
2000	1,384	482	66	339	10.8	62.9	373	46	272	7.8	43.8	173	17	146	0.9	9.3	356	57	227	11.8	55.6
2001	1,385	481	65	337	11.0	63.4	378	46	273	8.0	46.6	173	17	145	1.0	9.6	354	57	224	12.0	58.6
2002	1,414	487	66	341	11.5	63.2	385	47	279	8.2	47.3	174	17	146	1.0	9.5	368	59	233	12.9	60.0
2003	1,434	499	68	352	12.0	63.5	382	47	276	8.2	47.3	178	18	149	1.1	9.6	375	61	237	13.5	60.2
2004	1,427	500	69	358	12.3	61.0	373	46	273	8.1	46.1	180	18	149	1.1	9.7	377	61	242	13.6	60.0
2005	1,389	493	69	353	12.4	57.9	363	45	266	7.8	44.5	180	18	151	1.0	9.8	354	60	225	13.4	55.8
2006	1,385	505	69	365	12.5	58.5	350	44	255	7.6	43.2	186	18	156	1.1	10.0	349	58	223	12.8	55.4
2007	1,380	522	71	379	13.0	58.8	338	44	244	7.6	42.2	199	19	151	1.1	10.5	333	54	214	11.8	53.4
2008	1,402	544	74	392	13.5	59.7	332	44	235	7.7	41.4	186	19	167	1.2	11.1	327	53	207	11.9	51.4
2009	1,419	553	76	399	14.3	59.4	329	44	231	7.9	42.2	203	19	170	1.2	11.7	333	53	211	12.1	52.0
2010	1,431	566	79	407	15.1	60.3	328	44	228	8.2	43.4	202	18	169	3.0	12.2	334	54	212	12.4	50.9

1. 士官候補生、海軍将校候補生およびその他の士官候補生を含む。　2. 1980年以降、Training and Administration of Reserves (TARS) で活動している海軍予備兵員を除く

資料：U.S. Department of Defense, Selected Manpower Statistics (年刊)；おおよび未刊行資料

No.511. 階級別現役兵員数：1990－2010年

[単位：1,000人 (2,043.7は204万3700人を表す)。9月30日現在]

階級	1990	2000	2005	2007	2008	2009	2010
合計	2,043.7	1,384.3	1,389.4	1,379.6	1,401.8	1,418.5	1,431.0
士官、計	296.6	217.2	226.6	221.3	223.7	228.3	234.0
大将	(Z)	(Z)	(Z)	(Z)	(Z)	(Z)	(Z)
中将	0.1	0.1	0.1	0.1	0.1	0.2	0.2
少将	0.4	0.3	0.3	0.3	0.3	0.3	0.3
准将	0.5	0.4	0.4	0.4	0.5	0.5	0.5
大佐	14.0	11.3	11.4	11.3	11.6	12.0	12.2
中佐	32.3	27.5	28.1	27.7	28.1	28.4	28.8
少佐	53.2	43.2	44.4	44.2	43.4	43.9	45.3
大尉	106.6	68.1	72.5	70.6	71.0	72.5	75.0
中尉	37.9	24.7	27.5	23.4	23.9	24.9	25.5
少尉	31.9	26.4	25.9	26.0	26.4	26.9	27.1
上級准尉 5	(Z)	0.1	0.5	0.6	0.6	0.7	0.7
上級准尉 4	3.0	2.0	2.2	2.9	3.1	3.1	3.2
上級准尉 3	5.0	3.8	4.6	4.6	4.7	4.7	4.8
上級准尉 2	8.4	6.7	6.2	5.7	6.4	7.1	7.5
准尉	3.2	2.1	2.5	3.4	3.4	3.2	2.9
下士官、兵、計	1,733.8	1,154.6	1,149.9	1,145.0	1,164.7	1,176.7	1,183.2
上級曹長	15.3	10.2	10.5	10.6	10.5	10.4	10.2
曹長	38.0	26.0	27.1	27.4	27.4	27.4	27.3
一等軍曹	134.1	97.7	97.8	97.1	97.2	98.5	97.1
二等軍曹	239.1	164.9	172.4	168.4	170.3	170.5	170.9
三等軍曹	361.5	229.5	248.5	247.4	249.0	248.5	250.0
伍長	427.8	251.0	261.7	260.1	266.1	280.2	279.3
上等兵	280.1	196.3	201.7	192.5	194.9	205.9	228.2
一等兵	140.3	99.0	70.8	79.9	83.6	84.8	75.2
二等兵	97.6	80.0	59.5	61.7	65.6	50.4	45.1
候補生、計	13.3	12.5	12.9	13.2	13.4	13.6	13.8

Z 50未満

資料：U.S. Department of Defense, DoD Personnel and Procurement Statistics, Personnel, Military, *Military Personnel Statistics* (年刊); ⟨http://siadapp.dmdc.osd.mil\⟩

No.512. 軍人退役の制度：2010年

[支払い額の単位は100万ドル(3,959は39億5900万ドルを表す)。9月30日現在。このレポートに公表されたデータは国防マンパワー・データ・センター (DMDC) の管理するファイルに基づく。この報告では主として「退役軍人および遺族給付」のファイルを用いている。対象人員のグループ分けは郵送リストに基づくが、住所は自宅住所であるとは限らない。国防省の管轄下にあるプランに含まれる人員のみが本表に示される。データは暫定値。9月30日の報告時点で、多くの退役または死亡の情報が集中するため、報告に遅れが生じているためである。レポートの発表の時点でデータは調整されていない。詳細については資料のIntroduction and Overview, Statistical Report on the Military Retirement System (2010会計年度) を参照]

州	退役軍人[1] 計	障害者[2]	障害なし	月間給付額	州	退役軍人[1] 計	障害者[2]	障害なし	月間給付額
計[3]	2,076,987	189,662	1,887,325	3,959	MO	37,144	3,886	33,258	62
合衆国	2,035,921	186,193	1,849,728	3,887	MT	8,788	840	7,948	15
AL	56,793	4,664	52,129	107	NE	14,012	1,066	12,946	27
AK	9,748	684	9,064	18	NV	27,386	1,882	25,504	53
AZ	54,286	4,672	49,614	107	NH	9,544	815	8,729	18
AR	25,713	2,453	23,260	44	NJ	20,176	2,610	17,566	31
CA	165,501	15,651	149,850	322	NM	21,456	1,711	19,745	43
CO	49,052	4,116	44,936	108	NY	38,390	5,959	32,431	54
CT	10,674	1,307	9,367	18	NC	86,179	7,597	78,582	167
DE	8,331	563	7,768	15	ND	4,921	380	4,541	8
DC	2,816	400	2,416	6	OH	44,789	5,687	39,102	75
FL	186,220	15,382	170,838	380	OK	34,967	2,991	31,976	61
GA	90,554	7,782	82,772	170	OR	21,105	2,544	18,561	36
HI	16,371	1,092	15,279	34	PA	49,964	5,926	44,038	82
ID	12,967	1,150	11,817	23	RI	5,525	524	5,001	10
IL	35,986	4,563	31,423	63	SC	55,878	4,341	51,537	104
IN	24,453	3,151	21,302	38	SD	7,413	589	6,824	13
IA	12,063	1,325	10,738	18	TN	51,778	4,764	47,014	92
KS	21,012	1,832	19,180	40	TX	189,762	16,753	173,009	383
KY	27,086	2,953	24,133	46	UT	15,409	1,188	14,221	28
LA	25,694	2,763	22,931	45	VT	3,787	344	3,443	6
ME	12,104	1,131	10,973	20	VA	148,023	8,106	139,917	377
MD	52,019	3,899	48,120	110	WA	70,983	5,399	65,584	139
MA	19,156	2,515	16,641	30	WV	10,940	1,356	9,584	17
MI	28,259	4,224	24,035	42	WI	20,137	2,434	17,703	30
MN	18,000	2,067	15,933	27	WY	5,069	429	4,640	9
MS	26,472	2,264	24,208	44					

1．国防省からの給付の受給の有無にかかわらず退役軍人（将校、兵士）を示す　2．障害を負った軍人は、障害の原因が意図的な違法行為または故意の怠慢ではなく、また無許可離隊の間に起ったのではない限り、障害退役軍人給付の対象となる。また、(1) 20年以上兵役に就いている、(2) 決定時に、障害が30％以上（退役軍人局による障害認定の基準に基づく）、かつその他の基準の3分の1に合致した場合も給付の対象となる。詳細については、センサス局、アメリカデータ総覧の国家安全保障と退役軍人、軍隊兵員と支出、退役軍人を対象とする制度の項目を参照　3．各州、海外領土、諸外国に居住する者を含む

資料：U.S. Department of Defense, Office of the Actuary, Statistical Report, Fiscal Year 2010 (2011年5月); ⟨http://www.defenselink.mil/actuary/⟩

No.513. 予備役兵員：1995－2010年

[9月30日現在。即応予備役には沿岸警備隊予備役のデータを含む。戦時または国家の非常事態にあたって現役兵力を増強する必要がある場合に召集される特殊予備役と、戦時あるいは国家の非常事態にあたって現役兵力、州兵、予備役軍に招集されたり、死傷した兵士の補充にあてられる即応予備役を含む。即応予備役は現役に就任する（陸軍州兵のごく一部である非現役州兵軍を除く）。待機予備役は、国会で総動員令として承認された場合や、動員可能な即応予備役だけでは要求された任務に対する応召可能な適格者が不十分と判断された場合を除き、訓練以外の目的で現役部隊に召集されることはない。退役予備役が強制動員される可能性はさらに低い]

予備役の種類と所属軍	1995	2000	2005	2007	2008	2009	2010
総予備役兵数 [1]	1,674,164	1,276,843	1,136,200	1,109,805	1,099,915	1,094,071	1,102,863
即応予備役	1,648,388	1,251,452	1,113,427	1,088,587	1,080,617	1,079,627	1,078,621
陸軍 [2]	999,462	725,771	636,355	621,422	626,892	645,394	651,098
海軍	267,356	184,080	140,821	128,421	123,159	109,271	102,349
海兵隊	103,668	99,855	99,820	100,787	95,748	95,199	97,087
空軍 [3]	263,011	229,009	223,551	226,806	224,545	220,364	218,350
沿岸警備隊	14,891	12,737	12,880	11,151	10,273	9,399	9,737
待機予備役	25,776	25,391	22,773	21,218	19,298	25,808	24,242
陸軍	1,128	701	1,668	[4] 5,294	2,136	2,072	1,673
海軍	12,707	7,213	4,038	3,046	3,310	[4] 10,036	9,742
海兵隊	216	895	1,129	1,372	1,691	1,205	1,278
空軍	11,453	16,429	15,897	10,154	10,384	10,530	10,213
沿岸警備隊	272	153	41	1,352	1,777	1,965	1,336
退役予備役	505,905	573,305	627,424	648,346	658,251	707,060	716,228
陸軍	259,553	296,004	321,312	330,121	334,258	378,603	383,220
海軍	97,532	109,531	117,093	120,859	122,000	123,292	124,870
海兵隊	11,319	12,937	14,693	15,264	15,558	15,948	16,277
空軍	137,501	154,833	174,326	182,102	186,435	189,217	191,861

1．退役者を除く　2．陸軍州兵を含む　3．空軍州兵を含む　4．陸軍は「予備役経験者」（Individual Ready Reserve=IRR）のカテゴリを廃止して、2007会計年度より、退役や除隊を控えた人員を「即応予備役」（Standby Reserve）に移動。「予備役経験者」の実態を把握して、有事の際の召集に役立てるための措置
資料：U.S. Department of Defense, DoD Personnel and Procurement Statistics, Personnel, Publications, *Atlas/Data Abstract for the United States and Selected Areas, Selected Manpower Statistics* （年刊）；<http://siadapp.dmdc.osd.mil> も参照

No.514. 即応予備役兵員——人種別、性別：1990－2010年

[単位：1,000人（1,658.7は165万8700人を表す）。9月30日現在]

年	計 [1]	人種						ヒスパニック [2]	性別			
		白人	黒人	アジア系	アメリカインディアン	太平洋諸島民	その他不明		士官		下士官・兵	
									男性	女性	男性	女性
1990	1,658.7	1,304.6	272.3	14.9	7.8	(NA)	59.1	83.1	226.8	40.5	1,204.7	186.7
1995	1,648.4	1,267.7	274.5	22.0	8.8	(NA)	75.4	96.2	209.9	44.7	1,196.8	196.9
1999	1,288.8	980.0	202.6	22.6	7.6	(NA)	76.0	88.9	166.2	38.4	911.2	173.1
2000	1,251.5	942.2	199.6	26.7	8.4	(NA)	74.6	91.8	159.4	36.9	879.9	175.3
2001	1,224.1	912.7	198.4	27.9	8.5	(NA)	76.7	94.3	158.0	36.6	852.2	177.3
2002	1,199.3	891.3	193.2	27.9	8.8	(NA)	78.2	96.0	152.1	35.6	835.2	176.4
2003	1,167.1	865.7	187.5	25.4	8.5	(NA)	80.1	98.0	145.1	34.0	813.7	174.3
2004	1,145.0	845.3	181.3	26.2	9.1	3.6	79.6	100.2	141.9	33.6	799.7	169.8
2005	1,113.4	825.4	169.9	26.9	9.5	4.1	77.6	99.8	139.2	33.3	778.0	162.9
2006	1,101.6	822.4	163.5	27.7	10.1	4.5	73.4	101.1	136.7	33.1	769.4	162.3
2007	1,088.6	818.1	156.6	28.1	10.8	4.8	70.3	102.7	130.0	31.8	766.5	160.2
2008	1,080.7	815.2	153.4	29.0	10.9	5.3	66.9	102.6	128.0	31.2	760.8	160.6
2009	1,070.2	810.6	149.4	30.1	10.8	5.8	63.7	99.9	126.4	30.8	754.3	158.7
2010	1,068.9	809.8	148.2	31.0	10.9	6.1	62.8	99.6	125.9	30.7	754.2	158.1

1．個別に明示しないその他の人種を含む　2．ヒスパニックは人種を問わない
資料：U.S. Department of Defense, DoD Personnel and Procurement Statistics, Personnel, Publications, *Atlas/Data Abstract for the United States and Selected Areas* （年刊）；<http://siadapp.dmdc.osd.mil> も参照

No.515. 州兵——概要：1995－2010年

[単位：1,000人（375は37万5000を表す）。9月30日現在]

項目	陸軍州兵					空軍州兵				
	合計	男性 [1]	女性	白人	黒人	合計	男性 [1]	女性	白人	黒人
1995	375	344	31	299	59	110	94	16	96	9
2000	353	313	40	278	55	106	88	18	90	10
2004	343	299	44	271	50	107	88	19	89	10
2005	333	290	43	264	46	106	87	19	89	9
2006	346	300	47	276	47	106	87	19	88	9
2007	353	304	49	283	47	106	87	19	88	9
2008	360	309	51	288	49	108	88	20	89	9
2009	358	308	50	288	47	109	89	20	90	9
2010	362	310	52	291	48	108	88	20	89	9

1．男性人口には性別不詳を含む
資料：U.S. Department of Defense, DoD Personnel and Procurement Statistics, Personnel, Publications, *Atlas/Data Abstract for the United States and Selected Areas, Selected Manpower Statistics* （年刊）；<http://siadapp.dmdc.osd.mil> も参照

No.516. 合衆国現役兵員の死亡――死因別：1980－2010年

[12月31日現在]

死因	1980-2010	1980	1990	1995	2000	2004	2005	2006	2007	2008	2009	2010
死亡、計	48,968	2,392	1,507	1,040	841	1,874	1,943	1,881	1,953	1,439	1,515	1,483
事故	25,063	1,556	880	538	430	607	648	561	560	501	462	406
敵対行動	4,842	–	–	–	–	738	739	768	847	351	346	455
殺人	2,332	174	74	67	37	46	54	47	52	47	77	36
疾病	8,631	419	277	174	181	272	291	257	237	242	273	235
不明	158	–	–	–	–	1	1	8	23	16	44	64
自殺	6,898	231	232	250	159	202	183	213	211	257	288	271
テロ攻撃	421	1	1	7	17	–	–	–	1	–	–	–
未定	623	11	43	4	17	8	27	27	23	24	25	16
兵員10万人当たりの死亡件数	(X)	110.7	66.8	62.5	49.5	109.6	116.7	116.7	121.3	85.6	92.4	88.0
事故	(X)	72.0	39.0	32.4	28.1	35.5	38.9	34.8	34.8	29.7	28.2	24.1
敵対行動	(X)	–	–	–	–	43.1	44.4	47.6	52.7	20.9	21.1	27.0
殺人	(X)	8.1	3.3	4.0	2.4	2.7	3.2	2.9	3.2	2.8	4.6	2.1
疾病	(X)	19.4	12.3	10.5	11.8	15.9	17.5	15.9	14.7	14.4	16.6	13.9
不明	(X)	–	–	–	–	0.1	0.1	0.5	1.4	1.1	3.0	3.8
自殺	(X)	10.7	10.3	15.0	10.4	11.8	11.0	13.2	13.1	15.2	17.4	14.4
テロ攻撃	(X)	–	–	0.4	1.1	–	–	–	–	–	–	–
未定	(X)	0.5	1.9	0.2	1.1	0.5	1.6	1.7	1.4	1.4	1.5	0.9

－　ゼロまたは概数でゼロを示す　　X　該当なし

資料：Department of Defense Personnel and Procurement, DoD Personnel and Military Casualty Statistics, "Military Casualty Information," 〈http://siadapp.dmdc.osd.mil/personnel/CASUALTY/castop.htm〉

No.517. 諸外国駐留の現役兵員数：1995－2010年

[9月30日現在]

国	1995	2000	2005	2006	2007	2008	2009	2010
外国駐留[1]	238,064	257,817	290,997	284,967	295,003	288,550	262,793	297,286
沿岸部	208,836	212,858	268,214	262,586	272,124	269,260	242,291	277,151
艦上	29,228	44,959	22,783	22,381	22,879	19,290	20,502	20,135
オーストラリア	314	175	196	347	140	140	139	130
バーレーン	618	949	1,641	1,357	1,495	1,545	1,507	1,349
ベルギー	1,689	1,554	1,366	1,361	1,328	1,266	1,267	1,252
ボスニア・ヘルツェゴビナ	1	5,708	263	232	209	14	11	8
カナダ	214	156	150	133	141	134	128	127
コロンビア	44	224	52	104	123	114	77	62
キューバ（グアンタナモ）	5,129	688	950	953	932	969	926	913
ディエゴガルシア[2]	897	625	683	157	260	244	253	238
ジブチ	7	2	622	1,375	2,100	1,780	1,207	1,379
エジプト	1,123	499	410	360	250	284	265	275
ドイツ	73,280	69,203	66,418	64,319	57,080	55,140	52,658	53,951
ギリシャ	489	678	428	395	363	366	361	338
グリーンランド	131	125	146	137	126	134	144	133
ホンジュラス	193	351	438	414	403	429	416	403
イタリア	12,007	11,190	11,841	10,449	9,855	9,601	9,707	9,646
日本	39,134	40,159	35,571	33,453	32,803	33,286	35,965	34,385
韓国	36,016	36,565	30,983	29,086	27,014	25,062	(NA)	(NA)
クウェート	771	4,602	([3])	([3])	([3])	([3])	([3])	([3])
オランダ	687	659	583	591	579	547	510	442
ポルトガル	1,066	1,005	970	922	826	783	716	703
カタール	2	52	463	446	411	433	463	555
サウジアラビア	1,077	7,053	258	282	243	284	269	239
セネガル	13	10	42	7	11	7	9	9
シンガポール	166	411	169	164	125	129	125	132
スペイン	2,799	2,007	1,660	1,521	1,286	1,220	1,365	1,240
トルコ	3,111	2,006	1,780	1,810	1,594	1,575	1,616	1,530
イギリス	12,131	11,207	10,752	10,331	9,825	9,426	9,199	9,229
配置								
「不朽の自由作戦」(Operation Enduring Freedom)[4]に配置	(X)	(X)	19,500	21,500	25,240	32,300	66,400	105,900
「新しい夜明け作戦」(Operation New Dawn)[5]に配置	(X)	(X)	192,600	185,500	218,500	190,400	164,100	96,200

X　該当なし　NA　データなし　1．個別に明示しない地域を含む　2．インド洋上のイギリス領　3．クウェートの兵員数は「新しい夜明け作戦」（OND）に含まれる　4．9月30日現在アフガニスタン国内および周辺に配置された兵員、予備兵・州兵を含む　5．9月30日現在イラク国内および周辺に配置された兵員、予備兵・州兵を含む

資料：U.S. Department of Defense, *DoD Personnel and Procurement Statistics*, "Active Duty Military Personnel Strengths by Regional Area and by Country."；〈http://siadapp.dmdc.osd.mil〉も参照

No.518. 外国政府に対する合衆国の軍事物資販売・供与：1995－2009年

[単位：100万ドル（8,495は84億9500万ドルを表す）。9月30日を年度末とする。国防総省（DOD）の納入は、武器輸出規制法およびそれ以前の該当法令で認められた国防総省の軍需品発注に対する納入対象とする。各プログラムの詳細については資料を参照。表中の数値はすべて改訂済]

項目	1995	2000	2003	2004	2005	2006	2007	2008	2009
軍事物資販売契約	8,495	10,685	12,702	13,399	9,484	17,906	18,448	28,777	30,661
軍事建造物販売契約	24	284	223	682	308	173	430	187	1,021
軍事物資販売調達[1]	12,100	10,867	9,735	11,401	11,153	11,549	12,529	11,828	12,522
軍事建造物販売調達	(NA)	183	245	281	349	323	197	267	204
軍事援助プログラム	3,712	4,333	5,955	4,584	4,956	4,450	4,519	4,506	4,580
兵器輸出規制法の認可を受けた商業輸出[2]	(NA)	478	2,728	7,895	30,146	31,605	8,874	33,510	(NA)
軍事供与計画調達[3]	20	5	186	45	71	11	(NA)	(NA)	(NA)
IMETプログラム／調達[4]	26	50	79	89	86	83	83	83	90

NA データなし 1．建造物に関する軍事調達を含む 2．外国政府が米国製造業者から直接購入した、規制軍需品の総額 3．Military Assistance Service Fund (MASF)を資金とするプログラムデータ、削減許可第506(a)項目を含む 4．IMETはInternational Military Education and Training Program (国際軍事教育訓練プログラム) 軍事援助サービスの資金および緊急援助のための引き出しを含む

資料：U.S. Department of Defense, Defense Security Cooperation Agency, "DSCA Data and Statistics"; <http://www.dsca.osd.mil/data_stats.htm> も参照

No.519. 外国に対する合衆国の軍事物資販売──主要国別：1995－2009年

[単位：100万ドル（12,100は121億1000万ドルを表す）。9月30日を年度末とする会計年度。国防総省軍事物資販売を表す]

国	1995	2000	2003	2004	2005	2006	2007	2008	2009
計[1]	12,100	10,886	9,739	11,404	11,184	11,602	12,566	11,828	12,522
アフガニスタン	(NA)	－	17	110	169	173	18	7	2
アルゼンチン	(NA)	10	4	4	4	6	8	23	10
オーストラリア	303	332	208	193	350	350	780	916	375
バーレーン	40	55	90	88	65	55	84	42	101
ベルギー	8	61	71	42	49	53	49	44	39
ブラジル	(NA)	61	13	14	11	28	62	55	46
カナダ	127	84	155	144	150	183	247	468	530
コロンビア	(NA)	14	10	53	41	86	199	124	110
デンマーク	54	43	14	22	40	49	63	57	43
エクアドル	(NA)	1	1	3	4	6	7	3	2
エジプト	1,479	1,092	1,078	1,513	1,422	1,195	1,225	856	879
エルサルバドル	(NA)	13	2	3	3	2	2	6	13
フィンランド	(NA)	690	40	46	38	74	28	86	84
フランス	64	217	276	99	69	42	45	57	61
グルジア	(NA)	3	10	7	12	11	25	72	18
ドイツ	257	131	241	264	208	149	205	173	162
ギリシャ	220	389	1,324	1,225	468	180	204	198	1,292
インド	(NA)	－	21	7	100	49	92	40	15
イラク	(NA)	－	－	－	－	2	177	683	707
イスラエル	327	585	927	1,202	1,524	1,284	1,316	1,407	747
イタリア	54	52	185	281	127	288	153	76	93
日本	693	448	430	392	410	769	647	609	860
ヨルダン	47	52	69	104	140	102	170	263	173
ケニア	(NA)	1	3	4	7	2	2	1	6
韓国	442	1,399	560	601	591	599	732	797	479
クウェート	471	321	143	209	278	542	463	246	255
マレーシア	(NA)	411	9	11	49	22	19	17	23
メキシコ	(NA)	9	12	6	4	8	6	4	5
モロッコ	(NA)	5	9	9	17	41	8	4	10
オランダ	153	278	224	277	178	232	240	253	252
ナイジェリア	(NA)	－	3	3	7	3	4	－	3
ノルウェー	25	64	123	80	106	92	163	88	296
パキスタン	(NA)	－	5	36	61	121	196	271	119
ポーランド	(NA)	13	17	64	84	393	1,483	731	157
ポルトガル	88	20	116	30	84	57	46	45	101
サウジアラビア	3,567	1,968	1,008	1,223	981	978	1,014	895	1,716
シンガポール	59	131	168	205	229	355	173	167	182
スペイン	193	141	159	433	126	104	149	169	185
台湾[2]	1,332	784	709	917	1,400	1,068	777	618	647
タイ	356	114	153	180	92	83	46	40	47
トルコ	368	216	277	290	189	247	184	306	309
アラブ首長国連邦	345	42	87	155	169	201	70	84	119
イギリス	419	347	350	453	382	294	424	297	761
ベネズエラ	(NA)	13	12	12	8	8	1	－	－

－ ゼロまたは概数でゼロを示す 1．個別に明示しない国を含む 2．表No.1296の脚注2を参照

資料：U.S. Department of Defense, Defense Security Cooperation Agency, "DSCA Data and Statistics"; <http://www.dsca.osd.mil/data_stats.htm/> も参照

No.520. 退役軍人——州別：2010年

[単位：1,000人（22,448は2244万8000人を表す）。9月30日現在。VetPop 2007は、退役軍人省（Department of Veterans Affairs: VA）による12月31日現在の退役軍人人口の新しい公式推計値および予測値。これは2000年センサス（センサス局が退役軍人省統計数理局のために作成）およびアメリカン・コミュニティ調査に基づいて作成されたものである。VetPop2007は国防省（マンパワー・データ・センターおよび統計数理局）の行政記録と退役軍人給付に関する退役軍人省の行政記録を用いて、退役軍人数の把握と予測を行っている本書前年度版の表No.518も参照]

州	計[1][2]	湾岸戦争[3]	ベトナム戦争	州	計[1][2]	湾岸戦争[3]	ベトナム戦争
合衆国	22,448	5,690	7,459	ミズーリ	506	120	172
アラバマ	406	115	137	モンタナ	102	25	35
アラスカ	77	28	27	ネブラスカ	145	37	50
アリゾナ	557	138	180	ネバダ	244	62	86
アーカンソー	255	66	87	ニューハンプシャー	128	25	46
カリフォルニア	1,972	505	640	ニュージャージー	443	79	140
コロラド	421	116	152	ニューメキシコ	175	51	57
コネティカット	230	41	78	ニューヨーク	950	178	306
デラウェア	78	19	25	ノースカロライナ	766	224	251
コロンビア特別区	37	10	12	ノースダコタ	56	16	18
フロリダ	1,651	400	511	オハイオ	890	194	303
ジョージア	774	243	259	オクラホマ	325	95	108
ハワイ	116	36	36	オレゴン	334	72	119
アイダホ	137	37	47	ペンシルベニア	964	184	320
イリノイ	783	191	251	ロードアイランド	71	14	24
インディアナ	492	112	166	サウスカロライナ	407	117	139
アイオワ	235	52	80	サウスダコタ	72	19	23
カンザス	225	62	74	テネシー	496	127	175
ケンタッキー	336	89	114	テキサス	1,694	523	564
ルイジアナ	305	93	95	ユタ	154	40	51
メーン	139	30	50	バーモント	52	9	19
メリーランド	471	138	149	バージニア	822	302	258
マサチューセッツ	394	70	129	ワシントン	632	173	223
ミシガン	704	138	249	ウエストバージニア	167	40	56
ミネソタ	381	69	140	ウィスコンシン	418	88	141
ミシシッピ	206	61	66	ワイオミング	56	16	21

1．1期以上現役に就いていた退役軍人は、計の数値には1回のみカウントする　2．兵役をひいて、現在は民間人。訓練のみで、兵役時の障害のない者は除く　3．1990年8月2日から現在までの軍務

資料：Department of Veterans Affairs, Veteran Data and Information, Veteran Demographics. <http://www1.va.gov/vetdata/index.asp>

No.521. 退役軍人——従軍期間別、性別：2010年

[単位：1,000人（22,658は2265万8000人を表す）。9月30日現在。合衆国外に居住する退役軍人を含む]

年齢	退役軍人、計	戦時従軍退役軍人					平時従軍
		計[1]	湾岸戦争[2]	ヴェトナム戦争	朝鮮戦争	第二次世界大戦	
計	22,658	16,866	5,737	7,526	2,448	1,981	5,792
20歳未満	8	8	8	–	–	–	–
20－24歳	301	301	301	–	–	–	–
25－29歳	768	768	768	–	–	–	–
30－34歳	887	887	887	–	–	–	–
35－39歳	1,023	996	996	–	–	–	26
40－44歳	1,461	1,033	1,033	–	–	–	429
45－49歳	1,790	692	692	–	–	–	1,098
50－54歳	1,922	648	477	189	–	–	1,274
55－59歳	2,005	1,589	312	1,415	–	–	416
60－64歳	3,327	3,208	184	3,153	–	–	119
65－69歳	2,470	1,944	56	1,935	–	–	525
70－74歳	1,904	640	16	509	151	–	1,264
75－79歳	1,877	1,350	5	188	1,270	6	527
80－84歳	1,522	1,431	1	98	891	637	91
85歳以上	1,393	1,370	–	40	137	1,338	23
女性、計	1,840	1,295	918	251	61	98	545

－　ゼロまたは概数でゼロを示す　1．複数の戦争に従軍した者は、計では1回のカウント　2．1990年8月12日から現在まで

資料：U.S. Department of Veterans Affairs, VA Office of the Actuary, *VetPop 2007*, <http://www1.va.gov/vetdata/>

No.522. 退役軍人——性別・人種別・ヒスパニックまたはラテン系別：2009年

[データはAmerican Community Surveyに基づく。調査の母集団は世帯人口に限られ、施設・大学の寮・その他の集団居住施設に居住する人口は除外される。標本抽出の際の誤差あり。本章の解説および付録Ⅲを参照]

特徴	総数	18－64歳	65歳以上
計	21,854,374	12,842,337	9,012,037
男性	20,374,557	11,615,529	8,759,028
女性	1,479,817	1,226,808	253,009
白人：	18,536,634	10,302,627	8,234,007
男性	17,442,462	9,438,034	8,004,428
女性	1,094,172	864,593	229,579
黒人またはアフリカ系	2,296,781	1,767,371	529,410
男性	2,015,941	1,500,673	515,268
女性	280,840	266,698	14,142
アメリカインディアンまたはアラスカ原住民：	153,203	116,081	37,122
男性	137,722	101,831	35,891
女性	15,481	14,250	1,231
アジア系	258,183	169,671	88,512
男性	234,528	148,649	85,879
女性	23,655	21,022	2,633
ハワイ原住民またはその他の太平洋諸島民：	30,110	24,374	5,736
男性	26,422	21,010	5,412
女性	3,688	3,364	324
その他の人種：	262,044	217,383	44,661
男性	237,107	193,831	43,276
女性	24,937	23,552	1,385
複数人種	317,419	244,830	72,589
男性	280,375	211,501	68,874
女性	37,044	33,329	3,715
ヒスパニックまたはラテン系[1]：	1,129,904	846,906	282,998
男性	1,032,983	757,181	275,802
女性	96,921	89,725	7,196

1. ヒスパニック、ラテン系は人種を問わない
資　料：U.S. Census Bureau, 2009 American Community Survey, B21001, B21001A, B21001B, B21001C, B21001D, B21001E, B21001F, B21001G および B21001I（2011年3月現在）

No.523. 退役軍人給付——プログラム別および任務関連障害に対する補償別：1990－2010年

[単位：100万ドル（28,998は289億9800万ドルを表す）。9月30日を年度末とする]

特徴	1990	1995	2000	2005	2007	2008	2009	2010
計	28,998	37,775	47,086	69,667	72,805	84,855	95,559	108,761
医療プログラム	11,582	16,255	19,637	29,433	33,705	38,396	43,400	46,923
建造物	661	641	466	483	704	1,088	1,325	1,671
一般手術費用	811	954	1,016	1,294	1,476	1,628	1,840	1,897
保障および年金	14,674	17,765	22,012	34,694	34,600	40,241	44,735	47,901
社会復帰および教育	452	1,317	1,610	2,937	3,180	3,210	3,875	8,317
その他[1]	818	844	2,345	826	−860	292	384	2,052
任務関連障害に対する補償[2]	9,284	11,644	15,511	24,515	28,200	31,393	35,340	37,960

1. 保険、補償およびその他の資金と支出および公的機関からの受取により相殺される額を含む（患者本人の資金からの支出を除く）　2. 退役軍人が受取る任務関連障害に対する補償を表わす
資料：U.S. Department of Veterans Affairs, *Expenditures and Workload*（年刊）;〈http://www1.va.gov/vetdata/〉

No.524. 退役軍人補償および年金給付——従軍期間、生死別の受給者数：1990－2010年

[単位：1,000人（3,548は354万8000人を表す）。別に示す場合を除く。9月30日現在。生存退役軍人のデータは、現役中にこうむったあるいは悪化した障害に対する補償を受け取っているもの、戦時退役軍人で任務と関りない永久的な障害を負っているか、年金を受け取っているもの。死亡は、扶養家族が恩給および補償金を受け取っていた死亡軍人を指す。『アメリカ歴史統計』系列Y889-999も参照]

従軍期間および退役軍人状況	1990	1995	2000	2005	2007	2008	2009	2010
計	3,584	3,330	3,236	3,503	3,691	3,801	3,919	4,070
生存退役軍人	2,746	2,669	2,672	2,973	3,167	3,268	3,384	3,524
任務関連	2,184	2,236	2,308	2,637	2,844	2,952	3,070	3,210
任務関連以外	562	433	364	336	323	316	314	314
死亡した退役軍人	838	662	564	530	524	533	535	546
任務関連	320	307	307	323	330	338	341	347
任務関連以外	518	355	257	207	195	196	194	199
第1次世界大戦	198	89	34	13	9	8	7	6
生存	18	3	(Z)	(Z)	(Z)	(Z)	(Z)	(Z)
第2次世界大戦	1,723	1,307	968	718	634	598	559	529
生存	1,294	961	676	466	397	362	329	298
朝鮮戦争[1]	390	368	323	295	287	282	276	275
生存	305	290	255	231	223	218	213	209
ベトナム戦争[2]	774	868	969	1,218	1,305	1,347	1,393	1,447
生存	685	766	848	1,068	1,142	1,175	1,214	1,261
湾岸戦争[3]	(X)	138	334	630	819	923	1,028	1,140
生存	(X)	134	326	617	802	904	1,007	1,117
平時	495	559	607	627	637	644	655	673
生存	444	514	547	567	594	602	609	638

X　該当なし　Z　500未満　1. 1950年6月27日～1955年1月31日の軍務　2. 1964年8月5日～1975年5月7日の軍務　3. 1990年8月2日～現在の軍務
資料：U.S. Dept. of Veterans Affairs, 1990-1995年は *Annual Report of the Secretary of Veterans Affairs*; 2000年以降は *Annual Accountablility Report* および未刊行資料;〈http://www1.va.gov/vetdata/〉

No.525. 国土安全保障支出――省庁別：2005－2011年

[単位：100万ドル（52,657は526億5700万ドルを表す）。9月30日に終わる会計年度。国土安全保障支出には31の省庁が関わる。国土安全保障省は各省庁の安全保障のための活動を取りまとめて、集中的に管理するために設置された。国土安全保障省の他に、国防総省、エネルギー省、保健社会福祉省、司法省で政府の国土安全保障予算の大半を占める]

省庁	2005	2007	2008	2009	2010	2011[1]
予算当局、計（バイオシールドを除外）[2][3]	52,657	56,926	61,228	70,445	70,009	69,069
農務省	596	541	575	513	614	604
商務省	167	205	207	259	284	259
国防総省	16,108	16,538	17,374	19,414	19,054	17,626
教育省	24	26	27	32	29	30
エネルギー省	1,562	1,719	1,827	1,939	2,016	1,969
保健社会福祉省	4,229	4,327	4,301	4,627	7,196	4,227
国土安全保障省[4]	23,980	26,858	29,756	36,037	32,609	35,985
住宅都市開発省	2	2	2	5	5	4
内務省	65	48	50	50	52	66
司法省	2,691	3,306	3,278	3,650	4,094	4,072
労働省	56	49	48	49	40	42
国務省	824	1,242	1,719	1,809	1,793	2,131
運輸省	219	206	205	221	228	248
財務省	101	127	120	133	125	122
退役軍人省	249	260	309	310	427	421
工兵隊	89	42	42	40	36	36
環境保護庁	106	167	138	157	154	154
大統領府	30	21	21	19	12	12
総合サービス局	65	168	143	125	214	50
アメリカ航空宇宙局	221	199	205	214	218	183
全米科学財団	342	385	365	377	390	390
人事局	3	3	2	2	2	(NA)
社会保障局	155	194	184	182	190	211
コロンビア特別区	15	9	3	39	15	15
連邦通信委員会	2	2	2	2	1	(NA)
インテリジェンス・コミュニティ（国家安全保障法に定められた13の政府機関）	72	56	122	33	14	13
国立公文書館	17	18	18	20	20	20
核規制委員会	59	72	72	73	65	65
証券取引委員会	5	14	13	15	6	7
スミソニアン協会	75	81	91	92	99	99
国立ホロコースト記念博物館	8	8	8	9	10	10

NA データなし　1. Analytical Perspective（本表データの出所）の2012年版の出版時には、2011年の配分額は決まっていなかった。本表のプログラムや活動に関する2011年のデータは、継続された場合の年間額を示している　2. 執行部門の国土安全保障活動についての連邦政府支出の推計値。これらの推計値は立法部門および司法部門の活動を含まない　3. 2004年国土安全保障省歳出法はプロジェクト・バイオシールドに対し2013年までに56億ドルの支出を決定している。この予算額は年度により異なるため、年別の比較が困難になっている　4. 国土安全保障省による活動のすべてが国家安全保障支出ではない（例：天災による出動、沿岸警備隊の探索とレスキュー等）。本表中の国土安全保障省の推計値は、同省の予算全体を示すものではない。表No.526を参照

資料：U.S. Office of Management and Budget, Budget of the United States Government Fiscal Year 2012, The Budget Documents, Analytical Perspectives, Budget of the United States Government Fiscal Year 2012, Crosscutting Programs, Homel and Security Funding Analysis, <http://www.whitehouse.gov/omb/budget/>

No.526. 国土安全保障省の予算当局および人員：2010、2011年

[単位：支出は1,000ドル（56,169,614は561億6961万4000ドルを表す）。9月30日に終わる会計年度。国土安全保障省の活動は、すべてが国土安全保障にかかわるものではない。例えば沿岸警備隊の探索あるいは救援活動等]

機関	支出 2010	支出 2011[1]	フルタイム職員 2010	フルタイム職員 2011[1]
予算当局、計	56,169,614	55,728,760	219,622	220,512
省庁連携[2]	802,531	800,931	1,615	1,882
諜報分析局	333,030	335,030	682	793
監察総監室	113,874	129,874	632	665
税関・国境警備局	11,846,401	11,544,660	58,223	58,954
移民関税執行局	5,821,752	5,748,339	20,505	20,417
運輸保安局	7,656,066	7,649,666	51,628	54,831
合衆国沿岸警備隊	11,150,079	10,447,046	49,926	51,114
合衆国シークレットサービス	1,719,131	1,722,644	7,055	7,054
国家保護およびプログラム理事会	1,317,755	1,317,755	1,352	1,552
衛生部	136,850	139,250	84	95
連邦危機管理局（FEMA）[3]	15,459,468	10,346,918	7,838	10,054
FEMA助成[4]	4,165,200	4,165,200	([5])	([5])
合衆国市民権・入国管理局	2,881,597	3,029,829	10,835	11,421
連邦法執行訓練センター	290,912	282,812	1,103	1,103
科学技術局	1,006,471	1,006,471	447	447
国内核物質検知局	383,037	383,037	130	130

1. 予算継続決議　2. 省庁連携には、長官および上級職のマネジメントオフィス、ガルフ・コースト再建連邦調整官室、管理担当次官室、主席財務官室、主席情報官室を含む　3. 2010年予算に補助資金が上乗せされた　4. 以下のFEMAによる支出を含む、州・地方プログラムおよび緊急事態管理助成金、消防士援助助成金　5. 職員のデータはFEMAのフルタイム職員に含まれる

資料：U.S. Department of Homeland Security, "Budget-in-Brief, Fiscal Year 2012;" <http://www.dhs.gov/xabout/budget/>（2011年5月現在）

No.527. 国土安全保障補助金――州および海外領土別：2009、2010年

［単位：1,000ドル（1,714,172は17億1417万2000ドルを表す）。9月30日に終わる会計年度。以下のプログラムに基づく補助金；州国土安全保障プログラム、オペレーション・ストーンガーデン（OPSG）の資金は含まれない。都市地域安全保障計画、大都市地域医療対応プログラム、シチズン・コープス・プログラム］

州および海外領土	2009	2010	州および海外領土	2009	2010	州および海外領土	2009	2010
計	1,714,172	1,726,360	KY	11,668	11,045	OR	15,360	15,402
			LA	24,735	23,694	PA	54,042	57,856
合衆国	1,698,443	1,710,436	ME	6,671	6,739	RI	11,750	11,814
AL	12,062	11,294	MD	28,544	27,342	SC	9,026	8,412
AK	7,296	7,358	MA	31,243	35,713	SD	6,657	6,726
AZ	29,997	30,087	MI	35,561	34,076	TN	20,417	19,564
AR	7,036	7,094	MN	20,134	19,908	TX	138,552	143,037
CA	262,998	268,685	MS	7,038	7,096	UT	9,925	9,991
CO	19,190	19,210	MO	28,431	28,169	VT	6,652	6,722
CT	15,631	14,955	MT	6,661	6,730	VA	32,347	30,915
DE	6,659	6,728	NE	7,327	8,398	WA	30,479	30,616
DC	68,543	69,574	NV	17,068	16,493	WV	6,686	6,751
FL	72,345	71,140	NH	6,993	7,056	WI	15,358	14,610
GA	35,171	33,716	NJ	61,845	62,036	WY	6,649	6,720
HI	11,746	11,810	NM	7,011	7,072	AS [1]	1,468	1,502
ID	6,677	6,744	NY	271,463	277,151	GU [1]	1,471	1,505
IL	86,917	87,934	NC	21,651	21,273	NM [1]	1,469	1,502
IN	19,671	19,314	ND	6,652	6,722	PR [1]	9,850	9,911
IA	7,040	7,097	OH	42,083	40,438	VI [1]	1,470	1,503
KS	8,112	7,410	OK	14,674	13,999			

1．AS＝米領サモア　GU＝グアム　NM＝北マリアナ諸島　PR＝プエルトリコ　VI＝ヴァージン諸島
資料：U.S. Department of Homeland Security, State Contacts and Grants Award Administration; FY 2011 HSGP Guidance and Application Kit ＜http://www.dhs.gov/xgovt/grants/index.shtm＞,（2010年6月リリース）

No.528. 都市部安全保障イニシアチブ（UASI）の助成金制度：2010年

［単位：1000ドル（832,520は8億3252万ドルを表す）。9月30日を年末とする会計年度。UASIは、安全保障上のリスクの大きい、人口密度の高い都市部の必要とする、独特の集学的な企画、活動、施設、訓練、演習への取り組みに対して資金援助をする。リスクの高い60の都市が助成の対象となっており、最もリスクの高い7都市部については、Tier 1に指定して重点地域としている。助成プログラムの一覧と詳細についてはhttp://www.dhs.gov/xgovt/grants/index.shtmを参照］

州/地域	都市部	金額	州/地域	都市部	金額	州/地域	都市部	金額
計		832,520		ジャクソンビル	5,355	OH	シンシナチ	4,978
最重点地域 (Tier 1)				マイアミ	11,040		クリーブランド	5,094
CA	ベイエリア	42,828		オーランド	5,090		コロンバス	4,247
	ロサンゼルス/ロングビーチ	69,922		タンパ	7,815		トレド	2,292
DC	首都圏	59,392	GA	アトランタ	13,523	OK	オクラホマシティ	4,405
IL	シカゴ	54,654	HI	ホノルル	4,755		タルサ	2,164
MA	ボストン	18,934						
NJ	ジャージーシティ/ニューアーク	37,292	IN	インディアナポリス	7,105	OR	ポートランド	7,179
NY	ニューヨークシティ	151,579	KY	ルーイビル	2,206	PA	ピッツバーグ	6,399
PA	フィラデルフィア	23,336						
TX	ダラス/フォートワース/アーリントン	25,097	LA	バトンルージュ	2,979	PR	サンフアン	3,108
重点地域 (Tier 2)	ヒューストン	41,453		ニューオリンズ	5,440	RI	プロビデンス	4,764
			MD	ボルチモア	10,975	TN	メンフィス	4,169
AZ	フェニックス	10,833						
	ツーソン	4,515	MI	デトロイト	13,482		ナッシュビル	2,844
CA	アナハイム/サンタアナ	12,773	MN	ツインシティーズ	8,263	TX	オースティン	2,932
	ベーカーズフィールド	1,015		カンザスシティ	7,706		エルパソ	5,390
	オックスナード	2,508	MO	セントルイス	8,533		サンアントニオ	6,230
	リバーサイド	5,286		ラスベガス	8,150			
	サクラメント	3,947	NV	オルバニー	1,011	UT	ソルトレイクシティ	2,900
	サンディエゴ	16,209	NY	バッファロー	5,545	VA	ノーフォーク	7,372
CO	デンバー	7,064		ロチェスター	2,315		リッチモンド	2,676
CT	ブリッジポート	2,812		シラキュース	1,010	WA	シアトル	11,054
	ハートフォード	2,752	NC	シャーロット	4,584	WI	ミルウォーキー	4,160
FL	フォートローダーデール	6,067						

資料：Department of Homeland Security, FEMA, FY 2010 Homeland Security Grant Program (HSGP), ＜http://www.dhs.gov/xgovt/grants/index.shtm＞（2010年6月リリース）

No.529. 非常事態対応のための助成プログラム：2007－2009年

［単位：ドル。9月30日に終わる年度。この制度は正式にはインフラストラクチャー保護プログラムと呼ばれる］

プログラム [1]	2007	2008	2009
計	655,230,003	803,916,250	968,585,000
運輸安全助成プログラム	257,770,670	388,600,000	348,600,000
貨物輸送鉄道安全助成プログラム	−	15,000,000	15,000,000
都市間旅客鉄道（アムトラック）	13,409,537	25,000,000	25,000,000
港湾安全助成プログラム	312,269,796	388,600,000	388,600,000
都市間バス輸送安全助成プログラム	11,640,000	11,172,250	11,658,000
トラック輸送安全プログラム	11,640,000	15,544,000	7,772,000
緩衝地域保護プログラム	48,500,000	48,575,000	48,575,000

− ゼロを示す　1．計にはリストに示さない他のプログラムを含む
資料：U.S. Department of Homeland Security, State Contacts and Grants Award Administration, ＜http://www.fema.gov/pdf/government/grant/2010/fy_10_grants_overview.pdf＞

No.530. 国境警備部門および活動内容別の不法滞在者の摘発：2000－2009年

[9月末現在。統計目的のため「逮捕」と「摘発」を同義として扱う。入国管理統計の定義についてはウェブサイト <http://www.dhs.gov/files/statistics/dtadefstd.shtm> を参照］

活動内容と部門	2000	2005	2006	2007	2008	2009
合計	1,814,729	1,291,142	1,206,457	960,756	791,568	613,003
捜査[1]	138,291	102,034	101,854	53,562	33,573	21,877
拘留・移送[2]	(X)	(X)	15,467	30,407	34,155	35,094
国境警備	1,676,438	1,189,108	1,089,136	876,787	723,840	556,032
南西区域	1,643,679	1,171,428	1,072,018	858,722	705,022	540,851
サンディエゴ、CA	151,681	126,909	142,122	152,459	162,392	118,712
エルチェントロ、CA	238,126	55,726	61,469	55,881	40,962	33,520
ユマ、AZ	108,747	138,438	118,537	37,994	8,363	6,952
ツーソン、AZ	616,346	439,090	392,104	378,323	317,709	241,667
エルパソ、TX	115,696	122,689	122,261	75,464	30,310	14,998
マーファ、TX	13,689	10,536	7,517	5,537	5,390	6,357
デルリオ、TX	157,178	68,510	42,634	22,919	20,761	17,082
ラレド、TX	108,973	75,342	74,843	56,715	43,659	40,571
リオグランデバレー、TX	133,243	134,188	110,531	73,430	75,476	60,992
その他区域	32,759	17,680	17,118	18,065	18,818	15,181
ブレーン、WA	2,581	1,001	809	749	951	844
バッファロー、NY	1,570	400	1,517	2,190	3,338	2,672
デトロイト、MI	2,057	1,792	1,282	902	961	1,157
グランドフォークス、ND	562	754	517	500	542	472
ハーブル、MT	1,568	949	567	486	427	283
ホウルトン、ME	489	233	175	95	81	60
リバーモア、CA[3]	6,205	117	(X)	(X)	(X)	(X)
マイアミ、FL	6,237	7,243	6,032	7,121	6,020	4,429
ニューオリンズ、LA	6,478	1,358	3,054	4,018	4,303	3,527
ラメイ、PR	1,731	1,619	1,436	548	572	418
スポーケーン、WA	1,324	279	185	337	340	277
スワントン、VT	1,957	1,935	1,544	1,119	1,283	1,042

X データなし　1. 移民・税関執行局（ICE）の捜査は、入国管理と関税に関連する様々な法律への抵触について行われる　2. 拘留移送局の全米逃亡者追跡作戦計画による逃亡者および非逃亡者の逮捕　3. リバモアは2004年7月30日閉鎖

資料：U.S. Department of Homeland Security, Office of Immigration Statistics, *Yearbook of Immigration Statistics, 2009*;<http://www.dhs.gov/files/statistics/publications/> も参照

No.531. 合衆国の国境警備隊による拘束者数──国境別、性別、年齢別および国籍別：2005－2008年

[9月末現在。表No.530の頭注を参照］

特徴	2005 数	2005 %	2006 数	2006 %	2007 数	2007 %	2008 数	2008 %
すべての国境、計	1,189,031	100.0	1,089,096	100.0	876,803	100.0	723,840	100.0
南西	1,171,391	98.5	1,071,979	98.4	858,737	97.9	705,022	97.4
沿岸部	10,291	0.9	10,521	1.0	11,687	1.3	10,895	1.5
北部	7,349	0.6	6,596	0.6	6,379	0.7	7,923	1.1
性別								
計	1,189,031	100.0	1,089,096	100.0	876,803	100.0	723,840	100.0
男性	969,879	81.6	893,380	82.0	730,217	83.3	606,761	83.8
女性	219,123	18.4	195,699	18.0	146,574	16.7	117,061	16.2
不詳	29	−	17	−	12	−	18	−
年齢別								
計	1,189,031	100.0	1,089,096	100.0	876,803	100.0	723,840	100.0
17歳以下	114,222	9.6	101,778	9.3	77,778	8.9	59,578	8.2
18－24歳	442,755	37.2	403,320	37.0	325,901	37.2	257,409	35.6
25－34歳	411,743	34.6	377,401	34.7	301,002	34.3	255,261	35.3
35－44歳	162,069	13.6	151,422	13.9	127,285	14.5	112,941	15.6
45－54歳	47,158	4.0	45,001	4.1	36,661	4.2	32,003	4.4
55歳以上	9,569	0.8	9,093	0.8	7,384	0.8	6,235	0.9
不詳	1,515	0.1	1,081	0.1	792	0.1	413	0.1
国籍								
計	1,189,031	100.0	1,089,096	100.0	876,803	100.0	723,840	100.0
メキシコ	1,023,888	86.1	981,069	90.1	808,773	92.2	661,773	91.4
ホンジュラス[1]	52,741	4.4	28,709	2.6	22,914	2.6	19,351	2.7
グアテマラ	22,594	1.9	19,925	1.8	17,337	2.0	16,395	2.3
エルサルバドル[1]	39,309	3.3	41,391	3.8	14,114	1.6	12,684	1.8
キューバ	3,263	0.3	4,021	0.4	4,295	0.5	3,351	0.5
エクアドル	1,343	0.1	1,143	0.1	958	0.1	1,579	0.2
ニカラグア	3,921	0.3	2,736	0.3	1,646	0.2	1,467	0.2
ブラジル[1]	31,063	2.6	1,460	0.1	1,214	0.1	977	0.1
中華人民共和国	2,200	0.2	2,179	0.2	837	0.1	836	0.1
ドミニカ共和国	1,406	0.1	1,023	0.1	562	0.1	819	0.1
カナダ	1,020	0.1	876	0.1	554	0.1	610	0.1
その他	6,283	0.5	4,564	0.4	3,599	0.4	3,998	0.6

− ゼロを示す　1. 2005～2008年の間は、ホンジュラス、エルサルバドル、ブラジルからの不法入国者の拘束数のパーセンテージが低くなっている。これはメキシコ以外の国からの不法入国者は、本人の誓約書を取って拘束することなく強制送還していたためである

資料：U.S. Dept. of Homeland Security, Office of Immigration Statistics, *Fact Sheets*, <http://www.dhs.gov/xlibrary/assets/statistics/publications/ois_apprehensions_fs_2005-2008.pdf>

No.532. 不法滞在者の摘発：1925－2009年

[表No.530の頭注を参照。拘留・移送作戦（DRO）のデータは2006会計年度以降含まれる]

年度	数	年度	数	年度	数	年度	数
1925	22,199	1974	788,145	1986	1,767,400	1998	1,679,439
1930	20,880	1975	766,600	1987	1,190,488	1999	1,714,035
1935	11,016	1976 [1]	1,097,739	1988	1,008,145	2000	1,814,729
1940	10,492	1977	1,042,215	1989	954,243	2001	1,387,486
1945	69,164	1978	1,057,977	1990	1,169,939	2002	1,062,279
1950	468,339	1979	1,076,418	1991	1,197,875	2003	1,046,422
1955	254,096	1980	910,361	1992	1,258,481	2004	1,264,232
1960	70,684	1981	975,780	1993	1,327,261	2005	1,291,142
1965	110,371	1982	970,246	1994	1,094,719	2006	1,206,457
1970	345,353	1983	1,251,357	1995	1,394,554	2007	960,756
1972	505,949	1984	1,246,981	1996	1,649,986	2008	791,568
1973	655,968	1985	1,348,749	1997	1,536,520	2009	613,003

1. 1975年7月から1976年9月までの15ヶ月間の数値。会計年度末が6月30日から9月30日に変更されたため

資料：U.S. Department of Homeland Security, Office of Immigration Statistics, *Yearbook of Immigration Statistics, 2009*; ⟨http://www.dhs.gov/files/statistics/publications/⟩ も参照

No.533. 法律違反の種類および国籍別の退去者・国外追放者：2004－2009年

[9月末現在。入国管理法執行の用語の定義については、"Immigration Enforcement Actions, 2008 Yearbook of Immigration Statistics"、"Crime categories" および "Countries of nationality" の最新データを参照]

法律違反の種類	2004	2005	2006	2007	2008	2009
退去・国外追放者の総数	1,407,241	1,343,351	1,324,355	1,210,772	1,170,149	973,396
退去 [1]	1,166,576	1,096,920	1,043,381	891,390	811,263	580,107
国外追放 [2]	240,665	246,431	280,974	319,382	358,886	393,289
犯罪者以外	148,285	154,210	182,484	216,988	253,783	264,944
犯罪者 [3]	92,380	92,221	98,490	102,394	105,103	128,345
犯罪の種類：						
危険薬物	34,071	34,215	33,485	33,449	34,882	37,993
入国管理法	15,174	17,106	23,176	21,538	17,542	19,807
暴行	9,654	9,633	9,574	11,048	7,485	9,436
強盗	3,406	3,351	3,506	3,466	3,292	3,795
住居侵入窃盗	2,924	3,023	2,915	2,908	3,101	3,252
窃盗	2,830	2,742	2,757	2,878	3,282	4,228
性的暴行	2,777	2,649	2,571	2,786	2,929	2,792
家族に対する犯罪	2,478	2,172	2,262	2,410	2,343	2,611
自動車窃盗	1,797	1,806	1,934	1,875	(NA)	(NA)
性犯罪	1,984	1,922	1,868	1,874	(NA)	(NA)
その他	13,808	13,106	13,371	15,692	18,170	21,161
退去者・追放者の国籍：						
メキシコ	71,570	70,779	73,171	76,967	77,426	96,965
ホンジュラス	2,544	2,704	5,752	5,236	5,471	6,890
エルサルバドル	2,805	2,827	3,850	4,949	5,549	6,220
グアテマラ	2,176	2,143	3,850	3,917	5,130	6,432
ドミニカ共和国	2,479	2,308	2,206	2,044	2,040	2,133
コロンビア	1,456	1,367	1,307	1,191	1,074	1,085
ジャマイカ	1,614	1,475	1,234	1,139	1,212	1,219
ニカラグア	520	462	423	411	345	370
カナダ	401	356	592	508	532	601
ブラジル	761	1,431	563	352	366	367
その他	16	14	13	13	23	34

NA データなし　1. 退去者は、入国許可のない、あるいは国外追放の対象となる外国人で、国外追放命令によらず、合衆国からの退去が確認された者。その大半は合衆国の国境警備隊に捕捉されたメキシコ人で、自発的にメキシコに戻った　2. 国外追放者は、国外追放命令によって、入国許可のない、あるいは国外追放の対象となる外国人で、国外追放命令による強制的な合衆国からの退去が確認された者。国外追放の対象者は、追放の事実により再度の入国に制限が設けられる　3. 刑事告発または有罪判決に基づき国外追放された者

資料：U.S. Department of Homeland Security, Office of Immigration Statistics, *2009 Yearbook of Immigration Statistics.*, Deportable Alien Control System (DACS), Enforcement Case Tracking System (ENFORCE), (2009年7月); ⟨http://www.dhs.gov/files/statistics/publications/yearbook.shtm⟩ も参照

No.534. 沿岸警備隊の密入国阻止――国籍別：2000－2011年

[9月30日に終わる会計年度]

年度	計	ハイチ	ドミニカ共和国	中国 [1]	キューバ	メキシコ	エクアドル	その他
2000	4,210	1,113	499	261	1,000	49	1,244	44
2005	9,455	1,850	3,612	32	2,712	55	1,149	45
2007	6,338	1,610	1,469	73	2,868	26	125	167
2008	4,825	1,583	688	1	2,216	47	220	65
2009	3,467	1,782	727	35	799	77	6	41
2010	2,088	1,377	140	−	422	61	−	88
2011	1,241	667	105	−	388	66	−	15

− ゼロを示す　1. 表No.1332の脚注4を参照

資料：U.S. Department of Homeland Security, "United States Coast Guard, USCG Migrant Interdiction Statistics"; ⟨http://www.uscg.mil/hq/cg5/cg531/amio/flowstats/currentstats.asp/⟩ (2011年5月15日現在)

第10章　国家安全保障・退役軍人

No.535. 税関・国境警備局（CBP）の旅客・航空機・自動車およびコンテナの処理数：2000－2007年

［単位：1000（80,519は8051万9000を表す）。9月30日を年度末とする会計年度］

特徴	2000	2001	2002	2003	2004	2005	2006	2007
航空								
旅客	80,519	79,676	71,608	72,959	80,866	86,123	87,906	91,574
商業用航空機[1]	829	839	769	790	824	866	881	916
個人所有航空機	146	126	129	132	140	135	139	139
陸上								
旅客[2][3]	397,312	381,477	333,652	329,998	326,693	317,765	289,048	299,004
自動車[2]	127,095	129,603	118,307	120,376	121,419	121,654	119,372	112,428
鉄道コンテナ	2,157	2,257	2,430	2,472	2,588	2,655	2,735	2,737
トラックコンテナ[4]	10,397	11,001	11,129	11,163	11,252	11,308	11,489	11,459
海上								
旅客[5]	10,990	11,291	12,224	15,127	22,234	26,228	26,223	27,059
船舶[6]	211	215	212	204	142	113	168	170
船舶コンテナ[7]	5,813	5,944	7,248	9,092	9,796	11,341	11,622	11,703

1．金銭あるいはサービスを見返りとして人および／または荷物を輸送する航空機をすべて含む　2．詳細については表No.1270を参照　3．歩行者を含む　4．トラックコンテナの数は、米国に入国したトラック台数を示す　5．フェリーの乗客を含まない　6．船舶数。水上輸送の道具として利用できるすべての装置を含む。エアクラフトは除外　7．船舶コンテナ数

資料：U.S. Department of Homeland Security, Customs and Border Protection, *About CBP, Statistics and Accomplishments, National Workload Statistics, 2000-2007*; <http://www.cbp.gov/xp/cgov/about/accomplish/previous_year/national_workload_stats.xml> も参照

No.536. 合衆国の空港検問所における禁制品の持ち込み阻止：2004－2008年

［単位：乗機客数は1,000人（702,921は7億292万1000人を表す）。暦年データ。交通安全局（TSA＝Transportation Security Administration）は2002年2月17日および2002年11月19日以降空港の安全保障に責任を負っている。交通安全局は民間機の全ての乗客の検問を行う］

年	2004	2005	2006	2007	2008
乗機客、計（1,000人）[1]	702,921	738,327	744,242	769,370	741,450
国内便	640,698	670,418	671,796	693,374	664,714
国際便	62,222	67,908	72,445	75,996	76,735
禁制品、計	7,104,095	15,886,404	13,709,684	6,516,026	(NA)
ナイフ[2]	2,055,404	1,822,892	1,607,125	1,056,691	[9]
その他の刃物[3]	3,409,888	3,276,941	163,419	101,387	[9]
棍棒様のもの[4]	28,998	20,531	12,296	9,443	[9]
ボックスカッター	22,430	21,319	15,999	11,908	[9]
火器[5]	254	850	820	1,416	902
発火装置[6]	697,606	374,487	94,097	73,670	116,200
ライター[7]	178	9,420,991	11,616,688	5,124,344	[9]
その他[8]	889,337	949,243	200,060	137,167	[9]

NA　データなし　1．航空輸送協会によるデータ。合衆国の旅客・貨物輸送のデータのみ　2．「ナイフ」にはあらゆるサイズと種類のナイフを含むが、刃のないもの、バターナイフ、プラスチック製のカトラリーは除く　3．「その他の刃物」にははさみ、スクリュードライバー、剣、サーベル、アイスピック等を含む　4．「棍棒様のもの」には、野球のバット、警官の夜警棒、警棒、先太棍棒などを含む　5．「火器」にはピストル、リボルバー、ライフル、オートマチック兵器、ショットガン、拳銃・火器の部品等を含む　6．「発火装置」には、弾薬、火薬、可燃物質／刺激物、爆薬等を含む　7．2005年4月14日現在、旅客はライターの所持、機内持ち込みは禁止された　8．その他には弾薬、火薬、危険物、爆発物、模造武器、工具を含む　9．この禁制品に関するデータは、2008年8月8日現在収集されていない

資料：U.S. Department of Homeland Security, Transportation Security Administration, 未刊行資料（2009年6月）; <http://www.tsa.gov>; Air Transport Association of America, Washington D.C. Annual Traffic and Operations: U.S. Airlines; <http://www.airlines.org/pages/home.aspx>

No.537. 知的所有権（IPR）に関わる押収——商品、貿易相手国別：2009、2010年

［単位：1,000（260,698は2億6069万8000を表す）。税関・国境警備局（CBP）は、知的所有権を侵害する物品の輸入を阻止するために、多くの資源をさいている。知的所有権を侵害する物資は押収される］

項目	2009	2010	貿易相手国	2009	2010
知的所有権侵害による押収件数	14,841	19,959	中国	204,656	124,681
押収物件の合衆国内における価額（1000ドル）[1]	260,698	188,125	香港	26,887	26,173
履物	99,779	45,750	インド	3,047	1,571
家庭用電子製品[2]	31,774	33,588	台湾	2,454	1,138
ハンドバッグ・財布・バックパック	21,502	15,422	韓国	1,510	1,049
衣料品	21,462	18,682	ヨルダン	(NA)	7,713
時計／部品	15,534	7,848	マレーシア	(NA)	1,286
コンピュータ／テクノロジー要素	12,546	9,502	アラブ首長国連邦	(NA)	493
メディア[3]	11,100	12,681	カナダ	(NA)	609
製薬	11,058	5,662	ベトナム	604	742
その他	19,941	23,377	その他の国	16,575	22,668

NA　データなし　1．国内価額は、押収物資のコスト、合衆国に輸入するための出荷費用および利益の合計　2．家庭用電子製品には、携帯電話、ラジオ、延長コード、電動工具、電気機器　3．映画を録画したテープ・レーザーディスク・DVD、インタラクティブなコンピュータソフト（CD-ROMまたはフロッピー）、音楽CDまたはテープ

資料：U.S. Department of Homeland Security, Customs and Border Protection, "Import, Commercial Enforcement, Intellectual Property Rights, Seizure Statistics"; <http://www.cbp.gov/xp/cgov/trade/priority_trade/ipr/seizure/>

第11章
社会保障・ヒューマンサービス

本章では、政府の社会福祉支出、老齢・遺族・障害・健康保険（Old-Age, Survivors, Disability and Health Insurance：OASDHI）、公務員退職年金、民間年金プラン、失業保険および一時障害保険、連邦所得安定補助金および貧困援助、連邦食糧プログラムに関するデータを示す。さらに、労働者の補助金、職業リハビリテーション、児童扶養および児童保護、慈善寄付および慈善事業信託・慈善事業財団に関するデータも本章で提示する。

これらのデータの主要な資料は社会保障局（Social Security Administration）の『Annual Statistical Supplement to the Social Security Bulletin』である。これは各年の統計および各種の社会保障プログラムに関する最近のデータを掲載したものである。

社会保障法のもとでの社会保険

社会保障法は、退職、長期身体障害、死亡、失業によって生じた資金損失に対する保障、および老齢・身体障害期間中の医療費用に対する保障を定めている。政府のOASDHIプログラムは、退職または身体障害の保険加入労働者およびその扶養家族、そして保険加入労働者の遺族に対して現金給付金を支給するものである。給付資格を得るには、一定の雇用期間に、労働者はOASDHI税を支払った実績を持たねばならない。長期間にわたって労働者の退職年金の給付開始は65歳であったが、1938年以降に生まれた者については、漸次開始時期を繰り下げ、1959年以降に生まれた者については、67歳が給付開始となる。割引給付は62歳で取得することができる。この規定は配偶者にも適用される。遺族給付金は保険加入労働者が死亡した場合に、その扶養家族に対して支払われる。身体障害者給付金は、長期身体障害者で退職年金給付開始年齢に達していない保険加入労働者に対して支払われるが、退職労働者の扶養家族の場合と同様に身体障害労働者の扶養家族に対しても支払われる。さらに、身体障害給付金は、死亡時に保険に加入していた死亡労働者の身体障害未亡人または寡夫で50歳以上の者に対して支給される。退職・障害・死亡労働者の子女で、18歳以上の障害のある者も支給の対象となる。一括払い給付金は一般的には、保険加入労働者の死亡に際して配偶者と未成年の子供に対して支払われる。メディケアプログラムの情報については第3章を参照。

退職・遺族・身体障害・病院保険給付金は、労働者・雇用主および自営業者の年収（法律により設定された収入の最大限まで）に対する保険税を基金とする。保険税課税の最大課税収入に所得上昇を反映するよう定期的に見直され、法律改正によって改訂される（表No.544を参照）。1994年1月より、入院保険に関する賃金および自営収入の制限が撤廃された。税収入と給付金支払いは、連邦政府信用基金の管掌である。保険非加入者に対する特別給付金、現金給付金支給範囲以下の社会保障適用範囲を有する65歳以上の人々への病院給付金、並びに加入者からの寄付金を原資としない補助的医療保険費用の一部は、政府の一般歳入から支出される。

失業保険は現在では、雇用・訓練局（Employment and Training Administration）および各州の雇用保障機関の所管である。労働長官との合意により、州当局は受給資格のある軍隊退職者または退職公務員に対する失業補償も所管している。州の失業保険法に基づいて、受給資格のある失業者に対して過去の収入に応じた給付金が支給される。給付金の支給期間と給付額は州によって異なる。ほとんどの州は給付金は26週間分支給するが、失業率が高い時期には連邦政府-州共同プログラムに基づいて給付金を使い果たした失業者に対して給付金の延長支給が行なわれる。幾つかの州では、基本給付金に加えて扶養手当を支給している。

失業保険は、雇用者の給付支払い額に対して課される失業保険税を資金源としている。連邦政府の法律と12の州法は失業保険税の課税最低限を年間7,000米ドルと定めている。41の州では7,000米

ドルを超える給与に課税している。州の失業保険法に基づき、雇用主は課税対象給与の一定割合の失業保険税を負担することを割り当てられている。連邦政府は失業課税の税収のうち失業給付金として支出する金額以外は管理費、失業保険追加支払い、州に対する前払いに当てる。約97％の賃金給与労働者が失業保険の適用を受けている。

公務員退職金制度

公務員退職金制度（Civil Service Retirement System：CSRS）および、連邦政府職員退職金制度（Federal Employees' Retirement System：FERS）は、連邦政府公務員の老齢、身体障害者による退職に対する退職金および遺族年金を支給する制度である。一般に、1983年12月31日以降雇用された者は、FERSおよび社会保障制度（OASDHI）の適用を受ける。その期日以前に雇用された者は、CSRSおよびメディケアの適用を受ける。CSRSに属する被雇用者は、1987-1988年にFERSへ移るかどうか選択するよう通達があった。制服組の公務員に対しては、OASDHIを補う退職金制度があり、ある種の連邦政府公務員の職種に対しても特別の退職金制度がある。

州および地方政府の公務員は、連邦政府公務員退職金制度と同様、州および地方退職金制度の適用を受ける。ほとんどの場合、この制度はOASDHIを補完する。

労働災害補償

全ての州では勤務中の負傷および死亡に対する保護制度を実施しているが、特定の労働者（例えば家事手伝い）を除外している州もある。連邦政府公務員、コロンビア特別区内の民間従業員および港湾労働者は連邦法の適用を受ける。鉱山労働者およびその扶養家族と遺族に対する「炭塵肺」給付金は社会保障局および労働省の所管である。その他の特殊な職業病も、相当程度まで補償される。ほとんどの州では、給付金は労働者の給与水準に応じて支給される。扶養家族手当てが追加される場合もある。一般賃金水準に自動的にスライドする場合もある。

所得補助

所得補助プログラムは、所得と資産が水準以下の個人に対して支援を行う。主たる所得補助プログラムには、所得補助保障（SSI: Supplemental Security Income）プログラムおよび対家族臨時援助（TANF：Temporary Assistance for Needy Families）プログラムがあり、両者とも月ごとに給付金を支給する。その他にも現金支給あるいはそれぞれの必要に応じた現物支給を行う多数のプログラムが実施されている。食品栄養関連のプログラムが数種類あるほか、連邦政府および州政府は、エネルギー補助、公的住宅制度、低所得者（低所得家族）むけの住宅の整備を行っている。またその他の各種援助プログラムが州政府、地方政府により実施されている。

SSI（所得補助保障）プログラムは社会保障局により実施されており、65歳以上の高齢者、盲人、障害者（児童を含む）に所得保障を行う。資格要件および連邦政府の給付水準は、全米で統一されている。ほとんどの州では、この基本となるSSIプログラムに付け加えて、資格要件の一部あるいはすべての部分で追加の保障を実施している。

扶養児童のいる世帯に対する援助（AFDC）、就業機会・基礎的技能（JOBS）、および緊急援助の各プログラムは、1996年個人責任・労働機会調整法の施行により、TANF（対家族臨時援助）プログラムと名付けられた総合的な給付制度に統合された。同法は、受給資格の労働に関する要件強化、統合的な対児童支援実施、生活保護受給者から就業者になるための家族単位の支援等が含まれる。TANFは1997年7月1日を最終期限として、各州はそれぞれのTANF実施計画を可能な限り早期に提出し、施行する。AFDCプログラムは、必要性、所得、資産および家族規模に応じた現金給付を行っていた。

連邦フードスタンププログラム

フードスタンププログラムでは、1人暮らしあるいは家族と生計を共にする者で、収入・資産の全国基準に合致する者に対し、大多数の小売食品店で食料品と引き換えられるクーポンが支給される。クーポンは、コンピュータ経由でも給付される。給付月額は、世帯の規模と世帯収入により決定される。無収入世帯に対しては、その世帯全員

が1ヶ月に必要とする栄養価を換算した額が支給される。この額は食品価格の上昇を考慮して更新される。収入のある世帯への支給額は栄養学上の必要額と収入の30％の間で決定される。

このプログラムの適用を受ける世帯は、可処分資産が2,000ドル以下（世帯全員の1人が60歳以上ならば3,000ドル以下）、総収入が公に定められた貧困基準の130％以下あるいは純収入が貧困基準の100％以下でなければならない。世帯全員に60歳以上の者あるいは障害者（SSI、社会保障、州政府の保障退役傷痍軍人手当ての支給を受けている者）のいる場合は、総収入が貧困基準より130％を超えても支給される。世帯全員がTANFあるいはSSIの支給を受けている全世帯が、所得財産の基準に合致するか否かを問わずフードスタンプの受領資格を得る。世帯は収入源と個々の状況に応じて支給期間の決定をうける。

保健および福祉サービス

保健および福祉サービスを提供する制度には、児童福祉サービス、職業リハビリテーション、老齢者・母子保健サービス、妊婦・幼児医療プロジェクト、総合保健サービスおよび多様な公衆衛生活動等があるが、これらは連邦から州への交付金で維持されている。メディケイドプログラムについての情報は第3章「保健・栄養」を参照。

非現金給付金

センサス局は毎月人口調査の年間貨幣所得データを補うために、非現金給付受給者に関するデータを収集している（第1章「人口」と第14章「物価」を参照。）非現金給付は、受給者の経済的厚生を高めまたは改善するために現金以外の形態で受けとる給付を指す。非現金給付のデータは面接調査日の前年のデータを用いる。2つの主要な非現金給付のカテゴリーとして、公共移転（フードスタンプ、学校給食、公共住宅およびメディケイド）および雇用主または労働組合からの労働者に対する給付金があげられる。

統計的信頼度

保健・福祉省（HHS）およびセンサス局のデータ収集、推計、標本抽出、統計的信頼度については、付録Ⅲを参照。

歴史統計

各表の見出しは『アメリカ歴史統計、植民地時代～1970年』に対応している。クロスリファレンスについては、付録Ⅰを参照。

No.538. 対個人給付――目的別：1970－2009年

[単位：10億ドル（108は1080億ドルを表す）。被雇用者給付システムは、雇用に基づき、雇用に基づく拠出によって賄われる、任意および強制的なプログラムから構成される]

給付元および部門	1970	1980	1990	1995	2000	2001	2002	2003	2004	2005	2006	2007	2008	2009
給付、計	108	422	1,027	1,493	1,909	2,077	2,251	2,393	2,559	2,721	2,912	3,107	3,327	3,641
退職所得および給付	51	202	482	660	864	920	977	1,023	1,092	1,158	1,265	1,359	1,422	1,520
社会保障、高齢者・遺族・障害者保険	31	119	244	328	401	425	447	464	486	513	544	576	606	664
民間雇用者年金および利益配分	7	35	136	191	271	290	311	323	355	376	433	476	487	502
公的雇用者の退職プラン1	12	48	102	141	192	205	219	237	252	269	287	308	329	354
連邦政府文官退職プラン1	3	16	32	39	50	52	53	55	58	62	67	72	74	78
州・地方政府退職プラン2	4	15	41	65	100	110	121	133	142	151	162	174	189	206
軍隊退職プラン2	3	13	22	28	33	35	36	41	43	46	49	52	55	59
鉄道退職職員退職プラン	2	5	7	8	8	8	9	9	9	9	10	10	10	11
保健給付	22	99	300	456	596	655	705	767	834	901	986	1,044	1,111	1,170
メディケア入院保険および補助医療保険	7	36	108	181	219	243	259	277	305	332	399	428	463	500
団体健康保険	15	62	191	274	376	411	444	488	528	567	585	614	645	667
軍隊健康保険3	-	-	2	1	1	1	2	2	2	2	3	2	3	3
その他の被雇用者給付4	17	51	88	103	113	129	156	162	148	147	148	155	181	269
失業保険4	4	16	18	22	21	32	54	53	36	32	30	33	51	129
労働災害補償	3	13	38	43	48	52	53	56	57	56	55	57	60	62
団体生命保険	2	7	12	16	17	17	18	18	18	19	20	20	20	20
障害者向け給付6	1	3	4	3	4	4	4	4	4	4	5	6	6	7
退役軍人給付7	7	13	16	19	23	25	28	30	32	35	37	40	44	50
公的扶助8	18	70	157	275	336	373	413	441	485	515	513	549	613	682

- ゼロまたは概数でゼロを示す 1. 公務員、外交官、公衆衛生局職員、テネシー河流域開発公社職員およびその他の数件の小規模退職プログラムを含む 2. 沿岸警備隊を含む 3. 現役兵士の扶養家族が軍隊の施設以外で医療サービスを受けた場合に給付 4. 州政府、連邦政府職員の失業給付、特別失業手当、連邦・地方政府による労働災害補償支払い 5. 民間、州・地方政府、連邦政府の各種補助費支払いを含む 6. 連邦炭鉱肺給付および 7. 年金および扶養軍人への援助、非営利機関、学生への支払い、連邦および州政府の医療施設以外での軍隊家族の医療サービスへの支払い）および州政府の各種給付（医療、扶養児童への補助、食料スタンプ、補助所得補償、直接支援、勤労所得控除、エネルギー援助、緊急援助、貧困者向医療保険料の支払い）。連邦政府および州政府の一般歳入によってまかなわれる家族向け援助、補助所得補償、エネルギー援助、緊急援助、貧困者向医療保険料の支払い。連邦政府の一般歳入によってまかなわれる 8.
資料：Employee Benefit Research Institute, Washington, DC, *EBRI Databook on Employee Benefits*, 12th ed. および未刊行資料（copyright）. EBRI tabulations based on U.S. Department of Commerce, Bureau of Economic Analysis; <http://www.ebri.org/publications/books/index.cfm?fa=databook> も参照

No.539. 政府による対個人移転支払──概要：1990－2009年

[単位：10億ドル（566.1は5661億ドルを表す）]

年度	計	退職・障害保険給付	医療費給付	所得維持給付	失業保険給付	退役軍人給付	連邦教育訓練補助支払[1]	その他[2]
1990	566.1	263.9	188.8	63.5	18.2	17.7	12.3	1.7
1995	849.8	350.0	338.6	100.4	21.8	20.5	17.2	1.2
1998	940.9	391.2	383.4	101.1	19.9	23.3	20.5	1.6
1999	975.7	402.4	400.7	104.8	20.7	24.1	21.3	1.7
2000	1,027.8	424.5	427.2	106.3	21.0	25.0	21.9	2.0
2001	1,126.7	449.8	480.8	109.4	32.1	26.6	25.4	2.6
2002	1,232.1	474.4	523.8	120.7	53.7	29.5	27.9	2.1
2003	1,299.0	493.5	555.8	133.2	53.6	31.8	28.5	2.7
2004	1,381.2	517.1	610.3	144.2	37.1	34.0	31.2	7.3
2005	1,465.1	545.4	653.2	159.6	32.3	36.4	33.8	4.5
2006	1,565.6	576.9	717.0	163.4	30.9	38.9	35.9	2.7
2007	1,669.8	609.1	771.4	172.3	33.4	41.7	39.5	2.6
2008	1,824.1	639.6	822.1	185.8	52.0	45.1	45.6	33.8
2009	2,076.1	699.5	892.4	217.9	130.1	51.4	56.7	28.0

1．表No.540の脚注9を参照　2．表No.540の脚注10を参照
資料：U.S. Bureau of Economic Analysis, "Regional Accounts Data, Annual State Personal Income"；〈http://www.bea.gov/bea/regional/spi/〉（2011年3月現在）

No.540. 政府の対個人移転支払──種類別：1990－2009年

[単位：10億ドル（566,100は5661億ドルを表す）]

項目	1990	2000	2005	2006	2007	2008	2009
計	566,100	1,027,827	1,465,125	1,565,646	1,669,795	1,824,122	2,076,109
退職・障害保険給付	263,888	424,461	545,361	576,904	609,100	639,619	699,519
老齢・遺族・障害保険	244,135	401,393	512,728	544,096	575,648	605,530	664,287
鉄道退職・障害保険	7,221	8,267	9,191	9,519	9,813	10,068	10,630
労働者補償（連邦政府・州政府）	8,618	10,898	15,866	15,650	15,794	16,120	16,434
その他政府の障害保険および退職金[1]	3,914	3,903	7,576	7,639	7,845	7,901	8,168
医療費給付	188,808	427,194	653,193	717,010	771,361	822,111	892,410
メディケア	107,638	219,117	331,924	399,193	427,556	462,773	500,254
公的扶助医療費[2]	78,176	205,021	315,032	310,977	336,884	351,846	383,614
軍人医療保険[3]	2,994	3,056	6,237	6,840	6,921	7,492	8,542
所得維持給付	63,481	106,285	159,624	163,418	172,255	185,846	217,858
所得補助保障（SSI）	16,670	31,675	38,285	39,892	42,285	44,150	47,534
対家庭補助[4]	19,187	18,440	18,216	18,226	18,334	19,255	20,088
フードスタンプ	14,741	14,565	29,492	29,390	30,920	36,987	54,574
その他所得維持[5]	12,883	41,605	73,631	75,910	80,716	85,454	95,662
失業保険給付	18,208	20,989	32,276	30,900	33,381	52,022	130,141
州管掌失業保険	17,644	20,223	31,001	29,594	32,006	50,318	127,915
連邦政府職員（文官）失業給付	215	226	224	218	216	255	439
鉄道職員失業給付	89	81	72	78	83	84	179
退役軍人失業給付	144	181	446	449	406	467	840
その他失業給付[6]	116	278	533	561	670	898	768
退役軍人給付	17,687	25,004	36,371	38,877	41,676	45,125	51,429
退役軍人年金および障害年金	15,550	21,966	32,505	35,018	37,721	40,798	45,391
退役軍人調整給付[7]	257	1,322	2,256	2,290	2,421	2,783	4,518
退役軍人生命保険給付	1,868	1,706	1,596	1,554	1,517	1,523	1,493
その他退役軍人に対する給付[8]	12	10	14	15	17	21	27
連邦政府教育訓練補助給付[9]	12,286	21,851	33,796	35,859	39,450	45,577	56,747
その他対個人給付[10]	1,742	2,043	4,504	2,678	2,572	33,822	28,005

1．一時的障害給付年金給付保証、炭塵肺給付が大半をしめる　2．メディケイドおよびその他の医療費負担　3．現役兵員の扶養家族および退役軍人とその扶養家族が、軍の医療施設以外の施設を利用した場合に発生する医療費を補助するトリケア・マネージメント・プログラム（旧CHAMPUS）による　4．1995年まで、扶養児童のいる家族に対する緊急援助および補助。1998年からは1996年 Personal Responsibility, and Work Opportunity Reconciliation Act に基づいて給付される必要家庭に対する一時援助　5．一般援助、補助プログラムによる女性と乳幼児、児童への食糧援助支出、難民援助、里親制度、養子縁組援助、所得税控除、エネルギー援助の大部分を含む　6．商業再調整給付、レッドウッド公園給付、公的サービス業従業員給付、過渡給付　7．退役軍人の再調整給付、障害を持ったか死亡した退役軍人の配偶者・子供に対する教育援助、下半身不随となった退役軍人に対する援助、障害を持つ退役軍人に対する自動車または移動手段のための給付金を含む　8．州・地方政府の退役軍人給付を含む　9．退役軍人に対する給付を除く。連邦政府のフェローシップ給付（全米科学財団のフェローおよび訓練生、州の海軍士官学校の士官候補生およびその他の連邦政府のフェローに対する援助）および高等教育ローンの利子補助金、基礎教育機会補助金、ジョブ・コープス給付金を含む　10．インディアン局の給付、教育交換給付、アラスカ・パーマネント・ファンドの配当金、治安・救助部門職員の遺族に基づいて支払われる給付、犯罪犠牲者に対する給付、天災被害者救援給付、日系人収容者に対する補償金、その他の個人に対する給付金
資料：U.S. Bureau of Economic Analysis, "Regional Accounts Data, Annual State Personal Income"；〈http://www.bea.gov/bea/regional/spi/〉（2011年3月現在）

No.541. 政府の対個人移転支払──州別：2000－2009年

[単位：100万ドル（1,027,827は1兆278億2700万ドルを表す）]

州	2000,計	2008,計	2009 計	退職・障害保険給付	医療費給付	所得維持給付	失業保険給付	退役軍人給付	連邦政府教育訓練援助給付[1]	その他[2]
合衆国	1,027,827	1,824,122	2,076,109	699,519	892,410	217,858	130,141	51,429	56,747	28,005
AL	16,803	30,730	34,052	12,529	13,621	4,119	1,073	1,283	977	450
AK	2,950	5,162	4,520	932	1,801	497	212	171	47	861
AZ	15,948	36,614	42,393	14,271	18,765	3,910	1,597	1,134	2,108	607
AR	10,168	19,232	21,509	7,738	8,820	2,229	1,013	796	626	287
CA	114,879	202,068	230,848	70,126	99,718	28,597	18,890	4,173	6,085	3,258
CO	11,144	21,355	25,018	9,153	9,850	2,211	1,733	960	771	340
CT	14,222	23,088	26,657	8,807	12,526	1,994	2,086	362	549	332
DE	2,908	5,710	6,428	2,356	2,891	481	313	141	169	77
DC	2,695	4,199	4,714	883	2,707	644	197	74	141	68
FL	64,580	119,157	134,551	48,429	57,616	12,827	5,941	4,035	3,981	1,721
GA	24,190	47,795	54,136	18,284	20,501	7,340	3,395	1,984	1,853	779
HI	3,887	7,088	7,974	2,867	3,083	996	551	263	116	97
ID	3,868	7,728	8,909	3,502	3,337	778	626	285	246	135
IL	42,291	70,802	82,984	27,705	34,817	8,788	6,901	1,212	2,395	1,167
IN	20,472	37,115	42,400	16,069	16,481	3,864	3,184	826	1,379	596
IA	10,242	17,485	19,746	7,664	7,725	1,666	1,117	412	902	260
KS	9,091	15,281	17,437	6,621	7,095	1,578	1,096	432	384	231
KY	16,058	28,333	32,513	11,156	13,329	3,732	1,752	924	1,207	413
LA	16,744	29,270	31,802	9,523	15,395	4,090	704	831	908	350
ME	5,351	9,585	10,794	3,601	5,057	1,003	397	435	183	120
MD	17,140	30,948	35,055	11,607	16,091	3,355	1,835	860	915	392
MA	26,575	45,701	51,890	14,844	24,873	5,183	4,624	879	877	610
MI	36,987	65,097	75,135	26,743	29,526	7,950	6,594	1,233	2,006	1,084
MN	16,106	30,252	34,804	11,664	15,304	2,925	2,548	854	1,062	447
MS	10,916	20,067	21,825	7,116	9,713	2,957	607	554	594	283
MO	21,121	37,002	41,739	15,005	18,562	3,754	1,799	1,026	1,064	530
MT	3,197	5,539	6,299	2,585	2,392	504	302	257	166	93
NE	5,753	9,725	10,657	4,143	4,486	884	289	427	303	125
NV	5,580	12,230	14,603	5,215	5,350	1,272	1,770	471	261	264
NH	4,003	7,127	8,053	3,309	3,335	509	388	243	175	94
NJ	33,512	54,779	62,879	21,688	26,626	4,741	6,781	854	1,346	843
NM	6,035	12,376	13,981	4,314	6,225	1,676	539	580	398	250
NY	96,578	149,551	168,208	46,190	87,139	19,058	8,301	1,886	3,912	1,722
NC	28,335	55,185	63,751	21,939	26,355	6,775	4,283	2,174	1,312	914
ND	2,339	3,668	4,049	1,637	1,639	339	124	130	116	65
OH	43,906	74,252	84,403	30,200	35,222	8,657	4,768	1,559	2,955	1,042
OK	12,064	22,636	25,320	9,026	10,619	2,601	869	1,257	644	304
OR	12,330	22,057	26,223	9,842	9,526	2,525	2,585	840	510	394
PA	55,370	89,367	101,019	35,475	44,030	8,007	7,937	1,709	2,535	1,325
RI	4,702	7,736	8,725	2,807	3,908	816	696	171	219	108
SC	14,601	28,566	32,430	11,719	12,536	3,545	1,748	1,164	1,263	456
SD	2,499	4,316	4,754	1,858	1,984	423	85	189	119	95
TN	21,977	39,817	44,281	15,618	18,292	5,439	1,902	1,258	1,199	573
TX	60,244	120,807	136,469	42,627	61,045	16,665	6,069	4,833	3,495	1,734
UT	5,025	9,825	11,479	4,383	4,284	1,197	678	280	494	163
VT	2,308	4,299	4,876	1,605	2,204	490	265	123	133	57
VA	20,239	38,547	43,390	16,621	17,114	4,339	1,662	1,899	1,236	520
WA	21,190	37,005	43,630	16,239	15,593	4,818	3,708	1,438	1,267	568
WV	8,909	14,021	15,655	5,969	6,489	1,568	518	576	353	182
WI	18,185	30,947	37,882	13,953	15,543	3,346	2,898	864	701	577
WY	1,613	2,880	3,259	1,363	1,269	199	191	107	87	43

1. 退役軍人に対する給付を除く。連邦政府のフェローシップ給付（全米科学財団のフェローおよび訓練生、州の海軍士官学校の士官候補生およびその他の連邦政府のフェローに対する援助）および高等教育ローンの利子補助金、基礎教育機会補助金、ジョブ・コープス給付金を含む　2. インディアン局の給付、教育交換給付、アラスカ・パーマネント・ファンドの配当金、治安・救助部門職員の遺族に対する給付、犯罪犠牲者に対する給付、天災被害者救援給付、日系人収容者に対する補償金、その他の個人に対する給付金

資料：U.S. Bureau of Economic Analysis, "Regional Accounts Data, Annual State Personal Income"; <http://www.bea.gov/bea/regional/spi/>（2011年3月現在）

No.542. 特定財源からの所得需給者数——所得の源泉：2009年

[単位：1,000（211,254は2億1125万4000を表す）．3月現在の15歳以上．毎月人口調査に基づく．第1章および第13章の解説と付録Ⅲを参照]

所得の源泉	合計	65歳未満	65歳以上	白人[1]	黒人[2]	ヒスパニック[3]
計	211,254	173,947	37,307	173,161	23,973	26,954
所得	154,906	147,268	7,638	127,017	16,956	21,795
賃金給与	145,725	139,177	6,549	119,035	16,400	20,536
非農業自営	11,887	10,816	1,071	10,296	803	1,486
農業自営	1,920	1,686	234	1,728	115	102
失業手当	12,960	12,501	458	10,337	1,828	1,784
州・地方政府のみ	12,167	11,751	416	9,700	1,725	1,692
複数	793	750	42	637	103	92
労働者手当	1,517	1,364	153	1,221	199	228
州政府支出	550	498	52	439	78	98
雇用保険	593	542	51	469	77	88
自己の保険	40	40	−	34	5	1
その他	398	338	60	335	43	59
社会保障	43,630	10,580	33,050	37,383	4,451	3,106
所得補助保障（SSI）	5,460	4,334	1,127	3,557	1,445	819
公的扶助	2,028	1,973	55	1,204	647	454
TANF／AFDCのみ[4]	1,377	1,352	25	806	468	334
他の扶助のみ	607	578	30	368	166	112
両方	44	44	−	30	13	8
退役軍人恩給	2,771	1,662	1,109	2,284	372	180
障害給付のみ	1,690	1,163	527	1,413	215	112
遺族給付のみ	235	44	191	195	24	18
年金給付のみ	555	255	300	438	94	29
教育給付のみ	62	62	−	43	13	8
その他のみ	104	62	43	88	13	4
複数給付	124	77	47	107	12	9
家計調査に基づく給付	541	320	221	429	90	36
家計調査に基づかない給付	2,229	1,342	887	1,855	282	144
遺族給付金	2,918	900	2,018	2,612	199	117
企業もしくは組合	1,344	293	1,051	1,216	91	57
連邦政府	300	73	228	244	44	4
軍退職者	188	38	150	161	15	6
障害者給付金	1,546	1,358	187	1,233	220	205
労働災害補償	114	90	24	81	23	22
企業または労働組合	378	340	38	317	43	35
連邦政府	116	86	30	93	18	15
軍退職者	56	50	6	41	14	5
州・地方政府	301	276	26	224	52	51
年金	16,637	5,073	11,564	14,611	1,445	632
企業もしくは組合	11,307	2,998	8,309	10,035	920	424
連邦政府	1,768	565	1,204	1,503	179	76
軍退職	1,210	653	557	1,013	147	70
州・地方政府	4,496	1,820	2,676	3,895	431	197
財産所得[5]	94,476	74,313	20,162	82,926	5,704	5,641
利子	88,449	69,549	18,900	77,690	5,324	5,191
配当	29,778	23,059	6,719	26,973	1,082	974
賃貸料、ロイヤリティ、不動産または信託	10,802	7,969	2,832	9,572	527	717
教育	8,634	8,601	33	6,483	1,436	1,046
ペル奨学金	2,547	2,542	5	1,769	588	394
他の政府奨学金	1,363	1,356	7	999	255	174
奨学金	2,353	2,346	7	1,892	250	247
養育扶助	4,826	4,785	41	3,679	921	660
別居手当	349	301	48	316	14	35
家計以外からの金融支援	2,305	2,170	135	1,799	300	257
その他の所得	1,105	912	193	896	103	79
収入の種類：						
政府移転支出	69,319	34,752	34,567	56,750	9,044	6,629
公的扶助もしくはSSI	7,228	6,064	1,164	4,605	2,003	1,225

− ゼロ又は概数でゼロを示す　1．2003年の毎月人口調査からは複数人種の回答が可能となっている。例えば、「白人のみ」は白人で他の人種カテゴリーについての回答がないものを表す。単一人種分類の利用は、この方法がデータの表示、分類に有利であるからではない。2000年センサスからAmerican FactFinder®では「アジア系で黒人あるいはアフリカ系アメリカ人」のような複数人種のデータを取り扱っている　2．「黒人」は黒人と回答して他の人種カテゴリーについては無回答のものを表す　3．ヒスパニックは人種を問わない　4．TANF：対家族緊急一時援助、AFDC：扶養児童のいる家族に対する補助プログラム　5．個別に表示しないその他の源泉を含む　6．遺族給付として報告された資産と信託を含む

資料：U.S. Census Bureau, "Table PINC-09. Source of Income in 2009−Number With Income and Mean Income of Specified Type in 2009 of People 15 Years Old and Over, by Race, Hispanic Origin and Sex"（2010年10月刊）；⟨http://www.census.gov/hhes/www/cpstables/032010/perinc/new09_006.htm⟩ も参照

No.543. 非現金給付受給世帯の構成員——年齢別、性別、人種別：2009年

[単位：1000人（303,820は3億382万人を表す）、％。2010年3月現在。親族であるとないとにかかわらず、公的扶助を受けている家族と同居している者を対象とする。本人が扶助を受けていない場合もある。1種類あるいは複数の援助を受給する世帯の一員は1回のみカウントする。駐留地外で生活している、あるいは駐留地内に家族と生活している軍隊兵員は除く。2000年センサスに基づく2009年の人口コントロール。拡大世帯標本。毎月人口調査に基づく。第1章の解説および付録Ⅲを参照]

人種・年齢および性別	計	世帯内の公的扶助受給者[1] 数	％	世帯内の現金扶助受給者 数	％	世帯内のフードスタンプ受給者 数	％	世帯内にメディケイド対象者あり 数	％	公立あるいは扶助つき住宅の居住 数	％
計	303,820	92,005	30.3	19,608	6.5	34,377	11.3	74,457	24.5	11,098	3.7
18歳未満	74,579	33,565	45.0	5,666	7.6	13,917	18.7	27,748	37.2	3,989	5.3
18－24歳	29,313	9,886	33.7	1,985	6.8	3,786	12.9	8,119	27.7	1,251	4.3
25－34歳	41,085	13,081	31.8	2,337	5.7	5,230	12.7	10,839	26.4	1,366	3.3
35－44歳	40,447	11,519	28.5	2,131	5.3	3,836	9.5	9,035	22.3	1,027	2.5
45－54歳	44,387	10,174	22.9	2,754	6.2	3,450	7.8	8,051	18.1	1,070	2.4
55－59歳	19,172	3,693	19.3	1,425	7.4	1,227	6.4	2,949	15.4	475	2.5
60－64歳	16,223	2,921	18.0	1,120	6.9	941	5.8	2,302	14.2	427	2.6
65歳以上	38,613	7,167	18.6	2,190	5.7	1,990	5.2	5,414	14.0	1,493	3.9
65－74歳	20,956	3,901	18.6	1,229	5.9	1,127	5.4	3,046	14.5	727	3.5
75歳以上	17,657	3,266	18.5	962	5.4	862	4.9	2,367	13.4	766	4.3
男性	149,237	43,163	28.9	9,087	6.1	15,242	10.2	34,954	23.4	4,388	2.9
女性	154,582	48,842	31.6	10,521	6.8	19,135	12.4	39,503	25.6	6,710	4.3
白人、単一人種[2]	242,047	64,190	26.5	12,420	5.1	21,966	9.1	52,480	21.7	5,618	2.3
黒人、単一人種[2]	38,556	19,606	50.9	5,252	13.6	9,666	25.1	15,197	39.4	4,445	11.5
アジア系、単一人種[2]	14,005	3,907	27.9	788	5.6	801	5.7	3,254	23.2	353	2.5
ヒスパニック[3]	48,811	26,037	53.3	4,246	8.7	9,200	18.8	21,359	43.8	2,311	4.7
白人、非ヒスパニック[2]	197,164	40,398	20.5	8,688	4.4	13,664	6.9	32,967	16.7	3,667	1.9

1．公的扶助資格査定のための家計調査により受給資格を与えられる、現金扶助、フードスタンプ、メディケイド、公立または扶助つき住宅供給　2．特定の1人種のみを回答した者　3．ヒスパニックは人種を問わない

資料：U.S. Census Bureau, *Current Population Reports*, P60-238;〈http:www.census.gov/prod/2010pubs/p60-238.pdf〉も参照

No.544. 社会保障——適用を受ける被雇用者、所得、保険料率：1990－2010年

[164.4は1億6440万を表す。プエルトリコ、バージン諸島、米領サモアおよびグアムを含む。報告のあった雇用を全て示す。データは推計値。OASDHI＝老齢、遺族、障害、健康保険。SMI＝補助的医療保険。『アメリカ歴史統計』系列H172-185を参照]

項目	単位	1990	1995	2000	2005	2006	2007	2008	2009	2010
被保険被雇用者[1]	100万人	164.4	173.6	185.7	195.9	198.2	200.6	202.7	204.6	206.5
男性	100万人	86.7	90.6	96.0	100.4	101.4	102.4	103.4	104.2	105.0
女性	100万人	77.7	83.0	89.7	95.6	96.8	98.2	99.4	100.4	101.4
25歳未満	100万人	21.2	18.9	20.8	20.1	20.1	20.1	20.0	19.7	19.4
25－34歳	100万人	41.6	39.4	36.6	36.4	36.5	36.8	37.3	37.8	38.2
35－44歳	100万人	36.4	40.7	42.6	41.0	40.6	39.9	39.3	38.7	38.2
45－54歳	100万人	23.0	29.7	36.0	40.4	41.2	41.8	42.3	42.6	42.6
55－59歳	100万人	8.9	9.9	12.4	16.3	16.8	17.0	17.5	18.0	18.6
60－64歳	100万人	8.7	8.6	9.6	11.9	12.6	13.5	14.1	14.7	15.5
65－69歳	100万人	8.1	8.0	7.9	8.9	9.3	9.8	10.3	10.7	11.1
70歳以上	100万人	16.5	18.5	19.8	20.9	21.2	21.5	21.9	22.4	22.8
申告をした労働者：										
課税対象所得[2]	100万人	133	141	154	159	161	163	162	158	158
最高所得[2]	100万人	8	8	10	10	10	10	10	8	9
適用を受ける被雇用者の所得[2]	10億ドル	2,716	3,408	4,842	5,700	6,050	6,390	6,507	6,182	6,326
申告課税所得額[2]	10億ドル	2,223	2,755	3,799	4,488	4,752	4,970	5,141	4,991	5,033
対総額比（％）	％	86.8	85.7	82.8	83.7	83.4	82.3	83.5	85.3	85.3
労働者あたり平均：										
総所得[2]	ドル	20,413	24,194	31,343	35,935	37,564	39,225	40,072	39,200	40,099
課税所得[2]	ドル	16,702	19,557	24,589	28,296	29,504	30,506	31,656	31,648	31,904
年間最大課税所得[3]	ドル	51,300	61,200	76,200	90,000	94,200	97,500	102,000	106,800	106,800
OASDHIへの負担率：[4]										
雇用者および従業員	％	7.65	7.65	7.65	7.65	7.65	7.65	7.65	7.65	7.65
自営業[5]	％	15.30	15.30	15.30	15.30	15.30	15.30	15.30	15.30	15.30
SMI月間保険料[6]	ドル	28.60	46.10	45.50	78.20	88.50	93.50	96.40	96.40	110.50

1．表示年末現在、定年退職または遺族またはその両者の給付が全額補償されているものの推計値　2．自営業者を含む。概数化しない所得および労働者数で計算した労働者一人当たりの平均値。したがって、概数化した数値を示す表のデータとは一致しない　3．1995年以降、健康保険の所得上限は撤廃　4．2006年1月1日現在、雇用者および被雇用者は給料の各7.65％、自営業は15.3％　5．自営業は15.3％で、半分は所得税控除。自営業者所得は社会保障税に応じて計算される　6．1月1日現在。

資料：U.S. Social Security Administration, *Annual Statistical Supplement* to the *Social Security Bulletin*および未刊行資料（2011年3月現在）;〈http://www.ssa.gov/policy/docs/statcomps/supplement/2010/〉も参照

No.545. 社会保障（OASDI）——受給者のタイプ別給付金：1990－2010年

[39,832は3983万2000を表す。2種以上の受給資格を有するものは一般に定年退職労働者として分類するか、またはどちらか一方に数えてある。ODASI＝老齢・遺族傷害保険。表No.546の頭注、付録IIIおよび『アメリカ歴史統計』系列H197-229も参照]

受給者タイプ	1990	1995	2000	2004	2005	2006	2007	2008	2009	2010
給付数[1]（1,000)	**39,832**	**43,387**	**45,415**	**47,688**	**48,434**	**49,123**	**49,865**	**50,898**	**52,523**	**54,032**
退職者[2]（1,000人)	24,838	26,673	28,499	29,953	30,461	30,976	31,528	32,274	33,514	34,593
障害者[3]（1,000人)	3,011	4,185	5,042	6,198	6,519	6,807	7,099	7,427	7,788	8,204
妻および夫[2][4]（1,000人)	3,367	3,290	2,963	2,722	2,680	2,632	2,585	2,525	2,502	2,477
子（1,000人)	3,187	3,734	3,803	3,986	4,025	4,041	4,051	4,132	4,231	4,313
18歳未満	2,497	2,956	2,976	3,097	3,130	3,133	3,120	3,118	3,158	3,209
障害児[5]	600	686	729	759	769	777	795	871	921	949
学生[6]	89	92	98	130	127	131	136	142	152	155
退職者の子供	422	442	459	483	488	490	494	525	561	580
死亡した労働者の子供	1,776	1,884	1,878	1,905	1,903	1,899	1,892	1,915	1,921	1,913
障害労働者の子供	989	1,409	1,466	1,599	1,633	1,652	1,665	1,692	1,748	1,820
寡母[7]（1,000人)	304	275	203	184	178	171	165	160	160	158
寡婦および寡夫[2][8]（1,000人)	5,111	5,226	4,901	4,643	4,569	4,494	4,436	4,380	4,327	4,286
親[2]（1,000人)	6	4	3	2	2	2	2	2	2	2
特別給付[9]（1,000人)	7	1	(Z)	(Z)	(Z)	(Z)	(Z)	(Z)	(Z)	(Z)
月平均給付（名目ドル）										
退職者[2]	603	720	844	955	1,002	1,044	1,079	1,153	1,164	1,176
退職者およびその妻[2]	1,027	1,221	1,420	1,586	1,660	1,726	1,776	1,894	1,913	1,930
障害者[3]	587	682	786	894	938	978	1,004	1,063	1,064	1,068
妻および夫[2][4]	298	354	416	464	485	502	516	551	556	561
退職者の子供	259	322	395	465	493	518	538	568	570	577
死亡した労働者の子供	406	469	550	625	656	684	704	745	747	752
障害労働者の子供	164	183	228	265	279	290	299	318	318	318
寡母[7]	409	478	595	689	725	757	782	835	842	849
寡婦および寡夫、非障害者[2]	556	680	810	920	967	1,008	1,040	1,112	1,124	1,134
親[2]	482	591	704	810	851	892	918	979	988	998
特別給付[9]	167	192	217	238	247	256	261	276	276	276
月平均給付 実質（2010)ドル[10]										
退職者[2]	988	1,028	1,064	1,100	1,116	1,134	1,126	1,202	1,182	1,176
退職者およびその妻[2]	1,682	1,744	1,789	1,827	1,849	1,875	1,854	1,975	1,942	1,930
障害者[3]	962	974	991	1,030	1,045	1,062	1,048	1,109	1,081	1,068
妻および夫[2][4]	488	506	524	534	540	546	538	575	564	561
死亡した労働者の子供	665	670	693	720	731	743	735	777	759	752
寡母[7]	670	683	750	794	807	822	816	871	854	849
寡婦および寡夫、非障害者[2]	911	971	1,021	1,060	1,077	1,095	1,086	1,160	1,141	1,134
給付金の交付決定者数（1,000人)	**3,717**	**3,882**	**4,290**	**4,459**	**4,672**	**4,621**	**4,711**	**5,135**	**5,728**	**5,697**
退職者[2]	1,665	1,609	1,961	1,883	2,000	1,999	2,036	2,279	2,740	2,634
障害者[3]	468	646	622	796	830	799	805	877	971	1,027
妻および夫[2][4]	379	322	385	367	379	378	364	395	429	409
子	695	809	777	859	908	897	902	961	1,008	1,045
寡母[7]	58	52	40	40	38	36	34	33	33	32
寡婦および寡夫[2][8]	452	445	505	514	517	512	570	590	547	550
親[2]	(Z)	(Z)	(Z)	(Z)	(Z)	(Z)	(Z)	(Z)	(Z)	(Z)
特別給付[9]	(Z)	(Z)	(Z)	(Z)	(Z)	(Z)	(Z)	(Z)	(Z)	(Z)
年間給付金支払い額（10億ドル）										
総額[11]	**247.8**	**332.6**	**407.6**	**493.3**	**520.8**	**552.8**	**585.0**	**615.4**	**675.5**	**701.6**
月払い給付[12]	247.6	332.4	407.4	493.1	520.6	552.6	584.8	615.2	675.3	701.4
退職者[2]	156.8	205.3	253.5	304.3	321.7	342.9	364.3	384.0	424.0	443.4
障害者[3]	22.1	36.6	49.8	71.7	78.4	85.0	91.3	98.1	109.5	115.1
妻および夫[2][4]	14.5	17.9	19.4	20.6	20.5	21.5	22.1	22.6	24.2	24.6
子	12.0	16.1	19.3	23.3	24.5	25.8	27.0	28.2	30.2	30.7
18歳未満	9.0	11.9	14.1	17.0	17.9	18.8	19.5	20.1	21.2	21.4
障害児[5]	2.5	3.6	4.6	5.5	5.8	6.1	6.5	6.9	7.8	8.0
学生[6]	0.5	0.6	0.7	0.9	0.8	1.0	1.0	1.1	1.2	1.3
退職者の子供	1.3	1.7	2.1	2.7	2.9	3.1	3.3	3.5	3.9	4.1
死亡した労働者の子供	8.6	10.7	12.5	14.5	15.1	15.8	16.5	17.0	18.1	18.0
障害労働者の子供	2.2	3.7	4.7	6.1	6.5	6.9	7.3	7.7	8.2	8.5
寡母[7]	1.4	1.6	1.4	1.5	1.5	1.6	1.6	1.6	1.6	1.6
寡婦および寡夫[2][8]	40.7	54.8	63.9	71.7	73.4	75.9	78.5	80.7	85.6	86.0
親[2]	(Z)	(Z)	(Z)	(Z)	(Z)	(Z)	(Z)	(Z)	(Z)	(Z)
特別給付[9]	(Z)	(Z)	(Z)	(Z)	(Z)	(Z)	(Z)	(Z)	(Z)	(Z)
一括払い	0.2	0.2	0.2	0.2	0.2	0.2	0.2	0.2	0.2	0.2

Z　500人もしくは、5,000万ドル未満　1．現在の給付支払い数。特定の期間に、控除なし、あるいは1カ月の給付額以下の控除が実施される　2．62歳以上　3．65歳以下の身体障害労働者　4．有資格の扶養児をもつ妻である受給者および有資格の離婚した妻を含む　5．18歳以上。障害者となったのは18歳以前および1973年以降は22歳以前　6．1980年以前は18－21歳および1990年以降は18－19歳の全日制学生　7．受給児童を扶養する離婚した母と、1980年以降は受給児童を扶養する離婚した父を含む　8．60－61歳の寡婦、60歳以上の離婚して生存中の妻、50歳以上の障害をもつ寡婦、寡夫は60－61歳の寡夫を含む　9．社会保障条例の通常または過度適用に基づく保険加入を行なっていない72歳以上の者に対する給付　10．実質ドルの数値は合衆国労働統計局の刊行する12月の消費者物価指数（CPI-U）に基づく　11．特定年間における合衆国財務省の給付小切手による支出総額を示す　12．タイプ別推定分類

資料：U.S. Social Security Administration, *Annual Statistical Supplement to the Social Security Bulletin, 2010*（2011年3月）および未刊行資料。<http://www.ssa.gov/policy/docs/statcomps/supplement/2010> も参照

No.546. 社会保障——受給者、給付金、月平均給付：1990－2010年 および州、海外領土別：2010年

[12月現在の支払状況下の受給者数（39,832は3983万2000を表す）と月平均給付額。受給者数および月平均給付のデータは行政記録のうちの10%標本調査に基づく。表No.545の頭注および付録Ⅲも参照]

年、州および その他の地域	受給者数(1,000人)				年間給付支払い(100万ドル)[2]				月平均給付（ドル）		
	計	退職者[1]および扶養家族	遺族	障害労働者および扶養家族	計	退職者[1]および扶養家族	遺族	障害労働者および扶養家族	退職者[3]	障害労働者	寡婦および寡夫[4]
1990	39,832	28,369	7,197	4,266	247,796	172,042	50,951	24,803	603	587	557
2000	45,417	31,761	6,981	6,675	407,431	274,645	77,848	54,938	845	787	810
2005	48,446	33,488	6,650	8,307	520,561	345,094	90,073	85,394	1,002	938	967
2006	49,865	34,454	6,495	8,916	584,764	389,123	96,555	99,086	1,079	1,004	1,040
2007	50,898	35,169	6,456	9,273	615,152	409,503	99,348	106,301	1,153	1,063	1,112
2008	52,523	36,419	6,410	9,694	685,299	451,579	105,380	118,329	1,164	1,064	1,124
2010、計[5]	54,032	37,489	6,358	10,184	701,436	471,505	105,740	124,191	1,176	1,068	1,134
合衆国	52,641	36,570	6,135	9,936	689,916	464,961	103,299	121,656	(NA)	(NA)	(NA)
アラバマ	1,012	608	133	271	12,716	7,456	2,045	3,215	1,144	1,048	1,052
アラスカ	78	53	10	15	959	632	145	182	1,120	1,057	1,087
アリゾナ	1,068	779	111	178	14,128	9,982	1,876	2,270	1,200	1,109	1,174
アーカンソー	635	389	77	169	7,749	4,649	1,152	1,948	1,109	1,018	1,049
カリフォルニア	4,979	3,624	548	807	64,379	44,796	9,298	10,285	1,166	1,091	1,150
コロラド	693	503	76	114	8,931	6,221	1,298	1,412	1,161	1,073	1,154
コネティカット	622	464	62	95	8,903	6,507	1,175	1,221	1,287	1,106	1,271
デラウェア	172	123	18	32	2,395	1,662	318	415	1,251	1,128	1,233
コロンビア特別区	74	51	9	15	876	584	125	167	1,056	950	962
フロリダ	3,784	2,807	384	594	49,163	35,295	6,512	7,356	1,169	1,075	1,161
ジョージア	1,468	977	183	308	18,714	12,101	2,852	3,761	1,157	1,067	1,096
ハワイ	228	178	22	28	2,940	2,224	362	354	1,164	1,099	1,106
アイダホ	269	192	29	49	3,398	2,341	488	569	1,146	1,042	1,164
イリノイ	2,033	1,443	250	340	27,533	18,847	4,427	4,259	1,211	1,091	1,206
インディアナ	1,192	813	145	234	16,192	10,827	2,540	2,825	1,235	1,073	1,216
アイオワ	584	427	69	87	7,662	5,409	1,224	1,029	1,172	1,019	1,172
カンザス	489	346	58	85	6,523	4,500	1,008	1,015	1,204	1,039	1,206
ケンタッキー	894	522	120	252	11,047	6,223	1,848	2,976	1,120	1,043	1,049
ルイジアナ	791	470	137	184	9,642	5,421	2,077	2,144	1,099	1,048	1,045
メーン	300	199	31	70	3,634	2,344	501	789	1,089	988	1,092
メリーランド	850	612	99	140	11,445	7,963	1,699	1,783	1,208	1,098	1,168
マサチューセッツ	1,141	790	115	236	15,046	10,174	2,038	2,834	1,188	1,055	1,181
ミシガン	1,965	1,336	233	395	27,354	18,175	4,201	4,978	1,268	1,124	1,231
ミネソタ	882	647	93	142	11,694	8,327	1,644	1,723	1,197	1,058	1,171
ミシシッピ	597	354	82	160	7,201	4,182	1,177	1,842	1,100	1,018	1,017
ミズーリ	1,166	778	138	250	14,991	9,753	2,269	2,969	1,160	1,040	1,145
モンタナ	193	139	22	32	2,403	1,662	367	374	1,116	1,019	1,134
ネブラスカ	309	224	36	49	4,000	2,803	626	571	1,159	1,011	1,162
ネバダ	408	301	40	67	5,352	3,796	672	884	1,175	1,129	1,175
ニューハンプシャー	255	177	23	55	3,410	2,342	411	657	1,221	1,085	1,218
ニュージャージー	1,472	1,085	156	231	21,276	15,264	2,899	3,113	1,300	1,172	1,247
ニューメキシコ	360	244	43	72	4,354	2,852	653	849	1,102	1,025	1,052
ニューヨーク	3,281	2,318	348	615	44,751	30,813	6,128	7,810	1,235	1,108	1,189
ノースカロライナ	1,757	1,190	188	379	22,604	15,005	2,942	4,657	1,168	1,061	1,097
ノースダコタ	120	87	17	16	1,487	1,014	284	189	1,097	993	1,087
オハイオ	2,125	1,450	289	385	27,896	18,355	5,007	4,534	1,180	1,037	1,165
オクラホマ	705	466	91	149	8,895	5,680	1,451	1,764	1,135	1,036	1,109
オレゴン	712	523	73	117	9,367	6,621	1,290	1,456	1,181	1,070	1,193
ペンシルベニア	2,578	1,803	310	465	34,822	23,636	5,522	5,662	1,212	1,072	1,190
ロードアイランド	204	142	19	42	2,674	1,840	329	505	1,183	1,033	1,180
サウスカロライナ	925	617	105	202	11,915	7,766	1,633	2,516	1,171	1,080	1,089
サウスダコタ	154	113	19	21	1,880	1,328	305	247	1,095	995	1,074
テネシー	1,252	814	154	284	15,913	10,129	2,406	3,378	1,159	1,039	1,096
テキサス	3,440	2,301	469	670	43,212	27,797	7,506	7,909	1,146	1,053	1,099
ユタ	324	233	38	54	4,197	2,932	636	629	1,187	1,057	1,208
バーモント	129	90	13	26	1,647	1,134	219	294	1,175	999	1,146
バージニア	1,285	890	147	248	16,755	11,259	2,430	3,066	1,180	1,076	1,117
ワシントン	1,090	786	112	192	14,679	10,272	1,996	2,411	1,223	1,079	1,214
ウエストバージニア	444	261	65	118	5,749	3,191	1,065	1,493	1,159	1,102	1,098
ウィスコンシン	1,062	765	114	182	14,203	9,986	2,031	2,186	1,207	1,061	1,199
ワイオミング	91	66	10	14	1,193	838	179	176	1,176	1,060	1,176
プエルトリコ	800	462	116	224	7,195	3,710	1,206	2,279	786	940	693
グアム	14	9	3	2	123	74	29	20	788	913	772
米領サモア	6	2	1	2	47	18	13	16	770	831	671
バージン諸島	19	15	2	2	217	160	29	28	1,028	1,071	893
北マリアナ諸島	3	2	1	(Z)	17	10	5	2	652	702	538
外国	548	429	97	17	3,921	2,572	1,159	190	628	979	699

NA データなし　Z 500未満　1．社会保障法の規程又は過渡的措置の対象とならない72歳以上の者への特別給付を含む。　2．控除対象とならない非譲渡小切手。1990、1995年は死亡労働者の遺族に対する一括支払い総額を含む　3．特別給付者を除く　4．健常者のみ　5．州および地域が不明の者を含む

資料：U.S. Social Security Administration, *Annual Statistical Supplement to the Social Sesuity Bulletin* (2011年3月); <http://www.ssa.gov/policy/docs/statcomps/supplement/2010> も参照

No.547. 社会保障信託基金：1990－2010年

［単位：10億ドル（272.4は2724億ドルを表す）および%。『アメリカ歴史統計』系列H238-242も参照］

信託基金の種類	1990	1995	2000	2005	2006	2007	2008	2009	2010
老齢・遺族保険(OASI)：									
純保険料所得[1][2]	272.4	310.1	433.0	520.7	534.8	560.9	574.6	570.4	546.9
受取利子[2]	16.4	32.8	57.5	84.0	91.8	97.0	105.3	107.9	108.2
給付金支払い[3]	223.0	291.6	352.7	435.4	454.5	489.1	509.3	557.2	577.4
年度末資産	214.2	458.5	931.0	1,663.0	1,844.3	2,023.6	2,202.9	2,336.8	2,429.0
障害者保険(DI)：									
純保険料所得[1][2]	28.7	54.7	71.8	87.2	90.8	95.2	97.8	96.9	92.9
受取利子[2]	0.9	2.2	6.9	10.3	10.6	13.2	11.0	10.5	9.3
給付金支払い[3]	24.8	40.9	55.0	85.4	91.7	95.9	106.0	118.3	124.2
年度末資産	11.1	37.6	118.5	195.6	203.8	214.9	215.8	203.6	179.9

1．州政府からの預託金および雇用税過払い返金のため差引き分を含む。1957-2001年の軍隊兵員の給与額に応じた政府の支出を含む。給付に対する課税を含む　2．1990年は税金の繰上げ移転を含む。換金されなかった小切手の償還にかかる利子を含む　3．障害を理由とする給付を受けている障害者を対象とする職業訓練の費用を含む。換金されない給付小切手に関する差引き分を含む

資料：U.S. Social Security Administration, *Annual Report of Board of Trustees, OASI, DI, HI, and SMI Trust Funds*; ⟨http://www.ssa.gov/OACT/TR/2010/index.html⟩ また *Social Security Bulletin*（季刊）にも公表されている

No.548. 公務員退職金制度――受益者と財政：1980－2009年

［4,629は462万9000を表す。退職金制度の会計年度。倹約貯蓄プランは暦年。確定給付型の定義については表No.552の頭注を参照］

退職金制度	単位	1980	1990	2000	2004	2005	2006	2007	2008	2009, 予測値
受益者総数[1]										
連邦政府退職金制度：										
確定給付型：										
文官退職金制度	1,000人	4,629	4,167	3,256	3,035	2,958	2,878	2,789	2,650	2,575
連邦職員退職金制度[2]	1,000人	(X)	1,180	1,935	2,104	2,196	2,290	2,371	2,572	2,748
軍隊退職金制度[3]	1,000人	3,380	3,763	3,397	3,545	3,536	3,560	3,585	3,657	2,196
倹約貯蓄プラン[4]	1,000人	(X)	1,625	2,500	3,400	3,600	3,700	3,900	4,000	3,676
州・地方政府退職金制度[5][6]	1,000人	(NA)	16,858	16,834	17,890	17,932	18,484	18,583	19,097	(NA)
現役										
連邦政府退職金制度：										
確定給付型：										
文官退職金制度	1,000人	2,700	1,826	978	788	722	650	580	477	426
連邦職員退職金制度[2]	1,000人	(X)	1,136	1,668	1,882	1,952	2,014	2,066	2,195	2,330
軍隊退職金制度[3]	1,000人	2,050	2,130	1,437	1,480	1,445	1,443	1,438	1,461	1,480
倹約貯蓄プラン[4]	1,000人	(X)	1,419	1,900	2,500	2,800	2,600	2,600	2,700	2,800
州・地方政府退職金制度[5][6]	1,000人	(NA)	11,345	13,917	14,181	14,116	14,529	14,422	14,701	(NA)
資産										
計	10億ドル	258	1,047	2,950	3,472	3,697	4,023	4,533	4,380	(NA)
連邦政府退職金制度	10億ドル	73	326	782	977	1,039	1,111	1,156	1,190	1,292
確定給付型	10億ドル	73	318	684	825	866	904	924	987	1,048
文官退職金制度	10億ドル	73	220	395	433	440	442	426	423	422
連邦職員退職金制度[2]	10億ドル	(X)	18	126	204	228	254	280	311	348
軍隊退職金制度[3]	10億ドル	(7)	80	163	188	198	208	218	253	278
倹約貯蓄プラン[4]	10億ドル	(X)	8	98	152	173	207	232	203	244
州・地方政府退職金制度[5]	10億ドル	185	721	2,168	2,495	2,658	2,912	3,377	3,190	(NA)
納付										
計	10億ドル	83	103	143	187	189	205	224	260	(NA)
連邦政府退職金制度	10億ドル	19	61	78	95	98	108	117	141	148
確定給付型	10億ドル	19	59	69	79	82	88	96	119	125
文官退職金制度	10億ドル	19	28	33	34	33	34	36	35	36
連邦職員退職金制度[2]	10億ドル	(X)	4	8	13	13	15	17	19	20
軍隊退職金制度[3]	10億ドル	(7)	27	28	32	38	39	43	65	69
倹約貯蓄プラン[4]	10億ドル	(X)	2	9	16	16	20	21	22	23
州・地方政府退職金制度[5]	10億ドル	64	42	65	92	91	97	107	119	(NA)
給付										
計	10億ドル	39	89	172	226	240	258	282	295	(NA)
連邦政府退職金制度	10億ドル	27	53	81	93	99	106	120	120	124
確定給付型	10億ドル	27	53	78	89	94	99	112	112	117
文官退職金制度	10億ドル	15	31	44	50	52	55	57	59	63
連邦職員退職金制度[2]	10億ドル	(X)	(Z)	1	2	3	4	4	4	5
軍隊退職金制度[3]	10億ドル	12	22	33	37	39	41	43	49	49
倹約貯蓄プラン[4]	10億ドル	(X)	(Z)	3	4	5	7	8	8	7
州・地方政府退職金制度[5]	10億ドル	12	36	91	133	141	152	162	175	(NA)

NA データなし　X 該当なし　Z 5億ドル未満　1．現役、離職者、退職者および遺族を含む　2．1986年6月6日創設　3．障害のある退職者、障害のない退職者、遺族および現役予備兵以外のすべての現役人員を含む　4．1987年4月1日創設　5．被雇用者の納付金のみによりまかなわれる州・地方政府のプランを除く　6．2つ以上のプランに参加している者の重複参入は調整していない　7．1984年10月1日以前には資金処出なし

資料：Employee Benefit Research Institute, Washington, DC, *EBRI Databook on Employee Benefits*（第12版）および未刊行資料（copyright）；⟨http://www.ebri.org/⟩も参照

No.549. 連邦政府公務員退職金：1990－2010年

[9月30日現在または9月30日を年度末とする会計年度。2,945は294万5000を表す。公務員退職金制度および連邦政府職員退職金制度を取り扱う。『アメリカ歴史統計』系列H262-270も参照]

項目	単位	1990	1995	2000	2005	2006	2007	2008	2009	2010
適用者総数[1]	1,000人	2,945	2,668	2,764	2,674	2,611	2,618	2,613	2,672	2,756
年金受給者、計	1,000人	2,143	2,311	2,376	2,433	2,449	2,463	2,471	2,481	2,479
退職者	1,000人	1,288	1,441	1,501	1,568	1,602	1,625	1,643	1,662	1,674
障害者	1,000人	297	263	242	229	226	222	218	216	210
遺族	1,000人	558	607	633	636	621	616	610	603	595
収入、計[2]	100万ドル	52,689	65,684	75,967	83,691	87,164	89,860	90,892	93,061	95,662
職員保険料	100万ドル	4,501	4,498	4,637	4,353	4,304	4,205	4,111	4,083	4,015
連邦政府保険料	100万ドル	27,368	33,130	37,722	43,093	46,427	48,397	49,547	51,789	55,019
支出、計[3]	100万ドル	31,416	38,435	45,194	54,790	57,983	78,146	63,687	67,669	69,452
退職者[4]	100万ドル	26,495	32,070	37,546	46,029	48,895	68,776	54,202	57,782	59,594
遺族	100万ドル	4,366	5,864	7,210	8,338	8,642	8,905	9,011	9,463	9,532
月平均給付額：										
退職者	ドル	1,369	1,643	1,885	2,240	2,363	2,473	2,550	2,710	2,723
障害者	ドル	1,008	1,164	1,240	1,327	1,366	1,394	1,409	1,469	1,453
遺族	ドル	653	819	952	1,106	1,157	1,200	1,232	1,309	1,315
現金および有価証券	10億ドル	238.0	366.2	508.1	660.8	690.0	701.7	728.9	754.3	780.4

1．無給休暇状態の被雇用者をのぞく　2．投資利子を含む　3．償還、死亡時請求、管理を含む　4．傷害保険受給者を含む

資料：U.S. Office of Personnel Management, *Civil Service Retirement and Disability Trust Fund Annual Report*

No.550. 州・地方政府退職金制度――受給者および財政：1990－2008年

[単位：10億ドル（1,113は1113億ドルを表す）および1,000人。6月30日を年度末とする12ヵ月間の会計年度に基づく]

年、行政単位	受給者数(1,000人)	収入					給付および脱退			現金および証券所有
		計	公務員保険料	政府保険料 州	地方政府	投資収益	計	給付	脱退	
1990：合計	4,026	111.3	13.9	14.0	18.6	64.9	38.4	36.0	2.4	721
州管掌	3,232	89.2	11.6	14.0	11.5	52.0	29.6	27.6	2.0	575
地方政府管掌	794	22.2	2.2	(Z)	7.0	12.9	8.8	8.4	0.4	145
1995：合計	4,979	148.8	18.6	16.6	24.4	89.2	61.5	58.8	2.7	1,118
州管掌	4,025	123.3	15.7	16.2	15.4	76.0	48.0	45.8	2.2	914
地方政府管掌	954	25.5	2.9	0.4	9.0	13.3	13.5	13.0	0.5	204
2000：合計	6,292	297.0	25.0	17.5	22.6	231.9	95.7	91.3	4.4	2,169
州管掌	4,786	247.4	20.7	17.2	16.7	192.8	76.0	72.2	3.8	1,798
地方政府管掌	1,506	49.7	4.3	0.4	5.9	39.1	19.8	19.1	0.7	371
2005：合計	6,946	353.5	31.5	24.0	35.7	262.2	156.0	142.1	3.7	2,672
州管掌	5,846	293.4	26.8	23.6	22.1	220.9	126.8	115.2	3.1	2,226
地方政府管掌	1,100	60.1	4.8	0.4	13.6	41.3	29.3	26.9	0.5	445
2007：合計	7,464	580.5	34.1	30.6	42.3	473.5	183.0	162.7	5.2	3,377
州管掌	6,353	486.8	29.1	30.0	26.4	401.3	148.4	131.2	4.6	2,819
地方政府管掌	1,110	93.7	5.0	0.6	15.9	72.2	34.6	31.5	0.7	558
2008：合計	7,744	79.6	36.9	36.3	45.7	-39.3	193.8	175.4	4.6	3,190
州管掌	6,596	56.4	31.6	35.8	28.1	-39.1	157.4	143.5	3.2	2,664
地方政府管掌	1,148	23.2	5.3	0.5	17.6	-0.2	36.4	32.0	1.4	526

Z　5,000万ドル未満

資料：U.S. Census Bureau, 1990年までは、*Finances of Employee-Retirement Systems of State and Local Governments*, series GF, No.2（年刊）；2000年からは、"Federal States, and Local Governments, State and Local Government Public Employee Retirement Systems"；<http://www.census.gov/govs/retire>

No.551. 退職金給付を受けている労働者の割合(％)――特徴別：2005－2010年

[National Compensation Survey に基づく。全規模の民間事業所からの10,370人による標本調査。対象となる労働者は1億370万人以上。付録IIIを参照。調査は全50州およびコロンビア特別区を対象とする。限定給付および限定分配の定義については表No.552の頭注を参照。表No.656も参照]

特徴	合計[1]				限定給付				限定分配			
	2005	2008	2009	2010	2005	2008	2009	2010	2005	2008	2009	2010
計	50	51	51	50	21	20	20	19	42	43	43	41
ホワイトカラー	61	68	69	68	24	28	28	25	53	60	60	60
ブルーカラー	51	52	53	51	26	25	26	26	38	41	41	40
サービス業	22	25	26	23	7	8	8	7	18	20	21	18
フルタイム	60	60	61	59	25	24	24	22	50	51	51	50
パートタイム	19	23	22	21	9	10	9	8	14	18	16	15
組合員	85	80	82	82	72	67	66	67	43	42	44	44
非組合員	46	48	48	46	15	15	15	13	41	43	43	41

1．「計」のデータは各項目の合計より少ない。多くの被雇用者は複数のプランに参加しているためである

資料：U.S. Bureau of Labor Statistics, *Employee Benefits in Private Industry in the United States*（2011年3月）；<http://www.bls.gov/ncs/ebs/benefits/2010/ownership_private.htm> も参照

No.552. 個人年金プラン——計画のタイプ別：1990－2008年

[712.3は71万2300を表す。**年金プラン**はERISA（Employee Retirement Income Security Act）によって定義されている。それは、今までのあるいはこれからの雇用者、従業員団体あるいは双方によってつくられ、維持される計画であり、基金である。そのような年金プランは (a) 従業員に退職所得を提供する。つまり (b) 分配金の計算方法、給付金の計算方法ないしはプランよりの分配給付金の計算方法にかかわらず、雇用形態の終了までの期間に対する所得の繰延べである。サービスの年当りの平均価額、給付割合のような**確定給付型**は、給付金額算出のための的確な給付金公式を提供している。**確定拠出型年金**は各々の従業員に対して個人の評価に基づく分配の年金プランである。退職給付金は退職時の額面バランスに基づく。そのバランスは分配金、投資支出および利益分配プランの場合には、雇用の修了による失効による価額に対し分配された金額に基づく。ESOP（Employee Stock Ownerships Plans）および401（K）プランは限定配分年金プランの中に含まれる。データは、合衆国労働省に申告されたフォーム5550系のレポートに基づき、以下を除外する。(1)内国歳入庁のコード上、セクション403（b）、457（b）、457（f）にあてはまるほとんどの年金プラン、(2)ほとんどのSARSEP、SEP、SIMPLE IRAプラン、(3)積立式ではない追加給付プラン、(4)ほとんどの教会プラン、(5)トップハット型年金、(6)個人退職金勘定、(7)政府年金制度]

項目	単位	計				確定拠出型年金				確定給付型			
		1990	2000	2005	2008	1990	2000	2005	2008	1990	2000	2005	2008
プラン数[1]	1,000件	712.3	735.7	679.1	717.5	599.2	686.9	631.5	669.2	113.1	48.8	47.6	48.4
総加入者[2]	100万人	76.9	103.3	117.4	124.9	38.6	61.7	75.5	82.5	38.8	41.6	41.9	42.3
現加入者[3]	100万人	61.5	73.1	82.7	86.2	35.6	50.9	62.4	67.3	26.2	22.2	20.3	19.0
資産[4]	100万ドル	1,674	4,203	5,062	4,704	834	2,216	2,808	2,663	962	1,986	2,254	2,041
掛金[5]	10億ドル	98.8	231.9	341.4	419.0	80.9	198.5	248.8	311.7	24.7	33.4	92.7	107.3
給付金[6]	10億ドル	129.4	341.0	354.5	431.1	64.0	213.5	218.0	265.1	66.4	127.5	136.6	166.0

1．1加入者だけの全プランを除外　2．現役加入者、引退した加入者、既得離職者を含む。複数のプランに加入する者は重複カウントされる　3．現在年金プランでカバーされる職についており、プランにしたがって積み立てをしているすべての労働者を含む。雇用者に401（k）プランに支払いをさせることを決定する資格のある者を含む。また受給権のない元被雇用者（中断なく加入していた）も含む　4．資産額は保険会社が団体保険契約で退職者に支払うための基金を除く。この基金は民間の合計基金の約10－15％にのぼる雇用主と被雇用者双方の掛金　5．雇用主と被雇用者の掛金を含む　6．基金から直接支出される給付金と、プランから保険会社に支払われる保険料を含む。保険会社から加入者に直接支払われる給付金は除外する

資料：U.S. Department of Labor, Employee Benefits Security Administration, *Private Pension Plan Bulletin*; <http://www.dol.gov/ebsa/pdf/1975-2008historicaltables.pdf> も参照

No.553. 確定給付型退職金プラン：2009年

[単位：％。民間産業のフルタイム従業員。National Compensation Surveyに基づく。1億200万人以上の労働者の中から、あらゆる規模の民間産業3,227から標本を抽出して調査。付録IIIを参照。表No.552の頭注を参照。表No.656も参照]

項目	全従業員	製造業	サービス業	従業員1～99人	従業員100人以上	労働組合員	非労働組合員
給付のタイプ：							
退職時給与の一定割合（％）	35	27	37	38	33	22	42
生涯給与の一定割合（％）	11	3	(NA)	15	(NA)	6	14
定額（％）	24	39	19	17	27	45	(NA)
積立金の一定割合（％）	6	15	(NA)	11	(NA)	13	(NA)
キャッシュバランス型（％）	23	13	27	18	25	11	31
年金エクイティプラン（％）	(NA)	(NA)	(NA)	(NA)	(NA)	(NA)	(NA)

NA　データなし

資料：U.S. Bureau of Labor Statistics, *National Compensation Survey: Employee Benefits in Private Industry in the United States* および未刊行データ

No.554. IRA（個人退職金勘定）を持つ世帯：2000－2010年

［IRAの保有は、ランダムに選ばれた3000世帯を対象とする年次追跡調査に基づく］

年、特徴	IRA [1]	従来型IRA	ロスIRA	雇用者負担型IRA [2]	年、特徴	IRA [1]	従来型IRA	ロスIRA	雇用者負担型IRA [2]
2000	35.7	28.7	9.2	6.8	2008	40.5	32.1	15.9	8.6
2001	36.2	28.9	9.8	8.0	2009	39.3	31.2	14.5	8.2
2002	34.8	28.2	10.8	7.7	2010、計 [3]	**41.4**	**32.8**	**16.6**	**8.0**
2003	36.7	29.6	12.5	7.5	35歳未満	31.0	21.0	15.0	6.0
2004	36.5	29.6	11.6	8.0	35－44歳	40.0	27.0	20.0	9.0
2005	37.9	30.0	12.8	7.4	45－54歳	47.0	37.0	18.0	11.0
2006	38.3	31.7	13.4	7.7	55－64歳	50.0	43.0	22.0	9.0
2007	39.8	32.5	14.9	7.9	65歳以上	41.0	37.0	18.0	5.0

1．Coverdell Education Savings Accountは除外する。2001年7月以前は教育IRAと呼ばれていた　2．雇用者負担のIRAは、SEP IRA, SAR-SEP IRA, SIMPLE IRAを含む　3．世帯の貯蓄および投資に関して、単独または共同で意思決定をする者の年齢

資料：Investment Company Institute, Washington, DC, Research Fundamentals, "Appendix: Additional Data on IRA Ownership in 2010"; Vol 19, No. 8A (2010年12月) (copyright); <http://www.ici.org> も参照

No.555. IRAを持つ世帯の特徴：2010年

［IRAの保有は、ランダムに選ばれた3000世帯を対象とする年次追跡調査に基づく］

特徴	単位	IRAを持つ世帯				IRAを持たない世帯
		計 [1]	従来型IRA	ロスIRA	Employer-sponsored [1]	
世帯あたりの中央値						
投資に関する決定権のある（単独あるいは共同）者の年齢	年	51	53	47	47	47
世帯所得 [2]	ドル	73,000	75,000	87,000	78,000	35,000
世帯の金融資産 [3]	ドル	150,000	200,000	200,000	200,000	25,000
世帯の金融資産のうちの各種IRA	ドル	36,000	50,000	40,000	50,000	(X)
世帯の金融資産のうちの各種IRAの割合	%	34	27	10	10	(X)
全世帯に占める%						
確定拠出型または確定給付型年金のプランを持つ世帯 [4]	%	80	82	84	76	50
確定拠出型	%	70	71	77	70	41
確定給付型	%	47	50	49	36	23
所有するIRAの種類：[4]						
従来型IRA	%	79	100	63	58	(X)
ロスIRA	%	40	32	100	38	(X)
雇用者負担型IRA	%	19	14	18	100	(X)

X 該当なし　1．雇用者負担型IRAにはSEPIRA, SAR‐SEPIRA, SIMPLEIRAを含む。雇用者負担型IRAを持つ世帯のうち63%が従来型IRA、31%がロスIRAを持つ　2．2010年の課税前世帯所得の合計　3．世帯の金融資産には、雇用者負担型確定拠出型プランは含むが住居は含まない　4．複数回答あり

資料：Investment Company Institute, Washington, DC, *Research Fundamentals*, "Appendix: Additional Data on IRA Ownership in 2010"; Vol 19, No. 8A (2010年12月) (copyright); <http://www.ici.org> も参照

No.556. IRAにおける資産の構成比：2010年

[IRAの保有は、ランダムに選ばれた3000世帯を対象とする年次追跡調査に基づく]

資産の種類	単位	IRAの総資産	IRAの種類	
			従来型	ロス
IRAにおける資産 (%)				
10,000ドル未満	%	21	20	36
10,000－24,999ドル	%	20	20	29
25,000－49,999ドル	%	15	16	14
50,000－99,999ドル	%	17	17	12
100,000－249,999ドル	%	17	16	7
250,000ドル以上	%	10	11	2
IRAの総資産				
平均額	ドル	100,800	102,000	39,700
中央値	ドル	36,000	40,000	14,000

資料：Investment Company Institute, Washington, DC, *Research Fundamentals*, "Appendix: Additional Data on IRA Ownership in 2010"; Vol. 19, No. 8A (2010年12月) (copyright); ⟨http://www.ici.org⟩ も参照

No.557. 401(k)プラン――加入者、資産、拠出、給付――タイプ別：2008年

タイプ[1]	全タイプ計[2]	加入者、計(1000人)[3]	総資産(100万ドル)	拠出金総額(100万ドル)[4]	給付金総額(100万ドル)[5]
計	511,582	73,155	2,230,188	285,768	233,440
利益分配・貯蓄型	510,103	71,942	2,172,649	280,210	228,239
ストック・ボーナス	280	847	45,495	4,455	4,250
目標年金型	200	13	632	65	58
保険料建て年金プラン	734	343	11,333	1,014	889
年金型-403(b)(1)	196	8	48	20	2
管理人勘定-403(b)(7)	46	1	22	3	2

1. 確定拠出型プランの約1%は複数のプランを利用している　2. 加入者1名のプランは除外　3. 就労中、退職者、離職者を含む。受給資格を満たしていない者も含む　4. 被雇用者、雇用者、双方の拠出金額を含む　5. 表中のデータは、信託基金から直接支払われる金額と、保険会社に支払われる保険料を含む

資料：U.S. Department of Labor, *Private Pension Plan Bulletin: 2008* (2010年12月); ⟨http://www.dol.gov/ebsa/PDF/2008 pensionplanbulletin.pdf⟩ も参照

No.558. 州管掌失業保険――概要：1990－2008年

[2,522は252万2000を表す。州法の下に定められた、州・地方政府職員に対する失業手当を含む。『アメリカ歴史統計』系列H305-317も参照]

項目	単位	1990	1995	2000	2003	2004	2005	2006	2007	2008
失業保険給付、週平均	1,000	2,522	2,572	2,110	3,531	2,950	2,661	2,475	2,571	3,306
加入者全体に対する割合[1]	%	2.4	2.3	1.7	2.8	2.3	2.1	1.9	2.0	2.5
民間失業者に対する割合	%	35.8	34.7	37.6	40.7	36.8	35.7	35.3	36.3	36.3
失業給付金、週平均	ドル	161	187	221	262	263	267	277	288	233
対過給率	%	36.0	36.4	32.9	35.2	34.6	34.3			35.1
補償期間(週)	100万	116.2	118.3	96.0	163.2	135.1	121.2	112.2	116.3	149.5
受給者、初回給付	1,000	8,629	8,035	7,033	9,935	8,369	7,922	7,350	7,641	10,053
給付平均期間[2]	週	13.4	14.7	13.7	16.4	16.1	15.3	15.3		14.9
給付完了請求書	1,000	2,323	2,662	2,144	4,417	3,532	2,856	2,676	2,670	3,424
初回給付率[3]	%	29.4	34.1	31.8	43.4	39.0	35.9	35.4	35.3	41.5
納付された保険料[4]	10億ドル	15.2	22.0	19.9	25.3	31.2	34.8	34.1	34.5	30.0
支払われた給付金	10億ドル	18.1	21.2	20.5	41.4	34.4	31.2	29.8	30.1	40.7
給付にあてられた基金[5]	10億ドル	37.9	35.4	53.4	23.4	23.0	29.0	35.8	32.5	29.0
雇用者平均保険料率[6]	%	1.95	2.44	1.75	2.20	2.68	2.86	2.68	2.61	2.25

1. 前年度の保険対象雇用（平均）に対する受給者の割合　2. 補償期間を初回給付者数で割ったもの　3. 6月30日を期末とする12ヶ月間の初回給付に基づく　4. 雇用主からの保険金。労働者からも保険料を徴収する州では被雇用者の保険金も含む　5. 年度末現在。州の損失勘定、給付支払い勘定、連邦失業信託基金における州勘定、の収支の合計　6. 課税賃金に占める割合

資料：U.S. Department of Labor, Employment and Training Administration, *Unemployment Insurance Financial Data Handbook*; ⟨http://www.ows.doleta.gov/unemploy/hb394.asp⟩ も参照

No.559. 州、その他の地域別管掌失業保険：2009年

[14,173は1417万3000を表す。表No.558の頭注を参照。州別データは失業保険受給者。表No.629を参照。本書前年版の表No.557も参照]

州または地域	初回給付受益者数(1,000人)	支払われた給付金(100万ドル)	週平均失業給付金(ドル)	州または地域	初回給付受益者数(1,000人)	支払われた給付金(100万ドル)	週平均失業給付金(ドル)
計	14,173	79,550	317	MT	42	209	270
AL	196	651	208	NE	61	219	249
AK	34	170	235	NV	182	1,095	317
AZ	243	1,001	220	NH	57	269	283
AR	142	620	282	NJ	470	3,659	396
CA	1,779	11,455	311	NM	63	362	300
CO	186	1,062	361	NY	804	4,970	315
CT	223	1,313	342	NC	544	2,555	307
DE	35	208	262	ND	22	99	311
DC	34	217	303	OH	504	2,942	321
FL	680	3,098	238	OK	108	574	295
GA	410	1,718	283	OR	260	1,625	313
HI	51	390	423	PA	783	4,827	352
ID	92	396	275	RI	56	409	383
IL	662	4,418	328	SC	224	946	250
IN	354	1,831	307	SD	17	66	254
IA	165	792	320	TN	280	1,099	226
KS	123	744	354	TX	714	3,837	325
KY	191	1,064	308	UT	99	489	321
LA	137	455	231	VT	38	196	306
ME	55	259	282	VA	230	1,073	304
MD	187	1,089	311	WA	346	2,597	402
MA	353	2,755	419	WV	77	343	272
MI	653	3,785	309	WI	448	1,932	288
MN	252	1,691	360	WY	29	166	347
MS	102	345	196	PR	132	304	115
MO	241	1,140	256	VI	3	20	327

資料：U.S. Employment and Training Administration, Unemployment Insurance Financial Data Handbook; <http://www.ows.doleta.gov/unemploy/hb394.asp\> も参照

No.560. 労働障害のある者の主要特徴：2008年

[単位：1,000人（20,213は2021万3000人を表す）および％。3月現在。民間非施設収容者および駐屯地の外に居住する軍人と駐屯地内で家族と居住する軍人を含む。次に該当する場合は労働障害があると見なされる。(1)労働を妨げる健康上の問題、または労働可能な職種、労働量が制限受けるような身体障害がある場合；(2)業務に起因する身体障害がある場合、または過去において健康上の理由で引退または離職している場合；(3)長期疾病または障害のため調査照合週間または前年に労働しなかった場合；(4)65歳未満で、連邦医療補償の対象となるか、または所得安定補助金を受給できる場合。毎月人口調査に基づく。第1章の解説および付録Ⅲを参照。本書前年版の表No.558も参照]

扶助プログラム、年齢、状況	計[1]	男性	女性	白人のみ[2]	黒人のみ[3]	ヒスパニック[4]
労働障害のある者	20,213	9,861	10,352	15,219	3,841	2,255
16～24歳	1,562	757	805	1,073	380	230
25～34歳	2,176	1,083	1,094	1,509	536	290
35～44歳	3,522	1,764	1,758	2,621	698	472
45～54歳	5,711	2,679	3,032	4,289	1,100	597
55～64歳	7,242	3,578	3,664	5,727	1126	666
総人口に占める労働障害のある者の割合(%)						
16～24歳	4.2	4.0	4.3	3.7	6.8	3.5
25～34歳	5.5	5.4	5.5	4.9	10.3	3.6
35～44歳	8.4	8.5	8.3	7.9	13.4	6.9
45～54歳	13.0	12.5	13.5	12.0	21.3	12.2
55～64歳	21.8	22.3	21.3	20.5	33.4	23.9
労働障害のある者に占める割合(%)						
社会保障給付を受け取っている者	35.5	36.0	35.0	36.7	31.7	26.7
フードスタンプ	19.3	15.0	23.3	16.6	29.5	22.6
メディケイド	65.4	68.9	62.0	67.8	60.7	56.6
公営住宅入居	5.9	4.7	7.1	4.4	11.1	7.5
補助金対象住宅入居	3.4	2.3	4.4	2.7	6.1	4.4

1. 個別に明示しないその他の人種を含む　2. 2003年の毎月人口調査では複数人種の回答が可能である。「白人のみ」は白人で他の人種カテゴリーは選択していない者。この単一人種人口の利用は、複数人種の表示と分析に有効であるという理由で選択されているわけではない。「白人でアメリカインディアンでアラスカ原住民」であるとか「アジア系で黒人（アフリカ系アメリカ人）」であるというような複数人種の人口分類についても2001年センサス以降American FactFinderで発表している。2000年センサスでは人口の約2.6%が複数人種となっている　3. 黒人のみは黒人と回答し他の人種のカテゴリーについて無回答のもの　4. ヒスパニックは人種を問わない

資料：U.S. Census Bureau, 未刊行資料

No.561. 労働災害補償給付：1990－2008年

[単位：10億ドル（53.1は531億ドルを表す）。特別に示す単位を除く。表No.562の頭注を参照。『アメリカ歴史統計』系列H332-345も参照]

項目	1990	1995	2000	2002	2003	2004	2005	2006	2007	2008
適用労働者(100万人)	106.0	112.8	127.1	125.6	124.7	125.9	128.2	130.3	131.7	130.6
支払保険料[1]	53.1	57.1	60.1	72.6	80.6	84.2	89.6	87.6	85.9	80.3
民間保険機関[1]	35.1	31.6	35.7	41.3	45.3	47.4	51.0	51.9	51.7	47.1
州基金	8.0	10.5	8.8	13.7	16.4	17.5	18.2	15.7	13.7	12.6
連邦政府機関[2]	2.2	2.6	3.6	3.9	4.0	4.1	4.1	4.1	4.2	4.3
自己保険	7.9	12.5	11.9	13.7	14.9	15.2	16.3	15.8	16.3	16.3
年間支払給付金額[1]	38.2	42.1	47.7	52.3	54.7	56.1	55.6	54.3	55.2	57.6
民間保険機関[1]	22.2	20.1	26.9	28.1	28.4	28.6	28.5	27.3	28.5	30.2
州基金[3]	8.8	10.8	10.3	9.1	10.4	11.1	11.0	10.6	10.3	10.5
雇用主自己保険[4]	7.2	11.2	10.5	11.9	12.7	13.1	12.9	12.6	13.1	13.6
給付の種類：										
医療	15.2	16.7	20.9	24.2	25.7	26.1	26.0	26.0	26.7	29.1
補償	23.1	25.4	26.8	28.1	29.0	30.1	29.6	28.3	28.5	28.5
適用給与額比(%)[1]：										
労働者補償金費用[5][6]	2.18	1.82	1.34	1.57	1.71	1.70	1.72	1.58	1.47	1.35
給付金[6]	1.53	1.34	1.06	1.13	1.16	1.13	1.07	0.98	0.94	0.97

1．保険金および給付は保険控除条項を考慮した推計値。控除可能な給付は民間保険機関および州基金に計上される　2．1990－1995年は連邦雇用者俸給プログラムおよび雇用者の出資でまかなわれる連邦炭塵症給付金プログラムの連邦政府負担金　3．競争的および独占的州財源、および炭塵肺給付プログラムを含む労働者補償連邦プログラムによって支払われた正味現金および医療給付　4．自己保険者が支払った現金および医療給付と、労働者補償保険証券を持つ雇用主が支払った医療給付価格の合計値。労働者補償保険証券は標準医療対象を除外してある　5．民間保険者、州財源が定めた割増し、および自己保険が支払った給付は管理費を見越して1992年以前は5－10％、1992－2002年は11％の増額がある。支払った給付および公務員のための連邦制度管理費も含む　6．一般歳入から支出されるプログラム（炭塵肺給付、および一部の州における補助年金）を除く

資料：National Academy of Social Insurance, Washington, DC, *Workers' Compensation: Benefits, Coverage, and Costs* (年刊); <http://www.nasi.org/> も参照

No.562. 労働者災害補償——州別給付：2000－2008年

[単位：100万ドル（47,699は476億9900万ドルを表す）。暦年データ。支払いは現金および医療給付を表し、民間保険機関が支払った保険損失、州財源の正味支出（州保険委員会報告、およびA. M. Best Co.から収集）、州の基金による支出（A.M.Best Co. および各州の労働者災害補償保険担当機関による）および自己の保険による支払い（各州の労働者災害補償保険担当機関による編集版の推計）]

州	2000	2005	2006	2007	2008	州	2000	2005	2006	2007	2008
計	47,699	55,630	54,274	55,217	57,633	モンタナ	155	227	234	243	253
アラバマ	529	565	563	585	648	ネブラスカ	230	310	276	291	345
アラスカ	139	183	187	188	205	ネバダ	347	386	394	378	393
アリゾナ	498	543	608	647	649	ニューハンプシャー	177	229	220	204	239
アーカンソー	214	193	197	206	213	ニュージャージー	1,378	1,567	1,748	1,847	1,916
カリフォルニア	9,449	10,832	9,914	9,509	9,426	ニューメキシコ	144	231	238	242	272
コロラド	810	895	864	836	875	ニューヨーク	2,761	3,154	3,251	3,137	3,537
コネティカット	638	709	709	726	781	ノースカロライナ	865	1,387	1,317	1,349	1,526
デラウェア	118	186	208	197	209	ノースダコタ	70	82	81	95	106
コロンビア特別区	78	90	89	84	81	オハイオ	2,099	2,447	2,384	2,478	2,490
フロリダ	2,577	2,914	2,672	2,716	2,787	オクラホマ	485	640	675	702	782
ジョージア	965	1,379	1,370	1,482	1,602	オレゴン	425	553	567	586	602
ハワイ	231	251	243	247	246	ペンシルバニア	2,379	2,741	2,759	2,804	2,902
アイダホ	114	243	254	267	280	ロードアイランド	127	137	149	152	158
イリノイ	1,944	2,425	2,440	2,737	2,994	サウスカロライナ	515	917	989	885	915
インディアナ	545	565	560	597	624	サウスダコタ	63	86	109	119	114
アイオワ	343	489	489	496	575	テネシー	774	823	881	775	828
カンザス	323	390	391	394	418	テキサス	2,160	1,549	1,385	1,415	1,514
ケンタッキー	584	693	626	638	696	ユタ	172	254	258	283	301
ルイジアナ	547	597	610	614	734	バーモント	101	122	124	119	127
メーン	245	272	285	273	262	バージニア	597	854	807	1,069	1,148
メリーランド	641	784	829	844	936	ワシントン	1,527	1,848	1,927	1,996	2,193
マサチューセッツ	801	904	905	886	843	ウエストバージニア	661	818	482	634	603
ミシガン	1,474	1,474	1,471	1,508	1,405	ウィスコンシン	765	1,170	1,043	1,094	1,011
ミネソタ	798	942	937	952	1,007	ワイオミング	89	117	117	127	137
ミシシッピ	293	312	338	329	361	連邦政府、計[1]	2,957	3,258	3,270	3,340	3,424
ミズーリ	780	894	832	892	912	連邦政府職員	2,392	2,462	2,455	2,587	2,676

1．連邦政府の給付には、Federal Employees' Compensation Actによる文官への給付、雇用主により資金が提供される炭じん肺プログラムの給付、Longshore and Harbor Workers Compensation Actによる給付（州別データには含まれない）、労働者本人の保険加入に対する支払いと、LHWCAの特別基金による給付を含む。連邦政府のプログラムの詳細については、資料の付録を参照

資料：National Academy of Social Insurance, Washington, DC, *Worker's Compensation: Benefits, Coverage, and Costs* (年刊); <http://www.nasi.org/>

No.563. 所得補助保障(SSI)——受給者と給付額：1990－2009年

[単位：1,000人 (4,817は481万7000人を表す)、注記したものを除く。12月現在の受給者数と給付月額。給付額は暦年データ。連邦政府のSSI給付および／または連邦政府の運営する州の保障制度の受給者。付録Ⅲを参照]

プログラム	単位	1990	1995	2000	2004	2005	2006	2007	2008	2009
受給者、計	1,000人	4,817	6,514	6,602	6,988	7,114	7,236	7,360	7,521	7,677
高齢者	1,000人	1,454	1,446	1,289	1,211	1,214	1,212	1,205	1,203	1,186
盲人	1,000人	84	84	79	76	75	73	72	70	69
障害者	1,000人	3,279	4,984	5,234	5,701	5,825	5,951	6,083	6,247	6,421
給付額、計[1]	100万ドル	16,133	27,037	30,672	36,065	37,236	38,889	41,205	43,040	46,592
高齢者	100万ドル	3,559	4,239	4,540	4,894	4,965	5,116	5,301	5,379	5,569
盲人	100万ドル	329	367	386	412	414	409	419	416	427
障害者	100万ドル	12,245	22,431	25,746	30,745	31,857	33,364	35,485	37,246	40,597
平均月間給付額、計	ドル	276	335	379	428	439	455	468	478	499
高齢者	ドル	208	250	300	351	360	373	384	393	399
盲人	ドル	319	355	413	463	475	488	500	508	520
障害者	ドル	303	358	398	444	455	471	485	494	517

1．受給資格不明のものを含む

資料：U.S. Social Security Administration, *Social Security Bulletin*（季刊）および *Annual Statistical Supplement to the Social Security Bulletin*（2011年3月リリース）；<http://www.ssa.gov/policy/docs/statcomps/supplement/2010> も参照

No.564. 所得補助保障(SSI)——受給者と給付額——州別：2000－2009年

[12月現在の受給者数（6,602は660万2000を表す）。給付額は暦年データ。データは、連邦政府のSSI支払いや連邦政府によって管理された州の追加をカバーする。方法論については付録Ⅲを参照]

州および地域	受給者(1,000人) 2000	2009	給付年額(100万ドル) 2000	2005	2009	州および地域	受給者(1,000人) 2000	2009	給付年額(100万ドル) 2000	2005	2009
計[1]	6,602	7,677	30,672	37,236	46,592	MO	112	128	471	573	738
合衆国	6,601	7,676	30,669	37,232	46,586	MT	14	17	57	70	92
AL	159	169	659	776	960	NE	21	25	85	103	136
AK	9	12	37	53	67	NV	25	39	108	163	218
AZ	81	106	355	482	612	NH	12	17	49	67	93
AR	85	103	333	407	573	NJ	146	163	672	763	957
CA	1,088	1,250	6,386	8,146	9,082	NM	47	59	193	248	327
CO	54	62	228	264	350	NY	617	668	3,197	3,561	4,336
CT	49	56	216	260	325	NC	191	213	732	894	1,187
DE	12	15	50	66	87	ND	8	8	30	33	41
DC	20	24	93	113	143	OH	240	274	1,114	1,295	1,695
FL	377	464	1,621	2,031	2,596	OK	72	91	302	381	515
GA	197	220	785	944	1,264	OR	52	70	228	298	406
HI	21	24	104	119	151	PA	284	347	1,367	1,659	2,142
ID	18	26	76	106	146	RI	28	32	130	161	189
IL	249	269	1,174	1,337	1,622	SC	107	109	429	488	617
IN	88	113	382	488	673	SD	13	14	48	55	71
IA	40	47	158	193	256	TN	164	169	664	752	967
KS	36	44	151	187	260	TX	409	590	1,575	2,191	3,126
KY	174	189	741	862	1,077	UT	20	27	87	110	151
LA	166	170	715	771	947	VT	13	15	51	63	82
ME	30	35	116	146	189	VA	132	144	535	632	790
MD	88	103	400	481	623	WA	101	131	484	616	818
MA	168	187	807	902	1,152	WV	71	80	318	376	462
MI	210	243	988	1,157	1,479	WI	85	104	357	437	594
MN	64	83	272	355	488	WY	6	6	23	26	33
MS	129	124	512	572	681	北マリアナ諸島	1	1	3	4	6

1．北マリアナ諸島を含む

資料：U.S. Social Security Administration, *Annual Statistical Supplement to the Social Security Bulletin*（2011年3月）；<http://www.ssa.gov/policy/docs/statcomps/supplement/2010> も参照

No.565. 対家族臨時援助（TANF）——受給家族：1980－2009年

[単位：1,000（3,712は371万2000を表す）。月間平均家族数および受給者数、暦年データ。TANF以前に、対家族現金援助として扶養児童のいる家族への援助（AFDC）があった（1980－1996年）。新しい福祉法（1996年個人責任および労働機会調整法）のもとに、プログラムはTANFに改組された。プエルトリコ、グアム、バージン諸島を含む。本章の解説参照］

年	家族数	受給者数	年	家族数	受給者数	年	家族数	受給者数
1980	3,712	10,774	1994	5,033	14,161	2002	2,048	5,069
1985	3,701	10,855	1995	4,791	13,418	2003	2,024	4,929
1988	3,749	10,915	1996	4,434	12,321	2004	1,979	4,748
1989	3,799	10,993	1997	3,740	10,376	2005	1,894	4,469
1990	4,057	11,695	1998	3,050	8,347	2006	1,777	4,148
1991	4,497	12,930	1999	2,554	6,824	2007	1,674	3,897
1992	4,829	13,773	2000	2,215	5,778	2008	1,635	3,801
1993	5,012	14,205	2001	2,104	5,359	2009	1,769	4,154

資料：U.S. Department of Health and Human Services, Administration for Children and Families, 未刊行資料 <http://www.acf.hhs.gov/programs/ofa/> も参照

No.566. 対家族臨時援助（TANF）——州・地域別受給者数：2000－2009年

[単位：1,000（2,265は226万5000を表す）。月平均の受給者数および家族数、暦年データ。表No.565の頭注を参照]

州および地域	家族数			受給者数			州および地域	家族数			受給者数		
	2000	2005	2009	2000	2005	2009		2000	2005	2009	2000	2005	2009
計[1]	**2,265**	**1,921**	**1,783**	**5,943**	**4,549**	**4,193**	MT	5	4	4	13	12	9
合衆国	**2,181**	**1,876**	**1,769**	**5,678**	**4,418**	**4,154**	NE	9	10	8	24	25	18
AL	19	20	19	45	47	45	NV	6	6	9	16	15	23
AK	7	4	3	21	11	9	NH	6	6	6	14	14	12
AZ	33	42	38	84	96	83	NJ	50	43	33	125	104	78
AR	12	8	9	29	18	19	NM	23	18	17	69	45	46
CA	489	461	547	1,262	1,078	1,340	NY	250	140	118	695	321	264
CO	11	15	10	28	39	25	NC	45	33	26	98	64	51
CT	27	19	17	64	39	34	ND	3	3	2	7	7	5
DE	6	6	5	12	13	13	OH	95	82	94	235	177	214
DC	17	17	9	45	41	20	OK	14	11	9	35	26	20
FL	65	58	57	142	100	103	OR	17	19	23	38	44	58
GA	52	39	21	125	82	38	PA	88	97	49	241	254	119
HI	14	8	8	46	19	22	RI	16	10	8	44	26	20
ID	1	2	2	2	3	2	SC	18	16	18	42	36	41
IL	78	38	20	234	96	54	SD	3	3	3	7	6	6
IN	37	44	39	101	124	101	TN	57	70	60	147	184	153
IA	20	17	17	53	42	43	TX	129	82	48	347	189	108
KS	13	18	14	32	46	35	UT	8	9	6	21	22	16
KY	38	34	30	87	74	60	VT	6	5	3	16	11	6
LA	27	15	10	71	36	23	VA	31	10	33	69	28	76
ME	11	9	11	28	25	25	WA	56	57	61	148	136	147
MD	29	23	23	71	53	56	WV	13	12	9	33	26	21
MA	43	48	48	100	102	95	WI	17	19	19	38	44	41
MI	72	81	64	198	215	164	WY	1	−	−	1	1	1
MN	39	28	22	114	71	48	PR	30	15	12	88	41	34
MS	15	15	12	34	33	24	GU	3	3	2	10	9	4
MO	47	40	35	125	96	85	VI	1	−	−	3	1	1

− ゼロを示す　1．プエルトリコ、グアムおよびバージン諸島を含む

資料：U.S. Department of Health and Human Services, Administration for Children and Families, <http://www.acf.hhs.gov/programs/ofa/data-reports/index.htm> も参照

No.567. 対家族臨時援助（TANF）——州別支出：2000－2009年

[単位：100万ドル（24,781は247億8100万ドルを表す）。連邦・州の基金の支出は会計年度に展開]

州	2000,計	2005,計	2009		州	2000,計	2005,計	2009	
			計[1]	援助支出				計[1]	援助支出
U.S.	**24,781**	**25,580**	**30,578**	**10,511**	MO	321	299	314	104
AL	96	123	147	48	MT	44	44	42	20
AK	93	74	70	41	NE	79	78	90	26
AZ	261	299	387	138	NV	69	70	128	51
AR	139	67	136	17	NH	73	63	83	40
CA	6,481	5,882	6,526	4,040	NJ	321	994	1,110	225
CO	205	214	330	57	NM	149	127	168	67
CT	436	459	478	96	NY	3,512	3,970	5,092	1,828
DE	55	61	53	23	NC	440	448	637	90
DC	157	156	172	23	ND	33	34	36	20
合衆国	781	868	856	204	OH	995	990	1,317	440
GA	386	520	521	92	OK	130	174	218	56
HI	162	128	336	72	OR	169	269	313	166
ID	43	40	34	6	PA	1,327	1,190	973	213
IL	879	998	1,091	64	RI	172	168	102	46
IN	342	307	314	109	SC	245	230	186	49
IA	163	162	180	76	SD	21	30	26	18
KS	151	154	170	69	TN	293	233	346	167
KY	203	216	221	145	TX	727	851	801	127
LA	118	186	203	44	UT	100	108	128	46
ME	108	127	132	101	VT	62	68	73	28
MD	336	349	516	107	VA	418	290	255	79
MA	690	689	1,056	325	WA	535	525	1,452	318
MI	1,264	1,175	1,421	382	WV	134	124	147	95
MN	381	392	490	90	WI	382	446	569	113
MS	62	79	101	30	WY	34	32	31	13

1．個別に示さないその他の種類の支出を含む

資料：U.S. Administration for Children and Families, *Temporary Assistance for Needy Families (TANF) Program, Annual Report to Congress*; <http://www.acf.hhs.gov/programs/cb/stats_research> も参照

No.568. 養育費——受領状況別、保護者別：2007年

[単位：1,000人（13,743は1374万3000人を表す）またはドル。2008年春現在、21歳以下の自分の子供を持つ15歳以上の保護者がもう一方の親から受け取る養育費。民間非施設収容人口。毎月人口調査に基づく。第1章の解説を参照。平均の定義については凡例を参照]

受領状況	全保護者 計				貧困水準以下の保護者 計			
	数	構成比(%)	母親	父親	数	構成比(%)	母親	父親
計	13,743	(X)	11,356	2,387	3,375	(X)	3,067	308
支払裁定件数[1]	7,428	(X)	6,463	965	1,580	(X)	1,464	116
2007年に支払を受けるべき件数	6,375	100.0	5,551	825	1,278	100.0	1,185	93
2007年に支払を受けた件数	4,864	76.3	4,253	611	886	69.3	811	75
満額受領	2,986	46.8	2,615	371	514	40.2	471	43
一部を受領	1,878	29.5	1,638	240	372	29.1	340	32
2007年に受領なし	1,511	23.7	1,298	213	392	30.7	374	18
支払裁定外	6,315	(X)	4,893	1,422	1,796	(X)	1,603	193
平均所得と養育費								
2007年に養育費受領：								
総現金所得の平均（ドル）	34,068	(X)	32,271	46,574	8,849	(X)	8,652	10,966
養育費平均受領額（ドル）	4,395	(X)	4,379	4,510	3,393	(X)	3,413	3,177
養育費満額受領：								
総現金所得の平均（ドル）	37,266	(X)	35,135	52,294	9,309	(X)	9,115	11,430
養育費平均受領額（ドル）	5,736	(X)	5,694	6,032	4,462	(X)	4,481	4,259
養育費一部受領：								
総現金所得の平均（ドル）	28,983	(X)	27,696	37,751	8,213	(X)	8,011	10,347
養育費平均受領額（ドル）	2,264	(X)	2,279	2,163	1,916	(X)	1,934	1,734
2007年に養育費の受領なし：								
総現金所得の平均（ドル）	29,261	(X)	27,377	40,712	8,598	(X)	8,523	10,142
養育費裁定外：								
総現金所得の平均（ドル）	28,515	(X)	23,242	46,659	6,934	(X)	6,793	8,103

X　該当なし　　1．次の年の4月現在（たとえば2008年4月現在）
資料：U.S. Census Bureau, 未刊行資料；<http://www.census.gov/hhes/www/childsupport/cs07.html>

No.569. 養育費強制徴収プログラム——件数および徴収額：1990－2010年

[9月30日を年度末とする会計年度（12,796は1279万6000を表す）。プエルトリコ、グアム、バージン諸島を含む。養育費徴収プログラムは児童と同居していない親に対して施行され、また庶出児童の父系をつきとめ養育費の支払いを命令する。法律が定めるところにより、必要のある家族は誰でもこのプログラムの適用を受けることができる。運営は州および地方政府が行なうが、費用の66%は連邦政府が負担している。TANF（対家族臨時援助）を受けていない家族に対する徴収養育費はその家族の自活のために渡されるが、TANFを受給している家庭に代わって徴収した養育費の大半はTANFの支払いと相殺するため連邦政府および州政府が受け取る。州によっては徴収した養育費を家庭にそのまま渡している。連邦機関の報告データに基づく。マイナス（-）は超支出を示す]

項目	単位	1990	2000	2005	2006	2007	2008	2009	2010, 暫定値
総件数[1]	1,000	12,796	17,334	15,861	15,844	15,755	15,676	15,798	15,859
庶出児童の父親をつきとめた件数[2]	1,000	393	867	690	675	640	629	643	620
養育費支払命令[3]	1,000	1,022	1,175	1,180	1,159	1,178	1,193	1,267	1,297
金額									
徴収額、計	100万ドル	6,010	17,854	23,006	23,933	24,855	26,561	26,386	26,556
TANF/FC受給家庭に対するもの[4]	100万ドル	1,750	2,593	2,191	2,112	2,050	2,254	1,971	1,925
州の受取額	100万ドル	620	1,080	911	875	852	948	741	716
州に対する奨励金推計額	100万ドル	264	353	365	402	431	615	446	448
連邦の受取額[5]	100万ドル	533	968	1,129	1,086	1,054	1,170	945	891
給付中の医療費補助徴収額	100万ドル	(NA)	27	11	12	11	12	13	19
給付中の里親養育家庭への支払額	100万ドル	(NA)	165	140	139	133	124	155	165
TANF受給していない家庭に対するもの	100万ドル	4,260	15,261	20,815	21,822	22,804	24,307	24,415	24,630
運営費支出、計	100万ドル	1,606	4,526	5,353	5,561	5,594	5,870	5,850	5,776
州の支出	100万ドル	545	1,519	1,813	1,884	1,902	2,200	1,963	1,964
連邦の支出	100万ドル	1,061	3,006	3,540	3,677	3,692	3,671	3,887	3,811
プログラム基金、計	100万ドル	-190	-2,125	-3,312	-3,600	-3,687	-3,780	(NA)	(NA)
州	100万ドル	338	-87	-537	-607	-619	-700	(NA)	(NA)
連邦	100万ドル	-528	-2,038	-2,776	-2,993	-3,068	-3,080	(NA)	(NA)

1．1996年制定の個人責任・就労機会調停法（Personal Responsibility and Work Opportunity Reconciliation Act: PRWORA）の条項によって1999年に新たなカテゴリーが認可され、件数のダブルカウントがなくなったことによる200万件の減少
2．病院に申告された父親のケースは含まれない　3．命令の修正を含む　4．児童の条件が以下に当てはまる現在の援助対象になっている徴収額：(1)社会保障法IV-Aに元ずくTANFの受給者、(2)社会保障法IV-Eの下に里親制度下にある児童。さらに援助に対する返済として徴収した養育費。援助の償還を含む。徴収金は州政府と連邦政府に援助支出の割合に応じて分配される。タイトルIV-Aの援助支出またはタイトルIV-Eの里親養育維持支出　5．2002会計年度以前は州政府への支払額から連邦政府に返済され、連邦政府の受け取り額が報告されている
資料：U.S. Department of Health and Human Services, Office of Child Support Enforcement, *Annual Report to Congress*.

No.570. 連邦食糧プログラム：1990－2010年

[20.0は2000万人を表す、別に示す単位を除く。9月30日を年度末とする会計年度。連邦食糧プログラムが実施されていた期間に限り、プエルトリコ、バージン諸島、グアム、米領サモア、信託統治領のデータを含む。受給者数は、注記のあるものを除き、月平均。物資配給プログラムについては、受給者数の報告がない。連邦歳出の統計は、受給者に対する連邦直接支給。連邦政府管掌の支給と、州・地方政府の申し込み制寄贈を除く。現金直接給付と物資支給および物資に代わる現金支給の両方を受給しているものについては、物資支給および物資に代わる現金支給の連邦歳出を別に示す]

プログラム	単位	1990	2000	2005	2006	2007	2008	2009	2010
栄養補助支援プログラム（SNAP）：[1]									
受給者数	100万人	20.0	17.2	25.6	26.5	26.3	28.2	33.5	40.3
連邦支出	100万ドル	14,143	14,983	28,568	30,187	30,373	34,608.0	50,369	64,701
受給者1人あたりの月刊平均クーポン額	ドル	58.78	72.62	92.89	94.75	96.18	102.19	125.31	133.79
プエルトリコの栄養補助プログラム：[2]									
連邦支出	100万ドル	937	1,268	1,495	1,518	1,551	1,623	2,001	1,746
全国学校給食プログラム（NSLP）：									
無料給食	100万人	1,662	2,205	2,477	2,496	2,506	2,611	2,724	2,928
割引給食	100万人	273	409	479	488	501	521	519	502
受給児童数[3]	100万人	24.1	27.3	29.6	30.1	30.5	31.0	31.3	32.0
連邦支出	100万ドル	3,214	5,493	7,055	7,389	7,707	8,265	8,873	9,933
学校朝食（SB）：									
受給児童数[3]	100万人	4.1	7.6	9.4	9.8	10.1	10.6	11.1	12.0
連邦支出	100万ドル	596	1,393	1,927	2,043	2,164	2,366	2,582	2,895
特別食糧補助プログラム（WIC）：[4]									
受給者数	100万人	4.5	7.2	8.0	8.1	8.3	8.7	9.1	9.2
連邦支出	100万ドル	1,637	2,853	3,603	3,598	3,882	4,534	4,642	4,702
児童・成人向け食糧援助（CAC）：[5]									
受給者[6]	100万人	1.5	2.7	3.1	3.1	3.2	3.3	3.3	3.8
連邦支出	100万ドル	719	1,500	1,904	1,944	2,023	2,169	2,289	2,546
商品支給先別　連邦支出：[7]									
児童栄養（NSLP、CACFP、SFSおよびSBP）[8]	100万ドル	644	704	1,045	875	1,110	1,138	1,237	1,283
緊急食糧援助[9]	100万ドル	282	182	314	243	198	227	250	248

1．2008年10月に、補助的栄養支援のためのフードスタンプ（SNAP）と名称が変更になった　2．プエルトリコはSNAPの代わりに補助金を受け取る　3．月間平均参加者数（6－8月の夏季を除く）。公立民間の小中高校在籍者および児童保育居住施設の居住者を含む　4．WICは妊娠中および産後の女性、幼児、および5歳未満の児童を対象とする　5．CACは保育所、信託所の就学前児童に対する給食のため、通年で補助金を交付するもの。障害者、老齢者の施設も対象となる　6．参加施設の1日当たり利用者数の4半期平均　7．物資の譲渡、物資に代わる現金の支給、特別支給食糧の連邦歳出を含む　8．NSLP、CACFP、夏季フードスタンプを含む　9．食糧銀行、給食センター、スープキッチン等の非営利機関を通じて家族で消費するために食品が無料で配布される。緊急食糧援助プログラム、スープキッチンや食糧銀行のための購買、被災者への商品援助を含む

資　料：U.S. Department of Agriculture, Food and Nutrition Service, "Food and Nutrition Service, Program Data"；〈http://www.fns.usda.gov/pd/〉（毎月更新）

No.571. 連邦政府の補助的栄養支援制度——州別：2000－2010年

[17,194は1719万4000を表す。9月30日を年度末とする会計年度。受給者のデータは月間平均値。フードスタンプ制度の費用は給付の費用のみで、運営費用を含まない]

州	受給者(1,000人) 2000	2005	2010	支給年額(100万ドル) 2000	2005	2010	州	受給者(1,000人) 2000	2005	2010	支給年額(100万ドル) 2000	2005	2010
計[1]	17,194	25,628	40,302	14,983	28,568	64,705	MO	423	677	901	358	736	1,361
合衆国	17,156	25,588	40,244	14,927	28,493	64,565	MT	59	81	114	51	89	177
AL	396	559	805	344	616	1,226	NE	82	117	163	61	120	238
AK	38	56	76	46	80	159	NV	61	122	278	57	129	415
AZ	259	550	1,018	240	634	1,588	NH	36	52	104	28	51	152
AR	247	374	467	206	401	686	NJ	345	392	622	304	437	1,030
CA	1,831	1,992	3,239	1,639	2,315	5,694	NM	169	241	357	140	251	542
CO	156	246	405	127	313	688	NY	1,439	1,755	2,758	1,361	2,136	4,985
CT	165	204	336	138	223	570	NC	488	800	1,346	403	856	2,072
DE	32	62	113	31	61	171	ND	32	42	60	25	45	95
DC	81	89	118	77	103	196	OH	610	1,007	1,607	520	1,155	2,734
FL	882	1,382	2,603	771	1,598	4,417	OK	253	424	582	208	440	900
GA	559	921	1,591	489	1,048	2,565	OR	234	429	705	198	456	1,067
HI	118	94	138	166	156	358	PA	777	1,043	1,575	656	1,105	2,333
ID	58	93	194	46	103	300	RI	74	76	139	59	79	238
IL	817	1,158	1,646	777	1,400	2,784	SC	295	521	797	249	566	1,256
IN	300	556	813	268	627	1,291	SD	43	56	95	37	61	153
IA	123	207	340	100	220	526	TN	496	850	1,224	415	942	1,966
KS	117	178	270	83	180	403	TX	1,333	2,442	3,552	1,215	2,659	5,447
KY	403	570	778	337	611	1,186	UT	82	133	247	68	141	367
LA	500	808	826	448	979	1,286	VT	41	45	86	32	45	124
ME	102	153	230	81	162	356	VA	336	488	786	263	500	1,213
MD	219	289	561	199	320	878	WA	295	508	956	241	539	1,387
MA	232	368	749	182	363	1,166	WV	227	262	341	185	258	487
MI	603	1,048	1,776	457	1,099	2,809	WI	193	346	715	129	317	1,000
MN	196	260	430	165	275	625	WY	22	25	35	19	27	52
MS	286	435	576	226	463	847							

1．グアム、バージン諸島を含む。プエルトリコ、米領サモア、北マリアナ諸島においては、フードスタンプの代わりに栄養補助を給付する

資　料：U.S. Department of Agriculture, Food and Nutrition Service, "Food and Nutrition Service, Program Data"；〈http://www.fns.usda.gov/pd/〉（毎月更新）

No.572. フードスタンプ受給世帯の特徴：1990-2009年

[7,811は781万1000を表す。9月30日を年度末とする会計年度。1990年のデータはグアムとバージン諸島を除く。Food Stamp Quality Control Systemから世帯を対象に標本調査]

年	世帯				受給者		
	計[1] (1,000)	全体に占める割合(%)			計 (1,000)	全体に占める割合(%)	
		子供あり	高齢者あり[2]	障害者あり[3]		子供	高齢者
1990	7,811	60.3	18.1	8.9	20,440	49.6	7.7
1995	10,883	59.7	16.0	18.9	26,955	51.5	7.1
2000	7,335	53.9	21.0	27.5	17,091	51.3	10.0
2005	10,852	53.7	17.1	23.0	24,794	49.9	8.2
2006	11,313	52.0	17.9	23.1	25,472	49.1	8.7
2007	11,561	51.0	17.8	23.8	25,775	48.9	8.8
2008	12,464	50.6	18.5	22.6	27,607	48.4	9.1
2009	14,981	49.9	16.6	21.2	32,889	47.5	8.3

1．計には、無資格のものと災害給付を受けている者は含まれない　2．60歳以上　3．1995年の増加と2000年の減少は、障害者のいる世帯の定義の変更による。1995年以前は、障害者のいる世帯は、所得補助保障（SSI）を受給する、60歳以上の構成員のいない世帯であったが、1995年から、世帯内に65歳以下のSSI受給者がいる、あるいは、障害によって社会保障・退役軍人給付その他の政府の給付を受ける18-61歳の構成員がいる世帯、となった。2000年には、再び定義が変更され、SSI給付を受けるか医療費控除を受けている世帯で、高齢者がおらず、労働していない、社会保障、退役軍人給付または労災の給付を受けている、高齢でない成人の構成員のいる世帯、となった

資料：U.S. Department of Agriculture, Food and Nutrition Service, Totals obtained from the National Data Bank. Percentages obtained from *Characteristics of Food Stamp Households: Fiscal Year 2009* (2010年9月); <http://www.fns.usda.gov/ora/MENU/Published/snap/SNAPParthh.htm> も参照

No.573. 連邦政府補助的栄養支援制度および受給者——概要：2009年

[14,981は1498万1000を表す。9月30日を年度末とする会計年度。the Supplemental Nutrition Assistance Program Quality Control (QC) Systemからの世帯標本調査。数値は、不適格者や災害救援フードスタンプ援助を受けているものを含まないため、公式の受給者データより低くなっている。本書前年版の表No.573も参照]

世帯の種類と収入源	世帯 数(1,000)	%	年齢・性別・人種・ヒスパニック	受給者 数(1,000)	%
計	14,981	100.0	計	32,889	100.0
子供あり	7,474	49.9	児童	15,617	47.5
片親世帯	4,367	29.2	5歳未満	5,403	16.4
既婚夫婦世帯	1,340	8.9	5-17歳	10,214	31.1
その他	1,767	11.8	成人	17,272	52.5
高齢者あり	2,486	16.6	18-35歳	7,490	22.8
独居	1,947	12.4	36-59歳	7,054	21.4
独居以外	539	3.6	60歳以上	2,728	8.3
障害者あり	3,172	21.2			
独居	1,864	13.0	男性	14,035	42.7
独居以外	1,307	3.6	女性	18,854	57.3
所得	4,412	29.5			
賃金・給与	3,883	25.9	白人、非ヒスパニック	10,586	32.2
			黒人、非ヒスパニック	7,393	22.5
不労所得	9,475	63.2	ヒスパニック	5,103	15.5
TANF[1]	1,446	9.7	アジア系	934	2.8
SSI（所得補助保障）	3,539	23.6	アメリカ原住民	1,400	4.3
社会保障	3,358	22.4	その他[2]	7,474	22.7
無収入	2,635	17.6			

1．援助を必要とする家族に対する一時援助プログラム　2．2009会計年度においては、このカテゴリーは複数人種に記録された回答者および人種や民族のデータがない人々を含む

資料：U.S. Department of Agriculture, Food and Nutrition Service, *Characteristics of Food Stamp Households: Fiscal Year 2009* (2010年9月); <http://www.fns.usda.gov/oane/menu/Published/snap/snap.htm> も参照

No.574. ヘッドスタート——概要：1980-2009年

[9月30日を年度末とする会計年度。376は37万6000を表す]

年度	該当者 (1,000人)	特別財政支出額 (100万ドル)	年齢および人種	2009年の該当者(%)	項目	数
1980	376	735	3歳未満	10	子供一人あたりの平均(ドル):	
1990	541	1,552	3歳	36	1995	$4,534
1995	751	3,534	4歳	51	2000	$5,951
1999	826	4,658	5歳以上	3	2009	$7,600
2000	858	5,267				
2001	905	6,200	白人	40	スタッフ支出(1,000):	
2002	912	6,537	黒人	30	1995	147
2003	910	6,668	ヒスパニック	36	2000	180
2004	906	6,775	アメリカインディアン／アラスカ原住民	4	2009	212
2005	907	6,843			ボランティア(1,000):	
2006	909	6,872	アジア系	2	1995	1,235
2007	908	6,888			2000	1,252
2008	907	6,878	ハワイ系、太平洋諸島民	1	2009	1,274
2009	904	7,113				

資料：U.S. Department of Health and Human Services, Administration for Children and Families, "Head Start Statistical Fact Sheet"; <http://www.acf.hhs.gov/programs/hsb/about/>

No.575. ホームレス支援制度──緊急宿泊設備および一時的宿泊設備：2009年

[データにはプエルトリコ、グアム、ヴァージン諸島のベッド数を含む。データは、緊急時のシェルターや一時的宿泊設備のデータを収集している80の管轄区における、全国を代表する標本に基づく。2009年1月1日から6月30日の間に、シェルターや一時的宿泊設備を利用したホームレスについて推計したデータ。調査では、継続的にホームレス支援を行っているコミュニティを各管轄区から選び、2009年1月のある1晩における、シェルターに保護していないホームレスの数、緊急用シェルターや一時的宿泊設備のベッド数を推計している。標本となった管轄区外で生活するホームレスや緊急シェルター、一時的宿泊設備を利用しないホームレスについてのデータは含まない。データ収集と方法論に関する詳細については、資料の付録Bを参照]

ホームレス支援プログラム	通年単位／ベッド数[1]			通年ベッド数計	その他のベッド数	
	家族数	家族用ベッド	個人用ベッド		季節限定[2]	避難・バウチャー[3]
緊急シェルター	31,964	103,531	110,894	214,425	20,419	30,565
一時的宿泊施設	35,119	110,064	97,525	207,589	(NA)	(NA)
総ベッド数	67,083	213,595	210,447	424,042	20,419	30,565
永続的支援住宅	30,649	87,718	131,663	219,381	(NA)	(NA)

NA データなし　1．通年ベッド数は、年間を通じて利用が可能なベッド数で、ホームレスの宿泊先を安定供給している　2．季節限定とは、北部における冬季、南部における夏季のように、天候のために健康を害したり、死亡するおそれのあるホームレスの需要の増大に応じて設置される宿泊設備　3．避難とは、予想外の緊急事態（たとえば、急激な気温の低下、あるいは天災によって住居を失った、など）の間に用いられる。バウチャーは、ホテル・モーテルへの宿泊を可能にするもので、避難用ベッドとして用いられることが多い

資料：U.S. Department of Housing and Urban Development, *The Second Annual Homeless Assessment Report to Congress*; <http://www.hudhre.info/documents/4thHomelessAssessmentReport.pdf> も参照

No.576. 社会扶助サービス──雇用企業の収益：2000－2009年

[単位：100万ドル（77,032は770億3200万ドルを表す）。推計値は2007年経済センサスの結果に基づいて調整済。サービス業年次調査および行政データに基づく。第15章の解説を参照。付録Ⅲを参照]

事業内容	2002 北米産業分類[1]	2000, 計	2005, 計	2009		
				計	課税対象企業	非課税企業
社会扶助	624	77,032	110,483	140,690	36,103	104,587
対個人、対家族サービス	6241	37,311	52,797	68,978	14,065	54,913
対青少年サービス	62411	7,517	10,397	11,232	1,132	10,100
対高齢者・障害者サービス	62412	12,804	19,309	28,869	8,849	20,020
その他の対個人・家族サービス	62419	16,990	23,091	28,877	4,084	24,793
対コミュニティサービスおよび緊急・救援サービス	6242	12,281	18,934	26,713	477	26,236
コミュニティ、食料供給サービス	62421	2,835	3,784	6,022	121	5,901
コミュニティ、住宅供給サービス	62422	4,888	6,683	11,065	298	10,767
緊急・救援サービス	62423	4,558	8,467	9,626	58	9,568
職業訓練サービス	6243	9,458	13,921	12,649	1,911	10,738
児童昼間保育サービス	6244	17,982	24,831	32,350	19,650	12,700

1．2002年北米産業分類（NAICS）に基づく。第15章の解説を参照

資料：U.S. Census Bureau, *Service Annual Survey, 2009*（2011年1月）; <http://www.census.gov/services/index.html> も参照

No.577. 社会扶助──非雇用事業所と収益：2000－2008年

[収益の単位は100万ドル（7,539は75億3900万ドルを表す）。連邦所得課税の企業のみ。非雇用とは有給従業員がいないことを示す。2000年のデータは1997年北米産業分類、2005、2008年のデータは2002年北米産業分類（NAICS）に基づく。第15章の解説を参照]

事業の種類	北米産業分類	事業所数			収益		
		2000	2005	2008	2000	2005	2008
社会扶助、計	624	642,946	807,729	844,923	7,539	10,265	12,087
対個人、対世帯サービス	6241	72,433	112,909	124,797	1,106	1,920	2,379
対コミュニティ、緊急、その他支援サービス	6242	3,560	5,533	5,936	54	81	103
職業訓練サービス	6243	7,314	11,022	11,293	151	245	286
児童の昼間保育サービス	6244	559,639	678,265	702,897	6,228	8,018	9,320

資料：U.S. Census Bureau, "Nonemployer Statistics" <http://www.census.gov/econ/nonemployer/index.html>; （2010年7月現在）

No.578. 未就学の児童の世話——タイプ別：1991－2005年

[単位：％。別に注記するものを除く（8,428は842万8000を表す）。推計値は3-5歳のもの。幼稚園入園未満の児童数に基づく。民間の非施設収容人口からの電話による標本調査。詳細については資料を参照。付録Ⅲを参照]

特徴	児童数		両親以外の世話を受ける児童[1]			両親以外の世話を受けていない
	数(1,000人)	構成比(％)	親族	親族以外	施設のプログラム[2]	
1991，計	8,428	100.0	16.9	14.8	52.8	31.0
1995，計	9,232	100.0	19.4	16.9	55.1	25.9
2005，計	**9,066**	**100.0**	**22.6**	**11.6**	**57.2**	**26.3**
年齢：						
3歳	4,070	44.9	24.0	14.4	42.5	33.4
4歳	3,873	42.7	20.8	9.2	69.2	20.6
5歳	1,123	12.4	23.8	9.9	68.7	20.4
人種／民族：						
白人，非ヒスパニック	5,177	57.1	21.4	15.0	59.1	24.1
黒人，非ヒスパニック	1,233	13.6	25.0	5.2	66.5	19.5
ヒスパニック	1,822	20.1	22.7	8.1	43.4	38.0
その他	834	9.2	26.4	8.1	61.5	24.7
世帯収入：						
10,001ドル未満	795	8.8	25.1	8.6	53.4	33.4
10,001～20,000ドル	978	10.8	26.0	7.8	49.2	27.2
20,001～30,000ドル	1,183	13.1	25.4	6.3	43.9	38.5
30,001～40,000ドル	1,124	12.4	23.8	6.9	48.7	33.4
40,001～50,000ドル	808	8.9	21.8	11.6	50.0	35.4
50,001～75,000ドル	1,849	20.4	21.1	13.3	57.1	25.5
75,001ドル以上	2,329	25.7	19.8	18.0	75.1	11.4

1．各項の合計は「計」と一致しない。2つ以上の項目にカウントされる児童がいるためである　2．デイケアセンター、ヘッドスタートプログラム、幼稚園、保育園等各種児童向けプログラム

資料：U.S. Department of Education, National Center for Education Statistics, Early Child food Program Participation Survey of the National Household Education Survey Program (NHES), 2005

No.579. 里親養育下の児童および養子縁組待ち児童：2000、2009年

[データは、表示年前年の10月1日から表示年の9月30日までの暫定値]

特徴	里親制度		里親制度新規受入児童		里親制度離脱児童		養子縁組待ち		里親制度からの養子縁組	
	2000	2009	2000	2009[1]	2000	2009[1]	2000	2009[1]	2000	2009[1]
計	552,000	423,773	293,000	255,418	272,000	276,266	131,000	114,556	51,000	69,947
年齢										
1歳未満	22,839	24,505	37,996	40,931	11,025	12,409	3,957	10,092	939	1,136
1－5歳	134,378	124,691	72,365	74,041	70,667	90,319	44,126	41,980	23,135	31,170
6－10歳	136,003	83,587	63,346	46,881	63,228	55,064	44,980	29,966	17,831	15,538
11－15歳[1]	160,077	101,110	86,555	60,638	65,550	51,021	33,143	12,632	7,946	7,776
16－20歳[1]	98,701	89,401	32,737	31,814	61,531	66,303	4,793	539	1,149	1,824
人種										
白人[2]	207,970	167,235	136,214	110,933	121,322	118,422	44,898	43,918	19,462	25,418
黒人[2]	217,615	127,821	84,460	64,960	84,065	74,264	57,345	34,088	19,566	14,211
アジア系[2]	4,370	2,603	3,565	2,189	3,307	2,111	664	535	290	280
ヒスパニック[3]	81,823	86,581	42,769	51,628	39,909	55,200	17,050	25,231	7,430	11,878
Two or more	8,043	21,584	5,362	12,566	4,026	13,573	2,277	6,807	951	3,754
性別										
男児	289,187	222,685	(NA)	(NA)	(NA)	(NA)	68,620	60,287	25,472	29,146
女児	262,813	200,999	(NA)	(NA)	(NA)	(NA)	62,380	54,269	25,528	28,306
月数										
平均値	32.3	26.7	(X)	(X)	22.7	22.0	43.5	38.0	(X)	(X)
中央値	19.8	15.4	(X)	(X)	12.0	13.7	35.1	29.0	(X)	(X)

NA　データなし　X　該当なし　1．暫定値　2．2000年センサス以降、回答者は複数の人種を選択することができるようになった。データは該当の人種グループのみを選択した者について。複数の人種を選択した者は除外。第1章の解説における人種の部分を参照　3．ヒスパニックは人種を問わない

資料：U.S. Department of Health and Human Services, Administration for Children and Families, Adoption and Foster Care Analysis and Reporting System Reports (年刊)，<http://www.acf.hhs.gov/programs/cb/stats_research/index.htm#afcars> も参照

No.580. 民間慈善基金の出資者、出資先：1990－2009年

[単位：10億ドル（101.4は1014億ドルを表す）。資金源のデータは、合衆国内国歳入庁による個人所得税の慈善支出控除のデータと、インディアナ大学の慈善研究センターによる各種世帯調査に基づく推計値。法人の慈善寄付については、合衆国内国歳入庁による法人の慈善支出控除のデータおよびFoundation Centerの報告による企業の寄付。財団の寄与については、財団に対する調査およびFoundation Centerのデータによる。資金配分の推計値は、各種の非営利機関調査に基づく。比較できないが類似のデータとして『アメリカ歴史統計』系列H398-411も参照]

出資者、出資先	1990	1995	2000	2001	2002	2003	2004	2005	2006	2007	2008	2009
資金総額	101.4	123.7	229.7	231.1	231.5	236.3	260.5	293.8	294.9	306.4	307.7	303.8
個人	81.0	95.4	174.5	172.4	172.8	180.2	202.2	221.4	223.0	229.0	229.3	227.4
財団法人[1]	7.2	10.6	24.6	27.2	27.0	26.8	28.4	32.4	34.9	38.5	41.2	38.4
社団法人	5.5	7.4	10.7	11.6	10.8	11.1	11.4	16.6	15.4	15.7	14.5	14.1
慈善遺贈	7.6	10.4	19.8	19.8	20.9	18.2	18.5	23.5	21.7	23.2	22.7	23.8
寄贈先：												
宗教団体	49.8	58.1	77.0	79.9	82.9	84.6	88.0	93.0	97.7	102.3	106.9	101.0
保健事業	9.9	13.9	16.4	18.3	17.8	17.8	20.2	22.5	22.0	23.2	21.6	22.5
教育	12.4	15.6	29.7	32.7	30.0	30.0	33.8	37.3	40.7	43.3	40.9	40.0
社会事業	11.8	9.7	20.0	21.8	24.4	24.4	24.4	26.1	27.4	29.6	25.9	27.1
芸術および教養、人文関係事業	7.9	5.7	10.5	11.4	10.1	10.8	11.8	11.8	12.7	13.7	12.8	12.3
公的事業および社会給付事業	4.9	11.3	15.4	16.5	18.0	16.4	18.8	21.3	21.4	22.7	23.8	22.8
環境／野生動植物	2.5	2.3	4.8	5.3	5.3	5.4	5.5	6.0	6.3	7.0	6.6	6.2
国際	1.3	3.0	7.2	8.3	8.7	9.8	11.6	15.2	11.4	13.2	13.3	8.9
財団への寄付[1]	3.8	8.5	24.7	25.7	19.2	21.6	20.3	27.5	30.6	27.7	32.7	31.0
その他[2]	-3.0	-4.4	24.2	11.3	14.6	13.8	26.2	33.2	24.8	23.7	19.4	28.6

1．2001年までのデータはFoundation Centerのもの　2．寄付控除が申請された額。政府企業への寄付、寄付に準じるもの、新規の項目等が含まれる

資料：Giving USA Foundation 2010, Glenview, IL, researched and written by the Center on Philanthropy at Indiana University, *Giving USA*（年刊）(copyright)

No.581. 財団——資産規模別財団数および財務：1990－2009年

[表中の数値は各財団の報告する最新年のデータ。142,500は1425億ドルを表す。善意によって、社会・教育・宗教活動を維持あるいは援助することを目的とする、理事や評議員によって資金やプログラムを管理する非政府・非営利の組織。一般向けて募金をする組織、同業者団体またはその他の特定グループを代表する団体、現在資金提供を行っていない組織を除く]

資産規模	数	資産 (100万ドル)	寄付受領額 (100万ドル)	補助金[1] (100万ドル)
1990	32,401	142,500	5,000	8,700
2000	56,582	486,100	27,600	27,600
2005	71,095	550,600	31,500	36,400
2008	75,595	564,951	39,554	46,781
2009, 計	**76,544**	**590,188**	**40,862**	**45,778**
50,000ドル未満	12,551	193	2,354	2,590
50,000－99,999ドル	4,958	367	154	207
100,000－249,999ドル	10,153	1,703	409	573
250,000－499,999ドル	9,738	3,557	396	589
500,000－999,999ドル	10,980	7,952	968	1,345
1,000,000－4,999,999ドル	17,887	40,844	2,790	4,098
5,000,000－9,999,999ドル	4,214	29,857	2,194	2,660
10,000,000－49,999,999ドル	4,558	96,565	7,185	8,659
50,000,000－99,999,999ドル	762	52,417	3,920	4,530
100,000,000－249,999,999ドル	483	71,981	4,876	4,749
250,000,000ドル以上	260	284,754	15,616	15,777

1．助成金、奨学金、従業員マッチングギフトを含む。保留分、事業連携投資（PRI）、事業支出を除く

資料：The Foundation Center, New York, NY, *Foundation Yearbook 2011*（年刊）(copyright)

No.582. 国内の民間財団——法定資料：1990－2007年

[金額の単位は10億ドル（122.4は1224億ドルを表す）。マイナス（－）は減少を示す]

項目	1990	1995	1999	2000	2001	2002	2003	2004	2005	2006	2007
報告数	40,105	47,917	62,694	66,738	70,787	73,255	76,348	76,897	79,535	81,850	84,613
非事業型財団[1]	36,880	43,966	58,840	61,501	63,650	67,101	70,004	70,613	72,800	74,364	77,457
事業型財団[2]	3,226	3,951	3,854	5,238	7,137	6,154	6,344	6,284	6,734	7,486	7,156
総資産、帳簿価格	122.4	195.6	384.6	409.5	413.6	383.5	418.5	455.5	481.8	569.3	591.2
総資産、市場価格	151.0	242.9	466.9	471.6	455.4	413.0	475.0	509.9	545.9	645.8	652.4
証券投資	115.0	190.7	363.4	361.4	329.4	294.4	344.3	361.2	373.1	403.7	400.3
総収入	19.0	30.8	83.3	72.8	45.3	27.8	48.4	58.7	76.4	94.1	107.3
総支出	11.3	17.2	33.9	37.4	36.7	34.4	35.1	36.6	42.8	48.8	58.8
寄付、贈与、譲渡の実施	8.6	12.3	22.8	27.6	27.4	26.3	26.7	27.6	31.9	34.9	42.6
純収入＝総収入－総支出	7.7	13.6	49.4	35.3	8.6	-6.6	13.3	22.1	33.5	45.3	48.6
純投資収入[3]	11.9	20.4	57.1	48.8	25.7	17.6	25.2	34.0	44.3	54.2	62.8

1．一般に助成金等金銭型の援助を通して、慈善団体を支援する。財団の大半は非事業型である　2．一般に自身の慈善活動を行っている（博物館等）　3．財団の慈善目的にかかわらないと考えられる収入を表す。利子、配当、キャピタルゲイン等。これらの収入に対しては消費税を課される

資料：Internal Revenue Service, Statistics of Income, SOI Tax State-Charities & Other Tax-Exempt Organizations; <http://www.irs.gov/taxstats/charitablestats/article/0,,id=96996,00.html#2> も参照（2011年2月現在）

No.583. 非営利慈善団体――法定資料：2000－2007年

[単位：10億ドル（1,562.5は1兆5625億ドルを表す）。米国免税公益団体（NTEE=National Taxonomy of Exempt Entities）に基づく分類。NTEEは26の主要な分野を10のカテゴリーに分類するシステム。内国歳入分類の501（3）にあたる組織により報告されたデータ。民間財団や大半の宗教組織は除外する。収入が2万5千ドル未満の組織は法定資料提出の義務がない]

年および カテゴリ	報告数 (1,000)	総資産	基金収支 または 純資産	収入 計	各種 プログラム の収益[1]	寄付・ 贈与・ 譲渡	総支出	総収入－ 総支出＝ 純収入
2000年	230.2	1,562.5	1,023.2	866.2	579.1	199.1	796.4	69.8
2007年、計	313.1	2,683.4	1,674.4	1,445.9	980.3	324.5	1,317.2	128.7
芸術、文化、人道	31.8	102.2	82.1	34.0	8.3	18.5	28.3	5.7
教育	55.4	939.8	663.6	293.1	149.1	92.2	243.9	49.2
環境、動物愛護	14.4	39.9	33.4	14.8	3.0	9.7	11.4	3.3
保健事業	36.5	1,015.4	542.6	801.0	697.4	60.2	758.7	42.3
社会事業	120.0	290.3	141.6	187.8	98.8	72.0	178.8	9.0
国際、外交	5.1	23.7	17.2	22.6	1.8	19.6	21.6	1.0
互恵	0.7	18.3	8.9	3.3	2.0	0.2	2.5	0.8
公共、社会	29.4	228.4	164.6	78.6	18.4	44.6	62.7	15.9
宗教関連	19.9	25.8	20.4	10.9	1.4	7.6	9.4	1.6

1．組織が、その組織の免税の理由となった事業において収集した料金および収入。教育機関における授業料、病院における患者の支払、博物館の入場料、参加費等

資料：Internal Revenue Service, Statistics of Income, SOI Tax State-Charities & Other Tax-Exempt Organizations Statistics; <http://www.irs.gov/taxstats/charitablestats/article/0,,id=97176,00.html#3> も参照

No.584. 個人の慈善寄付――州別：2008年

[単位：100万ドル（170,397は1703億9700万ドルを表す）および1000件。課税年度。州別データを引き出すために用いられた方法論が異なるため、本表のデータは他の表のデータと一致しない]

州	慈善寄付 件数 (1,000)	慈善寄付 金額 (100万ドル)	州	件数 (1,000)	金額 (100万ドル)	州	件数 (1,000)	金額 (100万ドル)	州	件数 (1,000)	金額 (100万ドル)
合衆国[1][2]	39,235	170,397	IL	1,742	7,123	NE	215	1,006	SD	59	417
AL	538	2,908	IN	668	2,733	NV	348	1,289	TN	570	3,380
AK	68	303	IA	353	1,296	NH	182	505	TX	2,133	13,660
AZ	804	2,912	KS	330	1,568	NJ	1,603	5,340	UT	386	2,849
AR	241	1,316	KY	450	1,813	NM	181	690	VT	71	247
CA	4,968	20,777	LA	374	2,112	NY	2,899	13,732	VA	1,241	5,677
CO	747	2,982	ME	148	402	NC	1,244	5,362	WA	886	3,615
CT	640	2,617	MD	1,140	4,693	ND	49	226	WV	106	457
DE	128	465	MA	1,054	3,757	OH	1,389	4,676	WI	811	2,454
DC	102	647	MI	1,308	4,693	OK	359	2,602	WY	46	412
FL	2,116	9,596	MN	871	3,296	OR	550	1,923			
GA	1,338	6,177	MS	253	1,466	PA	1,556	5,778			
HI	175	569	MO	668	2,810	RI	157	420			
ID	181	813	MT	112	478	SC	545	2,561			

1．各州の数値の合計は合衆国計と一致しない。表中には示されないその他の要素があるためである　2．合衆国計の値は、第9章の表No.489の数値と一致しない。本表では、(1)みなし申告（内国歳入庁が申告のない者についても調査をして、推定所得に課税する）、(2)非居住者および出国した外国人の申告を含むためである

資料：Internal Revenue Service, *Statistics of Income Bulletin*, 春号; <http://www.irs.gov/taxstats/article/0,,id=117514,00.html> も参照

No.585. ボランティア活動――諸特徴別：2010年

[単位：%、別に示す場合を除く。2009年9月1日から2010年9月までの何れかの時点において、団体の無給ボランティア活動を行った人に関連したボランティアのデータ。活動に従事する人口のパーセンテージで表わす]

主要団体のタイプ[1]	性別 男女計	男性	女性	教育水準[2] 高校 卒業	高校卒業、 大学なし[3]	学士 未満[4]	大学 卒業
ボランティア、計(1,000人)	62,790	26,787	36,004	2,231	10,887	15,505	25,870
人口に占める割合(%)	26.3	23.2	29.3	8.8	17.9	29.2	42.3
年間時間数中央値[5]	52	52	52	52	52	52	56
市民および政治[6]	5.3	6.4	4.5	3.3	5.1	5.5	5.7
教育または対青少年サービス	26.5	25.4	27.2	23.9	23.7	25.2	27.3
環境保護または動物愛護	2.4	2.4	2.5	0.4	1.5	2.4	2.7
病院またはその他の保健	7.9	6.5	9.0	4.7	8.1	8.4	7.6
公安	1.3	2.2	0.6	1.1	1.8	1.7	0.7
宗教	33.8	32.9	34.5	49.7	39.0	34.3	31.9
社会福祉またはコミュニティサービス	13.6	14.2	13.1	11.1	12.9	13.2	14.3
スポーツまたは趣味[7]	3.3	3.9	2.8	1.2	2.5	3.1	3.9

1．主要団体とは、ボランティアが年間を通じてもっとも多くの時間を費やした団体を示す。詳細については頭注を参照　2．25歳以上の人に関するデータ　3．高校卒業または同程度を含む　4．大学在学中、学位無し、および準学士のカテゴリーを含む　5．年間時間数の報告があった人に関して　6．専門団体、および/または国際団体を含む　7．教養および芸術を含む

資料：U.S. Bureau of Labor Statistics, *News*, USDL 11-0084 (2011年1月号); <http://www.bls.gov/news.release/pdf/volun.pdf> も参照

第12章
労働力・雇用・所得

　本章では、労働力人口の職業別・産業別分布および労働の需要と供給や労働条件に関するデータを提示する。主要な資料は、センサス局が労働統計局（BLS：Bureau of Labor Statistics）のために実施している毎月人口調査（CPS：Current Population Survey）である。労働統計局は総合的な時系列のデータをインターネットサイト<http://www.bls.gov/cps/>で公表している。また労働統計局は毎月『Employment and Earnings online』を刊行して最新のデータを公表している。10年ごとの人口センサスからも労働に関する詳細なデータを入手できる。

データのタイプ

　本章のほとんどの統計の収集方法は世帯のインタビュー調査または質問票による調査、または事業所の給与支払簿の記録から入手する方法によっている。これらの方法は、相互にデータの不足を補い、人口学的特徴は世帯調査からであれば容易に入手できるのに対して詳細な産業分類は事業所の記録からでないと簡単には導き出せない。

　CPSは毎月の人口標本調査によっている。毎月人口調査（CPS）は各月の12日を含む週の調査に基づいている。CPSは労働力人口に関する包括的なデータを提供する（第1章を参照）。CPSは全ての個人を就業者、失業者または非労働力人口のいずれかに分類し、職業上の地位に関する情報を提供している。2つ以上職業を持つ就業者は調査の対象期間（週）の間に従事した時間が多い方の職業に分類される。

　CPS調査による月別、季別、年間の人口、労働力のデータは、労働統計局の『Employment and Earnings online』で公表される。データ内容は、性別・人種別またはヒスパニック系、ラテンアメリカ系・年齢別の民間の労働力人口、就業者数、労働時間、産業・職業、失業者数・失業理由および失業期間等である。本章で示す年間データは特に断らない限り月別データの暦年平均である。

時系列のCPSデータは<http://www.bls.gov/cps/>を参照。

　CPSは月別データの他に各州および50の大規模大都市統計地区および主要都市の雇用と失業の年間推計を行っている。それらの推計はBLSから『Geographic Profile of Employment and Unemployment』<http://www.bls.gov/opub/gp/laugp.htm>として出版されている。より詳細な地域別データ（例えば郡や市について）は10年おき人口センサスによるのがよい。

　BLSおよびこれに協力する各州の関係機関は、雇用統計プログラム（Current Employment Statistics Program）の一環として、事業所の記録に基づく各種データを共同で集計している。BLSは毎月、確率ベースの標本から調査データを収集している。調査は非農業の事業所から、電子データ交換、プッシュ式電話機によるデータ入力、コンピュータを利用した電話インタビュー、インターネットその他の電子媒体、ファックスまたは郵送によって収集される。CESデータは、その他の政府機関のデータによって補完された、政府の失業保険の行政記録によるデータにより毎年調整される。この推計では非法人企業の所有者、自営業者、個人家内労働者、無給家族労働者、農業労働者、兵員は除外されている。2010年3月における報告のあった事業所が雇用していた従業員数は、製造業280万人（当時の製造業雇用合計の25％）、民間非製造業2,060万人（民間非製造業総雇用の21.8％）、連邦・州・地方政府1,560万人（全政府職員の68％）となっている。

　事業所調査は調査対象の各事業所の参照期間（各月の12日を含む週）に給与支払簿に載っている労働者数を算定している。事業所調査は、非農業の賃金給与労働者、週平均労働時間、および平均時給・週給を、国全体と州別および大都市地区別に、詳細な産業分類別で推計するべく行われる。事業所調査の結果は『Employment and Earnings online』に掲載される。国の歴史的時系列データは〈http://www.bls.gov/ces〉で公表されている。州・大都市地区の歴史的時系列のデータについては〈http://www.bls.gov/sae/〉を参照。

CESの推計値は、現在2008年北米産業分類システムに基づいて分類されている。刊行されている全国版のデータは、1990年まで遡って北米産業分類に準拠したデータとなっている。非農業の雇用およびその他の集計値に関する統計シリーズは1939年に開始している。

州別・大都市地区別事業所調査データの標本デザインの更新とNAICSへの移行は2003年3月に2003年1月の推計値がリリースされた時点で終了した。州別・大都市地区別の事業所調査データの変更に関する議論については、『Employment and Earnings online』2003年3月号の"Revision to the Current Employment Statistics State and Area Estimates Effective January 2003"を参照。

労働力

CPSの定義によると、16歳以上の民間非施設収容人口は以下の基準に基づいて「就業者」と「失業者」に分類される。即ち非兵役就業者は、(a)調査期間の週に1時間以上の有給または有利潤労働をした者、または15時間以上の無給家内労働に従事した者 (b)雇用されているかまたは自分の事業を持っている者で非経済的理由（病気、気象状況、休暇、労働争議等）で一時的に働かなかった者（給料受取りの有無、転職の為の活動中であるか否かにかかわらず）、のいずれかと定義される。失業者は、調査期間中就業していなかった者で、調査日までの4週間に求職活動を行い（直接応募、公的職業安定所への申し込み、友人への依頼を含む）調査週の間に就業希望を持っていた者と定義されるが、一時的な病気は除く。レイオフ中の者および待機中の者も失業者に含まれる。したがって就業者でも失業者でもない16歳以上の市民は非労働力人口である。

CPSのデータは、人口調整の導入その他の変更によって、時系列的に断絶している部分がある。断絶の詳細については、『Employment and Earnings online』の解説ノートと推計誤差のセクションに、世帯別データにおける労働力の時系列比較ができないことが解説されている。また〈http://www.bls.gov/cps/eetech_methods.pdf〉を参照。

毎年1月以降、CPSのデータは改訂された人口コントロールの導入を反映している。改訂人口コントロールによるCPSの推計に対する影響についての情報は、〈http://www.bls.gov/cps/documentation.htm#pop〉を参照。

労働時間と収入

事業所統計に基づく時間当たり平均収入は総収入（源泉徴収以前の収入）を時間当たりにしたものであり、時間外手当は含まれるがボーナス等の不定期支払い額は除外されている。労働時間は給料支払いの対象となった時間を指している。これに対してCPSの年間賃金や給与は所得が発生した年に受け取ったすべての現金収入、すなわち、税金、債券、組合費等の控除前の賃金、給与、手数料、チップ、出来高払い報酬およびボーナスを含む。CPSでは週35時間以上働いた者は常勤従業者として分類している。

産業・職業別集団

1983-91年のCPSによる労働力の産業別データは1980年センサスのために1972年SICにより開発された産業分類によって分類されている。1971年から1982年までのCPSデータは1967年SICの開発による1970年センサス分類システムに基づいて分類されている。しかしほとんどの産業分類はあまり大きく変わっていない。

1980年センサスおよび1983-91年のCPSで行われている職業分類は1977年に導入された1980年標準職業分類（Standard Occupational Classification：SOC）を基にしている。1980年センサスで使われた職業分類は、1982年までのCPSで使われていた1970年センサスの職業分類とはかなり異なっているために、歴史的時系列データに断層が生じている。したがって1980年分類に変換せずに1970年分類のまま表示されている場合（例、表No.629）、2つの系列をそのまま比較するような利用は避けるべきである。

1992年1月以降、1990年センサスで用いられた

職業および産業分類がCPSに導入された（この分類システムは1980年標準職業分類（SOC）と1987年標準産業分類（SIC）に基づくものである）。2003年以降、2002年職業および産業分類システムがCPSに導入された。これらのシステムは、2000年標準職業分類（2000 Standard Occupational Classification：SOC）と2002年北米産業分類システム（2002 North American Industry Classification System：NAICS）から引き出されている。この新分類システムによる職業および産業分類の構成は、集計して広範囲のグループにまとめる仕組みがそうであったように、従来用いられていたシステムからかなり変更されたものとなっている。その結果、新システムに従った場合には全レベルの集団において既存のデータ系列に断絶を生じている。新分類システムを用いたCPSのデータは2000年以降からのものである。CPSで用いられる職業分類や産業分類に関する詳細については、その変遷も含めて、BLSのウェブサイト <www.bls.gov/cps/documentation> を参照。事業所調査に回答した事業所は、2007年北米産業分類に基づいて分類される。かつては国際産業分類に基づいて分類されていた。国際産業分類と北米産業分類については、第15章の解説を参照のこと。

生産性

労働統計局（BLS）は時間当たり生産量（労働生産性）および労働・資本投入の複合単位当たり生産量（総投入要素生産性、全要素生産性ともいう）、また、産業分類および産業については、資本・労働・エネルギー・原料・購入サービスの投入の複合単位当たり生産量、によって推計された生産性に関するデータを公表している。労働生産性および関連指数は経済活動部門およびその細分類部門（即ち、非農業、製造業、非金融法人、200以上の詳細にわたる産業）に関して公表されている。資本、労働、エネルギー、原料およびサービスの投入を考慮した生産性指数は、18種の主要な製造業分類と、86種のより詳細な製造業、公益事業および航空、鉄道輸送業分類について公刊されている。主要な部門データはBLSの季刊『Productivity and Costs』および年刊『Multifactor Productivity Trends』として出版されている。特定の産業の生産性指数は、毎年、『Productivity and Costs by Industry』および『Multifactor Productivity Trends by Industry』に公表される。最新のデータについては「労働性とコスト」のウェブサイト <http://www.bls.gov/lpc/home.htm> および「多部門生産性」のウェブサイト <http://www.bls.gov/mfp.home.htm> を参照。方法、範囲およびデータ資料に関する詳細な情報はBLS Bulletin 2490（1997年）の『BLS Handbook of Methods』第10章、11章に掲載されている。

労働組合

本章でいう労働組合は、伝統的な労働組合および労働組合に類似した従業員組織を含んでいる。BLSの諸統計では、組合員の地位に関するデータは、賃金俸給労働者を主要な仕事で分類したものである。組合員の収入は、フルタイムの賃金俸給労働者の通常の週当たり収入である。これらのデータは毎月人口調査を通じて収集されている。

労働損失

労働損失はBLSが認知した少なくとも完全に1日または1シフト継続した1,000人以上の労働者による全てのストライキと工場閉鎖を含んでいる。これらは労働組合の認可したものとしないもの、合法的なものと非合法的なものも含む。就業者が組合集会に参加するために遅刻して仕事に就いたり早退することを通知した事例やスローダウン（抗議行動として、操業速度を落とすこと）は除外している。

季節調整

多くの経済統計は過去の例から推定され得る規則的な循環的季節変動を持っている。通常の季節変動（天候、あるいは学校の開校と閉校など）に帰するような変動部分を除外することにより、シリーズにおける季節的変動と非季節的動向を区別して観測することが可能である。しかしながら、季節調整は過去の経験に基づいた概算であることを銘記する必要がある。季節調整された推計値は標本誤差、その他の誤差に加えて調整自体が不確実性の影響を受けるので、オリジナルデータよりも誤差が大きい可能性がある。BLSのデータに合

わせて、年間推計値は季節調整なしのデータのみ公刊されている。

統計的信頼度

センサス局と労働統計局の統計収集は、推計、標本抽出、統計的信頼度については、付録Ⅲを参照。

歴史統計

各表の見出しは『アメリカ歴史統計、植民地時代～1970年』に対応している。クロスリファレンスについては、付録Ⅰを参照。

No.586. 民間人口の雇用状況：1970－2010年

［単位：1,000人（137,085は1億3708万5000を表す）および%。月別統計の年間平均値。16歳以上の民間非施設収容人口。毎月人口調査に基づく。第1章の解説および付録Ⅲを参照。『アメリカ歴史統計』系列D11-19およびD85-86も参照］

年	民間非施設収容人口	民間労働力人口					失業者		非労働力人口	
		人数	非施設収容人口に占める割合(%)	被雇用者	被雇用者の非施設収容人口に占める割合[1](%)		人数	労働力人口に占める割合(%)	人数	非施設収容人口に占める割合(%)
1970........	137,085	82,771	60.4	78,678	57.4		4,093	4.9	54,315	39.6
1980........	167,745	106,940	63.8	99,303	59.2		7,637	7.1	60,806	36.2
1990[2]......	189,164	125,840	66.5	118,793	62.8		7,047	5.6	63,324	33.5
1995........	198,584	132,304	66.6	124,900	62.9		7,404	5.6	66,280	33.4
1996........	200,591	133,943	66.8	126,708	63.2		7,236	5.4	66,647	33.2
1997[2]......	203,133	136,297	67.1	129,558	63.8		6,739	4.9	66,836	32.9
1998........	205,220	137,673	67.1	131,463	64.1		6,210	4.5	67,547	32.9
1999[2]......	207,753	139,368	67.1	133,488	64.3		5,880	4.2	68,385	32.9
2000[2]......	212,577	142,583	67.1	136,891	64.4		5,692	4.0	69,994	32.9
2001........	215,092	143,734	66.8	136,933	63.7		6,801	4.7	71,359	33.2
2002........	217,570	144,863	66.6	136,485	62.7		8,378	5.8	72,707	33.4
2003[2]......	221,168	146,510	66.2	137,736	62.3		8,774	6.0	74,658	33.8
2004[2]......	223,357	147,401	66.0	139,252	62.3		8,149	5.5	75,956	34.0
2005[2]......	226,082	149,320	66.0	141,730	62.7		7,591	5.1	76,762	34.0
2006[2]......	228,815	151,428	66.2	144,427	63.1		7,001	4.6	77,387	33.8
2007[2]......	231,867	153,124	66.0	146,047	63.0		7,078	4.6	78,743	34.0
2008[2]......	233,788	154,287	66.0	145,362	62.2		8,924	5.8	79,501	34.0
2009[2]......	235,801	154,142	65.4	139,877	59.3		14,265	9.3	81,659	34.6
2010[2]......	237,830	153,889	64.7	139,064	58.5		14,825	9.6	83,941	35.3

1．民間非施設収容人口に占める民間被雇用の割合　2．データはそれ以前のデータと厳密な比較ができない。本章の解説および『Employment and Earnings』1994年2月号、1996年3月号、1997-99年2月号、2003-2011年2月号を参照
資料：U.S. Bureau of Labor Statistics, "Employment and Earnings Online"（2011年1月号）; <http://www.bls.gov/opub/ee/home.htm> および <http://www.bls.gov/cps/home.htm> を参照

No.587. 民間労働力人口と有業率——人種別、性別、年齢別：1980－2018年

［16歳以上の民間非施設収容人口ベース（106.9は1億690万人を表す）。月別統計の年間平均値。有業率は各グループの民間非施設収容人口中の民間就労可能人口の有業率を表す。毎月人口調査に基づく。第1章の解説および付録Ⅲを参照。『アメリカ歴史統計』系列D42-48も参照］

人種、ヒスパニック、性別、年齢	民間労働力人口（100万人）						有業率（%）[1]					
	1980	1990[2]	2000[2]	2005[2]	2010[2]	2018, 予測値	1980	1990[2]	2000[2]	2005[2]	2010[2]	2018, 予測値
計[3]........	106.9	125.8	142.6	149.3	153.9	166.9	63.8	66.5	67.1	66.0	64.7	64.5
白人[4].......	93.6	107.4	118.5	122.3	125.1	132.5	64.1	66.9	67.3	66.3	65.1	64.5
男性.......	54.5	59.6	64.5	66.7	67.7	71.7	78.2	77.1	75.5	74.1	72.0	71.1
女性.......	39.1	47.8	54.1	55.6	57.4	60.8	51.2	57.4	59.5	58.9	58.5	58.2
黒人[4].......	10.9	13.7	16.4	17.0	17.9	20.2	61.0	64.0	65.8	64.2	62.2	63.3
男性.......	5.6	6.8	7.7	8.0	8.4	9.6	70.3	71.0	69.2	67.3	65.0	65.7
女性.......	5.3	6.9	8.7	9.0	9.4	10.7	53.1	58.3	63.1	61.6	59.9	61.2
アジア系[4][5]....	(NA)	(NA)	6.3	6.5	7.2	9.3	(NA)	(NA)	67.2	66.1	64.7	65.0
男性.......	(NA)	(NA)	3.4	3.5	3.9	4.9	(NA)	(NA)	76.1	74.8	73.2	73.7
女性.......	(NA)	(NA)	2.9	3.0	3.4	4.4	(NA)	(NA)	59.2	58.2	57.0	57.4
ヒスパニック[6]...	6.1	10.7	16.7	19.8	22.7	29.3	64.0	67.4	69.7	68.0	67.5	67.3
男性.......	3.8	6.5	9.9	12.0	13.5	17.1	81.4	81.4	81.5	80.1	77.8	78.2
女性.......	2.3	4.2	6.8	7.8	9.2	12.3	47.4	53.1	57.5	55.3	56.5	56.4
男性.......	61.5	69.0	76.3	80.0	82.0	88.7	77.4	76.4	74.8	73.3	71.2	70.6
16－19歳.....	5.0	4.1	4.3	3.6	3.0	2.9	60.5	55.7	52.8	43.2	34.9	33.2
20－24歳.....	8.6	7.9	7.5	8.1	7.9	8.1	85.9	84.4	82.6	79.1	74.5	75.2
25－34歳.....	17.0	19.9	17.8	17.8	18.4	20.2	95.2	94.1	93.4	91.7	89.7	90.6
35－44歳.....	11.8	17.5	20.1	19.5	18.1	19.1	95.5	94.3	92.7	92.1	91.5	92.0
45－54歳.....	9.9	11.1	16.3	18.1	18.9	18.0	91.2	90.7	88.6	87.7	86.8	87.1
55－64歳.....	7.2	6.6	7.8	10.0	12.1	14.5	72.1	67.8	67.3	69.3	70.0	71.2
65歳以上.....	1.9	2.0	2.5	3.0	3.7	5.9	19.0	16.3	17.7	19.8	22.1	26.7
女性.......	45.5	56.8	66.3	69.3	71.9	78.2	51.5	57.5	59.9	59.3	58.6	58.7
16－19歳.....	4.4	3.7	4.0	3.6	2.9	2.9	52.9	51.6	51.2	44.2	35.0	34.4
20－24歳.....	7.3	6.8	6.7	7.1	7.2	7.2	68.9	71.3	73.1	70.1	68.3	67.3
25－34歳.....	12.3	16.1	14.9	14.5	15.3	16.6	65.5	73.5	76.1	73.9	74.7	74.2
35－44歳.....	8.6	14.7	17.5	16.5	15.2	15.7	65.5	76.4	77.2	75.8	75.2	74.6
45－54歳.....	7.0	9.1	14.8	16.3	17.1	16.3	59.9	71.2	76.8	76.0	75.7	76.6
55－64歳.....	4.7	4.9	6.6	8.9	11.2	14.3	41.3	45.2	51.9	57.0	60.2	65.3
65歳以上.....	1.2	1.5	1.8	2.3	3.0	5.2	8.1	8.6	9.4	11.5	13.8	18.9

NA　データなし　1．民間非施設収容人口に占める民間労働力人口の割合（%）　2．表No.586の脚注2を参照　3．個別に明示しないその他の人種を含む　4．2005年の毎月人口調査（CPS）では回答者は複数の人種を選択することが可能である。2005年以降は、この人種グループのみを回答したものを含み、複数の人種を選択した者は除外している。2005年以前の毎月人口調査では単一の人種のみを選択するように求めていた。人種に関しては第1章の解説を参照　5．2005年以前は太平洋諸島民に含まれる　6．ヒスパニック、ラテン系は人種を問わない
資料：U.S. Bureau of Labor Statistics, "Employment and Earnings Online,"（2011年1月）; "Monthly Labor Review,"（2009年11月）; および "Employment Projections Program," <http://www.bls.gov/emp/ep_data_labor_force.htm>

第12章　労働力・雇用・所得　377

No.588. 民間人口の雇用状況――性別、人種別：1970－2009年

[単位：1,000人（64,304は6430万4000人を表す）および%。各月値の年間平均値。合衆国全体の計および対象については表No.586を参照。『アメリカ歴史統計』系列D11-19およびD85-86も参照]

年、性別、人種ヒスパニック	民間非施設収容人口	民間労働力人口				失業者		非労働力人口	
		計	非施設収容人口に占める割合(%)	被雇用者	被雇用者の非施設収容人口に占める割合¹(%)	人数	労働力人口に占める割合(%)	人数	非施設収容人口に占める割合(%)
男性：									
1970	64,304	51,228	79.7	48,990	76.2	2,238	4.4	13,076	20.3
1980	79,398	61,453	77.4	57,186	72.0	4,267	6.9	17,945	22.6
1990 ²	90,377	69,011	76.4	65,104	72.0	3,906	5.7	21,367	23.6
2000 ²	101,964	76,280	74.8	73,305	71.9	2,975	3.9	25,684	25.2
2005 ²	109,151	80,033	73.3	75,973	69.6	4,059	5.1	29,119	26.7
2008 ²	113,113	82,520	73.0	77,486	68.5	5,033	6.1	30,593	27.0
2009 ²	114,136	82,123	72.0	73,670	64.5	8,453	10.3	32,013	28.0
2010 ²	115,174	81,985	71.2	73,359	63.7	8,626	10.5	33,189	28.8
女性：									
1970	72,782	31,543	43.3	29,688	40.8	1,855	5.9	41,239	56.7
1980	88,348	45,487	51.5	42,117	47.7	3,370	7.4	42,861	48.5
1990 ²	98,787	56,829	57.5	53,689	54.3	3,140	5.5	41,957	42.5
2000 ²	110,613	66,303	59.9	63,586	57.5	2,717	4.1	44,310	40.1
2005 ²	116,931	69,288	59.3	65,757	56.2	3,531	5.1	47,643	40.7
2008 ²	120,675	71,767	59.5	67,876	56.2	3,891	5.4	48,908	40.5
2009 ²	121,665	72,019	59.2	66,208	54.4	5,811	8.1	49,646	40.8
2010 ²	122,656	71,904	58.6	65,705	53.6	6,199	8.6	50,752	41.4
白人：³									
1980	146,122	93,600	64.1	87,715	60.0	5,884	6.3	52,523	35.9
1990 ²	160,625	107,447	66.9	102,261	63.7	5,186	4.8	53,178	33.1
2000 ²	176,220	118,545	67.3	114,424	64.9	4,121	3.5	57,675	32.7
2005 ²	184,446	122,299	66.3	116,949	63.4	5,350	4.4	62,148	33.7
2008 ²	189,540	125,635	66.3	119,126	62.8	6,509	5.2	63,905	33.7
2009 ²	190,902	125,644	65.8	114,996	60.2	10,648	8.5	65,258	34.2
2010 ²	192,075	125,084	65.1	114,168	59.4	10,916	8.7	66,991	34.9
黒人：³									
1980	17,824	10,865	61.0	9,313	52.2	1,553	14.3	6,959	39.0
1990 ²	21,477	13,740	64.0	12,175	56.7	1,565	11.4	7,737	36.0
2000 ²	24,902	16,397	65.8	15,156	60.9	1,241	7.6	8,505	34.2
2005 ²	26,517	17,013	64.2	15,313	57.7	1,700	10.0	9,504	35.8
2008 ²	27,843	17,740	63.7	15,953	57.3	1,788	10.1	10,103	36.3
2009 ²	28,241	17,632	62.4	15,025	53.2	2,606	14.8	10,609	37.6
2010 ²	28,708	17,862	62.2	15,010	52.3	2,852	16.0	10,846	37.8
アジア系：³ ⁴									
2000	9,330	6,270	67.2	6,043	64.8	227	3.6	3,060	32.8
2005 ²	9,842	6,503	66.1	6,244	63.4	259	4.0	3,339	33.9
2008 ²	10,751	7,202	67.0	6,917	64.3	285	4.0	3,549	33.0
2009 ²	10,842	7,156	66.0	6,635	61.2	522	7.3	3,685	34.0
2010 ²	11,199	7,248	64.7	6,705	59.9	543	7.5	3,951	35.3
ヒスパニック：⁵									
1980	9,598	6,146	64.0	5,527	57.6	620	10.1	3,451	36.0
1990 ²	15,904	10,720	67.4	9,845	61.9	876	8.2	5,184	32.6
2000 ²	23,938	16,689	69.7	15,735	65.7	954	5.7	7,249	30.3
2005 ²	29,133	19,824	68.0	18,632	64.0	1,191	6.0	9,310	32.0
2008 ²	32,141	22,024	68.5	20,346	63.3	1,678	7.6	10,116	31.5
2009 ²	32,891	22,352	68.0	19,647	59.7	2,706	12.1	10,539	32.0
2010 ²	33,713	22,748	67.5	19,906	59.0	2,843	12.5	10,964	32.5
メキシコ人：									
1990 ²	9,752	6,707	68.8	6,146	63.0	561	8.4	3,045	31.2
2000 ²	15,333	10,783	70.3	10,144	66.2	639	5.9	4,550	29.7
2005 ²	18,523	12,671	68.4	11,887	64.2	784	6.2	5,851	31.6
2008 ²	20,474	14,009	68.4	12,931	63.2	1,078	7.7	6,465	31.6
2009 ²	20,923	14,210	67.9	12,478	59.6	1,732	12.2	6,713	32.1
2010 ²	21,267	14,403	67.7	12,622	59.4	1,781	12.4	6,864	32.3
プエルトリコ人：									
1990 ²	1,718	960	55.9	870	50.6	91	9.5	758	44.1
2000 ²	2,193	1,411	64.3	1,318	60.1	92	6.6	783	35.7
2005 ²	2,654	1,619	61.0	1,492	56.2	126	7.8	1,035	39.0
2008 ²	2,854	1,822	63.9	1,634	57.3	188	10.3	1,032	36.2
2009 ²	2,962	1,850	62.4	1,594	53.8	256	13.8	1,113	37.6
2010 ²	3,110	1,906	61.3	1,612	51.8	293	15.4	1,204	38.7
キューバ人：									
1990 ²	918	603	65.7	559	60.9	44	7.2	315	34.3
2000 ²	1,174	740	63.1	707	60.3	33	4.5	434	37.0
2005 ²	1,259	755	60.0	730	58.0	25	3.3	503	40.0
2008 ²	1,422	897	63.1	841	59.1	57	6.3	525	36.9
2009 ²	1,442	877	60.8	795	55.1	82	9.4	565	39.2
2010 ²	1,549	970	62.6	850	54.9	120	12.4	579	37.4

1．民間非施設収容人口の被雇用率（%） 2．表No.586の脚注2を参照 3．2005年以降この人種のみを選択した者。表No.585の脚注4を参照 4．2005年以前は太平洋諸島民に含まれる 5．ヒスパニックまたはラテン系は人種を問わない。個別に明示しないがその他のヒスパニックまたはラテン系人種を含む

資料：U.S. Bureau of Labor Statistics, "Employment and Earnings Online,"（2011年1月号、2011年3月）; <http://www.bls.gov/opub/ee/home.htm> および <http://www.bls.gov/cps/home.htm> を参照

No.589. 外国生まれ人口と合衆国生まれ人口の雇用状況：2010年

［237,830は2億3783万人を表す。別に注記する場合を除き16歳以上の民間非施設収容人口。月間数値の年間平均。毎月人口調査に基づく。第1章の解説および付録Ⅲを参照］

特徴	民間非施設収容人口(1000人)	民間労働力人口					労働力非参入
		計(1000人)	参入率[1]	就業人口(1000人)	失業人口		
					人数(1000人)	失業率	
計	237,830	153,889	64.7	139,064	14,825	9.6	83,941
男性	115,174	81,898	71.2	73,359	8,626	10.5	33,189
女性	122,656	71,904	58.6	65,705	6,199	8.6	50,752
外国生まれ							
計[2]	35,869	24,356	67.9	21,969	2,387	9.8	11,514
男性	17,936	14,375	80.1	12,946	1,429	9.9	3,561
女性	17,934	9,981	55.7	9,023	958	9.6	7,953
年齢：							
16－24歳	3,533	1,975	55.9	1,661	314	15.9	1,559
25－34歳	7,714	5,936	77.0	5,387	550	9.3	1,778
35－44歳	8,470	6,884	81.3	6,265	619	9.0	1,586
45－54歳	6,949	5,719	82.3	5,172	547	9.6	1,231
55－64歳	4,528	3,011	66.5	2,727	284	9.4	1,517
65歳以上	4,674	831	17.8	757	74	8.9	3,843
人種およびヒスパニック：							
白人、非ヒスパニック	7,363	4,470	60.7	4,138	332	7.4	2,893
黒人、非ヒスパニック	2,898	2,162	74.6	1,893	269	12.4	736
アジア系、非ヒスパニック	8,073	5,315	65.8	4,928	386	7.3	2,758
ヒスパニック[3]	17,162	12,152	70.8	10,776	1,376	11.3	5,010
教育水準：							
25歳以上、計	32,336	22,381	69.2	20,308	2,073	9.3	9,955
高校卒業未満	9,620	5,930	61.6	5,219	712	12.0	3,690
高校卒業、大学進学なし[4]	8,284	5,663	68.4	5,087	576	10.2	2,621
大学または準学位	5,200	3,818	73.4	3,463	355	9.3	1,382
学士以上[5]	9,232	6,970	75.5	6,539	431	6.2	2,263
合衆国生まれ							
計[2]	201,960	129,533	64.1	117,095	12,438	9.6	72,427
男性	97,238	67,610	69.5	60,414	7,196	10.6	29,628
女性	104,722	61,923	59.1	56,682	5,242	8.5	42,799
年齢：							
16－24歳	34,415	18,960	55.1	15,417	3,543	18.7	15,455
25－34歳	33,189	27,678	83.4	24,842	2,836	10.2	5,511
35－44歳	31,620	26,482	83.8	24,398	2,084	7.9	5,138
45－54歳	37,348	30,242	81.0	28,019	2,223	7.4	7,106
55－64歳	31,357	20,286	64.7	18,909	1,377	6.8	11,072
65歳以上	34,032	5,886	17.3	5,511	375	6.4	28,145
人種およびヒスパニック：							
白人、非ヒスパニック	153,448	99,478	64.8	91,483	7,994	8.0	53,971
黒人、非ヒスパニック	24,691	14,996	60.7	12,529	2,467	16.5	9,695
アジア系、非ヒスパニック	2,900	1,782	61.5	1,641	141	7.9	1,117
ヒスパニック[3]	16,551	10,596	64.0	9,130	1,467	13.8	5,955
教育水準：							
25歳以上、計	167,546	110,573	66.0	101,679	8,895	8.0	56,972
高校卒業未満	16,046	5,949	37.1	4,896	1,053	17.7	10,097
高校卒業、大学進学なし[4]	53,753	32,573	60.6	29,206	3,367	10.3	21,180
大学または準学位	47,022	33,022	70.2	30,284	2,738	8.3	14,000
学士以上[5]	50,724	39,029	76.9	37,293	1,736	4.4	11,696

1．民間非施設収容人口に対する労働力人口の％　2．個別に明示しないその他の人種を含む　3．ヒスパニックは人種を問わない　4．高校卒業およびそれと同等の資格を含む　5．学士、修士、博士、および職業学位を含む

資料：U.S. Bureau of Labor Statistics, *Foreign-Born Workers: Labor Force Characteristics in 2010*, News Release, USDL-11-0763 (2011年5月); <http://www.bls.gov/news.release/forbrn.toc.htm> を参照

No.590. 18歳以上人口の雇用状況——退役軍人、従軍期間別、性別：2010年

[単位：1000人（228,886は2億2888万6000人を表す）。18歳以上の民間非施設収容人口。退役軍人とは、米国軍隊にかつて現役軍人として所属し、調査時においては民間人であった男女。第10章の解説を参照。月間値の年間平均。毎月人口調査に基づく。第1章の解説および付録Ⅲを参照]

軍務の有無、従軍期間、および性別	民間非施設収容人口	民間労働力 計	人口比%	雇用 計	人口比%	失業 計	人口比%	労働力非参入
18歳以上	228,886	151,888	66.4	137,646	60.1	14,242	9.4	76,998
退役軍人	22,011	11,758	53.4	10,738	48.8	1,020	8.7	10,253
湾岸戦争、計	5,091	4,311	84.7	3,911	76.8	399	9.3	780
第一次湾岸戦争[1]	2,922	2,528	86.5	2,334	79.9	194	7.7	394
第二次湾岸戦争[2]	2,169	1,783	82.2	1,577	72.7	205	11.5	386
第2次世界大戦、朝鮮戦争、ベトナム戦争[3]	11,006	3,993	36.3	3,662	33.3	331	8.3	7,013
その他の期間[4]	5,914	3,455	58.4	3,165	53.5	290	8.4	2,459
退役軍人以外[5]	206,875	140,130	67.7	126,908	61.3	13,222	9.4	66,745
男性、18歳以上	110,634	80,995	73.2	72,684	65.7	8,311	10.3	29,639
退役軍人	20,225	10,650	52.7	9,717	48.0	933	8.8	9,575
湾岸戦争、計	4,272	3,703	86.7	3,358	78.6	345	9.3	569
第一次湾岸戦争[1]	2,472	2,181	88.2	2,009	81.3	171	7.8	291
第二次湾岸戦争[2]	1,800	1,523	84.6	1,348	74.9	174	11.4	278
第二次世界大戦、朝鮮戦争、ベトナム戦争[3]	10,638	3,880	36.5	3,555	33.4	324	8.4	6,758
その他の期間[4]	5,315	3,067	57.7	2,804	52.8	263	8.6	2,248
退役軍人以外[5]	90,409	70345	77.8	62,967	69.6	7,378	10.5	20,064
女性、18歳以上	118,252	70,893	60.0	64,962	54.9	5,931	8.4	47,359
退役軍人	1,786	1,108	62.1	1,021	57.2	87	7.9	678
湾岸戦争、計	819	607	74.2	554	67.6	54	8.9	212
第一次湾岸戦争[1]	450	347	77.1	325	72.1	23	6.5	103
第二次湾岸戦争[2]	369	260	70.6	229	62.2	31	12.0	108
第二次世界大戦、朝鮮戦争、ベトナム戦争[3]	368	113	30.7	107	29.0	6	5.5	255
その他の期間[4]	599	388	64.7	361	60.2	27	7.0	211
退役軍人以外[5]	116,466	69,785	59.9	63,941	54.9	5,844	8.4	46,681

1．第一次湾岸戦争期は、1990年8月から2001年8月　2．第二次湾岸戦争期は、2001年9月から現在　3．第二次世界大戦は1941年12月から1945年12月、朝鮮戦争は1950年7月から1955年1月、ベトナム戦争は、1964年8月から1975年4月　4．その他の期間とは、上記に含まれないすべての期間　5．合衆国軍隊に現役兵員として所属したことのないすべての男女

資料：Bureau of Labor Statistics, *Employment Situation of Veterans-2010*, 新刊, USDL-11-0306（2011年3月）; ⟨http://www.bls.gov/news.release/vet.nr0.htm⟩ も参照

No.591. 障害者の労働力参入状況：2010年

[26,592は2659万2000人を表す。16歳以上の民間非施設収容人口。障害者とは、日常生活に支障をきたす、身体的、精神的、感情面の障害のあるもの。月間値の年間平均。毎月人口調査に基づく。第1章の解説および付録Ⅲを参照]

特徴	民間非施設収容人口(1,000人)	民間労働力 計(1,000人)	参入率[1]	就業(1,000人)	失業 人数(1,000人)	失業率	労働力非参入
障害者							
計	26,592	5,795	21.8	4,939	857	14.8	20,797
男性[2]	12,147	3,142	25.9	2,665	477	15.2	9,005
女性[2]	14,445	2,653	18.4	2,274	379	14.3	11,792
65歳以上	11,862	800	6.7	729	71	8.9	11,062
障害なし							
計	211,238	148,094	70.1	134,125	13,968	9.4	63,144
男性[2]	103,027	78,842	76.5	70,694	8,148	10.3	24,184
女性[2]	108,211	69,251	64.0	63,431	5,820	8.4	38,960
65歳以上	26,844	5,918	22.0	5,539	378	6.4	20,926

1．民間非施設収容人口の民間労働力に占めるパーセント　2．16-64歳

資料：U.S. Bureau of Labor Statistics, Current Population Survey, "Data on the Employment Status of People With a Disability," ⟨http://www.bls.gov/cps/cpsdisability.htm⟩、および未刊行資料

No.592. 民間労働力人口——性別、年齢別の分布：1980－2010年

[民間非施設収容人口は16歳以上（106,940は1億694万人を表す）。各月値の年間平均。毎月人口調査による。第1章の解説および付録Ⅲを参照。『アメリカ歴史統計』系列D29-41も参照。同様のデータではあるが厳密には比較できない。本書前年版の表No.591も参照]

年、性別	民間労働力人口(1,000人)	年齢階層別構成比（%）						
		16-19歳	20-24歳	25-34歳	35-44歳	45-54歳	55-64歳	65歳以上
総計:1980	106,940	8.8	14.9	27.3	19.1	15.8	11.2	2.9
1990[1]	125,840	6.2	11.7	28.6	25.5	16.1	9.2	2.7
2000[1]	142,583	5.8	10.0	23.0	26.3	21.8	10.1	3.0
2005[1]	149,320	4.8	10.1	21.7	24.1	23.0	12.7	3.5
2010[1]	153,889	3.8	9.8	21.8	21.7	23.4	15.1	4.4
男性:1980	61,453	8.1	14.0	27.6	19.3	16.1	11.8	3.1
1990[1]	69,011	5.9	11.4	28.8	25.3	16.1	9.6	2.9
2000[1]	76,280	5.6	9.9	23.4	26.3	21.3	10.2	3.3
2005[1]	80,033	4.5	10.1	22.3	24.4	22.6	12.6	3.7
2010[1]	81,985	3.6	9.6	22.4	22.1	23.0	14.8	4.5
女性: 1980	45,487	9.6	16.1	26.9	19.0	15.4	10.4	2.6
1990[1]	56,829	6.5	12.0	28.3	25.8	16.1	8.7	2.6
2000[1]	66,303	6.0	10.2	22.5	26.4	22.3	9.9	2.7
2005[1]	69,288	5.2	10.2	20.9	23.9	23.6	12.9	3.3
2010[1]	71,904	4.1	10.0	21.2	21.2	23.8	15.6	4.2

1．表No.586の脚注2を参照
資料：U.S. Bureau of Labor Statistics, "Employment and Earnings Online," (2011年1月号); <http://www.bls.gov/opub/ee/home.htm> および <http://www.bls.gov/cps/home.htm> を参照

No.593. 民間労働力人口と有業率——教育水準、性別、人種、ヒスパニック別：2000－2010年

[25歳以上の民間非施設収容人口（120,061は1億2006万1000人を表す）。各月値の年間平均。失業についてはNo.627を参照。有業率は各グループの年間平均民間非施設収容人口中の民間就労可能人口の有業率を表す。第1章の解説および付録Ⅲを参照]

年、性別、および人種	民間労働力人口					有業率[1]（%）				
	計(1,000)	構成比（%）				計	高卒未満	高卒学位なし	学士未満	学士以上
		高卒未満	高卒学位なし	学士未満	学士以上					
計:[2]										
2000[3]	120,061	10.4	31.4	27.7	30.5	67.3	43.5	64.4	73.9	79.4
2005[3]	127,030	10.0	30.1	27.5	32.4	67.1	45.5	63.2	72.5	77.9
2009[3]	132,781	9.1	28.8	27.7	34.4	67.0	46.5	62.1	71.2	77.5
2010[3]	132,955	8.9	28.8	27.7	34.6	66.5	46.3	61.6	70.5	76.7
男性:										
2000[3]	64,490	11.8	31.1	25.9	31.2	76.1	56.0	75.1	80.9	84.4
2005[3]	68,389	11.7	30.9	25.4	32.1	75.4	58.6	73.6	79.3	82.9
2009[3]	71,058	10.9	30.2	25.7	33.3	74.6	59.2	72.1	77.5	81.8
2010[3]	71,129	10.6	30.4	25.6	33.4	74.1	59.1	71.4	76.7	81.3
女性:										
2000[3]	55,572	8.8	31.8	29.7	29.7	59.4	32.3	55.5	68.0	74.0
2005[3]	58,641	8.0	29.2	30.0	32.8	59.4	32.9	53.8	66.8	72.9
2009[3]	61,723	7.2	27.1	30.1	35.6	59.9	33.8	52.8	65.9	73.3
2010[3]	61,825	7.0	26.9	30.1	36.0	59.5	33.5	52.4	65.4	72.4
白人:[4]										
2000[3]	99,964	10.1	31.4	27.5	31.0	67.0	44.1	63.6	73.1	79.0
2005[3]	104,240	9.8	29.9	27.6	32.7	66.9	46.4	62.5	72.0	77.5
2009[3]	108,354	9.1	28.8	27.6	34.6	66.9	48.0	61.7	70.8	77.0
2010[3]	108,274	8.9	28.7	27.5	34.9	66.5	47.7	61.2	70.1	76.5
黒人:[4]										
2000[3]	13,582	12.4	36.0	31.2	20.5	68.2	39.3	69.9	79.3	84.4
2005[3]	14,252	11.2	36.4	30.2	22.2	67.2	39.8	67.9	75.6	82.0
2009[3]	14,941	9.3	33.3	32.4	24.3	66.2	38.2	64.6	73.4	80.9
2010[3]	15,114	9.4	33.3	32.8	24.5	65.8	38.8	63.8	73.5	79.5
アジア系:[4][5]										
2000[3]	5,402	9.1	20.7	20.2	50.1	70.9	46.0	65.6	76.4	79.1
2005[3]	5,805	8.0	17.7	17.3	57.0	69.4	45.3	61.8	71.6	77.5
2009[3]	6,540	7.5	17.0	16.9	58.7	69.9	44.6	60.8	71.8	78.4
2010[3]	6,601	7.3	18.8	17.1	56.7	68.7	44.1	62.8	70.6	75.9
ヒスパニック:[6]										
2000[3]	12,975	36.7	29.3	20.6	13.4	71.5	61.9	75.0	80.8	83.5
2005[3]	16,135	35.5	29.4	20.9	14.2	70.8	61.4	74.3	78.8	81.7
2009[3]	18,643	32.5	30.3	21.6	15.5	71.3	62.1	73.1	78.9	81.7
2010[3]	18,987	31.4	30.8	21.7	16.0	71.4	61.9	73.9	77.8	81.7

1．表No.587の頭注1を参照　2．個別に示さない他の人種を含む　3．表No.586の脚注2を参照　4．2005年以降この人種グループのみを選択した者。表No.587の脚注4を参照　5．2000年のデータには太平洋諸島民が含まれる　6．ヒスパニックまたはラテン系は人種を問わない

資料：U.S. Bureau of Labor Statistics, "Employment and Earnings Online," January 2011 issue (2011年3月); <http://www.bls.gov/opub/ee/home.htm> および <http://www.bls.gov/cps/home.htm> を参照

No.594. 民間労働力人口——州別：2010年

[単位：1,000人（153,889は1億5388万9000人を表す）。民間非施設収容人口は16歳以上。各月値の年間平均。データは端数処理のため合計と合わなくなることがある。本書前年版の表No.593も参照］

州	労働力人口 人数	労働力人口 女性	被雇用者 人数	被雇用者 女性	雇用比率(%)[1]	失業者 計 人数	失業者 計 女性	労働力人口に占める割合(%)[2] 計	労働力人口に占める割合(%)[2] 男性	労働力人口に占める割合(%)[2] 女性	有業率[3] (%) 男性	有業率[3] (%) 女性
合衆国	153,889	71,904	139,064	65,705	58.5	14,825	6,199	9.6	10.5	8.6	71.2	58.6
アラバマ	2,180	1,042	1,952	943	53.5	228	99	10.5	11.3	9.5	65.8	54.3
アラスカ	360	167	331	155	64.0	29	11	8.0	9.0	6.8	73.7	65.3
アリゾナ	3,180	1,430	2,850	1,296	56.7	331	134	10.4	11.2	9.4	70.4	56.3
アーカンソー	1,343	632	1,228	577	55.3	116	55	8.6	8.6	8.7	66.5	54.9
カリフォルニア	18,195	8,197	15,976	7,271	56.5	2,219	926	12.2	12.9	11.3	71.9	57.0
コロラド	2,720	1,236	2,482	1,133	63.7	238	103	8.7	9.1	8.3	76.7	63.0
コネティカット	1,892	902	1,719	827	62.2	173	76	9.2	9.9	8.4	74.5	62.8
デラウェア	428	207	392	192	56.5	37	15	8.5	9.7	7.3	67.3	56.8
コロンビア特別区	341	172	310	157	62.5	31	15	9.2	9.7	8.6	74.1	64.4
フロリダ	9,089	4,278	8,083	3,863	54.9	1,006	415	11.1	12.3	9.7	67.8	56.0
ジョージア	4,744	2,210	4,238	2,000	57.3	506	211	10.7	11.7	9.5	71.8	57.2
ハワイ	623	296	579	278	58.6	43	18	7.0	7.8	6.1	67.9	58.3
アイダホ	759	342	691	314	59.4	68	28	9.0	9.7	8.1	72.4	58.2
イリノイ	6,645	3,073	5,970	2,801	60.1	675	271	10.2	11.3	8.8	74.1	60.1
インディアナ	3,153	1,472	2,818	1,330	57.1	334	142	10.6	11.4	9.7	70.1	57.9
アイオワ	1,673	797	1,571	754	66.9	102	44	6.1	6.6	5.5	76.1	66.6
カンザス	1,497	702	1,385	655	64.6	111	47	7.4	8.1	6.7	75.7	64.0
ケンタッキー	2,056	978	1,844	886	55.0	212	92	10.3	11.1	9.4	67.0	56.1
ルイジアナ	2,092	1,007	1,928	927	56.4	164	80	7.8	7.7	8.0	67.1	55.9
メーン	690	338	633	314	59.4	57	24	8.2	9.3	7.1	68.6	61.0
メリーランド	3,055	1,477	2,819	1,368	63.5	236	109	7.7	8.0	7.4	75.1	63.1
マサチューセッツ	3,493	1,703	3,194	1,576	60.5	298	127	8.5	9.6	7.5	70.6	62.0
ミシガン	4,821	2,276	4,232	2,052	54.4	589	224	12.2	14.3	9.9	67.6	56.7
ミネソタ	2,935	1,390	2,721	1,310	66.2	214	80	7.3	8.6	5.8	76.0	66.9
ミシシッピ	1,296	624	1,155	564	52.2	141	60	10.9	12.1	9.6	64.7	53.2
ミズーリ	3,032	1,477	2,745	1,347	59.1	287	130	9.5	10.1	8.8	69.9	61.1
モンタナ	490	231	452	218	58.5	38	14	7.7	9.3	5.9	67.6	59.2
ネブラスカ	976	471	929	450	67.5	47	21	4.8	5.2	4.4	74.8	67.2
ネバダ	1,322	580	1,131	507	56.1	191	74	14.4	15.8	12.7	73.1	58.0
ニューハンプシャー	747	357	702	338	66.1	44	18	5.9	6.7	5.1	75.1	65.6
ニュージャージー	4,520	2,102	4,100	1,917	60.2	420	185	9.3	9.7	8.8	73.6	59.6
ニューメキシコ	921	429	843	400	54.9	79	29	8.5	10.1	6.8	66.3	54.1
ニューヨーク	9,654	4,596	8,832	4,242	57.2	822	353	8.5	9.3	7.7	68.6	57.1
ノースカロライナ	4,573	2,165	4,094	1,968	56.9	479	197	10.5	11.7	9.1	70.3	57.4
ノースダコタ	372	175	358	169	70.2	14	6	3.8	4.1	3.5	77.7	68.4
オハイオ	5,853	2,812	5,263	2,572	58.6	590	239	10.1	11.5	8.5	70.5	60.3
オクラホマ	1,745	815	1,621	761	57.8	125	53	7.2	7.7	6.6	68.9	56.2
オレゴン	2,000	943	1,780	852	58.5	221	91	11.0	12.3	9.7	71.0	60.8
ペンシルベニア	6,317	2,968	5,774	2,743	57.8	543	226	8.6	9.5	7.6	69.9	57.1
ロードアイランド	572	281	508	251	60.1	65	30	11.3	12.0	10.5	72.1	63.7
サウスカロライナ	2,134	1028	1,899	930	53.8	235	99	11.0	12.3	9.6	66.3	55.2
サウスダコタ	443	212	420	203	67.2	23	9	5.1	6.0	4.2	75.1	66.8
テネシー	3,077	1,443	2,788	1,332	56.7	289	111	9.4	10.9	7.7	69.6	56.3
テキサス	12,122	5,391	11,149	4,967	60.5	974	424	8.0	8.2	7.9	74.6	57.4
ユタ	1,385	603	1,271	564	63.3	114	40	8.2	9.5	6.6	77.8	60.2
バーモント	361	175	339	166	66.4	22	9	6.2	7.1	5.2	74.6	67.1
バージニア	4,108	1,972	3,800	1,839	62.5	308	133	7.5	8.2	6.7	73.6	62.1
ワシントン	3,541	1,662	3,180	1,514	60.6	361	148	10.2	11.4	8.9	72.7	62.4
ウエストバージニア	795	362	724	336	49.6	71	26	9.0	10.5	7.1	61.2	48.2
ウィスコンシン	3,082	1,481	2,813	1,368	63.4	268	114	8.7	9.7	7.7	73.3	65.6
ワイオミング	298	136	278	128	65.9	20	8	6.6	7.0	6.1	76.2	64.8

1．民間非施設収容人口に占める民間雇用比率（%）　2．民間労働力人口に占める失業率（%）　3．各グループの民間非施設収容人口に占める民間労働力人口の比率（%）

資料：U.S. Bureau of Labor Statistics, Local Area Unemployment Statistics, *Geographic Profile of Employment and Unemployment, 2010 Annual Averages*; 〈http://www.bls.gov/gps/〉

No.595. 民間労働力の状況――主要大都市地区：2010年

[153,889は1億5388万9000人を表す。16歳以上の民間非施設収容人口ベース。各月値の年間平均。注記したものを除き、データはLocal Area Unemployment Statistics Programによる。連邦政府と州政府は協力して、約7300地域について、毎月、総雇用と失業の推計値を発表している。2000年人口調査、100万人以上の大都市。大都市地区の構成については、付録IIを参照。2009年12月現在の定義による大都市地区。本書前年版の表No.594も参照]

大都市地区 人口規模別順、2000	民間労働力人口 (1,000)	失業率[1] (%)	大都市地区 人口規模別順、2000	民間労働力人口 (1,000)	失業率[1] (%)
合衆国、計、2010年	153,889	9.6	ポートランド-バンクーバー-ビーバートン、OR-WA	1,190	10.6
			カンザスシティ、MO-KS	1,037	9.1
ニューヨーク-北部ニュージャージー-ロングアイランド、NY-NJ-PA	9,470	8.9	サクラメント-アーデン-アーケード-ローズビル、CA	1,041	12.6
ロサンゼルス-ロングビーチ-サンタアナ、CA	6,460	11.9	サンノゼ-サニーベル-サンタクララ、CA	900	11.3
シカゴ、ナパービル-ジュリエット、IL-IN-WI	4,870	10.2	サンアントニオ、TX	989	7.3
フィラデルフィア-キャムデン-ウィルミントン、PA-NJ-DE-MD	2,956	9.0	オーランド-キスミー、FL	1,122	11.4
ダラス-フォートワース-アーリントン、TX	3,212	8.3	コロンバス、OH	967	8.6
マイアミ-フォートローダーデール-マイアミビーチ、FL	2,877	11.5	バージニアビーチ-ノーフォーク-ニューポートニューズ、VA-NC	826	7.4
ワシントン-アーリントン-アレクサンドリア、DC-VA-MD-WV	3,064	6.2	インディアナポリス-カーメル、IN	889	9.2
ヒューストン-シュガーランド-ベイタウン、TX	2,896	8.1	ミルウォーキー-ウォーキーショー-ウエストアリス、WI	794	8.7
ボストン-ケンブリッジ-クインシー、MA-NH NECTA[2]	2,548	7.7	ラスベガス-パラダイス、NV	969	15.2
デトロイト-ウォレン-リボニア、MI	2,070	13.5	シャーロット-ガストニア-コンコード、NC-SC	862	11.6
アトランタ-サンデースプリングス-マリエッタ、GA	2,663	10.2	ニューオリンズ-メテリー-ケナー、LA	544	7.4
サンフランシスコ-オークランド-フレモント、CA	2,240	10.3	ナッシュビル-ダビッドソン-マーフリーズボロ-フランクリン、TN	816	8.6
リバーサイド-サンベルナルディーノ-オンタリオ、CA	1,769	14.5	プロビデンス-フォールリバー-ウォリック、RI-MA NECTA[2]	714	11.7
フェニックス-メーサー-スコッツデール、AZ	2,126	9.2	オースティン-ラウンドロック、TX	908	7.1
シアトル-タコマ-ベルビュー、WA	1,890	9.1	メンフィス、TN-MS-AR	609	10.0
ミネアポリス-セントポール-ブルーミントン、MN-WI	1,845	7.2	バッファロー-ナイアガラフォールズ、NY	578	8.4
サンディエゴ-カールスバッド-サンマルコス、CA	1,558	10.5	ルイズビル-ジェファーソンカウンティ、KY-IN	637	10.3
セントルイス、MO-IL	1,437	10.0	ジャクソンビル、FL	688	11.2
ボルチモア-タウソン、MD	1,395	7.9	リッチモンド、VA	655	7.7
ピッツバーグ、PA	1,213	8.0	オクラホマシティ、OK	569	6.6
タンパ-セントピーターズバーグ-クリアウォーター、FL	1,303	12.1	ハートフォード-ウエストハートフォード-イーストハートフォード、CT NECTA[2]	600	9.2
デンバー-オーロラ-ブルームフィールド、CO	1,381	9.0	バーミンガム-フーバー、AL	516	9.0
クリーブランド-エリリア-メンター、OH	1,077	9.2	ロチェスター、NY	527	8.1
シンシナティ-ミドルタウン、OH-KY-IN	1,119	9.7			

1．民間労働力人口に対する失業率%　　2．ニューイングランド大都市地区および市町地区。付録IIを参照

資料：U.S. Bureau of Labor Statistics, Local Area Unemployment Statistics (LAUS); <http://www.bls.gov/lau/data.htm>

No.596. 16－24歳の民間労働力人口の就学状況：2010年

[単位：1,000人（37,949は3794万9000人を表す）および%。毎月人口調査に基づく。第1章の解説および付録IIIを参照。本書前年版の表No.595も参照]

特徴	人口	民間労働力人口	被雇用者	失業者 計	割合(%)[1]	非労働力人口
計、16－24歳[2]	37,949	21,144	17,347	3,797	18.0	16,805
就学者[2]	22,021	8,491	7,065	1,426	16.8	13,530
高校	9,598	2,120	1,509	611	28.8	7,478
男性	4,976	1,003	687	315	31.4	3,973
女性	4,622	1,117	822	296	26.5	3,505
大学	12,423	6,372	5,556	815	12.8	6,052
2年制	3,938	2,303	1,933	370	16.1	1,635
4年制	8,485	4,068	3,623	445	10.9	4,417
人種：						
白人：[3]						
高校	7,311	1,759	1,322	436	24.8	5,552
大学	9,466	5,055	4,453	602	11.9	4,410
黒人またはアフリカ系：[3]						
高校	1,553	250	127	123	49.3	1,304
大学	1,721	830	667	164	19.7	891
アジア系：[3]						
高校	289	22	17	5	(5)	267
大学	843	305	281	24	7.9	538
ヒスパニックまたはラテン系：[4]						
高校	1,909	266	179	87	32.7	1,643
大学	1,850	953	817	136	14.3	897
非就学者[2]	15,928	12,653	10,281	2,371	18.7	3,275
白人[3]	12,375	10,043	8,416	1,627	16.2	2,332
黒人[3]	2,486	1,834	1,283	551	30.0	653
アジア系[3]	460	340	269	71	20.8	120
ヒスパニックまたはラテン系[4]	3,433	2,599	2,057	542	20.8	834

1．各分類ごとの労働力人口の失業者の割合（%）　2．個別に明示しないその他の人種を含む　3．この人種グループのみを選択した者。表No.587の脚注4を参照　4．ヒスパニック、ラテン系は人種を問わない　5．基となる数値が75,000未満の場合はデータを示さない

資料：U.S. Bureau of Labor Statistics; *College Enrollment and Work Activity of High School Graduates, News Release*, USDL 11-0462 (2011年4月); <http://www.bls.gov/news.release/hsgec.toc.htm> を参照

No.597. 労働力人口の有業率——婚姻状況、性別、年齢別：1970－2010年

[16歳以上の民間非施設収容人口ベース。各月値の年間平均。有業率は民間非施設収容人口の民間労働力に占める%。毎月人口調査に基づく。第1章の解説と付録Ⅲを参照]

年、婚姻状況	男性有業率（%）							女性有業率（%）						
	計	16－19歳	20－24歳	25－34歳	35－44歳	45－64歳	65歳以上	計	16－19歳	20－24歳	25－34歳	35－44歳	45－64歳	65歳以上
未婚者：														
1970	65.5	54.6	73.8	87.9	86.2	75.7	25.2	56.8	44.7	73.0	81.4	78.6	73.0	19.7
1980	72.6	59.9	81.3	89.2	82.2	66.9	16.8	64.4	53.6	75.2	83.3	76.9	65.6	13.9
1990[1]	74.8	55.1	81.6	89.9	84.5	67.3	15.7	66.7	51.7	74.5	80.9	80.8	66.2	12.1
2000[1]	73.6	52.5	80.5	89.4	82.9	69.7	17.3	68.9	51.1	76.1	83.7	80.9	69.9	10.8
2003[1]	70.4	44.0	77.9	87.7	82.9	67.6	19.4	66.2	44.8	72.9	82.2	79.8	69.9	15.2
2004[1]	70.2	43.6	77.7	87.9	82.7	67.8	20.3	65.9	43.8	73.1	81.8	80.5	70.9	14.7
2005[1]	70.1	42.9	77.0	87.9	82.9	68.6	18.8	66.0	44.2	72.6	81.4	80.7	70.9	15.5
2006[1]	70.7	43.4	77.8	87.7	83.5	69.9	19.3	65.7	43.7	71.8	81.4	79.8	70.5	15.0
2007[1]	70.1	40.8	76.9	88.5	84.0	70.3	22.6	65.3	41.4	72.6	82.1	78.0	70.4	18.4
2008[1]	69.9	38.9	77.1	87.9	84.3	69.5	24.7	65.3	40.3	71.9	82.6	79.6	70.4	20.5
2009[1]	68.3	37.1	74.6	86.5	83.7	68.5	26.1	64.2	37.5	71.4	81.6	79.5	69.3	19.7
2010[1]	67.3	34.6	73.1	85.8	83.7	67.6	25.0	63.3	34.9	69.8	81.3	78.2	69.4	20.1
既婚者：[2]														
1970	86.1	92.3	94.7	98.0	98.1	91.2	29.9	40.5	37.8	47.9	38.8	46.8	44.0	7.3
1980	80.9	91.3	96.9	97.5	97.2	84.3	20.5	49.8	49.3	61.4	58.8	61.8	46.9	7.3
1990[1]	78.6	92.1	95.6	96.9	96.7	82.6	17.5	58.4	49.5	66.1	69.6	74.0	56.5	8.5
2000[1]	77.3	79.5	94.1	96.7	95.8	83.0	19.2	61.1	53.2	63.8	70.3	74.8	65.4	10.1
2003[1]	77.3	76.6	93.2	95.3	95.1	83.5	19.9	61.0	46.7	62.6	68.5	73.3	67.4	11.3
2004[1]	77.1	77.4	92.4	95.6	95.1	83.1	20.4	60.5	41.1	60.4	67.4	72.7	67.0	11.6
2005[1]	77.2	71.4	93.4	95.3	95.2	83.6	21.4	60.7	44.1	61.1	68.4	73.0	67.0	12.5
2006[1]	77.1	79.2	93.3	95.5	95.2	83.6	21.8	61.0	39.6	59.8	69.0	73.3	67.8	12.4
2007[1]	76.9	86.9	92.9	95.7	95.3	83.6	21.8	61.0	43.3	61.7	68.6	73.1	67.7	13.6
2008[1]	76.8	83.4	92.0	95.3	95.2	84.0	22.8	61.4	38.0	62.3	69.5	73.8	68.3	14.1
2009[1]	76.3	75.8	91.2	94.7	94.8	83.8	23.3	61.4	44.7	61.8	69.4	73.7	68.6	14.9
2010[1]	75.8	78.2	89.3	94.3	94.5	83.8	23.5	61.0	40.2	60.9	68.8	72.8	68.8	15.2
その他：[3]														
1970	60.7	(B)	90.4	93.7	91.1	78.5	19.3	40.3	48.6	60.3	64.6	68.8	61.9	10.0
1980	67.5	(B)	92.6	94.1	91.9	73.3	13.7	43.6	50.0	68.4	76.5	77.1	60.2	8.2
1990[1]	68.9	(B)	93.1	93.0	90.7	74.9	12.0	47.2	53.9	65.4	77.0	82.1	65.0	8.4
2000[1]	66.8	60.5	88.1	93.2	89.9	73.9	12.9	49.0	46.0	74.0	83.1	82.9	69.8	8.7
2003[1]	65.0	45.6	88.0	91.4	89.3	72.4	14.3	49.6	44.1	71.4	79.1	81.9	70.7	9.8
2004[1]	64.9	53.1	87.2	90.6	88.6	72.8	14.3	49.6	48.7	70.0	79.4	81.7	69.8	10.4
2005[1]	64.9	54.9	86.4	90.4	89.4	72.7	15.1	49.4	46.8	67.4	78.1	80.9	69.4	10.5
2006[1]	65.6	47.8	86.0	91.5	88.9	73.8	16.3	49.6	45.3	71.5	78.2	80.9	69.3	10.9
2007[1]	65.6	43.4	82.5	92.1	89.4	73.7	16.1	49.5	44.6	63.8	78.4	81.4	69.3	11.4
2008[1]	65.0	43.2	84.9	90.7	89.4	73.2	16.8	49.2	39.7	64.9	77.4	81.4	69.1	12.1
2009[1]	63.7	42.6	78.6	88.5	88.5	71.8	17.0	49.3	39.0	68.3	78.2	80.5	68.8	12.1
2010[1]	63.0	37.6	78.8	89.0	88.5	71.8	17.2	48.8	35.2	66.3	77.7	80.7	68.8	12.1

B 基本値が50,000人以下の場合%は表示しない　1. 表No.586の脚注2を参照　2. 配偶者あり　3. 死別、離婚、既婚（配偶者なし）

資料：U.S. Bureau of Labor Statistics, Bulletin 2217 および Basic Tabulations, Table 12

No.598. 民間女性労働力人口の婚姻状況：1970－2010年

[16歳以上の民間非施設収容人口（31,543は3154万3000人を表す）。各月値の年間平均。毎月人口調査に基づく。第1章の解説および付録Ⅲを参照。『アメリカ歴史統計』系列D49-62も参照]

年	女性労働力人口（1,000人）				女性有業率（%）[3]			
	計	未婚者	既婚者[1]	その他[2]	計	未婚者	既婚者[1]	その他[2]
1970	31,543	7,265	18,475	5,804	43.3	56.8	40.5	40.3
1980	45,487	11,865	24,980	8,643	51.5	64.4	49.8	43.6
1990[4]	56,829	14,612	30,901	11,315	57.5	66.7	58.4	47.2
2000[4]	66,303	17,849	35,146	13,308	59.9	68.9	61.1	49.0
2001	66,848	18,021	35,236	13,592	59.8	68.1	61.2	49.0
2002	67,363	18,203	35,477	13,683	59.6	67.4	61.0	49.2
2003[4]	68,272	18,397	36,046	13,828	59.5	66.2	61.0	49.6
2004[4]	68,421	18,616	35,845	13,961	59.2	65.9	60.5	49.6
2005[4]	69,288	19,183	35,941	14,163	59.3	66.0	60.7	49.4
2006[4]	70,173	19,474	36,314	14,385	59.4	65.7	61.0	49.6
2007[4]	70,988	19,745	36,881	14,362	59.3	65.3	61.0	49.5
2008[4]	71,767	20,231	37,194	14,342	59.5	65.3	61.4	49.2
2009[4]	72,019	20,224	37,264	14,531	59.2	64.2	61.4	49.3
2010[4]	71,904	20,592	36,742	14,570	58.6	63.3	61.0	48.8

1. 夫と同居　2. 死別、離婚、別居による　3. 有業率は民間非施設収容人口の民間労働力に占める%　4. 表No.586の脚注2を参照

資料：U.S. Bureau of Labor Statistics, *Women in the Labor Force: A Databook, Report 1026*（2010年12月）および Basic Tabulations, Table 12;〈http://www.bls.gov/cps/wlf-databook2010.htm〉も参照

No.599. 女性の就業状況――既婚、別居、離婚別、子供の有無および年齢別：1970－2009年

[3月現在（7.0は700万人を表す）。16歳以上の民間非施設収容人口ベース。毎月人口調査に基づく。第1章の解説および付録Ⅲを参照]

項目	計			子供あり								
				計			6－17歳の子供のみ			6歳以下の子供		
	単身	既婚[1]	その他[2]	単身	既婚[1]	その他[2]	単身	既婚[1]	その他[2]	単身	既婚[1]	その他[2]
労働力人口 (100万人)												
1970.........	7.0	18.4	5.9	(NA)	10.2	1.9	(NA)	6.3	1.3	(NA)	3.9	0.6
1980.........	11.2	24.9	8.8	0.6	13.7	3.6	0.2	8.4	2.6	0.3	5.2	1.0
1990.........	14.0	31.0	11.2	1.5	16.5	4.2	0.6	9.3	3.0	0.9	7.2	1.2
2000.........	17.8	35.0	13.2	3.1	18.2	4.5	1.2	10.8	3.4	1.8	7.3	1.1
2005[3]	18.6	35.7	14.3	3.4	18.0	4.6	1.4	10.8	3.4	1.9	7.2	1.2
2008[3]	19.9	37.1	14.6	3.5	17.9	4.5	1.5	10.6	3.3	2.0	7.3	1.2
2009[3]	19.8	37.5	14.5	3.7	18.0	4.5	1.5	10.8	3.3	2.1	7.2	1.1
有業率(%) [4]												
1970.........	53.0	40.8	39.1	(NA)	39.7	60.7	(NA)	49.2	66.9	(NA)	30.3	52.2
1980.........	61.5	50.1	44.0	52.0	54.1	69.4	67.6	61.7	74.6	44.1	45.1	60.3
1990.........	66.4	58.2	46.8	55.2	66.3	74.2	69.7	73.6	79.7	48.7	58.9	63.6
2000.........	68.6	62.0	50.2	73.9	70.6	82.7	79.7	77.2	84.9	70.5	62.8	76.6
2005[3]	65.1	60.2	49.8	72.9	68.1	79.8	79.7	75.0	82.2	68.5	59.8	73.5
2008[3]	64.6	61.7	49.5	71.0	69.4	79.4	78.7	76.2	81.5	66.0	61.6	73.9
2009[3]	63.7	61.7	49.0	72.0	69.8	79.2	78.9	76.7	83.0	67.8	61.6	69.8
雇用(100万人)												
1970.........	6.5	17.5	5.6	(NA)	9.6	1.8	(NA)	6.0	1.2	(NA)	3.6	0.6
1980.........	10.1	23.6	8.2	0.4	12.8	3.3	0.2	8.1	2.4	0.2	4.8	0.9
1990.........	12.9	29.9	10.5	1.2	15.8	3.8	0.5	8.9	2.7	0.7	6.9	1.1
2000.........	16.4	34.0	12.7	2.7	17.6	4.3	1.1	10.6	3.2	1.6	7.1	1.1
2005[3]	17.0	34.6	13.5	2.9	17.4	4.3	1.3	10.4	3.2	1.6	7.0	1.1
2008[3]	18.4	35.9	13.8	3.1	17.3	4.3	1.4	10.3	3.2	1.7	7.0	1.1
2009[3]	17.7	35.5	13.2	3.1	17.0	4.0	1.4	10.2	3.0	1.8	6.8	1.0
失業率(%) [5]												
1970.........	7.1	4.8	4.8	(NA)	6.0	7.2	(NA)	4.8	5.9	(NA)	7.9	9.8
1980.........	10.3	5.3	6.4	23.2	5.9	9.2	15.6	4.4	7.9	29.2	8.3	12.8
1990.........	8.2	3.5	5.7	18.4	4.2	8.5	14.5	3.8	7.7	20.8	4.8	10.2
2000.........	7.3	2.7	4.3	11.0	2.9	5.1	8.7	2.6	4.8	12.6	3.5	5.9
2005[3]	8.9	3.0	5.3	15.1	3.1	6.9	10.9	2.9	5.8	18.2	3.4	9.8
2008[3]	7.6	3.1	5.4	11.5	3.4	6.0	8.3	3.1	5.3	14.0	3.9	8.0
2009[3]	10.5	5.3	8.9	15.4	5.4	11.2	11.9	5.1	9.9	17.9	5.9	15.1

NA データなし　1．夫と同居　2．死別、離婚、別居　3．表No.586の脚注2を参照　4．各分類の女性の有業率（%）　5．女性の民間労働力人口に占める失業率（%）
資料：U.S. Bureau of Labor Statistics, Bulletin 2307および未刊行資料

No.600. 配偶者のいる女性労働力人口の有業率――末子の年齢別：1990－2009年

[3月現在。毎年の社会・経済付加給付（ASEC）は、民間非施設収容人口、16歳以上、少なくとも1人以上の軍人以外の成人と同一の家計に住む軍人を含む。軍隊兵員は、基地内外に家族と居住する軍人のみを含み、軍隊のその他のメンバーは除外する。データは主たる家族に関するもの。毎月人口調査に基づく。第1章の解説および付録Ⅲを参照]

子供の有無および年齢	1990	2000[1]	2005[1]	2008[1]	2009[1]				
					計	白人[2]	黒人[2]	アジア系[2,3]	ヒスパニック[4]
配偶者のいる女性、計.........	**58.3**	**62.2**	**60.4**	**61.9**	**61.9**	**61.5**	**67.2**	**62.4**	**55.8**
18歳以下の子供なし.............	51.1	54.8	54.1	56.1	55.9	55.6	59.0	59.1	52.8
18歳以下の子供あり.............	66.5	70.9	69.3	69.7	70.1	69.8	77.1	65.5	57.6
6歳以下の子供あり：計	59.1	63.1	60.3	62.0	62.0	61.7	71.1	58.0	48.3
3歳以下........................	55.9	59.4	57.3	59.1	60.3	60.2	65.9	57.2	45.3
1歳以下.....................	53.9	58.4	55.8	58.9	57.7	57.3	63.8	57.6	39.9
2歳............................	60.9	61.9	60.8	59.5	60.9	60.6	73.4	57.8	46.4
3－5歳........................	64.1	68.6	64.8	66.5	64.6	63.8	78.3	59.3	52.5
3歳............................	63.0	66.0	62.7	65.3	62.9	61.4	82.7	61.2	50.5
4歳............................	65.0	69.6	64.9	66.5	64.1	62.7	80.3	60.6	51.9
5歳............................	64.4	70.7	67.2	67.2	67.1	67.8	71.8	54.2	55.6
6－13歳の子供あり.............	73.1	76.0	73.2	74.8	75.3	74.8	82.7	70.2	65.3
14－17歳の子供あり............	75.0	80.8	79.6	79.2	79.9	80.2	78.1	79.4	72.1

1．表No.586の脚注3を参照　2．2005年以前はこの人種グループのみを選択した者。表No.587の脚注4を参照　3．太平洋諸島民を除く　4．ヒスパニックは人種を問わない
資料：U.S. Bureau of Labor Statistics, Bulletin 2307および未刊行資料

No.601. 既婚夫婦――配偶者の労働力状況：1990－2010年

[52,317は5231万7000を表す。データは既婚夫婦世帯に関するもの。毎月人口調査に基づく。標本抽出時の誤差あり。詳細については資料および付録Ⅲを参照]

年	人数（1000）					構成比（％）				
	既婚夫婦計	労働力人口参入			夫婦双方非労働力人口	All married couples	労働力人口参入			夫婦双方非労働力人口
		夫婦双方	夫のみ	妻のみ			夫婦双方	夫のみ	妻のみ	
計										
1990	52,317	28,056	13,013	2,453	8,794	100.0	53.6	24.9	4.7	16.8
2000	55,311	31,095	11,815	3,301	9,098	100.0	56.2	21.4	6.0	16.4
2003	57,320	31,951	12,443	3,553	9,373	100.0	55.7	21.7	6.2	16.4
2004	57,719	31,536	12,980	3,684	9,519	100.0	54.6	22.5	6.4	16.5
2005	57,975	31,398	13,385	3,641	9,551	100.0	54.2	23.1	6.3	16.5
2006	58,179	31,783	12,990	3,754	9,652	100.0	54.6	22.3	6.5	16.6
2007	60,676	33,337	13,351	4,031	9,958	100.0	54.9	22.0	6.6	16.4
2008	60,129	32,988	13,141	4,118	9,882	100.0	54.8	21.8	6.8	16.4
2009	60,844	33,249	13,207	4,314	10,074	100.0	54.6	21.7	7.1	16.6
2010	60,384	32,731	13,074	4,526	10,053	100.0	53.6	21.7	7.5	16.6
18歳未満の子供あり										
1990	24,537	15,768	7,667	558	544	100.0	64.3	31.2	2.3	2.2
2000	25,248	17,116	6,950	795	387	100.0	67.8	27.5	3.1	1.5
2003	25,914	17,065	7,499	893	457	100.0	65.9	28.9	3.4	1.8
2004	25,793	16,691	7,715	952	433	100.0	64.7	29.9	3.7	1.7
2005	25,919	16,789	7,806	925	400	100.0	64.8	30.1	3.6	1.5
2006	25,982	16,909	7,754	900	420	100.0	65.1	29.9	3.5	1.6
2007	26,802	17,670	7,743	920	469	100.0	65.9	28.9	3.4	1.7
2008	25,778	16,977	7,398	932	471	100.0	65.9	28.7	3.6	1.8
2009	25,799	17,054	7,284	963	501	100.0	66.1	28.2	3.7	1.9
2010	25,317	16,710	7,220	962	425	100.0	66.0	28.5	3.8	1.7
6歳未満の子供あり										
1990	12,051	6,932	4,692	192	235	100.0	57.5	38.9	1.6	2.0
2000	11,393	6,984	4,077	211	121	100.0	61.3	35.8	1.9	1.1
2003	11,743	6,747	4,507	298	191	100.0	57.5	38.4	2.5	1.6
2004	11,711	6,657	4,579	317	158	100.0	56.8	39.1	2.7	1.3
2005	11,802	6,813	4,553	299	137	100.0	57.7	38.6	2.5	1.2
2006	11,984	6,939	4,572	324	149	100.0	57.9	38.2	2.7	1.2
2007	12,468	7,337	4,633	331	167	100.0	58.8	37.2	2.7	1.3
2008	11,848	6,976	4,382	321	168	100.0	58.9	37.1	2.7	1.4
2009	11,760	6,917	4,330	329	185	100.0	58.8	36.8	2.8	1.6
2010	11,599	6,924	4,181	335	159	100.0	59.7	36.0	2.9	1.4

資料：U.S. Census Bureau, Families and Living Arrangements, Detailed Table MC-1, "Married Couples by Labor Force Status of Spouses: 1986 to Present,"（2010年11月）；〈http://www.census.gov/population/www/socdemo/hh-fam.html〉を参照

No.602. 民間被雇用者の週間労働時間：1980－2010年

[単位：1,000人（99,303は9930万3000人を表す）。各月値の年間平均。民間非施設収容人口は16歳以上。毎月人口調査に基づく。第1章の解説および付録Ⅲを参照]

項目	1980	1990[1]	2000[1]	2005[1]	2008[1]	2009[1]	2010[1]
被雇用者総数	99,303	118,793	136,891	141,730	145,362	139,877	139,064
年齢：							
16－19歳	7,710	6,581	7,189	5,978	5,573	4,837	4,378
20－24歳	14,087	13,401	13,229	13,792	13,629	12,764	12,699
25－34歳	27,204	33,935	31,549	30,680	31,383	30,014	30,229
35－44歳	19,523	30,817	36,433	34,630	33,457	31,517	30,663
45－54歳	16,234	19,525	30,310	33,207	34,529	33,613	33,191
55－64歳	11,586	11,189	14,002	18,349	20,812	21,019	21,636
65歳以上	2,960	3,346	4,179	5,094	5,979	6,114	6,268
労働者の分類：							
非農業	95,938	115,570	134,427	139,532	143,194	137,775	136,858
賃金俸給労働者[2]	88,525	106,598	125,114	129,931	133,882	128,713	127,914
自営業者	7,000	8,719	9,205	9,509	9,219	8,995	8,860
無給家族労働者	413	253	108	93	93	66	84
農業	3,364	3,223	2,464	2,197	2,168	2,103	2,206
賃金俸給労働者[2]	1,425	1,740	1,421	1,212	1,279	1,242	1,353
自営業者	1,642	1,378	1,010	955	860	836	821
無給家族労働者	297	105	33	30	28	25	33
週間労働時間（時間）							
非農業：							
賃金俸給労働者[2]	38.1	39.2	39.6	39.1	39.0	38.0	38.3
自営業者	41.2	40.8	39.7	38.4	37.0	35.6	35.6
無給家族労働者	34.7	34.0	32.5	32.2	33.4	30.7	33.3
農業：							
賃金俸給労働者[2]	41.6	41.2	43.2	43.6	42.3	41.8	41.6
自営業者	49.3	46.8	45.3	44.0	44.2	42.6	42.0
無給家族労働者	38.6	38.5	38.3	41.1	41.0	36.1	42.1

1．表No.586の脚注2を参照　2．法人自営業を含む

資料：U.S. Bureau of Labor Statistics, "Employment and Earnings Online,"（2011年1月号）；〈http://www.bls.gov/opub/ee/home.htm〉および〈http://www.bls.gov/cps/home.htm〉を参照

No.603. 労働時間：2010年

[134,004は1億3400万4000人を表す。「就労中」の人々とは、「就労中」の被雇用者の中で、参照期間中に休暇、病気、労働争議といった理由で休んでいた人々を除くグループである。各月の数値の年間平均。16歳以上の民間非施設収容人口。毎月人口調査に基づく。第1章の解説および付録Ⅲを参照。業種関連データは表No.606を参照。本書前年版の表No.602も参照]

労働時間	労働者数(1,000人)			構成比(%)		
	計	農業および関連産業	非農業	計	農業および関連産業	非農業
計	134,004	2,113	131,891	100.0	100.0	100.0
1－34時間	35,097	592	34,505	26.2	28.0	26.2
1－4時間	1,559	53	1,506	1.2	2.5	1.1
5－14時間	5,488	137	5,351	4.1	6.5	4.1
15－29時間	17,272	260	17,012	12.9	12.3	12.9
30－34時間	10,778	142	10,636	8.0	6.7	8.1
35時間以上	98,907	1,521	97,386	73.8	72.0	73.8
35－39時間	9,695	111	9,584	7.2	5.3	7.3
40時間	56,478	591	55,886	42.1	28.0	42.4
41時間以上	32,734	818	31,916	24.4	38.7	24.2
41－48時間	11,370	152	11,218	8.5	7.2	8.5
49－59時間	12,530	238	12,292	9.4	11.3	9.3
60時間以上	8,834	428	8,406	6.6	20.3	6.4
週平均労働時間：労働者全体	38.2	41.8	38.1	(X)	(X)	(X)
通常フルタイムで働く者[1]	42.2	47.7	42.2	(X)	(X)	(X)

X 該当なし　1. フルタイム労働者とは、通常35時間以上働いた（すべての仕事を合わせて）人々である
資料：U.S. Bureau of Labor Statistics, "Employment and Earnings Online," January 2011 issue (2011年3月); <http://www.bls.gov/opub/ee/home.htm> および <http://www.bls.gov/cps/home.htm> を参照

No.604. 非就業状態の被雇用者：1980－2010年

[単位：1,000人（5,881は588万1000人を表す）および%。16歳以上の民間非施設収容人口。各月値の年間平均。毎月人口調査に基づく。第1章の解説および付録Ⅲを参照。関連統計として『アメリカ歴史統計』系列D116-126があるが比較不能]

非就業の理由	1980	1990	2000[1]	2003	2004[1]	2005[1]	2006[1]	2007[1]	2008[1]	2009[1]	2010[1]
全産業、計	5,881	6,160	5,681	5,469	5,482	5,511	5,746	5,719	5,539	5,434	5,060
被雇用者に占める割合(%)	5.9	5.2	4.2	4.0	3.9	3.9	4.0	3.9	3.8	3.9	3.6
非就業の理由：											
休暇	3,320	3,529	3,109	2,922	2,923	2,892	3,101	3,056	2,916	2,806	2,487
病気	1,426	1,341	1,156	1,090	1,058	1,088	1,096	1,064	1,026	993	942
悪天候	155	90	89	123	133	145	117	140	141	126	172
労働争議	105	24	14	18	10	6	7	10	7	6	8
その他	876	1,177	1,313	1,316	1,358	1,381	1,425	1,449	1,449	1,503	1,451

1. 表No.584の脚注2を参照
資料：U.S. Bureau of Labor Statistics, 未刊行資料; <http://www.bls.gov/cps/home.htm> を参照

No.605. 労働者の種類──性別・特徴別：2010年

[単位：%および1000人（9,681は968万1000人を表す）。16歳以上の非施設収容人口。各月値の年間平均。毎月人口調査に基づく。第1章の解説および付録Ⅲを参照]

特徴	非法人自営業			法人自営業			賃金給与労働者[1]		
	計	男性	女性	計	男性	女性	計	男性	女性
計(1,000人)	9,681	6,070	3,611	5,191	3,709	1,483	124,076	63,531	60,544
構成比(%)	100.0	100.0	100.0	100.0	100.0	100.0	100.0	100.0	100.0
年齢：									
16－19歳	0.8	0.9	0.6	0.1	0.1	0.1	3.4	3.2	3.7
20－24歳	2.7	2.9	2.5	1.0	1.1	0.7	10.0	9.8	10.1
25－34歳	13.8	13.8	13.9	9.9	9.9	9.8	22.9	23.8	21.8
35－44歳	21.5	21.3	21.8	23.3	23.1	24.0	22.0	22.7	21.3
45－54歳	27.5	27.4	27.9	31.6	31.1	32.7	23.3	22.7	23.8
55－64歳	22.4	22.1	22.8	24.2	24.2	24.2	14.7	14.0	15.4
65歳以上	11.2	11.6	10.6	9.9	10.5	8.4	3.8	3.7	3.8
民族／人種：白人[2]	87.6	88.2	86.6	88.5	89.2	86.6	81.4	82.7	80.0
黒人[2]	5.9	5.9	6.0	4.5	4.2	5.1	11.4	10.0	13.0
アジア系[2]	4.4	3.9	5.1	6.0	5.6	6.9	4.7	4.9	4.7
ヒスパニック[3]	13.0	14.4	10.5	6.6	6.8	6.2	14.7	16.8	12.6
出生国：合衆国	82.3	81.3	83.9	84.9	84.8	84.8	84.3	82.3	86.5
外国	17.7	18.7	16.1	15.2	15.2	15.1	15.7	17.7	13.5

1. 法人自営業者を除く　2. この人種グループのみを選択　3. ヒスパニック、ラテン系は人種を問わない
資料：U.S. Bureau of Labor Statistics, Current Population Survey, 未刊行資料

第12章　労働力・雇用・所得

No.606. 自営業者——産業別、職種別：2000－2010年

[単位：1,000人（10,214は1021万4,000人を表す）。16歳以上の民間非施設収容人口。各月毎の年間平均。データは法人化されていない自営業者を表わす。法人化された自営業者は賃金労働者と見なされる。2000年センサスで用いられた職業および産業分類に基づく。1990年センサスの分類とは異なるため、データの比較はできない。本章の解説を参照。毎月人口調査に基づく。第1章の解説および付録Ⅲを参照。本書前年版の表No.605も参照］

産業、職種	2000	2005 [1]	2007 [1]	2008 [1]	2009 [1]	2010 [1]
自営業者、計	10,214	10,464	10,413	10,080	9,831	9,681
業種：						
農業および関連産業	1,010	955	856	860	836	821
鉱業	12	11	19	15	18	20
建設業	1,728	1,830	1,890	1,817	1,701	1,699
製造業	334	327	348	308	324	304
卸売・小売業	1,221	1,251	1,116	1,059	963	962
運輸・公益事業	348	442	405	405	402	360
情報	139	126	135	125	145	139
金融 [2]	735	785	829	749	667	641
専門職、ビジネスサービス [2]	1,927	1,957	2,009	1,980	1,996	1,999
教育・保健 [2]	1,107	1,071	1,102	1,071	1,102	1,100
娯楽・歓待 [2]	660	674	679	693	636	610
その他のサービス業 [3]	993	1,036	1,026	997	1,039	1,028
職種：						
経営、管理、専門職	4,169	4,085	4,024	4,043	4,079	3,928
サービス	1,775	1,774	1,872	1,847	1,879	1,885
販売・事務	1,982	1,986	1,936	1,771	1,663	1,586
天然資源、建設、保守	1,591	1,864	1,860	1,707	1,535	1,635
生産、運輸・資材の移動	698	756	721	712	674	647

1．データは従来のものとは厳密に比較できない。本章の解説および1994年2月、1996年3月、1997-99年2月、2003-11年2月の"Employment and Earnings"各号を参照　2．産業の構造は表No.625を参照　3．家庭内労働を含む
資 料：U.S. Bureau of Labor Statistics, "Employment and Earnings Online," January 2011 issue (2011年3月); <http://www.bls.gov/opub/ee/home.htm> および <http://www.bls.gov/cps/home.htm> を参照

No.607. 労働条件の可変度（フレキシビリティ）：2008年

単位：％。全米雇用者調査（National Study of Employers）では、回答者に、「成文化された方針」ではなく、企業として「被雇用者に選択の余地のある労働条件」あるいは「以下の給付やプログラムを提供している」という形で報告することを求めている。こうした言い回しを用いる理由は2つある。第一に、成文化された方針があっても、実際労働者に対してその行使が認められていない場合もあること、第二に、小規模な企業では、大企業に比べて、成文化された方針の存在する割合は低い。方法論については資料を参照］

労働者の利用できる労働条件の可変度	ほぼ全ての従業員について利用可能	雇用規模	
		50-99人	1000人以上
フレックスタイム・フレックスプレース			
定期的に、規定の範囲内で、出勤・退社時刻の変更が可能	37	40	37
出勤・退社時刻を、日によって変更することが可能	10	11	7
労働時間を延長して、労働日数を減らす（年間に一定の期間のみの採用も含む）	8	10	5
必要に応じて、自宅作業を有給労働時間と認める	3	3	2
定常的に、自宅作業を有給労働時間に含める	1	1	1
労働時間内の自由度			
休憩時間の配分を労働者が選択できる	55	54	51
シフトの選択が可能	16	16	16
有給・無給の残業時間について労働者自身が管理	13	14	15
労働時間			
フルタイムからパートタイムに移行した後、同じ職位への復帰が可能	13	12	12
ジョブ・シェアリング	8	9	5
年間の一部期間のみ就労（年ベースで労働時間を短縮）	11	10	11
育児休暇			
出産または養子縁組後、段階的に職場に復帰	57	56	54
休暇			
家族または個人的な用事のための有給休暇	45	46	47
代休制度	18	21	9
労働時間内のボランティア休暇	21	24	20
フレックス・キャリア			
退職前に一定期間労働時間を短縮	25	25	20
サバティカル（有給・無給を含む6か月以上の休暇）	21	24	14
教育・職業訓練のための有給・無給の休暇	40	41	33
育児休暇、本人あるいは家族のための長期休暇	47	48	44
長期休暇後の復帰時に特別な配慮	28	29	21

資 料：Families and Work Institute, "2008 National Study of Employers" (copyright); <http://familiesandwork.org/site/research/reports/main.html>

No.608. フレックスタイム：2004年

[単位：1,000人（99,778は9977万8,000人を表す）、％。5月現在。16歳以上のフルタイムの賃金給与労働者。会社が法人化されているかいないかに関わらず、自営業者を除く。主要な職業のみ（副業は除く）。毎月人口調査に基づく。第1章の解説および付録Ⅲを参照]

項目	合計 計[1]	合計 フレックスタイムあり[2] 数	合計 フレックスタイムあり[2] ％	男性 計[1]	男性 フレックスタイムあり[2] 数	男性 フレックスタイムあり[2] ％	女性 計[1]	女性 フレックスタイムあり[2] 数	女性 フレックスタイムあり[2] ％
計	99,778	27,411	27.5	56,412	15,853	28.1	43,366	11,558	26.7
年齢									
16－19歳	1,427	336	23.6	903	185	20.5	524	151	28.9
20歳以上	98,351	27,075	27.5	55,509	15,668	28.2	42,842	11,406	26.6
20－24歳	9,004	2,058	22.9	5,147	1,065	20.7	3,856	993	25.8
25－34歳	24,640	6,902	28.0	14,358	4,051	28.2	10,283	2,851	27.7
35－44歳	26,766	7,807	29.2	15,424	4,605	29.9	11,342	3,202	28.2
45－54歳	24,855	6,651	26.8	13,440	3,769	28.0	11,415	2,882	25.2
55－64歳	11,745	3,181	27.1	6,383	1,865	29.2	5,361	1,316	24.5
65歳以上	1,341	475	35.4	757	314	41.4	585	161	27.6
人種およびヒスパニック									
白人[3]	80,498	23,121	28.7	46,222	13,582	29.4	34,276	9,539	27.8
黒人[3]	12,578	2,476	19.7	6,447	1,193	18.5	6,131	1,283	20.9
アジア系[3]	4,136	1,132	27.4	2,300	720	31.3	1,836	412	22.4
ヒスパニック[4]	14,110	2,596	18.4	8,621	1,430	16.6	5,489	1,166	21.2
婚姻状況									
既婚（配偶者あり）	57,630	16,270	28.2	34,926	10,382	29.7	22,704	5,888	25.9
未婚	42,148	11,141	26.4	21,486	5,471	25.5	20,662	5,670	27.4
未婚	25,144	6,693	26.6	14,469	3,605	24.9	10,676	3,088	28.9
その他	17,004	4,448	26.2	7,018	1,866	26.6	9,986	2,582	25.9
子供の有無および年齢									
18歳未満の子供なし	61,761	16,759	27.1	34,680	9,410	27.1	27,081	7,349	27.1
18歳未満の子供あり	38,018	10,652	28.0	21,733	6,443	29.6	16,285	4,209	25.8
6－17歳までの一番下の子供あり	21,739	5,960	27.4	11,477	3,341	29.1	10,262	2,619	25.5
6歳未満の一番下の子供あり	16,279	4,692	28.8	10,256	3,102	30.2	6,023	1,590	26.4

1．フレックスタイムに関して回答のないものを含む　2．労働の開始または終了を変更または修正できる　3．この人種グループのみ。表No.587の脚注4を参照　4．ヒスパニックは人種を問わない
資料：U.S. Bureau of Labor Statistics, *Workers on Flexible and Shift Schedules in May 2004, News Release*, USDL 05-1198, 2005年7月；<http://www.bls.gov/bls/newsrels.htm#OEUS> も参照

No.609. 労働形態：2005年

[単位：1000人（138,952は1億3895万2000人を表す）。2月現在。16歳以上の就業者。毎月人口調査に基づく。第1章の解説および付録Ⅲを参照]

特徴	就業者、計[1]	通常雇用形態以外 個別契約	通常雇用形態以外 待機	通常雇用形態以外 一時派遣	通常雇用形態以外 契約会社からの派遣	通常雇用形態
就業者、計	138,952	10,342	2,454	1,217	813	123,843
16－19歳	5,510	89	133	33	7	5,194
20－24歳	13,114	356	355	202	87	12,055
25－34歳	30,103	1,520	535	362	205	27,427
35－44歳	34,481	2,754	571	253	196	30,646
45－54歳	32,947	2,799	417	200	186	29,324
55－64歳	17,980	1,943	267	135	114	15,496
65歳以上	4,817	881	175	33	18	3,701
男性	73,946	6,696	1,241	574	561	64,673
16－19歳	2,579	32	82	24	7	2,389
20－24歳	6,928	194	200	107	61	6,331
25－34歳	16,624	1,006	299	185	138	14,950
35－44歳	18,523	1,824	252	120	140	16,130
45－54歳	17,193	1,764	209	71	143	15,003
55－64歳	9,485	1,287	108	52	70	7,954
65歳以上	2,615	589	91	16	3	1,917
女性	65,006	3,647	1,212	643	252	59,170
16－19歳	2,931	57	52	9	－	2,805
20－24歳	6,186	162	155	95	27	5,724
25－34歳	13,480	514	236	177	67	12,477
35－44歳	15,958	930	319	133	57	14,516
45－54歳	15,754	1,035	208	129	43	14,322
55－64歳	8,495	656	158	83	44	7,542
65歳以上	2,202	292	84	17	15	1,785
フルタイム	113,798	7,732	1,370	979	695	102,889
パートタイム	25,154	2,611	1,084	238	119	20,954

－　ゼロを示す　1．日雇い労働者および少数の「待機中かつ契約会社からの派遣」労働者を含む
資料：U.S. Bureau of Labor Statistics, *Contingent and Alternative Employment Arrangements, February 2005, News Release*, USDL 05-1443 (2005年7月)；<http://www.bls.gov/bls/newsrels.htm#OEUS> を参照

No.610. 複数の仕事を持つ者：2010年

[各月値の年間平均（6,878は687万8000人を表す）。16歳以上の非施設収容人口。複数の仕事を持つ者というのは、1) 2つ以上の雇用主から賃金俸給を受けとる者、2) 自営でかつ賃金俸給を受けとる仕事も持つ者、3) 主要な仕事は無給の家族労働者で、かつ賃金俸給を受けとる仕事を持つ者。毎月人口調査に基づく。第1章の解説および付録Ⅲを参照。本書前年版の表No.609も参照]

特徴	計 人数(1,000人)	計 有業者に占める割合(%)	男性 人数(1,000人)	男性 有業者に占める割合(%)	女性 人数(1,000人)	女性 有業者に占める割合(%)
計[1]	6,878	4.9	3,326	4.5	3,552	5.4
年齢：						
16－19歳	167	3.8	61	2.9	106	4.7
20－24歳	695	5.5	289	4.5	406	6.5
25－54歳	4,797	5.1	2,374	4.7	2,423	5.5
55－64歳	1,021	4.7	490	4.4	531	5.1
65歳以上	197	3.1	112	3.2	86	3.0
人種、ヒスパニック：						
白人[2]	5,857	5.1	2,861	4.7	2,996	5.7
黒人[2]	653	4.3	298	4.3	354	4.3
アジア系[2]	202	3.0	96	2.7	106	3.4
ヒスパニック[3]	638	3.2	360	3.1	278	3.4
婚姻状況：						
既婚、配偶者あり	3,644	4.7	2,015	4.7	1,629	4.7
死別、離別、別居	1,233	5.5	416	4.5	817	6.2
独身（未婚）	2,000	5.2	895	4.3	1,105	6.2
フルタイム又はパートタイムの別：						
第1の職はフルタイム、第2の職はパートタイム	3,591	(X)	1,926	(X)	1,665	(X)
両方ともパートタイム	1,805	(X)	589	(X)	1,216	(X)
両方ともフルタイム	263	(X)	172	(X)	91	(X)
第1の職または第2の職で時間がまちまち	1,182	(X)	621	(X)	562	(X)

X 該当なし　1．第1の仕事がパートタイムで、第2の仕事がフルタイムであるという少数の者を含む。また、個別に示されないその他の人種も含む　2．この人種のみを選択した者。表No.587の脚注4を参照　3．ヒスパニック、ラテン系は人種を問わない

資料：U.S. Bureau of Labor Statistics, "Employment and Earnings Online," January 2011 issue (2011年3月); <http://www.bls.gov/opub/ee/home.htm> および <http://www.bls.gov/cps/home.htm> を参照

No.611. 18－44歳の職歴(数)：1978－2008年

[2008-09年に43-52歳（1979年の最初のインタビュー時に14-22歳）の人を対象とする。仕事の数は、特定の雇用者のもとで、一定期間途切れることなく続いたものを示す。教育水準は2008-09年現在。National Longitudinal Survey of Youth 1979に基づく。詳細については資料を参照]

性別・教育水準	計[1]	年齢別職歴（数） 18－22歳	23－27歳	28－32歳	33－38歳	39－44歳
計[2]	11.0	4.4	3.2	2.6	2.4	2.0
高等学校卒業未満	11.8	4.0	3.4	2.7	2.6	1.9
高等学校卒業、大学進学せず	10.4	4.1	2.9	2.5	2.4	2.0
大学または準学位	11.4	4.4	3.3	2.7	2.5	2.1
学士以上	11.3	4.9	3.5	2.6	2.3	2.0
男性	11.4	4.5	3.4	2.8	2.5	2.0
高等学校卒業未満	13.3	4.6	4.0	3.0	2.7	2.1
高等学校卒業、大学進学せず	10.7	4.3	3.2	2.7	2.4	1.9
大学または準学位	11.8	4.6	3.5	2.9	2.5	2.1
学士以上	11.0	4.6	3.5	2.6	2.5	1.9
女性	10.7	4.2	3.1	2.4	2.4	2.0
高等学校卒業未満	9.7	3.1	2.5	2.2	2.3	1.7
高等学校卒業、大学進学せず	10.0	3.8	2.7	2.3	2.4	2.0
大学または準学位	11.1	4.3	3.2	2.5	2.5	2.1
学士以上	11.7	5.2	3.6	2.6	2.2	1.9
白人、非ヒスパニック	11.1	4.6	3.3	2.6	2.4	2.0
高等学校卒業未満	12.7	4.4	3.7	2.8	2.7	2.0
高等学校卒業、大学進学せず	10.4	4.2	3.0	2.5	2.3	1.9
大学または準学位	11.4	4.6	3.4	2.7	2.5	2.0
学士以上	11.3	5.0	3.5	2.6	2.3	1.9
黒人、非ヒスパニック	10.7	3.5	3.1	2.7	2.5	2.1
高等学校卒業未満	9.7	2.8	2.8	2.3	2.2	1.7
高等学校卒業、大学進学せず	10.3	3.3	2.9	2.7	2.6	2.0
大学または準学位	11.5	3.9	3.2	2.8	2.7	2.3
学士以上	11.5	4.0	3.6	2.8	2.5	2.3
ヒスパニックまたはラテン[3]	10.7	4.0	3.0	2.5	2.4	2.1
高等学校卒業未満	10.4	3.6	2.8	2.4	2.4	2.0
高等学校卒業、大学進学せず	10.4	4.0	2.9	2.4	2.3	2.0
大学または準学位	11.4	4.2	3.1	2.7	2.4	2.3
学士以上	10.7	4.4	3.3	2.7	2.5	2.0

1．複数の年齢別グループにわたって仕事が継続していた場合、その全てにカウントする。しかし計には1度のみカウントする。　2．個別に明示しないその他の人種を含む　3．ヒスパニック、ラテン系は人種を問わない

資料：U.S. Bureau of Labor Statistics, Number of Jobs Held, Labor Market Activity, and *Earnings Growth Among Youngest Baby Boomers: Recent results from a Longitudinal Survey, News Release*, USDL 10-1243 (2010年9月); <http://www.bls.gov/news.release/nlsoy.toc.htm> を参照

No.612. 現職の就業期間の特徴：2010年

[121,931は1億2193万1000人を表す。2010 Displaced Worker Supplement。1月現在。16歳以上の賃金給与労働者。法人化されていてもいなくても自営業者を除く。毎月人口調査に基づく。資料と付録Ⅲを参照]

特徴	被雇用者数(1,000)	現職の就業期間の構成比（%）							中央値(年)[1]
		12ヵ月以下	13－23ヵ月	2年	3－4年	5－9年	10－14年	15－19年	20年以上	
計[2]	121,931	19.0	7.0	5.8	18.9	20.5	12.2	6.1	10.5	4.4
年齢、性別										
16－19歳	3,984	66.7	12.7	10.7	9.6	0.3	－	－	－	－
20－24歳	11,835	45.1	13.3	12.1	22.4	7.0	0.1	－	－	1.5
25－34歳	27,756	23.3	9.8	7.5	27.7	24.4	6.6	0.8	－	3.1
35－44歳	27,205	14.4	6.3	4.8	19.2	24.7	18.2	8.0	4.3	5.1
45－54歳	28,841	10.6	4.4	4.1	14.6	21.5	16.0	9.8	18.9	7.8
55－64歳	17,740	7.8	3.6	2.9	12.8	19.7	15.6	9.6	27.9	10.0
65歳以上	4,570	6.9	2.9	2.7	12.9	21.4	15.3	9.8	28.0	9.9
男性	61,495	18.5	6.6	5.7	18.3	20.8	12.4	6.1	11.5	4.6
16－19歳	1,850	65.8	12.4	10.2	11.3	0.3	－	－	－	－
20－24歳	5,746	44.2	12.7	11.9	22.8	8.3	0.1	－	－	1.6
25－34歳	14,604	22.9	9.2	7.3	26.6	25.4	7.6	1.0	－	3.2
35－44歳	14,160	14.0	5.8	4.7	18.4	24.7	19.4	8.3	4.7	5.3
45－54歳	14,239	10.8	3.9	4.1	13.1	20.7	15.4	10.5	21.4	8.5
55－64歳	8,655	7.2	3.4	2.7	12.3	19.4	14.5	9.0	31.4	10.4
65歳以上	2,242	6.8	4.0	2.5	13.9	20.9	15.3	7.0	29.6	9.7
女性	60,435	19.4	7.4	5.9	19.5	20.2	12.0	6.0	9.5	4.2
16－19歳	2,135	67.4	12.9	11.2	8.2	0.3	－	－	－	－
20－24歳	6,089	46.0	13.9	12.2	22.0	5.8	0.1	－	－	1.5
25－34歳	13,151	23.8	10.4	7.7	28.8	23.2	5.5	0.5	－	3.0
35－44歳	13,045	14.8	7.0	4.8	20.1	24.7	17.0	7.7	3.9	4.9
45－54歳	14,602	10.5	4.9	4.1	16.1	22.3	16.6	9.2	16.4	7.1
55－64歳	9,085	8.2	3.7	3.1	13.3	20.0	16.7	10.2	24.6	9.7
65歳以上	2,328	7.0	1.9	2.8	12.0	21.9	15.4	12.5	26.5	10.1
人種・ヒスパニック										
白人[3]	99,768	18.6	7.1	5.7	18.4	20.4	12.4	6.4	11.1	4.5
男性	51,081	18.1	6.7	5.6	17.7	20.6	12.6	6.5	12.3	4.8
女性	48,687	19.2	7.6	5.8	19.1	20.1	12.1	6.3	9.8	4.3
黒人[3]	13,508	20.7	6.1	6.1	20.9	20.4	11.6	4.9	9.3	4.2
男性	5,969	20.4	5.1	6.6	20.7	21.1	11.9	4.8	9.4	4.2
女性	7,539	20.9	6.9	5.8	21.0	19.8	11.3	5.0	9.2	4.0
アジア系[3]	5,598	18.1	7.0	6.8	22.1	25.4	11.8	3.3	5.5	4.0
男性	2,922	18.7	7.1	5.8	23.6	25.1	11.5	3.5	4.7	3.9
女性	2,677	17.4	6.8	7.8	20.5	25.7	12.2	3.2	6.4	4.1
ヒスパニック[4]	18,016	22.5	7.0	7.4	23.2	20.4	9.8	4.2	5.6	3.4
男性	10,279	22.5	6.7	7.0	23.1	19.9	10.2	4.3	6.3	3.5
女性	7,737	22.4	7.4	7.8	23.3	21.1	9.1	4.1	4.7	3.3

－ ゼロを示す　NA データなし　Z 0.05%未満　1．中央値の定義については凡例を参照　2．個別に示さないその他の人種を含む　3．この人種グループのみ。表No.587の脚注4を参照　4．ヒスパニックは人種を問わない
資料：U.S. Bureau of Labor Statistics, News, *Employee Tenure in 2010, News Release*, USDL 10-1278 (2010年9月); <http://www.bls.gov/bls/news.release/tenure.toc.htm> を参照

No.613. パートタイム労働者――理由別：2010年

[単位：1,000人（35,097は3509万7000人を表す）。毎週1－34時間働く、16歳以上の、民間非施設収容人口。各月値の年間平均。毎月人口調査に基づく。標本抽出の際の誤差あり。第1章の解説および付録Ⅲを参照。本書前年版の表No.612も参照]

理由	全産業			非農業部門		
	計	通常		計	通常	
		フルタイム	パートタイム		フルタイム	パートタイム
週平均35時間未満の労働者、計	35,097	10,217	24,880	34,505	10,033	24,471
経済的理由	8,874	2,245	6,629	8,744	2,183	6,561
仕事がない、景気の状況による	6,174	2,004	4,170	6,087	1,962	4,126
パートタイムの仕事しかなかった	2,375	(S)	2,375	2,358	(S)	2,358
季節労働	207	123	84	184	107	77
この週に仕事を始めた／辞めた	118	118	(S)	115	115	(S)
非経済的理由	26,223	7,972	18,251	25,761	7,850	17,911
子供の世話をする	800	61	739	793	61	732
家族（子供以外）又は個人に対する責任	4,634	623	4,010	4,562	613	3,949
健康上の理由	737	(S)	737	722	(S)	722
在学中又は訓練中	5,470	70	5,400	5,412	70	5,342
退職年金又は社会保障の所得制限	2,184	(S)	2,184	2,074	(S)	2,074
休暇	3,395	3,395	(S)	3,351	3,351	(S)
休日（法定又は宗教上の）	854	854	(S)	849	849	(S)
天候による短縮	656	656	(S)	627	627	(S)
その他	7,493	2,312	5,180	7,370	2,280	5,092
週平均労働時間：						
経済的理由	22.5	23.5	22.1	22.5	23.5	22.1
非経済的理由	21.3	24.9	19.7	21.4	25.0	19.8

S データがない、または公表基準を満たしていない
資料：U.S. Bureau of Labor Statistics, "Employment and Earnings Online," January 2011 issue (2011年3月); <http://www.bls.gov/opub/ee/home.htm> および <http://www.bls.gov/cps/home.htm> を参照

No.614. 離職者の特徴：2010年

[単位：％、計は1,000人（6,938は693万8000人を表す）。2010 Displaced Worker Supplement 1月現在。20歳以上で、職を離れた時点までに3年以上職についていたもの。2007年1月から2009年12月の間に工場閉鎖または工場の移転、不景気、職位の廃止等の理由により離職。毎月人口調査に基づく。資料および付録Ⅲを参照]

特徴	計 (1,000人)	就業状況、2010年1月			離職の理由、2007-2009		
		就業	失業	労働力外	工場・会社の閉鎖又は移動	不景気	職位又はシフトの廃止
計[1]	6,938	48.8	36.1	15.2	30.6	42.8	26.6
20－24歳	227	54.8	29.8	15.4	35.9	52.6	11.5
25－54歳	4,923	53.4	35.6	11.0	30.4	43.8	25.8
55－64歳	1,395	38.7	39.9	21.4	32.5	38.6	28.9
65歳以上	392	22.5	32.4	45.1	23.7	39.9	36.4
男性	4,183	49.0	39.1	11.9	29.8	47.9	22.3
20－24歳	144	54.2	38.7	7.1	25.4	66.6	8.0
25－54歳	3,031	53.1	38.4	8.4	29.5	49.2	21.3
55－64歳	810	38.4	41.4	20.2	33.2	40.7	26.1
65歳以上	198	24.3	41.2	34.5	25.2	43.4	31.3
女性	2,754	48.5	31.4	20.1	31.8	35.1	33.1
20－24歳	84	55.8	14.6	29.7	54.1	28.6	17.3
25－54歳	1,892	53.9	31.0	15.1	31.8	35.1	33.1
55－64歳	585	39.2	37.8	23.0	31.6	35.6	32.8
65歳以上	194	20.7	23.3	56.0	22.1	36.3	41.5
白人[2]	5,716	50.3	35.0	14.8	29.7	42.9	27.3
男性	3,518	50.8	37.8	11.4	28.4	48.2	23.4
女性	2,198	49.5	30.4	20.2	31.9	34.5	33.7
黒人[2]	761	42.9	41.2	15.9	33.9	41.7	24.4
男性	410	39.7	48.4	12.0	35.9	47.9	16.2
女性	351	46.7	32.8	20.4	31.5	34.6	34.0
アジア系[2]	294	37.8	47.8	14.3	34.0	44.4	21.6
男性	160	34.8	51.5	13.7	36.4	42.2	21.4
女性	135	41.5	43.4	15.1	31.2	47.0	21.8
ヒスパニック[3]	993	48.7	38.0	13.4	32.4	57.0	10.6
男性	696	52.3	38.9	8.8	31.8	59.8	8.4
女性	297	40.1	35.8	24.1	33.8	50.4	15.8

1．個別に明示しないその他の人種を含む　2．母集団が75,000未満のためデータを示さず　3．この人種のみ。表No.587の脚注3を参照　4．ヒスパニック、ラテン系は人種を問わない

資料：U.S. Bureau of Labor Statistics, News, *Worker Displacement, 2007-2009*, News Release, USDL 10-1174（2010年8月）；〈http://www.bls.gov/news.release/disp.toc.htm〉も参照

No.615. 非労働力人口：2010年

[単位：1,000人（83,941は8394万1000人を表す）。各月値の年間平均。16歳以上の民間非施設収容人口。毎月人口調査に基づく。第1章の解説と付録Ⅲを参照。本書前年版の表No.614も参照]

状況と理由	計	年齢			性別	
		16－24歳	25－54歳	55歳以上	男性	女性
非労働力人口、計	83,941	17,014	22,350	44,577	33,189	50,752
現在仕事はしたくない[1]	77,882	14,990	19,659	43,233	30,309	47,573
仕事をしたい	6,059	2,024	2,691	1,344	2,880	3,179
調査前年に――						
仕事を探せなかった	2,948	968	1,189	791	1,279	1,669
仕事を探した[2]	3,111	1,056	1,502	553	1,601	1,510
現在仕事をすることができない	623	274	284	65	264	359
現在仕事をすることができるが[3]	2,487	782	1,218	487	1,337	1,151
探してはいない：						
職業を持つ見込みがない[4]	1,173	291	595	287	731	442
家族への責任	286	49	171	66	83	203
在学中または訓練中	350	262	81	7	191	158
健康に問題がある、障害がある	50	4	21	25	21	29
その他[5]	629	176	350	102	311	318

1．仕事があるか尋ねていない人も含む　2．先の12ヵ月以内に仕事をしていて、その仕事の後の仕事を探している人　3．前年に仕事を探したことがあり、現在仕事をすることができる人々。「限界的付加労働力」とも呼ばれる　4．ここに含まれるのは、できる仕事がない、仕事が見つけられない、学歴又はトレーニングが不足している、雇用主が若すぎる又は年をとりすぎていると考える、等の認識がある　5．子供の世話、通勤の問題等

資料：U.S. Bureau of Labor Statistics, "Employment and Earnings Online," January 2011 issue（2011年3月）；〈http://www.bls.gov/opub/ee/home.htm〉および〈http://www.bls.gov/cps/tables.htm#annual〉を参照

No.616. 民間被雇用者数——性別、人種別、職種別：2010年

[139,064は1億3906万4000人を表す。民間非施設収容人口は16歳以上。各月値の年間平均値。毎月人口調査に基づく。第1章の解説および付録Ⅲを参照。2000年センサスで用いられた職業および産業分類に基づく]

職種	被雇用者計(1,000人)	総数に占める割合(%)			
		女性	黒人[1]	アジア系[1]	ヒスパニック[2]
計、16歳以上	139,064	47.2	10.8	4.8	14.3
経営・専門職およびその関連職	51,743	51.5	8.4	6.1	7.3
経営・事務・営業・金融	20,938	43.0	7.3	4.8	7.5
経営[3]	15,001	38.2	6.4	4.4	7.6
社長	1,505	25.5	2.8	3.2	4.8
総務・運営担当マネージャー	1,007	29.9	5.8	3.3	5.9
マーケティング・営業担当マネージャー	959	45.2	5.9	5.0	5.1
管理担当マネージャー	104	34.4	9.0	5.5	9.5
コンピューター情報管理担当マネージャー	537	29.9	6.8	9.0	7.2
財務担当マネージャー	1,141	53.2	6.7	6.9	8.1
人的資源担当マネージャー	268	69.3	9.1	3.0	7.9
製造担当マネージャー	254	17.9	3.0	4.4	9.4
購買担当マネージャー	203	46.1	7.6	2.8	7.8
輸送・保管・流通担当マネージャー	278	17.4	9.5	2.8	11.7
農場・牧場その他農業のマネージャー	237	18.1	0.6	0.9	9.8
農場主・牧場主	713	24.6	0.6	0.7	1.5
建設業マネージャー	1,083	6.8	3.5	2.0	8.5
教育管理者	830	63.0	11.1	2.0	6.4
工学マネージャー	113	7.7	5.4	13.3	3.5
飲食業マネージャー	960	47.4	8.5	10.8	14.6
宿泊業マネージャー	143	48.4	5.1	11.3	5.8
保健医療サービスマネージャー	549	72.5	12.4	3.2	7.2
資産、不動産・地域組織マネージャー	604	49.2	7.7	2.6	11.4
社会福祉・コミュニティサービスマネージャー	326	70.2	13.1	1.6	7.0
事務・営業・金融[3]	5,937	54.9	9.8	5.7	7.1
卸売・小売バイヤー（農産物を除く）	180	52.1	4.4	2.2	9.7
物資調達代理人（卸売・小売・農産物を除く）	235	54.9	8.0	3.2	5.7
苦情処理、鑑定、検査、調査	282	57.4	13.8	3.3	7.4
企業内の法務担当者（農業・建設業・保健・安全・輸送業を除く）	188	47.0	11.5	2.2	7.8
原価計算士	115	11.6	1.0	0.6	7.5
人的資源訓練・労働関係専門家	824	70.3	14.0	2.6	10.2
経営分析家	658	43.7	7.2	7.6	6.7
会計士・税理士	1,646	60.1	8.6	9.1	5.8
不動産鑑定士	79	34.0	3.0	1.8	2.5
金融アナリスト	97	35.7	11.6	4.9	3.0
個人向け財務アドバイザー	369	30.8	5.2	4.9	3.5
保険業	125	59.3	13.2	4.2	4.7
ローンカウンセラー	363	51.8	9.9	4.6	10.6
所得税申告士	106	71.1	13.0	6.1	11.1
専門職および関連の職種	30,805	57.4	9.2	7.0	7.1
コンピュータおよび数学関連業[3]	3,531	25.8	6.7	16.1	5.5
コンピュータ科学者・システムアナリスト	784	30.5	7.3	14.9	5.1
コンピュータプログラマー	470	22.0	5.1	12.4	6.5
コンピュータソフトウェアエンジニア	1,026	20.9	5.1	28.0	3.9
コンピュータサポート専門家	388	27.6	11.3	7.9	6.9
データベース管理者	101	36.4	9.0	11.8	8.6
ネットワークおよびシステム管理者	229	16.5	5.6	9.4	6.0
ネットワークシステムおよびデータコミュニケーションアナリスト	366	26.2	6.6	7.4	6.7
オペレーションリサーチ・アナリスト	107	46.2	10.7	5.8	8.4
建築およびエンジニアリング[3]	2,619	12.9	5.2	9.0	6.8
建築家（造船技士を除く）	184	24.4	2.1	1.9	7.8
航空宇宙エンジニア	126	10.8	6.7	3.7	3.8
土木技術者	318	9.7	4.9	8.9	6.9
コンピュータハードウェアエジニア	70	10.3	3.1	26.7	7.3
電気・電子エンジニア	307	7.2	5.3	16.7	7.0
インダストリアル・エンジニア（保健・安全を含む）	159	20.0	5.0	10.2	7.8
機械エンジニア	293	6.7	3.2	11.0	3.7
ドラフター（製図）	143	21.4	3.6	4.1	11.3
エンジニアリング技士（ドラフターを除く）	374	13.2	8.2	4.6	8.9
生命科学・物理化学・社会科学[3]	1,409	46.5	6.3	10.8	6.0
生物学者	113	45.8	8.0	9.8	6.2
医療科学者	143	53.7	7.0	28.4	7.5
化学者・物質工学者	103	33.5	9.9	18.2	4.3
環境科学者・地球化学者	108	26.2	5.4	3.0	2.9
市場調査士、測量士	150	55.7	5.1	7.7	2.8
心理学者	179	66.7	3.9	3.3	7.3
コミュニティサービス・社会福祉[3]	2,337	64.2	19.3	3.3	9.8
カウンセラー	702	71.2	21.4	3.8	9.5
ソーシャルワーカー	771	80.8	22.8	3.3	11.3
その他のコミュニティサービス・社会福祉専門職	297	68.0	21.6	1.7	13.0
聖職者	429	17.5	12.6	2.9	6.3

本表末尾の脚注を参照

No.616. 民間被雇用者数——性別、人種別、職種別：2010年（続）

[393頁の頭注を参照]

職種	被雇用者計(1,000人)	総数に占める割合(%)			
		女性	黒人[1]	アジア系[1]	ヒスパニック[2]
法律および関連職（続き）	1,716	48.8	6.5	3.4	5.5
法律家	1,040	31.5	4.3	3.4	3.4
判事、治安判事およびその他の司法職	71	36.4	12.5	3.9	7.8
法律家補助者	345	85.8	8.8	2.4	9.6
その他の法律補助職	259	72.6	10.4	4.4	7.7
教育・訓練・図書館[3]	8,628	73.8	9.4	3.8	8.0
高等教育教師	1,300	45.9	6.3	11.0	5.0
幼稚園・保育園教諭	712	97.0	13.4	2.7	9.6
小中学校教諭	2,813	81.8	9.3	2.4	7.3
高校教諭	1,221	57.0	8.0	1.6	6.7
特殊教育教諭	387	85.1	6.8	2.0	6.2
その他の教諭・インストラクター	806	66.5	9.6	4.8	8.0
図書館司書	216	82.8	9.2	1.7	5.2
教諭アシスタント	966	92.4	12.7	2.9	15.1
アート・デザイン・娯楽・スポーツ・メディア[3]	2,759	46.2	5.5	4.3	8.8
芸術家およびその関連職	195	47.1	2.7	3.6	6.6
デザイナー	793	53.7	3.3	5.2	9.0
プロデューサー、ディレクター	152	37.7	9.1	5.5	10.9
運動選手、コーチ、アンパイア、その他関連職	260	34.6	7.3	4.1	10.6
音楽家、歌手、その他関連職	182	31.9	13.9	2.1	8.7
ニュース解説者、レポーター、通信員	81	46.9	3.0	6.0	7.2
広報専門職	148	58.8	2.8	2.6	8.7
編集者	162	53.2	4.9	5.0	3.9
作家	199	63.5	3.8	2.3	1.5
その他のメディア、コミュニケーション関連職	83	67.9	6.6	10.6	32.5
放送および音響技術者およびラジオオペレータ	102	9.9	5.7	4.1	10.8
写真家	161	39.4	6.5	3.3	8.1
保健医療・技術職[3]	7,805	74.3	10.8	7.8	6.2
歯科医	175	25.5	0.3	13.7	5.7
栄養士	105	92.3	14.9	9.1	5.2
薬剤師	255	53.0	5.2	15.1	4.3
内科医・外科医	872	32.3	5.8	15.7	6.8
医師アシスタント	99	68.7	5.0	5.8	9.2
作業療法士	2,843	91.1	12.0	7.5	4.9
理学療法士	109	87.8	2.5	2.6	6.1
呼吸療法士	187	68.5	5.8	7.6	5.4
言語病理学者	132	96.3	2.9	0.7	6.1
医学検査技士	342	76.8	15.1	10.3	7.4
歯科衛生士	141	95.1	4.3	5.9	3.0
診断関連技術者および技士	349	73.3	7.2	4.8	7.7
救急医療技士・パラメディカル	179	34.1	4.4	0.9	3.7
健康診断・診療の補助職	505	75.9	13.6	6.8	10.8
准看護士および看護士	573	91.7	24.4	3.8	6.2
医療記録・保健情報管理専門職	118	87.6	19.9	6.5	12.7
サービス業	**24,634**	**56.8**	**15.3**	**4.9**	**21.3**
保健医療関連補助職[3]	3,332	88.9	25.5	4.1	15.2
看護、精神医学、家庭介護	1,928	88.2	34.6	4.0	14.7
マッサージ療法士	162	87.1	5.3	4.9	6.0
歯科助手	296	97.5	5.7	5.6	20.0
医療補助およびその他のヘルスケアサポート	850	89.7	17.8	3.5	16.4
保安職[3]	3,289	21.4	17.8	2.4	13.3
刑事、警察管理職	103	15.4	8.7	2.5	7.4
消防官	301	3.6	6.4	0.5	9.6
廷吏、矯正施設職員、刑務官	465	26.1	22.0	1.2	13.3
刑事、捜査官	159	22.8	10.6	3.7	13.3
警察官・保安官・巡査	714	13.0	12.1	2.7	15.2
私立探偵、調査員	89	37.6	5.7	3.2	12.1
警備員・監視員	993	20.8	28.8	3.4	15.9
水難救助員およびその他の警護サービス	166	54.4	4.2	2.2	6.7
調理・配膳関連職	7,660	55.1	11.3	5.6	22.2
シェフ・総料理長	337	19.0	12.0	16.5	17.9
調理・配膳の監督職	551	56.6	15.4	3.0	14.9
コック	1,951	40.5	15.0	5.0	32.5
調理助手	717	59.2	13.4	5.3	23.7
バーテンダー	393	55.2	3.8	2.1	10.7
ファーストフードを含む、調理配膳の混合職	294	61.3	12.8	4.6	16.6
カフェテリア・売店・コーヒーショップのカウンター要員	269	65.7	11.3	5.7	18.5
ウェイター・ウェイトレス	2,067	71.1	7.1	6.1	16.6
レストラン以外の給士職	174	64.9	18.6	6.5	16.3
ダイニングルーム、カフェテリアの給仕、バーテンダー助手	371	47.9	10.7	7.0	29.0
皿洗い	246	21.1	10.5	4.2	38.5
レストラン・ラウンジ・コーヒーショップのホスト・ホステス	284	84.7	8.1	4.0	14.3

本表末尾の脚注を参照

No.616. 民間被雇用者数——性別、人種別、職種別：2010年（続）

[393頁の頭注を参照]

職種	被雇用者計 (1,000人)	総数に占める割合(%)			
		女性	黒人[1]	アジア系[1]	ヒスパニック[2]
建物・グラウンドの清掃メンテナンス	5,328	40.6	13.6	3.1	35.2
清掃・管理人の監督職	234	41.7	13.3	2.8	19.8
造園業・芝生管理・用地管理の監督職	229	7.3	3.8	1.1	20.5
建物管理人、清掃夫	2,186	33.2	17.1	3.2	30.9
メイド、清掃人	1,407	89.0	16.3	5.0	40.8
有害生物駆除	76	3.3	5.3	1.7	15.9
グラウンドのメンテナンス要員	1,195	5.8	6.3	1.3	43.8
介護およびサービス[3]	5,024	78.3	14.8	7.8	14.6
賭博関連職の監督職	136	52.2	5.4	8.3	8.9
個人向けサービス職の監督職	185	71.6	7.7	14.5	9.0
牧場以外での動物の世話	169	71.7	2.7	2.0	12.7
賭博サービス職	121	38.1	5.0	29.6	10.5
理髪師	96	17.9	37.2	1.2	12.1
ヘアドレッサー、ヘアスタイリスト、メイクアップアーティスト	770	91.9	10.6	4.7	12.7
その他の美容職	273	86.6	7.5	51.4	10.9
ポーター、ベルボーイ、コンシェルジュ	77	17.9	29.8	6.9	25.8
輸送機関職員	110	71.6	12.2	4.9	16.6
児童保育職	1,247	94.7	16.0	3.4	19.1
介護・家庭における看護職	973	86.1	23.8	6.4	17.6
娯楽・フィットネス関連職	379	67.2	11.3	1.8	6.9
販売・事務職	33,433	62.9	11.3	4.2	12.6
販売および販売関連職[3]	15,386	49.9	9.8	5.0	11.8
小売業現場マネージャー	3,132	43.9	7.9	5.4	10.3
小売以外の販売現場マネージャー	1,131	28.0	5.9	5.6	9.6
キャッシャー	3,109	73.7	16.1	6.8	16.3
カウンター係、レンタル受付	150	49.0	7.9	6.9	12.7
部品販売	129	12.5	3.7	0.5	12.9
小売販売員	3,286	51.9	11.3	4.1	13.7
広告代理店	214	47.6	6.3	2.7	4.9
保険代理店	513	49.4	6.6	3.2	10.1
証券・商品取引・金融サービス代理店	308	30.8	6.4	8.0	4.8
旅行代理店	76	84.0	9.9	6.5	8.7
販売代理人、その他のサービス業	524	34.4	9.6	4.9	9.9
販売代理人、卸売業および製造業	1,284	25.0	4.0	3.3	9.3
不動産ブローカー、販売代理店	854	54.0	5.3	3.8	7.1
電話による広告・販売業	118	68.3	25.0	1.2	11.9
訪問販売、ニューススタンド、売店、および関連職	203	64.3	12.9	3.6	15.7
事務職および管理支援[3]	18,047	73.9	12.5	3.6	13.4
事務・経営支援職現場マネージャー	1,507	68.7	9.7	3.8	11.1
集金人（かけ売り・不払い）	216	65.4	17.5	2.9	18.9
請求書発行事務、オペレータ	472	92.2	13.7	4.1	14.0
帳簿管理、経理事務	1,297	90.9	6.5	3.4	8.8
給与計算、労務管理事務	167	90.8	10.4	1.9	10.7
銀行窓口係	453	88.0	11.3	5.2	14.0
裁判所・自治体・特許事務所事務	95	75.9	17.9	3.1	12.1
顧客サービス代理人	1,896	66.6	17.5	3.9	15.2
文書（情報）整理	334	82.0	16.0	3.9	14.3
ホテル・モーテル・リゾートの受付	129	69.1	15.3	4.4	11.6
調査担当者（適格審査、貸付審査を除く）	210	76.0	17.3	5.8	12.0
図書館員助手、事務	115	77.1	5.9	3.2	12.3
貸付審査、事務	127	78.3	11.5	4.7	11.0
受注事務	117	68.0	8.0	6.4	16.2
受付、案内係	1,281	92.7	9.8	3.3	16.8
旅行代理店、予約・発券事務	100	58.2	24.0	3.9	14.9
メッセンジャー（特急ビジネス便）	270	15.4	16.4	2.4	15.6
配車・運行管理	293	60.9	13.5	1.6	14.4
郵便事務	124	45.3	29.5	8.3	11.1
郵便配達	321	37.7	11.7	6.6	11.1
郵便物仕分け、処理、処理機械オペレータ	76	48.8	30.5	16.2	7.5
製造・計画事務	259	54.9	9.5	3.4	7.2
入荷・出荷事務	558	27.5	12.5	3.6	21.9
在庫管理・受注事務	1,456	36.0	16.7	3.4	19.3
重量計測、測定、照合、試料検査、記録保管	70	38.3	10.8	3.1	22.3
秘書・経営アシスタント	3,082	96.1	8.6	1.9	9.4
コンピュータ・オペレータ	122	48.5	10.8	9.1	11.8
データ入力	338	80.5	13.2	4.2	11.4
タイピスト・ワープロ入力	144	92.5	12.3	2.5	13.9
保険請求・保険証券処理事務	231	82.6	16.5	2.3	11.5
郵便局員およびメールマシン・オペレータ(郵便事業を除く)	94	51.3	21.4	3.5	18.1
一般事務	994	84.2	13.0	5.2	15.6

本表末尾の脚注を参照

No.616. 民間被雇用者数——性別、人種別、職種別：2010年（続）

[393頁の頭注を参照]

職種	被雇用者計(1,000人)	総数に占める割合(%)			
		女性	黒人[1]	アジア系[1]	ヒスパニック[2]
天然資源、建設およびメンテナンス	**13,073**	**4.6**	**6.7**	**2.0**	**25.0**
農林水産業[3]	987	23.5	5.2	1.9	41.8
建設業および天然資源抽出業[3]	7,175	2.6	6.1	1.4	29.1
建設業および天然資源抽出業、現場管理職	659	3.9	4.9	1.0	16.5
煉瓦・ブロック・石材による構造物建設	162	0.1	6.7	0.8	35.5
大工	1,242	1.4	4.0	1.4	25.7
カーペット、床、タイル職人	209	0.5	3.8	3.3	39.5
セメント、コンクリート、テラゾー職人	88	0.3	12.0	−	51.5
建設労働者	1,267	2.7	9.0	2.2	43.1
建設機械操作	363	1.5	4.7	1.1	13.7
内壁・天井の施工・仕上	171	2.5	2.5	0.3	58.6
電気配線	691	1.5	7.0	1.6	14.0
塗装、建設およびメンテナンス	578	7.2	4.8	1.3	41.0
配管工	526	1.5	7.2	1.3	20.8
屋根の施工	214	1.0	4.0	1.3	46.4
板金加工	108	4.0	5.8	0.4	18.8
建設・建物の検査	104	8.7	8.3	2.3	9.0
道路メンテナンス工	110	2.5	14.2	2.6	11.0
設置・メンテナンス・修理[3]	4,911	3.9	7.8	2.9	15.7
設置・メンテナンス・修理の現場管理職	381	6.3	7.5	1.9	9.9
コンピュータ、ATM、事務機の修理	305	11.0	10.0	8.0	10.1
無線・遠隔通信設備の設置と修理	166	9.1	9.3	6.2	10.4
飛行機機工、運行技師	136	2.3	7.1	7.1	15.3
自動車車体修理	168	1.2	6.3	0.8	22.6
自動車機工、サービス技師	802	1.6	6.8	3.5	20.3
バス・トラック機械工、ディーゼルエンジン専門工	339	0.7	7.6	1.6	13.2
大型車・移動施設機械工およびサービス技師	235	1.2	4.6	1.1	14.1
暖房・エアコン・冷蔵機器機械工、取付工	392	0.6	8.0	2.2	17.2
工業機械・耐火設備機械工	447	3.5	8.1	2.2	14.4
一般機械工、修理工	347	3.8	11.1	2.7	18.0
配電施設置、修理	124	0.4	8.2	0.7	10.3
遠隔通信設備設置、修理	163	7.5	9.4	1.6	17.5
製造・輸送・物流	**16,180**	**21.2**	**13.9**	**4.2**	**21.0**
製造[3]	7,998	27.6	11.4	5.5	21.9
製造・オペレータの現場管理職	702	18.1	7.3	5.5	15.7
電気、電子製品組立	151	54.9	15.1	22.6	17.1
パン・焼き菓子製造	206	57.0	9.8	5.8	30.6
精肉・魚介類処理加工	331	21.2	14.0	10.4	36.2
食品原料の調合	107	55.5	9.7	2.6	27.6
金属・プラスチックの切断・打ち抜き・プレス加工機械の調整・操作・監視	78	21.1	11.1	2.6	15.2
工作機械熟練工	408	3.9	4.3	5.5	15.1
溶接・はんだづけ・ろうづけ	479	5.4	7.0	3.6	22.7
印刷機械オペレータ	162	21.5	13.7	1.8	19.6
洗濯・ドライクリーニング	195	55.8	15.9	9.3	30.1
ミシンオペレータ	170	78.5	13.3	10.8	40.2
紳士服・婦人服の製作、縫い子	76	70.0	4.9	20.9	19.6
定置機関運転技士およびボイラー技士	91	1.7	9.8	5.3	14.5
下水および液体廃棄物処理およびシステムオペレータ	77	5.9	6.8	3.4	10.1
圧縮・研磨・混合・調合	90	15.7	16.0	2.2	23.2
検査・試験・分別・計量	669	34.3	11.1	5.3	16.9
医師・歯科医・眼科検査技師	92	49.0	5.5	7.8	12.5
梱包・充填機械オペレータ・監視	255	47.6	16.4	4.1	42.3
塗装	139	7.9	9.3	0.5	26.4
輸送・物流[3]	8,182	15.0	16.4	2.8	20.0
輸送・物流労働者の監督	263	23.4	18.3	3.0	15.1
パイロット、機関士	110	5.2	1.0	1.0	6.3
バス運転手	600	47.0	25.1	2.2	12.3
販売運転手（食品・洗濯物等の配達と料金の徴収など）およびトラック運転手	3,028	4.6	13.6	1.5	17.5
タクシー運転手・自家用車運転手	390	14.4	26.6	13.0	15.7
駐車場係	75	6.3	25.7	12.8	18.0
ガソリンスタンド係員	77	13.5	8.6	4.0	17.1
工業用トラック・トラクターオペレータ	499	6.2	22.0	1.2	32.0
自動車・施設の清掃	333	15.0	14.8	3.7	35.6
肉体労働者、荷物・在庫品・物資の移動（機械を用いない）	1,700	17.4	16.9	3.0	21.3
手作業による梱包	403	56.5	17.3	4.2	41.3
廃品・リサイクル回収	88	7.9	23.9	0.2	21.2

− ゼロまたは概数でゼロを示す　1．毎月人口調査（CPS）は、回答者に複数の人種選択を許している。データは複数の人種を選択した者を除外し、この人種グループのみを選択した者を示す。第1章の人種に関する解説を参照　2．ヒスパニックおよびラテン系は人種を問わない　3．個別に明示しないその他の職種を含む

資料：U.S. Bureau of Labor Statistics, "Employment and Earnings Online," January 2011 issue (2011年3月); <http://www.bls.gov/opub/ee/home.htm> および <http://www.bls.gov/cps/home.htm> を参照

No.617. 職種別民間被雇用者——州別：2010年

[単位：1000人（139,064は1億3906万4000を表す）。毎月人口調査に基づく。第1章の解説および付録Ⅲを参照。本書前年版の表No.616も参照]

州	計	経営、専門職および関連職種		サービス	販売、事務職		天然資源、建設、整備職			製造、輸送、資材運搬職	
		経営、営業、財務	専門職および関連職種		販売および関連職種	事務および管理補助	農業、漁業、林業	建設、鉱業	据付、保守、修理	製造	輸送、資材運搬
計	139,064	20,938	30,805	24,634	15,386	18,047	987	7,175	4,911	7,998	8,182
AL	1,952	215	408	316	198	262	14	128	87	183	142
AK	331	49	66	62	32	44	4	24	18	12	22
AZ	2,850	454	617	506	371	392	6	165	93	124	120
AR	1,228	161	245	193	129	164	16	65	51	117	88
CA	15,976	2,507	3,597	2,909	1,838	2,014	222	747	500	812	830
CO	2,482	441	623	392	274	295	10	133	81	100	132
CT	1,719	297	443	288	191	211	3	73	56	84	73
DE	392	59	81	69	42	61	3	21	13	18	25
DC	310	79	114	50	19	30	(Z)	5	3	3	7
FL	8,083	1,231	1,763	1,554	1,022	1,069	36	389	308	250	458
GA	4,238	696	860	696	531	528	19	236	159	218	296
HI	579	75	110	134	70	79	4	38	22	18	29
ID	691	100	125	123	85	97	18	37	31	37	38
IL	5,970	894	1,249	1,049	693	784	17	231	180	435	437
IN	2,818	382	555	473	317	346	13	143	103	287	200
IA	1,571	219	309	265	165	211	13	82	60	136	111
KS	1,385	234	308	235	137	173	12	68	50	88	80
KY	1,844	244	396	320	189	220	20	104	69	143	138
LA	1,928	280	394	337	218	262	20	111	72	110	125
ME	633	93	143	112	66	82	8	35	25	35	35
MD	2,819	487	767	470	275	376	9	145	93	82	117
MA	3,194	557	875	531	320	382	8	137	88	149	148
MI	4,232	589	1,006	749	441	568	45	161	130	311	230
MN	2,721	458	635	434	279	366	31	112	84	165	158
MS	1,155	133	231	190	105	168	16	72	52	106	82
MO	2,745	386	534	486	295	417	8	159	104	185	170
MT	452	78	90	90	47	53	9	28	16	17	23
NE	929	153	206	139	100	119	11	46	31	76	48
NV	1,131	156	183	305	138	143	4	56	41	36	69
NH	702	115	177	108	82	83	2	31	26	44	33
NJ	4,100	700	962	688	463	551	10	179	127	158	261
NM	843	124	203	156	78	106	4	66	32	34	40
NY	8,832	1,230	2,134	1,800	951	1,186	8	428	246	362	486
NC	4,094	602	958	703	447	481	18	231	163	281	210
ND	358	63	70	64	36	42	7	24	15	18	19
OH	5,263	702	1,074	966	558	730	24	257	199	426	328
OK	1,621	244	316	281	176	222	17	109	77	86	93
OR	1,780	292	390	325	204	213	32	75	48	97	104
PA	5,774	854	1,291	978	607	770	50	285	210	340	389
RI	508	72	131	95	53	63	1	20	16	32	25
SC	1,899	227	393	346	230	244	10	82	97	157	113
SD	420	73	77	73	42	57	9	21	15	29	25
TN	2,788	384	556	499	313	373	15	141	111	215	181
TX	11,149	1,541	2,204	2,014	1,243	1,415	69	805	490	645	722
UT	1,271	193	264	186	153	186	5	82	42	84	76
VT	339	53	87	54	36	40	4	20	11	19	16
VA	3,800	680	968	598	413	432	21	196	124	174	192
WA	3,180	499	783	546	313	383	52	162	101	158	182
WV	724	99	157	132	73	98	1	48	32	38	46
WI	2,813	420	588	468	287	395	22	124	88	240	181
WY	278	39	52	48	22	36	3	29	16	12	22

Z　500未満

資料：U.S. Bureau of Labor Statistics, *Geographic Profile of Employment and Unemployment, 2010*, Bulletin 2748（2011年7月）；<http://www.bls.gov/opub/gp/gpsec11.htm> も参照

No.618. 職種別雇用予測——2008、2018年

[単位：1,000（16.0は1万6000を表す）および％および順位。推計値は毎月雇用統計、職種別雇用統計調査および毎月人口調査に基づく。方法論については資料を参照。職業は2000年職業標準分類に基づく]

職種	雇用(1,000人) 2008	雇用(1,000人) 2018	2008－2018年の変化 数(1,000人)	2008－2018年の変化 ％	2008年年間所得中央値の4分位[1]	必要な訓練・教育
急速成長職種						
生物医学技師	16.0	27.6	11.6	72.0	VH	学士
ネットワークシステムおよびデータ通信分析	292.0	447.8	155.8	53.4	VH	学士
家庭保健補助	921.7	1,382.6	460.9	50.0	VL	オン・ザ・ジョブ・トレーニング、短期
在宅介護助手	817.2	1,193.0	375.8	46.0	VL	オン・ザ・ジョブ・トレーニング、短期
金融アナリスト	27.0	38.1	11.1	41.2	VH	学士
医学者（疫学者を除く）	109.4	153.6	44.2	40.4	VH	博士
フィジシャンアシスタント	74.8	103.9	29.2	39.0	VH	修士
スキンケア専門家	38.8	53.5	14.7	37.9	L	高卒・職業訓練
生科学者、生物物理学者	23.2	31.9	8.7	37.4	VH	博士
アスレチックトレーナー	16.3	22.4	6.0	37.0	H	学士
理学療法士補助	46.1	62.8	16.7	36.3	L	オン・ザ・ジョブ・トレーニング、短期
歯科衛生士	174.1	237.0	62.9	36.1	VH	準学位
獣医学技術者	79.6	108.1	28.5	35.8	L	準学位
歯科助手	295.3	400.9	105.6	35.8	L	オン・ザ・ジョブ・トレーニング、適宜
コンピュータ・ソフト・エンジニア、アプリケーション	514.8	689.9	175.1	34.0	VH	学士
医師アシスタント	483.6	647.5	163.9	33.9	L	オン・ザ・ジョブ・トレーニング、適宜
理学療法士	63.8	85.0	21.2	33.3	H	準学位
獣医	59.7	79.4	19.7	33.0	VH	専門職学位、関連職における就業経験
自己啓発教育、教師	253.6	334.9	81.3	32.0	H	関連職における就業経験
コンプライアンス責任者、農業建設業、保健・安全および輸送業は除く	260.2	341.0	80.8	31.1	H	オン・ザ・ジョブ・トレーニング、長期
作業療法士補助	7.8	10.2	2.4	30.7	L	オン・ザ・ジョブ・トレーニング、短期
環境科学技師	54.3	70.9	16.6	30.6	VH	学士
薬剤師	326.3	426.0	99.8	30.6	L	オン・ザ・ジョブ・トレーニング、適宜
コンピュータ・ソフト・エンジニア、システムソフトウェア	394.8	515.0	120.2	30.4	VH	学士
サーベイ・リサーチャー	23.4	30.5	7.1	30.4	H	学士
理学療法士	185.5	241.7	56.2	30.3	VH	修士
個人金融資産アドバイザー	208.4	271.2	62.8	30.1	VH	学士
環境エンジニアリング技師	21.2	27.5	6.4	30.1	H	準学位
作業療法士助手	26.6	34.6	7.9	29.8	H	準学位
フィットネストレーナー、エアロビクスインストラクター	261.1	337.9	76.8	29.4	L	高卒・職業訓練
成長度の高い職種						
正看護士	2,618.7	3,200.2	581.5	22.2	VH	準学位
在宅介護補助	921.7	1,382.6	460.9	50.0	VL	オン・ザ・ジョブ・トレーニング、短期
顧客サービス代表	2,252.4	2,651.9	399.5	17.7	L	オン・ザ・ジョブ・トレーニング、適宜
調理と給仕（ファーストフードを含む）	2,701.7	3,096.0	394.3	14.6	VL	オン・ザ・ジョブ・トレーニング、短期
介護・家事補助	817.2	1,193.0	375.8	46.0	VL	オン・ザ・ジョブ・トレーニング、短期
小売販売職	4,489.2	4,863.9	374.7	8.4	VL	オン・ザ・ジョブ・トレーニング、短期
一般事務	3,024.4	3,383.1	358.7	11.9	L	オン・ザ・ジョブ・トレーニング、短期
会計士、監査役	1,290.6	1,570.0	279.4	21.7	VH	学士
看護補助、病院の雑役、案内	1,469.8	1,745.8	276.0	18.8	L	高卒・職業訓練
高等教育教師	1,699.2	1,956.1	256.9	15.1	VH	博士
建設労働者	1,248.7	1,504.6	255.9	20.5	L	オン・ザ・ジョブ・トレーニング、適宜
小中学校教師（特殊教育を除く）	1,549.5	1,793.7	244.2	15.8	H	学士
トラック運転手、大型トラック、トラクタートレイラー	1,798.4	2,031.3	232.9	13.0	H	オン・ザ・ジョブ・トレーニング、短期
造園業、グラウンド管理	1,205.8	1,422.9	217.1	18.0	L	オン・ザ・ジョブ・トレーニング、短期
簿記・会計・監査事務員	2,063.8	2,276.2	212.4	10.3	H	オン・ザ・ジョブ・トレーニング、適宜
重役秘書および管理補助	1,594.4	1,798.8	204.4	12.8	H	関連職における就業経験
経営アナリスト	746.9	925.2	178.3	23.9	VH	学士以上および経験
コンピュータ・ソフト・エンジニア、アプリケーション	514.8	689.9	175.1	34.0	VH	学士
受付・インフォメーション	1,139.2	1,312.1	172.9	15.2	L	オン・ザ・ジョブ・トレーニング、短期
大工	1,284.9	1,450.3	165.4	12.9	H	オン・ザ・ジョブ・トレーニング、長期
医師アシスタント	483.6	647.5	163.9	33.9	L	オン・ザ・ジョブ・トレーニング、適宜
中間管理職	1,457.2	1,617.5	160.3	11.0	H	関連職における就業経験
ネットワーク・システムおよび通信アナリスト	292.0	447.8	155.8	53.4	VH	学士
有資格准看護師	753.6	909.2	155.6	20.7	H	高卒・職業訓練

1．4分位順位は、職業別雇用統計に基づき年間所得で分類する。VH＝大変高い（51,540ドル以上） H＝高い（32,390～51,530ドル） L＝低い（21,590～32,380ドル） VL＝大変低い（21,590ドル未満） 各4分位グループの定義は、総雇用の4分の1を用いる4分位を用いる。所得は賃金給与労働者

資料：U.S. Bureau of Labor Statistics "Occupational employment projections to 2018", *Monthly Labor Review*, volume 132, Number 11（2009年11月）<http://www.bls.gov/opub/mlr/2009/11/art5exc.htm>を参照

No.619. 被雇用者数——職種、人種、教育水準別：2010年

[単位：1,000人（121,987は1億2198万7000人を表す）、月別データの年間平均。25歳以上の民間非施設収容人口。毎月人口調査に基づく。第１章の解説および付録Ⅲを参照。表No.606の頭注を参照。本書前年版の表No.618も参照]

性別、人種、教育水準	被雇用者、計	経営・知的専門職	サービス	販売・事務	天然資源、建設、保守	製造、運輸、資材移動
計[1]	121,987	48,913	19,226	27,833	11,675	14,339
高等学校卒業以下	10,115	655	3,292	1,280	2,310	2,578
高等学校卒業（大学なし）	34,293	5,639	7,334	9,235	5,150	6,935
大学学位なし	33,747	11,138	5,899	9,866	3,243	3,601
大学卒業	43,832	31,481	2,701	7,452	972	1,225
白人[2]	100,100	40,920	14,448	23,027	10,343	11,362
高等学校卒業以下	8,290	548	2,523	1,008	2,099	2,112
高等学校卒業（大学なし）	28,128	4,891	5,319	7,801	4,593	5,525
大学学位なし	27,506	9,352	4,473	8,054	2,826	2,802
大学卒業	36,176	26,130	2,133	6,165	826	923
黒人[2]	13,092	4,118	3,164	2,980	810	2,021
高等学校卒業以下	1,103	54	490	170	118	271
高等学校卒業（大学なし）	4,234	517	1,388	947	357	1,025
大学学位なし	4,346	1,211	1,018	1,274	261	582
大学卒業	3,409	2,336	268	589	74	143
アジア系[2]	6,155	2,993	1,070	1,234	240	618
高等学校卒業以下	431	33	185	56	29	129
高等学校卒業（大学なし）	1,149	130	421	286	81	232
大学学位なし	1,037	305	220	312	74	125
大学卒業	3,538	2,525	244	580	57	132
ヒスパニック[3]	16,946	3,449	4,325	3,266	2,907	2,999
高等学校卒業以下	5,183	174	1,813	463	1,398	1,336
高等学校卒業（大学なし）	5,175	534	1,425	1,141	986	1,088
大学学位なし	3,725	981	771	1,163	391	419
大学卒業	2,862	1,760	316	499	132	155

1．個別に明示しないその他の人種を含む　2．この人種グループのみを選択した者。表No.587の脚注3を参照　3．ヒスパニックまたはラテン系は人種を問わない

資料：U.S. Bureau of Labor Statistics, Current Population Survey, 未刊行資料

No.620. 産業別被雇用者：2000－2010年

[単位：1,000人（136,891は1億3689万1000人を表す）および％。表No.606を参照］

産業	2000	2005[1]	2009[1]	2010[1]	2010, (%)[1] 女性	黒人[2]	アジア系[2]	ヒスパニック[3]
被雇用者計	136,891	141,730	139,877	139,064	47.2	10.8	4.8	14.3
農業および関連産業	2,464	2,197	2,103	2,206	24.5	2.7	1.1	21.8
鉱業	475	624	707	731	13.8	5.1	1.1	15.3
建設業	9,931	11,197	9,702	9,077	8.9	5.4	1.7	24.4
製造業	19,644	16,253	14,202	14,081	28.0	9.0	5.7	15.5
耐久財	12,519	10,333	8,927	8,789	24.4	7.6	6.1	13.0
非耐久財	7,125	5,919	5,275	5,293	34.1	11.3	5.1	19.7
卸売業	4,216	4,579	3,808	3,805	28.6	7.5	4.8	14.8
小売業	15,763	16,825	15,877	15,934	49.4	10.6	4.6	13.6
運輸、公益事業	7,380	7,360	7,245	7,134	22.9	15.9	3.8	14.4
運輸、倉庫	6,096	6,184	6,012	5,880	23.1	17.1	4.2	15.4
公益事業	1,284	1,176	1,233	1,253	21.7	10.5	1.9	9.8
情報	4,059	3,402	3,239	3,149	40.9	10.9	5.5	9.9
金融	9,374	10,203	9,622	9,350	54.3	9.0	5.3	10.3
金融、保険	6,641	7,035	6,826	6,605	57.3	9.3	6.1	8.9
不動産、レンタル、リース	2,734	3,168	2,796	2,745	47.1	8.2	3.6	13.5
専門、経営、サービス業	13,649	14,294	15,008	15,253	41.3	8.7	5.7	14.5
専門、技術サービス	8,266	8,584	9,159	9,115	43.2	5.6	7.8	7.1
経営、管理、ゴミ処理	5,383	5,709	5,849	6,138	38.6	13.2	2.5	25.5
教育、保健	26,188	29,174	31,819	32,062	74.7	14.1	4.8	10.4
教育	11,255	12,264	13,188	13,155	68.6	10.2	3.9	9.5
保健、社会扶助	14,933	16,910	18,632	18,907	79.0	16.8	5.4	10.9
病院	5,202	5,719	6,265	6,249	76.5	16.3	7.1	8.7
健康管理サービス（病院を除く）	7,009	8,332	9,213	9,406	78.7	16.4	4.9	11.1
社会扶助	2,722	2,860	3,154	3,252	84.6	18.6	3.7	14.8
娯楽、歓待	11,186	12,071	12,736	12,530	51.4	10.7	6.4	19.6
芸術、娯楽、レクリエーション	2,539	2,765	3,018	2,966	46.6	8.9	5.1	11.2
宿泊、飲食	8,647	9,306	9,717	9,564	52.9	11.2	6.8	22.2
その他のサービス	6,450	7,020	6,935	6,769	51.6	9.2	6.3	16.8
その他のサービス（家庭向けを除く）	5,731	6,208	6,152	6,102	47.3	9.3	6.6	14.3
家庭サービス	718	812	783	667	90.9	8.7	3.3	39.5
公務員	6,113	6,530	6,875	6,983	45.0	15.4	3.3	10.8

1．表No.586の脚注2を参照　2．この人種グループのみを選択した者。表No.587の脚注4を参照　3．ヒスパニック、ラテン系は人種を問わない

資料：U.S. Bureau of Labor Statistics, "Employment and Earnings Online," January 2011 issue (2011年3月); <http://www.bls.gov/opub/ee/home.htm> および <http://www.bls.gov/cps/home.htm> を参照

No.621. 産業別雇用予測：2008－2018年

[7,214.9は721万4900人を表す。毎月雇用統計推計値に基づく。方法論については資料を参照。マイナス（-）記号は減少を示す]

産業	2007 北米産業分類[1]	雇用 2008 (1,000)	雇用 2018 (1,000)	2008－2018年の変化 (1,000人)	年平均変化率 2008－2018年
成長業種					
建設業	23	7,214.9	8,552.0	1,337.1	1.7
診療オフィス	6211, 6212, 6213	3,713.3	4,978.6	1,265.3	3.0
経営、科学技術コンサルティングサービス	5416	1,008.9	1,844.1	835.2	6.2
飲食サービス・バー	722	9,631.9	10,370.7	738.8	0.7
コンピュータ・システムデザインおよび関連サービス	5415	1,450.3	2,106.7	656.4	3.8
小売業	44, 45	15,356.4	16,010.4	654.0	0.4
地方政府教育サービス	(X)	8,075.6	8,728.3	652.7	0.8
居住型ケア施設	623	3,008.0	3,644.8	636.8	1.9
雇用サービス	5613	3,144.4	3,744.1	599.7	1.8
病院	622	4,641.2	5,191.9	550.7	1.1
個人・家族サービス	6241	1,108.6	1,638.8	530.2	4.0
在宅保健サービス	6216	958.0	1,399.4	441.4	3.9
ビル、住宅に対するサービス	5617	1,847.1	2,182.6	335.5	1.7
建築・工学および関連サービス	5413	1,444.7	1,769.5	324.8	2.0
その他の教育サービス	6114－7	578.9	894.9	316.0	4.5
外来医療サービス	6214, 6215, 6219	989.5	1,297.9	308.4	2.8
卸売業	42	5,963.9	6,219.8	255.9	0.4
短大、大学、専門学校	6112, 6113	1,602.7	1,857.4	254.7	1.5
法律サービス	5411	1,163.7	1,416.8	253.1	2.0
政府	(X)	4,224.1	4,464.0	239.9	0.6
急成長産業					
経営、科学技術コンサルティングサービス	5416	1,008.9	1,844.1	835.2	6.2
その他の教育サービス	6114－7	578.9	894.9	316.0	4.5
個人・家族サービス	6241	1,108.6	1,638.8	530.2	4.0
在宅保健サービス	6216	958.0	1,399.4	441.4	3.9
特殊デザインサービス	5414	143.1	208.7	65.6	3.8
データ処理、ホスティングおよび関連サービス	518, 519	395.2	574.1	178.9	3.8
コンピュータ・システムデザインおよび関連サービス	5415	1,450.3	2,106.7	656.4	3.8
非金融無形資産の使用者（著作権作品を除外）	533	28.2	37.9	9.7	3.0
その他の診療オフィス	6211, 6212, 6213	3,713.3	4,978.6	1,265.3	3.0
個人ケアサービス	8121	621.6	819.1	197.5	2.8
外来医療サービス	6214, 6215, 6219	989.5	1,297.9	308.4	2.8
設備サポートサービス	5612	132.7	173.6	40.9	2.7
ソフトウェア出版	5112	263.7	342.8	79.1	2.7
芸術家、作家、パフォーマー	7115	50.4	64.8	14.4	2.5
地方政府輸送機関	(X)	268.6	342.6	74.0	2.5
小・中・高等学校教師	6111	854.9	1,089.7	234.8	2.5
科学的研究開発サービス	5417	621.7	778.9	157.2	2.3
廃棄物管理および修復サービス	562	360.2	451.0	90.8	2.3
その他の製造業	3399	321.0	399.4	78.4	2.2
コミュニティおよび職業訓練	6242, 6243	540.9	672.0	131.1	2.2
急衰退産業					
カットソー衣料製造業	3152	155.2	66.7	-88.5	-8.1
アパレル・ニット製造業	3151	26.2	12.5	-13.7	-7.1
織物仕上げ・コーティング加工	3133	48.3	23.5	-24.8	-7.0
繊維製品製造	3132	65.4	35.0	-30.4	-6.1
オーディオ・ビデオ機器製造	3343	27.0	14.6	-12.4	-6.0
衣類アクセサリー・その他の衣類製造	3159	17.0	9.2	-7.8	-6.0
繊維・毛糸・糸	3131	37.4	20.7	-16.7	-5.7
インテリア用織物製品	3141	75.4	41.9	-33.5	-5.7
鉄道車両製造	3365	28.4	17.5	-10.9	-4.7
履物製造	3162	15.8	10.0	-5.8	-4.5
パルプ、製紙、および板紙製造	3221	126.1	81.9	-44.2	-4.2
基本的な化学製造業	3251	152.1	99.9	-52.2	-4.1
半導体・その他の電子部品製造	3344	432.4	286.8	-145.6	-4.0
コンピュータ・周辺機器製造	3341	182.8	124.7	-58.1	-3.8
その他の繊維製造	3149	72.2	49.4	-22.8	3.0
連邦政府企業（郵便および電気事業を除く）	(X)	63.5	44.9	-18.6	-3.4
革・なめし・仕上げおよび皮革製品製造	3161, 3169	17.8	13.0	-4.8	-3.1
カトラリー、工具製造業	3322	49.1	35.9	-13.2	-3.1
磁気媒体の製造および再生産	3346	34.9	26.0	-8.9	-2.9
換気・暖房・エアコンおよび業務用冷凍機製造	3334	149.5	112.8	-36.7	-2.8

X 該当なし　1．2007年北米産業分類に基づく。本章の解説を参照
資料：U.S. Bureau of Labor Statistics, "Industry output and employment projections to 2018," *Monthly Labor Review*, Vol. 132, No. 11 (2009年11月); <http://www.bls.gov/opub/mlr/2009/11/art4exc.htm> を参照

No.622. 失業者——概要：1990－2010年

[単位：1,000人（7,047は704万7000人を表す）、％および週。16歳以上の民間非施設収容人口ベース。月別データの年間平均値。毎月人口調査に基づく。第1章の解説および付録IIIを参照。失業保険に関するデータは表No.629を参照。『アメリカ歴史統計』系列D87-101も参照]

年齢・性別・人種	1990[1]	2000	2005[1]	2006[1]	2007[1]	2008[1]	2009[1]	2010[1]
失業者数								
計[2]	7,047	5,692	7,591	7,001	7,078	8,924	14,265	14,825
16－19歳	1,212	1,081	1,186	1,119	1,101	1,285	1,552	1,528
20－24歳	1,299	1,022	1,335	1,234	1,241	1,545	2,207	2,329
25－34歳	1,995	1,207	1,661	1,521	1,544	1,949	3,284	3,386
35－44歳	1,328	1,133	1,400	1,279	1,225	1,604	2,722	2,703
45－54歳	723	762	1,195	1,094	1,135	1,473	2,592	2,769
55－64歳	386	355	630	595	642	803	1,487	1,660
65歳以上	105	132	184	159	190	264	421	449
男性	3,906	2,975	4,059	3,753	3,882	5,033	8,453	8,626
16－19歳	667	599	667	622	623	736	898	863
20－24歳	715	547	775	705	721	920	1,329	1,398
25－34歳	1,092	602	844	810	856	1,119	1,988	1,993
35－44歳	711	557	715	642	634	875	1,600	1,534
45－54歳	413	398	624	569	591	804	1,558	1,614
55－64歳	249	189	331	318	349	425	840	962
65歳以上	59	83	102	88	108	153	241	262
女性	3,140	2,717	3,531	3,247	3,196	3,891	5,811	6,199
16－19歳	544	483	519	496	478	549	654	665
20－24歳	584	475	560	530	520	625	878	931
25－34歳	902	604	817	711	688	830	1,296	1,392
35－44歳	617	577	685	637	591	730	1,121	1,169
45－54歳	310	364	571	524	544	669	1,034	1,156
55－64歳	137	165	299	277	293	377	647	698
65歳以上	46	50	82	71	81	111	180	187
白人[3]	5,186	4,121	5,350	5,002	5,143	6,509	10,648	10,916
黒人[3]	1,565	1,241	1,700	1,549	1,445	1,788	2,606	2,852
アジア系[3][4]	(NA)	227	259	205	229	285	522	543
ヒスパニック[5]	876	954	1,191	1,081	1,220	1,678	2,706	2,843
失業率（％）[6]								
計[2]	5.6	4.0	5.1	4.6	4.6	5.8	9.3	9.6
16－19歳	15.5	13.1	16.6	15.4	15.7	18.7	24.3	25.9
20－24歳	8.8	7.2	8.8	8.2	8.2	10.2	14.7	15.5
25－34歳	5.6	3.7	5.1	4.7	4.7	5.8	9.9	10.1
35－44歳	4.1	3.0	3.9	3.6	3.4	4.6	7.9	8.1
45－54歳	3.6	2.5	3.5	3.1	3.2	4.1	7.2	7.7
55－64歳	3.3	2.5	3.3	3.0	3.1	3.7	6.6	7.1
65歳以上	3.0	3.1	3.5	2.9	3.3	4.2	6.4	6.7
男性	5.7	3.9	5.1	4.6	4.7	6.1	10.3	10.5
16－19歳	16.3	14.0	18.6	16.9	17.6	21.2	27.8	28.8
20－24歳	9.1	7.3	9.6	8.7	8.9	11.4	17.0	17.8
25－34歳	5.5	3.4	4.7	4.5	4.7	6.1	10.9	10.9
35－44歳	4.1	2.8	3.7	3.3	3.3	4.6	8.6	8.5
45－54歳	3.7	2.4	3.5	3.1	3.1	4.2	8.2	8.6
55－64歳	3.8	2.4	3.3	3.0	3.2	3.8	7.2	8.0
65歳以上	3.0	3.3	3.4	2.8	3.4	4.5	6.7	7.1
女性	5.5	4.1	5.1	4.6	4.5	5.4	8.1	8.6
16－19歳	14.7	12.1	14.5	13.8	13.8	16.2	20.7	22.8
20－24歳	8.5	7.1	7.9	7.6	7.3	8.8	12.3	13.0
25－34歳	5.6	4.1	5.6	4.9	4.6	5.5	8.6	9.1
35－44歳	4.2	3.3	4.1	3.9	3.6	4.5	7.1	7.7
45－54歳	3.4	2.5	3.5	3.1	3.2	3.9	6.0	6.8
55－64歳	2.8	2.5	3.3	2.9	3.0	3.7	6.0	6.2
65歳以上	3.1	2.7	3.5	3.0	3.1	3.9	6.1	6.2
白人[3]	4.8	3.5	4.4	4.0	4.1	5.2	8.5	8.7
黒人[3]	11.4	7.6	10.0	8.9	8.3	10.1	14.8	16.0
アジア系[3][4]	(NA)	3.6	4.0	3.0	3.2	4.0	7.3	7.5
ヒスパニック[5]	8.2	5.7	6.0	5.2	5.6	7.6	12.1	12.5
失業（％）：								
5週間以下	46.3	44.9	35.1	37.3	35.9	32.8	22.2	18.7
5－14週間	32.0	31.9	30.4	30.3	31.5	31.4	26.8	22.0
15週間以上	21.6	23.2	34.5	32.4	32.5	35.7	51.0	59.3
15－26週間	11.7	11.8	14.9	14.7	15.0	16.0	19.5	16.0
27週間以上	10.0	11.4	19.6	17.6	17.6	19.7	31.5	43.3
失業期間（平均：週）	12.0	12.6	18.4	16.8	16.8	17.9	24.4	33.0

NA データなし　1．表No.586の脚注2を参照　2．個別に明示しないその他の人種を含む　3．表No.587の脚注4を参照　4．2004年以前は太平洋諸島民を含む　5．ヒスパニックまたはラテン系は人種を問わない　6．各グループの就労可能民間労働者の失業率（％）

資料：U.S. Bureau of Labor Statistics, "Employment and Earnings Online," January 2011 issue（2011年3月）；<http://www.bls.gov/opub/ee/home.htm> および <http://www.bls.gov/cps/home.htm> を参照

No.623. 求職中の労働者――求職活動の方法：2010年

[14,825は1482万5000を表す。16歳以上の民間非施設収容人口。各月データの年間平均。毎月人口調査に基づく。第1章の解説および付録Ⅲを参照]

特徴	人口（1,000人）		求職方法（%）							用いた求職方法の平均
	失業者計	求職者計	直接面接	履歴書応募書類の送付	求職・求人広告	友人・親類	公立の職業斡旋所	民間の職業斡旋所	その他	
16歳以上、計²	14,825	13,394	53.6	55.2	18.4	28.8	22.2	8.9	15.4	2.03
16－19歳	1,528	1,460	50.4	61.9	11.7	19.3	9.4	3.6	10.1	1.67
20－24歳	2,329	2,174	54.3	57.8	17.1	25.0	19.2	7.3	14.1	1.95
25－34歳	3,386	3,057	55.1	56.3	18.2	28.4	24.2	9.0	14.8	2.07
35－44歳	2,703	2,391	53.4	52.6	20.0	31.7	26.2	10.6	17.1	2.12
45－54歳	2,769	2,462	54.9	53.5	21.4	32.5	26.1	11.6	17.0	2.18
55－64歳	1,660	1,467	52.2	52.6	20.3	32.8	23.6	9.6	18.5	2.11
65歳以上	449	384	49.3	43.6	15.8	31.0	17.4	7.0	16.5	1.81
男性	8,626	7,638	54.9	52.7	18.1	30.4	23.0	9.0	15.7	2.04
16－19歳	863	821	50.7	61.0	12.0	21.0	10.7	3.9	9.6	1.69
20－24歳	1,398	1,288	55.0	56.0	17.2	26.7	20.3	7.9	13.9	1.98
25－34歳	1,993	1,749	56.8	53.4	17.7	29.6	25.0	9.1	14.5	2.07
35－44歳	1,534	1,313	54.9	49.3	19.8	34.0	27.3	11.0	18.3	2.15
45－54歳	1,614	1,404	56.0	50.4	21.0	34.6	26.4	11.2	17.8	2.18
55－64歳	962	837	53.8	50.1	19.2	33.7	23.7	9.6	18.9	2.10
65歳以上	262	226	50.6	43.3	16.2	30.9	17.2	6.3	17.7	1.83
女性	6,199	5,756	52.0	58.5	18.8	26.7	21.2	8.8	15.1	2.02
16－19歳	665	638	49.9	63.0	11.4	17.1	7.8	3.2	10.8	1.63
20－24歳	931	886	53.2	60.3	17.1	22.6	17.5	6.4	14.4	1.92
25－34歳	1,392	1,308	52.8	60.1	18.8	26.7	23.0	8.9	15.3	2.07
35－44歳	1,169	1,078	51.6	56.6	20.1	29.0	24.8	10.1	15.6	2.09
45－54歳	1,156	1,057	53.5	57.6	22.0	29.7	25.7	12.2	16.0	2.18
55－64歳	698	630	50.2	55.9	21.8	31.7	23.5	9.6	18.0	2.11
65歳以上	187	158	47.5	44.1	15.2	31.2	17.7	8.1	14.9	1.80
白人³	10,916	9,713	53.6	55.3	19.0	28.9	21.1	8.7	16.0	2.03
男性	6,476	5,628	55.1	52.7	18.6	30.4	22.0	8.8	16.4	2.05
女性	4,440	4,085	51.6	58.9	19.5	26.8	19.9	8.6	15.4	2.02
黒人³	2,852	2,698	53.9	54.4	16.9	27.6	26.9	9.3	13.2	2.03
男性	1,550	1,459	54.6	52.0	16.9	29.2	27.1	9.3	13.0	2.03
女性	1,302	1,239	53.0	57.2	16.9	25.7	26.7	9.3	13.4	2.03
アジア系³	543	511	52.3	55.1	17.2	36.6	18.9	11.1	18.2	2.11
男性	305	288	53.5	55.6	15.7	38.3	20.4	12.2	17.1	2.14
女性	238	223	50.8	54.5	19.0	34.5	17.0	9.6	19.5	2.06
ヒスパニック⁴	2,843	2,534	55.5	47.0	14.6	32.5	21.9	9.1	12.6	1.94
男性	1,711	1,495	57.2	44.2	14.6	34.2	22.7	9.0	12.7	1.95
女性	1,132	1,039	53.2	51.0	14.8	30.1	20.8	9.2	12.5	1.92

1．一時的なレイオフの者を除く。求職者は複数の手段で職探しをするため、各項の合計は100%を超える　2．個別に明示しないその他の人種を含む　3．単一人種。表No.587の脚注4を参照　4．ヒスパニック、ラテン系は人種を問わない

資料：U.S. Bureau of Labor Statistics, "Employment and Earnings Online," January 2011 issue (2011年3月); <http://www.bls.gov/opub/ee/home.htm> および <http://www.bls.gov/cps/home.htm> を参照

No.624. 失業者――性別、失業理由別：1990－2010年

[単位：1,000人（3,906は390万6000人を表す）。16歳以上の民間非施設収容人口ベース。月別データの年間平均値。毎月人口調査に基づく。第1章の解説および付録Ⅲを参照]

性別、失業理由	1990¹	2000¹	2001	2002	2003¹	2004¹	2005¹	2006¹	2007¹	2008¹	2009¹	2010¹
男性、計	3,906	2,975	3,690	4,597	4,906	4,456	4,059	3,753	3,882	5,033	8,453	8,626
失業²	2,257	1,516	2,119	2,820	3,024	2,603	2,188	2,021	2,175	3,055	5,967	5,919
離職	528	387	422	434	422	437	445	406	408	458	438	457
再求職	806	854	925	1,068	1,141	1,070	1,067	1,015	956	1,128	1,504	1,608
新規求職	315	217	223	274	320	346	359	312	343	393	545	641
女性、計	3,140	2,717	3,111	3,781	3,868	3,694	3,531	3,247	3,196	3,891	5,811	6,199
失業²	1,130	1,001	1,356	1,787	1,814	1,595	1,479	1,300	1,340	1,735	3,193	3,331
離職	513	393	413	432	397	421	427	421	385	438	444	432
再求職	1,124	1,107	1,105	1,300	1,336	1,338	1,319	1,223	1,186	1,345	1,683	1,858
新規求職	373	217	237	262	321	340	306	304	285	374	491	579

1．本表のデータは前年度以前のデータと厳密に比較することはできない。本章の解説および1994年2月、1996年3月、1997-99年2月、2003-11年2月の"Employment and Earnings"各号を参照　2．2000年以降、一時的な職業について終了した場合を別の項目とし、これを失業に含めている

資料：U.S. Bureau of Labor Statistics, "Employment and Earnings Online," January 2011 issue (2011年3月); <http://www.bls.gov/opub/ee/home.htm> および <http://www.bls.gov/cps/home.htm> を参照

No.625. 失業率──産業別および性別：2000、2010年

[単位：％。16歳以上の民間非施設収容人口ベース。各月値の年間平均。失業率は各グループの労働力人口に対する失業者の割合（％）を表す。毎月人口調査に基づく。第1章の解説および付録Ⅲを参照。表No.606の頭注も参照]

産業	2000	2005 [1]	2009 [1]	2010 [1]	男性 2009 [1]	男性 2010 [1]	女性 2009 [1]	女性 2010 [1]
失業者 [2]、計	4.0	5.1	9.3	9.6	10.3	10.5	8.1	8.6
賃金俸給労働者産業：								
農業および関連産業	9.0	8.3	14.3	13.9	14.1	13.2	15.3	16.4
鉱業	4.4	3.1	11.6	9.4	12.2	9.5	7.2	8.4
建設業	6.2	7.4	19.0	20.6	19.6	21.1	13.8	16.0
製造業	3.5	4.9	12.1	10.6	11.8	9.9	12.7	12.4
卸売	3.3	4.0	7.2	7.3	6.9	7.2	7.8	7.7
小売業	4.6	5.7	9.5	10.0	9.6	10.0	9.3	10.1
運輸、公益事業	3.4	4.1	8.9	8.4	8.9	8.3	8.9	8.8
運輸、倉庫	3.8	4.5	9.7	9.0	9.9	9.3	9.0	9.8
公益事業	1.9	1.9	4.8	3.4	3.9	3.3	8.6	3.7
情報	3.2	5.0	9.2	9.7	8.5	9.4	10.3	10.2
遠距離通信	2.3	5.2	8.4	9.2	7.4	8.3	10.0	10.8
金融	2.4	2.9	6.4	6.9	6.5	7.0	6.3	6.8
金融、保険	2.2	2.7	5.8	6.6	5.6	6.6	5.9	6.6
不動産、レンタル、リース	3.1	3.3	8.1	7.6	8.5	7.8	7.7	7.3
専門、ビジネスサービス	4.8	6.2	10.8	10.8	10.2	10.6	11.6	11.1
専門、技術サービス	2.5	3.5	6.7	6.5	6.0	5.7	7.6	7.5
経営、管理、廃棄物処理業	8.1	10.2	16.7	16.8	15.8	16.7	18.3	17.0
教育、保健	2.5	3.4	5.3	5.8	5.5	5.9	5.2	5.7
教育	2.4	3.7	6.6	6.4	6.8	6.9	6.6	6.2
医療、社会扶助	2.5	3.3	4.9	5.6	5.0	5.4	4.9	5.7
レジャー、宿泊	6.6	7.8	11.7	12.2	11.6	12.4	11.8	11.9
芸術、娯楽、レクリエーション	5.9	6.9	11.1	11.6	11.6	13.4	10.5	9.4
宿泊、飲食	6.8	8.0	11.8	12.3	11.6	12.1	12.0	12.5
その他のサービス [3]	3.9	4.8	7.5	8.5	8.3	9.3	6.8	7.8
公務員	2.1	2.6	3.6	4.4	3.9	4.5	3.4	4.3

1．表No.586の脚注2を参照　2．自営業者、無給家族労働者、未経験者を含むが分類して示さない　3．家庭内労働を含む

資料：U.S. Bureau of Labor Statistics, "Employment and Earnings Online," January 2011 issue (2011年3月)；<http://www.bls.gov/opub/ee/home.htm> および <http://www.bls.gov/cps/home.htm> を参照

No.626. 失業者数および失業率──職種別：2000－2010年

[5,692は569万2000を表す。16歳以上の民間非施設収容人口ベース。月別データの年間平均値。各特定グループの労働力人口に対する割合として失業率を表す。毎月人口調査に基づく。第1章の解説および付録Ⅲを参照。表No.606の頭注も参照]

職種	失業者数(1,000人) 2000	失業者数(1,000人) 2009 [1]	失業者数(1,000人) 2010 [1]	失業率(%) 2000	失業率(%) 2009 [1]	失業率(%) 2010 [1] 計	失業率(%) 2010 [1] 男性	失業率(%) 2010 [1] 女性
計 [2]	5,692	14,265	14,825	4.0	9.3	9.6	10.5	8.6
経営、専門職および関連職	827	2,531	2,566	1.8	4.6	4.7	4.8	4.7
経営・ビジネス・金融	320	1,105	1,117	1.6	4.9	5.1	4.7	5.6
経営	214	740	762	1.5	4.6	4.8	4.6	5.3
ビジネスおよび金融	106	365	355	2.0	5.7	5.6	5.1	6.1
専門職およびその関連職	507	1,427	1,449	1.9	4.4	4.5	4.9	4.2
コンピュータおよび数学	74	192	195	2.2	5.2	5.2	5.1	5.7
建築およびエンジニアリング	51	203	173	1.7	6.9	6.2	5.8	8.9
生命科学・物理学・社会科学	18	63	69	1.4	4.5	4.6	3.9	5.4
コミュニティおよび社会サービス	40	105	114	2.0	4.3	4.6	4.2	4.9
法律	18	60	48	1.2	3.4	2.7	1.9	3.6
教育・訓練・図書館	136	368	379	1.8	4.1	4.2	4.5	4.1
芸術・デザイン・エンターテインメント・スポーツ・メディア	97	251	269	3.5	8.4	8.9	9.8	7.8
ヘルスケア、医師・療法士・技士	73	184	203	1.2	2.3	2.5	1.9	2.8
サービス業	1,132	2,605	2,819	5.2	9.6	10.3	11.0	9.7
ヘルスケアのサポート	101	240	276	4.0	6.8	7.6	8.1	7.6
警護サービス	70	177	207	2.7	5.3	5.9	5.2	8.6
調理・配膳関連	469	1,011	1,079	6.6	11.6	12.4	13.0	11.8
ビル・グランドの清掃およびメンテナンス	301	736	780	5.8	12.1	12.8	13.7	11.4
対人サービス、ケア	190	441	477	4.4	8.0	8.7	10.6	8.1
販売・事務職	1,446	3,143	3,315	3.8	8.5	9.0	9.0	9.1
販売およびその関連	673	1,501	1,596	4.1	8.8	9.4	8.3	10.5
事務および運営支援	773	1,642	1,719	3.6	8.3	8.7	10.0	8.2
天然資源、建設およびメンテナンス	758	2,464	2,504	5.3	15.6	16.1	16.0	17.0
農林水産業	133	179	193	10.2	16.2	16.3	15.4	19.1
建設業および抽業	507	1,825	1,809	6.2	19.7	20.1	20.1	21.8
機械の設置、メンテナンスおよび修理	119	459	503	2.4	8.5	9.3	9.3	8.6
製造・輸送および物流	1,081	2,453	2,365	5.1	13.3	12.8	12.2	14.7
製造	575	1,322	1,206	4.8	14.7	13.1	12.2	15.4
輸送および物流	505	1,131	1,159	5.6	12.0	12.4	12.2	13.4

1．表No.586の脚注2を参照　2．未経験者および前の職業が兵役であったものを含む

資料：U.S. Bureau of Labor Statistics, "Employment and Earnings Online," January 2011 issue (2011年3月)；<http://www.bls.gov/opub/ee/home.htm> および <http://www.bls.gov/cps/home.htm> を参照

No.627. 失業と失業率――教育水準、性別、人種、ヒスパニック別：2000－2010年

[3,589は358万9000人を表す。月別データの年間平均。25歳以上の民間非施設収容人口。民間労働力人口および有業率については表No.593を参照。毎月人口調査に基づく。第1章の解説および付録Ⅲを参照]

年、性別人種	失業者(1,000人)					失業率(%)[1]				
	計	高校卒業未満	高校卒業学位なし	大学または準学位	学士以上	計	高校卒業未満	高校卒業学位なし	大学または準学位	学士以上
計：[2]										
2000[3]	3,589	791	1,298	890	610	3.0	6.3	3.4	2.7	1.7
2005[3]	5,070	967	1,798	1,349	955	4.0	7.6	4.7	3.9	2.3
2010[3]	10,968	1,765	3,943	3,093	2,167	8.2	14.9	10.3	8.4	4.7
男性：										
2000[3]	1,829	411	682	427	309	2.8	5.4	3.4	2.6	1.5
2005[3]	2,617	514	973	636	494	3.8	6.4	4.6	3.7	2.3
2010[3]	6,365	1,137	2,452	1,646	1,130	8.9	15.0	11.3	9.0	4.8
女性：										
2000[3]	1,760	380	616	463	301	3.2	7.8	3.5	2.8	1.8
2005[3]	2,453	453	826	713	461	4.2	9.7	4.8	4.0	2.4
2010[3]	4,603	628	1,492	1,447	1,037	7.4	14.6	9.0	7.8	4.7
白人：[4]										
2000[3]	2,644	564	924	667	489	2.6	5.6	2.9	2.4	1.6
2005[3]	3,627	669	1,257	973	729	3.5	6.5	4.0	3.4	2.1
2010[3]	8,174	1,337	2,937	2,278	1,622	7.5	13.9	9.5	7.6	4.3
黒人：[4]										
2000[3]	731	179	315	169	68	5.4	10.7	6.4	4.0	2.5
2005[3]	1,075	231	440	295	110	7.5	14.4	8.5	6.9	3.5
2010[3]	2,022	321	795	614	292	13.4	22.5	15.8	12.4	7.9
アジア系：[4][5]										
2000[3]	146	28	34	35	49	2.7	5.7	3.0	3.2	1.8
2005[3]	203	26	47	32	99	3.5	5.5	4.6	3.2	3.0
2010[3]	446	54	95	92	205	6.8	11.1	7.6	8.1	5.5
ヒスパニック：[6]										
2000[3]	569	297	150	85	38	4.4	6.2	3.9	3.2	2.2
2005[3]	773	354	216	138	66	4.8	6.2	4.5	4.1	2.9
2010[3]	2,041	787	674	399	182	10.8	13.2	11.5	9.7	6.0

1．民間労働力人口に対する失業率(%) 2．個別に明示しない他の人種を含む 3．表No.586の脚注2を参照 4．2005年以降はこの人種グループのみを選択した者。表No.587の脚注4を参照 5．2000年には太平洋諸島民を含む 6．ヒスパニック、ラテン系は人種を問わない

資料：U.S. Bureau of Labor Statistics, "Employment and Earnings Online," January 2011 issue (2011年3月); <http://www.bls.gov/opub/ee/home.htm> および <http://www.bls.gov/cps/home.htm> を参照

No.628. 失業者――失業の理由別：2010年

[(14,825は1482万5000人を表す)。月別データの年間平均。毎月人口調査に基づく。第1章の解説および付録Ⅲを参照。本書前年版の表No.627も参照]

年齢・性別・失業理由	失業者計(1,000人)	失業期間(%)				
		5週間未満	5－14週間	15週間以上		
				計	15－26週間	27週間以上
16歳以上、計	14,825	18.7	22.0	59.3	16.0	43.3
16－19歳	1,528	29.7	31.2	39.1	16.3	22.8
20歳以上、計	13,297	17.4	21.0	61.6	16.0	45.6
男性	7,763	17.2	20.5	62.4	15.6	46.7
失職および一時雇いの期間満了による離職	5,773	17.4	20.2	62.4	15.8	46.6
一時帰休	946	43.0	31.3	25.7	13.9	11.8
一時帰休以外	4,827	12.4	18.0	69.6	16.1	53.5
失職	3,905	10.1	16.2	73.6	16.0	57.7
一時雇いの期間満了による離職	922	21.9	25.6	52.5	16.7	35.8
離職者	433	22.8	25.7	51.5	13.9	37.7
再求職	1,346	15.3	20.1	64.6	15.4	49.2
新規求職	211	11.5	19.5	69.0	17.2	51.7
女性	5,534	17.8	21.7	60.5	16.4	44.1
失職および一時雇いの期間満了による離職	3,257	17.8	20.3	62.0	15.8	46.2
一時帰休	416	49.8	30.9	19.4	10.9	8.4
一時帰休以外	2,840	13.1	18.7	68.2	16.5	51.7
失職	2,396	11.5	17.3	71.1	16.4	54.7
一時雇いの期間満了による離職	444	21.5	26.0	52.5	16.9	35.6
離職者	413	22.1	26.2	51.7	19.1	32.6
再求職	1,633	16.8	23.0	60.2	17.0	43.2
新規求職	231	17.0	25.3	57.7	16.3	41.3

資料：U.S. Bureau of Labor Statistics, "Employment and Earnings Online," January 2011 issue (2011年3月); <http://www.bls.gov/opub/ee/home.htm> および <http://www.bls.gov/cps/home.htm> を参照

No.629. 失業者総数および失業保険加入者——州別：2000－2010年

[単位：1,000人（5,692は569万2000人を表す）および%。16歳以上の民間非施設収容人口ベース。月別データの年間平均値。合衆国計のデータは、独自の人口コントロールによる。各州のデータを足し合わせても合衆国計にはならない。失業のデータは2000年センサスからの人口抑制に基づく。各州の失業者計の推計は地方失業統計プログラムから採り、合衆国合計は毎月人口調査から採る。第1章の解説および付録IIIを参照。本書前年版の表No.628も参照]

州	失業者計								失業保険加入者[1]			
	失業者数(1,000)				失業率 (%) [2]				加入者(1,000)		割合 (%) [3]	
	2000[4]	2005[4]	2009[4]	2010[4]	2000[4]	2005[4]	2009[4]	2010[4]	2000	2010	2000	2010
合衆国	5,692	7,591	14,265	14,825	4.0	5.1	9.3	9.6	[5]2,130.2	[5]4,543.1	[5]1.7	[5]3.6
アラバマ	87	81	211	202	4.1	3.8	9.7	9.5	29.4	53.3	1.6	3.0
アラスカ	20	24	28	29	6.2	6.9	7.8	8.0	12.2	17.3	4.9	5.8
アリゾナ	100	134	306	316	4.0	4.7	9.7	10.0	20.5	80.0	1.0	3.3
アーカンソー	53	69	100	107	4.2	5.1	7.4	7.9	24.2	44.1	2.2	4.0
カリフォルニア	833	953	2,063	2,260	4.9	5.4	11.3	12.4	339.6	662.4	2.4	4.6
コロラド	65	133	226	240	2.7	5.1	8.3	8.9	14.7	65.0	0.7	3.0
コネティカット	39	88	157	173	2.3	4.9	8.3	9.1	28.9	70.1	1.8	4.4
デラウェア	14	17	35	36	3.3	4.0	8.0	8.5	6.0	13.0	1.5	3.2
コロンビア特別区	18	21	32	33	5.7	6.5	9.6	9.9	5.5	11.9	1.3	2.5
フロリダ	300	330	930	1,065	3.8	3.8	10.2	11.5	70.8	225.9	1.1	3.2
ジョージア	148	241	464	480	3.5	5.2	9.7	10.2	34.8	117.7	0.9	3.2
ハワイ	24	17	43	42	4.0	2.8	6.8	6.6	8.4	17.4	1.7	3.1
アイダホ	31	27	58	71	4.6	3.7	7.7	9.3	12.3	26.2	2.3	4.3
イリノイ	291	371	660	681	4.5	5.8	10.0	10.3	105.7	223.5	1.8	4.1
インディアナ	92	172	332	320	2.9	5.4	10.4	10.2	32.3	79.4	1.1	2.9
アイオワ	45	70	94	103	2.8	4.3	5.6	6.1	19.5	40.8	1.4	2.8
カンザス	53	75	107	106	3.8	5.1	7.1	7.0	15.9	38.2	1.3	2.9
ケンタッキー	83	121	222	218	4.2	6.0	10.7	10.5	25.4	49.9	1.5	3.0
ルイジアナ	101	139	136	155	5.0	6.7	6.6	7.5	24.2	56.1	1.3	3.1
メーン	22	34	57	55	3.3	4.9	8.2	7.9	8.9	18.1	1.6	3.2
メリーランド	100	122	215	223	3.6	4.1	7.1	7.5	29.0	72.4	1.3	3.1
マサチューセッツ	92	164	286	297	2.7	4.8	8.2	8.5	59.9	117.0	1.9	3.8
ミシガン	190	346	648	597	3.7	6.8	13.3	12.5	83.3	161.3	1.9	4.3
ミネソタ	87	120	238	217	3.1	4.2	8.1	7.3	31.8	80.1	1.3	3.1
ミシシッピ	74	103	125	137	5.7	7.8	9.6	10.4	19.9	37.2	1.8	3.5
ミズーリ	98	162	283	289	3.3	5.4	9.3	9.6	43.8	83.2	1.7	3.2
モンタナ	22	17	31	36	4.8	3.6	6.3	7.2	7.7	17.7	2.2	4.3
ネブラスカ	27	38	47	45	2.8	3.9	4.8	4.7	7.4	18.7	0.9	2.1
ネバダ	48	55	170	201	4.5	4.5	12.5	14.9	19.6	53.9	2.1	4.7
ニューハンプシャー	19	26	47	45	2.7	3.6	6.3	6.1	3.1	17.9	0.5	3.0
ニュージャージー	157	197	410	426	3.7	4.5	9.1	9.5	84.6	164.4	2.3	4.4
ニューメキシコ	42	47	66	80	5.0	5.2	7.0	8.4	9.1	26.3	1.4	3.4
ニューヨーク	416	474	813	824	4.5	5.0	8.4	8.6	147.4	291.9	1.8	3.5
ノースカロライナ	155	229	490	476	3.7	5.3	10.8	10.6	55.0	157.6	1.5	4.1
ノースダコタ	10	12	16	15	2.9	3.4	4.3	3.9	3.9	5.2	1.3	1.5
オハイオ	234	344	601	595	4.0	5.9	10.1	10.1	72.8	153.3	1.4	3.1
オクラホマ	52	77	116	124	3.1	4.5	6.6	7.1	12.2	34.5	0.9	2.4
オレゴン	93	115	221	215	5.1	6.2	11.1	10.8	41.6	83.9	2.7	5.3
ペンシルベニア	255	312	514	549	4.2	5.0	8.0	8.7	131.4	266.0	2.5	4.9
ロードアイランド	23	28	61	67	4.2	5.1	10.8	11.6	12.3	18.4	2.8	4.2
サウスカロライナ	71	140	247	242	3.6	6.8	11.3	11.2	27.6	71.8	1.6	4.1
サウスダコタ	11	16	22	21	2.7	3.7	5.0	4.8	2.1	4.7	0.6	1.2
テネシー	115	164	317	297	4.0	5.6	10.4	9.7	42.9	68.4	1.7	2.7
テキサス	452	599	900	994	4.4	5.4	7.6	8.2	107.4	221.5	1.2	2.2
ユタ	38	53	98	106	3.4	4.1	7.1	7.7	10.7	29.6	1.1	2.7
バーモント	9	12	25	22	2.7	3.5	6.9	6.2	4.8	10.4	1.7	3.6
バージニア	82	138	284	289	2.3	3.5	6.8	6.9	22.5	64.2	0.7	1.9
ワシントン	151	180	329	340	5.0	5.5	9.3	9.6	70.1	111.5	2.7	4.0
ウエストバージニア	44	39	62	71	5.5	4.9	7.7	9.1	14.2	21.8	2.1	3.2
ウィスコンシン	101	146	271	255	3.4	4.8	8.7	8.3	54.1	123.1	2.0	4.7
ワイオミング	10	10	19	20	3.8	3.7	6.5	7.0	2.9	6.9	1.1	1.3

1．州の失業手当を受給している仕事のない労働者の人数。資料：合衆国雇用・訓練管理局、失業保険　2．民間の就労可能者の失業率（%）　3．前年度の保険加入雇用年間平均に対する保険金受給中の失業者の割合（%）　4．表No.586の脚注2を参照　5．合衆国合計にはプエルトリコとバージン諸島を含む

資料：脚注に示したものを除き、U.S. Bureau of Labor Statistics, "Local Area Unemployment Statistics"；〈http://www.bls.gov/lau/〉

No.630. 非農業諸産業の事業所――産業別被雇用者、労働時間、収入：1990－2010年

[月間データの年間平均（109,487は1億948万7000人を表す）。事業所からの報告に基づく。報告にあった給与期間の一部または全部を通じて給与を受け取った、フルタイムおよびパートタイム従業員全てを含む。経営者、自営業者、無給家族労働者、中心となる自営業主、個人家庭内労働者、[軍隊兵員を除く。個人家庭内労働者は2010年3月をベンチマークとしている。したがって既刊のデータと比較できない。Current Employment Statistics Programに基づく。『アメリカ労働力統計史統計集』系列D127-141および D803, 878, 881, 884, 890も参照]

項目、年	農業外計	計[1]	建設業	製造業	卸売業	小売業	運輸、倉庫	公益事業	情報	金融、保険	不動産、レンタル、リース	専門、技術	管理、廃棄物処理	教育	保健、社会扶助	芸術、娯楽、レクリエーション	宿泊、飲食	政府
被雇用者(1,000人)																		
1990	109,487	91,072	5,263	17,695	5,268	13,182	3,476	740	2,688	4,976	1,637	4,538	4,643	1,688	9,296	1,132	8,156	18,415
2000	131,785	110,995	6,787	17,263	5,933	15,280	4,410	601	3,630	5,677	2,011	6,702	8,168	2,390	12,718	1,788	10,074	20,790
2005	133,703	111,899	7,336	14,226	5,764	15,280	4,361	554	3,061	6,019	2,134	7,025	8,170	2,836	14,536	1,892	10,923	21,804
2007	137,598	115,380	7,630	13,879	6,015	15,520	4,541	553	3,032	6,132	2,169	7,660	8,416	2,941	15,380	1,969	11,457	22,218
2008	136,790	114,281	7,162	13,406	5,943	15,283	4,508	559	2,984	6,015	2,130	7,799	8,032	3,040	15,798	1,970	11,466	22,509
2009	130,807	108,252	6,016	11,847	5,587	14,522	4,236	560	2,804	5,775	1,994	7,509	7,203	3,090	16,103	1,916	11,162	22,555
2010	129,818	107,337	5,526	11,524	5,456	14,414	4,184	552	2,711	5,691	1,939	7,424	7,401	3,150	16,415	1,909	11,111	22,482
週給(ドル)[2]																		
1990	(NA)	349.75	513.43	436.16	444.48	235.62	471.72	670.40	479.50	(NA)	(NA)	504.83	273.60	(NA)	319.80	219.02	147.89	(NA)
2000	(NA)	481.01	685.78	590.77	631.40	333.38	562.31	955.66	700.86	(NA)	(NA)	745.77	387.49	(NA)	449.27	273.79	207.44	(NA)
2005	(NA)	544.33	750.22	673.33	685.00	377.58	618.58	1,095.90	805.08	(NA)	(NA)	862.79	431.92	(NA)	560.43	330.19	226.48	(NA)
2007	(NA)	590.04	816.66	711.56	748.94	385.11	654.95	1,182.65	874.65	(NA)	(NA)	956.42	485.15	(NA)	606.74	348.35	251.52	(NA)
2008	(NA)	607.95	842.61	724.46	769.62	386.21	670.37	1,230.67	908.99	(NA)	(NA)	995.66	500.14	(NA)	630.06	354.52	259.93	(NA)
2009	(NA)	617.18	851.76	726.12	784.49	388.57	677.56	1,239.37	931.08	(NA)	(NA)	1,036.36	517.27	(NA)	643.19	359.71	261.87	(NA)
2010	(NA)	636.91	891.85	765.08	816.15	399.74	710.63	1,263.33	938.89	(NA)	(NA)	1,073.49	536.40	(NA)	660.82	364.06	266.78	(NA)
週労働時間[2]																		
1990	(NA)	34.3	38.3	40.5	38.4	30.6	37.7	41.5	35.8	(NA)	(NA)	36.1	32.3	(NA)	31.8	26.1	25.9	(NA)
2000	(NA)	34.3	39.2	41.3	38.8	30.7	37.4	42.0	36.8	(NA)	(NA)	36.2	33.1	(NA)	32.1	25.6	26.2	(NA)
2005	(NA)	33.8	38.6	40.7	37.7	30.6	37.0	41.1	36.5	(NA)	(NA)	35.7	32.8	(NA)	32.9	25.7	25.7	(NA)
2007	(NA)	33.9	39.0	41.2	38.2	30.2	37.0	42.4	36.5	(NA)	(NA)	36.0	33.5	(NA)	32.8	24.7	25.6	(NA)
2008	(NA)	33.6	38.5	40.8	38.2	30.0	36.4	42.7	36.7	(NA)	(NA)	35.8	33.6	(NA)	32.6	24.1	25.4	(NA)
2009	(NA)	33.1	37.6	39.8	37.6	29.9	36.0	42.0	36.6	(NA)	(NA)	35.7	33.4	(NA)	32.4	23.8	25.0	(NA)
2010	(NA)	33.4	38.4	41.1	37.9	30.2	37.1	42.1	36.3	(NA)	(NA)	35.9	33.9	(NA)	32.3	23.8	25.0	(NA)
時給(ドル)[2]																		
1990	(NA)	10.20	13.42	10.78	11.58	7.71	12.50	16.14	13.40	(NA)	(NA)	13.99	8.48	(NA)	10.05	8.41	5.70	(NA)
2000	(NA)	14.02	17.48	14.32	16.28	10.86	15.05	22.75	19.07	(NA)	(NA)	20.61	11.69	(NA)	13.98	10.68	7.92	(NA)
2005	(NA)	16.13	19.46	16.56	18.16	12.36	16.70	22.06	22.06	(NA)	(NA)	24.15	13.16	(NA)	17.05	12.85	8.80	(NA)
2007	(NA)	17.43	20.95	17.26	19.59	12.75	17.72	27.88	23.96	(NA)	(NA)	26.58	14.47	(NA)	18.48	14.10	9.82	(NA)
2008	(NA)	18.08	21.87	17.75	20.13	12.87	18.41	28.83	24.78	(NA)	(NA)	27.82	14.87	(NA)	19.23	14.73	10.23	(NA)
2009	(NA)	18.63	22.66	18.24	20.84	13.01	18.81	29.48	25.45	(NA)	(NA)	29.03	15.51	(NA)	19.83	15.08	10.49	(NA)
2010	(NA)	19.07	23.22	18.61	21.53	13.24	19.17	30.04	25.86	(NA)	(NA)	29.93	15.82	(NA)	20.43	15.28	10.68	(NA)

NA データなし。 1. 個別に明示しない業を含む。 2. 天然資源および鉱業、製造業、建設業の生産労働者の平均労働時間と平均賃金；サービス業の実働者の平均労働時間と平均賃金。
資料：U.S. Bureau of Labor Statistics, Current Employment Statistics, "Employment, Hours, and Earnings-National"; <http://www.bls.gov/ces/data.htm>

No.631. 非農業諸産業の事業所の州別被雇用者数：2010年

[単位：1,000人（129,818は1億2981万8000人を表す）。報告にあった給与期間の一部または全部を通じて就労した従業員、または同期間の就労にたいして給与を受け取った、フルタイムおよびパートタイム従業員全てを含む。経営者、自営業者、無給家族労働者、中心となる自営業主、個人家庭内労働者、軍隊兵員を除く。全米総数は州別データの合計と異なる。これは州によって基準が異なり、また産業、地域区分が異なるためである。協力する各州の当局から提供されたデータから編集。2007年北米産業分類に基づく。本章の解説を参照]

州	計[1]	建設業	製造業	商業、運輸、公益事業	情報	金融[2]	専門、ビジネスサービス[3]	教育、保健サービス[4]	娯楽、観光業[5]	その他のサービス[6]	政府
合衆国	129,818	5,526	11,524	24,605	2,711	7,630	16,688	19,564	13,020	5,364	22,482
AL	1,869.0	87.5	236.1	360.1	24.0	91.9	208.3	214.4	167.9	79.9	386.8
AK	324.4	16.0	12.7	62.8	6.4	15.0	26.2	41.7	31.5	11.5	85.2
AZ	2,377.3	111.1	147.8	467.8	36.4	162.5	339.4	344.0	252.5	88.4	416.5
AR	1,163.2	48.5	160.1	234.4	15.5	48.8	118.0	165.9	99.9	43.5	218.2
CA	13,891.8	559.8	1,242.4	2,616.9	429.0	759.8	2,069.4	1,786.9	1,493.7	484.7	2,422.5
CO	2,220.1	114.9	125.2	397.2	71.4	143.7	329.2	264.8	263.1	92.9	393.4
CT	1,608.0	49.6	166.0	289.1	31.7	135.0	189.9	307.1	133.8	60.6	244.7
DE	412.7	[7]19.3	26.2	73.9	6.0	42.7	54.5	64.8	41.9	19.7	63.8
DC	710.9	[7]10.5	1.3	27.1	18.6	26.6	148.7	108.4	59.4	64.6	245.7
FL	7,174.9	345.6	306.9	1,454.6	135.4	469.7	1,035.5	1,079.0	917.9	310.8	1,114.5
GA	3,826.3	148.6	344.4	808.3	101.3	203.6	519.4	486.1	373.9	153.4	678.1
HI	586.9	[7]28.8	12.9	109.4	10.2	26.9	71.4	75.8	100.0	26.4	125.2
ID	602.9	31.3	53.0	120.9	9.6	28.9	73.4	84.0	58.1	21.3	118.9
IL	5,610.7	198.6	558.8	1,124.5	101.7	360.8	799.0	832.5	514.2	254.4	857.0
IN	2,793.0	115.3	446.2	541.3	35.7	130.1	275.4	425.0	272.1	107.3	438.0
IA	1,469.2	61.6	200.1	299.9	28.6	101.4	121.6	213.5	129.9	57.0	253.6
KS	1,323.0	53.5	159.6	251.0	31.2	70.8	141.8	180.4	113.1	51.5	262.0
KY	1,769.8	67.7	209.1	359.2	26.1	86.0	179.7	250.0	167.8	70.6	331.4
LA	1,884.4	121.9	137.7	364.2	26.2	92.7	192.5	271.1	194.0	66.0	366.3
ME	592.5	24.3	50.9	116.8	9.1	31.3	55.6	119.0	59.8	19.8	103.4
MD	2,513.2	[7]144.1	114.6	437.6	43.9	142.6	385.8	400.0	228.8	114.9	500.9
MA	3,186.3	106.4	254.0	543.8	85.5	207.5	461.0	664.4	305.8	118.7	438.1
MI	3,861.4	121.7	474.4	708.9	54.9	186.7	514.3	617.0	374.0	166.6	635.8
MN	2,637.2	86.4	292.1	490.4	54.3	171.1	313.4	458.4	233.9	114.6	416.7
MS	1,089.5	48.9	135.8	212.7	12.4	44.9	91.8	132.3	118.5	34.8	248.9
MO	2,647.1	105.4	242.7	510.3	58.1	163.3	318.6	405.8	271.1	117.0	450.5
MT	428.2	22.7	16.4	86.9	7.4	21.2	39.0	63.8	55.8	16.9	90.5
NE	939.4	[7]42.5	91.6	196.0	16.9	68.5	101.2	135.6	80.7	37.0	169.4
NV	1,115.6	59.1	37.7	208.8	12.5	52.1	135.7	99.9	308.9	33.8	155.0
NH	622.6	21.2	65.7	132.2	11.6	35.5	64.3	110.3	62.9	21.3	96.8
NJ	3,854.5	129.5	257.7	808.0	79.7	253.5	582.2	605.5	334.6	160.1	642.5
NM	801.6	44.0	29.0	133.3	14.4	32.9	98.2	119.9	83.7	28.5	199.7
NY	8,553.3	305.5	456.8	1,456.7	252.0	665.9	1,100.5	1,703.7	732.9	364.8	1,509.9
NC	3,861.9	176.0	431.1	710.6	68.2	199.2	481.0	539.5	390.4	156.2	704.3
ND	375.6	21.3	22.7	80.3	7.3	20.4	28.4	54.9	34.4	15.6	79.9
OH	5,030.6	167.6	619.7	946.5	77.5	274.1	622.7	842.6	475.5	211.0	782.3
OK	1,526.4	66.9	123.1	276.5	25.0	80.0	169.1	203.9	138.3	60.7	339.6
OR	1,599.9	67.8	163.8	308.2	32.2	92.7	181.3	228.4	161.8	57.5	299.5
PA	5,615.5	216.3	560.6	1,079.6	93.4	311.9	685.1	1,136.0	498.8	250.3	756.9
RI	458.8	15.9	40.4	73.2	10.1	30.5	53.2	101.9	49.6	22.1	61.8
SC	1,805.2	78.9	207.4	344.4	25.7	97.4	213.9	212.8	206.9	68.5	345.2
SD	402.8	20.9	36.9	80.6	6.6	28.7	27.3	64.4	43.1	15.7	78.7
TN	2,612.5	[7]105.4	297.8	554.7	44.9	137.8	304.6	372.9	261.9	100.5	431.9
TX	10,342.0	569.7	810.7	2,049.5	195.3	622.5	1,273.1	1,387.6	1,006.1	360.9	1,860.3
UT	1,181.0	65.1	111.3	229.4	29.2	67.9	152.5	155.0	110.1	33.8	216.4
VT	297.5	13.4	30.9	55.8	5.4	12.2	23.1	59.2	32.3	9.9	54.6
VA	3,627.2	182.7	230.4	619.9	76.3	177.7	647.8	456.2	338.0	185.1	702.8
WA	2,777.4	141.1	257.8	516.5	102.9	135.1	326.0	375.2	265.8	104.5	546.7
WV	746.1	32.6	49.1	134.5	10.3	28.2	60.7	120.7	72.3	55.0	152.6
WI	2,735.3	94.0	430.6	508.3	46.6	157.5	268.0	418.3	250.9	137.6	420.6
WY	282.6	22.5	8.7	51.5	9.9	17.2	26.3	62.4	32.4	11.5	72.6

1．個別に明示しないが鉱業および伐木搬出業も含む　2．金融業および保険業；不動産および賃貸サービス業　3．専門および科学技術サービス；企業経営；運営・運営支援、廃棄物管理と環境修復　4．教育サービス；ヘルスケアおよび社会扶助　5．芸術；レクリエーションと娯楽；宿泊および飲食業　6．修理・保守、生活関連・クリーニングサービス、会員制団体・組織を含む　7．建設業に鉱業および伐木搬出業も含む

資料：U.S. Bureau of Labor Statistics, Current Employment Statistics, "State and Metro Area Employment, Hours, and Earnings (SAE)"；<http://www.bls.gov/sae/data.htm>

No.632. 非農業諸産業の被雇用者数と所得：1990－2010年

[月別データの年間平均値（109,487は1億948万7000人を表す）。月の12日を含む給与支払期間の一部または全日数就労し、またはその期間に対する給与の支払いを受けたフルタイムおよびパートタイム従業員を全て含む。表No.630の頭注も参照。関連資料として『アメリカ歴史統計』系列D127-151、D802-810、D877-892も参照］

産業	2007北米産業分類[1]	被雇用者計(1,000人)					平均時給[2](ドル)		
		1990	2000	2005	2009	2010	2000	2005	2010
非農業、計	(X)	109,487	131,785	133,703	130,807	129,818	(NA)	(NA)	(NA)
財の生産[3]	(X)	23,723	24,649	22,190	18,557	17,755	15.27	17.60	20.28
サービスの生産[4]	(X)	85,764	107,136	111,513	112,249	112,064	(NA)	(NA)	(NA)
民間、計	(X)	91,072	110,995	111,899	108,252	107,337	14.02	16.13	19.07
天然資源および鉱業	(X)	765	599	628	694	705	16.55	18.72	23.83
伐採業	1133	85	79	65	50	50	13.70	15.74	18.84
鉱業	21	680	520	562	643	656	16.94	19.04	24.24
石油、天然ガス抽出	211	190	125	126	160	159	19.43	19.34	27.36
鉱業（石油、天然ガスを除く）	212	302	225	213	208	203	18.07	20.18	24.64
鉱業の支援活動	213	188	171	224	275	294	14.55	17.89	22.96
建設業	23	5,263	6,787	7,336	6,016	5,526	17.48	19.46	23.22
建物の建設	236	1,413	1,633	1,712	1,357	1,232	16.74	19.05	22.74
住宅建設	2361	673	823	960	638	572	15.18	17.72	19.80
非住宅建設	2362	741	809	752	719	660	18.18	20.55	25.13
大型プロジェクト、土木建設[5]	237	813	937	951	851	829	16.80	19.60	23.77
道路、街路、橋梁建設	2373	289	340	351	291	289	18.17	20.12	23.76
特殊工事請負契約	238	3,037	4,217	4,673	3,808	3,466	17.91	19.55	23.23
基礎工事、外構工事	2381	703	919	1,083	779	690	16.93	18.44	21.19
設備工事	2382	1,282	1,897	1,918	1,758	1,633	19.52	21.01	24.89
仕上げ工事	2383	665	857	992	722	626	16.44	18.82	22.07
製造業	31-33	17,695	17,263	14,226	11,847	11,524	14.32	16.56	18.61
耐久財	(X)	10,737	10,877	8,956	7,284	7,067	14.92	17.33	19.80
木材製品	321	541	613	559	359	341	11.63	13.16	14.85
非金属鉱物製品	327	528	554	505	394	372	14.53	16.61	17.49
セメントおよびコンクリート製品	3273	195	234	240	185	172	14.64	16.68	17.86
一次金属	331	689	622	466	362	361	16.64	18.94	20.11
鉄鋼ミルズと合金鉄製造	3311	187	135	96	85	85	20.97	23.55	25.66
鋳物	3315	214	217	164	113	111	14.72	17.50	18.21
組立金属製品	332	1,610	1,753	1,522	1,312	1,285	13.77	15.80	17.94
建築、構造金属	3323	357	428	398	345	320	13.43	15.10	17.47
工具店およびねじ	3327	309	365	345	309	312	14.53	16.43	18.68
機械類	333	1,410	1,457	1,166	1,029	993	15.21	17.02	18.96
農業、建設、鉱業用機械	3331	229	222	208	214	208	14.21	15.91	18.95
空調換気設備および商業用冷蔵設備	3334	165	194	154	129	123	13.10	14.60	16.16
金属加工用機械	3335	267	274	202	158	153	16.66	17.86	20.00
コンピュータおよび電子製品	334	1,903	1,820	1,316	1,137	1,100	14.73	18.39	22.79
コンピュータおよび周辺機器	3341	367	302	205	166	162	18.39	22.75	23.25
通信設備	3342	223	239	141	121	118	14.39	18.05	23.88
半導体および電子部品	3344	574	676	452	378	370	13.46	17.03	20.35
電子機器	3345	635	488	441	422	406	15.80	17.71	24.82
電気設備および器具	335	633	591	434	374	361	13.23	15.24	16.87
家電製造	3352	114	106	85	60	61	(NA)	(NA)	(NA)
電気設備	3353	244	210	152	145	136	13.28	15.31	16.51
輸送設備	336	2,135	2,057	1,772	1,348	1,330	18.89	22.09	25.22
自動車	3361	271	291	248	146	151	24.45	29.01	29.04
自動車部品	3363	653	840	678	414	415	17.95	21.10	20.66
航空宇宙機器および部品	3364	841	517	455	492	477	20.52	24.82	33.65
船およびボート	3366	174	154	154	131	126	14.84	17.26	21.23
家具および関連製品	337	604	683	568	386	357	11.73	13.45	15.05
家庭用、オフィス用家具	3371	401	443	383	244	223	11.39	13.15	14.74
その他の製造業	339	686	728	647	584	568	11.93	14.07	16.55
医療用設備および備品	3391	283	305	300	307	302	12.70	14.71	17.56
非耐久財	(X)	6,958	6,386	5,271	4,563	4,457	13.31	15.27	16.80
食品製造業	311	1,507	1,553	1,478	1,456	1,447	11.77	13.04	14.40
野菜・果実の加工	3114	218	197	174	172	171	11.89	12.81	14.55
果物と野菜の缶詰	3115	145	136	132	131	128	14.85	16.73	18.92
屠殺および処理加工	3116	427	507	504	497	490	10.27	11.47	12.69
製パンおよびトルティーヤ製造	3118	292	306	280	273	276	11.45	12.57	14.43
飲料・たばこ製品[5]	312	218	207	192	187	182	17.40	18.76	21.78
飲料	3121	173	175	167	169	166	(NA)	(NA)	(NA)
繊維	313	492	378	218	124	119	11.23	12.38	13.55
繊維製品	314	236	230	176	126	119	10.31	11.61	11.80
衣料品	315	903	484	251	168	158	8.61	10.26	11.43
カットソー	3152	750	380	193	132	125	8.40	10.06	11.33
皮革および関連製品	316	133	69	40	29	28	10.35	11.50	13.03
製紙および紙製品	322	647	605	484	407	397	15.91	17.99	20.03
パルプ、紙、板紙	3221	238	191	142	117	113	20.62	22.99	25.12
転換紙	3222	409	413	343	290	284	13.58	15.71	17.82
印刷および関連支援	323	809	807	646	522	487	14.09	15.74	16.92
石油・石炭製品	324	153	123	112	115	114	22.80	24.47	31.34
化学	325	1,036	980	872	804	784	17.09	19.67	21.08
基礎化学薬品	3251	249	188	150	145	142	21.06	23.80	24.93
樹脂、合成ゴムおよび人工合成繊維	3252	158	136	108	92	90	17.09	19.03	21.11
薬剤	3254	207	274	288	284	277	17.27	21.31	21.95
プラスチックおよびゴム製品	326	825	951	802	625	623	12.70	14.80	15.71
プラスチック製品	3261	618	737	634	502	500	12.04	14.01	15.47
ゴム製品	3262	207	214	168	123	124	14.83	17.58	16.64

本表末尾の脚注を参照

No.632. 非農業諸産業の被雇用者数と所得：1990－2010年（続）

[408頁の頭注を参照]

産業	2007 北米産業 分類[1]	被雇用者計 (1,000人)					平均時給[2] (ドル)		
		1990	2000	2005	2009	2010	2000	2005	2010
商業、輸送、および公益企業	(X)	22,666	26,225	25,959	24,906	24,605	13.31	14.92	16.83
卸売業	42	5,268	5,933	5,764	5,587	5,456	16.28	18.16	21.53
耐久財	423	2,834	3,251	2,999	2,810	2,719	16.71	18.88	20.95
自動車および部品	4231	309	356	344	315	309	14.27	16.18	17.61
木材および建設材料	4233	181	227	254	205	191	13.61	16.78	18.46
商業用設備	4234	597	722	639	617	605	20.29	23.67	25.03
電気製品	4236	357	425	342	322	311	19.43	21.78	23.14
工具・配管	4237	216	247	245	230	219	15.07	16.47	19.81
機械および消耗品	4238	690	725	659	634	607	16.47	18.71	21.02
非耐久財	424	1,900	2,065	2,022	1,966	1,932	14.33	16.15	19.62
紙および紙製品	4241	162	177	152	129	127			
薬局用製品	4242	136	192	213	198	190	18.98	19.20	23.39
衣服・布地および小間物	4243	152	163	148	138	138	14.58	17.53	21.35
一般雑貨	4244	623	689	699	710	704	13.57	15.38	19.07
Alcoholic beverages	4248	115	128	147	163	162	15.72	18.30	20.01
電子市場、代理店およびブローカー	425	535	618	743	811	805	20.79	20.71	28.31
小売業	44,45	13,182	15,280	15,280	14,522	14,414	10.86	12.36	13.24
自動車および部品	441	1,494	1,847	1,919	1,638	1,625	14.94	16.33	17.06
自動車ディーラー	4411	983	1,217	1,261	1,018	1,006	16.95	17.85	18.23
自動車部品、アクセサリ、およびタイヤ	4413	418	499	491	483	490	11.04	12.74	14.54
家具およびインテリアショップ	442	432	544	576	449	436	12.33	14.23	15.25
家具店	4421	244	289	298	224	217	13.37	14.87	16.17
インテリアショップ	4422	188	254	278	226	220	11.06	13.46	14.04
電子製品	443	382	564	536	491	498	13.67	17.73	16.99
建築資材・園芸用品店	444	891	1,142	1,276	1,156	1,126	11.25	13.14	14.11
建築資材および備品ディーラー	4441	753	982	1,134	1,028	1,001	11.30	13.24	14.12
食品店	445	2,779	2,993	2,818	2,830	2,811	9.76	10.85	12.04
食料雑貨店	4451	2,406	2,582	2,446	2,479	2,464	9.71	10.80	12.12
専門食品店	4452	232	270	236	214	211	9.97	11.04	11.13
ビール・ワイン・酒類販売	4453	141	141	136	137	136	10.40	11.48	11.89
保健・対人サービス	446	792	928	954	986	979	11.68	14.03	16.99
ガソリンスタンド	447	910	936	871	826	816	8.05	8.92	10.24
衣料品店	448	1,313	1,322	1,415	1,364	1,377	9.96	11.07	11.57
衣料品店	4481	930	954	1,066	1,048	1,063	9.88	10.63	10.90
靴屋	4482	216	193	180	179	183	8.96	10.05	11.80
宝石、かばん、革製品店	4483	167	175	169	137	131	11.48	14.10	15.57
スポーツ用品、趣味、書籍および音楽	451	532	686	647	614	601	9.33	10.35	11.67
スポーツ用品および楽器	4511	352	437	447	460	460	9.55	10.68	11.82
書籍、定期刊行物、音楽	4512	180	249	200	154	140	8.91	9.59	11.11
総合小売業	452	2,500	2,820	2,934	2,966	2,971	9.22	10.53	10.98
デパート	4521	1,494	1,755	1,595	1,473	1,488	(NA)	(NA)	(NA)
その他の店舗小売業	453	738	1,007	900	782	760	10.20	11.22	12.50
花屋	4531	121	130	101	75	68	8.95	9.88	11.05
事務用品・文房具・ギフト	4532	358	471	391	317	305	10.46	11.65	13.06
使用される小売	4533	56	107	113	120	124	8.07	8.96	10.72
無店舗小売業	454	419	492	435	421	416	13.22	14.56	17.71
インターネット通販および通販	4541	157	257	240	244	244	13.38	14.52	18.19
輸送業および倉庫業	48,49	3,476	4,410	4,361	4,236	4,184	15.05	16.70	19.17
航空輸送	481	529	614	501	463	464	13.57	17.77	24.56
定期航空輸送	4811	503	570	456	419	422	(NA)	(NA)	(NA)
鉄道輸送	482	272	232	228	218	215	(NA)	(NA)	(NA)
水上輸送	483	57	56	61	63	63	18.07	19.04	22.45
トラック輸送	484	1,122	1,406	1,398	1,268	1,244	15.86	16.74	18.62
一般貨物	4841	807	1,013	981	885	862	16.37	17.20	18.51
特殊貨物	4842	315	393	417	383	382	14.51	15.60	18.89
乗客輸送	485	274	372	389	422	432	11.88	13.00	14.98
都市交通システム、都市間と農村のバス交通	4851,2,5	72	97	91	93	93	(NA)	(NA)	(NA)
タクシーおよびリムジン・サービス	4853	57	72	66	67	68	(NA)	(NA)	(NA)
スクールバス・送迎バス	4854	114	152	169	185	191	11.42	12.74	14.92
パイプライン	486	60	46	38	43	42	19.86	24.33	29.54
観光輸送	487	16	28	29	28	27	12.49	13.75	15.87
輸送支援活動	488	364	537	552	549	540	14.57	17.67	21.08
航空輸送支援活動	4881	96	141	148	154	152	13.42	15.07	17.04
水上輸送支援活動	4883	91	97	94	91	90	19.57	27.07	35.16
鉄道輸送支援活動	4884	35	66	79	82	81	13.98	15.41	15.68
貨物輸送運営	4885	111	178	177	174	169	13.46	16.94	21.24
宅配便および特急便サービス	492	375	605	571	546	527	13.51	15.33	17.67
宅配便	4921	340	546	522	499	481	(NA)	(NA)	(NA)
倉庫業	493	407	514	595	637	628	14.46	15.06	15.50
公益事業	22	740	601	554	560	552	22.75	26.68	30.04
発電・配電	2211	550	434	401	404	397	23.13	27.63	31.25
天然ガス供給	2212	155	121	107	109	108	23.41	26.86	28.36
上下水道	2213	35	46	45	47	47	16.93	17.70	23.73

本表末尾の脚注を参照

No.632. 非農業諸産業の被雇用者数と所得：1990－2010年（続）

[408頁の頭注を参照]

産業	2007北米産業分類[1]	被雇用者計 (1,000人)					平均時給[2] (ドル)		
		1990	2000	2005	2009	2010	2000	2005	2010
情報	51	**2,688**	**3,630**	**3,061**	**2,804**	**2,711**	**19.07**	**22.06**	**25.86**
出版（インターネットを除く）	511	871	1,035	904	796	761	20.18	24.20	26.75
新聞・書籍・辞書出版	5111	773	774	666	539	501	15.06	18.57	20.98
ソフトウェア出版	5112	98	261	238	258	260	28.48	38.11	36.41
映画、音楽媒体	512	255	383	378	358	372	21.25	18.75	22.11
放送（インターネットを除く）	515	284	344	328	301	295	16.74	21.22	24.01
ラジオ・テレビ放送	5151	232	253	239	215	211	(NA)	(NA)	(NA)
ケーブルテレビおよびその他の有料番組サービス	5152	52	91	89	85	84	(NA)	(NA)	(NA)
通信	517	1,009	1,397	1,071	966	900	18.59	22.13	26.24
有線通信事業体	5171	760	922	690	635	599	18.62	22.46	25.99
無線通信事業体（衛星は除く）	5172	36	186	191	187	171	14.40	20.40	25.35
データ処理、ホスティングおよび関連サービス	518	211	316	263	249	242	16.97	19.97	27.03
金融	(X)	**6,614**	**7,687**	**8,153**	**7,769**	**7,630**	**14.98**	**17.95**	**21.49**
金融および保険	52	4,976	5,677	6,019	5,775	5,691	(NA)	(NA)	(NA)
金融当局——中央銀行	521	24	23	21	21	21	(NA)	(NA)	(NA)
信用仲介、その他のサービス	522	2,425	2,548	2,869	2,590	2,545	13.14	15.85	18.22
貯蓄機関[5]	5221	1,909	1,681	1,769	1,754	1,733	11.97	14.13	17.55
商業銀行	52211	1,362	1,251	1,296	1,317	1,308	11.83	13.79	17.56
非貯蓄信用仲介機関	5222	398	644	770	572	557	15.30	19.24	20.07
信用仲介に関連するサービス	5223	119	222	330	265	254	15.39	16.48	18.28
証券、商品取引、投資	523	458	805	786	811	801	20.20	26.59	31.79
証券、商品取引									
ブローカーおよび取引所	5231,2	338	566	499	476	469	20.07	27.68	31.79
その他の金融投資活動	5239	120	239	287	336	332	20.48	24.69	31.79
保険会社および関連活動	524	2,016	2,221	2,259	2,264	2,238	17.37	20.66	24.58
保険会社	5241	1,338	1,433	1,386	1,377	1,368	17.92	21.67	25.97
保険代理店、ブローカーおよび関連活動	5242	678	788	874	887	871	16.28	18.88	22.20
ファンド、信託、およびその他の金融商品	525	54	81	84	88	87	17.68	21.09	21.33
保険および被雇用者給付金基金	5251	33	46	46	49	49	(NA)	(NA)	(NA)
その他の投資共同資金または投資ファンド	5259	20	35	37	39	38	(NA)	(NA)	(NA)
不動産、賃貸	53	1,637	2,011	2,134	1,994	1,939	(NA)	(NA)	(NA)
不動産	531	1,109	1,316	1,461	1,420	1,396	12.26	14.69	17.37
不動産の貸主	5311	566	610	603	576	565	11.19	13.81	16.52
不動産エージェント、ブローカー事務所	5312	217	281	356	305	284	12.57	14.90	17.10
不動産関連活動	5313	327	424	502	539	546	13.60	15.64	18.38
賃貸サービス	532	514	667	646	547	518	11.69	14.05	15.91
レンタカー	5321	163	208	199	168	163	10.70	13.64	14.10
消費財のレンタル	5322	220	292	275	221	201	9.53	12.39	14.48
設備・機械のレンタルおよびリース	5324	84	103	111	116	114	14.95	17.12	19.83
非金融無形資産の貸付	533	14	28	27	27	25	17.68	20.06	32.82
専門サービス、ビジネスサービス	(X)	**10,848**	**16,666**	**16,954**	**16,579**	**16,688**	**15.52**	**18.08**	**22.78**
専門および技術サービス[5]	54	4,538	6,702	7,025	7,509	7,424	20.61	24.15	29.93
法律サービス	5411	944	1,066	1,168	1,125	1,114	21.38	23.96	31.05
会計・税務サービス	5412	664	866	849	914	888	14.42	17.45	21.05
建築・エンジニアリングサービス	5413	942	1,238	1,311	1,325	1,277	20.49	23.96	30.21
特殊デザインサービス	5414	82	132	131	124	111	15.32	20.29	22.35
コンピュータ・システムデザインおよび関連サービス	5415	410	1,254	1,195	1,423	1,442	27.13	31.64	37.15
経営コンサルティング、技術コンサルティング	5416	305	673	824	995	991	20.83	23.97	28.50
科学研究・開発サービス	5417	494	515	577	616	620	21.39	28.33	35.68
広告および関連サービス	5418	382	497	446	422	408	16.99	19.49	24.61
会社経営	55	1,667	1,796	1,759	1,867	1,863	15.28	18.08	23.79
管理および廃棄物処理	56	4,643	8,168	8,170	7,203	7,401	11.69	13.16	15.82
管理・サポートサービス[5]	561	4,413	7,855	7,833	6,852	7,044	11.53	12.93	15.61
オフィス管理	5611	211	264	345	401	412	14.68	17.82	23.56
施設・設備のサポートサービス	5612	58	97	120	133	134	16.73	18.02	20.97
雇用サービス[5]	5613	1,512	3,849	3,607	2,481	2,717	11.89	13.04	16.23
人材派遣	56132	1,156	2,636	2,549	1,823	2,079	11.79	12.00	14.23
ビジネスサポートサービス	5614	505	787	766	820	806	11.08	13.14	14.49
旅行代理店	5615	250	299	224	194	187	12.72	14.55	17.11
調査・セキュリティサービス	5616	507	689	737	789	777	9.78	11.64	14.15
ビル・住宅に対するサービス	5617	1,175	1,571	1,738	1,753	1,743	10.02	11.44	12.97
廃棄物の管理・再生処理サービス[5]	562	229	313	338	352	357	15.29	17.69	19.30
廃棄物収集	5621	82	100	124	138	142	12.97	15.54	17.50
廃棄物の処理、処分	5622	77	119	103	97	95	15.02	17.76	20.29

本表末尾の脚注を参照

No.632. 非農業諸産業の被雇用者数と所得：1990－2010年（続）

[408頁の頭注を参照]

産業	2007北米産業分類	被雇用者計 (1,000人) 1990	2000	2005	2009	2010	平均時給[2] (ドル) 2000	2005	2010
教育・保健サービス	(X)	10,984	15,109	17,372	19,193	19,564	13.95	16.71	20.12
教育サービス	61	1,688	2,390	2,836	3,090	3,150	(NA)	(NA)	(NA)
小学校および中学高校	6111	461	716	837	856	851	(NA)	(NA)	(NA)
短大	6112	44	79	100	84	102	(NA)	(NA)	(NA)
大学	6113	939	1,196	1,393	1,560	1,592	(NA)	(NA)	(NA)
ビジネス、コンピュータおよびマネージメントトレーニング	6114	60	86	77	77	78	(NA)	(NA)	(NA)
技術学校・商業学校	6115	72	91	102	119	126	(NA)	(NA)	(NA)
その他の学校等	6116	96	184	250	298	299	(NA)	(NA)	(NA)
教育サポートサービス	6117	17	39	78	96	101	(NA)	(NA)	(NA)
保健および社会扶助	62	9,296	12,718	14,536	16,103	16,415	13.98	17.05	20.43
保険医療	621,2,3	8,211	10,858	12,314	13,543	13,790	14.63	17.98	21.72
通院保健サービス	621	2,842	4,320	5,114	5,793	5,976	14.99	17.86	21.68
医師オフィス	6211	1,278	1,840	2,094	2,279	2,316	15.65	18.95	24.03
歯科医オフィス	6212	513	688	774	818	829	15.96	19.40	22.65
その他保健専門オフィス	6213	276	438	549	647	673	14.24	16.70	20.50
病院外来	6214	261	386	473	558	600	15.29	18.96	22.67
医学検査ラボ	6215	129	162	198	219	226	15.74	18.67	23.48
家庭保健サービス	6216	288	633	821	1,027	1,081	12.86	14.42	16.64
病院	622	3,513	3,954	4,345	4,667	4,685	16.71	21.30	26.12
一般内科・外科病院	6221	3,305	3,745	4,096	4,367	4,375	16.75	21.40	26.33
精神病および薬物依存症病院	6222	113	86	93	104	106	14.97	17.79	20.06
介護施設・居住式ケア施設[5]	623	1,856	2,583	2,855	3,082	3,129	10.67	12.37	14.21
介護施設	6231	1,170	1,514	1,577	1,645	1,661	11.08	13.08	15.26
精神病患者居住施設	6232	269	437	497	559	569	9.96	11.30	13.06
高齢者用コミュニティケア施設	6233	330	478	615	716	737	9.83	11.33	12.89
社会扶助	624	1,085	1,860	2,222	2,560	2,624	9.78	11.35	12.88
対個人・対世帯サービス	6241	389	678	921	1,166	1,215	10.57	12.44	13.49
緊急・救援サービス	6242	67	117	129	138	144	10.95	13.48	14.41
職業訓練サービス	6243	242	370	383	403	414	9.57	10.67	12.47
児童デイケアサービス	6244	388	696	790	853	852	8.88	10.14	11.99
レジャー・娯楽	(X)	9,288	11,862	12,816	13,077	13,020	8.32	9.38	11.31
芸術・エンターテインメント・レクリエーション	71	1,132	1,788	1,892	1,916	1,909	10.68	12.85	15.28
上演芸術、観戦スポーツ	711	273	382	376	397	410	13.11	18.67	20.97
博物館、史跡、動物園、公園	712	68	110	121	129	127	12.20	13.67	15.60
アミューズメント、賭博、レクリエーション	713	791	1,296	1,395	1,389	1,371	9.86	11.08	13.37
宿泊サービス、飲食サービス	72	8,156	10,074	10,923	11,162	11,111	7.92	8.80	10.68
宿泊	721	1,616	1,884	1,819	1,763	1,759	9.48	10.75	13.02
旅行者およびその他の長期宿泊	7211	1,582	1,837	1,765	1,708	1,702	9.49	10.78	13.07
飲食サービス	722	6,540	8,189	9,104	9,399	9,352	7.49	8.34	10.14
フルサービス・レストラン	7221	3,070	3,845	4,316	4,473	4,466	7.78	8.84	10.93
限定サービス・飲食店	7222	2,765	3,462	3,889	4,053	4,001	6.87	7.49	8.96
特殊食品サービス	7223	392	491	538	528	540	9.45	10.48	11.83
バー、アルコール飲料	7224	312	391	361	344	345	7.24	7.89	10.15
その他のサービス	81	4,261	5,168	5,395	5,367	5,364	12.73	14.34	17.08
修理・営繕	811	1,009	1,242	1,236	1,150	1,137	13.28	14.82	16.82
自動車修理・メンテナンス	8111	659	888	886	806	800	12.45	14.11	15.55
電子製品修理・メンテナンス	8112	100	107	103	98	98	16.31	16.65	19.25
商業用・工業用機械の修理・メンテナンス	8113	161	161	170	176	171	15.53	16.89	21.03
対人サービスおよびランドリー	812	1,120	1,243	1,277	1,281	1,265	10.18	11.81	13.43
対人ケアサービス	8121	430	490	577	605	600	10.18	12.44	13.98
葬儀サービス	8122	123	136	137	133	132	13.04	15.34	17.46
ドライクリーニング・ランドリー コインランドリーを除く	8123	371	388	347	311	302	9.17	10.18	11.80
ドライクリーニングおよびランドリー	81232	215	211	180	151	147	8.14	9.14	10.56
その他の対人サービス	8129	196	229	216	232	231	10.52	11.79	12.43
ペットのケアサービス（獣医を除く）	81291	23	31	44	58	62	12.12	10.61	12.82
駐車場および車庫	81293	68	93	103	111	111	8.81	9.89	11.17
会員制組織	813	2,132	2,683	2,882	2,936	2,962	13.66	15.20	18.76
助成およびサービス	8132	113	116	137	162	189	14.65	18.80	23.62
社会活動団体	8133	126	143	174	201	206	12.08	13.89	17.36
市民団体	8134	377	404	409	398	394	9.85	11.16	12.16
職業別団体	8139	379	473	492	485	492	15.98	18.60	22.47
政府	(X)	18,415	20,790	21,804	22,555	22,482	(NA)	(NA)	(NA)
連邦政府	(X)	3,196	2,865	2,732	2,832	2,968	(NA)	(NA)	(NA)
州政府	(X)	4,305	4,786	5,032	5,169	5,142	(NA)	(NA)	(NA)
地方政府	(X)	10,914	13,139	14,041	14,554	14,372	(NA)	(NA)	(NA)

NA データなし　X 該当なし　1．2007年北米産業分類（NAICS）に基づく。15章の解説を参照　2．製造業の生産労働者とサービス業の一般労働者。脚注3と4を参照　3．鉱業と伐採業、建設業、製造業　4．商業、輸送業および公益事業、情報、金融、専門サービスとビジネスサービス、教育サービスと保健サービス、レジャー、観光サービス、その他のサービス、および政府　5．個別に示さないその他の産業を含む

資料：U.S. Bureau of Labor Statistics, Current Employment Statistics, "Employment, Hours, and Earnings-National"；<http://www.bls.gov/ces/data.htm>

No.633. 非農業部門の女性有給労働者——産業別：1980—2010年

[37,813は3781万3000人を表す。月別データの年間平均値。カバレッジについては表No.630の頭注を参照]

産業	女性従業員（1000人）				全従業員の%			
	1980	1990	2000	2010	1980	1990	2000	2010
非農業部門、計1	37,813	51,587	63,223	64,648	41.8	47.1	48.0	49.8
民間部門、計	29,783	41,732	51,452	51,857	40.2	45.8	46.4	48.3
建設業	458	656	846	724	10.3	12.5	12.5	13.1
製造業	5,676	5,702	5,359	3,268	30.3	32.2	31.0	28.4
商業・輸送・公益事業	6,799	9,363	10,859	10,001	36.9	41.3	41.4	40.6
卸売業	1,179	1,611	1,827	1,642	25.9	30.6	30.8	30.1
小売業	4,980	6,696	7,680	7,219	48.6	50.8	50.3	50.1
輸送業・倉庫業	506	879	1,202	1,002	17.1	25.3	27.3	24.0
公益事業	134	177	151	138	20.6	24.0	25.1	25.1
情報産業	1,118	1,324	1,697	1,106	47.4	49.3	46.7	40.8
金融業	2,848	4,055	4,638	4,491	56.7	61.3	60.3	58.9
専門・ビジネスサービス	3,096	5,105	7,680	7,438	41.0	47.1	46.1	44.6
専門・技術サービス	(NA)	2,209	3,146	3,516	(NA)	48.7	46.5	47.4
企業の運営	(NA)	849	924	934	(NA)	50.9	51.4	50.1
管理・廃棄物サービス	(NA)	2,048	3,610	2,988	(NA)	44.1	44.2	40.4
教育・保健サービス	5,459	8,422	11,586	15,089	77.2	76.7	76.7	77.1
教育サービス	(NA)	958	1,417	1,926	(NA)	56.8	59.3	61.1
保健・社会扶助サービス	(NA)	7,464	10,168	13,164	(NA)	80.3	79.9	80.2
レジャー・娯楽	3,021	4,829	6,082	6,804	44.9	52.0	51.3	52.3
芸術・エンターテインメント・レクリエーション	(NA)	516	815	884	(NA)	45.6	45.6	46.3
宿泊・食品サービス	(NA)	4,312	5,267	5,920	(NA)	52.9	52.3	53.3
その他のサービス	1,185	2,164	2,614	2,839	43.0	50.8	50.6	52.9
政府	8,029	9,855	11,771	12,792	49.0	53.5	56.6	56.9
連邦政府	1,136	1,378	1,231	1,288	37.9	43.1	43.0	43.4
州政府	1,641	2,137	2,464	2,643	45.5	49.6	51.5	51.4
地方政府	5,252	6,340	8,076	8,861	53.8	58.1	61.5	61.7

NA データなし　1．個別に明示しないその他の産業を含む

資料：U.S. Bureau of Labor Statistics, Current Employment Statistics, "Employment, Hours, and Earnings–National"; <http://www.bls.gov/ces/data.htm>

No.634. 民間非農業部門の長期大量レイオフ——産業別・事由別：2000－2010年

[単一の雇用主から50人以上が31日以上のレイオフされた事例。行政記録上の失業と事業所分類に基づき、雇用主によるレイオフ、工場閉鎖、その他のデータを参考とする。詳細については資料を参照]

産業	2007年NAICS分類1	長期大量レイオフ件数	離職者数	新規失業保険申請件数2
2000年、計	(X)	4,591	915,962	846,267
2005年、計	(X)	4,881	884,661	834,533
2006年、計	(X)	4,885	935,969	951,155
2007年、計	(X)	5,363	965,935	978,712
2008年、計	(X)	8,259	1,516,978	1,670,042
2009年、計	(X)	11,824	2,108,202	2,442,000
2010年、計	(X)	7,247	1,256,606	1,412,386
鉱業、採石業、ガス抽出	21	59	7,940	8,246
公益事業	22	17	2,795	3,266
建設業	23	1,623	197,436	251,417
製造業	31–33	1,412	224,173	257,712
卸売業	42	149	17,274	17,319
小売業	44,45	479	122,576	152,959
輸送業・倉庫業	48,49	486	95,564	105,099
情報産業	51	220	54,081	76,222
金融・保険	52	251	47,888	53,291
不動産・賃貸業	53	68	10,035	9,575
専門技術サービス業	54	298	58,797	63,189
企業の運営	55	30	5,338	4,815
管理・廃棄物サービス業	56	747	150,042	172,897
教育サービス	61	87	11,817	13,284
保健・社会扶助サービス	62	384	48,501	49,243
芸術・エンターテインメント・レクリエーション	71	228	48,590	34,023
宿泊・食品サービス	72	564	134,814	120411
その他のサービス業	81	145	18,945	19,418
分類未詳	(X)	—	—	—
レイオフの事由：				
事業運営上の必要	(X)	2,515	384,564	509,089
災害・安全確保	(X)	24	3,202	3,225
財務上の事由	(X)	511	86,637	103,762
組織変更	(X)	397	79,784	80,192
特定の生産	(X)	54	7,830	8,459
季節	(X)	2,417	429,846	442,596
その他	(X)	1,329	264,743	265,063

— ゼロまたは概数でゼロを示す　X 該当なし　1．北米産業分類システム、2007年度版に基づく。第15章の解説参照　2．失業の事情を問わず、失業保険の受給資格の裁定と失業保険給付の受給を申請した者、または、年度内あるいは失業保険の対象となる期間中の失業保険給付を、後になって申請した者

資料：U.S. Bureau of Labor Statistics, Mass Layoff Statistics (2011年5月); <http://www.bls.gov/mls/home.htm> も参照

No.635. 民間部門の雇用の増減：2000－2010年

[単位：1000（16,096は1609万6000人を表す）。3月に終わる年度。4半期雇用賃金センサス（QCEW）に基づく。自営業と非営利機関は除く。マイナス（－）記号は雇用の減少および事業所の閉鎖または縮小を表す。資料を参照]

年度および産業	雇用の拡大 計	事業所の拡大	事業所の開設	雇用の減少 計	事業所の縮小	事業所の閉鎖	純変化[1]
2000	16,096	10,618	5,478	13,118	8,284	4,834	2,978
2001	15,177	10,147	5,030	14,330	9,249	5,081	847
2002	13,630	8,631	4,999	16,359	11,027	5,332	-2,729
2003	13,196	8,604	4,592	13,928	9,290	4,638	-732
2004	13,310	8,951	4,359	12,432	8,237	4,195	878
2005	13,766	9,410	4,356	11,774	7,671	4,103	1,992
2006	14,019	9,625	4,394	11,438	7,711	3,727	2,581
2007	13,441	9,238	4,203	11,941	8,246	3,695	1,500
2008	12,704	8,714	3,990	12,609	8,772	3,837	95
2009	10,048	6,664	3,384	15,912	11,703	4,209	-5,864
2010年、民間部門計	**9,953**	**6,822**	**3,131**	**12,645**	**9,094**	**3,551**	**-2,692**
財の生産	1,662	1,235	427	3,202	2,442	760	-1,540
天然資源・工業	204	151	53	257	195	62	-53
建設業	798	538	260	1,546	1,097	449	-748
製造業	660	546	114	1,399	1,150	249	-739
サービス業	8,292	5,589	2,703	9,441	6,651	2,790	-1,149
卸売業	453	321	132	678	481	197	-225
小売業	1,179	804	375	1,383	965	418	-204
輸送および倉庫業	305	220	85	479	352	127	-174
交易事業	23	19	4	27	23	4	-4
情報産業	206	152	54	341	270	71	-135
金融業	656	457	199	920	646	274	-264
専門・ビジネスサービス	2,109	1,538	571	2,352	1,675	677	-243
教育・保健サービス	1,430	1,075	355	1,145	828	317	285
レジャー・観光業	1,367	740	627	1,590	1,082	508	-223
その他のサービス業	396	253	143	481	322	159	-85

1．純変化は、雇用拡大量と雇用減少量の差

資　料：Bureau of Labor Statistics, Business Employment Dynamics, "Annual Business Employment Dynamics Data," ⟨http://www.bls.gov/bdm/bdmann.htm#TOTAL\⟩

No.636. 民間部門の雇用拡大と雇用減少——州別：2010年

[単位：1000（9,953は995万3000人を表す）。3月に終わる年度。4半期雇用賃金センサス（QCEW）に基づく。自営業と非営利機関は除く。マイナス（－）記号は雇用の減少および事業所の閉鎖または縮小を表す。詳細は資料を参照]

州	雇用拡大 計	事業所の拡大	事業所の開設	雇用減少 計	事業所の縮小	事業所の閉鎖	純変化[1]	州	雇用拡大 計	事業所の拡大	事業所の開設	雇用減少 計	事業所の縮小	事業所の閉鎖	純変化[1]
合衆国	**9,953**	**6,822**	**3,131**	**12,645**	**9,094**	**3,551**	**-2,692**	MO	202	133	69	267	188	79	-65
AL	142	100	42	186	135	51	-43	MT	32	22	10	38	27	11	-6
AK	23	16	7	24	17	7	-1	NE	57	42	15	73	56	17	-17
AZ	203	136	67	282	201	81	-79	NV	98	69	29	148	113	36	-50
AR	90	62	28	106	75	31	-16	NH	47	34	14	58	43	15	-11
CA	1,202	814	388	1600	1,106	494	-398	NJ	308	201	106	368	260	108	-60
CO	175	116	59	241	168	73	-66	NM	58	39	19	75	55	20	-17
CT	100	76	24	146	105	41	-45	NY	625	426	199	718	503	215	-93
DE	30	20	10	41	30	12	-11	NC	305	206	99	400	283	117	-94
DC	44	30	14	46	34	12	-2	ND	27	19	7	24	18	6	3
FL	694	410	283	875	566	310	-182	OH	338	252	87	460	349	111	-121
GA	339	212	127	431	291	140	-92	OK	109	71	38	158	111	47	-49
HI	41	28	13	55	38	17	-13	OR	120	85	35	152	107	44	-32
ID	51	35	16	62	42	20	-12	PA	379	279	100	454	342	112	-75
IL	359	252	107	498	373	125	-139	RI	34	23	11	38	28	11	-4
IN	210	159	51	244	178	66	-35	SC	141	96	45	175	130	45	-34
IA	93	68	25	116	90	26	-23	SD	25	18	7	32	24	8	-7
KS	91	62	29	131	100	31	-40	TN	196	142	55	247	188	58	-50
KY	130	95	35	156	118	38	-26	TX	819	574	245	996	766	230	-177
LA	158	106	52	202	147	55	-44	UT	101	67	34	128	90	38	-28
ME	41	27	14	47	33	13	-6	VT	20	14	6	23	16	7	-3
MD	198	137	61	238	169	69	-39	VA	267	184	82	323	234	89	-56
MA	218	156	62	250	185	65	-32	WA	207	150	57	278	210	68	-71
MI	301	204	97	383	270	113	-82	WV	53	38	15	65	47	18	-12
MN	182	122	60	229	166	63	-46	WI	167	124	43	223	168	54	-56
MS	83	57	26	105	77	28	-22	WY	19	12	7	31	24	7	-12

1．純変化は、雇用拡大量と雇用減少量の差

資　料：Bureau of Labor Statistics, Business Employment Dynamics, "Annual Business Employment Dynamics Data," ⟨http://www.bls.gov/bdm/bdmann.htm#TOTAL\⟩

No.637. 雇用と離職──事業所の給与支払い総額：2007－2010年

[63,326は6332万6000人を表す。雇用は、給与支払い総額の増加を示す。新規雇い入れと再雇用、フルタイムとパートタイム、短期雇用や季節労働者等を含む。離職は、辞職、レイオフ、解雇、その他の離職を含む。民間の非農業事業所および政府企業に関する月次調査に基づく]

産業	年間雇い入れ数（1000人）				年間離職者数（1000人）			
	2007	2008	2009	2010	2007	2008	2009	2010
計	63,326	53,986	45,372	47,234	62,173	57,525	50,544	46,347
民間産業	58,760	50,286	41,966	43,299	57,924	54,042	47,035	42,125
鉱業・伐採業	345	349	185	280	311	317	294	210
建設業	4,815	4,370	3,627	3,923	4,980	5,111	4,714	4,139
製造業	4,605	3,561	2,718	3,100	4,882	4,449	4,153	3,000
耐久財	2,682	2,046	1,399	1,771	2,886	2,686	2,519	1,637
非耐久財	1,922	1,513	1,318	1,330	1,995	1,765	1,636	1,366
商業、輸送、公益事業	13,199	11,105	9,256	9,356	12,896	12,260	10,365	9,116
卸売業	2,206	1,807	1,423	1,347	2,127	2,058	1,763	1,346
小売業	9,109	7,564	6,214	6,481	8,940	8,331	6,761	6,317
輸送業、倉庫業、公益事業	1,884	1,736	1,621	1,532	1,829	1,869	1,839	1,456
情報産業	981	747	663	614	994	865	843	659
金融活動	3,137	2,421	1,863	1,884	3,274	2,657	2,197	1,939
金融機関および保険	2,071	1,550	1,094	1,235	2,191	1,720	1,306	1,267
不動産および賃貸	1,067	871	769	651	1,084	940	891	671
専門・ビジネスサービス	11,467	9,702	8,001	8,942	11,192	10,515	8,735	8,540
教育および保健サービス	6,428	6,290	5,816	5,678	5,920	5,843	5,502	5,282
教育サービス	916	914	849	860	854	815	805	788
医療および社会扶助	5,514	5,378	4,966	4,820	5,068	5,026	4,695	4,494
レジャーおよびホスピタリティ	11,193	9,491	7,600	7,475	10,938	9,720	7,894	7,298
芸術、娯楽、レクリエーション	1,639	1,410	1,166	1,277	1,592	1,440	1,232	1,242
宿泊および飲食サービス	9,552	8,081	6,433	6,201	9,345	8,279	6,658	6,056
その他のサービス	2,590	2,247	2,236	2,038	2,534	2,305	2,340	1,939
政府職員	4,567	3,698	3,406	3,936	4,255	3,485	3,507	4,223
連邦政府	846	336	501	1,083	823	330	446	1,056
州・地方政府	3,720	3,363	2,907	2,854	3,430	3,155	3,063	3,167

資料：U.S. Bureau of Labor Statistics, *Job Openings and Labor Turnover*, News Release, USDL 11-0307, (2011年3月); 〈http://www.bls.gov/jlt/news.htm〉 も参照

No.638. 雇用と離職──離職のタイプ：2010年

[21,296は2129万6000を表す。民間の非農業部門の事業所。離職には辞職、レイオフ、解雇、その他の離職を含む。参照月間内に就労を中止した者の総数。年率推計値は、各年間レベルを毎月雇用統計（CES）の年平均雇用レベル（No.632を参照）で割って100を掛けた値]

産業	数（1000）			率（%）[1]		
	年間辞職レベル[2]	年間レイオフ・解雇レベル[3]	その他の年間離職レベル[4]	年間辞職レベル[2]	年間レイオフ・解雇レベル[3]	その他の年間離職レベル[4]
計	21,296	21,243	3,810	16.4	16.4	2.9
民間産業	19,951	19,156	3,019	18.6	17.8	2.8
鉱業・伐採業	91	93	25	12.9	13.2	3.5
建設業	857	3,138	144	15.5	56.8	2.6
製造業	1,114	1,643	245	9.7	14.3	2.1
耐久財	548	929	159	7.8	13.1	2.2
非耐久財	564	713	87	12.7	16.0	2.0
商業、輸送、公益事業	4,695	3,621	802	19.1	14.7	3.3
卸売業	516	713	116	9.5	13.1	2.1
小売業	3,547	2,274	498	24.6	15.8	3.5
輸送業、倉庫業、公益事業	631	634	186	13.3	13.4	3.9
情報産業	330	271	59	12.2	10.0	2.2
金融活動	947	730	266	12.4	9.6	3.5
金融機関および保険	630	423	213	11.1	7.4	3.7
不動産および賃貸	315	305	54	16.2	15.7	2.8
専門・ビジネスサービス	3,823	4,113	606	22.9	24.6	3.6
教育および保健サービス	2,855	2,022	406	14.6	10.3	2.1
教育サービス	346	388	53	11.0	12.3	1.7
医療および社会扶助	2,509	1,632	353	15.3	9.9	2.2
レジャーおよびホスピタリティ	4,285	2,663	349	32.9	20.5	2.7
芸術、娯楽、レクリエーション	433	774	36	22.7	40.5	1.9
宿泊および飲食サービス	3,853	1,891	312	34.7	17.0	2.8
その他のサービス	958	864	120	17.9	16.1	2.2
政府職員	1,343	2,087	788	6.0	9.3	3.5
連邦政府	166	763	128	5.6	25.7	4.3
州・地方政府	1,180	1,325	660	6.0	6.8	3.4

1．総雇用者に占める%　2．辞職は、労働者の意思による離職である。退職は、その他の離職に分類されるため、辞職には含まない　3．レイオフ・解雇は事業主の意思による、労働者の意思によらない離職である。再雇用の見込みのないレイオフ、7日間以上継続するレイオフ、合併・事業縮小・事業閉鎖に伴う解雇、正当な事由による解雇、終身または短期雇用契約の終了、季節労働契約の終了を含む　4．その他の離職には、退職、異動、死亡、障害による離職を含む

資料：U.S. Bureau of Labor Statistics, *Job Openings and Labor Turnover*, News Release, USDL 11-0307 (2011年3月); 〈http://www.bls.gov/jlt/news.htm〉 も参照

No.639. 1週間あたりの平均労働時間――有給労働と無給家事労働――
性別・年齢別：2003－2007年

[単位：時間。2003－2007年の15歳以上の民間非施設収容人口についてのデータ。無給家事労働は、市場に代替サービスが存在する活動を、自身の家庭内で無給で行った場合]

労働の種類	15歳以上人口	年齢						
		15-24歳	25-34歳	35-44歳	45-54歳	55-64歳	65-74歳	75歳以上
男性								
有給・無給家事労働の計	47.4	29.9	57.2	60.0	57.6	47.9	30.2	21.2
無給家事労働	15.9	8.9	15.8	18.3	17.0	17.8	19.9	18.1
家事	9.2	4.6	7.4	9.1	10.6	12.3	13.4	12.8
飲食の用意	1.9	0.8	1.7	2.2	2.1	2.2	2.3	3.0
掃除	1.2	0.9	1.2	1.3	1.2	1.2	1.2	1.4
洗濯・裁縫	0.4	0.3	0.5	0.5	0.5	0.4	0.4	0.4
家計管理	0.8	0.4	0.6	0.8	0.9	1.1	1.2	1.2
芝生・庭の手入れ	1.9	0.5	1.0	1.5	2.2	3.2	3.9	3.6
修理・営繕	2.4	1.4	1.8	2.3	2.8	3.2	3.5	2.3
家族の世話・手助け	2.0	0.7	3.4	4.1	1.6	0.6	0.6	0.7
財・サービスの購入	2.4	1.9	2.5	2.4	2.2	2.6	3.3	2.7
無給家事労働に関わる移動	2.4	1.8	2.4	2.7	2.5	2.3	2.6	1.9
有給労働	31.4	20.9	41.4	41.7	40.6	30.1	10.3	3.1
女性								
有給・無給家事労働の計	47.7	33.4	58.0	60.4	55.8	48.0	33.7	25.1
無給家事労働	26.7	15.9	31.7	33.1	26.7	26.2	28.1	23.8
家事	15.5	7.1	13.9	17.0	17.3	18.1	20.9	18.8
飲食の用意	5.3	2.2	5.3	6.1	5.6	5.9	7.0	6.4
掃除	4.0	2.3	4.2	4.4	4.0	4.3	5.0	4.5
洗濯・裁縫	2.5	0.9	2.0	2.8	3.0	2.9	3.6	3.1
家計管理	1.1	0.8	0.8	1.1	1.2	1.3	1.6	1.5
芝生・庭の手入れ	0.9	0.2	0.5	0.8	1.1	1.5	1.7	1.6
修理・営繕	0.8	0.4	0.5	0.8	1.1	1.1	0.9	0.7
家族の世話・手助け	4.4	3.1	10.3	8.1	2.4	1.1	0.8	0.5
財・サービスの購入	3.7	3.3	3.8	4.1	3.8	4.1	3.9	2.8
無給家事労働に関わる移動	3.1	2.4	3.7	4.0	3.1	2.9	2.5	1.7
有給労働	21.0	17.4	26.3	27.3	29.1	21.8	5.7	1.2

資料：U.S. Bureau of Labor Statistics, "Measuring time spent in unpaid household work: results from the American Time Use Survey," Monthly Labor Review (2009年7月), Vol. 132, No. 7, <http://www.bls.gov/opub/mlr/2009/07/contents.htm>

No.640. 被雇用者の平均労働時間：2010年

[147,746は1億4774万6000人を表す。15歳以上の民間非施設収容人口。本業と副業を含む。仕事関連の旅行は除外。全米時間配分調査に基づく。調査は年間を通じて継続的に行われる。標本抽出時の誤差あり。詳細については資料を参照]

特徴	就業者、計(1,000人)	就業者、労働スケジュールに従って勤務[1]								
		人数(1,000人)	就業者に占める%	1日の労働時間	職場における労働			自宅における労働[2]		
					人数(1,000人)	就業者に占める%[3]	1日の労働時間	人数(1,000人)	就業者に占める%[3]	1日の労働時間
計	147,746	100,837	68.2	7.50	83,512	82.8	7.76	23,805	23.6	2.96
雇用形態：[4]										
フルタイム[5]	113,036	81,985	72.5	8.00	69,147	84.3	8.17	18,943	23.1	3.10
パートタイム[5]	34,701	18,851	54.3	5.37	14,365	76.2	5.80	4,862	25.8	2.41
男性[4]	77,569	54,551	70.3	7.82	46,072	84.5	7.96	12,476	22.9	2.91
フルタイム[5]	64,043	47,201	73.7	8.17	40,324	85.4	8.28	10,647	22.6	2.98
パートタイム[5]	13,526	7,351	54.3	5.53	5,748	78.2	5.74	1,829	24.9	2.47
女性[4]	70,178	46,285	66.0	7.14	37,439	80.9	7.52	11,329	24.5	3.02
フルタイム[5]	48,993	34,785	71.0	7.75	28,823	82.9	8.02	8,296	23.8	3.25
パートタイム[5]	21,175	11,501	54.3	5.27	8,617	74.9	5.84	3,033	26.4	2.37
職の数：										
1つの職業	134,253	90,351	67.3	7.51	75,312	83.4	7.78	19,725	21.8	2.97
複数の職業	13,484	10,486	77.8	7.48	8,200	78.2	7.60	4,081	38.9	2.93
教育水準：[6]										
高校卒業未満	10,054	6,639	66.0	7.74	6,090	91.7	7.84	688	10.4	2.64
高校卒業[7]	36,218	24,311	67.1	7.75	20,892	85.9	7.89	4,039	16.6	3.82
大学	31,814	21,792	68.5	7.64	18,299	84.0	7.93	4,965	22.8	2.99
学士以上	49,407	36,323	73.5	7.40	27,412	75.5	7.84	13,118	36.1	2.67

B 元となる数値が120万未満の場合%は示さない　1．複数の場所で働いた個人を含む　2．「自宅における労働」とは、自宅におけるすべての労働時間を含み、自宅を通常の仕事場としている場合に限定される　3．労働スケジュールにしたがって就業している者に占める%　4．労働時間が変動する労働者を含む　5．フルタイムはすべての職を合わせて週に35時間以上就業しているもの。パートタイムは35時間未満　6．25歳以上について　7．高校卒業同等資格も含む
資料：U.S. Bureau of Labor Statistics, *American Time Use Survey-2010 Results,* News Release, USDL 11-0919 (2011年6月); <http://www.bls.gov/tus/home.htm#news>を参照

No.641. 北米産業分類(NAICS)、生産性および関連指数：1987－2009年
および2001－2009年

[生産性については本章の解説を参照。マイナス（－）は減少を示す。『アメリカ歴史統計』系列W14、17、19、W30-54、W62-65も参照]

産業	2007 北米産業 分類[1]	年平均変化率[2]							
		1987-2009[3]				2001-2009			
		時間 あたり 生産	生産	労働 時間	単位 あたり 労働費用	時間 あたり 生産	生産	労働 時間	単位 あたり 労働費用
鉱業	21	0.2	-0.2	-0.4	4.8	-2.3	-0.6	1.8	8.0
石油および天然ガス抽出	2111	0.7	-0.5	-1.2	5.7	-3.0	-0.2	2.9	8.7
鉱業、石油および天然ガスを除く	212	1.8	0.2	-1.6	1.7	-0.8	-1.7	-0.9	5.0
鉱業および石油ガス抽出のための支援活動	2131	2.6	4.1	1.4	3.2	3.2	6.9	3.6	2.8
公益事業：									
発電および配電	2211	2.2	0.9	-1.3	1.9	－	-0.8	-0.8	4.1
天然ガス販売	2212	2.5	1.1	-1.3	2.3	0.7	0.2	-0.5	3.1
製造業：									
食品	311	1.2	1.3	0.2	1.6	1.2	0.6	-0.6	1.8
屠殺および処理	3116	1.0	2.2	1.2	1.4	2.0	1.5	-0.5	1.7
ベーカリー、トルティーヤ製造	3118	0.5	0.2	-0.3	1.9	-0.3	-1.0	-0.6	1.0
飲料およびタバコ製品	312	0.7	-0.7	-1.4	1.8	0.3	-2.5	-2.8	2.6
テキスタイルミルズ	313	3.4	-3.3	-6.5	－	4.3	-7.8	-11.6	-0.4
繊維製品ミルズ	314	0.5	-2.2	-2.7	2.2	-1.4	-7.2	-5.9	2.8
衣類	315	-2.3	-9.3	-7.1	3.5	-11.6	-20.3	-9.8	10.0
皮とアライド	316	1.4	-5.5	-6.9	2.1	-2.4	-10.0	-7.9	4.0
木材製品	321	1.1	-1.2	-2.3	2.4	1.9	-4.5	-6.3	1.9
製紙	322	1.9	-0.3	-2.2	1.4	2.5	-2.1	-4.5	0.6
加工紙	3222	1.5	-0.1	-1.6	1.8	2.5	-1.8	-4.3	0.7
印刷および印刷支援	3231	1.2	-0.6	-1.8	1.5	2.1	-2.9	-5.0	1.5
石油・石炭製品	3241	2.6	1.0	-1.5	2.7	1.4	0.5	-0.8	4.6
化学製造	325	1.4	0.5	-0.9	2.4	1.3	-1.0	-2.3	2.6
医薬品	3254	0.4	2.5	2.1	3.5	-0.6	-0.6	－	5.1
プラスチックおよびゴム製品	326	1.9	0.8	-1.1	1.4	1.1	-3.3	-4.4	1.5
プラスチック製品	3261	1.8	1.1	-0.7	1.6	0.9	-3.2	-4.1	1.8
非金属鉱物製品	327	0.8	-0.5	-1.3	1.9	0.6	-3.5	-4.1	2.2
一次金属製造	331	1.9	-1.2	-3.0	1.3	2.4	-3.8	-6.0	1.5
金属加工製品	332	1.2	0.2	-1.0	2.0	0.9	-2.4	-3.3	2.5
建築用・構造用金属資材	3323	0.7	0.5	-0.1	2.5	0.1	-2.5	-2.6	3.8
金属加工（コーティング、熱処理、彫りこみ）	3327	1.8	1.8	－	1.6	0.1	-1.8	-1.9	2.0
その他加工金属製品	3329	1.3	-0.2	-1.5	1.7	2.7	-0.8	-3.5	1.3
機械装置	333	2.1	0.6	-1.5	1.0	2.1	-1.7	-3.7	1.1
農業機械、建設機械、鉱業用機械	3331	2.3	2.2	-0.1	0.6	2.2	2.1	－	1.0
その他の汎用機械	3339	2.4	0.8	-1.6	1.5	3.1	-1.1	-4.1	1.4
コンピュータおよび電子製品	334	11.2	8.5	-2.5	-7.0	6.3	1.0	-5.0	-3.5
半導体および電子部品	3344	15.9	13.6	-2.0	-10.9	8.2	1.3	-6.3	-5.4
電気設備	3345	3.9	1.7	-2.1	0.2	4.0	2.5	-1.4	0.4
電気機器およびアプライアンス	335	2.3	-0.6	-2.8	1.5	1.2	-3.7	-4.9	2.3
輸送設備製造	336	2.7	0.5	-2.1	0.2	3.5	-1.2	-4.6	0.2
自動車	3361	3.0	-0.6	-3.5	-0.2	3.6	-4.8	-8.1	-0.6
自動車部品	3363	2.7	0.6	-2.1	-0.8	2.7	-5.3	-7.8	-1.0
宇宙航空用製品および部品	3364	2.0	-0.2	-2.1	1.1	2.0	1.6	-0.4	2.1
家具および関連製品	337	1.3	-0.8	-2.1	1.9	1.2	-4.9	-6.0	1.7
家庭用および工業用家具	3371	1.2	-1.2	-2.4	2.0	0.8	-5.7	-6.4	2.0
その他の製造業	339	2.9	2.4	-0.4	1.5	3.1	0.7	-2.3	1.5
医療設備および消耗品	3391	3.4	4.6	1.2	1.0	3.3	3.6	0.3	1.2
その他の製造業製品	3399	2.1	0.4	-1.7	2.0	2.3	-2.4	-4.6	2.0
卸売業	42	2.6	2.9	0.3	1.3	1.2	0.5	-0.7	1.9
耐久財	423	4.4	4.4	－	-0.3	2.7	1.1	-1.6	－
非耐久財	424	1.0	1.1	0.1	3.4	0.8	-0.1	-0.9	2.7
電子製品市場、代理店およびブローカー	4251	0.6	2.9	2.3	1.5	-4.9	-0.9	4.2	8.4
小売業	44-45	2.9	3.3	0.3	0.1	2.8	1.7	-1.1	-0.3
モーター付乗り物および部品ディーラー	441	1.8	2.1	0.2	0.9	0.1	-1.6	-1.7	1.1
自動車ディーラー	4411	1.8	1.9	0.1	0.9	0.2	-2.0	-2.1	0.7
その他のモーター付乗り物ディーラー	4412	3.2	4.1	0.8	0.3	2.2	1.9	-0.3	-0.2
自動車部品、付属品、タイヤ	4413	1.7	2.0	0.3	1.1	0.3	-0.8	-1.1	2.7
家具、インテリア用品	442	3.8	3.3	-0.5	-0.2	4.3	0.8	-3.4	-2.1
家具	4421	3.2	2.8	-0.4	-0.6	3.3	0.4	-2.8	-2.1
インテリア用品	4422	4.6	4.0	-0.6	-0.9	5.5	1.2	-4.1	-2.1
電子製品および付属品	4431	13.5	14.2	0.6	-9.0	15.4	12.8	-2.2	-12.2
建設資材および園芸用品	444	2.5	3.4	0.9	0.2	1.3	0.6	-0.7	1.3
建築資材および消耗品ディーラー	4441	2.2	3.3	1.1	0.4	0.9	0.4	-0.5	1.3
芝生および園芸設備および用品	4442	4.3	3.5	-0.7	-1.3	4.5	2.6	-1.8	-1.8
飲食品店	445	0.4	0.2	-0.2	3.0	1.9	－	-1.8	1.6
雑貨店	4451	0.2	0.1	-0.1	3.2	1.6	-0.2	-1.7	2.4
専門食品店	4452	0.5	-0.1	-0.5	1.7	4.5	1.8	-2.6	-3.9
ビール、ワイン、リカー	4453	2.0	0.7	-1.3	1.5	3.8	1.8	-2.0	-2.1
保健、対人ケア用品店	4461	2.5	3.7	1.2	1.5	2.6	3.1	0.4	1.9
ガソリンスタンド	4471	1.9	1.0	-0.8	1.4	1.4	-0.4	-1.7	1.0
衣類、衣類用付属品店	448	4.7	4.1	-0.6	-1.3	4.6	3.4	-1.1	-1.5
衣料品店	4481	5.0	4.7	-0.4	-1.6	5.4	4.2	-1.1	-1.9
靴屋	4482	3.4	2.3	-1.1	-0.8	2.4	1.5	-0.9	-1.0
宝石、かばんおよび皮革製品	4483	3.9	3.2	-0.7	-0.6	2.5	1.3	-1.2	0.4
スポーツ用品、趣味、書籍、音楽媒体	451	4.1	4.2	0.1	-0.8	4.4	1.9	-2.4	-2.1
スポーツ用品および楽器	4511	4.8	5.1	0.3	-1.4	5.3	4.1	-1.2	-3.1

本表末尾の脚注を参照

No.641. 北米産業分類(NAICS)、生産性および関連指数：1987－2009年および2001－2009年（続）

[416頁の頭注参照]

産業	2007 北米産業分類[1]	年平均変化率[2] 1987-2009[3] 時間あたり生産	生産	労働時間	単位あたり労働費用	2001-2009 時間あたり生産	生産	労働時間	単位あたり労働費用
小売業（続）									
書籍、定期刊行物および音楽媒体販売	4512	2.5	2.1	-0.4	0.6	2.3	-3.2	-5.4	0.4
一般雑貨店	452	3.5	5.1	1.6	-1.2	2.8	4.4	1.6	-0.8
デパート	4521	0.7	1.7	1.0	0.7	-0.1	-1.3	-1.2	1.4
その他の一般雑貨店	4529	6.7	9.0	2.2	-3.1	4.0	8.9	4.7	-0.7
その他の店舗小売店	453	4.0	3.8	-0.2	-1.4	4.0	0.2	-3.6	-1.6
花屋	4531	3.7	0.4	-3.2	-0.4	6.7	-1.9	-8.1	-2.2
オフィス用品、文具およびギフト	4532	6.4	5.6	-0.8	-3.1	7.7	2.0	-5.3	-5.0
中古品店	4533	4.8	5.9	1.0	-1.9	5.2	3.4	-1.7	-2.8
その他の店舗小売店	4539	1.5	2.6	1.1	-0.3	-0.3	-1.4	-1.0	1.7
無店舗小売	454	8.8	8.9	0.1	-4.9	9.0	7.8	-1.1	-4.5
インターネット通販、通販	4541	11.4	15.2	3.4	-6.7	11.2	11.7	0.5	-6.3
自動販売機のオペレータ	4542	0.8	-1.9	-2.6	2.9	2.1	-3.0	-5.0	1.2
直販所	4543	3.6	1.7	-1.8	-0.4	2.3	0.2	-2.0	1.6
輸送業および倉庫業：									
航空	481	2.8	2.7	-0.1	0.1	5.6	1.8	-3.6	-3.4
長距離トラック	482111	4.0	1.4	-2.4	-0.5	1.7	-0.2	-1.9	1.8
トラック輸送	484	0.1	1.2	1.1	1.2	－	-0.8	-0.8	0.9
一般貨物トラック	4841	0.8	1.8	1.0	1.4	0.2	-0.7	-0.9	1.4
家財およびオフィス用品の移動	48421	-0.5	-1.0	-0.4	2.9	1.6	-3.6	-5.1	-0.1
郵便	4911	1.0	0.1	-0.8	3.4	0.7	-2.9	-3.5	4.2
宅配便およびメッセンジャー	492	-0.4	1.6	2.0	2.6	0.4	-2.6	-3.0	0.9
倉庫・貯蔵業	4931	2.6	5.5	2.8	－	0.2	3.4	3.1	2.1
一般倉庫・貯蔵	49311	5.0	7.9	2.8	-1.7	1.3	4.7	3.4	0.9
冷蔵倉庫・貯蔵	49312	-0.6	2.8	3.4	1.6	-0.2	1.9	2.0	2.7
情報：									
出版業	511	3.7	3.6	-0.1	1.5	2.7	-1.0	-3.6	1.3
新聞、書籍、電話帳出版	5111	-0.1	-1.6	-1.5	4.4	-0.4	-4.8	-4.4	4.4
ソフトウェア出版	5112	13.9	20.9	6.2	-7.7	5.3	3.4	-1.8	-2.1
映画およびビデオ	51213	1.6	2.0	0.4	1.6	2.9	－	-2.9	2.6
放送（インターネットを除く）	515	1.6	2.5	0.9	2.2	4.5	3.6	-0.9	-0.2
ラジオ・テレビ放送	5151	0.5	0.4	-0.1	3.2	2.4	1.3	-1.1	0.2
ケーブルテレビ、その他の有料プログラム	5152	3.5	7.9	4.2	2.6	7.3	7.0	-0.3	2.7
有線遠隔通信事業者	5171	4.1	3.4	-0.7	-0.9	4.0	-1.0	-4.8	-0.1
無線遠隔通信事業者	5172	10.2	21.8	10.5	-6.3	16.3	14.4	-1.7	-7.5
金融および保険：									
商業銀行	52211	3.6	3.5	-0.1	2.0	2.4	2.8	0.4	3.4
不動産および賃貸、リース：									
乗用車レンタル	532111	1.8	2.2	0.4	2.5	2.5	-1.8	-4.3	1.3
トラック、トレーラーおよびRV車のレンタル	53212	2.9	2.1	-0.8	0.9	－	-2.2	-2.2	3.6
ビデオおよびディスクのレンタル	53223	4.3	3.2	-1.0	-0.9	4.7	-4.3	-8.7	-0.1
専門および技術サービス：									
納税書類の作成	541213	0.4	2.9	2.5	1.3	-0.5	0.6	1.2	4.4
建築サービス	54131	1.3	2.6	1.2	2.0	1.0	-0.4	-1.5	1.6
エンジニアリングサービス	54133	1.2	3.0	1.8	3.3	2.0	2.6	0.6	2.6
広告代理店	54181	1.8	2.0	0.1	2.4	3.7	3.0	-0.7	-2.1
写真スタジオ、ポートレート	541921	-0.2	2.0	2.2	2.2	-1.0	0.2	1.2	1.0
管理および廃棄物処理：									
人材派遣会社	561311	6.8	6.9	0.1	-1.5	11.5	6.5	-4.5	-8.0
旅行代理店	56151	5.5	3.6	-1.8	-0.6	12.2	5.0	-6.4	-7.9
管理サービス	56172	1.9	3.6	1.7	1.9	1.3	1.9	0.6	1.3
保健および社会扶助：									
医学および診断検査	6215	3.7	6.7	2.8	-0.6	1.9	4.9	2.9	1.2
芸術、娯楽およびレクリエーション：									
遊園地、テーマパーク	71311	-0.3	2.5	2.7	3.5	1.6	0.8	-0.8	1.9
ボウリングセンター	71395	0.2	-1.8	-2.0	3.0	2.0	-1.0	-2.9	1.9
宿泊施設および飲食サービス	72	0.8	2.1	1.2	2.9	0.8	1.3	0.6	2.1
宿泊施設	721	1.5	2.3	0.8	2.2	1.3	0.8	-0.5	0.8
旅行者用宿泊施設	7211	1.6	2.4	0.8	2.2	1.3	0.8	-0.5	0.9
飲食店	722	0.6	2.0	1.4	3.1	0.7	1.5	0.8	2.5
フルサービス・レストラン	7221	0.6	2.0	1.4	3.9	1.0	1.1	0.9	3.2
限定サービス飲食店	7222	0.6	2.2	1.6	2.8	1.0	2.2	1.2	2.0
特殊食品サービス	7223	1.4	2.4	0.9	1.1	0.9	1.5	0.6	2.0
バー、アルコール飲料	7224	-0.4	-0.8	-0.4	3.0	3.2	-0.5	-3.6	0.8
その他サービス業：									
自動車修理、メンテナンス	8111	0.7	1.1	0.4	2.6	-1.0	-2.6	-1.6	3.9
張り替えおよび家具の修理	81142	-0.7	-3.2	-2.4	3.6	-2.0	-7.0	-5.1	4.9
ヘア・ネイル・スキンケア・サービス	81211	1.9	2.9	0.9	2.3	1.3	2.3	1.0	2.4
葬儀場および葬儀サービス	81221	-0.6	-0.5	－	4.5	-0.1	-2.7	-2.7	3.9
ドライクリーニングおよびランドリーサービス	8123	1.3	0.4	-0.9	2.3	1.9	-1.0	-2.8	1.9
写真判定サービス	81292	-1.4	-5.0	-6.4	2.1	6.3	-7.9	-13.3	-3.4

－ ゼロまたは概数でゼロを示す　1．2007年北米産業分類（NAICS）に基づく。本章の解説を参照　2．年平均変化率。複合変化率の公式に基づく。変化率は指数値を用いて小数第3位まで計算される　3．NAICS 484、4841、4931、49311、49312の産業については年変化率は1992-2009年に対するもの。NAICS 4841、561311、6215、621512の産業については年変化率は1994-2009年に対するもの

資料：U.S. Bureau of Labor Statistics, Labor Productivity and Costs; <http://www.bls.gov/lpc/data.htm> (2011年5月現在)

No.642. 生産性および関連指標：1980－2010年

[本章の解説を参照。マイナス（－）は減少を示す]

項目	1980	1990	2000	2005	2006	2007	2008	2009	2010
指数（2005年＝100）									
時間当たり生産、事業部門	58.0	69.0	85.6	100.0	100.9	102.5	103.6	107.4	111.6
非農業	59.4	69.6	85.9	100.0	100.9	102.5	103.6	107.4	111.5
製造業	(NA)	53.8	80.4	100.0	105.0	104.6	104.2	104.2	110.3
生産[1]、事業部門	42.7	60.0	87.7	100.0	103.1	105.2	104.2	100.4	104.1
非農業	42.9	60.0	87.7	100.0	103.1	105.3	104.2	100.3	104.0
製造業	(NA)	67.0	98.9	100.0	101.5	104.0	99.4	86.2	91.2
労働時間[2]、事業部門	73.6	86.9	102.4	100.0	102.1	102.6	100.5	93.4	93.3
非農業	72.2	86.3	102.2	100.0	102.2	102.7	100.6	93.4	93.3
製造業	(NA)	124.5	123.1	100.0	100.7	99.0	95.1	82.7	82.7
時間当たり賃金[3]、事業部門	33.1	55.2	82.3	100.0	103.8	108.1	111.5	113.7	116.2
非農業	33.4	55.5	82.5	100.0	103.8	107.9	111.4	113.7	116.2
製造業	(NA)	55.2	81.2	100.0	102.0	105.2	109.4	115.6	118.0
実質時間当たり賃金[3]、事業部門	74.6	80.0	93.3	100.0	100.5	101.8	101.1	103.5	104.1
非農業	75.4	80.3	93.5	100.0	101.6	101.0	103.5	104.1	104.1
製造業	(NA)	80.0	92.0	100.0	98.8	99.2	99.2	103.4	105.6
単位あたり労働費用[4]、事業部門	57.0	80.0	96.1	100.0	102.8	105.4	107.6	105.9	104.2
非農業	56.2	79.7	96.1	100.0	102.8	105.3	107.6	105.9	104.2
製造業	(NA)	102.7	101.0	100.0	101.2	100.3	104.6	111.0	107.0
年変化率[5]									
時間当たり生産、事業部門	－0.2	2.1	3.5	1.7	0.9	1.5	1.1	3.7	3.9
非農業	－0.3	1.8	3.4	1.6	0.9	1.6	1.0	3.7	3.9
製造業	(NA)	2.2	4.4	4.7	0.8	4.2	－0.4	－0.4	5.9
生産[1]、事業部門	－1.1	1.5	4.5	3.4	3.1	2.0	－0.9	－3.7	3.7
非農業	－1.1	1.4	4.4	3.4	3.1	2.1	－1.1	－3.8	3.7
製造業	(NA)	－0.3	3.1	3.6	1.5	2.4	－4.4	－13.3	5.8
労働時間[2]、事業部門	－0.9	－0.6	1.0	1.7	2.1	0.5	－2.0	－7.1	－0.2
非農業	－0.8	－0.4	1.0	1.7	2.2	0.6	－2.1	－7.2	－0.2
製造業	(NA)	－2.5	－1.3	－1.1	0.7	－1.7	－4.0	－13.0	－
時間当たり賃金[3]、事業部門	10.7	6.4	7.4	3.9	3.8	4.1	3.2	2.0	2.2
非農業	10.7	6.2	7.4	3.9	3.8	4.0	3.3	2.0	2.2
製造業	(NA)	4.8	7.7	3.3	2.0	3.2	3.9	5.7	2.0
実質時間当たり賃金[3]、事業部門	－0.4	1.4	3.9	0.5	0.5	1.2	－0.6	2.4	0.5
非農業	－0.4	1.1	4.0	0.6	0.5	1.1	－0.6	2.4	0.6
製造業	(NA)	－0.1	4.2	0.0	－1.2	0.4	0.1	6.1	0.4
単位あたり労働費用[4]、事業部門	10.9	4.2	3.7	2.2	2.8	2.5	2.1	－1.6	－1.6
非農業	11.0	4.3	3.9	2.3	2.8	2.4	2.2	－1.6	－1.6
製造業	(NA)	2.6	3.2	－1.3	1.2	－0.9	4.3	6.1	－3.6

－　ゼロを示す　NA　データなし　1．部門総生産、連鎖方式、名目加重指数　2．事業および非農業に従事するすべての人員（従業員、経営者、無給家族労働者）の労働時間。製造業における従業員および経営者の労働時間　3．従業員の賃金給与に雇用者の社会保険および民間保険プランへの負担を加えたもの。実質賃金は全都市消費者の消費者価格指数で調整した数値。第14章の解説を参照　4．時間当たり賃金を時間当たり生産で割ったもの　5．直前年からの変化

資料：U.S. Bureau of Labor Statistics, *Productivity and Costs*, News Release USDL 11-0808 (2011年6月); 〈http://www.bls.gov/lpc/home.htm〉

No.643. 産業別のフルタイム換算被雇用者の年平均手当・賃金・給与総額 ――産業別：2000－2009年

[単位：ドル。賃金俸給の支払いは管理者俸給、ボーナス、チップ、現物支給を含む。給与総額には賃金、俸給の他に社会保険、個人年金、福利厚生資金の雇用主負担金、重役報酬、陪審報酬、証人報酬などを含む。2002年北米産業分類（NAICS）に基づく。第15章の解説を参照]

産業	年間給与総額				年間賃金・俸給			
	2000	2005	2008	2009	2000	2005	2008	2009
被雇用者の給与	47,059	56,620	63,095	64,552	39,243	45,729	51,301	51,888
国内産業、計	46,946	56,371	62,784	64,197	39,157	45,537	51,059	51,615
民間産業	45,772	54,139	60,056	61,051	38,862	44,717	50,144	50,462
農業、林業、水産業および狩猟業	25,799	34,322	39,876	41,367	22,154	28,600	33,129	34,159
鉱業	69,644	86,560	102,270	102,647	57,983	73,161	88,615	87,214
公益事業	80,304	104,284	117,264	120,795	64,742	77,409	86,667	87,578
建設業	46,145	53,139	61,047	63,578	38,563	43,948	51,226	52,321
製造業	53,285	64,534	71,318	74,477	43,933	50,909	56,373	57,374
卸売業	59,059	68,006	75,567	75,888	50,853	57,922	65,089	64,896
小売業	31,110	35,468	37,223	37,807	26,585	29,230	30,861	31,195
運輸、倉庫	47,985	55,737	60,257	61,365	39,057	43,865	48,286	48,453
情報	71,023	83,067	92,766	94,182	62,582	68,330	76,747	77,231
金融、保険	75,339	92,949	104,472	102,051	64,561	77,981	88,034	84,555
不動産、レンタル、リース	43,195	50,768	55,113	54,857	37,146	43,708	47,849	47,290
専門、科学および技術サービス	71,541	81,862	91,704	93,221	62,568	69,767	79,266	80,077
会社経営、および企業[1]	89,918	106,577	122,431	118,437	74,201	87,971	101,450	96,586
管理、廃棄物処理	28,934	36,942	41,921	43,158	25,035	31,370	35,961	36,761
教育	34,085	41,730	46,521	48,315	29,243	34,844	39,221	40,785
保健、社会扶助	41,701	51,850	56,897	58,373	35,269	42,267	47,071	48,354
芸術、娯楽、レクリエーション	37,296	43,210	50,123	49,860	32,479	37,149	43,746	43,219
宿泊、飲食	20,801	24,809	26,677	27,162	18,047	21,208	23,121	23,405
その他のサービス（政府を除く）	30,118	35,781	39,727	40,600	25,989	30,465	34,217	34,885
政府	53,344	68,229	77,185	79,770	40,767	49,894	55,891	57,320
連邦政府	69,842	99,230	111,845	117,780	46,470	64,184	70,785	73,765
州および地方政府	48,707	60,161	68,265	69,913	39,164	46,174	52,058	53,056

1．銀行その他の持ち株会社のオフィス、および企業の本店・支店および地域統括オフィスを含む

資料：U.S. Bureau of Economic Analysis, *Survey of Current Business* (2011年4月); 〈http://www.bea.gov/national/nipaweb/Index.asp〉

No.644. 民間産業の平均時間給：1990－2010年

[単位：ドル。平均時間給は残業分も含む。データは天然資源、鉱業、製造業、建設業の生産労働者およびサービス提供産業の一般従業員のもの。表No.630の頭注を参照。『アメリカ歴史統計』系列D877－892も参照]

民間産業	名目ドル					実質（1982-84年）ドル[1]				
	1990	2000	2005	2009	2010	1990	2000	2005	2009	2010
平均時給										
民間産業、計	10.20	14.02	16.13	18.63	19.07	7.91	8.30	8.45	8.89	8.91
天然資源、鉱業	13.40	16.55	18.72	23.29	23.83	10.39	9.80	9.80	11.11	11.14
建設業	13.42	17.48	19.46	22.66	23.22	10.40	10.35	10.19	10.81	10.85
製造業	10.78	14.38	16.56	18.24	18.61	8.36	8.48	8.67	8.70	8.70
商業、輸送業、公益事業	9.83	13.31	14.92	16.48	16.83	7.62	7.88	7.81	7.86	7.87
情報産業	13.40	19.07	22.06	25.45	25.86	10.39	11.29	11.55	12.14	12.09
金融[2]	9.99	14.98	17.95	20.85	21.49	7.74	8.87	9.40	9.95	10.04
専門職、ビジネスサービス[2]	11.14	15.52	18.08	22.35	22.78	8.64	9.19	9.47	10.66	10.65
教育、保健サービス[2]	10.00	13.95	16.71	19.49	20.12	7.75	8.26	8.75	9.30	9.40
レジャー、観光業[2]	6.02	8.32	9.38	11.12	11.31	4.67	4.93	4.91	5.30	5.29
その他サービス業	9.08	12.73	14.34	16.59	17.08	7.04	7.54	7.51	7.91	7.98
平均週給										
民間産業、計	350	481	544	617	637	271	285	285	294	298
天然資源、鉱業	603	735	854	1,007	1,063	467	435	447	480	497
建設業	513	686	750	852	892	398	406	393	406	417
製造業	436	591	673	726	765	338	350	353	346	358
商業、輸送業、公益事業	332	450	498	542	560	257	266	261	258	262
情報産業	480	701	805	931	939	372	415	422	444	439
金融[2]	355	537	645	752	777	275	318	338	359	363
専門職、ビジネスサービス[2]	381	535	619	776	799	295	317	324	370	373
教育、保健サービス[2]	319	449	545	628	647	248	266	285	300	302
レジャー、観光業[2]	156	217	241	276	281	121	129	126	132	131
その他サービス業	298	413	443	506	524	231	245	232	242	245

1. 名目ドルを1982-84年ベースの消費者物価指数で除したもの。第14章の解説を参照 2. 表No.625の脚注を参照

資料：U.S. Bureau of Labor Statistics, Current Employment Statistics, "Employment, Hours, and Earnings-National"; <http://www.bls.gov/ces/data.htm>

No.645. 平均時給と週平均労働時間――主要特徴：2010年

[全米賃金調査（NCS）に基づく。50州およびコロンビア特別区の民間事業所および州・地方政府に務する民間労働者。連邦政府、個人の世帯、農業を除外する。NCSは1億2100万人以上を擁する35,408事業所からデータを得ている。資料および付録Ⅲを参照。本書前年版の表No.644も参照]

項目	平均時給（ドル）[1]			週平均労働時間		
	計	民間企業	州および地方政府	計	民間企業	州および地方政府
計	**21.29**	**20.47**	**26.08**	**35.1**	**34.9**	**36.2**
労働者の特徴						
経営、専門職およびその関連	34.49	34.99	33.02	36.7	37.0	35.9
経営、事業および金融	38.81	39.42	35.32	39.3	39.7	37.4
専門職および関連職	32.55	32.57	32.50	35.6	35.7	35.6
サービス業	12.14	10.62	19.32	30.7	29.7	36.4
販売および事務	16.44	16.35	17.39	34.7	34.5	36.4
販売および関連職	17.11	17.11	16.65	32.3	32.3	33.9
事務および経営補助	16.09	15.90	17.42	36.1	36.0	36.5
天然資源、建設および営繕	21.21	21.24	20.97	39.0	39.0	38.8
建設および抽出	21.18	21.31	20.13	39.0	39.0	38.7
設備設置、営繕、修理	21.40	21.34	21.98	39.2	39.2	39.2
生産、輸送、および物流	16.00	15.88	19.52	37.1	37.2	34.4
生産	16.26	16.18	21.69	38.9	38.8	39.5
輸送および物流	15.73	15.55	18.86	35.4	35.6	33.1
常勤[3]	22.77	22.02	26.75	39.5	39.6	38.9
非常勤（パートタイム）[3]	12.10	11.78	16.39	20.7	21.0	18.3
組合員[4]	26.04	23.13	29.72	36.6	36.3	37.0
非組合員	20.46	20.19	23.12	34.8	34.8	35.6
時間給[5]	21.06	20.16	26.07	34.9	34.7	36.2
能率給[5]	26.04	26.03	(S)	38.4	38.4	(S)
事業所の特徴						
生産[6]	(S)	22.04	(S)	(NA)	39.4	(NA)
サービス[6]	(S)	20.09	(S)	(NA)	34.0	(NA)
従業員1－49人	17.86	17.80	19.61	33.5	33.6	33.0
従業員50－99人	19.24	19.10	21.40	34.3	34.2	35.8
従業員100－499人	20.88	20.42	24.31	35.9	35.8	36.0
従業員500人以上	27.02	26.65	27.68	36.9	37.0	36.7

NA データなし S データが公表基準を満たしていない 1. 時間あたりの賃金給与。能率給、生計費補助、危険手当を含む。残業手当、長期・短期の休暇、非生産ボーナス、チップは含まない 2. 週平均労働時間は、労働者が1週間に労働する正規の時間数、残業は含まない 3. 各企業で用いられている定義に基づく 4. 団体交渉で賃金が決定される労働者 5. 時間給労働者は、労働時間で給与が決まっているもの、能率給労働者は給与の少なくとも一部分が、生産性によって支払われる、すなわち出来高あるいはコミッションの形で支払われる 6. 民間産業についてのみ。財とサービスを生産する産業の構成については表No.632の脚注3と4を参照

資料：U.S. Bureau of Labor Statistics, *National Compensation Survey: Occupational Earnings in the United States, 2010*, Bulletin 2753 (2011年5月); <http://www.bls.gov/ncs/ncswage2010.htm> も参照

No.646. 雇用と賃金: 2000－2009年

[(7,879は787万9000人を表す)。表No.647頭注参照]

雇用と賃金	単位	2000	2004	2005	2006	2007	2008	2009
事業所:								
計	1,000	7,879	8,365	8,571	8,784	8,972	9,082	9,003
連邦政府を除く	1,000	7,829	8,313	8,518	8,731	8,908	9,018	8,938
民間	1,000	7,622	8,093	8,295	8,505	8,681	8,789	8,709
州政府	1,000	65	65	66	67	67	68	67
地方政府	1,000	141	155	157	159	160	161	161
連邦政府	1,000	50	52	53	53	64	64	66
平均年間雇用数:								
計	1,000人	129,877	129,278	131,572	133,834	135,366	134,806	128,608
連邦政府を除く	1,000人	127,006	126,539	128,838	131,105	132,640	132,044	125,781
民間	1,000人	110,015	108,490	110,611	112,719	114,012	113,189	106,947
州政府	1,000人	4,370	4,485	4,528	4,566	4,611	4,643	4,640
地方政府	1,000人	12,620	13,564	13,699	13,820	14,016	14,212	14,194
連邦政府	1,000人	2,871	2,740	2,734	2,729	2,726	2,762	2,827
年間賃金:								
計	10億ドル	4,588	5,088	5,352	5,693	6,018	6,142	5,859
連邦政府を除く	10億ドル	4,455	4,929	5,188	5,523	5,841	5,959	5,668
民間	10億ドル	3,888	4,246	4,480	4,781	5,058	5,135	4,829
州政府	10億ドル	159	184	191	200	212	223	226
地方政府	10億ドル	409	499	517	541	572	601	612
連邦政府	10億ドル	133	158	164	170	177	183	192
従業員1人当たり年間賃金:								
計	ドル	35,323	39,354	40,677	42,535	44,458	45,563	45,559
連邦政府を除く	ドル	35,077	38,955	40,270	42,124	44,038	45,129	45,060
民間	ドル	35,337	39,134	40,505	42,414	44,362	45,371	45,155
州政府	ドル	36,296	41,118	42,249	43,875	45,903	47,980	48,742
地方政府	ドル	32,387	36,805	37,718	39,179	40,790	42,274	43,140
連邦政府	ドル	46,228	57,782	59,864	62,274	64,871	66,293	67,756
従業員1人当たり週間賃金:								
計	ドル	679	757	782	818	855	876	876
連邦政府を除く	ドル	675	749	774	810	847	868	867
民間	ドル	680	753	779	816	853	873	868
州政府	ドル	698	791	812	844	883	923	937
地方政府	ドル	623	708	725	753	784	813	830
連邦政府	ドル	889	1,111	1,151	1,198	1,248	1,275	1,303

資料: U.S. Bureau of Labor Statistics, *Employment and Wages Annual Averages 2009*; ⟨http://www.bls.gov/cew/cewbultn09.htm⟩も参照

No.647. 年間平均賃金――州別: 2008、2009年

[単位: ドルおよび変化率(%)。連邦と州の協力プログラムと四半期雇用・賃金センサス(QCEW、ES-202と呼ぶ)に基づく。州管掌の失業保険の対象となる労働者および連邦職員失業補償の対象となる連邦政府の文民職員を含む。2009年の民間に賃金給与労働者の97%をカバーする。小農場の農業労働者の大半、軍隊兵員、多くの州の公選された役人、鉄道従業員、家庭内労働者および学校でのアルバイト学生の大半、支給された食事・宿泊の現金価格、チップその他の謝礼を除く。マイナス(－)は減少を表す。本書前年版の表No.646も参照]

州	年間平均給料 2008	年間平均給料 2009	変化率(%) 2008-2009	州	年間平均給料 2008	年間平均給料 2009	変化率(%) 2008-2009
合衆国	45,563	45,559	-0.01	ミズーリ	40,361	40,022	-0.84
アラバマ	38,734	39,422	1.78	モンタナ	33,305	33,762	1.37
アラスカ	45,805	47,103	2.83	ネブラスカ	36,243	36,644	1.11
アリゾナ	42,518	42,832	0.74	ネバダ	42,984	42,743	-0.56
アーカンソー	34,919	35,692	2.21	ニューハンプシャー	44,912	44,932	0.04
カリフォルニア	51,487	51,566	0.15	ニュージャージー	55,280	55,168	-0.20
コロラド	46,614	46,861	0.53	ニューメキシコ	37,910	38,529	1.63
コネティカット	58,395	57,771	-1.07	ニューヨーク	60,288	57,739	-4.23
デラウェア	47,569	47,770	0.42	ノースカロライナ	39,740	39,844	0.26
コロンビア特別区	76,518	77,483	1.26	ノースダコタ	35,075	35,970	2.55
フロリダ	40,568	40,970	0.99	オハイオ	40,784	40,900	0.28
ジョージア	42,585	42,902	0.74	オクラホマ	37,284	37,238	-0.12
ハワイ	40,675	41,328	1.61	オレゴン	40,500	40,757	0.63
アイダホ	33,897	34,124	0.67	ペンシルベニア	44,381	44,829	1.01
イリノイ	48,719	48,358	-0.74	ロードアイランド	43,029	43,439	0.95
インディアナ	38,403	38,270	-0.35	サウスカロライナ	36,252	36,759	1.40
アイオワ	36,964	37,158	0.52	サウスダコタ	32,822	33,352	1.61
カンザス	38,178	38,154	-0.06	テネシー	39,996	40,242	0.62
ケンタッキー	37,434	37,996	1.50	テキサス	45,939	45,692	-0.54
ルイジアナ	40,381	40,579	0.49	ユタ	37,980	38,614	1.67
メーン	36,317	36,617	0.83	バーモント	38,328	38,778	1.17
メリーランド	49,568	50,579	2.11	バージニア	47,241	48,239	2.11
マサチューセッツ	56,746	56,267	-0.84	ワシントン	46,569	47,470	1.93
ミシガン	44,245	43,645	-1.36	ウエストバージニア	35,987	36,897	2.53
ミネソタ	45,826	45,319	-1.11	ウィスコンシン	39,119	39,131	0.03
ミシシッピ	33,508	33,847	1.01	ワイオミング	41,487	40,709	-1.88

資料: U.S. Bureau of Labor Statistics, *Employment and Wages, Annual Averages, 2009*; ⟨http://www.bls.gov/cew/cewbultn09.htm⟩も参照

No.648. フルタイム賃金俸給労働者――人数、週給の中央値、性別、職種：2000－2010年

[単位：名目額。所定内週間給与。四半期データの年間平均値（101,210は1億121万人を表す）。フルタイム労働者とは通常35時間以上の労働（複数のすべての仕事）。毎月人口調査に基づく。第1章の解説および付録Ⅲを参照。中央値の定義については凡例を参照]

特徴	労働者数(1,000人)			週給の中央値（ドル）		
	2000	2005[1]	2010[1]	2000	2005[1]	2010[1]
労働者計[2]	101,210	103,560	99,531	576	651	747
男性	57,107	58,406	55,059	641	722	824
女性	44,103	45,154	44,472	493	585	669
白人[3]	83,228	84,110	80,656	590	672	765
黒人[3]	12,410	12,388	11,658	474	520	611
アジア系[3][4]	4,598	4,651	4,946	615	753	855
ヒスパニック[5]	12,761	14,673	14,837	399	471	535
職種						
経営、専門職および関連職	34,831	36,908	39,145	810	937	1,063
経営、ビジネス・金融	14,240	14,977	15,648	877	997	1,155
専門職およびその関連職	20,590	21,931	23,497	770	902	1,008
コンピュータおよび数学	3,051	2,924	3,202	938	1,132	1,289
建築およびエンジニアリング	2,781	2,509	2,366	949	1,105	1,255
生命科学・物理学・社会科学	989	1,164	1,127	811	965	1,062
コミュニティおよび社会サービス	1,641	1,797	1,909	629	725	1,909
法律	1,039	1,162	1,248	919	1,052	1,213
教育・訓練・図書館	5,467	6,066	6,535	704	798	913
芸術・デザイン・エンターテインメント・スポーツ・メディア	1,488	1,488	1,431	724	819	920
ヘルスケア、医師・療法士・技士	4,134	4,821	5,678	727	878	986
サービス業	12,595	14,123	14,424	365	413	479
ヘルスケアのサポート	1,731	2,085	2,219	358	410	471
警護サービス	2,281	2,549	2,872	591	678	747
調理・配膳関係	3,483	4,007	3,823	317	356	406
ビル・グランドの清掃およびメンテナンス	3,354	3,425	3,310	351	394	446
対人サービス、ケア	1,746	2,057	2,199	351	409	455
販売・事務職	25,606	25,193	23,060	492	575	631
販売およびその関連	9,650	10,031	9,121	525	622	666
事務および運営支援	15,956	15,161	13,939	480	550	619
天然資源、建設およびメンテナンス	10,958	12,086	9,869	582	623	719
農林水産業	842	755	729	310	372	416
建設業および抽出業	5,852	6,826	5,020	580	604	709
機械の設置、メンテナンスおよび修理	4,263	4,504	4,120	628	705	794
製造・輸送および物流	17,221	15,251	13,034	475	540	599
製造	10,378	8,403	6,861	471	538	599
輸送および物流	6,843	6,848	6,172	481	543	599

1．表No.586の脚注2を参照　2．個別に示さないその他の人種を含む　3．2005年以降はこの人種グループのみを選択した者。表No.587の脚注4を参照　4．2000年は太平洋諸島民を含む　5．ヒスパニック、ラテン系は人種を問わない
資料：U.S. Bureau of Labor Statistics, "Employment and Earnings Online,"（2011年3月号）; <http://www.bls.gov/opub/ee/home.htm> および <http://www.bls.gov/cps/home.htm> を参照

No.649. フルタイムの賃金給与労働者の週給中央値――性別：1980－2010年

[単位：名目ドル、％。25歳以上の賃金給与労働者。毎月人口調査に基づく。第1章の解説および付録Ⅲを参照。賃金給与は課税前、控除前の所得で残業代、手数料、チップ等、主たる業務で通常受け取ることのできる収入を含む。週単位以外の所得は、週給に換算。法人・非法人を問わず自営業者は除く]

年および性別	計	高校卒業未満	高校卒業	大学・准学位	学士以上
名目ドル					
男性					
1980	339	267	327	358	427
1990[3]	512	349	459	542	741
2000[3]	693	406	591	691	1,020
2010[3]	874	486	710	845	1,330
女性					
1980	213	164	201	231	290
1990[3]	369	240	315	395	535
2000[3]	516	304	420	505	756
2010[3]	704	388	543	638	986
男性の賃金給与に対する女性の賃金給与比（％）					
1980	62.8	61.4	61.5	64.5	67.9
1990[3]	72.1	68.8	68.6	72.9	72.2
2000[3]	74.5	74.9	71.1	73.1	74.1
2010[3]	80.5	79.8	75.5	75.5	74.1

1．高校卒業資格、またはそれに相当するものを含む　2．学士、修士、専門職学位、博士　3．これ以前の年と厳密な比較はできない。本章の解説および <http://www.bld.gov/eetech_methods.pdf> を参照
資料：U.S. Bureau of Labor Statistics, "Highlights of Women's Earnings in 2010," Report 1031（2011年7月）, <http://www.bls.gov/cps/cpswom2010.pdf>

No.650. 労働者の収入額とその中央値──最も長く就業した職業別および性別：2009年

[3月現在（72,972は7297万2000人を表す）。中央値の定義については凡例を参照。毎年の社会・経済付加給付（ASEC）は、民間非施設収容人口、15歳以上、少なくとも1人以上の軍人以外の成人と一緒の家計に住む軍人を含む。毎月人口調査に基づく]

最長期就業職種 2009年	労働者計				通年フルタイム労働者			
	女性		男性		女性		男性	
	人数 (1,000人)	所得中央値 (ドル)	人数 (1,000人)	所得中央値 (ドル)	人数 (1,000人)	所得中央値 (ドル)	人数 (1,000人)	所得中央値 (ドル)
計	72,972	26,030	81,934	36,331	43,217	36,278	56,053	47,127
経営・ビジネス、金融	9,380	45,591	12,737	61,495	7,347	51,014	10,633	70,183
専門および関連職	19,051	39,890	13,890	57,496	12,037	48,856	10,574	66,369
サービス	16,128	14,298	11,915	20,564	7,179	23,302	6,660	30,953
販売・事務職	23,642	24,119	13,619	32,168	14,002	31,770	9,271	42,284
天然資源、建設および保守	800	17,535	14,926	31,032	398	30,731	8,988	40,712
製造、運輸および物流	3,872	20,028	14,060	30,021	2,192	25,322	9,225	36,678
軍隊	98	33,277	789	42,355	62	(B)	703	47,589

B 元となる数値が75,000未満の場合は示さない
資料：U.S. Census Bureau, *Income, Poverty, and Health Insurance in the United States: 2009*, Current Population Reports, P60-236 および "Detailed Tables-Table PINC-06," (2009年9月); <http://www.census.gov/hhes/www/cpstables/032010/perinc/toc.htm>

No.651. 雇用コスト指数（ECI）──産業・職業別：2007－2010年

[12月現在（2005年＝100）。ECIは被雇用者に対する給与（賃金、俸給、福利厚生に対する被雇用者負担）の変化率の尺度である。データは季節調整を加えていない。産業分類は2007年北米産業分類（NAICS）に基づく。2000年は米国標準職業分類（SOC）に基づく]

職種	雇用コスト指数 (2005年12月＝100)				12月末増加率（％）			
	2007	2008	2009	2010	2007	2008	2009	2010
民間労働者[1]	106.7	109.5	111.0	113.2	3.3	2.6	1.4	2.0
州、地方政府公務員	108.4	111.6	114.2	116.2	4.1	3.0	2.3	1.8
職種別労働者：								
経営・専門職および関連職	108.3	111.6	113.8	115.5	4.1	3.0	2.0	1.5
販売および事務職	108.6	111.3	114.4	116.6	4.3	2.5	2.8	1.9
サービス職	109.1	112.4	115.3	118.0	4.4	3.0	2.6	2.3
産業別労働者：								
サービス提供業：[2]								
教育および保健サービス	108.2	111.5	113.9	115.6	3.7	3.0	2.2	1.5
学校	108.0	111.2	113.7	115.3	3.7	3.0	2.2	1.4
医療・社会扶助	109.3	113.2	115.4	117.9	3.4	3.6	1.9	2.2
病院	108.2	111.3	114.3	117.0	3.7	2.9	2.7	2.4
公共行政管理[3]	109.1	112.0	114.6	116.8	5.1	2.7	2.3	1.9
民間産業労働者[4]	106.3	108.9	110.2	112.5	3.0	2.4	1.2	2.1
職種別労働者：								
経営・専門職および関連職	106.8	109.9	110.7	113.0	3.2	2.9	0.7	2.1
販売および事務職	106.1	107.9	109.2	111.6	3.1	1.7	1.2	2.2
天然資源、建設および営繕職	106.7	109.6	111.2	113.3	3.0	2.7	1.5	1.9
生産、輸送および物流	104.5	106.9	108.9	111.5	2.2	2.3	1.9	2.4
サービス職	107.0	109.8	111.8	113.5	3.8	2.6	1.8	1.5
産業別労働者：								
商品製造業[5]	105.0	107.5	108.6	111.1	2.4	2.4	1.0	2.3
建設業	107.6	110.9	111.7	112.7	3.9	3.1	0.7	0.9
製造業	103.8	105.9	107.0	110.0	2.0	2.0	1.0	2.8
サービス提供業[2]	106.7	109.4	110.8	113.0	3.2	2.5	1.3	2.0
商業、輸送および公益事業	105.5	107.5	108.8	111.4	2.4	1.9	1.2	2.4
情報	106.1	107.4	108.3	110.0	2.8	1.2	0.8	1.6
金融活動	105.6	107.1	108.6	111.4	3.0	1.4	1.4	2.6
専門ビジネスサービス	107.5	111.6	112.4	114.6	3.9	3.8	0.7	2.0
教育・保健サービス	107.7	110.6	112.8	114.7	3.5	2.7	2.0	1.7
レジャー、宿泊業	108.1	111.4	112.7	114.1	4.2	3.1	1.2	1.2
契約形態別：								
組合	105.1	108.0	111.1	114.8	2.0	2.8	2.9	3.3
非組合	106.5	109.1	110.1	112.1	3.2	2.4	0.9	1.8

－ ゼロまたは概数でゼロを示す　NA データなし　1. 民間産業および州、地方政府公務員を含む。農場、家庭内労働者および連邦政府被雇用者は除く　2. 個別に明示しないサービス業を含む。北米産業分類の解説については第15章の解説を参照　3. 立法、司法、行政および規制業務を対象とする　4. 農場および家庭内労働者を除く　5. 以下の北米産業分類（NAICS）を含む：建設業および製造業

資料：U.S. Bureau of Labor Statistics, "Employment Cost Index Current-Dollar Historical Listing"; <http://www.bls.gov/ncs/ect/home.htm>

No.652. 連邦・州政府の定める最低賃金：1940－2011年

［単位：名目ドル。2011年1月31日現在。州および連邦の最低賃金法の双方に該当する労働者は、高い方の最低賃金が適用される］

年	連邦最低賃金時給	州	2011年最低賃金時給	州	2011年最低賃金時給	州	2011年最低賃金時給	州	2011年最低賃金時給
1940	0.30	AL	(¹)	KY	7.25	ND	7.25		
1945	0.40	AK	7.75	LA	(¹)	OH	⁸ 7.40		
1950	0.75	AZ	7.35	ME	7.50	OK	⁹ 7.25/2.00		
1955	0.75	AR	² 6.25	MD	7.25	OR	8.50		
1960	1.00	CA	8.00	MA	8.00	PA	7.25		
1965	1.25	CO	7.36	MI	⁴ 7.40	RI	7.40		
1970	1.60	CT	8.25	MN	⁵ 6.15/5.25	SC	(¹)		
1975	2.10	DE	7.25	MS	(¹)	SD	7.25		
1980	3.10	DC	8.25	MO	7.25	TN	(¹)		
1985	3.35	FL	7.25	MT	⁶ 7.35	TX	7.25		
1990	3.80	GA	³ 5.15	NE	² 7.25	UT	7.25		
1995	4.25	HI	7.25	NV	⁷ 7.25/8.25	VT	8.15		
2000	5.15	ID	7.25	NH	7.25	VA	² 7.25		
2005	5.15	IL	² 8.25	NJ	7.25	WA	8.67		
2006	5.15	IN	⁴ 7.25	NM	7.50	WV	³ 7.25		
2007	5.85	IA	7.25	NY	7.25	WI	7.25		
2008	6.55	KS	7.25	NC	7.25	WY	5.15		
2009	7.25								
2010	7.25								
2011	7.25								

1．州の最低賃金法なし　2．従業員4人以上（家族労働者を除く）　3．従業員6人以上　4．従業員2人以上　5．大規模企業（年間売上62万5000ドル以上）と小規模企業（年間売上62万5000ドル未満）　6．年間総売り上げ11万ドル未満の事業は除く　7．雇用者から健康保険給付なしで8.25ドル、健康保険給付ありで7.25ドルが支払われる　8．総利益27万1000ドル未満の雇用主については7.25ドル　9．フルタイム従業員10人以上、あるいはフルタイム従業員の数にかかわらず年間総売り上げ10万ドル以上。その他全ての雇用主には2ドル

資料：U.S. Department of Labor, Wage and Hour Division, "Minimum Wage Laws in the States (2011年1月1日)"；<http://www.dol.gov/esa/minwage/america.htm>

No.653. 時給労働者——主要特徴別：2010年

［年平均値（72,902は7290万2000人を表す）。賃金給与労働者。法人自営業を除く。毎月人口調査に基づく。第1章の解説と付録Ⅲを参照］

特徴	時給で働く労働者数（1,000人）				連邦最低賃金以下の労働者の割合		
		連邦最低賃金			連邦最低賃金		
	計	計	連邦最低賃金未満	連邦最低賃金	計	連邦最低賃金未満	連邦最低賃金
16歳以上、計¹	72,902	4,360	2,541	1,820	6.0	3.5	2.5
16－24歳	14,061	2,135	1,180	955	15.2	8.4	6.8
25歳以上	58,842	2,225	1,360	865	3.8	2.3	1.5
男性、16歳以上	35,498	1,612	943	669	4.5	2.7	1.9
16－24歳	6,913	850	438	413	12.3	6.3	6.0
25歳以上	28,585	762	505	257	2.7	1.8	0.9
女性、16歳以上	37,404	2,748	1,598	1,151	7.3	4.3	3.1
16－24歳	7,148	1,285	743	543	18.0	10.4	7.6
25歳以上	30,256	1,463	855	608	4.8	2.8	2.0
白人²	58,529	3,429	2,015	1,414	5.9	3.4	2.4
男性	28,949	1,254	716	538	4.3	2.5	1.9
女性	29,580	2,174	1,299	875	7.4	4.4	3.0
黒人²	9,436	650	349	301	6.9	3.7	3.2
男性	4,137	244	152	92	5.9	3.7	2.2
女性	5,299	406	197	209	7.7	3.7	3.9
アジア系²	2,920	140	104	36	4.8	3.6	1.2
男性	1,406	60	47	12	4.2	3.3	0.9
女性	1,513	80	57	24	5.3	3.8	1.6
ヒスパニック³	12,977	822	462	360	6.3	3.6	2.8
男性	7,474	355	201	154	4.7	2.7	2.1
女性	5,503	468	261	207	8.5	4.7	3.8
フルタイム労働者	52,803	1,634	1,039	595	3.1	2.0	1.1
男性	28,574	699	444	255	2.4	1.6	0.9
女性	24,229	934	595	340	3.9	2.5	1.4
パートタイム労働者⁴	19,994	2,716	1,496	1,220	13.6	7.5	6.1
男性	6,871	911	498	413	13.3	7.2	6.0
女性	13,123	1,806	998	807	13.8	7.6	6.1
民間産業部門	63,201	4,089	2,378	1,711	6.5	3.8	2.7
公共産業部門	9,701	271	163	109	2.8	1.7	1.1

1．個別に明示しない人種を含む。複数の仕事をもつ者でフルタイムの仕事が主な仕事として定義されない者も少数含む　2．この人種グループのみを選択した者。表No.587の脚注4を参照　3．ヒスパニック、ラテン系は人種を問わない　4．週35時間以下の労働

資料：U.S. Bureau of Labor Statistics, CPS Reports and Summaries, "Characteristics of Minimum Wage Workers: 2010,"（2011年2月）；<http://www.bls.gov/cps/minwage2010.htm>

No.654. 労働時間1時間あたりの雇用費用：2010年

[単位：ドル。12月現在。全米賃金調査（NCS）に基づく。詳細は資料および付録Ⅲを参照]

雇用費用明細	民間労働者計	州および地方政府労働者	民間企業労働者					
			計	生産[1]	サービス生産[2]	労働組合員	非労働組合員	フルタイム労働者	パートタイム労働者
総費用	29.72	40.28	27.75	32.50	26.78	37.35	26.72	22.91	33.26
賃金俸給	20.71	26.42	19.64	21.73	19.21	22.86	19.30	16.95	22.70
各種手当総額	9.02	13.86	8.11	10.77	7.57	14.49	7.43	5.96	10.56
有給休暇	2.07	3.03	1.89	2.11	1.84	2.77	1.79	1.28	2.58
長期	0.99	1.14	0.96	1.12	0.93	1.43	0.91	0.64	1.33
短期	0.64	0.89	0.60	0.74	0.56	0.81	0.57	0.43	0.79
病気	0.32	0.78	0.24	0.18	0.25	0.38	0.22	0.16	0.33
補助給与	0.69	0.33	0.75	1.17	0.67	1.08	0.72	0.55	0.99
残業超過勤務[3]	0.24	0.17	0.25	0.55	0.19	0.72	0.20	0.18	0.33
保険	2.62	4.81	2.22	3.07	2.04	4.90	1.93	1.51	3.02
健康保険	2.49	4.66	2.08	2.87	1.92	4.60	1.81	1.43	2.83
年金・貯蓄	1.33	3.27	0.97	1.53	0.86	2.60	0.80	0.57	1.43
定額給付	0.81	2.93	0.41	0.89	0.32	1.91	0.25	0.21	0.65
定額掛金	0.52	0.34	0.56	0.64	0.54	0.70	0.54	0.37	0.77
法で定められた支出	2.30	2.42	2.28	2.90	2.15	3.14	2.19	2.05	2.55
Social security and Medicare	1.68	1.87	1.64	1.85	1.60	2.00	1.60	1.40	1.92
社会保障[4]	1.34	1.45	1.32	1.49	1.28	1.62	1.29	1.13	1.53
メディケア	0.34	0.42	0.32	0.36	0.32	0.39	0.32	0.27	0.38
連邦失業保険	0.03	ー	0.03	0.03	0.03	0.03	0.03	0.04	0.03
州失業保険	0.17	0.09	0.18	0.25	0.17	0.24	0.18	0.18	0.18
労働災害補償保険	0.43	0.46	0.42	0.78	0.35	0.86	0.38	0.30	0.44

ー ゼロまたは概数でゼロを示す NA データなし 1．北米産業分類NAICS2002年版に基づく。本章の解説を参照。鉱業、建設業、製造業を含む。農林水産業・狩猟部門は除外する 2．NAICS2002年版に基づく。公益企業、卸売・小売業、輸送・倉庫業、情報通信業、金融・保険業、不動産および賃貸、専門・科学技術サービス、企業経営、管理および廃棄物関連サービス、教育サービス、ヘルスケアと社会扶助、芸術・レクリエーション・娯楽、宿泊および飲食業、その他のサービス業を含む。行政は除外する 3．正規の労働スケジュールを超えた超過労働に対する割増支払いを含む

資料：U.S. Bureau of Labor Statistics, *Employer Costs for Employee Compensation-December 2010*, News Release, USDL 11-0304, (2011年3月); <http://www.bls.gov/schedule/archives/ecec_nr.htm#2011> も参照

No.655. 退職年金と健康保険に加入可能な民間産業労働者の割合：2010年

[3月現在。全米賃金調査（NCS）に基づく。表No.656の頭注を参照]

特徴	退職年金給付（％）			健康保険給付（％）			
	全プラン[1]	定額給付[2]	定額納付[2]	医療	歯科	眼科	処方箋薬
計	65	20	59	71	46	26	69
労働者の諸特徴							
経営・専門職および関連職	80	28	75	87	61	35	85
サービス職	42	8	38	44	28	16	44
販売および事務職	70	19	65	72	46	23	70
天然資源、建設および営繕	64	26	56	76	44	31	74
生産、輸送および物流	66	25	55	76	48	29	74
フルタイム[3]	74	24	68	86	56	32	84
パートタイム[3]	39	11	33	24	15	9	23
労働組合員[4]	88	69	55	91	73	56	89
非労働組合員[4]	62	15	59	68	43	23	67
平均時給[5]							
8.10ドル未満	30	4	27	23	13	8	23
8.10ドル以上10.63ドル未満	40	7	36	38	20	11	37
10.63ドル以上15.70ドル未満	67	16	61	76	47	24	74
15.70ドル以上24.53ドル未満	75	24	68	86	55	32	84
24.53ドル以上37.02ドル未満	84	38	76	90	67	42	89
37.02ドル以上	87	38	81	92	70	42	90
事業所の規模							
1-99人	51	10	47	59	30	18	57
100人以上	81	33	72	84	64	36	83
財の生産[6]	72	29	65	85	55	33	83
サービスの生産[6]	63	19	58	68	44	25	66

S データは出版基準を満たしていない 1．定額給付と定額納付のどちらにも加入可能な被雇用者。計には重複カウントを含まない 2．定額給付プランは、労働者が将来的に受け取る給付額を保証する、特定の計算式に基づく退職金制度である。定額納付プランは、労働者が個人勘定に特定額を積み立てる方式の退職金プランである。この場合、将来の給付額は決まっていない 3．被雇用者がパートタイムとフルタイムのどちらであるかは、各事業所の定義による 4．表No.656の脚注3を参照 5．全米給与調査―給付プログラムの賃金データはドル金額ではなく％を示す。「技術的注」を参照 6．財の生産およびサービスの生産は表No.632を参照

資料：U.S. Bureau of Labor Statistics, *Employee Benefits in the United States, March 2010 News Release*, USDL 10-1044 (2010年7月); <http://www.bls.gov/ncs/ebs/home.htm> を参照

No.656. 民間企業従業員——雇用手当：2010年

[3月現在．全米賃金調査 (NCS) に基づく．NCSは9800万人以上の労働者を雇用する、あらゆる規模の民間産業の事業所9,018箇所を対象とする。もし雇用主にとってその給付計画が利用できるようになっていれば、被雇用者は実際にそれに参加しているか否かにかかわらず、その給付計画を受けられる。付録IIIを参照]

特徴	休暇手当				家族休暇[1]		手当				非生産ボーナス	年度末ボーナス
	有給休暇（短期）	有給休暇（病気）	有給休暇（長期）	有給陪審員休暇	有給	無休	育児手当[2]	フレックスタイム[3]	通勤費補助[4]		非生産ボーナス	年度末ボーナス[5]
計	78	62	77	68	10	85	9	5	5		44	11
労働者の特徴												
経営・専門職および関連職	89	86	87	85	17	90	18	13	11		52	13
サービス職	54	42	59	49	6	79	7	1	1		30	6
販売および事務職	81	67	80	72	11	86	7	5	2		48	12
天然資源、建設および営繕	79	51	78	57	7	77	4	2	5		47	14
生産、輸送および物流	84	54	83	69	5	85	5	1	3		44	10
フルタイム[6]	90	74	91	77	12	88	11	6	7		50	13
パートタイム[6]	40	26	37	42	5	76	6	2	2		27	6
組合員[7]	88	71	87	85	10	91	14	1	6		37	4
非組合員[7]	76	61	76	66	10	84	9	5	5		45	12
平均時給[8]												
8.10ドル未満	35	19	39	33	3	72	6	(Z)	1		24	5
8.10ドル以上10.63ドル未満	52	32	53	44	4	78	5	1	1		30	6
10.63ドル以上15.70ドル未満	85	66	84	71	9	85	7	3	3		46	11
15.70ドル以上24.53ドル未満	90	75	89	78	12	88	9	6	7		51	13
24.53ドル以上37.02ドル未満	89	84	89	85	16	90	17	12	11		54	14
37.02ドル以上	89	86	89	87	18	91	19	16	14		56	15
事業所の特徴												
財の生産[9]	88	54	88	70	8	86	7	4	2		52	14
サービスの生産[9]	75	64	75	68	11	84	10	5	6		43	10
地域[10]												
ニューイングランド	76	69	75	80	12	88	9	7	9		47	9
中央大西洋岸	80	67	77	78	9	83	9	6	6		42	11
東北中央部	79	58	78	69	8	83	11	6	4		45	12
西北中央部	75	62	76	66	11	86	8	5	5		45	12
南部大西洋岸	78	60	79	66	11	83	8	5	4		47	13
東南中央部	79	55	77	69	6	90	7	3	2		48	10
西南中央部	80	63	77	65	9	82	(NA)	3	3		46	13
山岳地域	75	62	77	62	8	84	9	8	3		44	9
太平洋岸	75	65	76	59	12	87	10	4	9		39	11

NA データなし　Z 0.5%未満　1. 両方を利用する労働者もいる　2. 施設内または休外で、被雇用者の児童の保育、デイケア、ベビーシッターの費用の全部または一部を雇用者が負担する制度　3. 被雇用者が限度制度内の時間帯で労働時間を決められた最低時間を働くことが決められる　4. 通勤のための公共交通機関利用費用の雇用者負担、雇用者による駐車場の確保、地下鉄料金の割引等　5. 現金利益分配ボーナス、功労ボーナス、ホリデイボーナス、年末ボーナス、紹介ボーナス、その他の非生産ボーナスをすべて含む　6. 常勤・非常勤の分類はそれぞれの事業所によって定義される　7. 労働組合員の給与は団体交渉によって決定される　8. 全国賃金報酬調査・給付プログラム・給与データはドルではなくパーセンタイルで表される　資料の「テクニカルノート」を参照　9. 産業の生産する財とサービスの構成については表No.632を参照　10. 地域の構成については表紙裏の地図を参照

資料：U.S. Bureau of Labor Statistics, *Employee Benefits in the United States, March 2010*, Bulletin 2752 (2010年9月)；<http://www.bls.gov/ncs/ebs/benefits/2010/> も参照

第12章　労働力・雇用・所得　425

No.657. 勤務中の労働者の死傷：1970－2009年

[2009年データは暫定推計値（1.7は1700を表す）。自殺と他殺を除く。推計値はU.S. National Center for Health Statistics, State vital statistics departments, および State industrial commissions、1995年以降は Bureau of Labor Statistics, Census of Occupational Fatalities の資料に基づく。労働者数はU.S. Bureau of Labor Statisticsの資料に基づく]

年	製造業		非製造業		障害[2] (100万)	年および産業	死亡, 2009		障害[3] 2009 (1,000)
	死亡件数 (1,000)	死亡率[1]	死亡件数 (1,000)	死亡率[1]			死亡件数 (1,000)	死亡率[1]	
1970....	1.7	9	12.1	21	2.2	計[4]	3,582	2.8	5,100
1980....	1.7	8	11.5	15	2.2	農業[5]	527	25.4	110
1990....	1.0	5	9.1	9	3.9	鉱業[6]	101	12.8	20
1995....	0.6	4	4.4	4	3.6	建設業	776	9.3	360
1998....	0.6	4	4.5	4	3.8	製造業	280	2.0	600
1999....	0.6	3	4.6	4	3.8	卸売業	165	4.3	130
2000....	0.6	3	4.4	4	3.9	小売業	133	1.0	580
2001....	0.5	3	4.5	4	3.9	輸送業および倉庫業	526	11.0	250
2002....	0.5	3	4.2	4	3.7	公益事業	17	1.8	30
2003....	0.4	2	4.3	4	3.4	情報	28	1.0	60
2004....	0.4	3	4.6	4	3.7	金融[7]	53	0.6	140
2005....	0.4	3	4.6	4	3.7	専門、ビジネスサービス[7]	341	2.5	240
2006....	0.4	2	4.7	4	3.7	教育、保健サービス	92	0.5	920
2007....	0.4	2	4.4	3	3.5	レジャー、ホスピタリティ[7]	110	1.1	390
2008....	0.4	2	4.0	3	3.2	その他[8]	103	1.7	170
2009....	0.3	2	3.9	3	[3]5.1	政府	336	1.7	1,100

1．表No.657の脚注2を参照　2．表No.657の脚注3を参照　3．2009年以降、「職務遂行のできない負傷」の代わりに「医療の必要な負傷」という概念が用いられる。医療の必要な負傷は、医師または専門家の診察が必要な程度に重篤な負傷。医療の必要な負傷の推計値は、従来の職務遂行のできない負傷の推計値と比較することはできない　4．産業別が不明の死亡を含む　5．林業、水産業を含む　6．石油・ガスの抽出を含む　7．産業の構成については表No.632を参照　8．行政サービスを除く

資料：National Safety Council, Itasca, IL, *Accident Facts*（年刊）1998年版まで、その後 *Injury Facts*（年刊）(copyright)

No.658. 労働者の死傷および失った生産時間：2000－2009年

[47.0は4万7000を表す。本年のデータは改定前のため表No.660のデータと異なる。本書前年版の表No.657も参照]

項目	死亡事故 (1,000人)			負傷による障害 (100万人)[1]			失った生産時間 (100万日)					
							現行年			先物年[2]		
	2000	2005	2009	2000	2005	2009[2]	2000	2005	2009	2000	2005	2009
全ての事故	47.0	54.3	59.4	10.5	11.9	19.5	240	275	310	460	535	590
職務中	5.2	5.0	3.6	3.9	3.7	5.1	80	80	55	60	65	45
職務外	41.8	49.3	55.8	6.6	8.2	14.4	160	195	255	400	470	545
自動車	22.8	24.1	18.2	1.2	1.3	1.8	(NA)	(NA)	(NA)	(NA)	(NA)	(NA)
公共非自動車	8.3	10.0	8.7	2.8	3.3	3.3	(NA)	(NA)	(NA)	(NA)	(NA)	(NA)
家庭	10.7	15.2	28.9	2.6	3.6	9.3	(NA)	(NA)	(NA)	(NA)	(NA)	(NA)

NA　データなし　1．表No.657の脚注2を参照　2．表No.657の脚注3を参照　3．死亡者あたり先物年に失った5,850日平均および永久的な障害あたり先物年に失われた565日の平均に基づく

資料：National Safely Council, Itasca, IL, *Injury Facts*（年刊）(copyright)

No.659. 労働災害と疾病の発生率が高い産業：2009年

[フルタイムの被雇用者100人あたり率。労働安全衛生局の記録による、労働に関わる負傷と疾病の率を示す。負傷・疾病による休職・転勤・その他の制限のあるなしにはかかわらない。指数は、負傷・疾病件数を被雇用者全員の年間の総労働時間で割り200,000を掛けて、フルタイム換算労働者100人あたりの労災の率を表す。年間労働時間は週40時間で50週として計算。本書前年版の表No.658も参照]

産業	2007 北米産業分類[1]	発生率	産業	2007 北米産業分類[1]	発生率
全産業（州および地方政府を含む）[2]	(X)	3.9	購入したスチールから製造鉄鋼パイプとチューブ製造	33121	9.5
消防[3]	92216	15.3	定期航空輸送	481111	9.5
ペットおよびペット用品店	45391	13.6	軽トラック、ユーティリティビークル	336112	9.4
大型建設、土木建設[3]	237	13.1	獣医サービス	54194	9.4
警察[3]	92212	12.7	食肉解体業（家禽類を除く）	311611	9.3
鉄鋳物	331511	11.3	ソフトドリンク製造	312111	9.1
看護、介護施設[3]	623	11.1	アルミニウム鋳造（ダイカストを除く）	331524	9.0
病院[4]	622	11.0	介護施設	6231	8.9
スキー施設	71392	10.5	その他の金属容器製造業	332439	8.6
旅行用トレーラー、キャンパー製造業	336214	10.2	その他の養護施設	6239	8.6
砂糖製造業	311313	10.0	精神と薬物乱用の病院	6222	8.5
救急車サービス	62191	9.9	流体ミルク製造	311511	8.4
			トラック・トレーラー製造	336212	8.4

X　該当なし　1．2007年北米産業分類（NAICS）に基づく。本章の解説を参照　2．州および地方政府と従業員11人未満の農場を除く　3．地方政府　4．州政府

資料：U.S. Bureau of Labor Statistics, *Workplace Injuries and Illnesses-2009*, News Release, USDL 10-1451（2010年10月）; <http://www.bls.gov/iif/oshsum.htm#09Summary%20News%20Release> も参照

No.660. 主要産業における労働災害と疾病の発生率：2009年

[4,140.7は414万7000を表す。フルタイムの雇用者数100人あたり率。別に注記する場合を除き、労働安全衛生局の記録による、労働に関わる負傷と疾病の率を示す。負傷・疾病による休職・転勤・その他の制限のあるなしにはかかわらない。指数は、負傷・疾病件数を被雇用者全員の年間の総労働時間で割り200,000を掛けて、フルタイム換算労働者100人あたりの労災の率を表す。年間労働時間は週40時間で50週として計算]

産業	2007 北米産業分類[1]	年間平均雇用[2]	発生数 (1,000)	発生率
合計[3]	(X)	130,315.8	4,140.7	3.9
民間産業	(X)	111,469.1	3,277.7	3.6
農林水産業、狩猟業	11	977.7	44.9	5.3
鉱業[4]	21	689.1	17.7	2.4
建設業	23	6,700.5	251.0	4.3
製造業	31–33	12,696.5	528.6	4.3
卸売業	42	5,850.7	185.9	3.3
小売業	44–45	15,058.9	487.2	4.2
運輸、倉庫[5]	48–49	4,171.2	206.9	5.2
公益事業	22	567.6	18.4	3.3
情報	51	2,932.2	49.3	1.9
金融・保険	52	5,813.6	45.3	0.8
不動産・賃貸・リース	53	2,091.3	59.3	3.3
専門・科学・技術サービス	54	7,832.1	82.2	1.2
企業経営管理	55	1,933.4	30.3	1.7
廃棄物処理・改善サービス	56	7,601.4	134.3	2.9
教育サービス	61	2,454.9	41.0	2.4
医療・社会扶助	62	15,904.6	667.3	5.4
芸術・娯楽・レクリエーション	71	2,106.0	63.2	4.9
宿泊施設・飲食業	72	11,480.3	277.4	3.7
その他のサービス（行政機関を除く）	81	4,607.1	87.4	2.9
州、地方政府[3]	(X)	18,846.7	862.9	5.8
州政府	(X)	4,883.2	193.0	4.6
地方政府	(X)	13,963.6	670.0	6.3

X 該当なし　1．2007年北米産業分類（NAICS）。本章の解説を参照　2．雇用の数値は主として雇用賃金四半期センサス：Quarterly Census of Employment and Wages (QCEW) に基づく　3．11人未満の被雇用者を有する農場を除く　4．鉱業のデータ（北米産業分類2002年版、部門21）には、鉱山安全保健管理局の管轄しない事業所、例えば石油・天然ガスの抽出とそのサポート施設なども含まれる。石炭、金属、非金属鉱業の鉱山運営者のデータは、労働省鉱山安全保健管理局からBLSに提供されている。石炭、金属、非金属鉱業には、独立請負業者は含まれない。鉱山安全保健管理局が2002年1月に記録すべき項目を定めたが、このデータには、その決定による変化が反映されていない。したがって、鉱業とその他の産業の推計値の比較はできない　5．鉄道輸送の被雇用者に関するデータは、運輸省連邦鉄道局より労働統計局に提供されたものである

資料：U.S. Bureau of Labor Statistics, *Workplace Injuries and Illnesses in 2009*, News Release, USDL 10-1451（2010年10月）；<http://www.bls.gov/iif/oshsum.htm#09Summary%20News%20Release> も参照

No.661. 業務上死亡事故——原因別：2009年

[50州およびコロンビア特別区。労働災害死亡事故センサスに基づく。詳細については資料を参照。方法論が異なるため、本表のデータは全米安全委員会（National Safety Council）のデータとは異なる。本書前年版の表No.660も参照]

原因	死亡数	構成比(%)	原因	死亡数	構成比(%)
計	4,551	100	対物事故[1]	741	16
			対物衝突事故[1]	420	9
交通事故[1]	1,795	39	落下物にあたる	272	6
幹線道路[1]	985	22	飛来物にあたる	41	1
			圧死等		
自動車等との衝突	466	10	施設、設備、物品等にはさまれる	233	5
衝突以外	240	5			
幹線道路以外の事故			原材料の下敷きになる	80	2
（農場、工場敷地内）	261	6	落下	645	14
航空機事故	159	3			
			有害物質あるいは有害な環境により[1]	404	9
自動車にはねられる	268	6	感電	170	4
水上交通事故	86	2	劇薬、有害物質、アレルギー・		
鉄道事故	34	1	誘発性物質に被曝	129	3
暴行殺人事件[1]	837	18	酸素不足	62	1
殺人[1]	542	12	溺死、沈没	51	1
射殺	434	10	火事、爆発	113	2
刺殺	49	1	その他の事故、被曝	16	(Z)
自傷	263	6			

Z　0.5％未満　1．個別に示さないその他の理由を含む

資料：U.S. Bureau of Labor Statistics, "Census of Fatal Occupational Injuries (CFOI) -- Current and Revised Data"; <http://www.bls.gov/iif/oshcfoi1.htm> を参照

No.662. 職場における暴力事件と警備：2005年

[単位：％。2004年9月から2006年6月を対象とする。事業所に対する標本調査。標本抽出時の誤差あり。詳細については資料を参照]

事件または警備	全事業所	産業別			雇用規模別				
		民間産業	州政府	地方政府	1-10人	11-49人	50-249人	250-999人	1000人以上
職場における暴力事件	5.3	4.8	32.2	14.7	2.4	9.1	16.0	28.8	49.9
犯罪者	2.2	2.1	8.7	3.7	1.4	3.5	4.7	6.8	17.2
顧客	2.2	1.9	15.4	10.3	1.0	3.9	6.4	12.2	28.3
同僚	2.3	2.1	17.7	4.3	0.6	4.6	8.1	16.8	34.1
家庭内暴力	0.9	0.8	5.5	2.1	0.1	2.0	2.9	9.0	24.1
事件なし	92.1	92.5	65.3	85.1	95.6	87.8	77.8	63.9	43.8
主要な警備システム：									
侵入者感知装置	41.8	42.1	29.1	35.5	35.7	53.9	57.5	54.2	61.0
防犯カメラ	22.6	22.2	45.2	32.7	17.0	29.2	47.9	69.1	77.9
動作感知器	26.9	27.1	14.8	21.3	24.0	32.9	33.7	28.3	36.4
金属感知器	0.9	0.7	16.0	4.3	0.5	1.1	2.5	7.2	15.7
電子バッジ[2]	6.3	6.0	35.6	9.0	3.9	7.2	20.8	45.1	60.1
警備員	9.5	9.1	48.6	10.5	6.4	11.7	24.8	53.9	65.3
入室制限[3]	30.7	30.0	58.0	50.7	26.0	35.9	52.5	68.3	83.2
物理的障壁[4]	13.4	13.1	27.2	23.6	10.2	18.2	24.5	33.5	46.5
職域の照明	39.1	38.7	55.8	48.5	32.2	50.0	62.1	71.9	80.4
職場における対暴力事件の訓練：									
あり	20.8	20.2	58.0	32.3	14.6	29.1	45.7	64.2	67.8
なし	78.4	79.0	47.0	67.6	84.3	70.5	54.0	35.6	32.0

1．従業員11人未満の農場を除外　2．または入場退出の際のIDスキャン　3．入室時の確認、施錠　4．職域と公道の間

資料：U.S. Bureau of the Census, *Survey of Workplace Violence and Prevention, 2005 News*, USDL 06-1860（2006年10月）; <http://www.bls.gov/iif/home.htm> を参照

No.663. ストライキ：1960-2010年

[896は89万6000人を表す。1,000人未満の労働者が1日未満のストライキを行なった場合を除く。情報は日刊新聞、業界紙、その他の公開資料に掲載された労働争議の報道に基づく。争議の当事者には必要に応じてストライキの詳細を明らかにするため電話で接触した]

年	ストライキ件数[1]	参加労働者数[2] (1,000人)	罷業日数		年	ストライキ件数[1]	参加労働者数[2] (1,000人)	罷業日数	
			日数[3] (1,000日)	全労働時間に占める推計日数(%)[4]				日数[3] (1,000日)	全労働時間に占める推計日数(%)[4]
1960	222	896	13,260	0.09	1992	35	364	3,989	0.01
1970	381	2,468	52,761	0.29	1993	35	182	3,981	0.01
1975	235	965	17,563	0.09	1994	45	322	5,021	0.02
1976	231	1,519	23,962	0.12	1995	31	192	5,771	0.02
1977	298	1,212	21,258	0.10	1996	37	273	4,889	0.02
1978	219	1,006	23,774	0.11	1997	29	339	4,497	0.01
1979	235	1,021	20,409	0.09	1998	34	387	5,116	0.02
1980	187	795	20,844	0.09	1999	17	73	1,996	0.01
1981	145	729	16,908	0.07	2000	39	394	20,419	0.06
1982	96	656	9,061	0.04	2001	29	99	1,151	(Z)
1983	81	909	17,461	0.08	2002	19	46	660	(Z)
1984	62	376	8,499	0.04	2003	14	129	4,091	0.01
1985	54	324	7,079	0.03	2004	17	171	3,344	0.01
1986	69	533	11,861	0.05	2005	22	100	1,736	0.01
1987	46	174	4,481	0.02	2006	20	70	2,688	0.01
1988	40	118	4,381	0.02	2007	21	189	1,265	(Z)
1989	51	452	16,996	0.07	2008	15	72	1,954	0.01
1990	44	185	5,926	0.02	2009	5	13	124	(Z)
1991	40	392	4,584	0.02	2010	11	45	302	(Z)

Z　0.005％未満　1．表示年に開始　2．年間2度以上ストライキに関わった労働者は2度以上に算定　3．年間に発生したストライキが解決するまでの日数。前年に発生した分も含む　4．農業被雇用者および政府公務員は総就業時間に含まれる。個人家庭内労働者、林業および水産業の被雇用者を除く

資料：U.S. Bureau of Labor Statistics, *Major Work Stoppage in 2010*, News Release, USDL 11-0153（2011年2月）; <http://www.bls.gov/news.release/wkstp.toc.htm> を参照

No.664. 労働組合加入者――部門別：1985－2010年

[16,996は1699万6000人を表す。農業・非農業の賃金俸給労働者。データは居住地の組合員について。毎月人口調査に基づく。標本抽出時の誤差あり。方法論については資料を参照]

部門	1985	1990	1995	2000	2005	2007	2008	2009	2010
計（1,000人）									
賃金俸給労働者：									
組合員	16,996	16,740	16,360	16,258	15,685	15,670	16,098	15,327	14,715
組合のある職場の従業員	19,358	19,058	18,346	17,944	17,223	17,243	17,761	16,904	16,290
公的部門：									
組合員	5,743	6,485	6,927	7,111	7,430	7,557	7,832	7,897	7,623
組合のある職場の従業員	6,921	7,691	7,987	7,976	8,262	8,373	8,676	8,678	8,406
民間部門：									
組合員	11,253	10,255	9,432	9,148	8,255	8,114	8,265	7,431	7,092
組合のある職場の従業員	12,438	11,366	10,360	9,969	8,962	8,870	9,084	8,226	7,884
割合（%）									
賃金俸給労働者：									
組合員	18.0	16.1	14.9	13.5	12.5	12.1	12.4	12.3	11.9
組合のある職場の従業員	20.5	18.3	16.7	14.9	13.7	13.3	13.7	13.6	13.1
公的部門：									
組合員	35.7	36.5	37.7	37.5	36.5	35.9	36.8	37.4	36.2
組合のある職場の従業員	43.1	43.3	43.5	42.0	40.5	39.8	40.7	41.1	40.0
民間部門：									
組合員	14.3	11.9	10.3	9.0	7.8	7.5	7.6	7.2	6.9
組合のある職場の従業員	15.9	13.2	11.3	9.8	8.5	8.2	8.4	8.0	7.7

資料：The Bureau of National Affairs, Inc., Arlington, VA, *Union Membership and Earnings Data Book*；毎月人口調査（2011年版）より編集（copyright, BNA PLUS）；Barry Hirsch（ジョージア州立大学）および David Macpherson（フロリダ州立大学）の共著；<http://bnaplus.bna.com/LaborReports.aspx> および <http://unionstats.gsu.edu/> も参照

No.665. 主要特徴別労働組合員数：2010年

[月別データの年間平均値（124,073は1億2407万3000人を表す）。16歳以上の雇用中の賃金俸給労働者を対象とする。法人組織で業務を行なう自営業者は法的には賃金俸給労働者の資格をもつが、これを除く。毎月人口調査に基づく。第1章の解説および付録IIIを参照。本書前年版の表No.664も参照]

特徴	被雇用者賃金俸給労働者			週間所得中央値[3]（ドル）			
	計（1,000人）	正組合員の割合[1] %	組合加盟員の割合[2] %	計	正組合員[1]	組合加盟員[2]	非組合加盟員
計[4]	**124,073**	**11.9**	**13.1**	**747**	**917**	**911**	**717**
年齢							
16－24歳	16,638	4.3	5.0	432	585	580	423
25－34歳	28,363	10.1	11.2	682	847	840	657
35－44歳	27,356	12.8	14.2	824	961	954	792
45－54歳	28,860	15.0	16.5	844	955	950	813
55－64歳	18,199	15.7	17.2	860	975	971	828
65歳以上	4,657	9.3	10.4	684	823	821	665
性別							
男性	63,531	12.6	13.8	824	967	964	789
女性	60,542	11.1	12.4	669	856	847	639
人種							
白人[5]	101,042	11.7	13.0	765	943	936	736
男性	52,565	12.5	13.7	850	988	985	817
女性	48,477	10.9	12.2	684	882	872	651
黒人[5]	14,195	13.4	14.9	611	772	766	589
男性	6,347	14.8	16.2	633	829	827	606
女性	7,848	12.2	13.8	592	729	720	574
アジア系[5]	5,900	10.9	12.1	855	909	918	842
男性	3,112	9.4	10.4	936	924	941	936
女性	2,787	12.6	13.9	773	904	909	749
ヒスパニックまたはラテン系							
ヒスパニック[6]	18,263	10.0	11.1	535	771	766	512
男性	10,646	10.2	11.2	560	804	800	525
女性	7,616	9.6	10.8	508	729	724	489
産業[7]							
民間賃金俸給労働者	103,040	6.9	7.7	717	864	855	703
鉱業	695	8.0	8.8	1,032	1,076	1,053	1,026
建設業	6,103	13.1	13.7	735	1,051	1,046	692
製造業	13,252	10.7	11.6	767	828	817	759
卸売業、小売業	17,800	4.8	5.3	612	669	657	610
運輸、公益事業	5,195	21.8	23.2	823	1,000	994	765
情報	2,743	9.6	10.9	912	1,018	998	895
金融事業	8,072	2.0	2.5	849	806	799	852
専門、ビジネスサービス	11,738	2.7	3.3	855	751	754	859
教育、保健サービス	19,804	8.1	9.4	731	849	846	717
レジャー、観光業	11,111	2.7	3.0	469	580	575	461
その他のサービス業	5,397	2.9	3.4	615	866	862	609
公共事業	21,033	36.2	40.0	878	961	956	801

1．労働組合員または労働組合に類似の被雇用者協会会員　2．労働組合員または労働組合に類似の被雇用者協会会員および所属組合の報告がないが、その職業が組合または非雇用者協会の協約の適用範囲にある労働者　3．フルタイム雇用の賃金俸給労働者ベース　4．個別に示さない人種を含む。複数の仕事をもつ者で、フルタイムの仕事が主な仕事と定義されない少数を含む　5．この人種グループのみを選択した者。表No.587の脚注4を参照　6．ヒスパニック、ラテン系は人種を問わない　7．表No.632の頭注を参照

資料：U.S. Bureau of Labor Statistics, *Union Members in 2010*, News Release, USDL-11-0063（2011年1月）；<http://www.bls.gov/news.release/union2.toc.htm> を参照

No.666. 労働組合加入者──州別：1985、2010年

[各月値の年間平均（16,996.1は1699万6100人を表す）。農業および非農業賃金俸給労働者。居住地で分類。毎月人口調査に基づく。標本抽出の際の誤差あり。方法論の詳細については資料を参照。本書前年版の表No.665も参照]

州	組合員 (1,000)		組合のある職場の従業員数 (1,000)		労働者の割合（％）					
					組合員		組合のある職場の従業員		民間部門の組合員	
	1985	2010	1985	2010	1985	2010	1985	2010	1985	2010
合衆国	16,996.1	14,715.1	19,358.1	16,289.5	18.0	11.9	20.5	13.1	14.3	6.9
アラバマ[1]	226.6	183.3	254.9	202.8	15.7	10.1	17.6	11.2	13.5	5.7
アラスカ	47.7	67.6	53.4	73.0	25.0	22.9	28.0	24.8	17.0	11.2
アリゾナ[1]	115.6	161.0	145.7	203.0	9.5	6.4	12.0	8.1	7.9	3.6
アーカンソー[1]	91.6	43.6	108.4	58.6	11.2	4.0	13.3	5.4	9.5	2.7
カリフォルニア	2,123.1	2,431.3	2,485.8	2,577.8	20.4	17.5	23.9	18.6	15.8	9.3
コロラド	165.2	140.4	191.1	170.9	11.8	6.6	13.7	8.0	8.9	3.8
コネティカット	306.5	258.3	325.9	269.7	20.9	16.7	22.2	17.4	14.4	8.3
デラウェア	45.6	40.2	50.9	43.9	16.6	11.4	18.5	12.5	12.8	5.8
コロンビア特別区	45.2	25.9	58.2	30.0	16.5	9.0	21.2	10.5	13.9	5.9
フロリダ[1]	395.2	391.8	515.7	488.0	9.1	5.6	11.9	6.9	5.3	2.3
ジョージア[1]	239.5	153.3	273.1	191.3	10.0	4.0	11.4	5.0	9.1	2.5
ハワイ	109.6	111.3	121.2	120.3	27.8	21.8	30.8	23.5	19.7	14.6
アイダホ[1]	41.7	41.5	48.4	50.1	11.7	7.1	13.6	8.6	9.8	3.6
イリノイ	1,031.7	843.8	1,124.9	891.2	22.2	15.5	24.3	16.4	19.2	9.5
インディアナ	476.7	278.6	524.4	312.8	21.3	10.9	23.4	12.2	20.8	8.2
アイオワ[1]	181.7	158.2	212.8	191.8	17.0	11.4	20.0	13.8	14.5	7.1
カンザス[1]	129.0	83.7	157.3	111.0	12.8	6.8	15.6	9.1	11.4	4.5
ケンタッキー	219.2	146.5	250.8	166.1	16.5	8.9	18.8	10.1	16.4	7.2
ルイジアナ[1]	147.9	75.6	172.8	96.0	9.6	4.3	11.2	5.5	7.9	3.2
メーン	77.5	62.9	90.0	70.7	17.1	11.6	19.8	13.0	11.2	5.1
メリーランド	329.9	296.1	412.9	328.8	16.7	11.6	20.9	12.9	13.0	6.1
マサチューセッツ	495.4	414.8	548.4	446.4	18.5	14.5	20.4	15.6	13.0	7.0
ミシガン	1,004.5	627.3	1,071.0	658.7	28.4	16.5	30.3	17.3	23.5	11.1
ミネソタ	407.5	384.6	452.7	397.3	22.6	15.6	25.1	16.1	16.7	8.4
ミシシッピ[1]	81.3	46.3	94.5	58.3	9.3	4.5	10.8	5.6	8.4	3.7
ミズーリ	378.3	244.3	418.9	274.4	18.7	9.9	20.7	11.1	19.1	8.5
モンタナ	57.3	46.1	66.9	52.2	19.4	12.7	22.7	14.4	14.9	5.6
ネブラスカ[1]	78.8	75.3	99.0	95.6	12.7	9.3	16.0	11.8	10.3	4.8
ネバダ[1]	89.7	153.1	102.1	169.9	21.6	15.0	24.6	16.8	19.5	10.8
ニューハンプシャー	48.8	63.2	54.8	72.6	10.7	10.2	12.0	11.7	6.9	4.4
ニュージャージー	821.0	636.9	937.2	660.0	24.9	17.1	28.4	17.7	19.0	9.0
ニューメキシコ	49.4	54.8	62.4	72.4	10.0	7.3	12.7	9.7	8.9	2.6
ニューヨーク	2,102.3	1,958.7	2,298.3	2,098.6	30.2	24.2	33.0	26.0	21.3	13.7
ノースカロライナ[1]	167.0	116.7	209.5	179.6	6.4	3.2	8.0	4.9	4.7	1.8
ノースダコタ[1]	27.9	23.0	34.2	32.4	14.1	7.4	14.0	9.1	6.4	4.6
オハイオ	999.0	654.9	1,090.9	701.9	23.6	13.7	25.7	14.7	20.7	8.4
オクラホマ[2]	128.4	77.4	151.0	98.5	10.5	5.5	12.3	6.9	8.2	3.5
オレゴン	231.6	245.1	260.8	267.9	22.7	16.2	25.6	17.7	16.7	9.1
ペンシルベニア	1,055.4	770.2	1,174.7	831.4	22.8	14.7	25.4	15.9	19.1	9.3
ロードアイランド	90.2	74.9	97.7	79.4	21.1	16.4	22.9	17.4	12.7	8.4
サウスカロライナ[1]	58.8	79.6	72.5	106.8	4.5	4.6	5.6	6.2	3.8	2.7
サウスダコタ[1]	27.9	20.0	34.5	23.5	11.2	5.6	13.8	6.6	7.5	3.0
テネシー[1]	236.8	115.5	281.8	142.5	13.1	4.7	15.6	5.8	10.9	2.2
テキサス[1]	474.8	545.4	626.2	676.7	7.4	5.4	9.7	6.7	5.6	3.2
ユタ[1]	69.9	74.6	91.9	95.6	11.4	6.5	14.9	8.4	8.0	3.9
バーモント	28.5	34.2	35.4	39.5	12.8	11.8	15.9	13.6	7.1	5.3
バージニア[1]	236.0	160.6	296.7	196.4	9.7	4.6	12.2	5.7	8.6	2.9
ワシントン	405.8	551.8	469.2	605.2	25.0	19.4	28.9	21.3	18.6	10.7
ウエストバージニア	134.7	99.9	148.3	111.4	22.7	14.8	25.0	16.5	22.2	11.2
ウィスコンシン	435.9	354.9	463.9	379.8	22.3	14.2	23.8	15.1	17.8	8.4
ワイオミング[1]	26.8	18.1	34.2	20.7	13.8	7.4	17.6	8.4	11.2	4.9

1．労働権の認められる州　2．2001年「労働権」法が議会を通過

資料：The Bureau of National Affairs (BNA), Inc., Arlington, VA, *Union Membership and Earnings Data Book*；毎月人口調査（2011年版）より編集（copyright, BNA PLUS）；Barry Hirsch（ジョージア州立大学）および David Macpherson（フロリダ州立大学）の共著；<http://unionstats.gsu.edu> および <http://bnaplus.bna.com/LaborReports.aspx> も参照

第13章
所得・支出・貧困・富

　本章では、国内総生産（GDP）、国民総生産（GNP）、国民所得と個人所得、貯蓄と投資、貨幣所得、貧困、国富と個人の富に関するデータを提示する。所得と支出に関するデータは合衆国経済を2つの側面から測定しようというものである。第1の側面は国民所得・生産勘定（National Income and Product Account：NIPA）、所得と総生産に関連する要約的な統計およびそれらの間の相互関係を示すものである。第2の側面は家計および個人への所得配分の状況を示すものである。

　GDP、GNP、国民所得・個人所得、総貯蓄、投資および固定再生産可能有形資産に関するデータの主要資料は、商務省の経済分析局（Bureau of Economic Analysis：BEA）が毎月発行している『Survey of Current Business』である。NIPAの包括的な改訂は、2003年12月より公表されている。改訂に関する議論は『Survey of Current Business』の2003年1月、6月、8月、9月、12月号に掲載されている。また、同誌の2008年8月号には、改訂後の時系列推計値が公表されている。国民所得・生産勘定の詳細な時系列データは、ウェブサイト<http://www.bea.gov/>で閲覧可能。

　所得分配のデータは、10年毎の人口センサス、毎月人口調査（CPS）および全米コミュニティ調査による。これらはすべてセンサス局のデータである（第1章、第4章の解説を参照）。家庭および個人の所得に関する年別データは、出版物としては『Current Population Reports, Consumer Income』series P60に掲載されている。また、センサス局のホームページ<http://www.census.gov/hhes/www/income/income.html>上で様々なシリーズの所得データが公開されている。

　世帯の貯蓄と資産に関するデータは、連邦準備制度理事会（Board of Governors of the Federal Reserve System）が季刊『Flow of Funds Accounts』で公表している。また、『Survey of Consumer Finances』を公刊して、家庭の資産と純資産に関する財務情報を掲載している。最新の調査については<http:www.federal.reserve.gov/pubs/oss/oss2/scfindex.html>で入手可能である。個人の富に関する詳細な情報は、内国歳入庁（Internal Revenue Service：IRS）の定期刊行誌『SOI Bulletin』で公表されている。

国民所得、国民生産

　GDPは、合衆国内に配分された労働と資産によって産出された財とサービスの付加価値生産を市場価格で評価したものである。GDPでは、個人消費支出、民間国内総投資、財とサービスの純輸出、政府消費支出と政府投資等の消費の要素を観測することができる。GDPに含まれる財とサービスは、非合法な取引を除いた最終的な使用を目的とする取引である。注意を要するのは、全ての付加価値が実際に取引されたものとは限らず、むしろかなりの多くの財とサービスは帰属価値である。その内、最も重要なものは所有者占有住宅の帰属賃貸価値である。広い意味でGDPは合衆国に存在する生産要素に帰属する生産量を測定したものである。州別GDPは、州内にある労働と資産に帰属する財とサービスの市場価格の総計である。これは国におけるGDPに相当する。

　実質GDPを示す指標を従来の固定加重型から各年への連鎖加重型に変更した。新しい方法では、産出と価格の実質的な変化を該当年および前年の加重に基づく変化の平均として算出する（産出の要素は価格により加重され、価格の要素は産出により加重される）。これにより、年変化は連鎖して時系列のデータを形成し、価格および産出の各要素の構成を比較することが容易となった。四半期および月別の変化に対して四半期ごと、あるいは毎月の変化はそれぞれの加重に基づく。この指標は、2000年ドルと表記され、これに従い価格指数は2000年＝100で示される。連鎖ドル指数に関する詳細な情報は、『Survey of Current Business』2003年11月号の当該テーマの記事を参照。

GDPを構成する各要素の連鎖（2000年）ドル推計値は1990年以前については公表されていない。基準年から遠すぎるため、各要素が合計にどの程度寄与しているかを判断する材料として不適と考えられるからである。1929年から現在までのGDPの各要素は指数の形（2000年＝100）で公表されており、GDP構成要素の変化率を計算することができる。さらに、BEAは全ての機関におけるGDPの変化の割合の主たる要素を推計している。

国内総生産（GNP）は合衆国居住者によるすべての労働と資産に起因する生産を計測する。GNPは、主に減価償却による固定資本消費引当金を含んでいる点で、国民所得とは区別される。

国民所得には生産によって得られる全ての純所得（純CFC）が含まれる。国民所得は、従業員報酬・在庫変動調整（IVA）および資本消費調整（CCAdj）された所有権所得・CCAdjされた個人賃貸所得・IVAおよびCCAdjされた法人収益・純利子および雑収入・生産や輸入に対する課税・経常移転収入および経常黒字などから補助金を控除したものの合計値である。

企業、非農業個人企業の資本消費調整とは、所得納税申告に基づいた資本消費と、中古設備や再販市場における建造物の価格に関する経験的根拠を用いて推計された資本消費との差を指している。それは、大部分のタイプの資産に関する減価償却が幾何数列的傾向に近づくことを示している。納税申告書データは過去の傾向から割出した価格（Historical Cost）で評価され、税法で認められた耐用年数と減価償却率を用いて算出されている。「在庫変動調整」は、帳簿価額の減額分と再購入価額との差である。

「個人所得（Personal Income）」は、個人が受け取った全ての所得源泉からの当期の所得から政府社会保障費の個人負担を差し引いたものである。個人所得には個人（非法人企業の所有者を含む）だけではなく、主として個人を対象に活動する非営利団体、民間信託基金、民間福祉基金も含まれる。（生産から発生したものではない収入）個人所得は、政府および企業からの移転、例えば社会保障給付や生活保障等を含み、個人間の移転を含まない。個人所得は、特定の非金銭的所得、所有者・占有者の帰属家賃、および金融仲介機関によって無償提供されるサービスの価値も含む。キャピタルゲイン（純損失）は除く。

「個人可処分所得」は、個人所得から一般の税（current tax）を引いたものである。それは個人が支出および貯蓄することが可能な所得である。一般の税は、事業税以外の（社会保障の個人分担金を除く）個人による納税および税に類似する対政府個人支出である。個人税には所得税、個人財産税と自動車免許税およびその他の税を含む。

産業別国内総生産

経済分析局では、産業別の付加価値の推計も作成している。付加価値とは、民間の各産業および政府機関の国内総生産に対する貢献度を指す。これは、（売上高もしくは受領高、およびその他の営業利益・物品税・在庫変動から成る）産業の総生産高から、（エネルギー・原料・半製品、および国内の産業もしくは国外のソースから購入されるサービスから成る）中間投入資本を引いたものと定義される。これらの付加価値推計は、61の民間産業と四つの政府機関分類に関して算出されている。この政府機関の4分類は、連邦政府とその系列企業、および州・地方政府とその系列企業である。

産業別の推計は、当該年ドルで示され、三つの構成要素（従業員給与、総営業剰余金、および生産や輸入に対する課税から補助金を引いたもの）から成る国内総所得の推計から得ている。実勢もしくはインフレによる修正を施した推計も行われている。

地域別経済統計

これらの統計は、州・地方域の個人所得および州別国内総生産の推計から成り、経済分析局の経済統計の国民経済統計にある個人所得および国内総生産の推計と矛盾なく両立している。経済分析局の州・地方域個人所得の推計は、個々の州・地方域経済分析のための枠組を規定しており、各地域経済をどの様に比較し合うかを示している。州もしくは地方域の「個人所得」とは、その州または地域の居住者かその代理人によって受領された

所得を指す。労働者および経営者の所得の就業地別推計は、地域内の企業と政府の経済活動を示し、個人所得の居住地別推計は、その居住地域における可処分所得を示す。経済分析局は、連邦、州、郡、および同局が定める経済区域に関する推計を作成している。

「州別国内総生産」推計は、各州における国民所得に対する労働と資産による付加価値を測定している。州別GDPは、州にとっての国民総生産（GDP）に相当するものと見なされる事が多い。州別GDP推計は、国家の経済動向に与える地域の影響力を分析するための論拠を提示している。州別GDPは、国内総所得の構成要素となる産業と州による分配の合計値、即ち、州別GDPの生産におけるコスト負担と所得の合計値と同様に測定されたものである。GDP推計は、63の産業に関して名目ドルおよび実質ドル（chained Dollars）で公表されている。

消費支出調査

消費支出調査は、1980年から行われている。調査の主要な目的は、当該年の消費支出データを収集することで、消費者の支出傾向に関する継続的なデータを提供することにある。このデータはまた消費者物価指数の改訂のためにも必要である。

消費支出調査は労働統計局の委嘱を受けてセンサス局が行うもので、2つの構成要素から成っている。即ち（1）消費者単位（家計または個人）の支出に関する3カ月ごとの5種類の面接パネル調査、および（2）連続する2週間調査世帯が記入する日誌調査または記録による調査である。

この2つの調査の対象は、合衆国の全住民を代表するように抽出された消費者単位の独立標本である。各四半期ごとに、約3200消費単位を標本として日記調査を行う。各消費単位は、1週間の日記を2回つけ、1年に約6400の日記が得られる。面会調査の標本は調査対象の標本の一定比率を順次入れ替えるローテーション方式で選択され、15,000消費単位が対象となる。合衆国の都市人口を代表する91地域から収集されている。調査対象には学生寮に住む学生も含まれる。データは2つの調査の結果を統合して得られたものである。日誌調査も面接調査も消費者の支出を完全にカバーするものではないから、家計の支出を統合的に分析するためには双方を利用することが必要である。

家計および個人への貨幣所得の分配

貨幣所得統計は、1936年以来実行されている様々な所得調査に基づいている。1947年以降、センサス局は毎年調査を行いその結果を『Current Population Reports』series P60 に公表している。調査員は面接調査によって前年の所得に関する標本調査を行なっている。センサス局の定義による貨幣所得は、経済分析局の「個人所得」の概念とは異なる。

毎月人口調査（CPS）による消費者所得は個人所得税、社会保障費個人負担、組合費、メディケア控除額等の支払い以前の貨幣所得の総計（ただし資本収益を除く）である。それゆえにCPSの貨幣所得にはフードスタンプ受領額、保険給付額および補助金支給住宅のような非現金給付額は含まれない（第11章参照）。また、農家の自家消費、自己所有住宅の帰属家賃等のように財の形で得ている非現金収入あるいは事業運送および施設の自家消費、退職制度事業収入、医療・教育費免除等の無形の収入も含まれない。これらの要素は所得水準の比較に際しては元来無視することはできない。総所得の概念（GDP、国民所得または個人所得）は、いずれもCPSの貨幣所得と正確には比較することはできない。ただし個人所得は最も近い。

家計および世帯の定義については第1章の解説を参照。

貧困

家族および親戚関係のない個人は、行政管理予算局の「Statistical Policy Directive 14」にしたがって、貧困水準以上か以下かに分類される。センサス局は、家族の規模や構成によって異なる基準を用いている。

貧困の計算は貨幣所得に基づいて設定されており、多くの低所得者が受け取るフードスタンプ、メディケイドおよび公共住宅のような非現金給付を反映していない。最初の貧困水準は、農務省の1961年のEconomy Food Planに基づき、家族

によって異なる必要な消費を考慮していた。貧困水準は毎年の消費者物価指数を反映するように改訂される。貧困水準の設定方法に関する改訂が、1981年に行なわれた。即ち、(1) 世帯主の性別による区別は廃止、(2) 農業家族の特別の貧困水準を設定することは廃止、(3) 家族数による区分の上限は従来の7人以上から9人以上に改訂された。これらの変更は1981年以降、貧困データの計算に用いられる。貧困の指標と調査に関する情報には、センサス局のウェブサイト〈http://www.census.gov/hhes/www/poverty/poverty.html〉に加えて、厚生省のウェブサイト〈http://aspe.hhs.gov/poverty/index.shtml〉で閲覧できるものもある。最近センサス局は多数の文書と報告書を公表し、政府の非現金給付のうち主要なものの価額を算出して所得と定義することにより、貧困の推計を試みた。またセンサス局は課税後所得を公刊した。

統計的信頼度

センサス局の統計収集、推計、標本抽出、統計的信頼度については、付録IIIを参照。

歴史統計

各表の見出しは『アメリカ歴史統計、植民地時代～1970年』に対応している。クロスリファレンスについては、付録I参照。

No.667. 国内総生産（GDP）――名目および連鎖（2005年）ドル価額：1970-2010年

[単位：10億ドル（1038は1兆380億ドルを表す）。GDPおよび連鎖ドルについては本章の解説を参照。マイナス（－）は純転入を示す]

項目	1970	1980	1990	1995	1998	1999	2000	2001	2002	2003	2004	2005	2006	2007	2008	2009	2010
名目ドル																	
国内総生産（GDP）	**1,038**	**2,788**	**5,801**	**7,415**	**8,794**	**9,354**	**9,952**	**10,286**	**10,642**	**11,142**	**11,868**	**12,638**	**13,399**	**14,062**	**14,369**	**14,119**	**14,660**
個人消費支出	648	1,756	3,836	4,987	5,919	6,343	6,830	7,149	7,439	7,804	8,285	8,819	9,323	9,806	10,105	10,001	10,349
耐久財	90	226	497	636	780	857	916	946	992	1,015	1,062	1,106	1,133	1,159	1,084	1,027	1,089
非耐久財	229	573	994	1,180	1,330	1,433	1,543	1,588	1,618	1,713	1,831	1,968	2,089	2,198	2,296	2,204	2,336
サービス	330	956	2,344	3,172	3,809	4,053	4,371	4,615	4,829	5,077	5,393	5,745	6,101	6,449	6,725	6,771	6,923
民間国内総投資	152	479	861	1,144	1,511	1,642	1,772	1,662	1,647	1,730	1,969	2,172	2,327	2,295	2,097	1,589	1,828
固定投資	150	486	846	1,113	1,447	1,581	1,718	1,700	1,635	1,713	1,904	2,122	2,267	2,266	2,138	1,716	1,756
在庫増減	2	-6	15	31	64	61	55	-38	12	16	65	50	60	29	-41	-127	72
純輸出および・サービス	4	-13	-78	-91	-162	-262	-382	-371	-427	-504	-619	-723	-769	-714	-710	-386	-516
財・サービスの輸出	60	281	552	812	954	989	1,093	1,028	1,003	1,041	1,180	1,305	1,471	1,662	1,843	1,578	1,838
財・サービスの輸入	56	294	630	903	1,116	1,251	1,475	1,399	1,430	1,545	1,799	2,028	2,240	2,376	2,554	1,965	2,354
政府消費支出および総投資	234	566	1,182	1,374	1,526	1,631	1,731	1,846	1,983	2,113	2,233	2,370	2,518	2,674	2,878	2,915	3,000
連邦政府	113	244	508	519	531	555	576	612	681	757	825	876	932	976	1,080	1,140	1,214
国防	88	168	374	349	346	361	371	393	438	498	551	589	625	662	737	772	818
非国防	26	76	134	170	185	194	205	219	243	259	274	287	307	314	343	368	397
州・地方政府	120	322	674	855	995	1,076	1,155	1,235	1,303	1,356	1,408	1,494	1,587	1,698	1,799	1,775	1,786
連鎖（2005年価格）ドル																	
国内総生産（GDP）	**4,270**	**5,839**	**8,034**	**9,094**	**10,284**	**10,780**	**11,226**	**11,347**	**11,553**	**11,841**	**12,264**	**12,638**	**12,976**	**13,229**	**13,229**	**12,881**	**13,248**
個人消費支出	2,740	3,766	5,316	6,079	6,866	7,241	7,608	7,814	8,022	8,248	8,533	8,819	9,074	9,290	9,265	9,154	9,314
耐久財	(NA)	(NA)	(NA)	512	667	754	820	864	930	986	1,051	1,106	1,150	1,199	1,136	1,095	1,178
非耐久財	(NA)	(NA)	(NA)	1,438	1,580	1,661	1,715	1,746	1,780	1,846	1,905	1,968	2,024	2,064	2,041	2,017	2,073
サービス	(NA)	718	994	4,208	4,662	4,853	5,093	5,219	5,318	5,418	5,578	5,745	5,900	6,028	6,082	6,033	6,065
民間国内総投資	475	718	994	1,259	1,630	1,844	1,970	1,832	1,807	1,872	2,058	2,172	2,230	2,162	1,957	1,516	1,775
固定投資	(NA)	(NA)	(NA)	1,236	1,630	1,782	1,914	1,878	1,798	1,856	1,993	2,122	2,171	2,133	1,997	1,631	1,695
在庫増減	(NA)	(NA)	(NA)	32	72	69	60	-42	13	17	66	50	59	28	-38	-113	63
純輸出および・サービス	(NA)	(NA)	(NA)	-99	-253	-357	-452	-472	-549	-604	-688	-723	-729	-655	-504	-363	-423
財・サービスの輸出	176	352	600	846	1,049	1,094	1,188	1,122	1,099	1,117	1,223	1,305	1,422	1,554	1,648	1,491	1,666
財・サービスの輸入	237	345	673	945	1,301	1,451	1,640	1,594	1,648	1,721	1,911	2,028	2,151	2,209	2,152	1,854	2,088
政府消費支出および総投資	1,234	1,359	1,864	1,889	1,985	2,056	2,098	2,178	2,280	2,331	2,362	2,370	2,402	2,434	2,503	2,543	2,568
連邦政府	(NA)	(NA)	(NA)	704	681	695	698	727	780	831	865	876	895	906	972	1,028	1,077
国防	(NA)	(NA)	(NA)	477	448	456	454	471	505	549	580	589	598	612	658	693	720
非国防	(NA)	(NA)	(NA)	228	234	239	244	256	274	282	285	287	297	294	314	335	357
州・地方政府	(NA)	(NA)	(NA)	1,184	1,304	1,362	1,400	1,452	1,501	1,500	1,497	1,494	1,507	1,528	1,533	1,519	1,497
剰余	-118	-11	-67	-176	-88	-50	-24	-29	-20	-12	-4	–	-2	-1	16	38	11

― ゼロまたは概数でゼロを示す NA データなし

資料：U.S. Bureau of Economic Analysis, *Survey of Current Business* (2011年4月); <http://www.bea.doc.gov/bea/dn/nipaweb/SelectTable.asp?Selected=N>

No.668. 連鎖ドル（2005年）によるGDP各要素の年変化率：1990－2010年

[直前年からの変化率、1990年は1989年からの変化を示す。マイナス記号（－）は減少を示す]

要素	1990	2000	2003	2004	2005	2006	2007	2008	2009	2010
国内総生産（GDP）	1.9	4.1	2.5	3.6	3.1	2.7	1.9	－	-2.6	2.9
個人消費支出	2.0	5.1	2.8	3.5	3.4	2.9	2.4	-0.3	-1.2	1.7
耐久財	-0.4	8.8	6.0	6.6	5.2	4.1	4.2	-5.2	-3.7	7.7
非耐久財	1.2	3.2	3.7	3.2	3.4	2.8	2.0	-1.1	-1.2	2.7
サービス	3.0	5.0	1.9	2.9	3.0	2.7	2.2	0.9	-0.8	0.5
民間国内総投資	-3.4	6.8	3.6	10.0	5.5	2.7	-3.1	-9.5	-22.6	17.1
固定資本投資	-2.1	7.4	3.2	7.3	6.5	2.3	-1.8	-6.4	-18.3	3.9
居住用以外	0.5	9.8	0.9	6.0	6.7	7.9	6.7	0.3	-17.1	5.7
構造物	1.5	7.8	-3.8	1.1	1.4	9.2	14.1	5.9	-20.4	-13.7
設備、ソフトウェア	－	10.5	2.5	7.7	8.5	7.4	3.7	-2.4	-15.3	15.3
居住用	-8.6	1.0	8.2	9.8	6.2	-7.3	-18.7	-24.0	-22.9	-3.0
輸出	9.0	8.6	1.6	9.5	6.7	9.0	9.3	6.0	-9.5	11.7
財	8.4	11.1	1.8	8.5	7.5	9.4	9.8	6.3	-12.0	14.7
サービス	10.5	2.7	1.2	11.9	5.0	7.9	8.3	5.3	-3.9	5.7
輸入	3.6	13.0	4.4	11.0	6.1	6.1	2.7	-2.6	-13.8	12.6
財	2.9	13.4	4.9	11.0	6.8	5.9	2.9	-3.5	-15.8	14.8
サービス	6.5	11.0	1.9	11.2	2.8	7.1	1.4	2.4	-4.2	3.5
政府消費支出および総投資	3.2	2.0	2.2	1.4	0.3	1.4	1.3	2.8	1.6	1.0
連邦政府	2.0	0.5	6.6	4.1	1.3	2.1	1.7	7.3	5.7	4.8
国防	－	-0.5	8.7	5.7	1.5	1.6	2.2	7.5	5.4	3.9
国防以外	8.2	2.4	2.8	1.0	0.9	3.2	-0.8	6.7	6.5	6.6
州・地方政府	4.1	2.8	-0.1	-0.2	-0.2	0.9	1.4	0.3	-0.9	-1.4

－ ゼロまたは概数でゼロを示す

資料：U.S. Bureau of Economic Analysis, *Survey of Current Business* (2011年4月); ⟨http://www.bea.gov/national/nipaweb/Select Table.asp?Selected=N⟩ も参照

No.669. 国内総生産：名目および連鎖（2005年）ドル価額——生産形態・部門別：1990－2010年

[単位：10億ドル（5,801は5兆8010億ドルを表す）。連鎖ドルについては本章の解説を参照]

生産形態および部門	1990	2000	2004	2005	2006	2007	2008	2009	2010
名目ドル									
国内総生産	5,801	9,952	11,868	12,638	13,399	14,062	14,369	14,119	14,660
生産形態									
財	1,923	3,125	3,334	3,473	3,661	3,837	3,764	3,687	4,067
耐久財	981	1,770	1,785	1,891	1,977	2,069	2,006	1,802	2,070
非耐久財	942	1,355	1,549	1,582	1,683	1,768	1,758	1,886	1,997
サービス[1]	3,344	5,878	7,319	7,802	8,286	8,792	9,251	9,321	9,570
構造物	534	949	1,215	1,363	1,453	1,433	1,355	1,111	1,024
部門									
ビジネス[2]	4,454	7,716	9,085	9,696	10,284	10,771	10,864	10,521	11,018
非農業[3]	4,377	7,642	8,966	9,594	10,191	10,657	10,732	10,417	10,894
農業	77	74	118	102	93	115	131	104	125
家計および団体	624	1,157	1,424	1,506	1,603	1,686	1,808	1,838	1,841
政府[4]	723	1,079	1,359	1,437	1,512	1,605	1,698	1,760	1,801
連邦政府	259	315	412	439	461	486	517	552	579
州・地方政府	464	764	947	998	1,051	1,119	1,181	1,209	1,222
連鎖（2005年）ドル									
国内総生産	8,034	11,226	12,264	12,638	12,976	13,229	13,229	12,881	13,248
生産形態									
財	1,920	3,056	3,326	3,473	3,653	3,803	3,784	3,642	4,047
耐久財	(NA)	1,625	1,778	1,891	1,989	2,111	2,093	1,883	2,201
非耐久財	(NA)	1,430	1,548	1,582	1,663	1,694	1,693	1,748	1,845
サービス[1]	5,269	6,919	7,613	7,802	7,985	8,170	8,291	8,278	8,345
構造物	942	1,245	1,326	1,363	1,341	1,267	1,167	974	904
部門									
ビジネス[2]	5,815	8,501	9,380	9,696	9,992	10,195	10,100	9,731	10,091
非農業[3]	5,760	8,418	9,282	9,594	9,892	10,105	9,995	9,620	9,977
農業	56	84	98	102	99	90	102	109	111
家計および団体	1,010	1,376	1,457	1,506	1,540	1,572	1,630	1,622	1,625
政府[4]	1,266	1,349	1,427	1,437	1,445	1,463	1,497	1,521	1,529
連邦政府	484	411	436	439	438	442	459	486	503
州・地方政府	789	939	991	998	1,007	1,021	1,038	1,035	1,027

NA　データなし　1．教育、国防等の政府によるサービスのための政府消費支出を含む。名目ドルの値は、これらサービスの生産時の費用を示す　2．家計および一般政府組織の総付加価値を除く国内総生産と等しい　3．総事業付加価値から農業付加価値を引いたものに等しい　4．一般政府職員人件費と一般政府固定資本消費の合計

資料：U.S. Bureau of Economic Analysis, *Survey of Current Business* (2011年4月); ⟨http://www.bea.gov/national/nipaweb/Select Table.asp?Selected=N⟩ も参照

No.670. 産業別国内総生産──名目および連鎖（2005年）ドル価額：2000－2010年

[単位：10億ドル（9,952は9兆9520億ドルを表す）。2002年北米産業分類に基づく。第15章の解説を参照。データは非要素賦課金（資本減耗引当および間接事業税など）と総生産利益に対する要素賦課金を含む、資本減耗引当は会社基準から事業基準へと移行した]

産業	名目ドル				連鎖ドル（2005年価格）			
	2000	2005	2009	2010	2000	2005	2009	2010
国内総生産	9,952	12,638	14,119	14,660	11,226	12,638	12,881	13,248
民間産業	8,736	11,053	12,197	12,697	9,786	11,053	11,198	11,521
農林水産業	96	127	133	154	104	127	136	137
農場	74	102	104	(NA)	84	102	109	(NA)
農業サービス	22	25	29	(NA)	21	25	27	(NA)
鉱業	109	192	241	281	233	192	263	271
石油・天然ガス	68	129	142	(NA)	155	129	200	(NA)
鉱業（石油、ガスを除く）	28	36	49	(NA)	45	36	36	(NA)
鉱業、関連支援活動	14	27	50	(NA)	29	27	35	(NA)
公益事業	174	206	268	276	223	206	207	209
建設業	467	612	538	506	655	612	447	431
製造業	1,416	1,568	1,585	1,718	1,397	1,568	1,470	1,554
耐久消費財	839	878	867	961	748	878	857	943
材木・木製品	28	33	21	(NA)	33	33	28	(NA)
非金属鉱物製品	42	45	38	(NA)	45	45	32	(NA)
一次金属	46	54	43	(NA)	62	54	45	(NA)
組立金属製品	121	120	122	(NA)	130	120	94	(NA)
機械	111	110	113	(NA)	111	110	95	(NA)
コンピュータ、電子製品	172	183	206	(NA)	82	183	294	(NA)
電気機械、部品	44	40	52	(NA)	43	40	42	(NA)
自動車、車体、トレイラー	117	113	78	(NA)	94	113	77	(NA)
その他の輸送機器	66	76	91	(NA)	78	76	82	(NA)
家具・関連製品	34	34	24	(NA)	35	34	20	(NA)
その他の製造業	58	70	79	(NA)	60	70	74	(NA)
非耐久消費財	577	690	718	756	650	690	613	618
食料・飲料・タバコ	165	172	206	(NA)	176	172	175	(NA)
繊維製品	28	24	18	(NA)	27	24	16	(NA)
衣料・革その他	21	16	12	(NA)	20	16	12	(NA)
紙製品	62	54	56	(NA)	58	54	42	(NA)
印刷・関連活動	40	38	33	(NA)	38	38	32	(NA)
石油・石炭製品	44	139	120	(NA)	74	139	128	(NA)
化学薬品・同製品	152	183	217	(NA)	170	183	164	(NA)
プラスチック・ゴム製品	65	66	57	(NA)	66	66	45	(NA)
卸売業	618	725	781	808	606	725	811	844
小売業	686	839	820	863	751	839	790	831
輸送・倉庫業	301	370	390	407	318	370	342	348
航空輸送	53	56	62	(NA)	43	56	50	(NA)
鉄道輸送	23	27	31	(NA)	27	27	23	(NA)
水上輸送	8	9	14	(NA)	7	9	22	(NA)
トラック輸送	97	119	113	(NA)	107	119	105	(NA)
乗り継ぎ陸上輸送	18	21	23	(NA)	21	21	20	(NA)
パイプライン輸送	9	10	12	(NA)	9	10	9	(NA)
その他の輸送	68	92	95	(NA)	76	92	80	(NA)
倉庫	26	35	39	(NA)	29	35	36	(NA)
情報通信	418	593	639	670	397	593	659	691
出版業（ソフトウェアを含む）	100	151	148	(NA)	102	151	141	(NA)
映画・音楽	37	56	60	(NA)	43	56	56	(NA)
放送・遠距離通信	257	311	356	(NA)	227	311	380	(NA)
情報通信・データ処理	24	74	76	(NA)	24	74	83	(NA)
金融・保険	762	1,029	1,172	1,235	841	1,029	1,094	1,129
不動産・賃貸	1,236	1,578	1,869	1,859	1,422	1,578	1,701	1,713
専門・科学・技術サービス	662	876	1,069	1,104	745	876	951	972
法律サービス	139	195	219	(NA)	176	195	177	(NA)
コンピュータシステムデザイン関連サービス	114	129	170	(NA)	102	129	174	(NA)
その他のサービス	410	552	680	(NA)	467	552	604	(NA)
会社経営	171	218	247	256	215	218	217	220
廃棄物管理・関連支援および再生サービス	283	369	386	412	312	369	348	367
教育サービス	86	120	155	163	116	120	122	122
保健、社会扶助	592	833	1,058	1,112	709	833	933	959
通院保健サービス	288	406	514	(NA)	326	406	462	(NA)
病院・看護・居住看護施設	253	354	453	(NA)	322	354	392	(NA)
社会扶助	52	73	91	(NA)	62	73	79	(NA)
芸術・レクリエーション・娯楽	99	117	127	131	115	117	115	121
芸術鑑賞、スポーツ観戦、美術館等	48	64	71	(NA)	59	64	62	(NA)
アミューズメント、ゲーム、レクリエーション	50	54	56	(NA)	55	54	53	(NA)
宿泊施設・飲食業	283	364	386	400	328	364	324	335
宿泊施設	89	109	109	(NA)	100	109	99	(NA)
飲食店	194	256	277	(NA)	227	256	225	(NA)
その他のサービス、行政を除く	278	319	335	344	347	319	284	288
政府	1,215	1,586	1,923	1,964	1,507	1,586	1,653	1,660
連邦	378	502	612	638	483	502	533	549
州・地方	837	1,084	1,311	1,326	1,025	1,084	1,119	1,112

NA データなし

資料：U.S. Bureau of Economic Analysis, *Survey of Current Business* (2011年5月); <http://www.bea.gov/newsreleases/industry/gdpindustry/gdpindnewsrelease.htm>

No.671. 州別国内総生産——名目ドルおよび連鎖（2005年）ドル：2000－2009年

[単位：10億ドル（9,884.2は9兆8842億ドルを表す）。国内総生産および連鎖ドルの定義については本章の解説を参照]

州	名目ドル					連鎖（2005年）ドル				
	2000	2005	2007	2008	2009	2000	2005	2007	2008	2009
合衆国[1]	9,884.2	12,554.5	13,969.4	14,269.8	14,027.7	11,223.1	12,554.5	13,144.1	13,101.2	12,781.2
アラバマ	116.0	151.1	165.8	170.7	168.4	132.6	151.1	155.7	156.6	152.5
アラスカ	25.9	37.8	44.5	49.7	46.7	34.1	37.8	40.7	41.1	44.6
アリゾナ	161.9	223.0	260.4	261.5	254.1	179.3	223.0	245.2	241.6	230.9
アーカンソー	68.1	88.2	97.2	100.2	100.8	77.3	88.2	91.2	91.8	91.8
カリフォルニア	1,317.3	1,692.0	1,881.8	1,925.5	1,884.5	1,470.4	1,692.0	1,775.1	1,779.2	1,736.9
コロラド	171.9	217.4	243.9	255.2	250.9	195.2	217.4	229.6	234.0	232.1
コネティカット	163.9	197.1	222.1	222.2	220.4	185.3	197.1	209.9	205.3	198.4
デラウェア	41.0	54.7	58.5	58.4	59.3	46.9	54.7	55.6	54.0	54.2
コロンビア特別区	58.3	82.8	92.4	96.8	99.2	69.8	82.8	85.8	87.8	87.8
フロリダ	481.1	680.3	758.0	747.8	729.5	548.8	680.3	712.6	690.0	660.9
ジョージア	294.5	363.2	399.9	402.1	393.4	329.7	363.2	378.3	372.7	356.3
ハワイ	41.4	56.9	64.0	66.0	65.7	48.7	56.9	59.8	60.1	58.7
アイダホ	36.1	48.7	54.3	55.5	53.5	39.4	48.7	51.5	51.8	49.6
イリノイ	474.4	569.5	629.3	635.1	621.1	537.1	569.5	591.4	584.3	560.0
インディアナ	198.0	239.6	262.3	263.7	257.5	221.9	239.6	248.7	244.8	232.3
アイオワ	93.3	120.3	134.4	136.0	136.3	105.3	120.3	127.2	126.0	124.1
カンザス	85.7	105.2	121.0	124.9	123.4	97.9	105.2	113.8	114.9	112.5
ケンタッキー	113.1	139.3	151.8	155.9	154.6	128.3	139.3	142.5	143.1	138.7
ルイジアナ	131.4	197.2	204.7	211.5	208.4	168.0	197.2	184.4	181.1	192.1
メーン	36.4	45.6	49.4	50.5	50.6	41.6	45.6	46.5	46.5	45.5
メリーランド	183.0	248.1	273.2	280.5	283.8	209.7	248.1	256.6	258.4	256.0
マサチューセッツ	272.7	323.3	353.4	363.1	362.4	301.3	323.3	334.3	337.1	329.8
ミシガン	336.8	375.3	387.0	376.2	361.1	371.2	375.3	368.3	353.2	327.4
ミネソタ	188.4	238.4	254.8	262.0	257.6	211.2	238.4	239.9	242.3	234.9
ミシシッピ	65.6	81.5	91.6	95.7	95.1	76.0	81.5	85.5	87.3	86.3
ミズーリ	181.0	216.6	232.5	239.7	236.7	204.8	216.6	219.1	221.2	213.1
モンタナ	21.6	30.1	35.1	35.8	35.6	25.8	30.1	32.2	31.9	32.0
ネブラスカ	57.2	72.5	82.2	84.6	84.6	65.2	72.5	77.1	77.5	76.5
ネバダ	75.9	114.8	132.3	132.1	125.1	88.1	114.8	122.6	119.8	111.9
ニューハンプシャー	44.1	53.7	57.9	58.8	58.9	48.7	53.7	54.9	54.8	53.7
ニュージャージー	349.3	430.0	473.6	484.3	478.4	393.3	430.0	446.1	446.2	434.0
ニューメキシコ	50.3	67.8	74.3	78.0	74.4	58.5	67.8	69.6	69.9	69.1
ニューヨーク	770.6	961.9	1,087.2	1,110.7	1,085.1	863.2	961.9	1,020.4	1,016.3	976.6
ノースカロライナ	281.4	355.0	395.3	404.4	398.9	316.4	355.0	377.6	376.2	360.6
ノースダコタ	18.3	24.7	28.4	31.1	31.6	21.2	24.7	26.3	28.1	29.1
オハイオ	381.2	444.7	469.8	472.3	466.0	429.1	444.7	443.6	437.3	420.4
オクラホマ	91.3	120.7	139.9	151.5	154.3	110.3	120.7	129.5	133.3	147.0
オレゴン	113.0	143.3	167.2	169.5	165.2	121.2	143.3	162.9	164.5	158.5
ペンシルベニア	395.8	482.3	533.2	546.1	547.9	452.4	482.3	499.8	500.5	492.0
ロードアイランド	33.5	44.2	47.2	47.6	47.6	38.4	44.2	44.4	43.8	42.9
サウスカロライナ	115.4	141.9	157.6	159.7	158.0	130.8	141.9	148.0	146.8	140.7
サウスダコタ	24.0	31.6	35.2	38.0	38.8	26.9	31.6	33.1	35.0	36.0
テネシー	177.6	224.5	241.9	246.4	241.9	198.1	224.5	230.1	229.9	219.3
テキサス	733.0	971.0	1,144.9	1,196.8	1,141.3	872.6	971.0	1,069.9	1,065.9	1,066.4
ユタ	69.5	90.7	109.3	112.7	112.7	79.6	90.7	102.1	103.0	102.4
バーモント	18.0	22.8	24.2	25.0	25.1	20.0	22.8	23.0	23.3	22.9
バージニア	261.9	356.9	389.3	400.5	406.3	298.2	356.9	367.0	369.8	367.4
ワシントン	227.8	279.4	325.5	336.3	336.3	259.1	279.4	306.3	311.0	305.8
ウエストバージニア	41.4	52.0	57.8	61.3	62.3	49.6	52.0	53.1	54.3	54.8
ウィスコンシン	177.6	218.9	238.2	241.2	239.1	199.2	218.9	225.5	224.1	215.7
ワイオミング	17.0	26.2	33.5	38.9	37.5	23.1	26.2	29.7	31.4	35.5

1．連鎖（2005年）ドル推計については、各州の合計が合衆国計と合致しない
資料：U.S. Bureau of Economic Analysis, "Gross Domestic Product by State," (2011年2月); ⟨http://www.bea.gov/regional/gsp/⟩

No.672. 産業別国内総生産——州別：2009年

[単位：10億ドル（14,027.7は14兆277億ドルを表す）。暫定値。州別国内総生産の定義については本章の解説を参照。産業については2002年北米産業分類に基づく。第15章の解説を参照]

州	計[1]	製造業	卸売業	小売業	情報	金融保険	不動産賃貸	専門、技術サービス	保健、社会扶助	政府[2]
合衆国	14,027.7	1,584.8	780.8	819.6	639.4	1,171.6	1,868.7	1,068.5	1,057.9	1,831.1
アラバマ	168.4	26.8	9.4	11.9	3.9	9.8	17.0	11.0	12.5	29.3
アラスカ	46.7	1.6	1.1	1.8	1.1	1.7	4.2	2.0	2.6	9.0
アリゾナ	254.1	20.5	13.5	19.2	7.1	22.3	39.6	15.1	20.3	34.4
アーカンソー	100.8	14.5	6.8	7.0	4.1	4.8	10.5	3.9	8.0	14.7
カリフォルニア	1,884.5	224.3	99.6	108.2	123.5	113.9	312.7	169.4	120.6	225.5
コロラド	250.9	18.0	12.4	13.6	22.2	16.5	33.7	23.9	15.4	32.2
コネティカット	220.4	26.2	11.4	11.1	8.3	36.2	33.1	16.5	17.6	21.6
デラウェア	59.3	4.1	2.0	2.3	1.1	21.2	6.4	3.9	3.8	5.7
コロンビア特別区	99.2	0.2	0.9	1.0	5.5	5.0	7.9	20.8	4.5	34.6
フロリダ	729.5	36.7	45.0	52.5	31.0	52.4	126.2	50.2	58.7	94.4
ジョージア	393.4	41.1	28.7	23.8	26.1	25.2	48.4	28.4	26.2	57.8
ハワイ	65.7	1.3	2.0	4.4	1.5	2.8	12.1	3.2	4.3	15.8
アイダホ	53.5	5.8	2.8	4.2	1.2	2.9	7.0	3.9	4.2	8.0
イリノイ	621.9	69.3	41.6	32.5	22.7	65.4	82.9	54.9	45.5	64.1
インディアナ	257.5	64.5	13.4	15.5	5.9	17.3	26.0	10.6	21.0	27.7
アイオワ	136.3	23.7	7.6	7.8	4.1	18.4	13.7	4.5	9.5	16.2
カンザス	123.4	16.9	7.8	7.7	7.1	8.0	12.3	6.5	9.5	18.8
ケンタッキー	154.6	25.1	9.6	9.6	4.2	8.7	14.5	6.9	13.3	25.4
ルイジアナ	208.4	41.8	9.3	12.7	4.3	7.9	18.4	9.8	13.2	24.3
メーン	50.6	5.3	2.5	4.2	1.3	3.8	7.2	2.7	6.0	7.3
メリーランド	283.8	15.4	13.3	15.3	10.5	17.0	48.7	30.6	22.5	52.6
マサチューセッツ	362.4	33.3	18.9	16.1	17.4	39.1	52.9	43.0	36.4	33.9
ミシガン	361.1	51.7	21.3	23.7	9.3	24.4	47.6	28.1	32.9	46.4
ミネソタ	257.6	32.0	16.7	13.8	9.3	26.2	33.3	16.4	23.9	28.0
ミシシッピ	95.1	16.3	4.4	7.2	2.0	4.7	8.8	3.5	7.0	17.8
ミズーリ	236.7	27.7	14.4	15.2	12.7	16.0	25.9	15.7	20.0	31.4
モンタナ	35.6	2.0	1.8	2.3	0.9	2.0	4.4	1.8	3.4	5.9
ネブラスカ	84.6	9.2	4.8	4.9	2.7	7.8	8.4	4.3	6.5	11.6
ネバダ	125.1	5.3	4.7	7.9	2.4	13.4	17.4	6.2	6.7	14.0
ニューハンプシャー	58.9	6.6	3.4	4.3	2.2	5.3	9.2	4.3	5.8	6.2
ニュージャージー	478.4	38.8	35.3	27.7	22.3	42.0	83.9	44.4	36.4	54.0
ニューメキシコ	74.4	4.1	2.6	4.8	2.2	2.9	9.0	6.5	5.7	15.4
ニューヨーク	1,085.1	58.8	52.6	52.8	77.6	168.5	158.0	100.7	85.2	123.4
ノースカロライナ	398.9	72.9	20.7	21.3	12.6	44.0	41.6	21.5	27.8	60.5
ノースダコタ	31.6	2.8	2.3	2.0	1.0	2.2	3.5	1.1	2.7	4.4
オハイオ	466.0	73.4	27.7	29.5	13.5	44.1	52.7	28.2	42.6	55.4
オクラホマ	154.3	17.6	7.0	9.0	4.3	7.4	13.9	6.3	10.0	26.4
オレゴン	165.2	31.6	10.0	8.1	5.4	9.2	23.5	8.6	13.5	21.4
ペンシルベニア	547.9	68.5	31.3	30.4	20.5	49.9	67.6	43.9	55.1	56.4
ロードアイランド	47.6	4.0	2.3	2.5	1.9	5.7	7.2	2.7	4.8	6.4
サウスカロライナ	158.0	24.2	8.5	11.5	4.3	8.7	18.8	8.0	10.2	28.6
サウスダコタ	38.8	3.3	2.1	2.5	0.9	8.1	3.5	1.1	3.3	4.6
テネシー	241.9	34.9	15.6	17.9	8.2	17.3	26.5	14.7	24.0	28.3
テキサス	1,141.3	146.8	74.2	65.2	47.5	75.2	106.3	80.0	69.9	139.5
ユタ	112.7	13.0	5.3	7.6	3.9	12.0	14.1	7.4	6.6	15.9
バーモント	25.1	2.9	1.2	2.0	0.7	1.9	3.5	1.6	2.7	3.7
バージニア	406.3	30.9	15.8	20.9	19.4	29.6	56.2	52.8	23.9	76.6
ワシントン	336.3	38.9	18.1	22.1	28.2	17.3	49.1	22.7	22.5	50.6
ウエストバージニア	62.3	5.6	2.8	4.4	1.4	3.0	6.0	2.5	6.0	12.4
ウィスコンシン	239.1	42.3	13.2	14.1	7.6	21.8	30.1	11.1	22.1	27.5
ワイオミング	37.5	2.3	1.2	1.8	0.5	1.0	3.1	1.0	1.4	5.0

1．個別に示さない産業を含む　2．連邦政府の文官および兵員、州、地方政府を含む
資料：U.S. Bureau of Economic Analysis,"Gross Domestic Product by State,"(2011年2月);〈http://www.bea.gov/regional/gsp/〉

No.673. 国内総生産、国民総生産、国民純生産、国民所得、個人所得、個人可処分所得、個人貯蓄：1990－2010年

[単位：10億ドル（5,801は5兆8010億ドルを表す）定義については本章の解説を参照。マイナス（－）は赤字または支出純額を示す］

項目	1990	2000	2005	2006	2007	2008	2009	2010
国内総生産（GDP）	5,801	9,952	12,638	13,399	14,062	14,369	14,119	14,660
（＋）諸外国からの所得収入	189	381	573	721	871	839	630	706
（－）諸外国への所得支出	154	343	476	649	748	665	484	518
（＝）国民総生産（GNP）	5,835	9,989	12,736	13,471	14,185	14,544	14,265	14,849
（－）固定資本減耗	691	1,184	1,541	1,661	1,768	1,849	1,861	1,869
（＝）国民純生産	5,144	8,805	11,194	11,811	12,418	12,694	12,404	12,980
（－）統計上の不突合	84	－134	－80	－221	21	137	179	152
（＝）国民所得	5,060	8,939	11,274	12,031	12,396	12,558	12,225	12,828
（－）企業利潤[1]	434	819	1,456	1,608	1,511	1,263	1,258	1,625
製品・輸入税－補助金	398	663	869	936	973	992	964	1,000
社会保険料	410	706	873	922	960	987	970	1,004
資産に関わる純利子およびその他の支出	444	539	543	652	732	813	784	738
企業の純移転支出	40	87	96	83	103	122	134	132
政府企業の経常黒字	2	9	－4	－4	－12	－17	－13	－13
賃金発生－支出	－	－	5	1	－6	－5	5	－
（＋）資産に関わる個人所得収入	921	1,361	1,542	1,830	2,057	2,109	1,920	1,908
個人経常移転収入	595	1,083	1,509	1,605	1,719	1,879	2,133	2,296
（＝）個人所得	4,847	8,559	10,486	11,268	11,912	12,391	12,175	12,547
（－）個人税	593	1,232	1,209	1,352	1,489	1,438	1,140	1,167
（＝）可処分個人所得	4,254	7,327	9,277	9,916	10,424	10,953	11,035	11,380
（－）個人支出	3,977	7,114	9,150	9,681	10,209	10,505	10,380	10,721
（＝）個人貯蓄	277	213	128	235	215	448	655	659

－　ゼロまたは概数でゼロを示す　　1．棚卸資産評価および資本減耗調整済み企業収益

資料：U.S. Bureau of Economic Analysis, *Survey of Current Business*（2011年4月）；〈http://www.bea.gov/national/nipaweb/SelectTable.asp?Selected=N〉

No.674. 貯蓄総額および投資総額：1990－2010年

[単位：10億ドル（918は9180億ドルを表す）]

項目	1990	2000	2005	2006	2007	2008	2009	2010
総貯蓄	918	1,800	1,903	2,174	2,014	1,785	1,534	1,704
純貯蓄	226	616	362	514	246	－64	－327	－165
純民間貯蓄	397	389	619	667	479	600	945	1,135
個人貯蓄	277	213	128	235	215	448	655	659
未配分法人利潤（IVA・CCA）[1]	120	176	486	430	271	157	284	476
賃金発生－支出	－	－	5	1	－6	－5	5	－
純政府貯蓄	－170	227	－257	－153	－233	－664	－1,272	－1,299
連邦政府	－176	185	－283	－204	－245	－616	－1,252	－1,332
州・地方政府	6	41	26	51	12	－47	－20	33
固定資本減耗	691	1,184	1,541	1,661	1,768	1,849	1,861	1,869
民間	560	987	1,291	1,391	1,476	1,537	1,536	1,534
国内企業	470	824	1,046	1,123	1,191	1,245	1,245	1,242
世帯および機関	91	163	245	268	286	292	291	293
政府	131	198	251	269	291	312	325	335
連邦	68	88	100	107	113	120	124	130
州・地方	63	110	150	163	179	193	201	205
国内総投資・資本勘定取引・純貸付	1,002	1,666	1,824	1,954	2,035	1,922	1,713	1,856
国内総投資	1,077	2,077	2,564	2,752	2,752	2,592	2,093	2,337
民間国内総投資	861	1,772	2,172	2,327	2,295	2,097	1,589	1,828
政府総投資	216	304	392	425	457	496	503	510
資本勘定取引（純）[2]	7	－	－13	2	－	－5	1	1
純貸付または純借入	－82	－411	－728	－801	－717	－665	－380	－482
統計上の不突合	84	－134	－80	－221	21	137	179	152
補遺：								
民間総貯蓄	957	1,376	1,910	2,058	1,955	2,137	2,480	2,669
政府総貯蓄	－40	424	－7	117	58	－351	－947	－964
連邦	－109	273	－183	－97	－133	－497	－1,127	－1,203
州・地方	69	151	176	214	191	145	181	238
国内総貯蓄	386	892	1,023	1,092	984	743	232	468
国内総所得に占める総貯蓄の%	16.0	17.8	14.9	15.9	14.2	12.4	10.9	11.6
国内総所得に占める純貯蓄の%	3.9	6.1	2.8	3.8	1.7	－0.4	－2.3	－1.1

－　ゼロまたは概数でゼロを示す　　1．在庫評価調整および資本減耗調整済み　　2．資本移転、取得、非生産比金融資産の廃棄を含む

資料：U.S. Bureau of Economic Analysis, Survey of Current Business（2011年4月）；〈http://www.bea.gov/national/nipaweb/SelectTable.asp?Selected=N〉

No.675. 資金フロー――個人貯蓄構成要素：1990－2010年

[単位：10億ドル（518.6は5186億ドルを表す）。家計、農家および非農家、非法人企業、の結合勘定。マイナス（−）は減少を示す。正確な比較はできないが類似のデータとして『アメリカ歴史統計』系列F566-594も参照]

貯蓄の構成	1990	2000	2005	2006	2007	2008	2009	2010
金融資産の増加	518.6	371.0	1,209.1	1,232.5	1,528.7	723.4	−115.9	460.3
外貨預金	1.4	7.6	2.4	5.2	15.4	−24.1	−10.3	4.9
通貨性預金と現金	−8.5	−74.2	−50.5	30.9	−5.0	240.5	33.5	−58.5
定期性預金	33.1	348.8	510.5	506.8	492.1	193.0	61.9	233.4
ＭＭＦ（マネー・マーケット・ファンド）	39.2	152.4	47.6	168.4	235.4	235.1	−274.6	−185.0
債権	200.9	−633.3	14.4	−309.3	−112.6	−159.4	209.1	330.3
オープンマーケットペーパー	5.8	12.4	14.7	19.0	−10.2	−101.3	28.7	28.8
合衆国貯蓄債券	8.5	−1.7	0.7	−6.0	−2.7	−2.4	−2.8	−3.3
その他の財務省証券	88.8	−205.8	−97.3	−90.2	−34.5	151.8	383.4	270.2
政府機関および政府保証金融機関債券[1]	35.3	34.1	97.0	−65.0	335.5	95.6	−624.6	−5.1
自治体債	34.7	4.5	78.7	52.1	23.5	7.0	106.7	85.2
社債、外国債	47.1	84.3	119.6	197.0	218.4	−213.3	−150.3	−228.7
株式[2]	−50.8	−637.5	−372.5	−585.0	−847.9	−111.9	104.4	−103.2
ミューチュアル・ファンド	31.5	76.3	173.5	165.4	208.5	15.2	363.7	286.4
生命保険準備金	26.5	50.2	16.1	65.6	34.2	67.0	26.5	62.6
年金基金準備金	191.8	263.0	275.4	250.6	200.8	112.7	111.6	118.6
その他資産	34.1	256.5	393.2	514.3	668.5	58.6	−273.8	−46.0
有形資産への総投資	797.3	1,492.4	2,037.9	2,067.3	2,010.0	1,801.5	1,576.4	1,639.0
（−）固定資産消費	571.2	913.5	1,208.9	1,281.0	1,352.4	1,393.9	1,404.0	1,388.3
（＝）有形資産への純投資	226.1	578.9	829.0	786.3	657.6	407.5	172.3	250.8
純負債増加	229.9	929.5	1,701.0	1,847.1	1,511.4	302.0	−412.6	−320.2
非農業住宅への抵当負債	207.1	422.8	1,106.5	1,064.9	708.8	−96.3	−197.6	−304.8
その他の抵当負債[3]	−1.9	108.8	118.1	235.8	299.0	204.3	−57.7	−104.8
消費者信用	15.1	176.5	100.4	95.4	139.3	38.8	−115.3	−44.2
生命保険抵当ローン	4.1	2.8	0.8	3.3	3.6	5.9	0.7	3.5
セキュリティクレジット	−3.7	7.2	−31.6	59.7	33.4	−160.7	38.1	75.2
その他債務[3]	9.3	211.3	406.8	387.9	327.3	310.0	−80.9	55.0
個人貯蓄、消費耐久財を含む[4]	530.5	56.0	302.1	188.5	677.9	817.0	457.0	1,006.4
個人貯蓄、消費耐久財を除く[4]	450.8	−181.8	62.5	−39.2	458.9	689.2	393.9	870.5
個人貯蓄（NIPA、消費耐久財を除く）[5]	276.7	213.1	127.7	235.0	214.7	447.9	655.3	655.7

1．GSE＝政府がスポンサーとなる企業　2．直接保有と満期のある者のみ。その他はエクイティはミューチュアルファンド、生命保険・年金基金、および銀行個人信託　3．法人農場を含む　4．資金フロー　5．国民所得生産勘定（National Income and Product Account）

資料：Board of Governors of the Federal Reserve System, "Federal Reserve Statistical Release, Z.1, Flow of Funds Accounts of the United States"（2011年3月）；<http://www.federalreserve.gov/releases/z1/20100311/>

No.676. 政府消費支出および総投資――名目ドルおよび連鎖ドル――政府のレベル別：2000－2010年

[単位：10億ドル（1,731.0は1兆7310億ドルを表す）。政府消費支出は、政府によって生み出されるサービス（教育、国防等）の生産費用である。政府から他部門への販売および政府自身の投資（建設およびソフトウェア）は除外する。政府総投資は、政府と政府企業の固定資産に対する投資支出。在庫投資は政府消費支出に含まれる。国民所得と連鎖ドルについては、第13章の解説を参照]

項目	名目ドル				連鎖（2005年）ドル			
	2000	2005	2009	2010	2000	2005	2009	2010
政府消費支出および総投資、計	1,731.0	2,369.9	2,914.9	3,000.2	2,097.8	2,369.9	2,542.6	2,568.3
消費支出	1,426.6	1,977.9	2,411.5	2,490.6	1,750.6	1,977.9	2,112.3	2,132.2
総投資	304.3	392.0	503.4	509.6	347.5	392.0	430.3	436.1
構造物	189.6	246.5	316.6	309.2	239.4	246.5	248.6	243.5
施設およびソフトウェア	114.7	145.5	186.8	200.5	109.8	145.5	184.5	197.6
連邦政府	576.1	876.3	1,139.6	1,214.3	698.1	876.3	1,027.6	1,076.9
消費支出	496.0	765.8	987.1	1,043.4	616.4	765.8	882.3	915.2
総投資	80.1	110.5	152.4	170.9	82.0	110.5	145.9	163.1
構造物	13.7	15.7	28.0	34.2	17.2	15.7	23.6	29.1
施設およびソフトウェア	66.4	94.7	124.4	136.7	65.2	94.7	121.9	133.1
国防	371.0	589.0	771.6	817.7	453.5	589.0	693.0	720.2
消費支出	321.8	514.8	664.1	698.2	403.9	514.8	591.7	608.7
総投資	49.2	74.2	107.5	119.5	50.3	74.2	101.9	112.6
構造物	5.4	7.5	15.9	19.0	6.9	7.5	13.5	16.2
施設およびソフトウェア	43.8	66.8	91.5	100.4	43.6	66.8	87.9	95.7
国防以外	205.0	287.3	368.0	396.6	244.4	287.3	334.6	356.7
消費支出	174.2	251.0	323.0	345.2	212.4	251.0	290.6	306.6
総投資	30.9	36.3	45.0	51.4	31.6	36.3	44.0	50.4
構造物	8.3	8.3	12.1	15.2	10.4	8.3	10.1	12.9
施設およびソフトウェア	22.6	28.0	32.9	36.2	21.5	28.0	33.9	37.3
州・地方政府	1,154.9	1,493.6	1,775.3	1,786.0	1,400.1	1,493.6	1,518.8	1,497.4
消費支出	930.6	1,212.0	1,424.4	1,447.2	1,133.7	1,212.0	1,232.1	1,220.0
総投資	224.3	281.6	351.0	338.7	266.6	281.6	286.8	277.6
構造物	176.0	230.8	288.5	275.0	222.2	230.8	225.4	215.2
施設およびソフトウェア	48.3	50.8	62.4	63.8	44.3	50.8	62.5	64.3

資料：U.S. Bureau of Economic Analysis, *Survey of Current Business*（2011年4月）；<http://www.bea.gov/national/nipaweb/SelectTable.asp?Selected=N> も参照

No.677. 個人消費支出──支出費目別／名目および連鎖ドル価額：2000－2009年

[単位：10億ドル（6,830.4は6兆8304億ドルを表す）。「連鎖」ドルの定義は、本章の解説を参照]

支出種類	名目ドル				連鎖（2005年）ドル			
	2000	2005	2008	2009	2000	2005	2008	2009
個人消費支出[1]	6,830.4	8,819.0	10,104.5	10,001.3	7,608.1	8,819.0	9,265.0	9,153.9
食品・非アルコール飲料の購入（店舗外消費用）	463.1	569.5	662.6	664.0	519.1	569.5	586.6	581.9
アルコール飲料（店舗外消費用）	74.0	95.1	112.1	113.5	81.1	95.1	104.6	102.7
衣料・履物および関連サービス	297.3	331.8	352.1	339.5	276.8	331.8	357.6	341.4
衣料	250.4	280.3	297.0	286.2	230.3	280.3	303.2	290.0
履物[2]	46.9	51.5	55.1	53.3	46.6	51.5	54.4	51.4
住宅[1]	1,010.5	1,328.9	1,533.2	1,581.6	1,174.2	1,328.9	1,389.8	1,407.8
非農場住宅の賃借	227.9	264.7	326.3	346.1	267.9	264.7	291.8	302.7
非農場自己所有住宅の賃借換算[4]	768.9	1,044.5	1,184.5	1,211.9	890.7	1,044.5	1,080.1	1,087.1
家庭用公共料金および燃料	204.0	275.0	328.1	317.6	265.4	275.0	265.6	269.7
下水道	50.4	63.6	76.5	80.0	61.9	63.6	65.5	64.5
電気・ガス・その他の燃料	153.5	211.4	251.5	237.6	203.4	211.4	200.1	205.3
家具・家庭用設備および日常の住宅メンテナンス[1]	342.5	423.9	445.2	419.5	332.4	423.9	441.9	414.3
家具・作りつけ家具備品・床仕上げ材[5]	114.4	143.0	141.1	130.0	106.2	143.0	147.2	136.3
家庭用器具[6]	37.6	47.6	49.3	46.4	36.7	47.6	45.8	42.6
家庭用・園芸用の道具・機器	17.1	22.3	22.6	20.8	17.1	22.3	22.5	20.6
医療用品・用具・機器	191.2	285.5	335.5	349.8	224.0	285.5	311.9	316.0
医薬品等の医療製品[7]	159.0	247.3	291.2	305.9	189.6	247.3	269.8	274.5
治療用具・機器	32.2	38.2	44.3	43.9	34.1	38.2	42.2	41.4
外来サービス	436.6	636.5	745.4	772.4	490.2	636.5	690.1	699.2
医師[8]	229.2	332.4	382.5	396.2	248.7	332.4	360.2	364.3
歯科医師	63.6	89.0	104.5	105.0	79.7	89.0	89.8	87.6
薬剤師	143.8	215.1	258.4	271.1	162.6	215.1	240.5	247.9
病院・介護施設サービス	481.8	679.5	801.9	850.9	592.8	679.5	720.0	741.2
輸送	798.4	979.3	1,033.5	890.7	901.0	979.3	890.6	846.1
自動車	321.4	361.6	291.0	269.4	311.4	361.6	301.5	280.7
新車	210.7	248.9	184.9	165.3	202.8	248.9	191.0	169.1
中古車の純購入費用	110.7	112.7	106.1	104.1	108.5	112.7	110.4	111.9
自動車関連費用[1]	404.0	541.0	658.0	544.3	524.9	541.0	511.6	491.3
自動車の部品・アクセサリ	41.8	48.0	52.2	50.3	45.2	48.0	46.1	42.8
自動車燃料、潤滑油、その他の液体	172.9	283.8	383.3	280.8	261.3	283.8	265.3	265.3
自動車のメンテナンス、修理	127.4	154.9	159.7	154.4	148.7	154.9	141.4	131.3
公共交通機関	73.0	76.8	84.5	77.0	72.7	76.8	72.9	68.5
電話・ファクシミリ	5.5	7.5	9.0	9.7	3.3	7.5	11.1	12.6
郵便・宅配サービス	9.9	9.3	9.8	9.0	11.9	9.3	8.5	7.6
娯楽[1]	639.9	807.4	916.0	897.1	600.6	807.4	937.0	929.3
ビデオ・オーディオ機器	83.1	107.8	115.6	107.1	59.1	107.8	156.4	163.7
情報処理機器	44.1	55.9	65.8	64.7	(NA)	(NA)	(NA)	(NA)
ビデオ・オーディオ製品とコンピュータに関するサービス	57.2	75.7	92.0	93.4	66.9	75.7	85.4	85.1
スポーツ・娯楽用品および関連サービス	147.9	188.4	203.0	196.9	135.6	188.4	207.3	202.3
会員制クラブ、スポーツセンター、公園、劇場、博物館	91.9	110.6	129.3	126.5	106.9	110.6	117.7	113.9
雑誌、新聞、書籍、文具	81.0	93.1	104.9	105.1	84.8	93.1	100.9	97.9
ペット、ペット用品、および関連サービス	39.7	53.1	65.7	67.1	45.8	53.1	56.3	54.0
教育[1]	134.3	180.7	220.5	232.9	188.2	180.7	185.1	185.2
高等教育	76.8	108.8	135.1	145.5	109.9	108.8	112.1	113.9
食品サービス	354.9	455.3	527.3	527.7	408.0	455.3	472.1	456.5
宿泊[9]	55.2	70.0	84.0	75.9	62.4	70.0	75.4	71.2
金融サービス	370.0	427.2	534.0	505.3	405.0	427.2	486.2	470.1
保険	199.9	285.4	314.1	308.6	259.6	285.4	284.9	273.1
パーソナルケア[10]	132.2	169.1	193.9	193.1	142.8	169.1	179.5	174.4
個人用雑貨[11]	63.7	72.6	79.1	77.4	57.3	72.6	69.1	66.6
社会福祉、宗教活動[12]	85.0	118.7	141.7	145.7	98.7	118.7	129.4	131.0
法律サービス	65.4	89.7	104.0	102.5	81.7	89.7	91.9	88.2
葬儀・埋葬	15.8	19.0	19.0	18.9	19.2	19.0	16.4	15.7
タバコ	68.5	71.1	75.7	87.9	80.5	71.1	64.7	60.7
合衆国居住民の海外旅行費用および海外における純支出[1]	-13.3	-0.1	-12.5	-11.3	-3.0	-0.1	-17.4	-10.5
合衆国居住民の海外旅行	84.3	99.8	119.8	105.4	106.8	99.8	99.5	95.3
(－) 非居住民の合衆国内における支出	100.8	104.9	138.7	124.5	115.0	104.9	121.4	111.8

NA データなし 1．個別に明示しないその他の支出を含む 2．靴その他の履物、修理費用、貸靴代を含む 3．家賃相当額および家具・作りつけ家具備品・床仕上げ材の賃借料相当額 4．部屋、暖房・配管、温水器、取りつけ照明器具、キッチン設備、リノリウム（床材）、防風窓・防風扉、窓網戸・網戸を含むが、家具・家庭用器具のレンタルおよび燃料油の購入は含まない 5．時計、ランプ、取りつけ照明器具、その他の家庭用装飾用品を含む。家具、取りつけ家具、床材の修理も含む 6．主要な家庭用器具、家庭用小型電気器具、家庭用器具の修理を含む 7．医師、病院その他の医療サービスで用いられる薬物製剤および関連製品を除外する 8．医師のオフィス、HMOの医療センター、独立系の救急医療センターを含む 9．ホテル、モーテル、その他の旅客用宿泊施設、クラブおよび学校寮を含む 10．化粧品、衛生用品、個人用の電気器具、美容院、その他の個人用サービスを含む 11．装飾品、腕時計、かばんその他の個人用雑貨を含む 12．社会福祉サービスおよび宗教活動を提供する企業、政府、非営利機関から購入する財・サービスに対する世帯支出。非営利機関からの購入には、福祉・宗教に関わりのないもの、再販、企業・政府その他への販売は含まないが、会費・手数料は含む

資料：U.S. Bureau of Economic Analysis, *Survey of Current Business*（2011年4月）；<http://www.bea.gov/national/nipaweb/SelectTable.asp?Selected=N>

No.678. 個人所得およびその分配構成：1990－2010年

[単位：10億ドル（4,847は4兆8470億ドルを表す）。別に注記するものを除く。個人所得と連鎖ドルの定義については本章の解説を参照]

項目	1990	2000	2005	2006	2007	2008	2009	2010
個人所得	4,847	8,559	10,486	11,268	11,912	12,391	12,175	12,547
労働者報酬	3,326	5,789	7,060	7,476	7,862	8,066	7,807	7,991
賃金給与	2,741	4,828	5,701	6,069	6,422	6,559	6,274	6,405
付加給付	585	961	1,359	1,407	1,440	1,507	1,533	1,586
経営者所得[1]	365	818	1,070	1,133	1,090	1,102	1,012	1,055
農業	32	30	44	29	38	51	31	45
農業以外	333	788	1,026	1,104	1,053	1,051	982	1,010
個人の賃貸収入[1]	50	215	178	147	144	222	274	301
個人の財産所得	921	1,361	1,542	1,830	2,057	2,109	1,920	1,908
個人利子所得	752	984	987	1,128	1,265	1,315	1,222	1,195
個人配当所得	169	377	555	702	792	795	697	713
個人経常移転所得	595	1,083	1,509	1,605	1,719	1,879	2,133	2,296
社会保険給付	573	1,041	1,483	1,584	1,688	1,843	2,097	2,259
老齢・遺族・障害保障および健康保険給付	352	621	845	943	1,003	1,068	1,165	1,214
その他企業からの経常移転、所得（純）	22	42	26	21	31	37	36	37
（－）社会保険料支払	410	706	873	922	960	987	970	1,004
（－）個人税	593	1,232	1,209	1,352	1,489	1,438	1,140	1,167
（＝）可処分個人所得	4,254	7,327	9,277	9,916	10,424	10,953	11,035	11,380
（－）個人支出	3,977	7,114	9,150	9,681	10,209	10,505	10,380	10,721
個人消費支出	3,836	6,830	8,819	9,323	9,806	10,105	10,001	10,349
個人利子支払[2]	111	200	211	230	261	246	217	199
個人経常移転支払	31	83	120	128	142	154	161	173
（＝）個人貯蓄	277	213	128	235	215	448	655	659
個人可処分所得に占める貯蓄の%	6.5	2.9	1.4	2.4	2.1	4.1	5.9	5.8
補遺								
個人可処分所得：								
計、2005年連鎖ドル（10億ドル）	5,896	8,162	9,277	9,651	9,874	10,043	10,100	10,241
1人当たり（ドル）：								
名目ドル	17,004	25,944	31,318	33,157	34,512	35,931	35,888	36,697
2005年連鎖ドル	23,568	28,899	31,318	32,271	32,693	32,946	32,847	33,025

1．在庫評価調整および資本減耗調整済　2．家計の支払った抵当ローンの利子以外の利子

資料：U.S. Bureau of Economic Analysis, *Survey of Current Business* (2011年4月); <http://www.bea.gov/national/nipaweb/SelectTable.asp?Selected=N>.

No.679. 1人当たり所得／生産の主要指標――名目ドルと連鎖（2005年）ドル：1960－2010年

[単位：ドル。センサス局の推計人口（海外に駐留する軍隊兵員を含む）に基づく。四半期ごとの数値の平均。連鎖ドルについては本章の解説を参照]

年	名目ドル					連鎖（2005年）ドル			
	国内総生産	国民総生産	個人所得	個人可処分所得	個人消費支出	国内総生産	国民総生産	個人可処分所得	個人消費支出
1960	2,912	2,930	2,275	2,020	1,836	15,661	15,770	10,865	9,871
1970	5,063	5,094	4,089	3,586	3,161	20,820	20,964	15,158	13,361
1975	7,583	7,643	6,180	5,497	4,786	22,592	22,786	17,091	14,881
1980	12,243	12,394	10,107	8,794	7,710	25,640	25,967	18,863	16,538
1985	17,683	17,794	14,661	12,911	11,394	28,717	28,904	21,571	19,037
1990	23,185	23,323	19,373	17,004	15,331	32,112	32,304	23,568	21,249
1993	25,616	25,736	21,393	18,909	17,226	32,747	32,900	24,044	21,904
1994	26,893	26,985	22,299	19,678	18,033	33,671	33,784	24,517	22,466
1995	27,813	27,924	23,260	20,470	18,708	34,112	34,245	24,951	22,803
1996	29,062	29,180	24,439	21,355	19,553	34,977	35,115	25,475	23,325
1997	30,526	30,612	25,648	22,255	20,408	36,102	36,202	26,061	23,899
1998	31,843	31,905	27,251	23,534	21,432	37,238	37,312	27,299	24,861
1999	33,486	33,585	28,321	24,356	22,707	38,592	38,708	27,805	25,923
2000	35,237	35,370	30,308	25,944	24,185	39,750	39,901	28,899	26,939
2001	36,049	36,231	31,133	26,805	25,054	39,768	39,969	29,299	27,385
2002	36,935	37,106	31,444	27,799	25,819	40,096	40,283	29,976	27,841
2003	38,310	38,546	32,244	28,805	26,832	40,711	40,964	30,442	28,357
2004	40,435	40,746	33,857	30,287	28,228	41,784	42,107	31,193	29,072
2005	42,664	42,992	35,398	31,318	29,771	42,664	42,992	31,318	29,771
2006	44,805	45,047	37,679	33,157	31,174	43,391	43,625	32,271	30,341
2007	46,558	46,967	39,441	34,512	32,469	43,801	44,183	32,693	30,757
2008	47,138	47,710	40,649	35,931	33,148	43,397	43,922	32,946	30,394
2009	45,918	46,394	39,595	35,888	32,526	41,890	42,327	32,847	29,770
2010	47,275	47,883	40,459	36,697	33,373	42,722	43,272	33,025	30,034

資料：U.S. Bureau of Economic Analysis, *Survey of Current Business* (2011年4月); <http://www.bea.gov/national/nipaweb/SelectTable.asp?Selected=N> も参照

No.680. 個人所得、名目および実質（2005年）ドル価額——州別：2000－2010年

[単位：10億ドル（8,554.9は8兆5549億ドルを表す）または％。各州住民が表示暦年中にあらゆる所得源泉より受取った所得の1つの尺度。海外在住の連邦政府職員および一時的に海外赴任したアメリカ民間企業会社員は除く。合計数は表No.673、678および679の数値と異なる。本書前年版の表No.679も参照]

州	名目ドル					実質（2005年）ドル[1]				
	2000	2005	2008	2009	2010, 推計値	2000	2005	2008	2009	2010, 推計値
合衆国	8,554.9	10,476.7	12,380.2	12,168.2	12,530.1	9,529.0	10,476.7	11,351.7	11,137.1	11,276.5
アラバマ	107.2	135.6	158.7	157.3	162.2	119.4	135.6	145.5	144.0	146.0
アラスカ	19.2	24.6	30.6	30.2	31.4	21.3	24.6	28.0	27.6	28.2
アリゾナ	135.7	188.2	224.0	219.0	223.7	151.1	188.2	205.4	200.5	201.3
アーカンソー	60.5	77.5	93.5	93.4	96.7	67.4	77.5	85.7	85.5	87.0
カリフォルニア	1,135.3	1,387.7	1,604.2	1,567.0	1,605.8	1,264.6	1,387.7	1,470.9	1,434.2	1,445.1
コロラド	147.1	179.7	215.0	210.5	215.3	163.8	179.7	197.1	192.7	193.7
コネティカット	143.0	168.7	200.4	194.5	200.2	159.3	168.8	183.7	178.1	180.1
デラウェア	24.4	31.1	35.6	35.0	35.9	27.2	31.1	32.7	32.1	32.3
コロンビア特別区	23.1	32.2	40.6	41.3	42.7	25.8	32.0	37.3	37.8	38.5
フロリダ	466.6	633.2	739.4	722.3	738.4	519.8	633.2	678.0	661.1	664.5
ジョージア	234.8	292.6	342.9	335.5	343.8	261.6	292.5	314.4	307.0	309.4
ハワイ	35.2	45.3	54.7	54.6	55.8	39.2	45.3	50.2	50.0	50.2
アイダホ	32.1	42.2	50.5	49.2	50.6	35.7	42.2	46.3	45.1	45.5
イリノイ	405.9	472.2	554.8	540.4	553.8	452.1	472.1	508.7	494.6	498.4
インディアナ	167.3	195.6	223.7	218.5	226.6	186.3	195.5	205.1	200.0	203.9
アイオワ	79.9	95.4	114.4	113.2	116.6	89.0	95.5	104.9	103.6	104.9
カンザス	76.7	90.9	112.0	110.4	113.4	85.4	90.9	102.7	101.1	102.0
ケンタッキー	100.4	119.0	138.5	139.2	144.7	111.8	119.2	127.0	127.4	130.2
ルイジアナ	105.3	135.3	169.8	169.0	174.3	117.3	135.3	155.7	154.7	156.9
メーン	34.1	42.0	48.3	48.2	49.5	38.0	42.0	44.3	44.1	44.6
メリーランド	184.2	237.5	274.3	275.0	283.0	205.1	237.1	251.5	251.7	254.7
マサチューセッツ	243.1	282.4	333.8	327.4	337.5	270.8	282.4	306.1	299.7	303.8
ミシガン	292.6	325.7	353.1	342.1	351.8	325.9	325.7	323.8	313.1	316.6
ミネソタ	160.8	193.9	226.1	220.4	227.2	179.1	194.0	207.4	201.7	204.5
ミシシッピ	61.4	77.8	90.3	89.7	92.5	68.4	77.7	82.8	82.1	83.3
ミズーリ	156.4	186.7	219.7	216.6	221.5	174.2	186.8	201.4	198.3	199.3
モンタナ	21.2	28.2	34.1	34.0	34.9	23.6	28.2	31.3	31.1	31.4
ネブラスカ	49.0	60.1	71.6	70.7	72.2	54.6	60.1	65.6	64.7	65.0
ネバダ	62.5	91.8	104.7	99.6	99.9	69.7	91.8	96.0	91.1	89.9
ニューハンプシャー	42.3	50.0	57.8	56.5	58.0	47.1	50.0	53.0	51.7	52.2
ニュージャージー	326.0	379.9	448.0	435.2	446.5	363.1	379.7	410.8	398.3	401.8
ニューメキシコ	41.4	55.3	66.8	66.9	69.7	46.1	55.3	61.2	61.2	62.7
ニューヨーク	657.9	786.6	937.2	909.0	946.1	732.8	786.5	859.3	832.0	851.4
ノースカロライナ	225.5	277.7	330.0	327.2	339.8	251.2	277.7	302.6	299.5	305.8
ノースダコタ	16.4	20.6	26.6	26.4	27.3	18.3	20.5	24.4	24.2	24.6
オハイオ	326.1	372.1	414.5	408.7	419.9	363.2	371.9	380.0	374.1	377.7
オクラホマ	85.0	107.6	134.5	132.1	136.6	94.7	107.6	123.3	120.9	123.0
オレゴン	98.5	117.7	139.3	138.5	142.1	109.7	117.6	127.7	126.7	127.9
ペンシルベニア	369.9	432.0	508.2	506.4	522.7	412.0	432.2	466.0	463.5	470.4
ロードアイランド	31.0	38.6	44.1	43.6	44.8	34.5	38.6	40.4	39.9	40.3
サウスカロライナ	100.9	124.4	148.9	148.3	153.4	112.4	124.4	136.5	135.7	138.0
サウスダコタ	20.0	25.8	31.7	31.2	31.6	22.2	25.8	29.1	28.5	28.5
テネシー	152.2	187.6	219.2	215.8	224.1	169.6	187.7	201.1	197.5	201.6
テキサス	597.0	756.7	968.2	956.8	993.1	665.0	756.7	887.8	875.7	893.7
ユタ	55.0	71.5	88.8	87.9	90.1	61.3	71.5	81.4	80.5	81.1
バーモント	17.2	20.7	24.5	24.4	25.2	19.1	20.7	22.4	22.3	22.7
バージニア	224.8	294.2	348.3	347.3	358.1	250.4	294.7	319.3	317.9	322.3
ワシントン	191.6	230.0	287.0	285.7	293.0	213.4	230.1	263.2	261.5	263.6
ウエストバージニア	40.1	48.1	57.2	58.4	60.5	44.6	48.1	52.5	53.4	54.4
ウィスコンシン	156.6	186.6	213.3	211.3	218.6	174.4	186.5	195.6	193.4	196.7
ワイオミング	16.0	24.0	29.6	27.0	27.1	16.1	20.0	20.0	19.1	24.3

1. 実質ドル推計値は、商務省、経済分析局から個人消費支出のデータを入手し、インプリシット・プライス・デフレータを用いてセンサス局により算出。地域別のインフレ率の差は、実質額の計算に反映されない

資料：注を除いて、U.S. Bureau of Economic Analysis, *Survey of Current Business*（2011年4月号）および未刊行資料；⟨http://www.bea.gov/regional/spi⟩

No.681. 1人あたり個人所得、名目および実質（2005年）ドル価額―― 州別：1980－2010年

[単位：ドル。2010年のデータは暫定値。表No.680の頭注を参照]

州	名目ドル				実質（2005年）ドル[1]				所得順位	
	1980	1990	2000	2010,暫定値	1980	1990	2000	2010,暫定値	2000	2010
合衆国	10,091	19,354	30,318	40,584	21,635	26,826	33,770	36,524	(X)	(X)
アラバマ	7,825	15,618	24,069	33,945	16,777	21,647	26,810	30,549	44	42
アラスカ	14,975	22,594	30,531	44,174	32,107	31,317	34,008	39,754	15	8
アリゾナ	9,484	16,806	26,262	34,999	20,334	23,294	29,252	31,497	37	40
アーカンソー	7,521	14,402	22,577	33,150	16,125	19,962	25,148	29,833	48	46
カリフォルニア	11,928	21,380	33,398	43,104	25,574	29,634	37,201	38,792	8	12
コロラド	10,714	19,377	33,977	42,802	22,971	26,858	37,846	38,520	7	14
コネティカット	12,321	26,198	41,920	56,001	26,417	36,312	46,693	50,398	1	1
デラウェア	10,756	21,209	31,007	39,962	23,061	29,397	34,538	35,964	13	20
コロンビア特別区	12,218	26,015	40,484	71,044	26,196	36,058	45,094	63,936	(X)	(X)
フロリダ	9,921	19,437	29,080	39,272	21,271	26,941	32,391	35,343	21	24
ジョージア	8,408	17,563	28,531	35,490	18,027	24,343	31,780	31,939	26	37
ハワイ	11,394	21,818	29,071	41,021	24,429	30,241	32,381	36,917	22	17
アイダホ	8,637	15,603	24,683	32,257	18,518	21,627	27,494	29,030	41	49
イリノイ	10,980	20,835	32,636	43,159	23,542	28,879	36,352	38,841	9	11
インディアナ	9,353	17,454	27,460	34,943	20,053	24,192	30,587	31,447	32	41
アイオワ	9,573	17,350	27,293	38,281	20,525	24,048	30,401	34,451	33	28
カンザス	9,939	18,034	28,477	39,737	21,310	24,996	31,720	35,761	28	21
ケンタッキー	8,113	15,360	24,786	33,348	17,395	21,290	27,608	30,012	40	44
ルイジアナ	8,767	15,171	23,570	38,446	18,797	21,028	26,254	34,600	45	26
メーン	8,333	17,211	26,696	37,300	17,866	23,855	29,736	33,568	34	29
メリーランド	11,164	22,681	34,681	49,025	23,936	31,437	38,630	44,120	4	4
マサチューセッツ	10,570	22,797	38,210	51,552	22,662	31,598	42,561	46,394	3	2
ミシガン	10,291	18,719	29,392	35,597	22,064	25,946	32,739	32,036	18	36
ミネソタ	10,229	19,710	32,597	42,843	21,931	27,319	36,309	38,557	10	13
ミシシッピ	7,005	13,117	21,555	31,186	15,019	18,181	24,009	28,066	50	50
ミズーリ	9,306	17,582	27,891	36,979	19,952	24,370	31,067	33,279	31	32
モンタナ	9,038	15,346	23,470	35,317	19,378	21,270	26,143	31,784	46	38
ネブラスカ	9,155	17,948	28,598	39,557	19,629	24,877	31,854	35,599	25	22
ネバダ	11,679	20,042	30,986	36,997	25,040	27,779	34,514	33,296	14	31
ニューハンプシャー	9,816	20,236	34,087	44,084	21,046	28,048	37,969	39,673	6	9
ニュージャージー	11,676	24,354	38,666	50,781	25,034	33,756	43,069	45,700	2	3
ニューメキシコ	8,331	14,823	22,751	33,837	17,862	20,546	25,342	30,452	47	43
ニューヨーク	10,985	23,710	34,630	48,821	23,552	32,863	38,573	43,937	5	5
ノースカロライナ	8,183	17,194	27,914	35,638	17,545	23,832	31,093	32,073	30	35
ノースダコタ	7,894	15,866	25,624	40,596	16,925	21,991	28,542	36,534	38	18
オハイオ	10,022	18,638	28,694	36,395	21,488	25,833	31,961	32,754	24	34
オクラホマ	9,487	16,077	24,605	36,421	20,340	22,284	27,407	32,777	42	33
オレゴン	10,086	17,895	28,718	37,095	21,625	24,804	31,988	33,384	23	30
ペンシルベニア	10,040	19,433	30,110	41,152	21,526	26,935	33,539	37,035	16	16
ロードアイランド	9,645	19,821	29,484	42,579	20,679	27,473	32,841	38,319	17	15
サウスカロライナ	7,736	15,844	25,081	33,163	16,586	21,961	27,937	29,845	39	45
サウスダコタ	8,054	16,075	26,427	38,865	17,268	22,281	29,434	34,977	36	25
テネシー	8,227	16,574	26,691	35,307	17,639	22,973	29,730	31,775	35	39
テキサス	9,870	17,260	28,504	39,493	21,162	23,923	31,750	35,542	27	23
ユタ	8,492	14,847	24,517	32,595	18,207	20,579	27,309	29,334	43	48
バーモント	8,599	17,643	28,183	40,283	18,437	24,454	31,392	36,253	29	19
バージニア	10,107	20,312	31,640	44,762	21,670	28,154	35,243	40,284	12	7
ワシントン	10,810	19,637	32,407	43,564	23,177	27,218	36,097	39,206	11	10
ウエストバージニア	8,066	14,436	22,174	32,641	17,294	20,009	24,699	29,375	49	47
ウィスコンシン	10,085	17,986	29,139	38,432	21,623	24,930	32,457	34,587	20	27
ワイオミング	11,668	17,910	29,281	47,851	25,017	24,824	32,615	43,064	19	6

X 該当なし　1．実質ドル推計値は、商務省経済分析局から個人消費支出のデータを入手し、インプリシット・プライス・デフレータを用いてセンサス局により算出。地域別のインフレ率の差は、実質額の計算に反映されない

資料：注を除いてU.S. Bureau of Economic Analysis, *Survey of Current Business* (2011年4月号) および未刊行資料; <http://www.bea.gov/regional/spi>

No.682. 1人当たりの個人可処分所得、名目および実質(2005年)ドル価額——州別：1980−2010年

[単位：ドル、％。2010年は暫定値。個人可処分所得とは、支出または貯蓄できる所得であり、個人の所得から個人にかかる税と個人の支払を引いたものである。表No.680の頭注を参照]

州	名目ドル				実質(2005年)ドル[1]				指数、合衆国平均との比較	
	1980	1990	2000	2010,暫定値	1980	1990	2000	2010,暫定値	2000	2010,暫定値
合衆国	8,779	16,985	25,955	36,808	18,822	23,542	28,911	33,125	100.0	100.0
アラバマ	6,955	13,943	21,357	31,363	14,912	19,326	23,789	28,225	82.3	85.2
アラスカ	13,057	19,937	27,101	40,530	27,995	27,634	30,187	36,475	104.4	110.1
アリゾナ	8,418	14,932	22,939	32,443	18,048	20,697	25,551	29,197	88.4	88.1
アーカンソー	6,701	12,928	20,034	30,567	14,367	17,919	22,315	27,509	77.2	83.0
カリフォルニア	10,420	18,614	27,664	38,674	22,341	25,800	30,814	34,805	106.6	105.1
コロラド	9,288	17,003	28,857	38,810	19,914	23,567	32,143	34,927	111.2	105.4
コネティカット	10,551	22,815	33,837	48,596	22,622	31,623	37,690	43,734	130.4	132.0
デラウェア	8,977	18,262	26,427	36,171	19,247	25,312	29,436	32,552	101.8	98.3
コロンビア特別区	10,378	22,400	33,459	63,619	22,251	31,048	37,269	57,254	128.9	172.8
フロリダ	8,752	17,398	25,392	36,413	18,765	24,115	28,283	32,770	97.8	98.9
ジョージア	7,397	15,424	24,606	32,519	15,859	21,379	27,408	29,266	94.8	88.3
ハワイ	9,959	18,901	25,495	37,625	21,352	26,198	28,398	33,861	98.2	102.2
アイダホ	7,708	13,868	21,575	29,804	16,526	19,222	24,032	26,822	83.1	81.0
イリノイ	9,439	18,180	27,877	39,097	20,238	25,199	31,051	35,185	107.4	106.2
インディアナ	8,168	15,331	23,983	31,994	17,512	21,250	26,714	28,753	92.4	86.8
アイオワ	8,307	15,330	24,136	35,010	17,811	21,248	26,884	31,507	93.0	95.1
カンザス	8,616	15,921	24,841	36,215	18,473	22,067	27,670	32,592	95.7	98.4
ケンタッキー	7,173	13,544	21,726	30,526	15,379	18,773	24,200	27,472	83.7	82.9
ルイジアナ	7,669	13,687	21,073	35,271	16,443	18,971	23,473	31,742	81.2	95.8
メーン	7,450	15,222	23,227	34,169	15,973	21,099	25,872	30,750	89.5	92.8
メリーランド	9,488	19,420	29,231	43,753	20,343	26,917	32,560	39,376	112.6	118.9
マサチューセッツ	9,021	19,549	30,786	45,511	19,341	27,096	34,292	40,958	118.6	123.6
ミシガン	8,961	16,368	25,285	32,728	19,213	22,687	28,164	29,454	97.4	88.9
ミネソタ	8,810	17,123	27,780	38,411	18,889	23,733	30,943	34,568	107.0	104.4
ミシシッピ	6,303	11,938	19,491	29,155	13,514	16,547	21,710	26,238	75.1	79.2
ミズーリ	8,124	15,492	24,335	33,813	17,418	21,473	27,106	30,430	93.8	91.9
モンタナ	7,936	13,693	20,781	32,395	17,015	18,979	23,147	29,154	80.1	88.0
ネブラスカ	8,010	15,996	25,070	36,166	17,174	22,171	27,925	32,548	96.6	98.3
ネバダ	10,279	17,562	26,882	34,313	22,039	24,342	29,943	30,880	103.6	93.2
ニューハンプシャー	8,664	18,016	29,273	40,532	18,576	24,971	32,606	36,477	112.8	110.1
ニュージャージー	10,053	21,163	32,333	45,197	21,554	29,333	36,015	40,675	124.6	122.8
ニューメキシコ	7,467	13,313	20,200	31,410	16,010	18,453	22,500	28,268	77.8	85.3
ニューヨーク	9,395	20,371	28,623	42,492	20,143	28,235	31,882	38,241	110.3	115.4
ノースカロライナ	7,160	15,145	24,253	32,567	15,351	20,992	27,015	29,309	93.4	88.5
ノースダコタ	6,920	14,380	23,121	36,997	14,837	19,932	25,754	33,296	89.1	100.5
オハイオ	8,746	16,341	24,757	33,182	18,752	22,650	27,576	29,862	95.4	90.1
オクラホマ	8,260	14,170	21,723	33,497	17,710	19,640	24,197	30,146	83.7	91.0
オレゴン	8,705	15,709	24,536	33,592	18,664	21,774	27,330	30,231	94.5	91.3
ペンシルベニア	8,725	17,091	25,999	37,164	18,707	23,689	28,960	33,446	100.2	101.0
ロードアイランド	8,445	17,453	25,340	38,873	18,106	24,191	28,225	34,984	97.6	105.6
サウスカロライナ	6,840	14,044	22,165	30,713	14,665	19,466	24,689	27,640	85.4	83.4
サウスダコタ	7,298	14,725	23,881	36,236	15,647	20,410	26,600	32,611	92.0	98.4
テネシー	7,374	15,004	24,011	33,146	15,810	20,796	26,745	29,830	92.5	90.1
テキサス	8,553	15,463	25,166	36,354	18,338	21,433	28,032	32,717	97.0	98.8
ユタ	7,575	13,131	21,454	29,823	16,241	18,200	23,897	26,839	82.7	81.0
バーモント	7,593	15,527	24,523	36,920	16,280	21,521	27,315	33,226	94.5	100.3
バージニア	8,732	17,735	26,780	40,186	18,722	24,582	29,829	36,165	103.2	109.2
ワシントン	9,464	17,449	27,951	40,312	20,291	24,185	31,134	36,279	107.7	109.5
ウエストバージニア	7,077	12,908	19,815	29,977	15,173	17,891	22,071	26,978	76.3	81.4
ウィスコンシン	8,764	15,716	25,078	34,855	18,790	21,783	27,934	31,368	96.6	94.7
ワイオミング	10,167	16,056	25,330	43,602	21,798	22,255	28,214	39,240	97.6	118.5

1. 実質ドル推計値は、商務省経済分析局から個人消費支出のデータを入手し、インプリシット・プライス・デフレータを用いてセンサス局により算出。地域別のインフレ率の差は、実質額の計算に反映されない

資料：注を除いてU.S. Bureau of Economic Analysis, *Survey of Current Business* (2011年4月号); 〈http://www.bea.gov/regional/spi〉

No.683. 主要大都市地区の個人所得：2005－2009年

[10,476,669は10兆4766億6900万ドルを表す。2009年11月付の定義による大都市地区。付録Ⅱを参照。本書前年版の表No.682も参照]

大都市地区2009年人口順	総個人所得				一人当たりの個人所得			
	2005 (100万ドル)	2008 (100万ドル)	2009 (100万ドル)	年変化率(%) 2008-2009	2005 (ドル)	2008 (ドル)	2009 (ドル)	指数(合衆国=100) 2009
合衆国	10,476,669	12,380,225	12,168,161	-1.7	35,424	40,674	39,635	100.0
ニューヨーク-ノーザンニュージャージー-ロングアイランド、NY-NJ-PA	863,632	1,032,619	992,331	-3.9	45,942	54,439	52,037	131.3
ロサンゼルス-ロングビーチ-サンタアナ、CA	496,595	567,707	550,832	-3.0	38,915	44,462	42,784	107.9
シカゴ-ネーパービル-ジョリエット、IL-IN-WI	375,515	438,902	425,178	-3.1	40,110	46,124	44,379	112.0
ダラス-フォートワース-アーリントン、TX	220,482	275,258	269,280	-2.2	37,907	43,684	41,764	105.4
フィラデルフィア-キャムデン-ウィルミントン、PA-NJ-DE-MD	236,491	277,421	274,986	-0.9	40,422	46,700	46,075	116.2
ヒューストン-シュガーランド-ベイタウン、TX	209,655	280,247	273,247	-2.5	39,561	48,937	46,570	117.5
マイアミ-フォートローダーデール-ポンパノビーチ、FL	210,605	244,913	237,215	-3.1	38,692	44,515	42,764	107.9
ワシントン-アーリントン-アレクサンドリア、DC-VA-MD-WV	262,193	310,761	312,059	0.4	50,140	57,784	56,984	143.8
アトランタ-サンディスプリングス-マリエッタ、GA	179,145	209,581	203,138	-3.1	36,213	38,915	37,101	93.6
ボストン-ケンブリッジ-クインシー、MA-NH	212,251	251,777	245,736	-2.4	47,602	55,400	53,553	135.1
デトロイト-ウォレン-リボニア、MI	164,087	175,014	167,009	-4.6	36,509	39,562	37,927	95.7
フェニックス-メーサ-スコッツデール、AZ	131,597	155,067	150,352	-3.0	33,877	36,169	34,452	86.9
サンフランシスコ-オークランド-フレモント、CA	227,850	265,954	259,043	-2.6	54,909	62,427	59,993	151.4
リバーサイド-サンベルナルディノ-オンタリオ、CA	108,598	125,025	122,969	-1.6	28,124	30,547	29,680	74.9
シアトル-タコマ-ベルビュー、WA	138,212	173,322	171,681	-0.9	43,159	51,636	50,378	127.1
ミネアポリス-セントポール-ブルーミントン、MN-WI	133,840	154,421	149,795	-3.0	42,723	47,696	45,811	115.6
サンディエゴ-カールスバッド-サンマルコス、CA	122,030	141,971	139,577	-1.7	41,482	47,021	45,706	115.3
セントルイス、MO-IL	101,082	119,122	115,220	-3.3	36,450	42,262	40,728	102.8
タンパ-セントピーターズバーグ-クリアウォーター、FL	91,393	104,955	103,386	-1.5	34,634	38,445	37,632	94.9
ボルティモア-トゥーソン、MD	111,453	129,323	129,704	0.3	42,064	48,296	48,201	121.6
デンバー-オーロラ、CO	101,788	121,505	118,961	-2.1	43,249	48,595	46,611	117.6
ピッツバーグ、PA	84,956	100,276	99,611	-0.7	35,811	42,573	42,298	106.7
ポートランド-バンクーバー-ビーバートン、OR-WA	74,750	88,978	87,894	-1.2	35,868	40,376	39,206	98.9
シンシナティ-ミドルタウン、OH-KY-IN	75,148	84,080	82,460	-1.9	35,744	38,950	37,967	95.8
サクラメント-アーデン-アーケード-ローズビル、CA	75,029	86,876	85,746	-1.3	36,985	41,347	40,306	101.7
クリーブランド-エリリア-メンター、OH	76,110	84,553	82,503	-2.4	35,931	40,378	39,451	99.5
オーランド-キスミー、FL	64,007	75,473	73,466	-2.7	32,997	36,620	35,279	89.0
サンアントニオ、TX	58,670	74,218	75,186	1.3	31,239	36,548	36,285	91.5
カンザスシティ、MO-KS	70,738	84,584	83,610	-1.2	36,118	41,340	40,438	102.0
ラスベガス-パラダイス、NV	64,181	73,753	69,855	-5.3	37,558	39,249	36,711	92.6
サンノゼ-サニーベル-サンタクララ、CA	89,629	105,652	101,495	-3.9	51,591	58,351	55,169	139.2
コロンバス、OH	60,968	68,777	68,469	-0.4	35,561	38,642	37,999	95.9
シャーロット-ガストニア-コンコード、NC-SC	57,216	68,639	66,389	-3.3	37,656	40,223	38,034	96.0
インディアナポリス-カーメル、IN	60,018	68,537	67,187	-2.0	36,484	39,829	38,532	97.2
オースチン-ラウンドロック、TX	51,047	64,412	64,015	-0.6	34,861	38,941	37,544	94.7
バージニアビーチ-ノーフォーク-ニューポートニューズ、VA-NC	56,595	66,458	66,173	-0.4	34,107	39,790	39,518	99.7
プロビデンス-ニューベッドフォード-フォールリバー、RI-MA	57,418	65,937	65,353	-0.9	35,670	41,228	40,829	103.0
ナッシュビル-ダビッドソン-マーフリーズボロ、TN	52,294	62,638	61,164	-2.4	36,051	40,246	38,656	97.5
ミルウォーキー-ウォーケシャ-ウェストアリス、WI	58,251	66,671	65,978	-1.0	37,916	43,001	42,303	106.7
ジャクソンビル、FL	45,618	53,381	52,297	-2.0	36,537	40,547	39,376	99.3
メンフィス、TN-MS-AR	44,057	50,222	49,095	-2.2	34,927	38,676	37,623	94.9
ルイスビル-ジェファーソンカウンティ、KY-IN	41,228	47,793	47,433	-0.8	34,087	38,242	37,688	95.1
リッチモンド、VA	44,587	52,001	50,966	-2.0	37,979	42,377	41,161	103.9
オクラホマシティ、OK	38,462	48,266	47,547	-1.5	33,298	39,971	38,742	97.7
ハートフォード-ウエストハートフォード-イーストハートフォード、CT	51,428	61,636	60,607	-1.7	43,636	51,744	50,675	127.9
ニューオーリンズ-メテリー-ケナー、LA	43,498	51,929	50,818	-2.1	33,117	44,439	42,705	107.7
バーミンガム-フーバー、AL	39,199	44,868	43,650	-2.7	35,948	39,949	38,592	97.4
ソルトレイクシティ、UT	35,347	42,854	42,386	-1.1	33,830	38,552	37,500	94.6
ローリー-キャリー、NC	35,209	43,320	42,789	-1.2	36,939	39,728	38,007	95.9
バッファロー-ナイアガラフォールズ、NY	36,232	41,978	42,108	0.3	31,801	37,345	37,469	94.5
ロチェスター、NY	35,256	40,693	40,424	-0.7	34,114	39,387	39,036	98.5
トゥーソン、AZ	28,574	34,918	34,516	-1.1	30,110	34,578	33,833	85.4
タルサ、OK	30,734	38,585	37,534	-2.7	34,860	42,122	40,402	101.9
フレズノ、CA	24,078	28,097	28,050	-0.2	27,758	31,111	30,646	77.3
ホノルル、HI	34,264	41,188	41,291	0.3	38,057	45,625	45,496	114.8
ブリッジポート-スタンフォード-ノーフォーク、CT	61,073	71,232	67,380	-5.4	68,543	79,642	74,767	188.6
アルバカーキ、NM	25,338	30,145	30,309	0.5	31,724	35,608	35,329	89.1
アルバニー-スケネクタディ-トロイ、NY	30,672	36,006	36,195	0.5	36,240	42,147	42,206	106.5
オマハ-カウンシルブラックス、NE-IA	31,077	36,927	36,514	-1.1	38,343	43,999	42,982	108.4
ニューヘブン-ミルフォード、CT	33,857	40,730	40,184	-1.3	40,334	48,169	47,387	119.6

資料：U.S. Bureau of Economic Analysis, *Survey of Current Business* (2011年4月号); 〈http://www.bea.gov/regional/reis〉

No.684. 全消費者家計の年間平均支出：1990－2009年

[単位：ドル (96,968は9696万8000を表す)。Consumer Expenditure Surveyに基づく。非施設収容人口の平均。本表の支出は、消費者の直接支出。消費者の単位は、家族、独居世帯、世帯の構成員であるが財政的には独立、複数の世帯員で支出をシェア、などが含まれる]

項目	1990	1995	2000	2005	2006	2007	2008	2009
消費者家計数(1,000)	96,968	103,123	109,367	117,356	118,843	120,171	120,770	120,847
支出、計[1]	28,381	32,264	38,045	46,409	48,398	49,638	50,486	49,067
食費	4,296	4,505	5,158	5,931	6,111	6,133	6,443	6,372
食費／自宅[1]	2,485	2,803	3,021	3,297	3,417	3,465	3,744	3,753
食肉、家禽類、魚、卵	668	752	795	764	797	777	846	841
乳製品	295	297	325	378	368	387	430	406
果物、野菜	408	457	521	552	592	600	657	656
その他	746	856	927	1,158	1,212	1,241	1,305	1,343
外食費	1,811	1,702	2,137	2,634	2,694	2,668	2,698	2,619
アルコール飲料	293	277	372	426	497	457	444	435
居住費[1]	8,703	10,458	12,319	15,167	16,366	16,920	17,109	16,895
住居	4,836	5,928	7,114	8,805	9,673	10,023	10,183	10,075
公益費、燃料、公共サービス	1,890	2,191	2,489	3,183	3,397	3,477	3,649	3,645
衣類および関連サービス	1,618	1,704	1,856	1,886	1,874	1,881	1,801	1,725
交通費[1]	5,120	6,014	7,417	8,344	8,508	8,758	8,604	7,658
乗り物(自動車等)	2,129	2,638	3,418	3,544	3,421	3,244	2,755	2,657
ガソリンおよびオイル	1,047	1,006	1,291	2,013	2,227	2,384	2,715	1,986
その他	1,642	2,015	2,281	2,339	2,355	2,592	2,621	2,536
医療	1,480	1,732	2,066	2,664	2,766	2,853	2,976	3,126
娯楽	1,422	1,612	1,863	2,388	2,376	2,698	2,835	2,693
読書	153	162	146	126	117	118	116	110
タバコ類および喫煙具	274	269	319	319	327	323	317	380
個人保険、年金	2,592	2,964	3,365	5,204	5,270	5,336	5,605	5,471
生命保険等個人保険	345	373	399	381	322	309	317	309
年金、社会保障	2,248	2,591	2,966	4,823	4,948	5,027	5,288	5,162

1. 個別に示さない他の項目を含む

資料：U.S. Bureau of Labor Statistics, *Consumer Expenditures in 2009*, News Release, USDL-10-1390 (2010年10月); ⟨http://stats.bls.gov/cex/home.htm⟩

No.685. 主要大都市地区の全消費者家計の年間平均支出：2008－2009年

[単位：ドル。2007－2008年の2年間。1983年6月30日付の定義による大都市地区。CMSA＝統合大都市統計地区、MSA＝大都市統計地区、PMSA＝基本大都市統計地区。第1章の解説および付録IIを参照。表No.684の頭注を参照。本書前年版の表No.684も参照]

大都市地区	総支出[1]	食費	住居費 計[1]	住居	公益費、燃料[2]	交通費 計[1]	自動車購入	ガソリンおよびオイル	医療費
アトランタ、GA MSA	45,941	5,375	17,072	10,639	3,899	6,760	1,597	2,631	2,417
ボルティモア、MD MSA	52,452	5,931	20,795	13,617	4,209	6,621	[1]1,452	2,444	2,973
ボストン-ローレンス-セイレム、MA-NH CMSA	59,227	8,167	20,802	12,857	4,248	8,591	2,818	2,125	3,453
シカゴ-ゲーリー-レイクカウンティ、IL-IN-WI CMSA	56,947	7,037	20,620	13,116	4,052	8,840	3,101	2,364	3,485
クリーブランド-アクロン-ロレーン、OH CMSA	45,844	5,737	15,483	8,820	3,837	7,010	2,098	2,049	3,315
ダラス-フォートワース、TX CMSA	53,886	6,734	18,198	10,253	4,275	8,689	2,877	2,616	3,032
デトロイト-アナーバー、MI CMSA	49,397	6,412	16,344	9,635	3,791	9,463	2,793	2,624	2,672
ヒューストン-ガルベストン-ブラゾリア、TX CMSA	59,131	7,009	18,866	10,776	4,505	10,843	3,874	2,980	3,267
ロサンゼルス-ロングビーチ、CA PMSA	56,529	7,531	21,811	14,938	3,257	8,784	2,513	2,667	2,620
マイアミ-フォートローダーデール、FL CMSA	47,601	5,803	19,016	12,592	3,740	8,427	2,921	2,680	1,565
ミネアポリス-セントポール、MN-WI MSA	56,340	6,887	19,164	11,852	3,513	8,833	2,911	2,350	3,314
ニューヨーク-ノーザンニュージャージー-ロングアイランド、NY-NJ-CT CMSA	60,273	7,420	23,624	15,482	4,309	8,495	2,321	1,943	3,027
フィラデルフィア-ウィルミントン-トレントン、PA-NJ-DE-MD CMSA	56,790	6,460	21,135	13,597	4,444	8,202	2,037	2,240	3,036
フェニックス-メーサ、AZ MSA	53,618	6,402	18,698	11,185	3,892	9,330	2,887	2,658	3,326
サンディエゴ、CA MSA	53,820	6,541	22,207	15,146	2,989	7,171	[1]1,941	2,412	2,249
サンフランシスコ-オークランド-サンノゼ、CA CMSA	67,730	7,952	26,064	19,096	3,139	9,535	2,748	2,235	3,319
シアトル-タコマ、WA CMSA	66,015	8,082	22,029	13,829	3,554	9,380	3,395	2,454	3,684
ワシントン、DC-MD-VA MSA	69,106	7,835	25,622	16,842	3,977	9,563	3,028	2,465	3,239

1. 個別に示さない他の項目を含む　2. 公共サービスを含む

資料：U.S. Bureau of Labor Statistics, *Consumer Expenditures in 2009*, News Release, USDL-10-1390 (2010年10月); ⟨http://stats.bls.gov/cex/home.htm⟩

No.686. 全消費者単位の年平均支出——人種・ヒスパニック別、世帯主年齢別：2009年

[単位：ドル。表No.684の頭注を参照。本書前年版の表No.685も参照]

項目	全消費者単位[1]	白人その他の全人種	アジア系	黒人またはアフリカ系アメリカ人	ヒスパニック[2]	世帯主年齢 25歳以下	世帯主年齢 65歳以上
支出、計	49,067	50,723	56,308	35,311	41,981	28,119	37,562
食品	6,372	6,585	7,565	4,524	6,094	4,179	4,901
自宅消費	3,753	3,870	3,905	2,880	3,784	2,449	3,222
穀類および製パン製品	506	522	520	390	479	307	439
穀類加工品	173	174	215	149	184	124	138
パン製品	334	348	305	241	294	183	301
肉、家禽類、魚類、卵[3]	841	835	966	845	955	571	720
牛肉	226	233	186	191	252	146	192
豚肉	168	165	172	193	202	130	145
家禽類	154	149	184	183	192	120	111
魚介類	135	128	274	144	141	75	129
乳製品	406	429	346	258	403	281	346
牛乳、クリーム	144	149	152	105	171	110	125
その他	262	280	195	153	232	171	221
果物、野菜[3]	656	671	903	484	734	398	618
生鮮果実	220	226	310	151	256	116	215
生鮮野菜	209	213	385	136	240	130	192
加工果実	118	120	117	105	121	86	109
その他の自宅消費食品[3]	1,343	1,412	1,169	903	1,213	891	1,100
砂糖菓子およびその他のお菓子	141	149	106	88	109	88	127
清涼飲料水	337	351	267	253	348	232	264
外食	2,619	2,715	3,660	1,645	2,310	1,731	1,679
アルコール飲料	435	471	350	201	267	344	292
住宅	16,895	17,224	20,395	13,503	15,983	9,735	13,196
住居	10,075	10,228	13,571	7,919	10,043	6,306	7,173
自己所有	6,543	6,872	8,543	3,632	5,298	1,245	4,838
ローン利子および手数料	3,594	3,713	5,349	2,220	3,454	783	1,322
財産税	1,811	1,917	2,334	912	1,368	324	1,793
維持、修理、保険、その他	1,138	1,242	860	500	476	139	1,723
賃貸	2,860	2,619	4,411	4,046	4,415	4,885	1,741
その他	672	737	616	241	330	176	594
公益事業、燃料、公共サービス	3,645	3,658	3,270	3,668	3,532	1,821	3,282
天然ガス	483	478	499	517	389	188	494
電気	1,377	1,379	1,056	1,462	1,339	696	1,261
燃料オイル、その他の燃料	141	159	[4] 48	50	47	16	186
電話	1,162	1,155	1,123	1,224	1,272	758	858
水道その他の公共サービス	481	488	544	415	485	163	483
家事	1,011	1,051	1,347	633	714	370	876
個人サービス	389	392	688	281	334	156	194
その他の家事支出	622	659	659	352	380	214	681
生活必需品[3]	659	696	536	429	517	309	682
洗濯および掃除必需品	156	161	130	124	194	91	137
郵便および文房具	143	153	113	81	91	49	167
家事用品[3]	1,506	1,591	1,671	854	1,177	929	1,184
布類	124	128	187	79	101	43	107
家具	343	355	304	271	331	336	209
大型機器	194	204	183	127	146	79	159
その他の家庭用機器	721	772	848	319	513	427	581
衣料品その他[3]	1,725	1,704	2,150	1,755	2,002	1,396	1,068
紳士、男児用	383	380	427	388	432	256	215
婦人、女児用	678	676	913	629	693	545	456
履物	323	307	344	430	472	278	223
その他	249	248	344	231	258	163	149
輸送	7,658	7,950	8,784	5,302	7,156	5,334	5,409
自動車購入（純支出）[3]	2,657	2,829	2,582	1,489	2,333	2,319	1,862
新車、自動車およびトラック	1,297	1,410	1,131	568	1,010	542	1,210
中古、自動車およびトラック	1,304	1,355	1,451	910	1,293	1,760	619
ガソリン、オイル	1,986	2,045	1,871	1,618	2,104	1,483	1,241
その他の自動車支出	2,536	2,605	3,153	1,876	2,309	1,298	1,968
金融費用	281	290	208	242	278	180	124
維持、修理	733	767	713	504	584	447	557
保険	1,075	1,085	1,610	859	1,049	465	972
レンタル、リース、免許、その他	447	464	623	270	398	206	314
公共輸送	479	471	1,178	319	410	234	338
医療[5]	3,126	3,351	2,498	1,763	1,568	676	4,846
娯楽[6]	2,693	2,894	2,270	1,404	1,664	1,233	2,062
個人的ケア用品およびサービス	596	606	557	536	532	360	531
読書	110	119	111	46	36	42	145
教育	1,068	1,080	2,327	591	707	1,910	162
タバコ製品、喫煙用具	380	413	122	230	182	330	207
雑貨	816	853	611	626	544	243	663
現金寄付	1,723	1,799	1,452	1,280	1,015	349	2,226
保険および年金	5,471	5,674	7,117	3,550	4,230	1,988	1,856
生命保険等	309	321	283	235	119	31	320
年金、社会保障	5,162	5,353	6,834	3,315	4,111	1,957	1,537
所得税	2,104	2,236	3,526	743	745	173	807

1．個別に示さないその他の世帯主を含む　2．ヒスパニックは人種を問わない　3．個別に示さないその他の項目を含む　4．データは、標本抽出時の誤差が大きいと考えられる　5．医療のための追加支出。表No.143も参照　6．娯楽のための追加支出。第26章も参照

資料：U.S. Bureau of Labor Statistics, *Consumer Expenditures in 2009*, News Release, USDL-10-1390 (2010年10月); ⟨ftp://ftp.bls.gov/pub/special.requests/ce/standard/2009/race.txt⟩, ⟨ftp://ftp.bls.gov/pub/special.requests/ce/standard/2009/hispanic.txt⟩ および ⟨ftp://ftp.bls.gov/pub/special.requests/ce/standard/2009/age.txt⟩ も参照

No.687. 全消費者単位の年平均支出——地域別、消費者単位規模別：2009年

[単位：ドル。地域の構成については、表紙裏の地図を参照。表No.684の頭注を参照]

項目	地域				消費者単位の規模				
	東北部	中西部	南部	西部	1人	2人	3人	4人	5人以上
支出、計	53,868	46,551	45,749	53,005	29,405	51,650	56,645	65,503	63,439
食品	6,975	6,031	5,944	6,903	3,460	6,308	7,506	8,730	10,034
自宅消費	4,043	3,682	3,481	4,023	1,953	3,631	4,454	5,187	6,324
穀類および製パン製品	563	510	469	516	255	470	588	719	937
穀類加工品	188	176	157	182	80	156	200	258	335
パン製品	376	334	313	334	175	314	388	460	602
肉、家禽類、魚類、卵[1]	919	762	829	875	408	813	1,024	1,170	1,457
牛肉	230	207	230	236	104	222	285	314	383
豚肉	165	171	172	163	79	162	203	235	303
家禽類	169	121	158	169	71	141	188	232	279
魚介類	176	103	125	150	76	132	162	176	218
乳製品	435	419	367	432	214	391	472	568	689
牛乳、クリーム	152	140	140	148	75	129	169	207	267
その他	284	279	227	284	139	261	303	361	421
果物、野菜[1]	751	616	581	740	352	664	778	860	1,048
生鮮果実	247	210	185	262	115	226	258	284	355
生鮮野菜	247	186	180	249	112	220	246	265	322
加工果実	139	114	105	126	67	110	144	161	194
その他の自宅消費食品[1]	1,374	1,375	1,235	1,461	724	1,293	1,592	1,871	2,194
砂糖菓子およびその他の菓子	140	157	124	152	70	143	165	195	226
清涼飲料水	334	323	329	365	186	326	415	446	538
外食	2,932	2,349	2,463	2,880	1,507	2,677	3,052	3,543	3,710
アルコール飲料	468	418	368	530	355	537	381	486	336
住宅	19,343	15,109	15,387	19,127	11,388	17,145	19,353	22,193	21,035
住居	11,944	8,756	8,524	12,378	7,376	10,078	11,114	13,081	12,243
自己所有	7,513	6,126	5,613	7,667	3,495	6,906	7,526	9,530	8,589
ローン利子および手数料	3,434	2,970	3,147	5,084	1,590	3,354	4,437	6,039	5,554
財産税	2,865	1,962	1,309	1,599	1,062	1,999	2,041	2,444	2,148
維持、修理、保険、その他	1,214	1,195	1,158	984	843	1,553	1,048	1,047	887
賃貸	3,507	1,986	2,361	4,021	3,513	2,257	2,874	2,711	3,138
その他	924	643	550	690	368	916	714	797	516
公益事業、燃料、公共サービス	4,095	3,421	3,741	3,343	2,298	3,740	4,233	4,658	4,951
天然ガス	719	695	266	424	314	503	528	610	667
電気	1,306	1,119	1,719	1,143	868	1,410	1,600	1,738	1,905
燃料オイル、その他の燃料	434	114	62	57	84	182	130	170	150
電話	1,241	1,080	1,191	1,133	722	1,155	1,431	1,529	1,549
水道その他の公共サービス	396	414	503	586	309	490	544	610	679
家事	1,196	780	969	1,164	548	845	1,345	1,811	1,303
個人サービス	551	258	339	472	100	121	694	1,102	676
その他の家事支出	645	522	630	692	448	724	650	709	628
生活必需品[1]	640	682	667	638	345	779	771	803	798
洗濯および掃除必需品	142	163	159	155	82	159	187	205	244
郵便および文房具	139	153	123	169	83	179	154	171	142
家事用品[1]	1,467	1,471	1,485	1,605	821	1,702	1,891	1,884	1,741
布類	126	116	122	134	55	152	169	128	161
家具	347	316	353	349	185	390	431	421	406
大型機器	175	189	202	201	106	225	233	238	224
その他の家庭用機器	700	711	697	786	407	789	902	950	817
衣料品その他[1]	1,782	1,461	1,786	1,844	975	1,566	2,046	2,571	2,767
紳士、男児用	412	339	371	422	234	341	449	572	589
婦人、女児用	662	590	727	702	374	637	839	1,027	971
履物	343	251	349	336	177	285	357	463	624
その他	288	195	252	268	168	252	243	327	380
輸送	8,108	7,649	7,400	7,711	4,182	8,306	8,775	10,707	9,716
自動車購入（純支出）[1]	2,754	2,921	2,612	2,380	1,441	3,039	2,659	4,004	3,065
新車、自動車およびトラック	1,644	1,387	1,321	881	791	1,654	1,209	1,624	1,272
中古、自動車およびトラック	1,089	1,468	1,211	1,468	606	1,334	1,399	2,305	1,710
ガソリン、オイル	1,787	1,933	2,103	2,018	1,022	1,993	2,470	2,761	2,964
その他の自動車支出	2,885	2,375	2,371	2,673	1,417	2,714	3,086	3,374	3,203
金融費用	218	252	336	274	109	302	356	440	378
維持、修理	762	706	646	876	470	812	854	874	857
保険	1,271	957	1,095	999	589	1,092	1,337	1,517	1,419
レンタル、リース、免許、その他	634	460	294	524	249	507	539	543	548
公共輸送	682	420	314	640	303	559	560	568	484
医療[2]	3,132	3,272	3,030	3,128	2,007	4,021	3,273	3,300	2,960
娯楽[3]	2,767	2,627	2,467	3,062	1,510	2,913	2,860	3,775	3,635
個人的ケア用品およびサービス	601	538	593	653	345	646	719	779	717
読書	141	112	85	121	87	136	113	100	95
教育	1,710	1,103	820	902	492	793	1,563	1,906	1,746
タバコ製品、喫煙用具	439	409	394	278	253	403	463	443	458
雑貨	821	798	768	910	565	838	942	1,115	872
現金寄付	1,568	1,684	1,692	1,941	1,268	2,028	1,776	1,718	1,964
保険および年金	6,013	5,340	5,015	5,894	2,518	6,011	6,875	7,680	7,101
生命保険等	350	340	298	262	118	393	409	371	350
年金、社会保障	5,662	5,000	4,717	5,633	2,399	5,618	6,466	7,309	6,751
所得税	2,745	2,042	1,846	2,053	1,395	2,958	2,024	2,446	1,000

1. 個別に示さないその他の項目を含む　2. 医療のための追加支出。表No.143も参照　3. 娯楽のための追加支出。第26章も参照

資料：U.S. Bureau of Labor Statistics, *Consumer Expenditures in 2009*, News Release, USDL-10-1390 (2010年10月); ⟨ftp://ftp.bls.gov/pub/special_requests/ce/standard/2009/region.txt⟩ および ⟨ftp://ftp.bls.gov/pub/special_requests/ce/standard/2009/cusize.txt⟩ も参照

No.688. 全消費者単位の年間平均支出──所得水準別：2009年

[単位：ドル。表No.684の頭注を参照]

所得水準	総支出[1]	食品	住宅 計[1]	住宅 住居	住宅 公益費燃料[2]	交通費 計[1]	交通費 自動車購入	交通費 ガソリン、モーターオイル	医療費	年金、社会保障
全消費者単位	49,067	6,372	16,895	10,075	3,645	7,658	2,657	1,986	3,126	5,162
支出報告のある消費者単位：										
70,000ドル未満	33,810	4,798	12,509	7,377	3,089	5,373	1,679	1,573	2,541	2,173
70,000－79,999ドル	57,833	7,818	19,127	11,393	4,188	9,880	3,410	2,470	3,679	6,536
80,000－99,999ドル	65,027	8,359	21,666	12,815	4,470	9,929	3,386	2,669	4,158	7,977
100,000ドル以上	97,576	11,088	30,831	18,736	5,226	14,674	5,835	3,105	4,723	14,887
100,000－119,999ドル	76,140	9,622	23,907	14,190	4,618	12,378	4,800	2,942	4,385	10,292
120,000－149,999ドル	85,806	9,886	27,923	16,872	5,100	13,028	4,713	3,090	4,399	12,919
150,000ドル以上	124,306	13,234	38,824	23,941	5,837	17,799	7,506	3,257	5,242	20,207

1．個別に明示しないその他の支出を含む　2．公共サービスを含む

資料：U.S. Bureau of Labor Statistics, *Consumer Expenditure in 2009*, News Release, USDL-10-1390 (2010年10月); 〈ftp://ftp.bls.gov/pub/special.requests/ce/standard/2009/higherincome.txt〉

No.689. 既婚夫婦の子供1人あたり年間支出──世帯収入および支出項目別：2010年

[単位：ドル。データは子供2人の世帯の子供1人あたりのもの。大学の費用は除外。2005－06年Consumers Expenditure Surveyに基づくデータを、消費者価格指数を用いて2010年実質ドルに変換した数値を示す。大学費用は除く。方法論の詳細については、資料を参照。本書前年版の表No.688も参照]

世帯収入および子供の年齢	計	支出項目 住宅	食品	輸送	衣料	保健	保育、教育[1]	その他[2]
所得57,600ドル未満								
2歳未満	8,760	2,950	1,120	1,070	630	610	1,960	420
3－5歳	8,810	2,950	1,220	1,120	490	580	1,840	610
6－8歳	8,480	2,950	1,650	1,230	560	640	820	630
9－11歳	9,200	2,950	1,900	1,230	570	690	1,240	620
12－14歳	9,600	2,950	2,060	1,340	670	1,050	840	690
15－17歳	9,630	2,950	2,050	1,490	710	980	870	580
所得57,600－99,730ドル								
2歳未満	11,950	3,870	1,350	1,540	740	820	2,740	890
3－5歳	11,980	3,870	1,440	1,590	600	780	2,620	1,080
6－8歳	11,880	3,870	2,020	1,700	670	910	1,610	1,100
9－11歳	12,660	3,870	2,310	1,700	690	970	2,030	1,090
12－14歳	13,340	3,870	2,480	1,810	820	1,370	1,830	1,160
15－17歳	13,830	3,870	2,470	1,960	880	1,290	2,310	1,050
所得99,730ドル以上								
2歳未満	19,820	7,010	1,830	2,330	1,030	950	4,890	1,780
3－5歳	19,810	7,010	1,930	2,370	860	900	4,770	1,970
6－8歳	19,770	7,010	2,540	2,490	950	1,040	3,750	1,990
9－11歳	20,630	7,010	2,880	2,490	990	1,110	4,170	1,980
12－14歳	21,960	7,010	3,070	2,600	1,150	1,570	4,510	2,050
15－17歳	23,690	7,010	3,060	2,750	1,250	1,480	6,200	1,940

1．保育・教育支出のある世帯だけを含む　2．日用品、娯楽、読み物を含む

資料：U.S. Department of Agriculture, Center for Nutrition Policy and Promotion, *Expenditures on Children by Families, 2010*, 1528-2010 (2011年5月); 〈http://www.cnpp.usda.gov/Publications/CRC/crc2010.pdf〉

No.690. 家計の現金所得——所得水準別、世帯主の人種・ヒスパニック別構成比 実質(2009年)ドル価格：1990－2009年

[実質価格はCPI-U-RS デフレーターに基づく。表示年の翌年3月現在の家計を対象とする。(94,312は9431万2000を表す)毎月人口調査の年次社会経済補助調査（ASEC）に基づく。第1章、第13章および付録IIIを参照。データ収集の手順の変更については <http://www.census.gov/hhes/www/income/histinc/hstchg.html> を参照。中央値の定義は凡例を参照]

年	家計数 (1,000)	所得水準別構成比(%)							所得中央値（ドル）
		15,000 ドル未満	15,000－ 24,999ドル	25,000－ 34,999ドル	35,000－ 49,999ドル	50,000－ 74,999ドル	75,000－ 99,999ドル	100,000 ドル以上	
全家計[1]									
1990	94,312	14.0	11.8	11.2	15.7	20.0	12.2	15.0	47,637
2000[2]	108,209	12.1	11.1	10.5	14.5	18.4	12.7	20.6	52,301
2008	117,181	13.4	12.0	11.0	14.1	17.6	11.9	19.9	50,112
2009[3]	117,538	13.0	11.9	11.1	14.1	18.1	11.5	20.1	49,777
白人									
1990	80,968	12.0	11.5	11.1	16.0	20.6	12.9	16.0	49,686
2000[2]	90,030	10.8	10.8	10.3	14.4	18.6	13.2	21.9	54,700
2008[4,5]	95,297	11.8	11.7	10.7	14.0	18.1	12.5	21.1	52,113
2009[3,4,5]	95,489	11.4	11.6	10.8	14.2	18.7	12.0	21.4	51,861
黒人									
1990	10,671	29.1	15.1	12.2	14.4	15.4	7.3	6.4	29,712
2000[2]	13,174	21.0	14.4	12.9	15.4	17.2	8.8	10.3	36,952
2008[4,6]	14,595	23.6	15.0	13.7	15.0	14.9	8.1	9.6	34,088
2009[3,4,6]	14,730	23.5	15.4	13.4	14.6	15.1	8.7	9.3	32,584
アジア系および太平洋諸島民									
1990	1,958	10.6	9.5	8.2	12.5	20.9	14.0	24.4	61,170
2000[2]	3,963	9.3	7.7	7.4	12.4	16.9	14.8	31.5	69,448
2008[4,7]	4,573	12.1	8.7	8.2	12.1	15.1	12.6	31.2	65,388
2009[3,4,7]	4,687	11.7	7.9	8.2	11.1	16.9	11.8	32.4	65,469
ヒスパニック[8]									
1990	6,220	19.7	16.5	12.9	17.6	18.2	7.8	7.4	35,525
2000[2]	10,034	14.5	15.1	12.6	17.6	18.9	10.4	11.0	41,312
2008	13,425	17.8	14.8	14.3	16.4	16.2	9.0	11.3	37,769
2009[3]	13,298	16.5	15.2	14.3	15.4	17.6	9.1	11.7	38,039

1. 個別に示さないその他の人種を含む　2. データは2000年センサスに基づく人口コントロールと28,000のサンプル世帯が78,000に増加したことを反映している　3. 所得の中央値は、所得2500ドル刻みで計算される。2009年以降、センサス局が中央値の計算に25万ドル以上のランクを追加。2009年以前は10万ドル以上が最高で上限はないが、中央値の計算には2009年以前は10万ドル、2009年以降は25万ドルが用いられる　4. 2003年の毎月人口調査（CPS）からは、回答者は複数の人種を選択できるようになった。2002年以降について、データは当該人種グループのみを選択した者を表わし、複数の人種を回答した者は除外している。それ以前の年のCPSでは、回答者は単一の人種グループのみを選択するよう求めていた。第1章解説の人種に関する記述も参照　5. データは白人のみ。白人と回答し、他の人種は選んでいない者　6. 黒人のみ。黒人と回答し、他の人種は選んでいない者　7. アジア系のみ。アジア系と回答し、他の人種は選んでいない者　8. ヒスパニックは人種を問わない

資料：U.S. Census Bureau, Income, Poverty and Health Insurance Coverage in the United States: 2009, Current Population Reports, P60-238 および Historical Tables-Table H17 (2010年9月); <http://www.census.gov/hhes/www/income/income.html> および <http://www.census.gov/hhes/www/income/data/historical/household/index.html> も参照

No.691. 家計の現金所得——世帯主の人種・ヒスパニック別名目額および実質額 （2009年ドル価格）所得中央値：1980－2009年

[単位：ドル。表No.690の頭注を参照]

年	名目所得中央値（ドル）					実質(2009年)所得中央値（ドル）				
	全家計[1]	白人[2]	黒人[3]	アジア 太平洋 諸島民[4]	ヒスパ ニック[5]	全家計[1]	白人[2]	黒人[3]	アジア 太平洋 諸島民[4]	ヒスパ ニック[5]
1980	17,710	18,684	10,764	(NA)	13,651	43,892	46,306	26,677	(NA)	33,832
1990	29,943	31,231	18,676	38,450	22,330	47,637	49,686	29,712	61,170	35,525
1995[6]	34,076	35,766	22,393	40,614	22,860	47,622	49,984	31,295	56,759	31,947
2000[7,8]	41,990	43,916	29,667	55,757	33,168	52,301	54,700	36,952	69,448	41,312
2005[9]	46,326	48,554	30,858	61,094	35,967	50,899	53,347	33,904	67,125	39,517
2006	48,201	50,673	31,969	64,238	37,781	51,278	53,907	34,010	68,338	40,193
2007	50,233	52,115	33,916	66,103	38,679	51,965	53,912	35,086	68,382	40,013
2008	50,303	52,312	34,218	65,637	37,913	50,112	52,113	34,088	65,388	37,769
2009[10]	49,777	51,861	32,584	65,469	38,039	49,777	51,861	32,584	65,469	38,039

NA データなし　1. 個別に示さないその他の人種を含む　2. 2002年以降、データは白人のみ。白人と回答し、他の人種は選んでいない者　3. 2002年以降、データは黒人のみ。黒人と回答し、他の人種は選んでいない者　4. 2002年以降、データはアジア系のみ。アジア系と回答し、他の人種は選んでいない者　5. ヒスパニックは人種を問わない　6. データは1990年センサスに基づく標本デザイン、大都市地区定義、7000世帯の標本削減、人種の定義の変更についてすべて調整済みのもの　7. データは2000年センサスに基づく人口コントロールを反映　8. 28,000世帯の標本増加を反映している　9. 表No.690の脚注3を参照。第1章解説の人種に関する記述も参照　10. 所得の中央値は、所得2500ドル刻みで計算される。2009年以降、センサス局が中央値の計算に25万ドル以上のランクを追加。2009年以前は10万ドル以上が最高で上限はないが、中央値の計算には2009年以前は10万ドル、2009年以降は25万ドルが用いられる

資料：U.S. Census Bureau, Income, Poverty and Health Insurance Coverage in the United States: 2009, Current Population Reports, P60-238 および Historical Tables-Table H-5 (2010年9月); <http://www.census.gov/hhes/www/income/income.html> および <http://www.census.gov/hhes/www/income/data/historical/household/index.html> も参照

No.692. 家計の現金所得——所得水準別、主要特徴別：2009年

[117,538は1億1753万8000を表す。表示年の翌年3月現在の家計を対象とする。毎月人口調査、年次社会経済補助調査（ASEC）に基づく。本章および第1章および第13章の解説と付録Ⅲを参照。所得の中央値は、所得2500ドル刻みで計算される。2009年以降、センサス局が中央値の計算に25万ドル以上のランクを追加。2009年以前は10万ドル以上が最高で上限はないが、中央値の計算には2009年以前は10万ドル、2009年以降は25万ドルが用いられる。本書前年版の表No.691も参照]

特徴	所得水準別家計数 (1,000)								所得中央値(ドル)
	計	15,000ドル未満	15,000－24,999ドル	25,000－34,999ドル	35,000－49,999ドル	50,000－74,999ドル	75,000－99,999ドル	100,000ドル以上	
計	117,538	15,329	14,023	13,003	16,607	21,280	13,549	23,749	49,777
世帯主の年齢：									
15－24歳	6,233	1,532	1,035	882	1,054	956	351	422	30,733
25－34歳	19,257	2,216	2,060	2,295	3,011	4,115	2,432	3,130	50,199
35－44歳	21,519	1,866	1,805	1,963	2,983	4,239	3,133	5,526	61,083
45－54歳	24,871	2,528	1,985	1,970	3,054	4,733	3,516	7,083	64,235
55－64歳	20,387	2,435	1,916	2,001	2,688	3,649	2,482	5,215	56,973
65歳以上	25,270	4,751	5,222	3,892	3,817	3,586	1,632	2,371	31,354
地域：[1]									
東北部	21,479	2,733	2,244	2,264	2,807	3,699	2,486	5,246	53,073
中西部	26,390	3,273	3,326	3,056	3,767	5,044	3,183	4,742	48,877
南部	43,611	6,235	5,657	5,038	6,476	7,730	4,813	7,660	45,615
西部	26,058	3,086	2,796	2,644	3,557	4,804	3,066	6,104	53,833
世帯人員：									
1人	31,399	8,716	6,358	4,478	4,553	4,053	1,509	1,733	26,080
2人	39,487	3,293	4,206	4,583	6,168	8,078	5,016	8,145	53,676
3人	18,638	1,511	1,509	1,695	2,571	3,622	2,840	4,892	62,472
4人	16,122	1,030	1,006	1,251	1,788	3,197	2,433	5,418	73,071
5人	7,367	483	520	615	922	1,408	1,096	2,323	69,680
6人	2,784	189	246	242	378	568	398	765	62,745
7人以上	1,740	108	177	137	230	353	257	479	64,667
世帯構成：									
家族を構成する世帯	78,833	6,031	6,968	7,795	10,881	15,633	10,983	20,544	61,265
既婚夫婦	58,410	2,313	3,743	4,943	7,515	12,011	9,204	18,680	71,830
男性世帯、妻なし	5,580	584	651	713	951	1,246	634	799	48,084
女性世帯、夫なし	14,843	3,133	2,574	2,138	2,414	2,376	1,143	1,063	32,597
家族を構成しない世帯	38,705	9,298	7,054	5,208	5,726	5,646	2,567	3,206	30,444
男性世帯主	18,263	3,462	2,766	2,483	2,959	3,053	1,535	2,002	36,611
女性世帯主	20,442	5,835	4,288	2,724	2,766	2,594	1,033	1,201	25,269
世帯主の学歴：[2]									
計	111,305	13,796	12,988	12,120	15,555	20,322	13,197	23,327	50,971
9学年未満	5,091	1,753	1,131	733	599	520	190	164	21,635
9－12学年（卒業資格なし）	8,356	2,383	1,703	1,275	1,183	1,046	455	313	25,604
高等学校卒業	32,770	4,844	5,036	4,508	5,462	6,151	3,290	3,482	39,647
大学（学位なし）	19,938	2,293	2,374	2,337	3,213	4,041	2,471	3,210	48,413
準学位	10,531	862	1,040	1,100	1,534	2,262	1,606	2,125	56,789
学士以上	34,618	1,662	1,702	2,168	3,563	6,304	5,184	14,034	82,722
学士	22,134	1,232	1,252	1,610	2,554	4,321	3,345	7,817	75,518
修士	9,000	336	349	425	780	1,573	1,446	4,094	91,660
専門職学位	1,746	51	65	90	111	207	172	1,051	123,784
博士	1,738	43	36	42	118	201	221	1,076	120,873
所得者数：									
なし	26,172	9,911	6,178	3,784	2,989	2,059	609	638	19,514
1人	43,712	4,825	6,397	6,725	8,321	8,374	3,733	5,336	41,133
2人以上	47,654	591	1,446	2,494	5,297	10,847	9,207	17,772	82,165
2人	38,302	554	1,320	2,255	4,614	9,139	7,274	13,147	78,473
3人	7,023	35	104	213	594	1,377	1,519	3,180	93,835
4人以上	2,330	2	23	27	88	330	414	1,445	116,673
世帯主の労働経験：									
計	117,538	15,329	14,023	13,003	16,607	21,280	13,549	23,749	49,777
就労	78,888	4,583	6,498	7,614	11,384	16,522	11,458	20,828	62,508
フルタイム	65,214	2,379	4,533	5,921	9,514	14,249	10,115	18,503	66,777
50週以上	54,135	1,043	3,128	4,580	7,790	12,072	8,845	16,681	71,246
27－49週	6,520	503	743	765	1,003	1,387	821	1,301	53,397
26週以下	4,558	834	662	577	721	791	450	524	38,762
パートタイム	13,674	2,203	1,965	1,694	1,871	2,273	1,342	2,325	41,914
50週以上	7,618	912	1,058	1,003	1,073	1,326	805	1,444	46,053
27－49週	2,836	473	449	342	358	483	251	481	40,961
26週以下	3,220	821	458	349	440	465	287	401	34,395
失業	38,650	10,746	7,524	5,388	5,223	4,756	2,092	2,921	26,590
保有状況：									
所有者占有	78,779	6,170	7,462	7,522	10,585	15,190	10,981	20,870	61,588
賃借人占有	37,080	8,628	6,291	5,266	5,797	5,856	2,469	2,775	31,463
所有者の現金支払いなし	1,679	531	270	215	225	233	98	105	26,199

1．地域の構成については表紙裏の図を参照　2．25歳以上
資料：U.S. Census Bureau, *Income, Poverty and Health Insurance Coverage in the United States: 2009*, Current Population Reports, P60-238 および Detailed Tables-Table HINC-01 (2010年9月); <http://www.census.gov/hhes/www/cpstables/032010/hhinc/new01_000.htm> も参照

No.693. 世帯の現金所得——人種・ヒスパニック別：2009年

[翌年3月現在の家計(117,538は1億1753万8000を表す)。毎月人口調査に基づく。本章および第1章の解説と付録Ⅲを参照。2009年の人口調査の回答者は複数の人種を選択できる。データは当該人種グループのみを選択した者を表し、複数の人種を回答した者は除外している。人種については第1章の解説を参照]

所得階層	世帯数 (1,000)					構成比 (%)				
	全人種	白人	黒人	アジア系	ヒスパニック[1]	全人種	白人	黒人	アジア系	ヒスパニック[1]
全世帯	117,538	95,489	14,730	4,687	13,298	100.0	100.0	100.0	100.0	100.0
10,000ドル未満	8,570	5,787	2,128	347	1,249	7.3	6.1	14.4	7.4	9.4
10,000－14,999ドル	6,759	5,054	1,337	200	951	5.8	5.3	9.1	4.3	7.2
15,000－19,999ドル	6,924	5,389	1,181	183	989	5.9	5.6	8.0	3.9	7.4
20,000－24,999ドル	7,099	5,656	1,088	189	1,032	6.0	5.9	7.4	4.0	7.8
25,000－29,999ドル	6,633	5,255	1,020	197	963	5.6	5.5	6.9	4.2	7.2
30,000－34,999ドル	6,370	5,052	957	185	945	5.4	5.3	6.5	3.9	7.1
35,000－39,999ドル	6,033	4,886	822	192	772	5.1	5.1	5.6	4.1	5.8
40,000－44,999ドル	5,680	4,660	730	156	663	4.8	4.9	5.0	3.3	5.0
45,000－49,999ドル	4,894	4,006	594	172	617	4.2	4.2	4.0	3.7	4.6
50,000－59,999ドル	9,444	7,840	1,068	335	1,084	8.0	8.2	7.3	7.1	8.2
60,000－74,999ドル	11,836	9,987	1,152	457	1,258	10.1	10.5	7.8	9.8	9.5
75,000－84,999ドル	6,347	5,326	662	245	589	5.4	5.6	4.5	5.2	4.4
85,000－99,999ドル	7,202	6,107	625	308	626	6.1	6.4	4.2	6.6	4.7
100,000－149,999ドル	14,034	12,081	928	790	1,042	11.9	12.7	6.3	16.9	7.8
150,000－199,999ドル	5,209	4,505	261	362	289	4.4	4.7	1.8	7.7	2.2
200,000－249,999ドル	2,135	1,852	79	166	115	1.8	1.9	0.5	3.5	0.9
250,000ドル以上	2,372	2,048	95	197	116	2.0	2.1	0.6	4.2	0.9

1．ヒスパニックは人種を問わない

資料：U.S. Census Bureau, *Income, Poverty and Health Insurance Coverage in the United States: 2009*, Current Population Reports, P60-238 および Detailed Tables-Table HINC-06 (2010年9月); <http://www.census.gov/hhes/www/cpstables/032010/hhinc/new06_000.htm> も参照

No.694. 世帯の所得、所得5分位および上位5％別世帯数と所得：1970－2009年

[表示翌年の3月現在（64,778は6477万8000を表す）。所得は2009年実質ドル（CPI-U-RSにより調整）。シェアの計算方法は、家計を所得の順に並べてから、等しい人口規模に分割する、いわゆる5分位である。各グループの合計所得は、全体の合計所得で割って、シェアを算出する。毎月人口調査の年次社会経済補助調査（ASEC）に基づく。第1章の解説および付録Ⅲを参照。時系列のデータ収集方法の変化については<http://www.census.gov/hhes/www/income/data/historical/history.html>を参照。毎月人口調査に基づく。第1章、第13章の解説および付録Ⅲを参照]

年	世帯数 (1,000)	各階層の所得 (ドル)					各階層の所得構成比 (%)				
		各5分位の上限				上位5%	最低位	第2位	第3位	第4位	最高位	上位5%
		最低位	第2位	第3位	第4位							
1970	64,778	18,180	34,827	50,656	72,273	114,243	4.1	10.8	17.4	24.5	43.3	16.6
1980	82,368	18,533	34,757	53,285	78,019	125,556	4.2	10.2	16.8	24.7	44.1	16.5
1990	94,312	19,886	37,644	57,591	87,826	150,735	3.8	9.6	15.9	24.0	46.6	18.5
1995[1]	99,627	20,124	37,613	58,698	91,012	157,919	3.7	9.1	15.2	23.3	48.7	21.0
2000[2,3]	108,209	22,320	41,103	64,985	101,844	180,879	3.6	8.9	14.8	23.0	49.8	22.1
2002	111,278	21,361	39,795	63,384	100,170	178,844	3.5	8.8	14.8	23.3	49.7	21.7
2003	112,000	20,974	39,652	63,505	101,307	179,740	3.4	8.7	14.8	23.4	49.8	21.4
2004	113,343	20,992	39,375	62,716	99,930	178,453	3.4	8.7	14.7	23.2	50.1	21.8
2005[4]	114,384	21,071	39,554	63,352	100,757	182,386	3.4	8.6	14.6	23.0	50.4	22.2
2006	116,011	21,314	40,185	63,830	103,226	185,119	3.4	8.6	14.5	22.9	50.5	22.3
2007	116,783	20,991	40,448	64,138	103,448	183,103	3.4	8.7	14.8	23.4	49.7	21.2
2008	117,181	20,633	38,852	62,487	99,860	179,317	3.4	8.6	14.7	23.3	50.0	21.5
2009	117,538	20,453	38,550	61,801	100,000	180,001	3.4	8.6	14.6	23.2	50.3	21.7

1．データは1990年センサスに基づく標本デザイン、大都市地区の定義、7000世帯の標本削減、人種の定義の変更、についてすべて調整済みのもの　2．2000年センサス人口コントロールを反映して改訂済み　3．28000世帯の標本増加を反映している　4．2005年AESCにおける加重の訂正を反映して、改訂済み

資料：U.S. Census Bureau, *Income, Poverty and Health Insurance Coverage in the United States: 2009*, Current Population Reports, P60-238 および Historical Tables-Tables H1 and H2 (2010年9月); <http://www.census.gov/hhes/www/income/income.html> および <http://www.census.gov/hhes/www/income/data/historical/household/index.html> も参照

No.695. 家族の現金所得——人種・ヒスパニック別：2009年

[翌年3月現在の世帯(78,867は7886万7000を表す)。毎月人口調査に基づく。本章および第1章および第13章の解説と付録Ⅲを参照。2009年の人口調査の回答者は複数の人種を選択できる。データは当該人種グループのみを選択したものを表し、複数の人種を回答した者は除外している。人種については第1章の解説を参照]

所得階層	家族数(1,000)					構成比(%)				
	全人種	白人	黒人	アジア系	ヒスパニック[1]	全人種	白人	黒人	アジア系	ヒスパニック[1]
全家族[1]	78,867	64,145	9,367	3,592	10,422	100.0	100.0	100.0	100.0	100.0
10,000ドル未満	4,068	2,698	1,062	156	915	5.2	4.2	11.3	4.3	8.8
10,000－14,999ドル	2,758	1,947	620	93	673	3.5	3.0	6.6	2.6	6.5
15,000－19,999ドル	3,268	2,365	687	125	754	4.1	3.7	7.3	3.5	7.2
20,000－24,999ドル	3,925	3,029	667	127	780	5.0	4.7	7.1	3.5	7.5
25,000－29,999ドル	3,984	3,067	666	145	755	5.1	4.8	7.1	4.0	7.2
30,000－34,999ドル	3,879	3,050	581	137	732	4.9	4.8	6.2	3.8	7.0
35,000－39,999ドル	3,928	3,154	545	137	633	5.0	4.9	5.8	3.8	6.1
40,000－44,999ドル	3,696	3,042	459	110	531	4.7	4.7	4.9	3.1	5.1
45,000－49,999ドル	3,274	2,661	418	128	508	4.2	4.1	4.5	3.6	4.9
50,000－59,999ドル	6,584	5,426	736	284	854	8.3	8.5	7.9	7.9	8.2
60,000－74,999ドル	8,677	7,328	803	352	1,009	11.0	11.4	8.6	9.8	9.7
75,000－84,999ドル	4,929	4,143	504	196	482	6.2	6.5	5.4	5.5	4.6
85,000－99,999ドル	5,739	4,878	489	247	510	7.3	7.6	5.2	6.9	4.9
100,000－149,999ドル	11,721	10,083	756	696	852	14.9	15.7	8.1	19.4	8.2
150,000－199,999ドル	4,467	3,852	226	321	240	5.7	6.0	2.4	8.9	2.3
200,000－249,999ドル	1,896	1,635	68	158	94	2.4	2.5	0.7	4.4	0.9
250,000ドル以上	2,073	1,789	82	179	103	2.6	2.8	0.9	5.0	1.0

1. ヒスパニックは人種を問わない

資　料：U.S. Census Bureau, *Income, Poverty and Health Insurance Coverage in the United States: 2009*, Current Population Reports, P60-238 および Detailed Tables-Table FINC-07 (2010年9月)；<http://www.census.gov/hhes/www/cpsta-bles/032010/faminc/new07_000.htm> も参照

No.696. 家族の現金所得——世帯主の人種・ヒスパニック別構成比——実質（2009年）ドル価格：1980－2009年

[実質ドルはCPI-U-XIデフレータに基づく。表示翌年の3月現在の家計。(66,322は6632万2000を表す)。毎月人口調査の年次社会経済補助調査（ASEC）に基づく。第1章、第13章および付録Ⅲを参照。データ収集方法の変更については <http://www.census.gov/hhes/www/income/histinc/hstchg.html> を参照。中央値の定義は凡例を参照。『アメリカ歴史統計』系列G1-8、G16-23、G190-192、G197-199も参照]

年	家族数(1,000)	所得水準別世帯構成比(%)						所得中央値(ドル)
		15,000ドル未満	15,000－24,999ドル	25,000－34,999ドル	35,000－49,999ドル	50,000－74,999ドル	75,000－99,999ドル	100,000ドル以上	
全家族[1]									
1990	66,322	8.7	9.4	10.3	15.6	22.5	14.6	19.1	54,369
2000[2]	73,778	7.0	8.6	9.3	14.3	19.8	15.1	26.2	61,083
2008	78,874	8.4	9.2	9.9	13.7	19.3	14.2	26.0	61,521
2009[3]	78,867	8.7	9.1	10.0	13.8	19.4	13.5	25.6	60,088
白人									
1990	56,803	6.6	8.7	10.0	15.8	23.3	15.4	20.4	56,771
2000[2]	61,330	5.7	7.9	9.0	14.2	20.1	15.8	27.7	63,849
2008[4,5]	64,183	6.9	8.5	9.5	13.4	19.8	15.0	27.5	65,000
2009[3,4,5]	64,145	7.2	8.4	9.5	13.8	19.9	14.1	27.0	62,545
黒人									
1990	7,471	23.9	14.7	12.5	14.4	17.5	8.8	8.2	32,946
2000[2]	8,731	15.7	14.0	12.8	15.3	18.7	10.3	13.0	40,547
2008[4,6]	9,359	18.2	14.4	12.8	15.3	16.6	9.8	13.4	39,879
2009[3,4,6]	9,367	18.0	14.5	13.3	15.2	16.4	10.6	12.1	38,409
アジア太平洋諸島民									
1990	1,536	8.1	7.8	8.2	11.6	21.2	15.0	28.5	64,969
2000[2]	2,982	6.2	6.4	6.4	11.7	17.3	15.5	37.0	75,393
2008[4,7]	3,494	7.7	7.2	7.6	12.8	16.0	13.0	36.6	73,578
2009[3,4,7]	3,592	6.9	7.0	7.9	10.4	17.7	12.3	37.7	75,027
ヒスパニック[8]									
1990	4,981	17.0	16.3	13.6	17.3	19.1	8.5	8.2	36,034
2000[2]	8,017	12.8	14.6	13.0	18.1	19.4	10.5	12.0	41,469
2008	10,503	15.5	14.6	14.1	16.8	17.2	9.6	12.5	40,466
2009[3]	10,422	14.3	14.7	14.1	16.0	17.9	10.6	12.4	39,730

1. 個別に明示しないほかの人種を含む　2. データは2000年センサスに基づく人口コントロールと28000のサンプル世帯が78000に増加したことを反映している　3. 所得の中央値は、所得2500ドル刻みで計算される。2009年以降、センサス局が中央値の計算に25万ドル以上のランクを追加。2009年以前は10万ドル以上が最高で上限はないが、中央値の計算には2009年以前は10万ドル、2009年以降は25万ドルが用いられる　4. 2003年の毎月人口調査（CPS）からは、回答者は複数の人種を選択できるようになった。2002年以降について、データは当該人種グループのみを選択した者を表わし、複数の人種を回答した者は除外している。それ以前の年のCPSでは、回答者は単一の人種グループのみを選択するよう求めていた。第1章解説の人種に関する記述も参照　5. データは白人のみ。白人を選択して、他の人種を選んでいない　6. データは黒人のみ。黒人を選択して他の人種を選んでいない　7. データはアジア系のみ。アジア系を選択して、他の人種は選んでいない者　8. ヒスパニックは人種を問わない

資　料：U.S. Census Bureau, *Income, Poverty and Health Insurance Coverage in the United States: 2009*, Current Population Reports, P60-238 および Historical Tables-Table F-23 (2010年9月)；<http://www.census.gov/hhes/www/income/income.html> および <http://www.census.gov/hhes/www/income/data/historical/families/index.html> も参照

No.697. 家族世帯の現金所得——世帯主の人種・ヒスパニック別中央値——名目額および実質（2009年）ドル価格：1990-2009年

[単位：ドル。表No.696の頭注を参照]

年	名目所得中央値（ドル）					実質（2009年）所得中央値（ドル）				
	全家族[1]	白人[2]	黒人[3]	アジア太平洋諸島民[4]	ヒスパニック[5]	全家族[1]	白人[2]	黒人[3]	アジア太平洋諸島民[4]	ヒスパニック[5]
1990	35,353	36,915	21,423	42,246	23,431	56,243	58,728	34,082	67,210	37,277
1995[6]	40,611	42,646	25,970	46,356	24,570	56,755	59,598	36,293	64,783	34,337
2000[7,8]	50,732	53,029	33,676	62,617	34,442	63,189	66,050	41,945	77,993	42,899
2004[9,10]	54,061	56,723	35,148	65,420	35,440	61,389	64,411	39,912	74,287	40,244
2005	56,194	59,317	35,464	68,957	37,867	61,741	65,172	38,965	75,764	41,605
2006	58,407	61,280	38,269	74,612	40,000	62,135	65,191	40,712	79,374	42,553
2007	61,355	64,427	40,143	77,133	40,566	63,471	66,649	41,527	79,793	41,965
2008	61,521	65,000	39,879	73,578	40,466	61,298	64,753	39,728	73,299	40,312
2009[11]	60,088	62,545	38,409	75,027	39,730	60,088	62,545	38,409	75,027	39,730

1．個別に明示しないその他の人種を含む　2．2002年以降、データは白人のみ。白人と回答し、他の人種は選んでいない者　3．2002年以降、データは黒人のみ。黒人と回答し、他の人種は選んでいない者　4．2002年以降、データはアジア系のみ。アジア系と回答し、他の人種は選んでいない者　5．ヒスパニックは人種を問わない　6．データは1990年センサスに基づく標本デザイン、大都市地区の定義、7000世帯の標本削減、人種の定義の変更、についてすべて調整済みのもの　7．2000年センサス人口コントロールを反映して改訂済み　8．28000世帯の標本増加を反映している　9．表No.696の脚注4を参照。人種については第1章の解説を参照　10．2005年AESCにおける加重の訂正を反映して、改訂済み　11．所得の中央値は、所得2500ドル刻みで計算される。2009年以降、センサス局が中央値の計算に25万ドル以上のランクを追加。2009年以前は10万ドル以上が最高で上限はないが、中央値の計算には2009年以前は10万ドル、2009年以降は25万ドルが用いられる

資料：U.S. Census Bureau, *Income, Poverty and Health Insurance Coverage in the United States: 2009*, Current Population Reports, P60-238 および Historical Tables-Table F-05（2010年9月）; <http://www.census.gov/hhes/www/income/income.html> および <http://www.census.gov/hhes/www/income/data/historical/families/index.html> も参照

No.698. 家族世帯の現金所得——所得水準別、家族の特徴別：2009年

[78,867は7886万7000を表す。表No.696の頭注を参照。所得の中央値は、所得2500ドル刻みで計算される。2009年以降、センサス局が中央値の計算に25万ドル以上のランクを追加。2009年以前は10万ドル以上が最高で上限はないが、中央値の計算には2009年以前は10万ドル、2009年以降は25万ドルが用いられる。地域の構成については、表紙裏の地図を参照。合計、白人、黒人、その他の人種についての合衆国データは『アメリカ歴史統計』系列G1-8も参照]

特徴	所得水準別世帯数（1,000）								所得中央値（ドル）
	計	15,000ドル未満	15,000－24,999ドル	25,000－34,999ドル	35,000－49,999ドル	50,000－74,999ドル	75,000－99,999ドル	100,000ドル以上	
全家族	78,867	6,827	7,194	7,863	10,898	15,260	10,668	20,157	60,088
世帯主の年齢：									
15－24歳	3,405	981	505	436	531	515	197	240	29,893
25－34歳	13,102	1,791	1,436	1,415	1,867	2,658	1,659	2,275	50,312
35－44歳	17,067	1,345	1,336	1,450	2,232	3,288	2,554	4,863	65,196
45－54歳	18,176	1,087	1,103	1,208	2,024	3,567	2,895	6,291	75,707
55－64歳	13,711	777	893	1,103	1,711	2,690	2,006	4,531	71,650
65歳以上	13,405	845	1,921	2,250	2,532	2,543	1,357	1,957	43,702
地域：									
東北部	14,125	1,046	1,080	1,312	1,759	2,564	1,909	4,454	66,977
中西部	17,465	1,488	1,525	1,712	2,366	3,661	2,552	4,160	60,688
南部	29,719	2,912	3,072	3,240	4,397	5,619	3,895	6,583	54,913
西部	17,558	1,380	1,517	1,600	2,375	3,418	2,311	4,956	62,229
世帯の構成：									
既婚夫婦	58,428	2,339	3,761	4,964	7,546	12,018	9,182	18,617	71,627
男性世帯主、妻なし	5,582	811	740	744	969	1,095	555	668	41,501
女性世帯主、夫なし	14,857	3,677	2,691	2,154	2,383	2,149	931	870	29,770
血縁のない準家族	521	223	108	69	51	47	15	8	17,447
世帯主の学歴：									
25歳以上、計	75,462	5,846	6,688	7,428	10,367	14,746	10,472	19,916	61,443
9学年未満	3,323	707	787	567	502	454	167	140	27,114
9－12学年（卒業資格なし）	5,513	1,118	1,058	935	932	824	392	255	31,119
高校卒業（同等の資格を含む）	22,054	1,994	2,532	2,866	3,897	4,869	2,794	3,102	48,637
大学、学位なし	13,502	1,031	1,185	1,373	2,092	3,009	2,025	2,786	58,258
準学位	7,413	422	487	621	1,060	1,697	1,286	1,840	65,248
学士以上	23,657	573	639	1,065	1,881	3,894	3,810	11,795	99,707
学士	14,956	437	490	784	1,379	2,750	2,475	6,641	90,530
修士	6,193	106	118	217	378	892	1,054	3,426	106,931
専門職学位	1,265	18	12	50	60	133	119	875	150,795
博士	1,244	12	19	14	63	118	160	855	135,869
稼得者の数：									
0人	12,205	3,410	2,498	2,167	1,871	1,355	461	445	25,740
1人	25,981	2,966	3,636	3,806	4,712	4,865	2,313	3,681	42,010
2人	40,680	451	1,059	1,890	4,315	9,039	7,897	16,029	85,299

資料：U.S. Census Bureau, *Income, Poverty and Health Insurance Coverage in the United States: 2009*, Current Population Reports, P60-238 および Detailed Tables-Table FINC-01（2010年9月）; <http://www.census.gov/hhes/www/cpstables/032010/faminc/new01_000.htm> も参照

No.699. 家族世帯の所得中央値――名目および実質(2009年)ドル価額：1990－2009年

[単位：ドル。表No.696の頭注を参照。付録Ⅲを参照。また『アメリカ歴史統計』系列G179-188も参照]

年	名目ドル						実質(2009年)ドル					
		既婚夫婦家族			配偶者いない男性世帯主	配偶者いない女性世帯主		既婚夫婦家族			配偶者いない男性世帯主	配偶者いない女性世帯主
	計	計	妻が有業者	妻が非有業者			計	計	妻が有業者	妻が非有業者		
1990	35,353	39,895	46,777	30,265	29,046	16,932	56,243	63,469	74,418	48,149	46,210	26,937
1995 [1]	40,611	47,062	55,823	32,375	30,358	19,691	56,755	65,770	78,014	45,245	42,426	27,518
2000 [2,3]	50,732	59,099	69,235	39,900	37,727	25,716	63,189	73,611	86,236	49,800	46,991	32,031
2005 [4]	56,194	65,906	78,755	44,457	41,111	27,244	61,741	72,412	86,529	48,845	45,169	29,933
2006	58,407	69,404	82,788	45,757	41,844	28,829	62,135	73,834	88,072	48,678	44,515	30,669
2007	61,355	72,589	86,435	47,329	44,358	30,296	63,471	75,092	89,416	48,961	45,888	31,341
2008	61,521	72,743	86,621	48,502	43,571	30,129	61,288	72,467	86,292	48,318	43,406	30,015
2009 [5]	60,088	71,627	85,948	47,649	41,501	29,770	60,088	71,627	85,948	47,649	41,501	29,770

1. データは1990年センサスに基づく標本デザイン、大都市地区の定義、7000世帯の標本削減、人種の定義の変更、についてすべて調整済みのもの 2. 2000年センサス人口コントロールを反映して改訂済み 3. 28000世帯の標本増加を反映している 4. 2005年AESCにおける加重の訂正を反映して、改訂済み 5. 所得の中央値は、所得2500ドル刻みで計算される。2009年以降、センサス局が中央値の計算に25万ドル以上のランクを追加。2009年以前は10万ドル以上が最高で上限はないが、中央値の計算には2009年以前は10万ドル、2009年以降は25万ドルが用いられる

資料：U.S. Census Bureau, *Income, Poverty and Health Insurance Coverage in the United States: 2009*, Current Population Reports, P60-238 および Historical Tables-Table F-7 (2010年9月); <http://www.census.gov/hhes/www/income/income.html> および <http://www.census.gov/hhes/www/income/data/historical/families/index.html> も参照

No.700. 既婚夫婦世帯の所得中央値――夫婦の労働状況と子供の有無別：2009年

[(58,428は5842万8000を表す)。表No.696の頭注を参照。中央値の定義については凡例を参照]

夫婦の労働状況	世帯数(1,000)					所得中央値(ドル)				
				1人以上の子供あり(18歳以下)					1人以上の子供あり(18歳以下)	
	全既婚夫婦世帯	子供なし	計	1人	2人以上	全既婚夫婦世帯	子供なし	計	1人	2人以上
全既婚夫婦世帯	58,428	32,309	26,119	10,273	15,846	71,627	67,376	76,649	78,682	75,703
夫が労働	44,628	20,621	24,008	9,232	14,776	83,267	87,091	80,646	82,594	78,764
妻が労働	32,368	15,247	17,121	7,089	10,032	91,320	94,201	89,128	90,498	88,032
妻は無職	12,261	5,374	6,887	2,142	4,745	59,686	65,642	54,532	52,094	55,666
夫が通年フルタイム労働	34,828	15,321	19,507	7,482	12,024	90,459	94,269	87,091	89,620	85,785
妻が労働	25,579	11,668	13,911	5,768	8,142	97,488	100,124	95,646	96,699	94,895
妻は無職	9,249	3,653	5,596	1,714	3,882	65,404	72,370	60,789	57,362	61,470
夫は無職	13,800	11,688	2,111	1,041	1,070	38,565	38,971	35,881	38,842	32,444
妻が労働	4,569	3,271	1,297	641	656	50,854	53,705	43,612	46,467	41,679
妻は無職	9,231	8,417	814	400	414	33,653	34,510	23,194	27,040	17,000

資料：U.S. Census Bureau, *Income, Poverty and Health Insurance Coverage in the United States: 2009*, Current Population Reports, P60-238 および Detailed Tables-Table FINC-04 (2010年9月); <http://www.census.gov/hhes/www/cpstables/032010/faminc/new04_000.htm> も参照

No.701. 所得中央値(2009年実質ドル)――性別、人種、ヒスパニック別：1990－2009年

[単位：ドル。表示年翌年の3月現在の人口。15歳以上。CPI-U デフレータに基づく実質ドル。毎月人口調査の年次社会経済補助調査(ASEC)に基づく。第1章、第13章の解説および付録Ⅲを参照。データ収集手順の変更については <http://www.census.gov/hhes/www/income/data/historical/history.html> を参照]

項目	男性					女性				
	1990	2000 [1]	2005 [2]	2008	2009 [3]	1990	2000 [1]	2005 [2]	2008	2009 [3]
全人種 [4]	32,284	35,303	34,362	33,035	32,184	16,020	20,007	20,410	20,788	20,957
白人 [5]	33,680	37,114	35,355	34,987	33,748	16,413	20,027	20,512	20,870	21,118
黒人 [6]	20,472	26,584	24,889	25,158	23,738	13,249	19,781	19,371	20,120	19,470
アジア系 [7]	(NA)	(NA)	37,592	36,468	37,330	(NA)	(NA)	23,777	23,051	24,343
ヒスパニック [8]	21,430	24,286	24,269	23,912	22,256	11,983	15,256	16,520	16,355	16,210
白人、非ヒスパニック	34,933	39,245	38,834	37,267	36,785	16,833	20,757	21,371	21,666	21,939

NA データなし 1. データは2000年センサスに基づく人口コントロールと28000のサンプル世帯が78000に増加したことを反映している 2. 2003年の毎月人口調査(CPS)からは、回答者は複数の人種を選択できるようになった。2002年以降についてデータは当該人種グループのみを選択した者を表わし、複数人種を回答したものを除外している。それ以前の年のCPSでは回答者は単一の人種グループのみを選択するよう求められていた。第1章の解説の人種に関する記述を参照 3. 所得の中央値は、所得2500ドル刻みで計算される。2009年以降、センサス局が中央値の計算に25万ドル以上のランクを追加。2009年以前は10万ドル以上が最高で上限はないが、中央値の計算には2009年以前は10万ドル、2009年以降は25万ドルが用いられる 4. 個別に明示しないその他の人種を含む 5. 2005年からのデータは白人のみ。白人と回答し、他の人種はえらんでいない者 6. 2005年からのデータは黒人のみ。黒人と回答し、他の人種は選んでいない者 7. 2005年からのデータはアジア系のみ。アジア系と回答し、他の人種は選んでいない者 8. ヒスパニックは人種を問わない

資料：U.S. Census Bureau, *Income, Poverty and Health Insurance Coverage in the United States: 2009*, Current Population Reports, P60-238 および Historical Tables-Table P-2 (2010年9月); <http://www.census.gov/hhes/www/income/income.html> および <http://www.census.gov/hhes/www/income/data/historical/people/index.html> も参照

No.702. 個人貨幣所得——男女別、所得水準別：2009年

[人口は2010年3月現在。15歳以上人口（117,728は1億1772万8000人を表す）。15歳以上を対象。実質ドルによる所得の中央値はCPI-U-RSデフレータに基づく。中央値の定義については凡例を参照。所得の中央値は、所得2500ドル刻みで計算される。2009年以降、センサス局が中央値の計算に25万ドル以上のランクを追加。2009年以前は10万ドル以上が最高で上限はないが、中央値の計算には2009年以前は10万ドル、2009年以降は25万ドルが用いられる。毎月人口調査の年次社会経済補助調査（ASEC）に基づく。地域の構成については表紙裏の地図を参照。付録Ⅲを参照]

項目	総数 (1,000)	計 (1,000)	所得のある者 人数(1,000人)								所得の中央値（ドル）
			5,000 ドル未満[1]	5,000— 9,999 ドル	10,000— 14,999 ドル	15,000— 24,999 ドル	25,000— 34,999 ドル	35,000— 49,999 ドル	50,000— 74,999 ドル	75,000 ドル以上	
男性											
計	117,728	105,025	7,467	7,483	8,994	17,278	14,085	16,106	16,571	17,041	32,184
15—24歳	21,403	13,280	4,148	2,476	1,723	2,477	1,156	782	392	123	10,036
25—34歳	20,689	19,281	911	1,270	1,478	3,414	3,273	3,654	3,278	2,003	31,914
35—44歳	20,074	19,087	609	774	1,095	2,461	2,500	3,555	3,782	4,311	42,224
45—54歳	21,784	20,719	785	978	1,217	2,523	2,457	3,484	4,192	5,081	44,731
55—64歳	16,985	16,252	660	809	1,248	2,242	2,043	2,420	3,029	3,803	41,296
65歳以上	16,793	16,406	353	1,179	2,233	4,160	2,655	2,213	1,898	1,719	25,877
地域：											
東北部	21,357	19,117	1,316	1,182	1,461	3,029	2,465	2,700	3,235	3,730	35,414
中西部	25,753	23,354	1,750	1,602	1,908	3,846	3,296	3,853	3,812	3,285	32,060
南部	42,933	37,974	2,627	3,064	3,554	6,443	5,122	5,884	5,657	5,623	31,047
西部	27,684	24,580	1,774	1,637	2,072	3,961	3,203	3,669	3,866	4,399	33,191
世帯主の学歴：[2]											
計	96,325	91,745	3,319	5,008	7,271	14,801	12,930	15,324	16,177	16,916	36,801
9学年未満	5,211	4,736	260	819	1,032	1,363	631	376	189	65	16,473
9—12学年[3]	7,705	6,948	435	818	1,194	1,889	1,137	793	471	207	19,720
高校卒業[4]	30,682	28,946	1,165	1,802	2,610	6,033	5,223	5,560	4,433	2,118	30,303
大学、学位なし	15,908	15,184	564	735	1,101	2,292	2,448	2,924	3,124	1,996	36,693
準学位	7,662	7,399	231	261	394	954	1,023	1,531	1,751	1,253	42,163
学士以上	29,158	28,532	663	574	940	2,268	2,464	4,140	6,207	11,275	61,280
学士	18,674	18,205	502	421	696	1,642	1,867	2,947	4,114	6,017	54,091
修士	6,859	6,728	120	111	176	428	441	853	1,553	3,047	69,825
専門職学位	1,861	1,844	26	17	41	106	77	166	236	1,174	102,398
博士	1,763	1,755	16	26	27	90	80	175	303	1,040	89,845
住居：											
持家	83,038	74,848	5,080	4,260	5,358	10,714	9,377	11,829	13,280	14,953	37,482
賃貸	33,150	28,837	2,258	3,087	3,471	6,269	4,483	4,087	3,168	2,014	23,556
家賃無料	1,539	1,340	129	138	165	294	224	191	123	74	22,113
女性											
計	124,440	106,229	12,632	14,338	13,379	19,836	14,433	13,711	10,849	7,051	20,957
15—24歳	20,837	12,804	4,228	2,634	1,930	2,307	1,033	460	164	48	8,950
25—34歳	20,396	17,498	1,890	1,606	1,721	3,440	2,981	2,943	1,998	916	25,236
35—44歳	20,373	17,913	2,001	1,495	1,631	2,860	2,797	3,040	2,415	1,672	27,894
45—54歳	22,604	20,418	1,902	1,793	1,815	3,356	3,138	3,385	2,910	2,120	28,617
55—64歳	18,410	16,694	1,638	1,961	1,849	2,865	2,339	2,328	2,126	1,590	25,112
65歳以上	21,820	20,901	972	4,847	4,434	5,012	2,143	1,556	1,234	699	15,282
地域：											
東北部	23,152	20,123	2,388	2,555	2,360	3,499	2,754	2,729	2,201	1,634	22,067
中西部	27,072	23,794	2,757	3,235	2,991	4,647	3,339	3,128	2,380	1,318	20,987
南部	45,949	38,648	4,466	5,456	5,147	7,461	5,250	4,919	3,750	2,200	20,261
西部	28,267	23,665	3,022	3,092	2,881	4,229	3,091	2,936	2,518	1,898	21,131
世帯主の学歴：[2]											
計	103,603	93,426	8,404	11,703	11,449	17,531	13,400	13,250	10,685	7,002	23,159
9学年未満	5,240	4,036	530	1,358	1,008	781	232	56	54	17	10,516
9—12学年[3]	7,555	6,175	663	1,652	1,408	1,453	558	273	128	44	12,278
高校卒業[4]	31,774	28,154	2,479	4,464	4,474	6,833	4,628	3,188	1,542	544	18,340
大学、学位なし	17,753	16,208	1,435	1,819	1,913	3,492	2,818	2,619	1,472	639	23,107
準学位	10,597	9,936	801	870	963	1,891	1,751	1,774	1,317	571	27,027
学士以上	30,683	28,917	2,497	1,541	1,683	3,083	3,414	5,340	6,170	5,188	40,766
学士	20,110	18,844	1,824	1,182	1,257	2,265	2,572	3,736	3,604	2,405	35,972
修士	8,344	7,945	553	302	336	677	681	1,340	2,121	1,933	50,576
専門職学位	1,213	1,142	78	23	60	99	92	142	205	442	60,259
博士	1,015	987	41	32	30	41	72	122	241	407	65,587
住居：											
持家	86,992	75,755	8,923	9,321	8,653	13,204	10,125	10,487	8,974	6,069	22,608
賃貸	35,923	29,240	3,509	4,798	4,519	6,379	4,142	3,131	1,818	944	17,204
家賃無料	1,525	1,234	201	217	206	255	167	93	56	40	14,762

1．所得赤字の者を含む　2．25歳以上　3．卒業資格なし　4．高校卒業同等資格を含む

資　料：U.S. Census Bureau, *Income, Poverty and Health Insurance Coverage in the United States: 2009*, Current Population Reports, P60-238 および Detailed Tables-Table PINC-01（2010年9月）；〈http://www.census.gov/hhes/www/cpstables/032010/perinc/new01_000.htm〉も参照

No.703. フルタイム労働者の平均年間収入――教育水準、性別、年齢別：2009年

[単位：ドル。18歳以上。2010年3月現在。表No.701の頭注を参照]

性別、年齢	計	9学年未満	高等学校		大学		
			9－12学年(卒業資格なし)	高校卒業[1](同等資格を含む)	学位なし	準学位	学士以上
男性、計	**62,445**	**26,604**	**33,194**	**43,140**	**52,580**	**55,631**	**92,815**
18－24歳	29,599	20,041	19,556	27,822	29,564	33,915	42,299
25－34歳	49,105	25,067	27,074	38,037	44,020	48,313	67,555
35－44歳	66,788	26,685	39,949	43,518	55,686	58,689	98,045
45－54歳	71,661	28,067	36,239	48,224	61,072	62,000	109,163
55－64歳	71,222	29,648	36,837	47,164	60,230	58,176	99,572
65歳以上	67,007	27,375	35,278	55,241	58,899	45,783	88,853
女性、計	**44,857**	**19,588**	**23,478**	**32,227**	**36,553**	**42,307**	**62,198**
18－24歳	24,117	(B)	16,921	22,620	21,127	26,922	32,103
25－34歳	40,475	18,278	21,996	27,993	32,229	36,202	52,102
35－44歳	47,260	19,963	24,218	32,947	38,057	42,092	65,881
45－54歳	48,929	19,591	23,987	34,145	42,068	47,716	69,698
55－64歳	48,232	20,469	26,729	34,900	41,707	45,938	67,683

B　基になるデータが小さ過ぎて統計的に信頼する数値を得られない　1．同等資格を含む

資料：U.S. Census Bureau, *Income, Poverty and Health Insurance Coverage in the United States: 2009*, Current Population Reports, series P60-238 および Detailed Tables-Table PINC-04 (2010年9月);〈http://www.census.gov/hhes/www/cpstables/032010/perinc/new04_000.htm〉も参照

No.704. 1人あたりの現金所得――名目額、実質ドル(2009年)価額、人種別：1990－2009年

[単位：ドル。実質ドルはCPI-U-RSデフレータに基づく。表示年翌年の3月現在。毎月人口調査の年次社会経済補助調査（ASEC）に基づく。第1章、第13章の解説および付録Ⅲを参照。データ収集手順の変更については〈http://www.census.gov/hhes/www/income/data/historical/history.html〉を参照]

年	名目額（ドル）					実質(2009年)額（ドル）				
	全人種[1]	白人[2]	黒人[3]	アジア太平洋諸島民[4]	ヒスパニック[5]	全人種[1]	白人[2]	黒人[3]	アジア太平洋諸島民[4]	ヒスパニック[5]
1990	14,387	15,265	9,017	(NA)	8,424	22,886	24,285	14,345	(NA)	13,402
1995[6]	17,227	18,304	10,982	16,567	9,300	24,075	25,580	15,348	23,153	12,997
2000[7,8]	22,346	23,582	14,796	23,350	12,651	27,833	29,373	18,429	29,084	15,757
2005[9,10]	25,036	26,496	16,874	27,331	14,483	27,507	29,111	18,540	30,029	15,913
2006	26,352	27,821	17,902	30,474	15,421	28,034	29,597	19,045	32,419	16,405
2007	26,804	28,325	18,428	29,901	15,603	27,728	29,302	19,063	30,932	16,141
2008	26,964	28,502	18,406	30,292	15,674	26,862	28,394	18,336	30,177	15,615
2009[11]	26,530	28,034	18,135	30,653	15,063	26,530	28,034	18,135	30,653	15,063

NA　データなし　1．個別に明示しないその他の人種を含む　2．2003年以降、データは白人のみ。白人と回答し、他の人種は選んでいない者　3．2003年以降、データは黒人のみ。黒人と回答し、他の人種は選んでいない者　4．2002年以降、データはアジア系のみ。アジア系と回答し、他の人種は選んでいない者　5．ヒスパニックは人種を問わない　6．データは1990年センサスに基づく標本デザイン、大都市地区の定義、7000世帯の標本削減、人種の定義の変更、についてすべて調整済みのもの　7．2000年センサス人口コントロールを反映して改訂済　8．28000世帯の標本増加を反映している　9．表No.696の脚注3を参照。人種については第1章の解説を参照　10．2005年AESCにおける加重の改訂を反映して、改訂済　11．所得の中央値は、所得2500ドル刻みで計算される。2009年以降、センサス局が中央値の計算に25万ドル以上のランクを追加。2009年以前は10万ドル以上が最高で上限はないが、中央値の計算には2009年以前は10万ドル、2009年以降は25万ドルが用いられる

資料：U.S. Census Bureau, *Income, Poverty and Health Insurance Coverage in the United States: 2009*, Current Population Reports, P60-238 および Historical Tables-Table P-1 (2010年9月);〈http://www.census.gov/hhes/www/income/income.html〉および〈http://www.census.gov/hhes/www/income/data/historical/people/index.html〉も参照

No.705. 現金所得――所得水準別、性別、人種・ヒスパニック別：2009年

[単位：1000。翌年3月現在。117,728は1億1772万8000を表す。毎月人口調査の年次社会経済補助調査（ASEC）に基づく。本章および第1章の解説と付録Ⅲを参照]

所得階層	男性					女性				
	全人種[1]	白人	黒人	アジア系	ヒスパニック[2]	全人種[1]	白人	黒人	アジア系	ヒスパニック[2]
全世帯	117,728	96,190	13,314	5,287	17,679	124,440	99,380	16,054	5,916	16,609
10,000ドル未満[3]	27,653	20,326	5,020	1,377	5,488	45,180	35,137	6,167	2,494	8,339
10,000－19,999ドル	17,803	14,453	2,241	638	3,749	23,958	19,263	3,358	785	3,318
20,000－29,999ドル	15,585	12,913	1,686	557	2,887	16,924	13,609	2,246	671	2,013
30,000－39,999ドル	12,835	10,721	1,295	522	1,948	12,326	9,968	1,612	469	1,206
40,000－49,999ドル	10,240	8,717	943	390	1,184	8,151	6,654	970	356	620
50,000－59,999ドル	8,249	7,077	696	341	796	5,748	4,779	608	257	377
60,000－74,999ドル	8,322	7,147	632	389	666	5,101	4,187	530	301	329
75,000－84,999ドル	3,743	3,256	239	196	259	1,915	1,568	182	124	124
85,000－99,999ドル	3,456	3,020	182	208	213	1,710	1,399	134	156	77
100,000－149,999ドル	5,863	5,127	226	438	315	2,382	1,912	204	222	149
150,000－199,999ドル	1,924	1,713	69	113	83	572	495	30	43	27
200,000－249,999ドル	875	791	22	52	34	193	165	6	19	9
250,000ドル以上	1,181	1,037	57	69	57	279	244	10	20	22

1．個別に示さない他の人種も含む　2．ヒスパニックは人種を問わない　3．所得のない者を含む

資料：U.S. Census Bureau, *Income, Poverty and Health Insurance Coverage in the United States: 2009*, Current Population Reports, P60-238 および Detailed Tables-Table PINC-11 (2010年9月);〈http://www.census.gov/hhes/www/cpstables/032010/perinc/new11_000.htm〉も参照

No.706. 世帯所得――所得水準および州別：2009年

[単位：1000世帯（113,616は1億1361万6000世帯を表す）、所得の中央値はドル。米国コミュニティ調査の母集団は世帯人口および施設・大学寮・その他の集団居住施設の居住者を含む。標本調査に基づく。標本抽出時の誤差あり。付録Ⅲを参照。中央値の定義については凡例を参照]

州	世帯数（1000）								所得の中央値（ドル）
	合計	25,000ドル未満	25,000-49,999ドル	50,000-74,999ドル	75,000-99,999ドル	100,000-149,999ドル	150,000-199,999ドル	200,000ドル以上	
合衆国	113,616	28,066	28,510	20,841	13,687	13,332	4,712	4,468	50,221
アラバマ	1,848	592	503	314	192	161	46	39	40,489
アラスカ	237	35	51	46	38	41	14	11	66,953
アリゾナ	2,277	562	604	435	274	256	76	69	48,745
アーカンソー	1,125	381	322	197	101	83	21	20	37,823
カリフォルニア	12,215	2,530	2,733	2,155	1,548	1,780	748	722	58,931
コロラド	1,910	409	455	361	252	261	94	79	55,430
コネティカット	1,326	243	259	230	176	221	92	104	67,034
デラウェア	327	66	77	66	44	46	16	13	56,860
コロンビア特別区	249	60	48	38	27	32	18	25	59,290
フロリダ	6,988	1,867	1,993	1,289	748	661	214	215	44,736
ジョージア	3,469	933	888	632	403	367	128	119	47,590
ハワイ	446	78	97	83	67	73	28	20	64,098
アイダホ	558	143	166	115	66	48	12	10	44,926
イリノイ	4,757	1,095	1,118	886	619	614	214	213	53,966
インディアナ	2,478	642	708	488	287	239	66	48	45,424
アイオワ	1,227	304	336	244	158	127	31	27	48,044
カンザス	1,105	277	300	214	134	111	36	32	47,817
ケンタッキー	1,694	547	466	294	175	143	37	32	40,072
ルイジアナ	1,688	519	442	282	184	167	50	43	42,492
メーン	545	146	150	110	64	49	14	11	45,734
メリーランド	2,095	335	416	377	289	363	167	147	69,272
マサチューセッツ	2,475	507	487	423	326	407	164	162	64,081
ミシガン	3,820	1,046	1,033	710	435	389	111	96	45,255
ミネソタ	2,086	437	504	417	296	269	86	78	55,616
ミシシッピ	1,095	395	294	182	107	80	21	17	36,646
ミズーリ	2,340	635	643	445	270	226	65	55	45,229
モンタナ	375	108	108	71	44	31	7	6	42,322
ネブラスカ	711	177	198	145	86	71	18	16	47,357
ネバダ	966	199	251	201	128	122	36	27	53,341
ニューハンプシャー	506	94	116	98	72	78	28	21	60,567
ニュージャージー	3,155	562	617	528	428	535	239	247	68,342
ニューメキシコ	742	220	201	134	81	69	21	17	43,028
ニューヨーク	7,188	1,733	1,588	1,234	858	946	387	442	54,659
ノースカロライナ	3,646	1,036	1,005	659	403	341	104	99	43,674
ノースダコタ	279	71	75	55	36	28	7	7	47,827
オハイオ	4,526	1,240	1,228	857	519	445	134	104	45,395
オクラホマ	1,430	424	403	265	154	120	33	32	41,664
オレゴン	1,486	372	394	291	181	160	46	41	48,457
ペンシルベニア	4,917	1,224	1,258	932	610	540	183	170	49,520
ロードアイランド	406	97	91	74	54	55	19	16	54,119
サウスカロライナ	1,730	519	471	314	188	157	43	38	42,442
サウスダコタ	317	87	88	65	37	25	7	7	45,043
テネシー	2,447	741	680	446	261	196	64	59	41,725
テキサス	8,528	2,223	2,188	1,523	976	956	336	326	48,259
ユタ	863	159	227	190	121	108	33	25	55,117
バーモント	252	58	63	55	33	28	9	6	51,618
バージニア	2,971	579	678	547	383	420	183	181	59,330
ワシントン	2,559	522	613	492	349	360	124	99	56,548
ウエストバージニア	749	260	212	128	70	52	14	13	37,435
ウィスコンシン	2,272	534	603	465	303	248	65	55	49,993
ワイオミング	214	45	57	43	30	27	6	5	52,664

資料：U.S. Census Bureau, *2009 American Community Survey*, B19001. "Household Income in the Past 12 Months"; B19013. "Median Household Income in the Past 12 Months (In 2009 Inflation-Adjusted Dollars)"; <http://factfinder.census.gov/>（2011年1月現在）

No.707. 家族所得──所得水準および州別：2009年

[単位：家族数は1000（75,531は7553万1000を表す）、所得の中央値はドル。米国コミュニティ調査の母集団は世帯人口および施設・大学寮・その他の集団居住施設の居住者を含む。標本調査に基づく。標本抽出時の誤差あり。付録Ⅲを参照。中央値の定義については凡例を参照]

州	合計	家族数（1000）							所得の中央値（ドル）
		25,000ドル未満	25,000－49,999ドル	50,000－74,999ドル	75,000－99,999ドル	100,000－149,999ドル	150,000－199,999ドル	200,000ドル以上	
合衆国	75,531	12,922	17,708	14,988	10,852	11,161	4,041	3,859	61,082
アラバマ	1,246	278	336	244	165	144	43	36	50,779
アラスカ	160	15	30	29	30	33	12	9	79,934
アリゾナ	1,514	272	378	316	217	208	64	59	57,855
アーカンソー	768	191	220	159	88	74	20	18	46,868
カリフォルニア	8,366	1,348	1,776	1,494	1,137	1,399	611	601	67,038
コロラド	1,233	177	246	248	195	216	81	70	68,943
コネティカット	891	97	149	152	135	186	79	92	83,069
デラウェア	221	29	48	45	35	38	14	11	67,582
コロンビア特別区	109	22	20	15	11	15	10	16	71,208
フロリダ	4,542	865	1,255	924	590	547	179	182	53,509
ジョージア	2,370	474	585	457	328	311	112	102	56,176
ハワイ	310	37	59	59	54	60	24	17	75,066
アイダホ	397	69	120	90	57	42	10	9	51,851
イリノイ	3,120	475	666	612	483	515	187	183	66,806
インディアナ	1,658	291	435	373	245	212	60	43	56,432
アイオワ	798	115	197	186	135	113	28	24	61,156
カンザス	722	110	179	160	112	100	32	30	60,994
ケンタッキー	1,147	263	313	229	152	128	34	29	49,801
ルイジアナ	1,129	248	284	211	157	146	44	38	53,427
メーン	348	59	92	80	52	42	12	10	56,566
メリーランド	1,392	139	234	240	212	292	143	132	84,254
マサチューセッツ	1,557	184	267	267	235	323	139	142	81,033
ミシガン	2,524	462	641	531	361	343	101	85	56,681
ミネソタ	1,349	165	283	289	237	229	77	70	69,374
ミシシッピ	754	205	205	146	93	70	19	15	45,601
ミズーリ	1,543	285	393	335	226	197	58	49	56,318
モンタナ	236	43	63	53	38	27	7	6	55,010
ネブラスカ	458	70	113	109	73	63	17	15	60,102
ネバダ	632	94	157	139	94	98	28	21	60,829
ニューハンプシャー	336	34	65	72	57	67	23	18	73,856
ニュージャージー	2,172	251	362	358	325	447	208	220	83,381
ニューメキシコ	489	108	128	98	63	59	18	15	51,994
ニューヨーク	4,607	780	951	826	631	750	311	358	66,891
ノースカロライナ	2,430	488	632	497	332	303	94	85	54,288
ノースダコタ	172	22	41	42	31	24	6	6	63,507
オハイオ	2,947	527	747	637	431	394	118	93	57,360
オクラホマ	949	194	257	205	130	106	30	28	52,403
オレゴン	957	161	233	211	144	132	39	36	59,174
ペンシルベニア	3,196	476	767	681	490	469	159	152	62,185
ロードアイランド	258	38	54	47	43	45	16	14	69,350
サウスカロライナ	1,164	252	302	238	160	139	39	34	52,406
サウスダコタ	205	34	51	52	32	23	6	7	57,764
テネシー	1,639	356	441	343	218	172	56	52	51,344
テキサス	5,956	1,202	1,445	1,118	788	819	296	289	56,607
ユタ	649	80	159	153	108	95	30	23	62,935
バーモント	159	22	37	37	28	23	9	5	63,483
バージニア	1,988	257	411	376	288	338	156	160	71,270
ワシントン	1,651	220	350	333	265	296	103	84	68,360
ウエストバージニア	492	113	148	101	61	47	12	11	47,659
ウィスコンシン	1,477	210	348	339	254	218	58	50	62,638
ワイオミング	143	17	35	33	26	23	6	5	65,532

資料：U.S. Census Bureau, *2009 American Community Survey*, B19101. "Family Income in the Past 12 Months"；B19101. "Median Family Income in the Past 12 Months" (In 2009 Inflation-Adjusted Dollars); <http://factfinder.census.gov/>（2011年1月現在）

No.708. 世帯所得、家族所得、1人当たり所得および貧困水準未満の個人および家族——都市別：2009年

[貧困水準未満の数と%については表No.708の頭注を参照。米国コミュニティ調査の母集団は世帯人口および施設・大学寮・その他の集団居住施設の居住者を含む。標本調査に基づく。標本抽出時の誤差あり。付録IIIを参照。中央値の定義については凡例を参照]

都市	世帯所得の中央値（ドル）	家族所得の中央値（ドル）	1人当たり所得（ドル）	貧困水準未満の数[1] 個人	貧困水準未満の数[1] 家族	貧困水準未満の割合[1] (%) 個人	貧困水準未満の割合[1] (%) 家族
アルバカーキ、NM	44,594	54,819	24,597	86,771	16,149	16.6	12.3
アナハイム、CA	55,154	60,341	21,675	48,755	8,963	14.6	12.0
アンカレジ自治区、AK	72,832	82,574	33,498	21,442	3,691	7.6	5.3
アーリントン、TX	50,938	60,934	24,560	59,715	11,270	15.9	12.2
アトランタ、GA	49,981	61,658	36,912	116,092	17,208	22.5	18.6
オーロラ、CO	45,904	55,102	21,917	54,125	10,450	16.9	13.7
オースティン、TX	50,132	62,153	29,233	142,930	23,020	18.4	13.5
ベーカーズフィールド、CA	52,677	56,143	21,496	66,135	12,309	20.6	16.5
ボルチモア、MD	38,772	47,160	23,267	129,796	20,348	21.0	17.0
ボストン、MA	55,979	64,546	33,889	103,197	12,937	16.9	11.9
バッファロー、NY	29,285	36,497	20,003	75,259	16,482	28.8	26.9
シャーロッテ、NC	49,779	60,798	31,270	105,805	20,325	15.3	11.5
シカゴ、IL	45,734	52,101	27,138	603,218	106,138	21.6	18.0
シンシナティ、OH	32,754	47,654	23,593	81,919	13,583	25.7	21.5
クリーブランド、OH	24,687	31,159	15,583	146,122	27,344	35.0	28.8
コロラドスプリングス、CO	52,984	67,004	27,556	47,306	8,680	12.1	8.8
コロンバス、OH	41,370	50,642	22,809	170,889	29,592	22.6	17.3
コーパスクリスティ、TX	42,157	50,746	21,088	52,984	10,639	19.0	15.5
ダラス、TX	39,829	42,699	25,941	295,464	55,029	23.2	19.5
デンバー、CO	46,410	58,593	29,878	114,053	18,235	19.1	14.7
デトロイト、MI	26,098	31,017	14,213	326,764	58,853	36.4	31.3
エルパソ、TX	37,030	42,418	17,580	138,368	29,396	22.6	19.3
フォートウェーン、IN	41,038	52,144	21,145	44,801	8,958	18.1	14.4
フォートワース、TX	47,634	54,404	23,399	136,577	26,492	19.0	15.2
フレズノ、CA	43,223	48,518	19,407	106,934	18,123	22.7	17.6
ホノルル、HI [2]	57,601	75,488	30,917	38,374	6,668	10.5	7.5
ヒューストン、TX	42,945	47,329	25,563	459,355	90,940	20.6	17.5
インディアナポリス、IN [3]	40,278	50,546	23,049	159,734	29,901	20.2	16.0
ジャクソンビル、FL	46,312	55,916	23,694	124,302	25,210	15.6	12.6
カンザスシティ、MO	41,999	55,040	25,189	79,853	13,480	16.7	11.9
ラスベガス、NV	50,935	58,971	24,246	83,261	14,349	14.9	10.8
レキシントン-ファイアット、KY	46,385	66,185	27,652	50,112	8,564	17.6	11.8
ロングビーチ、CA	51,379	57,196	25,791	87,465	14,862	19.3	15.8
ロサンゼルス、CA	48,617	52,966	26,096	744,567	128,660	19.8	16.1
メンフィス、TN	34,203	40,745	19,388	173,343	32,299	26.2	21.5
メーサ、AZ	49,446	58,830	23,195	60,165	9,914	13.0	9.1
マイアミ、FL	28,999	34,572	19,449	112,141	19,157	26.5	20.5
ミルウォーキー、WI	34,868	39,124	18,290	158,245	27,867	27.0	22.4
ミネアポリス、MN	45,538	59,498	28,131	83,562	11,127	22.6	15.2
ナッシュビル-ダビッドソン、TN [3]	45,540	54,139	25,965	101,004	17,095	17.3	12.7
ニューオーリンズ、LA	36,468	43,213	23,475	82,469	13,468	23.8	18.7
ニューヨーク、NY	50,033	56,054	30,885	1,546,046	292,822	18.7	15.8
ニューアーク、NJ	35,963	40,359	17,396	62,973	13,103	23.9	21.2
オークランド、CA	51,473	59,306	30,327	69,706	11,679	17.2	14.5
オクラホマシティ、OK	41,411	54,721	24,195	99,516	19,529	18.1	14.2
オマハ、NE	46,595	61,404	26,377	61,084	10,011	13.7	9.6
フィラデルフィア、PA	37,045	45,769	21,661	374,226	61,971	25.0	19.9
フェニックス、AZ	47,085	53,906	22,209	331,893	53,616	21.1	16.0
ピッツバーグ、PA	37,461	50,922	25,109	66,621	9,322	23.1	15.5
プラーノ、TX	77,140	96,146	37,032	22,055	4,456	8.1	6.5
ポートランド、OR	50,203	61,557	29,137	88,904	13,781	16.0	11.2
ローリー、NC	51,969	70,998	28,775	61,333	9,446	15.9	11.0
リバーサイド、CA	56,552	63,789	22,244	43,806	6,749	15.1	10.3
サクラメント、CA	47,107	54,296	24,471	87,870	14,284	19.2	13.7
サンアントニオ、TX	42,513	51,002	21,053	261,066	47,047	19.5	15.6
サンディエゴ、CA	59,901	73,648	31,140	181,891	25,241	14.3	9.1
サンフランシスコ、CA	70,770	86,713	44,038	93,644	10,741	11.6	7.4
サンノゼ、CA	76,495	84,274	31,224	109,826	18,094	11.5	8.4
サンタアナ、CA	53,211	50,525	16,439	65,379	9,541	19.8	16.1
シアトル、WA	60,843	89,361	40,743	63,509	6,498	10.6	5.1
セントルイス、MO	34,801	39,483	21,208	92,032	16,983	26.7	23.9
セントポール、MN	41,636	53,166	24,702	61,478	9,963	22.6	17.3
セントピーターズバーグ、FL	41,210	52,517	25,451	36,400	6,883	15.2	12.1
ストックトン、CA	45,730	49,061	19,369	62,504	11,480	22.3	17.7
タンパ、FL	41,605	47,440	26,154	64,742	12,037	19.2	15.3
トレド、OH	32,325	41,568	17,816	73,755	14,521	23.8	19.6
トゥーソン、AZ	35,565	45,224	19,124	123,562	18,256	23.4	16.5
タルサ、OK	38,426	50,464	26,072	74,459	13,641	19.5	14.6
バージニアビーチ、VA	59,298	67,966	29,301	27,389	5,092	6.4	4.7
ワシントン、DC	59,290	71,208	40,797	104,901	15,965	18.4	14.6
ウイチタ、KS	44,405	56,869	23,878	57,305	11,358	15.6	12.2

1．表No.709の頭注を参照　2．センサス対象地域（CDP）に関するデータ　3．非統合地域内に含まれない統合都市地域の部分を示す

資料：U.S. Census Bureau, *2009 American Community Survey*, B19013, B19113, B19301, B17001 および B17010; ⟨http://factfinder.census.gov/⟩（2011年1月現在）

No.709. 貧困水準未満の個人と家族——数および割合、州別：2000、2009年

[単位：1000（33,311は3331万1000を表す）および％。過去12ヶ月間の貧困水準未満の数および％を示す。米国コミュニティ調査の母集団は世帯人口に限られていた。施設・大学寮・その他の集団居住施設の居住者を除外していた。施設収容者、軍事施設の居住者、大学寮の居住者、および15歳以下の親戚関係のない者を除くすべての人口について決定される。貧困率を計算する際に、これらのグループは分母からも分子からも除外されている。標本調査に基づく。標本抽出時の誤差あり。付録Ⅲを参照]

州	貧困水準未満の数（1000）				貧困水準未満の割合（％）			
	個人		家族		個人		家族	
	2000	2009	2000	2009	2000	2009	2000	2009
合衆国	33,311	42,868	6,615	7,956	12.2	14.3	9.3	10.5
アラバマ	672	805	146	167	15.6	17.5	12.4	13.4
アラスカ	55	62	11	10	9.1	9.0	6.8	6.2
アリゾナ	780	1,070	150	175	15.6	16.5	11.6	11.6
アーカンソー	439	527	96	113	17.0	18.8	13.0	14.8
カリフォルニア	4,520	5,129	832	887	13.7	14.2	10.7	10.6
コロラド	363	634	64	110	8.7	12.9	5.7	8.9
コネチカット	254	321	51	59	7.7	9.4	5.8	6.7
デラウェア	70	93	14	16	9.3	10.8	6.7	7.1
コロンビア特別区	94	105	17	16	17.5	18.4	15.4	14.6
フロリダ	1,987	2,708	387	488	12.8	14.9	9.3	10.7
ジョージア	999	1,575	206	301	12.6	16.5	10.0	12.7
ハワイ	103	131	19	23	8.8	10.4	6.6	7.5
アイダホ	144	216	26	39	11.4	14.3	7.7	9.9
イリノイ	1,335	1,677	262	309	11.1	13.3	8.6	9.9
インディアナ	592	897	113	178	10.1	14.4	7.1	10.7
アイオワ	281	343	53	61	10.0	11.8	7.0	7.7
カンザス	247	365	43	65	9.5	13.4	6.2	9.0
ケンタッキー	640	777	148	165	16.4	18.6	13.5	14.4
ルイジアナ	862	755	182	150	20.0	17.3	16.0	13.3
メーン	124	158	22	29	10.1	12.3	6.6	8.3
メリーランド	477	505	89	85	9.3	9.1	6.6	6.1
マサチューセッツ	586	655	110	109	9.6	10.3	7.1	7.0
ミシガン	975	1,577	196	292	10.1	16.2	7.7	11.6
ミネソタ	328	563	66	95	6.9	11.0	5.1	7.0
ミシシッピ	498	624	104	131	18.2	21.9	14.2	17.3
ミズーリ	606	849	118	168	11.2	14.6	7.7	10.9
モンタナ	117	143	23	23	13.4	15.1	9.5	9.9
ネブラスカ	158	215	28	39	9.6	12.3	6.5	8.4
ネバダ	194	322	34	57	9.9	12.4	6.9	9.0
ニューハンプシャー	63	109	11	19	5.3	8.5	3.5	5.5
ニュージャージー	651	799	126	151	7.9	9.4	6.0	7.0
ニューメキシコ	320	354	64	66	18.0	18.0	14.2	13.6
ニューヨーク	2,391	2,692	491	498	13.1	14.2	10.7	10.8
ノースカロライナ	1,018	1,478	203	289	13.1	16.3	9.6	11.9
ノースダコタ	71	72	14	11	11.6	11.7	8.1	6.6
オハイオ	1,216	1,710	246	328	11.1	15.2	8.4	11.1
オクラホマ	459	578	100	115	13.8	16.2	11.0	12.1
オレゴン	439	535	84	94	13.2	14.3	9.5	9.8
ペンシルベニア	1,240	1,517	247	275	10.5	12.5	7.8	8.6
ロードアイランド	108	116	23	22	10.7	11.5	8.5	8.6
サウスカロライナ	557	754	123	150	14.4	17.1	11.7	12.9
サウスダコタ	83	111	16	18	11.5	14.2	8.4	9.0
テネシー	745	1,052	158	215	13.5	17.1	10.5	13.1
テキサス	3,056	4,150	639	800	15.1	17.2	12.3	13.4
ユタ	192	316	40	51	8.8	11.5	7.2	7.8
バーモント	63	68	12	12	10.7	11.4	7.5	7.3
バージニア	630	803	124	148	9.2	10.5	6.8	7.5
ワシントン	667	804	127	133	11.6	12.3	8.6	8.1
ウエストバージニア	327	313	72	68	18.6	17.7	14.7	13.9
ウィスコンシン	461	683	75	121	8.9	12.4	5.6	8.2
ワイオミング	55	52	16	11	11.4	9.8	7.9	6.3

資料：U.S. Census Bureau, 2009 American Community Survey; B17001. "Poverty Status in the Past 12 Months by Sex and Age," および B17010. "Poverty Status in the Past 12 Months of Familes by Family Type by Presence of Related Children under 18 Years by Age of Related Children"; 〈http://factfinder.census.gov/〉（2011年1月現在）

No.710. 貧困水準値――家族構成別：1980－2009年

[単位：ドル。公式の貧困水準値。本章の解説を参照。データの収集手順の変更については〈http://www.census.gov/hhes/www/poverty/about/overview/measure.html〉を参照]

家族構成	1980	1990	1995	2000 [1]	2005	2006	2007	2008	2009
1人（親類のいない個人）[2]	4,190	6,652	7,763	8,791	9,973	10,294	10,590	10,991	10,956
65歳以下	4,290	6,800	7,929	8,959	10,160	10,488	10,787	11,201	11,161
65歳以上	3,949	6,268	7,309	8,259	9,367	9,669	9,944	10,326	10,289
2人	5,363	8,509	9,933	11,235	12,755	13,167	13,540	14,051	13,991
65歳以下の世帯主	5,537	8,794	10,259	11,589	13,145	13,569	13,954	14,417	14,366
65歳以上の世帯主	4,983	7,905	9,219	10,418	11,815	12,201	12,550	13,014	12,968
3人	6,565	10,419	12,158	13,740	15,577	16,079	16,530	17,163	17,098
4人	8,414	13,359	15,569	17,604	19,971	20,614	21,203	22,025	21,954
5人	9,966	15,792	18,408	20,815	23,613	24,382	25,080	26,049	25,991
6人	11,269	17,839	20,804	23,533	26,683	27,560	28,323	29,456	29,405
7人	12,761	20,241	23,552	26,750	30,249	31,205	32,233	33,529	33,372
8人	14,199	22,582	26,237	29,701	33,610	34,774	35,816	37,220	37,252
9人以上	16,896	26,848	31,280	35,150	40,288	41,499	42,739	44,346	44,366

1．2000年センサス人口コントロールと28,000世帯の標本増加を反映している　2．1人で住んでいるか親類のないもの
資料：U.S. Census Bureau, Income, Poverty, and Health Insurance Coverage in the United States: 2009, Current Population Reports, P60-236 および Historical Tables-Table 1（2010年9月）；〈http://www.census.gov/hhes/www/poverty/poverty.html〉および〈http://www.census.gov/hhes/www/poverty/data/historical/people.html〉も参照

No.711. 貧困水準以下および貧困水準の125％以下の人口：1980－2009年

[表示年の翌年3月現在（29,272は2927万2000人を表す）。毎月人口調査に基づく。第1章および本章の解説および付録Ⅲを参照。データ収集手順の変更については〈http://www.census.gov/hhes/www/income/data/historical/history.html〉を参照]

年	貧困水準以下の人口 (1,000人)					貧困水準以下の割合 (％)					貧困水準の125％以下 [1]	
	全人種[2]	白人[3]	黒人[4]	アジア太平洋諸島民[5]	ヒスパニック[6]	全人種[2]	白人[3]	黒人[4]	アジア太平洋諸島民[5]	ヒスパニック[6]	数 (1,000)	全人口に対する割合 (％)
1980	29,272	19,699	8,579	(NA)	3,491	13.0	10.2	32.5	(NA)	25.7	40,658	18.1
1985	33,064	22,860	8,926	(NA)	5,236	14.0	11.4	31.3	(NA)	29.0	44,166	18.7
1988	31,745	20,715	9,356	1,117	5,357	13.0	10.1	31.3	17.3	26.7	42,551	17.5
1989	31,528	20,785	9,302	939	5,430	12.8	10.0	30.7	14.1	26.2	42,653	17.3
1990	33,585	22,326	9,837	858	6,006	13.5	10.7	31.9	12.2	28.1	44,837	18.0
1991	35,708	23,747	10,242	996	6,339	14.2	11.3	32.7	13.8	28.7	47,527	18.9
1992 [7]	38,014	25,259	10,827	985	7,592	14.8	11.9	33.4	12.7	29.6	50,592	19.7
1993 [8]	39,265	26,226	10,877	1,134	8,126	15.1	12.2	33.1	15.3	30.6	51,801	20.0
1994	38,059	25,379	10,196	974	8,416	14.5	11.7	30.6	14.6	30.7	50,401	19.3
1995	36,425	24,423	9,872	1,411	8,574	13.8	11.2	29.3	14.6	30.3	48,761	18.5
1996	36,529	24,650	9,694	1,454	8,697	13.7	11.2	28.4	14.5	29.4	49,310	18.5
1997	35,574	24,396	9,116	1,468	8,308	13.3	11.0	26.5	14.0	27.1	47,853	17.8
1998	34,476	23,454	9,091	1,360	8,070	12.7	10.5	26.1	12.5	25.6	46,036	17.0
1999 [9]	32,791	22,169	8,441	1,285	7,876	11.9	9.8	23.6	10.7	22.7	45,030	16.3
2000 [10]	31,581	21,645	7,982	1,258	7,747	11.3	9.5	22.5	9.9	21.5	43,612	15.6
2001	32,907	22,739	8,136	1,275	7,997	11.7	9.9	22.7	10.2	21.4	45,320	16.1
2002 [11]	34,570	23,466	8,602	1,161	8,555	12.1	10.2	24.1	10.1	21.8	47,084	16.5
2003	35,861	24,272	8,781	1,401	9,051	12.5	10.5	24.4	11.8	22.5	48,687	16.9
2004 [12]	37,040	25,327	9,014	1,201	9,122	12.7	10.8	24.7	9.8	21.9	49,693	17.1
2005	36,950	24,872	9,168	1,402	9,368	12.6	10.6	24.9	11.1	21.8	49,327	16.8
2006	36,460	24,416	9,048	1,353	9,243	12.3	10.3	24.3	10.3	20.6	49,688	16.8
2007	37,276	25,120	9,237	1,349	9,890	12.5	10.5	24.5	10.2	21.5	50,876	17.0
2008	39,829	26,990	9,379	1,576	10,987	13.2	11.2	24.7	11.8	23.2	53,805	17.9
2009	43,569	29,830	9,944	1,746	12,350	14.3	12.3	25.8	12.5	25.3	56,840	18.7

NA　データなし　1．貧困および貧困ではないが貧困水準の1.25倍未満の所得しかないものを含む　2．個別に明示しないその他の人種を含む　3．2002年以降、データは白人のみ。白人と回答し、他の人種は選んでいない者　4．2002年以降、データは黒人のみ。黒人と回答し、他の人種は選んでいない者　5．2002年以降、データはアジア系のみ。アジア系と回答し、他の人種は選んでいない者　6．ヒスパニックは人種を問わない　7．1990年センサス人口コントロールに基づく　8．1994年3月の所得補助は、主要な質問項目における異なる所得額をコード化するために改訂済み。上限・下限は以下の通り：999,999ドルまでの勤労所得の増加、49,999ドルまでの社会保障の増加、24,999ドルまでの所得保障補助および公的扶助の増加、99,999ドルまでの退役軍人給付の増加、49,999ドルまでの児童手当・扶養手当の減少　9．2000年センサス人口コントロールに基づく　10．28,000世帯の標本増加を反映している　11．2003年の毎月人口調査（CPS）からは、回答者は複数の人種を選択できるようになった。2002年以降について、データは当該人種グループのみを選択した者を表わし、複数の人種を回答した者は除外している。それ以前の年のCPSでは、回答者は単一の人種グループのみを選択するよう求めていた。第1章解説の人種に関する記述も参照　12．2005年ASECにおける加重の訂正を反映して改訂されたデータ
資料：U.S. Census Bureau, Income, Poverty, and Health Insurance Coverage in the United States: 2009, Current Population Reports, series P60-238 および Historical Tables-Tables 2 and 6（2010年9月）；〈http://www.census.gov/hhes/www/poverty/poverty.html〉および〈http://www.census.gov/hhes/www/poverty/data/historical/people.html〉も参照

No.712. 貧困水準以下世帯の子供——人種別：1980-2009年

[表示年の翌年3月現在。(11,114は1111万4000人を表す)。18歳未満の血縁の子供。毎月人口調査の年次社会経済補助調査（ASEC）に基づく。第1章および本章の解説および付録IIIを参照。データ収集手順の変更については <http://www.census.gov/hhes/www/income/data/historical/history.html> を参照]

年	貧困水準以下の人口(1,000人)					貧困水準以下の割合(%)				
	全人種[1]	白人[2]	黒人[3]	アジア太平洋諸島民[4]	ヒスパニック[5]	全人種[1]	白人[2]	黒人[3]	アジア太平洋諸島民[4]	ヒスパニック[5]
1980	11,114	6,817	3,906	(NA)	1,718	17.9	13.4	42.1	(NA)	33.0
1985	12,483	7,838	4,057	(NA)	2,512	20.1	15.6	43.1	(NA)	39.6
1990	12,715	7,696	4,412	356	2,750	19.9	15.1	44.2	17.0	37.7
1991	13,658	8,316	4,637	348	2,977	21.1	16.1	45.6	17.1	39.8
1992[6]	14,521	8,752	5,015	352	3,440	21.6	16.5	46.3	16.0	39.0
1993[7]	14,961	9,123	5,030	358	3,666	22.0	17.0	45.9	17.6	39.9
1994	14,610	8,826	4,787	308	3,956	21.2	16.3	43.3	17.9	41.1
1995	13,999	8,474	4,644	532	3,938	20.2	15.5	41.5	18.6	39.3
1996	13,764	8,488	4,411	553	4,090	19.8	15.5	39.5	19.1	39.9
1997	13,422	8,441	4,116	608	3,865	19.2	15.4	36.8	19.9	36.4
1998	12,845	7,935	4,073	542	3,670	18.3	14.4	36.4	17.5	33.6
1999[8]	11,678	7,194	3,698	367	3,561	16.6	13.1	32.8	11.5	29.9
2000[9]	11,005	6,834	3,495	407	3,342	15.6	12.4	30.9	12.5	27.6
2001	11,175	7,086	3,423	353	3,433	15.8	12.8	30.0	11.1	27.4
2002[10]	11,646	7,203	3,570	302	3,653	16.3	13.1	32.1	11.4	28.2
2003	12,340	7,624	3,750	331	3,982	17.2	13.9	33.6	12.1	29.5
2004[11]	12,473	7,876	3,702	265	3,985	17.3	14.3	33.4	9.4	28.6
2005	12,335	7,652	3,743	312	3,977	17.1	13.9	34.2	11.0	27.7
2006	12,299	7,522	3,690	351	3,959	16.9	13.6	33.0	12.0	26.6
2007	12,802	8,002	3,838	345	4,348	17.6	14.4	34.3	11.8	28.3
2008	13,507	8,441	3,781	430	4,888	18.5	15.3	34.4	14.2	30.3
2009	14,774	9,440	3,919	444	5,419	20.1	17.0	35.3	13.6	32.5

NA データなし　1．個別に明示しないその他の人種を含む　2．2002年以降、データは白人のみ。白人と回答し、他の人種は選んでいない者　3．2002年以降、データは黒人のみ。黒人と回答し、他の人種は選んでいない者　4．2002年以降、データはアジア系のみ。アジア系と回答し、他の人種は選んでいない者　5．ヒスパニックは人種を問わない　6．1990年センサス人口コントロールに基づく　7．1994年3月の所得補助は、主要な質問項目における異なる所得額をコード化するために改訂済み。上限・下限は以下の通り：999,999ドルまでの勤労所得の増加、49,999ドルまでの社会保障の増加、24,999ドルまでの所得保障補助および公的扶助の増加、99,999ドルまでの退役軍人給付の増加、49,999ドルまでの児童手当・扶養手当の減少　8．2000年センサス人口コントロールに基づく　9．28,000世帯の標本増加を反映している　10．2003年の毎月人口調査(CPS)からは、回答者は複数の人種を選択できるようになった。2002年以降について、データは当該人種グループのみを選択した者を表わし、複数の人種を回答した者は除外している。それ以前の年のCPSでは、回答者は単一の人種グループのみを選択するよう求めていた。第1章解説の人種に関する記述も参照　11．2005年年次社会経済補遺（ASEC）における加重の訂正を反映して改訂されたデータ

資料：U.S. Census Bureau, *Income, Poverty, and Health Insurance Coverage in the United States: 2009*, Current Population Reports, P60-238 および Historical Tables-Table 3 (2010年9月); <http://www.census.gov/hhes/www/poverty/poverty.html> および <http://www.census.gov/hhes/www/poverty/data/historical/people.html> も参照

No.713. 貧困水準以下の人口——人種、年齢、地域別：2009年

[2010年3月現在（43,569は4356万9000人を表す）。毎月人口調査に基づく。第1章「人口」および本章の解説および付録IIIを参照。2010年の毎月人口調査 (CPS) では回答者は複数の人種を選択できるようになっている。2009年の調査では当該人種グループのみを選択した者を表し、複数の人種を回答したものを除外している。それ以前の年のCPSでは、回答者は単一の人種グループを選択するように求めていた。第1章解説の人種に関する記述も参照。地域の構成については、表紙裏の図Iを参照。本書前年版の表No.712も参照]

特徴	貧困水準以下の人口(1,000人)					貧困水準以下の割合(%)				
	全人種[1]	白人	黒人	アジア系	ヒスパニック[2]	全人種[1]	白人	黒人	アジア系	ヒスパニック[2]
計	43,569	29,830	9,944	1,746	12,350	14.3	12.3	25.8	12.5	25.3
男性	19,475	13,388	4,287	825	5,863	13.0	11.2	23.9	12.3	23.4
女性	24,094	16,442	5,656	921	6,487	15.6	13.5	27.5	12.6	27.4
18歳未満	15,451	9,938	4,033	463	5,610	20.7	17.7	35.7	14.0	33.1
18～24歳	6,071	4,177	1,343	294	1,440	20.7	18.4	31.2	23.9	26.3
25～34歳	6,123	4,263	1,316	255	1,864	14.9	13.3	23.8	10.8	23.0
35～44歳	4,756	3,415	965	210	1,495	11.8	10.7	19.0	8.9	21.2
45～54歳	4,421	3,124	963	176	914	10.0	8.6	18.0	9.0	17.3
55～59歳	1,792	1,294	379	57	284	9.3	8.1	18.7	7.0	15.6
60～64歳	1,520	1,117	298	77	227	9.4	8.2	17.7	12.1	17.6
65歳以上	3,433	2,501	647	213	516	8.9	7.5	19.5	15.8	18.3
65～74歳	1,675	1,240	295	103	296	8.0	6.9	15.5	13.9	17.5
75歳以上	1,758	1,261	352	110	219	10.0	8.2	24.9	18.1	19.5
東北部	6,650	4,342	1,595	495	1,611	12.2	9.9	23.7	16.2	24.1
中西部	8,768	5,964	2,124	282	1,068	13.3	10.6	31.3	16.6	27.3
南部	17,609	11,384	5,355	375	4,559	15.7	13.4	25.0	12.0	25.5
西部	10,542	8,140	871	593	5,111	14.8	14.2	24.3	9.7	25.1
米国生まれ	36,407	24,642	9,235	632	7,748	13.7	11.3	26.3	11.8	25.2
外国生まれ	7,162	5,188	709	1,114	4,603	19.0	21.1	20.5	12.9	25.5
帰化市民	1,736	1,052	216	427	773	11.0	11.2	13.3	9.2	14.3
市民権なし	5,425	4,136	492	686	3,830	25.1	27.1	26.9	17.3	30.2

1．個別に明示しないその他の人種を含む　2．ヒスパニックは人種を問わない

資料：U.S. Census Bureau, *Income, Poverty, and Health Insurance Coverage in the United States: 2009*, Current Population Reports, P60-238 および Detailed Tables-Tables POV01, POV29 および POV41; <http://www.census.gov/hhes/www/cpstables/032010/pov/toc.htm> も参照

No.714. 労働状況——貧困水準、性別・年齢別：2009年

[単位：1,000（99,306は9930万6000を表す）。16歳以上。毎月人口調査に基づく。第1章および本章の解説および付録Ⅲを参照。本書前年版の表No.713も参照]

性別、年齢別	通年でフルタイム労働			通年でフルタイム労働していない			無職		
		貧困水準以下			貧困水準以下			貧困水準以下	
	人数(1,000人)	人数(1,000人)	%	人数(1,000人)	人数(1,000人)	%	人数(1,000人)	人数(1,000人)	%
男女									
計	99,306	2,641	2.7	55,466	8,039	14.5	83,323	18,944	22.7
16－17歳	74	2	(B)	1,863	130	7.0	6,918	1,376	19.9
18－64歳	95,808	2,602	2.7	49,376	7,792	15.8	45,443	14,291	31.4
18－24歳	6,372	360	5.7	12,624	2,354	18.6	10,317	3,357	32.5
25－34歳	22,299	823	3.7	11,218	2,304	20.5	7,569	2,996	39.6
35－54歳	50,607	1,179	2.3	18,300	2,541	13.9	15,928	5,458	34.3
55－64歳	16,531	239	1.4	7,234	593	8.2	11,629	2,480	21.3
65歳以上	3,424	38	1.1	4,228	117	2.8	30,962	3,278	10.6
男性									
計	56,058	1,435	2.6	25,777	3,653	14.2	33,817	7,323	21.7
16－17歳	46	2	(B)	950	61	6.4	3,495	643	18.4
18－64歳	53,943	1,403	2.6	22,710	3,541	15.6	17,716	5,657	31.9
18－24歳	3,561	181	5.1	6,266	969	15.5	5,010	1,428	28.5
25－34歳	12,628	422	3.3	5,515	1,097	19.9	2,546	1,015	39.9
35－54歳	28,638	656	2.3	7,780	1,218	15.7	5,440	2,140	39.3
55－64歳	9,116	143	1.6	3,149	257	8.2	4,720	1,075	22.8
65歳以上	2,069	30	1.5	2,118	52	2.4	12,606	1,023	8.1
女性									
計	43,248	1,207	2.8	29,689	4,386	14.8	49,505	11,622	23.5
16－17歳	28	－	(B)	913	69	7.5	3,423	733	21.4
18－64歳	41,865	1,199	2.9	26,666	4,251	15.9	27,727	8,634	31.1
18－24歳	2,811	179	6.4	6,359	1,385	21.8	5,306	1,929	36.4
25－34歳	9,670	401	4.1	5,703	1,207	21.2	5,023	1,982	39.5
35－54歳	21,968	523	2.4	10,520	1,322	12.6	10,488	3,318	31.6
55－64歳	7,416	96	1.3	4,085	336	8.2	6,909	1,405	20.3
65歳以上	1,355	8	0.6	2,110	66	3.1	18,356	2,255	12.3

－　ゼロを示す　B　基となる数値が小さすぎて統計的信頼水準に達しない

資料：U.S. Census Bureau, *Income, Poverty, and Health Insurance Coverage in the United States: 2009*, Current Population Reports, P60-238 および Detailed Tables-Table POV22 (2010年9月); <http://www.census.gov/hhes/www/cpstables/032010/pov/new22_100.htm> も参照

No.715. 貧困水準以下および貧困水準の125％以下の世帯：1980－2009年

[表示年の翌年3月現在の世帯数（6,217は621万7000世帯を表す）。毎月人口調査に基づく。第1章の解説および付録Ⅲを参照。データ収集手順の変更については <http://www.census.gov/hhes/www/income/data/historical/history.html> を参照]

年	貧困水準以下の世帯数(1,000)					貧困水準以下の割合(％)					貧困水準の125％以下[1]	
	全人種[2]	白人[3]	黒人[4]	アジア太平洋諸島民[5]	ヒスパニック[6]	全人種[2]	白人[3]	黒人[4]	アジア太平洋諸島民[5]	ヒスパニック[6]	人数(1,000)	%
1980	6,217	4,195	1,826	(NA)	751	10.3	8.0	28.9	(NA)	23.2	8,764	14.5
1985	7,223	4,983	1,983	(NA)	1,074	11.4	9.1	28.7	(NA)	25.5	9,753	15.3
1990	7,098	4,622	2,193	169	1,244	10.7	8.1	29.3	11.0	25.0	9,564	14.4
1995	7,532	4,994	2,127	264	1,695	10.8	8.5	26.4	12.4	27.0	10,223	14.7
2000[7]	6,400	4,333	1,686	233	1,540	8.7	7.1	19.3	7.8	19.2	9,032	12.2
2001	6,813	4,579	1,829	234	1,649	9.2	7.4	20.7	7.8	19.4	9,525	12.8
2002[8]	7,229	4,862	1,923	210	1,792	9.6	7.8	21.5	7.4	19.7	9,998	13.2
2003	7,607	5,058	1,986	311	1,925	10.0	8.1	22.3	10.2	20.8	10,360	13.6
2004[9]	7,835	5,293	2,035	232	1,953	10.2	8.4	22.8	7.4	20.5	10,499	13.7
2005	7,657	5,068	1,997	289	1,948	9.9	8.0	22.1	9.0	19.7	10,442	13.5
2006	7,668	5,118	2,007	260	1,922	9.8	8.0	21.6	7.8	18.9	10,531	13.4
2007	7,623	5,046	2,045	261	2,045	9.8	7.9	22.1	7.9	19.7	10,551	13.5
2008	8,147	5,414	2,055	341	2,239	10.3	8.4	22.0	9.8	21.3	11,164	14.2
2009	8,792	5,994	2,125	337	2,369	11.1	9.3	22.7	9.4	22.7	11,620	14.7

NA　データなし　1．表No.711の脚注1を参照　2．個別に明示しないその他の人種を含む　3．2002年以降、データは白人のみ。白人と回答し、他の人種は選んでいない者　4．2002年以降、データは黒人のみ。黒人と回答し、他の人種は選んでいない者　5．2002年以降、データはアジア系のみ。アジア系と回答し、他の人種は選んでいない者　6．ヒスパニックは人種を問わない　7．2000年センサスベースの人口コントロールおよび28,000世帯の標本増加を反映　8．2003年以降毎月人口調査（CPS）では、回答者は複数の人種を選択することができる。2002年以降のデータは当該の人種グループのみを回答したものについての集計。複数の人種を回答したものを除外している。それ以前の年のCPSでは1種類の人種グループしか選択できなかった。人種については第1章人口の解説を参照　9．2005年年次社会経済補遺（ASEC）における加重の訂正を反映して改訂済み

資料：U.S. Census Bureau, *Income, Poverty, and Health Insurance Coverage in the United States: 2009*, Current Population Reports, P60-238 および Historical and Detailed Tables-Tables 4 and POV04 (2010年9月); <http://www.census.gov/hhes/www/poverty/poverty.html> および <http://www.census.gov/hhes/www/poverty/data/historical/families.html> も参照

No.716. 貧困水準以下の世帯——人種別：2009年

[2010年3月現在の世帯数（8,792は879万2000世帯を表す）。毎月人口調査に基づく。本章の解説および第1章および付録Ⅲを参照。2010年のCPSでは、回答者は複数の人種を選択できるようになっている。2009年に関し、データは当該人種グループのみを選択した者を表わし、複数の人種を回答した者は除外している。本書前年版の表No.715も参照]

特徴	貧困水準以下の世帯数(1,000)					貧困水準以下の割合(%)				
	全人種[1]	白人	黒人	アジア系	ヒスパニック[2]	全人種[1]	白人	黒人	アジア系	ヒスパニック[2]
世帯、計	8,792	5,994	2,125	337	2,369	11.1	9.3	22.7	9.4	22.7
世帯主の年齢：										
15－24歳	1,096	708	328	26	283	34.2	30.1	52.6	21.7	36.2
25－34歳	2,476	1,649	635	69	756	18.9	16.3	33.1	10.2	29.8
35－44歳	2,072	1,437	491	76	681	12.1	10.7	21.9	7.9	23.5
45－54歳	1,454	998	322	73	370	8.0	6.7	15.4	8.8	17.6
55－64歳	894	644	192	31	154	6.5	5.6	14.2	5.5	13.4
65歳以上	757	536	141	58	114	5.6	4.6	12.9	13.4	12.6
地域：										
北東部	1,314	866	329	92	335	9.3	7.4	21.2	11.8	22.5
中西部	1,827	1,227	485	55	208	10.5	8.1	28.6	12.7	25.7
南部	3,717	2,432	1,127	71	892	12.5	10.5	21.4	8.7	22.4
西部	1,934	1,470	184	120	935	11.0	10.2	21.7	7.7	22.5
世帯構成：										
既婚	3,409	2,694	366	230	1,054	5.8	5.4	8.6	7.9	16.0
男性世帯主、配偶者なし	942	629	234	32	249	16.9	15.0	25.0	12.6	23.0
女性世帯主、配偶者なし	4,441	2,671	1,524	76	1,066	29.9	27.3	36.7	16.9	38.8

1．個別に明示しないその他の人種を含む　2．ヒスパニックは人種を問わない

資料：U.S. Census Bureau, *Income, Poverty, and Health Insurance Coverage in the United States: 2009*, Current Population Reports, P60-238 および Detailed Tables-Tables POV04 and POV44 (2010年9月); <http://www.census.gov/hhes/www/cpstables/032010/pov/toc.htm> も参照

No.717. 総資産150万ドル以上の富裕層——負債・抵当・純資産：2004年

[2,728は272万8000人を表す。純資産は資産から負債を引いたもの。数値は連邦遺産税申告書（フォーム706）の標本に基づく推計値。遺産乗数法に基づく。方法論および詳細については資料を参照]

性別および純資産	総資産		負債および抵当		純資産	
	資産家(1000人)	総額[1](100万ドル)	資産家(1000人)	総額(100万ドル)	資産家(1000人)	総額(100万ドル)
資産家、計	2,728	11,076,759	2,099	850,622	2,728	10,201,246
資産規模：						
150万ドル未満[2]	531	736,039	468	231,035	531	480,113
150万ドル以上200万ドル未満	746	1,386,077	544	98,187	746	1,287,890
200万ドル以上350万ドル未満	846	2,316,701	614	147,370	846	2,169,331
350万ドル以上500万ドル未満	247	1,082,889	192	58,950	247	1,023,939
500万ドル以上1000万ドル未満	231	1,668,002	176	104,811	231	1,563,191
1000万ドル以上2000万ドル未満	79	1,155,326	64	69,849	79	1,085,477
2000万ドル以上	47	2,731,726	40	140,421	47	2,591,305
男性、計	1,555	6,471,540	1,208	583,805	1,555	5,862,844
資産規模：						
150万ドル未満[2]	389	528,017	339	184,673	389	318,454
150万ドル以上200万ドル未満	359	675,321	258	54,149	359	621,172
200万ドル以上350万ドル未満	465	1,289,522	346	96,654	465	1,192,868
350万ドル以上500万ドル未満	131	578,304	102	37,496	131	540,808
500万ドル以上1000万ドル未満	135	989,077	100	74,003	135	915,074
1000万ドル以上2000万ドル未満	47	679,613	38	41,466	47	638,146
2000万ドル以上	30	1,731,686	25	95,364	30	1,636,322
女性、計	1,173	4,605,219	891	266,817	1,173	4,338,402
資産規模：						
150万ドル未満[2]	143	208,021	129	46,362	143	161,659
150万ドル以上200万ドル未満	387	710,757	286	44,038	387	666,719
200万ドル以上350万ドル未満	380	1,027,179	268	50,716	380	976,463
350万ドル以上500万ドル未満	116	504,585	89	21,454	116	483,131
500万ドル以上1000万ドル未満	96	678,924	77	30,808	96	648,116
1000万ドル以上2000万ドル未満	33	475,713	27	28,382	33	447,331
2000万ドル以上	18	1,000,040	15	45,057	18	954,983

1．個別に明示しないその他の資産を含む　2．総資産ゼロの者を含む

資料：U.S. Internal Revenue Service, Statistics of Income Division, "SOI Data Tables" (2008年7月刊); <http://www.irs.gov/taxstats/indtaxstats/article/0,,id=96426,00.html>

No.718. 総資産150万ドル以上の富裕層——財産の種類別・性別・資産規模別：2004年

[2,728は272万8000人を表す。純資産は、資産から負債を減じたもの。数字は連邦財産税申告（form706）からの標本調査に基づく推計値。資産乗数法に基づく。方法論の詳細については資料を参照]

性別および純資産	富裕層人口(1000人)	資産（100万ドル）				
		計[1]	個人住宅	その他不動産	市場流通のない株式	市場流通株式
計	2,728	11,076,759	1,185,941	1,402,029	1,127,194	2,247,269
資産規模：						
150万ドル未満[2]	531	736,039	176,105	134,674	42,431	63,062
150万ドル以上200万ドル未満	746	1,386,077	229,369	206,626	69,066	219,818
200万ドル以上350万ドル未満	846	2,316,701	342,206	329,893	141,272	415,249
350万ドル以上500万ドル未満	247	1,082,889	127,444	152,634	95,958	209,459
500万ドル以上1000万ドル未満	231	1,668,002	148,543	230,146	165,781	373,575
1000万ドル以上2000万ドル未満	79	1,155,326	76,472	137,770	136,144	246,824
2000万ドル以上	47	2,731,726	85,802	210,286	476,542	719,282
男性、計	1,555	6,471,540	597,971	828,055	833,929	1,140,665
資産規模：						
150万ドル未満[2]	389	528,017	117,554	96,796	36,177	42,494
150万ドル以上200万ドル未満	359	675,321	97,605	105,224	44,376	94,788
200万ドル以上350万ドル未満	465	1,289,522	163,984	179,481	102,116	199,844
350万ドル以上500万ドル未満	131	578,304	60,123	80,919	63,006	95,417
500万ドル以上1000万ドル未満	135	989,077	68,653	151,731	110,961	200,003
1000万ドル以上2000万ドル未満	47	679,613	38,710	75,459	97,601	135,157
2000万ドル以上	30	1,731,686	51,342	138,446	379,692	372,962
女性、計	1,173	4,605,219	587,970	573,974	293,264	1,106,604
資産規模：						
150万ドル未満[2]	143	208,021	58,550	37,879	6,255	20,568
150万ドル以上200万ドル未満	387	710,757	131,764	101,402	24,690	125,030
200万ドル以上350万ドル未満	380	1,027,179	178,222	150,412	39,155	215,405
350万ドル以上500万ドル未満	116	504,585	67,321	71,714	32,953	114,042
500万ドル以上1000万ドル未満	96	678,924	79,890	78,416	54,820	173,572
1000万ドル以上2000万ドル未満	33	475,713	37,762	62,312	38,543	111,667
2000万ドル以上	18	1,000,040	34,461	71,840	96,849	346,320

1. 個別に明示しないその他の種類の資産を含む　2. 総資産がマイナスとなるものを含む
資料：U.S. Internal Revenue Service, Statistics of Income Division, "SOI Data Tables"（2008年7月刊）；〈http://www.irs.gov/taxstats/indtaxstats/article/0,,id=96426,00.html〉

No.719. 純資産150万ドル以上の富裕層——州別：2004年

[2,196は219万6000人を表す。推計値は連邦財産税申告（Form706）の標本調査に基づく。州別の資産推計値は年によって非常に変動が激しい。純資産を個人別に分類すればこの変動は非常に大きいが、州の場合は、死亡する富裕者の数はそれほど多くはないので、変動は個人別よりは小さくなる。資産乗数法に基づく。方法論の詳細については資料を参照]

州	百万長者数(1000人)	純資産(100万ドル)	州	百万長者数(1000人)	純資産(100万ドル)
合衆国[1]	2,196	9,721,133	モンタナ	7	23,966
アラバマ	18	79,123	ネブラスカ	13	83,265
アラスカ	1	4,776	ネバダ	15	80,768
アリゾナ	36	139,861	ニューハンプシャー	7	27,342
アーカンソー	11	94,704	ニュージャージー	79	324,712
カリフォルニア	428	1,793,642	ニューメキシコ	9	28,107
コロラド	32	163,324	ニューヨーク	168	942,812
コネティカット	47	197,801	ノースカロライナ	59	223,408
デラウェア	8	30,923	ノースダコタ	1	3,988
コロンビア特別区	7	27,850	オハイオ	61	228,532
フロリダ	199	904,014	オクラホマ	17	58,554
ジョージア	56	270,677	オレゴン	15	61,328
ハワイ	7	22,552	ペンシルベニア	86	399,312
アイダホ	5	23,982	ロードアイランド	8	30,782
イリノイ	101	476,354	サウスカロライナ	14	67,856
インディアナ	32	112,272	サウスダコタ	6	18,850
アイオワ	18	55,332	テネシー	25	100,778
カンザス	21	65,084	テキサス	108	492,663
ケンタッキー	18	65,404	ユタ	8	52,674
ルイジアナ	22	92,315	バーモント	4	20,584
メーン	8	35,173	バージニア	59	223,984
メリーランド	50	191,229	ワシントン	50	180,008
マサチューセッツ	83	335,482	ウエストバージニア	12	28,415
ミシガン	47	261,085	ウィスコンシン	26	127,515
ミネソタ	33	135,682	ワイオミング	5	106,698
ミシシッピ	8	61,786			
ミズーリ	33	115,716	その他の地域[1]	5	28,042

1. 合衆国海外領土を含む
資料：U.S. Internal Revenue Service, Statistics of Income Division, "SOI Data Tables"（2008年7月刊）；〈http://www.irs.gov/taxstats/indtaxstats/article/0,,id=96426,00.html〉

No.720. 家計保有の非金融資産：2007年

[中央値は1,000ドル（221.5は22万1500ドルを表す）。世帯は単身世帯を含み、センサス局の世帯の定義と同様。家族の定義については第1章の解説を参照。消費者金融調査に基づく。付録Ⅲを参照。金融資産については表No.1170を参照。中央値の定義については凡例を参照]

世帯主の年齢と家計収入	金融資産または非金融資産	非金融資産	自動車	主たる住宅	その他の住居資産	非住居資産のエクイティ	ビジネスエクイティ	その他
資産を持つ世帯の割合（%）								
全家計、計	97.7	92.0	87.0	68.6	13.7	8.1	13.6	7.2
世帯主の年齢：								
35歳未満	97.1	88.2	85.4	40.7	5.6	3.2	8.0	5.9
35－44歳	96.9	91.3	87.5	66.1	12.0	7.5	18.2	5.5
45－54歳	97.6	95.0	90.3	77.3	15.7	9.5	17.2	8.7
55－64歳	99.1	95.6	92.2	81.0	20.9	11.5	18.1	8.5
65－74歳	98.4	94.5	90.6	85.5	18.9	12.3	11.2	9.1
75歳以上	98.1	87.3	71.5	77.0	13.4	6.8	4.5	5.8
人種：								
白人、非ヒスパニック	98.9	94.6	89.6	75.6	15.3	9.0	15.8	8.4
非白人又はヒスパニック	94.9	85.8	80.9	51.9	10.0	5.9	8.2	4.3
保有状況：								
所有者占有	100.0	100.0	93.8	100.0	17.5	10.8	17.5	8.0
賃貸者占有	92.8	74.5	72.3	(B)	5.6	2.1	5.0	5.3
中央値[1]（1,000ドル）								
全家計、計	221.5	177.4	15.5	200.0	146.0	75.0	92.2	14.0
世帯主の年齢：								
35歳未満	38.8	30.9	13.3	175.0	85.0	50.0	35.0	8.0
35－44歳	222.3	182.6	17.4	205.0	150.0	50.0	59.0	10.0
45－54歳	306.0	224.9	18.7	230.0	150.0	80.0	76.8	15.0
55－64歳	347.0	233.1	17.4	210.0	157.0	90.0	100.0	20.0
65－74歳	303.3	212.2	14.6	200.0	150.0	75.0	300.0	20.0
75歳以上	219.3	157.1	9.4	150.0	100.0	110.0	225.0	25.0
人種：								
白人、非ヒスパニック	271.0	203.8	17.1	200.0	136.5	75.0	100.0	15.0
非白人又はヒスパニック	89.2	102.0	12.0	180.0	175.0	62.7	50.0	8.0
保有状況：								
所有者占有	344.2	253.5	18.4	200.0	150.0	80.0	100.0	20.0
賃貸者占有	13.6	10.1	8.6	(B)	85.0	38.0	33.0	5.4

B 基となる数値が小さすぎて統計的信頼水準に達しない　1．当該資産を保有する家計の非金融資産の中央値
資料：Board of Governors of the Federal Reserve System, "2007 Survey of Consumer Finances"（2009年5月）; <http://www/federalreserve.gov/pubs/oss/oss2/2007/scf2007home.html>

No.721. 世帯の純資産額と中央値（2007年実質ドル）：1998－2007年

[純資産は1,000ドル（2007年実質ドル。359.7は35万9700ドルを表す）。実質ドルは合衆国労働統計局の発表する都市消費者価格指数に基づく。世帯には単身世帯も含む。本表の世帯の定義はセンサス局の定義と一致。消費者金融調査に基づく。付録Ⅲを参照。中央値の定義は凡例を参照]

世帯の特徴	1998 平均	1998 中央値	2001 平均	2001 中央値	2004 平均	2004 中央値	2007 平均	2007 中央値
全家計、計	359.7	91.3	464.4	101.2	492.3	102.2	556.3	120.3
世帯主の年齢：								
35歳未満	81.3	11.6	106.1	13.7	80.7	15.6	106.0	11.8
35－44歳	249.9	80.8	303.7	90.7	328.6	76.2	325.6	86.6
45－54歳	461.5	134.5	568.4	155.4	596.1	158.9	661.2	182.5
55－64歳	677.6	162.8	856.0	216.8	926.7	273.1	935.8	253.7
65－74歳	594.2	186.5	793.5	207.9	758.8	208.8	1,015.2	239.4
75歳以上	395.7	159.9	548.6	181.6	580.0	179.1	638.2	213.5
人種：								
白人、非ヒスパニック	429.5	121.9	571.2	143.0	617.0	154.5	692.2	170.4
ヒスパニック又は非白人	128.0	21.2	137.4	21.0	168.2	27.2	228.5	27.8
保有状況：								
所有者占有	514.7	168.2	655.5	201.8	686.3	202.6	778.2	234.2
賃貸者占有	55.3	5.4	64.4	5.6	59.4	4.4	70.6	5.1

資料：Board of Governors of the Federal Reserve System, "2007 Survey of Consumer Finances"（2009年5月刊）; <http://www/federalreserve.gov/pubs/oss/oss2/2007/scf2007home.html>

No.722. 家計および非営利組織部門の収支：1990－2010年

［単位：10億ドル（24,220は24兆2200億ドルを表す）。12月31日現在。金融資産および負債についての詳細は、表No.1168を参照］

項目	1990	1995	2000	2005	2007	2008	2009	2010
資産	24,220	32,928	50,047	71,549	78,546	65,532	67,690	70,740
有形資産[1]	9,723	11,472	16,764	28,335	27,986	24,356	23,567	23,101
不動産	7,606	8,843	13,430	24,050	23,311	19,560	18,732	18,187
世帯[2][3]	6,801	8,055	12,183	22,005	20,879	17,470	17,081	16,370
耐久消費財[4]	2,039	2,531	3,196	4,077	4,435	4,533	4,561	4,618
金融資産[1]	14,497	21,457	33,283	43,214	50,560	41,176	44,123	47,639
預金[1]	3,325	3,357	4,376	6,140	7,407	8,013	7,895	7,931
定期性預金・貯蓄預金	2,490	2,300	3,033	4,914	5,889	6,083	6,172	6,422
マネーマーケット・ファンド・シェア	389	472	960	949	1,348	1,582	1,313	1,131
信用市場商品[1]	1,741	2,229	2,458	3,324	4,073	3,966	4,106	4,355
政府機関および政府系企業の債券[5]	117	216	594	493	669	711	83	78
市債	648	533	531	821	896	903	1,010	1,096
企業債および外国債券	238	467	551	1,298	2,017	1,956	2,081	1,919
企業株式[2]	1,961	4,434	8,147	8,093	9,627	5,777	7,321	8,514
ミューチュアル・ファンド持ち分[6]	512	1,253	2,704	3,669	4,597	3,326	4,178	4,708
有価証券信用	62	128	412	575	866	743	669	694
生命保険	392	566	819	1,083	1,202	1,180	1,242	1,329
年金基金	3,310	5,725	9,171	11,460	13,391	10,408	11,915	13,025
非法人事業への出資[7]	2,939	3,435	4,815	8,261	8,685	6,996	6,011	6,251
債務	3,703	5,038	7,377	12,184	14,367	14,223	14,033	13,918
信用市場商品[1]	3,581	4,841	6,987	11,743	13,803	13,801	13,567	13,358
持ち家抵当[8]	2,489	3,319	4,798	8,874	10,540	10,495	10,340	10,070
消費者金融	824	1,168	1,741	2,321	2,555	2,594	2,479	2,435
純資産	20,517	27,890	42,670	59,365	64,179	51,309	53,657	56,823
建物の再調達原価評価額：								
居住用[1]	4,618	6,091	8,469	13,475	14,660	14,406	14,092	14,081
世帯	4,512	5,975	8,326	13,276	14,445	14,191	13,882	13,871
非居住用（非営利）	479	600	818	1,177	1,354	1,424	1,373	1,458
世帯不動産の所有者持分	4,312	4,736	7,385	13,131	10,339	6,975	6,741	6,301
世帯不動産の所有者持分の%	63.4	58.8	60.6	59.7	49.5	39.9	39.5	38.5

1．個別に示さない資産および負債を含む　2．市場価格　3．農家住宅や移動住宅を含む所有者占有住宅のすべてを含む。賃貸に供さないセカンドハウス、販売中の空き家、空き地も含む　4．再調達原価（名目）　5．GSE=Government-sponsored enterprises　6．ミューチュアル・ファンドが持つ保有株式の市場価格とその他の資産の簿価に基づく価値　7．非法人企業の純価値および農業企業と証券ブローカー・ディーラーの所有者の持ち分の純価値　8．家計信用資産限度以内で行われた貸付と留置権によって補償された家計資産貸付を含む

資料：Board of Governors of the Federal Reserve System, "Federal Reserve Statistical Release, Z.1, Flow of Funds Accounts of the United States"（2011年3月）；〈http://www.federalreserve.gov/releases/z1/Current/〉

No.723. 固定有形資産の純ストック：名目および連鎖(2005年)ドル価額：1990－2009年

［単位：10億ドル（18,307は18兆3070億ドルを表す）。12月31日現在。連鎖ドルについては本章の解説を参照］

項目	1990	1995	2000	2005	2006	2007	2008	2009
名目ドル								
純ストック、計	18,307	22,846	30,147	42,606	45,905	47,898	49,441	48,500
固定資産	16,268	20,315	26,951	38,529	41,637	43,463	44,908	43,939
民間	12,671	15,811	21,230	30,587	32,856	33,956	34,694	33,776
非居住施設	6,564	7,990	10,562	14,057	15,174	15,999	17,014	16,495
設備およびソフトウェア	2,507	3,100	4,134	4,931	5,243	5,461	5,685	5,611
構造物	4,057	4,890	6,429	9,127	9,931	10,539	11,329	10,885
居住用	6,107	7,821	10,668	16,530	17,682	17,956	17,680	17,281
政府	3,598	4,504	5,721	7,941	8,781	9,508	10,214	10,163
非居住施設	3,449	4,316	5,489	7,606	8,432	9,162	9,878	9,842
設備およびソフトウェア	551	675	704	802	850	895	956	988
構造物	2,898	3,641	4,786	6,804	7,582	8,266	8,923	8,854
居住	149	188	232	335	349	346	336	321
連邦政府	1,077	1,292	1,435	1,749	1,867	1,953	2,035	2,011
国防	734	868	904	1,081	1,152	1,204	1,250	1,245
州・地方政府	2,521	3,213	4,285	6,193	6,914	7,555	8,179	8,152
耐久消費財	2,039	2,531	3,196	4,077	4,268	4,435	4,533	4,561
自動車	650	811	1,042	1,302	1,307	1,318	1,263	1,278
家具および家庭用施設	649	787	977	1,248	1,325	1,378	1,434	1,424
その他	322	392	449	548	604	649	689	709
連鎖ドル (2005年)								
純ストック、計	(NA)	30,448	35,752	41,139	42,311	43,365	44,151	44,515
固定資産	(NA)	28,508	32,907	37,037	37,986	38,831	39,492	39,794
民間	(NA)	22,082	25,959	29,358	30,162	30,862	31,370	31,517
非居住用施設	(NA)	10,216	12,327	13,579	13,912	14,283	14,612	14,679
施設およびソフトウェア	(NA)	3,044	4,204	4,901	5,103	5,301	5,428	5,383
構造物	(NA)	7,361	8,149	8,678	8,815	8,995	9,197	9,300
居住用	(NA)	11,898	13,626	15,780	16,249	16,578	16,751	16,831
政府	(NA)	6,430	6,949	7,678	7,825	7,971	8,122	8,266
非居住用施設	(NA)	6,149	6,648	7,357	7,503	7,646	7,795	7,935
施設およびソフトウェア	(NA)	714	734	796	824	853	891	922
構造物	(NA)	5,422	5,911	6,561	6,679	6,795	6,909	7,022
居住用	(NA)	281	302	321	323	325	327	329
耐久消費財	(NA)	2,175	2,943	4,102	4,332	4,556	4,689	4,754

NA　データなし

資料：U.S. Bureau of Economic Analysis, *Survey of Current Business*（2010年8月）；〈http://www.bea.doc.gov/national/FA2004/SelectTable.asp〉も参照

第14章
物　　価

　本章では、生産者物価指数と消費者物価指数、幾つかの財の実際価格およびエネルギー価格を提示する。これらのデータの主要な資料は、労働統計局（BLS）から毎月『*Monthly Labor Review*』『*Consumer Price Index, Detailed Report*』『*Producer Price Indexes*』『*U.S. Import and Export Price Indexes*』等の形で出版されている。商務省の経済分析局は国内総生産を発表している。

　郊外および大都市地区の生計費のデータは、バージニア州アーリントンの民間組織、Council for Community and Economic Researchによる。表No.728の住宅価格指数はOffice of Federal Housing Enterpriseの『*Oversight, Housing Price Index*』による。その他の商品、住宅、エネルギー価格については、エネルギーおよび公共事業、林業、漁業、鉱業および、建設と住宅の部門で見ることができる。

　価格のデータは指数の形で示されることが多い。指数は数値の動きを簡素化して示すためのツールである。指数化によって、異なる時期、異なる場所における複数の価値を、基準年を用いて比較することが可能となる。例えば、指数が110であれば参照年から価格が10％上昇していることを表し、指数が90であれば10％の下落を示す。ある1日の指数を他の日と比較するときは指数ポイント（指数の数値の差）で示すが、比較はパーセント表示で示すほうが有益である。指数ポイントは価格のレベルによって影響を受けるが、パーセント表示はそのレベルによる影響を受けないからである。

消費者物価指数（CPI）

　消費者物価指数（CPI）は、都市の賃金労働者・事務職、または都市部の消費者全員を対象として、彼らの購入する財とサービスをマーケット・バスケット方式で算定し、時系列でその価格変動の平均値を示すものである。全都市消費者グループは、合衆国総人口の87％を占め、都市部または大都市地区の居住者（賃金労働者と事務職の他に、専門職、自営業、貧困層、失業者、引退者を含む）の支出に基づく。CPIには、地方の大都市地区以外に居住する人々、農家世帯、軍隊兵員、刑務所や精神病院等の施設の入居者の消費性向は含まれない。全都市消費者の消費者物価インフレーションは2つの指数で計測される。全都市消費者消費者物価指数（CPI-U）および全都市消費者連鎖消費者物価指数（C-CPI-U）の2つである。もっとも広範かつ比較の容易なCPIは全都市消費者全項目消費者物価指数の都市平均である。本章で示すCPIは1982-84年＝100を基準として示される。

　消費者物価指数は、互いに関連する一連の標本から得られる。1990年人口センサスのデータは価格に関するデータを収集する地域およびCPIの構成要素として適格な各地域の家計を決定している。人口センサスからはCPIに用いられる価格データの収集地域の消費者数も得られる。標本（各年約14,500世帯）が購入地点調査（Point-of-Purchase Survey：世帯がさまざまな財とサービスを購入した場所を特定する）に基づいてデータを提供する。CPIのマーケット・バスケットは、世帯および個人が実際に購入した商品から詳細な支出データを得て構成されている。指数の計算には、各アイテムの消費者の予算における相対的な重要性を考慮してウエイトがかけられている。各地点における商品の価格変化は平均をとり、各地点のデータを総合して都市平均を得ている。名目CPIに関する情報は、2007年および2008年の消費者支出調査で収集されたものである。両年とも全国の約7000世帯の四半期毎の消費性向を面会調査によりデータ収集した。頻繁に購入される、食品や日用品については、さらに別の7000世帯に、2週間に購入したすべての商品を日記形式でリストアップしてもらうことで情報を収集している。こうして、2年間にわたる、28,000週間分の日記と60,000の四半期ごとの面会調査を用いて、CPIを

構成する200以上の商品の重要性、またはウエイト、が決定された。

CPIは、参照人口が消費のために購入したすべての財とサービスを表している。労働統計局はすべての支出項目を200以上のカテゴリーに分類し、8つの大分類にまとめている。食費、住宅費、衣類、交通費、医療費、娯楽、教育および通信費、その他、の8つである。CPIには投資は含まれない（株式、債券、不動産、生命保険等）。（これらの商品は貯蓄であり、日々の消費支出ではない）

生産者物価指数（PPI）

労働統計局は1890年以降生産者物価指数を発表しており、これはもっとも古くから続いている経済指標である。PPIは、財とサービスの国内生産者が受け取る販売価格の時系列の平均変化を計測する一連の指数である。輸入は除外される。PPIの対象となる財とサービスは、合衆国の生産者が市場に出したすべての産品である。消費者が直接・間接に購入した財やサービスと同様に、他の生産者が、自己の生産のための投入物として、あるいは資本投資として購入した産品も含まれる。毎月、産品および産品のグループについて、10,000以上のPPIが発表されている。

指数を計算するために用いられる価格は販売者から得られるが、通常は各商品について、もっとも重要かつ大規模な商取引から得る。指数に用いられるウエイトは合衆国内で生産あるいは加工された商品の総販売量を示している。ほとんどのPPIは1982年=100を基準としている。

BEA物価指数

経済分析局（BEA）の連鎖加重価格指数は国内総生産（GDP）の構成要素である財とサービスのデフレートに用いられる価格指数の平均で加重されている。ある年度から翌年度あるいは続く四半期への成長率も加重して計測されており、この成長率が、翌年度あるいは翌四半期の指数を計測するのに用いられてきた。国内総購買連鎖価格指数では、合衆国内で購入された財とサービスの平均価格を計測することができる。GDP連鎖価格指数は合衆国内で生産された財とサービスの平均価格を示しており、両者の違いは純輸出を含むか否かである。両指数とも2005年を基準年として2005=100で表される。

個人消費支出（Personal Consumption Expenditure: PCE）の物価と数量の指数は市場取引を基にしており、これに関しては対応する価格指標がある。物価指数は、財とサービスの国内における購入に対して個人によって支払われた代価の額を示している。PCEは、すべての財とサービスについて個人および非営利団体が費やす市場価額と定義されている。またこれには、持ち家の賃借価値等の特定の帰属価値としての財とサービスや、健康および生命保険料の従業員負担分等の実質的支払も含まれる。最新情報は〈http://www.bea.gov/bea/mp_National.htm〉で見ることができる。

インフレーションの指標

インフレーションは財と生産要素の価格水準が上昇する期間のことである。インフレーションはドルの購買力の下落に通じる。前年同月比の価格水準が変化しているかいないか、を示すものである。労働統計局はインフレーションの異なる側面を計測する複数の指数を発表しており、そのうち3つの指数を本章で紹介している。消費者物価指数は日々の生計費支出において消費者が体験するインフレーションを計測する。生産者物価指数は生産者レベルの物価のみを計測する。国際価格プログラムは非軍事物資の輸出入価格の変化を計測する。CPIとPPIはベンチマーク・アプローチで価格レベルを計測するが、BEAの個人消費支出では、数年間の加重平均を用いた連鎖加重アプローチを採用している。

インフレーションを計測するその他の指数として、商品調査局の先物・直物物価指数、労働統計局の人件費、時給、単位労働費用指数がある。第12章では、労働統計局による指数が、生産における労働費用の変化や、生産における資本費用の変化の計測値として用いられることの多い長期利率の変化を表すものとして用いられている。

国際価格指数

BLSは国際価格プログラムにより、合衆国と諸外国の間で行われる軍事物資以外の財の輸出および輸入価格指数を算出している。

輸出価格指数は、合衆国居住者によって外国の買い手に販売されるすべての製品の価格の変化を計測する。輸入価格指数は、合衆国居住者が外国の売り手から購入する財の価格変化を計測する。これら両指数の基準年は、特に注記のない限り2000年である。輸出および輸入価格指数の製品項目には、原材料、農産物、半製品、完成品等があり、資本財、消費財の双方を含んでいる。これらの項目の価格データは質問票によるアンケート調査で得られる。ほとんどの場合、輸出および輸入業者から直接収集している。

可能なかぎり、合衆国国境における輸出価格または輸出国あるいは合衆国国境における輸入価格が収集されている。ほとんどすべての製品について、当該月の第一週に行われた取り引き価格が採用されている。調査の回答者は、報告する製品価格に関して行われたすべての値引き、割引、リベートを明らかにするよう求められており、したがって、指数算出に用いられた価格は、当該製品の現実の取り引き価格である。

歴史統計

各表の見出しは、『アメリカ歴史統計、植民地時代〜1970年』に対応している。クロスリファレンスについては、付録Ⅰを参照。

No.724. ドルの購買力：1950－2010年

[指数：PPIは1982年＝1ドル。CPIは1982－84年＝1ドル。1961年以前の生産者指数と1964年の消費者指数はアラスカとハワイを除く。生産者指数は完成品指数に基づく。1982年＝100とした平均物価指数。1982－84年＝100のPPIのCPI基準期間（100.0）を一定期間物価指数で割ってドルおよびセントで表したもの。年間指数は月平均数値に基づく]

年	年間平均		年	年間平均	
	生産者物価(PPI)	消費者物価(CPI)		生産者物価(PPI)	消費者物価(CPI)
1950	3.546	4.151	1981	1.041	1.098
1952	3.268	3.765	1982	1.000	1.035
1953	3.300	3.735	1983	0.984	1.003
1954	3.289	3.717	1984	0.964	0.961
1955	3.279	3.732	1985	0.955	0.928
1956	3.195	3.678	1986	0.969	0.913
1957	3.077	3.549	1987	0.949	0.880
1958	3.012	3.457	1988	0.926	0.846
1959	3.021	3.427	1989	0.880	0.807
1960	2.994	3.373	1990	0.839	0.766
1961	2.994	3.340	1991	0.822	0.734
1962	2.985	3.304	1992	0.812	0.713
1963	2.994	3.265	1993	0.802	0.692
1964	2.985	3.220	1994	0.797	0.675
1965	2.933	3.166	1995	0.782	0.656
1966	2.841	3.080	1996	0.762	0.638
1967	2.809	2.993	1997	0.759	0.623
1968	2.732	2.873	1998	0.765	0.613
1969	2.632	2.726	1999	0.752	0.600
1970	2.545	2.574	2000	0.725	0.581
1971	2.469	2.466	2001	0.711	0.565
1972	2.392	2.391	2002	0.720	0.556
1973	2.193	2.251	2003	0.698	0.543
1974	1.901	2.029	2004	0.673	0.529
1975	1.718	1.859	2005	0.642	0.512
1976	1.645	1.757	2006	0.623	0.496
1977	1.546	1.649	2007	0.600	0.482
1978	1.433	1.532	2008	0.565	0.464
1979	1.289	1.380	2009	0.580	0.466
1980	1.136	1.215	2010 [1]	0.556	0.459

1．PPIデータは暫定値

資料：U.S. Bureau of Labor Statistics. *CPI Detailed Report*（月刊）および <http://www.bls.gov/cpi/cpi_dr.htm>. *Monthly Labor Review* <http://www.bls.gov/opub/mlr/welcome.htm> および *Producer Price Indexes*（月刊および年刊）も参照

No.725. 消費者物価指数（CPI-U）——主要グループ別：1990－2010年

[1982－84年＝100、％。月ごとの数値の年間平均。都市消費者の購入パターンを反映させたもの。マイナス（－）は減少を示す。本章の解説を参照。『アメリカ歴史統計』系列E135-173も同様のデータがある]

年	全項目	商品	サービス	食料	エネルギー	食品・エネルギー以外の全項目	食品、飲料	住居	衣類、衣料品	輸送	医療	教育・通信[1]
1990	130.7	122.8	139.2	132.4	102.1	135.5	132.1	128.5	124.1	120.5	162.8	(NA)
1995	152.4	136.4	168.7	148.4	105.2	161.2	148.9	148.5	132.0	139.1	220.5	92.2
1998	163.0	141.9	184.2	160.7	102.9	173.4	161.1	160.4	133.0	141.6	242.1	100.3
1999	166.6	144.4	188.8	164.1	106.6	177.0	164.6	163.9	131.3	144.4	250.6	101.2
2000	172.2	149.2	195.3	167.8	124.6	181.3	168.4	169.6	129.6	153.3	260.8	102.5
2001	177.1	150.7	203.4	173.1	129.3	186.1	173.6	176.4	127.3	154.3	272.8	105.2
2002	179.9	149.7	209.8	176.2	121.7	190.5	176.8	180.3	124.0	152.9	285.6	107.9
2003	184.0	151.2	216.5	180.0	136.5	193.2	180.5	184.8	120.9	157.6	297.1	109.8
2004	188.9	154.7	222.8	186.2	151.4	196.6	186.6	189.5	120.4	163.1	310.1	111.6
2005	195.3	160.2	230.1	190.7	177.1	200.9	191.2	195.7	119.5	173.9	323.2	113.7
2006	201.6	164.0	238.9	195.2	196.9	205.9	195.7	203.2	119.5	180.9	336.2	116.8
2007	207.3	167.5	246.8	202.9	207.7	210.7	203.3	209.6	119.0	184.7	351.1	119.6
2008	215.3	174.8	255.5	214.1	236.7	215.6	214.2	216.3	118.9	195.5	364.1	123.6
2009	214.5	169.7	259.2	218.0	193.1	219.2	218.2	217.1	120.1	179.3	375.6	127.4
2010	218.1	174.6	261.3	219.6	211.4	221.3	220.0	216.3	119.5	193.4	388.4	129.9
変化率(%)[2]												
1990	5.4	5.2	5.5	5.8	8.3	5.0	5.8	4.5	4.6	5.6	9.0	(NA)
1995	2.8	1.9	3.4	2.8	0.6	3.0	2.8	2.6	-1.0	3.6	4.5	3.8
1998	1.6	0.1	2.7	2.2	-7.7	2.3	2.2	2.3	0.1	-1.9	3.2	1.9
1999	2.2	1.8	2.5	2.1	3.6	2.1	2.2	2.2	-1.3	2.0	3.5	0.9
2000	3.4	3.3	3.4	2.3	16.9	2.4	2.3	3.5	-1.3	6.2	4.1	1.3
2001	2.8	1.0	4.1	3.2	3.8	2.6	3.1	4.0	-1.8	0.7	4.6	2.6
2002	1.6	-0.7	3.1	1.8	-5.9	2.4	1.8	2.2	-2.6	-0.9	4.7	2.6
2003	2.3	1.0	3.2	2.2	12.2	1.4	2.1	2.5	-2.5	3.1	4.0	1.8
2004	2.7	2.3	2.9	3.4	10.9	1.8	3.4	2.5	-0.4	3.5	4.4	1.6
2005	3.4	3.6	3.3	2.4	17.0	2.2	2.5	3.3	-0.7	6.6	4.2	1.9
2006	3.2	2.4	3.8	2.4	11.2	2.5	2.4	3.8	—	4.0	4.0	2.7
2007	2.8	2.1	3.3	4.0	5.5	2.3	3.9	3.1	-0.4	2.1	4.4	2.4
2008	3.8	4.3	3.5	5.5	13.9	2.3	5.4	3.2	-0.1	5.9	3.7	3.4
2009	-0.4	-2.9	1.4	1.8	-18.4	1.7	1.9	0.4	1.0	-8.3	3.2	3.0
2010	1.6	2.9	0.8	0.8	9.5	1.0	0.8	-0.4	-0.5	7.9	3.4	2.0

— ゼロを示す　NA データなし　1. 1997年12月＝100　2. 直前年からの変化。1990年は1989年からの変化率

資料：Bureau of Labor Statistics, *CPI Detailed Report*（月刊）および <http://www.bls.gov/cpi/cpi_dr.htm>. *Monthly Labor Review* <http://www.bls.gov/opub/mlr/welcome.htm> も参照

No.726. 消費者物価指数（CPI-U）年間変化率——主要地区別：2010年

[変化率は資料によって公表された毎月数値の年平均から計算されたもの。消費者物価指数の地域別の数値は全国消費者物価指数プログラムによるもの。全国値よりもサンプル数が少ないため標本抽出誤差も大きい。その結果、全国値と同様のすう勢を示すものの全国値より変動が激しい。地域の定数は1983年の行政管理予算局によるもの。詳細については、労働統計局刊の『Handbook of Methods』Bulletin 2285, 19章消費者物価指数およびReport 736, the CPI, 1987年改訂版を参照。マイナス（－）は減少を示す。本章の解説と付録Ⅲも参照。各州の略号については表紙裏の地図を参照。本書前年版の表No.725も参照]

地域	全品目	食品、飲料	食品	住宅	衣類、衣料品	輸送	医療	燃料その他公益事業
合衆国、都市平均	1.6	0.8	0.8	-0.4	-0.5	7.9	3.4	1.7
アンカレッジ、AK MSA	1.8	-0.2	-0.1	0.9	3.0	4.4	5.7	-8.7
アトランタ、GA MSA	1.2	1.2	1.2	-0.6	5.8	8.8	-0.2	5.1
ボストン、MA MSA	1.6	1.2	1.1	-0.8	2.2	8.8	4.3	2.1
シカゴ-ゲーリー、IL-IN CMSA	1.4	0.5	0.4	-0.2	-2.6	7.3	6.2	5.5
シンシナティ-ハミルトン、OH-KY-IN CMSA	2.1	1.1	1.1	1.5	0.8	6.8	1.1	7.4
クリーブランド-アクロン-ローレン、OH CMSA	2.0	1.1	0.9	-0.3	7.0	7.5	4.2	2.8
ダラス-フォートワース、TX CMSA	0.5	0.4	0.3	-2.2	-5.6	8.0	4.6	-5.7
デンバー-ボールダー-グリーリィ、CO CMSA	1.9	-0.2	-0.3	0.6	-4.0	8.7	0.8	3.7
デトロイト-アナーバー-フリント、MI CMSA	0.8	0.6	0.7	-1.4	-2.8	7.2	1.0	2.5
ホノルル、HI MSA	2.1	0.2	0.1	0.9	3.2	7.0	-0.4	16.6
ヒューストン-ガルベストン-ブラゾリア、TX CMSA	1.9	0.1	0.1	-0.2	5.1	7.5	4.7	-4.3
カンザスシティ、MO-KS CMSA	2.2	2.0	2.1	0.3	2.9	7.5	2.4	4.4
ロサンゼルス-アナハイム-リバーサイド、CA CMSA	1.2	0.6	0.6	-0.5	1.0	6.9	3.1	7.7
マイアミ-フォートローダーデール、FL CMSA	0.8	1.2	1.0	-1.5	-1.5	7.1	2.9	-6.6
ミルウォーキー、WI PMSA	3.3	1.4	1.0	1.3	0.7	9.3	7.0	5.5
ミネアポリス-セントポール、MN-WI MSA	1.8	1.6	1.0	0.7	-1.3	7.6	(NA)	4.1
ニューヨーク-ノザンニュージャージー-ロングアイランド、NY-NJ-CT CMSA	1.7	0.9	0.9	0.6	3.4	6.8	2.6	2.1
フィラデルフィア-ウィルミントン-トレントン、PA-NJ-DE-MD CMSA	2.0	0.8	0.9	0.9	1.4	7.8	1.6	1.8
ピッツバーグ、PA MSA	1.5	1.9	2.0	(-Z)	(-Z)	6.0	5.1	-1.2
ポートランド、OR MSA	1.3	0.3	0.5	-0.4	1.8	7.9	3.4	-0.2
サンディエゴ、CA MSA	1.3	0.1	(Z)	-0.8	-0.3	8.5	1.9	0.3
サンフランシスコ-オークランド-サンノゼ、CA CMSA	1.4	-0.2	-0.2	-0.4	0.1	6.9	2.5	6.1
シアトル-タコマ、WA CMSA	0.3	-0.2	-0.3	-2.3	1.0	6.9	(NA)	4.8
セントルイス-イースト・セントルイス、MO-IL CMSA	2.4	1.8	1.5	0.6	6.1	7.0	1.6	0.8
タンパ-セントピーターズバーグ-クリアウォーター、FL MSA	1.9	0.8	0.8	-1.6	-0.3	10.1	0.9	-2.1
ワシントン-ボルチモア、DC-MD-VA-WV CMSA	1.7	0.3	0.3	0.2	-2.5	8.9	4.7	-1.5

NA データなし　Z 0.05%未満

資料：Bureau of Labor Statistics, *CPI Detailed Report*（月刊）および <http://www.bls.gov/cpi/cpi_dr.htm>. *Monthly Labor Review* <http://www.bls.gov/opub/mlr/welcome.htm> も参照

No.727. 消費者物価指数（CPI-U）——主要品目別および特殊分類別：2000－2009年

[1982－84年＝100。別に注記するものを除く。毎月数値の年間平均値。マイナス(－)は減少を示す。表No.725の頭注を参照。本書前年版の表No.726も参照]

品目	2000	2005	2006	2007	2008	2009	2010	年間変化率(%) 2009-2010
全品目	172.2	195.3	201.6	207.3	215.3	214.5	218.1	1.6
食品・飲料	168.4	191.2	195.7	203.3	214.2	218.2	220.0	0.8
食品	167.8	190.7	195.2	202.9	214.1	218.0	219.6	0.8
家庭消費用	167.9	189.8	193.1	201.2	214.1	215.1	215.8	0.3
穀物・パン製品	188.3	209.0	212.8	222.1	244.9	252.6	250.4	-0.8
穀物・穀物食品	175.9	186.7	187.3	194.7	214.4	221.8	217.6	-1.9
米、パスタ、コーンミール	150.7	165.3	171.4	181.4	218.8	229.9	224.4	-2.4
米[1][2]	99.3	108.8	114.9	120.1	152.8	161.0	156.9	-2.5
菓子類	194.1	220.5	226.4	236.6	261.0	268.9	268.0	-0.4
パン[2]	107.4	126.2	130.4	140.1	160.6	162.6	159.8	-1.7
ケーキ、カップケーキ、クッキー	187.9	209.8	214.2	221.7	239.9	250.7	251.7	0.4
その他の菓子類	191.5	211.4	215.5	220.5	236.5	245.9	247.1	0.5
肉・家禽肉・魚・卵	154.5	184.7	186.6	195.6	204.7	203.8	207.7	1.9
肉、家禽肉、魚	155.5	186.7	188.2	195.4	203.6	204.6	208.6	1.9
肉類	150.7	187.5	188.8	195.0	201.8	200.5	206.2	2.8
牛・仔牛	148.1	200.4	202.1	211.1	220.6	218.3	224.5	2.9
グランドビーフ（未調理）	125.2	175.1	176.3	184.7	196.4	198.5	203.6	2.6
未調理ビーフステーキ[1]	109.1	145.1	146.1	151.8	155.3	150.1	153.3	2.1
豚	156.5	177.7	177.3	180.9	185.0	181.4	190.0	4.7
その他の肉類	152.0	177.5	180.7	184.8	190.6	194.9	194.8	-0.1
家禽	159.8	185.3	182.0	191.4	200.9	204.2	204.0	-0.1
鶏肉[2]	102.5	120.6	117.6	124.3	130.7	132.6	131.8	-0.6
魚介類	190.4	200.1	209.5	219.1	232.1	240.6	243.2	1.1
乳製品	160.7	182.4	181.4	194.8	210.4	197.0	199.2	1.1
ミルク[2]	107.8	127.0	125.5	140.1	148.5	129.0	133.6	3.6
チーズおよび関連製品	162.8	183.3	180.8	191.5	214.5	203.5	204.8	0.7
アイスクリームおよび関連製品	164.4	177.6	179.3	183.4	192.8	196.6	195.0	-0.8
くだもの・野菜	204.6	241.4	252.9	262.6	278.9	272.9	273.5	0.2
生鮮果物、野菜	238.8	285.3	300.4	312.1	328.3	312.7	314.8	0.7
生鮮果実	258.3	297.4	315.2	329.5	345.4	324.4	322.3	-0.6
野菜	219.4	271.7	284.3	293.5	309.8	299.3	305.5	2.0
加工果物、野菜[2]	105.6	119.3	122.8	127.2	139.3	148.6	146.6	-1.3
ノンアルコール飲料およびその他の飲料	137.8	144.4	147.4	153.4	160.1	163.0	161.6	-0.9
ジュース、ノンアルコール飲料[2]	105.6	110.6	113.2	117.9	123.1	126.3	124.5	-1.4
炭酸飲料	123.4	131.9	134.2	140.1	147.0	154.1	154.7	0.4
非冷凍、非炭酸ジュースおよび飲料[2]	104.2	106.5	109.5	112.9	117.5	118.0	114.8	-2.7
飲料原材料、コーヒー・紅茶を含む[2]	97.9	102.4	104.1	108.2	112.8	113.3	114.0	0.6
その他の家庭消費用食品	155.6	167.0	169.6	173.3	184.2	191.2	191.1	-0.1
砂糖および甘味料	154.0	165.2	171.5	176.8	186.6	196.9	201.2	2.2
キャンディ・チューインガム[2]	103.8	109.5	112.2	116.1	123.2	130.2	132.5	1.8
油脂	147.4	167.7	168.0	172.9	196.8	201.2	200.6	-0.3
冷凍・冷凍乾燥加工食品	148.5	153.2	153.7	156.7	163.5	168.1	165.3	-1.7
軽食	166.3	178.6	181.2	184.9	199.8	213.2	216.6	1.6
香辛料、シーズニング、調味料、ソース類	175.6	188.0	190.3	195.5	204.6	214.7	214.4	-0.1
その他の食品[2]	107.5	111.3	113.9	115.1	119.9	122.4	121.7	-0.6
外食	169.0	193.4	199.4	206.7	215.8	223.3	226.1	1.3
フルサービスの食事および軽食[2]	106.8	121.9	125.7	130.2	135.4	139.2	141.1	1.3
限定サービスの食事および軽食[2]	106.3	122.4	126.0	130.6	136.9	142.6	143.9	0.9
職場の食堂および学校給食[2]	104.4	118.6	122.6	126.8	131.8	137.3	141.0	2.7
自動販売機、自動車販売からの食品購入[2]	102.4	112.6	115.1	118.3	124.1	129.7	133.1	2.6
その他の外食[2]	109.0	131.3	136.6	144.1	150.0	155.9	159.3	2.2
アルコール飲料	174.7	195.9	200.7	207.0	214.5	220.8	223.3	1.2
家庭消費用	158.1	172.3	174.9	179.1	184.9	190.3	191.0	0.4
ビール、エール、およびその他の麦芽飲料	156.8	176.4	178.1	184.1	190.3	197.4	201.0	1.8
蒸留酒（家庭用ウイスキーを除く）[1]	162.3	177.4	179.7	181.0	185.0	189.2	188.8	-0.2
ワイン	151.6	156.2	159.8	162.9	168.7	172.1	169.7	-1.4
家庭外消費	207.1	244.5	254.6	266.0	277.4	285.6	291.9	2.2
住宅	169.6	195.7	203.2	209.6	216.3	217.1	216.3	-0.4
家屋	193.4	224.4	232.1	240.6	246.7	249.4	248.4	-0.4
主たる住居の賃貸	183.9	217.3	225.1	234.7	243.3	248.8	249.4	0.2
家庭から離れて宿泊[2]	117.5	130.3	136.0	142.8	143.7	134.2	133.7	-0.4
その他の外泊、ホテル・モーテルを含む	252.4	274.2	285.6	299.9	301.0	279.2	280.4	0.4
主たる住居の所有者帰属家賃[3]	198.7	230.2	238.2	246.2	252.4	256.6	256.6	(-Z)
賃借人および世帯の保険[2]	103.7	111.5	115.0	117.0	118.8	121.5	125.7	3.5
燃料および公益費	137.9	179.0	194.7	200.6	220.0	210.7	214.2	1.7
家庭用エネルギー	122.8	161.6	177.1	181.7	200.8	188.1	189.3	0.6
燃料油およびその他の燃料	129.7	208.6	234.9	251.5	334.4	239.8	275.1	14.7
燃料油	130.3	216.4	244.6	262.6	365.0	240.2	282.9	17.8
プロパン、ケロシン、薪[4]	155.5	240.6	268.8	286.0	344.2	293.1	320.6	9.4

本表末尾の脚注を参照

No.727. 消費者物価指数（CPI-U）――主要品目別および特殊分類別：2000－2010年（続）

[475頁の頭注を参照]

品目	2000	2005	2006	2007	2008	2009	2010	年間変化率(%) 2009-2010
エネルギー	**128.0**	**166.5**	**182.1**	**186.3**	**202.2**	**193.6**	**192.9**	**-0.3**
電気	128.5	150.8	169.2	175.8	187.1	192.7	193.1	0.2
天然ガス（公益事業）	132.0	215.4	220.8	217.7	247.8	193.7	189.7	-2.1
上下水道、ゴミ収集[2]	106.5	130.3	136.8	143.7	152.1	161.1	170.9	6.0
上下水道	227.5	283.4	297.2	312.6	331.3	354.4	380.7	7.4
ゴミ収集[5]	269.8	314.0	330.1	345.6	364.7	376.4	384.4	2.1
家庭用家具・器具	128.2	126.1	127.0	126.9	127.8	128.7	125.5	-2.5
家具・寝具	134.4	125.9	127.0	125.8	124.5	124.8	119.7	-4.0
寝室用家具	138.4	142.7	145.4	144.7	143.7	143.0	136.4	-4.6
リビング・キッチン・ダイニング用家具[2]	102.4	92.7	92.8	91.6	90.5	90.7	88.9	-2.0
器具[2]	96.3	86.9	88.1	89.8	89.9	91.1	86.9	-4.5
その他の家庭用設備・家具[2]	98.0	85.5	80.4	76.9	75.6	74.0	70.8	-4.4
時計、ランプ、装飾用品	111.7	88.0	79.6	73.6	69.9	67.2	62.9	-6.4
非家電調理器具、食器[2]	98.4	91.3	91.1	93.1	95.9	97.1	96.6	-0.5
工具、金物、アウトドア用品、関連消耗品[2]	97.0	94.4	94.6	94.6	93.5	94.2	91.6	-2.7
工具、金物およびその消耗品[2]	97.3	98.1	99.4	99.7	99.0	99.2	96.5	-2.7
アウトドア用品およびその消耗品[2]	96.8	92.4	92.1	92.0	90.7	91.4	88.9	-2.7
家事用品	153.4	159.9	166.6	169.4	176.5	183.1	183.3	0.1
家庭用掃除用品[2]	105.1	107.9	111.6	112.3	115.9	121.4	120.6	-0.7
家庭用紙製品[2]	113.8	125.4	132.0	135.6	146.8	156.1	158.0	1.3
その他の家庭用品[2]	104.3	106.4	111.0	113.6	116.3	116.8	116.9	0.1
家事サービス[2]	110.5	130.3	136.6	140.6	147.5	150.3	150.3	(-Z)
屋内サービス[2]	109.7	128.3	133.1	138.1	142.8	144.1	144.4	0.2
園芸および芝生の手入れ[2]	111.4	127.9	136.6	140.5	(NA)	156.5	155.3	-0.8
衣類・衣料品	**129.6**	**119.5**	**119.5**	**119.0**	**118.9**	**120.1**	**119.5**	**-0.5**
男性・男児服	129.7	116.1	114.1	112.4	113.0	113.6	111.9	-1.5
男性用衣類	133.1	121.4	119.8	118.2	118.4	118.6	117.5	-0.9
男性用のシャツ・セーター[2]	98.3	84.2	84.7	82.5	80.4	81.0	78.6	-2.9
少年用衣類	116.2	97.0	93.7	91.7	93.5	95.2	91.5	-3.8
婦人・女児用衣類	121.5	110.8	110.7	110.3	107.5	108.1	107.1	-0.9
婦人用衣類	121.9	111.8	112.5	112.1	109.3	109.9	109.5	-0.4
婦人用スーツ[2]	98.2	87.3	88.2	88.9	85.7	84.9	83.9	-1.1
婦人用下着、寝巻き、スポーツウェア、装飾品[2]	101.8	95.4	94.4	91.8	90.4	93.1	96.0	3.0
少女用衣類	119.7	105.3	101.6	101.1	98.5	99.0	95.4	-3.7
履き物	123.8	122.6	123.5	122.4	124.2	126.9	128.0	0.9
男性用履き物	129.5	121.3	123.5	120.9	122.9	126.4	127.6	0.9
女性用履き物	119.6	121.9	122.8	122.5	122.6	123.4	125.3	1.5
宝飾品、腕時計[4]	137.0	127.6	130.7	137.1	146.5	149.2	152.4	2.1
宝飾品[4]	141.2	131.3	134.8	142.4	153.8	157.0	161.2	2.7
輸送	**153.3**	**173.9**	**180.9**	**184.7**	**195.5**	**179.3**	**193.4**	**7.9**
個人	149.1	170.2	177.0	180.8	191.0	174.8	188.7	8.0
新車、中古車[2]	100.8	95.6	95.6	94.3	93.3	93.5	97.1	3.9
新規車両	142.8	137.9	137.6	136.3	134.2	135.6	138.0	1.8
中古車	155.8	139.4	140.0	135.7	134.0	127.0	143.1	12.7
レンタカー（トラックを含む）[7]	(NA)	92.7	93.3	92.6	95.1	102.4	97.0	-5.3
燃料	129.3	195.7	221.0	239.1	279.7	202.0	239.2	18.4
ガソリン	128.6	194.7	219.9	238.0	277.5	201.6	238.6	18.4
自動車部品、機器	101.5	111.9	117.3	121.6	128.7	134.1	137.0	2.2
メンテナンス、修理	177.3	206.9	215.6	223.0	233.9	243.3	248.0	1.9
自動車のメンテナンスとサービス	256.7	329.9	331.8	333.1	341.5	357.0	375.2	5.1
自動車修理[2]	107.3	134.7	138.8	141.2	145.8	155.7	165.5	6.3
公共輸送	209.6	217.3	226.6	230.0	250.5	236.3	251.4	6.3
航空料金	239.4	236.6	247.3	251.7	282.0	258.0	278.2	7.8
医療	**260.8**	**323.2**	**336.2**	**351.1**	**364.1**	**375.6**	**388.4**	**3.4**
医療品	238.1	276.0	285.9	290.0	296.0	305.1	314.7	3.1
処方薬および医療用品	285.4	349.0	363.9	369.2	378.3	391.1	407.8	4.3
非処方薬[4]	149.5	151.7	154.6	156.8	158.3	161.4	(NA)	(NA)
診療サービス	266.0	336.7	350.6	369.3	384.9	397.3	411.2	3.5
専門医療サービス	237.7	281.7	289.3	300.8	311.0	319.4	328.2	2.8
医師	244.7	287.5	291.9	303.2	311.3	320.8	331.3	3.3
歯科医	258.5	324.0	340.9	358.4	376.9	388.1	398.8	2.7
眼鏡、アイケア[4]	149.7	163.2	168.1	171.6	174.1	175.5	176.7	0.7
その他の医療専門家によるサービス[4]	161.9	186.8	192.2	197.4	205.5	209.8	214.4	2.2
入院および関連サービス	317.3	439.9	468.1	498.9	534.0	567.9	607.7	7.0
入院サービス[9]	115.9	161.6	172.1	183.6	197.2	210.7	227.2	7.8

本表末尾の脚注を参照

No.727. 消費者物価指数（CPI-U）——主要品目別および特殊分類別：2000－2010年（続）

[475頁の頭注を参照]

品目	2000	2005	2006	2007	2008	2009	2010	年間変化率(%) 2009-2010
レクリエーション[1]	103.3	109.4	110.9	111.4	113.3	114.3	113.3	-0.8
ビデオ、オーディオ[2]	101.0	104.2	104.6	102.9	102.6	101.3	99.1	-2.1
ケーブルテレビ、衛星放送、ラジオ[5]	266.8	331.9	344.9	351.5	359.9	367.6	372.4	1.3
ペット、ペット用品、サービス[2]	106.1	123.6	128.4	133.8	144.5	153.4	154.4	0.6
スポーツ用品・器具	119.0	115.5	117.1	116.4	118.4	119.9	118.8	-0.9
他のレクリエーション用品[2]	87.8	69.5	67.2	64.3	62.1	60.2	57.8	-4.0
レクリエーションサービス[2]	111.7	130.5	135.1	139.4	142.9	144.6	145.1	0.3
クラブ会費およびスポーツ参加費用[2]	108.9	117.4	121.9	123.7	125.8	125.7	123.5	-1.8
入場料	230.5	282.3	291.9	303.8	312.3	317.8	322.8	1.6
教育と通信[2]	102.5	113.7	116.8	119.6	123.6	127.4	129.9	2.0
教育[2]	112.5	152.7	162.1	171.4	181.3	190.9	199.3	4.4
授業料その他	324.0	440.9	468.1	494.1	522.1	549.0	573.2	4.4
大学授業料、その他の料金	331.9	475.1	507.0	538.7	572.3	606.7	638.2	5.2
通信	93.6	84.7	84.1	83.4	84.2	85.0	84.7	-0.3
情報および情報処理[2]	92.8	82.6	81.7	80.7	81.4	81.9	81.5	-0.5
電話サービス[2]	98.5	94.9	95.8	98.2	100.5	102.4	102.4	(-Z)
有線電話サービス、市内通話料金	175.6	209.6	213.9	222.1	230.0	236.6	(NA)	(NA)
有線電話サービス、長距離電話料金[2]	91.8	67.5	68.3	71.5	74.8	78.1	(NA)	(NA)
無線電話サービス[2]	76.0	65.0	64.6	64.4	64.2	64.3	62.4	-2.9
情報技術、ハードウェア、およびサービス[10]	25.9	13.6	12.5	10.6	10.1	9.7	9.4	-2.7
その他の商品およびサービス	271.1	313.4	321.7	333.3	345.4	368.6	381.3	3.4
タバコおよび喫煙用品	394.5	502.8	519.9	554.2	588.7	730.3	807.3	10.5
巻きタバコ[2]	159.9	203.5	210.4	224.8	239.0	297.4	329.0	10.6
対個人サービス、用品	165.6	185.6	190.2	195.6	201.3	204.6	206.6	1.0
日用品	153.7	154.4	155.8	158.3	159.3	162.6	161.1	-0.9
髪の手入れ、歯磨き、髭剃り、その他の日用品[2]	103.3	101.8	102.6	103.6	104.3	105.4	104.3	-1.1
化粧品、香水、入浴用品、爪の手入れ用具・用品	166.8	171.3	173.1	177.0	178.0	183.6	182.2	-0.8
対個人ケアサービス	178.1	203.9	209.7	216.6	223.7	227.6	229.6	0.9
髪のカット、およびその他の身の回りのケアサービス[2]	108.7	124.4	127.9	132.1	136.5	138.9	140.1	0.9
その他の対個人サービス	252.3	303.0	313.6	325.0	338.9	344.5	354.1	2.8
法律サービス[4]	189.3	241.8	250.0	260.3	270.7	278.1	288.1	3.6
葬儀費用[4]	187.8	228.8	240.6	252.6	265.4	275.7	282.0	2.3
特殊合計指数								
商品	149.2	160.2	164.0	167.5	174.8	169.7	174.6	2.9
商品（−）食品・飲料	137.7	142.5	145.9	147.5	153.0	144.4	150.4	4.2
非耐久財（−）食品・飲料	147.4	168.4	176.7	182.5	196.2	179.0	189.9	6.1
非耐久財（−）食品、飲料、衣類	162.5	202.6	216.3	226.2	248.8	219.6	238.1	8.4
耐久財	125.4	115.3	114.5	112.5	110.9	109.9	111.3	1.3
サービス	195.3	230.1	238.9	246.8	255.5	259.2	261.3	0.8
家屋の賃借[3]	201.3	233.7	241.9	250.8	257.2	259.9	258.8	-0.4
輸送サービス	196.1	225.7	230.8	233.7	244.1	251.0	259.8	3.5
その他のサービス	229.9	268.4	277.5	285.6	295.8	304.0	309.6	1.8
全品目（−）食品	173.0	196.0	202.7	208.1	215.5	214.0	217.8	1.8
全品目（−）家屋	165.7	186.1	191.9	196.6	205.5	203.3	208.6	2.6
全品目（−）医療費	167.3	188.7	194.7	200.1	207.8	206.6	209.7	1.5
商品（−）食品	139.2	144.5	148.0	149.7	155.3	147.1	153.0	4.0
非耐久財（−）食品	149.1	170.1	178.2	184.0	197.3	181.5	191.9	5.8
非耐久財（−）食品・衣類	162.9	201.2	213.9	223.4	244.4	218.7	235.6	7.7
非耐久財	158.2	180.2	186.7	193.5	205.9	198.5	205.3	3.4
衣類（−）履物類	126.2	114.4	114.1	113.8	113.4	114.2	113.3	-0.8
サービス（−）家屋の賃借[3]	202.9	243.2	253.3	260.8	273.0	278.1	284.4	2.3
サービス（−）医療サービス	188.9	221.2	229.6	236.8	245.0	248.1	249.6	0.6
エネルギー	124.6	177.1	196.9	207.7	236.7	193.1	211.4	9.5
全品目（−）エネルギー	178.6	198.7	203.7	208.9	214.8	218.4	220.5	0.9
全品目（−）食品、エネルギー商品	181.3	200.9	205.9	210.7	215.6	219.2	221.3	1.0
商品（−）食品、エネルギー商品	144.9	140.3	140.6	140.1	140.2	142.0	143.6	1.1
エネルギー商品	129.5	197.4	223.0	241.0	284.4	205.3	242.6	18.2
サービス（−）エネルギーサービス	202.1	236.6	244.7	253.1	261.0	265.9	268.3	0.9
国内生産農産食品	170.1	195.0	198.1	206.5	220.1	220.4	221.6	0.5
公益事業および公共輸送	152.6	176.6	186.7	191.3	202.8	200.3	203.1	1.4

NA データなし　Z 0.05%未満　1．標本規模が非常に小さい場合の特殊指数　2．1997年12月＝100　3．1982年12月＝100　4．1986年12月＝100　5．1983年12月＝100　6．1990年12月＝100　7．2001年12月＝100　8．1993年12月＝100　9．1996年12月＝100　10．1988年12月＝100　11．2007年12月＝100

資料：Bureau of Labor Statistics, *CPI Detailed Report*（月刊）；<http://www.bls.gov/cpi/cpi_dr.htm>. *Monthly Labor Review*；<http://www.bls.gov/opub/mlr/welcome.htm> も参照

No.728. 生計費指数――主要大都市地区：年平均 2010年

[表示する大都市地区に位置する主要な都市地域のデータ。生計費指数は、生活水準に関する統計値を持つ地区における消費財とサービスの相対的な価格レベルを計測したもので、全国平均=100とする。それぞれの地区の指数は全国平均に対する割合である。この指数はインフレーションを計測したのではなくある時点での価格を比較したものである。税を除く。大都市地区は行政管理予算局の定義による。資料を参照。2008年2月以降、データは年度の第三四半期までに提出されたデータを編纂して年間平均調査としたものに基づく。年間平均指数の計算のために、実際価格と推計価格のデータを収集して、様々な消費カテゴリを表すアイテムの年間平均価格を計算している。カテゴリごとの消費者支出の割合は、指数における各カテゴリの重要性（すなわち加重）を決定する。加重は労働統計局の2009年消費者支出調査に基づく。本書前年版の表No.727も参照]

大都市区分	複合指数 (100%)	食品雑貨類 (13%)	住宅 (29%)	公益費 (10%)	輸送 (12%)	医療 (4%)	その他の財・サービス (32%)
アクロン、OH	100.2	105.1	99.7	107.9	107.1	86.8	96.0
オルバニー、GA	90.1	108.7	74.8	82.0	96.6	89.8	96.8
アマリロ、TX	89.5	89.9	89.4	80.4	92.1	95.2	90.8
アメリカス、GA	88.3	105.5	71.0	88.2	99.8	103.7	91.3
アンカレジ、AK	128.4	134.5	142.9	94.1	122.0	135.7	124.8
アードモア、OK	87.3	92.9	77.3	84.8	101.3	93.7	89.8
アーリントン、TX	99.3	94.4	89.4	109.9	98.3	105.4	106.4
アシュランド、OH	88.5	100.7	72.1	92.1	98.2	88.8	94.2
ボルティモア、MD	119.4	110.8	155.4	112.5	105.3	97.9	100.0
ベリンガム、WA	113.0	114.9	135.9	83.8	113.2	115.3	100.8
バーゲン-パセーイク、NJ	131.3	112.1	174.0	128.9	102.4	106.3	113.8
ベセズダ-ゲイサーズバーグ-フレデリック、MD	130.5	108.5	184.2	120.6	110.1	104.0	104.4
ボストン、MA	132.5	116.7	152.7	138.6	104.5	123.5	128.6
ブラゾリアカウンティ、TX	89.3	87.9	75.8	100.8	96.0	95.6	95.6
ブラウンズビル、TX	85.8	88.6	71.0	93.1	95.0	96.5	91.4
バーリントン-チッテンデン、VT	120.5	112.9	138.7	122.2	102.5	104.6	114.2
シダーシティ、UT	88.7	102.5	73.9	83.7	97.8	85.5	95.5
チャペルヒル、SC	113.0	100.9	127.0	85.7	122.8	105.8	112.1
シャイアン、WY	100.5	101.7	107.9	96.3	95.0	98.3	96.5
シカゴ、IL	116.9	111.2	134.8	117.3	116.5	108.5	104.4
クリーブランド、OH	101.0	108.1	93.3	109.0	101.4	104.3	102.1
コロンビア、SC	100.4	105.2	82.3	109.0	102.0	106.2	110.6
コンウェイ、AR	86.6	97.9	78.8	92.0	96.6	89.8	84.0
クックビル、TN	85.7	86.7	71.4	82.9	87.5	87.1	98.2
コビントン、KY	87.7	86.0	76.8	100.2	99.9	90.6	90.3
ディケーター-ハーツィル、AL	89.2	98.5	74.2	90.6	96.7	85.5	96.6
デトロイト、MI	99.4	92.7	95.2	129.5	101.3	94.2	96.6
ダッジシティ、KS	89.3	90.0	77.6	85.5	95.6	89.9	98.5
ドーサン、AL	89.8	100.3	80.1	79.7	91.8	81.7	97.9
ダグラス、GA	88.6	104.1	68.5	97.9	89.3	91.3	96.6
ドーバー、DE	99.7	110.4	90.9	108.8	97.5	103.0	100.7
ダッチェスカウンティ、NY	120.4	109.8	141.3	118.8	109.3	110.4	111.1
ダイアーズバーグ、TN	88.6	93.4	73.8	95.2	92.9	86.3	96.7
ユージーン、OR	109.8	93.8	132.3	85.3	110.0	118.2	102.9
エベレット、WA	111.3	112.0	128.1	85.4	110.4	129.1	102.1
フェアバンクス、AK	137.4	127.9	148.5	193.1	118.7	144.9	118.8
フラッグスタッフ、AZ	114.9	106.6	149.3	92.5	105.5	100.0	99.5
フローレンス、AL	90.2	96.6	79.6	91.0	94.5	84.1	96.3
フォートローダーデール、FL	115.7	112.5	144.0	92.5	106.3	102.4	103.7
フォートスミス、AR	86.1	92.5	74.5	90.5	87.9	87.5	91.7
フレーミングハム-ネーティック、MA	134.5	109.4	177.2	131.9	105.0	116.1	118.8
フレズノ、CA	117.3	115.8	131.2	123.6	114.5	106.8	105.9
ゲインズビル、FL	99.8	106.3	101.8	99.2	103.3	92.7	95.5
ガーデンシティ、KS	89.7	91.2	79.9	86.5	94.0	89.6	97.5
グレンズフォールズ、NY	112.3	105.4	105.9	128.0	107.0	97.3	119.3
グレンウッドスプリングス、CO	124.0	103.3	169.0	89.0	110.9	112.0	108.7
グリーンビル、SC	90.3	102.7	72.9	90.1	97.1	98.2	97.7
ガニソン、CO	110.0	110.6	134.5	85.7	99.0	97.3	100.6
ハンプトンローズ-サウスイーストバージニア、VA	111.7	106.6	121.9	108.4	104.1	109.6	108.4
ハーリンゲン、TX	82.8	81.5	75.8	105.6	88.7	95.2	79.1
ハリスバーグ、PA	99.7	97.8	91.5	110.5	100.2	93.8	105.1
ハートフォード、CT	121.8	120.7	137.8	120.7	109.0	113.0	113.5
ヘイズ、KS	89.4	92.0	78.8	92.4	97.5	90.7	94.2
ヒルトンヘッドアイランド、SC	114.1	111.4	119.8	100.4	101.6	110.7	118.5
ホノルル、HI	165.7	160.1	249.0	146.6	126.2	120.0	117.9
インディアナポリス、IN	87.2	91.4	73.4	86.7	100.5	93.6	93.1
ジャクソン-マディソンカウンティ、TN	90.2	91.1	74.2	98.9	100.0	91.5	98.1
ジョンソンシティ、TN	86.7	92.3	74.4	89.1	91.7	91.5	92.6
ジョーンズボロ、AR	88.9	97.5	75.1	91.1	88.8	85.9	97.3
ジョプリン、MO	88.8	92.2	75.9	108.1	91.8	89.5	92.0
ジュノー、AK	136.5	133.1	165.7	135.1	121.2	144.4	116.1
ノックスビル、TN	89.4	91.4	82.0	95.1	84.2	88.4	95.1
コディアック、AK	128.7	149.4	127.8	131.9	143.4	130.7	115.4
レイクハバスシティ、AZ	111.8	107.0	139.3	95.9	93.5	98.0	101.7
ラスクルーセス、NM	100.6	103.7	104.4	93.7	99.0	96.5	99.1
ロスアラモス、NM	109.7	97.1	128.1	91.2	110.7	102.6	104.7
ロサンゼルス-ロングビーチ、CA	136.4	106.0	207.1	101.7	113.6	109.1	107.0

本表末尾の脚注を参照

No.728. 生計費指数——主要大都市地区：年平均 2010年（続）

[478頁の頭注参照]

大都市区分	複合指数 (100%)	食品雑貨類 (13%)	住宅 (29%)	公益費 (10%)	輸送 (12%)	医療 (4%)	その他の財・サービス (32%)
ルイスビル、KY	87.7	81.6	78.7	99.1	96.9	87.2	91.9
ラボック、TX	89.1	90.0	80.4	74.8	97.6	98.3	97.1
マジソン、WI	109.8	104.8	118.0	95.0	109.5	115.2	108.6
マンチェスター、NH	116.8	102.3	117.0	124.5	100.1	116.1	125.0
マーティンズバーグ-バークレーカウンティ、WV	89.6	91.5	82.7	85.9	103.9	99.9	90.6
マーティンズビル-ヘンリーカウンティ、VA	87.1	94.0	77.6	89.1	82.9	87.6	93.2
メイソンシティ、IA	89.1	89.4	73.1	105.6	99.5	94.8	94.2
マッカレン、TX	85.0	79.8	77.6	103.1	92.4	97.9	84.3
メンフィス、TN	88.2	92.7	76.2	86.9	91.5	98.6	95.2
ミドルセクス-マンモス、NJ	124.8	108.9	154.1	128.6	103.9	108.9	112.2
ミネアポリス、MN	111.0	111.6	116.8	104.7	103.7	105.4	110.4
マイノット、ND	99.9	99.3	95.9	73.5	98.2	91.0	113.6
ミズーラ、MT	99.4	110.2	92.2	98.3	102.2	107.2	100.1
モンゴメリ、AL	99.2	102.9	96.0	108.4	99.6	88.0	99.1
モーガンタウン、WV	100.6	93.9	111.9	89.9	100.7	96.1	97.1
マーフリーズボロ-スミルナ、TN	88.2	94.3	76.2	81.0	92.7	95.8	96.2
マスコギー、OK	86.0	98.0	68.3	97.5	80.8	96.7	93.5
ナッシュビル-フランクリン、TN	88.9	91.7	71.3	82.6	92.5	87.3	104.5
ナッソーカウンティ、NY	145.7	123.0	206.7	140.7	113.1	119.7	115.3
ニューヘブン、CT	122.1	117.9	134.9	123.5	106.3	112.7	117.9
ニューヨーク（ブルックリン）、NY	181.7	130.6	317.8	165.0	103.0	111.5	119.5
ニューヨーク（マンハッタン）、NY	216.7	154.3	386.7	169.6	120.3	130.2	145.7
ニューヨーク（クイーンズ）、NY	159.0	128.3	230.8	172.0	108.8	118.0	123.9
ニューアーク-エリザベス、NJ	129.7	111.6	168.5	129.2	103.9	103.1	113.9
オークランド、CA	139.1	116.8	198.8	94.7	113.6	119.9	119.0
オマハ、NE	88.3	92.0	79.3	89.9	100.0	96.8	89.7
オレンジカウンティ、CA	146.4	104.5	242.8	103.2	114.6	111.6	105.2
パデューカ、KY	87.3	94.8	75.8	96.5	86.6	90.3	91.3
パームコースト-フラッグラーカウンティ、FL	88.2	106.9	70.0	90.4	103.6	96.5	90.6
パームスプリングス、CA	121.8	111.5	154.2	112.7	110.2	100.8	106.1
パナマシティ、FL	99.4	93.7	101.5	99.7	108.9	94.5	97.6
パリ、TX	88.9	93.6	80.0	87.4	94.1	94.0	93.0
フィラデルフィア、PA	126.5	124.9	141.3	135.9	105.8	108.2	119.6
フェニックス、AZ	100.7	108.1	90.4	96.6	108.9	108.8	104.6
ピッツフィールド、MA	110.6	115.0	96.2	161.9	98.9	105.0	110.0
プラッツバーグ、NY	100.1	98.9	95.1	119.4	105.5	113.0	95.9
ポンカシティ、OK	90.0	94.8	76.6	93.0	94.4	94.4	97.0
ポートランド、ME	116.5	101.8	143.0	102.9	111.8	109.7	105.5
ポートランド、OR	111.3	105.8	130.8	87.1	105.8	113.6	105.1
プロビデンス、RI	123.3	113.4	129.0	129.0	102.5	113.2	128.1
プライアクリーク、OK	84.5	95.0	71.5	82.7	86.6	86.0	91.5
プエブロ、CO	85.6	100.5	71.5	80.1	93.8	94.1	90.1
リバーサイドシティ、CA	112.5	104.9	136.3	99.9	113.4	104.4	99.1
ロチェスター、NY	100.0	94.6	94.2	114.4	108.7	99.7	100.2
ラウンドロック、TX	89.7	81.9	78.0	107.0	87.6	96.6	97.6
サクラメント、CA	116.2	114.7	135.7	109.6	114.4	110.8	102.8
サリナ、KS	86.9	86.9	76.0	87.0	94.7	94.9	93.1
ソルトレークシティ、UT	100.6	100.1	108.0	72.5	102.1	98.8	102.9
サンディエゴ、CA	132.3	105.5	194.4	101.9	113.1	111.5	105.8
サンフランシスコ、CA	164.0	111.9	281.0	94.5	113.0	117.0	124.3
サンノゼ、CA	156.1	115.3	260.3	137.2	114.0	119.0	103.6
シアトル、WA	121.4	115.1	140.3	85.7	118.8	119.9	119.1
スプリングフィールド、IL	85.8	89.7	70.1	79.8	104.5	106.5	91.7
スプリングフィールド、MO	88.0	93.2	76.8	83.2	96.8	95.3	93.8
セントポール、MN	110.0	107.0	112.9	106.8	103.4	106.7	112.2
スタンフォード、CT	146.9	121.8	212.6	121.3	110.0	113.3	122.1
スティルウォーター、OK	90.1	95.5	81.2	97.9	88.8	95.7	93.1
テンプル、TX	87.4	83.7	71.8	107.6	97.9	91.2	92.8
トーマスビル-レキシントン、NC	89.2	105.5	77.2	80.7	88.8	109.1	93.5
トラッキー-ネバダカウンティ、CA	146.9	132.2	208.3	114.3	121.5	112.0	120.5
タルサ、OK	88.4	91.9	66.5	95.2	99.1	94.6	100.5
テュペロ、MS	88.1	91.1	72.3	110.1	93.8	86.6	92.7
ウェーコ、TX	88.9	81.8	88.5	85.3	97.6	90.9	90.5
ワシントン-アーリントン-アレクサンドリア、DC-VA	140.1	107.9	226.4	97.3	109.3	103.4	103.7
ウィチタフォールズ、TX	86.5	91.9	84.0	84.4	82.5	94.5	87.4
ウィリアムズポート-ライカミングCo、PA	100.7	103.5	96.3	127.7	91.8	92.6	98.9
ヤングスタウン-ウォーレン、OH	90.4	92.6	77.7	110.2	92.4	86.9	94.4

資料：C2ER, Arlington, VA, *ACCRA Cost of Living Index*, Annual Average 2010 (copyright); 〈http://www.c2er.org〉も参照 (2010年12月現在)

No.729. 一戸建て住宅価格指数——州別：2000－2010年

[1991年第1四半期＝100とする指数。データは季節調整されている。同一物件の複数回販売や再度の金融出資による平均価格の変化を反映する。データは第4四半期の数値であるため、表示年の第4四半期とその前年の第4四半期を比較して年間変化率を示している。この情報は、抵当が購入された、あるいはファニーメーまたはフレディマックで証券化された戸建て物件に関する複数の抵当取引をチェックして得られる。方法論の詳細については付録Ⅲを参照。マイナス（－）は減少を示す]

州	2000	2005	2009	2010	変化率 2009-2010	州	2000	2005	2009	2010	変化率 2009-2010
合衆国	143.7	216.0	193.9	185.7	-4.2	MO	150.0	197.6	193.8	181.8	-6.2
AL	142.2	182.1	197.4	176.9	-10.4	MT	179.5	276.9	305.7	288.5	-5.6
AK	136.5	207.6	217.0	222.9	2.7	NE	161.9	194.0	197.7	189.6	-4.1
AZ	154.9	300.7	198.6	172.6	-13.1	NV	128.0	270.0	135.0	126.1	-6.6
AR	141.2	184.9	190.7	175.2	-8.1	NH	146.7	239.0	207.0	200.4	-3.2
CA	122.8	278.5	168.1	159.2	-5.3	NJ	133.0	253.2	226.2	222.7	-1.5
CO	216.4	270.5	270.3	266.3	-1.5	NM	145.3	214.6	224.7	213.1	-5.2
CT	117.4	194.5	176.9	170.2	-3.8	NY	128.6	214.5	211.2	208.8	-1.2
DE	121.1	208.4	194.8	194.0	-0.4	NC	146.1	182.3	192.2	185.8	-3.3
DC	135.4	324.2	327.2	333.7	2.0	ND	138.2	192.2	217.0	226.5	4.4
FL	139.3	295.9	188.5	175.7	-6.8	OH	148.2	175.0	160.6	154.1	-4.0
GA	151.2	190.5	174.4	154.8	-11.2	OK	143.8	177.4	195.5	193.2	-1.2
HI	92.0	204.3	180.8	174.7	-3.3	OR	184.0	297.0	284.3	256.1	-9.9
ID	154.2	228.3	225.8	189.6	-16.0	PA	121.4	190.3	194.0	189.2	-2.5
IL	145.5	203.8	186.6	181.5	-2.7	RI	119.6	234.5	195.4	190.4	-2.5
IN	142.0	165.4	160.6	159.2	-0.9	SC	144.7	184.5	191.0	179.8	-5.9
IA	157.2	191.2	198.0	195.1	-1.4	SD	160.4	209.4	226.2	220.9	-2.4
KS	152.9	187.2	196.7	191.8	-2.5	TN	146.8	185.4	190.8	183.9	-3.7
KY	150.1	183.9	190.2	189.1	-0.7	TX	142.9	172.2	191.4	188.0	-1.8
LA	156.3	211.9	231.4	227.4	-1.7	UT	194.2	255.9	266.5	249.1	-6.5
ME	133.8	221.8	211.9	209.8	-1.0	VT	126.3	206.1	208.4	205.5	-1.4
MD	122.0	253.0	215.4	211.2	-1.9	VA	130.9	232.9	221.5	209.6	-5.4
MA	157.1	254.0	221.7	221.1	-0.3	WA	154.4	242.4	241.9	224.7	-7.1
MI	173.5	202.4	150.4	145.3	-3.4	WV	137.0	178.0	188.0	188.0	(-Z)
MN	172.2	253.4	219.2	209.7	-4.3	WI	166.4	223.4	214.5	209.4	-2.4
MS	142.4	177.6	179.8	173.7	-3.4	WY	170.0	258.3	288.9	280.1	-3.0

Z 0.05%未満

資料：Federal Housing Finance Agency, *Housing Price Index, 4th quarter 2010*; ⟨http://www.fhfa.gov/Default.aspx?Page=87⟩ も参照

No.730. 主要燃料および電気の平均価格：1990－2010年

[単位：単位量あたりドル。ただし電気はkWhあたりセント。別に注記するものを除き、末端消費者料金を表す]

項目	単位	1990	2000	2003	2004	2005	2006	2007	2008	2009	2010
原油（混合） [1]	バレル	22.22	28.26	28.53	36.98	50.24	60.24	67.94	94.74	59.29	76.69
モーターガソリン [2]											
無鉛レギュラー	ガロン	1.16	1.51	1.59	1.88	2.30	2.59	2.80	3.27	2.35	2.79
無鉛プレミアム	ガロン	1.35	1.69	1.78	2.07	2.49	2.81	3.03	3.52	2.61	3.05
第2種暖房油	ガロン	0.73	0.93	0.93	1.17	1.71	1.98	2.24	2.99	1.96	2.46
第2種ディーゼル油	ガロン	0.73	0.94	0.94	1.24	1.79	2.10	2.27	3.15	1.83	2.31
プロパン、消費者用	ガロン	0.75	0.60	0.58	0.84	1.09	1.36	1.49	1.89	1.22	1.48
家庭用燃料油	ガロン	0.44	0.60	0.70	0.74	1.05	1.22	1.37	1.96	1.34	1.71
家庭用天然ガス	1,000立方フィート	5.80	7.76	9.63	10.75	12.70	13.73	13.08	13.89	12.14	11.20
家庭用電気	キロワット	7.83	8.24	8.72	8.95	9.45	10.40	10.65	11.26	11.51	11.58

1. 精製業者の取得するコスト　2. 平均価格。全サービス

資料：U.S. Energy Information Administration, *Monthly Energy Review* (2011年4月); ⟨http://www.eia.gov/totalenergy/data/monthly/⟩ も参照

No.731. ガソリン小売価格——主要地域：2000－2010年

[単位：ガロンあたりセント。価格は年間平均値]

地域	レギュラー				中級				プレミアム			
	2000	2005	2009	2010	2000	2005	2009	2010	2000	2005	2009	2010
ボストン、MA	(NA)	2.26	2.31	2.74	(NA)	2.36	2.43	2.87	(NA)	2.46	2.54	2.98
シカゴ、IL	1.57	2.32	2.46	2.94	1.67	2.42	2.57	3.05	1.78	2.52	2.68	3.16
クリーブランド、OH	(NA)	2.22	2.33	2.75	(NA)	2.32	2.43	2.86	(NA)	2.43	2.54	2.96
デンバー、CO	1.54	2.24	2.23	2.65	1.67	2.35	2.36	2.77	1.78	2.45	2.47	2.89
ヒューストン、TX	1.45	2.17	2.17	2.59	1.56	2.27	2.32	2.74	1.65	2.37	2.44	2.87
ロサンゼルス、CA	1.62	2.49	2.69	3.11	1.72	2.59	2.79	3.21	1.81	2.68	2.89	3.31
マイアミ、FL	(NA)	2.39	2.45	2.86	(NA)	2.49	2.60	3.01	(NA)	2.59	2.70	3.11
ニューヨーク、NY	1.63	2.30	2.37	2.81	1.73	2.42	2.51	2.96	1.80	2.51	2.62	3.07
サンフランシスコ、CA	1.88	2.48	2.69	3.12	1.98	2.59	2.81	3.23	2.09	2.69	2.91	3.34
シアトル、WA	(NA)	2.36	2.56	3.00	(NA)	2.47	2.68	3.12	(NA)	2.58	2.78	3.23

NA データなし

資料：U.S. Energy Information Administration, *Weekly U.S. Retail Gasoline Prices*, Gasoline Historical Data; ⟨http://www.eia.doe.gov/oil_gas/petroleum/data_publications/wrgp/mogas_history.html⟩ も参照

No.732. 週あたり食費——家族・個人のタイプ別：2009－2010年

[単位：ドル。12月現在。すべての食事・間食を小売店で購入した材料により家庭で用意したものと仮定する。推計方法の詳細については資料を参照。本書前年版の表No.731も参照]

項目	倹約 2009	倹約 2010	低額 2009	低額 2010	普通 2009	普通 2010	高額消費 2009	高額消費 2010
家族								
2人家族：								
19－50歳	79.80	81.10	101.70	103.40	126.70	128.40	158.60	160.80
51－70歳	75.70	76.90	97.60	99.20	120.50	122.60	145.00	148.00
4人家族：								
夫婦(19－50歳)と子供								
2－3歳および4－5歳	116.20	118.10	147.50	150.20	182.70	185.50	226.30	229.90
6－8歳および9－11歳	133.40	135.60	173.40	176.60	217.50	221.00	264.10	268.50
個人[1]								
子供：								
1歳	19.80	20.10	26.30	26.80	30.20	30.60	36.40	37.10
2－3歳	21.50	21.70	26.90	27.50	32.70	33.30	39.70	40.50
4－5歳	22.20	22.70	28.10	28.70	34.80	35.50	42.40	43.30
6－8歳	28.30	28.80	38.30	39.20	47.30	48.20	55.70	56.90
9－11歳	32.50	33.00	42.60	43.40	55.00	56.10	64.20	65.50
男性：								
12－13歳	34.60	35.10	48.70	49.50	60.70	61.70	71.50	72.70
14－18歳	35.60	36.20	50.10	50.80	62.90	63.80	71.90	73.40
19－50歳	38.40	39.00	49.50	50.30	62.10	62.90	76.10	77.10
51－70歳	35.10	35.60	46.80	47.60	57.50	58.60	69.70	71.10
71歳以上	35.30	35.80	46.30	47.00	57.70	58.50	71.00	71.90
女性：								
12－13歳	34.80	35.30	42.20	42.90	50.90	51.90	61.70	63.00
14－18歳	34.30	34.80	42.50	43.10	51.50	52.00	63.20	63.90
19－50歳	34.10	34.70	43.00	43.70	53.10	53.80	68.00	69.00
51－70歳	33.70	34.30	41.90	42.50	52.10	52.90	62.10	63.50
71歳以上	33.30	33.80	41.50	42.10	51.70	52.50	62.30	63.40

1．ここにあげた数値は4人家族の一員としてのものである。家族規模の調査には、以下の手順を用いる。1人家族20％増、2人家族10％増、3人家族5％増、5～6人家族5％減、7人家族以上は10％減。

資料：U.S. Department of Agriculture, *Official USDA Food Plans: Cost of Food at Home at Four Levels* (月刊)，<http://www.cnpp.usda.gov/Publications/FoodPlans/2010/CostofFoodDec10.pdf> も参照

No.733. 食品小売価格：2000－2010年

[単位：ポンドあたりドル、別に注記するものを除く。12月現在。付録Ⅲを参照]

食品	2000	2009	2010	食品	2000	2009	2010
穀物、パン製品：				果実、野菜：			
小麦粉(全用途、白)	0.28	0.46	0.44	リンゴ(デリシャス)	0.82	1.11	1.20
米(白米、生)	(NA)	0.75	0.73	バナナ	0.49	0.57	0.59
スパゲッティ、マカロニ	0.88	1.17	1.19	オレンジ、ネーブル	0.62	0.93	1.02
パン、白パン	0.99	1.39	1.39	グレープフルーツ	0.58	0.88	0.99
パン、小麦	1.36	1.76	1.88	ぶどう(トンプソン、シードレス)	2.36	3.14	2.87
牛肉：				レモン	1.11	1.60	1.60
100％ビーフひき肉	1.63	2.19	2.38	西洋梨(アンジュー)	(NA)	1.28	1.42
チャック(首部ひき肉(100％ビーフ))	1.98	2.83	2.93	じゃがいも(白)	0.35	0.56	0.58
赤身ひき肉	2.33	3.39	3.49	アイスバーグレタス	0.85	1.19	0.99
牛ももステーキ(USDAチョイスグレード)	3.28	4.18	4.30	地植えトマト	1.57	1.96	1.59
サーロインステーキ(骨付き)	4.81	5.68	6.07	加工果実および加工野菜：			
豚肉：				オレンジジュース(冷凍濃縮、12オンス缶) 16オンス当たり	1.88	2.53	2.46
ベーコン(スライス)	3.03	3.57	4.16	砂糖、甘味料：			
薄切り肉(センターカット、骨付)	3.46	3.29	3.58	白砂糖、全サイズ	0.41	0.60	0.64
ハム〈骨なし〉、〈缶詰を除く〉	2.75	3.10	3.47	白砂糖(33-80オンス入り) キログラムあたり	0.40	0.57	0.62
家禽類、魚、卵：				油脂類：			
鶏肉、未調理、ホール	1.08	1.27	1.28	マーガリン、棒状	(NA)	1.11	1.12
骨付き鶏もも肉	1.26	1.46	1.48	マーガリン、チューブ入り、ソフト	0.84	1.66	1.62
七面鳥、冷凍、ホール	0.99	1.37	1.38	ピーナッツバター、クリーム状、全サイズ	1.96	2.10	1.99
鶏卵、グレードA、ラージサイズ(1ダース)	0.96	1.77	1.79	ノンアルコール飲料：			
乳製品：				コーヒー、100％グラウンドロースト、全サイズ	3.21	3.67	4.15
全乳、ビタミン強化(ガロン)	2.79	3.11	3.32	その他の加工食品：			
バター(塩添加)、グレードAA	2.80	2.67	3.42	ポテトチップ、16オンスあたり	3.44	4.65	4.74
アメリカン・プロセスチーズ	3.69	3.86	3.80				
ナチュラル・チェダーチーズ	3.76	4.55	4.93				
アイスクリーム、個包装(1/2ガロン)	3.66	4.23	4.58				

NA　データなし

資料：Bureau of Labor Statistics, *CPI Detailed Report* (月刊) および <http://www.bls.gov/cpi/cpi_dr.htm>. *Monthly Labor Review* <http://www.bls.gov/opub/mlr/welcome.htm> も参照

No.734. 生産者物価指数および年変化率——加工段階別：1990－2010年

[1982年＝100。別に示すものを除く。マイナス（－）は減少を示す。生産価格に関する情報については、労働統計局のウェブサイト <http://stats.bls.gov/opub/hom/homch14_itc.htm> および解説の概要を参照。付録Ⅲも参照。『アメリカ歴史統計』系列E73-86に同様のデータあり]

年	原材料 計	原材料 食料、飼料	原材料 燃料	原材料 燃料、食料を除く原材料	中間財（材料、成分、補給品）	最終財 消費財	最終財 資本財	最終消費食料 原材料	最終消費食料 加工	食料を除く最終消費財
1990	108.9	113.1	84.8	107.3	114.5	118.2	122.9	123.0	124.4	115.3
1995	102.7	105.8	72.1	105.8	124.9	125.6	136.7	118.8	129.8	124.0
1998	96.8	103.9	86.7	84.5	123.0	128.9	137.6	127.2	134.8	126.4
1999	98.2	98.7	91.2	91.1	123.2	132.0	137.6	125.5	135.9	130.5
2000	120.6	100.2	136.9	118.0	129.2	138.2	138.8	123.5	138.3	138.4
2001	121.0	106.1	151.4	101.5	129.7	141.5	139.7	127.7	142.4	141.4
2002	108.1	99.5	117.3	101.0	127.8	139.4	139.1	128.5	141.0	138.8
2003	135.3	113.5	185.7	116.9	133.7	145.3	139.5	130.0	147.2	144.7
2004	159.0	127.0	211.4	149.2	142.6	151.7	141.4	138.2	153.9	150.9
2005	182.2	122.7	279.7	176.7	154.0	160.4	144.6	140.2	156.9	161.9
2006	184.8	119.3	241.5	210.0	164.0	166.0	146.9	151.3	157.1	169.2
2007	207.1	146.7	236.8	238.7	170.7	173.5	149.5	170.2	166.7	175.6
2008	251.8	163.4	298.3	308.5	188.3	186.3	153.8	175.5	178.6	189.1
2009	175.2	134.5	166.3	211.1	172.5	179.1	156.7	157.8	177.3	179.4
2010[1]	212.0	152.3	187.4	280.7	183.6	189.2	157.3	172.6	183.4	190.5
年変化率(%)[2]										
1990	5.6	1.7	-0.6	12.0	2.2	5.4	3.5	2.8	4.9	5.9
1995	0.9	-0.7	-12.5	9.1	5.4	1.9	1.9	6.7	1.5	2.0
1998	-12.9	-7.4	-14.4	-18.4	-2.1	-1.0	-0.4	0.5	-0.2	-1.4
1999	1.4	-5.0	5.2	7.8	0.2	2.4	0.0	-1.3	0.8	3.2
2000	22.8	1.5	50.1	29.5	4.9	4.7	0.9	-1.6	1.8	6.1
2001	0.3	5.9	10.6	-14.0	0.4	2.4	0.6	3.4	3.0	2.2
2002	-10.7	-6.2	-22.5	-0.5	-1.5	-1.5	-0.4	0.6	-1.0	-1.8
2003	25.2	14.1	58.3	15.7	4.6	4.2	0.3	1.2	4.4	4.3
2004	17.5	11.9	13.8	27.6	6.7	4.4	1.4	6.3	4.6	4.3
2005	14.6	-3.4	32.3	18.4	8.0	5.7	2.3	1.4	1.9	7.3
2006	1.4	-2.8	-13.7	18.8	6.5	3.5	1.6	7.9	0.1	4.5
2007	12.1	23.0	-1.9	13.7	4.1	4.5	1.8	12.5	6.1	3.8
2008	21.6	11.4	26.0	29.2	10.3	7.4	2.9	3.1	7.1	7.7
2009	-30.4	-17.7	-44.3	-31.6	-8.4	-3.9	1.9	-10.1	-0.7	-5.1
2010[1]	21.0	13.2	12.7	33.0	6.4	5.6	0.4	9.4	3.4	6.2

1. 暫定値　2. 前年からの変化率。1990年は1989年からの変化率
資料：Bureau of Labor Statistics, *Producer Price Indexes*（月刊および年刊）; *Monthly Labor Review* <http://www.bls.gov/opub/mlr/welcome.htm> も参照

No.735. 商品調査局先物物価指数：1990－2010年

[1967年＝100。指数は毎日の計算値。17の主要先物取引市場における商品の先物価格（向こう6ヵ月間）の非加重平均値を表す。年度末指数を表す]

商品	1990	1995	2000	2002	2003	2004	2005	2006	2007	2008	2009	2010
全商品	222.6	243.2	227.8	234.5	255.3	283.9	347.9	394.9	476.1	363.1	484.4	629.5
ソフト[1]	276.0	354.4	254.4	303.7	250.5	343.5	420.5	475.9	467.5	487.2	(NA)	(NA)
工業製品	245.5	272.5	211.0	176.6	256.6	232.1	302.5	368.8	418.3	475.4	(NA)	(NA)
穀物、油脂種子[2]	171.2	218.6	174.9	188.2	225.8	177.0	193.8	279.1	427.0	545.5	(NA)	(NA)
エネルギー	246.0	180.0	355.8	320.7	358.7	457.3	705.3	591.6	825.1	1,263.2	(NA)	(NA)
油脂種子[3]	223.6	277.5	(3)	(3)	(3)	(3)	(3)	(3)	(3)	(3)	(3)	(3)
家畜・肉	226.2	192.4	253.6	251.0	237.8	303.6	300.3	294.6	297.7	337.0	(NA)	(NA)
貴金属	257.8	276.0	265.7	289.1	364.1	396.6	478.1	611.9	773.6	894.6	(NA)	(NA)

NA データなし　1. 1997年以前は輸入品。「ソフト」にはコーヒー、ココア、木材、綿花、砂糖等の生育する非鉱物の商品を含む　2. 1997年以前は穀物　3. 1997年より穀物と油脂種子を統合
資料：Commodity Research Bureau (CRB), Chicago, IL, *CRB Commodity Index Report*（週刊）(copyright); <http://www.crbtrader.com> も参照

No.736. 先物第一次産品市場価格指数：1990－2010年

[1967年＝100。23の商品価格相場の非加重平均値を表す。この指数は月間の生産者物価指数よりも、市場状況の変化を受けやすい]

商品および商品数	1990	1995	2000	2002	2003	2004	2005	2006	2007	2008	2009	2010
全商品 (23)	258.1	289.1	224.0	243.3	283.6	293.0	303.3	362.4	413.4	313.0	424.2	520.3
食料 (10)	206.4	236.4	184.7	238.1	250.2	256.0	241.7	276.0	335.9	294.2	344.7	440.3
工業原料 (13)	301.2	332.2	255.8	248.6	309.1	321.5	354.7	437.3	477.0	326.5	489.4	583.8
畜産品 (5)	292.7	307.4	265.5	317.8	365.9	365.0	326.6	378.6	402.6	310.8	407.6	528.0
金属 (5)	283.2	300.6	214.0	184.5	276.7	357.7	440.9	693.9	811.9	390.9	809.1	1,006.2
撚糸ファイバー (4)	257.6	274.3	245.7	230.2	255.2	237.9	252.5	254.4	267.5	241.3	294.0	342.1
油脂 (4)	188.7	226.7	163.6	234.0	297.2	262.6	223.4	273.9	363.4	268.0	339.7	478.3

資料：Commodity Research Bureau, Chicago, IL, *CRB Commodity Index Report*（週刊）(copyright); <http://www.crbtrader.com> も参照

No.737. 主要商品の生産者物価指数——加工段階および商品別：1990－2010年

[別に注記するものを除き、1982年＝100。付録Ⅲを参照]

商品	1990	1995	2000	2005	2007	2008	2009	2010[1]
最終財	**119.2**	**127.9**	**138.0**	**155.7**	**166.6**	**177.1**	**172.5**	**179.9**
最終消費財	**118.2**	**125.6**	**138.2**	**160.4**	**173.5**	**186.3**	**179.1**	**189.2**
最終消費財ー食品	**124.4**	**129.0**	**137.2**	**155.7**	**167.0**	**178.3**	**175.5**	**182.5**
生鮮果実およびメロン	118.1	85.8	91.4	102.8	123.4	122.9	110.4	123.9
生鮮野菜、乾燥野菜	118.1	144.4	126.7	142.6	165.5	172.3	162.2	178.5
鶏卵 (1991年12月＝100)	(NA)	86.3	84.9	79.6	132.6	152.4	123.3	123.4
パン製品	141.0	164.3	182.3	201.1	216.6	237.5	245.8	244.9
精米	102.5	113.1	101.2	120.1	155.0	251.9	205.8	183.7
パスタ製品 (1985年6月＝100)	114.1	125.0	121.6	127.9	136.3	183.5	180.3	170.5
牛肉、仔牛肉	116.0	100.9	113.7	147.4	146.1	153.7	142.4	157.7
豚肉	119.8	101.5	113.4	131.9	133.2	130.7	115.7	143.1
加工鶏肉	111.0	113.5	110.4	136.2	139.0	143.2	147.7	148.7
加工七面鳥肉	107.6	104.9	98.7	105.1	110.2	120.3	119.9	131.9
魚介類	147.2	170.8	198.1	222.6	242.8	255.4	250.9	271.8
乳製品	117.2	119.7	133.7	154.5	175.7	182.7	157.1	174.1
加工果実および野菜	124.7	122.4	128.6	140.4	157.4	166.8	176.2	176.5
ソフトドリンク	122.3	133.1	144.1	159.1	166.7	174.9	181.8	184.1
コーヒー（ロースト）	113.0	146.5	133.5	151.1	163.7	179.0	179.2	189.5
ショートニングおよび調理用油	123.2	142.5	132.4	176.7	211.7	293.2	225.6	234.3
最終消費財ー食品以外	**115.3**	**124.0**	**138.4**	**161.9**	**175.6**	**189.1**	**179.4**	**190.5**
アルコール飲料	117.8	128.5	140.6	158.5	160.2	166.0	172.0	175.1
衣料品	117.5	124.2	127.4	125.6	127.0	128.0	129.3	129.4
女性・女児・児童用のカットソー衣類 (2003年12月＝100)	(NA)	(NA)	(NA)	100.3	101.1	101.1	102.1	101.7
男性・男児用のカットソー衣類 (2003年12月＝100)	(NA)	(NA)	(NA)	98.7	98.6	99.7	101.2	101.3
布地	109.5	119.5	122.0	122.9	125.3	127.0	129.1	131.9
履物	125.6	139.2	144.9	148.1	151.6	156.9	159.9	162.4
家庭用電気 (1990年12月＝100)	(NA)	111.8	110.8	126.4	138.8	146.1	150.5	154.9
家庭用ガス (1990年12月＝100)	(NA)	104.4	135.5	216.8	224.9	250.6	205.1	201.9
ガソリン	78.7	63.7	94.6	168.6	221.9	263.0	178.4	225.2
燃料油No. 2	73.3	56.6	93.5	178.4	223.7	305.2	162.7	207.7
石鹸、洗剤	117.7	122.9	128.2	134.6	144.9	153.8	161.4	161.1
化粧品類	121.6	129.0	137.4	143.0	147.6	147.9	148.5	149.9
タイヤ、チューブ、スレッド	96.8	100.2	93.0	108.1	118.5	128.0	131.0	138.2
トイレットペーパーおよび保健用品	135.3	144.4	146.7	154.6	161.8	171.5	179.7	180.7
書籍	153.4	185.0	218.2	264.0	285.0	296.5	306.9	317.0
家庭用家具	125.1	141.8	152.7	166.5	174.6	181.0	186.9	187.4
カーペット、床材	119.0	123.7	129.6	146.4	156.6	160.6	167.5	169.4
家庭用器具	110.8	112.4	107.3	103.3	105.2	107.2	111.1	110.4
家庭用電気器具	82.7	78.9	71.8	62.6	58.2	56.7	53.6	52.7
家庭用ガラス製品	132.5	153.2	166.0	174.7	177.0	190.7	198.1	200.2
家庭用食器	122.1	138.3	142.6	147.7	186.8	194.7	193.0	(NA)
芝生・園芸用機器（園芸用トラクターを除く）	123.0	130.4	132.0	134.5	137.0	140.4	142.3	141.9
乗用車	118.3	134.1	132.8	131.8	126.2	128.9	130.9	129.0
玩具・ゲーム・児童用乗り物	118.1	124.3	121.9	127.0	131.0	134.3	143.1	140.7
スポーツ用品	112.6	122.0	126.1	124.6	129.9	129.8	132.2	133.6
タバコ製品	221.4	231.3	397.2	457.8	489.1	508.8	539.3	570.5
移動住宅	117.5	145.6	161.3	200.8	211.0	218.7	223.3	228.5
宝石、プラチナ、金	122.8	127.8	127.2	138.6	153.2	164.7	169.7	187.5
アクセサリー	125.3	135.1	141.6	153.5	156.7	159.6	158.7	158.9
資本投資	**122.9**	**136.7**	**138.8**	**144.6**	**149.5**	**153.8**	**156.7**	**157.3**
農業用機械設備	121.7	142.9	153.7	174.7	184.3	192.9	199.9	203.4
建設用機械設備	121.6	136.7	148.8	168.3	179.6	185.3	191.0	191.4
金属切断用機械工具	129.8	148.0	161.8	155.1	165.8	170.3	173.8	174.6
金属成型用機械工具	128.7	145.7	161.8	178.9	184.4	192.5	198.5	200.3
ポンプ、コンプレッサー、および施設	119.2	139.4	154.1	178.5	195.0	205.4	212.6	214.9
コンピュータ (2004年12月＝100)	(NA)	850.1	261.6	93.7	51.6	40.9	34.0	30.3
紡績機械	128.8	146.7	156.2	160.5	162.5	164.9	166.3	166.0
製紙工業機械 (1982年6月＝100)	134.8	151.0	164.7	178.1	183.4	188.5	193.7	197.2
印刷機械	124.9	133.6	142.1	144.3	150.5	152.7	157.1	155.4
トランスフォーマーおよびパワーレギュレータ	120.9	128.9	135.8	150.3	194.9	216.2	210.6	223.0
通信関連設備 (1985年12月＝100)	106.1	112.1	110.6	102.5	103.2	104.8	105.7	105.8
X線および電子設備	109.8	111.8	101.5	95.7	92.8	91.6	90.1	89.5
鉱業用装置設備	121.0	135.6	146.1	175.9	190.9	205.8	217.3	221.5
事務用・商業用機械設備	109.5	111.5	112.7	115.1	114.6	122.1	123.5	121.0
商業用家具	133.4	148.2	158.4	172.7	181.5	190.1	196.1	196.3
軽トラック	130.0	159.0	157.6	148.4	145.3	146.0	151.8	153.3
大型トラック	120.3	144.1	148.0	162.4	177.2	182.2	190.3	195.7
トレーラー	110.8	131.7	139.4	157.1	169.4	177.0	177.7	181.5
民間航空機 (1985年12月＝100)	115.3	141.8	159.6	202.2	219.6	230.2	235.4	238.0
船舶 (1985年12月＝100)	110.1	132.8	146.9	176.6	192.1	199.4	210.0	215.2
鉄道施設	118.6	134.8	135.7	160.4	176.4	180.2	181.9	184.4
中間財	**114.5**	**124.9**	**129.2**	**154.0**	**170.7**	**188.3**	**172.5**	**183.6**
中間財ー食品・飼料	**113.3**	**114.8**	**111.7**	**133.8**	**154.4**	**181.6**	**166.0**	**171.8**
小麦粉	103.6	123.0	103.8	133.6	178.4	239.8	182.9	183.7
精製糖	122.7	119.3	110.6	124.9	132.6	137.2	157.8	185.4
清涼飲料水（濃縮） (1985年12月＝100)	126.2	148.3	167.1	180.4	196.0	210.3	223.5	223.1
飼料	107.4	109.1	102.9	115.6	142.7	182.7	175.2	171.6

本表末尾の脚注を参照

No.737. 主要商品の生産者物価指数──加工段階および商品別：1990－2010年 （続）

[483頁の頭注を参照]

商品	1990	1995	2000	2005	2007	2008	2009	2010 [1]
中間財－食品・飼料以外	114.5	125.5	130.1	155.1	171.5	188.7	173.0	184.5
合成繊維	106.7	109.4	107.2	112.3	114.2	116.5	113.3	111.5
製糸	112.6	112.8	107.9	111.7	116.9	123.7	119.9	128.0
皮革	177.5	191.4	182.2	219.6	230.6	234.3	221.1	232.3
液化天然ガス	77.4	65.1	127.1	244.7	316.1	375.9	224.7	309.8
商業用電力	115.3	131.7	131.5	149.8	165.4	173.3	178.6	183.3
工業用電力	119.6	130.8	131.5	156.2	180.4	189.1	190.6	193.3
商業用天然ガス (1990年12月＝100)	(NA)	96.5	134.7	232.5	235.6	272.1	211.9	208.6
工業用天然ガス (1990年12月＝100)	(NA)	90.9	139.0	249.4	242.3	283.1	210.2	202.2
公益事業用天然ガス (1990年12月＝100)	(NA)	87.7	120.7	204.0	186.0	203.4	164.0	174.9
ジェット燃料	76.0	55.0	88.5	169.6	211.2	300.1	169.3	225.3
No.2ディーゼル燃料	74.1	57.0	93.3	189.1	235.5	324.9	180.6	233.2
家庭用燃料	57.7	52.6	84.7	148.9	173.4	229.7	156.6	213.3
工業用化学薬品	113.2	128.4	129.1	188.5	226.4	274.6	234.1	268.7
混合済ペンキ	124.8	142.1	160.8	187.9	208.8	223.0	236.4	236.8
油脂（食用以外）	88.1	126.9	70.1	146.9	189.4	288.3	210.3	243.7
混合肥料	103.3	111.1	112.4	138.9	161.2	249.2	192.8	177.3
プラスチックレジンおよびプラスチック製品	124.1	143.5	141.6	193.0	195.9	215.0	190.8	211.8
合成ゴム	111.9	126.3	119.1	151.3	169.3	206.6	185.9	215.8
プラスチック製建築品	117.2	133.8	135.8	158.8	179.2	185.6	186.2	190.8
未形成プラスチック製フィルム、シート、シェイプ	119.0	135.6	133.2	164.8	176.0	194.2	191.7	200.5
製造業用プラスチック製部品	112.9	115.9	117.3	119.8	130.0	132.8	135.3	135.7
軟材	123.8	178.5	178.6	203.6	170.5	156.3	141.4	160.9
硬材	131.0	167.0	185.9	196.6	192.4	184.5	171.2	187.3
木工	114.2	165.3	157.6	186.8	176.1	174.7	163.7	176.5
紙	128.8	159.0	149.8	159.6	169.3	184.3	179.6	182.2
板紙	135.7	183.1	176.7	175.5	201.7	217.9	207.2	225.3
紙製容器、箱	129.9	163.8	172.6	183.7	197.8	208.3	211.9	219.6
建築用紙製品およびボード	112.2	144.9	138.8	184.9	155.2	163.9	156.5	168.2
商業印刷 (1982年6月＝100)	128.0	144.5	155.2	161.6	166.0	169.2	167.8	168.2
鋳造・鍛造製品	117.2	129.3	136.5	156.2	170.7	189.6	185.2	191.4
一次非鉄金属	133.4	146.8	113.6	158.2	268.6	269.1	177.6	209.2
非鉄ワイヤ・ケーブル	142.6	151.5	143.7	169.4	238.7	249.2	222.4	257.7
金属性コンテナ	114.0	117.2	106.8	123.9	133.4	144.0	155.4	159.7
金属製品	125.9	141.1	151.2	168.0	179.7	189.9	194.0	194.0
配管設備、真鍮製付属品	144.3	166.0	180.4	197.6	220.6	226.7	228.9	231.4
暖房設備	131.6	147.5	155.6	179.9	195.5	208.8	219.1	221.4
組み立て鉄製ワイヤ製品 (1982年6月＝100)	114.6	125.7	130.0	157.1	166.7	200.7	200.0	203.5
動力伝達機器	125.3	146.9	163.9	189.5	205.2	219.7	231.0	232.0
エアコン・冷蔵設備	122.1	130.2	135.3	146.2	157.3	162.7	164.7	163.8
ボールベアリング、ローラー・ベアリング	130.6	152.0	168.0	187.1	199.8	211.9	222.8	227.0
配線装置	132.2	147.2	152.9	176.6	194.5	206.4	206.8	211.3
モーター、ジェネレータ、モーター・ジェネレータ・セット	132.9	143.9	146.2	157.8	172.9	181.7	187.0	190.6
スイッチギアおよびスイッチボード	124.4	140.3	153.0	170.2	188.5	195.5	201.0	205.5
電気部品、アクセサリ	118.4	113.6	97.1	87.0	82.3	77.0	75.4	73.4
内燃エンジン	120.2	135.6	143.8	147.7	154.7	157.2	162.3	161.9
板ガラス	107.5	113.2	109.7	111.0	114.2	115.9	115.0	111.3
セメント	103.7	128.1	150.1	176.4	209.7	209.7	206.8	193.9
コンクリート製品	113.5	129.4	147.8	177.2	203.5	210.6	214.0	210.8
アスファルト下地、舗装	97.1	100.0	104.1	130.8	145.7	187.2	220.6	222.7
石膏製品	105.2	154.5	201.4	229.6	233.0	213.2	213.8	206.8
ガラス容器	120.4	130.5	127.4	146.4	162.0	171.8	178.7	181.2
自動車部品	111.2	116.0	113.6	113.1	117.9	119.7	120.7	121.7
航空機エンジン、エンジン部品 (1985年12月＝100)	113.5	132.8	141.0	165.9	178.9	185.9	193.1	197.5
写真用品	127.6	126.8	125.2	120.1	122.9	125.5	127.8	124.4
医療用・外科用・人体用装置	127.3	141.3	146.0	159.2	163.1	165.7	167.5	168.7
加工用原材料	108.9	102.7	120.6	182.2	207.1	251.8	175.2	212.0
食品原料および飼料原料	113.1	105.8	100.2	122.7	146.7	163.4	134.5	152.3
小麦	87.6	118.6	80.3	102.7	172.1	235.1	149.3	157.4
とうもろこし	100.9	109.0	76.4	75.9	141.5	199.1	146.9	160.8
牛	122.5	99.5	104.1	131.5	136.1	136.1	122.0	139.8
豚	94.1	70.2	72.7	82.7	76.1	78.1	68.9	92.6
ブロイラー、フライ用ヒナ鳥	119.5	129.1	127.6	181.0	199.9	210.7	202.6	221.3
七面鳥	116.9	120.3	120.7	131.1	153.3	165.9	146.7	173.0
牛乳	100.8	93.6	92.0	113.5	143.3	137.2	95.9	121.5
大豆	100.8	102.2	83.4	102.6	137.9	203.9	175.9	177.1
天然非食品材	101.5	96.8	130.4	223.4	246.3	313.9	197.5	249.0
綿花	118.2	156.2	95.2	78.9	83.1	98.0	82.6	118.3
石炭	97.5	95.0	87.9	116.8	130.7	161.7	182.5	189.4
天然ガス	80.4	66.6	155.5	335.4	273.8	344.0	160.0	185.1
原油	71.0	51.1	85.2	150.1	192.6	275.7	161.7	218.5
丸太・材木	142.8	220.4	196.4	197.4	217.1	216.7	187.8	213.8
古紙	138.9	371.1	282.5	230.9	368.7	372.5	237.0	420.2
鉄鉱石	83.3	91.8	94.8	116.9	128.8	142.5	145.0	147.0
くず鉄	166.0	202.7	142.1	289.8	406.8	566.8	338.1	541.5
非鉄金属鉱石 (1983年12月＝100)	98.3	101.6	68.0	150.0	243.5	251.0	215.4	296.8
銅のスクラップ	181.3	193.5	123.7	258.6	485.2	494.3	375.4	553.2
アルミ・スクラップ	172.6	209.4	177.0	210.1	274.7	272.8	166.8	240.5
建設用砂利・砂・砕石	125.4	142.3	163.1	195.8	232.4	247.7	255.1	262.2
工業用砂	117.6	132.5	146.0	174.4	190.9	217.7	238.1	239.4

NA データなし 1．暫定値
資料：U.S. Bureau of Labor Statistics, *Producer Price Indexes* （月刊および年刊）; *Monthly Labor Review* <http://www.bls.gov/opub/mlr/welcome.htm>, <http://www.bls.gov/ppi/> も参照

No.738. 主要産業別総生産の生産者物価指数：2005－2010年

[指数は確率標本調査によりすべての規模の事業所の報告による販売価格に基づく。製造業は出荷額より選択。n.e.c.は他に分類されないもの。第22章の解説、付録Ⅲを参照]

産業	北米産業分類[1]	基準年月[2]	2005	2007	2008	2009	2010[3]
木材伐採業	113310	12/81	179.2	175.1	171.6	160.4	177.5
鉱業全般	21	12/84	201.0	220.1	274.7	178.2	214.7
原油・天然ガス	211111	06/02	253.5	261.5	349.2	187.6	238.3
コンデンセート（NGL）	211112	06/02	285.4	286.7	347.6	188.5	251.3
瀝青炭・褐炭	212111	12/01	111.9	120.9	140.4	149.1	156.7
無煙炭	212113	12/79	205.4	240.9	267.0	275.4	269.2
鉄鉱石	212210	12/84	115.7	127.5	141.0	143.5	145.5
金鉱石	212221	06/85	131.7	203.0	208.9	236.3	300.4
銅およびニッケル鉱石	212234	06/88	200.8	397.8	401.7	297.1	414.3
花崗岩石採石	212313	12/83	217.3	279.3	305.1	329.1	329.5
建設用砂・砂利	212321	06/82	209.9	247.0	262.6	271.1	271.1
粘土・セラミック・耐火物原料鉱物	212325	06/84	148.3	163.4	174.2	184.5	188.7
油井・ガス井掘削	213111	12/85	258.8	360.6	366.9	328.2	324.4
非金属鉱物サービス事業（燃料以外）	213115	06/85	127.5	140.2	146.0	148.7	148.7
製造業全般	31-33	12/84	150.8	162.9	175.8	167.1	175.4
ドッグフード・キャットフード	311111	12/85	145.8	155.2	175.3	186.2	186.5
製粉	311211	06/83	117.5	153.9	202.8	160.9	162.2
精米	311212	06/84	102.1	129.2	209.6	170.8	152.5
チョコレート・菓子類（カカオ豆を原料とする）	311320	06/85	157.5	166.0	181.1	194.0	198.4
冷凍果実・果汁・野菜	311411	06/81	156.0	174.9	179.0	188.6	195.7
冷凍調理済み食品	311412	12/82	143.6	145.5	154.1	160.3	160.0
缶詰（果実・野菜）	311421	06/81	151.4	165.3	176.8	190.0	185.6
飲料乳	311511	12/82	165.2	193.7	200.9	179.8	198.8
アイスクリーム、フローズンデザート	311520	06/83	168.2	177.7	184.5	186.1	187.3
屠畜（家禽を除く）	311611	12/80	141.0	142.7	149.6	135.1	157.3
屠体加工肉	311612	12/82	136.6	139.5	144.7	144.2	153.3
鳥肉加工	311615	06/81	135.3	139.5	145.0	148.3	150.0
コーヒー・紅茶	311920	06/81	161.0	173.8	189.4	191.8	199.1
香辛料・エキス	311942	12/03	99.1	102.3	108.5	115.0	115.2
清涼飲料	312111	06/81	168.6	177.4	186.4	194.3	197.1
ボトルウォーター	312112	12/03	101.5	99.4	98.9	97.0	91.2
ビール醸造所	312120	06/82	158.4	156.0	163.0	(NA)	177.2
ワイン醸造所	312130	12/83	144.8	155.7	159.3	162.3	161.8
蒸留酒製造所	312140	06/83	165.5	175.3	187.2	188.5	185.9
葉タバコ処理業	312210	06/84	119.9	112.6	113.4	115.2	115.9
たばこ	312221	12/82	437.0	470.2	489.5	520.8	553.9
紳士・男児用ズボン	315224	12/81	123.2	122.3	122.9	123.9	123.9
婦人・女児用ワンピース	315233	12/80	123.7	120.8	123.0	124.6	123.7
製材所	321113	12/80	162.0	152.0	143.5	124.9	140.0
木材保存	321114	06/85	175.7	163.8	165.6	162.0	171.8
硬材製ベニヤ板・合板	321211	06/85	146.2	151.1	153.0	151.5	152.3
軟材製ベニヤ板・合板	321212	12/80	172.7	154.9	150.8	135.6	152.9
木製窓枠・扉	321911	12/03	103.1	107.3	107.7	109.2	110.5
マニュファクチャードホーム、移動住宅	321991	06/81	204.4	214.7	222.6	226.3	232.4
製紙工場（新聞用紙を除く）	322121	12/03	108.4	116.2	125.2	126.1	127.4
新聞用紙製紙工場	322122	12/03	115.7	106.8	119.4	103.9	103.5
板紙製造工場	322130	12/82	196.2	224.4	242.6	231.1	253.0
書籍印刷	323117	12/83	154.9	158.6	159.0	159.6	160.7
石油精製	324110	06/85	205.3	266.9	338.3	217.0	289.7
潤滑油・グリース	324191	12/80	231.2	304.8	356.6	355.8	363.3
工業ガス	325120	12/03	118.3	123.3	140.9	129.1	127.2
プラスチック原料・レジン	325211	12/80	228.5	232.4	255.1	227.9	252.7
合成ゴム	325212	06/81	150.6	170.2	214.3	203.3	236.5
窒素肥料	325311	12/79	236.9	278.5	427.0	275.4	286.4
リン酸肥料	325312	12/79	173.3	257.4	580.3	265.7	307.3
医薬品製剤	325412	06/81	378.7	413.8	440.7	469.2	495.7
プラスチック管・継手	326122	06/93	171.9	197.2	215.0	203.0	216.7
セメント	327310	06/82	175.2	208.4	207.8	204.3	193.2
石灰	327410	12/85	144.6	166.0	175.5	207.7	210.2
焼流し（蝋型）鋳造	331512	06/81	204.8	235.4	235.4	235.4	235.0
鋼鉄鋳造（焼流し鋳造を除く）	331513	06/81	160.1	183.7	193.4	191.4	198.3
アルミニウムダイカスト鋳造	331521	06/91	116.4	126.4	133.0	119.4	127.3
鍛鉄・鍛鋼品	332111	12/83	128.1	140.4	150.9	148.6	150.8
手道具・工匠具（機械式道具、手引のこぎりを除く）	332212	06/83	177.0	188.9	197.0	203.1	204.0
のこ刃・手引のこぎり	332213	06/81	146.0	152.8	158.1	165.1	162.1
金属製窓枠・扉	332321	06/83	175.2	188.1	196.5	200.5	199.3
板金工事	332322	12/82	165.6	176.8	187.6	182.5	183.7
暖房装置（空気暖房を除く）	333414	06/80	215.4	231.2	245.7	255.3	256.7
実験装置・什器	339111	12/91	148.1	158.8	165.3	(NA)	169.9
外科用・内用医療機器	339112	06/82	135.2	134.5	136.3	137.4	138.8
サービス産業							
ビール・ワイン・酒類店	445310	06/00	111.0	113.2	120.6	119.8	125.4
コンビニエンスストア付ガソリンスタンド	447110	12/03	104.3	123.0	135.1	129.7	138.9
定期旅客航空輸送	481111	12/89	217.1	234.5	257.1	236.1	254.6
定期貨物航空輸送	481112	12/03	104.9	109.0	127.8	119.1	129.7
一般貨物トラック運送（長距離）	484121	12/03	108.6	113.5	119.5	111.0	113.3
パイプライン輸送、原油	486110	06/86	125.5	138.9	152.0	156.3	201.8
パイプライン輸送、石油精製製品	486910	06/86	120.3	131.7	139.2	147.3	153.1
海上貨物荷役	488320	12/91	115.1	122.8	124.7	127.6	131.8
合衆国郵政公社	491110	06/89	155.0	171.9	178.9	185.0	187.7
介護施設	623110	12/94	161.4	174.0	180.9	186.9	190.5

NA データなし　1．2002年北米産業分類　2．基準年月を100とする　3．暫定値

資料：U.S. Bureau of Labor Statistics, Producer Price Indexes（月刊および年刊）, Monthly Labor Review, <http://www.bls.gov/opub/mlr/welcome.htm> も参照。さらなる情報は <http://www.bls.gov/ppi/> を参照

No.739. 個人消費支出の連鎖型物価指数：1990－2009年

［2005年＝100。「連鎖型」については第13章の解説を参照。表No.677も参照］

消費の種類	1990	1995	2000	2006	2007	2008	2009
個人消費支出	72.1	82.0	89.8	102.7	105.6	109.1	109.3
家計消費支出[1]	71.7	82.2	89.7	102.8	105.6	109.2	109.5
食品・飲料（店舗外で消費）	73.9	80.9	89.5	101.7	105.7	112.1	113.5
食品およびノンアルコール飲料（店舗外で消費）	74.1	80.6	89.2	101.8	106.0	113.0	114.1
アルコール飲料（店舗外で消費）	72.1	83.0	91.2	101.3	103.9	107.2	110.4
農場内で生産され、消費された食品	93.6	81.6	78.4	96.4	104.4	103.0	89.6
衣料品・履物および関連サービス	113.9	112.6	107.4	99.9	99.0	98.5	99.4
衣料品	115.8	113.7	108.7	99.6	98.8	97.9	98.7
洋服	120.1	116.6	110.6	99.4	98.4	97.1	97.6
女性・女児用衣類	125.4	119.4	109.7	99.9	99.5	97.0	97.6
男性・男児用衣類	113.2	113.3	111.7	98.3	96.7	97.3	97.7
児童・幼児用衣類	113.9	111.4	111.7	98.8	99.2	97.5	98.1
履物[2]	104.2	106.9	100.8	100.8	99.9	101.4	103.6
住居、公共料金および燃料	64.1	73.4	84.4	104.4	108.1	112.5	113.3
住居	64.4	74.3	86.1	103.6	107.3	110.3	112.3
農家以外の賃貸住宅[3]	64.2	73.5	85.1	103.6	108.0	111.8	114.3
農家以外の自己所有住宅の貴族家賃[4]	64.6	74.4	86.3	103.5	107.0	109.7	111.5
公共料金および燃料	61.9	69.0	76.9	108.4	112.5	123.5	117.7
上下水道	53.8	71.0	81.4	104.9	110.3	116.8	124.0
電気、ガスその他の燃料	64.2	68.5	75.5	109.5	113.2	125.7	115.7
電気	78.0	86.0	85.2	112.1	116.7	124.1	127.9
天然ガス	45.1	47.7	61.9	102.5	102.4	116.2	90.8
燃料油およびその他の燃料	45.9	40.5	60.7	114.1	123.3	167.2	114.7
家具、家庭用設備、日常的な住居のメンテナンス	95.4	100.7	103.0	100.4	100.1	100.7	101.3
家具、取り付け家具、床材[5]	101.2	107.9	107.8	99.3	97.5	95.9	95.3
住宅用布製品	133.2	132.4	120.3	95.4	90.5	87.1	83.5
住宅用機器[6]	105.7	105.7	102.7	102.7	106.2	107.7	108.9
ガラス製品、食器、家庭用品[7]	111.8	115.3	111.9	96.3	94.6	95.7	95.8
保健	58.5	75.8	85.0	103.2	106.6	109.3	112.3
医療製品・器具・設備	62.4	74.9	85.3	103.8	105.3	107.5	110.7
医薬製剤その他の製品[8]	60.1	72.7	83.9	104.0	105.5	107.9	111.4
医薬製剤	59.9	72.5	83.7	104.1	105.5	108.0	111.5
その他の医療製品	79.1	93.2	98.6	101.5	102.4	102.7	104.1
治療器具・設備	74.9	87.5	94.5	102.3	104.0	105.0	106.1
外来医療サービス	62.8	79.6	89.1	101.9	105.6	108.0	110.5
医師の診療サービス	65.6	85.0	92.2	101.0	105.1	106.2	108.8
歯科医療サービス	48.4	63.9	79.8	105.2	110.7	116.3	119.8
調剤サービス	65.9	78.7	87.5	101.9	104.4	107.5	109.4
入院・介護施設サービス	54.0	72.8	81.3	104.2	108.0	111.4	114.8
入院	54.6	74.9	81.3	104.6	108.0	111.2	114.6
介護施設	52.1	64.2	81.2	103.0	107.8	112.1	115.8
輸送	72.2	80.9	88.6	105.0	108.7	116.0	105.3
自動車	82.7	100.7	103.2	99.6	98.6	96.5	96.0
新車	87.5	101.9	103.9	99.4	98.3	96.8	97.8
中古車の純購入	73.0	98.4	102.0	100.1	99.2	96.1	93.0
自動車関連費	62.6	66.3	77.0	108.4	115.6	128.6	110.8
自動車部品・アクセサリ	94.2	93.9	92.4	104.1	107.6	113.2	117.6
自動車燃料・潤滑油・その他の液体	51.8	51.5	66.2	112.8	123.9	144.5	105.9
公共交通機関	87.2	92.0	100.4	106.1	107.5	116.0	112.4
陸上交通	64.4	72.6	81.9	104.7	106.5	111.4	116.1
航空交通	100.9	102.6	110.3	107.3	108.7	119.8	111.6
水上交通	113.1	131.5	126.0	99.6	99.4	97.7	88.7
娯楽	110.1	115.2	106.5	99.1	97.8	97.8	96.5
ビデオ・オーディオ設備、コンピュータ、関連サービス	253.5	214.3	137.6	93.9	87.6	82.7	77.1
ビデオ・オーディオ設備	208.5	183.1	140.5	91.1	81.1	73.9	65.5
スポーツ・娯楽用品および関連サービス	112.2	118.4	109.1	99.3	97.7	97.9	97.3
スポーツ・娯楽用の乗り物	84.5	93.6	97.9	102.4	101.8	102.9	103.9
その他のスポーツ・娯楽用品	123.2	128.2	113.3	98.1	96.1	96.1	95.0
雑誌、新聞、書籍および文具	71.5	87.4	95.5	100.8	102.0	104.0	107.4
教育	40.1	56.1	71.4	106.3	112.5	119.1	125.7
高等教育	36.8	55.7	69.9	106.7	113.4	120.5	127.7
合衆国居住者の純海外旅行費用							
合衆国居住者の海外旅行	63.2	75.1	78.9	104.3	107.5	111.4	110.5
（−）合衆国非居住者による合衆国内における支出	67.4	76.5	87.7	104.7	109.0	114.2	111.3

1．家計による、企業、政府、非営利機関、その他すべてからの財・サービスの購入　2．靴その他の履物、修理、貸し靴の賃料　3．居住空間（脚注4を参照）、取り付け家具、取り付け設備、および家具の賃貸料　4．居住空間、暖房・配管設備、温水器、照明器具、キッチン設備、リノリウム（床材）、防風窓・防風扉、窓用網戸・網扉、の賃貸料を含むが、家具、器具の賃貸料や燃料・電気の代金は除く　5．時計、ランプ、照明器具、その他の住居用装飾品を含み、また家具、取り付け家具、床材の修理費も含む　6．主要な家庭用機器、家庭用電気器具、家庭用機器の修理を含む　7．食器、調理用具（電気器具は除く）を含む　8．医師、入院時、その他の医療サービスで使用する薬剤および関連製品は除外

資料：U.S. Bureau of Economic Analysis, National Income and Product Accounts Table; Table 2.5.4 Price Indexes for Personal Consumption Expenditures by Function; 〈http://www.bea.gov/national/Index.htm〉も参照

No.740. 国内総生産の連鎖型物価指数：1990－2010年

[2000年＝100。「連鎖型」については第13章の解説参照。本書前年版の表No.739も参照]

項目	1990	1995	2000	2006	2007	2008	2009	2010
国内総生産	**72.2**	**81.5**	**88.6**	**103.3**	**106.3**	**108.6**	**109.6**	**110.7**
個人消費支出	72.1	82.0	89.8	102.7	105.6	109.1	109.3	111.1
耐久財	117.3	124.3	111.7	98.5	96.7	95.3	93.8	92.5
非耐久財	76.7	82.1	90.0	103.2	106.5	112.5	109.3	112.7
サービス	63.8	75.4	85.8	103.4	107.0	110.6	112.2	114.2
民間国内総投資	86.7	90.8	90.0	104.4	106.2	107.0	104.9	103.0
固定投資	85.8	90.1	89.8	104.4	106.3	107.1	105.3	103.6
非住居	100.8	102.2	96.2	103.5	105.5	107.0	105.7	103.7
構造物	53.5	60.6	72.3	112.9	119.8	125.5	122.2	120.5
設備、ソフトウェア	125.4	122.3	106.1	100.2	100.3	100.1	99.6	97.7
住居	58.0	66.4	77.4	106.1	107.6	106.4	102.7	102.4
財およびサービスの純輸出：								
輸出	92.0	96.0	92.0	103.4	106.9	111.9	105.9	110.3
財の輸出	100.2	101.4	92.9	103.3	106.8	112.0	104.4	109.4
サービスの輸出	74.4	83.9	89.9	103.7	107.1	111.6	109.2	112.3
輸入	93.6	95.6	90.0	104.1	107.5	118.7	106.0	112.8
財の輸入	99.1	98.9	91.1	104.2	107.5	119.6	104.9	112.4
サービスの輸入	71.0	80.2	84.2	103.8	107.8	113.9	110.7	114.8
政府の消費支出および総投資	63.4	72.8	82.5	104.8	109.9	115.0	114.6	116.8
連邦政府	63.5	73.7	82.5	104.1	107.8	111.1	110.9	112.7
国防	63.9	73.2	81.8	104.4	108.2	112.1	111.3	113.5
非国防	62.6	74.8	83.9	103.5	106.7	109.1	110.0	111.2
州・地方政府	63.5	72.3	82.5	105.3	111.1	117.3	116.9	119.3

資料：U.S. Bureau of Economic Analysis, *Survey of Current Business*, 2011年4月号；〈http://www.bea.gov/national/index.htm\〉

No.741. 輸出入価格指数──最終消費部門別：1990－2010年

[6月現在。輸入指数は合衆国輸入の製品構成と価格を記載・報告している2000年合衆国関税率表で加重されている。輸入価格は輸入者の支払ったUSドル建て。輸出指数は合衆国センサス局のスケジュールB分類システムによる2000年輸出価格で加重されている。これらの指数に用いられる価格は、合衆国の輸出品製造業者の標本から得られた工場出荷価格。別に注記するものを除く。マイナス（－）は減少を示す]

	指数（2000年＝100）						変化率（％）[1]					
	輸入			輸出			輸入			輸出		
年	計	石油輸入	非石油輸入	計	農産品輸出	非農産品輸出	計	石油輸入	非石油輸入	計	農産品輸出	非農産品輸出
1990	90.8	55.4	96.4	95.1	107.7	93.5	−0.8	−13.4	0.5	−0.1	−4.0	0.5
1991	93.4	63.2	98.3	96.1	104.3	95.3	2.9	14.1	2.0	1.1	−3.2	1.9
1992	94.8	66.0	99.5	96.5	104.0	95.8	1.5	4.4	1.2	0.4	−0.3	0.5
1993	95.0	60.4	100.5	96.9	100.3	96.7	0.2	−8.5	1.0	0.4	−3.6	0.9
1994	96.3	57.6	102.6	98.5	109.3	97.5	1.4	−4.6	2.1	1.7	9.0	0.8
1995	101.4	62.9	107.6	104.5	117.0	103.3	5.3	9.2	4.9	6.1	7.0	5.9
1996	100.7	66.4	106.2	105.4	140.8	101.7	−0.7	5.6	−1.3	0.9	20.3	−1.5
1997	98.8	62.5	104.3	103.2	120.5	101.5	−1.9	−5.9	−1.8	−2.1	−14.4	−0.2
1998	93.1	44.3	100.5	99.9	110.8	98.8	−5.8	−29.1	−3.6	−3.2	−8.0	−2.7
1999	92.9	54.5	98.8	98.2	101.1	97.9	−0.2	23.0	−1.7	−1.7	−8.8	−0.9
2000	100.2	101.9	99.9	100.1	100.5	100.0	7.9	87.0	1.1	1.9	−0.6	2.1
2001	97.6	89.4	98.9	99.4	100.9	99.3	−2.6	−12.3	−1.0	−0.7	0.4	−0.7
2002	94.1	85.3	96.2	98.0	100.7	97.8	−3.6	−4.6	−2.7	−1.4	−0.2	−1.5
2003	96.2	96.4	97.3	99.5	110.0	98.7	2.2	13.0	1.1	1.5	9.2	0.9
2004	101.7	129.7	99.7	103.4	127.4	101.5	5.7	34.5	2.5	3.9	15.8	2.8
2005	109.2	181.5	102.0	106.7	123.9	105.4	7.4	39.9	2.3	3.2	−2.7	3.8
2006	117.3	242.6	104.2	111.2	124.1	110.3	7.4	33.7	2.2	4.2	0.2	4.6
2007	120.0	245.6	107.1	116.0	146.7	113.8	2.3	1.2	2.8	4.3	18.2	3.2
2008	145.5	450.3	114.9	126.1	195.2	121.2	21.3	83.3	7.3	8.7	33.1	6.5
2009	120.0	241.5	107.4	117.8	169.7	114.1	−17.5	−46.4	−6.5	−6.6	−13.1	−5.9
2010	125.2	267.4	110.7	122.2	165.3	119.1	4.3	10.7	−6.5	3.7	−2.6	4.4

1. 直前年からの変化率

資料：U.S. Bureau of Labor Statistics, *US Import and Export Price Indexes*（月刊）；〈http://www.bls.gov/web/ximpim.supp.toc.htm#long_tables〉も参照

No.742. 輸出価格指数──主要商品別：2000－2010年

[2000年＝100。指数はセンサス局のSchedule B Classification Systemによる2000年輸出価格に基づいて加重してある。これらの指数に用いた価格は、合衆国輸出製品製造業者の標本から収集してあり、工場取引価格である。別に注記するものを除く]

商品	2000¹	2004	2005	2006	2007	2008	2009	2010
全商品	100.1	103.4	106.7	111.2	116.0	126.1	117.8	122.2
動物製品	102.2	121.5	130.9	125.1	153.2	174.5	158.8	172.2
魚類	99.1	105.2	114.2	122.8	124.3	149.1	145.1	152.3
野菜製品	100.0	140.3	130.3	131.0	159.3	239.3	205.5	177.5
果実・ナッツ	94.8	109.2	126.5	114.5	117.5	123.0	102.3	131.0
穀物	100.0	143.3	118.1	136.9	179.2	293.6	222.1	171.4
小麦	99.4	136.2	130.0	154.3	180.4	276.7	228.5	151.6
とうもろこし	101.0	146.9	111.8	127.1	189.8	286.4	212.1	174.3
油脂種子	102.8	161.0	136.2	121.5	157.4	259.3	238.1	196.2
飲料、タバコ	100.0	110.7	110.3	112.5	120.5	136.3	142.1	139.3
鉱物製品	97.8	129.7	182.3	238.4	243.4	360.5	203.9	247.9
燃料	97.4	127.9	172.8	219.6	230.5	361.9	198.3	239.2
化学製品および関連製品	100.3	115.3	122.8	130.1	130.1	145.4	135.7	144.5
プラスチックおよびゴム製品	101.5	105.7	118.4	128.7	131.3	142.2	129.8	136.8
皮革・獣皮・なめし皮	95.7	108.6	113.0	116.8	122.6	117.3	79.1	121.2
木製品	100.0	103.8	104.3	113.5	113.5	112.3	102.5	111.1
パルプおよび製紙	101.6	98.1	101.9	110.6	110.6	117.5	107.3	117.6
織物	100.2	98.8	100.8	101.9	101.9	108.0	101.9	115.7
石・ガラス製品	100.7	99.0	103.5	110.1	110.1	111.1	115.9	115.9
宝石・貴金属	98.1	101.6	106.5	162.7	162.7	183.1	171.3	211.0
基本金属	100.5	119.6	131.8	169.3	169.3	181.2	143.5	160.4
鉄・鉄鋼	101.7	152.9	164.0	173.7	209.2	243.3	150.0	194.3
鉄・鉄鋼製品	100.2	115.3	124.8	148.5	148.5	156.6	163.6	158.1
銅	98.7	122.7	143.1	243.9	243.9	261.2	172.0	217.0
アルミニウム	98.4	107.3	113.2	149.5	149.5	150.6	100.5	117.8
機械	99.9	94.9	94.9	93.8	94.3	95.3	95.3	95.5
非電気機械	100.0	99.9	100.5	101.5	102.7	103.7	105.1	106.8
電気機器	99.8	89.4	88.6	85.3	85.2	86.2	84.7	83.2
輸送機器	100.0	106.5	108.8	111.5	113.8	116.6	120.5	121.4
自動車	100.0	102.4	103.2	104.6	105.6	106.7	107.7	108.5
器具	100.0	101.2	101.3	102.4	103.3	107.1	107.8	106.2
その他の工業製品	100.4	99.2	100.6	101.1	104.7	108.6	106.9	108.1

1．2000年の指数は"平均"貿易額で再加重されているため、2000年6月の値は100とならない

資料：U.S. Bureau of Labor Statistics, *U.S. Import and Export Price Indexes* （月刊）；<http://stats.bls.gov/news.release/ximpim.toc.htm> も参照

No.743. 輸入価格指数──主要商品別：2000－2010年

[2000年＝100。6月現在。指数は、合衆国輸入の製品構成と価格を記載・報告している2000年合衆国関税率表で加重されている。輸入価格は輸入者の支払ったUSドル建て]

商品	2000¹	2002	2004	2005	2006	2007	2008	2009	2010
全商品	100.2	94.1	101.7	109.2	117.1	120.0	145.5	120.0	125.2
動物製品	99.9	88.2	107.8	112.7	118.2	127.4	141.6	129.0	143.0
食肉	100.5	104.1	130.8	138.7	137.2	146.8	165.4	150.8	183.2
魚類	100.2	79.8	83.4	88.3	96.6	100.2	106.3	99.8	107.1
野菜製品	97.1	94.7	103.0	116.9	108.6	129.3	159.5	161.2	169.5
野菜	93.9	106.7	113.8	136.8	143.6	175.3	202.6	293.1	326.2
果実・ナッツ	96.9	97.5	96.3	89.7	81.7	90.9	112.8	103.8	106.8
飲料、タバコ	100.0	101.8	108.9	114.0	119.8	124.3	140.0	134.4	141.2
鉱物製品	101.3	85.5	130.9	178.1	229.2	234.0	418.5	224.5	248.5
燃料	101.3	84.4	130.0	177.5	229.0	233.7	421.6	221.3	244.9
化学および関連製品	99.8	96.3	103.6	111.3	114.5	123.8	139.2	131.3	139.3
有機化学製品	100.6	95.7	100.1	109.6	118.0	120.5	132.9	124.6	133.8
医薬製品	99.8	98.8	106.9	111.0	106.5	107.6	114.1	113.3	117.9
プラスチックおよびゴム製品	99.9	98.6	105.9	113.5	120.1	121.7	133.2	129.7	136.7
皮革・獣皮・なめし皮	100.2	97.9	101.5	104.0	105.2	107.0	112.4	113.7	114.5
木製品	100.5	99.8	129.5	124.2	120.7	113.5	118.5	110.2	134.3
パルプおよび製紙	100.0	91.3	98.2	102.3	107.9	108.0	115.3	108.1	112.5
織物	99.7	98.5	100.3	100.4	100.7	102.1	103.5	102.6	103.1
履き物および装飾	99.6	99.1	99.8	99.9	100.6	101.5	105.8	108.0	106.9
履き物	99.6	99.2	100.2	100.3	101.0	101.3	104.7	107.2	106.1
石・ガラス製品	99.5	101.0	103.8	105.4	108.6	110.4	115.4	125.3	123.8
宝石・貴金属	99.3	87.5	93.5	98.3	125.1	132.8	157.1	140.6	161.5
金	98.3	112.3	137.1	150.7	241.2	238.2	317.4	331.7	430.5
プラチナ（白金）	(NA)	111.2	116.2	125.7	230.1	257.2	368.6	196.6	292.6
基本金属	101.5	93.4	118.9	132.1	157.9	176.7	206.9	151.1	180.2
鉄・鉄鋼	104.1	94.3	155.1	170.6	173.8	206.2	308.8	174.8	238.8
鉄・鉄鋼製品	100.6	95.6	109.0	122.7	125.1	129.0	159.7	139.6	149.9
銅	97.2	93.0	119.0	142.7	291.6	307.5	326.2	234.8	313.8
アルミニウム	97.9	97.5	110.5	113.2	150.0	146.8	155.8	105.7	132.8
機械	100.2	95.0	90.7	89.7	88.1	87.8	88.9	86.9	86.5
非電気機械	99.8	94.7	90.9	90.1	88.3	88.2	89.3	87.9	87.9
電気機械	100.5	95.4	90.5	89.4	87.9	87.5	88.5	85.8	85.2
輸送機器	100.0	100.4	102.8	104.4	104.9	105.9	109.5	109.7	109.7
自動車	100.1	100.2	102.3	103.8	104.3	105.1	108.7	108.6	108.8
器具	99.8	97.9	99.1	100.1	99.6	99.4	101.5	102.0	100.8
その他の製品	99.7	97.2	97.4	99.4	99.5	101.1	106.4	107.7	106.5
家具	99.5	97.7	99.7	103.4	103.3	104.6	111.9	112.2	109.4

NA データなし　1．2000年の指数は"平均"貿易額で再加重されているため、2000年6月の値は100とならない

資料：U.S. Bureau of Labor Statistics, *U.S. Import and Export Price Indexes* （月刊）；<http://stats.bls.gov/news.release/ximpim.toc.htm> も参照

第15章
企　業

　本章では、営利企業の所在と行動および合衆国経済における事業戦略についての統計を扱う。本章では、企業の数・タイプ・規模、国内企業・多国籍企業の財務データ、投資・支出・利潤、販売と在庫に関するデータ等を扱う。これらのデータの主要資料は、経済分析局（Bureau of Economic Analysis：BEA）によって出版されている『Survey of Current Business』、連邦準備制度理事会のウェブサイト〈http://www.federalreserve.gov/econresdata/default.htm〉、内国税務局（Internal Revenue Service：IRS）の年刊『Statistics of Income』(SOI)、センサス局の経済センサス『Country Business Patterns』、『Quarterly Financial Report for Manufacturing, Mining, and Trade Corporations』(QFR)、『Survey of Business Owners』、『Annual Capital Expenditures Survey』である。

営利企業

　企業（firm）は一般的に1つの経営組織のもとで活動している営利組織と定義され、1つ以上の事務所（業務を行う単位となる物理的場所）を含んでいる。firm、business、company、enterpriseという用語は、本章では互換的に用いられている。複数の産業にわたって事業を行なっている企業は、主要活動に基づいて産業分類される。

　内国税務局（IRS）の定義では、主として納税申告の単位を営利企業（business firm）と呼んでいる。「個人企業」は、個人が所有する非法人企業である。個人企業といっても、多くの従業者と雇用経営者を有する大企業から所有者1人だけの自営業までを含んでいる。「合資会社」は、経営上の財務管理権を持つ2人以上によって所有されている非法人企業である。「株式会社」は、州法のもとで合法的に法人化された企業を指している。多くの株式会社は連結決算で納税申告を行なっている。反面、企業の還付税申告は独立決算で行われる傾向がある。そうした企業の中には、共同所有権、あるいは独立した納税申告書を提出している別の企業の主導権によって合併しているものもある。

経済センサス

　経済センサスはアメリカ経済の構造と機能に関する事実の、主要な原資料である。経済センサスは、政府、財界、産業および一般大衆に対して基本的な情報を提供する。経済センサスは、国内総生産推計値、投入／産出データ、生産指数と価格指数、その他の経済状況の短期的変化を計測する統計シリーズといった複合データの枠組の重要な一部となる。センサス局は5年ごと（末尾が2または7の年）に経済センサスを実施する。

　経済センサスは事業所ベースでデータを収集する。1箇所以上の場所で事業を運営する企業は、それぞれの店舗、工場、その他の場所毎の報告を提出するよう求められる。各事業所は、その親会社の業種ではなく、各々の事業所の主要な活動によって業種が分類される。事業所調査に回答する事業所は、その主要な製品または活動によって（年間売上高によって決定）産業分類される。2007年経済センサスによる産業別統計の分類は、主として北米産業分類2007年度版に準拠しているが、わずかながら、以前に用いられていた2002年度版によるものもある（以下参照）。

　経済センサスと関連調査の目的、カバレッジ、方法論、分類システム、データ項目、出版物に関する詳細は、ウェブサイト〈http://www.census.gov/econ/census07/www/user_guide/〉の『2007 Economic Census User Guide』を参照。

　2007年経済センサスのデータは、センサス局のAmerican FactFinderの業務を通じてセンサス局のウェブサイトで公開されている。詳しくは、〈http://www.census.gov/econ/census07/〉を参照。

事業所有者調査

　事業所有者調査（SBO＝Survey of Business Owners）は、性別、ヒスパニック／ラテン系別、人種別で合衆国の事業の構成を表す統計を提供し

ている。SBOのデータは一連の報告書として公刊されている。アメリカインディアンおよびアラスカ原住民所有企業、アジア系所有企業、黒人所有企業、ヒスパニック所有企業、ハワイ原住民および太平洋諸島民所有企業、女性所有企業、退役軍人所有企業、事業主の特徴の報告書である。データは産業分類別、地域別、企業規模別（従業員数および収益）に示される。事業所有者は回答時に複数の人種を選択することができるため、それぞれの人種にカウントされる。詳細については<http://www.census.gov/econ/sbo/> を参照。

北米産業分類システム（NAICS）

NAICSは、連邦政府の統計機関が合衆国の経済に関する統計データを収集、分析、公表する際に、事業所を分類する目的で用いられる。NAICSは行政管理予算局（OMB）主導の下に開発され、1997年から標準産業分類（SIC）に代わって用いられている。2007年度版のNAICSのマニュアルには、各産業の定義、背景情報、NAICS2002年からの変更を示す表と索引が掲載されている。詳細については <http://www.census.gov/eos/www/naics/> を参照。

2002年度版NAICSからの変更は比較的小さいものであるが、部門52（金融・保険）、53（不動産・賃貸）、54（専門、科学、技術サービス）、56（廃棄物管理・処理の運営・支援サービス）の合計に影響している。ほぼすべての産業について、2002年度版と2007年度版は比較可能である。情報部門の産業は統合されたものもある。

金融四季報

金融四季報（QFR） 合衆国企業の財務状態に関する統計を集めた四季報が公刊されている。各企業には、収入・収益・損益対照表の指標を提出することが求められる。統計データは産業別および資産規模別に分類、合計される。QFRの標本には資産25万ドル以上の製造業、資産5000万ドル以上の鉱業・卸売業・小売業の企業が含まれる。データは年4回、インターネット <http://www.census.gov/csd/qfr> の『Quarterly Financial Report for Manufacturing, Mining, and Trade Corporations』で公表される。統計は四半期ごとに『Quarterly Financial Report for Manufacturing, Mining, and Trade Corporations』として公刊される。またインターネットの <http://www.census.gov/econ/qfr>も参照。

多国籍企業

BEAは合衆国の多国籍企業に関する金融・運営データを収集している。これらのデータは、合衆国の親企業と外国の子会社の全体的な活動を、各種の金融構造や金融操作の指標を用いて描き出す。外国子会社のデータは、合衆国親会社の所有部分のパーセンテージにかかわらず、子会社全体の運営を示す。これらのデータは、売上高、付加価値、雇用と従業員の給与、資本支出、輸出入、研究開発費用といった項目をカバーしている。完全子会社あるいは合衆国親会社が大半を所有する子会社について分離したデータも入手可能である。<http://www.bea.gov/international/index.htm#omc>

統計的信頼度

センサス局と労働統計局の統計収集は、推計、標本抽出、統計的信頼度については、付録Ⅲを参照。

No.744. 納税申告数、収益、純所得——産業別：1990－2008年

[14,783は1478万3000を表す。活動中の企業のみ。未監査の納税申告の標本に基づく推計値。付録Ⅲを参照。マイナス（－）は純損失を示す]

年	申告数(1,000)			事業収益[1] (10億ドル)			純所得（損失を除く）[2] (10億ドル)		
	個人企業（農場を除く）	合資会社	株式会社	個人企業（農場を除く）	合資会社	株式会社	個人企業（農場を除く）	合資会社	株式会社
1990	14,783	1,554	3,717	731	541	10,914	141	17	371
1991	15,181	1,515	3,803	713	539	10,963	142	21	345
1992	15,495	1,485	3,869	737	571	11,272	154	43	402
1993	15,848	1,468	3,965	757	627	11,814	156	67	498
1994	16,154	1,494	4,342	791	732	12,858	167	82	577
1995	16,424	1,581	4,474	807	854	13,969	169	107	714
1996	16,955	1,654	4,631	843	1,042	14,890	177	145	806
1997	17,176	1,759	4,710	870	1,297	15,890	187	168	915
1998	17,409	1,855	4,849	918	1,534	16,543	202	187	838
1999	17,576	1,937	4,936	969	1,829	18,009	208	228	929
2000	17,905	2,058	5,045	1,021	2,316	19,593	215	269	928
2001	18,338	2,132	5,136	1,017	2,569	19,308	217	276	604
2002	18,926	2,242	5,267	1,030	2,669	18,849	221	271	564
2003	19,710	2,375	5,401	1,050	2,818	19,755	230	301	780
2004	20,591	2,547	5,558	1,140	3,142	21,717	248	385	1,112
2005	21,468	2,764	5,671	1,223	3,719	24,060	270	546	1,949
2006	22,075	2,947	5,841	1,278	4,131	26,070	278	667	1,933
2007	23,122	3,098	5,869	1,324	4,541	27,335	281	683	1,837
2008	22,614	3,146	5,847	1,317	4,963	27,266	265	458	984

1. 1998年以前は金融、保険、不動産の合資会社、株式会社の投資所得を除く。1998年以降は金融、保険、不動産は合資会社、株式会社の投資所得を含む。S企業の投資所得は除く。定義については表No.753の脚注1を参照　2. 純所得（損失を除いたもの）は組織の形態ごとに定義が異なる。基本的には次の通り。(a)個人企業：担税総収益から販売経費、操業経費を含む総控除額（善意目的の寄付及び経営者の給与を除く）を差引いたもの。(b)合資会社：担税総収益から販売経費、操業経費を含む総控除額（外国税と石油減耗控除を除く）を差引いたもの。投資その他の収益（キャピタルゲインを除く）を含む。(c)株式会社：担税総収益から販売経費、操業経費を含む控除額を差引いたもの。投資その他の収益（キャピタルゲイン、および税目的のみで外国法人より得たと見なされる収益）を含む。S企業の投資所得はデータに含まれない。純収益は所得税課税前の収益

資料：U.S. Internal Revenue Service, *Statistics of Income*, および各種刊行物

No.745. 納税申告数および事業収益——収益規模別：2000－2008年

[5,045は504万5000を表す。活動中の企業のみ。未監査の納税申告の標本に基づく推計値。付録Ⅲを参照。『アメリカ歴史統計』系列V1-12も参照]

収益規模	申告数(1,000)					事業収益[1] (10億ドル)				
	2000	2005	2006	2007	2008	2000	2005	2006	2007	2008
法人申告（株式会社）	5,045	5,671	5,841	5,869	5,847	19,593	24,060	26,070	27,335	27,266
25,000ドル未満[2]	1,220	1,300	1,363	1,391	1,444	4	4	3	-2	-17
25,000－49,999ドル	302	340	341	356	368	10	12	13	13	14
50,000－99,999ドル	477	544	554	570	556	35	40	41	42	41
100,000－499,999ドル	1,515	1,755	1,780	1,766	1,733	397	437	443	445	432
500,000－999,999ドル	582	644	668	657	663	407	458	473	458	473
1,000,000ドル以上	946	1,088	1,135	1,128	1,084	18,738	23,108	25,097	26,372	26,324
合資会社申告	2,058	2,764	2,947	3,098	3,146	2,316	3,719	4,131	4,541	4,963
25,000ドル未満[2]	1,105	1,465	1,568	1,650	1,705	5	5	6	6	6
25,000－49,999ドル	183	218	240	233	230	7	8	9	8	8
50,000－99,999ドル	187	233	245	275	266	13	17	18	20	19
100,000－499,999ドル	353	489	498	530	537	82	114	118	125	125
500,000－999,999ドル	92	131	149	149	147	66	92	106	107	104
1,000,000ドル以上	137	227	248	261	260	2,143	3,482	3,875	4,275	4,701
個人企業（農場経営を除く）	17,905	21,468	22,075	23,122	22,614	1,021	1,223	1,278	1,324	1,317
25,000ドル未満[2]	11,997	14,456	14,867	15,752	15,532	82	100	104	111	109
25,000－49,999ドル	2,247	2,587	2,721	2,796	2,729	80	92	96	99	97
50,000－99,999ドル	1,645	1,981	1,983	2,027	1,936	117	140	140	144	136
100,000－499,999ドル	1,733	2,091	2,139	2,173	2,051	355	425	437	440	418
500,000－999,999ドル	190	235	236	242	229	126	160	161	165	156
1,000,000ドル以上	92	117	128	132	137	261	306	340	364	401

1. 金融、保険、不動産は合資会社、株式会社の投資所得を含む　2. 無収益企業を含む

資料：U.S. Internal Revenue Service, *Statistics of Income Bulletin*, および未刊行資料

No.746. 納税申告数、事業収益および純所得──事業内容および産業別：2008年

[22,614は2261万4000を表す。活動中の企業のみ。会計の審査を受けていない納税申告書の標本に基づく推計値。付録Ⅲを参照。2007年北米産業分類システム（NAICS）に基づく。本章の解説を参照。本書前年版の表No.745も参照]

産業	2007 北米産業分類	申告数(1,000)			事業収益[1] (10億ドル)			純所得（損失を除く）(10億ドル)		
		個人企業（農場を除く）	合資会社	株式会社	個人企業（農場を除く）	合資会社	株式会社	個人企業（農場を除く）	合資会社	株式会社
計	(X)	22,614	3,146	5,847	1,317	4,963	27,266	265	458	984
農林水産業および狩猟[2]	11	307	119	137	18	28	150	(Z)	2	1
鉱業	21	134	35	39	18	158	421	3	57	50
公益事業	22	13	8	7	(Z)	194	738	(Z)	2	7
建設業	23	2,822	203	767	207	268	1,459	29	-2	27
特殊請負契約業者	238	2,263	77	472	143	68	629	24	5	26
製造業	31-33	340	46	271	28	1,032	7,555	3	37	397
卸売・小売業[3]	(X)	2,601	237	986	249	1,061	7,343	12	18	137
卸売業	42	326	62	381	52	659	3,881	4	15	79
小売業[4]	44-45	2,275	175	605	197	402	3,462	8	2	58
自動車および部品	441	142	21	91	40	110	701	1	(Z)	1
食品・飲料店	445	91	20	94	29	100	515	1	(Z)	6
ガソリンスタンド	447	22	8	41	29	75	338	(Z)	1	1
輸送業・倉庫業	48-49	1,048	50	195	81	150	795	9	5	13
情報通信業[4]	51	366	37	118	12	241	975	3	31	56
放送（インターネットを除く）	515	[5]52	6	6	[5]3	36	113	[5](Z)	1	6
遠隔通信	517	([5])	5	18	([5])	156	459	([5])	28	21
金融・保険	52	693	321	254	112	626	3,675	18	219	159
不動産・賃貸	53	1,279	1,489	649	58	288	235	14	4	19
専門・科学・技術サービス[4]	54	3,219	191	845	172	378	1,013	74	81	36
法律サービス	5411	378	26	113	41	145	96	18	51	9
会計、税務、簿記、給与計算サービス	5412	358	21	80	13	61	37	5	12	3
経営、科学、技術コンサルティングサービス	5416	950	52	230	47	63	212	27	9	12
会社企業の経営	55	(NA)	23	46	(NA)	55	1,028	(NA)	-13	19
運営管理および補助、廃棄物処理改善サービス	56	2,303	66	276	61	74	485	17	2	16
教育サービス	61	620	10	52	10	4	46	3	(Z)	3
医療、社会扶助	62	1,998	69	416	119	180	619	48	23	30
芸術、レクリエーションおよび娯楽	71	1,348	67	122	33	51	96	8	-1	2
宿泊施設、飲食業	72	434	103	293	48	148	434	1	-5	11
宿泊	721	55	29	35	6	67	93	(Z)	-5	2
飲食店	722	380	74	258	42	81	341	1	(Z)	9
その他サービス[4]	81	2,606	68	371	86	26	198	20	(Z)	4
自動車修理、維持費	8111	351	23	105	24	9	68	2	(Z)	1
対人サービス、クリーニング店	812	1,598	39	155	43	10	74	13	(Z)	2
宗教・補助育成資金提供・市民団体、専門職・その他組織	813	245	2	51	3	(Z)	12	2	(Z)	(Z)
分類されないもの	(X)	484	6		(Z)	(Z)		(Z)	(Z)	(Z)

NA データなし　X 該当なし　Z 5億ドル未満　1．合資会社または株式会社の、金融・保険・不動産、会社経営に対する投資所得を含む。S企業に対する投資は除外する。定義については表No.753の脚注1を参照　2．表No.744の脚注2を参照　3．企業については、農業サービスのみ　4．企業については、卸売業あるいは小売業と認識されない商業も含む　5．個別に明示しないその他の産業も含む　6．放送には遠隔通信を含む

資料：U.S. Internal Revenue Service, *Statistics of Income*, および各種刊行物

No.747. 個人企業（農場を除く）――主要所得および控除項目：1990－2008年

［単位：10億ドル（731は7310億ドルを表す）。特別に示す場合を除く。数値は全て標本に基づく推計値。税制改革のため、時期の異なるデータは厳密に比較できない。税制改革に相当する年の記述については『Statistics of Income』報告を参照。付録Ⅲを参照。『アメリカ歴史統計』系列V4-6も参照］

項目	1990	1995	2000	2003	2004	2005	2006	2007	2008
申告数、計(1,000)	14,783	16,424	17,905	19,710	20,591	21,468	22,075	23,122	22,614
純所得の伴う企業申告数(1,000)	11,222	12,213	13,308	14,448	15,053	15,750	16,207	16,929	16,434
事業収益、計	731	807	1,021	1,050	1,140	1,223	1,278	1,324	1,317
販売、営業による所得	719	797	1,008	1,034	1,122	1,205	1,259	1,304	1,296
控除額、計[1]	589	638	806	820	892	953	1,001	1,044	1,054
販売費用、運営費用[1]	291	307	387	338	371	397	410	423	435
購入	210	219	269	218	239	253	260	264	281
労働コスト	23	24	29	28	32	32	32	35	31
原料および供給品	30	34	43	47	53	56	60	62	57
宣伝費	(NA)	(NA)	10	12	13	14	15	16	15
車両およびトラックの費用	22	33	46	53	59	71	75	82	85
手数料	9	10	12	14	13	15	16	15	13
契約労働	(NA)	(NA)	(NA)	(NA)	25	28	35	37	35
減価償却	24	27	32	42	43	39	39	40	41
保険	13	13	14	17	19	19	19	19	18
利子支払い[2]	13	10	12	11	11	12	14	15	15
営業費	(NA)	(NA)	10	12	12	13	13	13	13
賃借料支払[3]	23	28	33	36	37	39	41	43	44
修理	9	10	12	13	15	15	16	16	15
賃金俸給(純)	47	54	63	68	71	75	77	79	79
消耗品費	(NA)	(NA)	22	26	27	29	32	32	32
税金支払	10	13	14	15	16	17	18	18	18
公益費	14	17	19	22	21	23	24	25	25
純所得(損失を除く)[4]	141	169	215	230	248	270	278	281	265
純所得[4]	162	192	245	269	291	315	327	335	325
実質ドル(**2000年**)[5]									
事業収益	896	877	1,021	991	1,045	1,085	1,097	1,105	1,076
事業控除額	722	693	806	774	818	846	859	871	861
純所得(損失を除く)	173	184	215	217	227	239	239	234	216
純所得	198	208	245	254	266	279	280	280	266

NA　データなし　1．個別に示さない項目の金額を含む　2．支払利子は「抵当利子」と「その他の事業負債にかかる利子支払」を含む　3．賃借料支払は「機械、備品の賃借料」および「その他の営業用資産の賃借料」を含む　4．前年度からの損失繰越の調整後。従って事業収益から控除額を引いたものは等しくならない　5．総合的GDPインプリシット・デフレーターに基づく

資料：U.S. Internal Revenue Service, *Statistics of Income Bulletin*

No.748. 合資会社――主要損益計算および貸借対照表項目：1990－2008年

［単位：10億ドル（1,735は1兆7350億ドルを表す）。別に注記するものを除く。活動中の企業のみ。数値は全て標本に基づく推計値。付録Ⅲ参照。『アメリカ歴史統計』系列V7-9も参照］

項目	1990	1995	2000	2003	2004	2005	2006	2007	2008
合資会社申告数(1,000)	1,554	1,581	2,058	2,375	2,547	2,764	2,947	3,098	3,146
純所得の伴う企業申告数(1,000)	854	955	1,261	1,357	1,441	1,580	1,623	1,659	1,609
共同経営者数(1,000)	17,095	15,606	13,660	14,108	15,557	16,212	16,728	18,516	19,300
資産、計[1][2]	1,735	2,719	6,694	9,675	11,608	13,734	17,146	20,386	19,260
減価償却資産(純)	681	767	1,487	1,846	1,988	2,176	2,490	2,865	3,254
在庫(年末)	57	88	150	214	276	315	446	339	431
土地	215	221	359	455	509	607	731	820	885
負債、計[1][2]	1,415	1,886	3,696	5,303	6,248	7,483	9,350	10,440	10,167
未払勘定	67	91	230	276	336	400	505	430	513
短期債務[3]	88	124	252	274	296	373	456	565	582
長期債務[4]	498	544	1,132	1,389	1,546	1,772	2,227	2,556	2,767
非償還請求融資	470	466	639	800	854	914	1,103	1,210	1,283
共同経営者の資本勘定[2]	320	832	2,999	4,372	5,360	6,251	7,796	9,946	9,092
収益[1]	566	890	2,405	2,923	3,260	3,863	4,301	4,727	5,169
事業収益[5]	483	854	2,316	2,818	3,142	3,719	4,131	4,541	4,963
利子受取り	21	31	82	71	88	134	193	260	245
控除額、計[1]	550	784	2,136	2,621	2,876	3,317	3,634	4,043	4,711
販売費用、運営費用	243	395	1,226	1,523	1,666	1,976	2,109	2,310	2,717
賃金俸給	56	80	201	245	269	293	332	373	403
税金納入	9	13	31	39	42	47	53	56	63
利子支払い	30	43	93	65	103	103	137	174	143
減価償却	60	23	59	84	90	71	79	86	130
純所得(損失を除く)	17	107	269	301	385	546	667	683	458
純所得	116	179	410	469	566	724	871	976	929

1．個別に示さない他の項目の金額も含む　2．共同経営者の申告が必ずしも完全な貸借対照表を備えていないため、全資産、全負債、共同所有者の資本勘定は若干控えめに記されている。　3．1年未満の期限内に支払われるべき抵当証券、手形、証券を示す　4．1年以上の期限内に支払われるべき抵当証券、手形、証券を示す　5．1995年は金融・保険・不動産に属する合資会社を除き投資所得は除外。2000年以降は金融・保険・不動産および企業の経営を行なう合資会社の投資所得が含まれる

資料：U.S. Internal Revenue Service, *Statistics of Income*, および各種刊行物

No.749. 合資会社――産業分類別主要項目：2008年

[単位：10億ドル（19,260は19兆2600億ドルを表す）。ただし合資会社数の単位は1,000。活動中の企業のみ。データは標本に基づく推計値。2002年北米産業分類システム（NAICS）に基づく。本章の解説および付録Ⅲを参照。マイナス（－）は減少を示す]

産業	2007北米産業分類	合資会社数(1,000) 計	純所得を伴う	純損失を伴う	資産総額[1]	事業収益[2]	控除総額	純所得（損失を除く）	純所得	純損失
計[3]	(X)	3,146	1,609	1,537	19,260	4,963	4,711	458.2	929.3	471.1
農林水産業および狩猟	11	119	66	54	157	28	38	1.7	10.3	8.6
鉱業	21	35	23	12	328	158	119	57.3	70.5	13.3
公益事業	22	8	2	6	253	194	197	1.5	9.7	8.1
建設業	23	203	93	110	303	268	277	-2.2	18.7	20.9
製造業	31-33	46	20	26	829	1,032	1,040	37.0	70.6	33.7
卸売業	42	62	34	27	192	659	651	15.4	22.4	7.0
小売業	44-45	175	78	97	136	402	411	2.4	9.9	7.5
輸送・倉庫業	48-49	50	20	30	257	150	152	4.9	12.0	7.1
情報通信業	51	37	14	23	581	241	239	30.7	44.4	13.7
金融・保険	52	321	210	111	10,400	626	407	218.7	344.9	126.2
不動産・賃貸	53	1,489	720	769	4,594	288	296	4.3	142.2	137.9
専門・科学・技術サービス	54	191	125	66	191	378	319	81.4	91.6	10.2
会社経営	55	23	12	11	525	55	69	-13.3	30.1	43.4
運営管理、補助、廃棄物処理／改善サービス	56	66	32	34	49	74	77	1.8	6.1	4.3
教育サービス	61	10	6	3	3	4	4	0.4	0.8	0.4
保健・社会扶助	62	69	45	24	111	180	169	22.8	28.9	6.1
芸術・レクリエーション・娯楽	71	67	30	37	86	51	61	-1.5	6.0	7.5
宿泊・飲食サービス	72	103	50	53	246	148	158	-5.0	8.5	13.5
その他サービス	81	68	28	40	19	26	27	-0.1	1.6	1.7

X 該当なし　1．すべての合資会社が完全な収支報告を提出しているわけではないので、総資産額は実際より低い値になっている　2．金融、保険、不動産業は合資会社の投資所得を含む　3．個別に明示しない産業の企業も含む

資料：U.S. Internal Revenue Service, *Statistics of Income*, 各種刊行物

No.750. 非農業、非法人ビジネス部門の貸借対照表：1990－2010年

[単位：10億ドル（3,617は3兆6170億ドルを表す）。データは年末の残高]

項目	1990	1995	2000	2005	2006	2007	2008	2009	2010
資産	3,617	4,062	6,526	10,938	11,869	12,314	11,129	9,924	9,893
有形資産	3,261	3,514	5,103	8,396	8,811	8,781	7,500	6,574	6,706
不動産[1]	2,958	3,167	4,656	7,817	8,188	8,123	6,822	5,908	6,194
居住用	2,100	2,391	3,482	6,041	6,118	5,958	4,962	4,495	4,645
非居住用	858	776	1,174	1,776	2,069	2,165	1,861	1,413	1,549
施設およびソフトウェア[2]	256	290	378	497	536	563	586	579	417
居住用[3]	28	32	35	43	46	47	49	46	44
非居住用	228	258	342	454	490	516	537	533	373
在庫[2]	47	56	70	82	88	94	92	87	95
金融資産	356	548	1,423	2,542	3,057	3,533	3,629	3,350	3,188
小切手振り出し口座および現金	71	105	164	355	429	494	498	459	437
定期預金、貯蓄預金	51	71	248	324	344	359	358	331	315
マネーマーケットファンド	7	17	49	69	72	74	75	70	66
財務省債券	13	24	40	56	56	59	52	48	46
市債	－	2	2	4	6	5	5	5	4
抵当	31	22	23	36	35	42	39	36	34
売掛金	98	140	342	431	471	526	523	482	459
その他の資産	86	167	554	1,266	1,644	1,973	2,079	1,919	1,827
保険受取額	39	44	46	65	67	69	71	71	71
GSE内の投資[4]	1	1	2	2	2	2	4	5	5
その他	47	122	506	1,198	1,576	1,902	2,005	1,844	1,751
負債	1,357	1,404	2,683	4,064	4,647	5,228	5,659	5,437	5,268
信用市場	1,102	1,070	1,806	2,787	3,196	3,650	3,972	3,678	3,484
銀行ローン n.e.c.[5]	136	165	361	630	743	882	1,000	805	728
その他のローンおよびアドバンス	103	100	137	150	164	175	208	199	206
抵当	863	805	1,308	2,008	2,289	2,593	2,764	2,674	2,550
買掛金	60	86	260	329	349	379	367	333	314
未払い税	32	33	65	87	96	99	106	98	94
その他の負債	164	215	552	861	1,006	1,100	1,214	1,327	1,376
純資産	2,260	2,657	3,843	6,874	7,222	7,086	5,470	4,487	4,625
負債／純資産比率(%)	48.8	40.3	47.0	40.0	44.2	51.5	72.6	82.0	75.3

－ ゼロまたは概数でゼロを示す　1．市場価格　2．再調達原価　3．賃貸資産のうちの耐久財　4．GSE＝Government sponsored enterprises 政府支援企業。農業信用制度におけるエクイティ　5．n.e.c.は他のどこにも分類されないものを示す

資料：Board of Governors of the Federal Reserve System, "Federal Reserve Statistical Release, Z.1, Flow of Funds Accounts of the United States"（2011年3月刊）; <http://www.federalreserve.gov/releases/z1/20110311/>

No.751. 非金融会社貸借対照表：1990－2010年

[単位：10億ドル（9,723は9兆7230億ドルを表す）。年度末未払い負債を示す]

項目	1990	1995	2000	2005	2006	2007	2008	2009	2010
資産	9,723	11,514	19,065	24,626	27,001	28,813	26,808	25,165	27,024
有形資産	6,137	6,543	9,318	12,752	14,371	15,095	13,922	11,901	12,787
不動産[1]	3,383	3,149	4,887	7,603	8,886	9,339	8,074	6,211	6,915
施設およびソフトウェア[2]	1,852	2,325	3,109	3,592	3,821	3,961	4,103	4,033	4,076
在庫[2]	901	1,070	1,322	1,557	1,664	1,795	1,745	1,657	1,796
金融資産[3]	3,586	4,971	9,747	11,874	12,630	13,718	12,886	13,264	14,237
当座預金および現金	166	205	246	268	151	142	33	185	354
定期性預金	75	100	272	450	497	441	382	530	515
マネーマーケットファンド	20	60	191	348	416	544	703	631	537
商業手形	38	57	18	52	45	38	30	45	53
抵当	53	58	44	68	60	41	34	26	18
消費者信用	67	85	81	60	58	59	60	57	56
取引残高	967	1,185	1,939	2,108	2,090	2,253	2,081	1,963	2,056
ミューチュアルファンド[1]	10	46	122	140	181	191	126	190	249
負債[3]	4,729	6,010	9,611	11,145	11,782	12,873	13,173	13,192	13,863
信用市場	2,543	2,942	4,633	5,490	5,956	6,705	6,993	6,998	7,378
商業手形	117	157	278	90	113	124	131	58	83
地方政府債[4]	115	135	154	177	182	190	193	198	207
社債[5]	1,008	1,357	2,270	3,031	3,247	3,558	3,762	4,140	4,560
銀行ローン，n.e.c.[6]	545	602	853	509	518	610	664	543	529
その他のローンおよびアドバンス	482	477	726	932	1,062	1,350	1,405	1,261	1,269
抵当	275	213	351	751	834	873	837	798	731
未払い残高	626	877	1,541	1,699	1,813	1,899	1,669	1,612	1,795
未払い税	38	40	78	86	85	36	39	36	44
純資産（市場価額）	4,993	5,505	9,454	13,480	15,219	15,940	13,635	11,972	13,161
負債／純資産比率（％）	50.9	53.4	49.0	40.7	39.1	42.1	51.3	58.5	56.1

1．市場価格　2．取替え費用（名目価格）　3．個別に明示しないその他の項目を含む　4．産業開発債。州または地方政府が民間投資に資金を提供するために発行し、資金を利用する産業が元金と利子を保証する　5．1992年まで、社債にはオランダ領アンティル諸島の子会社の発行額を含み、合衆国の海外直接投資はこれらの債券発行による資金流入は含まない　6．他に分類されないもの

資料：Board of Governors of the Federal Reserve System, Federal Reserve Statistical Release, Z.1, Flow of Funds Accounts of the United States（2011年3月）；〈http://www.federalreserve.gov/releases/z1/20100311/〉

No.752. 企業のファンド——財源、用途：1990－2010年

[単位：10億ドル（242は2420億ドルを表す）。非農業、非金融法人組織事業を対象とする]

項目	1990	1995	2000	2005	2006	2007	2008	2009	2010
課税前利潤（簿価）	242	431	432	954	1,115	1,038	779	703	999
－法人所得税	98	140	170	271	307	293	226	170	262
－配当	117	177	250	168	466	480	480	509	510
＋固定資本消費[1]	365	461	636	606	636	673	854	812	753
＝合衆国内資金（簿価）	392	575	649	1,121	978	937	927	837	980
＋海外で得た所得	45	53	103	－18	149	169	183	198	216
＋在庫変動調整（IVA）	－13	－18	－17	－31	－38	－47	－44	12	－18
＝内国資金＋IVA	424	610	735	1,089	1,089	1,058	1,069	1,049	1,181
総投資	374	659	916	948	975	950	169	995	1,080
資本支出	433	625	953	966	1,113	1,156	1,113	804	999
固定資本投資[2]	422	580	901	919	1,040	1,130	1,137	923	942
在庫変動＋IVA	12	40	53	47	60	28	－41	－125	59
非生産・非金融資産	－1	5	－2	－1	13	－2	17	5	－3
純金融投資	－59	33	－37	－17	－138	－207	－943	191	81
金融資産純購入[3]	124	424	1,201	944	698	1,071	－613	283	908
在外預金	(Z)	2	－7	10	－14	1	－26	9	34
当座預金および現金	6	4	15	74	－117	－9	－109	152	170
定期性預金	－6	3	35	50	47	－56	－59	148	－15
マネーマーケットファンド	9	23	37	40	68	128	158	－72	－93
コマーシャル・ペーパー	(－Z)	1	10	16	12	－53	－12	－15	17
地方政府債	－8	－20	7	(Z)	－4	1	－3	(－Z)	(－Z)
抵当	－2	2	2	2	－8	－18	－8	－8	－8
ミューチュアルファンド	－1	5	4	1	25	(Z)	－6	40	40
取引残高	29	78	282	278	－18	163	－172	－118	85
その他の資産[3]	114	318	811	441	719	930	－366	131	660
合衆国海外直接投資[4]	36	90	138	25	219	307	276	250	284
保険金受取	13	8	(－Z)	21	7	7	10	－2	1
債務の純増加[3]	184	391	1,237	961	836	1,277	331	92	827
マーケットで調達した資金（純）	72	179	244	－18	－99	－44	－43	－69	81
エクイティの新規発行（純）	－63	－58	－118	－342	－566	－787	－336	－65	－274
信用市場の商品[3]	135	237	362	324	467	743	293	－4	355
社債[4]	47	104	164	57	216	311	205	377	420
銀行ローン，n.e.c.[5]	3	75	44	－34	9	85	54	－131	－32
その他のローンおよびアドバンス[6]	55	30	84	109	133	288	55	－144	10
抵当	21	7	22	193	82	39	－31	－39	－76
未払い残高	28	81	313	199	110	86	－230	－57	183
その他の債務[3]	83	131	673	782	826	1,285	601	220	555
合衆国に対する外国の直接投資	59	55	249	99	191	287	235	101	169

Z　5億ドル未満　1．固定資本消費と資本消費調整の和　2．非居住用の工場および施設と居住用施設の建設　3．個別に示さないその他を含む　4．1990年は、社債はオランダ領アンティルの金融子会社によって発行されたものを含む。合衆国海外直接投資はこれら債券の発行によって流入する資本を除外する　5．n.e.c.は他のどこにも分類されないものを示す　6．世界の他の国々、合衆国政府および銀行以外の金融機関からのローン

資料：Board of Governors of the Federal Reserve System, Federal Reserve Statistical Release, Z.1, Flow of Funds Accounts of the United States（2011年3月）；〈http://www.federalreserve.gov/releases/z1/20100311/〉

No.753. 企業——法人税申告にみる財務概要：1990－2008年

[単位：10億ドル（18,190は18兆1900億ドルを表す）、申告数。活動中の企業のみ。特例による免税者を除くすべての企業は申告の義務がある。法令の改正による、データの時系列的比較の可否については資料を参照。標本調査に基づく。付録Ⅲを参照。『アメリカ歴史統計』系列Y381-392も参照］

項目	1990	1995	2000	2003	2004	2005	2006	2007	2008
申告数、計(1,000件)	3,717	4,474	5,045	5,401	5,558	5,671	5,841	5,869	5,847
純所得を伴う企業数(1,000件)	1,911	2,455	2,819	2,932	3,116	3,324	3,367	3,368	3,184
S企業数(1,000件) [1]	1,575	2,153	2,860	3,342	3,518	3,684	3,873	3,990	4,050
資産、計 [2]	18,190	26,014	47,027	53,645	60,118	66,445	73,081	81,486	76,799
現金	771	962	1,820	2,120	2,730	2,823	2,902	3,625	4,384
手形および受取勘定	4,198	5,307	8,315	8,995	10,691	11,962	13,611	15,315	13,855
在庫	894	1,045	1,272	1,267	1,386	1,505	1,613	1,656	1,619
政府債券への投資	921	1,363	1,236	1,656	1,571	1,613	1,714	1,785	2,193
抵当および不動産	1,538	1,713	2,822	4,073	4,627	4,777	5,232	5,177	5,450
その他の投資	4,137	7,429	17,874	20,536	22,657	25,162	27,903	30,939	27,169
減価償却資産	4,318	5,571	7,292	7,805	7,974	8,416	8,817	9,222	9,467
消耗償却資産	129	154	191	237	270	310	382	497	587
土地	210	242	303	342	363	407	457	493	509
負債 [2]	18,190	26,014	47,027	53,645	60,118	66,445	73,081	81,486	76,799
支払勘定	1,094	1,750	3,758	4,338	5,645	6,029	7,779	7,724	6,822
抵当、手形、債権（短期債務） [3]	1,803	2,034	4,020	4,002	4,399	4,192	4,709	4,735	4,726
抵当、手形、債権（長期債務） [4]	2,665	3,335	6,184	7,384	8,154	8,332	9,399	10,786	11,062
純資産 [5]	4,739	8,132	17,349	18,819	20,814	23,525	25,996	28,812	25,469
資本ストック	1,585	2,194	3,966	3,151	2,308	2,482	2,513	2,775	3,184
資本剰余金	2,814	5,446	12,265	15,258	16,160	17,828	19,142	21,792	23,574
内部留保 [6]	1,410	2,191	3,627	2,282	3,278	4,331	5,764	5,970	613
収入、計 [2][7]	11,410	14,539	20,606	20,690	22,712	25,505	27,402	28,763	28,590
事業収入 [7][8]	9,860	12,786	17,637	18,264	19,976	21,800	23,310	24,217	24,718
利息 [9]	977	1,039	1,628	1,182	1,368	1,773	2,307	2,640	2,179
賃貸料、ロイヤリティ	133	145	254	270	274	290	299	314	317
控除、計 [2][7]	11,033	13,821	19,692	19,941	21,636	23,613	25,502	26,974	27,687
販売および営業費 [8]	6,611	8,206	11,135	11,319	12,498	13,816	14,800	15,513	16,080
役員報酬	205	304	401	389	417	445	474	479	467
営業用資産の賃貸料支払い	185	232	380	407	420	439	462	477	491
税支払い	251	326	390	417	447	473	497	509	469
利子支払い	825	744	1,272	818	939	1,287	1,787	2,085	1,659
減価償却	333	437	614	692	691	531	564	599	759
広告費	126	163	234	225	239	253	277	277	267
純所得（損失を除く） [7][10]	371	714	928	780	1,112	1,949	1,933	1,837	984
純所得	553	881	1,337	1,176	1,456	2,235	2,240	2,253	1,807
損失	182	166	409	396	344	286	306	416	823
課税所得	366	565	760	699	857	1,201	1,291	1,248	978
所得税（控除前）[11]	119	194	266	244	300	419	453	437	342
所得税控除	32	42	62	66	75	107	100	106	114
海外税控除	25	30	49	50	57	82	78	87	100
所得税（控除後）[12]	96	156	204	178	224	312	353	331	229

1．主として個人からなる少数の株主のみの小企業で、株主レベルで課税することを選択しているものを表す　2．個別に明示しないその他の項目を含む　3．1年未満の支払い　4．1年以上の支払い　5．純資産は、株主資本、新株式申込金、処分済利益剰余金、未処分利益剰余金の合計から自己株式のコストをひいたもの　6．特定用途のある、および特定用途のない「株主資本に対する調整」　7．S株式会社（脚注1）については商業活動による売上額、控除額、総収入のみ。投資による所得および支出を除く　8．ディーラーやブローカーによる保険、商品、不動産の売上および販売費を含む。投資収益を除く　9．州・地方政府発行の非課税政府債券利子を含む　10．規制を受ける投資会社を除く　11．普通選択税　12．ミニマム税、代替ミニマム税、前年のクレジットに対する調整分およびその他の所得関連税を含む

資料：U.S. Internal Revenue Service, *Statistics of Income, Corporations Income Tax Returns* （年刊）

No.754. 企業——収益規模および産業別：2008年

[申告数は1,000（5,847は584万7000を表す）、収益および純所得は10億ドル（27,266は27兆2660億ドルを表す）。活動中の企業のみ。会計監査を受けていない納税申告書の標本に基づく推計値。付録Ⅲを参照。産業分類は2007年北米産業分類システム（NAICS）に基づく。本章の解説を参照。マイナス（－）は損失を示す］

産業	計	100万ドル未満[1]	100－490万ドル	500－990万ドル	1,000－4,990万ドル	5,000万ドル以上
計：[2]						
申告数[3]	5,847	4,764	787	136	126	34
事業収益[3]	27,266	942	1,711	947	2,569	21,097
純収益（－損失）	984	-65	48	27	81	894
農林水産業および狩猟 (11)：						
申告数	137	119	15	2	1	(Z)
事業収益[3]	150	21	32	13	27	56
鉱業 (21)：						
申告数	39	29	6	2	1	(Z)
事業収益[3]	421	5	14	11	24	367
公益事業 (22)：						
申告数	7	6	1	(Z)	(Z)	(Z)
事業収益[3]	738	1	1	1	3	732
建設業 (23)：						
申告数	767	599	126	21	17	3
事業収益[3]	1,459	144	272	144	344	554
製造業 (31－33)：						
申告数	271	165	64	16	19	7
事業収益[3]	7,555	40	149	115	391	6,862
卸売・小売業 (42, 44－45)：						
申告数	986	668	212	46	48	12
事業収益[3]	7,343	172	490	320	990	5,371
輸送・倉庫業 (48－49)：						
申告数	195	153	28	8	5	1
事業収益[3]	795	31	62	52	93	558
情報通信業 (51)：						
申告数	118	100	13	2	3	1
事業収益[3]	975	15	31	14	59	857
金融・保険 (52)：						
申告数	254	216	24	5	6	3
事業収益[3]	3,675	24	51	33	145	3,422
不動産・賃貸 (53)：						
申告数	649	626	19	2	1	(Z)
事業収益[3]	235	50	42	12	28	102
専門・科学・技術サービス (54)：						
申告数	845	743	80	12	9	2
事業収益[3]	1,013	133	166	84	172	458
会社経営 (55)：						
申告数	46	39	2	1	2	1
事業収益[3]	1,028	-6	6	10	46	972
運営管理、補助、廃棄物処理／改善サービス (56)：						
申告数	276	229	39	4	3	1
事業収益[3]	485	49	81	28	71	256
教育サービス (61)：						
申告数	52	48	4	(Z)	(Z)	(Z)
事業収益[3]	46	7	7	3	6	24
保健・社会扶助 (62)：						
申告数	416	329	73	8	5	1
事業収益[3]	619	99	143	56	97	224
芸術・レクリエーション・娯楽 (71)：						
申告数	122	113	8	1	1	(Z)
事業収益[3]	96	18	17	8	14	39
宿泊・飲食サービス (72)：						
申告数	293	242	46	3	2	(Z)
事業収益[3]	434	72	90	24	36	212
その他のサービス業 (81)：						
申告数	371	338	29	3	1	(Z)
事業収益[3]	198	67	55	19	24	32

Z 申告数500未満　1．納税申告をしない企業を含む　2．個別に明示しない産業を含む　3．企業については、金融・保険、会社経営に対する投資所得を含む。S企業（株主75人未満で、その多くが個人であり、株主レベルで課税される特殊な小企業）に対する投資所得は除外する

資料：U.S. Internal Revenue Service, *Statistics of Income, Corporation Income Tax Returns* (年刊)

No.755. 法人企業──資産規模および産業別：2008年

[単位：10億ドル（168は1680億ドルを表す）。申告数。活動中の企業のみ。事業内容が分類不可能な企業を除く。産業分類は2007年北米産業分類システム（NAICS）に基づく。本章の解説を参照。『アメリカ歴史統計』系列V167-183、V193-196も参照］

産業	計	資産規模					
		1,000万ドル未満[1]	1,000万-2,490万ドル	2,500万-4,990万ドル	5,000万-9,990万ドル	1億-1億4,990万ドル	2億5,000万ドル以上
農業、林業、水産業および狩猟 (11)：							
申告数	137,294	136,000	838	235	112	71	38
総収入	168	99	15	7	9	12	25
鉱業 (21)：							
申告数	38,506	36,654	824	372	217	180	257
総収入	469	46	10	11	9	16	376
公益事業 (22)：							
申告数	7,238	6,746	151	69	47	49	177
総収入	779	4	3	3	6	9	753
建設業 (23)：							
申告数	766,689	757,643	6,167	1,630	705	333	211
総収入	1,479	805	180	96	83	77	238
製造業 (31-33)：							
申告数	270,727	254,928	7,595	3,173	1,838	1,380	1,813
総収入	8,181	535	224	185	193	290	6,754
卸売業・小売業 (42、44-45)：							
申告数	986,366	967,434	11,944	3,552	1,620	922	896
総収入	7,507	2,000	601	389	311	394	3,814
輸送・倉庫業 (48-49)：							
申告数	195,228	193,101	1,246	342	207	147	184
総収入	822	232	40	22	26	28	474
情報通信業 (51)：							
申告数	118,279	115,530	1,245	493	320	266	425
総収入	1,126	111	22	15	17	31	931
金融・保険 (52)：							
申告数	254,092	234,466	3,997	2,645	2,817	3,496	6,672
総収入	3,675	212	23	23	32	69	3,317
不動産・賃貸 (53)：							
申告数	648,578	640,403	4,889	1,459	749	525	552
総収入	339	123	14	11	10	16	164
専門・科学・技術サービス (54)：							
申告数	845,356	840,495	2,740	895	527	384	315
総収入	1,050	540	73	40	42	60	296
会社経営 (55)：							
申告数	45,725	38,784	1,163	1,013	1,153	1,727	1,885
総収入	1,028	6	2	2	5	17	995
運営管理、補助、廃棄物処理／改善サービス (56)：							
申告数	276,344	275,003	684	220	164	116	156
総収入	497	239	25	14	19	23	177
教育サービス (61)：							
申告数	52,484	52,250	104	46	33	31	20
総収入	48	20	2	2	3	5	15
保健・社会扶助 (62)：							
申告数	416,101	414,947	591	212	132	101	117
総収入	644	404	21	16	15	20	167
芸術・レクリエーション・娯楽 (71)：							
申告数	122,425	121,643	396	199	69	60	58
総収入	104	53	5	4	3	7	32
宿泊・飲食サービス (72)：							
申告数	292,901	291,455	821	266	130	89	139
総収入	469	213	17	12	13	20	195
その他のサービス業 (81)：							
申告数	371,146	370,544	385	109	57	23	27
総収入	204	163	8	5	6	3	20

1．資産ゼロの申告を含む
資料：U.S. Internal Revenue Service, *Statistics of Income, Corporation Income Tax Returns*（年刊）

No.756. 経済センサス概要（2002年NAICSベース）：2002、2007年

[24は2万4,000を表す。2007年のデータは暫定値。有給従業員のいる事業所。データは、非標本抽出誤差の影響を受ける2002，2007年経済センサスに基づく。また、建設業部門のデータは非標本抽出誤差の影響を受ける。調査方法、非標本抽出誤差および標本抽出誤差の詳細については付録Ⅲを参照]

事業内容	2002年北米産業分類[1]	事業所 (1,000)		売上または出荷額 (10億ドル)		年間給与支払額 (10億ドル)		従業員[2] (1,000人)	
		2002	2007	2002	2007	2002	2007	2002	2007
鉱業	21	24	23	183	414	21	41	475	739
石油・ガス抽出	211	8	6	113	255	5	10	99	150
鉱業（石油・ガスを除く）	212	7	6	48	86	9	12	196	211
鉱業支援産業	213	9	10	22	73	7	20	180	377
公益事業	22	17	17	399	584	42	52	663	637
建設業	23	710	729	1,209	1,732	254	331	7,193	7,316
製造業	31–33	351	333	3,915	5,319	568	614	14,664	13,396
卸売業	42	436	435	4,635	6,516	260	336	5,878	6,227
卸売業・耐久財	423	260	255	2,171	2,898	157	207	3,357	3,619
卸売業・非耐久財	424	143	135	1,980	2,991	93	116	2,273	2,320
電子市場代理店およびブローカー	425	32	45	483	627	10	13	249	289
小売業	44–45	1,115	1,128	3,056	3,918	302	363	14,648	15,515
自動車および部品ディーラー	441	125	127	802	891	65	73	1,845	1,914
家具および家財道具	442	65	65	92	108	13	15	535	557
電子機器および家庭用器具	443	47	51	82	109	9	11	391	486
建設資材、園芸用品、消耗品ディーラー	444	(NA)	91	(NA)	318	(NA)	38	(NA)	1,331
食品・飲料販売	445	149	146	457	539	49	55	2,839	2,827
保健・対人ケア	446	82	88	178	234	20	28	1,024	1,068
ガソリンスタンド	447	121	119	249	450	14	15	927	891
衣料品・装飾品	448	150	156	168	216	21	27	1,427	1,644
スポーツ用品、趣味、書籍、音楽	451	62	57	73	81	9	9	611	619
一般雑貨	452	41	46	445	577	43	54	2,525	2,763
その他の店舗小売	453	129	122	91	104	13	14	792	792
無店舗販売	454	55	59	173	290	17	23	571	621
運輸・倉庫業[3]	48–49	200	220	382	640	116	173	3,651	4,454
情報	51	138	142	892	1,072	195	229	3,736	3,497
出版（インターネットを除く）	511	32	31	242	282	66	81	1,090	1,093
映画・レコード音楽産業	512	22	24	78	95	13	18	303	336
放送（インターネットを除く）	515	10	10	74	100	14	18	291	295
インターネット出版および放送	516	2	3	6	15	2	5	40	57
遠隔通信	517	49	49	412	480	72	73	1,440	1,216
プロバイダ、データ処理ホスティング、および関連サービス	518	19	21	75	94	26	33	514	448
その他の情報サービス	519	3	4	5	6	2	2	58	53
金融・保険[4]	52	440	507	2,804	3,711	378	505	6,579	6,649
不動産および賃貸[4]	53	323	380	336	443	60	82	1,949	2,147
専門・科学・技術サービス	54	771	855	887	1,258	376	505	7,244	7,908
会社経営	55	49	51	107	104	179	250	2,605	2,664
運営管理、補助、廃棄物処理／改善サービス	56	351	388	433	624	206	298	8,742	10,213
運営管理、補助サービス	561	332	366	381	549	194	281	8,410	9,827
廃棄物管理および改善サービス	562	19	22	51	75	12	17	332	386
教育サービス	61	49	61	31	45	10	14	430	540
医療、社会扶助	62	705	785	1,207	1,668	496	663	15,052	16,792
通院医療サービス	621	489	548	489	668	203	275	4,925	5,703
病院	622	6	7	500	703	197	265	5,174	5,529
看護、介護施設	623	69	76	127	169	59	75	2,831	3,071
社会扶助	624	140	154	91	128	36	48	2,123	2,489
芸術、レクリエーション、娯楽	71	110	125	142	189	45	58	1,849	2,061
芸術鑑賞、スポーツ観戦等	711	38	44	58	78	21	28	423	438
博物館、名所旧蹟	712	7	7	8	13	3	4	123	130
アミューズメント、ゲーム、レクリエーション	713	66	74	75	98	21	27	1,303	1,494
宿泊施設、飲食業	72	566	634	449	614	128	171	10,121	11,601
宿泊施設	721	61	63	128	180	35	46	1,813	1,971
飲食店	722	505	572	321	433	93	124	8,308	9,630
その他のサービス（公益事業を除く）	81	538	540	307	405	83	99	3,475	3,479
修理、メンテナンス	811	231	222	118	138	35	40	1,285	1,261
個人、クリーニング店	812	201	210	72	82	23	27	1,297	1,338
宗教団体、募金組織、市民団体、職種別団体等	813	106	108	117	185	25	32	893	880

NA　データなし　S　データは公表基準に達していない　1．2002年北米産業分類（NAICS）に準拠。本章の解説を参照　2．3月12日を含む支払基準期間　3．詳細な産業の内容については表No.1066を参照　4．詳細な産業の内容については表No.1163を参照

資料：U.S. Census Bureau, "2007 Economic Census, Comparative Statistics for United States, Summary Statistics by 2002 NAICS" <http://factfinder.census.gov/>

No.757. 非雇用事業所の収益——産業別：2000－2008年

[事業所数の単位は1,000（16,530は1653万を表す）。連邦所得税の課税対象となる事業所のみ。非雇用事業所は有給従業員のいない事業所。データは主として内国歳入庁の行政記録より入手。付録Ⅲを参照。2000年のデータは1997年北米産業分類（NAICS）に、2007年は2002年北米産業分類（NAICS）、2008年は2007年北米産業分類に基づく。本章の解説を参照]

産業	北米産業分類	事業所数(1,000)			収益(100万ドル)		
		2000	2007	2008	2000	2007	2008
全産業	(X)	16,530	21,708	21,351	709,379	991,792	962,792
農林、水産業、狩猟および農業支援サービス	113-115	223	236	231	9,196	10,963	10,883
鉱業	21	86	102	109	5,227	9,012	11,609
公益事業	22	14	18	18	504	728	760
建設業	23	2,014	2,657	2,528	107,538	159,042	143,954
製造業	31-33	285	328	314	13,022	16,333	15,697
卸売業	42	388	402	388	31,684	35,823	35,558
小売業	44-45	1,743	1,980	1,875	73,810	88,143	83,978
輸送業・倉庫業	48-49	747	1,083	1,039	37,824	66,633	67,026
情報通信業	51	238	307	306	7,620	10,958	11,060
金融および保険	52	692	764	734	49,058	54,351	56,434
不動産および賃貸	53	1,696	2,327	2,130	133,398	183,264	163,461
専門、科学・技術サービス	54	2,420	3,029	3,029	90,272	130,386	131,521
廃棄物処理運営・支援、再生サービス	56	1,032	1,793	1,826	23,754	39,811	40,415
教育サービス	61	283	528	552	3,736	7,215	7,569
保健、社会扶助	62	1,317	1,768	1,812	36,550	55,050	57,888
芸術、レクリエーション、娯楽	71	782	1,120	1,121	17,713	27,357	27,837
宿泊施設、飲食業	72	218	303	308	13,418	16,071	16,100
その他のサービス（公益事業を除く）	81	2,350	2,965	3,029	55,056	80,653	81,042

X　データなし

資料：U.S. Census Bureau, "Nonemployer Statistics"（2010年6月）;〈http://www.census.gov/epcd/nonemployer/〉

No.758. 規模別事業所数、被雇用者数、給与支払額：1990－2008年

[6,176は617万6000を表す。政府職員、鉄道職員、自営業者は除く。3月12日を含む週の従業員数。給与支払事業所。事業所とは商売、サービス、事務運営がなされる場所をいう。方法論については付録Ⅲを参照]

雇用規模	単位	1990	1995	2000	2004	2005	2006	2007	2008
事業所、計	1,000	6,176	6,613	7,070	7,388	7,500	7,601	7,705	7,601
20人未満	1,000	5,354	5,733	6,069	6,359	6,468	6,533	6,633	6,528
20－99人	1,000	684	730	826	856	856	886	892	890
100－499人	1,000	122	135	157	154	157	163	161	164
500－999人	1,000	10	10	12	12	12	12	12	12
1,000人以上	1,000	6	6	7	7	7	7	7	7
被雇用者、計	1,000人	93,476	100,335	114,065	115,075	116,317	119,917	120,604	120,904
20人未満	1,000人	24,373	25,785	27,569	28,701	28,874	29,429	30,057	29,839
20－99人	1,000人	27,414	29,202	33,147	34,288	34,302	35,504	35,615	35,508
100－499人	1,000人	22,926	25,364	29,736	28,976	29,591	30,616	30,453	30,850
500－999人	1,000人	6,551	7,021	8,291	7,815	8,053	8,248	8,284	8,236
1,000人以上	1,000人	12,212	12,962	15,322	15,295	15,497	16,120	16,196	16,471
年間給与支払い総額	10億ドル	2,104	2,666	3,879	4,254	4,483	4,792	5,027	5,131
20人未満	10億ドル	485	608	818	926	970	1,021	1,067	1,078
20－99人	10億ドル	547	696	1,006	1,124	1,177	1,260	1,313	1,334
100－499人	10億ドル	518	675	1,031	1,106	1,176	1,264	1,310	1,348
500－999人	10億ドル	174	219	336	355	376	401	428	432
1,000人以上	10億ドル	381	467	690	743	784	848	910	939

資料：U.S. Census Bureau, "County Business Patterns"（2010年7月）;〈http://www.census.gov/econ/cbp/〉

No.759. 事業所、従業員、および給与支払額——産業別・雇用規模別：2000－2008年

[事業所および従業員の単位は1,000（7,070.0は707万を表す）。人件費の単位は10億ドル。表No.758の頭注を参照。2000年のデータは1997年北米産業分類（NAICS）に基づく。2007年のデータは2002年北米産業分類、2008年のデータは2007年北米産業分類に基づく。本章の解説を参照]

産業	北米産業分類	2000, 計	2007, 計	2008 計	従業員 20人未満	従業員 20－99人	従業員 100－499人	従業員 500－999人	従業員 1,000人以上
事業所、計[1]	(X)	7,070.0	7,705.0	7,601.2	6,528.4	889.8	163.7	12.1	7.1
林業、水産業、狩猟業および農業支援活動	113-115	26.1	23.6	22.7	21.2	1.2	0.2	(Z)	(Z)
鉱業	21	23.7	26.2	27.4	21.9	4.5	1.0	0.1	(Z)
公益事業	22	17.3	16.7	17.0	11.7	3.9	1.2	0.1	(Z)
建設業	23	709.6	811.5	773.6	704.3	60.8	8.0	0.4	0.2
製造業	31-33	354.5	331.4	326.2	224.5	73.7	24.7	2.3	1.0
卸売業	42	446.2	434.5	429.5	364.8	55.7	8.3	0.5	0.2
小売業	44-45	1,113.6	1,123.6	1,100.9	945.9	127.2	27.4	0.4	(Z)
運輸、倉庫業	48-49	190.0	219.8	217.1	180.7	28.7	6.7	0.7	0.3
情報通信産業	51	133.6	143.8	141.6	113.8	21.6	5.3	0.6	0.3
金融・保険	52	423.7	508.1	501.9	457.6	36.0	6.7	1.0	0.6
不動産、賃貸／リース	53	300.2	380.1	365.7	349.6	14.2	1.8	0.1	(Z)
専門・科学・技術サービス	54	722.7	867.6	848.3	783.2	55.0	9.0	0.7	0.4
会社企業の経営	55	47.4	50.6	51.8	34.6	11.7	4.4	0.7	0.4
運営管理および廃棄物処理・改善サービス	56	351.5	384.5	393.5	328.4	47.3	15.5	1.5	0.9
教育サービス	61	68.0	86.9	88.6	67.9	16.5	3.4	0.4	0.4
保健、社会扶助	62	658.6	784.2	791.0	667.1	97.7	22.4	1.8	2.0
芸術・レクリエーション・娯楽	71	103.8	125.2	124.3	104.3	16.3	3.3	0.2	0.1
宿泊施設、飲食業	72	542.4	632.5	636.6	452.5	172.7	10.8	0.4	0.2
その他のサービス[2]	81	723.3	744.3	730.7	681.6	45.1	3.7	0.2	0.1
分類不詳の事業所	99	99.0	10.0	12.9	12.9	(Z)	−	−	−
従業員、計[1]	(X)	114,065	120,604	120,904	29,839	35,508	30,850	8,236	16,471
林業、水産業、狩猟業および農業支援活動	113-115	184	172	167	75	46	32	5	8
鉱業	21	456	701	629	105	182	197	63	82
公益事業	22	655	623	639	63	171	230	100	75
建設業	23	6,573	7,268	7,044	2,642	2,361	1,455	251	334
製造業	31-33	16,474	13,320	13,096	1,303	3,241	4,928	1,578	2,046
卸売業	42	6,112	5,965	6,165	1,773	2,188	1,550	315	340
小売業	44-45	14,841	15,760	15,615	5,167	5,062	5,046	247	93
運輸、倉庫業	48-49	3,790	4,395	4,439	752	1,188	1,287	468	744
情報通信産業	51	3,546	3,399	3,434	518	907	1,045	411	553
金融・保険	52	5,963	6,549	6,512	1,979	1,396	1,346	683	1,107
不動産、賃貸／リース	53	1,942	2,224	2,196	1,169	533	324	85	86
専門・科学・技術サービス	54	6,816	8,180	8,033	2,699	2,147	1,712	494	980
会社企業の経営	55	2,874	3,121	2,887	187	517	938	456	790
廃棄物処理および改善サービス	56	9,138	9,984	10,225	1,286	2,051	3,052	1,000	2,836
教育サービス	61	2,532	3,039	3,141	330	698	643	296	1,174
保健・社会扶助	62	14,109	16,798	17,217	3,560	3,896	4,125	1,248	4,388
芸術・レクリエーション・娯楽	71	1,741	2,009	2,099	396	690	617	141	226
宿泊施設、飲食業	72	9,881	11,565	11,926	2,910	6,589	1,692	291	445
その他のサービス[2]	81	5,293	5,520	5,453	2,910	1,642	630	108	163
分類不詳の事業所	99	144	10	15	14	1	−	−	−
年間給与支払額、計[1]	(X)	3,879	5,027	5,131	1,078	1,334	1,348	432	939
林業、水産業、狩猟業および農業支援活動	113-115	5	6	6	3	2	1	(Z)	(Z)
鉱業	21	22	40	48	7	13	16	5	7
公益事業	22	41	51	55	5	13	20	11	7
建設業	23	240	336	333	102	118	80	15	18
製造業	31-33	644	627	622	49	137	226	81	130
卸売業	42	270	328	353	90	119	90	22	32
小売業	44-45	303	375	369	116	123	120	7	4
運輸、倉庫業	48-49	126	175	176	29	46	49	18	34
情報通信産業	51	209	223	234	31	54	74	29	45
金融・保険	52	347	511	522	107	115	126	55	119
不動産、賃貸／リース	53	59	89	89	41	24	15	4	4
専門・科学・技術サービス	54	362	533	539	144	149	135	40	72
会社企業の経営	55	211	293	273	19	45	87	42	81
運営管理および廃棄物処理・改善サービス	56	210	300	314	48	68	82	25	91
教育サービス	61	62	94	102	8	20	21	8	45
保健、社会扶助	62	431	668	707	152	142	134	55	224
芸術・レクリエーション・娯楽	71	43	60	62	15	14	22	5	6
宿泊施設、飲食業	72	126	176	183	43	90	30	8	14
その他のサービス[2]	81	110	141	143	70	43	21	4	6
分類不詳の事業所	99	3	(Z)	(Z)	(Z)	(Z)	−	−	−

− ゼロを示す　D データは非公開　X 該当なし　Z 50事業所あるいは5億ドル未満　1．2000年の計は支店を含む。2007年以降、従来NAICS95（支店）に分類されていたものが、その内容に応じたNAICSに分類されている　2．公共事業を除く

資料：U.S. Census Bureau, "County Business Patterns"（2010年7月）; 〈http://www.census.gov/econ/cbp/〉

No.760. 民間企業の事業所数、雇用、年間給与支払額——産業別・雇用規模別：2008年

[5,930は593万を表す。企業数は、親会社が所有するすべての給料支払い事業所を産業別に合計したもの。企業は複数の事業所を所有する場合もある。雇用は3月現在。給与支払額は従業員のいない企業を含む年間額。産業分類番号は2002年北米産業分類システム（NAICS）に基づく。本章の解説を参照。本書前年版の表No.759も参照]

産業、項目	単位	計	企業の雇用規模						
			0-4人	5-9人	10-19人	20-99人	100-499人	500人未満	500人以上
計[1]：									
企業数	1,000	5,930	3,618	1,044	633	526	90	5,912	18
雇用	1,000	120,904	6,086	6,878	8,497	20,685	17,548	59,694	61,210
年間給与支払額	10億ドル	5,131	232	223	294	775	706	2,229	2,901
建設業(23)：									
企業数	1,000	761	501	125	72	56	7	760	1
雇用	1,000	7,044	810	818	959	2,116	1,219	5,921	1,122
年間給与支払額	10億ドル	333	30	29	40	102	65	265	68
製造業(31-33)：									
企業数	1,000	282	112	53	44	55	14	278	4
雇用	1,000	13,096	212	353	599	2,256	2,429	5,850	7,246
年間給与支払額	10億ドル	622	8	12	22	92	104	238	384
卸売業(42)：									
企業数	1,000	329	186	56	39	37	8	326	3
雇用	1,000	6,165	320	367	516	1,382	1,110	3,695	2,471
年間給与支払額	10億ドル	353	16	17	25	71	58	187	166
小売業(44-45)：									
企業数	1,000	693	407	144	78	54	9	691	2
雇用	1,000	15,615	765	950	1,029	1,999	1,262	6,005	9,610
年間給与支払額	10億ドル	369	18	21	25	59	39	161	208
輸送、倉庫業(48-49)：									
企業数	1,000	170	108	25	16	15	4	168	2
雇用	1,000	4,439	166	162	218	560	515	1,621	2,818
年間給与支払額	10億ドル	176	6	5	7	20	20	58	118
情報通信(51)：									
企業数	1,000	73	42	11	8	8	2	72	1
雇用	1,000	3,434	64	72	107	323	350	917	2,518
年間給与支払額	10億ドル	234	4	3	5	19	22	53	181
金融・保険(52)：									
企業数	1,000	253	181	36	16	15	4	252	2
雇用	1,000	6,512	316	227	209	605	738	2,094	4,417
年間給与支払額	10億ドル	522	14	12	15	45	54	139	383
専門・科学・技術サービス(54)：									
企業数	1,000	772	560	105	58	40	7	769	3
雇用	1,000	8,033	850	684	766	1,492	1,118	4,910	3,122
年間給与支払額	10億ドル	539	44	33	43	99	79	298	241
会社企業の経営(55)：									
企業数	1,000	28	3	1	1	6	9	20	7
雇用	1,000	2,887	4	4	7	75	279	369	2,519
年間給与支払額	10億ドル	273	1	(Z)	1	5	19	25	248
管理運営および廃棄物処理、改善サービス(56)：									
企業数	1,000	332	210	50	31	29	9	329	4
雇用	1,000	10,225	322	328	415	1,171	1,528	3,765	6,460
年間給与支払額	10億ドル	314	12	10	13	38	41	116	198
教育サービス(61)：									
企業数	1,000	79	39	12	10	13	3	77	1
雇用	1,000	3,141	60	81	137	562	568	1,408	1,733
年間給与支払額	10億ドル	102	2	2	3	15	18	40	62
医療、福祉援助(62)：									
企業数	1,000	621	315	143	81	61	17	617	4
雇用	1,000	17,217	586	947	1,078	2,422	3,176	8,211	9,007
年間給与支払額	10億ドル	707	30	38	45	93	102	307	399
宿泊施設、飲食業(72)：									
企業数	1,000	477	198	94	87	86	9	475	2
雇用	1,000	11,926	331	630	1,178	3,202	1,664	7,005	4,921
年間給与支払額	10億ドル	183	8	8	14	44	24	98	85
その他のサービス（公共のものを除く）(81)：									
企業数	1,000	667	420	135	66	40	4	666	1
雇用	1,000	5,453	792	882	862	1,446	633	4,615	837
年間給与支払額	10億ドル	143	18	20	21	37	20	116	27

Z　5億ドル未満　1．個別に示さない産業を含む

資料：U.S. Small Business Administration, Office of Advocacy, "Statistics of U.S. Businesses"；<http://www.sba.gov/advo/research/data.html>（2011年5月現在）

No.761. 雇用規模別・州別の民間企業数、従業員数、および給与支払額：2000、2008年

[5,652.5は565万2500を表す。企業数は、州内に親会社のあるすべての給与支払い事業所の合計。企業は複数の事業所を所有する場合もある。従業員数は3月現在、給与支払額は年単位であるため、従業員ゼロの企業に給与が発生している状態もあり得る]

州	民間企業数 (1,000)					従業員数 2008 (100万人)			年間給与支払額 2008 (10億ドル)		
	2000		2008								
	計	従業員 20名未満	計	従業員 20名未満	従業員 500名未満	計	従業員 20名未満	従業員 500名未満	計	従業員 20名未満	従業員 500名未満
合衆国…	5,652.5	5,035.0	5,930.1	5,295.0	5,911.7	120.9	21.5	59.7	5,130.5	748.1	2,229.2
AL	79.9	68.2	79.8	67.5	77.5	1.7	0.3	0.8	59.8	8.8	27.0
AK	15.9	14.0	16.5	14.5	16.0	0.2	0.1	0.1	12.1	2.3	5.7
AZ	93.0	79.3	109.8	93.7	106.8	2.3	0.4	1.1	89.8	12.5	37.1
AR	52.4	45.4	52.7	45.2	51.0	1.0	0.2	0.5	33.8	5.2	14.3
CA	664.6	581.1	717.1	632.8	711.3	13.7	2.5	7.0	659.9	102.0	294.9
CO	116.2	101.5	130.3	114.7	127.3	2.1	0.4	1.1	91.2	15.0	40.4
CT	78.5	67.2	75.8	64.6	73.8	1.6	0.3	0.8	82.8	12.0	37.5
DE	20.2	16.6	20.4	16.3	18.9	0.4	0.1	0.2	17.6	2.3	7.0
DC	16.3	12.4	16.9	12.5	15.6	0.5	0.1	0.2	30.3	3.4	12.7
FL	354.0	319.3	414.8	376.7	410.3	7.4	1.3	3.2	267.4	43.8	110.3
GA	160.4	138.3	179.6	155.4	175.6	3.6	0.6	1.7	142.8	20.2	57.5
HI	24.3	20.8	26.4	22.3	25.5	0.5	0.1	0.3	18.5	3.2	9.6
ID	32.2	28.0	39.4	34.4	38.2	0.5	0.1	0.3	17.6	3.7	9.1
IL	254.1	218.1	260.2	225.0	255.8	5.5	0.9	2.6	250.5	34.0	106.7
IN	116.3	98.1	115.5	97.7	112.5	2.6	0.4	1.3	94.8	12.5	40.9
IA	65.6	56.2	65.0	55.5	63.2	1.3	0.2	0.7	45.2	6.4	20.7
KS	61.6	52.4	61.0	51.5	59.0	1.2	0.2	0.6	44.0	6.4	20.2
KY	72.3	61.0	71.5	60.1	69.2	1.6	0.3	0.8	54.1	7.4	23.0
LA	81.7	69.5	82.3	69.6	80.2	1.7	0.3	0.9	62.4	9.9	30.8
ME	34.1	30.1	34.9	30.7	34.0	0.5	0.1	0.3	17.7	3.5	9.5
MD	106.0	90.4	112.4	95.7	109.7	2.2	0.4	1.2	99.6	15.0	47.0
MA	148.2	127.8	141.8	122.0	138.8	3.1	0.5	1.5	161.8	21.4	68.4
MI	193.9	167.2	182.6	158.6	179.5	3.6	0.7	1.9	147.8	22.2	66.8
MN	116.2	99.4	121.0	103.9	118.4	2.5	0.4	1.2	109.4	13.7	45.1
MS	48.3	41.5	47.5	40.4	45.9	0.9	0.2	0.5	29.3	4.7	13.3
MO	118.1	101.1	120.1	102.9	117.3	2.5	0.4	1.2	93.7	12.5	38.9
MT	28.0	25.0	32.6	29.0	31.8	0.4	0.1	0.2	11.1	2.9	6.9
NE	41.4	35.5	42.3	36.1	40.9	0.8	0.1	0.4	28.2	4.0	12.5
NV	40.3	33.4	50.0	41.3	47.8	1.2	0.2	0.5	43.8	6.2	18.1
NH	32.1	27.3	32.3	27.3	31.1	0.6	0.1	0.3	25.0	4.3	12.1
NJ	202.2	178.4	202.6	178.2	199.4	3.6	0.7	1.8	185.4	28.1	80.7
NM	35.5	30.1	37.5	31.5	36.0	0.6	0.1	0.4	22.3	4.0	11.2
NY	424.8	379.2	444.0	397.5	439.7	7.6	1.5	3.9	440.6	61.0	183.6
NC	163.6	142.0	176.2	152.3	172.7	3.6	0.6	1.7	132.4	19.2	54.9
ND	17.2	14.7	17.9	15.0	17.2	0.3	0.1	0.2	10.1	1.8	5.3
OH	212.5	180.5	199.6	169.5	195.8	4.7	0.8	2.3	182.1	23.7	77.2
OK	70.2	61.0	73.3	63.1	71.3	1.3	0.3	0.7	48.0	7.8	22.7
OR	85.1	74.2	92.3	80.5	90.2	1.5	0.3	0.8	56.8	9.6	27.5
PA	237.5	204.6	237.1	203.7	233.1	5.2	0.9	2.6	215.8	29.1	92.4
RI	25.2	21.5	25.8	21.9	24.8	0.4	0.1	0.2	17.5	3.0	8.7
SC	78.4	67.2	83.4	71.3	81.1	1.7	0.3	0.8	55.1	8.9	24.2
SD	20.6	17.7	21.8	18.6	21.1	0.3	0.1	0.2	10.6	2.0	5.9
TN	102.4	86.7	102.4	86.0	99.3	2.5	0.4	1.1	90.9	12.0	38.2
TX	369.0	321.3	396.4	342.5	391.0	9.2	1.5	4.2	394.7	52.8	160.4
UT	46.2	39.3	60.3	51.9	58.4	1.1	0.2	0.5	39.4	6.0	17.6
VT	19.1	16.7	19.3	16.7	18.6	0.3	0.1	0.2	9.5	2.1	5.5
VA	139.7	120.3	154.8	133.5	151.5	3.2	0.6	1.5	138.9	19.5	60.3
WA	138.2	120.9	151.0	132.4	148.2	2.5	0.5	1.4	115.3	18.0	51.8
WV	33.5	28.8	30.9	26.0	29.7	0.6	0.1	0.3	19.2	3.0	8.9
WI	115.6	98.2	115.0	97.5	112.6	2.5	0.4	1.3	95.1	12.9	43.2
WY	15.9	13.9	18.1	15.7	17.5	0.2	0.1	0.1	8.9	2.0	5.1

資料：U.S. Small Business Administration, Office of Advocacy, "Statistics of U.S. Businesses"; <http://www.sba.gov/advo/research/data.html> (2011年5月現在)

No.762. 民間企業の事業所数、雇用、年間給与支払額――雇用規模別：1990－2008年

[特に示す場合を除き、単位：1000（5,074は507万4000を表す）。別に示すものを除く。企業とは、1年連続で雇用される従業員のいる、親会社が所有する1つ以上の組織の集合体のこと。企業を構成する組織には、いずれの四半期にも必ず雇用者がいる。事業所は一定の時間を経て成長・縮小したり、事業所規模の下位部門を変えたりするものであるので、この表で示されるのは、事業の規模の拡大ではなく、事業所の規模の重要性の時間の経過による変遷である]

項目	計	企業の雇用規模						
		0-4人[1]	5-9人	10-19人	20-99人	100-499人	500人未満	500人以上
企業数：								
1990	5,074	3,021	952	563	454	70	5,060	14
1995	5,369	3,250	981	577	470	76	5,354	15
2000	5,653	3,397	1,021	617	516	84	5,635	17
2004	5,886	3,580	1,043	633	526	87	5,869	17
2005	5,984	3,678	1,050	630	521	87	5,966	17
2006	6,022	3,670	1,061	647	536	91	6,004	18
2007	6,050	3,705	1,060	645	532	89	6,031	18
2008	5,930	3,618	1,044	633	526	90	5,912	18
事業所数：								
1990	6,176	3,032	971	600	590	255	5,448	728
1995	6,613	3,260	998	618	639	284	5,799	814
2000	7,070	3,406	1,035	652	674	312	6,080	990
2004	7,388	3,586	1,056	667	693	330	6,331	1,056
2005	7,500	3,684	1,063	662	679	332	6,421	1,079
2006	7,601	3,677	1,073	679	698	346	6,473	1,129
2007	7,705	3,711	1,074	682	723	356	6,546	1,159
2008	7,601	3,625	1,057	667	705	360	6,414	1,187
雇用：								
1990	93,469	5,117	6,252	7,543	17,710	13,545	50,167	43,302
1995	100,315	5,395	6,440	7,734	18,422	14,660	52,653	47,662
2000	114,065	5,593	6,709	8,286	20,277	16,260	57,124	56,941
2004	115,075	5,845	6,853	8,500	20,643	16,758	58,597	56,477
2005	116,317	5,937	6,898	8,454	20,444	16,911	58,645	57,672
2006	119,917	5,960	6,974	8,676	21,077	17,537	60,224	59,693
2007	120,604	6,139	6,975	8,656	20,923	17,174	59,867	60,737
2008	120,904	6,086	6,878	8,497	20,685	17,548	59,694	61,210
年間給与支払額（10億ドル）：								
1990	2,104	117	114	144	352	279	1,007	1,097
1995	2,666	142	137	175	437	361	1,252	1,414
2000	3,879	186	174	231	608	528	1,727	2,152
2004	4,254	206	196	258	670	588	1,917	2,337
2005	4,483	220	206	269	700	617	2,013	2,470
2006	4,792	230	214	282	742	661	2,129	2,664
2007	5,027	235	222	292	769	687	2,205	2,822
2008	5,131	232	223	294	775	706	2,229	2,901

1．雇用は3月現在。したがって3月以降に新規設立された企業や3月以前に閉鎖された企業の雇用はゼロとなるが、年間給与支払額は発生する

資料：U.S. Small Business Administration, Office of Advocacy, "Statistics of U.S. Businesses"；<http://www.sba.gov/advo/research/data.html>（2011年5月現在）

No.763. 操業中の事業所数――企業年齢および雇用規模別：2009年

[単位：1000（2,794は279万4000を表す）。1企業が1事業所（単体事業所）または複数の事業所（複合体企業）を持つ。企業は事業レベルで定義されており、運営管理されている事業所のすべてが、その企業に属するものとされる。データは、ほとんど全ての、有給従業員のいる非農業民間事業所で、公的部門の活動を行うものも含めて網羅している。ビジネス・ダイナミクスの統計データは事業所レベルの雇用の純変化を計測している。表No.760に示すデータは北米産業分類に基づくもので、本表との比較はできない。また、本表のデータは小企業局のデータ（表No.761および762）とも比較できない。調査の方法論が異なるためである。調査の概念および方法論については、<http://www.ces.census.gov/index.php/bds/bds_overview>を参照]

企業年齢[1]	計	企業規模						雇用のシェア	雇用創造のシェア	Share of job destruction
		1-4人	5-9人	10-19人	20-99人	100-499人	500人未満	500人以上			
計	2,794	1,074	657	680	349	5,554	1,141		1.00	1.00	1.00
開業	348	34	14	9	2	407	(Z)		0.06	0.16	－
1-5年	924	295	154	112	23	1,507	10		0.23	0.16	0.20
6-10年	493	201	118	103	27	943	21		0.14	0.09	0.12
11-20年	566	258	159	144	54	1,180	81		0.19	0.13	0.17
21年以上	463	285	212	312	243	1,516	1,029		0.38	0.46	0.52
雇用のシェア	0.05	0.06	0.07	0.17	0.14	0.50	0.50		(X)	(X)	(X)
雇用創造のシェア	0.11	0.09	0.09	0.18	0.13	0.59	0.41		(X)	(X)	(X)

－　ゼロまたは概数でゼロを示す　X　該当なし　Z　500未満　1．事業所年齢とは、開業から調査時までの操業年数である。企業年齢は、所有する事業所の年齢から計算される。詳細については<http://www.ces.census.gov/index.php/bds/bds_overview>を参照

資料：U.S. Census Bureau, Center for Economic Studies, "Business Dynamics Statistics,"<http://www.ces.census.gov/index.php/bds/bds_database_list>（2011年5月現在）

No.764. 事業所の開設、閉鎖および雇用——部門別、企業の種類（新規開業、若年企業、熟年企業）：2009年

[単位：1000（388は38万8000を表す）。1企業が1事業所（単体事業所）または複数の事業所（複合体企業）を持つ。企業は事業レベルで定義されており、運営管理されている事業所のすべてが、その企業に属するものとされる。部門別は標準産業分類（SIC）に基づく。<http://www.osha.gov/pls/imis/sic_manual.html>を参照。データは、ほとんど全ての、有給従業員のいる非農業民間事業所で、公的部門の活動を行うものも含めて網羅している。ビジネス・ダイナミクスの統計データは事業所レベルの雇用の純変化を計測している。表No.760、762、765に示すデータは北米産業分類に基づくもので、本表との比較はできない。また、本表のデータは小企業局のデータとも比較できない。調査の方法論が異なるためである。調査の概念および方法論については、<http://www.ces.census.gov/index.php/bds/bds_overview>を参照。マイナス（－）記号は減少を示す]

部門別および企業の種類別[1]	事業所数				雇用の変化				
	数	開設	閉鎖	純変化計	純変化計	新設[2]	閉鎖[3]	新設および拡張[4]	閉鎖および縮小[4]
全部門：[5]									
新規開業[6]	388	388	－	2,218	2,218	2,126	－	2,218	－
若年企業[7]	2,443	95	500	22,048	－2,411	468	2,427	3,498	5,908
熟年企業[8]	3,771	150	276	89,140	－4,581	1,984	2,726	8,432	13,014
農業：									
新規開業[6]	10	10	－	42	42	42	－	42	－
若年企業[7]	60	3	13	441	－40	14	55	100	141
熟年企業[8]	53	2	5	641	－33	17	29	82	115
鉱業：									
新規開業[6]	2	2	－	15	15	(D)	－	15	－
若年企業[7]	9	－	1	127	－9	3	12	26	35
熟年企業[8]	15	1	1	481	－9	17	17	66	75
建設業：									
新規開業[6]	19	19	－	79	79	79	－	79	－
若年企業[7]	172	8	52	1,173	－286	27	171	207	493
熟年企業[8]	252	7	34	3,678	－669	35	156	370	1,039
輸送、情報および公益事業：									
新規開業[6]	17	17	－	78	78	(D)	－	78	－
若年企業[7]	98	4	23	837	－82	23	97	139	221
熟年企業[8]	182	12	17	5,551	－273	168	190	540	813
卸売業：									
新規開業[6]	18	18	－	81	81	81	－	81	－
若年企業[7]	131	4	24	997	－100	20	105	148	248
熟年企業[8]	294	11	19	5,515	－266	132	203	562	828
製造業：									
新規開業[6]	11	11	－	120	120	120	－	120	－
若年企業[7]	90	3	16	1,212	－216	28	137	155	371
熟年企業[8]	202	5	14	11,580	－1,258	130	351	734	1,992
小売業：									
新規開業[6]	94	94	－	742	742	742	－	742	－
若年企業[7]	511	17	104	4,920	－753	115	642	670	1,423
熟年企業[8]	877	32	48	19,116	－738	587	473	1,764	2,502
金融・保険・不動産業：									
新規開業[6]	33	33	－	132	132	132	－	132	－
若年企業[7]	227	10	55	1,276	－157	38	193	223	379
熟年企業[8]	462	27	38	6,728	－314	232	292	749	1,062
サービス業：									
新規開業[6]	184	184	－	931	931	931	－	931	－
若年企業[7]	1,146	44	212	11,065	－768	200	1,015	1,830	2,598
熟年企業[8]	1,435	54	100	35,850	－1,021	665	1,015	3,567	4,588

－ ゼロを示す　D　特定の組織または個人の情報が特定されることを避けるため、情報非公開　1．企業の種類は企業の開設から調査時までの年数によって分類。企業年齢は、所有する事業所の年齢によって計算。詳細については<http://www.ces.census.gov/index.php/bds/bds_overview>を参照　2．事業所の開設年は、最初の雇用が報告された時点と定義される　3．閉鎖年は事業所が最終的に活動を終止した年と定義される　4．事業所の拡張と縮小に関する開設は<http://www.ces.census.gov/index.php/bds/bds_overview>を参照　5．政府および他のどこにも分類されていないものを除く　6．1歳未満　7．1-10歳　8．10歳以上

資料：U.S. Census Bureau, Center for Economic Studies, "Business Dynamics Statistics," <http://www.ces.census.gov/index.php/bds/bds_database_list>（2011年5月現在）

No.765. 新規企業設立、廃止──雇用規模別：1990－2007年

[単位：1000人（541.1は54万1100を表す）。このデータは、最初の年の3月から最後の年の3月までの活動を扱う。1年目の最初の四半期に雇用者の存在しなかった事業所は除外されている。この表は、新設と廃止を基にして示しており、企業の新設と廃止の概算でもある]

項目	新設				廃止			
	計	20人未満	500人未満	500人以上	計	20人未満	500人未満	500人以上
企業数：								
1990 to 1991	541.1	515.9	540.9	0.3	546.5	517.0	546.1	0.4
1995 to 1996	597.8	572.4	597.5	0.3	512.4	485.5	512.0	0.4
2000 to 2001	585.1	558.0	584.8	0.3	553.3	524.0	552.8	0.5
2002 to 2003[1]	612.3	585.6	612.0	0.3	540.7	514.6	540.3	0.3
2003 to 2004	628.9	601.9	628.7	0.3	541.0	515.0	540.7	0.3
2004 to 2005	644.1	616.0	643.9	0.3	565.7	539.1	565.5	0.3
2005 to 2006	670.1	640.7	669.8	0.2	599.3	573.3	599.1	0.3
2006 to 2007	668.4	639.1	668.2	0.2	592.4	564.3	592.1	0.3
雇用(1,000)：								
1990 to 1991	3,105	1,713	2,907	198	3,208	1,723	3,044	164
1995 to 1996	3,256	1,845	3,056	200	3,100	1,560	2,808	291
2000 to 2001	3,418	1,821	3,109	310	3,262	1,701	3,050	212
2002 to 2003[1]	3,667	1,856	3,174	493	3,324	1,608	2,880	445
2003 to 2004	3,575	1,889	3,241	334	3,221	1,615	2,868	353
2004 to 2005	3,609	1,931	3,279	330	3,307	1,685	2,981	326
2005 to 2006	3,682	1,999	3,412	270	3,220	1,711	2,964	256
2006 to 2007	3,554	1,945	3,325	229	3,482	1,734	3,126	356

1．雇用規模別の企業配分に統計手法変更（「プラント番号」ではなく「センサスID」に基づく）の影響がある
資料：U.S. Small Business Administration, Office of Advocacy, "Firm Size Data, Statistics of U.S. Businesses and Nonemployer Statistics"；<http://www.sba.gov/advo/research/data.html>（2011年3月現在）

No.766. 開設・閉鎖・拡張・縮小による事業所数と雇用の変化──企業の雇用規模別：2006－2007年

[単位：1000（6,762は676万2000を表す）および％。表No.765の頭注を参照。事業所とは、事業が運営されるか、サービスまたは産業活動が行われている物理的な場所を示す。企業とは1または複数の事業所を所有または管轄する事業組織である。マイナス（－）企業は減少を示す]

企業の雇用規模	事業所数	開設[1]	閉鎖[2]	雇用	雇用変化	雇用変化の理由（％）			
						開設[1]	閉鎖[2]	開設拡張[3]	閉鎖縮小[4]
計	6,762	906	753	119,894	537	6.3	-5.0	16.0	-15.5
1-4人	2,879	519	457	5,955	933	15.1	-11.9	39.1	-20.3
5-9人	1,073	85	77	6,969	81	7.7	-6.9	20.7	-18.5
10-19人	678	53	45	8,672	-27	7.5	-5.5	17.4	-17.1
20-99人	697	78	49	21,072	-121	6.7	-5.1	16.0	-16.6
100-499人	340	46	24	17,536	-241	5.1	-3.8	14.0	-16.5
500人未満	5,667	782	652	60,203	625	5.5	-4.4	13.7	-13.9
500人以上	1,095	124	101	59,691	-88	7.2	-5.6	18.3	-17.2

1．開設とは、最初の年の第一四半期にはゼロだった雇用が、次の年の第一四半期にはプラスになっている事業所　2．閉鎖とは、最初の年の第一四半期にはプラスの数値だった雇用が、次の年の第一四半期にはゼロとなっている事業所　3．拡張とは、最初の年の第一四半期も次の年の第一四半期も雇用はプラスであるが、その数値が増加している事業所　4．縮小とは、最初の年の第一四半期も次の年の第一四半期も雇用はプラスであるが、その数値が減少している事業所
資料：U.S. Small Business Administration, Office of Advocacy, "Statistics of U.S. Businesses,"<http://www.sba.gov/advo/research/data.html>（2011年3月現在）

No.767. 中小企業局融資──少数民族企業：2000－2010年

[3,675は36億7500万ドルを表す。9月30日を年度末とする会計年度。中小企業とは独立して所有運営され、特定産業で支配的な地位になく、かつ、年間収益は、被雇用者数に関して中小企業局が定めた標準を満たしていなければならない]

少数民族	融資件数					融資額（100万ドル）				
	2000	2005	2008	2009	2010	2000	2005	2008	2009	2010
少数民族融資総額	12,041	30,226	24,995	10,882	11,244	3,675	6,294	5,730	3,324	4,003
アフリカ系	2,183	7,302	7,475	2,776	1,676	415	756	1,081	526	332
アジア系	5,827	13,353	10,732	5,221	5,956	2,390	4,072	3,510	2,132	2,769
ヒスパニック	3,491	8,748	6,130	2,584	3,218	767	1,341	1,027	617	812
アメリカ先住民	540	823	658	301	394	102	125	112	49	90

資料：U.S. Small Business Administration, Management Information Summary, 未刊行資料

No.768. 合衆国の企業――事業主の性別、民族・人種別、および退役軍人：2007年

[27,110は2711万を表す。2007年事業主調査に基づく。暫定値。本章の解説および付録IIIを参照]

事業主	全企業[1]		有給従業員のいる企業			
	企業数 (1,000)	売上高 (10億ドル)	企業数 (1,000)	売上高 (10億ドル)	従業員数 (1,000)	年間賃金 (10億ドル)
全企業	27,110	30,181	5,753	29,209	118,669	4,887
女性	7,793	1,193	911	1,010	7,587	218
男性	13,911	8,513	3,237	7,944	41,582	1,534
男性／女性の共同	4,602	1,282	1,051	1,099	8,154	219
ヒスパニック[2]	2,260	345	249	275	1,936	55
ヒスパニック[2]／非ヒスパニックの共同	243	56	47	47	379	11
非ヒスパニック	23,804	10,586	4,903	9,732	55,009	1,906
少数民族	5,763	1,029	768	864	5,917	168
少数民族／少数民族以外の共同	436	110	86	94	699	22
少数民族以外	20,107	9,849	4,345	9,095	50,707	1,781
退役軍人	2,449	1,233	492	1,139	5,889	214
退役軍人／退役軍人以外の共同	1,221	422	271	373	2,486	76
退役軍人以外	22,636	9,333	4,436	8,542	48,948	1,682
白人	22,600	10,270	4,647	9,435	53,138	1,851
黒人またはアフリカ系	1,922	137	107	99	920	24
アメリカインディアンおよびアラスカ原住民	237	34	24	28	191	6
アジア系	1,553	514	399	461	2,869	82
ハワイ原住民およびその他の太平洋諸島民	39	7	4	6	43	1
その他の人種	81	18	14	15	87	2
公的所有その他[3]	804	19,193	554	19,155	61,346	2,915
分類可能企業[4]	26,306	10,988	5,199	10,053	57,323	1,972

1．有給従業員の有無を問わず　2．ヒスパニックは人種を問わない。したがって複数の人種グループを含む　3．性別、民族・人種別、退役軍人か否かの分類が不可能な、公的所有その他の企業　4．性別、民族・人種別、退役軍人か否かの分類が可能な企業

資料：U.S. Census Bureau, 2007 Economic Census, Survey of Business Owners; 〈http://www.census.gov/econ/sbo/〉

No.769. 女性所有企業――事業種別：2007年

[7,793は779万3千を表す。表No.768.の頭注を参照]

事業種別	2007 NAICS分類[1]	全企業[2]		有給従業員のいる企業			
		企業数 (1,000)	売上高 (100万ドル)	企業数 (1,000)	売上高 (100万ドル)	従業員数 (1,000人)	年間賃金 (100万ドル)
計[3]	(X)	7,793	1,192,781	911	1,010,470	7,587	218,136
林業、漁業、狩猟および農業支援サービス	113–115	27	2,053	2	1,318	10	273
鉱業	21	18	11,574	2	10,725	23	1,033
交易事業	22	4	1,928	(Z)	1,862	2	82
建設業	23	269	97,527	54	88,499	496	21,317
製造業	31–33	113	109,056	34	106,787	574	20,746
卸売業	42	133	250,034	39	245,085	388	16,476
小売業	44–45	919	181,233	127	162,094	829	17,730
輸送業および倉庫業[4]	48–49	142	32,679	19	27,723	216	7,069
情報産業	51	97	26,287	9	24,214	122	6,415
金融及び保険[5]	52	201	32,662	35	25,278	166	7,162
不動産業およびリース・レンタル	53	658	58,775	57	29,252	184	5,769
専門・科学・技術サービス	54	1,096	107,619	143	77,977	642	28,870
会社の運営	55	2	2,840	2	2,840	51	3,483
管理、支援、廃棄物管理、および回復サービス	56	786	66,151	64	54,401	1,156	26,930
教育サービス	61	276	9,888	17	6,886	130	2,638
保健医療および社会扶助	62	1,232	93,472	128	70,353	1,141	29,415
芸術、エンターテインメントおよび娯楽	71	376	16,514	19	9,769	115	3,063
宿泊および食事サービス	72	192	47,491	86	44,217	967	12,384
その他のサービス（行政を含む）[6]	81	1,252	44,815	77	21,007	368	7,224
分類不能の産業	99	3	184	3	184	4	57

X 該当なし　Z 500未満　1．2007年北米産業分類に基づく。本章の解説を参照　2．有給従業員の有無を問わず　3．1事業所以上が従事する産業には含まれるが、計には1回のみカウント　4．航空旅客輸送（定期便）（NAICS481111）、鉄道輸送（NAICS482）、郵便サービス（NAICS491）を除く　5．ファンド、信託その他の金融商品（NAICS525）を除く　6．宗教、募金、市民、専門家、その他の団体（NAICS813）および世帯（NAICS814）を除く

資料：U.S. Census Bureau, 2007 Economic Census, Survey of Business Owners, Women-Owned Firms; 〈http://www.census.gov/econ/sbo/〉

No.770. 少数民族所有企業——事業種別：2007年

[1,028,595は1兆285億9500万ドルを表す。表No.768の頭注を参照。少数民族所有企業とは、事業の権利または株式の51％以上を所有する者が、黒人またはアフリカ系、アメリカインディアンおよびアラスカ原住民、アジア系、ハワイ原住民および太平洋諸島民、および／またはヒスパニック系である企業である]

事業種別	2007 NAICS 分類[1]	全企業[2] 企業数 (1,000)	全企業[2] 売上高 (100万ドル)	有給従業員のいる企業 企業数 (1,000)	有給従業員のいる企業 売上高 (100万ドル)	有給従業員のいる企業 従業員数 (1,000人)	有給従業員のいる企業 年間賃金 (100万ドル)
計[3]	(X)	5,762,940	1,028,595	768,147	864,228	5,916,651	168,215
林業、漁業、狩猟および農業支援サービス	113–115	24,331	1,963	1,046	984	13,793	255
鉱業	21	4,827	2,480	593	2,207	9,706	440
交易事業	22	3,698	521	168	448	972	48
建設業	23	551,573	96,026	62,899	74,010	430,306	15,895
製造業	31–33	82,057	66,947	24,905	64,647	349,514	11,662
卸売業	42	126,900	217,101	47,018	210,267	338,634	13,686
小売業	44–45	526,329	185,472	118,128	168,593	650,113	13,679
輸送業および倉庫業[4]	48–49	432,436	43,134	23,280	20,988	155,815	4,621
情報産業	51	63,814	15,224	6,043	13,618	58,793	3,617
金融及び保険[5]	52	138,241	27,021	22,111	21,004	105,366	4,593
不動産業およびリース・レンタル	53	346,143	28,778	25,016	13,246	91,261	2,797
専門・科学・技術サービス	54	576,453	82,446	78,503	66,617	465,606	26,028
会社の運営	55	1,012	2,527	1,012	2,527	30,652	1,842
管理、支援、廃棄物管理、および回復サービス	56	606,877	42,842	41,125	33,007	619,334	14,613
教育サービス	61	111,961	4,711	6,844	3,491	55,788	1,357
保健医療および社会扶助	62	755,274	84,695	104,475	70,539	811,008	27,455
芸術、エンターテインメントおよび娯楽	71	196,823	9,112	6,680	5,435	48,340	1,851
宿泊および食事サービス	72	241,320	79,037	135,037	74,628	1,423,808	18,725
その他のサービス（行政を含む）[6]	81	973,114	38,347	63,506	17,759	255,867	5,003
分類不能の産業	99	1,557	212	1,557	212	1,976	49

X 該当なし　1．2007年北米産業分類に基づく。本章の解説を参照　2．有給従業員の有無を問わず　3．1事業所以上が従事する産業には含まれるが、計には1回のみカウント　4．航空旅客輸送（定期便）(NAICS481111)、鉄道輸送(NAICS482)、郵便サービス(NAICS491)を除く　5．ファンド、信託その他の金融商品(NAICS525)を除く　6．宗教、募金、市民、専門家、その他の団体(NAICS813)および世帯(NAICS814)を除く

資料：U.S. Census Bureau, 2007 Economic Census, *Survey of Business Owners, Minority-Owned Firms*, <http://www.census.gov/econ/sbo/>

No.771. ヒスパニック所有企業——事業種別：2007年

[345,182は3451億8200万ドルを表す。表No.768の頭注を参照]

事業種別	2007 NAICS 分類[1]	全企業[2] 企業数 (1,000)	全企業[2] 売上高 (100万ドル)	有給従業員のいる企業 企業数 (1,000)	有給従業員のいる企業 売上高 (100万ドル)	有給従業員のいる企業 従業員数 (1,000人)	有給従業員のいる企業 年間賃金 (100万ドル)
計[3]	(X)	2,259,857	345,182	249,044	274,570	1,935,688	54,717
林業、漁業、狩猟および農業支援サービス	113-115	10,055	919	569	591	11,115	178
鉱業	21	2,335	1,031	312	910	5,467	246
交易事業	22	1,868	187	43	147	315	25
建設業	23	340,655	56,306	38,327	41,069	262,001	8,981
製造業	31–33	36,582	22,711	10,557	21,559	137,535	4,514
卸売業	42	43,949	64,794	13,119	62,377	99,209	3,973
小売業	44-45	186,461	53,790	29,743	47,598	200,899	4,807
輸送業および倉庫業[4]	48-49	200,614	21,450	11,931	9,881	72,259	2,009
情報産業	51	21,454	3,449	2,156	2,857	14,799	738
金融及び保険[5]	52	51,751	11,143	8,900	9,075	41,803	1,640
不動産業およびリース・レンタル	53	130,327	10,219	9,230	4,607	32,015	978
専門・科学・技術サービス	54	185,375	22,395	24,751	17,139	129,920	6,347
会社の運営	55	284	917	284	917	11,242	520
管理、支援、廃棄物管理、および回復サービス	56	313,271	19,848	20,833	14,327	262,507	6,170
教育サービス	61	33,113	1,372	1,605	1,011	14,005	373
保健医療および社会扶助	62	234,715	19,324	23,161	15,243	186,065	6,119
芸術、エンターテインメントおよび娯楽	71	63,851	2,742	2,297	1,433	13,979	514
宿泊および食事サービス	72	65,627	18,630	31,220	17,437	357,572	4,748
その他のサービス（行政を含む）[6]	81	337,687	13,855	20,123	6,294	82,469	1,820
分類不能の産業	99	432	99	432	99	513	18

X 該当なし　1．2007年北米産業分類に基づく。本章の解説を参照　2．有給従業員の有無を問わず　3．1事業所以上が従事する産業には含まれるが、計には1回のみカウント　4．航空旅客輸送（定期便）(NAICS481111)、鉄道輸送(NAICS482)、郵便サービス(NAICS491)を除く　5．ファンド、信託その他の金融商品(NAICS525)を除く　6．宗教、募金、市民、専門家、その他の団体(NAICS813)および世帯(NAICS814)を除く

資料：U.S. Census Bureau, 2007 Economic Census, *Survey of Business Owners, Hispanic-Owned Firms*, <http://www.census.gov/econ/sbo/>

No.772. 黒人所有企業――事業種別：2007年

[137,448は1374億4800万ドルを表す。表No.768の頭注を参照]

事業種別	2007 NAICS分類[1]	全企業[2] 企業数(1,000)	全企業[2] 売上高(100万ドル)	有給従業員のいる企業 企業数(1,000)	有給従業員のいる企業 売上高(100万ドル)	有給従業員のいる企業 従業員数(1,000人)	有給従業員のいる企業 年間賃金(100万ドル)
計[3]	(X)	1,921,907	137,448	106,779	98,840	920,198	23,899
林業、漁業、狩猟および農業支援サービス	113-115	4,342	336	230	137	1,256	27
鉱業	21	(S)	(S)	(S)	(S)	(S)	(S)
交易事業	22	1,316	68	18	48	92	4
建設業	23	125,931	13,362	9,635	9,968	56,471	2,010
製造業	31-33	16,087	6,923	1,888	6,570	29,346	1,051
卸売業	42	19,410	15,163	2,328	14,509	18,300	757
小売業	44-45	148,245	20,736	11,241	17,709	58,680	1,456
輸送業および倉庫業[4]	48-49	168,357	11,160	5,809	3,965	40,202	1,043
情報産業	51	23,436	2,524	1,203	2,115	11,047	727
金融及び保険[5]	52	42,178	3,396	4,777	2,282	16,547	626
不動産業およびリース・レンタル	53	92,510	3,965	3,321	1,305	11,008	296
専門・科学・技術サービス	54	163,754	13,107	12,895	9,637	81,199	3,908
会社の運営	55	201	510	201	510	3,330	193
管理、支援、廃棄物管理、および回復サービス	56	216,733	9,957	9,661	7,197	168,093	3,501
教育サービス	61	47,772	1,156	1,465	709	12,252	271
保健医療および社会扶助	62	365,130	17,001	24,362	11,695	229,660	5,117
芸術、エンターテインメントおよび娯楽	71	86,314	3,400	2,160	2,026	11,426	568
宿泊および食事サービス	72	41,005	6,805	7,351	6,117	140,367	1,705
その他のサービス（行政を含む）[6]	81	358,329	7,603	8,000	2,093	29,465	587
分類不能の産業	99	493	42	493	42	582	14

X 該当なし　S データは出版基準に達しない　1. 2007年北米産業分類に基づく。本章の解説を参照　2. 有給従業員の有無を問わず　3. 1事業所以上が従事する産業には含まれるが、計には1回のみカウント　4. 航空旅客輸送（定期便）（NAICS481111）、鉄道輸送（NAICS482）、郵便サービス（NAICS491）を除く　5. ファンド、信託その他の金融商品（NAICS525）を除く　6. 宗教、募金、市民、専門家、その他の団体（NAICS813）および世帯（NAICS814）を除く
資料：U.S. Census Bureau, 2007 Economic Census, *Survey of Business Owners, Black-Owned Firms*, ⟨http://www.census.gov/econ/sbo⟩

No.773. アジア人所有企業――事業種別：2007年

[513,871は5138億7100万ドルを表す。表No.768の頭注を参照]

事業種別	2007 NAICS分類[1]	全企業[2] 企業数(1,000)	全企業[2] 売上高(100万ドル)	有給従業員のいる企業 企業数(1,000)	有給従業員のいる企業 売上高(100万ドル)	有給従業員のいる企業 従業員数(1,000人)	有給従業員のいる企業 年間賃金(100万ドル)
計[3]	(X)	1,552,505	513,871	398,586	461,331	2,869,153	82,202
林業、漁業、狩猟および農業支援サービス	113-115	5,145	429	122	165	798	27
鉱業	21	954	906	68	849	2,172	114
交易事業	22	484	119	65	108	379	13
建設業	23	71,103	18,647	10,660	15,972	78,820	3,425
製造業	31-33	26,481	34,062	11,880	33,344	168,632	5,554
卸売業	42	60,569	132,740	30,630	129,092	212,906	8,571
小売業	44-45	191,233	107,885	77,531	100,300	382,823	7,150
輸送業および倉庫業[4]	48-49	74,244	10,348	5,298	6,726	38,259	1,412
情報産業	51	17,454	8,917	2,514	8,379	30,929	2,099
金融及び保険[5]	52	42,284	11,657	7,699	8,956	41,793	2,092
不動産業およびリース・レンタル	53	116,225	13,332	11,515	6,498	42,433	1,298
専門・科学・技術サービス	54	214,053	43,543	38,253	37,082	236,349	14,617
会社の運営	55	479	1,026	479	1,026	14,675	1,029
管理、支援、廃棄物管理、および回復サービス	56	75,634	11,433	9,982	9,948	158,759	4,198
教育サービス	61	29,587	2,012	3,576	1,614	27,185	649
保健医療および社会扶助	62	164,494	45,196	55,005	40,529	367,633	14,852
芸術、エンターテインメントおよび娯楽	71	40,435	2,479	1,980	1,638	20,596	599
宿泊および食事サービス	72	133,980	52,609	96,251	50,097	903,055	11,987
その他のサービス（行政を含む）[6]	81	287,892	16,469	35,304	8,946	140,217	2,499
分類不能の産業	99	615	62	615	62	740	14

X 該当なし　1. 2007年北米産業分類に基づく。本章の解説を参照　2. 有給従業員の有無を問わず　3. 1事業所以上が従事する産業には含まれるが、計には1回のみカウント　4. 航空旅客輸送（定期便）（NAICS481111）、鉄道輸送（NAICS482）、郵便サービス（NAICS491）を除く　5. ファンド、信託その他の金融商品（NAICS525）を除く　6. 宗教、募金、市民、専門家、その他の団体（NAICS813）および世帯（NAICS814）を除く
資料：U.S. Census Bureau, 2007 Economic Census, *Survey of Business Owners, Asian-Owned Firms*, ⟨http://www.census.gov/econ/sbo⟩

No.774. ハワイ原住民およびその他の太平洋諸島民所有企業――事業種別：2007年

[6,971は69億7100万ドルを表す。表No.768の頭注を参照]

事業種別	2007 北米産業分類[1]	全企業[2] 企業数(1,000)	全企業[2] 売上高(100万ドル)	有給従業員のいる企業 企業数(1,000)	有給従業員のいる企業 売上高(100万ドル)	有給従業員のいる企業 従業員数(1,000人)	有給従業員のいる企業 年間賃金(100万ドル)
計[3]	(X)	38,881	6,971	4,386	5,840	43,187	1,432
林業、漁業、狩猟および農業支援サービス	113–115	(S)	(S)	(S)	(S)	(S)	(S)
鉱業	21	32	8	1	(D)	([4])	(D)
交易事業	22	8	2	2	(D)	([4])	(D)
建設業	23	5,072	1,573	888	1,368	6,267	288
製造業	31–33	636	301	112	288	1,773	54
卸売業	42	737	525	161	457	951	46
小売業	44–45	3,947	1,328	471	1,168	3,672	114
輸送業および倉庫業[5]	48–49	2,397	259	143	158	877	31
情報産業	51	423	164	39	150	960	52
金融及び保険[6]	52	(S)	(S)	(S)	(S)	(S)	(S)
不動産業およびリース・レンタル	53	2,745	252	215	129	715	24
専門・科学・技術サービス	54	3,776	735	487	618	4,625	283
会社の運営	55	14	(D)	14	(D)	([7])	(D)
管理、支援、廃棄物管理、および回復サービス	56	3,586	417	298	370	8,312	182
教育サービス	61	638	45	33	39	625	13
保健医療および社会扶助	62	3,803	373	480	307	3,323	132
芸術、エンターテインメントおよび娯楽	71	2,643	111	(S)	(S)	(S)	(S)
宿泊および食事サービス	72	1,352	409	593	398	7,088	99
その他のサービス(行政を含む)[8]	81	5,399	176	201	63	847	19
分類不能の産業	99	(S)	(S)	(S)	(S)	(S)	(S)

D 特定の組織または個人の情報が特定されることを避けるため、情報非公開　S データは出版基準に達しない　X 該当なし　1．2007年北米産業分類に基づく。本章の解説を参照　2．有給従業員の有無を問わず　3．1事業所以上が従事する産業には含まれるが、計には1回のみカウント　4．従業員0-19人　5．航空旅客輸送(定期便)(NAICS481111)、鉄道輸送(NAICS482)、郵便サービス(NAICS491)を除く　6．ファンド、信託その他の金融商品(NAICS525)を除く　7．従業員100-249人　8．宗教、募金、市民、専門家、その他の団体(NAICS813)および世帯(NAICS814)を除く

資料：U.S. Census Bureau, 2007 Economic Census, *Survey of Business Owners, Native Hawaiian- and Other Pacific Islander-Owned Firms*, 〈http://www.census.gov/econ/sbo〉

No.775. アメリカインディアンおよびアラスカ原住民所有企業―事業種別：2007年

[34,488は344億8800万ドルを表す。表No.768の頭注を参照]

事業種別	2007 北米産業分類[1]	全企業[2] 企業数(1,000)	全企業[2] 売上高(100万ドル)	有給従業員のいる企業 企業数(1,000)	有給従業員のいる企業 売上高(100万ドル)	有給従業員のいる企業 従業員数(1,000人)	有給従業員のいる企業 年間賃金(100万ドル)
計[3]	(X)	237,386	34,488	24,064	27,583	191,472	6,201
林業、漁業、狩猟および農業支援サービス	113–115	5,033	292	158	95	711	28
鉱業	21	834	293	159	228	1,114	43
交易事業	22	248	(D)	13	(D)	([4])	(D)
建設業	23	37,779	8,691	5,242	7,267	39,477	1,595
製造業	31–33	5,018	2,969	1,045	2,865	15,059	566
卸売業	42	4,871	3,204	973	3,035	7,099	295
小売業	44–45	19,896	5,524	2,645	4,906	19,022	417
輸送業および倉庫業[5]	48–49	12,975	1,519	872	800	6,071	192
情報産業	51	2,981	383	261	309	2,723	88
金融及び保険[6]	52	4,534	672	1,016	478	5,329	193
不動産業およびリース・レンタル	53	12,472	1,178	896	643	4,642	159
専門・科学・技術サービス	54	23,925	2,681	2,901	1,900	14,564	730
会社の運営	55	35	34	35	34	943	68
管理、支援、廃棄物管理、および回復サービス	56	22,729	1,930	1,421	1,463	26,276	686
教育サービス	61	5,252	211	179	160	1,996	59
保健医療および社会扶助	62	25,235	1,704	2,377	1,249	16,853	483
芸術、エンターテインメントおよび娯楽	71	13,506	604	265	327	1,106	175
宿泊および食事サービス	72	5,431	1,200	2,058	1,119	21,737	258
その他のサービス(行政を含む)[7]	81	34,580	1,251	1,497	563	6,553	160
分類不能の産業	99	132	8	132	8	121	3

D 特定の組織または個人の情報が特定されることを避けるため、情報非公開　X 該当なし　1．2007年北米産業分類に基づく。本章の解説を参照　2．有給従業員の有無を問わず　3．1事業所以上が従事する産業には含まれるが、計には1回のみカウント　4．従業員20-99人　5．航空旅客輸送(定期便)(NAICS481111)、鉄道輸送(NAICS482)、郵便サービス(NAICS491)を除く　6．ファンド、信託その他の金融商品(NAICS525)を除く　7．宗教、募金、市民、専門家、その他の団体(NAICS813)および世帯(NAICS814)を除く

資料：U.S. Census Bureau, 2007 Economic Census, *Survey of Business Owners, American Indian-and Alaska Native-Owned Firms*, 〈http://www.census.gov/econ/sbo〉

No.776. 破産申告および登録件数：1990－2010年

[6月30日を年度末とする。1978年の改訂破産条例（Bankruptcy Reform Act）のもとで登録された破産のみ。破産とは会社あるいは個人が支払い不能となり、再編・整理されなければならない、という法律上の認識。申し立ての「登録済」（filed）とは破産裁判所の書記に申し立てを提出することによる訴訟手続きの開始をいう。「係争中」（pending）とは執行が完了していない訴訟をいう]

項目	1990	1995	2000	2005	2006	2007	2008	2009	2010
登録件数、計………	725,484	858,104	1,276,922	1,637,254	1,484,570	751,056	967,831	1,306,315	1,572,597
企業[1]………	64,688	51,288	36,910	32,406	31,562	23,889	33,822	55,021	59,608
非企業[2]………	660,796	806,816	1,240,012	1,604,848	1,453,008	727,167	934,009	1,251,294	1,512,989
Chapter 7[3]………	468,171	552,244	864,183	1,174,681	1,142,958	435,064	592,376	870,266	1,091,322
Chapter 11[4]………	2,116	1,755	722	847	749	540	780	1,088	1,827
Chapter 13[5]………	190,509	252,817	375,107	429,315	309,298	291,560	340,852	379,939	419,836
任意………	723,886	856,991	1,276,146	1,636,678	1,484,085	750,577	967,248	1,305,349	1,571,619
強制………	1,598	1,113	776	576	485	479	583	966	978
Chapter 7[3]………	505,337	581,390	885,447	1,196,212	1,164,815	450,332	615,748	907,603	1,133,320
Chapter 9[6]………	7	12	8	6	10	7	4	6	12
Chapter 11[4]………	19,591	13,221	9,947	6,703	6,224	5,586	7,293	13,951	14,272
Chapter 12[7]………	1,351	904	732	290	360	386	314	422	660
Chapter 13[5]………	199,186	262,551	380,770	433,945	313,085	294,693	344,421	384,187	424,242
第304条[8]………	12	26	18	98	[9] 36	(X)	(X)	(X)	(X)
Chapter 15[9]………	(X)	(X)	(X)	(X)	40	52	51	146	91
係争中の件数、計…	961,919	1,090,446	1,400,416	1,750,562	1,411,212	1,312,016	1,325,220	1,527,073	1,658,318

NA データなし　X 該当なし　1．企業破産はChapter 7、9、11、12、13、15のもとで登録されたものを含む　2．個別に示さない申告を含む　3．Chapter 7、事業用または個人用非課税資産の破産　4．Chapter 11、個人または企業の財政建て直し　5．Chapter 13、定期収入のある個人の債務調整　6．Chapter 9、地方自治体の債務調整　7．Chapter 12、1986年11月26日に実施された定期年収のある家庭農場主の債務調整　8．Chapter 11、U.S.C.（合衆国条例）第304条、外国の訴訟手続き補助の件　9．2005年10月17日の破産法改正の実施により、Chapter 15が加えられ、第304条が除かれた

資料：Administrative Office of the U.S. Courts, *Statistical Tables for the Federal Judiciary* および "Bankruptcy Statistics"；<http://www.uscourts.gov/bnkrpctystats/statistics.htm>

No.777. 破産件数――州別：2000－2010年

[単位：1,000件（1,276.9は127万6900件を表す）。6月30日を年度末とする。1978年の改訂破産条例（Bankruptcy Reform Act）のもとで登録された破産のみ。破産とは企業または個人が支払い不能となり、再編、整理されなければならない、という法律上の認識。申し立ての「登録済」（filed）とは破産裁判所の書記に申し立て書を提出することによる訴訟手続きの開始をいう]

州	2000	2005	2009	2010	州	2000	2005	2009	2010
計[1]	1,276.9	1,637.3	1,306.3	1,572.6	ミズーリ	26.3	39.2	28.6	32.9
アラバマ	31.4	42.6	33.6	34.9	モンタナ	3.3	4.4	2.4	3.1
アラスカ	1.4	1.6	1.0	1.1	ネブラスカ	5.6	9.6	7.2	7.9
アリゾナ	21.7	32.4	26.8	40.7	ネバダ	14.3	16.3	24.4	31.0
アーカンソー	16.3	25.5	15.4	16.9	ニューハンプシャー	3.9	4.9	4.6	5.7
カリフォルニア	160.6	122.6	171.6	242.0					
					ニュージャージー	38.7	40.7	31.6	39.7
コロラド	15.6	30.2	24.7	31.9	ニューメキシコ	7.1	10.1	5.3	6.6
コネティカット	11.4	11.8	9.2	11.3	ニューヨーク	61.7	81.7	53.2	58.2
デラウェア	4.9	3.6	4.4	4.5	ノースカロライナ	25.8	37.5	25.5	27.7
コロンビア特別区	2.6	1.9	1.0	1.3	ノースダコタ	2.0	2.5	1.5	1.6
フロリダ	74.0	85.8	82.9	107.4					
					オハイオ	53.6	95.8	64.5	72.9
ジョージア	57.9	77.3	70.0	77.8	オクラホマ	19.3	28.2	12.7	15.1
ハワイ	5.0	3.2	2.7	3.7	オレゴン	18.1	25.3	15.9	20.1
アイダホ	7.3	9.7	6.7	8.3	ペンシルベニア	43.8	62.3	35.6	38.8
イリノイ	62.3	83.6	65.0	80.8	ロードアイランド	4.8	4.4	4.9	5.4
インディアナ	37.5	55.9	44.6	49.3					
					サウスカロライナ	11.7	15.2	9.5	9.7
アイオワ	8.2	14.3	9.3	10.4	サウスダコタ	2.1	2.9	1.7	2.0
カンザス	11.4	17.3	10.1	11.1	テネシー	47.1	60.8	52.6	52.5
ケンタッキー	20.8	29.2	23.6	26.0	テキサス	62.9	97.5	48.8	57.8
ルイジアナ	23.1	31.1	16.8	19.5	ユタ	14.4	20.5	12.1	17.0
メーン	4.1	4.7	3.5	4.1					
					バーモント	1.6	1.7	1.4	1.7
メリーランド	31.1	28.5	21.4	29.1	バージニア	37.1	38.8	33.3	37.8
マサチューセッツ	16.7	19.6	18.6	22.9	ワシントン	31.2	37.7	27.1	33.5
ミシガン	36.4	68.5	63.8	71.0	ウエストバージニア	8.2	12.6	6.0	6.6
ミネソタ	15.4	19.4	19.2	22.6	ウィスコンシン	18.0	29.0	24.7	30.0
ミシシッピ	17.9	21.8	13.8	14.8	ワイオミング	2.0	2.5	1.1	1.5

1．個別に明示しない海外領土を含む

資料：Administrative Office of the U.S. Courts, *Statistical Tables for the Federal Judiciary*；<http://www.uscourts.gov/bnkrpctystats/statistics.htm>

No.778. 特許、商標：1990－2010年

[単位：1,000件（99.2は9万9200を表す）。暦年データ。合衆国市民および外国の居住者に発行された特許を対象とする。外国のデータは、表No.1393を参照。『アメリカ歴史統計』系列W96-108も参照]

項目	1990	1995	2000	2005	2006	2007	2008	2009	2010
特許発効	99.2	113.8	176.0	157.7	196.4	182.9	185.2	191.9	244.3
発明	90.4	101.4	157.5	143.8	173.8	157.3	157.8	167.3	219.6
個人	17.3	17.4	22.4	14.7	16.6	14.0	12.6	12.6	16.6
株式会社：									
合衆国	36.1	44.0	70.9	65.2	78.9	70.5	70.0	74.8	97.8
海外[1]	36.0	39.1	63.3	63.2	77.4	72.0	74.5	79.3	104.3
合衆国政府	1.0	1.0	0.9	0.7	0.8	0.7	0.7	0.7	0.9
デザイン	8.0	11.7	17.4	13.0	21.0	24.1	25.6	23.1	22.8
植物	0.3	0.4	0.5	0.7	1.1	1.0	1.2	1.0	1.0
再発行	0.4	0.3	0.5	0.2	0.5	0.5	0.6	0.5	0.9
合衆国居住者	52.8	64.4	96.9	82.6	102.2	93.7	92.0	95.0	121.2
海外居住者	46.2	49.4	79.1	75.2	94.2	89.2	93.2	96.9	123.2
全体に占める割合（％）	46.7	43.4	44.9	47.6	48.0	48.8	50.3	50.5	50.4
商標：									
申請件数	127.3	181.0	361.8	334.7	362.3	401.0	390.8	351.9	370.2
商標発行の認可	60.8	92.5	115.2	154.8	193.7	218.8	233.9	222.1	210.6
商標	53.6	85.6	106.4	121.6	153.3	170.8	194.4	177.4	165.2
更新	7.2	6.9	8.8	33.3	40.4	48.1	39.5	44.7	45.4

1. 外国政府に対する特許を含む

資料：U.S. Patent and Trademark Office, "Statistical Reports Available For Viewing, Calendar Year Patent Statistics"; <http://www.uspto.gov/web/offices/ac/ido/oeip/taf/reports.htm> および未刊行資料

No.779. 特許——州、海外領土別：2010年

[合衆国および海外領土の居住者に認可された特許のみ。本書前年版の表No.773も参照]

州	計	発明	デザイン	植物	再発行	州	計	発明	デザイン	植物	再発行
計	121,164	107,792	12,612	297	463	ミズーリ	1,140	975	157	5	3
						モンタナ	118	105	13	−	−
アラバマ	538	444	87	4	3	ネブラスカ	253	214	36	3	−
アラスカ	33	28	4	−	1	ネバダ	639	540	96	−	3
アリゾナ	2,169	1,976	179	1	13	ニューハンプシャー	802	725	70	−	7
アーカンソー	216	144	70	2	−	ニュージャージー	4,345	3,874	444	7	20
カリフォルニア	30,076	27,337	2,515	101	123	ニューメキシコ	455	434	15	−	6
コロラド	2,435	2,135	294	1	5	ニューヨーク	8,095	7,082	995	1	17
コネティカット	2,111	1,875	219	2	15	ノースカロライナ	2,922	2,636	271	8	7
デラウェア	391	367	23	−	1	ノースダコタ	112	107	4	−	1
コロンビア特別区	87	82	5	−	−	オハイオ	3,983	3,230	739	2	12
フロリダ	3,723	2,978	670	58	17	オクラホマ	582	516	59	−	7
ジョージア	2,194	1,905	257	21	11	オレゴン	2,340	2,040	273	21	6
ハワイ	144	121	21	2	−	ペンシルバニア	3,887	3,351	513	2	21
アイダホ	1,162	1,095	62	−	5	ロードアイランド	354	276	76	−	2
イリノイ	4,374	3,611	739	11	13	サウスカロライナ	651	517	124	7	3
インディアナ	1,697	1,492	198	1	6	サウスダコタ	82	70	12	−	−
アイオワ	809	763	44	−	2	テネシー	1,037	925	105	1	6
カンザス	728	615	108	−	5	テキサス	8,026	7,545	448	5	28
ケンタッキー	601	536	64	−	1	ユタ	1,145	1,017	124	−	4
ルイジアナ	355	304	48	1	2	バーモント	668	642	26	−	−
メーン	220	211	8	−	1	バージニア	1,724	1,587	131	−	6
メリーランド	1,731	1,578	143	3	7	ワシントン	5,809	5,258	537	5	9
マサチューセッツ	5,260	4,923	315	3	19	ウエストバージニア	134	118	14	2	−
ミシガン	4,277	3,823	427	8	19	ウィスコンシン	2,232	1,814	404	3	11
ミネソタ	4,005	3,597	390	3	15	ワイオミング	89	82	7	−	−
ミシシッピ	172	145	24	3	−	海外領土	32	27	5	−	−

− ゼロを示す

資料：U.S. Patent and Trademark Office, "Statistical Reports Available For Viewing, Calendar Year Patent Statistics"; <http://www.uspto.gov/web/offices/ac/ido/oeip/taf/reports.htm>

No.780. 著作権登録——形態別：2000－2010年

[単位：1,000（497.6は49万7600を表す）。9月30日年度末。出願数は海外製品も含む。半導体チップ製品および更新数は申請計に含まれない]

内容	2000	2005	2009	2010	内容	2000	2005	2009	2010
著作権申請、計	497.6	515.2	381.3	636.4	音楽作品[2]	138.9	133.7	93.3	124.5
専攻論文[1]	169.7	191.4	133.3	247.1	視覚芸術作品[3]	85.8	82.5	75.2	97.2
シリアル	69.0	57.7	37.5	89.2	半導体チップ製品	0.7	0.5	0.3	0.3
録音	34.2	49.9	42.0	78.0	更新	16.8	15.8	0.5	0.1

1. コンピュータ・ソフトウェア、機械で読み込み可能なものを含む　2. 劇、伴奏音楽、バレエ音楽、パントマイム、動画、フィルムストリップを含む　3. 2次元のグラフィックアート。印刷、複製、彫刻作品、専門的ドローイング、写真、商業印刷・ラベル、マルチメディア作品を含む

資料：The Library of Congress, Copyright Office, Annual Report.

No.781. 民間固定資本の純ストック——産業別：2000－2009年

[単位：10億ドル（21,230は21兆2300億ドルを表す）。12月31日現在の推計値。純ストック推計値は、名目価格で、設備、ソフトウェア、建物を含む]

産業	2002年北米産業分類[1]	2000	2005	2008	2009
民間固定資本	(X)	21,230	30,587	34,694	33,776
農業、林業、水産業、狩猟	11	341	442	508	493
農場[2]	111, 112	314	407	464	449
林業、漁業および関連事業	113-115	27	35	44	43
鉱業	21	538	1,024	1,386	1,269
原油、ガス採掘	211	403	845	1,130	1,016
鉱業（原油・ガスを除く）	212	92	115	148	143
鉱業支援事業	213	44	63	108	110
公益事業	22	1,039	1,402	1,828	1,824
建設業	23	174	229	288	284
製造業	31-33	1,771	2,012	2,366	2,310
耐久財	(X)	1,004	1,140	1,338	1,308
木製品	321	32	36	41	39
非金属鉱物製品	327	56	65	78	75
一次金属	331	125	129	149	146
金属製品	332	112	125	145	142
機械	333	142	167	201	199
コンピュータ、エレクトロニクス製品	334	248	279	331	327
家庭用電気機器	335	45	50	59	57
自動車、車体・付随車、部品	3361-3363	106	122	134	128
その他の輸送機器	3364, 3365, 3369	80	96	118	116
家具および関連製品	337	16	20	22	21
その他の製造業	339	44	52	61	58
非耐久財	(X)	767	872	1,028	1,002
食品、飲料、タバコ製品	311, 312	183	210	244	238
繊維工場、繊維製品工場	313, 314	44	43	45	42
アパレル、皮革および関連製品	315, 316	17	18	19	18
紙製品	322	101	102	112	107
印刷および関連支援事業	323	41	49	57	55
石油・石炭製品	324	92	117	159	162
化学製品	325	221	256	305	296
プラスチック・ゴム製品	326	68	77	88	84
卸売業	42	348	466	524	503
小売業	44-45	641	893	1,087	1,037
運輸、倉庫[3]	48-49	828	982	1,122	1,106
航空輸送	481	195	244	263	255
鉄道輸送	482	283	309	338	341
水上輸送	483	40	50	59	59
トラック輸送	484	70	82	95	90
通過旅客地上連絡輸送	485	37	42	47	46
パイプライン輸送	486	74	115	166	167
倉庫・保管	493	21	29	38	37
情報	51	861	1,031	1,177	1,163
出版（ソフトウェアを含む）	511, 516 (pt)	50	54	63	61
映画・レコード音楽産業	512	32	36	39	36
放送、電気通信	515, 517	760	911	1,039	1,031
情報、データ処理サービス	516 (pt), 518, 519	20	30	36	36
金融、保険	52	825	1,103	1,329	1,279
連邦準備銀行	521	11	16	19	19
信用仲介および関連事業	522	467	614	715	683
証券、商品取引、投資	523	87	111	138	134
保険会社および関連事業	524	164	205	234	223
ファンド、信託、およびその他の金融仲介業	525	96	158	223	220
不動産、賃貸	53	11,535	17,710	19,082	18,601
不動産	531	11,295	17,354	18,662	18,213
賃貸サービスおよび無形資産の貸主[4]	532, 533	239	356	420	389
専門、科学、技術サービス[3]	54	215	318	376	372
法律相談	5411	20	26	29	28
コンピュータシステム・デザインおよび関連サービス	5415	50	69	78	76
企業経営管理[5]	55	271	374	482	479
運営管理および廃棄物処理サービス	56	151	202	235	226
運営管理およびサポートサービス	561	85	124	143	139
廃棄物処理および改善サービス	562	65	78	91	88
教育サービス	61	212	325	424	429
保健、社会扶助	62	690	999	1,208	1,187
通院医療サービス	621	210	300	363	364
病院	622	426	623	756	739
看護・介護施設	623	30	43	51	49
社会扶助	624	24	33	38	36
芸術、娯楽、レクリエーション	71	126	190	235	226
舞台芸術、見るスポーツ、美術館、および関連事業	711, 712	47	74	96	93
アミューズメント、ギャンブル、レクリエーション産業	713	79	116	139	133
宿泊施設、飲食業	72	340	450	545	525
宿泊施設	721	180	224	267	256
飲食店	722	160	225	278	269
その他のサービス（政府関連を除く）	81	328	437	494	464

X　該当なし　1．2002年北米産業分類（NAICS）に基づく。本章の解説を参照　2．NAICSの作物生産および畜産　3．個別に明示しないその他の事業を含む　4．無形資産には、特許、商標、フランチャイズ契約は含まれるが、著作権は含まれない　5．銀行およびその他の持株会社からなる

資料：U.S. Bureau of Economic Analysis, "Table3. 1ES. Current-Cost Net Stock of Private Fixed Assets by Industry"（2010年8月）; <http://www.bea.gov/bea/dn/FA2004/SelectTable.asp>

No.782. 国内民間総投資——名目および実質（2005年）ドル価額：1990－2009年

[単位：10億ドル（861は861億ドルを表す）。設備、ソフトウェア、建物を含む。連鎖ドルについては第13章の解説を参照]

項目	1990	2000	2004	2005	2006	2007	2008	2009
名目ドル								
民間国内総投資	861	1,772	1,969	2,172	2,327	2,295	2,097	1,589
(－)固定資本の消費	560	987	1,201	1,291	1,391	1,476	1,537	1,536
(＝)民間国内純投資	301	785	768	881	936	819	560	53
固定投資	846	1,718	1,904	2,122	2,267	2,266	2,138	1,716
(－)固定資本の消費	560	987	1,201	1,291	1,391	1,476	1,537	1,536
(＝)純固定投資	286	731	703	832	876	790	601	181
非住宅	622	1,269	1,223	1,347	1,505	1,638	1,665	1,364
住宅	224	449	681	775	762	629	473	352
民間在庫変動	15	55	65	50	60	29	－41	－127
2005年連鎖ドル								
民間国内総投資	994	1,970	2,058	2,172	2,230	2,162	1,957	1,516
(－)固定資本の消費	627	1,063	1,244	1,291	1,341	1,396	1,440	1,461
(＝)民間国内純投資	366	908	814	881	889	766	517	54
固定投資	987	1,914	1,993	2,122	2,171	2,133	1,997	1,631
非住宅	618	1,319	1,263	1,347	1,454	1,552	1,557	1,291
住宅	386	580	730	775	718	584	444	343
民間在庫変動	17	60	66	50	59	28	－38	－113

資料：U.S. Bureau of Economic Analysis, Survey of Current Business (2011年4月); <http://www.bea.gov/national/nipaweb/SelectTable.asp?Selected=N> も参照

No.783. 情報通信技術（ICT）設備・コンピュータソフトウェア支出：2008、2009年

[単位：100万ドル（91,743は917億4300万ドルを表す）。従業員のいる企業を対象とする。ICT調査は、ICT設備に関する非資本および資本データを収集する。この調査は合衆国で操業している農業以外の民間雇用企業約46,000社を標本として行われる]

支出の種類および産業	2002 北米産業分類[1]	非資本支出[2]		資本支出[3]	
		2008	2009	2008	2009
ICT設備およびコンピュータソフトウェアに対する総支出	(X)	91,743	89,652	206,146	164,182
総設備支出	(X)	35,496	33,131	(NA)	(NA)
購入	(X)	18,278	17,416	133,659	97,207
コンピュータおよび周辺機器	(X)	12,187	11,429	65,713	48,390
情報通信技術設備	(X)	5,739	5,764	61,190	43,349
電子医療機器および電子診断機器	(X)	352	224	6,756	5,468
リースおよびレンタル支払	(X)	17,218	15,714	(NA)	(NA)
コンピュータおよび周辺機器	(X)	11,823	10,518	(NA)	(NA)
情報通信技術設備	(X)	4,476	4,197	(NA)	(NA)
電子医療機器および電子診断機器	(X)	920	999	(NA)	(NA)
総コンピュータソフトウェア支出	(X)	56,247	56,521	(NA)	(NA)
購入およびソフトウェア開発にかかわる支払	(X)	28,698	26,434	72,487	66,975
ソフトウェアのライセンスおよびサービス／メンテナンス契約	(X)	27,549	30,087	(NA)	(NA)
農林水産業サービス	113–115	72	62	158	101
鉱業	21	2,457	2,001	1,436	1,045
公益企業	22	1,806	1,513	3,739	4,157
建設業	23	885	924	1,881	1,204
製造業	31–33	16,229	14,068	19,179	15,813
耐久財製造業	321, 327, 33	10,761	9,382	10,913	9,123
非耐久財製造業	31, 322-326	5,467	4,687	8,266	6,690
卸売業	42	3,076	3,023	7,000	6,582
小売業	44–45	4,153	4,067	14,173	10,776
輸送業および倉庫業	48–49	1,804	1,721	3,522	2,905
情報産業	51	13,094	13,864	71,223	52,516
金融・保険業	52	21,053	20,719	29,191	25,968
不動産業およびレンタル・リース業	53	1,347	1,377	3,084	2,360
専門・科学・技術サービス業	54	11,466	10,669	15,731	11,317
企業および事業経営	55	921	955	1,803	2,097
管理、サポート、運営および廃棄物管理改善	56	2,221	2,413	4,732	3,901
教育サービス	61	1,741	1,881	2,637	2,430
保健医療および社会扶助	62	5,975	7,116	18,027	14,494
芸術、娯楽、レクリエーション	71	502	500	1,174	951
宿泊および飲食サービス	72	803	937	3,277	1,532
その他のサービス業（行政を除く）	81	1,710	1,311	2,731	2,666
複数産業にまたがる設備支出	(X)	428	530	1,446	1,365

NA データなし　X 該当なし　1. 2002年北米産業分類（NAICS）に基づく。本章の解説を参照　2. 減価償却が行われる資産勘定に計上されていない、コンピュータソフトウェアを含むICT設備に対する支出　3. 減価償却の対象となる資産勘定に計上されている、コンピュータソフトウェアを含むICT設備に対する支出

資料：U.S. Census Bureau, "2009 Information and Communication Technology Survey" (2011年3月); <http://www.census.gov/econ/ict/xls/2009/full_report.html>

No.784. 資本支出：2000－2009年

[単位：10億ドル（1,161は1兆1610億ドルを表す）。標本調査に基づく。標本抽出時の誤差あり。詳細については資料を参照]

項目	全企業				雇用企業				非雇用企業			
	2000	2005	2008	2009	2000	2005	2008	2009	2000	2005	2008	2009
資本支出、計	1,161	1,145	1,374	1,090	1,090	1,063	1,294	1,015	71	82	80	75
構造物	364	402	562	448	338	369	529	413	26	33	33	35
新築	329	366	523	421	309	341	500	393	20	25	23	28
中古	35	36	39	27	29	28	29	19	6	8	10	8
施設	797	743	812	642	752	694	765	602	45	49	47	40
新設	751	701	765	607	718	665	728	577	32	37	37	30
中古	46	42	47	35	34	29	37	25	12	13	10	10
資本リース	20	18	20	17	19	18	19	17	(Z)	(Z)	1	1

Z　5億ドル以下

資料：U.S. Census Bureau, "2009 Annual Capital Expenditures Survey" (2011年3月); <http://www.census.gov/econ/aces/> および以前の報告

No.785. 産業別資本支出：2000、2009年

[単位：10億ドル（1,090は1兆900億ドルを表す）。被雇用者のいる企業のみ。2000年のデータは1997年北米産業分類（NAICS）に、2007年は2002年北米産業分類（NAICS）に基づく。本章の解説を参照。標本調査に基づく。標本抽出時の誤差あり。詳細については資料を参照]

産業	北米産業分類	2000	2009	産業	北米産業分類	2000	2009
総支出	(X)	1,090	1,015	専門サービス・科学技術サービス	54	34	27
農林水産業	113–115	1	2				
鉱業	21	43	101	企業の経営	55	5	5
公益事業	22	61	102	事務・管理／廃棄物処理／			
建設業	23	25	20	改善サービス	56	18	19
製造業	31–33	215	156	教育サービス	61	18	28
耐久財	321, 327, 33	134	77	保健医療、社会扶助	62	52	79
非耐久財	31, 322–326	81	79	芸術・娯楽・レクリエーション	71	19	16
卸売業	42	34	25	宿泊・飲食サービス	72	26	26
小売業	44–45	70	58	その他のサービス			
輸送業・倉庫業	48–49	60	56	（公共を除く）	81	21	29
通信	51	160	88	複数産業にまたがる			
金融・保険	52	134	100	建設・設備支出	(X)	2	3
不動産・レンタル・リース	53	92	73				

X　該当なし

資料：U.S. Census Bureau, "2009 Annual Capital Expenditures Survey" (2011年1月); <http://www.census.gov/econ/aces/> および以前の報告

No.786. 景気循環下降と上昇――継続期間（月）：1945－2009年

[１つの周期の底部転換点は谷、上部転換点は山と考えられる。山からそのあとの谷までは収縮または不況期間。谷からそのあとの山までは拡大期間。ビジネス周期の参考データはNational Bureau of Economic Research, Inc.が決定した]

景気基準日付				下降	上昇	循環期間	
山		谷				前の谷から次の谷まで	前の山から次の山まで
月	年	月	年				
2月	1945年	10月	1945年	8	[1]80	[1]88	[2]93
11月	1948年	10月	1949年	11	37	48	45
7月	1953年	5月	1954年	10	45	55	56
8月	1957年	4月	1958年	8	39	47	49
4月	1960年	2月	1961年	10	24	34	32
12月	1969年	11月	1970年	11	106	117	116
11月	1973年	3月	1975年	16	36	52	47
1月	1980年	7月	1980年	6	58	64	74
7月	1981年	11月	1982年	16	12	28	18
7月	1990年	3月	1991年	8	92	100	108
3月	2001年	11月	2001年	8	120	128	128
12月	2007年	6月	2009年	18	73	91	81
平均、全循環：							
1945－2009年 (11循環)				11	59	73	66

1．前回の谷、1938年6月　2．前回の頂点、1937年5月

資料：National Bureau of Economic Research, Inc., Cambridge, MA, "Business Cycle Expansions and Contractions"; <http://www.nber.org/cycles.html>（2011年5月現在）

No.787. 全米産業審議会（コンファレンス・ボード）経済指標（先行・一致・遅行）：2000－2010年

[299.4は29万9400を表す]

項目	単位	2000	2005	2007	2008	2009	2010
コンファレンスボード景気先行指標（LEI）	2004=100	86.8	102.6	104.2	101.0	101.3	109.2
製造業、週平均労働時間	時間	41.2	40.6	41.2	40.8	39.9	41.1
週平均失業保険初回請求	1,000	299.4	330.6	321.6	420.9	571.4	457.1
消費財および原材料製品 新規受注額（1982年価格）	100万ドル	152,036	150,268	152,102	136,427	119,598	123,972
入荷遅滞比率[1]	%	53.4	54.1	51.2	51.6	51.5	58.1
国防関連以外の資本財の 新規受注額（1982年価格）	100万ドル	49,809	45,352	56,271	47,852	34,312	41,666
建築許可、新規民間住宅	1,000	1,598	2,160	1,392	896	583	594
株価、普通株500銘柄[1]	1941-43=10	1,426.8	1,207.1	1,476.7	1,220.9	946.7	1,139.3
マネーサプライ（M2）（2005年価格）	10億ドル	5,326	6,523	6,913	7,168	7,718	7,765
利率、10年もの財務省証券利率（－）連邦資金利率	%	−0.21	1.08	−0.31	1.74	3.10	3.04
消費者景況感指数[1]	1966:1=100	102.7	77.4	75.6	57.3	64.1	66.0
コンファレンスボード景気一致指数（CEI）	2004=100	98.2	102.4	107.0	105.7	100.0	101.0
非農業賃金雇用者	1,000	131,794	133,694	137,587	136,778	130,789	129,822
個人所得（－）移転支払（2005年価格）	10億ドル	8,327	8,981	9,650	9,634	9,196	9,224
工業生産	2002=100	92.0	95.3	100.0	96.7	87.7	92.7
製造業、商業売上高（2005年価格）	100万ドル	919,657	1,013,268	1,053,656	1,010,876	937,627	977,842
コンファレンスボード景気遅行指数（LAG）	2004=100	97.8	103.3	109.5	112.9	110.8	107.5
平均失業期間	週	12.7	18.4	16.9	17.8	24.3	33.1
製造業、商業の 対売上高在庫比率（2005年価格）	比率	1.36	1.31	1.33	1.39	1.40	1.34
製造業の生産1単位あたり 労働費用変化（6カ月、年平均）	%	2.4	−2.0	−1.5	7.3	−0.9	−1.9
平均プライムレート	%	9.2	6.2	8.1	5.1	3.3	3.3
商工業借入金残高（2005年価格）	100万ドル	980,008	669,004	805,347	889,034	791,755	662,523
消費者割賦信用の 個人所得に対する比率	%	18.9	21.4	20.6	20.7	20.6	19.2
サービス業の消費者物価指数の変化	%	3.8	3.5	3.3	3.6	0.8	0.9

1．データは民間より作成者の厚意により入手。著作権に留意のこと。株式価格はスタンダード＆プア社、消費者の期待指数はミシガン大学調査研究センター、販売実績は供給管理機関による

資料：The Conference Board, New York, NY 10022-6601, *Business Cycle Indicators*（月刊），<http://www.conference-board.org/data/monthlybci.cfm>. Reproduced with permission from The Conference Board, Inc. 2011, The Conference Board, Inc. (copyright)

No.788. 製造業、商業──売上高および在庫高：1992－2010年

[単位：10億ドル（541は5410億ドルを表す）、比率。データは2002年北米産業分類（NAICS）に基づく。本章の解説を参照]

年	売上、月平均[1]				在庫[2]				在庫／売上 比率[3]			
	計	製造業	小売業	卸売業	計	製造業 在庫	小売 在庫	卸売 在庫	計	製造業	小売業	卸売業
1992	541	242	151	147	837	379	261	197	1.53	1.57	1.67	1.31
1993	568	252	162	154	864	380	280	205	1.50	1.50	1.68	1.30
1994	610	270	176	165	927	400	305	222	1.46	1.44	1.66	1.29
1995	655	290	185	180	986	425	323	238	1.48	1.44	1.72	1.29
1996	687	300	197	190	1,005	430	334	241	1.46	1.43	1.67	1.27
1997	724	320	206	198	1,047	444	345	259	1.42	1.37	1.64	1.26
1998	743	325	216	202	1,079	449	357	272	1.43	1.39	1.62	1.32
1999	787	336	234	217	1,139	464	385	290	1.40	1.35	1.59	1.30
2000	834	351	249	235	1,197	481	407	309	1.41	1.35	1.59	1.29
2001	819	331	256	232	1,120	428	395	298	1.43	1.38	1.58	1.32
2002	824	326	261	236	1,140	423	416	301	1.36	1.28	1.55	1.26
2003	855	335	272	248	1,149	408	432	308	1.34	1.24	1.56	1.23
2004	926	359	290	277	1,242	441	461	340	1.30	1.19	1.56	1.18
2005	1,005	395	308	301	1,313	474	472	368	1.27	1.17	1.51	1.18
2006	1,067	418	323	325	1,408	524	487	398	1.29	1.20	1.49	1.18
2007	1,126	445	334	348	1,485	563	498	423	1.29	1.22	1.48	1.18
2008	1,157	457	330	370	1,476	559	479	438	1.32	1.28	1.51	1.21
2009	999	384	306	309	1,326	510	429	387	1.37	1.36	1.45	1.30
2010	1,095	419	327	348	1,437	552	455	429	1.26	1.26	1.36	1.16

1．月間平均。季節調整はしていない　2．季節調整済年度末データ　3．季節調整済月間比率の平均

資料：U.S. Council of Economic Advisors, *Economic Indicators*（2011年5月）

No.789. 工業生産指数――産業別・主要市場別：1990－2010年

[2007年＝100。別に注記するものを除く。2002年北米産業分類（NAICS）に基づく。本章の解説を参照]

産業	2002年北米産業分類[1]	1990	2000	2005	2006	2007	2008	2009	2010
総合指数	([2])	62.1	92.1	95.3	97.4	100.0	96.3	85.5	90.1
製造業（SIC）[3]	([4])	58.6	91.0	94.8	97.2	100.0	95.0	82.2	86.6
製造業（NAICS）	31-33	56.8	89.8	94.4	96.9	100.0	95.3	82.4	87.3
耐久財	([5])	42.7	84.8	91.2	95.4	100.0	96.3	79.0	85.3
製材および木材製品	321	81.0	99.7	105.9	106.9	100.0	85.4	65.8	69.6
非金属製品	327	76.0	94.7	99.4	101.1	100.0	88.3	67.5	67.6
一次金属	331	87.1	100.3	95.2	98.0	100.0	99.7	69.5	83.3
組立金属製品	332	70.3	96.9	90.9	95.9	100.0	96.4	74.2	78.6
工業用機械	333	72.5	98.5	92.1	96.5	100.0	97.3	75.6	80.8
コンピュータおよび電子製品	334	7.2	53.4	77.0	87.2	100.0	106.6	97.5	108.0
電気設備および器具	335	82.3	114.3	95.3	96.0	100.0	96.3	76.5	78.9
自動車および部品	3361-3	54.4	97.4	102.3	100.8	100.0	80.0	59.5	76.1
航空宇宙産業およびその他、運輸関連製品	3364-9	94.5	76.1	80.2	85.2	100.0	101.9	96.1	93.7
家具および関連製品	337	75.0	102.9	104.4	102.7	100.0	90.3	66.1	65.6
雑貨品	339	60.1	86.4	98.9	102.0	100.0	101.6	93.8	96.0
非耐久財	([6])	82.4	95.9	98.3	98.8	100.0	94.0	86.4	89.6
食品、飲料、タバコ	311,2	84.7	95.3	99.8	99.9	100.0	97.2	94.6	98.1
繊維製品	313,4	128.4	145.1	124.4	112.7	100.0	87.8	69.7	74.9
衣料および皮製品	315,6	271.1	237.3	126.4	123.6	100.0	80.8	62.3	62.1
製紙	322	100.3	107.8	100.7	99.6	100.0	95.8	85.4	89.0
印刷および関連業	323	98.4	108.4	98.6	97.8	100.0	93.8	79.8	76.0
石油・石炭製品	324	77.4	85.6	95.6	97.3	100.0	95.6	94.3	96.5
化学薬品	325	67.0	81.2	92.9	95.2	100.0	92.4	83.7	86.7
ゴム・プラスチック製品	326	66.9	102.4	102.3	102.9	100.0	90.6	75.8	83.4
その他の製造業（NAICS以外）[7]	1133, 5111	106.1	116.4	102.6	101.4	100.0	89.4	77.0	74.0
鉱業	21	106.5	103.0	97.1	99.5	100.0	100.8	95.6	101.3
公益事業	2211,2	71.9	89.9	97.3	96.7	100.0	99.9	98.3	101.3
発電、変電、配電事業	2211	69.4	87.9	97.0	97.5	100.0	99.4	96.7	100.6
天然ガス	2212	87.2	100.3	98.9	93.0	100.0	102.3	100.3	104.6

1．2002年北米産業分類（NAICS）に基づく。本章の解説を参照　2．北米産業分類（NAICS）31-33、1133、5111、21、2211、2122を含む　3．標準産業分類（SIC）；本章の解説を参照　4．北米産業分類（NAICS）31-33、1133、5111を含む　5．北米産業分類（NAICS）321、327、331-339を含む　6．北米産業分類（NAICS）311-316、322-326を含む　7．以前から製造業とされた伐採搬出業、新聞、定期刊行物、書籍を含む

資料：Board of Governors of the Federal Reserve System, *Industrial Production and Capacity Utilization*, Statistical Release G.17 (月刊); <http://www.federalreserve.gov/releases/g17/> も参照

No.790. 生産能力指数：1990－2010年

[2007年生産量＝100。年別データは各月データの平均値。生産能力とは、推計される生産量の、工場・施設の現在の在庫で生産することのできる生産量に対する比を表す。2007年の実際の生産量の割合を示す]

年	生産能力指数		生産能力（％）				
				加工段階			
	全産業	製造業	全産業	原材料[1]	一次製品および半完成品[2]	完成品[3]	製造業
1990	75.3	71.8	82.5	87.6	82.7	80.8	81.7
1995	85.2	82.4	84.1	88.7	86.5	80.1	83.3
2000	113.1	114.3	81.4	88.6	83.9	76.7	79.7
2001	117.0	118.6	76.0	85.6	77.3	72.3	73.7
2002	119.1	120.1	74.8	82.9	77.0	70.7	72.9
2003	118.8	120.1	75.9	84.7	77.9	71.6	73.9
2004	118.6	119.8	77.9	86.1	79.9	73.1	76.1
2005	119.2	121.2	79.9	86.4	81.9	75.3	78.2
2006	121.2	123.6	80.4	87.8	81.4	76.1	78.6
2007	123.5	126.3	81.0	88.6	81.5	77.4	79.2
2008	123.8	126.9	77.8	87.0	76.8	74.5	74.9
2009	123.7	124.2	69.2	79.3	66.6	68.7	66.2
2010	121.0	120.8	74.5	85.3	71.8	73.4	71.7

1．原材料の加工。産業全体の生産能力からすると小さい部分。伐採（NAICS1133）、鉱業の大半（土砂採石業、油井・ガス井掘削〔NAICS 21231、21221-2、213111〕を除く）および基本製造業。基本化学工業（NAICS3251）、肥料・殺虫剤・その他の農業用化学製品（NAICS32531、2）、パルプ・紙・板紙（NAICS3221）、アルミナ・アルミニウム・その他の非鉄金属の加工（NAICS3313、4）を含む　2．一次製品および半完成品、以前の出版物で「一次加工品」としたものと、おおむね対応している。公益事業とSIC 2桁分類の高度加工工業の一部を含む。印刷および印刷関連支援（NAICS3231）、ペンキと接着剤（NAICS3255）、新聞・定期刊行物・書籍および電話帳印刷（NAICS5111）を含む　3．完成加工は、従来の出版物で高度加工工業とされたものとおおむね対応する。油井・ガス井掘削、カーペット・ラグ製造はここに含まれる

資料：Board of Governors of the Federal Reserve System, *Industrial Production and Capacity Utilization*, Statistical Release G.17, (月刊) (Federal Reserve Board, U.S. Dept. of Commerce, U.S. Bureau of Labor Statistics および McGraw-Hill Information Systems Company, New York, NY およびその他の資料のデータに基づく)

No.791. 企業利潤、法人税、配当：1990－2010年

[単位：10億ドル（434は4340億ドルを表す）。営利目的で組織された法人を対象とする。合衆国居住者への利潤を示す。損耗控除賦課金は適用されない。資産売却による損益は除く。国内法人収益の法人間配当は除く。配当の純受取高、法人組織の外国子会社の再投資収益、非法人組織の外国子会社の収益を含む。IVA＝Inventory valuation adjustment＝在庫評価調整、CCA＝Capital consumption adjustment＝資本減耗調整]

項目	1990	2000	2005	2007	2008	2009	2010
利潤（IVA、CCA）[1]	434	819	1,456	1,511	1,263	1,258	1,625
利潤税額	145	265	412	446	308	255	417
課税後利潤（IVA、CCA）[1]	289	554	1,044	1,065	954	1,003	1,208
配当	169	378	557	795	798	719	733
非分配利潤（IVA、CCA）[1]	120	176	486	271	157	284	476
キャッシュフロー：							
IVA・CCAを伴う純キャッシュフロー[1]	493	861	1,337	1,244	1,239	1,428	1,538
IVA・CCAを伴う非分配利潤[1]	120	176	486	271	157	284	476
資本減耗引当	373	685	863	973	1,019	1,020	1,018
（－）IVA	-13	-17	-31	-47	-44	12	-45
（＝）純キャッシュフロー	506	878	1,368	1,291	1,284	1,416	1,583

1．在庫評価調整および資本減耗調整

資料：U.S. Bureau of Economic Analysis, *Survey of Current Business*（2011年4月）; 〈http://www.bea.gov/national/nipaweb/Index.asp〉も参照

No.792. 企業利潤——在庫評価および資本減耗調整後、金融業、非金融業別：2000－2010年

[単位：10億ドル（819は8190億ドルを表す）。2002年北米産業分類に基づく。本章の解説を参照。マイナス（－）は減少を示す。表No.791の頭注を参照]

項目	2000	2005	2007	2008	2009	2010
IVAおよびCCA[1]を伴う法人利潤	**819**	**1,456**	**1,511**	**1,263**	**1,258**	**1,625**
国内産業	674	1,217	1,160	852	906	1,241
外国	146	239	351	411	352	384
IVA[1]を伴う企業利潤	**756**	**1,610**	**1,691**	**1,289**	**1,329**	**1,756**
国内産業	610	1,370	1,340	878	976	1,372
金融[2]	190	444	346	140	258	388
非金融	420	926	995	738	718	985
公益事業	26	30	50	28	30	33
製造業	144	247	271	184	151	260
卸売業	59	92	100	84	80	84
小売業	61	123	118	75	99	125
運輸および倉庫業	15	29	28	28	25	46
情報	-16	81	94	75	84	109
その他の非金融業[3]	132	324	334	264	250	328
外国	146	239	351	411	352	384

1．IVA＝Inventory valuation adjustment＝在庫評価調整、CCA＝Capital consumption adjustment＝資本減耗調整　2．金融、保険、銀行および他の持ち株会社を含む　3．農林水産業、狩猟、鉱業、建設業、不動産および賃貸業、専門・科学技術サービス、行政および廃棄物管理サービス、教育サービス、保健医療・社会扶助、芸術・娯楽・レクリエーション、宿泊施設・飲食業、およびその他のサービス、ただし政府によるサービスを除く

資料：U.S. Bureau of Economic Analysis, *Survey of Current Business*（2011年4月）; 〈http://www.bea.gov/national/nipaweb/Index.asp〉も参照

No.793. 産業別課税前企業利潤：2000－2009年

[単位：10億ドル（772は7720億ドルを表す）。利潤は在庫評価調整および資本減耗調整なし。マイナス記号（－）は減少を示す。表No.785の頭注を参照]

産業	2002年北米産業分類[1]	2000	2005	2007	2008	2009
計	(X)	772	1,640	1,738	1,333	1,317
国内産業	(X)	627	1,401	1,387	922	964
農林水産業	11	1	5	7	2	3
鉱業	21	15	43	56	54	28
公益事業	221	26	31	51	29	30
建設業	23	42	85	67	41	23
製造業	31-33	154	260	290	206	135
卸売業	42	62	101	116	94	81
小売業	44-45	63	128	126	83	103
運輸・公益事業	48-49	15	30	28	27	25
情報通信	51	-16	81	94	76	83
金融、保険	52	102	282	211	2	99
不動産、レンタル、リース	53	10	29	20	5	11
専門、科学、技術サービス	54	2	42	55	53	51
会社企業、経営[2]	551111, 551112	88	161	134	138	159
管理、廃棄物処理、改善サービス	56	9	24	27	22	21
教育サービス	61	2	5	5	5	7
保健医療、社会扶助	62	26	54	58	59	74
芸術、娯楽、レクリエーション	71	2	7	6	5	5
宿泊施設、飲食業	72	15	22	22	13	14
その他のサービス（公共事業を除く）	81	9	12	13	10	10
外国[3]	(X)	146	239	351	411	352

X　該当なし　1．2002年北米産業分類（NAICS）に基づく。本章の解説を参照　2．銀行と他の持ち株会社　3．法人および個人を含む全合衆国居住者が、単一法人組織の外国子会社の収益、法人組織の外国子会社からの配当および法人組織の外国子会社の再投資収益の配当、対応する純流出から得る受取高で構成

資料：U.S. Bureau of Economic Analysis, *Survey of Current Business*（2011年4月）; 〈http://www.bea.gov/national/nipaweb/Index.asp〉も参照

No.794. 製造業、鉱業、流通業——産業別企業利潤、株主持分：2009、2010年

[四半期ごとの数値を年間平均した値。製造業のデータは標本抽出時に資産が25万ドル未満の企業を除く。鉱業、卸売業、小売業のデータは、サンプル選定時に資産額5000万ドル以下だった企業についての推計を除く。標本に基づく。方法論については資料を参照。2002年北米産業分類に基づく。本章の解説を参照。マイナス記号（－）は減少を示す]

産業分類	2002年北米産業分類	株主持分利益率(%) 2009	2010	売上1ドルあたり利潤(セント) 2009	2010	株主持分／負債比率 2009	2010
製造業	31-33	10.1	15.1	5.5	8.3	1.5	1.8
非耐久財製造業	(X)	16.0	15.2	8.6	8.0	1.4	1.5
食品	311	17.8	16.2	5.9	5.5	1.1	1.1
飲料およびタバコ製品	312	20.5	24.9	16.4	20.4	1.6	1.6
繊維および繊維製品	313, 314	1.0	8.6	0.4	3.7	2.1	2.2
衣料品および皮革製品	315, 316	13.2	19.7	5.3	7.9	2.0	2.2
紙	322	10.9	17.1	3.4	5.6	0.7	0.9
印刷および関連サポート活動	323	-0.5	13.9	0.0	2.9	0.4	0.5
石油石炭製品	324	10.5	11.9	5.2	5.0	2.4	2.5
化学薬品	325	19.9	15.2	16.8	13.4	1.3	1.4
プラスチック・ゴム製品	326	9.3	12.6	2.9	3.7	0.9	1.1
耐久財製造業	(X)	3.7	15.0	2.2	8.5	1.7	2.1
木製品	321	-4.8	5.2	-2.2	1.8	1.0	1.0
非金属鉱物製品	327	-7.9	5.3	-5.8	3.3	1.0	1.1
一次金属	331	-4.4	10.3	-2.9	4.8	1.8	1.9
組立金属製品	332	8.6	15.3	3.5	6.3	1.5	1.6
機械	333	7.8	14.0	4.3	7.5	1.7	2.0
コンピュータおよび電子製品	334	7.6	17.2	6.9	15.6	3.0	3.3
電気設備、器具、部品	335	9.3	11.1	8.4	10.7	3.7	4.2
輸送設備	336	-73.6	21.0	-3.7	5.8	0.6	1.4
家具および関連製品	337	3.1	1.3	1.0	0.5	1.0	1.1
その他製造業	339	11.5	14.2	9.2	12.2	2.0	2.1
全鉱業	21	-1.9	11.4	-2.8	20.2	1.8	2.1
全卸売業	42	5.4	10.1	0.8	1.5	1.4	1.5
耐久財	421	1.6	8.9	0.3	1.8	1.5	1.7
非耐久財	422	11.8	12.0	1.2	1.2	1.1	1.2
全小売業	44-45	13.7	15.3	2.7	3.1	1.5	1.7
食品、飲料店	445	7.1	9.5	0.9	1.1	1.1	1.1
衣料品および量販店	448, 452	15.0	17.6	3.6	4.2	1.7	1.7
その他の小売業	(X)	13.6	14.5	2.8	3.1	1.5	1.7

X 該当なし

資料：U.S. Census Bureau, *Quarterly Financial Report for Manufacturing, Mining, and Trade Corporations*.

No.795. 合衆国ノンバンク多国籍企業の付加価値、雇用、設備投資：1999－2008年

[付加価値と設備投資の単位は10億ドル（2,481は2兆4810億ドルを表わす）。従業員数の単位は1000人。表No.796の頭注参照。マイナス記号（－）は減少を示す]

項目	1999	2000	2001	2002	2003	2004	2005	2006	2007	2008
付加価値										
多国籍企業：										
親会社と過半数株所有の在外子会社	2,481	2,748	2,478	2,460	2,656	2,992	3,233	3,538	3,668	3,608
親会社	1,914	2,141	1,892	1,859	1,958	2,173	2,321	2,537	2,548	2,396
過半数株所有の在外子会社	566	607	586	602	698	818	911	1,001	1,120	1,212
従業員数										
多国籍企業：										
親会社と全子会社	32,227	33,598	32,539	31,894	30,762	31,245	32,094	32,766	33,281	32,983
親会社と過半数株所有の在外子会社	30,773	32,057	30,929	30,373	29,347	29,843	30,573	31,233	31,561	31,227
親会社	23,007	23,885	22,735	22,118	21,105	21,177	21,472	21,616	21,549	21,103
子会社、計	9,220	9,713	9,804	9,776	9,658	10,068	10,622	11,150	11,732	11,879
過半数株所有の在外子会社	7,766	8,171	8,194	8,256	8,242	8,667	9,101	9,617	10,012	10,124
その他	1,454	1,542	1,610	1,520	1,415	1,402	1,520	1,533	1,720	1,756
設備投資										
多国籍企業：										
親会社と全子会社	550	(NA)	(NA)	(NA)	(NA)	487	(NA)	(NA)	(NA)	(NA)
親会社と過半数株所有の在外子会社	519	548	561	478	444	463	507	600	666	658
親会社	406	438	450	367	335	339	377	445	495	479
子会社、計	144	(NA)	(NA)	(NA)	(NA)	147	(NA)	(NA)	(NA)	(NA)
過半数株所有の在外子会社	113	111	111	110	110	123	130	155	171	179
その他	31	(NA)	(NA)	(NA)	(NA)	24	(NA)	(NA)	(NA)	(NA)

NA データなし

資料：U.S. Bureau of Economic Analysis, *Survey of Current Business*（2010年8月）; ⟨http://www.bea.gov/international/index.htm⟩ も参照

No.796. 米国多国籍企業の特徴：2008年

[暫定値。単位：10億ドル（16,841は16兆8410億ドルを表す）。別に示すものを除く。米国の非銀行親会社とその海外の非銀行系列会社。米国親会社は多国籍企業の国内部門、および、海外法人企業の10％以上の議決権付証券をもつ米国人もしくは海外非法人企業についてそれと同等の所有権を有する米国人からなる。その際の米国人は法人企業であることもある。海外系列会社（MOFA=Majority-owned Foreign affiliate）は米国親会社が議決権証券の50％以上を所有もしくは経営する海外企業である。本書前年版の表No.790も参照］

産業	2002年北米産業分類[1]	米国親会社[2]				過半数支配の海外子会社[3]		
		総資産	資本支出	付加価値	被雇用者(1,000人)	資本支出	付加価値	被雇用者(1,000人)
全産業	(X)	16,841	478.8	2,396	21,103	179.1	1,212	10,124
鉱業	21	378	43.8	87	197	57.8	221	198
公益事業	22	564	37.1	73	197	3.4	9	27
製造業[2]	31-33	5,315	169.3	981	7,083	63.9	517	4,600
石油、石炭製品	324	732	35.5	118	292	4.0	75	39
化学	325	1,037	22.4	187	873	14.3	110	627
輸送機器	336	1,329	50.5	195	1,694	11.9	62	902
卸売業	42	820	34.1	137	1,049	7.7	157	797
情報通信[2]	51	1,455	67.1	296	1,831	7.3	46	361
放送（インターネットを除く）、通信	515, 517	1,059	56.6	199	1,122	5.2	13	88
金融（預金機関を除く）および保険	52 exc. 521, 522	6,328	25.8	151	1,036	3.8	46	240
専門・科学・技術サービス	54	366	8.9	158	1,192	3.8	67	679
その他の産業[2]	(X)	1,614	92.6	513	8,520	31.4	147	3,222
小売業	44-45	404	24.3	201	4,039	7.8	53	1,063

X　該当なし　1．2002年北米産業分類（NAICS）に基づく。本章の解説を参照　2．データは米国親会社によるもの　3．データは海外子会社によるもの　4．個別に明示しないその他の産業を含む
資料：U.S. Bureau of Economic Analysis, *Survey of Current Business*（2010年8月）および未刊行資料

No.797. 米国多国籍企業――付加価値：2000、2008年

[単位：10億ドル（2,748は2兆7480億ドルを表す）。表No.796の頭注を参照。データは米国親会社の産業による。2002年北米産業分類に基づく。本章の解説を参照。本書前年版の表No.791も参照］

産業	2002年北米産業分類[1]	米国多国籍企業		米国親会社		過半数支配の海外子会社	
		2000	2008	2000	2008	2000	2008
全産業	(X)	2,748	3,608	2,141	2,396	607	1,212
鉱業	21	39	129	28	87	11	42
公益事業	22	86	77	81	73	5	4
製造業[2]	31-33	1,410	1,752	995	981	415	771
石油、石炭製品	324	232	395	112	118	120	277
化学	325	212	322	141	187	71	135
輸送機器	336	271	290	209	195	62	95
卸売業	42	133	191	99	137	34	53
情報通信[2]	51	325	348	302	296	22	53
放送（インターネットを除く）、通信	515, 517	(NA)	217	(NA)	199	(NA)	18
金融（預金機関を除く）、保険	52 exc. 521, 522	181	194	157	151	24	44
専門、科学・技術サービス	54	141	226	101	158	41	68
その他の産業[2]	(X)	433	690	379	513	54	176
小売業	44-45	166	240	149	201	18	39

NA　データなし　X　該当なし　1．表No.796の脚注1を参照　2．個別に示さない他の産業を含む
資料：U.S. Bureau of Economic Analysis, *Survey of Current Business*（2003年11月および2010年8月）

No.798. 合衆国の所有する海外子会社の付加価値――産業別および国別：2008年

[単位：100万ドル（1,211,854は1兆2118億5400万ドルを表す）。表No.796の頭注を参照。カッコ内の数値は2002年北米産業分類のコードを示す。本章の解説を参照］

国	全産業[1]	鉱業(21)	製造業（31-33）			卸売業(42)	専門、科学・技術サービス(54)
			計[1]	化学(325)	輸送施設(336)		
計[2]	1,211,854	221,006	517,133	110,154	62,036	157,274	67,463
イギリス	126,352	22,515	51,164	7,597	9,451	12,073	6,935
カナダ	56,712	76	30,805	6,202	2,741	7,803	3,497
ドイツ	94,127	1,866	61,863	8,837	11,157	10,664	5,240
フランス	55,561	362	28,012	15,243	83	5,848	2,403
アイルランド	32,974	-1	20,347	3,065	1,041	4,906	2,229
オーストラリア	33,296	1,120	20,087	5,245	2,547	5,291	2,533
日本	165,991	17,589	62,612	8,472	5,415	21,739	15,141
イタリア	30,753	1,753	18,141	3,441	4,924	1,584	782
メキシコ	46,058	11,495	14,578	2,365	1,204	6,856	3,464
オランダ	44,094	4	12,386	5,131	554	8,589	6,332

D　データは未公開　1．個別に明示しないその他の産業を含む　2．個別に明示しないその他の国を含む
資料：U.S. Bureau of Economic Analysis, *Survey of Current Business*（2010年8月）

第16章
科学と技術

本章では、科学、工学、技術資源、教育、雇用についての統計を提示する。特に研究開発（R&D）、研究資金等に重点を置く。宇宙開発計画支出と実績に関する統計も含まれる。これらのデータの主要な情報源は、全米科学財団（National Science Foundation：NSF）および航空宇宙局（National Aeronautics and Space Administration：NASA）である。NSFは主として定期的調査によってデータを収集している。研究開発資金および科学・工学職員に関するデータを掲載するNSF出版物は詳細な統計表を含み、年刊、隔年刊または3年ごとの刊行の刊行物および次のような特別報告書として出版される。『Science and Engineering Indicators』、『National Patterns of R&D Resources』、『Women, Minorities and Persons with Disabilities in Science and Engineering』。科学技術に関するデータ（図表）は小型出版物の『Federal Funds for Research and Development』、『Federal R&D Funding by Budget Function』、『Federal Support to Universities, Colleges, and Selected Nonprofit Institutions』、『Research and Development in Industry』として刊行される。これらは、研究開発資金、大学院教育、科学技術の学術的理解への援助、学位を有する科学者、技術者の諸特徴、米国における学位取得者の動向等についてである。これらの分野における統計調査は、特に概念および定義が難しく、そのため発表されるデータは正確な数値というよりはむしろ概ねその傾向と考える方がよい。方法論や技術的な詳細については資料を参照。

全米科学局（National Science Board）の隔年刊行物『Science and Engineering Indicators』<http://www.nsf.gov/statistics/seind08/> は、海外および国内の科学技術に関するデータとその分析を行っており、科学技術の情報と発明に関するデータを掲載している。

研究開発支出

NSFは、研究を「研究課題に関する、より完全な知識取得を目的とした体系的研究」と定義し、開発を「実用的な材料・装置・システム・方法または工程の生産（プロトタイプの企画、開発を含む）を目的とした科学的知識の体系的利用」と定義している。

国家のR&D支出適用範囲は、主として4つの主要経済部門内での定期的な調査から決定されている。それら4部門とは、(1)「政府」：主として連邦政府機関から構成されている、(2)「産業」：製造・非製造企業およびそれらが運営している連邦政府融資の研究開発センター（FFRDCs）、(3)「大学」：大学・短大および関連機関、農業実験所、農業関連学校、医学校および教育機関によって運営されているFFRDCs、(4)「その他の非営利機関」：民間慈善財団、非営利研究施設、ボランタリー保健機関および非営利機関によって運営されているFFRDCsである。

R&D資金は、計画・管理費用を含めた現在の運営費用等の用途に使うことが認められる。日常的な試験・地図作成・調査、一般的データの収集、科学的情報の普及、および科学関係職員の訓練に対する支出は除外される。

科学者、エンジニア、テクニシャン

科学者およびエンジニアは、少なくとも4年制大学コース修了に相当する水準を要する科学および工学業務に従事している者と定義されている。テクニシャンは、技術研究所、短大または4年制大学以下のレベルの技術的業務に従事している者と定義されている。職人や熟練労働者は除外されている。

歴史統計

各表の見出しは『アメリカ歴史統計、植民地時代～1970年』に対応している。クロスリファレンスについては、付録Iを参照。

No.799. 研究開発（R&D）——支出：1980－2008年

[単位：100万ドル（63,224は632億2400万ドルを表す）、％。暦年]

年	計	資金源					目的（％）			内容		
		連邦政府	産業	大学	非営利	非連邦[1]	国防関連[2]	航空宇宙関連[3]	その他	基礎研究	応用研究	開発
1980.....	63,224	29,986	30,929	920	871	519	24.3	5.3	70.4	8,745	13,714	40,765
1981.....	72,292	33,739	35,948	1,058	967	581	24.4	5.2	70.4	9,658	16,329	46,305
1982.....	80,748	37,133	40,692	1,207	1,095	621	26.1	4.9	69.0	10,651	18,218	51,879
1983.....	89,950	41,451	45,264	1,357	1,220	658	27.7	4.2	68.1	11,880	20,298	57,771
1984.....	102,244	46,470	52,187	1,514	1,351	721	28.7	3.0	68.3	13,332	22,451	66,461
1985.....	114,671	52,641	57,962	1,743	1,491	834	29.9	3.1	67.0	14,748	25,401	74,522
1986.....	120,249	54,622	60,991	2,019	1,647	969	31.4	3.0	65.6	17,154	27,240	75,855
1987.....	126,360	58,609	62,576	2,262	1,849	1,065	31.7	3.2	65.1	18,481	27,951	79,929
1988.....	133,881	60,131	67,977	2,527	2,081	1,165	30.2	3.5	66.3	19,787	29,528	84,567
1989.....	141,891	60,466	74,966	2,852	2,333	1,274	27.6	3.9	68.5	21,891	32,277	87,723
1990.....	151,993	61,610	83,208	3,187	2,589	1,399	25.1	4.3	70.6	23,029	34,897	94,067
1991.....	160,876	60,783	92,300	3,458	2,852	1,483	22.4	4.5	73.1	27,140	38,631	95,105
1992.....	165,350	60,915	96,229	3,569	3,113	1,525	21.6	4.3	74.1	27,604	37,936	99,811
1993.....	165,730	60,528	96,549	3,709	3,388	1,557	21.2	4.4	74.4	28,743	37,283	99,705
1994.....	169,207	60,777	99,204	3,938	3,665	1,623	19.7	4.5	75.8	29,651	36,618	102,938
1995.....	183,625	62,969	110,871	4,110	3,925	1,751	18.6	4.5	76.9	29,610	40,936	113,079
1996.....	197,346	63,394	123,417	4,436	4,239	1,861	17.6	4.1	78.3	32,799	43,170	121,377
1997.....	212,152	64,574	136,228	4,838	4,590	1,922	16.7	4.1	79.2	36,921	46,554	128,677
1998.....	226,402	66,383	147,846	5,163	5,038	1,972	15.8	3.8	80.4	35,341	46,348	144,712
1999.....	244,922	67,055	164,660	5,619	5,489	2,098	14.6	3.2	82.2	38,887	52,006	154,029
2000.....	267,298	66,417	186,136	6,232	6,267	2,247	13.4	2.3	84.3	42,667	56,826	167,805
2001.....	277,366	72,836	188,440	6,827	6,867	2,397	14.0	2.4	83.6	47,617	64,583	165,167
2002.....	276,022	77,710	180,711	7,344	7,700	2,557	15.6	2.4	82.0	51,174	50,814	174,034
2003.....	288,324	83,618	186,174	7,650	8,140	2,742	16.5	2.3	81.2	54,375	61,563	172,386
2004.....	299,201	88,766	191,376	7,937	8,239	2,883	17.2	2.1	80.7	55,868	70,095	173,238
2005.....	322,104	93,817	207,826	8,579	8,960	2,922	17.1	2.0	80.9	59,462	70,215	192,427
2006.....	347,048	98,038	227,254	9,307	9,429	3,021	16.8	1.8	81.4	61,038	76,428	209,582
2007.....	372,535	101,772	246,927	9,993	10,593	3,249	16.2	1.5	82.3	65,988	83,214	223,333
2008[4].....	397,629	103,709	267,847	10,600	12,020	3,453	15.3	1.4	83.3	69,146	88,591	239,891

1．連邦政府以外の政府から大学研究者に支給される資金　2．国防総省の研究開発支出。航空宇宙関連の研究およびエネルギー省からの資金を含む　3．米国航空宇宙局、NASA　4．暫定値
資料：U.S. National Science Foundation, *National Patterns of R&D Resources*, NSF 10-314（2010年）；〈http://www.nsf.gov/statistics/nsf10314/〉も参照

No.800. 研究開発（R&D）支出のGDPに占める割合（％）——主要国別：1990－2009年

年	合衆国	日本[1]	ドイツ[2]	フランス	イギリス	イタリア	カナダ	韓国	計、OECD[3]	ロシア[4]	中国[5]
1990....	2.65	2.81	2.61	2.32	2.10	1.25	1.51	(NA)	2.25	2.03	(NA)
1995....	2.50	2.71	2.19	2.29	1.91	0.97	1.70	2.27	2.06	0.85	0.57
2000....	2.71	3.04	2.45	2.15	1.81	1.05	1.91	2.30	2.21	1.05	0.90
2001....	2.72	3.12	2.46	2.20	1.79	1.09	2.09	2.47	2.25	1.18	0.95
2002....	2.62	3.17	2.49	2.23	1.79	1.13	2.04	2.40	2.22	1.25	1.07
2003....	2.61	3.20	2.52	2.17	1.75	1.11	2.03	2.49	2.22	1.28	1.13
2004....	2.54	3.17	2.49	2.15	1.69	1.10	2.08	2.68	2.17	1.15	1.23
2005....	2.57	3.32	2.49	2.10	1.73	1.09	2.05	2.79	2.21	1.07	1.34
2006....	2.61	3.41	2.53	2.10	1.76	1.13	1.97	3.01	2.24	1.07	1.42
2007....	2.66	3.44	2.53	2.04	1.82	1.18	1.90	3.21	2.28	1.12	1.44
2008....	2.77	(NA)	(NA)	2.02	1.88	1.18	1.84	(NA)	(NA)	1.04	(NA)
2009....	(NA)	(NA)	2.82	2.21	1.87	1.27	1.96	(NA)	(NA)	1.24	(NA)

NA　データなし　1．1995年以降の日本の研究開発に関するデータは、方法論の変化のため、それ以前のデータと比較できない　2．1990年のデータは西ドイツについてのみ　3．経済協力開発機構　4．2007年5月16日現在、ロシアはOECDの参加候補国　5．2007年現在、中国はOECDの「開発への高い関与を示す国」（enhanced engagement countries）である
資料：Organization for Economic Cooperationand Development, *Main Science and Technology Indicators*, 2010/2nd edition (copyright);〈http://www.oecd.org/〉も参照

No.801. 研究開発（R&D）支出の実行部門：2000－2008年

[単位：100万ドル（267,298は2672億9800万ドルを表す）。暦年。FFRDCは連邦政府出資の研究開発センター］

年	計	連邦政府	産業				大学							その他の非営利機関			
			計	資金源			計	資金源					FFRDC[3]大学	計	資金源		
				連邦政府	産業[1]	FFRDC産業		連邦政府	連邦以外の政府[2]	産業	大学	非営利機関			連邦政府	産業	非営利機関
研究開発、計																		
2000	267,298	17,917	199,961	17,117	182,844	2,001	30,705	17,727	2,247	2,174	6,232	2,326	5,742	9,506	4,447	1,118	3,941
2004	299,201	22,844	208,301	20,266	188,035	2,485	43,128	27,173	2,883	2,190	7,937	2,946	7,659	12,140	5,695	1,151	5,294
2005	322,104	24,470	226,159	21,909	204,250	2,601	45,197	28,260	2,922	2,323	8,579	3,113	7,817	13,032	5,932	1,253	5,846
2006	347,048	25,556	247,669	24,304	223,365	3,122	46,983	28,815	3,021	2,515	9,307	3,325	7,306	13,469	5,992	1,374	6,103
2007	372,535	25,858	269,267	26,585	242,682	5,165	49,021	29,328	3,249	2,748	9,993	3,703	5,567	14,341	5,954	1,497	6,890
2008[4]	397,629	27,000	289,105	25,795	263,310	6,337	51,163	30,177	3,453	2,908	10,600	4,024	4,717	15,606	5,982	1,629	7,995
基礎研究																		
2000	42,667	3,765	7,040	925	6,115	547	22,917	13,966	1,550	1,499	4,298	1,604	2,874	4,908	2,099	621	2,188
2004	55,868	4,697	7,835	1,072	6,763	175	31,994	21,154	1,958	1,488	5,392	2,002	3,730	6,366	2,788	639	2,939
2005	59,462	4,770	8,667	1,108	7,559	136	34,044	22,198	2,043	1,625	6,000	2,177	3,820	6,844	2,903	696	3,246
2006	61,038	4,716	8,384	1,444	6,940	652	35,700	22,736	2,155	1,795	6,641	2,373	3,344	7,001	2,849	763	3,389
2007	65,988	4,600	11,268	2,780	8,488	2,258	37,323	23,070	2,351	1,989	7,233	2,680	1,724	7,466	2,809	831	3,826
2008[4]	69,146	4,734	11,907	2,697	9,209	2,390	38,822	23,608	2,503	2,108	7,685	2,918	1,634	8,229	2,885	904	4,439
応用研究																		
2000	56,826	6,105	39,176	2,682	36,494	269	6,617	3,315	572	553	1,585	592	1,329	3,113	1,831	283	999
2004	70,095	7,455	45,432	4,775	40,657	1,509	9,335	5,140	759	576	2,087	774	1,920	4,081	2,448	292	1,342
2005	70,215	7,557	45,284	5,289	39,995	1,492	9,333	5,158	721	573	2,114	768	1,912	4,231	2,432	318	1,482
2006	76,428	7,435	51,173	6,140	45,033	1,331	9,557	5,290	710	590	2,186	781	1,874	4,487	2,592	348	1,547
2007	83,214	7,303	57,570	8,945	48,625	1,168	10,003	5,542	736	623	2,264	839	1,354	4,722	2,596	379	1,746
2008[4]	88,591	7,573	61,437	8,679	52,758	1,998	10,556	5,824	779	656	2,390	908	713	4,985	2,546	413	2,026
開発																		
2000	167,805	8,047	153,745	13,510	140,235	1,185	1,172	447	125	121	348	130	1,539	1,485	517	214	754
2004	173,238	10,692	155,034	14,419	140,615	801	1,799	878	167	126	458	170	2,008	1,692	459	220	1,013
2005	192,427	12,142	172,208	15,512	156,696	974	1,820	904	158	126	464	169	2,085	1,957	598	240	1,119
2006	209,582	13,406	188,112	16,720	171,392	1,139	1,726	789	156	130	480	171	2,088	1,981	551	263	1,168
2007	223,333	13,955	200,429	14,860	185,569	1,738	1,695	716	162	137	497	184	2,488	2,154	549	286	1,318
2008[4]	239,891	14,693	215,761	14,419	201,342	1,949	1,785	746	171	144	525	199	2,370	2,392	551	312	1,530

1. 産業の研究開発支出に関する全非連邦政府資金源を含む。 2. 連邦政府以外のすべての資金源を含む。 3. 学術機関に対するFFRDCの研究開発費、および連邦政府からの研究開発費を含む。 4. 暫定値

資料：National Science Foundation, Research and Development in Industry（年刊）, Academic Research and Development Expenditures（年刊）および Federal Funds For Research and Development（年刊）から得られたデータ。〈http://www.nsf.gov/statistics/nsf10314〉も参照

第16章 科学と技術 523

No.802. 連邦政府の研究助成――科学分野別名目額、実質額(2000年)：2005－2009年

[単位：100万ドル（53,738は537億3800万ドルを表す）。表示年を年度末とする会計年度。研究開発施設を除く]

分野	名目ドル				実質ドル (2000年)[1]			
	2005	2007	2008, 暫定値	2009, 暫定値	2005	2007	2008, 暫定値	2009, 暫定値
研究、総額	53,738	54,094	55,097	54,801	47,682	45,248	45,213	44,081
基礎研究	27,140	26,866	27,559	28,536	24,082	22,472	22,615	22,954
応用研究	26,598	27,228	27,538	26,265	23,601	22,775	22,598	21,127
生命科学	28,128	29,464	29,675	29,299	24,958	24,645	24,351	23,567
心理学	1,892	1,838	1,861	1,853	1,679	1,537	1,527	1,490
物理化学	5,494	5,136	5,249	5,593	4,875	4,296	4,308	4,499
環境科学	3,503	3,171	3,315	3,352	3,108	2,652	2,720	2,697
数学およびコンピュータ科学	2,983	2,946	3,285	3,333	2,647	2,464	2,696	2,681
工学	8,553	8,990	9,353	8,907	7,589	7,520	7,676	7,164
社会科学	1,097	1,147	1,071	1,123	973	960	879	903
その他科学 n.e.c.[2]	2,089	1,403	1,287	1,341	1,854	1,174	1,056	1,079

1．GDPインプリシット価格デフレータに基づく　2．n.e.c.は他に分類されないもの

資料：U.S. National Science Foundation, *Federal Funds for Research and Development*, NSF 09-320 （2009年）；<http://www.nsf.gov/statistics/fedfunds/> も参照

No.803. 連邦政府の研究開発（R&D）資金――使途目的別名目額、実質額（2000年）：2007－2010年

[単位：100万ドル（138,087は1380億8700万ドルを表す）。9月30日を年度末とする会計年度。研究開発施設を除く。資金委員会によるもの。使途目的の10億ドル以上のものは2001年以降許可された。全資金債務については『アメリカ歴史統計』系列W126も参照]

使途目的	名目ドル				実質ドル (2000年)[1]			
	2007	2008	2009[2]	2010[3]	2007	2008	2009[2]	2010[3]
総計[4]	138,087	140,113	156,009	143,892	115,506	114,979	125,490	113,479
国防	82,272	84,713	85,166	86,082	68,818	69,517	68,505	67,888
医療	29,461	29,063	40,389	30,976	24,643	23,849	32,488	24,429
宇宙研究および技術	9,024	8,323	6,891	6,622	7,548	6,830	5,543	5,222
エネルギー	1,893	1,896	3,318	2,138	1,583	1,556	2,669	1,686
一般科学	7,809	8,234	11,840	9,298	6,532	6,757	9,524	7,333
天然資源及び環境	1,936	2,106	2,245	2,300	1,619	1,728	1,806	1,814
運輸	1,361	1,394	1,440	1,427	1,138	1,144	1,158	1,125
農業	1,857	1,864	2,302	2,439	1,553	1,530	1,852	1,924

1．GDPインプリシット価格デフレータに基づく　2．ARRA（米国再生・再投資法）の資金を含む　3．暫定値　4．個別に明示しないその他の使途を含む

資料：U.S. National Science Foundation, *Federal R&D Funding by Budget Function*, NSF 10-317 （2010年）；<http://www.nsf.gov/statistics/nsf10317/> も参照

No.804. 連邦政府機関による研究開発（R&D）：2009、2010年会計年度

[単位：100万ドル（145,605は1456億500万ドルを表す）。9月30日を年度末とする。R&Dは、進行中の研究開発活動と研究開発のための施設を含む。研究開発のための施設には、建設、修理、および研究開発目的の他の施設の転用を含む。行政管理予算局のデータに基づく]

連邦機関	2009[1]	2010	連邦機関	2009[1]	2010
研究開発費、計	145,605	149,295			
国防	85,309	86,756	退役軍人省	925	1,073
非国防	60,297	62,539	国土安全保障省	943	1,034
			運輸省	1,096	887
国防総省	81,484	82,902	内務省	702	776
科学技術	13,967	14,749	地質調査所	615	661
その他	67,517	68,152	環境保護庁	563	597
保健・社会保障	31,058	31,458	教育省	312	353
国立保健研究所（NIH）	29,752	30,189	スミソニアン	216	213
			国際援助プログラム	152	121
その他	1,306	1,269			
エネルギー省	10,301	10,836	住宅土地開発省	58	100
原子力国防	3,825	3,854	国務省	101	81
科学局	4,372	4,528	原子力規制委員会	94	79
エネルギー関連	2,104	2,454	司法省	103	73
NASA	8,788	9,262	社会保障局	35	49
全米科学財団	4,767	5,392	郵便公社	18	18
農務省	2,437	2,611	テネシー川流域開発公社	43	12
商務省	1,389	1,337	アメリカ陸軍工兵隊	11	11
海洋大気庁	785	685	遠隔通信開発局	6	7
			労働省	4	4
国立標準技術研究所	553	588			

資料：American Association for the Advancement of Science (AAAS), AAAS Report XXXIV *Research and Development FY 2011* （年刊）(copyright)；<http://www.aaas.org/spp/rd/rdreport2011/> も参照

No.805. 国内産業研究開発資金――製造業・非製造業――産業別：2006－2008年

[産業研究開発調査および産業R&D・技術革新調査に基づく。これらの調査と方法論については、<http://www.nsf.gov/statistics/srvyindustry/sird.cfm> を参照]

産業	北米産業分類[1]	研究開発資金の純販売に占める割合(%)			研究開発に携わる企業の純販売に占める割合(%)[2]		
		2006	2007	2008	2006	2007	2008
全産業、計	(X)	3.7	3.8	3.7	3.4	3.5	3.0
製造業、計	(X)	4.0	4.1	4.4	3.6	3.7	3.5
食品	311	0.7	(D)	0.4	0.7	0.7	0.4
紙、印刷および印刷支援	322, 323	(D)	(D)	1.4	1.2	1.3	1.3
石油および石炭	324	0.3	(D)	(D)	0.3	0.3	(D)
化学製品および関連製品	325	7.6	(D)	6.5	7.5	7.9	6.1
プラスチックおよびゴム製品	326	2.0	(D)	1.1	1.9	1.5	1.1
非金属鉱物製品	327	2.1	1.8	2.0	1.9	1.8	1.9
一次精錬金属	331	0.5	0.6	0.4	0.5	0.6	0.4
組立て金属製品	332	1.4	1.7	1.6	1.4	1.6	1.6
機械	333	3.6	3.7	3.6	3.6	3.7	3.5
コンピュータ、電子機器	334	10.8	9.9	11.6	9.2	8.4	10.1
電気機械機器	335	2.6	3.1	2.9	2.5	3.0	2.7
運輸設備	336	(D)	(D)	5.7	2.9	3.1	2.6
非製造業、計	(X)	3.2	3.4	2.8	2.9	3.0	2.2
情報	51	5.3	(D)	4.9	5.2	5.1	4.8
ソフトウェア販売	5112	(D)	(D)	10.8	19.9	19.6	10.6
インターネットサービスプロバイダ	518	9.6	(D)	6.3	9.4	9.6	6.2
専門および技術サービス	54	9.5	11.7	8.4	7.6	9.5	4.5
建築、エンジニアリング、関連業	5413	14.4	12.0	8.2	10.7	8.1	3.3
コンピュータシステムデザインおよび関連サービス	5415	5.3	7.0	5.9	4.9	6.6	4.2
科学研究開発サービス	5417	35.1	42.0	13.2	24.2	30.0	6.4

D　特定機関もしくは個人の情報が明らかになるため公表せず　X　該当なし　1．1997年北米産業分類に基づく。第15章の解説を参照

資料：U.S. National Science Foundation, *Research and Development in Industry and Business Research and Development* (年刊); <http://www.nsf.gov/statistics/> も参照

No.806. 国内産業研究開発資金――名目ドルおよび実質（2005年）ドル――資金源および主要産業別：2005-2008年

[単位：100万ドル（226,159は2261億5900万ドルを表す）。暦年。基礎研究、応用研究、開発に適用。産業研究開発調査および産業R&D・技術革新調査に基づく。これらの調査と方法論については、<http://www.nsf.gov/statistics/srvyindustry/sird.cfm> を参照。また『アメリカ歴史統計』系列W144-160も参照]

産業	北米産業分類[1]	2005	2006	2007	2008
名目ドル					
資金計	(X)	226,159	247,669	269,267	290,681
企業およびその他の資金	(X)	204,250	223,365	242,682	254,321
連邦政府の資金	(X)	21,909	24,304	26,585	36,360
石炭、石油製品	324	(D)	1,432	(D)	(D)
化学薬品および関連製品	325	42,995	46,329	(D)	58,249
薬学、製薬	3254	34,839	38,901	(D)	48,131
機械	333	8,531	9,848	9,865	10,104
コンピュータ、電子機器	334	(D)	56,773	58,599	60,463
航行、計測、電気医療機器	3345	15,204	18,300	20,438	15,460
電気機械機器具	335	2,424	2,281	(D)	3,143
航空宇宙産業および部品	3364	15,055	16,367	18,436	36,941
情報	51	23,836	26,883	(D)	37,964
専門、科学、技術サービス	54	32,021	38,049	40,533	37,594
コンピュータシステムデザインおよび関連サービス	5415	13,592	14,841	14,407	12,146
科学研究開発サービス	5417	12,299	14,525	16,849	17,913
実質（2005年）ドル[2]					
資金計	(X)	226,159	239,850	253,309	267,613
企業およびその他の資金	(X)	204,250	216,313	228,299	234,138
連邦政府の資金	(X)	21,909	23,537	23,527	33,474
石炭、石油製品	324	(D)	1,387	(D)	(D)
化学薬品および関連製品	325	42,995	44,866	(D)	53,626
薬学、製薬	3254	34,839	37,673	(D)	44,311
機械	333	8,531	9,537	9,280	9,302
コンピュータ、電子機器	334	(D)	54,981	55,126	55,665
航行、計測、電気医療機器	3345	15,204	17,722	19,227	14,233
電気機械機器具	335	2,424	2,209	(D)	2,894
航空宇宙産業および部品	3364	15,055	15,850	17,343	34,009
情報	51	23,836	26,034	(D)	34,703
専門、科学、技術サービス	54	32,021	36,848	38,131	34,942
コンピュータシステムデザインおよび関連サービス	5415	13,592	14,372	13,553	11,182
科学研究開発サービス	5417	12,299	14,066	15,850	16,491

D　特定機関もしくは個人の情報が明らかになるため公表せず　X　該当なし　1．1997年北米産業分類（NAICS）に基づく。第15章の解説参照　2．国内総生産インプリシット価格デフレータに基づく

資料：U.S. National Science Foundation, *Research and Development in Industry and Business Research and Development* (年刊); <http://www.nsf.gov/statistics/> も参照

No.807. 学術的および産業の研究開発（R&D）——州別：2007年

[単位：100万ドル（49,021は490億2100万ドルを表す）。研究開発（R&D）の定期については本章の解説を参照]

州	学術的R&D (100万ドル)	GDP 1000ドル 当たりの 学術的R&D	産業のR&D (100万ドル)	GDP1000ドル 当たりの 産業のR&D (%)	州	学術的R&D (100万ドル)	GDP 1000ドル 当たりの 学術的R&D	産業のR&D (100万ドル)	GDP1000ドル 当たりの 産業のR&D (%)
合衆国[1]	49,021	3.55	269,267	19.50	MO	941	4.11	2,736	11.95
AL	655	3.98	1,771	[2]10.76	MT	179	5.22	134	3.91
AK	160	3.56	58	1.29	NE	365	4.54	489	6.09
AZ	783	3.18	3,846	15.64	NV	192	1.48	567	4.38
AR	240	2.52	339	3.56	NH	307	5.31	1,814	[3]31.37
CA	6,734	3.74	64,187	35.62	NJ	865	1.88	17,892	38.79
CO	873	3.70	5,223	22.15	NM	410	5.45	568	7.55
CT	691	3.26	9,444	44.49	NY	3,964	3.59	10,916	9.88
DE	126	2.05	1,472	23.92	NC	1,885	4.83	6,829	17.49
DC	333	3.60	379	4.10	ND	169	5.93	126	4.42
FL	1,558	2.10	4,569	6.16	OH	1,807	3.91	7,265	15.71
GA	1,389	3.55	2,788	7.13	OK	299	2.19	527	3.86
HI	274	4.42	218	3.52	OR	575	3.63	3,629	[3]22.92
ID	114	2.19	726	13.93	PA	2,438	4.57	10,387	19.48
IL	1,867	3.02	11,362	18.40	RI	230	4.93	411	8.80
IN	894	3.59	4,939	19.82	SC	569	3.75	1,426	9.40
IA	587	4.52	1,202	9.25	SD	82	2.33	132	3.75
KS	376	3.21	1,304	11.15	TN	761	3.10	1,638	6.68
KY	503	3.31	890	5.85	TX	3,417	2.98	13,889	12.09
LA	604	2.91	373	[2]1.80	UT	415	3.93	1,764	16.71
ME	137	2.85	265	5.52	VT	115	4.67	413	16.77
MD	2,542	9.61	3,665	13.86	VA	971	2.53	4,840	12.60
MA	2,172	6.17	19,488	55.34	WA	981	3.16	12,687	40.89
MI	1,510	3.97	15,736	41.42	WV	167	2.89	233	4.03
MN	637	2.52	6,636	26.28	WI	1,067	4.57	3,411	14.61
MS	411	4.69	279	3.18	WY	80	2.54	37	[2]1.17

1．2007年度（暦年）の全国総額。産業の計には、州別のデータのない33億ドルのR&D支出を含む　2．産業による研究開発費の50％以上は、州のランキングから推計　3．産業R&D費用の50％以上を含む
資料：National Science Foundation, *National Patterns of R&D Resources*, NSF-10-314 (2010年); <http://www.nsf.gov/statistics/nsf10314/> も参照

No.808. 大学における科学工学の研究開発（R&D）支出——名目額、実質(2005年)ドル：2000－2009年

[単位：100万ドル（30,084は300億8400万ドルを表す）]

特徴	名目額				実質額 (**2005年**ドル)[1]			
	2000	2005	2008	2009	2000	2005	2008	2009
総額	30,084	45,799	51,934	54,935	33,844	45,799	47,655	49,746
基礎研究[2]	22,547	34,368	39,408	40,955	25,365	34,367	36,161	37,087
応用研究開発[2]	7,537	11,432	12,526	13,980	8,479	11,432	11,494	12,660
資金源：								
連邦政府	17,548	29,209	31,281	32,588	19,741	29,209	28,703	29,510
州・地方政府	2,200	2,940	3,452	3,647	2,475	2,940	3,168	3,303
機関の資金	5,925	8,266	10,408	11,198	6,666	8,266	9,550	10,140
産業	2,156	2,291	2,865	3,197	2,425	2,291	2,629	2,895
その他	2,255	3,093	3,928	4,305	2,537	3,093	3,604	3,898
分野：								
物理化学	2,713	3,704	3,941	4,294	3,052	3,704	3,616	3,888
環境科学	1,766	2,555	2,806	2,940	1,987	2,555	2,575	2,662
数学	342	495	620	553	384	494	569	501
コンピュータ科学	877	1,406	1,472	1,592	987	1,406	1,351	1,442
生命科学	17,471	27,605	31,210	32,791	19,655	27,605	28,638	29,694
心理学	517	826	929	979	581	826	852	887
社会科学	1,300	1,685	1,947	2,075	1,462	1,685	1,787	1,879
その他科学	543	778	1051	1060	611	778	964	960
工学	4,557	6,746	7,958	8,651	5,127	6,746	7,302	7,834

1．GDPインプリシット価格デフレータに基づく（2011年2月更新）　2．基礎研究と応用研究開発の統計は会計年度1998年以降再推計された。それ以前のデータとの比較はできない
資料：U.S. National Science Foundation, *Survey of Research and Development Expenditures at Universities and Colleges* (年刊); <http://www.nsf.gov/statistics/srvyrdexpenditures/> も参照

No.809. 連邦政府の研究開発（R&D）助成──大学別：2006、2007年

[単位：100万ドル（24,991.8は249億9180万ドルを表す）。9月30日を年度末とする会計年度。2007年に連邦政府の研究開発資金の提供を受けた上位40の機関についてのデータ。大学当局に対して与えられた資金は、その分配が不詳のため、各機関の合計には含まれないが、全機関の合計には含まれる]

2007年度 連邦政府の援助を受けた主要機関	2006	2007	2007年度 連邦政府の援助を受けた主要機関	2006	2007
連邦政府の援助を受けた全機関の総額[1]	24,991.8	24,998.0	コーネル大学	299.1	326.1
ジョンズホプキンズ大学	1,153.2	1,054.9	ペンシルベニア州立大学	291.8	320.8
ワシントン大学(UW)	612.1	608.0	ケースウエスタンリザーブ大学	277.9	278.9
ミシガン大学	516.2	501.5	サウスカリフォルニア大学	265.5	260.3
ペンシルベニア大学	497.5	498.5	ロチェスター大学	252.3	255.2
カリフォルニア大学ロサンゼルス校	477.6	480.0	ノースウエスタン大学	222.2	254.0
デューク大学	472.5	470.7	シカゴ大学	219.8	248.6
カリフォルニア大学サンフランシスコ校	441.9	433.4	エモリー大学	228.1	247.9
カリフォルニア大学サンディエゴ校	401.2	432.7	カリフォルニア大学デイビス校	236.4	243.1
ハーバード大学	420.8	429.3	アラバマ大学バーミンガム校	235.4	235.1
ピッツバーグ大学	425.4	425.9	ベイラー医科大学	236.5	227.9
コロンビア大学－ニューヨーク市	467.8	425.7	カリフォルニア大学アーバイン校	161.3	219.6
スタンフォード大学	455.9	424.0	オハイオ州立大学	205.9	217.2
ワシントン大学(WU)	410.7	407.8	カリフォルニア大学バークレー校	228.6	214.2
イェール大学	361.7	387.3	アリゾナ大学	200.7	212.0
マサチューセッツ工科大学	357.1	380.8			
ミネソタ大学	331.2	370.7	イリノイ大学アーバナシャンペーン校	184.6	210.5
ウィスコンシン大学マディソン校	373.7	369.2	ボストン大学	204.7	208.5
ノースカロライナ大学チャペルヒル校	343.4	353.5	アイオワ大学	193.0	208.4
コロラド大学	340.1	330.0	スクリプス研究所	217.5	199.0
ヴァンダービルト大学	306.5	329.6	バージニア大学	176.3	198.4

1. 個別に明示しない他の機関も含む

資料：U.S. National Science Foundation, *Federal S&E Support to Universities, Colleges, and Nonprofit Institutions*, NSF 09-313 (2009年) ; <http://www.nsf.gov/statistics/fedsupport/> も参照

No.810. 博士課程に在籍する科学・工学専攻の大学院生──専攻分野、在籍状況別：1990－2009年

[単位：1,000人（409.4は40万9400人を表す）。秋期現在。海外領土を含む]

科学、工学分野	総数			女性			構成 海外			パートタイム		
	1990	2000	2009	1990	2000	2009	1990	2000	2009	1990	2000	2009
総数	409.4	443.5	573.9	155.5	201.8	269.7	103.0	123.3	163.3	130.8	123.6	145.0
科学／工学	360.6	374.8	497.2	117.9	150.3	212.1	98.9	118.0	155.1	107.5	99.3	120.7
工学、計	101.0	98.8	136.7	13.8	19.7	31.8	36.9	46.3	62.8	36.7	28.2	35.2
科学、計[1]	259.6	275.9	360.5	104.2	130.7	180.3	62.0	71.7	92.3	70.8	71.1	85.4
物理学	32.9	29.6	37.1	7.7	8.8	12.2	12.2	11.5	14.8	3.9	3.5	3.4
環境科学	13.1	13.0	13.9	3.8	5.3	6.4	2.6	2.6	2.7	3.2	2.8	2.7
数学	18.1	14.4	20.5	5.6	5.2	7.2	6.4	5.9	8.2	4.7	3.0	4.2
コンピュータ科学	29.2	40.3	45.6	6.8	11.7	11.4	9.7	19.7	22.1	14.1	16.7	15.9
農学	11.0	11.3	14.1	3.2	4.8	6.9	3.2	2.4	3.2	2.0	2.4	3.9
生物学	46.7	53.1	68.6	21.4	27.8	38.9	11.2	11.6	16.8	7.2	7.6	9.3
心理学	38.5	40.3	46.6	25.5	29.0	34.9	1.7	2.1	2.7	12.0	10.8	12.0
社会科学	70.0	73.9	95.2	30.1	38.1	50.5	15.0	15.8	18.7	23.8	24.3	28.1
保健分野、計	48.8	68.8	76.7	37.6	51.5	57.6	4.1	5.4	8.2	23.3	24.3	24.4

1. 2009年は個別に明示しない他の科学分野を含む

資料：U.S. National Science Foundation, *Survey of Graduate Science Engineering Students and Postdoctorates* （年刊）; <http://www.nsf.gov/statistics/gradpostdoc/> も参照

No.811. 科学・工学博士号を取得した外国人──ビザのタイプ別、国籍別：2000－2009年

[科学および工学分野については表No.815を参照]

ビザおよび国	2000	2001	2002	2003	2004	2005	2006	2007	2008	2009
合衆国市民権のない科学・工学位取得者	7,664	7,953	7,707	8,393	9,164	10,427	11,587	12,371	12,628	12,217
カナダ	243	253	251	280	337	312	315	341	355	371
メキシコ	190	186	175	198	164	193	169	166	160	170
ブラジル	121	130	113	99	124	140	128	111	123	121
イギリス	64	86	86	77	73	68	77	82	84	78
フランス	64	62	81	68	82	98	106	120	120	112
ドイツ	169	181	164	154	153	145	128	126	137	165
中国	2,034	2,146	2,121	2,263	2,718	3,281	4,056	4,215	4,072	3,680
日本	166	128	141	170	166	183	187	201	196	188
韓国	695	814	807	915	1,003	1,118	1,167	1,089	1,111	1,156
台湾	611	492	428	407	359	401	403	432	415	511
タイ	149	231	258	307	263	248	194	218	273	193
インド	726	717	601	688	788	1,033	1,415	1,842	2,061	2,029
イラン	40	71	35	45	112	124	127	129	137	
トルコ	248	274	320	348	319	321	321	410	466	444
科学学位	5,213	5,164	5,057	5,475	5,852	6,665	7,289	7,773	8,139	8,006
工学学位	2,451	2,789	2,650	2,918	3,312	3,762	4,298	4,598	4,489	4,211
パーマネント・ビザ	1,409	1,271	1,173	1,099	1,003	1,113	1,252	1,222	(NA)	(NA)
一時的入国許可	7,661	7,946	7,694	8,384	9,155	10,406	11,525	12,323	(NA)	(NA)

NA　データなし

資料：U.S. National Science Foundation, *Science and Engineering Doctorate Awards*, NSF 09-311 (2009年); <http://www.nsf.gov/statistics/nsf09311/> も参照

No.812. 科学・工学学位授与者――学位レベル別・性別：1990－2009年

[科学・工学の学位のカテゴリについては、資料の付録B、<http://www.nsf.gov/statistics/nsf07307/content.cfm?pubid=3634&id=4> を参照]

表示年に終わる学校年度	授与学士号				授与修士号				授与博士号			
	科学・工学計	男性	女性	女性の%	科学・工学計	男性	女性	女性の%	科学・工学計	男性	女性	女性の%
1990	329,094	189,082	140,012	42.5	77,788	51,230	26,558	34.1	22,867	16,498	6,369	27.9
2000	399,686	197,827	201,859	50.5	94,706	53,382	41,324	43.6	25,966	16,518	9,394	36.3
2005	469,340	233,313	236,027	50.3	120,071	66,361	53,710	44.7	27,985	17,405	10,539	37.7
2006	477,589	237,336	240,253	50.3	119,686	65,262	54,424	45.5	29,866	18,369	11,478	38.5
2007	484,350	240,986	243,364	50.2	118,942	64,232	54,710	46.0	31,806	19,529	12,265	38.6
2008	494,627	246,014	248,613	50.3	124,754	67,600	57,154	45.8	32,832	19,854	12,971	39.5
2009	502,561	249,745	252,816	50.3	132,390	71,995	60,395	45.6	33,470	19,849	13,593	40.6

資料：U.S. National Science Foundation, *Science and Engineering Degrees: 1966-2008*, NSF-11-316（2011年）および未刊行資料；<http://www.nsf.gov/statistics/degrees/> も参照

No.813. 学位授与数に占める科学工学学位の割合――州別：2007年

[科学工学学位には、物理学、コンピュータ科学、農学、生物学、地球科学、大気科学、海洋科学、行動科学、数学および工学を含む]

州	科学工学学位授与数[1]	高等教育学位授与数、計[1]	科学工学学位授与数の%	州	科学工学学位授与数[1]	高等教育学位授与数、計[1]	科学工学学位授与数の%	州	科学工学学位授与数[1]	高等教育学位授与数、計[1]	科学工学学位授与数の%
合衆国	685,914	2,138,003	32.1								
AL	9,920	32,207	30.8	KY	7,218	27,152	26.6	ND	1,731	7,042	24.6
AK	750	2,261	33.2	LA	7,767	28,224	27.5	OH	24,410	82,584	29.6
AZ	13,463	74,778	18.0	ME	2,733	8,532	32.0	OK	7,442	24,244	30.7
AR	3,440	14,835	23.2	MD	16,932	41,936	40.4	OR	8,387	23,655	35.5
CA	89,947	204,838	43.9	MA	26,363	78,421	33.6	PA	35,314	113,396	31.1
CO	13,729	35,981	38.2	MI	23,006	75,304	30.6	RI	3,875	12,724	30.5
CT	9,052	27,781	32.6	MN	12,571	45,085	27.9	SC	7,649	25,841	29.6
DE	2,325	7,642	30.4	MS	4,294	16,438	26.1	SD	2,204	6,386	34.5
DC	8,287	20,489	40.4	MO	13,515	53,828	25.1	TN	9,272	36,576	25.3
FL	27,510	91,561	30.0	MT	2,450	6,509	37.6	TX	40,387	130,830	30.9
GA	16,566	49,495	33.5	NE	4,115	15,765	26.1	UT	8,787	23,993	36.6
HI	2,511	7,330	34.3	NV	2,267	7,279	31.1	VT	2,880	7,042	40.9
ID	2,859	9,614	29.7	NH	3,725	11,207	33.2	VA	20,679	53,981	38.3
IL	30,055	101,537	29.6	NJ	16,851	46,676	36.1	WA	14,206	37,541	37.4
IN	14,442	51,564	28.0	NM	3,302	9,748	33.9	WV	3,239	13,707	23.6
IA	7,893	25,698	30.7	NY	55,360	185,736	29.8	WI	13,691	41,842	32.7
KS	6,552	23,943	27.4	NC	19,022	55,071	34.5	WY	1,149	2,154	53.3

1．学士、修士、博士を含む

資料：National Science Foundation, *Science and Engineering Indicators*, 2010（2010年1月）；<http://www.nsf.gov/statistics/seind10/>

No.814. 博士号授与――授与者の諸特徴：2000、2009年

[単位：%および数。博士号授与調査に基づく。方法論については資料を参照]

特徴	2000、計[1]	2009								
		全分野[1]	工学	物理科学[2]	地球科学[3]	数学	コンピュータ科学	生物科学[4]	農業科学	社会科学[5]	心理学
博士号授与数	41,365	49,562	7,634	4,289	877	1,554	1,611	8,026	1,166	4,842	3,471
男性	56.0	53.2	78.7	70.1	61.5	68.9	78.2	47.8	56.7	51.5	28.6
女性	43.8	46.8	21.3	29.9	38.5	31.1	21.8	52.2	43.3	48.5	71.4
人種／民族[6]											
総授与数	29,936	32,231	3,148	2,351	556	772	735	5,513	668	3,026	2,896
白人[7]	79.2	74.6	69.8	79.5	86.3	76.8	72.1	74.5	81.6	73.5	76.2
黒人[7]	5.8	6.9	4.3	3.1	1.4	3.2	3.8	4.4	4.8	7.3	6.3
アジア系[7]	7.6	8.3	16.3	8.8	3.6	10.9	17.0	11.4	4.5	7.2	5.1
インディアン／アラスカ人[7]	0.6	0.5	0.4	0.2	0.4	0.4	0.0	0.3	0.4	0.7	0.4
ヒスパニック	4.4	5.8	5.0	4.5	4.5	4.7	2.7	5.5	4.2	6.2	7.8
その他、不明[8]	2.4	3.9	4.2	3.9	3.8	4.0	4.4	3.8	4.5	5.0	4.2

NA データなし　1．個別に明示しないその他の分野を含む　2．天文学、物理学、化学　3．地球科学、大気科学、海洋科学を含む　4．生物学、植物学、微生物学、生理学、動物学、および関連分野　5．人類学、社会学、政治学、経済学、国際関係等　6．一時ビザを有するものを除く　7．非ヒスパニック　8．2001年およびそれ以降のデータは「ハワイ原住民および太平洋諸島民」を含む。回答者が複数の人種を選択あるいは回答者の人種／民族が不詳の場合（ヒスパニックの場合は除外）

資料：National Science Foundation *Science and Engineering Doctorate Awards*, NSF-11-306（年刊）；<http://www.nsf.gov/statistics/dectorates/> も参照

No.815. 博士号——学問分野別・授与年度別：2000－2009年

[博士号授与調査に基づく。情報については資料参照]

研究分野	2000	2004	2005	2006	2007	2008	2009
全分野、計	**41,366**	**42,118**	**43,381**	**45,617**	**48,130**	**48,763**	**49,562**
科学・工学、計	25,966	26,274	27,986	29,866	31,806	32,832	33,470
工学、計	5,323	5,777	6,427	7,185	7,745	7,859	7,634
航空科学、宇宙工学	214	201	219	238	267	266	296
化学	619	638	774	799	807	872	808
土木	480	547	622	655	701	712	708
電気	1,330	1,389	1,547	1,786	1,968	1,887	1,694
工業・製造業	176	217	221	234	281	280	252
材料工学／冶金学	404	474	493	583	648	635	622
機械	807	754	892	1,044	1,072	1,081	1,095
その他	1,293	1,557	1,659	1,846	2,001	2,126	2,159
科学、計	20,643	20,497	21,559	22,681	24,061	24,973	25,836
生物・農業科学	6,890	6,987	7,404	7,682	8,320	8,885	9192
農業科学	1,037	1,045	1,038	1,033	1,133	1,087	1,166
生物化学	5,853	5,942	6,366	6,649	7,187	7,798	8,026
地球、大気、海洋科学、計	694	686	714	757	878	865	877
大気	143	126	145	146	167	188	167
地球／海洋	551	560	569	611	711	677	710
数学／コンピュータサイエンス、計	1,911	2,024	2,334	2,778	3,049	3,186	3,165
コンピュータサイエンス	861	948	1,129	1,453	1,656	1,787	1,611
数学	1,050	1,076	1,205	1,325	1,393	1,399	1,554
物理科学、計	3,378	3,335	3,643	3,927	4,101	4,082	4,289
天文学	185	165	186	197	223	249	262
化学	1,989	1,986	2,126	2,362	2,324	2,247	2,398
物理学	1,204	1,184	1,331	1,368	1,554	1,586	1,629
心理学	3,615	3,326	3,323	3,260	3,291	3,356	3,471
社会科学、計	4,155	4,139	4,141	4,277	4,422	4,599	4,842
経済学	1,086	1,069	1,183	1,142	1,180	1,202	1,237
政治学	986	947	990	1,001	1,037	1,020	1,140
社会学	617	580	536	579	576	601	664
その他の社会科学	1,466	1,543	1,432	1,555	1,629	1,776	1,801
科学・工学以外、計	15,400	15,844	15,395	15,751	16,324	15,931	16,092
教育学	6,437	6,633	6,225	6,120	6,456	6,554	6,531
保健	1,591	1,719	1,784	1,905	2,132	2,090	2,094
人文科学	5,213	5,012	4,950	5,124	4,890	4,502	4,667
専門職位／その他／不詳	2,159	2,480	2,436	2,602	2,846	2,785	2,800

資料：U.S. National Science Foundation, *Science and Engineering Doctorate Awards* (年刊); ⟨http://www.nsf.gov/statistics/doctorates/⟩ も参照

No.816. 人口動態的特徴別の科学者・工学者：2006年

[単位：1000人（22,630は2263万人を表す）。科学者・工学者は、科学工学および関連分野の学士号以上の学位を持つ者および科学工学または関連分野で雇用される科学工学以外の分野の学士号以上の学位を持つ者]

特徴	男女計	女性	男性	特徴	男女計	女性	男性
全科学者・工学者	22,630	10,230	12,400	最終学位：			
				学士	13,228	6,223	7,005
年齢：				修士	6,411	3,039	3,373
29歳未満	2,732	1,542	1,190	博士	1,018	308	710
30—39歳	5,302	2,596	2,705	職業学位	1,973	660	1,312
40—49歳	5,849	2,699	3,150				
50—59歳	5,400	2,303	3,097	市民権：			
60—69歳	2,497	835	1,662	合衆国市民、合衆国生まれ	19,131	8,743	10,387
70歳以上	851	254	596	合衆国市民、帰化	2,373	1,062	1,311
人種／民族：							
アメリカンインディアン・アラスカ原住民	102	51	50	非合衆国市民、永住権	835	330	505
アジア系	2,255	994	1,261				
黒人	1,258	738	520	非合衆国市民、一時的居住	291	95	196
ハワイ原住民、				婚姻状況：			
その他の太平洋諸島民	85	33	53	既婚	16,100	6,655	9,445
白人	17,420	7,670	9,751				
複数人種	316	156	159	同棲	892	482	410
ヒスパニック、その他の人種	1,193	588	605	死別	356	245	111
				別居	243	131	111
子供の有無：				離婚	1,518	887	631
有	10,966	5,015	5,951	未婚	3,521	1,829	1,692
無	11,664	5,215	6,449				

資料：National Science Foundation/Division of Science Resource Statistics, Scientists and Engineers Statistical Data System (SESTAT) (2008年3月現在); ⟨http://www.nsf.gov/statistics/sestat/⟩ を参照

No.817. 民間雇用の科学者、エンジニア、専門技術者——職種および主要産業部門：2008年

[単位：1,000人（293.0は29万3000人を表す）。標本調査に基づく。標準職業分類（SOC=Standard Occupational Classification）を用いて、労働者を801のカテゴリーの1つに分類している。産業分類は、北米産業分類（NAICS）と一致する。科学者およびエンジニアの定義については本章の解説と表No.802を参照。詳細については資料を参照]

職業	従業員総計	賃金俸給労働者						自営業[2]
		鉱業(NAICS 21)[1]	建設業(NAICS 23)	製造業(NAICS 31–33)	情報(NAICS 51)	専門、科学、技術サービス(NAICS 54)	政府(NAICS 99)	
コンピュータおよび情報システム管理者	293.0	0.4	0.7	27.5	33.6	73.5	19.0	9.6
エンジニアリング管理者	184.0	1.8	5.0	74.9	5.2	59.2	15.7	1.1
自然科学系管理者	44.6	0.2	(NA)	6.9	(NA)	16.2	13.8	(NA)
コンピュータおよび数学、科学者	3,540.4	7.6	(NA)	272.7	422.3	1,121.5	247.4	155.3
コンピュータ専門家	3,424.3	7.1	9.8	266.1	415.7	1,096.0	228.2	154.6
数学科学職	116.1	(NA)	0.2	6.6	6.5	25.5	19.2	0.8
測量技師・地図製作者および写真測量技師	70.0	0.8	3.8	0.1	(NA)	50.4	10.1	1.8
エンジニア[3]	1,571.9	26.1	47.7	559.6	41.5	468.8	190.3	41.8
航空宇宙	71.6	(NA)	(NA)	38.4	(NA)	17.8	9.5	2.4
土木工学	278.4	0.8	31.1	2.5	0.8	141.0	75.4	12.0
コンピュータおよびハードウェア	74.7	(NA)	(NA)	32.1	3.5	24.5	4.7	1.0
電気・エレクトロニクス	301.5	0.3	4.8	105.3	32.4	76.9	26.4	4.8
インダストリアル・エンジニアリング[4]	240.4	2.4	6.4	155.2	2.5	33.5	6.1	1.8
機械工学	238.7	1.3	3.1	121.2	0.2	69.7	12.3	5.5
製図・エンジニアリング・地図製作、技師[5]	826.2	5.3	26.0	229.8	22.4	315.0	108.5	15.1
エンジニアリング技師	497.3	3.9	5.1	169.5	18.9	124.3	91.7	3.6
測量・地図製作技師	77.0	0.6	(NA)	0.1	0.8	53.0	11.7	4.3
生命・物理・社会科学	1,460.8	20.1	(NA)	155.6	28.6	376.0	314.5	97.8
生命科学者	279.4	(NA)	(NA)	36.5	0.2	71.9	67.9	9.9
物理科学者	275.5	9.4	(NA)	43.3	1.2	100.8	76.3	6.3
社会科学者および関連職	549.4	0.3	2.6	22.3	26.7	111.0	82.6	78.2
生命・物理・社会科学技師	356.5	10.3	0.6	53.4	0.5	92.4	87.7	3.4

NA データなし　1．原油・ガス抽出を含む　2．副職および世帯内無給雇用を含む　3．個別に明示しないその他の種類のエンジニアを含む　4．保健・安全関係のエンジニアを含む　5．その他の製図技師、技術者、地図製作技師を含む

資料：U.S. Bureau of Labor Statistics, *National Employment Matrix*（2009年12月、データは隔年で収集）; 詳細については <http://www.bls.gov/emp/empoils.htm> を参照

No.818. 科学工学（S&E）関連職種の雇用と賃金——産業別：2006年

[2006年5月現在。産業は、総雇用に占めるS&Eの占める割合の大きい順に示す]

産業	2002年北米産業分類[1]	従業員数		全従業員に占めるS&E職の%	S&E職の平均賃金（ドル）
		全職種	S&E職		
コンピュータのシステムデザインおよび関連サービス	5415	1,254,320	609,590	48.6	75,040
ソフトウェア出版	5112	240,130	116,260	48.4	79,120
科学研究および開発サービス	5417	586,220	247,310	42.2	81,220
コンピュータおよび周辺機器製造業	3341	199,370	79,040	39.6	90,710
インターネット・サービス・プロバイダおよび検索ポータル	5181	119,560	46,120	38.6	69,720
データ処理、ホスティング、および関連サービス	5182	264,320	83,470	31.6	70,460
インターネット出版および放送	5161	33,220	9,810	29.5	69,800
建築、エンジニアリング、および関連サービス	5413	1,361,280	397,910	29.2	74,570
通信設備製造業	3342	144,200	39,270	27.2	83,400
航法計器、計測機器、医療用電子機器、制御機器の製造業	3345	435,510	117,950	27.1	82,190
航空宇宙製品および部品製造業	3364	464,990	114,620	24.6	80,410
証券・商品取引	5232	8,850	1,930	21.8	74,000
半導体およびその他の電子部品製造業	3344	452,060	93,940	20.8	83,490
製薬	3254	288,270	55,640	19.3	73,710
その他の遠隔通信	5179	5,300	980	18.5	73,820

1．2002年北米産業分類。第15章の解説を参照。

資料：National Science Foundation, *Science and Engineering Indicators 2008*（2008年1月）; 詳細については <http://nsf.gov/statistics/seind08/> を参照

No.819. 科学工学職の雇用、平均俸給、雇用拡大：2004－2008年

[マイナス（－）記号は減少を示す。労働統計局の実施する職種別雇用調査（OES）から得たデータに基づく]

職種	雇用					平均俸給	
	2004年、計	2008年、計	増加、計	成長率（％）	年平均成長率（％）	2008年年俸（ドル）	年平均成長率（％）
全職種	128,127,360	135,185,230	7,057,870	5.5	1.3	42,270	3.4
STEM [1]	7,160,770	7,852,710	691,940	9.7	2.3	74,950	3.6
科学工学	5,085,740	5,781,460	695,720	13.7	3.3	76,680	3.5
エンジニア	1,487,810	1,626,330	138,520	9.3	2.3	84,120	3.7
数学・コンピュータ科学者	2,566,170	2,972,940	406,770	15.9	3.7	74,420	3.4
生命科学者	275,500	319,520	44,020	16.0	3.8	75,130	3.7
物理化学者	273,360	301,500	28,140	10.3	2.5	76,710	3.8
社会科学者	482,900	561,160	78,260	16.2	3.8	67,980	2.9
技師、プログラマー、および科学工学マネージャー	2,075,020	2,071,260	－3,760	－0.2	(Z)	70,170	3.6
科学工学関連職	6,914,070	7,737,490	823,420	11.9	2.9	(NA)	(NA)
医療従事者および技師	6,769,900	7,569,040	799,140	11.8	2.8	(NA)	(NA)
その他の科学工学関連	144,170	168,450	24,280	16.8	4.0	(NA)	(NA)
STEM・科学工学関連以外	114,052,530	119,595,020	5,542,490	4.9	1.2	(NA)	(NA)

NA　データなし　Z　0.05未満　1．STEM（科学、技術、工学、数学）

資料：National Science Foundation, *Employment in Science and Engineering Occupations Reached 5.8 Million in 2008*, NSF 10-315, 2010; <http://www.nsf.gov/statistics/infbrief/nsf10315/> も参照

No.820. 研究開発（R&D）に従事する科学者、技術者——産業別被雇用者数と経費：2005－2007年

[1,104.5は110万4500人を表す。『アメリカ歴史統計』系列W-167も参照]

産業	北米産業分類[1]	雇用されている科学者・技術者[2]（1000人）			科学者または技術者1人当り経費実質ドル（**2000年**）[3][4]（1000ドル）		
		2005	2006	2007	2005	2006	2007
全産業[5]	(X)	1,104.5	1,116.6	1,133.0	192.4	201.6	211.9
化学	325	118.3	123.2	134.0	328.5	330.1	356.4
機械学	333	61.1	62.3	61.9	125.2	141.1	144.4
電気設備、機器	335	18.7	16.9	15.8	(D)	(D)	(D)
自動車、トレーラー、部品	3361-3363	42.0	42.0	(NA)	(D)	(D)	(D)
航空宇宙産業および部品	3364	39.7	39.5	40.2	335.4	359.4	380.5
ソフトウェア開発	5112	93.4	46.5	(NA)	162.5	174.0	175.4
建築、エンジニアリング、関連サービス	5413	35.8	41.2	48.5	129.3	146.4	113.9
コンピュータシステムデザインおよび関連サービス	5415	82.4	93.1	88.1	158.5	157.2	160.3
科学研究開発サービス	5417	43.7	44.3	50.4	264.0	298.2	308.7
注：2000年実質ドルデフレーター	(X)	(X)	(X)	(X)	1.1303	1.1668	1.1982

D　公開せず　NA　データなし　X　該当なし　1．2002年北米産業分類（NAICS）。第15章の解説を参照　2．表示年の1月と翌年の1月に雇用されたフルタイム換算研究開発科学者、技術者の中央値　3．GDPインプリシット価格デフレータに基づく　4．連続2年間の1月時の報告にあった研究開発科学者、技術者の数値平均割る各産業の研究開発総経費　5．個別に明示しない他の産業を含む

資料：U.S. National Science Foundation, *Research and Development in Industry*, NSF 10-319 (2010年) および未刊行資料; <http://www.nsf.gov/statistics/industry/> も参照

No.821. 一般科学、宇宙その他のテクノロジーに対する連邦政府の支出：1970－2010年および予測：2011－2012年

［単位：10億ドル（4.5は45億ドルを表す）。表示する年に終わる会計年度。第8章の解説を参照］

年度	名目ドル			実質（2005年）ドル		
	計	一般科学、基礎研究	宇宙その他のテクノロジー	計	一般科学、基礎研究	宇宙その他のテクノロジー
1970	4.5	0.9	3.6	22.7	4.8	17.9
1980	5.8	1.4	4.5	13.5	3.2	10.3
1985	8.6	2.0	6.6	14.7	3.4	11.3
1990	14.4	2.8	11.6	21.1	4.1	17.0
1995 [1]	16.7	4.1	12.6	20.9	5.1	15.8
2000	18.6	6.2	12.4	21.2	7.0	14.2
2001	19.8	6.5	13.2	22.0	7.3	14.7
2002	20.7	7.3	13.5	22.7	7.9	14.7
2003	20.8	8.0	12.9	22.2	8.5	13.7
2004	23.0	8.4	14.6	23.9	8.7	15.2
2005	23.6	8.8	14.8	23.6	8.8	14.8
2006	23.6	9.1	14.5	22.8	8.8	14.0
2007	25.5	10.3	15.3	24.0	9.6	14.3
2008	27.7	10.5	17.2	25.1	9.5	15.6
2009	29.4	11.1	18.4	26.6	10.0	16.6
2010	31.0	12.7	18.4	27.5	11.2	16.3
2011,予測値	33.4	14.7	17.1	29.2	12.9	14.9
2012,予測値	32.3	14.9	17.4	27.8	12.8	15.0

1．1990年連邦融資改革法の影響により、連邦政府の融資の計測と分類が変更になり、1995年以前と以降とでは、支出のデータに差があり、厳密な比較はできない。しかしながら、表中に示す1995年度の支出は、改革法実施以前の基準に基づいて計測したとしても10億ドル以上高いというわけではない

資料：U.S. Office of Management and Budget, *Budget of the United States Government: Historical Tables, Fiscal Year 2012* (年刊); <http://www.gpoaccess.gov/usbudget/fy12/hist.html> も参照

No.822. 宇宙への打ち上げ件数：2000－2010年

［2,729は27億2900万ドルを表す］

国	非商業ベース				商業ベース				商業ベースの打ち上げ収入			
	2000	2005	2009	2010	2000	2005	2009	2010	2000	2005	2009	2010
計	50	37	54	51	35	18	24	23	2,729	1,190	2,410	2,453
合衆国	21	11	20	11	7	1	4	4	370	70	298	307
ロシア	23	18	19	18	13	8	10	13	671	350	742	826
ヨーロッパ	-	-	2	0	12	5	5	6	1,433	490	1,020	1,320
中国 [1]	5	5	5	15	-	-	1	-	(X)	(X)	70	(X)
インド	-	1	2	3	-	-	-	-	(X)	(X)	(X)	(X)
日本	1	2	3	2	-	-	-	-	(X)	(X)	(X)	(X)
イスラエル	-	-	-	1	-	-	-	-	(X)	(X)	(X)	(X)
ウクライナ	-	-	-	-	-	-	-	-	(X)	(X)	(X)	(X)
イラン	-	-	1	-	-	-	-	-	(X)	(X)	(X)	(X)
ブラジル	-	-	-	-	-	-	-	-	(X)	(X)	(X)	(X)
北朝鮮	-	-	1	-	-	-	-	-	(X)	(X)	(X)	(X)
韓国	-	-	1	1	-	-	-	-	(X)	(X)	(X)	(X)
多国籍	-	-	-	-	3	4	4	-	255	280	280	(X)

－ ゼロを示す　X　該当なし　1．表No.1332の脚注4を参照

資料：Federal Aviation Administration, *Commercial Space Transportation: 2010 Year in Review* (2011年1月) およびそれ以前の年; <http://www.faa.gov/about/office_org/headquarters_offices/ast/reports_studies/year_review/> も参照

第17章
農　　業

本章では、農家と農家経営、土地利用と灌漑、農家の所得・支出・負債・農業生産高と生産性、マーケティング、農産物輸出入、特定穀物、家畜と家禽、およびこれらの製品に関する統計を提示する。

主要な原資料は、農務省の米国農業統計部（National Agricultural Statistics Service：NASS）と経済研究部（Economic Research Service：ERS）の報告書である。2007年農業センサスの結果は『Geographic Area Series, Vol.1』として出版され、またCD-ROMあるいはインターネット・サイト〈http://www.agcensus.usda.gov/Publications/2007/Full_Report/index.asp〉でも入手可能である。農務省は、年刊『Agricultural Statistics』を出版している。これは農業生産、供給、消費、施設、費用および収益に関する一般的なリファレンスブックの機能を果たしている。経済研究部は、農場の資産、負債、収入に関するデータをインターネット〈http://www.ers.usda.gov/briefing/farmincome/〉で公表している。農家の輸出と輸入に関する最近のデータ資料は、ERSの出版物『Outlook for U.S. Agricultural Trade』（ERSのインターネットサイト〈http://www.ers.usda.gov/briefing/AgTrade〉）および合衆国センサス局のウェブサイトの外国貿易のセクション〈http://www.census.gov/foreign-trade/statistics/index.html〉を参照。

NASSの地方事務所は、標本調査によって穀物、家畜と同製品、農産物価格、農業雇用およびその他関連項目に関するデータを収集している。情報は、穀物および家畜の項目、並びに農業生産とマーケティングに関する項目が中心である。収集されたデータは州別の推計値と保管情報の形でNASSの農業統計委員会（Agricultural Statistics Board）に送付されて、同委員会でその推計値を再検討し、州および国の集計値を確定し報告書を発行している。これらの報告書には、年次要覧『Crop Production』『Crop Values』『Agricultural Prices』および『Livestock Production』『Disposition and Income』がある。

農家と農地

農家の定義は歴史的に変遷している。1850年にはじめてセンサスのために"農家"が定義されて以来、9回の改定をへている。1974年以降の農業センサスにおける農家の定義はセンサス年に1,000ドル以上の農産物を販売したか、普通であれば1,000ドル以上を販売したと思われる農場である。

「農地」とは、主として耕作、放牧に用いられる農業用地である。また現在は耕作や放牧に用いられていない森林や荒地も、農場主の管理下にある土地は、農地に含まれる。環境保護管理地域や野生生物保護地域のうち、農家の定義に合致するものも、商品作物の耕作地と同様に農地面積に算入される。農地は自作農と小作農とを問わない。放牧地は、政府の人頭ベースの許可の下に使用されているものを除き、すべて農地に含まれる。

1945年以降、各年の農業センサスに関するカバレッジ評価が行なわれ、センサスによる農場数の完成度の高い推計値が得られている。1997年農業センサス以降、農場数のカウントと総計は、カバレッジと郡毎の報告数について統計的な調整済である。調整の規模は州によって大きく異なる。通常、センサスのメールリストに載っていない農場は、面積が小さく、生産も小規模で、農産物の販売額も小さい。2007年農業センサスの回答率は85.2%で、2002年センサスの88%、1997年センサスの86.2%より低い。センサスのメールリストの編集、回収方法、カバレッジ評価、および補正についての詳しい解説に関しては、『2007 Census of Agriculture』Volume 1の付録Aを参照。

農家所得

総農家所得は、穀物と家畜のマーケティングからの現金収入、農家関連活動を対象に農家住宅の賃貸額、農家住宅で消費された農産物自家消費額、および機械貸借と賃耕等のその他農家関連所

得から構成されている。農家マーケティングは、農家より販売された農産物を地方市場で成立する受取り価格で評価したものである。受取り価格に関する情報は生産者から直接農産物を購入している（穀物倉庫、包装出荷業者、および加工業者等）企業の調査から、NASSの農業統計委員会が入手している。場合によっては、価格情報は生産者から直接入手している。

穀物

NASSによる穀物作付面積と生産量の推計は、個々の報告書や客観的な産出量推計、出荷報告書、市場報告書、フィールド調査者の私的なフィールド調査結果およびその他の報告書により基づいている。農民の受取った価格は、市場取引年平均である。これらの平均は、特定の期間中、毎月の市場取引によってウエイト付けされた毎月の国ベース平均価格に基づいている。毎月の国ベース平均価格は、その月中の市場取引によってウエイト付けされた州平均価格である。市場取引価格は、未払い国債、政府購買、不足分払い、災害金支払に対する手当て金を含まない。

全州価格は、個々の州市場取引年に基づいている。一方、国全体の市場取引年平均は、各穀物の標準市場取引年に基づいている。穀物市場取引年と毎月のプログラムでの参加州の表に関しては、『*Crop Values*』を参照。国ベース平均生産価格は、全州の州価格の総計である。表No.830-834、836に示す生産価格の数値は、生産年にかかわりなく、1暦年中の販売に関係する農家取引からの現金収益と混同してはいけない。

家畜

農務省によって作成される毎年の家畜の在庫数および家畜、乳製品、家禽の生産の推計値は、確率標本調査法によって得られた農民および牧場労働者からの情報に基づいている。

統計的信頼度

センサス局および農務省のデータに属する統計収集、推計、標本抽出、統計的信頼度については、付録Ⅲを参照。

歴史統計

各表の見出しは『アメリカ歴史統計、植民地時代～1970年』に対応している。クロスリファレンスについては、付録Ⅰを参照。

No.823. 北米産業分類（NAICS）別農業の諸特徴：2007年

[297,220,491は2972億2049万1000を表す。本章の解説および付録Ⅲを参照]

産業	2007 NAICS 分類[1]	農場数	農場面積 (エーカー)	収穫面積 (エーカー)	農産品の市場価格 計	農作物	家禽・家畜[2]
計	(X)	2,204,792	922,095,840	309,607,601	297,220,491	143,657,928	153,562,563
穀物生産	111	1,051,889	416,961,540	244,213,836	141,921,405	135,806,093	6,115,312
油脂種子および穀物	1111	338,237	266,831,616	194,191,397	74,559,692	69,851,934	4,707,758
大豆	11111	62,923	22,094,100	17,599,156	5,637,504	5,532,934	104,570
大豆以外の油脂種子	11112	515	458,591	306,033	62,238	61,081	1,157
乾燥豆および豆	11113	526	382,071	269,759	79,297	78,454	844
小麦	11114	35,232	55,992,672	29,062,744	6,157,944	5,821,678	336,267
とうもろこし	11115	161,874	103,071,231	86,627,715	39,675,674	38,524,804	1,150,870
コメ	11116	3,853	4,233,156	3,396,230	1,936,574	1,915,447	21,127
その他の穀物	11119	73,314	80,599,795	56,929,760	21,010,459	17,917,536	3,092,923
野菜およびメロン生産	11121	40,589	9,272,945	6,018,702	14,975,322	14,850,087	125,235
じゃがいも	111211	2,182	2,577,795	1,992,430	2,885,906	2,854,320	31,586
その他の野菜およびメロン	111219	38,407	6,695,150	4,026,272	12,089,416	11,995,767	93,649
果実・ナッツ生産	1113	98,281	12,141,683	5,339,755	18,351,629	18,225,583	126,046
オレンジ果樹園	11131	8,771	1,535,483	800,921	2,423,976	2,382,844	41,131
オレンジを除く柑橘類の果樹園	11132	3,429	402,617	205,522	783,426	778,099	5,326
柑橘類以外の果実およびナッツ	11133	86,081	10,203,583	4,333,312	15,144,228	15,064,639	79,589
リンゴ果樹園	111331	11,550	2,078,125	488,273	2,259,839	2,251,555	8,284
ぶどう園	111332	17,036	2,067,987	1,061,070	3,890,152	3,883,341	6,811
イチゴ栽培	111333	1,503	149,972	55,461	1,185,736	1,182,263	3,473
イチゴ以外のベリー類栽培	111334	8,535	870,154	220,530	1,211,820	1,209,450	2,370
ナッツ	111335	22,821	3,239,199	1,652,915	3,655,251	3,626,067	29,184
果実・ナッツを合わせて栽培	111336	995	292,842	106,488	301,611	286,946	14,666
その他の柑橘類以外の果実栽培	111339	23,641	1,505,304	748,575	2,639,819	2,625,018	14,801
温室作物・種苗・花卉栽培	1114	54,889	3,974,530	1,698,564	16,967,123	16,930,975	36,147
温室での食用農産物栽培	11141	2,044	85,809	18,712	1,552,287	1,550,756	1,531
種苗および花卉栽培	11142	52,845	3,888,721	1,679,852	15,414,835	15,380,219	34,616
種苗・苗木	111421	34,532	3,287,008	1,505,323	8,901,860	8,875,417	26,443
花卉	111422	18,313	601,713	174,529	6,512,975	6,504,801	8,173
その他の農作物	1119	519,893	124,740,766	36,965,418	17,067,639	15,947,514	1,120,126
タバコ	11191	9,626	2,518,697	1,219,827	1,147,173	1,077,481	69,692
コットン	11192	9,968	13,081,671	9,778,279	4,357,082	4,300,124	56,958
さとうきび	11193	614	1,299,318	969,321	885,028	881,698	3,330
干し草	11194	254,042	49,923,443	18,606,436	6,488,172	5,807,594	680,578
その他	11199	245,643	57,917,637	6,391,555	4,190,184	3,880,617	309,568
家畜生産	112	1,152,903	505,134,300	65,393,765	155,299,086	7,851,835	147,447,251
牛の放牧・飼育	1121	744,858	413,261,549	55,185,767	92,538,429	5,109,567	87,428,862
食用牛の放牧・飼育（飼育場を含む）	11211	687,540	391,990,769	41,893,929	57,784,399	3,895,789	53,888,610
食用牛の放牧・飼育	112111	656,475	376,170,540	36,675,357	27,535,096	2,626,582	24,908,514
牛の飼育場	112112	31,065	15,820,229	5,218,572	30,249,303	1,269,207	28,980,096
乳牛および牛乳生産	11212	57,318	21,270,780	13,291,838	34,754,031	1,213,778	33,540,252
養豚	1122	30,546	6,949,176	4,747,504	18,127,114	1,614,030	16,513,083
家禽・卵生産	1123	64,570	7,040,000	2,140,320	37,797,542	547,516	37,249,806
鶏卵	11231	35,651	2,259,774	477,371	7,546,997	104,546	7,442,452
ブロイラーその他の食用鶏生産	11232	17,888	3,370,828	1,209,528	22,400,358	306,268	22,094,090
ターキー生産	11233	3,405	836,551	396,096	4,643,075	127,009	4,516,067
家禽孵化	11234	775	69,558	9,985	2,777,612	1,790	2,775,822
その他の家禽生産	11239	6,851	503,289	47,340	429,499	8,124	421,375
羊・山羊飼育	1124	67,254	11,963,667	429,300	554,107	21,374	532,732
羊	11241	30,974	8,971,952	324,835	435,107	18,396	416,711
山羊	11242	36,280	2,991,715	104,465	119,000	2,979	116,021
動物の養殖	1125	4,777	2,451,244	70,954	1,407,750	18,384	1,389,366
その他の動物生産	1129	240,898	63,468,664	2,819,920	4,874,144	540,743	4,333,401
養蜂	11291	7,979	503,609	92,280	263,268	19,827	243,440
馬類	11292	168,694	22,370,495	675,383	2,088,845	17,332	2,071,512
毛皮用の動物およびウサギ	11293	2,252	89,224	16,894	154,325	2,744	151,581
その他の動物	11299	61,973	40,505,336	2,035,363	2,367,706	500,839	1,866,867

X 該当なし　1. 北米産業分類システム、2007年度版。第15章の解説を参照　2. 家禽および販売された家禽製品を含む

資料：U.S. Department of Agriculture, National Agricultural Statistics Service, *2007 Census of Agriculture*, Vol. 1 (2009年2月9); <http://www.agcensus.usda.gov/Publications/2007/Full_Report/index.asp> も参照

No.824. 農場数、農場面積：1990－2010年

[6月1日現在（2,146は214万6000を表す）。1974年のセンサスの定義に基づく。農場、農地の定義については本章の解説を参照。農業に含まれる活動は近年変化を遂げつつある。2000－2010年のデータは1990年のデータとの比較はできない。詳細は資料を参照。2007年のデータは、過少計上のため調整済み。『アメリカ歴史統計』系列K4-7も参照]

年	単位	1990	2000	2004	2005	2006	2007	2008	2009	2010
農場数	1,000	2,146	2,167	2,113	2,099	2,089	2,205	2,200	2,200	2,201
農場面積	100万エーカー	987	945	932	928	926	921	920	920	920
1農場あたり	エーカー	460	436	441	442	443	418	418	418	418

資料：U.S. Department of Agriculture, National Agricultural Statistics Service, *Farms and Land in Farms, Final Estimates, 1988-1992*; *Farms and Land in Farms, Final Estimates, 1993-1997*; *Farm Numbers and Land in Farms, Final Estimates, 1998-2002*; *Farms and Land in Farms, Final Estimates, 2003-2007* および *Farms, Land in Farms, and Livestock Operations, February 2010*; <http://www.nass.usda.gov/Publications/index.asp> も参照

No.825. 農場数、農場面積——州別：2000、2010年

[2,167は216万7000を表す。表No.824の頭注を参照]

州	農場数 (1,000) 2000	2010	農場面積 (100万エーカー) 2000	2010	1農場あたり農場面積(エーカー) 2000	2010	州	農場数 (1,000) 2000	2010	農場面積 (100万エーカー) 2000	2010	1農場あたり農場面積(エーカー) 2000	2010
合衆国	2,167	2,201	945	920	436	418							
アラバマ	47	49	9	9	191	186	モンタナ	28	29	59	61	2,133	2,068
アラスカ	1	1	1	1	1,569	1,294	ネブラスカ	52	47	46	46	887	966
アリゾナ	11	16	27	26	2,514	1,684	ネバダ	3	3	6	6	2,065	1,903
アーカンソー	48	49	15	14	304	278	ニューハンプシャー	3	4	(Z)	(Z)	133	113
カリフォルニア	83	82	28	25	337	311	ニュージャージー	10	10	1	1	86	71
コロラド	30	36	32	31	1,053	864	ニューメキシコ	18	21	45	43	2,494	2,057
コネティカット	4	5	(Z)	(Z)	86	82	ニューヨーク	38	36	8	7	205	193
デラウェア	3	2	1	(Z)	215	198	ノースカロライナ	56	52	9	9	166	164
フロリダ	44	48	10	9	236	195	ノースダコタ	31	32	39	40	1,279	1,241
ジョージア	49	47	11	10	222	217	オハイオ	79	75	15	14	187	183
ハワイ	6	8	1	1	251	148	オクラホマ	85	87	34	35	400	407
アイダホ	25	26	12	11	486	444	オレゴン	40	39	17	16	433	423
イリノイ	77	76	28	27	357	351	ペンシルベニア	59	63	8	8	130	123
インディアナ	63	62	15	15	240	239	ロードアイランド	1	1	(Z)	(Z)	75	57
アイオワ	94	92	33	31	346	333	サウスカロライナ	24	27	5	5	203	181
カンザス	65	66	48	46	736	705	サウスダコタ	32	32	44	44	1,358	1,374
ケンタッキー	90	86	14	14	152	163	テネシー	88	78	12	11	134	139
ルイジアナ	29	30	8	8	277	268	テキサス	228	248	131	130	573	527
メーン	7	8	1	1	190	167	ユタ	16	17	12	11	748	669
メリーランド	12	13	2	2	172	160	バーモント	7	7	1	1	192	174
マサチューセッツ	6	8	1	1	89	68	バージニア	49	47	9	8	180	170
ミシガン	53	55	10	10	192	182	ワシントン	37	40	16	15	420	375
ミネソタ	81	81	28	27	344	332	ウエストバージニア	21	23	4	4	173	159
ミシシッピ	42	42	11	11	266	263	ウィスコンシン	78	78	16	15	206	195
ミズーリ	109	108	30	29	277	269	ワイオミング	9	11	35	30	3,750	2,745

Z 50万エーカー未満

資料：U.S. Department of Agriculture, National Agricultural Statistics Service, *Farm Numbers and Land in Farms, Final Estimates, 1998-2002 and Farms, Land In Farms, and Livestock Operations 2010 Summary* (2011年2月); <http://www.nass.usda.gov/Publications/index.asp> も参照

No.826. 農場——規模および経営形態別：1978－2007年

[2,258は225万8000を表す。調整については本章の解説を参照]

規模および経営形態	単位	未調整データ					調整済データ		
		1978	1982	1987	1992	1997	1997[1]	2002[1]	2007[1]
農場数	1,000	2,258	2,241	2,088	1,925	1,912	2,216	2,129	2,205
農場面積	100万エーカー	1,015	987	964	946	932	955	938	922
平均農場面積	エーカー	449	440	462	491	487	431	441	418
規模別：									
10エーカー未満	1,000	151	188	183	166	154	205	179	233
10－49エーカー	1,000	392	449	412	388	411	531	564	620
50－179エーカー	1,000	759	712	645	584	593	694	659	661
180－499エーカー	1,000	582	527	478	428	403	428	389	368
500－999エーカー	1,000	213	204	200	186	176	179	162	150
1000－1999エーカー	1,000	98	97	102	102	101	103	99	93
2000エーカー以上	1,000	63	65	67	71	75	74	78	80
経営形態別：									
家族経営または個人経営	1,000	1,966	1,946	1,809	1,653	1,643	1,923	1,910	1,906
共同経営	1,000	233	223	200	187	169	186	130	174
法人	1,000	50	60	67	73	84	90	74	96
その他[2]	1,000	9	12	12	12	15	17	16	28

1．データはカバレッジについて調整済。本章の解説を参照　2．協同、信託または機関経営など

資料：U.S. Department of Agriculture, National Agricultural Statistics Service, *2007 Census of Agriculture*, Vol. 1; <http://www.agcensus.usda.gov/Publications/2007/Full_Report/index.asp> も参照

No.827. 農場数、農場面積――規模別：2002、2007年

[2,129は212万9000を表す。データはカバレッジに関して調整済。『アメリカ歴史統計』系列K162-173も参照。本章の解説も参照]

農場規模	農場数(1,000)		農場面積(100万エーカー)		作付面積(100万エーカー)		構成比(%)、2007		
	2002	2007	2002	2007	2002	2007	農場数	全農場面積	作付面積
計	2,129	2,205	938.3	922.1	302.7	309.6	100.0	100.0	100.0
10エーカー未満	179	233	0.8	1.1	0.2	0.3	10.6	0.1	0.1
10-49エーカー	564	620	14.7	15.9	4.1	4.3	28.1	1.7	1.4
50-69エーカー	152	154	8.8	8.9	2.5	2.5	7.0	1.0	0.8
70-99エーカー	191	192	15.7	15.8	4.7	4.5	8.7	1.7	1.5
100-139エーカー	175	175	20.2	20.3	6.1	5.8	7.9	2.2	1.9
140-179エーカー	142	139	22.3	22.0	7.3	6.6	6.3	2.4	2.1
180-219エーカー	91	88	18.0	17.3	6.2	5.6	4.0	1.9	1.8
220-259エーカー	72	68	17.1	16.3	6.5	5.7	3.1	1.8	1.9
260-499エーカー	226	213	80.6	75.9	34.1	30.4	9.6	8.2	9.8
500-999エーカー	162	150	112.4	104.1	56.7	51.6	6.8	11.3	16.7
1,000-1,999エーカー	99	93	135.7	127.6	72.8	69.8	4.2	13.8	22.6
2,000エーカー以上	78	80	491.9	496.9	101.6	122.5	3.6	53.9	39.6

資料：U.S. Department of Agriculture, National Agricultural Statistics Service, *2007 Census of Agriculture*, Vol. 1; ⟨http://www.agcensus.usda.gov/Publications/2007/Full_Report/index.asp⟩ も参照

No.828. 農場数、面積、価額――主たる経営者の保有形態および経営形態別：2002、2007年

[2,129は212万9000を表す。完全所有者は経営する土地を全て所有。部分所有者の経営する土地は一部所有で、残りは賃貸。主たる経営者は、現場や日々の農場経営あるいは牧場事業に関して第一に責任を持つ立場の者。データはカバレッジに関して調整済み。本章の解説を参照。『アメリカ歴史統計』系列K109-113、142-146も参照]

農場数、面積、価額	単位	計[1]	経営者の保有形態			経営形態		
			完全所有	部分所有	小作	家族経営または個人経営	共同経営	法人
農場数								
2002	1,000	2,129	1,428	551	150	1,910	130	74
2007、計	1,000	2,205	1,522	542	141	1,906	174	96
50エーカー未満	1,000	853	739	70	44	774	45	26
50-179エーカー	1,000	661	492	130	38	588	45	18
180-499エーカー	1,000	368	198	143	27	312	34	16
500-999エーカー	1,000	150	51	84	14	118	18	12
1,000エーカー以上	1,000	173	41	114	17	114	32	24
農場面積								
2002	100万エーカー	938	357	495	87	622	146	108
2007	100万エーカー	922	344	496	82	574	161	125
2007年における土地、建築物価額[2]	10億ドル	1,744	726	868	150	1,203	277	227
2007年における農産物売上高	10億ドル	297	117	148	32	148	62	84

1．個別に明示しない他のタイプを含む　2．農場の標本に基づく

資料：U.S. Department of Agriculture, National Agricultural Statistics Service, *2007 Census of Agriculture*, Vol. 1; ⟨http://www.agcensus.usda.gov/Publications/2007/Full_Report/index.asp⟩ も参照

No.829. 農業企業の特徴：2007年

[125.3は1億2530万を表す。データはカバレッジについて調整済。本章の解説と付録IIIを参照]

項目	単位	全企業	家族経営			その他の企業		
			計	株主1-10人	株主11人以上	計	株主1-10人	株主11人以上
農場	数	96,074	85,837	83,796	2,041	10,237	9,330	907
構成比	%	100	89	87	2	11	10	1
農場面積	100万エーカー	125.3	114.3	106.4	7.8	11.1	7.7	3.3
平均面積	エーカー	1,304	1,331	1,270	3,834	1,080	829	3,657
規模								
土地建物[1]	10億ドル	226.6	200.6	189.5	11.0	26.0	20.2	5.8
平均	1000ドル	2,358	2,336	2,262	5,399	2,542	2,170	6,371
農産物売上高	10億ドル	84.1	65.8	58.9	6.9	18.3	12.2	6.2
平均	1000ドル	876	766	703	3,378	1,791	1,305	6,787

1．農場の標本に基づく

資料：U.S. Department of Agriculture, National Agricultural Statistics Service, *2007 Census of Agriculture*, Vol. 1; ⟨http://www.agcensus.usda.gov/Publications/2007/Full_Report/index.asp⟩ も参照

No.830. 家族経営農場の世帯所得と資産：2005－2009年および総売り上げ別：2009年

[単位：ドルおよび農場数。農業資源管理調査（ARMS）のフェーズⅢに基づく。家族経営農場とは、農場の事業の半分以上を家族で所有する農場。ほとんどの農場（2009年で97%）がこれにあたる。農場主は、農場を運営し、日々管理にかかわる決断をする者。農場主は所有者であったり、雇われた者であったり、小作であったり、また（あるいは同時に）共同経営者であったりする。土地が賃貸あるいは共同所有である場合、借主が農場主である。農場主が複数いる農場の場合、農場運営にかかわる日々の決断について最も責任の重い者を主たる農場主とする。約40%以上の農場で、農場主が複数存在するが、そのうち4分の3は夫婦による経営である。夫婦による農場経営では、双方が主たる農場者であるとみなされる。マイナス（－）記号は損失を表す]

項目	2005	2006	2007	2008	2009 計	2009 総売上高 1万ドル未満[1]	2009 総売上高 1万-249,000ドル[1]	2009 総売上高 25万ドル以上[2]
家族経営農場数	2,034,048	2,021,903	2,143,398	2,129,869	2,131,007	1,281,788	639,270	209,949
家族経営農場、世帯当たり所得								
純農業収入	14,227	8,541	11,364	9,764	6,866	−8,661	2,615	114,609
農業以外の家計所得	67,091	72,502	77,432	70,032	70,302	75,493	66,562	49,999
勤労所得	46,034	51,674	58,933	50,761	50,852	56,386	44,729	35,713
農場外の賃金給与所得	34,876	38,481	48,947	42,606	43,852	50,119	37,007	26,439
農場外の事業収入	11,158	13,193	9,986	8,155	7,000	6,267	7,722	9,275
勤労所得以外の所得	35,283	20,827	18,499	19,271	19,450	19,107	21,833	14,286
総家計所得、平均[3]	81,317	81,043	88,796	79,796	77,169	66,832	69,177	164,609
家族経営農場、世帯当たり資産								
資産、平均[3]	915,210	1,026,389	1,006,020	988,156	1,031,000	(NA)	(NA)	(NA)
農場資産	677,118	764,485	739,905	749,190	761,894	(NA)	(NA)	(NA)
非農場資産	238,092	261,905	266,115	238,966	269,106	(NA)	(NA)	(NA)
負債、平均[3]	99,345	99,766	106,874	112,705	115,981	(NA)	(NA)	(NA)
農場負債	54,855	59,731	56,859	61,131	66,149	(NA)	(NA)	(NA)
非農場負債	44,491	40,035	50,015	51,574	49,832	(NA)	(NA)	(NA)
総資産、平均[3]	815,864	926,623	899,146	875,451	915,019	(NA)	(NA)	(NA)
農場純資産	622,264	704,754	683,046	688,059	695,745	(NA)	(NA)	(NA)
非農場純資産	193,601	221,869	216,101	187,392	219,274	(NA)	(NA)	(NA)

NA データなし　1. 小規模な家族経営農場。自宅で農業を営む地方の小規模経営とそれよりやや規模の大きい農家を含む　2. 大規模家族経営農場、商業農家を含む　3. 平均の定義については凡例を参照
資料：U.S. Department of Agriculture, Economic Research Service, Agricultural Income and Finance Situation and Outlook (2010年12月)；<http://usda.mannlib.cornell.edu/MannUsda/viewDocumentInfo.do?documentID=1254> も参照

No.831. 農場の種類、面積および生産：2000－2009年

[(2,166は216万6000を表す)。農業資源運用調査（ARMS）のフェーズⅢに基づく]

農場の種類	単位	2000	2002	2003	2004	2005	2006	2007	2008	2009
全農場										
農場数	1000	2,166	2,152	2,121	2,108	2,095	2,083	2,197	2,192	2,192
生産物総価格	100万ドル	177,286	182,461	186,644	225,698	215,295	226,045	289,530	299,066	278,051
作業総面積	100万エーカー	995	955	912	990	916	893	878	894	913
農場当たりの作業面積	エーカー	459	444	430	470	437	429	400	408	417
商業（大規模）農場[1]										
農場数	1000	178	188	188	205	216	219	257	272	271
生産物総価格	100万ドル	121,202	126,242	134,627	170,130	166,566	178,104	241,728	249,759	230,717
作業総面積	100万エーカー	392	347	341	429	418	382	424	429	443
農場当たりの作業面積	エーカー	2,205	1,843	1,815	2,096	1,939	1,747	1,650	1,580	1,635
中規模農場[2]										
農場数	1000	668	649	607	624	550	566	546	583	577
生産物総価格	100万ドル	41,813	41,981	37,894	38,438	33,872	32,533	30,933	32,718	30,830
作業総面積	100万エーカー	392	384	349	342	307	318	237	253	270
農場当たりの作業面積	エーカー	587	591	576	547	558	561	434	434	469
農村居住農家[3]										
農場数	1000	1,320	1,315	1,326	1,279	1,329	1,298	1,394	1,338	1,344
生産物総価格	100万ドル	14,272	14,238	14,124	17,130	14,856	15,408	16,869	16,589	16,521
作業総面積	100万エーカー	211	224	221	219	191	193	217	212	200
農場当たりの作業面積	エーカー	160	170	167	172	144	149	156	158	149

1. 売上25万ドル以上　2. 主たる職業を農業とする小規模な家族農場　3. 退職者等の居住用農場
資料：U.S. Department of Agriculture, Economic Research Service, ARMS Phase III－"Structural Characteristics Report," <http://www.ers.usda.gov/Data/ARMS/beta.htm>

No.832. 有機農業――農場数、面積、売上高：2007年

[2,577は257万7000を表す。データはカバレッジについて調整済。本章の解説および付録IIIを参照]

規模と利用状況	農場数	面積(1000エーカー)	有機農産物売上高および有機農産物の種類	農場数	売上高(100万ドル)
有機農業	20,437	2,577	売上高	18,211	1,709
1－9エーカー	9,251	29	1－4,999ドル	8,285	13
10－49エーカー	4,994	115	5,000－9,999ドル	1,935	13
50－179エーカー	3,498	348	10,000－24,999ドル	2,318	37
180－499エーカー	1,808	528	25,000－49,999ドル	1,515	54
500エーカー以上	886	1,557	50,000ドル以上	4,158	1,593
有機農産物収穫	16,778	1,288	農作物 [1]	14,968	1,122
有機放牧地	7,268	975	家畜・家禽	2,496	110
有機農業への変換	11,901	616	家畜・家禽製品	3,191	477

1．種苗および温室作物を含む

資料：U.S. Department of Agriculture, National Agricultural Statistics Service, *2007 Census of Agriculture*, Vol. 1; 〈http://www.agcensus.usda.gov/Publications/2007/Full_Report/index.asp〉も参照

No.833. 有機認定農場の作物・家畜：2000－2008年

[1,776は177万6000を表す。農務省経済調査局は50以上の州および民間の認定業界と協力して、州単位の有機農場面積（作物および家畜）の推計値を算出している]

項目	単位	2000	2001	2002	2003	2004	2005	2006	2007	2008
農場数 [1]	数	6,592	6,949	7,323	8,035	8,021	8,493	9,469	11,352	12,941
平均農場規模	エーカー	269	301	263	273	380	477	310	378	372
農場計	1,000エーカー	1,776	2,094	1,926	2,197	3,045	4,054	2,936	4,290	4,816
農作物	1,000エーカー	557	790	626	745	1,593	2,331	1,051	2,005	2,161
放牧・飼育	1,000エーカー	1,219	1,305	1,300	1,452	1,452	1,723	1,885	2,285	2,655
穀物	1,000エーカー	416	455	496	548	491	608	624	789	908
とうもろこし	1,000エーカー	78	94	96	106	99	131	138	172	195
小麦	1,000エーカー	181	195	218	234	214	277	225	330	416
大麦	1,000エーカー	30	33	53	46	43	46	65	59	57
豆	1,000エーカー	166	211	145	153	144	156	157	150	164
大豆	1,000エーカー	136	174	127	122	114	122	115	100	126
油脂種子	1,000エーカー	55	44	33	28	54	46	45	42	69
干し草・スレッジ	1,000エーカー	231	254	268	328	357	411	508	677	793
野菜	1,000エーカー	62	72	70	79	80	99	107	132	169
果物	1,000エーカー	43	56	61	78	81	97	96	97	121
ハーブ・種苗・温室作物	1,000エーカー	41	15	29	25	8	9	18	18	15
その他農作物	1,000エーカー	204	197	198	214	239	298	330	380	415
家畜、計 [2]	1,000	56	72	108	124	157	197	257	363	476
乳牛	1,000	38	49	67	74	75	87	130	166	250
家禽、計 [3]	1,000	3,159	5,014	6,270	8,780	7,305	13,757	9,195	12,185	15,518
鶏卵生産	1,000	1,114	1,612	1,052	1,591	1,788	2,415	3,072	3,872	5,538
ブロイラー（食用鶏）	1,000	1,925	3,286	3,032	6,301	4,769	10,406	5,530	7,436	9,016

1．有機農場運営の下請けは含まない　2．家畜計には個別に示さない、分類されていない家畜を含む　3．家禽計には個別に示さない、分類されていない家禽を含む

資料：U.S. Department of Agriculture, Economic Research Service, "Briefing Rooms, Organic Agriculture," 〈http://www.ers.usda.gov/Briefing/Organic/〉

No.834. 遺伝子組み換え作物の採用：2000－2010年

[単位：%。6月現在。全米農業統計局（NASS: National Agriculture Statistics Services）の実施する6月農業調査に基づく。従来型の除草剤耐性のある作物は除外。害虫耐性種については、バチルス・チューリンゲンシス（殺虫機構、Bt）を持つもののみ。Btを含む種には、複数の害虫に対する耐性をもつ複数の遺伝子を含むものもある。複数形質は、除草剤耐性と害虫耐性の双方の形質を持つ種を示す]

遺伝子組み換え作物	2000	2001	2002	2003	2004	2005	2006	2007	2008	2009	2010
とうもろこし	25	26	34	40	47	52	61	73	80	85	86
害虫耐性	18	18	22	25	27	26	25	21	17	17	16
除草剤耐性	6	7	9	11	14	17	21	24	23	22	23
複数形質	1	1	2	4	6	9	15	28	40	46	47
コットン	61	69	71	73	76	79	83	87	86	88	93
害虫耐性	15	13	13	14	16	18	18	17	18	17	15
除草剤耐性	26	32	36	32	30	27	26	28	23	23	20
複数形質	20	24	22	27	30	34	39	42	45	48	58
大豆	54	68	75	81	85	87	89	91	92	91	93
害虫耐性	(X)	(X)	(X)	(X)	(X)	(X)	(X)	(X)	(X)	(X)	(X)
除草剤耐性	54	68	75	81	85	87	89	91	92	91	93
複数形質	(X)	(X)	(X)	(X)	(X)	(X)	(X)	(X)	(X)	(X)	(X)

X　該当なし

資料：U.S. Department of Agriculture, Economic Research Service, "Adoption of Genetically Engineered Crops in the U.S.," (2010年7月); 〈http://www.ers.usda.gov/Data/BiotechCrops/〉

No.835. 農場――数、面積および売上高――販売規模別：2002、2007年

[2,129は212万9000を表す。データはカバレッジについて調整済。本章の解説および付録Ⅲを参照]

農産物売上高 (市場価格)	農場数 (1000)	面積		売上高		構成比（％）		
		計 (100万エーカー)	平均 (エーカー)	計 (100万ドル)	平均 (ドル)	農場数	面積	売上高
2002								
計	2,129	938.3	441	200,646	94,244	100.0	100.0	100.0
2,500ドル未満	827	107.0	129	485	586	38.8	11.4	0.2
2,500－4,999ドル	213	23.1	108	763	3,582	10.0	2.5	0.4
5,000－9,999ドル	223	34.8	156	1,577	7,072	10.5	3.7	0.8
10,000－24,999ドル	256	69.5	271	4,068	15,891	12.0	7.4	2.0
25,000－49,999ドル	158	77.9	494	5,594	35,405	7.4	8.3	2.8
50,000－99,999ドル	140	110.1	784	10,024	71,600	6.6	11.7	5.0
100,000－249,999ドル	159	189.4	1,191	25,401	159,755	7.5	20.2	12.7
250,000－499,999ドル	82	140.8	1,723	28,530	347,927	3.9	15.0	14.2
500,000－999,999ドル	42	94.0	2,241	28,944	689,143	2.0	10.0	14.4
1,000,000ドル以上	29	91.7	3,198	95,259	3,284,793	1.4	9.8	47.5
2007								
計	2,205	922.1	418	297,220	134,807	100.0	100.0	100.0
2,500ドル未満	900	121.5	135	435	483	40.8	13.2	0.1
2,500－4,999ドル	200	17.5	87	718	3,585	9.1	1.9	0.2
5,000－9,999ドル	219	27.6	126	1,553	7,104	9.9	3.0	0.5
10,000－24,999ドル	248	65.8	265	3,960	15,949	11.3	7.1	1.3
25,000－49,999ドル	155	59.8	386	5,480	35,419	7.0	6.5	1.8
50,000－99,999ドル	125	78.2	623	8,961	71,429	5.7	8.5	3.0
100,000－249,999ドル	148	147.6	1,000	24,213	164,156	6.7	16.0	8.1
250,000－499,999ドル	93	140.7	1,507	33,410	357,811	4.2	15.3	11.2
500,000－999,999ドル	61	119.4	1,965	42,691	702,417	2.8	13.0	14.4
1,000,000ドル以上	56	144.0	2,593	175,800	3,167,050	2.5	15.6	59.1

資料：U.S. Department of Agriculture, National Agricultural Statistics Service, *2007 Census of Agriculture*, Vol. 1; <http://www.agcensus.usda.gov/Publications/2007/Full_Report/index.asp> も参照

No.836. 農場――数、売上高および政府補助金――農家の経済規模別：2002、2007年

[2,129は212万9000を表す。農家の経済規模は、農産物販売額と政府補助金の合計。データはカバレッジについて調整済。本章の解説および付録Ⅲを参照]

農家の経済規模	農場数（1000）			農産物売上（市場価格）と政府補助金 (100万ドル)			
	2002, 計	2007		2002, 計	2007		
		計	政府補助金 受給		計	農産物売上高	政府補助金
計	2,129	2,205	838	207,192	305,204	297,220	7,984
1,000ドル未満	431	500	42	72	96	77	19
1,000－2,499ドル	307	271	85	508	448	332	116
2,500－4,999ドル	243	246	80	870	884	685	199
5,000－9,999ドル	247	255	87	1,746	1,811	1,488	323
10,000－24,999ドル	272	274	110	4,320	4,364	3,810	554
25,000－49,999ドル	164	164	87	5,804	5,795	5,286	508
50,000－99,999ドル	143	129	83	10,202	9,219	8,644	575
100,000－249,999ドル	163	149	110	26,119	24,401	23,256	1,145
250,000－499,999ドル	86	96	75	30,084	34,367	32,980	1,387
500,000－999,999ドル	44	64	46	30,598	44,578	43,156	1,422
1,000,000－2,499,999ドル	21	42	27	31,701	62,751	61,508	1,243
2,500,000－4,999,999ドル	5	10	6	16,056	33,190	32,839	352
500万ドル以上	3	6	2	49,112	83,300	83,159	141

資料：U.S. Department of Agriculture, National Agricultural Statistics Service, *2007 Census of Agriculture*, Vol. 1; <http://www.agcensus.usda.gov/Publications/2007/Full_Report/index.asp> も参照

No.837. 農場生産支出：2002、2007年

[2,129は212万9000を表す。データはカバレッジについて調整済。本章の解説および付録Ⅲを参照]

生産支出	2002			2007		
	農場数	支出額 (100万ドル)	割合 (％)	農場数	支出額 (100万ドル)	割合 (％)
計	2,129	173,199	100.0	2,205	241,114	100.0
肥料	1,190	9,751	5.6	1,148	18,107	7.5
化学薬品	947	7,609	4.4	919	10,075	4.2
種子、苗木、つる植物、樹木	875	7,599	4.4	776	11,741	4.9
家畜および家禽[1]	554	27,421	15.8	491	38,004	15.8
飼料	1,241	31,695	18.3	1,136	49,095	20.4
ガソリン・燃料	2,024	6,675	3.9	2,149	12,912	5.4
公共料金	1,241	4,874	2.8	1,103	5,918	2.5
消耗品、修理・メンテナンス	1,899	13,387	7.7	1,992	15,897	6.6
農場労働力[2]	783	22,020	12.7	665	26,392	11.0
賃耕および輸送量	450	3,314	1.9	362	4,091	1.7
土地建物の賃借、放牧料	498	9,046	5.2	490	13,275	5.5
機械、設備、ファームシェアの賃借およびリース料	151	1,468	0.8	109	1,385	0.6
利子	758	9,572	5.5	667	10,881	4.5
財産税	1,963	5,351	3.1	1,996	6,223	2.6
その他の生産支出	1,254	13,418	7.7	1,116	17,119	7.1

1．購入または賃借。2002年はリースした家畜の飼育は含まない　2．雇用または契約した労働力

資料：U.S. Department of Agriculture, National Agricultural Statistics Service, *2007 Census of Agriculture*, Vol. 1; <http://www.agcensus.usda.gov/Publications/2007/Full_Report/index.asp> も参照

No.838. 農場——数、面積および価額——州別：2002、2007年

[2,129は212万9000を表す。データはカバレッジについて調整済。本章の解説および付録IIIを参照]

州	農場数 (1000)		農場面積 (100万エーカー)		平均面積 (エーカー)		土地建物の価額[1] (10億ドル)		農産物売上高と政府補助金、2007年 (100万ドル)	経営者数、計 2007年 (1000)
	2002	2007	2002	2007	2002	2007	2002	2007		
合衆国	2,129	2,205	938.3	922.1	441	418	1,144.9	1,744.3	305,204	3,337
AL	45	49	8.9	9.0	197	185	15.1	20.7	4,540	71
AK	1	1	0.9	0.9	1,479	1,285	0.3	0.3	59	1
AZ	7	16	26.6	26.1	3,645	1,670	10.6	19.5	3,290	26
AR	47	49	14.5	13.9	305	281	21.2	32.5	7,778	75
CA	80	81	27.6	25.4	346	313	96.1	162.5	34,125	131
CO	31	37	31.1	31.6	991	853	23.8	33.1	6,217	61
CT	4	5	0.4	0.4	85	83	3.5	5.1	556	8
DE	2	3	0.5	0.5	226	200	2.3	5.3	1,092	4
FL	44	47	10.4	9.2	236	195	29.3	52.1	7,831	73
GA	49	48	10.7	10.2	218	212	22.6	31.6	7,337	69
HI	5	8	1.3	1.1	241	149	4.6	8.6	516	11
ID	25	25	11.8	11.5	470	454	15.3	22.7	5,788	40
IL	73	77	27.3	26.8	374	348	66.7	101.5	13,816	111
IN	60	61	15.1	14.8	250	242	38.4	52.9	8,532	92
IA	91	93	31.7	30.7	350	331	64.2	104.2	21,124	136
KS	64	66	47.2	46.3	733	707	32.6	42.2	14,840	97
KY	87	85	13.8	14.0	160	164	25.5	37.5	4,928	124
LA	27	30	7.8	8.1	286	269	12.2	16.7	2,787	44
ME	7	8	1.4	1.3	190	166	2.3	3.0	626	13
MD	12	13	2.1	2.1	170	160	8.5	14.4	1,868	20
MA	6	8	0.5	0.5	85	67	4.6	6.4	494	12
MI	53	56	10.1	10.0	190	179	27.1	34.2	5,872	85
MN	81	81	27.5	26.9	340	332	41.8	69.2	13,626	120
MS	42	42	11.1	11.5	263	273	15.6	21.4	5,108	61
MO	107	108	29.9	29.0	280	269	45.3	63.2	7,832	164
MT	28	30	59.6	61.4	2,139	2,079	23.3	47.6	3,025	47
NE	49	48	45.9	45.5	930	953	35.7	52.7	15,893	72
NV	3	3	6.3	5.9	2,118	1,873	2.8	3.6	517	5
NH	3	4	0.4	0.5	132	113	1.4	2.3	202	7
NJ	10	10	0.8	0.7	81	71	7.4	11.3	994	16
NM	15	21	44.8	43.2	2,954	2,066	10.6	14.6	2,218	32
NY	37	36	7.7	7.2	206	197	12.9	16.3	4,481	58
NC	54	53	9.1	8.5	168	160	28.0	34.7	10,461	77
ND	31	32	39.3	39.7	1,283	1,241	15.8	30.6	6,444	45
OH	78	76	14.6	14.0	187	184	39.6	49.2	7,302	114
OK	83	87	33.7	35.1	404	405	23.8	40.6	6,016	131
OR	40	39	17.1	16.4	427	425	20.4	31.0	4,463	65
PA	58	63	7.7	7.8	133	124	26.3	37.3	5,885	95
RI	1	1	0.1	0.1	71	56	0.6	1.1	67	2
SC	25	26	4.8	4.9	197	189	10.1	14.0	2,420	37
SD	32	31	43.8	43.7	1,380	1,401	19.6	39.1	6,841	47
TN	88	79	11.7	11.0	133	138	28.5	37.1	2,713	117
TX	229	247	129.9	130.4	567	527	100.5	165.6	21,722	373
UT	15	17	11.7	11.1	768	664	9.0	13.9	1,438	26
VT	7	7	1.2	1.2	189	177	2.5	3.6	680	11
VA	48	47	8.6	8.1	181	171	23.3	34.1	2,961	71
WA	36	39	15.3	15.0	426	381	22.4	29.8	6,931	64
WV	21	24	3.6	3.7	172	157	4.8	8.8	595	35
WI	77	78	15.7	15.2	204	194	35.8	49.0	9,163	123
WY	9	11	34.4	30.2	3,651	2,726	10.2	15.5	1,186	19

1．農場の標本についての報告に基づく

資料：U.S. Department of Agriculture, National Agricultural Statistics Service, *2007 Census of Agriculture*, Vol. 1; <http://www.agcensus.usda.gov/Publications/2007/Full_Report/index.asp> も参照

No.839. 農業部門バランスシート：1990－2009年

[単位：10億ドル（841は8410億ドルを表す）。別に注記したものを除く。12月31日現在。改訂前のデータとして『アメリカ歴史統計』系列K204-219も参照]

項目	1990	2000	2001	2002	2003	2004	2005	2006	2007	2008	2009
資産	841	1,203	1,256	1,260	1,383	1,588	1,779	1,924	2,055	2,023	2,057
不動産	619	946	996	999	1,112	1,305	1,487	1,626	1,751	1,703	1,727
家畜、家禽[1]	71	77	79	76	79	79	81	81	81	81	80
機械、自動車[2]	86	90	93	96	100	108	113	114	115	123	126
作物[3]	23	28	25	23	24	24	24	23	23	28	33
購入資材	3	5	4	6	6	6	6	6	7	7	7
金融資産	38	57	59	60	62	66	67	74	79	82	84
負債[4]	131	164	171	177	164	182	196	204	214	243	245
不動産借入	68	85	89	95	83	96	105	108	113	134	135
農業信用制度	23	30	33	38	33	37	41	43	47	57	58
農業サービス庁	7	3	3	3	2	2	2	2	2	2	2
商業銀行	15	30	31	33	29	35	38	40	42	50	50
生命保険	9	11	11	11	10	11	11	12	13	15	14
個人、その他	14	11	10	10	9	11	12	10	9	10	9
不動産以外の借入	63	79	82	82	81	86	92	96	101	109	111
農業信用制度	10	17	20	20	20	22	24	28	32	37	40
農業サービス庁	10	4	4	4	4	3	3	3	3	3	3
商業銀行	31	45	45	44	44	46	48	51	54	57	57
個人、その他	12	13	13	13	14	15	16	14	13	12	11
所有者持分	709	1,039	1,085	1,082	1,219	1,406	1,583	1,720	1,841	1,781	1,812
財務比率（％）											
負債／持ち分比	18.5	15.8	15.7	16.4	13.5	12.9	12.4	11.8	11.6	13.6	13.5
負債／資産比	15.6	13.6	13.6	14.1	11.9	11.5	11.0	10.6	10.4	12.0	11.9

1．馬、仔馬、ブロイラーを除く　2．トラック、自動車については農場使用分のみ　3．農家保有のCCC以外の穀物と、CCC（商品信用会社）下にある穀物のローン・レート上の価額の合計　4．農業目的以外のローンは除く

資料：U.S. Department of Agriculture, Economic Research Service, "Farm Balance Sheet"; ⟨http://www.ers.usda.gov/Data/FarmBalanceSheet/⟩

No.840. 農場部門生産高および付加価値：1990－2009年

[単位：10億ドル（179.9は1799億ドルを表す）。付加価値の定義については第13章の解説を参照。マイナス(-)は減少を示す]

項目	1990	2000	2001	2002	2003	2004	2005	2006	2007	2008	2009
名目ドル											
農業生産、計	179.9	204.3	212.3	201.9	229.8	262.0	251.5	252.7	302.8	337.8	299.0
農場生産物による現金収入	171.9	197.6	201.9	195.8	218.5	240.4	240.0	242.5	290.4	320.6	282.2
自家消費	0.6	0.3	0.3	0.3	0.3	0.3	0.3	0.4	0.4	0.4	0.4
その他の農業収入	4.9	8.4	9.6	9.6	10.7	12.3	11.3	13.1	12.5	14.6	12.7
最終製品在庫の変化	2.4	-2.0	0.6	-3.7	0.3	9.0	-0.2	-3.3	-0.5	2.1	3.8
(－)中間財およびサービスの消費	102.6	130.7	136.1	129.6	137.4	143.7	149.5	159.6	187.9	206.7	195.1
(＝)総農業付加価値	77.3	73.6	76.2	72.3	92.4	118.3	102.0	93.1	114.9	131.1	104.0
(-)固定資本減耗	17.9	23.3	23.9	24.7	25.8	27.4	29.5	31.3	32.9	35.0	35.9
(＝)純農業付加価値	59.3	50.4	52.3	47.7	66.7	90.9	72.5	61.8	82.0	96.2	68.0
労務費用	13.4	19.7	20.9	20.8	20.5	22.3	22.6	23.1	26.0	26.6	27.6
製品および輸入品に対する税	3.8	4.7	4.7	4.8	5.1	5.2	5.2	5.7	6.6	6.6	6.1
（－）補助金	7.6	20.0	20.0	10.8	14.2	11.1	20.9	13.5	10.2	10.3	10.7
純運営黒字	49.8	45.9	46.7	32.8	55.2	74.4	65.6	46.4	59.5	73.3	45.1
2000年連鎖ドル[1]											
農業生産、計	(NA)	240.6	237.2	236.2	246.1	250.2	251.5	251.9	255.4	255.0	260.7
農場生産物による現金収入	(NA)	234.8	227.0	231.2	235.5	230.1	240.0	242.1	244.8	243.0	247.3
自家消費	(NA)	0.4	0.3	0.4	0.3	0.3	0.3	0.4	0.3	0.4	0.5
その他の農業収入	(NA)	9.3	10.3	9.9	10.6	11.7	11.3	12.3	10.1	9.8	9.3
最終製品在庫の変化	(NA)	-2.5	0.8	-4.5	0.4	8.1	-0.2	-3.4	-0.6	1.4	3.4
(－)中間財およびサービスの消費	(NA)	159.2	162.1	157.2	156.0	152.7	149.5	152.6	164.7	152.3	152.6
(＝)総農業付加価値	(NA)	83.5	77.7	81.2	91.6	97.9	102.0	99.1	90.3	102.3	108.5
(-)固定資本減耗	(NA)	26.0	26.3	26.9	27.7	28.5	29.5	30.3	31.0	31.8	32.3
(＝)純農業付加価値	(NA)	57.8	51.6	54.5	64.1	69.4	72.5	68.7	59.2	69.7	75.5

－　ゼロを示す　1．第13章の解説を参照

資料：U.S. Bureau of Economic Analysis, *Survey of Current Business*（2011年4月）; ⟨http://www.bea.gov/National/Index.htm⟩ も参照

No.841. 農業部門による付加価値：1990－2009年

[単位：10億ドル（188.5は1885億ドルを表す）。データは純農場所得計算と一致し、農場主の住居にかかわる所得と支出を含む。農業部門生産の価額は、年度内に生産された製品とサービスの価額。純付加価値は、その部門のお国の経済への寄与と部門の生産活動による所得を表す。ここに示す概念はOECDの採用するものと一致している。マイナス（－）は減少を示す]

項目	1990	2000	2001	2002	2003	2004	2005	2006	2007	2008	2009
農産部門生産高	188.5	220.4	229.3	220.2	243.5	282.7	276.7	275.4	327.6	367.3	331.0
作物生産高	83.2	94.8	95.0	98.3	108.6	124.4	115.2	118.9	151.1	185.1	169.1
食用穀物	7.5	6.5	6.4	6.8	8.0	8.7	8.6	9.1	13.6	18.7	14.4
飼料作物	18.7	20.5	21.5	24.0	24.7	27.4	24.7	29.4	42.3	58.9	50.2
綿	5.5	2.9	3.6	3.4	6.4	4.8	6.3	5.6	6.5	5.2	3.5
油脂作物	12.3	13.5	13.3	15.0	18.0	17.9	18.5	18.5	24.6	28.7	31.9
果物、木の実	9.4	12.4	11.9	12.6	13.4	15.5	17.4	17.3	18.7	19.3	19.0
野菜	11.3	15.5	15.4	17.1	16.9	16.2	17.0	18.0	19.3	21.0	20.6
その他の作物	12.9	18.7	19.3	20.2	21.0	21.4	22.3	24.5	25.2	25.0	24.1
家庭消費	0.1	0.2	0.2	0.2	0.1	0.1	0.1	0.1	0.1	0.1	0.1
在庫調整値[1]	2.8	2.2	1.5	-2.9	-1.6	10.7	-0.8	-3.6	0.9	8.2	5.3
家畜生産高	90.0	99.1	106.4	93.5	104.9	124.4	126.5	119.4	138.4	140.3	119.2
食肉獣	51.1	53.0	53.3	48.1	56.2	62.4	64.8	63.7	65.1	65.0	58.6
乳製品	20.2	20.6	24.7	20.6	21.2	27.4	26.7	23.4	35.5	34.8	24.3
家禽、鶏卵	15.3	21.9	24.6	21.1	24.0	29.5	28.7	26.7	33.1	36.8	32.5
その他の家畜	2.5	4.2	4.1	4.1	4.2	4.3	4.6	4.8	4.9	4.8	4.3
家庭消費	0.5	0.1	0.1	0.1	0.1	0.2	0.3	0.3	0.3	0.3	0.3
在庫調整値[1]	0.4	-0.6	-0.4	-0.6	-0.8	0.6	1.3	0.5	-0.4	-1.6	-0.8
サービスおよび林業	15.3	26.5	28.0	28.5	30.0	33.9	35.0	37.2	38.1	42.0	42.7
機械賃貸、注文作業	1.8	2.2	2.1	2.2	3.0	3.4	2.8	2.6	2.7	3.0	4.0
林産物販売	1.8	2.8	2.6	2.5	2.2	2.4	2.5	0.7	0.7	0.7	0.7
その他の農業収入	4.5	8.7	10.1	10.2	10.5	11.3	10.9	13.2	14.2	17.7	17.3
農場居住施設の総賃貸換算価額	7.2	12.7	13.1	13.6	14.3	16.8	18.8	20.6	20.6	20.5	20.7
(－)購入支出	92.2	121.8	125.7	123.3	130.3	137.4	144.0	153.7	184.3	203.0	190.0
農作業関連	39.5	47.9	48.2	48.3	53.7	57.5	56.9	61.1	73.4	79.8	77.0
飼料購入	20.4	24.5	24.8	24.9	27.5	29.7	28.0	31.4	41.9	46.9	45.0
家畜、家禽購入	14.6	15.9	15.2	14.4	16.7	18.1	18.5	18.6	18.8	17.7	16.5
種子購入	4.5	7.5	8.2	8.9	9.4	9.6	10.4	11.0	12.6	15.1	15.5
製造業製品の支出	22.0	28.7	29.4	28.5	28.8	31.6	35.4	37.5	46.3	55.0	49.0
肥料、石灰	8.2	10.0	10.3	9.6	10.0	11.4	12.8	13.3	17.7	22.5	20.1
農薬	5.4	8.5	8.6	8.3	8.4	8.6	8.8	9.0	10.5	11.7	11.5
石油燃料、石油	5.8	7.2	6.9	6.6	6.8	8.2	10.3	11.3	13.8	16.2	12.7
電力	2.6	3.0	3.6	3.9	3.5	3.4	3.5	3.8	4.3	4.5	4.6
その他の購入支出	30.7	45.2	48.1	46.6	47.9	48.3	51.6	55.2	64.6	68.1	64.0
資本設備の修繕および維持費	8.6	10.9	11.2	10.5	11.0	11.9	11.9	12.5	14.3	14.8	14.7
機械使用料	3.0	4.1	4.0	4.0	3.5	3.6	3.5	3.5	3.8	4.1	3.9
マーケティング、倉庫在庫、運送費	4.2	7.5	7.8	7.6	7.1	7.2	8.8	9.1	10.3	10.1	10.3
労働契約	1.6	2.7	3.1	2.7	3.3	3.1	3.1	3.0	4.4	4.7	3.9
その他の費用	13.4	19.9	21.9	21.7	22.9	22.4	24.4	27.1	31.7	34.4	31.3
(＋)対政府純取引額[2]	3.1	15.8	15.0	5.2	9.2	5.4	15.8	6.2	0.9	0.9	1.2
政府補助金[3]	9.3	23.2	22.4	12.4	16.5	13.0	24.4	15.8	11.9	12.2	12.3
自動車の登録および免許料	0.4	0.5	0.5	0.4	0.5	0.5	0.6	0.6	0.6	0.6	0.6
財産税	5.8	6.9	6.9	6.8	6.8	7.0	8.0	8.9	10.3	10.7	10.4
(＝)総付加価値	99.3	114.4	118.7	102.1	122.4	150.7	148.6	127.9	144.3	165.3	142.2
(－)資本減耗	18.1	20.1	20.6	20.9	21.4	23.1	24.9	26.2	27.0	28.7	30.1
(＝)純付加価値	81.2	94.3	98.2	81.1	100.9	127.6	123.6	101.7	117.2	136.6	112.1
(－)雇用費用	12.4	17.9	18.8	19.1	18.7	20.2	20.5	21.2	24.2	25.0	24.9
(－)経営者が地主でない場合の地代支払い	9.0	11.2	11.2	9.6	11.3	11.7	10.0	7.6	7.6	9.6	9.8
(－)不動産および不動産以外の利子支払い	13.5	14.6	13.3	12.8	11.6	11.6	13.2	14.4	15.1	15.4	15.2
(＝)純農家所得	46.3	50.6	54.9	39.6	60.5	85.8	79.3	58.5	70.3	86.6	62.2

1. 在庫変動がプラスの値なのは、当該年の生産物が12月31日までに販売されなかったことを示す。在庫変動がマイナスの値なのは、当該年の販売に含まれていた前年度の生産物が販売されて、相殺されたことを示す 2. 政府の直接支払額から、自動車登録、ライセンス料、財産税を引いたもの 3. 政府支払は、農家部門のすべての受給者に対する者。地主を含む。農業を営まない地主のシェアは、地主に支払われる地代によって相殺されるため、純農家所得や現金所得には影響しない

資料：U.S. Department of Agriculture, Economic Research Service, "Farm Income: Data Files–Value Added to the U.S. Economy by the Agricultural Sector via the Production of Goods and Services, 2000-2009," <http://www.ers.usda.gov/Data/FarmIncome/FinfidmuXls.htm>.

No.842. 主要農産物の現金収入――主要生産州別：2009年

[単位：100万ドル（43,777は437億7700万ドルを表す）。表No.843の頭注を参照]

州	価格	州	価格	州	価格	州	価格
牛、子牛	43,777	とうもろこし	42,035	大豆	30,056	乳製品	24,342
テキサス	6,939	アイオワ	7,772	アイオワ	4,435	カリフォルニア	4,537
ネブラスカ	6,240	イリノイ	7,534	イリノイ	4,233	ウィスコンシン	3,271
カンザス	5,547	ネブラスカ	4,855	ミネソタ	2,641	ニューヨーク	1,685
コロラド	2,606	ミネソタ	3,795	インディアナ	2,516	ペンシルベニア	1,510
アイオワ	2,470	インディアナ	3,288	ネブラスカ	2,256	アイダホ	1,431

資料：U.S. Department of Agriculture, Economic Research Service, "Farm Income: Data Files–Cash Receipts by Commodity Groups 2000-2009," <http://www.ers.usda.gov/Data/FarmIncome/FinfidmuXls.htm>.

No.843. 農家収入――農産物市場からの現金収入：2000－2009年

[単位：100万ドル（192,098は1920億9800万ドルを表す）。商品信用会社からの純融資額と農産物市場における売上による総収入を示す。資料は主要商品作物となる生産州についてのみ推計を行い、公表している。個々の商品作物の合衆国全体の売上収入については、報告のあった州の合計である。このためそれぞれの作物について売上高は過小評価されている。個々の産品の合衆国全体の収入は、州の報告の合計であり、産品によっては過少評価になっている。ある産品の含まれるカテゴリがないために、「その他」や「他に分類されていないもの」に分類されるためである。過小評価の程度については、生産額の少ない作物についてはかなり大きいものと思われる]

商品作物	2000	2005	2008	2009	商品作物	2000	2005	2008	2009
計	**192,098**	**240,898**	**318,330**	**283,406**	ブロッコリー	622	539	721	742
家畜および生産物	99,597	124,931	141,526	119,752	にんじん	390	592	636	589
食肉	53,012	64,813	65,011	58,599	スウィートコーン	709	800	1,089	1,175
牛、子牛	40,783	49,283	48,518	43,777	レタス	1,996	1,855	1,961	2,189
豚	11,758	14,970	16,050	14,395	玉レタス	1,341	1,012	1,063	1,155
羊、子羊	470	560	443	427	たまねぎ	713	810	777	807
乳製品	20,587	26,705	34,849	24,342	胡椒	531	535	637	556
家禽／卵	21,854	28,834	36,832	32,463	トマト	1,845	2,225	2,407	2,542
ブロイラー	13,989	20,878	23,203	21,813	生	1,195	1,604	1,424	1,323
鶏卵	4,289	4,067	8,216	6,156	その他	2,153	2,994	3,700	3,234
七面鳥	2,771	3,026	4,477	3,573	Watermelons	240	429	500	461
その他の家畜	4,144	4,579	4,833	4,347	果物／木の実	12,284	17,138	19,247	18,965
馬、仔馬	1,218	1,104	1,158	861	グレープフルーツ	377	417	358	241
水産物[1]	798	1,063	1,145	1,097	レモン	267	345	511	394
ナマズ	501	458	410	373	オレンジ	1,775	1,901	1,978	1,993
その他	1,970	2,219	2,262	2,152	りんご	1,466	1,712	2,664	1,986
産物	92,501	115,967	176,804	163,655	サクランボ	327	548	654	569
穀物	6,525	8,611	18,708	14,384	ぶどう	3,100	3,491	3,344	3,689
米	837	1,589	3,214	3,041	ワイン	1,909	2,317	2,009	2,447
小麦	5,672	7,005	15,456	11,315	干しぶどう	487	595	668	568
飼料	20,546	24,590	58,926	50,176	もも	470	511	546	594
とうもろこし	15,162	18,486	48,596	42,035	なし	288	296	388	374
干し草	3,855	4,697	7,508	5,727	いちご	1,045	1,399	1,919	2,124
綿花	2,950	6,403	5,228	3,489	ブルーベリー	223	382	592	542
タバコ	2,316	1,097	1,451	1,485	Raspberries	79	256	365	363
油脂作物	13,478	18,388	28,689	31,912	アーモンド	666	2,526	2,343	2,294
ピーナッツ	897	843	1,194	835	くるみ	245	580	570	593
大豆	12,047	16,918	29,449	30,056	その他の産物	18,645	22,449	23,538	22,650
その他の産物	15,758	17,291	21,017	20,593	砂糖大根	1,113	1,193	1,290	1,411
野菜	15,758	17,291	21,017	20,593	砂糖キビ	881	815	859	864
豆類、乾燥	436	488	932	794	温室栽培、苗床栽培	13,710	16,992	16,486	15,915
じゃがいも	2,369	2,655	3,651	3,396	マッシュルーム	860	899	965	961
さや豆	393	414	486	416					

1．表No.898も参照

資料：U.S. Department of Agriculture, Economic Research Service, "Farm Income: Data Files-Cash Receipts by Commodity Groups 2000-2009," 〈http://www.ers.usda.gov/Data/FarmIncome/FinfidmuXls.htm〉.

No.844. 農業生産価額、所得および政府の補助金：2008、2009年

[単位：100万ドル（364,879は3648億7900万ドルを表す）。農業所得のデータは在庫調整済。農場主の住居に関する所得と支出を含む。マイナス（－）は減少を示す]

州	農業生産価額 2008	農業生産価額 2009	純農家所得 2008	純農家所得 2009	政府支払 2009	州	農業生産価額 2008	農業生産価額 2009	純農家所得 2008	純農家所得 2009	政府支払 2009
合衆国	**367,324**	**330,931**	**86,598**	**62,187**	**12,263**	MT	3,590	3,299	526	248	256
AL	5,490	4,967	1,283	1,019	169	NE	18,670	17,233	4,057	3,276	419
AK	38	40	5	8	6	NV	679	654	161	105	11
AZ	4,048	3,529	683	203	112	NH	265	231	39	19	9
AR	9,636	8,010	2,808	1,524	482	NJ	1,311	1,224	344	295	17
CA	41,075	37,794	9,767	8,782	568	NM	3,372	2,982	803	432	82
CO	7,080	6,640	1,179	745	192	NY	5,202	4,138	1,221	553	149
CT	712	649	156	116	13	NC	11,072	10,442	2,795	2,739	486
DE	1,212	1,173	188	193	16	ND	8,813	7,282	2,755	1,936	442
FL	8,382	7,599	1,467	1,281	80	OH	8,734	8,887	1,883	2,122	288
GA	9,033	8,136	2,974	2,359	392	OK	6,901	5,910	975	130	229
HI	677	650	165	133	13	OR	5,181	4,859	960	563	102
ID	6,863	5,898	1,806	927	140	PA	6,869	5,980	1,327	905	161
IL	18,268	16,285	5,503	3,641	567	RI	88	80	16	14	6
IN	11,100	10,539	3,203	2,540	305	SC	2,839	2,559	629	531	161
IA	26,211	24,350	6,757	5,013	767	SD	9,194	8,232	2,999	2,376	256
KS	15,444	13,872	3,426	2,369	475	TN	4,032	3,899	535	613	265
KY	5,858	5,569	1,459	1,332	355	TX	22,690	20,356	3,565	2,124	1,407
LA	3,227	2,868	715	689	247	UT	1,789	1,512	252	−52	44
ME	749	682	166	139	20	VT	751	590	162	97	45
MD	2,325	2,101	365	299	53	VA	3,806	3,518	456	352	120
MA	714	639	156	108	16	WA	8,831	7,529	1,694	962	189
MI	7,582	6,597	1,958	1,071	180	WV	721	655	5	−35	18
MN	18,291	15,374	5,714	3,020	528	WI	10,826	9,275	2,044	849	406
MS	5,814	5,062	1,352	1,220	481	WY	1,273	1,215	92	−32	34
MO	9,993	9,368	3,050	2,336	479						

資料：U.S. Department of Agriculture, Economic Research Service, "Farm Income: Data Files, U.S. and State Income and Production Expenses by Category, 1949-2009," 〈http://www.ers.usda.gov/Data/farmincome/FinfidmuXls.htm〉

No.845. 農家所得――農産物市場取引：2008、2009年および主要品目：2009年――州別

[単位：100万ドル（324,187は3241億8700万ドルを表す）。家畜は産出物を、牛は仔牛を、羊は子羊を、温室は苗床を含む]

州	2008 計	2008 作物	2008 家畜、酪農製品	2009 計	2009 作物	2009 家畜、酪農製品	州別の総農業取引額順位および主要4産物
合衆国	324,187	183,096	141,090	283,406	163,655	119,752	牛、とうもろこし、大豆
AL	4,464	962	3,502	4,215	880	3,335	27－ブロイラー、牛、鶏卵
AK	31	25	6	32	26	6	50－温室作物、干草、じゃがいも
AZ	3,465	1,959	1,505	2,943	1,766	1,178	29－牛、乳製品、レタス
AR	8,347	3,997	4,350	7,190	3,226	3,964	12－ブロイラー、米、大豆
CA	36,187	25,554	10,632	34,841	27,027	7,814	1－乳製品、温室作物、ぶどう
CO	6,509	2,379	4,131	5,553	2,230	3,323	20－牛、とうもろこし、小麦
CT	601	413	188	536	384	152	43－温室作物、乳製品、鶏卵
DE	1,095	266	828	1,010	239	771	39－ブロイラー、とうもろこし、大豆
FL	7,978	6,593	1,385	7,100	5,998	1,102	16－温室作物、オレンジ、トマト
GA	7,393	2,735	4,658	6,847	2,556	4,291	18－ブロイラー、綿、鶏卵
HI	574	511	63	581	510	72	44－ナッツ、温室作物、とうきび
ID	6,415	3,011	3,405	5,161	2,650	2,511	21－乳製品、牛、じゃがいも
IL	16,357	14,232	2,125	14,545	12,696	1,849	5－とうもろこし、大豆、豚
IN	9,962	7,105	2,856	8,757	6,389	2,368	8－とうもろこし、大豆、豚
IA	24,753	14,885	9,868	21,014	12,493	8,521	2－とうもろこし、大豆、豚
KS	13,967	6,755	7,213	12,085	5,733	6,352	7－牛、小麦、とうもろこし
KY	4,838	1,930	2,908	4,258	1,829	2,429	25－馬、ブロイラー、大豆
LA	3,035	1,985	1,050	2,539	1,762	778	32－とうきび、米、大豆
ME	676	341	335	578	320	258	42－じゃがいも、乳製品、鶏卵
MD	1,965	810	1,156	1,656	751	905	36－ブロイラー、温室作物、とうもろこし
MA	570	454	115	481	380	101	46－温室作物、クランベリー、乳製品
MI	6,606	4,078	2,528	5,579	3,674	1,905	19－乳製品、とうもろこし、大豆
MN	15,838	9,752	6,087	13,325	8,423	4,902	6－とうもろこし、大豆、豚
MS	4,968	2,076	2,892	4,327	1,595	2,732	24－ブロイラー、大豆、とうもろこし
MO	8,436	4,820	3,616	7,696	4,382	3,314	11－大豆、とうもろこし、牛
MT	2,902	1,722	1,180	2,565	1,516	1,049	34－小麦、牛、大麦
NE	17,316	8,996	8,320	15,309	8,026	7,283	4－牛、とうもろこし、大豆
NV	572	273	299	533	257	276	45－牛、干草、乳製品
NH	213	119	94	179	104	75	48－温室作物、乳製品、りんご
NJ	1,118	940	177	1,000	868	133	38－温室作物、馬／仔馬、ブルーベリー
NM	3,117	710	2,407	2,699	701	1,998	30－牛、乳製品、干草
NY	4,694	2,011	2,683	3,676	1,680	1,996	26－乳製品、温室作物、とうもろこし
NC	9,753	3,291	6,461	9,188	3,478	5,710	10－ブロイラー、豚、温室作物
ND	7,629	6,717	912	6,352	5,581	771	17－小麦、大豆、とうもろこし
OH	7,979	5,236	2,744	6,836	4,601	2,234	15－大豆、とうもろこし、乳製品
OK	5,838	1,930	3,907	4,845	1,260	3,584	23－牛、ブロイラー、豚
OR	4,375	3,234	1,141	3,893	2,995	898	28－温室作物、牛、乳製品
PA	6,122	2,180	3,942	4,980	1,933	3,047	22－乳製品、マッシュルーム、牛
RI	68	57	10	62	53	9	49－温室作物、乳製品、スイートコーン
SC	2,360	975	1,385	2,155	907	1,248	35－ブロイラー、温室作物、七面鳥
SD	8,048	5,366	2,681	6,861	4,499	2,362	14－とうもろこし、牛、大豆
TN	3,116	1,780	1,336	2,841	1,705	1,137	31－大豆、ブロイラー、牛
TX	19,173	8,142	11,031	16,573	5,932	10,641	3－牛、ブロイラー、温室作物
UT	1,515	527	987	1,186	421	765	37－牛、乳製品、干草
VT	688	116	572	517	118	399	41－乳製品、牛、メープル
VA	2,999	1,043	1,956	2,642	1,006	1,635	33－ブロイラー、牛、乳製品
WA	8,180	6,207	1,974	6,593	4,953	1,640	13－りんご、乳製品、じゃがいも
WV	525	96	429	496	91	404	47－ブロイラー、牛、七面鳥
WI	9,886	3,574	6,311	7,610	2,831	4,779	9－乳製品、とうもろこし、牛
WY	974	226	748	970	224	746	40－牛、干草、豚

資料：U.S. Department of Agriculture, Economic Research Service, "Farm Income: Data Files, 2009 Sector Financial Indicators Cash Receipts Ranking Data," ⟨http://www.ers.usda.gov/Data/FarmIncome/firkdmuXls.htm⟩

No.846. 農場庭先価格指数および農場支払価格指数：2000－2010年

[1990－92年＝100。別に注記するものを除く。『アメリカ歴史統計』系列K344-353も参照]

項目	2000	2005	2009	2010	項目	2000	2005	2009	2010
全農産物庭先価格	96	114	131	145	飼料	102	117	186	180
作物	96	110	150	156	家畜、家禽	110	138	115	133
食物穀物	85	111	186	176	種子	124	168	299	288
飼料穀物・干し草	86	95	162	165	肥料	110	164	275	252
綿	82	70	81	117	農薬	120	123	150	146
タバコ	107	94	104	103	燃料	129	216	228	284
採油作物	85	106	177	175	必需品、修理	120	140	157	160
果物・木の実	98	128	135	140	自動車、トラック	119	114	110	113
商品野菜[1]	121	130	161	169	農業用機械	139	173	222	230
じゃがいも、乾燥豆	93	109	150	137	建築材料	121	142	163	165
他の全作物	110	113	124	125	農業サービス	118	133	159	161
家畜、酪農品	97	119	112	131	レンタル	110	129	184	191
食肉獣	94	118	106	124	利息支払	113	111	138	135
乳製品	94	116	98	124	税支払	123	155	204	207
家禽、鶏卵	106	123	139	152	賃金率	140	165	187	189
支払価格、計[2]	119	142	178	182					
生産	115	140	183	187	パリティー比率（1910－14年＝100）[3]	39	38	35	38

1．じゃがいもと乾燥豆を除く　2．生産品目、利子、税金、賃金レートおよび家庭消費品目を含む。家庭消費品目は労働統計局による全都市消費者向けの消費者物価指数である。第14章の解説および表No.724を参照　3．支払価格に対する農場価格の比率

資料：U.S. Department of Agriculture, National Agricultural Statistics Service, Agricultural Prices: Annual Summary, and beginning 2009, "Quick Stats U.S. & All States Data-Prices," ⟨http://quickstats.nass.usda.gov/⟩

No.847. 農産物に対する民間消費支出──農場価額および市場取引価額：1990－2008年

[単位：10億ドル（449.8は4498億ドルを表す）および%。輸入品および、コーヒー、魚介類等の農業以外の食品、および軍隊向けと輸出品を除く。改訂前のデータとして『アメリカ歴史統計』系列K358-360も参照]

項目	1990	1995	2000	2001	2002	2003	2004	2005	2006	2007	2008
消費支出、計	449.8	529.5	661.1	687.5	709.4	744.2	788.9	830.7	880.7	925.2	958.9
農場価額、計	106.2	113.8	123.3	130.0	132.5	140.2	155.5	157.8	163.2	194.3	192.3
市場取引価額[1]	343.6	415.7	537.8	557.5	576.9	604.0	633.4	672.9	717.5	731.0	766.6
消費支出総額に占める割合(%)	76.4	78.5	81.3	81.1	81.3	81.2	80.3	81.0	81.5	79.0	79.9
家庭支出[2]	276.2	316.9	390.2	403.9	416.8	437.2	463.5	488.1	517.5	543.7	563.5
農場価額	80.2	76.1	79.6	83.9	85.7	91.4	98.5	99.3	103.2	128.3	129.0
市場取引価額[1]	196.0	240.8	310.6	320.0	331.1	345.8	365.0	388.8	414.3	415.4	434.5
家庭外支出	173.6	212.6	270.9	283.6	292.6	307.0	325.4	342.6	363.2	381.5	395.4
農場価額	26.0	37.7	43.7	46.1	46.8	48.8	57.0	58.5	60.0	66.0	63.3
市場取引価額[1]	147.6	174.9	227.2	237.5	245.8	258.2	268.4	284.1	303.2	315.5	332.1
市場取引価額の費用構成：											
労働費[3]	154.0	196.6	252.9	263.8	273.1	285.9	303.7	319.8	341.0	347.4	364.3
包装材料	36.5	48.2	53.5	55.0	56.8	59.5	63.1	66.5	70.5	71.8	75.3
鉄道、トラック輸送	19.8	22.3	26.4	27.5	28.4	29.7	31.6	33.2	35.2	35.9	37.6
税引前企業利潤	13.2	19.5	31.1	32.0	33.0	34.6	35.5	37.4	39.7	40.4	38.9
燃料、電気	15.2	18.6	23.1	24.1	24.9	26.1	27.6	31.6	33.5	34.1	37.4
広告	17.1	19.8	26.1	27.5	28.1	29.4	30.8	32.7	34.9	35.6	37.3
減価償却	16.3	18.9	24.2	24.5	25.3	26.5	27.8	29.5	31.5	32.1	33.7
純利子	13.5	11.6	16.9	18.6	19.2	20.1	21.1	22.4	23.9	24.3	25.5
純賃貸料	13.9	19.8	26.7	29.4	30.3	31.7	33.2	35.3	37.6	38.3	40.2
修理	6.2	7.9	10.1	10.6	10.9	11.4	12.0	12.7	13.5	13.8	14.5
税	15.7	19.1	23.5	24.1	24.9	26.1	27.4	29.1	31.0	31.6	33.1
その他	22.2	13.4	23.3	20.4	22.0	23.0	19.6	22.7	25.2	25.7	28.8

1．国内農場で生産する食品に対する支出と農場評価額、あるいは農家が受取る評価額と等価の農産物に対する支払との差　2．家庭用に食料品店から購入した食品　3．被雇用者の賃金給与および保健社会保障給付。また報酬の受け取りのない自営業者、共同経営者、家族労働者の帰属賃金も含まれる

資料：U.S. Department of Agriculture, Economic Research Service, *Food Cost Review, 1950-97*, ERS Agricultural Economic Report No. AER780（1999年6月）および "ERS/USDA Briefing Room-Food marketing and price spreads: USDA marketing bill," <http://ers.usda.gov/Briefing/FoodMarketingSystem/pricespreads.htm>

No.848. 農産物輸出および輸入──主要商品の量別：1990－2010年

[単位：1,000メトリックトン（7,703は770万3000を表す）。果汁、ワイン、モルト飲料は10万リットル（10万リットルは264.18ガロンに等しい）。プエルトリコおよび海外領土を含む。漁業・林業製品、蒸留酒、タバコ製品、木綿製品は除外するが、タバコ葉、綿花、ゴム、ビールとワイン、農産物加工製品は含む]

商品	単位	1990	2000	2005	2007	2008	2009	2010
輸出								
果汁、ワイン	ヘクトリットル	7,703	14,356	13,982	14,470	14,871	13,675	14,986
牛肉、豚肉、家禽類肉[1]	メトリックトン	1,451	4,935	4,343	5,103	6,437	6,151	6,373
小麦（脱穀前）	メトリックトン	27,387	27,568	27,040	32,991	30,021	21,920	27,592
小麦製品	メトリックトン	863	844	313	448	389	404	447
精米	メトリックトン	2,534	3,241	4,388	3,477	3,800	3,426	4,490
飼料穀物	メトリックトン	61,066	54,946	50,865	63,215	59,659	51,388	54,794
飼料穀物製品	メトリックトン	1,430	2,062	3,442	4,002	1,286	1,228	1,080
飼料およびまぐさ[2]	メトリックトン	10,974	13,065	11,422	11,823	14,372	14,594	18,925
生鮮果実およびナッツ	メトリックトン	2,648	3,450	3,675	3,553	4,037	4,101	4,311
果実製品	メトリックトン	390	471	394	460	540	506	570
生鮮野菜	メトリックトン	1,297	2,029	2,077	1,938	2,020	1,972	2,139
冷凍野菜、缶詰野菜	メトリックトン	529	1,112	1,086	1,261	1,604	1,397	1,411
油かす、あらびき粉	メトリックトン	5,079	6,462	6,905	8,272	8,405	9,251	10,010
油脂種子	メトリックトン	15,820	28,017	26,462	31,077	35,011	41,210	43,297
植物油	メトリックトン	1,226	2,043	1,937	2,539	2,900	3,036	3,545
タバコ（未加工）	メトリックトン	223	180	154	187	169	173	179
綿花（リンターを除く）	メトリックトン	1,696	1,485	3,405	3,258	3,001	2,540	2,961
輸入								
果汁	ヘクトリットル	33,116	31,154	41,488	49,710	47,299	44,234	42,698
ワイン	ヘクトリットル	2,510	4,584	7,262	8,615	8,487	9,460	9,592
モルト飲料	ヘクトリットル	10,382	23,464	29,947	34,749	33,668	30,278	31,605
コーヒー、コーヒー製品	メトリックトン	1,214	1,370	1,307	1,393	1,393	1,348	1,390
ゴムおよびガム（原料）	メトリックトン	840	1,232	1,169	1,028	1,053	704	945
牛肉、豚肉、ラム、家禽類肉[1]	メトリックトン	1,169	1,579	1,778	1,610	1,394	1,430	1,350
穀物[3]	メトリックトン	2,071	4,622	3,726	5,576	6,384	5,587	5,170
ビスケット、パスタ、ヌードル	メトリックトン	300	711	1,001	1,084	1,038	1,019	1,097
飼料、まぐさ[2]	メトリックトン	959	1,224	963	1,236	1,298	1,330	1,411
果実、ナッツ、その加工品[4]	メトリックトン	5,401	8,354	9,570	10,706	10,547	10,302	10,967
野菜、生鮮および冷凍	メトリックトン	1,898	3,763	5,183	5,965	6,124	6,118	6,858
タバコ（未加工）	メトリックトン	173	216	233	243	221	199	164
油脂種子、採油用ナッツ	メトリックトン	509	1,056	818	1,276	1,555	1,249	1,223
植物油、みつろう	メトリックトン	1,204	1,846	2,386	3,117	3,708	3,523	3,730
油かす、あらびき粉	メトリックトン	316	1,254	1,541	1,716	1,964	1,539	1,504

1．もつを含む　2．オイルミールを除く　3．小麦、とうもろこし、オーツ麦、大麦、米を含む　4．バナナとプランテーンを含む

資料：U.S. Department of Agriculture, Economic Research Service, "Foreign Agricultural Trade of the United States (FATUS)"; <http://www.ers.usda.gov/data/fatus/> および "Global Agricultural Trade System," <http://www.fas.usda.gov/gats>

No.849. 農産物輸出および輸入──価額：1990－2010年

[単位：10億ドル（16.6は166億ドルを表す）、％。プエルトリコおよび海外領土、外国援助プログラムの下での出荷を含む。漁業・林業製品、蒸留酒、タバコ製品、綿花加工品を除外。タバコ原材料、綿花、ゴム、ビール、ワイン、農業加工製品は含む。『アメリカ歴史統計』系列K251-255も参照]

年	貿易収支	国内農産物輸出	全輸出に占める割合(%)	消費用輸入	全輸入に占める割合(%)	年	貿易収支	国内農産物輸出	全輸出に占める割合(%)	消費用輸入	全輸入に占める割合(%)
1990....	16.6	39.5	11	22.9	5	2004....	7.4	61.4	8	54.0	4
1995....	26.0	56.3	10	30.3	4	2005....	3.9	63.2	8	59.3	4
1999....	10.7	48.4	8	37.7	4	2006....	5.6	70.9	8	65.3	4
2000....	12.3	51.3	7	39.0	3	2007....	18.1	90.0	9	71.9	4
2001....	14.3	53.7	8	39.4	3	2008....	34.3	114.8	10	80.5	4
2002....	11.2	53.1	8	41.9	4	2009....	26.8	98.5	11	71.7	5
2003....	12.0	59.4	9	47.4	4	2010....	33.9	115.8	10	81.9	4

資料：U.S. Department of Agriculture, Economic Research Service, "Foreign Agricultural Trade of the United States (FATUS)"；<http://www.ers.usda.gov/data/fatus/> および U.S. Department of Agriculture, Foreign Agricultural Service, "Global Agricultural Trade System,"<http://www.fas.usda.gov/gats>

No.850. 農産物輸入額──主要商品別輸入額：1990－2010年

[単位：100万ドル（22,918は229億1800万ドルを表す）。表No.849の頭注を参照]

商品	輸入額（100万ドル）							構成比（％）		
	1990	2000	2005	2007	2008	2009	2010	1990	2000	2010
計[1]	22,918	38,974	59,291	71,913	80,488	71,681	81,856	100.0	100.0	100.0
肉牛（生体）	978	1,152	1,039	1,878	1,761	1,299	1,575	4.3	3.0	2.6
牛肉・子牛肉	1,872	2,399	3,651	3,285	3,058	2,725	2,828	8.2	6.2	4.6
豚肉	938	997	1,281	1,162	1,060	978	1,185	4.1	2.6	1.6
乳製品	891	1,671	2,686	2,883	3,142	2,528	2,619	3.9	4.3	4.0
穀物、飼料	1,188	3,075	4,527	6,422	8,258	7,435	7,786	5.2	7.9	8.9
果実およびその加工製品	2,167	3,851	5,842	7,439	7,899	8,210	9,174	9.5	9.9	10.3
野菜およびその加工製品[2]	1,979	3,958	6,410	7,713	8,314	8,044	9,316	8.6	10.2	10.7
砂糖およびその関連製品	1,213	1,555	2,494	2,592	2,976	3,075	4,047	5.3	4.0	3.6
ワイン	917	2,207	3,762	4,638	4,634	4,020	4,279	4.0	5.7	6.5
モルト飲料	923	2,179	3,096	3,625	3,668	3,339	3,507	4.0	5.6	5.0
油脂種子および製品	952	1,773	2,998	4,329	6,766	4,799	5,390	4.2	4.5	6.0
コーヒーおよびその製品	1,915	2,700	2,976	3,768	4,412	4,070	4,945	8.4	6.9	5.2
ココアおよびその製品	1,072	1,404	2,751	2,662	3,299	3,476	4,295	4.7	3.6	3.7
天然ゴム	707	842	1,552	2,119	2,857	1,274	2,820	3.1	2.2	2.9

1．個別に明示しない他の商品を含む　2．豆類を含む

資料：U.S. Department of Agriculture, Economic Research Service, "Foreign Agricultural Trade of the United States (FATUS)"；<http://www.ers.usda.gov/data/fatus/> および U.S. Department of Agriculture, Foreign Agricultural Service, "Global Agricultural Trade System,"；<http://www.fas.usda.gov/gats>

No.851. 農産物輸入額──輸入相手国別：1990－2010年

[22,918は229億1800万ドルを表す。表No.849の頭注参照]

商品	輸入額（100万ドル）							構成比（％）		
	1990	2000	2005	2007	2008	2009	2010	1990	2000	2010
計	22,918	38,974	59,291	71,913	80,488	71,681	81,856	100.0	100.0	100.0
カナダ	3,171	8,661	12,270	15,244	18,009	14,710	16,243	13.8	22.2	19.8
欧州連合（EU）[1]	5,016	8,303	13,410	15,282	15,510	13,378	14,349	21.9	21.3	17.5
メキシコ	2,614	5,077	8,331	10,169	10,907	11,373	13,578	11.4	13.0	16.6
中国[2]	273	812	1,872	2,916	3,451	2,877	3,368	1.2	2.1	4.1
ブラジル	1,563	1,144	1,952	2,644	2,615	2,433	2,892	6.8	2.9	3.5
インドネシア	683	998	1,702	2,081	2,815	1,787	2,886	3.0	2.6	3.5
オーストラリア	1,174	1,592	2,421	2,633	2,425	2,316	2,305	5.1	4.1	2.8
チリ	481	1,026	1,521	1,837	2,049	2,145	2,293	2.1	2.6	2.8
タイ	470	779	1,094	1,507	1,917	1,567	2,029	2.0	2.0	2.5
コロンビア	790	1,123	1,437	1,539	1,769	1,772	1,978	3.4	2.9	2.4
マレーシア	308	353	666	1,139	1,867	1,295	1,729	1.3	0.9	2.1
ニュージーランド	855	1,132	1,712	1,733	1,833	1,608	1,665	3.7	2.9	2.0
インド	285	826	923	1,166	1,601	1,236	1,592	1.2	2.1	1.9
グアテマラ	497	710	920	1,064	1,314	1,297	1,386	2.2	1.8	1.7
コスタリカ	400	812	916	1,236	1,207	1,102	1,305	1.7	2.1	1.6
アルゼンチン	389	672	831	1,079	1,257	1,091	1,160	1.7	1.7	1.4
ペルー	90	196	448	683	818	807	973	0.4	0.5	1.2
ベトナム	(NA)	200	422	663	760	727	970	(NA)	0.5	1.2
フィリピン	418	468	568	704	916	724	884	1.8	1.2	1.1
エクアドル	482	451	596	691	746	928	869	2.1	1.2	1.1
その他世界	2,958	3,636	5,281	5,905	6,701	6,509	7,403	12.9	9.3	9.0

NA　データなし　1．データの年次比較を可能にするため、欧州連合27カ国のデータを表示。表No.1377の脚注5を参照　3．表No.1332の脚注4を参照

資料：U.S. Department of Agriculture, Foreign Agricultural Trade of the United States(FATUS), "Global Agricultural Trade System Online (GATS),"<http://www.fas.usda.gov/gats/default.aspx>

No.852. 主要農産物――合衆国および世界の生産と輸出：2000－2010年

[単位：メトリック・トン（60.6は6060万トンを表す）および別に示す単位。メトリック・トン＝1.102米トンあるいは0.984英トン]

商品	単位	量 合衆国 2000	2005	2010	世界 2000	2005	2010	世界に占める合衆国の割合（％） 2000	2005	2010
生産[1]										
小麦	100万	60.6	57.2	60.1	583.1	619.1	648.1	10.4	9.2	9.3
とうもろこし	100万	251.9	282.3	316.2	591.4	699.7	815.3	42.6	40.3	38.8
大豆	100万	75.1	83.5	90.6	175.8	220.7	262.0	42.7	37.8	34.6
米（精米）	100万	5.9	7.1	7.6	399.4	418.2	451.6	1.5	1.7	1.7
綿[2]	100万梱[3]	17.2	23.9	18.1	89.1	116.4	114.6	19.3	20.5	15.8
輸出[4]										
小麦[5]	100万	28.9	27.3	34.7	101.5	117.0	124.7	28.5	23.3	27.8
とうもろこし	100万	49.3	54.2	48.3	76.9	81.1	90.6	64.2	66.9	53.2
大豆	100万	27.1	25.6	42.2	53.7	63.4	95.6	50.5	40.3	44.1
米（精米）	100万	2.6	3.7	3.6	24.1	29.7	31.4	10.7	12.3	11.3
綿[2]	100万梱[3]	6.7	17.7	15.5	26.2	44.9	37.0	25.7	39.4	41.9

1．生産年度は商品により異なる。ほとんどの場合、表示年の7月1日から翌年の6月30日までの収穫　2．表示年の生産および取引年度末　3．正味重量480ポンド梱　4．取引年度は商品により異なる。小麦、とうもろこし、大豆のデータは取引開始の年。米は暦年　5．穀物相当量の小麦粉を含む

資料：U.S. Department of Agriculture, Foreign Agricultural Service, "Production, Supply and Distribution Online," ⟨http://www.fas.usda.gov/psdonline/psdhome.aspx⟩

No.853. 農産物生産における輸出割合：1990－2009年

[単位：％。全ての輸出割合は輸出と生産の重量から推計した]

商品グループ	1990－1994, 平均	1995－1999, 平均	2000－2004, 平均	2000	2005	2006	2007	2008	2009
農産物、計[1]	**18.5**	**18.6**	**18.5**	**18.5**	**19.1**	**19.6**	**21.0**	**19.2**	**19.8**
畜産品[2]	4.2	4.5	4.6	4.6	4.4	4.6	5.6	7.7	7.8
赤身	4.1	7.1	8.0	8.1	7.4	8.7	9.4	11.6	12.2
家禽肉	6.1	12.6	12.0	12.4	11.8	11.7	13.0	14.7	14.8
乳製品	3.5	1.4	1.2	1.2	1.2	1.3	2.3	4.5	1.4
農作物[3]	20.6	20.7	20.8	20.8	21.5	22.2	23.5	21.2	21.9
穀物（食用）	14.5	12.8	13.3	13.3	14.1	11.8	14.6	11.1	11.9
穀物（飼料）	21.4	21.7	19.2	20.7	20.0	20.8	20.0	15.7	15.1
油脂種子および製品	29.4	31.8	33.6	33.3	28.2	32.9	40.5	40.8	45.7
果物、ナッツ	16.2	15.9	17.5	17.6	17.2	18.9	20.6	21.9	19.9
野菜	8.9	11.0	11.2	11.2	12.2	12.6	12.2	15.3	15.8
人工甘味料	5.0	4.6	4.1	3.9	5.3	6.4	7.8	7.2	8.1
ワイン、ビール	3.8	5.9	7.3	6.3	7.6	9.0	9.7	10.5	9.2

1．総輸出量の割合は実際の重量もしくは重量換算により計算　2．動物性油脂を含むが生体の家畜および魚類・貝類を除く　3．輸出には植物性油脂および油脂植物ミールを含むが、花き・樹木・草等は含まない

資料：U.S. Department of Agriculture, Economic Research Service, "Food Availability (Per Capita) Data System, Food Availability: Spreadsheets," ⟨http://www.ers.usda.gov/Data/FoodConsumption/FoodAvailSpreadsheets.htm⟩；USDA Foreign Agricultural Service, "Production, Supply and Distribution," ⟨http://www.fas.usda.gov/psdonline⟩；および Global Agricultural Trade System, ⟨http://www.fas.usda.gov/gats⟩

No.854. 主要商品の10大輸出相手国：2010年

[単位：1,000メトリックトン（50,735は5073万5000トンを表す）]

とうもろこし 輸出相手国	量	小麦[1] 輸出相手国	量	大豆 輸出相手国	量	家禽肉 輸出相手国	量
世界、計	50,735	世界、計	27,592	世界、計	42,325	世界、計	3,407
日本	15,491	ナイジェリア	3,381	中国[2]	24,343	メキシコ	595
メキシコ	7,892	日本	3,170	メキシコ	3,587	ロシア	332
韓国	7,005	メキシコ	2,434	日本	2,551	香港	209
エジプト	3,615	フィリピン	1,722	インドネシア	1,850	カナダ	168
台湾	2,938	エジプト	1,563	台湾	1,441	アンゴラ	151
カナダ	1,545	韓国	1,528	ドイツ	1,171	キューバ	145
中国[2]	1,455	台湾	819	エジプト	983	台湾	105
シリア	1,321	ペルー	799	スペイン	788	リトアニア	94
ベネズエラ	1,055	コロンビア	699	韓国	721	中国[2]	90
ドミニカ共和国	899	ベネズエラ	662	トルコ	624	グルジア	89
その他	7,520	その他	10,815	その他	4,266	その他	1,429

1．製粉前　2．表No.1332の脚注4を参照

資料：U.S. Department of Agriculture, Foreign Agricultural Service, "Global Agricultural Trade System Online (GATS)–FATUS Commodity Aggregations," ⟨http://www.fas.usda.gov/gats/Default.aspx⟩.

No.855. 農産物輸出額──主要作物別：1990－2010年

[39,495は394億9500万ドルを表す。表No.849の頭注を参照]

商品	輸出額(100万ドル)							構成比（％）		
	1990	2000	2005	2007	2008	2009	2010	1990	2000	2010
総農産物輸出	39,495	51,265	63,182	89,990	114,760	98,453	115,809	100.0	100.0	100.0
家畜およびその製品[1]	6,636	11,600	12,226	17,188	21,304	18,046	22,351	16.8	22.6	19.3
精肉およびその製品	2,558	5,276	4,299	6,122	8,269	7,722	9,338	6.5	10.3	8.1
家禽類およびその製品	910	2,235	3,138	4,092	5,051	4,774	4,812	2.3	4.4	4.2
穀物、飼料[1]	14,386	13,620	16,364	27,896	36,913	25,293	29,265	36.4	26.6	25.3
小麦、小麦製品	4,035	3,578	4,520	8,616	11,599	5,681	7,038	10.2	7.0	6.1
とうもろこし	6,037	4,469	4,789	9,763	13,431	8,746	9,835	15.3	8.7	8.5
果実および加工品	2,007	2,743	3,468	4,155	4,839	4,661	5,255	5.1	5.4	4.5
ナッツ、加工品	978	1,322	2,992	3,387	3,780	4,075	4,795	2.5	2.6	4.1
野菜および加工品[2]	1,836	3,112	3,571	4,307	5,124	5,008	5,380	4.6	6.1	4.6
油脂種子および加工品[1]	5,725	8,584	10,229	15,601	23,671	24,081	27,209	14.5	16.7	23.5
大豆	3,550	5,258	6,274	9,992	15,431	16,423	18,557	9.0	10.3	16.0
植物油およびろう蝋	832	1,259	1,656	2,503	3,900	3,092	3,902	2.1	2.5	3.4
タバコ（原料）	1,441	1,204	990	1,208	1,238	1,159	1,167	3.6	2.3	1.0
綿（リンターを除く）	2,783	1,873	3,921	4,578	4,798	3,316	5,746	7.0	3.7	5.0
その他	3,702	7,207	9,421	11,670	13,093	12,814	14,641	9.4	14.1	12.6

1．個別に明示しない商品を含む　2．豆類を含む

資料：U.S. Department of Agriculture, Economic Research Service, "Foreign Agricultural Trade of the United States (FATUS)," <http://ers.usda.gov/Data/FATUS> および U.S. Department of Agriculture, Foreign Agricultural Service, "Global Agricultural Trade System," <http://www.fas.usda.gov/gats>

No.856. 農産物輸出額──輸出先別：1990－2010年

[39,495は394億9500万ドルを表す。表No.849の頭注を参照]

国、地域	輸出額(100万ドル)							構成比（％）		
	1990	2000	2005	2007	2008	2009	2010	1990	2000	2010
総農産物輸出[1]	39,495	51,265	63,182	89,990	114,760	98,453	115,809	100.0	100.0	100.0
カナダ	4,214	7,643	10,618	14,062	16,253	15,725	16,856	10.7	14.9	14.6
メキシコ	2,560	6,410	9,429	12,692	15,508	12,932	14,575	6.5	12.5	12.6
カリブ諸国	1,015	1,408	1,913	2,575	3,592	3,082	3,192	2.6	2.7	2.8
中央アメリカ	483	1,121	1,589	2,363	3,106	2,553	2,923	1.2	2.2	2.5
南アメリカ[2]	1,063	1,704	1,943	3,510	5,334	3,459	4,243	2.7	3.3	3.7
アジア（中東を除く）[2]	15,857	19,877	22,543	32,427	44,209	40,614	49,765	40.1	38.8	43.0
日本	8,142	9,292	7,931	10,159	13,223	11,072	11,819	20.6	18.1	10.2
韓国	2,650	2,546	2,233	3,528	5,561	3,917	5,308	6.7	5.0	4.6
台湾[3]	1,663	1,996	2,301	3,097	3,419	2,988	3,190	4.2	3.9	2.8
中国[3 4]	818	1,716	5,233	8,314	12,115	13,109	17,522	2.1	3.3	15.1
インドネシア	275	668	958	1,542	2,195	1,796	2,246	0.7	1.3	1.9
ヨーロッパ／ユーラシア[2]	8,140	7,654	8,361	10,598	12,262	9,377	11,371	20.6	14.9	9.8
欧州連合 (EU)[5]	7,474	6,515	7,052	8,754	10,080	7,445	8,894	18.9	12.7	7.7
ロシア	(X)	580	972	1,329	1,838	1,429	1,141	(X)	1.1	1.0
中東[2]	1,728	2,323	2,844	4,952	6,650	4,745	6,021	4.4	4.5	5.2
アフリカ[2]	1,848	2,308	2,773	1,931	2,649	1,930	2,301	4.7	4.5	2.0
エジプト	687	1,050	819	1,801	2,050	1,354	2,092	1.7	2.0	1.8
オセアニア	343	490	742	963	1,189	1,282	1,394	0.9	1.0	1.2

X 該当なし　1．合計にはカナダ経由のものを含むが、1998年以降積み替え分は国別のデータには含まれない　2．個別に明示しない地域を含む　3．表No.1332の脚注4を参照　4．中国にはマカオを含むが、香港は2050年まで統計上は別に取り扱われることになっており、含まない　5．比較のためデータは全年度にわたって欧州連合27ヵ国ベースで表されている。表No.1377の脚注3を参照

資料：U.S. Department of Agriculture, Economic Research Service, "Foreign Agricultural Trade of the United States (FATUS);" <http://ers.usda.gov/Data/FATUS> および U.S. Department of Agriculture, Foreign Agricultural Service, "Global Agricultural Trade System,", <http://www.fas.usda.gov/gats>

No.857. 作付面積と収穫面積：1990－2010年

[単位：100万エーカー（341は3億4100万を表す）、別に注記するものを除く。『アメリカ歴史統計』系列K496-501も参照]

項目	1990	1995	2000	2004	2005	2006	2007	2008	2009	2010
作付面積	341	332	345	336	337	330	335	340	333	335
指数（1977年＝100）	90	88	91	89	89	87	89	90	88	88
作物収穫面積[1]	310	302	314	312	314	303	312	316	310	315
不作	6	8	11	9	6	11	8	8	8	5
夏季休耕地	25	22	20	15	16	15	15	16	15	14
連邦制度による休耕地	62	55	31	35	35	37	37	35	34	31
収穫面積[2]	322	314	325	321	321	312	322	325	319	322

1．1種類以上の作物を収穫した土地　2．Crop Reporting Boardの報告による主要作物の収穫面積プラス販売用の果実・野菜の栽培面積、木の実、その他マイナーな作物の栽培面積。二毛作をした土地は、面積を2回カウントされる

資料：U.S. Department of Agriculture, Economic Research Service, *Major Uses of Land in the United States, 2002* (2006年)；その他 *Agricultural Statistics*（年刊）。1991年以降のデータは *Agricultural Resources and Environmental Indicators*（定期刊）および *AREI Updates: Cropland Use*. <http://www.ers.usda.gov/Briefing/LandUse/majorlandusechapter.htm#trends> ERS Briefing Roomも参照

No.858. 主要作物――生産、供給、消費：2000－2010年

[72.4は7240万を表す。市場年度の開始は以下の通り：じゃがいも、1月1日：干草、5月1日：小麦、6月1日：綿、8月1日：大豆、とうもろこし、9月1日。収穫面積、生産量、全作物の収穫は、センサスデータに基づき定期的に改訂された。『アメリカ歴史統計』系列K506-563も参照]

項目	単位	2000	2005	2006	2007	2008	2009	2010
とうもろこし（飼料）								
耕作面積	100万エーカー	72.4	75.1	70.6	86.5	78.6	79.5	81.4
1エーカーあたり産出量	ブッシェル	136.9	147.9	149.1	150.7	153.9	164.7	152.8
生産量	100万ブッシェル	9,915	11,112	10,531	13,038	12,092	13,092	12,447
輸入	100万ブッシェル	6.82	8.81	11.98	20.02	13.53	8.00	20.00
総供給量[1]	100万ブッシェル	11,639	13,235	12,510	14,362	13,729	14,774	14,175
エタノール	100万ブッシェル	628	1,603	2,119	3,049	3,709	4,568	5,150
輸出	100万ブッシェル	1,941	2,134	2,125	2,437	1,849	1,987	1,950
総消費量[2]	100万ブッシェル	9,740	11,268	11,207	12,737	12,056	13,066	13,500
期末在庫	100万ブッシェル	1,899	1,967	1,304	1,624	1,673	1,708	675
単位あたり価格[3]	ドル/ブッシェル	1.85	2.00	3.04	4.20	4.06	3.55	5.40
農場価額	100万ドル	18,499	22,198	32,083	54,667	49,313	46,734	66,650
大豆								
耕作面積	100万エーカー	72.4	71.3	74.6	64.1	74.7	76.4	76.6
1エーカーあたり産出量	ブッシェル	38.1	43.1	42.9	41.7	39.7	44.0	43.5
生産量	100万ブッシェル	2,758	3,068	3,197	2,677	2,967	3,359	3,329
輸入	100万ブッシェル	4	3	9	10	13	15	15
総供給量[1]	100万ブッシェル	3,052	3,327	3,655	3,261	3,185	3,512	3,495
クラッシング	100万ブッシェル	1,640	1,739	1,808	1,803	1,662	1,752	1,650
輸出	100万ブッシェル	996	940	1,116	1,159	1,283	1,501	1,580
総消費量[2]	100万ブッシェル	2,804	2,878	3,081	3,056	3,047	3,361	3,355
期末在庫	100万ブッシェル	248	449	574	205	138	151	140
単位あたり価格[3]	ドル/ブッシェル	4.54	5.66	6.43	10.10	9.97	9.59	11.70
農場価額	100万ドル	12,520	17,367	20,555	27,039	29,458	32,145	38,915
小麦								
耕作面積	100万エーカー	53.1	50.1	46.8	51.0	55.7	49.9	47.6
1エーカーあたり産出量	ブッシェル	42.0	42.0	38.6	40.2	44.9	44.5	46.4
生産量	100万ブッシェル	2,228	2,103	1,808	2,051	2,499	2,218	2,208
輸入	100万ブッシェル	89.8	81.4	121.9	112.6	127.0	115.0	110.0
総供給量[1][4]	100万ブッシェル	3,268	2,725	2,501	2,620	2,932	2,988	3,294
輸出	100万ブッシェル	1,062	1,003	908	1,263	1,015	881	1,275
総消費量[2]	100万ブッシェル	2,392	2,154	2,045	2,314	2,275	2,038	2,451
期末在庫	100万ブッシェル	876	571	456	306	657	950	843
単位あたり価格[3]	ドル/ブッシェル	2.62	3.42	4.26	6.48	6.78	4.87	5.70
農場価額	100万ドル	5,782	7,171	7,695	13,289	16,626	10,654	12,992
綿花								
耕作面積	100万エーカー	13.1	13.8	12.7	10.5	7.6	7.5	10.7
1エーカーあたり産出量	ポンド	632	831	814	879	813	777	811
生産量[5]	100万梱[6]	17.2	23.9	21.6	19.2	12.8	12.4	18.1
輸入	100万梱[6]	－	－	－	－	－	－	－
総供給量[1]	100万梱[6]	21.1	29.4	27.7	28.7	22.9	18.5	21.1
輸出	100万梱[6]	6.7	17.5	13.0	13.7	13.3	12.0	15.8
総消費量[2]	100万梱[6]	15.6	23.4	17.9	18.2	16.9	15.5	19.5
期末在庫	100万梱[6]	6.0	6.1	9.5	10.0	6.3	3.0	1.6
単位あたり価格[3]	セント/ポンド	51.6	47.7	48.4	61.3	49.1	64.8	82.5
農場価額	100万ドル	4,260	5,695	5,013	5,653	3,021	3,788	7,318
干草								
耕作面積	100万エーカー	60.4	61.6	60.6	61.0	60.2	59.8	59.9
1エーカーあたり産出量	米トン	2.54	2.44	2.32	2.41	2.43	2.47	2.43
生産量	100万米トン	154	150	141	147	146	148	146
単位あたり価格[7][8]	ドル/トン	84.60	98.20	110.00	128.00	152.00	108.00	112.00
農場価額	100万ドル	11,557	12,534	13,634	16,842	18,639	14,716	14,401
じゃがいも								
耕作面積	100万エーカー	1.3	1.1	1.1	1.1	1.0	1.0	1.0
1エーカーあたり産出量	ハンドレッドウェイト[9]	381	390	393	396	396	414	395
生産量	100万ハンドレッドウェイト[9]	514	424	441	445	415	431	397
単位あたり価格[3]	ドル/ハンドレッドウェイト[9]	5.08	7.06	7.31	7.51	9.09	8.19	8.79
農場価額	100万ドル	2,590	2,992	3,209	3,340	3,770	3,521	3,489

－ ゼロまたは表示単位0.5単位未満　1．生産、輸入、期首在庫から成る　2．個別に明示しない、飼料用、剰余誤差、その他国内消費を含む　3．市場年度平均価格。全米価格は、見積もり販売による各州の価格を加重して算出し、未払いローンに対する手当ておよび政府購買を含む　4．小麦粉およびその他の粗粒相当ブッシェルで表される生産物を含む　5．州別の操綿量は、全州の操綿量を合計して1000の単位で概数としたもの。全国値は州別値の合計　6．480ポンドを1梱とする。純重量　7．梱包干し草の販売価格　8．農家受取り価格の季節平均額。全米価格は指定売上高による州別価格を加重して算出　9．CWT＝ハンドレットウエイト（100ポンド）

資料：生産－U.S. Department of Agriculture, National Agricultural Statistics Service, *Crop Production* (年刊) および *Crop Values* (年刊). Supply and disappearance－U.S. Departmemt. of Agriculture, Economic Research Service, *Feed Situation* (季刊), *Fats and Oils Situation* (季刊), *Wheat Situation* (季刊), *Cotton and Wool Outlook Statistics* (定期刊) および *Agricultural Supply and Demand Estimates* (定期刊)。その他 *Agricultural Statistics* (年刊) および "Agricultural Outlook: Statistical Indicators"; <http://www.ers.usda.gov/Publications/Agoutlook/AOTables/>

No.859. とうもろこし——面積、生産高、価額；主要州別：2008－2010年

[78,570は7857万を表す。コーン1ブッシェル＝56ポンド。『アメリカ歴史統計』系列K502-508参照。各州の略号については表紙裏の地図を参照。本書前年版の表No.853も参照]

州	収穫面積 (1,000エーカー)			エーカーあたりの産出量 (ブッシェル)			生産量 (100万ブッシェル)			価額 (ドル／ブッシェル)			農場価額 (100万ドル)		
	2008	2009	2010	2008	2009	2010	2008	2009	2010	2008	2009	2010	2008	2009	2010
合衆国[1]	78,570	79,490	81,446	154	165	153	12,092	13,092	12,447	4.06	3.55	5.40	49,313	46,734	66,650
IA	12,800	13,300	13,050	171	182	165	2,189	2,421	2,153	4.10	3.59	5.45	8,974	8,690	11,735
IL	11,900	11,800	12,400	179	174	157	2,130	2,053	1,947	4.01	3.53	5.50	8,542	7,248	10,707
NE	8,550	8,850	8,850	163	178	166	1,394	1,575	1,469	4.05	3.58	5.35	5,644	5,640	7,860
MN	7,200	7,150	7,300	164	174	177	1,181	1,244	1,292	3.92	3.47	5.20	4,629	4,317	6,719
IN	5,460	5,460	5,720	160	171	157	874	934	898	4.10	3.66	5.50	3,582	3,417	4,939
KS	3,630	3,860	4,650	134	155	125	486	598	581	4.12	3.49	5.25	2,004	2,088	3,052
SD	4,400	4,680	4,220	133	151	135	585	707	570	3.78	3.23	5.10	2,212	2,283	2,905
OH	3,120	3,140	3,270	135	174	163	421	546	533	4.21	3.55	5.55	1,773	1,940	2,958
WI	2,880	2,930	3,100	137	153	162	395	448	502	3.89	3.57	5.35	1,535	1,600	2,687
MO	2,650	2,920	3,000	144	153	123	382	447	369	4.11	3.58	5.45	1,568	1,599	2,011
MI	2,140	2,090	2,100	138	148	150	295	309	315	3.84	3.53	5.55	1,134	1,092	1,748
TX	2,030	1,960	2,080	125	130	145	254	255	302	4.82	4.01	4.90	1,223	1,022	1,478
ND	2,300	1,740	1,880	124	115	132	285	200	248	3.74	3.18	5.35	1,067	636	1,328
CO	1,010	990	1,210	137	153	151	138	151	183	4.14	3.68	5.25	573	557	959
KY	1,120	1,150	1,230	136	165	124	152	190	153	4.36	3.74	5.45	664	710	831
PA	880	920	910	133	143	128	117	132	116	4.16	3.84	5.80	487	505	676
MS	700	695	670	140	126	136	98	88	91	4.63	3.72	4.60	454	326	419
NY	640	595	590	144	134	150	92	80	89	4.32	4.02	5.20	398	321	460
NC	830	800	840	78	117	91	65	94	76	4.91	3.90	5.15	318	365	394
TN	630	590	640	118	148	117	74	87	75	4.53	3.65	4.85	337	319	363

1．個別に明示しない他の州を含む

資料：U.S. Department of Agriculture, National Agricultural Statistics Service, *Crop Production Annual Summary* (2011年1月) および *Crop Values Annual Summary* (2011年2月); <http://www.nass.usda.gov/Publications/index.asp> も参照

No.860. 大豆——面積、生産高、価額；主要州別：2008－2010年

[74,681は7468万1000を表す。大豆1ブッシェル＝60ポンド。『アメリカ歴史統計』系列K520-522参照。各州の略号については表紙裏の地図を参照。本書前年版の表No.854も参照]

州	収穫面積 (1,000エーカー)			エーカーあたりの産出量 (ブッシェル)			生産量 (100万ブッシェル)			価額 (ドル／ブッシェル)			農場価額 (100万ドル)		
	2008	2009	2010	2008	2009	2010	2008	2009	2010	2008	2009	2010	2008	2009	2010
合衆国[1]	74,681	76,372	76,616	40	44	44	2,967	3,359	3,329	9.97	9.59	11.70	29,458	32,145	38,915
IA	9,670	9,530	9,730	47	51	51	450	486	496	10.20	9.52	11.70	4,586	4,627	5,806
IL	9,120	9,350	9,050	47	46	52	429	430	466	10.20	9.80	12.40	4,372	4,215	5,779
MN	6,970	7,120	7,310	38	40	45	265	285	329	10.10	9.39	11.30	2,675	2,674	3,717
NE	4,860	4,760	5,100	47	55	53	226	259	268	9.79	9.48	11.30	2,212	2,459	3,026
IN	5,430	5,440	5,330	45	49	49	244	267	259	10.20	9.80	11.80	2,492	2,612	3,050
OH	4,480	4,530	4,590	36	49	48	161	222	220	10.30	9.78	11.80	1,661	2,171	2,600
MO	5,030	5,300	5,070	38	44	42	191	231	210	9.74	9.61	12.10	1,862	2,216	2,546
SD	4,060	4,190	4,140	34	42	38	138	176	157	9.65	9.18	11.20	1,332	1,615	1,762
ND	3,760	3,870	4,070	28	30	34	105	116	138	9.71	9.26	11.30	1,022	1,075	1,564
KS	3,250	3,650	4,250	37	44	33	120	161	138	9.39	9.38	12.00	1,129	1,506	1,658
AR	3,250	3,270	3,150	38	38	35	124	123	110	9.64	9.66	11.30	1,191	1,185	1,246
MI	1,890	1,990	2,040	37	40	44	70	80	89	9.82	9.54	11.40	687	759	1,012
WI	1,590	1,620	1,630	35	40	51	56	65	82	9.80	9.62	11.40	545	623	938
MS	1,960	2,030	1,980	40	38	39	78	77	76	9.29	9.24	11.10	728	713	846

1．個別に明示しない他の州を含む

資料：U.S. Department of Agriculture, National Agricultural Statistics Service, *Crop Production Annual Summary* (2011年1月) および *Crop Values Annual Summary* (2011年2月); <http://www.nass.usda.gov/Publications/index.asp> も参照

No.861. 小麦——面積、生産高、価額；主要州別：2008－2010年

[55,699は5569万9000を表す。小麦1ブッシェル＝60ポンド。『アメリカ歴史統計』系列K506-508参照。各州の略号については表紙裏の地図を参照。本書前年版の表No.855も参照]

州	収穫面積 (1,000エーカー)			エーカーあたりの産出量 (ブッシェル)			生産量 (100万ブッシェル)			価額 (ドル／ブッシェル)			農場価額 (100万ドル)		
	2008	2009	2010	2008	2009	2010	2008	2009	2010	2008	2009	2010	2008	2009	2010
合衆国[1]	55,699	49,893	47,637	45	45	46	2,499	2,218	2,208	6.78	4.87	5.70	16,626	10,654	12,992
ND	8,640	8,415	8,400	36	45	43	311	377	362	7.31	4.82	6.50	2,297	1,816	2,346
KS	8,900	8,800	8,000	40	42	45	356	370	360	6.94	4.79	5.20	2,471	1,770	1,872
MT	5,470	5,305	5,210	30	33	41	165	177	215	6.84	5.18	6.60	1,139	918	1,431
WA	2,255	2,225	2,275	53	55	65	119	123	148	6.26	4.85	6.75	745	594	997
TX	3,300	2,450	3,750	30	25	34	99	61	128	7.58	5.27	5.05	750	323	644
SD	3,420	3,009	2,725	51	43	45	173	129	123	6.92	5.07	6.05	1,199	663	750
OK	4,500	3,500	3,900	37	22	31	167	77	121	6.93	4.89	5.10	1,154	377	617
CO	1,936	2,479	2,377	31	41	46	60	101	108	6.62	4.57	5.60	397	460	606

1．個別に明示しない他の州を含む

資料：U.S. Department of Agriculture, National Agricultural Statistics Service, *Crop Production Annual Summary* (2011年1月) および *Crop Values Annual Summary* (2011年2月); <http://www.nass.usda.gov/Publications/index.asp> も参照

No.862. 商品野菜、作物――収穫面積、生産量、価格：2008－2010年／および主要生産州：2010年価格

[289は28万9000を表す。その他に示すものを除く。生鮮市場用および加工用の商品作物。市販用菜園地域を含むが中小の生産州内の中小の生産地域を含まない。農家の家族消費用農産物や農場以外の菜園の生産を除く。評価は季節あるいは収穫年度のものであり、暦年収入と混同してはならない。各州の略号については表紙裏の地図を参照。本書前年版の表No.856も参照]

作物	面積[1] (1,000エーカー)			生産量[2] (1,000米トン)			価額[3] (100万ドル)			主要生産州 2010
	2008	2009	2010	2008	2009	2010	2008	2009	2010	
さや豆	289	285	283	21,984	21,554	20,428	485	415	447	(NA)
生鮮	90	92	89	5,824	5,225	5,062	308	283	304	FL, CA, GA
加工	198	196	194	16,160	16,329	15,366	177	156	143	WI, OR
食用乾燥豆	1,445	1,464	1,843	25,558	25,427	31,801	910	790	838	ND, MI, NE
ブロッコリー	127	126	122	20,086	19,890	18,219	721	794	649	CA, AZ
キャベツ[4]	66	65	66	24,516	22,467	22,797	355	342	378	CA, NY, FL
キャタロープ[4]	72	75	75	19,294	19,279	18,838	357	350	314	CA, AZ, GA
にんじん	90	82	81	32,600	29,252	29,198	636	589	627	CA
カリフラワー	37	39	36	6,648	7,167	6,281	269	316	247	CA, AZ, NY
セロリ	28	29	29	20,025	20,074	20,285	370	404	399	CA, MI
とうもろこし(スィートコーン)	594	613	585	85,549	93,521	82,937	1,089	1,171	991	(NA)
生鮮	233	237	247	28,899	28,839	29,149	749	846	750	FL, CA, GA
加工	361	380	338	56,650	64,682	53,788	340	336	241	MN, WA, WI
きゅうり	143	144	88	20,185	20,332	19,475	398	402	379	MI, FL, NC
ニンニク	149	135	139	52,952	50,180	50,750	1,063	1,122	1,206	CA, AZ
玉レタス[4]	52	49	48	12,781	11,845	11,180	412	459	429	CA, AZ
リーフレタス[4]	77	76	80	22,774	22,355	25,259	479	613	615	CA, AZ
立ちレタス[4]	153	151	150	75,120	75,566	73,213	834	1,054	1,455	CA,AZ
たまねぎ	210	205	175	8,236	8,834	7,175	148	141	105	MN, WI, WA
グリンピース[5]	51	52	53	15,888	16,997	15,739	637	585	637	CA, FL, GA
こしょう	46	50	50	7,792	8,734	6,133	206	249	269	CA, FL, TX
ホウレンソウ	42	44	44	6,687	7,219	6,542	204	203	204	MI, CA, FL
かぼちゃ	402	434	394	277,253	312,646	284,442	2,398	2,533	2,318	(NA)
トマト	105	109	105	31,137	33,235	28,916	1,415	1,344	1,391	CA, FL, TN
生鮮	297	328	289	246,116	279,411	255,526	982	1,219	927	CA, IN, OH
加工	126	124	133	40,003	38,911	41,153	500	451	492	FL, GA, CA
すいか[5]	129	128	126	37,349	40,003	40,122	423	500	497	FL, GA, CA

NA データなし　1．生鮮市場用の収穫地域。部分収穫あるいは、低価格、その他の要因による未収穫地域と、加工用収穫地域を含む　2．出荷されない数量を除く　3．生鮮市場用野菜は、f.o.b.出荷での評価。加工用野菜は食品包装工場入口における等価収益　4．生鮮のみ　5．加工用のみ

資料：U.S. Department of Agriculture, National Agricultural Statistics Service, *Vegetables 2010 Summary* (2011年1月); <http://www.nass.usda.gov/Surveys/Guide_to_NASS_Surveys/Vegetables/index.asp> も参照

No.863. 生鮮果実および生鮮野菜――供給と利用：2000－2010年

[単位：100万ポンド（8,355は83億5500万ポンドを表す）。1人あたり消費はポンド]

年	利用可能生産量[1]	輸入[2]	供給量[1] 計	輸出[2]	消費量 計	1人あたり[3]	期末在庫
果実							
柑橘類：							
2000	8,355	720	9,075	2,445	6,630	23.5	(NA)
2005	7,320	1,109	8,429	2,040	6,389	21.6	(NA)
2007	5,811	1,382	7,193	1,789	5,404	17.9	(NA)
2008	7,315	1,322	8,637	2,362	6,275	20.6	(NA)
2009	6,880	1,390	8,270	1,901	6,369	20.8	(NA)
柑橘類以外[4]：							
2000	13,850	11,225	25,074	3,389	21,685	77.8	(NA)
2005	14,369	12,460	26,829	3,477	23,352	78.8	(NA)
2007	14,016	13,437	27,453	3,329	24,125	79.8	(NA)
2008	14,440	13,669	28,109	3,755	24,354	79.9	(NA)
2009	15,150	13,316	28,466	3,603	24,863	80.8	(NA)
野菜およびメロン							
2000	46,995	7,231	55,570	4,200	49,147	174.6	1,266
2005	46,510	9,784	57,785	4,324	51,439	173.7	1,280
2007	46,608	11,157	58,927	3,878	52,704	174.5	1,472
2008	45,141	11,432	58,045	4,033	51,804	170.0	1,463
2009	44,396	11,753	57,612	3,802	51,529	167.6	1,555
2010	44,026	13,179	58,761	3,957	52,623	169.7	1,381
じゃがいも							
2000	13,185	806	13,990	677	13,313	47.2	(NA)
2005	12,076	788	12,863	639	12,224	41.3	(NA)
2007	11,225	1,106	12,331	640	11,691	38.7	(NA)
2008	10,995	1,178	12,173	642	11,531	37.8	(NA)
2009	10,996	936	11,932	728	11,204	36.4	(NA)
2010	10,961	916	11,877	851	11,026	35.6	(NA)

NA データなし　1．果実については穀物年度に基づく。野菜の供給量データは前年度末在庫を含む　2．果実については会計年度、野菜とじゃがいもについては暦年ベース　3．センサス年は4月1日現在、その他の年は7月1日現在のセンサス局の推計値に基づく　4．バナナを含む

資料：U.S. Department of Agriculture, Economic Research Service, *Fruit and Tree Nuts Situation and Outlook Yearbook* および *Vegetables and Melons Situation and Outlook Yearbook*; <http://www.ers.usda.gov/publications/outlook/> も参照

No.864. 果実および木の実——有効生産量、価格：2008－2010年／および主要生産州：2010年

[4,770は477万を表す。本書前年版の表No.858も参照]

果実、木の実	単位	有効生産量[1] 2008	2009	2010	農場価格（100万ドル） 2008	2009	2010	主要生産州 2010
果実								
りんご[2]	1,000トン	4,770	4,854	(NA)	2,215	2,247	(NA)	(NA)
アボガド	1,000トン	116	299	(NA)	215	430	(NA)	(NA)
ブラックベリー、栽培（オレゴン）	1,000トン	23	28	24	28	31	36	OR
ブルーベリー	1,000トン	219	227	249	592	518	641	MI, ME, GA
クランベリー	1,000トン	393	346	340	456	333	321	MA, WI
ナツメヤシ（カリフォルニア）	1,000トン	21	24	24	26	27	28	CA
イチジク（生鮮）（カリフォルニア）	1,000トン	43	44	40	26	30	(NA)	CA
グレープフルーツ	1,000トン	1,548	1,304	1,238	273	224	286	FL, TX, CA
ぶどう（13州）	1,000トン	7,306	7,280	6,854	3,333	3,676	3,472	CA, WA
キウイフルーツ（カリフォルニア）	1,000トン	22	25	34	20	21	(NA)	CA
レモン	1,000トン	619	912	882	524	335	381	CA, AZ
ネクタリン	1,000トン	303	220	235	111	139	131	CA, WA
オリーブ（カリフォルニア）	1,000トン	67	46	190	47	32	111	CA
オレンジ[3]	1,000トン	10,076	9,128	8,244	2,199	1,970	1,935	FL, CA
パパイヤ（ハワイ）	1,000トン	17	16	14	14	14	10	HI
桃	1,000トン	1,114	1,083	1,132	546	594	615	CA, SC, GA
洋梨	1,000トン	869	956	807	396	356	334	WA, CA, OR
プラム（カリフォルニア）	1,000トン	160	112	(NA)	57	58	(NA)	(NA)
プラム、プルーン（新鮮）[4]	1,000トン	16	18	(NA)	6	6	(NA)	(NA)
プルーン（乾燥）（カリフォルニア）	1,000トン	368	496	(NA)	194	199	(NA)	(NA)
ラズベリー	1,000トン	75	89	76	365	362	259	CA, WA, OR
ストロベリー	1,000トン	1,266	1,401	1,425	1,918	2,130	2,245	CA, FL
タンジェロ（フロリダ）	1,000トン	68	52	41	9	6	7	FL
タンジェリン	1,000トン	527	443	595	236	207	276	CA, FL
木の実								
アーモンド（殻つき）（カリフォルニア）	1,000トン	1,410	1,181	(NA)	2,343	2,294	(NA)	(NA)
はしばみ（殻つき）	1,000トン	32	47	(NA)	52	79	(NA)	(NA)
マカダミアナッツ	1,000トン	25	21	(NA)	34	29	(NA)	(NA)
ペカン（殻つき）（11州）	1,000トン	97	146	(NA)	260	417	(NA)	(NA)
ピスタチオ	1,000トン	139	178	(NA)	570	593	(NA)	(NA)
くるみ（殻つき）	1,000トン	436	437	(NA)	558	739	(NA)	(NA)

NA データなし　1．未収穫あるいは市場出荷しなかった分を除く　2．結実年数100年以上の木を有する商業果樹園における生産高　3．テンプルおよびネーブル各種は2006-2007シーズンについてのデータを含む　4．アイダホ、ミシガン、オレゴン、ワシントン州

資料：U.S. Department of Agriculture, National Agricultural Statistics Service, *Citrus Fruits Final Estimates, 2003-2007*（2008年12月）; *Citrus Fruits 2010 Summary*（2010年9月）および *Noncitrus Fruits and Crops 2009 Summary*（2010年7月）; <http://www.nass.usda.gov/Publications/index.asp>

No.865. 木の実——供給と利用：2000－2009年

[単位：100万ポンド（殻付）（331,466は3億3146万6000を表す）。アーモンド、ヘーゼルナッツは7月1日、クルミは8月1日、ピスタチオは9月1日以降の出荷シーズン]

年	期首在庫	市場流通生産量[1]	輸入	供給量、計	消費量	輸出	期末在庫
木の実、計：[2]							
2000	331,466	1,127,940	293,172	1,752,577	733,921	780,988	237,669
2005	262,995	1,472,240	431,881	2,167,117	779,131	1,120,833	267,153
2007	243,133	2,070,933	489,793	2,803,858	1,042,284	1,355,677	405,897
2008	405,897	2,240,219	439,516	3,085,632	1,082,566	1,460,506	542,560
2009年、計[2]	542,560	2,104,057	464,537	3,111,154	1,136,968	1,553,305	420,881
アーモンド	413,734	1,363,751	5,610	1,783,095	(NA)	1,030,403	321,255
ペカン	42,225	(NA)	80,107	249,862	139,152	71,188	39,522
ピスタチオ	32,922	174,769	1,297	208,988	54,701	133,075	21,211
ヘーゼルナッツ	1,127	37,425	7,987	46,539	14,331	30,621	1,587
クルミ	52,553	381,500	3,183	437,235	170,371	229,558	37,305

NA データなし　1．利用可能生産量から食用以外の用途および商業ベースにならない用途の使用量を引いたもの　2．マカダミアナッツ、ブラジルナッツ、カシューナッツ、松の実、栗の実および個別に明示しないミックスナッツも含む

資料：U.S. Department of Agriculture, Economic Research Service, *Fruit and Tree Nuts Situation and Outlook Yearbook*; <http://www.ers.usda.gov/publications/fts/#yearbook> も参照

No.866. 養蜂業——コロニー数と生産量：1990－2010年

[5つ以上のコロニーを持つ養蜂家のみ。蜂蜜を収穫しないコロニーも含む]

年	蜂蜜を生産したコロニー数[1]（1,000）	コロニーあたり生産量（ポンド）	生産量（1,000ポンド）	1ポンド当たり平均価格（セント）	養蜂業生産（1,000ドル）
1990	3,220	61.7	198,674	54	106,688
1995	2,655	79.5	211,073	69	144,585
2000	2,622	84.0	220,286	60	132,865
2005	2,409	72.5	174,614	92	160,994
2007	2,443	60.7	148,341	108	159,763
2008	2,342	69.9	163,789	142	232,744
2009	2,498	58.6	146,416	147	215,671
2010	2,684	65.5	175,904	160	281,974

1．蜂蜜を生産したコロニーは、当該年に蜂蜜を収穫したコロニーの最大数。年の途中で失われたコロニーも含む

資料：U.S. Department of Agriculture, National Agricultural Statistics Service, *Honey*（2011年2月）; <http://www.nass.usda.gov/Surveys/Guide_to_NASS_Surveys/Bee_and_Honey/index.asp>

No.867. ファーマーズマーケットの特徴：2005年

[単位：％。2006年全米ファーマーズマーケット調査に基づく。ファーマーズマーケットとは、複数の店舗が通常の販売経路を通さずに、農産物を直接顧客に販売する直販市場である。ここに示すのは、2005年度に営業した、小売の51％以上を直接顧客に販売した者である]

特徴	全米計	地域[1]						
		東北部	中部大西洋岸	南東部	北中部	南西部	ロッキー山脈	極西部
店舗数：								
10未満	23.9	42.4	37.4	24.1	17.8	32.3	15.9	9.4
10－19	25.3	27.9	28.4	22.8	29.4	29.0	19.3	12.5
20－39	29.0	23.6	22.6	29.7	32.3	17.7	28.4	35.6
40以上	21.8	6.1	11.6	23.4	20.5	21.0	36.4	42.5
店舗の売上：								
1－5,000ドル	71.4	70.0	61.2	68.1	81.4	71.6	80.4	56.1
5,001－25,000ドル	22.1	26.2	22.8	25.2	15.5	23.0	18.3	31.5
25,001－100,000ドル	5.9	3.8	15.4	4.3	2.9	5.3	1.3	11.8
100,001ドル以上	0.6	－	0.7	2.4	0.2	0.2	－	0.6
営業月数：								
通年（12カ月）	12.1	3.5	13.7	19.6	4.1	17.5	4.3	35.4
季節	87.9	96.5	86.3	80.4	95.9	82.5	95.7	64.6
4か月未満	20.0	26.3	15.5	16.9	19.2	22.2	39.6	11.4
4－6カ月	59.5	68.0	57.4	42.6	72.0	47.6	52.7	42.9
7－9カ月	7.6	2.3	12.9	18.2	4.6	9.5	3.3	8.6
9カ月以上	12.9	3.4	14.2	22.3	4.2	20.6	4.4	37.1
販売品の種類：								
自家製品	(NA)	65.0	72.3	69.8	76.8	78.0	60.3	68.6
有機製品	47.0	67.3	37.2	35.5	39.8	30.4	56.8	74.5
地域特産物	87.9	89.3	84.8	90.5	91.2	80.6	88.1	82.1
放牧飼育・放し飼い	38.4	33.6	40.2	21.6	42.5	32.3	34.3	46.3
天然資源	46.9	39.3	41.1	45.9	50.9	32.3	55.2	50.4
ホルモン剤または抗生物質未使用	29.3	20.5	27.7	20.3	34.4	19.4	28.4	36.6
化学薬品未使用または殺虫剤未使用	47.6	36.9	39.3	45.9	46.9	41.9	56.7	65.0
その他	12.3	10.9	13.4	12.2	7.3	19.4	16.4	17.1

－ ゼロを示す　NA　データなし　1．地域の構成は以下の通り。東北部（コネチカット、メーン、マサチューセッツ、ニューハンプシャー、ニューヨーク、ロードアイランド、バーモント）、中部大西洋岸（デラウエア、コロンビア特別区、メリーランド、ニュージャージー、ペンシルベニア、バージニア、ウエストバージニア）、南東部（アラバマ、フロリダ、ジョージア、ケンタッキー、ミシシッピ、ノースカロライナ、サウスカロライナ、テネシー）、北中部（イリノイ、インディアナ、オクラホマ、テキサス）、ロッキー山脈（アリゾナ、コロラド、アイダホ、ニューメキシコ、モンタナ、ユタ、ワイオミング）、極西部（アラスカ、カリフォルニア、ハワイ、ネバダ、オレゴン、ワシントン）。

資料：United States Department of Agriculture, Agricultural Marketing Service, *National Farmers Market Manager Survey 2006* (2009年5月); <http://www.ams.usda.gov/AMSv1.0/FARMERSMARKETS>

No.868. 園芸作物栽培所、売上高、栽培面積：2009年

[園芸作物栽培所は、園芸作物を栽培して1万ドル以上の売り上げのあった場所を示す]

項目	栽培所	売上高(1000ドル)	総栽培面積[1]			
			温室(1000立法フィート)	テント式構造物(1000立法フィート)	自然の日蔭(エイカー)	日蔭のない土地(エイカー)
園芸作物、計[2]	21,585	11,687,323	859,063	406,072	8,160	572,269
一年生植物、花壇・庭園用	7,989	2,305,913	258,823	13,858	140	6,815
多年生草類	6,416	843,788	27,101	4,330	314	3,981
室内・パティオ用鉢植えの花	4,043	871,474	62,208	23,893	41	1,693
室内・パティオ用観葉植物	2,728	509,873	39,583	76,645	144	2,314
切り花	1,703	403,254	53,495	14,248	76	12,068
アレンジメント用緑葉	634	84,148	5,443	152,512	2,835	2,998
苗木販売	8,441	3,850,363	217,482	87,228	4,184	323,539
増殖用素材[3]	1,178	601,657	29,733	3,208	53	8,169
芝、芝用プラグ、芝用スプリグ	1,403	876,847	419	36	(D)	85,842
球根、球茎、根茎、塊茎	223	48,512	183	(D)	(D)	3,736
保護下で栽培される食用作物	1,476	553,270	61,324	1,562	19	5,863
野菜の商業生産のための苗[4]	502	330,647	32,095	467	4	7,250
野菜の種	340	89,031	163	(D)	－	38,819
花の種	141	30,825	289	308	2	5,695
水生植物	375	26,000	1,373	134	1	1,320
クリスマスツリー（伐採）	2,699	249,821	1,010	95	84	45,091
その他	212	11,901	68,340	27,519	227	17,075

D　情報非公開　－　ゼロを示す　1．総面積は園芸植物生産に用いられる面積であり、栽培に用いられる面積。ベンチや鉢を保管する場所や多種類の作物栽培を行っている土地の面積を含む　2．クリスマスツリー、芝・芝プラグ・スプリグ生産用の面積は含まない　3．挿し木、プラグ苗、移植用の苗、組織培養苗、幼苗を含む　4．苺を含む

資料：U.S. Department of Agriculture, National Agricultural Statistics Service, 2009 Census of Horticultural Specialties, Vol. 3, AC-07-SS-3; <http://www.agcensus.usda.gov/Publications/2007/Online_Highlights/Census_of_Horticulture/index.asp> も参照

No.869. 精肉――供給、消費：2000－2010年

[単位：100万ポンド（胴体重量換算）（82,372は823億7200万を表す）。胴体重量換算は生体重量から腸、頭、背、内臓の部分を除いたもの。脂肪、骨は含む。連邦および州監査の農家屠殺を含む。『アメリカ歴史統計』系列K583-594も参照]

年、肉の種類	生産量	輸入	供給量[1]	輸出	消費量[2]	期末在庫
赤身肉と家禽類						
2000	82,372	4,136	88,480	9,344	77,067	2,069
2005	86,781	4,846	93,807	9,275	82,334	2,199
2007	42,143	4,298	91,608	11,203	84,008	2,151
2008	93,460	3,646	91,520	14,352	82,590	2,451
2009	90,493	3,735	89,659	13,498	81,327	1,994
2010	91,639	3,439	89,524	13,977	81,120	2,114
全精肉（赤身）						
2000	46,299	4,127	51,340	3,760	46,559	1,021
2005	45,846	4,804	51,837	3,373	47,385	1,080
2007	48,683	4,223	48,434	4,585	48,434	1,169
2008	50,225	3,553	47,211	6,566	47,211	1,307
2009	49,274	3,631	47,191	6,046	47,191	1,114
2010	49,050	3,321	45,937	6,542	45,937	1,145
牛肉：						
2000	26,888	3,032	30,332	2,468	27,338	525
2005	24,952	3,598	29,191	697	27,919	575
2007	26,523	3,052	30,205	1,434	28,141	630
2008	26,664	2,538	29,832	1,887	27,303	642
2009	26,068	2,626	29,336	1,935	26,836	565
2010	26,419	2,297	29,281	2,299	26,397	585
豚肉：						
2000	18,952	965	20,406	1,287	18,642	478
2005	20,706	1,025	22,274	2,665	19,115	494
2007	21,962	968	23,424	3,141	19,763	519
2008	23,367	832	24,717	4,667	19,415	635
2009	23,020	834	24,489	4,095	19,870	525
2010	22,458	859	23,842	4,227	19,074	541
仔牛肉：						
2000	225	(NA)	230	(NA)	225	5
2005	165	(NA)	169	(NA)	164	5
2007	146	(NA)	152	(NA)	145	7
2008	152	(NA)	159	(NA)	150	9
2009	147	(NA)	156	(NA)	147	9
2010	142	(NA)	151	(NA)	147	4
ラム、マトン：						
2000	234	130	372	5	354	13
2005	191	180	374	9	355	10
2007	189	203	407	18	385	13
2008	180	183	376	18	343	21
2009	177	171	369	18	338	15
2010	171	165	351	18	320	15
家禽類、計						
2000	36,073	9	37,140	5,584	30,508	1,048
2005	40,935	42	41,970	5,902	34,949	1,119
2007	42,143	75	43,174	6,618	35,574	982
2008	43,235	92	44,309	7,785	35,379	1,144
2009	41,220	104	42,468	7,452	34,136	880
2010	42,589	118	43,586	7,435	35,182	969
ブロイラー：						
2000	30,209	6	31,011	4,918	25,295	798
2005	34,987	33	35,721	5,203	29,608	910
2007	35,772	61	36,565	5,904	29,942	719
2008	36,511	79	37,309	6,961	29,603	745
2009	35,131	86	35,961	6,818	28,527	616
2010	36,516	98	37,230	6,773	29,684	773
地鶏：						
2000	531	2	540	220	311	9
2005	516	1	520	130	388	2
2007	498	3	508	159	337	2
2008	559	3	566	159	415	3
2009	500	3	509	159	406	2
2010	503	3	508	159	425	4
七面鳥：						
2000	5,333	1	5,589	445	4,902	241
2005	5,432	7	5,728	569	4,952	207
2007	5,873	10	6,101	547	5,294	261
2008	6,165	8	6,434	676	5,361	396
2009	5,589	13	5,998	534	5,202	262
2010	5,569	17	5,848	583	5,073	192

－ ゼロを示す　NA データなし　1．合計供給量＝生産量＋輸入＋前年度末の在庫　2．海外領土への出荷を含む
資料：U.S. Department of Agriculture, Economic Research Service, *Food Consumption, Price, and Expenditures, 1970-1997* および "Agricultural Outlook: Statistical Indicators"; 〈http://www.ers.usda.gov/publications/agoutlook/aotables/〉

No.870. 牧畜業——飼育頭数、生産量：1990－2010年

[生体重量による生産量（95.8は9580万を表す）。屠殺業者への引き渡し、肥育、繁殖目的の他州への出荷、農家の自家消費用屠殺を含む。在庫調整のための州内出荷分は含まない。『アメリカ歴史統計』系列K564-569、575-582も参照]

	家畜形態	単位	1990	1995	2000	2004	2005	2006	2007	2008	2009	2010
	全肉牛[1]											
在庫:[2]	飼育数	100万	95.8	102.8	98.2	94.4	95.0	96.3	96.6	96.0	93.9	92.6
	総価額	10億ドル	59.0	63.2	67.1	77.2	87.0	97.2	89.1	95.1	82.4	78.2
	1頭あたり価額	ドル	616	615	683	818	916	1,009	922	990	872	832
生産:	量	10億ポンド	39.2	42.5	43.0	41.6	41.2	41.8	41.4	41.6	41.2	41.6
	牛肉100ポンドあたり価格	ドル	74.60	61.80	68.60	85.80	89.70	87.20	89.90	89.10	80.30	105.00
	仔牛100ポンドあたり価格	ドル	95.60	73.10	104.00	119.00	135.00	133.00	119.00	110.00	105.00	117.00
	生産価額	10億ドル	29.3	24.7	28.5	34.9	36.3	35.5	36.0	35.6	32.0	37.0
	豚、仔豚											
在庫:[3]	飼育数	100万	53.8	59.7	59.3	60.5	61.0	61.5	62.5	68.2	67.1	64.6
	総価額	10億ドル	4.3	3.2	4.3	4.0	6.3	5.8	5.6	5.0	5.4	6.8
	1頭あたり価額	ドル	79	53	72	67	103	95	90	73	83	106
生産:	量	10億ポンド	21.3	24.4	25.7	26.7	27.4	28.2	29.6	31.4	31.4	30.4
	100ポンドあたり価格	ドル	53.70	40.50	42.30	49.30	50.20	46.00	46.60	47.00	41.60	54.10
	生産価額	10億ドル	11.3	9.8	10.8	13.1	13.6	12.7	13.5	14.5	12.6	16.1
	羊、ラム											
在庫:[2]	飼育数	100万	11.4	9.0	7.0	6.1	6.1	6.2	6.1	6.0	5.7	5.6
	総価額	100万ドル	901	663	670	720	798	872	818	823	765	761
	1頭あたり価額	ドル	79	75	95	119	130	141	134	138	133	135
生産:	量	100万ポンド	781	602	512	466	472	461	440	417	422	405
	生産価額	100万ドル	374	414	365	413	451	368	363	351	365	443

NA データなし　1．乳牛を含む　2．1月1日現在　3．前年の12月1日現在

資料：U.S. Department of Agriculture, National Agricultural Statistics Service, *Meat Animals-Production, Disposition, and Income Final Estimates 1998-2002* (2004年5月); *Meat Animals-Production, Disposition, and Income Final Estimates 2003-2007* (2009年5月); *Meat Animals Production, Disposition, and Income 2010 Summary* (2011年4月); ⟨http://www.nass.usda.gov/Publications/index.asp⟩ も参照

No.871. 牧畜業——飼育頭数別：2000－2010年

[単位：1,000（1,076は107万6,000を表す）。場所、時間を問わず1頭以上の飼育を行なったもの]

飼育頭数	2000	2005	2009	2010	飼育頭数	2000	2005	2009	2010
牛[1]					乳牛[2]				
総数	1,076	983	946	935	総数	105	78	65	63
1－49頭	671	612	641	635	1－49頭	53	37	32	31
50－99頭	186	164	131	129	50－99頭	31	23	17	16
100－499頭	192	178	144	141	100頭以上	21	15	16	16
500－999頭	19	19	19	19					
1,000頭以上	10	10	11	11	豚、仔豚				
					総数	87	67	71	69
肉牛[2]					1－99頭	50	41	50	49
総数	831	770	751	742	100－499頭	17	10	6	5
1－49頭	655	597	596	588	500－999頭	8	5	3	3
50－99頭	100	95	82	82	1,000－1,999頭	6	4	4	4
100－499頭	71	73	67	66	2,000－4,999頭	5	5	5	5
500頭以上	6	5	6	6	5,000頭以上	2	2	3	3

1．仔牛を含む　2．牛と一緒の飼育を含む

資料：U.S. Department of Agriculture, National Agricultural Statistics Service, *Livestock Operations Final Estimates 2003-2007* (2009年3月); *Farms, Land in Farms, and Livestock Operations 2010 Summary* (2011年2月); ⟨http://www.nass.usda.gov/Publications/index.asp⟩ も参照

No.872. 豚、仔豚の飼育頭数、生産量、生産額、屠殺——上位州別：2008－2010年

[67,148は6714万8000を表す。表No.870の頭注を参照。本書前年版の表No.866も参照]

州	飼育頭数[1] (1,000)			生産量 (100万ポンド)			生産額 (100万ドル)			商業屠殺[2] (100万ポンド)	
	2008	2009	2010	2008	2009	2010	2008	2009	2010	2009	2010
合衆国[3]	67,148	64,887	64,625	31,411	31,359	30,391	14,457	12,590	16,073	30,723	30,005
IA	19,900	19,000	19,000	9,428	9,608	9,255	4,040	3,580	4,527	8,682	8,144
NC	9,700	9,600	8,900	4,210	4,071	3,777	2,120	1,824	2,183	3,219	3,069
MN	7,500	7,200	7,700	3,777	3,678	3,697	1,763	1,257	1,853	2,592	2,692
IL	4,350	4,250	4,350	1,711	1,839	1,939	917	908	1,128	2,674	2,582
IN	3,550	3,600	3,650	1,726	1,739	1,754	818	728	901	2,256	2,265
NE	3,350	3,100	3,150	1,385	1,360	1,353	715	626	804	2,068	2,064
MO	3,150	3,100	2,900	1,747	1,694	1,275	765	674	705	2,229	2,196

1．12月1日現在　2．連邦政府が検査する屠殺場を含む。農場屠殺分を除く　3．個別に明示しないその他の州を含む

資料：U.S. Department of Agriculture, National Agricultural Statistics Service, *Meat Animals-Production, Disposition and Income 2010 Summary* (2011年4月) および *Livestock Slaughter 2010 Summary* (2011年4月、年刊); ⟨http://www.nass.usda.gov/Publications/index.asp⟩ も参照

No.873. 牛、仔牛の飼育頭数、生産量、生産額——州別：2008－2010年

[94,521は9452万1000を表す。乳牛を含む。表No.870の頭注を参照。本書前年版の表No.867も参照]

州	飼育頭数[1] (1,000)			生産量 (100万ポンド)			生産額 (100万ドル)			商業屠殺[2] (100万ポンド)	
	2009	2010	2011	2008	2009	2010	2008	2009	2010	2009	2010
合衆国[3]	94,521	93,881	92,582	41,594	41,161	41,574	35,608	31,990	36,976	42,966	43,662
テキサス	13,600	13,300	13,300	7,280	6,924	6,790	6,449	5,481	6,097	8,208	8,179
ネブラスカ	6,350	6,300	6,200	4,622	4,615	4,553	4,203	3,746	4,137	9,104	9,109
カンザス	6,300	6,000	6,300	3,892	3,916	4,090	3,321	2,965	3,444	8,175	8,347
オクラホマ	5,400	5,500	5,100	2,036	2,149	2,216	1,939	1,890	2,178	30	26
コロラド	2,600	2,600	2,650	1,783	1,817	1,718	1,737	1,598	1,763	3,119	3,269
アイオワ	3,950	3,850	3,900	1,845	1,787	1,814	1,606	1,437	1,677	(4)	(4)
サウスダコタ	3,700	3,800	3,700	1,490	1,471	1,481	1,401	1,326	1,559	(4)	(4)
カリフォルニア	5,250	5,150	5,150	1,968	1,899	1,979	1,353	1,099	1,345	2,109	2,204
ミズーリ	4,250	4,150	3,950	1,394	1,348	1,253	1,275	1,170	1,247	108	77
モンタナ	2,600	2,550	2,500	970	965	1,112	870	777	1,042	27	25
インディアナ	2,110	2,170	2,200	1,140	1,047	1,171	936	800	1,028	390	346

1．1月1日現在　2．データは肉牛のみ。連邦政府が検査する屠殺場と他の屠殺場を含む。農場屠殺分を除く　3．個別に明示しない他の州を含む　4．合衆国計には含まれるが、情報保護のため非公開

資料：U.S. Department of Agriculture, National Agricultural Statistics Service, *Meat Animals-Production, Disposition and Income 2010 Summary* (2011年4月) および *Livestock Slaughter 2010 Summary* (2011年4月、年刊); <http://www.nass.usda.gov/Publications/index.asp> も参照

No.874. 乳牛の飼育頭数、生産量、生産額——州別：2008－2010年

[9,315は931万5000を表す。本書前年版の表No.868も参照]

州	飼育頭数[1] (1,000)			農場の牛乳生産量[2] (100万ポンド)			乳牛1頭あたり牛乳生産量[2]			生産額[3] (100万ドル)	
	2008	2009	2010	2008	2009	2010	2008	2009	2010	2009	2010
合衆国[4]	9,315	9,203	9,117	189,982	189,334	192,819	20,395	20,573	21,149	24,473	31,526
カリフォルニア	1,844	1,796	1,754	41,203	39,512	40,385	22,344	22,000	23,025	4,540	5,933
ウィスコンシン	1,252	1,257	1,262	24,472	25,239	26,035	19,546	20,079	20,630	3,306	4,192
ニューヨーク	626	619	611	12,432	12,424	12,713	19,859	20,071	20,807	1,690	2,212
ペンシルバニア	549	545	541	10,575	10,551	10,734	19,262	19,360	19,841	1,519	1,964
アイダホ	549	550	564	12,315	12,150	12,779	22,432	22,091	22,658	1,434	1,904
テキサス	418	423	413	8,416	8,840	8,828	20,134	20,898	21,375	1,176	1,510
ミネソタ	464	469	470	8,782	9,019	9,102	18,927	19,230	19,366	1,209	1,465
ミシガン	350	355	358	7,763	7,968	8,327	22,180	22,445	23,260	1,068	1,416

1．年間平均飼育頭数、繁殖、採乳用の雌牛。未経産牛を除く　2．子牛に与えたミルクを除く　3．市場販売のミルクおよびクリームを含む。ミルク100ポンド当たりの平均収益金額。仔牛飼育用のミルクを含む　4．個別に明示しないその他の州を含む

資料：U.S. Department of Agriculture, National Agricultural Statistics Service, *Milk Production, Disposition, and Income 2010 Summary* (2011年4月); <http://www.nass.usda.gov/Publications/index.asp> も参照

No.875. 酪農業——乳牛、乳製品：1990－2010年

[193は19万3000を表す。『アメリカ歴史統計』系列K595-601も参照。本書前年版の表No.869も参照]

項目	単位	1990	2000	2004	2005	2006	2007	2008	2009	2010
乳牛を飼育する農場数	1,000	193	105	82	78	75	70	67	65	63
乳牛飼育数										
（未経産雌牛も含む）	100万頭	10.0	9.2	9.0	9.1	9.1	9.2	9.3	9.2	9.1
農場の牛乳生産量	10億ポンド	148	167	171	177	182	186	190	189	193
乳牛1頭あたり生産量	1,000ポンド	14.8	18.2	19.0	19.6	19.9	20.2	20.4	20.6	21.1
農場の全乳販売量[1]	10億ポンド	146	166	170	176	181	185	189	188	192
生産牛乳価額	10億ドル	20.4	20.8	27.6	26.9	23.6	35.7	35.1	24.5	31.5
牛乳・クリームの取引[1] で受取った現金	10億ドル	20.1	20.6	27.4	26.7	23.4	35.5	34.8	24.3	31.4
乳製品製造工場数	数	1,723	1,164	1,093	1,088	1,094	1,123	1,125	1,248	1,273
製造乳製品：										
バター（乳漿バターを含む）	100万ポンド	1,302	1,256	1,247	1,347	1,448	1,533	1,644	1,572	1,564
チーズ、計[2]	100万ポンド	6,059	8,258	8,873	9,149	9,525	9,777	9,913	10,074	10,436
アメリカン（脱脂アメリカンチーズを除く）	100万ポンド	2,894	3,642	3,739	3,808	3,913	3,877	4,109	4,203	4,275
クリーム、ヌーシャテル	100万ポンド	431	687	699	715	756	773	764	767	745
イタリアンチーズ全種	100万ポンド	2,207	3,289	3,662	3,803	3,973	4,199	4,121	4,181	4,424
カテージチーズ：クリーム状[3]	100万ポンド	832	735	788	784	778	774	714	731	720
固形脱脂粉乳[4]	100万ポンド	902	1,457	1,412	1,210	1,244	1,298	1,519	1,512	1,563
乳漿粉[5]	100万ポンド	1,143	1,188	1,035	1,041	1,110	1,134	1,082	1,001	1,013
ヨーグルト、プレーンおよびフルーツ味	100万ポンド	(NA)	1,837	2,707	3,058	3,301	3,476	3,570	3,839	4,181
アイスクリーム	100万ガロン	824	980	920	960	982	956	931	918	912
アイスクリーム、低脂肪[6]	100万ガロン	352	373	387	360	377	383	384	400	380

NA データなし　1．工場および卸売業者への販売および農家による直販を含む　2．項目に示されていない品種を含む。1974年以降、無脂肪乳を含む　3．不完全クリーム（低脂肪）を含む　4．2000年まで動物飼育用のドライスキムミルクを含む　5．動物の乳漿（ホエー）を含み、精練ホエー製品を除く　6．ほとんどの州ではフリーザーで作るミルクセーキを含む

資料：U.S. Department of Agriculture, National Agricultural Statistics Service, Milk Disposition, and Income Final Estimates 2003-2007（2009年5月）. Dairy Products 2010 Summary（2011年4月）および Milk Production, Disposition, and Income 2010 Summary（2011年4月); <http://www.nass.usda.gov/Publications/index.asp>

第17章 農業

No.876. 牛乳生産と商業利用：1990－2010年

[単位：10億ポンド（147.7は1477億ポンドを表す）、乳脂肪基準。別に注記するものを除く]

年	生産量	農場利用	商業用 農場マーケティング	期首在庫	輸入	商業供給、計	商業用 CCC買い上げ[1]	期末在庫	輸出	消費[2]	100ポンドあたり牛乳価格（ドル）[3]
1990...	147.7	2.0	145.7	4.1	2.7	152.5	8.5	5.1	(NA)	138.8	13.68
2000...	167.4	1.3	166.1	6.1	4.4	176.7	0.8	6.9	(NA)	169.0	12.40
2005...	176.9	1.1	175.8	7.2	7.5	190.5	－	8.0	3.3	179.2	15.13
2007...	185.7	1.1	184.6	9.5	7.2	201.3	－	10.4	5.7	185.2	19.13
2008...	190.0	1.1	188.9	10.4	5.3	204.6	－	10.1	8.7	185.7	18.33
2009...	189.3	1.0	188.3	10.1	5.6	204.0	0.7	11.3	4.5	187.3	12.83
2010...	192.7	1.0	191.8	11.3	4.1	207.2	0.2	10.8	8.1	188.1	16.29

NA データなし　1. 農産物信用公社（Commodity Credit Corporation）が、牛乳の価格支持のために、油脂ベースで購入して、牛乳市場から介入除去した分　2. 2005年以前は消費は国内消費プラス輸出で表す　3. 工場およびディーラーに引き渡された全ての牛乳の農場主受取りの卸売価格

資料：U.S. Department of Agriculture, Economic Research Service, "Agricultural Outlook: Statistical Indicators"; <http://www.ers.usda.gov/publications/agoutlook/aotables/>

No.877. ブロイラー、七面鳥、鶏卵生産：1990－2010年

[11月30日を年度末とする。353は3億5300万を表す。『アメリカ歴史統計』系列K614-623も参照]

項目	単位	1990	1995	2000	2004	2005	2006	2007	2008	2009	2010
チキン：[1]											
数[2]	100万	353	388	437	454	456	458	459	447	452	455
1羽あたり価格[2]	ドル	2.29	2.41	2.44	2.48	2.52	2.60	2.95	3.39	3.34	3.52
総価額[2]	100万ドル	808	935	1,064	1,126	1,150	1,190	1,352	1,517	1,508	1,600
販売数	100万	208	180	218	192	194	174	168	176	176	172
1ポンドあたり価格	セント	9.6	6.5	5.7	5.8	6.5	5.9	5.6	6.6	(NA)	(NA)
販売額	100万ドル	94	60	64	58	65	54	51	62	65	72
生産											
ブロイラー：[3]											
生産羽数	100万	5,864	7,326	8,284	8,741	8,872	8,868	8,907	9,009	8,550	8,625
重量	10億ポンド	25.6	34.2	41.6	45.8	47.9	48.8	49.3	50.4	47.8	49.2
1ポンドあたり価格	セント	32.6	34.4	33.6	44.6	43.6	36.3	43.6	(NA)	(NA)	(NA)
生産価額	100万ドル	8,366	11,762	13,989	20,446	20,878	17,739	21,514	23,203	21,823	23,696
七面鳥：											
生産羽数	100万	282	292	270	256	250	256	267	273	247	244
重量	10億ポンド	6.0	6.8	7.0	6.9	7.0	7.2	7.6	7.9	7.1	7.1
1ポンドあたり価格	セント	39.6	41.0	40.6	41.5	44.5	48.0	52.3	56.5	(NA)	(NA)
生産価額	100万ドル	2,393	2,769	2,828	2,887	3,108	3,468	3,952	4,477	3,573	4,371
鶏卵：											
産卵鶏の平均数	1,000	(NA)	294,350	327,908	342,395	345,027	349,700	346,498	339,131	337,848	339,961
個数	数	(NA)	254	257	261	262	263	263	266	268	269
総個数	10億	68.1	74.8	84.4	89.2	90.3	91.8	91.1	90.0	90.5	91.4
1ダースあたり価格	セント	70.8	62.5	61.6	71.3	54.0	58.3	88.5	109.0	(NA)	(NA)
生産価額	100万ドル	4,021	3,893	4,346	5,303	4,067	4,460	6,719	8,216	6,166	6,518

1. ブロイラーを除く　2. 12月1日現在　3. 重種その他の食肉用の若鳥は、生体重量2－5ポンドで出荷されるが、鶏卵生産のための雌鶏は出荷されず、鶏肉売上高には含まれない

資料：U.S. Department of Agriculture, National Agricultural Statistics Service, *Poultry Production and Value Final Estimates 1998-2002*（2004年4月）; *Turkeys Final Estimates 1998-2002*（2004年4月）; *Poultry Production and Value Final Estimates 2003-2007*（2009年5月）; *Chickens and Eggs Final Estimates 1998-2002*（2004年4月）; *Chickens and Eggs Final Estimates 2003-2007*（2009年3月）および *Poultry-Production and Value 2010 Summary, and Chickens and Eggs 2010 Summary*（2011年2月）; <http://www.nass.usda.gov/Publications/index.asp> も参照

No.878. ブロイラー、七面鳥——州別生産量：2008－2010年

[単位：100万ポンド（50,442は504億4200万を表す）。生体重量による生産量。『アメリカ歴史統計』系列K614, 621も参照。本書前年版の表No.872も参照]

州	ブロイラー 2008	2009	2010	七面鳥 2008	2009	2010	州	ブロイラー 2008	2009	2010	七面鳥 2008	2009	2010
合衆国[1]	50,442	47,752	49,162	7,922	7,149	7,107	MS	4,876	4,602	4,766	(NA)	(NA)	(NA)
AL	5,846	5,513	5,787	(NA)	(NA)	(NA)	MO	(NA)	(NA)	(NA)	651	611	589
AR	6,380	5,780	5,938	611	568	549	NC	5,493	5,317	5,419	1,208	1,090	963
CA	(NA)	(NA)	(NA)	435	390	404	OH	328	338	377	230	203	178
DE	1,579	1,599	1,631	(NA)	(NA)	(NA)	OK	1,260	1,220	1,503	(NA)	(NA)	(NA)
FL	376	252	314	(NA)	(NA)	(NA)	PA	933	875	839	216	182	159
GA	7,469	6,874	6,883	(NA)	(NA)	(NA)	SC	1,516	1,522	1,557	478	433	430
IL	(NA)	(NA)	(NA)	(NA)	(NA)	(NA)	SD	(NA)	(NA)	(NA)	189	187	193
IN	(NA)	(NA)	(NA)	519	543	573	TN	1,019	968	987	(NA)	(NA)	(NA)
IA	(NA)	(NA)	(NA)	360	(NA)	(NA)	TX	3,461	3,611	3,647	(NA)	(NA)	(NA)
KY	1,653	1,658	1,674	(NA)	(NA)	(NA)	UT	(NA)	(NA)	(NA)	(NA)	82	103
MD	1,612	1,399	1,433	(NA)	(NA)	(NA)	VA	1,252	1,204	1,292	484	449	459
MI	(NA)	(NA)	(NA)	(NA)	(NA)	(NA)	WV	351	331	346	102	97	90
MN	238	246	231	1,306	1,161	1,208	WI	217	192	199	(NA)	(NA)	(NA)

NA データなし　1. 個別に明示しない州のデータも含む

資料：U.S. Department of Agriculture, National Agricultural Statistics Service, *Poultry Production and Value Final Estimates 2003-2007*（2009年5月）および *Poultry-Production and Value, 2010 Summary*（2011年4月）; <http://www.nass.usda.gov/Publications/index.asp> も参照

第18章
天然資源

本章では、天然資源について、所在地の面積、所有、生産、貿易、備蓄、処理などに関する統計を提示する。本章では天然資源について、林業、漁業、および鉱業と鉱産物などを含むものと定義している。

林業

森林面積・所有権・木材資源のデータ、国有林局——山林局共同プログラム（National Forests and Forest Service Cooperative Programs）の森林統計、および建築用木材・パルプ用木材・木材パルプ・紙・板紙製品に関する統計を提示する。

林業および林業製品に関するデータの主要な原資料は、農務省山林局が毎年発行している『*Forest Resources of the United States, 2007*』、『*Timber Demand and Technology Assessment*』および『*U.S. Timber Production, Trade, Consumption, and Price Statistics 1965-2005*』、『*Land Areas of the National Forest System*』（共に年刊）、農務省の『*Agricultural Statistics*』、および製造業者年次センサス報告書と『*Current Industrial Reports*』（年刊）および公刊される『*Manufacturing Profile*』である。追加的情報として、経済分析局（Bureau of Economic Analysis）の月刊『*Survey of Current Business*』および米国森林製紙研究所（American Forest and Paper Association、ワシントンDC）の年刊『*Wood Pulp and Fiber Statistics*』、『*The Statistics of Paper, Paperboard, and Wood Pulp*』がある。

森林および林業製品に関する統計の信頼度は、著しく変動する。森林面積や木材資源については、推計値しかなかったものが近年の調査によって、より信頼性の高いデータが得られるようになった。また、製材やパーティクルボード（建築用合板）や軟材のような木材製品については、丸太、薪、燃料材等の一次林業製品に比べてより詳細なデータが入手できる。

水産業

水産業に関する主要な原資料は、海洋大気局（National Oceanic and Atmospheric Administration：NOAA）の国家水産業局（National Marine Fisheries Service：NMFS）が毎年発行している『*Fisheries of the United States*』である。

NMFSでは、魚介類の水揚げに関するデータを収集している。年次報告では、魚介類の水揚げ量と価額、漁業従事者数、漁船および漁業用品の種類と数等が報告されている。魚介類加工業に関する報告書では、年間卸売量、加工施設、通年および季節的な雇用についてのデータが示される。これらのデータは『*Fisheries of the United States*』（年刊）から入手できる。

鉱業、鉱産物

鉱業と鉱産物について、生産と雇用に関する概要と、生産、価格、輸出入、国内消費、特定産業への鉱産物の流通に関する詳細なデータを提示する。鉱業および鉱産物に関するデータは、本章第19章、第21章および第28章でも一部掲載している。鉱業の雇用に関するデータは、第12章にも掲載されている。

「鉱業」活動は、天然埋蔵される鉱物（石炭、鉱石、石油、天然ガス等）の開発採掘、管理、精製と、加工、およびその他の処理活動を含む（鉱物加工工場は通常、採掘と一緒に営まれる）。鉱物調査は、鉱物資源の開発の一部である。

鉱業および鉱産物に関する主要な政府統計としては、内務省の米国地理調査院（U.S. Geological Survey）による出版物『*Mineral Yearbook*』『*Mineral Commodity Summaries*』およびエネルギー省のエネルギー情報管理局（Energy Information Administration）の様々な月刊並びに年刊の出版物がある。エネルギー省の刊行物リストについては、本書第19章を参照。また、センサス局は5年ごとに鉱業センサスを実施している。

民間の機関の資料としては、コロンビア特別区の米国鉄鋼研究所（American Iron and Steel Institute）の『*Annual Statistical Report*』、ニューヨー

クのマグロウヒル社（McGraw-Hill Publishing Co.）の『Engineering and Mining Journal』（月刊）、フィラデルフィアのチルトン社（Chilton Co.）による『The Iron Age』（週刊）、および米国石油協会（American Petroleum Institute）、米国独立石油協会（Independent Petroleum Association of America）および大陸石油ガス協会（Mid-Continent Oil and Gas Association）の共同刊行物『Joint Association Survey of the U.S. Oil and Gas Industry』がある。

商品別鉱物統計は、1880年から米国地理調査院（元鉱業局）により収集されている。米国地理調査院のデータには、非燃料鉱物の生産、売上、生産者利用、出荷に関する量および価額のほか、鉱物在庫量、未加工鉱物の取り扱い、鉱物の再生利用、鉱物原料の消費が含まれる。

経済センサスは、1840年以来センサス局によって実施されてきたが実施年の間隔は時期によって若干異なる。1967年センサス以後、2と7で終わる年に5年おきに実施されることが法律で定められた。2002年に関する最新の調査結果は、北米産業分類（North American Industry Classification System：NAICS）に基いて刊行されている。センサスは、鉱業事業者を対象として操業費用、資本支出、労働、資本設備、出荷額とその他エネルギー必要量に関する情報等を調査公表している。

歴史統計

各表の見出しは『アメリカ歴史統計、植民地時代〜1970年』に対応している。クロスリファレンスについては、付録Ⅰを参照。

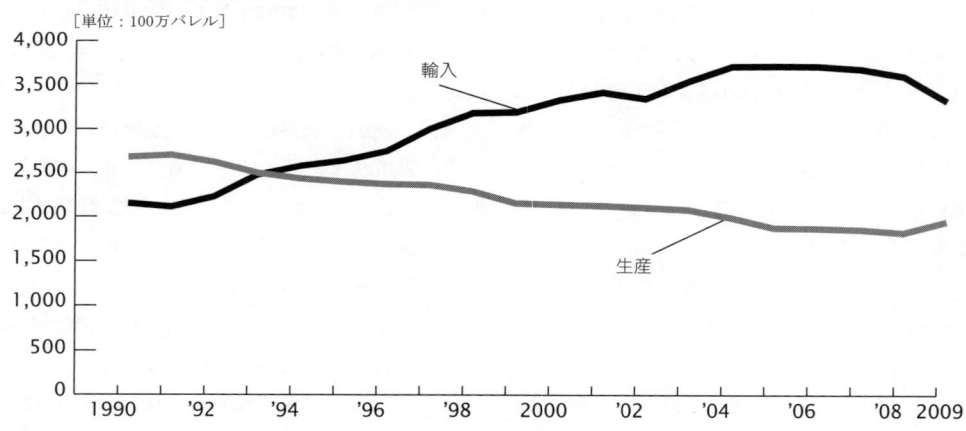

図18.1
原油の生産と輸入：1990－2009年
［単位：100万バレル］

資料：図の作成はセンサス局。データについては表No.910を参照

No.879. 天然資源関連産業——事業所、売上高、給与および従業員数：2002、2007年

[183は1830億ドルを表す。給与支払い事業所のみ。2002、2007年の経済センサスに基くデータ。標本抽出時の誤差あり。方法論の詳細および非標本誤差と標本誤差については付録IIIを参照]

産業	2002 北米産業分類[1]	事業所数		売上高、または出荷額 (10億ドル)		年間給与支払い額 (10億ドル)		有給従業員数[2] (1,000人)	
		2002	2007	2002	2007	2002	2007	2002	2007
鉱業	21	24,087	21,169	183	369	21	37	475	703
石油・天然ガス抽出	211	7,730	6,293	113	231	5	10	99	162
鉱業（石油、ガスを除く）	212	7,253	6,465	48	81	9	11	196	220
鉱業支援	213	9,104	8,411	22	57	7	16	180	322
製造業[3]	31-33	350,728	293,919	3,915	5,339	568	612	15	13
木製品製造業	321	17,192	14,862	89	102	16	17	540	520
製紙業	322	5,520	4,803	154	176	21	21	491	417
石油・石炭製品製造業	324	2,268	2,284	216	606	6	8	104	105

1．2002年北米産業分類（NAICS）　2．3月12日を含む、支払期間　3．個別に明示しないその他の産業を含む
資料：U.S. Census Bureau, 2007 Economic Census, *Comparative Statistics* (2009年3月); <http://www.census.gov/econ/census07/www/get_data.html>

No.880. 天然資源関連産業——事業所、従業員数および給与：2000、2008年

[(1,791.3は179万1300を表す)。政府職員、鉄道職員、自営業者等を除く。定義されたデータの信頼性については、使用の凡例を参照。事業所とは、事業が指揮され、あるいはサービスまたは産業のオペレーションが実施されている物理的に単一の場所。付録IIIを参照]

産業	2002 北米産業分類[1]	事業所数		従業員数[2] (1,000人)		年間給与支払額 (10億ドル)	
		2000	2008	2000	2008	2000	2008
天然資源関連作業、計	(X)	72,932	71,228	1,791.3	1,700.5	66.58	90.28
林業、水産業、狩猟および農業支援	11	26,076	22,651	183.6	167.0	4.68	5.61
林業および伐採業	113	13,347	9,741	83.1	61.3	2.26	2.19
森林管理	1131	469	430	3.3	2.6	0.13	0.15
植林および林産物集荷	1132	258	226	1.7	2.2	0.07	0.09
伐採	1133	12,620	9,085	78.1	56.5	2.06	1.96
漁業、狩猟、罠猟	114	2,671	2,292	10.0	7.5	0.34	0.36
漁業	1141	2,308	1,978	7.5	5.6	0.27	0.30
狩猟、罠猟	1142	363	314	2.5	1.9	0.08	0.06
農業、林業支援	115	10,058	10,618	90.4	98.2	2.08	3.06
農作物生産支援	1151	5,061	4,560	57.6	66.1	1.35	2.06
動物生産支援	1152	3,450	4,333	18.2	20.5	0.38	0.60
林業支援	1153	1,547	1,725	14.7	11.7	0.35	0.40
鉱業	21	23,738	27,440	456.1	629.3	22.09	47.54
石油・ガス抽出	211	7,740	7,993	83.0	107.1	5.39	12.15
鉱業（石油・ガスを除く）	212	7,231	6,935	204.3	205.7	9.34	13.08
石炭鉱業	2121	1,253	1,108	70.7	81.9	3.54	5.80
金属鉱石鉱業	2122	522	324	34.8	33.3	1.72	2.57
非金属鉱業および採石業	2123	5,456	5,503	98.8	90.4	4.08	4.71
鉱業支援	213	8,767	12,512	168.8	316.5	7.35	22.30
木材関連製造業	(X)	23,118	21,137	1,151.6	904.2	39.80	37.13
木材製品製造業	321	17,328	16,260	597.7	491.3	16.51	15.85
製材、材木	3211	4,695	3,902	131.4	103.5	3.78	3.47
ベニア、合板、木材加工製品	3212	1,904	1,919	120.6	95.2	3.75	3.34
その他の木材製品製造業	3219	10,729	10,439	345.8	292.7	8.95	9.04
製紙業	322	5,790	4,877	553.9	412.9	23.29	21.29
パルプ、製紙、板紙製造業	3221	597	504	177.1	123.4	9.48	8.16
転換紙製品製造業	3222	5,193	4,373	376.8	289.5	13.82	13.13

X 該当なし　1．2000年のデータは2002年北米産業分類（NAICS）、2008年のデータは2007年北米産業分類に基づく　2．3月12日を含む給与計算期間に在籍する常勤・非常勤の従業員
資料：U.S. Census Bureau, "County Business Patterns" (2010年7月); <http://www.census.gov/econ/cbp/index.html>

No.881. 材木を原料とする製造業の事業所・出荷額および従業員数：2007年

[107,711,917は1077億1191万7000ドルを表す。有給従業員のいる事業所・会社のみ。NAICSコード7ケタ以上の産業のデータについてはNAICSコード6ケタの産業に合算して表示。付録Ⅲを参照]

産業	2007 北米産業 分類[1]	事業所 (数)	出荷額 (1000ドル)	年間給与 支払額 (1000ドル)	有給 従業員数[2]
木材製品製造業	321	16,868	101,711,917	17,426,832	523,899
製材、木材加工品	3211	4,102	27,911,240	3,642,165	103,413
製材	321113	3,589	22,075,666	3,144,796	90,044
木材加工品	321114	513	5,835,574	497,369	13,369
ベニア、合板、木製構造材製造業	3212	1,958	22,258,829	3,829,184	106,848
その他の木材製品製造業	3219	10,810	51,777,100	9,993,940	314,393
製材業	32191	4,713	28,300,862	5,201,356	153,739
木製コンテナ・パレット製造業	32192	2,909	7,235,876	1,519,970	58,467
その他の木材製品製造業	32199	3,151	16,339,726	3,274,866	102,353
製紙業	322	4,988	176,687,641	20,858,769	418,241
パルプ・紙・板紙製造業	3221	486	80,550,214	7,925,398	125,483
パルプ製造業	32211	39	5,027,395	504,602	7,268
製紙業	32212	262	49,732,085	4,919,950	80,838
板紙製造業	32213	187	25,354,745	2,451,849	36,641
加工紙製品製造業	3222	4,502	96,137,427	12,933,371	292,758
板紙コンテナ製造業	32221	2,402	50,900,190	7,387,042	165,839
紙袋・コート紙・特殊加工紙製造業	32222	891	21,737,348	2,798,096	60,373
文房具製造業	32223	549	8,242,007	1,197,456	31,628
その他の加工紙製品製造業	32229	654	15,024,475	1,545,024	34,780

1．北米産業分類2007年版　2．3月12日を含む給与計算期間
資料：U.S. Census Bureau, 2007 Economic Census, "Economy-Wide Key Statistics," (2010年8月); <http://www.census.gov/econ/census07/> も参照

No.882. 木材関連製造業——従業員数、給与、出荷額：2009年

[11,051は1105万1000を表す。the Annual Survey of Manufacturesに基づく。付録Ⅲも参照]

産業	2007 北米産業 分類[1]	全従業員 数 (1,000人)	全従業員 給与 計 (100万ドル)	全従業員 給与 従業員 1人あたり (ドル)	生産労働者 計 (1,000人)	製造業付加価値 計 (100万ドル)	製造業付加価値 生産労働者 1人あたり (ドル)	出荷額 (100万ドル)
全製造業[2]	31–33	11,051	534,262	48,344	7,571	1,978,017	261,261	4,436,196
木材関連製造業、合計	321–322	716	30,867	43,102	564	102,431	181,502	227,256
製造業に占める割合（％）	(X)	6.48	5.78	(X)	7.45	5.18	(X)	5.12
木材製品製造業	321	352	11,994	34,043	281	25,900	92,129	65,440
材木、木材加工	3211	76	2,761	36,415	63	6,025	96,273	18,882
ベニア、合板、加工木材製品	3212	63	2,297	36,565	50	4,649	93,585	12,763
その他木材製品	3219	214	6,936	32,460	169	15,225	90,166	33,795
木工製品	32191	99	3,503	35,259	80	7,687	96,550	17,361
木製コンテナ、パレット	32192	47	1,302	27,472	38	2,763	72,352	5,894
その他	32199	67	2,130	31,837	51	4,776	93,534	10,540
製紙業	322	364	18,873	51,875	283	76,531	270,209	161,816
パルプ、製紙、板紙	3221	113	7,509	66,179	91	39,529	435,405	74,495
パルプ	32211	7	465	71,378	5	1,859	348,240	4,323
製紙	32212	72	4,678	64,811	59	25,704	438,369	47,066
板紙	32213	35	2,367	68,042	27	11,996	446,281	23,106
加工紙製品	3222	250	11,364	45,392	192	37,003	192,278	87,322
板紙コンテナ	32221	143	6,510	45,576	110	18,413	166,891	47,269
紙袋、加工紙	32222	50	2,372	47,015	38	8,159	214,800	18,288
文房具	32223	25	974	38,771	19	2,587	134,440	6,942
その他の加工紙製品	32229	32	1,507	47,211	25	7,844	315,157	14,823

X　該当なし　1．2007年北米産業分類（NAICS）、第15章の解説を参照　2．個別に明示しないその他の産業を含む
資料：U.S. Census Bureau, "Annual Survey of Manufactures, 2009"; (2011年3月) <http://www.census.gov/manufacturing/asm/index.html> も参照

No.883. 天然資源関連製造業の国内総生産——産業別：2000－2010年

[単位：10億ドル（9,951.5は9兆9515億ドルを表す）。2002年標準産業分類に基づく。第15章の解説を参照。データは国内総生産の要素変化と非要素変化（資本減耗、間接事業税等）を含む。企業の利潤と資本減耗は企業単位から事業所単位に変更された]

産業	名目ドル				連鎖(2005)ドル			
	2000	2005	2009	2010	2000	2005	2009	2010
全産業、計[1]	9,951.5	12,638.4	14,119.0	14,660.4	11,226.0	12,638.4	12,880.6	13,248.2
農林水産業、鉱業、木材関連製造業	294.5	405.9	450.9	(NA)	427.3	405.9	469.4	(NA)
全産業に占める割合(%)	3.0	3.2	3.2	(NA)	3.8	3.2	3.6	(NA)
農業、林業、水産業および狩猟業	95.6	127.1	133.1	154.1	103.7	127.1	136.2	137.3
農家	73.6	102.0	104.0	(NA)	83.5	102.0	108.5	(NA)
林業、漁業および関連活動	22.0	25.1	29.2	(NA)	20.5	25.1	26.8	(NA)
鉱業	108.9	192.0	240.8	281.4	232.5	192.0	263.3	271.2
石油および天然ガス抽出	67.5	128.6	141.7	(NA)	155.0	128.6	199.6	(NA)
鉱業（石油、ガスを除く）	27.8	36.3	48.9	(NA)	45.4	36.3	35.6	(NA)
鉱業支援	13.7	27.2	50.2	(NA)	29.2	27.2	35.4	(NA)
木材関連製造業	90.0	86.8	77.0	(NA)	91.1	86.8	69.9	(NA)
製材、木材製品	28.3	33.0	20.9	(NA)	32.8	33.0	27.7	(NA)
製紙業	61.7	53.8	56.1	(NA)	58.3	53.8	42.2	(NA)

NA　データなし　1．個別に明示しない産業を含む

資料：U.S. Bureau of Economic Analysis, *Survey of Current Business* (2011年5月); <http://www.bea.gov/industry/gdpbyind_data.htm>

No.884. 森林面積および伐採用森林面積——所有者別、地域別：2007年

[単位：1000エーカー（751,228は7億5122万8000エーカーを表す）。1月1日現在。森林面積はサイズを問わず10%以上の森林樹木がストックされているもの。かつてこの条件を満たしていて、将来的に自然あるいは植林を通じて再び条件が回復されるところを含む。森林の最低面積は1エーカーまたは120フィート以上樹冠が連なるところ。伐採用森林は、法令や行政規則によって樹木利用が禁止されていない、産業用に木材を生産するあるいは生産することが可能な森林を示す]

地域	森林面積、計	伐採用森林				州、郡、市町村所有	民間所有[1]
		計	連邦政府所有				
			計	国有林	その他		
計	751,228	514,213	112,733	98,721	14,015	44,994	356,485
北部	172,039	164,018	11,897	10,126	1,771	25,252	126,868
北東部	84,796	79,803	2,971	2,401	570	9,308	67,523
中北部	87,243	84,215	8,926	7,725	1,201	15,944	59,345
南部	214,644	204,030	17,164	12,225	4,940	7,880	178,986
南東部	87,889	85,665	7,559	4,970	2,590	4,689	73,417
中南部	126,756	118,365	9,605	7,255	2,350	3,191	105,569
ロッキー山脈	150,661	70,968	48,612	45,386	3,228	3,185	19,169
グレート・プレーンズ	5,757	5,287	1,294	1,056	239	198	3,795
山中	144,905	65,681	47,318	44,330	2,989	2,987	15,374
太平洋沿岸	213,883	75,197	35,060	30,984	4,076	8,677	31,462
アラスカ	126,869	11,865	4,750	3,772	978	4,344	2,771
北西部沿岸	52,449	43,489	20,403	17,937	2,466	3,704	19,383
南西部沿岸[2]	34,565	19,843	9,907	9,275	632	629	9,308

1．インディアン居留地を含む　2．ハワイを含む

資料：U.S. Forest Service, "RPA Assessment Tables," 2007;<http://www.fs.fed.us/research/rpa/>

No.885. 国有林システム——州別土地面積：2010年

[単位：1000エーカー（246,322は2億4632万2000エーカーを表す）。2010年9月30日現在。デラウェア、コロンビア特別区、アイオワ、メリーランド、マサチューセッツ、ニュージャージー、ロードアイランドを含まない]

州	総土地面積	国有林システム面積[1]	その他の土地面積[2]	州	総土地面積	国有林システム面積[1]	その他の土地面積[2]
合衆国	246,322	206,554	39,768	NE	442	352	90
				NV	6,255	5,746	509
AL	1,288	670	618	NH	829	736	93
AK	24,358	21,956	2,402	NM	10,455	9,418	1,037
AZ	11,892	11,265	627	NY	16	16	–
AR	3,553	2,599	954	NC	3,166	1,256	1,910
CA	24,444	20,822	3,622	ND	1,110	1,106	4
CO	16,021	14,521	1,500	OH	834	241	593
CT	24	24	–	OK	815	461	354
FL	1,435	1,176	259	OR	17,582	15,688	1,894
GA	1,858	867	991	PA	743	513	230
HI	1	1	–	SC	1,379	631	748
ID	21,659	20,465	1,194	SD	2,369	2,017	352
IL	924	298	626	TN	1,276	718	558
IN	644	203	441	TX	1,994	755	1,239
KS	116	108	8	UT	9,213	8,207	1,006
KY	2,208	814	1,394	VT	823	400	423
LA	1,024	604	420	VA	3,223	1,664	1,559
ME	94	54	40	WA	10,114	9,289	825
MI	4,894	2,876	2,018	WV	1,897	1,044	853
MN	5,467	2,842	2,625	WI	2,023	1,534	489
MS	2,318	1,174	1,144	WY	9,707	9,242	465
MO	16,491	14,923	1,568	PR	56	28	28
MT	19,141	17,083	2,058	VI	147	147	–

－ ゼロを示す　1. 国有林システムは、連邦政府の所有する森林、放牧地、国有林を構成するその他の土地、購入地、国有牧草地、土地利用プロジェクト対象地、実験林、実験放牧地、指定実験地域、その他の土地、水域、USDA森林局の管轄下にある土地または森林局を通じて管理される地域を含む重要なシステムである　2. その他の土地は、民間、州、郡、および市町村自治体の所有地、および森林局が管轄していない連邦所有地である。また、合衆国への売却が決定し、森林局の管轄下にはいることが決定していても、手続きが途上である土地も含む

資料：U.S. Forest Service. U.S. Timber Production, *Trade, Consumption, and Price Statistics*, Research Paper RP-FPL-637 および未刊行資料；<http://www.treesearch.fs.fed.us/pubs/28972> も参照

No.886. 木材生産量および森林の成長と減少——地域別・木材種類別：2007年

[932,096は9320億9600万立方フィートを表す]

地域	樹木総量[1] 立ち木在庫[2] (100万立方フィート)			樹木総量[1] 丸太材[3] (10億ボードフィート)			樹木成長[4] (100万立方フィート)			樹木滅失[5] (100万立方フィート)		
	全種類	針葉樹	広葉樹	全種類	針葉樹	広葉樹	全種類	針葉樹	広葉樹	全種類	針葉樹	広葉樹
計	932,096	529,203	402,893	1,013	558	455	26,744	15,241	11,503	15,533	9,859	5,675
北部	248,007	55,866	192,141	268	60	209	6,576	1,489	5,087	2,820	677	2,143
北東部	137,585	34,252	103,333	146	37	109	3,249	836	2,412	1,169	353	815
中北部	110,422	21,614	88,808	122	23	99	3,327	652	2,675	1,651	324	1,328
南部	288,522	118,471	170,051	325	123	202	13,272	7,632	5,640	9,696	6,317	3,379
南東部	126,747	56,722	70,025	143	58	84	6,115	3,876	2,239	4,306	2,961	1,345
中南部	161,775	61,749	100,026	182	64	118	7,157	3,756	3,401	5,391	3,357	2,034
ロッキー山脈	137,263	124,809	12,454	159	144	15	1,761	1,577	184	543	521	22
グレート・プレーンズ	4,539	1,641	2,898	7	2	5	72	27	45	41	25	16
山中	132,724	123,168	9,556	153	142	11	1,689	1,550	139	502	496	6
太平洋沿岸	258,304	230,057	28,247	261	232	29	5,135	4,543	593	2,474	2,344	131
アラスカ	31,998	29,125	2,873	34	31	3	248	130	118	66	59	7
北西部沿岸	158,896	146,006	12,890	159	146	13	3,340	3,039	301	1,939	1,818	121
南西部沿岸[6]	67,410	54,926	12,484	68	55	13	1,548	1,374	174	469	466	3

1. 1月1日現在　2. 一定の基準（質と活性）に合致する商業種の立ち木。間伐材は除く。地上4.5フィートの位置で直径5インチ以上のもの　3. 12フィートの丸太1本または8フィートの丸太2本をとれる商業種の立ち木で、地域別の基準で不足が認められない種類のもの。針葉樹（軟材）は地上4.5フィートの位置で直径9インチ以上、広葉樹（硬材）は11インチ以上のもの　4. 該当年内の樹木総量の純増加量。年初から年末まで生き残った樹木総量の純増加量に当該年内に最低基準に達した樹木総量を足し、当該年内に枯れた樹木総量を引き、さらに当該年内に間伐された樹木総量を引いたもの　5. 当該年内に伐採や、森林改善等の管理操作、土地開発等によって樹木在庫から失われた樹木総量　6. ハワイを含む

資料：U.S. Forest Service, "RPA Assessment Tables," 2007; <http://www.fs.fed.us/research/rpa/>

No.887. 伐採－丸太製品の産出量——源泉別、種別：2006年

［単位：100万立方フィート（14,990は1499万立方フィートを表す）］

源泉および種別	計	丸太材	パルプ材	ベニア材	その他の製品[1]	燃料用[2]
計	**14,990**	**7,179**	**4,394**	**1,211**	**798**	**1,408**
軟材	9,948	5,289	2,634	1,068	479	477
硬材	5,042	1,890	1,760	143	319	931
生育在庫[3]	13,002	6,781	3,872	1,156	703	490
軟材	8,897	5,030	2,345	1,020	417	86
硬材	4,105	1,752	1,527	136	286	404
その他の源泉[4]	1,988	398	522	55	95	918
軟材	1,051	260	289	48	63	391
硬材	937	138	233	7	33	526

1．桶・樽、杭、竿、支柱、シェイク（屋根材）、こけら板、板材、木炭、および輸出用木材を含む　2．森林地帯で伐採の後地上に残った部分、倒木　3．質と生育状況の基準を充たした商業種の生木。間伐材は除外。地上4.5フィートの位置で直径5インチ以上の木のみを含む　4．利用可能な死木、状態の悪い、腐った木、商業種ではない木、地上4.5フィートの位置で直径5インチ未満の木、先端部、森林以外から伐採された木（生垣など）

資料：U.S. Forest Service, "RPA Assessment Tables," 2007, <http://www.fs.fed.us/research/rpa/>

No.888. 木材製品——主要製品別生産量、輸出入量、消費量：1990－2010年

［単位：100万立方フィート（15,577は155億7700万立方フィートを表す）。丸太等価量。『アメリカ歴史統計』系列L72-97も参照］

項目	1990	1995	2000	2003	2004	2005	2006	2007	2008	2009	2010
工業用丸太：											
国内生産	15,577	15,537	15,436	14,571	15,139	15,465	14,836	13,932	12,493	11,264	11,933
軟材	10,968	10,191	10,201	10,290	10,710	11,002	10,413	9,566	8,389	7,213	7,302
硬材	4,609	5,347	5,235	4,282	4,428	4,463	4,423	4,366	4,104	4,052	4,631
輸入	3,091	3,907	4,529	5,096	5,805	5,802	5,292	4,147	3,065	1,986	1,722
輸出	2,307	2,282	1,996	1,535	1,604	1,646	1,596	1,481	1,517	1,248	1,291
消費	16,361	17,161	17,969	18,132	19,339	19,622	18,841	16,598	14,041	12,002	13,279
軟材	11,779	11,961	12,659	13,398	14,357	14,652	13,732	12,009	9,845	7,941	8,451
硬材	4,582	5,200	5,310	4,734	4,983	4,970	4,799	4,589	4,197	4,062	4,728
製材：											
国内生産	7,317	6,815	7,199	7,131	7,510	7,889	7,552	6,964	5,928	5,020	4,800
輸入	1,909	2,522	2,845	3,193	3,704	3,737	3,415	2,743	1,922	1,336	1,440
輸出	589	460	428	347	348	389	390	359	345	272	224
消費	8,637	8,877	9,616	9,977	10,866	11,237	10,577	9,347	7,506	6,084	5,906
合板・ベニヤ板：											
国内生産	1,423	1,303	1,187	1,054	1,086	1,068	1,003	912	743	617	177
輸入	97	107	155	240	354	373	339	265	185	177	104
輸出	109	89	42	35	43	37	35	40	45	37	58
消費	1,410	1,321	1,300	1,259	1,397	1,403	1,308	1,136	882	757	780
パルプ製品：											
国内生産	5,313	6,079	5,881	5,557	5,692	5,679	5,470	5,176	4,926	4,818	4,841
輸入	1,038	1,248	1,459	1,579	1,669	1,570	1,440	1,071	918	434	566
輸出	646	905	842	643	680	708	681	526	556	423	492
消費	5,704	6,422	6,498	6,493	6,680	6,541	6,229	5,721	5,288	4,829	4,915
丸太：											
輸入	4	13	68	80	73	114	94	67	35	29	32
輸出	674	451	331	356	366	345	339	350	313	321	407
パルプチップ（輸出）	288	377	353	155	168	166	151	205	257	195	195
燃料用木材消費	3,019	2,937	2,561	1,515	1,540	1,550	1,555	1,605	1,510	1,400	1,134

資料：U.S. Forest Service, *U.S. Timber Production, Trade, Consumption, and Price Statistics,* Research Paper RP-FPL-637, および未刊行資料; <http://www.treesearch.fs.fed.us/pubs/28972> も参照

No.889. 主要木材製品──輸入、輸出：1990－2010年

[単位：100万ボードフィート（13,063は130億6300万を表す）]

項目	単位	1990	1995	2000	2005	2006	2007	2008	2009	2010
輸入[1]										
木材、計[2]	100万ボードフィート	13,063	17,524	19,906	25,738	23,037	18,906	13,042	9,172	6,101
カナダより	%	91	97	92	85	86	89	72	54	93
丸太、計	100万ボードフィート[3]	23	80	435	710	585	418	253	179	198
カナダより	%	84	70	96	85	85	91	(NA)	(NA)	(NA)
紙・板紙[4]	1,000トン	12,195	14,292	17,555	20,438	20,293	18,634	16,872	12,133	11,546
木材パルプ	1,000トン	4,893	5,969	7,227	6,762	6,939	6,793	6,272	5,044	6,136
合板	100万平方フィート[5]	1,687	1,951	2,917	6,325	6,324	4,969	3,722	2,778	3,350
輸出										
木材、計[2]	100万ボードフィート	4,623	2,958	2,700	2,348	2,359	2,193	2,148	1,690	2,133
カナダへ	%	14	22	26	28	28	27	27	27	26
日本へ	%	28	33	12	3	4	4	5	4	−
ヨーロッパへ	%	15	17	19	15	16	16	5	7	−
丸太、計	100万ボードフィート[3]	4,213	2,820	2,068	2,157	2,120	2,189	2,240	2,005	2,541
カナダへ	%	9	25	41	54	52	34	33	32	27
日本へ	%	62	61	45	27	26	26	28	28	16
中国本土へ	%	9	1	−	4	5	7	9	12	30
紙・板紙[4]	1,000トン	5,163	7,621	10,003	13,434	13,349	14,582	12,907	12,569	13,185
木材パルプ	1,000トン	5,905	8,261	6,409	6,413	6,606	6,831	7,790	7,519	8,265
合板	100万平方フィート[5]	1,766	1,517	754	568	724	749	501	621	418

− ゼロを示す　NA　データなし　1.輸入時の関税価格。第28章の解説を参照　2.鉄道の枕木を含む　3.ログ・スケール　4.紙、板紙の生産高を含む。ハードボードを除く　5.3／8インチベース

資料：U.S. Forest Service, *U.S. Timber Production, Trade, Consumption, and Price Statistics*, Research Paper RP-FPL-637, および未刊行資料；<http://www.treesearch.fs.fed.us/pubs/28972> も参照

No.890. 製材消費──種類別、使用目的別：1995－2010年

[単位：10億ボードフィートおよび1人当たりボードフィート（59.3は593億を表す）。1人当たり消費は7月1日現在の推計居住人口に基づく]

項目	1995	2000	2002	2003	2004	2005	2006	2007	2008	2009	2010
消費量、計	59.3	66.1	67.5	67.0	73.1	75.6	71.3	62.7	49.7	40.3	39.6
1人当たり消費量	225	240	235	230	249	255	238	208	163	131	129
種類											
軟材	47.6	54.0	56.4	56.5	62.0	64.4	60.4	52.6	40.7	31.2	33.1
硬材	11.7	12.2	11.1	10.5	11.1	11.2	10.9	10.2	9.0	9.1	6.5
使用目的											
新築住宅	18.1	21.1	22.5	24.0	25.4	27.7	23.8	17.5	11.2	(NA)	(NA)
住宅の保全および改築	15.0	15.3	16.4	16.2	17.6	18.3	18.6	17.8	16.1	(NA)	(NA)
新築非住宅建設[1]	4.7	5.5	4.8	4.4	4.5	4.7	5.2	4.9	5.2	(NA)	(NA)
造船	6.9	7.6	7.1	7.0	7.7	8.1	8.6	7.9	6.8	(NA)	(NA)
その他[2]	7.2	8.7	9.9	9.8	13.2	11.3	9.8	10.0	6.0	(NA)	(NA)

NA　データなし　1.新築および既存の鉄道の交換用枕木および貨車修理用の鉄道の材木を含む　2.非居住用建築物の保全・改築を含む。家具、ボート、ピクニックテーブルのような家庭用組立製品、広告・展示建築物のような現場組立製品、およびその他の製品を含む

資料：U.S. Forest Service, *U.S. Timber Production, Trade, Consumption, and Price Statistics*, Research Paper RP-FPL-RP-637, および未刊行資料；<http://www.treesearch.fs.fed.us/pubs/28972> も参照

No.891. 主要木材立木価格──名目価格と実質（1996年）価格：2000－2010年

[単位：1,000ボードフィート当たりドル。立木価格は国有林局の切出し材販売に基づく。『アメリカ歴史統計』系列L199-205も参照]

種類	名目ドル				実質（1996）ドル[1]			
	2000	2005	2009	2010	2000	2005	2009	2010
軟材：								
ダグラス・ファー[2]	433	321	(NA)	(NA)	397	260	(NA)	(NA)
南部松[3]	258	193	105	105	237	157	71	70
シュガー松[4]	187	114	63	100	172	93	46	50
ポンデローサ松[4][5]	155	103	38	30	142	84	25	22
ベイツガ[6]	46	70	(NA)	(NA)	42	57	(NA)	(NA)
硬材：								
全東部硬材[7]	341	415	(NA)	(NA)	313	337	(NA)	(NA)
白・赤・黒オーク[7]	258	329	(NA)	(NA)	237	267	(NA)	(NA)
サトウカエデ[8]	314	648	(NA)	(NA)	288	526	(NA)	(NA)

NA　データなし　1.全商品の生産者物価指数でデフレートしたもの　2.ワシントン州西部およびオレゴン州西部　3.南部地域　4.太平洋南西地域（以前のカリフォルニア地域）　5.ジェフリー松を含む　6.太平洋北西部　7.東部および南部地域　8.東部地域

資料：U.S. Forest Service, "RPA Assessment Tables," 2007; <http://www.fs.fed.us/research/rpa/>

No.892. 主要木材製品――生産者物価指数：1990－2010年

[1982年＝100。生産者物価指数については、第14章の解説を参照。『アメリカ歴史統計』系列L206-210も参照]

製品	1990	1995	2000	2005	2006	2007	2008	2009	2010
製材、木材製品[1]	**129.7**	**178.1**	**178.2**	**196.5**	**194.4**	**192.4**	**191.3**	**182.8**	**192.7**
製材	124.6	173.4	178.8	198.6	188.6	174.7	163.5	149.4	167.3
軟材	123.8	178.5	178.6	203.6	189.4	170.5	156.3	141.4	160.9
硬材	131.0	167.0	185.9	196.6	195.3	192.4	184.5	171.0	187.3
木工製品[1]	130.4	163.8	176.4	197.2	201.8	201.4	204.8	205.4	206.9
一般木工製品	132.0	165.4	178.0	196.1	201.3	203.9	207.7	210.3	211.1
加工構造材	122.3	163.5	175.1	206.9	206.6	189.5	189.0	181.1	185.7
合板	114.2	165.3	157.6	186.8	172.7	176.1	174.7	163.7	176.5
軟材合板	119.6	188.1	173.3	223.5	190.5	197.8	193.1	171.9	196.9
硬材合板、その他	102.7	122.2	130.2	138.1	(NA)	(NA)	(NA)	(NA)	(NA)
その他の木材製品[1]	114.7	143.7	130.5	139.2	142.8	142.1	144.7	141.8	142.6
木製容器	119.1	149.0	155.2	164.9	167.2	170.3	174.6	176.5	183.1
パルプ・紙製品[1]	**141.2**	**172.2**	**183.7**	**202.6**	**209.8**	**216.9**	**226.8**	**225.6**	**236.8**
パルプ・紙製品(建築用を除く)[1]	132.9	163.4	161.4	169.8	178.4	186.7	199.1	194.1	206.6
木材パルプ	151.3	183.2	145.3	138.0	144.1	161.5	171.4	150.2	186.0
古紙	138.9	371.1	282.5	230.9	234.8	368.7	372.5	237.0	420.2
紙[1]	128.8	159.0	149.8	159.6	167.4	169.3	184.3	179.6	182.2
書き取り用紙、印刷用紙	129.1	158.4	146.6	156.1	162.8	166.7	181.6	181.5	179.5
新聞用紙	119.6	161.8	127.5	138.5	151.8	131.6	148.0	126.4	126.1
板紙	135.7	183.1	176.7	175.5	192.0	201.7	217.9	207.2	225.3
加工紙および板紙製品[1]	135.2	157.0	162.7	176.1	184.1	187.8	199.2	202.9	208.7
事務用品	121.4	134.9	133.8	143.1	146.2	151.0	158.3	158.9	159.8
建築用紙および建築用木材製板	112.2	144.9	138.5	184.4	173.0	155.2	163.9	156.5	168.2

NA データなし　1．個別に明示しない他の製品を含む

資料：U.S. Bureau of Labor Statistics, *Producer Price Indexes* (月刊)

No.893. パルプ材消費、木材パルプ生産、紙・板紙生産および消費：1995－2010年

[米国林産物製紙協会および米国パルプ材協会からのデータと一致するよう改訂]

項目	単位	1995	2000	2004	2005	2006	2007	2008	2009	2010
パルプ材消費[1]	1000コード[2]	97,052	95,904	87,110	88,595	86,284	84,076	77,442	70,401	72,321
木材パルプ生産[3]	1000トン	67,103	62,758	54,301	60,267	60,568	56,636	52,899	44,990	52,607
紙・板紙[4]：										
生産	1000トン	89,509	94,491	83,612	91,031	91,800	91,570	87,619	71,219	82,469
消費または										
新規供給[5]	1000トン	96,126	103,147	95,068	101,864	102,948	99,825	93,640	79,141	84,968
1人当たり	ポンド	731	731	627	687	688	661	613	515	548

1．在庫変動を含む　2．1コードは128立方フィート　3．手押しの板紙に用いられる分解された木材パルプは除外　4．硬質繊維板を除く　5．生産と輸入を合算し、輸出（製品輸出は除く）をひいたもの。在庫変動は考慮しない

資料：U.S. Forest Service, *U.S. Timber Production, Trade, Consumption and Price Statistics*, Research Paper RP-FPL-637および未刊行資料；<http://www.treesearch.fs.fed.us/pubs/28972> も参照

No.894. 紙、板紙――生産、新規供給：1990－2009年

[単位：100万米トン（80.45は8045万米トンを表す）。1米トンは2000ポンド。『アメリカ歴史統計』系列L172、174、178-191も参照]

項目	1990	1995	2000	2004	2005	2006	2007	2008	2009
総生産、計	80.45	91.33	96.05	93.41	92.61	93.72	92.96	88.45	79.06
紙、計	39.36	42.87	45.52	41.82	41.40	41.81	41.27	38.96	33.81
板紙、計	39.32	46.64	48.97	50.08	49.71	50.41	50.40	48.45	44.49
未漂白クラフト	20.36	22.70	21.80	22.67	22.58	23.41	23.54	22.17	20.55
半化学製品	5.64	5.66	5.95	6.53	6.41	6.22	6.16	5.82	5.21
漂白クラフト	4.40	5.30	5.44	5.65	5.66	5.71	5.81	5.71	5.29
再生品	8.92	12.98	15.79	15.24	15.05	15.07	14.89	14.69	13.44
湿式マシンボード	0.15	0.15	0.06	0.05	0.05	0.05	0.03	0.02	(NA)
建築用紙	0.81	0.81	0.64	0.58	0.57	0.56	0.54	0.44	(NA)
断熱ボード	0.86	0.86	0.86	0.88	0.88	0.88	0.71	0.57	(NA)
新規供給量、全種(製品を除く)	87.68	98.16	105.02	103.74	101.81	101.69	98.85	91.99	80.62
紙、計	49.49	52.77	57.13	54.88	53.69	52.97	50.88	46.71	39.37
新聞用紙	13.41	12.76	12.92	10.84	10.12	9.49	8.35	7.25	5.26
印刷用紙、書き物用紙	25.46	29.55	32.99	32.68	31.99	31.78	31.05	28.06	23.03
包装用紙、産業用加工紙	4.72	4.24	4.27	4.14	4.05	4.10	4.07	4.05	3.66
ティッシュ	5.90	6.22	6.95	7.22	7.53	7.60	7.42	7.36	7.43
板紙	36.30	43.45	46.02	47.20	46.51	47.11	46.61	44.25	40.45
建築用、その他	1.90	1.95	1.88	1.66	1.61	1.62	1.36	1.03	0.79

資料：American Forest and Paper Association, Washington, DC, *Monthly Statistical Summary of Paper, Paperboard and Woodpulp*.

No.895. 水産物——国内漁獲量および輸入量、概要：1990－2009年

[単位：生体重100万ポンド（16,349は163億4900万ポンドを表す）。主要国の商業漁獲量については第30章の表No.1375を参照。『アメリカ歴史統計』系列L224-226も参照]

項目	1990	1995	2000	2004	2005	2006	2007	2008	2009
計	16,349	16,484	17,340	20,412	20,612	20,960	20,561	19,199	18,735
食用	12,662	13,584	14,738	17,648	18,147	18,594	18,253	17,037	16,474
加工用	3,687	2,900	2,599	2,765	2,382	2,366	2,308	2,163	2,263
国内水揚げ量	9,404	9,788	9,069	9,683	9,707	9,483	9,309	8,325	7,867
食用	7,041	7,667	6,912	7,794	7,997	7,842	7,490	6,633	6,035
加工用	2,363	2,121	2,157	1,889	1,710	1,641	1,819	1,692	1,833
輸入[1]	6,945	6,696	8,271	10,729	10,905	11,477	11,252	10,874	10,868
食用	5,621	5,917	7,828	9,854	10,158	10,752	10,763	10,404	10,439
加工用[2]	1,324	779	443	875	747	725	489	471	430
輸出[1]	4,627	5,166	5,758	8,203	8,420	7,710	7,057	6,353	5,738
食用	3,832	4,175	4,587	6,462	6,385	6,250	5,761	5,253	4,760
加工用[2]	795	991	1,171	1,741	2,035	1,459	1,296	1,100	978
国内水揚げ処理	9,404	9,788	9,069	9,683	9,707	9,483	9,309	8,325	7,867
生鮮、冷凍	6,501	7,099	6,657	7,488	7,776	7,627	7,450	6,538	6,040
缶詰	751	769	530	552	563	573	514	336	392
塩漬け	126	90	119	137	160	117	121	138	103
解体・魚肉、油等	2,026	1,830	1,763	1,506	1,208	1,166	1,224	1,313	1,332

1. プエルトリコで消費された食用魚製品の輸入を除く。米領サモアの領海における外国漁船によるマグロの漁獲を含む 2. 魚粉およびニシン

資料：U.S. National Oceanic and Atmospheric Administration, National Marine Fisheries Service, *Fisheries of the United States*（年刊、2010年9月刊）<http://www.st.nmfs.noaa.gov/st1/fus/fus09/index.html> も参照

No.896. 水産業——国内漁獲量および水揚げ高：1980－2009年

[単位：100万ポンド（6,482は64億8200万を表す）。別に注記するものを除く]

年	漁獲量(100万ポンド)[1] 計	食用	加工用[2]	水揚げ高(100万ドル)	1ポンドあたり平均価格(セント)	年	漁獲量(100万ポンド)[1] 計	食用	加工用[2]	水揚げ高(100万ドル)	1ポンドあたり平均価格(セント)
1980	6,482	3,654	2,828	2,237	34.5	2002	9,397	7,205	2,192	3,092	32.9
1985	6,258	3,294	2,964	2,326	37.2	2003	9,507	7,521	1,986	3,347	35.2
1990	9,404	7,041	2,363	3,522	37.5	2004	9,683	7,794	1,889	3,756	38.8
1995	9,788	7,667	2,121	3,770	38.5	2005	9,707	7,997	1,710	3,942	40.6
1998	9,194	7,173	2,021	3,126	34.0	2006	9,483	7,842	1,641	4,024	42.4
1999	9,339	6,832	2,507	3,467	37.1	2007	9,309	7,490	1,819	4,192	45.0
2000	9,069	6,912	2,157	3,550	39.1	2008	8,325	6,633	1,692	4,383	52.6
2001	9,489	7,311	2,178	3,218	33.9	2009	7,867	6,035	1,833	3,882	49

1. 生体重 2. 魚粉、脂肪、魚肉溶液、均質濃縮魚肉、貝製品、餌、動物飼料

資料：U.S. National Oceanic and Atmospheric Administration, National Marine Fisheries Service, *Fisheries of the United States*（年刊、2010年9月刊）; <http://www.st.nmfs.noaa.gov/st1/fus/fus09/index.html> も参照

No.897. 国産魚貝類別漁獲量および水揚げ高：2000－2009年

[単位：1000（9,068,985は90億6898万5000を表す）]

種類	漁獲量(1,000ポンド) 2000	2005	2008	2009	水揚げ高(1,000ドル) 2000	2005	2008	2009
計[1]	9,068,985	9,707,275	8,325,814	7,867,333	3,549,481	3,942,376	4,383,820	3,882,178
魚、計[1]	7,689,661	8,462,473	7,258,070	6,601,850	1,594,815	1,836,448	2,235,300	1,843,808
タラ：大西洋	25,060	13,920	19,075	19,708	26,384	20,828	30,635	25,220
太平洋	530,505	548,746	493,952	491,143	142,330	150,738	274,160	133,714
ヒラメ	412,723	419,430	663,116	575,119	109,910	135,176	184,211	153,261
オヒョウ	75,190	76,263	66,923	59,716	143,826	177,593	217,753	139,415
にしん：大西洋	160,269	215,565	173,217	224,328	9,972	20,467	21,306	26,564
にしん：太平洋	74,835	87,295	86,219	88,723	12,043	13,799	23,794	29,759
メンハーデン	1,760,498	1,243,723	1,341,413	1,404,259	112,403	62,465	90,725	89,037
スケソウダラ：アラスカ	2,606,802	3,411,307	2,276,144	1,866,203	160,525	306,972	323,212	270,597
サケ	628,638	899,457	658,342	705,202	270,213	330,699	394,595	370,052
マグロ	50,779	44,316	47,903	49,064	95,176	85,922	107,013	96,434
タラ（大西洋：銀）	26,855	16,561	13,845	17,131	11,370	8,284	7,547	8,659
タラ（太平洋：メルルーサ）	452,718	569,381	531,418	253,062	18,809	29,145	58,559	14,105
貝・甲殻類計[1]	1,379,324	1,244,802	1,035,042	1,227,646	1,954,666	2,105,928	2,122,284	2,015,992
はまぐり	118,482	105,640	107,772	101,137	153,973	173,655	186,718	191,074
カニ	299,006	299,137	325,184	326,217	405,006	415,057	562,267	485,372
ロブスター：アメリカン	83,180	88,032	81,835	96,890	301,300	416,597	306,177	299,512
カキ	41,146	33,963	30,162	35,517	90,667	110,679	131,590	136,493
ホタテ貝（海）	32,747	56,702	53,527	58,000	164,609	433,512	369,860	382,217
小エビ	332,486	260,884	256,597	301,077	690,453	406,344	441,818	370,240
ヤリイカ（太平洋）	259,508	126,107	82,704	203,661	27,077	31,601	25,569	56,450

1. 個別に明示しないその他の種類の魚類、甲殻類を含む

資料：U.S. National Oceanic and Atmospheric Administration, National Marine Fisheries Service, *Fisheries of the United States*（年刊、2010年9月刊）; <http://www.st.nmfs.noaa.gov/st1/fus/fus09/index.html> も参照

No.898. 民間養殖業——マス、ナマズの生産量および売上高：1990－2010年

[67.8は6780万を表す。表示年前年の9月1日から表示年の8月31日までの期間。12インチ以上の食用に達する大きさまで育った魚]

項目	単位	1990	1995	2000	2005	2007	2008	2009	2010
マス									
販売数	100万	67.8	60.2	58.4	55.6	58.7	40.4	40.8	38.7
総重量	100万ポンド	56.8	55.6	59.0	59.9	66.9	52.4	48.7	45.2
総売上高	100万ドル	64.6	60.8	63.3	63.5	79.5	72.4	67.2	63.1
加工業者の平均受取価格	ポンドあたりドル	1.14	1.09	1.07	1.06	1.19	1.38	1.38	1.39
加工業者への販売率	％	58	68	70	66	64	58	63	64
ナマズ									
販売数	100万	272.9	321.8	420.1	395.6	365.8	304.0	266.3	263.4
総重量	100万ポンド	392.4	481.5	633.8	605.5	563.9	514.9	476.0	478.9
総売上高	100万ドル	305.1	378.1	468.8	427.8	423.7	389.3	352.0	375.1
加工業者の平均受取価格	ポンドあたりドル	0.78	0.79	0.74	0.71	0.75	0.76	0.74	0.78
加工業者への販売量	100万ポンド	360.4	446.9	593.6	600.7	496.2	509.6	466.1	471.7
加工業者の平均支払額	ポンドあたりセント	75.8	78.6	75.1	72.5	76.7	77.6	77.1	0.8
加工業者の販売量	100万ポンド	183.1	227.0	297.2	300.0	252.5	251.2	229.2	231.6
加工業者の平均受取価格	ポンドあたりセント	2.24	2.40	2.36	2.29	2.44	2.44	2.53	2.50
在庫（1月1日現在）	100万ポンド	9.4	10.9	13.6	13.7	15.1	15.5	14.5	12.3

資料：U.S. Department of Agriculture, National Agricultural Statistics Service, *Trout Production* (2011年2月刊); *Catfish Production* (2011年1月刊); および *Catfish Processing* (2011年2月刊). <http://www.nass.usda.gov/Publications/Reports_By_Title/index.asp/> Also in Agricultural Statistics（年刊）も参照

No.899. 魚類製品供給量：1990－2009年

[単位：100万ポンド (734は7億3400万ポンドを表す)。合衆国における消費総量は供給量マイナス輸出量プラス輸入量。全体重量は加工前の総生体重]

種類	単位	1990	1995	2000	2004	2005	2006	2007	2008	2009
エビ	頭部除去後重量	734	832	1,173	1,670	1,559	1,879	1,743	1,722	1,746
マグロ、缶詰	缶詰内容量	856	875	980	874	895	858	812	848	763
ズワイガニ	全体重量	37	42	122	168	171	187	208	197	224
はまぐり	むき身重量	152	144	133	132	120	125	127	121	116
サケ、缶詰	缶詰内容量	148	147	95	98	123	56	51	26	67
アメリカン・ロブスター	全体重量	95	94	125	138	144	150	128	144	159
伊勢えび	全体重量	89	89	99	93	83	77	78	83	55
ほたて貝	むき身重量	74	62	78	94	86	94	92	88	90
Sardines, canned	缶詰内容量	61	44	(NA)	(NA)	(NA)	(NA)	(NA)	(NA)	(NA)
カキ	むき身重量	56	63	71	73	65	65	70	54	59
タラバガニ	全体重量	19	21	41	52	78	110	134	71	62
カニ、缶詰	缶詰内容量	9	12	29	56	59	58	66	68	59

資料：U.S. National Oceanic and Atmospheric Administration, National Marine Fisheries Service, *Fisheries of the United States*（年刊、2010年9月刊）; <http://www.st.nmfs.noaa.gov/st1/fus/fus09/index.html> も参照

No.900. 缶詰、生鮮、冷凍魚類製品の生産：1990－2009年

[単位：100万ポンド (1,178は11億7800万を表す)。生鮮製品はアラスカ州とハワイ州のデータを除く。缶詰製品のデータは未調理のものについてのみ。『アメリカ歴史統計』系列L338-357およびL358を参照]

製品	生産量(100万ポンド)					生産額(100万ドル)				
	1990	2000	2005	2008	2009	1990	2000	2005	2008	2009
缶詰	1,178	1,747	1,082	1,314	933	1,562	1,626	1,211	1,422	1,407
マグロ	581	671	446	474	370	902	856	628	845	757
サケ	196	171	219	124	142	366	288	301	225	322
はまぐり	110	127	123	105	100	76	120	127	95	89
イワシ（メーン州）	13	(Z)	(NA)	(NA)	(NA)	17	(Z)	(NA)	(NA)	(NA)
エビ	1	2	1	[1](D)	[1](D)	3	11	3	[1](D)	[1](D)
カニ	1	(Z)	(Z)	(Z)	(Z)	4	(Z)	(Z)	(Z)	(Z)
カキ[2]	1	(Z)	(Z)	(Z)	(Z)	1	1	(Z)	(Z)	(Z)
その他	275	776	293	611	321	193	350	152	256	239
切り身魚[3]	441	368	615	656	508	843	823	1,136	1,392	1,206
タラ	65	56	47	39	36	132	167	116	112	102
ヒラメ	54	27	20	21	18	154	71	65	69	56
コダラ類（北大西洋）	7	6	24	9	14	24	24	89	44	60
スズキ類（大西洋）	1	(Z)	1	1	1	1	1	4	3	3
カサゴ類	33	11	3	3	3	53	25	8	4	6
スケトウダラ（タラ科・大西洋）	12	2	3	3	3	21	4	6	8	8
スケトウダラ（タラ科・アラスカ）	164	160	383	364	277	174	178	404	450	341
その他	105	106	134	218	156	284	353	444	702	630

D 公表せず　NA データなし　Z 50万ポンド未満または50万ドル未満　1. 個別に示さないその他の製品も含む　2. カキの調理缶詰も含む　3. 生鮮・冷凍の双方を含む

資料：U.S. National Oceanic and Atmospheric Administration, National Marine Fisheries Service, *Fisheries of the United States*（年刊、2010年9月刊）. <http://www.st.nmfs.noaa.gov/st1/fus/fus09/index.html> も参照

No.901. 鉱業——雇用、労働時間、賃金：1990－2010年

[単位：1,000（680は68万を表わす）。別に注記するものを除く。Current Employment Statistics Programに基づく。付録Ⅲを参照。本書前年版の表No.895も参照]

特徴	単位	1990	1995	2000	2005	2007	2008	2009	2010
全鉱業：[1]									
全被雇用者	1,000人	680	558	520	562	664	710	643	656
生産従事労働者	1,000人	469	391	383	419	497	526	466	484
週平均労働時間	時間	46.1	46.8	45.5	46.4	46.2	45.3	43.5	44.8
週平均賃金	ドル	630	711	771	884	989	1,043	1037	1086
石油・ガス抽出：									
全被雇用者	1,000人	190	152	125	126	146	161	160	159
生産従事労働者	1,000人	84	73	67	72	83	89	85	89
週平均労働時間	時間	44.4	43.6	41.3	44.3	41.9	41.1	40.6	39
週平均賃金	ドル	591	677	802	856	1,015	1,120	1119	1066
石炭採掘：									
全被雇用者	1,000人	136	97	72	74	77	81	82	81
生産従事労働者	1,000人	110	78	59	61	68	71	71	70
週平均労働時間	時間	44.7	45.7	45.6	48.5	47.9	49.0	47.8	48.4
週平均賃金	ドル	822	929	945	1,071	1,052	1,140	1249	1366
金属鉱業：									
全被雇用者	1,000人	53	48	38	29	36	40	35	36
生産従事労働者	1,000人	43	39	29	22	28	32	28	28
週平均労働時間	時間	42.5	43.4	43.4	44.2	45.9	46.1	42.3	42.5
週平均賃金	ドル	646	788	871	1,001	1,077	1,195	1,095	1,158
非金属鉱業および採石業：									
全被雇用者	1,000人	113	108	115	110	110	105	92	86
生産従事労働者	1,000人	85	81	87	84	82	79	71	65
週平均労働時間	時間	45.0	46.3	46.1	45.9	46.3	43.9	41.9	43.8
週平均賃金	ドル	532	632	722	830	872	839	808	848

1．個別に明示しない鉱業を含む

資料：U.S. Bureau of Labor Statistics, Current Employment Statistics, "Employment, Hours, and Earnings-National"；<http://www.bls.gov/ces/home.htm> (2011年5月現在)

No.902. 鉱業の安全性：2000－2010年

[20万従業員時間あたりの負傷率]

項目	全鉱業			石炭業			金属・非金属鉱業		
	2000	2009	2010[1]	2000	2009	2010[1]	2000	2009	2010[1]
採掘杭数	14,413	14,631	14,264	2,124	2,076	1,945	12,289	12,555	12,319
鉱山労働者数	348,548	355,720	360,563	108,098	134,089	135,415	240,450	221,631	225,148
死亡	85	34	71	38	18	48	47	16	23
死亡事故率	0.03	0.01	0.02	0.04	0.01	0.04	0.02	0.01	0.01
全負傷率	5.13	3.01	2.81	6.64	3.69	3.42	4.45	2.54	2.38
石炭生産（100万トン）	1,078	1,075	1,086	1,078	1,075	1,086	(X)	(X)	(X)
採掘現場全体の検査時間／採掘杭数	57	59	63	178	238	260	22	22	23
召喚および命令	120,269	174,354	172,035	58,394	102,458	97,082	61,875	71,896	74,953
S＆S[2] 召喚および命令（％）	36	32	35	42	33	35	31	31	35
裁定額（100万ドル）[3]	24.7	137.0	146.4	12.0	96.4	97.8	12.7	40.6	48.6

X　該当なし　1．暫定値　2．石炭鉱業・その他の鉱業の安全性または健康を損なう原因と影響に「重大かつ相当の」寄与をする違反　3．政府により課される罰金

資料：U.S. Mine Safety and Health Administration, Office of Program Education and Outreach Services, "Mine Safety and Health At a Glance" (2011年5月)；<http://www.msha.gov/MSHAINFO/FactSheets/MSHAFCT10.HTM>

No.903. 鉱業および一次精練金属工業生産指数：1990－2010年

[2007年＝100。『アメリカ歴史統計』系列M68-71も参照]

産業	北米産業分類	1990	1995	2000	2005	2006	2007	2008	2009	2010
鉱業[2]	21	106.5	104.1	103.0	97.1	99.5	100.0	100.8	95.6	101.3
石油・ガス抽出	211	113.8	110.3	107.0	97.8	98.4	100.0	100.9	106.4	110.4
原油、天然ガス	211111	115.9	111.2	106.9	97.9	98.4	100.0	100.9	106.4	110.3
石炭	2121	94.9	93.4	95.8	99.0	101.6	100.0	101.7	93.2	94.0
金属鉱業	2122	110.1	120.4	117.3	100.4	102.5	100.0	103.7	89.8	97.9
鉄鉱石	21221	107.5	119.2	119.6	103.0	100.1	100.0	101.8	51.1	95.4
金鉱石、銀鉱石	21222	124.5	133.2	148.4	107.2	105.4	100.0	96.4	92.3	99.5
銅、ニッケル、鉛、亜鉛鉱石	21223	119.1	136.5	119.8	96.7	100.5	100.0	108.5	98.3	93.8
石油・ガス抽出	213111	60.1	52.6	67.2	83.7	96.6	100.0	104.4	61.4	82.3
一次精練金属鉱業[2]	331	87.1	95.5	100.3	95.2	98.0	100.0	99.7	69.5	83.3
鉄・鉄鋼	3311	83.8	93.1	97.1	94.3	98.4	100.0	106.4	63.1	87.7
アルミニウム	3313	102.4	98.3	104.0	106.9	105.7	100.0	92.6	74.9	77.5
非鉄金属[2]	3314	88.7	98.6	92.1	84.2	85.4	100.0	100.7	85.8	91.6
銅	33142	155.6	287.4	146.2	85.9	95.8	100.0	82.2	106.0	101.8

1．2007年北米産業分類（NAICS）に基づく　2．個別に明示しない他の産業を含む

資料：Board of Governors of the Federal Reserve System, *Statistical Supplement to the Federal Reserve Bulletin*（月刊）および *Industrial Production and Capacity Utilization*, Statistical Release G.17（月刊）

No.904. 鉱業生産高：1990-2010年

[単位：100万ポンド (1,029.1は10億2910万を表す)。データは、鉱山出荷高、鉱山の販売量、あるいは市場の流通量。付録Ⅳを参照。本書前年版の表No.898も参照]

鉱物	単位	1990	2000	2008	2009	2010, 推計値
鉱物燃料						
石炭、計[1]	100万米トン	1,029.1	1,073.6	1,171.8	1,074.9	1,085.3
瀝青炭[1]	100万米トン	693.2	574.3	555.3	493.7	(NA)
亜瀝青炭	100万米トン	244.3	409.2	539.1	504.7	(NA)
亜炭	100万米トン	88.1	85.6	75.7	72.5	(NA)
無煙炭[1]	100万米トン	3.5	4.6	1.7	1.9	(NA)
天然ガス (市場流通量)	1兆平方フィート	18.59	20.20	21.11	21.60	22.56
原油	100万バレル[2]	2,685	2,131	1,812	1,938	(NA)
ウラニウム (回収可能含有量)	100万ポンド	8.9	4.0	3.9	(NA)	(NA)
燃料外鉱物						
アスベスト (販売量)	1,000メトリックトン	(D)	5	−	−	−
重晶石 (生産者販売量、使用量)	1,000メトリックトン	430	392	648	383	670
ホウ素鉱物 (生産者販売量、使用量)	1,000メトリックトン	1,090	1,070	(D)	(D)	(D)
臭素 (生産者販売量、使用量)	1,000メトリックトン	177	228	(D)	(D)	(D)
セメント (プエルトリコを除く):						
ポートランド[3]	100万メトリックトン	67	84	83	62	61
メーソンリー[3]	100万メトリックトン	3	4	3	2	2
粘土	1,000メトリックトン	42,900	40,800	33,200	24,500	27,000
けい藻土	1,000メトリックトン	631	677	764	575	550
長石[4]	1,000メトリックトン	630	790	650	[4] 550	[4] 570
蛍石 (加工済出荷量)	1,000メトリックトン	64	−	(NA)	(NA)	(NA)
ガーネット (研磨)	1,000メトリックトン	47	60	63	46	54
生石こう	100万メトリックトン	15	20	14	9	9
ヘリウム[5]	100万立方メートル	65	98	80	78	77
石灰 (生産者販売量、使用量)	100万メトリックトン	16	20	20	16	18
雲母 (生産者販売量、使用量)	1,000メトリックトン	109	101	84	50	53
泥炭 (生産者販売量)	1,000メトリックトン	721	847	648	644	646
パーライト (加工済、生産者販売量、使用量)	1,000メトリックトン	576	672	434	348	375
燐鉱石 (市場流通量)	100万メトリックトン	46	39	30	26	26
炭酸カリ (K₂O換算) (販売量)	1,000メトリックトン	1,710	1,300	1,100	700	900
軽石 (生産者販売量)	1,000メトリックトン	443	1,050	791	410	400
岩塩 (生産者販売量)	100万メトリックトン	37	46	47	46	45
砂、砂利 (生産者販売量、使用量)	100万メトリックトン	855	1,148	1,070	869	787
建設用	100万メトリックトン	829	1,120	1,040	844	760
工業用	100万メトリックトン	26	28	30	25	27
シリカ (販売量)[6]	メトリックトン	(NA)	312	(D)	(D)	(D)
天然炭酸ナトリウム (ソーダ炭)	1,000メトリックトン	9,100	10,200	11,300	9,310	10,000
天然硫酸塩ナトリウム	1,000メトリックトン	349	(NA)	319	292	300
石[7]	100万メトリックトン	2,230	2,810	3,240	−	−
砕石	100万メトリックトン	1,110	1,560	1,440	1,170	1,150
規格石材[8]	100万メトリックトン	1,120	1,250	1,800	1,620	1,450
硫黄 (総出荷量)	1,000メトリックトン	11,500	10,700	9,430	9,670	9,800
硫黄 (出荷額)	1,000メトリックトン	3,680	900	−	−	−
滑石、葉蝋石 (原石)[9]	1,000メトリックトン	1,270	851	706	511	530
バーミキュライト (ひる石)	1,000メトリックトン	209	150	100	100	100
金属鉱						
アンチモン鉱石、精鉱	メトリックトン	(D)	(D)	−	−	−
アルミニウム	1,000メトリックトン	4,048	3,668	2,658	1,727	1,720
ボーキサイト (乾燥)	1,000メトリックトン	(D)	(NA)	(NA)	(NA)	(NA)
銅 (回収可能含有量)	1,000メトリックトン	1,590	1,450	1,310	1,180	1,120
金 (回収可能含有量)	メトリックトン	294	353	233	223	230
鉄鉱石 (総重量)[10]	100万メトリックトン	57	61	54	28	50
鉛 (回収可能含有量)	1,000メトリックトン	484	449	399	406	385
マグネシウム鉱	1,000メトリックトン	139	(D)	(D)	(D)	(D)
マンガン鉄鉱石 (総重量)[11]	1,000メトリックトン	(D)	−	(NA)	−	−
水銀[12]	メトリックトン	(NA)	(NA)	(NA)	(NA)	(NA)
モリブデン、精鉱	1,000メトリックトン	62	41	56	48	56
ニッケル鉱石 (ニッケル含有量)	1,000メトリックトン	330	−	−	−	−
パラジウム	キログラム	5,930	10,300	11,900	12,700	11,600
プラチナ鉱	キログラム	1,810	3,110	3,580	3,830	3,500
シリコン (含有量)[13]	1,000メトリックトン	418	367	164	139	170
銀 (回収可能含有量)	メトリックトン	2,120	1,860	1,230	1,250	1,280
チタン精鉱、チタン鉄鉱 (総重量)[14]	1,000メトリックトン	(D)	300	200	200	200
タングステン鉱石、精鉱[15]	メトリックトン	(D)	−	(D)	(D)	(D)
バナジウム (回収可能含有量)	メトリックトン	2,310	−	−	(D)	(D)
亜鉛 (回収可能含有量)	1,000メトリックトン	508	796	748	710	699

D データを公表せず　NA データなし　1．瀝青炭も含む　2．42ガロン・バレル　3．プエルトリコを除く　4．アタパルジェイトを除く　5．1995年以降アプライトを含む　6．製造済のみ　7．砥石、油砥石、ばり取り用品を含む。ペブルミル用のペブルやチューブミルのライナーは除外　8．1990年はプエルトリコを含む　9．1990年以降は滑石のみ含む　10．出荷量。副産物も含む　11．5-35%マンガン鉄含有鉱石　12．金鉱の副産物としての生産量のみ　13．2006-2011年はフェロシリコンのみ。シリコン金属は所有データの公開を差し控える　14．合衆国生産量は概数で示す　15．鉱石および精鋼の含有量

資料：燃料以外については、1994年まではU.S. Bureau of Mines、その後は U.S. Geological Survey, *Minerals Yearbook* (年刊)、および *Mineral Commodities Summaries* (年刊)；<http://minerals.er.usgs.gov/minerals/pubs/mcs/> も参照；燃料については U.S. Energy Information Administration, *Annual Energy Review*；<http://www.eia.gov/totalenergy/data/annual/index.cfm> も参照

No.905. 非燃料鉱産物——概要：2010年

[単位：1000メトリックトン（1,720は172万を表す）。暫定推計値。別に注記するものを除き、1メトリックトンあたりの平均ドル価格。＜＝未満。付録Ⅳを参照。本書前年版の表No.899も参照］

鉱産物	単位	構成比 生産	構成比 輸出	純輸入依存率[1] (%)	見かけの消費	単位当たりの平均価格（ドル）	被雇用者（人）
アルミニウム	1,000メトリックトン	1,720	1,900	38	4,610	[4] 1.02	33,500
アンチモン（含有）	メトリックトン	[5] ―	1,900	93	21,600	[4] 3.70	15
アスベスト	1,000メトリックトン	―	(A)	100	1	[6] 656	(NA)
黒晶石	1,000メトリックトン	670	20	76	2,800	[6] 54	350
ボーキサイト、アルミナ（金属換算）	1,000メトリックトン	(NA)	861	100	2,070	[6,7] 27	(NA)
ベリリウム（含有）	メトリックトン	170	40	47	320	[4] 230	(NA)
ビスマス（含有）	メトリックトン	―	350	94	910	[4] 8.22	(NA)
ホウ素（B₂O₃含有）	1,000メトリックトン	(D)	250	(3, 8)	(D)	[6,9] 360	1,240
臭素（含有）	1,000メトリックトン	(D)	8	<25	(D)	[10,11] (NA)	950
カドミウム（含有）	メトリックトン	[5] 650	40	(3,12)	572	[10,13] 3.90	(NA)
セメント	1,000メトリックトン	[14] 62,800	1,000	8	69,500	[6] 92	12,000
クロム	1,000メトリックトン	[15] 160	200	56	360	[16] 230	(NA)
粘土	1,000メトリックトン	[17] 27,000	4,700	(3)	23,000	(NA)	4,870
コバルト（含有）	メトリックトン	[15] 2,000	2,800	81	10,000	[4] 21	(NA)
銅（鉱石、含有）	1,000メトリックトン	1,120	77	[5] 30	1,780	[4] 3.49	8,700
ダイヤモンド（産業用）	100万カラット	93	100	77	546	[18] 0.21	(NA)
けい藻土	1,000メトリックトン	550	90	(3)	460	[6] 250	1,020
長石	1,000メトリックトン	570	13	(3)	560	[6] 64	570
蛍石	1,000メトリックトン	(NA)	20	100	520	(NA)	(NA)
ガーネット（産業用）	メトリックトン	54,000	12,300	25	71,000	[6] 50-2,000	160
宝石	100万ドル	8.5	15,000	99	4,400	(NA)	1,100
ゲルマニウム（含有）	キログラム	4,600	19,500	90	(NA)	[10] 940	100
金（含有）	メトリックトン	230	380	33	(NA)	[19] 1,200	9,700
黒鉛（含有）	1,000メトリックトン	―	6	100	46	[6,20] 667	(NA)
石こう（未加工）	1,000メトリックトン	9,000	360	15	19,400	[6] 6.5	4,500
ヨウ素	メトリックトン	(D)	1,000	88	(D)	[10,21] 24	30
鉄鉱石（利用可能部分）	100万メトリックトン	[22] 50	11	(3)	47	[6] 90	4,700
鉄鉱石、鉄鋼スクラップ（金属）	100万メトリックトン	83	19	(3)	51	[6,23] 335	30,000
鉄鋼スラグ	1,000メトリックトン	[24] 15	<0.1	10	15.0	[6,2] 21	2,100
鉛（含有）	1,000メトリックトン	385	270	(3)	1,500	[4] 1.06	2,940
石灰	1,000メトリックトン	18,000	150	2	18,000	[6,25] 105	5,000
マグネシウム（化合物）	1,000メトリックトン	243	16	53	522	(NA)	300
マグネシウム鉱	1,000メトリックトン	(D)	16	34	100	[4] 2.60	400
マンガン（総重量）	1,000メトリックトン	―	18	100	720	[26] 8	(NA)
水銀	メトリックトン	[15] (NA)	500	(3)	(NA)	[27] 900	(NA)
雲母（くずおよび薄片）	1,000メトリックトン	53	7	27	73	[6] 140	(NA)
モリブデン（含有）	メトリックトン	56,000	28,000	(3)	48,000	[6] 15.80	940
ニッケル（含有）[28]	メトリックトン	(D)	87,000	43	229,000	[2,9] 21,800	(NA)
ニオブ（含有）	メトリックトン	―	170	100	8,300	[6] 37,500	(NA)
窒素（アンモニア）	1,000メトリックトン	8,300	8	43	14,700	[6,30] 390	1,050
泥炭	1,000メトリックトン	612	73	59	1,500	[6] 24.80	610
バーライト	1,000メトリックトン	375	34	25	500	[6] 52	102
燐鉱石	1,000メトリックトン	26,100	―	15	(NA)	[6] 50	2,300
プラチナ金属類	キログラム	[31] 15,100	54,000	[31] 94	[3] 2 (NA)	[19,33] 1,600	1,300
カリウム（K₂O換算）	1,000メトリックトン	900	380	83	5,200	[6,34] 600	1,190
軽石	1,000メトリックトン	400	13	7	430	[6] 30	145
岩塩	1,000メトリックトン	45,000	1,000	24	59,000	[6,35] 170	4,100
シリコン（含有）	1,000メトリックトン	[36] (D)	[37] 130	[36] <50	[36] 290	[39] 110	(NA)
銀（含有）	メトリックトン	1,280	600	65	5,850	[19] 17.75	850
炭酸ナトリウム（ソーダ炭）	1,000メトリックトン	10,000	5,000	(3)	5,000	[40] 260	2,400
硫酸ナトリウム	1,000メトリックトン	300	190	(3)	170	[41] 140	225
石（砕石）	100万メトリックトン	1,150	1	1	1,190	[6] 9.91	79,000
硫黄	1,000メトリックトン	9,900	1,270	17	12,000	[6,42] 40	2,600
滑石	1,000メトリックトン	530	240	(3)	460	[6] 117	280
タリウム（含有）	キログラム	―	850	100	(NA)	[10] 5,930	(NA)
錫（含有）	メトリックトン	[15] 14,100	8,400	69	38,020	[4] 10.79	(NA)
二酸化チタン	1,000メトリックトン	1,400	250	(3)	786	[6,43] 2,187	3,400
タングステン	メトリックトン	[15] 5,300	4,400	68	14,000	[44] 180	(NA)
バーミキュライト（ひる石）	1,000メトリックトン	100	2	22	130	[6] 145	80
亜鉛（含有）	1,000メトリックトン	720	704	77	901	[4,45] 1.04	1,990
ジルコン（ZrO₂）含有物	メトリックトン	(D)	34,000	(3)	(NA)	[46]	(NA)

― ゼロまたは概数でゼロを示す D 公表せず NA データなし 1. 価格以外のデータは3桁までの概数で示す 2. 見かけ消費に占める割合 3. 純輸出国 4. ポンドあたり価格 5. 精錬 6. メトリックトンあたりドル価格 7. 輸入価格平均 8. ホウ酸、総重量 9. 粒状ペンタ水和硼砂、f.o.b 10. キログラムあたりドル 11. バルク、精錬 12. 金属のみ 13. ニューヨークディーラー価格の平均値。純度99.95%、5米トンロット。資料：Platts Metal Week 14. プエルトリコを除く 15. 2次生産 16. 輸入クロム鉱石の単位価格。総重量1メトリックトン当たりドル 17. アタパルジャイトを除く 18. 輸入価格、1カラットあたりドル 19. 1トロイオンスあたりドル 20. フレークの輸入価格 21. C.i.f.（運賃保険料込価格）、原鉱、1キログラムあたり 22. 利用可能な鉱石に出荷 23. 流通価格、No.1重量熔解鉄鋼スクラップの複合価格 24. 売上には輸入および過去数10年のスラグの再加工を含む。現在の生産によるスラグの利用はその一部である 25. 生石灰のみ 26. 46-48%含有鉱石、米国港f.o.b.（船側渡し）価格 27. 76ポンド瓶あたりドル 28. 一次原料、二次原料 29. ロンドン金属取引所の現金価格。メトリックトンあたりドル 30. ガルフ・コーストでのf.o.b.価格 31. プラチナおよびパラジウムのみ 32. プラチナ 33. プラチナのディーラー価格 34. K₂O、塩化カリウムの価格 35. 平釜・真空釜、バルク、ペレット、個包装。工場f.o.b価格 36. シリコンのみ 37. フェロシリコンの統計は生産（170,000トン）、輸出（15,000トン）、純輸入依存度（44%）38. フェロシリコンのみ 39. フェロシリコン50%ポンドあたりセント 40. 年度末相場価格。高密度バルク、ワイオミング州グリーンリバーのf.o.b. 41. 相場価格。バルク、東部f.o.b。1ショートトンあたりドル 42. 単体硫黄、鉱山・工場f.o.b. 43. 年末。TiO2 80%以上含有物1単位当たりのの輸入価格（LDP価格：送料・関税込の価格）に基づく 44. WO3 1メトリックトン単位あたりドル。1メトリックトンあたり7.93キログラムのタングステン含有 45. 最高純度（SHG）亜鉛のPlatts Metals Weekによる北米価格 46. 国内ジリコン価格

資料：U.S. Geological Survey, *Mineral Commodity Summaries*（年刊）(2011年1月)；<http://minerals.er.usgs.gov/minerals/pubs/mcs/>も参照

No.906. 主要鉱産物——平均価格：1990－2010年

[別に注記するものを除いて、アラスカとハワイを除く]

年	非燃料									燃料		
	銅[1] (電気精錬) (ポンドあたりセント)	白金[2] (トロイオンスあたりドル)	金[3] (トロイオンスあたりドル)	銀[3] (トロイオンスあたりドル)	鉛[4] (ポンドあたりセント)	ニッケル[5] (ポンドあたりセント)	錫[5] (ニューヨーク) (ポンドあたりセント)	亜鉛[6] (ポンドあたりセント)	硫黄原料[7] (メトリックトンあたりドル)	有煙炭[8] (トンあたりドル)	原油[8] (バレルあたりドル)	天然ガス[8] (1,000立方フィートあたりドル)
1990	123	467	385	4.82	46	402	386	75	80.14	27.43	20.03	1.71
1995	138	425	386	5.15	42	373	416	56	44.46	25.56	14.62	1.55
1997	107	397	332	4.89	47	314	381	65	36.06	24.64	17.23	2.32
1998	79	375	295	5.54	45	210	373	51	29.14	24.87	10.87	1.96
1999	76	379	280	5.25	44	273	366	53	37.81	23.92	15.56	2.19
2000	88	549	280	5.00	44	392	370	56	24.73	24.15	26.72	3.69
2001	77	533	272	4.39	44	270	315	44	10.01	25.36	21.84	4.12
2002	76	543	311	4.62	44	307	292	39	11.84	26.57	22.51	2.95
2003	85	694	365	4.91	44	437	340	41	28.70	26.57	27.56	4.98
2004	134	849	411	6.69	55	627	547	52	32.62	30.56	36.77	5.46
2005	174	900	446	7.34	61	669	483	67	30.88	36.80	50.28	7.33
2006	315	1,144	606	11.61	77	1,100	565	159	32.85	39.32	59.69	6.39
2007	328	1,308	699	13.43	124	1,688	899	154	36.49	40.80	66.52	6.25
2008	319	1,578	874	15.02	120	957	1,130	89	245.12	51.39	94.04	7.96
2009	241	1,208	975	14.69	87	665	837	78	1.68	54.25	56.39	3.67
2010	349	1,600	1,200	17.75	109	989	1,079	104	40.00	(NA)	74.71	4.16

NA データなし 1．米国生産者価格 2．年平均ディーラー価格 3．純度99.95％ 4．全国流通価格 5．錫合金価格 6．北米特殊ハイグレード亜鉛の、プラッツ・メタル・ウィーク価格 7．工場渡し 8．生産時点の平均価格。または国内市場の最初の取り引き価格
資料：非燃料については、1990年までU.S. Bureau of Mines、その後は U.S. Geological Survey, *Minerals Yearbook*（年刊）および *Mineral Commodities Summaries*（年刊）;⟨http://minerals.er.usgs.gov/minerals/pubs/mcs/⟩;燃料については U.S. Energy Information Administration, *Monthly Energy Review*;⟨http://www.eia.doe.gov/totalenergy/data/monthly/#prices⟩ も参照

No.907. 国内の非燃料鉱産物の価額——州別：2000－2010年

[単位：100万ドル (39,400は394億ドルを表す)。燃料については表No.912を参照]

州	2000	2009	2010[1]	州	2000	2009	2010[1]
合衆国[2]	39,400	71,100	57,100				
アラバマ	930	1,020	1,010	モンタナ	596	982	1,120
アラスカ	1,140	2,620	3,240	ネブラスカ	[3]84	248	[3]182
アリゾナ	2,510	5,180	6,700	ネバダ	2,980	6,020	7,550
アーカンソー	484	636	630	ニューハンプシャー	[3]57	108	100
カリフォルニア	3,270	3,070	2,710	ニュージャージー	[3]291	[3]271	[3]233
コロラド	592	1,420	1,930	ニューメキシコ	786	888	1,010
コネティカット	[3]112	[3]162	[3]142	ニューヨーク	1,020	1,370	1,290
デラウェア	[3]14	[3]25	[3]13	ノースカロライナ	744	846	908
フロリダ	1,820	4,250	2,080	ノースダコタ	35	[3]51	[3]88
ジョージア	1,620	1,410	1,500	オハイオ	999	1,130	1,080
ハワイ	[3]92	116	112	オクラホマ	473	675	646
アイダホ	358	935	1,200	オレゴン	299	314	292
イリノイ	913	929	910	ペンシルベニア	[3]1,250	[3]1,620	[3]1,530
インディアナ	695	806	837	ロードアイランド	[3]20	[3]44	[3]34
アイオワ	503	590	542	サウスカロライナ	[3]551	[3]449	[3]440
カンザス	629	953	1,040	サウスダコタ	233	230	298
ケンタッキー	501	668	742	テネシー	737	675	814
ルイジアナ	325	[3]464	492	テキサス	1,950	2,650	2,560
メーン	96	125	114	ユタ	1,430	3,910	4,420
メリーランド	[3]358	[3]301	438	バーモント	[3]67	[3]122	[3]119
マサチューセッツ	[3]200	[3]214	[3]194	バージニア	710	955	952
ミシガン	1,640	1,760	1,960	ワシントン	607	650	665
ミネソタ	1,460	2,050	[3]3,860	ウエストバージニア	172	215	230
ミシシッピ	149	208	183	ウィスコンシン	[3]372	546	651
ミズーリ	1,370	1,810	2,140	ワイオミング	978	1,820	1,860

1．暫定値 2．個別に示さないその他を含む 3．部分的データのみ。非公開企業データを除く
資料：U.S. Geological Survey, *Minerals Yearbook*（年刊）および *Mineral Commodities Summaries*（年刊）;⟨http://www.minerals.er.usgs.gov/minerals/pubs/mcs/⟩（2011年1月）も参照

No.908. 主要燃料、非金属、金属——世界の生産量と合衆国生産量の割合：2000－2010年

［単位：100万米トン（4,894は48億9400万を表す）。別に注記するものを除く。付録Ⅳを参照。本書前年版の表No.902も参照］

鉱産物	単位	世界生産量				世界に占める合衆国の割合（%）			
		2000	2005	2009[1]	2010[1]	2000	2005	2009[1]	2010[1]
燃料：[2]									
石炭	100万米トン	4,894	6,553	7,680	(NA)	24	19	15	(NA)
原油	10億バレル	25.0	26.9	26.4	26.9	16	15	15	15
天然ガス（乾性、市場取引）	1兆立方フィート	88.4	99.8	106.5	(NA)	31	26	27	(NA)
天然ガス（湿性）	10億バレル	2.4	2.8	3.0	3.1	47	36	36	36
非金属：									
アスベスト	1,000メトリックトン	2,110	2,210	2,070	1,970	－	－	－	－
重晶石	1,000メトリックトン	6,470	7,870	6,130	6,900	6	6	6	10
セメント	100万メトリックトン	(NA)	2,350	3,010	3,300	(NA)	4	2	2
長石	1,000メトリックトン	9,580	16,800	19,800	20,000	8	4	3	3
蛍石	1,000メトリックトン	4,470	5,360	5,460	5,400	－	－－	(NA)	(NA)
石こう	100万メトリックトン	106	147	148	146	19	13	6	6
雲母（くずを含む）	1,000メトリックトン	328	354	340	350	31	22	15	15
窒素（窒素含有）	100万メトリックトン	108	122	130	131	11	7	6	6
燐鉱石（総重量）	100万メトリックトン	132	152	166	176	30	24	16	15
カリ（K$_2$O換算）	100万メトリックトン	27	34	21	33	4	4	3	3
硫黄元素	100万メトリックトン	58	69	68	68	19	14	14	13
金属（鉱石）：									
ボーキサイト	100万メトリックトン	136	178	199	211	(NA)	(NA)	(NA)	(NA)
銅	1,000メトリックトン	13,200	15,000	15,900	16,200	11	8	7	7
金	メトリックトン	2,590	2,470	2,450	2,500	14	10	9	9
鉄鉱石（総重量）	100万メトリックトン	1,070	1,550	2,240	2,400	6	3	1	2
鉛[3]	1,000メトリックトン	3,184	3,470	3,860	4,100	15	13	11	10
水銀	メトリックトン	1,350	1,520	1,920	1,960	(NA)	(NA)	(NA)	(NA)
モリブデン	1,000メトリックトン	133	186	221	234	31	31	22	24
ニッケル[3]	1,000メトリックトン	1,270	1,470	1,390	1,550	(Z)	－	－	－
銀	1,000メトリックトン	18	21	22	22	11	6	6	6
タンタル精鉱（タンタル含有）	メトリックトン	1,040	1,380	665	670	－	－	－	－
チタン精鉱（チタン含有）[4]	1,000メトリックトン	(NA)	5,200	5,800	6,300	(NA)	6	3	3
タングステン[3]	1,000メトリックトン	44	59	61	61	(NA)	－	(D)	(D)
バナジウム[3]	1,000メトリックトン	56	56	54	56	－	－	(D)	(D)
亜鉛[3]	1,000メトリックトン	8,788	10,000	11,200	12,000	10	7	7	6
金属（精錬）									
アルミニウム	1,000メトリックトン	24,400	31,900	37,300	41,400	15	8	5	4
カドミウム	1,000メトリックトン	20	20	19	22	10	7	3	3
銅	1,000メトリックトン	11,000	13,500	14,500	15,000	9	4	4	4
鉄、銑鉄	100万メトリックトン	573	802	935	1,030	8	5	2	3
鉛[4]	1,000メトリックトン	6,580	7,660	8,820	9,340	22	17	14	14
マグネシウム[5][6]	1,000メトリックトン	428	622	608	760	(D)	(D)	(D)	(D)
粗鋼	100万メトリックトン	845	1,140	1,240	1,400	12	8	5	6
錫[7]	1,000メトリックトン	271	296	260	261	2	－	－	－
亜鉛	1,000メトリックトン	9,137	10,300	11,400	(NA)	4	3	2	(NA)

－ ゼロまたは概数でゼロを示す　D 公開せず　NA データなし　Z 0.05%未満　1．暫定値　2．資料：Energy Information Administration, International Energy Statistics　3．鉱石および精製鉱含有　4．精錬生産　5．一次生産、精錬加工の必要なし　6．2005年以降合衆国生産を除く　7．一次原料からの生産のみ

資料：非燃料については、U.S. Geological Survey, *Minerals Yearbook*（年刊）および *Mineral Commodities Summaries*（年刊、2011年1月）；<http://minerals.er.usgs.gov/minerals/pubs/mcs/\>；燃料については、U.S. Energy Information Administration, "International Energy Statistics"；<http://tonto.eia.doe.gov/cfapps/ipdbproject/IEDIndex3.cfm>（2011年6月）

No.909. 主要鉱石、金属——見かけ上の消費量に対する合衆国純輸入の割合：1980－2010年

［単位：%。数字は純輸入に基づく。純輸入とは、輸入と輸出の差に、政府備蓄および産業用備蓄量を加えたものである］

鉱物	1980	1990	1995	2000	2005	2007	2008	2009	2010[1]
ボーキサイト[2]	(NA)	98	99	100	100	100	100	100	100
蛍石	87	91	92	100	100	100	100	100	100
マンガン	98	100	100	100	100	100	100	100	100
ストロンチウム	100	100	100	100	100	100	100	100	100
タンタル	90	86	80	80	100	100	100	100	100
バナジウム	35	(D)	84	100	100	100	91	81	69
雲母（箱）	100	100	100	100	100	100	100	100	100
プラチナ	(NA)	(NA)	(NA)	78	93	91	89	95	94
錫	79	71	84	88	78	72	70	74	69
バーライト	44	71	65	84	84	85	80	78	76
亜鉛	60	64	71	72	67	73	72	77	77
コバルト	93	84	79	78	83	80	81	76	81
炭酸カリ	65	68	75	80	80	81	84	73	83
チタン	(NA)	(NA)	70	79	71	76	78	68	81
タングステン	53	81	90	66	68	67	60	68	68
銀	7	(NA)	(NA)	43	72	66	70	64	65
ニッケル	76	64	60	54	48	17	33	21	43
鉄鋼	13	13	21	18	15	16	13	11	7
アルミニウム	([3])	([3])	23	33	41	19	7	10	38

－ ゼロまたは概数でゼロを示す　D 公表せず　NA データなし　1．暫定値　2．アルミナを含む　3．輸出国

資料：1990年までは、U.S. Bureau of Mines、その後はU.S. Geological Survey, *Mineral Commodity Summaries and Minerals Yearbook*（年刊）および *Historical Statistics for Mineral and Material Commodities in the United States*；輸出入データはU.S. Census Bureauに基づく

No.910. 石油産業——概要：1990－2009年

[602は60万2000を表す。生産性のある油井として完成した時点で、掘穿や設備に要した全費用、あるいは掘穿後、生産の見こみなしとして放棄された油井を含む。異なったサイズの掘穿施設の運営者に対する標本調査に基づく]

項目	単位	1990	1995	2000	2005	2006	2007	2008	2009 [1]
原油、生産井 (12月31日現在)	1,000	602	574	534	498	497	500	526	526
油井1本あたり1日生産量 [2]	バレル	12.2	11.4	10.9	10.4	10.3	10.1	9.4	10.1
掘削完成井、計	1,000	27.02	17.97	26.93	39.69	46.69	46.49	51.76	32.57
原油	1,000	12.02	7.66	7.80	10.16	12.63	12.73	16.42	12.42
天然ガス	1,000	10.42	7.52	16.33	26.35	30.41	30.25	31.47	17.73
乾性ガス	1,000	4.59	2.79	2.80	3.18	3.65	3.51	3.87	2.43
油井平均深度	フィート	4,602	5,459	4,765	5,407	5,474	5,927	6,195	6,084
油井あたりコスト	1,000ドル	384	513	755	1,721	2,102	4,172	5,136	(NA)
油井1フィートあたりコスト	ドル	76.07	87.22	142.16	306.50	378.03	688.30	782.31	(NA)
原油生産、計 [3]	100万バレル	2,685	2,394	2,131	1,890	1,862	1,848	1,812	1,938
油井価格 [3][4]	10億ドル	53.77	35.00	56.93	95.03	111.16	122.96	170.38	109.29
バレルあたり平均価格	ドル	20.03	14.62	26.72	50.28	59.69	66.52	94.04	56.39
石油生産48州 [5]	100万バレル	2,037	1,853	1,776	1,575	1,592	1,585	1,562	1,703
アラスカ州	100万バレル	647	542	355	315	270	264	250	235
陸上	100万バレル	2,290	1,838	1,482	1,265	1,241	1,244	1,310	1,256
海上	100万バレル	395	557	649	625	621	605	502	682
輸入：原油 [3][6]	100万バレル	2,151	2,639	3,320	3,696	3,693	3,661	3,581	3,307
石油精製品	100万バレル	775	586	874	1,310	1,310	1,255	1,146	973
輸出：原油 [3]	100万バレル	39.7	34.5	18.4	11.6	9.0	10.0	10.5	16.0
確認埋蔵量	10億バレル	26.3	22.4	22.0	21.8	21.0	21.3	19.1	(NA)
石油精製工場	数	205	175	158	149	149	149	150	150
精製能力 (1月1日現在)	100万バレル	5,684	5,633	6,027	6,251	6,329	6,367	6,422	6,450
石油精製、原料計	100万バレル	5,325	5,555	5,964	6,136	6,198	6,205	6,278	6,162
原油 [3]	100万バレル	4,894	5,100	5,514	5,555	5,563	5,532	5,361	5,224
天然ガス、液化加工	100万バレル	171	172	139	161	183	184	178	179
その他液化物 [7]	100万バレル	260	283	311	420	452	488	739	759
石油精製品、生産計 [8]	100万バレル	5,574	5,838	6,311	6,497	6,561	6,568	6,641	6,520
自動車ガソリン [9]	100万バレル	2,540	2,722	2,910	3,036	3,053	3,051	3,129	3,199
ジェット燃料 [10]	100万バレル	543	517	588	564	541	528	546	510
蒸留油	100万バレル	1,067	1,152	1,310	1,443	1,475	1,509	1,572	1,477
残留油	100万バレル	347	288	255	229	232	246	227	219
液化石油ガス	100万バレル	182	239	258	209	229	230	230	230
利用率	%	87.1	92.0	92.6	90.6	89.7	88.5	85.3	82.8

NA データなし　1．暫定値　2．年末時の生産井数に基づく　3．リースコンデンセート油を含む　4．価格は国内における最初の購買価格　5．アラスカとハワイを除く　6．石油の戦略備蓄のための輸入分を含む　7．未完成の石油　8．個別に明示しないその他の製品を含む　9．完成品の自動車用ガソリン。1995年以降は自動車用ガソリンに混入されたエタノールも含む　10．2005年以前は灯油タイプのジェット機燃料は灯油と一緒に「その他の製品」の中に含まれていたが、2005年以降はナフサタイプのジェット燃料も「その他の製品」に含められた

資料：U.S. Energy Information Administration, *Annual Energy Review 2009*; <http://www.eia.doe.gov/emeu/aer/contents.html>も参照

No.911. 原油および石油製品の供給、流通および最終在庫：2010年

[単位：100万バレル（2,011.9は20億1190万を表す）。マイナス（－）記号は減少を示す]

商品	供給				流通			最終在庫
	油田生産	精製およびブレンド、純生産	輸入	調整	在庫変化	精製およびブレンド、純投入	輸出	供給された生産物 [2]
原油	2,011.9	(X)	3,344.5	39.3	6.8	5,373.7	15.2		1,058.5
商業用	2,011.9	(X)	(NA)	(NA)	6.9	(NA)	(NA)	(NA)	332.0
アラスカ	218.8	(X)	(NA)	(X)	(NA)	(NA)	(NA)	(NA)	(NA)
本土48州	1,793.1	(X)	(NA)	(NA)	(NA)	(NA)	(NA)	−	(NA)
戦略石油備蓄 (SPR) [3]	(X)	(X)	(NA)	(NA)	−	(X)	(X)	(X)	726.5
SPR輸入 [3]	(X)	(X)	(NA)	(X)	(X)	(X)	(X)	(X)	(NA)
SPRへの繰り入れ [3]	(X)	(X)	(NA)	(NA)	(X)	(X)	(NA)	(X)	(NA)
液化天然ガスおよび液化石油ガス [4]	730.4	237.6	58.4	(X)	8.1	158.9	54.7	798.2	121.3
ペンタンプラス	98.8	(X)	3.5	(X)	2.0	56.8	6.7	30.4	12.5
液化石油ガス	631.7	237.6	54.8	(X)	6.1	102.1	48.1	767.8	108.8
エタン／エチレン	304.2	7.4	0.1	(X)	3.8	(NA)	(NA)	308.0	24.7
プロパン／プロピレン	206.2	204.0	43.9	(X)	−1.4	(NA)	39.9	415.7	49.4
ノーマルブタン／ブチレン	54.0	28.3	7.4	(X)	3.6	42.1	8.2	35.9	27.7
イソブタン／イソブチレン	67.2	−2.2	3.4	(X)	0.2	60.0	(NA)	8,249.0	7.1
自動車用ガソリン	(X)	3,301.7	49.3	31.9	−22.5	(X)	108.0	3,297.5	63.4
ケロシンタイプのジェット燃料	(X)	517.4	32.8	(X)	−0.1	(X)	30.8	519.7	43.2
ディーゼル油 [5]	(X)	1,542.4	81.4	(X)	(X)	(X)	239.4	1,384.7	164.5

− ゼロを示す　NA データなし　X 該当なし　1．従来は「不詳の原油」に分類されていた、原油に関する調整分。自動車用ガソリンにブレンドされるもの、燃料エタノール、ディーゼル油も含む。詳細については資料の付録Bを参照　2．供給された生産物とは、油田生産、精製・ブレンド純生産、輸入および調整分を合算し、在庫変動、精製・ブレンド純投入、輸出を引いたものに等しい　3．石油の戦略的備蓄　4．液化石油精製ガスは、圧縮または冷却により製油所ガスから精製され他液化石油ガス。液状で保管される。製油所ガスは除く　5．「北東部ヒーティングオイル備蓄」 (Northeast Heating Oil Reserve) のディーゼル油在庫は含まない。詳細については資料の付録Cを参照

資料：U.S. Energy Information Administration, "Petroleum Supply Annual, Volume 1"; <http://www.eia.doe.gov/oil_gas/petroleum/data_publications/petroleum_supply_annual/psa_volume1/psa_volume1.html>

No.912. 原油、天然ガス——主要州別生産量、価額：2008-2010年

[1,812は18億1200万バレルを表す。『アメリカ歴史統計』系列M138-142、系列M147-161も参照。本書前年版の表No.906も参照]

州	原油生産 生産量(100万バレル) 2008	2009	2010	原油生産 価額(100万ドル) 2008	2009	2010	天然ガス市場出荷量[1] 生産量(10億立方フィート) 2008	2009	2010	天然ガス市場出荷量[1] 価額(100万ドル) 2008	2009	2010
計[2]	1,812	1,957	2,012	170,383	110,254	150,306	21,112	21,604	22,569	168,342	79,188	(NA)
AL	8	7	7	730	397	527	258	236	(NA)	2,490	1,021	(NA)
AK[3]	250	236	219	22,514	12,814	15,416	398	397	377	2,945	1,164	(NA)
AR	6	6	6	553	307	407	446	680	(NA)	9,642	4,812	(NA)
CA	215	207	204	19,410	11,620	15,180	296	277	(NA)	(NA)	(NA)	(NA)
CO	24	28	26	2,184	1,482	1,896	1,389	1,499	(NA)	(NA)	(NA)	(NA)
FL	2	1	2	(NA)	(NA)	(NA)	2	－	(NA)	36	20	(NA)
IL	9	9	9	881	505	657	1	1	(NA)	2,565	1,119	(NA)
IN	2	2	2	171	100	134	5	5	(NA)	961	－	(NA)
KS	40	39	40	3,645	2,147	2,928	374	354	(NA)	12,028	5,920	(NA)
KY	3	3	3	240	144	178	114	113	(NA)	(NA)	(NA)	(NA)
LA	73	69	67	7,366	4,084	5,209	1,378	1,549	2,246	862	603	(NA)
MI	6	6	7	596	333	487	153	154	(NA)	(NA)	(NA)	(NA)
MS	22	23	24	2,091	1,354	1,806	97	88	(NA)	844	310	(NA)
MT	32	28	24	(NA)	1,467	1,665	113	98	(NA)	(NA)	(NA)	(NA)
NE	2	2	2	211	114	153	3	3	(NA)	12,146	5,762	(NA)
NM	59	61	62	5,716	3,490	4,709	1,446	1,383	1,322	448	222	(NA)
NY	－	－	－	(NA)	(NA)	(NA)	50	45	(NA)	669	387	(NA)
ND	63	80	112	5,567	4,286	7,867	52	59	(NA)	14,262	6,550	(NA)
OH	6	6	6	551	329	427	85	89	(NA)	4	3	(NA)
OK	64	67	68	6,160	3,791	5,116	1,887	1,858	1,827	(NA)	(NA)	(NA)
PA	4	4	3	349	202	243	198	274	(NA)	42	21	(NA)
TX	398	404	417	38,548	23,178	31,751	6,961	6,819	6,676	(NA)	(NA)	(NA)
UT	22	23	24	1,905	1,151	1,662	434	444	(NA)	(NA)	(NA)	(NA)
WV	2	2	2	151	104	139	245	264	(NA)	(NA)	(NA)	(NA)
WY	53	51	52	4,557	2,685	3,521	2,275	2,335	2,323	16	(NA)	(NA)
連邦政府管轄オフショア	103	44	43	140,547	(NA)	(NA)	(NA)	(NA)	(NA)	(NA)	(NA)	(NA)
米国本土隣接48州	1,562	1,721	1,793	147,870	(NA)	(NA)	20,714	21,207	22,192	165,398	(NA)	(NA)

－ ゼロを示す　NA データなし　1．非炭化水素ガスを除く　2．個別に示さないその他の州を含む。州のデータには沖合算出量は含まない。表No.910、917の合衆国統計は州レベルで除かれた分を修正して含む　3．価格データはノーススロープについてのみ。出荷額は価格データを用いて計算したもの

資料：U.S. Energy Information Administration, "Petroleum Navigator" および "Natural Gas Navigator," <http://www.eia.gov/dnav/petroleum/index.cfm> および <http://www.eia.gov/dnav/ng/ng_sum_top.asp> (2011年5月現在)

No.913. 原油、天然ガス、液状天然ガスの州別埋蔵量：2007-2009年

[21,317は213億1700万バレルを表す。12月31日現在。確認埋蔵量は、地質学的および技術的な裏付けのもとに、現在の経済的技術的状況で、既知の埋蔵場所から将来的に回収しうる鉱物の量を推定したものである。油井、ガス井の運営者に対する標本調査に基づく]

地域	2007 原油確認埋蔵量(100万バレル)	2007 天然ガス(10億立方フィート)	2007 液状天然ガス(100万バレル)	2008 原油確認埋蔵量(100万バレル)	2008 天然ガス(10億立方フィート)	2008 液状天然ガス(100万バレル)	2009 原油確認埋蔵量(100万バレル)	2009 天然ガス(10億立方フィート)	2009 液状天然ガス(100万バレル)
合衆国[1]	21,317	237,726	9,143	19,121	244,656	9,275	20,682	272,509	(NA)
アラバマ	42	3,994	53	38	3,290	106	37	2,871	(NA)
アラスカ	4,163	11,917	325	3,507	7,699	312	3,566	9,101	(NA)
アーカンソー	31	3,305	3	30	5,626	2	28	10,869	(NA)
カリフォルニア	3,322	2,740	126	2,705	2,406	113	2,835	2,773	(NA)
コロラド	304	21,851	559	288	23,302	716	279	23,058	(NA)
フロリダ	32	108	2	3	1	－	9	7	(NA)
イリノイ	101	(NA)	(NA)	54	(NA)	(NA)	66	－	(NA)
インディアナ	17	(NA)	(NA)	15	(NA)	(NA)	8	－	(NA)
カンザス	206	3,982	198	243	3,557	181	259	3,279	(NA)
ケンタッキー	24	2,469	89	17	2,714	100	20	2,782	(NA)
ルイジアナ	458	10,045	303	388	11,573	300	370	20,688	(NA)
ミシガン	55	3,630	55	48	3,174	62	33	2,763	(NA)
ミシシッピ	200	954	9	249	1,030	9	244	917	(NA)
モンタナ	410	1,052	11	321	1,000	11	343	976	(NA)
ネブラスカ	12	(NA)	(NA)	8	(NA)	(NA)	9	－	(NA)
ニューメキシコ	735	17,245	844	654	16,285	804	700	15,598	(NA)
ニューヨーク	(NA)	376	(NA)	(NA)	389	(NA)	(NA)	196	(NA)
ノースダコタ	482	511	58	573	541	55	1,046	1,079	(NA)
オハイオ	48	1,027	(NA)	38	985	(NA)	38	896	(NA)
オクラホマ	530	19,031	949	581	20,845	1,034	622	22,769	(NA)
ペンシルベニア	12	3,361	(NA)	14	3,577	(NA)	10	6,985	(NA)
テキサス	5,122	72,091	3,658	4,555	77,546	3,560	5,006	80,424	(NA)
ユタ	355	6,391	108	286	6,643	116	398	7,257	(NA)
バージニア	(NA)	2,529	(NA)	(NA)	2,378	(NA)	(NA)	3,091	(NA)
ウエストバージニア	28	4,729	115	23	5,136	100	19	5,946	(NA)
ワイオミング	690	29,710	1,032	556	31,143	1,121	583	35,283	(NA)
連邦政府管轄オフショア	3,905	14,439	624	3,903	13,546	548	4,129	12,552	(NA)
米国本土隣接48州	17,154	225,809	8,818	15,614	236,957	8,963	17,116	263,408	(NA)

NA データなし　1．個別に明示されていないその他の州を含む

資料：U.S. Energy Information Administration, "Petroleum Navigator" および "Natural Gas Navigator," <http://www.eia.gov/dnav/pet/pet_sum_top.asp> および <http://www.eia.gov/dnav/ng/ng_sum_top.asp> (2011年3月現在)

No.914. 連邦政府による沖合探索区域の貸付け、調査、生産、歳入：1990－2010年

[単位：100万（56.79は5679万を表す）。別に注記するものを除く。データは会計年度による表示。価格の条件説明および信頼度の見解については資料を参照]

項目	単位	1990	1995	2000	2005	2007	2008	2009	2010
区域提供	件数	10,459	10,995	7,992	11,447	4,992	19,812	9,893	6,958
区域貸付	件数	825	835	553	989	360	2,121	483	(¹)
提供区域面積	100万エーカー	56.79	59.70	42.89	61.08	26.63	106.76	52.98	40
貸付区域面積	100万エーカー	4.30	4.34	2.92	5.24	2.01	11.73	2.66	(¹)
新油井の掘削：									
活動中	件数	120	237	236	135	115	122	54	48
休業中	件数	266	155	139	59	68	67	67	76
累積油井数（1953年以降）：									
完成油井	数	13,167	13,423	13,733	13,398	12,804	12,157	11,384	10,404
廃棄油井	数	14,677	21,478	26,893	31,884	33,568	34,613	35,544	36,695
歳入計²	10億ドル	3.4	2.7	5.2	6.3	7.0	18.0	5.8	4.8
利益配当³	10億ドル	0.8	0.4	0.4	0.6	0.4	9.5	1.2	1.0
石油・ガス採掘権²	10億ドル	2.6	2.1	4.1	5.5	6.4	8.3	4.4	3.6
使用料	10億ドル	0.09	0.09	0.21	0.22	0.20	0.24	0.2	0.3
生産額⁴	10億ドル	17.0	13.8	27.4	37.2	45.5	57.2	32.6	25.1
原油	10億ドル	7.0	6.3	11.5	15.4	27.8	35.9	23.5	21.3
天然ガス	10億ドル	9.5	7.5	15.9	21.8	17.7	21.3	9.2	3.7
生産量：⁵									
石油	100万バレル	324	409	566	332	471	358	425	261
天然ガス	10億立方フィート	5,093	4,692	4,723	3,504	2,547	1,573	3,539	1,043

1. メキシコ湾中央のリース販売（Sale213）は2010年3月17日。4000万エイカーが競売にかけられた。データは販売の結果が出る以前のもの　2. コンデンセートの使用量。ガスプラント生産の使用量は含まない　3. 2010年のボーナスは、2010年3月17日のSale213、メキシコ湾中央部のリースのボーナスを含む　4. 売上高は販売時の価格。現在の価格ではない　5. 販売量には、ガスプラントの製品および硫黄を含まない

資料：U.S. Department of the Interior, Bureau of Ocean Energy Management, Regulation and Enforcement, *Federal Offshore Statistics* (年刊); for revenue, sales value, and sales volume data after 2000, Office of Natural Resources Revenue, *Annual Reported Royalty Revenue Statistical Information*, <http://www.onrr.gov/ONRRWebStats/Home.aspx>

No.915. 原油・天然ガス採取鉱業——事業所数、従業員数、および給与支払総額——州別：2008年

[11,367,499は113億6749万9000ドルを表す。政府職員、鉄道職員、自営業者等を除く。定義およびデータの信頼性に関する説明は、資料の「解説」を参照。事業所とは、事業が行われている、あるいはサービスが実施されている、または産業活動が行われている、物理的な1箇所の場所を示す。付録Ⅲを参照]

州	原油および天然ガス抽出 (211111)¹ 事業所数	従業員数²	年間給与支払総額 (1,000ドル)	州	液状天然ガス抽出 (211112)¹ 事業所数	従業員数²	年間給与支払総額 (1,000ドル)
合衆国³	7,643	98,880	11,367,499	合衆国³	350	8,220	783,170
アラバマ	31	524	42,815	アラバマ	2	(⁴)	(D)
アーカンソー	107	1,068	91,779	アラスカ	1	(⁴)	(D)
カリフォルニア	201	4,958	687,651	アーカンソー	2	(⁵)	(D)
コロラド	382	5,000	714,780	カリフォルニア	5	126	9,406
フロリダ	34	(⁶)	(D)	コロラド	19	1,126	173,006
イリノイ	158	867	39,281	フロリダ	2	(⁵)	(D)
インディアナ	42	168	6,738	イリノイ	2	(⁴)	(D)
カンザス	409	3,018	198,163	カンザス	12	(⁷)	(D)
ケンタッキー	99	898	54,461	ケンタッキー	6	(⁵)	(D)
ルイジアナ	382	9,452	879,317	ルイジアナ	41	762	65,900
ミシガン	94	915	88,824	ミシガン	8	(⁴)	2,299
ミシシッピ	77	944	90,825	ミネソタ	3	(⁵)	(D)
モンタナ	87	711	61,476	ミシシッピ	4	(⁴)	(D)
ネバダ	17	(⁴)	6,117	ミズーリ	1	(⁵)	(D)
ニューメキシコ	172	2,832	230,836	モンタナ	7	(⁴)	(D)
ニューヨーク	51	289	21,371	ニューメキシコ	17	611	52,658
ノースダコタ	41	1,177	99,002	ノースダコタ	6	(⁵)	(D)
オハイオ	203	1,435	71,310	オハイオ	2	(⁵)	(D)
オクラホマ	1,160	13,060	1,511,116	オクラホマ	50	923	88,120
ペンシルベニア	175	2,067	157,641	ペンシルベニア	14	(⁶)	(D)
テキサス	3,139	39,799	5,365,506	サウスダコタ	4	(⁵)	(D)
ユタ	54	1,099	100,659	テキサス	101	2,347	191,044
バージニア	23	254	35,456	ユタ	4	65	6,443
ウエストバージニア	219	2,845	194,455	ウエストバージニア	7	(⁷)	(D)
ワイオミング	164	2,694	275,784	ワイオミング	23	954	91,513

D　個々の企業のデータを保護するため非公開。計には含まれる　1. 2007年北米産業分類に基づく　2. 3月12日を含む給与支払い期間に在籍し、フルタイムおよびパートタイムの従業員　3. 個別に明示しない他の州を含む　4. 従業員20-99人　5. 従業員 0-19人　6. 従業員250-499人　7. 従業員100-249人

資料：U.S. Census Bureau, County Business Patterns (2009年7月); <http://www.census.gov/econ/cbp/index.html> も参照

No.916. 天然ガス液化プラント——生産量：1990－2010年

[単位：100万バレル（569は5億6900万バレルを表す）。1バレルは42ガロン。『アメリカ歴史統計』系列M143-146も参照]

項目	単位	1990	1995	2000	2005	2006	2007	2008	2009	2010
生産量計¹	100万バレル	569	643	699	627	635	651	653	697	730
ペンタン付加	100万バレル	113	122	112	97	96	96	97	99	99
液化石油ガス	100万バレル	456	521	587	529	539	555	556	598	632
加工天然ガス	1兆立方フィート	15	17	17	15	15	16	15	(NA)	(NA)

NA　データなし　1. 個別に明示しないその他の最終石油製品を含む

資料：U.S. Energy Information Administration, "Petroleum Navigator" および "Natural Gas Navigator"; <http://www.eia.gov/dnav/pet/pet_sum_top.asp> および <http://www.eia.gov/dnav/ng/ng_sum_top.asp>（2011年5月現在）

第18章　天然資源

No.917. 天然ガス──供給量、消費量、埋蔵量、市場出荷量：1990－2010年

[269は26万9000を表す。『アメリカ歴史統計』系列M147-161も参照]

項目	単位	1990	1995	2000	2005	2006	2007	2008	2009	2010
生産ガス井（年末）	1,000	269	299	342	426	441	453	479	493	(NA)
ガス井生産額	10億ドル	31.8	30.2	74.3	138.7	124.0	126.2	168.1	(NA)	(NA)
1,000立方フィート当たり平均	ドル	1.71	1.55	3.68	7.33	6.39	6.25	7.96	(NA)	(NA)
確認埋蔵量[1]	1兆立方フィート	169	165	177	204	211	238	245	(NA)	(NA)
市場出荷量[2]	10億立方フィート	18,594	19,506	20,198	18,927	19,410	20,196	21,112	21,604	22,569
（−）抽出時減耗分[3]	10億立方フィート	784	908	1,016	876	906	930	953	938	(NA)
（＝）乾性ガス生産量	10億立方フィート	17,810	18,599	19,182	18,051	18,504	19,266	20,286	20,955	(NA)
（＋）補助的ガス供給	10億立方フィート	123	110	90	64	66	63	61	64	(NA)
（＝）乾性ガス＋補助ガス供給	10億立方フィート	17,932	18,709	19,272	18,114	18,570	19,329	20,347	21,019	(NA)
（＋）在庫からの放出	10億立方フィート	1,986	3,025	3,550	3,107	2,527	3,375	3,417	2,968	(NA)
（＋）輸入	10億立方フィート	1,532	2,841	3,782	4,341	4,186	4,608	3,984	3,748	(NA)
（＋）市場調整用[4]	10億立方フィート	307	396	−305	232	89	−209	−133	−549	(NA)
（＝）総供給量	10億立方フィート	21,758	24,971	26,299	25,794	25,372	27,103	27,615	27,186	(NA)
（−）輸出	10億立方フィート	86	154	244	729	724	822	1,006	1,071	(NA)
（−）在庫に追加[5]	10億立方フィート	2,499	2,610	2,721	3,055	2,963	3,183	3,383	3,281	(NA)
（＝）：消費量、計	10億立方フィート	19,174	22,207	23,333	22,011	21,685	23,097	23,227	22,834	24,132
リースおよび工場燃料	10億立方フィート	1,236	1,220	1,151	1,112	1,142	1,226	1,220	1,275	1,332
パイプライン燃料[6]	10億立方フィート	660	700	642	584	584	621	648	598	632
住宅用	10億立方フィート	4,391	4,850	4,996	4,827	4,368	4,722	4,892	4,778	4,952
商業用[7]	10億立方フィート	2,623	3,031	3,182	2,999	2,832	3,013	3,153	3,119	3,206
工業用	10億立方フィート	8,255	9,384	9,293	6,597	6,512	6,648	6,661	6,167	6,600
自動車燃料	10億立方フィート	(Z)	5	13	23	24	25	26	29	33
発電	10億立方フィート	3,245	4,237	5,206	5,869	6,222	6,841	6,668	6,872	7,378
世界の生産量（乾性ガス）	1兆立方フィート	73.8	78.1	88.4	99.8	103.4	105.6	109.9	106.5	(NA)
合衆国の生産量（乾性ガス）	1兆立方フィート	17.8	18.6	19.2	18.1	18.5	19.3	20.3	21.0	21.0
合衆国のシェア	％	24.1	23.8	21.7	18.1	17.9	18.2	18.5	19.7	(NA)

NA データなし　Z 5億立方フィート未満　1．年度末推計値。資料：U.S. Energy Information Administration, *U.S. Crude Oil, National Gas* および *National Gas Liquids Reserves*（年刊）　2．市場出荷量は、貯蔵中、抑圧、排出、燃焼に要する量も含まれる。2次的に除去される非炭化水素ガスを除く　3．液化天然ガスの抽出により天然ガスの容量が減少し、石油供給に移転される　4．データ源が異なるため、計算が合わなくなる。1980年以降、合衆国−カナダ間の国境を通過する出荷を除外。天然ガスは目的地に第三国を通って運ばれる　5．地下貯蔵量。2004年までは、液化天然ガス（LNG）の地上タンク貯蔵量を含む　6．パイプラインの操業中および消費者への配達中に消費された天然ガス　7．施設の暖房その他の目的で、市当局や公共機関に送られる分を含む

資料：脚注に示すものを除きU.S. Energy Information Administration, *Annual Energy Review*; "International Energy Annual"; "U.S. Crude Oil, Natural Gas, and Natural Gas Liquids Reserves" および "Natural Gas Annual" "Internationak Energy Statistics"; <http://www.eia.doe.gov>

No.918. 非在来型天然ガスの産出量と確認埋蔵量：2008、2009年

[単位：10億立方フィート（1,966は1兆9,660億立方フィートを表す）。表示のない州は、産出および埋蔵の報告のない州である]

州	産出 炭層ガス[2] 2008	産出 炭層ガス[2] 2009	産出 シェールガス[3] 2008	産出 シェールガス[3] 2009	確認埋蔵量[1] 炭層ガス[2] 2008	確認埋蔵量[1] 炭層ガス[2] 2009	確認埋蔵量[1] シェールガス[3] 2008	確認埋蔵量[1] シェールガス[3] 2009
合衆国	1,966	1,914	2,022	3,110	20,798	18,578	34,428	60,644
アラバマ	107	105	−	−	1,727	1,342	2	−
アラスカ	−	−	−	−	−	−	−	−
アーカンソー	3	3	279	527	31	22	3,833	9,070
カリフォルニア	−	−	−	−	−	−	−	−
コロラド	497	498	−	−	8,238	7,348	−	−
フロリダ	−	−	−	−	−	−	−	−
カンザス	47	43	−	−	301	163	−	−
ケンタッキー	−	−	2	5	−	−	20	55
ルイジアナ	1	1	23	293	9	−	858	9,307
ミシガン	−	−	122	132	−	−	2,894	2,499
ミシシッピ	−	−	−	−	−	−	−	−
モンタナ	14	12	13	7	75	37	125	137
ニューメキシコ	443	432	−	2	3,991	3,646	−	36
ニューヨーク	−	−	−	−	−	−	−	−
ノースダコタ	−	−	3	25	−	−	24	368
オハイオ	−	−	−	−	1	−	−	−
オクラホマ	69	55	168	249	511	338	3,845	6,389
ペンシルベニア	11	16	1	65	102	131	88	3,790
テキサス	−	−	1,503	1,789	−	−	22,667	28,167
ユタ	71	71	−	−	893	725	−	−
バージニア	101	111	−	−	1,851	2,261	−	−
ウエストバージニア	28	31	−	11	246	220	14	688
ワイオミング	573	535	−	−	2,781	2,328	−	−

− ゼロまたは概数でゼロを示す　1．報告年の12月31日現在の天然ガス確認埋蔵量。現在の経済状況や運営状況の下で、確認された埋蔵地から、将来的に採取可能であることが、地理的・工学的な根拠のもとに確実であろうと推定される量を示す　2．メタンは石炭の生成時に発生し、石炭層に吸着している。採取方法としては、石炭層に水を注入してガスを排出させる。メタンは天然ガスの主要な成分であり、炭層ガス（コールベッド・ガス）のメタンは、処理不要で天然ガスパイプラインに加えることができる　3．浸透性の低い頁岩から採取される天然ガス

資料：U.S. Energy Information Administration, "Natural Gas Navigator," <http://www.eia.gov/dnav/ng/ng_sum_top.asp>; (2011年6月現在)

No.919. 石炭の供給、在庫、価格：2000－2009年

[単位：100万米トン（1,073.6は10億7360万を表す）。1米トンは2000ポンド]

項目	2000	2004	2005	2006	2007	2008	2009
合衆国、総供給計	**1,073.6**	**1,112.1**	**1,131.5**	**1,162.8**	**1,146.6**	**1,171.8**	**1,072.8**
部門別の消費：							
計	1,084.1	1,107.3	1,126.0	1,112.3	1,128.0	1,120.5	1,000.4
電力	985.8	1,016.3	1,037.5	1,026.6	1,045.1	1,040.6	936.5
コークス・プラント	28.9	23.7	23.4	23.0	22.7	22.1	15.3
その他の産業用プラント	65.2	62.2	60.3	59.5	56.6	54.4	45.4
熱電併給装置（CHP）	28.0	26.6	25.9	25.3	22.5	23.6	(NA)
熱電併給装置以外	37.2	35.6	34.5	34.2	34.1	31.0	(NA)
住宅／商業用使用	4.1	5.1	4.7	3.2	3.5	3.5	3.2
年末在庫：							
計[1]	140.0	154.0	144.3	186.9	192.8	205.1	238.8
電力	102.0	106.7	101.1	141.0	151.2	161.6	190.0
コークス・プラント	1.5	1.3	2.6	2.9	1.9	2.3	2.0
その他の産業用プラント	4.6	4.8	5.6	6.5	5.6	6.0	5.1
生産者／販売者	31.9	41.2	35.0	36.5	34.0	34.7	41.3
貿易：							
純輸出[2]	46.0	20.7	19.5	13.4	22.8	47.3	36.5
輸出	58.5	48.0	49.9	49.6	59.2	81.5	59.1
燃料炭	25.7	21.2	21.3	22.1	27.0	39.0	21.8
冶金用炭	32.8	26.8	28.7	27.5	32.2	42.5	37.3
輸入	12.5	27.3	30.5	36.2	36.3	34.2	22.6
平均調達価格（米トン当たりドル）：							
電気公益事業	24.28	27.30	31.22	34.26	36.06	41.32	44.72
独立系発電事業者	(NA)	27.27	30.39	33.04	33.11	38.98	39.72
コークス・プラント	44.38	61.50	83.79	92.87	94.97	118.09	143.04
その他の産業用プラント	31.46	39.30	47.63	51.67	54.42	63.44	64.87
船側渡し平均価格（f.a.s.）：							
輸出	34.90	54.11	67.10	70.93	70.25	97.68	101.44
燃料炭	29.67	42.03	47.64	46.25	47.90	57.35	73.63
冶金用炭	38.99	63.63	81.56	90.81	88.99	134.62	117.73
輸入	30.10	37.52	46.71	49.10	47.64	59.83	63.91

NA　データなし　1．個別に明示しない在庫を含む　2．輸出－輸入
資料：U.S. Energy Information Administration, "U.S. Coal Supply and Demand: 2009 Review"（年刊、2010年4月刊）；<http://www.eia.doe.gov/cneaf/coal/page/special/feature.html>

No.920. 石炭、コークス——概要：1990－2009年

[単位：100万米トン（1,029は10億2900万米トンを表す）。鉱山で消費された石炭を含む。回収率は40－90％で、個々の鉱床で異なる。合衆国の石炭埋蔵量基準の50％またはそれ以上の回収は可能であると考えられる。『アメリカ歴史統計』系列M93-126も参照]

項目	単位	1990	1995	2000	2005	2006	2007	2008	2009
石炭									
石炭生産量、計[1][2]	100万米トン	**1,029**	**1,033**	**1,074**	**1,131**	**1,163**	**1,147**	**1,172**	**1,073**
価額[3]	10億ドル	22.39	19.45	18.02	26.69	29.25	30.04	36.62	35.31
無煙炭[2]	100万米トン	3.5	4.7	4.6	1.7	1.5	1.6	1.7	1.9
有煙炭、亜炭[4]	100万米トン	1,026	1,028	1,069	1,130	1,161	1,145	1,170	1,071
地下	100万米トン	425	396	374	369	359	352	357	332
露天[2]	100万米トン	605	637	700	763	804	795	815	741
輸出	100万米トン	106	89	58	50	50	59	82	59
輸入	100万米トン	3	9	13	30	36	36	34	23
消費量[5]	100万米トン	904	962	1,084	1,126	1,112	1,128	1,121	1,000
火力発電[6]	100万米トン	783	850	986	1,037	1,027	1,045	1,041	937
工業用	100万米トン	115	106	94	84	82	79	77	61
鉱山数	数	3,243	2,104	1,453	1,415	1,438	1,374	1,458	1,407
1日あたり労働者数	1,000人	131	90	72	79	83	81	87	(NA)
州別生産量：[7]									
アラバマ	100万米トン	29	25	19	21	19	19	21	20
イリノイ	100万米トン	60	48	33	32	33	32	33	30
インディアナ	100万米トン	36	26	28	34	35	35	36	36
ケンタッキー	100万米トン	173	154	131	120	121	115	120	109
モンタナ	100万米トン	38	39	38	40	42	43	45	42
オハイオ	100万米トン	35	26	22	25	23	23	26	25
ペンシルベニア	100万米トン	71	62	75	67	66	65	65	60
バージニア	100万米トン	47	34	33	28	30	25	25	23
ウエストバージニア	100万米トン	169	163	158	154	152	153	158	147
ワイオミング	100万米トン	184	264	339	404	447	454	468	422
その他の州	100万米トン	187	192	197	206	196	181	176	158
世界生産量	100万米トン	5,347	5,077	4,893	6,542	6,769	7,047	7,271	(NA)
合衆国のシェア	％	19.2	20.3	21.9	17.3	17.2	16.3	16.1	(NA)
コークス									
コークス生産量	100万米トン	27.6	23.7	20.8	16.7	16.4	16.2	15.6	11.1
輸入	100万米トン	0.8	3.8	3.8	3.5	4.1	2.5	3.6	0.3
輸出	100万米トン	0.6	1.4	1.1	1.7	1.6	1.4	2.0	1.3
消費[8]	100万米トン	27.8	25.8	23.2	18.2	18.8	17.3	17.0	10.3

NA　データなし　1．瀝青炭、亜瀝青炭、褐炭、無煙炭を含む　2．2005年以降、少量の回収不能分を含む　3．石炭価格は、F.o.b.価格。輸送料・出荷費用・保険料を除く、上陸地（州）におけるf.o.b.価格　4．亜瀝青炭を含む　5．個別に明示しないその他のカテゴリを含む　6．公衆に電力および／または熱を売ることを主要な目的とする電力専用プラントおよび熱・電力混合（CHP）プラント　7．資料：U.S. Energy Information, "Weekly Coal Production," Original estimates, (2010年8月19日)　8．消費は、生産と輸入の合計から輸出と在庫変化をひいて計算される
資料：U.S. Energy Information Administration, *Annual Energy Review*, "International Energy Annual" および "Annual Coal Report", "Monthly Coal Report" および "International Energy Statistics"；<http://www.eia.doe.gov>

No.921. 石炭の確認埋蔵量——種類および主要生産州別：2008、2009年

[単位：100万米トン（487,768は4877億6800万を表す）。1月1日現在。確認埋蔵量は計画埋蔵量と表示埋蔵量に基づく。計画埋蔵量は一定の間隔を置いた既知の石炭採掘場所を標本として、分析、計測した、地質学的な裏付けのある推計値。表示埋蔵量は標本調査に基づく分析と、地質学的な裏付けのある予測値に基づく]

| 州 | 2008 | | | | 2009 | | | |
| | | | 採掘方法 | | | | 採掘方法 | |
	鉱山数	総埋蔵量	地下	露天	鉱山数	総埋蔵量	地下	露天
合衆国[1]	1,458	487,678	332,553	155,124	1,407	486,102	331,882	154,220
アラバマ	59	4,106	938	3,167	57	4,074	915	3,158
アラスカ	1	6,105	5,423	682	1	6,102	5,423	680
アーカンソー	2	416	272	144	2	416	272	144
コロラド	12	16,033	11,273	4,760	11	15,981	11,222	4,760
イリノイ	19	104,286	87,757	16,529	22	104,222	87,700	16,522
インディアナ	30	9,325	8,674	651	33	9,271	8,649	623
アイオワ	(NA)	2,189	1,732	457	(NA)	2,189	1,732	457
カンザス	2	971	(NA)	971	1	971	−	971
ケンタッキー	469	29,416	16,631	12,784	449	29,234	16,505	12,729
東部	446	10,073	902	9,171	425	9,952	828	9,124
西部	23	19,342	15,729	3,613	24	19,282	15,677	3,605
メリーランド	21	627	569	57	22	623	568	55
ミズーリ	2	5,988	1,479	4,509	2	5,988	1,479	4,508
モンタナ	6	119,067	70,957	48,110	6	119,017	70,955	48,062
ニューメキシコ	5	12,020	6,114	5,906	5	11,984	6,101	5,883
ノースダコタ	4	8,941	(NA)	8,941	4	8,903	−	8,903
オハイオ	48	23,174	17,450	5,725	46	23,127	17,415	5,712
オクラホマ	7	1,547	1,228	319	10	1,545	1,227	318
ペンシルベニア	266	27,107	22,900	4,207	244	26,998	22,802	4,195
無煙炭	66	7,192	3,842	3,350		7,190	3,842	3,348
瀝青炭	200	19,914	19,057	857	180	19,807	18,960	847
テネシー	23	762	505	258	25	759	503	256
テキサス	11	12,227	(NA)	12,227	12	12,183	(NA)	12,183
ユタ	9	5,246	4,979	268	8	5,203	4,935	268
バージニア	114	1,555	1,030	525	108	1,519	1,004	515
ワシントン	(NA)	1,340	1,332	8	(NA)	1,340	1,332	8
ウエストバージニア	301	32,187	28,669	3,518	283	31,955	28,507	3,448
ワイオミング	20	62,104	42,486	19,618	20	61,563	42,479	19,084

NA　データなし　1．個別に明示しない他の州を含む

資料：U.S. Energy Information Administration, *Annual Coal Report, 2009* (2010年9月); 〈http://www.eia.doe.gov/cneaf/coal/page/acr/acr_sum.html〉 も参照

No.922. ウラン産業——概要：1990－2009年

[単位：100万フィート（1.7は170万を表す）。別に注記するものを除く。第19章の表No.938を参照。『アメリカ歴史統計』系列M266-267も参照]

項目	単位	1990	1995	2000	2004	2005	2006	2007	2008	2009
探査、開発、地表掘削	100万フィート	1.7	1.3	1.0	1.2	1.7	2.7	5.1	5.1	3.7
支出	100万ドル	(NA)	2.6	5.6	10.6	18.1	40.1	67.5	81.9	35.4
操業中のウラニウム鉱山	数	39	12	10	6	10	11	12	17	20
地下	数	27	−	1	2	4	5	6	10	14
地表	数	2	−	−	−	−	−	−	−	−
浸出	数	7	5	4	3	4	5	5	6	4
その他[1]	数	3	7	5	1	2	1	1	1	2
生産量	1,000ポンド	5,876	3,528	3,123	2,452	3,045	4,692	4,541	3,879	4,145
地下	1,000ポンド	(D)	−	(D)	(D)	(D)	(D)	(D)	(D)	(D)
地表	1,000ポンド	1,881	−	−	−	−	−	−	−	−
浸出	1,000ポンド	(D)	3,372	2,995	(D)	2,681	4,259	(D)	(D)	(D)
その他[1]	1,000ポンド	3,995	156	128	(D)	(D)	(D)	(D)	(D)	(D)
ウラニウム精鉱生産	1,000ポンド	8,886	6,043	3,958	2,282	2,689	4,106	4,534	3,092	3,708
ウラニウム精鉱工場										
出荷量	1,000ポンド	12,957	5,500	3,187	2,280	2,702	3,838	4,050	4,130	3,620
雇用	人年	1,335	1,107	627	420	648	755	1,231	1,563	1,096

−　ゼロを示す　D　個々の企業のデータが明らかになることを避けるため公表せず　NA　データなし　1．鉱山水、工場敷地の清掃、工場の屑、ウラン源としての油井地の回復

資料：U.S. Department of Energy, 2002年までは *Uranium Industry*（年刊）、それ以降は *Domestic Uranium Production Report*（年刊、2010年7月); 〈http://www.eia.doe.gov/cneaf/nuclear/dupr/dupr.html〉 も参照

第19章
エネルギーと公益事業

　本章では、燃料資源、エネルギーの生産と消費、電気エネルギー、水力、原子力、太陽・風力エネルギー、木材エネルギー（バイオマス）および電力・ガス公共事業に関する統計を提示する。主要な資料源は、エネルギー省のエネルギー情報管理局（Energy Information Administration：EIA）、エディソン電気研究所（Edison Electric Institute）およびアメリカガス協会（American Gas Association）である。エネルギー省は1977年10月に創設され、連邦電力委員会（Federal Power Commission：FPC）、合衆国鉱業局、連邦エネルギー局、合衆国エネルギー研究開発局等の部局の権限の一部、あるいは全部を集中化する。関連データとしては、23章の輸送、18章の燃料、20章に世帯の燃料消費がある。

　EIAは、毎年『Annual Energy Review』において、エネルギーの供給、需要、価格に関する統計と傾向のデータを公表しており、石油と天然ガス、石炭、電気、水力、原子力、太陽・風力・木材・地熱エネルギーの情報が含まれている。EIAの年次報告書には、『Annual Energy Review』、『Electric Power Annual』、『Natural Gas Annual』、『Petroleum Supply Annual』、『State Energy Consumption, Price, and Expenditure Data』、『U.S. Crude Oil, Natural Gas, and Natural Gas Liquids Reserves』、『Electric Sales and Revenue』、『Annual Energy Outlook』、『International Energy Annual』がある。これらの報告書は電力生産量、発電所の純能力、エネルギー発電生産に用いられた燃料、エネルギー販売と消費、水力発電等に関する州・全国および国際データが収録されている。EIAはまた、毎月『Monthly Energy Review』を発行して供給、配備、価格に関するデータを提供している。また、石油、石炭、天然ガス、電力については月報を発行している。住宅のエネルギー消費、支出および関連メンテナンスに関するデータは、EIAの『Residential Energy Consumption Survey』（4年毎に刊行）から入手できる。

　商業建築物のエネルギー消費調査（CBECS）は4年毎に実施され、合衆国の商業建築物の数、商業建築物のエネルギー関連の特徴、エネルギー消費と支出に関する情報を収集する。製造業のエネルギー消費と利用および支出については、これも4年毎にEIAの製造業エネルギー消費調査（MECS）が実施されている。これらの調査は、実施期間が4年毎であるため、第19章に掲載されたりされなかったりする。（可能なかぎり最新のデータを、という方針により）RECS、CBECS、MECSの調査結果はhttp://www.eia.gov/consumption/で公表されている。

　エディソン電気研究所の『Monthly Bulletin』および『Statistical Year Book of the Electric Utility Industry for the Year』は、公共事業体による電気エネルギーの供給データを、また電力供給、発電所の拡張、電力設備の製造に関する情報を、毎年『Year End Summary of the Electric Power Situation in the United States』に発表している。アメリカガス協会は『Monthly Bulletin』、『Quarterly Bulletin』および年刊である『Gas Facts』にガス公共事業体と財務・運営の統計に関するデータを掲載している。

英熱量単位（Btu）換算係数

　エネルギー源の多くはそれぞれ固有の物量単位で計られるが、これをBtu（British thermal units）即ち英熱量単位の温度等価に変換して表すことが多い。Btuは、39.2℉前後の水1ポンドの温度を1℉だけ上昇させるのに必要なエネルギー量である。Btuへの換算係数は、毎年最新のデータをもとに更新されている。2009年の変換率は次の通り。2つの数字の前者は生産段階、後者は消費段階の係数である。石油は1バレルが5,800および5,301（100万Btu）、石炭1米トンが19,969および19,742（100万Btu）、天然ガス1立方フィートは1,025Btuである。原子力発電と地熱発電の1kWhの生産はそれぞれ10,460および21,017Btuである。化石燃

料使用の蒸気発電換算率は1kWhあたり9,760Btuであり、これは水力発電および電力事業における薪、ごみ、風力、光起電力、地熱を利用した電力にも用いられる。

電力産業

近年、エネルギー情報管理局は、電力統計の収集と報告に用いられたことのある産業カテゴリーを再編成してきている。電力事業は、以前には電力公共事業と非公共事業に分類されていたが、現在では電力セクター、商業セクター、工業セクターで構成されている。

電力セクターは、電力という単独のカテゴリーと、主として電気もしくは電気プラス熱エネルギーを一般に販売する熱電併給（conbined-heat-and-power: CHP）プラントから成る。

電力のみのプラントは伝統的な電力公共事業で構成されるが、非伝統的な関連事業としては、エネルギーサービス業者、エネルギー売買業者、独立系発電事業者（independent power producers: IPPs）、および電力のみを生産する一部の熱電併給プラント（CHPs）等が含まれる。

公共事業は、主に国民が使用する電力エネルギー供給のための分配施設に関係した法人、個人、機関、当局、もしくはその他の法人格や補助機関などとして定義される。電力公共事業には、出資者所有の電力公共事業、市営・州営公共事業、国営電力公共事業、および地方の協同組合などがある。合衆国全体では、3,100以上の電力公共事業がある。

独立系発電事業者とは、国民が使用するための電力生産が主要業務で、電力生産設備を所有あるいは運転する法人、個人、機関、当局、もしくはその他の法人格や補助機関を指す。これらの事業者は、全般的に配電施設との関連が無く、従って電力公共事業とは見なされない。

熱電併給生産者とは、単一の熱源から廃熱エネルギーと電力の双方を生産するように計画されたプラントを指す。この種の電力生産者は、独立系発電事業者や工業あるいは商業的施設である場合もある。このように独立系発電事業者の中には熱電併給生産者もあるため、熱電併給セクターに関するデータにはこうした事業者の情報も含まれている。合衆国内には、およそ2,800の規制されていない独立系発電事業者と熱電併給プラント（CHPs）がある。

商業セクターは、商業熱電併給プラントと商業電力単一プラントから成る。同様に、工業熱電併給プラントと工業電力単一プラントが工業セクターを形成する。詳しい情報は、『*Electric Power Annual 2009*』のウェブサイト <http://www.eia.doe.gov/cneaf/electricity/epa/epa_sum.html> を参照。

歴史統計

各表の見出しは『アメリカ歴史統計、植民地時代～1970年』に対応している。クロスリファレンスについては、付録Iを参照。

No.923. 公益事業——事業所、収益、給与および雇用——事業種類別：2007年

[584,193は5841億9300万ドルを表す。有給従業員のいる事業所および企業のみ。2007年経済センサスに基づく。表No.755の頭注および付録IIIを参照]

事業種類	北米産業分類[1]	事業所（数）	収益 計（100万ドル）	収益 有給従業員1人当たり（ドル）	年間給与支払総額 計（100万ドル）	年間給与支払総額 有給従業員1人当たり（ドル）	3月12日を含む給与計算期間の従業員数
公益事業	22	16,578	584,193	916,744	51,654	81,057	637,247
発電、変電、配電	2211	9,554	445,693	871,368	43,618	85,277	511,487
発電	22111	1,934	120,968	985,134	11,297	92,001	122,793
水力発電	221111	295	2,185	534,773	290	71,092	4,086
化石燃料による発電	221112	1,248	85,362	1,140,283	6,413	85,667	74,860
原子力発電	221113	79	28,996	763,603	4,083	107,525	37,972
その他の発電	221119	312	4,425	753,252	511	86,927	5,875
変電、配電	22112	7,620	324,726	835,428	32,321	83,153	388,694
電圧の変換とコントロール	221121	74	4,268	697,997	543	88,795	6,114
電力の販売	221122	7,546	320,458	837,625	31,778	83,063	382,580
天然ガスの販売	2212	2,377	128,555	1,542,000	6,038	72,420	83,369
上下水道その他	2213	4,647	9,944	234,582	1,998	47,125	42,391
上水道、灌漑システム	22131	3,889	7,623	225,070	1,596	47,115	33,871
下水処理施設	22132	689	1,309	187,718	297	42,634	6,974
スチーム、エアコンディショナーの供給	22133	69	1,012	654,375	105	67,603	1,546

1．北米産業分類2007年版、第15章の解説を参照
資料：U.S. Census Bureau, *2007 Economic Census*；⟨http://www.census.gov/econ/census07/⟩ も参照（2010年9月現在）

No.924. 民間公益事業——雇用、年間給与支払い総額、事業所：2008年

[(54,946は549億4600万ドルを表す）。政府および鉄道職員、自営業等を除く。定義およびデータの信頼性については資料の凡例を参照。事業所とは、事業が指揮され、あるいはサービス・産業活動が実施される、物理的に単一の場所を示す。付録IIIを参照]

事業内容	2007北米産業分類[1]	従業員数[2]	年間給与支払い総額（100万ドル）	有給従業員1人あたり（ドル）	雇用規模別事業所数 計	従業員20人未満	従業員20－99人	従業員100－499人	従業員500人以上
公益事業	22	639,403	54,946	85,933	16,960	11,717	3,886	1,172	185
発電、変電、配電	2211	510,735	46,042	90,148	9,744	5,684	2,973	918	169
発電	22111	122,610	11,910	97,140	2,087	1,256	550	231	50
水力発電	221111	4,371	410	93,830	309	268	36	4	1
火力発電（化石燃料）	221112	73,408	6,583	89,683	1,250	619	419	204	8
原子力発電	221113	38,029	4,341	114,146	83	19	12	11	41
その他の発電	221119	6,802	576	84,668	445	350	83	12	—
変電、配電	22112	388,125	34,132	87,940	7,657	4,428	2,423	687	119
電圧の変換とコントロール	221121	6,452	647	100,230	79	46	16	13	4
電力の販売	221122	381,673	33,485	87,732	7,578	4,382	2,407	674	115
天然ガスの販売	2212	85,542	6,709	78,428	2,400	1,618	561	207	14
上下水道およびその他	2213	43,126	2,195	50,899	4,816	4,415	352	47	2
上水道、灌漑システム	22131	34,724	1,761	50,715	4,082	3,785	255	40	2
下水処理施設	22132	6,363	291	45,764	663	590	69	4	—
スチーム、エアコンディショナー供給	22133	2,039	143	70,047	71	40	28	3	—

— ゼロを示す　1．2007年北米産業分類（NAICS）、第15章の解説を参照　2．3月12日を含む給与計算期間に在籍する有給従業員
資料：U.S. Census Bureau, "County Business Patterns"（2010年7月）；⟨http://www.census.gov/econ/cbp/index.html⟩

No.925. エネルギーの供給と消費——燃料の種類別：1975-2010年

[単位：1,000兆Btu（61.32は6京1320兆Btuを表す）。Btuの定義については資料と本章の解説を参照]

年度	生産					再生可能エネルギー[3]					純輸入量 計[7]	消費					再生可能エネルギー計[4]
	計[1]	原油[2]	天然 ドライガス	石炭[3]	原子力	計[1]	水力発電[5]	バイオ 燃料[6]	ソーラー 発電	風力		計[1][8]	石油[9]	天然 ドライガス[10]	石炭	原子力	
1975	61.32	17.73	19.64	14.96	1.90	4.69	3.16	1.50	(NA)	(NA)	11.71	71.97	32.73	19.95	12.66	1.90	4.69
1980	67.18	18.25	19.91	18.60	2.74	5.43	2.90	2.48	(NA)	(NA)	12.01	78.07	34.21	20.24	15.42	2.74	5.43
1985	67.70	18.99	16.98	19.33	4.08	6.08	2.97	3.02	(Z)	(Z)	7.58	76.39	30.93	17.70	17.48	4.08	6.08
1990	70.71	15.57	18.33	22.49	6.10	6.04	3.05	2.74	0.06	0.03	14.07	84.49	33.55	19.60	19.17	6.10	6.04
1995	71.17	13.89	19.08	22.13	7.08	6.56	3.21	3.10	0.07	0.03	17.75	91.03	34.44	22.67	20.09	7.08	6.56
1996	72.49	13.72	19.34	22.79	7.09	7.01	3.59	3.16	0.07	0.03	19.07	94.02	35.68	23.09	21.00	7.09	7.01
1997	72.47	13.66	19.39	23.31	6.60	7.02	3.64	3.11	0.07	0.03	20.70	94.60	36.16	23.22	21.45	6.60	7.02
1998	72.88	13.24	19.61	24.05	7.07	6.49	3.30	2.93	0.07	0.03	20.28	95.02	36.82	22.83	21.66	7.07	6.49
1999	71.74	12.45	19.34	23.30	7.61	6.52	3.27	2.97	0.07	0.05	23.54	96.65	37.84	22.91	21.62	7.61	6.52
2000	71.33	12.36	19.66	22.74	7.86	6.11	2.81	3.01	0.07	0.06	24.97	98.81	38.26	23.82	22.58	7.86	6.11
2001	71.74	12.28	20.17	23.55	8.03	5.16	2.24	2.62	0.06	0.07	26.39	96.17	38.19	22.77	21.91	8.03	5.16
2002	70.77	12.16	19.44	22.73	8.15	5.73	2.69	2.71	0.06	0.11	25.74	97.69	38.22	23.56	21.90	8.15	5.73
2003	70.04	12.03	19.63	22.09	7.96	5.98	2.83	2.81	0.06	0.12	27.01	97.98	38.81	22.83	22.32	7.96	5.98
2004	70.19	11.50	19.07	22.85	8.22	6.08	2.69	3.00	0.06	0.14	29.11	100.15	40.29	22.91	22.47	8.22	6.08
2005	69.43	10.96	18.56	23.19	8.16	6.23	2.70	3.10	0.06	0.18	30.15	100.28	40.39	22.56	22.80	8.16	6.24
2006	70.79	10.80	19.02	23.79	8.22	6.61	2.87	3.23	0.07	0.26	29.81	99.62	39.96	22.22	22.45	8.22	6.66
2007	71.44	10.72	19.83	23.49	8.46	6.54	2.45	3.49	0.08	0.34	29.22	101.36	39.77	23.70	22.75	8.46	6.55
2008	73.11	10.51	20.70	23.85	8.43	7.21	2.51	3.87	0.09	0.55	25.93	99.27	37.28	23.83	22.39	8.43	7.19
2009	72.60	11.35	21.10	21.63	8.36	7.60	2.67	3.92	0.10	0.72	22.74	94.48	35.40	23.34	19.69	8.36	7.59
2010[11]	75.03	11.67	22.10	22.08	8.44	8.06	2.51	4.31	0.11	0.92	21.62	98.00	35.97	24.64	20.82	8.44	8.05

NA データなし　Z 50兆未満　1．個別に示さない燃料を含む。　2．リース・コンデンセートを含む。　3．1989年以降は廃炭の供給のみを含む。　4．水力・地熱・太陽熱・風力による発電総量、木材の消費、アルコール燃料；地熱ポンプと地熱の直接利用；太陽熱の直接利用　5．任意の水力発電　6．生物由来の再生可能エネルギー源となる有機非化石原料　7．輸入－輸出　8．個別に明示しない石炭コークスおよび電力の純輸入を含む。　9．石油製品の供給。燃料用に液化、燃料としての供給を含む。天然ガスブランドの液化、石油にブレンドされたバイオ燃料は含まない。バイオ状燃料は「再生可能エネルギー」に含まれる。　10．補助的なガス状燃料を含む。　11．暫定値

資料：U.S. Energy Information Administration, *Annual Energy Review* (2011年5月); <http://www.eia.gov/totalenergy/data/monthly/> も参照

No.926. エネルギー供給、配分——燃料の種類別見積り：2008、2009年／予測：2010－2025年

[単位：1000兆Btu（73.80は7京3800兆Btuを表す）。Btu＝英国熱量単位（British thermal unit）。Btuの定義については本章の解説および資料を参照。Mcf＝1000立法フィート。予測値は中位シリーズの値。予測の方法論および仮定についてはレポートを参照]

燃料の種類	2008	2009	予測 2010	予測 2015	予測 2020	予測 2025
生産、計	73.80	73.18	75.64	78.63	83.42	87.29
原油およびコンデンセート	10.51	11.34	11.87	12.51	13.07	12.64
液化天然ガス	2.41	2.57	2.64	2.86	3.06	3.55
天然ガス(ドライ)	20.83	21.50	21.83	23.01	24.04	24.60
石炭[1]	23.85	21.58	22.59	20.94	22.05	23.64
原子力	8.43	8.35	8.39	8.77	9.17	9.17
再生産可能エネルギー[2]	7.59	7.50	7.77	9.76	11.07	12.82
その他[3]	0.19	0.34	0.55	0.78	0.96	0.88
輸入、計	32.76	29.53	29.16	29.41	28.57	28.13
原油[4]	21.39	19.70	20.19	19.25	18.46	18.35
石油製品[5]	6.32	5.40	4.53	5.33	5.34	5.18
天然ガス	4.08	3.82	3.89	4.01	3.80	3.20
その他[6]	0.96	0.61	0.55	0.82	0.98	1.39
輸出、計	6.86	6.77	7.23	6.27	7.28	7.58
石油[7]	3.78	4.17	4.25	3.27	3.54	3.62
天然ガス	1.01	1.09	1.06	1.24	1.82	2.07
石炭	2.07	1.51	1.93	1.76	1.92	1.89
消費、計	100.14	94.79	97.77	102.02	104.92	107.95
石油製品[8]	38.46	36.62	36.96	39.10	39.38	39.84
天然ガス	23.85	23.31	24.45	25.77	26.00	25.73
石炭	22.38	19.69	21.05	19.73	20.85	22.61
原子力	8.43	8.35	8.39	8.77	9.17	9.17
再生産可能エネルギー源[9]	6.72	6.50	6.60	8.33	9.23	10.33
その他[10]	0.31	0.32	0.32	0.31	0.29	0.27
石油の純輸入	23.93	20.93	20.47	21.31	20.26	19.91
価格(2006年ドル、単位あたり):						
輸入原油価格[11]	93.44	59.04	74.86	86.83	98.65	107.40
ガス井価格(ドル/mcf)[12]	8.18	3.71	4.08	4.24	4.59	5.43
石炭鉱山価格(ドル/トン)[13]	31.54	33.26	36.64	32.36	32.85	33.22
平均電力価格(セント/kWh)	9.80	9.80	9.83	8.90	8.90	8.90

1．ボタを除く　2．水力、木および木屑、埋め立てガス、固形廃棄物、その他のバイオマス、風力、光起電力、太陽熱による発電、再生資源による非電気エネルギー（ソーラーシステム、木など）。再生可能エネルギー源および市場に流通していない再生可能エネルギーを用いた電力の輸入を除外　3．自治体の非有機物の固形廃棄物、液化水素、メタノール、および精製時に追加されるものを含む　4．戦略石油備蓄のための原油輸入を含む　5．最終石油製品およびオイル、アルコール、エーテルおよびブレンド材料およびエタノールのような再生可能燃料を含むの輸入　6．石炭、コークス（純量）、および電力（純量）　7．原油および石油製品を含む　8．石油由来燃料およびエタノールやバイオディーゼル等の非石油由来燃料を含む。固体の石油コークスは含まれる。また、液化天然ガス、燃料として消費される原油、液体水素も含まれる　9．配電網に接続する木材・廃材からの電力、木材からの電力以外のエネルギー、液体燃料生産に用いられるバイオ燃料の熱と共同製品を含むが、液体燃料のエネルギー含有量は除く。また、生物起源でない自治体の固形廃棄物と電力の純輸入量を含む　10．生物起源でない自治体の固形廃棄物と電力の純輸入量を含む　11．合衆国精製業者に届けられる加重平均価格　12．48オンショアとオフショアの供給　13．公開市場と自社鉱山の双方について報告された価格を含む

資　料：U.S. Energy Information Administration, *Annual Energy Outlook 2011*; <http://www.eia.gov/forecasts/aeo/index.cfm>（2011年4月）も参照

No.927. 化石燃料の価額——名目および2000年実質：1980－2009年

[単位：100万Btu当たりドル。別に注記するものを除く。Btuの定義と鉱物燃料の換算については、資料および本章の解説を参照。全燃料価額は生産時点のものに近づけた]

燃料	1980	1990	1995	2000	2003	2004	2005	2006	2007	2008	2009[1]
名目ドル											
複合[2]	2.04	1.84	1.47	2.60	3.09	3.61	4.74	4.73	4.95	6.52	3.97
原油[3]	3.72	3.45	2.52	4.61	4.75	6.34	8.67	10.29	11.47	16.21	9.72
天然ガス[4]	1.45	1.55	1.40	3.32	4.41	4.95	6.64	5.79	5.66	7.24	3.37
瀝青炭[5]	1.10	1.00	0.88	0.80	0.87	0.98	1.16	1.24	1.29	1.55	1.65
実質(2005年)ドル											
複合[2]	4.28	2.55	1.81	2.93	3.29	3.73	4.74	4.58	4.66	6.01	3.62
原油[3]	7.80	4.78	3.09	5.20	5.05	6.55	8.67	9.97	10.80	14.95	8.86
天然ガス[4]	3.03	2.14	1.72	3.75	4.69	5.11	6.64	5.61	5.33	6.67	3.07
瀝青炭[5]	2.30	1.38	1.08	0.90	0.93	1.01	1.16	1.20	1.21	1.43	1.50

1．暫定値　2．各化石燃料のBtuあたりの単価に各化石燃料の総生産量をかけて、その後、この全化石燃料生産の総価額を全化石燃料の生産量で割ったもの　3．国内における最初の購買価格　4．油井価格　5．鉄道／はしけf.o.b.価格（輸送料および保険費用を除く、石炭の国内最初の販売価格）を示す。瀝青炭、亜瀝青炭、褐炭を含む

資　料：U.S. Energy Information Administration, *Annual Energy Review 2009*; <http://www.eia.doe.gov/emeu/aer/finan.html>（2010年8月）も参照

No.928. エネルギー支出、平均燃料価格――エネルギー源および需要部門別：1980－2007年

[374,346は3743億4600万ドルを表す。Btuの定義については本章の解説を参照。最終需要部門および電力公益事業部門は水力、光、太陽熱、風力、地熱発電のようなエネルギーに関する支出を含まない。また製造、輸送、加工のためにエネルギー産業が消費するエネルギー量に対する支出も含まない]

源泉、用途	1980	1990	1995	2000	2003	2004	2005	2006	2007
エネルギー支出 (100万ドル)									
総額[1][2][3]	374,346	472,539	514,049	687,587	754,668	869,112	1,045,465	1,158,483	1,233,058
天然ガス[4]	51,061	65,278	75,020	119,094	144,489	162,702	200,303	190,382	196,482
石油製品	237,676	235,368	236,905	359,140	378,967	468,354	595,905	681,448	739,856
自動車用ガソリン[5]	124,408	126,558	136,647	193,947	209,592	253,218	311,094	357,129	388,561
石炭	22,607	28,602	27,431	28,080	29,402	31,764	36,932	40,005	42,673
電力販売	98,095	176,691	205,876	231,577	257,995	268,136	295,789	323,965	340,928
住宅部門[6]	69,418	111,097	128,388	156,061	179,288	190,120	216,016	226,255	238,695
商業部門[2][3]	46,932	79,288	91,788	112,870	129,458	137,903	154,558	166,899	174,108
工業部門[2][3]	94,316	102,411	107,060	139,810	150,740	176,639	208,248	227,319	235,692
輸送部門	163,680	179,743	186,813	278,846	295,182	364,450	466,643	538,011	584,564
自動車用ガソリン[5]	121,809	123,845	134,641	191,620	204,878	247,181	303,942	348,544	380,518
電力公益事業[3]	38,027	40,626	39,073	60,054	64,685	71,720	95,975	90,104	100,715
平均燃料価格 (100万Btuあたりドル)									
全部門	6.89	8.25	8.28	10.31	11.38	12.87	15.52	17.34	18.23
住宅部門[6]	7.46	11.88	12.63	14.27	15.85	17.11	19.22	21.55	21.64
商業部門[3]	7.85	11.89	12.64	13.93	15.61	16.60	18.59	20.64	20.74
工業部門[3]	4.71	5.23	4.97	6.41	7.39	8.46	10.36	11.33	11.89
輸送部門	8.60	8.27	8.08	10.78	11.20	13.36	16.84	19.10	20.58
電力公益事業[3]	1.77	1.48	1.29	1.71	1.84	2.00	2.61	2.48	2.68

1．個別に明示しないその他の源泉を含む　2．1990年代を通して、これらの年々には自動車用ガソリンに含まれなかったガソリンに混入されたエタノールも含む　3．水力発電、地熱発電、風力発電、光起電、ソーラー発電のための直接的な燃料費用ではない　4．補助的なガス燃料を含む　5．1995年以降、自動車用ガソリンに混入された燃料用エタノールを含む　6．地熱発電、光起電、ソーラー発電のための直接的な燃料費用ではない

資料：U.S. Energy Information Administration, *State Energy Data: Prices and Expenditures*（年刊）；<http://www.eia.doe.gov/sseds/#>（2009年8月）

No.929. 輸送機関別エネルギー消費：2000－2009年

[40は40兆Btu（英熱量）を表す。変換率は燃料によって異なる。資料を参照]

種類	兆Btu			単位	物量単位		
	2000	2005	2009		2000	2005	2009
航空[1]							
航空ガソリン	40	35	27	100万ガロン	333	295	227
ジェット燃料	2,138	2,093	1,535	100万ガロン	14,876	14,811	12,594
道路							
乗用車・オートバイ	11,148	11,694	10,754	100万ガロン	89,183	93,555	86,035
その他の2車軸4輪自動車	3,613	4,298	4,470	100万ガロン	28,908	34,383	35,764
シングルユニットの2車軸6（以上）輪トラック	1,195	1,188	2,043	100万ガロン	9,563	9,501	16,342
コンビネーショントラック[3]	3,208	3,461	3,516	100万ガロン	25,666	27,689	28,130
バス	139	140	234	100万ガロン	1,112	1,120	1,869
公共交通機関[4]							
電気	18	20	20	100万キロワット	5,382	5,765	4,695
ディーゼル	82	67	62	100万ガロン	591	480	449
ガソリンおよび他のディーゼル以外の燃料[5]	3	10	11	100万ガロン	24	81	90
圧縮天然ガス	6	13	19	100万ガロン	44	94	140
鉄道[6]							
蒸留燃料油・ディーゼル燃料	513	568	443	100万ガロン	3,700	4,098	3,192
電気	2	2	2	100万キロワット	470	531	565
水上							
重油（残留燃料油）	960	775	680	100万ガロン	6,410	5,179	4,543
蒸留燃料油・ディーゼル燃料	314	278	176	100万ガロン	2,261	2,006	1,266
ガソリン	141	158	141	100万ガロン	1,124	1,261	1,130
パイプライン							
天然ガス	662	602	617	100万立法フィート	642,210	584,026	598,216

NA　データなし　1．一般航空および定期航空路線の国内運用のみ。エアタクシーに用いられる燃料は含まれるが、コミューター航空の燃料は含まない　2．軽自動車、ショートホイールベースには、ホイールベースが121インチ以下の乗用車、軽トラック、ヴァン、SUV車が含まれる。軽自動車、ロングホイールベースには、ホイールベースが121インチ超の乗用車、ピックアップトラック、ヴァン、SUV車が含まれる　3．原動機付きのトラクタに1ないし2台以上のトレーラー（セミトレーラーまたはトレーラー）を連結したトラック　4．ライトレール（軽量軌道）、ヘビーレール（重量軌道）、コミューター（通勤鉄道）、バス、トロリーバス、ヴァンプール（通勤相乗り制度）、新軌道輸送システム、オンデマンド交通システムを含む　5．ガソリンおよび、液化天然ガス、メタノール、プロパン等のディーゼル以外の燃料を含むが、圧縮天然ガスは含まない　6．アムトラックおよび年収2億5千万ドル以上の貨物輸送鉄道

資料：U.S. Department of Transportation Statistics, *National Transportation Statistics, 2011*；<http://www.bts.gov/publications/national_transportation_statistics/> も参照（2011年5月現在）

No.930. エネルギー消費——用途別：1975－2010年

[71.97は7京1970兆Btuを表す。Btuは英熱量単位。Btuの定義については資料および本章の解説、付録IIIを参照。最終利用部門の総エネルギー消費には、一次エネルギー消費、電力小売、電力システムのエネルギーロスを含む]

年	総消費量 (1000兆Btu)	住宅、 商業用[1] (1000兆Btu)	工業[2] (1000兆Btu)	輸送 (1000兆Btu)	全体に占める割合（%）		
					住宅、 商業用[1]	工業[2]	輸送
1975	71.97	24.31	29.41	18.25	33.8	40.9	25.4
1980	78.07	26.33	32.04	19.70	33.7	41.0	25.2
1985	76.39	27.49	28.82	20.09	36.0	37.7	26.3
1990	84.49	30.27	31.81	22.42	35.8	37.7	26.5
1995	91.03	33.21	33.97	23.85	36.5	37.3	26.2
2000	98.81	37.60	34.66	26.55	38.1	35.1	26.9
2002	97.69	38.17	32.68	26.85	39.1	33.4	27.5
2003	97.98	38.45	32.53	26.99	39.2	33.2	27.6
2004	100.15	38.75	33.51	27.90	38.7	33.5	27.9
2005	100.28	39.48	32.44	28.35	39.4	32.4	28.3
2006	99.62	38.41	32.39	28.83	38.6	32.5	28.9
2007	101.36	39.83	32.42	29.12	39.3	32.0	28.7
2008	99.27	39.98	31.28	28.01	40.3	31.5	28.2
2009	94.48	38.96	28.51	27.00	41.2	30.2	28.6
2010[3]	98.00	40.36	30.14	27.51	41.2	30.8	28.1

1．商業部門の燃料使用、商業的な熱電併給利用と工業的な電気だけのプラントを含む　2．工業部門の燃料使用。工業的な熱電併給利用と工業的な電気だけのプラントを含む　3．暫定値
資料：U.S. Energy Information Administration, *Monthly Energy Review* (2011年5月);〈http://www.eia.gov/totalenergy/data/monthly/〉も参照

図19.1　エネルギー消費——最終消費部門別：2010年

[単位：10^{15} Btu]

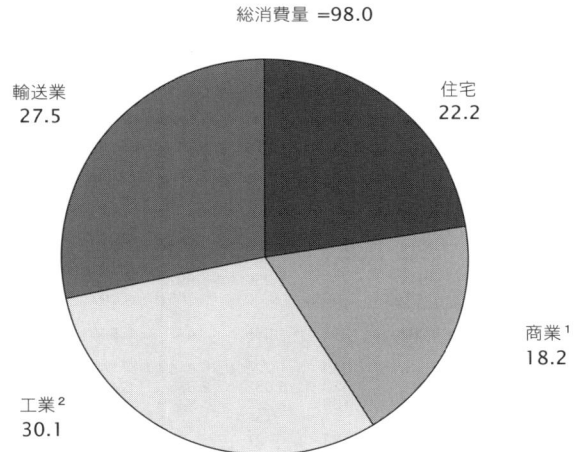

1．商業部門の燃料使用、商業的な熱電併給利用と工業的な電気だけのプラントを含む　2．工業部門の燃料使用。工業的な熱電併給利用と工業的な電気だけのプラントを含む
資料：図の作成はセンサス局。データについては表No.930を参照

No.931. エネルギー消費——最終消費部門および主要なエネルギー源——州別：2008年

[単位：1兆btu（99,382は9京9382兆btuを表す）。1人当たり消費量は100万Btu。Btuの定義については資料および本章の解説を参照。データは暫定値。各州ごとの数字の丸め、および／または州に配分されない州間の電力の流れがあるために、合衆国計は州の合計とは等しくない場合がある。算定方法や定義については、資料 <http://www.eia.doe.gov/emeu/states/_seds_tech_notes.html> を参照]

州	計[1][2]	1人当たり[3] (100万btu)	最終消費部門[4]				エネルギー源				
			住宅	商業	工業[2]	輸送	石油[5]	天然ドライガス[6]	石炭	水力発電[7]	原子力発電
合衆国……	99,382	327	21,603	18,414	31,356	28,010	38,102	23,847	22,385	2,511	8,427
AL	2,065	441	401	279	905	480	598	420	843	60	408
AK	651	946	55	63	318	215	279	344	15	12	—
AZ	1,553	239	420	369	244	519	576	410	459	72	306
AR	1,125	392	233	167	433	292	376	238	279	46	148
CA	8,381	229	1,569	1,640	1,955	3,218	3,736	2,521	63	238	340
CO	1,498	304	350	300	412	435	504	515	385	20	—
CT	810	231	266	205	90	249	362	170	45	5	161
DE	295	337	66	58	98	73	128	50	61	—	—
DC	180	306	36	121	4	20	20	33	(Z)	—	—
FL	4,447	241	1,295	1,085	540	1,528	1,808	970	693	2	336
GA	3,015	311	745	567	812	891	1,029	437	886	21	331
HI	284	220	37	44	65	138	245	3	20	1	—
ID	529	346	128	86	187	128	159	91	9	92	—
IL	4,089	318	1,026	800	1,237	1,027	1,367	1,015	1,103	1	995
IN	2,857	447	558	377	1,302	620	836	559	1,558	4	—
IA	1,414	472	249	202	654	309	428	324	485	8	55
KS	1,136	406	233	205	420	278	408	293	372	(Z)	89
KY	1,983	462	373	258	891	461	698	233	1,025	19	—
LA	3,488	783	357	276	2,204	651	1,450	1,360	262	10	161
ME	469	356	94	79	177	119	210	65	6	44	—
MD	1,447	256	410	410	175	452	535	203	309	19	153
MA	1,475	225	431	370	185	489	657	382	107	11	61
MI	2,918	292	788	619	756	755	913	797	800	13	329
MN	1,979	378	423	362	615	579	739	410	359	7	136
MS	1,186	403	234	170	421	361	430	364	177	—	98
MO	1,937	325	531	416	406	584	716	298	793	20	98
MT	434	449	84	70	171	110	184	78	203	99	—
NE	782	439	161	141	300	180	226	169	235	3	99
NV	750	287	180	134	199	237	271	275	89	17	—
NH	311	235	90	71	44	106	168	73	40	16	98
NJ	2,637	304	596	630	391	1,020	1,300	635	98	(Z)	337
NM	693	349	115	127	245	207	267	251	284	3	—
NY	3,988	205	1,166	1,275	434	1,113	1,560	1,205	229	263	452
NC	2,702	292	715	582	628	777	953	250	795	30	416
ND	441	687	68	64	214	96	141	66	425	12	—
OH	3,987	346	952	710	1,341	984	1,300	824	1,438	4	183
OK	1,603	440	315	253	559	476	572	691	392	38	—
OR	1,105	292	276	214	283	332	374	275	41	333	—
PA	3,900	310	941	706	1,256	997	1,378	778	1,421	25	822
RI	220	209	70	56	30	65	97	91	—	(Z)	—
SC	1,660	369	362	266	585	447	560	176	445	11	541
SD	350	435	70	61	130	89	117	65	43	29	—
TN	2,261	362	543	383	720	615	763	238	644	56	283
TX	11,552	475	1,616	1,420	5,652	2,865	5,499	3,656	1,606	10	426
UT	799	293	172	156	224	247	291	237	396	7	—
VT	154	249	44	32	27	52	81	9	—	15	51
VA	2,514	322	611	598	536	768	939	311	415	10	292
WA	2,050	312	506	394	528	622	804	307	95	765	97
WV	831	458	165	112	391	163	273	120	956	12	—
WI	1,862	331	430	369	619	445	601	415	481	16	127
WY	542	1,016	48	63	302	129	179	147	500	8	—

— ゼロを示す　Z　5000億btu未満　1．個別に明示しないその他のエネルギー源を含む　2．合衆国計および工業部門には、州に配分されない、60兆8000億btuの石炭コークス純輸入が含まれる　3．7月1日現在の推計居住人口に基づく　4．最終部門のデータは電力販売および電飾システムのエネルギーロスを含む　5．自動車用ガソリンに混入された燃料用エタノールを含む　6．補助気体燃料を含む　7．従来型の水力発電。ポンプ貯蔵型の水力発電は含まない

資料：U.S. Energy Information Administration, *State Energy Data, 2008* (2010年6月); <http://www.eia.doe.gov/emeu/states/seds/#> も参照

No.932. 再生エネルギー推計消費量——エネルギー源別：1990-2010年

[単位：1,000兆Btu（6.04は6040兆Btuを表す）。Btuの定義については資料および本章の解説を参照。再生可能エネルギーは、供給にかぎりのある化石燃料のようなエネルギー源とは異なり、消耗しないエネルギー源から得られるもの]

エネルギー源および部門	1990	2000	2005	2007	2008	2009	2010[1]
消費量、計	**6.04**	**6.11**	**6.24**	**6.55**	**7.19**	**7.59**	**8.05**
水力発電[2]	3.05	2.81	2.70	2.45	2.51	2.67	2.51
地熱[3]	0.17	0.16	0.18	0.19	0.19	0.20	0.21
バイオマス[4]	2.74	3.01	3.12	3.50	3.85	3.90	4.30
太陽熱[5]	0.06	0.07	0.06	0.08	0.09	0.10	0.11
風力[6]	0.03	0.06	0.18	0.34	0.55	0.72	0.92
住宅用[7]	0.64	0.49	0.50	0.52	0.56	0.55	0.55
バイオマス[4]	0.58	0.42	0.43	0.43	0.45	0.43	0.42
地熱[3]	0.01	0.01	0.02	0.02	0.03	0.03	0.04
太陽熱[5]	0.06	0.06	0.06	0.07	0.08	0.09	0.09
商業用[8]	0.10	0.13	0.12	0.12	0.13	0.13	0.13
バイオマス[4]	0.09	0.12	0.11	0.10	0.11	0.11	0.11
地熱[3]	0.03	0.01	0.01	0.01	0.02	0.02	0.02
水力[2]	(Z)	(Z)	(Z)	(Z)	(Z)	(Z)	(Z)
工業用[9]	1.72	1.93	1.87	1.96	2.05	2.01	2.25
バイオマス[4]	1.68	1.88	1.84	1.94	2.03	1.98	2.23
地熱[3]	(Z)	(Z)	(Z)	0.01	0.01	(Z)	(Z)
水力[2]	0.03	0.04	0.03	0.02	0.02	0.02	0.02
輸送	0.06	0.14	0.34	0.60	0.83	0.93	1.10
エタノール燃料[10]	0.06	0.14	0.33	0.56	0.79	0.89	1.07
バイオディーゼル[11]	(NA)	(NA)	0.01	0.05	0.04	0.04	0.03
電力事業[12]	3.52	3.43	3.41	3.35	3.63	3.97	4.02
バイオマス[4]	0.32	0.45	0.41	0.42	0.44	0.44	0.44
地熱[3]	0.16	0.15	0.15	0.15	0.15	0.15	0.15
水力[2]	3.01	2.77	2.67	2.43	2.49	2.65	2.49
太陽熱[5]	(Z)	0.01	0.01	0.01	0.01	0.01	0.01
風力	0.03	0.06	0.18	0.34	0.55	0.72	0.92

NA データなし　Z 5兆Btu未満　1．暫定値　2．既存の保存設備によって自然の水流から得られる電力　3．地球の地殻中の地熱貯留層から放出される熱水および熱水流を発電プラントのタービンに送り込み電力を得る　4．木材および木材由来の燃料、自治体の固形廃棄物（生物起源のもの、ランドフィルガス、スラッジ（汚泥）廃棄物、農業副産物、その他のバイオマス）、燃料エタノール、バイオディーゼル　5．太陽の放射エネルギーで、熱や電力など他のエネルギー形態に変換できる。ソーラー発電、地熱発電、光起電の純発電およびソーラー・地熱エネルギーの直接利用　6．風の動きに含まれるエネルギーで、ポンプや粉ひきや発電機といった機械エネルギーに変換可能なもの。中央の回転軸の周りに付いた帆や羽根を風が押す　7．民間世帯の住居棟からなる。施設の住居棟は含まない　8．企業・政府・その他の民間もしくは公的組織のサービス供給部門からなる。設備居住棟と汚水処理施設を含む。商業コジェネレーション（熱電併給）および商業発電所を含む　9．生産、加工、組み立てを行う全ての施設設備を含む。熱電併給システムおよびオール電化の工場を含む　10．商品の生産・加工・集積に用いられるすべての設備からなる　10．おもにトウモロコシから抽出されるエタノール　11．ディーゼル燃料に加えることのできるすべての液体生物燃料を含む　12．電力専業と、熱電併給システムの公衆への販売を主たる事業とする発熱・発電所からなる。以下に示していないエネルギー源を含む
資料：U.S. Energy Information Administration, *Annual Energy Review*（2011年5月）；〈http://www.eia.gov/totalenergy/data/monthly/〉も参照

No.933. 燃料エタノールとバイオディーゼル——概要：1990-2010年

[110.9は110兆9000億を表す。1995年以降は、供給原料のデータのみ推計値。マイナス記号（－）は輸出が輸入を上回ることを示す。別に注記する場合は除く]

燃料	1990	1995	2000	2005	2006	2007	2008	2009	2010[1]
燃料エタノール									
供給原料（兆Btu）[2]	110.9	197.7	233.1	552.4	687.9	914.3	1,299.5	1,517.0	1,830.0
生産：									
1,000バレル	17,802	32,325	38,627	92,961	116,294	155,263	221,637	260,424	315,018
兆Btu	63.4	115.2	137.6	331.2	414.4	553.2	789.7	928.0	1,122.0
純輸入（1,000バレル）[3]	(NA)	387	116	3,234	17,408	10,457	12,610	4,720	243
在庫（1,000バレル）[4]	(NA)	2,186	3,400	5,563	8,760	10,535	14,226	16,594	17,940
在庫変動（1,000バレル）[5]	(NA)	-207	-624	-439	3,197	1,775	3,691	2,368	[6] 1,229
消費：									
1,000バレル	17,802	32,919	39,367	96,634	130,505	163,945	230,556	262,776	314,032
兆Btu	63.4	117.3	140.3	344.3	465.0	584.1	821.5	936.0	1,118.0
バイオディーゼル									
供給原料（兆Btu）[7]	(NA)	(NA)	(NA)	11.7	32.4	63.4	87.7	65.0	40.0
生産：									
1,000バレル	(NA)	(NA)	(NA)	2,162	5,963	11,662	16,145	12,054	7,401
兆Btu	(NA)	(NA)	(NA)	11.6	32.0	62.6	86.5	65.0	40.0
純輸入（1,000バレル）[3]	(NA)	(NA)	(NA)	1	242	-3,135	-8,626	-4,489	-1,958
消費：									
1,000バレル	(NA)	(NA)	(NA)	2,163	6,204	8,528	7,519	7,537	5,288
兆Btu	(NA)	(NA)	(NA)	11.6	33.2	45.7	40.3	40.0	28.0

NA データなし　1．暫定値　2．燃料エタノールの生産には、とうもろこしその他のバイオマスが投入される　3．純輸入は輸入から輸出をひいたもの　4．輸入から輸出を引いたもの。在庫は年末現在　5．マイナスの数値は在庫の減少を示す　6．暫定値として2009年末の在庫量より導出。2009年末の最終在庫量とは異なる　7．バイオディーゼルの生産に投入されたベジタブル・オイルおよびその他のバイオマスの計
資料：U.S. Energy Information Administration, "Monthly Energy Review"（2011年5月）；〈http://www.eia.gov/totalenergy/data/monthly/〉も参照

No.934. エネルギー支出——最終消費部門および主要エネルギー——州別：2008年

[単位：100万ドル（1,411,922は1兆4119億2200万ドルを表す）。データは暫定値。最終消費部門と電力会社は、水力・光・太陽熱・風力・地熱発電によるエネルギーに関する支出は除外する。また、製造・輸送・加工のためにエネルギー産業が消費するエネルギーに対する支出も除外する。技術的注と文書については、資料 〈http://www.eia.doe.gov/emeu/states/_seds_tech_notes.html〉 を参照]

州	計[1][2]	最終消費部門				エネルギー源			
		住居	商業	工業[2]	輸送	石油製品[3]	天然ガス[4]	石炭	電力(販売)
合衆国	1,411,922	256,953	192,249	272,322	690,397	874,865	229,667	49,438	360,573
AL	24,889	4,294	2,839	5,847	11,910	14,281	4,022	2,358	7,496
AK	7,509	774	777	583	5,374	6,332	550	36	921
AZ	22,610	4,340	3,349	2,363	12,558	14,200	3,777	808	6,951
AR	14,715	2,315	1,384	3,689	7,328	9,389	2,298	496	3,407
CA	136,508	20,057	19,333	17,127	79,991	86,486	23,577	169	33,180
CO	19,751	3,531	2,504	3,018	10,698	12,364	3,601	560	4,434
CT	16,460	5,273	3,317	1,357	6,513	9,410	2,196	141	5,508
DE	4,390	946	706	943	1,795	2,461	617	215	1,438
DC	2,529	487	1,525	50	468	515	475	1	1,553
FL	67,907	13,891	10,863	5,289	37,865	42,716	10,173	2,073	24,296
GA	41,568	8,066	5,190	6,718	21,595	24,456	5,595	2,739	11,951
HI	6,850	1,075	1,187	1,052	3,535	5,171	101	46	2,978
ID	6,122	1,055	597	1,237	3,232	3,964	805	21	1,361
IL	55,891	11,561	9,013	9,503	25,813	31,455	11,159	1,819	13,324
IN	33,151	5,605	3,211	8,708	15,626	19,021	5,844	3,553	7,498
IA	16,914	2,770	1,769	4,698	7,677	10,676	3,098	655	3,135
KS	14,569	2,366	1,642	3,987	6,574	9,323	2,519	530	2,923
KY	23,264	3,280	2,055	6,320	11,608	15,000	2,369	2,318	5,777
LA	38,906	3,643	2,742	18,904	13,617	24,359	9,536	620	7,215
ME	7,517	1,838	1,200	1,256	3,223	5,285	743	21	1,615
MD	24,349	5,789	5,028	2,059	11,473	13,520	2,753	1,123	8,232
MA	28,997	7,865	5,608	2,912	12,612	16,513	5,168	317	9,091
MI	39,849	9,011	5,706	6,433	18,700	22,796	8,020	1,727	9,390
MN	26,301	4,478	3,170	4,342	14,312	17,204	3,853	622	5,314
MS	15,503	2,492	1,712	2,896	8,403	9,660	3,135	577	4,183
MO	26,055	4,944	3,089	3,505	14,517	17,118	3,444	1,219	5,768
MT	5,684	911	646	1,353	2,774	3,789	698	275	1,166
NE	9,078	1,454	1,037	2,188	4,398	5,688	1,524	223	1,894
NV	11,192	2,083	1,342	1,765	6,002	6,759	2,462	197	3,417
NH	6,085	1,666	1,060	592	2,766	4,138	818	142	1,608
NJ	46,133	9,171	8,552	4,953	23,458	28,297	8,080	325	11,578
NM	8,893	1,278	1,158	1,314	5,143	6,335	1,302	567	1,796
NY	72,462	20,501	19,447	4,957	27,557	37,267	15,710	617	23,865
NC	37,854	7,406	4,823	5,375	20,249	24,306	3,230	2,602	10,356
ND	4,946	663	494	1,548	2,240	3,414	383	686	824
OH	54,144	10,791	6,949	11,224	25,180	30,461	10,165	3,173	13,254
OK	20,743	3,015	2,114	4,241	11,374	12,905	5,733	530	4,365
OR	14,882	2,516	1,673	2,048	8,645	9,609	2,429	62	3,559
PA	55,531	12,697	7,436	10,435	24,963	32,855	9,385	3,414	13,872
RI	4,223	1,282	846	398	1,698	2,408	1,115	−	1,252
SC	21,438	3,634	2,329	4,270	11,205	13,254	2,051	1,301	6,335
SD	4,233	692	463	856	2,222	2,890	568	78	784
TN	29,365	5,032	3,589	5,304	15,440	17,875	2,649	1,509	8,455
TX	165,334	20,077	14,665	64,067	66,526	113,177	27,433	3,059	37,225
UT	9,901	1,419	1,091	1,261	6,129	6,927	1,543	557	1,810
VT	3,012	831	462	303	1,416	2,177	121	−	708
VA	34,886	6,595	4,698	4,516	19,077	22,935	3,662	1,213	8,762
WA	26,669	4,319	2,962	3,122	16,265	18,312	3,101	215	5,667
WV	9,634	1,397	859	3,445	3,934	6,462	1,055	2,353	1,892
WI	25,444	5,309	3,554	4,841	11,739	14,812	4,515	989	6,262
WY	5,612	463	485	1,685	2,979	4,137	503	589	926

− ゼロまたは概数でゼロを示す　1．総支出は各エネルギー源（電力販売を含む）の購入合計額から電力部門の燃料購買額を差し引いた金額　2．個別に明示しないその他のエネルギー源、電力の輸出入、石炭コークスの純輸入を含む　3．自動車用ガソリンに混合された燃料用エタノールを含む　4．補助的なガス燃料を含む

資　料：U.S. Energy Information Administration, *State Energy Data, 2008* (2010年6月); 〈http://www.eia.doe.gov/states/seds/index.cfm〉 も参照

No.935. エネルギー輸入と輸出——燃料別：1980－2009年

[単位：1,000兆Btu (12.10は1京2100兆Btuを表す)。Btuの定義については本章の解説を参照]

燃料種別	1980	1990	1995	2000	2003	2004	2005	2006	2007	2008	2009[1]
純輸入、計[2]	12.10	14.06	17.75	24.97	27.01	29.11	30.15	29.81	29.24	25.94	22.85
石炭	-2.39	-2.70	-2.08	-1.21	-0.49	-0.51	-0.51	-0.36	-0.60	-1.22	-0.95
天然ガス（乾性）	0.96	1.46	2.74	3.62	3.36	3.50	3.71	3.56	3.89	3.07	2.76
石油[3]	13.50	15.29	16.89	22.38	24.07	25.99	26.81	26.42	25.79	23.93	20.95
その他[4]	0.04	0.01	0.19	0.18	0.07	0.18	0.13	0.12	0.13	0.15	0.09
輸入、計	15.80	18.82	22.26	28.97	31.06	33.54	34.71	34.67	34.69	32.95	29.78
石炭	0.03	0.07	0.24	0.31	0.63	0.68	0.76	0.91	0.91	0.86	0.57
天然ガス（乾性）	1.01	1.55	2.90	3.87	4.04	4.37	4.45	4.29	4.72	4.08	3.84
石油[3]	14.66	17.12	18.88	24.53	26.22	28.20	29.25	29.16	28.76	27.64	25.16
その他[4]	0.10	0.08	0.24	0.26	0.17	0.29	0.24	0.25	0.24	0.28	0.19
輸出、計	3.69	4.75	4.51	4.01	4.05	4.43	4.56	4.87	5.45	7.02	6.93
石炭	2.42	2.77	2.32	1.53	1.12	1.25	1.27	1.26	1.51	2.07	1.52
天然ガス（乾性）	0.05	0.09	0.16	0.25	0.69	0.86	0.74	0.73	0.83	1.02	1.08
石油[3]	1.16	1.82	1.99	2.15	2.15	2.21	2.44	2.75	2.97	3.71	4.21
その他[4]	0.07	0.07	0.05	0.08	0.10	0.11	0.11	0.12	0.10	0.13	0.09

1．暫定値　2．純輸入は輸入マイナス輸出に等しい。マイナス（－）は輸入に対する輸出超過を表す　3．戦略石油備蓄のための輸入を含む　4．石炭、コークス、カナダ・メキシコ国境を越えて送電される少量の電力、および少量のバイオディーゼルを含む

資料：U.S. Energy Information Administration, *Annual Energy Review 2009* (2010年8月); <http://www.eia.doe.gov/emeu/aer/overview.html> も参照

No.936. 合衆国の主要鉱物燃料輸出入：1980－2010年

[985は9850億立方フィートを表す。マイナス（－）は輸出に対する輸入超過を表す。『アメリカ歴史統計』系列M100、101、127、128、140、141、178、181も参照]

鉱物燃料	単位	1980	1990	1995	2000	2005	2007	2008	2009	2010[1]
天然ガス：										
輸入	10億立方フィート	985	1,532	2,841	3,782	4,341	4,608	3,984	3,751	3,737
輸出	10億立方フィート	49	86	154	244	729	822	963	1,072	1,137
純取引[2]	10億立方フィート	-936	-1,446	-2,687	-3,538	-3,612	-3,786	-3,021	-2,679	-2,600
原油：[3]										
輸入[4]	100万バレル	1,921	2,151	2,639	3,311	3,696	3,661	3,571	3,290	3,344
輸出	100万バレル	105	40	35	18	12	10	11	16	15
純取引[2]	100万バレル	-1,816	-2,112	-2,604	-3,293	-3,684	-3,651	-3,560	-3,274	-3,329
石油製品：										
輸入	100万バレル	601	775	586	872	1,310	1,255	1,143	977	945
輸出	100万バレル	94	273	312	361	414	513	647	723	829
純取引[2]	100万バレル	-507	-502	-274	-510	-896	-742	-496	-255	-116
石炭：										
輸入	100万米トン	1	3	9	13	30	36	34	23	19
輸出	100万米トン	92	106	89	58	50	59	82	59	82
純取引[2]	100万米トン	90.5	103.1	79.1	46.0	19.5	22.8	47.3	36.5	62.4

1．暫定値　2．輸出マイナス（－）輸入　3．リースコンデンセート　4．戦略石油備蓄用の輸入を含む

資料：U.S. Energy Information Administration, "Monthly Energy Review," (2011年5月); <http://www.eia.gov/totalenergy/data/monthly/> も参照

No.937. 合衆国における原産国別原油輸入：1980－2010年

[単位：100万バレル (1,921は19億2100万バレルを表す)。1バレル＝42ガロン。原油輸入は、その加工がなされるPAD行政区の報告による。(PAD＝Petroleum Administration for Defense) 原油輸入には戦略備蓄のためのものを含む。OPEC計では、OPEC加盟国（主としてカリブ海沿岸諸国および西欧地域）から間接輸入（OPEC加盟国産出の原油を該当地域で精製して製造された石油製品）された石油は除外されるが、非OPEC諸国の計には含まれる]

原産国	1980	1990	1995	2000	2004	2005	2006	2007	2008	2009	2010
輸入、計	1,921	2,151	2,639	3,311	3,674	3,670	3,685	3,656	3,571	3,307	3,344
OPEC[1][2][3][4]加盟国、計	1,410	1,283	1,219	1,659	2,009	1,738	1,745	1,969	1,984	1,594	1,654
アルジェリア	166	23	10	(Z)	79	83	130	162	114	101	119
アンゴラ[2]	(NA)	86	131	108	112	164	187	181	184	164	139
エクアドル[3]	6	(NA)	35	46	83	101	99	72	78	64	71
イラク	10	188	-	226	238	190	202	177	229	164	151
クウェート[5]	10	29	78	96	88	79	65	64	75	68	71
ナイジェリア	307	286	227	319	389	387	381	395	338	281	360
サウジアラビア[5]	456	436	460	556	547	525	519	530	551	361	394
ベネズエラ	57	243	420	446	473	449	416	420	381	352	333
非OPEC加盟国、計[2][3][4][6]	511	869	1,419	1,652	1,838	1,932	1,940	1,687	1,587	1,713	1,690
ブラジル	(NA)	-	-	2	19	34	49	61	84	107	93
カナダ	73	235	380	492	590	600	651	681	707	707	720
コロンビア	(NA)	51	76	116	51	57	52	50	65	93	124
コンゴ（ブラザビル）[7]	(NA)	(NA)	(NA)	(NA)	3	9	10	23	25	24	26
メキシコ	185	251	375	479	584	566	575	514	434	400	416
ロシア	(NA)	(Z)	3	3	55	70	39	41	65	85	92
イギリス	63	57	124	106	86	80	47	37	27	38	44

－ ゼロを示す　NA データなし　Z 50万バレル未満を示す　1．OPEC（石油輸出国機構）には、個別に明示しないイラン、リビア、カタール、アラブ首長国連邦、インドネシアも含む　2．2007年アンゴラがOPECに加盟。2007年以前はアンゴラは非OPEC加盟国の計に含まれる　3．エクアドルは1992年12月31日にOPECを脱退したので、同国は1995年以前にはOPECに含まれ、1995年から2007年までは非OPECに含まれている。2007年11月にエクアドルはOPECに再加入したので、2008年の輸入ではOPEC計に含まれている　4．ガボンは1994年12月31日OPECから脱退。1995年以前のOPECのデータにはガボンが含まれる。1995年以降は非OPEC加盟国の計に含まれる　5．クウェートとサウジアラビアの間の中立地帯からの輸入はサウジアラビアに含む　6．非OPEC加盟国計には、個別に明示しないその他の国々を含む

資料：U.S. Energy Information Administration, "Petroleum Supply Monthly" (2011年2月); <http://www.eia.doe.gov/pub/oil_gas/petroleum/data_publications/petroleum_supply_monthly/historical/2011/2011_02/psm_2011_02.html>

No.938. 原油および石油精製品――概要：1980－2010年

[13,481は1348万1000バレルを表す。1バレル＝42ガロン。データは平均値]

年	原油[1] (1日あたり1,000バレル)					石油精製品 (1日あたり1,000バレル)			石油輸入総量[5] (1日あたり1,000バレル)	原油ストック[1][2] (100万バレル)	
	製油所への投入量	国内生産	輸入			国内需要	輸入	輸出		総計	戦略備蓄[6]
			総計[3]	戦略備蓄[4]	輸出						
1980	13,481	8,597	5,263	44	287	17,056	1,646	258	6,909	[7]466	108
1985	12,002	8,971	3,201	118	204	15,726	1,866	577	5,067	814	493
1990	13,409	7,355	5,894	27	109	16,988	2,123	748	8,018	908	586
1995	13,973	6,560	7,230	－	95	17,725	1,605	855	8,835	895	592
2000	15,067	5,822	9,071	8	50	19,701	2,389	990	11,459	826	541
2005	15,220	5,178	10,126	52	32	20,802	3,588	1,133	13,714	1,008	685
2006	15,242	5,102	10,118	8	25	20,687	3,589	1,292	13,707	1,001	689
2007	15,156	5,064	10,031	7	27	20,680	3,437	1,405	13,468	983	697
2008	14,648	4,950	9,783	19	29	19,498	3,132	1,773	12,915	1,028	702
2009	14,336	5,361	9,013	56	44	18,771	2,665	1,982	11,691	1,052	727
2010	14,722	5,512	9,163	(NA)	42	19,148	(NA)	(NA)	11,753	1,059	727

－ ゼロを示す　NA データなし　1. リースコンデンセートを含む　2. 期末における原油ストック。商業用および戦略石油備蓄（Strategic Petroleum Reserve）ストックを含む　3. 戦略石油備蓄を含む　4. SPRは戦略石油備蓄。2000年まではSPRのみによる輸入を含む。2004年以降はSPRによる輸入および他からのSPRへの輸入を含む　5. 原油（戦略備蓄用の輸入を含む）と精製品の合計　6. 戦略備蓄としてストックされる原油には、諸外国に在庫されているもの、および契約によって民間に備蓄されるものを含む　7. 輸送中のアラスカ原油のストックは1985年以降含まれる

資料：U.S. Energy Information Administration, *Monthly Energy Review*（2011年4月）；<http://www.eia.gov/totalenergy/data/monthly>

No.939. 石油・石炭製品製造業――売上高、純利潤、売上1ドル当たり利益：1990－2010年

[318.5は3185億ドルを表す。SICグループ29を示す（NAICSグループ324）。2000年までは標準産業分類、2001年以降は1997北米産業分類に基づく。利益率は四半期数値を年間率に平均したもの。1990年以降、資産額25万ドル以下の会社の推計値を除外]

項目	単位	1990	1995	2000	2003	2004	2005	2006	2007	2008	2009	2010
売上	10億ドル	318.5	283.1	455.2	597.8	767.7	956.0	1,037.8	1,113.2	1,369.1	846.0	1,085.2
純益：												
所得税課税前	10億ドル	23.1	16.5	55.5	52.8	89.7	120.2	139.8	127.0	101.6	41.9	56.4
所得税課税後	10億ドル	17.8	13.9	42.6	43.6	71.8	96.3	111.0	105.4	81.0	43.1	54.4
償却[1]	10億ドル	18.7	16.7	15.5	19.4	18.5	18.6	20.0	22.6	22.9	28.0	31.1
売上1ドルあたりの利益：												
所得税課税前	セント	7.3	5.8	12.2	8.8	11.6	12.6	13.4	11.6	5.8	5.1	5.2
所得税課税後	セント	5.6	4.9	9.4	7.3	9.3	10.1	10.6	9.6	4.4	5.2	5.0
株式所有者への利益：												
所得税課税前	%	16.4	12.6	29.4	20.8	32.9	38.0	36.3	30.7	21.8	10.2	12.3
所得税課税後	%	12.7	10.6	22.6	17.1	26.3	30.4	28.8	25.5	17.3	10.5	11.9

1. 価格下落および非常用施設の償却促進を含む

資料：U.S. Census Bureau, *Quarterly Financial Report for Manufacturing, Mining and Selected Service Industries.*

No.940. 大手石油会社（メジャー）――財務データ概要：1980－2010年

[32.9は329億ドルを表す。世界的活動を行なっている42の主要石油会社を集計マイナス（－）は超過を示す。]

項目	1980	1990	1995	2000	2005	2006	2007	2008	2009	2010
財務データ（10億ドル）										
純所得	32.9	26.8	24.3	76.4	170.6	187.6	237.6	198.1	92.6	185.0
減価償却、減耗額、その他	32.5	38.7	43.1	53.3	76.5	85.8	114.3	156.8	170.2	186.8
キャッシュフロー[1]	65.4	65.5	67.4	129.7	239.9	261.2	327.1	440.7	279.6	362.4
配当金支払	9.3	15.9	17.6	23.0	37.5	39.2	62.2	74.8	72.1	70.5
投資または負債返済のための										
純内部資金[2]	56.1	49.6	49.8	106.7	202.4	222.0	264.9	365.9	207.5	291.9
資本および調査支出	62.1	59.6	59.8	72.8	140.4	193.1	221.7	328.0	268.0	344.3
長期資本総額	211.4	300.0	304.3	516.9	800.4	910.6	1,211.8	1,362.0	1,449.3	1,621.1
長期負債	49.8	90.4	85.4	112.8	165.2	177.4	240.1	299.4	365.7	444.2
優先株	2.0	5.2	5.7	5.4	3.5	3.4	1.9	1.4	1.2	5.0
普通株および内部留保[3]	159.6	204.4	213.2	398.7	631.7	729.8	969.8	1,061.2	1,082.4	1,171.9
現金収入に対する超過支出[4]	6.0	10.0	10.0	-33.9	-62.0	-28.9	-43.2	-37.9	60.5	52.4
比率[5] (%)										
長期資本に対する長期負債	23.6	30.1	28.1	21.8	23.5	19.4	19.1	22.0	25.3	24.1
平均資本の総額に対する純所得	17.0	9.1	8.1	15.7	23.0	22.3	21.2	15.2	6.6	10.8
通常純価の平均に対する純所得	22.5	13.5	11.6	20.5	29.3	27.8	26.3	19.2	8.7	14.4

1. 通常は、操業によって内部的に発生した資金を表す。純所得、流動資本と非現金項目（減価償却、減耗償却、無形資産の減価償却、減損処理、未実現ヘッジ損益）の変化の合計　2. 内部資金から支払った配当を差引いた額　3. 通常株、資本余剰金、精算後の収益余剰勘定を含む　4. 資本および調査費と、受けた配当を加え合わせたものから内部資金を差引いた額　5. 合併その他の協同関係の変化による企業体の膨張のため、年度毎の概略の比較を示す

資料：Carl H. Pforzheimer & Co., New York, NY, *Comparative Oil Company Statements*（年刊）

No.941. 原子力発電所——発電所数、発電能力、発電量：1980－2010年

[51.8は5180万kWを表す]

項目	1980	1990	1995	2000	2003	2004	2005	2006	2007	2008	2009	2010
運転可能原子炉[1][2]	71	112	109	104	104	104	104	104	104	104	104	104
夏期純発電能力[2][3] (100万kW)	51.8	99.6	99.5	97.9	99.2	99.6	100.0	100.3	100.3	100.8	101.0	101.0
純発電量 (10億kWh)	251.1	576.9	673.4	753.9	763.7	788.5	782.0	787.2	806.4	806.2	798.9	807.0
公益電力事業純発電量に占める割合 (%)	11.0	19.0	20.1	19.8	19.7	19.9	19.3	19.4	19.4	19.6	20.2	19.6
稼働率[4] (%)	56.3	66.0	77.4	88.1	87.9	90.1	89.3	89.6	91.8	91.1	90.3	91.2

1. 年末現在、完全操業の認可を受けているか、操業の許認可を受けていると同等の、原子力発電施設の総計。Browns Ferry 1は1985年に閉鎖されているが、施設は許認可を受けた状態で存続しているので、閉鎖中であってもカウントされている。実際に2007年に再開した　2. 年度末現在　3. 夏期純発電能力とは、夏期最高需要時の試験によって発電装置が、補助的および他の発電装置を別にして、システム負荷に対して供給が期待できることを証明された1時間あたりの最大定常発電量をいう　4. 毎月能力係数の加重平均値。毎月係数は実際の毎月発電量をその月の最大発電可能量（月間時間に純最大信頼能力を乗じた値）で割った値

資　料：U.S. Energy Information Administration, "Monthly Energy Review" (2011年4月);〈http://www.eia.gov/totalenergy/data/monthly/#nuclear〉も参照

No.942. 原子力発電所——州別発電所数、純発電量、夏期純発電能力：2009年

[798,855は7988億5500万kWhを表す]

州	発電所数	純発電量 総計 (100万kWh)	純発電量 全体に占める割合 (%)[1]	夏期純発電能力 総計 (100万kW)	夏期純発電能力 全体に占める割合 (%)[1]	州	発電所数	純発電量 総計 (100万kWh)	純発電量 全体に占める割合 (%)[1]	夏期純発電能力 総計 (100万kW)	夏期純発電能力 全体に占める割合 (%)[1]
合衆国	104	798,855	20.2	101.0	9.9	MS	1	10,999	22.6	1.3	7.9
AL	5	39,716	27.7	5.0	15.9	MO	1	10,247	11.6	1.2	5.7
AZ	3	30,662	27.4	1.8	7.0	NE	2	9,435	27.7	1.3	16.1
AR	2	15,170	26.4	3.9	25.8	NH	1	8,817	43.7	1.2	29.9
CA	4	31,761	15.5	4.4	6.7	NJ	1	34,328	55.5	4.1	22.2
CT	2	16,657	53.4	2.1	26.2	NY	6	43,485	32.7	5.3	13.3
FL	5	29,118	13.4	3.9	6.6	NC	5	40,848	34.5	5.0	18.0
GA	4	31,683	24.6	4.1	11.1	OH	3	15,206	11.2	2.1	6.4
IL	11	95,474	49.2	11.4	26.0	PA	9	77,328	35.2	9.5	20.7
IA	1	4,679	9.0	0.6	4.1	SC	7	52,150	52.1	6.5	27.1
KS	1	8,769	18.8	1.2	9.3	TN	3	26,962	33.8	3.4	16.3
LA	2	16,782	18.4	2.1	8.2	TX	4	41,498	10.4	4.9	4.8
MD	2	14,550	33.2	1.7	13.7	VT	1	5,361	73.6	0.6	55.1
MA	1	5,396	13.8	0.7	5.0	VA	4	28,212	40.3	3.4	14.3
MI	3	21,851	21.6	4.0	13.0	WA	1	6,634	6.4	1.1	3.8
MN	2	12,393	23.6	1.4	11.4	WI	3	12,683	21.2	1.6	8.9

1. 総発電量と全発電能力については表No.948を参照

資　料：U.S. Energy Information Administration, "Electric Power Annual 2009" (2011年4月);〈http://www.eia.doe.gov/cneaf/electricity/epa/epa_sprdshts.html〉も参照

No.943. 濃縮ウラニウム——供給、在庫、平均価格：1990－2008年

[8.89は889万ポンドを表す。12月31日を年度末とする。ウランについてのその他のデータは第18章を参照]

項目	単位	1990	1995	2000	2003	2004	2005	2006	2007	2008
生産[1]	100万ポンド	8.89	6.04	3.96	2.00	2.28	2.69	4.11	4.53	3.90
輸出[2]	100万ポンド	2.0	9.8	13.6	13.2	13.2	20.5	18.7	14.8	17.2
輸入[2]	100万ポンド	23.7	41.3	44.9	53.0	66.1	65.5	64.8	54.1	57.1
電力供給プラントが国内業者から購入	100万ポンド	20.5	22.3	24.3	21.7	28.2	27.3	27.9	18.5	20.4
米国内原子炉に出荷[3]	100万ポンド	(NA)	51.1	51.5	62.3	50.1	58.3	51.7	45.5	51.3
在庫（総計）	100万ポンド	129.1	72.5	111.3	85.5	95.2	93.8	106.6	112.4	108.8
国内供給者	100万ポンド	26.4	13.7	56.5	39.9	37.5	29.1	29.1	31.2	26.9
電力事業者	100万ポンド	102.7	58.7	54.8	45.6	57.7	64.7	77.5	81.2	81.9
平均価格（ポンドあたり）：										
輸入購入	ドル	12.55	10.20	9.84	10.59	12.25	14.83	19.31	34.18	41.30
国内購入	ドル	15.70	11.11	11.45	10.84	11.91	13.98	18.54	33.13	43.43

NA　データなし　1. ウラン鉱製錬や堆積浸出溶液抽出によって、もしくはリン酸製造の副産物として得られる黄色または茶色の粉末の濃縮ウラニウムに関するデータ　2. 1990年以前の売買データは、ウラニウム供給者のみによって行われた取引に関するもの。1990年以降に関しては、ウラニウムの買手（消費者）による取引が含まれている。1990年以前の買手による輸出入は少量と見られる　3. 原子炉から1度抜かれて再装填された燃料棒を除く

資　料：U.S. Energy Information Administration, Annual Energy Review 2009 (2010年8月);〈http://www.eia.doe.gov/emeu/aer/nuclear.html〉も参照

No.944. ソーラーコレクター（太陽熱集熱器）の出荷——集熱器の種類別、最終用途別、市場部門別：1980－2009年

[単位：1,000平方フィート（19,398は1939万8000を表す）。ただし製造所数を除く。太陽熱集熱器とは太陽熱を遮断し、これを熱に変え、この熱を使用または貯蔵する場所に運ぶ装置。1985年のデータは入手不能。太陽熱集熱装置製造業年次調査に基づく]

年	製造所数	出荷総数[1][2][3]	集熱器種類		最終用途			市場部門		
			低温度[1][2]	中温度、特別、その他[2]	プール	湯	暖房	住宅	商業	工業
1980	233	19,398	12,233	7,165	12,029	4,790	1,688	16,077	2,417	488
1990	51	11,409	3,645	2,527	5,016	1,091	2	5,835	294	22
1995	36	7,666	6,813	840	6,763	755	132	6,966	604	82
2000	26	8,354	7,948	400	7,863	367	99	7,473	810	57
2005	25	16,041	15,224	702	15,041	640	228	14,681	1,160	31
2008	74	16,963	14,015	2,560	11,973	1,978	186	13,000	1,294	128
2009	88	13,798	10,511	2,307	8,934	1,992	150	10,239	974	634

1．軍事用を含む政府の高温度コレクターの出荷を含むが、宇宙用は除く。個別に明示しない高温コレクターおよび最終消費者や商業部門を含む　2．出荷のデータを非回答者のアカウントにあてはめて計算を含む　3．出荷総数は全国内向けと全輸出を含む。最終的に国内もしくは外国の顧客に納品された輸入品を含む可能性もある

資料：U.S. Energy Information Administration, 1980-1990年は "Solar Collector Manufacturing Activity"（年刊レポート）; 1995-2002年は "Renewable Energy Annual"; それ以降は "Solar Thermal and Photovoltaic Collector Manufacturing Activities 2009"（2011年1月）; <http://www.eia.doe.gov/cneaf/solar.renewables/page/solarreport/solar.html>

No.945. 総発電量——部門別、燃料別：1990－2010年

[3,038.0は3兆380億kWhを表す。電力生産のために消費される燃料のデータ。少数のコンバインドサイクル発電所で、排熱のために消費される燃料も含む]

燃料および部門	単位	1990	1995	2000	2005	2009	2010[1]
総発電量、計	10億kWh	3,038.0	3,353.0	3,802.0	4,055.0	3,950.0	4,120.0
発電部門	10億kWh	2,901.3	3,194.2	3,637.5	3,902.2	3,809.8	3,971.2
商業部門[2]	10億kWh	5.8	8.2	7.9	8.5	8.2	8.3
工業部門[3]	10億kWh	130.8	151.0	156.7	144.7	132.3	140.5
燃料別総発電量（全部門）：							
化石燃料、計	10億kWh	2,103.6	2,293.9	2,692.5	2,909.5	2,726.5	2,880.7
石炭[4]	10億kWh	1,594.0	1,709.4	1,966.3	2,012.9	1,755.9	1,850.8
石油[5]	10億kWh	126.5	74.6	111.2	122.2	38.9	36.9
天然ガス[6]	10億kWh	372.8	496.1	601.0	761.0	921.0	981.8
その他ガス[7]	10億kWh	10.4	13.9	14.0	13.5	10.6	11.2
原子力発電	10億kWh	576.9	673.4	753.9	782.0	798.9	807.0
揚水発電[8]	10億kWh	-3.5	-2.7	-5.5	-6.6	-4.6	-4.1
再生可能エネルギー、計	10億kWh	357.2	384.8	356.5	357.7	417.7	425.2
従来型水力発電	10億kWh	292.9	310.8	275.6	270.3	273.4	257.1
バイオマス、計	10億kWh	45.8	56.9	60.7	54.3	54.5	56.5
木材[9]	10億kWh	32.5	36.5	37.6	38.9	36.1	38.0
廃棄物[10]	10億kWh	13.3	20.4	23.1	15.4	18.4	18.6
地熱	10億kWh	15.4	13.4	14.1	14.7	15.0	15.7
太陽[11]	10億kWh	0.4	0.5	0.5	0.6	0.9	1.3
風力	10億kWh	2.8	3.2	5.6	17.8	73.9	94.6
その他[12]	10億kWh	3.8	3.6	4.7	12.4	11.6	11.2
発電のための燃料消費：							
石炭[4]	100万米トン	792.5	860.6	994.9	1,041.4	934.7	979.6
石油、計	100万バレル	218.8	132.6	195.2	206.8	67.7	64.8
蒸留燃料油[13]	100万バレル	18.1	19.6	31.7	20.7	12.7	13.9
重油[14]	100万バレル	190.7	95.5	143.4	141.5	28.6	24.4
その他液体燃料油[15]	100万バレル	0.4	0.7	1.5	3.0	2.3	1.8
石油コークス	100万米トン	1.9	3.4	3.7	8.3	4.8	5.0
天然ガス[6]	10億立方フィート	3.7	4.7	5.7	6.0	7.1	7.6
その他ガス[7]	1兆Btu	0.1	0.1	0.1	0.1	0.1	0.1
バイオマス							
木材[9]	1兆Btu	0.7	0.8	0.8	0.6	0.6	0.6
廃棄物[10]	1兆Btu	0.4	0.5	0.5	0.4	0.3	0.3
地熱	1兆Btu	0.2	0.3	0.3	0.2	0.3	0.3
その他[12]	1兆Btu	0.0	0.0	0.0	0.2	0.2	0.2

1．暫定値　2．商業部門の発電およびコンバインドサイクル事業　3．工業部門の発電およびコンバインドサイクル事業　4．無煙炭、瀝青炭、亜瀝青炭、褐炭、くず炭、石炭合成燃料　5．蒸留燃料油、重油、石油コークス、ジェット燃料、ケロシン、その他の石油および廃油　6．個別に特定されない少量の補助ガス燃料を含む　7．高炉ガス、プロパンガス、その他の化石燃料から製造されるガス・廃ガス　8．揚水発電量から揚水に要したエネルギーをひいたもの　9．木材、木材およびその他の廃材・木屑　10．自治体の固形廃棄物、廃棄物集積所に発生するガス、スラッジ、タイヤ、農業副産物およびその他のバイオマス。2000年代には再生不可能な廃棄物（生物起源でない自治体の固形廃棄物とタイヤからの燃料）も含む　11．太陽熱および太陽光エネルギー　12．電池、化学物質、水素、ピッチ、蒸気、硫黄、その他のテクノロジーおよび2001年以降は再生不可能な廃棄物（生物起源でない自治体の固形廃棄物とタイヤからの燃料）も含む　13．燃料油No.1、2、および4　1990年から2000年は電力事業のデータには少量のケロシンおよびジェット燃料を含む　14．燃料油No.5および6。1990年から2000年は電力事業のデータには少量の燃料油No.4を含む　15．ジェット燃料、ケロシン、その他の液体石油燃料、および廃油

資料：U.S. Energy Information Administration, *Annual Energy Review*（2011年5月）; <http://www.eia.gov/totalenergy/data/monthly/> も参照

No.946. 夏期総発電能力——全部門：1990－2009年

[単位：100万kw（734.1は7億3410万キロワットを表す）。年末現在。エネルギー源として複数を用いるプラントの発電能力については、主たるエネルギー源の項に分類する]

エネルギー源	1990	1995	2000	2004	2005	2006	2007	2008	2009
夏期総発電能力、計	734.1	769.5	811.7	962.9	978.0	986.2	994.9	1,010.2	1,027.6
化石燃料、計	527.8	554.2	598.9	745.4	757.1	761.6	764.0	770.2	778.2
石炭[1]	307.4	311.4	315.1	313.0	313.4	313.0	312.7	313.3	314.4
石油[2]	77.9	66.6	61.8	59.1	58.5	58.1	56.1	57.4	57.0
天然ガス[3]	140.8	174.5	219.6	371.0	383.1	388.3	392.9	397.4	404.9
デュアル方式[4]	113.6	122.0	149.8	172.2	174.7	(NA)	(NA)	(NA)	(NA)
その他のガス[5]	1.6	1.7	2.3	2.3	2.1	(NA)	2.3	2.0	2.0
原子力発電	99.6	99.5	97.9	99.6	100.0	100.3	100.3	100.8	100.8
揚水発電	19.5	21.4	19.5	20.8	21.3	21.5	21.5	21.9	21.9
再生可能エネルギー、計	86.8	93.9	94.9	96.4	98.7	101.9	108.0	116.4	125.8
従来型水力発電	73.9	78.6	79.4	77.6	77.5	77.8	77.9	77.9	78.0
バイオマス、計	8.1	10.3	10.0	9.7	9.8	10.1	10.8	11.1	11.4
木材[6]	5.5	6.7	6.1	6.2	6.2	6.4	6.7	6.9	6.9
廃棄物[7]	2.5	3.5	3.9	3.5	3.6	3.7	4.1	4.2	4.4
地熱	2.7	3.0	2.8	2.2	2.3	2.3	2.2	2.3	2.4
太陽[8]	0.3	0.3	0.4	0.4	0.4	0.4	0.5	0.5	0.6
風力	1.8	1.7	2.4	6.5	8.7	11.3	16.5	24.7	33.5
その他[9]	0.5	0.5	0.5	0.7	0.9	0.9	0.9	0.9	0.9

NA データなし 1．無煙炭、瀝青炭、亜瀝青炭、褐炭、くず炭、石炭合成燃料 2．蒸留燃料油、重油、石油コークス、ジェット燃料、ケロシン、その他の石油、および廃油 3．個別に特定されない少量の補助ガス燃料を含む 4．石油と天然ガス 5．高炉ガス、プロパンガス、その他の化石燃料から製造されるガス・廃ガス 6．木材、およびその他の廃材・木屑燃料 7．自治体の固形廃棄物、廃棄物集積所に発生するガス、スラッジ、タイヤ、農業副産物その他のバイオマス 8．太陽熱および太陽光エネルギー 9．電池、化学物質、水素、ピッチ、蒸気、硫黄、その他のテクノロジー
資料：U.S. Energy Information Administration, *Annual Energy Review 2009*（2010年8月）；<http://www.eia.doe.gov/emeu/aer/elect.html> も参照

No.947. 電力——最終消費および平均小売価格：1990－2009年

[2004年以降、「その他」のカテゴリは「輸送」に置き換えられ、「商業」および「工業」については定義が改められた。電力販売量（kw）から導かれた電力販売による収入のデータ。価格には州・地方税、電力料金または基本料金、顧客サービス料、環境サーチャージ、フランチャイズ料、燃料調整費、その他の、通常請求時に最終消費者に課されるすべての課金を含む。価格には、延滞金、クレジット、その他の調整（購買電力から得る燃料による収入や以前の報告期間に発生していた収入等）は含まない。2000年以降、消費者に小売販売するエネルギーサービスの提供者のデータを含む]

項目	1990	1995	2000	2004	2005	2006	2007	2008	2009[1]
最終消費（10億kWh）									
最終消費、計[2]	2,837.1	3,164.0	3,592.4	3,715.9	3,811.0	3,816.8	3,923.8	3,906.4	3,741.5
直接利用[3]	124.5	150.7	170.9	168.5	150.0	146.9	159.3	173.5	166.0
小売販売[4]	2,712.6	3,013.3	3,421.4	3,547.5	3,661.0	3,669.9	3,764.6	3,733.0	3,575.5
家庭用	924.0	1,042.5	1,192.4	1,292.0	1,359.2	1,351.5	1,392.2	1,380.0	1,362.9
商業[5]	838.3	953.1	1,159.3	1,230.4	1,275.1	1,299.7	1,336.3	1,336.0	1,323.0
工業[6]	945.5	1,012.7	1,064.2	1,017.8	1,019.2	1,011.3	1,027.8	1,009.3	881.9
輸送[7]	4.8	5.0	5.4	7.2	7.5	7.4	8.2	7.7	7.7
平均小売価格（1kWhあたりセント）									
計									
名目	6.57	6.89	6.81	7.61	8.14	8.90	9.13	9.74	9.89
実質	9.10	8.45	7.68	7.86	8.14	8.62	8.60	8.98	9.01
家庭用									
名目	7.83	8.40	8.24	8.95	9.45	10.40	10.65	11.26	11.55
実質	10.84	10.30	9.30	9.25	9.45	10.07	10.03	10.38	10.52
商業[8]									
名目	7.34	7.69	7.43	8.17	8.67	9.46	9.65	10.36	10.21
実質	10.17	9.43	8.38	8.44	8.67	9.16	9.09	9.55	9.30
工業[6]									
名目	4.74	4.66	4.64	5.25	5.73	6.16	6.39	6.83	6.84
実質	6.57	5.72	5.23	5.43	5.73	5.97	6.02	6.30	6.23
輸送[7]									
名目	(NA)	(NA)	(NA)	7.18	8.57	9.54	9.70	10.74	11.17
実質	(NA)	(NA)	(NA)	7.42	8.57	9.24	9.13	9.90	10.18
その他[9]									
名目	6.40	6.88	6.56	(X)	(X)	(X)	(X)	(X)	(X)
実質	8.86	8.44	7.40	(X)	(X)	(X)	(X)	(X)	(X)

NA データなし X 該当なし 1．暫定値 2．「小売販売総額」と「直接利用」の合計 3．1)自家発電、2)電力消費する企業、またはその支社によって生産される、3)発電設備を擁する施設または複数の施設の内部で、サービスまたは工業のプロセスを直接サポートするために用いられる、電力利用。発電所の使用は除外 4．電力事業者の報告による最終使用者に対する小売販売、および2000年以降はその他のエネルギーサービス提供者を含む 5．公道・ハイウェイの照明、部局間の販売、その他公的機関への販売を含む 6．2003年以降、農業と灌漑を含む 7．鉄道への販売を含む 8．2003年以降、公道・ハイウェイの照明、部局間の販売、その他公的機関への販売を含む 9．公道・ハイウェイの照明、部局間の販売、その他公的機関への販売、農業と灌漑、鉄道を含む輸送
資料：U.S. Energy Information Administration, *Annual Energy Review 2009*（2010年8月）；<http://www.eia.doe.gov/emeu/aer/elect.html> も参照

No.948. 電力産業——州別純発電量、夏期純発電能力：2000－2009年

[12月31日現在の発電能力。3,802.1は3兆8021億kWhを表す。公益事業を対象とする]

州	純発電量(10億kWh)									夏期純発電能力(100万kWh)	
	2000	2005	2009							2000	2009
			純発電量(10億kWh)	石油	天然ガス	水力	非水力	原子力	石炭		
						再生可能					
						%					
合衆国	3,802.1	4,055.4	3,950.3	1.0	23.3	6.9	3.7	20.2	44.4	811.7	1,025.4
AL	124.4	137.9	143.3	0.2	22.1	8.8	2.1	27.7	38.8	23.5	31.4
AK	6.2	6.6	6.7	17.3	53.4	19.8	0.2	–	9.4	2.1	2.0
AZ	88.9	101.5	112.0	0.1	31.0	5.7	0.2	27.4	35.5	15.3	26.3
AR	43.9	47.8	57.5	0.2	19.5	7.3	2.8	26.4	43.6	9.7	15.3
CA	208.1	200.3	204.8	0.8	55.4	13.6	12.5	15.5	1.0	52.3	65.9
CO	44.2	49.6	50.6	(Z)	27.4	3.7	6.4	–	62.6	8.4	13.0
CT	33.0	33.5	31.2	1.0	31.4	1.6	2.4	53.4	7.9	6.4	8.0
DE	6.0	8.1	4.8	5.3	28.4	–	2.6	–	58.8	2.4	3.4
DC	0.1	0.2	(Z)	100.0	–	–	–	–	–	0.8	0.8
FL	191.8	220.3	218.0	4.2	54.3	0.1	2.0	13.4	24.8	41.5	59.1
GA	123.9	136.7	128.7	0.5	15.9	2.5	2.2	24.6	54.0	27.8	36.5
HI	10.6	11.5	11.0	75.3	–	1.0	6.4	–	13.6	2.4	2.6
ID	11.9	10.8	13.1	(Z)	12.5	79.6	6.6	–	–	3.0	3.8
IL	178.5	194.1	193.9	0.1	2.3	0.1	1.8	49.2	46.4	36.3	44.0
IN	127.8	130.4	116.7	0.1	3.3	0.4	1.5	–	92.8	23.9	27.9
IA	41.5	44.2	51.9	0.2	2.3	1.9	14.6	9.0	72.0	9.1	14.6
KS	44.8	45.9	46.7	0.3	5.7	(Z)	6.1	18.8	69.1	10.1	12.5
KY	93.0	97.8	90.6	2.2	1.0	3.7	0.4	–	92.7	16.8	20.2
LA	92.9	92.6	91.0	2.0	48.4	1.4	2.6	18.4	25.4	21.1	26.0
ME	14.0	18.8	16.3	2.7	45.0	25.8	24.1	–	0.4	4.2	4.3
MD	51.1	52.7	43.8	0.8	4.0	4.3	1.3	33.2	55.2	10.5	12.5
MA	38.7	47.5	39.0	2.3	53.9	3.1	3.2	13.8	23.2	12.4	13.7
MI	104.2	121.6	101.2	0.4	8.3	1.4	2.6	21.6	66.1	25.8	30.3
MN	51.4	53.0	52.5	0.1	5.4	1.5	12.8	23.6	55.9	10.3	14.6
MS	37.6	45.1	48.7	(Z)	47.8	–	2.9	22.6	26.6	9.0	15.8
MO	76.6	90.8	88.4	0.1	3.9	2.1	0.7	11.6	81.1	17.3	20.8
MT	26.5	27.9	26.7	1.8	0.3	35.6	3.4	–	58.4	5.2	5.8
NE	29.1	31.5	34.0	0.1	0.9	1.3	1.3	27.7	68.7	6.0	7.8
NV	35.5	40.2	37.7	(Z)	68.6	6.5	4.8	–	20.0	6.7	11.4
NH	15.0	24.5	20.2	0.9	26.5	8.3	5.9	43.7	14.3	2.9	4.2
NJ	58.1	60.5	61.8	0.5	33.4	0.1	1.6	55.5	8.3	16.6	18.5
NM	34.0	35.1	39.7	0.1	21.8	0.7	4.0	–	73.4	5.6	8.0
NY	138.1	146.9	133.2	2.0	31.4	20.7	3.4	32.7	9.6	35.6	39.7
NC	122.3	129.7	118.4	0.3	4.1	4.4	1.6	34.5	55.0	24.5	27.6
ND	31.3	31.9	34.2	0.1	(Z)	4.3	8.8	–	86.6	4.7	6.0
OH	149.1	157.0	136.1	1.0	3.4	0.4	0.5	11.2	83.6	28.5	33.5
OK	55.6	68.6	75.1	(Z)	46.1	4.7	3.9	–	45.4	14.2	20.8
OR	51.8	49.3	56.7	(Z)	28.5	58.3	7.5	–	5.6	11.3	14.0
PA	201.7	218.1	219.5	0.4	13.3	1.2	1.5	35.2	48.1	36.8	45.6
RI	6.0	6.1	7.7	0.2	97.8	0.1	1.9	–	–	1.2	1.8
SC	93.3	102.5	100.1	0.5	9.8	2.3	1.7	52.1	34.4	18.7	24.0
SD	9.7	6.5	8.2	0.1	1.0	54.1	5.2	–	39.3	2.8	3.4
TN	95.8	97.1	79.7	0.2	0.5	12.8	1.2	33.8	52.2	19.5	20.9
TX	377.7	396.7	397.2	0.4	47.6	0.3	5.3	10.4	35.0	81.9	103.0
UT	36.6	38.2	43.5	0.1	14.8	1.9	1.1	–	81.6	5.2	7.4
VT	6.3	5.7	7.3	(Z)	0.1	20.4	5.9	73.6	–	1.0	1.1
VA	77.2	78.9	70.1	1.6	17.4	2.1	3.4	40.3	36.5	19.4	23.8
WA	108.2	102.0	104.5	0.1	11.5	69.8	4.8	6.4	7.2	26.1	30.1
WV	92.9	93.6	70.8	0.2	0.2	2.3	1.0	–	96.2	15.1	16.4
WI	59.6	61.8	60.0	1.2	9.1	2.3	3.9	21.2	62.2	13.6	17.7
WY	45.5	45.6	46.0	0.1	1.1	2.1	4.8	–	91.1	6.2	7.6

－ ゼロを示す　Z　5,000万kWhまたは50,000kW未満

資料：U.S. Energy Information Administration, "Electric Power Annual 2009" (2011年1月);〈http://www.eia.doe.gov/cneaf/electricity/epa/epa_sprdshts.html〉も参照

No.949. 電力産業──発電能力、最大負荷およびキャパシティマージン：1980－2010年

[558,237は5億5823万7000kWを表す。アラスカ、ハワイを除く。発電能力は、利用可能なすべての電源が全力で発電できるキロワット数を示す。現役で利用できる水力発電施設も含む。メンテナンス、緊急停止、システム運営上の要件をクリアしたものを対象とする。キャパシティマージンとは発電能力と最大負荷の差をいう。マイナス（－）は減少を示す]

年	発電能力				最大負荷		キャパシティマージン			
	夏期最大 (1,000kW)		冬期最大 (1,000kW)				夏期		冬期	
	総計	前年からの変化	総計	前年からの変化	夏期 (1,000kW)	冬期 (1,000kW)	総計 (1,000kW)	最大出力に対する割合(%)	総計 (1,000kW)	最大出力に対する割合(%)
1980	558,237	13,731	572,195	17,670	427,058	384,567	131,179	23.5	187,628	32.8
1985	621,597	17,357	636,475	14,350	460,503	423,660	161,094	25.9	212,815	33.4
1990	685,091	11,775	696,757	11,508	546,331	484,231	138,760	20.3	212,526	30.5
1991	690,915	5,824	703,212	6,455	551,418	485,761	139,497	20.2	217,451	30.9
1992	695,436	4,521	707,752	4,540	548,707	492,983	146,729	21.1	214,769	30.3
1993	694,250	-1,186	711,957	4,205	575,356	521,733	118,894	17.1	190,224	26.7
1994	702,985	8,735	715,090	3,133	585,320	518,253	117,665	16.7	196,837	27.5
1995	714,222	11,237	727,679	12,589	620,249	544,684	93,973	13.2	182,995	25.1
1996	730,376	16,154	737,637	9,958	616,790	554,081	113,586	15.6	183,556	24.9
1997	737,855	7,479	736,666	-971	637,677	529,874	100,178	13.6	206,792	28.1
1998	744,670	6,815	735,090	-1,576	660,293	567,558	84,377	11.3	167,532	22.8
1999	765,744	21,074	748,271	13,181	682,122	570,915	83,622	10.9	177,356	23.7
2000	808,054	42,310	767,505	19,234	678,413	588,426	129,641	16.0	179,079	23.3
2001	788,990	-19,064	806,598	39,093	687,812	576,312	101,178	12.8	230,286	28.6
2002	833,380	44,390	850,984	44,386	714,565	604,986	118,815	14.3	245,998	28.9
2003	856,131	22,751	882,120	31,136	709,375	593,874	146,756	17.1	288,246	32.7
2004	875,870	19,739	864,849	-17,271	704,459	618,701	171,411	19.6	246,148	28.5
2005	882,125	6,255	878,110	13,261	758,876	626,365	123,249	14.0	251,745	28.7
2006	891,226	9,101	899,551	21,441	789,475	640,981	101,751	11.4	258,570	28.7
2007	914,397	23,171	913,650	14,099	782,227	637,905	132,170	14.5	275,745	30.2
2008	909,504	-4,893	927,781	14,131	752,470	643,557	157,034	17.3	284,224	30.6
2009	916,449	6,945	920,002	-7,779	725,958	668,818	190,491	20.8	251,184	27.3
2010[1]	934,894	18,445	948,326	28,324	772,089	639,073	162,805	17.4	309,253	32.6

1．暫定値

資料：Edison Electric Institute, Washington, DC, *Statistical Yearbook of the Electric Power Industry* （年刊）

No.950. 電気エネルギー販売量──用途別および州別：2009年

[単位：10億kWh（3,596.9は3兆5969億kWhを表す）]

州	総計[1]	住宅用	商業用	工業用	州	総計[1]	住宅用	商業用	工業用
合衆国	3,596.9	1,364.5	1,307.2	917.4	ミズーリ	79.7	34.2	30.4	15.1
アラバマ	82.8	31.5	21.9	29.4	モンタナ	14.3	4.8	4.8	4.8
アラスカ	6.3	2.1	2.8	1.3	ネブラスカ	28.5	9.6	9.3	9.5
アリゾナ	73.4	32.8	29.4	11.2	ネバダ	34.3	11.9	9.0	13.4
アーカンソー	43.2	17.0	11.5	14.7	ニューハンプシャー	10.7	4.4	4.4	1.8
カリフォルニア	259.6	89.8	121.1	47.8					
					ニュージャージー	75.8	27.8	39.4	8.3
コロラド	51.0	17.4	20.0	13.6	ニューメキシコ	21.6	6.5	8.7	6.4
コネティカット	29.7	12.6	13.3	3.7	ニューヨーク	140.0	48.2	75.3	13.4
デラウェア	11.3	4.3	4.2	2.7	ノースカロライナ	127.7	56.3	46.2	25.1
コロンビア特別区	12.2	1.9	9.7	0.3	ノースダコタ	12.6	4.4	4.6	3.6
フロリダ	224.8	115.5	92.3	16.9					
					オハイオ	146.3	51.4	45.4	49.5
ジョージア	130.8	55.2	46.1	29.3	オクラホマ	54.5	21.6	18.7	14.2
ハワイ	10.1	3.1	3.4	3.7	オレゴン	47.6	19.8	16.0	11.8
アイダホ	22.8	8.6	6.0	8.2	ペンシルベニア	143.7	52.9	46.4	43.6
イリノイ	136.7	44.3	50.3	41.5	ロードアイランド	7.6	2.9	3.7	1.0
インディアナ	99.3	32.5	23.7	43.1					
					サウスカロライナ	76.4	29.6	21.4	25.4
アイオワ	43.6	13.7	11.7	18.2	サウスダコタ	11.0	4.5	4.2	2.3
カンザス	38.2	13.1	15.0	10.1	テネシー	94.7	40.1	28.0	26.6
ケンタッキー	88.8	26.5	18.7	43.6	テキサス	345.3	129.8	118.5	96.9
ルイジアナ	78.7	29.7	23.3	25.6	ユタ	27.6	8.7	10.2	8.6
メーン	11.3	4.4	4.1	2.9					
					バーモント	5.5	2.1	2.0	1.4
メリーランド	62.6	26.9	29.8	5.3	バージニア	108.5	44.8	46.8	16.7
マサチューセッツ	54.4	19.5	17.8	16.8	ワシントン	90.2	36.8	30.1	23.4
ミシガン	98.1	32.9	37.9	27.4	ウエストバージニア	30.3	11.6	7.7	11.0
ミネソタ	64.0	22.0	22.3	19.6	ウィスコンシン	66.3	21.4	22.5	22.4
ミシシッピ	46.0	18.1	13.0	14.9	ワイオミング	16.6	2.7	4.3	9.6

1．個別に明示しないその他の輸送用を含む

資料：U.S. Energy Information Administration, "Electric Sales and Revenue 2009"（2011年4月刊）;〈http://www.eia.doe.gov/cneaf/electricity/esr/esr_sum.html〉も参照

第19章　エネルギーと公益事業

No.951. 電力料金——契約別、州別：2009年

[キロワット時あたりの収益(セント)。バンドルサービスを受ける消費者も受けていない消費者も含む]

州	計[1]	住宅用	商業用	工業用	州	計[1]	住宅用	商業用	工業用
合衆国	9.82	11.51	10.17	6.81	ミズーリ	7.35	8.54	6.96	5.42
アラバマ	8.83	10.66	10.05	5.96	モンタナ	7.57	8.93	8.32	5.45
アラスカ	15.09	17.14	14.46	13.15	ネブラスカ	7.21	8.52	7.33	5.75
アリゾナ	9.56	10.73	9.35	6.65	ネバダ	10.36	12.86	10.64	7.97
アーカンソー	7.57	9.14	7.56	5.76	ニューハンプシャー	15.13	16.26	14.55	13.83
カリフォルニア	13.24	14.74	13.42	10.07					
					ニュージャージー	14.52	16.31	13.83	11.81
コロラド	8.31	10.00	8.15	6.39	ニューメキシコ	8.09	10.02	8.40	5.72
コネティカット	18.06	20.33	16.86	14.92	ニューヨーク	15.52	17.50	15.51	8.98
デラウェア	12.14	14.07	11.98	9.34	ノースカロライナ	8.48	9.99	7.98	5.99
コロンビア特別区	12.97	13.76	12.96	8.41	ノースダコタ	6.63	7.58	6.81	5.25
フロリダ	11.49	12.39	10.77	9.32					
					オハイオ	9.01	10.67	9.65	6.71
ジョージア	8.81	10.13	8.94	6.12	オクラホマ	6.94	8.49	6.76	4.82
ハワイ	21.21	24.20	21.86	18.14	オレゴン	7.48	8.68	7.49	5.45
アイダホ	6.51	7.80	6.49	5.17	ペンシルベニア	9.60	11.65	9.54	7.21
イリノイ	9.08	11.27	8.99	6.84	ロードアイランド	14.23	15.60	13.67	12.25
インディアナ	7.62	9.50	8.32	5.81					
					サウスカロライナ	8.42	10.44	8.74	5.79
アイオワ	7.37	9.99	7.55	5.27	サウスダコタ	7.39	8.49	7.14	5.65
カンザス	7.98	9.53	7.87	6.10	テネシー	8.69	9.32	9.61	6.76
ケンタッキー	6.52	8.37	7.63	4.91	テキサス	9.86	12.38	9.66	6.74
ルイジアナ	7.06	8.10	7.69	5.25	ユタ	6.77	8.48	6.96	4.81
メーン	13.09	15.65	12.55	9.95					
					バーモント	12.75	14.90	12.93	9.21
メリーランド	13.08	14.98	11.97	9.92	バージニア	8.93	10.61	8.06	6.91
マサチューセッツ	15.45	16.87	15.37	14.08	ワシントン	6.60	7.68	6.96	4.43
ミシガン	9.40	11.60	9.24	6.99	ウエストバージニア	6.65	7.90	6.77	5.24
ミネソタ	8.14	10.04	7.92	6.26	ウィスコンシン	9.38	11.94	9.57	6.73
ミシシッピ	8.85	10.22	9.50	6.61	ワイオミング	6.08	8.58	7.28	4.83

1．個別に明示しないその他の輸送用を含む

資料：U.S. Energy Information Administration, "Electric Sales and Revenue 2009"（2011年4月）; <http://www.eia.doe.gov/cneaf/erectricity/esr/esr_sum.html> も参照

No.952. 電力産業——発電量、販売量、収入および顧客数：1990－2010年

[2,808は2兆8080億kWhを表わす。最終顧客に対する販売量、および最終顧客からの収入。分類の変更により、商業用および工業用は年度間の全体的な比較はできない。2004年以降に関して、エネルギー情報局（Energy Information Administration）が「その他」の部門を輸送部門に替えている。輸送部門は、もっぱら電気鉄道網と都市における輸送システムからなる。従来は「その他」として報告されていたデータが、工業用部門に配置替えとなった農業に関するもの（灌漑用機器）を除き商業用部門に替えられている]

項目	単位	1990	1995	2000	2005	2006	2007	2008	2009	2010[1]
発電量[2]	10億kWh	2,808	3,353	3,802	4,055	4,065	4,157	4,119	3,950	4,120
販売量[3]	10億kWh	2,713	3,013	3,421	3,661	3,670	3,765	3,733	3,597	3,750
住宅および家庭用	10億kWh	924	1,043	1,192	1,359	1,352	1,392	1,380	1,364	1,451
全体に占める割合	%	34.1	34.6	34.9	37.1	36.8	37.0	37.0	37.9	38.7
商業用[4]	10億kWh	751	863	1,055	1,275	1,300	1,336	1,336	1,307	1,329
工業用[5]	10億kWh	946	1,013	1,064	1,019	1,011	1,028	1,009	917	962
収入[3]	10億ドル	178.2	207.7	233.2	298.0	326.5	343.7	363.7	353.3	370.5
住宅および家庭用	10億ドル	72.4	87.6	98.2	128.4	140.6	148.3	155.4	157.0	168.0
全体に占める割合	%	40.6	42.2	42.1	43.1	43.1	43.1	42.7	44.4	45.3
商業用[4]	10億ドル	55.1	66.4	78.4	110.5	122.9	128.9	138.5	132.9	136.4
工業用[5]	10億ドル	44.9	47.2	49.4	58.4	62.3	65.7	68.9	62.5	65.3
顧客数（12月31日）[3]	100万	110.6	118.3	127.6	138.4	140.4	142.1	143.3	143.5	144.2
住宅および家庭用	100万	97.1	103.9	111.7	120.8	122.5	123.9	124.9	125.2	125.9
商業用[4]	100万	12.1	12.9	14.3	16.9	17.2	17.4	17.6	17.6	17.6
工業用[5]	100万	0.5	0.6	0.5	0.7	0.8	0.8	0.8	0.8	0.7
顧客あたりの平均使用電力	1,000kWh	24.5	25.5	26.8	26.5	26.1	26.5	26.1	25.1	26.0
住宅用	1,000kWh	9.5	10.0	10.7	11.3	11.0	11.2	11.0	10.9	11.5
商業用[4]	1,000kWh	62.2	66.6	73.5	75.6	75.7	76.9	76.1	74.4	75.6
顧客あたり年平均販売額	ドル	1,612	1,756	1,828	2,154	2,325	2,418	2,538	2,462	2,570
住宅用	ドル	745	843	879	1,063	1,148	1,196	1,244	1,254	1,335
商業用[4]	ドル	4,562	5,124	5,464	6,551	7,158	7,418	7,884	7,570	7,754
販売電力(kWh)あたりの平均収入	セント	6.57	6.89	6.81	8.14	8.90	9.13	9.74	9.82	9.88
住宅用	セント	7.83	8.40	8.24	9.45	10.40	10.65	11.26	11.51	11.58
商業用[4]	セント	7.34	7.69	7.43	8.67	9.46	9.65	10.36	10.17	10.26
工業用[5]	セント	4.74	4.66	4.64	5.73	6.16	6.39	6.83	6.81	6.79

1．暫定値　2．発電量には、バッテリー、化学薬品、水質、ピッチ、硫黄、購入スチームおよび個別に明示しない種々の技術を含む　3．個別に明示しないその他の種類を含む。1990年のデータは12月31日現在のもの。それ以降のデータは1年間の顧客の平均　4．少量の照明用と動力用　5．多量の照明用と動力用

資料：Edison Electric Institute, Washington, DC, Statistical Yearbook of the Electric Power Industry（年刊）

No.953. 民間電力事業者の収入と支出：1995－2009年

[単位：100万ドル(199,967は1999億6700万ドルを表す)。3年にわたって、以下に示す条件を1つ以上満たす、約180の電力事業者――総売上100万メガワット時以上、再販のための売上が100メガワット時以上、500メガワット時以上を配電、500メガワット時以上を他者に伝送。不明や間違った回答データが支出項目の小計のいくつかにわずかな不整合をもたらす可能性がある]

項目	1995	2000	2005	2006	2007	2008	2009
公益事業運営収入	199,967	233,915	265,652	275,501	270,964	298,962	276,124
電力事業	183,655	213,634	234,909	246,736	240,864	266,124	249,303
その他の公益事業	16,312	20,281	30,743	28,765	30,100	32,838	26,822
公益事業運営支出	165,321	210,250	236,786	245,589	241,198	267,263	244,243
電力事業	150,599	191,564	207,830	218,445	213,076	236,572	219,544
運営	91,881	132,607	150,645	158,893	153,885	175,887	154,925
生産	68,983	107,554	120,586	127,494	121,700	140,974	118,816
燃料費	29,122	32,407	36,106	37,945	39,548	47,337	40,242
電力購入	29,981	62,608	77,902	79,205	74,112	84,724	67,630
その他	9,880	12,561	6,599	10,371	8,058	8,937	10,970
送電	1,425	2,713	5,664	6,179	6,051	6,950	6,742
配電	2,561	3,092	3,502	3,640	3,765	3,997	3,947
顧客口座	3,613	4,239	4,229	4,409	4,652	5,286	5,203
顧客サービス	1,922	1,826	2,291	2,536	2,939	3,567	3,857
販売	348	405	219	240	239	225	178
管理・事務	13,028	12,768	14,130	14,580	14,346	14,718	15,991
メンテナンス	11,767	12,064	12,033	12,838	13,181	14,192	14,092
減価償却	19,885	20,636	17,123	17,373	17,936	19,049	20,095
租税その他	27,065	24,479	26,805	28,149	27,000	26,202	29,081
その他の公益事業	14,722	18,686	28,956	27,143	28,122	30,692	24,698
公益事業の純運営収入	34,646	23,665	28,866	29,912	29,766	31,699	31,881

資料：U.S. Energy Information Administration, "Electric Power Annual 2009" (2011年4月); ⟨http://www.eia.doe.gov/cneaf/electricity/epa/epat8p1.html⟩

No.954. 再生エネルギーの純発電量――エネルギー源別、州別：2009年

[単位：100万キロワット時 (417,724は4177億2400万kWhを表す)。純発電量については表No.948を参照]

州	計[1]	水力	バイオマス[2]	風力	木材・くず材[3]	州	計[1]	水力	バイオマス[2]	風力	木材・くず材[3]
合衆国	417,724	273,445	18,443	73,886	36,050	MO	2,391	1,817	73	499	2
AL	15,585	12,535	14	(NA)	3,035	MT	10,422	9,506	(NA)	821	95
AK	1,337	1,324	7	7	(NA)	NE	883	434	66	383	(NA)
AZ	6,630	6,427	22	30	137	NV	4,269	2,461	(NA)	(NA)	1
AR	5,778	4,193	57	(NA)	1,529	NH	2,878	1,680	151	62	984
CA	53,428	27,888	2,468	5,840	3,732	NJ	992	32	928	21	(NA)
CO	5,132	1,886	56	3,164	(Z)	NM	1,851	271	34	1,547	(NA)
CT	1,268	510	758	(NA)	1	NY	32,082	27,615	1,665	2,266	536
DE	126	(NA)	126	(NA)	(NA)	NC	7,065	5,171	131	(NA)	1,757
DC	(NA)	(NA)	(NA)	(NA)	(NA)	ND	4,484	1,475	12	2,998	(NA)
FL	4,549	208	2,377	(NA)	1,954	OH	1,161	528	210	14	410
GA	6,085	3,260	80	(NA)	2,746	OK	6,482	3,553	163	2,698	68
HI	817	113	284	251	(NA)	OR	37,306	33,034	128	3,470	674
ID	11,302	10,434	(NA)	313	478	PA	6,035	2,683	1,579	1,075	694
IL	3,666	136	710	2,820	(Z)	RI	149	5	145	(NA)	(NA)
IN	2,209	503	303	1,403	(NA)	SC	4,080	2,332	137	(NA)	1,611
IA	8,560	971	168	7,421	(Z)	SD	4,859	4,432	6	421	(NA)
KS	2,876	13	(NA)	2,863	(NA)	TN	11,162	10,212	36	52	862
KY	3,681	3,318	101	(NA)	263	TX	22,133	1,029	429	20,026	649
LA	3,600	1,236	67	(NA)	2,297	UT	1,322	835	48	160	(NA)
ME	8,150	4,212	273	299	3,367	VT	1,915	1,486	24	12	393
MD	2,440	1,889	376	(NA)	175	VA	3,896	1,479	709	(NA)	1,708
MA	2,430	1,201	1,108	6	115	WA	77,977	72,933	167	3,572	1,305
MI	3,995	1,372	834	300	1,489	WV	2,388	1,646	(−Z)	742	−1
MN	7,546	809	887	5,053	796	WI	3,734	1,394	519	1,052	769
MS	1,424	(NA)	7	(NA)	1,417	WY	3,193	967	(NA)	2,226	(NA)

NA データなし　Z 50万kWh未満　1.個別に明示しないその他のタイプを含む　2.埋め立てガス、自治体の非有機固形廃棄物（紙、板紙、木、食品、皮革、布、庭木ごみ）を含む。同様に農業副産物/作物、汚泥ごみ、その他のバイオマス（固体、液体、気体）も含む。および木材および木材ごみは除く　3.黒液（木材処理の際に出る廃液）および木材／木材ごみ（液体・固体）

資料：Energy Information Administration, "Trends in Renewable Energy Consumption and Electricity 2009," (2011年3月); ⟨http://www.eia.gov/renewable/annual/trends/⟩

No.955. ガス事業――概要：1990－2009年

[54,261は5426万1000を表す。天然、製造、混合、液化石油ガスに適用。合衆国の民間、都市ガス事業への郵送アンケートに基づく。年収2万5,000ドル以下の事業を除く。『アメリカ歴史統計』系列S190-204も参照]

項目	単位	1990	1995	2000	2005	2006	2007	2008	2009
顧客[1]	1,000	54,261	58,728	61,262	64,395	65,020	65,389	65,487	65,147
住宅	1,000	49,802	53,955	56,494	59,569	60,147	60,534	60,654	60,344
商業	1,000	4,246	4,530	4,610	4,678	4,734	4,718	4,703	4,659
工業、その他	1,000	214	242	159	147	140	137	130	144
販売量[2]	1兆Btu[3]	9,842	9,221	9,232	8,848	8,222	8,565	8,594	8,050
住宅	1兆Btu	4,468	4,803	4,741	4,516	4,117	4,418	4,541	4,387
全体に占める割合	%	45	52	51	51	50	52	53	54
商業	1兆Btu	2,192	2,281	2,077	2,056	1,861	1,943	2,009	1,901
工業	1兆Btu	3,010	1,919	1,698	1,654	1,576	1,522	1,410	1,193
その他	1兆Btu	171	218	715	622	668	682	635	570
収入[2]	100万ドル	45,153	46,436	59,243	96,909	91,928	92,131	102,641	77,675
住宅	100万ドル	25,000	28,742	35,828	55,680	53,961	55,028	60,195	50,500
全体に占める割合	%	55	62	60	57	59	60	59	65
商業	100万ドル	10,604	11,573	13,339	22,653	21,557	21,248	23,592	18,451
工業	100万ドル	8,996	5,571	7,432	13,751	12,006	11,323	13,205	6,171
その他	100万ドル	553	549	2,645	4,825	4,405	4,533	5,649	2,553
100万Btu[3] あたりの価格	ドル	4.59	5.05	6.42	10.95	11.18	10.76	11.94	9.65
住宅	ドル	5.60	6.00	7.56	12.33	13.11	12.46	13.26	11.51
商業	ドル	4.84	5.07	6.42	11.02	11.58	10.93	11.75	9.71
工業	ドル	2.99	2.98	4.38	8.31	7.62	7.44	9.37	5.17
ガス管網総マイル数	1,000マイル	1,189	1,278	1,369	1,438	1,534	1,520	1,525	1,526
掘窄フィールド	1,000マイル	32	31	27	23	20	19	20	20
輸送管	1,000マイル	292	297	297	297	300	300	299	297
配給管	1,000マイル	865	950	1,046	1,118	1,214	1,201	1,206	1,210
建設支出[4]	100万ドル	7,899	10,760	8,624	10,089	10,218	10,987	14,090	12,146
輸送施設	100万ドル	2,886	3,380	1,590	3,368	3,316	4,327	6,388	5,377
配給施設	100万ドル	3,714	5,394	5,437	5,129	5,165	4,851	5,427	4,948
生産、貯蔵施設	100万ドル	309	367	138	179	240	107	174	128
一般	100万ドル	770	1,441	1,273	1,070	1,119	1,146	1,228	1,135
地下貯蔵施設	100万ドル	219	177	185	343	379	556	873	559

1．年間平均値　2．再販のための販売量を除く　3．Btuの定義については本章の解説を参照　4．一般経費を含む
資料：American Gas Association, Arlington, VA, *Gas Facts*（年刊）(copyright)

No.956. ガス事業――州別顧客、販売量、収入：2009年

[65,147は6514万7000を表す。表No.955の頭注を参照。Btuの定義については本章の解説を参照]

州	顧客[1] (1,000) 総数	住宅	販売量[2] (1兆Btu) 総数	住宅	収入[2] (100万ドル) 総数	住宅	州	顧客[1] (1,000) 総数	住宅	販売量[2] (1兆Btu) 総数	住宅	収入[2] (100万ドル) 総数	住宅
合衆国	65,147	60,344	8,066	4,395	77,675	50,500	MO	1,490	1,348	168	110	1,932	1,340
AL	853	783	95	37	1,175	652	MT	289	255	35	22	318	206
AK	133	120	62	21	499	204	NE	483	442	65	36	521	329
AZ	1,188	1,130	76	36	1,031	613	NV	802	760	93	40	999	511
AR	627	557	60	34	700	445	NH	112	97	14	7	200	111
CA	10,897	10,454	687	491	5,898	4,481	NJ	2,772	2,563	327	228	4,067	3,201
CO	1,768	1,622	198	133	1,599	1,135	NM	606	560	50	33	427	308
CT	541	489	86	44	1,005	636	NY	3,936	3,658	455	322	6,104	4,671
DE	162	149	17	10	283	179	NC	1,217	1,102	125	68	1,541	935
DC	136	130	14	11	185	143	ND	140	122	28	12	202	97
FL	702	660	42	15	591	301	OH	1,708	1,593	193	144	2,120	1,626
GA	360	324	53	17	485	221	OK	1,016	925	100	64	978	709
HI	28	25	3	1	78	19	OR	753	676	88	46	1,103	651
ID	381	342	40	26	402	269	PA	2,634	2,427	301	214	4,090	3,016
IL	3,809	3,554	511	397	4,382	3,453	RI	247	225	27	18	425	306
IN	1,711	1,569	213	135	2,068	1,415	SC	623	566	82	28	824	405
IA	974	876	126	72	1,082	689	SD	190	168	29	14	226	124
KS	938	856	103	73	1,038	789	TN	1,212	1,082	149	68	1,528	803
KY	802	721	98	51	1,006	589	TX	4,562	4,244	1,326	198	7,088	2,150
LA	948	889	219	38	1,372	480	UT	871	810	104	67	848	583
ME	28	21	5	1	63	21	VT	42	37	8	3	105	55
MD	996	939	93	71	1,152	896	VA	1,156	1,069	128	79	1,522	1,046
MA	1,522	1,361	168	117	2,314	1,688	WA	1,161	1,059	144	87	1,854	1,174
MI	3,240	3,004	435	316	4,618	3,453	WV	377	344	45	27	591	386
MN	1,557	1,424	271	138	2,133	1,199	WI	1,824	1,657	238	137	2,258	1,432
MS	488	437	52	24	493	263	WY	132	117	18	10	154	92

1．年間平均値　2．再販のための販売を除く
資料：American Gas Association, Arlington, VA, *Gas Facts*（年刊）(copyright)

No.957. 民間ガス企業——貸借対照表、収入勘定：1990－2009年

[単位：100万ドル（121,686は1216億8600万ドルを表す）。ガス会社はパイプラインと配給の各会社からなる。ボトルタンク詰めで配給する会社は除く。『アメリカ歴史統計』系列S205-218も参照]

項目	1990	1995	2000	2004	2005	2006	2007	2008	2009
貸借対照表									
資産、計	121,686	141,965	165,709	168,306	196,215	203,135	205,345	230,002	219,467
設備装置、計	112,863	143,636	162,206	180,884	207,976	212,500	213,516	237,140	235,426
償却、減価償却	49,483	62,723	69,366	79,889	91,794	91,804	86,244	95,211	91,958
操業設備（純）	63,380	80,912	92,839	100,996	116,183	120,696	127,272	141,929	143,468
投資および資本勘定	23,872	26,489	10,846	12,716	16,331	17,309	13,677	11,725	9,649
経常および累積勘定	23,268	18,564	35,691	22,107	32,325	26,955	28,871	31,960	27,703
繰り延べ勘定 [1]	9,576	13,923	24,279	31,033	29,574	36,278	34,608	42,922	37,037
負債、計	121,686	141,965	165,709	168,709	196,215	203,135	205,345	230,002	219,467
資本投下、計	74,958	90,581	96,079	105,579	120,949	126,842	127,609	136,108	135,797
資本金	43,810	54,402	47,051	54,252	62,470	66,153	71,038	74,610	74,517
長期負債	31,148	35,548	48,267	51,327	58,264	60,632	56,538	61,498	61,280
経常および累積債務	29,550	28,272	42,312	25,515	34,936	32,417	34,017	37,450	28,711
据置所得税 [2]	11,360	14,393	17,157	23,944	24,937	27,454	27,009	27,637	30,236
その他債務および売り掛け	5,818	8,715	10,161	13,671	15,393	16,422	16,709	28,807	24,723
収入勘定									
営業収益、計	66,027	58,390	72,042	80,194	102,018	97,156	97,195	109,547	87,419
営業経費 [3]	60,137	50,760	64,988	71,719	89,385	87,013	85,050	97,665	76,240
営業と保守費	51,627	37,966	54,602	59,920	77,673	73,459	71,011	82,386	61,865
連邦、州、地方税	4,957	6,182	6,163	6,472	7,513	7,350	7,803	8,477	7,889
営業所得	5,890	7,630	7,053	8,475	12,632	10,144	12,146	11,882	11,179
設備営業収入	6,077	7,848	7,166	8,619	12,812	10,185	12,472	12,293	11,428
利子手数料前の収入	8,081	9,484	7,589	9,609	13,972	11,586	14,329	13,313	12,232
純収入	4,410	5,139	4,245	5,942	9,777	6,931	9,758	9,067	8,458
配当	3,191	4,037	3,239	2,111	2,419	2,304	2,253	2,427	2,162

1．資本金割引と経費と必要証券を含む　2．据置所得税予備金を含む　3．個別に示さない経費を含む
資料：American Gas Association, Arlington, VA, *Gas Facts*（年刊）（copyright）

No.958. 下水処理施設：2008年

[2007年北米産業分類（NAICS）に基づく。第15章の解説を参照]

州	下水処理施設 (NAICS 22132) 事業所数	有給従業員	州	下水処理施設 (NAICS 22132) 事業所数	有給従業員
合衆国	663	6,363	MO	20	98
AL	6	70	MT	3	25
AK	2	(1)	NE	1	(1)
AZ	15	50	NV	(NA)	(NA)
AR	2	(1)	NH	10	(3)
CA	37	(2)	NJ	17	(2)
CO	6	28	NM	1	(1)
CT	13	(3)	NY	31	297
DE	2	(3)	NC	26	128
DC	(NA)	(NA)	ND	1	(1)
FL	73	837	OH	10	133
GA	8	(4)	OK	13	(4)
HI	14	(3)	OR	5	(3)
ID	6	44	PA	45	368
IL	43	379	RI	5	(3)
IN	37	479	SC	10	67
IA	4	(3)	SD	1	(1)
KS	2	(3)	TN	10	65
KY	8	(4)	TX	38	309
LA	24	315	UT	1	(1)
ME	1	(1)	VT	2	(1)
MD	8	34	VA	7	(3)
MA	25	(2)	WA	6	(3)
MI	21	(4)	WV	14	96
MN	6	(3)	WI	5	(1)
MS	16	321	WY	2	(1)

NA データなし　1．0－19人　2．250－499人　3．20－99人　4．100－249人
資料：U.S. Census Bureau, "County Business Patterns"（2010年7月）；〈http://www.census.gov/epcd/cbp/index.html〉

No.959. 公共上水道（飲料水）システム——対象人口規模別、水源別：2009年

[9月現在。水道管またはその他の輸送設備を通して、年間に60日以上、15戸以上あるいは25人以上に対して、給水するシステム。環境保護局によるSafe Drinking Water Information Systemの報告したデータに基づく。本書前年版の表No.954も参照]

システムの種類	計[1]	給水対象の規模					水源	
		500人以下	501－3,300人	3,301－10,000人	10,001－100,000人	100,001人以上	地下水	地上水
システム、計	153,530	125,126	19,126	5,090	3,775	413	139,205	14,297
コミュニティの上水道[2]								
システムの数	51,651	28,804	13,820	4,871	3,746	410	40,025	11,617
システムの%	100	56	27	9	7	1	78	22
対象人口(1,000人)	294,340	4,821	19,807	28,403	106,857	134,453	88,032	206,264
人口の%	100	2	7	10	36	46	30	70
コミュニティ以外の通年でも一時的でもない利用者、上水道[3]								
システムの数	18,395	15,619	2,625	132	18	1	17,688	702
システムの%	100	85	14	1	－	－	96	4
対象人口(1,000人)	6,243	2,195	2,704	700	441	203	5,416	820
人口の%	100	35	43	11	7	3	87	13
コミュニティ以外の一時利用者、上水道[4]								
システムの数	83,484	80,703	2,681	87	11	2	81,492	1,978
システムの%	100	97	3	－	－	－	98	2
対象人口(1,000人)	13,303	7,147	2,599	472	361	2,725	10,754	2,548
人口の%	100	54	20	4	3	20	81	19

－ ゼロを示す　1．水源（地下水か地表水か）が不明な少数のシステムを含む　2．年度内を通じて同じ人口を対象に上水の供給を行う公的水道システム　3．年に6ヶ月以上、25人以上を対象に定期的に上水の供給を行うが、年度中継続して利用されない水道システム。たとえば、独自の給水システムを持つ学校、工場、オフィスビルなどである　4．ガソリンスタンドやキャンプ場など、人々が継続的に生活するのではない場所に1年につき最低60日給水する公共水道システム

資料：U.S. U.S. Environmental Protection Agency, *Factoids: Drinking Water and Ground Water Statistics for 2009* (2009年11月); <http://water.epa.gov/scitech/datait/databases/drink/sdwisfed/howtoaccessdata.cfm> も参照

No.960. 公共上水道システム——システム数および州別利用人口：2009年

[306,898は3億689万8000を表す。表No.959の頭注参照]

州	システム数	利用人口（1000人）				州	システム数	利用人口（1000人）			
		計	通年利用[1]	通年でも一時利用でもない[2]	一時利用[3]			計	通年利用[1]	通年でも一時利用でもない[2]	一時利用[3]
合衆国[4]	151,647	306,898	287,735	5,886	13,277	MO	2,785	5,369	5,176	77	116
AL	619	5,496	5,473	16	7	MT	2,097	972	717	79	176
AK	1,577	755	585	62	108	NE	1,324	1,585	1,479	52	54
AZ	1,592	6,358	6,115	129	113	NV	562	2,594	2,530	42	23
AR	1,095	2,677	2,647	9	21	NH	2,421	1,270	855	97	319
CA	7,134	41,193	39,378	377	1,439	NJ	3,840	9,557	8,786	354	417
CO	2,022	5,589	5,264	74	251	NM	1,239	1,834	1,705	52	77
CT	2,653	2,822	2,650	114	58	NY	9,294	21,112	17,954	313	2,845
DE	489	968	889	26	53	NC	6,337	7,810	7,366	125	318
DC	6	607	607	(Z)	－	ND	508	586	568	4	14
FL	5,721	19,484	18,978	251	255	OH	5,040	11,004	10,351	228	424
GA	2,483	8,427	8,279	66	82	OK	1,571	3,571	3,520	21	30
HI	130	1,453	1,441	11	(Z)	OR	2,630	3,483	3,199	72	212
ID	1,964	1,250	1,091	52	106	PA	9,409	12,058	10,758	521	779
IL	5,731	12,538	12,050	129	359	RI	443	1,053	978	26	49
IN	4,256	5,283	4,711	195	378	SC	1,487	3,903	3,819	42	41
IA	1,950	2,814	2,685	47	81	SD	656	718	687	8	23
KS	1,033	2,598	2,573	21	4	TN	884	6,178	6,095	26	57
KY	479	4,469	4,451	12	6	TX	6,738	25,392	24,631	511	250
LA	1,450	5,004	4,888	56	60	UT	1,023	2,792	2,687	30	76
ME	1,900	914	662	68	184	VT	1,366	592	452	42	98
MD	3,527	5,523	5,146	161	216	VA	2,879	7,033	6,554	308	171
MA	1,729	9,527	9,314	73	139	WA	4,148	6,710	6,172	143	395
MI	11,554	8,972	7,615	337	1,020	WV	1,076	1,570	1,498	39	33
MN	7,262	4,806	4,191	78	536	WI	11,482	4,914	3,988	209	717
MS	1,277	3,169	3,083	75	10	WY	775	543	445	23	75

NA　データなし　Z　500人未満　1．通年で同じ地域社会を対象に水道を供給するシステム　2．年間6か月以上（通年ではない）25人以上を対象に水を供給するシステム。独自の水道システムを持つ学校、工場、オフィスビルなど　3．ガソリンスタンドやキャンプ場など、人々が継続的に生活するのではない場所に1年につき最低60日給水する公共水道システム　4．合衆国計は、各州の数値の合計と異なる。少数の水道システムについて、報告が不完全なためである

資料：U.S. Environmental Protection Agency, *Factoids: Drinking Water and Ground Water Statistics for 2009* (2009年11月); <http://water.epa.gov/scitech/datait/databases/drink/sdwisfed/howtoaccessdata.cfm> も参照

第20章
建設・住宅

本章では、建設産業と住宅関連の統計を扱う。産業活動・費用に関する各種統計、住宅単位と住宅のタイプ、居住者、および商業用建物の空室率と特徴に関するデータを提示する。本年度版では、2005年住宅調査（American Housing Survey）のデータを利用している。

本章で示す統計の主要な原資料は、センサス局の各種刊行物と10年おきのセンサスのデータである。センサス局の編集する建設統計は、『New Residential Construction and New Residential Sales』のプレスリリース、およびインターネットの 〈http://www.census.gov/const/www/〉 を参照。居住資産所有者の支出統計は、季刊および年刊の『Expenditures for Residential Improvements and Repairs』を参照。『Value of New Construction Put in Place』には、すべての種類の建設に関するデータが示されている。建設産業（以下を参照）のセンサス結果も、いろいろな題名で刊行されている。

センサス局はこの他にも様々な項目について、下記のように報告書を公表している。『Current Housing Reports』シリーズは、『Housing Vacancies』（季刊）、『Market Absorption of Apartments』（季刊）および『American Housing Survey』（隔年刊。以前には『Annual Housing Survey』）と住宅センサス報告、建設業センサス報告から構成されている。

その他の資料としては、マグロウヒル情報システム社（McGraw-Hill Construction, 在ニューヨーク）による建設契約の州データを掲載した月間『Dodge Construction Potentials』、住宅建築着工の州別データを掲載している全米住宅建設業協会（National Association of Home Builders）の資料、既存住宅販売データを掲載している NATIONAL ASSOCIATION OF REALTORS®、住宅資本や総住宅生産のデータを取り扱っている経済分析局の諸報告書、エネルギー情報管理局（Energy Information Administration）は、定期的な標本調査を通じて商業用ビルに関するデータを公表している。

センサスと調査

建設産業センサスは、センサス局によって1929年、1935年、1939年を対象に初めて実施された。1967年以降、センサスは5年ごとに（2002年まで、2と7に終わる年に）実施されている。最新の報告書は、2002年経済センサスの一部である。第15章の解説参照。

経済センサスにおける建設セクターは、主として（1）一般建設請負業者または工務店による建設、（2）一般建設請負業者による建物以外の大規模工事、（3）特殊建設に従事する全ての建設事業体を対象としている。建設セクターには、建設業者および土地分譲業者と土地開発業者が含まれる。2002年センサスは、2002年北米産業分類システム（NAICS）に従って実施された。NAICSとSICについては第15章「企業」の解説参照。

1850年から1930年までの期間、センサス局は人口センサスおよび農業センサスの一部として住宅データを収集していた。1940年以降、独立の住宅センサスが10年間隔で実施されている。1970年、1980年のセンサスでは、占有と構造上の特徴、配管施設、価格および家賃等について、年度内を通じて住宅単位であったもののデータを収集、公刊している。1990年センサスでは、同様のデータをすべての住宅単位について表示している。

米国住宅調査（American Housing Survey）（Current Housing Reports series H-150 および H-170）は1973年に開始され、1983年までは住宅と人口動態に限られた項目に関する報告書を公表してきた。1984年に、調査名が Annual Housing Survey から現在の名称に改定された。現在のところ、全国のデータは隔年で収集され、特定の主要都市地区に関するデータは交替で収集される。すべての抽出標本は、それぞれの地域における住宅ストックの代表例を示している。推計値は標本調査による場合もよらない場合も誤差の影響を受けやすい。従って、年度間の比較には注意を要する。

住宅抵当に関するデータは、センサス局による人口センサスの一環として、1930年だけを例外として1890年から1970年まで継続的に収集されてきた。1973年以降は、自宅で営業活動を行なっ

ていない 10 エーカー未満の家族住宅の抵当状況のデータは『American Housing Survey』に掲載されている。抵当に関するデータは第 25 章「金融・保険」を参照。

住宅単位

一般に、住宅単位は、生活の場として占有または占有予定の家屋または個室を指している。即ち、占有者は当該建物内の如何なる個々人とも別個に生活し、外部からもしくは共通廊下を通じての直接アクセスがあるものとする。一時的な収容施設、労働者用バラック、および各種施設宿泊所は、住宅単位とはみなされない。

統計的信頼度

センサス局のデータ収集、推計、標本抽出、統計的信頼度については、付録Ⅲを参照。

歴史統計

各表の見出しは『アメリカ歴史統計、植民地時代～1970 年』に対応している。クロスリファレンスについては、付録Ⅰを参照。

No.961. 建設業──事業所数、従業員数および給与──事業内容別（NAICS分類）: 2007、2008年

[7,268は726万8000を表す。給与支払のある事業所のみ。政府職員、鉄道職員および自営業者は除外される。事業内容別は北米産業分類（NAICS）2002年版に準拠。第15章の解説を参照。方法論については付録Ⅲを参照]

産業	2002 北米産業分類[1]	事業所数 2007	事業所数 2008	有給従業員数[2] (1,000人) 2007	有給従業員数[2] (1,000人) 2008	年間給与総額 (100万ドル) 2007	年間給与総額 (100万ドル) 2008
建設業	23	811,452	773,614	7,268	7,044	336,131	333,082
ビル建設業	236	244,862	232,634	1,672	1,554	83,317	78,273
住宅建設	2361	198,530	187,327	905	811	39,060	33,807
一戸建て住宅建設（建売住宅建設を除く）	236115	61,613	69,206	283	276	11,889	10,675
新築多世帯向け住宅建設（建貸建築業を除く）	236116	4,373	4,035	47	49	2,466	2,963
新築建貸建築	236117	32,753	23,573	221	176	12,181	9,491
住宅改築	236118	99,791	90,513	355	309	12,523	10,678
非住居用ビル建設	2362	46,332	45,307	767	743	44,257	44,466
産業用ビル建設	23621	3,963	3,572	97	78	5,057	4,401
商業用および機関用ビル建設	23622	42,369	41,735	670	665	39,200	40,065
大型建設および土木建設	237	51,421	48,030	1,016	995	56,607	57,549
公益事業用建設	2371	21,448	20,944	525	548	28,284	31,182
上下水道および関連設備	23711	13,872	13,269	207	192	10,338	9,929
石油ガスパイプラインおよび関連設備	23712	1,826	1,946	122	157	7,483	10,331
電力および通信ラインおよび関連設備	23713	5,750	5,729	196	199	10,463	10,923
土地分譲	2372	12,835	10,814	77	67	3,980	3,369
道路・橋梁建設	2373	11,746	11,509	323	312	19,113	19,123
その他の重建設および土木建設	2379	5,392	4,763	92	68	5,230	3,874
特殊工事請負契約建設	238	515,169	492,950	4,579	4,495	196,207	197,260
基礎工事およびビル外郭工事請負業	2381	115,764	108,067	1,103	1,024	42,369	40,354
コンクリート打設基礎工事	23811	26,342	24,663	302	287	12,301	11,559
建設用鋼材およびプレキャスト・コンクリート工事	23812	3,697	3,743	79	84	3,844	4,135
構造用枠組および被覆工事	23813	17,358	15,381	148	107	4,508	3,293
石造工事	23814	27,122	25,022	235	212	8,426	7,742
ガラス工事	23815	5,584	5,541	55	60	2,472	2,912
屋根工事	23816	19,512	18,579	190	180	7,228	7,075
サイディング工事	23817	10,429	9,436	50	45	1,652	1,531
その他の基礎工事および外郭工事	23819	5,720	5,702	45	49	1,938	2,106
建物付属施設工事	2382	187,856	184,132	1,962	2,017	93,655	98,571
電気工事	23821	80,172	78,026	825	860	39,278	41,712
配管・暖房・エアコン工事	23822	100,806	99,190	1,013	1,014	47,154	48,589
その他の建物付属施設工事	23829	6,878	6,916	124	143	7,223	8,271
建物内装工事	2383	134,306	126,100	944	878	35,164	33,075
ドライウォールおよび絶縁材工事	23831	22,458	21,268	320	291	12,655	11,961
塗装および壁紙・壁板工事	23832	41,457	38,567	234	216	7,973	7,496
フローリング工事	23833	16,927	16,070	85	80	3,230	3,013
タイル・テラゾ工事	23834	11,965	11,209	71	68	2,517	2,436
仕上げ大工工事	23835	34,263	32,054	164	150	5,908	5,383
その他の建物内装工事	23839	7,236	6,932	70	72	2,881	2,786
その他の特殊請負工事	2389	77,243	74,651	570	576	25,019	25,259
建設用地準備工事（掘削・古い建物の撤去等）	23891	41,517	40,689	331	351	14,940	15,798
その他の特殊請負工事	23892	35,726	33,962	239	225	10,079	9,461

1．2002年北米産業分類（NAICS）。第15章の解説参照　2．3月12日を含む週に給与の発生した従業員数
資料：U.S. Census Bureau, "County Business Patterns" (2010年6月); <http://www.census.gov/econ/cbp>も参照

No.962. 建設資材──生産者物価指数：1990－2010年

[1982年＝100。別に示す場合を除く。2009年のデータは暫定値。生産者物価指数については、第14章の解説を参照。建物の組立てに不可欠な材料や、建設中に通常取り付けられ、容易に移動させることができない材料を含む。台所用レンジや冷蔵庫等の消費財はのぞく。ここに示す指数は、中間財、建設用コンポーネント等、加工段階別指数とは異なる。類似のデータについては『アメリカ歴史統計』系列N140-155を参照]

商品	1990	2000	2004	2005	2006	2007	2008	2009	2010
建設資材	**119.6**	**144.1**	**161.5**	**169.6**	**180.2**	**183.2**	**196.4**	**189.2**	**194.6**
内装用溶解基ペンキ	133.0	191.1	(NA)	(NA)	(NA)	(NA)	(NA)	(NA)	(NA)
建物の塗装	132.7	168.7	187.4	203.3	220.2	230.5	249.0	269.7	263.5
プラスチック製建設資材	117.2	135.8	144.6	158.8	181.8	179.2	185.6	186.2	190.8
ダグラスもみ、加工材	138.4	185.2	(NA)	(NA)	(NA)	(NA)	(NA)	(NA)	(NA)
南部まつ、加工材	111.2	161.0	(NA)	(NA)	(NA)	(NA)	(NA)	(NA)	(NA)
軟材（針葉樹）	123.8	178.6	209.8	203.6	189.4	170.5	156.3	141.4	160.9
木工製品	130.4	176.4	191.9	197.2	201.8	201.4	204.8	205.4	206.9
軟材合板	119.6	173.3	250.9	223.5	190.5	197.8	193.1	171.9	196.9
硬材（広葉樹）合板および関連製品	102.7	130.2	134.4	138.1	(NA)	(NA)	(NA)	(NA)	(NA)
硬材（広葉樹）単板および合板[1]	(NA)	(NA)	(NA)	(NA)	101.4	102.4	103.8	103.1	103.6
軟材合板および単板（補強材および裏打ち材を除く）	142.3	182.2	209.5	206.2	(NA)	(NA)	(NA)	(NA)	(NA)
防水紙および建築用板紙製品	112.2	138.8	192.4	184.9	173.0	155.2	163.9	156.5	168.2
スチールパイプおよびチューブ[2]	102.6	106.6	166.3	193.3	200.9	202.4	251.7	215.5	241.8
大工道具	133.0	163.8	172.9	179.2	187.8	198.1	215.1	217.1	219.6
配管設備、真ちゅう家具類	144.3	180.4	188.3	197.6	207.2	220.6	226.7	228.9	231.4
暖房設備	131.6	155.6	169.5	179.9	185.7	195.9	208.8	219.1	221.4
金属製扉、サッシ、トリム	131.4	165.1	175.8	184.9	192.9	197.3	205.6	209.2	208.1
アルミ・サイディング[3]	(NA)	142.2	(NA)	(NA)	(NA)	(NA)	(NA)	(NA)	(NA)
鋼板製品	129.2	144.0	162.6	169.4	176.1	181.2	192.5	186.8	190.2
屋外用照明装置[4]	113.0	124.7	129.4	131.8	137.7	140.1	145.3	146.6	147.3
商業用蛍光灯設備[5]	113.0	117.7	113.6	(NA)	(NA)	(NA)	(NA)	(NA)	(NA)
商業用・工業用照明器具	127.5	140.3	142.3	147.0	151.9	158.3	164.9	167.7	166.1
建築用・装飾用メタル製品[6]	118.7	139.8	172.5	185.4	191.5	200.1	227.0	233.1	232.7
組立鉄製ワイヤ製品[2]	114.6	130.0	149.3	157.1	162.6	166.7	200.7	200.0	203.5
エレベーター、エスカレーター、およびその他の昇降機	110.1	118.7	120.5	123.5	126.0	129.3	134.7	134.9	133.9
金属打ち抜き加工およびレセプタクルボックス	158.0	183.0	205.2	(NA)	(NA)	(NA)	(NA)	(NA)	(NA)
電線管およびその取り付け[7]	(NA)	(NA)	(NA)	106.6	116.6	112.1	123.4	114.0	119.1
その他電線以外の配線装置[7]	(NA)	(NA)	(NA)	102.3	108.0	114.3	123.2	126.2	126.4
コンクリート材料および関連製品	115.3	155.6	170.4	185.3	204.9	220.2	229.7	235.7	232.9
コンクリート製品	113.5	147.8	161.2	177.2	195.1	203.6	210.6	214.0	210.8
建築用粘土製品（耐火れんがを除く）	129.9	152.8	156.6	165.4	176.8	178.7	180.1	179.5	179.5
アスファルト、タール、サイディング製品	95.8	100.0	111.3	125.0	137.0	139.7	176.7	218.1	218.7
石こう製品	105.2	201.4	198.8	229.6	274.9	233.0	213.2	213.8	206.8
絶縁材（断熱・防音）	108.4	128.6	137.2	142.2	149.9	145.3	141.7	144.1	146.4
舗装用混合材、ブロック	101.2	130.4	144.9	156.9	200.5	218.9	272.4	269.0	279.5

NA データなし　1．2005年12月＝100　2．1982年6月＝100　3．1982年12月＝100　4．1985年6月＝100　5．埋め込み式、空中のものは除く　6．1983年12月＝100　7．2004年12月＝100

資料：U.S. Bureau of Labor Statistics, *Producer Price Indexes* （月刊および年刊）；<http://www.bls.gov/ppi/home.htm> を参照

No.963. 建設総額──用途・部門別：1980－2010年

[単位：100万ドル（273,936は2739億3600万ドルを表す）。年間に施行された建設額を示す。建設許可および時間的調節や適用範囲を考慮した建設契約データにより異なる。通常のビルサービス設備において特定の工業生産設備（ほとんどは敷地加工）の設置費を含む。造船、土地、大部分のタイプの機械や設備は含まれない。方法論については付録Ⅲを参照。詳細については表No.964、965を参照]

年	総額	民間 計	居住用建物	非居住用建物	公共 計	連邦	州・地方
1980	273,936	210,290	100,381	109,909	63,646	9,642	54,004
1990	476,778	369,300	191,103	178,197	107,478	12,099	95,379
1993	502,435	375,073	225,067	150,006	127,362	14,424	112,938
1994	549,420	418,999	258,561	160,438	130,421	14,440	115,981
1995	567,896	427,885	247,351	180,534	140,011	15,751	124,260
1996	623,313	476,638	281,115	195,523	146,675	15,325	131,350
1997	656,171	502,734	289,014	213,720	153,437	14,087	139,350
1998	706,779	552,001	314,607	237,394	154,778	14,318	140,460
1999	768,811	599,729	350,562	249,167	169,082	14,025	155,057
2000	831,075	649,750	374,457	275,293	181,325	14,166	167,157
2001	864,159	662,247	388,324	273,922	201,912	15,081	186,830
2002	847,873	634,435	396,696	237,739	213,438	16,578	196,860
2003	891,497	675,370	446,035	229,335	216,127	17,913	198,214
2004	991,356	771,173	532,900	238,273	220,183	18,342	201,841
2005	1,104,136	869,976	611,899	258,077	234,160	17,300	216,860
2006	1,167,222	911,837	613,731	298,105	255,385	17,555	237,831
2007	1,152,351	863,278	493,246	370,032	289,073	20,580	268,494
2008	1,067,564	758,827	350,257	408,569	308,738	23,731	285,007
2009	907,784	592,326	245,621	346,705	315,459	28,314	287,145
2010	814,532	508,240	241,690	266,550	306,293	30,800	275,493

資料：U.S. Census Bureau, "Construction Spending"; <http://www.census.gov/const/www/c30index.html>

No.964. 民間建設着工額──用途別：2000－2010年

[単位：100万ドル（621,431は6214億3100万ドルを表す）。建設額はその年に着工したもの。建築許可あるいは建設契約とは時期のとりかたやカバレッジが異なる。付録Ⅲおよび表No.963、965を参照］

建設のタイプ	2000	2003	2004	2005	2006	2007	2008	2009	2010
総計[1]	621,431	675,370	771,173	869,976	911,837	863,278	758,827	592,326	508,240
居住用	346,138	446,035	532,900	611,899	613,731	493,246	350,257	245,621	241,690
新規一戸建て	236,788	310,575	377,557	433,510	415,997	305,184	185,776	105,336	112,726
新規多世帯用	28,259	35,116	39,944	47,297	52,803	48,959	44,338	28,246	14,022
改築[2]	81,091	100,344	115,399	131,092	144,931	139,103	120,144	112,038	114,942
非居住用施設	275,293	229,335	238,273	258,077	298,105	370,032	408,569	346,705	266,550
ロッジ	16,304	9,930	11,982	12,666	17,624	27,481	35,364	25,350	11,014
オフィス[1]	52,407	30,579	32,879	37,276	45,680	53,815	55,502	37,904	24,408
一般	49,637	27,380	28,679	32,962	41,085	48,945	50,137	33,861	22,154
金融	2,689	3,174	4,186	4,285	4,542	4,785	5,054	3,822	2,215
商業用施設[1]	64,055	57,505	63,195	66,584	73,368	85,858	82,654	51,286	37,998
自動車関係[1]	5,967	5,039	5,235	5,614	5,528	6,281	5,640	4,487	3,392
販売	1,629	2,099	2,443	2,834	2,285	2,571	2,430	1,513	1,305
サービス／部品	3,009	1,866	1,978	1,805	2,184	2,356	1,843	2,052	1,544
駐車場	1,330	1,074	814	975	1,059	1,354	1,367	923	543
飲食関係[1]	8,786	8,369	8,232	7,795	7,442	8,046	8,029	4,869	4,525
食品	4,792	4,234	3,590	3,128	2,752	2,779	3,124	1,989	2,010
飲食店	2,935	3,321	3,937	4,078	3,780	3,957	3,976	2,221	1,913
ファーストフード	1,058	813	705	590	910	1,310	930	660	602
大規模小売店	14,911	15,400	18,828	22,750	29,218	34,751	31,963	18,655	13,071
一般商品店	5,100	5,341	6,416	6,740	5,699	7,572	4,373	4,028	4,153
ショッピングセンター	6,803	6,867	9,256	12,462	18,417	22,197	22,780	11,614	6,866
ショッピングモール	2,523	2,231	2,138	3,616	4,000	4,045	2,235	1,371	
その他商業施設[1]	13,537	11,249	13,341	11,744	10,874	13,580	12,087	6,439	4,179
ドラッグストア	1,682	1,790	1,427	1,315	1,238	1,500	1,967	1,920	1,066
建築資材店	2,592	2,268	2,521	2,416	2,594	3,507	2,539	1,142	800
その他	8,136	6,214	8,229	7,075	6,135	7,744	6,552	2,594	1,680
倉庫	14,822	12,345	12,074	12,827	14,491	16,909	16,707	9,607	5,485
一般商業用倉庫	13,511	11,004	10,830	11,468	13,493	15,641	15,482	8,621	5,018
農場	5,988	5,103	5,485	5,817	6,292	8,227	7,230	7,346	
医療施設	19,455	24,217	26,272	28,495	32,016	35,588	38,437	35,651	30,758
病院	10,183	15,234	16,147	18,250	21,914	24,532	25,571	24,992	22,690
医療用施設	5,066	6,068	7,615	8,031	7,165	7,981	9,242	7,562	5,309
特殊看護施設	4,206	2,915	2,510	2,213	2,937	3,074	3,625	3,097	2,760
教育施設[1]	11,683	13,424	12,701	12,788	13,839	16,691	18,624	16,800	13,599
就学前教育	770	711	674	516	487	704	746	723	437
初等・中等教育	2,948	3,204	3,202	2,718	3,240	3,968	3,919	3,381	2,376
高等教育[1]	6,333	7,259	6,496	6,946	7,611	9,424	11,587	10,739	8,612
教室	3,058	3,701	3,200	3,556	3,501	4,219	5,463	6,191	5,288
寮	1,356	1,761	1,669	1,537	2,065	2,900	3,791	2,472	1,624
スポーツ・レクリエーション施設	645	677	739	821	858	771	841	815	821
その他教育施設	1,318	1,785	1,998	2,294	2,090	2,167	1,965	1,634	1,842
美術館・博物館	920	1,371	1,335	1,745	1,697	1,939	1,708	1,382	1,670
宗教施設	8,030	8,559	8,153	7,715	7,740	7,522	7,197	6,190	5,260
礼拝施設	5,656	6,238	6,015	5,992	6,262	6,270	5,884	5,037	4,257
その他の宗教施設	2,347	2,322	2,138	1,723	1,478	1,252	1,313	1,154	1,003
付属建築物	1,280	1,296	1,258	1,251	1,219	1,099	1,122	1,025	769
公共施設	423	185	289	408	419	595	623	486	234
娯楽施設・レクリエーション[1]	8,768	7,781	8,432	7,507	9,326	10,193	10,508	7,817	6,288
テーマパーク、遊園地	747	270	198	200	417	522	324	269	262
スポーツ施設	1,068	1,306	900	807	959	1,902	2,280	1,601	1,721
フィットネス	1,152	1,262	1,141	1,425	2,028	1,945	2,051	1,751	1,184
集会所	732	844	1,054	1,072	737	823	1,102	781	581
ソシアルセンター	2,368	1,996	2,594	1,626	1,538	1,602	1,552	1,011	771
映画館、スタジオ	1,461	855	1,218	1,248	1,309	1,159	601	321	371
輸送施設[1]	6,879	6,568	6,841	7,124	8,654	9,009	9,934	8,983	8,466
航空輸送	1,804	1,012	869	748	719	732	776	531	273
陸上輸送	4,907	5,462	5,800	6,214	7,764	8,008	9,020	8,375	8,071
鉄道	4,263	4,851	5,392	5,816	7,313	7,423	8,378	7,898	7,496
通信	18,799	14,546	15,468	18,846	22,187	27,488	26,343	19,713	17,945
動力[1]	29,344	33,619	27,603	29,210	33,654	54,115	69,242	77,622	71,375
電力	23,374	25,592	20,928	22,678	26,295	41,460	52,799	60,807	56,653
ガス	4,891	6,358	5,096	5,239	5,528	7,876	10,560	11,928	10,302
石油	1,003	1,068	1,579	1,293	1,831	4,779	5,883	4,887	4,420
下水道、廃棄物処理施設	508	278	331	240	305	408	665	488	410
上水道	714	393	405	326	477	516	466	295	528
製造業	37,583	21,434	23,219	28,413	32,264	40,215	52,754	57,976	38,105
食品、飲料、タバコ	3,985	2,695	3,094	4,446	4,330	3,794	4,514	3,291	3,578
繊維、衣料品、皮革およびその製品	413	218	185	396	133	35	260	283	527
木材	483	376	475	933	1,350	702	352	416	317
製紙	479	818	540	442	515	450	577	519	550
印刷、出版	848	630	642	739	670	236	243	172	54
石油、石炭	1,255	717	1,181	734	1,650	5,061	14,724	24,743	10,030
化学製品	3,798	5,368	5,406	6,263	8,484	13,279	12,576	9,811	7,690
プラスチック、ゴム	1,645	659	919	812	834	974	1,035	584	575
非金属鉱物	1,898	865	880	1,105	2,388	3,417	2,838	1,868	831
一次金属	1,976	436	305	793	1,327	1,558	3,329	4,573	4,880
組立金属	2,148	662	584	664	517	931	1,474	1,493	1,058
機械	864	707	633	872	862	489	917	1,083	944
コンピュータ、電子・電気製品	6,392	1,444	2,779	4,039	4,001	2,556	2,129	3,756	4,565
輸送施設	6,318	3,314	2,562	3,518	2,422	3,218	4,537	3,642	1,957
家具[3]	148	278	214	91	111	160	34	(S)	(S)
その他	4,398	2,248	2,821	2,545	2,693	3,356	3,215	1,743	551

S データが出版基準を満たしていない　1．個別に明示しないその他の種類を含む　2．民間住宅改築には、賃貸、空き家、季節利用の不動産に関する支出を含まない　3．2009年は繊維、衣料品、皮革、家具に含む

資料：U.S. Census Bureau, "Construction Spending"; ⟨http://www.census.gov/const/www/c30index.html⟩

No.965. 州・地方政府の建設着工額――用途別：2000－2010年

[単位：100万ドル（167,157は1671億5700万ドルを表す）。表No.963、964の頭注を参照]

建設のタイプ	2000	2003	2004	2005	2006	2007	2008	2009	2010
総計[1]	**167,157**	**198,214**	**201,841**	**216,860**	**237,831**	**268,494**	**285,007**	**287,145**	**275,493**
居住用	2,962	3,724	4,110	4,047	4,349	5,094	4,894	5,756	7,407
多世帯用	2,945	3,593	3,956	3,740	3,990	4,476	4,072	4,840	6,343
非居住用施設	164,196	194,490	197,731	212,813	233,482	263,399	280,113	281,389	268,086
オフィス	4,494	6,116	6,024	5,211	5,588	7,249	8,515	9,382	8,205
商業用施設[1]	1,820	2,207	1,979	1,882	1,567	1,777	1,965	2,148	1,555
自動車関係	1,233	1,599	1,501	1,490	1,152	1,012	1,425	1,217	814
駐車場	1,143	1,562	1,356	1,357	1,011	941	1,252	1,104	707
倉庫	330	318	276	218	230	558	312	473	288
医療施設	2,829	4,005	5,025	5,059	5,615	7,028	7,010	6,819	6,077
病院	1,949	2,685	3,324	3,429	4,085	5,304	5,320	5,357	4,686
医療用施設	490	876	1,211	1,168	919	981	909	848	758
特殊看護施設	390	444	490	463	611	743	782	614	633
教育施設[1]	46,818	59,340	59,741	65,750	69,790	78,376	84,489	83,495	71,101
初等・中等教育[1]	33,764	40,316	40,990	44,184	47,846	55,054	57,770	54,500	44,218
小学校	12,272	13,430	14,308	14,251	13,870	16,786	18,305	17,125	13,087
中学校、中等教育前期	5,820	7,921	8,132	9,069	10,764	11,719	10,937	10,299	6,976
高等学校	13,326	18,561	17,950	19,892	22,631	25,887	27,985	26,673	23,840
高等教育[1]	10,749	15,451	15,864	18,033	18,961	20,556	23,542	25,064	23,879
教室	6,317	9,042	8,699	9,275	9,434	11,300	13,251	14,735	13,880
駐車場	514	508	765	1,013	909	839	732	566	544
管理	294	236	303	387	657	503	290	362	369
寮	1,078	2,074	2,673	2,918	3,409	2,657	3,043	3,275	3,273
図書館	308	544	524	588	493	700	791	862	651
学生組合、カフェテリア	322	702	632	880	1,028	1,547	1,398	1,408	1,128
スポーツ・レクリエーション施設	966	1,329	1,370	1,769	1,748	1,726	2,559	2,351	2,411
インフラストラクチャー	835	613	867	1,138	1,227	1,218	1,241	1,276	1,281
その他の教育	1,645	2,687	2,357	2,735	2,312	1,890	2,485	3,074	2,268
図書館・文書館	976	1,815	1,501	2,098	1,857	1,287	1,557	1,875	1,424
公安[1]	5,854	5,844	5,477	6,013	6,608	8,423	9,666	9,426	7,594
矯正	4,754	4,204	3,771	3,958	4,611	5,384	6,375	5,794	4,640
留置所	3,907	3,148	2,787	2,936	3,305	4,026	4,524	3,423	2,836
警察・保安官	848	1,056	985	1,022	1,307	1,358	1,851	2,372	1,804
その他の公安施設	1,100	1,640	1,705	2,055	1,997	3,039	3,291	3,632	2,954
消防・レスキュー	994	1,359	1,441	1,675	1,615	2,392	2,367	2,475	1,735
娯楽、レクリエーション施設[1]	7,583	8,354	7,794	7,340	9,444	10,670	10,872	10,638	9,826
スポーツ	2,289	2,065	1,746	1,587	1,853	2,040	2,548	2,416	1,858
集会所	2,075	2,260	2,061	1,921	2,292	1,706	1,631	1,729	1,789
会議場	1,397	1,545	1,350	1,350	1,422	1,035	1,040	1,040	1,116
ソシアルセンター	1,152	1,606	1,476	1,006	1,285	1,373	1,587	1,679	1,601
地域住民センター	886	1,221	1,312	866	1,098	1,053	1,231	1,512	1,436
公園・キャンプ場	1,930	1,999	2,303	2,728	3,887	5,235	4,975	4,729	4,419
輸送施設	13,000	16,483	16,440	16,256	17,695	21,144	23,230	27,267	29,089
航空輸送[1]	6,700	8,146	8,715	8,993	9,676	11,390	11,579	13,299	13,002
乗客用ターミナル	2,930	3,778	3,972	3,310	3,766	5,224	6,164	7,211	7,059
滑走路	3,196	3,793	4,049	4,861	4,898	5,164	4,551	5,228	5,210
陸上輸送[1]	5,165	7,207	6,415	5,936	6,629	7,593	9,969	12,282	14,232
乗客用ターミナル	1,253	2,099	1,368	907	969	1,301	2,053	2,830	3,758
大規模旅客輸送	1,484	3,160	3,067	3,208	3,228	3,587	4,371	5,938	7,098
鉄道	1,471	449	349	552	320	508	585	804	882
水上輸送[1]	1,136	1,130	1,309	1,327	1,391	2,161	1,682	1,686	1,856
ドック、マリーナ	863	894	1,028	930	971	1,465	1,287	1,406	1,253
ドライドック、マリンターミナル	236	235	281	397	420	697	395	280	603
動力	5,501	6,785	7,044	8,320	7,766	11,449	10,992	10,776	11,172
電力	5,257	6,041	5,851	7,091	7,195	10,176	10,192	8,306	10,407
配電施設	2,087	2,144	1,856	1,786	2,187	2,818	3,487	3,231	3,626
道路[1]	51,574	56,251	57,351	63,157	71,032	75,455	80,424	81,081	82,185
歩道	37,929	39,294	40,274	45,177	45,933	47,679	52,837	54,958	51,881
照明	856	1,156	1,146	1,232	1,057	1,709	1,532	1,285	2,056
擁壁	1,099	565	552	675	1,546	1,073	888	963	1,221
トンネル	894	619	521	373	224	221	264	326	806
橋梁	9,302	12,980	13,150	14,244	20,057	22,827	23,690	22,125	24,459
料金所	325	180	233	320	657	421	196	270	349
維持管理事務所	293	244	170	96	213	102	102	128	278
休息所、街路	878	1,213	1,306	1,042	1,347	1,424	916	1,026	1,135
下水道、廃棄物処理[1]	14,000	15,625	17,084	18,336	21,524	23,333	24,102	23,229	24,132
下水道、廃棄物[1]	9,338	9,812	10,836	11,717	13,401	13,891	14,044	13,100	12,884
施設	2,765	2,735	3,095	3,369	3,410	3,802	3,957	3,390	3,611
ライン、ポンプステーション	6,326	6,934	7,574	8,243	9,820	9,784	9,823	9,396	9,151
汚水	4,663	5,813	6,248	6,620	8,124	9,432	10,058	10,130	11,248
施設	3,229	4,403	4,658	5,231	6,039	7,496	8,688	8,438	9,402
ライン、ドレイン	1,434	1,410	1,591	1,389	2,085	1,935	1,370	1,692	1,846
上水道[1]	9,528	11,711	11,977	13,483	14,299	15,029	16,017	14,971	14,598
施設	3,067	4,309	4,418	4,943	5,005	5,661	6,500	6,384	5,869
井戸	378	365	318	360	623	661	460	488	385
ライン	4,644	4,944	5,307	6,234	5,922	6,131	6,191	5,437	6,196
ポンプステーション	625	767	705	776	1,285	1,124	1,293	1,383	989
貯水池	266	450	503	502	700	586	633	351	396
タンク、タワー	548	876	727	668	764	867	940	928	762
自然保護、開発[1]	933	1,020	1,466	1,752	2,000	2,198	2,251	1,987	2,014
ダム、堤防	303	231	297	405	591	640	772	731	731
防波堤	270	514	654	726	809	627	645	703	708

1．個別に明示しないその他の種類を含む

資料：U.S. Census Bureau, "Construction Spending"; ⟨http://www.census.gov/const/www/c30index.html⟩

No.966. 年別契約状況、建設総額、総床面積——用途別：1990－2010年

[246.0は2460億ドルを表す。新築、増築、および現在の改造を含む。建物以外の建設は、「改造」により床面積は増加せず、価額にのみ影響を与えるものを含む。『アメリカ歴史統計』系列N788-100も参照]

年	総計	居住用建物	非居住用建物									建物以外の建設
			総計	商業[1]	製造業	教育[2]	病院	公共建物	宗教	社会、レクリエーション	その他	
価額 (10億ドル)												
1990	246.0	100.9	95.4	44.8	8.4	16.6	9.2	5.7	2.2	5.3	3.1	49.7
1995	306.5	127.9	114.2	46.6	13.8	22.9	10.8	6.3	2.8	7.1	3.8	64.4
1999	447.2	195.0	168.7	77.2	11.3	37.1	13.6	8.2	4.5	11.6	5.1	83.5
2000	472.9	208.3	173.3	80.9	8.9	40.9	12.4	7.5	4.6	13.8	4.4	91.3
2001	496.5	219.7	169.1	70.2	8.0	47.0	13.4	7.8	4.8	12.0	4.8	
2002	504.0	248.7	155.1	59.6	5.5	45.3	16.1	7.3	5.1	11.5	4.7	
2003	531.7	283.4	156.1	58.8	6.9	47.7	15.8	7.1	4.5	11.0	4.3	92.3
2004	593.2	333.1	164.4	67.3	8.0	44.0	17.6	7.2	4.5	11.6	4.4	95.6
2005	670.2	384.0	182.4	72.2	10.1	49.1	22.3	7.9	4.1	11.7	5.0	103.8
2006	689.5	342.1	217.3	92.9	13.7	53.8	24.3	8.2	4.1	14.3	5.9	130.1
2007	641.0	261.6	239.4	100.9	20.8	58.1	24.4	12.4	3.8	13.5	5.5	140.1
2008	556.4	160.9	243.0	81.6	30.8	63.8	29.9	13.3	3.6	13.5	6.5	152.5
2009	423.4	112.0	168.2	46.9	9.7	53.7	20.2	15.4	3.3	11.5	7.5	143.3
2010	417.2	119.7	155.0	39.2	8.5	51.4	23.0	10.2	2.3	10.9	9.5	142.5
床面積 (100万平方フィート)												
1990	3,020	1,817	1,203	694	128	152	69	47	29	51	32	(X)
1995	3,454	2,172	1,281	700	163	186	70	40	33	56	33	(X)
1999	5,091	3,253	1,838	1,115	141	261	98	49	48	87	39	(X)
2000	4,982	3,113	1,869	1,180	111	273	88	44	49	94	29	(X)
2001	4,828	3,159	1,669	988	93	295	92	44	50	81	27	(X)
2002	4,792	3,356	1,436	810	68	277	97	37	52	71	26	(X)
2003	5,093	3,689	1,404	794	75	270	92	35	45	67	26	(X)
2004	5,518	4,061	1,457	875	86	231	94	34	43	68	27	(X)
2005	5,872	4,345	1,528	927	79	246	108	33	37	67	29	(X)
2006	5,282	3,647	1,635	1,015	83	254	110	33	35	73	33	(X)
2007	4,316	2,647	1,669	1,054	91	247	104	51	31	66	27	(X)
2008	2,953	1,576	1,377	772	79	253	109	49	28	59	28	(X)
2009	1,879	1,108	771	329	37	198	68	47	25	42	26	(X)
2010	1,790	1,146	645	263	42	169	70	33	15	34	18	(X)

X 該当なし　1．非産業用倉庫を含む　2．科学を含む
資料：McGraw-Hill Construction, a Division of the McGraw-Hill Companies, New York, NY (copyright)

No.967. 契約総額——州別：2006－2010年

[単位：100万ドル（689,474は6894億7400万ドルを表す）。建設が実際に行なわれた地域別の建設費を示す。表No.966の頭注を参照]

地域	2006	2007	2008	2009	2010 計[1]	2010 住居	2010 非住居
合衆国	689,474	641,042	556,418	423,406	417,188	119,685	154,962
ニューイングランド	23,277	24,641	20,547	16,834	19,491	5,267	8,086
中央大西洋岸	67,064	65,515	64,641	51,246	51,468	9,960	26,454
東北中央部	82,140	72,384	75,299	50,617	50,634	11,871	19,197
西北中央部	40,840	43,257	33,235	30,752	31,219	8,434	10,797
南部大西洋岸	165,526	151,062	114,860	85,411	76,342	28,105	27,478
東南中央部	39,801	36,713	37,926	25,725	25,134	8,061	8,781
西南中央部	92,123	85,951	85,806	68,928	66,581	22,360	22,287
山岳地帯	76,382	68,082	50,912	37,400	37,027	10,583	10,315
太平洋岸	102,322	93,437	73,192	56,494	59,291	15,044	21,565

1．個別に示さない非建造物を含む
資料：McGraw-Hill Construction, a Division of the McGraw-Hill Companies, New York, NY (copyright)

No.968. 民間新築住宅軒数――州へ届け出たもの：2009、2010年

[583.0は58万3000を表す。建築許可制度を有する合衆国内の2009年と2010年の20,000ヵ所に基づく。各州の略号については表紙裏の地図を参照]

州	住宅(1,000軒) 2009	住宅(1,000軒) 2010 総計	住宅(1,000軒) 2010 一戸建	価額(100万ドル) 2009	価額(100万ドル) 2010 総計	価額(100万ドル) 2010 一戸建	州	住宅(1,000軒) 2009	住宅(1,000軒) 2010 総計	住宅(1,000軒) 2010 一戸建	価額(100万ドル) 2009	価額(100万ドル) 2010 総計	価額(100万ドル) 2010 一戸建
合衆国…	583.0	598.0	446.6	95,410	101,008	86,723	MO….	10.1	8.3	6.0	1,434	1,275	1,101
AL….	13.3	10.2	8.1	1,664	1,453	1,313	MT….	1.7	2.2	1.5	254	329	266
AK….	0.9	0.9	0.8	195	205	184	NE….	5.2	5.0	4.1	725	776	711
AZ….	14.5	12.2	10.6	2,736	2,405	2,233	NV….	6.8	6.4	5.4	749	827	750
AR….	7.1	6.9	4.3	818	854	725	NH….	2.3	2.7	2.0	421	489	424
CA….	35.1	43.1	24.7	7,758	8,968	6,422	NJ….	12.4	13.3	7.4	2,071	2,017	1,501
CO….	9.4	11.8	9.1	2,071	2,664	2,374	NM….	4.6	4.5	4.0	769	777	734
CT….	3.8	3.8	2.5	715	804	629	NY….	18.3	20.2	10.4	3,062	3,191	2,228
DE….	3.2	3.1	2.7	361	365	338	NC….	33.8	33.7	26.0	5,030	5,017	4,538
DC….	1.1	0.7	0.1	131	96	21	ND….	3.2	3.6	2.1	352	450	358
FL….	35.3	39.5	30.9	6,789	7,843	6,957	OH….	13.3	13.5	10.6	2,194	2,299	2,119
GA….	18.2	17.7	15.2	2,618	2,703	2,471	OK….	8.8	8.3	7.0	1,302	1,214	1,140
HI….	2.6	3.4	1.9	779	769	583	OR….	7.0	7.3	5.7	1,356	1,473	1,286
ID….	4.9	4.6	4.0	805	774	720	PA….	18.3	21.3	17.4	3,075	3,465	3,076
IL….	10.9	11.6	7.9	2,101	2,360	1,726	RI….	1.0	0.9	0.7	162	157	142
IN….	12.6	13.0	9.9	1,933	1,988	1,757	SC….	15.5	14.5	13.1	2,534	2,525	2,423
IA….	7.7	7.3	5.9	1,198	1,191	1,049	SD….	3.7	2.9	2.3	464	431	389
KS….	6.7	4.5	3.7	881	746	681	TN….	15.0	16.3	11.7	2,079	2,174	1,845
KY….	7.4	6.8	5.4	923	989	825	TX….	84.4	84.8	65.3	12,542	13,332	11,875
LA….	12.5	11.5	10.5	1,842	1,808	1,732	UT….	10.0	9.4	7.2	1,573	1,720	1,479
ME….	3.1	3.0	2.7	493	480	463	VT….	1.4	1.5	1.2	214	248	212
MD….	11.1	12.2	8.4	2,089	1,943	1,562	VA….	21.5	21.2	16.3	3,173	3,249	2,893
MA….	7.9	8.6	5.5	1,554	1,683	1,371	WA….	17.0	20.2	14.8	3,186	4,011	3,461
MI….	6.9	9.3	7.9	1,173	1,529	1,422	WV….	2.2	1.7	1.5	310	269	256
MN….	9.4	9.7	6.8	1,712	1,752	1,465	WI….	10.8	11.8	7.9	1,753	1,858	1,547
MS….	7.0	4.8	4.0	878	646	587	WY….	2.3	2.1	1.4	407	414	358

資料：U.S. Census Bureau, Construction Reports, "New Residential Construction"；<http://www.census.gov/const/www/newresconstindex.html> を参照

No.969. 民間新築住宅着工件数――主要特徴別：1970－2010年

[単位：1,000件（1,434は143万4000を表す）。地域の構成については表紙裏の地図を参照。『アメリカ歴史統計』系列N156-163、170も参照]

年	住宅計	構造別 1戸建て	構造別 2－4戸	構造別 5戸以上	地域 東北部	地域 中西部	地域 南部	地域 西部	販売ユニット 総計	販売ユニット 1世帯専用	販売ユニット 複数世帯共用
1970	1,434	813	85	536	218	294	612	311	(NA)	(NA)	(NA)
1980	1,292	852	110	331	125	218	643	306	689	526	163
1983	1,703	1,068	113	522	168	218	935	382	923	713	210
1984	1,750	1,084	121	544	204	243	866	436	934	728	206
1985	1,742	1,072	93	576	252	240	782	468	867	713	154
1986	1,805	1,179	84	542	294	296	733	483	925	782	143
1987	1,621	1,146	65	409	269	298	634	420	862	732	130
1988	1,488	1,081	59	348	235	274	575	404	808	709	99
1989	1,376	1,003	55	318	179	266	536	396	735	648	87
1990	1,193	895	38	260	131	253	479	329	585	529	56
1991	1,014	840	36	138	113	233	414	254	531	490	41
1992	1,200	1,030	31	139	127	288	497	288	659	618	41
1993	1,288	1,126	29	133	127	298	562	302	760	716	44
1994	1,457	1,198	35	224	138	329	639	351	815	763	52
1995	1,354	1,076	34	244	118	290	615	331	763	712	51
1996	1,477	1,161	45	271	132	322	662	361	833	774	59
1997	1,474	1,134	45	296	137	304	670	363	843	784	59
1998	1,617	1,271	43	303	149	331	743	395	941	882	59
1999	1,641	1,302	32	307	156	347	746	392	981	912	69
2000	1,592	1,198	65	329	165	324	702	401	946	871	75
2001	1,637	1,236	66	335	160	334	730	413	990	919	71
2002	1,748	1,333	74	341	174	352	791	431	1,070	999	71
2003	1,889	1,461	83	346	182	371	849	486	1,207	1,120	87
2004	2,070	1,613	90	366	197	370	961	542	1,360	1,240	120
2005	2,155	1,682	84	389	204	354	1,039	559	1,508	1,358	150
2006	1,839	1,378	77	384	175	279	930	455	1,272	1,121	151
2007	1,398	980	60	359	151	212	692	344	875	760	115
2008	905	576	34	295	119	138	452	197	472	408	64
2009	583	441	21	121	69	100	297	117	314	297	17
2010	598	447	21	131	75	100	294	128	(NA)	(NA)	(NA)

NA　データなし

資料：U.S. Census Bureau, Construction Reports, "New Residential Construction"；<http://www.census.gov/const/www/newresconstindex.html> を参照

No.970. 民間新築住宅着工件数——州別：1991－2010年

[単位：1,000戸（1,014は101万4000を表す）。]

州	計	一戸建住宅	東北部	中西部	南部	西部
1991	1,014	840	113	233	414	254
1992	1,200	1,030	127	288	497	288
1993	1,288	1,126	126	298	562	302
1994	1,457	1,198	138	329	639	351
1995	1,354	1,076	118	290	615	331
1996	1,477	1,161	132	321	662	361
1997	1,474	1,134	137	304	670	363
1998	1,617	1,271	148	330	743	395
1999	1,641	1,303	156	347	746	392
2000	1,569	1,231	154	318	713	383
2001	1,603	1,273	149	330	732	391
2002	1,705	1,359	158	350	781	415
2003	1,848	1,499	163	374	839	472
2004	1,956	1,610	175	356	909	516
2005	2,068	1,716	190	357	996	525
2006	1,801	1,465	167	280	910	444
2007	1,355	1,046	143	210	681	321
2008	905	622	121	135	453	196
2009	554	445	62	97	278	117
2010	587	471	71	98	297	120

資料：U.S. Bureau of the Census, Construction Reports, Series C-20, "Housing Starts". Prepared by Economics Department, NAHB. Available at <http://www.HousingEconomics.com>

No.971. 民間新築住宅の諸特徴：1990－2009年

[住宅総数を除き、％分布を示す（966は96万6000を表す）。データは全完成住宅（完成新築住宅、完成売り家、完成請負建築住宅、完成所有者建築住宅、完成貸し家）の種類別分布を示す。データは特徴を明記していない住宅を除く]

特徴	1990	2000	2005	2009	特徴	1990	2000	2005	2009
住宅総数(1,000軒)	966	1,242	1,636	520	寝室	100	100	100	100
建築型	100	100	100	100	2室以下	15	11	12	13
注文住宅	(NA)	94	96	96	3室	57	54	49	53
モジュール型	(NA)	3	3	2	4室以上	29	35	39	34
その他	(NA)	3	2	2	浴室	100	100	100	100
外壁材料	100	100	100	100	1室半以下	13	7	4	8
れんが	18	20	20	23	2室	42	39	36	37
木	39	14	7	9	2室半以上	45	54	59	55
化粧しっくい	18	17	22	19	暖房燃料	100	100	100	100
ビニル・サイディング[1]	(NA)	39	34	34	ガス	59	70	66	55
アルミ・サイディング	5	1	(NA)	(NA)	電気	33	27	31	42
その他[1]	20	7	7	2	石油	5	3	2	1
床面積	(NA)	100	100	100	その他	3	1	1	2
1,200平方フィート未満	(NA)	14	10	13	暖房設備	100	100	100	100
1,200－1,599平方フィート	(NA)	22	19	20	暖気炉	65	71	67	56
1,600－1,999平方フィート	(NA)	29	29	27	電熱ポンプ	23	23	29	37
2,000－2,399平方フィート	(NA)	17	19	17	その他	12	6	4	7
2,400平方フィート以上	(NA)	18	23	23	セントラルエアコン	100	100	100	100
平均(平方フィート)	2,080	2,266	2,434	2,438	有	76	85	89	88
中央値(平方フィート)	1,905	2,057	2,227	2,135	無	24	15	11	12
階数	100	100	100	100	暖炉	100	100	100	100
1階	46	47	44	47	無	34	40	45	49
2階以上	49	52	55	53	1炉以上	66	59	55	51
乱平面	4	1	(Z)	(Z)	駐車設備	100	100	100	100
下部構造	100	100	100	100	車庫	82	89	91	86
地下または半地下	38	37	31	30	簡易車庫	2	1	1	1
スラブ	40	46	53	52	車庫なし	16	11	8	12
床下配管スペース有	21	17	16	18					

NA データなし　Z　0.5％未満　1．2000年以前のその他にビニル・サイディングを含む
資料：U.S. Census Bureau and U.S. Department of Housing and Urban Development "Characteristics of New Housing," <http://www.census.gov/const/www/charindex.html>

No.972. 一戸建て住宅建設の着工および工事期間：1980－2010年

[852は852,000を表す。建築許可の下りた建物のみ]

年	計[1]	建築目的 販売目的	建築目的 建築業者による建築	建築目的 持ち主自身による建築	地域[2] 東北部	地域[2] 中西部	地域[2] 南部	地域[2] 西部
着工（1000件）								
1980	852	526	149	164	87	142	428	196
1990	895	529	196	147	104	193	371	226
1995	1,076	712	199	133	102	234	485	256
1998	1,271	882	209	144	122	273	574	303
1999	1,302	912	208	142	126	289	580	308
2000	1,231	871	195	128	118	260	556	297
2001	1,273	919	186	129	111	269	590	303
2002	1,359	999	198	125	118	277	628	336
2003	1,499	1,120	205	127	116	309	686	388
2004	1,611	1,240	198	130	128	306	743	433
2005	1,716	1,358	197	129	138	306	831	441
2006	1,465	1,121	189	119	118	235	757	356
2007	1,046	760	151	104	93	171	540	242
2008	622	408	107	74	63	102	324	133
2009	445	297	83	51	44	76	232	93
2010	471	306	83	54	52	79	247	93
工事期間（月数）								
1980	6.9	6.2	5.5	10.1	7.7	8.0	6.1	7.4
1990	6.4	5.9	5.3	10.3	9.3	5.6	5.7	6.9
1995	5.9	5.2	5.8	9.5	7.4	6.0	5.4	6.0
1998	6.0	5.4	6.0	9.5	7.1	6.2	5.5	6.1
1999	6.1	5.5	6.4	9.2	7.0	6.4	5.7	6.3
2000	6.2	5.6	6.5	9.2	7.5	6.4	5.9	6.0
2001	6.2	5.6	7.0	9.2	7.6	6.5	5.8	6.3
2002	6.1	5.5	6.6	9.6	7.3	6.4	5.6	6.2
2003	6.2	5.5	6.8	9.9	7.5	6.7	5.7	6.2
2004	6.2	5.7	7.0	9.1	7.3	6.7	5.8	6.3
2005	6.4	5.9	7.6	9.8	7.7	6.6	6.0	6.8
2006	6.9	6.3	7.8	10.7	8.3	7.1	6.3	7.4
2007	7.1	6.5	7.9	10.2	8.5	7.4	6.5	8.0
2008	7.7	6.8	8.5	11.1	8.9	8.2	6.7	9.0
2009	7.9	6.6	8.7	11.9	10.7	8.2	6.7	9.0
2010	(NA)	(NA)	(NA)	(NA)	(NA)	(NA)	(NA)	(NA)

NA データなし　1．個別に明示しないが賃貸用物件の建築を含む　2．地域の構成については表紙裏の地図を参照
資料：U.S. Census Bureau, *New Residential Construction*; <http://www.census.gov/const/www/newresconstindex.html> を参照

No.973. 新築1世帯用住宅の価格指数——地域別：1980－2010年

[2005年＝100。1996年に販売された種々の住宅のデータに基づく。住宅用地区画の価額も含む。地域の構成については表紙裏の地図を参照]

年	計	東北部	中西部	南部	西部
1980	38.9	30.2	41.2	44.4	31.9
1983	43.9	36.1	46.2	51.2	34.9
1984	45.7	39.2	49.0	52.8	36.2
1985	46.2	43.1	48.2	53.9	36.4
1986	48.0	49.5	51.0	55.5	37.3
1987	50.6	56.2	54.4	57.6	39.3
1988	52.5	57.6	56.8	58.8	41.4
1989	54.6	59.2	58.1	60.5	44.0
1990	55.7	58.0	58.6	60.6	46.2
1991	56.4	56.2	60.1	61.8	46.4
1992	57.2	60.5	61.2	62.4	46.7
1993	59.4	57.4	65.2	65.5	47.8
1994	62.9	62.1	69.4	68.1	51.9
1995	64.3	62.3	70.9	70.1	52.7
1996	66.0	63.2	72.5	71.2	55.3
1997	67.5	65.9	74.3	72.7	56.5
1998	69.2	66.1	76.0	74.4	58.4
1999	72.8	69.1	79.5	78.1	62.0
2000	75.6	73.0	83.5	80.7	64.4
2001	77.9	76.7	84.4	82.8	67.1
2002	81.4	80.2	86.1	86.3	71.5
2003	86.0	84.3	90.6	89.4	78.2
2004	92.8	91.6	96.7	94.4	88.2
2005	100.0	100.0	100.0	100.0	100.0
2006	104.8	102.6	102.9	105.4	105.2
2007	104.9	101.5	102.8	107.5	102.6
2008	99.5	100.8	98.9	103.7	92.7
2009	95.1	97.1	96.0	101.1	84.8
2010	94.7	100.7	97.1	99.2	85.1

資料：U.S. Census Bureau, "Construction Price Indexes"; <http://www.census.gov/const/www/constpriceindex.html>

No.974. 民間新築住宅販売戸数──地域別、融資形態別：1980－2010年／販売価格別販売戸数：2010年

[単位：1,000件（545は54万5000を表す）。建築許可を有する、あるいは、非許可地域では既に着工した、1家族用住宅の建築業者あるいは所有者に毎月インタビューして得た、全国確率標本調査に基づく。詳細については資料および付録Ⅲを参照。地域の構成については表紙裏の地図を参照]

年、販売価格	販売戸数、計	地域				融資形態			
		東北部	中西部	南部	西部	無保証貸付け[1]	FHAおよびVA	地方住宅サービス[2]	現金
1980	545	50	81	267	145	302	196	14	32
1985	688	112	82	323	171	403	208	11	64
1990	534	71	89	225	149	337	138	10	50
1995	667	55	125	300	187	490	129	9	39
2000	877	71	155	406	244	695	138	4	40
2003	1,086	79	189	511	307	911	130	4	41
2004	1,203	83	210	562	348	1,047	105	6	46
2005	1,283	81	205	638	358	1,150	79	1	52
2006	1,051	63	161	559	267	948	63	1	38
2007	776	65	118	411	181	693	52	2	30
2008	485	35	70	266	114	-948	-63	(NA)	23
2009	375	31	54	202	87	234	124	(NA)	17
2010	321	31	44	173	73	187	116	(NA)	18
200,000ドル未満	134	5	23	90	18	(NA)	(NA)	(NA)	(NA)
200,000－299,999ドル	98	8	15	46	29	(NA)	(NA)	(NA)	(NA)
300,000－499,999ドル	63	11	6	28	19	(NA)	(NA)	(NA)	(NA)
500,000ドル以上	25	6	1	9	8	(NA)	(NA)	(NA)	(NA)

NA　データなし　1．個別に明示しないその他の融資形態を含む　2．2000年以前は農民住宅局
資料：U.S. Census Bureau および U.S. Department of Housing and Urban Development "New Residential Sales," <http://www.census.gov/const/www/newressalesindex.html>

No.975. 民間新築住宅の販売価格中央値──地域別：1980－2010年

[単位：ドル。中央値の定義については凡例を参照。地域の構成については表紙裏の地図を参照。付録Ⅲおよび表No.974の頭注を参照]

年	合衆国	東北部	中西部	南部	西部	年	合衆国	東北部	中西部	南部	西部
1980	64,600	69,500	63,400	59,600	72,300	2004	221,000	315,800	205,000	181,100	283,100
1985	84,300	103,300	80,300	75,000	92,600	2005	240,900	343,800	216,900	197,300	332,600
1990	122,900	159,000	107,900	99,000	147,500	2006	246,500	346,000	213,500	208,200	337,700
1995	133,900	180,000	134,000	124,500	141,400	2007	247,900	320,200	208,600	217,700	330,900
2000	169,000	227,400	169,700	148,000	196,400	2008	232,100	343,600	198,900	203,700	294,800
2002	187,600	264,300	178,000	163,400	238,500	2009	216,700	302,500	189,200	194,800	263,700
2003	195,000	264,500	184,300	168,100	260,900	2010	221,900	335,500	197,600	196,000	259,700

資料：U.S. Census Bureau および U.S. Department of Housing and Urban Development "New Residential Sales," <http://www.census.gov/const/www/newressalesindex.html>

No.976. 居住用移動住宅製造数、平均販売価格──地域別：1985－2010年

[283.4は28万3400を表す。移動住宅は移動可能な住居である。幅8フィート以上、長さ40フィート以上。自動車の車台に乗せ、牽引でき、永久的な土台を必要としない。旅行用トレーラー、モーターホームおよびモジュラーハウスを除く。データは確率標本調査に基づき、標本変化の影響を受ける。資料を参照。地域の構成については表紙裏の地図を参照]

年	建設現場数（1,000）					平均販売価格（ドル）				
	合衆国	東北部	中西部	南部	西部	合衆国	東北部	中西部	南部	西部
1985	283.4	20.2	38.6	187.6	36.9	21,800	22,700	21,500	20,400	28,700
1990	195.4	18.8	37.7	108.4	30.6	27,800	30,000	27,000	24,500	39,300
1995	319.4	15.0	57.5	203.2	43.7	35,300	35,800	35,700	33,300	44,100
1997	336.3	14.3	55.3	219.4	47.3	39,800	41,300	40,300	38,000	47,300
1998	373.7	14.7	58.3	250.3	50.4	41,600	42,200	42,400	40,100	48,400
1999	338.3	14.1	53.6	227.2	43.5	43,300	44,000	44,400	41,900	49,600
2000	280.9	14.9	48.7	178.7	38.6	46,400	47,000	47,900	44,300	54,100
2001	196.2	12.2	37.6	116.4	30.0	48,900	50,000	49,100	46,500	58,000
2002	174.3	11.8	34.2	101.0	27.2	51,300	53,200	51,700	48,000	62,600
2003	139.8	11.2	25.2	77.2	26.1	54,900	57,300	55,100	50,500	67,700
2004	124.4	11.0	20.5	67.4	25.5	58,200	60,200	58,800	52,300	73,200
2005	122.9	9.2	17.1	68.1	28.5	62,600	67,000	60,600	55,700	79,900
2006	112.4	7.9	14.5	66.1	23.9	64,300	65,300	59,100	58,900	83,400
2007	94.8	7.0	10.8	59.4	17.7	65,400	66,100	64,900	59,900	85,500
2008	79.3	5.0	8.2	54.0	13.3	64,700	68,400	65,700	59,600	84,900
2009	52.5	3.5	5.4	36.2	7.0	63,100	61,400	65,500	59,400	82,400
2010	49.5	3.8	5.4	34.0	6.4	62,700	66,000	60,300	60,100	77,800

資料：U.S. Census Bureau, "Manufactured Housing"; <http://www.census.gov/const/www/mhsindex.html> を参照

No.977. 中古住宅一戸建販売戸数、販売価格中央値——地域別：1990－2010年

[2,914は291万4000を表す。既存の独立-戸建住宅と棟割式住宅を含む。コンドミニアムおよびコープを除く。不動産複合登録サービス加入者の報告に基づく（地域別および全国計それぞれについて補正・集計）。中央値の定義については凡例を参照。コンドミニアムとコープのデータは表No.980を参照。地域の構成については表紙裏の地図を参照]

年	住宅販売戸数(1,000戸)					販売価格中央値(ドル)				
	合衆国	東北部	中西部	南部	西部	合衆国	東北部	中西部	南部	西部
1990	2,914	513	804	1,008	589	97,300	146,200	76,700	86,300	141,200
1992	3,151	577	907	1,047	620	105,500	149,000	84,600	92,900	143,300
1993	3,427	614	961	1,167	685	109,100	149,300	87,600	95,800	144,400
1994	3,544	618	961	1,213	752	113,500	149,300	90,900	97,200	151,900
1995	3,519	615	940	1,212	752	117,000	146,500	96,500	99,200	153,600
1996	3,797	656	986	1,283	872	122,600	147,800	102,800	105,000	160,200
1997	3,964	683	1,004	1,356	921	129,000	152,400	108,900	111,300	169,000
1998	4,495	745	1,129	1,592	1,029	136,000	157,100	116,300	118,000	179,500
1999	4,649	728	1,145	1,704	1,072	141,200	160,700	121,600	122,100	189,400
2000	4,603	715	1,116	1,707	1,065	147,300	161,200	125,600	130,300	199,200
2001	4,735	710	1,154	1,795	1,076	156,600	169,400	132,300	139,600	211,700
2002	4,974	730	1,217	1,872	1,155	167,600	190,100	138,300	149,700	234,300
2003	5,446	770	1,323	2,073	1,280	180,200	220,300	143,700	159,700	254,700
2004	5,958	821	1,389	2,310	1,438	195,200	254,400	151,500	171,800	289,100
2005	6,180	838	1,411	2,457	1,474	219,000	281,600	168,300	181,100	340,300
2006	5,677	787	1,314	2,352	1,224	221,900	280,300	164,800	183,700	350,500
2007	4,939	723	1,181	2,053	982	217,900	288,100	161,400	178,800	342,500
2008	4,350	623	1,022	1,721	984	196,600	271,500	150,500	169,400	276,100
2009	4,566	641	1,067	1,745	1,113	172,100	243,200	142,900	155,000	215,400
2010	4,308	604	984	1,669	1,051	173,100	243,900	140,800	153,700	220,700

資料：NATIONAL ASSOCIATION OF REALTORS, Washington, DC, *Real Estate Outlook : Market Trends & Insights*（月刊）(copyright); <http://www.realtor.org/research> を参照

No.978. 中古住宅販売価格中央値——主な大都市地区別：2005、2010年

[単位：1,000ドル（219.0は21万9000ドルを表す）。既存の独立一戸建住宅と棟割式住宅を含む。特に明示ない場合行政管理予算局によって定義された2004年現在の大都市統計地区ごとに示す]

大都市地区	2005	2010	大都市地区	2005	2010
合衆国、合計	219.0	173.1	NY：ナッソーサフォーク、NY	465.2	387.0
アレンタウン-ベスレヘム-イーストン、PA-NJ	243.4	224.0	NY：ニューアーク-ユニオン、NJ-PA	416.8	379.2
アナハイム-サンタアナ-アーバイン、CA[1]	691.9	544.7	ノーウィッチ-ニューロンドン、CT	255.9	204.7
アトランティックシティ、NJ	256.1	226.4	オーランド、FL	243.6	134.7
ボルティモア-タウソン、MD	265.3	246.1	パームベイ-メルボルン-タイタスビル、FL	209.7	103.0
バーンスタブルタウン、MA	398.3	326.0	フィラデルフィア-カムデン-ウィルミントン、PA-NJ-DE-MD	215.3	214.9
ボストン-ケンブリッジ-クインシー、MA-NH[2]	413.2	357.3	ピッツフィールド、MA	207.3	195.5
ボルダー、CO	348.4	358.1	フェニックス-メーサ-スコッツデール、AZ	247.4	139.2
ブリッジポート-スタンフォード-ノーウォーク、CT	482.4	408.6	ポートランド-サウスポートランド-ビッデフィード、ME	246.6	218.0
ケープコーラル-フォートマイヤーズ、FL	269.2	88.9	ポートランド-バンクーバー-ビーバートン、OR-WA	244.9	237.3
チャールストン-ノースチャールストン、SC	197.0	200.5	プロビデンス-ニューベッドフォード-フォールリバー、RI-MA	293.4	228.5
シカゴ-ネーパービル-ジョリエット、IL	264.2	191.4	ローリー-ケアリー、NC	194.9	217.6
コロラドスプリングス、CO	205.9	195.5	リノ-スパークス、NV	349.9	179.5
デルトナ-デートナビーチ-オーモンドビーチ、FL	192.5	115.6	リッチモンド、VA	201.9	(NA)
デンバー-オーロラ、CO	247.1	232.4	リヴァーサイド-サンベルナルディノ-オンタリオ、CA[1]	374.2	183.0
ドーバー、DE	180.4	193.3	サクラメント-アーデン-アーケード-ローズビル、CA[1]	375.9	183.6
ユージーン-スプリングフィールド、OR	197.6	196.3	セーレム、OR	177.7	173.5
ゲインズビル、FL	184.0	161.6	サンディエゴ-カールズバッド-サンマルコス、CA[1]	604.3	385.2
ハーガーズタウン-マーチンズバーグ、MD-WV	208.7	144.4	サンフランシスコ-オークランド-フレモント、CA[1]	715.7	525.3
ハートフォード-ウエストハートフォード-イーストハートフォード、CT	253.3	235.8	サンノゼ-サニーベール-サンタクララ、CA[1]	744.5	602.4
ホノルル、HI	590.0	607.6	サラソタ-ブラデントン-ベニス、FL	354.2	164.6
キングストン、NY	251.0	213.8	シアトル-タコマ-ベルビュー、WA	316.8	295.7
ラスベガス-パラダイス、NV	304.7	138.0	スプリングフィールド、MA	201.8	190.0
ロサンゼルス-ロングビーチ-サンタアナ、CA[1]	529.0	316.7	タンパ-セントピーターズバーグ-クリアウォーター、FL	205.3	134.2
マディソン、WI	218.3	217.7	トレントン-アーウィング、NJ	261.1	250.7
マイアミ-フォートローダーデール-マイアミビーチ、FL	363.9	201.9	トゥーソン、AZ	231.6	156.6
ミルウォーキー-ウォーキーショー-ウエストアリス、WI	215.7	205.9	バージニアビーチ-ノーフォーク-ニューポートニューズ、VA-NC	197.2	205.0
ミネアポリス-セントポール-ブルーミントン、MN-WI	234.8	170.6	ワシントン-アーリントン-アレキサンドリア、DC-VA-MD-WV	425.8	325.3
ニューヘブン-ミルフォード、CT	279.1	231.0			
ニューヨーク-ノーザンニュージャージー-ロングアイランド、NY-NJ-PA	445.2	393.7			
ニューヨーク-ウエイン-ホワイトプレーンズ、NY-NJ	495.2	450.0	ウーチェスター、MA	290.7	223.3
NY：エディソン、NJ	375.5	345.4			

1．カリフォルニアのデータはCalifornia Association of REALTORSによる　2．ニューハンプシャーの地域を除く

資料：NATIONAL ASSOCIATION OF REALTORS, Washington, DC, *Real Estate Outlook : Market Trends & Insights*（月刊）(copyright); <http://www.realtor.org/research> を参照

No.979. 中古住宅販売件数──州別：2000－2010年

[単位：1,000件（5,174は517万4000を表す）。1世帯用住宅およびコンドミニアム、共同住宅を含む。データには以前の推計からの改訂による影響がある。本書前年版の表No.974も参照］

州	2000	2005	2009	2010	州	2000	2005	2009	2010
合衆国	**5,174**	**7,076**	**5,156**	**4,908**	ミズーリ	110.2	142.9	105.9	94.6
アラバマ	67.0	128.0	75.0	71.6	モンタナ	17.4	25.4	21.7	20.4
アラスカ	14.3	24.6	22.4	22.4	ネブラスカ	32.3	41.2	34.7	31.9
アリゾナ	104.8	199.2	150.8	147.5	ネバダ	44.6	98.0	104.9	97.7
アーカンソー	45.0	75.3	61.8	59.9	ニューハンプシャー	26.7	(NA)	19.6	18.9
カリフォルニア	573.5	601.1	510.4	468.4	ニュージャージー	161.1	184.4	115.3	110.0
コロラド	111.5	130.4	96.2	90.5	ニューメキシコ	29.9	57.5	32.2	30.8
コネティカット	61.5	78.0	46.6	46.2	ニューヨーク	273.3	319.8	253.8	242.0
デラウェア	12.9	19.3	12.6	10.9	ノースカロライナ	134.2	215.7	136.4	135.3
コロンビア特別区	10.6	12.1	8.4	8.7	ノースダコタ	10.8	15.8	13.1	12.5
フロリダ	393.6	547.1	357.8	396.5	オハイオ	216.4	286.9	248.7	231.9
ジョージア	143.6	242.1	176.6	162.7	オクラホマ	67.3	104.6	83.5	72.6
ハワイ	22.1	36.8	18.4	20.9	オレゴン	62.6	100.5	55.0	55.2
アイダホ	24.1	49.8	33.8	38.8	ペンシルベニア	195.9	255.2	176.5	160.2
イリノイ	246.8	315.3	184.4	176.7	ロードアイランド	17.0	19.8	15.4	13.6
インディアナ	111.0	138.3	104.7	97.7	サウスカロライナ	64.3	114.6	71.1	70.7
アイオワ	53.3	74.9	58.0	55.7	サウスダコタ	12.6	18.3	17.4	14.3
カンザス	52.6	77.9	56.5	51.8	テネシー	100.4	170.9	107.9	101.3
ケンタッキー	66.0	96.2	73.8	70.3	テキサス	381.8	532.5	443.3	420.5
ルイジアナ	66.8	87.7	54.8	51.6	ユタ	35.5	51.7	31.1	28.5
メーン	27.6	33.3	23.1	22.8	バーモント	12.1	15.3	11.3	11.3
メリーランド	100.5	135.5	72.5	74.5	バージニア	130.0	182.5	117.0	107.9
マサチューセッツ	112.3	148.6	107.9	105.3	ワシントン	112.4	167.8	82.3	83.7
ミシガン	185.0	208.6	167.1	150.8	ウエストバージニア	22.9	38.6	27.6	26.5
ミネソタ	96.3	134.9	107.4	89.7	ウィスコンシン	91.6	122.8	84.5	77.7
ミシシッピ	38.7	61.2	41.9	42.1	ワイオミング	9.6	14.3	9.1	8.5

NA　データなし

資料：NATIONAL ASSOCIATION OF REALTORS, Washington, DC, *Real Estate Outlook : Market Trends & Insights*（月刊）(copyright); <http://www.realtor.org/research> を参照

No.980. 中古アパートメント（コンドミニアム、共同住宅）の販売戸数および地域別の販売価格中央値：1990－2010年

[272は27万2000を表す。データには以前の推計からの改訂による影響がある。中央値の定義は凡例を参照。地域の構成については表紙裏の地図を参照］

年	販売戸数(1,000戸)					販売価格の中央値（ドル）				
	合衆国	東北部	中西部	南部	西部	合衆国	東北部	中西部	南部	西部
1990	272	73	55	80	64	86,900	107,500	70,200	64,200	114,600
1995	333	108	66	96	63	89,000	92,500	90,700	67,800	114,800
2000	571	197	106	160	108	114,000	108,500	121,700	84,200	149,100
2003	732	250	146	211	125	168,500	178,100	162,600	126,900	222,400
2004	820	292	161	230	137	197,100	214,100	181,000	156,600	258,000
2005	896	331	177	245	143	223,900	245,100	189,100	187,300	283,800
2006	801	299	169	211	122	221,900	249,700	190,900	184,000	264,700
2007	713	283	146	182	102	226,300	256,100	195,200	185,100	263,300
2008	563	226	107	144	86	209,800	252,500	188,200	166,800	218,500
2009	590	227	96	169	98	175,600	232,800	157,100	132,700	162,100
2010	599	213	92	191	103	171,700	242,200	150,500	118,500	154,700

資料：NATIONAL ASSOCIATION OF REALTORS, Washington, DC, *Real Estate Outlook : Market Trends & Insights*（月刊）(copyright); <http://www.realtor.org/research> を参照

No.981. 集合住宅完成件数、3ヵ月賃貸──地域別：2000－2009年

[226.2は22万6200を表す。5戸以上の住居を持つ建物で、補助を受けず民間資金で建てられ、家具つきではないもの。標本調査に基づき標本変化の影響を受ける。詳細については資料を参照。地域の構成については表紙裏の地図を参照］

年、賃貸料	数(1,000戸)					3ヵ月賃貸(%)				
	合衆国	東北部	中西部	南部	西部	合衆国	東北部	中西部	南部	西部
2000	226.2	14.8	39.5	125.9	45.9	72	85	76	67	77
2005	113.0	4.7	20.5	57.8	30.0	64	75	64	62	64
2007	104.8	5.6	9.5	61.8	28.0	55	66	58	52	58
2008	146.4	8.9	17.2	88.2	32.1	50	52	58	48	51
2009, 暫定値	**163.0**	**10.0**	**17.2**	**93.3**	**42.4**	**51**	**56**	**74**	**49**	**44**
950ドル未満	57.3	2.7	10.2	35.7	8.8	62	85	79	58	48
950－1,049ドル	22.3	0.4	2.9	15.1	4.0	52	89	69	50	45
1,050－1,149ドル	13.3	1.1	1.0	7.3	3.9	47	57	64	50	33
1,150－1,249ドル	16.7	0.8	0.7	10.2	5.0	44	15	74	42	50
1,250ドル以上	53.3	5.0	2.5	25.0	20.7	42	55	61	38	41
賃貸料中央値（ドル）	1,063	1,250	857	1,022	1,240	(X)	(X)	(X)	(X)	(X)

X　該当なし

資料：U.S. Census Bureau, *Current Housing Reports*, Series H 130, *Market Absorption of Apartment*および未刊行資料;<http://www.census.gov/hhes/www/housing/soma/soma.html> を参照

No.982. 合衆国の住宅総在庫：1990－2010年

[単位：1,000戸（106,283は1億628万3000を表す）、％を除く。毎月人口調査および住宅空家調査に基づく。標本抽出時の誤差あり。詳細については資料および付録Ⅲを参照]

項目	1990	1995	2000	2002 [1]	2005	2006	2007	2008	2009	2010
全住宅数	106,283	112,655	119,628	119,297	124,600	126,383	128,017	129,211	129,944	130,599
空家	12,059	12,669	13,908	14,332	15,786	16,487	17,666	18,574	18,785	18,739
通年空家	9,128	9,570	10,439	10,771	11,990	12,497	13,288	13,838	14,121	14,294
賃貸	2,662	2,946	3,024	3,347	3,742	3,747	3,851	4,027	4,386	4,284
分譲のみ	1,064	1,022	1,148	1,220	1,460	1,841	2,118	2,210	2,016	1,983
賃貸又は分譲	660	810	856	842	1,067	1,110	1,133	1,068	992	908
市場外	4,742	4,793	5,411	5,362	5,720	5,798	6,186	6,533	6,726	7,120
時々使用	1,485	1,667	1,892	1,819	1,896	1,866	1,995	2,056	2,064	2,241
居住場所が別にある	1,068	801	1,037	995	1,136	1,201	1,140	1,162	1,185	1,254
その他	2,189	2,325	2,482	2,548	2,688	2,731	3,051	3,315	3,478	3,625
季節的空家 [2]	2,931	3,099	3,469	3,561	3,796	3,990	4,378	4,736	4,665	4,444
占有住宅、計	94,224	99,985	105,720	104,965	108,814	109,896	110,351	110,637	111,159	111,860
持ち家	60,248	64,739	71,250	71,278	74,962	75,596	75,192	75,043	74,892	74,791
賃貸	33,976	35,246	34,470	33,687	33,852	34,300	35,159	35,594	36,267	37,069
構成比（％）										
全住宅	100.0	100.0	100.0	100.0	100.0	100.0	100.0	100.0	100.0	100.0
空家	11.3	11.2	11.6	12.0	12.7	13.0	13.8	14.4	14.4	14.3
占有住宅、計	88.7	88.8	88.4	88.0	87.3	87.0	86.2	85.6	85.6	85.7
持ち家	56.7	57.5	59.6	59.7	60.2	60.3	58.7	58.1	0.6	57.3
賃貸	32.0	31.3	28.8	28.2	27.2	27.5	27.5	27.5	0.3	28.4

1．2000年センサスコントロールに基づく　2．1990年以降、季節的に空家となる移動住宅を含む。季節的な空家は1990年以前については過小評価されている

資料：U.S. Census Bureau, "Housing Vacancies and Home Ownership"; <http://www.census.gov/hhes/www/housing/hvs/hvs.html>

No.983. 占有住宅在庫――所有者の年齢別：1990－2010年

[単位：1,000（94,224は9422万4000を表す）。毎月人口調査、住宅空家調査に基づく。詳細については資料を参照]

世帯主の年齢	1990	1995	2000	2002 [1]	2005	2006	2007	2008	2009	2010
計	94,224	99,986	102,560	105,053	108,814	109,896	110,351	110,637	111,159	111,860
25歳未満	5,143	5,502	5,964	6,378	6,574	6,598	6,497	6,227	6,095	6,060
25－29歳	9,508	8,662	8,197	8,238	8,839	9,001	9,173	9,030	9,060	9,041
30－34歳	11,213	11,206	9,939	10,184	9,636	9,451	9,352	9,278	9,314	9,477
35－39歳	10,914	11,993	11,573	10,933	10,582	10,552	10,503	10,476	10,167	9,794
40－44歳	9,893	11,151	12,013	11,849	11,784	11,518	11,130	10,898	10,687	10,525
45－49歳	8,038	10,080	10,835	11,213	11,843	12,024	12,011	11,885	11,841	11,690
50－54歳	6,532	7,882	9,414	10,132	10,651	10,927	11,086	11,336	11,586	11,721
55－59歳	6,182	6,355	7,455	8,268	9,555	9,948	10,017	10,146	10,229	10,437
60－64歳	6,446	5,860	6,011	6,427	7,376	7,627	8,112	8,542	8,905	9,345
65－69歳	6,407	6,088	5,679	5,649	5,931	6,092	6,334	6,597	6,810	7,038
70－74歳	5,397	5,693	5,420	5,142	5,043	5,071	5,066	5,079	5,280	5,449
75歳以上	8,546	9,514	10,059	10,641	11,000	11,088	11,069	11,144	11,203	11,285

1．2000年センサスコントロールに基づく

資料：U.S. Census Bureau, "Housing Vacancies and Home Ownership"; <http://www.census.gov/hhes/www/housing/hvs/hvs.html>

No.984. 空家率――諸特徴別：2000－2010年

[単位：％。比率は賃貸用あるいは販売用の空家と、賃貸および家主による総供給量との関係を示す。これらの家屋は、現在使用中のもの、借り手や買い手がつき、引越しを待つもの、貸家、売屋用になっているものを含む。毎月人口調査、住宅空家調査に基づく。詳細については資料を参照。地域の構成については、表紙裏の地図を参照。『アメリカ歴史統計』系列N24-258も参照。本書前年版の表No.979も参照]

特徴	賃貸戸数				分譲戸数			
	2000	2005	2009	2010	2000	2005	2009	2010
全戸数	8.0	9.8	10.6	10.2	1.6	1.9	2.6	2.6
東北部	5.6	6.5	7.2	7.6	1.2	1.5	2.0	1.7
中西部	8.8	12.6	10.7	10.8	1.3	2.2	2.6	2.6
南部	10.5	11.8	13.6	12.7	1.9	2.1	2.9	2.8
西部	5.8	7.3	9.0	8.2	1.5	1.4	2.6	2.7
建造物の内容：								
1戸建て	7.0	9.9	9.8	9.6	1.5	1.7	2.3	2.2
2戸以上	8.7	10.0	11.3	10.8	4.7	6.2	8.7	9.2
5戸以上	9.2	10.4	12.3	11.6	5.8	6.6	8.7	9.5
部屋数：								
3部屋以下	10.3	12.1	13.3	13.4	10.4	12.0	14.2	14.9
4部屋	8.2	9.6	10.9	10.2	2.9	3.3	5.0	5.5
5部屋	6.9	9.3	9.7	9.1	2.0	2.2	3.1	3.0
6部屋以上	5.2	8.1	8.3	7.7	1.1	1.4	1.8	1.7

資料：U.S. Census Bureau, "Housing Vacancies and Home Ownership"; <http://www.census.gov/hhes/www/housing/hvs/hvs.html>

No.985. 住宅戸数および保有状況——州別：2009年

[129,950は1億2995万戸を表す。アメリカン・コミュニティ・サーベイ（American Community Survey）の母集団は世帯人口に限定され、施設や大学寄宿舎およびその他の集合居住施設の居住人口は除外される。データは標本に基づいており、標本抽出に変化があればその影響を受ける。付録Ⅲを参照]

州	住宅戸数						保有状況			
			空家 (1,000)		空家率		持ち家		賃貸	
	計 (1,000)	占有住宅 (1,000)	計	季節利用[1]	持ち家[2]	賃貸[3]	計 (1,000)	平均世帯規模	計 (1,000)	平均世帯規模
合衆国	129,950	113,616	16,334	4,706	2.5	8.5	74,843	2.71	38,773	2.48
アラバマ	2,182	1,848	334	77	2.3	10.5	1,286	2.55	562	2.33
アラスカ	284	237	47	24	1.3	6.9	154	2.98	82	2.64
アリゾナ	2,753	2,277	476	164	3.7	12.8	1,527	2.83	750	2.87
アーカンソー	1,310	1,125	185	43	2.8	10.6	743	2.56	382	2.38
カリフォルニア	13,435	12,215	1,220	327	2.3	5.8	6,910	3.01	5,305	2.88
コロラド	2,168	1,910	258	104	2.6	8.1	1,280	2.64	630	2.43
コネティカット	1,446	1,326	120	26	1.4	8.0	913	2.70	413	2.26
デラウェア	396	327	69	36	3.5	12.6	241	2.66	86	2.56
コロンビア特別区	285	249	36	3	3.7	6.1	112	2.37	138	2.17
フロリダ	8,848	6,988	1,861	814	4.2	13.4	4,785	2.59	2,203	2.59
ジョージア	4,064	3,469	594	96	3.6	12.5	2,326	2.79	1,143	2.68
ハワイ	516	446	70	29	1.4	10.6	253	3.00	193	2.60
アイダホ	648	558	89	36	2.7	8.7	399	2.73	159	2.64
イリノイ	5,291	4,757	533	48	2.6	7.9	3,235	2.76	1,522	2.39
インディアナ	2,809	2,478	332	36	2.5	10.7	1,745	2.60	733	2.31
アイオワ	1,342	1,227	115	18	2.2	6.1	884	2.48	343	2.06
カンザス	1,232	1,105	127	16	1.9	7.5	749	2.58	356	2.27
ケンタッキー	1,935	1,694	241	35	2.2	10.0	1,163	2.53	531	2.35
ルイジアナ	1,963	1,688	275	53	2.0	8.3	1,147	2.66	541	2.44
メーン	705	545	160	110	2.3	7.4	396	2.46	149	2.05
メリーランド	2,341	2,095	246	50	2.2	9.2	1,436	2.77	659	2.40
マサチューセッツ	2,748	2,475	273	105	1.5	5.9	1,589	2.75	886	2.23
ミシガン	4,541	3,820	722	279	3.1	9.6	2,796	2.62	1,024	2.33
ミネソタ	2,331	2,086	245	111	1.8	6.0	1,537	2.58	548	2.12
ミシシッピ	1,282	1,095	187	36	1.9	11.6	761	2.63	334	2.53
ミズーリ	2,682	2,340	342	77	2.5	8.3	1,616	2.59	723	2.26
モンタナ	441	375	66	30	2.0	6.6	260	2.60	116	2.37
ネブラスカ	789	711	78	14	1.8	7.5	478	2.60	233	2.15
ネバダ	1,138	966	172	36	4.4	12.8	572	2.74	394	2.64
ニューハンプシャー	600	506	94	60	1.8	7.0	367	2.69	139	2.15
ニュージャージー	3,525	3,155	370	127	2.1	7.7	2,087	2.82	1,068	2.46
ニューメキシコ	878	742	136	45	2.2	9.9	515	2.71	228	2.53
ニューヨーク	8,018	7,188	830	264	1.8	4.8	3,955	2.79	3,232	2.44
ノースカロライナ	4,259	3,646	612	179	2.6	10.3	2,450	2.56	1,196	2.36
ノースダコタ	316	279	37	12	1.9	7.7	184	2.42	95	1.83
オハイオ	5,094	4,526	568	57	2.5	9.3	3,080	2.59	1,446	2.25
オクラホマ	1,650	1,430	220	41	2.6	8.6	961	2.55	469	2.39
オレゴン	1,640	1,486	154	50	2.3	6.4	937	2.59	549	2.40
ペンシルベニア	5,519	4,917	602	167	2.0	6.9	3,467	2.60	1,450	2.15
ロードアイランド	452	406	46	15	1.8	6.9	258	2.66	149	2.22
サウスカロライナ	2,084	1,730	354	116	2.9	13.5	1,214	2.57	517	2.51
サウスダコタ	365	317	48	15	2.3	6.5	215	2.57	102	2.25
テネシー	2,781	2,447	334	54	2.7	10.6	1,692	2.58	755	2.36
テキサス	9,724	8,528	1,196	220	2.3	10.8	5,431	2.95	3,097	2.64
ユタ	953	863	90	36	1.9	6.6	617	3.29	246	2.88
バーモント	314	252	63	45	1.9	7.9	179	2.51	72	2.08
バージニア	3,330	2,971	359	79	2.3	7.4	2,025	2.64	947	2.41
ワシントン	2,814	2,559	255	80	2.4	6.1	1,646	2.65	914	2.37
ウエストバージニア	894	749	145	39	2.2	8.9	551	2.42	197	2.22
ウィスコンシン	2,584	2,272	312	154	1.8	5.9	1,567	2.54	705	2.14
ワイオミング	249	214	36	17	2.2	7.2	151	2.57	62	2.25

1．季節利用、レクリエーション用、または時々利用　2．販売のため空家になっている持ち家の割合　3．空家になっている賃貸住宅の割合

資　料：U.S. Census Bureau, 2009 American Community Survey Tables B25002. Occupancy Status; B25003. Tenure; B25004. Vacancy Status および B25010. Average Household Size of Units by Tenure; <http://factfinder.census.gov/> (2011年3月現在) を参照

No.986. 持ち家・賃貸住宅の空き家率――州別：2010年

[アメリカン・コミュニティ調査の母集団は世帯に限定されており、施設、大学寮、その他の集団居住施設の人口は除外される。標本調査に基づく。標本抽出時の誤差あり。付録Ⅲを参照]

州	持ち家の空き家率	賃貸住宅空き家率	州	持ち家の空き家率	賃貸住宅空き家率	州	持ち家の空き家率	賃貸住宅空き家率
合衆国	**2.6**	**10.2**	KS	2.4	11.3	ND	1.5	7.4
			KY	2.2	10.4	OH	3.3	11.5
AL	2.9	12.1	LA	1.5	12.5	OK	2.0	10.9
AK	1.9	5.6	ME	2.2	6.2	OR	3.3	5.5
AZ	3.2	14.9	MD	2.8	10.5	PA	1.6	8.8
AR	3.1	11.4	MA	1.2	6.6	RI	1.8	7.1
CA	2.5	7.5	MI	2.7	13.1	SC	3.2	13.9
CO	2.7	7.9	MN	2.0	8.3	SD	1.5	9.5
CT	1.7	10.7	MS	2.3	15.6	TN	2.6	12.5
DE	2.4	9.9	MO	2.5	11.6	TX	2.0	13.3
DC	2.3	9.0	MT	1.6	5.7	UT	2.0	7.2
FL	4.5	15.1	NE	2.5	7.2	VT	1.9	6.1
GA	2.9	12.3	NV	4.5	13.4	VA	2.3	10.5
HI	1.9	8.1	NH	1.7	7.2	WA	2.7	7.0
ID	3.3	8.8	NJ	1.6	9.1	WV	2.1	8.2
IL	2.9	11.0	NM	1.8	6.3	WI	1.6	8.6
IN	3.0	11.8	NY	2.1	6.8	WY	2.0	8.3
IA	2.0	8.1	NC	3.4	12.0			

資料：U.S. Census Bureau, "Housing Vacancies and Home Ownership"; ⟨http://www.census.gov/hhes/www/housing/hvs/annual10/ann10ind.html⟩

No.987. 持ち家・賃貸住宅の空き家率――大都市地区：2010年

[毎月人口調査および住宅空き家調査に基づく、標本調査。標本抽出時の誤差あり。詳細については資料および付録Ⅲを参照]

大都市地区	持ち家の空き家率	賃貸住宅空き家率	大都市地区	持ち家の空き家率	賃貸住宅空き家率
大都市地区内	**2.6**	**10.3**			
アクロン、OH	4.1	12.5	ミネアポリス-セントポール-ブルーミントン、MN-WI	1.4	7.4
オルバニ-スケネクタディ-トロイ、NY	1.0	8.0	ナッシュビル-ダビッドソン-マーフリーズボロ、TN	2.4	8.2
アルバカーキ、NM	1.7	5.0	ニューヘブン-ミルフォード、CT	2.6	11.1
アレンタウン-ベスレヘム-イーストン、PA-NJ	0.5	9.1	ニューオリンズ-メテリー-ケナー、LA	2.6	15.2
アトランタ-サンディスプリングズ-マリエッタ、GA	3.0	13.8	ニューヨーク-ノーザンニュージャージー-		
オースティン-ラウンドロック、TX	1.9	11.8	ロングアイランド、NY	2.1	6.6
ベーカーズフィールド、CA	1.8	6.3	オクラホマシティ、OK	2.7	9.6
ボルティモア-タウソン、MD	2.2	11.8	オマハ-カウンシルブラッフス、NE-IA	3.3	10.1
バトンルージュ、LA	1.0	9.4	オーランド、FL	5.9	19.0
バーミンガム-フーバー、AL	2.3	8.8	オックスナード-サウザンドオークス-ヴェンチュラ、CA	1.1	6.4
ボストン-ケンブリッジ-クインシー、MA-NH	1.2	6.2	フィラデルフィア-キャムデン-ウィルミントン、PA-NJ	1.5	11.6
ブリッジポート-スタンフォード-ノーウォーク、CT	1.3	8.7	フェニックス-メーサ-スコッツデール、AZ	2.9	16.3
バッファロー-ナイアガラ・フォールズ、NY	1.7	11.1	ピッツバーグ、PA	2.7	7.8
シャーロット-ガストニア-コンコード、NC-SC	3.1	11.2	ポートランド-バンクーバー-ビーバートン、OR-WA	3.2	4.2
シカゴ-ナーパービル-ジョリエット、IL-IN-WI	3.4	12.1	ポーキプシー-ニューバーグ-ミドルタウン、NJ	2.0	9.5
シンシナティ-ミドルタウン、OH-KY-IN	4.0	12.0	プロビデンス-ニューベッドフォード-フォールリバー、RI-MA	1.3	7.5
クリーブランド-エリリア-メンター、OH	3.1	11.3	ローリー-ケアリー、NC	5.0	11.4
コロンビア、SC	2.5	9.4	リッチモンド、VA	3.1	13.5
コロンバス、OH	4.2	8.0	リバーサイド-サンベルナルディノ-オンタリオ、CA	4.7	12.3
ダラス-フォートワース-アーリントン、TX	2.3	13.5	ロチェスター、NY	1.1	6.3
デートン、OH	3.7	18.6	サクラメント-アーデン-アーケード-ローズビル、CA	2.9	8.4
デンバー-オーロラ、CO	1.7	8.2	セントルイス、MO-IL	2.1	11.2
デトロイト-ウォーレン-リボニア、MI	2.6	16.4	ソルトレイクシティ、UT	2.2	6.0
エルパソ、TX	1.4	5.8	サンアントニオ、TX	1.6	14.0
フレズノ、CA	1.6	10.1	サンディエゴ-カールスバッド-サンマルコス、CA	2.9	7.8
グランドラピッズ-ワイオミング、MI	3.6	6.9	サンフランシスコ-オークランド-フレモント、CA	1.8	6.0
グリーンズボロ-ハイポイント、NC	4.1	12.8	サンノゼ-サニーベル-サンタクララ、CA	0.9	8.2
ハートフォード-ウェストハートフォード-イーストハートフォード、CT	1.7	11.6	シアトル-ベルビュー-エバレット、WA	3.2	7.4
ホノルル、HI	1.0	7.2	スプリングフィールド、MA	0.7	7.3
ヒューストン-ベイタウン-シュガーランド、TX	2.8	16.2	シラキュース、NY	1.3	10.6
インディアナポリス-カーメル、IN	3.0	14.1	タンパ-セントピータースバーグ-クリアウォーター、FL	4.0	12.6
ジャクソンビル、FL	4.6	13.9	トレド、OH	5.5	14.4
カンザスシティ、MO-KS	2.7	14.0	トゥーソン、AZ	3.2	11.1
ラスベガス-パラダイス、NV	5.1	13.8	タルサ、OK	1.4	15.9
ロサンゼルス-ロングビーチ-サンタアナ、CA	1.8	6.7	バージニアビーチ-ノーフォーク-ニューポートニューズ、VA-NC	2.8	8.8
ルイスビル、KY-IN	1.9	9.6	ワシントン-アーリントン-アレクサンドリア、DC-VA-MD-WV	2.1	8.8
メンフィス、TN-MS-AR	3.4	18.5	ウースター、MA	2.3	7.5
マイアミ-フォートローダーデール-マイアミビーチ、FL	3.5	10.1			
ミルウォーキー-ウォーキーショー-ウェストアリス、WI	1.2	7.6			

資料：U.S. Census Bureau, "Housing Vacancies and Home Ownership"; ⟨http://www.census.gov/hhes/www/housing/hvs/annual10/ann10ind.html⟩

No.988. 住宅概況——地域、所有状況別：2009年

[単位：1,000戸（130,112は1億3011万2000戸を表す）、別に注記するものを除く。10月1日現在。American Housing Surveyに基づく。付録Ⅲを参照。地域の構成については表紙裏の地図を参照]

項目	総住宅戸数	季節使用	通年使用 入居 計	自己保有	賃貸	東北部	中西部	南部	西部	空家
住宅総戸数	130,112	4,618	111,806	76,428	35,378	20,451	25,368	41,586	24,401	13,688
構成比(%)	100.0	3.5	85.9	58.7	27.2	15.7	19.5	32.0	18.8	10.5
構造：										
一戸建	82,472	2,795	73,079	63,324	9,755	11,431	17,944	28,063	15,642	6,598
テラスハウス	7,053	252	5,973	3,952	2,021	1,810	1,055	1,935	1,172	828
2－4世帯	10,160	167	8,350	1,353	6,998	2,571	1,792	2,096	1,892	1,643
5－9世帯	6,347	143	5,269	632	4,637	944	1,043	1,818	1,465	935
10－19世帯	5,722	127	4,661	483	4,178	741	962	1,819	1,139	934
20世帯以上	9,588	404	7,634	1,266	6,368	2,415	1,429	1,936	1,854	1,550
移動住宅、トレーラー [1]	8,769	730	6,839	5,418	1,421	540	1,145	3,918	1,236	1,201
建造年：										
中央年	1974	1975	1974	1975	1971	1958	1970	1979	1976	1973
1980年以降	16,283	615	14,028	9,360	4,668	1,758	2,381	6,438	3,451	1,639
1970－1979年	24,799	867	21,248	13,167	8,081	2,864	4,681	8,761	4,941	2,684
1960－1969年	15,261	514	13,326	8,917	4,409	2,451	2,957	4,832	3,086	1,421
1950－1959年	41,406	1,386	35,399	23,076	12,322	10,828	9,780	8,538	6,252	4,622
階数： [2]										
1階建	41,537	1,880	35,364	26,216	9,148	1,109	4,072	19,803	10,381	4,292
2階建	43,447	1,145	37,867	25,210	12,657	6,291	10,192	12,065	9,320	4,435
3階建	27,574	542	24,508	16,721	7,787	8,689	8,530	4,611	2,678	2,524
4階建以上	8,785	320	7,228	2,863	4,365	3,823	1,430	1,190	785	1,237
下部構造： [3]										
総地下	29,104	490	26,713	23,821	2,892	9,022	11,276	4,269	2,145	1,902
一部地下部分あり	8,991	170	8,208	7,350	858	2,226	3,280	1,565	1,137	613
床下配管スペース有	20,955	965	18,022	14,783	3,240	740	2,523	9,517	5,242	1,968
コンクリート・スラブ	28,693	1,011	24,917	20,431	4,486	1,146	1,758	13,941	8,071	2,765
設備：										
不備のある設備	5,586	667	1,751	378	1,374	487	385	406	474	3,168
完備した設備	124,526	3,951	110,054	76,050	34,004	19,964	24,984	41,180	23,927	10,520
流し台	128,769	4,291	115,510	76,329	35,180	20,344	25,308	41,532	24,326	12,968
冷蔵庫	126,534	4,056	111,530	76,336	35,193	20,372	25,328	41,502	24,328	10,948
料理用ストーブ、レンジ	126,744	4,127	111,038	76,153	34,886	20,329	25,207	41,347	24,155	11,579
皿洗い機	82,397	2,111	73,584	57,191	16,393	11,900	15,487	28,691	17,505	6,702
洗濯機	101,387	2,482	93,372	73,826	19,545	15,327	21,537	36,611	19,896	5,534
乾燥機	98,657	2,360	90,905	72,562	18,343	14,512	21,327	35,578	19,489	5,392
流し台のディスポーザー	63,776	1,505	56,531	40,597	15,933	5,332	13,048	20,217	17,934	5,740
安全設備：										
煙感知機：										
作動中	116,141	2,989	104,362	71,797	32,565	19,479	24,153	37,942	22,788	8,789
動力源：										
電力	9,217	267	8,149	5,620	2,528	1,680	1,534	3,238	1,696	801
蓄電池	72,868	1,547	66,536	43,210	23,326	12,985	16,379	22,831	14,341	4,785
両方とも	32,128	983	28,421	22,461	5,960	4,654	5,971	11,370	6,426	2,724
停止中	9,101	824	6,157	3,686	2,472	739	974	3,045	1,399	2,119
報告なし	4,870	804	1,286	945	341	233	241	598	214	2,780
蓄電池：										
最近6カ月以内に交換	77,933	1,626	71,505	50,073	21,432	14,175	17,336	25,312	14,682	4,803
最近6カ月以内に交換せず	23,706	579	21,466	14,678	6,788	3,133	4,557	8,179	5,597	1,661
報告なし	3,357	326	1,986	920	1,066	331	457	710	488	1,045
最近2年間に購入または再充填した										
消火器	49,902	(X)	49,902	37,922	11,980	9,405	11,183	19,118	10,196	(X)
屋内スプリンクラー・システム	6,401	246	5,167	2,086	3,081	938	877	1,845	1,507	988
作動中の1酸化炭素感知器	43,494	673	40,698	31,691	9,007	12,483	12,688	9,927	5,600	2,123
主要暖房装置： [4]										
電気炉暖房	81,629	2,034	71,141	51,691	19,450	8,925	20,671	25,268	16,277	8,454
スチームまたは温水暖房	13,969	259	12,506	7,494	5,012	9,088	2,015	592	811	1,204
電熱ポンプ	16,059	868	13,264	9,764	3,500	336	706	10,785	1,436	1,927
備え付電気暖房具	5,730	320	4,761	2,120	2,641	1,159	1,134	827	1,641	649
床、壁暖房または無配管暖房	5,525	202	4,802	2,043	2,760	435	388	1,154	2,825	520
熱気送管付ルームヒーター	1,173	73	950	580	370	124	103	478	244	150
熱気送管なしルームヒーター	1,365	99	1,109	694	414	24	52	992	41	157
ポータブル電気ストーブ	1,405	107	1,167	535	632	29	65	769	304	131
ストーブ	1,364	203	1,035	845	190	226	158	341	310	125
暖炉 [5]	290	42	215	190	25	27	40	53	94	34
なし	930	330	386	206	180	3	3	58	321	215
エアコン：セントラル・システム	88,668	2,197	78,437	59,357	19,080	6,931	18,340	39,501	13,665	8,034
部屋ごと	26,850	581	24,582	13,707	10,875	10,499	5,478	4,980	3,625	1,687
水源：										
公営または民間会社水道	113,489	3,238	98,027	64,372	33,655	17,101	21,435	36,594	22,897	12,224
1－5戸に対して1個の井戸	15,846	1,070	13,430	11,769	1,660	3,275	3,878	4,821	1,455	1,346
下水処理方式：										
公共下水道	103,155	2,596	89,467	56,736	32,732	16,263	20,432	31,288	21,484	11,092
腐敗槽、汚水溜、ケミカル・トイレ	26,662	1,800	22,307	19,667	2,640	4,185	4,930	10,279	2,913	2,555

X データなし　1.トレーラーを含む。個別に明示しない、幅の不明なものを含む　2.移動住宅を除く。半地下室、屋根裏部屋を含む　3.戸建て住宅に限る　4.個別に明示しないその他の項目を含む　5.設置、非設置
資料：U.S. Census Bureau, Current Housing Reports, series H-150/09, *American Housing Survey in the United States* (2009年)；〈http://www.census.gov/hhes/www/housing/ahs/nationaldata.html〉も参照

No.989. 構造別住宅数——州別：2009年

[単位：％、別に注記するものを除く（129,950は1億2995万を表す）。アメリカン・コミュニティ・サーベイ（American Community Survey）の母集団は世帯人口に限定され、施設や大学寄宿舎およびその他の集合居住施設の居住人口は除外される。データは標本に基づいており、標本抽出に変化があればその影響を受ける。付録Ⅲを参照]

州	住宅数、計(1,000)	構造別構成比(%)								
		一戸建て	テラスハウス	2世帯	3-4世帯	5-9世帯	10-19世帯	20世帯以上	移動住宅	ボート、RV、ヴァン、その他
合衆国	129,950	61.6	5.8	3.9	4.5	4.9	4.6	9.4	6.5	0.1
AL	2,182	67.6	1.7	2.4	3.0	4.2	3.3	7.5	14.2	0.1
AK	284	61.2	8.6	4.9	6.3	5.2	2.8	8.0	6.1	0.1
AZ	2,753	62.7	5.2	1.3	3.4	4.7	5.4	10.1	10.9	0.4
AR	1,310	69.7	1.8	3.1	3.5	3.4	3.3	6.7	12.8	0.1
CA	13,435	58.0	7.1	2.6	5.6	6.1	5.4	11.6	3.9	0.1
CO	2,168	63.2	7.0	1.5	3.5	4.9	6.1	11.0	4.6	0.1
CT	1,446	59.3	5.2	7.9	8.7	5.5	3.9	9.4	0.9	(Z)
DE	396	58.3	14.7	1.6	2.7	3.5	5.4	8.9	9.4	(Z)
DC	285	12.1	26.7	2.6	7.6	6.9	10.4	17.3	0.0	0.1
FL	8,848	53.8	6.3	2.3	3.8	5.0	6.1	11.1	9.5	0.1
GA	4,064	66.4	3.5	2.2	3.3	5.3	4.8	10.1	9.4	(Z)
HI	516	53.2	6.1	3.3	5.4	7.1	5.0	12.1	0.1	(Z)
ID	648	72.9	2.8	2.5	4.4	2.7	1.6	4.3	10.0	0.1
IL	5,291	57.8	5.8	6.0	7.0	6.4	4.1	10.5	2.8	(Z)
IN	2,809	72.4	3.4	2.6	3.7	4.8	3.8	8.6	5.3	(Z)
IA	1,342	73.5	3.5	2.6	3.6	3.8	3.6	7.5	4.2	(Z)
KS	1,232	73.2	4.6	2.5	3.4	3.8	3.4	7.3	4.9	(Z)
KY	1,935	67.0	2.3	3.3	3.9	4.9	3.5	8.4	12.3	(Z)
LA	1,963	66.1	2.7	3.8	4.1	3.4	2.8	6.2	13.3	0.2
ME	705	69.6	2.1	5.5	5.4	4.2	1.7	5.9	8.8	(Z)
MD	2,341	51.3	21.1	1.8	2.3	5.2	8.7	13.9	1.8	(Z)
MA	2,748	52.4	5.1	10.7	10.8	6.0	4.3	10.3	0.8	(Z)
MI	4,541	72.0	4.4	2.9	2.6	4.2	3.7	7.8	5.5	(Z)
MN	2,331	67.9	7.3	2.3	2.1	2.1	3.6	5.6	3.8	(Z)
MS	1,282	69.7	1.6	2.2	3.0	4.9	2.1	7.1	14.8	0.1
MO	2,682	70.2	3.5	3.6	4.8	3.8	3.3	7.0	6.7	(Z)
MT	441	68.9	2.9	3.9	4.8	2.9	1.8	4.7	11.5	0.1
NE	789	72.6	3.6	2.0	2.7	3.8	5.0	8.5	3.9	(Z)
NV	1,138	60.1	4.8	1.3	6.0	8.8	6.2	15.0	5.9	0.2
NH	600	63.1	5.2	6.2	5.5	4.7	3.3	8.0	6.1	(Z)
NJ	3,525	53.4	9.2	9.4	6.7	5.1	5.1	10.2	1.0	(Z)
NM	878	65.0	3.9	1.8	3.8	3.0	2.7	5.7	15.6	0.1
NY	8,018	41.7	4.9	10.9	7.4	5.2	4.2	9.4	2.4	(Z)
NC	4,259	64.9	3.8	2.3	2.8	4.4	4.3	8.7	13.8	(Z)
ND	316	61.7	5.0	2.0	3.7	4.6	5.8	10.4	7.2	(Z)
OH	5,094	68.3	4.7	4.6	4.5	4.9	4.0	8.9	3.8	(Z)
OK	1,650	73.3	2.1	2.1	2.6	3.7	3.5	7.2	9.1	0.1
OR	1,640	63.9	4.1	3.3	4.4	4.6	3.9	8.5	8.4	0.2
PA	5,519	57.3	18.1	4.9	4.2	3.3	2.5	5.8	4.3	(Z)
RI	452	56.6	3.5	10.8	12.1	5.5	3.6	9.1	1.1	(Z)
SC	2,084	62.5	2.4	2.3	2.9	4.8	3.6	8.4	17.7	0.1
SD	365	68.6	3.8	2.3	3.4	3.7	3.3	7.0	8.7	0.1
TN	2,781	68.5	3.1	3.0	3.0	4.6	3.7	8.3	10.1	(Z)
TX	9,724	65.2	2.6	2.1	3.3	5.0	7.0	12.0	7.3	0.2
UT	953	69.6	5.9	3.0	4.6	3.2	4.0	7.2	3.9	0.1
VT	314	65.6	3.3	6.5	6.7	5.5	2.0	7.5	7.3	(Z)
VA	3,330	62.6	10.3	1.7	2.8	4.7	5.5	10.2	5.7	(Z)
WA	2,814	63.3	3.7	2.6	3.8	5.0	5.1	10.1	7.0	0.2
WV	894	71.7	1.7	2.4	2.9	2.7	1.6	4.3	14.6	(Z)
WI	2,584	66.1	4.4	7.1	3.9	4.8	3.3	8.2	3.9	(Z)
WY	249	65.0	4.3	2.8	4.6	3.0	2.4	5.4	14.3	0.1

Z　0.05％未満

資料：U.S. Census Bureau, 2009 American Community Survey, B25024, "Units in Structure,"〈http://www.factfinder.census.gov〉（2011年5月現在）を参照

No.990. 住宅の規模と敷地面積：2009年

［単位：1,000（130,112は1億3011万2000を表す）、別に注記するものを除く。秋期現在。アメリカ住宅調査に基づく。付録Ⅲを参照。地域の構成については表紙裏の地図を参照］

項目	総住宅数	季節使用	通年 占有住宅							空家
			計	持家	賃貸	東北部	中西部	南部	西部	
総数	130,112	4,618	111,806	76,428	35,378	20,451	25,368	41,586	24,401	13,688
部屋数：										
1部屋	579	104	352	26	326	111	60	33	149	123
2部屋	1,423	194	946	68	879	269	130	209	337	283
3部屋	11,290	697	8,711	1,036	7,675	2,235	1,891	2,461	2,124	1,882
4部屋	23,036	1,374	17,828	6,475	11,354	3,277	3,889	6,376	4,287	3,834
5部屋	29,888	1,108	25,444	17,232	8,212	3,854	5,758	10,355	5,476	3,336
6部屋	27,480	632	24,596	20,364	4,232	4,435	5,400	9,918	4,842	2,252
7部屋	17,877	315	16,489	14,754	1,735	3,080	3,904	6,110	3,394	1,073
8部屋以上	18,538	193	17,440	16,474	967	3,189	4,337	6,123	3,791	905
完備したバスルーム：										
なし	1,678	557	403	175	229	98	93	115	97	717
1	46,977	1,899	38,662	15,767	22,894	9,418	9,760	11,847	7,636	6,416
1および半設備	17,233	363	15,656	12,081	3,575	4,066	4,770	4,217	2,603	1,214
2以上	64,223	1,798	57,085	48,405	8,680	6,869	10,746	25,406	14,064	5,340
住宅面積：										
一戸建ておよび移動住宅	91,241	3,524	79,918	68,742	11,176	11,971	19,088	31,981	16,878	7,799
500平方フィート未満	988	225	603	383	220	86	104	247	166	161
500－749平方フィート	2,765	462	1,771	1,085	686	249	415	810	298	532
750－999平方フィート	6,440	593	5,014	3,519	1,495	614	1,340	2,086	973	833
1,000－1,499平方フィート	21,224	814	18,419	14,978	3,441	2,047	4,331	7,834	4,207	1,991
1,500－1,999平方フィート	20,636	521	18,519	16,284	2,235	2,458	4,039	7,564	4,457	1,596
2,000－2,499平方フィート	14,361	284	13,190	12,057	1,134	2,000	3,282	5,165	2,743	886
2,500－2,999平方フィート	7,589	141	7,050	6,622	429	1,211	1,594	2,819	1,426	398
3,000－3,999平方フィート	7,252	137	6,692	6,391	301	1,119	1,700	2,488	1,385	424
4,000平方フィート以上	4,456	113	4,030	3,787	243	805	994	1,519	712	313
その他[1]	5,529	234	4,630	3,638	992	1,382	1,288	1,449	510	666
住宅面積の中央値	1,700	1,150	1,800	1,800	1,300	1,900	1,800	1,700	1,700	1,500
敷地面積：										
一戸建て、テラスハウス、移動住宅	95,216	3,512	83,466	70,643	12,823	13,297	19,555	33,222	17,392	8,239
1/8エーカー未満	25,234	946	21,635	16,297	5,338	3,161	4,749	7,268	6,457	2,652
1/8－1/4エーカー	13,706	448	11,981	10,581	1,400	1,610	3,063	3,413	3,896	1,277
1/4－1/2エーカー	17,825	518	15,921	13,837	2,084	2,383	4,044	6,523	2,970	1,386
1/2－1エーカー	11,292	372	10,036	8,874	1,162	1,974	1,964	4,945	1,153	884
1－5エーカー	19,172	754	17,014	14,895	2,120	3,072	3,669	8,310	1,963	1,404
5－10エーカー	3,104	120	2,750	2,545	205	464	737	1,106	443	234
10エーカー以上	4,885	354	4,127	3,614	513	633	1,329	1,656	509	403
中央値	0.27	0.32	0.27	0.32	0.22	0.34	0.28	0.36	0.18	0.25

1．報告のない住居あるいは規模が不詳のものを示す

資料：U.S. Census Bureau, Current Housing Reports, series H150/09, *American Housing Survey in the United States 2009*（2010年9月）;〈http://www.census.gov/hhes/housing/ahs/nationaldata.html〉を参照

No.991. 占有住宅——世帯主の人種別保有状況：1991－2009年

［単位：1,000（93,147は9314万7000を表す）、％を除く。秋期現在。アメリカ住宅調査に基づく。付録Ⅲを参照］

世帯主の人種、保有状況	1991	1995	1999	2001	2003[1]	2005	2007	2009
全人種[2]								
占有住宅、計	93,147	97,693	102,803	106,261	105,842	108,871	110,692	111,806
持ち家	59,796	63,544	68,796	72,265	72,238	74,931	75,647	76,428
占有住宅に占める割合（％）	64.2	65.0	66.9	68.0	68.3	68.8	68.3	68.4
賃貸	33,351	34,150	34,007	33,996	33,604	33,940	35,045	35,378
白人[3]								
占有住宅、計	79,140	81,611	83,624	85,292	87,483	89,449	90,413	91,137
持ち家	53,749	56,507	60,041	62,465	63,126	65,023	65,554	65,935
占有住宅に占める割合（％）	67.9	69.2	71.8	73.2	72.2	72.7	72.5	72.3
賃貸	25,391	25,104	23,583	22,826	24,357	24,426	24,859	25,202
黒人[3]								
占有住宅、計	10,832	11,773	12,936	13,292	13,004	13,447	13,856	13,993
持ち家	4,635	5,137	6,013	6,318	6,193	6,471	6,464	6,547
占有住宅に占める割合（％）	42.8	43.6	46.5	47.5	47.6	48.1	46.7	46.8
賃貸	6,197	6,637	6,923	6,974	6,811	6,975	7,392	7,446
ヒスパニック[4]								
占有住宅、計	6,239	7,757	9,041	9,814	11,038	11,651	12,609	12,739
持ち家	2,423	3,245	4,087	4,731	5,106	5,752	6,364	6,439
占有住宅に占める割合（％）	38.8	41.8	45.2	48.2	46.3	49.4	50.5	50.5
賃貸	3,816	4,512	4,955	5,083	5,931	5,899	6,244	6,300

1．2000年センサスコントロールに基づく　2．個別に示さないその他の人種を含む　3．2003年のAmerican Housing Survey(AHS)では、回答者は複数の人種を選択することが可能であった。2003年以降、データは単一の人種グループを選択した世帯主のみについて作表されており、複数人種を回答した世帯主は除外されている。2002年以前のAHSでは、回答者は単一の人種のみしか回答できなかった。第1章解説の人種に関する記述および下記の資料も参照。　4．ヒスパニックは人種は問わない

資料：U.S. Census Bureau, Current Housing Reports, Series H150/91, H150/95RV, H150/99, H150/01, H150/03, H150/05, H150/07, H150/09, *American Housing Survey for the United States*（2009年）;〈http://www.census.gov/hhes/www/housing/ahs/nationaldata.html〉も参照

No.992. 持ち家率――世帯主年齢別および家族形態別：1990－2010年

[単位：％。所有者占有住宅を全世帯数で割った比率。Current Population Survey/Housing Vacancy Surveyに基づく。詳細については資料および付録Ⅲを参照]

世帯主の年齢と家族形態	1990	1995	2000	2004	2005	2006	2007	2008	2009	2010
合衆国	**63.9**	**64.7**	**67.4**	**69.0**	**68.9**	**68.8**	**68.1**	**67.8**	**67.4**	**66.9**
世帯主の年齢										
25歳未満	15.7	15.9	21.7	25.2	25.7	24.8	24.8	23.6	23.3	22.8
25－29歳	35.2	34.4	38.1	40.2	40.9	41.8	40.6	40.0	37.7	36.8
30－34歳	51.8	53.1	54.6	57.4	56.8	55.9	54.4	53.5	52.5	51.6
35－39歳	63.0	62.1	65.0	66.2	66.6	66.4	65.0	64.6	63.4	61.9
40－44歳	69.8	68.6	70.6	71.9	71.7	71.2	70.4	69.4	68.7	67.9
45－49歳	73.9	73.7	74.7	76.3	75.0	74.9	74.0	73.6	72.3	72.0
50－54歳	76.8	77.0	78.5	78.2	78.3	77.7	76.9	76.4	76.5	75.0
55－59歳	78.8	78.8	80.4	81.2	80.6	80.4	79.9	79.4	78.6	77.7
60－64歳	79.8	80.3	80.3	82.4	81.9	81.5	81.5	80.9	80.6	80.4
65－69歳	80.0	81.0	83.0	83.2	82.8	82.4	81.7	81.6	82.0	81.6
70－74歳	78.4	80.9	82.6	84.4	82.9	83.0	82.4	81.7	81.9	82.4
75歳以上	72.3	74.6	77.7	78.8	78.4	79.1	78.7	78.6	78.9	78.9
35歳未満	38.5	38.6	40.8	43.1	43.0	42.6	41.7	41.0	39.7	39.1
35－44歳	66.3	65.2	67.9	69.2	69.3	68.9	67.8	67.0	66.2	65.0
45－54歳	75.2	75.2	76.5	77.2	76.6	76.2	75.4	75.0	74.4	73.5
55－64歳	79.3	79.5	80.3	81.9	81.2	80.9	80.6	80.1	79.5	79.0
65歳以上	76.3	78.1	80.4	81.1	80.6	80.9	80.4	80.1	80.5	80.5
家族形態										
家族世帯：										
既婚夫婦	78.1	79.6	82.4	84.0	84.2	84.1	83.8	83.4	82.8	82.1
男性世帯主、配偶者なし	55.2	55.3	57.5	59.6	59.1	58.9	57.4	57.6	56.9	56.9
女性世帯主、配偶者なし	44.0	45.1	49.1	50.9	51.0	51.3	49.9	49.5	49.0	48.6
非家族世帯：										
単身世帯	49.0	50.5	53.6	55.8	55.6	55.7	55.2	55.0	55.1	55.3
男性世帯主	42.4	43.8	47.4	50.5	50.3	50.5	50.2	50.6	50.9	51.3
女性世帯主	53.6	55.4	58.1	59.9	59.6	59.8	59.1	58.6	58.6	58.6
その他：										
男性世帯主	31.7	34.2	38.0	41.7	41.5	40.8	40.0	41.3	40.2	40.7
女性世帯主	32.5	33.0	40.6	43.5	44.7	45.5	42.9	42.5	42.5	41.9

資料：U.S. Census Bureau, "Housing Vacancies and Home Ownership"; <http://www.census.gov/hhes/www/hvs.html> を参照

No.993. 持ち家率――州別：1990－2010年

[単位：％。表No.992の頭注参照]

州	1990	2000	2005	2008	2009	2010	州	1990	2000	2005	2008	2009	2010
合衆国	**63.9**	**67.4**	**68.9**	**67.8**	**67.4**	**66.9**	ミズーリ	64.0	74.2	72.3	71.4	72.0	71.2
アラバマ	68.4	73.2	76.6	73.0	74.1	73.2	モンタナ	69.1	70.2	70.4	70.3	70.7	68.1
アラスカ	58.4	66.4	66.0	66.4	66.8	65.7	ネブラスカ	67.3	70.2	70.2	69.6	70.2	70.4
アリゾナ	64.5	68.0	71.1	69.1	68.9	66.6	ネバダ	55.8	64.0	63.4	63.6	62.4	59.7
アーカンソー	67.8	68.9	69.2	68.9	68.5	67.9	ニューハンプシャー	65.0	69.2	74.0	75.0	76.0	74.9
カリフォルニア	53.8	57.1	59.7	57.5	57.0	56.1	ニュージャージー	65.0	66.2	70.1	67.3	65.9	66.5
コロラド	59.0	68.3	71.0	69.0	68.4	67.4	ニューメキシコ	68.6	73.7	71.4	70.4	69.1	68.6
コネティカット	67.9	70.0	70.5	70.7	70.5	70.8	ニューヨーク	53.3	53.4	55.9	55.0	54.4	54.5
デラウェア	67.7	72.0	75.8	76.2	76.5	74.7	ノースカロライナ	69.0	71.1	70.9	69.4	70.1	69.5
コロンビア特別区	36.4	41.9	45.8	44.1	44.9	45.6	ノースダコタ	67.2	70.7	68.5	66.6	65.7	67.1
フロリダ	65.1	68.4	72.4	71.1	70.9	69.3	オハイオ	68.7	71.3	73.3	70.8	69.7	69.7
ジョージア	64.3	68.0	67.9	68.2	67.4	67.1	オクラホマ	70.3	72.7	72.3	70.5	70.4	69.2
ハワイ	55.5	55.2	59.8	59.1	59.5	56.1	オレゴン	64.4	65.3	68.2	66.2	68.2	66.3
アイダホ	69.4	70.5	74.2	75.0	75.5	72.4	ペンシルベニア	73.8	74.7	73.3	72.6	72.2	72.2
イリノイ	63.0	67.9	70.0	68.9	69.1	68.2	ロードアイランド	58.5	61.5	64.5	62.3	60.2	62.8
インディアナ	67.0	74.9	75.0	74.4	72.0	71.2	サウスカロライナ	71.4	76.5	73.9	73.9	74.4	74.8
アイオワ	70.7	75.2	73.9	74.0	72.4	71.1	サウスダコタ	66.2	71.2	68.4	70.4	69.6	70.6
カンザス	69.0	69.3	69.5	68.8	67.4	67.4	テネシー	68.3	70.9	72.4	71.7	71.1	71.0
ケンタッキー	65.8	73.4	71.6	72.8	71.2	70.3	テキサス	59.7	63.8	65.9	65.5	65.4	65.3
ルイジアナ	67.8	68.1	72.5	73.5	71.9	70.4	ユタ	70.1	72.7	73.9	76.2	74.1	72.5
メーン	74.2	76.5	73.9	73.9	74.0	73.8	バーモント	72.6	68.7	74.2	72.8	74.3	73.6
メリーランド	64.9	69.9	71.2	70.6	69.6	68.9	バージニア	69.8	73.9	71.2	70.6	69.7	68.7
マサチューセッツ	58.6	59.9	63.4	65.7	65.1	65.3	ワシントン	61.8	65.1	67.6	66.2	65.5	64.4
ミシガン	72.3	77.2	76.4	75.9	74.5	74.5	ウエストバージニア	72.0	75.9	81.3	77.8	78.7	79.0
ミネソタ	68.0	76.1	76.5	73.1	72.9	72.6	ウィスコンシン	68.3	71.8	71.1	70.4	70.4	71.0
ミシシッピ	69.4	75.2	78.8	75.4	75.5	74.8	ワイオミング	68.9	71.0	72.8	73.3	73.8	73.4

資料：U.S. Census Bureau, "Housing Vacancies and Home Ownership"; <http://www.census.gov/hhes/www/hvs.html>

No.994. 占有住宅戸数──住宅費用、地域別：2009年

[76,428は7642万8000を表す。秋期現在。住宅費用に関する解説は表No.995の頭注を参照。全米住宅調査（American Housing Survey）に基づく。付録Ⅲを参照。地域の構成については表紙裏の地図を参照]

特徴	戸数(1,000)					構成比(%)				
	戸数計	東北部	中西部	南部	西部	戸数計	東北部	中西部	南部	西部
所有者占有住宅										
計	76,428	13,378	18,249	29,193	15,607	100.0	100.0	100.0	100.0	100.0
月間住宅費用：										
300ドル未満	2,635	192	430	1,368	647	3.4	1.4	2.4	4.7	4.1
300－399ドル	5,351	366	1,087	3,026	873	7.0	2.7	6.0	10.4	5.6
400－499ドル	6,022	653	1,549	2,835	984	7.9	4.9	8.5	9.7	6.3
500－599ドル	5,308	738	1,528	2,190	852	6.9	5.5	8.4	7.5	5.5
600－699ドル	8,141	1,682	2,093	3,261	1,105	10.7	12.6	11.5	11.2	7.1
700－799ドル	10,736	1,938	3,071	4,275	1,452	14.0	14.5	16.8	14.6	9.3
800－999ドル	14,984	2,578	4,298	5,563	2,545	19.6	19.3	23.6	19.1	16.3
1,000－1,249ドル	14,867	3,193	3,211	4,565	3,898	19.5	23.9	17.6	15.6	25.0
1,250－1,499ドル	8,383	2,039	982	2,111	3,251	11.0	15.2	5.4	7.2	20.8
中央値（ドル）[1]	1,000	1,196	937	827	1,389	(X)	(X)	(X)	(X)	(X)
貸借者占有住宅										
計	35,378	7,073	7,119	12,392	8,794	100.0	100.0	100.0	100.0	100.0
月間住宅費用：										
300ドル未満	976	190	267	351	168	2.8	2.7	3.7	2.8	1.9
300－399ドル	1,381	357	333	408	283	3.9	5.1	4.7	3.3	3.2
400－499ドル	1,359	352	371	441	194	3.8	5.0	5.2	3.6	2.2
500－599ドル	2,094	335	616	783	360	5.9	4.7	8.7	6.3	4.1
600－699ドル	6,793	1,055	1,845	2,712	1,181	19.2	14.9	25.9	21.9	13.4
700－799ドル	9,769	1,727	2,082	3,695	2,265	27.6	24.4	29.2	29.8	25.8
800－999ドル	7,407	1,819	940	2,271	2,377	20.9	25.7	13.2	18.3	27.0
1,000－1,249ドル	2,965	727	222	648	1,368	8.4	10.3	3.1	5.2	15.6
1,250－1,499ドル	596	169	45	137	245	1.7	2.4	0.6	1.1	2.8
1,500ドル以上										
賃貸料なし	2,037	341	398	945	352	5.8	4.8	5.6	7.6	4.0
中央値（ドル）[1]	808	877	691	764	956	(X)	(X)	(X)	(X)	(X)

X 該当なし　1．中央値の定義については凡例を参照

資料：U.S. Census Bureau, Current Housing Reports, Series H150/09, *American Housing Survey for the United States 2009*（2010年9月）；<http://www.census.gov/hhes/www/housing/ahs/nationaldata.html> を参照

No.995. 世帯主の特徴別占有住宅の財政：2009年

[単位：1,000（111,806は1億1180万6000を表す）、別に注記するものを除く。秋期現在。住宅費用は不動産税、財産保険、電気・ガス・水道、燃料、ごみ収集、家主組合の会費、移動住宅の経費、抵当を含む。アメリカ住宅調査に基づく。付録Ⅲを参照]

特徴	総占有住宅数	持ち家状況		黒人[1]		ヒスパニック[2]		高齢者[3]		貧困水準以下の世帯	
		持ち家	賃貸	持ち家	賃貸	持ち家	賃貸	持ち家	賃貸	持ち家	賃貸
総住宅数[4]	111,806	76,428	35,378	6,547	7,446	6,439	6,300	18,472	4,623	6,405	9,334
月間住宅費用：											
199ドル未満	3,611	2,635	976	322	370	253	132	1,119	261	727	760
200－299ドル	6,732	5,351	1,381	467	422	453	200	2,587	461	1,035	895
300－399ドル	7,381	6,022	1,359	499	357	445	172	2,897	364	818	599
400－499ドル	7,402	5,308	2,094	470	420	371	333	2,395	408	611	823
500－699ドル	14,934	8,141	6,793	801	1,569	503	1,165	3,079	827	777	1,929
700－799ドル	20,505	10,736	9,769	1,041	2,106	910	1,900	2,502	883	893	2,057
1,000－1,499ドル	22,391	14,984	7,407	1,313	1,471	1,186	1,508	1,967	533	722	1,166
1,500－2,499ドル	17,832	14,867	2,965	1,099	348	1,418	593	1,233	277	548	331
2,500ドル以上	8,980	8,383	596	537	35	900	58	692	129	275	53
中央値（ドル）[4]	909	1,000	808	901	746	1,113	854	512	640	502	629
所得に占める月間住宅費用：[5]											
5％未満	3,065	2,903	162	133	15	171	35	594	23	8	17
5－9％	10,334	9,614	721	617	105	561	83	2,658	79	49	21
10－14％	13,111	11,147	1,964	842	295	711	256	2,932	170	109	47
15－19％	14,210	10,986	3,224	814	553	719	450	2,410	235	215	87
20－24％	13,271	9,589	3,682	754	697	716	603	1,966	329	191	159
25－29％	10,775	7,167	3,608	625	708	586	615	1,481	494	262	366
30－34％	8,116	5,160	2,956	488	651	579	606	1,024	370	282	360
35－39％	6,071	3,753	2,317	429	525	370	388	818	312	242	322
40％以上	28,695	15,250	13,445	1,743	3,181	1,921	2,808	4,478	2,063	4,245	6,138
中央値（％）[6]	24	21	34	25	38	27	38	21	40	89	82

1．この人種グループのみを回答した者のみをカウント。表No.991の脚注3を参照　2．ヒスパニックは人種を問わない　3．65歳以上の世帯主　4．個別に示さない無料賃貸を含む　5．中央値の定義については凡例を参照　6．課税前現金収入

資料：U.S. Census Bureau, Current Housing Reports, Series H-150/09, *American Housing Survey for the United States 2009*（2010年9月）；<http://www.census.gov/hhes/www/housing/ahs/nationaldata.html> も参照

No.996. 持ち家住宅の価額と住居費——州別：2009年

[単位：％、別に注記するものを除く（74,843は7484万3000を表す）。アメリカン・コミュニティ・サーベイ（American Community Survey）の母集団は世帯人口に限定され、施設や大学寄宿舎およびその他の集合居住施設の居住人口は除外される。データは標本に基づいており、標本抽出に変化があればその影響を受ける。付録Ⅲを参照。中央値の定義については凡例を参照]

州	計(1,000)	価額の構成比（％）			価額の中央値（ドル）	所有者の月間費用の中央値[1]（ドル）	過去12ヵ月間の世帯収入に占める月間住居費の割合（％）			
		99,999ドル以下	100,000－199,999ドル	200,000ドル以上			15％未満	15－24.9％	25－29.9％	30％以上
合衆国	74,843	23.3	30.4	46.3	185,200	1,111	16.9	32.8	12.4	37.5
AL	1,286	41.9	33.7	24.4	119,600	751	22.2	36.4	11.4	29.5
AK	154	13.1	23.8	63.1	232,900	1,384	17.3	35.6	14.0	32.8
AZ	1,527	18.3	35.7	46.0	187,700	1,158	14.6	30.9	12.8	40.9
AR	743	48.7	33.7	17.6	102,900	653	26.9	35.3	10.4	27.1
CA	6,910	7.2	12.5	80.3	384,200	1,852	10.7	24.4	12.2	52.2
CO	1,280	10.2	27.0	62.8	237,800	1,352	16.1	34.2	13.6	35.7
CT	913	3.8	19.3	76.9	291,200	1,708	13.5	32.2	13.5	40.5
DE	241	9.7	24.7	65.7	249,400	1,234	17.2	33.2	13.3	36.0
DC	112	2.2	5.0	92.7	443,700	1,841	19.6	30.9	10.0	38.9
FL	4,785	21.0	34.4	44.6	182,400	1,125	11.7	26.5	11.9	49.2
GA	2,326	23.7	39.6	36.7	162,800	1,092	17.9	33.6	12.0	35.9
HI	253	3.3	4.1	92.6	517,600	1,672	12.5	26.7	11.2	49.2
ID	399	16.7	44.6	38.8	171,700	957	16.4	34.0	12.5	36.6
IL	3,235	20.4	29.0	50.6	202,200	1,267	15.6	33.0	12.8	38.2
IN	1,745	37.2	42.2	20.6	123,100	896	22.7	37.9	11.7	27.4
IA	884	38.5	40.1	21.4	122,000	821	24.1	40.8	11.6	23.3
KS	749	39.5	36.8	23.7	125,500	883	22.6	41.0	11.0	25.2
KY	1,163	41.4	37.2	21.4	117,800	737	22.8	37.7	11.1	27.9
LA	1,147	36.8	37.0	26.2	135,400	694	26.2	34.7	10.1	28.6
ME	396	21.8	36.1	42.0	177,500	952	17.5	32.9	13.1	36.3
MD	1,436	6.2	14.2	79.6	318,600	1,689	15.6	32.1	13.5	38.5
MA	1,589	3.3	11.9	84.7	338,500	1,694	14.3	32.2	13.3	40.0
MI	2,796	34.8	39.9	25.4	132,200	1,002	16.1	33.8	12.9	36.6
MN	1,537	15.2	34.6	50.1	200,400	1,204	16.6	35.6	13.9	33.6
MS	761	50.9	30.7	18.4	98,000	654	20.8	34.4	11.2	33.1
MO	1,616	32.4	39.9	27.7	139,700	884	21.2	37.6	11.7	29.1
MT	260	25.0	32.4	42.6	176,300	783	18.2	35.0	11.6	34.7
NE	478	36.4	44.0	19.6	123,300	904	21.0	39.8	13.6	25.4
NV	572	14.1	33.5	52.4	207,600	1,471	12.0	27.0	13.3	47.1
NH	367	8.8	23.9	67.4	249,700	1,495	11.8	32.5	14.2	41.1
NJ	2,087	4.4	11.8	83.8	348,300	1,922	11.5	27.6	13.8	46.8
NM	515	28.4	35.0	36.6	160,900	763	21.9	33.2	10.2	34.2
NY	3,955	17.7	19.4	62.9	306,000	1,352	17.3	30.1	11.4	40.9
NC	2,450	27.4	38.1	34.5	155,500	940	19.7	35.6	12.0	32.3
ND	184	42.2	39.8	17.9	116,800	714	28.6	40.0	9.7	21.3
OH	3,080	31.9	43.9	24.2	134,600	975	18.6	37.3	12.7	31.1
OK	961	46.2	36.6	17.2	107,700	716	26.1	37.4	10.2	25.8
OR	937	10.8	20.5	68.7	257,400	1,246	13.3	31.0	14.0	41.5
PA	3,467	27.8	33.2	39.0	164,700	979	19.0	35.4	12.8	32.6
RI	258	4.1	19.2	76.8	267,100	1,542	12.7	30.1	13.8	43.3
SC	1,214	35.2	34.6	30.2	137,500	812	20.8	34.9	11.7	32.1
SD	215	38.4	38.8	22.8	126,200	769	22.2	38.2	13.9	25.6
TN	1,692	33.1	39.1	27.7	137,300	835	18.2	35.9	12.5	32.9
TX	5,431	37.3	38.0	24.8	125,800	1,005	20.2	36.4	11.8	31.2
UT	617	7.5	33.0	59.4	224,700	1,200	16.8	33.3	14.0	35.4
VT	179	12.3	31.5	56.2	216,300	1,183	13.6	32.9	15.0	38.1
VA	2,025	13.2	23.6	63.2	252,600	1,335	16.8	33.8	13.0	36.0
WA	1,646	8.3	18.4	73.3	287,200	1,420	13.3	31.1	14.2	40.9
WV	551	52.9	30.9	16.2	94,500	490	29.9	35.7	9.9	24.2
WI	1,567	17.7	43.5	38.8	170,800	1,109	15.4	36.5	13.4	34.5
WY	151	20.8	35.2	44.0	184,000	869	22.6	37.9	12.3	26.7

1．抵当権の設定されている住宅に関して。信託証書、不動産売買契約、ホーム・エクイティ・ローン等の債務返済のための担保として資産が抵当に入っている全ての種類の債務を含む。財産保険、公共料金、不動産税等も含む

資料：U.S. Census Bureau, 2009 American Community Survey Tables B25075. Value for Owner-Occupied Housing Units; B25077. Median Value for Owner-Occupied Housing Units; B25088. Median Selected Monthly Owner Costs by Mortgage Status; B25091. Mortgage Status by Selected Monthly Owner Cost as a Percentage of Household Income; <http://factfinder.census.gov/>（2011年5月現在）

No.997. 賃貸住宅の総家賃——州別：2009年

[単位：％、特に示したものを除く（38,773は3877万3000を表す）。アメリカン・コミュニティ・サーベイ（American Community Survey）の母集団は世帯人口に限定され、施設や大学寄宿舎およびその他の集合居住施設の居住人口は除外される。データは標本に基づいており、標本抽出に変化があればその影響を受ける。付録Ⅲを参照]

州	計[1] (1,000)	総家賃構成比(%)					総家賃の中央値(ドル)	過去12ヵ月間の世帯収入に占める総家賃の割合(%)[2]			
		299ドル以下	300－499ドル	500－749ドル	750－999ドル	1,000ドル以上		15%未満	15－24.9%	25－29.9%	30%以上
合衆国	38,773	5.3	9.2	23.6	22.8	33.4	842	10.9	23.1	10.8	47.7
AL	562	7.6	16.4	31.4	20.7	12.2	657	10.7	21.2	9.5	44.2
AK	82	1.5	5.5	13.5	23.9	45.3	1,007	14.1	28.1	10.6	36.6
AZ	750	3.1	6.9	25.3	25.4	34.3	859	10.8	23.5	10.3	48.0
AR	382	9.1	19.1	36.8	16.6	8.4	606	12.6	23.9	9.1	42.8
CA	5,305	2.9	3.8	10.7	19.6	59.8	1,155	8.8	22.2	11.5	52.8
CO	630	3.6	6.4	26.5	25.6	34.1	851	9.6	23.4	11.5	49.3
CT	413	5.9	6.2	11.5	23.8	48.4	1,006	10.6	22.6	11.3	49.4
DE	86	4.4	5.7	16.1	28.1	41.3	949	11.1	23.1	10.5	49.9
DC	138	8.5	5.1	11.4	20.1	52.5	1,059	13.0	21.9	13.4	46.7
FL	2,203	3.2	4.3	17.0	28.3	41.9	952	6.5	19.8	10.6	55.9
GA	1,143	5.3	9.6	26.1	27.3	25.3	800	9.7	22.7	10.9	47.6
HI	193	3.4	3.3	9.0	13.7	64.1	1,293	8.3	20.7	10.3	52.3
ID	159	4.9	13.6	35.2	21.5	16.8	694	10.8	25.3	10.8	44.0
IL	1,522	5.3	8.9	24.1	27.7	29.6	828	12.0	22.9	10.7	47.4
IN	733	5.8	13.6	36.5	24.1	13.8	687	11.6	23.9	10.9	45.3
IA	343	7.6	20.8	38.0	17.6	9.2	611	16.0	25.6	10.0	40.2
KS	356	5.9	17.9	33.7	20.6	15.4	671	14.6	26.2	9.9	41.9
KY	531	9.6	18.6	34.6	16.8	9.7	613	13.0	22.5	9.7	41.7
LA	541	6.9	12.9	29.4	22.8	17.4	715	12.5	20.3	9.8	44.3
ME	149	8.9	12.2	28.1	22.8	19.6	722	9.4	22.5	12.1	46.5
MD	659	4.7	4.3	9.7	20.0	57.3	1,108	9.9	24.2	11.3	49.2
MA	886	8.6	8.3	13.0	19.3	47.3	988	10.9	25.0	12.8	46.3
MI	1,024	6.5	11.6	33.5	24.0	19.0	716	10.3	20.5	10.0	51.6
MN	548	7.9	10.8	27.9	23.8	24.4	757	11.0	23.8	12.1	46.8
MS	334	8.8	15.7	29.9	19.4	11.4	644	10.2	19.1	9.1	44.1
MO	723	7.1	15.3	34.9	22.1	13.7	668	13.2	24.4	10.9	43.1
MT	116	8.6	17.6	34.4	17.6	10.5	627	14.9	22.9	11.2	38.2
NE	233	6.7	17.6	37.2	20.6	10.8	644	14.4	27.9	10.4	39.1
NV	394	1.9	3.6	15.8	28.0	47.7	993	9.4	25.8	10.5	49.9
NH	139	6.4	6.6	14.5	28.4	38.6	918	9.5	25.7	12.4	45.8
NJ	1,068	5.1	3.8	8.9	20.7	58.3	1,108	10.5	24.2	10.4	49.9
NM	228	6.8	13.9	34.0	18.7	18.2	680	13.9	23.0	10.0	42.9
NY	3,232	5.9	7.7	16.6	19.2	47.0	984	12.9	22.3	10.6	48.8
NC	1,196	5.5	11.9	32.6	25.2	16.5	720	11.2	22.6	10.2	45.6
ND	95	9.7	27.4	36.0	13.0	5.9	564	19.5	26.5	8.4	36.7
OH	1,446	7.5	15.3	35.0	22.7	14.1	670	12.2	23.3	10.6	46.0
OK	469	6.1	18.3	35.1	20.0	10.8	636	14.2	23.5	9.5	41.4
OR	549	3.5	7.2	27.4	30.4	27.1	819	9.5	25.0	10.9	48.5
PA	1,450	6.9	12.3	29.2	24.1	21.4	738	12.0	24.7	11.0	44.2
RI	149	10.0	8.6	16.3	27.4	34.2	890	10.3	23.1	13.4	46.9
SC	517	5.6	12.1	32.9	23.2	16.0	706	11.4	21.3	10.0	44.9
SD	102	12.5	22.2	32.5	12.9	9.3	562	15.5	24.9	11.3	36.2
TN	755	7.2	13.7	34.2	21.7	14.5	682	10.8	22.7	10.3	45.5
TX	3,097	4.1	8.5	29.9	26.2	25.2	788	11.5	24.4	10.6	45.5
UT	246	4.3	8.3	28.9	25.4	28.2	793	11.4	25.7	10.9	45.8
VT	72	8.1	7.2	23.7	25.3	28.9	829	7.5	25.0	12.3	47.2
VA	947	4.4	6.1	17.1	20.2	46.2	989	9.4	25.7	11.5	45.6
WA	914	3.8	6.3	20.5	26.3	39.0	911	9.9	25.1	12.2	47.3
WV	197	11.1	23.6	32.0	12.5	6.3	552	13.7	19.0	10.1	40.5
WI	705	5.2	12.5	35.3	16.1	16.1	708	12.4	26.0	10.7	45.3
WY	62	6.4	14.4	30.0	22.5	15.9	700	18.6	26.3	10.3	32.8

1．家賃免除の住宅を含む　2．「計算できない」世帯は含まない

資料：U.S. Census Bureau, 2009 American Community Survey Tables B25063. Gross Rent; B25064. "Median Gross Rent"; B25070. "Gross Rent as a Percentage of Household Income"; 〈http://factfinder.census.gov/〉（2011年5月現在）

No.998. 抵当——持ち家所有者：2009年

[単位：1,000（76,428は7642万8000を表す）。秋季現在。米国住宅調査に基づく。付録Ⅲを参照]

抵当の特徴	占有住宅総数	住宅の特徴 新築[1]	住宅の特徴 移動住宅	世帯の特徴 黒人[2]	世帯の特徴 ヒスパニック[3]	世帯の特徴 高齢者[4]	世帯の特徴 貧困水準以下
全所有者 計	76,428	3,830	5,418	6,547	6,439	18,472	6,405
現在の抵当の状況：[5]							
なし、完全所有	24,206	499	3,237	2,073	1,752	12,071	3,466
一般ローンと住宅ローン[6]	50,300	3,251	2,107	4,338	4,525	5,804	2,710
一般ローンのみ	46,703	3,174	2,002	4,153	4,325	4,604	2,509
住宅ローン	4,022	154	57	241	300	522	156
クレジットライン	9,184	297	106	426	579	1,527	334
一般ローンと住宅ローンの抵当数：							
1	35,274	2,391	1,830	3,329	3,307	4,322	1,940
2	10,896	621	98	646	928	833	321
3以上	801	20	2	43	67	76	25
住宅ローンの種類：							
一般および住宅ローン	2,779	131	20	152	215	189	76
クレジットラインあり	429	11	2	16	40	52	10
クレジットラインなし	2,341	120	17	135	173	137	65
一般ローンのみ	43,923	3,043	1,982	4,001	4,110	4,415	2,433
クレジットラインあり	6,153	230	36	294	407	527	189
クレジットラインなし	34,513	2,594	1,773	3,390	3,486	3,330	1,835
住宅ローンのみ	1,243	22	37	89	85	333	80
クレジットラインあり	248	2	—	20	17	80	14
クレジットラインなし	989	20	37	69	68	252	67
一般ローンも住宅ローンもなし	28,483	634	3,379	2,305	2,029	13,535	3,816
クレジットラインあり	2,355	54	68	96	115	867	121
クレジットラインなし	24,458	501	3,247	2,089	1,776	12,312	3,502
一般又は一括住宅ローンの抵当権つき持ち家所有者 計	47,945	3,197	2,039	4,242	4,410	4,936	2,589
第一抵当の種類：							
FHA（連邦住宅局）	6,272	457	112	1,038	801	443	352
VA（退役軍人援護局）	3,660	273	207	316	312	356	140
農業住宅局	435	63	36	51	51	49	41
その他	34,021	2,161	1,490	2,449	3,001	3,463	1,603
抵当権設定：							
新規抵当設定	47,616	3,188	2,007	4,212	4,344	4,891	2,556
住宅購入時	35,884	3,005	1,744	3,436	3,570	3,010	2,075
その後	11,733	183	263	776	773	1,881	481
仮設定	259	8	28	19	51	40	25
ラップアラウンド	27	—	4	4	8	—	3
以上の組み合わせ	43	—	—	7	8	5	6
第一抵当の支払計画：							
固定支払、分割返済	40,055	2,664	1,713	3,472	3,686	3,820	1,861
利率調整	1,942	80	58	201	238	187	97
返済期間調整	80	14	3	3	5	26	15
累進支払	523	48	—	48	62	26	17
バルーン（最終支払額が大きい）	220	10	14	5	16	21	13
上記の組み合わせ	169	9	—	9	14	21	5
第二抵当の支払プラン：							
複数抵当のユニット	5,520	418	67	404	601	309	159
固定支払、分割	4,514	359	58	342	482	221	117
利率調整	393	15	—	32	53	32	16
返済期間調整	71	1	—	1	3	15	3
累進支払	71	10	—	3	16	6	—
バルーン	143	20	4	6	8	12	4
その他	2	—	—	—	—	—	—
上記の組み合わせ	101	9	—	—	4	1	6
再度抵当権設定の理由：							
第一抵当の割り換え[6]	12,220	224	269	792	947	1,337	429
低金利	9,228	174	172	563	666	832	246
支払い期間の延長	180	4	9	4	16	6	11
支払い期間の短縮	573	5	9	25	40	37	19
支払い期日のきたローンの更新又は拡張	123	3	2	7	15	20	8
現金を得るため	1,587	16	32	147	153	265	72
その他	1,655	32	58	96	170	211	65
第一抵当の借り換えによる現金の受け取り：							
借り換えによる現金受け取りあり	1,587	16	32	147	153	265	72
受け取り現金の中央値（ドル）	30,000	(B)	(B)	18,000	40,000	50,000	25,000

— ゼロまたは概数でゼロを示す　B 基となる数値が少なすぎる　1．過去4年間の建築　2．この人種グループのみを回答した者のみをカウント。表No.991の脚注3を参照　3．ヒスパニックは人種を問わない　4．65歳以上　5．ホームエクイティ（住宅持ち分）またはリバースモーゲージ（自宅を担保にした年金の一種）に分類されないその他全ての抵当を、レギュラー（通常）抵当という　6．数値の合計は計と一致しない。1単位で複数のカテゴリを選択している場合があるため

資料：U.S. Census Bureau, Current Housing Reports, Series H150/09, *American Housing Survey for the United States 2009* (2010年9月); <http://www.census.gov/hhes/www/housing/ahs/nationaldata.html> を参照

No.999. 住宅ローン――人種・性別：2009年

[申込件数の単位は1000件（2,311は231万1000件を指す）。申請額は100万ドル（471,442は4714億4200万ドルを表す）。データは2009年の全国合計値]

人種・性別 [1] [2] [3]	申込件数 件数(1000)	申込件数 金額(100万ドル)	ローン件数 件数(1000)	ローン件数 金額(100万ドル)	ローン認可でも実施なし 件数(1000)	ローン認可でも実施なし 金額(100万ドル)	申込却下 件数(1000)	申込却下 金額(100万ドル)	申込取下げ 件数(1000)	申込取下げ 金額(100万ドル)	不備あり無効 件数(1000)	不備あり無効 金額(100万ドル)
計	2,311	471,442	1,461	309,063	168	34,704	408	66,698	220	49,116	53	11,862
白人	1,718	331,865	1,121	224,268	123	23,644	287	44,572	153	32,179	34	7,203
男性	559	102,043	343	64,431	42	7,589	109	16,647	53	10,730	13	2,646
女性	362	53,925	226	35,400	26	3,775	70	8,278	32	5,251	8	1,221
共同（男女）	794	175,111	549	124,015	55	12,206	108	19,508	68	16,070	14	3,312
黒人	90	12,256	37	5,690	8	984	35	3,739	8	1,386	3	457
男性	31	4,302	12	1,905	3	372	12	1,318	3	526	1	182
女性	39	4,488	15	2,025	3	338	16	1,491	3	473	1	162
共同（男女）	20	3,410	9	1,739	2	266	7	913	2	380	1	111
アジア系	177	48,410	112	30,662	14	4,161	26	6,825	19	5,266	5	1,495
男性	69	17,558	43	10,848	6	1,504	11	2,640	7	1,960	2	606
女性	40	9,203	25	5,731	3	824	6	1,394	4	974	1	280
共同（男女）	67	21,500	44	14,010	5	1,816	9	2,762	7	2,310	2	602
ハワイ原住民／太平洋諸島民	7	1,490	4	863	1	114	2	300	1	165	-	49
男性	3	563	1	321	-	38	1	122	-	65	-	18
女性	2	344	1	191	-	28	-	78	-	35	-	12
共同（男女）	2	573	1	346	-	47	-	98	-	63	-	19
アメリカインディアン／アラスカ原住民	13	1,717	6	858	1	123	4	396	2	281	1	60
男性	5	720	2	351	-	46	2	176	-	117	-	29
女性	4	421	1	194	-	29	1	118	-	66	-	13
共同（男女）	3	502	1	272	-	40	1	98	-	76	-	15
複数少数民族	1	268	-	144	-	23	-	60	-	36	-	5
男性	0	102	-	52	-	7	-	28	-	12	-	3
女性	0	67	-	35	-	5	-	16	-	9	-	1
共同（男女）	0	95	-	55	-	10	-	15	-	14	-	1
共同 [4]	32	8,433	21	5,718	2	644	5	1,041	3	848	1	182
人種の該当なし [5]	272	67,002	161	40,860	19	5,012	49	9,766	35	8,954	9	2,411
男性	37	8,439	19	4,613	3	730	8	1,570	5	1,245	1	281
女性	23	4,198	12	2,288	2	337	6	818	3	618	1	135
共同（男女）	47	13,042	29	8,322	4	996	7	1,708	6	1,686	-	330

Z 概数でゼロを示す　1. 申請者は単一人種に分類される　2. 計には性別の記録があるもののデータを入手できないものを含む　3. 申請者はどちらかの地に分類される　4.「共同」は、申請者が2人の申込みで、一人が白人、もう一人が少数民族と記入している場合を指す　5.「該当なし」には、情報があっても提供されない場合と、どのカテゴリにもあてはまらない場合を含む
資料：Federal Financial Institutions Examination Council, "HMDA National Aggregate Report," （年刊）; <http://www.ffiec.gov/hmdaadwebreport/nataggwelcome.aspx> も参照

No.1000. 占有住宅の近隣環境指数——所有者の特徴別：2009年

[単位:1,000戸（111,806は1億1180万6000を表す）。秋季現在。米国住宅調査に基づく。付録Ⅲを参照]

特徴	占有住宅計	保有状況 持ち家	保有状況 借家	黒人[1] 持ち家	黒人[1] 借家	ヒスパニック[2] 持ち家	ヒスパニック[2] 借家	高齢者[3] 持ち家	高齢者[3] 借家	貧困水準以下世帯 持ち家	貧困水準以下世帯 借家
総戸数	111,806	76,428	35,378	6,547	7,446	6,439	6,300	18,472	4,623	6,405	9,334
街路の騒音または交通の状態[4]	111,806	76,428	35,378	6,547	7,446	6,439	6,300	18,472	4,623	6,405	9,334
あり	25,381	15,223	10,158	1,639	2,460	1,419	1,725	3,497	1,077	1,549	3,110
なし	85,122	60,264	24,858	4,836	4,895	4,972	4,545	14,744	3,498	4,692	6,119
過去12ヶ月に重大犯罪	111,806	76,428	35,378	6,547	7,446	6,439	6,300	18,472	4,623	6,405	9,334
あり	19,299	11,649	7,650	1,428	2,045	1,223	1,403	2,105	658	951	2,254
なし	90,116	63,230	26,886	4,958	5,146	5,129	4,814	15,983	3,853	5,194	6,813
煙、ガス、悪臭[4]	111,806	76,428	35,378	6,547	7,446	6,439	6,300	18,472	4,623	6,405	9,334
あり	5,434	3,278	2,156	330	614	367	359	663	164	389	727
なし	105,015	72,168	32,847	6,142	6,749	6,024	5,907	17,567	4,408	5,843	8,505
その他の問題点:											
騒音	2,950	1,733	1,217	176	296	165	217	382	95	156	340
ごみ、または住宅の劣化	1,691	1,101	590	196	203	85	127	266	43	121	213
自治体のサービスが悪い	694	440	254	80	101	49	37	70	21	72	89
住民	4,521	2,706	1,815	298	460	269	297	510	115	249	630
公共交通機関あり[4]	60,257	35,616	24,641	3,719	5,856	3,998	4,996	8,283	3,245	2,815	6,562
世帯員が通学・通勤のために定期的に利用する	10,212	3,817	6,395	720	1,959	569	1,682	582	564	308	2,089
世帯員が通学・通勤のために定期的に利用していない	49,681	31,606	18,075	2,963	3,838	3,411	3,285	7,679	2,670	2,473	4,427
公共交通機関なし	48,532	38,848	9,684	2,689	1,438	2,309	1,217	9,728	1,236	3,337	2,522
報告なし	3,017	1,964	1,053	138	152	132	88	461	142	254	250
警察:											
満足	101,373	69,633	31,740	5,837	6,325	5,742	5,623	16,929	4,294	5,501	8,025
不満	7,356	4,800	2,556	516	835	568	543	1,051	193	608	990
コミュニティの安全:[5]											
壁又はフェンスにより守られたコミュニティ	10,759	5,337	5,422	367	1,371	656	1,336	1,512	827	440	1,392
安全性に欠けるコミュニティ	100,124	70,410	29,714	6,124	6,028	5,736	4,930	16,783	3,758	5,831	7,865
集合住宅の安全:											
安全対策あり	7,211	1,357	5,854	106	1,301	135	998	454	1,426	118	1,503
安全対策なし	16,741	2,151	14,590	216	3,406	237	2,749	608	1,567	163	4,129
高齢者コミュニティ:											
55歳以上の家族のいる世帯	45,684	36,591	9,093	3,132	1,842	2,451	1,255	18,472	4,623	3,763	2,645
年齢制限のあるコミュニティ[6]	3,080	1,457	1,624	89	300	71	169	1,079	1,374	194	588
建物へのアクセス:											
外部から建物に入るのに（ビルディング）[4][7]	25,915	3,734	22,181	351	5,056	401	4,212	1,142	3,314	321	6,136
階段不要	9,771	1,532	8,239	91	1,915	186	1,519	565	1,780	149	2,386
階段が必要	16,136	2,201	13,935	260	3,141	216	2,690	577	1,529	172	3,750
外部から住宅に入るのに[8]	85,891	72,694	13,197	6,196	2,391	6,038	2,089	17,330	1,309	6,084	3,198
階段不要	38,011	32,654	5,357	2,706	951	3,354	950	8,253	551	2,668	1,231
階段が必要	47,752	39,928	7,824	3,487	1,439	2,681	1,139	9,048	751	3,406	1,956
コミュニティの質:											
下記のいくつか又はすべて有り	49,962	33,117	16,845	2,570	3,392	2,547	2,647	8,356	2,731	2,468	4,197
コミュニティセンター又はクラブハウス	24,410	14,707	9,703	1,181	2,078	1,127	1,347	4,306	1,888	1,177	2,346
ゴルフ場	16,709	12,762	3,947	611	471	694	499	3,410	604	832	880
トレイル	21,609	15,300	6,309	983	1,017	1,099	876	3,509	826	981	1,369
シャトルバス	9,933	5,718	4,215	422	702	536	713	2,033	1,258	482	1,161
デイケア	15,883	10,633	5,249	1,157	1,297	795	934	2,392	546	822	1,568
プライベートビーチ、個人用公園等	21,432	15,124	6,308	925	1,053	1,158	1,145	3,327	731	964	1,466
路上のごみ、散乱物:[9]											
なし	99,010	69,415	29,595	5,639	5,764	5,752	5,211	17,001	4,172	5,507	7,264
少々	7,250	3,491	3,759	505	1,064	342	738	673	283	396	1,366
多量	2,519	1,426	1,093	201	351	193	235	318	72	187	437

1．この人種グループのみを回答した者のみをカウント。表No.991の脚注3を参照　2．ヒスパニックは人種を問わない　3．65歳以上の世帯主　4．回答していないものを含む　5．公共とのアクセスが制限されている（陸、ゲート、セキュリティ）高層アパート、退職者用住宅地、リゾート等を含む　6．家族の内1人以上が55歳以上でなければならない　7．多世帯用住宅のみ　8．戸建て住宅のみ　9．もしくは300フィート以内の物件

資料：U.S. Census Bureau, Current Housing Reports, Series H150/09, *American Housing Survey for the United States 2009* (2010年9月);〈http://www.census.gov/hhes/www/housing/ahs/nationaldata.html〉を参照

No.1001. 占有住宅の暖房設備と燃料：1995－2009年

[97,693は9769万3000を表す。秋季現在。アメリカ住宅調査に基づく。付録Ⅲを参照]

設備の種類と燃料	数(1,000)					構成比(%)	
	1995	2003[1]	2005	2007	2009	2007	2009
占有住宅、計	97,693	105,842	108,871	110,692	111,806	100.0	100.0
暖房設備：							
温風器	53,165	65,380	68,275	69,582	71,141	62.9	63.6
スチームまたは温水暖房	13,669	13,257	12,880	12,760	12,506	11.5	11.2
ヒートポンプ	9,406	11,347	12,484	12,996	13,264	11.7	11.9
作り付け電気暖房装置	7,035	4,760	4,699	4,802	4,761	4.3	4.3
床暖房、壁暖房、または配管なし暖房	4,963	5,322	5,102	4,994	4,802	4.5	4.3
ダクト付部屋暖房	1,620	1,432	1,294	1,135	950	1.0	0.8
ダクトなし部屋暖房	1,642	1,509	1,327	1,188	1,109	1.1	1.0
暖炉、ストーブ、ポータブルヒーター	5,150	2,396	2,411	2,756	2,887	2.5	2.6
なし	1,044	439	399	478	386	0.4	0.3
主要な住宅用暖房燃料：							
電気	26,771	32,341	34,263	36,079	37,851	32.6	33.9
ガス	49,203	54,928	56,317	56,681	56,806	51.2	50.8
ボンベ、タンク入りガス、LPガス	4,251	6,134	6,228	6,095	5,817	5.5	5.2
燃料油、ケロシン等	12,029	10,136	9,929	9,317	8,813	8.4	7.9
石炭またはコークス	210	126	95	91	98	(Z)	0.1
薪、その他	4,186	1,735	1,640	1,487	2,035	1.3	1.8
なし	1,042	441	398	464	386	0.4	0.3
調理用燃料：							
電気	57,621	62,859	65,297	66,276	67,078	59.9	60.0
ガス[2]	39,218	42,612	43,316	44,194	44,477	39.9	39.8
その他燃料	566	62	51	26	68	(Z)	0.1
なし	287	309	206	17	183	(Z)	0.2

Z　0.05%未満　1．2000年センサスコントロールに基づく　2．公益事業のガス、ボンベ・タンク入りガス、LPガスを含む
資料：U.S. Census Bureau, Current Housing Reports, Series H150/95RV, H150/03, H150/05, H150/07 および H150/09, *American Housing Survey for the United States 2009* (2010年9月); <http://www.census.gov/hhes/www/housing/ahs/nationaldata.html> を参照

No.1002. 世帯主の特徴別占有住宅の住宅指標：2009年

[単位：1,000（111,806は1億1180万6000を表す）。秋季現在。アメリカ住宅調査に基づく。付録Ⅲを参照]

特徴	総占有住宅数(1,000)	持ち家状況		黒人[1]		ヒスパニック[2]		高齢者[3]		貧困水準以下の世帯	
		持ち家	賃貸	持ち家	賃貸	持ち家	賃貸	持ち家	賃貸	持ち家	賃貸
総住宅数	111,806	76,428	35,378	6,547	7,446	6,439	6,300	18,472	4,623	6,405	9,334
アメニティ：											
ポーチ、デッキ、バルコニー、パティオ	95,406	70,421	24,984	5,668	5,049	5,732	4,066	16,876	2,836	5,690	6,164
電話利用可	109,325	75,129	34,196	6,388	7,114	6,329	6,123	18,286	4,498	6,245	8,933
暖炉（使用可能）	38,998	34,458	4,540	2,207	659	2,222	625	7,563	314	1,799	626
独立した食事室（ダイニングルーム）	53,676	43,717	9,959	3,975	2,298	3,372	1,780	10,171	1,012	2,982	2,163
居間が2室以上あるいは娯楽室あり	33,912	30,978	2,934	2,156	421	1,773	298	6,842	250	1,444	350
専属の車庫あるいはカーポート	74,236	60,979	13,258	4,257	1,937	5,030	2,382	14,988	1,563	4,275	2,592
乗用車、トラック：											
乗用車なし、トラックまたはバン	8,738	2,069	6,669	400	2,141	159	1,238	1,251	1,834	743	3,203
乗用車なし、その他	13,421	9,006	4,415	609	674	934	974	1,789	340	999	1,082
乗用車1台、トラックまたはバンの有無を問わない	52,458	35,040	17,418	3,111	3,523	2,663	2,824	10,616	2,095	3,352	4,121
乗用車2台	28,103	22,384	5,719	1,842	951	1,843	1,027	3,935	320	1,081	791
乗用車3台以上	9,085	7,929	1,157	584	156	839	236	882	35	231	136
住宅内部の不備											
過去3ヶ月にねずみの兆候あり	613	354	258	36	87	58	82	96	15	59	90
過去3ヶ月に小ねずみ（マウス）の兆候あり	6,122	3,984	2,138	356	549	239	464	915	225	445	689
床に穴	1,141	581	560	78	177	61	116	115	42	119	223
大きなヒビまたは穴	5,517	3,101	2,416	383	617	288	402	496	149	433	862
漆喰、ペンキの剥がれ（住宅内部）	2,378	1,246	1,132	189	306	101	210	269	74	183	423
電気配線がない	84	57	26	−		10	7	2	2	11	4
配線の露出	355	221	134	37	31	23	27	52	27	34	46
電気配線のない部屋	1,274	650	624	88	187	58	121	151	56	86	232
内部構造からの水漏れ[4]	9,007	5,170	3,836	480	958	443	620	861	262	424	1,059
外部構造からの水漏れ[4]	10,963	7,842	3,121	808	667	562	434	1,548	230	746	874

−　ゼロまたは概数でゼロを示す　1．この人種グループのみを回答した者のみをカウント。表No.991の脚注3を参照　2．ヒスパニックは人種を問わない　3．65歳以上の世帯主　4．調査に先立つ12ヶ月間のデータ
資料：U.S. Census Bureau, Current Housing Reports, Series H150/09, *American Housing Survey for the United States 2009* (2010年9月); <http://www.census.gov/hhes/www/housing/ahs/nationaldata.html> を参照

No.1003. 住宅改築実施件数——費用別：2010年

[単位：1,000（2,535は253万5000を表す）。％を除く。2010年秋期現在。改築は調査に先立つ12ヶ月以内のもの。household survey に基づく。標本抽出の歳の誤差有り。資料を参照。本書前年版の表No.998も参照]

改装計画	住宅改装をした世帯[1] 数	世帯(％)	外部の請負業者	改装費用（ドル） 1,000ドル未満	1,000－2,999ドル	3,000ドル以上
ガレージ、屋根裏、地下室を居住スペースに改造	2,535	1.11	706	597	410	983
バスルームの改装	14,511	6.36	4,231	5,885	3,167	2,973
キッチンの改装	8,452	3.71	3,097	2,732	1,240	3,062
寝室の改装	7,146	3.13	1,196	4,138	1,032	451
居室をホームオフィスに改装	3,105	1.36	256	1,927	277	66
居室をホームシアターに改装	723	0.32	125	268	201	103
その他の居室の改装	5,862	2.57	1,042	2,887	893	1,079
バスルームを増築	1,062	0.47	205	330	132	247
ガレージを増築	481	0.21	110	141	32	164
その他の居室を外部に増築	1,086	0.48	307	256	164	435
デッキ、ポーチ、パティオを増築	5,414	2.37	1,654	1,633	1,433	1,315
屋根	8,224	3.61	5,154	1,654	1,478	3,842
サイディング（ビニール、金属）	2,193	0.96	1,046	373	293	907
アルミ窓	1,589	0.70	759	350	346	433
木製窓	875	0.38	468	274	115	399
ビニール窓	4,719	2.07	2,555	1,212	950	1,625
セラミックタイル床材	6,659	2.92	2,377	3,276	1,664	514
硬材床材	4,962	2.18	1,928	1,392	1,455	1,068
薄板床材	4,700	2.06	1,162	2,428	874	485
ビニール床材	2,785	1.22	864	1,809	239	114
カーペット張替え	7,189	3.15	4,126	2,399	2,147	1,057
キッチンキャビネット	4,400	1.93	1,782	1,081	792	1,420
キッチンカウンターの天板	4,911	2.15	2,553	1,327	983	1,456
天窓	787	0.35	383	289	49	79
外部と通じる扉	5,672	2.49	2,186	3,092	1,009	273
内部の扉	4,544	1.99	1,388	2,419	676	234
ガレージ扉	2,649	1.16	1,500	1,188	796	54
コンクリートまたはレンガ工事	3,883	1.70	1,922	1,788	734	665
プール（地上）	560	0.25	277	137	36	294
壁パネル工事	1,327	0.58	187	672	59	24
セラミック壁材	2,439	1.07	901	1,458	317	84

1．回答なしおよび額が不明な者を含む
資料：GfK Mediamark Research & Intelligence. LLC, New York, NY, Top-Line Reports, (copyright), <http://www.gfkmri.com/> を参照

No.1004. 住宅改築ローン——人種別：2009年

[申込件数の単位は1000件（826.9は82万6900件を表す）。ローン金額の単位は100万ドル（60,335.9は603億3590万ドルを表す）。データは2009年全国調査による]

項目	単位	計	白人	黒人	アジア系	共同[1]	データなし[2]
融資申し込み							
件数	1000	826.9	601.7	72.7	16.9	9.2	113.8
金額	100万ドル	60,335.9	45,114.6	3,185.2	2,790.9	1,023.6	7,449.7
融資							
件数	1000	388.0	317.0	20.9	7.1	4.2	35.3
金額	100万ドル	32,107.4	25,611.2	859.9	1,499.2	524.8	3,363.0
融資決定後に辞退							
件数	1000	50.6	33.1	3.8	1.0	0.4	11.6
金額	100万ドル	3,235.8	2,317.2	175.9	169.0	56.2	468.5
融資却下							
件数	1000	297.5	189.0	40.4	5.9	3.1	52.3
金額	100万ドル	15,308.0	10,422.8	1,511.0	630.4	246.7	2,192.0
申込の取下げ							
件数	1000	67.6	47.2	5.0	2.0	1.1	11.2
金額	100万ドル	7,251.1	5,161.7	416.4	362.8	140.0	1,054.0
不備による申込無効							
件数	1000	23.2	15.3	2.7	0.8	0.4	3.4
金額	100万ドル	2,433.7	1,601.7	221.8	129.6	55.9	372.2

1．「共同」は、申請者が2人の申し込みで、1人は白人、もう1人が少数民族と記入している場合を指す　2．「データなし」には、情報があっても提供されない場合と、どのカテゴリにもあてはまらない場合を含む
資料：Federal Financial Institutions Examination Council, "HMDA National Aggregate Report," (年刊)；<http://www.ffiec.gov/hmdaadwebreport/nataggwelcome.aspx> も参照

No.1005. 住宅資産の純在庫：1990－2009年

[単位：10億ドル（6,256は6兆2656億ドルを表す）。年末現在の推計値]

項目	1990	1995	2000	2004	2005	2006	2007	2008	2009
総住宅資本	6,256	8,009	10,899	15,131	16,865	18,031	18,302	18,016	17,602
所有者のタイプ別：									
民間	6,107	7,821	10,668	14,825	16,530	17,682	17,956	17,680	17,281
企業	66	77	105	139	156	168	174	177	173
非企業	6,041	7,743	10,563	14,686	16,374	17,514	17,782	17,504	17,108
政府	149	188	232	306	335	349	346	336	321
連邦	52	62	75	95	103	107	105	102	95
州・政府	97	127	156	211	232	242	241	234	226
保有状況別：[1]									
所有者占有	4,512	5,975	8,327	11,849	13,276	14,229	14,445	14,191	13,882
貸借人占有	1,719	2,005	2,537	3,234	3,537	3,747	3,801	3,769	3,665

1．寮、友愛組合（男性用、女性用）および看護施設等のその他の非農業用住宅資産在庫を除く
資料：U.S. Bureau of Economic Analysis, "Table 5.1 Current-Cost Net Stock of Residential Fixed Assets by Type of Owner, Legal Form of Organization, Industry, and Tenure Group," <http://www.bea.gov/national/index.htm#fixed>

No.1006. 商業用ビル――概要：2003年

[4,645は464万5000を表す。モールビルを除く。ビルの種類は入居者が従事している主要な活動に基づく。2003年に実施された、ビルの代表に対する調査に基づく。標本抽出時の誤差あり]

特徴	ビル数 (1,000)	総床面積 (100万平方フィート)	ビル内の総従業員数 (1,000人)	平均床面積[1] (1,000平方フィート)	労働者1人当たり床面積[1] (平方フィート)	1週間当たりの平均開館時間[1]
全ビル	4,645	64,783	72,807	13.9	890	61
床面積（平方フィート）：						
1,001－5,000	2,552	6,789	9,936	2.7	683	57
5,001－10,000	889	6,585	7,512	7.4	877	61
10,001－25,000	738	11,535	10,787	15.6	1,069	67
25,001－50,000	241	8,668	8,881	35.9	976	72
50,001－100,000	129	9,057	8,432	70.4	1,074	80
100,001－200,000	65	9,064	11,632	138.8	779	89
200,001－500,000	25	7,176	6,883	289.0	1,043	100
500,001以上	7	5,908	8,744	896.1	676	115
ビルにおける主要な活動：						
教育	386	9,874	12,489	25.6	791	50
食品販売	226	1,255	1,430	5.6	877	107
食品サービス	297	1,654	3,129	5.6	528	86
保健関係	129	3,163	6,317	24.6	501	59
入院	8	1,905	3,716	241.4	513	168
通院	121	1,258	2,600	10.4	484	52
宿泊	142	5,096	2,457	35.8	2,074	167
小売（通販を除く）	443	4,317	3,463	9.7	1,246	59
オフィス	824	12,208	28,154	14.8	434	55
会議場	277	3,939	2,395	14.2	1,645	50
公安関係	71	1,090	1,347	15.5	809	103
宗教	370	3,754	1,706	10.1	2,200	32
サービス	622	4,050	3,667	6.5	1,105	55
倉庫	597	10,078	4,369	16.9	2,306	66
その他	79	1,738	1,819	21.9	956	63
空家	182	2,567	(NA)	14.1	(NA)	(NA)
エネルギー源：[2]						
電気	4,404	63,307	72,708	14.4	871	62
天然ガス	2,391	43,468	51,956	18.2	837	65
燃料油	451	15,157	19,625	33.6	772	68
地域熱源	67	5,443	10,190	81.4	534	79
地域冷却水	33	2,853	7,189	86.7	397	79
プロパン	502	7,076	5,858	14.1	1,208	60
薪	62	289	262	4.6	1,105	46

NA データなし　1．平均の説明については凡例を参照　2．複数回答あり
資料：U.S. Energy Information Administration, "2003 Commercial Buildings Energy Consumption Buildings (CBECS) Detailed Tables" ;Table B1; <http://www.eia.doe.gov/emeu/cbecs/cbecs2003/detailed_tables_2003/detailed_tables_2003.html> を参照

第21章
製 造 業

本章では、製造業全体のサマリーデータおよび主要産業と特定商品に関する詳細な情報を提示する。事業所、雇用と給与支払い、プラント・設備投資、生産額と生産量、出荷額と出荷量、製品別付加価値、在庫、および財務指標に関するデータを扱う。

これらのデータの主要な原資料は、センサス局が5年ごとに実施する製造業センサスの報告書、『Annual Survey of Manufactures』および『Current Industrial Reports』には各年のデータが掲載されている。工業現況および商品別の動向については、労働統計局、商務省、国際貿易局等の政府機関、民間の研究機関もしくは同業者団体によりまとめられている。

Quarterly Financial Report（四半期財務諸表）は、米国企業の業績と財務ポジションを、累積統計で更新しつつ公表する。QFRは、収入と留保所得、バランスシート、財務と経営の指標を、資産規模25万ドル以上の製造業と、資産5000万ドル以上の鉱業、卸売業、小売業の企業について掲載している。また、産業別に収益の境界値を決めて対象企業を選択している。データは産業別と資産規模別に分類される。

民間の産業別組織も、経済のそれぞれの部門に関する産業データを報告している。アメリカ鉄鋼協会（表No.1029）、消費者向け電子製品協会（表No.1033）および宇宙航空産業協会（表No.1038、1040）等である。

センサスと年次調査

最初の製造業センサスは、1809年について行われた。1809年から1963年までの間は、一定の期間をおきながらセンサスが行われた。1967年以降、センサスは5年おき（2と7で終わる年）に実施されている。

2002年センサスの結果は本章に、北米産業分類システム（NAICS）を用いて表示されている。詳細については第15章の解説を参照。またインターネットの〈http://www.census.gov/econ/census07〉を参照のこと。センサスによって直接得られた数値も、行政記録から得られた推計値も、一人またはそれ以上の有給従業員のいる製造業についての結果を示している。

製造業年次調査（Annual Survey of Manufactures：ASM）は1949年に開始された。センサスとセンサスの間の製造業活動の一般的データを収集している。年次調査データは、標本調査からの推計値である。

年次調査のデータは科学的に抽出された事業所の標本から導出されたものである。製造業年次調査は約50,000事業所の標本調査である。新規の標本は5年毎、経済センサスの2年後に選ばれる。2009年は2007年経済センサスの2年後にあたるので、2007年経済センサスに基づいて新規の標本が選ばれた。標本は2007年、2008年に新規に事業を開始した事業所のデータで補完される。

事業所分類

2007年経済センサスで対象となる各事業所は、2007年版NAICSマニュアルの産業定義に従って480産業のひとつに分類される。480産業は473の製造業と、かつて製造業に分類されていた7産業である。NAICSによる産業分類では、製造過程の同じ事業所が同じグループに分類される。実際の手順においては、NAICS分類は供給ベースあるいは生産指向で行われる。分類により、事業所数、付加価値、出荷額、雇用規模が示される。

事業所をその製品で分類すると、主要製品である産業に分類され、二番手の製品で別の産業に分類されることになる。産業統計（雇用、給与、付加価値、出荷額等）では、事業所の活動によって、その主要製品と二番手の製品の双方を反映している。しかし、製品統計では、事業所の生産活動の分類に係わらず、すべての事業所の生産を一つの項目に分類している。したがって、産業統計、とくに出荷額、と製品統計と比較して、各産業の生

産量の構成を見る際には注意が必要である。

事業所

事業所とは、事業が行われる、あるいはサービスまたは工業の操業が行われる、単一の物理的な場所を指す。この部門のデータには製造業の行われる事業所を含む。該当の1年間に従業員が1人でも存在した製造業事業所(工場)は別の報告書が求められる。該当年度に休業期間のあった事業所は「操業状況」についての適切な説明のある報告書を求められる。さらに、事業所は従業員、資本支出、在庫、または該当年度における在庫からの出荷についてのデータを報告することが求められる。

耐久財

平均的な耐用年数が3年以上のもの。自動車、家具、住宅備品、移動住宅等。

非耐久財

一般に短期で消耗しつくされるもの（3年未満）。食品、飲料、衣料、靴、ガソリン等。

統計的信頼度

センサス局データの統計収集、推計、標本抽出、統計的信頼度については、付録Ⅲを参照。

歴史統計

各表の見出しは『アメリカ歴史統計、植民地時代〜1970年』に対応している。クロスリファレンスについては、付録Ⅰを参照。

No.1007. 製造業の国内総生産──2000-2010年

[単位：10億ドル（9,951.5は9兆9515億ドルを表す）。データには総生産に対する要素支出と共に、資本減耗、間接法人税等の非要素支出を含む。企業の利潤と資本減耗は企業単位ではなく事業所単位に変更された。本書前年版の表No.1002も参照]

産業	2002 北米産業分類[1]	2000	2005	2007	2008	2009	2010
名目ドル							
国内総生産、計[2]	(X)	9,951.5	12,638.4	14,061.8	14,369.1	14,119.0	14,660.4
民間産業	(X)	8,736.1	11,052.5	12,301.9	12,514.0	12,196.5	12,696.5
製造業、計	31-33	1,415.6	1,568.0	1,698.9	1,647.6	1,584.8	1,717.5
耐久財	33, 321, 327	839.1	877.6	942.8	927.3	867.2	961.2
木材製品	321	28.3	33.0	28.2	25.1	20.9	(NA)
非金属鉱物製品	327	41.9	45.3	44.4	39.4	38.2	(NA)
一次精錬金属製品	331	46.3	53.7	59.0	61.5	43.4	(NA)
組立金属製品	332	120.7	120.4	134.3	135.1	121.9	(NA)
機械	333	110.5	109.5	125.3	125.3	112.7	(NA)
コンピュータ、電子製品	334	172.1	183.3	196.4	204.1	206.4	(NA)
電気施設、器具および部品	335	44.1	39.9	45.8	50.6	51.7	(NA)
自動車、車体、トレーラーおよび部品	3361-3363	117.4	112.6	103.4	81.1	78.2	(NA)
その他の輸送機器	3364-66, 69	65.8	76.0	92.4	95.7	90.7	(NA)
家具および関連製品	337	33.8	34.3	34.7	28.8	24.2	(NA)
その他	339	58.3	69.6	78.8	80.6	79.0	(NA)
非耐久財	31, 32（321、327を除く）	576.5	690.4	756.1	720.3	717.6	756.3
食品、飲料、タバコ製品	311, 312	164.8	172.1	179.9	181.2	206.1	(NA)
繊維、繊維製品	313, 314	27.9	23.5	21.7	22.4	17.6	(NA)
衣料品、皮革および関連製品	315, 316	21.4	16.0	14.9	13.5	11.7	(NA)
製紙	322	61.7	53.8	58.6	53.8	56.1	(NA)
印刷および関連製品	323	40.3	37.5	38.5	37.0	32.8	(NA)
石油および石炭製品	324	43.6	139.3	149.7	151.9	120.0	(NA)
化学製品	325	152.2	182.7	223.2	201.1	216.5	(NA)
ゴムおよびプラスチック製品	326	64.6	65.6	69.5	59.4	56.7	(NA)
連鎖ドル（2005年価額）							
国内総生産、計[2]	(X)	11,226.0	12,638.4	13,228.9	13,228.8	12,880.6	13,248.2
民間産業	(X)	9,785.6	11,052.5	11,623.6	11,546.3	11,197.6	11,520.5
製造業、計	31-33	1,396.5	1,568.0	1,690.4	1,608.6	1,469.7	1,554.4
耐久財	33, 321, 327	747.5	877.6	972.3	982.4	857.4	942.7
木材製品	321	32.8	33.0	35.4	33.5	27.7	(NA)
非金属鉱物製品	327	44.7	45.3	39.4	36.7	32.1	(NA)
一次精錬金属製品	331	62.2	53.7	42.7	43.6	44.9	(NA)
組立金属製品	332	129.6	120.4	130.0	125.6	94.0	(NA)
機械	333	111.3	109.5	122.5	122.3	95.2	(NA)
コンピュータ、電子製品	334	81.5	183.3	246.7	284.3	293.8	(NA)
電気施設、器具および部品	335	42.6	39.9	43.0	46.4	41.7	(NA)
自動車、車体、トレーラーおよび部品	3361-63	93.5	112.6	119.7	103.3	76.9	(NA)
その他の輸送機器	3364-66, 69	78.4	76.0	89.7	92.9	82.0	(NA)
家具および関連製品	337	35.1	34.3	33.2	27.3	19.9	(NA)
その他	339	60.2	69.6	77.3	79.3	73.6	(NA)
非耐久財	31, 32（321、327を除く）	649.6	690.4	719.1	634.5	613.1	618.0
食品、飲料、タバコ製品	311, 312	175.7	172.1	199.6	178.5	175.4	(NA)
繊維、繊維製品	313, 314	27.4	23.5	21.5	21.5	15.6	(NA)
衣料品、皮革および関連製品	315, 316	19.6	16.0	15.0	13.6	11.7	(NA)
製紙	322	58.3	53.8	52.9	46.0	42.2	(NA)
印刷および関連製品	323	37.5	37.5	37.5	37.3	31.8	(NA)
石油および石炭製品	324	74.1	139.3	115.2	115.7	128.2	(NA)
化学製品	325	169.9	182.7	216.6	170.2	164.0	(NA)
プラスチックおよびゴム製品	326	65.7	65.6	64.8	52.9	45.1	(NA)

NA データなし　X 該当なし　1. 2002年NAICSコード。第15章の解説を参照　2. 個別に明示しない製造業を含む。さらに詳細な内容については表No.670を参照

資料：U.S. Bureau of Economic Analysis, *Survey of Current Business* (2011年5月); ⟨http://www.bea.gov/scb/index.htm⟩ も参照

No.1008. 製造業の主要産業統計——州別：2007年

[13,333は1333万3000を表す。2007年経済センサスと2007年の雇用のない事業主の統計（Nonemployer Statistics）に基づく。付録Ⅲを参照]

州	従業員のいる事業				従業員のいない事業	
	事業所数	従業員数 (1000人)	年間給与 支払総額 (100万ドル)	売上、出荷 収入または 収益 (100万ドル)	事業所数	売上、出荷 収入または 収益 (100万ドル)
合衆国	293,919	13,333	612,474	5,339,345	328,060	16,333
AL	4,928	272	11,352	112,859	4,369	204
AK	544	13	490	8,204	1,087	33
AZ	5,074	172	8,774	57,978	6,524	318
AR	3,088	185	6,518	60,736	2,683	128
CA	44,296	1,448	71,247	491,372	43,798	2,817
CO	5,288	138	6,790	46,332	6,882	284
CT	4,924	191	10,345	58,405	3,776	250
DE	673	35	1,760	25,680	596	36
DC	137	2	81	333	185	8
FL	14,324	355	15,227	104,833	19,505	1,203
GA	8,699	411	16,128	144,281	8,891	425
HI	984	14	511	8,799	2,075	95
ID	1,942	65	2,829	18,011	2,499	91
IL	15,704	664	31,716	257,761	10,347	531
IN	9,015	537	24,475	221,878	6,650	295
IA	3,802	223	9,526	97,592	3,031	117
KS	3,170	178	7,983	76,752	2,739	106
KY	4,165	247	10,773	119,105	3,874	181
LA	3,442	148	7,565	205,055	4,001	190
ME	1,825	59	2,524	16,363	2,652	95
MD	3,680	128	6,454	41,456	4,031	197
MA	7,737	289	15,712	86,429	6,215	315
MI	13,675	582	29,910	234,456	11,725	547
MN	7,951	341	15,999	107,563	7,516	291
MS	2,598	159	5,757	59,869	2,347	103
MO	6,886	295	12,997	110,908	5,987	259
MT	1,324	20	808	10,638	1,959	67
NE	1,984	100	3,789	40,158	1,499	55
NV	2,035	52	2,291	15,736	2,217	138
NH	2,104	82	4,196	18,592	2,287	101
NJ	9,250	311	16,399	116,608	6,503	433
NM	1,574	35	1,560	17,123	3,581	103
NY	18,629	534	24,268	162,720	18,163	933
NC	10,150	506	19,590	205,867	9,828	398
NC	767	26	991	11,350	626	21
OH	16,237	760	35,485	295,891	12,782	640
OK	3,964	142	5,971	60,681	4,099	210
OR	5,717	184	8,139	66,881	6,680	258
PA	15,406	651	29,433	234,840	14,146	767
RI	1,831	54	2,375	12,062	1,290	58
SC	4,335	242	10,061	93,977	3,821	174
SD	1,052	41	1,539	13,051	877	26
TN	6,752	369	15,166	140,448	6,427	306
TX	21,115	894	42,836	593,542	28,790	1,369
UT	3,368	123	5,508	42,432	3,856	171
VT	1,108	36	1,650	10,751	1,738	54
VA	5,777	277	12,170	92,418	5,084	201
WA	7,650	270	13,275	112,053	8,599	343
WV	1,413	60	2,646	25,081	1,363	44
WI	9,659	488	21,850	163,563	6,976	312
WY	596	12	574	8,835	884	32

資料：U.S. Census Bureau, "2007 Economic Census, Geographic Area Series, Detailed Statistics for the State: 2007," (2010年4月), <http://www.census.gov/econ/census07/> および "Nonemployer Statistics," (2009年8月); <http://www.census.gov/econ/nonemployer/index.html>

No.1009. 製造業——業種別事業所数、従業員数、年間給与支払額：2007、2008年

[120,604は1億2060万4000を表す。自営業者、鉄道職員、大部分の政府職員を除く。付録Ⅲを参照]

業種	2007北米産業分類[1]	事業所（数） 2007	事業所（数） 2008	従業員数[2]（1,000人） 2007	従業員数[2]（1,000人） 2008	給与支払額（100万ドル） 2007	給与支払額（100万ドル） 2008
全産業、計	(X)	7,705,018	7,601,169	120,604	120,904	5,026,778	5,130,590
製造業、計	31-33	331,355	326,216	13,320	13,096	626,530	622,307
全産業に占める割合（%）	(X)	4.3	4.3	11.0	10.8	12.5	12.1
食品	311	25,796	25,760	1,439	1,467	51,002	52,653
飲料、タバコ製品	312	4,069	4,151	156	157	7,777	7,747
繊維	313	3,092	2,832	164	149	5,493	4,915
繊維製品	314	6,732	7,764	153	146	4,772	4,314
衣料品	315	10,368	7,337	197	166	5,017	4,245
皮革および関連製品	316	1,392	1,315	37	33	1,134	1,035
木製品	321	16,622	16,260	528	491	17,507	15,849
製紙	322	5,037	4,877	425	413	21,574	21,285
印刷および関連産業	323	33,281	32,697	632	627	25,436	25,194
石油・石炭製品	324	2,408	2,373	104	104	8,510	8,357
化学製品	325	13,395	13,640	794	811	51,483	52,967
プラスチック・ゴム製品	326	14,233	13,933	855	822	33,477	32,024
非金属工業製品	327	17,472	17,428	472	456	20,380	19,747
一次金属	331	5,267	5,065	439	432	22,854	22,981
組み立て金属製品	332	59,637	60,086	1,566	1,588	67,401	70,734
機械	333	26,198	26,016	1,138	1,150	56,797	59,142
コンピュータ、電子製品	334	14,478	14,204	1,043	1,015	72,847	69,681
電気設備、器具、部品	335	6,144	6,193	406	404	18,545	18,880
輸送施設	336	12,857	12,800	1,574	1,527	85,876	83,573
家具・関連製品	337	21,717	20,833	517	489	17,492	16,568
その他	339	31,160	30,652	681	650	31,153	30,415

X 該当なし　1．2002年NAICSコード。第15章の解説を参照　2．3月12日を含む給与計算期間中に在籍した常勤およびパートタイムの従業員

資料：U.S. Census Bureau, "County Business Patterns"（2010年7月）; ⟨http://www.census.gov/econ/cbp/⟩

No.1010. 製造業事業所、雇用、年間給与支払額——州別：2008年

[13,096は1309万6000を表す。データは2007年北米産業分類（NAICS）コード31-33。表No.1004の頭注を参照]

州	事業所（数）	従業員数[1]（1,000人）	給与支払額（100万ドル）	州	事業所（数）	従業員数[1]（1,000人）	給与支払額（100万ドル）
合衆国	326,216	13,096	622,307	ミズーリ	6,744	291	12,777
アラバマ	4,926	279	11,574	モンタナ	1,320	20	799
アラスカ	561	12	496	ネブラスカ	1,946	105	3,980
アリゾナ	4,959	166	8,696	ネバダ	1,938	50	2,369
アーカンソー	3,017	183	6,475	ニューハンプシャー	2,053	83	4,860
カリフォルニア	43,240	1,384	74,419	ニュージャージー	8,957	284	15,895
コロラド	5,225	139	7,118	ニューメキシコ	1,556	35	1,554
コネティカット	4,826	178	10,513	ニューヨーク	18,251	511	24,258
デラウェア	644	33	1,793	ノースカロライナ	9,832	503	20,051
コロンビア特別区	123	2	84	ノースダコタ	759	28	1,134
フロリダ	13,867	342	14,829	オハイオ	15,941	743	35,084
ジョージア	8,571	398	15,852	オクラホマ	3,924	149	6,664
ハワイ	941	14	507	オレゴン	5,648	182	8,250
アイダホ	1,934	63	2,771	ペンシルベニア	15,174	639	29,915
イリノイ	15,378	645	32,274	ロードアイランド	1,749	50	2,257
インディアナ	8,867	524	23,873	サウスカロライナ	4,373	257	10,763
アイオワ	3,826	228	9,839	サウスダコタ	1,048	43	1,632
カンザス	3,171	183	8,442	テネシー	6,600	364	15,388
ケンタッキー	4,107	248	10,587	テキサス	20,820	849	43,319
ルイジアナ	3,485	143	7,677	ユタ	3,374	124	5,588
メーン	1,773	59	2,560	バーモント	1,073	37	1,667
メリーランド	3,527	122	6,503	バージニア	5,699	277	12,676
マサチューセッツ	7,560	264	15,390	ワシントン	7,561	253	13,407
ミシガン	13,342	560	27,812	ウエストバージニア	1,389	60	2,680
ミネソタ	7,878	334	16,562	ウィスコンシン	9,583	483	22,281
ミシシッピ	2,565	163	6,018	ワイオミング	591	11	593

1．3月12日を含む給与計算期間中に在籍した常勤およびパートタイムの従業員

資料：U.S. Census Bureau, "County Business Patterns"（2010年7月）; ⟨http://www.census.gov/econ/cbp/index.html⟩

No.1011. 製造業──主要産業の概要：2009年

[11,051.3は1105万1300を表す。製造業年次調査に基づく。付録Ⅲを参照]

出荷別業種	2002 北米産業分類[1]	全従業員 人数[2] (1,000人)	給与 支払給与総額 (100万ドル)	給与 1人あたり支払給与 (ドル)	生産労働者[2] (1,000人)	付加価値[3] (100万ドル)	出荷額[4] (100万ドル)
製造業、計	31-33	11,051.3	534,262	48,344	7,571.0	1,978,017	4,436,196
食品[5]	311	1,394.2	51,429	36,888	1,091.4	258,615	628,566
製粉(穀物)製油(油脂種子)	3112	51.9	2,814	54,257	38.5	31,047	86,409
製糖・製菓	3113	61.1	2,621	42,907	47.0	13,785	27,654
果実・野菜の保存加工	3114	167.2	6,302	37,701	139.4	29,032	64,629
乳製品	3115	131.1	6,096	46,498	94.7	28,396	84,580
屠殺・および処理	3116	491.5	15,000	30,518	429.0	53,674	164,220
パン・トルティーヤの製造	3118	257.6	9,097	35,308	171.6	35,242	59,449
飲料およびタバコ製品	312	142.3	6,927	48,664	83.2	70,959	119,882
飲料	3121	128.1	5,994	46,804	72.7	45,027	88,581
紡績	313	108.7	3,895	35,839	90.2	11,386	26,461
繊維製品	314	112.5	3,426	30,457	86.8	9,066	21,261
衣料品	315	113.5	2,987	26,311	90.0	6,937	14,666
カットソー衣料	3152	89.1	2,320	26,023	70.5	5,326	11,477
皮革および関連製品	316	27.9	835	29,962	20.4	2,058	4,188
木材製品[5]	321	352.3	11,994	34,043	281.1	25,900	65,440
製材および木材加工	3211	75.8	2,761	36,415	62.6	6,025	18,882
製紙	322	363.8	18,873	51,875	283.2	76,531	161,816
パルプ、製紙、板紙	3221	113.5	7,509	66,179	90.8	39,529	74,495
転換紙	3222	250.3	11,364	45,392	192.4	37,003	87,322
印刷、関連産業	323	509.0	21,152	41,559	362.7	50,502	83,861
石油・石炭製品	324	101.6	8,421	82,920	66.6	78,559	497,875
化学製品[5]	325	724.7	47,776	65,926	418.7	328,871	628,946
化学薬品	3251	142.1	10,081	70,921	86.9	66,710	175,439
製薬(医薬品)	3254	236.4	18,162	76,814	116.1	140,568	191,410
石鹸、洗剤、化粧品	3256	97.6	5,263	53,924	57.3	44,801	86,992
プラスチックおよびゴム製品	326	672.8	27,249	40,501	517.5	82,295	171,186
プラスチック製品	3261	549.7	21,790	39,636	422.3	67,345	138,685
ゴム製品	3262	123.0	5,459	44,369	95.1	14,950	32,501
非金属鉱物製品	327	360.4	15,920	44,170	275.1	48,900	90,396
ガラス、ガラス製品	3272	80.8	3,804	47,086	63.5	11,043	20,403
セメント、コンクリート製品	3273	170.0	7,260	42,700	129.7	21,642	41,393
一次金属[5]	331	354.8	18,204	51,304	273.9	48,170	168,298
鉄、鉄鋼、鉄合金	3311	98.2	6,036	61,461	78.5	14,612	63,865
鋳造所	3315	115.5	4,976	43,097	91.5	12,112	22,793
組立金属製品[5]	332	1,296.6	57,606	44,429	933.3	146,876	281,317
鍛造、抜き打ち加工	3321	102.7	4,680	45,585	74.2	11,401	26,125
建築用・構造用金属製品	3323	329.4	14,165	43,001	231.5	34,030	71,022
機械工場およびねじ製品	3327	321.0	14,355	44,726	239.1	30,156	48,937
塗装・金属彫刻・熱処理その他の金属加工	3328	111.1	4,405	39,642	83.4	11,567	20,300
機械[5]	333	962.1	49,079	51,014	597.1	133,057	287,634
農業・建設・鉱業用機械	3331	180.4	8,961	49,681	120.1	31,666	75,886
工業用機械	3332	110.0	6,451	58,662	53.9	12,273	26,418
HVAC(暖房、換気、空調)機器および商業用冷蔵設備	3334	126.1	5,367	42,570	85.7	15,971	34,646
金属加工用機械	3335	129.6	6,504	50,183	90.4	11,970	20,605
コンピュータ・電子機器[5]	334	908.3	59,267	65,250	413.2	193,242	327,991
コンピュータ、周辺機器	3341	90.4	5,152	56,992	29.7	25,974	52,530
通信施設	3342	115.3	8,040	69,736	46.1	24,941	45,164
半導体およびその他の電子部品	3344	293.5	16,505	56,228	178.1	58,361	96,460
航行、計測、医療、制御機械	3345	375.3	27,926	74,402	138.0	79,359	125,081
電気設備、器具、部品	335	352.9	16,626	47,107	237.9	50,498	106,651
電気設備	3353	124.7	6,008	48,174	80.3	17,929	36,421
その他の電気設備、器具、部品	3359	131.9	6,508	49,357	84.4	18,303	39,981
輸送設備[5]	336	1,240.3	71,921	57,985	818.5	229,642	545,018
自動車	3361	123.5	7,927	64,195	103.3	41,968	149,900
自動車部品	3363	403.7	18,547	45,947	296.9	51,570	130,521
航空宇宙産業製品および部品	3364	429.8	31,626	73,587	222.8	99,173	178,924
船舶建造	3366	126.8	6,477	51,072	83.0	16,322	27,248
家具および関連製品[5]	337	360.2	12,690	35,230	269.0	32,235	60,827
その他の製造業[5]	339	592.4	27,984	47,238	361.3	93,719	143,915
医療用設備および消耗品	3391	304.8	16,158	53,003	180.9	60,232	84,560

1．2002年NAICSコード。第15章の解説を参照　2．管理オフィスおよび支所の雇用数、給与を含む。「全従業員」は、生産労働者と給与支払期間が3月12日に最も近い日であるその他の全従業員との平均。「生産労働者」は、給与支払期間が3月、5月、8月、11月の各12日に最も近い日の雇用数の平均を示す　3．調整付加価値：(a) 販売促進活動による付加価値(即ち、売価とさらに生産や加工または組立が付け加えられずに販売される商品のコストとの差額)に (b) 期首・期末間の完成品と仕掛品在庫における純変化を加えたものを考慮に入れてある　4．同一産業分類に属する企業間取引による広範囲な測定不能の重複を含む　5．個別に示さない業種を含む

資料：U.S. Census Bureau, Annual Survey of Manufactures, "Statistics for Industry Groups and Industries: 2009 and 2008," (2010年6月)；<http://www.census.gov/manufacturing/asm/index.html> を参照

No.1012. 製造業——州別概要：2009年

[11,051.3は1105万1300を表す。データは2002年北米産業分類（NAICS）コード31-33。合衆国の計は各州の計を合計して得られた結果と異なっている。付録Ⅲを参照]

州	全従業員[1] 人数(1,000)	給与 賃金給与支払総額(100万ドル)	給与 1人あたり給与支払(ドル)	生産労働者[1] 計(1,000人)	生産労働者[1] 賃金(100万ドル)	製造付加価値[2] 計(100万ドル)	製造付加価値[2] 生産労働者1人当り(ドル)	出荷額[3] (100万ドル)
合衆国	11,051.3	534,262	48,344	7,571.0	293,251	1,978,017	261,261	4,436,196
アラバマ	224.0	9,747	43,513	167.6	6,269	36,184	215,889	90,531
アラスカ	11.0	442	40,348	8.9	294	1,895	212,611	6,226
アリゾナ	134.2	7,752	57,763	77.3	3,302	23,938	309,821	47,376
アーカンソー	152.3	5,720	37,566	120.4	3,946	19,208	159,553	49,324
カリフォルニア	1,196.0	63,629	53,200	737.4	28,681	225,082	305,224	443,487
コロラド	114.8	5,709	49,739	77.6	3,019	20,717	266,841	41,044
コネティカット	165.5	9,400	56,808	99.9	4,529	27,829	278,658	48,330
デラウェア	29.3	1,501	51,145	19.1	776	6,257	327,987	19,956
コロンビア特別区	1.4	60	42,759	0.8	32	151	180,191	244
フロリダ	269.2	12,832	47,674	172.7	6,350	43,793	253,647	85,562
ジョージア	327.4	13,617	41,584	246.3	8,499	53,437	216,985	120,614
ハワイ	11.7	455	38,957	7.3	242	1,703	233,320	5,956
アイダホ	52.1	2,370	45,464	39.8	1,571	8,117	204,170	16,401
イリノイ	550.2	27,012	49,090	371.8	14,220	97,756	262,928	216,068
インディアナ	419.5	19,686	46,927	306.4	12,390	80,665	263,281	177,503
アイオワ	191.8	8,789	45,812	137.1	5,161	35,798	261,122	82,801
カンザス	155.7	7,377	47,377	108.7	4,372	23,617	217,346	69,037
ケンタッキー	201.1	8,693	43,224	152.8	5,745	31,994	209,366	89,582
ルイジアナ	129.3	7,113	55,029	91.9	4,359	41,820	455,065	157,400
メーン	51.6	2,309	44,766	36.5	1,455	8,080	221,134	15,348
メリーランド	109.9	6,043	54,986	68.9	2,830	20,848	302,588	37,713
マサチューセッツ	256.5	14,412	56,179	150.2	6,100	41,297	274,866	74,010
ミシガン	437.9	21,623	49,383	307.3	12,894	71,019	231,085	160,063
ミネソタ	297.4	14,523	48,827	192.7	7,294	46,048	238,977	99,816
ミシシッピ	140.7	5,496	39,054	107.6	3,581	21,223	197,254	52,483
ミズーリ	236.2	11,080	46,914	171.9	6,910	41,363	240,669	96,607
モンタナ	14.1	652	46,307	10.0	404	2,248	225,771	8,294
ネブラスカ	90.5	3,608	39,859	68.5	2,436	15,820	230,969	42,280
ネバダ	42.1	2,132	50,682	26.4	986	7,664	290,083	14,049
ニューハンプシャー	70.5	3,799	53,924	43.2	1,651	8,944	207,157	17,065
ニュージャージー	254.9	14,757	57,894	159.1	6,456	45,386	285,287	96,893
ニューメキシコ	25.6	1,178	46,061	17.5	697	5,445	310,327	14,734
ニューヨーク	446.2	21,493	48,168	291.2	10,903	80,668	277,008	145,906
ノースカロライナ	409.0	16,748	40,952	303.8	10,247	84,451	277,947	165,971
ノースダコタ	22.0	894	40,717	16.2	538	3,548	218,406	9,755
オハイオ	601.9	28,401	47,183	426.0	16,856	98,409	230,980	227,520
オクラホマ	127.4	5,637	44,233	92.1	3,435	22,886	248,488	56,447
オレゴン	135.8	6,165	45,397	94.6	3,478	29,679	313,599	50,310
ペンシルベニア	541.5	26,111	48,254	374.1	14,660	92,781	248,039	202,179
ロードアイランド	39.0	1,978	50,699	24.8	953	4,632	187,114	9,622
サウスカロライナ	196.1	8,605	43,879	146.3	5,434	31,477	215,124	73,525
サウスダコタ	37.9	1,467	38,746	27.4	912	4,933	180,326	12,279
テネシー	292.8	12,595	43,014	210.8	7,589	48,282	229,043	112,861
テキサス	753.7	38,493	51,070	508.2	21,266	174,881	344,139	481,827
ユタ	103.4	4,970	48,047	67.1	2,625	18,962	282,543	37,783
バーモント	29.3	1,477	50,433	18.1	680	3,844	212,940	8,873
バージニア	235.4	11,039	46,891	166.5	6,425	48,658	292,224	85,107
ワシントン	235.3	12,493	53,089	154.8	6,777	42,628	275,408	98,000
ウエストバージニア	50.9	2,383	46,794	37.8	1,498	9,307	246,067	21,816
ウィスコンシン	420.9	19,280	45,807	302.0	11,203	58,950	195,017	131,342
ワイオミング	8.7	518	59,290	5.7	320	3,744	657,188	8,187

2002年北米産業分類（NAICS）。第15章の解説を参照。 1．管理オフィスおよび支所の雇用者、給与を含む。「全雇用者」は生産労働者と、給料支払期間が3月12日に最も近い日であるその他の全雇用者との平均。「生産労働者」は給料支払い期間が3月、5月、8月、11月の各12日に最も近い日の雇用の平均を示す 2．調整付加価値は (a) 販売コスト（商品として販売するための加工・組立等）と (b) 当該年間の製品および仕掛品在庫の諸変化を加えたもの 3．同一の産業分類に属する企業間取り引きは重複して含まれる

資料：U.S. Census Bureau, Annual Survey of Manufactures, "Geographic Area Statistics: 2008 and 2009," (2010年12月); <http://www.census.gov/manufacturing/asm/index.html> を参照

No.1013. 製造業の雇用：1990－2010年

[各月データの年間平均（109,487は1億948万7000人を表す）。常勤・非常勤の双方を含む。各月12日を含む週に勤務、あるいは有給の日があった者を対象とする。マイナス（－）は減少を示す。表No.632の頭注を参照]

産業	2007北米産業分類[1]	全従業員(1,000人)						変化率(%)	
		1990	2000	2005	2008	2009	2010	1990-2000	2000-2010
全産業	(X)	109,487	131,785	133,703	136,790	130,807	129,818	20.4	-1.5
製造業	31-33	17,695	17,263	14,226	13,406	11,847	11,524	-2.4	-33.2
全産業に占める割合(%)	(X)	16	13	11	10	9	9	(X)	(X)
耐久財製造業	(X)	10,737	10,877	8,956	8,463	7,284	7,067	1.3	-35.0
木材製品[2]	321	541	613	559	456	359	341	13.4	-44.4
材木および加工木材	3211	148	134	119	102	83	81	-9.6	-39.3
非金属鉱物製品[2]	327	528	554	505	465	394	372	4.9	-32.9
ガラス、ガラス製品	3273	195	234	240	220	185	172	20.1	-26.6
セメントおよびコンクリート製品	331	689	622	466	442	362	361	-9.7	-42.0
一次金属[2]	3311	187	135	96	99	85	85	-27.7	-36.7
購買鉄鋼によるスチール製品	3312	70	73	61	61	50	52	4.0	-29.1
アルミナ、アルミニウム製品	3313	108	101	73	66	56	55	-7.3	-45.4
鋳造	3315	214	217	164	148	113	111	1.4	-49.0
金属加工製品[2]	332	1,610	1,753	1,522	1,528	1,312	1,285	8.9	-26.7
建築用・構造用金属製品	3323	357	428	398	406	345	320	20.0	-25.2
機械工場およびねじ製品	3327	309	365	345	361	309	312	18.4	-14.6
金属のコーティング、刻印、熱処理加工	3328	143	175	145	144	121	122	22.7	-30.2
機械[2]	333	1,410	1,457	1,166	1,188	1,029	993	3.3	-31.9
農業・建設・鉱業用機械	3331	229	222	208	242	214	208	-2.8	-6.3
HVAC(暖房・換気・空調)機器および商業用冷蔵設備	3334	165	194	154	150	129	123	17.9	-36.5
金属加工用機械	3335	267	274	202	191	158	153	2.5	-44.0
タービン、動力伝達装置	3336	114	111	98	105	95	91	-2.4	-18.0
その他の汎用機械	3339	336	344	269	274	237	226	2.4	-34.4
コンピュータおよび電子製品[2]	334	1,903	1,820	1,316	1,244	1,137	1,100	-4.3	-39.6
コンピュータおよび周辺機器	3341	367	302	205	183	166	162	-17.8	-46.5
通信機器	3342	223	239	141	127	121	118	7.0	-50.5
半導体および電子部品	3344	574	676	452	432	378	370	17.8	-45.3
電子機器	3345	635	488	441	441	422	406	-23.2	-16.8
電気設備・器具[2]	335	633	591	434	424	374	361	-6.7	-39.0
電気設備	3353	244	210	152	159	145	136	-13.9	-35.0
その他の電気設備	3359	195	191	136	137	121	118	-2.3	-38.1
輸送設備[2]	336	2,135	2,057	1,772	1,608	1,348	1,330	-3.6	-35.4
自動車	3361	271	291	248	192	146	151	7.4	-48.1
自動車車体およびトレーラー	3362	130	183	171	140	104	108	40.8	-41.1
自動車部品	3363	653	840	678	544	414	415	28.6	-50.6
航空宇宙産業製品および部品	3364	841	517	455	507	492	477	-38.5	-7.7
船舶・ボート建造	3366	174	154	154	156	131	126	-11.3	-18.6
家具および関連製品[2]	337	604	683	568	480	386	357	13.0	-47.6
家庭用、工業用家具	3371	401	443	383	307	244	223	10.6	-49.6
その他の製造業	339	686	728	647	629	584	568	6.2	-22.0
医療用設備および消耗品	3391	283	305	300	311	307	302	7.7	-1.1
その他の製造業	3399	403	423	347	318	278	266	5.1	-37.1
非耐久財	(X)	6,958	6,386	5,271	4,943	4,563	4,457	-8.2	-30.2
食品製造業[2]	311	1,507	1,553	1,478	1,481	1,456	1,447	3.0	-6.8
野菜果実の加工食品	3114	218	197	174	173	172	171	-9.5	-13.1
乳製品	3115	145	136	132	129	131	128	-5.9	-6.0
屠殺・精肉	3116	427	507	504	510	497	490	18.6	-3.3
パン・トルティーヤの製造	3118	292	306	280	281	273	276	4.9	-9.9
飲料およびタバコ製品[2]	312	218	207	192	198	187	182	-4.9	-11.9
飲料	3121	173	175	167	177	169	166	1.2	-5.1
紡績[2]	313	492	378	218	151	124	119	-23.1	-68.5
織布業	3132	270	192	104	66	55	53	-29.0	-72.5
繊維製品[2]	314	236	230	176	147	126	119	-2.5	-48.4
服飾品製造業	3141	127	129	96	75	62	57	1.3	-55.3
衣料品[2]	315	903	484	251	199	168	158	-46.4	-67.4
カットソー医療	3152	750	380	193	155	132	125	-49.3	-67.2
皮革および関連製品	316	133	69	40	33	29	28	-48.3	-59.6
製紙	322	647	605	484	445	407	397	-6.6	-34.4
パルプ、紙、板紙	3221	238	191	142	126	117	113	-19.7	-41.1
転換紙	3222	409	413	343	319	290	284	1.1	-31.2
印刷および関連支援産業	323	809	807	646	594	522	487	-0.2	-39.7
石油および石炭製品	324	153	123	112	117	115	114	-19.4	-7.5
化学製品[2]	325	1,036	980	872	847	804	784	-5.3	-20.1
化学薬品	3251	249	188	150	152	145	142	-24.4	-24.4
製薬（医薬品）	3254	207	274	288	291	284	277	32.4	0.8
石鹸、洗浄剤、化粧品類	3256	132	129	114	107	103	101	-2.4	-21.2
プラスチック・ゴム製品[2]	326	825	951	802	729	625	623	15.3	-34.5
プラスチック製品	3261	618	737	634	585	502	500	19.2	-32.2
ゴム製品	3262	207	214	168	145	123	124	3.3	-42.2

X 該当なし 1．2007年NAICSコード。第21章および15章の解説を参照 2．個別に明示しない産業を含む

資料：U.S. Bureau of Labor Statistics, Current Employment Statistics, "Employment, Hours, and Earnings-National" (2011年3月); 〈http://www.bls.gov/ces/home.htm〉

No.1014. 製造業──生産労働者の週平均労働時間と週平均残業時間：1990－2010年

[各月12日を含む給与計算期間に、給与を受け取ったか、働いていた、常勤非常勤の全ての労働者を含む]

産業	2007 北米産業分類[1]	生産労働者の週平均労働時間					生産労働者の週平均残業時間				
		1990	1995	2000	2005	2010	1990	1995	2000	2005	2010
計	31-33	40.5	41.3	41.3	40.7	41.1	3.9	4.7	4.7	4.6	3.8
耐久財	(X)	41.1	42.1	41.8	41.1	41.3	3.9	5.0	4.8	4.6	3.8
木材製品	321	40.4	41.0	41.0	40.0	39.1	3.3	3.9	4.1	4.1	3.0
非金属鉱物製品	327	40.9	41.8	41.6	42.2	41.7	5.0	5.7	6.1	6.3	4.7
一次金属	331	42.1	43.4	44.2	43.1	43.7	4.6	5.7	6.5	6.3	5.7
加工金属製品	332	41.0	42.1	41.9	41.0	41.4	3.9	4.8	4.9	4.6	3.8
機械	333	42.1	43.5	42.3	42.1	42.1	4.0	5.3	5.1	5.0	3.9
コンピュータおよび電子製品	334	41.3	42.2	41.4	40.0	40.9	3.8	4.9	4.6	3.6	2.9
電気設備機器	335	41.2	41.9	41.6	40.6	41.1	3.0	3.5	3.7	3.8	3.6
輸送設備[2]	336	42.0	43.7	43.3	42.4	42.9	4.5	6.5	5.5	5.3	4.7
家具および関連製品	337	38.0	38.5	39.2	39.2	38.5	2.3	2.8	3.5	3.2	2.3
その他の製造業	339	39.0	39.2	39.0	38.7	38.7	3.0	3.4	3.1	3.3	2.8
非耐久財	(X)	39.6	40.1	40.3	39.9	40.8	3.9	4.3	4.5	4.4	3.8
食品製造業	311	39.3	39.6	40.1	39.0	40.7	4.4	4.6	5.0	4.7	4.5
飲料・タバコ製品	312	38.9	39.3	42.0	40.1	37.5	3.8	4.8	5.8	5.7	2.2
織物	313	40.2	40.9	41.4	40.3	41.3	4.2	5.0	4.8	3.9	3.3
繊維製品製造	314	38.5	38.6	38.7	38.9	39.0	2.9	3.3	3.4	4.3	2.4
衣料品	315	34.7	35.4	35.7	35.8	36.6	2.0	2.2	2.1	2.1	1.1
皮革および関連製品	316	37.4	37.7	37.5	38.4	39.1	4.0	4.0	4.6	2.2	2.9
製紙および関連支援産業	322	43.6	43.4	42.8	42.5	42.9	4.9	5.5	5.7	5.6	4.9
印刷および関連支援産業	323	38.7	39.1	39.2	38.4	38.2	3.6	3.8	3.7	3.3	2.2
石油石炭製品	324	44.4	43.7	42.7	45.5	43.0	6.2	6.3	6.5	8.5	6.4
化学製品	325	42.8	43.3	42.2	42.3	42.2	4.9	5.6	5.0	4.7	3.6
プラスチック・ゴム製品	326	40.6	41.1	40.8	40.0	41.9	3.4	3.9	4.0	4.0	4.0

X 該当なし　1．北米産業分類2007年版。本章および第15章の解説を参照　2．個別に明示しない鉄道車両を含む
資料：U.S. Bureau of Labor Statistics, Current Employment Statistics, "Employment Hours, and Earnings–National," (2011年3月);
⟨http://www.bls.gov/ces/data.htm⟩

No.1015. 製造業全労働者の雇用・労働時間指数：1990－2010年

[2002年=100。毎月雇用統計をもとに、毎月人口調査で補完。全労働者の雇用と労働時間には、有給従業員、自営業（共同経営、所有）、無給家族労働者を含む。第12章の解説を参照]

産業	2007 北米産業分類[1]	雇用					労働時間				
		1990	1995	2000	2005	2010	1990	1995	2000	2005	2010
食品製造業	311	99.0	102.6	101.6	97.0	94.6	98.5	102.7	103.0	95.6	97.4
飲料・タバコ製品	312	104.3	96.5	99.1	92.2	88.3	106.0	96.7	107.6	93.9	85.6
織物業	313	166.1	158.4	128.0	74.2	42.6	164.4	160.6	130.3	74.0	42.8
繊維製品	314	113.9	117.1	109.5	87.0	58.6	113.6	116.8	109.6	85.8	60.1
衣料品製造業	315	250.7	221.0	135.2	72.6	48.4	239.7	214.7	133.1	71.4	49.0
皮革および関連製品	316	228.7	182.8	124.2	74.8	53.2	231.1	187.9	127.9	78.7	55.0
木材製品製造業	321	99.5	106.4	111.8	101.7	63.3	100.3	108.7	114.7	101.6	61.2
製紙業	322	118.0	116.7	110.3	88.4	72.5	122.3	120.4	112.6	89.7	74.1
印刷および関連支援産業	323	116.7	118.1	114.4	91.8	70.6	117.1	119.8	115.8	91.5	69.1
石油石炭製品	324	128.8	117.9	103.7	94.0	95.7	132.6	119.7	103.0	98.3	96.1
化学製品製造業	325	111.8	106.7	106.2	94.9	85.2	111.3	108.9	104.6	94.1	84.7
プラスチック・ゴム製品	326	97.8	108.2	112.4	95.0	73.6	97.5	109.6	112.9	93.4	75.2
非金属鉱物製品	327	102.8	101.1	107.3	97.7	73.0	100.3	100.2	105.8	97.3	72.9
一次金属	331	135.7	126.3	122.0	91.8	71.0	134.7	129.6	127.2	93.8	73.2
加工金属製品	332	104.8	105.1	112.7	98.7	83.6	105.6	108.2	116.3	99.3	84.5
機械製造業	333	115.5	118.1	118.4	94.8	80.7	118.0	125.5	122.9	97.4	83.9
コンピュータおよび電子製品	334	127.6	113.1	121.6	87.5	73.3	132.1	120.5	126.1	88.5	75.4
電気設備・器具	335	127.7	119.4	119.0	87.9	72.8	130.9	124.8	123.4	89.1	74.6
輸送設備	336	116.4	107.8	112.3	96.5	72.8	115.3	110.0	114.1	96.3	73.3
家具および関連製品	337	100.3	101.1	111.1	94.9	59.5	97.3	99.5	111.0	95.3	57.8
その他の製造業	339	101.8	104.3	107.2	96.8	83.0	101.0	104.2	106.9	95.7	82.6

1．北米産業分類2007年版。本章および第15章の解説を参照
資料：Bureau of Labor Statistics, Labor Productivity and Costs, "Industry Employment and Hours," ⟨http://www.bls.gov/Lpc/iprhours10.htm⟩

No.1016. 製造業生産労働者の時給──州別：2007－2010年

[単位：ドル。データは2007年北米産業分類（NAICS）に準拠している。毎月雇用統計調査に基づく。表No.632の頭注および付録Ⅲを参照]

州	2007	2008	2009	2010	州	2007	2008	2009	2010
合衆国	**17.26**	**17.75**	**18.24**	**18.61**	ミズーリ	16.99	17.70	18.47	18.45
アラバマ	15.75	15.68	15.43	15.72	モンタナ	15.88	16.66	16.85	17.10
アラスカ	16.37	16.39	18.57	20.45	ネブラスカ	15.19	15.26	16.06	16.13
アリゾナ	15.61	16.44	17.14	17.00	ネバダ	15.54	15.53	15.61	15.51
アーカンソー	14.06	14.16	14.07	13.87	ニューハンプシャー	17.09	17.30	17.37	17.81
カリフォルニア	16.28	16.79	17.80	18.95	ニュージャージー	17.22	17.89	18.31	18.78
コロラド	17.77	19.79	21.23	22.07	ニューメキシコ	14.40	14.72	14.59	15.76
コネティカット	20.63	21.42	23.03	23.68	ニューヨーク	18.49	18.58	18.54	18.39
デラウェア	17.83	17.66	17.69	16.53	ノースカロライナ	15.08	15.49	15.88	15.85
コロンビア特別区	(NA)	(NA)	(NA)	(NA)	ノースダコタ	14.70	15.15	15.56	15.92
フロリダ	16.12	18.30	19.60	19.41	オハイオ	19.35	19.35	18.63	18.66
ジョージア	14.88	14.83	15.43	16.64	オクラホマ	14.56	14.74	14.76	14.33
ハワイ	17.06	18.93	19.06	18.58	オレゴン	16.45	16.92	17.69	17.60
アイダホ	19.01	19.95	20.30	20.69	ペンシルベニア	15.48	15.61	16.28	16.88
イリノイ	16.47	16.44	16.61	16.92	ロードアイランド	13.78	13.94	14.12	14.71
インディアナ	18.70	18.47	18.96	18.52	サウスカロライナ	15.72	15.92	16.29	16.52
アイオワ	16.84	16.63	16.73	16.73	サウスダコタ	14.27	14.64	14.82	15.28
カンザス	18.07	18.73	19.09	18.86	テネシー	14.39	14.71	14.73	15.32
ケンタッキー	16.92	17.38	18.11	18.94	テキサス	14.07	13.78	14.39	14.50
ルイジアナ	19.34	19.98	20.49	21.31	ユタ	16.71	17.86	18.15	18.46
メーン	19.19	19.71	19.97	20.18	バーモント	16.49	16.51	16.41	16.63
メリーランド	17.65	18.04	18.77	20.06	バージニア	17.60	18.33	18.69	19.12
マサチューセッツ	19.26	20.33	20.66	20.50	ワシントン	20.51	21.06	23.39	23.48
ミシガン	22.06	22.11	21.56	21.77	ウエストバージニア	18.71	19.02	18.69	18.11
ミネソタ	17.39	17.74	18.60	18.87	ウィスコンシン	17.37	17.94	18.14	18.10
ミシシッピ	13.79	14.43	14.64	14.83	ワイオミング	18.02	20.36	20.71	20.49

NA データなし

資料：U.S. Bureau of Labor Statistics, Current Employment Statistics, "State and Metro Area Employment, Hours, and Earnings (SAE)"（2011年3月）；<http://www.bls.gov/sae/#data.htm>

No.1017. 製造業就業者（フルタイム換算）と賃金──産業別：2000－2009年

[123,409は1億2340万9000を表す。フルタイム換算の従業員数は、フルタイム労働の従業員数に、パートタイム従業員をフルタイムに換算した数を足したもの]

産業	2002 北米産業分類[1]	フルタイム換算就労者数 (1,000人)				フルタイム労働者1人あたりの賃金給与（ドル）			
		2000	2005	2008	2009	2000	2005	2008	2009
全産業、計	(X)	123,409	125,444	128,505	121,805	39,157	45,537	51,059	51,615
製造業、計	31–33	16,948	13,954	13,149	11,529	43,933	50,909	56,373	57,374
全産業の割合（%）	(X)	13.7	11.1	10.2	9.5	112.2	111.8	110.4	111.2
耐久財	(X)	10,713	8,820	8,333	7,104	46,559	53,124	59,001	60,201
木材製品	321	602	549	446	348	30,350	36,003	37,586	37,899
非金属鉱物製品	327	549	494	456	377	38,987	45,741	48,843	49,117
一次金属鉱業	331	611	460	434	353	45,714	53,287	60,070	57,233
組立金属製品	332	1,735	1,499	1,506	1,274	37,748	43,660	49,421	49,214
機械	333	1,427	1,142	1,167	997	46,577	53,650	59,031	59,505
コンピュータおよび電子製品	334	1,779	1,293	1,231	1,118	70,397	78,666	86,396	87,610
電気設備、器具および部品	335	583	428	413	364	40,204	48,883	55,633	56,275
自動車、車体、トレーラおよび部品	3361–3363	1,301	1,095	875	665	48,846	54,026	57,157	57,483
その他の輸送機器	3364–3365	740	671	724	672	53,341	65,931	73,433	77,051
家具および関連製品	337	671	553	470	373	29,571	34,770	38,473	39,009
その他の製造業	339	715	636	612	562	38,724	46,725	53,433	54,597
非耐久財	(X)	6,235	5,134	4,816	4,425	39,423	47,103	51,824	52,838
食品、飲料およびタバコ製品	311–312	1,727	1,617	1,620	1,578	33,922	39,271	42,640	43,092
繊維、繊維製品	313–314	588	372	293	240	29,012	34,280	36,704	37,210
衣料品、皮革および関連製品	315	539	288	225	189	24,198	31,698	36,713	36,914
製紙	322	598	469	430	393	45,813	53,815	58,289	59,031
印刷および関連支援産業	323	757	626	579	509	39,141	42,738	45,757	44,975
石油・石炭製品	324	120	110	115	113	62,322	82,161	94,116	93,163
化学製品	325	967	862	837	787	61,230	72,920	79,916	82,637
プラスチックおよびゴム製品	326	938	788	717	615	35,605	41,181	44,872	45,791

X 該当なし　1．2002年NAICSコード。第15章の解説を参照。

資料：U.S. Bureau of Economic Analysis, *Survey of Current Business*（2010年8月）；<http://www.bea.gov/national/nipaweb/SelectTable.asp?Selected=N>

No.1018. 製造業企業の受注、出荷、在庫：1995－2010年

[単位：10億ドルおよび率（3480は3兆4800億ドルを表す）。標本調査に基づく。方法論については資料を参照。『アメリカ歴史統計』系列P74-92も参照]

年	出荷	在庫 (12月31日)[1]	在庫対 出荷比率[2]	新規受注	受注残 (12月31日)
1995	3,480	415	1.46	3,427	443
1996	3,597	421	1.44	3,567	485
1997	3,835	433	1.39	3,780	508
1998	3,900	439	1.38	3,808	492
1999	4,032	453	1.38	3,957	501
2000	4,209	470	1.37	4,161	545
2001	3,970	417	1.29	3,865	502
2002	3,915	412	1.30	3,819	468
2003	4,015	398	1.22	3,971	490
2004	4,309	429	1.23	4,283	537
2005	4,742	461	1.20	4,756	626
2006	5,016	509	1.25	5,078	759
2007	5,319	547	1.27	5,390	902
2008	5,468	536	1.21	5,438	942
2009	4,436	499	1.39	4,234	799
2010	4,820	542	1.39	4,779	829

1．在庫は経常価格による　2．比較は12月季節調整データに基づく
資料：U.S. Census Bureau, Manufacturers' Shipments, Inventories, and Orders, "Historical Data," ⟨http://www.census.gov/manufacturing/m3/historical_data/index.html⟩

No.1019. 製造業の在庫／出荷比率および受注残／出荷比率：2000－2010年

[標本調査に基づく。方法論については資料を参照]

産業	2007 北米産業 分類[1]	2000	2005	2006	2007	2008	2009	2010
在庫／出荷比率[2]								
全製造業	(X)	1.37	1.20	1.25	1.27	1.21	1.39	1.39
耐久財	(X)	1.55	1.40	1.49	1.50	1.53	1.76	1.82
木材製品	321	1.32	1.28	1.26	1.37	1.40	1.47	1.54
非金属鉱物製品	327	1.23	1.10	1.12	1.18	1.29	1.38	1.36
一次金属	331	1.68	1.54	1.69	1.61	1.48	1.87	1.67
組立金属	332	1.56	1.53	1.61	1.56	1.56	1.67	1.79
機械	333	2.08	1.77	1.89	1.84	1.91	2.09	2.02
コンピュータおよび電子製品	334	1.54	1.45	1.43	1.38	1.39	1.59	1.51
電気機器、器具、およびその部品	335	1.44	1.36	1.48	1.48	1.47	1.52	1.56
輸送機器	336	1.35	1.17	1.33	1.40	1.51	1.91	2.24
家具、関連製品	337	1.36	1.18	1.13	1.13	1.05	1.16	1.29
その他の製品	339	1.90	1.70	1.60	1.69	1.67	1.70	1.73
非耐久財	(X)	1.14	0.98	1.00	1.04	0.91	1.06	1.03
食品	311	0.88	0.75	0.81	0.83	0.76	0.79	0.79
飲料およびタバコ産業	312	1.51	1.39	1.48	1.46	1.52	1.67	1.47
繊維	313	1.48	1.19	1.25	1.33	1.40	1.35	1.31
繊維製品	314	1.75	1.19	1.18	1.37	1.51	1.47	1.58
衣料品	315	1.89	1.51	1.26	1.60	1.49	1.55	1.88
皮革、関連製品	316	2.12	1.73	1.92	2.11	2.07	2.15	2.67
製紙、紙製品	322	1.11	1.08	1.07	1.03	1.04	1.00	0.96
印刷	323	0.80	0.80	0.80	0.79	0.79	0.76	0.78
石油・石炭製品	324	0.71	0.75	0.72	0.87	0.55	0.95	0.88
基礎化学製品	325	1.40	1.18	1.23	1.20	1.16	1.27	1.22
ゴム・プラスチック製品	326	1.21	1.15	1.15	1.21	1.20	1.26	1.29
受注残／出荷比率								
全製造業	(X)	1.57	1.59	1.82	2.04	2.07	2.17	2.07
耐久財	(X)	2.78	3.12	3.57	4.04	4.32	4.62	4.52
一次金属	331	2.42	1.91	1.81	1.79	1.25	1.74	1.78
組立金属	332	5.58	2.55	2.61	2.60	2.47	2.58	2.59
機械	333	4.68	2.47	2.82	2.98	3.15	3.23	3.64
コンピュータ、電子製品	334	5.84	3.59	3.79	3.85	3.95	4.42	4.08
電気機器、器具およびその部品	335	0.76	2.05	2.38	2.29	2.10	2.18	2.52
輸送機器	336	6.15	5.78	7.29	8.73	10.51	10.80	10.83
家具、関連製品	337	0.69	1.17	1.12	1.16	1.09	1.24	1.31
その他の製品	339	0.11	0.16	0.14	0.14	0.11	0.09	0.13

X　該当なし　1．2007年NAICSコード。本章および第15章の解説を参照　2．比較は12月季節調整データに基づく
資料：U.S. Census Bureau, Manufacturers' Shipments, Inventories, and Orders, "Historical Data," ⟨http://www.census.gov/manufacturing/m3/historical_data/index.html⟩

No.1020. 製造業の出荷、在庫および新規受注――産業別：2000－2010年

［単位：10億ドル（4,209は4兆2090億ドルを表す）。標本調査に基づく。方法論については資料を参照］

産業	2007 北米産業分類[1]	2000	2005	2007	2008	2009	2010
出荷額							
全製造業	(X)	4,209	4,742	5,319	5,468	4,436	4,820
耐久財	(X)	2,374	2,425	2,687	2,620	2,077	2,206
木材製品	321	94	112	102	88	65	66
非金属鉱物製品	327	97	115	128	115	90	92
一次金属	331	157	203	257	283	168	221
組立金属	332	268	289	345	358	281	283
機械	333	292	303	351	356	288	316
コンピュータおよび電子製品	334	511	373	396	384	328	364
電気機器、器具、およびその製品	335	125	112	129	130	107	115
輸送機器	336	640	691	746	673	545	538
家具、関連製品	337	75	84	85	80	61	62
その他の製品	339	115	143	149	153	144	150
非耐久財	(X)	1,835	2,317	2,632	2,848	2,359	2,614
食品	311	435	532	590	650	629	664
飲料およびタバコ製品	312	112	124	128	125	120	132
繊維	313	52	42	36	32	26	30
繊維製品	314	34	35	29	27	21	22
衣料品	315	60	31	24	19	15	15
皮革、関連製品	316	10	6	5	5	4	4
製紙、紙製品	322	165	162	177	179	162	172
印刷	323	104	97	103	99	84	84
石油・石炭製品	324	235	476	615	770	498	633
基礎化学薬品	325	449	611	716	739	629	677
プラスチック・ゴム製品	326	178	200	209	204	171	182
在庫（12月31日現在）							
全製造業	(X)	470	461	547	536	499	542
耐久財	(X)	298	276	326	326	296	325
木材製品	321	10	12	11	10	8	8
非金属鉱物製品	327	10	10	12	12	10	10
一次金属	331	22	26	34	35	26	30
組立金属	332	34	36	44	46	39	41
機械	333	49	43	52	55	49	52
コンピュータおよび電子製品	334	63	44	44	43	43	45
電気機器、器具、およびその製品	335	15	12	15	16	13	14
輸送機器	336	69	65	84	82	84	97
家具、関連製品	337	8	8	8	7	6	6
その他の製品	339	18	20	20	21	20	21
非耐久財	(X)	172	185	221	211	203	217
食品	311	32	33	41	41	41	44
飲料およびタバコ製品	312	14	14	16	16	17	16
繊維	313	6	4	4	4	3	3
繊維製品	314	5	3	3	3	3	3
衣料品	315	9	4	3	2	2	2
皮革、関連製品	316	2	1	1	1	1	1
製紙、紙製品	322	15	14	15	15	13	14
印刷	323	6	6	6	6	5	5
石油・石炭製品	324	13	27	41	32	36	43
基礎化学薬品	325	52	59	70	70	65	67
プラスチック・ゴム製品	326	18	19	21	20	18	19
新規受注							
全製造業	(X)	4,161	4,756	5,390	5,438	4,234	4,779
耐久財	(X)	2,327	2,439	2,758	2,590	1,875	2,165
木材製品	321	94	112	102	88	65	66
非金属鉱物製品	327	97	115	128	115	90	92
一次金属	331	154	209	260	274	164	229
組立金属	332	270	298	351	357	268	283
機械	333	295	312	361	362	272	334
コンピュータおよび電子製品	334	436	302	327	313	263	296
電気機器、器具、およびその製品	335	126	115	130	129	103	120
輸送機器	336	663	750	866	720	445	534
家具、関連製品	337	75	85	85	79	60	62
その他の製品	339	117	142	149	153	144	151
非耐久財	(X)	1,835	2,317	2,632	2,848	2,359	2,614

X 該当なし　1．2007年NAICSコード。本章および第15章の解説を参照
資料：U.S. Census Bureau, Manufacturers' Shipments, Inventories, and Orders, "Historical Data," 〈http://www.census.gov/manufacturing/m3/historical_data/index.html〉

No.1021. 製造業の出荷、在庫および新規受注額——市場別：2000－2010年

[単位：10億ドル（4,209は4兆209億ドルを表す）。標本調査に基づく。方法論については資料を参照]

市場	2000	2005	2006	2007	2008	2009	2010
出荷額							
全製造業	4,209	4,742	5,016	5,319	5,468	4,436	4,820
消費財	1,501	1,895	1,980	2,106	2,253	1,845	2,040
消費耐久財	391	423	422	422	359	273	285
消費非耐久財	1,109	1,473	1,558	1,684	1,893	1,572	1,755
航空機およびその部品	112	114	125	157	162	157	139
国防航空機およびその部品	25	37	39	43	57	63	59
非国防航空機およびその部品	87	77	86	114	105	94	80
建設資材および消耗品	445	510	547	560	544	428	428
自動車およびその部品	471	501	500	501	413	302	321
コンピュータおよび関連製品	110	65	67	65	66	53	64
情報通信産業	400	295	320	323	315	271	292
非国防資本財	808	731	795	837	839	702	754
航空機を除く	758	687	744	768	772	641	706
国防資本財	67	91	89	99	115	125	114
資本財を除く耐久財	1,498	1,603	1,678	1,751	1,666	1,250	1,339
在庫（12月31日現在）							
全製造業	470	461	509	547	536	499	542
消費財	128	140	148	166	154	154	166
消費耐久財	26	27	26	27	24	21	25
消費非耐久財	102	113	122	139	130	133	142
航空機およびその部品	36	33	39	48	48	53	63
国防航空機およびその部品	9	12	12	14	12	14	14
非国防航空機およびその部品	27	22	26	34	36	39	50
建設資材および消耗品	49	53	59	61	60	51	52
自動車およびその部品	22	23	26	25	22	19	23
コンピュータおよび関連製品	8	4	5	5	5	5	5
情報通信産業	51	38	39	38	37	37	39
非国防資本財	127	108	119	128	133	128	144
航空機を除く	107	90	99	102	105	96	102
国防資本財	17	16	17	18	17	20	20
資本財を除く耐久財	154	152	174	180	176	148	162
新規受注額							
全製造業	4,161	4,756	5,078	5,390	5,438	4,234	4,779
消費財	1,502	1,894	1,979	2,106	2,251	1,844	2,040
消費耐久財	393	421	421	422	358	273	286
消費非耐久財	1,109	1,473	1,558	1,684	1,893	1,572	1,755
航空機およびその部品	131	175	200	268	205	79	146
国防航空機およびその部品	31	34	41	45	62	56	60
非国防航空機およびその部品	99	141	159	224	143	23	86
建設資材および消耗品	447	517	550	566	544	420	431
自動車およびその部品	468	503	503	499	411	300	321
コンピュータおよび関連製品	108	64	67	65	66	53	64
情報通信産業	410	301	334	326	315	266	296
非国防資本財	831	811	888	958	878	604	774
航空機を除く	768	701	771	784	776	617	722
国防資本財	80	82	103	104	97	105	111
資本財を除く耐久財	1,416	1,547	1,635	1,696	1,586	1,166	1,280

資料：Census Bureau, Manufacturers' Shipments, Inventories, and Orders, "Historical Data," ⟨http://www.census.gov/manufacturing/m3/historical_data/index.html⟩

No.1022. 製造業企業の財務：2000－2010年

[単位：10億ドル（4,548は4兆5480億ドルを表す）。資産が25万ドル未満の企業に関する推計値を含む。個々の産業データについては表No.794も参照]

項目	2000 [1]	2001 [1]	2001 [2]	2004 [2]	2005 [2]	2006 [2]	2007 [2]	2008 [3]	2009 [3]	2010 [3]
純売上高	4,548	4,308	4,295	4,934	5,411	5,783	6,060	6,374	5,110	5,773
純経営利益	348	185	186	320	359	405	416	358	289	421
純益：										
課税前	381	82	83	447	524	605	603	388	361	585
課税後	275	36	36	348	401	470	443	266	286	478
現金配当	132	102	103	143	179	178	178	182	172	183
企業留保の純所得	143	-67	-66	205	222	292	265	84	115	295

1. 標準産業分類（SIC）に基づく 2. 2002年北米産業分類システム（NAICS）に基づく。第15章の解説を参照 3. 2007年北米産業分類に基づく。第15章の解説を参照

資料：U.S. Census Bureau, Quarterly Financial Report for Manufacturing, Mining, Trade, and Selected Service Industries. 2010 Fourth Quarter Press Release (2011年3月) も参照；⟨http://www.census.gov/econ/qfr⟩

No.1023. 製造業企業の資産、利益——資産規模別：1990－2010年

[単位：100万ドル（2,629,458は2兆6294億5800万ドルを表す）。数と資産額は第4四半期末。利益は通年。2000年までは標準産業分類コード、2001年からは北米産業分類システムに基づく。第15章の解説を参照。ある資産規模以上の企業については悉皆訪問調査に基づく。全数調査の対象となる企業の資産規模は1995年の2億5000万ドルに推移。資産規模がこの額未満のものについては標本調査（別に注記のある場合を除く）。詳細については、調査の説明、データ分析、方法論を参照。資料を参照。四半期報告書。マイナス記号（－）は損失を表す]

年	計	資産規模						
		1,000万ドル未満[1]	1,000－2,500万ドル	2,500－5,000万ドル	5,000万－1億ドル	1億－2億5,000万ドル	2億5,000万－10億ドル	10億ドル以上
資産：								
1990......	2,629,458	142,498	74,477	55,914	72,554	123,967	287,512	1,872,536
1995......	3,345,229	155,618	87,011	68,538	87,262	159,133	370,263	2,417,403
1997......	3,746,797	167,921	87,398	76,034	85,186	157,130	397,559	2,775,570
1998......	3,967,309	170,068	87,937	69,627	86,816	148,060	419,153	2,985,647
1999......	4,382,814	170,058	85,200	67,352	97,810	138,143	398,881	3,425,370
2000......	4,852,106	171,666	85,482	72,122	90,866	149,714	389,537	3,892,720
2001[2]...	4,747,789	169,701	84,664	67,493	88,088	131,617	393,752	3,812,474
2002......	4,823,219	166,191	82,369	62,654	81,667	134,821	407,423	3,888,095
2003......	5,162,852	161,462	80,681	62,592	77,205	126,826	392,192	4,261,894
2004......	5,538,113	163,072	80,085	71,674	81,741	126,950	414,144	4,600,447
2005......	5,828,716	165,195	85,785	68,731	87,818	142,900	423,917	4,854,370
2006......	6,179,142	168,537	93,786	72,494	91,877	146,651	418,501	5,187,295
2007......	6,891,131	180,319	98,348	80,400	93,017	144,254	433,634	5,861,160
2008......	6,819,681	180,025	99,430	80,757	98,478	137,907	420,104	5,802,981
2009......	6,942,972	166,590	106,773	71,642	76,308	126,202	413,856	5,981,600
2010......	7,441,125	168,395	108,747	75,186	83,095	131,122	408,420	6,466,158
純利益：[3]								
1990......	110,128	8,527	5,160	2,769	2,661	3,525	7,110	80,377
1995......	198,151	13,224	5,668	3,767	5,771	7,000	16,549	146,172
1997......	244,505	17,948	8,383	4,153	4,675	7,074	18,433	183,836
1998......	234,386	18,350	6,421	3,790	4,681	5,610	14,364	181,170
1999......	257,805	17,398	7,618	3,504	4,798	4,795	12,756	206,934
2000......	275,313	16,578	6,820	3,403	2,742	3,510	15,121	227,136
2001[2]...	36,168	8,387	3,366	−408	403	−543	−6,782	31,746
2002......	134,686	10,003	2,784	807	1,699	3,356	−1,227	117,262
2003......	237,041	9,821	3,374	2,005	2,256	2,973	4,115	212,497
2004......	348,151	14,970	5,745	3,858	3,080	5,140	12,787	302,571
2005......	401,344	17,357	6,057	4,066	3,781	7,678	15,967	346,438
2006......	470,282	22,301	8,685	5,260	4,601	8,901	21,405	399,131
2007......	442,734	22,930	9,006	4,402	6,518	8,400	17,565	373,915
2008......	266,346	18,182	7,472	5,820	3,739	3,403	2,239	225,492
2009......	286,491	9,692	5,979	4,617	2,500	2,723	2,653	258,310
2010......	477,745	17,174	9,109	4,300	5,746	5,577	19,983	415,854

1．標本収集時に資産25万ドル未満であった企業の推計値は除く　2．2001年以降は北米産業分類（NAICS）に基づくデータ　3．税引き後

資料：U.S. Census Bureau, *Quarterly Financial Report for Manufacturing, Mining, Trade, and Selected Service Industries*. 2010 Fourth Quarter Press Release も参照（2011年3月）；<http://www.census.gov/econ/qfr>

No.1024. 製造業企業の主要財務状況：1990－2010年

[単位：10億ドル（2,811は2兆8110億ドルを表す）。会計手続き、産業分類、サンプリング手順などの変更により年度間の数値は必ずしも比較可能ではない。詳細については資料を参照。表No.1023の頭注を参照。マイナス記号（－）は損失を表す]

年	全製造企業			耐久財製造業			非耐久財製造業		
	売上	利益[1]		売上	利益[1]		売上	利益[1]	
		税引き前	税引き後		税引き前	税引き後		税引き前	税引き後
1990......	2,811	158	110	1,357	57	41	1,454	101	69
1995......	3,528	275	198	1,808	131	94	1,721	144	104
1996......	3,758	307	225	1,942	147	106	1,816	160	119
1997......	3,922	331	244	2,076	167	121	1,847	164	123
1998......	3,949	315	234	2,169	175	128	1,781	140	107
1999......	4,149	355	258	2,314	199	140	1,835	157	117
2000......	4,548	381	275	2,457	191	132	2,091	190	144
2001[2]...	4,295	83	36	2,321	−69	−76	1,974	152	112
2002......	4,217	196	135	2,261	45	21	1,955	149	113
2003......	4,397	306	237	2,283	118	88	2,114	188	149
2004......	4,934	447	348	2,537	200	157	2,397	248	192
2005......	5,411	524	401	2,731	211	161	2,681	313	240
2006......	5,783	605	470	2,910	249	193	2,873	356	278
2007......	6,060	603	443	3,016	247	159	3,044	356	283
2008......	6,374	388	266	2,970	98	43	3,405	290	223
2009......	5,110	361	286	2,427	84	55	2,683	276	232
2010......	5,773	585	478	2,719	288	233	3,054	297	245

1．1998年以降所得税課税前後の利潤は、所得税課税前後の純所得に少数株主の利益が含まれていることが影響している　2．2001年からは北米産業分類に基づく

資料：U.S. Census Bureau, *Quarterly Financial Report for Manufacturing, Mining, Trade, and Selected Service Industries*. 2010 Fourth Quarter Press Release も参照（2011年3月）；<http://www.census.gov/econ/qfr>

No.1025. 木綿・羊毛・人工繊維——主要な生産、販売：2005－2009年

[13,014は130億1400万を表す。合衆国で製造された人工繊維、木綿、羊毛の最終使用調査に基づく。合衆国の工場で製造された最終製品の製造のために投入され加工された原料繊維を示す。ガラス繊維を除く]

年	計[1] (100万ポンド)	綿[2] 計 (100万ポンド)	綿 末端用途の割合(%)	羊毛[3] 計 (100万ポンド)	羊毛 末端用途の割合(%)	人工繊維 計 (100万ポンド)	人工繊維 末端用途の割合(%)	セルロース系[4] 計 (100万ポンド)	セルロース系 末端用途の割合(%)	合成繊維[5] 計 (100万ポンド)	合成繊維 末端用途の割合(%)
計：											
2005	13,014	2,540	19.5	95	0.7	10,379	79.8	210	1.6	10,697	82.
2007	10,600	1,427	13.5	91	0.9	9,082	85.7	209	2.0	8,441	79.
2008	9,042	1,009	11.2	77	0.9	7,956	88.0	181	2.0	7,775	86.
2009	7,745	784	10.1	65	0.8	6,896	89.0	159	2.1	6,737	87.
衣料品：											
2005	2,746	1,414	51.5	51	1.8	1,281	46.6	63	2.3	1,218	44.
2007	1,741	686	39.4	47	2.7	1,009	57.9	40	2.3	969	55.6
2008	1,384	449	32.5	38	2.7	898	64.8	29	2.1	869	62.8
2009	1,078	321	29.8	34	3.1	723	67.1	23	2.1	701	65.0
家庭用インテリア布製品：											
2005	1,465	791	54.0	9	0.6	665	45.4	31	2.1	634	43.3
2007	884	420	47.5	10	1.1	454	51.4	22	2.5	432	48.9
2008	736	321	43.7	8	1.1	406	55.2	19	2.6	387	52.6
2009	587	241	41.1	7	1.2	339	57.7	15	2.5	324	55.2
床材：											
2005	4,470	32	0.7	29	0.7	4,409	98.6	-	-	4,409	98.6
2007	3,873	32	0.8	29	0.8	3,812	98.4	-	-	3,812	98.4
2008	3,262	27	0.8	26	0.8	3,210	98.4	-	-	3,210	98.4
2009	2,815	22	0.8	21	0.7	2,772	98.5	-	-	2,772	98.5
工業品：[6]											
2005	4,333	303	7.0	5	0.1	4,025	92.9	113	2.6	3,912	90.3
2007	4,103	290	7.1	5	0.1	3,808	92.8	147	3.6	3,661	89.2
2008	3,660	212	5.8	5	0.1	3,443	94.1	133	3.6	3,310	90.4
2009	3,265	199	6.1	4	0.1	3,062	93.8	122	3.7	2,940	90.1

－ ゼロまたは概数でゼロを示す　1．絹、麻、ジュート、サイザル麻などのその他の繊維を含む　2．原棉　3．羊毛のデータは、未加工の羊毛、短毛、再加工・再利用羊毛を含む　4．人造絹糸とアセテートを含む　5．アクリル、ナイロン、ポリエステル、オレフィン、スパンデックスを含む　6．細幅生地、医療品、衛生品、タイヤ、ホース、ベルト、フェルト、ミシン糸、濾過布などの消費型製品を含む

資料：Fiber Economics Bureau, Inc., Arlington, VA, *Fiber Organon*, Vol. 81, No. 10（2010年10月）（copyright）

No.1026. 繊維——生産と貿易：2009年

[515,985は5億1598万5000を表す。レポートにおいて、合繊は、生産においては含有繊維のうち最も重量の重いものを示し、輸入における合繊は最も価格の高い繊維に基づく]

製品	単位	数量(1000) 工場生産量	数量(1000) 国産品輸出[1]	数量(1000) 消費財としての繊維輸入[2]	価格(1000ドル) 国産品輸出[1]	価格(1000ドル) 消費財としての繊維輸入[2][3]
糸						
紡績糸、85％以上の木綿	キログラム	515,985	255,368	12,355	632,805	60,167
テクスチャー加工済糸、クリンプ糸、撚糸またはかさ高加工済フィラメント糸・ナイロン	キログラム	615,141	19,098	55,870	92,232	238,163
テクスチャー加工糸、クリンプ糸、撚糸またはかさ高加工済フィラメント糸・ポリエステル	キログラム	247,430	23,544	32,067	72,493	67,808
広幅織物[4]						
紡績糸の織物、ブルーデニム	平方メートル	127,838	108,431	30,566	215,227	79,734
85％以上紡績糸の織布および混紡（先染め糸を除く）、主として合成繊維、綾織りおよびサテン[5]	平方メートル	135,460	(NA)	21,318	(NA)	24,853
85％以上極細糸の織布、合繊繊維、ナイロン、ポリエステル、レーヨン、強力糸の織布	平方メートル	115,880	21,587	13,013	69,008	44,297
85％以上極細糸の織布、合繊繊維、ガラス繊維の織布	平方メートル	175,554	34,810	47,270	125,735	66,841
85％以上極細糸の織布、その他の合成極細糸の織布、サラン、オレフィン、カーペットの裏地を含む	平方メートル	587,716	18,741	484,462	49,090	133,247
織布						
パイル布	キログラム	8,460	(S)	116,728	(S)	147,119
伸縮性のある布（幅12インチ超）、（重量の5％以上エラストマー糸またはラバー糸を使用）	キログラム	8,942	(S)	19,251	(S)	159,173
伸縮性のある布（幅12インチ以下）、（重量の5％以上エラストマー糸またはラバー糸を使用）	キログラム	4,634	(S)	658	(S)	4,982

NA　データなし　S　データの信頼性は出版基準に達しない　1．資料：U.S. Census Bureau report EM 545, *U.S. Exports*　2．資料：U.S. Census Bureau report IM 145, *U.S. Imports for Consumption*　3．価額はc.i.f.価格（保険・輸送料こみの費用）。合衆国通関時の価格に輸入税を足したもの　4．生産のデータは染色前の広幅織物。輸出入のデータは未染色の広幅織物と加工済広幅織物を含む　5．合成繊維織布の合計には、合成繊維とウールの混紡は含まない

資料：U.S. Census Bureau, Current Industrial Reports, "Textiles," Series MQ313A；<http://www.census.gov/cir/www/313/mq313a.html>

No.1027. 製剤——出荷額：1990－2009年

[単位：100万ドル（33,954は339億5400万ドルを表す）]

製品の種類	製品コード	1990	2000	2005	2006	2007	2008	2009
生化学的薬剤を除く製剤	(X)	33,954	79,262	118,647	123,118	(NA)	(NA)	(NA)
腫瘍、内分泌、代謝に働く薬剤	3254121	2,743	9,784	23,779	25,721	28,497	33,260	33,791
中央神経系および感覚器官に働く薬剤	3254124	7,219	18,508	25,627	29,882	28,714	26,430	29,605
循環器にに働く薬剤	3254127	4,815	8,993	10,232	10,874	11,969	11,543	12,963
呼吸器に働く薬剤	325412A	3,724	10,179	16,367	18,350	16,177	16,573	16,618
消化器に働く薬剤	325412D	4,840	10,046	16,829	11,775	9,822	9,949	10,983
皮膚に働く薬剤	325412G	1,558	2,941	3,657	3,303	3,498	3,635	3,797
ビタミン、栄養剤、造血剤	325412L	2,588	5,676	7,556	7,711	8,062	8,749	9,033
寄生虫駆除剤、風邪薬	325412P	5,411	11,037	11,228	11,693	11,014	9,403	10,147
獣医の使用する製剤	325412T	1,057	2,096	3,371	3,808	3,206	3,280	2,970

X　該当なし　NA　データなし

資料：U.S. Census Bureau, Current Industrial Reports, "Pharmaceutical Preparations, Except Biologicals," Series MA325G; <http://www.census.gov/manufacturing/cir/historical_data/ma325g/index.html>

No.1028. 無機化学薬品および肥料の生産：2000－2009年

[単位：1,000米トン（15,809は1580万9000を表す）。1,000米トン＝2,000ポンド]

製品の種類	製品コード	2000	2005	2006	2007	2008	2009
肥料　MQ325B							
無水アンモニア、人工	3253111120	15,809	11,181	10,981	11,448	10,549	10,330
硝酸アンモニウム、原液	3253111201	7,979	7,212	7,068	8,236	7,841	6,943
硫酸アンモニウム	3253111240	2,808	2,906	2,870	3,145	2,783	2,499
尿素 (100%)	3253114101	7,682	5,807	5,934	6,156	5,776	5,604
硝酸 (100%)	3253111111	8,708	7,398	7,245	8,623	7,370	6,531
リン酸 (100%、P205)	3253121111	12,492	12,621	11,797	12,081	10,158	9,542
硫酸、濃 (100%)	3251881100	43,643	40,996	39,578	39,745	34,855	32,126
過リン酸塩およびその他の肥料原材料 (100%P205)	3253124102	8,899	8,141	7,184	7,241	6,014	6,142
無機化学薬品　MQ325A							
塩素ガス (100%) [1]	3251811111	14,000	10,272	12,443	11,895	10,673	9,391
苛性ソーダ (液体) [2]	3251814111	11,523	8,517	9,735	8,869	8,111	7,242
水酸化カリウム液 (88-92%) [2]	3251817111	539	527	610	621	582	404
重曹 (58%) NaHCO3	3251817131	536	581	644	663	682	641
塩酸 (100%) [3]	3251884131	4,717	4,619	4,391	4,331	3,902	3,584
酸化アルミニウム (A1203／100%)	3313110100	(D)	(D)	(D)	(D)	(D)	2,918
硫酸アルミニウム (17%酸化アルミニウム) [4]	3251887151	1,076	967	1,022	967	(S)	831
塩素酸ナトリウム (100%)	325188A141	940	523	615	617	607	420
ケイ酸ナトリウム (無水) [5]	325188A181	1,136	1,309	1,270	1,182	1,106	981
メタケイ酸ナトリウム (100%)	325188A187	72	59	28,772	(D)	(D)	(D)
硫酸ナトリウム (100%)	325188A1A7	509	93	101	93	87	47
粉末活性炭、粒状炭素 (乾燥重量) [6] [7]	325998H1E4	95	(D)	24	27	(S)	(S)
活性炭 (乾燥重量) [6]	325998H1E7	71	(D)	64	98	(S)	(S)
過酸化水素 (重量100%)	325188G181	1,083	365	390	429	437	377

D　個々の企業のデータ保護のために非公開　S　統計的水準に達していない　1．生産量には液化ガスを含む　2．総生産量。焼灼剤（固体）の材料となる液状物を含む　3．塩と酸を用いた生産を含む　4．市町村で生産消費される部分を除く　5．メタケイ酸塩、正ケイ酸塩、セスキケイ酸塩の生産と消費を除く　6．再活性化炭素を除く　7．ペレ状炭素を含む

資料：U.S. Census Bureau, Current Industrial Reports, "Inorganic Chemicals," Series MQ325A (2010年7月) および "Fertilizers and Related Chemicals," Series MQ325B (2010年6月); <http://www.census.gov/manufacturing/cir/historical_data/mq325a/index.html> および <http://www.census.gov/manufacturing/cir/historical_data/mq325b/index.html>

No.1029. 鉄鋼産業──概要：1990－2010年

[95.5は9550万トンを表す。炭素鋼、合金鋼、ステンレス鋼を含む]

項目	単位	1990	1995	2000	2005	2008	2009	2010
鉄鋼製品、みかけの供給量	100万トン[1]	95.5	109.6	131.9	120.8	111.0	67.1	90.2
純出荷量、計	100万トン[1]	85.0	97.5	109.1	105.0	98.5	62.2	83.4
鉄鋼市場								
自動車	100万トン[1]	11.1	14.6	16.1	14.5	12.8	8.0	10.6
鉄鋼サービスセンター、流通センター	100万トン[1]	21.1	23.8	30.1	30.6	25.5	15.2	22.5
建設業、メンテナンスを含む[2]	100万トン[1]	9.2	14.9	20.3	24.0	20.4	14.8	18.0
コンテナ、梱包、海運	100万トン[1]	4.5	4.1	3.7	3.0	2.8	2.2	2.6
機械、産業用設備、工具	100万トン[1]	2.4	2.3	1.8	1.7	1.1	0.6	0.9
加工用	100万トン[1]	9.4	10.4	12.7	5.6	6.0	3.8	5.3
鉄道輸送業	100万トン[1]	1.1	1.4	1.3	1.3	1.5	0.9	0.9
建設用資材	100万トン[1]	2.9	([2])	([2])	([2])	([2])	([2])	([2])
石油・ガス産業	100万トン[1]	1.9	2.6	2.9	3.1	2.4	0.9	2.1
電気機器産業	100万トン[1]	2.5	2.4	2.1	1.2	0.9	0.5	0.7
家庭用機器、カトラリー	100万トン[1]	1.5	1.6	1.9	1.9	1.8	1.2	1.4
その他	100万トン[1]	17.4	19.3	16.2	18.3	23.3	14.1	18.5
鉄鋼製品輸出	100万トン[1]	4.3	7.1	6.5	9.4	13.5	9.3	12.1
鉄鋼製品輸入	100万トン[1]	17.2	24.4	29.4	32.1	31.9	16.2	23.9
粗鋼生産[3]	100万トン[1]	98.9	104.9	112.2	104.6	101.3	65.5	88.7
塩基性酸素転炉	%	58.5	62.5	53.0	45.0	43.1	25.0	34.3
電気アーク炉	%	36.9	42.4	47.0	55.0	58.2	40.5	54.4
鉄鋼産業雇用[4]	1,000人	169	123	151	122	129	(NA)	(NA)

1．100万米トン、1米トン＝2,000ポンド　2．1995年以降、建設資材は建設業に含まれる　3．粗鋼とは、さらに加工するか或いはその形で他に販売するための、溶鉱炉の一次製品で、インゴット、鋳造用の鋼片、圧迫鋳造用鋼片、スラブやその他の製品を含む　4．鉄鋼製品の製造・販売に従事する従業員のみ。鉱業採掘、輸送、倉庫等、直接鉄鋼の生産に関わらない雇用は除く

資料：American Iron and Steel Institute, Washington, DC, Annual Statistical Report (copyright); 〈http://www.steel.org〉も参照

No.1030. 金属加工機械──出荷額：2005－2009年

[単位：100万ドル（2,800,272は28億27万2000ドルを表す）]

製品分類	製品コード	2005	2006	2007	2008[1]	2009[1]
製品	(X)	2,800,272	3,094,478	3,318,208	3,435,540	1,952,281
金属切削機械、工具	333512 (pt)	2,079,874	2,293,813	2,533,389	2,650,662	1,428,386
中ぐり盤（ボーリング）	333512A1	110,971	178,487	130,220	161,393	92,612
歯切盤[2]	33351212	(D)	(D)	(D)	(D)	(D)
研削機および研磨機	33351221	265,035	259,063	237,928	270,339	165,445
旋盤[3]	33351231	248,240	295,651	375,871	396,793	204,478
フライス盤[4]	33351241	53,582	56,082	81,294	(D)	(D)
切断機械制御盤	33351271	619,563	703,045	807,425	(D)	(D)
据え付けタイプの機械[5]	33351281	104,481	79,153	(D)	(D)	114,586
その他金属切削機械、工具	33351291	431,962	464,779	585,522	543,791	289,051
再生金属切削機械、工具	3335126111	93,404	90,172	81,004	(D)	(D)
金属成型機械、工具	333513 (pt)	720,398	800,665	784,819	784,878	523,895
抜き板機、せん断機、屈曲機、成型機	33351311	344,273	403,361	409,791	391,607	256,645
プレス加工機（鍛造を除く）[6]	33351331	139,924	128,599	135,292	142,282	75,040
その他金属成型加工機[6]	33351351	206,547	228,880	209,309	231,257	163,041
再生金属成型加工機、工具	3335137121	(D)	15,081	10,382	19,732	(S)

D　データを公開せず　S　データは公表水準に達していない　X　該当なし　1．表中の2008、2009年のデータは3,025ドル以下の金属切断および金属成型タイプの工具を含まない　2．「歯切盤」のデータは「金属切削機械」計に含まれる　3．製品コード3335123126「バーチカルNC旋盤」は「金属切削機械」計に含まれるが、製品コード33351231には含まれない　4．製品分類コード3335124101「3,025ドル以下の全てのフライス盤」は、「金属切削」の計に含まれる　5．「据え付けタイプの機械」のデータは「金属切削機械」の合計に含まれる　6．製品コード3335133101「1台3,025ドル未満のすべてのプレス機」、および3335135101「1台3,025ドル未満のすべてのその他の金属成型機械、工具」についてのデータは、「金属成型機械」計に含まれる。製品コード33351331および33351351からはそれぞれ除外される

資料：U.S. Census Bureau, Current Industrial Reports, "Metal working Machinery," Series MQ333W（2010年8月刊）;〈http://www.census.gov/manufacturing/cir/historical_data/mq333w/index.html〉

No.1031. 半導体、プリント配線基板およびその他の電子部品の出荷額――製品別：2005－2009年

[単位：100万ドル（9728は97億2800万ドルを表す）]

製品	製品コード	2005	2006	2007	2008	2009
半導体機械	3332950	9,728	12,598	13,190	9,357	5,063
送信用、工業用および特殊目的用[1]	3344111	652	690	734	806	773
受信用電子管[2]	3344114	621	216	(D)	(D)	(D)
電子管部品	3344117	72	49	36	31	30
部品マウント前のプリント基板	3344120	4,856	4,933	4,443	5,269	4,180
超小型集積回路[3]	3344131	61,631	54,963	49,781	51,104	40,029
トランジスタ	3344134	603	679	599	409	358
ダイオードおよび整流素子	3344137	372	467	457	458	331
その他の半導体装置[4]	334413A	8,330	10,483	10,176	11,363	11,983
電子回路のコンデンサー	3344140	1,113	1,064	945	937	745
電子回路の抵抗器	3344150	653	660	645	622	489
電子コイル、トランスフォーマー、およびその他のインジケーター	3344160	1,216	1,231	1,393	1,380	1,058
電子回路のコネクタ	3344170	3,589	3,980	4,189	4,065	3,036
プリント回路アセンブリ、部品マウント後のプリント基板、およびモジュール[5]	334418B	20,106	19,591	20,382	20,257	15,001
クリスタル、フィルター、圧電およびその他の関係する電子装置[6]	3344191	779	754	689	656	552
その他のトランスデューサー[7]	3344194	1,401	1,323	1,466	1,352	1,035
切り替え器、電子回路用機器	3344197	794	645	662	581	415
マイクロ波装置と部品[8]	334419A	1,306	1,470	1,541	1,286	1,170
その他すべての電子部品、n.e.c.	334419E	4,040	4,346	4,831	4,772	3,889

D　データを公開せず　NA　データなし　1．X線装置を除く　2．陰極線装置（新品および再設置の）を含む　3．半導体ネットワーク、マイクロプロセッサ、MOSメモリを含む　4．チップ、ウエファー、ヒートシンクなどの半導体部品を含む　5．電子部品を挿入したプリント回路板　6．マイクロ波フィルターを除く　7．電気・電子投入／産出変換器を含む　8．アンテナ、電子管、半導体を除く

資料：U.S. Census Bureau, Current Industrial Reports, "Semiconductors, Electronic Components, and Semiconductor Manufacturing Equipment," Series MA334Q（2010年9月刊）；<http://www.census.gov/manufacturing/cir/historical_data/ma334q/index.html>

No.1032. コンピュータ周辺機器――出荷額：2004－2009年

[単位：100万ドル（37,895は378億9500万ドルを表す）]

製品	製品分類	2004	2005	2006	2007	2008	2009
コンピュータ	334111	37,895	38,386	37,657	36,859	37,542	33,013
ホストコンピュータ（マルチユーザー）	3341111	10,993	11,759	(D)	(D)	(D)	(D)
シングルユーザーのコンピュータ	3341117	26,309	25,906	(D)	(D)	(D)	(D)
パーソナルコンピュータ	3341117107	15,690	(D)	(D)	(D)	(D)	(D)
ワークステーション	3341117109	1,848	(D)	(D)	2,442	(D)	(D)
モバイル・コンピュータ（ノートブック、サブノートブック、ラップトップ、およびタブレットPCを含む）	3341117127	8,456	(D)	(D)	(D)	(D)	(D)
多機能携帯用デバイス	3341117129	(D)	(D)	(D)	(D)	(D)	(D)
その他の個人用コンピュータ	3341117130	(D)	(D)	(D)	25	(D)	(D)
その他のコンピュータ（アレイ、アナログ、ハイブリッド、特殊目的のコンピュータ）	334111D	593	721	(D)	299	(S)	183
コンピュータ記憶貯蔵装置（部品、付属品を除く）	3341121	5,034	6,100	6,956	7,872	6,367	6,617
マルチユーザー・コンピュータ・システムのディスク・サブシステムおよびディスク・アレイ	3341121109	1,362	2,008	(D)	2,531	(D)	(D)
ディスク・ドライブ（全サイズ）	3341121112	69	11	(D)	150	201	298
ストレージ・エリア・ネットワーク	3341121123	(D)	10	(D)	2,892	(D)	2,683
テープ・ドライブ（全サイズ）	3341121138	278	289	285	239	264	194
その他のコンピュータ記憶貯蔵装置	3341121150	(D)	3,781	3,795	2,061	1,321	(D)
コンピュータ記憶貯蔵装置の部品・付属品	3341124	1,039	1,441	1,929	1,426	1,327	740
コンピュータのターミナル（POSターミナルおよびATM装置、部品、付属品を除く）	3341131	274	245	268	331	245	128
コンピュータ・ターミナルの部品、付属品（POSターミナルおよびATM装置、部品、付属品を除く）	3341134	2	(D)	(D)	(D)	(D)	649
その他すべてのコンピュータ周辺機器（入力、出力）装置（部品、付属品を除く）	3341191	4,705	4,425	4,517	4,427	4,245	3,382
コンピュータ周辺機器の部品、サブアセンブリ、付属品	3341194	2,257	2,743	2,720	3,171	2,600	5,050
POSターミナルおよびATM装置	3341197	513	497	621	1,034	958	440
POSターミナルおよびATM装置の部品、付属品	334119D	(D)	(D)	35	12	9	(S)
磁気および光学記憶媒体	3346130	1,586	1,303	1,364	1,381	(S)	841,538

D　個々の企業のデータを保護するため非公開　S　データの信頼性は出版基準に達しない　1．POSおよびATMを除く

資料：U.S. Census Bureau, Current Industrial Reports, "Computers and Peripheral Equipment," Series MA334R (beginning with 2006, MQ334R)（2010年8月刊）；<http://www.census.gov/manufacturing/cir/historical_data/mq334r/index.html>

No.1033. 合衆国の家電売上高――製品カテゴリ別：2007－2010年、予測：2011年

[単位：100万ドル（169,110は1691億1000万ドルを表す）。工場売上高は輸入を含む。製造業から米国ディーラーへの出荷量を示す。国内生産および消費者向けの輸入製品を含む。小売りの形態は問わない。流通業者への出荷と消費者への直販の双方を含む]

製品カテゴリ	2007	2008	2009	2010	2011,予測値
計	169,110	181,511	169,816	180,066	186,42
家庭用製品、計	79,752	85,607	79,450	84,041	87,01
テレビおよびディスプレイ	24,661	25,827	22,407	19,900	18,78
デジタルテレビおよびディスプレイ[1]	24,519	25,827	22,407	19,900	18,78
LCDフラットパネル	14,520	17,962	16,905	15,031	14,02
プラズマフラットパネルテレビ	4,488	3,689	3,316	3,451	3,334
フロント・プロジェクション	2,996	2,841	1,748	1,006	994
DLED（有機発光ダイオード）	(X)	9	11	9	13
ハイビジョンテレビ	19,439	23,677	21,670	19,009	17,648
デジタル・コンビネーション	665	703	777	749	710
ビデオ・コンボ[1]	4,911	6,846	7,505	6,391	6,767
DVDプレーヤー／レコーダー・コンボ[2]	1,765	1,388	1,688	1,193	1,071
次世代DVDプレーヤー	345	739	1,121	1,519	1,595
セット・トップ・ボックス[1]（テレビ接続機器）	2,798	4,719	4,696	3,679	4,101
ダイレクト放送衛星（DBS）受信機	1,220	1,064	958	904	871
ケーブル・MSO受信機	1,085	1,300	2,090	1,733	1,637
デジタル・メディア・アダプター	152	563	634	645	1,112
デジタル・ビデオ・レコーダー（DVRs）	1,580	3,237	2,557	2,618	3,135
オーディオ製品[1]	5,003	4,483	4,223	4,362	4,485
家庭用機器	203	180	139	196	284
家庭用IT機器およびセキュリティ機器[1]	42,953	46,400	43,355	51,822	55,730
パーソナルコンピュータ	21,156	23,412	21,608	28,936	32,248
デスクトップコンピュータ	8,500	6,744	5,626	7,390	7,003
ノートパソコン	12,656	16,668	15,982	21,546	25,246
プリンタ	2,802	3,473	2,900	3,128	3,157
モデム／ブロードバンド接続のゲートウェイ	1,109	1,090	1,110	1,166	1,247
その他のコンピュータ周辺機器	5,093	5,212	5,142	5,436	5,679
パソコン用ソフトウェア	7,084	7,406	6,937	7,611	7,946
ホームセキュリティ・システム	3,204	3,588	3,675	3,775	3,915
通信器[1]	2,244	2,051	1,961	1,566	1,240
電話	576	435	433	290	253
自動車車内用電気製品、計	12,257	12,802	8,167	9,111	9,301
娯楽用機器	9,501	8,711	6,004	7,275	7,644
アフターマーケット・自動車用音響機器[3]	1,974	1,521	1,230	1,368	1,362
衛星放送ラジオ受信機	156	89	64	52	45
携帯動画装置[4]	713	539	366	345	334
国内工場取り付けによる自動車用音響機器	6,814	6,651	4,408	5,561	5,948
通信およびセキュリティ[1]	2,756	4,091	2,163	1,836	1,657
ポータブル・ナビ	2,387	3,731	1,829	1,507	1,345
使用場所を特定しない電気機器、計	57,900	63,546	62,935	67,286	69,997
デジタル映像機器[1]	9,197	9,416	8,746	9,719	9,245
デジタルカメラ	6,517	6,813	6,267	7,234	6,873
カムコーダー（全種類）	2,112	1,885	1,709	1,802	1,745
デジタルフォトフレーム	568	718	770	683	627
ポータブル製品[1]	7,349	7,325	6,716	6,835	6,762
ポータブルメディア／MP3プレイヤー	5,968	5,844	5,446	5,658	5,549
電子ゲーム製品	19,738	23,558	22,752	24,224	25,118
ゲーム機器	6,710	7,780	5,719	6,206	6,004
ゲーム・ソフトウェア	11,154	14,166	15,582	16,517	17,508
電子おもちゃ	1,874	1,612	1,451	1,501	1,606
ポータブル通信機器[1]	21,616	23,247	24,721	26,508	28,872
無線電話（携帯電話）[1]	21,162	22,814	24,048	25,401	27,516
スマートフォン	8,645	11,393	14,901	17,875	21,240
消費者用電子用品	19,201	19,556	19,264	19,629	20,121
付属品[1]	14,299	14,777	14,540	14,618	14,859
一次電池	6,421	6,565	6,489	6,320	6,372
ブランク・メディア[1]	4,902	4,779	4,724	5,011	5,261

1. 個別に明示しないその他のカテゴリを含む　2. HD-DVDおよびブルーレイを含む　3. 衛星ラジオ受信機、衛星ラジオ付属品および衛星ラジオキットを含む。ブルートゥース・ヘッドセットは含まない　4. すべての固定ナビゲーション装置を含む

資料：Consumer Electronics Association, Arlington, VA, *U.S. Consumer Electronics Sales and Forecasts, 2006-2011* （2011年1月）（copyright）

No.1034. 通信機器――出荷額：2000－2009年

[単位：100万ドル（15,174は151億7400万ドルを表す）]

製品	製品コード	2000	2005	2006	2007	2008	2009
電話交換機、交換ボード施設	3342101	15,174	1,576	1,812	1,959	1,674	1,045
通信ライン設備および事業者用モデム	3342104	13,112	2,824	2,912	3,512	3,137	2,851
無線音声・データネットワーク機器	3342107	28,971	12,289	18,563	11,181	4,574	3,191
通信システムおよび設備[1]	3342201	36,357	30,272	32,436	(NA)	(NA)	(NA)
放送、スタジオ、および関連の電子設備	3342202	4,029	3,289	3,653	3,350	4,110	4,237
無線ネットワーク設備	3342203	(NA)	(NA)	(NA)	6,159	4,845	4,219
ラジオ放送局設備	3342205	(NA)	(NA)	(NA)	17,824	16,456	16,449
その他の通信システム設備	3342209	(NA)	(NA)	(NA)	6,355	10,882	10,705
警報システム[2]	3342901	2,755	1,910	1,526	2,044	2,090	1,663
自動車、歩行者用交通管制施設[3]	3342902	838	1,020	1,048	1,239	1,231	(S)
インターコム[4]	3342903	447	416	433	438	458	389
消費者用モデム	3344184	95	98	79	82	87	(D)

D　個々の企業の情報を保護するため非公開　NA　データなし　S　データは公表基準に達していない　1. マイクロ波、宇宙衛星を含む　2. サイレン、電気警報機を含む　3. 電気鉄道信号とその付属品を含む　4. 電磁ページングシステム（呼び出し）を含むが、電話・電報は除外する

資　料：U.S. Census Bureau, Current Industrial Reports, "Telecommunications," Series MQ334P; <http://www.census.gov/manufacturing/cir/historical_data/mq334p/index.html>

No.1035. 自動車製造業――産業別概要：2009年

[29,994は299億9400万ドルを表す。製造業年次調査に基づく。付録Ⅲを参照]

産業	2002北米産業分類[1]	全従業員[2] 人数	給与 計(100万ドル)	給与 従業員1人あたり(ドル)	生産労働者数[2]	出荷額[3](100万ドル)
自動車製造業、計	3361-3363	616,156	29,994	48,679	467,652	301,710
自動車、計	3361	123,484	7,927	64,195	103,349	149,900
乗用車および軽トラック	33611	101,510	6,838	67,362	86,354	134,129
乗用車	336111	51,440	3,359	65,291	43,762	53,724
軽トラック、多用途車	336112	50,070	3,479	69,491	42,592	80,405
大型トラック	33612	21,974	1,089	49,564	16,995	15,771
自動車車体、トレーラー	3362	89,012	3,520	39,542	67,390	21,289
乗用車車体、トレーラー製造	33621	89,012	3,520	39,542	67,390	21,289
乗用車車体	336211	37,561	1,578	42,003	27,494	9,571
トラック、トレーラー	336212	17,781	647	36,386	13,785	4,095
モーターホーム	336213	6,889	262	38,001	4,983	1,716
キャンピングトレーラー、キャンピングカー	336214	26,781	1,033	38,583	21,128	5,908
自動車部品	3363	403,660	18,547	45,947	296,913	130,521
自動車ガソリンエンジンおよびエンジン部品	33631	43,338	2,184	50,389	32,486	16,123
自動車用電気・電子装置	33632	51,816	2,554	49,281	35,021	13,796
自動車ステアリング、サスペンション	33633	33,338	1,340	40,198	24,697	8,093
自動車ブレーキ装置	33634	20,021	796	39,741	14,436	7,541
自動車トランスミッション、パワートレイン部品	33635	46,946	2,855	60,813	35,772	21,047
自動車シートおよびインテリアの整備	33636	37,555	1,562	41,599	26,570	12,942
自動車金属打ち抜き部品	33637	65,146	3,074	47,189	49,922	17,739
その他自動車部品	33639	105,501	4,183	39,646	78,009	33,241

1．2002年NAICSコード。第15章の解説を参照　2．各月12日を含む給与計算期間に、稼働中の製造業事業所で有給従業員として働いたと報告される常勤非常勤の全ての労働者を含む。有給の長期短期休暇、有給疾病休暇中のものは含まれるが、非法人事業の所有者および共同経営者は含まない　3．同じ産業分類に属する事業所間の出荷がダブルカウントされている場合がある

資料：U.S. Census Bureau, Annual Survey of Manufactures, "Statistics for Industry Groups and Industries: 2009 and 2008"（2010年12月）；<http://www.census.gov/manufacturing/asm/index.html>

No.1036. 自動車製造業の雇用、給与および出荷額――主要州別：2009年

[7,927,052は79億2705万2000ドルを表す。産業は2002年北米産業分類（NAICS）に基づいて分類される。出荷に関する情報については、第15章の解説、表No.1035の脚注3を参照。年次製造業調査に基づく。付録Ⅲを参照]

主要州 (雇用規模)	自動車製造業(NAICS 3361) 従業員数	給与(1000ドル)	出荷額(1000ドル)	自動車部品製造業(NAICS 3363) 従業員数	給与(1000ドル)	出荷額(1000ドル)
合衆国[1]	123,484	7,927,052	149,900,446	403,660	18,547,126	130,520,776
アラバマ	10,289	661,398	11,554,222	14,471	611,344	5,962,628
アリゾナ	-	-	-	2,307	102,689	570,954
アーカンソー	-	-	-	4,064	137,529	817,939
カリフォルニア	5,224	381,065	6,755,286	18,332	758,901	5,425,380
コネティカット	-	-	-	(3)	(D)	(D)
フロリダ	-	-	-	3,183	131,803	702,470
ジョージア	1,782	90,625	(D)	6,705	286,178	2,327,290
イリノイ	3,903	195,086	3,139,563	17,648	757,313	4,787,208
インディアナ	10,892	714,699	14,626,216	44,537	2,359,643	14,094,643
アイオワ	-	-	-	3,048	117,320	764,286
カンザス	(3)	(D)	(D)	1,658	(D)	(D)
ケンタッキー	12,013	737,890	(D)	22,931	940,443	8,898,952
ルイジアナ	(2)	(D)	(D)	1,208	41,884	(D)
マサチューセッツ	-	-	-	1,428	94,053	795,638
ミシガン	21,474	1,466,854	31,088,278	79,144	3,939,554	26,291,309
ミネソタ	1,759	87,765	(D)	2,134	82,754	428,587
ミシシッピ	(3)	(D)	(D)	2,311	104,485	(D)
ミズーリ	5,353	397,349	(D)	9,001	358,149	2,853,154
ネブラスカ	-	-	-	3,506	125,736	822,248
ニューハンプシャー	-	-	-	1,023	30,342	169,833
ニューヨーク	-	-	-	11,245	623,879	2,838,979
ノースカロライナ	(2)	(D)	(D)	12,741	586,175	4,920,321
オハイオ	14,862	977,473	16,264,699	53,649	2,668,740	16,721,596
オクラホマ	(2)	(D)	(D)	3,025	103,104	623,652
オレゴン	-	-	-	1,194	55,633	241,980
ペンシルベニア	-	-	-	8,451	341,234	2,070,884
サウスカロライナ	4,041	(D)	(D)	12,032	543,432	5,077,128
サウスダコタ	-	-	-	-	-	-
テネシー	(4)	(D)	(D)	23,837	942,561	9,289,397
テキサス	4,601	331,774	11,296,033	10,098	433,933	3,036,744
ユタ	-	-	-	2,971	135,311	1,065,081
バージニア	(2)	(D)	(D)	4,718	199,758	1,149,559
ワシントン	-	-	-	2,090	86,161	(D)
ウエストバージニア	-	-	-	1,658	94,180	(D)
ウィスコンシン	(3)	(D)	(D)	9,423	353,341	2,486,211

―　ゼロを示す　D　個々の企業の情報を保護するため非公開　1．個別に明示しない州を含む　2．従業員1,000―2,499人　3．従業員2,500―4,999人　4．従業員5,000―9,999人

資料：U.S. Census Bureau, Annual Survey of Manufactures, "Geographic Area Statistics: Statistics for all Manufacturing by State: 2009 and 2008,"（2010年12月）；<http://www.census.gov/manufacturing/asm/index.html>

No.1037. 航空宇宙産業——販売、新規受注、受注残高：2000－2009年

[単位：10億ドル（109.3は1093億ドルを表す）。航空宇宙産業開発・製作に従事している主要産業の事業所報告による]

項目	2000	2004	2005	2006	2007	2008	2009
純売上	109.3	124.3	124.2	155.9	126.8	135.2	145.8
合衆国政府の純売上	41.0	64.2	62.8	69.7	48.4	59.5	59.4
合衆国政府の占める割合（%）	37.5	51.7	50.6	44.7	38.2	44.0	40.7
航空機完成体、部品	57.2	49.6	49.9	(D)	(D)	(D)	(D)
航空機エンジン、部品	12.5	16.1	18.5	28.6	15.5	(D)	(D)
ミサイル、宇宙船、部品	15.6	14.2	(S)	(D)	(D)	(D)	(D)
その他の製品、サービス	24.0	44.4	45.8	(D)	43.70	(D)	(D)
純新規受注	140.1	131.7	186.4	202.8	231.6	189.3	107.1
受注残高（12月31日）	215.0	234.3	290.0	334.5	482.1	430.7	

D　個々の企業の情報を保護するため非公開　S　データの信頼性は出版基準に達しない　1．別売りのエンジンを除く
資料：U.S. Census Bureau, Current Industrial Reports, "Civil Aircraft and Aircraft Engines, and Aerospace Industry," Series MA336G （2010年6月）；<http://www.census.gov/manufacturing/cir/historical_data/ma336g/index.html> を参照

No.1038. 民間ジェット輸送機の新規発注：1990－2010年

[単位：100万ドル。1990年は企業の新規発注（純）。2000年以降発注予告（純）。マイナス（－）は解約を表す。1997年にボーイング社はマクダネルダグラス社を買収]

航空機および顧客	1990	2000	2005	2006	2007	2008	2009	2010
合計1	670	585	1,004	1,058	1,417	662	142	530
アメリカ	259	412	220	321	281	112	24	232
外国	411	193	811	737	1,136	550	118	298
ボーイング737、計	189	378	571	739	846	484	178	486
アメリカ	38	302	152	242	164	107	34	206
外国	151	86	439	497	682	377	144	280
ボーイング747、計	153	24	43	72	25	3	2	−1
アメリカ	24	1	13	18	－	－	−2	−2
外国	129	18	30	54	25	3	4	1
ボーイング757、計	66	43	－	－	－	－	－	－
アメリカ	33	38	－	－	－	－	－	－
外国	33	14	－	－	－	－	－	－
ボーイング767、計	60	6	15	10	36	28	－	3
アメリカ	23	−2	－	－	27	－	−1	－
外国	37	14	20	10	9	28	3	3
ボーイング777、計	34	113	154	76	141	54	19	46
アメリカ	34	60	10	35	23	11	−7	3
外国	－	53	146	41	118	43	26	43
ボーイング787、計	－	－	235	161	369	93	−59	−4
アメリカ	－	－	45	26	67	−6	－	25
外国	－	－	190	135	302	99	−59	−29
マクダネルダグラスMD-11、計	52	－	－	－	－	－	－	－
アメリカ	16	－	－	－	－	－	－	－
外国	36	－	－	－	－	－	－	－
マクダネルダグラスMD-80／90、計	116	－	－	－	－	－	－	－
アメリカ	91	－	－	－	－	－	－	－
外国	25	－	－	－	－	－	－	－
マクダネルダグラスMD-95、計	－	21	－	－	－	－	－	－
アメリカ	－	13	－	－	－	－	－	－
外国	－	8	－	－	－	－	－	－

－　ゼロを示す　1．2000年以降は特定できない顧客を含む
資料：Aerospace Industries Association of America, Washington, DC, "Orders: U.S. Civil Jet Transport Aircraft," Statistical Series 22; <http://www.aia-aerospace.org/industry_information/economics/aerospace_statistics/> も参照

No.1039. 合衆国の航空機出荷：1990－2010年

[単位：100万ドル（38,585は385億8500万ドルを表す）]

年	合計		民間機						軍用機	
			大型輸送機		一般航空機1		ヘリコプター			
	出荷機数	出荷額	出荷機数	出荷額	出荷機数	出荷額	出荷機数	出荷額	出荷機数	出荷額
1990	3,321	38,585	521	22,215	1,144	2,007	603	254	1,053	14,109
1995	2,441	33,658	256	15,263	1,077	2,842	292	194	816	15,359
1996	2,220	37,518	269	18,915	1,115	3,048	278	193	558	15,363
1997	2,780	43,652	374	26,929	1,549	4,593	346	231	511	11,899
1998	3,534	53,728	559	35,663	2,193	5,534	363	252	419	12,280
1999	3,797	56,692	620	38,171	2,475	6,803	345	200	357	11,518
2000	4,113	50,289	485	30,327	2,802	8,040	493	270	333	11,652
2001	3,904	56,221	526	34,155	2,616	7,991	415	247	347	13,828
2002	3,252	49,361	379	27,547	2,196	7,261	318	157	359	14,396
2003	3,261	42,431	281	21,033	2,080	6,205	517	366	383	14,827
2004	3,802	43,555	283	20,484	2,296	6,918	805	515	418	15,639
2005	4,677	51,190	290	22,116	2,853	8,632	947	816	587	19,626
2006	5,426	55,472	398	25,875	3,134	9,550	898	843	996	19,204
2007	5,350	68,823	441	29,160	3,279	11,941	1,009	1,330	1,062	26,392
2008	5,263	72,892	375	24,076	3,079	13,348	1,084	1,486	725	33,982
2009	3,399	71,272	381	27,350	1,585	9,082	564	972	869	33,868
2010	2,842	71,831	459	29,265	1,334	7,875	249	791	800	33,900

1．座席とりはずし式の軍用機を除く。
資料：U.S. Department of Commerce, International Trade Administration, "Shipments of Complete U.S. Aircraft, 1971-2010"; <http://trade.gov/mas/manufacturing/OAAI/aero_stats.asp\>

No.1040. 航空宇宙産業の販売額——生産部門別、発注者別：1990－2010年

[単位：10億ドル（134.4は1344億ドルを表す）。報告の手順と算定方法の関係で、数値は表No.1038と異なる可能性がある]

項目	1990	2000	2005[1]	2006	2007	2008	2009	2010
名目ドル								
販売総額	134.4	144.7	167.3	182.8	197.0	200.3	211.9	214.5
生産部門別：								
航空機、総額	71.4	81.6	86.7	98.3	105.2	102.7	110.8	112.3
民間機[2]	31.3	47.6	37.2	45.8	52.6	48.2	51.1	47.9
軍用機	40.1	34.0	49.5	52.4	52.7	54.5	59.7	64.5
ミサイル	14.2	9.3	18.4	20.3	22.2	23.4	25.8	26.9
宇宙船	26.4	29.7	36.7	37.6	39.9	43.4	45.5	45.9
関連製品およびサービス[3]	22.4	24.1	25.5	26.7	29.6	30.8	29.9	29.3
発注者主体別：								
航空宇宙産業製造およびサービス、総額	112.0	120.6	141.8	156.2	167.3	169.5	182.1	185.1
DOD[4]	60.5	47.5	75.6	77.6	80.7	84.9	95.4	102.1
NASA[5]およびその他の部局	11.1	13.4	17.3	17.2	18.7	21.3	22.5	22.1
その他[6]	40.4	59.7	48.9	61.3	68.0	63.4	64.2	60.9
関連製品およびサービス[3]	22.4	24.1	25.5	26.7	29.7	30.7	32.5	31.4
実質（2000年）ドル[7]								
販売総額	123.5	144.7	146.0	154.0	160.9	157.8	162.9	162.9
生産部門別：								
航空機、総額	65.6	81.6	75.6	82.8	86.0	80.9	85.2	85.3
民間機[2]	28.7	47.6	32.4	38.6	42.9	38.0	39.3	36.3
軍用機	36.8	34.0	43.2	44.2	43.0	43.0	45.9	49.0
ミサイル	13.0	9.3	16.1	17.1	18.1	18.5	19.8	20.4
宇宙船	24.3	29.7	32.0	31.7	32.6	34.2	35.0	34.9
関連製品およびサービス[3]	20.6	24.1	22.3	22.5	24.2	24.3	23.0	22.3
発注者主体別：								
航空宇宙産業製造およびサービス、総額	102.9	120.6	123.7	131.5	136.7	133.5	140.0	140.8
DOD[4]	55.6	47.5	66.0	65.4	65.9	66.8	73.3	77.7
NASA[5]およびその他の部局	10.2	13.4	15.1	14.5	15.2	16.8	17.3	16.8
その他[6]	37.1	59.7	42.7	51.6	55.6	49.9	49.4	46.3
関連製品およびサービス[3]	20.6	24.1	22.3	22.5	24.3	24.2	25.0	23.9

1．2005年以降、個々の製品グループの販売数は、方法論の改訂により、それ以前の年のデータと比較できない。しかし、年間売上データは全年度について比較可能である　2．航空機の全民間取引（ジェット輸送機、コミューター、商用、個人用飛行機およびヘリコプターの国内販売、輸出）　3．電子機器、ソフトウェア、地上整備設備に、航空宇宙製品製造会社が航空宇宙製品を応用した技術、製造工程、資材を用いて製造した非航空宇宙製品の販売を加えたもの　4．国防総省　5．航空宇宙局　6．民間機販売額（脚注4を参照）、商用宇宙製品販売額、軍用機、ミサイル、関連推進装置、部品の全輸出額を含む　7．AIAの航空宇宙複合価格デフレータに基づく

資料：Aerospace Industries Association of America, Inc., Washington, DC, "2010 Year-end Review and Forecast," (2010年12月); <http://www.aia-aerospace.org/economics/year_end_review_and_forecast> を参照

No.1041. 家庭用器具の出荷額：2000－2009年

[単位：100万ドル（2,170は21億7000万ドルを表す）]

製品分類	製品コード	2000	2005	2006	2007	2008	2009
家庭用電気レンジ、オーブン、調理用電気プレート、本体と部品	3352211	2,170	2,577	2,541	2,736	2,506	2,062
ガスレンジ、オーブン、調理用器具の本体と部品	3352213	779	1,392	1,363	1,541	1,473	1,126
その他の家庭用レンジ、調理用器具、戸外用調理器具の本体と付属品[1]	3352215	1,251	965	784	491	510	485
家庭用冷蔵庫（冷凍つき冷蔵庫を含む）	3352221	5,396	5,405	5,427	5,440	5,891	5,189
家庭用冷蔵庫・冷凍庫の部品・付属品	3352223	(D)	(D)	(D)	159	107	92
家庭用洗濯機とその部品	3352240	4,047	5,236	5,184	5,232	5,835	4,820
電気温水器	3352281	573	638	652	950	953	869
電気以外の温水器	3352283	844	970	903	1,572	1,547	1,452
家庭用器具、n.e.c.および部品[2]	3352285	2,066	2,433	2,413	2,717	2,602	2,126

D　個々の企業の情報を保護するため非公開　1．冷凍冷蔵庫を含む　2．n.e.c.は他のどこにも分類されないもの

資料：U.S. Census Bureau, Current Industrial Reports, "Major Household Appliances," Series MA335F; <http://www.census.gov/manufacturing/cir/historical_data/mq335f/index.html>

第22章
卸売業および小売業

　本章では、流通業、特に卸売業と小売業に関連する統計を提示する。商業について示したデータは、業種別に分類され、売上高、事業所、従業員、給与支払額、およびその他の項目をカバーしている。これらのデータは主としてセンサス局の、2007年経済センサスおよび年次および月次調査の報告書、『County Business Patterns』より入手。National Automobile Dealers Association等の商業機関からも、補足的なデータを入手している（表No.1057）。またNielsen Claritas（表No.1059）のような研究機関からもデータを入手している。

　小売業および卸売業については、他の章にも掲載されている。たとえば雇用と賃金については第12章、産業別の国内総生産については第13章の表No.653、また内国歳入局の刊行する季刊『Statistics of Income Bulletin』から入手した財務データについては第15章に掲載されている。

センサス

　小売業、および卸売業のセンサスは、1929年以来様々な間隔で実施されている。1967年センサス以降、2と7で終わる5年おきに実施することが法律で定められた。最新のセンサスに関する情報については、<http://www.census.gov/econ/census02/guide>の「2007年経済センサスガイド」を参照。

　センサスおよびサーベイの対象となる事業所は、北米産業分類（NAICS；後述参照）により13部門に分類されている。小売業は、主に商品を一般に販売する事業所をさす。卸売業は、主に他の事業者への商品販売に従事し、通常は倉庫かもしくは商品の陳列が殆ど、あるいはまったく無い営業所で操業している事業所をさす。本章におけるセンサス局の表は、すべて2002年版NAICSコードを採用している。このコードは標準産業分類（SIC）システムにかわるものである。NAICSはより分類をこまかくし、新たに350の産業が分類されている。よって、以前もちいられていたSICシステムの改訂版よりも、時系列的な断絶はかなり大きい。本システム、および小売・卸売業に関する統計の連続性にあたえた影響については、15章の解説、またはセンサス局のウェブサイト<http://www.census.gov/epcd/www/naics.html>を参照。2つのセクター（卸売業と小売業）に関する2007年経済センサスの刊行物としては、主に次の2つのシリーズがある。1）製品ラインや企業規模等の報告によるテーマ別シリーズ。2）各州に関する個別報告による地域別調査報告。3）個々の産業グループに関するレポートのある産業別報告。これらについてはセンサス局のウェブサイト<http://www.census.gov/econ/census07/>を参照。

年次調査

　センサス局によって実施されている年次標本調査は、小売業と卸売業の様々な側面を扱っている。『Monthly Retail Trade and Food Services』<http://www.census.gov/mrts/www/mrts.html>は、売上額、在庫、業種別売上額／在庫率を業種別に掲載している。小売売上高、期末在庫、購買、受取勘定、総利益の年毎の数値については、センサス局のウェブサイト<http://www.census.gov/svsd/www/artstbl.html>を参照。宿泊・飲食サービスに関する年次データについても同サイトを参照。

　センサス局の月別卸売業調査による統計には、製造業者の販売支社や営業所を除く卸売商に関する売上高、在庫、売上／在庫比率の全国推計値が掲載されている。データは、「耐久財と非耐久財」の主要分類グループと4桁のNAICS産業グループ別に示す。製造業者の販売支社や営業所を除く卸売商とは、販売する商品に対する所有権を取得している卸売業者をさす（例えば、問屋、輸出業者、輸入業者、工業系販売代理店等）。これらのデータは、標本企業によって提出された報告書に基づいており、『Monthly Wholesale Trade Report』に掲載されている。販売額、販売／在庫比率、期末在庫、購買額、および売上高総利益率

についても『Annual Report for Wholesale Trade』誌上で公表されている。データは、売上高、期末在庫、営業費用に関して、「耐久財と非耐久財」の主要分類グループと4桁のNAICS産業グループ別に示されている。この報告書についてはセンサス局のウェブサイト<http://www.census.gov/wholesale>で参照できる。

e-コマース

e-コマースは、財・サービスを、インターネットおよびエクストラネットを通じて、電子的にデータを交換すること、あるいはその他のオンラインシステムによって販売することを示す。支払はオンライン上で行なわれることもあり、行なわれないこともある。e-コマースのデータはセンサス局の実施する4つの調査から収集されている。4つの調査では、製造業の出荷額、卸売・小売業の売上、サービス業の収益といったように、経済活動の計測に異なる指標を用いている。したがって、経済全体とe-コマースの計測値は経済の部門別で異なり、概念や定義も異なるため、合計して比較することができない。本年度版では、本章の表No.1045、1055、1056、第27章の表No.1278にe-コマースの売上に関するデータがある。

統計的信頼度

センサス局の統計収集、推計、標本抽出、統計的信頼度については、付録Ⅲを参照。

歴史統計

各表の見出しは、『アメリカ歴史統計、植民地時代～1970年』に対応している。クロスリファレンスについては、付録Ⅰを参照。

No.1042. 卸売業および小売業──事業所、売上高、給与、雇用：2002、2007年

[435.5は43万5500ドルを表す。給与支払事業所。方法論いついては付録Ⅲを参照]

事業内容	2002 北米産業分類1	事業所(1,000) 2002	事業所(1,000) 2007	売上高(10億ドル) 2002	売上高(10億ドル) 2007	給与(10億ドル) 2002	給与(10億ドル) 2007	雇用(1,000人) 2002	雇用(1,000人) 2007
卸売業者	42	435.5	435.0	4,635	6,516	260	336	5,878	6,227
卸売業、耐久財	423	260.4	255.0	2,171	2,898	157	207	3,357	3,619
卸売業、非耐久財	424	142.7	134.6	1,980	2,991	93	116	2,273	2,320
卸売業、インターネット通販、代理店、ブローカー	425	32.4	45.4	483	627	10	13	249	289
小売業	44-45	1,114.6	1,128.1	3,056	3,918	302	363	14,648	15,515
自動車ディーラー	441	125.1	126.8	802	891	65	73	1,845	1,914
家具およびインテリア	442	65.2	65.1	92	108	13	15	535	557
電子製品、付属品	443	46.8	50.8	82	109	9	11	391	486
建築資材および園芸用品・消耗品ディーラー	444	(NA)	91.1	(NA)	318	(NA)	38	(NA)	1,331
食品・飲料販売	445	148.8	146.1	457	539	49	55	2,839	2,827
健康・パーソナルケア	446	81.8	88.5	178	234	20	28	1,024	1,068
ガソリンスタンド	447	121.4	118.8	249	450	14	15	927	891
衣類、衣料装飾品店	448	149.8	156.5	168	216	21	27	1,427	1,644
スポーツ用品、趣味、書籍、楽器店	451	62.2	57.4	73	81	9	9	611	619
一般商品販売	452	40.7	45.9	445	577	43	54	2,525	2,763
その他店舗販売	453	129.5	121.9	91	104	13	14	792	792
無店舗販売	454	54.9	59.4	173	290	17	23	571	621

NA データなし　1．北米産業分類。15章の解説参照。

資料：U.S. Census Bureau, "2007 Economic Census, Advance Comparative Statistics for the United States, (2002 NAICS Basis): 2007 and 2002" (2010年7月); <http://www.census.gov/econ/census07/>

No.1043. 卸売業──非雇用企業および産業別収益：2008年

[35,558,379は355億5837万9000ドルを表す。連邦所得課税対象の事業所のみ。非雇用は有給従業員のいないことを示す。企業とは、事業が行われるか、サービス操業または工業操業が実施される、単一の物理的な場所を表す。非雇用事業により提出される事業所得税申告により、非雇用企業数を確定している。2002年北米産業分類に基づく。第15章の解説を参照]

産業タイプ	2007 北米産業分類1	企業数 合計	企業数 法人企業2	企業数 個人企業3	企業数 合資会社4	収入(1000ドル)
卸売業	42	388,298	68,723	303,783	15,792	35,558,379
卸売業、耐久財	423	194,592	38,172	147,832	8,588	19,478,901
自動車および自動車部品、消耗品	4231	16,324	3,545	12,080	699	2,457,040
家具およびインテリア用品	4232	13,853	2,230	11,028	595	1,141,288
材木およびその他の建築資材	4233	8,557	1,884	6,124	549	989,129
専門、商業用設備、消耗品	4234	10,513	2,123	7,891	499	1,119,132
金属鉱物（石油を除く）	4235	3,231	737	2,345	149	520,663
電気製品	4236	10,768	2,987	7,231	550	1,252,357
金物、配管・暖房設備および消耗品	4237	4,962	1,160	3,561	241	538,545
機械、設備および消耗品	4238	19,010	5,249	12,817	944	2,691,743
その他の耐久財	4239	107,374	18,257	84,755	4,362	8,769,004
卸売業、非耐久財	424	145,715	25,597	114,097	6,021	12,972,847
紙、および紙製品	4241	6,729	1,139	5,352	238	542,368
薬品および薬品雑貨	4242	2,796	644	2,026	126	232,209
衣料、布地および小間物	4243	22,681	4,262	17,374	1,045	1,664,534
食糧雑貨および関連製品	4244	27,181	5,008	21,169	1,004	3,765,473
農産物原料	4245	4,544	648	3,713	183	542,500
化学薬品、製品	4246	3,661	1,138	2,266	257	432,324
石油および石油製品	4247	2,316	481	1,698	137	326,312
ビール、ワイン、蒸留酒	4248	4,058	777	2,908	373	363,536
その他の非耐久財	4249	71,749	11,500	57,591	2,658	5,103,591
卸売業、インターネット通販、代理店、ブローカー	425	47,991	4,954	41,854	1,183	3,106,631
事業間の電子取引	42511	6,965	778	5,953	234	448,048

1．2007年北米産業分類。15章の解説参照　2．州法上は法人事業　3．または自営業者、単独所有者による非法人事業という。自営業者を含む　4．2人以上が運営する商売・事業または2人以上が事業による金銭的な恩恵を分け合う非法人事業

資料：U.S. Census Bureau, "Nonemployer Statistics" (2010年6月); <http://www.census.gov/econ/nonemployer/index.html>

No.1044. 卸売業——事業所、雇用、給与：2007、2008年

[434.5は43万4500を表す。給与支払事業所のみ。自営業、一般家庭で雇われている者、鉄道職員、農業の生産労働者、ほとんどの政府職員は除外。第15章の解説を参照。方法論については付録IIIを参照]

事業内容	2002北米産業分類	事業所(1,000) 2007	事業所(1,000) 2008	従業員[2](1,000人) 2007	従業員[2](1,000人) 2008	給与(10億ドル) 2007	給与(10億ドル) 2008
卸売業	42	434.5	429.5	5,965	6,165	328.0	353.1
卸売業、耐久財	423	247.3	248.5	3,395	3,553	197.1	215.8
自動車および自動車部品、消耗品	4231	24.5	26.0	356	395	15.9	17.9
家具およびインテリア用品	4232	12.7	13.6	154	169	7.4	8.2
材木およびその他の建築資材	4233	19.6	19.4	264	256	12.5	12.1
専門、商業用設備、消耗品	4234	36.1	35.0	706	724	49.8	55.8
金属鉱物（石油を除く）	4235	10.7	11.1	160	169	9.4	10.0
電気製品	4236	29.4	30.0	450	510	34.3	41.2
金物、配管・暖房設備および消耗品	4237	20.1	20.2	232	244	11.9	12.7
機械、設備および消耗品	4238	59.7	59.5	724	738	39.8	41.4
その他の耐久財	4239	34.5	33.6	350	349	16.2	16.6
卸売業、非耐久財	424	130.6	129.8	2,228	2,313	113.6	122.3
紙、および紙製品	4241	11.4	11.5	172	171	8.8	8.6
薬品および薬品雑貨	4242	7.6	8.6	248	274	19.9	22.6
衣料、布地および小間物	4243	16.2	16.5	197	211	10.3	10.9
食糧雑貨および関連製品	4244	33.6	33.0	768	796	34.2	36.2
農産物原料	4245	6.6	6.3	61	61	2.5	2.9
化学薬品、製品	4246	12.5	12.8	139	150	8.6	9.8
石油および石油製品	4247	7.0	7.3	95	105	5.6	6.3
ビール、ワイン、蒸留酒	4248	4.2	4.2	179	184	9.1	9.7
その他非耐久財	4249	31.4	29.6	368	362	14.7	15.3
卸売業、インターネット通販、代理店、ブローカー	425	56.5	51.2	342	299	17.2	15.0

1．2002年北米産業分類。2008年のデータは2007年北米産業分類に基づく。15章の解説参照　2．3月12日を含む給与計算期間に給与の発生したすべての常勤非常勤の被雇用者
資料：U.S. Census Bureau, "County Business Patterns"（2010年7月）；<http://www.census.gov/econ/cbp/index.html>

No.1045. 卸売業——売上高、e-コマース売上高：2009年

[3,706,945は3兆7069億4500万ドルを表す。給与支払事務所のみ。製造業者の販売支店および事業所を除外。Annual Trade Surveyに基づく。付録IIIを参照]

事業内容	2002北米産業分類[1]	2009 売上高(100万ドル) 計	2009 売上高(100万ドル) e-コマース	2009 e-コマースの総売上に占める%	2009 e-コマースにおける%
卸売業、計	42	3,706,945	728,663	19.7	100.0
耐久財	423	1,679,308	281,951	16.8	38.7
自動車および自動車部品、消耗品	4231	250,762	94,762	37.8	13.0
家具およびインテリア用品	4232	51,098	6,866	13.4	0.9
材木およびその他の建築資材	4233	90,203	4,806	5.3	0.7
専門、商業用設備、消耗品	4234	335,642	93,022	27.7	12.8
コンピュータ、周辺機器、ソフトウェア	42343	166,788	56,723	34.0	0.8
金属鉱物（石油を除く）	4235	104,115	2,717	2.6	0.4
電気製品	4236	312,648	38,196	12.2	5.2
金物、配管、暖房設備および消耗品	4237	90,039	9,617	10.7	1.3
機械、設備および消耗品	4238	275,201	10,625	3.9	1.5
その他の耐久財	4239	169,600	21,340	12.6	2.9
非耐久財	424	2,027,637	446,712	22.0	61.3
紙、および紙製品	4241	81,581	14,748	18.0	2.0
薬品および薬品雑貨	4242	376,102	281,205	74.8	38.6
衣服、布地および小間物	4243	123,854	31,523	25.5	4.3
食料雑貨および関連製品	4244	475,893	67,791	14.2	9.3
農産物原料	4245	164,757	(S)	(S)	(S)
化学薬品、製品	4246	90,290	4,494	5.0	0.6
石油および石油製品	4247	404,997	(S)	(S)	(S)
ビール、ワイン、蒸留酒	4248	107,842	(S)	(S)	(S)
その他非耐久財	4249	202,591	27,180	13.4	3.7

S　数値は出版の基準に達していない　1．2002年NAICSコード。第15章の解説を参照
資料：U.S. Census Bureau, "E-Stats, 2009 E-commerce Multi-sector Report"（2011年5月）；<http://www.census.gov/econ/estats/>

No.1046. 卸売業——概要：2000－2009年

[単位：10億ドル（2,814.6は2兆8146億ドルを表す）、率。12月現在の在庫および在庫／売上比率は季節調整済みのデータ。製造業者の販売支店および事業所を除外。データは2007年経済センサスの最終結果を用いて調整済。年次卸売業調査および月次卸売業調査のデータに基く。付録Ⅲを参照。関連する販売データとして『アメリカ歴史統計』系列T280-371も参照]

事業の種類	2002 北米産業分類[1]	2000	2004	2005	2006	2007	2008	2009
販売額 (10億ドル)								
卸売業者	42	2,814.6	3,320.0	3,615.4	3,904.0	4,174.3	4,435.2	3,706.9
耐久財	423	1,486.7	1,682.1	1,815.5	1,983.7	2,074.5	2,079.4	1,679.3
自動車および自動車用品	4231	222.2	284.2	304.5	336.1	341.2	308.1	250.8
家具および家庭用調度品	4232	52.7	59.8	63.1	69.8	69.1	64.1	51.1
建材およびその他建築資材	4233	87.2	127.2	138.7	141.6	126.5	116.1	90.2
専門および商業用設備	4234	282.2	300.8	316.3	330.0	354.3	359.3	335.6
コンピュータ、周辺機器およびソフトウェア	42343	174.8	157.2	162.5	160.9	171.3	176.2	166.8
金属および鉱物資源（石油を除く）	4235	93.8	121.0	136.3	158.4	165.9	177.9	104.1
電気および電子製品	4236	260.0	266.1	285.1	320.2	349.0	354.2	312.6
金物類、配管、暖房機器	4237	72.1	84.0	94.7	108.5	112.2	108.3	90.0
機械、設備、備品	4238	256.1	260.2	283.3	312.8	328.8	351.7	275.2
その他の耐久財	4239	160.3	178.6	207.0	227.4	239.8	169.6	
非耐久財	424	1,327.9	1,637.9	1,799.8	1,920.3	2,099.8	2,355.8	2,027.6
紙および紙製品	4241	77.8	81.7	86.8	89.9	91.3	90.9	81.6
薬品および日用雑貨	4242	176.0	293.8	324.5	341.9	351.8	369.2	376.1
衣服、布地、および小間物	4243	96.5	114.9	123.1	131.5	139.7	136.9	123.6
食品雑貨および関連製品	4244	374.7	402.3	418.6	434.4	475.5	488.9	475.9
農産物原料	4245	102.7	115.4	106.0	111.3	145.8	197.4	164.8
化学薬品およびその関連製品	4246	62.3	79.5	92.1	95.8	102.3	116.1	90.3
石油および石油製品	4247	195.8	284.1	368.7	425.9	486.9	631.6	405.0
ビール、ワイン、蒸留酒	4248	71.3	86.9	92.3	98.5	103.8	106.9	107.8
その他の非耐久財	4249	170.9	179.4	187.8	191.2	202.5	217.9	202.6
在庫 (10億ドル)								
卸売業者	42	309.4	341.3	368.8	399.3	425.0	439.7	389.2
耐久財	423	198.6	213.9	233.1	255.9	262.5	276.5	227.3
自動車および自動車用品	4231	28.8	33.9	37.8	40.4	42.1	46.1	35.2
家具および家庭用調度品	4232	6.4	7.2	7.8	8.4	8.5	8.1	6.4
建材およびその他建築資材	4233	8.4	13.3	14.3	14.5	13.7	13.0	10.4
専門および商業用設備	4234	27.8	26.4	27.3	29.5	30.2	30.6	27.9
コンピュータ、周辺機器およびソフトウェア	42343	12.1	10.1	11.0	10.6	10.4	10.5	10.2
金属および鉱物資源（石油を除く）	4235	13.4	20.1	21.1	26.6	25.2	28.9	19.0
電気および電子製品	4236	31.1	28.1	30.5	34.4	37.0	38.4	32.9
金物類、配管、暖房機器	4237	11.5	13.5	15.3	17.2	18.1	17.3	15.2
機械、設備、備品	4238	51.2	50.3	56.3	61.4	64.5	69.7	59.5
その他の耐久財	4239	20.1	21.2	22.8	23.5	23.1	24.3	21.0
非耐久財	424	110.9	127.4	135.6	143.4	162.5	163.2	161.8
紙および紙製品	4241	6.7	6.6	7.1	7.2	7.3	7.7	6.9
薬品および日用雑貨	4242	24.1	31.7	29.7	30.6	31.7	32.0	32.2
衣服、布地、および小間物	4243	13.7	15.5	17.2	17.7	18.1	19.3	15.6
食品雑貨および関連製品	4244	20.4	20.5	22.4	24.1	26.6	28.6	27.1
農産物原料	4245	11.6	10.0	11.2	14.3	20.5	17.4	19.6
化学薬品およびその関連製品	4246	6.0	7.4	8.4	8.6	9.7	10.5	8.9
石油および石油製品	4247	5.2	9.5	12.2	13.1	17.1	13.0	19.9
ビール、ワイン、蒸留酒	4248	6.5	7.7	8.4	9.1	10.2	11.0	10.5
その他の非耐久財	4249	16.6	18.4	19.1	18.9	21.4	23.7	21.3
在庫／販売比率								
卸売業者	42	1.03	1.03	1.02	1.02	1.02	0.99	1.05
耐久財	423	1.27	1.27	1.28	1.29	1.27	1.33	1.35
自動車および自動車用品	4231	1.19	1.19	1.24	1.20	1.23	1.50	1.40
家具および家庭用調度品	4232	1.20	1.20	1.24	1.22	1.23	1.27	1.24
建材およびその他建築資材	4233	1.04	1.04	1.02	1.02	1.08	1.12	1.15
専門および商業用設備	4234	0.88	0.88	0.86	0.89	0.85	0.85	0.83
コンピュータ、周辺機器およびソフトウェア	42343	0.64	0.64	0.62	0.66	0.61	0.60	0.61
金属および鉱物資源（石油を除く）	4235	1.66	1.66	1.55	1.68	1.52	1.62	1.82
電気および電子製品	4236	1.05	1.05	1.07	1.07	1.06	1.08	1.05
金物類、配管、暖房機器	4237	1.61	1.61	1.62	1.58	1.61	1.60	1.69
機械、設備、備品	4238	1.93	1.93	1.95	1.96	1.96	1.98	2.16
その他の耐久財	4239	1.18	1.18	1.18	1.13	1.02	1.01	1.24
非耐久財	424	0.83	0.78	0.75	0.75	0.77	0.69	0.80
紙および紙製品	4241	0.86	0.80	0.82	0.80	0.80	0.84	0.84
薬品および日用雑貨	4242	1.37	1.08	0.92	0.89	0.90	0.87	0.86
衣服、布地、および小間物	4243	1.42	1.35	1.40	1.34	1.29	1.41	1.26
食品雑貨および関連製品	4244	0.54	0.51	0.54	0.55	0.56	0.58	0.57
農産物原料	4245	1.13	0.87	1.05	1.28	1.40	0.88	1.19
化学薬品およびその関連製品	4246	0.97	0.93	0.91	0.90	0.95	0.90	0.98
石油および石油製品	4247	0.26	0.33	0.33	0.31	0.35	0.21	0.49
ビール、ワイン、蒸留酒	4248	0.91	0.89	0.91	0.92	0.99	1.03	0.97
その他の非耐久財	4249	0.97	1.03	1.01	0.99	1.05	1.09	1.05

1．2002年NAICSコード。第15章の解説を参照。
資料：U.S. Census Bureau, "2009 Annual Wholesale Trade Report,"（2011年2月）；<http://www.census.gov/wholesale/>

No.1047. 卸売業および小売業の事業所、従業員および給与――州別：2007、2008年

[5,965は596万5000人を表す。有給従業員のいる事業所のみ。従業員数は3月12日を含む週のデータ。自営業者、一般家庭で雇われている者、鉄道職員、農業の生産者、ほとんどの政府職員は除外。2002年北米産業分類（NAICS）に基づく。第15章の解説を参照。方法論については付録IIIを参照]

州	卸売業 (NAICS 42)						小売業 (NAICS 44, 45)					
	事業所数		従業員数[1] (1,000人)		年間支払い給与額 (100万ドル)		事業所数		従業員数[1] (1,000人)		年間支払い給与額 (100万ドル)	
	2007	2008	2007	2008	2007	2008	2007	2008	2007	2008	2007	2008
合衆国	434,464	429,463	5,965	6,165	327,991	353,061	1,123,629	1,100,943	15,760	15,615	375,200	369,289
AL	5,669	5,621	80	80	3,606	3,722	19,670	19,131	245	244	5,293	5,246
AK	741	761	9	9	456	469	2,668	2,578	35	35	974	971
AZ	6,965	6,933	99	101	5,239	5,295	19,341	19,112	342	343	8,241	7,891
AR	3,561	3,459	47	47	2,009	2,040	11,795	11,467	143	142	3,019	3,024
CA	60,805	60,768	820	888	50,591	58,314	114,025	111,200	1,713	1,669	46,059	43,881
CO	7,423	7,410	99	105	5,834	6,429	19,368	18,990	262	262	6,630	6,641
CT	4,644	4,579	75	78	4,984	5,563	13,688	13,485	198	193	5,322	5,176
DE	984	1,021	18	19	1,374	1,444	3,920	3,804	57	55	1,394	1,321
DC	420	414	5	5	335	360	1,870	1,821	20	20	529	521
FL	32,283	31,713	320	318	15,148	15,215	73,529	72,118	1,028	996	24,721	23,662
GA	14,273	13,888	206	205	11,200	11,614	35,920	35,371	486	476	11,149	10,641
HI	1,886	1,829	21	21	870	875	5,051	4,891	71	71	1,782	1,786
ID	2,076	2,094	24	26	1,036	1,116	6,379	6,225	83	82	1,936	1,892
IL	20,023	19,756	303	318	17,664	19,575	42,892	41,743	667	653	16,202	15,722
IN	8,283	8,034	115	117	5,326	5,415	23,446	22,936	334	331	7,273	7,122
IA	4,911	4,929	64	66	2,713	2,927	13,285	12,780	180	180	3,672	3,753
KS	4,555	4,501	57	61	2,683	3,079	11,306	10,978	150	151	3,201	3,261
KY	4,521	4,428	67	75	2,929	3,674	16,254	16,024	216	230	4,578	5,204
LA	5,621	5,579	74	77	3,487	3,797	17,037	16,866	234	234	5,247	5,239
ME	1,632	1,606	18	19	791	838	6,951	6,775	84	85	1,921	1,931
MD	5,970	5,905	95	98	5,522	5,640	19,566	19,088	301	294	7,582	6,999
MA	8,720	8,647	143	143	10,021	10,289	25,666	25,121	367	361	9,291	9,176
MI	11,972	11,806	167	171	9,404	9,723	37,709	36,381	475	466	10,288	10,359
MN	8,618	8,462	137	138	8,442	8,721	20,741	20,206	316	304	7,056	6,787
MS	2,913	2,890	36	37	1,449	1,504	12,379	12,148	144	145	2,993	2,965
MO	8,393	8,268	126	131	5,719	6,118	23,148	22,577	323	319	7,181	7,127
MT	1,522	1,451	14	15	556	600	5,224	5,137	60	60	1,356	1,380
NE	3,037	3,014	38	42	1,745	2,052	7,865	7,623	109	109	2,260	2,323
NV	3,001	3,009	40	40	2,058	2,038	8,570	8,387	144	142	3,852	3,681
NH	1,951	1,860	24	26	1,441	1,692	6,569	6,473	101	102	2,427	2,437
NJ	16,005	15,724	269	270	18,078	19,783	34,544	33,564	467	465	12,200	12,386
NM	2,011	2,028	22	23	927	1,012	7,242	7,100	101	101	2,377	2,306
NY	34,609	34,112	390	394	22,961	23,764	76,516	75,853	899	892	23,016	23,090
NC	12,200	12,070	174	181	8,956	9,920	36,329	35,676	475	477	10,770	10,549
ND	1,483	1,513	17	19	728	851	3,376	3,294	46	45	951	966
OH	15,396	15,026	233	232	11,799	12,060	39,832	38,650	593	585	12,885	13,062
OK	4,617	4,602	59	62	2,744	3,002	13,446	13,218	176	178	3,778	3,844
OR	5,767	5,730	78	77	3,930	4,106	14,699	14,486	208	206	5,081	4,951
PA	15,875	15,559	237	248	12,820	14,049	46,328	45,583	682	677	15,291	15,249
RI	1,468	1,464	21	21	1,107	1,062	4,168	4,017	55	50	1,497	1,229
SC	4,980	5,033	64	67	2,999	3,256	18,933	18,461	238	237	5,082	5,019
SD	1,389	1,403	16	16	607	689	4,172	4,069	51	51	1,075	1,063
TN	7,496	7,291	123	127	6,234	6,289	24,047	23,568	326	327	7,519	7,310
TX	32,075	31,815	467	491	26,701	28,811	78,111	77,669	1,156	1,171	27,330	27,484
UT	3,681	3,631	50	56	2,397	2,715	8,874	8,955	142	148	3,356	3,471
VT	859	851	11	11	488	509	3,791	3,734	41	41	964	964
VA	7,795	7,659	116	114	6,080	6,200	29,382	28,872	440	434	10,315	9,894
WA	9,656	9,717	129	138	6,923	7,698	22,990	22,481	328	332	8,712	8,701
WV	1,610	1,576	20	21	845	907	7,003	6,846	95	93	1,842	1,847
WI	7,325	7,194	114	115	5,560	5,796	21,065	20,542	322	319	6,946	6,984
WY	794	830	8	8	412	445	2,989	2,862	33	33	783	800

1. 3月12日を含む給与計算期間に給与の発生したすべての常勤非常勤の被雇用者
資料：U.S. Census Bureau, "County Business Patterns" (2010年7月); 〈http://www.census.gov/econ/cbp/index.html〉

No.1048. 小売業──事業所、雇用、および給与：2007、2008年

[1,123.6は112万3600を表す。給与支払い事業所のみ。従業員数は3月12日を含む週のデータ。自営業、鉄道職員、農業の生産労働者、ほとんどの政府職員は除外。方法論については付録Ⅲを参照]

事業内容	2002 北米産業分類[1]	事業所数 (1,000)		従業員数[2] (1,000人)		給与 (10億ドル)	
		2007	2008	2007	2008	2007	2008
小売業、計	44-45	1,123.6	1,100.9	15,760	15,615	375.2	369.3
自動車および部品、ディーラー	441	127.3	122.4	1,938	1,884	74.7	69.1
自動車ディーラー	4411	51.2	49.5	1,274	1,254	55.4	51.1
新車ディーラー	44111	24.4	24.2	1,138	1,125	50.9	47.2
中古車ディーラー	44112	26.9	25.3	136	129	4.5	4.0
その他の自動車ディーラー	4412	17.0	16.7	169	165	6.1	5.6
レクリエーション自動車ディーラー	44121	3.0	3.0	43	40	1.7	1.4
モーターサイクル、ボート、およびその他の自動車ディーラー	44122	14.0	13.8	126	124	4.4	4.2
モーターサイクルディーラー	441221	6.0	6.0	69	70	2.4	2.3
自動車部品、アクセサリ、タイヤ販売	4413	59.1	56.1	496	466	13.2	12.3
自動車部品、アクセサリ、タイヤ販売	44131	39.6	37.6	329	303	7.8	7.2
タイヤディーラー	44132	19.5	18.5	166	163	5.5	5.1
家具およびインテリア	442	65.5	61.7	597	533	15.6	13.9
家具販売	4421	29.2	27.3	272	253	8.3	7.4
インテリア販売	4422	36.2	34.4	325	281	7.3	6.5
敷物店	44221	14.6	13.9	95	84	3.5	3.0
その他のインテリア販売店	44229	21.6	20.5	230	196	3.8	3.5
窓の装飾品店（カーテン・ブラインド等）	442291	3.1	2.5	16	8	0.4	0.2
電子製品、付属品	443	18.6	18.1	214	188	3.5	3.3
電子機器、テレビ、その他の電子製品販売	44311	52.5	49.2	501	465	12.5	11.2
家庭用器具店	443111	38.3	37.1	387	364	9.4	8.5
ラジオ、テレビ、その他家電製品販売店	443112	9.0	8.9	69	69	2.1	2.1
コンピュータおよびソフト販売	44312	29.3	28.2	318	295	7.3	6.4
建築資材および園芸用品・消耗品ディーラー	444	12.1	10.2	100	88	2.6	2.3
建築資材および消耗品ディーラー[3]	4441	67.9	69.4	1,202	1,171	34.9	34.1
ホームセンター	44411	7.2	7.0	(NA)	(NA)	(D)	(D)
荒物店	44413	14.2	16.0	140	143	3.0	3.3
芝生・園芸用品および消耗品販売[3]	4442	20.4	19.8	172	164	4.6	4.3
種苗販売センター	44422	16.1	15.6	145	137	3.8	3.6
食品・飲料販売	445	151.0	143.7	2,882	2,862	56.3	56.7
一般食料品店	4451	92.3	89.1	2,565	2,571	50.6	51.5
スーパーマーケット、一般食料品店（コンビニを除く）	44511	64.1	63.4	2,425	2,450	48.4	49.5
コンビニエンス・ストア	44512	28.2	25.7	140	121	2.2	1.9
専門食品販売	4452	28.3	23.9	175	145	3.0	2.4
ビール・ワイン・酒類販売[4]	4453	30.4	30.7	143	146	2.7	2.8
保健・パーソナルケア[3]	446	89.4	88.4	1,069	1,025	32.0	31.3
薬局	44611	42.3	42.0	798	756	24.9	24.7
化粧品、美容用品、香水販売	44612	14.2	14.0	91	95	1.7	1.6
眼鏡、コンタクトレンズ	44613	12.9	13.2	71	74	1.9	2.0
ガソリンスタンド	447	115.5	114.1	889	897	14.9	15.3
ガソリンスタンド、コンビニ併設店	44711	95.4	95.1	725	725	11.5	11.8
その他のガソリンスタンド	44719	20.1	19.1	164	171	3.4	3.5
衣類・衣料装飾店	448	155.4	155.6	1,648	1,648	27.5	26.7
衣料品店[3]	4481	99.3	99.5	1,279	1,287	19.7	19.2
紳士服	44811	8.6	8.1	66	58	1.5	1.4
婦人服	44812	35.6	36.0	342	343	5.3	5.2
子供服、幼児服	44813	7.0	7.3	94	91	1.0	1.1
家庭用衣類販売	44814	27.3	28.4	635	662	9.4	9.3
靴店	4482	27.2	28.2	206	208	3.3	3.3
宝飾・かばん・皮革製品店	4483	28.8	27.9	163	153	4.5	4.2
宝飾店	44831	27.5	26.7	154	146	4.2	4.0
スポーツ用品、趣味、書籍、楽器店	451	60.1	55.8	640	618	10.2	10.0
スポーツ用品、趣味、楽器店[3]	4511	43.5	40.9	456	432	7.5	7.4
スポーツ用品店	45111	23.8	22.1	236	228	4.3	4.2
趣味用品・玩具・ゲーム販売店	45112	9.5	9.2	136	124	1.9	1.8
書籍、定期刊行物、音楽媒体販売[3]	4512	16.6	14.9	184	186	2.6	2.6
書店	451211	10.6	9.7	145	152	1.9	2.0
テープ、CD、レコード	45122	4.5	3.7	31	27	0.6	0.4
一般商品販売	452	47.5	45.7	2,897	2,977	56.7	59.2
デパート	4521	10.1	8.8	1,620	1,292	30.4	24.0
その他の一般雑貨店	4529	37.3	36.9	1,278	1,685	26.3	35.2
ウェアハウスクラブ、スーパーストア	45291	3.3	4.4	961	1,374	21.9	30.7
その他	45299	34.1	32.5	316	311	4.4	4.4
その他小売販売[3]	453	123.4	117.2	814	779	15.6	14.7
花屋	4531	19.8	18.5	94	90	1.4	1.3
事務用品・文房具・ギフト用品販売店	4532	40.7	38.8	315	305	5.4	5.0
その他の事務用品・文房具販売店	45321	9.9	9.4	122	114	2.8	2.4
ギフト用品、土産物店	45322	30.9	29.4	193	191	2.7	2.6
中古品商	4533	17.7	17.7	134	135	2.3	2.3
その他の雑貨店[3]	4539	45.2	42.2	271	250	6.4	6.0
無店舗販売[3]	454	47.7	57.9	512	592	19.9	22.9
インターネット販売、カタログ通販	4541	16.7	21.9	268	332	11.5	14.2
直販	4543	25.9	31.1	194	212	7.0	7.4
燃料ディーラー	45431	10.5	10.0	91	84	3.5	3.2

D 公開せず　NA データなし　1．2002年北米産業分類（NAICS）に基づく。2008年のデータは2007年北米産業分類に基づく。第15章の解説を参照　2．表No.1044の脚注2を参照　3．個別に示さない業種を含む　4．政府職員を含む
資料：U.S. Census Bureau, "County Business Patterns"（2010年7月刊）；<http://www.census.gov/econ/cbp/index.html>

No.1049. 小売業──非雇用企業の収入──産業タイプ別：2008年

[83,978,402は839億7840万2,000を表す。表No.1043の頭注を参照]

業種	2007 北米産業分類[1]	事業所数 合計	法人企業[2]	個人企業[3]	合資会社[4]	収入 (100万ドル)
小売業、計	44-45	1,875,425	118,666	1,709,868	46,891	83,978,402
自動車、部品ディーラー	441	168,009	16,311	146,743	4,955	19,585,681
家具、インテリア	442	44,547	6,224	36,107	2,216	2,782,601
電子製品、装置器具販売	443	30,712	3,925	25,773	1,014	1,704,534
建築資材、園芸用品および消耗品販売	444	38,337	4,125	32,853	1,359	2,840,241
建築資材、消耗品ディラー	4441	27,247	3,243	22,977	1,027	2,186,846
食品、飲料	445	104,026	13,306	85,875	4,845	9,362,717
一般食料品店	4451	45,523	5,467	38,308	1,748	4,511,595
専門食品店	4452	46,482	5,646	38,566	2,270	2,884,105
保健、介護用品	446	138,800	6,120	130,912	1,768	3,340,730
ガソリンスタンド	447	9,454	1,737	7,195	522	1,406,670
衣料品、衣料装飾品	448	136,888	9,712	122,798	4,378	5,590,143
衣料品	4481	88,025	6,679	78,098	3,248	3,522,343
宝飾・かばん・皮革製品	4483	43,845	2,478	40,426	941	1,772,173
スポーツ用品、趣味、書籍および音楽	451	84,151	6,041	74,900	3,210	3,730,729
書籍、定期刊行物および音楽媒体販売	4512	26,125	1,452	23,901	772	841,282
一般雑貨	452	32,978	2,971	28,798	1,209	1,573,593
その他小売	453	277,169	22,967	243,559	10,643	13,001,983
オフィス用品、文房具、ギフト用品販売	4532	59,783	4,788	52,526	2,469	2,154,284
無店舗小売業	454	810,354	25,227	774,355	10,772	19,058,780
インターネット通販、カタログ通販	4541	82,784	5,885	74,300	2,599	3,291,510
直販事業所	4543	699,975	17,171	675,764	7,040	14,904,094

1．2002年NAICSコード。第15章の解説を参照　2．州法上は法人事業　3．または自営業者、単独所有者による非法人事業という。自営業者を含む　4．2人以上が運営する商売・事業または2人以上が事業による金銭的な恩恵を分け合う非法人事業

資料：U.S. Census Bureau, "Nonemployer Statistics"（2010年6月）; 〈http://www.census.gov/econ/nonemployer/index.html〉を参照

No.1050. 小売業──雇用、週平均労働時間および平均時給：2000-2010年

[月間数値の年間平均（15,280は1528万を表す）。各月12日を含む給与期間に労働し、あるいは給与を受け取ったすべての常勤・非常勤の労働者を含む]

産業	2007 北米産業分類[1]	従業員 (1000人) 2000	2005	2010	週平均労働時間 2000	2005	2010	平均時給 (ドル) 2000	2010
小売業、計	44,45	15,280	15,280	14,414	30.7	30.6	30.2	10.86	13.24
自動車、部品ディーラー	441	1,847	1,919	1,625	35.9	35.8	36.5	14.94	17.06
自動車ディーラー	4411	1,217	1,261	1,006	35.1	35.8	36.4	16.95	18.23
その他のモーター付乗り物ディーラー	4412	132	166	128	35.1	34.7	33.6	12.35	17.22
自動車部品、アクセサリー、タイヤ	4413	499	491	490	38.2	36.0	36.9	11.04	14.54
自動車部品、アクセサリー	44131	339	329	323	38.6	34.8	36.6	10.67	14.03
家具およびインテリア	442	544	576	436	31.2	30.7	29.2	12.33	15.25
家具	4421	289	298	217	31.7	31.7	33.8	13.37	16.17
インテリア	4422	254	278	220	30.7	29.5	24.7	11.06	14.04
電子製品、装置器具販売[2]	443	564	536	498	31.4	32.8	32.0	13.67	16.99
建築用資材、園芸用品	444	1,142	1,276	1,126	35.7	36.8	33.9	11.25	14.11
建築用資材、消耗品ディーラー	4441	982	1,134	1,001	36.2	37.3	34.2	11.30	14.12
ホームセンター	44411	479	637	621	36.5	37.8	32.7	10.97	12.85
芝生・園芸用機械および消耗品	4442	160	142	125	32.5	32.6	31.7	10.89	13.99
食品、飲料[2]	445	2,993	2,818	2,811	31.7	30.1	29.0	9.76	12.04
一般食料品店	4451	2,582	2,446	2,464	31.9	30.0	29.0	9.71	12.12
スーパーマーケット、その他の一般食品店	44511	2,438	2,301	2,327	31.9	30.0	28.9	9.84	12.27
専門食品店	4452	270	236	211	31.6	33.0	29.7	9.97	11.13
保健・介護用品	446	928	954	979	29.8	29.3	29.4	11.68	16.99
薬局、ドラッグストア	44611	677	695	714	29.7	28.9	29.3	11.89	17.59
ガソリンスタンド[2]	447	936	871	816	31.6	31.6	30.7	8.05	10.24
コンビニエンスストアつきガソリンスタンド	44711	787	751	719	31.3	31.3	30.4	7.87	9.99
衣料品、服飾品	448	1,322	1,415	1,377	24.9	24.4	21.2	9.96	11.57
衣料品	4481	954	1,066	1,063	24.4	23.1	20.1	9.88	10.90
宝飾・かばん・皮革製品	4483	175	169	131	27.7	31.9	28.1	11.48	15.57
スポーツ用品、趣味、書籍、音楽	451	686	647	601	26.4	23.3	23.4	9.33	11.67
スポーツ用品、楽器	4511	437	447	460	27.0	23.5	23.8	9.55	11.82
書籍、定期刊行物、音楽媒体	4512	249	200	140	25.4	23.0	22.0	8.91	11.11
一般雑貨	452	2,820	2,934	2,971	27.8	29.4	31.7	9.22	10.98
その他小売り[2]	453	1,007	900	760	29.2	28.5	29.0	10.20	12.50
事務用品、文具、ギフト	4532	471	391	305	29.7	27.8	27.1	10.46	13.06
ギフト、新案商品、みやげ物	45322	266	213	159	26.0	24.3	23.2	8.28	10.86
中古品	4533	107	113	124	26.7	27.8	29.5	8.07	10.72
ペット、ペット用品	45391	72	88	99	27.0	28.9	29.4	9.14	12.83
無店舗小売業[2]	454	492	435	416	35.4	34.5	36.3	13.22	17.71
インターネット通販およびカタログ通販	4541	257	240	244	36.2	33.0	35.9	13.38	18.19
直販事業所	4543	169	145	132	34.1	36.0	37.1	13.70	17.16
燃料ディーラー	45431	106	94	81	37.6	38.2	38.6	13.79	17.13

1．2007年度版北米産業分類システム（NAICS）。本章および第15章の解説を参照　2．個別に明示しないその他の小売業を含む

資料：U.S. Bureau of Labor Statistics, Current Employment Statistics, "Employment, Hours, and Earnings-National", 〈http://www.bls.gov/ces/data.htm〉

No.1051. 小売業と飲食サービス——事業内容別売上高：2000－2010年

[単位：10億ドル（3,294.1は3兆2941億ドルを表す）]

事業内容	2007北米産業分類[1]	2000	2005	2006	2007	2008	2009	2010
小売業および飲食サービス、計	44, 45, 722	3,294.1	4,094.1	4,304.2	4,451.7	4,409.5	4,091.7	4,355.4
小売業、計	44, 45	2,988.8	3,696.7	3,880.1	4,005.8	3,952.9	3,638.5	3,889.5
GAFO、計[2]	(X)	863.9	1,061.9	1,113.5	1,148.9	1,144.7	1,099.0	1,132.0
自動車および部品ディーラー	441	797.6	890.1	901.7	911.8	776.8	676.8	744.3
自動車およびその他のモーター付乗り物ディーラー	4411, 4412	733.9	819.6	829.0	836.7	712.1	602.3	667.1
自動車ディーラー	4411	688.7	754.2	761.9	768.5	652.0	556.9	621.4
新車ディーラー	44111	630.1	682.0	685.6	687.7	576.6	488.2	546.8
自動車部品、アクセサリ、タイヤ販売	4413	63.7	70.4	72.6	75.1	76.6	74.5	77.2
家具、インテリア、電子製品および装置器具販売	442, 443	173.7	210.8	220.8	222.2	208.8	185.0	188.7
家具およびインテリア販売	442	91.3	109.4	113.0	111.3	99.9	86.7	88.2
家具販売	4421	50.7	58.8	60.1	59.4	53.2	46.6	47.7
インテリアショップ	4422	40.6	50.6	52.8	52.0	46.7	40.1	40.6
電子製品および装置器具販売[3]	443	82.4	101.4	107.8	110.8	108.9	98.4	100.5
電子器具、テレビおよびその他の電子製品販売	44311	58.3	78.3	84.2	86.3	84.6	75.9	75.5
建築資材、園芸用品および消耗品販売	444	229.3	321.4	334.5	321.3	305.1	268.2	284.0
金物店	44413	16.2	18.9	20.0	20.6	20.3	19.0	19.3
食品および飲料販売[3]	445	445.7	509.0	526.2	548.9	571.2	570.6	583.3
一般食料品店	4451	403.0	457.6	472.1	491.8	512.1	510.6	521.7
スーパーマーケット、一般食料品店（コンビニエンスストアを除く）	44511	(NA)	435.3	448.9	468.6	488.0	487.4	496.4
ビール、ワイン、酒類販売	4453	28.7	33.8	36.2	38.3	39.9	40.8	42.1
保健、介護用品	446	155.4	210.4	223.6	237.4	247.0	253.2	263.0
薬局、ドラッグストア	44611	130.9	179.2	191.0	202.3	211.0	217.4	223.3
ガソリンスタンド	447	250.0	379.2	422.3	452.0	502.5	388.5	453.3
衣料品、衣料装飾品[3]	448	168.0	201.3	213.4	221.6	216.1	204.9	213.9
衣料品店[3]	4481	118.2	145.7	154.6	161.8	158.1	152.2	158.8
婦人服	44812	31.5	37.0	38.7	40.3	38.4	35.8	37.0
靴屋[3]	4482	22.9	25.3	26.7	26.8	26.7	25.0	26.4
宝飾品店	44831	25.0	28.6	30.3	31.0	29.3	25.7	26.7
スポーツ用品、趣味、書籍、音楽[3]	451	76.1	81.2	83.5	85.0	84.3	81.4	84.5
スポーツ用品店	45111	25.4	30.8	34.0	35.9	37.2	37.2	39.1
趣味用品、玩具、ゲーム販売	45112	17.0	16.4	16.1	16.4	16.3	15.8	17.5
一般雑貨店	452	404.3	528.5	554.4	578.7	596.5	592.0	609.8
デパート（LDを除く）[4]	4521	232.5	215.3	213.2	209.4	198.7	187.6	186.2
ディスカウントストア	452112	96.3	84.8	80.3	76.9	70.9	62.8	64.0
デパート（LDを含む）[4]	4521	239.9	220.7	218.1	213.9	202.9	190.8	188.9
ディスカウントストア	452112	100.3	87.5	82.7	79.0	72.8	64.4	65.4
ウェアハウスクラブおよびスーパーストア	45291	139.6	271.9	298.0	325.0	352.1	356.5	370.8
その他の小売り	453	108.1	108.8	115.1	117.8	113.2	105.4	112.1
オフィス用品、文房具、ギフト用品販売	4532	41.8	40.0	41.5	41.4	39.0	35.7	35.1
オフィス用品、文房具販売	45321	22.8	22.3	22.9	23.2	21.9	20.3	20.2
中古品商	4533	10.1	9.5	10.5	11.1	11.2	10.9	12.8
無店舗小売[3]	454	180.7	256.1	284.8	309.1	319.6	312.5	352.8
インターネット通販およびカタログ通販店	4541	113.9	175.9	202.4	223.9	228.5	234.7	270.7
燃料ディーラー	45431	26.7	34.5	35.5	37.4	44.0	34.8	38.7
飲食サービス[5]	722	305.4	397.4	424.0	445.9	456.6	453.3	466.0

X 該当なし　1. 2007年NAICSコード、第15章の解説を参照　2. GAFO（雑貨・衣料品・家具・事務用品等：General Merchandise, Apparel, Furniture, and Office Supplies）は、NAICS分類の442、443、448、451、452、4532に分類される小売を示す　3. 個別に示さないその他の業種を含む　4. LD　リースデパートを表す　5. 表No.1281を参照

資料：U.S. Census Bureau, "Annual Revision of Monthly Retail and Food Services: Sales and Inventories-January 1992 Through March 2010"（2011年3月）；<http://www.census.gov/retail/index.html>

No.1052. 小売業の売上、純利益、売上当たりの利益：2009、2010年

[2007年北米産業分類（NAICS）のグループ44と45。利益率は4半期の数値の平均。資産5000万ドル以上の企業が対象]

項目	単位	小売業、計		食品、飲料 (NAICS 445)		衣料品、一般雑貨 (NAICS 448、452)		その他の小売	
		2009	2010	2009	2010	2009	2010	2009	2010
売上	10億ドル	2,032	2,159	389	398	746	773	897	988
純利益：									
所得税引き前	10億ドル	84.1	100.1	6.2	7.3	40.0	48.4	38.0	44.4
所得税引き後	10億ドル	56.2	68.2	3.3	4.3	27.1	33.0	25.8	31.0
売上当たりの利益：									
所得税引き前	セント	4.1	4.6	1.6	1.8	5.2	6.2	4.2	4.5
所得税引き後	セント	2.7	3.1	0.9	1.1	3.5	4.2	2.8	3.1
自己資本利益：									
所得税引き前	%	20.5	22.5	13.4	16.0	22.2	25.9	20.5	20.8
所得税引き後	%	13.6	15.3	7.1	9.5	15.0	17.6	13.6	14.5

資料：U.S. Census Bureau, *Quarterly Financial Report for Manufacturing, Mining and Trade Corporations*（年刊）；<http://www.census.gov/econ/qfr/> を参照

No.1053. 小売業と飲食サービス業——1人あたり売上高推計額：2000－2009年

[推計値はドルで表示。年次小売業調査およびセンサス局の人口推計プログラムによるデータに基づく。7月1日現在の推計居住人口に基づく。<http://www.census.gov/popest/estimates.php>を参照。方法論については付録Ⅲを参照]

事業内容	2007北米産業分類[1]	2000	2004	2005	2006	2007	2008	2009
小売業および飲食サービス	44-45,722	11,674	13,160	13,849	14,423	14,770	14,497	13,343
小売業、計	44-45	10,592	11,881	12,505	13,002	13,291	12,996	11,865
計（自動車および部品ディーラを除く）	44-45（441を除く）	7,766	8,918	9,494	9,980	10,266	10,403	9,658
自動車および部品ディーラー	441	2,827	2,964	3,011	3,021	3,025	2,593	2,207
家具、インテリア用品	442	324	355	370	379	369	328	283
電子機器および器具	443	292	323	343	361	368	358	321
建築資材、園芸用品および消耗品販売	444	813	1,010	1,087	1,121	1,066	1,003	875
食品、飲料販売	445	1,579	1,676	1,722	1,763	1,821	1,878	1,861
保健、パーソナルケア	446	551	682	712	749	788	812	826
ガソリンスタンド	447	886	1,107	1,283	1,415	1,500	1,652	1,267
衣料品、衣料装飾品	448	595	650	681	715	735	710	668
スポーツ用品、趣味用品、書籍および音楽媒体	451	270	272	275	280	282	277	265
一般雑貨販売	452	1,433	1,698	1,788	1,858	1,920	1,961	1,931
その他の小売	453	383	361	368	386	391	372	344
無店舗販売	454	640	783	866	954	1,026	1,051	1,019
飲食サービス	722	1,082	1,279	1,344	1,421	1,479	1,501	1,478

1．2007年NAICSコード、第15章の解説を参照
資料：U.S.CensusBureau, "2009 Annual Retail Trade Survey" (2011年3月); <http://www.census.gov/retail/>

No.1054. 小売業——事業内容別在庫および在庫／売り上げ比率：2000－2010年

[単位：10億ドル（406.8は4068億ドルを表す）。12月31日現在。食品サービスを除く。倉庫を含む。季節調整済み。売り上げのデータも営業日と休日の差を調整済み。月次小売業調査、年次小売業調査および行政記録のデータに基く。付録Ⅲを参照。2007年経済センサスの結果を用いてデータの調整済み]

事業内容	2007北米産業分類[1]	在庫（10億ドル）				在庫／売り上げ比率			
		2000	2005	2009	2010	2000	2005	2009	2010
小売業在庫、計[2]	44-45	406.8	472.2	429.2	455.5	1.62	1.50	1.38	1.35
自動車および部品ディーラーを除く、計	44-45（441を除く）	278.5	319.2	315.8	327.4	1.49	1.33	1.24	1.21
自動車および部品ディーラー	441	128.3	153.0	113.4	128.1	2.02	2.08	1.96	1.92
家具、インテリア用品、電子機器および器具	442, 443	25.7	30.8	26.5	27.9	1.85	1.72	1.71	1.78
建築資材、園芸用品および消耗品販売	444	34.3	45.1	43.0	43.8	1.75	1.64	1.97	1.79
食品、飲料販売	445	32.2	33.8	37.2	37.7	0.85	0.78	0.77	0.77
衣料品・衣料装飾品	448	36.8	43.3	41.8	43.1	2.61	2.51	2.44	2.39
一般雑貨販売	452	65.0	74.2	69.7	73.1	1.87	1.65	1.40	1.44
デパート	4521	42.7	38.0	30.9	31.1	2.17	2.13	1.98	2.02

1．2007年NAICSコード、第15章の解説を参照　2．個別に明示しない他の事業も含む
資料：U.S. Census Bureau, "Annual Revision of Monthly Retail and Food Services: Sales and Inventories-January 1992 Through March 2010"; (2011年3月); <http://www.census.gov/retail/index.html>を参照

No.1055. 小売業売上高——総計およびe-コマース：2009年

[3,638,471は3兆6384億7100万ドルを表す。給与の発生するしないを問わず小売業者を対象とする。年次小売業調査に基づく。付録Ⅲを参照]

事業の種類	2007北米産業分類[1]	売上高（100万ドル）		e-コマースの総売上に占める%	e-コマースにおける%
		計	e-コマース		
小売業、計[2]	44-45	3,638,471	145,214	4.0	100.0
自動車および部品ディーラー	441	676,801	17,201	2.5	11.8
電子機器および器具	443	98,384	1,140	1.2	0.8
建築資材、園芸用品および消耗品販売	444	268,206	477	0.2	0.3
食品、飲料販売	445	570,581	883	0.2	0.6
保健、パーソナルケア	446	253,243	177	0.1	0.1
衣料品・衣料装飾品	448	204,866	2,965	1.4	2.0
スポーツ用品、趣味、書籍、音楽	451	81,373	1,865	2.3	1.3
一般雑貨販売	452	592,009	220	(Z)	0.2
その他の店舗小売	453	105,366	2,360	2.2	1.6
無店舗販売	454	312,470	116,543	37.3	80.3
インターネット通販、カタログ通販	45411	234,667	112,791	48.1	77.7

Z　50万ドルまたは0.05%未満　1．2007年NAICSコード。第15章の解説を参照　2．個別に明示しない他の事業も含む
資料：U.S. Census Bureau, "E-Stats, 2009 E-commerce Multi-sector Report" (2011年5月刊); <http://www.census.gov/econ/estats/>

No.1056. インターネット・ショッピングおよび通信販売——総売上高および e-コマース売上高：2008、2009年

[228,545は2285億4500万ドルを表す。NAICS分類454110の、カタログ、通話料無料の電話、インタラクティブ・テレビやコンピュータ等の電子メディア等あらゆる種類の無店舗販売が主たる事業内容である事業所を示す。有給従業員の有無を問わない全事業。年次小売業調査に基づく。付録Ⅲを参照]

商品販売ライン	売上高、計 2008 (100万ドル)	2009 売上高 (100万ドル) 計	2009 売上高 (100万ドル) e-コマース	2009 総売上高に占めるe-コマースの%	2009 構成比（%）計	2009 構成比（%）e-コマース
合計	228,545	234,667	112,791	48.1	100.0	100.0
書籍、雑誌	7,059	6,824	5,214	76.4	2.9	4.6
衣料品・衣料装飾品（履物を含む）	24,570	26,047	19,507	74.9	11.1	17.3
コンピュータ（ハードウェア）	23,154	22,088	11,026	49.9	9.4	9.8
コンピュータ（ソフトウェア）	4,990	5,608	3,092	55.1	2.4	2.7
薬品、保健用品、美容用品	66,421	71,329	5,994	8.4	30.4	5.3
電子製品、器具	16,780	17,684	14,211	80.4	7.5	12.6
食品、ビール、ワイン	3,846	3,667	2,244	61.2	1.6	2.0
家具およびインテリア用品	13,363	13,158	9,894	75.2	5.6	8.8
音楽およびビデオ	5,877	6,396	5,351	83.7	2.7	4.7
オフィス用品および消耗品	8,466	7,953	5,736	72.1	3.4	5.1
スポーツ用品	6,477	7,030	4,820	68.6	3.0	4.3
玩具、趣味、およびゲーム	6,022	5,926	3,604	60.8	2.5	3.2
その他の商品[1]	29,574	29,167	14,096	48.3	12.4	12.5
非商品収入[2]	11,946	11,790	8,002	67.9	5.0	7.1

1．ジュエリー、コレクションアイテム、記念品、自動車部品とアクセサリ、金物、園芸用品・消耗品などその他の商品を含む　2．非商品収入はオークション手数料、送料・梱包手数料、顧客トレーニング、顧客サポート、インターネット広告収入などを含む

資 料：U.S. Census Bureau, "E-Stats, 2009 E-commerce Multi-sector Report"（2011年5月）；<http://www.census.gov/econ/estats/>

No.1057. 新車販売ディーラー、フランチャイズ——概要：1990－2010年

[316は3160億ドルを表す]

項目	単位	1990	2000	2003	2004	2005	2006	2007	2008	2009	2010
ディーラー[1]	数	24,825	22,250	21,650	21,640	21,495	21,200	20,770	20,010	18,460	17,700
販売額	10億ドル	316	650	699	714	699	675	693	571	492	553
新車[2]	100万台	9.3	8.8	7.6	7.5	7.7	7.8	7.6	6.8	5.5	5.7
中古車	100万台	14.2	20.5	19.5	19.7	19.7	19.2	18.5	15.0	14.9	15.3
従業員数	1,000人	924	1,114	1,130	1,130	1,138	1,120	1,115	1,057	913	892
課税前の販売額における利益の割合	%	1.0	1.6	1.7	1.7	1.6	1.5	1.5	1.0	1.5	2.1
在庫：[3]											
国産：[4]											
計	1,000台	2,537	3,183	3,085	3,267	2,991	2,943	2,712	2,478	1,697	1,687
供給可能日数	日	73	68	63	75	70	71	67	80	72	60
輸入：[4]											
計	1,000台	707	468	618	646	566	605	619	687	519	494
供給可能日数	日	72	50	49	59	52	51	51	65	61	55

1．年度始め現在　2．Ward's Automotive Reports による　3．年間平均。軽トラックを含む　4．生産地で分類（外国企業の自動車であっても合衆国内、カナダ、メキシコで生産されたものは国産とする）

資 料：NationalAutomobile DealersAssociation, McLean, VA, NADAData（年刊）；<http://www.nada.org/Publications/NADADATA/> を参照

No.1058. 新車・中古車販売およびリース：1990－2009年

［単位：1000。52,484は5248万4000を表す］

項目	1990	2000	2003	2004	2005	2006	2007	2008	2009
自動車販売およびリース（台数）、計	52,484	64,320	63,644	62,839	64,626	62,744	61,562	52,845	48,545
新車販売およびリース	14,954	22,700	20,072	20,294	20,488	20,178	20,143	16,315	13,053
新車販売	13,890	17,410	16,670	16,850	16,990	16,460	16,230	13,300	10,550
新車リース	1,064	5,290	3,402	3,444	3,498	3,718	3,913	3,015	2,503
中古車販売[1]	37,530	41,620	43,572	42,545	44,138	42,566	41,419	36,530	35,492
新車・中古車販売総額（10億ドル）[2]	447	736	738	765	776	786	774	643	575
新車販売（10億ドル）	227	380	382	407	421	445	435	351	274
中古車販売（10億ドル）	220	356	356	358	355	341	339	292	301
平均価格（名目ドル）：[2]									
新車販売	16,350	21,850	22,894	24,082	24,796	26,854	26,950	26,477	26,245
中古車販売	5,857	8,547	8,180	8,410	8,036	8,009	8,186	7,986	8,483

NA データなし　1．中古販売には、フランチャイズ・ディーラー、独立ディーラー、臨時取引を含む　2．リース車を含む

資 料：U.S. Bureau of Transportation Statistics, National Transportation Statistics（年刊）；<http://www.bts.gov/publications/national_transportation_statistics/> も参照

No.1059. 小売業と食品サービス——店舗の種類および州別売上高：2009年

[単位：100万ドル（4,320,921は4兆3209億2100万ドルを表す）。小売市場支配力は小売業センサス（CRT）に加えて、センサス局による月次、年次の小売業調査のデータ、およびClaritasの年度別人口動態推計値に基づく。州別のデータは、事業売上推計値、事業の場所、従業員数を用いて計算される。北米産業分類による国レベルの売上高は、2002年経済センサス（NAICSの大分類のみ）センサス局による郡別ビジネスパターンのデータによって確認される。事業内容分類は2002年北米産業分類に基づく。第15章の解説を参照。本書前年版の表No.1058も参照]

州	総小売売上高＋飲食サービス（NAICS 44-45、722）	全小売店舗[1]（NAICS 44、45）	自動車および部品ディーラー（NAICS441）	家具およびインテリア用品（NAICS442）	電子機器および器具（NAICS443）	建築資材および園芸用品（NAICS444）	食品飲料販売（NAISC445）	保健およびパーソナルケア（NAICS446）
合衆国	4,320,921	3,862,237	703,512	92,650	101,451	430,041	589,554	255,813
AL	65,008	59,475	11,511	1,373	1,408	7,702	6,968	4,624
AK	10,966	9,742	1,589	208	173	981	1,681	180
AZ	93,053	83,872	14,690	1,993	3,114	8,240	12,112	4,273
AR	38,330	35,248	7,496	652	1,038	4,380	3,779	2,391
CA	519,572	458,979	79,126	11,009	17,065	44,951	78,820	28,483
CO	75,326	66,795	13,090	1,934	2,044	7,599	11,238	2,531
CT	54,372	48,951	8,299	1,300	1,235	6,002	8,324	3,662
DE	15,502	13,960	2,638	467	400	1,883	2,476	993
DC	6,443	3,885	59	173	88	136	1,214	672
FL	282,928	250,252	49,908	7,425	5,973	23,114	37,840	18,572
GA	130,325	115,515	22,075	2,989	2,775	14,991	16,480	8,028
HI	21,626	18,257	2,622	357	376	1,578	3,270	1,348
ID	21,888	20,139	4,342	558	316	2,617	2,604	753
IL	178,910	157,961	26,198	3,305	4,057	16,330	21,607	8,843
IN	85,301	76,262	14,334	1,558	1,805	9,305	8,798	5,290
IA	40,305	36,856	6,998	759	705	5,367	5,413	1,945
KS	34,823	31,504	5,967	647	686	3,391	5,436	1,726
KY	54,696	49,377	8,213	1,017	768	6,352	6,723	4,153
LA	64,296	58,331	11,018	1,464	1,333	7,672	6,562	4,132
ME	21,639	19,827	3,222	298	328	2,587	3,485	1,010
MD	82,402	73,007	14,219	2,000	1,784	8,751	14,352	4,159
MA	96,567	83,651	14,154	2,331	1,868	9,721	16,679	7,668
MI	128,859	115,837	22,906	2,346	2,932	14,088	14,698	9,053
MN	76,969	69,188	11,589	1,513	2,139	8,819	10,433	3,767
MS	37,956	34,738	6,108	698	514	4,696	3,740	2,652
MO	86,051	77,439	13,510	1,349	1,922	8,605	9,145	4,817
MT	16,919	15,527	2,830	425	460	2,312	1,996	559
NE	26,964	24,724	4,628	563	471	2,999	2,667	1,263
NV	44,768	38,721	6,235	729	1,134	2,923	5,196	1,634
NH	27,433	25,354	4,414	433	811	3,267	4,762	1,132
NJ	131,207	117,522	22,115	2,969	3,123	11,436	25,159	9,195
NM	27,657	24,906	4,598	487	512	2,503	2,542	1,072
NY	267,671	238,440	33,783	6,472	9,058	24,907	41,669	25,298
NC	128,140	115,219	22,563	3,244	2,287	15,817	15,235	8,521
ND	11,602	10,840	2,284	187	249	1,597	1,218	573
OH	145,059	127,801	23,385	2,464	2,901	13,821	20,854	8,451
OK	47,207	42,802	9,429	957	612	5,067	3,973	2,552
OR	54,704	48,539	8,687	1,128	1,563	5,135	8,215	2,113
PA	174,483	157,876	27,985	3,234	2,800	16,439	25,208	12,040
RI	13,968	12,077	1,980	272	182	1,192	3,447	1,532
SC	60,305	53,934	9,322	1,123	768	6,976	7,895	4,389
SD	13,759	12,754	2,604	204	312	1,888	1,278	535
TN	89,524	80,700	14,358	1,786	1,861	9,888	10,778	7,156
TX	336,509	301,778	66,232	8,291	7,244	32,075	42,883	14,208
UT	40,796	38,012	7,352	1,129	878	4,147	4,919	1,004
VT	10,471	9,666	1,664	184	187	1,378	1,728	633
VA	119,784	107,250	18,514	2,743	2,906	12,282	17,666	6,079
WA	97,464	88,375	14,311	2,147	1,936	9,586	13,315	3,985
WV	24,338	22,227	3,870	330	335	2,665	2,593	1,857
WI	76,252	69,110	12,610	1,282	1,839	8,755	9,502	4,096
WY	9,824	9,036	1,879	144	174	1,126	978	213

本表末尾の脚注を参照

No.1059. 小売業と食品サービス——店舗の種類および州別売上高：2009年（続）

[664頁の頭注を参照]

州	ガソリン スタンド (NAICS447)	衣料・ 衣料装飾品 (NAICS448)	スポーツ用品 趣味、書籍 および音楽 (NAICS451)	一般雑貨 (NAICS452)	その他の店舗 (NAICS453)	無店舗販売 (NAICS454)	飲食店 (NAICS722)
合衆国	372,452	210,534	87,343	597,752	114,232	306,904	458,684
AL	6,742	2,777	1,131	11,228	1,565	2,445	5,533
AK	734	391	348	2,479	380	598	1,224
AZ	8,443	3,591	1,674	15,273	2,289	8,178	9,181
AR	4,191	1,262	623	7,377	1,160	900	3,083
CA	36,327	28,033	11,049	71,851	13,002	39,263	60,593
CO	5,202	3,006	2,298	11,315	2,187	4,351	8,531
CT	3,492	3,539	1,237	5,197	1,221	5,442	5,421
DE	926	792	319	1,798	614	655	1,542
DC	167	492	189	287	99	309	2,558
FL	20,663	16,306	5,206	38,553	7,037	19,656	32,675
GA	13,495	6,310	2,305	18,223	3,343	4,501	14,810
HI	1,239	2,269	451	3,660	789	296	3,369
ID	2,548	587	670	3,318	665	1,160	1,749
IL	13,288	8,194	3,477	25,244	4,034	23,383	20,949
IN	9,428	3,765	1,753	13,485	2,353	4,388	9,040
IA	5,059	1,148	693	5,911	710	2,149	3,448
KS	3,692	1,295	674	5,487	808	1,695	3,319
KY	6,630	1,852	847	9,791	1,684	1,345	5,319
LA	7,486	2,741	1,218	10,696	2,084	1,926	5,965
ME	2,268	818	393	2,558	540	2,318	1,812
MD	5,073	4,787	1,775	9,564	1,754	4,790	9,395
MA	6,002	5,598	2,285	7,742	1,952	7,650	12,916
MI	11,010	5,436	2,780	20,330	3,839	6,420	13,021
MN	7,101	3,001	1,570	11,487	1,674	6,095	7,780
MS	5,177	1,783	578	7,131	1,089	573	3,218
MO	10,394	2,911	1,452	13,191	2,339	7,805	8,612
MT	2,659	408	488	2,425	541	423	1,393
NE	2,815	737	714	3,685	501	3,682	2,240
NV	3,167	3,431	789	6,164	1,355	5,964	6,047
NH	1,842	1,164	618	3,299	595	3,018	2,078
NJ	7,791	8,022	2,967	11,005	3,073	10,667	13,685
NM	3,409	854	447	5,178	1,135	2,169	2,751
NY	14,092	23,275	5,981	25,141	10,732	18,033	29,231
NC	12,562	5,054	2,002	17,810	3,277	6,847	12,920
ND	1,771	321	245	1,559	283	553	762
OH	14,727	4,970	2,725	18,675	3,407	11,420	17,258
OK	6,889	1,739	826	8,191	1,877	691	4,405
OR	3,636	2,042	1,400	9,245	1,723	3,652	6,166
PA	14,852	7,245	3,236	20,781	4,542	19,513	16,608
RI	859	608	206	715	298	785	1,892
SC	7,024	3,182	1,008	9,412	1,693	1,140	6,371
SD	1,737	282	211	1,726	292	1,685	1,005
TN	9,542	4,220	1,537	13,396	2,224	3,953	8,824
TX	29,686	15,503	6,808	48,757	8,120	21,972	34,731
UT	3,845	1,356	1,076	5,782	869	5,655	2,784
VT	1,239	328	265	597	316	1,147	806
VA	11,716	5,761	2,400	17,918	2,866	6,401	12,534
WA	6,036	3,742	2,249	15,335	2,699	13,032	9,089
WV	3,076	583	323	4,955	627	1,013	2,111
WI	8,774	2,837	1,642	11,404	1,636	4,732	7,142
WY	1,931	183	185	1,418	339	466	788

1．飲食サービス（NAICS 722）を除く。個別に示さないその他の業種を含む

資料：Nielsen Claritas Retail Market Power 2010 (copyright)

No.1060. 自動車新車販売と自動車生産：1990－2010年

[単位：1000（14,137は1413万7000を表す）。リース車を含む]

自動車の種類	1990	2000	2005	2006	2007	2008	2009	2010
新車販売	14,137	17,806	17,445	17,049	16,460	13,494	10,601	11,772
新車、販売およびリース	9,300	8,852	7,720	7,821	7,618	6,814	5,456	5,729
国産車	6,897	6,833	5,533	5,476	5,253	4,535	3,619	3,885
輸入車	2,403	2,019	2,187	2,345	2,365	2,278	1,837	1,844
新車トラック、販売およびリース	4,837	8,954	9,725	9,228	8,842	6,680	5,145	6,044
軽トラック	4,560	8,492	9,228	8,683	8,471	6,382	4,945	5,826
国産車	3,957	7,651	8,013	7,337	7,083	5,285	4,061	4,927
輸入車	603	841	1,216	1,347	1,388	1,097	884	899
その他	278	462	497	544	371	299	200	218
国産車生産	6,231	5,542	4,321	4,367	3,924	3,777	2,247	2,840
新車1台あたりの平均支出[1]（ドル）	14,371	21,041	23,017	23,634	23,892	23,441	23,276	24,296
国産（ドル）	13,936	19,586	21,593	22,166	22,284	22,204	22,148	23,095
輸入（ドル）	15,510	25,965	26,621	27,062	27,465	25,903	25,499	26,808

1．製造元による小売推奨価格に基づく推計

資料：U.S. Bureau of Economic Analysis, "Auto and Truck Seasonal Adjustment"（2011年4月）; <http://www.bea.gov/national/xls/gap_hist.xls>. Data are mainly from "Ward's Automotive Reports" Ward's Communications刊, Southfield, MI

No.1061. ショッピングセンター——数および総賃貸面積：1990－2010年

[12月31日現在。ショッピングセンターとは、1つの単位として計画・開発・所有・運営される、多数の店舗を擁する集合的商業施設であり、立地する地域に合わせて、位置、規模、店舗の種類などが決定される。店舗の種類と規模に応じた駐車場を持つ。データベースは、3店舗以上のショッピングセンターはすべて網羅すべく努めている。ショッピングセンターの資産に関する入手可能なデータの標本に基づいた推計値。詳細については資料を参照]

年	計	総賃貸面積（平方フィート）					
		100,001未満	100,001から200,000	200,001から400,000	400,001から800,000	800,001から1,000,000	1,000,000以上
数							
1990	76,397	64,149	7,775	3,046	857	204	366
1995	81,563	67,681	8,629	3,590	1,049	220	394
2000	88,859	73,157	9,548	4,159	1,306	249	440
2005	98,888	81,324	10,366	4,823	1,614	275	486
2006	101,924	83,935	10,536	4,985	1,691	284	493
2007	104,606	86,214	10,692	5,152	1,760	291	497
2008	106,617	87,842	10,849	5,280	1,839	306	501
2009	107,514	88,549	10,940	5,335	1,879	307	504
2010	107,773	88,757	10,967	5,352	1,885	307	505
総賃貸面積（100万平方フィート）							
1990	4,731	1,678	1,090	814	472	183	495
1995	5,279	1,799	1,213	963	576	197	531
2000	5,956	1,967	1,342	1,123	709	222	593
2005	6,713	2,177	1,458	1,309	871	245	653
2006	6,902	2,238	1,482	1,353	912	254	663
2007	7,072	2,291	1,504	1,400	949	260	668
2008	7,234	2,334	1,527	1,437	991	273	672
2009	7,308	2,353	1,540	1,452	1,013	274	677
2010	7,326	2,358	1,543	1,457	1,016	274	678

資料：CoStar Group, Inc., Washington, DC (copyright)

No.1062. 食料品、アルコール飲料の売上高——販売形態別：1990－2009年

[単位：10億ドル（553.4は5534億ドルを表す）]

販売形態	1990	2000	2003	2004	2005	2006	2007	2008	2009
食料品売上高、計[1]	553.4	814.6	920.1	966.1	1,021.2	1,084.8	1,139.3	1,172.1	1,182.0
販売店	305.3	423.2	476.4	494.5	520.9	552.3	578.4	596.7	607.4
食料品店[2]	256.4	303.5	323.8	334.0	347.3	359.9	377.4	397.4	397.4
その他の店[3]	32.3	89.4	122.6	129.4	142.4	160.4	167.3	165.1	176.4
出前、通販	5.3	19.2	18.3	18.9	19.5	20.3	21.0	21.0	19.9
農家、製造業、卸売業	3.5	4.6	4.8	4.9	5.2	5.4	6.0	6.2	6.5
自家生産および寄贈	7.7	6.5	6.8	7.2	6.5	6.5	6.7	6.9	7.2
外食[4]	248.1	391.5	443.7	471.6	500.3	532.4	560.9	575.4	574.5
アルコール飲料売上高、計	72.7	111.9	126.9	139.4	146.4	159.2	167.3	168.3	167.0
持ち帰り用アルコール飲料	38.0	52.7	57.5	59.8	62.3	69.4	72.6	72.5	75.4
酒店	18.6	24.5	26.0	27.7	29.4	31.0	32.6	34.3	35.3
食料品店	10.8	15.9	17.8	18.5	19.3	20.0	20.9	22.0	22.0
その他	8.6	12.3	13.7	13.6	13.6	18.4	19.0	16.2	18.2
家庭外でのアルコール飲料	34.7	59.2	69.4	79.6	84.1	89.8	94.7	95.9	91.6
飲食店[5]	26.7	41.9	45.0	53.0	55.6	59.6	62.5	63.5	65.8
ホテル、モーテル[5]	3.4	9.9	15.9	17.4	18.8	20.0	21.2	21.2	21.1
その他	4.6	7.4	8.6	9.2	9.6	10.2	10.9	11.2	4.7

1．税金とチップを含む　2．レストラン、施設への販売を除く　3．飲食店、トレイラーパーク、売店、軍隊への供給を含む　4．賄い、無給料食を含む　5．チップを含む

資料：U.S. Department of Agriculture, Economic Research Service, "Food CPI, Prices, and Expenditures: Food Expenditure Tables"（2010年6月）; <http://www.ers.usda.gov/briefing/CPIFoodAndExpenditures/Data/>

第23章
輸　　送

本章では、民間航空輸送（乗客、貨物の双方）、水上輸送（内陸水路、外航、全商船、貨物輸送量、船舶トン数）の統計を提供する。

本章では又、自動車、鉄道、パイプライン等の輸送産業の収益、旅客と貨物の輸送実績、雇用等の統計を提示する。又幹線道路の距離と資金、自動車の走行と事故、登録、その他公共交通、鉄道、パイプライン等に関する統計も表示する。

輸送に関する主要な原資料は、米国運輸統計局（U.S. Bureau of Transportation Statistics）が毎年刊行する『National Transportation Statistics』、航空および水上輸送に関する主要な原資料は、ワシントンDCの航空輸送協会（Air Transport Association of America）が毎年刊行する『Annual Report』、および陸軍工兵隊が毎年刊行する『Waterborne Commerce of the United States』である。さらに、センサス局は商品輸送サーベイ（commodity flow survey：2007年まで輸送センサスの一環として2と7で終わる年に実施された）において、輸送手段別・出発地別・目的地別に米国産商品の種類別輸送統計と価格統計を発表している。2007年に関する最新報告は、2007年経済センサスの一部となっている。このセンサスは2002年北米産業分類システム（2002 North American Industry Classification System：NAICS）に基づいて実施された。経済センサスとNAICSについては第15章「企業」を参照。

運輸統計局（Bureau of Transportation Statistics：BTS）は、1992年、運輸データを収集、報告、分析するために、合衆国運輸省内に設立された組織である。現在、BTSは運輸省、研究革新技術局の一部となっている。BTSは、議会、運輸省長官、運輸業関係者に対する報告書を作成する。運輸業関係者には、連邦機関、州・地方政府、大都市部の企画担当当局、大学、民間部門および一般大衆が含まれる。議会はBTSに、大統領と議会に運輸統計を報告するように求めている（議会の権限、49 U.S.C.111 (1)。『運輸統計年次報告書』（The Transportation Statistics Annual Report; TSAR）は、合衆国の運輸についての概観を示す。議会の要請により、年次報告書には以下の2つ重要項目が含まれる。運輸統計のあり方の改善のための提案とそのためのデータの提示である。BTSの刊行物『National Transportation Statistics(NTS)』は、運輸統計年次報告書（TSAR）と対になるレポートであり、より総合的なデータを、より長期の時系列で掲載している。NTSは合衆国の運輸システムについて、その物理的な構成要素、安全記録、経済的業績、エネルギー利用、環境への影響等の情報を掲載している。BTSの刊行物『State Transportation Statistics』は、50州およびコロンビア特別区の運輸の概要を示す統計を掲載している。この概要には、インフラストラクチャー、貨物と旅客の移動、システムの安全性、車両台数、運輸に関する経済と財務、エネルギー利用と環境などが含まれる。

公共道路および自動車輸送に関する統計は主として運輸省（Department of Transportation：DOT）の連邦ハイウェイ管理局（Federal Highway Administration：FHWA）が作成し、年刊『Highway Statistics』その他の刊行物に公表されている。

国家道路交通安全局（National Highway Traffic Safety Administration; NHTSA）は、『Traffic Safety facts FARS/GES Annual Report』（年刊）を刊行して、物損事故から人身死亡事故まで、すべての衝突事故の状況を表す統計を公表している。この報告書のデータは、死傷分析報告システム（FARS: Fatality Analysis Reporting System）および交通安全分析システム（GES; General Estimates System）から得た交通事故のデータをまとめたものである。その他の出版物や報告については、全国統計分析センター（NCSA; National Center for Statistics and Analysis）の「刊行物とデータ」を参照。ウェブサイトは〈http://www.nrd.netsa.

dot.gov/CAT/index.aspx〉。運輸省の連邦鉄道局（FRA；Federal Railroad Administration）、安全性分析課は『Railroad Safety Statistics』（年刊）を刊行して、事故や事件、検査、踏切のデータ等の鉄道の安全性に関わるデータを公表している。ウェブサイトはhttp://safetydata.fra.dot.gov/officeofsafety。

運輸関係のデータは政府刊行物以外の各種刊行物でも発表されている。週刊と年刊の『Cars of Revenue Freight Loaded』と年刊『Yearbook of Railroad Facts』はコロンビア特別区のアメリカ鉄道協会（Association of American Railroads）が出版している。ワシントンDCのアメリカ公共交通協会（American Public Transportation Association）は毎年『Public Transportation Fact Book』を出版している。シカゴの全国安全委員会（National Safety Council）発行の『Injury Facts』がある。

民間航空

民間航空産業の育成と規制は、FAAおよび民間航空委員会（Civil Aeronautics Board：CAB）が行なっている。CABは、国内および国際航空の民間事業の育成と規制の任務を果たした。同委員会は、航空運輸事業の免許、申請される航空運賃の認可、航空事業を行なう企業の設立合併、共同事業等の認可を行った。1984年12月に、CABはその機能を停止した。大部分の機能は下記に記述されている様に、運輸省（DOT）に移管された。航空事故に対する責任は、運輸安全委員会（National Transportation Safety Board）に移管された。

DOTの所管事項は、国際航空運行権に関する交渉、国際航路に就航する合衆国の航空会社の選定、国際航空料金および運賃の規制、小規模都市への航空アクセスの確保、および利用者にかかわる事項である。DOTの研究・特別計画管理局（Research and Special Programs Administration：RSPA）は、以前はCABの所管事項であった航空情報の業務を行っている。

FAAの主要な所管事項は、航空安全の促進、空域の管理、航空機操縦者等の資格にかかわる制度の制定と管理、航空機の耐久性、航空管制、航路管理センターの運営、航空管制塔の管理、フライト・サービス・ステーションの運営、航空機および関連設備機器の設計、製造、メンテナンス、飛行検査、および開発全般である。

CABは、公認定期航路運行業者に関する月別および四半期別の財務データと運行統計を発表していたが、これはBTSがひきつぎ、認可会社、未認可（コミューター）会社ともに含めて発表している。FAAは、航路施設、操縦士・航空機・空港に関する統計、航空運輸業者以外の一般飛行（general aviation）活動量、航空機の生産と登録に関するデータを毎年発表している。

一般飛行とは、小規模エアタクシー、航空機の農業利用、送電線・パイプライン等のパトロール飛行等の民間飛行を指し、公認定期航路航空業およびそれを補助する航空関連業、大規模商業飛行業、および通勤航空は含まない。

航空運送業者およびサービス

CABは、定期便およびチャーター便の旅客航空業者および貨物航空業者に対して、1958年連邦航空法令第401条に基づいて運行許可証（certificates of public convenience and necessity）を発行していた。CABはまた同法418条に基づいて国内貨物航空運送業者に対する運行許可証を発行していた。現在はDOTが適格性検査（fit, willing, and able test）を行なった上で許可証を発行している。60席以下の航空機を運行している業者は、定期・不定期ともにDOT（以前はCAB）規則の第298条に基づいて上記のテストを免除されている。ただし重要な飛行ポイントを飛ぶ定期旅客航空業者、60席以下の規模でも上記テストに合格しなければならない。

船舶輸送、入港および出港

一般貨物船による船舶輸送（dry cargo vessels comprise shipment）は、タンカー船を除いて全てのタイプの船舶輸送を指す。タンカー船輸送（tanker vessel shipment）はタンカー船による全てのタイプの液体および固体貨物の輸送を指す。

船舶の入港統計は、貨物がその港で降ろされるか否かに関わらず最初に入港した港をもって入港地と報告される。同様に、貨物を積載するか否かに関わらず最後に合衆国を離れる港をもって出港

地とされる。陸海軍の艦船の入港と出港は、入出港統計には含まれていない。

計測単位

本章でいう貨物トン数（cargo tonnage, freight tonnage）および船積重量（shipping weight）は、共に容器・包装・枠箱等の重量を含めた貨物の総重量である。ただし、リフト、積荷用小型トラックおよび類似のコンテナーは含まれない。それ以外のトン数の統計は、100立方フィートを1トンとみなしたトン数である。グロス・トン（gross tonnage）は船体の枠および天井で構成される全空間と甲板上の貨物・乗客収納空間全体の容積を重量換算したものである。ネット・トン（net tonnage）または登録トン数（registered tonnage）はグロス・トンから推進機器類、燃料、乗組員室、船長室および運行に必要な空間を引いたトン数である。ネット・トンは、実質的に貨物および乗客にあてがわれる空間の容積を表わす。したがって、ネット・トンで表わした船舶容量は、貨物重量とほとんど関係がない。デッド・ウエイト・トン（dead weight tonnage）は機械設備以外何も積載していない時の吃水線と荷物積載時の吃水線の差に相当する沈下体積をロング・トン（1ロング・トン＝2,240ポンド＝約1,016kg）で換算したものである。それ故にデッド・ウエイト・トンは船舶が安全に運行できる限界の積載重量を表わしている。

連邦援助幹線道路システム

統合陸上輸送改善法（Intermodal Surface Transportation Efficiency Act：ISTEA、1991年）は、従来の連邦援助のハイウェイ・システムを廃止し、全米幹線道路システム（National Highway System：NHS）および連邦援助幹線道路の分類を定めた。1995年12月、NHSは議会の承認を得てNational Highway System Designation Actが成立した。

機能別分類システム

道路は、それぞれの目指すサービス機能によってグループに分類される。機能別分類システムは(1)長距離移動に用いられる幹線道路、(2)幹線道路と下級道路を結んで交通を集散させる施設、(3)主として住宅地、農場、およびその他の地方区域に直接アクセスする地方道などである。

規制機関

連邦エネルギー規制委員会（FERC；Federal Energy Regulatory Commission）は、電気・天然ガス・石油の州間移動を規制する独立機関である。また、FERCは液化天然ガスのターミナルや州をまたぐ天然ガスのパイプラインの建設の申請を検討したり、水力発電計画の認可をする。2005年エネルギー政策法により、FERCは州を越えた送電と電力の販売についても規制することになった。詳細については資料を参照。

鉄道

地表交通委員会（STB: Surface Transportation Board）は、1995年州間交易委員会終結法（公法No.104-88、109 Stat. 803〔1995〕〔ICCTA〕）により、州間交易委員会に代わるものとして設立された。STBは経済的な側面について責任を負う機関であり、議会によって与えられた権限によって、鉄道の運賃とサービスに関する問題を解決し、鉄道会社の合併について検討する。STBは、その決定については独立しているが、行政組織としては運輸省の下にある。

STBは裁定機関であると同時に規制機関である。STBは鉄道の運賃とサービスに関する事項および鉄道再編（合併、路線の売却、路線の建設および廃線）、一部のトラック会社・引越し運送便・国内海運（ハワイ・アラスカ便）の料金、一部の都市間旅客バス会社の組織・財務・運営に関する事項、および連邦エネルギー規制委員会の規制外のパイプラインの料金・サービスを管轄している。州間交易委員会の持っていたその他の規制権限は、一部は廃止され、一部は連邦道路管理局（Federal Highway Administration）または運輸省運輸統計局に移譲された。

1級鉄道はSTBにより監督され、統一会計制度により、年次報告および定期報告を義務付けられている。鉄道はその年間運営収益によって分類されている。鉄道会社の分類は連続3年間の運営収益を調整し、以下の基準で等級分けされる。2億5000万ドル以上は1級、2億ドルから2億5000万ドルまでは2級、2億ドル以下は3級である。運

営収益のドルの範囲はインフレに連動する。

郵便事業

郵便事業は、合衆国内の郵便処理および配達業務である。2006年郵政改革法（PAEA=Postal Accountability and Enhancement Act）は、1970年郵政改組法によって郵便事業が行政府の独立事業となった1971年以来の大きな法律改正である。2006年法は合衆国郵便事業の運営方法を変更するものである。現在では定番商品の価格は消費者物価指数にリンクされており、郵便事業は競合的な製品の価格を決定する自由を持ち、市場の状況と顧客のニーズの変遷に対応することが可能となった。

「収入および費用分析（Revenue and Cost Analysis）」は、郵便業務の等級別収入と費用を表すことを目的としている。このシステムは、主として収入、数量と重量および郵便の等級と特定業務の等級別費用の推計を行う統計技術である。郵便と特定業務の等級別費用は、主として数量の変化に応じて変動する費用の増分である。それらは、郵政公社の全コストの約60％に相当する。差額は、「制度的コスト」である。収入、郵便量および支出分布に関する統計は、郵政公社の年次報告書『Cost and Revenue Analysis』、『Annual Report of the Postmaster General』および『Comprehensive Statement on Postal Operations』に発表されている。

統計的信頼度

センサス局と労働統計局の統計収集、推計、標本抽出、統計的信頼度については、付録Ⅲを参照。

歴史統計

各表の見出しは『アメリカ歴史統計、植民地時代～1970年』に対応している。クロスリファレンスについては、付録Ⅰを参照。

No.1063. 合衆国国内総生産における輸送関連要素：2000－2009年

[単位：10億ドル（1,045.3は1兆453億ドルを表す）、％を除く。連鎖ドルについては第13章の解説を参照。マイナス（－）は減少を示す]

項目	2000	2005	2006	2007	2008	2009
名目ドル						
輸送関連資金需要、計[1]	**1,045.3**	**1,266.1**	**1,325.8**	**1,406.6**	**1,393.4**	**1,225.9**
国内総生産（GDP）	9,951.5	12,638.4	13,398.9	14,061.8	14,369.1	14,119.0
輸送関連資金需要の対GDP比（％）	10.5	10.0	9.9	10.0	9.7	8.7
個人輸送支出	798.4	979.3	1,008.8	1,052.6	1,033.4	890.6
自動車および部品	363.2	409.6	397.1	402.5	343.2	319.7
ガソリン、オイル	172.9	283.8	314.7	343.0	383.3	280.8
輸送サービス	262.3	285.9	297.0	307.1	306.9	290.1
民間国内総投資	177.6	188.8	206.9	199.2	157.1	85.4
輸送構造物	6.8	7.1	8.7	9.0	9.9	9.0
輸送施設	170.8	181.7	198.2	190.2	147.2	76.4
輸送関連の財およびサービスの純輸出[2]	-109.0	-136.6	-137.8	-112.8	-82.3	-37.5
輸出（＋）	179.0	216.6	240	260.2	270.6	218.3
民間航空機、エンジン、部品	48.1	55.9	64.5	73.0	74.0	74.8
自動車、エンジン、部品	80.4	98.4	107.3	121.3	121.5	81.7
旅客運賃	20.7	21.0	22.0	25.6	31.4	26.4
その他輸送	29.8	41.3	46.2	40.3	43.7	35.4
輸入（－）	288.0	353.2	377.8	373	352.9	255.8
民間航空機、エンジン、部品	26.4	25.8	28.4	34.4	35.4	30.6
自動車、エンジン、部品	195.9	239.4	256.6	256.7	231.2	157.6
旅客運賃	24.3	26.1	27.5	28.4	32.6	26.0
その他輸送	41.4	61.9	65.3	53.5	53.7	41.6
政府の輸送関連購買	178.3	234.6	247.9	267.6	285.1	287.4
連邦政府[3]	19.3	30.1	32.0	32.0	34.8	36.4
州・地方政府[3]	150.0	188.6	201.0	215.9	232.3	236.7
国防関連[4]	9.0	15.9	14.9	19.7	18.0	14.3
連鎖（2005年）ドル						
輸送関連資金需要、計[1]	**1,211.8**	**1,266.1**	**1,254.6**	**1,273.4**	**1,182.6**	**1,104.4**
国内総生産（GDP）	11,226.0	12,638.4	12,976.2	13,228.9	13,228.8	12,880.6
輸送関連資金需要の対GDP比（％）	10.8	10.0	9.7	9.6	8.9	8.6
個人輸送支出	903.6	979.3	960.5	968.7	886.6	840.2
自動車および部品	356.1	409.6	396.6	403.9	348.2	324.0
ガソリン、オイル	261.3	283.8	278.9	276.8	265.3	265.3
輸送サービス	286.2	285.9	285.0	288.0	273.1	250.9
民間国内総投資	194.1	188.8	204.9	194.3	152.1	77.5
輸送構造物	7.9	7.1	8.4	8.5	9.1	8.1
輸送施設	186.2	181.7	196.5	185.8	143.0	69.4
輸送関連の財およびサービスの純輸出[2]	-109.3	-136.6	-140.9	-118.5	-83.3	-42.0
輸出（＋）	204.5	216.6	233.8	246.8	246.0	198.2
民間航空機、エンジン、部品	58.4	55.9	62.0	67.1	64.9	62.5
自動車、エンジン、部品	83.2	98.4	106.0	118.4	117.2	78.4
旅客運賃	28.6	21.0	21.9	23.4	25.9	24.9
その他輸送	34.3	41.3	43.9	37.9	38.0	32.4
輸入（－）	313.8	353.2	374.7	365.3	329.3	240.2
民間航空機、エンジン、部品	30.7	25.8	27.3	31.5	30.5	25.0
自動車、エンジン、部品	202.9	239.4	255.6	253.1	222.4	150.4
旅客運賃	29.1	26.1	26.1	25.1	25.0	21.6
その他輸送	51.1	61.9	65.7	55.6	51.4	43.2
政府の輸送関連購買	223.4	234.6	230.1	228.9	227.2	228.7
連邦政府[3]	23.1	30.1	30.8	29.6	31.5	32.5
州・地方政府[3]	189.1	188.6	184.9	180.5	180.3	183.2
国防関連[4]	11.2	15.9	14.4	18.8	15.4	13.0

1．個人の輸送支出合計、民間の国内総投資、輸送関連の財とサービスの純輸出、および政府の輸送関連購買合計の総計　2．輸出（－）輸入　3．連邦政府の購買、州・地方政府の購買は、輸送支出と総投資の計　4．国防関連購買は、資材と人員の輸送量の計

資料：U.S. Bureau of Transportation Statistics, *National Transportation Statistics* (年刊); ⟨http://www.bts.gov/publications/national_transportation_statistics/⟩

No.1064. 輸送業・倉庫業の雇用：1990－2010年

[単位：1000人（3,476は347万6000人を表す）。月次数値の年平均。毎月雇用統計調査に基づく。付録Ⅲを参照]

産業	北米産業分類[1]	1990	1995	2000	2005	2008	2009	2010
輸送業および倉庫業	48-49	3,476	3,838	4,410	4,361	4,508	4,236	4,184
航空輸送	481	529	511	614	501	491	463	464
鉄道輸送	482	272	233	232	228	231	218	215
水上輸送	483	57	51	56	61	67	63	63
トラック輸送	484	1,122	1,249	1,406	1,398	1,389	1,268	1,244
陸上旅客輸送	485	274	328	372	389	423	422	432
パイプライン輸送	486	60	54	46	38	42	43	42
景観・観光	487	16	22	28	29	28	28	27
輸送支援	488	364	430	537	552	592	549	540
宅急便・メッセンジャー	492	375	517	605	571	573	546	527
倉庫・貯蔵業	493	407	444	514	595	672	637	628

1．2007年NAICSコード、第12章と第15章の解説を参照

資料：U.S. Bureau of Labor Statistics, Current Employment Statistics, "Employment, Hours, and Earnings"; ⟨http://www.bls.gov/ces/data.htm/⟩ を参照

No.1065. 輸送業と倉庫業——事業内容（NAICS分類）別事業所、雇用および給与
　　　　　：2007、2008年

[4,395.4は439万5400を表す。有給従業員のいる事業所のみ。一般家庭で雇われている者、ほとんどの政府職員、鉄道職員、自営業者、農業の生産労働者は除外。方法論については付録Ⅲを参照。国の輸送事業形態は鉄道輸送（NAICS 482）と全国郵便サービス（NAICS 491）を除く]

産業	北米産業分類[1]	事業所		有給従業員(1,000人)		年間給与支払額(100万ドル)	
		2007	2008	2007	2008	2007	2008
輸送業および倉庫業	48-49	219,806	217,083	4,395.4	4,438.9	175,479.8	176,164.6
航空輸送	481	5,730	5,558	480.6	485.7	25,787.0	24,863.5
定期便	4811	3,084	3,036	435.9	445.3	23,042.9	22,168.5
定期旅客輸送	481111	2,585	2,556	417.1	423.1	22,329.8	21,266.3
定期貨物輸送	481112	499	480	(NA)	22.2	713.1	902.2
不定期航空輸送	4812	2,646	2,522	44.8	40.4	2,744.1	2,694.9
水上輸送	483	1,928	1,748	68.9	69.0	4,467.1	4,763.1
遠洋、沿岸部、五大湖輸送	4831	1,255	1,126	48.2	49.4	3,285.6	3,549.2
内陸水上貨物輸送	4832	673	622	20.8	19.6	1,181.5	1,213.8
内陸水上貨物輸送	483211	411	364	17.4	16.9	1,029.8	1,098.8
内陸水上旅客輸送	483212	262	258	3.4	2.8	151.7	115.1
トラック輸送	484	121,419	115,321	1,476.4	1,426.9	58,867.8	56,703.2
一般貨物トラック輸送	4841	68,494	65,196	998.7	947.2	40,934.5	38,417.1
一般貨物トラック輸送、短距離	48411	28,595	27,113	211.9	176.8	7,903.9	6,276.6
一般貨物トラック輸送、長距離	48412	39,899	38,083	786.8	770.4	33,030.6	32,140.5
特殊貨物トラック輸送	4842	52,925	50,125	477.7	479.6	17,933.3	18,286.1
家庭・オフィスの中古家具用品移動	48421	8,502	8,059	105.4	97.8	3,365.0	3,117.1
特殊貨物(中古家具用品を除く)トラック輸送、短距離	48422	32,125	31,483	207.0	207.0	7,814.9	7,952.8
特殊貨物(中古家具用品を除く)トラック輸送、長距離	48423	12,298	10,583	165.4	174.9	6,753.4	7,216.2
陸上旅客輸送	485	18,322	18,011	440.6	449.4	10,019.2	10,057.9
都市トランジットシステム	4851	932	871	52.9	47.8	1,837.1	1,792.7
混合システム	485111	67	36	1.5	(NA)	45.8	(D)
通勤鉄道	485112	26	22	0.7	(NA)	38.0	175.5
バスおよびその他の自動車輸送システム	485113	795	806	47.6	41.8	1,601.5	1,499.8
その他	485119	44	7	3.1	(NA)	151.8	(D)
都市間および地方のバス輸送	4852	508	487	17.4	15.0	469.8	421.9
タクシーおよびリムジン	4853	7,493	7,413	72.5	71.0	1,652.5	1,626.6
タクシー	48531	2,993	2,897	33.4	29.7	658.8	625.5
リムジン	48532	4,500	4,516	39.1	41.4	993.7	1,001.1
スクールバス、送迎バス	4854	4,673	4,501	206.8	219.6	3,896.5	3,886.8
チャーターバス産業	4855	1,247	1,335	28.4	30.7	666.2	757.0
その他のトランジット、陸上輸送	4859	3,469	3,404	62.6	65.3	1,497.1	1,572.7
特殊輸送	485991	2,337	2,396	47.7	52.2	1,169.6	1,278.5
パイプライン	486	2,775	2,871	42.4	40.2	3,675.3	3,568.8
原油輸送パイプライン	4861	374	370	8.3	6.1	850.3	661.0
天然ガス輸送パイプライン	4862	1,479	1,638	24.7	24.0	2,063.5	2,125.6
その他のパイプライン輸送	4869	922	863	9.4	10.0	761.5	782.3
観光輸送業	487	2,781	2,589	27.5	23.0	808.4	678.8
観光輸送、陸上	4871	698	643	9.7	9.6	247.0	242.6
観光輸送、水上	4872	1,880	1,747	15.6	11.4	479.4	354.0
観光輸送、その他	4879	203	199	2.2	2.1	82.0	82.2
輸送支援サービス	488	38,566	42,296	610.6	645.7	26,400.8	28,169.7
航空輸送支援サービス	4881	5,430	5,785	165.3	174.4	6,229.3	6,770.8
空港オペレーション	48811	1,748	2,048	73.0	89.5	1,981.3	2,528.1
航空管制	488111	223	202	2.2	2.0	84.1	122.6
その他の航空輸送支援サービス	48819	3,682	3,737	92.3	84.9	4,248.0	4,242.7
鉄道輸送支援サービス	4882	1,018	1,023	28.6	25.8	1,155.6	990.7
水上輸送支援サービス	4883	2,330	2,462	93.4	93.7	5,027.8	4,907.9
港湾およびハーバーオペレーション	48831	223	268	6.6	5.6	318.6	282.7
水上貨物輸送ハンドリング	48832	552	532	62.9	63.7	3,428.1	3,272.7
航海誘導サービス	48833	830	868	13.0	13.4	756.6	847.9
その他	48839	725	794	10.9	10.9	524.6	504.5
道路輸送支援サービス	4884	10,178	10,112	76.5	78.0	2,393.8	2,311.1
自動車牽引	48841	8,267	8,400	53.2	55.3	1,617.9	1,629.5
貨物輸送アレンジ	4885	17,903	21,418	212.2	246.1	10,157.2	11,970.4
その他輸送支援サービス	4889	1,707	1,496	34.7	27.6	1,437.0	1,218.9
宅配便、連絡便	492	13,845	14,339	569.2	596.3	21,479.1	21,568.3
宅配便	4921	9,116	9,717	528.2	559.1	20,385.4	20,624.0
市内配送サービス、連絡便	4922	4,729	4,622	41.0	37.1	1,093.7	944.3
倉庫業	493	14,440	14,350	679.1	702.8	23,975.2	25,791.3

NA　データなし　1．2002年NAICSコード。2008年は2007年NAICSコードに基づく。第15章の解説を参照
資料：U.S. Census Bureau, "County Business Patterns"（2010年7月刊）；<http://www.census.gov/econ/cbp/index.html>

No.1066. 輸送業および倉庫業——事業所数、収益、給与支払総額および従業員数——産業別：2002、2007年

[382,152は3821億5200万ドルを表す。データは暫定値。有給従業員のいる事業所のみ。2002年および2007年経済センサスに基づく。付録Ⅲを参照]

事業の種類	北米産業分類[1]	事業所数	収益（100万ドル）	年間給与支払総額（100万ドル）	有給従業員数（1000人）
輸送業および倉庫業、計、2002年	48-49	199,618	382,152	115,989	3,650.9
航空輸送[2]	481	3,847	19,735	3,805	99.1
水上輸送	483	1,890	23,331	3,194	66.2
トラック輸送	484	112,642	164,219	47,750	1,435.2
陸上旅客輸送機関[3]	485	17,260	18,850	7,675	398.4
パイプライン[3]	486	2,188	22,031	2,477	36.8
観光遊覧輸送	487	2,523	1,859	526	22.5
輸送業支援産業[3]	488	33,942	57,414	16,202	465.6
宅急便およびメッセンジャー	492	12,655	58,165	17,175	561.5
倉庫業	493	12,671	16,548	17,183	565.5
輸送業および倉庫業、計、2007年	48-49	219,706	639,916	173,183	4,454.4
航空輸送[2]	481	5,661	146,612	26,120	478.2
水上輸送	483	1,721	34,447	4,544	76.0
トラック輸送	484	120,390	217,833	58,266	1,507.9
陸上旅客輸送[3]	485	17,791	26,465	9,884	444.9
パイプライン[3]	486	2,529	25,718	3,219	37.0
観光輸送	487	2,542	2,448	653	24.4
輸送業の支援サービス[3]	488	42,130	86,596	24,579	608.4
宅急便およびメッセンジャー	492	13,004	77,877	20,431	557.2
倉庫・保管業	493	13,938	21,921	25,526	720.5

1．2002年NAICSコード。第15章の解説参照　2．合衆国運輸省の航空情報局にレポートを提出しない、大規模な認可旅客輸送航空会社は除く　3．個別に明示しない他の産業を含む

資　料：U.S. Census Bureau, 2007 Economic Census, EC0748A2, "Transportation and Warehousing: Geographic Area Series: Comparative Statistics for the United States, (2002 NAICS Basis): 2007 and 2002," <http://factfinder.census.gov/> (2011年3月現在)

No.1067. 輸送業および倉庫業——非雇用事業所と事業種別売上高：2006－2008年

[1,002.0は100万2,000を表す。連邦所得税の課税対象となる企業のみ。非雇用事業所とは、有給従業員のいない事業。データは主として内国歳入庁の行政記録による。付録Ⅲを参照]

事業種別	北米産業分類[1]	事業所数（1000）			売上高（100万ドル）		
		2006	2007	2008	2006	2007	2008
輸送業および倉庫業	48-49	1,002.0	1,083.1	1,039.5	62,928	66,633	67,026
航空輸送	481	21.0	21.0	20.5	1,303	1,347	1,349
水上輸送	483	6.7	6.5	6.4	548	516	538
トラック輸送	484	531.8	542.5	508.0	46,653	47,927	47,880
一般貨物トラック輸送	4841	485.3	489.2	459.5	42,781	43,816	43,936
一般貨物トラック輸送、短距離	48411	194.2	193.1	180.2	14,075	14,263	13,873
一般貨物トラック輸送、長距離	48412	291.1	296.1	279.3	28,705	29,553	30,063
特殊貨物トラック輸送	4842	46.5	53.3	48.6	3,872	4,111	3,944
陸上旅客輸送	485	193.6	202.1	207.1	6,266	6,759	7,256
都市交通システム	4851	1.1	1.2	1.2	41	43	48
都市間および地方バス輸送	4852	1.7	1.7	1.6	76	77	78
タクシーおよびリムジンサービス	4853	151.6	161.4	166.8	4,803	5,270	5,726
スクールバスおよび従業員送迎バス	4854	7.3	7.2	6.9	197	202	214
貸切バス産業	4855	4.1	3.8	3.8	187	194	182
その他の交通機関、陸上旅客輸送	4859	27.8	26.8	26.8	962	973	1,009
パイプライン輸送	486	0.8	0.8	0.8	81	75	81
観光輸送	487	3.9	5.1	4.7	167	197	185
輸送業の支援サービス	488	63.2	106.3	102.2	3,387	4,759	4,821
宅配便およびメッセンジャー	492	172.8	190.5	180.9	3,995	4,513	4,362
倉庫・保管業	493	8.1	8.3	8.7	529	542	553

1．2002年版NAICSコード、第15章の解説を参照

資　料：U.S. Census Bureau, "Nonemployer Statistics" (2010年6月), <http://www.census.gov/econ/nonemployer/index.html>

No.1068. 合衆国内の輸送路全長：1980－2009年

[3,860は386万を表す]

交通網	単位	1980	1985	1990	1995	2000	2005	2007	2008	2009
幹線道路[1]	1000マイル	3,860	3,864	3,867	3,912	3,936	3,996	4,032	4,043	4,051
1級鉄道（マイル）[2]	数	164,822	145,764	119,758	108,264	99,250	95,664	94,313	94,082	93,921
アムトラック（マイル）	数	24,000	24,000	24,000	24,000	23,000	22,007	21,708	21,178	21,178
交通機関：[3]										
通勤鉄道[4]	数	(NA)	3,574	4,132	4,160	5,209	7,118	7,135	7,261	7,561
重軌鉄道[5]	数	(NA)	1,293	1,351	1,458	1,558	1,622	1,623	1,623	1,623
軽鉄道[6]	数	(NA)	384	463	568	834	1,188	1,341	1,397	1,477
可航水道	数	26,000	26,000	26,000	26,000	26,000	26,000	25,320	25,320	25,320
石油パイプライン[7]	数	218,393	213,605	208,752	181,912	176,996	162,919	166,256	169,586	172,048
天然ガスパイプライン[8]	1000マイル	1,052	1,111	1,270	1,332	1,377	1,484	1,523	1,533	1,540

NA　データなし　1．50州およびコロンビア特別区における全ての公道　2．データは所有する全マイル長（総線路長、ヤードトラック、待避線、複線は除く）　3．交通システムのマイル長は、運行するルートの距離で計算。資料を参照のこと　4．大都市鉄道または地域鉄道ともいう　5．地下鉄、急行、高速鉄道ともいう　6．市電、トラム、トロリーともいう　7．パイプラインの本線と支線の双方を含む　8．天然ガスの消費者向け販売用のパイプラインは除く

資料：U.S. Bureau of Transportation Statistics, "National Transportation Statistics"; ⟨http://www.bts.gov/publications/national_transportation_statistics⟩

No.1069. 合衆国の航空機、自動車、およびその他の輸送機関：2000－2009年

[178,099は1億7809万9000を表わす]

システム	2000	2002	2003	2004	2005	2006	2007	2008	2009
航空：									
航空会社[1]	8,055	8,194	8,176	8,186	8,225	8,089	8,044	7,856	(NA)
一般（現役）[2]	217,533	211,244	209,708	219,426	224,352	221,943	231,607	228,663	223,877
幹線道路、登録車両台数(1,000台)：[3]									
軽自動車、ショートホイールベース[4]	178,099	183,162	185,392	189,462	191,223	194,295	196,491	196,763	193,980
オートバイ	4,346	5,004	5,370	5,781	6,227	6,679	7,138	7,753	7,930
軽自動車、ロングホイールベース[4]	33,642	36,319	35,772	37,412	39,279	38,715	39,187	39,685	40,488
トラック[5]	8,988	9,378	9,451	9,574	9,884	10,334	10,752	10,873	10,973
バス	746	761	777	795	807	822	834	843	842
旅客輸送機関：									
バス	58,578	60,719	61,659	61,318	62,284	64,025	63,359	63,151	63,343
軽軌鉄道車両[6]	1,306	1,448	1,482	1,622	1,645	1,801	1,802	1,948	2,059
重軌鉄道車両[7]	10,311	10,849	10,754	10,858	11,110	11,052	11,222	11,377	11,461
トロリーバス	652	616	672	597	615	609	559	590	531
通勤鉄道車両および蒸気機関車	5,497	5,631	5,866	6,130	6,290	6,300	6,279	6,494	6,722
応需式	22,087	24,808	25,873	26,333	28,346	29,406	29,433	30,773	34,235
その他[8]	7,705	8,033	8,626	10,544	11,622	12,454	12,953	14,953	17,766
鉄道：									
1級鉄道、貨物車両(1,000台)	560	478	467	474	475	475	460	450	416
1級鉄道、蒸気機関車	20,028	20,506	20,774	22,015	22,779	23,732	24,143	24,003	24,045
1級以外の鉄道、貨物車両	132,448	130,590	124,580	120,169	120,195	120,688	120,463	109,487	108,233
自動車会社および流通の貨物車両	688,194	691,329	687,337	693,978	717,211	750,404	805,074	833,188	839,020
アムトラック、旅客列車	1,894	2,896	1,623	1,211	1,186	1,191	1,164	1,177	1,214
アムトラック、蒸気機関車	378	372	442	276	258	319	270	278	274
水上輸送：									
自己推進機能のない船舶[9]	31,360	32,381	31,335	31,296	33,152	32,211	31,654	31,238	31,008
自己推進装置付船舶[10]	8,202	8,621	8,648	8,994	8,976	8,898	9,041	9,063	9,101
外洋航海船舶（蒸気船、モーター船）(1,000グロストン以上)	454	426	418	423	366	344	275	272	196
レクリエーション・ボート(1,000台)	12,782	12,854	12,795	12,781	12,942	12,746	12,873	12,693	12,722

NA　データなし　1．14CFR121および14CFR135の下に運航される旅客機・貨物機の双方を含む　2．エアタクシーを含む　3．FHWAは2011年3月に採用された方法論を用いて、2000－2009年のVM-1を更新した　4．軽自動車、ショートホイールベースには、車軸間距離が121インチ以下の乗用車、軽トラック、ヴァン、SUV車が含まれる。軽自動車、ロングホイールベースには、車軸間距離が121インチ超の大型乗用車、ヴァン、ピックアップトラック、SUV車が含まれる　5．貸切と所有の双方を含む　6．固定軌道の市電、トロリーなど　7．地下鉄、急行など　8．ケーブルカー、案内軌条式鉄道(AGT)、フェリーボート、モノレール、通勤用マイクロバス（共同利用）　9．一般貨物用はしけ、タンカー用はしけ、鉄道車両用いかだ　10．一般貨物用・旅客用の近海用船舶、鉄道車両用のフェリー、タンカー、タグボート

資料：U.S. Bureau of Transportation Statistics, "National Transportation Statistics"; ⟨http://www.bts.gov/publications/national_transportation_statistics/⟩

No.1070. 輸送手段別出荷の特徴：2002、2007年

[8,397,210は8兆3972億1000万ドルを表す。鉱業、製造業、卸売業、および一部の小売業の事業所。一部の支店データを含む。2007年経済センサスに基づく。付録Ⅲを参照]

輸送手段	出荷額 (100万ドル)		出荷量 (1000トン)		トン-マイル (100万)		出荷あたりの平均輸送距離（マイル）	
	2002	2007	2002	2007	2002	2007	2002	2007
全輸送手段	8,397,210	11,684,872	11,667,919	12,543,425	3,137,898	3,344,658	546	619
単一の輸送手段	7,049,383	9,539,037	11,086,660	11,698,128	2,867,938	2,894,251	240	234
トラック輸送[1]	6,235,001	8,335,789	7,842,836	8,778,713	1,255,908	1,342,104	173	206
貸切トラック	3,757,114	4,955,700	3,657,333	4,075,136	959,610	1,055,646	523	599
所有トラック	2,445,288	3,380,090	4,149,658	4,703,576	291,114	286,457	64	57
鉄道輸送	310,884	436,420	1,873,884	1,861,307	1,261,612	1,344,040	807	728
水上輸送	89,344	114,905	681,227	403,639	282,659	157,314	568	520
浅喫水	57,467	91,004	458,577	343,307	211,501	117,473	450	144
五大湖	843	(S)	38,041	17,792	13,808	6,887	339	657
深喫水	31,034	23,058	184,610	42,540	57,350	32,954	664	923
航空輸送（トラック輸送との組み合わせを含む）	264,959	252,276	3,760	3,611	5,835	4,510	1,919	1,304
パイプライン[2]	149,195	399,646	684,953	650,859	(S)	(S)	(S)	(S)
複数の輸送手段	1,079,185	1,866,723	216,686	573,729	225,715	416,642	895	975
郵便小包、宅配便	987,746	1,561,874	25,513	33,900	19,004	27,961	894	975
トラックおよび鉄道輸送	69,929	187,248	42,984	225,589	45,525	196,772	1,413	1,007
トラックおよび水上輸送	14,359	58,389	23,299	145,521	32,413	98,396	1,950	1,429
鉄道および水上輸送	3,329	13,892	105,107	54,878	114,986	47,111	957	1,928
その他の複数輸送手段	3,822	45,320	19,782	113,841	13,788	46,402	(S)	1,182
その他および輸送手段未詳	268,642	279,113	364,573	271,567	44,245	33,764	130	116

S 標本誤差が大きい、その他の理由で、データは出版水準に達しない　1. トラック輸送には、所有トラックのみ、貸切トラックのみ、および所有・貸切トラックの双方を利用が含まれる　2. 商品フロー調査のデータは原油の出荷を除外

資料：U.S. Department of Transportation, Research and Innovative Technology Administration, Bureau of Transportation Statistics, and U.S. Department of Commerce, U.S. Census Bureau, 2007 Commodity Flow Survey, <http://factfinder.census.gov/>（2011年4月現在）

No.1071. 有害廃棄物の出荷——価格、重量、トン-マイル：2002、2007年

[660,181は6601億8100万ドルを表す。鉱業、製造業、卸売業及び主要な小売業の事業所。2007年産業分類は2002年北米産業分類（NAICS）、2002年産業分類は2002年北米産業分類に基づく。一部の支店のデータを含む。2007年経済センサスに基づく。付録Ⅲを参照]

輸送手段	価格 (100万ドル)		重量 (1000トン)		トン-マイル (100万)		出荷あたりの平均輸送距離（マイル）	
	2002	2007	2002	2007	2002	2007	2002	2007
全輸送手段	660,181	1,448,218	2,191,519	2,231,133	326,727	323,457	136	96
単一輸送手段	644,489	1,370,615	2,158,533	2,111,622	311,897	279,105	105	65
トラック[1]	419,630	837,074	1,159,514	1,202,825	110,163	103,997	86	59
貸切トラック	189,803	358,792	449,503	495,077	65,112	63,288	285	214
所有トラック	226,660	478,282	702,186	707,748	44,087	40,709	38	32
鉄道輸送	31,339	69,213	109,369	129,743	72,087	92,169	695	578
水上輸送	46,856	69,186	228,197	149,794	70,649	37,064	(S)	383
航空輸送（トラック＋航空を含む）	1,643	1,735	64	(S)	85	(S)	2,080	1,095
パイプライン[2]	145,021	393,408	661,390	628,905	(S)	(S)	(S)	(S)
複数輸送の手段	9,631	71,069	18,745	111,022	12,488	42,886	849	834
小包、宅配便または米国郵政公社	4,268	7,675	245	236	119	151	837	836
その他の複数手段	5,363	63,394	18,500	110,786	12,369	42,735	1,371	2,749
その他および輸送手段未詳	6,061	6,534	14,241	8,489	2,342	1,466	57	58
資材のクラス	660,181	1,448,218	2,191,519	2,231,133	326,727	323,457	136	96
クラス1、爆発物	7,901	11,754	5,000	3,047	1,568	911	651	738
クラス2、ガス	73,932	131,810	213,358	250,506	37,262	55,260	95	51
クラス3、可燃液体	490,238	1,170,455	1,788,986	1,752,814	218,574	181,615	106	91
クラス4、可燃固形物	6,566	4,067	11,300	20,408	4,391	5,547	158	309
クラス5、酸化剤および有機過酸化物	5,471	6,695	12,670	14,959	4,221	7,024	407	361
クラス6、毒物	8,275	21,198	8,459	11,270	4,254	5,667	626	467
クラス7、放射性物質	5,850	20,633	57	515	44	37	(S)	(S)
クラス8、腐食剤	38,324	51,475	90,671	114,441	36,260	44,395	301	208
クラス9、その他の危険物質	23,625	30,131	61,018	63,173	20,153	23,002	368	484

S データは、標本抽出時の誤差が大きいまたはその他の理由で出版基準に達しない　1. 単一輸送手段としてのトラック輸送には、貸切トラックのみ、所有トラックのみ、貸切と所有のトラックの双方を利用、が含まれる　2. 商品フロー調査のデータでは、原油は除外される

資料：U.S. Department of Transportation, Research and Innovative Technology Administration, Bureau of Transportation Statistics, and U.S. Department of Commerce, U.S. Census Bureau, 2007 Commodity Flow Survey, <http://factfinder.census.gov/>（2011年4月現在）

No.1072. 輸送事故および死傷者：1990－2009年

[6,471は647万1000を表す]

輸送の種類	事故					死亡数					負傷				
	1990	1995	2000	2005	2009	1990	1995	2000	2005	2009	1990	1995	2000	2005	2009
航空輸送：															
航空会社[1]	24	36	56	40	30	39	168	92	22	52	29	25	31	14	23
コミューター[2]	15	12	12	6	2	6	9	5	-	-	11	17	11	-	1
エア・タクシー[3]	107	75	80	65	47	51	52	71	18	17	36	14	12	20	4
一般飛行	2,242	2,056	1,837	1,670	1,474	770	735	596	563	474	409	396	309	271	274
地上輸送：(1000)[4]															
路上衝突	6,471	6,699	6,394	6,159	5,505	44.6	41.8	41.9	43.5	33.8	3,231	3,465	3,189	2,699	2,217
乗用車、運転者・同乗者	5,561	5,594	4,926	4,499	(NA)	24.1	22.4	20.7	18.5	13.1	2,376	2,469	2,052	1,573	1,216
オートバイ運転者	103	66	69	101	(NA)	3.2	2.2	2.9	4.6	4.5	84	57	58	87	90
軽トラック、運転者・同乗者	2,152	2,750	3,208	3,382	(NA)	8.6	9.6	11.5	13.0	10.3	505	722	887	872	759
大型トラック、運転者、同乗者	372	363	438	423	(NA)	0.7	0.6	0.8	0.8	0.5	42	30	31	27	17
バス、運転者、乗客	60	59	56	50	(NA)	(Z)	(Z)	(Z)	0.1	(Z)	33	19	18	11	12
歩行者	(NA)	(NA)	(NA)	(NA)	(NA)	6.5	5.6	4.8	4.9	4.1	105	86	78	64	59
自転車（サイクリスト）	(NA)	(NA)	(NA)	(NA)	(NA)	0.9	0.8	0.7	0.8	0.6	75	67	51	45	51
その他	(NA)	(NA)	(NA)	(NA)	(NA)	0.6	0.5	0.6	0.8	0.7	11	14	15	18	14
鉄道[5]	8,594	7,092	6,485	6,331	3,807	1,297	1,146	937	884	695	25,143	14,440	11,643	9,550	7,925
踏み切り	5,715	4,633	3,502	3,066	1,917	698	579	425	359	247	2,407	1,894	1,219	1,053	738
鉄道	2,879	2,459	2,983	3,265	1,890	599	567	512	525	448	22,736	12,546	10,424	8,497	7,187
高速軌道輸送[6]	58,002	25,683	24,261	8,151	5,360	339	274	295	236	230	54,556	57,196	56,697	18,131	(NA)
水上輸送：															
水上輸送(船舶関連)[7]	3,613	5,349	5,403	4,977	4,458	85	53	53	78	57	175	154	150	140	(NA)
娯楽[8]	6,411	8,019	7,740	4,969	4,730	865	829	701	697	736	3,822	4,141	4,355	3,451	3,358
パイプライン：[9]															
有害液体	379	349	380	495	405	9	21	38	14	14	76	64	81	48	67
ガス	180	188	146	143	116	3	3	1	2	4	7	11	4	-	4
有害物質[10][11]	199	161	234	352	289	6	18	37	12	20	69	53	77	46	63
	8,879	14,853	17,557	15,929	14,822	8	7	16	34	12	69	53	77	915	201

一 ゼロまたは概数でゼロ　NA データなし　Z 50未満　1. 表No.1078の脚注1を参照。重傷と分類される負傷。2. 表No.1078の脚注2を参照。警察に報告しなかったもの。3. 表No.1103を参照。重傷と分類される負傷。4. 死亡についてはU.S. National Highway Traffic Safety Administrationのデータ。事故後30日以内に死亡した者。警察と鉄道の踏み切り事故のみ。詳細については表No.1078を参照。5. 鉄道の資産に被害を与えた事故、道路と鉄道の踏み切り事故も鉄道事故に含まれる。鉄道事故の死亡者の対象外、鉄道事故だけが報告が義務となっている。6. バス、通勤鉄道、軽便鉄道、応需型システム、通勤用バイクロバス、新交通システムを含む。2002年から救急医療措置または効率にかかわる負傷者の報告対象となっている。7. 合衆国沿岸警備隊への報告が義務付けられている。船舶的損害が75000ドルを超える、現場から離れて救急医療措置または効率にかかわる事故、損害を船舶の耐航力または人の行方不明、商業船舶の被害が500ドルを超える負傷または死亡。8. 死亡、負傷、あるいはその後医療処置を必要とする事故。9. 1990年以降、パイプライン事故は、事故の起きた年に報告されたもの。座礁または負傷、3日以上意識不明または入院による障害、パイプライン事故、それ以前に掲載された報告データは、大きな被害につながりかねなかった小さな障害も含む。10. 全ての輸送における、有害物質による死亡と船舶、水（パッケージ詰めされているもの）による事故は除く。11. 事故の報告データは、大きな被害につながりかねなかった小さな障害の件数

資料：U.S. Bureau of Transportation Statistics, "National Transportation Statistics", <http://www.bts.gov/publications/national_transportation_statistics/>

No.1073. 米国定期航空産業――概要：1995－2009年

[暦年データもしくは12月31日現在。547.8は5億4780万を表す。国内、国際線。連邦航空法401条に定義される航空会社。マイナス（－）は損失を表す]

項目	単位	1995	2000	2004	2005	2006	2007	2008	2009
定期航空サービス									
搭乗旅客	100万	547.8	666.1	703.7	738.6	744.7	769.6	743.3	703.9
搭乗旅客マイル	10億	540.7	692.8	734.0	779.0	797.4	829.4	812.4	769.5
客席マイル	10億	807.1	957.0	971.9	1,003.3	1,006.3	1,037.7	1,021.3	957.2
旅客搭乗	%	67.0	72.4	75.5	77.6	79.2	79.9	79.5	80.4
旅行距離中央値 [1]	マイル	987	1,040	1,043	1,055	1,071	1,078	1,093	1,093
貨物輸送、トンマイル	100万	16,921	23,888	27,978	28,037	29,339	29,570	28,375	25,002
出発旅客機数	1,000	8,062	9,035	11,429	11,564	11,268	11,399	10,896	10,132
財政 [2]									
総運営収入 [3]	100万ドル	95,117	130,248	134,660	151,544	165,532	174,696	186,119	154,719
旅客収入	100万ドル	69,835	93,622	85,669	93,500	101,419	107,987	111,542	91,331
貨物輸送収入	100万ドル	9,882	14,456	17,146	20,704	22,848	24,531	29,192	22,914
チャーター収入	100万ドル	3,742	4,913	5,503	6,074	6,026	5,544	4,338	3,709
総運営支出	100万ドル	89,266	123,234	136,150	151,097	157,892	165,353	189,466	152,310
運営利潤(または損失)	100万ドル	5,852	7,014	−1,490	448	7,640	9,344	−3,348	2,409
利子所得(または支出)	100万ドル	−2,426	−2,193	−3,715	−4,209	−4,150	−3,915	−3,769	−4,267
純利潤(または損失)	100万ドル	2,314	2,533	−9,104	−27,220	18,186	7,691	−23,747	−2,528
1旅客マイルあたり収入	セント	12.9	13.5	11.7	12.0	12.7	13.0	13.7	11.9
運営利潤マージン	%	6.2	5.4	−1.1	0.3	4.6	5.3	−1.8	1.6
純利潤マージン	%	2.4	1.9	−6.8	−18.0	11.0	4.4	−12.8	−1.6
調整済純利潤(または損失) [4]	%	2.4	1.9	−6.8	−18.0	11.0	4.4	−12.8	−1.6
雇用 [5]									
計	1,000人	547.0	679.7	585.2	576.2	565.0	576.0	559.6	536.2
操縦士および副操縦士	1,000人	55.4	78.4	75.2	78.4	77.8	76.6	77.1	74.8

1. 中央値の定義については凡例を参照 2. 2008年のデータは暫定値 3. 個別に明示しないその他のタイプを含む 4. 破産に関連する再組織化の経費および新規発足勘定の利得、特別なのれん代といった特殊な項目を除く 5. フルタイム換算の平均値

資料：Air Transport Association of America, Washington, DC, *Air Transport Annual Report*.

No.1074. 航空輸送コスト指数：1980－2009年

[2000年＝100。コスト指数に含まれるためには、航空会社は年間ベースで、以下の基準を満たさなければならない。(1)旅客収入と収益旅客マイル（RPM）の報告、(2)旅客収入が総運営収入の25％以上であること、である。1977年以前のデータは、年間収入が1億ドル未満の旅客航空会社は除外。1980-2008年のデータは改訂済]

指数	1980	1990	1995	2000	2001	2002	2003	2004	2005	2006	2007	2008	2009
複合指数 [1]	77.4	101.1	99.0	100.0	108.5	113.6	122.8	149.1	177.9	195.8	199.8	262.0	197.3
労働費用	52.0	73.1	91.3	100.0	107.8	118.7	122.7	122.3	117.3	119.0	119.1	119.8	127.4
燃料	113.7	98.1	69.7	100.0	98.6	89.9	107.9	144.1	206.6	242.8	258.0	374.2	234.9
航空機所有 [2]	33.5	71.1	83.0	100.0	102.3	105.2	101.8	103.4	99.1	98.9	94.3	91.0	93.0
航空機以外の所有	40.4	88.1	103.3	100.0	139.4	113.0	111.4	104.1	106.1	104.2	106.6	118.8	114.8
専門サービス	27.0	67.5	85.4	100.0	102.8	97.3	98.4	103.4	105.5	111.2	115.8	125.4	118.5
食品、飲料	88.5	125.5	106.9	100.0	100.5	87.2	74.6	67.1	61.3	57.9	57.8	60.0	59.7
着陸料	49.2	81.0	95.8	100.0	109.2	125.2	130.8	131.2	130.7	135.6	136.7	148.6	158.9
メンテナンス資材	73.3	119.2	94.0	100.0	96.3	84.1	67.3	64.8	59.1	62.2	69.9	77.0	83.3
航空機保険	246.1	161.0	341.5	100.0	163.5	271.0	180.9	174.3	157.1	181.0	152.3	124.0	150.8
航空機以外の保険	73.3	68.2	223.8	100.0	171.3	573.7	450.9	373.7	319.9	259.3	222.1	195.4	184.4
旅客手数料	121.5	227.0	134.8	100.0	86.4	57.8	41.9	37.2	31.6	29.2	28.2	27.0	26.7
通信費	50.3	85.7	86.5	100.0	109.6	102.6	82.0	76.1	73.3	68.5	71.2	79.2	77.1
広告、販売促進	112.9	165.0	107.8	100.0	93.0	74.7	69.1	77.8	75.5	80.9	67.3	59.0	61.7
公益事業、事務用品	67.9	97.7	87.0	100.0	103.6	92.3	81.0	81.3	87.6	94.3	102.2	108.8	99.8
輸送関連支出	46.0	55.0	57.5	100.0	119.1	132.3	256.4	397.4	475.0	508.4	506.7	604.5	524.9
その他	56.0	87.4	74.1	100.0	126.4	106.5	94.9	94.3	108.6	108.1	116.1	156.8	123.8
利子 [3]	160.7	182.0	174.6	100.0	98.1	98.8	93.3	96.3	120.6	133.5	120.3	105.6	118.7

1. 全ての要素の平均で加重した指数。利子を含む 2. リース、機体およびエンジンのレンタル、減価償却費および割賦弁済を含む 3. 長期負債・資本の利子およびその他の利子支出

資料：Air Transport Association of America, Washington, DC, *U.S. Passenger Airline Cost Index*;〈http://www.airlines.org/economics/〉も参照

No.1075. 2009年における大空港上位40——乗客数：1999、2009年

[単位：1,000人（611,582は6億1158万2000人を表す）。暦年データ。空港は2009年大規模認可航空会社の乗客数で順位付け。定期および不定期運行]

空港	1999 順位	1999 計	2009 順位	2009 計	空港	1999 順位	1999 計	2009 順位	2009 計
全空港	(X)	611,582	(X)	663,173	フォートローダーデール・ハリウッド国際、FL	32	6,224	24	9,568
上位40空港	(X)	468,471	(X)	507,289	ワシントン（レーガンワシントン国際）、DC	30	6,663	25	8,414
アトランタ（ハーツフィールド国際）、GA	1	37,232	1	41,876	サンディエゴ（リンドバーグ）、CA	27	7,253	26	8,380
シカゴ（オヘア国際）、IL	2	31,658	2	28,994	シカゴ（ミッドウェイ）、IL	33	6,138	27	8,224
ダラス/フォートワース国際、TX	3	27,593	3	26,333	タンパ国際、FL	28	6,912	28	8,082
デンバー国際、CO	5	17,502	4	23,722	ホノルル国際、HI	23	8,576	29	7,548
ロサンゼルス国際、CA	4	24,044	5	21,677	ポートランド国際、OR	31	6,541	30	6,351
ヒューストン国際、TX	13	14,735	6	18,610	セントルイス（ランバート-セントルイス国際）、MO	11	14,930	31	6,069
フェニックス・スカイハーバー国際、AZ	8	16,090	7	18,329	シンシナティ（シンシナティ/ノースケンタッキー）、OH	26	7,616	32	5,193
ラスベガス（マッカレン国際）、NV	10	15,367	8	18,314	メンフィス国際、TN	39	4,534	33	5,054
シャーロッテ-ダグラス国際、NC	21	9,442	9	17,078	カンザスシティ国際、MO	35	5,601	34	4,909
ニューヨーク（JFK国際）、NY	20	10,138	10	16,192	クリーブランド（ホプキンス国際）、OH	34	5,921	35	4,694
サンフランシスコ国際、CA	7	16,563	11	15,997	オークランド国際（オークランド）、CA	37	4,738	36	4,570
ミネアポリス-セントポール国際、MN	9	15,391	12	15,506	ローリー、NC（ローリー・ダーラム国際）	43	4,026	37	4,508
ニューアーク国際、NJ	12	14,912	13	15,209	サクラメント国際、CA	45	3,658	38	4,406
オーランド国際、FL	16	12,564	14	15,063	ナッシュビル、TN（ナッシュビル国際）	42	4,064	39	4,369
デトロイト（ウェインカウンティ）、MI	6	16,570	15	15,042	サンタナ（ジョンウェイン-オレンジカウンティ）、CA	46	3,643	40	4,311
シアトル-タコマ国際、WA	19	13,064	16	14,720					
フィラデルフィア国際、PA	14	10,347	17	14,714					
マイアミ国際、FL	15	12,764	18	13,390					
ボストン、MA（ローガン国際）	17	11,091	19	11,378					
ニューヨーク（ラガーディア）、NY	18	10,805	20	10,751					
ボルティモア（BWI国際）、MD	25	8,004	21	10,228					
ソルトレークシティ国際、UT	22	8,718	22	9,903					
ワシントン（ダレス国際）、DC	29	6,839	23	9,714					

X 該当なし
資料：U.S. Bureau of Transportation Statistics, Office of Airline Information, BTS Form 41. Schedule T-3、未刊行資料

No.1076. 国内航空市場：2009年

[単位：1,000人（4,106は410万6000人を表す）。暦年データ。上位25路線。各大都市地区の商業旅客輸送のすべてを含む。乗り換え客は除外。本書前年版の表No.1075も参照]

路線	旅客数	路線	旅客数
ロサンゼルス-ニューヨーク間	4,106	ラスベガス-サンフランシスコ間	1,727
フォートローダーデール-ニューヨーク間	4,093	オーランド-フィラデルフィア間	1,708
シカゴ-ニューヨーク間	3,914	シカゴ-オーランド間	1,703
ニューヨーク-オーランド間	3,675	ダラス/フォートワース-ヒューストン間	1,694
ニューヨーク-サンフランシスコ間	3,140	ダラス/フォートワース-ニューヨーク間	1,684
ニューヨーク-アトランタ間	3,086	シカゴ-ラスベガス間	1,674
ロサンゼルス-サンフランシスコ間	2,564	シカゴ-ワシントン間	1,664
マイアミ-ニューヨーク間	2,225	ニューヨーク-サンファン間	1,577
ラスベガス-ニューヨーク間	2,186	ロサンゼルス-ワシントン間	1,550
ニューヨーク-ウエストパームビーチ間	1,951	アトランタ-ワシントン間	1,544
ニューヨーク-タンパ間	1,815	シカゴ-フェニックス間	1,520
シカゴ-ロサンゼルス間	1,784	ラスベガス-シアトル間	1,514
ボストン-ニューヨーク間	1,751		

資料：Air Transport Association of America, Washington, DC, *Annual Report*.

No.1077. 世界の航空機事故：1990－2008年

[定期航空便。違法な妨害行為による事故は除外する]

年	死亡事故	乗客死亡者	死亡率[1]	年	死亡事故	乗客死亡者	死亡率[1]
1990	27	544	0.05	2000	18	757	0.04
1992	28	1,070	0.09	2001	13	577	0.03
1993	33	864	0.07	2002	14	791	0.04
1994	27	1,170	0.09	2003	7	466	0.02
1995	25	711	0.05	2004	9	203	0.01
1996	24	1,146	0.07	2005	17	712	0.03
1997	25	921	0.06	2006	23	755	0.02
1998	20	904	0.05	2007	11	587	0.01
1999	21	499	0.03	2008	11	439	0.01

1．1億旅客キロ飛行あたりの比率。旅客－km（旅客キロ）は、旅客数に旅客の移動したキロ数を乗じたもの
資料：International Civil Aviation Organization, Montreal, Canada, *Civil Aviation Statistics of the World*（年刊）

No.1078. 航空機事故：1990－2010年

[12月31日を年度末とする]

項目	単位	1990	1995	2000	2005	2008	2009	2010,暫定値
航空機事故、計[1]	数	24	36	56	40	28	30	28
死亡事故	数	6	3	3	3	2	2	1
死亡者	数	39	168	92	22	3	52	2
搭乗中	数	12	162	92	20	1	51	2
10万飛行時間あたりの事故率：								
死亡事故	率	0.198	0.267	0.306	0.206	0.147	0.167	0.159
死亡数	率	0.049	0.022	0.016	0.015	0.010	0.011	0.006
商業飛行機事故、計[2]	数	15	12	12	6	7	2	6
死亡事故	数	3	2	1	－	－	－	－
死亡者	数	6	9	5	－	－	－	－
搭乗中	数	4	9	5	－	－	－	－
10万飛行時間あたりの事故率：								
死亡事故	率	0.641	0.457	3.247	2.002	2.385	0.685	1.899
死亡数	率	0.128	0.076	0.271	－	－	－	－
オンデマンド・エア・タクシー飛行機事故[3]	数	107	75	80	65	58	47	31
死亡事故	数	29	24	22	11	20	2	6
死亡者	数	51	52	71	18	69	17	17
搭乗中	数	49	52	68	16	69	14	17
10万飛行時間あたりの事故率：								
死亡事故	率	4.76	3.02	2.04	1.70	1.81	1.63	1.05
死亡数	率	1.29	0.97	0.56	0.29	0.62	0.07	0.20
一般飛行、飛行機事故[4]	数	2,242	2,056	1,837	1,670	1,569	1,480	1,435
死亡事故	数	444	413	345	321	275	275	267
死亡者	数	770	735	596	563	494	478	450
搭乗中	数	765	728	585	558	485	469	447
10万飛行時間あたりの事故率：								
死亡事故	率	7.85	8.21	6.57	7.20	6.86	7.08	6.86
率	率	1.55	1.63	1.21	1.38	1.21	1.32	1.27

－ ゼロを示す　1．14CFR121の下に運航されるすべての米国籍航空機。2000年以降、従来14CFR135の下に運航されていた席数10以上の航空機を含む　2．14CFR135の下に運航されるすべての米国籍定期運航便。2000年以降、10席未満の小型機のみ　3．14CFR135の下に運航されるすべての米国籍不定期運航便　4．14CFR121および14CFR135の下で運航されるもの以外の米国籍民間登録航空機。2006年のデータから、外国籍の航空機の海外の事故による154名の死亡を含む。ブラジルのアマゾン・ジャングル上空でのビジネスの一般飛行航空機との衝突事故による。一般飛行航空機には死者なし

資料：U.S. National Transportation Safety Board, "Aviation Accident Statistics"；<http://www.ntsb.gov/aviation/stats.htm>（2011年6月現在）

No.1079. 合衆国航空機の遅延・欠航・進路変更：1995－2009年

[単位：1000（5,327.4は532万7400を表す）。暦年データ。表No.1080の頭注を参照]

項目	1995	2000	2002	2003	2004	2005	2006	2007	2008	2009
総便数	5,327.4	5,683.0	5,271.4	6,488.5	7,129.3	7,140.6	7,141.9	7,455.5	7,009.7	6,450.3
遅延：										
出発遅延[1]	827.9	1,131.7	717.4	834.4	1,187.6	1,279.4	1,424.8	1,573.0	1,327.2	1,084.3
到着遅延[2]	1,039.3	1,356.0	868.2	1,057.8	1,421.4	1,466.1	1,615.5	1,804.0	1,524.7	1,218.3
欠航[3]	91.9	187.5	65.1	101.5	127.8	133.7	121.9	160.8	137.4	89.4
進路変更[4]	10.5	14.3	8.4	11.4	13.8	14.0	16.2	17.2	17.3	15.5

1．予定出発時間から15分以上遅れて出発した便　2．到着予定時間から15分以上遅れて到着した便　3．7日間以内に運航予定表に載っていて、運航されなかった便　4．予定空港から出発し、到着予定空港以外の地点に到着した便
資料：U.S. Bureau of Transportation Statistics, "National Transportation Statistics"；<http://www.bts.gov/publications/national_transportation_statistics/> を参照

No.1080. 合衆国主要空港の定刻発着数：2010年

[単位：パーセント。四半期ごとの主要米国航空会社の米国本土内運行表の発着時刻に基づく。国内定期旅客収入の1％以上の収入のある全航空会社に求めた定時発着のデータ。コンピュータ予約システムでは定時の15分以内の発着も定時飛行と見なされる。キャンセル便、行先変更後は延滞とされる。個別の航空会社については資料を参照。本書前年版の表No.1079も参照]

空港	定刻到着				定刻出発			
	第1四半期	第2四半期	第3四半期	第4四半期	第1四半期	第2四半期	第3四半期	第4四半期
主要空港、計	77.9	80.5	81.0	79.6	79.5	81.8	82.1	80.6
アトランタ、ハーツフィールド国際空港	75.8	79.5	78.9	80.6	78.0	80.1	78.5	79.6
ボストン、ローガン国際空港	70.4	81.7	77.7	75.3	77.2	84.9	82.2	80.0
ボルティモア、ワシントン国際空港	74.3	81.6	81.3	81.2	71.1	78.0	77.0	75.1
シャーロッテ、ダグラス空港	79.3	84.9	83.2	84.0	79.9	84.6	83.5	85.4
ワシントン、レーガン国際空港	74.6	80.2	79.5	82.1	78.7	84.3	84.0	85.6
デンバー国際空港	83.4	82.5	85.1	83.5	80.4	79.7	80.9	80.1
ダラス／フォートワース国際空港	78.6	80.6	81.9	87.5	75.4	77.1	78.3	84.6
デトロイト、メトロウェイン空港	76.0	77.5	78.2	79.3	77.1	77.4	78.2	80.8
ニューアーク国際空港	65.9	76.0	76.0	69.5	70.1	78.7	78.9	76.0
フォートローダーデール／ハリウッド国際空港	73.5	82.8	79.7	78.0	75.3	82.5	82.0	79.2
ワシントン／ダレス空港	74.0	82.7	82.6	84.1	76.1	82.9	83.9	85.2
ヒューストン、ジョージ・ブッシュ空港	80.7	80.9	81.3	86.3	81.5	83.3	82.0	86.1
ニューヨーク、ケネディ国際空港	70.8	77.2	76.1	74.9	73.1	76.1	73.6	76.3
ラスベガス、マッカレン国際空港	84.3	82.7	84.5	78.9	81.0	80.3	81.1	74.5
ロサンゼルス国際空港	83.1	82.6	82.9	78.1	83.2	83.3	83.9	79.2
ニューヨーク、ラガーディア空港	69.7	77.8	74.5	72.4	76.2	83.6	81.0	80.0
オーランド国際空港	75.8	83.8	81.8	81.8	76.7	82.8	81.9	82.6
シカゴ、ミッドウェー空港	79.4	81.2	83.4	77.0	70.6	72.0	74.5	63.2
マイアミ国際空港	73.6	76.5	78.1	83.5	71.6	73.8	75.2	82.0
ミネアポリス／セントポール国際空港	81.0	77.8	79.4	76.3	80.4	80.6	79.4	78.6
シカゴ、オヘア空港	76.4	75.3	81.5	80.4	75.9	74.1	80.4	79.7
ポートランド国際空港	86.2	84.9	84.9	78.9	89.3	89.5	88.9	83.2
フィラデルフィア国際空港	69.8	81.3	81.3	79.5	74.5	83.6	82.6	80.7
フェニックス、スカイハーバー国際空港	86.1	86.5	87.3	80.7	83.8	84.5	85.0	80.1
サンディエゴ、リンドバーグ空港	83.6	82.5	84.2	75.8	83.4	85.2	85.7	77.2
シアトル－タコマ国際空港	87.0	87.0	85.6	80.9	89.5	89.8	88.0	84.7
サンフランシスコ国際空港	68.9	73.2	73.6	69.4	73.1	77.5	77.4	73.3
ソルトレークシティ国際空港	85.8	85.0	84.0	75.7	88.0	87.0	85.5	79.1
タンパ国際空港	77.0	83.2	81.7	82.0	78.6	84.3	83.6	83.4

資料：U.S. Department of Transportation, Aviation Consumer Protection Division, *Air Travel Consumer Report* (月刊) および <http://airconsumer.ost.dot.gov>.

No.1081. 合衆国航空会社に対する苦情申し立て：1990－2010年

[暦年。運輸省、消費者保護局に対し、航空会社のスタッフのサービスについて申し立てられた苦情。個々の航空会社については資料を参照]

苦情内容	1990	2000	2004	2005	2006	2007	2008	2009	2010
計	7,703	20,564	5,839	6,900	6,452	10,960	10,643	8,821	10,985
飛行上の問題[1]	3,034	8,698	1,462	1,942	1,845	4,097	3,247	2,041	3,336
顧客サービス[2]	758	4,074	742	800	870	1,214	1,333	1,103	1,344
荷物	1,329	2,753	1,085	1,586	1,400	2,154	2,081	1,607	1,937
発券、搭乗[3]	624	1,405	637	679	708	1,136	1,404	1,583	1,510
払い戻し	701	803	376	530	485	745	803	669	730
運賃[4]	312	708	180	219	173	315	389	436	465
障害者[5]	(NA)	612	467	430	368	428	474	519	572
過剰販売[6]	399	759	263	284	275	420	432	370	544
差別[7]	(NA)	(NA)	96	100	90	82	115	131	143
広告	96	42	41	45	30	34	39	53	77
ツアー	29	25	(8)	(8)	(8)	(8)	(8)	(8)	(8)
動物	(NA)	1	3	3	3	7	5	5	8
喫煙	74	(9)	(9)	(9)	(9)	(9)	(9)	(9)	(9)
クレジット	5	(9)	(9)	(9)	(9)	(9)	(9)	(9)	(9)
その他	342	684	487	282	205	328	321	304	319

NA データなし　1．飛行の中止、遅れ等のスケジュールからの逸脱　2．従業員のサービスが悪い、食事およびキャビン内のサービスが悪い、搭乗に遅れた乗客の扱い等　3．予約および発券上のミス：予約を行いまたチケットを入手する際の問題。1998年以前には障害者の苦情を含む　4．料金、割引とその場合の条件および利用可能か否かについて正しいインフォメーションがなされなかった場合　5．2000年以前は「発券、搭乗」に含まれていた　6．航空会社がDOT規則を遵守しているか否かにかかわらず、予約をしていたにもかかわらず搭乗できなかった場合　7．身体障害以外、すなわち人種、宗教、出生国、性別による差別があった疑いのある場合　8．2002年以降「その他」に含まれる　9．2000年以降、その他に含まれる

資料：U.S. Department of Transportation, Aviation Consumer Protection Division, *Air Travel Consumer Report*(月刊); <http://airconsumer.ost.dot.gov>も参照

No.1082. コミューター／地方航空輸送——概要：2005－2009年

[暦年データ（154.2は1億5420万を表す）。コミューター／地方航空会社は75人程度の乗客と1万8000ポンドの積載能力を持つ短距離・小都市への運行をするもので、米国地域輸送による北米地域内の運行を表す平均値。平均値の定義は凡例を参照]

項目	単位	2005	2006	2007	2008	2009
旅客輸送会社	数	75	71	72	(NA)	62
搭乗乗客数	100万人	154.2	153.9	159.0	(NA)	159.5
1社あたり平均搭乗者数	1,000	2,055.6	2,168.0	2,208.5	(NA)	(NA)
収益旅客マイル(RPM)	10億	73.8	70.8	73.8	(NA)	72.9
1社あたりの平均RPM	100万	983.7	997.2	1,024.7	(NA)	(NA)
客席数×巡航マイル	10億	104.8	94.8	99.0	(NA)	97.6
平均搭乗率	％	70.4	74.7	74.6	(NA)	74.7
出発完了数	100万	5.3	5.0	5.0	(NA)	4.1
営業空港数	数	846	688	666	(NA)	644
平均飛行距離	マイル	478.5	460.0	464.0	(NA)	457.0
平均座席数	数	54.4	51.0	52.4	(NA)	55.0
総飛行時間	1,000	7,333.0	7,133.1	7,306.7	(NA)	5,146.0

NA データなし

資料：Compiled by the Regional Airline Association and BACK Aviation from DOT Form 41 data, *Annual Report of the Regional Airline Industry* (copyright) <http://www.raa.org/> も参照

No.1083. 空港、航空機、操縦士：1980－2009年

[12月31日現在または12月31日を年度末とする年度]

項目	1980	1990	1995	2000	2005	2007	2008	2009
空港、計[1]	**15,161**	**17,490**	**18,224**	**19,281**	**19,854**	**20,341**	**19,930**	**19,750**
公立[1]	4,814	5,589	5,415	5,317	5,270	5,221	5,202	5,178
滑走路に照明あり(%)	66.2	71.4	74.3	75.9	76.8	(NA)	(NA)	(NA)
滑走路に舗装(%)	72.3	70.7	73.3	74.3	74.8	(NA)	(NA)	(NA)
民間	10,347	11,901	12,809	13,964	14,584	14,839	14,451	14,298
滑走路に照明あり(%)	15.2	7.0	6.4	7.2	9.2	(NA)	(NA)	(NA)
滑走路に舗装(%)	13.3	31.5	33.0	32.0	33.2	(NA)	(NA)	(NA)
登録[2]	730	680	667	651	575	565	560	559
民間	(X)	(X)	572	563	575	(NA)	(NA)	(NA)
民間軍隊	(X)	(X)	95	88	(NA)	(NA)	(NA)	(NA)
一般飛行	14,431	16,810	17,557	18,630	19,279	19,776	19,370	19,191
現役の航空会社機体[3]	3,805	6,083	7,411	8,055	8,225	8,044	7,856	(NA)
固定翼	3,803	6,072	7,293	8,016	8,182	7,998	7,808	(NA)
ヘリコプター	2	11	118	39	43	46	48	(NA)
一般飛行機体[4]	211,043	198,000	188,089	217,533	224,352	231,607	228,663	223,877
固定翼	200,094	184,500	162,342	183,276	185,373	186,806	182,961	177,446
ターボジェット	2,992	4,100	4,559	7,001	9,823	10,385	11,042	11,268
ターボプロップ	4,089	5,300	4,995	5,762	7,942	9,514	8,906	9,055
ピストン	193,013	175,200	152,788	170,513	167,608	166,907	163,013	157,123
ロトクラフト	6,001	6,900	5,830	7,150	8,728	9,567	9,876	9,984
その他	4,945	6,600	4,741	6,700	6,454	5,940	5,652	5,480
グライダー	(X)	(X)	2,182	2,041	2,074	1,947	1,914	1,808
軽航空機	(X)	(X)	2,559	4,660	4,380	3,993	3,738	3,672
試験機	(X)	(X)	15,176	20,407	23,627	23,228	23,364	24,419
航空関係有資格者：[5]								
パイロット、計	827,071	702,659	639,184	625,581	609,737	590,349	613,746	594,285
女性	52,902	40,515	38,032	36,757	36,584	35,784	37,981	36,808
学生	199,833	128,663	101,279	93,064	87,213	84,339	80,989	72,280
レクリエーション	(X)	87	232	340	278	239	252	234
航空機：								
個人	357,479	299,111	261,399	251,561	228,619	211,096	222,596	211,619
商業	183,442	149,666	133,980	121,858	120,614	115,127	124,746	125,738
航空輸送	69,569	107,732	123,877	141,596	141,992	143,953	146,838	144,600
ロトクラフト限定[6]	6,030	9,567	7,183	7,775	9,518	12,290	14,647	15,298
グライダー限定	7,039	7,833	11,234	9,387	21,369	21,274	21,055	21,268
フライト・インストラクター有資格者	60,440	63,775	77,613	80,931	90,555	92,175	93,202	94,863
インストルメント・レーティング	260,462	297,073	298,798	311,944	311,828	309,865	325,247	323,495
操縦士以外の有資格者[7]	368,356	492,237	651,341	547,453	644,016	666,559	678,181	682,315
メカニック	250,157	344,282	405,294	344,434	320,292	322,852	326,276	329,027
整備士	(X)	(X)	61,233	38,208	40,030	40,277	41,056	41,389
パラシュート整備	9,547	10,094	11,824	10,477	8,150	8,186	8,248	8,362
グランド・インストラクター	61,550	66,882	96,165	72,326	74,378	74,544	74,983	75,461
ディスパッチャー（運行管理）	6,799	11,002	15,642	16,340	18,079	19,043	19,590	20,132
フライト・ナビゲーター（航空士）	1,936	1,290	916	570	298	250	222	181
フライト・エンジニア（航空機関士）	38,367	58,687	60,267	65,098	57,756	54,394	53,135	51,022

NA データなし X 該当なし 1．連邦航空局（FAA）に登録されている、現存する空港、ヘリポート、水上機基地等。合衆国および海外領土の、民間および軍民共用の空港、ヘリポート、STOLポート、水上機基地を含む。2007年以降のデータには、軍専用の空港も含まれる。合衆国海外領土を含む。空港の種類については、公営：公的所有の空港で、公的機関が管理する空港、民間：民間の個人または企業の所有する空港、とする。公共利用のできるものとできないものがある 2．認可空港は旅客用席数9席以上の航空便が発着できる。2005年現在FAAは軍用空港の認可を行っていない 3．航空会社の飛行機は、14CFR121（大型機-30席超）と14CFR135（小型機-30席以下）のもと、旅客と貨物を輸送する。1990年以降、飛行機数は月間平均で、年度の最後の3か月間に飛行した機数に基づく。1990年より以前は、当該年の12月に使用された機数 4．ヘリコプターの2000年の数値が下がっているのは、推計方法による 5．1995年以降、コミューターを除く 6．1980年のデータはヘリコプターのみ 7．すべての資格は登録されている。健康診断の必要はなし

資料：注記したものを除き、U.S. Bureau of Transportation Statistics, *National Transportation Statistics*, (年刊); <http://www.bts.gov/publications/national_transportation_statistics/>

No.1084. 内陸水路の貨物輸送――水路別：1990－2009年

[単位：100万トン（4.2は420万トンを表す）]

項目	1990	1995	2000	2005	2006	2007	2008	2009
大西洋内陸大水路	4.2	3.5	3.1	2.7	2.6	2.5	2.9	2.5
五大湖水路網	167.1	177.8	187.5	169.4	173.0	161.0	152.4	108.7
メキシコ湾水路	115.4	118.0	113.8	116.1	122.6	125.1	115.9	108.1
ミシシッピ川水路網[1]	659.1	707.2	715.5	678.0	702.1	699.0	681.6	622.1
ミシシッピ川主流	475.3	520.3	515.6	464.6	497.7	500.5	486.8	447.7
オハイオ川水路網[2]	260.0	267.6	274.4	280.1	270.7	260.2	259.2	229.5
コロンビア川	51.4	57.1	55.2	51.5	52.3	58.1	54.8	46.0
スネーク川	4.8	6.8	6.7	5.3	5.2	5.4	3.7	4.4

1．ミシシッピ、イリノイ、ミズーリ、オハイオの各河川の主流、支流　2．オハイオ、テネシー、クリーブランドの主流および航行可能な支流、河口

資料：U.S. Army Corps of Engineers, *Waterborne Commerce of the United States* (年刊); ⟨http://www.iwr.usace.army.mil/ndc/wcsc/wcsc.htm⟩ (2011年4月現在)

No.1085. 国内および国際水上輸送――商品分類別：1995－2009年

[単位：100万米トン（2,240.4は22億4040万を表す）。1米トン＝2,000ポンド。国内交易は米国港湾と内陸河川、五大湖、運河、米国内水路、プエルトリコ、バージン諸島間の全商業運行を含む。]

商品	1995	2000	2005	2009 総数	2009 国内	2009 外国輸入	2009 外国輸出
計	2,240.4	2,424.6	2,527.6	2,210.8	857.1	858.9	494.8
石炭	324.5	297.0	316.6	291.0	210.7	22.9	57.4
石油および石油製品	907.1	1,044.0	1,111.4	1,016.4	319.7	582.2	114.5
原油	504.6	571.4	602.7	515.3	64.2	451.1	-
石油製品[1]	402.5	472.4	508.8	501.1	255.5	131.1	114.5
ガソリン	114.4	125.2	156.1	143.6	68.4	50.6	24.6
溜出燃料油	76.7	91.7	141.1	171.0	75.7	55.7	39.6
残留燃料油	111.9	131.6	96.1	81.3	69.0	4.6	7.7
化学製品、関連製品	153.7	172.4	174.9	154.9	62.2	36.8	55.9
化学肥料	35.7	35.1	34.5	27.4	11.3	5.2	10.9
その他の化学製品、関連製品	118.0	137.3	140.4	127.6	50.9	31.7	45.0
原料（食品を除く）	381.7	380.3	386.0	280.9	143.0	74.6	63.3
森林製品、木材、チップ	47.2	33.1	29.4	16.9	5.0	3.6	8.3
パルプ、古紙	14.9	13.6	18.7	21.8	-	1.6	20.2
土、石、砂、採石、砂利[1]	152.5	165.0	177.9	120.9	89.4	28.5	3.0
石灰岩	54.0	67.4	73.5	56.2	40.0	13.8	2.4
燐灰岩	10.7	3.4	6.0	4.6	2.4	2.2	-
砂および砂利	77.0	79.0	80.2	51.9	44.4	6.9	0.5
鉄鉱石およびスクラップ	104.9	97.9	85.7	60.0	30.3	6.1	23.6
シェル	0.5	0.3	-	-	-	-	-
非鉄鉱石およびスクラップ	27.9	29.2	29.2	20.8	5.5	12.9	2.5
硫黄、粘土、塩	23.4	11.3	8.7	6.4	0.5	1.1	4.7
スラグ	1.9	4.0	6.0	3.3	1.4	1.7	0.2
その他の非金属鉱物	8.4	25.9	30.4	30.9	10.8	19.2	0.9
一次製品	106.3	153.0	166.4	89.6	24.2	44.3	21.2
紙製品	13.1	12.1	13.7	12.3	0.1	4.8	7.3
石灰、セメント、ガラス	33.9	55.9	62.4	24.9	12.4	11.3	1.2
一次鉄鋼製品	44.1	57.1	52.1	25.0	6.7	14.9	3.3
一次非鉄金属製品	12.3	25.5	33.5	25.3	4.9	11.3	9.1
一次木工品	2.9	2.5	4.8	2.2	0.1	1.8	0.3
食品、農産物	303.2	283.3	251.3	279.0	81.2	37.1	160.7
魚	3.6	2.4	3.0	2.9	0.1	1.8	1.0
穀物[1]	167.9	145.2	124.0	121.6	44.4	1.8	75.4
小麦	48.5	43.4	36.4	32.5	8.9	0.7	22.9
とうもろこし	105.0	88.2	75.2	79.7	32.9	0.1	46.7
油脂種子	46.1	57.6	47.2	74.8	25.5	0.3	49.0
大豆	42.0	47.3	40.8	65.0	22.2	0.1	42.7
野菜	9.0	8.9	8.3	10.7	1.3	5.0	4.4
加工穀物および飼料	33.0	23.1	18.4	17.4	4.6	0.7	12.1
その他の農産物	43.5	46.1	50.5	51.5	5.3	27.4	18.8
全製造業用機材、機械、製品	57.0	83.6	110.3	89.6	14.1	57.3	18.1
廃棄物、スクラップ、n.e.c.[2]	5.4	4.3	2.0	1.8	1.8	-	-
未詳または分類不能	1.6	6.8	8.7	7.5	0.1	3.8	3.6

－　ゼロまたは概数でゼロを示す　1．個別に明示しない商品を含む　2．他のどこにも分類されないものを示す

資料：U.S. Army Corps of Engineers, *Waterborne Commerce of the United States* (年刊); ⟨http://www.iwr.usace.army.mil/ndc/wcsc/wcsc.htm⟩ (2011年4月現在)

No.1086. 合衆国主要港の取扱量：2009年

[単位：1000米トン（30,136は3013万6000米トンを表す）、順位。1米トン＝2000ポンド。暦年。各港に入港、または各港から出港した貨物のトン数を示す。フェリーによる輸送、湾岸施設から燃料として直接供給される石炭および石油および工兵隊のプロジェクトを支援する政府所有の施設で100トン未満のものは除外する]

港	順位	計	国際輸送 計	入港	出港	国内輸送
ボルティモア、MD	26	30,136	20,253	10,472	9,781	9,883
バトンルージュ、LA	13	51,918	17,834	11,225	6,609	34,084
ボーモント、TX	7	67,715	43,287	36,873	6,413	24,429
コーパスクリスティ、TX	5	68,240	50,804	39,674	11,131	17,436
ダルース-スペリオル、MN, WI	25	30,226	7,755	509	7,246	22,471
フリーポート、TX	27	27,363	23,338	21,094	2,244	4,025
ヒューストン、TX	2	211,341	147,969	84,630	63,340	63,372
ハンティントン-トリステイト[1]	8	59,172	−	−	−	59,172
レイクチャールズ、LA	11	52,252	32,622	27,565	5,057	19,630
ロングビーチ、CA	4	72,500	58,573	37,283	21,289	13,928
ロサンゼルス、CA	9	58,406	51,400	31,279	20,121	7,006
マーカスフック、PA	30	24,569	16,439	16,159	280	8,130
モービル、AL	12	52,219	27,836	15,595	12,241	24,383
ニューオリンズ、LA	6	68,126	31,058	14,144	16,914	37,068
ニューヨーク、NY, NJ	3	144,690	83,469	64,032	19,437	61,221
ノーフォークハーバー、VA	15	40,326	33,724	8,193	25,531	6,602
パスカゴーラ、MS	16	36,618	28,210	21,507	6,703	8,408
ポールズボロ、NJ	24	30,258	18,901	16,905	1,997	11,357
フィラデルフィア、PA	22	31,751	20,319	19,900	419	11,432
ピッツバーグ、PA	20	32,891	−	−	−	32,891
プラークマインズ、LA	14	50,869	16,161	2,215	13,946	34,708
ポートアーサー、TX	19	33,804	24,385	14,441	9,945	9,419
リッチモンド、CA	28	25,363	14,371	12,385	1,986	10,992
サバンナ、GA	21	32,339	30,389	16,694	13,694	1,950
シアトル、WA	29	24,608	19,445	6,882	12,563	5,163
サウスルイジアナ、LA	1	212,581	103,077	36,017	67,061	109,503
セントルイス、MO, IL	23	31,337	−	−	−	31,337
タンパ、FL	17	34,888	12,084	5,768	6,316	22,804
テキサスシティ、TX	10	52,632	36,476	31,701	4,775	16,157
バルデス、AK	18	34,473	8	8	−	34,465

− ゼロを示す　1．ハンティントン港は合衆国最大の内陸港

資料：U.S. Army Corps of Engineers, "Waterborne Commerce of the United States"（年刊）；〈http://www.iwr.usace.army.mil/ndc/wcsc/wcsc.htm〉（2011年4月現在）

No.1087. 合衆国の主要な港湾および水路──コンテナ流通量：2009年

[単位：1000TEUS（20フィート換算単位）。28,746.4は2874万6400を表す。暦年。総TEUSの多い30の港湾・水路。TEUSはコンテナ貨物の容量を示す単位で、1TEUSは20フィート×8フィート×8フィート6インチのコンテナの容量を示す]

港湾・水路	順位	総扱い量	米国船 計[1]	国内向け	外国向け	外国船 計	国内向け
計[2]	(X)	28,746.4	4,418.6	1,860.4	1,860.4	24,746.4	14,517.3
アンカレッジ、AK	17	254.0	257.2	211.3	42.7	−	−
アプラハーバー、GU	28	59.2	68.8	51.1	8.1	−	−
ボルティモア、MD	16	453.1	70.0	25.0	26.5	401.7	226.5
ボストン、MA	22	158.8	19.2	6.1	5.6	147.1	83.4
カンデム-グロースター、NJ	26	94.1	52.2	18.3	33.6	42.2	32.3
チャールストン、SC	10	941.1	−	−	−	941.1	493.7
フリーポート、TX	29	57.3	−	−	−	57.3	35.1
ガフルポート、MS	23	156.5	−	−	−	156.5	100.2
ホノルル、HI	12	686.2	870.0	445.0	211.8	29.4	17.4
ヒューストン、TX	7	1,262.8	36.5	14.3	18.1	1,230.4	479.6
ジャクソンビル、FL	13	631.4	448.4	74.0	374.0	183.3	76.2
カフルイ、マウイ、HI	30	54.4	85.9	42.5	11.9	−	−
ロングビーチ、CA	2	4,063.8	331.4	49.4	237.3	3,777.1	2,549.2
ロサンゼルス、CA	1	4,919.2	−	−	−	4,919.2	3,430.9
マイアミ、FL	14	622.6	−	−	−	622.6	285.7
モービル、AL	27	86.1	−	−	−	86.1	34.5
ニューオリンズ、LA	18	231.6	11.8	6.3	2.9	222.3	73.3
ニューヨーク、NY, NJ	3	3,761.3	226.9	84.0	113.9	3,563.4	2,332.9
ノーフォークハーバー、VA	6	1,413.2	70.0	26.5	25.0	1,361.8	673.0
オークランド、CA	5	1,542.9	223.9	26.6	143.6	1,372.7	636.8
パームビーチ、FL	25	109.4	−	−	−	109.4	26.2
フィラデルフィア、PA	24	153.6	−	−	−	153.6	117.2
ポートエバーグレイズ、FL	15	531.5	8.6	−	8.6	522.9	218.8
ポートランド、OR	21	162.1	9.7	4.8	3.4	153.9	68.7
サンファン、PR	11	809.5	600.9	479.1	121.1	209.3	150.4
サバンナ、GA	4	1,898.7	−	−	−	1,898.7	906.7
シアトル、WA	8	1,219.3	270.7	41.5	133.5	1,044.4	583.7
タコマ、WA	9	1,150.7	269.3	49.3	219.2	882.2	481.4
ウィルミントン、DE	20	164.0	−	−	−	164.0	130.5
ウィルミントン、NC	19	184.3	−	−	−	184.3	96.6

− ゼロを示す　X データなし　1．空荷を含む　2．個別に明示しないその他の港湾・水路を含む

資料：U.S. Army Corps of Engineers, "U.S. Waterborne Container Traffic for U.S. Port/Waterway in 2008."；〈http://www.iwr.usace.army.mil/ndc/wcsc/wcsc.htm〉も参照（2011年4月現在）

No.1088. 幹線道路の道路長——管轄主体別、都市・地方別：1990－2008年

[単位：1,000 (3,880は388万を表す)。12月31日現在。2000年以降プエルトリコを含む。『アメリカ歴史統計』系列Q50、51、55も参照]

種類、管轄主体	1990	1995	2000	2003	2004	2005	2006	2007	2008
総マイル数[1]	3,880	3,912	3,951	3,991	3,997	4,012	4,033	4,032	4,059
都市部総マイル数[2]	757	819	859	954	994	1,023	1,043	1,044	1,079
州政府管轄	96	112	112	127	130	144	148	145	152
地方政府管轄[1]	661	706	746	828	862	874	890	894	920
地方の総マイル数	3,123	3,093	3,092	3,036	3,003	2,989	2,990	2,988	2,980
州政府管轄	703	691	664	653	650	637	635	634	633
地方政府管轄[1]	2,242	2,231	2,311	2,263	2,236	2,228	2,231	2,228	2,223
連邦政府管轄	178	170	117	120	118	123	123	126	124

1. 州立公園内道路、州立有料道路、州および地方機関の道路等、私有道と認識されていない道路を含む　2. 連邦公園・森林・居留地内の道路で、州・地方の道路でないもの

資料：U.S. Federal Highway Administration, *Highway Statistics* (年刊); ⟨http://www.fhwa.dot.gov/policy/ohpi/hss /index.cfm⟩ も参照

No.1089. 幹線道路の道路長——州間、都市部、地方別および機能別：2009年

[12月31日現在。プエルトリコは除く。都市・地方道の定義は本章の解説を参照。各州の略号については表紙裏の図Iを参照]

州	計	機能					都市部	地方
		州間	その他の高速道路	幹線	集散	地方		
合衆国	4,050,717	46,720	12,287	402,648	793,249	2,795,813	1,081,371	2,969,346
AL[1]	93,820	867	31	8,281	18,054	66,587	20,536	73,283
AK	15,719	1,082	–	1,555	2,791	10,291	2,419	13,300
AZ[2]	60,440	1,168	176	5,730	8,132	45,234	22,917	37,523
AR	100,100	655	252	6,988	21,089	71,116	12,845	87,255
CA	171,874	2,460	1,537	27,423	32,251	108,203	90,043	81,831
CO	88,278	952	314	8,936	16,275	61,801	19,375	68,903
CT	21,407	346	240	2,758	3,206	14,857	15,162	6,245
DE	6,302	41	30	643	1,046	4,542	2,993	3,309
DC	1,505	13	17	268	157	1,050	1,505	–
FL	121,447	1,471	771	12,779	14,409	92,017	81,040	40,407
GA	121,631	1,242	148	14,059	22,915	83,267	38,608	83,023
HI	4,371	55	34	754	832	2,696	2,319	2,052
ID	48,180	612	–	4,150	10,380	33,038	5,743	42,437
IL	139,577	2,182	99	14,646	21,793	100,857	41,433	98,144
IN[3]	95,679	1,171	164	8,536	22,351	63,457	26,778	68,901
IA	114,347	781	–	9,754	31,557	72,255	11,355	102,992
KS	140,753	874	188	9,525	33,541	96,625	12,932	127,821
KY	78,963	762	67	5,872	16,133	56,129	12,583	66,380
LA	61,335	905	51	5,527	10,038	44,814	16,339	44,996
ME	22,839	367	21	2,178	5,930	14,343	2,996	19,843
MD	31,461	482	294	3,797	5,052	21,836	17,389	14,072
MA	36,177	573	312	6,162	4,830	24,300	28,197	7,980
MI	121,651	1,242	329	14,679	24,446	80,955	35,860	85,791
MN	137,932	917	178	13,420	30,478	92,939	20,802	117,130
MS	74,985	699	67	7,551	15,509	51,159	11,025	63,960
MO	130,359	1,180	408	10,276	24,896	93,599	23,592	106,767
MT	73,627	1,192	–	6,036	16,214	50,185	3,075	70,552
NE	93,631	481	32	8,097	20,760	64,261	6,414	87,217
NV	34,844	571	69	3,081	4,996	26,127	7,283	27,561
NH	16,041	225	73	1,521	2,743	11,479	4,928	11,113
NJ	38,835	431	404	5,757	4,151	28,092	31,557	7,278
NM	68,384	1,000	5	5,111	8,535	53,733	7,993	60,391
NY	114,546	1,705	789	13,852	20,685	77,515	48,431	66,115
NC	105,317	1,140	497	9,554	17,397	76,729	35,867	69,450
ND	86,843	571	–	5,919	11,814	68,539	1,898	84,945
OH	123,024	1,572	483	10,978	22,737	87,255	44,783	78,242
OK	115,851	933	191	10,931	25,301	78,495	18,774	97,077
OR	59,128	729	58	7,041	17,671	33,629	12,894	46,234
PA[4]	121,780	1,792	897	12,932	19,824	86,335	45,302	76,478
RI	6,400	71	90	835	887	4,517	5,188	1,212
SC	66,263	843	91	7,147	15,088	43,094	16,422	49,841
SD	82,354	679	11	6,422	19,021	56,221	2,986	79,368
TN	93,252	1,104	153	9,064	17,899	65,032	23,658	69,594
TX	310,850	3,233	1,486	31,645	64,729	209,757	97,117	213,733
UT	44,877	936	21	3,706	8,132	32,082	11,146	33,731
VT	14,436	320	20	1,302	3,123	9,671	1,424	13,012
VA	74,182	1,119	292	8,381	14,135	50,255	23,795	50,387
WA	83,507	764	379	7,786	17,224	57,354	23,191	60,316
WV	38,598	555	10	3,476	8,609	25,948	5,366	33,232
WI	114,910	743	505	12,217	22,310	79,135	22,380	92,530
WY	28,105	913	3	11,173	3,610	12,406	2,713	25,392

－　ゼロを示す　1. 小規模な補助幹線道路、および地方道の都市・農村部別の分類については2008年のデータ　2. 2008年のデータ　3. 連邦政府機関所有の823マイルおよび連邦政府機関以外の所有する71マイルの道路を除外　4. 小規模な補助幹線道路、および地方道の都市・農村部別の分類については2008年のデータ

資料：U.S. Federal Highway Administration, *Highway Statistics* (年刊); ⟨http://www.fhwa.dot.gov/policy/ohpi/hss/index.cfm⟩ も参照

No.1090. 橋梁——欠陥の有無：1997－2010年、および州別：2010年

[National Bridge Inventory Programに基づく。詳細については資料を参照]

州および年度	橋梁数	欠陥のある橋梁、使用されない橋梁					
		合計	%	構造的欠陥[1]		構造不全[2]	
				数	%	数	%
1996	581,862	182,726	31.4	101,518	17.4	81,208	14.0
1997	582,751	175,885	30.2	98,475	16.9	77,410	13.3
1998	582,984	172,582	29.6	93,076	16.0	79,506	13.6
1999	585,542	170,050	29.0	88,150	15.1	81,900	14.0
2000	587,755	167,993	28.6	87,106	14.8	80,887	13.8
2001	590,066	165,099	28.0	83,630	14.2	81,469	13.8
2002	591,220	163,010	27.6	81,437	13.8	81,573	13.8
2003	592,246	160,819	27.2	79,811	13.5	81,008	13.7
2004	593,885	158,318	26.7	77,758	13.1	80,560	13.6
2005	594,616	156,177	26.3	75,871	12.8	80,306	13.5
2006	596,842	153,990	25.8	73,764	12.4	80,226	13.4
2007	599,766	152,316	25.4	72,524	12.1	79,792	13.3
2008	601,411	151,391	25.2	71,469	11.9	79,922	13.3
2009	603,245	149,647	24.8	71,179	11.8	78,468	13.0
合衆国、計、2010	604,474	146,633	24.3	69,223	11.5	77,410	12.8
アラバマ	16,018	3,676	22.9	1,592	9.9	2,084	13.0
アラスカ	1,134	280	24.7	138	12.2	142	12.5
アリゾナ	7,578	903	11.9	230	3.0	673	8.9
アーカンソー	12,587	2,814	22.4	930	7.4	1,884	15.0
カリフォルニア	24,557	7,091	28.9	3,135	12.8	3,956	16.1
コロラド	8,506	1,399	16.4	578	6.8	821	9.7
コネティカット	4,191	1,411	33.7	383	9.1	1,028	24.5
デラウェア	861	161	18.7	50	5.8	111	12.9
コロンビア特別区	244	158	64.8	30	12.3	128	52.5
フロリダ	11,912	1,883	15.8	290	2.4	1,593	13.4
ジョージア	14,670	2,729	18.6	941	6.4	1,788	12.2
ハワイ	1,137	507	44.6	141	12.4	366	32.2
アイダホ	4,132	787	19.0	373	9.0	414	10.0
イリノイ	26,337	4,002	15.2	2,239	8.5	1,763	6.7
インディアナ	18,548	4,003	21.6	1,975	10.6	2,028	10.9
アイオワ	24,731	6,599	26.7	5,372	21.7	1,227	5.0
カンザス	25,329	4,899	19.3	2,816	11.1	2,083	8.2
ケンタッキー	13,849	4,311	31.1	1,311	9.5	3,000	21.7
ルイジアナ	13,361	3,829	28.7	1,722	12.9	2,107	15.8
メーン	2,393	771	32.2	369	15.4	402	16.8
メリーランド	5,195	1,322	25.4	364	7.0	958	18.4
マサチューセッツ	5,113	2,548	49.8	558	10.9	1,990	38.9
ミシガン	10,928	2,726	24.9	1,437	13.1	1,289	11.8
ミネソタ	13,108	1,537	11.7	1,149	8.8	388	3.0
ミシシッピ	17,065	4,019	23.6	2,650	15.5	1,369	8.0
ミズーリ	24,245	7,021	29.0	4,075	16.8	2,946	12.2
モンタナ	5,119	877	17.1	391	7.6	486	9.5
ネブラスカ	15,376	3,794	24.7	2,797	18.2	997	6.5
ネバダ	1,753	208	11.9	39	2.2	169	9.6
ニューハンプシャー	2,409	747	31.0	371	15.4	376	15.6
ニュージャージー	6,520	2,280	35.0	674	10.3	1,606	24.6
ニューメキシコ	3,903	642	16.4	330	8.5	312	8.0
ニューヨーク	17,365	6,467	37.2	2,088	12.0	4,379	25.2
ノースカロライナ	18,099	4,976	27.5	2,353	13.0	2,623	14.5
ノースダコタ	4,418	943	21.3	710	16.1	233	5.3
オハイオ	28,033	6,598	23.5	2,742	9.8	3,856	13.8
オクラホマ	23,692	6,811	28.7	5,212	22.0	1,599	6.7
オレゴン	7,255	1,650	22.7	456	6.3	1,194	16.5
ペンシルベニア	22,359	9,608	43.0	5,906	26.4	3,702	16.6
ロードアイランド	757	396	52.3	163	21.5	233	30.8
サウスカロライナ	9,252	1,995	21.6	1,210	13.1	785	8.5
サウスダコタ	5,891	1,425	24.2	1,193	20.3	232	3.9
テネシー	19,892	3,856	19.4	1,225	6.2	2,631	13.2
テキサス	51,440	9,133	17.8	1,618	3.1	7,515	14.6
ユタ	2,911	420	14.4	130	4.5	290	10.0
バーモント	2,712	861	31.7	326	12.0	535	19.7
バージニア	13,522	3,429	25.4	1,267	9.4	2,162	16.0
ワシントン	7,755	1,971	25.4	394	5.1	1,577	20.3
ウエストバージニア	7,069	2,543	36.0	1,018	14.4	1,525	21.6
ウィスコンシン	13,982	1,861	13.3	1,142	8.2	719	5.1
ワイオミング	3,060	661	21.6	395	12.9	266	8.7
プエルトリコ	2,201	1,095	49.8	225	10.2	870	39.5

1．軽車両の通行しか認められない。すでに閉鎖されたものも含め早急な修繕が必要である、とされる橋梁　2．橋梁の形状、耐荷重道路がシステムの一部としての基準をみたせなくなったもの

資料：U.S. Federal Highway Administration, Office of Bridge Technology, "National Bridge Technology,"〈http://www.fhwa.dot.gov/bridge/nbi.htm〉も参照

No.1091. ハイウェイの資金および料金収入の配分：1990－2008年

［単位：100万ドル（75,444は754億4400万ドルを表す）。データは州および地方当局の報告に基づく］

収支の種類	1990	1995	2000	2003	2004	2005	2006	2007	2008
収入総額	75,444	96,269	131,115	139,246	145,315	154,690	165,443	192,714	192,718
経常収入	69,880	87,620	119,815	124,593	129,521	137,668	147,615	167,983	172,785
利用者より徴収	44,346	59,331	81,335	79,280	83,006	90,343	93,648	97,916	94,152
その他の税、料金	19,827	21,732	31,137	37,783	38,956	39,214	44,455	55,584	61,163
投資収益およびその他の収入	5,707	6,557	7,342	7,530	7,560	8,111	9,512	14,484	17,471
債券発行収入[1]	5,564	8,649	11,301	14,654	15,794	17,022	17,828	24,730	19,933
連邦幹線道路信託基金からの引出（+）／返却（－）[2]	−36	−2,791	−8,418	4,359	2,174	−1,990	−4,382	−20,961	−10,660
有効資金総額	75,408	93,478	122,697	143,605	147,489	152,700	161,061	171,753	182,058
支出総額	75,408	93,478	122,697	143,605	147,489	152,700	161,061	171,753	182,058
経常支出	72,457	88,994	117,592	136,213	139,478	144,629	153,413	163,721	173,869
資本支出	35,151	44,228	61,323	70,004	70,274	75,162	78,676	81,098	91,144
維持管理、交通サービス	20,365	24,319	30,636	35,011	36,327	37,882	40,426	45,759	44,972
行政・研究	6,501	8,419	10,020	11,986	12,737	11,126	13,189	14,370	14,711
法執行、安全	7,235	8,218	11,031	13,501	14,322	14,066	14,482	15,074	14,565
負債利息	3,205	3,810	4,583	5,711	5,819	6,392	6,639	7,420	8,477
負債償還[1]	2,951	4,484	5,105	7,393	8,011	8,071	7,648	8,032	8,189

1．短期手形または借換え社債の発行、償還を含まない　2．マイナスの数値は資金が返却されたことを示す
資料：U.S. Federal Highway Administration, *Highway Statistics* (年刊); <http://www.fhwa.dot.gov/policy/ohpi/hss/index.cfm> も参照

No.1092. 幹線道路信託基金（ハイウェイ・トラスト・ファンド）のための州・地方政府向け連邦政府の援助：2009年

［9月30日を年度末とする。35,607は356億700万ドルを表す。本書前年版の表No.1091参照］

州	総額(100万ドル)	1人あたり[1](ドル)	州	総額(100万ドル)	1人あたり[1](ドル)	州	総額(100万ドル)	1人あたり[1](ドル)	州	総額(100万ドル)	1人あたり[1](ドル)
合衆国[2]	35,607	114	ID	258	167	MT	387	397	RI	189	179
合衆国[3]	34,733	113	IL	1,370	106	NE	275	153	SC	476	104
AL	725	154	IN	942	147	NV	374	141	SD	226	279
AK	335	480	IA	453	151	NH	178	134	TN	634	101
AZ	605	92	KS	383	136	NJ	791	91	TX	2,503	101
AR	419	145	KY	505	117	NM	277	138	UT	317	114
CA	2,494	67	LA	619	138	NY	1,779	91	VT	137	220
CO	470	94	ME	148	112	NC	1,117	119	VA	845	107
CT	487	138	MD	497	87	ND	245	379	WA	640	96
DE	181	205	MA	866	131	OH	1,181	102	WV	475	261
DC	133	222	MI	1,100	110	OK	798	217	WI	806	143
FL	1,518	82	MN	563	107	OR	416	109	WY	226	416
GA	1,265	129	MS	430	146	PA	1,478	117			
HI	214	165	MO	981	164						

1．センサス局による7月1日現在の推計居住人口に基づく　2．海外領土および個別に明示されないものを含む　3．50州およびコロンビア特別区
資料：U.S. Census Bureau, *Federal Aid to States for Fiscal Year, 2009* (2010年8月刊); <http://www.census.gov/prod/www/abs/fas.html> を参照

No.1093. 自動車燃料税収：2008、2009年／および州別ガソリン税率：2009年

［666は6億6600万を表す。合衆国税率は1ガロン18.4セント。『アメリカ歴史統計』系列Q233-234も参照］

州	税収(100万ドル) 2008	税収(100万ドル) 2009	税率[1] 2009	州	税収(100万ドル) 2008	税収(100万ドル) 2009	税率[1] 2009	州	税収(100万ドル) 2008	税収(100万ドル) 2009	税率[1] 2009
AL	666	635	18.00	KY	609	621	24.10	ND	144	143	23.00
AK	30	7	8.00	LA	598	598	20.00	OH	1,840	1,707	28.00
AZ	708	633	18.00	ME	240	229	29.50	OK	371	438	17.00
AR	464	446	21.50	MD	752	734	23.50	OR	398	421	24.00
CA	3,254	3,025	18.00	MA	665	653	21.00	PA	2,106	2,040	30.00
CO	555	542	22.00	MI	972	947	19.00	RI	146	0	30.00
CT	678	614	25.00	MN	664	751	27.10	SC	521	502	16.00
DE	118	115	23.00	MS	419	407	18.40	SD	129	128	22.00
DC	23	24	23.50	MO	710	681	17.00	TN	833	818	20.00
FL	2,215	2,149	16.00	MT	194	177	27.75	TX	3,043	3,001	20.00
GA	997	467	7.50	NE	304	314	26.80	UT	364	334	24.50
HI	85	73	17.00	NV	308	453	24.00	VT	88	80	20.00
ID	219	216	25.00	NH	153	145	19.63	VA	935	897	17.50
IL	1,314	1,260	19.00	NJ	588	559	10.50	WA	1,168	1,165	37.50
IN	856	918	18.00	NM	[2]289	321	18.88	WV	359	339	32.20
IA	435	428	21.00	NY	1,607	1,625	25.15	WI	980	949	30.90
KS	424	414	24.00	NC	1,573	1,505	30.15	WY	106	87	14.00

1．ガロンあたりセントの州ガソリン税率。12月31日現行　2．2007年のデータ
資料：U.S. Federal Highway Administration, *Highway Statistics* (年刊); <http://www.fhwa.dot.gov/policy/ohpi/hss/index.cfm> を参照

No.1094. ハイウェイのための公的債務――年度内の債務額の変化：1995－2009年

[単位：100万ドル（37,449は374億4900万ドルを表す）。本表では州の債務額を地方道のための州債発行額（通行料金徴収機関発行のものと州政府発行のもの）と要約している。本表は州当局の報告書から編集された。また通行料金徴収機関を含む地方政府のハイウェイ債務の状況の変化も同様に要約している。『アメリカ歴史統計』系列Q136-147も参照]

項目	1995	2000	2004	2005	2006	2007	2008	2009
州政府								
債務残高、年初	37,449	56,264	80,513	82,476	89,642	89,899	102,039	111,600
債券発行額	4,718	9,067	13,344	19,784	15,651	20,924	20,769	22,372
償還額	2,940	3,897	8,291	14,072	8,780	7,108	12,183	8,326
債務残高、年末	39,228	61,434	85,565	88,187	96,513	103,715	110,625	125,646
地方政府[1][2]								
債務残高、年初	26,393	34,904	42,733	44,406	47,346	50,092	52,478	(NA)
債券発行額、年初	25,613	34,229	41,979	43,403	46,344	48,854	51,103	(NA)
償還額、年末	29,505	34,949	44,368	46,168	49,130	51,049	53,895	(NA)
債務残高、年末	30,295	35,557	45,331	47,170	50,366	52,336	55,414	(NA)

NA データなし　1．短期債券のデータは示さないが、年初および年末の債務残高には含まれる　2．推計に含まれる地方政府の数は年によって異なる

資料：U.S. Federal Highway Administration, *Highway Statistics*（年刊）；〈http://www.fhwa.dot.gov/policy/ohpi/hss/index.cfm〉を参照

No.1095. 州政府幹線道路支出：1995－2009年

[単位：100万ドル（67,615は676億1500万ドルを表す）。経常収入よりの償還、建設・維持費用のローン、ハイウェイ債の利払いと支払い、自治体への移転支払、その他を含む。州料金当局の取扱いを含む。集金費用および非幹線道路および大量輸送に配分された金額および借換えによって償還された証書を除く。『アメリカ歴史統計』系列Q90-94も参照]

州	1995	2000	2004	2005	2006	2007	2008	2009
合衆国	67,615	89,832	104,677	116,517	117,048	130,306	139,584	143,767
アラバマ	1,002	1,246	1,562	1,519	1,684	1,752	1,916	1,969
アラスカ	438	501	623	643	654	710	730	935
アリゾナ	1,199	2,040	2,569	2,458	2,662	2,335	2,806	2,988
アーカンソー	666	817	1,219	1,078	1,134	1,036	1,051	1,072
カリフォルニア	5,966	6,750	7,967	8,308	10,571	13,288	14,697	21,808
コロラド	922	1,392	1,870	1,652	1,490	1,601	1,695	1,906
コネティカット	1,153	1,304	1,677	1,434	1,223	1,265	1,370	2,175
デラウェア	441	595	798	1,104	804	676	683	711
コロンビア特別区	140	244	369	327	287	334	335	469
フロリダ	3,421	4,208	5,804	7,369	7,725	8,069	8,698	7,194
ジョージア	1,437	1,567	1,935	2,070	2,655	2,878	3,817	3,506
ハワイ	360	272	314	506	323	352	444	504
アイダホ	350	492	568	608	622	758	802	890
イリノイ	3,006	3,447	4,289	4,201	4,974	5,424	6,299	5,385
インディアナ	1,433	1,932	2,578	2,235	2,416	3,251	3,280	3,280
アイオワ	1,078	1,494	1,401	1,392	1,515	1,564	1,505	1,721
カンザス	1,019	1,206	1,387	1,394	1,521	1,414	1,487	1,464
ケンタッキー	1,397	1,651	1,907	1,723	1,635	2,194	2,404	2,522
ルイジアナ	1,198	1,301	1,576	1,387	1,866	1,923	2,488	3,480
メーン	379	488	702	616	628	584	739	652
メリーランド	1,289	1,599	1,831	2,049	2,304	2,689	2,747	2,800
マサチューセッツ	2,501	3,524	3,612	3,196	2,723	2,815	2,898	2,810
ミシガン	1,974	2,748	2,930	3,561	3,263	3,240	3,269	3,178
ミネソタ	1,210	1,692	1,995	2,131	2,143	2,168	2,352	2,365
ミシシッピ	662	1,039	1,087	1,081	1,272	1,647	1,346	1,301
ミズーリ	1,313	1,818	2,135	2,069	2,430	3,955	2,545	2,846
モンタナ	388	474	657	664	696	622	651	708
ネブラスカ	578	745	859	876	882	1,436	1,352	1,398
ネバダ	484	651	1,045	865	1,144	1,063	906	1,221
ニューハンプシャー	328	387	389	389	524	693	681	641
ニュージャージー	2,102	4,503	3,849	7,119	5,561	4,018	3,921	4,222
ニューメキシコ	535	1,162	1,164	911	942	942	860	1,272
ニューヨーク	4,584	5,307	6,094	9,638	5,659	7,459	7,537	6,977
ノースカロライナ	1,871	2,621	3,557	3,698	3,330	3,385	3,584	3,659
ノースダコタ	270	385	388	456	506	441	471	478
オハイオ	2,637	3,351	3,657	4,040	4,251	4,418	4,631	4,852
オクラホマ	828	1,417	1,175	1,163	2,001	1,282	1,634	1,765
オレゴン	888	1,010	1,000	1,628	1,254	1,736	1,364	1,395
ペンシルベニア	3,153	4,517	4,283	4,567	5,537	5,999	5,956	6,979
ロードアイランド	290	256	373	407	488	494	419	389
サウスカロライナ	668	970	1,254	1,360	1,476	1,472	1,470	1,353
サウスダコタ	286	466	455	466	491	402	451	500
テネシー	1,230	1,440	1,549	1,718	1,658	1,657	1,771	1,936
テキサス	3,593	5,665	7,134	8,918	9,101	13,136	15,948	9,883
ユタ	431	1,072	1,871	986	1,128	1,335	1,229	1,855
バーモント	194	287	297	310	335	368	395	400
バージニア	2,107	2,678	3,002	3,384	3,195	3,228	3,875	3,572
ワシントン	1,909	1,871	2,469	2,625	2,656	3,057	3,901	3,807
ウエストバージニア	781	1,170	1,056	1,425	1,117	1,057	1,208	1,410
ウィスコンシン	1,252	1,663	1,942	2,363	2,161	2,279	2,392	2,549
ワイオミング	272	396	458	429	434	484	574	611

資料：U.S. Federal Highway Administration, *Highway Statistics*（年刊）；〈http://www.fhwa.dot.gov/policy/ohpi/hss/index.cfm〉

No.1096. 自動車登録台数：1990－2009年

[単位：1,000（188,798は1億8879万8000を表す）。主として各州当局より収集したデータに基づく。必要に応じて他のデータソースおよび推計値を利用。オートバイを除く。表No.1098も参照］

項目	1990	1995	2000	2005	2007	2008	2009
全自動車	188,798	201,530	221,475	241,194	247,265	248,165	246,283
個人および商業用	185,541	197,941	217,567	237,140	243,094	243,953	242,058
公的機関所有	3,257	3,589	3,908	4,054	4,170	4,212	4,225
自動車[1]	133,700	128,387	133,621	136,568	135,933	137,080	134,880
個人および商業用	132,164	126,900	132,247	135,192	134,510	135,638	133,438
公的機関所有	1,536	1,487	1,374	1,376	1,423	1,442	1,442
バス	627	686	746	807	834	843	842
個人および商業用	275	288	314	331	345	350	351
公的機関所有	351	398	432	476	490	493	491
トラック[1]	54,470	72,458	87,108	103,819	110,497	110,242	110,561
個人および商業用	53,101	70,754	85,005	101,616	108,239	107,965	108,269
公的機関所有	1,369	1,704	2,103	2,203	2,258	2,277	2,292

1．トラックにはピックアップ、パネル、デリバリー・バンを含む。一般乗用車のバン、ミニバン、ユーティリティ・カーは自動車ではなく、トラックに分類

資料：U.S. Federal Highway Administration, *Highway Statistics*（年刊）；〈http://www.fhwa.dot.gov/policy/ohpi/hss/index.cfm〉

No.1097. 代替燃料自動車および自動車の燃料消費量——燃料の種類別：2005－2009年

[単位：1000（420,778は4億2077万8000を表す）。エンドユーザーに流通する準備のできていない、モデルカーや展示用の自動車は含まない。表に示す自動車数は累積購入数から廃車数をひいたもの。暦年の年末現在]

自動車の種類と燃料消費	単位	2005	2007	2008	2009
代替燃料自動車					
計	数	592,125	695,766	775,667	826,318
圧縮天然ガス（CNG）	数	117,699	114,391	113,973	114,270
電気[1]	数	51,398	55,730	56,901	57,185
エタノール、85%（E85）[2][3]	数	246,363	364,384	450,327	504,297
水素	数	119	223	313	357
液化天然ガス（LNG）	数	2,748	2,781	3,101	3,176
液化石油ガス（LPG）	数	173,795	158,254	151,049	147,030
その他燃料[4]	数	3	3	3	3
燃料消費					
代替燃料	1000ガロン(g-e-g)[5]	420,778	414,715	430,329	431,107
圧縮天然ガス（CNG）	1000ガロン(g-e-g)[5]	166,878	178,565	189,358	199,513
電気[1]	1000ガロン(g-e-g)[5]	5,219	5,037	5,050	4,956
エタノール、85%（E85）[2]	1000ガロン(g-e-g)[5]	38,074	54,091	62,464	71,213
水素	1000ガロン(g-e-g)[5]	25	66	117	140
液化天然ガス（LNG）	1000ガロン(g-e-g)[5]	22,409	24,594	25,554	25,652
液化石油ガス（LPG）	1000ガロン(g-e-g)[5]	188,171	152,360	147,784	129,631
その他燃料[4]	1000ガロン(g-e-g)[5]	2	2	2	2
バイオディーゼル	1000ガロン(g-e-g)[5]	93,281	367,764	324,329	325,102
含酸素ガソリン：MTBE（メチルターシャルブチルエーテル）	1000ガロン(g-e-g)[5]	1,654,500	–	–	–
エタノール入りガソホール	1000ガロン(g-e-g)[5]	2,756,663	4,694,304	6,442,781	7,343,133
代替・置換燃料全体	1000ガロン(g-e-g)[5]	4,925,222	5,476,783	7,197,439	8,099,342
燃料消費（個別単位）					
代替燃料：					
圧縮天然ガス（CNG）	100万立方フィート	20,106	21,514	22,814	24,038
電気[1]	1000キロワット時	173,967	167,900	168,333	165,200
エタノール、85%（E85）[2]	1000ガロン	52,881	75,126	86,756	98,907
水素	1000キログラム	23	60	107	128
液化天然ガス（LNG）	1000ガロン	33,953	37,264	38,718	38,867
液化石油ガス（LPG）	1000ガロン	254,285	205,892	199,708	175,177
バイオディーゼル	1000ガロン	90,827	358,156	315,796	316,549
含酸素ガソリン：MTBE（メチルターシャルブチルエーテル）	1000ガロン	2,035,320	–	–	–
エタノール入りガソホール	1000ガロン	4,013,679	6,885,690	9,435,428	10,753,990

－ ゼロを示す　X 該当なし　1．ガソリン-電気、ディーゼル-電気のハイブリッドカーは除く。用いられる燃料が代替燃料よりもガソリンやディーゼルであるからである　2．エタノールが85%で残りはガソリン。消費データは燃料のガソリン部分を含む　3．E-85、ガソリンまたはその両方で走行可能なE-85車の数を、EIAは2009年で約1000万台と推計している。多くの代替燃料自動車（AFV）は従来のガソリン使用車として販売、使用されている。本表では、AFVにはAFVとして使用されていると思われるE-85車のみを含む　4．1995年エネルギー政策法に基づく代替燃料としてエネルギー省長官によって指定された、Pシリーズまたはその他の燃料　5．ガソリン換算ガロン

資　料：U.S. Energy Information Administration, "Alternatives to Traditional Transportation Fuels,"〈http://www.eia.gov/renewable/data.cfm〉も参照

No.1098. 自動車登録台数――州別：1990－2009年／運転免許数
およびオートバイ登録台数：2009年

[単位：1,000台（188,798は1億8879万8000台を表す）。その他は特別に示す。自動車登録は公共用、自家用、商用の車両を対象とする。登録年度が州により異なるので、統一のため数字は暦年基準に修正してある。数値は可能な場合には純登録数を示し、再登録、非居住者用登録を除く。表No.1096も参照]

州	乗用車、トラック、バス登録台数[1]						2009		オートバイ登録数[2] 2009	免許数 2009
	1990	1995	2000	2005	2007	2008	総数	乗用車（タクシーを含む）		
合衆国	188,798	201,530	221,475	241,194	247,265	248,165	246,283	134,880	7,883	209,618
AL	3,744	3,553	3,960	4,545	4,678	4,730	4,611	2,172	122	3,782
AK	477	542	594	673	680	691	695	236	29	508
AZ	2,825	2,873	3,795	3,972	4,372	4,373	4,358	2,228	138	4,403
AR	1,448	1,613	1,840	1,940	2,010	2,041	2,037	947	76	2,065
CA	21,926	22,432	27,698	32,487	33,935	33,483	34,433	19,973	759	23,681
CO	3,155	2,812	3,626	1,808	1,707	1,618	1,429	641	95	3,705
CT	2,623	2,622	2,853	3,059	3,047	3,094	3,072	1,983	65	2,916
DE	526	592	630	737	851	868	843	464	26	700
DC	262	243	242	237	218	224	218	167	1	376
FL	10,950	10,369	11,781	15,691	16,474	16,462	15,315	7,598	663	14,005
GA	5,489	6,120	7,155	8,063	8,513	8,570	8,507	4,134	196	6,315
HI	771	802	738	948	993	945	895	449	49	890
ID	1,054	1,043	1,178	1,374	1,282	1,318	1,375	563	56	1,055
IL	7,873	8,973	8,973	9,458	9,757	9,794	9,891	5,824	349	8,301
IN	4,366	5,072	5,571	4,955	4,956	5,848	5,848	3,136	204	5,550
IA	2,632	2,814	3,106	3,398	3,360	3,431	3,363	1,736	184	2,145
KS	2,012	2,085	2,296	2,368	2,429	2,449	2,425	875	85	2,045
KY	2,909	2,631	2,826	3,428	3,547	3,604	3,585	1,952	68	2,939
LA	2,995	3,286	3,557	3,819	3,927	3,979	4,033	1,941	70	3,086
ME	977	967	1,024	1,075	1,080	1,074	1,056	538	55	1,014
MD	3,607	3,654	3,848	4,322	4,510	4,525	4,484	2,598	83	3,905
MA	3,726	4,502	5,265	5,420	5,367	5,328	5,262	3,128	158	4,630
MI	7,209	7,674	8,436	8,247	8,192	7,945	7,913	4,372	266	7,083
MN	3,508	3,882	4,630	4,647	4,756	4,783	4,796	2,506	251	3,245
MS	1,875	2,144	2,289	1,978	2,008	2,035	2,026	1,156	28	1,931
MO	3,905	4,255	4,580	4,589	4,917	4,866	4,904	2,560	104	4,218
MT	783	968	1,026	1,009	949	927	925	370	126	738
NE	1,384	1,467	1,619	1,703	1,739	1,757	1,793	784	50	1,349
NV	853	1,047	1,220	1,349	1,424	1,417	1,397	707	68	1,690
NH	946	1,122	1,052	1,174	1,185	1,214	1,212	640	81	1,034
NJ[3]	5,652	5,906	6,390	6,262	6,247	6,247	6,114	3,705	157	5,924
NM	1,301	1,484	1,529	1,548	1,599	1,570	1,621	698	54	1,378
NY	10,196	10,274	10,235	11,863	11,495	11,089	11,245	8,726	345	11,329
NC	5,162	5,682	6,223	6,148	6,317	6,249	6,047	3,451	128	6,504
ND	630	695	694	695	711	717	722	347	32	477
OH	8,410	9,810	10,467	10,634	10,848	10,933	11,022	6,319	386	7,937
OK	2,649	2,856	3,014	3,725	3,225	3,292	3,396	1,670	124	2,321
OR	2,445	2,785	3,022	2,897	3,088	3,106	3,046	1,440	104	2,842
PA	7,971	8,481	9,260	9,864	9,938	10,386	9,857	5,818	409	8,687
RI	672	699	760	812	797	794	789	482	34	746
SC	2,521	2,833	3,095	3,339	3,521	3,604	3,614	1,974	106	3,268
SD	704	709	793	854	865	907	926	402	62	602
TN	4,444	5,400	4,820	4,980	5,340	5,098	5,140	2,855	162	4,477
TX	12,800	13,682	14,070	17,470	18,072	18,208	18,208	8,831	435	15,374
UT	1,206	1,447	1,628	2,210	2,320	2,439	2,454	1,217	59	1,720
VT	462	492	515	508	565	581	557	292	29	507
VA	4,938	5,613	6,046	6,591	6,614	6,526	6,302	3,732	79	5,348
WA	4,257	4,503	5,116	5,598	5,758	5,980	5,581	3,102	228	5,027
WV	1,225	1,425	1,442	1,352	1,413	1,402	1,412	700	49	1,329
WI	3,815	3,993	4,366	4,725	5,018	4,999	4,874	2,527	365	4,105
WY	528	601	586	646	652	664	652	214	30	411

1．乗用車、トラック、バス（オートバイを除く）。軍所有車を除く　2．自家用、商業用　3．州は現行データを提供していない。表に示すのは、2007年の自家用、営業用、州・郡・市町村の車両

資料：U.S. Federal Highway Administration, *Highway Statistics* (年刊); <http://www/fhwa.dot.gov/policy/ohpi/hss/index.cfm> も参照

No.1099. 道路渋滞──都市別：2009年

[14,779は1477万9000を表す。連邦、州、地方の資料をもとに連邦道路局の道路状況モニターシステムとあわせてデータベースとしている。表示した地域は、年間1人あたりの遅延時間の上位73地域である。本書前年版の表No.1098も参照]

都市地区	高速道路1日あたり車両マイル 総マイル数 (1,000)	高速道路の1車線あたり	年間遅延／人一時間 総時間数 (1,000)	1人あたり[2]	年間渋滞のコスト[1] 1人あたり (ドル)	遅延および燃料のコスト (100万ドル)	消費燃料1人あたり (ガロン)
計、平均	14,779	15,391	41,808	25	591	994	20
アクロン、OH	5,156	11,853	6,713	11	239	148	8
オルバニー－スケネクタディ、NY	6,761	10,993	7,844	13	310	190	11
アルバカーキ、NM	4,886	14,585	10,798	18	467	286	14
アレンタウン－ベスレヘム、PA-NJ	4,637	11,173	9,998	16	377	237	13
アトランタ、GA	45,862	18,199	112,262	27	649	2,727	22
オースティン、TX	11,960	14,585	30,272	24	553	691	21
ボルティモア、MD	25,516	16,356	82,836	33	810	2,024	28
ボーモント、TX	2,909	12,121	3,536	15	357	86	15
バーミンガム、AL	9,263	13,622	16,227	19	447	380	16
ボストン、MA-NH-RI	39,805	15,610	118,707	28	633	2,691	21
ブリッジポート－スタンフォード、CT-NY	10,025	16,570	20,972	23	548	507	20
バッファロー、NY	6,397	9,842	11,660	11	267	280	10
ケープコーラル、FL	1,637	14,882	7,465	16	394	183	13
チャールストン－ノースチャールストン、SC	3,595	13,315	9,189	18	445	227	16
シャーロット、NC-SC	11,539	14,072	14,207	17	435	437	14
シカゴ、IL-IN	54,415	18,018	372,755	44	1,112	9,476	33
シンシナティ、OH-KY-IN	17,766	14,385	21,391	13	309	525	10
クリーブランド、OH	16,628	11,793	21,859	13	286	489	11
コロラドスプリングス、CO	3,872	11,558	12,074	22	493	266	18
コロンバス、OH	14,331	14,909	14,282	11	257	323	10
ダラス－フォートワース－アーリントン、TX	62,777	17,199	159,654	32	728	3,649	25
デイトン、OH	6,909	11,810	7,479	10	228	170	8
デンバー－オーロラ、CO	19,697	15,388	75,196	33	758	1,711	27
デトロイト、MI	29,406	15,356	87,996	23	521	2,032	17
エルパソ、TX-NM	5,522	12,409	10,020	14	340	242	12
フレズノ、CA	3,857	12,857	6,669	10	247	165	9
グランドラピッズ、MI	4,850	10,778	8,131	13	318	193	13
ハートフォード、CT	10,457	13,237	14,072	16	357	321	13
ホノルル、HI	5,873	14,152	14,394	20	460	326	17
ヒューストン、TX	54,290	16,653	144,302	37	868	3,403	33
インディアナポリス、IN	13,060	14,119	20,164	17	419	503	13
ジャクソン、MS	4,717	12,923	5,607	13	385	161	13
ジャクソンビル、FL	11,701	14,811	18,481	17	420	445	15
カンザスシティ、MO-KS	20,692	10,777	22,172	14	348	538	14
ラスベガス、NV	10,481	18,716	30,077	21	481	673	18
ロサンゼルス－ロングビーチ－サンタアナ、CA	131,537	23,447	514,955	40	921	11,997	31
ルイスビル、KY-IN	11,808	14,227	16,019	15	365	389	13
メンフィス、TN-AR-MS	8,192	12,603	17,639	17	411	430	15
マイアミ、FL	39,243	18,001	140,972	26	612	3,272	20
ミルウォーキー、WI	10,194	13,683	24,113	16	384	570	13
ミネアポリス－セントポール、MN	27,970	16,262	74,070	27	626	1,689	24
ナッシュビル、ダビッドソンTN	14,430	13,486	25,443	23	567	624	18
ニューヘブン、CT	7,275	13,857	11,956	19	463	285	17
ニューオリンズ、LA	4,776	12,736	19,867	20	506	511	15
ニューヨーク－ニューアーク、NY-NJ-CT	113,607	15,735	454,443	24	580	10,878	19
オクラホマシティ、OK	9,472	12,301	16,335	17	396	376	14
オマハ、NE-IA	3,999	12,900	8,737	14	292	184	11
オーランド、FL	13,199	14,504	39,185	27	673	962	22
オックスナード－ベンチュラ、CA	6,958	17,615	8,921	13	310	216	13
ペンサコーラ、FL-AL	1,303	8,687	4,715	13	303	108	11
フィラデルフィア、PA-NJ-DE-MD	34,956	14,505	136,429	26	613	3,274	20
フェニックス、AZ	29,872	19,027	80,390	23	611	2,161	20
ピッツバーグ、PA	11,524	9,003	39,718	23	548	965	19
ポートランド、OR-WA	12,991	16,549	40,554	22	515	958	18
プロビデンス、RI-MA	10,771	11,644	15,679	13	278	343	10
ローリー－ダーラム、NC	11,408	13,113	18,541	17	431	472	15
リッチモンド、VA	11,398	10,804	12,895	14	292	279	12
リバーサイド－サンベルナルディノ、CA	23,212	20,818	39,008	20	501	976	17
サクラメント、CA	15,166	18,383	28,461	15	363	671	14
セーラム、OR	1,358	10,864	4,119	17	420	100	14
ソルトレークシティ、UT	7,576	13,291	18,789	19	418	415	15
サンアントニオ、TX	19,552	15,650	29,446	19	435	664	18
サンディエゴ、CA	37,196	18,645	71,034	23	549	1,672	20
サンフランシスコ－オークランド、CA	47,967	19,110	121,117	30	698	2,791	24
サンノゼ、CA	16,170	17,867	42,313	24	526	937	20
サラソタ－ブラデントン、FL	2,323	14,079	8,563	13	292	198	10
シアトル、WA	29,645	15,981	86,549	27	665	2,119	22
セントルイス、MO-IL	28,630	12,209	48,777	21	531	1,238	18
タンパ－セントピーターズバーグ、FL	13,532	15,290	54,130	23	529	1,239	18
トレド、OH-MI	3,695	11,030	4,427	9	197	102	6
トゥーソン、AZ	3,632	14,528	11,282	16	453	317	12
タルサ、OK	6,997	9,329	8,621	12	289	202	12
バージニアビーチ、VA	12,907	13,658	33,469	22	461	714	17
ワシントン、DC-MD-VA	37,450	18,048	180,976	41	913	4,066	33
ウースター、MA	5,658	11,666	6,051	14	305	135	11

1．渋滞により余計にかかった時間（遅れ）と、のろのろ運転により余計に消費された燃料の価格。ガロンあたりの燃料費用は、各州の平均価格　2．渋滞により余計にかかった時間を、各都市の渋滞ピーク時の通行者数で割ったもの。これは平均的な通行者が1年間に遭遇する渋滞による時間の損失の総計を示す指標である

資料：Texas Transportation Institute, College Station, Texas; *2010 Urban Mobility Study* (2010年夏刊) (copyright); <http://mubility.tamu.edu/umrs/>

No.1100. 通勤——州別：2009年

[単位：％、および1,000（138,592は1億3859万2000を表す）。16歳以上の労働者。アメリカン・コミュニティ・サーベイ（American Community Survey）の母集団は世帯人口に限定され、施設や大学寄宿舎およびその他の集合居住施設の居住人口は除外される。データは標本に基づいており、標本抽出に変化があればその影響を受ける。第1章の解説および付録Ⅲを参照]

州	労働者総数(1,000人)	自動車通勤（トラック、ヴァンを含む） 単身	自動車通勤 相乗り	公共交通機関利用[1]	徒歩	その他[2]	在宅勤務	通勤時間の中央値（分）
合衆国	138,592	76.1	10.0	5.0	2.9	1.7	4.3	25.1
AL	1,960	84.4	10.3	0.4	1.3	1.0	2.5	23.6
AK	335	68.2	13.3	1.4	8.0	4.5	4.6	17.7
AZ	2,752	75.9	11.8	2.1	2.4	2.7	5.2	24.3
AR	1,223	81.1	11.6	0.4	1.9	1.6	3.5	21.1
CA	16,146	73.0	11.6	5.2	2.8	2.3	5.2	26.6
CO	2,465	74.3	10.1	3.3	3.0	2.6	6.7	24.5
CT	1,708	78.9	8.4	4.5	2.9	1.2	4.1	24.3
DE	413	80.5	8.9	3.8	2.4	1.2	3.3	23.6
DC	291	36.5	6.7	37.1	11.1	3.5	5.2	29.2
FL	7,893	79.3	10.4	1.9	1.5	2.2	4.8	25.4
GA	4,290	78.4	11.0	2.5	1.7	1.7	4.8	26.9
HI	638	67.7	14.0	6.0	4.5	3.2	4.5	25.5
ID	675	77.5	11.0	1.0	2.6	2.8	5.1	19.8
IL	5,918	73.5	9.0	8.8	3.2	1.7	3.9	28.0
IN	2,875	83.0	9.2	1.1	2.2	1.2	3.3	22.9
IA	1,526	78.9	9.8	1.2	4.0	1.2	4.9	18.5
KS	1,369	81.2	9.5	0.4	2.8	1.8	4.3	18.5
KY	1,825	81.5	10.6	1.2	2.4	1.2	3.1	22.6
LA	1,962	81.8	10.6	1.3	2.0	1.9	2.5	24.7
ME	636	78.3	10.1	0.7	4.2	1.5	5.3	22.9
MD	2,840	73.4	10.0	8.8	2.6	1.1	4.1	31.3
MA	3,232	71.9	8.2	9.4	4.7	1.6	4.2	27.3
MI	4,136	82.6	9.0	1.3	2.4	1.2	3.6	23.7
MN	2,658	78.0	9.2	3.4	2.9	1.5	4.9	22.5
MS	1,187	83.5	10.7	0.4	1.7	1.1	2.6	23.6
MO	2,752	81.0	10.0	1.5	2.0	1.3	4.3	23.2
MT	458	75.3	9.8	0.8	5.4	2.8	5.9	16.8
NE	921	80.4	10.2	0.6	3.3	1.1	4.4	17.9
NV	1,203	79.2	10.3	3.1	2.1	1.8	3.4	23.1
NH	679	82.2	8.0	0.6	2.8	1.1	5.2	25.7
NJ	4,099	71.4	8.7	10.6	3.4	2.0	4.0	29.8
NM	863	77.9	11.5	1.1	2.4	1.8	5.2	21.6
NY	8,906	54.0	7.4	26.6	6.4	1.7	3.9	31.4
NC	4,152	80.8	10.7	1.0	2.0	1.1	4.4	23.2
ND	345	78.5	10.6	0.3	3.6	1.3	5.7	16.6
OH	5,166	83.0	8.4	1.8	2.3	0.9	3.6	22.8
OK	1,645	82.0	11.0	0.4	1.9	1.4	3.4	20.5
OR	1,705	72.0	10.4	4.1	3.9	3.3	6.4	22.1
PA	5,750	76.8	9.0	5.3	4.0	1.3	3.7	25.4
RI	501	80.3	9.0	2.8	3.2	1.2	3.6	23.2
SC	1,961	82.0	10.0	0.6	1.9	1.5	3.9	23.2
SD	413	77.3	10.2	0.5	4.3	1.7	6.0	16.7
TN	2,720	83.4	9.8	0.8	1.4	1.1	3.4	24.0
TX	11,074	79.6	11.4	1.6	1.7	1.9	3.8	24.6
UT	1,258	76.1	11.7	2.4	2.9	2.0	4.8	21.0
VT	317	74.8	10.0	0.9	5.4	1.7	7.2	21.9
VA	3,823	77.5	10.4	4.4	2.2	1.3	4.1	27.2
WA	3,093	72.1	11.3	5.9	3.4	2.1	5.3	25.4
WV	745	81.7	10.3	0.9	2.8	1.0	3.4	25.1
WI	2,815	79.8	9.2	1.9	3.4	1.6	4.1	21.2
WY	277	77.2	10.9	1.4	3.4	1.9	5.2	18.0

1．タクシーを除く　2．タクシー、オートバイ、自転車およびその他の手段を含む

資料：U.S. Census Bureau; 2008 American Community Survey; B08006. Sex of Worker by Means of Transportation to Work; and R0801. Mean Travel Time to Work of Workers 16 Years Old and Over Who Did Not Work At Home (minutes); <http://factfinder.census.gov/> (2011年1月現在)

No.1101. 自動車走行距離──自動車種類別：1970－2009年

[1,110は1兆1100億を表す。自動車の種類およびトラックのタイプ別の走行距離のデータは連邦道路管理局（FHWA）による推計値。『アメリカ歴史統計』系列Q199-207参照]

年	走行マイル（10億）[1]					乗物あたりの平均マイル数（1,000）[1]				
	総数[2]	軽自動車 短WB[2][3]	バス[4]	軽自動車 長WB[3]	トラック[5][6]	総数[2]	軽自動車 短WB[2][3]	バス[4]	軽自動車 長WB[3]	トラック[5][6]
1970	1,110	920	4.5	123	62	10.0	10.0	12.0	8.7	13.6
1980	1,527	1,122	6.1	291	108	9.5	8.8	11.5	10.4	18.7
1985	1,775	1,256	4.5	391	124	10.0	9.4	7.5	10.5	20.6
1990	2,144	1,418	5.7	575	146	11.1	10.3	9.1	11.9	23.6
1991	2,172	1,367	5.8	649	150	11.3	10.3	9.1	12.2	24.2
1992	2,247	1,381	5.8	707	153	11.6	10.6	9.0	12.4	25.4
1993	2,296	1,385	6.1	746	160	11.6	10.5	9.4	12.4	26.3
1994	2,358	1,416	6.4	765	170	11.7	10.8	9.6	12.2	25.8
1995	2,423	1,438	6.4	790	178	11.8	11.2	9.4	12.0	26.5
1996	2,486	1,470	6.6	817	183	11.8	11.3	9.4	11.8	26.1
1997	2,562	1,503	6.8	851	191	12.1	11.6	9.8	12.1	27.0
1998	2,632	1,550	7.0	868	196	12.2	11.8	9.8	12.2	25.4
1999	2,691	1,569	7.7	901	203	12.2	11.9	10.5	12.0	26.0
2000	2,747	1,967	14.8	491	262	12.2	11.0	19.8	14.6	29.1
2001	2,796	1,987	13.0	512	272	11.9	10.7	17.3	14.7	28.9
2002	2,856	2,036	13.3	520	276	12.2	11.1	17.5	14.3	29.4
2003	2,890	2,051	13.4	528	286	12.2	11.1	17.2	14.8	30.3
2004	2,965	2,083	13.5	569	284	12.2	11.0	17.0	15.2	29.7
2005	2,989	2,096	13.2	581	285	12.1	11.0	16.3	14.8	28.8
2006	3,014	2,048	14.0	633	301	12.0	10.5	17.1	16.3	29.1
2007	3,031	2,104	14.5	587	304	11.9	10.7	17.4	15.0	28.3
2008	2,977	2,025	14.8	605	311	11.6	10.3	17.6	15.3	28.6
2009	2,954	2,013	14.4	617	288	11.6	10.4	17.1	15.2	26.2

1．FHWAは2011年3月に開発された方法論を用いて2000-2009年のVM-1を更新した。「軽自動車、短WB」は「自動車」、「軽自動車、長WB:」は「ヴァン、ピックアップ、SUV」に分類される　2．1994年までは乗用車にはオートバイを含む。それ以降は計に含まれる　3．軽自動車、短WBは、車軸間距離が121インチ以下の自家用車、軽トラック、ヴァン、SUV。軽自動車、長WBは、車軸間距離が121インチ超の大型自家用車、ヴァン、ピックアップトラック、SUV　4．スクールバスを含む　5．コンビネーションを含む　6．2000-2009年、シングルフレームは、2車軸単一フレームの、タイヤが6本以上、または車両総重量が1万ポンド以上のトラック

資料：U.S. Federal Highway Administration, *Highway Statistics*（年刊）; ⟨http://www.fhwa.dot.gov/policy/ohpi/hss/index.cfm⟩

No.1102. 自動車種類別国内燃料消費量：1970－2009年

[92.3は923億を表す。州自動車燃料法（State motor fuels laws）のもとで車両等の推進に用いられる全ての燃料が対象。連邦が軍用に購入するものを除く。マイナス（−）は減少を示す。『アメリカ歴史統計』系列Q156-162も参照]

年	年間燃料消費量（10億ガロン）[1]						1ガロンあたり平均マイル[1]				
	全車両[2]	年変化率（%）[3]	軽自動車 短WB[2][4]	バス[5]	軽自動車 長WB[3]	トラック[6][7]	全車両[2]	軽自動車 短WB[2][4]	バス[5]	軽自動車 長WB[4]	トラック[6][7]
1970	92.3	4.8	67.8	0.8	12.3	11.3	12.0	13.5	5.5	10.0	5.5
1980	115.0	−5.9	70.2	1.0	23.8	20.0	13.3	16.0	6.0	12.2	5.4
1985	121.3	2.2	71.7	0.8	27.4	21.4	14.6	17.5	5.4	14.3	5.8
1990	130.8	−0.8	69.8	0.9	35.6	24.5	16.4	20.3	6.4	16.1	6.0
1991	128.6	−1.7	64.5	0.9	38.2	25.0	16.9	21.2	6.7	17.0	6.0
1992	132.9	3.3	65.6	0.9	40.9	25.5	16.9	21.0	6.6	17.3	6.0
1993	137.3	3.3	67.2	0.9	42.9	26.2	16.7	20.6	6.6	17.4	6.1
1994	140.8	2.5	68.1	1.0	44.1	27.7	16.7	20.8	6.6	17.3	6.1
1995	143.8	2.1	68.1	1.0	45.6	29.0	16.8	21.1	6.6	17.3	6.1
1996	147.4	2.5	69.2	1.0	47.4	29.6	16.9	21.2	6.6	17.2	6.2
1997	150.4	2.0	69.9	1.0	49.4	29.9	17.0	21.5	6.7	17.2	6.4
1998	155.4	3.3	71.7	1.1	50.5	32.0	16.9	21.6	6.7	17.2	6.1
1999	161.4	3.9	73.2	1.1	52.8	33.9	16.7	21.4	6.7	17.0	6.0
2000	162.5	0.7	88.9	2.2	28.9	42.0	16.9	22.1	6.7	17.0	6.2
2001	163.5	0.6	87.8	1.9	30.1	43.0	17.1	22.6	6.8	17.0	6.3
2002	168.7	3.2	91.5	1.9	30.8	43.3	17.0	22.3	6.9	16.9	6.4
2003	170.0	0.8	91.6	1.9	31.3	44.8	17.0	22.4	7.1	16.9	6.4
2004	173.5	2.1	93.4	1.9	33.8	44.4	17.1	22.3	7.1	16.9	6.4
2005	174.8	0.7	93.2	1.9	34.4	44.5	17.2	22.5	7.1	16.9	6.4
2006	175.0	0.1	88.6	2.0	37.0	46.4	17.2	23.1	7.1	17.1	6.5
2007	176.2	0.7	89.6	2.0	36.9	47.2	17.2	22.9	7.1	17.1	6.4
2008	170.8	−3.1	85.6	2.1	34.9	47.7	17.4	23.7	7.2	17.3	6.5
2009	168.1	−1.6	85.6	1.9	35.8	44.5	17.6	23.8	7.2	17.4	6.5

1．表No.1101の脚注1を参照　2．1994年まで乗用車はオートバイを含む。それ以降は計に含まれる　3．直前の表示年からの変化率　4．軽自動車、短WBは、車軸間距離が121インチ以下の自家用車、軽トラック、ヴァン、SUV。軽自動車、長WBは、車軸間距離が121インチ超の大型自家用車、ヴァン、ピックアップトラック、SUV　5．スクールバスを含む　6．コンビネーションを含む　7．

資料：U.S. Federal Highway Administration, *Highway Statistics*（年刊）; ⟨http://www.fhwa.dot.gov/policy/ohpi/hss/index.cfm⟩ も参照

No.1103. 自動車事故——事故件数、事故死者：1990－2009年

[11.5は1150万を表す。『アメリカ歴史統計』系列Q208、Q224-232も参照]

項目	単位	1990	1995	2000	2004	2005	2006	2007	2008	2009
事故										
自動車事故[1]	100万	11.5	10.7	13.4	10.9	10.7	10.4	10.6	10.2	10.8
死亡										
1年以内の自動車事故死[2]	1,000	46.8	43.4	43.4	44.9	45.3	45.3	43.9	39.7	35.9
衝突事故以外	1,000	4.9	4.4	4.8	5.1	5.3	5.4	5.2	4.5	4.0
衝突事故：										
対車両事故	1,000	19.9	19.0	19.1	19.6	19.0	18.5	17.7	15.4	13.9
対歩行者事故	1,000	7.3	6.4	5.9	6.0	6.1	6.2	6.0	5.7	5.3
対物事故	1,000	13.1	12.1	12.3	13.0	13.6	13.9	13.8	12.9	11.6
30日以内の事故死[3]	1,000	44.6	41.8	41.9	42.8	43.5	42.7	41.3	37.4	33.8
搭乗者	1,000	33.9	33.1	33.5	33.3	33.1	32.1	30.5	26.8	24.5
乗用車	1,000	24.1	22.4	20.7	19.2	18.5	17.9	16.6	14.6	13.1
軽トラック[4]	1,000	8.6	9.6	11.5	12.7	13.0	12.8	12.5	10.8	10.3
大型トラック[4]	1,000	0.7	0.6	0.8	0.8	0.8	0.8	0.8	0.7	0.5
バス	1,000	(Z)	(Z)	(Z)	(Z)	0.1	(Z)	(Z)	0.1	(Z)
その他／不明	1,000	0.5	0.4	0.5	0.6	0.7	0.6	0.6	0.6	0.6
オートバイ[5]	1,000	3.2	2.2	2.9	4.0	4.6	4.8	5.2	5.3	4.5
非搭乗者	1,000	7.5	6.5	5.6	5.5	5.9	5.8	5.6	5.3	4.9
歩行者	1,000	6.5	5.6	4.8	4.7	4.9	4.8	4.7	4.4	4.1
自転車に乗っていた者	1,000	0.9	0.8	0.7	0.7	0.8	0.8	0.7	0.7	0.6
その他／不明	1,000	0.1	0.1	0.1	0.1	0.2	0.2	0.2	0.2	0.2
交通事故死率：[3][6]										
1億車両マイルあたり	率	2.1	1.7	1.5	1.4	1.5	1.4	1.4	1.3	1.1
免許所有者10万人あたり	率	26.7	23.7	22.0	21.5	21.7	21.1	20.1	18.0	(NA)
登録車両10万台あたり	率	24.2	21.2	19.3	18.0	17.7	17.0	16.1	14.5	(NA)
居住人口10万人あたり	率	17.9	15.9	14.9	14.6	14.7	14.3	13.7	12.3	11.0

NA データなし　Z 50未満　1．道路上の事故のみを対象とする。データは推定。年ごとの比較は注意を要する　2．事故後1年以内の死亡。個別に明示しない衝突事故を含む　3．事故後30日以内。資料：U.S. National Highway Traffic Survey Administration, *Traffic Survey Facts*,（年刊）および未刊行資料。<http://www.nhtsa.dot.gov/people/Crash/Index.html> も参照　4．表No.1107の脚注2、3を参照　5．モーターサイクルを含む　6．30日定義による交通事故死に基づく

資料：脚注に示すものを除き、National Safety Council, Itasca, IL, *Injury Facts*（年刊）(copyright); <http://www.nsc.org/>

No.1104. 交通事故死——州別：1990－2009年

[事故から30日以内の死亡]

州	1990	2000	2005	2009	死亡率[1] 1990	死亡率[1] 2009	州	1990	2000	2005	2009	死亡率[1] 1990	死亡率[1] 2009
合衆国	44,599	41,945	43,510	33,808	2.1	1.1	MO	1,097	1,157	1,257	878	2.2	1.3
AL	1,121	996	1,148	848	2.6	1.5	MT	212	237	251	221	2.5	2.0
AK	98	106	73	64	2.5	1.3	NE	262	276	276	223	1.9	1.2
AZ	869	1,036	1,179	807	2.5	1.3	NV	343	323	427	243	3.4	1.2
AR	604	652	654	585	2.9	1.8	NH	158	126	166	110	1.6	0.9
CA	5,192	3,753	4,333	3,081	2.0	1.0	NJ	886	731	747	583	1.5	0.8
CO	544	681	606	465	2.0	1.0	NM	499	432	488	361	3.1	1.4
CT	385	341	278	223	1.5	0.7	NY	2,217	1,460	1,434	1,156	2.1	0.9
DE	138	123	133	116	2.1	1.3	NC	1,385	1,557	1,547	1,314	2.2	1.3
DC	48	48	48	29	1.4	0.8	ND	112	86	123	140	1.9	1.7
FL	2,891	2,999	3,518	2,558	2.6	1.3	OH	1,638	1,366	1,321	1,021	1.8	0.9
GA	1,562	1,541	1,729	1,284	2.2	1.2	OK	641	650	803	738	1.9	1.6
HI	177	132	140	109	2.2	1.1	OR	579	451	487	377	2.2	1.1
ID	244	276	275	226	2.5	1.5	PA	1,646	1,520	1,616	1,256	1.9	1.2
IL	1,589	1,418	1,363	911	1.9	0.9	RI	84	80	87	83	1.1	1.0
IN	1,049	886	938	693	2.0	0.9	SC	979	1,065	1,094	894	2.8	1.8
IA	465	445	450	372	2.0	1.2	SD	153	173	186	131	2.2	1.4
KS	444	461	428	386	1.9	1.3	TN	1,177	1,307	1,270	989	2.5	1.4
KY	849	820	985	791	2.5	1.7	TX	3,250	3,779	3,536	3,071	2.1	1.3
LA	959	938	963	821	2.5	1.8	UT	272	373	282	244	1.9	0.9
ME	213	169	169	159	1.8	1.1	VT	90	76	73	74	1.5	1.0
MD	707	588	614	547	1.7	1.0	VA	1,079	929	947	757	1.8	0.9
MA	605	433	441	334	1.3	0.6	WA	825	631	649	492	1.8	0.9
MI	1,571	1,382	1,129	871	1.9	0.9	WV	481	411	374	356	3.1	1.8
MN	566	625	559	421	1.5	0.7	WI	769	799	815	561	1.7	1.0
MS	750	949	931	700	3.1	1.7	WY	125	152	170	134	2.1	1.4

1．1億車両マイルあたりの死亡率

資料：U.S. National Highway Traffic Safety Administration, *Traffic Safety Facts*（年刊）; <http://www-nrd.nhtsa.dot.gov/CATS/index.aspx> も参照

No.1105. 自動車死亡事故——全国概要：1990－2009年

［死亡事故報告システム（FARS：Fatal Accident Reporting System）のデータに基づく。National Highway Traffic Safety Administration（NHTSA）のNational Center for Statistics and Analysis（NCSA）が運営しており、FARSは死亡事故のデータを収集している。データは公道（一般に開放されている道路）で発生し、その事故によって30日以内に死亡する原因となったもの。警察、病院、検死官、緊急医療サービス報告、州の自動車登録、免許証、道路局の登録、人口動態登録および死亡証明書等を参考にしている。詳細については資料を参照］

項目	1990	1995	2000	2005	2006	2007	2008	2009
衝突死亡事故、計	39,836	37,241	37,526	39,252	38,648	37,435	34,172	30,797
1台	23,445	21,250	21,117	22,678	22,701	22,167	20,644	18,745
2台以上	16,391	15,991	16,409	16,574	15,947	15,268	13,528	12,052
事故による死亡事故[1]	44,599	41,817	41,945	43,510	42,708	41,259	37,423	33,808
搭乗者	33,890	33,064	36,348	33,070	32,119	30,527	26,791	24,474
運転者	22,854	22,370	25,567	23,237	22,831	21,717	19,279	17,640
乗客	10,931	10,576	10,695	9,750	9,187	8,716	7,441	6,770
その他	105	118	86	83	101	94	71	64
オートバイ	3,244	2,227	2,897	4,576	4,837	5,174	5,312	4,462
自動車に乗っていなかった者	7,465	6,526	5,597	5,864	5,752	5,558	5,320	4,872
歩行者	6,482	5,584	4,763	4,892	4,795	4,699	4,414	4,092
自転車	859	833	693	786	772	701	718	630
その他／不明	124	109	141	186	185	158	188	150
搭乗者の死亡、乗物の種類別：								
乗用車	24,092	22,423	20,699	18,512	17,925	16,614	14,646	13,095
ミニコンパクト（95インチ）	3,556	2,207	1,113	452	416	347	270	212
サブコンパクト（95-99インチ）	4,753	4,584	3,660	2,536	2,228	1,931	1,667	1,333
コンパクト（100-104インチ）	5,310	6,899	7,022	6,288	6,105	5,538	4,780	4,128
中型（105-109インチ）	4,849	4,666	5,204	5,571	5,461	5,243	4,763	4,393
フルサイズ（110-114インチ）	2,386	2,116	2,287	2,491	2,520	2,410	2,210	2,175
特大（115インチ以上）	2,249	1,297	897	796	773	780	755	674
不明	989	654	516	378	422	365	201	180
オートバイおよびその他のモーターサイクル	3,129	2,114	2,897	4,576	4,837	5,174	5,312	4,462
オートバイ	3,014	2,001	2,783	4,418	4,679	4,986	5,060	4,222
その他モーターサイクル	115	113	114	158	158	188	252	240
軽トラック[2]	8,601	9,568	11,526	13,037	12,761	12,458	10,816	10,287
ピックアップ	5,979	5,938	6,003	6,067	5,993	5,847	5,097	4,792
多目的車	1,214	1,935	3,358	4,831	4,928	4,834	4,214	4,091
バン	1,154	1,639	2,129	2,112	1,815	1,764	1,492	1,394
その他	254	56	36	27	25	13	13	10
トラック[3]	705	648	754	804	805	805	682	503
中型トラック	134	96	106	118	107	112	91	81
大型トラック	571	552	648	686	698	693	592	422
バス	32	33	22	58	27	36	67	26
その他	296	307	401	492	500	540	523	481
不明	164	85	49	167	101	74	57	82
死亡事故にまきこまれた人々	107,777	102,102	100,716	101,262	98,356	94,338	84,510	76,309
搭乗者	99,297	94,621	94,325	94,614	91,860	88,136	78,500	70,845
運転者	58,893	56,164	57,280	59,220	57,846	56,019	50,416	45,230
乗客	40,229	38,252	36,889	35,231	33,826	31,919	27,924	25,470
その他	175	205	156	163	188	198	160	145
自動車に乗っていなかった者	8,480	7,481	6,391	6,648	6,496	6,202	6,010	5,464
走行車両マイル（VMT）（1億）[4]	2,144	2,423	2,747	2,989	3,014	3,031	2,977	2,954
免許証を持つ運転者（1,000）	167,015	176,628	190,625	200,549	202,810	205,742	208,321	209,618
登録車両数（1,000）	184,275	197,065	217,028	247,031	252,930	257,472	259,360	258,958
血中アルコール濃度（BAC）別死亡事故の運転者構成比（％）：[5]								
0.00％	54.0	62.1	62.7	63.3	62.6	62.4	63.1	62.3
0.01-0.07％	6.3	5.5	5.6	5.4	5.7	5.9	5.6	5.6
0.08％以上	39.4	32.1	31.4	31.1	31.4	31.5	31.1	31.9
血中アルコール濃度（BAC）別死亡事故構成比（％）：[5]								
0.00％	49.5	57.7	58.7	59.5	58.4	58.4	58.6	58.0
0.01-0.07％	6.5	5.7	5.9	5.6	6.0	6.1	5.8	5.7
0.08％以上	44.0	36.7	35.4	34.9	35.6	35.6	35.5	36.3
10万人あたり死亡率：								
5歳未満	4.90	4.30	3.70	2.94	2.81	2.44	1.95	2.02
5-9歳	5.14	4.48	3.55	3.00	2.62	2.36	1.95	1.84
10-15歳	7.60	7.23	5.65	4.67	4.33	4.27	3.41	3.02
16-20歳	36.66	31.59	29.38	27.48	26.63	24.97	20.78	18.08
21-24歳	33.47	29.68	27.02	27.73	27.78	26.74	23.25	19.11
25-34歳	22.78	19.44	17.29	17.82	17.99	16.92	15.66	13.69
35-44歳	16.11	15.10	15.08	15.08	14.78	14.27	12.88	11.62
45-54歳	14.83	13.39	13.79	14.59	14.47	14.06	13.07	12.10
55-64歳	15.00	13.92	13.61	13.88	13.31	12.61	12.03	10.87
65-74歳	17.03	16.64	15.29	15.16	13.82	13.46	12.26	11.42
75歳以上	25.45	26.09	23.29	20.47	18.76	18.17	16.56	15.52
1億VMT[4]あたり死亡数	2.08	1.73	1.53	1.46	1.42	1.36	1.26	1.14
免許取得者10万人あたり死亡数	26.70	23.68	22.00	21.70	21.06	20.05	17.96	16.13
登録車両1台当たりのVMT[5]	11,637	12,294	12,657	12,100	11,916	11,772	11,478	11,407
登録車両10万台当たり死亡数	24.20	21.22	19.33	17.61	16.89	16.02	14.43	13.06
1億VMT[4]当たり死亡事故数	2.08	1.73	1.53	1.46	1.42	1.36	1.26	1.14
居住者人口10万人当たり死亡数	17.88	15.91	14.87	14.71	14.30	13.68	12.30	11.01

1．事故から30日以内の死亡。1995年以降、合計にはオートバイのデータは含まない　2．ピックアップ、バン、トラックベースのステーションワゴン、および多目的車を含む車両総重量10,000ポンド以下のトラック　3．車両総重量10,000ポンド以上のトラック　4．VMT＝vehicle miles of travel　車両マイル　5．BAC＝血中アルコール濃度

資料：U.S. National Highway Traffic Safety Administration, *Fatality Analysis Reporting System*（年刊）；〈http://www-nrd.nhtsa.dot.gov/CATS/index.aspx〉も参照

No.1106. 自動車事故の死傷者数：1980－2009年

[事故発生30日以内の死亡者（3,231は323万1000人を表す）]

年	計	搭乗者 計	乗用車	軽トラック[1]	大型トラック[1]	バス	その他/不詳[2]	オートバイ[3]	自動車搭乗者以外 計	歩行者	自転車走行者	その他/不詳[2]
死亡者												
1980	51,091	36,783	27,449	7,486	1,262	46	540	5,144	9,164	8,070	965	129
1985	43,825	31,479	23,212	6,689	977	57	544	4,564	7,782	6,808	890	84
1990	44,599	33,890	24,092	8,601	705	32	460	3,244	7,465	6,482	859	124
1995	41,817	33,064	22,423	9,568	648	33	392	2,227	6,526	5,584	833	109
1998	41,501	33,088	21,194	10,705	742	38	409	2,294	6,119	5,228	760	131
1999	41,717	33,392	20,862	11,265	759	59	447	2,483	5,842	4,939	754	149
2000	41,945	33,451	20,699	11,526	754	22	450	2,897	5,597	4,763	693	141
2001	42,196	33,243	20,320	11,723	708	34	458	3,197	5,756	4,901	732	123
2002	43,005	34,105	20,569	12,274	689	45	528	3,270	5,630	4,851	665	114
2003	42,884	33,627	19,725	12,546	726	41	589	3,714	5,543	4,774	629	140
2004	42,836	33,276	19,192	12,674	766	42	602	4,028	5,532	4,675	727	130
2005	43,510	33,070	18,512	13,037	804	58	659	4,576	5,864	4,892	786	186
2006	42,708	32,119	17,925	12,761	805	27	601	4,837	5,752	4,795	772	185
2007	41,259	30,527	16,614	12,458	805	36	614	5,174	5,558	4,699	701	158
2008	37,423	26,791	14,646	10,816	682	67	580	5,312	5,320	4,414	718	188
2009	33,808	24,474	13,095	10,287	503	26	563	4,462	4,872	4,092	630	150
負傷者(1,000)												
1990	3,231	2,960	2,376	505	42	33	4	84	187	105	75	7
1995	3,465	3,246	2,469	722	30	19	4	57	162	86	67	10
1998	3,192	3,012	2,201	763	29	16	4	49	131	69	53	8
1999	3,236	3,047	2,138	847	33	22	7	50	140	85	51	3
2000	3,189	2,997	2,052	887	31	18	10	58	134	78	51	5
2001	3,033	2,841	1,927	861	29	15	9	60	131	78	45	8
2002	2,926	2,735	1,805	879	26	19	6	65	126	71	48	7
2003	2,889	2,697	1,756	889	27	18	7	67	124	70	46	8
2004	2,788	2,594	1,643	900	27	16	7	76	118	68	41	9
2005	2,699	2,494	1,573	872	27	11	10	87	118	64	45	8
2006	2,575	2,375	1,475	857	23	10	11	88	112	61	44	7
2007	2,491	2,264	1,379	841	23	12	8	103	124	70	43	10
2008	2,346	2,120	1,340	768	23	15	9	96	130	69	52	9
2009	2,217	2,011	1,216	759	17	12	7	90	116	59	51	7

1. 表No.1107の脚注2、3を参照 2. コンビネーショントラックを含む 3. モーターサイクルを含む

資料：U.S. National Highway Traffic Safety Administration, *Traffic Safety Facts*（年刊）および未刊行データ；<http://www-nrd.nhtsa.dot.gov/CATS/index.aspx> 参照

No.1107. 衝突事故に巻き込まれた自動車——タイプ別、転倒の有無、損害別：2009年

[単位：1,000（9,534.4は953万4400を表す）。オートバイを除く。本書前年版の表No.1106も参照]

自動車の種類	計 数(1,000)	計 %	転倒の有無 有 数(1,000)	有 %	無 数(1,000)	無 %
衝突事故に巻き込まれた自動車、計[1]	9,534.4	100.0	230.1	2.4	9,304.3	97.6
乗用車	5,211.0	100.0	83.6	1.6	5,127.4	98.4
軽トラック：[2]						
ピックアップ	1,386.5	100.0	52.0	3.8	1,334.5	96.2
小型トラック	1,642.8	100.0	66.4	4.0	1,576.4	96.0
バン	630.0	100.0	9.7	1.5	620.3	98.5
その他	290.8	100.0	4.6	1.6	286.2	98.4
大型トラック[3]	295.9	100.0	9.8	3.3	286.1	96.7
バス	57.6	100.0	(Z)	(Z)	57.6	100.0
その他／不明	19.9	100.0	4.0	20.1	15.9	79.9
死亡者の出た事故	40.8	100.0	8.7	21.4	32.1	78.6
乗用車	18.4	100.0	3.0	16.4	15.3	83.6
軽トラック：[2]						
ピックアップ	8.5	100.0	2.4	28.1	6.1	71.9
小型トラック	6.9	100.0	2.2	32.3	4.7	67.7
バン	2.5	100.0	0.4	17.0	2.1	83.0
その他	(Z)	100.0	(Z)	18.8	(Z)	81.3
大型トラック[3]	3.2	100.0	0.4	13.1	2.8	86.9
バス	0.2	100.0	(Z)	3.2	0.2	96.8
その他／不明	1.2	100.0	0.2	21.1	0.9	78.9

Z 50未満 1. 個別に明示しない他の衝突による人身物損を含む 2. ピックアップ、バン、トラックベースのステーションワゴン、および多目的車を含む、車両総重量10,000ポンド以下のトラック 3. 車体重量10,000ポンド以上のトラック

資料：U.S. National Highway Traffic Safety Administration, *Traffic Safety Facts*（年刊）；<http://www-nrd.nhtsa.dot.gov/CATS/index.aspx> 参照

No.1108. スピード関連交通死亡事故——道路の種類と速度制限別：2009年

[速度超過とは制限速度をこえた走行と道路状態に比して速度を出しすぎた走行をいう。本書前年版の表No.1107も参照]

州	交通事故死亡、計	計[1]	スピード関連死亡事故発生の道路と速度制限							
			州間道路		州間道路以外					
			55マイル以上	55マイル以下	55マイル	50マイル	45マイル	40マイル	35マイル	35マイル以下
合衆国	33,808	10,591	964	287	2,701	465	1,508	724	1,279	1,277
アラバマ	848	327	21	2	75	10	100	24	27	27
アラスカ	64	26	5	5	8	1	6	-	1	-
アリゾナ	807	283	54	6	23	20	61	13	25	33
アーカンソー	585	105	19	2	39	3	11	4	12	11
カリフォルニア	3,081	1,087	145	18	266	39	100	100	161	119
コロラド	465	171	17	8	21	14	11	21	21	23
コネティカット	223	103	10	6	6	4	13	15	7	40
デラウェア	116	44	5	1	8	14	6	3	2	3
コロンビア特別区	29	10	-	1	-	-	1	-	-	8
フロリダ	2,558	535	56	17	78	19	127	36	73	85
ジョージア	1,284	238	17	13	54	10	42	12	47	30
ハワイ	109	59	-	5	2	1	10	1	20	20
アイダホ	226	81	8	-	15	8	8	-	4	7
イリノイ	911	325	41	10	113	5	23	15	27	64
インディアナ	693	174	20	3	53	8	27	16	19	25
アイオワ	372	62	5	2	28	4	3	1	8	8
カンザス	386	103	9	-	43	3	6	5	5	15
ケンタッキー	791	154	7	3	85	4	18	-	24	11
ルイジアナ	821	288	30	1	115	8	49	5	35	19
メーン	159	61	2	2	10	7	18	4	7	5
メリーランド	547	184	10	21	15	39	11	37	18	28
マサチューセッツ	334	76	13	4	4	3	4	4	9	30
ミシガン	871	205	16	2	95	7	16	7	17	34
ミネソタ	421	95	5	5	48	4	2	2	1	20
ミシシッピ	700	106	9	1	24	4	25	4	18	10
ミズーリ	878	379	26	12	124	23	29	19	54	38
モンタナ	221	86	15	1	5	1	5	-	6	8
ネブラスカ	223	30	7	-	1	7	1	2	1	2
ネバダ	243	91	12	2	11	-	23	-	20	8
ニューハンプシャー	110	39	3	1	2	6	1	1	14	11
ニュージャージー	583	95	2	3	5	24	8	4	13	29
ニューメキシコ	361	69	5	5	9	1	4	5	6	11
ニューヨーク	1,156	368	6	8	142	11	32	22	20	57
ノースカロライナ	1,314	517	32	2	270	9	125	8	49	13
ノースダコタ	140	32	4	1	10	-	3	-	1	2
オハイオ	1,021	287	22	4	129	11	21	12	55	25
オクラホマ	738	234	26	2	25	7	83	18	8	14
オレゴン	377	125	7	1	55	3	16	6	8	8
ペンシルベニア	1,256	634	19	37	152	12	131	94	116	54
ロードアイランド	83	28	-	5	1	2	-	-	4	9
サウスカロライナ	894	337	37	1	99	9	84	29	43	22
サウスダコタ	131	41	12	-	19	2	2	-	2	-
テネシー	989	209	10	10	35	10	48	30	29	30
テキサス	3,071	1,228	106	37	149	40	116	104	132	140
ユタ	244	104	23	5	9	9	5	12	10	10
バーモント	74	22	1	-	2	8	-	2	5	3
バージニア	757	147	8	8	15	3	20	8	27	18
ワシントン	492	208	16	-	15	22	15	10	41	44
ウエストバージニア	356	120	20	1	44	2	13	5	11	8
ウィスコンシン	561	203	8	2	105	-	21	3	14	36
ワイオミング	134	56	13	-	11	4	4	1	2	2

― ゼロを示す　1．スピード制限不詳の死亡も含む

資料：U.S. National Highway Traffic Safety Administration, *Traffic Safety Facts*, *Speeding*（年刊）; <http://www-nrd.nhtsa.dot.gov/CATS/index.aspx> 参照

No.1109. 不注意運転——衝突・交通事故による死亡と負傷：2005－2009年

[「不注意」とは、運転者が、運転中に他の行動に気を取られて、運転から注意がそれる、注意力低下の特定のタイプと定義される。「不注意」は「注意力低下」（疲労や運転者の身体的精神的状況を含む）の一部である。詳細については、<http://www-nrd.nhtsa.dot.gov/Pubs/811379.pdf> で報告書の付録を参照のこと]

事故内容	2005	2008	2009	事故内容	2005	2008	2009
衝突死亡事故[1]				運転者数	4,217	5,477	5,084
全体：				割合（%）	7	11	11
衝突件数	39,252	34,172	30,797	死亡数	4,472	5,838	5,474
運転者数	59,220	50,416	45,230	割合（%）	10	16	16
死亡数	43,510	37,423	33,808	衝突事故による負傷者：[3]			
不注意運転の運転者の関与[2]				全体	2,699,000	2,346,000	2,217,000
衝突件数	4,026	5,307	4,898	不注意運転の運転者の関与：			
割合（%）	10	16	16	推計	604,000	466,000	448,000
				全体に占める割合（%）	22	20	20

1．資料：NHTSAの死亡事故分析報告システム（FARS）　2．複数の車両の関わる衝突事故では、運転者の1人が不注意運転であったと報告された場合、不注意運転衝突事故と報告される。したがって、この場合複数の運転者が不注意運転者と報告されることになる　3．資料：National Automotive Sampling System (NASS) General Estimates System (GES)

資料：U.S. National Highway Traffic Safety Administration, Traffic Safety Facts, Research Note, Driver Distraction、NHTSAデータベース。<http://www-nrd.nhtsa.dot.gov/CATS/index.aspx> も参照

No.1110. ハイウェイでの交通死亡事故時の血中アルコール濃度（BAC）：1990－2009年

[g/dlは、デシリットル当たりグラム。自動車衝突事故のうち、当事者に血中アルコール濃度（BAC）0.08g/dl以上の者が1人でもいた場合、その事故は飲酒事故とみなされる。飲酒事故による死者はすべて、飲酒運転による死亡とみなされる。飲酒事故・死亡の定義は、その事故・死亡がアルコールの影響によるものであるかどうかを示すものではない。BAC0.08g/dl以上は法律上酩酊とみなされる]

項目	1990	1995	2000	2005	2006	2007	2008	2009
死亡事故、総数[1]	44,599	41,817	41,945	43,510	42,708	41,259	37,423	33,808
BAC=0.00：								
数		23,823	25,768	26,082	27,423	26,633	25,611	23,499	20,961
%		53.4	61.6	62.2	63.0	62.4	62.1	62.8	62.0
BAC=0.01-0.07：								
数		2,901	2,416	2,422	2,404	2,479	2,494	2,115	1,905
%		6.5	5.8	5.8	5.5	5.8	6.0	5.7	5.6
飲酒運転による死亡（BAC=0.08以上）：								
数		17,705	13,478	13,324	13,582	13,491	13,041	11,711	10,839
%		39.7	32.2	31.8	31.2	31.6	31.6	31.3	32.1

1. 総死亡数には、自動車やオートバイの運転者の関与のない死亡も含まれる

資料：U.S. National Highway Traffic Safety Administration, *Traffic Safety Facts* (年刊) および未刊行資料; <http://www-nrd.nhtsa.dot.gov/CATS/index.aspx> も参照

No.1111. 州別交通死亡事故数、および事故時の血中アルコール濃度（BAC）：2009年

[表No.1110の頭注を参照]

州	交通死亡事故、計[1]	BAC=0.00 件数	%	BAC=0.01-0.07 件数	%	飲酒運転による死亡（BAC=0.08以上）件数	%	BAC=0.01以上 件数	%
合衆国	33,808	20,961	62	1,905	6	10,839	32	12,744	38
アラバマ	848	522	62	46	5	280	33	325	38
アラスカ	64	42	65	3	4	20	31	22	35
アリゾナ	807	514	64	42	5	219	27	260	32
アーカンソー	585	372	64	43	7	168	29	211	36
カリフォルニア	3,081	1,956	63	168	5	950	31	1,118	36
コロラド	465	285	61	20	4	158	34	178	38
コネティカット	223	109	49	15	7	99	44	114	51
デラウェア	116	68	58	4	3	45	38	48	42
コロンビア特別区	29	17	59	2	7	10	35	12	41
フロリダ	2,558	1,649	64	134	5	770	30	904	35
ジョージア	1,284	885	69	63	5	331	26	394	31
ハワイ	109	51	47	6	6	52	48	59	54
アイダホ	226	160	71	7	3	58	26	65	29
イリノイ	911	530	58	62	7	319	35	381	42
インディアナ	693	443	64	39	6	210	30	249	36
アイオワ	372	254	68	22	6	96	26	118	32
カンザス	386	208	54	23	6	154	40	177	46
ケンタッキー	791	550	70	45	6	194	25	239	30
ルイジアナ	821	455	55	72	9	295	36	366	45
メーン	159	106	67	6	4	47	29	53	33
メリーランド	547	354	65	32	6	162	30	194	35
マサチューセッツ	334	201	60	23	7	108	32	130	39
ミシガン	871	579	66	45	5	246	28	291	33
ミネソタ	421	289	69	23	5	108	26	131	31
ミシシッピ	700	436	62	30	4	234	33	264	38
ミズーリ	878	518	59	58	7	300	34	358	41
モンタナ	221	129	58	11	5	81	36	92	42
ネブラスカ	223	135	61	22	10	66	30	88	39
ネバダ	243	152	63	22	9	68	28	90	37
ニューハンプシャー	110	73	66	7	6	30	27	36	33
ニュージャージー	583	397	68	36	6	149	25	185	32
ニューメキシコ	361	232	64	15	4	114	32	129	36
ニューヨーク	1,156	766	66	68	6	321	28	388	34
ノースカロライナ	1,314	879	67	67	5	363	28	430	33
ノースダコタ	140	81	58	6	4	54	38	59	42
オハイオ	1,021	643	63	54	5	324	32	378	37
オクラホマ	738	473	64	30	4	235	32	265	36
オレゴン	377	235	62	26	7	115	30	141	37
ペンシルベニア	1,256	783	62	64	5	406	32	470	37
ロードアイランド	83	43	52	7	8	34	40	40	48
サウスカロライナ	894	468	52	47	5	377	42	423	47
サウスダコタ	131	69	53	6	5	53	40	59	45
テネシー	989	642	65	42	4	303	31	345	35
テキサス	3,071	1,628	53	202	7	1,235	40	1,437	47
ユタ	244	190	78	14	6	40	16	54	22
バーモント	74	46	62	4	6	23	32	28	37
バージニア	757	476	63	34	5	243	32	278	37
ワシントン	492	259	53	26	5	206	42	232	47
ウエストバージニア	356	221	62	19	5	115	32	134	38
ウィスコンシン	561	308	55	38	7	213	38	251	45
ワイオミング	134	81	60	7	5	47	35	54	40

1. 自動車を運転、あるいは自転車に乗車していたものがいない事故による死者を含む

資料：U.S. National Highway Traffic Safety Administration, *Traffic Safety Facts* (年刊); <http://www-nrd.nhtsa.dot.gov/CATS/index.aspx> も参照

No.1112. 重大事故：1990－2009年

[6,471は6,471,000を表す。衝突事故とは、負傷および/または物損があり、輸送中の自動車が関与していて、自動車道路上または、自動車道路から私道にはいってまだ動きを止めていない状態での事故で、警察に報告されたものである]

項目	1990	1995	2000	2004	2005	2006	2007	2008	2009
事故(1,000)	6,471	6,699	6,394	6,181	6,159	5,973	6,024	5,811	5,505
死亡事故	39.8	37.2	37.5	38.4	39.3	38.6	37.4	34.2	30.8
負傷事故	2,122	2,217	2,070	1,862	1,816	1,746	1,711	1,630	1,517
物損事故	4,309	4,446	4,286	4,281	4,304	4,189	4,275	4,146	3,957
全ての事故における割合：(%)									
死亡事故	0.6	0.6	0.6	0.6	0.6	0.6	0.6	0.6	0.6
負傷事故	32.8	33.1	32.4	30.1	29.5	29.2	28.4	28.1	27.6
物損事故	66.6	66.4	67.0	69.3	69.9	70.1	71.0	71.4	71.9

資料：U.S. National Highway Safety Traffic Administration, *Traffic Safety Facts* (年刊); <http://www-nrd.nhtsa.dot.gov/CATS/index.aspx> 参照

No.1113. 飲酒運転による死亡事故：1999、2009年

[BAC＝Blood alcohol concentration、血中アルコール濃度。]

年齢、性別、車種	1999 運転者数	1999 BAC 0.08以上の者の割合(%)	2009 運転者数	2009 BAC 0.08以上の者の割合(%)
死亡事故に関わった運転者合計[1]	56,502	20.3	45,230	22.3
年齢別：				
16際以下	333	9.6	181	7.2
16－20歳	7,985	16.9	5,051	18.8
21－24歳	5,639	31.4	4,597	34.5
25－34歳	11,763	27.6	8,610	31.6
35－44歳	11,059	24.8	7,757	25.9
45－54歳	7,708	17.1	7,664	22.1
55－64歳	4,608	10.8	5,276	12.7
65－74歳	3,251	6.9	2,868	6.9
75歳以上	3,346	3.7	2,547	3.3
運転者の性別：				
男性	41,012	23.4	32,807	25.4
女性	14,835	11.6	11,825	13.7
自動車の種別：				
乗用車	27,878	21.3	18,279	23.2
軽トラック[2]	19,865	22.3	17,822	23.2
大型トラック[2]	4,868	1.5	3,187	1.7
オートバイ	2,528	32.8	4,593	28.6
バス	318	0.9	221	－

－ ゼロまたは概数でゼロを示す　1. 年齢性別が不詳およびその他のデータ不詳のものを含む　2. 表No.1107の脚注2および3を参照

資料：U.S. National Highway Traffic Safety Administration, *Traffic Safety Facts* (年刊); <http://www-nrd.nhtsa.dot.gov/CATS/index.aspx> 参照

No.1114. 年齢別運転者数および事故：2009年

[211,000は2億1100万を表す。本書前年版の表No.1113も参照]

年齢	運転免許所有者 運転者数(1,000)	運転免許所有者 %	交通事故の当事者(運転者) 死亡事故 運転者数(1,000)	死亡事故 %	交通事故計 運転者数(1,000)	交通事故計 %	運転免許所有者に占める割合 死亡事故[1]	運転免許所有者に占める割合 交通事故計[2]
計	211,000	100.0	48,000	100.0	16,500	100.0	23	8
19歳未満	10,326	4.9	3,900	8.1	2,020	12.2	38	20
16歳未満	658	0.3	200	0.4	250	1.5	(3)	(3)
17歳	1,311	0.6	500	1.0	300	1.8	38	23
18歳	2,145	1.0	700	1.5	420	2.5	33	20
19歳	2,854	1.4	1,200	2.5	530	3.2	42	19
19歳以上	3,358	1.6	1,300	2.7	520	3.1	39	15
20－24歳	17,465	8.3	6,300	13.1	2,480	15.0	36	14
20歳	3,404	1.6	1,400	2.9	500	3.0	41	15
21歳	3,447	1.6	1,400	2.9	490	3.0	41	14
22歳	3,444	1.6	1,200	2.5	470	2.8	35	14
23歳	3,551	1.7	1,200	2.5	620	3.7	34	17
24歳	3,619	1.7	1,100	2.3	400	2.4	30	11
25－34歳	36,694	17.4	8,800	18.3	3,270	19.8	24	9
35－44歳	38,424	18.2	7,500	15.6	2,910	17.6	20	8
45－54歳	41,921	19.9	8,300	17.3	2,750	16.7	20	7
55－64歳	33,271	15.8	5,900	12.3	1,710	10.4	18	5
65－74歳	19,135	9.1	3,500	7.3	820	5.0	18	4
75歳以上	13,764	6.5	3,800	7.9	540	3.3	28	4

1. 運転免許所有者10万人あたりの率　2. 運転免許所有者100人あたりの率　3. 16歳未満の事故割合については、無免許運転による事故率が高い

資料：National Safety Council, Itasca, IL, *Injury Facts* (年刊) (copyright); <http://www.nsc.org/> 参照

No.1115. 旅客輸送業――概要：1990－2009年

[16,053は160億5300万を表す。プエルトリコを含む。合衆国の輸送システムに集まった情報を含む。タクシー、スクールバス（少額の運賃で路線上で旅客を輸送する小型のバスまたは自動車）、不定期バス、観光バス、都市間バス、特殊な大量輸送システム（遊園地、空港、島内および都内公園内のフェリー等）を除く。使用中の車のみ算入]

項目	単位	1990	1995	2000	2005	2007	2008	2009
オペレーティング・システム	数	5,078	5,973	6,000	6,429	7,700	7,700	7,200
バス事業	数	2,688	2,250	2,262	1,500	1,200	1,100	1,088
稼働中の旅客乗物数	数	93,553	116,473	131,918	150,827	163,973	169,436	172,893
バス	台	58,714	67,107	75,013	82,027	65,249	66,506	64,832
通勤鉄道	台	5,007	5,164	5,498	6,392	6,391	6,617	6,941
デマンドレスポンス[1]	台	16,471	29,352	33,080	41,958	64,865	65,799	68,957
普通鉄道	台	10,419	10,157	10,591	11,110	11,222	11,377	11,461
軽便鉄道	台	913	999	1,577	1,645	1,810	1,969	2,068
トロリーバス	台	832	885	951	615	559	590	531
その他	台	1,197	2,809	5,208	7,080	13,877	16,578	18,103
運営資金、計	100万ドル	16,053	18,241	24,243	31,708	35,541	37,975	38,918
交通機関資金	100万ドル	6,786	8,069	11,004	12,559	13,473	14,304	14,549
旅客支出	100万ドル	5,891	6,801	8,746	10,269	11,145	11,860	12,273
その他	100万ドル	895	1,268	2,258	2,290	2,328	2,444	2,276
政府支出[2]	100万ドル	9,267	10,172	13,239	19,149	22,068	23,671	24,369
直接発生分[3]	100万ドル	([4])	1,544	1,959	2,694	2,698	2,448	2,543
地方政府	100万ドル	5,327	3,981	5,319	6,658	8,322	8,754	8,763
州政府	100万ドル	2,970	3,830	4,967	7,495	8,371	9,795	9,857
連邦政府	100万ドル	970	817	994	2,303	2,678	2,674	3,207
運営支出	100万ドル	15,742	17,849	22,646	30,295	33,877	36,398	37,245
車両運用	100万ドル	6,654	8,282	10,111	13,793	15,560	16,780	16,997
保守	100万ドル	4,631	5,047	6,445	8,259	9,136	9,651	9,693
一般管理	100万ドル	3,450	2,590	3,329	4,075	4,779	4,983	5,330
廃車	100万ドル	1,008	1,930	2,761	4,168	4,402	4,983	5,225
資本支出	100万ドル	(NA)	7,230	9,587	12,383	14,528	17,765	17,919
走行車両マイル	100万車両マイル	3,242	3,550	4,081	4,601	5,038	5,204	5,219
バス	100万車両マイル	2,130	2,184	2,315	2,485	2,302	2,377	2,332
トロリーバス	100万車両マイル	14	14	14	13	11	12	13
普通鉄道	100万車両マイル	537	537	595	646	657	674	685
軽便鉄道	100万車両マイル	24	35	53	69	84	88	91
通勤鉄道	100万車両マイル	213	238	271	303	326	339	344
デマンドレスポンス[1]	100万車両マイル	306	507	759	978	1,471	1,495	1,529
その他	100万車両マイル	18	37	74	107	186	219	227
輸送旅客	100万人	8,799	7,763	9,363	9,815	10,247	10,521	10,381
バス	100万人	5,677	4,848	5,678	5,855	5,413	5,573	5,452
トロリーバス	100万人	126	119	122	107	97	101	104
普通鉄道	100万人	2,346	2,033	2,632	2,808	3,460	3,547	3,490
軽便鉄道	100万人	175	251	320	381	419	454	465
通勤鉄道	100万人	328	344	413	423	459	472	468
デマンドレスポンス[1]	100万人	68	88	105	125	209	191	190
その他	100万人	79	80	93	117	190	183	212
旅客あたりの平均収入	セント	67	88	93	102	109	113	118
被雇用者数（平均）[5]	1,000人	273	311	360	367	383	400	403
給与支払い、被雇用者	100万ドル	7,226	8,213	10,400	12,177	13,205	13,914	14,212
諸手当、被雇用者	100万ドル	3,986	4,484	5,413	8,093	9,092	9,366	9,927

NA データなし 1．この輸送形態（不規則輸送または電話予約乗車とも呼ばれる）は、旅客または旅客の代理人から輸送業者への電話要請に応じて運行される乗用車、小型トラックまたは小型バスから成る。電話を受けた輸送業者は車両を派遣して旅客を拾い、目的地まで輸送する 2．連邦・州・地方政府の補助金、徴収した税から発生する利子、他の交通機関からの料金移転、債券発行の収益を含む 3．交通機関の徴収する税金に発生する利子等の資金 4．1993年までのデータは地方政府を含む 5．1990年までは、労働時間2080時間を1従業員と換算。1995年以降は実際の従業員数

資料：American Public Transportation Association, Washington, DC, *Public Transportation Fact Book* （年刊）; <http://www.apta.com/resources/statistics/Pages/default.aspx> 参照

No.1116. トランジット・セービング――上位20都市：2011年

[公共交通機関を利用すると、平均で年間10,116ドルの節約になる。これは、2011年4月13日現在の全米平均のガソリン価格および全米平均の月額駐車料金（駐車場所の確保なし）に基づいて計算されたものである。1か月あたりでみると、公共交通機関の利用者は、平均843ドル節約していることになる。毎月刊行のプレスリリースから、4月13日付の"Riding Public Transit Saves Individuals"を<http://www.apta.com/mediacenter/pressreleases/2011/Pages/default.aspx>で参照のこと。このリリースやその他毎月の「トランジット・セービングズ」では、どのようにしてこのセービングの額を計算しているかという情報と方法論が掲載されている。公共交通機関の1カ月定期の購入を前提に、その地域のガソリン価格と月額駐車料金に基づいて、各都市の公共交通機関利用者のトランジット・セービングが順位づけされている]

都市	セービング（節約額） 月額	セービング（節約額） 年額	都市	セービング（節約額） 月額	セービング（節約額） 年額
ニューヨーク	1,213	14,561	ポートランド	862	10,345
ボストン	1,114	13,368	デンバー	859	10,311
サンフランシスコ	1,106	13,268	クリーブランド	853	10,230
シカゴ	1,016	12,192	ワシントンDC	850	10,202
シアトル	990	11,875	ボルチモア	848	10,176
フィラデルフィア	974	11,684	マイアミ	831	9,973
ホノルル	964	11,562	ダラス	797	9,564
ロサンゼルス	912	10,939	ピッツバーグ	796	9,558
ミネアポリス	893	10,715	アトランタ	786	9,431
サンディエゴ	883	10,592	ラスベガス	780	9,361

資料：American Public Transportation Association, Media Center, Press Releases; <http://www.apta.com/resources/statistics/Pages/default.aspx> も参照

No.1117. 鉄道輸送機関の特徴：2009年

鉄道の種類および機関	主たる運行都市	州	路線長[1,2]	踏切数[1]	駅数	ADA基準を満たす駅数[3]
計[4]	37	33	11,601.2	6,408	3,085	2,014
重軌鉄道	11	17	1,602.8	27	1,025	499
シカゴ交通局	シカゴ	IL, IN	207.8	25	143	89
広域クリーブランド地域鉄道機関	クリーブランド	OH	38.1	−	18	13
LA郡メトロポリタン交通局	ロサンゼルス	CA	31.9	−	16	16
メリーランド交通局	ボルティモア	MD	29.4	−	14	14
マサチューセッツ・ベイ交通局	ボストン	MA, NH, RI	76.3	−	53	49
メトロポリタン・アトランタ高速鉄道局	アトランタ	GA	96.1	−	38	38
マイアミ・デイド交通局	マイアミ	FL	45.0	−	22	22
MTAニューヨーク・シティ・トランジット	ニューヨーク	NY, NJ, CT	493.8	−	468	83
港湾局ハドソン横断公社	ニューヨーク	NY, NJ, CT	28.6	2	13	7
港湾局交通公社	フィラデルフィア	PA, NJ, DE	31.5	−	13	5
サンフランシスコ湾岸高速鉄道区	サンフランシスコ	CA	209.0	−	43	43
サザンイースタン・ペンシルベニア鉄道局	フィラデルフィア	PA	74.9	−	75	29
スタッテン・アイランド鉄道	ニューヨーク	NY, CT	28.6	−	23	5
ワシントン首都圏交通局	ワシントン	DC, MD, VA	211.8	−	86	86
軽軌鉄道[5]	18	25	8,521.1	3,337	1,224	794
アラスカ鉄道	アンカレジ	AK	959.9	133	10	10
オルタモント通勤急行局	サンノゼ	CA	172.0	127	10	10
中央ピュージェット湾地域交通局	シアトル	WA	146.9	44	10	10
コネチカット輸送局	ハートフォード	CT	101.2	3	9	8
ダラス地域高速鉄道	ダラス	TX	29.0	24	5	5
フォートワース輸送局	フォートワース	TX	43.3	19	5	5
メリーランド交通局	ボルティモア	MD	400.4	40	42	24
マサチューセッツ・ベイ交通局	ボストン	MA, NH, RI	737.5	257	133	95
メトロ交通局	ミネアポリス	MN	77.9	36	6	6
MTAロングアイランド鉄道	ニューヨーク	NY, NJ, CT	638.2	343	124	104
MTAメトロノース鉄道	ニューヨーク	NY, NJ, CT	545.7	158	110	43
ニュージャージー輸送会社	ニューヨーク	NY, NJ, CT	996.2	317	164	70
ノース・カウンティ・トランジット・ディストリクト	サンディエゴ	CA	82.2	34	8	8
NEイリノイ地域通勤鉄道公社	シカゴ	IL, WI	980.4	578	240	168
ノースイースタン・インディアナ通勤交通区	シカゴ	IL, IN	179.8	117	20	13
ノザン・ニューイングランド旅客鉄道	ボストン	MA, ME, NH	230.4	65	10	10
半島線運行連合委員会	サンフランシスコ	CA	153.7	46	32	26
ペンシルベニア交通局	フィラデルフィア	PA	144.4	7	12	4
地方輸送局	ナッシュビル	TN	62.8	35	6	6
リオ・メトロ・地域交通局	アルバカーキ	NM	193.1	86	10	10
サウスフロリダ地域交通局	マイアミ	FL	142.2	73	18	18
サザンイースタン・ペンシルベニア交通局	フィラデルフィア	PA	446.9	283	154	55
サザンカリフォルニア地域鉄道公社	ロサンゼルス	CA	777.8	436	55	55
オレゴン州トリカウンティ・メトロポリタン交通局	ポートランド	OR	29.2	27	5	5
ユタ交通局	ソルトレークシティ	UT	87.7	29	8	8
ヴァージニア鉄道公社	ワシントン	DC, VA, MD	161.5	20	18	18

− ゼロを示す　1．各交通機関が運行する車両と貸切車両の双方を含む。常時利用されているもの　2．公共交通機関として営業中の路線すべての長さを合算したもの。路線上の線路の数は関係ない　3．1992年障害者法(ADA=American with Disabilities Act of 1992)の基準を満たしている駅数。ADAの他の基準には満たないものの車椅子利用可能と見られる駅も含まれる　4．個別に明示しないが軽軌鉄道を含む　5．アムトラック（AMTRAK）によって独立して運営されているコミューター・タイプのサービスは除外する

資　料：U.S. Bureau of Transportation Statistics, "*State Transportation Statistics, 2010*"；〈http://www.bts.gov/publications/state_transportation_statistics/〉 も参照。National Transit database; Access NTD data; "Top transit cities."；〈http://www.ntdprogram.gov/ntdprogram/data.htm〉も参照

No.1118. 大都市地域における交通機関の利用状況：2009年

都市地域	年間乗降客数[1] (100万人)	1人あたり乗降回数の地域別順位[2]	1人あたり乗降回数	構成比（％） バス	重軌鉄道[3]	軽軌鉄道[4]	通勤鉄道[5]	その他[6]
合衆国都市地域、計	10,063,138	(X)	51.9	53.0	34.6	4.6	4.6	3.1
アトランタ、GA	168,714	26	48.2	49.5	49.4	−	−	1.1
オースティン、TX	39,439	27	43.7	97.4	−	−	−	2.6
ボルティモア、MD	125,162	17	60.3	74.5	10.8	7.1	6.5	1.2
ボストン、MA-NH-RI	375,540	8	93.1	28.8	39.6	18.8	10.9	1.8
シカゴ、IL-IN	633,465	11	76.2	55.1	32.0	−	11.9	0.9
シンシナティ、OH-KY-IN	27,106	95	18.0	98.3	−	−	−	1.7
クリーブランド、OH	46,457	63	26.0	83.5	9.7	5.1	−	1.8
ダラス-フォートワース-アーリントン、TX	73,616	99	17.8	66.4	−	25.8	3.7	4.1
デンバー-オーロラ、CO	98,356	25	49.6	78.5	−	20.1	−	1.4
デトロイト、MI	54,590	127	14.0	94.1	−	−	−	5.9
ヒューストン、TX	88,734	73	23.2	82.2	−	13.1	−	4.7
インディアナポリス、IN	8,450	231	6.9	97.0	−	−	−	3.0
カンザスシティ、MO-KS	16,093	154	11.8	96.2	−	−	−	3.8
ラスベガス、NV	67,126	24	51.1	98.5	−	−	−	1.5
ロサンゼルス-ロングビーチ-サンタアナ、CA	704,768	18	59.8	83.6	6.7	6.5	1.7	1.5
マイアミ、FL	159,650	48	32.5	78.4	11.4	−	2.6	7.6
ミルウォーキー、WI	49,597	36	37.9	97.2	−	−	−	2.8
ミネアポリス-セントポール、MN	89,624	38	37.5	86.6	−	11.0	0.1	2.3
ニューヨーク-ニューアーク、NY-NJ-CT	4,019,430	1	225.8	31.1	60.8	0.6	6.5	1.0
フィラデルフィア、PA-NJ-DE-MD	368,902	13	71.6	51.5	28.5	8.0	9.8	2.2
フェニックス-メーサ、AZ	78,135	60	26.9	90.0	−	7.1	−	2.9
ピッツバーグ、PA	70,309	32	40.1	85.0	−	10.4	−	4.5
ポートランド、OR-WA	115,380	12	72.9	64.6	−	34.1	0.1	1.2
プロビデンス、RI-MA	21,487	93	18.3	96.2	−	−	−	3.8
リバーサイド-サンバナディノ、CA	24,159	107	16.0	95.8	−	−	−	4.2
サクラメント、CA	39,933	55	28.7	55.5	−	43.4	−	1.1
サンアントニオ、TX	44,500	44	33.5	97.3	−	−	−	2.7
サンディエゴ、CA	106,735	33	39.9	59.3	−	36.7	1.4	2.7
サンフランシスコ-オークランド、CA	443,459	2	137.4	41.0	25.9	11.4	2.6	19.1
サンノゼ、CA	46,600	51	30.3	74.6	−	23.1	−	2.3
シアトル、WA	189,536	15	69.9	69.7	−	2.0	1.3	26.9
セントルイス、MO-IL	55,500	61	26.7	62.9	−	35.0	−	2.1
タンパ-セントピーターズバーグ、FL	27,001	141	13.1	96.3	−	1.9	−	1.8
バージニアビーチ、VA	18,907	135	13.6	96.0	−	−	−	4.0
ワシントン、DC-VA-MD	495,268	3	125.9	38.7	59.9	−	0.8	0.5

− ゼロを示す　X 該当なし　1．公共交通機関の乗降回数。出発地から目的地までの乗り換えもそれぞれ1回と数える　2．4月1日現在。2000年センサスに基づく　3．地下鉄、急行など　4．市電、トラム、トロリーなど　5．首都圏鉄道または地域鉄道とも呼ばれる　6．トロリーバス、フェリー、ケーブルカー、マイクロバス共同利用、応需式など。表No.1115の脚注1を参照

資料：U.S. Department of Transportation, Federal Transit Administration, National Transit Database; Access NTD data, Historical Data Files, <http://www.ntdprogram.gov/ntdprogram/data.htm> を参照

No.1119. 連邦交通局（FTA）の州・地方政府への補助金——州別：2009年

[9月30日に終わる年度。11,298は112億9800万ドルを表す]

州別	計(100万ドル)	1人当たりドル[1]	州別	計(100万ドル)	1人当たりドル[1]	州別	計(100万ドル)	1人当たりドル[1]	州別	計(100万ドル)	1人当たりドル[1]
合衆国[2]	11,298	36	ID	12	8	MT	19	19	RI	44	42
合衆国[3]	11,012	36	IL	732	57	NE	16	9	SC	35	8
AL	67	14	IN	105	16	NV	93	35	SD	20	24
AK	77	110	IA	49	16	NH	16	12	TN	85	14
AZ	218	33	KS	22	8	NJ	683	78	TX	618	25
AR	27	9	KY	59	14	NM	59	30	UT	281	101
CA	1,459	39	LA	94	21	NY	2,003	103	VT	21	34
CO	167	33	ME	18	14	NC	105	11	VA	190	24
CT	156	44	MD	223	39	ND	14	21	WA	347	52
DE	26	30	MA	274	42	OH	246	21	WV	26	14
DC	398	664	MI	154	15	OK	39	11	WI	77	14
FL	231	12	MN	189	36	OR	248	65	WY	9	17
GA	189	19	MS	20	7	PA	515	41			
HI	54	42	MO	184	31						

1．7月1日現在の推計人口に基づく　2．個別に明示しない、海外領土および未配分の資金を含む　3．50州およびコロンビア特別区

資料：U.S. Census Bureau, Federal, State, and Local Governments, *Federal Aid to States for Fiscal Year, 2009* (2010年8月刊); <http://www.census.gov/prod/www/abs/fas.html> も参照

No.1120. トラック輸送、宅配便およびメッセンジャー、倉庫業——収益推計：2004－2009年

[単位：100万ドル（266,251は2662億5100万ドルを表す）、％。課税対象および非課税の雇用企業。推計値は2007年経済センサスの結果で調整済み。2002年北米産業分類に基づく。第15章の解説を参照]

事業内容	北米産業分類[1]	2004	2005	2006	2007	2008	2009
主要輸送業および倉庫業	48, 49	266,251	285,603	306,700	317,631	324,890	273,246
トラック輸送	484	182,518	200,519	213,327	217,833	222,529	180,663
一般貨物トラック輸送	4841	121,760	133,740	141,037	142,508	146,199	117,578
一般貨物、市内	48411	18,661	20,038	21,783	21,174	21,601	17,704
一般貨物、長距離	48412	103,099	113,702	119,254	121,334	124,598	99,874
一般貨物、長距離、積載重量満載	484121	72,713	79,548	82,481	83,386	86,673	70,368
一般貨物、長距離、積載重量未満	484122	30,386	34,154	36,773	37,948	37,925	29,506
特殊貨物トラック輸送	4842	60,758	66,779	72,290	75,325	76,330	63,085
世帯、オフィス引越し	48421	13,707	14,836	15,079	14,549	14,226	11,947
特殊貨物（中古家具を除く）トラック輸送、市内	48422	24,921	27,206	29,951	31,549	32,058	26,397
特殊貨物（中古家具を除く）トラック輸送、長距離	48423	22,130	24,737	27,260	29,227	30,046	24,741
宅配便およびメッセンジャー	492	65,343	66,468	72,874	77,877	78,839	69,834
宅配便	4921	62,031	63,313	69,650	74,392	75,594	67,138
市内メッセンジャーおよび市内配達	4922	3,312	3,155	3,224	3,485	3,245	2,696
倉庫業	493	18,390	18,616	20,499	21,921	23,522	22,749
一般倉庫業	49311	11,693	12,303	13,985	15,187	16,409	15,883
冷蔵倉庫業	49312	3,291	3,011	3,156	3,391	3,483	3,484
農産物倉庫業	49313	757	747	775	864	899	798
その他倉庫業	49319	2,649	2,555	2,583	2,479	2,731	2,584

1．データは2002年北米産業分類（NAICS）に基づく。2009年のデータは2007年北米産業分類に基づく。第15章の解説を参照

資料：U.S. Census Bureau, "Service Annual Survey, 2008: Truck Transportation, Messenger Services and Warehousing"；〈http://www.census.gov/services/index.html〉（2011年1月）

No.1121. トラック輸送業——概要：2005－2009年

[単位：100万ドル（200,519は2005億1900万ドルを表す）。課税対象および非課税の雇用企業。北米産業分類484に分類されるもの。推計値は2007年経済センサスの結果で調整済み。2003年のデータは1997年北米産業分類（NAICS）に基づく。2009年のデータは2007年北米産業分類に基づく。第15章の解説を参照]

項目	2005	2006	2007	2008	2009
総運営収入	200,519	213,327	217,833	222,529	180,663
自動車による輸送収入、計	187,996	199,747	204,211	208,835	169,489
市内トラック輸送[1]	61,810	66,820	69,367	70,608	61,149
長距離トラック輸送[1]	126,186	132,927	134,844	138,227	108,340
積荷規模：					
積載重量未満	43,102	52,211	53,411	53,909	43,303
積載重量満載	144,894	147,536	150,800	154,926	126,186
取り扱い商品：					
農産物、海産物	16,853	17,660	17,853	18,575	18,585
穀物、アルコール、タバコ製品	6,803	8,635	9,509	10,001	8,933
土石鉱物	13,071	15,050	16,135	15,425	12,664
石炭、石油製品	6,820	7,373	7,990	9,075	7,754
薬品、化学製品	10,252	10,791	11,750	11,688	9,893
木材製品、織物、皮革	16,705	16,826	17,686	18,720	14,344
基礎金属および機械類	15,909	17,570	17,934	18,173	13,689
電子製品、原動機付乗り物、精密機械	14,856	15,529	14,744	15,095	11,553
世帯・オフィスの中古家具	11,574	11,994	12,458	11,933	9,794
家具および工業製品	21,509	21,544	19,957	20,962	16,271
その他	53,644	56,775	58,195	59,188	46,009
有害物質	15,837	(S)	14,545	14,224	12,679
出発地と仕向け先：					
合衆国内から合衆国内	180,804	191,751	195,667	200,111	162,482
合衆国内からカナダ	1,546	1,804	1,954	2,218	1,652
合衆国内からメキシコ	1,587	1,617	1,563	1,552	1,100
カナダから合衆国内	1,284	1,293	1,177	1,316	1,050
メキシコから合衆国内	1,321	1,718	(S)	1,760	1,538
その他すべての仕向け地	1,454	1,564	1,908	1,878	1,667
収益を発生する設備の在庫(1,000)：					
トラック	216	238	243	246	237
所有または運転手付きリース	190	211	215	223	214
リース運転手なし	26	27	28	23	23
トラックートラクター	854	866	884	858	792
所有または運転手付きリース	722	723	739	724	678
リース運転手なし	132	143	145	134	114
トレーラー	1,903	1,910	1,927	1,943	1,827
所有または運転手付きリース	1,560	1,579	1,593	1,630	1,535
リース運転手なし	343	331	334	313	292
幹線道路走行距離(100万マイル)：					
計	88,067	88,320	88,061	85,924	75,211
貨物積載走行距離	71,096	71,151	71,215	69,106	60,236
空荷の走行距離	16,971	17,169	16,846	16,818	14,975

S 推計値は公表基準に達しない　1．市内トラック輸送はひとつの都市地域および隣接することを示す。長距離トラック輸送は都市地域間で荷物を運搬することを示す

資料：U.S. Census Bureau, "Service Annual Survey, 2009: Truck Transportation, Messenger Service and Warehousing"；〈http://www.census.gov/services/index.html〉（2011年1月）

No.1122. 1級鉄道——概要：1990-2009年

[12月31日現在。注記以外は暦年データ（216は21万6000を表す）。注記以外は1級鉄道のみの年間報告書を編集したもの。マイナス（−）は欠損を表す。『アメリカ歴史統計』系列Q284-312, Q319, Q330, Q356-378, Q400-401も参照]

項目	単位	1990	2000	2004	2005	2006	2007	2008	2009
1級鉄道輸送会社[1]	数	14	8	7	7	7	7	7	7
被雇用者数[2]	1,000	216	168	158	162	168	167	164	152
給料	100万ドル	8,654	9,623	10,337	10,879	11,419	11,599	11,977	10,960
時間あたり平均支払額	ドル	15.8	21.5	24.2	25.7	26.0	27.3	28.9	29.8
年あたり平均支払額	ドル	39,987	57,157	65,550	66,975	68,141	69,367	72,836	72,153
総マイル数：									
所有鉄道路線[3]	1,000	146	121	123	121	120	120	119	119
所有鉄道軌道[4]	1,000	244	205	211	208	207	207	206	206
施設：									
現役機関車	数	18,835	20,028	22,015	22,779	23,730	24,143	23,999	24,040
平均馬力	1,000ポンド	2,665	3,261	3,458	3,467	3,485	3,518	3,601	3,598
現役車両：									
貨物列車[5]	1,000	1,212	1,381	1,288	1,312	1,347	1,386	1,393	1,363
貨物車[6]	1,000	659	560	474	475	475	460	450	416
平均能力	トン	87.5	92.3	94.3	95.1	96.0	96.7	97.7	98.0
収入および支出：									
営業収益	100万ドル	28,370	34,102	40,517	46,118	52,152	54,600	61,243	47,849
営業経費	100万ドル	24,652	29,040	35,107	37,843	40,980	42,747	47,348	37,225
鉄道運行からの純収入	100万ドル	3,718	5,062	5,410	8,275	11,172	11,852	13,895	10,624
固定料金前受収入	100万ドル	4,627	5,361	5,523	8,361	11,276	12,084	13,863	11,167
納税準備金[7]	100万ドル	1,088	1,430	1,543	2,224	3,643	4,108	4,645	3,576
通常所得	100万ドル	1,961	2,501	2,867	4,917	6,482	6,797	8,102	6,423
純所得	100万ドル	1,977	2,500	2,867	4,917	6,482	6,797	8,102	6,423
純鉄道運行所得	100万ドル	2,648	3,924	4,147	6,075	7,560	7,765	9,248	7,045
税総額[8]	100万ドル	3,780	4,379	4,480	5,176	6,830	7,272	6,807	6,519
純投資額における返済率	％	8.1	6.5	6.1	8.5	10.2	9.9	10.7	8.0
総資本支出	100万ドル	3,591	5,290	6,345	7,068	8,159	9,853	10,189	9,701
施設	100万ドル	996	1,508	1,301	1,026	1,470	2,213	2,315	2,597
道路、構造物	100万ドル	2,644	4,549	4,941	5,364	6,982	6,944	7,907	7,352
その他	100万ドル	−49	−767	102	678	−293	696	−33	−248
貸借対照表：									
財投資総額	100万ドル	70,348	106,136	135,941	141,400	148,320	156,666	164,286	171,769
累積未払原価見積り									
および割賦償還	100万ドル	22,222	23,989	29,771	32,508	35,763	38,702	41,187	44,195
純投資額	100万ドル	48,126	82,147	106,170	108,892	112,556	117,963	123,099	127,574
出資者持分	100万ドル	23,662	42,501	51,955	55,828	58,901	59,300	62,787	67,826
純運営資本	100万ドル	−3,505	−5,783	−5,171	−4,729	−4,461	−5,482	−3,592	−1,033
現金配当金	100万ドル	2,074	819	1,888	1,267	1,089	6,427	3,345	1,377
全米鉄道旅客輸送公社 (AMTRAK) 旅客輸送：									
旅客輸送収益	100万ドル	941.9	1,201.6	1,432.6	1,461.7	1,606.0	1,774.7	1,964.7	1,819.6
収益旅客数	1,000	22,382	22,985	25,215	25,076	24,549	26,550	28,795	27,219
収益旅客マイル	100万	6,125	5,574	5,511	5,381	5,410	5,784	6,179	5,914
平均：									
旅客あたりの収益	ドル	42.1	52.3	56.8	58.3	65.4	66.8	68.4	66.7
旅客マイルあたりの収益	セント	15.4	21.6	26.0	27.2	27.2	30.7	31.8	30.8
貨物サービス：									
貨物運送収益	100万ドル	24,471	33,083	39,131	44,457	50,315	52,932	59,409	46,127
トンーマイルあたり	セント	2.7	2.3	2.4	2.6	2.8	3.0	3.3	3.0
引受荷物トンあたり単価	ドル	19.3	19.0	21.2	23.4	25.7	27.3	30.7	27.7
引受荷物収入トン	100万	1,425	1,738	1,844	1,899	1,957	1,940	1,934	1,668
運送荷物収入トン	100万	2,024	2,179	2,398	2,448	2,517	2,431	2,420	2,058
1マイル運送トン	10億	1,034	1,466	1,663	1,696	1,772	1,771	1,777	1,532
平均営業軌道	1,000マイル	133	121	121	121	120	120	119	119
営業軌道あたりの収益トンーマイル	1,000	7,763	12,156	13,695	14,071	14,805	14,801	14,887	12,857
トンーマイルあたりの収益	セント	3	2	2	3	3	3	3	3
走行マイル	100万	380	504	535	548	563	543	524	436
走行マイルあたりの純トンーマイル[9]	数	2,755	2,923	3,126	3,115	3,163	3,274	3,414	3,548
積荷客車走行マイルあたりの純トンーマイル[9]	数	69.1	73.1	78.5	79.0	82	84	87	88
走行時間あたりの走行マイル	マイル	24	21	19	19	18	19	19	21
トンあたり輸送マイル	マイル	726	843	902	893	906	913	919	918
事故：[10]									
死傷者−（全ての軌道）：									
死者数	人	1,297	937	891	884	903	851	804	695
負傷者数	人	25,143	11,643	9,194	9,550	8,795	9,639	9,019	7,940
1級鉄道：[11]									
死者数	人	1,166	778	784	745	788	714	652	(NA)
負傷者数	人	19,284	7,655	6,298	6,414	5,817	6,254	5,684	(NA)

NA データなし　1．1級の定義については本章の解説を参照　2．月央平均　3．正味駅間線路総延長距離を示す。構内線、側線、平行線を除く（2級、3級鉄道の推計値を含む）　4．正味駅間線路の他、転轍、終着駅に属する多重主線路、構内線、側線を含む（2級、3級鉄道の推計値を含む）　5．全鉄道および民間車両会社、積出し会社の所有する車両を含む　6．1級鉄道のみ　7．州所得税を含む　8．給料・収入等の税　9．収益貨物および非収益貨物　10．幹線道路級の踏切事故を含む。資料：Federal Railroad Admin., *Accident Bulletin*（年刊）、<http://www.fra.dot.gov/>も参照　11．アムトラックのデータを含む。踏切事故を含む

資料：脚注に示したものを除き Association of American Railroads, Washington, DC, *Industry Information, Industry Statistics, Railroad Statistics*; <http://www.aar.org/StatisticsandPublications.aspx>も参照

No.1123. 1級輸送鉄道――商品分類別収益貨物：1990－2010年

[21,401は2140万1000を表す]

商品分類	1990	1995	2000	2005	2006	2007	2008	2009	2010
輸送量[1]（1,000両）	21,401	23,726	27,763	31,142	32,114	31,459	30,625	26,005	28,491
農産物	1,689	1,692	1,437	1,510	1,590	1,681	1,726	1,531	1,685
金属鉱石	508	463	322	662	674	662	671	527	829
石炭	5,912	6,095	6,954	7,202	7,574	7,480	7,713	6,842	6,859
非鉄金属	1,202	1,159	1,309	1,488	1,470	1,398	1,325	1,054	1,203
食料品	1,307	1,377	1,377	1,448	1,487	1,493	1,501	1,462	1,585
木材製品	780	719	648	611	548	456	391	285	312
パルプ、紙、関連製品	611	628	633	679	671	652	666	546	620
化学薬品、関連薬品	1,531	1,642	1,820	1,937	1,943	2,050	2,040	1,895	2,185
石油、石炭製品	573	596	565	689	689	691	578	494	539
土石、ガラス製品	539	516	541	603	570	513	467	371	413
一次金属製品	477	575	723	680	728	666	634	354	514
組立金属製品	31	32	30	36	50	55	58	62	84
機械（電気機器を除く）	39	41	35	42	43	40	44	38	46
輸送機器	1,091	1,473	1,984	1,923	1,871	1,810	1,521	1,105	1,321
廃棄物、スクラップ	439	623	619	706	701	726	729	568	622
輸送量[1]（100万トン）	1,425	1,550	1,738	1,899	1,957	1,940	1,934	1,668	1,803
農産物	147	154	136	140	149	152	156	137	153
金属鉱石	47	44	32	60	61	59	60	44	70
石炭	579	627	758	804	852	850	879	787	790
非鉄金属	109	110	126	146	141	138	132	105	121
食料品	81	91	94	102	105	105	105	101	107
木材製品	53	51	49	48	43	36	31	22	24
パルプ、紙、関連製品	33	36	36	38	37	35	34	28	30
化学薬品、関連薬品	126	138	155	165	167	176	175	162	183
石油、石炭製品	40	43	42	57	57	57	46	39	43
土石、ガラス製品	44	43	48	55	52	48	45	35	39
一次金属製品	38	47	60	57	61	56	54	30	43
組立金属製品	1	1	1	1	1	1	1	1	1
機械（電気機器を除く）	1	1	1	1	1	1	1	1	1
輸送機器	23	30	42	38	36	34	27	19	24
廃棄物、スクラップ	28	38	40	47	48	48	49	37	42
総収入[1]（100万ドル）	29,775	33,782	36,331	46,743	52,639	54,637	60,513	48,041	55,932
農産物	2,422	3,020	2,673	3,628	4,205	4,529	5,403	4,413	5,050
金属鉱石	408	394	338	485	529	542	637	403	590
石炭	6,954	7,356	7,794	9,393	10,821	11,471	14,200	12,052	13,530
非鉄金属	885	875	969	1,293	1,462	1,527	1,749	1,320	1,780
食料品	2,188	2,464	2,424	3,253	3,730	4,041	4,610	4,261	4,681
木材製品	1,390	1,385	1,524	2,278	2,335	1,987	1,684	1,095	1,226
パルプ、紙、関連製品	1,486	1,543	1,526	1,953	2,124	2,100	2,228	1,656	1,855
化学薬品、関連薬品	3,933	4,553	4,636	5,432	6,049	6,830	7,655	6,781	7,996
石油、石炭製品	918	997	1,010	1,500	1,722	1,853	1,930	1,590	1,776
土石、ガラス製品	931	1,044	1,113	1,505	1,664	1,607	1,636	1,215	1,398
一次金属製品	979	1,199	1,371	1,734	2,157	2,267	2,572	1,312	1,930
組立金属製品	42	44	48	55	79	86	92	77	114
機械（電気機器を除く）	67	69	61	91	109	126	166	116	130
輸送機器	3,100	3,269	3,843	3,960	4,228	4,292	3,964	2,677	3,647
廃棄物、スクラップ	504	685	706	1,070	1,190	1,276	1,415	1,022	1,187

1. 物資分類に示したものの他に小包貨物の出荷を含むが分類して示さず

資料：Association of American Railroads, Washington, DC, *Freight Commodity Statistics*（年刊）;〈http://www.aar.org/NewsAndEvents.asp〉も参照

No.1124. 1級鉄道——貨物収益状況：1990－2010年／および輸送品目別：2009、2010年

[単位：1,000（16,177は1617万7000を表す）。数値は52週の合計値]

年	輸送量[1]	商品分類	輸送量 2009[2]	2010[2,3]	商品分類	輸送量 2009[2]	2010[2,3]
1990	16,177	石炭	6,580	6,674	金属製品	315	456
2000[2]	16,354	金属鉱石	101	230	土石、ガラス製品	327	352
2004[2]	16,600	化学、関連製品	1,353	1,483	砕石、バラス、砂	700	809
2005[2]	16,691	穀物	1,038	1,150	非金属鉱物	243	253
2006[2]	16,936	自動車および備品	535	627	廃棄物、スクラップ	359	407
2007[2]	16,564	パルプ、紙、関連製品	294	299	木材製品	119	132
2008[2]	16,208	一次林業製品	79	83	コークス	139	171
2009[2]	13,563	食品、同種製品	396	407	石油製品	278	294
2010[2,3]	14,562	穀物、製粉	426	435	その他の貨物	240	252

1．協同一貫輸送を除外　2．3本の1級鉄道を除く。1級鉄道の定義については本章の解説を参照　3．2010年は暫定値
資料：Association of American Railroads, Washington, DC, *Weekly Railroad Traffic*（年刊）；<http://www.aar.org/NewsAndEvents.aspx> も参照

No.1125. 石油パイプライン会社——諸特徴：1980－2009年

[173は17万3000を表す。州間輸送を行ない、連邦エネルギー規制委員会（Federal Energy Regulatory Commission）の管轄下にあるパイプライン会社]

項目	単位	1980	1985	1990	1995	2000	2005	2007	2008	2009
パイプライン総マイル数	1,000	173	171	168	177	152	131	147	147	149
集積線	1,000	36	35	32	35	18	14	15	12	11
幹線	1,000	136	136	136	142	134	118	132	135	137
総配送量	100万バレル	10,600	10,745	11,378	12,862	14,450	12,732	13,934	12,972	12,791
原油	100万バレル	6,405	6,239	6,563	6,952	6,923	6,675	7,038	6,858	6,431
製品	100万バレル	4,195	4,506	4,816	5,910	7,527	6,057	6,896	6,114	6,360
総幹線距離	10億バレルマイル	3,405	3,342	3,500	3,619	3,508	3,485	3,459	3,438	3,337
原油	10億バレルマイル	1,948	1,842	1,891	1,899	1,602	1,571	1,451	1,581	1,462
製品	10億バレルマイル	1,458	1,500	1,609	1,720	1,906	1,914	2,008	1,856	1,875
資産帰属収入	100万ドル	19,752	21,605	25,828	27,460	29,648	29,526	35,863	39,069	41,565
操業収入	100万ドル	6,356	7,461	7,149	7,711	7,483	7,917	8,996	9,244	9,987
純所得	100万ドル	1,912	2,431	2,340	2,670	2,705	3,076	3,757	3,932	4,131

資料：PennWall Publishing Co., Houston, Texas, *Oil and Gas Journal*（年刊）（copyright）

No.1126. 封書、郵便はがき料金：1991－2011年

[単位：ドル。カナダとメキシコは除く。『アメリカ歴史統計』系列 R188-191 も参照]

国内向け料金変更年月日	封書 最初の1オンス	封書 1オンス増加ごと	郵便はがき	速達（0.5ポンドまで）	海外向け料金変更年月日	手紙[1] 最初の1オンス	郵便はがき	エアログラム
1991（2月3日）	0.29	0.23	0.19	9.95	½オンスまで			
1995（1月1日）	0.32	0.23	0.20	10.75	1991（2月3日）	0.50	0.40	0.45
1999（1月10日）	0.33	0.22	0.20	11.75	1995（7月9日）	0.60	0.40	0.45
2001（1月7日）	0.34	0.21	0.20	12.25	1999（1月10日）	0.60	0.50	0.50
2001（7月1日）	0.34	0.23	0.21	12.45	1オンスまで[1]			
2002（6月30日）	0.37	0.23	0.23	13.65	2001（1月7日）	0.80	0.70	0.70
2006（1月8日）	0.39	0.24	0.24	14.40	2006（1月8日）	0.84	0.75	0.75
2007（5月14日）	0.41	0.17	0.26	16.25	2007（5月14日）	0.90	0.90	(2)
2008（5月12日）	0.42	0.17	0.27	[3] 12.60	2008（5月12日）	0.94	0.94	(2)
2009（5月11日）	0.44	0.17	0.28	[4] 13.05	2009（5月11日）	0.98	0.98	(2)
2010（1月4日）	0.44	0.17	0.28	[5] 13.65	2010（変更なし）	0.98	0.98	(2)
2011（4月17日）	0.44	0.20	0.29	[6] 13.25	2011（変更なし）	0.98	0.98	(2)

1．国際手紙便の料金は最初の1オンスを超えた後宛先国別に適用される料金グループに従って変わる　2．2007年5月14日でエアログラムは廃止　3．2008年5月、郵便公社は速達便の料金制度をゾーン別に変更。½ポンドを超える郵便物の速達料金は、ゾーン1、2宛て12.6ドルからゾーン8宛て19.5ドル　4．速達料金は2009年1月18日に引き上げられ、0.5ポンドの重さの1通当たりゾーン1、2宛て13.05ドルからゾーン8宛て21.20ドルまでとなった　5．速達料金は2010年1月4日に引き上げられ、0.5ポンドまでの重さ1通あたりゾーン1、2宛て13.65からゾーン8宛て22.20ドルまでになった　6．速達料金は2011年1月2日に改訂
資料：U.S. Postal Service, "United States Domestic Postage Rate: Recent History" および未刊行資料；<http://www.usps.com/prices/welcome.htm> を参照

No.1127. 合衆国の郵便事業——概要：1990－2010年

[166,301は1663億100万を表す。会計年度、9月30日現在。プエルトリコ、全海外領土を含む。本章の解説を参照。『アメリカ歴史統計』系列R163-171も参照]

項目	1990	1995	2000	2005	2008	2009	2010
郵便局、本局、支局、出張所	40,067	39,149	38,060	37,142	36,723	36,496	36,222
郵便局数	28,959	28,392	27,876	27,385	27,232	27,161	27,077
支局、出張所数	11,108	10,757	10,184	9,757	9,491	9,335	9,145
配達局(100万)	(NA)	(NA)	135.9	144.3	149.0	150.1	150.9
住居	(NA)	(NA)	123.9	131.3	135.7	136.6	137.5
都市	(NA)	(NA)	76.1	78.5	79.8	80.2	80.5
私書箱	(NA)	(NA)	15.9	15.6	15.6	15.6	15.7
農村、幹線道路接続	(NA)	(NA)	31.9	37.2	40.2	40.8	41.2
ビジネス	(NA)	(NA)	12.1	13.0	13.5	13.5	13.3
取り扱い郵便物数(100万)	166,301	180,734	207,882	211,743	202,703	176,744	170,574
国内郵便	165,503	179,933	206,782	210,891	201,128	175,363	169,154
ファーストクラス[1]	89,270	96,296	103,526	98,071	91,697	83,776	78,203
プライオリティ・メール[2][6]	518	869	1,223	888	(2)	(2)	(2)
速達[2][7]	59	57	71	56	(2)	(2)	(2)
定期刊行物(旧セカンド・クラス)	10,680	10,194	10,365	9,070	8,605	7,901	7,269
スタンダードメール(旧スタンダードA)	63,725	71,112	90,057	100,942	99,084	82,448	82,525
パッケージサービス(旧スタンダードB)	663	936	1,128	1,166	846	731	658
合衆国郵政公社	538	412	363	621	824	455	431
盲人用無料郵便	35	52	47	76	72	62	68
船便、数量[2]	(X)	(X)	(X)	(X)	1,575	1,381	1,420
国際郵便(エコノミーメール)[2]	166	106	79	23	(2)	(2)	(2)
国際航空郵便[2]	632	696	1,021	829	(2)	(2)	(2)
雇用(1,000人)、計	843	875	901	803	765	712	672
常勤職員	761	753	788	705	663	623	584
本局	2	2	2	3	3	3	3
本局補助	6	4	6	4	4	4	5
検査	4	4	4	3	3	2	2
検査局長	(X)	(X)	1	1	1	1	1
現場	749	743	775	693	652	612	573
局長	27	27	26	25	25	24	23
上級管理職、マネージャー	43	35	39	33	32	29	28
専門職、下級管理職、技術職	10	11	10	9	8	6	6
事務	290	274	282	222	195	178	157
郵便物処理	51	57	61	56	56	53	49
市内配達人	236	240	241	228	212	201	192
車輌オペレーター	7	8	9	9	9	8	7
地方配達人	42	46	57	64	69	68	67
特別送達物配達人	2	2	(X)	(X)	(X)	(X)	(X)
建物施設維持管理	33	38	42	40	40	40	37
車輌維持管理	5	5	6	5	5	5	5
その他[3]	1	2	2	2	1	1	1
非常勤職員	83	122	114	98	102	89	88
臨時	27	26	30	19	12	4	7
交替勤務	(X)	32	13	8	18	17	16
地方、代替要員	43	50	58	57	58	55	52
救援、休暇代替要員	12	13	12	12	12	11	11
臨時雇い、契約なし	(Z)	1	1	1	1	2	2
従業員給与、手当(100万ドル)	34,214	41,931	49,532	53,932	60,992	56,544	60,348
従業員一人あたり給与(ドル)[4]	37,570	45,001	50,103	62,635	67,076	70,140	72,099
従業員一人あたり郵便物数(1,000通)	197	207	231	264	265	248	254
総収益(100万ドル)[5]	40,074	54,509	64,540	69,993	74,968	68,116	67,077
郵便事業運営収入	39,201	54,176	64,476	69,798	74,829	68,043	66,963
郵便収益	37,892	52,490	62,284	66,649	71,261	65,064	63,285
ファーストクラス	24,023	31,955	35,516	36,062	38,179	35,883	34,026
プライオリティ・メール[2][6]	1,555	3,075	4,837	4,634	(2)	(2)	(2)
速達[2][7]	630	711	996	872	(2)	(2)	(2)
定期刊行物(旧セカンド・クラス)	1,509	1,972	2,171	2,161	2,295	2,038	1,879
スタンダードメール(旧スタンダードA)	8,082	11,792	15,193	18,954	20,586	17,345	17,331
パッケージサービス(旧スタンダードB)	919	1,525	1,912	2,201	1,845	1,684	1,516
船便[2]	(X)	(X)	(X)	(X)	8,355	8,112	8,533
国際郵便(エコノミーメール)	222	205	180	134	(2)	(2)	(2)
国際航空郵便[2]	941	1,254	1,477	1,631	(2)	(2)	(2)
サービス収益	1,310	1,687	2,191	3,150	3,671	3,028	3,767
書留[8]	174	118	98	77	57	50	48
証明[8]	310	560	385	601	718	731	752
保険[8]	47	52	109	132	145	129	126
受取人払い	26	21	22	9	(NA)	(NA)	(NA)
マネー・オーダー(郵便書留)	155	196	235	208	205	190	182
その他[8]	592	737	1,342	2,122	2,547	1,928	2,659
運営支出(100万ドル)[9]	40,490	50,730	62,992	68,283	77,738	71,830	75,426

NA データなし　X 該当なし　Z 500未満　1．第1種郵便料率適用および11オンス未満のもの　2．2006年郵便責任・強化法(PAEA)によって「数量」と「船便収入」を改編　3．中止された業務、エリア・オフィス、看護婦を含む　4．常勤職員の労働協約の給与、諸手当を含む　5．郵便料金払い戻し後の純収益。運営による収益、切手付封筒の購入、補償請求および雑収入と支出を相殺。所得に計上された年に示す　6．2-3日で配達するサービス　7．70ポンドまでの郵便物を翌日配達する　8．2000年以降、配達証明書留返送郵便は、書留・配達証明・保険つき郵便から分類され、その他の項に含まれる　9．義務が発生した年に表示

資料：U.S. Postal Service, *Annual Report of the Postmaster General* および *Comprehensive Statement on Postal Operations* (年刊) および未刊行資料

第24章
情報およびコミュニケーション

本章ではさまざまな情報通信媒体（新聞、定期刊行物、書籍およびソフトウェアを含む出版、映画、録音媒体、放送、遠隔通信、および図書館のような情報サービス）に関する統計を示す。コンピュータ利用とインターネットへのアクセスの状況に関する統計も示す。郵便事業に関する利用、財政、運営に関するデータは、本章から分離して第23章に示す。

情報産業

センサス局の『Service Annual Survey, Information Service Sector』は、情報産業部門の、課税対象企業の収益および連邦税非課税企業の収益と支出に関する推計値を掲載している。同様の推計値は、従来『Annual Survey of Communications Services』に公表されていた。データは北米産業分類（NAICS）に基づいており、1997年情報部門は新規に経済部門として独立した。この部門に属する事業所は以下のプロセスに従事するものと定義されている：(a)情報および文化製品を生産しまたは分配する：(b)データまたは通信と同じくこれらの製品を伝達あるいは流通させる手段を提供する、(c)データを処理する。従来、標準産業分類（SIC）においては製造業（出版）、輸送業、通信、および公益事業（遠隔通信および放送）、サービス業（ソフトウェア出版、映画製作、データ処理、オンライン情報サービス、図書館）に分類されていた産業である。

この新部門は、既存の産業から構成されているが、従来の産業の定義を改訂し、あるいは全く新規の産業として定義している。従来どおり産業は、新聞出版、映画およびビデオ製作、オンライン情報サービスである。定義の改訂された産業は、書籍出版、図書館およびアーカイブである。新規に定義された産業はデータベースおよびディレクトリ出版、レコード製作、音楽出版、録音媒体スタジオ、ケーブルネットワーク、有線遠隔通信、ページング、および衛星遠隔通信等である。

1998－2003年のデータは北米産業分類（NAICS）1997年版、2004年以降のデータは2002年版に準拠する。北米産業分類の改訂は通信産業全般にわたっており、したがってこれらのデータの比較に注意が必要である。北米産業分類に関する詳細な情報については〈http://www.census.gov/epcd/www/naics.html〉を参照。また第15章の解説も参照のこと。

情報部門では、産業の統合が行われた。ポケットベル・サービスは、「無線遠隔通信会社（衛星通信を除く）」に、ケーブルテレビその他の番組配信および大半のインターネット・プロバイダは無線遠隔通信会社に含まれる。

1997年経済センサスは、新しい情報部門をカバーする初めての経済センサスであった。経済センサスは、5年ごとに、末尾が2および7の年に実施され、事業所数、収益、給与、有給従業員に関するデータをさまざまな地域別に収集している。最新情報は2007年経済センサスから得ている。このセンサスは2007年北米産業分類（NAICS）に従って実施された。

連邦通信委員会（FCC; Federal Communications Commission）は、1934年に設立され、有線および無線通信を規制している。大規模事業体と持ち株会社のみが公表可能な財務データを毎年公表している。FCCは州間および外国との通信サービスについては管轄権を所有しているが、州内および市内のサービスについては管轄外である。しかしFCCに対し毎年報告される電話事業体の総収益は、合衆国内のすべての電話通信の90％をカバーしているものと推定される。データはセンサス局の毎年調査のものとは比較できない。FCCに報告を行う電話事業体のカバレッジと会計手順が異なるからである。

放送産業による報告は、合衆国内で運営されるすべてのラジオ局およびテレビ局をカバーしている。民間ラジオサービスは、FCCによって規制さ

れる免許のうち、もっとも規模が大きくまたもっとも種類が多いグループを形成している。これらのサービスは音声、データ通信、2地点間、一点から多地点への、固定局あるいは移動局からの無線通信を提供しているからである。これらのサービスの主要な利用者は中小企業、航空産業、海上輸送、陸上輸送、製造業、州・地方政府と公安当局、緊急医療サービス、アマチュア無線愛好家、個人無線通信（CB無線およびGMRサービス）である。FCCはまた、民間一般の事業体にも免許を与えている。民間一般事業体は、利益を上げることを目的に、固定通信あるいは移動通信サービスを提供する。有線、無線およびテレビに関する主要なデータ源としては、FCCの『Statistics of Communications Common Carriers』が毎年刊行されている。

出版統計はセンサス局はもとより様々な民間機関からも入手可能。Editor & Publisher Co., New York, NY は『International Year Book』において、日刊および日曜版の新聞の発行部数について、毎年データを公表している。The Book Industry Study Group, New York, NYは、書籍の販売部数、国内の消費者支出、図書購買に関するデータを収集している。学術機関と公立の図書館に関するデータは合衆国の博物館・図書館サービス機構が収集している。成人によるインターネット利用に関するデータはPew Internet and American Life Project, Washington, DC および Mediamark Research, Inc., New York, NYが収集している。

広告

広告に関するデータは従来は本章で扱っていたが、本年度版では第27章「宿泊、飲食、およびその他のサービス」に含まれる。

統計的信頼度

統計の収集、推計、標本抽出、統計的信頼度については、付録Ⅲを参照。

歴史統計

各表の見出しは、『アメリカ歴史統計、植民地時代～1970年』に対応している。クロスリファレンスについては、付録Ⅰを参照。

No.1128. 情報産業——事業所の種類、従業員数および給与：2008年

[3,434.2は343万4,200を表す。ほとんどの政府職員と鉄道職員、自営業者を除く。定義については付録Ⅲを参照]

産業	2007 北米産業 分類[1]	事業所（数） 合計	法人[3]	自営業[4]	非営利[5]	有給 従業員[6] (1,000人)	年間給与 支払額 (100万ドル)
情報産業	51	141,554	76,024	8,288	5,130	3,434.2	233,641
出版業	511	30,418	14,152	1,725	872	1,059.1	81,127
新聞、定期刊行物、書籍およびデータベース 出版業	5111	22,321	8,945	1,583	853	672.7	34,494
新聞	51111	8,375	3,992	772	187	346.4	13,983
定期刊行物	51112	8,000	2,690	441	372	157.0	10,147
書籍	51113	3,097	1,045	221	258	95.2	5,994
電話帳および名簿出版	51114	1,760	911	68	9	52.5	3,284
その他の出版業	51119	1,089	307	81	27	21.6	1,086
グリーティングカード	511191	107	32	4	(X)	11.7	623
その他	511199	982	275	77	27	9.9	464
ソフトウェア出版業	5112	8,097	5,207	142	19	386.4	46,633
映画および録音媒体産業	512	24,353	7,844	1,438	530	351.5	16,485
映画およびビデオ産業	5121	20,533	6,789	1,123	438	327.3	14,447
映画およびビデオ製作	51211	12,396	3,573	595	234	156.2	10,259
映画およびビデオ配給	51212	544	217	14	14	8.9	839
映画およびビデオ上映	51213	5,140	2,275	376	179	134.7	1,405
映画館（ドライブイン・シアターを除く）	512131	4,872	2,207	312	178	133.6	1,381
ドライブイン・シアター	512132	268	68	64	1	1.2	24
ポストプロダクションおよびその他の映画・ビデオ産業	51219	2,453	724	138	11	27.5	1,944
テレビプロダクションおよびその他のポストプロダクション	512191	2,183	637	114	6	24.1	1,722
その他の映画・ビデオ産業	512199	270	87	24	5	3.4	222
録音媒体産業	5122	3,820	1,055	315	92	24.3	2,038
レコード製作	51221	374	101	27	4	1.1	93
レコード製作・プロモーション・配給	51222	445	151	30	7	8.1	1,054
楽譜出版	51223	723	245	62	7	5.8	446
録音スタジオ	51224	1,793	427	166	8	5.9	286
その他の録音媒体産業	51229	485	131	30	66	3.4	159
放送（インターネットを除く）	515	10,065	4,811	378	1,191	291.6	18,380
ラジオ・テレビ放送	5151	9,416	4,582	359	1,035	250.3	14,306
ラジオ放送	51511	7,181	3,393	283	731	123.5	6,195
ラジオ放送網	515111	1,020	298	73	179	14.3	944
ラジオ局	515112	6,161	3,095	210	552	109.2	5,251
テレビ放送	51512	2,235	1,189	76	304	126.8	8,110
ケーブルネットワークおよびプログラム配信	5152	649	229	19	156	41.2	4,074
遠隔通信	517	53,722	37,029	4,000	313	1,200.5	78,583
有線遠隔通信事業体	5171	34,382	30,798	287	241	844.0	55,853
無線遠隔通信事業体（衛星通信を除く）	5172	12,807	3,826	3,362	28	286.3	17,796
衛星遠隔通信	5174	709	293	63	6	9.9	836
その他の遠隔通信	5179	5,824	2,112	288	38	60.2	4,097
遠隔通信再販業者	517911	2,503	913	98	3	27.3	1,563
データ処理、ホスティング、および関連サービス	518	15,642	9,723	426	101	392.0	27,198
その他の情報サービス	519	7,354	2,465	321	2,123	139.6	11,868
ニュース配給	51911	604	431	17	9	9.2	823
図書館およびアーカイブ	51912	2,291	78	93	2,026	29.9	810
インターネット出版、放送およびウェブ検索ポータル	51913	3,785	1,741	159	80	88.7	9,618
その他の情報サービス	51919	674	215	52	8	11.8	618

X 該当なし　1．2007年NAICSコード。本章と第15章の解説を参照　2．個別に明示しないその他の種類の事業所を含む　3．法人企業。その構成員のそれとは別個に法的組織としての権利と義務を有している　4．1人の事業主による非法人の企業　5．余剰の資金を事業主や株主に分配せず、個々の目的を達成するために使用する組織。大半の非営利組織は所得税非課税　6．有給従業員については3月12日を含む給与支払い期間についての数

資料：U.S. Census Bureau, "County Business patterns" (2010年6月刊); <http://www.census.gov/econ/cbp/index.html>

No.1129. 情報部門サービス業の収益および支出の推計額：2007－2009年

[単位：100万ドル（1,072,341は1兆723億4100万ドルを表す）。課税対象および非課税の雇用企業。2002年経済センサスの結果を調整済みの事業所。サービス業年次調査に基づく。付録Ⅲを参照]

産業	2002 北米産業分類[1]	運営収入 2007	運営収入 2008	運営収入 2009	運営支出 2007	運営支出 2008	運営支出 2009
情報産業	51	1,072,341	1,107,368	1,076,833	842,145	860,986	843,965
出版業（インターネットを除く）	511	282,223	284,242	263,689	203,614	203,031	187,222
新聞、定期刊行物、書籍および電話帳出版	5111	146,822	141,896	124,975	111,805	109,206	97,786
新聞出版	51111	47,563	43,919	36,338	41,998	40,380	34,413
定期刊行物出版	51112	46,003	44,985	39,060	35,716	33,539	30,360
書籍出版	51113	27,807	28,032	27,222	16,265	17,413	16,405
電話帳および名簿出版	51114	18,515	18,371	16,670	13,281	13,633	12,755
その他出版	51119	6,934	6,589	5,685	4,545	4,241	3,853
グリーティングカード	511191	4,479	4,443	3,862	2,923	2,573	2,410
その他の出版	511199	2,155	2,146	1,823	1,622	1,668	1,443
ソフトウェア出版	5112	135,401	142,346	138,714	91,809	93,825	89,436
映画および録音媒体産業	512	94,986	95,359	90,946	78,231	80,874	78,227
映画およびビデオ産業	5121	79,797	80,089	76,098	66,783	70,178	67,919
映画およびビデオ製作・配給	51211,12	61,911	62,161	58,010	51,812	55,036	52,767
映画およびビデオ公開	51213	12,705	12,782	13,262	10,624	10,739	10,844
映画館（ドライブイン・シアターを除く）	512131	12,609	12,687	13,167	10,573	10,687	10,773
ドライブイン・シアター	512132	96	(S)	(S)	(S)	(S)	(S)
ポストプロダクション・サービスおよびその他の映画・ビデオ産業	51219	5,181	5,146	4,826	4,347	4,403	4,308
テレビ番組制作およびその他のポストプロダクション・サービス	512191	4,379	4,363	4,136	3,824	3,890	3,824
その他の映画・ビデオ産業	512199	802	783	690	(S)	513	484
録音媒体産業	5122	15,189	15,270	14,848	11,448	10,696	10,308
レコード製作	51221	338	351	417	323	268	319
レコード製作・プロモーション・配給	51222	9,082	8,953	8,665	7,316	6,968	6,757
楽譜出版	51223	4,466	4,715	4,593	2,685	2,354	2,202
録音スタジオ	51224	854	810	748	757	743	667
その他の録音媒体産業	51229	449	(S)	425	(S)	(S)	363
放送（インターネットを除く）	515	99,919	103,798	98,919	74,048	75,543	71,767
ラジオ・テレビ放送	5151	54,993	54,229	47,367	44,975	44,132	40,327
ラジオ放送	51511	18,995	18,253	15,952	16,006	15,390	13,608
ラジオ・ネットワーク	515111	4,124	4,295	4,259	4,941	4,667	4,072
ラジオ局	515112	14,871	13,958	11,693	11,065	10,723	9,536
テレビ放送	51512	35,998	35,976	31,415	28,969	28,742	26,719
ケーブルテレビその他の有料放送	5152	44,926	49,569	51,552	29,073	31,411	31,440
インターネット出版およびインターネット放送	516	15,035	17,760	19,504	13,211	15,453	17,080
遠隔通信	517	480,030	498,068	494,237	392,516	396,893	400,980
有線遠隔通信会社	5171	186,060	184,197	172,093	156,397	153,890	152,713
無線遠隔通信会社（衛星通信を除く）	5172	170,583	181,418	185,584	134,902	136,322	138,020
ポケットベル	517211	889	846	742	653	654	550
セルラー（携帯電話）その他の無線遠隔通信	517212	169,694	180,572	184,842	134,249	135,668	137,470
遠隔通信再販業者	5173	11,853	11,105	9,990	7,333	6,754	6,526
衛星通信	5174	4,450	4,796	5,265	3,386	3,633	4,212
ケーブルおよびその他の番組配信	5175	100,416	109,351	114,284	84,863	90,568	93,983
その他の遠隔通信	5179	6,668	(S)	7,121	5,635	(S)	5,526
インターネット・プロバイダ、ウェブ検索、およびデータ処理サービス	518	93,804	101,465	102,821	75,656	83,959	83,464
インターネット・プロバイダおよびウェブ検索	5181	27,152	29,702	29,057	15,888	17,347	17,560
インターネット・プロバイダ	518111	11,093	10,603	10,340	7,777	8,117	8,969
ウェブ検索エンジン	518112	16,059	19,099	18,717	8,111	9,230	8,591
データ処理、ホスティング、および関連サービス	5182	66,652	71,763	73,764	59,768	66,612	65,904
その他の情報サービス	519	6,344	6,676	6,617	4,869	5,233	5,225
ニュース・シンジケート	51911	2,140	2,092	1,960	1,711	1,719	1,597
図書館およびアーカイブス	51912	1,854	2,034	2,039	1,626	1,725	1,801
その他の情報サービス	51919	2,350	2,550	2,618	1,532	1,789	1,827

S　データは公表基準に達していない　1．2002年NAICSコード。本章と第15章の解説を参照

資料：U.S. Census Bureau, "Service Annual Survey 2009: Information Sector Services" (2011年1月); ⟨http://www.census.gov/econ/www/servmenu.html⟩

No.1130. 情報産業——事業所、収入、給与、および従業員数：2007年

[給与支払いのある事業所。1,072,343は1兆723億4300万ドルを表す。2007年経済センサスに基づく。付録Ⅲを参照]

事業内容	2007 北米産業分類[1]	事業所数	収入 (100万ドル)	年間給与支払総額 (100万ドル)	有給従業員数 (1000人)
情報産業	51	141,566	1,072,343	228,837	3,497
出版産業（インターネットを除く）	511	30,958	282,224	80,867	1,093
新聞、定期刊行物、書籍および電話帳出版	5111	22,683	146,823	34,504	706
ソフトウェア出版	5112	8,275	135,401	46,363	387
映画・録音媒体産業	512	23,891	94,986	17,635	336
映画およびビデオ産業	5121	20,164	79,797	15,494	309
録音媒体産業	5122	3,727	15,189	2,142	27
放送（インターネットを除く）	515	10,188	99,919	18,076	295
ケーブルテレビおよびその他の有料番組サービス	5152	717	44,926	3,751	46
遠隔通信産業	517	51,999	491,124	75,401	1,251
有線通信事業体	5171	33,548	290,781	54,192	885
無線通信事業体（衛星を除く）	5172	11,973	170,584	16,201	289
衛星通信	5174	823	4,450	793	10
その他の通信	5179	5,655	25,309	4,216	67
データ処理、ホスティングおよび関連サービス	518	17,129	66,652	26,428	394
その他の情報サービス	519	7,401	37,438	10,428	128

1. 2007年NAICSコード、本章および第15章の解説を参照

資料：U.S. Census Bureau, "2007 Economic Census; Geographic Area Series: Summary Statistics for the United States, EC 0751A1, (2007 NAICS Basis)," (2010年6月); <http://www.census.gov/econ/census07/>

No.1131. 情報産業——事業所、従業員および年間給与——州別：2007年

[2007年北米産業分類（NAICS）による経済センサスおよび2007年Nonemployer（有給従業員のいない事業）Statisticsに基づく。データはNAICS分類2007年版コード51に準拠する]

州	事業所数	年間給与支払総額 (100万ドル)	有給従業員数[1]	非雇用主事業所	州	事業所数	年間給与支払総額 (100万ドル)	有給従業員数[1]	非雇用主事業所
合衆国	141,566	228,837	3,496,773	307,143	MO	2,627	3,880	73,040	4,563
AL	1,700	1,875	40,054	2,760	MT	638	343	9,500	940
AK	407	374	6,754	527	NE	957	984	20,217	1,299
AZ	2,275	3,006	52,573	5,325	NV	1,109	973	17,914	3,121
AR	1,034	1,343	26,074	1,618	NH	790	1,149	15,482	1,542
CA	21,068	48,147	556,535	54,910	NJ	4,092	8,950	134,356	9,712
CO	3,183	5,663	84,564	7,036	NM	828	495	13,987	1,606
CT	1,834	2,556	40,345	4,036	NY	11,326	22,538	301,340	27,846
DE	383	457	8,565	683	NC	3,481	4,263	76,413	7,368
DC	749	2,129	24,499	1,359	ND	367	332	7,124	411
FL	8,296	9,663	175,382	20,284	OH	4,199	5,178	97,360	9,042
GA	4,328	8,156	122,496	9,370	OK	1,585	1,463	32,481	2,740
HI	622	510	10,083	1,234	OR	1,992	2,055	39,258	4,139
ID	717	528	15,163	1,318	PA	5,302	7,774	137,115	10,094
IL	5,696	8,630	136,589	11,757	RI	394	416	8,059	964
IN	2,282	2,089	45,786	4,510	SC	1,410	1,581	33,052	2,945
IA	1,590	1,426	34,397	2,168	SD	437	313	7,296	588
KS	1,502	3,064	52,737	2,047	TN	2,491	2,370	50,778	6,142
KY	1,594	1,252	33,996	2,648	TX	9,541	15,460	250,410	21,144
LA	1,455	1,361	30,537	2,695	UT	1,412	1,762	33,310	3,409
ME	777	523	13,520	1,260	VT	514	255	6,048	839
MD	2,571	3,764	63,081	6,993	VA	4,064	7,533	104,147	7,545
MA	3,772	8,623	110,038	7,997	WA	3,301	11,277	111,840	6,557
MI	3,791	4,314	77,639	7,800	WV	679	387	10,285	897
MN	2,772	4,232	70,314	5,642	WI	2,286	2,625	54,179	3,889
MS	1,017	646	15,902	1,367	WY	329	151	4,159	457

1. 有給従業員数は3月12日を含む給与支払い期間の数

資料：U.S. Census Bureau, "2007 Economic Census, Geographic Area Series," (2010年4月); <http://www.census.gov/econ/census07/> および "Nonemployer Statistics," (2009年8月); <http://www.census.gov/econ/nonemployer/index.html>

No.1132. 主要メディアの利用状況：2000－2009年

[100.2は1億20万を表す]

項目	単位	2000	2002	2003	2004	2005	2006	2007	2008	2009
保有世帯：										
電話[1]	100万	100.2	104.0	107.1	106.4	107.0	108.8	112.2	112.7	114.0
電話サービス[1]	%	94.1	95.3	94.7	93.5	92.9	93.4	94.9	95.0	95.7
無線電話付き固定電話[2]	%	(X)	(X)	(X)	(X)	42.4	45.6	58.9	58.5	59.4
無線電話のみ[2]	%	(X)	(X)	(X)	(X)	7.3	10.5	13.6	17.5	22.7
ラジオ[3]	100万	100.5	105.1	106.7	108.3	109.9	110.5	110.5	115.6	114.0
総世帯に占める割合	%	99.0	99.0	99.0	99.0	99.0	99.0	99.0	99.0	99.0
平均台数	数	5.6	5.6	8.0	8.0	8.0	8.0	8.0	8.0	8.0
放送局数：[4][5] 計	数	(NA)	26,319	26,613	26,254	27,354	27,807	29,593	29,832	30,503
ラジオ局	数	(NA)	13,331	13,563	13,525	13,660	13,837	13,977	14,253	14,420
AM	数	4,685	4,804	4,794	4,774	4,757	4,754	4,776	4,786	4,790
FM（民間）	数	5,892	6,173	6,217	6,218	6,231	6,266	6,309	6,427	6,479
FM（教育）	数	(NA)	2,354	2,552	2,533	2,672	2,817	2,892	3,040	3,151
テレビ局：[4] 計	数	1,663	1,719	1,733	1,748	1,750	1,756	1,759	1,759	1,782
民間	数	1,288	1,338	1,352	1,366	1,370	1,376	1,379	1,378	1,392
VHFテレビ放送	数	567	583	585	589	588	587	583	582	373
UHFテレビ放送	数	721	755	767	777	782	789	796	796	1,019
教育	数	(NA)	381	381	382	380	380	380	381	390
VHFテレビ放送	数	(NA)	127	127	125	126	128	128	129	107
UHFテレビ放送	数	(NA)	254	254	257	254	252	252	252	283
ケーブルテレビ[6]	数	10,400	9,900	9,400	8,875	7,926	7,090	6,635	6,101	6,203
ケーブルテレビ加入者	100万	66.1	64.6	64.8	65.3	65.3	64.9	65.9	66.2	65.8
ケーブル利用可能	100万	91.7	90.7	90.8	91.6	92.6	94.1	95.1	95.4	95.5
ブロードバンド接続：[7]										
ブロードバンド利用者総数[8]	100万	6.8	19.4	27.7	37.4	47.8	60.2	70.2	75.7	80.7
モバイルでブロードバンド利用	100万	(NA)	(NA)	(NA)	(NA)	(NA)	(NA)	(NA)	25.0	52.5

NA データなし X 該当なし 1．11月現在。毎月人口調査に基づく。占有住宅。資料：Federal Communications Commission, *Telephone Subscribership in the United States*（2010年2月）；<www.fcc.gov/wcb/iatd/stats.html/> も参照 2．1月から6月。国民健康調査に基づく。同居する家族。資料：National Center for Health Statistics, Wireless Substitution: Early Release of Estimates From the National Health Interview Survey。2010年7-12月の国民健康調査より；<http://www.cdc.gov/nchs/nhis/releases.htm>（2009年12月）および <www.cdc.gov/nchs/data/nhis/earlyrelease/wireless200905.htm#Methods\>。「家族」とは同一住居に居住する（世帯）一人または複数の親族を示す 3．資料：Radio Advertising Bureau New York, NY, *Radio Marketing Guide*（年刊）(copyright) 4．12月31日現在。資料：Federal Communications Commission, *Broadcast Station Totals Index*；<http://www.fcc.gov/mb/audio/totals/index.html> 5．クラスAの低出力TV、UHF/VHFのトランスレータ、FM放送のトランスレータおよびブースター、および低出力のFM放送局 6．1月1日現在。資料：Warren Communications News, Washington DC, *Television and Cable Factbook*（copyright） 7．12月現在。最低1方向で200kbps以上の接続。資料：Federal Communications Commissions, Wireline Competition Bureau, High-Speed Services for Internet Access: December 31, 2008（2010年2月）FCCのフォーム477は、電話会社、ケーブルシステム、地上波無線サービスプロバイダー、衛星サービスプロバイダ、およびその他の先進遠隔通信能力を提供するプロバイダ施設（有線、ケーブルモデム、衛星無線、固定無線を含む）から、高速インターネット通信サービスの利用に関する情報を収集している 8．aDSI、aDSL、ケーブルモデム、FTTP、衛星・固定無線、パワーラインその他

資料：脚注に示した資料から編集

No.1133. マルチ・メディア利用者――概要：2010年

[単位：％、人口は1,000人（228,112は2億2811万2000を表す）。2009年秋期現在。18歳以上。表示以外は特定期間内の視聴者数。標本調査に基づく。標本抽出の際の誤差あり。詳細については資料を参照。本書前年版の表No.1132も参照]

項目	総人口 (1,000人)	テレビ 視聴者	ゴールデン アワーの テレビ視聴者	ケーブル テレビ 視聴者[1]	ラジオ 聴取者	新聞 購読者	インター ネット 利用者[2]
計	228,112	92.91	83.06	82.61	82.14	67.19	77.31
18～24歳	28,815	89.61	71.88	77.62	85.67	58.66	92.70
25～34歳	40,710	89.57	77.47	77.77	86.42	58.37	88.35
35～44歳	41,552	92.42	83.47	83.04	86.84	65.49	85.17
45～54歳	44,605	93.94	85.44	84.64	86.48	70.48	80.02
55～64歳	34,456	94.31	87.41	85.85	82.26	72.50	76.12
65歳以上	37,973	97.07	90.34	85.76	64.55	76.33	43.10
男性	110,308	93.02	82.65	82.40	83.56	66.71	77.07
女性	117,804	92.81	83.44	82.80	80.81	67.65	77.54
高等学校卒業以下	32,211	92.91	82.14	72.90	74.00	49.17	42.40
高等学校卒業	70,358	94.20	85.00	83.58	80.26	66.99	67.43
大学中退者	63,819	93.05	82.08	85.03	85.52	69.01	88.33
大学卒業	61,723	91.30	82.33	84.06	85.04	74.96	95.40
世帯所得：							
10,000ドル未満	11,226	89.85	78.81	64.48	72.50	54.76	44.66
10,000～19,999ドル	19,365	92.31	82.91	70.33	72.39	58.16	46.84
20,000～29,999ドル	22,396	92.06	81.81	74.18	73.75	62.49	56.40
30,000～34,999ドル	11,098	93.72	83.59	80.49	77.12	62.54	62.51
35,000～39,999ドル	10,938	92.70	85.00	80.08	79.87	63.83	68.91
40,000～49,999ドル	20,079	92.92	83.92	80.96	81.23	66.11	73.65
50,000～74,999ドル	43,492	93.31	83.58	84.92	84.19	69.74	84.11
75,000～99,999ドル	31,643	93.63	83.99	88.21	88.15	69.65	91.12
100,000ドル以上	57,875	93.23	82.75	90.14	87.41	73.10	94.97

1．過去7日以内 2．過去30日以内

資料：Mediamark Research Inc., New York, NY, *Multimedia Audiences*（2010年秋号）(copyright); <http://www.gfkmri.com>

No.1134. 出版業の収益推計――収入源およびメディア別：2005－2009年

[単位：100万ドル（260,956は2609億5600万ドルを表す）。課税・非課税の企業を含む。NAICSの51111に分類される企業。推計値は2002年経済センサスの結果により調整。2002年北米産業分類（NAICS）に基づく。第15章の解説および付録Ⅲも参照]

収入源およびメディアの種類	2005	2006	2007	2008	2009
出版業（インターネットを除く）[1]	260,956	269,890	282,223	284,242	263,689
新聞	49,401	48,949	47,563	43,919	36,338
一般紙	42,405	41,963	39,947	36,808	29,633
定期購読料および売上	8,708	8,674	8,288	8,323	8,105
広告	33,697	33,289	31,659	28,485	21,528
専門紙	1,836	1,877	2,091	2,029	1,829
定期購読料および売上	(S)	(S)	(S)	(S)	(S)
広告	1,559	1,538	1,724	1,678	1,488
その他の運営収入	5,160	5,109	5,525	5,082	4,876
印刷サービス	1,525	1,401	1,371	1,271	1,246
流通サービス	2,135	2,009	1,956	1,681	1,546
その他	1,500	1,699	2,198	2,130	2,084
新聞（印刷）	42,102	41,756	39,874	36,473	29,885
新聞（オンライン）	1,537	1,449	1,655	2,045	1,320
その他のメディアの新聞	602	635	509	319	257
定期刊行物	42,778	44,757	46,003	44,985	39,060
大衆向け定期刊行物	21,270	22,592	22,516	20,802	17,097
定期購読料および売上	7,191	7,445	7,730	6,795	6,179
広告	14,079	15,147	15,146	14,007	10,918
専門・学術誌	7,990	7,955	8,156	7,510	6,308
定期購読料および売上	4,793	4,830	4,781	4,166	4,061
広告	3,197	3,125	3,375	3,344	2,247
その他の定期刊行物	2,624	2,651	3,029	2,853	2,516
定期購読料および売上	1,176	1,172	998	819	681
広告	1,448	1,479	2,031	2,034	1,835
その他の運営収入	10,894	11,559	12,302	13,820	13,139
印刷請負	1,237	1,183	1,183	1,179	1,018
コンテンツのライセンス	374	426	451	442	409
その他	9,283	9,950	10,668	12,199	11,712
定期刊行物（印刷）	29,170	29,697	30,047	26,974	22,030
定期刊行物（オンライン）	2,191	2,893	2,780	3,237	2,906
その他のメディア	523	608	874	954	985
書籍出版	27,006	26,701	27,807	28,032	27,222
書籍、印刷	23,356	22,995	23,580	23,825	22,738
教科書	9,977	10,126	10,697	11,162	9,891
児童書	2,604	2,388	2,627	2,515	2,522
一般向け書籍	1,017	860	792	751	625
専門書、技術書、学術書	2,979	2,997	2,916	3,127	3,838
成人向け書籍	6,779	6,624	6,548	6,270	5,862
その他の運営収入	3,650	3,706	4,227	4,207	4,484
書籍（印刷）	21,618	21,255	21,526	21,592	20,597
オンライン書籍	(S)	862	1,005	1,139	1,286
その他のメディアの書籍	860	878	1,049	1,094	855
電話帳・名簿印刷	18,461	17,617	18,515	18,371	16,670
電話帳	13,110	12,594	12,632	11,730	10,136
定期購読料および売上	332	318	315	330	274
広告	12,778	12,276	12,317	11,400	9,862
データベースその他の情報	3,247	3,068	3,779	4,121	4,282
定期購読料および売上	2,590	2,416	2,884	2,946	2,950
広告	657	652	895	1,175	1,332
その他の運営収入	2,104	1,955	2,104	2,520	2,252
名簿販売の売上	566	542	693	705	625
その他	1,538	1,413	(S)	1,815	(S)
電話帳、データベース、その他の情報集（印刷）	12,431	12,126	12,153	11,349	9,843
電話帳、データベース、その他の情報集（オンライン）	3,134	2,767	3,390	3,805	3,908
電話帳、データベース、その他の情報集（その他のメディア）	792	769	868	697	667

S　データは公表基準に達しない　1．個別に明示しないその他の産業を含む

資料：U.S. Census Bureau, "Service Annual Survey 2009: Information Sector Services." (2011年1月);
〈http://www.census.gov/econ/www/servmenu.html〉を参照

No.1135. 日刊・日曜版新聞の紙数、発行部数：1970－2009年

[新聞紙数は翌年の2月1日現在。発行部数は9月30日現在（62.1は6210万部を表す）。英字新聞のみ]

項目	1970	1980	1990	2000	2002	2003	2004	2005	2006	2007	2008	2009
新聞紙数												
日刊紙：計[1]	1,748	1,745	1,611	1,480	1,457	1,456	1,457	1,452	1,437	1,422	1,408	1,397
朝刊	334	387	559	766	777	787	814	817	833	867	872	869
夕刊	1,429	1,388	1,084	727	692	680	653	645	614	565	546	528
日曜紙	586	736	863	917	913	917	915	914	907	907	902	919
純有料発行部数（100万部）												
日刊紙：計[1]	62.1	62.2	62.3	55.8	55.2	55.2	54.6	53.3	52.3	50.7	48.6	46.3
朝刊	25.9	29.4	41.3	46.8	46.6	46.9	46.9	46.1	45.4	44.5	42.8	40.8
夕刊	36.2	32.8	21.0	9.0	8.6	8.3	7.7	7.2	6.9	6.2	5.8	5.5
日曜紙	49.2	54.7	62.6	59.4	58.8	58.5	57.8	55.3	53.2	51.2	49.1	46.8
1人当たり発行部数[2]												
日刊紙：計[1]	0.30	0.27	0.25	0.20	0.19	0.19	0.19	0.18	0.18	0.17	0.16	0.15
朝刊	0.13	0.13	0.17	0.17	0.16	0.16	0.16	0.16	0.15	0.15	0.14	0.13
夕刊	0.18	0.14	0.08	0.03	0.03	0.03	0.03	0.02	0.02	0.02	0.02	0.02
日曜紙	0.24	0.24	0.25	0.21	0.20	0.20	0.20	0.19	0.18	0.17	0.16	0.15

1. 日刊新聞は朝刊、夕刊の両方の欄に数えてあるが総数では1紙とする。発行部数は朝刊、夕刊に2等分してある　2. 7月1日現在のセンサス局推定居住人口に基づく

資料：Editor & Publishing Co., New York, NY, *Editor & Publisher International Year Book*（年刊）(copyright)；<http://www.editorandpublisher.com/Resources/Resources.aspx> も参照

No.1136. 日刊紙・日曜版新聞発行部数：1991－2009年――州別紙数、発行部数：2009年

[新聞紙数は翌年2月1日現在。発行部数は9月30日現在（60,687は6068万7000部を表す）。英字新聞のみ。カリフォルニア、ニューヨーク、マサチューセッツ、バージニア各州の日曜版は全国紙を含む]

州	日刊紙 紙数	発行部数[1] 購読部数(1,000部)	1人あたり[2]	日曜版 紙数	購読部数[1](1,000部)	州	日刊紙 紙数	発行部数[1] 購読部数(1,000部)	1人あたり[2]	日曜版 紙数	購読部数[1](1,000部)
1991	1,586	60,687	0.24	875	62,068	ケンタッキー	22	486	0.11	14	528
1992	1,570	60,164	0.23	891	62,160	ルイジアナ	24	530	0.12	18	579
1993	1,556	59,812	0.23	884	62,566	メーン	7	186	0.14	4	151
1994	1,548	59,305	0.23	886	62,294	メリーランド	10	390	0.07	8	527
1995	1,533	58,193	0.22	888	61,529	マサチューセッツ	32	1,073	0.16	16	1,026
1996	1,520	56,983	0.21	890	60,798	ミシガン	48	1,372	0.14	28	1,660
1997	1,509	56,728	0.21	903	60,484	ミネソタ	25	754	0.14	15	926
1998	1,489	56,182	0.20	898	60,066	ミシシッピ	22	293	0.10	19	305
1999	1,483	55,979	0.20	905	59,894	ミズーリ	42	747	0.12	22	1,000
2000	1,480	55,773	0.20	917	59,421	モンタナ	11	172	0.18	7	172
2001	1,468	55,578	0.19	913	59,090	ネブラスカ	15	348	0.19	6	322
2002	1,457	55,186	0.19	913	58,780	ネバダ	6	248	0.09	5	281
2003	1,456	55,185	0.19	917	58,495	ニューハンプシャー	9	163	0.12	8	184
2004	1,457	54,626	0.19	915	57,753	ニュージャージー	17	906	0.10	14	1,103
2005	1,452	53,345	0.18	914	55,270	ニューメキシコ	17	244	0.12	12	243
2006	1,437	52,329	0.18	907	53,175	ニューヨーク	60	5,981	0.31	44	4,374
2007	1,422	50,742	0.17	907	51,246	ノースカロライナ	46	1,042	0.11	38	1,193
2008	1,408	48,598	0.16	902	49,115	ノースダコタ	10	146	0.23	7	147
						オハイオ	82	1,836	0.16	42	2,106
2009、計	1,397	46,278	0.15	919	46,895	オクラホマ	37	485	0.13	30	580
アラバマ	24	537	0.11	20	605	オレゴン	18	541	0.14	12	560
アラスカ	7	87	0.12	4	89	ペンシルベニア	80	2,349	0.19	43	2,600
アリゾナ	16	579	0.09	12	733	ロードアイランド	6	142	0.14	3	173
アーカンソー	25	421	0.15	15	485	サウスカロライナ	16	499	0.11	14	585
カリフォルニア	83	6,041	0.16	59	4,737	サウスダコタ	11	132	0.16	4	110
コロラド	29	779	0.16	15	840	テネシー	26	731	0.12	19	851
コネティカット	17	526	0.15	13	614	テキサス	81	2,105	0.08	78	2,714
デラウェア	1	105	0.12	2	130	ユタ	6	307	0.11	6	355
コロンビア特別区	2	650	1.08	2	868	バーモント	9	104	0.17	4	82
フロリダ	37	2,660	0.14	36	3,347	バージニア	26	2,937	0.37	20	861
ジョージア	34	753	0.08	29	1,022	ワシントン	22	645	0.10	17	1,303
ハワイ	4	235	0.18	6	252	ウエストバージニア	20	334	0.18	15	424
アイダホ	11	187	0.12	9	261	ウィスコンシン	33	724	0.13	17	870
イリノイ	63	1,753	0.14	30	1,980	ワイオミング	9	82	0.15	5	67
インディアナ	67	1,082	0.17	27	1,118						
アイオワ	37	518	0.17	13	553						
カンザス	35	331	0.12	13	297						

1. 発行部数は各新聞の主要サービス地域ベース。主要サービス地域は必ずしも発行元の本社と同一ではない　2. 7月1日現在の推定総居住人口に基づく1人当たりの発行部数

資料：Editor & Publishing Co., New York, NY, *Editor & Publisher International Year Book*（年刊）(copyright)；<http://www.editorandpublisher.com/Resources/Resources.aspx> も参照

No.1137. 出版社純出荷量：2007－2010年

[単位：100万冊（3,126.8は31億2680万冊を表す）。返本差引後の出版社純出荷数を示す。合衆国内の出版社が出版した全書名および合衆国の出版社の奥付のある輸入品を含む。百科事典のような複数の巻からなるものは1単位として算定。方法論と範囲の変化により、これらのデータは以前のデータと比較できない]

出版分野別	2007,推計値	2008,推計値	2009,予測値	2010,予測値
計	3,126.8	3,078.9	3,101.3	3,168.9
取引	2,281.7	2,237.7	2,248.3	2,294.3
成人向け	1,380.8	1,348.5	1,360.8	1,393.4
児童書	900.9	889.2	887.5	900.8
宗教書	274.5	247.1	239.2	246.8
専門書	245.9	255.8	264.5	269.0
学術書	72.1	74.9	76.2	77.5
小中高校教科書	175.0	182.3	188.7	194.1
大学教科書	77.6	81.1	84.5	87.2

資料：Book Industry Study Group, Inc., New York, NY, *Book Industry Trends, 2009*（年刊）（copyright）

No.1138. ソフトウェア出版——収入の推計：2005－2009年

[単位：100万ドル（116,643は1164億4300万ドルを表す）。課税・非課税の雇用企業。NAICS5111。推計値は2002年経済センサスの結果により調整済み。2002年北米産業分類に基づく。第15章の解説および付録Ⅲを参照]

収入源	2005	2006	2007	2008	2009
運営収入	116,643	125,203	135,401	142,346	138,714
収入源：					
システム・ソフトウェア出版[1]	42,876	44,166	49,038	52,406	48,843
OS	15,905	15,434	17,759	18,620	17,931
ネットワーク	12,196	12,869	13,857	14,665	12,457
データベース管理	6,962	8,275	9,337	10,205	9,465
開発用、プログラミング言語	3,253	3,059	2,987	3,035	3,011
アプリケーション・ソフトウェア出版[1]	41,800	43,301	45,445	45,442	47,101
一般事務用、家庭用	19,834	18,956	19,311	19,807	23,067
複数産業用	11,307	12,751	12,949	12,223	11,354
特定産業用	6,721	6,787	7,378	7,285	6,399
ユーティリティ	1,144	1,372	1,459	1,566	1,687
その他のサービス[1]	31,967	37,736	40,918	44,498	42,770
市販ソフトウェアのカスタマイズおよび統合	4,796	4,705	4,077	5,243	4,644
IT技術のコンサルティング	4,435	5,421	6,064	5,815	5,606
アプリケーション・サービス提供	(S)	(S)	(S)	(S)	(S)
コンピュータのハードおよびソフトの再販	2,177	3,115	3,993	4,769	4,146
IT関連のトレーニング	1,475	1,662	1,712	1,839	1,381
ソフトウェア販売のタイプ別収入：					
システム・ソフトウェア	42,876	44,166	49,038	52,406	48,843
パソコン用	14,564	14,441	17,348	18,217	17,391
法人用またはネットワーク用	15,964	17,407	17,644	18,274	16,536
メインフレーム・コンピュータ用	8,831	9,246	9,679	10,503	9,592
その他のシステム・ソフトウェア	3,517	3,072	4,367	5,412	5,324
アプリケーション・ソフトウェア	41,800	43,301	45,445	45,442	47,101
パソコン用	20,404	(S)	19,348	19,696	21,194
法人用またはネットワーク用	14,672	16,236	18,357	17,970	17,848
メインフレーム・コンピュータ用	2,645	2,548	2,525	2,144	2,139
その他のアプリケーション・ソフトウェア用	4,079	5,118	5,215	(S)	5,920

S　データは公表基準に達しない　1．個別に示さないその他の収益源および収益の種類を含む

資料：U.S. Census Bureau, "Service Annual Survey 2009: Information Sector Services"（2011年1月）;〈http://www.census.gov/econ/www/servmenu.html〉

No.1139. 映画および録音産業——収入推計：2005－2009年

[単位：100万ドル（88,931は889億3100万ドルを表す）。課税・非課税双方の事業を含む。NAICS512に分類される企業。推計値は2002年経済センサスの結果により調整。2002年北米産業分類（NAICS）に基づく。第15章の解説および付録Ⅲも参照］

収入源	2005	2006	2007	2008	2009
映画録音産業	88,931	93,214	94,986	95,359	90,946
映画・ビデオ産業	72,991	76,394	79,797	80,089	76,098
映画・ビデオ制作および配給	56,826	59,170	61,911	62,161	58,010
映画の国内著作権	15,076	15,231	14,939	13,337	12,747
テレビ番組の国内著作権	9,408	9,156	10,085	9,395	9,979
映画の国際著作権	6,205	7,017	7,456	7,093	6,488
テレビ番組の国際著作権	3,111	2,873	2,977	3,490	3,359
視聴覚作品の卸売、小売、レンタル市場	7,560	10,360	12,313	12,254	10,499
映画・ビデオの上映[1]	11,654	12,326	12,705	12,782	13,262
長編映画上映収入	7,757	8,108	8,483	8,545	8,947
国内映画の入場料	7,558	8,059	8,421	8,476	8,868
外国映画の入場料	199	(S)	62	69	79
食品・飲料販売	3,284	3,543	3,711	3,722	3,808
ポストプロダクション・サービスおよびその他の映画・ビデオ産業[1]	4,511	4,898	5,181	5,146	4,826
視聴覚のポストプロダクション・サービス	2,362	2,607	2,736	2,674	2,643
映画フィルムのラボサービス	453	(S)	436	420	324
複製・コピーサービス	(S)	1,045	(S)	1,091	1,157
録音産業	15,940	16,820	15,189	15,270	14,848
総合レコード制作および配給[1]	10,110	10,642	9,082	8,953	8,665
録音音楽使用の著作権	(S)	1,512	1,299	1,441	1,392
録音媒体の販売	(S)	(S)	7,454	6,917	6,496
音楽出版[1]	4,335	4,645	4,466	4,715	4,593
作曲の著作権使用料	2,207	2,322	(S)	2,887	2,862
音楽印刷物	1,771	1,926	1,667	1,254	(S)
録音スタジオ[1]	703	831	854	810	748
スタジオ録音	461	509	508	505	445

S　データは出版の水準に達しない　1．個別に明示しないその他の収入源を含む

資料：U.S. Census Bureau, "Service Annual Survey 2009: Information Sector Services"（2011年1月）;〈http://www.census.gov/econ/www/servmenu.html〉

No.1140. 録音媒体——出荷量と出荷額：2000－2010年

[1,079.2は10億7920万を表す。RIAA加盟企業からの報告による。それらの企業は2010年に記録された音楽の85％を占める。その他の資料も用いている]

媒体	2000	2003	2004	2005	2006	2007	2008	2009	2010
出荷数（100万）									
計[1]	1,079.2	798.4	958.0	1,301.8	1,588.5	1,774.3	1,919.2	1,851.8	1,726.3
実物：									
コンパクトディスク(CD)[2]	942.5	746.0	767.0	705.4	619.7	511.1	368.4	292.9	225.8
ミュージック・ビデオ[3]	18.2	19.9	32.8	33.8	23.2	27.5	25.1	23.0	17.8
その他のアルバム[4]	78.2	3.2	2.5	2.0	1.3	1.7	3.0	3.2	4.0
その他のシングル[5]	40.3	12.1	6.6	5.1	3.2	3.2	1.1	1.2	1.5
デジタル：									
ダウンロード・シングル	(X)	(X)	139.4	366.9	586.4	809.9	1,042.7	1,138.3	1,162.4
ダウンロード・アルバム	(X)	(X)	4.6	13.6	27.6	42.5	63.6	76.4	83.1
キオスク[6]	(X)	(X)	(X)	0.7	1.4	1.8	1.6	1.7	1.7
ミュージック・ビデオ	(X)	(X)	(X)	1.9	9.9	14.2	20.8	20.4	18.1
モバイル[7]	(X)	(X)	(X)	170.0	315.3	361.0	405.1	305.8	220.5
予約購入[8]	(X)	(X)	(X)	1.3	1.7	1.8	1.6	1.2	1.5
出荷額（100万ドル）									
計[1]	14,323.7	11,854.4	12,345.0	12,296.9	11,758.2	10,372.1	8,768.4	7,683.9	6,850.1
実物：									
コンパクトディスク(CD)[2]	13,214.5	11,232.9	11,446.5	10,520.2	9,372.6	7,452.3	5,471.3	4,274.1	3,361.3
ミュージック・ビデオ[3]	281.9	399.9	607.2	602.2	451.1	484.9	434.6	418.9	354.1
その他のアルバム[4]	653.7	164.2	66.1	48.5	22.1	29.3	57.6	60.2	87.0
その他のシングル[5]	173.6	57.5	34.9	24.1	17.6	16.2	6.4	5.6	5.5
デジタル：									
ダウンロード・シングル	(X)	(X)	138.0	363.3	580.6	801.8	1,032.2	1,220.3	1,366.8
ダウンロード・アルバム	(X)	(X)	45.5	135.7	275.9	424.9	635.3	763.4	828.8
キオスク[6]	(X)	(X)	(X)	1.0	1.9	2.6	2.6	6.3	6.4
ミュージック・ビデオ	(X)	(X)	(X)	3.7	19.7	28.2	41.3	40.6	36.1
モバイル[7]	(X)	(X)	(X)	421.6	774.5	878.9	977.1	728.8	526.7
予約購入[8]	(X)	(X)	(X)	149.2	206.2	200.9	221.4	213.1	200.9

X　該当なし　1．返品後、純出荷量　2．デュアル・ディスクを含む　3．DVDビデオを含む　4．カセットテープ、LP/EP盤レコード、音楽DVD、スーパーオーディオCD（SACD）　5．CDシングルとシングルレコード　6．シングルおよびアルバムを含む　7．着メロ、楽曲のフルダウンロード、およびその他のモバイル　8．加重年間平均、計には含まれない単位数

資料：Recording Industry Association of America, Washington, DC, *2010 Year-end Statistics*（copyright）;〈http://www.riaa.com/keystatistics.php〉も参照

No.1141. ラジオ放送とテレビ放送——収入と支出の推計：2008、2009年

[単位：100万ドル（4,295は42億9500万ドルを表す）。課税・非課税の雇用企業。2002年経済センサスの結果により調整済み。2002年北米産業分類（NAICS）に基づく。本章および第15章の解説を参照。本書前年版の表No.1140も参照]

項目	ラジオネットワーク (NAICS515111) 2008	2009	ラジオ放送局 (NAICS515112) 2008	2009	テレビ放送 (NAICS51512) 2008	2009
運営収入	4,295	4,259	13,958	11,693	35,976	31,415
放映時間販売	927	826	12,029	9,823	28,117	23,796
全国／地域別広告収入	472	411	3,143	2,482	17,438	15,319
市内広告収入	455	415	8,886	7,341	10,679	8,477
その他の運営収入	3,368	3,433	1,929	1,870	7,859	7,619
ネットワーク報酬	164	183	357	351	1,390	1,311
公共番組・非商業放送サービス	363	366	(S)	(S)	2,154	1,922
その他すべての運営収入	2,841	2,884	900	888	4,315	4,386
運営支出	4,667	4,072	10,723	9,536	28,742	25,719
人件費	962	849	5,584	4,857	8,677	7,935
年間給与支払総額	789	733	4,739	4,075	7,322	6,761
賃金外給付負担	131	92	667	641	1,225	1,073
一時雇い・派遣社員費用	42	(S)	178	141	130	101
原材料・部品・消耗品費用（再販用を除く）	27	26	99	99	251	219
施設費用	10	10	36	40	79	75
その他の原材料・部品・消耗品費用	17	16	63	59	172	144
サービス購入費	(S)	287	1,129	979	1,980	1,668
ソフトウェア購入	23	21	46	44	158	116
電力・燃料費（自動車燃料は除く）	19	24	189	192	292	259
リース・レンタル費用	99	134	406	416	505	428
修繕・維持費	21	25	79	76	211	190
広告・プロモーション費用	(S)	83	409	251	814	675
その他の運営支出	3,304	2,910	3,911	3,601	17,834	16,897
放送権および音楽ライセンス料	613	583	847	747	10,401	10,389
ネットワーク報酬（ネットワークのみ）	164	159	74	75	389	317
有形資産・無形資産の償却	396	341	612	663	1,800	1,658
租税公課および特許料	16	23	91	83	150	164
その他すべての運営支出	2,115	1,804	2,287	2,033	5,094	4,369

S　データは公表基準に達しない
資料：U.S. Census Bureau, "Service Annual Survey 2009: Information Sector Services"（2011年1月）；<http://www.census.gov/econ/www/servmenu.html>

No.1142. ケーブルテレビと有料テレビ——概要：1980－2010年

[17,500は1750万を表す。ケーブルテレビのデータは暦年、有料テレビは表示年の12月31日現在のデータ]

年	ケーブルテレビ 平均基本契約者数 (1,000人)	平均月間基本料金 (ドル)	収入[1] 計 (100万ドル)	基本料金 (100万ドル)	有料テレビ ユニット[2] 合計[3] (1,000)	有料ケーブル (1,000)	ケーブルなし (1,000)	月間料金[4] 加重平均[5] (ドル)	有料ケーブル (ドル)	ケーブルなし (ドル)
1980	17,500	7.69	2,609	1,615	8,581	7,336	(NA)	8.91	8.62	(NA)
1985	35,440	9.73	8,831	4,138	29,885	29,418	(NA)	10.29	10.25	(NA)
1990	50,520	16.78	17,582	10,174	39,902	39,751	(NA)	10.35	10.30	(NA)
1995	60,550	23.07	24,137	16,763	60,098	46,600	8,725	8.32	8.54	6.99
1997	63,600	26.48	28,931	20,213	72,910	51,450	17,500	8.33	8.43	8.00
1998	64,650	27.81	31,191	21,574	79,483	54,410	21,355	8.60	8.74	8.22
1999	65,500	28.92	34,095	22,732	84,234	56,985	25,532	8.75	8.85	8.50
2000	66,250	30.37	36,427	24,142	94,100	62,618	30,158	8.72	8.81	8.48
2001	66,732	32.87	41,847	26,324	101,676	68,353	32,780	8.97	9.10	8.66
2002	66,472	34.71	47,989	27,690	109,046	71,637	37,024	9.19	9.29	9.00
2003	66,050	36.59	53,242	29,000	108,522	71,740	36,364	9.38	9.45	9.23
2004	65,727	38.14	58,586	30,080	118,151	76,844	40,892	9.91	9.92	9.88
2005	65,337	39.63	64,891	31,075	126,067	81,790	43,780	9.95	9.97	9.93
2006	65,319	41.17	71,887	32,274	132,951	85,055	47,514	10.01	10.02	9.98
2007	65,141	42.72	78,937	33,393	143,009	90,878	51,595	10.05	10.06	10.02
2008	64,274	44.28	85,232	34,151	149,749	92,364	56,825	10.08	10.10	10.06
2009	62,874	46.13	89,479	34,804	150,111	85,818	64,293	10.12	10.13	10.09
2010	60,958	47.89	93,368	35,031	166,241	88,359	77,882	10.15	10.17	10.13

NA　データなし　1．初期費用、契約料、非契約料を含む。通信料および高速アクセスサービスによる収入は含まない　2．視聴者に個別にプログラムを販売するサービス　3．多地点配信サービス（MDS）、衛星テレビ放送（STV）、多地点チャンネル配信サービス（MMDS）、衛星マスターアンテナテレビ放送（SMATV）、C-バンド衛星、DBS衛星、Telcoビデオを含む　4．8か月分の基本料金（非規制）と4か月分のFCCによる規制料金の加重平均　5．主要な動画配信サービスの平均支払ユニット額を含む
資料：SNL Kagan, a division of SNL Financial LC. From the Broadband Cable Financial Databook（年刊、copyright）；the Cable Cable Program Investor and Cable TV Investor: Deals & Finance newsletters（月刊）およびその他のSNL Kaganの出版物

No.1143. ケーブル・テレビおよびその他の有料番組サービス——収入・支出推計額：2005-2005年

[単位：100万ドル（37,370は373億7000万ドルを表す）。課税対象企業と課税免除企業。NAICS分類51521に属する企業。推計値は2002年経済センサスの結果を調整したもの。北米産業分類（NAICS）2002年版に準拠。本章および第15章の解説を参照]

項目	2005	2006	2007	2008	2009
運営収入	37,370	40,907	44,926	49,569	51,552
収入源：					
放送番組の著作権料[1]	19,279	21,196	23,563	26,183	28,746
放映時間販売	16,061	17,107	18,605	19,958	19,921
その他すべての運営収入	2,030	2,604	2,758	3,428	2,885
運営支出	24,538	26,463	29,073	31,411	31,440
人件費	4,831	4,754	5,592	5,894	6,104
年間給与支払総額	3,894	3,726	4,192	4,496	4,640
賃金外給付負担	608	610	874	868	974
一時雇い・派遣社員費用	329	418	526	530	490
原材料・部品・消耗品費用（再販用を除く）	143	138	137	171	148
施設費用	55	50	67	80	70
その他の原材料・部品・消耗品費用	88	88	70	91	78
サービス購入費	2,306	2,789	2,460	3,282	3,231
ソフトウェア購入	32	40	49	157	60
電力・燃料費（自動車燃料は除く）	39	39	40	69	70
リース・レンタル費用	551	494	473	550	576
修繕・維持費	86	81	64	118	122
広告・プロモーション費用	1,598	2,135	1,834	2,388	2,403
その他の運営支出	17,258	18,782	20,884	22,064	21,957
有形資産・無形資産の償却	(S)	2,662	2,885	3,307	3,326
租税公課および特許料	112	79	65	66	65
制作費	11,086	12,202	13,804	14,263	14,413
その他すべての運営支出	3,450	3,839	4,130	4,428	4,153

S　データは公表基準に達しない　1．著作権に保護される

資料：U.S. Census Bureau, "Service Annual Survey 2009: Information Sector Services."（2011年1月）；〈http://www.census.gov/econ/www/servmenu.html〉

No.1144. インターネット出版およびインターネット放送——収入・支出推計額：2005-2009年

[単位：100万ドル（9,378は93億7800万ドルを表す）課税対象企業と課税免除企業。NAICS分類516に属する企業。インターネット上でのみ出版および／または放送を行う事業所。推計値は2002年経済センサスの結果を調整したもの。北米産業分類（NAICS）2002年版に準拠。第15章の解説および付録Ⅲを参照]

項目	2005	2006	2007	2008	2009
運営収入	9,378	11,510	15,035	17,760	19,504
収入源：					
インターネット上の出版・放送のコンテンツ	5,498	6,316	7,576	8,894	(S)
オンライン広告	1,812	2,579	3,469	4,298	4,957
知的財産使用権のライセンス料	372	442	486	495	560
その他すべての運営収入	1,696	(S)	(S)	4,073	3,710
顧客の種類別収入：					
政府	(S)	(S)	(S)	(S)	(S)
企業および非営利組織	6,615	7,894	9,784	12,061	13,454
世帯および個人ユーザー	2,227	2,991	4,344	4,527	4,825
運営支出	8,202	10,102	13,211	15,453	17,080
人件費	3,563	4,398	5,648	6,790	6,855
年間給与支払総額	2,842	3,513	4,189	5,094	5,085
賃金外給付負担	507	636	892	(S)	(S)
一時雇い・派遣社員費用	214	249	(S)	(S)	(S)
原材料・部品・消耗品費用（再販用を除く）	286	322	(S)	(S)	(S)
施設費用	121	123	(S)	(S)	(S)
その他の原材料・部品・消耗品費用	165	199	(S)	235	388
サービス購入費	1,396	1,789	(S)	2,774	3,387
ソフトウェア購入	176	245	(S)	307	(S)
電力・燃料費（自動車燃料は除く）	14	22	(S)	(S)	(S)
リース・レンタル費用	310	343	(S)	537	(S)
修繕・維持費	90	96	(S)	(S)	(S)
広告・プロモーション費用	806	1,083	1,366	1,757	(S)
その他の運営支出	2,957	3,593	(S)	5,449	6,192
有形資産・無形資産の償却	716	811	(S)	1,272	(S)
租税公課および特許料	56	66	(S)	83	111

S　データは公表基準に達しない

資料：U.S. Census Bureau, "Service Annual Survey 2009: Information Sector Services."（2011年1月）；〈http://www.census.gov/econ/www/servmenu.html〉

No.1145. 遠隔通信産業——事業体数および収益：2000－2008年

[収益の単位は100万ドル（292,762は2927億6200万ドルを表す）。遠隔通信プロバイダが毎年提出する、遠隔通信報告ワークシート（FCCフォーム499-A）に基づく。収入は、ユニバーサルサービスのための再販、年間拠出金1万ドル未満の通信プロバイダへの請求、エンドユーザーへの請求に分類される]

分類	事業体数				収益（遠隔通信事業による）			
	2000	2005	2007	2008	2000	2005	2007	2008
計[1]	4,879	5,005	5114	5,354	292,762	297,921	299,451	297,365
市内通信サービスプロバイダ								
（市内固定電話および公衆電話）	2,641	2,922	3,048	3,168	128,075	122,609	115,963	116,447
市内通話交換事業体（ILECs）	1,335	1,303	1.304	1,297	116,158	103,561	93,885	89,732
ILECsの競合事業体	607	1,043	1,312	1,462	10,945	18,568	21,690	26,440
CAPsおよびCLECs[2]	479	734	774	813	9,814	16,930	17,476	20,980
IP電話[3]	(NA)	(NA)	251	334	(NA)	(NA)	2,394	3,541
民間事業体	([4])	([4])	([4])	([4])	39	770	1,031	1,051
無線サービスプロバイダ[5]	1,430	905	874	870	63,280	108,809	117,752	128,314
無線電話[6]	783	402	428	412	59,823	107,834	116,971	127,730
呼び出しサービスプロバイダ	425	300	238	229	3,102	579	555	426
長距離通信サービスプロバイダ	808	1,178	1,192	1,316	101,407	66,503	59,611	52,604
交換事業体	212	262	250	237	87,311	46,856	44,083	37,358
オペレータ・サービスプロバイダ	20	23	23	31	635	548	631	1,063
プリペイド・サービスプロバイダ	23	69	93	121	727	1,828	1,713	1,999
衛星通信サービスプロバイダ	25	40	41	45	336	714	444	860
長距離通信サービス再販	493	721	693	654	10,641	13,362	9,943	8,256
その他の長距離通信事業体（IP電話を含む）[3]	35	63	92	228	1,758	3,195	2,798	3,068

1．収入のデータは、個別に明示しないが、調整分を含む　2．プロバイダ（CAPs）と市内通話事業（CLECs）の競合事業者　3．Voice Over Internet Protocol（インターネット電話）　4．個別のデータは入手できない　5．2000年以降、個別には示さないが、特殊移動ラジオサービス等を含む　6．セルラーサービス、個人通信サービス、特殊移動ラジオ
資料：U.S. Federal Communications Commission, Wireline Competition Bureau, *Telecommunications Industry Revenues* および *Trends in Telephone Service*; <http://www.fcc.gov/wcb/iatd/stats.html\> も参照

No.1146. 有線および無線遠隔通信事業——収入推計額：2005－2009年

[単位：100万ドル（204,455は2044億5500万ドルを表す）。課税対象企業と課税免除企業。NAICS 5171 有線遠隔通信、NAICS 517211 ポケットベルおよびNAICS 517212 セルラーおよびその他の無線遠隔通信（ポケットベルを除く）に属する企業。表No.1092の産業分類を参照。推計値は2002年経済センサスの結果を調整したもの。北米産業分類（NAICS）2002年版に準拠。第15章の解説および付録IIIを参照]

項目	2005	2006	2007	2008	2009
有線遠隔通信事業運営収入	204,455	193,434	186,060	184,197	172,093
固定電話、計	95,475	89,791	87,307	84,109	73,098
固定電話、市内通話	58,676	57,429	56,088	53,473	46,435
固定電話、長距離通話	33,719	30,917	29,717	29,430	25,658
固定電話全距離[1]	3,080	1,445	1,502	1,206	1,005
その他の通信サービス	93,184	88,182	86,057	87,299	85,154
キャリアサービス	34,372	30,131	25,163	23,051	20,973
プライベートネットワークサービス	26,525	23,238	22,460	22,641	21,747
回線利用料金	8,195	7,587	5,856	5,109	4,072
インターネットアクセスサービス	14,315	15,272	20,045	22,648	25,007
インターネット電話	1,189	1,826	2,049	2,333	2,303
遠隔通信ネットワークのインストールサービス	(S)	5,876	6,142	7,062	7,626
遠隔通信施設の再販、小売	3,550	3,320	3,256	3,307	2,533
遠隔通信施設の貸出し	(S)	(S)	323	271	343
遠隔通信施設の保守営繕	791	729	763	887	914
その他すべての運営収入	15,796	15,461	12,696	12,789	13,841
無線遠隔通信事業運営収入[2]	138,375	154,719	169,694	180,572	184,842
ポケットベル	1,545	1,294	889	846	742
メッセージ通信（ポケットベル）サービス	1,212	1,031	708	688	587
モバイルサービス	115,535	127,210	136,135	144,622	145,183
携帯電話	59,103	55,592	55,575	59,575	58,120
長距離電話	4,551	4,950	5,436	4,865	4,672
全距離電話	443,818	(S)	59,218	57,458	58,345
その他のモバイルサービス	8,063	(S)	(S)	22,724	24,046
その他の遠隔通信サービス	9,946	12,278	15,013	17,543	19,808
インターネットアクセスサービス	1,148	2,565	4,621	6,991	10,101
長距離ネットワークのインストールサービス	(S)	153	189	327	222
遠隔通信施設の再販サービス、小売	7,963	8,557	9,008	8,994	8,281
遠隔通信施設の貸出し	(S)	(S)	72	(D)	(D)
遠隔通信施設の保守営繕	545	(S)	(S)	(D)	(D)
その他すべての運営収入	12,894	(S)	(S)	18,407	19,851

S　推定値は公表基準に達しない　D　データの公表を避けている　1．市内と長距離を区別しない
資料：U.S. Census Bureau, "Service Annual Survey 2009: Information Sector Services." (2011年1月); <http://www.census.gov/econ/www/servmenu.html>

No.1147. 電話システム──概要：1990-2008年

[130は1億3000万を表す。連邦通信委員会年報所載の主要電電事業体を対象とする]

項目	単位	1990	1995	2000	2002[1]	2003[1]	2004[1]	2005[1]	2006[1]	2007[1]	2008[1]
市内通話											
事業体[2]	数	51	53	52	53	54	56	56	56	55	55
回線[3]	100万	130	166	245	264	275	286	349	379	424	(NA)
総営業収益[4]	10億ドル	84	96	117	111	109	107	106	105	103	(NA)
住宅用市内通話利用料、平均月額[4]	ドル	19.24	20.01	20.78	24.07	24.52	24.52	24.64	25.26	25.62	(NA)
事業用電話1回線利用料、平均月額[4]	ドル	41.21	41.80	41.80	41.95	41.96	43.49	43.75	45.32	48.17	(NA)
国際通話サービス[5]											
米国内請求通話時間	100万	8,030	15,889	30,135	35,988	45,904	63,653	70,064	72,440	69,975	74,934
利用者向けサービス収入	100万ドル	201	514	1,502	988	899	711	738	792	717	817
再販サービス収入	100万ドル	167	1,756	7,367	5,101	5,760	5,226	5,750	6,077	6,959	8,459

NA データなし 1．2001年以降、細かな財務データは地域電電会社からのみ提出されている。回線と通話数はすべて主要な報告会社から報告されている 2．1985年以降、電話会社の年間運営収入の分類を100万ドルから1億ドルに変更したため、会社数が減少 3．2008年以降、各企業はこのデータの連邦通信委員会への報告を行っていない 4．報告のあった事業体の総営業収益、総プラント、総資産は全電電企業の90％と推計される。1990年以降、前年と計測方法に変更があるため、それ以前の年との厳密な比較はできない。1988年に新たな会計ルールが導入されているが、それ以前のデータとは1対1で比較できない。バージン諸島を含む。1991年以前はプエルトリコを含む。2008年以降、各企業は連邦通信委員会にこの種のデータの報告を行っていない 5．1991年以降、アラスカ、ハワイ、プエルトリコ、グアム、米領バージン諸島、および合衆国領海上との通話を含む。また、カナダ、メキシコとの通話も含む。カナダとメキシコの1991年以前のデータは推計。2004年以降、ノン・コンフィデンシャルの専用回線サービス収入と国際電話サービスにコンフィデンシャルの扱いを要求する専用回線・その他のサービスを含む

資料：U.S. Federal Communications Commission, *Statistics of Communications Common Carriers*; *Trends in Telephone Service* および *Trends in the International Telecommunications Industry*; <http://www.fcc.gov/wcb/iatd/stats.html/> を参照

No.1148. 年間平均電話料金支出──消費単位別：2001-2009年

[消費支出調査に基づく。消費単位とは、血縁、婚姻、養子縁組およびその他の法的手続きにより同一世帯を構成する世帯構成員、単身者、他人と同居する者、と定義される。経済的に自立していない者、食費・住居費等の主要な支出の3分の2以上について共同で責任を持つ複数の人間の同居は含まない]

年	平均年間支出（ドル）				構成比（％）			
	電話料金、計	住宅固定電話 公衆電話	携帯電話	その他[1]	電話料金、計	住宅固定電話 公衆電話	携帯電話	その他[1]
2001	914	686	210	19	100.0	75.0	23.0	2.0
2002	957	641	294	22	100.0	67.0	30.7	2.3
2003	956	620	316	20	100.0	64.8	33.1	2.1
2004	990	592	378	20	100.0	59.8	38.2	2.0
2005	1,048	570	455	23	100.0	54.4	43.4	2.2
2006	1,087	542	524	21	100.0	49.9	48.2	2.0
2007	1,110	482	608	20	100.0	43.4	54.8	1.8
2008	1,127	467	643	17	100.0	41.4	57.1	1.5
2009	1,162	434	712	16	100.0	37.3	61.3	1.4

1．電話カード、ページャ・サービス（日本のポケベル）、および2007年以降VoIP（インターネット電話）

資料：Bureau of Labor Statistics, "Consumer Expenditures in 2009," News Release, UDDL-10-1390 (2010年10月); <http://www.bls.gov/news.release/cesan.htm> も参照

No.1149. セルラー電話：1990-2010年

[暦年データ。他に注記した場合を除く（5,283は528万3000を表す）。施設ベースの商業的移動体通信サービスプロバイダ（携帯電話、デジタル携帯電話に用いられる周波数帯別のシステムPCS（Personal Communications Services）、AWS（Advanced Wireless Services）、モバイルWiMAXおよびESMR（Enhanced Special Mobile Radio）のプロバイダに対する調査に基づく。2000年以降のシステム数のデータはそれ以前の年とは異なり都市間ベースではなくESMRシステムによる広域サービスのシステムとなっている]

項目	単位	1990	2000	2005	2006	2007	2008	2009	2010
加入者	1,000人	5,283	109,478	207,896	233,041	255,396	270,334	285,646	302,859
基地局[1]	数	5,616	104,288	183,689	195,613	213,299	242,130	247,081	253,086
従業員	数	21,382	184,449	233,067	253,793	266,782	268,528	249,247	250,393
サービス収入	100万ドル	4,548	52,466	113,538	125,457	138,869	148,084	152,552	159,930
移動通信サービス収入[2]	100万ドル	456	3,883	3,786	3,494	3,742	3,739	3,061	3,026
資本投資[3]	100万ドル	6,282	89,624	199,025	223,449	244,591	264,761	285,122	310,015
月平均使用料[4]	ドル	80.90	45.27	49.98	50.56	49.79	50.07	48.16	47.21
平均通話時間[4]	分	2.20	2.56	3.00	3.03	(NA)	2.27	1.81	1.79
テキスト・メッセージ数[5]	10億	(NA)	(Z)	9.8	18.7	48.1	110.4	152.7	187.7
MMS数[5,6]	10億	(NA)	(NA)	0.2	0.3	0.6	1.6	5.1	4.3

NA データなし Z 表中に示す単位、1単位の半分未満 1．無線PCSまたは携帯端末が直接接続する施設 2．加入者が、その地元地域を離れて通話した際のサービス収入 3．2005年以降、累積資本投資額は、表示年前年の累積資本投資額と表示年の資本投資額の合計 4．12月31日現在 5．調査最終月内（12月）のメッセージ数、10億件 6．マルチメディア・メッセージ・サービス

資料：CTIA-The Wireless Association, Washington, DC, *Semi-annual Wireless Survey* (copyright)

No.1150. ケーブルテレビおよびその他の番組配信——収入推計額：2005－2009年

[単位：100万ドル（79,723は797億2300万ドルを表す）、および％。課税対象企業と課税免除企業。NAICS分類5175に属する企業。推計値は2002年経済センサスの結果を調整したもの。北米産業分類（NAICS）2002年版に準拠。第15章の解説および付録Ⅲを参照]

項目	2005	2006	2007	2008	2009
運営収入	79,723	88,474	100,416	109,351	114,284
収入源：					
マルチチャンネル番組配信サービス	51,737	55,564	60,529	64,556	66,884
基本料金	39,524	42,294	45,468	47,913	49,847
プレミアム料金	9,573	10,159	11,441	12,837	13,312
ペイ・パー・ビュー	2,640	3,111	3,620	3,806	3,725
その他の収入	27,986	32,910	39,887	44,795	47,400
放映時間	3,501	3,878	3,936	4,076	3,617
番組配信設備の貸し出しおよび再販	2,511	3,152	3,910	4,381	5,076
番組配信ネットワークへの接続サービス	641	723	931	963	946
インターネットアクセスサービス	11,568	13,736	16,281	18,070	19,325
インターネット電話	518	1,577	3,433	5,167	6,286
固定市内電話	1,737	2,134	2,614	2,818	3,091
固定長距離電話	639	414	194	177	205
その他の運営収入	6,871	7,296	8,588	9,143	8,854
顧客の種類：					
政府	546	522	581	660	711
企業および非営利組織	6,626	6,971	8,682	8,598	9,601
世帯および個人ユーザー	72,551	80,981	91,153	100,093	103,972

S　データは公表基準に達しない

資料：U.S. Census Bureau, "Service Annual Survey 2009: Information Sector Services"（2011年1月）; ⟨http://www.census.gov/econ/www/servmenu.html⟩

No.1151. インターネット接続プロバイダ、検索エンジン、データ処理、ホスティング、その他のサービス——収入推計：2005－2009年

[単位：100万ドル（13,760は137億6000万ドルを表す）。課税対象企業と課税免除企業。推計値は2002年経済センサスの結果を調整したもの。北米産業分類（NAICS）2002年版に準拠。第15章の解説および付録Ⅲを参照]

項目	インターネットサービスプロバイダ (NAICS 518111)			データ処理・ホスティング・その他のサービス (NAICS 5182)		
	2005	2008	2009	2005	2008	2009
運営収入	13,760	10,603	10,340	(X)	(X)	(X)
インターネットアクセスサービス	10,079	5,837	5,292	(X)	(X)	(X)
オンライン広告	1,285	2,146	2,118	(X)	(X)	(X)
インターネットバックボーンサービス	(S)	(S)	(S)	(X)	(X)	(X)
インターネット電話	(S)	(S)	(S)	(X)	(X)	(X)
ウェブサイトホスティングサービス	655	503	490	(X)	(X)	(X)
ITデザインおよびIT開発サービス	(S)	(S)	(S)	(X)	(X)	(X)
その他の運営収入	1,362	(S)	(S)	(X)	(X)	(X)
運営支出	(X)	(X)	(X)	58,915	71,763	73,764
データ処理のためのITインフラの提供およびホスティングサービス	(X)	(X)	(X)	29,715	38,015	39,446
事業用データ処理マネージメントサービス	(X)	(X)	(X)	15,198	18,566	19,150
データ管理サービス	(X)	(X)	(X)	6,013	7,181	6,709
アプリケーションサービスの提供	(X)	(X)	(X)	5,298	8,435	8,988
ウェブサイトホスティングサービス	(X)	(X)	(X)	(S)	1,695	1,900
コロケーションサービス	(X)	(X)	(X)	(S)	(S)	(S)
その他の運営収入	(X)	(X)	(X)	29,200	33,748	(S)
ITデザインおよび開発サービス	(X)	(X)	(X)	6,438	(S)	(S)
IT技術サポートサービス	(X)	(X)	(X)	1,429	1,742	2,144
IT技術コンサルティングサービス	(X)	(X)	(X)	2,222	2,771	2,565
情報・書類変換サービス	(X)	(X)	(X)	3,068	3,429	3,176
ソフトウェア出版	(X)	(X)	(X)	1,677	2,412	2,535
コンピュータハードウェア・ソフトウェアのための再販サービス、小売	(X)	(X)	(X)	1,252	2,083	(S)
その他の運営収入	(X)	(X)	(X)	13,114	15,326	14,644

S　データは出版基準に達しない　X　該当なし

資料：U.S. Census Bureau, "Service Annual Survey 2009: Information Sector Services"（2011年1月）; ⟨http://www.census.gov/econ/www/servmenu.html⟩

No.1152. 公共図書館：2008年

[11,391は113億9100万ドルを表す。50州およびコロンビア特別区の公共図書館を対象とした調査に基づく。各項目に対する回答率は97～100%。資料を参照]

サービス対象地域の人口	計		運営財政			有給スタッフ[3]		1図書館あたり来館者用インターネット接続PC数[5]
	公立図書館数	図書館[1](施設)	計(100万ドル)[2]	財源		計	図書館学修士号保持者[4]	
				州政府(%)	地方政府(%)			
計	9,221	16,671	11,391	8.7	82.7	145,244	32,562	13.2
100万人以上	27	1,126	1,764	6.4	82.8	18,678	4,782	24.0
500,000－999,999人	57	1,156	1,766	8.5	83.8	20,309	4,991	21.6
250,000－499,999人	106	1,141	1,352	11.0	81.4	16,578	4,083	18.6
100,000－249,999人	337	2,010	1,791	8.6	84.2	23,134	4,980	17.1
50,000－99,999人	557	1,646	1,443	10.6	82.1	18,873	4,301	16.2
25,000－49,999人	967	1,705	1,394	8.2	83.9	18,435	4,364	14.7
10,000－24,999人	1,763	2,275	1,158	8.2	82.5	16,468	3,531	12.0
5,000－9,999人	1,497	1,647	422	9.1	79.4	6,873	1,054	8.5
2,500－4,999人	1,340	1,372	174	7.0	77.1	3,176	315	6.2
1,000－2,499人	1,573	1,594	100	5.8	75.4	2,050	132	4.6
1,000人未満	997	999	28	11.1	69.5	671	30	3.5

1．中央図書館とその分館の総計。中央図書館の数は9,042、分館数は7,629であった　2．個別に明示しない連邦政府からの収入（0.4%）およびその他の財源からの収入（8.7%）を含む　3．フルタイム換算　4．American Library Association (ALA) により認可された図書館学のコースを修了した修士学位を持つ司書の数。この学位を持たないものを含めれば司書の総数は47,151人　5．巡回図書館を除く施設あたりの平均値は、図書館（中央および分館）の公共用インターネット接続PC端末の総数を、施設数で割った数値

資料：Institute of Museum and Library Services, "Public Libraries Survey Fiscal Year 2008" (IMLS-2010-PLS-02) (2010年6月)；<http://harvester.census.gov/imls/pubs/pls/index.asp>

No.1153. 公立図書館の形態およびサービス――州別：2008年

[会計年度。1,504,861は15億486万1000人を表す。公立図書館調査に基づく。公立図書館は国民に直接サービスを提供するため複数の形態を持つことができる。中央図書館、分館、移動図書館の3つのタイプが含まれる]

州別	図書館数(建物)[1]	来館者数(1000人)	1人あたりの来館数[2]	貸出数[2](1000冊)	1図書館あたりの来館者用インターネット接続PC数[3]	州別	図書館数(建物)[1]	来館者数(1000人)	1人あたりの来館数[2]	貸出数[2](1000冊)	1図書館あたりの来館者用インターネット接続PC数[3]
合衆国	9,221	1,504,861	5.1	7.7	13.2	MO	152	28,353	5.5	9.4	12.8
AL	210	15,477	3.5	4.4	15.4	MT	80	4,063	4.5	6.5	7.8
AK	86	3,473	5.1	6.3	5.5	NE	270	8,983	6.9	10.5	6.6
AZ	86	26,196	4.0	7.3	17.8	NV	22	10,956	4.0	6.5	12.7
AR	51	9,909	3.7	4.9	8.6	NH	231	7,302	5.6	8.4	4.9
CA	181	171,873	4.5	5.8	15.7	NJ	303	49,289	5.9	7.3	14.4
CO	115	30,666	6.3	12.0	15.9	NM	91	7,487	4.8	6.3	11.9
CT	195	23,775	6.8	9.4	14.2	NY	755	117,214	6.2	8.2	13.7
DE	21	4,361	5.5	10.4	13.9	NC	77	37,600	4.1	5.8	15.7
DC	1	2,705	4.6	3.0	12.0	ND	81	2,426	4.3	7.2	5.6
FL	80	84,363	4.5	6.2	25.5	OH	251	92,280	8.0	16.7	15.8
GA	59	36,980	4.0	4.7	16.4	OK	115	14,551	4.9	7.0	10.6
HI	1	5,891	4.6	5.5	10.4	OR	126	22,267	6.6	15.4	10.6
ID	104	8,550	6.4	9.4	8.9	PA	457	48,315	4.0	5.8	11.4
IL	634	77,553	6.6	9.0	13.3	RI	48	6,330	6.0	7.0	14.2
IN	238	41,168	7.2	13.7	16.0	SC	42	16,770	3.8	5.4	16.0
IA	539	18,534	6.3	9.6	6.4	SD	114	3,922	5.6	8.4	6.1
KS	327	14,671	6.2	11.4	8.0	TN	187	20,454	3.4	4.1	13.6
KY	116	18,512	4.4	6.7	16.7	TX	561	74,221	3.3	4.9	17.2
LA	68	14,632	3.3	4.0	13.1	UT	69	17,487	6.7	13.0	13.2
ME	272	7,188	5.9	7.7	5.2	VT	183	3,893	6.4	7.7	5.0
MD	24	32,814	5.9	9.9	20.7	VA	91	39,888	5.2	9.2	15.0
MA	370	42,169	6.5	8.4	10.6	WA	64	42,271	6.5	12.1	13.4
MI	384	54,390	5.5	8.0	14.8	WV	97	6,008	3.3	4.2	7.0
MN	138	28,793	5.5	10.7	12.4	WI	381	35,467	6.3	10.9	9.9
MS	50	8,859	3.0	3.4	7.4	WY	23	3,560	6.8	9.0	9.4

1．移動図書館を除く、図書館の本館と分館の合計　2．一人あたりおよび人口1000人あたりの率は、各州の州立図書館による各図書館の行政上のサービスエリアの対象人口に基づく　3．図書館の本館および分館に設置されている来館者用のインターネット接続PC端末の総数を、図書館の本館・分館の合計数で割ったもの

資料：Institute of Museum and Library Services, "Public Libraries Survey Fiscal Year 2008" (IMLS-2010-PLS-02) (2010年6月)；<http://harvester.census.gov/imls/pubs/pls/index.asp> も参照

No.1154. 公共図書館のインターネット利用：2009、2010年

[単位：％。図書館数は数。春期現在。詳細については資料を参照]

項目	2009 計	2009 大都市地区[1] 都市	2009 大都市地区[1] 郊外	2009 地方	2010 計	2010 大都市地区[1] 都市	2010 大都市地区[1] 郊外	2010 地方
図書館施設、計[2]	16,620	2,940	5,421	8,259	16,802	2,898	5,841	8,063
一般からのアクセス可能	99.0	99.0	99.4	98.7	99.3	99.5	99.4	99.3
ワークステーション数（平均）	14.2	25.4	15.8	9.2	16.0	28.0	19.6	9.6
アクセスのスピード：								
256kbps未満	3.4	(3)	1.0	3.6	1.4	(3)	(3)	2.3
257kps-768kbps	9.2	1.9	5.0	8.5	5.0	(3)	4.2	6.9
769kps-1.4mbps	9.3	2.1	5.8	8.3	5.6	1.4	4.2	5.8
1.5mbps	25.5	15.8	25.8	32.6	22.7	9.8	21.1	28.0
1.6mbps-3mbps	10.0	11.0	8.4	12.9	12.0	11.1	9.9	13.7
3.1mbps-6mbps	11.2	10.1	9.9	10.2	11.3	12.2	10.7	11.5
6.1mbps-10mbps	11.0	19.0	15.9	7.4	12.1	16.3	14.6	9.0
10.1mbps-20mbps	(X)	16.4	9.2	3.7	10.8	22.2	12.3	6.1
20.1mbps-30mbps	(X)	2.3	1.2	(3)	2.0	2.7	2.4	1.4
30.1mbps-40mbps	(X)	3.6	1.3	(3)	1.4	1.0	2.1	1.1
40mbps以上	(X)	14.8	9.5	4.5	10.7	20.8	13.1	5.8
わからない	8.1	2.2	6.9	6.8	5.0	1.4	4.7	6.3
公立図書館の無線通信設備 インターネットアクセス：								
現在可能	82.2	87.5	87.3	76.5	85.7	91.5	89.3	81.2
来年度中に可能（計画）	6.8	6.0	6.9	15.0	5.9	4.9	4.4	7.2

1．都市は中心都市の中、郊外は中心都市以外の大都市地区、地方は大都市地区以外　2．中央図書館と分館。移動図書車は除く　3．1％未満

資料：Information Policy and Access Center, College of Information Studies, University of Maryland, College Park, MD, 2010-2011 Public Library Funding and Technology Access Survey: Survey Findings and Results by John Carlo Bertot, et al., University of Maryland, College Park, MD. Study funded by the American Library Association

No.1155. 一般世帯の自宅内外におけるインターネット利用——諸特徴別：2010年

[単位：1,000（119,545は1億1954万5000を表す）。Internet Use Supplement 2010。GPSサービス、デジタル音楽プレーヤー、および機能の限定されたデバイス（家庭用電子機器等）を除外。毎月人口調査に基づく]

特徴	総世帯数	自宅内 世帯計	自宅内 % ダイヤルアップ	自宅内 % ブロードバンド	自宅外 世帯計	自宅外 全体に占める%	インターネット利用なし 世帯計	インターネット利用なし 全体に占める%
全世帯	119,545	71.06	2.82	68.24	95,907	80.23	23,638	19.77
世帯主の年齢：								
25歳未満	6,575	70.35	1.80	68.54	5,722	87.03	853	12.97
25-34歳	19,838	77.45	1.23	76.22	17,815	89.81	2,022	10.19
35-44歳	21,595	81.53	1.95	79.58	19,771	91.55	1,825	8.45
45-54歳	24,704	77.27	2.92	74.35	21,353	86.43	3,351	13.57
55歳以上	46,833	60.36	3.98	56.38	31,246	66.72	15,586	33.28
世帯主の性別：								
男性	60,064	73.96	2.78	71.18	49,215	81.94	10,849	18.06
女性	59,481	68.13	2.85	65.28	46,691	78.50	12,789	21.50
世帯主の民族、人種：[1]								
白人	83,613	74.86	3.02	71.83	68,766	82.24	14,847	17.76
黒人	14,863	57.83	2.38	55.45	10,797	72.64	4,067	27.36
アメリカインディアン／アラスカ原住民	731	56.82	4.55	52.28	531	72.64	200	27.36
アジア系	4,667	82.77	1.86	80.91	4,084	87.51	583	12.49
ヒスパニック	14,142	59.11	2.21	56.90	10,437	73.80	3,705	26.20
世帯主の教育水準：								
初等教育	5,309	29.41	2.25	27.16	2,197	41.38	3,112	58.62
中等教育	8,870	39.49	2.70	36.79	4,864	54.84	4,006	45.16
高校卒業／GED	34,947	60.33	3.43	56.89	25,049	71.68	9,898	28.32
大学	34,168	77.42	3.10	74.32	29,783	87.17	4,385	12.83
学士以上	36,251	89.24	2.07	87.17	34,014	93.83	2,238	6.17
世帯主の家族収入：[1]								
15,000ドル未満	15,369	39.58	2.87	36.71	8,797	57.24	6,572	42.76
15,000-24,999ドル	11,116	52.61	3.40	49.21	7,380	66.39	3,736	33.61
25,000-34,999ドル	11,971	63.27	3.38	59.89	9,097	75.99	2,874	24.01
35,000-49,999ドル	13,333	77.88	3.37	74.51	11,615	87.11	1,718	12.89
50,000-74,999ドル	16,391	87.14	2.83	84.31	15,327	93.51	1,064	6.49
75,000-99,999ドル	9,785	93.84	2.13	91.71	9,513	97.22	272	2.78
100,000-149,000ドル	8,685	96.38	1.57	94.81	8,531	98.22	154	1.78
150,000ドル以上	5,961	97.99	0.68	97.31	5,899	98.97	61	1.03

1．個別に明示しないその他のグループを含む

資料：U.S. Department of Commerce, National Telecommunications and Information Administration, "Digital Nation: Expanding Internet Usage,"（2011年2月）, <http://www.ntia.doc.gov/reports.html>

No.1156. 一般世帯のインターネット利用――自宅および自宅外別：2010年

[単位：％。10月現在。表No.1155の頭注を参照]

州	自宅外	自宅 計	ブロードバンド	ダイヤルアップ	インターネット利用無し	州	自宅外	自宅 計	ブロードバンド	ダイヤルアップ	インターネット利用無し
合衆国……	80.23	71.06	2.82	68.24	19.77	MO……	78.21	67.82	3.47	64.35	21.79
AL……	74.18	60.03	4.51	55.52	25.82	MT……	75.74	65.33	3.96	61.37	24.26
AK……	88.64	78.67	5.30	73.37	11.36	NE……	82.54	71.25	2.33	68.92	17.46
AZ……	83.46	75.50	1.30	74.20	16.54	NV……	84.33	76.58	2.37	74.20	15.67
AR……	70.87	58.76	6.38	52.38	29.13	NH……	86.35	80.98	3.15	77.82	13.65
CA……	84.19	75.86	2.75	73.11	15.81	NJ……	82.86	74.76	1.49	73.28	17.14
CO……	82.68	74.78	3.14	71.63	17.32	NM……	76.77	62.60	4.90	57.70	23.23
CT……	81.95	76.49	1.65	74.84	18.05	NY……	79.30	71.06	2.05	69.01	20.70
DE……	79.08	71.72	3.37	68.35	20.92	NC……	76.53	68.42	3.29	65.14	23.47
DC……	80.95	73.40	1.71	71.69	19.05	ND……	79.87	73.13	2.25	70.88	20.13
FL……	79.93	72.02	1.83	70.19	20.07	OH……	78.44	67.47	3.58	63.89	21.56
GA……	79.89	70.43	1.82	68.60	20.11	OK……	77.30	66.20	3.74	62.46	22.70
HI……	78.57	71.09	1.93	69.15	21.43	OR……	86.18	78.31	3.59	74.72	13.82
ID……	84.12	75.54	3.55	71.98	15.88	PA……	78.13	70.21	2.85	67.36	21.87
IL……	79.85	70.71	2.04	68.67	20.15	RI……	79.84	72.08	1.33	70.75	20.16
IN……	74.73	61.29	2.44	58.85	25.27	SC……	74.38	63.77	4.25	59.52	25.62
IA……	79.45	70.70	3.24	67.46	20.55	SD……	80.97	69.04	3.50	65.54	19.03
KS……	84.78	76.38	1.75	74.63	15.22	TN……	72.20	63.29	3.80	59.49	27.80
KY……	72.02	61.27	3.52	57.75	27.98	TX……	80.23	69.51	2.67	66.84	19.77
LA……	74.94	62.81	2.35	60.47	25.06	UT……	90.10	82.31	2.64	79.67	9.90
ME……	81.72	73.36	5.99	67.36	18.28	VT……	83.52	74.69	5.47	69.21	16.48
MD……	83.25	76.34	2.23	74.11	16.75	VA……	79.84	72.99	3.47	69.51	20.16
MA……	83.82	77.53	1.64	75.89	16.18	WA……	88.37	79.70	3.00	76.70	11.63
MI……	80.81	69.76	3.43	66.34	19.19	WV……	72.87	65.12	5.98	59.13	27.13
MN……	83.44	73.65	3.08	70.56	16.56	WI……	83.15	73.69	3.17	70.52	16.85
MS……	71.43	57.66	5.98	51.68	28.57	WY……	84.35	74.40	1.46	72.94	15.65

資料：U.S. Department of Commerce, National Telecommunications and Information Administration, "Digital Nation: Expanding Internet Usage," (2011年2月), <http://www.ntia.doc.gov/reports.html>

No.1157. インターネットへのアクセス特徴別：2010年

[18歳以上(228,112は2億22811万2000を表す)。2010年秋期現在。標本調査に基づく。標本抽出時の誤差あり。詳細については資料を参照]

特徴	全成人	インターネットへのアクセス					
		自宅	職場	学校・図書館	その他の場所	携帯電話またはモバイル機器	自宅外でのWIFIまたは無線接続
全成人[1] (1,000人)…………	228,112	156,039	77,760	20,199	31,052	63,718	40,280
構成比 (％) 計	100.00	100.00	100.00	100.00	100.00	100.00	100.00
年齢：							
18－34歳…………	30.48	33.34	31.74	58.92	51.45	52.81	44.61
35－54歳…………	37.77	41.31	50.09	29.93	33.17	37.64	40.49
55歳以上…………	31.75	25.35	18.18	11.16	15.38	9.55	14.91
性別：							
男性………………	48.36	48.35	50.18	45.25	50.55	52.82	54.76
女性………………	51.64	51.65	49.82	54.75	49.45	47.18	45.24
センサス地域：[2]							
東北部……………	18.28	19.52	19.62	18.43	18.77	19.10	19.23
中西部……………	21.92	21.55	22.09	23.32	19.98	20.54	21.43
南部………………	36.96	34.57	34.24	32.85	33.42	36.68	33.47
西部………………	22.84	24.36	24.05	25.40	27.82	23.68	25.87
世帯規模：							
1－2人家族……	45.92	41.42	40.88	32.56	37.83	33.82	37.93
3－4人家族……	37.21	41.50	44.42	47.48	44.00	45.77	44.72
5人以上…………	16.87	17.08	14.70	19.95	18.17	20.41	17.35
子供もいる世帯…	40.63	44.25	46.26	44.30	46.87	51.71	46.09
婚姻状況：							
独身………………	26.05	26.25	23.93	53.62	40.20	40.71	35.27
既婚………………	55.07	59.86	62.96	36.18	46.13	48.60	53.90
その他……………	18.89	13.88	13.11	10.20	13.67	10.69	10.83
教育水準：							
大学卒業以上……	27.06	36.21	47.89	34.49	34.85	37.78	47.59
大学在学…………	27.98	32.07	30.89	40.77	32.62	33.77	31.03
大学教育なし……	44.96	31.71	21.21	24.74	32.53	28.45	21.39
フルタイム就業者…	48.00	55.21	86.38	38.65	51.29	63.91	63.24
パートタイム就業者…	12.12	13.34	13.21	23.89	16.57	13.75	15.23
世帯収入：							
50,000ドル未満…	41.69	27.82	15.67	38.58	33.56	26.86	21.77
50,000－74,999ドル	19.07	20.98	20.32	16.78	16.75	17.44	17.04
75,000－149,999ドル	28.58	36.64	44.25	31.21	33.24	36.87	38.46
150,000ドル以上…	10.66	14.57	19.76	13.43	16.45	18.83	22.73

1. 個別に示さないその他の労働力人口を含む 2. 地域の構成は表紙裏の地図を参照

資料：Mediamark Research & Intelligence, LLC, New York, NY, CyberStats, 2010年秋号 (copyright); <http://www.gfkmri.com/>を参照

No.1158. 成人のコンピュータおよびインターネット利用状況：2000－2011年

［18歳以上人口の％で示す。職場、学校、家庭およびその他の場所でコンピュータまたはインターネットを利用する人口を示す。注記しないものは固定電話加入者に対する聞き取り調査に基づく。2011年5月は2277人にインタビュー。（うち755人が携帯電話を利用）回答率は固定電話13.6％、携帯電話11.5％。注記しないものは、有線電話による個人対象の聞き取り調査に基づく。英語とスペイン語による面会調査を含む。2010年5月、744人の携帯電話ユーザーを含む2,252人の面会調査が行われた。少なくとも時々は利用するものを含む］

特徴	成人のコンピュータ利用者				成人のインターネット利用者				成人家庭接続 2011年[1]	
	2000	2005	2009	2010	2000	2005	2010	2011[1]	ブロードバンド	ダイアルアップ
成人人口	**65**	**71**	**78**	**77**	**53**	**69**	**79**	**78**	**61**	**4**
年齢：										
18－29歳	82	83	88	89	72	82	95	95	74	2
30－49歳	76	81	87	86	62	80	87	87	73	4
50－64歳	61	72	78	78	48	68	78	74	57	6
65歳以上	21	31	42	42	15	28	42	42	29	3
性別：										
男性	66	72	78	78	56	70	79	78	61	4
女性	64	70	77	76	51	67	79	78	62	4
人種／民族：										
白人、非ヒスパニック	66	72	78	79	55	70	80	79	66	3
黒人、非ヒスパニック	59	60	66	72	42	54	71	67	51	4
英語を話すヒスパニック	64	75	84	74	48	73	82	78	47	4
教育水準：										
高校卒業未満	28	36	47	43	19	35	52	42	23	3
高校卒業[1]	56	63	67	67	41	59	67	69	49	5
大学	80	81	89	88	69	80	90	89	73	2
大学卒業以上	88	90	94	96	79	88	96	94	83	4
世帯年収：										
30000ドル未満	48	52	56	58	35	50	63	63	41	5
30000－49999ドル	74	76	82	82	61	74	84	85	72	4
50000－74999ドル	85	88	93	89	74	86	89	89	79	2
75000ドル以上	90	92	95	96	79	91	95	96	88	2

1．2011年の調査には英語とスペイン語による面会調査を含む　2．高校卒業資格を含む
資料：Pew Internet & American Life Project Surveys from September-December 2000; September and December of 2005; April-April 2009 and May 2010 and May 2011; 〈http://www.pewinternet.org〉

No.1159. 成人のインターネットによる活動——居住地域別：2011年

［単位：％。18歳以上のインターネット利用者。各活動の経験のある者を示す。固定電話、携帯電話による個人への聞き取り調査に基づく］

活動	調査時（年、月）	総成人	インターネット利用者の居住地域			
			計	都市部	郊外	農村部
オンラインで製品を購入	2011年5月	55	71	73	72	70
旅行の購入または予約	2011年5月	51	65	66	66	60
オンラインコンテンツのタグ付け（写真、ニュース、ブログ等）	2010年9月	24	33	37	32	25
オンラインで記事またはブログを掲載	2011年5月	11	14	16	13	11
オンライン・バンキング	2011年5月	47	61	68	60	50
オンラインで保健医療関係の情報検索	2011年5月	55	71	72	69	81
オンラインで政治関係のニュース・情報を検索	2011年5月	47	61	64	61	48
仕事に関する情報をオンラインで見る	2011年5月	44	56	63	56	45
オンラインで慈善寄付	2011年5月	19	25	31	26	15
オンライン電話サービスの利用（スカイプ、Vonage等）	2011年5月	18	24	25	27	13
オンラインで支払	2010年9月	42	57	55	62	45
有料デジタルコンテンツへの接続、ダウンロード（新聞記事等）	2010年9月	32	43	47	43	35
オンラインゲームをプレイ	2010年9月	27	36	36	38	34
オンラインでコメントまたはレビューを投稿	2010年9月	24	32	34	35	24
製品またはサービスについてオンラインで検討	2010年9月	58	78	79	79	77
地図、道路図の検索	2010年9月	60	82	84	83	79
インスタントメッセージの送信	2010年11月	34	46	49	47	42
eメールの送受信	2010年11月	68	92	93	93	90
チャット、オンラインのディスカッションに参加	2010年9月	17	22	25	21	20
情報を得るために検索エンジンを利用	2011年5月	71	92	90	93	89
ソーシャル・ネットワークを利用（マイスペース、フェイスブック、リンクトイン等）	2011年5月	50	65	67	65	61
ツイッターを利用	2011年5月	10	13	15	14	7
連邦・州・地方政府のウェブサイトを閲覧	2011年5月	52	67	68	69	61
動画投稿サイトで動画を閲覧	2011年5月	55	71	72	71	68

資料：Pew Internet & American Life Project Surveys; 〈http://www.pewinternet.org〉を参照

No.1160. 成人インターネット利用者の日常の利用状況：2011年

[18歳以上のインターネット利用者。各項目の活動を「昨日」行ったと回答した者を示す。固定電話および携帯電話利用者に対する電話調査。固定電話と携帯電話による聞き取り調査に基づく。2011年5月、755人の携帯電話利用者を含む2,277人にインタビューした。固定電話の回答率は13.6％、携帯電話の回答率は11.5％。2010年11月、755人の携帯電話利用者を含む2,257人にインタビューをした。固定電話の回答率は13.7％、携帯電話の回答率は15％。2010年9月、1,000人の携帯電話利用者を含む3,001人にインタビューをした。固定電話13.6％、携帯電話17％に対する電話調査]

活動	調査日	インターネット利用者、計	年齢				性別	
			18-29歳	30-49歳	50-64歳	65歳以上	男性	女性
オンラインで製品を購入	2011年5月	6	7	5	7	7	7	5
旅行の購入または予約	2011年5月	4	4	4	3	4	4	3
オンラインコンテンツのタグ付け（写真、ニュース、ブログ等）	2010年9月	11	18	12	5	4	12	10
オンラインで記事またはブログを掲載	2011年5月	4	4	6	3	2	6	3
オンライン・バンキング	2011年5月	24	19	28	27	15	24	23
オンラインで保健医療関係の情報検索	2011年5月	10	8	9	11	10	8	11
オンラインで政治関係のニュース・情報を検索	2011年5月	30	27	34	34	19	36	26
仕事に関する情報をオンラインで見る	2011年5月	11	15	12	9	7	11	11
オンラインで慈善寄付	2011年5月	1	1	1	2	1	1	1
オンライン電話サービスの利用（スカイプ、Vonage等）	2011年5月	5	6	5	5	2	6	4
オンラインで支払	2010年9月	15	14	19	11	11	15	15
有料デジタルコンテンツへの接続、ダウンロード（新聞記事等）	2010年9月	10	13	9	12	3	13	8
オンラインゲームをプレイ	2010年9月	13	16	15	10	9	13	13
オンラインでコメントまたはレビューを投稿	2010年9月	4	6	5	2	3	5	4
製品またはサービスについてオンラインで検討	2010年9月	28	27	32	26	16	31	24
地図、道路図の検索	2010年9月	14	15	17	12	7	16	12
インスタントメッセージの送信	2010年11月	18	29	17	13	4	18	18
eメールの送受信	2010年11月	61	64	63	61	46	59	64
チャット、オンラインのディスカッションに参加	2010年9月	7	9	9	5	2	8	6
情報を得るために検索エンジンを利用	2011年5月	59	66	64	52	37	61	57
ソーシャル・ネットワークを利用（マイスペース、フェイスブック、リンクトイン等）	2011年5月	43	61	46	32	15	38	48
ツイッターを利用	2011年5月	4	8	5	2	-	4	4
連邦・州・地方政府のウェブサイトを閲覧	2011年5月	13	11	15	13	6	14	12
動画投稿サイトで動画を閲覧	2011年5月	28	47	27	20	11	32	25

― ゼロまたは概数でゼロを示す

資料：Pew Internet & American Life Project Surveys; <http://www.pewinternet.org> を参照

No.1161. インターネットでのニュースの閲覧――特徴別：2000-2011年

[18歳以上のインターネット利用者。オンラインでニュースを「昨日」見た、あるいは「かつて」見たことがあると答えた者を示す。注記のないものは、固定電話による聞き取り調査に基づく。2009年4月、561人の携帯電話利用者を含む2,253人にインタビューした。固定電話での回答率は20.6％、携帯電話では18.2％。2010年5月、744人の携帯電話利用者を含む2,252人に聞き取り調査。回答率は固定電話で21.8％、携帯電話で19.3％。2011年5月、755人の携帯電話利用者を含む2,277人に聞き取り調査。回答率は固定電話で13.6％、携帯電話では11.5％。この調査では英語とスペイン語によるインタビューが行われた]

特徴	オンラインでニュースを閲覧したことがある				昨日オンラインでニュースを閲覧した			
	2000	2009	2010	2011[1]	2000	2009	2010	2011[1]
成人インターネット利用者、計	**60**	**72**	**75**	**76**	**22**	**38**	**43**	**45**
年齢：								
18-29歳	56	74	75	72	16	35	44	43
30-49歳	63	76	78	83	25	44	45	51
50-64歳	57	71	76	77	25	37	42	44
65歳以上	53	56	62	60	28	28	34	32
性別：								
男性	66	73	77	77	29	42	48	52
女性	53	72	74	76	16	35	38	39
人種：								
白人、非ヒスパニック	60	73	75	76	23	40	43	46
黒人、非ヒスパニック	63	72	74	77	13	32	42	34
英語を話すヒスパニック	57	67	73	72	23	34	35	40
年間家計所得：								
30,000ドル未満	55	59	64	65	21	28	28	31
30,000-49,999ドル	57	69	74	79	20	33	35	44
50,000-74,999ドル	63	75	78	82	22	40	47	52
75,000ドル以上	69	84	84	88	31	53	60	62
インターネット利用周期：								
毎日	66	81	82	(NA)	33	50	54	(NA)
週に数回	59	59	64	(NA)	17	13	14	(NA)
ときたま	51	30	38	(NA)	12	2	5	(NA)

NA データなし　1. 英語とスペイン語による面会調査を含む

資料：Pew Internet & American Life Project Surveys from March 2000, April 2009, and May 2010, <http://www.pewinternet.org> を参照

第25章
銀行・金融・保険

本章では、公的金融、各種の金融機関、貨幣と信用貸付、証券、保険、不動産に関するデータを提示する。これらのデータの主要な資料は連邦政府諸機関、特に財務省と連邦預金保険公社（Federal Deposit Insurance Corporation）、連邦準備制度・証券取引委員会（Securities and Exchange Commission）の出版物である。保険に関するデータは、アメリカ生命保険委員会（American Council of Life Insurers）や米国保険情報協会（Insurance Information Institute）のような民間機関から主に入手している。

資金循環

連邦準備制度理事会が公表している資金循環勘定は、合衆国経済の各部門間の金融取引および貸借関係を、資産・負債勘定の形で総括的に示したものである。資金循環表にはフロー表とストック表があるが、フロー表は各主体の間の貸入の貸出しを相互に関連づけ、所得と生産を生み出す非金融活動（実物面の経済活動）に関連づけてみることができるようになっている。全ての資金の取引は貸方の資産および借方の負債として、複式簿記の形で記載されている。フロー表は経済全体として全資産と全負債の間の収支を示している。連邦準備制度総裁会議である理事会（Board of Governors）が他の幾つかの出版物と共に資金循環勘定を公表している。フロー表に関する要約データは、季刊『Flow of Funds Accounts of the United States』を参照。勘定の概念や構成に関する要約は『Guide to the Flow of Funds Account』（2000年）に掲載されている。また、理事会のサイト〈http://www.federalreserve.gov/〉でも見ることができる。

消費者金融調査（SCF：Survey of Consumer Finance）

合衆国の家族の金融に関する詳細な情報を得るために、連邦準備理事会が財務省と共同で3年ごとに実施する調査。調査項目には損益対照表、年金、所得および人口動態上の諸特徴が含まれる。この調査では金融機関の利用に関する情報も収集される。1992年以降、SCFのデータ収集はシカゴ大学、社会科学調査研究機関が行っている。連邦準備制度理事会のウェブサイト〈http://www.federalreserve.gov/pubs/oss/oss2/scfindex.html〉に調査によるデータと調査に関する情報が公開されている。

銀行制度

合衆国の銀行は、州法と連邦法の下で設立運営されており、幾つかの銀行指導局の監督下におかれている。国法銀行（連邦政府認可の商業銀行）は、通貨監督局の管理下におかれる。1863年以降、国法銀行は業務現況報告（Reports of Condition）の提出を義務づけられている。これらの報告書の要約は監督官による『Annual Report』に公表される。このレポートには連邦銀行制度のしくみも示されている。

連邦準備制度は、財務省と共に中央銀行の機能を果たすために1913年に設立された。この制度には、国法銀行と、同制度に任意加盟している州法銀行が含まれる。連邦準備制度理事会では、通貨監督局が収集した国法銀行のデータと加盟州法銀行の報告書を、同制度の全加盟銀行に関する総合情報となるように取りまとめている。加盟銀行およびその他の商業銀行の損益対照表（Balance Sheet）は、連邦準備制度理事会のウェブサイト〈http://www.federalreserve.gov/econresdata/releases/statisticsdata.htm〉で閲覧可能。

連邦預金保険公社（FDIC）は1933年設立され、預金者に10万ドルまで保証する。全保証付金融機関の損益対照表および所得データは、『FDIC Quarterly Banking Profile』で公表されている。この刊行物の内容はインターネットサイト〈http://www.fdic.gov〉で閲覧することも可能である。個々の金融機関に関する四半期ごとの財務情報は、FDIおよび連邦金融機関検査協議会（Federal Financial Institutions Examination Council）のウェブサイト〈http://www.fdic.gov〉と〈http://www.ffiec.gov〉で閲覧可能。

信用組合

連邦政府の許可を受けた信用組合は、米国信用組合監督局（National Credit Union Administration）の監督のもとにおかれている。州の許可を受けた信用組合は、各州の監督を受けている。同局は『Annual Report of the National Credit Union Administration』の中で、全ての連邦政府信用組合と連邦政府保証を受けた州信用組合に関する包括的な統計情報を発表している。

その他の信用機関

保険会社、主として割賦販売融資を扱う金融業者、および個人ローン会社は、信用市場の主要な資金供給者である。生命保険会社の融資、投資、現金等に関する統計は、主としてアメリカ生命保険委員会より『Life Insurers Fact Book』で発表されている。消費者金融のデータは、連邦準備制度理事会のウェブサイト〈http://www.federalreserve.gov/econresdata/releases/statisticsdata.htm〉で閲覧可能。

政府機関や信用機関は、直接貸付もしくは保険付き貸付や民間金融機関が組む保証ローンのいずれかの方法によって、特定の種類の信用貸付を利用可能にしたり、特定のグループの民間の借り手が信用貸付を利用できるようにしている。政府信用機関の運営に関するデータは、個々の機関の報告書から得られる。

有価証券

証券取引委員会（SEC）は、証券市場および金融市場での違法行為から公共の利益と投資家の利益を保護し、一般投資家にできるだけ完全な証券情報を提供するために、1934年に設立された。統計データは『SEC Annual Report』で発表されている。

証券業および証券取引に関するデータは多くの民間資料によっても得ることができる。ニューヨークの証券業協会〈http://www.sia.com/〉は『the Securities Industry Fact Book』『Securities Industry Yearbook』および『Securities Industry Trends』（定期刊行物）を出版している。ワシントンD.C.の証券企業機構〈http://www.ici.org/〉はリファレンス、ニュースレター、この業界を検証する様々な研究報告を出版している。『Mutual Fund Fact Book』（年刊）は投資会社の現状と統計に関するガイドであり、『Fundamentals』は主要研究機関の調査結果の概要を掲載するニュースレターである。研究機関のリポートでは、株主の諸特徴や資金の所有に関する諸状況が詳細に検証されている。

株式・債券の価格と販売については多くの資料が存在するが、ニューヨーク株式市場〈http://www.nyse.com/〉、ワシントンDC の NASDAQ〈http://www.nasdaq.com/〉、ロサンゼルスのグローバル・ファイナンス・データ〈http://www.globalfinancialdata.com/〉、ニューヨークのダウ・ジョーンズ〈http://www.djindexes.com/mdsidx/〉、ニューヨークの債券市場協会〈http://www.bondmarkets.com/〉は主要なデータソースである。

保険

保険会社は各州またはコロンビア特別区の規制を受ける。保険会社は生命保険会社と損害保険会社に分類される。生命保険会社、損害保険会社ともに健康保険を引き受ける。生命保険会社以外の保険会社は、免許を取得し必要な資本金または剰余金を所有していれば2つ以上の資産保険を引き受けることが認められる。

生命保険、健康保険、火災保険、海洋保険、損害保険等さまざまな形態の保険に関しては、多くの出版物が刊行されている。各形態の保険に関してはその保険会社の団体がレポートを刊行している。アメリカ生命保険委員会は、生命保険の購入、所有、年金支払いおよび資産に関する統計を『Life Insurers Fact Book』で発表している。

統計的信頼度

センサス局の統計収集、推計、標本抽出、統計的信頼度については、付録Ⅲを参照。

歴史統計

各表の見出しは『アメリカ歴史統計、植民地時代～1970年』に対応している。クロスリファレンスについては、付録Ⅰを参照。

図25.1
利子率および債券利回り：1990－2010年

[年平均]

年率（%）
9
8
7
6
5
4
3
2
1
0
1990
1992
1994
1996
1998
2000
2002
2004
2006
2008
2010
10年債²
3年債²
合衆国政府証券3ヵ月債¹

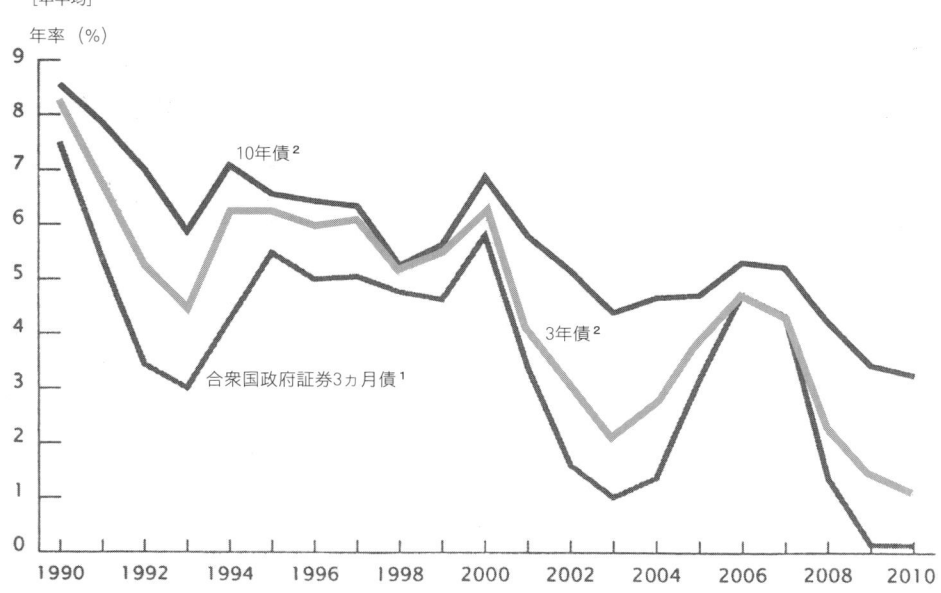

1．新規発行　2．合衆国財務省証券
資料：図の作成はセンサス局。データについては表No.1197、1198を参照

図25.2
合衆国債券の諸外国の保有額：2010年

[10億ドル]

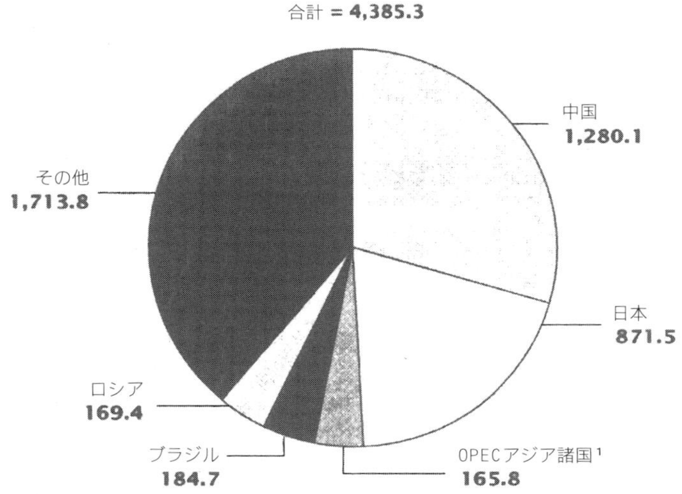

合計 = 4,385.3
中国
1,280.1
日本
871.5
OPECアジア諸国¹
165.8
ブラジル
184.7
ロシア
169.4
その他
1,713.8

1．インドネシア、イラン、イラク、クウェート、カタール、サウジアラビア、アラブ首長国連邦で構成する
資料：図の作成はセンサス局。データについては表No.1206を参照

No.1162. 金融、保険、不動産、レンタル・リース業の国内総生産――名目額および連鎖ドル（2005年価格）：2000－2010年

[単位：10億ドル（762.0は7,620億ドルを表す）および%。額は産業別に示した。2000年のデータは1997年北米産業分類（NAICS）、2005年以降は2002年北米産業分類に基づく。国内総生産の定義および連鎖ドルについては、第13章の解説を参照]

産業	北米産業分類	名目ドル				連鎖ドル（2005年）			
		2000	2005	2009	2010	2000	2005	2009	2010
金融、保険、計	52	762	1,029	1,172	1,235	841	1,029	1,094	1,129
国内総生産に占める割合（%）		7.7	8.1	8.3	8.4	7.5	8.1	8.5	8.5
通貨当局――中央銀行、信用機関および関連事業	521,522	338	471	514	(NA)	371	471	492	(NA)
証券、商品取引業およびこれに類する事業	523	126	183	175	(NA)	124	183	149	(NA)
保険業および関連事業	524	274	338	425	(NA)	339	338	404	(NA)
ファンド、信託業およびその他の金融仲介業（一部）	525	24	37	58	(NA)	20	37	57	(NA)
不動産およびレンタル・リース、計	53	1,236	1,578	1,869	1,859	1,422	1,578	1,701	1,713
国内総生産に占める割合（%）		12.4	12.5	13.2	12.7	12.7	12.5	13.2	12.9
不動産	531	1,098	1,425	1,687	(NA)	1,266	1,425	1,533	(NA)
レンタル・リース業[1]	532,533	138	153	182	(NA)	156	153	168	(NA)

NA データなし　1．その他の非金融無形資産賃貸業を含む

資料：U.S. Bureau of Economic Analysis, *Survey of Current Business*（2011年7月）；〈http://www.bea.gov/Industry/Index.htm〉

No.1163. 金融・保険・不動産、レンタル・リース業の事業所、収入、給与および雇用（2002 NAICS）：2002、2007年

[2,804は2兆8040億ドルを表す。有給従業員のいる事業所のみ。2002年と2007年の経済センサスに基づく。付録Ⅲを参照]

事業内容	2002北米産業分類[1]	事業所数		収入（10億ドル）		年間給与支払額（10億ドル）		有給従業員数（1,000人）	
		2002	2007	2002	2007	2002	2007	2002	2007
金融および保険[2]	52	440,268	506,507	2,804	3,711	377.8	505.2	6,579	6,649
通貨当局―中央銀行	521	47	47	29	45	1.2	1.3	22	19
信用機関および関連事業	522	196,451	231,439	1,056	1,343	151.2	180.9	3,300	3,280
証券、商品取引および同様の事業	523	72,338	85,475	316	612	103.4	166.3	832	885
保険業および関連事業	524	169,520	184,752	1,380	1,669	120.6	153.9	2,406	2,423
不動産およびレンタル・リース	53	322,815	379,503	336	452	60.2	85.2	1,949	2,249
不動産	531	256,086	308,004	224	289	41.7	58.6	1,305	1,487
レンタル・リース業	532	64,344	65,120	95	122	16.9	21.1	617	630
その他非金融無形資産の貸出	533	2,385	2,447	17	33	1.7	2.3	27	29

1．NAICSコードに準拠。第15章の解説を参照　2．合計には北米産業分類525（ファンド、信託およびその他の金融企業）を含まない。2007年の経済センサスで公表されていない

資料：U.S. Census Bureau, "2007 Economic Census; Core Business Statistics Series: Advance Comparative Statistics for the United States (2002 NAICS Basis): 2007 and 2002"（2010年6月）；〈http://www.census.gov/econ/census07/www/get_data/index.html〉

No.1164. 金融および保険――非雇用事業と収入：2006－2008年

[758.2は75万8200を表す。連邦所得税の対象となる事業所。非雇用事業所とは、有給従業員のいない事業所。データは主として内国収入庁（国税庁にあたる）の行政記録から得られた。付録Ⅲを参照。第15章の解説を参照]

事業内容	北米産業分類[1]	事業所数（1,000）			収入（100万ドル）		
		2006	2007	2008	2006	2007	2008
金融・保険	52	758.2	763.5	733.5	52,768	54,351	56,434
信用仲介および関連事業	522	89.7	92.7	72.8	4,983	4,591	3,394
貯蓄信用仲介業	5221	7.4	7.6	7.4	232	228	202
非貯蓄信用仲介業	5222	30.3	31.7	27.0	2,489	2,376	1,900
信用仲介関連事業	5223	51.9	53.4	38.4	2,262	1,986	1,292
証券、商品取引および関連事業	523	280.3	281.7	270.9	28,113	29,618	32,752
証券および商品取引仲介およびブローカー	5231	32.9	32.6	30.8	4,983	5,496	6,631
投資銀行および証券ディーリング	52311	8.3	8.1	7.4	1,480	1,596	2,175
証券ブローカー	52312	19.6	19.8	19.0	2,829	2,977	3,360
商品契約ディーリング	52313	1.3	1.4	1.3	169	412	582
商品契約ブローカー	52314	3.7	3.4	3.1	506	511	514
証券・商品取引市場	5232	2.1	1.9	1.9	529	578	846
その他の金融と投資事業	5239	245.3	247.1	238.2	22,600	23,544	25,276
保険会社および関連事業	524	388.3	389.2	389.8	19,672	20,143	20,288
保険会社	5241	0.5	2.9	3.1	32	189	191
代理店および保険関連事業	5242	387.8	386.2	386.7	19,640	19,954	20,097
保険代理店およびブローカー	52421	263.0	268.5	267.1	14,593	15,016	14,977
その他の保険関連事業	52429	125.2	117.7	119.6	5,047	4,938	5,119

1．2002年北米産業分類（NAICS）に基づく。第15章の解説を参照

資料：U.S. Census Bureau, "Nonemployer Statistics"（2010年6月）；〈http://www.census.gov/econ/nonemployer/index.html〉

No.1165. 金融および保険——事業所、雇用および給与：2007、2008年

[508.1は50万8100を表す。有給従業員のいる事業所。従業員は3月12日を含む給与計算期間における数。ほとんどの政府職員は除外される。方法論については付録Ⅲを参照。本書前年版の表No.1164も参照]

事業内容	北米産業分類[1]	事業所 (1,000) 2007	事業所 (1,000) 2008	雇用 (1,000人) 2007	雇用 (1,000人) 2008	給与 (10億ドル) 2007	給与 (10億ドル) 2008
金融および保険、計[2]	52	508.1	501.9	6,549	6,512	510.6	522.3
中央銀行	521	0.1	0.1	20	19	1.4	1.4
信用仲介および関連事業	522	232.7	225.0	3,226	3,077	182.5	175.3
貯蓄信用機関[2]	5221	127.2	129.8	2,138	2,135	121.2	119.4
商業銀行	52211	93.0	95.6	1,640	1,644	99.0	97.1
貯蓄機関	52212	15.9	16.1	248	235	12.4	12.3
信用組合	52213	18.0	18.0	242	253	9.2	9.8
非貯蓄信用機関[2]	5222	58.8	51.0	747	645	44.8	41.9
不動産信用	522292	26.3	20.4	369	276	20.9	18.0
信用仲介関連事業	5223	46.8	44.3	341	297	16.5	13.9
証券、商品相場およびその他の事業	523	90.1	92.7	942	974	172.3	184.3
証券・商品取引仲介業務[2]	5231	39.7	42.3	529	534	101.7	104.5
投資銀行および証券ディーリング	52311	9.3	4.5	184	137	46.1	46.9
証券ブローカー	52312	27.7	35.4	323	375	52.1	53.8
証券取引所、商品取引所	5232	(NA)	0.1	(NA)	(NA)	(NA)	(NA)
その他金融投資事業	5239	49.9	50.2	404	432	69.2	78.8
保険会社および関連事業	524	181.5	183.2	2,327	2,432	151.0	159.9
保険会社[2]	5241	33.6	35.7	1,424	1,518	100.7	108.8
直接引き受け、生命保険	524113	8.3	8.6	359	399	28.2	31.3
直接引き受け、健康／医療保険	524114	4.1	4.7	414	469	27.8	30.7
直接引き受け財産／損害保険	524126	13.2	15.3	533	549	36.1	39.2
保険代理店およびその他の保険関連事業[2]	5242	147.9	147.5	903	914	50.3	51.1
保険代理店、ブローカー	52421	134.3	134.6	699	696	38.5	38.8

NA データなし　1．2008年のデータは2002年北米産業分類（NAICS）、2007年のデータは2002年北米産業分類に基づく。詳細は第15章の解説を参照　2．個別に明示しないものを含む
資料：U.S. Census Bureau,"County Business Patterns"（2010年7月）；<http://www.census.gov/econ/cbp/index.html>

No.1166. 資金フロー——金融機関、非金融機関の金融資産（保有者部門別）：1990－2010年

［単位：10億ドル（35,754は35兆7540億ドルを表す）。12月31日現在］

部門	1990	1995	2000	2004	2005	2006	2007	2008	2009	2010
全部門	35,754	53,444	90,208	113,297	124,107	138,822	150,786	138,747	144,395	150,927
家計[1]	14,497	21,457	33,283	39,138	43,214	47,975	50,560	41,176	44,123	47,639
非金融企業	3,981	5,568	11,227	13,083	14,483	15,761	17,330	16,596	16,698	17,511
農業	38	49	57	66	67	74	79	82	84	86
非農業非法人	356	548	1,423	2,106	2,542	3,057	3,533	3,629	3,350	3,188
非金融法人	3,586	4,971	9,747	10,912	11,874	12,630	13,718	12,886	13,264	14,237
州および地方政府	1,020	1,122	1,662	2,030	2,247	2,461	2,591	2,509	2,598	2,739
合衆国政府	442	432	570	641	644	641	687	1,268	1,380	1,650
通貨当局	342	472	636	841	879	908	951	2,271	2,267	2,453
商業銀行	3,338	4,499	6,709	9,058	9,844	10,886	11,879	14,056	14,288	14,402
米国商業銀行	2,644	3,322	4,999	6,865	7,393	8,189	8,841	10,248	10,045	10,076
外国商業銀行米国内支店	367	671	805	664	818	828	1,048	1,625	1,268	1,338
銀行持株会社	298	467	842	1,429	1,524	1,760	1,883	2,079	2,877	2,906
海外領土の米国銀行	28	39	63	100	109	108	108	105	99	83
貯蓄機関	1,323	1,013	1,218	1,650	1,789	1,715	1,815	1,524	1,254	1,244
信用組合	217	311	441	655	686	716	759	812	883	911
生命保険会社	1,351	2,064	3,136	4,130	4,351	4,685	4,950	4,515	4,824	5,177
損害保険会社	533	740	858	1,159	1,246	1,336	1,386	1,309	1,388	1,403
民間年金基金	1,629	2,899	4,468	4,922	5,389	6,083	6,411	4,553	5,471	6,080
定額給付プラン	900	1,466	1,979	2,132	2,281	2,530	2,596	1,853	2,105	2,215
定額拠出プラン	729	1,433	2,489	2,790	3,107	3,553	3,815	2,699	3,366	3,865
州および地方政府退職基金	730	1,327	2,293	2,578	2,721	3,090	3,199	2,325	2,674	2,928
連邦政府退職基金	340	541	797	1,023	1,072	1,141	1,197	1,221	1,324	1,415
マネーマーケットミューチュアルファンド	493	741	1,812	1,880	2,007	2,312	3,033	3,757	3,258	2,755
ミューチュアルファンド	608	1,853	4,433	5,436	6,049	7,068	7,829	5,435	6,962	7,963
閉鎖式投資ファンド	53	136	142	246	271	294	317	205	231	246
譲渡可能なファンド	–	1	66	227	301	423	608	531	773	986
政府系企業（GSE）	478	897	1,965	2,883	2,819	2,873	3,174	3,400	3,014	6,591
政府機関および政府援助法人の抵当基金	1,020	1,571	2,493	3,384	3,548	3,841	4,464	4,961	5,376	1,166
抵当証券発行業	268	663	1,497	2,657	3,388	4,196	4,541	4,132	3,347	2,454
金融会社	596	705	1,213	1,858	1,857	1,891	1,911	1,852	1,662	1,595
不動産投資信託	28	33	65	251	305	344	317	254	255	274
証券ブローカー、ディーラー	262	568	1,221	1,845	2,127	2,742	3,092	2,217	2,075	2,075
公債投資会社	236	366	1,165	1,184	1,341	1,460	1,851	2,859	2,443	2,316
その他	1,967	3,466	6,841	10,539	11,530	13,980	15,935	15,008	15,816	16,952

－ ゼロを示す　1．非営利組織を含む
資料：Board of Governors of the Federal Reserve System,"Federal Reserve Statistics Release, Z.1, Flow of Funds Accounts of the United States"（2011年3月）；<http://www.federalreserve.gov/releases/z1/20100311>

No.1167. 資金フロー――信用市場負債残高：1990－2010年

[単位：10億ドル（13,767は13兆7670億ドルを表す）。12月31日現在。表中に示す部門が所有する信用市場負債を示す]

項目	1990	1995	2000	2004	2005	2006	2007	2008	2009	2010
信用市場負債	13,767	18,469	27,138	37,816	41,276	45,352	50,043	52,433	52,261	52,636
国内非金融	10,835	13,667	18,165	24,442	26,767	29,178	31,699	33,601	34,629	36,296
家計[1]	3,581	4,841	6,987	10,570	11,743	12,930	13,803	13,801	13,567	13,358
企業	2,543	2,942	4,633	5,167	5,490	5,956	6,705	6,993	6,998	7,378
非農業非法人	1,102	1,070	1,806	2,455	2,787	3,196	3,650	3,972	3,678	3,484
農家	124	131	156	173	190	204	219	223	221	225
州および地方政府	987	1,047	1,198	1,683	1,855	2,008	2,199	2,251	2,360	2,465
連邦政府	2,498	3,637	3,385	4,395	4,702	4,885	5,122	6,362	7,805	9,386
その他	318	568	815	1,439	1,514	1,883	2,126	1,709	2,014	2,104
金融部門	2,614	4,234	8,158	11,936	12,996	14,291	16,217	17,123	15,618	14,236
商業銀行	198	251	509	739	824	1,002	1,263	1,425	1,666	1,855
貯蓄機関	140	115	301	405	427	319	423	356	152	114
信用組合	−	−	3	11	15	19	32	41	27	26
生命保険会社	−	1	2	11	11	14	29	55	48	45
政府援助法人 (GSE)	399	807	1,826	2,676	2,592	2,628	2,910	3,182	2,707	6,379
政府機関および政府援助法人の抵当基金	1,020	1,571	2,493	3,384	3,548	3,841	4,464	4,961	5,376	1,166
抵当証券発行業	269	666	1,504	2,662	3,392	4,199	4,544	4,135	3,350	2,456
金融機関	398	500	807	1,130	1,109	1,144	1,280	1,200	1,044	964
不動産投資信託	28	45	168	340	395	411	421	373	339	351
証券会社ディーラー	15	29	41	62	62	69	65	143	93	130
公債投資会社	147	249	503	515	620	645	786	1,253	817	751

− ゼロまたは概数でゼロを示す　1．非営利機関を含む

資料：Board of Governors of the Federal Reserve System, "Federal Reserve Statistics Release, Z.1, Flow of Funds Accounts of the United States" (2011年3月); <http://www.federalreserve.gov/releases/z1/20100311/>

No.1168. 資金フロー――外国部門の金融資産と債権：1990－2010年

[単位：10億ドル（1,967は1兆9,670億ドルを表す）。12月31日現在]

部門	1990	1995	2000	2004	2005	2006	2007	2008	2009	2010
金融資産、計[1]	1,967	3,466	6,841	10,539	11,530	13,980	15,935	15,008	15,816	16,952
純インターバック資産	53	229	161	118	106	97	−57	363	70	20
合衆国普通預金および現金	86	158	236	285	300	312	306	370	361	390
合衆国定期預金	40	40	102	149	156	167	208	273	230	233
債券 (RP)[2]	20	68	99	186	231	365	338	115	31	−98
信用市場商品[1]	882	1,465	2,451	4,635	5,191	6,200	7,273	7,503	7,785	8,437
オープンマーケット・ペーパー	11	43	114	230	240	286	278	233	192	192
財務省証券	438	817	1,021	1,814	1,984	2,126	2,376	3,251	3,697	4,394
公的保有	286	490	640	1,252	1,341	1,558	1,737	2,401	2,871	3,258
民間保有	152	327	382	562	644	568	640	851	826	1,136
政府機関およびGSE証券[3]	49	123	348	875	1,013	1,264	1,582	1,407	1,189	1,186
公的保有	5	18	116	373	487	695	954	941	761	681
民間保有	44	106	232	503	526	568	628	466	427	504
合衆国企業の社債[4]	209	355	842	1,559	1,763	2,321	2,719	2,354	2,468	2,430
合衆国企業に対する貸付	172	122	117	131	163	169	271	207	182	161
合衆国企業のエクイティ	243	485	1,483	1,905	2,039	2,448	2,812	1,807	2,436	3,091
ミューチュアル・ファンド	−	60	149	196	242	317	373	256	322	368
取引売掛金勘定	46	49	49	57	63	84	90	95	114
その他の資産	591	900	2,101	2,986	3,178	3,978	4,544	4,154	4,360	4,283
合衆国に対する外国の直接投資[5]	505	680	1,421	1,743	1,906	2,154	2,411	2,521	2,673	2,866
その他	85	220	680	1,243	1,272	1,824	2,134	1,633	1,687	1,417
負債、計	1,437	2,144	3,579	5,611	6,088	7,234	8,482	8,379	8,689	8,999
合衆国公式外国為替および純IMF[6]ポジション	72	75	57	76	54	55	60	67	120	121
合衆国民間貯蓄	298	419	803	957	998	1,085	1,342	940	768	850
信用市場商品[1]	318	568	815	1,439	1,514	1,883	2,126	1,709	2,014	2,104
商業手形	75	56	121	345	384	482	413	342	401	396
債券	145	413	573	985	1,012	1,276	1,587	1,237	1,494	1,571
銀行ローン、n.e.c.[7]	19	35	71	70	84	98	103	108	97	115
取引買掛金勘定	29	47	51	54	54	61	73	63	61	95
その他の負債[1]	720	1,036	1,854	3,092	3,468	4,151	4,882	5,601	5,726	5,829
IBRD保有の合衆国国債[8]	20	27	35	42	43	45	47	48	50	53
民間保有の外国通貨	1	2	3	3	1	1	24	554	11	1
合衆国の外国に対する直接投資[4][5]	630	886	1,532	2,498	2,652	2,948	3,553	3,743	4,051	4,380

− ゼロを示す　1．個別に明示しないその他の項目を含む　2．買戻し約定つき　3．GSEは政府援助法人 (goverment-sponsored enterprises)　4．1992年まで、社債にはオランダ領アンティル諸島で発行された債券の純額を含む。合衆国の外国直接投資からは、この債券発行による資金の流入を除外　5．直接投資は名目費用ベースで換算される　6．IMF＝International Monetary Fund（国際通貨基金）　7．他のどこにも分類されないもの　8．IBRDはInternational Bank for Reconstruction and Development。国際復興開発銀行の略

資料：Board of Governors of the Federal Reserve System, "Federal Reserve Statistics Release, Z.1, Flow of Funds Accounts of the United States" (2011年3月); <http://www.federalreserve.gov/releases/z1/20100311/>

No.1169. 資金勘定のフロー——世帯および非営利機関の資産：1990－2010年

[12月31日現在（14,497は14兆4970億ドルを表す）。非営利の組織を含む。表No.722を参照。『アメリカ歴史統計』系列X114-147も参照]

資産の種類	計（10億ドル）							構成比（％）		
	1990	2000	2005	2007	2008	2009	2010	1990	2000	2010
総金融資産	14,497	33,283	43,214	50,560	41,176	44,123	47,639	100.0	100.0	100.0
預金	3,325	4,376	6,140	7,407	8,013	7,895	7,931	22.9	13.1	16.6
外国預金	13	48	60	81	56	46	51	0.1	0.1	0.1
通貨性預金・現金	433	335	217	90	292	363	327	3.0	1.0	0.7
定期預金	2,490	3,033	4,914	5,889	6,083	6,172	6,422	17.2	9.1	13.5
マネーマーケット・ファンド	389	960	949	1,348	1,582	1,313	1,131	2.7	2.9	2.4
信用市場証券	1,741	2,458	3,324	4,073	3,966	4,106	4,355	12.0	7.4	9.1
オープンマーケットペーパー	94	97	98	107	6	35	63	0.6	0.3	0.1
財務省証券	504	579	464	256	248	770	1,079	3.5	1.7	2.3
政府機関およびGSE証券[1]	117	594	493	669	711	83	78	0.8	1.8	0.2
公債	648	531	821	896	903	1,010	1,096	4.5	1.6	2.3
社債・外債	238	551	1,298	2,017	1,956	2,081	1,919	1.6	1.7	4.0
その他のローンおよび貸付金[2]	−	2	9	18	30	24	28	−	−	0.1
抵当	141	103	139	110	112	102	92	1.0	0.3	0.2
法人株式[3]	1,961	8,147	8,093	9,627	5,777	7,321	8,514	13.5	24.5	17.9
ミューチュアル・ファンド	512	2,704	3,669	4,597	3,326	4,178	4,708	3.5	8.1	9.9
証券金融	62	412	575	866	743	669	694	0.4	1.2	1.5
生命保険	392	819	1,083	1,202	1,180	1,242	1,329	2.7	2.5	2.8
年金基金[4]	3,310	9,171	11,460	13,391	10,408	11,915	13,025	22.8	27.6	27.3
非法人企業の株式	2,939	4,815	8,261	8,685	6,996	6,011	6,251	20.3	14.5	13.1
その他金融資産	254	379	609	712	766	787	834	1.8	1.1	1.8

− ゼロ又は概数でゼロを示す　1．GSEは政府援助法人（goverment-sponsored enterprises）　2．非営利の国内のヘッジファンドによる非金融法人企業へのシンジケート・ローン　3．直接保有する有期限譲渡可能のもののみ。その他はミューチュアル・ファンド、生命保険および年金基金に含まれる　4．表No.1217を参照

資料：Board of Governors of the Federal Reserve System, "Federal Reserve Statistics Release, Z.1, Flow of Funds Accounts of the United States"（2011年3月）; <http://www.federalreserve.gov/releases/z1/20100311/>

No.1170. 世帯保有の金融資産——種類別：2004、2007年

[中央値を2007年実質ドル（単位1000ドル）で示したもの。25.3は25,300ドルを表す。ドルのデータは、合衆国労働統計局による都市部の消費者物価指数の「カレント・メソッド」を用いて、2007年ドルに調整済。世帯には、単身世帯を含む。世帯の定義は第1章の解説を参照。消費者金融調査に基づく。付録Ⅲを参照]

世帯主の年齢および世帯収入	金融資産[1]	取引口座[2]	預金証書	貯蓄証券	株式[3]	共同投資基金[4]	退職年金口座[5]	生命保険[6]	その他[7]
資産を保有する割合（％）									
2004, 計	93.8	91.3	12.7	17.6	20.7	15.0	49.7	24.2	7.3
2007, 計	**93.9**	**92.1**	**16.1**	**14.9**	**17.9**	**11.4**	**52.6**	**23.0**	**5.8**
35歳未満	89.2	87.3	6.7	13.7	13.7	5.3	41.6	11.4	(B)
35－44歳	93.1	91.2	9.0	16.8	17.0	11.6	57.5	17.5	2.2
45－54歳	93.3	91.7	14.3	19.0	18.6	12.6	64.7	22.3	5.1
55－64歳	97.8	96.4	20.5	16.2	21.3	14.3	60.9	35.2	7.7
65－74歳	96.1	94.6	24.2	10.3	19.1	14.6	51.7	34.4	13.2
75歳以上	97.4	95.3	37.0	7.9	20.2	13.2	30.0	27.6	14.0
所得階層の百分位（パーセンタイル）：[8]									
20未満	79.1	74.9	9.4	3.6	5.5	3.4	10.7	12.8	2.7
20－39.9	93.2	90.1	12.7	8.5	7.8	4.6	35.6	16.4	4.7
40－59.9	97.2	96.4	15.4	15.2	14.0	7.1	55.2	21.6	5.3
60－79.9	99.7	99.3	19.3	20.9	23.2	14.6	73.3	29.4	5.7
80－89.9	100.0	100.0	19.9	26.2	30.5	18.9	86.7	30.6	7.6
90－100	100.0	100.0	27.7	26.1	47.5	35.5	89.6	38.9	13.6
中央値[9]									
2004, 計	25.3	4.1	16.5	1.1	16.5	44.4	38.7	6.6	49.4
2007, 計	**28.8**	**4.0**	**20.0**	**1.0**	**17.0**	**56.0**	**45.0**	**8.0**	**70.0**
35歳未満	6.8	2.4	5.0	0.7	3.0	18.0	10.0	2.8	(B)
35－44歳	25.8	3.4	9.0	1.0	15.0	22.5	36.0	8.3	24.0
45－54歳	54.0	5.0	15.0	1.0	18.5	50.0	67.0	10.0	45.0
55－64歳	72.4	5.2	23.0	1.9	24.0	112.0	98.0	10.0	59.0
65－74歳	68.1	7.7	23.2	1.0	38.0	86.0	77.0	10.0	70.0
75歳以上	41.5	5.0	30.0	1.0	20.0	49.0	35.0	10.0	70.0

B 元となる数字が小さすぎるため表示しない　1．個別に表示しない他の種類の金融資産も含む　2．当座、普通預金、マネーマーケット預金勘定、ミューチュアル・ファンド、ブローカーのコールアカウント　3．ミューチュアル・ファンド、退職年金勘定およびその他の運用資産以外の直接世帯員が保有する株式および債券　4．金融市場のミューチュアルファンドおよび間接保有のミューチュアルファンドを除き、その他の種類の直接保有の共同投資基金、例えばオープンエンド型・クローズドエンド型の従来のミューチュアルファンド、不動産投資トラスト、ヘッジファンド等を含む　5．課税猶予退職年金勘定は、IRA、キーオおよび特定の雇用主負担年金勘定から成る。雇用主負担勘定は、401(k)、403(b)および、現職ないしは旧職による定期預金口座や、貸付や引出しが可能となるその他の現行雇用プランや、家族が将来残高受取を予定している旧職による口座勘定を含む　6．死亡保険金の額ではなく、保険証券の現在の価値を示す　7．信託、年金契約、投資口座の運用等を含む　8．所得によるパーセンタイル順位は、2007年ドルで、20％が20,600ドル、40％が36,500ドル、60％が59,600ドル、80％が98,200ドル、90％が140,900ドルである。パーセンタイルは、0～100の尺度における数値で、それと同等もしくはそれ以下の分布割合であることを示す。例えば、80パーセンタイル台の所得世帯の場合、その他全ての世帯の内80％の世帯と同等もしくはそれ以上の所得があることを示している　9．該当の資産を保有する世帯の、金融資産の中央値

資料：Board of Governors of the Federal Reserve System, "2007 Survey of Consumer Finances"; (2009年2月刊); <http://www.federalreserve.gov/pubs/oss/oss2/2007/scf2007home.html>

No.1171. 資金勘定のフロー──世帯および非営利機関の負債：1990－2010年

[12月31日現在。3,703は3兆7030億ドルを表す。表No.722も参照]

負債の種類	総計（10億ドル）							構成比（％）		
	1990	2000	2005	2007	2008	2009	2010	1990	2000	2010
負債総額	3,703	7,377	12,184	14,367	14,223	14,033	13,918	100.0	100.0	100.0
信用市場	3,581	6,987	11,743	13,803	13,801	13,567	13,358	94.7	96.4	96.0
住宅抵当[1]	2,489	4,798	8,874	10,540	10,495	10,340	10,070	65.0	72.8	72.4
消費者信用	824	1,741	2,321	2,555	2,594	2,479	2,435	23.6	19.0	17.5
自治体債券	86	138	205	241	249	264	268	1.9	1.7	1.9
銀行ローン（他に分類されないもの）	18	64	36	100	118	148	269	0.9	0.3	1.9
その他のローンと貸付	82	119	119	127	133	134	136	1.6	1.0	1.0
不動産ローン	83	127	187	240	212	203	180	1.7	1.5	1.3
証券信用	39	235	232	326	165	203	278	3.2	1.9	2.0
買掛金	67	135	186	215	230	241	259	1.8	1.5	1.9
未払い生命保険料[2]	16	20	22	24	27	22	22	0.3	0.2	0.2

1. ホーム・エクィティ・ライン信用および従属先権によるホーム・エクィティ・ローンを含む　2. 繰延べ保険料を含む
資料：Board of Governors of the Federal Reserve System, "Federal Reserve Statistical Release, Z.1, Flow of Funds Accounts of the United States"（2011年3月）；⟨http://www.federalreserve.gov/releases/z1/20100311/⟩

No.1172. 世帯の金融負債──負債の種類別：2004、2007年

[負債の中央値の単位は2007年実質ドルで1000ドル。60.7は60,700ドルを表す。表No.1170の頭注を参照]

世帯主の年齢および世帯収入	負債あり	住居用資産担保		居住用資産担保以外の信用	分割払いローン	クレジットカード収支[2]	その他[3]
		主たる住居[1]	その他				
世帯主の負債の割合（％）							
2004年、計	76.4	47.9	4.0	1.6	46.0	46.2	7.6
2007年、計	**77.0**	**48.7**	**5.5**	**1.7**	**46.9**	**46.1**	**6.8**
35歳未満	83.5	37.3	3.3	2.1	65.2	48.5	5.9
35－44歳	86.2	59.5	6.5	2.2	56.2	51.7	7.5
45－54歳	86.8	65.5	8.0	1.9	51.9	53.6	9.8
55－64歳	81.8	55.3	7.8	1.2	44.6	49.9	8.7
65－74歳	65.5	42.9	5.0	1.5	26.1	37.0	4.4
75歳以上	31.4	13.9	0.6	(B)	7.0	18.8	1.3
所得の階層の百分位（パーセンタイル）:[4]							
20未満	51.7	14.9	1.1	(B)	27.8	25.7	3.9
20－39.9	70.2	29.5	1.9	1.8	42.3	39.4	6.8
40－59.9	83.8	50.5	2.6	(B)	54.0	54.9	6.4
60－79.9	90.9	69.7	6.8	2.1	59.2	62.1	8.7
80－89.9	89.6	80.8	8.5	(B)	57.4	55.8	9.6
90－100	87.6	76.4	21.9	2.1	45.0	40.6	7.0
中央値[5]							
2004年、計	60.7	104.3	95.6	3.3	12.7	2.4	4.4
2007年、計	**67.3**	**107.0**	**100.0**	**3.8**	**13.0**	**3.0**	**5.0**
35歳未満	36.2	135.3	78.0	1.0	15.0	1.8	4.5
35－44歳	106.2	128.0	101.6	4.6	13.5	3.5	5.0
45－54歳	95.9	110.0	82.0	6.0	12.9	3.6	4.5
55－64歳	60.3	85.0	130.0	10.0	10.9	3.6	6.0
65－74歳	40.1	69.0	125.0	30.0	10.3	3.0	5.0
75歳以上	13.0	40.0	50.0	(B)	8.0	0.8	4.5

B 元となる数値が小さすぎるため表示しない　1. 主たる住居の第一および第二抵当、ホーム・エクィティ・ローン、与信限度　2. 最近の請求額支払い後のクレジットカードの残高　3. 生命保険証書ローン、年金勘定ローン、信用取引口座での借り入れ、その他のローン　4. 表No.1170の脚注8を参照　5. 該当の資産を保有する世帯の、金融資産の中央値
資料：Board of Governors of the Federal Reserve System, "2007 Survey of Consumer Finances"（2009年2月）；⟨http://www.federalreserve.gov/pubs/oss/oss2/2007/scf2007home.html⟩

No.1173. 世帯の負債額──構成比（％）：2004、2007年

[表No.1170の頭注を参照]

負債の種類	2004	2007	負債の理由	2004	2007	融資機関	2004	2007
計	100.0	100.0	計	100.0	100.0	計	100.0	100.0
			主たる住居の：			商業銀行	35.1	37.3
住宅資産担保：			購入	70.2	69.5	貯蓄機関	7.3	4.2
主たる住居	75.2	74.7	改築	1.9	2.3	信用組合	3.6	4.2
その他	8.5	10.1						
			その他の居住用資産	9.5	10.8	金融・融資企業	4.1	3.4
住宅用資産以外の			投資、不動産投資を			ブローカー	2.5	1.6
クレジット・ライン	0.7	0.4	除く	2.2	1.6	不動産業者[1]	39.4	41.6
分割払い融資	11.0	10.2	自動車	6.7	5.5	個人	1.7	1.4
クレジットカード収支	3.0	3.5	商品、サービスの購入	6.0	6.2	その他非金融	2.0	2.0
その他	1.6	1.1	教育	3.0	3.6	政府	0.7	0.4
			その他のローン	0.6	0.5	クレジットカード会社	3.0	3.6
						その他のローン	0.5	0.4

1. 抵当貸付業者を含む
資料：Board of Governors of the Federal Reserve System, "2007 Survey of Consumer Finances"（2009年2月）；⟨http://www.federalreserve.gov/pubs/oss/oss2/2007/scf2007home.html⟩

No.1174. 世帯収入に占める負債返済の割合：2001－2007年

[単位：%。ドルのデータは、合衆国労働統計局による都市部の消費者物価指数の「カレント・メソッド」を用いて、2007年ドルに調整済。世帯には、単身世帯を含む。世帯の定義は第1章の解説を参照。消費者金融調査に基づく。付録IIIを参照。中央値の定義は凡例を参照]

世帯主の年齢、世帯収入(2007年実質ドル)	負債返済額の世帯収入に占める%						負債返済額の世帯収入に占める割合					
	負債のある世帯			中央値			40%以上			60日以上支払が遅れたことがある者		
	2001	2004	2007	2001	2004	2007	2001	2004	2007	2001	2004	2007
全世帯	12.9	14.4	14.5	16.7	18.0	18.6	11.8	12.2	14.7	7.0	8.9	7.1
世帯主35歳未満	17.2	17.8	19.7	17.7	18.0	17.5	12.0	12.8	15.1	11.9	13.7	9.4
35－44歳	15.1	18.2	18.5	17.8	20.6	20.3	10.1	12.5	12.7	5.9	11.7	8.6
45－54歳	12.8	15.3	14.9	17.4	18.4	19.3	11.6	13.1	16.0	6.2	7.6	7.3
55－64歳	10.9	11.5	12.5	14.3	15.7	17.5	12.3	10.2	14.5	7.1	4.2	4.9
65－74歳	9.2	8.7	9.6	16.0	15.6	17.9	14.7	11.6	15.6	1.5	3.4	4.4
75歳以上	3.9	7.1	4.4	8.0	12.8	13.0	14.6	10.7	13.9	0.8	3.9	1.0
所得の階層百分位（パーセンタイル）：1												
20未満	16.1	18.2	17.6	19.2	19.7	19.0	29.3	26.8	26.9	13.4	15.9	15.1
20－39.9	15.8	16.6	17.2	16.7	17.4	17.0	16.6	18.5	19.5	11.7	13.8	11.5
40－59.9	17.1	19.4	19.8	17.6	19.5	20.3	12.3	13.7	14.5	7.9	10.4	8.3
60－79.9	16.8	18.5	21.7	18.1	20.6	21.9	6.5	7.1	12.7	4.0	7.1	4.1
80－89.9	17.0	17.3	19.7	17.2	18.1	19.3	3.5	2.4	8.1	2.6	2.3	2.1
90－100	8.1	9.3	8.4	11.2	12.7	12.5	2.0	1.8	3.8	1.3	0.3	0.2

1．表No.1170の脚注8を参照

資料：Board of Governors of the Federal Reserve System, "2007 Survey of Consumer Finances" (2009年2月); <http://www.federalreserve.gov/pubs/oss/oss2/2007/scf2007home.html>

No.1175. 可処分所得に占める世帯の負債返済額および金融債務の割合：1990－2010年

[年末現在。季節調整済。世帯債務返済比率は、可処分所得に対する負債支払の比率推計値。負債支払は、未払いの抵当債務および消費者金融債務の残高をあわせたもの。金融債務比率(FOR)は、債務返済比率より広範囲の指標。金融債務比率は、債務返済比率に、自動車リース支払、占有不動産の賃貸料支払、自宅所有者保険、および財産税が加わったもの]

年度	世帯債務返済比率(%)	金融債務比率(%)			年度	世帯債務返済比率(%)	金融債務比率(%)		
		合計	賃借者	自宅所有者			合計	賃借者	自宅所有者
1990	12.03	17.46	24.85	15.57	2006	13.87	18.65	25.38	17.33
1995	11.67	17.10	26.67	14.80	2007	13.89	18.76	25.02	17.48
2000	12.59	17.66	30.44	15.13	2008	13.51	18.43	25.24	17.05
2004	13.31	17.93	25.41	16.46	2009	12.67	17.63	24.76	16.16
2005	13.77	18.46	25.19	17.12	2010	11.75	16.64	23.88	15.13

資料：Board of Governors of the Federal Reserve System, "Household Debt Service and Financial Obligations Ratios;" <http://www.federalreserve.gov/releases/housedebt/default.htm>

No.1176. 連邦預金保険加盟金融機関──預金保険基金（DIF）：1990－2010年

[単位：10億ドルおよび数(4,735は4兆7350億ドルを表す)。12月31日現在。島嶼部を含む。外国銀行の合衆国支店も、加盟機関であれば含む]

項目	1990	2000	2004	2005	2006	2007	2008	2009	2010
金融機関数	15,369	9,920	8,988	8,845	8,691	8,544	8,314	8,021	7,666
資産、計1	4,735	7,472	10,117	10,895	11,882	13,051	13,894	13,112	13,352
国内預金、計2	3,415	4,212	5,725	6,230	6,640	6,922	7,505	7,705	7,888
保険のある預金、推計3	2,697	3,055	3,622	3,891	4,154	4,292	4,751	5,408	6,221
DIFバランス(2006年以前はBIF/SAIF)	4	42	48	49	50	52	17	−21	−7
準備率4	0.15	1.36	1.31	1.25	1.21	1.22	0.36	−0.39	−0.12
問題のある金融機関数	1,496	94	80	52	50	76	252	702	884
問題のある金融機関の資産	646.8	23.8	28.2	6.6	8.3	22.2	159.4	402.8	390.0
支援を受けた金融機関数	1	−	−	−	−	−	5	8	−
支援を受けた金融機関の資産	(Z)	−	−	−	−	−	1,306.0	1,917.5	−
倒産した金融機関数	381	7	4	−	−	3	25	140	157
倒産した金融機関の資産	146.6	0.4	0.2	−	−	−	371.9	169.7	92.1

− ゼロを示す　Z 5000万ドル未満　1．海外支店の資産を含まない　2．保険対象とならない外国支店の預金を除く　3．保険でカバーされる貯蓄の額は、国内の総貯蓄から保険でカバーされない貯蓄額の推計値をひいて計算されることが多い。2009年9月30日以前、保険預金額には10万ドル未満の預金が含まれる。2009年9月30日以降は、25万ドル未満の預金が含まれる。ドッド-フランク・ウォールストリート改革および消費者保護法により、2010年12月31日以降2年間、無利子預金については限度額なしの保護が与えられた。2010年の第四四半期以降、保険預金額の推計値には無利子取引口座全体の収支が含まれる　4．DIFバランスは、預金保険によってカバーされる預金の%を示す

資料：U.S. Federal Deposit Insurance Corporation, *The FDIC Quarterly Banking Profile*

No.1177. 連邦預金保険制度下の金融機関――機関数、資産、負債：1990－2010年

[単位：10億ドル（4,649は4兆6490億ドルを表す）およびその他特別に示す単位。12月31日現在。2009年は暫定値。海外領土を含む。外国の銀行の保険制度下の支店を除く。特別に示す場合を除いて合衆国銀行の外国支店を含む。関連資料として『アメリカ歴史統計』系列X588-609も参照］

項目	1990	2000	2004	2005	2006	2007	2008	2009	2010
商業銀行、計[1]	63,205	73,174	78,473	80,967	83,860	86,398	89,975	95,056	94,399
本店、計	12,347	8,315	7,631	7,526	7,401	7,283	7,086	6,995	6,676
支店、計	50,858	64,859	70,842	73,441	76,459	79,115	82,889	88,061	87,723
貯蓄機関、計[2]	2,815	1,589	1,345	1,307	1,279	1,251	1,219	1,180	1,128
報告金融機関数	15,162	9,905	8,976	8,833	8,680	8,534	8,305	8,012	7,657
資産、計[3]	4,649	7,462	10,106	10,878	11,862	13,034	13,841	13,087	13,321
純融資・貸付	2,867	4,576	6,037	6,640	7,156	7,804	7,700	7,053	7,145
不動産融資	1,612	2,396	3,680	4,141	4,508	4,782	4,705	4,462	4,267
1～4世帯住宅抵当	859	1,340	1,833	2,042	2,735	2,853	2,713	2,577	2,534
商業不動産	(NA)	873	1,299	1,509	1,712	1,867	1,934	1,813	1,656
建設開発	171	197	338	450	590	629	591	451	322
住宅ローン[4]	86	151	491	534	559	611	668	662	637
商・工業融資	646	1,086	968	1,086	1,215	1,439	1,494	1,222	1,186
個人融資	451	672	930	949	955	1,058	1,089	1,058	1,318
クレジットカード等	142	266	399	396	385	422	445	421	702
農業融資	33	49	49	52	54	57	60	60	59
その他融資および貸付	218	448	496	494	504	573	529	483	548
（－）損失準備金	65	71	82	77	78	103	174	228	231
（－）不労所得	29	3	3	3	2	2	3	4	2
投資証券	890	1,361	1,860	1,893	1,981	1,954	2,035	2,500	2,668
国内支店資産	4,259	6,702	9,160	9,824	10,557	11,475	12,321	11,651	11,695
海外支店資産	390	760	945	1,054	1,304	1,559	1,520	1,437	1,626
負債・資本、計	4,649	7,462	10,106	10,878	11,862	13,034	13,841	13,087	13,321
無利息貯蓄預金	511	802	1,173	1,267	1,270	1,260	1,481	1,618	1,774
有利息貯蓄預金	3,127	4,113	5,412	5,874	6,555	7,156	7,554	7,609	7,649
その他の借入金	569	1,467	1,905	2,063	2,121	2,517	2,570	1,782	1,718
劣位弁済債務	28	90	119	131	161	185	185	157	147
その他負債	128	356	459	424	507	569	759	476	520
株式資本	286	634	1,039	1,119	1,248	1,347	1,291	1,424	1,487
国内支店預金	3,344	4,208	5,719	6,221	6,631	6,913	7,496	7,697	7,873
海外支店預金	293	707	866	921	1,194	1,503	1,539	1,530	1,550

1. 当局に報告のある外国の銀行の支店を含む　2. 本社　3. 個別に示さない他の項目を含む　4. 1～4人世帯用住宅資産

資料：U.S. Federal Deposit Insurance Corporation, *The FDIC Quarterly Banking Profile*, *Historical Statistics on Banking*（年刊）; *Statistics on Banking*, annual; and *FDIC Quarterly Banking Profile Graph Book*

No.1178. 連邦預金制度下の金融機関――収益および財務状況：1990－2010年

[単位：10億ドルおよびその他特別に示す単位（437.7は4377億ドルを表す）。2009年は暫定値。海外領土を含む。合衆国銀行の海外支店を含む。マイナス（－）は減少を示す。関連資料として『アメリカ歴史統計』系列X588-609も参照］

項目	1990	2000	2004	2005	2006	2007	2008	2009	2010
利子収入	437.7	511.9	417.5	522.0	643.5	724.8	603.2	541.1	537.0
利子支出	295.9	276.6	123.3	205.0	313.4	372.1	245.6	145.5	107.0
純利子収入	141.8	235.3	294.1	317.0	330.1	352.7	357.7	395.8	430.1
貸付損失準備金	41.4	32.1	29.0	29.8	29.6	69.3	176.2	249.5	157.0
非利子収入	62.2	165.6	203.6	223.4	240.4	233.1	207.7	260.4	236.8
純運営収入	204.0	401.0	497.8	130.3	141.4	102.4	9.5	-6.1	81.6
純運営収入に占める割合(%)[1]	23.3	33.7	62.8	58.3	59.7	53.9	4.9	-1.5	34.4
非利子支出	144.2	242.3	295.5	317.4	332.3	367.0	368.3	405.3	392.7
所得税	9.1	43.6	58.5	64.6	68.1	46.4	6.3	5.7	37.8
純所得	11.3	81.5	122.2	133.8	145.2	100.0	4.5	-10.6	87.5
実績率									
資産利益率(%)[2]	0.24	1.14	1.28	1.28	1.28	0.81	0.03	-0.08	0.66
株式利益率(%)[3]	3.95	13.53	13.2	12.43	12.3	7.75	0.35	-0.77	5.99
利ざや(純)(%)[4]	3.47	3.77	3.52	3.47	3.31	3.29	3.16	3.47	3.76
貸倒れ償却(純)[5]	34.80	26.30	32.02	31.59	27.02	44.11	100.36	188.80	187.10
融資総額に対する純貸倒れ償却額(%)	1.19	0.59	0.56	0.49	0.39	0.59	1.29	2.52	2.54
クレジットカード・ローンの純貸倒れ償却率(%)	3.39	4.36	4.99	4.74	3.44	4.06	5.44	9.26	10.08
財務状況比率									
株主資本比率(%)	6.16	8.49	10.28	10.28	10.52	10.34	9.33	10.88	11.16
資産に占める非流動資産およびその他の保有不動産の比率(%)[6]	3.16	0.71	0.53	0.50	0.54	0.95	1.91	3.36	3.11

1. 純運営収入は利子収入と非利子収入の合計。純運営収入は、投資証券等の臨時の売却による損益などの裁量取引を所得から引いたもので、運営収入からひかれる所得税もこれらの損益の部分除いて調整済　2. 全資産の平均比率としての純所得（証券売買および非掲載項目を含む）　3. 全株式の平均比率のしての純所得　4. 利益資産の平均比率としての利子支出を利子収入から引いたもの（例、銀行が得る貸付および投資の利益）　5. 貸倒れ償却（回収不能を理由にバランスシートから除外される）された融資・貸付の総額から、貸倒れ償却済のうち回復したものの額を引いたもの　6. 非流動資産は、貸付総額から、期日を90日以上過ぎているか利子経常停止している債務証書およびその他の資産を引いたもの。その他の保有不動産は、主として担保権の実行された不動産

資料：U.S. Federal Deposit Insurance Corporation, *Annual Report*; *Statistics of Banking*（年刊）; *FDIC Quarterly Banking Profile*

No.1179. 連邦預金保険制度下の金融機関——資産規模別：2010年

[単位：%、その他は明示（12,067.6は12兆676億ドルを表す）。暫定値。マイナス（－）は減少を示す。表No.1178の頭注を参照。本書前年版の表No.1178も参照]

項目	単位	計	1億ドル未満	1億－10億ドル	10億－100億ドル	100億ドル以上
商業銀行						
報告機関数	数	6,529	2,325	3,694	424	86
資産計	10億ドル	12,067.6	131.9	1,058.6	1,090.4	9,786.6
預託金	10億ドル	8,514.3	112.0	884.0	841.9	6,676.3
純所得	10億ドル	79.2	(Z)	3.4	2.0	73.1
資産利益率	%	0.66	0.36	0.34	0.19	0.75
株式利益率	%	5.99	3.06	3.35	1.67	6.78
株主資本比率	%	11.10	11.42	10.04	11.29	11.19
資産に占める非流動資産および						
その他の保有不動産の比率	%	3.12	2.35	3.53	3.91	3.00
融資総数に対する純貸倒れ償却額		2.67	0.80	1.14	1.96	3.00
銀行の損金の%	%	20.63	20.69	20.49	23.35	11.63
貯蓄機関						
報告機関数	数	1,128	297	674	21	136
資産計	10億ドル	1,253.8	16.5	233.1	662.9	341.3
預託金	10億ドル	908.7	13.2	184.7	450.3	260.5
純所得	10億ドル	8.3	(Z)	0.7	6.2	1.4
資産利益率	%	0.67	0.08	0.29	0.95	0.42
株式利益率	%	5.92	0.58	2.71	8.15	3.83
株主資本比率	%	11.75	14.36	10.99	12.29	11.07
資産に占める非流動資産および						
その他の保有不動産の比率	%	3.07	2.56	2.96	3.32	2.66
融資総数に対する純貸倒れ償却額		1.47	0.55	0.80	1.90	1.24
銀行の損金の%	%	23.23	32.66	20.18	14.29	19.12

Z　5億ドル未満

資料：U.S. Federal Deposit Insurance Corporation, *Annual Report; Statistics on Banking*（年刊）および *FDIC Quarterly Banking Profile*；<http://www.fdic.gov/bank/index.html>

No.1180. 連邦預金保険制度下の金融機関——機関数および資産——州別：2010年

[単位：10億ドル、機関数（13,321.4は13兆3214億ドルを表す）。12月31日現在。連邦金融機関検査委員会の報告と貯蓄金融機関監視局の貯蓄金融機関金融報告が主なデータ源。各報告機関の本店の所在地に基づく。本店以外の場所の資産を含む]

州、島嶼部	機関数	計	10億ドル未満	10億－100億ドル	100億ドル以上	州、島嶼部	機関数	計	10億ドル未満	10億－100億ドル	100億ドル以上
計	7,657	13,321.4	1,440.2	1,431.7	10,449.5	NV	29	1,247.4	3.7	20.0	1,223.7
AL	144	225.3	28.3	5.3	191.7	NH	24	9.9	8.9	1.1	－
AK	6	5.0	1.2	3.8	－	NJ	117	174.4	29.1	54.2	91.1
AZ	40	13.8	6.2	7.6	－	NM	53	18.9	11.0	7.9	－
AR	130	58.2	25.5	21.2	11.5	NY	186	643.7	47.1	123.1	473.5
CA	272	473.7	61.9	89.8	322.0	NC	100	1,728.4	24.8	25.0	1,678.6
CO	117	49.2	19.7	19.1	10.4	ND	92	24.8	13.3	11.5	－
CT	54	82.9	15.6	25.5	41.8	OH	239	2,285.9	42.8	33.1	2,210.0
DE	27	960.8	3.4	26.1	931.4	OK	248	79.6	33.2	18.1	28.2
DC	6	1.7	1.7	－	－	OR	34	38.2	5.8	6.8	25.6
FL	247	151.2	56.0	59.9	35.3	PA	216	281.2	59.5	91.2	130.5
GA	268	270.0	51.9	26.1	192.0	RI	14	136.1	2.5	5.6	128.0
HI	9	39.9	1.4	10.2	28.3	SC	83	38.2	21.8	16.4	－
ID	18	8.1	4.5	3.5	－	SD	83	1,287.8	11.2	13.5	1,263.1
IL	607	327.3	100.0	69.1	158.2	TN	191	86.6	45.2	16.9	24.5
IN	146	66.3	29.0	37.3	－	TX	615	374.8	109.2	106.3	159.3
IA	360	66.1	49.2	16.9	－	UT	57	346.3	11.2	45.4	289.6
KS	326	63.0	40.1	22.9	－	VT	14	5.7	4.2	1.5	－
KY	198	54.7	34.9	19.8	－	VA	115	492.0	28.5	39.0	424.5
LA	156	62.7	34.3	16.7	11.8	WA	79	66.1	17.1	35.6	13.4
ME	29	29.3	11.0	7.2	11.1	WV	65	25.4	11.1	14.3	－
MD	87	34.4	21.7	12.7	－	WI	276	148.2	55.9	21.5	70.7
MA	165	256.6	43.3	57.8	155.5	WY	37	7.6	7.6	－	－
MI	136	68.1	28.2	26.3	13.6	AS	1	0.1	0.1	－	－
MN	404	61.3	51.8	9.4	－	GU	1	0.1	0.1	－	－
MS	91	59.2	20.2	25.4	13.6	FM	3	1.3	1.3	－	－
MO	336	129.3	56.2	44.1	29.0	PR	7	77.9	－	33.2	44.7
MT	73	22.1	10.2	11.9	－	VI	2	0.2	0.2	－	－
NE	224	54.1	26.1	14.9	13.1						

－　ゼロを示す　AS－米領サモア　FM－ミクロネシア連邦　GU－グアム　PR－プエルトリコ　VI－バージン諸島

資料：U.S. Federal Deposit Insurance Corporation, *Statistics on Banking*（年刊）

No.1181. 連邦預金保険制度下の金融機関――店舗数と預金額――州別：2009年

[6月30日現在 (7,675.62は7兆6756億2000万ドルを表す)。海外銀行の合衆国内支店を含む。本店と支店を含む。店舗は実際に預金をかかえる事務所、設備によって定義され、貸出し用の店舗やコンピュータセンター、その他のATMなどの預金を持たない設備を除く。預金を受け付けていない本店を持つものもあるが、全事務所を含めるためにこれらは含まれている。各州の値は当該州内にある店舗の預金だけを含んでいる。Summary of Deposit surveyに基づく]

州	店舗数	預金総額(10億ドル)	州	店舗数	預金総額(10億ドル)	州	店舗数	預金総額(10億ドル)
計	98,517	7,675.62	KS	1,561	60.03	ND	444	17.58
合衆国	97,952	7,620.69	KY	1,827	68.87	OH	4,014	226.33
AL	1,578	82.06	LA	1,650	82.82	OK	1,411	69.04
AK	133	8.91	ME	511	27.60	OR	1,124	53.66
AZ	1,381	86.15	MD	1,804	112.80	PA	4,719	285.87
AR	1,483	50.88	MA	2,217	205.20	RI	259	39.83
CA	7,176	845.91	MI	3,008	155.70	SC	1,458	70.25
CO	1,662	91.23	MN	1,842	129.66	SD	487	107.44
CT	1,296	95.72	MS	1,209	45.12	TN	2,298	114.69
DE	274	290.21	MO	2,436	128.96	TX	6,965	499.04
DC	244	27.36	MT	392	17.55	UT	602	271.95
FL	5,666	409.89	NE	1,092	43.03	VT	266	10.63
GA	2,758	180.86	NV	550	183.50	VA	2,684	214.27
HI	284	28.35	NH	433	26.37	WA	1,891	109.22
ID	541	18.66	NJ	3,338	246.49	WV	664	28.78
IL	4,942	361.76	NM	514	25.79	WI	2,351	126.66
IN	2,400	98.45	NY	5,478	853.67	WY	235	12.03
IA	1,621	66.49	NC	2,779	207.41			

資料：U.S. Federal Deposit Insurance Corporation, *Bank and Thrift Branch Office Data Book* (年刊)。さらなる情報は <http://www.fdic.gov/bank/index.html>

No.1182. 外国銀行の合衆国事業所――概要：1990－2010年

[単位：10億ドルおよび数 (834は8340億ドルを表す)。合衆国内 (50州およびコロンビア特別区) にある外国銀行の支店を対象とする。プエルトリコ、米領サモア、グアム、バージン諸島、その他米国統治領の支店は除外。外国銀行の米国内の支店には、支店、外国銀行の代理店、外国銀行の子会社を含む。外国銀行の子会社とは、外国銀行が25％以上を所有する、あるいは、FR Y-10 (組織変更報告書) によって外国銀行に支配されていると報告した米国商業銀行]

項目	1990	2000	2005	2006	2007	2008	2009	2010	シェア[1]			
									1990	2000	2005	2010
資産	834	1,358	2,123	2,515	2,871	3,032	2,872	2,839	20.9	18.9	20.6	20.5
融資、計	412	557	802	913	1,055	1,167	1,022	961	17.2	13.5	14.1	13.7
企業	199	309	276	342	412	483	384	327	27.7	25.0	24.5	25.1
貯蓄	425	770	1,162	1,375	1,629	1,606	1,795	1,752	14.6	16.5	17.3	18.3

1．国内で商業銀行として営業しているものを海外銀行の国内事務所を合計したシェア (％)

資料：Board of Governors of the Federal Reserve System, "Share Data for U.S. Offices of Foreign Banks" (2011年3月); <http://www.federalreserve.gov/Releases/iba/fboshr.htm>

No.1183. 連邦および州政府認可信用組合――概要：1990－2010年

[注記したものを除き、12月31日現在 (36,241は3624万1000を表す)。連邦資料はコロンビア特別区、プエルトリコ、グアム、バージン諸島を含む。州保険加入、民間加入および未加入の州認可信用組合および法人中央信用組合を除く。これらは主として他の信用組合と提携している。『アメリカ歴史統計』系列X864-878も参照]

年	信用組合		破産機関数[1]	会員数(1,000)		資産(100万ドル)		融資残高(100万ドル)		貯蓄(100万ドル)	
	連邦	州		連邦	州	連邦	州	連邦	州	連邦	州
1990	8,511	4,349	164	36,241	19,454	130,073	68,133	83,029	44,102	117,892	62,082
2000	6,336	3,980	29	43,883	33,705	242,881	195,363	163,851	137,485	210,188	169,053
2003	5,776	3,593	13	46,153	36,287	336,611	273,572	202,898	173,236	291,484	236,856
2004	5,572	3,442	21	46,858	36,710	358,701	288,294	223,878	190,376	308,317	247,804
2005	5,393	3,302	27	47,612	36,895	377,804	300,868	249,515	208,728	321,820	255,804
2006	5,189	3,173	22	48,262	37,487	394,125	315,817	270,420	223,917	333,914	267,275
2007	5,036	3,065	12	48,474	38,363	417,578	335,885	289,169	237,755	349,100	283,298
2008	4,847	2,959	19	49,129	39,437	447,024	364,043	309,276	256,719	373,369	307,762
2009	4,714	2,840	31	49,599	40,333	482,612	401,993	311,146	261,367	408,832	343,836
2010	4,589	2,750	29	50,081	40,447	500,075	414,395	306,276	258,555	427,603	358,877

1．1990年までは9月30日を年度末とする。2000年以降は暦年。破産機関は、精算を余儀なくされたか、National Credit Union Share Insurance Fundの援助により合併したため営業を停止した信用組合である。

資料：National Credit Union Administration, *Annual Report of the National Credit Union Administration* および未刊行資料

No.1184. 現金以外の支払手段およびATMからの引き出し：2006、2009年

[95.2は952億を表す。現金以外の主要な支払手段の件数と金額を推計するための基となるデータは2種類である。小切手支払とATM引き出しは、「貯蓄機関支払研究」(2010年、DI研究)によるデータに基づく。電子支払額の推計値は2010年DI研究の「電子支払研究および補遺」に基づく。貯蓄機関支払研究は、代表的な銀行とその他の無作為抽出した標本貯蓄機関の預金口座からのさまざま種類の支払の件数と金額のデータを収集している。調査に協力した2700の預金機関（商業銀行、貯蓄機関および信用組合）から層別無作為抽出した1311機関のデータ。電子支払研究は2009年（暦年）に合衆国内で行われた電子支払の件数と金額を推計している。データは支払ネットワークとクレジットカード会社への調査により収集された。116社に参加を依頼し、94の最も大きな組織がデータを提供した。この研究への回答者は合衆国内の電子支払の95.5%の件数、99.6%金額をカバーしている]

支払手段	取引件数（10億件）		取引額（1兆ドル）		平均取引額（ドル）	
	2006	2009	2006	2009	2006	2009
現金以外の支払、計	95.2	109.0	75.7	72.2	796	663
小切手（支払済）	30.5	24.5	41.6	31.6	1,363	1,292
商業小切手	30.1	24.1	41.4	31.2	1,371	1,295
商業銀行	25.1	20.7	39.0	29.2	1,550	1,414
信用組合	2.7	2.1	0.8	0.7	288	352
貯蓄機関	2.3	1.3	1.6	1.3	696	973
合衆国財務省小切手	0.2	0.2	0.2	0.3	1,203	1,545
郵便小為替	0.2	0.1	(Z)	(Z)	164	183
電子支払	64.7	84.5	34.1	40.6	544	480
自動決済システム（ACH）	14.6	19.1	31.0	37.2	2,122	1,946
デビットカード	25.0	37.9	1.0	1.4	39	38
サイン[1]	15.7	23.4	0.6	0.9	40	37
暗証番号[2]	9.4	14.5	0.3	0.6	37	39
クレジットカード[3]	21.7	21.6	2.1	1.9	98	89
電子困窮者援助給付カード[4]	3.3	6.0	0.1	0.1	23	24
メモ：						
ATMによる現金引き出し	5.8	6.0	0.6	0.6	100	108
小切手（書き込み済）[5]	33.1	27.8	42.3	32.4	1,277	1,165
ACHにまわされた小切手	2.6	3.3	0.7	0.8	267	227

Z 500億ドル未満　1．サイン式デビットカードの支払はクレジットカードの支払と同様だが、資金は普通預金から引き落とされる　2．暗証番号式デビットカードも普通預金の資金で取引されるが、通常ATMで使用する個人認証番号が必要になる。現金で顧客に戻される部分を除く　3．一般カードと店舗別カードの双方を含む　4．給付金の電子送金、多目的カードやプライベート・レーベルのカードなど、非伝統的な前金式の取引口座（給付金の電子送金など）からの資金を用いるプリペイドカードを含む　5．電子支払の開始時に参考資料としてチェックに利用されたものを含む

資料：Board of Governors of the Federal Reserve System "The 2010 Federal Reserve Payments Study, Noncash Payment Trends in the United States: 2006-2009"（2011年4月）; <http://www.frbservices.org/files/communications/pdf/research/2010_payments_study.pdf>; "Recent Payment Trends in the United States," *Federal Reserve Bulletin* (2008年10月), <http://www.federalreserve.gov/pubs/bulletin/2008/default.htm> および "The 2007 Federal Reserve Payments Study,"（2007年12月）, <http://www.frbservices.org/files/communications/pdf/research/2007_payments_study.pdf>

No.1185. 金融機関の電子取引を利用する世帯の割合（％）：1995－2007年

[銀行、貯蓄機関、または信用組合で、電子サービスにアクセスすることが可能な世帯のみを対象とする。小切手やクレジットカードは除く。標本調査に基づく。消費者金融調査についての詳細は付録IIIおよび連邦準備制度理事会のウェブサイト<www.federalreserve.gov/boarddocs/surveys/>を参照。ロイターとミシガン大学の消費者調査は約1000人の回答に基づく。詳細についてはミシガン大学のウェブサイト<http://www.sca.isr.umich.edu/>を参照]

取引の種類	消費者金融調査					ロイター／ミシガン大学消費者調査		
	1995	1998	2001	2004	2007	1999	2003	2006
電子取引								
預け入れ	53	67	71	75	80	65	70	77
ATMカード	35	55	57	65	76	59	65	69
デビットカード[1]	20	37	50	62	71	(NA)	54	62
借り越し許可	25	40	43	50	49	31	46	57
自動受付電話システム	(NA)	26	22	20	25	40	44	46
コンピュータバンキング	4	7	19	34	53	10	32	51
スマートカード[2]	1	2	3	(NA)	(NA)	(NA)	6	12
プリペイドカード[3]	(NA)	(NA)	(NA)	(NA)	(NA)	(NA)	73	73
非電子取引								
対面取引	87	81	78	78	85	(NA)	(NA)	(NA)
郵便	59	55	51	51	59	(NA)	(NA)	(NA)
電話（オペレータと通話）	(NA)	43	42	42	57	(NA)	(NA)	(NA)

NA　データなし　1．デビットカードは口座にある金額から自動的に商品購入代金を差し引くカードである　2．スマートカードは入金額の情報を示すコンピュータチップを備えた支払い用のカードである。カードが使用されると代金が合計額から差し引かれる。プリペイドカードは一定の金額あるいは当初入金した金額がカードに蓄えられており、現金と同じように使用できる。使用した金額がカードの額面金額から差し引きされる。プリペイドカードとして代表的なのは、テレフォンカードやギフトカードである。スマートカードがプリペイドカードと異なる点は、スマートカード専用機あるいはATMによって、金額を追加することができるところである

資料：Board of Governors of the Federal Reserve System, *Federal Reserve Bulletin*（2009年7月）および未刊行データ

No.1186. 世帯の支払い手段：2001、2007年

[単位：％。連邦準備銀行理事会の実施するSurvey of Consumer Finance（消費者金融調査）に基づく。付録IIIを参照]

世帯主の年齢と学歴	支払手段		ATM[1]		デビットカード		デポジット		自動振込		ソフトウェア[2]	
	2001	2007	2001	2007	2001	2007	2001	2007	2001	2007	2001	2007
全世帯	88.9	91.8	69.8	79.7	47.0	67.0	67.3	74.9	40.3	45.5	18.0	19.1
30歳未満	83.8	88.6	78.1	84.8	60.6	78.3	48.8	61.3	32.1	35.7	17.0	21.4
30－60歳	89.9	92.4	76.8	85.9	53.4	74.9	64.8	72.6	44.1	48.8	22.0	21.6
61歳以上	89.4	92.1	48.9	63.5	24.6	43.9	83.2	86.4	35.9	42.9	9.0	12.3
家計所得：[3]												
低所得	74.3	79.7	46.8	58.8	29.2	48.1	51.9	60.5	18.2	23.8	6.1	7.7
並所得	88.6	91.1	67.4	78.5	46.3	68.0	63.1	68.5	35.1	37.8	10.7	10.7
中所得	92.5	96.4	75.2	87.5	50.0	75.0	65.7	76.8	45.1	50.2	16.3	18.8
高所得	97.1	98.4	83.7	91.0	57.8	75.8	80.2	86.6	55.2	61.6	29.9	30.5
大学学位未満	85.1	88.4	63.7	74.0	42.3	63.7	61.8	68.9	33.7	38.0	10.9	11.9
大学学位	96.4	98.2	81.6	90.3	56.2	72.9	78.0	85.9	53.2	59.3	31.8	32.2

1．ATMやスマートカードについては、世帯員の誰かがATMまたはスマートカードを保有しているかどうかについて質問しており、その使用については質問していない。その他の設問は他の手段の利用に関するもの　2．回答者またはその配偶者（パートナー）がお金の管理に何らかのコンピュータ・ソフトウェアを利用しているかを質問　3．低所得は家計所得の中央値の50%以下と定義される。並の所得は中央値の50%から80%、中所得は中央値の80%から120%、高所得は中央値の120%以上。各調査の前年の所得である。中央値の所得は2000年が41,990ドル、2006年が48,201ドルだった
資料：Mester, Loretta J.,"Changes in the Use of Electronic Means of Payment: 1995-2007", *Business Review*（2009年第3四半期）、連邦準備銀行（フィラデルフィア）の発行；<http://www.philadelphiafed.org/research-and-data/publications/business-review/2009/q3/brq309_changes-in-electronic-payment.pdf> も参照

No.1187. デビット・カード――保有者、発行数、取引回数、取引額：2000、2009年／および予測：2012年

[160は1億6000万を表す]

デビットカードの種類	保有者(100万人)			発行枚数(100万枚)			取引回数(100万回)			取引額(10億ドル)		
	2000	2009	2012,予測値	2000	2009	2012,予測値	2000	2009	2012,予測値	2000	2009	2012,予測値
計[1]	160	183	191	235	509	530	8,291	38,541	52,620	311	1,449	2,089
銀行系[2]	137	162	165	137	466	484	5,290	32,244	44,351	210	1,209	1,784
EFTシステム[3]	159	182	189	223	279	291	2,979	6,269	8,223	100	238	303
その他[4]	11	12	14	11	12	14	22	27	47	1	1	2

1．カード保有者は複数のカードを保有するものと思われる。銀行系、EFT系のカードは一枚で複数の機能を果たすものが増えているが、カード発行枚数は複合機能を考慮せず、単純に枚数を集計する　2．VisaおよびMasterのデビットカード。2006年以降はインターリンク＆MasterカードのPIN（暗書番号）デビットを含む　3．2006年以前Star、Interlink、Pulse、Nyce等の地域限定または全国で利用可能なカード組織に加盟する金融機関の発行するカード。EFT＝Electronic funds transfer（電子資金振替）　4．スーパーマーケット等が発行する小売店のカード
資料：The Nilson Report, Carpinteria, CA, Twice-monthly (copyright、許可を得て転載)

No.1188. クレジットカード――所有者、枚数、使用額、負債額：2000、2009年／および予測：2012年

[159は1億5900万人を表す]

クレジットカードの種類	所有者(100万人)			カード枚数(100万枚)			カード使用額(10億ドル)			カード負債額(10億ドル)		
	2000	2009	2012,予測値	2000	2009	2012,予測値	2000	2009	2012,予測値	2000	2009	2012,予測値
計[1]	159	156	160	1,425	1,245	1,167	1,242	1,944	2,378	680	886	870
ビザ	93	100	107	255	270	261	487	764	932	268	366	359
マスターカード	86	80	84	200	203	174	281	477	524	212	268	255
小売店系	114	100	96	597	470	455	120	132	135	92	102	94
石油会社	76	58	56	98	61	60	45	45	52	5	8	9
ディスカバー	36	40	43	50	54	59	69	100	127	48	53	54
アメリカンエクスプレス	23	34	37	33	49	52	221	420	603	50	87	97
その他[2]	133	105	81	192	137	106	18	5	5	5	2	2

1．カード所有者は1種以上のカードを所有していることもある　2．ユニバーサルエアトラベルプラン（UATP）等の航空会社のカードやテレフォンカード、レンタカー会社等の種々のカードを含む。クレジットカードの使用額はテレフォンカードを除く
資料：The Nilson Report, Carpinteria, CA, Twice-monthly newsletter (copyright、許可を得て転載)

No.1189. 汎用クレジットカード利用状況：1995－2007年

[汎用クレジットカードとは、マスターカード、ビザ、オプティマ、ディスカバーを示す。ビジネスのみに使用されるカードは除く。ドルの値は2007年実質ドルであり、労働統計局の公表する消費者物価指数に基づく。単身世帯を含む。家族の定義については、第1章の解説を参照。「消費者金融調査」に基づく。中央値の定義については凡例を参照]

世帯主の年齢、住居および世帯収入	汎用クレジットカード所有者の割合(%)	保有カードの枚数の中央値	最近の請求額中央値(ドル)	最後の請求書以降に債務残高にある者(%)	債務残高の中央値(ドル)1	カード保有世帯に占める下記の割合(%)		
						ほとんどいつも残高をクリア	ときどき残高をクリア	残高をクリアしたことがない
1995年、計	66.4	2	200	56.0	2,000	52.4	20.1	27.5
2001年、計	72.7	2	200	53.6	2,100	55.3	19.1	25.6
2004年、計	71.5	2	300	56.2	2,300	55.7	20.3	24.0
2007年、計	**70.2**	**2**	**300**	**58.3**	**3,000**	**55.3**	**19.4**	**25.4**
35歳未満	58.9	2	100	70.9	2,000	47.1	22.9	30.0
35－44歳	68.1	2	300	68.2	3,400	46.9	22.5	30.6
45－54歳	74.3	2	300	64.6	4,000	48.8	19.4	31.8
55－64歳	78.9	3	300	58.6	3,500	56.0	20.0	24.0
65－74歳	79.5	2	300	39.9	3,900	70.4	16.7	12.9
75歳以上	66.0	1	200	23.9	900	80.8	8.8	10.4
10,000ドル未満	27.7	2	200	56.8	1,200	59.2	20.7	20.1
10,000－24,999ドル	44.5	2	100	55.9	1,000	54.4	19.4	26.2
25,000－49,999ドル	66.4	2	100	60.3	2,100	49.7	20.5	29.8
50,000－99,999ドル	85.8	2	200	66.2	3,900	50.4	20.7	29.0
100,000ドル以上	94.3	3	1,000	47.1	6,000	67.3	16.3	16.3
持ち家	81.5	2	300	55.3	4,000	57.5	19.4	23.1
賃貸	45.4	2	100	70.2	1,400	46.6	19.2	34.2

1．残高のある世帯の中央値
資料：Board of Governors of the Federal Reserve System, 未刊行資料

No.1190. 消費者信用残高および利率：1990－2010年

[単位：10億ドル（808は8080億ドルを表す）、％。短期および中期信用の大半をカバーするが、不動産担保のローンは除く。年度末現在の季節調整済推計信用残高。利率は年平均。『アメリカ歴史統計』系列X511-560も参照]

クレジットの種類	1990	2000	2003	2004	2005	2006	2007	2008	2009	2010
計	**808**	**1,717**	**2,077**	**2,192**	**2,291**	**2,385**	**2,522**	**2,561**	**2,449**	**2,408**
リボルビング払い	239	683	768	800	830	871	942	958	866	801
リボルビング以外1	570	1,034	1,309	1,393	1,461	1,514	1,580	1,604	1,584	1,607
利率（%）										
商業銀行：										
新車（48ヶ月）	11.78	9.34	6.94	6.60	7.07	7.72	7.77	7.02	6.72	6.21
その他の消費財（24ヶ月）	15.46	13.90	11.96	11.89	12.06	12.41	12.38	11.37	11.10	10.87
クレジット・カード・プラン	18.17	15.78	12.30	12.72	12.51	13.21	13.30	12.08	13.40	13.78
金融会社：										
新車	12.54	6.85	3.81	4.92	6.02	4.99	4.87	5.52	3.82	4.26
中古車	15.99	13.47	9.86	8.81	8.81	9.61	9.24	8.74	9.41	8.16

1．自動車ローンおよびリボルビング以外のすべてのローンを含む。移動住宅、教育、トレーラー、娯楽車両のローンも含む。担保ローンと無担保ローンを含む
資料：Board of Governors of the Federal Reserve System, "Consumer Credit-G.19"（2011年4月）; <http://www.federalreserve.gov/releases/g19/current/g19.htm> および "Finance Companies-G.20"（2011年4月）; <http://www.federalreserve.gov/releases/g20/current/g20.htm>

No.1191. 消費者信用——与信者別：1990－2010年

[単位：10億ドル（824は8240億ドルを表す）。12月31日現在。季節調整なし]

与信者	1990	2000	2003	2004	2005	2006	2007	2008	2009	2010
計	**824**	**1,741**	**2,103**	**2,220**	**2,321**	**2,416**	**2,555**	**2,594**	**2,479**	**2,435**
非金融会社	67	81	59	59	60	58	59	60	57	56
合衆国政府	－	60	82	86	90	92	98	111	186	317
商業銀行	382	551	669	704	707	741	804	879	855	1,099
貯蓄機関	50	65	78	91	109	96	91	86	78	87
信用組合	92	184	206	215	229	235	236	236	237	226
政府系企業	19	37	21	－	－	－	－	－	－	－
担保証券発行会社	77	528	595	572	610	661	684	646	578	131
金融会社	138	234	393	492	517	534	584	576	488	519

－ ゼロまたは概数でゼロを示す
資料：Board of Governors of the Federal Reserve System, "Federal Reserve Statistical Release, Z.1, Flow of Funds Accounts of the United States"（2011年3月）; <http://www.federalreserve.gov/releases/z1/20100311/>

No.1192. 抵当負債残高：1990－2010年

[単位：10億ドル（3,781は3兆7810億ドルを表す）。12月31日現在。『アメリカ歴史統計』系列N273、276も参照]

資産形態、債権者	1990	2000	2003	2004	2005	2006	2007	2008	2009	2010
抵当負債計[1]	3,781	6,753	9,377	10,637	12,070	13,462	14,516	14,605	14,316	13,833
住宅[2]	2,606	5,107	7,240	8,268	9,382	10,456	11,167	11,069	10,859	10,546
複数世帯住宅	287	402	557	605	667	708	787	837	848	841
商業用	820	1,160	1,497	1,668	1,916	2,191	2,449	2,565	2,474	2,313
農場	68	85	83	96	105	108	113	134	135	133
家計部門	141	103	121	131	139	122	110	112	102	92
州・地方政府	110	131	133	141	152	166	173	170	179	184
商業銀行	849	1,660	2,256	2,596	2,958	3,403	3,644	3,841	3,819	3,651
貯蓄機関[3]	802	723	871	1,057	1,153	1,077	1,094	861	633	615
消費者信用組合	33	104	160	188	220	250	282	315	318	319
生命保険会社	268	236	261	273	285	304	326	342	326	318
政府援助法人（GSE）	156	264	622	629	589	607	643	701	708	5,020
政府機関および政府援助法人の抵当基金	1,020	2,493	3,343	3,384	3,548	3,841	4,464	4,961	5,376	1,166
資産担保証券発行者	66	604	1,009	1,443	2,128	2,760	2,936	2,584	2,200	1,887
金融会社	114	238	370	476	541	594	532	448	397	340
不動産投資信託	8	17	49	118	146	136	121	76	59	51
住宅抵当[2]										
計[1]	2,606	5,107	7,240	8,268	9,382	10,456	11,167	11,069	10,859	10,546
州・地方政府	61	67	68	72	77	85	89	87	92	94
商業銀行	433	970	1,360	1,582	1,792	2,082	2,211	2,248	2,261	2,207
貯蓄機関	600	594	703	874	954	868	879	666	449	430
消費者信用組合	33	104	160	188	220	250	282	315	318	319
政府援助法人（GSE）	119	210	519	509	454	458	448	456	444	4,705
政府機関および政府援助法人の抵当基金	991	2,426	3,234	3,277	3,446	3,749	4,372	4,864	5,267	1,094
資産担保証券発行者	55	385	666	1,049	1,622	2,141	2,177	1,865	1,529	1,266
金融会社	80	187	320	422	490	538	473	375	328	277
メモ：										
上記に含まれるホームエクイティローン[1][4]	215	408	593	776	915	1,066	1,131	1,114	1,032	949
商業銀行	115	235	366	484	549	654	692	776	762	710
貯蓄機関	60	73	96	121	152	138	180	119	80	74
信用組合	20	41	52	64	76	87	94	99	95	88

－ ゼロまたは概数でゼロを示す　1．個別に示さないその他の保有者を含む　2．1－4人家族用物件の抵当　3．連邦住宅貸付銀行の貯蓄機関への融資は他のローンおよび貸付金に含まれる　4．ホームエクイティ・ライン・オブ・クレジットのローンおよび第2順位のホームエクイティローン。個人のホームエクイティローンを除く

資料：Board of Governors of the Federal Reserve System, "Federal Reserve Statistical Release, Z.1, Flow of Funds Accounts of the United States"（2011年3月）；<http://www.federalreserve.gov/releases/z1/20100311/>

No.1193. 1世帯住宅購入の第1抵当ローンの特徴：2000－2010年

[単位：％。年間平均値（購入価格234.9は23万4900ドルを表す）。非農業の一世帯住宅購入のための完全償却通常型抵当ローンを対象とする。借り換えローン、完全償却以外のローン、バルーンローン、連邦住宅局保証ローン、退役軍人局保証ローンを除く。貯蓄組合、貯蓄銀行、商業銀行、抵当会社を含む、抵当の貸し手の標本に基づく]

ローンの特徴	新築家屋						既存家屋					
	2000	2005	2007	2008	2009	2010	2000	2005	2007	2008	2009	2010
契約利子率[1]												
全ローン	7.4	5.9	6.3	5.9	5.0	4.7	7.9	5.8	6.5	6.1	5.1	4.8
固定利率	8.0	6.1	6.3	5.9	5.0	4.7	8.2	6.0	6.5	6.1	5.1	4.9
変動利率[2]	6.5	5.3	6.2	5.7	(5)	4.3	7.2	5.6	6.3	5.7	(5)	4.2
頭金、手数料[3]	0.69	0.54	0.81	0.84	1.00	0.82	0.66	0.33	0.40	0.46	0.55	0.71
有効利子率、全ローン[4]	7.5	5.9	6.4	6.1	5.1	4.8	8.1	5.9	6.5	6.2	5.1	4.9
固定利率	8.2	6.2	6.4	6.1	5.2	4.8	8.3	6.0	6.5	6.2	5.2	5.0
変動利率[2]	6.5	5.3	6.3	5.8	(5)	4.4	7.2	5.6	6.4	5.8	(5)	4.3
満期日（年）	29.2	29.2	29.4	29.1	28.8	28.5	28.6	28.3	29.3	28.3	28.1	27.5
購入価格（1,000ドル）	234.9	328.5	360.4	350.6	332.3	335.3	191.8	291.3	286.2	296.4	303.6	297.7
ローン／価額割合	77.4	75.2	77.1	76.2	73.9	73.4	77.9	74.6	79.9	77.0	74.6	74.2
ローンにしめる変動利率の割合（％）	40	29	11	4	(5)	3	21	30	11	8	(5)	5

1．ローン契約に特記された最初の利息は借り手が払う　2．契約利息に関して期間上の契約但し書きのあるローン　3．ローンを受けるために売り手、借り手が払う全手数料、割引料、「利益」を含む。抵当、クレジット、生命・財産保険および資産移転、権利証書の調査と保険の手数料を除く　4．契約上利子率＋10年以上の償却された手数料　5．有意な数値を報告するための十分なデータがない

資料：U.S. Federal Housing Finance Agency, *Monthly Interest Rate Survey*, Historical Summary Table, <http://www.fhfa.gov/Default.aspx?Page=252>

No.1194. 抵当権の設定、滞納、抵当流れ：1990－2010年

[単位：％および10億ドル。459は4590億ドルを表す。農業以外の戸建てから4人家族用住宅までの居住用資産を担保とするローン。抵当の発生は、新規抵当の設定を示す。貸し手が借り手をひきつけ、担保ローンを作成し、貸し手の帳簿にのせるというすべての段階を含む。全米滞納調査に基づく。この調査はすべての第1順位ローン残高の80～85％以上にあたる、1－4世帯向け住宅のローン4500万件をカバーしている。調査対象のローンは抵当銀行、商業銀行、貯蓄金融機関を含む約120の貸し手側から報告されたもの]

項目	1990	2000	2004	2005	2006	2007	2008	2009	2010
抵当権の設定									
計(10億ドル)	459	1,139	2,773	2,908	2,726	2,306	1,509	1,995	1,572
購入(10億ドル)	389	905	1,309	1,512	1,399	1,140	731	664	473
借り換え(10億ドル)	70	234	1,463	1,397	1,326	1,166	777	1,331	1,099
返済滞納発生率[1]									
計	4.7	4.4	4.5	4.5	4.6	5.4	6.9	9.4	9.3
プライムレート約定融資	(NA)	2.3	2.3	2.3	2.4	2.9	4.3	6.5	6.5
プライムレート以下の約定融資	(NA)	11.9	10.8	10.8	12.3	15.6	19.9	25.5	25.9
連邦住宅局保証融資	6.7	9.1	12.2	12.5	12.7	12.7	13.0	14.0	12.8
退役軍人援護局保証融資	6.3	6.8	7.3	7.0	6.7	6.4	7.2	7.9	7.5
抵当流れ発生率									
ローン総額に占める抵当流れ発生率[2]	0.9	1.2	1.2	1.0	1.2	2.0	3.3	4.3	4.6
プライムレート約定融資	(NA)	0.4	0.5	0.4	0.5	1.0	1.9	3.0	3.5
プライムレート以下の約定融資	(NA)	9.4	3.8	3.3	4.5	8.7	13.7	15.1	14.5
連邦住宅局保証融資	1.3	1.7	2.7	2.3	1.9	2.3	2.4	3.2	3.5
退役軍人援護局保証融資	1.2	1.2	1.5	1.1	1.0	1.1	1.7	2.2	2.4
差し押さえ手続きに入ったローン[3]	1.2	1.5	1.7	1.6	1.9	2.8	4.2	5.4	5.0
プライムローン	(NA)	0.6	0.8	0.7	0.8	1.3	2.4	4.0	4.0
サブプライムローン	(NA)	9.2	5.9	5.6	7.3	11.7	16.5	16.2	12.9
連邦住宅局ローン	1.7	2.3	3.9	3.4	3.3	3.6	3.8	4.4	4.7
退役軍人局ローン	1.6	1.5	2.0	1.5	1.4	1.6	2.3	3.1	3.3

NA データなし 1．抵当融資のうち30日以上の返済滞納発生率。四半期データの平均値。返済滞納発生率は抵当流れの状態にあるローンを含まない 2．年末現在の抵当流れの割合。季節調整なし 3．年末現在差し押さえ手続きにはいったローンの割合。季節調整はしていない

資料：Mortgage Bankers Association of America, Washington, DC, "MBA Mortgage Originations Estimates"; National Delinquency Survey (季刊); <http://www.mortgagebankers.org/> および未刊行資料

No.1195. 被保険商業銀行の債務不履行率および貸し倒れ償還率：1990－2010年

[単位：％。四半期ごとの数値の年間平均。季節調整なし。債務不履行のローンとは、返済期日を30日以上過ぎているもの。利子部分が増加しているものと利子が増加しないものを含む。返済期日設定ローンに占める割合。貸し倒れ償還は、帳簿から損金残高に移動したローンで、純回収額を平均的なローンの割合で計測し、年間数値として表す]

ローンの種類	1990	2000	2004	2005	2006	2007	2008	2009	2010
債務不履行率									
ローン総額	5.33	2.18	1.80	1.57	1.57	2.06	3.67	6.56	6.97
不動産ローン	6.10	1.89	1.44	1.37	1.49	2.27	4.67	8.46	9.70
住宅[1]	(NA)	2.11	1.55	1.55	1.73	2.55	5.01	9.14	10.84
商業建築[2]	(NA)	1.49	1.20	1.07	1.12	1.94	4.44	7.90	8.52
消費者ローン	3.83	3.55	3.08	2.81	2.90	3.13	3.76	4.70	4.15
クレジットカード	(NA)	4.50	4.11	3.70	4.01	4.25	5.02	6.52	4.90
その他	(NA)	2.98	2.46	2.24	2.21	2.46	3.00	3.57	3.33
リース	1.97	1.59	1.34	1.28	1.26	1.20	1.58	2.30	1.89
商業用・工業用ローン	5.34	2.22	2.18	1.51	1.27	1.22	1.88	3.90	3.44
農業用ローン	3.84	2.54	1.68	1.30	1.11	1.21	1.19	2.37	3.05
貸し倒れ償還率									
ローン総額	1.44	0.66	0.60	0.54	0.42	0.61	1.43	2.66	2.65
不動産ローン	0.85	0.10	0.09	0.06	0.09	0.23	1.21	2.29	2.15
住宅[1]	(NA)	0.12	0.10	0.08	0.11	0.26	1.28	2.36	2.12
商業建築[2]	(NA)	0.05	0.07	0.05	0.06	0.20	1.20	2.36	2.32
消費者ローン	1.82	2.36	2.68	2.75	2.05	2.49	3.53	5.49	5.87
クレジットカード	3.46	4.46	5.04	4.84	3.64	4.00	5.52	9.40	9.34
その他	1.03	1.14	1.31	1.38	1.06	1.58	2.34	3.05	2.05
リース	0.66	0.31	0.42	0.58	0.17	0.24	0.54	1.29	0.72
商業用・工業用ローン	1.29	0.76	0.53	0.26	0.29	0.49	0.98	2.30	1.69
農業用ローン	0.21	0.18	0.09	0.07	0.05	0.10	0.17	0.51	1.01

NA データなし 1．住宅不動産ローンは1～4人家族用の不動産を担保とするローン。ホームエクイティライン・オブ・クレジットを含む。国内の事務所で記録されたもののみ 2．商業用不動産ローンは、建築および土地開発のためのローン、多世帯住宅を担保とするローン、および非農業・非住宅用不動産を担保とするローン。国内の事務所で記録されたもののみ

資料：Federal Financial Institutions Examination Council (FFIEC), *Consolidated Reports of Condition and Income* (1990-2000: FFIEC 031 through 034; beginning 2002: FFIEC 031 & 041)

No.1196. 通貨保有：1990－2010年

[単位：10億ドル（825は8250億ドルを表す）。12月現在。毎日の数字の季節調整平均値。類似の資料として『アメリカ歴史統計』系列X410-417も参照］

項目	1990	2000	2003	2004	2005	2006	2007	2008	2009	2010
M1、計	**825**	**1,087**	**1,306**	**1,376**	**1,375**	**1,366**	**1,374**	**1,603**	**1,694**	**1,831**
現金通貨[1]	246	531	663	698	724	750	760	815	862	916
トラベラーズチェック[2]	8	8	8	8	7	7	6	6	5	5
要求払い預金[3]	277	310	326	343	324	304	300	469	441	508
その他通貨性預金[4]	294	238	310	328	319	306	307	313	386	402
M2、計	**3,277**	**4,916**	**6,065**	**6,409**	**6,674**	**7,066**	**7,495**	**8,248**	**8,531**	**8,817**
M1	825	1,087	1,306	1,376	1,375	1,366	1,374	1,603	1,694	1,831
M2に加わるもの	2,453	3,829	4,758	5,032	5,300	5,700	6,121	6,646	6,837	6,986
リテール・マネー・ファンド	356	905	778	696	700	800	974	1,084	823	706
マネーマーケット・デポジット（MMDAを含む）	923	1,878	3,163	3,509	3,606	3,695	3,873	4,106	4,837	5,357
商業銀行	581	1,424	2,338	2,633	2,777	2,911	3,045	3,335	3,997	4,437
貯蓄機関	342	454	825	876	829	783	828	772	840	920
短期定期性預金[5]	1,173	1,046	818	828	993	1,205	1,275	1,456	1,177	923
商業銀行	611	701	542	552	646	780	858	1,077	858	652
貯蓄機関	563	345	276	276	347	425	417	379	319	271

1．合衆国財務省、連邦準備銀行、貯蓄、預託期間の保管するもの以外の現金通貨　2．ノンバンク発行の米ドル建トラベラーズチェックの未使用分。預金受入れ金融機関発行のトラベラーズチェックは要求払預金に含まれる　3．国内商業銀行、外国銀行の米国支店および代理店、エッジ・アクト法人（預金受入れ金融機関、米国政府、および外国銀行と公的機関の預金高を除く）等の要求払預金から、取立ての過程における現金項目と連邦準備フロートを引いたもの　4．国内商業銀行、外国銀行の米国支店や代理店、エッジ・アクト法人、および貯蓄金融機関等の譲渡可能払戻し指図書口座（negotiable order of withdrawal: NOW）や自動振替口座（automatic transfer service: ATS）の残高、信用組合共有手形残高、貯蓄金融機関の要求払預金　5．10万ドル以下の額で振出されたもの。商業銀行や貯蓄金融機関の個人退職年金勘定とキーオ勘定の残高は、短期定期性預金から控除される

資料：Board of Governors of the Federal Reserve System, *Federal Reserve Statistical Release H.6*（週刊）<http://www.federalreserve.gov/rnd.htm> も参照

No.1197. 金融市場利子率および抵当率：1990－2010年

[単位：年率％。毎月データの年間平均値。特別に示すデータを除く。『アメリカ歴史統計』系列X444-453も参照］

項目	1990	1995	2000	2003	2004	2005	2006	2007	2008	2009	2010
連邦ファンド実効利子率	8.10	5.83	6.24	1.13	1.35	3.22	4.97	5.02	1.92	0.16	0.18
銀行プライムレート	10.01	8.83	9.23	4.12	4.34	6.19	7.96	8.05	5.09	3.25	3.25
割引率[1]	6.98	5.21	5.73	2.12	2.34	4.19	5.96	5.86	2.39	0.50	0.72
ユーロ・ドル預金（3ヵ月）	8.16	5.93	6.45	1.14	1.55	3.51	5.19	5.32	3.31	1.03	0.45
大口自由金利預金：											
（3ヵ月物、第2市場）	8.15	5.92	6.46	1.15	1.57	3.51	5.16	5.27	2.97	0.55	0.31
（6ヵ月物、第2市場）	8.17	5.98	6.59	1.17	1.74	3.73	5.24	5.23	3.14	0.87	0.44
課税マネーマーケットファンド[2]	7.82	5.48	5.89	0.64	0.82	2.66	4.51	4.70	2.05	0.18	0.04
非課税マネーマーケットファンド[2]	5.45	3.39	3.54	0.53	0.66	1.87	2.90	3.13	1.77	0.19	0.04
サーティフィケートデポジット(CD)：[3]											
6ヵ月	7.79	4.92	5.09	1.02	1.14	2.37	3.29	3.46	2.12	0.86	0.39
1年	7.92	5.39	5.46	1.20	1.45	2.78	3.64	3.65	2.36	1.16	0.65
2年6ヵ月	7.96	5.69	5.64	1.77	2.21	3.18	3.75	3.65	2.43	1.43	0.98
5年	8.06	6.00	5.97	2.93	3.34	3.75	4.02	3.89	3.17	2.21	1.88
合衆国政府証券：(第2市場)[4]											
3ヵ月債	7.50	5.49	5.82	1.01	1.37	3.15	4.73	4.36	1.37	0.15	0.14
6ヵ月債	7.46	5.56	5.90	1.05	1.58	3.39	4.81	4.44	1.62	0.28	0.20
平均市場価格：[5]											
3ヵ月債	7.51	5.51	5.85	1.02	1.38	3.16	4.73	4.41	1.48	0.16	0.14
住宅担保：											
新規住宅ローン発生[6]	10.05	7.87	7.52	5.80	5.77	5.94	6.63	6.41	6.05	5.14	4.80
約定ローン、15年、固定[3]	9.73	7.39	7.76	5.25	5.23	5.50	6.13	6.11	5.83	4.83	4.27
約定ローン、30年、固定[3]	9.97	7.86	8.08	5.89	5.86	5.93	6.47	6.40	6.23	5.38	4.86

1．連邦準備銀行（ニューヨーク）の率。2003年から、連邦準備金の一次貸出割引業務における割引や貸付に際して当該割引率が課せられた（2003年1月9日実施）。この割引率は、2003年1月8日以降廃止となった調整貸付のための割引率に取って代わるもの　2．12月31日を期末とする12カ月利回り。資料：iMoneyNet, Inc., Westborough, MA, *Money Market Insight*（月刊）<http://www.imoneynet.com>（copyright）　3．年平均値。資料：Bankrate, Ins., North Palm Beach, FL, *Bank Rate Monitor*（週刊）(copyright); <http://www.bankrate.com>　4．第2市場における毎日の大引値付け利回り、および銀行割引基準に基づく平均値　5．銀行割引ベース、発行日により計算した平均値。資料：U.S. Council of Economic Advisors, *Economic Indicators*（月刊）　6．約定レートや通常10年経過時の仮返済の場合と同様に、手数料等が反映された慣例的な抵当に課せられる（プライマリーマーケットにおける）実行レート。資料：U.S. Federal Housing Finance Board, *Terms on Conventional Single-Family Mortgages, Annual National Averages, All Homes*.

資料：脚注に示すものを除き、Board of Governors of the Federal Reserve System, "H15, Selected Interest Rates"; <http://www.federalreserve.gov/releases/h15/data.htm>

No.1198. 債権、株式利回り：1990－2010年

[単位：年あたり％．別に示す単位を除いて毎日データの年間平均値．『アメリカ歴史統計』系列X474-491も参照]

種類	1990	2000	2003	2004	2005	2006	2007	2008	2009	2010
合衆国財務省証券定期満期：[1][2]										
1年	7.89	6.11	1.24	1.89	3.62	4.94	4.53	1.83	0.47	0.32
2年	8.16	6.26	1.65	2.38	3.85	4.82	4.36	2.01	0.96	0.70
3年	8.26	6.22	2.10	2.78	3.93	4.77	4.35	2.24	1.43	1.11
5年	8.37	6.16	2.97	3.43	4.05	4.75	4.43	2.80	2.20	1.93
7年	8.52	6.20	3.52	3.87	4.15	4.76	4.51	3.17	2.82	2.62
10年	8.55	6.89	4.41	4.69	4.73	5.33	5.24	4.25	3.44	3.26
20年	(NA)	6.23	4.96	5.04	4.64	5.00	4.91	4.36	4.11	4.03
州・地方政府債券　格付けAaa[3]	6.96	5.58	4.52	4.51	4.28	4.15	4.13	4.58	4.27	3.90
州・地方政府債券　格付けBaa格[3]	7.30	6.19	5.20	5.09	4.86	4.71	4.59	5.64	6.34	5.63
市債（ボンドバイヤー20種）	7.27	5.71	4.75	4.68	4.40	4.40	4.40	4.85	4.62	4.30
ハイグレード市債										
（スタンダード＆プアーズ）[4]	7.25	5.77	4.73	4.63	4.29	4.42	4.42	4.80	4.64	4.16
社債　格付けAaa／満期が近いもの[3][5]	9.32	7.62	5.66	5.63	5.23	5.59	5.56	5.63	5.31	4.94
社債　格付けBaa／満期が近いもの[3]	10.36	8.37	6.76	6.39	6.06	6.48	6.48	7.44	7.29	6.04
社債　満期が近いもの、全産業[3]	9.77	7.98	6.24	6.00	5.57	5.98	6.01	6.44	6.12	5.40

NA　データなし　1．定期満期物に合わせられた活発な取引のある非インフレ物価スライド債券の利回り．合衆国財務省のデータ　2．1995年まで利回りは少なくとも5つのディーラーによる最終付値に基づく．2000年以降は2部市場における終り値に基づく　3．資料：Moody's Investors Service, New York, NY　4．資料：U.S. Council of Economic Advisors, *Economic Indicators*（月刊）　5．ムーディのAaa格付けは、2001年12月6日までは、Aaaの公益事業債とAaaの産業債の平均、2001年12月7日以降、Aaaの産業債のみの平均
資料：脚注に示したものを除き、Board of Governors of the Federal Reserve System, "H15, Selected Interest Rates"；<http://www.federalreserve.gov/releases/h15/data.htm>

No.1199. 債務市場における流通量――証券のタイプ別：1990－2010年

[単位：10億ドル（1,081は1兆810億ドルを表す）．資料に示した債券市場のもの]

証券のタイプ	1990	2000	2005	2006	2007	2008	2009	2010
新規発行額[1]								
計	1,081	2,489	5,512	5,824	5,947	4,620	6,806	6,637
合衆国財務省債券[2]	398	312	746	789	752	1,037	2,185	2,304
連邦政府機関債[3]	55	447	669	747	942	985	1,117	1,033
公債（州債、地方債、市債）	128	201	408	387	429	390	410	433
抵当証券[4]	380	660	2,182	2,089	2,186	1,362	2,041	1,742
資産証券[5]	44	282	754	754	510	139	151	109
企業債務[6]	77	588	753	1,059	1,128	707	902	1,015
1日当たり取り引き量								
計	111.2	357.6	918.7	893.1	1,014.9	1,033.6	814.6	949.8
合衆国財務省債券[2][7]	111.2	206.5	554.5	524.7	570.2	553.1	407.9	528.2
連邦政府機関債[7]	(NA)	72.8	78.8	74.4	83.0	104.5	77.7	71.5
公債[8]	(NA)	8.8	16.9	22.5	25.1	19.4	12.5	13.3
抵当証券[4][7]	(NA)	69.5	251.8	254.6	320.1	344.9	299.9	320.6
企業債[6]	(NA)	(NA)	16.7	16.9	16.4	11.8	16.8	16.3
未償還証券額								
計	7,657	16,925	26,569	29,475	31,775	33,434	34,425	35,969
合衆国財務省債券[2]	2,196	2,952	4,166	4,323	4,517	5,774	7,261	8,853
連邦政府機関債	422	1,854	2,616	2,634	2,906	3,211	2,727	2,728
公債	1,179	1,481	2,226	2,403	2,619	2,680	2,809	2,925
抵当証券[4]	1,278	3,566	7,213	8,635	9,143	9,102	9,188	8,912
資産証券[5]	76	1,052	1,950	2,127	2,472	2,672	2,429	2,150
金融市場商品[9]	1,157	2,663	3,434	4,009	4,171	3,791	3,127	2,865
企業債務[6]	1,350	3,358	4,965	5,344	5,947	6,205	6,884	7,536

NA　データなし　1．長期債券の発行者のみ　2．市場に流通している公債　3．翌日払いの割引手形を含む．2004年以降は米国奨学資金金庫（Sallie Mae）を除く　4．政府の抵当協会（GNMA）連邦政府抵当協会（FNMA）、連邦住宅資抵当会社（FHLMC）、不動産担保証券（MBS）、不動産抵当担保債権（CMOS）およびプライベートレーベルのMBS/CMOSを含む　5．住宅抵当関連以外の資産の裏付けのある証券　6．非転換社債、ヤンキー債、MTN（中期債）を含む．但し、満期1年以下の全発行債券、連邦政府機関の債権、預金証書の類を除く　7．主要ディーラーの取り扱い　8．2000年以降は顧客とディーラー間およびディーラー同士の取引を含む　9．商業手形、銀行取引き受け手形、定期預金
資料：The Securities Industry and Financial Markets Association, New York, NY; <http://www.sifma.org/research/research.aspx?ID=10806>（Copyright）．原資料は Board of Governors of the Federal Reserve System, U.S. Dept. of Treasury, Thompson Reuters, FHLMC, FNMA, GNMA, Federal Home Loan Banks, Student Loan Marketing Association, Federal Farm Credit Banks, Tennessee Valley Authority, Bloomberg, Loan Performance, Dealogic and Municipal Securities Rulemaking Boardのデータに基づく

No.1200. 有価証券の収益：1980－2010年

[単位：％。平均年変化。株式の収益データはStandard & Poor'sの500銘柄に基づく。マイナス（－）記号は減少を示す]

期間	株式 総収益	株式 キャピタルゲイン	株式 配当再投資	株式 インフレ調整後の総収益	財務省証券総収益	債券（10年もの）総収益
1980－1989	17.55	12.59	4.40	11.85	9.13	13.01
1990－1999	18.21	15.31	2.51	14.85	4.95	8.02
2000－2009	－0.45	－2.73	2.27	－3.39	2.74	6.63
2001	－11.89	－13.04	1.32	－13.68	3.32	5.53
2002	－22.10	－23.37	1.65	－23.91	1.61	15.37
2003	28.68	26.38	1.82	26.31	1.03	0.46
2004	10.88	8.99	1.73	7.38	1.43	4.61
2005	4.91	3.00	1.85	1.45	3.30	3.09
2006	15.80	13.62	1.91	11.97	4.97	2.21
2007	5.49	3.53	1.89	1.35	4.52	10.54
2008	－37.00	－38.49	1.88	－37.10	1.24	20.23
2009	26.25	23.45	2.44	23.11	0.15	－9.50
2010	15.06	12.78	2.02	13.36	0.03	7.26

資料：Global Financial Data, Los Angeles, CA, "GFD Guide to Total Returns"; <http://www.globalfindata.com>; および未刊行資料 (copyright)

No.1201. 株式、社債、財務省証券の保有高と純購買額——保有者のタイプ別：2000－2010年

[単位：10億ドル（17,575は17兆5750億ドルを表す）。12月31日現在の保有高。マイナス（－）は売却を示す]

保有者のタイプ	保有高 2000	2005	2008	2009	2010	純購入額 2000	2005	2008	2009	2010
株式[1] 計[2]	17,575	20,636	15,678	20,003	23,293	5.6	－76.6	263.4	313.4	－9.3
家計部門[3]	8,147	8,093	5,777	7,321	8,514	－637.5	－372.5	－112.4	111.2	－89.9
国外[4]	1,483	2,039	1,807	2,436	3,091	199.7	56.9	104.7	131.8	93.2
生命保険会社	892	1,162	1,002	1,208	1,423	111.3	65.9	81.8	33.4	45.6
個人年金基金	1,971	2,442	1,600	1,836	1,983	62.8	－42.0	－184.6	－175.6	－111.1
州、地方退職年金基金	1,299	1,716	1,238	1,550	1,779	11.6	－5.6	1.2	－17.3	－25.8
ミューチュアル・ファンド	3,227	4,176	3,014	4,136	4,801	193.1	129.6	－38.1	86.3	37.7
上場投資信託	66	286	474	670	854	42.4	50.0	154.2	70.5	88.2
社債、外国債 計	4,826	8,694	11,016	11,434	11,440	358.6	864.2	－227.6	－68.2	－109.6
家計部門[3]	551	1,298	1,956	2,081	1,919	84.3	119.6	－213.3	－146.7	－331.9
国外[4]	842	1,763	2,354	2,468	2,430	168.2	328.5	－21.8	－139.4	－42.6
商業銀行	266	687	980	868	750	56.0	123.4	1.7	－114.2	－95.2
損害保険会社	188	263	268	298	299	6.4	17.5	－15.4	30.8	24.3
生命保険会社	1,215	1,825	1,817	1,915	2,023	47.9	74.7	－45.5	97.6	102.3
個人年金基金	266	290	400	443	482	－76.3	22.2	42.7	42.8	40.6
州、地方退職年金基金	314	228	313	309	312	4.2	14.5	15.9	－4.3	3.8
ミューチュアル・ファンド	338	663	960	1,106	1,255	－10.6	65.9	69.9	146.2	147.0
政府企業	131	466	387	311	296	19.1	50.9	－77.7	－33.8	－16.9
証券取引業	25	67	667	710	760	－8.9	－29.4	497.3	43.6	51.9
財務省証券 計	3,358	4,678	6,338	7,782	9,361	－294.9	307.3	1,239.0	1,443.7	1,579.6
州、地方政府	310	481	486	506	520	5.5	92.3	－48.6	20.1	11.1
国外[4]	1,021	1,984	3,251	3,697	4,394	－75.2	245.1	710.1	583.9	680.5
金融機関	512	744	476	777	1,021	33.7	26.4	－264.7	300.7	244.9
マネーマーケット・ミューチュアル・ファンド	92	89	578	406	335	－12.9	－9.6	399.5	－171.3	－71.0

－ ゼロまたは概数でゼロを示す 1. ミューチュアル・ファンドを除く。表No.1215を参照 2. 個別に示さない他のタイプを含む 3. 非営利機関を含む 4. 国外居住者の合衆国発行株、証券、債券の保有および購入

資料：Board of Governors of the Federal Reserve System, "Federal Reserve Statistical Release, Z.1, Flow of Funds Accounts of the United States" (2011年3月); <http://www.federalreserve.gov/releases/z1/20100311/>

No.1202. 企業による有価証券の新規発行：2000－2010年

[単位：10億ドル（1,075は1兆750億ドルを表す）。満期1年以上のもの。総発行高。数値は発行価格に発行数を掛けたもの。第2次募集、非雇用者持株制度、クローズド・エンド、他の投資会社、法人間売買、海外売上株式、およびヤンキー債券を除く。株式データは合資会社により発行された株主有価証券を含む]

種類	2000	2005	2009	2010	種類	2000	2005	2009	2010
計	1,075	2,362	1,181	1,002	非金融資産	360	211	479	489
					金融資産	679	2,036	468	382
債券、計	940	2,247	947	871	株式、計	135	115	234	131
合衆国内で販売	827	2,115	784	589	非金融	118	55	63	61
外国で販売	112	131	163	282	金融	17	61	171	70

資料：Board of Governors of the Federal Reserve System, "New Security Issues, U.S. Corporations"; <http://www.federalreserve.gov/econresdata/releases/corpsecure/current.htm>

No.1203. 合衆国投資家による外国債券・外国株式の売買：1990－2010年／および主要国別：2010年

[単位：10億ドル（31.2は312億ドルを表す）。合衆国内の銀行、ブローカー、その他許可を受けた機関が報告する、すべての長期国内証券の外国人による取引を表す。データは証券の新規発行、満期前の証券、および償還を含む。また外国人勘定により合衆国内で行なわれた取引と、報告機関およびその国内顧客の勘定により外国で行なわれた取引の双方を含む。国別のデータは証券を売買する外国人の居住地を示す。償還前の証券については、その発行国とは異なる。国別のデータは、合衆国内の報告機関と直接関係を持つ外国人証券売買業者の居住地を示す。データは必ずしも受益者としての債券所有者あるいは発行者の居住地を示しているわけではない。外国人の定義には、合衆国外に住所のあるすべての機関と個人を含み、海外に居住する米国人、合衆国銀行・企業の海外支店、支社、中央政府と中央銀行、その他外国の公的機関、国際機関も含む。外国人にはまた、報告機関が外国人と認知しているものも含む。株式交換を要件とする合併による外国株式の取得は除く。外国証券の純販売額は、株式交換を含めて、2010年には1,630億ドルだった。マイナス（－）は合衆国投資家の純売却または合衆国への資本の流入を示す]

年、国	純購買 計	純購買 債券	純購買 株式	総取引1 計	総取引1 債券	総取引1 株式	債券 購入	債券 販売	株式 購入	株式 販売
1990	31.2	21.9	9.2	907	652	255	337	315	132	123
2000	17.1	4.1	13.1	5,539	1,922	3,617	963	959	1,815	1,802
2003	56.5	-32.0	88.6	5,580	2,883	2,698	1,425	1,457	1,393	1,305
2004	152.8	67.9	85.0	6,399	2,986	3,413	1,527	1,459	1,749	1,664
2005	172.4	45.1	127.3	7,572	2,965	4,608	1,505	1,460	2,367	2,240
2006	250.9	144.5	106.5	11,283	3,904	7,379	2,024	1,880	3,743	3,636
2007	229.2	133.9	95.3	16,604	6,078	10,527	3,107	2,973	5,311	5,216
2008	-86.9	-66.4	-20.4	15,332	4,475	10,856	2,218	2,272	5,423	5,443
2009	197.6	138.2	59.3	10,442	4,042	6,400	2,079	1,952	3,229	3,170
2010, 計2	147.6	86.8	60.9	14,801	7,394	7,407	3,740	3,654	3,734	3,673
イギリス	-10.3	-6.5	-3.8	5,318	3,028	2,289	1,511	1,517	1,143	1,147
ケイマン諸島	2.4	-3.5	5.9	2,746	1,454	1,293	725	729	649	643
カナダ	52.6	49.9	2.8	1,159	668	491	359	309	247	244
香港	18.2	-7.8	26.0	682	69	612	31	39	319	293
日本	19.8	6.5	13.4	501	127	374	67	60	194	180
バーミューダ諸島	2.7	1.5	1.1	743	551	192	277	275	97	95
フランス	-8.6	-4.8	-3.8	403	190	213	93	97	105	108
オーストラリア	17.3	17.2	0.2	255	101	154	59	42	77	77
ドイツ	-36.0	-32.7	-3.3	226	150	75	59	92	36	39
英領バージン諸島	-3.6	0.5	-4.1	243	54	189	27	27	92	97
オランダ	-7.3	-7.3	－	158	63	95	28	35	48	48
バハマ諸島	-0.7	1.2	-1.9	178	57	121	29	28	60	61
スイス	-0.4	5.7	-6.2	165	34	131	20	14	62	68
ブラジル	21.8	0.8	21.0	180	66	114	33	33	67	47

－ ゼロまたは概数でゼロを示す　1．総購買額＋総売却額　2．個別に示さないその他の国を含む
資料：U.S. Dept. of Treasury, *Treasury Bulletin* (季刊), Capital Movements Tables (Section IV); <http://www.fms.treas.gov/bulletin/index.html> も参照

No.1204. 合衆国の保有する外国株式と外国債券：2008－2010年

[単位：10億ドル（2,748.4は2兆7484億ドルを表す）。表No.1289を参照]

国	株式 2008	株式 2009	株式 2010, 暫定値	国	債権 2008	債権 2009	債権 2010, 暫定値
総保有額	2,748.4	3,995.3	4,485.6	総保有額	1,237.3	1,570.3	1,737.3
ヨーロッパ1	1,378.9	1,961.9	2,031.8	ヨーロッパ1	571.2	741.4	771.7
イギリス	393.5	592.4	638.7	イギリス	189.0	254.4	244.7
スイス	214.3	298.3	328.2	ベルギー・ルクセンブルク	43.4	64.6	123.0
フランス	212.2	250.7	235.9	ドイツ	74.9	106.2	109.0
ドイツ	159.9	192.7	205.7	オランダ	75.9	76.1	79.2
オランダ	76.6	108.8	111.1	フランス	52.7	76.0	46.1
スペイン	63.3	87.4	70.4	アイルランド	22.6	25.8	38.1
アイルランド	22.3	79.2	62.2	スウェーデン	20.2	25.5	33.0
スウェーデン	30.3	44.0	58.4	カナダ	165.9	219.5	283.9
ベルギー・ルクセンブルク	31.6	59.8	56.4	カリブ金融センター1	227.2	251.0	265.9
カナダ	180.2	295.1	359.5	ケイマン諸島	202.4	217.5	226.6
カリブ金融センター1	283.1	334.7	377.4	バミューダ諸島	19.2	26.8	29.9
バーミューダ諸島	143.3	121.1	132.1	ラテンアメリカ（カリブ金融センターを除く）1	65.9	94.2	114.5
ケイマン諸島	95.2	147.5	168.1	メキシコ	19.0	22.6	34.5
ラテンアメリカ（カリブ金融センターを除く）1	137.3	276.6	331.5	アジア1	98.9	101.0	109.6
ブラジル	72.1	180.3	211.4	日本	39.7	26.6	34.9
メキシコ	46.0	65.1	82.9	アフリカ	6.4	9.3	11.6
アジア1	659.2	929.3	1,153.5	その他の国1	97.7	153.9	180.0
日本	347.6	370.8	441.1	オーストラリア	71.0	107.3	131.7
香港	61.5	91.4	138.6				
中国2	53.3	101.6	104.4				
韓国	45.3	87.9	122.4				
台湾2	41.2	76.6	97.5				
アフリカ1	35.6	58.0	72.8				
南アフリカ	29.6	49.5	66.0				
その他の国1	74.1	139.8	159.2				
オーストラリア	65.2	127.9	144.2				

1．個別に示さないその他の国を含む　2．表No.1206の脚注3を参照
資料：U.S. Bureau of Economic Analysis, *Survey of Current Business* (2011年7月)

No.1205. 外国投資家による合衆国証券の購買——証券の種類別：1990－2010年／および主要国別：2010年

[単位：10億ドル（18.7は187億ドルを表す）。合衆国内の銀行、ブローカー、その他の機関が外国人による対米証券投資（TIC）報告制度に報告する、外国人によるすべての長期国内証券の取引を表す。ただし、非市場性の外国政府向けドル建て中期国債と、非市場性の外国政府向け外貨建て中長期国債を除く。国別データは、証券の外国の売り手買い手の所属国を示す。未償還証券の場合は、証券発行の国と異なる。株式スワップを伴う合併や再法人化を通じて取得された株式は除外している。また、外国人が保有するエージェンシーや企業の資産担保証券（ABS）の元本償還による流出も除く。株式スワップを含め、ABSの元本償還による流出を考慮に入れると、合衆国証券の2010年の純購買は7160億ドルとなる。マイナス記号（－）は外国人による純売却額、すなわち合衆国からの資本の流出を示す]

年、国	純購買					総取引[1]				
	計	財務省債券[2]	政府系企業債[3]	社債[4]	株式	計	財務省債券[2]	政府系企業債[3]	社債[4]	株式
1990	18.7	17.9	6.3	9.7	-15.1	4,204	3,620	104	117	362
2000	457.8	-54.0	152.8	184.1	174.9	16,910	7,795	1,305	775	7,036
2002	547.6	119.9	195.1	182.3	50.2	25,498	14,409	3,261	1,459	6,369
2003	719.9	263.6	155.8	265.7	34.7	26,332	15,739	2,725	1,694	6,174
2004	916.5	352.1	226.4	309.5	28.5	29,441	17,520	2,192	2,033	7,696
2005	1,011.5	338.1	219.3	372.2	82.0	33,303	19,764	1,976	2,182	9,382
2006	1,143.2	195.5	286.5	510.8	150.4	41,011	21,720	2,858	2,846	13,587
2007	1,005.8	198.0	219.0	393.4	195.5	58,455	30,057	3,882	3,433	21,083
2008	414.9	314.9	-38.7	93.9	44.8	61,035	28,944	5,219	2,841	24,031
2009	638.9	538.4	-11.5	-40.8	152.7	40,321	22,648	2,098	2,420	13,155
2010, 計[5]	933.9	707.9	115.0	-1.8	112.8	49,041	31,623	1,997	2,035	13,386
英国	397.9	343.6	31.5	-5.0	27.8	17,585	14,629	405	708	1,843
ケイマン諸島	59.9	18.4	7.1	18.3	16.1	8,698	3,392	329	465	4,513
フランス	27.9	-5.0	16.4	-6.4	23.0	7,720	5,896	62	38	1,725
カナダ	95.8	80.2	7.8	1.6	6.2	2,194	1,296	69	97	732
日本	200.8	124.1	68.0	4.1	4.6	2,096	1,535	362	67	133
バーミューダ諸島	15.0	3.1	4.6	1.7	5.5	1,250	186	96	72	896
バハマ諸島	-8.8	-8.8	0.0	-0.9	0.1	927	432	9	128	358
英領バージン諸島	-2.2	-4.4	0.3	0.3	1.6	1,094	568	4	41	482
アンギラ	-0.2	-1.4	0.0	0.7	0.6	1,003	43	0	2	958
中国[6]	24.3	51.2	-29.3	-0.4	2.8	505	356	103	8	38
イスラエル	4.5	3.4	0.6	0.2	0.4	297	259	5	4	29
アイルランド	-9.1	-3.1	-4.0	-3.0	1.0	458	278	70	40	70

1. 譲渡式の債券　2. 連邦政府の機関も含む　3. 合衆国企業が海外で直接行なう取引および州・自治体の発行を含む　4. 総購買額＋総売却額　5. 個別に示さないその他の国を含む　6. 表No.1206の脚注3を参照
資料：U.S. Dept. of Treasury, *Treasury Bulletin*（季刊）, Capital Movements Tables (Section IV). <http://www.fms.treas.gov/bulletin/index.html> も参照

No.1206. 合衆国債券の諸外国保有額：2008－2010年

[単位：10億ドル（3,253.0は3兆2530億ドルを表す）。特に記載のあるものを除き、合衆国証券のみ。表No.1289を参照]

国	2008	2009	2010, 暫定値	国	2008	2009	2010, 暫定値
合衆国財務省債券総保有額[1][2]	3,253.0	3,671.4	4,385.3	日本	265.2	261.2	270.5
中国[3]	808.3	1,036.4	1,280.1	台湾[3]	36.4	43.5	52.2
日本	660.1	750.2	871.5	香港	23.4	24.6	31.9
OPEC諸国（アジア）[4]	180.6	166.1	165.8	アフリカ	3.4	2.7	2.4
ブラジル	140.1	170.3	184.7	その他[2]	48.2	48.9	43.5
ロシア	133.8	156.3	169.4	オーストラリア	28.9	25.7	23.5
香港	78.2	145.9	133.5	株式	1,850.1	2,494.3	2,991.6
台湾[3]	94.5	125.8	153.7	ヨーロッパ[2]	964.4	1,281.1	1,550.4
ベルギー、ルクセンブルク	112.9	111.3	117.7	イギリス	282.7	372.0	451.8
スイス	73.6	91.0	105.5	ベルギー、ルクセンブルク	147.4	197.6	231.6
ケイマン諸島	84.7	29.7	98.5	スイス	118.0	166.0	202.7
法人および政府機関債券	2,770.6	2,825.6	2,868.5	オランダ	124.6	159.5	179.9
ヨーロッパ[2]	1,753.3	1,782.6	1,762.2	フランス	87.3	116.1	163.6
ベルギー、ルクセンブルク	668.9	705.7	677.2	アイルランド	56.0	78.3	95.3
イギリス	566.0	546.4	549.6	ドイツ	45.3	57.2	67.4
アイルランド	153.0	154.5	151.0	スウェーデン	31.4	46.0	57.9
スイス	98.8	113.4	121.2	カナダ	234.1	306.0	365.7
ドイツ	90.5	85.5	83.7	カリブ金融センター[2]	305.0	424.2	511.2
オランダ	84.7	73.7	66.8	ケイマン諸島	214.9	299.2	357.8
フランス	41.0	49.0	59.8	ラテンアメリカ			
カナダ	63.8	70.1	87.7	（カリブ金融センターを除く）	39.1	54.5	65.4
カリブ金融センター[2]	480.2	516.8	536.9	メキシコ	10.3	14.5	20.8
ケイマン諸島	336.8	354.1	363.8	アジア[2]	239.6	336.4	391.3
バーミューダ諸島	109.5	124.1	131.4	日本	161.9	231.2	275.0
ラテンアメリカ				アフリカ	5.1	5.9	6.6
（カリブ金融センターを除く）[2]	33.8	26.6	32.2	その他[2]	62.8	86.2	101.0
アジア[2]	387.9	377.9	403.6	オーストラリア	65.5	87.6	91.5

1. 外国の公的保有を含む　2. 個別に示さないその他の国を含む　3. 1979年1月1日中国との国交開始により、合衆国は中華人民共和国政府を唯一の中国政府と認識し、台湾は中国の一部としている　4. インドネシア、イラン、イラク、クウェート、カタール、サウジアラビア、アラブ首長国連邦で構成する
資料：U.S. Bureau of Economic Analysis, *Survey of Current Business*（2011年7月）

No.1207. 株価と収益：2000-2010年

[別に注記したものを除き、12月31日現在の終値。『アメリカ歴史統計』系列X492-498も参照]

項目種別	2000	2005	2006	2007	2008	2009	2010
株価指数							
スタンダード・アンド・プアーズ株価指数：[1]							
スタンダード・アンド・プアーズ500種複合 (1941-43年=10)	1,320	1,248	1,418	1,468	903	1,115	1,257
スタンダード・アンド・プアーズ中型株400種 (1982=100)	517	738	804	858	538	727	907
スタンダード・アンド・プアーズ小型株600種(1993年12月31日=100)	220	351	400	395	269	333	416
スタンダード・アンド・プアーズ500種/Barra価格指数(1974年12月31日=35)	636	648	764	761	447	525	590
スタンダード・アンド・プアーズ500種/Barra成長指数(1974年12月31日=35)	688	597	653	703	451	582	659
ラッセル株価指数：[2]							
ラッセル1,000種 (1986年12月31日=130)	700	679	770	800	488	612	697
ラッセル2,000種 (1986年12月31日=135)	484	673	788	766	499	625	784
ラッセル3,000種 (1986年12月31日=140)	726	723	822	849	521	653	749
ニューヨーク株式取引所総合株価指数：							
総合指数 (2002年12月31日=5000)	6,946	7,754	9,139	9,740	5,757	7,185	7,964
年間高値	7,165	7,868	9,188	10,387	9,713	7,288	7,983
年間安値	6,095	6,903	7,708	8,344	4,607	4,182	6,356
アメリカン証券取引所総合指数							
(1995年12月29日=550)	898	1,759	2,056	2,410	1,398	1,825	2,208
ナスダック総合指数 (1971年2月5日=100)	2,471	2,205	2,415	2,653	1,577	2,269	2,653
ナスダック100 (1985年1月31日=125)	2,342	1,645	1,757	2,085	1,212	1,860	2,218
工業株 (1971年2月5日=100)	1,483	1,860	2,090	2,179	1,191	1,748	2,184
銀行株 (1971年2月5日=100)	1,939	3,078	3,417	2,663	2,026	1,651	1,847
コンピュータ株 (1993年10月29日=200)	1,295	992	1,053	1,283	684	1,168	1,372
運輸株 (1971年2月5日=100)	1,160	2,438	2,582	2,673	1,885	1,951	2,562
遠距離通信株 (1993年10月29日=200)	463	184	235	257	146	217	226
バイオテクノロジー株 (1993年10月29日=200)	1,085	790	798	835	730	844	970
ダウ・ジョーンズ：							
総合 (65銘柄)	3,317	3,638	4,121	4,394	3,086	3,567	4,033
工業 (30銘柄)	10,787	10,718	12,463	13,265	8,776	10,428	11,578
運輸 (20銘柄)	2,947	4,196	4,560	4,571	3,537	4,100	5,107
公益事業 (15銘柄)	412	405	457	533	371	398	405
ダウ・ジョーンズ・ウィルシャー5,000種株価指数[3]							
(1980年12月31日=1404.596)	12,176	12,518	14,258	14,820	9,087	11,497	13,290
通常株価収益率 (%)							
スタンダード・アンド・プアーズ総合指数 (500銘柄)：[4]							
配当-株価比率[5]	1.15	1.83	1.87	1.86	2.37	2.01	1.81
収益-株価比率[6]	3.63	5.36	5.78	5.29	3.54	4.55	5.93

1. スタンダード＆プアーズ指数は市場価格で加重され市場規模、流動性、産業別に選択されている。500種類複合指数はスタンダード＆プアーズの決定した取引量が大きい企業が500社を示し、米国経済における産業の活動を表す。S&P中型株式指数は中企業を追跡する　2. ラッセル1,000種および3,000種株価指数は、合衆国における株式のうち企業規模の大きい順に各々1,000銘柄、3,000銘柄を含む。ラッセル2,000種株価指数は、ラッセル1,000種株価指数に含まれる1,000銘柄以外で、企業規模の大きい順に2,000銘柄を含む。資料：Dow Jones & Company, Inc., New York, NY, *Dow Jones Indexes*, (copyright)　3. ウィルシャー5000種株価指数は、合衆国内で発行されているエクィティ証券の業績を測る　4. 資料：U.S. Council of Economic Advisors, *Economic Report of the President* (年刊)　5. 最近の年率に基づく現金配当の合計額を、水曜日終値合計額で割った値。月間値の平均　6. 四半期毎の率の平均。四半期毎にその期間内の課税後収益の、当該四半期最終日の株価指数に対する率を求め、平均する

資料：脚注に示すものを除き、Global Financial Data, Los Angeles, CA, <http://www.globalfindata.com/> (copyright) (copyright)

No.1208. ダウ・ジョーンズ株式市場指数——産業別：2000-2010年

[年末現在]

産業	2000	2005	2006	2007	2008	2009	2010
株式市場指数、計	**306.88**	**302.37**	**343.25**	**357.48**	**219.66**	**276.57**	**316.56**
基幹物資	154.49	205.79	236.22	307.92	147.91	239.44	309.95
消費財	219.82	265.88	298.60	320.39	231.71	278.07	323.20
消費者サービス	279.11	298.62	338.32	310.76	211.93	278.96	340.32
石油・ガス	272.96	422.12	510.72	679.31	429.60	494.01	580.28
金融	440.91	510.02	592.98	474.23	226.52	258.79	287.09
ヘルス・ケア	360.18	315.50	332.38	354.89	268.73	320.51	328.59
工業	276.11	280.72	314.41	351.44	207.77	255.47	315.97
技術	749.01	513.48	561.85	645.98	365.85	595.55	664.45
遠距離通信	210.38	126.90	168.11	179.65	115.34	119.63	133.50
公益事業	177.80	152.41	178.78	204.52	137.79	148.29	153.14

資料：Dow Jones & Company Inc., New York, NY, *Dow Jones Indexes* (copyright)

No.1209. 株式、オプション、先物取引：1990－2010年および取引所別：2010年

[単位：10億ドル（2,229は2兆2290億ドルを表す）。取引所に上場されるすべての株とオプションの市場価格または報告された最終取引価格。権利行使されたオプションおよび決済された先物取引の価格も報告されている。インデックス売買上のオプション・先物取引は除外]

年および取引所	市場価格（10億ドル）			
	計	株式取引	オプション取引	オプション行使および先物決済
1990	2,229	2,154	27	48
2000	36,275	35,557	485	233
2003	22,737	22,292	164	282
2004	27,876	27,158	223	495
2005	34,568	33,223	350	995
2006	43,941	41,798	531	1,611
2007	66,136	63,064	861	2,211
2008	82,012	78,653	1,096	2,264
2009	59,850	57,556	710	1,574
2010、計[1]	**64,008**	**61,146**	**725**	**2,137**
BATS取引所	6,779	6,764	3	11
シカゴ・ボード・オプション取引所	687	112	144	432
EDGX取引所	1,101	1,101	–	–
金融取引業規制機構（FINRA[2]）	18,120	18,120	–	–
国際証券取引所	883	410	120	352
ナスダック OMX BX	1,625	1,565	16	45
ナスダック株式市場	13,433	13,317	27	89
ナショナル証券取引所	331	331	–	–
ニューヨーク証券取引所	8,403	8,403	–	–
ニューヨーク株式市場、アーカ[3]	10,024	9,670	91	263

― ゼロを示す　1．個別に明示しないその他の取引所を含む　2．FINRA＝Financial Industry Regulatory Authority　3．ニューヨーク株式取引所ユーロネクストは2008年10月1日にアメリカン株式取引所（AMEX）の買収を完了、合併後はAmexのエクイティ事業はNYSE Alternext USとなる

資料：U.S. Securities and Exchange Commission, "Select SEC and Market Data"；さらなる情報は〈http://www.sec.gov〉

No.1210. ニューヨーク証券取引所取引量：1990－2010年

[39,946は399億4600万を表す。ラウンドロットは1単位の取引または多重取引を示す。ニューヨーク株式取引所（NYSE）の取引単位は一般に100株。不活発な株では取引単位が10のものもある。オッドロット（端株）とは定着している100株単位または10株単位に満たない株数をいう]

項目	単位	1990	2000	2004	2005[1]	2006	2007	2008	2009	2010
株式取引量	100万	39,946	265,499	372,718	523,811	597,720	671,402	806,883	738,193	601,275
ラウンドロット	100万	39,665	262,478	367,099	516,743	588,127	664,020	802,170	738,193	601,275
1日平均取引量	100万	157	1,042	1,457	2,051	2,343	2,645	3,171	2,929	2,386
最大	100万	292	1,561	2,690	3,628	3,853	5,505	7,342	5,043	5,557
最小	100万	57	403	509	694	797	917	849	585	849
オッドロット（端株）	100万	282	3,021	5,619	7,068	9,593	7,383	4,713	(2)	(2)
株式取引金額	10億ドル	1,336	11,205	11,841	18,174	22,247	28,805	28,272	17,562	17,852
ラウンドロット	10億ドル	1,325	11,060	11,618	17,858	21,790	28,428	28,080	17,562	17,852
オッドロット（端株）	10億ドル	11	145	223	316	458	378	192	(2)	(2)

1．2005年以降NYSEグループの取引　2．440Fおよび440Gの規則の廃止によって、このデータは収集されなくなった

資料：New York Stock Exchange, Inc., New York, NY, "Facts & Figures"；〈http://www.nyxdata.com/factbook〉（copyright）

No.1211. 株式の所有――世帯主の年齢・世帯収入別：2001－2007年

[単位：2007年実質ドル、1000ドル、中央値（40.4は40400ドルを表す）。実質ドルは合衆国労働統計局による消費者物価指数に基づく。世帯には単身世帯も含む。家族、世帯の定義については第1章の解説を参照。消費者金融調査に基づく。付録IIIを参照。中央値の定義については凡例を参照]

世帯主の年齢および世帯収入（2007年実質ドル）	直接的間接的に株式を保有する世帯[1]（％）			株式保有世帯の株式資産中央値			世帯の金融資産に占める株式資産の割合（％）		
	2001	2004	2007	2001	2004	2007	2001	2004	2007
全世帯	**52.2**	**50.2**	**51.1**	**40.4**	**35.7**	**35.0**	**56.1**	**51.3**	**53.3**
35歳未満	49.0	40.8	38.6	8.2	8.8	7.0	52.5	40.3	44.3
35－44歳	59.5	54.5	53.5	32.2	22.0	26.0	57.2	53.5	53.7
45－54歳	59.3	56.5	60.4	58.5	54.9	45.0	59.1	53.8	53.0
55－64歳	57.4	62.8	58.9	94.2	78.0	78.0	56.2	55.0	55.0
65－74歳	40.0	46.9	52.1	175.8	76.9	57.0	55.4	51.5	55.3
75歳以上	35.7	34.8	40.1	128.7	94.3	41.0	51.8	39.3	48.1
所得百分位：[2]									
20％未満（最下層）	12.9	11.7	13.6	8.8	8.2	6.5	37.4	32.0	39.0
20－39.9％	34.1	29.6	34.0	9.1	11.0	8.8	35.6	30.9	34.3
40－59.9％	52.5	51.7	49.5	17.5	16.5	17.7	46.8	43.4	38.3
60－79.9％	75.7	69.9	70.5	33.5	28.7	34.1	52.0	41.7	52.5
80－89.9％	82.0	83.8	84.4	75.6	60.9	62.0	57.3	48.8	49.3
90－100％（富裕層）	89.7	92.7	91.0	289.7	225.2	219.0	60.5	57.5	57.6

1．間接的保有とは、退職勘定その他の管理勘定に株式が含まれる場合　2．表No.1170の脚注8を参照

資料：Board of Governors of the Federal Reserve System, "2007 Survey of Consumer Finances"（2009年2月）；〈http://www.federalreserve.gov/pubs/oss/oss2/2007/scf2007home.html〉

No.1212. 投資信託保有世帯――年齢・所得別：2000、2010年

[単位：％。保有にはマネーマーケット、株式、債券、ハイブリッド・ミューチュアルファンド、各種年金、個人退職勘定（IRA）・キーオー・雇用者負担退職プランを通じて保有するミューチュアルファンドを含む。2010年現在、推計5160万世帯が投資信託を保有している。2009年5月の調査には無作為抽出された4201世帯の標本が含まれる。ミューチュアルファンドはオープンエンド型投資信託。金融資産のプールにおける利子を示して、継続的に証券を発行・償還する]

保有世帯の世帯主年齢および世帯収入 1 2	全世帯構成比(%) 2010	投資信託保有世帯(%) 2000	投資信託保有世帯(%) 2010	保有世帯の世帯主年齢および世帯収入 1 2	全世帯構成比(%) 2010	投資信託保有世帯(%) 2000	投資信託保有世帯(%) 2010
計	100	45	44	25,000ドル未満	6	13	10
35歳未満	15	36	31	25,000－34,999ドル	6	33	26
35－44歳	20	55	47	35,000－49,999ドル	13	46	40
45－54歳	27	59	56	50,000－74,999ドル	20	66	48
55－64歳	20	50	51	75,000－99,999ドル	19	75	71
65歳以上	18	26	37	100,000－199,000ドル	29	84	78
				200,000ドル以上	7	56	81

1．年齢は、世帯の貯蓄と投資に関する意思決定を行う1人もしくは共同の意思決定者に基づく　2．計は調査前年の課税前世帯所得に基づく

資料：Investment Company Institute, Washington, DC, *Research Fundamentals*, Vol.19, No.6,（2010年9月）(copyright)

No.1213. 投資信託保有者の特徴：2010年

[単位：％。別に注記するものを除く。投資信託の保有には、株、債券、複合型投資信託の保有を含む。変額年金、個人退職勘定（IRA）、キーオー、雇用者負担退職プランを通じて保有するファンドも含む。投資信託を保有する1,805世帯の家計の意思決定者を対象に確率標本調査を行なった結果に基づく。中央値の定義については凡例を参照。投資信託の定義については表No.1214を参照]

特徴	計	年齢 40歳未満	年齢 40－64歳	年齢 65歳以上	世帯所得 50,000ドル未満	世帯所得 50,000－99,999ドル	世帯所得 100,000－149,999ドル	世帯所得 150,000ドル以上
年齢の中央値 1（歳）	50	33	51	72	53	50	48	50
世帯所得の中央値 2（ドル）	80,000	75,000	87,500	53,500	35,000	72,000	119,900	188,200
世帯保有の金融資産の中央値 3（ドル）	200,000	50,000	250,000	300,000	75,000	125,000	270,000	500,000
IRA保有	68	59	70	72	58	64	77	83
定額負担の退職年金プランを保有する世帯（純）4	77	85	84	45	60	79	85	88
401（k）プラン	65	74	72	27	49	66	71	75
403（b）プラン	33	36	34	24	23	33	43	36
投資信託資産の中央値（ドル）	100,000	25,000	130,000	150,000	40,000	75,000	175,000	300,000
保有：								
株式ファンド	80	77	83	74	73	79	84	87
債券ファンド	53	47	56	48	38	53	60	64

1．表No.1212の脚注1を参照　2．表No.1212の脚注2を参照　3．雇用者負担のある退職年金プランの資産は含むが主たる住居の価値は除外する　4．定額拠出プランについての詳細は、表No.552の頭注を参照

資料：Investment Company Institute, Washington, DC, *Profile of Mutual Fund Shareholders, 2011*（2011年冬号）(copyright)

No.1214. 投資信託――概要：1990－2010年

[ファンド、勘定、資産の数は12月31日現在（1,065は1兆650億ドルを表す）。投資信託は、継続的に債券を発行し、金融資産プールの利子に相当する配当を償還する開放式投資の形態。その他の投資信託へ投資しているファンドのデータは除外する。マイナス（－）は純償還を示す]

ファンドの種類	単位	1990	2000	2004	2005	2006	2007	2008	2009	2010
ファンド数、計	数	3,079	8,155	8,040	7,974	8,118	8,027	8,022	7,685	7,581
エクイティ・ファンド	数	1,099	4,385	4,547	4,586	4,769	4,764	4,827	4,653	4,585
ハイブリッド・ファンド	数	193	523	509	504	507	488	492	471	478
ボンド・ファンド	数	1,046	2,208	2,042	2,014	1,995	1,970	1,920	1,857	1,866
マネーマーケット・ファンド、課税 1	数	506	704	637	593	573	545	534	476	442
マネーマーケット・ファンド、非課税 2	数	235	335	305	277	274	260	249	228	210
資産、計	10億ドル	1,065	6,965	8,095	8,891	10,398	12,002	9,604	11,120	11,821
エクイティ・ファンド	10億ドル	239	3,962	4,387	4,943	5,914	6,519	3,706	4,957	5,667
ハイブリッド・ファンド	10億ドル	36	346	517	564	650	717	498	639	741
ボンド・ファンド	10億ドル	291	811	1,290	1,357	1,495	1,681	1,568	2,208	2,608
マネーマーケット・ファンド、課税 1	10億ドル	415	1,611	1,589	1,690	1,969	2,618	3,339	2,917	2,474
マネーマーケット・ファンド、非課税 2	10億ドル	84	234	312	336	369	468	494	399	330
純売上										
エクイティ・ハイブリッド・ボンドファンド	10億ドル	51	300	293	303	369	405	－9	512	392
マネーマーケット・ファンド、課税：1	10億ドル	36	192	－157	64	255	623	605	－424	－450
マネーマーケット・ファンド、非課税：2	10億ドル	7	31	16	25	33	90	25	－88	－67

1．マネーマーケットで売却される短期、ハイグレードの証券への投資信託　2．比較的短期の地方債への投資

資料：Investment Company Institute, Washington, DC, *Mutual Fund Fact Book*（年刊）(copyright)

No.1215. 投資信託の保有高および購買額──保有者のタイプ別：2000－2010年

［単位：10億ドル（4,433は4兆4330億ドルを表す）。12月31日現在の保有高。投資信託の定義については表No.1214の頭注を参照。マネーマーケットミューチュアルファンドを除く。マイナス（－）は売却を示す］

保有者のタイプ	保有高					純購買額				
	2000	2005	2008	2009	2010	2000	2005	2008	2009	2010
計	4,433	6,049	5,435	6,962	7,963	237.6	260.2	31.0	490.5	376.4
家計および非営利組織	2,704	3,669	3,326	4,178	4,708	76.3	173.5	15.2	363.7	286.4
非金融部門法人企業	122	140	126	190	249	3.5	1.5	-6.1	39.9	39.9
州および地方政府	31	30	33	35	38	1.2	0.8	14.3	-7.2	-2.3
国外	149	242	256	322	368	-9.2	32.2	-2.0	17.7	17.4
商業銀行	15	17	20	46	45	2.5	-1.8	1.3	14.8	-5.9
信用組合	2	2	2	1	2	-0.3	-1.0	0.0	-0.7	0.2
損害保険	3	6	4	5	6	0.4	0.3	-0.4	0.1	-0.1
生命保険会社	97	109	121	141	156	5.6	-9.9	-10.7	－	1.0
個人年金基金	1,132	1,585	1,366	1,817	2,132	107.7	70.0	20.5	64.8	42.6
州、地方政府退職基金	178	248	181	227	262	49.9	-5.5	-1.1	-2.5	-2.8

－　ゼロまたは概数でゼロを示す

資料：Board of Governors of the Federal Reserve System, "Federal Reserve Statistical Release, Z.1, Flow of Funds Accounts of the United States"（2011年3月）；〈http://www.federalreserve.gov/releases/z1/20100311/〉.

No.1216. 退職資産──資産の種類別：1990－2010年

［単位：10億ドル、％。（3,923は3兆9230億ドルを表す）12月31日現在、推計値］

資産の種類	1990	2000	2005	2006	2007	2008	2009	2010
退職資産、計	3,923	11,696	14,863	16,730	17,945	13,892	16,022	17,488
IRA資産	636	2,629	[1]3,652	[2]4,207	[2]4,784	[1]3,585	[1]4,251	[1]4,710
銀行および貯蓄機関[3]	266	250	278	313	340	391	431	460
生命保険会社[4]	40	203	308	318	[1]1,327	[1]1,316	[1]1,320	[1]1,337
ミューチュアル・ファンド	142	1,256	1,709	2,036	2,311	1,604	1,974	2,222
委託売買アカウントで保持する証券[5]	188	920	[1]1,357	[2]1,541	[2]1,806	[1]1,274	[1]1,526	[1]1,690
従来型	(NA)	2,407	[1]3,259	[2]3,722	[2]4,223	[1]3,173	[1]3,743	[1]4,121
ロス型	(X)	78	[1]160	[2]196	[2]233	[1]173	[1]215	[1]265
SEPおよびSAR-SEP[6]	(NA)	134	[1]191	[2]236	[2]266	[1]193	[1]235	[1]260
SIMPLE[7]	(X)	10	[1]42	[2]52	[2]63	[1]46	[1]58	[1]64
確定拠出型プラン	892	2,970	3,623	4,147	4,444	3,416	4,084	4,525
401(k)プラン	(NA)	1,725	2,396	2,768	2,982	2,230	[1]2,725	[1]3,056
403(b)プラン	(NA)	518	617	689	734	619	700	750
457プラン	(NA)	110	143	158	173	140	169	[1]189
その他の確定拠出型プラン[8]	(NA)	618	466	531	555	427	490	530
州・地方政府年金プラン	742	2,340	2,763	3,157	3,298	2,415	2,760	3,021
民間確定給付型プラン	922	2,009	2,310	2,557	2,621	1,880	2,132	2,242
連邦年金プラン[9]	340	797	1,072	1,141	1,197	1,221	1,324	1,415
年金[10]	391	951	1,443	1,521	1,600	1,376	1,471	1,576
メモ：								
ミューチュアル・ファンド退職資産	208	2,558	3,574	4,228	4,769	3,287	4,138	4,687
総退職資産に占める％	5	22	24	25	27	24	26	27
総ミューチュアル・ファンドに占める％	20	37	40	41	40	34	37	40

NA　データなし　X　該当なし　1．推計値　2．暫定値　3．キーオーの貯蓄を含む　4．IRAの保有する年金。各種の年金ミューチュアル・ファンドIRA資産を除く　5．委託売買アカウントで保持するミューチュアル・ファンド資産を除く。これはミューチュアル・ファンドに含まれる　6．SEP=Simplified Employee Pension IRAは簡易方式従業員年金制度。SAR=Salary reductionは給与差引　7．SIMPLE=Savings incentive Match Plan for Employeesとは従業員貯蓄奨励マッチングプラン（雇用者拠出型）　8．キーオーおよびその他の確定拠出プラン（利益配分制度、国家公務員の確定拠出年金プラン、ストックボーナス（株式賞与）制度、マネーパーチェイス年金プラン）を含むが、401(k)の形態をとるものは除く　9．連邦年金プランには、文官退職および障害者基金、軍隊退職基金、司法省退職基金、鉄道退職理事会、外交職員退職・障害者基金の保有する合衆国財務省証券を含む。これらのプランは全米鉄道退職投資信託および連邦職員退職制度（FERS）、国家公務員年金プラン（TSP）の保有する証券も含む　10．年金は、生命保険会社の確定型・変動型年金準備金からIRA,403(b)、457の各プランおよび民間の年金基金の保有する年金を引いたもの。これらの年金の一部は、退職金積み立てプランやIRA外で個人が保有する資産であるが、こうした資産のみを示す情報はない。

資料：Investment Company Institute, "The U.S. Retirement Market, Fourth Quarter 2010,"（2011年4月）、〈http://www.ici.org/info/ret_10_q4_data.xls〉も参照

No.1217. 民間、公的年金基金資産――タイプ別：1990－2010年

[単位：10億ドル（3,269は3兆2690億ドルを表す）。年末現在。株式は除く。帳簿価格。社会保障信託基金および政府年金基金は除く。表No.547を参照]

年金のタイプ	1990	2000	2004	2005	2006	2007	2008	2009	2010
全タイプ、計	3,269	9,084	10,551	11,379	12,646	13,257	10,283	11,792	12,896
民間基金	2,199	5,994	6,950	7,586	8,415	8,861	6,737	7,794	8,552
保険付[1]	570	1,526	2,028	2,197	2,332	2,451	2,185	2,323	2,473
保険なし[2][3]	1,629	4,468	4,922	5,389	6,083	6,411	4,553	5,471	6,080
信用市場各種債券[3]	464	622	655	700	758	861	951	1,063	1,170
政府機関およびGSE証券[4]	133	197	235	252	269	297	318	269	171
企業債、外国債	158	266	268	290	318	357	400	443	482
株式	606	1,971	2,338	2,442	2,725	2,673	1,600	1,836	1,983
投資信託株	40	1,132	1,278	1,585	1,880	2,111	1,366	1,817	2,132
非分配保険契約[5]	215	308	328	338	388	431	318	413	451
州・地方政府職員退職基金[3]	730	2,293	2,578	2,721	3,090	3,199	2,325	2,674	2,928
信用市場各種債券[3]	402	743	675	693	808	820	834	825	816
政府機関およびGSE証券[4]	63	179	259	258	308	331	337	307	285
企業債、外国債	142	314	213	228	283	297	313	309	312
株式	285	1,299	1,601	1,716	1,926	2,014	1,238	1,550	1,779
連邦政府退職基金[6]	340	797	1,023	1,072	1,141	1,197	1,221	1,324	1,415

1．生命保険会社の保有する年金資金。ただし民間年金基金が有する非配分型契約は除く　2．民間の定額給付プランと定額負担プラン（401(k)プランを含む）　3．個別に示さないその他のタイプの資産を含む　4．GSE＝goverment-sponsored enterprises　5．生命保険会社の保有する資産。保証つき投資契約（GICs）、様々なタイプの年金等　6．連邦政府職員の定期預金プラン、国有鉄道退職投資信託、および連邦政府の退職ファンドが保有する非流通国債を含む
資料：Board of Governors of the Federal Reserve System, "Federal Reserve Statistical Release, Z.1, Flow of Funds Accounts of the United States"（2011年3月）；〈http://www.federalreserve.gov/releases/z1/20100311/〉

No.1218. 証券産業の年間収入：2004－2009年

[単位：100万ドル（375,111は3751億1100万ドルを表す）。課税雇用企業および非課税雇用企業のみ。2007年版北米産業分類に基づく。第15章の解説参照。サービス業年次調査に基づく。推定値は2007年経済センサスに調整されている。付録Ⅲを参照]

項目	北米産業分類[1]	2004	2005	2006	2007	2008	2009
計	523x	375,111	429,316	532,727	572,358	393,986	462,333
証券および商品契約仲介およびブローカー	5231	263,373	295,804	366,975	371,500	202,520	286,348
投資銀行業務および証券ディーリング	52311	135,697	155,507	201,501	203,139	120,461	158,694
証券ブローカー業務	52312	120,303	131,831	154,982	155,797	69,056	115,370
商品契約ディーリング	52313	3,713	4,941	5,884	6,981	6,114	7,049
商品契約ブローカー業務	52314	(S)	3,525	4,608	5,583	6,889	5,235
その他の金融投資[2]	5239x	111,738	133,512	165,752	200,858	191,466	175,985
ポートフォリオ管理	52392	95,253	114,641	143,900	177,941	169,593	151,268
投資アドバイス	52393	16,485	18,871	21,852	21,873	21,852	24,717

S　推定値は公表水準に達しない　1．データは2002年北米産業分類（NAICS）に基づく。本章および15章の解説を参照　2．NAICS分類の52391（その他の仲介業務）およびNAICS52399（その他すべての金融投資業務）を除外
資料：U.S. Census Bureau, "Service Annual Survey: 2009"（2011年1月）；〈http://www.census.gov/services/index.html〉

No.1219. 証券産業――概要：1990－2009年

[単位：10億ドル（71.4は714億ドルを表す）。マイナス（－）は減少を示す]

種類	1990	2000	2003	2004	2005	2006	2007	2008	2009
事業所数	8,437	7,258	6,565	6,284	6,016	5,808	5,562	5,178	5,063
収入、計	71.4	349.5	219.0	242.9	332.5	458.5	496.5	296.6	288.1
手数料	12.0	54.1	45.5	47.6	46.8	49.7	54.4	55.2	49.0
取引／投資利益	15.7	70.8	38.8	30.7	30.7	55.2	4.1	-55.3	45.3
証券引受収益	3.7	18.7	17.2	19.1	19.9	23.6	26.5	16.3	22.6
マージン／利子	3.2	24.5	5.3	7.0	13.3	23.7	32.3	18.1	4.5
投資信託売上	3.2	19.4	16.2	18.5	20.7	23.3	26.2	22.1	17.2
その他	33.4	161.9	96.0	120.1	201.2	282.9	353.0	240.2	149.5
支出、計	70.6	310.4	193.3	219.7	311.3	419.9	491.5	320.1	212.4
利子／支出	28.1	131.9	44.4	59.7	140.2	226.1	282.2	122.7	21.9
人件費	22.9	95.2	77.4	83.5	88.8	103.4	106.3	95.0	95.9
手数料／支払決済	3.0	15.5	16.3	17.4	18.6	22.0	25.9	26.4	23.3
その他	16.6	67.8	55.1	59.2	63.6	68.4	77.0	76.0	71.3
純収入、課税前	0.8	39.1	25.7	23.2	21.2	38.6	5.1	-23.6	75.7
税引き前利益マージン（％）	1.1	11.2	11.7	9.5	6.4	8.4	1.0	-7.9	26.3
税引き前株式利益率（％）	2.2	31.1	17.6	15.0	13.1	22.1	1.7	-12.8	38.3
資産	657	2,866	3,980	4,831	5,215	6,222	6,777	4,441	4,345
負債	623	2,728	3,831	4,671	5,051	6,037	6,591	4,261	4,131
自己保有株式	34	138	149	160	164	185	186	181	215

資料：U.S. Securities and Exchange Commission, "Select SEC and Market Data Fiscal 2010"；〈http://www.sec.gov/about/secstats2010.pdf〉

No.1220. 合衆国の生命保険保有契約高と保険加入――概要：1990－2009年

[12月31日現在または暦年（389は3億8900万を表す）。生命保険会社の生命保険のみを対象とする。国内外の保険会社を問わず、合衆国居住の生命にかけられた有効生命保険を示す。『アメリカ歴史統計』系列X879-889も参照]

年	加入件数計(100万)	生命保険保有契約高 価格(10億ドル)			生命保険加入[1] 加入件数(1,000)			加入金額(10億ドル)		
		計[2]	個人	団体	計	個人	団体	計	個人	団体
1990	389	9,393	5,391	3,754	28,791	14,199	14,592	1,529	1,070	459
2000	369	15,953	9,376	6,376	34,882	13,345	21,537	2,515	1,594	921
2003	379	17,044	9,655	7,236	35,767	13,821	21,946	2,823	1,773	1,050
2004	373	17,508	9,717	7,631	38,453	12,581	25,872	2,948	1,846	1,102
2005	373	18,399	9,970	8,263	34,519	11,407	23,112	2,836	1,796	1,040
2006	375	19,112	10,057	8,906	29,287	10,908	18,378	2,835	1,813	1,022
2007	374	19,539	10,232	9,158	30,788	10,826	19,962	2,994	1,891	1,103
2008	335	19,120	10,254	8,717	28,599	10,207	18,392	2,943	1,870	1,073
2009	291	18,138	10,324	7,688	29,190	10,139	19,051	2,900	1,744	1,156

1．個別に明示しないその他の加入を含む　2．復活、増額、分割付加および獲得再保険を除く。長期信用保険（10年を越すローンの生命保険）を含む

資料：American Council of Life Insurance, Washington, DC, *Life Insurances Fact Book*（年刊）(copyright)

No.1221. 合衆国の生命保険会社――概要：1990－2009年

[12月31日または暦年（402.2は4022億ドルを表す）。合衆国生命保険会社の国内・海外事業を対象とする。2000年以降、主たる業務を生命保険とする企業の年次報告書を含む。2003年以降、共済組合を含む。『アメリカ歴史統計』系列X879-917も参照]

項目	単位	1990	2000	2003	2004	2005	2006	2007	2008	2009
合衆国生命保険会社[1]	数	2,195	1,269	1,227	1,179	1,119	1,072	1,009	976	946
所得	10億ドル	402.2	811.5	727.0	756.8	779.0	883.6	950.4	940.6	781.4
生命保険料	10億ドル	76.7	130.6	127.3	139.7	143.2	149.2	142.7	147.1	124.6
年金保険料[2]	10億ドル	129.1	306.7	268.6	276.7	277.1	302.7	314.2	328.1	231.6
健康保険料	10億ドル	58.3	105.6	115.8	125.8	118.3	141.2	151.5	165.0	166.2
投資保険・その他	10億ドル	138.2	268.5	215.3	214.7	241.4	290.4	342.0	300.3	259.1
生命保険および年金保険契約者に対する支払い	10億ドル	88.4	375.2	307.1	331.7	365.7	422.7	461.0	445.1	374.9
死亡給付金	10億ドル	24.6	44.1	51.7	51.6	53.0	55.7	58.0	59.9	59.5
生命保険解約払戻金[3]	10億ドル	18.0	27.2	35.9	35.5	39.2	38.5	47.7	58.6	48.1
年金保険解約払戻金[3,4]	10億ドル	(NA)	214.0	140.3	162.9	190.3	237.8	262.3	236.7	182.7
保険証券配当	10億ドル	12.0	20.0	20.8	19.0	17.9	18.4	19.5	19.1	16.2
年金支払[4]	10億ドル	32.6	68.7	57.1	61.2	63.9	71.1	72.3	69.6	67.1
満期養老保険	10億ドル	0.7	0.6	0.6	0.6	0.6	0.6	0.6	0.6	0.6
その他の支払	10億ドル	0.6	0.6	0.7	0.9	0.7	0.6	0.6	0.6	0.8
健康保険給付金	10億ドル	40.0	78.8	81.9	88.5	79.6	97.0	106.1	118.9	122.0
貸借対照表										
資産	10億ドル	1,408	3,182	3,887	4,253	4,482	4,823	5,092	4,648	4,959
国債	10億ドル	211	364	538	563	590	579	580	634	685
社債	10億ドル	711	2,238	2,666	2,965	3,136	3,413	3,662	3,104	3,436
全資産に対する割合	％	50	70	69	70	70	71	71	67	69
債券	10億ドル	583	1,241	1,644	1,785	1,850	1,882	1,991	1,968	2,050
株式	10億ドル	128	997	1,022	1,180	1,285	1,531	1,670	1,136	1,386
抵当	10億ドル	270	237	269	283	295	314	336	353	336
不動産	10億ドル	43	36	31	31	33	33	35	32	28
保険担保ローン	10億ドル	63	102	107	109	110	113	117	122	123
その他	10億ドル	110	204	276	303	319	371	362	402	350
資産金利所得[5]	％	8.89	7.05	5.03	4.80	4.90	5.35	5.71	5.70	4.60
負債・剰余資金[6]	10億ドル	1,408	3,182	3,888	4,253	4,482	4,823	5,092	4,648	4,959
保険契約準備金	10億ドル	1,197	2,712	2,895	3,160	3,360	3,608	3,791	3,471	3,812
年金[7]	10億ドル	798	1,841	1,835	2,024	2,174	2,328	2,458	2,137	2,422
団体	10億ドル	516	960	662	712	758	807	843	716	798
個人	10億ドル	282	881	1,173	1,312	1,415	1,521	1,615	1,422	1,624
補助契約[8]	10億ドル	17	34	15	16	16	17	18	13	16
生命保険	10億ドル	349	742	921	988	1,029	1,110	1,148	1,134	1,178
健康保険	10億ドル	33	96	123	134	141	153	166	186	196
貯蓄型保険契約に対する負債[9]	10億ドル	18	21	405	445	456	487	517	454	416
資本金・剰余金	10億ドル	91	188	231	250	256	266	282	263	301

NA データなし　1．2000年以降、事故保険、健康保険を扱う保険会社も含む　2．2003年以降、法制化により特定の貯蓄型ファンドは所得から除外している　3．2000年以降、解約払戻金には年金の基金引出しが含まれる。それ以前には含まれない　4．2003年以降、貯蓄型保険契約による支払は除外している　5．純額　6．個別に明示しないその他の負債を含む　7．2003年以降、利息保証契約（GIC）に対する準備金は除外している　8．2000年まで、事故死条項の有無を問わず補助契約の準備金を含む。2003年以降は、事故死条項付き補助契約の準備金のみを含む　9．全年度共、保険契約者の配当積立。2003年以降は、利息保証契約、死亡条項の付かない補助契約、および保険料とその他の預託金も含む

資料：American Council of Life Insurers, Washington, DC, *Life Insurers Fact Book*（年刊）(copyright)

No.1222. 損害保険および災害保険——概要：2000－2009年

[単位：10億ドル（305.1は3051億ドルを表す）。マイナス（－）は損失を示す]

項目	2000	2004	2005	2006	2007	2008	2009
保険料、純契約[1]	305.1	425.7	427.6	447.8	446.7	439.9	422.9
自動車保険、個人[2]	120.0	157.6	159.6	160.5	159.7	158.6	157.4
自動車保険、商業[2]	19.8	26.7	26.8	26.7	25.6	23.8	21.9
住宅保有者多目的損害保険	32.7	50.0	53.0	55.8	55.6	56.4	57.7
商業多目的危険保険	(NA)	29.1	29.7	31.9	31.2	30.2	28.9
海上保険（内海、海外）	8.3	10.8	11.2	12.3	13.0	12.5	11.6
労働者災害補償	26.2	36.7	39.7	41.8	40.6	36.5	32.0
医療過誤保険	(NA)	9.1	9.7	10.4	10.0	9.5	9.2
その他の保険[3]	(NA)	39.8	39.4	42.2	41.2	38.5	36.0
再保険	(NA)	13.7	6.6	12.9	13.1	13.8	12.6
損失、支出	321.3	407.7	421.4	401.0	417.1	457.6	424.4
保険利益／損失	－27.3	4.6	－3.7	34.5	21.6	－19.6	1.6
純投資収入	42.0	40.0	49.7	52.3	56.5	53.1	48.3
税引後営業利益	4.4	29.4	34.4	62.2	53.6	22.8	36.3

NA　データなし　1．国の資金を除く。本表に示さないその他の種類の保険を含む　2．自動車保険、対人対物保険も含む　3．企業総合保険の責任保険分、医療過誤保険、製造物責任保険およびその他の責任保険を含む

資料：Insurance Information Institute, New York, NY, *The III Insurance Fact Book*（年刊）および *Financial Services Fact Book*（年刊）(copyright); ISOおよびHighline Data LLCからのデータ; <http://www.iii.org> も参照

No.1223. 自動車保険——保険車両あたり平均支出——州別：2000－2008年

[単位：ドル。自動車保険の平均支出は、契約保険料総額を車両の加入年数で割ったもの。1車年年は、単一車両に対する365日分の保険適用範囲。各州の自動車保険の平均支出は多くの要因に影響を受ける。基本率の仕組、適用範囲、控除および制限の選択、保険車両のタイプ、運転者の諸条件等が変動要因である。NAICは州の平均支出をランク付けせず、このデータから引出されているいかなる結論も保証しない]

州	2000	2008	州	2000	2008	州	2000	2008	州	2000	2008
合衆国	**690**	**789**	ID	505	562	MO	612	657	PA	699	817
AL	594	667	IL	652	720	MT	530	667	RI	825	986
AK	770	904	IN	570	612	NE	533	547	SC	620	751
AZ	792	858	IA	479	519	NV	829	970	SD	482	520
AR	606	653	KS	540	576	NH	665	727	TN	592	641
CA	672	776	KY	616	699	NJ	977	1,081	TX	678	854
CO	755	729	LA	806	1,105	NM	674	728	UT	620	709
CT	871	950	ME	528	600	NY	939	1,044	VT	568	653
DE	849	1,007	MD	757	922	NC	564	595	VA	576	663
DC	996	1,126	MA	946	903	ND	477	503	WA	722	840
FL	781	1,055	MI	702	907	OH	579	617	WV	680	808
GA	674	765	MN	696	698	OK	603	663	WI	545	581
HI	702	816	MS	654	654	OR	625	727	WY	496	632

資料：National Association of Insurance Commissioners (NAIC), Kansas City, MO, *Auto Insurance Database Report*（年刊）(copyright) 許可を得て転載。NAICの書面による許可なしの転載・配布を禁ずる。

No.1224. 住宅保険の平均保険料——州別：2008年

[単位：ドル。平均保険料は、住宅年に示された築年数で保険料を除したもの。住宅年は、単一家屋にかけられた保険範囲がおよぶ365日分に等しい。住宅年は住宅所有者保険の標準的な基準である。NAIC（全米保険監督者協会）は州別平均支出を順位付けしたり、これらのデータから引き出される結論を保証しない]

州	2008 賃貸者保険[1]	2008 住宅所有者保険[2]	州	2008 賃貸者保険[1]	2008 住宅所有者保険[2]	州	2008 賃貸者保険[1]	2008 住宅所有者保険[2]
合衆国	**176**	**791**	KY	149	601	ND	112	808
AL	199	845	LA	228	1,155	OH	163	565
AK	178	856	ME	130	572	OK	218	1,048
AZ	202	628	MD	132	637	OR	153	439
AR	203	788	MA	218	1,026	PA	123	586
CA	224	911	MI	174	715	RI	149	897
CO	177	842	MN	141	845	SC	173	789
CT	194	980	MS	272	980	SD	113	609
DE	134	535	MO	165	788	TN	195	692
DC	151	926	MT	154	721	TX[3]	216	1,460
FL	207	1,390	NE	140	814	UT	134	432
GA	218	749	NV	205	692	VT	149	650
HI	202	862	NH	134	647	VA	131	604
ID	152	387	NJ	140	691	WA	172	471
IL	154	628	NM	186	703	WV	173	638
IN	169	658	NY	216	983	WI	123	503
IA	132	612	NC	130	683	WY	155	676
KS	166	916						

1．借家人のためのHO-4賃貸者保険証券に基づく。借家人の私有財産に対する広い範囲の明示的危険も対象として含まれる　2．1-4世帯からなる所有者占有家屋についてのHO-3所有者保険証券に基づく。（証券に特に明示されたものを除き）住宅に関するすべてのリスクが対象となり、広い範囲の私有別も対象となる　3．テキサス保険理事会は住宅保険証券の定型を発表する。同定型は標準的なものとやや異なる。保険業者は州によるものも標準的なものも使いことができる

資料：National Association of Insurance Commissioners (NAIC), Kansas City, MO, *Dwelling Fire, Homeowners Owner-Occupied, and Homeowners Tenant and Condominium/Cooperative Unit Owners Insurance* (copyright); NAICの許可を得て転載。NAICの書面による許可なしの転載・配布を禁ずる。

No.1225. 不動産、レンタル・リース業――非雇用事業所、収入：2006－2008年

[2,420.9は242万900を表す。連邦税課税事業所のみ。非雇用とは給与支払のない被雇用者を伴う事業。データは主として国税庁の記録による。付録Ⅲを参照]

事業内容	北米産業分類[1]	事業所(1,000)			収入(100万ドル)		
		2006	2007	2008	2006	2007	2008
不動産およびレンタル・リース業、計	53	2,420.9	2,327.1	2,130.4	193,105	183,264	163,461
不動産	531	2,338.3	2,243.5	2,049.7	186,400	176,526	156,793
不動産貸主	5311	804.1	780.0	731.1	105,927	102,825	94,785
不動産代理およびブローカーオフィス	5312	829.9	790.7	700.3	36,214	31,460	24,935
不動産関連事業	5313	704.4	672.8	618.4	44,259	42,242	37,073
レンタル・リース業	532	81.1	81.8	79.1	6,564	6,583	6,516
自動車のレンタルとリース	5321	19.8	20.3	19.7	1,023	1,057	1,059
消費財レンタル	5322	18.1	18.5	17.9	862	898	881
一般レンタルセンター	5323	3.9	3.9	4.0	358	348	347
商業用・工業用設備のリースとレンタル	5324	39.3	39.1	37.4	4,320	4,280	4,230
その他非金融無形資産の貸主	533	1.5	1.7	1.6	141	154	152

1．2007年北米産業分類。詳細は第15章の解説を参照。2006年のデータは2002年北米産業分類、2007年および2008年のデータは2007年北米産業分類に基づく。詳細は本章および第15章の解説を参照

資料：U.S. Census Bureau, "Nonemployer Statistics"（2010年6月）；〈http://www.census.gov/econ/nonemployer/index.html〉

No.1226. 不動産およびレンタル・リース業――事業所、非雇用者および給与：2007、2008年

[380.1は38万100を表す。有給従業員のいる事業所のみ。従業員数は3月12日を含む週のもの。ほとんどの政府職員は除外される。方法論については付録Ⅲを参照]

事業内容	北米産業分類[1]	事業所(1,000)		被雇用者(1,000人)		給与(10億ドル)	
		2007	2008	2007	2008	2007	2008
不動産およびレンタル・リース業、計	53	380.1	365.7	2,224.2	2,196.3	89.0	88.8
不動産	531	312.5	298.8	1,554.2	1,528.3	64.5	63.9
不動産の貸主	5311	115.3	115.7	539.2	539.9	18.2	19.8
不動産代理店およびブローカーオフィス	5312	111.0	99.9	367.1	342.3	17.8	15.8
不動産関連事業	5313	86.2	83.2	647.9	646.0	28.6	28.3
レンタル・リース業	532	65.0	64.4	638.3	636.1	21.9	22.5
自動車のレンタルとリース	5321	13.5	13.9	199.9	191.2	6.6	6.5
乗用車のレンタルとリース	53211	7.2	7.5	144.7	(3)	4.4	4.3
トラック・ユーティリティ・トレーラー、娯楽車のレンタルとリース	53212	6.3	6.3	55.2	54.8	2.1	2.2
消費財のレンタル[2]	5322	31.3	31.6	237.1	236.6	5.2	5.6
ビデオテープおよび音楽媒体のレンタル	53223	16.3	14.3	127.5	113.7	1.7	1.6
一般レンタルセンター	5323	5.4	4.6	35.5	43.5	1.2	1.5
商業用・工業用設備のリースとレンタル	5324	14.8	14.4	165.8	164.7	8.9	8.9
その他非金融無形資産の貸主	533	2.6	2.4	31.7	32.0	2.6	2.4

1．2008年のデータは2007年北米産業分類（NAICS）、2007年のデータは2002年北米産業分類に基づく。詳細は第15章の解説を参照　2．個別に明示しないその他の業種を含む

資料：U.S. Census Bureau, "County Business Patterns"（2010年7月）；〈http://www.census.gov/econ/cbp/〉

No.1227. レンタル・リース業――事業内容別収入：2004－2009年

[単位：100万ドル（102,208は1022億800万ドルを表す）。課税雇用企業および非課税雇用企業。推計値は2002年経済センサスの結果で調整済み。サービス業年次調査に基づく。付録Ⅲを参照]

事業内容	北米産業分類[1]	2004	2005	2006	2007	2008	2009
レンタル・リース業	532	102,208	107,495	117,285	121,685	123,569	110,222
自動車のレンタルとリース	5321	40,347	42,305	44,591	44,982	46,093	41,990
乗用車のレンタルとリース	53211	25,033	26,302	28,180	29,222	30,299	28,540
トラック、ユーティリティ・トレーラー、RVのレンタルとリース	53212	15,314	16,003	16,411	15,760	15,794	13,450
消費財のレンタル[2]	5322	23,425	22,818	23,677	24,750	24,139	22,088
ビデオテープと音楽媒体のレンタル	53223	10,284	9,022	9,193	9,262	8,475	7,352
一般レンタルセンター	5323	3,831	3,547	3,925	4,249	4,195	3,737
商業用・工業用設備のレンタルとリース	5324	34,605	38,825	45,092	47,704	49,142	42,407

1．データは2002年北米産業分類（NAICS）に基づく。本章および第15章の解説を参照　2．個別に明示しないその他の事業を含む

資料：U.S. Census Bureau, "Service Annual Survey: 2009"（2011年1月）；〈http://www.census.gov/services/index.html〉

第26章
芸術、レクリエーションおよび旅行

本章は芸術、娯楽およびレクリエーションに関するデータを示す。経済のデータの他、個人のレクリエーション活動、芸術と人文科学、および国内旅行、外国旅行に関するデータも示す。

芸術、娯楽およびレクリエーション

センサス局の実施する、『*County Business Patterns*』（CBP、郡経済状況）、『*Economic Census*』（経済センサス）、『*Nonemployer Statistics*』（非雇用主統計）、『*Service Annual Surveys*』（サービス業年次調査）などの調査から、芸術・レクリエーション・娯楽部門のデータを得ることができる。CBPの年次データからは事業所数、従業員数、第一四半期および年間の給与支払い総額、雇用規模別の事業所数などを知ることができる。

経済センサスは5年毎（2と7で終わる年）に実施されており、事業所数、収入、給与および有給従業員数について、合衆国全体とさまざまな地域別にデータを収集している。

非雇用主統計は、連邦所得税を課税される有給従業員のいない、現在活動中の事業に関するデータを産業別で提供している。サービス業年次調査からは、課税対象企業の運営収益および非課税企業の収支の推計値を得られる。詳細については付録Ⅲを参照。

レクリエーションおよびレジャー活動

さまざまなレクリエーション、レジャー活動への参加のデータは標本調査に基づいている。国立芸術基金（National Endowment for Arts：NEA）は、芸術のイベントや行事への参加者に関するデータをその刊行物に掲載している。NEAは、国民の芸術関連行事への参加に関する調査を実施している。合衆国の芸術参加の定期的な研究としては最も規模の大きい調査である。最近の調査は2008年。釣り、狩猟、その他の野外活動関連のレクリエーションに関するデータは、合衆国内務省担当部局が定期的に刊行している。最新のデータは2001年の調査に基づくものである。さまざまなスポーツレクリエーション活動への参加のデータは全米スポーツ用品組合（National Sporting Goods Association）が刊行している。Mediamark, Inc.もその他のトピックと共にスポーツとレジャー活動に関する調査を定期的に実施している。

公園とレクリエーション

内務省は、国立公園の管理責任を負い、国立公園局（National Park Service）は、年次報告『*National Park Statistical Abstract*』に国立公園の利用状況についてのデータを掲載している。『*The National Park : Index*』（年刊）は、国立公園局の管理する地域およびそれに準ずる地域に関する概要と面積、統計データが掲載されている。その情報は<http://www2.nature.nps.gov/stats>で見ることが出来ます。州立公園の統計は、州立公園ディレクター協会によって収集されている。

旅行

合衆国の出入国統計、州および都市を訪問する外国旅行者数、観光業の売上および雇用については、商務省国際貿易局（International Trade Administration：ITA）の観光業課（Office of Travel and Tourism Industries：OTTI）による。国内旅行、旅行支出に関するデータは、全米旅行産業協会（Travel Association）の調査部とワシントンDCにある、旅行と観光事業に関する国の非営利団体が出版している。家計における旅行関連のその他のデータは、第23章「輸送」でも示す。

統計的信頼度

統計の収集、推計、標本抽出、統計的信頼度については、付録Ⅲを参照。

歴史統計

各表の見出しは『アメリカ歴史統計、植民地時代～1970年』に対応している。クロスリファレンスについては、付録Ⅰを参照。

No.1228. 芸術、娯楽サービス、レクリエーション——収入の推計：2004－2009年

[単位：100万ドル（157,914は1579億1400万ドルを表す）、％。課税・非課税の雇用企業。別に示す場合を除き、推計値は2007年経済センサスの結果で調整済み。マイナス記号（－）は減少を示す。the Service Annual Surveyに基づく。付録Ⅲを参照。本書前年版の表No.1227も参照]

産業	2002北米産業分類[1]	2004	2005	2006	2007	2008	2009
芸術、レクリエーション、娯楽	71	157,914	167,055	178,478	189,418	193,016	188,436
上演芸術、観戦スポーツおよび関連産業	711	63,433	65,910	72,769	77,772	80,399	80,232
上演芸術企業	7111	12,157	13,143	13,492	13,573	13,758	14,143
観戦スポーツ	7112	23,904	24,850	27,493	30,403	31,824	31,690
スポーツチーム、クラブ	711211	14,391	14,564	16,401	18,794	20,251	20,642
レース場	711212	7,027	7,366	7,968	8,197	7,701	7,201
その他の観戦スポーツ	711219	2,486	2,920	3,124	3,412	3,872	3,847
上演芸術、観戦スポーツおよび同様のイベントのプロモーター	7113	12,485	12,875	15,059	16,122	16,382	16,435
芸術家、スポーツ選手、著名人の代理人、マネージャー	7114	4,065	4,176	4,521	4,919	5,206	4,933
芸術家、作家、演者	7115	10,822	10,866	12,204	12,755	13,229	13,031
博物館、史跡およびその他同様の施設	712	9,663	12,471	11,982	13,286	12,520	11,539
娯楽、ギャンブル、レクリエーション	713	84,818	88,674	93,727	98,360	100,097	96,665
遊園地およびアーケード	7131	11,027	11,926	12,417	13,544	14,110	13,358
遊園地、テーマパーク	71311	9,720	10,491	10,816	11,890	12,307	11,624
娯楽アーケード	71312	1,307	1,435	1,601	1,654	1,803	1,734
ギャンブル産業	7132	23,416	24,040	25,175	25,135	25,602	25,091
カジノ（カジノホテルを除外）	71321	15,442	15,753	16,505	16,557	16,874	16,410
その他のギャンブル産業	71329	7,974	8,287	8,670	8,578	8,728	8,681
その他の娯楽、レクリエーションサービス	7139	50,375	52,708	56,135	59,681	60,385	58,216
ゴルフ場、カントリークラブ	71391	18,469	19,356	20,523	21,195	21,044	20,326
スキー場	71392	1,956	1,989	2,178	2,257	2,476	2,438
マリーナ	71393	3,316	3,530	3,805	4,042	3,764	3,305
フィットネスクラブ、スポーツセンター	71394	17,174	18,286	19,447	21,416	22,336	21,907
ボーリング場	71395	3,379	3,232	3,094	3,403	3,338	3,114
その他の娯楽、レクリエーションサービス	71399	6,081	6,315	7,088	7,368	7,427	7,126

1. 2002年北米産業分類（NAICS）に基づく。本章および第15章の解説を参照　2. 個別に明示しないその他の産業を含む

資料：U.S. Census Bureau, Service Annual Survey: 2009（2011年1月）, ⟨http://www.census.gov/services/index.html⟩

No.1229. 芸術、娯楽、レクリエーション、および娯楽——事業所数、収入、給与および雇用——事業種別：2002、2007年

[給与の発生する事業所。141,904は1419億400万ドルを表す。表中に示すデータは暫定値であり、後のデータリリースによって変更される。有給従業員のいる事業所のみ。有給従業員の定義はNAICSの部門により異なる。2002、2007年の経済センサスに基づくデータ。非標本誤差を含む。詳細についてはセンサスの方法論を参照。標本誤差と非標本誤差については付録Ⅲを参照]

事業の種類	2002 NAICS 分類	事業所数		収入（100万ドル）		年間給与総額（100万ドル）		有給従業員（1000人）	
		2002	2007	2002	2007	2002	2007	2002	2007
芸術、レクリエーション、娯楽、計	71	110,313	124,620	141,904	189,417	45,169	58,359	1,849	2,061
上演芸術、観戦スポーツ、および関連産業[1]	711	37,735	43,868	58,286	77,773	21,231	27,839	423	438
上演芸術企業	7111	9,303	8,838	10,864	13,574	3,267	3,980	138	128
観覧スポーツ	7112	4,072	4,237	22,313	30,403	10,206	14,136	108	121
上演芸術、観覧スポーツ、その他同様のイベントのプロモーター	7113	5,236	6,647	12,169	16,122	2,184	2,957	102	121
芸術家、スポーツ選手、著名人の代理人、マネージャー	7114	3,262	3,534	3,602	4,919	1,251	1,694	17	19
博物館、史跡、および同様の施設[1]	712	6,663	7,125	8,608	13,285	2,935	3,662	123	130
娯楽、ギャンブル、レクリエーション[1]	713	65,915	73,627	75,010	98,359	21,002	26,859	1,303	1,494
遊園地、アーケード	7131	3,015	3,145	9,443	13,544	2,069	2,802	122	134
ギャンブル産業	7132	2,072	2,327	18,893	25,135	3,596	4,566	158	170
その他の娯楽・レクリエーションサービス	7139	60,828	68,155	46,674	59,680	15,337	19,490	1,023	1,190

1. 2002年北米産業分類（NAICS）に基づく。本章および第15章の解説を参照　2. 個別に明示しないその他の産業を含む

資料：U.S. Census Bureau, 2007 Economic Census, Core Business Statistics, *Comparative Statistics 2007 and 2002, Arts, Entertainment and Recreation*（2011年1月現在）; ⟨http://www.census.gov/econ/census07/www/using_american_factfinder/index.html⟩

No.1230. 芸術、娯楽、レクリエーション――非雇用事業所と収益：2006－2008年

[1,001.8は100万1800を表す。連邦所得税課税対象企業のみ。非雇用事業所は有給従業員のいない事業所を示す]

業種	2007 北米産業分類[1]	事業所数 (1,000)			収益 (100万ドル)		
		2006	2007	2008	2006	2007	2008
芸術、娯楽、レクリエーション	71	1,001.8	1,119.6	1,121.4	24,782	27,357	27,837
上演芸術、観戦スポーツ、および関連産業	711	855.7	967.4	970.8	18,733	20,841	21,226
上演芸術企業	7111	41.7	53.4	55.6	944	1,132	1,163
観戦スポーツ	7112	95.6	141.6	143.7	1,993	2,532	2,552
上演芸術、観戦スポーツ、同様のイベントのプロモーター	7113	37.8	39.8	40.8	1,475	1,584	1,631
芸術家、スポーツ選手、著名人の代理人、マネージャー	7114	33.7	33.8	34.2	1,253	1,294	1,326
芸術家、作家、演者	7115	646.9	698.9	696.5	13,067	14,299	14,555
博物館、史跡および同様の施設	712	5.9	6.2	6.3	88	103	102
娯楽、ギャンブル、レクリエーション産業	713	140.1	145.9	144.3	5,961	6,413	6,509
遊園地、アーケード	7131	5.6	5.5	5.2	337	330	322
ギャンブル産業	7132	8.8	10.4	10.3	1,122	1,278	1,334
その他の娯楽およびレクリエーションサービス	7139	125.6	130.0	128.8	4,503	4,805	4,852

1. 2006、2007年のデータは2002年北米産業分類（NAICS）に、2008年のデータは2007年北米産業分類に基づく。第15章の解説を参照

資料：U.S. Census Bureau, "Nonemployer Statistics"（2010年6月現在）; <http://www.census.gov/econ/nonemployer>

No.1231. 芸術、娯楽、レクリエーション――事業所、給与および雇用：2007、2008年

[2,008.6は200万8600を表す。自営業者、一般家庭で雇われている者、鉄道職員、農業の生産労働者、およびほとんどの政府職員を除外、方法論については付録Ⅲを参照。County Business Patternsでは、鉄道職員（NAICS482）と郵便職員（NAICS491）を除外している]

業種	2007 北米産業分類[1]	事業所		有給従業員[2] (1,000人)		年間給与支払い総額 (100万ドル)	
		2007	2008	2007	2008	2007	2008
芸術、娯楽、レクリエーション	71	125,222	124,279	2,008.6	2,069.3	60,357	62,343
上演芸術、観戦スポーツ	711	44,260	44,477	436.1	452.2	28,932	30,495
上演芸術企業	7111	9,453	8,911	134.4	131.3	4,243	4,269
劇団、ディナーシアター	71111	3,553	3,418	69.7	71.7	2,038	2,142
ダンスカンパニー	71112	703	647	9.5	8.9	250	237
ミュージカル劇団	71113	4,612	4,438	43.3	41.1	1,584	1,607
その他の上演芸術集団	71119	585	408	12.0	9.5	371	283
観戦スポーツ	7112	4,631	4,416	126.1	127.3	14,591	15,438
スポーツチーム、クラブ	711211	819	850	52.8	56.4	12,186	12,981
レース場	711212	733	718	51.2	50.7	1,389	1,397
その他の観戦スポーツ	711219	3,079	2,848	22.1	20.2	1,017	1,060
上演芸術、観戦スポーツおよび同様イベントのプロモーター	7113	6,367	6,649	112.4	129.8	2,992	3,090
施設を持つ、芸術、スポーツおよび同様イベントのプロモーター	71131	2,580	2,665	85.8	103.1	1,782	2,039
施設を持たない、芸術、スポーツおよび同様イベントのプロモーター	71132	3,787	3,984	26.6	26.7	1,210	1,051
芸術家、スポーツ選手、著名人の代理人およびマネージャー	7114	3,722	3,558	17.4	18.9	1,709	1,944
芸術家、作家、演者	7115	20,087	20,943	45.8	45.0	5,397	5,756
博物館、史跡、および同様の施設	712	7,312	7,272	128.5	133.5	3,597	3,845
博物館	71211	4,920	4,723	83.7	85.3	2,404	2,527
史跡	71212	1,051	1,222	9.8	10.4	228	250
動物園、植物園	71213	595	600	28.5	31.4	784	882
自然公園、および同様の施設	71219	746	727	6.6	6.4	180	186
娯楽、ギャンブル、レクリエーション	713	73,650	72,530	1,444.0	1,483.7	27,828	28,002
遊園地およびアーケード	7131	3,097	3,144	128.4	142.4	2,755	2,864
遊園地、テーマパーク	71311	634	524	101.2	110.3	2,391	2,450
娯楽アーケード	71312	2,463	2,620	27.1	32.1	364	414
ギャンブル産業	7132	2,729	2,481	205.3	174.3	5,851	4,960
カジノ（カジノホテルを除外）	71321	488	349	136.9	114.4	4,099	3,417
その他のギャンブル産業	71329	2,241	2,132	68.4	59.8	1,753	1,544
その他の娯楽、レクリエーションサービス	7139	67,824	66,905	1,110.3	1,166.9	19,221	20,178
ゴルフ場、カントリークラブ	71391	11,851	12,059	316.4	322.6	8,059	8,378
スキー場	71392	402	373	75.7	78.4	651	681
マリーナ	71393	4,085	3,972	28.8	28.7	945	954
フィットネスクラブ、スポーツセンター	71394	31,453	30,961	514.5	563.1	6,617	7,232
ボーリング場	71395	4,571	4,492	80.5	81.3	997	1,021
その他の娯楽、レクリエーションサービス	71399	15,462	15,048	94.4	92.8	1,951	1,912

1. 2007年のデータは2002年北米産業分類（NAICS）に、2008年のデータは2007年北米産業分類に基づく。本章および第15章の解説を参照　2. 3月12日を含む給与計算期間中に在籍した従業員

資料：U.S. Census Bureau, "County Business Patterns"（2010年6月リリース）; <http://www.census.gov/econ/cbp/index.html> を参照

No.1232. 娯楽・読書の年平均支出：1985－2009年

[年平均値。単位：ドル、％。消費支出調査に基づく。調査の説明については第13章の解説を参照。表No.686の頭注も参照。地域の構成については表紙裏の地図を参照]

年、諸特徴	娯楽、読書 計	総支出に占める割合(%)	娯楽 計	料金、入場料	オーディオ・ビジュアル機器およびサービス	その他の娯楽用消耗品、機器およびサービス[1]	読書
1985	1,311	5.6	1,170	320	371	479	141
1990	1,575	5.6	1,422	371	454	597	153
1994	1,732	5.5	1,567	439	533	595	165
1995	1,775	5.5	1,612	433	542	637	163
1996	1,993	5.9	1,834	459	561	814	159
1997	1,977	5.7	1,813	471	577	766	164
1998	1,907	5.4	1,746	449	535	762	161
1999	2,050	5.5	1,891	459	608	824	159
2000	2,009	5.3	1,863	515	622	727	146
2001	2,094	5.3	1,953	526	660	767	141
2002	2,218	5.5	2,079	542	692	845	139
2003	2,187	5.4	2,060	494	730	835	127
2004	2,348	5.4	2,218	528	788	903	130
2005	2,514	5.4	2,388	588	888	912	126
2006	2,493	5.2	2,376	606	906	863	117
2007	2,816	5.7	2,698	658	987	1,053	118
2008	2,951	5.8	2,835	616	1,036	1,183	116
2009, 計	**2,803**	**5.7**	**2,693**	**628**	**975**	**1,090**	**110**
利用者年齢：							
25歳未満	1,275	4.5	1,233	234	574	425	42
25－34歳	2,573	5.5	2,504	521	1,018	965	69
35－44歳	3,402	5.9	3,317	917	1,111	1,289	85
45－54歳	3,295	5.6	3,176	811	1,065	1,300	119
55－64歳	3,053	5.8	2,906	629	1,024	1,253	147
65－74歳	2,652	6.2	2,498	497	934	1,067	154
75歳以上	1,721	5.4	1,587	266	669	652	134
ヒスパニックまたはラテン系：							
ヒスパニック	1,700	4.0	1,664	302	818	544	36
非ヒスパニック	2,948	5.9	2,829	671	996	1,162	119
人種：							
白人、アジア系およびその他	2,987	5.9	2,869	684	994	1,192	118
黒人	1,450	4.1	1,404	223	840	341	46
居住地域：							
東北部	2,908	5.4	2,767	780	1,003	984	141
中西部	2,739	5.9	2,627	573	927	1,127	112
南部	2,552	5.6	2,467	508	993	966	85
西部	3,183	6.0	3,062	751	970	1,340	121
消費単位：							
1人	1,597	5.4	1,510	307	661	541	87
2人以上	3,289	5.8	3,170	757	1,102	1,311	119
2人	3,049	5.9	2,913	642	1,042	1,230	136
3人	2,973	5.2	2,860	599	1,053	1,209	113
4人	3,875	5.9	3,775	1,058	1,242	1,476	100
5人以上	3,730	5.9	3,635	956	1,179	1,501	95
課税前所得：							
所得の五分位：							
低位20%	1,063	4.9	1,015	143	524	348	48
2番目の20%	1,740	5.5	1,668	247	747	673	72
3番目の20%	2,197	5.3	2,106	372	926	808	91
4番目の20%	3,316	5.8	3,197	648	1,128	1,420	119
高位20%	5,691	6.0	5,474	1,729	1,548	2,197	217
教育：							
高校未満	1,446	4.8	1,406	151	639	616	40
高校卒業	2,254	5.8	2,184	332	880	973	70
高校卒業大学	2,724	6.1	2,626	539	978	1,109	98
準学士	2,955	5.9	2,848	596	1,037	1,215	107
大学学士	3,615	5.5	3,458	1,030	1,142	1,286	157
大学修士、博士	4,453	5.9	4,212	1,468	1,285	1,459	241

1．その他の機器、サービスは、ペット、玩具、公園の機器およびその他の娯楽消耗品を含む

資料：U.S. Bureau of Labor Statistics, *Consumer Expenditure Survey*, "Consumer Expenditures in 2009," (2010年10月); <http://www.bls.gov/cex/home.htm#tables> も参照

No.1233. 個人消費支出－レクリエーション：1990－2009年

[単位：10億ドル（314.7は3147億ドルを表す）、および%。個人と非営利機関が購入する財とサービスの市場価格を示す。表中のデータは「製品とサービスに種類」の変更に従って改訂済。変更は2009年7月にリリースされたBEA（Bureau of Economic Account）のNIPA（National Income and Product Account）分類システム第13版への改訂によるものである。これらの変更と改訂については <http://www.bea.gov/scb/pdf/2009/03%20March/0309_nipa_preview.pdf> を参照]

製品とサービスの種類	1990	2000	2005	2006	2007	2008	2009
レクリエーション支出、計	314.7	639.9	807.4	859.1	905.8	916.0	897.1
個人消費支出に占める割合[1]（%）	8.2	9.4	9.2	9.2	9.2	9.1	9.0
ビデオ・オーディオ設備、コンピュータ、および関連サービス	81.1	184.4	239.4	256.1	269.5	273.3	265.2
ビデオ・オーディオ設備	43.7	83.1	107.8	114.6	116.0	115.6	107.1
情報処理設備	9.6	44.1	55.9	60.4	65.6	65.8	64.7
ビデオ・オーディオ製品およびコンピュータに関連するサービス	27.8	57.2	75.7	81.1	87.9	92.0	93.4
スポーツ・レクリエーション用品および関連サービス	74.2	147.9	188.4	199.6	207.6	203.0	196.9
スポーツ・レクリエーション用乗り物	16.6	34.9	47.7	49.7	50.4	44.8	41.7
その他のスポーツ・レクリエーション用品	55.4	108.7	135.2	144.2	151.0	152.3	150.0
娯楽用乗り物およびスポーツ用品の修理メンテナンス	2.1	4.2	5.4	5.8	6.2	5.8	5.2
会員制クラブ、スポーツセンター、公園、劇場および博物館	49.7	91.9	110.6	117.8	124.7	129.3	126.5
会員制クラブおよびスポーツセンター	14.3	26.4	30.5	31.9	33.8	34.2	32.7
遊園地、キャンプ場、および関連レクリエーションサービス	19.2	31.1	34.9	37.4	40.6	43.0	41.8
観賞娯楽の入場料	14.4	30.6	39.2	42.1	44.1	45.6	45.6
映画館	5.1	8.6	9.1	9.4	9.6	9.7	10.4
ライブ（スポーツを除く）	4.5	10.4	13.8	14.9	15.0	15.4	14.5
観覧スポーツ	4.8	11.6	16.3	17.8	19.5	20.5	20.7
博物館および図書館	1.9	3.8	5.9	6.4	6.2	6.5	6.4
雑誌、新聞、書籍および文房具	47.3	81.0	93.1	98.2	103.2	104.9	105.1
ギャンブル	23.7	67.6	95.6	103.9	110.9	111.9	109.3
ペット、ペット用品、および関連サービス	18.8	39.7	53.1	56.9	61.8	65.7	67.1
写真撮影用品、およびサービス	16.7	19.7	18.7	18.2	19.0	18.9	17.7
パッケージツアー[2]							

1．表No.677を参照　2．ツアー運営会社および旅行代理店のマージンを含む。旅行の移動と宿泊の購入は他の個人消費支出では別々にカウントされる

資料：U.S. Bureau of Economic Analysis, National Economic Accounts, *National Income and Product Account Tables*, Table 2.5.5,（2010年8月）; <http://www.bea.gov/national/nipaweb/Index.asp> も参照

No.1234. 上演芸術――主要データ：1990－2009年

[売上げおよび収入および支出、単位：100万ドル（282は2億8200万ドルを表す）。別に示す場合を除き、表示年に終わるシーズン]

項目	1990	1995	2000	2003	2004	2005	2006	2007	2008	2009
劇場公演：[1]										
ブロードウェイショー：										
新制作	40	33	37	36	39	39	39	35	36	43
観客動員数（100万）	8.0	9.0	11.4	11.4	11.6	11.5	12.0	12.3	12.3	12.2
上演週数[2][3]	1,070	1,120	1,464	1,544	1,451	1,494	1,501	1,509	1,560	1,548
売上げチケット数	282	406	603	721	771	769	862	939	938	943
ブロードウェイショーのツアー公演：[4]										
観客動員数（100万）	11.1	15.6	11.7	12.4	12.9	18.2	17.1	16.7	15.3	14.3
上演週数	944	1,242	888	877	1,060	1,389	1,377	1,400	1,138	1,112
売上げチケット数	367	701	572	642	714	934	915	950	956	883
非営利専門劇場：[5]										
報告団体数[6]	185	215	262	1,274	1,477	1,490	1,893	1,910	1,919	1,825
純収入	308	444	791	1,481	1,571	1,647	1,791	1,881	1,884	1,779
営業収入	188	281	466	787	856	845	923	962	955	811
寄付金収入	119	163	325	694	715	802	868	919	929	968
総支出	306	445	708	1,476	1,464	1,530	1,667	1,742	1,860	1,892
制作数	2,265	2,646	3,241	13,000	11,000	12,000	14,000	17,000	15,000	17,000
公演数	46,131	56,608	66,123	170,000	169,000	169,000	172,000	197,000	202,000	187,000
総入場数（100万）	15.2	18.6	22.0	34.3	32.1	32.5	30.5	31.0	32.0	30.0
オペラ・アメリカ加盟団体：[7]										
団体数[8]	98	88	98	91	95	93	94	97	85	84
支出[8]	321	435	637	692	678	742	752	872	826	816
オペラ公演数[9]	2,336	2,120	1,768	1,741	1,946	1,893	1,851	1,961	1,753	1,744
入場者数（100万）[9][10]	7.5	4.1	6.2	5.8	5.1	5.3	5.3	5.3	5.1	4.3
シーズン中の入場者数（100万）[9][11]	4.1	3.9	3.8	3.1	3.4	3.3	3.4	3.6	3.1	2.9
交響楽団：[12]										
コンサート	18,931	29,328	33,154	38,182	37,263	37,196	36,731	37,169	33,029	32,813
入場者数（100万）	24.7	30.9	31.7	27.8	27.7	26.5	29.1	28.8	28.7	25.4
総収入	378	536	734	781	827	812	945	1,052	992	969
運営支出	622	859	1,126	1,315	1,483	1,513	1,603	1,808	1,862	1,864
援助	258	351	521	576	639	626	713	721	785	726

NA　データなし　1．資料：The League of American Theaters and Producers, Inc, New York, NY。表示年に終わるシーズン　2．すべてのショー（新作および前シーズンからの持ち越し）　3．8回の上演で1公演週　4．合衆国およびカナダの団体を含む北米ツアー　5．資料：Theatre Communications Group, New York, NY。年度末は8月31日　6．2002年以降は、非営利劇場のデータは調査回答およびIRS Form 990からの外挿データに基づく　7．資料：OPERA America, New York, NY。年度末は8月31日　8．合衆国の団体のみ　9．1993年以前及び1999年以降は合衆国およびカナダの団体。1993年から1998年は合衆国の団体のみ。2000年から2009年は合衆国の団体のみ　10．教育的な上演、アウトリーチ等を含む　11．有料の公演のみについて　12．資料：American Symphony Orchestra League, Inc., New York, NY。8月31日を年度末とする。1995年以前は254の合衆国のオーケストラ。1995年以降は、大学オーケストラとユースオーケストラを除く合衆国の全オーケストラ。同じく1995年以降、データは1,200のオーケストラに基づく

資料：脚注に記載した資料から編集; <http://www.livebroadway.com/>; <http://www.tcg.org/>; <http://www.operaamerica.org/>; <http://www.americanorchestras.org/> も参照

No.1235. 芸術・人文科学への連邦政府助成プログラム：1990－2009年

[単位：100万ドル（170.8は1億7080万ドルを表す）。別に示す単位を除く。9月30日を末とする会計年度。2009会計年度は、アメリカ復興・再投資法による資金を含む]

資金、プログラムの種類	1990	1995	2000	2004	2005	2006	2007	2008	2009
全米芸術基金（NEA）：									
資金総額[1]	170.8	152.1	85.2	105.5	108.8	112.8	111.7	129.3	186.8
プログラム支出金[2]	152.3	138.1	79.6	99.3	99.5	100.7	100.3	119.6	178.1
助成決定件数（件）[3]	4,252	3,534	1,906	2,150	2,161	2,293	2,158	2,219	3,075
助成金額[4][5]	157.6	147.9	83.5	102.6	104.4	107.0	106.5	125.5	176.2
全米人文基金（NEH）：									
資金総額[1]	140.6	153.2	102.6	127.1	119.8	121.5	122.3	128.6	134.5
プログラム支出金	114.2	125.7	82.7	98.7	99.9	102.2	102.0	105.7	114.7
共同助成ファンド（マッチング・ファンド）[6]	26.3	25.7	15.1	15.9	14.9	15.2	15.2	14.3	14.3

1．別に示さない他の財源を含む。行政の財源を除く　2．1990-1996会計年度には、レギュラープログラム・ファンド、財務省グラント、チャレンジグラントファンド、政策、企画研究ファンドを含む。1998-2000会計年度には、レギュラープログラム・ファンド、マッチンググランドファンドを含む　3．協力協定や機関間協定によるものを除く　4．新しい助成金の決定額、前年度までの助成を補助する追加助成、プログラムごとの契約を含む　5．1997年以降のデータは、助成制度がテーマ別に変更されたため、該当なし　6．非連邦寄贈品に相当する寄付金の受取か証明によってのみ割当てられる連邦資金を表わす。1997会計年度には、レギュラープログラムファンド、マッチンググラントファンド、政策・研究・テクノロジーファンドを含む。マッチンググラントの資金はプログラム別には分類されない。この資金はグラント同士のやりとりベースとなるためである

資料：U.S. National Endowment for the Arts, *Annual Report* および U.S. National Endowment for the Humanities, *Annual Report*; <http://arts.endow.gov/> および <http://www.neh.gov/> も参照

No.1236. 州芸術支援機関の承認予算額：2010－2011年

[9月30日を末とする会計年度。単位：1,000ドル（293,188は2億9318万8000ドルを表す）。全米州芸術機関連合（NASAA）は、全米の州および管轄区レベルの芸術支援機関の加盟組織。議会承認予算額は、各州の立法により州の芸術支援機関に割り当てられる資金。州の芸術支援機関は他州の資金、連邦政府（主として全米芸術基金）、民間資金、指定交付金等、他の収入源も持つ。マイナス（－）記号は支出の減少を示す]

州	議会承認予算額（経由資金を含む） 2010	2011	2010-2011年の変化率（%）	州	議会承認予算額（経由資金を含む） 2010	2011	2010-2011年の変化率（%）	州	議会承認予算額（経由資金を含む） 2010	2011	2010-2011年の変化率（%）
合衆国[1]	293,188	272,045	−7.2	KY	3,186	3,070	−3.7	OH	6,594	6,594	−
AL	4,626	4,626	−	LA	5,579	3,925	−29.7	OK	4,764	4,407	−7.5
AK	684	693	1.2	ME	695	654	−5.8	OR	2,088	1,917	−8.2
AZ	823	666	−19.1	MD	13,312	13,267	−0.3	PA	11,992	8,400	−30.0
AR	1,657	2,098	26.6	MA	9,693	9,099	−6.1	RI	2,352	2,103	−10.6
CA	4,123	4,312	4.6	MI	1,417	1,417	−	SC	2,454	2,051	−16.4
CO	1,200	1,122	−6.5	MN	30,015	29,990	−0.1	SD	526	669	27.0
CT	6,262	6,112	−2.4	MS	1,727	1,682	−2.6	TN	8,383	8,106	−3.3
DE	1,740	1,683	−3.3	MO	10,427	7,612	−27.0	TX	7,033	6,075	−13.6
DC	5,849	5,126	−12.4	MT	466	440	−5.4	UT	2,911	2,815	−3.3
FL	5,218	6,357	21.8	NE	1,489	1,433	−3.7	VT	508	508	−
GA	2,320	791	−65.9	NV	1,094	1,106	1.2	VA	4,421	3,795	−14.2
HI	6,160	5,080	−17.5	NH	515	462	−10.3	WA	1,844	1,347	−27.0
ID	788	716	−9.1	NJ	17,075	20,699	21.2	WV	2,501	2,488	−0.5
IL	7,577	9,472	25.0	NM	1,958	1,779	−9.1	WI	2,418	2,418	−
IN	3,202	3,202	−	NY	52,032	41,522	−20.2	WY	1,144	1,295	13.3
IA	1,024	1,024	−	NC	8,678	8,651	−0.3				
KS	1,138	812	−28.7	ND	684	684	−				

− ゼロを示す　1．米国領土

資料：National Assembly of State Arts Agencies, *Legislative Appropriations Annual Survey*, (2011年2月); <http://www.nasaa-arts.org/> も参照

No.1237. 芸術・創作活動への個人の参加：2008年

[単位：%および人口（100万人、224.8は2億2480万人を表す）。18歳以上人口。過去12カ月以内に1度でも参加した者を示す]

項目	成人人口（100万人）	クラシック音楽[1]	絵画[2]	詩	裁縫[3]	写真	創作	購入[4]	合唱
計	224.8	3.1	9.0	6.0	13.1	14.7	6.9	28.7	5.2
性別：男性	108.5	3.0	7.1	4.5	2.3	13.3	6.2	29.6	3.9
女性	116.3	3.2	10.7	7.4	23.2	16.1	7.5	27.9	6.3
人種、民族：									
白人	154.5	3.5	9.4	6.9	15.5	16.1	7.0	29.6	4.9
アフリカ系	25.6	2.0	6.8	3.5	7.6	10.0	7.5	20.1	10.3
その他の単一人種	14.3	4.7	11.9	6.1	10.2	16.2	8.2	16.5	5.5
ヒスパニック	30.4	1.1	7.4	6.7	7.1	10.9	5.3	30.6	2.2
年齢：18－24歳	28.9	5.9	14.7	6.4	9.0	17.8	11.3	37.2	6.1
25－34歳	39.9	3.7	11.3	6.1	10.0	16.1	9.7	38.8	3.8
35－44歳	41.8	3.0	9.9	7.5	11.4	18.6	6.2	27.1	4.3
45－54歳	43.9	2.5	7.4	7.0	15.4	14.6	6.4	28.0	6.8
55－64歳	33.3	2.4	6.8	5.4	15.7	13.0	4.4	25.6	5.3
65－74歳	19.9	1.8	5.0	4.1	17.7	10.4	5.2	28.7	6.2
75歳以上	17.1	1.4	4.4	4.1	15.4	5.5	3.1	14.2	3.6

1．過去12カ月以内にクラシック音楽の楽器演奏を行った者　2．絵画、スケッチ、彫刻、版画　3．織物、レース編み、キルト、刺繍、縫物　4．オリジナルの芸術作品を所有している者

資料：U.S. National Endowment for the Arts, 2008 Survey of Public Participation in the Arts; <http://www.nea.gov/pub/>

No.1238. 芸術活動の観客・聴衆：2008年

[単位：％（224.8は2億2480万を表す）。18歳以上。過去12ヵ月に最低1回観賞したもの。学校での上演を除く]

項目	成人人口(100万人)	ジャズコンサート	クラシックコンサート	ミュージカル	演劇	美術館、画廊	美術工芸フェア、フェスティバル	史跡公園[1]	文学読書[2]
計	224.8	7.8	9.3	16.7	9.4	22.7	24.5	24.9	50.2
性別：									
男性	108.5	7.7	8.5	14.4	8.2	21.4	20.5	24.4	41.9
女性	116.3	7.9	10.0	18.9	10.6	24.0	28.3	25.4	58.0
人種：									
ヒスパニック	154.5	8.8	11.3	20.0	11.4	26.0	29.3	29.5	55.7
白人	25.6	8.6	4.3	8.6	5.5	12.0	12.2	12.6	42.6
アフリカ系	14.3	4.0	8.8	13.4	6.1	23.4	17.0	20.0	43.9
その他	30.4	3.9	3.8	8.1	4.3	14.5	13.7	14.0	31.9
年齢：									
18−24歳	28.9	7.3	6.9	14.5	8.2	22.9	17.8	21.9	51.7
25−34歳	39.9	7.7	7.0	16.0	9.2	24.3	22.7	25.7	50.1
35−44歳	41.8	7.2	8.9	18.2	8.9	25.7	27.2	26.8	50.8
45−54歳	43.9	9.8	10.2	17.4	8.7	23.3	29.1	28.0	50.3
55−64歳	33.3	9.7	11.6	19.5	12.3	24.3	28.9	27.6	53.1
65−74歳	19.9	6.1	12.2	18.0	11.0	19.9	24.8	24.1	49.1
75歳以上	17.1	4.0	9.7	10.0	7.4	10.5	12.7	11.2	42.3
教育：									
小学校	11.2	1.5	1.8	1.7	0.7	3.8	4.9	3.8	18.5
中学校	22.1	2.4	2.3	5.2	2.8	9.2	11.2	9.1	34.3
高等学校卒業	68.3	3.9	3.1	8.1	4.0	9.6	17.3	14.6	39.1
大学	61.4	8.1	9.1	17.1	9.0	23.8	27.5	28.4	56.2
大学卒業	41.3	13.7	16.7	30.1	17.5	40.6	35.8	39.4	66.6
大学院	20.5	17.4	27.1	37.9	24.3	52.2	41.6	48.1	71.2
所得：[3]									
10,000ドル未満	11.6	4.3	4.0	6.6	4.2	9.4	10.7	10.3	38.6
10,000−19,999ドル	19.3	3.6	3.9	6.3	3.7	10.3	13.0	11.4	38.3
20,000−29,999ドル	23.4	4.1	4.4	7.7	4.1	11.9	15.5	13.9	41.7
30,000−39,999ドル	22.6	7.1	6.8	11.0	6.7	16.3	21.8	19.9	43.2
40,000−49,999ドル	18.8	8.9	8.7	15.4	7.4	20.2	24.7	23.2	51.9
50,000−74,999ドル	40.7	7.6	9.5	15.4	8.6	23.9	26.2	26.8	50.1
75,000−99,999ドル	27.2	8.7	11.7	21.8	13.4	31.3	33.8	32.6	59.1
100,000−149,999ドル	21.4	13.4	14.8	32.0	14.1	34.4	34.5	41.2	62.1
150,000ドル以上	16.0	15.4	20.1	24.2	15.9	37.5	35.7	47.3	71.2

1．史跡公園や記念物の観覧、歴史的またはデザイン的価値のある建物や区域への旅行　2．文学とは、詩、小説、短編小説、劇と定義される　3．所得を報告しなかった回答者の参加結果を除く

資料：U.S. National Endowment for the Arts, "2008 Survey of Public Participation in the Arts"；<http://www.nea.gov/pub/>も参照

No.1239. レジャー活動への参加者：2008年

[単位：％。別に示す単位を除く（224.8は2億2480万を表す）。表No.1237の頭注を参照]

項目	成人人口(100万人)	～行った 映画	～行った スポーツイベント	～した エクササイズ	～した スポーツ活動	～した アウトドア活動	～した ガーデニング	～した ボランティアチャリティー活動	～した コミュニティ活動
計	224.8	53.3	30.6	52.9	26.3	28.2	41.6	32.0	27.8
性別：									
男性	108.5	52.7	34.9	52.1	33.2	31.1	33.6	28.9	26.2
女性	116.3	54.0	26.6	53.6	20.0	25.4	48.9	34.9	29.3
人種：									
白人	154.5	55.7	34.0	57.4	29.2	16.9	47.2	35.8	31.8
アフリカ系	25.6	47.4	24.5	42.6	21.0	7.2	24.4	27.0	21.9
その他	14.3	49.3	21.8	48.6	23.5	26.1	40.1	25.7	22.7
ヒスパニック	30.4	48.1	22.1	40.7	17.9	17.3	28.0	20.1	14.7
年齢：									
18−24歳	28.9	74.2	37.4	57.4	42.0	34.8	15.1	27.2	19.4
25−34歳	39.9	64.5	37.3	57.5	34.9	35.7	34.8	29.4	23.5
35−44歳	41.8	59.5	36.7	59.5	32.0	34.3	43.9	37.6	33.2
45−54歳	43.9	52.6	31.3	51.8	23.9	29.0	49.1	35.7	31.8
55−64歳	33.3	46.2	25.9	51.8	17.1	22.4	52.4	33.4	29.7
65−74歳	19.9	31.7	18.2	47.6	13.3	17.9	54.5	30.2	30.9
75歳以上	17.1	18.9	10.3	30.0	6.4	6.3	41.0	23.2	21.5
学歴：									
小学校	11.2	15.9	6.6	21.1	6.7	8.2	30.3	11.4	8.4
中学校	22.1	37.9	17.8	35.7	19.0	17.8	29.5	17.7	14.8
高等学校卒業	68.3	42.5	22.8	40.0	17.4	20.8	37.7	20.9	18.3
大学	61.4	60.8	33.7	58.5	29.1	30.9	43.2	35.6	29.5
大学卒業	41.3	68.8	44.9	70.8	38.9	39.8	49.0	48.1	42.6
大学院	20.5	71.6	44.2	77.1	40.0	42.3	53.3	51.5	48.0
所得：[1]									
9,999ドル以下	11.6	32.3	14.9	35.6	15.9	14.6	25.3	16.0	15.0
10,000−19,999ドル	19.3	32.4	13.4	35.3	14.5	15.3	30.4	18.8	14.8
20,000−29,999ドル	23.4	38.2	21.1	40.4	14.9	18.3	35.4	19.6	18.1
30,000−39,999ドル	22.6	48.6	22.3	46.8	23.3	24.2	37.7	29.2	22.9
40,000−49,999ドル	18.8	54.0	28.7	54.9	26.5	28.7	44.9	31.5	25.9
50,000−74,999ドル	40.7	58.5	33.3	55.6	26.0	31.6	42.8	32.2	27.5
75,000ドル	27.2	67.5	42.2	66.2	37.0	40.9	50.2	42.0	35.0
100,000−149,000ドル	21.4	71.4	46.8	73.3	39.1	39.7	54.0	49.6	47.2
150,000ドル以上	16.0	76.7	53.1	73.2	46.0	43.9	50.9	49.0	43.9

1．所得を報告しなかった回答者の参加結果を除く

資料：U.S. National Endowment for the Arts, "2008 Survey of Public Participation in the Arts"；<http://www.nea.gov/pub/>を参照

No.1240. 成人の余暇活動とその頻度：2010年

[単位：1,000人（16,640は1664万人を表す）、％は総推計人口2億8811万2000人に基づく。2010年秋季現在。標本調査に基づく。標本抽出時の誤差あり。資料を参照]

活動	過去12カ月に参加した[1]		参加の頻度							
			週2回以上		週1回		1カ月に2、3回		1カ月1回	
	数	%	数	%	数	%	数	%	数	%
成人教育講座	16,640	7.3	3,116	1.4	1,973	0.9	762	0.3	1,312	0.6
自動車ショー	19,346	8.5	313	0.1	337	0.2	557	0.2	721	0.3
画廊／展覧会	20,985	9.2	78	(Z)	215	0.1	879	0.4	2,272	1.0
クラシック音楽／オペラ上演	9,715	4.3	99	(Z)	65	(Z)	409	0.2	900	0.4
カントリー・ミュージック公演	11,266	4.9	67	(Z)	125	0.1	239	0.1	458	0.2
ダンス公演	10,010	4.4	122	0.1	162	0.1	335	0.2	403	0.2
競馬	6,654	2.9	159	0.1	177	0.1	155	0.1	379	0.2
音楽公演[2]	26,536	11.6	135	0.1	332	0.1	1,120	0.5	2,129	0.9
ロック・ミュージック公演	25,176	11.0	187	0.1	173	0.1	730	0.3	1,136	0.5
バックギャモン	4,234	1.9	435	0.2	366	0.2	416	0.2	486	0.2
パン焼き	57,703	25.3	10,394	4.6	8,482	3.7	12,482	5.5	9,321	4.1
バーベキュー	79,119	34.7	12,497	5.5	12,939	5.7	18,871	8.3	10,473	4.6
ビリヤード／プール	19,468	8.5	975	0.4	1,432	0.6	2,125	0.9	2,063	0.9
バードウオッチング	13,793	6.1	6,101	2.7	1,338	0.6	1,169	0.5	876	0.4
ボードゲーム	37,993	16.7	2,890	1.3	3,134	1.4	6,574	2.9	7,759	3.4
ブッククラブ	5,747	2.5	285	0.1	234	0.1	419	0.2	2,732	1.2
チェス	6,896	3.0	549	0.2	533	0.2	823	0.4	576	0.3
ラジオコンサート	6,441	2.8	1,308	0.6	747	0.3	548	0.2	572	0.3
料理（趣味）	50,243	22.0	19,162	8.4	7,495	3.3	6,795	3.0	4,415	1.9
クロスワードパズル	29,996	13.2	12,866	5.6	3,136	1.4	2,811	1.2	2,674	1.2
ダンス／ダンスに行く	20,995	9.2	1,636	0.7	2,162	1.0	2,728	1.2	2,964	1.3
外食	112,477	49.3	20,158	8.8	25,173	11.0	26,644	11.7	15,686	6.9
家庭で友人親戚と楽しむ	87,455	38.3	6,976	3.1	9,139	4.0	18,565	8.1	19,611	8.6
ファンタジースポーツ	8,969	3.9	2,855	1.3	1,559	0.7	372	0.2	330	0.1
家具再仕上げ	6,292	2.8	201	0.1	79	(Z)	359	0.2	406	0.2
バー／ナイトクラブに行く	43,513	19.1	3,133	1.4	4,846	2.1	7,428	3.3	6,430	2.8
ビーチに行く	58,670	25.7	3,303	1.5	2,018	0.9	4,875	2.1	5,428	2.4
観劇	30,547	13.4	333	0.2	256	0.1	896	0.4	3,331	1.5
博物館に行く	32,960	14.5	121	0.1	198	0.1	1,171	0.5	3,317	1.5
ホームデコレーション	22,781	10.0	890	0.4	977	0.4	1,861	0.8	4,178	1.8
カラオケ	8,186	3.6	460	0.2	401	0.2	665	0.3	904	0.4
絵を描く	13,791	6.1	2,360	1.0	1,288	0.6	1,625	0.7	1,609	0.7
写真アルバム、スクラップブック	15,284	6.7	1,237	0.5	743	0.3	1,973	0.9	2,332	1.0
写真撮影	26,173	11.5	4,358	1.9	3,310	1.5	5,332	2.3	3,508	1.5
ピクニック	26,321	11.5	281	0.1	591	0.2	1,672	0.7	3,780	1.7
ビンゴゲーム	10,271	4.5	754	0.3	1,095	0.5	811	0.4	1,342	0.6
カードゲーム	46,190	20.3	5,679	2.5	4,969	2.2	6,400	2.8	7,567	3.3
楽器演奏	18,078	7.9	7,435	3.3	2,096	0.9	1,959	0.9	1,211	0.5
読書	86,540	37.9	47,483	20.8	8,298	3.6	7,513	3.3	6,312	2.8
漫画	5,557	2.4	1,161	0.5	636	0.3	846	0.4	527	0.2
数独パズル	26,540	11.6	10,265	4.5	2,505	1.1	3,159	1.4	2,495	1.1
トリビアゲーム	11,872	5.2	1,891	0.8	1,327	0.6	1,397	0.6	1,490	0.7
木工	10,202	4.5	1,714	0.8	965	0.4	1,631	0.7	1,443	0.6
言葉遊び	22,147	9.7	7,768	3.4	2,709	1.2	2,817	1.2	1,899	0.8
動物園	28,148	12.3	189	0.1	239	0.1	632	0.3	2,112	0.9

Z 0.05未満　1. 個別に示さない、月1回未満活動している者を含む　2. カントリー、ロックは除く

資料：Mediamark Research & Intelligence. LLC, New York, NY, *Top-line Reports* (copyright); <http://www.gfkmri.com/> も参照

No.1241. ペット飼育：2006年

[単位：%（72.1は7210万を表す）。2006年実施の4万7000世帯対象の標本調査に基づく]

項目	犬	猫	鳥	馬
コンパニオン・ペット総数[1] (100万)	72.1	81.7	11.2	7.3
ペットを飼育する世帯数 (100万)	43.0	37.5	4.5	2.1
ペットを飼育する世帯の割合[1] (%)	37.2	32.4	3.9	1.8
世帯平均ペット数	1.7	2.2	2.5	3.5
ペット飼育世帯の構成比 (%)				
年間世帯所得：				
20,000ドル未満	30.7	30.1	4.4	1.5
20,000－34,999ドル	37.3	33.6	4.2	1.7
35,000－54,999ドル	39.8	34.1	4.4	2.1
55,000－84,999ドル	42.8	35.5	3.7	1.9
85,000ドル以上	42.1	33.3	3.7	2.3
世帯規模：[1]				
単身	21.9	24.7	2.1	0.8
2人	37.6	33.4	3.9	1.7
3人	47.5	39.1	5.1	2.3
4人	51.9	38.5	5.4	2.7
5人以上	54.3	40.0	6.6	3.6

1. 2006年12月31日現在

資料：American Veterinary Medical Association, Schaumburg, IL, *U.S. Pet Ownership and Demographics Sourcebook, 2007* (copyright). <http://www.avma.org/reference/marketstats/sourcebook.asp> も参照

No.1242. 家庭園芸——概要：2005－2010年

[35,208は352億800万ドルを表す)。暦年。標本抽出時の誤差あり。資料を参照]

活動	小売額(100万ドル)					活動に従事世帯の割合(％)				
	2005	2007	2008	2009	2010	2005	2007	2008	2009	2010
計	35,208	35,102	36,060	30,121	28,409	83	71	70	72	68
芝生の手入れ	9,657	10,754	9,638	8,075	7,765	54	48	46	46	45
室内鉢植え	1,464	988	1,177	1,081	920	42	31	31	30	29
花壇	3,003	2,386	2,679	2,299	1,933	41	30	32	31	28
除虫	1,869	2,103	1,734	1,567	1,350	30	25	25	22	22
潅木	1,109	913	746	623	930	31	23	22	21	20
菜園	1,154	1,421	1,402	1,762	1,701	25	22	23	27	26
庭木の手入れ	2,820	2,192	2,473	1,743	2,086	26	18	20	19	16
整地	9,078	9,874	11,712	8,418	7,232	31	27	28	27	24
球根	945	811	796	748	660	29	20	20	19	18
果樹	507	477	538	575	702	13	10	10	11	10
プランター栽培	1,295	927	1,003	994	836	26	18	19	19	17
植え変え[1]	237	320	220	241	286	11	7	8	9	8
ハーブの栽培	371	451	391	423	428	17	13	12	14	15
ベリー類の栽培	151	144	138	229	159	8	5	6	8	8
観葉植物の栽培	678	561	424	445	504	12	6	6	6	6
水生植物の栽培	870	780	989	898	917	11	11	10	11	12

1．地面で育成する前にプランターで育成する

資料：The National Gardening Association, Burlington, VT, *National Gardening Survey* (年刊) (copyright); <http://www.garden.org/> も参照

No.1243. レクリエーション活動：1990－2010年

[21は2100万人を表す。『アメリカ歴史統計』系列H862-864, H871, H874, H877も参照]

活動状況	単位	1990	1995	2000	2005	2006	2007	2008	2009	2010
ゴルフ施設[1]	数	12,846	14,074	15,489	16,052	15,990	15,970	15,979	15,979	15,890
テニスプレイヤー数[2]	1,000人	21,000	17,820	22,900	24,720	24,200	25,130	26,880	30,130	27,810
スキー[3]										
スキー客数[4]	100万人	50.0	52.7	52.2	56.9	58.9	55.1	60.5	57.4	59.8
スキー場数	数	591	520	503	492	478	481	473	471	471
映画スクリーン[5]	1,000	24	28	37	39	40	40	40	40	40
切符総売り上げ	100万ドル	4,428	5,269	7,511	8,821	9,180	9,632	9,635	10,610	10,579
観客数	100万人	1,048	1,211	1,393	1,376	1,401	1,399	1,341	1,415	1,341
ボート：[6]										
レクリエーション用ボート参加者[7]	100万人	67.4	70.0	67.5	57.9	60.2	66.4	70.1	65.9	75.0
ボートに対する支出[8]	100万ドル	13,731	17,226	27,065	37,317	39,493	37,416	33,624	30,821	30,434
レクリエーション用ボートタイプ別使用数[9]	100万	16.0	15.4	16.8	17.7	16.8	16.9	16.8	16.8	16.7
船外機付きボート	100万	(NA)	(NA)	8.3	8.5	8.3	8.3	8.3	8.3	8.2
室内エンジン付きボート	100万	(NA)	(NA)	1.0	1.1	1.1	1.1	1.1	1.1	1.1
スターンドライブ	100万	(NA)	(NA)	1.6	1.7	1.6	1.7	1.6	1.6	1.5
水上バイク	100万	(NA)	(NA)	1.2	1.2	1.2	1.2	1.2	1.3	1.3
ヨット	100万	(NA)	(NA)	1.6	1.6	1.6	1.6	1.5	1.5	1.5
その他	100万	(NA)	(NA)	3.1	3.6	3.1	3.1	3.1	3.0	3.0

NA　データなし　1．資料: National Golf Foundation, Jupiter, FL　2．資料：U.S. Tennis Industry Association, Hilton Head, SC. 全国規模の電話による世帯調査で、6歳以上の世帯員はテニスに参加するメンバーとして参入される。2008年のデータは最低1度はテニスをしたことのある6歳以上の者　3．資料: National Ski Areas Association, Kottke National End of Season Survey report (copyright)　4．終日または日中または夜間、スキーをする目的でスキー場を訪れる者を表わす。1日、半日、夜間、招待、大人、子供、シーズン、その他の種類のチケットを含む。データは表示年のシーズン終了時点における推計値。2007年のデータは暫定値　5．資料：Motion Picture Association of America Inc., Encino, CA.　6．資料：National Marine Manufacturers Association, Chicago, IL. (copyright)　7．参加者人数は年齢が18歳以上の成人のみを対象とする　8．新造および中古のボート、モーター、エンジン、付属品、安全機器、燃料、保険、係船、メンテナンス、進水、保管、修繕、その他の費用の支出を示す　9．2010年のデータは推計値

資料：脚注に記載した資料から編集

No.1244. 大学およびプロフットボールの概要：1990－2010年

[35,330は353万3000を表す。中央値の定義については凡例を参照]

スポーツ	単位	1990	1995	2000	2005	2007	2008	2009	2010
NCAA所属大学：[1]									
チーム数	数	533	565	606	615	619	628	630	639
観客動員数	1000人	35,330	35,638	39,059	43,487	48,752	48,839	48,285	49,671
ナショナルフットボールリーグ：[2]									
チーム数	数	28	30	31	32	32	32	32	32
観客動員数、計[3]	1000人	17,666	19,203	20,954	21,792	22,256	21,859	21,285	21,107
レギュラーシーズン	1000人	13,960	15,044	16,387	17,012	17,345	17,057	16,651	16,570
1試合あたり	数	62,321	62,682	66,078	66,455	67,755	66,629	65,043	64,978
ポストシーズン[4]	1000人	848	(NA)	809	802	792	807	824	800
選手の俸給：[5]									
平均	1000ドル	354	584	787	1,400	1,750	1,824	1,896	2,000
基本俸給の中央値	1000ドル	275	301	441	569	772	788	790	906

NA データなし　1．資料：National Collegiate Athletic Assn., Indianapolis, IN; <http://www.ncaa.org/wps/portal>　2．資料：National Football League, New York, NY; <http://www.nfl.com/>　3．プレシーズンの観客数は明示されない。　4．プロボウル（選手権にかかわらない試合）、スーパーボウルを含む　5．資料：National Football League Players Association, Washington, D.C.; <http://www.nflpa.org/>
資料：脚注に記載した資料から編集

No.1245. 観戦スポーツ：1990－2010年

[55,512は5551万2000人を表す。『アメリカ歴史統計』系列H865-870、H872も参照]

特徴	単位	1990	1995	2000	2005	2006	2007	2008	2009	2010
野球、大リーグ：[1]										
入場者数	1,000人	55,512	51,288	74,339	76,286	77,524	80,803	79,975	74,823	74,499
公式戦	1,000人	54,824	50,469	72,748	74,926	76,043	79,503	78,588	73,368	73,054
ナショナルリーグ	1,000人	24,492	25,110	39,851	41,644	44,085	44,114	41,579	41,128	40,890
アメリカンリーグ	1,000人	30,332	25,359	32,898	33,282	34,503	35,390	34,464	32,239	32,164
プレーオフ[2]	1,000人	479	533	1,314	1,191	1,218	1,083	1,167	1,166	1,210
ワールドシリーズ	1,000人	209	286	277	168	225	173	219	289	244
選手の給与：[3]										
平均	1,000ドル	598	1,111	1,896	2,476	2,699	2,825	2,926	2,996	3,015
バスケットボール：[4][5]										
NCAA男子大学：										
チーム数	数	767	868	932	983	984	982	1,017	1,017	1,033
入場者数	1,000人	28,741	28,548	29,025	30,569	30,940	32,836	33,396	33,111	32,821
NCAA女子大学：										
チーム数	数	782	864	956	1,036	1,018	1,003	1,013	1,032	1,037
入場者数[6]	1,000人	2,777	4,962	8,698	9,940	9,903	10,878	11,121	11,160	11,135
ナショナルホッケーリーグ：										
公式戦入場者数	1,000人	12,580	9,234	18,800	(8)	20,854	20,862	21,236	21,475	20,996
プレイオフ入場者数	1,000人	1,356	1,329	1,525	(8)	1,530	1,497	1,587	1,640	1,702
プロ・ロデオ：[9]										
ロデオ	数	754	739	688	662	649	592	609	560	570
興行数	数	2,159	2,217	2,081	1,940	1,884	1,733	1,861	1,656	1,671
メンバー	数	5,693	6,894	6,255	6,127	5,892	5,528	5,825	5,653	5,323
免許取得者（新規）	数	3,290	3,835	3,249	2,701	2,468	2,186	2,233	2,042	1,881
賞金総額	100万ドル	18.2	24.5	32.3	36.6	36.2	40.5	39.1	38.0	39.9

1．資料：Major League Baseball（以前は The National League of Professional Baseball Clubs）New York, NY, National League Green Book および The American League of Professional Baseball Clubs, New York, NY, American League Red Book　2．1997年以降、プレーオフは2ラウンド（それ以前は1ラウンド）　3．資料：Major League Baseball Players Association, New York, NY.　4．表示年に終わるシーズン　5．資料：National Collegiate Athletic Assn., Indianapolis, IN.　6．女子入場者数に関しては、男子チームとのダブル・ヘッダーを除く　7．表示年に終わるシーズン。資料：National Hockey League, Montreal, Quebec.　8．2004年9月、オーナーたちは団体交渉合意の期限日に選手たちをロックアウトした。2005年2月全シーズンが取り消された　9．資料：Professional Rodeo Cowboys Association, Colorado Springs, CO. Official Professional Rodeo Media Guide（年刊）（copyright）
資料：脚注に記載した資料から編集

No.1246. スポーツイベントへの成人の参加：2010年

[単位：1,000人（557は55万7000人を表す）、%。2010年秋季現在。標本調査に基づく。%は2億8112万2000人の総推計人口に基づく。データは前年とは比較できない。資料を参照]

イベント	1カ月に1回以上参加		行事に参加		イベント	1カ月に1回以上参加		行事に参加	
	人数	%	人数	%		人数	%	人数	%
自動車レース－ナスカー（NASCAR）	557	0.24	5,759	2.52	週末のプロリーグ戦（NFL）	1,377	0.60	9,644	4.23
野球：					NFLのプレーオフ/スーパーボウル	829	0.36	2,827	1.24
大学リーグ戦	500	0.22	2,674	1.17					
プロ（MLB）	2,172	0.95	22,217	9.74	ゴルフープロ（PGA、LPGA）他	528	0.23	2,698	1.18
バスケットボール：					高校スポーツ	5,043	2.21	7,414	3.25
大学リーグ戦	1,149	0.50	7,059	3.09	競馬	193	0.08	2,327	1.02
プロ（NBA、WNBA）	1,052	0.46	7,596	3.33					
ボーリング	299	0.13	1,116	0.49	アイスホッケー（プロ NHL）	875	0.38	5,705	2.50
ボクシング	404	0.18	1,171	0.51	総合格闘技（MMA）	288	0.13	1,279	0.56
プロのブルライディング	138	0.06	1,482	0.65	オートバイレース	248	0.11	1,543	0.68
乗馬	386	0.17	1,213	0.53	ロデオ	320	0.14	2,578	1.13
フィギュア・スケート	128	0.06	882	0.39	サッカーープロ（MLS）およびワールドカップ	362	0.16	2,167	0.95
フィッシング	649	0.28	1,739	0.76					
フットボール：					テニスー男女	264	0.12	1,511	0.66
大学リーグ戦	3,043	1.33	11,139	4.88	レスリング（プロ）	218	0.10	1,716	0.75
月曜または木曜夜のプロリーグ戦（NFL）	1,119	0.49	5,454	2.39					

資料：Mediamark Research & Intelligence. LLC, New York, NY, Top-line Reports (copyright); <http://www.gfkmri.com> も参照

No.1247. NCAAスポーツへの参加：2009-2010年

[学年度]

スポーツ	男性			女性		
	チーム数	競技人口	チーム平均	チーム数	競技人口	チーム平均
計	8,530	249,307	(X)	9,660	186,460	(X)
アーチェリー[1]	(X)	(X)	(X)	(X)	(X)	(X)
バドミントン[1]	(X)	(X)	(X)	(X)	(X)	(X)
野球	910	30,365	33.4	(X)	(X)	(X)
バスケットボール	1,038	17,008	16.4	1,059	15,423	14.6
ボーリング	1	40	40	57	507	8.9
クロスカントリー[2]	928	13,476	14.5	1,005	14,551	14.5
乗馬[1][2]	5	8	1.6	47	1,508	32.1
フェンシング[2]	34	633	18.6	41	688	16.8
フィールドホッケー	(X)	(X)	(X)	262	5,634	21.5
フットボール	633	66,313	104.8	(X)	(X)	(X)
ゴルフ[2]	798	8,385	10.5	557	4,455	8.0
体操	17	333	19.6	83	1,417	17.1
アイスホッケー	136	3,945	29.0	84	1,941	23.1
ラクロス	262	9,844	37.6	344	7,683	22.3
ライフル射撃[2]	31	243	7.8	36	190	5.3
漕艇競技	61	2,276	37.3	143	6,999	48.9
ラグビー[1]	1	63	63.0	4	146	36.5
ボードセイリング[1]	24	587	24.5	(X)	(X)	(X)
スキー[2]	34	493	14.5	38	499	13.1
サッカー	782	21,770	27.8	967	23,650	24.5
ソフトボール	(X)	(X)	(X)	957	17,726	18.5
スカッシュ[1]	29	458	15.8	28	380	13.6
水泳／ダイビング[2]	399	9,025	22.6	512	11,769	23.0
シンクロナイズドスイミング[1]	(X)	(X)	(X)	(X)	(X)	(X)
テニス	752	7,940	10.6	912	8,895	9.8
トラック競技、屋内	601	22,064	36.7	673	22,074	32.8
トラック競技、屋外[2]	706	25,349	35.9	767	24,028	31.3
バレーボール	90	1,367	15.2	1,025	15,133	14.8
水球	41	925	22.6	59	1,164	19.7
レスリング	217	6,397	29.5	(X)	(X)	(X)

X 該当なし　1. NCAAスポーツと認識されているが、選手権がない　2. 男女混合でチャンピオンシップが競われる

資料：The National Collegiate Athletic Association (NCAA), Indianapolis, IN, *2009-10 Participation Study* (copyright); <http://www.ncaa.publications.com> を参照

No.1248. 高等学校スポーツ競技参加者：1980-2010年

[データは報告を行なっている州組織のものであり、スポーツ競技のプログラムのある学校およびその競技人口は過小評価となっている]

年	参加者[1]		性別、スポーツ種別	人気競技、2009-2010[2]	
	男性	女性		学校数	競技人口
			男性		
1980-81	3,503,124	1,853,789	フットボール (11人制)	14,226	1,109,278
1985-86	3,344,275	1,807,121	トラック・フィールド競技 (屋外)	16,011	572,123
1988-89	3,416,844	1,839,352	バスケットボール	17,969	540,207
1989-90	3,398,192	1,858,659	野球	15,786	472,644
1990-91	3,406,355	1,892,316	サッカー	11,375	391,839
1991-92	3,429,853	1,940,801	レスリング	10,363	272,890
1992-93	3,416,389	1,997,489	クロスカントリー	13,942	239,608
1993-94	3,472,967	2,130,315	テニス	9,916	162,755
1994-95	3,536,359	2,240,461	ゴルフ	13,693	157,756
1995-96	3,634,052	2,367,936	水泳、ダイビング	6,820	131,376
1996-97	3,706,225	2,474,043			
1997-98	3,763,120	2,570,333			
1998-99	3,832,352	2,652,726			
1999-20	3,861,749	2,675,874	**女性**		
2000-01	3,921,069	2,784,154	トラック・フィールド競技 (屋外)	15,923	469,177
2001-02	3,960,517	2,806,998	バスケットボール	17,711	439,550
2002-03	3,988,738	2,856,358	バレーボール	15,382	403,985
2003-04	4,038,253	2,865,299	ソフトボール (速球)	15,298	378,211
2004-05	4,110,319	2,908,390	サッカー	10,901	356,116
2005-06	4,206,549	2,953,355	クロスカントリー	13,809	201,968
2006-07	4,321,103	3,021,807	テニス	10,166	182,395
2007-08	4,372,115	3,057,266	水泳、ダイビング	7,171	158,419
2008-09	4,422,662	3,114,091	チアリーディング競技	4,879	123,644
2009-10	4,455,740	3,172,637	ゴルフ	9,651	70,872

1. 複数回答を含む　2. 性別で、参加者数の最も多い上位10種類のスポーツ

資料：National Federation of State High School Association, Indianapolis, IN, *The 2009-2010 High School Athletics Participation Survey* (copyright); <http://www.nfhs.org/> を参照

No.1249. 主要スポーツ活動の参加者——特徴別：2009年

[単位：1,000人。(269,988は2億6998万8000人を表す)。1万世帯に郵送でアンケートを送付。男性または女性の世帯主とその他の7歳以上世帯員2名までを対象として、2009年に行ったスポーツについて参加日数を含めて回答を求めている。7歳以上の個人で、2009年に1度でも参加したことのあるもの。対象スポーツは、本書前年版の表No.1248も参照]

活動状況	参加者人数	性別		年齢								世帯収入（ドル）						
		男性	女性	7—11歳	12—17歳	18—24歳	25—34歳	35—44歳	45—54歳	55—64歳	65歳以上	15,000ドル未満	15,000—24,999ドル	25,000—34,999ドル	35,000—49,999ドル	50,000—74,999ドル	75,000—99,999ドル	100,000ドル以上
計	269,988	132,437	137,551	19,892	25,056	29,526	40,018	43,475	43,208	31,556	37,257	25,568	24,659	27,297	39,689	54,549	41,485	56,740
シリーズ1のスポーツ																		
スポーツ別参加者：																		
エアロビクス1	33,138	9,519	23,619	1,285	1,960	4,215	8,332	7,286	4,626	2,824	2,611	1,760	2,076	2,443	3,748	7,437	6,287	9,387
バックパッキング2	12,281	7,043	5,238	1,617	1,750	1,903	2,208	2,526	1,497	582	197	1,325	764	1,218	1,770	2,724	1,613	2,867
野球	11,507	9,314	2,193	3,971	2,727	1,078	776	1,412	727	502	316	573	456	1,076	1,772	2,473	2,366	2,791
バスケットボール	24,410	16,904	7,506	4,802	6,482	4,249	2,860	3,214	1,998	513	292	1,816	1,078	1,852	3,702	5,069	4,739	6,154
自転車1	38,139	21,265	16,874	6,801	6,395	3,066	5,345	6,937	4,835	2,853	1,906	2,433	1,894	2,529	5,266	8,321	6,859	10,837
ビリヤード	28,172	17,583	10,589	1,183	2,306	5,678	7,546	5,598	3,857	1,301	702	2,763	1,624	2,300	4,397	5,961	4,863	6,265
ボーリング	44,972	23,507	21,465	5,976	6,428	8,325	7,635	8,223	4,565	2,285	1,536	3,337	2,414	3,241	6,867	10,415	8,422	10,275
キャンプ3	50,863	26,353	24,510	5,942	7,212	5,572	8,759	9,434	7,187	4,050	2,707	4,119	2,685	3,833	7,520	13,219	8,808	10,678
エクササイズ・ウォーク1	93,359	37,093	56,266	3,573	5,520	8,200	16,045	17,803	17,330	12,595	12,294	6,855	7,061	7,911	12,813	19,961	16,814	21,944
マシン、エクササイズ1	57,206	27,815	29,391	960	4,015	7,420	13,104	11,438	9,659	5,090	5,519	2,917	2,885	4,423	8,112	12,161	10,707	16,001
釣り (純)	32,876	22,714	10,162	3,146	3,508	2,577	6,114	6,327	5,241	3,553	2,409	2,539	2,152	2,775	5,821	7,500	5,359	6,729
釣り (淡水)	28,996	20,290	8,706	3,038	3,101	2,470	5,429	5,806	4,195	3,043	1,913	2,327	1,869	2,635	5,350	6,552	4,429	5,834
釣り (海)	8,195	5,807	2,387	529	949	513	1,121	1,248	1,952	986	896	453	435	453	768	2,056	1,765	2,265
フットボール (タックル)	8,890	7,912	978	1,672	3,435	2,032	497	635	205	184	232	952	1,247	881	1,335	1,640	1,282	1,553
ゴルフ	22,317	16,893	5,424	1,276	1,660	1,763	4,131	4,208	4,168	2,823	2,288	606	675	1,078	3,061	4,614	4,589	7,693
ハイキング	34,013	17,397	16,616	3,093	3,828	3,650	6,570	6,527	5,853	2,690	1,804	2,294	1,858	2,126	4,234	7,587	6,726	9,189
ランニング/ジョギング1	32,212	17,736	14,476	2,672	4,975	5,451	8,332	5,531	3,719	1,024	507	1,189	1,784	2,033	4,340	5,787	7,970	9,109
サッカー	13,578	7,732	5,846	5,129	3,228	1,692	1,223	1,398	608	171	130	956	539	727	1,644	2,527	2,603	4,583
ソフトボール	11,829	5,977	5,852	1,821	2,226	1,910	2,239	1,771	1,271	430	160	1,055	536	874	2,165	2,658	2,354	2,186
水泳1	50,226	23,816	26,410	8,296	8,108	4,604	7,863	8,053	6,484	3,889	2,929	3,171	2,313	4,125	3,442	11,031	8,918	14,227
テニス	10,818	5,656	5,163	1,443	1,535	970	2,216	2,366	1,540	482	267	411	436	509	1,301	2,149	1,955	4,058
バレーボール	10,733	4,303	6,430	1,337	3,147	1,975	1,757	1,190	865	298	164	707	651	447	1,917	2,014	1,969	3,027
ウエイトリフティング	34,505	23,387	11,118	347	3,702	4,900	10,329	6,963	5,098	1,818	1,348	2,029	2,123	2,330	5,224	6,976	7,192	8,631
ヨガ	15,738	3,241	12,497	357	705	2,449	4,507	3,672	2,028	1,163	858	1,025	1,013	1,254	1,885	3,524	2,574	4,462

本表末尾の脚注を参照

No.1249. 主要スポーツ活動の参加者——特徴別：2009年（続）

[768頁の頭注を参照]

活動状況	参加者 人数	性別		年齢								世帯収入（ドル）						
		男性	女性	7－11歳	12－17歳	18－24歳	25－34歳	35－44歳	45－54歳	55－64歳	65歳以上	15,000ドル未満	15,000－24,999ドル	25,000－34,999ドル	35,000－49,999ドル	50,000－74,999ドル	75,000－99,999ドル	100,000ドル以上
スポーツ別参加者： 計	269,988	132,436	137,552	19,893	25,055	29,526	40,018	43,475	43,208	31,556	37,257	23,091	25,508	28,537	37,918	64,447	39,400	51,086
シリーズIIのスポーツ																		
アーチェリー	7,106	5,025	2,081	1,158	1,302	658	1,930	931	745	218	163	544	662	415	1,005	2,028	1,257	1,196
ボート（モーター、原動機付）	23,959	13,641	10,318	1,480	2,761	3,047	3,647	4,803	4,125	2,197	1,899	820	1,482	1,979	3,279	5,143	4,743	6,514
アイスホッケー	3,057	2,228	829	536	588	312	460	628	211	208	113	46	117	252	88	1,217	452	885
弓矢による狩猟	6,187	5,362	825	128	510	914	1,534	1,368	973	435	324	464	508	467	1,687	1,390	807	862
銃器による狩猟	18,816	15,835	2,981	389	1,788	2,377	3,904	3,169	3,651	2,099	1,440	1,279	1,635	2,123	3,328	4,737	2,317	3,398
ローラースケート（インライン）	7,874	3,896	3,978	2,089	1,848	1,108	910	1,238	499	124	59	233	443	1,044	1,495	1,718	1,541	1,401
マウンテンバイク（オフロード）	8,368	4,986	3,382	819	732	793	1,964	1,990	1,346	451	272	404	361	609	863	2,044	1,342	2,745
先込めのライフル狩猟	3,797	3,234	563	－	290	581	754	633	795	482	262	227	408	362	822	906	607	466
ペイントボール	6,271	5,215	1,056	398	1,867	2,084	607	780	407	126	－	524	539	787	533	1,380	950	1,559
スクーター	8,114	4,549	3,566	4,384	2,097	166	324	330	380	181	252	290	381	707	795	2,443	1,373	2,126
スケートボード	8,418	6,298	2,121	2,752	3,255	1,580	414	328	36	8	44	600	442	879	1,181	1,814	1,216	2,287
スキー（アルペン）	6,992	4,384	2,608	546	910	902	1,384	1,308	1,080	586	276	61	566	468	494	1,089	1,086	3,227
スキー（クロスカントリー）	1,695	888	807	60	233	91	160	458	342	272	78	73	49	107	77	620	353	416
スノーボード	6,189	4,314	1,876	504	1,554	1,614	1,605	697	73	85	58	91	150	826	583	1,358	1,415	1,767
卓球/ピンポン	13,306	7,596	5,710	1,418	2,353	1,992	2,751	2,049	1,863	442	439	362	963	1,069	997	4,297	2,391	3,228
射撃	19,776	15,054	4,722	1,079	1,993	2,688	4,331	3,276	3,323	1,770	1,316	1,325	1,912	2,263	3,070	4,316	2,813	4,058
水上スキー	5,167	4,228	938	559	1,449	852	469	643	559	341	293	470	444	620	675	1,406	975	577
射撃（空気銃）	5,191	2,826	2,364	362	678	1,175	1,158	1,016	625	154	12	186	106	257	697	907	873	2,165
スポーツクラブでのトレーニング	38,320	17,597	20,723	394	2,123	6,387	8,837	7,242	6,072	3,588	3,674	1,315	1,600	3,114	4,107	9,731	6,817	11,635

― ゼロまたは概数でゼロを示す。 1. 該当年に最低6回活動した者 2. 野外キャンプを含む 3. 休暇、1泊以上。

資料：National Sporting Goods Association, Mt. Prospect, IL, Sports Participation in 2009: Series I and Series II (copyright); <http://www.nsga.org/i4a/pages/index.cfm?pageid=3346>

No.1250. スポーツ用品の分野別販売額：1990－2009年／予測値2010年

[単位：100万ドル（50,725は507億2500万ドルを表す）、％。8万世帯（2000年以降10万世帯）の消費者購入の標本調査に基づく。産業団体が提供するレクリエーション輸送機器を除く。アラスカとハワイを除く。マイナス（－）は減少を占める]

主要製品	1990	2000	2004	2005	2006	2007	2008	2009	2010, 予測値
販売額、全製品	50,725	74,442	85,811	88,434	90,472	91,423	80,431	70,856	75,666
年変化率（％）[1]	(NA)	4.6	7.6	3.1	2.3	1.1	-12.0	-11.9	6.8
小売総額に占める割合（％）	(NA)	2.5	2.5	2.4	2.3	2.3	2.0	1.9	1.9
運動着	10,130	11,030	11,201	10,898	10,580	10,834	10,113	9,246	9,665
運動靴[2]	11,654	13,026	14,752	15,719	16,910	17,524	17,190	17,069	17,282
エアロビクスシューズ	611	292	237	261	262	280	260	223	216
バスケットボールシューズ	918	786	877	878	964	892	718	741	735
クロストレーニングシューズ	679	1,528	1,327	1,437	1,516	1,584	1,626	1,531	1,527
ゴルフシューズ	226	226	230	259	232	244	239	202	195
体育館シューズ、スニーカー	2,536	1,871	2,221	2,314	2,434	2,699	2,639	2,539	2,593
ジョギング、ランニングシューズ	1,110	1,638	1,989	2,157	2,260	2,193	2,301	2,363	2,423
テニスシューズ	740	533	508	528	505	452	467	396	380
ウォーキングシューズ	2,950	3,317	3,496	3,673	4,091	4,197	4,204	4,416	4,543
運動用品[2]	14,439	21,608	23,328	23,735	24,497	25,061	24,862	24,421	24,568
アーチェリー	265	259	332	372	396	396	394	379	383
野球・ソフトボール	217	319	352	372	388	401	396	374	378
ビリヤード・室内ゲーム	192	516	622	572	574	531	396	312	300
キャンプ	1,072	1,354	1,531	1,447	1,526	1,453	1,461	1,496	1,526
エクササイズ用具	1,824	3,610	5,074	5,177	5,239	5,500	5,328	5,301	5,354
釣り用具	1,910	2,030	2,026	2,139	2,218	2,247	2,067	1,859	1,861
ゴルフ	2,514	3,805	3,198	3,466	3,669	3,722	3,495	2,836	2,864
狩猟用銃器	2,202	2,274	3,175	3,563	3,732	3,942	4,548	5,199	5,165
双眼鏡	438	729	859	887	1,014	1,019	1,024	1,070	1,091
ダイビング（スキン、スキューバ）	294	355	351	358	369	373	373	343	350
スキー[3]	475	495	452	643	501	531	482	502	516
テニス	333	383	362	397	418	440	387	368	364
レクリエーション輸送機器	14,502	28,779	36,531	38,082	38,485	38,003	28,266	20,120	24,151
自転車および部品	2,423	5,131	4,898	5,343	5,161	5,393	5,285	4,471	5,200
レジャー用ボート（モーターアクセサリー）	7,644	13,224	16,054	17,634	17,907	17,473	13,679	9,097	10,781
レクリエーション用乗用車	4,113	9,529	14,753	14,366	14,732	14,505	8,758	6,118	7,648
スノーモビル	322	894	826	739	685	632	544	435	522

NA データなし　1．前年からの変化を示す　2．個別に明示しない他の製品も含む　3．2004年までのデータ項目は「スキー滑降」となっていた

資料：National Sporting Goods Association, Mt. Prospect, IL, *The Sporting Goods Market in 2010* およびそれ以前の号 (copyright); <http://www.nsga.org/i4a/pages/index.cfm?pageid=3345> を参照

No.1251. スポーツ用品の消費者購入――消費者特徴別：2009年

[単位：％。10万世帯の消費者の購入の標本調査に基づく。アラスカとハワイを除く。本書前年版の表No.1250も参照]

| 特徴 | 世帯合計 | 運動靴 | | | | | 運動用品 | | | | |
		エアロビクスシューズ	フィットネスシューズ	体育館シューズスニーカー	トレーニングシューズ	ウォーキングシューズ	多目的家庭用運動器具	釣りざお	ゴルフ用品	ライフル銃	サッカーボール
計	100	100	100	100	100	100	100	100	100	100	100
使用者年齢：											
14歳未満	18.7	7.2	10.0	44.7	9.4	5.5	－	6.2	1.5	5.4	53.4
14－17歳	5.6	4.5	2.6	7.9	6.4	2.9	1.5	1.3	0.9	1.1	15.8
18－24歳	9.8	5.0	4.8	5.0	6.0	2.2	1.3	5.1	2.3	3.8	8.5
25－34歳	13.4	22.0	30.2	10.3	25.9	8.5	50.8	11.7	15.9	10.6	11.5
35－44歳	14.0	14.3	15.4	11.3	24.0	13.0	17.9	19.7	17.9	18.6	2.7
45－64歳	25.7	35.4	32.7	15.7	24.5	45.6	27.4	49.1	39.3	52.4	6.6
65歳以上	12.8	11.6	4.3	5.1	3.8	22.3	1.1	6.9	22.2	8.1	0.5
複数	－	－	－	－	－	－	－	－	－	－	1.0
使用者の性別：											
男性	49.3	26.6	37.1	52.9	44.6	36.7	77.2	78.4	66.8	85.9	62.5
女性	50.7	73.4	62.9	47.1	55.4	63.3	21.4	16.2	33.2	10.3	36.0
家庭用	－	－	－	－	－	－	1.4	5.4	－	3.8	1.5
年間平均所得：											
15,000ドル未満	11.4	7.5	3.6	6.8	3.2	8.2	1.5	9.2	－	6.1	4.4
15,000－24,999ドル	12.2	11.2	6.5	7.6	4.7	8.5	4.1	8.2	5.6	2.4	7.5
25,000－34,999ドル	12.3	11.9	8.1	9.4	8.0	11.5	13.2	12.1	4.1	7.3	9.1
35,000－49,999ドル	14.9	12.4	16.5	15.3	14.1	15.8	17.9	9.0	3.7	22.1	15.8
50,000－74,999ドル	18.4	16.3	21.2	21.5	19.5	19.8	27.8	18.9	22.9	20.7	15.9
75,000－99,999ドル	14.9	15.8	19.3	16.8	19.5	16.9	15.1	17.8	38.4	13.6	23.7
100,000ドル以上	15.9	24.9	24.8	22.6	31.0	19.3	20.4	24.8	25.3	27.8	23.6
世帯主の学歴：											
高校未満	5.9	2.6	2.7	3.7	1.5	6.1	2.0	7.5	－	2.8	2.5
高校	22.4	19.7	13.7	22.3	9.5	19.9	4.3	23.7	5.2	13.6	10.8
大学中退	36.0	28.2	40.0	32.7	30.9	36.8	35.1	41.1	29.2	38.8	36.5
大学卒業	35.7	49.5	43.6	41.3	58.1	37.2	58.6	27.7	65.6	44.8	50.2

－ ゼロまたは概数でゼロを示す

資料：National Sporting Goods Association, Mt. Prospect, IL, *The Sporting Goods Market in 2010* (copyright); <http://www.nsga.public/pages/index.cfm?pageid=869\> を参照

No.1252. 国立公園——概要：1990－2009年

[別に示す場合を除き、9月30日を年度末とする（986は9億8600万ドルを表す）。プエルトリコとバージン諸島の5地域および米領サモアとグアムの各1地域を含む。『アメリカ歴史統計』系列H806-828も参照]

項目	1990	1995	2000	2005	2006	2007	2008	2009
財政(100万ドル)：[1]								
支出	986	1,445	1,833	2,451	2,463	2,412	2,614	2,888
賃金俸給	459	633	799	984	998	1,005	1,066	1,143
改良、補修	160	234	299	361	389	381	428	466
建造	109	192	215	381	300	280	303	354
その他	259	386	520	725	776	746	817	925
資金	1,506	2,225	3,316	4,218	4,242	4,266	4,537	5,416
政府支出金	1,053	1,325	1,881	2,425	2,450	2,484	2,636	3,467
その他[2]	453	900	1,435	1,793	1,792	1,782	1,901	1,949
運営収入	79	106	234	286	308	346	404	352
来園者数(100万人)：[3]								
計	258.7	269.6	285.9	273.5	272.6	275.6	274.9	285.6
国立公園[4]	57.7	64.8	66.1	63.5	60.4	62.1	61.2	63.0
国有記念物	23.9	23.5	23.8	20.9	19.6	19.7	20.2	22.6
国立史跡公園、戦跡公園、景勝地[5]	57.5	56.9	72.2	74.9	73.6	75.1	76.2	82.6
国立パークウェイ	29.1	31.3	34.0	31.7	32.6	31.1	30.2	29.9
国立レクリエーション地域[4]	47.2	53.7	50.0	46.8	47.8	48.9	49.6	50.9
国立海浜公園、湖沼公園	23.3	22.5	22.5	21.7	19.6	19.9	19.3	20.6
国立首都公園	7.5	5.5	5.4	4.3	6.2	4.9	5.1	4.8
宿泊者数(100万人)	17.6	16.8	15.4	13.5	13.2	13.8	13.7	14.6
民間宿泊施設	3.9	3.8	3.7	3.4	3.4	3.6	3.6	3.5
国立公園局のキャンプ場	7.9	7.1	5.9	5.2	5.0	5.1	5.0	5.4
バックカントリー(人里離れた奥地)	1.7	2.2	1.9	1.7	1.7	1.7	1.8	1.9
その他	4.2	3.7	3.8	3.2	3.1	3.3	3.3	3.8
面積(1,000エーカー)：[6][7]								
計	76,362	77,355	78,153	79,048	78,810	78,845	78,859	80,442
公園	46,089	49,307	49,785	49,910	49,912	49,911	49,916	50,592
レクリエーション地域	3,344	3,353	3,388	3,391	3,391	3,413	3,413	3,414
その他	26,929	24,695	24,980	25,747	25,507	25,521	25,530	26,436
純増加面積	21	27	186	17	54	23	9	18

1. 財政データは国立公園制度に関するもの。1981年に旧・文化遺産管理レクリエーションサービス（Heritage Conservation and Recreation Service）から国立公園局が引き継いだ業務を除く　2. 前年から繰り越された資金を含む　3. 暦年。個別に明示しないその他の地域を含む　4. 1990年までノースカスケード国立公園および隣接する2つの国立レクリエーション・エリアに対するデータを合わせたものが国立公園統計に含まれる　5. 軍事地域を含む　6. 連邦政府の所有地のみ、12月31日現在。連邦政府の所有地は、国立公園局の管理している土地に加えて、国立公園内の他の省の管轄下にない境界部分の土地も含む。連邦政府の所有地の年ごとの変化は、これらの他の土地の変化も含む。そのため、しばしば「純増加」が異なる　7. 2006年の総面積の減少は、国立公園局から土地管理局に管轄が移動したことによる

資料：U.S. National Park Service, *National Park Statistical Abstract*（年刊）および未刊行資料；<http://www2.nature.nps.gov/stats/> も参照

No.1253. 州立公園、レクリエーション地域——州別概要：2010年

[6月30日を年度末とする（13,997は1399万7000を表す）。データは州の公園管理者の報告に従って表示。ある州では、公園機関はその管轄下に、森林、魚類および野生生物保護区、その他の地域をもつ。他の州では、機関は州立公園のみを監督する]

州	面積(1,000エーカー)	来園者数(1,000人)[1]	収入 計(1,000ドル)	運営支出に占める割合(%)	州	面積(1,000エーカー)	来園者数(1,000人)[1]	収入 計(1,000ドル)	運営支出に占める割合(%)
合衆国	13,997	740,733	980,205	50.1	ミズーリ	204	16,215	9,084	34.6
					モンタナ	46	1,896	1,448	19.9
アラバマ	48	3,839	28,414	89.0	ネブラスカ	135	11,144	17,959	77.0
アラスカ	3,387	5,405	2,940	35.1	ネバダ	146	3,046	2,586	25.3
アリゾナ	64	2,267	9,947	52.6	ニューハンプシャー	233	1,586	15,719	118.0
アーカンソー	54	8,831	22,549	44.2	ニュージャージー	437	17,164	11,622	32.8
カリフォルニア	1,571	65,036	94,836	26.7	ニューメキシコ	99	4,769	5,800	27.6
コロラド	225	12,285	27,000	48.9	ニューヨーク	1,354	56,322	85,558	39.6
コネチカット	207	8,209	6,466	34.5	ノースカロライナ	211	14,899	6,200	18.1
デラウェア	26	4,947	13,079	63.3	ノースダコタ	20	1,086	1,670	45.4
フロリダ	704	20,110	52,706	65.3	オハイオ	174	53,814	27,268	42.3
ジョージア	87	9,722	32,552	66.3	オクラホマ	72	11,088	29,980	94.9
ハワイ	34	10,425	2,334	28.5	オレゴン	103	43,755	16,112	32.1
アイダホ	46	4,649	6,184	38.5	ペンシルベニア	294	38,523	19,527	25.2
イリノイ	488	42,294	7,475	12.3	ロードアイランド	9	5,872	5,247	58.3
インディアナ	180	15,846	44,568	83.5	サウスカロライナ	85	8,197	19,493	77.2
アイオワ	69	14,374	4,108	30.8	サウスダコタ	103	7,786	14,140	85.4
カンザス	33	7,800	6,583	55.6	テネシー	181	29,919	33,661	43.2
ケンタッキー	45	7,013	52,427	60.1	テキサス	615	7,474	37,667	48.8
ルイジアナ	44	2,069	7,709	25.6	ユタ	151	4,683	12,090	40.2
メーン	97	2,602	3,463	40.9	バーモント	69	758	10,969	142.2
メリーランド	134	10,132	13,924	41.8	バージニア	70	7,463	14,888	51.0
マサチューセッツ	350	35,271	12,644	19.5	ワシントン	109	44,135	20,478	31.0
ミシガン	285	21,167	40,770	88.7	ウエストバージニア	177	7,171	21,094	58.1
ミネソタ	284	8,922	18,126	29.0	ウィスコンシン	293	14,470	18,886	82.7
ミシシッピ	24	1,217	8,618	51.9	ワイオミング	120	3,066	1,636	19.3

1. 宿泊客を含む

資料：The National Association of State Park Directors, Raleigh, NC, *2009-2010 Annual Information Exchange*（2011年2月刊）；<http://www.naspd.org/> を参照

No.1254. 国立公園局（NPS）の来園者数および面積——州別：2010年

州	来園者数[1]	総面積	連邦政府所有地面積			非連邦所有地面積	
			国立公園局[2]	国立公園局／OTFED限定所有地[3]	その他の連邦所有地[4]	その他の公共機関所有	私有地
合衆国	279,337,864	84,324,776	79,700,359	354,976	426,013	1,177,511	2,665,916
アラバマ	781,550	22,737	16,714	202	-	3,296	2,525
アラスカ	2,274,843	54,654,000	52,620,395	105,940	8	187,513	1,740,145
アリゾナ	10,546,150	2,962,853	2,618,748	115	76,937	57,067	209,986
アーカンソー	3,125,664	104,977	98,320	3,395	20	2,761	482
カリフォルニア	34,915,676	8,111,386	7,576,590	22,456	11,250	318,671	182,420
コロラド	5,635,307	673,589	609,880	6,859	42,451	862	13,537
コネティカット	19,313	7,782	5,719	1,055	-	874	133
コロンビア特別区	33,140,005	7,090	6,942	12	5	126	4
フロリダ	9,222,981	2,638,389	2,437,504	1,330	45,839	129,202	24,514
ジョージア	6,776,556	63,420	39,761	125	1,461	16,900	5,173
ハワイ	4,493,123	369,124	357,772	1	22	11,228	100
アイダホ	530,977	518,033	507,713	1,138	3,960	901	4,320
イリノイ	354,125	115	12	-	-	17	86
インディアナ	2,395,485	15,378	10,598	499	-	3,287	995
アイオワ	222,295	2,713	2,708	-	-	5	1
カンザス	100,361	11,636	461	269	-	39	10,866
ケンタッキー	1,797,894	95,416	94,395	137	-	832	52
ルイジアナ	496,329	24,107	17,531	-	-	2,476	4,101
メーン	2,504,208	90,285	66,903	11,146	22	10,648	1,566
メリーランド	3,541,570	73,388	40,543	5,938	480	23,806	2,621
マサチューセッツ	9,913,501	57,962	32,946	1,030	44	21,919	2,023
ミシガン	1,796,006	718,228	631,718	731	42	58,515	27,222
ミネソタ	540,195	301,343	139,570	3,193	142	98,801	59,637
ミシシッピ	6,588,026	118,733	104,004	5,232	-	69	9,428
ミズーリ	4,140,544	83,475	54,382	9,262	-	14,070	5,760
モンタナ	4,584,011	1,274,374	1,214,184	1,233	6,137	1,464	51,355
ネブラスカ	290,323	45,735	5,650	494	981	386	38,223
ネバダ	5,399,439	778,512	774,751	-	2,508	81	1,172
ニューハンプシャー	30,941	21,889	13,168	1,556	5,772	162	1,232
ニュージャージー	5,858,443	99,206	35,362	140	3,208	59,000	1,497
ニューメキシコ	1,657,550	391,364	376,862	39	2,715	3,365	8,384
ニューヨーク	17,506,353	72,898	33,504	3,920	164	19,938	15,372
ノースカロライナ	17,093,464	406,268	363,169	12,272	20,782	3,289	6,757
ノースダコタ	659,927	72,579	71,250	256	151	56	867
オハイオ	2,738,275	34,150	19,421	1,329	84	8,205	5,110
オクラホマ	1,266,189	10,241	10,008	9	189	8	27
オレゴン	888,358	199,095	192,020	1,404	4,975	183	513
ペンシルベニア	8,970,475	137,663	50,861	2,582	387	19,627	64,207
ロードアイランド	51,559	5	5	-	-	-	-
サウスカロライナ	1,529,172	32,184	31,538	61	5	51	530
サウスダコタ	4,199,267	297,413	141,312	122,326	-	78	33,697
テネシー	7,898,557	385,805	357,610	1,679	9,629	3,616	13,272
テキサス	5,495,156	1,245,085	1,201,669	85	1,013	5,079	37,240
ユタ	8,975,525	2,117,043	2,097,106	833	1,142	12,803	5,160
バーモント	31,209	23,193	8,830	3,874	8,809	544	1,135
バージニア	22,708,338	363,664	304,289	6,842	24,914	7,001	20,619
ワシントン	7,281,785	1,967,436	1,834,321	2,147	100,187	12,799	17,982
ウエストバージニア	1,811,722	92,670	65,044	326	314	6,894	20,092
ウィスコンシン	251,145	133,754	61,744	11,484	802	47,624	12,102
ワイオミング	6,307,997	2,396,390	2,344,852	21	48,462	1,380	1,675

－ ゼロを示す　1. 表No.1255の脚注を参照　2. 国立公園局所有地は土地のすべての権利が連邦政府にあるものを示す　3. 土地の権利の一部が連邦政府にあるものを示す　4. 土地管理局などの連邦機関の管轄下にある国立公園の土地面積を示す

資料：U.S. National Park Service, Land Resource Boardおよび未刊行資料；<http://www2.nature.nps.gov/stats/>も参照

No.1255. 国立公園局（NPS）の来園者数および面積——種別：2010年

[プエルトリコおよびバージン諸島の5地域および米領サモアの1地域、グアムの1地域を含む]

種別	来園者数[1]	総面積	連邦政府所有地面積			非連邦所有地面積	
			国立公園局[2]	国立公園局／OTFED限定所有地[3]	その他の連邦所有地[4]	その他の公共機関所有	私有地
計[5]	281,303,769	84,383,361	79,715,228	354,979	456,856	1,183,700	2,672,598
国立史跡	9,747,040	34,174	21,353	783	51	947	11,039
国立史跡公園	28,135,991	183,932	132,135	3,580	364	28,722	19,132
国立記念碑	30,799,674	10,745	9,421	9	162	81	1,072
国定記念物	23,012,207	2,027,071	1,841,318	14,830	43,612	5,901	121,410
国立公園	64,623,855	52,094,660	50,387,537	226,558	47,595	497,320	935,651
国立レクリエーション地域	49,044,088	3,700,824	3,151,111	23,735	243,101	110,228	172,649
国立海浜公園	18,118,155	596,562	404,436	14,947	61,226	106,668	9,284
国立パークウェイ	28,576,098	178,166	158,450	9,108	213	303	10,092

1. 来園者数は、国立公園局の管理する土地・水域に娯楽目的で入園したものの数。政府職員、通勤、販売員、公園内の居住者を除く　2. 国立公園局所有地は土地のすべての権利が連邦政府にあるものを示す　3. 土地の権利の一部が連邦政府にあるものを示す　4. 土地管理局などの連邦機関の管轄下にある国立公園の土地面積を示す　5. 個別に明示しないその他の種別を含む

資料：U.S. National Park Service, Land Resource Boardおよび未刊行資料；<http://www2.nature.nps.gov/stats/>も参照

No.1256. 野生生物に関連したレクリエーション活動への参加：2006年

[単位：1000（33,916は3391万6000を表す）。2006年中に最低1回表示の活動に参加した16歳以上の人口。標本調査に基づく。標本抽出時の誤差あり。詳細については資料を参照]

参加者	人数	参加日数	回数	参加者	人数	参加日数
計[1]	33,916	736,707	588,891	野生生物観察[1]	71,132	(X)
釣り人、計	29,952	516,781	403,492	非居住者[2]	22,977	352,070
淡水	25,431	433,337	336,528	野生生物観察	21,546	291,027
五大湖を除く	25,035	419,942	323,265	野生生物の写真撮影	11,708	103,872
五大湖	1,420	18,016	13,264	野生生物の餌付け	7,084	77,329
鹹水	7,717	85,663	66,963	居住者[3]	67,756	(X)
ハンター、計	12,510	219,925	185,399	野生生物観察	44,467	(X)
大型の獲物	10,682	164,061	115,255	野生生物の写真撮影	18,763	(X)
小型の獲物	4,797	52,395	40,856	野生生物の餌付け	55,512	(X)
渡り鳥	2,293	19,770	16,390	公園訪問	13,271	(X)
その他	1,128	15,205	12,898	繁殖または自然保護地域の維持	14,508	(X)

X 該当なし　1．複数回答または無回答を含むため、各項の合計は計と一致しない　2．表示の各活動に参加するために各人の家から1マイル以上の距離を移動する者　3．各人の家から1マイル以内での活動

資料：U.S. Fish and Wildlife Service, 2006 National Survey of Fishing, Hunting, and Wildlife Associated Recreation（2007年10月）；<http://wsfrprograms.fws.gov/Subpages/NationalSurvey/nat_survey2006_final.pdf>

No.1257. 野生生物関連のレクリエーション活動の支出：2006年

[単位：100万ドル（42,011は420億1100万ドルを表す）、％および1000人。16歳以上人口。標本調査に基づく。標本抽出時の誤差あり。詳細については資料を参照]

支出項目	釣り 支出(100万ドル)	釣り 支出者 人数(1,000人)	釣り人の%	狩猟 支出(100万ドル)	狩猟 支出者 人数(1,000人)	ハンターの%	野生動物観察 支出(100万ドル)	野生動物観察 支出者 人数(1,000人)	ウォッチャーの%[2]
計、全項目[1]	42,011	28,307	95	22,893	12,153	97	45,655	55,979	79
旅費関連支出、計[3]	17,879	26,318	88	6,679	10,828	87	12,875	19,443	85
食費・宿泊費	6,303	22,572	75	2,791	9,567	76	7,516	16,415	71
食費	4,327	22,415	75	2,177	9,533	76	4,298	16,261	71
宿泊費	1,975	5,304	18	614	1,599	13	3,218	6,624	29
交通費	4,962	22,361	75	2,697	10,064	80	4,456	18,329	80
公共交通機関	524	1,163	4	214	401	3	1,567	2,902	13
民間交通機関	4,438	21,979	73	2,483	9,982	80	2,889	17,447	76
その他の旅費	6,614	22,275	74	1,190	3,416	27	903	7,681	33
用具およびその他支出、計	24,133	25,355	85	16,215	11,745	94	32,780	52,178	73
用具[4]	5,332	19,082	64	5,366	9,287	74	9,870	49,040	69
副資材	779	3,837	13	1,330	4,196	34	1,033	4,848	7
特殊資材[5]	12,646	1,818	6	4,035	505	4	12,271	1,914	3
その他支出[6]	5,375	20,638	69	5,483	10,632	85	9,606	19,070	27
雑誌、書籍	115	2,944	10	84	1,767	14	360	9,490	13
ライセンス、スタンプ、タグその他の許可	503	16,259	54	743	9,862	79	(X)	(X)	(X)

X 該当なし　1．計は複数回答または無回答の調整をしていない　2．野生生物観察の参加者の旅費関連支出は、自宅から離れて行ったものについて。用具およびその他支出については、野生生物観察の全参加者について　3．野生生物観察者の用具およびその他支出は、自宅から離れて行った者と自宅周辺で行った者の双方を含む　4．釣り、狩猟、野生動物観察を含む　5．特殊資材には、ボート、キャンプ用自動車、キャビン、オフロードバイク等を含む　6．個別に明示されないその他の支出を含む

資料：U.S. Fish and Wildlife Service, *2006 National Survey of Fishing, Hunting, and Wildlife Associated Recreation*（2007年10月）；<http://wsfrprograms.fws.gov/Subpages/NationalSurvey/nat_survey2006_final.pdf> を参照

No.1258. インディアン部族に許可された賭博の収入：2004-2009年

[単位：100万ドル（19,479は194億7900万ドルを表す）。9月30日を年度末とする会計年度]

賭博運営	2004 運営数	2004 収入	2005 運営数	2005 収入	2006 運営数	2006 収入	2007 運営数	2007 収入	2008 運営数	2008 収入	2009 運営数	2009 収入
計[1]	375	19,479	392	22,579	394	24,889	391	26,143	405	26,739	419	26,482
地域 I	45	1,602	49	1,829	46	2,080	46	2,264	47	2,376	49	2,521
地域 II	54	5,822	57	6,993	56	7,675	58	7,796	59	7,363	62	6,970
地域 III	45	2,160	48	2,529	45	2,719	46	2,874	47	2,774	47	2,600
地域 IV	117	3,816	118	3,984	122	4,070	111	4,225	115	4,402	120	4,384
地域 V	87	1,259	92	1,730	98	2,126	102	2,584	110	3,047	113	3,225
地域 VI	27	4,821	28	5,514	27	6,219	28	6,400	28	6,776	28	6,783

1．地域 I：アラスカ、アイダホ、オレゴン、ワシントン、地域 II：カリフォルニア、ネバダ北部、地域 III：アリゾナ、コロラド、ニューメキシコ、ネバダ南部、地域 IV：アイオワ、ミシガン、ミネソタ、モンタナ、ノースダコタ、ネブラスカ、サウスダコタ、ウィスコンシン、ワイオミング、2004年以前のデータにはモンタナは含まれない。地域 V：カンザス、オクラホマ、テキサス、地域 VI：アラバマ、コネチカット、フロリダ、ルイジアナ、ミシシッピ、ノースカロライナ、ニューヨーク

資料：National Indian Gaming Commission, *Tribal Gaming Revenues*（年刊）；<http://www.nigc.gov> も参照

No.1259. 種類別賭博収入：2000－2009年

[単位：100万ドル（62,154は621億5400万ドルを表す）。ここに示すデータは総収入。賭博総収入は、賭け金から、勝ったプレーヤーに払い戻される金額を引いたもので、賭博の経済的な価値の真の指標となる。賭博総収入は、租税、給与、その他の費用を除外する前の、賭博運営による収入を示す]

賭博産業、種類	2000	2003	2004	2005	2006	2007	2008	2009
計[1]	62,154	73,036	78,589	84,433	90,931	[2] 92,272	[2,3] 92,157	[2,3] 89,262
ポーカークラブ	949	979	989	1,025	1,104	[3] 1,180	[3] 1,282	[3] 1,232
カジノ	26,455	[2] 28,669	[2] 30,595	[2] 31,775	[2] 34,113	[3] 34,407	[2,3] 33,031	[2,3] 31,379
慈善目的の賭博、ビンゴ	2,466	2,331	2,336	[3] 2,338	[3] 2,237	[3] 2,220	[3] 2,131	[3] 2,067
合法的な胴元、ブックメーカー	131	128	116	130	192	168	136	136
宝くじ	17,277	20,283	21,405	22,898	24,631	24,780	25,698	25,139
トータリゼータ方式の賭け	3,935	3,821	3,750	3,683	3,677	[3] 3,529	[3] 3,141	[3] 2,827

1．外洋クルーズ船、停泊中のクルーズ船のカジノ、カジノ以外のものを含む　2．個別に明示しないその他の種類の賭博を含む　3．推計値

資料：Christiansen Capital Advisors LLC. Prepared for the American Gaming Association (AGA). Industry Information, Fact Sheets, *Gaming Revenue: Current-Year Data* (copyright); <http://www.americangaming.org/Industry/factsheets/index.cfm> および <www.cca-i.com> も参照

No.1260. 合衆国の北米クルーズ運航産業：2005－2009年

[北米クルーズ運航産業は、主たるマーケットが北米にある船舶運航を運営するものと定義されている。これらの旅客船舶の目的地は世界中にあり、また出発港の多くは北米であるが、他の大陸の港が出発港である場合もある]

項目	単位	2005	2006	2007	2008	2009
収容能力指標：						
船舶数	数	145	151	159	161	167
ベッド数[1]	数	225,364	244,271	259,973	270,664	284,754
乗船客数：世界[2]	1,000人	11,500	12,000	12,562	13,006	13,442
合衆国	1,000人	8,612	9,001	9,184	8,958	8,904
フロリダ	1,000人	4,875	4,994	4,977	5,110	5,257
カリフォルニア	1,000人	1,301	1,241	1,334	1,436	1,266
ニューヨーク	1,000人	382	512	537	524	420
その他の合衆国の港	1,000人	2,054	2,254	2,336	1,888	1,961
カナダ	1,000人	455	423	477	427	450
サンフアン	1,000人	581	555	534	521	507
その他の世界	1,000人	1,852	2,021	2,367	3,100	3,581
北米クルーズ産業への合衆国支出：[3,4]	10億ドル	16.18	17.64	18.70	19.07	17.15
合衆国のクルーズでの購入	10億ドル	11.76	12.89	13.74	14.40	12.67
旅客および乗員支出	10億ドル	3.23	3.48	3.63	3.40	3.31
運航会社による賃金・税金の支払	10億ドル	1.19	1.27	1.33	1.27	1.17

1．シングルベッド　2．出発港　3．北米クルーズ産業への合衆国支出の財源についての報告の詳細を参照　4．クルーズ運航会社が合衆国の従業員に支払う賃金給与を含む

資料：Business Research & Economic Advisors (BREA), Exton PA. The Contribution of the North American Cruise Industry to the U.S. Economy in 2009. Prepared for the International Council of Cruise Lines (2010年6月); <http://www.cruising.org> も参照

No.1261. 海外からの旅行者を多く迎える州、都市：2000－2010年

[25,975は2597万5000を表す。ビジネス、観光旅行、トランジットによる立ち寄り、学生を含む。合衆国内で企業に雇用されるための国際人事による入国は含まない。2006年以降のデータは、統計手法の変更により、外国からの訪問者の推計値には最低400以上のサンプル（回答）が必要とされる。州および都市は、海外からの旅行者数の最新データによって並べられている。本書前年版の表No.1260も参照]

州	海外からの旅行者[1] (1,000人)				都市	海外からの旅行者[1] (1,000人)			
	2000	2005	2009	2010		2000	2005	2009	2010
海外からの旅行者、計[2,3]	25,975	21,679	23,756	26,363	ニューヨーク、NY[4]	5,714	5,810	7,792	8,462
ニューヨーク	5,922	6,092	8,006	8,647	ロサンゼルス、CA	3,533	2,580	2,518	3,348
フロリダ	6,026	4,379	5,274	5,826	マイアミ、FL	2,935	2,081	2,661	3,111
カリフォルニア	6,364	4,791	4,632	5,615	オーランド、FL	3,013	2,016	2,399	2,715
ネバダ	2,364	1,821	1,900	2,504	サンフランシスコ、CA	2,831	2,124	2,233	2,636
ハワイ諸島	2,727	2,255	1,853	2,135	ラスベガス、NV	2,260	1,778	1,853	2,425
グアム	1,325	1,127	1,140	1,318	ワシントン、DC	1,481	1,106	1,544	1,740
マサチューセッツ	1,429	867	1,259	1,292	オアフ／ホノルル、HI	2,234	1,821	1,497	1,634
イリノイ	1,377	1,149	1,164	1,186	ボストン、MA	1,325	802	1,140	1,186
テキサス	1,169	954	903	1,028	シカゴ、IL	1,351	1,084	1,117	1,134
ニュージャージー	909	997	926	975	サンディエゴ、CA	701	499	618	765
ペンシルベニア	649	629	879	923	アトランタ、GA	701	564	570	712
ジョージア	805	650	689	817	フィラデルフィア、PA	390	434	594	633
アリゾナ	883	564	665	765	フラッグスタッフ、AZ[5]	(B)	(B)	428	501
ワシントン	468	369	380	501	シアトル、WA	416	347	356	475
ユタ	(B)	(B)	(B)	475	ヒューストン、TX	442	(B)	428	448
バージニア	364	(B)	380	369	アナハイム-サンタアナ、CA	494	390	309	369
コロラド	519	(B)	333	343	タンパ／セントピーターズバーグ、FL	519	455	404	343
ノースカロライナ	416	(B)	309	343	ダラス／フォートワース、TX	494	(B)	285	343

B　基となる数値が小さすぎて統計的信頼数字に達しない　1．カナダとメキシコを除く　2．人数は各地訪問者で数えるが、合計は1回のみ　3．個別に示さない他の州や都市を含む　4．データはニューヨーク市-ホワイトプレーンズ-ウェイン、NY-NJ地区をグループとして一体化して扱っている　5．データはフラッグスタッフ、グランドキャニオンおよびセドナを含む

資料：U.S. Department of Commerce; International Trade Administration; Office of Travel and Tourism (2011年6月); <http://www.tinet.ita.doc.gov/outreachpages/inbound.general_information.inbound_overview.html> を参照

No.1262. 観光業の実質生産額：2000－2009年

[単位：100万ドル（574,304は5743億400万ドルを表す）]

商品	直接生産高（名目ドル）			実質生産高（2000年連鎖ドル）		
	2000	2005	2009	2000	2005	2009
計	574,304	692,605	699,098	640,882	692,605	631,366
旅客宿泊	103,122	123,831	130,915	116,936	123,831	122,717
飲食店	86,964	112,962	111,706	100,240	112,962	96,272
国内航空旅客輸送サービス	71,255	68,916	67,210	64,556	68,916	60,245
国際航空旅客輸送サービス	29,142	39,059	45,404	36,997	39,059	41,489
鉄道旅客輸送サービス	1,045	1,178	1,540	1,034	1,178	1,303
水上旅客輸送サービス	6,348	10,420	10,890	5,056	10,420	12,317
都市間バス輸送サービス	1,362	1,738	1,888	1,619	1,738	1,580
都市間貸切バス輸送サービス	1,614	1,781	1,443	1,888	1,781	1,302
都市公共交通機関およびその他の輸送サービス	3,147	3,631	3,805	3,785	3,631	3,375
タクシーサービス	3,710	3,929	4,611	4,637	3,929	4,014
景観・観光輸送サービス	2,549	2,873	2,887	2,980	2,873	2,605
自動車レンタル	25,759	26,632	30,626	28,454	26,632	23,601
その他の乗り物レンタル	622	634	585	660	634	525
自動車修理サービス	11,516	11,561	14,692	13,440	11,561	12,491
駐車場およびガレージ	1,262	2,099	1,929	1,579	2,099	1,581
高速道路料金	506	685	691	618	685	562
旅行手配および予約サービス	29,579	30,987	34,733	28,742	30,987	32,592
映画および上演芸術	10,332	12,798	11,834	12,233	12,798	10,613
観覧スポーツ	5,515	7,128	6,522	6,924	7,128	5,545
参加型スポーツ	9,177	11,004	10,383	9,895	11,004	9,951
ギャンブル	25,620	35,904	41,365	29,055	35,904	37,617
その他全ての娯楽およびレクリエーション	13,988	17,583	16,608	16,548	17,583	14,733
ガソリン	37,495	57,808	51,217	56,869	57,808	48,942
ガソリン以外の非耐久PCE [1] 商品	92,675	107,463	95,615	98,346	107,463	86,994

1．個人消費支出（Personal consumption expenditureの略）
資料：U.S. Bureau of Economic Analysis, "Industry Economic Accounts, U.S. Travel and Tourism Satellite Accounts for 2005-2009," <http://www.bea.gov/industry/>

No.1263. 国内旅行支出——州別：2009年

[610,200は6102億ドルを表す。国内で家から片道50マイル以上離れた目的地への宿泊および日帰り旅行に対する合衆国の支出。外国人訪問者と、海外領土および外国に居住する合衆国国民による支出を除く]

州	計(100万ドル)	率(%)	順位	州	計(100万ドル)	率(%)	順位	州	計(100万ドル)	率(%)	順位
合衆国、計	610,200	100.0	(X)	KS	5,094	0.8	37	ND	1,853	0.3	47
				KY	7,107	1.2	30	OH	14,451	2.4	12
AL	7,123	1.2	29	LA	8,673	1.4	24	OK	5,834	1.0	33
AK	1,721	0.3	48	ME	2,490	0.4	43	OR	7,229	1.2	28
AZ	11,448	1.9	18	MD	11,675	1.9	17	PA	17,889	2.9	7
AR	5,237	0.9	36	MA	12,419	2.0	15	RI	1,579	0.3	50
CA	75,514	12.4	1	MI	14,148	2.3	13	SC	8,938	1.5	22
CO	12,028	2.0	16	MN	9,887	1.6	21	SD	2,126	0.3	46
CT	8,611	1.4	26	MS	5,842	1.0	32	TN	12,927	2.1	14
DE	1,334	0.2	51	MO	11,351	1.9	19	TX	43,328	7.1	3
DC	5,631	0.9	34	MT	2,757	0.5	42	UT	5,038	0.8	38
FL	48,394	7.9	2	NE	3,639	0.6	39	VT	1,678	0.3	49
GA	17,570	2.9	9	NV [1]	22,883	3.8	6	VA	17,705	2.9	8
HI	8,631	1.4	25	NH	2,955	0.5	40	WA	10,667	1.7	20
ID	2,889	0.5	41	NJ	16,824	2.8	10	WV	2,352	0.4	44
IL	25,134	4.1	5	NM	5,317	0.9	35	WI	8,744	1.4	23
IN	8,362	1.4	27	NY	35,904	5.9	4	WY	2,345	0.4	45
IA	6,056	1.0	31	NC	15,613	2.6	11				

X 該当なし　1．推計値は、資料データの変更により、従来のデータと比較できない
資料：U.S. Travel Association, Washington, DC, *Impact of Travel on State Economies, 2009* (copyright); <http://www.ustravel.org/index.html> も参照

No.1264. 旅行概要――予測：2008－2014年

[単位：10億ドル（13,229は13兆2290億ドルを表す）]

指標	単位	2008	2009	2010[1]	2011[2]	2012[2]	2013[2]	2014[2]
実質GDP	10億ドル	13,229	12,881	13,248	13,606	14,039	14,546	15,051
失業率	%	5.8	9.3	9.6	8.8	8.2	7.1	6.2
消費者物価指数（CPI）[3]	%	215.3	214.5	218.1	224.3	228.5	235.3	239.9
旅行価格指数（TPI）[3]	%	257.7	241.5	250.8	265.9	272.3	281.2	284.9
合衆国の総旅行支出	10億ドル	772.5	704.4	758.7	817.0	851.1	892.5	933.4
合衆国居住者	10億ドル	662.4	610.2	655.6	703.6	727.8	761.7	796.5
外国からの訪問者[4]	10億ドル	110.0	93.9	103.1	113.4	123.3	130.8	136.8
合衆国への外国からの訪問者	100万人	57.9	55.0	59.7	61.8	64.9	67.9	70.7
国内の旅行総数[5]	100万件	1,964.9	1,897.8	1,964.6	2,005.9	2,043.1	2,089.2	2,137.1

1．予測値　2．予測　3．1984年＝100　4．合衆国国籍の旅客機および他の輸送機関によって合衆国を訪問した外国旅行者の支出を除く　5．自宅から片道50マイル以上の旅行あるいは1泊以上の旅行

資料：U.S. Travel Association's Travel Forecast Model; Bureau of Labor Statistics; Department of Commerce, Bureau of Economic Analysis, Office of Travel and Tourism Industries; <http://www.ustravel.org/index.html> を参照

No.1265. 直接旅行支出の連鎖型価格指数：2000－2010年

[指数は、2005年＝100。表No.1266の頭注を参照。連鎖型価格指数の解説は第13章の解説を参照]

旅行関連の財とサービス	2000	2002	2003	2004	2005	2006	2007	2008	2009	2010
旅行者宿泊	88.2	92.0	92.7	95.1	100.0	103.6	108.1	110.2	106.7	107.9
輸送	90.3	85.6	89.6	92.8	100.0	107.0	111.5	122.1	111.0	119.3
旅客航空輸送	99.7	90.1	92.9	93.6	100.0	106.7	109.7	121.0	110.7	120.8
その他の輸送関連商品	83.9	82.4	87.1	92.2	100.0	107.3	112.8	122.9	111.0	118.1
飲食店	86.8	92.0	94.0	96.9	100.0	103.2	107.0	111.9	116.0	117.6
レクリエーション、娯楽、買い物	90.8	94.3	95.8	97.8	100.0	102.4	105.0	108.8	110.2	111.2
レクリエーションおよび娯楽	86.6	91.7	94.5	96.9	100.0	103.2	106.5	110.1	110.6	111.5
買い物	94.2	96.3	96.8	98.5	100.0	101.7	103.9	107.8	109.9	111.1
その他の旅行関連の財とサービス	89.6	90.1	92.6	95.3	100.0	104.5	108.3	114.5	110.7	114.8

資料：U.S. Department of Commerce, Bureau of Economic Analysis, Office of Travel and Tourism Industries, *United States Travel and Tourism Satellite Accounts (TTSAs)*; <http://www.bea.gov/bea/dn2/home/tourism.htm> を参照

No.1266. 観光売上高および雇用――商品別：2005－2010年

[売上高の単位は10億ドル（693は6930億ドルを表す）、雇用の単位は1,000人（5,876は587万6000人を表す）。観光関連の売上高には、観光客が直接消費したすべての生産物が含まれる（宿泊、航空機の乗客、みやげもの、等）。観光関連の雇用には観光関連の直接生産物の生産にかかわるすべての職種の雇用が含まれる（ホテルのスタッフ、飛行機のパイロット、みやげ物店の店員、等）]

観光商品の種類	直接売上高（100万ドル）				観光産業の種類	直接雇用			
	2005	2008	2009	2010		2005	2008	2009	2010
全観光商品[1]	**693**	**798**	**699**	**746**	全観光産業	**5,876**	**5,885**	**5,406**	**5,330**
旅客宿泊	124	151	131	140	旅客宿泊	1,334	1,355	1,250	1,240
輸送	264	316	274	310	輸送	1,158	1,147	1,087	1,071
旅客航空輸送	108	131	113	134	航空輸送サービス	487	481	453	444
その他の輸送関連商品	156	185	162	176	その他の輸送関連産業	672	666	635	627
飲食店	113	124	112	114	飲食サービス	1,878	1,937	1,716	1,691
レクリエーション、娯楽および買い物	192	207	182	182	レクリエーション、娯楽および買い物	1,254	1,203	1,120	1,099
レクリエーションおよび娯楽	84	94	87	86	レクリエーションおよび娯楽	651	637	586	570
買い物（小売）	107	113	96	96	買い物	604	566	534	530
					その他産業	251	243	233	229

1．航空料金、食事またはホテルサービスなど、訪問者が通常生産者から購入する商品

資料：U.S. Bureau of Economic Analysis, "Industry Economic Accounts, Satellite Industry Accounts, Travel and Tourism"; <http://www.bea.doc.gov/bea/dn2/home/tourism.htm> を参照

No.1267. 海外旅行者と支出：1990－2010年

[単位：100万ドル（47,880は478億8000万ドルを表す）。適用範囲については、表No.1268を参照。旅行者についてのデータは最初の公表から改訂されている。『アメリカ歴史統計』系列H921、928、941、945も参照]

年	旅行、旅客運賃(100万ドル)				合衆国の純旅行旅客支払い (100万ドル)	アメリカ人海外旅行者 (1,000人)	合衆国への外国人旅行者 (1,000人)
	アメリカ人海外旅行者による支出		外国人旅行者からの収益				
	合計[1]	旅行支出	合計[1]	旅行収益			
1990	47,880	37,349	58,305	43,007	10,425	44,624	39,363
1995	59,579	44,916	82,304	63,395	22,725	51,285	43,318
2000	88,979	65,366	103,088	82,891	14,109	61,327	51,238
2004	90,468	66,738	93,397	75,465	2,929	61,809	46,086
2005	95,119	69,930	102,769	82,160	7,650	63,503	49,206
2006	99,605	72,959	107,825	86,187	8,220	63,662	50,977
2007	104,808	77,127	122,542	97,355	17,734	64,028	55,979
2008	112,335	80,494	141,380	110,423	29,045	63,564	57,937
2009	99,255	74,118	120,294	94,191	21,039	61,419	54,958
2010[2]	102,786	75,507	134,436	103,505	31,650	(NA)	59,745

1．個別に明示しない乗客運賃を含む　2．支出と収益およびアメリカ人海外旅行者の数値は暫定推計値

資料：U.S. Department of Commerce; International Trade Administration; Office of Travel and Tourism Industries and Bureau of Economic Analysis (BEA) (2011年6月); <http://www.tinet.ita.doc.gov> を参照

No.1268. 海外旅行：1990－2010年

[単位：1,000人　(44,619は4461万9000を表す)。米国民には、合衆国民の他海外領土の居住者を含む。外国からの合衆国への旅行者は、ビジネスおよび観光旅行者、トランジットで米国を通過する者、学生を含み、合衆国内で雇用されるための国際人事による入国は含まない。一部の旅行者データは最初の公表から改定されている]

項目、地域	1990	1995	2000	2005	2006	2007	2008	2009	2010
米国民の海外旅行者数[1]	44,619	51,285	61,327	63,503	63,662	64,028	63,564	61,419	(NA)
カナダ	12,252	13,005	15,189	14,391	13,855	13,375	12,504	11,667	(NA)
メキシコ	16,377	18,771	19,285	20,325	19,659	19,425	20,271	19,452	(NA)
海外、計	15,990	19,059	26,853	28,787	30,148	31,228	30,789	30,300	(NA)
ヨーロッパ	8,043	8,596	13,373	11,976	12,029	12,304	11,238	10,635	(NA)
合衆国への外国人旅行者	39,363	43,318	51,238	49,206	50,977	55,979	57,937	54,958	59,745
カナダ	17,263	14,663	14,667	14,862	15,992	17,760	18,910	17,973	19,959
メキシコ	7,041	8,016	10,596	12,665	13,317	14,327	13,686	13,229	13,423
海外、計	15,059	20,639	25,975	21,679	21,668	23,892	25,341	23,756	26,363
ヨーロッパ	6,659	8,793	11,597	10,313	10,136	11,406	12,783	11,550	11,985
アジア	4,360	6,616	7,554	6,198	6,152	6,377	6,179	5,669	7,020
南アメリカ	1,328	2,449	2,941	1,820	1,928	2,274	2,556	2,742	3,250
カリブ海沿岸諸国	1,137	1,044	1,331	1,135	1,198	1,317	1,201	1,206	1,201
オセアニア	662	588	731	737	756	834	852	872	1,095
中央アメリカ	412	509	822	696	694	786	776	758	760
中東	365	454	702	527	553	620	681	666	736
アフリカ	137	186	295	252	253	278	315	294	316

NA　データなし　1．訪問した地域毎にカウントされているが、合計値では1回のみとカウントされている　2．2009年の合衆国海外旅行者合計値は暫定推計値

資料：U.S. Department of Commerce; International Trade Administration; Office of Travel and Tourism (2011年6月); <http://www.tinet.ita.doc.gov> を参照

No.1269. 合衆国－外国間直行便離着陸空港トップ20：2008、2009年

[160,589は1億6058万9000を表す。国際旅客数は、合衆国および諸外国の航空会社の航空機直行便によって、自国との間を行き来した旅客を示す。データは、60席以上の航空機直行便によって、合衆国を離着陸したすべての旅客を示す]

空港	2008[1]	2009	変化率(%) 2008-2009	空港	2008[1]	2009	変化率(%) 2008-2009
計	160,589	151,096	-5.9	ワシントン（ダレス）、DC	6,020	5,999	-0.3
トップ20、計	140,336	133,759	-4.7	ダラス-フォートワース、TX	4,949	4,662	-5.8
トップ20の占める%	87.4	88.5	1.1	フィラデルフィア、PA	3,724	3,739	0.4
				ボストン、MA	3,573	3,493	-2.2
ニューヨーク（JFK）、NY	21,983	21,423	-2.5	ホノルル、HI	3,414	3,276	-4.0
マイアミ、FL	15,957	15,715	-1.5	フォートローダーデール、FL	3,073	2,933	-4.6
ロサンゼルス、CA	16,225	14,727	-9.2	オーランド、FL	2,588	2,905	12.3
ニューアーク、NJ	10,959	10,583	-3.4	デトロイト、MI	3,805	2,738	-28.0
シカゴ（オヘア）、IL	11,125	10,204	-8.3	シアトル-タコマ、WA	2,802	2,528	-9.8
アトランタ、GA	9,255	8,765	-5.3	シャーロッテ、NC	2,303	2,344	1.8
サンフランシスコ、CA	8,331	7,905	-5.1	ミネアポリス-セントポール、MN	2,563	2,214	-13.6
ヒューストン（ブッシュ）、TX	7,687	7,606	-1.1	ラスベガス、NV	2,235	2,153	-3.7

1．データは改訂されている

資料：U.S. Department of Transportation, Research and Innovative Technology Administration, Bureau of Transportation Statistics, Office of Airline Information, T-100 Segment data (2010年9月); <http://www.bts.gov/publications> を参照

第26章　芸術、レクリエーションおよび旅行　777

No.1270. カナダおよびメキシコとの国境——入国：2010年

[28,875は2887万5000を表す]

項目	合衆国への入国 (1,000)	項目	合衆国への入国 (1,000)
合衆国－カナダ国境全検問所[1]		合衆国－メキシコ国境全検問所[1]	
自家用車	28,875	自家用車	64,045
自家用車旅客	56,769	自家用車旅客	125,750
バス	116	バス	219
バス旅客	2,451	バス旅客	2,680
列車旅客	255	列車旅客	3
徒歩による越境	395	徒歩による越境	39,915
通過数上位5ヶ所：		通過数上位5ヶ所：	
自家用車		自家用車	
バッファロー－ナイアガラフォールズ、NY	5,478	サンイシドロ、CA	13,348
デトロイト、MI	4,051	エルパソ、TX	9,968
ブレイン、WA	3,366	ヒダルゴ、TX	5,604
ポートヒューロン、MI	1,651	ラレド、TX	4,864
カライス、ME	1,055	ブラウンズビル、TX	4,640
自家用車旅客		自家用車旅客	
バッファロー－ナイアガラフォールズ、NY	11,918	サンイシドロ、CA	23,601
デトロイト、MI	7,218	エルパソ、TX	17,920
ブレイン、WA	6,996	ラレド、TX	10,858
ポートヒューロン、MI	3,443	ヒダルゴ、TX	10,692
シャンプレーン－ローゼポイント、NY	2,239	ブラウンズビル、TX	9,292
徒歩越境		徒歩越境	
バッファロー－ナイアガラフォールズ、NY	259	エルパソ、TX	6,930
サマス、WA	28	サンイシドロ、CA	6,440
インターナショナルフォールズ、MN	22	カレクシコ、CA	4,587
デトロイト、MI	17	ノーゲールズ、AZ	3,971
Point Roberts, WA	14	ラレド、TX	3,588

1. すべての自家用車、バス、旅客、徒歩越境者を国籍に関係なくすべてカウントする

資料：U.S. Department of Transportation, Bureau of Transportation Statistics, based on data from the Department of Homeland Security, U.S. Customs and Border Protection, Office of Field Operations, Operations Management Reporting system; 〈http://www.transtats.bts.gov/BorderCrossing.aspx/〉 を参照

No.1271. 外国人観光旅行者——国籍別：2000－2008年

[単位：1,000人（30,511は3051万1000を表す）。9月30日を年度末とする。合衆国市民以外の一時入国者を表す（非移住者とも言う）]

国名	2000[1]	2005	2007	2008	国名	2000[1]	2005	2007	2008
計[2]	30,511	23,815	27,486	29,442	タイ	76	37	46	48
					トルコ	93	57	64	71
ヨーロッパ[3]	11,806	10,016	10,703	12,558	アラブ首長国連邦	36	3	4	5
オーストリア	182	116	124	154	アフリカ[3]	327	212	228	253
ベルギー	254	154	175	231	エジプト	44	19	24	27
チェコ共和国	44	26	30	36	ナイジェリア	27	40	41	54
デンマーク	150	153	191	236	南アフリカ	114	64	67	65
フィンランド	95	76	78	100	オセアニア[3]	748	723	823	878
フランス	1,113	1,007	1,073	1,345	オーストラリア	535	527	623	672
ドイツ	1,925	1,248	1,315	1,579	ニュージーランド	170	184	188	195
ギリシャ	60	40	42	52	北アメリカ[3][5]	6,501	5,546	8,071	7,867
ハンガリー	58	30	32	39	カナダ	277	23	36	43
アイスランド	27	34	44	49	メキシコ	3,972	4,070	6,326	6,112
アイルランド	325	398	501	585	カリブ海沿岸諸国	1,404	876	1,081	1,049
イタリア	626	636	700	884	バハマ	24	257	334	302
オランダ	559	483	515	638	ドミニカ共和国	195	189	228	207
ノルウェー	144	117	143	184	ハイチ	72	65	82	93
ポーランド	116	119	121	125	ジャマイカ	240	152	205	200
ポルトガル	86	81	98	114	トリニダード・トバゴ	133	106	122	128
ロシア	74	53	72	94	中央アメリカ	792	578	628	663
スペイン	370	402	533	699	コスタリカ	172	109	122	138
スウェーデン	321	249	282	356	エルサルバドル	175	147	141	129
スイス	400	207	232	267	グアテマラ	177	135	148	161
イギリス	4,671	4,232	4,211	4,568	ホンジュラス	87	75	90	101
アジア[3]	7,853	5,688	5,745	5,693	ニカラグア	47	33	37	40
中国[4]	656	221	278	319	パナマ	106	64	72	77
インド	253	247	379	421	南アメリカ[3]	2,867	1,498	1,856	2,114
インドネシア	62	42	45	45	アルゼンチン	515	145	214	261
イスラエル	319	220	241	254	ボリビア	48	18	23	25
日本	4,946	3,758	3,446	3,266	ブラジル	706	385	491	600
韓国	606	528	625	600	チリ	194	82	98	106
マレーシア	64	32	34	37	コロンビア	411	282	353	379
パキスタン	47	34	32	35	エクアドル	122	119	137	132
フィリピン	163	144	156	170	ペルー	190	142	135	148
サウジアラビア	67	10	13	19	ウルグアイ	66	24	27	28
シンガポール	131	57	64	77	ベネズエラ	570	270	348	404

X 該当なし　1. 2000年5月から10月にかけてのビザ免除プログラムの一時的満了により、2000年と2001年に関してはビジネスと娯楽のデータを分けて入手することはできない　2. 合計には国籍不詳の旅行者を含む　3. 個別に示さないその他を含む　3. 合計は個別に明示されない国を含む　4. 表No.1332の脚注4を参照　5. カナダおよびメキシコからの短期入国の大多数は除く

資料：U.S. Dept. of Homeland Security, Office of Immigration Statistics, 2008 Yearbook of Immigration Statistics; 〈http://www.dhs.gov/ximgtn/statistics/publications/yearbook.shtm〉 も参照

第27章
宿泊、飲食およびその他のサービス

　本章では、卸売業、小売業、輸送、コミュニケーション、金融サービス、レクリエーションサービス等に関して前出の第22－26章に収めたものとは別のサービスに関する統計を示す。サービスに関するデータは事業内容別に分類され、売上高または収入、事業所数、従業員、給与およびその他の項目について編集されている。これらのデータの主要な資料はセンサス局であり、2007年経済センサス報告、各種年次調査、『County Business Patterns』調査に基づく。これらのデータを補助するものとして、食品・飲料販売について（表No.1283）は全米レストラン協会（National Restaurant Association）、宿泊については（表No.1282）はアメリカホテル協会（American Hotel & Lodging Association）、広告については（表No.1279）は Universal McCann のデータを採り上げている。

　サービス業に関するデータは他の部門でも収集されている。例えば、第12章に労働力の雇用と所得のデータ、第13章に産業別の国内総生産（表No.654）、第15章に内国歳入局が出版する季刊の『Statistics of Income Bulletin』からの財務データ（当該各表）等である。

センサス
　サービス産業に関しては、1933年から、限られた範囲でセンサスの対象となっているが、1967年センサス以降は、各地のセンサス担当部局は5年毎（末尾が2と7で終わる年）にセンサスを実施している。最新の経済センサスについては、『Guide to Economic Census』が〈http://www.census.gov/econ/census/guide/index.html〉にあるので参照のこと。センサスおよび調査の対象となる産業は北米産業分類（NAICS）によって分類されている。NAICSに関してはセンサス局のホームページ〈http://www.census.gov/epcd/www/naics.html〉を参照。

　2007年経済センサスでは、これらの2部門について2系統のデータを公表している。1）製品ラインと事業所・企業規模別の報告　2）各州別・地域別の報告である。これらに関してはセンサス局のホームページ〈http://www.census.gov/econ/census07〉を参照。

経済調査
　サービス業年次調査は、主要な対人サービス、ビジネスサービス、賃貸・修理、娯楽・エンターテインメント、福祉と保険、その他の専門サービス産業に関する年間事業収入の推計値を発表している。主要な、社会事業、保健、その他の専門サービスについては、課税対象企業と、連邦税非課税企業に分けてデータを示している。本年度版では、この調査の対象となるいくつかのサービス業のデータは他章に掲載している。これらのサービス産業の中の非課税企業に関する推計値は、従業員を雇用する企業に限定した標本から得られている。年次調査および月次調査から得られる推計値は標本に基づいており、全事業所の悉皆調査によって得られるデータとは異なるであろう。データは標本単位が不詳のものも含まれる。

統計的信頼度
　統計の収集、推計、標本抽出、統計的信頼度については、付録Ⅲを参照。

歴史統計
　各表の見出しは『アメリカ歴史統計、植民地時代～1970年』に対応している。クロスリファレンスについては、付録Ⅰを参照。

No.1272. 主要サービス業の事業所、売上高、給与支払い総額および雇用——職種別：2007年

[1,251,004は1兆2510億400万ドルを表す。給与支払いのある事業所のみを対象とする。方法論については付録Ⅲを参照]

職種	2007 北米産業分類[1]	事業所（数）	売上高（100万ドル）	年間給与支払総額（1,000ドル）	有給従業員数（1000人）[2]
専門職、科学・技術サービス	54	847,492	1,251,004	502,074	7,870
専門職、科学・技術サービス	541	847,492	1,251,004	502,074	7,870
企業・事業経営	55	51,451	104,443	249,511	2,664
運営管理、サポート、廃棄物管理・再生サービス	56	395,292	630,771	301,450	10,251
運営管理およびその支援サービス	561	373,505	555,583	284,603	9,865
廃棄物管理・再生サービス	562	21,787	75,188	16,848	386
宿泊および飲食サービス	72	634,361	613,796	170,827	11,601
宿泊	721	62,740	180,391	46,393	1,971
飲食サービス	722	571,621	433,405	124,434	9,630
その他のサービス（公共事業を除く）	81	540,148	405,284	99,123	3,479
修繕およびメンテナンス	811	222,151	137,733	40,070	1,261
個人用サービスおよびランドリーサービス	812	210,151	82,105	26,759	1,338
宗教、募金、市民、専門職、その他の組織	813	107,846	185,447	32,294	880

1．2007年NAICSコード。詳細については第15章の解説を参照　2．雇用については3月12日を含む給与支払期間に給与の発生したもの

資料：U.S. Census Bureau, "2007 Economic Census, Economy-Wide Key Statistics," <http://factfinder.census.gov> (2011年7月現在)

No.1273. 主要サービス関連産業——有給従業員のいない事業所、売上高——職種別：2006-2008年

[2,904は290万4000を表す。連邦所得税の対象となる企業のみ。有給従業員のいない事業所。データは主として内国歳入庁（IRS）の行政記録に基づく。付録Ⅲを参照]

職種	2007 北米産業分類[1]	事業所(1,000)			売上高(100万ドル)		
		2006	2007	2008	2006	2007	2008
専門職、科学・技術サービス	54	2,904	3,029	3,029	124,237	130,386	131,521
専門職、科学・技術サービス[2]	541	2,904	3,029	3,029	124,237	130,386	131,521
法律サービス	5411	254	256	255	15,390	15,744	15,923
会計・税務・簿記および給与帳簿サービス	5412	348	355	350	7,714	8,103	8,233
建築・工学および関連サービス[3]	5413	238	232	226	11,308	11,420	11,197
経営、科学、技術コンサルティング	5416	536	642	641	25,653	29,011	29,722
科学研究、開発サービス	5417	31	35	35	1,086	1,196	1,263
運営管理、サポート、廃棄物管理・再生サービス	56	1,482	1,793	1,826	34,989	39,811	40,415
運営管理および支援サービス[2]	561	1,463	1,771	1,806	33,569	38,280	38,737
事務所の運営サービス	5611	190	198	204	2,923	3,191	3,250
事務支援サービス	5614	193	224	219	5,521	5,969	5,927
建物・住居に関するサービス	5617	850	1,047	1,083	17,702	20,625	21,110
廃棄物管理・再生サービス	562	19	21	21	1,421	1,531	1,678
宿泊および飲食サービス	72	287	303	308	15,694	16,071	16,100
宿泊	721	55	55	54	3,660	3,592	3,484
飲食サービス	722	232	249	254	12,034	12,479	12,616
フルサービスのレストラン	7221	38	40	42	3,972	4,005	4,075
簡易食堂	7222	48	49	48	3,376	3,456	3,425
特殊食品サービス	7223	122	133	137	3,085	3,352	3,438
アルコール飲料を提供するバー等	7224	25	26	27	1,601	1,666	1,679
その他のサービス（公共事業を除く）	81	2,931	2,965	3,029	77,986	80,653	81,042
修繕およびメンテナンス[2]	811	693	704	699	27,276	28,183	27,567
自動車の修繕とメンテナンス	8111	289	305	302	13,987	14,634	14,334
個人・家庭用品の修繕とメンテナンス[4]	8114	303	297	297	8,765	8,853	8,616
個人用サービスおよびランドリーサービス	812	2,047	2,054	2,124	47,776	49,282	50,257
個人用ケアサービス	8121	870	911	967	19,266	20,661	21,680
葬儀	8122	15	16	16	802	856	886
ドライクリーニング・洗濯	8123	35	35	34	1,966	2,004	1,978
その他の個人用サービス	8129	1,128	1,093	1,108	25,742	25,760	25,713
宗教、募金、市民、専門職、その他の組織	813	190	206	206	2,933	3,189	3,218

1．北米産業分類（NAICS）。詳細については第15章の解説を参照。2002-2007年のデータは2002年北米産業分類、2008年のデータは2007年北米産業分類に基づく　2．個別に明示しないその他の職種を含む　3．関連のサービスを含む　4．メンテナンスを含む

資料：U.S. Census Bureau, "Nonemployer Statistics" (2010年6月); <http://www.census.gov/econ/nonemployer/index.html>

No.1274. 主要サービス関連産業――事業所、雇用および給与
――産業別：2007、2008年

[868は86万8000を表す。有給従業員のいる事業所。鉄道職員、ほとんどの政府職員、自営業者は除く。方法論については付録IIIを参照]

職種	2007 北米産業 分類[1]	事業所 (1,000)		従業員数 (1,000人)[2]		年間給与総額 (10億ドル)	
		2007	2008	2007	2008	2007	2008
専門職、科学・技術サービス………	54	868	848	8,180	8,033	533.0	539.1
専門職、科学・技術サービス………	541	868	848	8,180	8,033	533.0	539.1
法律サービス………	5411	191	188	1,207	1,199	89.7	91.8
法律事務所………	54111	176	173	1,110	1,110	85.4	88.3
会計・税務・簿記および給与帳簿サービス………	5412	123	123	1,357	1,319	55.9	56.8
税務サービス………	541213	25	25	216	213	2.7	2.1
建築・工学および関連サービス[3]………	5413	117	115	1,435	1,458	98.6	103.1
建築サービス………	54131	25	25	207	210	14.2	14.2
工学サービス………	54133	58	59	961	998	71.4	76.4
特殊デザインサービス[3]………	5414	35	33	135	130	6.8	6.7
グラフィックデザイン・サービス………	54143	17	16	64	60	3.2	2.9
コンピュータシステムデザインおよび関連サービス[3]………	5415	117	119	1,298	1,325	101.7	107.7
コンピュータプログラミングサービス………	541511	53	55	537	586	43.3	48.0
システムデザインサービス………	541512	49	48	540	499	41.5	40.6
経営、科学、技術コンサルティングサービス[3]………	5416	152	142	1,015	870	72.1	63.0
経営コンサルティングサービス………	54161	117	108	830	703	60.6	51.9
環境コンサルティングサービス………	54162	9	10	69	72	3.8	4.3
科学研究、開発サービス………	5417	18	16	688	634	61.8	59.8
物理工学・生命科学研究開発………	54171	15	14	631	594	57.6	57.1
広告および関連サービス[3]………	5418	40	41	446	479	25.3	27.5
広告代理店………	54181	14	14	173	165	12.5	12.4
ダイレクトメール………	54186	3	3	73	73	3.0	3.1
その他の専門、科学・技術サービス………	5419	74	72	600	620	21.1	22.6
獣医………	54194	28	29	294	302	8.9	9.2
企業・事業経営………	55	51	52	3,121	2,887	292.7	273.3
運営管理、サポート、廃棄物管理・再生サービス………	56	385	394	9,984	10,225	299.9	313.9
運営管理およびその支援サービス[3]………	561	363	372	9,628	9,857	284.2	297.0
雇用サービス………	5613	44	54	5,131	5,231	143.3	153.0
臨時職員派遣サービス………	56132	30	34	2,901	2,875	65.5	68.5
事務支援サービス[3]………	5614	36	36	766	828	22.9	24.2
電話受付センター………	56142	5	5	386	429	9.6	9.2
料金徴収代理店………	56144	5	5	141	151	4.7	4.9
信用調査………	56145	1	1	25	21	1.8	1.8
旅行手配・予約サービス………	5615	22	22	244	259	12.5	12.7
旅行手配………	56151	16	16	123	123	6.5	6.8
調査・保安サービス………	5616	25	26	778	832	20.0	21.3
調査、警備、武装車両サービス………	56161	15	15	658	710	15.1	16.3
セキュリティシステム・サービス………	56162	10	10	120	122	4.9	5.0
建物・住居に関するサービス………	5617	180	177	1,723	1,702	40.4	40.7
廃棄物管理・再生サービス………	562	21	22	355	367	15.7	16.9
廃棄物回収………	5621	10	10	185	195	8.1	8.7
廃棄物の処理と廃棄………	5622	3	3	57	50	2.8	2.6
廃棄物リサイクルおよびその他の廃棄物管理サービス………	5629	9	9	113	122	4.8	5.6
宿泊および食品サービス………	72	632	637	11,565	11,926	176.3	183.2
宿泊………	721	64	63	1,908	1,976	46.2	48.0
旅行者用宿泊………	7211	54	54	1,856	1,926	44.9	46.8
ホテル（カジノホテルは除く）およびモーテル………	72111	49	49	1,454	1,489	32.4	33.3
RV車用のパークおよびレクリエーションキャンプ場………	7212	7	7	40	40	1.1	1.1
R&B（部屋と朝食を提供する簡易宿泊施設）………	7213	2	2	12	11	0.2	0.2
飲食サービス………	722	569	574	9,657	9,950	130.2	135.2
フルサービスのレストラン………	7221	219	221	4,580	4,708	67.1	68.9
簡易食堂………	7222	267	269	4,137	4,225	47.9	49.6
特殊食品サービス………	7223	35	38	576	661	10.6	12.1
アルコール飲料を提供するバー等………	7224	47	45	365	356	4.6	4.6
その他のサービス（公共事業を除く）………	81	744	731	5,520	5,453	140.7	143.1
修繕およびメンテナンス[3]………	811	226	217	1,323	1,272	43.8	41.8
自動車の修繕とメンテナンス………	8111	166	161	893	866	25.6	25.1
個人・家庭用品の修繕とメンテナンス………	8114	23	21	95	82	2.8	2.3
個人用サービスおよびランドリーサービス[3]………	812	213	209	1,380	1,368	28.3	28.2
個人用ケアサービス………	8121	113	113	617	637	10.7	11.4
葬儀………	8122	21	21	137	136	4.2	4.2
ドライクリーニング・洗濯………	8123	41	39	374	331	8.3	7.6
宗教、募金、市民、専門職、その他の組織[4]………	813	306	304	2,817	2,813	68.6	73.1
宗教団体………	8131	180	180	1,691	1,699	30.5	31.7
募金・慈善サービス………	8132	16	17	147	192	6.9	9.6
社会的な主張を提唱する団体………	8133	15	16	129	140	4.7	5.3
市民団体………	8134	30	29	330	263	5.4	4.5
職業別団体、労働団体、政治団体[4]………	8139	64	62	520	519	21.1	22.0
労働組合[4]………	81393	16	15	173	173	5.0	5.2

1．2007年北米産業分類（NAICS）。第15章の解説を参照。2007年のデータは2002年北米産業分類　2．従業員については3月12日を含む給与支払期間に給与の発生したもの　3．個別に明示しないその他の職種を含む　4．および類似の団体

資料：U.S. Census Bureau, "County Business Patterns"（2010年7月）; ⟨http://www.census.gov/econ/cbp/index.html⟩

No.1275. 被雇用者——性別、人種別、ヒスパニック・ラテン系別——産業別：2010年

[15,253は1525万3000人を表す。16歳以上の民間非施設収容人口。毎月人口調査に基づく。第1章および第13章の解説、および付録Ⅲを参照。その他の部門の雇用情報については、表No.616および632を参照]

産業	2007 北米産業分類[1]	総雇用 (1000人)	構成比 (%) 女性	黒人[2]	アジア系[2]	ヒスパニック・ラテン系[3]
専門・ビジネスサービス	(X)	15,253	41.3	8.7	5.7	14.5
専門・技術サービス	54	9,115	43.2	5.6	7.8	7.1
法律サービス	5411	1,592	54.8	5.8	3.0	6.9
会計・税務・経理・給与計算サービス	5412	961	62.9	6.4	6.4	7.7
建築・工学および関連サービス	5413	1,474	24.7	5.4	6.0	7.9
特殊デザインサービス	5414	356	58.5	3.2	5.6	8.7
コンピュータ・システム・デザインおよび関連サービス	5415	1,905	26.4	5.3	17.3	5.1
管理、科学技術コンサルティングサービス	5416	1,177	42.6	6.1	5.2	5.6
科学研究開発サービス	5417	536	43.5	6.7	12.0	8.4
広告および関連サービス	5418	498	48.3	4.7	2.8	7.4
その他の専門、科学技術サービス[4]	5419	330	56.3	7.8	6.7	12.0
獣医学サービス	54194	287	78.3	2.7	1.2	10.5
管理・運営・廃棄物サービス	55-56	6,138	38.6	13.2	2.5	25.5
企業の管理職	55	74	48.7	8.2	7.1	8.0
雇用サービス	5613	913	52.2	18.2	3.1	21.1
ビジネス支援サービス	5614	736	61.8	13.7	2.4	12.4
旅行手配・予約サービス	5615	263	63.3	8.4	7.4	12.7
捜査・警備サービス	5616	814	23.5	25.0	3.1	15.2
ビル・住居に対するサービス[5]	5617	1,383	52.8	10.0	2.0	35.6
造園サービス	56173	1,180	9.0	6.0	0.8	41.5
その他の管理・支援サービス	5611,2,9	295	43.7	12.4	4.1	14.4
廃棄物管理・浄化サービス	562	478	15.6	13.6	1.3	19.2
宿泊・飲食サービス	72	9,564	52.9	11.2	6.8	22.2
宿泊	721	1,419	56.2	13.8	9.0	22.9
旅客宿泊	7211	1,309	56.9	14.7	9.5	24.4
娯楽車両パーク、キャンプ場および朝食付き宿泊施設	7212,3	110	48.5	2.7	3.0	5.1
飲食サービス、酒場	722	8,146	52.4	10.7	6.4	22.0
レストランその他の飲食サービス[6]	722	7,897	52.4	10.9	6.5	22.3
酒場、アルコール飲料	7224	249	51.6	6.7	2.4	14.3
その他のサービス業	81	6,769	51.6	9.2	6.3	16.8
その他のサービス（個人世帯へのサービスを除く）	81	6,102	47.3	9.3	6.6	14.3
修理・保全	811	1,985	11.6	6.2	3.4	21.0
自動車修理およびメンテナンス[7]	8111	1,180	8.7	6.3	2.4	20.6
洗車	811192	159	14.9	12.5	4.4	34.8
電子・精密機器の修理とメンテナンス	8112	167	16.7	4.6	6.6	14.3
商業用・工業用機械設備の修理とメンテナンス	8113	275	7.2	5.0	2.0	19.6
個人・家庭用品の修理とメンテナンス[8]	8114	199	27.6	3.5	7.0	18.8
靴・革製品の修理	81143	4	(Z)	(Z)	(Z)	(Z)
個人サービスおよび洗濯サービス	812	2,278	72.5	10.6	12.5	13.9
理髪店	812111	107	25.2	34.0	1.1	11.7
美容院	812112	957	90.5	9.9	6.2	12.1
ネイルサロンおよびその他のサービス	812113,81219	412	77.9	4.7	36.2	7.9
ドライクリーニング・洗濯サービス	8123	347	56.3	13.5	16.4	28.5
葬儀社、墓地、火葬	8122	134	37.4	10.1	1.6	7.7
その他の個人サービス	8129	322	60.0	9.5	4.7	14.3
会員制組織	813	1,839	54.7	11.0	2.7	7.8
宗教団体	8131	1,034	48.3	10.7	3.1	6.5
市民団体、社会組織、擁護団体 募金団体	8132,3,4	583	64.8	13.7	2.8	9.1
企業、専門職、政治、その他同種の団体[9]	8139	160	65.7	3.6	1.2	8.3
労働組合	81393	61	37.8	9.8	0.7	14.9
世帯向けサービス	814	667	90.9	8.7	3.3	39.5

Z 対象が5万未満　X 該当なし　1．北米産業分類2007年版に準拠。第15章参照　2．毎月人口調査では、回答者は複数の人種を選択することができる。データは1つの人種のみを回答した者。複数人種を選択したものを除外される。詳細については第1章の解説を参照　3．ヒスパニックまたはラテン系は人種を問わない　4．NAICS分類54194（獣医サービス）を除く　5．NAICS分類56173（造園サービス）を除く　6．NAICS分類7224（酒場、アルコール飲料）を除く　7．NAICS分類811192（洗車）を除く　8．NAICS分類81143（靴・革製品の修理）を除く　9．NAICS分類81393（労働組合）を除く

資料：U.S. Bureau of Labor Statistics, "Employment and Earnings Online,"; <http://www.bls.gov/opub/ee/home.htm> および <http://www.bls.gov/cps/home.htm>

No.1276. サービス関連産業の事業所、雇用および年間給与支払総額——州別：2008年

[8,033は803万3000人を表す。給与支払事業所のみ。3月12日を含む週における従業員数。ほとんどの政府職員、自営業者、鉄道職員、農業生産者等を除く。NAICSは2002年北米産業分類を表す。第15章の解説を参照。方法論については付録Ⅲを参照]

州	専門・科学・技術サービス (NAICS 54)[1]			運営とサポート、廃棄物処理と再生サービス (NAICS 56)[1]			宿泊、飲食サービス (NAICS 72)[1]		
	事業所	従業員数[2] (1,000人)	年間給与 (100万ドル)	事業所	従業員数[2] (1,000人)	年間給与 (100万ドル)	事業所	従業員数[2] (1,000人)	年間給与 (100万ドル)
合衆国	848,309	8,033	539,067	393,538	10,225	313,933	636,586	11,926	183,228
アラバマ	9,425	96	5,430	4,213	132	3,089	8,080	160	1,899
アラスカ	1,860	13	868	1,084	22	1,028	2,013	25	573
アリゾナ	16,583	127	7,275	8,535	253	8,519	11,603	260	3,960
アーカンソー	5,788	34	1,511	2,502	59	1,382	5,178	94	1,075
カリフォルニア	112,737	1,189	87,854	43,355	1,131	37,253	76,110	1,409	24,265
コロラド	23,261	165	11,219	8,565	207	7,728	12,230	238	3,742
コネティカット	9,806	100	7,410	5,494	104	3,725	7,930	138	2,500
デラウェア	2,406	24	1,796	1,400	30	993	1,873	34	519
コロンビア特別区	4,607	89	9,815	1,101	38	1,366	2,219	54	1,374
フロリダ	68,559	438	25,464	32,848	1,394	43,641	35,110	769	12,131
ジョージア	27,908	229	13,857	12,495	348	9,873	18,770	371	5,022
ハワイ	3,297	24	1,316	1,890	48	1,304	3,539	100	2,310
アイダホ	4,243	32	1,571	2,221	38	918	3,507	57	699
イリノイ	38,988	375	27,247	17,140	523	14,473	26,580	479	7,389
インディアナ	12,997	103	5,210	7,419	171	4,626	12,770	260	3,347
アイオワ	6,263	47	2,132	3,624	76	1,876	6,903	115	1,372
カンザス	7,133	57	2,904	3,587	74	2,097	5,843	108	1,272
ケンタッキー	8,184	66	2,894	4,039	97	2,101	7,366	157	1,914
ルイジアナ	11,354	88	4,658	4,491	111	3,195	8,216	186	2,790
メーン	3,497	23	1,195	1,949	23	654	3,934	48	807
メリーランド	19,317	237	17,440	8,151	194	6,508	10,879	202	3,190
マサチューセッツ	21,721	259	22,830	9,845	204	7,667	16,062	264	4,664
ミシガン	22,341	256	16,397	12,277	306	8,999	19,623	340	4,453
ミネソタ	16,554	147	8,563	7,199	141	4,429	11,183	222	3,134
ミシシッピ	4,761	32	1,420	2,237	51	1,118	4,864	123	1,899
ミズーリ	13,516	144	8,327	7,497	164	4,419	12,215	247	3,319
モンタナ	3,545	18	753	1,699	20	472	3,349	47	610
ネブラスカ	4,245	50	2,312	2,611	60	1,749	4,257	70	795
ネバダ	7,982	58	3,356	4,221	104	2,797	5,776	312	8,466
ニューハンプシャー	3,992	30	1,697	2,252	44	1,619	3,508	56	848
ニュージャージー	30,811	331	24,865	13,731	294	9,617	19,421	291	5,463
ニューメキシコ	4,812	43	2,697	1,992	44	1,131	4,060	81	1,148
ニューヨーク	58,518	583	45,524	25,251	519	20,934	44,492	626	12,234
ノースカロライナ	22,442	190	11,581	11,667	282	7,666	18,454	363	4,747
ノースダコタ	1,508	11	477	898	13	286	1,838	32	380
オハイオ	24,790	236	13,400	14,083	346	9,164	23,525	435	5,301
オクラホマ	9,210	69	3,380	4,388	102	2,711	6,988	134	1,582
オレゴン	11,634	89	5,312	5,435	92	2,450	10,353	156	2,322
ペンシルベニア	29,723	314	21,131	15,026	307	8,677	27,264	432	6,025
ロードアイランド	3,056	24	1,581	1,747	25	705	2,961	44	665
サウスカロライナ	9,732	80	4,167	5,642	132	3,310	9,372	193	2,499
サウスダコタ	1,782	11	413	1,024	13	289	2,385	37	463
テネシー	11,273	109	5,528	6,711	209	5,639	11,707	247	3,195
テキサス	58,176	602	41,360	25,854	945	27,933	43,907	909	12,766
ユタ	8,435	72	3,422	3,964	120	3,203	4,692	97	1,265
バーモント	2,149	20	997	1,081	9	223	1,943	31	470
バージニア	27,539	392	30,645	10,629	254	9,098	15,982	312	4,532
ワシントン	19,659	164	11,098	9,129	173	6,782	16,080	244	3,942
ウエストバージニア	2,920	29	954	1,451	32	774	3,649	63	758
ウィスコンシン	11,322	103	5,391	6,960	140	3,534	14,251	227	2,664
ワイオミング	1,948	9	425	934	7	193	1,732	29	469

1．2007年北米産業分類（NAICS）。第15章の解説を参照　2．3月12日を含む給与期間の従業員

資料：U.S. Census Bureau, "County Business Patterns"（2010年7月）; <http://www.census.gov/econ/cbp/index.html>

No.1277. 専門職、科学技術サービス——収益推計：2004－2009年

[963,369は9633億6900万を表す。課税雇用事業所。推計値は2007年経済センサスの数値で補正されている。サービス業年次調査および行政データに基づく]

事業の種類	2002 北米産業分類[1]	2004	2005	2006	2007	2008	2009
専門、科学技術サービス（公証人を除く）	54	963,369	1,045,367	1,123,407	1,227,445	1,293,177	1,222,629
法律サービス（公証人を除く）	5411	204,833	213,942	224,842	236,689	241,612	234,113
法律事務所	54111	193,499	201,717	212,524	225,060	229,871	223,006
その他の法律サービス	54119	11,334	12,225	12,318	11,629	11,741	11,107
会計、税務、簿記、給与計算サービス	5412	90,665	97,358	103,787	114,110	119,645	118,013
公認会計士事務所	541211	51,809	56,285	60,244	66,588	69,233	68,974
税申告サービス	541213	4,462	4,663	4,890	5,251	5,503	5,710
給与計算サービス	541214	23,109	24,336	25,969	28,916	30,493	28,617
その他の会計サービス	541219	11,285	12,074	12,684	13,355	14,416	14,712
建築、エンジニアリング、関連サービス	5413	189,110	213,247	232,296	254,201	268,111	235,426
建築サービス	54131	27,688	30,186	32,587	37,150	37,759	29,887
造園建設サービス	54132	3,423	3,711	4,085	4,365	4,365	3,406
エンジニアリングサービス	54133	139,452	159,245	173,861	187,532	200,123	178,810
試験所	54138	9,416	9,605	10,093	12,387	13,469	12,701
その他の関連サービス	54134,5,6,7	9,131	10,500	11,670	12,767	12,395	10,622
特殊デザインサービス	5414	17,914	18,761	19,548	20,554	20,009	16,231
インテリアデザインサービス	54141	7,560	8,040	8,899	9,799	9,282	6,783
グラフィックデザインサービス	54143	7,953	8,328	8,342	8,281	8,340	7,215
その他のデザインサービス	54142,9	2,401	2,393	2,307	2,474	2,387	2,233
コンピュータ・システム・デザインおよび関連サービス	5415	179,229	196,050	213,359	244,389	265,719	259,200
カスタムコンピュータプログラミングサービス	541511	60,279	67,163	72,232	84,896	92,246	89,766
システムデザインサービス	541512	80,425	89,144	98,047	110,159	116,817	110,053
コンピュータ設備管理サービス	541513	24,363	24,473	26,368	30,133	35,778	38,153
その他のコンピュータ関連サービス	541519	14,162	15,270	16,712	19,201	20,878	21,228
経営、科学技術コンサルタントサービス	5416	117,234	129,104	135,783	146,814	154,006	141,597
経営コンサルティングサービス	54161	98,900	109,069	114,349	122,380	128,011	115,540
環境コンサルティングサービス	54162	8,169	8,322	9,225	10,423	11,125	10,856
その他の科学、技術コンサルティングサービス	54169	10,165	11,713	12,209	14,011	14,870	15,201
科学研究開発サービス	5417	51,620	55,881	62,355	66,657	74,830	76,609
物理、エンジニアリング、生命科学研究開発	54171	49,748	54,029	60,776	65,047	73,132	74,875
社会科学、人文科学における研究開発	54172	1,872	1,852	1,579	1,610	1,698	1,734
広告、および関連サービス	5418	65,931	71,194	79,107	87,434	88,878	80,799
広告代理店	54181	24,570	25,425	27,879	30,666	31,886	29,843
公共広報代理店	54182	6,951	7,542	8,630	9,279	9,174	8,380
媒体購入代理店	54183	2,078	2,689	3,696	4,606	4,955	4,327
メディア・レップ	54184	2,522	2,892	3,231	3,577	3,691	3,316
ディスプレイ広告	54185	5,933	7,015	7,842	9,111	9,142	7,595
ダイレクトメール広告	54186	11,491	12,342	12,464	12,360	11,514	9,996
その他の広告業	54187,9	12,386	13,289	15,365	17,835	18,516	17,342
その他の専門職、科学技術サービス（獣医を除く）	5419	46,833	49,830	52,330	56,597	60,367	60,641
マーケティング・リサーチ、世論調査	54191	12,417	13,186	14,337	15,493	16,223	15,277
写真サービス	54192	6,647	6,735	6,688	6,767	7,016	6,417
写真スタジオ、ポートレート	541921	4,808	4,904	4,856	5,055	5,139	4,976
商業写真	541922	1,839	1,831	1,832	1,712	1,877	1,441
翻訳および通訳サービス	54193	1,231	1,354	1,505	1,895	2,122	(S)
獣医	54194	19,145	20,703	22,372	24,568	25,794	25,642
その他の専門職、科学技術サービス	54199	7,393	7,852	7,428	7,874	9,212	10,216

S　データは公表基準に達していない　1．2002年NAICSコード。第15章の解説を参照
資料：Census Bureau, "Service Annual Survey 2009: Professional, Scientific, and Technical Sector Services,"（2011年1月），〈http://www.census.gov/services/index.html〉

No.1278. 主要サービス産業の e-コマース収入：2008、2009年

[149,668は1496億6800万ドルを表す。有給従業員のいる企業のみのデータ。宿泊、飲食サービスのみは有給従業員の有無を問わない。特に注記のない場合はサービス業年次調査に基づく]

業種	2002 北米産業分類[1]	e-コマース収入額 (100万ドル) 2008	e-コマース収入額 (100万ドル) 2009	e-コマースの総収入に占める% 2009	e-コマースに占める各業種の割合 2009
主要サービス産業、計	(X)	149,668	153,007	2.3	100.0
主要輸送および倉庫業[2]	(X)	7,945	6,912	2.5	2.8
トラック輸送	484	7,736	6,711	3.7	2.8
宅急便、メッセンジャー便	492	(S)	107	0.2	(Z)
倉庫・貯蔵	493	(S)	(S)	(S)	(S)
情報産業	51	50,975	53,791	5.0	22.1
出版業	511	19,427	21,180	8.0	8.7
オンライン情報サービス	51811	(S)	7,062	24.3	2.9
主要金融業[3]	(X)	14,022	12,635	2.7	5.2
証券および商品相場仲介およびブローカー	5231	13,556	12,040	4.2	4.9
賃貸サービス	532	8,484	9,593	8.7	3.9
主要専門・科学・技術サービス[4]	54	21,748	23,608	1.9	9.7
コンピュータシステムデザインおよび技術サービス	5415	5,130	5,089	2.0	2.1
運営・支援・廃棄物管理および再生サービス	56	17,140	17,351	2.9	7.1
旅行手配および予約サービス	5615	8,144	7,358	22.4	3.0
保健介護および社会扶助サービス	62	1,023	1,428	0.1	0.6
芸術、娯楽、レクリエーションサービス	71	4,203	4,204	2.2	1.7
宿泊、飲食サービス[5]	72	16,712	15,876	2.6	6.5
主要なその他サービス[6]	81	7,416	7,609	2.1	3.1
修理およびメンテナンス	811	1,039	1,030	0.8	0.4
宗教・募金・市民・職業別・その他の団体	813	4,889	4,822	3.1	2.0

X 該当なし　S 公表基準に達しない　Z 0.05未満　1. 2002年北米産業分類（NAICS）、第15章の解説参照　2. NAICS481（航空輸送）、482（鉄道輸送）、483（水上輸送）、485（地上輸送、旅客地上輸送）、486（パイプライン輸送）、487（観光輸送）、488（輸送支援）、491（郵便事業）を除く　3. NAICS 521（中央銀行）、522（信用媒介および関連活動）、5232（証券および商品契約売買）、52391（その他の媒介）、52399（その他すべての金融投資活動）、524（保健引き受けおよび関連活動）、525（ファンドと信託）を除く　4. NAICS54112（公証人オフィス）、を除く　5. 2008年Retail Trade Surveyに基づく　6. NAICS81311（宗教団体）、81393（労働組合等）、81394（政治団体）、814（世帯）を除く

資料：Source: U.S. Census Bureau, "E-Stats,"〈http://www.census.gov/econ/estats/〉

No.1279. 媒体提供者の広告収入——概要：2000－2010年

[単位：100万ドル（177,500は1775億ドルを表す）。広告の種類の定義については資料を参照]

媒体提供者	2000	2004	2005	2006	2007	2008	2009	2010
全媒体提供者の総計	177,500	188,942	196,668	204,889	205,847	194,328	163,184	170,456
計[1]	175,535	186,979	196,398	202,701	205,523	191,951	162,744	167,936
ダイレクト	31,108	39,688	42,477	45,882	48,680	48,190	42,444	42,484
ダイレクトメール	18,250	22,559	23,085	24,478	24,890	23,459	19,853	20,604
ダイレクト・オンライン[2]	560	4,440	6,371	8,785	11,355	13,554	13,656	15,022
電話帳[3]	12,299	12,689	13,021	12,619	12,435	11,177	8,934	6,858
全米	53,494	55,699	59,200	61,858	64,498	63,132	56,797	61,009
ネットワークテレビ[3][4]	25,574	31,452	33,231	33,712	34,820	35,141	33,723	36,210
雑誌[3]	19,025	17,961	19,351	20,373	20,975	19,533	15,554	15,623
デジタル・オンライン[5]	5,665	3,541	3,931	5,067	6,098	6,057	5,549	7,144
ネットワーク・衛星ラジオ[3]	1,065	1,175	1,161	1,178	1,226	1,220	1,100	1,145
新聞（全国紙）	2,165	1,570	1,527	1,527	1,379	1,180	873	887
地方	90,933	91,591	94,721	94,961	92,345	80,630	63,504	64,443
新聞（地方紙）[3]	46,506	45,133	45,880	45,074	40,830	33,559	23,949	21,909
地方テレビ[3][6]	18,530	20,047	21,281	21,023	22,001	19,706	16,995	18,670
地方ラジオ[3]	18,819	18,932	19,018	19,031	18,476	16,536	13,203	13,847
新型屋外広告	195	377	425	545	741	914	920	1,146
その他の屋外広告	5,040	5,457	5,876	6,260	6,542	6,077	4,980	4,997
地方デジタル・オンライン[5]	1,843	1,645	2,241	3,028	3,755	3,837	3,456	3,874
政治広告[7]	1,180	1,259	270	1,538	324	1,777	439	2,033
オリンピック[8]	785	704	–	650	–	600	–	488

– ゼロを示す　1. 政治広告、オリンピック広告の収入を除く　2. 有料番号案内、リードジェネレーション（見込み客の情報に応じて広告費を支払う）、オンライン／イエローページを含む　3. インターネットベースの広告収入を除く　4. 英語およびスペイン語のネットワークテレビ、全国放送のケーブルテレビ、全国展開の番組（販売）を含む。莫大なオリンピック収入は除外する　5. オンラインビデオ、インターネット・クラシファイド（数行程度の簡単な広告）、電子メール、デジタル受信機およびモバイル　6. 地方放送局と地方ケーブルテレビ局を含む。政治広告収入は除く　7. 地方放送局と地方ケーブルテレビ局の政治広告収入の計　8. ネットワークテレビで放送されるオリンピックの莫大な広告収入

資料：MAGNAGLOBAL, New York, NY, (copyright),〈http://www.magnaglobal.com〉

No.1280. 運営、支援および廃棄物処理・再生サービス――収益推計：2004－2009年

[単位：100万ドル（494,684は4946億8400万ドルを表す）、課税対象企業および免税企業の双方を含む。2007年経済センサスの結果を改訂したデータ。サービス業年次調査に基づく。付録Ⅲを参照]

事業の種類	2002北米産業分類[1]	2004	2005	2006	2007	2008	2009
運営・支援および廃棄物処理と再生サービス	56	494,684	542,574	585,113	623,761	639,287	592,846
運営、支援サービス	561	434,472	477,336	513,280	548,574	560,435	520,340
事務管理サービス	56111	35,039	38,180	38,699	39,295	41,036	42,417
設備サポートサービス	56121	15,195	18,246	21,746	25,735	28,994	29,280
雇用サービス	5613	153,300	171,183	188,935	202,682	204,142	183,069
職業紹介	56131	7,756	8,788	10,115	11,786	12,418	10,429
人材派遣	56132	81,286	90,654	98,710	105,691	103,640	85,196
雇用代行（PEO）	56133	64,258	71,741	80,110	85,205	88,084	87,444
ビジネス・サポート・サービス	5614	50,718	54,836	59,723	62,297	62,813	59,599
書面制作代行	56141	2,643	2,881	3,193	3,404	3,286	2,865
電話取次ぎサービス	56142	14,305	15,138	16,370	16,955	17,156	16,753
電話受付サービス	561421	1,827	1,988	1,962	2,289	2,327	2,260
電話マーケティングサービス	561422	12,478	13,150	14,408	14,666	14,829	14,493
ビジネスサービスセンター	56143	9,499	9,970	9,676	10,368	10,335	9,183
民間郵便センター	561431	2,141	2,022	2,108	2,149	2,147	1,958
その他の事務サービスセンター（コピー店を含む）	561439	7,358	7,948	7,568	8,219	8,188	7,225
料金徴収代理店	56144	10,933	11,557	11,704	12,245	11,986	11,139
信用調査	56145	5,464	6,246	8,063	8,191	7,860	7,759
その他の事務支援サービス	56149	7,874	9,044	10,717	11,134	12,190	11,900
代金回収サービス	561491	551	608	643	717	806	884
裁判記録作成および速記サービス	561492	1,859	1,953	2,175	2,248	2,210	2,210
その他すべての事務支援サービス	561499	5,464	6,483	7,899	8,169	9,174	8,806
旅行手配および座席予約サービス	5615	29,420	30,974	33,332	37,112	37,026	32,907
旅行代理店	56151	11,760	12,989	14,827	17,289	16,808	14,237
ツアー・オペレータ	56152	3,640	3,811	3,842	4,397	4,584	4,448
その他の旅行手配および座席予約サービス	56159	14,020	14,174	14,663	15,426	15,634	14,222
観光案内所	561591	1,208	1,239	1,302	1,503	1,559	1,482
その他すべての旅行手配および予約サービス	561599	12,812	12,935	13,361	13,923	14,075	12,740
調査・警備サービス	5616	34,022	37,529	38,140	40,904	42,944	41,912
調査・警備・武装車両サービス	56161	21,260	23,578	23,682	24,911	25,683	25,143
調査サービス	561611	3,287	3,575	3,461	3,887	3,700	3,630
保安・パトロールサービス	561612	15,840	17,836	17,980	18,799	19,618	19,128
装甲車サービス	561613	2,133	2,167	2,241	2,225	2,365	2,385
セキュリティシステムサービス	56162	12,762	13,951	14,458	15,993	17,261	16,769
セキュリティ・システム・サービス（錠前屋は除く）	561621	11,384	12,474	12,853	14,360	15,624	15,312
錠前屋	561622	1,378	1,477	1,605	1,633	1,637	1,457
ビル・住居に対するサービス	5617	84,583	90,859	96,432	103,364	105,358	97,832
害虫駆除	56171	7,645	8,100	8,473	8,693	8,932	9,114
門番・守衛	56172	29,041	29,779	30,116	33,021	34,887	32,372
造園	56173	41,319	45,856	50,398	53,910	53,200	48,328
カーペット・インテリアの洗浄	56174	2,619	2,913	2,920	2,962	3,106	2,884
その他の建物・住居サービス	56179	3,959	4,211	4,525	4,778	5,233	5,134
その他の支援サービス	5619	32,195	35,529	36,273	37,185	38,122	33,324
梱包・ラベル貼り	56191	4,613	5,097	5,050	5,050	5,341	4,526
会議・商業展の企画運営	56192	9,455	10,625	11,264	11,238	11,998	9,618
その他すべての支援サービス	56199	18,127	19,807	19,959	20,897	20,783	19,180
廃棄物処理および再生サービス	562	60,212	65,238	71,833	75,187	78,852	72,506
廃棄物回収	5621	33,108	34,936	38,857	40,462	43,276	40,028
固形廃棄物回収	562111	30,913	32,534	35,910	36,999	39,495	36,797
有害廃棄物回収	562112	1,548	1,547	1,728	1,857	1,986	1,824
その他の廃棄物回収	562119	647	855	1,219	1,606	1,795	1,407
廃棄物処理および廃棄	5622	11,742	13,104	14,096	14,264	14,496	13,172
有害廃棄物処理および廃棄	562211	3,773	4,532	5,138	5,864	5,972	5,945
固形廃棄物の埋立	562212	5,800	5,858	5,902	5,648	5,695	4,951
固形廃棄物焼却	562213	1,578	2,051	2,348	2,081	2,123	1,729
その他の非有害廃棄物の処理と廃棄	562219	591	663	708	671	706	547
再生およびその他の廃棄物処理サービス	5629	15,362	17,198	18,880	20,461	21,080	19,306
浄化サービス	56291	9,172	10,776	11,950	12,424	12,544	12,020
修復施設	56292	3,021	2,984	3,264	4,072	4,636	3,679
その他すべての廃棄物管理サービス	56299	3,169	3,438	3,666	3,965	3,900	3,607
汚水処理槽および関連サービス	562991	2,072	2,277	2,428	2,553	2,573	2,403
その他すべての廃棄物管理サービス	562998	1,097	1,161	1,238	1,412	1,327	1,204

1．2002年NAICSコード。第15章の解説を参照
資料：U.S. Census Bureau, "Service Annual Survey 2009: Administrative and Support and Waste Management and Remediation Sector Services,"（2011年1月）；<http://www.census.gov/econ/www/servmenu.html>

No.1281. 宿泊、飲食サービス――事業種類別：2000－2009年

[単位：100万ドル（443,558は4435億5800万ドルを表す）]

事業種類	2007 北米産業分類[1]	2000	2004	2005	2006	2007	2008	2009
宿泊および飲食サービス、計	72	443,558	525,834	560,037	597,771	629,864	640,699	616,268
宿泊	721	138,181	151,225	162,676	173,734	183,983	184,131	163,016
旅客宿泊	7211	133,582	146,270	157,494	168,070	178,040	178,044	156,992
RV車パークおよびキャンプ場	7212	3,608	3,955	4,130	4,532	4,760	4,885	4,781
下宿および寄宿	7213	991	1,000	1,052	1,132	1,183	1,202	1,243
食品サービスおよび飲食店[2]	722	305,377	374,609	397,361	424,037	445,881	456,568	453,252
レストラン	7221	134,204	165,871	174,864	186,845	196,262	196,929	195,349
レストラン（セルフ式）	7222	127,879	158,632	169,033	178,523	186,404	194,629	195,155
バー、居酒屋	7224	15,415	17,675	18,120	19,426	19,984	19,973	20,011

1．2007年NAICSコード。第15章の解説を参照　2．個別に明示しないその他の事業種類を含む

資料：U.S. Census Bureau, "Annual Accommodation and Food Services-2009," <http://www.census.gov/retail/>

No.1282. 宿泊産業概要：1990－2009年

年	平均客室利用（%）	平均宿泊料金（ドル）	客室数	2009 事務所数	2009 客室数（100万）	項目	2009 ビジネス客	2009 観光客
1990	63.3	57.96	計	50,800	4.8	通常宿泊客：		
1995	65.5	66.65	構成比（%）：			予約有り（%）	91	87
2000	63.7	85.89	75室未満	55.6	25.5	支払額	$123.00	$105.00
2005	63.1	90.88	75－149室	32.6	36.6	滞在期間（%）：		
2006	63.3	97.78	150－299室	8.6	18.4	1泊	36	48
2007	63.1	103.87	300－500室	2.2	8.8	2泊	22	25
2008	60.4	106.84	500室以上	1.0	10.7	3泊以上	42	27
2009	54.7	97.85						

資料：American Hotel & Lodging Association, Washington, DC, Lodging Industry Profile（年刊）(copyright); <http://www.ahla.com> も参照

No.1283. 飲食業の販売額――販売店舗別：1990－2011年

[販売額の単位は100万ドル（238,149は2381億4900万ドルを表す）。軍用を除く。データは消費者への食品やアルコール飲料の販売を示す。販売額は推計値。詳細については資料を参照]

グループの種類	事業所数 2008	販売額（100万ドル） 1990	1995	2000	2005	2009	2010	2011[1]
総計	957,354	238,149	294,631	377,652	486,494	567,787	581,065	601,816
商業給食サービス[2][3]	753,197	211,606	265,910	345,345	445,078	519,845	531,732	550,826
食堂[2]	507,507	155,552	198,293	259,743	329,598	383,960	391,423	404,491
レストラン	222,070	77,811	96,396	133,834	165,170	185,918	188,706	194,556
サービス限定のレストラン[4]	213,835	[5] 69,798	[5] 92,901	107,147	136,903	159,010	162,350	167,707
スナック、非アルコール飲料のバー	53,678	[5]	[5]	12,867	17,150	24,529	25,309	26,413
バー、居酒屋[6]	46,624	9,533	9,948	12,412	15,002	17,408	17,722	18,289
契約食堂[2]	23,250	14,149	18,186	24,841	32,030	39,296	40,331	42,081
製造業、工場	(NA)	3,856	4,814	6,223	6,570	6,686	6,696	6,907
大学、短大	(NA)	2,788	3,989	5,879	9,283	12,912	13,097	13,700
宿泊施設	11,620	13,568	15,561	19,438	23,854	25,763	27,167	28,698
小売併設レストラン（リテールホスト）[2][7]	132,792	9,513	12,589	14,869	22,502	29,481	30,774	32,051
デパート・レストラン	2,222	876	1,038	903	490	(NA)	(NA)	(NA)
食糧雑貨店レストラン[7]	54,397	5,432	6,624	7,116	12,032	(NA)	(NA)	(NA)
ガソリンスタンド・レストラン	59,087	1,718	2,520	4,693	6,137	(NA)	(NA)	(NA)
レクリエーション、スポーツ	24,942	2,871	3,866	4,772	11,397	12,212	12,679	13,249
非営利給食サービス[2]	204,157	26,543	28,722	32,307	41,416	47,942	49,333	50,990
雇用者給食サービス	3,003	1,864	1,364	986	548	417	406	417
製造業、商業団体	765	1,603	1,129	717	260	(NA)	(NA)	(NA)
教育機関給食サービス	106,224	7,671	9,059	9,977	11,007	12,180	12,787	13,125
小、中、高等学校	101,957	3,700	4,533	5,039	5,524	6,011	6,243	6,423
病院	5,799	8,968	9,219	9,982	12,332	14,535	15,611	16,251
その他	52,448	2,892	3,673	4,898	9,703	10,522	11,167	11,449
クラブ	29,246	1,993	2,278	3,164	7,555	8,480	9,000	9,212

NA データなし　1．予測値　2．個別に明示しないその他の商品グループを含む　3．給与支払いのある事業所　4．ファースト・フード・レストラン　5．1997年以前はスナック・ソフトドリンクのみのバーは、「サービス限定のレストラン」に含まれる　6．食事を供する施設　7．食料品のデリカテッセン（調理済み食品）も食品提供とする

資料：National Restaurant Association, Washington, DC, Restaurant Numbers: 25 Year History, 1970-1995（1998年）; Restaurant Industry in Review（年刊）および National Restaurant Association 2011 Restaurant Industry Forecast（2010年12月）(copyright)

No.1284. その他のサービス産業——雇用事業所の収益推計：2006－2009年

[単位：100万ドル（375,355は3753億5500万ドルを表す）。有給従業員のいる企業。2007年経済センサスの結果に調整を加えた推計値。サービス業年次調査に基づく。付録Ⅲを参照]

事業の種類	2002 北米産業分類[1]	2006	2007	2008	2009
その他のサービス産業[2]	81	375,355	405,282	384,813	364,372
修理、メンテナンス[3]	811	134,143	137,732	136,692	127,383
自動車修理およびメンテナンス	8111	85,050	85,887	84,428	79,487
自動車、機械および電気修理、メンテナンス	81111	42,972	43,555	42,381	40,036
一般自動車修理	811111	36,911	37,722	36,845	34,636
自動車車体ペイント、装飾、ガラス修理	81112	29,736	30,006	29,933	27,711
自動車車体、塗装、インテリアの修理とメンテナンス	811121	25,824	26,413	26,151	24,443
その他の自動車修理、メンテナンス	81119	12,342	12,326	12,114	11,740
電子製品および精密機械の修理とメンテナンス	8112	18,554	19,327	18,816	18,803
商業用・工業用機械の修理とメンテナンス（自動車の電子機械を除く）	8113	23,663	25,962	26,794	23,041
個人用品、家庭用品の修理とメンテナンス	8114	6,876	6,556	6,654	6,052
家屋および庭の装置および機器の修理、メンテナンス	81141	2,789	2,595	2,615	2,488
個人用および洗濯サービス[3]	812	79,890	82,105	83,749	81,618
個人用サービス	8121	25,092	26,304	27,277	26,887
整髪、ネイルケア、スキンケア	81211	20,150	20,903	21,391	21,170
理髪店	812111	527	568	593	596
美容院	812112	18,411	19,010	19,231	18,913
ネイルサロン	812113	1,212	1,325	1,567	1,661
その他の個人用サービス	81219	4,942	5,401	5,886	5,717
葬儀	8122	15,309	15,293	15,487	15,194
葬儀場および葬儀場サービス	81221	11,909	11,943	12,384	12,214
墓地および火葬場	81222	3,400	3,350	3,103	2,980
ドライクリーニング、洗濯サービス	8123	22,769	23,234	23,056	22,232
コイン式ランドリーおよびドライクリーナー	81231	3,259	3,354	3,340	3,300
ドライクリーニングおよび洗濯サービス、コイン式を除く	81232	7,925	8,086	8,187	7,929
リネンサプライ、ユニフォームサプライ	81233	11,585	11,794	11,529	11,003
ペットのケア（獣医を除く）サービス	81291	2,181	2,346	2,505	2,551
現像	81292	2,027	2,025	1,964	1,912
駐車場およびガレージ	81293	8,000	8,276	8,510	8,491
その他の個人用サービス	81299	4,512	4,627	4,950	4,351
宗教・募金・市民・職業別および類似の団体（宗教団体、労働団体および政治団体を除く）[4]	813	161,322	185,445	164,372	155,371
助成金交付および寄付サービス	8132	74,987	93,275	70,486	60,644
社会擁護団体	8133	17,680	19,729	21,130	21,218
市民・社会団体	8134	15,073	15,444	15,227	15,071
職業、専門およびその他の団体（労働団体および政治団体を除く）	8139	53,582	56,997	57,529	58,438

X　データなし　1．2002年NAICSコード。第15章の解説を参照　2．公共、宗教、労働および政治機関と一般世帯を除く　3．課税対象の事業所のみ　4．免税対象の事業所のみ

資料：U.S. Census Bureau, "Service Annual Survey 2009: Other Sector Services,"（2011年1月）, <http://www.census.gov/services/index.html> を参照

No.1285. 目的別の全国規模非営利団体数：1980－2010年

[データは、表示年の前年末の数ヵ月から表示年始めの月までのもの]

種類	1980	1990	2000	2004	2005	2006	2007[1]	2008	2009	2010
計	14,726	22,289	21,840	22,659	22,720	23,772	25,048	25,176	24,100	23,983
貿易、商業	3,118	3,918	3,880	3,812	3,789	3,942	4,072	4,003	3,840	3,761
農業および環境	677	940	1,103	1,140	1,170	1,286	1,353	1,439	1,365	1,442
法律、政治、行政問題、軍事	529	792	790	839	868	887	938	951	927	913
科学、工学、技術	1,039	1,417	1,302	1,354	1,354	1,396	1,505	1,588	1,549	1,563
教育	[2]2,376	1,291	1,297	1,313	1,318	1,365	1,471	1,530	1,462	1,444
文化	([2])	1,886	1,786	1,735	1,733	1,782	1,881	1,896	1,761	1,717
社会福祉	994	1,705	1,829	1,972	2,072	2,218	2,307	2,582	2,531	2,673
保健、医療	1,413	2,227	2,495	2,921	2,982	3,089	3,383	3,552	3,460	3,481
公務	1,068	2,249	1,776	1,881	1,854	1,938	1,951	1,842	1,769	1,734
民族	435	573	525	547	550	567	580	523	482	461
宗教	797	1,172	1,123	1,157	1,147	1,162	1,204	1,146	1,101	1,056
退役軍人、世襲、愛国	208	462	835	803	779	790	774	645	602	585
趣味、娯楽	910	1,475	1,330	1,449	1,433	1,525	1,615	1,511	1,421	1,374
スポーツ	504	840	717	755	762	863	960	1,008	972	946
労働組合	235	253	232	213	208	209	227	212	195	188
商業会議所[3]	105	168	143	136	135	137	169	162	147	142
友愛クラブおよび非友愛クラブ	318	340	296	305	349	302	335	325	309	305
ファンクラブ	(NA)	581	381	327	314	314	323	261	207	198

NA　データなし　1．団体数の増加は、新たに確認された団体および設立された団体の増加に起因する　2．文化団体も教育団体に含まれる　3．全国団体および2国間団体。通商、観光組織を含む

資料：Gale Group, Cengage Learning, Farmington Hills, MI, *Encyclopedia of Associations*（年刊）を編集（copyright）

第28章
外国貿易・援助

　本章では、合衆国と諸外国との財・サービスおよび資本フロー、合衆国の公的準備資産の変化、外国投資、および外国援助プログラムを扱う。

　経済分析局（Bureau of Economic Analysis）の『Survey of Current Business』は合衆国の貿易および国際投資状況に関する毎年の統計を発表している。外国援助プログラムに関する統計は、国際開発局（Agency for International Development：AID）の『U.S. Overseas Loans and Grants and Assistance from International Organizations』（年刊）に発表される。

　商品貿易に関する主要な原資料はセンサス局の諸統計である。最新のデータは、月間の『U.S. International Trade in Goods and Services report series FT900』に掲載されている。センサス局の『Guide to Foreign Trade Statistics』は、センサス局のウェブサイト〈http://www.census.gov/foreign-trade/guide/index.html〉において、この貿易統計に関するセンサス局の月次報告書と年次報告書のリストを掲載している。さらに、国際貿易管理局（International Trade Administration）および経済分析局は、合衆国の外国貿易の要約並びに特定商品の貿易と国別の詳細なデータをウェブサイト〈http://ita.doc.gov/td/industry/otea/〉と〈http://www.bea.gov/international/index〉で提供している。商品貿易のデータは、経済分析局の公刊する『Survey of Current Business』による。ウェブサイトでは、センサス局のデータを調整する貿易収支のデータを閲覧することができる。財務省の『Monthly Treasury Statement of Receipts and Outlays of the United States Government』は、輸入関税に関する情報を掲載している。国際貿易委員会、農務省（農産物）、エネルギー省（石油、石炭のような鉱物燃料）、地理調査院（鉱物）は合衆国の貿易に関する様々な報告を公表している。

国際収支勘定

　国際収支勘定表（表No.1286－1288）は、財・サービス・贈与、および金融資産と負債に関する国際収支を表わしている。国際投資ポジション（表No.1289）は、合衆国の対外投資および外国から合衆国への投資額を示している。国際収支表に表われている外国資本と合衆国資本の動向は、外国投資額を決定する重要な要因であるが、この他に証券債務不履行、資産没収、および減価償却の価格変化を含む各種の対外資産と対外負債の変化がある。

　対外直接投資とは、法人企業の議決権の10％以上を有する個人または非法人企業の10％相当の利子受取権を有する個人による直接・間接の所有または管理を意味する。直接投資ポジションは、合衆国親企業の対外直接投資の株式保有額と、外国企業の対外直接投資の株式保有額との差である。所得は、直接投資企業の総収入のうちの親企業のシェア分と企業間勘定によって親企業が受取る純利子受取額の和から、配当金や利子の源泉課税を減じたものである。

外国援助

　外国援助は、3つのカテゴリーに分けられる。即ち贈与（grant）（軍事物資と軍事サービスの供与とその他の贈与）、借款（credit）およびその他の援助（other assistance）（農産品の販売額からの外貨積立て等）の3つである。贈与は、代償を求めない移転（贈与によって創出される外貨である見返り資金（counterpart fund）は例外）および合衆国と共通の目的を達成するために合衆国と受取国側双方の義務を含む移転を指す。借款は、一定の期間と利子を伴う協定に基づく貸付または移転を指している。贈与や借款から発生する合衆国政府へのリターン（合衆国への贈与、贈与から生ずる収益、および元本の返済）は全てネットベースで表示されるが、利子または手数料の贈与のリターンとは見なされない。「その他の援助」は、合衆国農産物の移転の見返りとしての外貨貸付け（公法87-128号は、借款の元本と利子支払いに対

する請求権を伴う農産物輸出プログラムに拡張された）である。これをネットベースで表示するために贈与・借款、購入品の政府通過立替勘定等に相当するものがあれば差引きする。援助受取国の純受取額は、贈与と借款に加えて農業プログラムによる純資産移転を含んでいる。

1952年には、これらの経済的、技術的、軍事的援助プログラムは相互安全保障法（Mutual Security Act）によって統合され、さらに1961年に可決された外国援助法に引き継がれている。軍事援助の配分は、東南アジアの諸国に対しては1966年に制定された国防総省の軍事援助配分法（Appropriation Act）によって規定される。またイスラエル等の特定国に対する軍事援助プログラムは関連法令に基づいて行われている。『Foreign Grants and Credits』シリーズに報告されている外国援助法のもとでの活動に関する数値は、特定項目の報告方法、タイミング、および特定項目の扱い方の相違により、AIDの統計とは異なっている。

輸出

センサス局の輸出統計は輸出申告書（Shipper's Export Declarations）から編集したものである。これは出港時の税関への申告を集計したものである。この統計は相互安全保障プログラムに基づく輸出を含み、在外合衆国軍隊への出荷は除外している。

輸出統計の報告額は、合衆国内運賃、保険およびその他の料金を含めた取引価格である船側渡し（free alongside ship：f.a.s.）価格である。f.a.s.は、定義によって船積み費用、合衆国輸出港より先に対する海上運賃、保険料その他の輸送コストを含まない。輸出先は、各商品の輸出時に海運業者に知らされた消費地または加工地と定義されている。最終輸出先が不明のときは、海運業者が同じ形態の輸出財について知っている輸出先と同じ国に輸出されるものと想定する。

1990年1月には、合衆国は合衆国からカナダに対する輸出としてカナダの輸入統計を代用している。アメリカ・カナダ間のデータ交換の結果、合衆国はカナダへの出荷額に基づく輸出統計に対するカナダの輸入免税水準を採用している。

カナダを除く、全ての国に2,501ドル以下の出荷額に対して、データは各国の少額輸出の割合に基づく要素を使って推計されている。

1989年以前の輸出は、『Statistical Classification of Domestic and Foreign Commodities Exported from the United States』のスケジュールBに基づいている。これらの資料は、標準国際貿易分類（Standard International Trade Classification）スケジュールE（第2版）を図式化し出版されたものである。1989年以降、分類は国際貿易分類（第3版）と一致する調和システム（Harmonized System）スケジュールBに基づいている。この改訂は1989年以降のほとんどの輸出系列の比較に影響を与えた。

輸入

センサス局は、輸入通関統計からの輸入データを編集している。本章では、輸入額データは2種類の価格評価を用いて表示されている。運賃保険料込み価格（c.i.f.）および事前通関申告価格（改正されている1930年関税法の定めによる合衆国税関当局の評価額に基づく）である。この評価額は、主として実際の価格を把握しにくい輸入品に適用された。原産国は、商品が栽培、採掘または製造された国と定義される。もし原産国が不明の場合は、船積みされた国を原産国とみなす。

輸入は、「一般輸入」（general imports）と「消費用輸入」（imports for consumption）に分類される。一般輸入は、直ちに消費されるもの、保税倉庫へ入るものおよび自由貿易地区へ入るものの混合を指す。したがって、一般輸入は全輸入数量（または金額）に等しい概念である。消費用輸入は消費するための輸入、合衆国内自由貿易加工区からの通関の合計である。即ち消費のための輸入は合衆国の消費流通経路への輸入の合計である。

1989年以降、資料は国際貿易分類（第3版）と一致する『Harmonized Tariff Schedule of the United States』に基づいている。この改訂は、1989年以降のほとんどの輸入系列の比較に影響を与えた。

対象地域

明記されている場合を除いて、輸出入貿易統計の対象地域は、合衆国関税地域（50州、コロンビ

ア特別区、プエルトリコ)、米領バージン諸島(1981年1月以降) および合衆国自由貿易加工区 (1982年7月以降) である。1980年のサマリー表および輸入総額は、可能な限り米領バージン諸島と外国との貿易を含むように改定されている。

統計的信頼度

センサス局のデータの統計収集、推計、標本抽出、統計的信頼度については、付録IIIを参照。

歴史統計

各表の見出しは『アメリカ歴史統計、植民地時代〜1970年』に対応している。クロスリファレンスについては、付録Iを参照。

No.1286. 合衆国の外国貿易——取引形態別：1990－2010年

[単位：100万ドル（706,975は7,069億7,500万ドルを示す。マイナス（ー）は負債を示す。『アメリカ歴史統計Ⅱ』系列U1-25も参照]

取引形態[1]	1990	1995	2000	2003	2004	2005	2006	2007	2008	2009	2010
財・サービスの輸出および所得収入	706,975	1,004,631	1,425,260	1,345,930	1,578,939	1,824,780	2,144,443	2,488,394	2,656,585	2,174,533	2,500,817
財・サービスの輸出	535,233	794,387	1,072,782	1,023,519	1,163,146	1,287,441	1,459,823	1,654,561	1,842,682	1,575,037	1,837,577
財・国際収支ベース[2]	387,401	575,204	784,781	729,816	821,986	911,686	1,039,406	1,163,957	1,307,499	1,069,491	1,288,699
サービス[3]	147,832	219,183	288,002	293,703	341,160	375,755	420,417	490,604	535,183	505,547	548,878
合衆国の軍事売買契約に基づく移転[4]	9,932	14,643	6,210	5,918	8,751	12,082	15,587	17,091	14,711	16,611	17,483
旅行	43,007	63,395	82,891	65,159	75,465	82,160	86,187	97,355	110,423	94,191	103,505
乗客運賃	15,298	18,909	20,197	15,091	17,932	20,609	21,638	25,187	30,957	26,103	30,931
その他の輸送	22,042	26,081	25,562	26,354	29,791	32,013	35,824	40,638	44,016	35,533	39,936
ロイヤリティ・ライセンス料[5]	16,634	30,289	51,808	56,813	67,094	74,448	83,549	97,803	102,125	97,183	105,583
その他民間サービス	40,251	65,248	100,792	123,799	141,465	153,665	176,798	211,641	232,019	234,858	250,320
アメリカ政府その他のサービス	668	818	542	567	663	778	834	890	933	1,069	1,121
所得収入	171,742	210,244	352,478	322,411	415,793	537,339	684,620	833,834	813,903	599,495	663,240
在外合衆国資産からの所得	170,570	208,065	348,083	317,740	411,059	532,542	679,608	828,732	808,721	594,319	657,963
直接投資	65,973	95,260	151,833	186,417	250,606	294,538	324,816	370,758	413,739	356,203	432,000
その他の民間受取	94,072	108,092	192,398	126,529	157,313	235,120	352,122	455,436	389,881	233,324	224,469
合衆国政府の受取	10,525	4,713	3,846	4,794	3,140	2,884	2,670	2,538	5,101	4,792	1,494
従業員報酬	1,172	2,179	4,395	4,671	4,734	4,796	5,012	5,102	5,182	5,176	5,278
財・サービスの輸入および支払	-759,290	-1,080,124	-1,782,832	-1,793,223	-2,119,214	-2,464,813	-2,853,549	-3,083,637	-3,207,834	-2,427,804	-2,835,620
財・サービスの輸入	-616,097	-890,771	-1,449,532	-1,514,503	-1,768,502	-1,996,065	-2,213,111	-2,351,288	-2,541,020	-1,956,310	-2,337,604
財・国際収支ベース[2]	-498,438	-749,374	-1,230,568	-1,270,225	-1,485,492	-1,692,416	-1,875,095	-1,982,843	-2,137,608	-1,575,400	-1,934,555
サービス[3]	-117,659	-141,397	-218,964	-244,278	-283,010	-303,649	-338,016	-368,446	-403,413	-380,909	-403,048
直接国防支出	-17,531	-10,043	-12,698	-22,978	-26,110	-27,676	-27,330	-27,917	-28,311	-30,474	-30,391
旅行	-37,349	-44,916	-65,366	-58,311	-66,738	-69,930	-72,959	-77,127	-80,494	-74,118	-75,507
乗客運賃	-10,531	-14,663	-23,613	-20,125	-23,730	-25,189	-26,646	-27,681	-31,841	-25,137	-27,279
その他の輸送	-24,966	-27,034	-37,209	-40,619	-48,945	-54,212	-55,320	-55,773	-56,696	-42,591	-51,202
ロイヤリティ・ライセンス料[5]	-3,135	-6,919	-16,606	-19,259	-23,691	-25,577	-25,038	-26,479	-29,623	-29,849	-33,450
その他民間サービス	-22,229	-35,199	-61,085	-80,300	-90,622	-97,720	-127,308	-149,848	-172,543	-174,325	-180,598
アメリカ政府その他のサービス	-1,919	-2,623	-2,386	-2,686	-3,175	-3,345	-3,415	-3,621	-3,905	-4,415	-4,621
支払	-143,192	-189,353	-333,300	-278,721	-350,712	-468,748	-640,438	-732,349	-666,814	-471,494	-498,016
在合衆国外国資産の所得	-139,728	-183,090	-322,345	-266,743	-337,691	-453,800	-624,912	-717,623	-650,880	-457,261	-483,504
直接投資	-3,450	-30,318	-56,910	-73,750	-99,754	-121,333	-150,770	-126,174	-129,447	-94,025	-151,361
その他の民間支払い	-95,508	-97,149	-180,918	-119,051	-155,266	-228,408	-338,897	-426,796	-354,609	-218,881	-196,004
合衆国政府の支払い	-40,770	-55,623	-84,517	-73,942	-82,671	-104,059	-135,245	-164,653	-166,824	-144,355	-136,139
従業員報酬	-3,464	-6,263	-10,955	-11,978	-13,021	-14,948	-15,526	-14,725	-15,934	-14,233	-14,512
片務的経常移転（純）………	-26,654	-38,074	-58,767	-71,796	-88,243	-105,741	-91,515	-115,061	-125,885	-123,280	-136,095
合衆国政府の援助（贈与）[4]	-10,359	-11,190	-16,836	-22,175	-23,704	-33,615	-27,767	-34,567	-36,461	-42,221	-44,717
合衆国政府の年金送金	-3,224	-3,451	-4,705	-5,341	-6,264	-6,303	-6,508	-7,323	-8,390	-8,874	-10,365
民間の送金、その他の取引[6]	-13,070	-23,433	-37,226	-44,280	-58,275	-65,822	-57,240	-73,170	-81,034	-72,185	-81,013

本表末尾の脚注を参照

No.1286. 合衆国の外国貿易——取引形態別：1990—2010年（続）

[792頁の頭注参照]

取引形態[1]	1990	1995	2000	2003	2004	2005	2006	2007	2008	2009	2010
資本勘定取引、純額	-7,220	-222	-1	-1,821	3,049	13,116	-1,788	384	6,010	-140	-152
合衆国の海外保有資産（金融デリバティブを除く）（増加/流出（−））	-81,234	-352,264	-560,523	-325,424	-1,000,870	-546,631	-1,285,729	-1,453,604	332,109	-139,330	-1,005,182
合衆国政府の在外資産（純）	-2,158	-9,742	-290	1,523	2,805	14,096	2,374	-122	-4,848	-52,256	-1,834
特別引出権	-192	-808	-722	601	-398	4,511	-223	-154	-106	-48,230	-31
IMFにおけるリザーブポジション	731	-2,466	2,308	1,494	3,826	10,200	3,331	1,021	-1,269	-669	-1,293
外国通貨	-2,697	-6,468	-1,876	-572	-623	-615	-734	-989	-3,473	-3,357	-510
政府保有の在外資産以外のその他の合衆国政府保有資産	2,317	-984	-941	537	1,710	5,539	5,346	-22,273	-529,615	541,342	7,540
合衆国対外債務およびその他長期明資産	-8,410	-4,859	-5,182	-7,279	-3,044	-2,255	-2,992	-2,475	-2,202	-4,069	-4,976
合衆国保有の外国通貨および合衆国短期明資産の償還[7]	10,856	4,125	4,265	7,981	4,716	5,603	8,329	4,104	2,354	2,133	2,408
他項目に含まれない合衆国の銀行の対外長期明資産	-130	-250	-24	-165	38	2,191	9	-23,902	-529,766	543,278	10,108
合衆国民間投資	-81,393	-341,538	-559,292	-327,484	-1,005,385	-566,266	-1,293,449	-1,431,289	866,571	-628,417	-1,010,888
対外直接投資	-37,183	-98,750	-159,212	-149,564	-316,223	-36,235	-244,922	-414,039	-329,081	-303,606	-351,350
外国証券	-28,765	-122,394	-127,908	-146,722	-170,549	-251,199	-365,129	-366,512	197,347	-226,813	-151,916
合衆国非銀行系金融機関の外国人に対する合衆国の債券	-27,824	-45,286	-138,790	-18,184	-152,566	-71,207	-181,299	-928	456,177	144,867	7,421
他項目に含まれない合衆国の銀行の対外債権	12,379	-75,108	-133,382	-13,014	-366,047	-207,625	-502,099	-649,730	542,128	-242,865	-515,043
在合衆国の外国資産（純）（増加または資本流入（+））	139,357	435,102	1,038,224	858,303	1,533,201	1,247,347	2,065,169	2,064,642	431,406	335,793	1,245,736
在合衆国の外国政府資産	33,910	109,880	42,758	278,069	397,755	259,268	487,939	481,043	554,634	480,237	349,754
合衆国国債務債券	29,576	68,977	-5,199	184,931	273,279	112,841	208,564	98,432	548,653	569,893	397,797
その他	667	3,735	40,909	39,943	41,662	100,493	219,837	171,465	42,728	-132,569	-80,817
その他の合衆国政府の負債	1,868	-105	-1,825	-723	-134	-421	2,816	5,436	9,029	58,582	12,124
その他の合衆国政府の負債	3,385	34,008	5,746	48,643	69,245	26,260	22,365	109,019	-149,676	-68,873	-9,375
その他の外国政府資産	-1,586	3,265	3,127	5,275	13,703	20,095	34,357	96,691	103,900	53,604	30,025
その他の在合衆国の外国資産	105,447	325,222	995,466	580,234	1,135,446	988,079	1,577,230	1,583,599	-123,228	144,444	895,982
合衆国における直接投資	48,494	57,776	321,274	63,750	145,966	112,638	243,151	221,166	310,092	158,581	236,226
合衆国財務省証券	-2,534	91,544	-69,983	91,455	93,608	132,300	-58,229	66,845	162,944	-14,937	256,428
財務省証券以外の政府債	1,592	77,249	459,889	220,705	381,493	450,386	683,245	605,414	165,639	3,955	120,453
合衆国通貨フロー	16,586	8,840	-3,357	10,591	13,301	8,447	2,227	-10,675	29,187	12,632	28,319
合衆国のノンバンクによる合衆国への負債	45,133	59,637	170,672	96,526	165,872	69,572	244,793	183,221	-31,475	12,404	77,456
合衆国銀行の個人への負債	-3,824	30,176	116,971	97,207	335,206	214,736	462,043	517,628	-428,337	-317,079	177,100
金融デリバティブ、計	(NA)	(NA)	(NA)	(NA)	(NA)	(NA)	29,710	6,222	-32,947	49,456	13,735
統計上のエラー一致	28,066	30,951	-61,361	-11,969	93,138	31,942	-6,742	92,660	-59,443	130,773	216,761
商品貿易収支	-111,037	-174,170	-445,787	-540,409	-663,507	-780,730	-835,689	-818,886	-830,109	-505,910	-645,857
サービス収支	30,173	77,786	69,038	49,425	58,150	72,106	82,402	122,158	131,770	124,637	145,830
商品貿易およびサービス収支	-80,864	-96,384	-376,749	-490,984	-605,356	-708,624	-753,288	-696,728	-698,338	-381,272	-500,027
所得収支	28,550	20,891	19,178	43,691	65,081	68,591	44,182	147,089	131,770	128,101	165,224
片務的移転収支	-26,654	-38,074	-58,767	-71,796	-88,243	-105,741	-91,515	-115,061	-125,885	-123,280	-136,095
経常収支	-78,968	-113,567	-416,338	-519,089	-628,519	-745,774	-800,621	-710,303	-677,135	-376,551	-470,898

NA データなし　1. 信用上財・サービスが財の輸出＋所得収入・合衆国への片務的移転収入・外国への金融流入（合衆国保有資産の増加（合衆国の負債）または合衆国保有資産の減少（合衆国請求））；負債＝財・サービスの輸入支払・所得支払・外国への片務的移転支払・資本勘定収支（外国保有資産の減少）または合衆国保有資産の増加（合衆国請求）。 2. センサスベースの財の国際収支ベースの財への換算するための様々な方法についての表2の脚注を参照。この調整は、カバレッジの改善、重複の除去、財のデータを国内で国際会計基準に合わせての統合するために行われる。 3. 主としてライン5と22の軍事設備および消費財のデータでは、これらは資料に他のものと合算することはできない。1999年の統計以降、ライン5は、合衆国の対外軍事販売プログラムの下で行われる財とサービスの下に輸出されるライン22はグロスベースで示される。 5. 1982年以降、合衆国軍会機関による贈与プログラムの下で支払われた財とサービスの移転を含む 6.「その他の移転」の中に、合衆国開居住者が合衆国政府に支払った額を除外し、それらの額がわからないようにした。 4. 合衆国政府社が記の海外子会社が外国政府社に支払った税額、およびその非居住者が合衆国政府に支払った税額を含んでいる　7. 外国債への外国人への販売を含む

資料：U.S. Bureau of Economic Analysis, Survey of Current Business (2011年7月); <http://www.bea.gov/scb/index.htm> も参照

第28章　外国貿易・援助　793

図28.1
合衆国の財・サービス貿易：2005－2010年

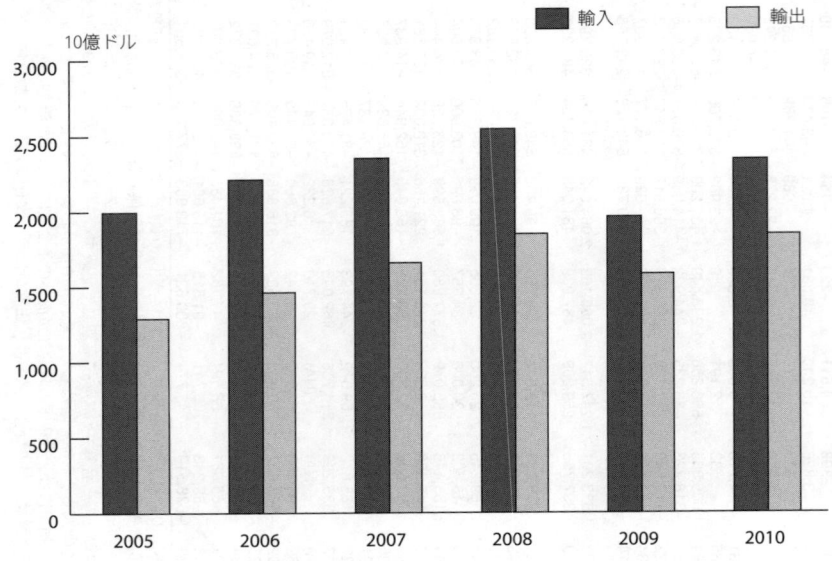

資料：図の作成はセンサス局。データについては表No.1300を参照

図28.2
合衆国の貿易相手国――輸入、輸出：2010年

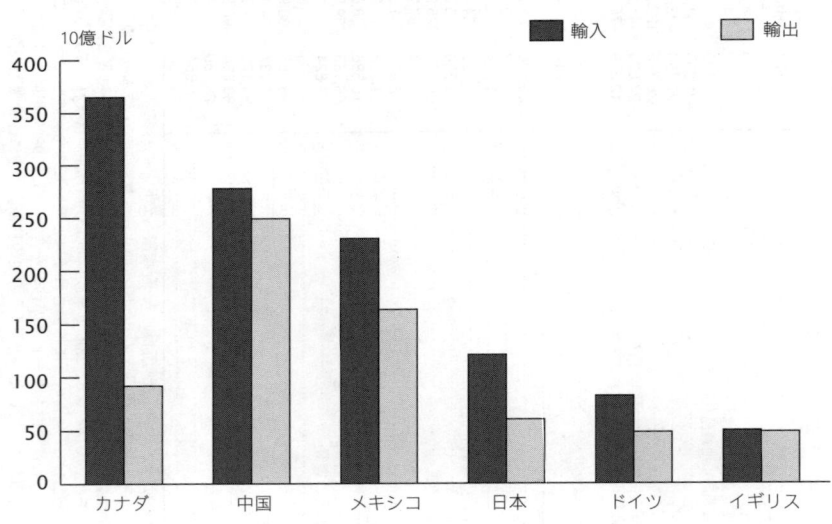

資料：図の作成はセンサス局。データについては表No.1307を参照

No.1287. 合衆国の貿易収支——地域・主要国別：2009、2010年

[単位：100万ドル（−505,910は−5059億1000万ドルを表す）。マイナス（−）は負債を示す]

地域・国	2009, 国際取引収支 商品貿易収支[1]	サービス貿易収支	所得収支	経常収支	2010, 国際取引収支 商品貿易収支[1]	サービス貿易収支	所得収支	経常収支
全地域	−505,910	124,637	128,001	−376,551	−645,857	145,830	165,224	−470,898
ヨーロッパ	−69,203	38,144	63,475	23,270	−95,829	35,720	57,086	−13,468
ヨーロッパ連合	−58,165	35,115	53,709	27,588	−79,724	31,783	42,348	−10,701
ユーロ地域[2]	−48,951	21,138	58,399	26,908	−66,240	19,891	52,138	2,102
ドイツ	−27,736	−7,026	−3,236	−38,501	−34,328	−6,217	−6,696	−46,804
イタリア	−14,259	496	3,246	−10,869	−14,382	299	356	−14,083
オランダ	16,518	5,823	39,073	61,039	15,740	4,601	41,007	60,093
イギリス	−954	10,451	−3,415	7,245	−1,672	8,030	−7,532	−1,418
カナダ	−21,718	20,102	16,201	11,662	−31,719	24,639	25,643	15,570
ラテンアメリカおよびその他の西半球諸国	−49,422	12,595	54,247	−10,358	−62,263	20,579	69,179	−4,095
メキシコ	−50,711	9,391	−3,277	−57,358	−69,322	10,227	−134	−72,159
ベネズエラ	−18,812	4,388	2,994	−11,436	−22,178	4,277	1,870	−16,124
アジア、太平洋	−312,062	45,254	−42,944	−338,601	−371,829	56,236	−31,879	−381,118
オーストラリア	11,479	6,664	6,671	24,916	12,980	7,693	9,504	29,626
中国[3]	−227,164	7,781	−41,355	−263,548	−273,038	11,140	−35,394	−300,344
香港	18,045	−136	926	18,672	22,771	−1,054	1,345	22,966
インド	−4,856	−2,512	2,286	−9,566	−10,346	−3,309	3,503	−14,918
日本[4]	−44,817	17,443	−22,637	−50,588	−61,359	19,219	−32,563	−75,692
韓国	−10,215	4,513	1,449	−5,309	−9,739	4,742	1,033	−4,991
シンガポール	6,331	3,660	6,313	16,263	10,657	6,053	13,476	30,119
台湾[3]	−9,335	1,573	−4,169	−12,424	−9,204	3,158	−3,755	−10,349
中東	−15,581	2,732	−3,368	−28,427	−27,371	3,430	2,294	−32,255
アフリカ	−37,923	3,744	5,388	−42,008	−56,846	4,079	7,810	−59,235
国際機関、および分類不能	(X)	2,067	35,003	7,911	(X)	1,146	35,090	3,705

X 該当なし　1．国際収支勘定ベースに調整済み、合衆国軍用売買契約に基づく輸出および直接防衛支出予算に基づく輸入を除く　2．表No.1354の脚注3を参照　3．表No.1332の脚注4を参照　4．琉球諸島を含む

資料：U.S. Bureau of Economic Analysis, *Survey of Current Business* (2011年7月); <http://www.bea.gov/scb/index.htm> も参照

No.1288. 民間サービス貿易——サービスの種類別、国別：2000−2010年

[単位：100万ドル（281,249は2812億4900万ドルを表す）。表No.1286を参照。本書前年版の表No.1287も参照]

サービス種類および国	輸出 2000	2005	2009	2010	輸入 2000	2005	2009	2010
民間サービス、計	281,249	362,895	487,867	530,274	203,880	272,627	346,020	368,036
サービスの種類								
旅行	82,891	82,160	94,191	103,505	65,366	69,930	74,118	75,507
旅客運賃	20,197	20,609	26,103	30,931	23,613	25,189	25,137	27,279
その他輸送	25,562	32,013	35,533	39,936	37,209	54,212	42,591	51,202
貨物	12,791	16,261	17,466	19,768	27,885	44,193	29,795	37,915
港湾サービス	12,771	15,752	18,067	20,168	9,324	10,019	12,797	13,288
ロイヤリティおよびライセンス料	51,808	74,448	97,183	105,583	16,606	25,577	29,849	33,450
その他民間サービス	100,792	153,665	234,858	250,320	61,085	97,720	174,325	180,598
種類別[1]								
教育	10,348	14,021	19,948	21,291	2,032	3,992	5,357	5,677
金融	(NA)	(NA)	62,444	66,387	(NA)	(NA)	13,597	13,803
保険	3,631	7,566	14,427	14,605	11,284	28,710	63,614	61,767
地域および国								
ヨーロッパ	106,296	150,571	198,729	200,616	88,741	120,254	147,560	151,769
ヨーロッパ連合	93,103	131,216	170,096	169,098	76,840	103,436	123,124	125,399
ユーロ地域	56,036	76,089	106,952	106,113	45,039	59,599	74,686	75,262
ベルギー	2,591	3,184	3,653	3,777	2,039	2,169	3,275	3,713
ルクセンブルク	6,83	1,568	2,899	3,841	289	504	839	957
フランス	10,474	12,646	16,150	15,843	10,498	11,931	14,575	15,067
ドイツ	15,595	20,449	24,089	24,118	12,240	18,512	23,040	22,476
イタリア	5,403	7,031	8,307	8,349	5,059	5,973	6,400	6,666
オランダ	6,975	8,481	13,212	12,874	5,559	7,450	7,346	8,215
イギリス	31,706	44,793	49,067	48,535	27,869	34,736	37,920	39,652
カナダ	24,613	32,719	42,644	50,521	17,875	21,977	22,295	25,579
ラテンアメリカおよびその他の西半球諸国	55,633	63,355	95,949	105,723	37,607	51,062	83,183	85,460
メキシコ	15,532	22,192	23,080	24,110	10,780	14,177	13,538	13,730
アジア、太平洋	77,560	95,946	122,165	143,069	49,620	65,091	77,352	87,558
オーストラリア	5,541	7,558	12,024	13,168	3,412	4,583	5,352	5,600
中国[2]	5,020	8,403	15,971	21,135	3,171	6,146	8,161	9,967
インド	2,563	5,081	9,831	10,319	1,887	4,964	12,359	13,661
日本	32,843	40,517	40,049	44,750	16,387	20,483	20,990	23,541
韓国	6,924	9,565	12,758	15,105	4,587	5,875	6,384	7,756
台湾[2]	4,616	5,795	6,459	9,292	4,154	6,415	5,125	6,330
中東	6,753	8,939	15,541	16,903	3,380	5,239	8,596	9,329
アフリカ	4,997	6,247	10,578	11,208	2,708	3,919	6,766	7,104
南アフリカ	1,483	1,553	2,347	2,476	805	923	1,481	1,714
国際機関および分類不能	5,396	5,117	2,260	2,231	3,949	5,085	268	1,237

NA データなし　1．サービスの分類における、ロイヤリティやライセンス、および「その他の民間サービス」には、系列会社間の取引と系列会社外との取引が含まれる。同様の項目についての時系列推計値では系列会社外との取引のみが含まれる。データは表No.3bに掲載　2．表No.1332の脚注4を参照

資料：U.S. Bureau of Economic Analysis, *Survey of Current Business* (2011年7月); <http://www.bea.gov/scb/index.htm> も参照

No.1289. 国際投資ポジション――投資形態別：2000－2010年

[単位：10億ドル（－1,337は－1兆3370億ドルを表す）。年度末の推計値。基礎データの性質からかなりの誤差を含む可能性がある。特に指定がない場合は時価手法。現在原価会計法と市場価値についての情報は資料参照。『アメリカ歴史統計』系列U26-39も参照]

投資形態	2000	2005	2006	2007	2008	2009	2010, 暫定値
合衆国の純国際投資ポジション	-1,337	-1,932	-2,192	-1,796	-3,260	-2,396	-2,471
金融デリバティブ（純）[1]	(X)	58	60	71	160	135	110
純国際投資ポジション（金融デリバティブを除く）	-1,337	-1,990	-2,251	-1,867	-3,420	-2,531	-2,581
在外合衆国資産	6,239	11,962	14,428	18,400	19,465	18,487	20,315
金融デリバティブ、時価会計における総資産価値[1]	(X)	1,190	1,239	2,559	6,127	3,501	3,653
米国所有の外国資産（金融デリバティブを除く）	6,239	10,772	13,189	15,840	13,337	14,986	16,662
合衆国政府保有資産	128	188	220	277	294	404	489
金[2]	72	134	165	218	227	284	368
SDR（特別引出権）	11	8	9	9	9	58	57
IMFリザーブ・ポジション	15	8	5	4	8	11	12
外貨	31	38	41	45	49	50	52
その他合衆国資産（政府保有を除く）	85	78	72	94	624	83	75
合衆国債権、長期資産[3]	83	77	72	70	70	72	74
合衆国保有外貨および短期資産[4]	3	1	1	24	554	11	1
合衆国民間資産	6,025	10,506	12,897	15,469	12,419	14,500	16,099
直接投資、時価	1,532	2,652	2,948	3,553	3,749	4,068	4,429
外国証券	2,426	4,329	5,604	6,835	3,986	5,566	6,223
債券	573	1,012	1,276	1,587	1,237	1,570	1,737
株式	1,853	3,318	4,329	5,248	2,748	3,995	4,486
外国人に対する合衆国の債券	837	1,018	1,184	1,233	931	862	874
合衆国銀行の債券	1,232	2,507	3,160	3,847	3,754	4,005	4,573
在合衆国の外国資産	7,576	13,894	16,620	20,196	22,725	20,883	22,786
金融デリバティブ、時価会計における総損失[1]	(X)	1,132	1,179	2,488	5,968	3,366	3,542
外国所有の合衆国内資産（金融デリバティブを除く）	7,576	12,762	15,441	17,708	16,757	17,517	19,244
在合衆国の外国政府資産	1,037	2,313	2,833	3,412	3,944	4,403	4,864
合衆国政府証券	756	1,725	2,167	2,540	3,264	3,589	3,957
財務省証券	640	1,341	1,558	1,737	2,401	2,880	3,321
その他	116	385	609	803	864	709	637
その他、合衆国政府負債	26	23	26	32	41	99	110
合衆国銀行の負債	153	297	297	406	256	187	178
その他外国政府資産	102	269	343	434	383	528	618
在合衆国その他外国資産	6,539	10,448	12,608	14,296	12,813	13,115	14,380
直接投資、時価	1,421	1,906	2,154	2,346	2,397	2,442	2,659
財務省証券	382	644	568	640	852	792	1,065
財務省債券を除く合衆国の債務	2,623	4,353	5,372	6,190	4,621	5,320	5,860
社債等債券	1,069	2,243	2,825	3,289	2,771	2,826	2,868
株式	1,554	2,110	2,547	2,901	1,850	2,494	2,992
合衆国通貨	205	280	283	272	301	314	342
外国人に対する合衆国政府の負債	739	658	799	863	741	707	748
合衆国銀行の負債	1,169	2,607	3,431	3,985	3,901	3,540	3,707
メモ：							
対外直接投資、市場価値	2,694	3,638	4,470	5,275	3,102	4,331	4,843
対米直接投資、市場価値	2,783	2,818	3,293	3,551	2,486	3,027	3,451

X　データなし　1．2005年に財務省が金融デリバティブのデータを導入したため、それ以前のデータと比較できない　2．合衆国政府の金の在庫は市場価格による　3．国際金融機関への払い込み済資本および外国援助プログラムの下で提供される数年間のうちに返済が必要となる資金を含む。利子支払のない第1次世界大戦の負債を除く　4．2007年以降、連邦準備基金と外国の中央銀行の間の通貨スワップ契約により取得した外貨建て資産を含む

資料：U.S. Bureau of Economic Analysis, *Survey of Current Business* (2011年7月)；<http://www.bea.gov/scb/index.htm> も参照

No.1290. 合衆国の保有資産：1990－2010年

[単位：10億ドル（83.3は833億ドルを表す）。暦年末現在。特別に示す場合を除く]

資産形態	1990	2000	2004	2005	2006	2007	2008	2009	2010
計	83.3	67.6	86.8	65.1	65.9	70.6	77.6	130.8	132.4
金ストック	11.1	11.0	11.0	11.0	11.0	11.0	11.0	11.0	11.0
SDR（特別引出権）	11.0	10.5	13.6	8.2	8.9	9.5	9.3	57.8	56.9
外貨	52.2	31.2	42.7	37.8	40.9	45.8	49.6	50.5	52.1
IMF[1] リザーブ・ポジション	9.1	14.8	19.5	8.0	5.0	4.2	7.7	11.4	12.5

1．国際通貨基金
資料：U.S. Department of the Treasury, *Treasury Bulletin*（季刊）；<http://www.fms.treas.gov/bulletin/index.html> を参照

No.1291. 取得原価基準での対合衆国外国直接投資ポジション──国別・産業別：2010年 投資額：2000－2010年

[単位：100万ドル（1,256,867は1兆2568億6700万ドルを表す）。外国直接投資は、外国の実体（ここでは実体とは「人」の同義語であり、個人、支店、共同経営、連合、信託、企業、または政府を含む広範な法律的意味を持つ）が直接、間接的に、合衆国の事業体の議決権の10％以上を所有またはコントロールしているものと定義される。外国企業の合衆国内の系列会社に関する調査に基づく。本書前年版の表No.1290も参照]

国	2000	2005	2008	2009	2010 計[1]	製造業	卸売業	金融および保険[2]
全世界	1,256,867	1,634,121	2,046,662	2,114,501	2,342,829	748,279	330,889	356,781
カナダ	114,309	165,667	168,746	202,303	206,139	35,728	5,491	65,214
ヨーロッパ[3]	887,074	1,154,048	1,477,896	1,516,268	1,697,196	585,004	189,346	284,260
オーストリア	3,007	2,425	4,251	4,455	4,353	2,234	418	2
ベルギー	14,787	10,024	23,379	37,820	43,236	20,662	7,151	(D)
デンマーク	4,025	6,117	5,537	6,383	9,285	3,027	(D)	1
フィンランド	8,875	5,938	7,613	7,293	6,558	4,241	1,775	(Z)
フランス	125,740	184,260	141,922	157,921	184,762	71,286	18,827	22,469
ドイツ	122,412	177,176	173,843	191,461	212,915	69,222	16,601	41,631
アイルランド	25,523	17,465	21,270	24,217	30,583	18,382	(D)	5,429
イタリア	6,576	7,725	19,466	14,979	15,689	6,844	1,254	(D)
ルクセンブルク	58,930	79,680	130,020	146,580	181,203	65,996	4,586	42,315
オランダ	138,894	156,602	179,938	199,906	217,050	78,003	24,638	47,849
ノルウェー	2,665	9,810	11,511	9,951	10,356	445	4,855	91
スペイン	5,068	7,472	30,037	38,812	40,723	4,592	55	2,437
スウェーデン	21,991	22,269	32,578	35,598	40,758	25,386	10,602	142
スイス	64,719	133,387	157,121	140,745	192,231	85,074	11,799	45,348
イギリス	277,613	371,350	447,529	416,139	432,488	93,705	82,168	73,662
その他	6,188	32,348	91,878	84,008	75,006	35,906	(D)	29
ラテンアメリカおよび西半球諸国[3]	53,691	57,175	56,538	48,300	60,074	15,454	6,649	−17,868
南米、中米[3]	13,384	22,507	13,581	14,699	19,206	7,357	2,119	548
ブラジル	882	2,051	16	−1,651	1,093	−1,003	1,169	(D)
メキシコ	7,462	3,595	8,420	11,492	12,591	4,937	832	(D)
パナマ	3,819	10,983	916	1,101	1,485	632	−39	7
ベネズエラ	792	5,292	2,402	2,599	2,857	(D)	−3	2
その他西半球諸国[3]	40,307	34,668	42,957	33,601	40,869	8,097	4,529	−18,416
バミューダ	18,336	2,147	13,703	2,175	5,142	3,131	(D)	−19,757
オランダ領アンティル	3,807	5,531	6,351	8,024	3,680	(D)	291	32
英領カリブ諸国	15,191	23,063	27,799	25,120	31,150	4,424	3,335	1,283
その他	1,719	3,277	−5,132	−2,411	768	(D)	462	30
アフリカ	2,700	2,341	1,817	1,205	2,010	135	530	−7
中東[3]	6,506	8,306	16,233	16,949	15,407	3,536	6,013	(D)
イスラエル	3,012	4,231	6,752	7,109	7,231	3,582	485	(D)
サウジアラビア	(D)	(D)	(D)	(D)	(D)	−55	(D)	(Z)
アジアおよび太平洋諸国[3]	192,647	246,585	325,431	329,475	362,003	108,421	122,860	(D)
オーストラリア	18,775	36,392	37,399	41,289	49,543	5,263	75	4,348
香港	1,493	3,467	4,217	4,172	4,272	(D)	1,538	12
インド	96	1,497	2,820	2,375	3,344	381	20	(Z)
日本	159,690	189,851	234,748	239,312	257,273	80,739	104,009	19,313
韓国	3,110	6,077	12,859	13,503	15,213	2,460	12,300	161
シンガポール	5,087	3,338	25,801	20,658	21,831	(D)	975	(D)
台湾[4]	3,174	3,731	4,462	4,516	1,817	1,935	1,674	−114

D 特定企業の情報が明らかになるため公表せず Z 500,000ドル未満 1 個別に明示しないその他の産業を含む 2 貯蓄機関を除外する 3 個別に明示しないその他の国を含む 4 表No.1332の脚注4を参照
資料：U.S. Bureau of Economic Analysis, *Survey of Current Business*（2011年7月）およびそれ以前の号。最新号およびそれ以前の号については <http://www.bea.gov/scb/index.htm> を参照

No.1292. 外国企業の合衆国内の過半数株子会社──産業別資産、売上、雇用、輸出入：2008年

[単位：100万ドル（11,671,560は11兆6715億6000万ドルを表す）。暫定値。過半所有の合衆国支社とは、外国の実体（ここでは実体とは「人」の同義語であり、個人、支店、共同経営、連合、信託、企業、または政府を含む広範な法律的意味を持つ）が直接、間接的に、合衆国の事業体の議決権の50％以上を所有またはコントロールしているもの。本書前年版の表No.1291も参照]

産業	2007 北米産業分類[1]	資産計 (100万ドル)	売上高 (100万ドル)	雇用 (1,000人)	雇用手当 (100万ドル)	総簿価プラント設備 (100万ドル)	商品輸出 (100万ドル)	商品輸入 (100万ドル)
全産業	(X)	11,671,560	3,448,568	5,593.5	408,453	1,442,375	232,413	566,925
製造業[1]	31-33	1,500,219	1,288,552	2,115.5	166,749	558,736	131,300	223,993
石油および石炭製品	324	115,965	226,817	38.1	5,216	69,207	(D)	63,080
化学製品	325	375,916	267,418	305.8	35,027	127,734	30,048	46,827
コンピュータおよび電子製品	334	99,150	60,476	164.7	11,071	20,915	13,229	12,823
輸送機器	336	245,902	219,616	420.5	29,132	88,517	26,574	54,218
卸売業	42	695,840	1,019,137	648.8	55,753	287,568	89,824	322,319
小売業	44-45	68,003	120,905	464.4	14,469	41,430	700	7,303
情報産業	51	254,337	101,672	249.1	23,517	53,351	968	644
金融および保険	52, exc.	8,111,541	494,441	407.5	56,720	75,019	(D)	(Z)
不動産業および賃貸	53	140,526	24,925	39.4	2,759	109,793	(D)	(D)
専門・科学・技術サービス	54	120,883	78,727	248.3	22,525	14,631	565	348
その他の産業	(X)	780,211	320,210	1,420.5	65,960	301,848	(D)	(D)

X データなし D 特定企業の情報保護のため非公開 Z 50万ドル未満 1 個別に明示しないその他の産業を含む
資料：U.S. Bureau of Economic Analysis, *Survey of Current Business*（2010年11月）および *Foreign Direct Investment in the United States: Operations of U.S. Affiliates of Foreign Companies*, 2008年暫定。詳細は <http://www.bea.gov/international/di1fdiop.htm>

No.1293. 対米直接投資――外国企業の子会社の資産の総帳簿価額、従業員、州別：2002－2008年

[単位：資産、プラント、設備の帳簿価格は100万ドル（1,035,916は1兆359億1600万ドルを表す）、従業員は1,000人（5,570.4は557万400人を表す）。過半数所有の合衆国支社とは、外国の実体（ここでは実体とは「人」の同義語であり、個人、支店、共同経営、連合、信託、企業、または政府を含む広範な法律的意味を持つ）が直接、間接的に、合衆国の事業体の議決権の50％以上を所有またはコントロールしているもの]

州およびその他の地域	資産、プラント、設備の総帳簿価額 (100万ドル)		従業員、計 (1,000人)		
				2008	
	2002	2007	2002 (1,000)	計 (1,000)	全企業に占める割合[1] (%)
計	1,035,916	1,283,009	5,570.4	5,593.5	4.7
アラバマ	15,520	21,965	75.1	78.4	4.8
アラスカ	30,052	34,336	12.6	12.5	5.1
アリゾナ	(D)	13,119	57.6	76.5	3.4
アーカンソー	4,872	5,041	35.7	33.3	3.3
カリフォルニア	89,193	110,214	635.3	594.1	4.6
コロラド	13,026	(D)	77.7	85.4	4.3
コネティカット	(D)	13,615	(D)	104.6	7.1
デラウェア	6,252	4,337	23.6	30.8	8.2
コロンビア特別区	5,135	5,489	17.5	15.9	3.3
フロリダ	28,993	33,647	258.3	254.0	3.8
ジョージア	(D)	(D)	191.4	179.8	5.2
ハワイ	(D)	6,167	(D)	30.6	6.1
アイダホ	2,131	2,035	12.5	17.5	3.2
イリノイ	41,862	49,207	281.5	273.3	5.3
インディアナ	27,991	(D)	133.3	141.6	5.5
アイオワ	5,776	8,406	36.6	48.2	3.7
カンザス	5,238	8,011	34.9	53.5	4.6
ケンタッキー	24,091	28,272	88.4	95.2	6.1
ルイジアナ	26,993	30,701	50.5	48.1	3.0
メーン	5,511	6,252	31.7	30.7	6.0
メリーランド	(D)	13,538	(D)	108.6	5.1
マサチューセッツ	(D)	26,272	(D)	188.9	6.4
ミシガン	(D)	22,681	(D)	150.6	4.2
ミネソタ	9,805	16,276	88.1	97.2	4.1
ミシシッピ	5,097	10,962	25.8	26.8	2.9
ミズーリ	14,484	(D)	91.5	91.3	3.8
モンタナ	1,824	3,194	5.9	7.2	2.0
ネブラスカ	1,840	(D)	18.7	25.2	3.1
ネバダ	(D)	9,681	25.9	37.3	3.3
ニューハンプシャー	(D)	5,131	(D)	40.4	7.2
ニュージャージー	30,956	38,811	230.1	230.0	6.7
ニューメキシコ	(D)	4,054	13.0	18.7	2.9
ニューヨーク	68,310	82,623	440.8	417.0	5.7
ノースカロライナ	(D)	29,553	(D)	206.7	5.9
ノースダコタ	1,100	1,461	7.4	10.1	3.4
オハイオ	32,124	42,938	214.2	231.6	5.0
オクラホマ	7,434	10,142	33.9	36.8	2.9
オレゴン	(D)	10,142	51.3	46.9	3.2
ペンシルベニア	(D)	37,822	(D)	263.5	5.1
ロードアイランド	(D)	5,350	(D)	21.3	5.1
サウスカロライナ	21,573	(D)	133.1	107.2	6.7
サウスダコタ	685	1,184	7.6	8.8	2.6
テネシー	16,795	22,467	130.7	130.6	5.4
テキサス	88,116	119,255	353.0	439.4	4.9
ユタ	10,612	6,413	32.3	32.5	3.0
バーモント	1,286	1,456	11.1	10.5	4.1
バージニア	(D)	(D)	142.2	159.7	5.2
ワシントン	(D)	22,400	84.7	91.2	3.7
ウエストバージニア	7,388	6,605	22.7	22.0	3.7
ウィスコンシン	16,103	14,520	107.1	84.3	3.4
ワイオミング	10,551	11,497	8.5	10.6	4.6
プエルトリコ	2,583	2,974	19.8	20.4	(NA)
その他の地域、海外領土	(D)	73,480	10.2	14.8	(NA)
外国	2,328	2,394	0.3	1.3	(NA)
分類不能[2]	66,341	92,253	(NA)	(NA)	(NA)

D 特定企業の情報保護のため非公開　NA データなし　X 該当なし　1. 本表のシェアを計算するために用いられた州および地域の総雇用は、民間産業の雇用から一般家庭の雇用をひいたものに等しい。民間産業の雇用データと一致させるために、プエルトリコ、「その他の合衆国領」および「外国」における合衆国支社の雇用は、シェアの計算の際には、合衆国支社の総雇用のデータから除外されている　2. 航空機、鉄道車両、衛星、海底ケーブル、州間輸送に従事するトラックなど、特定の州に属さない資産、工場、施設を含む

資料：U.S. Bureau of Economic Analysis, *Survey of Current Business* (2010年11月) および *Foreign Direct Investment in the United States: Operations of U.S. Affiliates of Foreign Companies, Preliminary 2008 Estimates*; <http://www.bea.gov/international/di1fdiop.htm> も参照

No.1294. 外国人の直接投資による合衆国企業の買収・設立——産業別、投資国別：2000-2008年

[単位：100万ドル（335,629は3356億2900万ドルを表す）。外国人の直接投資とは、合衆国企業の10％以上の議決権、あるいは非法人企業の同等の利権を、外国の個人、支店、合資会社、協会、企業合同、企業、あるいは政府が有し、所有権あるいは監査権を取得することである。データは、既存の合衆国企業の取得、既存の合衆国企業の事業の一部あるいは営業単位および新企業の設立等に要する総費用を含む。投資は外国人直接投資家により、あるいは、外国人直接投資家の既存の合衆国系列会社により間接的に行なわれる。100万ドル以上の資産あるいは合衆国の土地を200エーカー以上所有する合衆国企業に対する投資]

産業、国	2000	2003	2004	2005	2006	2007	2008,暫定値
計[1]	335,629	63,591	86,219	91,390	165,603	251,917	260,362
投資種類別：							
合衆国企業の買収	322,703	50,212	72,738	73,997	148,604	223,616	242,799
合衆国企業の設立	12,926	13,379	13,481	17,393	16,999	28,301	17,564
投資主体別：							
外国人の直接投資	105,151	27,866	34,184	40,304	44,129	88,337	47,078
合衆国内の子会社	230,478	35,725	52,035	51,086	121,474	163,580	213,284
産業[2]							
製造業	143,285	10,750	18,251	34,036	56,330	118,370	141,019
卸売業	8,561	1,086	(D)	3,489	8,273	5,631	3,977
小売業	1,672	941	3,073	1,262	1,295	6,867	2,775
情報産業	67,932	9,236	4,315	8,487	10,341	8,585	22,214
貯蓄機関	2,636	4,864	(D)	7,973	7,547	12,307	15,996
金融業(貯蓄機関を除く)							
および保険業	44,420	23,511	26,234	5,529	33,776	27,497	29,584
不動産業・レンタル・リース	4,526	2,817	6,335	8,756	12,441	17,852	3,796
専門・科学・技術的サービス業	32,332	1,955	(D)	6,407	8,923	9,018	15,167
その他	30,264	8,429	10,121	15,453	26,677	45,790	25,775
国[3]							
カナダ	28,346	9,157	31,502	13,640	12,121	38,502	25,181
ヨーロッパ[1]	249,167	39,024	43,815	56,416	106,732	132,454	157,853
フランス	26,149	2,955	6,415	5,608	18,140	14,307	16,565
ドイツ	18,452	8,830	4,788	7,239	20,514	15,831	12,823
オランダ	47,686	1,077	461	2,609	4,769	8,357	12,545
スイス	22,789	649	6,505	2,332	12,401	6,501	9,041
イギリス	110,208	20,373	23,288	30,420	26,261	56,051	19,657
ラテンアメリカおよび西半球諸国	15,400	1,607	2,629	5,042	(D)	(D)	18,259
中南米	5,334	182	1,382	980	2,273	(D)	3,551
その他西半球	10,066	1,425	1,247	4,062	(D)	1,933	14,708
アフリカ	(D)	(D)	(D)	(D)	(D)	(D)	129
中東	947	1,738	1,318	5,068	11,755	2,870	12,263
アジア太平洋[1]	40,282	11,469	6,015	10,924	15,759	34,408	44,863
オーストラリア	(D)	9,032	3,850	4,713	5,650	12,983	10,522
日本	26,044	1,544	1,027	4,245	8,350	7,928	28,041

D 個々の企業のデータ保護のため非公開　NA データなし　1. 個別に明示しないその他の国を含む　2. 1997年北米産業分類(NAICS)に基づく。2002年以降は2002年北米産業分類に基づく　3. 1人以上の投資家が参加する投資にとって、各投資家と彼らの支出は最終的受益権者のいる国に分類される

資料：U.S. Bureau of Economic Analysis, *Survey of Current Business* (2009年6月); <http://www.bea.gov/bea/index.htm> を参照

No.1295. 合衆国の対外直接投資ポジション、資本流出、所得——産業別：2000-2010年

[単位：100万ドル（1,316,247は1兆3162億4700万ドルを表す）。表No.1296の頭注を参照。本書前年版の表No.1294も参照]

産業	累積コストベースの直接投資ポジション			資本流出(流入は(-)記号で示す)			所得[1]		
	2000	2009	2010	2000	2009	2010	2000	2009	2010
全産業、計[2]	1,316,247	3,547,038	3,908,231	142,627	282,686	328,905	133,692	335,283	409,555
鉱業	72,111	163,467	175,532	2,174	17,784	12,637	13,164	24,953	29,675
製造業[2]	343,899	526,705	585,789	43,002	47,126	61,149	42,230	42,115	63,246
食品	23,497	44,780	46,441	2,014	3,166	4,669	2,681	2,907	3,558
化学工業	75,807	121,900	140,884	3,812	16,487	19,500	(D)	13,668	15,904
一次金属、組立金属製品	21,644	21,218	22,129	1,233	429	1,300	1,536	947	1,553
工業機械	22,229	39,755	43,881	2,659	3,377	3,762	2,257	2,450	4,322
コンピュータおよび電子機器	59,909	68,720	81,968	17,303	-1,350	11,175	8,860	7,008	10,833
電気設備器具	10,005	22,482	23,635	2,100	821	2,087	1,079	1,558	1,696
輸送設備	49,887	48,567	50,332	7,814	4,873	1,033	4,107	-1,114	6,638
卸売業	93,936	181,186	193,531	11,938	15,532	17,064	14,198	21,440	25,828
情報	52,345	144,562	161,723	16,531	11,680	13,137	-964	14,647	17,409
Depository institutions	40,152	121,340	133,602	-1,274	-16,399	2,194	2,191	2,350	5,933
金融、保険	217,086	761,279	802,960	21,659	49,691	13,506	15,210	41,465	40,241
専門、科学、技術	32,868	76,118	84,658	5,441	4,030	7,441	3,548	6,495	7,442
持ち株会社（ノンバンク)	(NA)	1,351,158	1,538,617	(NA)	140,858	184,277	(NA)	166,191	198,633

D 個々の企業のデータ保護のため非公開　NA データなし　1. 2006年以前の所得は源泉課税の純益によって示される。2006年の所得は源泉課税の総計によって示される　2. 個別に明示しないその他の産業を含む

資料：U.S. Bureau of Economic Analysis, *Survey of Current Business* (2011年7月); 最新号および以前の号は <http://www.bea.gov/scb/index.htm> を参照

No.1296. 取得原価基準での合衆国の対外直接投資ポジション──国別：2000－2010年

[単位：100万ドル（1,316,247は1兆3162億4700万ドルを表す）。合衆国の海外投資は、合衆国の1つの実体が、外国の事業体または非法人の外国の事業体とみなされるものの、議決権の10％以上を所有またはコントロールしているもの。マイナス（－）は合衆国の親会社の外国子会社に対する負債が、外国子会社に対する融資の持ち分より大きいことを示す。『アメリカ歴史統計』系列U41-46も参照]

国	2000	2004	2005	2006	2007	2008	2009	2010
世界、計	1,316,247	2,160,844	2,241,656	2,477,268	2,993,980	3,232,493	3,547,038	3,908,231
カナダ	132,472	214,931	231,836	205,134	250,642	246,483	266,577	296,691
ヨーロッパ[1]	687,320	1,180,130	1,210,679	1,397,704	1,682,023	1,844,182	2,005,931	2,185,898
オーストリア	2,872	9,264	11,236	14,897	14,646	13,546	15,628	16,876
ベルギー	17,973	41,840	49,306	51,862	62,491	65,279	70,697	73,526
チェコ共和国	1,228	2,444	2,729	3,615	4,066	5,053	5,355	5,909
デンマーク	5,270	6,815	6,914	5,849	8,950	10,481	9,790	9,828
フィンランド	1,342	2,208	1,950	2,107	2,202	2,012	1,988	1,472
フランス	42,628	63,359	60,526	63,920	74,179	84,409	89,249	92,820
ドイツ	55,508	79,467	100,473	93,620	100,601	107,833	110,958	105,828
ギリシャ	795	1,899	1,884	1,804	2,179	2,092	1,995	1,798
ハンガリー	1,920	3,024	2,795	2,602	6,457	3,737	3,914	4,863
アイルランド	35,903	72,907	55,173	86,372	117,708	150,131	160,232	190,478
イタリア	23,484	25,184	24,528	25,435	28,216	27,663	29,861	29,015
ルクセンブルク	27,849	83,634	79,937	125,146	144,180	172,251	206,133	274,923
オランダ	115,429	219,384	240,205	279,373	412,122	423,059	481,140	521,427
ノルウェー	4,379	8,491	8,533	9,667	12,188	24,706	27,652	33,843
ポーランド	3,884	7,256	5,575	6,934	15,614	12,489	13,455	12,684
ポルトガル	2,664	1,915	2,138	2,832	2,991	3,006	2,667	2,639
ロシア	1,147	6,088	9,363	11,371	15,029	19,777	19,945	9,880
スペイン	21,236	48,409	50,197	49,356	61,093	54,194	57,357	58,053
スウェーデン	25,959	29,730	30,153	33,857	36,615	35,876	35,846	29,444
スイス	55,377	121,790	100,692	102,022	94,675	133,222	149,772	143,627
トルコ	1,826	2,682	2,563	3,141	5,584	4,542	5,042	5,693
イギリス	230,762	330,416	351,513	406,358	426,357	448,412	458,536	508,369
ラテンアメリカおよび西半球	266,576	351,709	379,582	418,429	556,160	588,992	676,183	724,405
南アメリカ[1]	84,220	68,685	73,311	80,477	104,732	98,603	120,545	136,401
アルゼンチン	17,488	9,201	10,103	13,174	13,692	12,197	14,328	12,111
ブラジル	36,717	29,485	30,882	33,504	48,807	43,953	55,176	66,021
チリ	10,052	10,804	11,127	10,927	16,337	16,286	21,549	26,260
コロンビア	3,693	2,991	4,292	3,799	4,552	5,028	6,176	6,574
エクアドル	832	881	941	904	1,007	1,098	1,209	1,250
ペルー	3,130	4,773	5,542	5,561	5,964	4,448	5,594	7,907
ベネズエラ	10,531	9,109	8,934	10,922	12,871	13,545	14,242	13,693
中央アメリカ[1]	73,841	73,214	82,496	91,811	102,472	101,291	103,510	104,127
コスタリカ	1,716	2,687	1,598	2,105	2,267	2,414	1,712	1,651
ホンジュラス	399	755	821	864	626	809	870	1,027
メキシコ	39,352	63,384	73,687	82,965	91,046	87,443	89,419	90,304
パナマ	30,758	4,919	4,826	4,636	6,171	5,963	6,871	6,040
その他西半球諸国[1]	108,515	209,810	223,775	246,142	348,956	389,098	452,128	483,877
バハマ	3,291	11,255	13,451	13,703	16,567	23,127	28,167	31,488
バルバドス	2,141	3,249	3,881	4,831	2,136	3,154	4,068	5,710
バミューダ	60,114	100,856	113,222	133,480	211,708	207,547	254,541	264,442
ドミニカ共和国	1,143	1,028	815	789	712	806	1,105	1,344
ジャマイカ	2,483	3,551	1,018	940	801	940	708	678
オランダ領アンティル	3,579	4,712	5,607	3,924	6,483	13,314	17,036	22,935
トリニダード・トバゴ	1,550	2,577	2,219	2,940	3,916	5,109	6,323	7,653
英領カリブ	33,451	82,159	83,164	84,817	105,829	134,298	139,880	149,039
アフリカ[1]	11,891	20,356	22,756	28,158	32,607	36,744	43,575	53,522
エジプト	1,998	4,526	5,475	5,564	7,023	7,804	9,149	11,746
ナイジェリア	470	1,936	1,105	1,677	1,584	3,254	4,971	5,224
南アフリカ	3,562	3,913	3,969	3,980	5,240	4,999	6,107	6,503
中東[1]	10,863	18,963	21,115	24,206	28,444	31,294	36,257	36,573
イスラエル	3,735	6,171	7,978	9,168	9,487	9,444	9,273	9,694
サウジアラビア	3,661	3,657	3,830	4,410	5,012	5,126	8,023	8,005
アラブ首長国連邦	683	2,962	2,285	2,670	2,967	3,337	4,915	4,271
アジア、太平洋[1]	207,125	374,754	375,689	403,637	444,101	484,796	518,516	611,143
オーストラリア	34,838	(D)	75,669	67,632	84,331	92,668	109,827	133,990
中国[2]	11,140	17,616	19,016	26,459	29,710	53,927	49,799	60,452
香港	27,447	32,735	36,415	39,636	40,720	40,042	49,152	54,035
インド	2,379	7,658	7,162	9,746	14,622	18,354	20,894	27,066
インドネシア	8,904	(D)	8,603	9,484	14,978	16,273	15,645	15,502
日本	57,091	71,005	81,175	84,428	85,224	99,803	96,015	113,263
韓国	8,968	17,747	19,760	27,299	23,558	22,426	26,813	30,165
マレーシア	7,910	8,909	11,097	11,185	12,140	12,243	13,235	15,982
ニュージーランド	4,271	4,620	5,191	5,933	5,527	4,451	6,270	6,872
フィリピン	3,638	6,176	6,522	6,948	6,953	5,505	5,908	6,579
シンガポール	24,133	61,076	76,390	81,879	93,529	83,169	88,925	106,042
台湾[2]	7,836	(D)	14,356	16,999	15,807	18,053	19,237	20,977
タイ	5,824	7,499	10,352	10,642	8,992	9,162	9,776	12,701

D 個々の企業のデータ保護のため非公開　1．個別に明示しないその他の国を含む　2．表No.1332の脚注2を参照
資料：U.S. Bureau of Economic Analysis, *Survey of Current Business* (2011年7月); 最新号および以前の号は〈http://www.bea.gov/pubs.htm〉を参照

No.1297. 合衆国政府の贈与、借款供与——形態、国別：2000－2010年

[単位：100万ドル（1,500は15億ドルを表す）。本章の解説を参照。マイナス（－）記号は、補助金の返還、元本の返済および/または合衆国政府による外貨の支出が、新規の補助金・貸付金および/または農産物の新規購入を通じて得られる外貨を上回っていることを示す。『アメリカ歴史統計』系列U75-186も参照]

援助国	2000	2004	2005	2006	2007	2008	2009	2010
金融機関への投資	1,500	1,994	1,263	2,024	1,651	1,385	1,676	2,337
西ヨーロッパ[1]	429	346	327	60	182	225	253	340
アイルランド	−	50	−	30	−	34	7	14
スペイン	−19	−19	−19	−205	(Z)	(Z)	(Z)	(Z)
ユーゴスラビア[2]	1	13	4	−73	2	3	−5	−2
ボスニア・ヘルツェゴビナ	52	66	72	49	45	29	27	41
マケドニア	50	42	68	31	1	35	21	29
旧ユーゴスラビア地域[2]	63	38	66	120	45	53	168	83
その他[3] および不特定[4]	478	47	29	5	18	4	5	
東ヨーロッパ[1]	2,270	1,276	−95	266	1,089	2,010	1,644	1,490
アルバニア	26	43	54	31	43	38	32	29
ルーマニア	38	35	59	42	41	9	12	24
新しく独立した国（旧ソビエト連邦）：								
アルメニア	20	66	85	62	74	87	71	34
アゼルバイジャン	8	47	74	51	44	36	29	34
ベラルーシ	1	1	2	4	6	8	10	4
グルジア	36	113	131	85	104	421	232	67
カザフスタン	42	57	69	41	42	44	41	158
キルギスタン	15	39	60	50	26	40	44	41
モルドバ	32	27	39	26	21	53	43	19
ロシア	797	251	−681	−920	−41	403	331	223
タジキスタン	8	40	61	35	33	24	33	32
トルクメニスタン	4	1	13	3	(Z)	−9	11	9
ウクライナ	138	114	147	120	72	83	112	125
ウズベキスタン	22	53	52	23	13	11	9	5
旧ソ連地域[4]	501	372	456	470	461	508	535	485
その他[3] および不特定[4]	419	105	153	73	73	76	73	100
中近東、南アジア[1]	3,378	3,135	5,515	4,767	9,947	9,038	11,780	14,413
アフガニスタン	5	1,382	2,304	3,807	7,541	6,125	8,555	10,862
バングラデシュ	43	50	52	44	81	76	53	71
エジプト	3,139	2,689	2,827	149	1,766	1,797	1,749	1,216
ギリシャ	−149	−457	−114	−103	−74	−66	−74	−76
インド	−64	−40	−69	63	46	28	28	41
ネパール	15	37	51	58	64	64	80	57
パキスタン	366	−341	532	712	527	688	1,254	1,528
トルコ	−80	−298	−225	−191	−296	−43	−28	46
アンルワ (UNRWA)[5]	97	27	57	137	135	−	−	−
その他および不特定[3]	21	79	54	47	117	310	141	635
アフリカ[1]	1,054	2,228	2,120	1,261	3,546	4,778	6,425	7,315
アルジェリア	−53	−145	−173	−1,324	−18	−18	−11	−13
ブルンジ	3	27	6	37	18	16	32	27
カメルーン	1	2	7	10	5	6	7	11
カーボベルデ	1	4	4	9	7	28	38	2
コンゴ民主共和国 (旧ザイール)[6]	(Z)	(Z)	17	1	10	11	12	7
エチオピア	142	234	308	233	278	447	440	550
ガーナ	40	67	53	57	65	87	157	123
ギニア	19	33	36	29	15	75	31	20
ケニア	44	82	96	187	179	284	390	340
リベリア	19	50	40	61	81	261	142	135
マダガスカル	21	34	42	45	60	82	68	64
マラウイ	45	54	46	68	75	88	95	92
マリ	50	46	55	57	55	58	114	94
モザンビーク	119	105	65	98	111	152	192	146
ナイジェリア	−17	41	67	−178	123	200	211	255
ルワンダ	26	36	49	55	70	93	111	103
セネガル	27	53	40	39	40	70	73	106
ソマリア	7	16	10	33	40	168	108	35
南アフリカ	68	332	103	106	155	242	360	266
スーダン	17	120	130	390	364	529	513	521
タンザニア	15	66	65	76	114	129	207	215
ウガンダ	92	120	149	154	184	194	228	237
ザンビア	44	56	91	91	119	164	151	121
ジンバブエ	23	31	27	32	69	141	153	113
その他および不特定[4]	164	407	513	621	1,070	767	1,826	3,102
極東、太平洋[1]	551	−133	67	−93	144	696	621	865
カンボジア	23	44	58	56	61	60	66	90
香港	−15	−28	−28	−28	−28	−23	−16	−15
インドネシア	272	−157	−3	−68	−14	−84	−46	66
韓国	−132	−110	−43	−43	−40	182	−68	−67
ラオス	5	5	2	1	1	3	5	6
マレーシア	134	−45	−40	−41	−185	2	2	4
フィリピン	22	−14	−31	−25	51	143	128	133
タイ	−99	8	9	−62	1	19	8	14
太平洋諸島、信託統治領[7]	145	204	190	174	195	211	348	185
その他および不特定[4]	19	40	47	37	182	200	215	214

本表末尾の脚注を参照

No.1297. 合衆国政府の贈与、借款供与――形態、国別：2000－2010年（続）

[単位：100万ドル。801頁の頭注を参照]

援助国	2000	2004	2005	2006	2007	2008	2009	2010
西半球[1]	1,621	1,907	2,096	1,512	1,398	2,087	4,311	2,977
ボリビア	136	217	159	142	155	135	139	79
ブラジル	195	-136	-93	-344	-181	-166	-87	-303
コロンビア	33	467	598	620	771	914	1,223	642
エクアドル	14	37	60	80	73	52	60	47
エルサルバドル	27	103	51	28	42	58	100	48
グアテマラ	49	40	21	34	25	55	66	68
ハイチ	63	83	118	154	164	192	232	1,047
ホンジュラス	100	83	71	63	87	100	133	56
メキシコ	-123	14	40	30	51	52	1,277	418
ニカラグア	53	28	37	56	75	97	91	37
パナマ[8]	-13	14	8	11	6	9	7	9
ペルー	87	168	127	71	-258	128	539	188
その他[9]および不特定[4]	1,100	725	745	471	407	366	426	439
その他の国際機関および不特定の地域	2,837	3,015	4,608	4,114	4,857	5,348	7,908	8,652
中東	4,345	8,413	16,705	10,220	10,195	10,801	9,608	9,028
イラク[10]	(Z)	5,040	10,857	9,157	7,039	6,228	5,269	2,942
イスラエル	3,932	2,163	4,953	390	2,373	2,955	1,994	2,692
ヨルダン	317	801	583	463	422	643	687	802
レバノン	22	29	37	46	147	253	244	119
イエメン	16	31	25	30	40	22	31	48
ヨルダン河西岸／ガザ地区	64	171	179	128	152	474	812	687

― ゼロを示す　Z　50万ドル未満　1．個別に明示しない他の国を含む　2．1992年、旧ユーゴスラビアの後継数カ国に信用残高の一部が継承されている（残りの部分については保留）。計の数値がマイナスなのは、この継承部分についての合衆国への支払が、新規に与えられた援助や信用よりも大きいことによる　3．欧州原子力共同体、欧州石炭鉄鋼共同体、欧州支払同盟、欧州生産性本部、NATO、OECDを含む　4．近年、相当な数の外国援助が、地域、地域間、および世界全体として報告されてきている。本表に示す各国の合計は、実際の援助額より過小評価となっている場合がある　5．国連パレスチナ難民救済事業機関　6．表No.1332の脚注5を参照　7．1986年10月以降北マリアナ諸島連邦の取引は除く。ミクロネシアの州連合、マーシャル諸島、パラオ共和国における取引を含む　8．1999年12月の、パナマ運河のパナマ共和国への委譲を含む　9．アンデス開発公社、カリブ海開発銀行、米中央銀行（経済統合）、東カリブ海中央銀行、米州農業化学協会、米州機構、米州連合保健機構を含む　10．1991－96年のイラクへの海外援助は、ペルシャ湾地域の紛争後にイラク北部の少数民族に対して行われた人道援助。2003－2009年のイラクへの援助は、イラク再建および人道援助を含む

資料：U.S. Bureau of Economic Analysis, プレス・リリースおよび未刊行資料；〈http://www.bea.gov/scb/index.htm〉

No.1298. 合衆国の経済・軍事援助プログラム：1980－2009年

[単位：100万ドル（9,694は96億9400万ドルを表す）。9月30日を年度末とする。計、および各プログラムは、経済援助と軍事援助の合計を示す。近年の主要な援助は、USAID、USDA、国務省および国際金融機関に対する寄付である。年間の数値は負債額]

年、地域	海外援助、計	軍事援助	経済援助、実施機関別					
			計	国際開発局	農務省	国務省	その他の米国政府機関	国際機関
1980	9,694	2,122	7,572	4,062	1,437	459	137	1,478
1985	18,128	5,801	12,327	8,132	2,052	431	164	1,548
1990	16,015	4,971	11,044	6,964	1,643	590	377	1,469
1995	16,398	4,165	12,232	7,281	1,401	763	1,006	1,781
2000	18,101	4,876	13,224	5,907	2,567	2,486	1,154	1,110
2004	33,507	6,144	27,363	11,330	2,150	4,018	6,980	2,885
2005	37,076	7,352	29,724	10,102	2,318	5,020	10,626	1,659
2006	39,407	12,287	27,120	9,618	2,033	5,347	8,630	1,492
2007	40,857	13,203	27,655	11,414	1,835	5,634	7,038	1,733
2008	48,923	15,899	33,024	9,426	2,792	9,733	9,188	1,884
2009, 計	**44,957**	**11,010**	**33,947**	**11,763**	**2,571**	**11,391**	**5,895**	**2,327**
アジア	12,307	6,215	6,092	3,190	299	1,373	1,093	137
中央アジア	1,913	148	1,764	665	18	234	847	―
東ヨーロッパ	498	87	411	208	―	86	117	―
ラテンアメリカ、カリブ諸国	3,027	127	2,900	880	133	1,247	595	45
中東、北アフリカ	9,460	4,051	5,409	3,189	32	1,524	664	―
オセアニア	222	1	221	23	―	3	196	―
サブ-サハラ・アフリカ	10,088	260	9,828	2,155	2,042	4,175	1,303	153
西ヨーロッパ	97	5	93	41	―	16	35	―
カナダ	26	―	26	―	―	―	26	―
不特定地域	7,318	116	7,202	1,411	47	2,732	1,018	1,993

― ゼロまたは概数でゼロを示す

資料：U.S. Agency for International Development, *U.S. Overseas Loans, Grants: Obligations and Loan Authorizations* (年刊); 〈http://gbk.eads.usaidallnet.gov〉も参照

No.1299. 合衆国の経済・軍事援助——主要受取国別：2001－2009年

[単位：100万ドル（16,836は168億3600万ドルを表す）。9月30日を年度末とする。年間の数値は負債額]

受取国	2001	2005	2007	2008	2009 計	2009 経済援助	2009 軍事援助
計[1]	16,836	37,176	40,857	48,923	44,957	33,947	11,010
アフガニスタン	106	2,252	5,813	8,892	8,764	3,046	5,718
アルバニア	55	43	35	46	37	34	3
アンゴラ	88	67	49	58	55	54	1
アルメニア	92	76	81	215	63	60	3
アゼルバイジャン	29	64	56	37	48	44	4
バングラデシュ	162	84	93	171	172	171	1
ボリビア	203	162	181	128	101	101	－
ボスニア・ヘルツェゴビナ	160	47	42	37	46	42	5
ブルガリア	60	44	27	26	21	12	9
ブルンジ	35	59	38	46	63	63	1
カンボジア	45	98	75	76	83	80	4
チャド	9	63	98	127	222	222	－
コロンビア	264	824	497	888	895	839	57
コモロ	－	1	－	2	－	－	－
コンゴ（キンシャサ）[2]	99	121	150	260	349	325	23
エクアドル	65	87	66	52	46	45	1
エジプト	1,716	1,563	1,972	1,492	1,785	483	1,301
エルサルバドル	139	59	252	223	156	145	11
エリトリア	80	133	13	15	17	17	－
エチオピア	212	693	463	996	940	939	2
グルジア	97	106	97	274	622	609	13
ガーナ	70	72	431	230	175	174	1
グアテマラ	80	96	84	111	141	140	1
ハイチ	94	224	210	310	369	366	3
ホンジュラス	52	271	63	74	42	42	－
インド	222	214	161	148	133	132	1
インドネシア	195	588	236	208	226	209	17
イラク	－	9,482	7,959	7,506	2,256	2,253	3
イスラエル	2,839	2,714	2,510	2,425	2,432	52	2,380
ジャマイカ	35	66	36	22	28	26	1
ヨルダン	272	683	542	879	816	578	238
カザフスタン	47	66	105	112	91	86	5
ケニア	155	262	515	718	918	917	1
コソボ	105	43	－	207	136	133	2
リベリア	54	148	257	312	225	173	52
マケドニア	64	48	35	32	33	29	3
マダガスカル	50	89	67	119	68	68	－
マラウィ	39	84	105	103	135	135	－
マリ	48	55	381	142	222	222	－
マーシャル諸島	41	44	48	48	49	49	－
メキシコ	55	102	89	95	499	466	34
ミクロネシア連邦	82	94	100	79	108	108	－
モロッコ	42	55	82	525	244	236	8
モザンビーク	214	127	237	799	325	325	－
ナミビア	16	50	91	131	396	396	－
ネパール	51	73	81	106	89	89	1
ニカラグア	67	96	58	145	46	44	1
ナイジェリア	98	151	340	485	501	498	2
パキスタン	188	758	975	963	1,783	1,354	429
ペルー	216	191	165	159	149	148	1
フィリピン	151	167	169	161	185	155	30
ポーランド	18	93	32	31	79	49	29
ルーマニア	67	63	35	26	21	8	14
ロシア	541	1,585	1,593	1,261	479	396	83
ルワンダ	39	83	122	172	170	169	－
セネガル	41	48	72	78	144	143	1
セルビア	205	90	119	58	51	49	2
南アフリカ	70	187	399	568	571	570	1
スリランカ	28	160	44	69	90	82	8
スーダン	96	1,043	1,180	1,416	1,213	1,174	39
タジキスタン	62	64	33	70	48	47	1
タンザニア	107	137	233	1,056	377	377	－
トルコ	7	54	30	21	19	15	4
ウガンダ	95	291	366	456	474	470	4
ウクライナ	146	149	165	111	167	158	9
ウズベキスタン	60	42	17	14	12	12	－
ヨルダン河西岸・ガザ[3]	240	350	165	575	1,039	1,039	－
ザンビア	51	144	204	263	292	292	－
ジンバブエ	23	61	141	234	286	286	－

－ ゼロまたは概数でゼロを示す　1．個別に明示しない他の国を含む　2．表No.1332脚注5を参照　3．表No.1332脚注7を参照

資料：U.S. Agency for International Development, *U.S. Overseas Loans, Grants, Obligations and Loan Authorizations*（年刊）；<http://gbk.eads.usaidallnet.gov> も参照

No.1300. 合衆国の財・サービス貿易：2000－2010年

[単位：100万ドル（-376,749は-3767億4900万ドルを表す）。本表に表示したデータは貿易収支ベースであり、本章の商品貿易の表のデータとは一致しない]

種類	2000	2004	2005	2006	2007	2008	2009	2010
貿易収支								
計	-376,749	-605,357	-708,624	-753,288	-696,728	-698,338	-381,272	-500,027
財	-445,787	-663,507	-780,730	-835,689	-818,886	-830,109	-505,910	-645,857
サービス	69,038	58,150	72,106	82,401	122,158	131,770	124,637	145,830
旅行	17,525	8,727	12,230	13,228	20,228	29,929	20,073	27,998
旅客運賃	-3,416	-5,798	-4,580	-5,008	-2,494	-884	966	3,652
その他の輸送	-11,647	-19,154	-22,199	-19,496	-15,135	-12,680	-7,058	-11,266
ロイヤリティ、ライセンス料	35,202	43,403	48,871	58,511	71,324	72,502	67,334	72,133
他の民間サービス	39,707	50,843	55,945	49,490	61,793	59,476	-13,863	-163,115
その他 [1]	-6,488	-17,359	-15,594	-11,743	-10,826	-13,600	-3,346	-29,270
合衆国政府によるその他のサービス	-1,844	-2,512	-2,567	-2,581	-2,731	-2,972	-3,346	-3,500
輸出								
計	1,072,783	1,163,146	1,287,441	1,459,823	1,654,561	1,842,682	1,575,037	1,837,577
財	784,781	821,986	911,686	1,039,406	1,163,957	1,307,499	1,069,491	1,288,699
サービス	288,002	341,160	375,755	420,417	490,604	535,183	505,547	548,878
旅行	82,891	75,465	82,160	86,187	97,355	110,423	94,191	103,505
旅客運賃	20,197	17,932	20,609	21,638	25,187	30,957	26,103	30,931
その他の輸送	25,562	29,791	32,013	35,824	40,638	44,016	35,533	39,936
ロイヤリティ、ライセンス料	51,808	67,094	74,448	83,549	97,803	102,125	97,183	105,583
他の民間サービス	100,792	141,465	153,665	176,798	211,641	232,019	234,858	250,320
その他 [1]	6,210	8,751	12,082	15,587	17,091	14,711	16,611	17,483
合衆国政府によるその他のサービス	542	663	778	834	890	933	1,069	1,121
輸入								
計	1,449,532	1,768,502	1,996,065	2,213,111	2,351,289	2,541,020	1,956,310	2,337,604
財	1,230,568	1,485,492	1,692,416	1,875,095	1,982,843	2,137,608	1,575,400	1,934,555
サービス	218,964	283,010	303,649	338,016	368,446	403,413	380,909	403,048
旅行	65,366	66,738	69,930	72,959	77,127	80,494	74,118	75,507
旅客運賃	23,613	23,730	25,189	26,646	27,681	31,841	25,137	27,279
その他の輸送	37,209	48,945	54,212	55,320	55,773	56,696	42,591	51,202
ロイヤリティ、ライセンス料	16,606	23,691	25,577	25,038	26,479	29,623	29,849	33,450
他の民間サービス	61,085	90,622	97,720	127,308	149,848	172,543	174,325	180,598
その他 [1]	12,698	26,110	27,676	27,330	27,917	28,311	30,474	30,391
合衆国政府によるその他のサービス	2,386	3,175	3,345	3,415	3,621	3,905	4,415	4,621

1．輸出は米国の軍事物質販売契約、輸入は国防支出（直接支払い）

資料：U.S. Census Bureau, *U.S. International Trade in Goods and Services, Annual Revision for 2010*, Series FT-900 (11-04) およびそれ以前のレポート；<http://www.census.gov/foreign-trade/Press-Release/2010pr/final_revisions/> も参照

No.1301. 関連企業間の国際商品貿易：2000－2010年

[単位：100万ドル（1,205,339は1兆2053億3900万ドルを表す）。関連企業間の貿易とは、米国企業と海外子会社、あるいは外国企業と米国内子会社との間の貿易を示す。北米産業分類（NAICS）2002年版に準拠。詳細については第15章の解説を参照]

貿易相手国と商品	2002 北米産業分類	2000	2005	2008	2009	2010
消費輸入						
総輸入額	(X)	1,205,339	1,662,380	2,090,483	1,549,163	1,898,610
関連企業間取引、計 [1]	**(X)**	**563,084**	**775,730**	**975,096**	**740,481**	**922,202**
カナダ	(X)	100,689	127,715	156,666	107,315	138,222
日本	(X)	108,290	108,322	111,898	73,859	93,892
メキシコ	(X)	89,068	99,709	111,979	100,935	135,984
中国 [2]	(X)	18,061	62,716	89,339	84,829	107,108
ドイツ	(X)	37,781	51,870	64,058	45,000	53,951
輸送機器	336	161,150	188,445	189,984	132,812	179,516
コンピュータおよび電子製品	334	166,279	176,719	182,337	163,662	203,900
化学製品	325	45,452	84,459	137,095	118,149	134,065
機械、電気製品を除く	333	39,918	56,804	62,192	42,216	53,747
石油・ガス	211	13,241	48,725	104,091	61,700	80,071
輸出						
総輸出額	(X)	780,418	803,992	1,300,136	1,056,932	1,277,504
関連企業間取引、国産品輸出、計 [1]	**(X)**	**196,596**	**245,712**	**373,646**	**261,332**	**314,489**
カナダ	(X)	64,133	76,331	89,928	71,478	88,689
メキシコ	(X)	34,249	44,570	51,789	39,653	49,313
日本	(X)	20,313	17,427	18,825	15,038	16,718
オランダ	(X)	6,845	9,308	16,364	15,784	15,070
ドイツ	(X)	6,751	9,250	18,275	11,902	12,588
輸送機器	336	46,288	52,513	63,946	43,758	55,400
化学製品	325	26,376	49,681	61,497	54,655	64,548
コンピュータおよび電子製品	334	51,210	41,882	47,027	36,405	42,689
機械、電気製品を除く	333	19,831	25,473	32,978	26,418	32,301
電気機器、装置、部品	335	7,575	9,888	11,806	8,624	10,494

X 該当なし　1．個別に明示しないその他の国および製品を含む　2．表No.1332の脚注4を参照

資料：U.S. Census Bureau, "Related Party Trade-2010"；<http://www.census.gov/foreign-trade/Press-Release/2010pr/aip/related_party/rp10.pdf> を参照

No.1302. 合衆国税関——貨物通関額：2009年

[単位：10億ドル（2,615.7は2兆6157億ドルを表す）、および順位、％。出荷額の上位50位までにあたる通関地を示す。輸入が1250ドル未満、輸出が2,500ドル未満のものは除外。移送貨物の通過のみは除外]

空港・港湾	輸送の種類	順位	総取扱額	輸出	輸入	総額に占める輸出の%
合衆国の商品貿易総額	(X)	(X)	2,615.7	1,056.0	1,559.6	40.4
上位50位の通関額	(X)	(X)	2,067.5	810.4	1,257.1	39.2
全体に占める%	(X)	(X)	79.0	76.7	80.6	(X)
ロサンゼルス港、CA	水上	1	195.6	28.0	167.7	14.3
ニューヨーク港、NY、NJ	水上	2	142.8	38.3	104.5	26.8
JFK国際空港、NY	航空	3	127.0	65.8	61.2	51.8
ヒューストン港、TX	水上	4	106.1	57.7	48.4	54.4
ラレド、TX	陸上	5	95.1	45.3	49.8	47.7
シカゴ、IL	航空	6	90.8	31.0	59.8	34.1
デトロイト、MI	陸上	7	85.0	47.7	37.2	56.2
ロングビーチ港、CA	水上	8	68.5	24.2	44.4	35.2
ロサンゼルス国際空港、CA	航空	9	63.1	30.9	32.2	49.0
バッファロー-ナイアガラフォールズ港、NY	陸上	10	61.0	33.2	27.8	54.5
ヒューロン、MI	陸上	11	58.5	28.4	30.1	48.5
サバンナ港、GA	水上	12	46.6	18.9	27.7	40.5
ニューオーリンズ、LA	航空	13	44.9	19.2	25.7	42.8
チャールストン港、SC	水上	14	44.9	16.3	28.6	36.4
ノーフォーク・ハーバー港、VA	水上	15	43.0	18.9	24.0	44.0
エルパソ、TX	陸上	16	42.3	17.9	24.4	42.3
サンフランシスコ国際空港、CA	航空	17	39.8	21.0	18.8	52.8
マイアミ国際空港、FL	航空	18	39.1	27.5	11.7	70.2
ダラス-フォートワース、TX	航空	19	35.8	14.9	20.9	41.6
アンカレッジ、AK	航空	20	34.7	8.4	26.2	24.3
オークランド港、CA	水上	21	33.8	12.7	21.1	37.6
シアトル港、WA	水上	22	33.4	7.9	25.5	23.8
ニューオーリンズ港、LA	水上	23	32.9	18.5	14.4	56.4
アトランタ、GA	航空	24	32.3	11.5	20.8	35.6
ボルティモア港、MD	水上	25	30.1	10.7	19.4	35.6
オタイ・メサ・ステーション、CA	陸上	26	28.6	9.4	19.2	32.9
クリーブランド、OH	航空	27	26.8	15.7	11.2	58.3
タコマ港、WA	水上	28	25.2	6.0	19.2	23.8
フィラデルフィア港、PA	水上	29	23.3	2.8	20.5	11.9
サンファン国際港、PR	水上	30	21.9	13.7	8.3	62.3
ワシントンダレス空港、DC	航空	31	20.4	5.8	14.5	28.6
アナポリス、MD	水上	32	19.4	−	19.4	−
シャンプレイン-ローゼスポイント、NY	陸上	33	19.2	7.9	11.3	41.3
ヒダルゴ、TX	陸上	34	19.1	8.5	10.6	44.5
コーパスクリスティ港、TX	水上	35	18.7	4.0	14.7	21.3
マイアミ港、FL	水上	36	18.5	9.1	9.5	49.0
モーガンシティ港、LA	水上	37	17.1	0.2	16.8	1.4
エバーグレーズ港、FL	水上	38	16.3	9.5	6.8	58.5
ノガレス、AZ	陸上	39	16.2	5.9	10.3	36.7
グラメリー港、LA	水上	40	16.1	9.7	6.4	60.1
ペンビーナ、ND	陸上	41	15.3	8.7	6.6	56.7
ブレーン、WA	陸上	42	14.6	9.1	5.5	62.6
シカゴ、IL	陸上	43	14.0	−	14.0	−
ジャクソンビル港、FL	水上	44	13.5	6.0	7.5	44.4
テキサスシティ、TX	水上	45	13.3	2.7	10.6	20.6
ポートアーサー、TX	水上	46	13.1	2.3	10.8	17.8
ヒューストン国際港、TX	航空	47	12.7	7.2	5.5	56.7
イーグルパス、TX	陸上	48	12.5	4.6	7.9	36.6
ニューアーク、NJ	航空	49	12.4	4.1	8.3	32.9
ボーモント港、TX	水上	50	12.2	2.5	9.7	20.4

− ゼロを示す　X 該当なし

資料：航空および水上: U.S. Department of Commerce, U.S. Census Bureau, Foreign Trade Division, USA Trade Online, special tabulation, available at 〈http://data.usatradeonline.gov/〉（2010年12月）。航空および水上: U.S. Department of Commerce, U.S. Census Bureau, Foreign Trade Division, USA Trade Online, special tabulation, available at 〈http://data.usatradeonline.gov/〉（2010年12月）。陸上: U.S. Department of Transportation, Research and Innovative Technology Administration, Bureau of Transportation Statistics, TransBorder Freight Data, special tabulation, available at 〈http://www.bts.gov/programs/international/transborder/〉（2011年3月）

No.1303. 合衆国の消費財の輸出と輸入——管轄税関地域別：2000－2010年

[単位：10億ドル（780.0は7800億ドルを表す）。輸出は前年を通じてf.a.s.（船側渡し）価格。輸出は税関価格。データには、表No.1301、1307、1308にはない修正が加えられている。方法論については付録IIIのForeign Trade Statisticsを参照。『アメリカ歴史統計』系列U264-273も参照]

沿岸地区管轄税関地域	輸出					輸入				
	2000	2005	2008	2009	2010	2000	2005	2008	2009	2010
計[1]	780.0	901.1	1,287.4	1,056.0	1,278.3	1,205.6	1,673.5	2,103.6	1,559.6	1,913.2
アンカレッジ、AK	5.9	12.1	13.5	11.9	14.5	13.4	10.4	10.7	12.4	16.2
ボルティモア、MD	6.2	9.0	16.5	11.2	14.7	18.6	29.6	31.3	21.0	28.8
ボストン、MA	7.0	10.4	11.9	8.3	8.2	18.7	21.7	24.4	17.4	19.2
バッファロー、NY	38.2	35.0	43.5	35.7	40.4	38.4	42.6	46.0	31.6	39.2
チャールストン、SC[2]	12.6	16.2	22.3	16.4	19.5	16.9	31.9	36.5	26.3	29.4
シカゴ、IL	21.7	29.9	36.6	31.5	35.8	51.1	78.7	116.9	96.7	125.6
クリーブランド、OH	22.7	20.8	23.8	21.4	25.3	36.5	49.0	70.4	55.8	69.2
ダラス／フォートワース、TX	11.5	17.8	19.8	17.4	18.1	18.8	31.8	37.1	30.8	38.4
デトロイト、MI	79.4	106.9	119.1	89.6	113.3	97.6	123.1	117.4	81.3	106.1
ダルース、MN	1.5	1.9	3.2	2.3	2.6	7.0	9.3	8.5	5.8	6.8
エルパソ、TX	18.0	19.9	21.1	19.8	29.3	24.1	28.0	32.4	30.4	44.1
グレートフォールズ、MT	5.0	9.8	18.0	15.3	17.4	14.3	27.1	34.9	21.7	26.3
ホノルル、HI	0.7	2.4	5.6	5.8	7.4	2.9	3.7	6.0	3.8	4.6
ヒューストン／ガルベストン、TX	29.7	47.0	89.9	75.1	94.6	40.9	89.4	151.0	92.4	116.8
ラレド、TX	57.7	60.5	79.6	66.8	81.3	62.7	78.7	95.1	80.0	104.2
ロサンゼルス、CA	77.6	78.4	110.0	86.1	105.2	150.1	215.5	247.1	196.4	242.7
マイアミ、FL	31.0	34.1	54.9	49.5	58.8	23.3	31.8	35.4	29.6	36.6
ミルウォーキー、WI	0.1	0.1	0.2	0.1	0.1	1.5	1.3	1.1	0.7	0.9
ミネアポリス、MN	1.4	2.3	2.3	2.0	2.6	4.3	6.9	16.6	11.4	13.6
モービル、AL[2]	4.0	5.0	8.5	7.3	8.8	7.9	14.3	24.7	17.3	20.8
ニューオリンズ、LA	35.9	32.6	65.6	57.0	68.1	54.0	97.8	151.3	94.2	125.3
ニューヨーク、NY	79.5	90.9	143.7	110.9	136.3	145.6	176.7	209.5	155.6	190.5
ノガレス、AZ	7.3	6.9	9.2	7.6	8.8	14.1	13.0	16.8	14.0	17.4
ノーフォーク、VA[2]	12.4	16.8	25.8	19.8	21.1	13.6	23.5	29.6	21.6	23.9
オグデンズバーグ、NY	12.4	13.3	16.5	13.5	16.2	23.7	28.2	33.0	23.9	27.8
ペンビーナ、ND	8.7	13.6	22.0	16.9	21.3	11.0	12.8	17.4	12.5	14.7
フィラデルフィア、PA	6.0	10.2	19.4	13.1	14.3	28.3	47.8	73.3	49.2	56.9
ポートアーサー、TX	1.2	2.1	5.3	4.9	6.5	10.9	20.9	32.4	20.1	26.4
ポートランド、ME	2.6	2.8	4.8	4.2	4.4	8.7	11.2	11.6	10.0	9.8
ポートランド、OR	7.2	6.3	14.3	10.3	12.3	12.5	14.2	16.9	11.0	12.2
プロビデンス、RI	(Z)	0.1	0.3	0.2	0.3	1.3	4.5	5.7	4.0	5.8
サンディエゴ、CA	12.7	15.0	16.6	14.0	16.2	22.2	28.4	37.4	30.4	32.4
サンフランシスコ、CA	58.3	36.6	43.7	37.0	47.1	68.6	62.4	71.6	49.7	60.6
サンフアン、PR	4.8	9.7	17.2	18.8	20.7	11.8	19.5	21.6	18.9	19.4
サバンナ、GA	15.9	24.7	38.3	33.8	41.1	26.1	47.9	62.7	53.4	68.0
シアトル、WA	40.4	44.1	59.9	53.9	58.6	40.5	51.7	60.7	47.7	52.6
セントオルバンス、VT	4.5	4.3	3.8	2.9	3.3	9.4	12.6	10.2	7.6	6.9
セントルイス、MO	1.3	1.3	2.8	1.6	1.0	7.9	9.7	12.7	10.1	11.5
タンパ、FL	4.8	10.1	18.1	10.4	14.4	14.7	19.3	22.2	13.6	16.4
バージン諸島（合衆国領）	0.3	0.5	2.7	1.2	1.9	4.8	9.1	16.6	9.2	10.5
ワシントン、DC	2.8	3.7	5.7	6.0	6.0	2.6	3.7	8.8	10.0	8.2
ウィルミントン、NC	2.5	2.2	3.2	4.0	5.3	10.6	15.4	15.3	12.9	12.8

Z 5,000万ドル未満 1. 表示された輸出総額は小包郵便および特殊な出荷の推計値。カナダへの積荷明細書なしの輸出（税関地域に分類表示されていない）を含む。ノーフォーク（VA）、チャールストン（SC）、モビール（AL）から輸出されるれき青炭の価格は総計に含まれているが、地区に分類されていない 2. れき青炭の輸出を除くが合計には含まれる

資料：U.S. U.S. Census Bureau, U.S. Highlights of Export and Import Trade, series FT 990; U.S. Merchandise Trade: Selected Highlights, series FT 920; 1991-2004, U.S. Export History and U.S. Import History on compact disc; 2005-2010, U.S. Merchandise Trade: Selected Highlights, December issues, series FT920; <http://www.census.gov/foreign-trade/Press-Release/ft920_index.html> も参照

No.1304. 輸出入単位価格指数——主要国別：2006－2010年

[指数は米ドル、2005＝100。1単位価格は価格と量のデータからくるインプリシット価格。本書前年版の表No.1303も参照]

国	輸出単位価格指数					輸入単位価格指数				
	2006	2007	2008	2009	2010	2006	2007	2008	2009	2010
合衆国	**103.6**	**108.6**	**115.2**	**109.8**	**115.2**	**104.9**	**109.3**	**121.9**	**107.9**	**115.3**
オーストラリア	114.0	127.4	159.6	138.4	169.1	102.7	109.5	119.8	111.3	123.9
ベルギー	105.2	119.7	133.0	118.6	122.3	105.9	118.0	132.7	114.5	120.6
カナダ	107.2	115.4	126.9	107.0	120.1	107.2	111.8	120.0	111.6	120.8
フランス	100.4	109.5	115.3	(NA)	(NA)	102.0	112.4	120.1	(NA)	(NA)
ドイツ	101.7	113.4	122.2	113.1	(NA)	104.7	116.1	128.3	112.1	(NA)
ギリシャ	105.7	118.8	135.3	120.6	125.1	105.1	117.7	134.9	125.7	127.8
アイルランド	100.8	107.1	110.9	105.7	(NA)	103.8	113.3	122.3	111.2	(NA)
イタリア	106.1	121.6	137.4	127.8	129.3	110.5	124.1	144.8	123.5	130.0
日本	97.7	98.6	105.6	104.3	108.2	108.0	114.6	141.8	116.9	133.3
韓国	100.6	103.8	108.4	90.5	101.2	107.7	114.0	138.1	104.9	117.7
オランダ	104.2	115.3	129.1	112.3	114.3	104.6	116.0	129.9	113.8	116.6
ノルウェー	120.1	131.7	164.8	120.3	135.2	104.9	119.4	129.3	115.1	118.6
スペイン	105.7	118.2	128.9	113.9	111.3	103.9	114.9	127.6	108.1	108.4
スウェーデン	105.4	119.4	125.7	111.1	116.7	107.2	119.6	130.3	111.3	118.1
スイス	102.7	111.6	127.8	130.7	136.2	104.5	113.6	126.2	120.3	125.5
イギリス	103.7	113.0	118.2	102.9	107.8	104.7	114.8	118.9	104.4	109.9

NA データなし

資料：International Monetary Fund, Washington, DC, *International Financial Statistics* (月刊) (copyright)

No.1305. 合衆国の輸出――原産州別：2000－2010年

[単位：100万ドル（782,429は7824億2900万ドルを表す）、順位。輸出はf.a.s.（船側渡し）価額ベース。輸出は出荷元に基づく]

州または その他の地域	輸出 2000	輸出 2009	2010 計	2010 順位	州または その他の地域	輸出 2000	輸出 2009	2010 計	2010 順位
計	782,429	1,056,043	1,278,263	(X)	ネブラスカ	2,511	4,873	5,820	35
					ネバダ	1,482	5,672	5,912	34
合衆国	712,055	1,000,266	1,207,883	(X)	ニューハンプシャー	2,373	3,061	4,367	40
アラバマ	7,317	12,355	15,502	25	ニュージャージー	18,638	27,244	32,154	11
アラスカ	2,464	3,270	4,155	42	ニューメキシコ	2,391	1,270	1,541	46
アリゾナ	14,334	14,023	15,636	24	ニューヨーク	42,846	58,743	69,696	3
アーカンソー	2,599	5,267	5,219	37	ノースカロライナ	17,946	21,793	24,905	16
カリフォルニア	119,640	120,080	143,192	2	ノースダコタ	626	2,193	2,536	44
コロラド	6,593	5,867	6,727	32	オハイオ	26,322	34,104	41,494	8
コネティカット	8,047	13,979	16,056	23	オクラホマ	3,072	4,415	5,353	36
デラウェア	2,197	4,312	4,966	39	オレゴン	11,441	14,907	17,671	21
コロンビア特別区	1,003	1,091	1,501	47	ペンシルベニア	18,792	28,381	34,928	10
フロリダ	26,543	46,888	55,365	4	ロードアイランド	1,186	1,496	1,949	45
ジョージア	14,925	23,743	28,950	12	サウスカロライナ	8,565	16,488	20,329	17
ハワイ	387	563	684	51	サウスダコタ	679	1,011	1,259	49
アイダホ	3,559	3,877	5,157	38	テネシー	11,592	20,484	25,943	15
イリノイ	31,438	41,626	50,058	6	テキサス	103,866	162,995	206,961	1
インディアナ	15,386	22,907	28,745	13	ユタ	3,221	10,337	13,809	26
アイオワ	4,466	9,042	10,880	28	バーモント	4,097	3,219	4,277	41
カンザス	5,145	8,917	9,905	30	バージニア	11,698	15,052	17,163	22
ケンタッキー	9,612	17,650	19,343	19	ワシントン	32,215	51,851	53,353	5
ルイジアナ	16,814	32,616	41,356	9	ウエストバージニア	2,219	4,826	6,449	33
メーン	1,779	2,231	3,164	43	ウィスコンシン	10,508	16,725	19,790	18
メリーランド	4,593	9,225	10,163	29	ワイオミング	503	926	983	50
マサチューセッツ	20,514	23,593	26,304	14					
ミシガン	33,845	32,655	44,768	7	プエルトリコ	9,735	20,937	22,784	(X)
ミネソタ	10,303	15,352	18,904	20	バージン諸島	174	1,217	1,899	(X)
ミシシッピ	2,726	6,316	8,229	31	その他[1]	60,810	33,620	45,698	(X)
ミズーリ	6,497	9,522	12,926	27	時期調整	-346	(X)	(X)	(X)
モンタナ	541	1,053	1,389	48					

X 該当なし　1. 未報告、明記なし、特殊なカテゴリー、推計値荷額、再輸出を含む

資料：U.S. Census Bureau, *U.S. International Trade in Goods and Services*, December issues, Series FT-900; <http://www.census.gov/foreign-trade/Press-Release/2010pr/12/>

No.1306. 合衆国の農産物輸出――州別：2000－2009年

[単位：100万ドル（50,762は507億6200万ドルを表す）。9月30日を年度末とする。]

州	2000	2005	2007	2008	2009	州	2000	2005	2007	2008	2009
合衆国	50,762	62,516	82,217	115,305	96,632						
AL	401	563	626	994	867	NE	2,816	2,821	4,063	5,930	4,826
AK	2	3	4	5	3	NV	39	44	45	60	72
AZ	391	412	496	746	626	NH	14	15	20	24	23
AR	1,210	1,713	2,123	3,200	2,616	NJ	150	193	244	334	311
CA	6,298	9,354	11,313	13,353	12,499	NM	82	143	271	383	262
CO	894	632	1,018	1,235	1,113	NY	515	626	836	1,163	928
CT	140	171	257	377	339	NC	1,525	1,802	2,068	3,107	2,879
DE	127	136	162	247	236	ND	1,475	1,705	2,545	3,949	3,186
FL	1,469	1,546	1,925	2,188	2,060	OH	1,348	1,579	2,202	2,840	2,671
GA	908	1,118	1,438	2,057	1,841	OK	534	761	890	1,632	982
HI	81	95	88	100	102	OR	749	912	1,194	1,551	1,340
ID	803	905	1,203	1,815	1,484	PA	989	1,151	1,516	1,941	1,732
IL	2,951	3,281	4,723	7,560	5,538	RI	7	11	13	15	16
IN	1,501	1,821	2,436	3,805	3,140	SC	333	344	390	663	550
IA	2,944	4,002	5,259	7,870	6,486	SD	1,094	1,236	1,864	3,054	2,327
KS	2,929	2,910	3,883	5,930	4,705	TN	561	817	785	1,365	1,202
KY	806	1,085	1,237	1,662	1,485	TX	2,877	3,626	5,210	6,042	4,747
LA	426	568	733	953	838	UT	246	249	334	462	374
ME	61	73	105	122	112	VT	14	75	119	155	130
MD	273	286	362	487	439	VA	490	513	548	825	718
MA	120	73	105	121	119	WA	1,595	1,942	2,665	3,174	2,968
MI	813	1,044	1,372	1,924	1,552	WV	36	40	49	70	67
MN	2,230	2,768	3,619	5,469	4,284	WI	1,283	1,512	2,090	3,014	2,238
MS	571	956	1,176	1,707	1,275	WY	48	51	62	114	104
MO	1,204	1,361	2,024	3,195	2,706						
MT	319	585	739	1,257	929	割当なし	2,072	2,882	3,825	5,171	4,689

資料：U.S. Dept. of Agriculture, Economic Research Service, "State Export Data"; <http://www.ers.usda.gov/data/stateexports/>

No.1307. 仕向け地別輸出入および商品貿易収支——国別：2005－2010年

[単位：100万ドル（901,082は9010億8200万ドル を表す）。銀鉱石および金地金を含む。特殊分類商品の輸出を含む。各国の総計は、データは貨幣鋳造用金、バージン諸島の外国との取引を含む。方法論については付録Ⅲの Foreign Trade Statisticsを参照。マイナス（－）は輸出に対する輸入超過を示す。主要な国については、アメリカ歴史統計J 系列1317－352も参照]

国	国産品・外国製品輸出						一般輸入 [1]						商品貿易収支					
	2005	2007	2008	2009	2010		2005	2007	2008	2009	2010		2005	2007	2008	2009	2010	
全世界 [1]	901,082	1,148,199	1,287,442	1,056,043	1,278,263		1,673,455	1,956,962	2,103,641	1,559,625	1,913,160		-772,373	-808,763	-816,199	-503,582	-634,897	
アフガニスタン	262	495	482	1,509	2,156		67	74	85	116	85		195	421	397	1,392	2,071	
アルバニア	19	34	40	48	46		37	10	12	15	30		-19	24	28	33	16	
アルジェリア	1,106	1,652	1,243	1,108	1,195		10,446	17,816	19,355	10,718	14,518		-9,340	-16,164	-18,112	-9,610	-13,323	
アンゴラ	929	1,242	2,019	1,423	1,294		8,484	12,508	18,911	9,339	11,940		-7,555	-11,266	-16,892	-7,916	-10,646	
アンギラ	32	93	81	53	36		4	5	4	6	3		28	88	77	47	33	
アンティグア・バーブーダ	190	240	183	157	158		4	9	5	9	5		186	232	178	148	153	
アルゼンチン	4,122	5,856	7,536	5,569	7,395		4,584	4,487	5,822	3,890	3,803		-462	1,369	1,714	1,679	3,592	
アルメニア	65	111	151	77	113		46	33	43	78	75		19	78	109	-833	38	
アルバ	559	529	680	446	541		2,920	2,995	3,179	1,278	19		-2,361	-2,466	-2,499		522	
オーストラリア	15,589	19,178	22,219	19,599	21,798		7,342	8,615	10,589	8,012	8,583		8,246	10,563	11,630	11,588	13,215	
オーストリア	2,544	3,110	2,649	2,537	2,428		6,103	10,669	8,457	6,379	6,835		-3,558	-7,559	-5,808	-3,842	-4,407	
アゼルバイジャン	132	178	239	185	253		45	1,887	4,361	1,973	1,989		87	-1,710	-4,122	-1,787	-1,736	
バハマ	1,787	2,468	2,760	2,504	3,178		700	504	604	819	807		1,087	1,965	2,155	1,685	2,371	
バーレーン	351	591	830	667	1,250		432	625	539	463	420		-81	-33	291	204	830	
バングラデシュ	320	456	468	435	578		2,693	3,432	3,748	3,699	4,294		-2,373	-2,976	-3,280	-3,264	-3,716	
バルバドス	395	457	497	405	397		32	38	40	33	43		363	419	457	372	354	
ベラルーシ	35	102	134	137	133		345	1,033	1,070	574	175		-310	-932	-935	-437	-42	
ベリーズ	18,691	25,259	28,903	21,608	25,456		13,023	15,281	17,308	13,826	15,552		5,668	9,977	11,595	7,782	9,904	
ベニン	72	234	353	253	289		1	5	31	100	120		72	284	199	153	169	
バミューダ	218	289	846	397	463		87	24	140	13	—		129	284	636	397	463	
ボリビア	490	660	822	807	637		293	363	511	504	680		403	682	815	794	615	
ボスニア・ヘルツェゴビナ	219	278	389	431	507		70	25	25	25	26		-74	-85	-122	-73	-173	
ボツワナ	18	20	34	21	26		178	187	219	132	170		-53	-134	-157	-39	0	
ブラジル	15,372	24,172	32,299	26,095	35,425		24,436	25,644	30,453	20,070	23,958		-9,064	-1,472	1,846	6,026	11,467	
ブルネイ	50	140	112	100	124		563	405	114	42	12		-513	-265	-3	59	112	
ブルガリア	268	306	509	224	171		454	426	391	228	260		-186	-120	119	-4	-89	
カンボジア	70	139	154	127	154		1,767	2,463	2,412	1,924	2,301		-1,697	-2,325	-2,257	-1,797	-2,147	
カメルーン	117	133	125	154	132		158	297	614	250	297		-41	-164	-489	-96	-165	
カナダ	211,899	248,888	261,150	204,658	249,105		290,384	317,057	339,491	226,248	277,647		-78,486	-68,169	-78,342	-21,590	-28,542	
ケイマン諸島	681	640	746	643	582		53	21	14	14	11		627	619	732	630	571	
チャド	54	66	63	63	88		1,498	2,145	3,334	1,984	2,044		-1,444	-2,079	-3,272	-1,921	-1,956	
チリ	5,134	8,148	11,857	9,346	10,905		6,664	8,999	8,196	5,949	7,009		-1,531	-851	3,661	3,396	3,896	
中国 [2]	41,192	62,937	69,733	69,497	91,881		243,470	321,443	337,773	296,374	364,944		-202,278	-258,506	-268,040	-226,877	-273,063	
コロンビア	5,462	8,558	11,437	9,451	12,069		8,849	9,434	13,093	11,323	15,659		-3,387	-876	-1,656	-1,872	-3,590	
コンゴ（ブラザビル） [3]	104	140	185	277	254		1,623	3,071	5,074	3,105	3,316		-1,519	-2,931	-4,889	-2,828	-3,062	
コンゴ（キンシャサ） [3]	65	113	130	79	93		264	206	266	331	528		-199	-94	-136	-251	-435	
コスタリカ	3,599	4,580	5,680	4,700	5,180		3,415	3,942	3,938	5,612	8,697		183	639	1,742	-912	-3,517	
コートジボワール	124	162	254	206	163		1,198	600	1,092	745	1,177		-1,074	-439	-838	-539	-1,014	
クロアチア	159	247	467	202	312		364	332	271	251	333		-206	-85	196	-49	-21	
キューバ	369	447	712	533	368		—	—	—	—	—		369	447	711	533	368	
キプロス	84	169	217	179	134		31	17	14	53	11		54	152	204	126	123	
チェコ共和国	1,054	1,262	1,378	970	1,411		2,193	2,431	2,569	1,933	2,450		-1,139	-1,168	-1,190	-964	-1,039	

本表末尾の脚注を参照

No.1307. 仕向け地別輸出入および商品貿易収支——国別：2005－2010年（続）

[808頁の頭注を参照]

国	国産品・外国製品輸出						一般輸入[1]						商品貿易収支					
	2005	2007	2008	2009	2010		2005	2007	2008	2009	2010		2005	2007	2008	2009	2010	
全世界[1]	901,082	1,148,199	1,287,442	1,056,043	1,278,263		1,673,455	1,956,962	2,103,641	1,559,625	1,913,160		-772,373	-808,763	-816,199	-503,582	-634,897	
デンマーク	1,918	2,890	2,711	2,056	2,133		5,144	6,064	6,446	5,511	6,011		-3,226	-3,175	-3,735	-3,454	-3,878	
ジブチ	48	59	141	196	123		1	4	7	3	3		46	54	134	194	120	
ドミニカ共和国	62	84	105	77	73		3	2	2	3	2		58	82	103	74	71	
ドミニカ国	4,719	6,084	6,594	5,269	6,579		4,604	4,216	3,978	3,329	3,672		115	1,868	2,617	1,939	2,907	
エクアドル	1,964	2,936	3,450	3,938	5,410		5,759	6,135	9,048	5,273	7,451		-3,795	-3,199	-5,598	-1,335	-2,041	
エジプト	3,159	5,259	6,002	5,253	6,835		2,091	2,377	2,370	2,058	2,238		1,068	2,883	3,632	3,195	4,597	
エルサルバドル	1,854	2,313	2,462	2,019	2,433		1,989	2,044	2,228	1,822	2,206		-134	270	234	197	227	
赤道ギニア	281	236	185	306	272		1,561	1,777	3,367	2,489	2,214		-1,280	-1,541	-3,183	-2,184	-1,942	
エストニア	145	242	226	189	188		511	296	392	162	698		-366	-54	-167	27	-510	
エチオピア	456	167	302	267	773		62	88	152	113	128		394	79	149	154	645	
フィジー	28	30	55	31	44		169	153	162	144	179		-141	-123	-107	-113	-135	
フィンランド	2,254	3,133	3,761	1,662	2,181		4,342	5,266	5,903	3,985	3,884		-2,088	-2,133	-2,142	-2,323	-1,703	
フランス	22,259	26,676	28,840	26,493	26,969		33,842	41,553	44,049	34,236	38,355		-11,583	-14,877	-15,209	-7,743	-11,386	
フランス領ギニア	27	31	18	17	36		—	—	—	—	53		27	31	18	17	36	
フランス領ポリネシア	112	124	130	113	122		60	62	72	29	53		52	62	58	83	69	
ガボン	99	478	284	171	243		2,816	2,182	2,279	1,231	2,212		-2,716	-1,704	-1,995	-1,060	-1,969	
ガンビア	214	364	586	364	301		194	212	208	70	198		20	153	379	294	103	
ドイツ	34,184	49,420	54,505	43,306	48,161		84,751	94,164	97,497	71,498	82,429		-50,567	-44,744	-42,991	-28,192	-34,268	
ガーナ	337	416	608	716	989		158	199	222	135	273		179	218	386	581	716	
ギリシャ	163	594	2,641	1,087	1,494		5	3	1	—	1		159	591	2,639	1,086	1,493	
グレナダ	1,192	2,110	1,932	2,487	1,108		884	1,192	999	841	798		309	918	933	1,647	310	
グレナダループ	82	83	84	59	71		6	8	7	6	8		77	75	77	53	63	
グアテマラ	55	139	384	206	365		2	5	7	2	2		52	134	377	204	363	
グアドループ	2,835	4,065	4,718	3,875	4,478		3,137	3,026	3,463	3,148	3,193		-302	1,039	1,256	727	1,285	
ギニア	94	74	102	95	85		75	99	106	67	69		19	-26	-5	28	16	
ハイチ	177	188	289	260	290		120	123	146	173	299		57	65	143	87	-9	
ホンジュラス	710	680	944	790	1,209		447	488	450	552	551		262	192	494	238	658	
香港	3,254	4,461	4,846	3,368	4,606		3,749	3,912	4,041	3,319	3,932		-495	549	805	48	674	
ハンガリー	16,351	19,902	21,499	21,051	26,570		8,892	7,026	6,483	3,571	4,296		7,459	12,876	15,015	17,480	22,274	
アイスランド	1,023	1,292	1,431	1,233	1,290		2,561	2,828	3,103	2,223	2,489		-1,538	-1,536	-1,672	-991	-1,199	
インド	512	630	470	350	325		269	206	241	179	201		243	424	229	170	124	
インドネシア	7,919	14,969	17,682	16,441	19,250		18,804	24,073	25,704	21,166	29,533		-10,886	-9,104	-8,022	-4,725	-10,283	
イラン	3,054	3,970	5,644	5,107	6,946		12,014	14,301	15,799	12,939	16,478		-8,960	-10,332	-10,155	-7,832	-9,532	
イラク	96	145	683	280	208		174	173	104	65	95		-79	-28	579	216	113	
アイルランド	1,374	1,560	2,070	1,772	1,642		9,054	11,396	22,080	9,263	12,143		-7,680	-9,835	-20,010	-7,491	-10,501	
イスラエル	8,447	7,777	7,611	7,465	7,276		28,733	30,445	31,346	28,101	33,848		-20,286	-22,668	-23,736	-20,636	-26,572	
イタリア	9,737	12,887	14,487	9,559	11,294		16,830	20,794	22,336	18,744	20,982		-7,093	-7,907	-7,849	-9,185	-9,688	
ジャマイカ	11,524	14,150	15,461	12,268	14,219		31,009	35,028	36,135	26,430	28,505		-19,485	-20,878	-20,674	-14,162	-14,286	
日本	1,701	2,316	2,643	1,441	1,662		376	720	729	468	328		1,325	1,596	1,915	973	1,334	
ヨルダン	54,681	61,160	65,142	51,134	60,486		138,004	145,463	139,262	95,804	120,545		-83,323	-84,304	-74,120	-44,669	-60,059	
カザフスタン	644	856	940	1,192	1,174		1,267	1,329	1,137	924	974		-623	-473	-197	268	200	
ケニア	538	753	986	603	730		1,101	1,252	1,603	1,544	1,872		-563	-499	-618	-940	-1,142	
韓国	573	520	442	654	375		348	325	344	281	311		225	195	99	373	64	
	27,572	34,402	34,669	28,612	38,846		43,781	47,562	48,069	39,216	48,875		-16,210	-13,161	-13,400	-10,604	-10,029	

本表末尾の脚注を参照

No.1307. 仕向け地別輸出入および商品貿易収支——国別：2005–2010年（続）

[808頁の頭注を参照]

国	国産品・外国製品輸出						一般輸入[1]						商品貿易収支					
	2005	2007	2008	2009	2010		2005	2007	2008	2009	2010		2005	2007	2008	2009	2010	
クウェート	1,975	2,484	2,719	1,951	2,774		4,335	4,118	7,093	3,783	5,382		-2,360	-1,634	-4,374	-1,831	-2,608	
キルギスタン	31	49	44	57	79		5	2	2	6	4		27	47	42	51	75	
ラトビア	178	381	394	289	345		362	334	228	142	193		-185	47	166	147	152	
レバノン	466	826	1,464	1,852	2,009		86	104	99	77	84		379	722	1,365	1,775	1,925	
レソト	4	8	1	17	11		404	443	374	304	299		-400	-436	-373	-288	-288	
リベリア	69	76	157	95	191		91	115	143	80	180		-22	-39	13	14	11	
リビア	84	511	721	666	666		1,590	3,385	4,179	1,919	2,117		-1,506	-2,874	-3,458	-1,253	-1,451	
リヒテンシュタイン	20	16	29	23	29		296	284	245	180	213		-276	-268	-216	-156	-184	
リトアニア	390	720	831	399	628		634	456	750	590	637		-244	265	81	-191	-9	
ルクセンブルク	711	926	988	1,292	1,439		389	526	536	443	451		323	399	452	849	988	
マカオ	102	226	307	209	225		1,249	1,095	915	237	141		-1,147	-869	-609	-28	84	
マダガスカル	32	34	36	35	34		48	73	78	44	37		-17	-39	-42	-9	-3	
マラウイ	28	32	71	106	116		324	338	324	253	108		-295	-306	-254	-148	8	
マレーシア	28	51	45	40	37		116	59	65	63	72		-87	-8	-20	-23	-35	
マリ	10,461	11,680	12,949	10,403	14,080		33,685	32,629	30,736	23,283	25,900		-23,224	-20,948	-17,787	-12,879	-11,820	
マルタ	32	32	31	37	37		4	9	5	4	6		29	22	26	33	31	
マルティニーク	194	207	253	208	457		283	329	279	219	262		-89	-121	-25	-10	195	
モーリタニア	35	194	289	263	297		22	7	8	5	23		13	186	281	258	274	
モーリシャス	86	103	107	56	83		1	1	46	35	53		85	102	60	22	30	
メキシコ	31	50	51	70	40		222	187	176	169	196		-191	-138	-125	-99	-156	
モルドバ	120,248	135,918	151,220	128,892	163,473		170,109	210,714	215,942	176,654	229,908		-49,861	-74,796	-64,722	-47,762	-66,435	
モナコ	40	53	66	27	38		50	23	12	8	12		-10	30	54	18	26	
モンゴル	17	43	63	18	18		37	21	22	39	24		-21	22	40	-21	25	
モンテネグロ	22	26	57	41	115		144	83	53	15	12		-122	-57	4	26	103	
モザンビーク	481	1,294	1,436	1,630	1,947		446	610	879	468	685		35	684	557	1,162	1,262	
ミャンマー	63	115	213	190	224		12	5	17	39	65		51	110	197	151	159	
ナミビア	112	128	280	202	111		130	220	301	329	195		-17	-92	-21	-126	-84	
ナウル	25	29	29	31	28		111	90	85	55	61		-87	-61	-56	-24	-33	
オランダ	26,468	32,837	39,719	32,242	34,939		14,862	18,403	21,123	16,098	19,055		11,606	14,434	18,597	16,143	15,884	
オランダ領アンティル諸島	1,138	2,082	2,952	2,056	2,943		922	782	809	476	1,026		215	1,300	2,142	1,580	1,917	
ニューカレドニア	38	58	89	78	108		27	79	50	71	71		11	-22	39	51	37	
ニュージーランド	2,592	2,718	2,534	2,159	2,819		3,155	3,113	3,171	2,558	2,762		-563	-396	-637	-399	57	
ニカラグア	625	890	1,094	715	981		1,181	1,604	1,704	1,612	2,007		-555	-714	-609	-897	-1,026	
ニジェール	79	69	50	58	49		66	10	44	106	27		13	60	6	-48	22	
ナイジェリア	1,620	2,778	4,102	3,687	4,068		24,239	32,770	38,068	19,128	30,516		-22,620	-29,992	-33,966	-15,441	-26,448	
ノルウェー	1,942	3,040	3,292	2,790	3,099		6,776	7,318	7,315	5,688	6,950		-4,834	-4,277	-4,023	-2,898	-3,851	
オマーン	571	1,059	89	1,126	1,105		555	1,041	852	907	773		16	18	530	219	332	
パキスタン	1,252	1,944	1,898	1,618	1,901		3,253	3,578	3,591	3,163	3,509		-2,002	-1,634	-1,693	-1,545	-1,608	
パナマ	2,162	3,669	4,887	4,293	6,063		327	365	379	302	381		1,835	3,304	4,508	3,991	5,682	
パプアニューギニア	53	66	70	58	186		58	109	106	103	97		-3	-43	-36	115	89	
パラグアイ	896	1,237	1,610	1,355	1,810		52	68	78	56	62		844	1,169	1,532	1,299	1,748	
ペルー	2,309	4,120	6,183	4,919	6,754		5,119	5,272	5,812	4,223	5,057		-2,810	-1,152	371	696	1,697	
フィリピン	6,895	7,712	8,295	5,766	7,376		9,250	9,408	8,713	6,794	7,982		-2,355	-1,696	-418	-1,028	-606	
ポーランド	1,268	3,123	4,131	2,302	2,982		1,949	2,226	2,587	2,038	2,964		-681	897	1,544	263	18	
ポルトガル	1,132	2,478	2,646	1,085	1,058		2,329	3,049	2,451	1,577	2,141		-1,197	-571	-418	-492	-1,083	
カタール	987	2,524	2,716	2,713	3,160		448	477	484	506	466		539	2,046	2,232	2,207	2,694	
ルーマニア	609	677	1,048	672	730		1,208	1,054	1,107	752	1,008		-599	-378	-58	-80	-278	

本表末尾の脚注を参照

No.1307. 仕向け地別輸出入および商品貿易収支——国別：2005−2010年（続）

[808頁の頭注を参照]

国	国産品・外国製品輸出						一般輸入[1]						商品貿易収支					
	2005	2007	2008	2009	2010		2005	2007	2008	2009	2010		2005	2007	2008	2009	2010	
ロシア	3,962	7,283	9,335	5,332	6,006		15,307	19,314	26,783	18,200	25,691		-11,344	-12,031	-17,448	-12,868	-19,685	
サウジアラビア	6,805	10,396	12,484	10,792	11,556		27,193	35,626	54,747	22,053	31,413		-20,387	-25,230	-42,263	-11,261	-19,857	
セネガル	141	150	137	176	218		4	19	18	7	5		138	132	119	169	213	
セルビア・モンテネグロ	132						55						78					
シエラレオネ	38	55	59	43	61		9	48	48	24	29		29	7	12	18	32	
シンガポール	20,466	25,619	27,854	22,232	29,017		15,110	18,394	15,885	15,705	17,427		5,356	7,225	11,969	6,527	11,590	
スロバキア	150	503	548	210	256		961	1,505	1,301	628	1,073		-811	-1,002	-754	-418	-817	
スロベニア	234	297	310	244	328		413	488	467	388	465		-179	-192	-157	-144	-137	
南アフリカ	3,907	5,521	6,490	4,453	5,631		5,886	9,054	9,948	5,879	8,220		-1,979	-3,533	-3,458	-1,426	-2,589	
スペイン	6,839	9,766	12,190	8,717	10,178		8,615	10,498	11,094	7,857	8,553		-1,776	-732	-1,096	860	1,625	
スリランカ	198	227	283	230	179		2,083	2,065	1,962	1,593	1,748		-1,885	-1,838	-1,679	-1,363	-1,569	
セントキッツ・ネービス	74	111	124	108	131		50	54	54	48	51		44	57	70	60	80	
セントルシア	135	165	241	136	401		32	33	26	18	18		103	132	215	119	383	
セントビンセント・グレナディーン諸島	45	69	83	75	86		16	1	1	1	2		30	68	82	74	84	
スーダン	108	79	143	78	116		14	7	5	10	10		95	72	138	69	108	
スウェーデン	246	304	406	380	362		165	130	127	139	191		80	174	280	241	171	
スイス	12	29	12	15	24		199	145	134	110	121		-187	-116	-122	-95	-97	
シリア	3,715	4,473	5,018	4,561	4,706		13,821	13,024	12,498	8,186	10,495		-10,106	-8,551	-7,480	-3,625	-5,789	
台湾[2]	10,718	17,039	22,024	17,504	20,687		13,000	14,760	17,782	16,053	19,136		-2,282	2,279	4,242	1,451	1,551	
タジキスタン	155	361	409	304	503		324	111	352	303	429		-169	251	57		74	
タンザニア	21,614	25,829	24,926	18,486	26,043		34,826	38,278	36,326	28,362	35,846		-13,211	-12,444	-11,400	-9,877	-9,803	
タイ	29	53	51	41	57		241	0	8	9	9		-212	52	43	33	55	
トーゴ	96	174	169	158	164		34	46	56	49	43		63	128	114	109	121	
トリニダード・トバゴ	7,257	8,336	9,067	6,918	8,977		19,890	22,755	23,538	19,082	22,693		-12,633	-14,418	-14,472	-12,164	-13,716	
チュニジア	28	288	117	125	158		6	5	11	7	21		22	283	106	118	149	
トルコ	1,417	1,780	2,250	1,988	1,926		7,891	8,790	9,030	5,180	6,613		-6,474	-7,010	-6,780	-3,192	-4,687	
トルクメニスタン	261	403	502	501	571		264	458	644	326	405		-3	-55	-142	176	166	
タークス・カイコス諸島	4,239	6,499	9,959	7,095	10,546		5,182	4,601	4,642	3,662	4,207		-943	1,898	5,317	3,433	6,339	
ツバル	215	127	60	294	40		135	219	140	93	48		80	-92	-80	201	-8	
ウガンダ	238	396	434	248	190		9	13	10	11	12		228	383	424	237	178	
ウクライナ	63	80	51	119	94		26	27	53	31	58		37	54	-2	88	36	
アラブ首長国連邦	533	1,342	1,868	887	1,359		1,098	1,220	2,340	495	1,078		-565	122	-472	392	281	
イギリス	8,120	10,787	14,417	12,211	11,673		1,468	1,337	1,286	1,498	1,145		6,651	9,449	13,131	10,713	10,528	
ウルグアイ	38,568	49,981	53,599	45,704	48,414		51,033	56,858	58,587	47,480	49,775		-12,465	-6,876	-4,988	-1,776	-1,361	
ウズベキスタン	357	641	893	745	975		732	492	244	239	235		-376	149	649	506	740	
ベトナム	74	89	301	98	101		96	165	292	89	68		-22	-76	8	8	33	
ベネズエラ	6,421	10,201	12,610	9,315	10,649		33,978	39,910	51,424	28,059	32,707		-27,557	-29,709	-38,814	-18,744	-22,058	
英領バージン諸島	1,193	1,903	2,789	3,097	3,709		6,631	10,633	12,901	12,288	14,868		-5,438	-8,730	-10,112	-9,191	-11,159	
イエメン	125	176	310	233	146		34	43	11	6	19		91	133	299	227	127	
ザンビア	219	642	401	381	391		279	292	8	7	181		-60	350	393	374	210	
ジンバブエ	29	89	79	57	56		32	49	51	49	30		-3	40	27	8	26	
	46	105	93	85	68		94	73	112	22	59		-15	33	-19	63	9	

— ゼロまたは概数でゼロを示す　1．時系列調整済。個別に明示しない特定できない国を含む。　2．表No.1332の脚注 4 を参照　3．表No.1332の脚注 5 を参照

資料：U.S. Census Bureau, *U.S. International Trade in Goods and Services*, Series FT-900(07-04), 最終報告; ⟨http://www.census.gov/foreign-trade/Press-Release/2010pr/final_revisions/⟩ も参照 (2011年6月9日現在)

第28章　外国貿易・援助　811

No.1308. 国産品輸出と一般輸入——標準国際貿易分類グループ別：2000-2010年

[単位：100万ドル（781,918は7819億1800万ドルを表す）。方法論については付録Ⅲを参照。n.e.s.＝どこにも分類されないもの]

商品グループ	輸出[1]				一般輸入[2]			
	2000	2008	2009	2010	2000	2008	2009	2010
計	781,918	1,287,442	1,056,043	1,278,263	1,218,022	2,103,641	1,559,625	1,913,160
農産物[3]	51,296	115,248	98,423	115,786	39,186	80,662	71,849	82,015
飼料	3,780	7,610	7,763	8,996	597	1,258	1,162	1,349
穀粉	1,310	2,870	2,957	3,037	1,753	4,268	4,161	4,519
コーン	4,695	13,931	9,146	10,181	160	350	283	300
綿、生および綿くず	1,893	4,812	3,365	5,896	28	12	1	8
肉および調整品	7,004	12,584	11,618	13,216	3,841	5,046	4,598	5,071
大豆	5,284	15,455	16,443	18,589	31	182	210	220
野菜、果物	7,477	14,040	14,014	15,712	9,286	19,145	18,571	20,915
小麦	3,374	11,294	5,380	6,769	229	1,080	698	563
製造品[3]	625,894	912,382	743,321	873,246	1,012,855	1,490,383	1,185,889	1,438,617
電算機装置、事務器	46,595	28,639	21,282	22,238	92,133	96,526	91,098	113,476
飛行機部品	15,062	(X)	(X)	(X)	5,572	(X)	(X)	(X)
飛行機	24,777	(X)	(X)	(X)	12,412	(X)	(X)	(X)
アルコール飲料、蒸留	424	1,049	1,007	1,126	2,946	5,478	5,011	5,608
アルミニウム	3,780	6,204	4,291	5,171	6,949	13,429	8,679	10,815
芸術作品／骨とう品	1,387	5,409	4,605	3,034	5,864	7,513	5,031	6,268
かご類	3,309	7,692	8,068	8,360	4,840	12,196	11,530	13,316
化学品、化粧品	5,292	11,534	11,120	12,488	3,539	9,577	8,396	9,564
化学品、染料	4,089	6,238	5,546	7,407	2,667	3,073	2,424	3,105
化学品、肥料	2,249	6,540	3,475	3,731	1,684	8,377	4,156	6,647
化学品、無機化学品	5,359	12,846	10,203	11,806	6,108	16,826	10,790	13,833
化学品、医薬品	12,893	37,379	41,809	41,960	14,685	59,212	60,002	65,170
化学品、n.e.s.	12,264	25,287	20,428	24,136	5,725	12,713	9,582	11,379
化学品、有機化学品	17,990	34,256	27,779	37,494	28,578	47,802	42,183	45,792
化学品、プラスチック	19,519	40,281	33,078	42,019	10,647	18,912	13,694	17,825
衣料品	8,191	3,169	2,919	3,197	64,296	78,893	69,326	78,518
銅	1,425	3,439	2,375	3,496	4,471	10,358	5,596	7,821
コルク、木材、丸太	4,320	4,241	3,495	4,732	8,227	5,704	3,574	4,479
肥料	1,724	2,428	1,765	2,367	1,401	2,966	1,682	2,257
電気機械	89,917	82,049	63,964	77,019	108,747	112,623	91,683	119,634
魚および調整品	2,806	4,017	3,763	4,223	9,907	13,994	12,982	14,576
履き物	663	673	620	728	14,842	19,545	17,523	20,902
家具、部品	4,744	5,170	4,023	4,821	18,923	31,371	24,588	31,124
宝石、ダイヤモンド	1,289	5,943	2,156	2,862	12,068	19,744	12,736	18,599
一般工作機械	33,094	55,192	45,034	51,793	34,667	66,910	50,181	60,426
ガラス	2,502	3,317	2,828	3,380	2,248	2,653	2,117	2,588
非貨幣用の金	5,898	18,714	13,898	17,458	2,657	6,120	8,810	12,491
鉄鋼製品	5,715	18,493	12,022	15,720	15,807	38,910	18,230	24,440
装飾品	1,574	4,834	4,322	4,848	6,459	9,615	8,676	10,085
照明、鉛管	1,384	2,516	2,141	2,509	5,104	7,767	6,120	7,397
金属製造、n.e.s.	13,453	18,743	14,669	17,491	16,204	30,403	21,414	25,913
金属鉱石	4,234	29,431	20,058	28,366	3,817	9,309	5,460	7,293
金属製造機械	6,191	6,074	4,294	5,330	7,726	8,548	4,961	5,565
ニッケル	401	1,567	931	1,130	1,425	3,430	1,665	2,976
光学製品	3,246	2,860	2,773	3,278	4,019	5,090	4,513	5,507
紙、板紙	10,640	14,668	12,891	14,920	15,185	18,073	14,463	15,285
写真機材	4,236	3,595	3,211	3,345	6,896	2,489	1,776	2,048
プラスチック製品、n.e.s.	7,607	9,511	8,224	9,710	8,034	15,793	13,743	16,042
白金	888	1,161	844	1,370	5,566	7,115	2,982	4,146
発電機	32,743	33,658	28,056	33,013	33,773	48,187	36,181	42,465
印刷物	4,776	6,355	5,601	5,879	3,680	5,372	4,231	4,585
パルプ、古紙	4,556	7,744	6,694	8,640	3,381	4,004	2,441	3,887
レコード／磁気メディア	5,395	5,250	4,413	4,424	5,172	6,735	5,183	5,296
ゴム製品、n.e.s.	1,673	1,915	1,625	2,049	1,962	3,169	2,481	3,310
ゴムタイヤ、チューブ	2,379	3,981	3,641	4,159	4,785	9,705	8,136	10,673
科学器具	30,984	42,588	38,105	44,276	22,007	37,275	31,975	37,795
船、ボート	1,070	3,114	1,917	2,498	1,178	1,675	1,267	1,588
特殊工業機械	30,959	51,928	36,956	46,754	22,711	35,574	24,235	30,912
テレビ、ビデオデッキ等	27,921	24,379	19,992	21,511	70,468	133,187	119,392	137,305
織布糸、繊維品	10,534	11,860	9,288	11,384	15,171	21,854	18,232	22,120
おもちゃ／ゲーム／スポーツ用品	3,609	4,697	4,170	4,245	20,011	32,617	27,918	30,630
旅行用具	351	463	449	463	4,430	7,986	6,444	8,012
自動車	57,421	98,871	65,288	88,119	161,544	190,799	127,863	178,946
時計、部品	348	416	356	379	3,481	4,340	3,065	3,747
木製品	1,842	2,491	1,725	2,053	7,228	8,446	6,230	6,920
鉱物燃料[3]	13,179	76,075	54,536	80,460	135,367	491,885	271,739	354,968
石炭	2,162	8,196	6,162	10,100	805	3,958	1,766	2,018
原油	463	2,270	1,618	1,368	89,876	353,537	194,603	260,105
石油調整品	5,746	51,384	36,351	53,528	25,673	87,103	52,584	67,409
液化プロパン／ブタン	663	1,011	1,409	2,448	1,508	4,755	2,202	2,541
天然ガス	411	4,879	3,271	4,921	12,594	34,423	16,056	17,402
鉱物燃料、その他の鉱石	3,734	7,030	5,131	7,434	4,911	4,452	2,444	3,410
再輸出品	68,203	131,066	120,345	155,847	(X)	(X)	(X)	(X)

X 該当なし　1. F.A.S.（船側渡し）ベース。商品輸出は国産品輸出のみ　2. 税関価額基準　3. 個別に明示しないほかの鉱物燃料を含む

資料：U.S. Census Bureau, *U.S. International Trade in Goods and Services*, Series FT-900(07-04), 最終報告; <http://www.census.gov/foreign-trade/Press-Release/2010pr/final_revisions/>（2011年6月9日現在）

No.1309. 航空宇宙産業に関する海外貿易および合衆国総計：1990－2010年

[単位：100万ドル（−101,718は−1017億1800万ドルを表す）および％。国内製品の輸出として報告されたもの。国防総省の出荷、およびカナダへの未報告の輸出を含む。f.a.s（船側引渡し）価格。消費輸入。輸入は通関価格。マイナスは減少を表す]

年	商業貿易			航空宇宙産業貿易						
						輸出				
	貿易収支[1]	輸入	輸出	貿易収支	輸入	計	合衆国輸出に占める割合(%)	民間		軍事
								計	輸送	
1990......	−101,718	495,311	393,592	27,282	11,801	39,083	9.9	31,517	16,691	7,566
1994......	−150,630	663,256	512,626	25,010	12,363	37,373	7.3	30,050	15,931	7,322
1995......	−158,801	743,543	584,742	21,562	11,509	33,071	5.7	25,079	10,606	7,991
1996......	−170,214	795,289	625,075	26,602	13,668	40,270	6.4	29,477	13,624	10,792
1997......	−180,522	869,704	689,182	32,240	18,134	50,374	7.3	40,075	21,028	10,299
1998......	−229,758	911,896	682,138	40,961	23,110	64,071	9.4	51,999	29,168	12,072
1999......	−328,821	1,024,618	695,797	37,381	25,063	62,444	9.0	50,624	25,672	11,820
2000......	−436,104	1,218,022	781,918	26,735	27,944	54,679	7.0	45,566	19,615	9,113
2001......	−411,899	1,140,999	729,100	26,035	32,473	58,508	8.0	49,371	22,151	9,137
2002......	−468,263	1,161,366	693,103	29,533	27,242	56,775	8.2	47,348	21,626	9,427
2003......	−532,350	1,257,121	724,771	27,111	25,393	52,504	7.2	44,366	19,149	8,138
2004......	−654,830	1,469,704	814,875	31,002	25,815	56,817	7.0	47,772	18,577	9,045
2005......	−772,373	1,673,455	901,082	39,783	27,649	67,433	7.5	57,587	21,888	9,845
2006......	−827,971	1,853,938	1,025,967	54,809	30,453	85,262	8.3	71,857	32,897	13,404
2007......	−808,763	1,956,962	1,148,199	60,614	36,610	97,224	8.5	83,977	40,297	13,247
2008......	−816,199	2,103,641	1,287,442	57,389	37,694	95,082	7.4	82,264	33,326	12,819
2009......	−503,582	1,559,625	1,056,043	56,034	25,132	81,166	7.7	70,500	(NA)	10,666
2010......	−633,903	1,912,041	1,278,139	51,152	26,351	77,503	6.1	67,128	(NA)	10,375

NA データなし　1．輸出マイナス（−）輸入

資料：Aerospace Industries Association of America, Washington, DC, *Aerospace Facts and Figures*（年刊）；⟨http://www.aia-aerospace.org/resource-center/economics⟩

No.1310. 合衆国ハイテク製品輸出――産業別、主要相手国別：2000－2009年

[単位：10億ドル（222.5は2225億ドルを表す）]

主要産業	2000	2008	2009	主要相手国	2000	2008	2009
総輸出	222.5	218.8	187.7	総輸出	222.5	218.8	187.7
コンピュータおよび事務機器	57.8	47.0	38.3	カナダ	34.4	29.1	37.3
家庭用電子機器	10.0	8.6	7.6	中国[1]	4.6	15.0	28.1
通信機器	26.9	32.6	29.6	日本	19.9	10.9	28.0
電子部品	22.1	17.5	16.3	韓国	12.1	7.5	14.0
半導体	60.0	50.2	43.6	マレーシア	7.8	8.3	9.0
工業用電子製品	30.5	38.7	28.3	メキシコ	30.0	27.7	7.2
医療用電子機器	8.1	18.3	20.2	台湾[1]	10.4	8.0	7.0
光通信機器	7.1	5.9	3.9	EU（欧州連合）27[2]	51.5	46.9	7.0

1．表No.1332の脚注2を参照

資料：TechAmerica Foundation Trade in the Cyberstates 2010（年刊、copyright）；⟨http://www.techamericafoundation.org⟩ も参照

No.1311. 合衆国の輸出企業の概要――企業のタイプ・雇用別規模：2000、2009年

[668,310は6683億1000万ドルを表す。輸出申請書類および企業の登録に基づくデータ。データの制約については資料のTechnical Documentationを参照。本書前年版の表No.1310も参照]

雇用規模	輸出企業数		輸出額[1]（100万ドル）		構成比(%)			
					輸出企業数		輸出額	
	2000	2009	2000	2009	2000	2009	2000	2009
全企業、計	246,452	275,843	668,310	938,794	100.0	100.0	100.0	100.0
従業員なし	74,772	99,305	47,024	83,161	30.3	36.0	7.0	8.9
従業員1－19人	96,268	107,482	45,272	68,360	39.1	39.0	6.8	7.3
従業員20－49人	31,362	30,582	21,262	37,633	12.7	11.1	3.2	4.0
従業員50－99人	16,988	15,603	19,711	32,572	6.9	5.7	2.9	3.5
従業員100－249人	13,685	11,910	32,192	51,186	5.6	4.3	4.8	5.5
従業員250－499人	5,454	4,387	27,397	35,111	2.2	1.6	4.1	3.7
従業員500人以上	7,923	6,574	475,453	630,770	3.2	2.4	71.1	67.2

1．輸出企業として認知されている企業の輸出額。輸出額はf.a.s.（船側渡し）ベース

資料：U.S. Census Bureau, *A Profile of U.S. Exporting Companies, 2000* および *2008-2009*；⟨http://www.census.gov/foreign-trade/Press-Release/edb/2009/edbrel.pdf⟩

No.1312. 北米産業分類（NAICS）による国産品輸出と消費用輸入：2000－2010年

[単位：100万ドル（712,285は7122億8500万ドルを表す）。貨幣鋳造用以外の金を含む。方法論については付録Ⅲを参照。NAICS＝北米産業分類。第15章の解説を参照]

製品部類	2000	2005	2007	2008	2009	2010
国産品輸出、計	712,285	798,997	1,031,022	1,156,376	935,698	1,122,416
農業、林業、水産業	29,153	37,109	53,517	68,233	55,552	65,737
農産物	23,596	30,683	46,436	61,073	49,069	58,009
家畜、酪農品	1,255	1,118	1,362	1,520	1,409	1,540
林業製品	1,644	1,686	1,925	1,894	1,622	2,178
鮮魚、冷凍魚、その他水産物	2,658	3,622	3,795	3,746	3,452	4,010
鉱物製品、計	6,187	12,629	17,013	24,751	17,332	26,234
原油、天然ガス	1,706	4,547	5,689	8,706	6,570	9,090
金属鉱石、精鉱	4,481	8,082	11,324	16,045	10,762	17,144
製造業製品、計	644,440	708,205	897,516	987,582	802,183	952,409
食料品	24,966	28,937	38,793	48,476	43,843	50,910
飲料・タバコ	5,568	3,423	4,193	4,793	4,373	5,341
織物	7,010	8,483	8,251	8,213	6,434	7,832
織物、布製品	2,236	2,344	2,651	2,611	2,276	2,582
衣料、その他繊維製品	8,104	4,075	3,133	3,055	2,812	3,071
皮革製品	2,322	2,300	2,355	2,266	1,876	2,420
木材製品	4,854	4,463	4,973	5,041	3,976	5,073
紙	15,539	16,640	19,738	21,713	19,175	22,962
印刷物、出版物	4,869	5,526	6,321	6,504	5,747	6,020
石油、石炭製品	8,862	17,979	30,976	58,440	41,494	61,003
化学薬品	77,649	114,821	147,596	166,249	145,896	171,443
プラスチック、ゴム製品	16,970	18,784	22,041	23,403	20,340	24,255
非金属鉱物製品	7,830	6,663	8,372	8,927	7,482	9,223
一次精錬金属製品	20,126	27,455	44,623	54,713	38,173	49,708
組立金属製品	21,737	23,370	29,878	32,483	27,737	32,667
機械（電気機械を除く）	85,038	97,001	122,669	134,117	104,139	126,040
コンピュータ、電子機器	161,449	122,744	135,429	134,757	106,782	121,111
電気製品	25,401	26,457	33,422	34,548	26,498	30,998
輸送機器	121,701	144,985	190,474	192,296	154,120	176,397
家具、建材	2,882	2,844	3,511	3,999	3,525	3,980
その他製造品	19,327	28,909	38,117	40,978	35,486	39,373
特別分類	32,505	41,055	62,069	75,010	59,866	77,186
廃棄物、スクラップ	4,948	10,389	22,020	28,943	21,784	29,411
中古品	1,950	2,570	5,708	7,326	6,005	4,712
返品、再輸入品	333	65	36	47	31	29
その他	25,274	28,030	34,305	38,693	32,046	43,034
消費用輸入、計	1,205,339	1,664,497	1,946,341	2,093,578	1,551,063	1,899,886
農業、林業、水産業	24,378	30,761	37,678	41,068	36,802	42,683
農産物	11,771	15,818	19,677	22,477	21,508	24,014
家畜、酪農品	3,085	3,277	4,691	4,435	3,600	4,115
林業製品	1,409	2,250	2,745	3,417	1,773	3,356
鮮魚、冷凍魚、その他水産物	8,113	9,416	10,565	10,739	9,920	11,198
鉱物製品	79,841	192,115	241,494	341,123	184,585	235,394
原油、天然ガス	76,166	185,621	233,384	329,397	177,929	228,066
金属鉱石、精鉱	3,675	6,494	8,110	11,726	6,655	7,328
製造業製品、計	1,040,329	1,372,004	1,585,062	1,627,042	1,260,343	1,549,521
食料品	18,944	29,779	34,706	39,987	36,131	41,037
飲料・タバコ	8,350	12,849	15,937	15,877	14,454	15,514
織物	7,042	7,450	7,451	6,943	5,283	6,524
織物と布製品	7,347	13,508	15,410	14,984	13,227	15,824
衣料、その他繊維製品	62,928	74,478	78,947	76,182	66,818	75,407
皮革製品	21,463	26,559	29,400	29,479	25,548	30,857
木材製品	15,388	23,654	18,540	14,142	9,746	11,363
紙製品	19,080	22,094	23,472	24,014	18,514	21,029
印刷物、出版物	4,197	5,599	6,347	6,170	4,890	5,323
石油、石炭製品	40,156	81,359	102,303	130,639	75,139	102,161
化学薬品	76,606	131,936	160,297	195,731	162,366	187,631
プラスチック、ゴム製品	17,362	28,072	32,039	33,006	27,744	34,363
非金属鉱物製品	14,740	18,445	19,683	18,070	13,081	16,078
一次精錬金属製品	43,833	64,666	88,928	99,327	55,412	79,025
組立金属製品	27,974	41,026	50,011	51,934	39,780	46,691
機械（電気機械を除く）	79,366	109,619	121,276	123,669	86,832	104,797
コンピュータおよび電子製品	250,694	269,921	312,769	300,391	265,557	324,372
電気製品、部品	39,567	55,179	67,115	67,758	55,519	68,462
輸送機器	213,110	251,386	277,450	254,296	180,256	239,809
家具、建材	15,607	25,096	27,674	26,321	21,586	25,702
その他製造品	56,577	79,329	95,307	98,121	82,475	97,552
特別分類	60,791	69,617	82,054	84,308	69,301	72,253
廃棄物、スクラップ	1,875	3,207	5,031	5,669	3,459	5,260
中古品	6,345	6,026	8,994	7,757	5,205	6,403
返品、再輸入品	33,851	37,024	39,494	40,134	38,101	40,985
その他	18,720	23,359	28,535	30,747	22,535	19,605

資料：U.S. Census Bureau, *U.S. International Trade in Goods and Services*, series FT-900（2010年12月号）；⟨http://www.census.gov/foreign-trade/Press-Release/2010pr/12/⟩

第29章
プエルトリコおよび諸島域

本章では、プエルトリコ、バージン諸島、グアム、米領サモア、北マリアナ諸島に関する経済社会統計のサマリーを示す。

主要な統計は、センサス局による人口・住宅センサス（10年ごと）、全国企業パターン、および農業・企業・製造業・建設業のセンサス（5年ごと）、国立保健統計センター（National Center for Health Statistics）が発行している『Vital Statistics of the United States』（年刊）、およびプエルトリコ計画委員会（Puerto Rico Planning Board）の『Income and Product』（年刊）である。

統治権

合衆国は以下の地域に対する統治権を有する。

プエルトリコとグアム島は1898年12月にスペインが合衆国に対して降伏したのに伴い、1899年に批准されたパリ条約により合衆国に委譲された。プエルトリコは1952年7月25日に共和国となり、独自の憲法のもとで高度な地方自治を獲得した。バージン諸島は50の島から成っており、1917年に合衆国がデンマークから購入した。米領サモアは7島から成っており、合衆国、イギリスおよびドイツの間で1900年に批准された協定に基づいて合衆国の領土となった（スウェイン島は1925年に統合された）。国連安全保障理事会と合衆国の協定により、以前に日本統治下にあった北マリアナ諸島は、国連信託統治制度のもとで1947年～1986年の間、合衆国によって管理された。北マリアナ諸島は、1986年に共和国になった。

センサス

プエルトリコおよび諸島域の特徴は様々に異なるので、センサスによって海外領土の扱い方は一様ではない。1960年人口センサスは北マリアナ諸島を除く全ての海外領土を扱っている（北マリアナ諸島のセンサスは高等弁務官事務所により1958年4月に実施された）。1960年住宅センサスはまた、米領サモアを除外している。1970年、1980年、1990年および2010年の人口センサスと住宅センサスは、5地域全ての海外領土を扱っている。1959年、1969年、1978年の農業センサスは、プエルトリコ、米領サモア、グアム、バージン諸島を扱っている。1964年、1974年および1982年センサスは、米領サモア以外の上記の領土を扱っている。1969年、1978年、1987年、1992年および1997年センサスは、北マリアナ諸島が含まれる。1967年以降、末尾が2そして7で終わる年の5年周期で、議会は経済センサスを権威づけた。先の経済センサスは1949年、1954年、1958年および1963年はプエルトリコで、そして1958年と1963年はグアムおよびバージン諸島で実施された。1967年に、建設産業センサスにプエルトリコが加えられた。1972年には、バージン諸島とグアムが含まれるようになった。1982年、経済センサスは北マリアナ諸島で最初の経済センサス。

その他の章についての情報

本章で提示した統計に加えて、他のデータが本書の各章の州別の表と各表の合計欄に含まれている。用いられた定義と用語については、第1章「人口」、第2章「出生、死亡、結婚、離婚」、第4章「教育」、第17章「農業」、第20章「建築・住宅」、第21章「製造業」、第22章「卸売業および小売業」を参照。

合衆国島嶼部

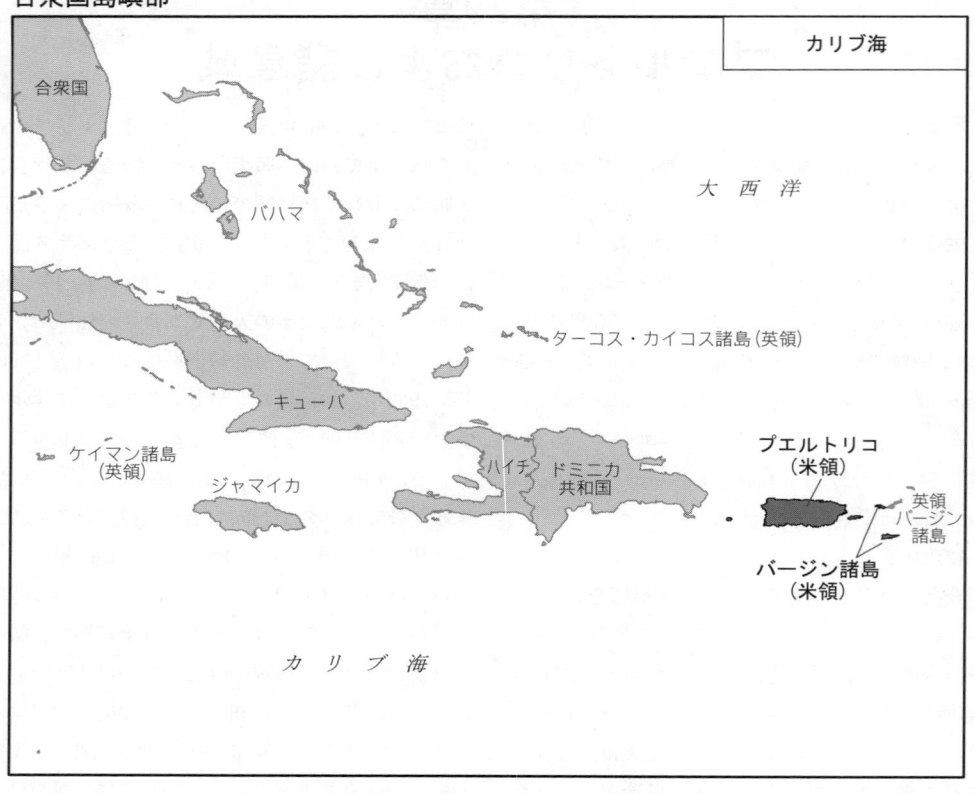

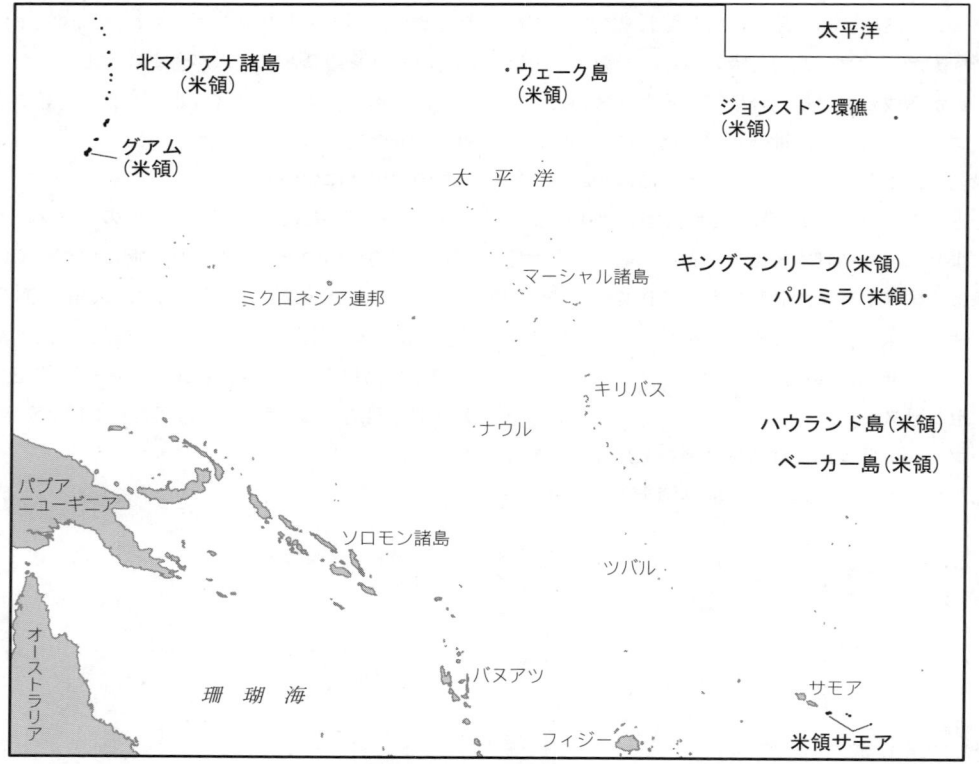

No.1313. 推計居住人口および予測：1990－2025年

[単位：1,000人（3,537は353万7000人を表す）。7月1日現在の人口。人口のデータは、現時点の領土内の数値。1990-2000年のデータはプエルトリコのみ2000年センサスにより改訂済み。数値に関する説明については第30章の解説を参照。方法論、範囲、信頼性については資料を参照]

地域	1990	2000	2005	2007	2008	2009	2010	予測値		
								2015	2020	2025
プエルトリコ	3,537	3,814	3,911	3,941	3,955	3,967	3,979	4,024	4,051	4,055
米領サモア	47	58	62	64	65	66	66	71	75	79
グアム	134	155	169	174	176	178	181	193	204	214
バージン諸島	104	109	110	110	110	110	110	109	108	107
北マリアナ諸島	44	70	71	59	55	51	48	44	49	53

資料：U.S. Census Bureau, International Data Base; <http://census.gov/ipc/www/idb/>（2010年6月現在）

No.1314. 人口動態統計——主な海外領土：1990－2008年

[居住地別。1990年、2000年の各率は4月1日現在の人口に基づく。その他の年については7月1日現在の推計人口に基づく]

地域・年	出生		死亡		幼児死亡	
	出生数	出生率[1]	死亡数	死亡率[1]	死亡数	死亡率[2]
プエルトリコ：						
1990	66,417	18.8	25,957	7.3	888	13.4
1995	63,425	17.0	30,032	8.1	804	12.7
2000	59,333	15.2	28,369	7.2	574	9.7
2005	50,564	12.9	29,531	7.5	466	9.2
2006	48,597	12.4	28,206	7.2	426	8.8
2007	46,642	11.8	29,169	7.4	394	8.5
2008	45,620	11.5	(NA)	(NA)	(NA)	(NA)
グアム：						
1990	3,839	28.6	520	3.9	31	8.1
1995	4,180	29.0	592	4.1	38	9.4
2000	3,766	24.4	648	4.2	22	5.8
2005	3,187	18.9	677	4.0	34	10.7
2006	3,391	19.8	679	4.0	45	13.3
2007	3,483	20.1	778	4.5	36	10.3
2008	3,457	19.6	(NA)	(NA)	(NA)	(NA)
バージン諸島：						
1990	2,267	21.8	480	4.6	33	14.6
1995	2,063	18.1	664	5.8	34	16.6
2000	1,564	12.9	641	5.3	21	13.4
2005	1,605	14.8	663	6.1	11	(B)
2006	1,687	15.5	624	5.7	9	(B)
2007	1,697	15.5	703	6.4	12	(B)
2008	1,784	16.2	(NA)	(NA)	(NA)	(NA)
米領サモア：						
2000	1,731	26.4	219	3.3	11	(NA)
2005	1,720	27.6	272	4.4	12	(B)
2007	1,288	20.1	250	3.9	11	(B)
2008	1,332	20.5	(NA)	(NA)	(NA)	(NA)
北マリアナ諸島：						
2000	1,431	19.9	136	1.9	11	(NA)
2005	1,335	16.6	186	2.3	6	(B)
2007	1,387	16.4	137	1.6	5	(B)
2008	1,265	22.9	(NA)	(NA)	(NA)	(NA)

NA データなし　B 基となる数値が小さすぎて統計的信頼度水準に達しない　1．人口1,000人当たり　2．出生児1,000人当たり幼児死亡率（1歳以上）

資料：U.S. National Center for Health Statistics, National Vital Statistics Reports (NVSR) 出生に関する2008年の暫定値はVol. 59, No. 1（2010年12月）、死亡に関する2007年の暫定値はVol. 58, No. 19（2011年5月）；<http://www.cdc.gov/nchs/nvss.htm> も参照

No.1315. 公立初・中等学校——地域別：2008年

[特に示す場合を除き学校年度（3,413,884は34億1388万4000ドルを表す）]

項目	プエルトリコ	グアム	バージン諸島	米領サモア	北マリアナ諸島	項目	プエルトリコ	グアム	バージン諸島	米領サモア	北マリアナ諸島
在籍者数、秋期現在	503,635	(NA)	15,768	(NA)	10,913	教員	39,356	(NA)	1,331	(NA)	514
初等教育（幼稚園－8学年）	355,115	(NA)	10,567	(NA)	7,816	生徒補助スタッフ	3,828	(NA)	275	(NA)	30
						その他の補助サービススタッフ	16,225	(NA)	165	(NA)	91
中等教育（9－12学年および卒業者）	148,520	(NA)	5,201	(NA)	3,097	経常支出[1]（1,000ドル）	3,413,884	229,243	196,533	63,105	51,241
教職員（秋季）	70,034	(NA)	2,472	(NA)	1,043	生徒1人あたり[2]（ドル）	6,898	8,084	12,358	4,309	5,162
学校区スタッフ	3,182	(NA)	133	(NA)	70						
学校スタッフ	46,799	(NA)	1,899	(NA)	852						

NA データなし　1．公立昼間初・中等学校　2．生徒1人あたり支出は経常支出、資本支出、学校負債に対する利息を含むが、コミュニティサービス、私立学校プログラム、成人教育、およびその他の「その他の経常支出」は公立学校の生徒1人あたり支出に含まれない

資料：U.S. National Center for Education Statistics, *Digest of Education Statistics* （年刊）；<http://nces.ed.gov/annuals> も参照

第29章　プエルトリコおよび諸島域

No.1316. 職種別雇用および年間給与——グアム、プエルトリコ、バージン諸島：2010年

[職種別雇用調査（Occupational Employment Survey; OES）は、職種別の雇用と賃金の推計値を得る目的で半年毎に行われる郵送調査。調査の詳細についてはhttp://www.bls.gov/oes/oesemp.htm#scopeを参照]

職種別	SOCコード[1]	グアム 雇用	グアム 年間平均給与[2]	プエルトリコ 雇用	プエルトリコ 年間平均給与[2]	バージン諸島 雇用	バージン諸島 年間平均給与[2]
計、全職種[3][4]	(X)	59,560	31,250	950,570	26,870	42,700	37,130
管理	11	5,370	57,180	36,110	67,740	2,430	76,880
事業、金融	13	2,250	47,650	41,980	36,430	1,390	51,250
コンピュータ、数学	15	620	43,030	9,360	41,350	370	56,330
建築、工学	17	860	53,550	12,150	50,440	330	66,220
生命科学、物理学、および社会科学	19	350	43,100	7,160	41,800	380	48,670
コミュニティサービスおよびソーシャルサービス	21	620	35,840	18,730	28,420	590	44,010
法律	23	230	67,600	4,640	58,900	460	92,540
教育、訓練および図書館	25	(NA)	(NA)	(NA)	31,320	3,170	39,420
芸術、デザイン、娯楽スポーツ	27	660	27,970	6,590	29,960	390	40,080
医師、医療技師	29	1,500	61,470	45,600	33,250	1,170	58,370
医療補佐	31	860	24,110	13,980	18,700	550	27,180
警察、警備	33	2,640	30,250	62,320	25,350	2,720	32,870
調理、配膳	35	6,380	17,990	66,730	17,740	4,010	22,350
建物、グランドクリーニングおよびメンテナンス	37	3,000	18,800	44,760	18,090	2,530	22,860
対人ケア、サービス	39	1,410	22,620	11,840	19,800	910	21,680
販売、および販売関連職	41	4,270	20,870	101,910	21,960	4,800	26,540
事務、運営補佐	43	10,760	26,620	178,450	23,300	8,240	31,610
農林水産業	45	(NA)	(NA)	1,340	24,930	40	31,940
建設および採鉱	47	5,080	26,700	39,500	20,740	2,160	42,970
設置、修繕、メンテナンス	49	3,150	29,650	31,120	27,510	2,390	43,410
製造業	51	1,650	26,160	68,700	22,360	1,640	43,500
輸送および物流	53	3,630	28,460	55,050	20,660	2,040	29,870

NA データなし　X 該当なし　1．管理予算局の定義による標準職業分類。職種を23の大分類、1-801の小分類に分類している　2．年間給与は、平均時給に「年間フルタイム」の2080時間を掛けて算出した。平均時給が発表されていない職種については、報告された調査データから直接に年間給与を算出した　3．自営業を含まない　4．
資料：U.S. Bureau of Labor Statistics, "Occupational Employment Statistics," <http://www.bls.gov/oes/data.htm> (2011年5月現在)。

No.1317. 米国海外領土における、矯正施設収監者：2007、2008年

[12月31日現在。マイナス（－）は減少を示す]

管轄	総収監者数 2007	総収監者数 2008	変化率(%) 2007-2008	刑期1年以上 2007	刑期1年以上 2008	変化率(%) 2007-2008	収監率 2008[1]
計[2]	14,678	13,576	-7.5	11,465	10,346	-9.8	237
米領サモア	236	132	-44.1	122	48	-60.7	74
グアム[2]	535	578	8.1	320	304	-5.0	173
北マリアナ諸島	137	124	-9.5	78	78	0.0	141
プエルトリコ	13,215	12,130	-8.2	10,553	9,642	-8.6	244
米領バージン諸島	555	612	10.3	392	274	-30.1	249

1．居住人口10万人あたりの、刑期1年以上の収監者数の割合　2．2008年のグアムのデータは推計値
資料：U.S. Bureau of Justice Statistics, Prisoners in 2008, NCJ 228417（2009年12月）; <http://bjs.ojp.usdoj.gov/index.cfm?ty=pbdetail&iid=1763> も参照

No.1318. 個人への連邦直接給付——主要プログラム別：2008年

[単位：1,000ドル（6,944,719は69億4471万9000ドルを表す）。9月30日に終わる会計年度]

給付プログラム	プエルトリコ	グアム	バージン諸島	米領サモア	北マリアナ諸島
退職年金、障害年金、個人への直接支給[1]	6,944,719	244,794	202,372	52,434	30,254
社会保障：					
退職保険	2,960,862	92,355	122,871	14,108	7,617
遺族年金	1,278,912	41,239	30,993	13,931	5,590
障害年金	1,893,913	22,944	24,384	12,586	2,005
連邦政府の退職・障害年金：					
民間人[2]	268,565	56,130	17,308	1,685	7,489
兵員	21,381	8,217	1,772	1,808	899
退役軍人給付：					
職務に関連した障害	308,938	19,765	2,999	7,045	957
その他の給付金	181,969	3,311	694	1,082	120
その他	30,179	833	1,352	190	23

1．個別に示さないその他の支払を含む　2．元郵政省職員に対する退職手当と障害手当を含む
資料：U.S. Census Bureau, Consolidated Federal Funds Reports, Consolidated Federal Funds Report for Fiscal Year, 2008, CFFR/08 (2009年7月); <http://www.census.gov/govs/cffr/> も参照

No.1319. プエルトリコの社会・人口動態・住居の諸特徴：2009年

[プエルトリコ・コミュニティ調査の母集団には世帯人口と施設・大学寮・その他の集団居住施設の居住人口を含む。標本調査に基づく。標本抽出時の誤差あり。本章の解説および付録Ⅲを参照]

特徴	推計値	％	特徴	推計値	％
計	3,967,288	100.0	女性15歳以上	1,678,925	100.0
性・年齢別			未婚	589,767	35.1
			既婚（婚姻継続中、別居を除く）	601,349	35.8
男性	1,905,314	48.0	別居	63,688	3.8
女性	2,061,974	52.0	死別	178,326	10.6
			離婚	245,795	14.6
5歳未満	233,657	5.9			
5－9歳	250,900	6.3	世帯		
10－14歳	300,475	7.6	総世帯数	1,181,112	100.0
15－29歳	304,511	7.7	家族世帯（家族数）	877,711	74.3
20－24歳	282,238	7.1	18歳未満の児童あり	356,561	30.2
25－34歳	541,548	13.7	既婚家族	517,026	43.8
35－44歳	533,184	13.4	18歳未満の児童あり	181,410	15.4
45－54歳	510,276	12.9	男性世帯主、配偶者なし	69,665	5.9
55－59歳	225,347	5.7	18歳未満の児童あり	30,896	2.6
60－64歳	225,750	5.7	女性世帯主、配偶者なし	291,020	24.6
65－74歳	314,267	7.9	18歳未満の児童あり	144,255	12.2
75－84歳	173,673	4.4	非家族世帯	303,401	25.7
85歳以上	71,462	1.8	世帯主単身世帯	268,774	22.8
婚姻状況			65歳以上	114,276	9.7
男性15歳以上	1,503,331	100.0	平均世帯規模	3.32	(X)
未婚	660,765	44.0	平均家族規模	3.96	(X)
既婚（婚姻継続中、別居を除く）	589,141	39.2			
別居	42,309	2.8	民間非施設収容人口の障害者		
死別	44,317	2.9			
離婚	166,799	11.1	5歳以上人口	3,705,320	100.0
			障害者	809,016	21.8

X 該当なし

資料：U.S. Census Bureau, 2009 Puerto Rico Community Survey; "DP-2 PR Selected Social Charecteristics Puerto Rico: 2009"
〈http://factfinder.census.gov/〉（2011年2月現在）

No.1320. プエルトリコの住居保有——世帯の形態別：2009年

[プエルトリコ・コミュニティ調査の母集団には世帯人口と施設・大学寮・その他の集団居住施設の居住人口を含む。標本調査に基づく。標本抽出時の誤差あり。本章の解説および付録Ⅲを参照]

世帯の種類	持ち家	賃貸住宅	世帯の種類	持ち家	賃貸住宅
総世帯数	844,860	336,252	世帯主15－34歳	17,162	48,434
家族世帯	646,413	231,298	世帯主35－64歳	101,580	65,600
既婚夫婦世帯	433,826	83,200	世帯主65歳以上	49,995	8,249
世帯主15－34歳	34,628	23,959	非家族世帯	198,447	104,954
世帯主35－64歳	274,841	50,069	世帯主単身	179,289	89,485
世帯主65歳以上	124,357	9,172	世帯主15－34歳	9,228	12,241
その他家族	212,587	148,098	世帯主35－64歳	83,483	49,546
男性世帯主、配偶者なし	43,850	25,815	世帯主65歳以上	86,578	27,698
世帯主15－34歳	5,134	10,794	世帯主、他人と同居	19,158	15,469
世帯主35－64歳	26,891	13,110	世帯主15－34歳	1,318	5,412
世帯主65歳以上	11,825	1,911	世帯主35－64歳	12,192	8,129
			世帯主65歳以上	5,648	1,928
女性世帯主、配偶者なし	168,737	122,283			

資料：U.S. Census Bureau, 2009 Puerto Rico Community Survey; "B25011.Tenure by Household Type and Age of Householder."
〈http://factfinder.census.gov/〉（2011年2月現在）

No.1321. プエルトリコ──概要：1990-2010年

[3,512.4は351万2400を表す]

項目	単位	1990	2000	2005	2006	2007	2008	2009	2010
人口									
総計 1	1,000人	3,512.4	3,808.0	3,903.5	3,919.9	3,934.6	3,947.7	3,960.7	3,973.0
世帯あたり人数	人	3.7	3.4	3.3	3.2	3.2	3.2	3.2	3.1
教育 2									
在籍者数	1,000人	953.0	971.5	958.7	1,017.7	1,000.5	964.1	951.3	952.4
公立校（公立大学を除く）	1,000人	651.2	612.3	575.6	564.3	540.5	526.5	503.7	493.3
大学	1,000人	156.0	175.0	208.0	209.5	224.0	227.5	235.6	249.4
支出	100万ドル	1,686.4	4,254.1	5,902.4	6,353.4	6,588.5	6,852.6	7,331.7	7,371.7
GNPに占める割合	%	7.8	10.3	11.0	11.2	11.1	11.1	11.2	11.6
公立	100万ドル	1,054.2	3,160.4	4,274.6	4,533.9	4,811.9	5,026.3	5,403.1	5,416.1
私立	100万ドル	644.2	1,093.7	1,627.8	1,819.5	1,776.6	1,826.3	1,928.6	1,955.6
労働力 3									
計 4	1,000人	1,124	1,303	1,385	1,422	1,409	1,368	1,349	1,313
有業者 5	1,000人	963	1,159	1,238	1,256	1,263	1,218	1,168	1,103
農業 6	1,000人	36	24	26	22	16	15	19	17
製造業	1,000人	168	159	138	136	135	129	112	102
商業	1,000人	185	239	261	271	260	257	244	240
政府	1,000人	222	249	274	280	296	279	271	261
失業者	1,000人	161	143	147	166	147	151	181	210
失業率 7	%	14.0	11.0	10.6	11.7	10.4	11.0	13.4	16.0
雇用費用	100万ドル	13,639	23,504	29,372	30,027	30,234	30,869	30,743	29,894
平均雇用費用	ドル	14,854	20,280	23,725	23,907	23,938	25,344	26,321	27,102
賃金俸給	100万ドル	13,639	23,504	25,393	25,844	26,102	26,700	26,510	25,807
所得 8									
個人所得：									
名目価格	100万ドル	21,105	38,856	48,820	50,842	52,110	56,124	58,562	60,401
実質価格（1954年）	100万ドル	5,551	8,491	9,611	9,555	9,542	9,761	9,791	9,850
個人可処分所得：									
名目価格	100万ドル	19,914	36,239	45,488	47,333	48,752	53,075	55,639	57,547
実質価格（1954年）	100万ドル	5,238	7,919	8,955	8,896	8,927	9,230	9,303	9,385
平均家計所得：									
名目価格	ドル	22,232	34,693	41,273	41,505	42,381	45,494	47,315	47,129
実質価格（1954年）	ドル	5,847	7,581	8,125	7,800	7,761	7,926	7,911	7,700
銀行業 9									
資産	100万ドル	27,902	58,813	109,292	112,658	109,320	110,558	106,960	82,851
観光 8									
観光客	1,000人	3,426	4,566	5,073	5,022	5,062	5,213	4,783	4,872
観光客の支出	100万ドル	1,366	2,388	3,239	3,369	3,414	3,535	3,473	3,598
観光客1人あたりの支出	ドル	399	523	638	671	674	678	726	738
純観光収入	100万ドル	383	615	771	806	(NA)	(NA)	(NA)	(NA)

NA データなし　1．1990および2000年は4月1日現在のセンサス値、その他の年は7月1日現在の推計値　2．在籍者数は入学月現在。支出は表示年を年度末とする学校年度。公立校：公立前学校教育、公立初等学校、公立中等学校、公立高等学校、公立各種学校、公立成人教育、公立技術学校、公立職業教育、公立特別教育。大学には公立も私立も含まれる　3．毎月の数値の年平均。会計年度　4．16歳以上の人口　5．個別に明示しないその他の雇用を含む　6．林業、水産業を含む　7．労働力の失業率　8．会計年度　9．6月30日現在。国際銀行と政府系貯蓄銀行は除く

資料：Puerto Rico Planning Board, San Juan, PR, *Economic Report of the Governor* (年刊)；<http://www.gobierno.pr/gprportal/inicio> も参照

No.1322. プエルトリコ──産業別経済：2008年

[単位：1000ドル（16,969,984は169億9984万ドルを表す）。給与支払のある事業所のみを対象とする。自営業者、一般家庭で雇われている者、鉄道職員、農業の生産労働者およびほとんどの政府職員は除外。方法論については付録Ⅲを参照]

産業	2007 北米産業分類 1	事業所総数	従業員数 2	年間給与支払総額 (1000ドル)
事業所数、計 3	(X)	46,348	748,838	16,969,984
建設業	23	2,716	55,402	980,540
製造業	31-33	2,064	106,132	3,526,855
卸売業	42	2,338	36,360	1,218,421
小売業	44-45	10,811	131,689	2,126,121
輸送および倉庫業	48-49	1,093	16,798	419,811
情報産業	51	448	20,862	768,028
金融・保険	52	2,178	40,710	1,565,957
不動産および賃貸業	53	1,716	14,848	304,631
専門・科学・技術サービス	54	4,235	30,341	960,700
企業経営	55	100	5,986	253,552
廃棄物処理・再生サービスの運営および支援	56	1,741	69,968	1,050,359
教育サービス	61	769	35,306	696,622
保健医療および社会扶助	62	7,117	79,624	1,651,276
芸術、娯楽、レクリエーション	71	447	4,082	72,815
宿泊および食料提供サービス	72	4,300	74,733	914,630

X 該当なし　1．2007年北米産業分類（NAICS）については第15章の解説を参照　2．常勤非常勤の、3月12日を含む給与計算期間に支払名簿にのっていた従業員　3．個別に明示しないその他の産業を含む

資料：U.S. Census Bureau, "County Business Patterns" (2010年8月)；<http://www.census.gov/econ/cbp/index.html>

No.1323. プエルトリコ——総生産と純所得：1990－2010年

[単位：100万ドル（21,619は216億1900万ドルを表す）。6月30日を年度末とする会計年度。2010年の数値は暫定値。マイナス（－）は減少を示す]

項目	1990	1995	2000	2005	2008	2009	2010
総生産	21,619	28,452	41,419	53,752	61,665	62,678	63,292
農業	434	318	407	499	519	506	553
製造業	12,126	17,867	24,489	35,581	40,234	44,019	44,641
建設請負および鉱業[1]	720	1,006	2,157	2,155	2,032	1,818	1,658
運輸およびその他の公益事業[2]	2,468	3,276	2,579	2,841	3,097	2,881	2,835
商業	4,728	5,989	6,093	7,368	7,520	7,549	7,708
金融、保険、不動産業	3,896	5,730	10,511	14,694	19,185	18,206	18,862
サービス業	3,015	4,724	9,987	11,520	11,258	11,186	11,728
政府	3,337	4,440	5,478	8,151	8,762	9,047	8,276
中央政府	2,884	3,793	4,601	7,032	7,350	7,567	6,740
自治体	453	647	877	1,118	1,412	1,481	1,536
その他	-8,985	-14,195	-20,283	-29,056	-30,941	-32,534	-32,969
統計上の誤差	-121	-703	585	141	-312	-512	-340
純所得	17,941	23,653	32,610	43,484	48,993	49,989	49,547
農業	486	442	385	479	519	506	554
製造業	11,277	16,685	22,627	33,427	37,299	40,974	41,356
鉱業	26	30	34	42	36	28	27
建設請負	679	903	1,764	1,718	1,661	1,473	1,305
運送およびその他の公益事業[2]	1,778	2,360	1,961	2,075	2,382	2,134	2,044
商業	3,420	4,108	4,995	6,043	6,162	6,180	6,232
金融、保険、不動産業	3,280	4,735	8,175	11,634	13,909	12,803	13,051
サービス業	2,643	4,146	7,475	8,972	9,202	9,377	9,671
中央政府[3]	3,337	4,440	5,478	8,151	8,762	9,047	8,276
その他	-8,985	-14,195	-20,283	-29,056	-30,941	-32,534	-32,969

1. 鉱業は石切場・採石場のみ　2. 倉庫業およびその他の公益事業を含む　3. 他に分類されていない公共事業を含む
資料：Puerto Rico Planning Board, San Juan, PR, *Economic Report of the Governor* (年刊); <http://www.gobierno.pr/gprportal/inicio> も参照

No.1324. プエルトリコ——移転収支：1990－2010年

[単位：100万ドル（4,871は48億7100万ドルを表す）。データは連邦政府と州政府、その他非居住者間の移転支払いを表す。2010年のデータは暫定値。マイナス（－）は減少を示す]

項目	1990	1995	2000	2005	2008	2009	2010
総収入	4,871	6,236	8,659	10,551	13,985	15,445	17,259
連邦政府	4,649	5,912	7,966	9,673	12,858	14,192	16,325
個人への振替[1]	4,577	5,838	7,868	9,547	12,672	13,978	16,082
退役軍人手当	349	440	491	491	609	518	778
メディケア	368	661	1,196	1,825	2,306	2,461	2,510
老齢、障害者、遺族	2,055	2,912	3,863	5,118	6,134	6,620	6,829
栄養援助	880	1,063	1,193	1,306	1,513	1,547	1,605
産業補助金	72	74	98	127	185	213	243
州政府	18	18	15	15	24	36	45
その他非居住者	205	307	679	863	1,103	1,217	890
総支払額	1,801	2,301	2,763	3,583	3,655	4,050	4,349
連邦政府	1,756	2,132	2,693	3,516	3,588	3,883	4,132
個人からの移転	817	1,052	1,326	1,792	1,834	1,866	1,871
メディケア	97	162	191	303	393	441	449
社会保障掛金	720	888	1,133	1,483	1,436	1,421	1,419
産業からの移転	16	49	51	74	104	101	98
失業保険	247	184	234	221	252	534	782
社会保障事業	675	847	1,081	1,429	1,398	1,382	1,381
その他非居住者[2]	45	164	70	67	67	167	217
純取引残高	3,070	3,935	5,897	6,968	10,330	11,394	12,911
連邦政府	2,893	3,780	5,273	6,157	9,270	10,308	12,193
州政府	16	13	10	10	21	32	40
その他非居住者	162	143	614	801	1,040	1,055	677

1. 個別に示さない他の収入と支払いを含む　2. 合衆国州政府を含む
資料：Puerto Rico Planning Board, San Juan, PR, *Economic Report of the Governor* (年刊); <http://www.gobierno.pr/gprportal/inicio> も参照

No.1325. プエルトリコ——商品輸出入：1980－2010年

[単位：100万ドル（9,018は90億1800万ドルを表す）。消費用輸入。第28章の解説を参照]

項目	1980	1985	1990	1995	2000	2004	2005	2006	2007	2008	2009	2010
輸入	9,018	10,162	16,200	18,969	27,006	37,335	40,499	42,380	44,107	41,409	38,922	39,999
合衆国から	5,345	6,130	10,792	12,213	15,172	18,124	20,994	21,982	22,402	19,777	20,038	20,641
その他の地域から	3,673	4,032	5,408	6,756	11,834	19,211	19,505	20,398	21,705	21,632	18,884	19,358
輸出	6,576	11,087	20,402	23,573	43,191	54,997	56,836	59,219	62,401	63,658	59,594	68,337
合衆国へ	5,643	9,873	17,915	20,986	38,335	45,311	47,121	47,452	47,507	46,439	40,779	47,630
その他の地域へ	933	1,214	2,487	2,587	4,856	9,686	9,715	11,767	14,894	17,219	18,815	20,707

資料：U.S. Census Bureau, Foreign Commerce and Navigation, *U.S. Trade with Puerto Rico and U.S. Possessions*, FT 895 および未刊行資料; <http://www.census.gov/foreign-trade/statistics/index.html>。2009年以降は USATradeOnLine, <http://www.usatradeonline.gov/> も参照

No.1326. プエルトリコの農業――概要：2002、2007年

[1クエルダ＝0.97エーカー]

全農場	単位	2002	2007	全農場	単位	2002	2007
農場数	数	17,659	15,745	賃貸	数	1,636	2,425
農場面積	クエルダ	690,687	557,530				
平均面積	クエルダ	39.1	35.4	組織形態別：			
国土面積	クエルダ	2,254,365	2,254,365	個人・家族経営	数	15,843	13,958
農地の割合	％	30.6	24.7	共同経営	数	162	49
規模別：				企業経営	数	595	575
10クエルダ未満	数	7,943	7,502	その他	数	1,059	1,163
10－19クエルダ	数	3,847	3,545	売上高別：			
20－49クエルダ	数	3,228	2,680	1,000ドル未満	数	3,977	4,442
50－99クエルダ	数	1,282	865	1,000－2,499ドル	数	3,471	2,771
100－174クエルダ	数	590	524	2,500－4,999ドル	数	3,044	2,428
175－259クエルダ	数	281	207	5,000－7,499ドル	数	1,575	1,206
260クエルダ以上	数	488	422	7,500－9,999ドル	数	1,087	882
農場主と所有形態：				10,000－19,999ドル	数	1,781	1,497
農場主	数	17,659	15,745	20,000－39,999ドル	数	1,062	1,030
完全所有	数	13,693	11,402	40,000－59,999ドル	数	375	281
部分所有	数	2,330	1,918	60,000ドル以上	数	1,287	1,208

資料：U.S. Department of Agriculture, National Agricultural Statistics Service, *2007 Census of Agriculture-Geographic Area Series Part 52, Puerto Rico*, Vol.1（2009年）；〈http://www.agcensus.usda.gov/Publications/2007/Full_Report/index.asp〉も参照

No.1327. プエルトリコ――農場と農産品売上高：2007年

[515,686は5億1568万6000ドルを表す]

農産物の種類	農場数	市場価格(1000ドル)	農場あたり平均売上高(ドル)	農産物の種類	農場数	市場価格(1000ドル)	農場あたり平均売上高(ドル)
計	15,745	515,686	32,752	園芸作物	524	44,576	85,068
				草その他	256	13,372	52,236
作物（園芸種を含む）	10,206	218,835	(NA)				
コーヒー	5,678	41,824	7,366	牧畜、家禽、その他	5,662	296,850	52,428
パイナップル	53	527	9,942	牛、仔牛	3,568	33,005	9,250
プランタン(バナナの一種)	3,756	44,875	11,947	家禽、家禽製品	1,079	63,574	58,919
バナナ	1,980	10,082	5,092	乳製品	354	184,543	521,307
穀物	969	1,553	1,603	豚	1,075	6,239	5,803
根菜、塊茎	1,691	6,683	3,952	水産養殖	40	833	20,818
果実、ココナツ	2,350	19,904	8,470	その他	787	8,657	11,000
野菜、メロン[1]	1,007	35,440	35,194				

NA　データなし　1. 水耕作物を含む
資料：U.S. Dept. of Agriculture, National Agricultural Statistics Service, *2007 Census of Agriculture-Geographic Area Series Part 52, Puerto Rico*, Vol.1（2009年）；〈http://www.agcensus.usda.gov/Publications/2007/Full_Report/index.asp〉も参照

No.1328. グアム、バージン諸島、北マリアナ諸島の経済概要：2007年

[売上高と給与総額の単位は100万ドル（6,244は62億4400万ドルを表す）。2007年経済センサスに基づく。付録Ⅲを参照。代表的な産業について示す]

代表的な産業	グアム	バージン諸島	北マリアナ諸島	代表的な産業	グアム	バージン諸島	北マリアナ諸島
計：							
事業所数：[1]	3,143	2,583	1,191	有給従業員数[2]	2,394	797	872
売上高	6,244	19,479	1,284	小売業：			
年間給与額	1,101	1,085	246	事業所数	660	641	255
有給従業員数[2]	52,394	35,300	22,622	売上高	1,618	1,397	272
建設業：				年間給与額	150	146	29
事業所数	317	195	50	有給従業員数[2]	8,219	6,773	2,770
売上高	579	352	31	専門、科学、技術サービス業：			
年間給与額	121	115	7	事業所数	227	257	87
有給従業員数[2]	6,011	3,388	528	売上高	231	284	25
製造業：				年間給与額	77	60	9
事業所数	63	70	59	有給従業員数[2]	2,217	1,370	404
売上高	167	(D)	190	宿泊・飲食サービス業：			
年間給与額	39	(D)	57	事業所数	429	255	140
有給従業員数[2]	1,495	([3])	7,094	売上高	635	461	173
卸売業：				年間給与額	155	130	45
事業所数	191	58	72	有給従業員数[2]	11,477	6,146	4,772
売上高	800	288	143				
年間給与額	56	25	10				

D　個別の企業のデータが開示されることを避けるために非公開。上位の計には含まれる　1. 個別に明示しないその他の産業を含む　2. 3月12日を含む給与期間　3. 1000－2499人の有給従業員
資料：U.S. Census Bureau, 2007 Economic Census of the Island Areas, "General Statistics for Island Areas: 2007"；〈http://www.factfinder.census.gov/〉（2010年8月現在）

第30章
国際比較統計

本章では、合衆国との比較を中心に世界統計および多くの諸外国統計を扱う。主として、人口、出生と死亡、社会指標、産業指標、財政、農業、通信および軍事等の統計の国際比較を行う。

各国の統計は、主としてそれぞれの国の年鑑によっている。これらは国によって公刊の間隔や表形式、言語、測定単位が異なる。それ故、国際連合統計局は各国からの報告に基づいて集計を行ない、各種の国際統計年鑑を刊行している。これらは通常英語とフランス語で表される。『Statistical Yearbook』、『Demographic Yearbook』、『International Trade Statistics Yearbook』、『National Accounts Statistics: Main Aggregates and Detailed Tables』、『Population and Vital Statistics Reports』(季刊)、『Monthly Bulletin of Statistics』および『Energy Statistics Yearbook』等である。国連の各専門機関もまた、農業統計、労働統計、保健統計、教育統計あるいはそれらの要覧を発行している。これらの中には、食糧農業機関 (FAO) が発行する『Production Yearbook』と『Trade Yearbook』、国際労働機関 (ILO) が発行する『Yearbook of Labour Statistics』、世界保健機関 (WHO) が発行する『World Health Statistics』、および教育科学文化機関 (Educational, Scientific, Cultural Organization: UNESCO) の『Statistical Yearbook』がある。

合衆国センサス局は、国際データベース <http://www.census.gov/ipc/www/idb/> で、世界各国 (地域) の人口動態に関する主要データの推計値および予測値を公表している。

国際通貨基金 (IMF) と経済協力開発機構 (OECD) も国際統計のデータを収集している。IMFは、財政関連統計の国際比較報告書シリーズを出版している。英語、フランス語、スペイン語で出版されている『International Financial Statistics』、『Direction of Trade』および『Balance of Payments Yearbook』がある。OECDは経済、保健、教育等の分野に関する統計を数多く出版している。『OECD in Figures』、『Main Economic Indicators』、『Economic Outlook』、『National Accounts』、『Labour Force Statistics』、『OECD Health Data』、『Education at a Glance』等である。

統計の範囲、国名、および分類

データの入手可能性と紙数の制約から、国の数や統計範囲は限定されたものにならざるを得ない。本章の各表に採用した国と国名は国務省の独立国・従属国および特殊独立地域のリストに基づいている。

近年、世界には大きな変化が起こった。

1991年には、ソビエト連邦が崩壊し、15の独立国が生まれた。アルメニア、アゼルバイジャン、ベラルーシ、エストニア、グルジア、カザフスタン、キルギスタン、ラトビア、リトアニア、モルドバ、ロシア、タジキスタン、トルクメニスタン、ウクライナ、ウズベキスタンである。

南太平洋では、マーシャル諸島、ミクロネシア、およびパラオが1991年に合衆国からの完全独立を勝ち取った。

1992年、ユーゴスラビア社会主義連邦共和国は解体し、以前の国家を継続させるものはなくなった。ボスニア・ヘルツェゴビナ、クロアチア、スロベニアおよび、マケドニア、旧ユーゴスラブ共和国は独立国として合衆国に承認された。

1992年、マーストリヒト条約 (Treaty of Maastricht) によって12ヵ国からなる欧州連合 (European Union: EU) が創設された。EUは、既存諸国家に取って代わることを意図するひとつの国家というわけではないが、単なる国際機構を超えるものである。各国共通の利益に関する特定の問題に対して欧州レベルで民主的に決断を下せるように、加盟国は各国の主権の一部を委託した共同組織を設立した。この主権の共同管理は欧州統合 (European integration) とも呼ばれる。EUは1995年、2004年と2007年に新規加盟が相次ぎ、そ

の規模を拡大している。27の現加盟国は、オーストリア、ベルギー、ブルガリア、キプロス、チェコ共和国、デンマーク、エストニア、フィンランド、フランス、ドイツ、ギリシャ、ハンガリー、アイルランド、イタリア、ラトビア、リトアニア、ルクセンブルグ、マルタ、オランダ、ポーランド、ポルトガル、ルーマニア、スロバキア、スロベニア、スペイン、スウェーデン、イギリスである。

1992年にEUは、欧州中央銀行（European Central Bank）の管理による単一欧州通貨の導入を伴って、経済通貨同盟（economic and monetary union: EMU）支持を決定した。単一通貨となるユーロは、2002年1月1日に現実のものとなり、ユーロ紙幣と硬貨が当時のEU15ヵ国中12ヵ国（ベルギー、ドイツ、ギリシャ、スペイン、フランス、アイルランド、イタリア、ルクセンブルグ、オランダ、オーストリア、ポルトガル、フィンランド）の通貨に取って替わった。以来、さらに12ヵ国がEU加盟国となったが、スロバキア、スロベニア、マルタ、キプロスおよびエストニアが通貨としてユーロを採用した唯一の新規加盟国であった。

1993年1月1日にチェコスロバキアはその存在をやめ、チェコ共和国とスロバキアという2つの独立国家となった。1993年4月、エリトリアがエチオピアから独立を宣言し、合衆国はこれを承認した。2002年5月には、東チモールがインドネシアからの独立を果たした。

セルビアとモンテネグロはともにかつてユーゴスラビア共和国であったが、2006年5月31日に分離独立した。表No. 1332、1358および1404の人口推計はこの分離独立を反映しているが、大多数の表においては、セルビア・モンテネグロとして両国をあわせて表示している。

2008年2月17日、コソボがセルビアからの独立を宣言し、世界最新の独立国となった。オランダ領アンティルは2010年10月10日に解体。キュラソー島とシント・マールテン島はそれぞれオランダの自治領となった。

表No. 1329－1332、1334および1339に用いた人口の推計値および予測値はセンサス局が作成した。各国の年齢別・性別の人口、出生率、死亡率、および国際移動のデータは、必要に応じて不整合と誤差の修正を行なった。多くの場合、予測値は出生率、死亡率、国際移動の将来の動向をもとに年齢・性別人口の配分を決定することで導かれる。

経済連合

ヨーロッパ経済協力機構（OEEC）は、西ヨーロッパ諸国の地域集合体であり、1948年に国家経済政策と経済の現況を調和させる目的で設立された。1961年9月30日に経済協力開発機構（OECD）に引き継がれた。OECDの加盟国は、オーストラリア、オーストリア、ベルギー、カナダ、チリ、チェコ共和国、デンマーク、エストニア、フィンランド、フランス、ドイツ、ギリシャ、ハンガリー、アイスランド、アイルランド、イスラエル、イタリア、日本、ルクセンブルク、メキシコ、オランダ、ニュージーランド、ノルウェー、ポーランド、ポルトガル、スロバキア、スロベニア、韓国、スペイン、スウェーデン、スイス、トルコ、イギリス、アメリカ合衆国である。

データの質と比較可能性

本章の国際比較データの質と比較可能性は、以下の幾つかの要因の影響を受ける。

(1) 本章で示す国際比較統計の年次は国により、また項目によってまちまちである。ただし、できる限り最近年次を採用することを原則とした。また特に断らない限り暦年である。

(2) 統計のベース、推計方法、データ収集方法、カバレッジ、定義、領土、および誤差などは、項目によって異なる可能性がある。期間等に関する特記事項は脚注に記載してある。大部分の数値は概数であることに注意して利用されたい。

(3) 本章の国際比較表で使用する合衆国の統計は、本章以前の各章で示した同種の数値と必ずしも一致しない。不一致の主たる原因は、使用した原資料の違い、領土の定義の違い（50州のみ、本土のみ、海外領土を含むかどうか、等）、国連その他の資料に調整を加えたこと等が考えられる。

国民所得勘定データの国際比較

国民所得勘定データの国際比較を可能にするために、各国データを共通の通貨単位、通常米国ドルに換算する必要がある。通貨の換算に通常用い

られる為替レートは、各国の相対的購買力を必ずしも反映していない。異なる国で生産される財とサービスの取引額は、それらの間に認められる差異が財とサービスの生産量における実質的な差異を反映していることを意味しているかどうかについて、常に評価しておく必要がある。そのために為替レートの代わりに購買力平価を用いてデフレートを行うこともある（表No.1347、1348および1394を参照）。

表No.1348は、各国の財・サービス取引額を共通の国際物価指数で再評価することによって、数量ベース（実質ベース）で直接に国際比較ができるようにしてある。具体的には、それぞれの国の通貨単位の名目国内総生産の比を、対応するコンスタントタームの国際通貨単位の比で割ることによって二国通貨間のインプリシット購買力平価（PPP）を導出することができる。この意味のPPPは、ある国の通貨1単位で購入することができる相手国の財・サービスの実質量を表している。詳細な情報については、経済協力開発機構（OECD）が毎年出版している『*National Accounts, Main Aggregates*』第1巻を参照。

国際標準産業分類（ISIC）

全経済活動における国際標準産業分類（ISIC）の原型は1948年に構成された。生産、雇用、国民所得およびその他の経済統計の分野において、経済活動の種類によってデータを分類することは、国内、国外を問わず広く行われてきた。多くの国が産業分類を決定するに際してISICを利用している。

合衆国を含む各国の産業分類とISICは比較が可能である。各国の産業分類はその細かいカテゴリーと対応するように規定されているからである。国連の国際労働機関（ILO）、食糧農業機関（FAO）およびその他の国際機関は、統計データの出版および分析にISICを用いている。ISICの改訂は1958年、1968年、1989年、2000年および2008年に行われた。

世界地図

826－834ページに地域別の世界地図を掲載した（地図上の各国の位置についてはNo.1331のデータを参照）。この一連の地図にはロビンソン投影図法が用いられている。投影図法は丸い地表を平面に移しかえる手法であるが、多少の歪みは避けられない。ロビンソン図法では、この歪みは赤道のまわりと中央から45度以内では非常に小さいが、極地点で最大となる。地図および投影図法については「Earth Science Information Center」（U.S. Geological Survey, 507 National Center, Reston, VA, 22092）に問い合わせること。

ＳＯ　世界

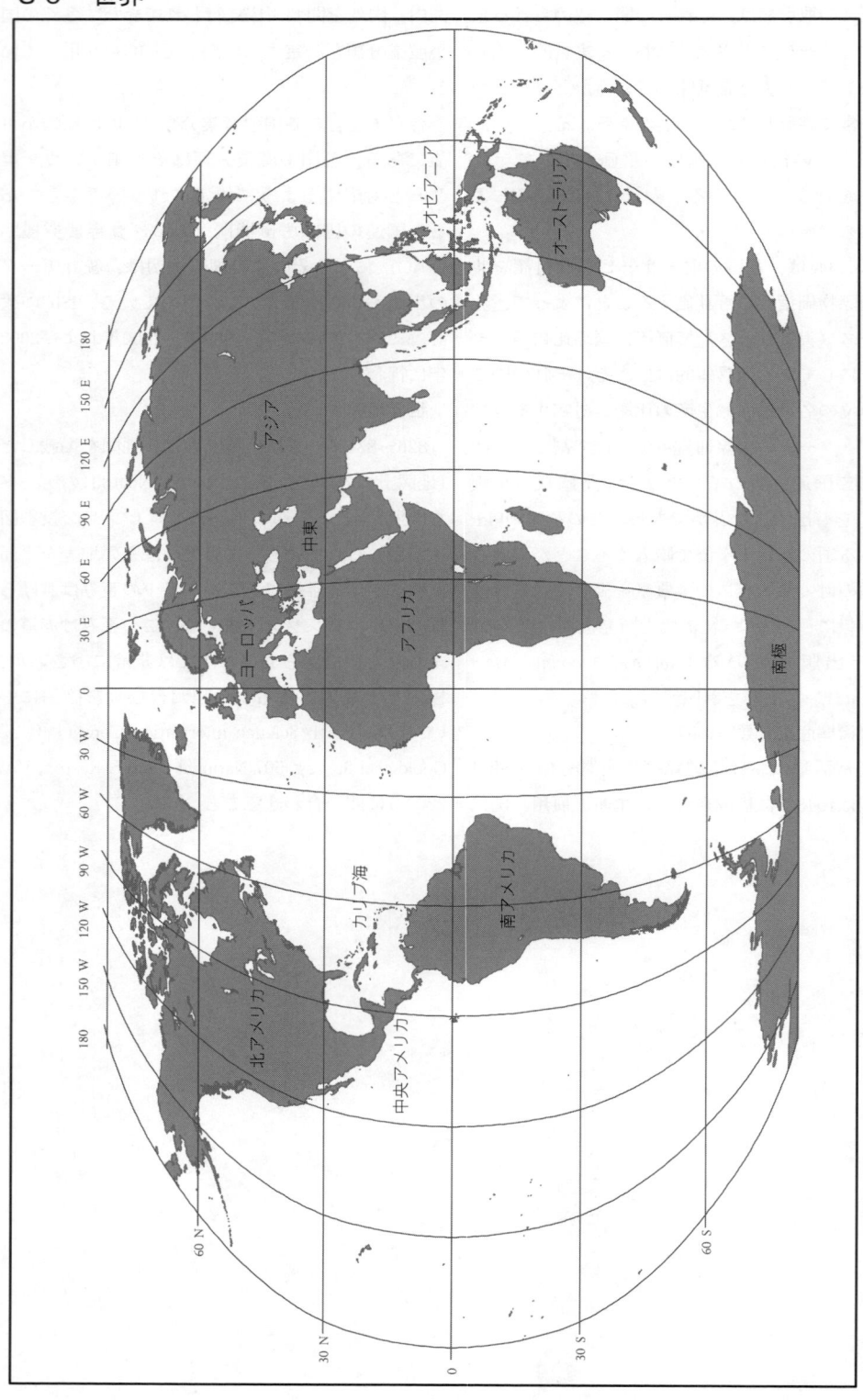

S 1 (北アメリカ)

S2（中央アメリカ、カリブ海）

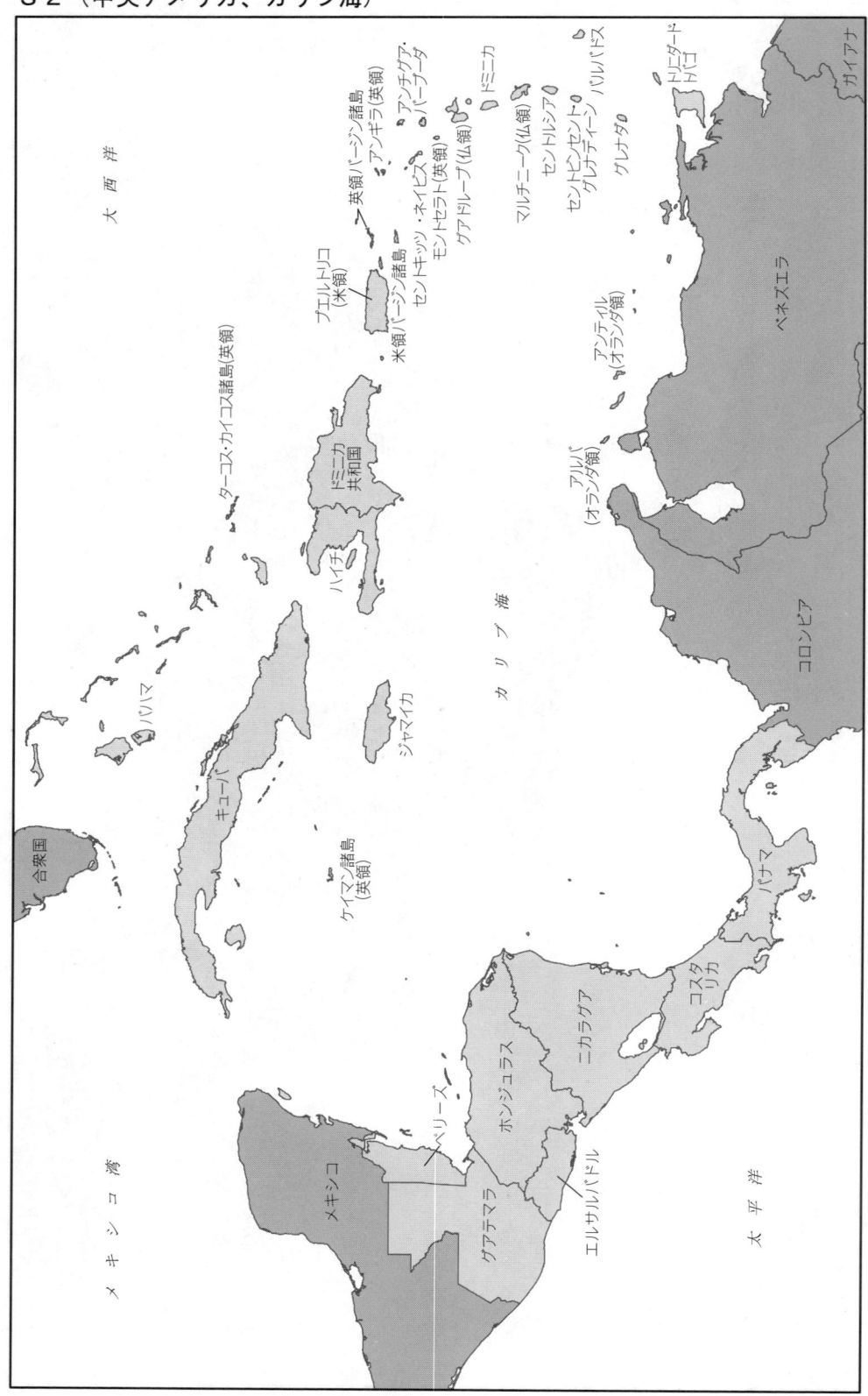

S3（南アメリカ）

S 4（ヨーロッパ）

S5（アフリカ）

S6（中東）

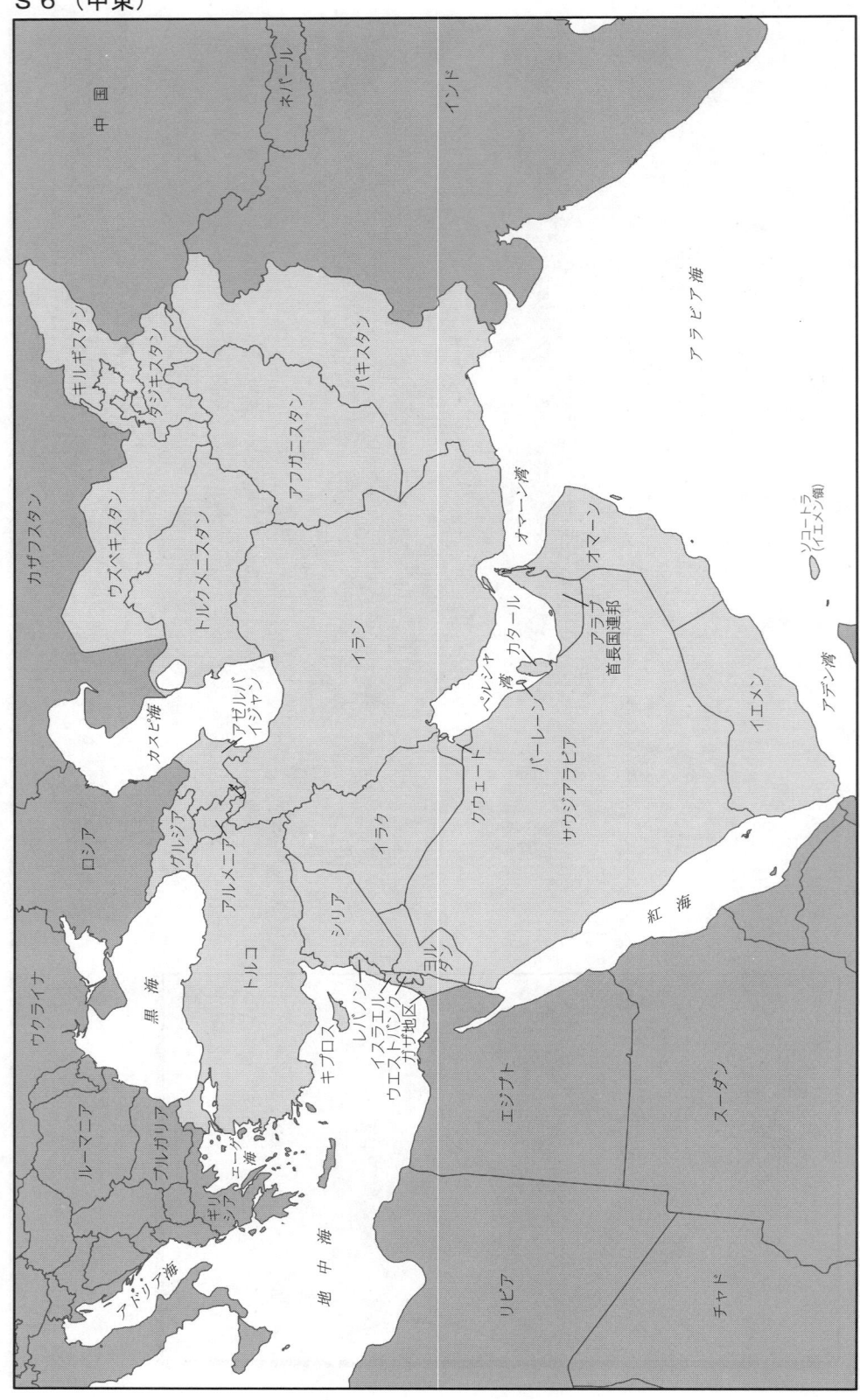

S 7（アジア）

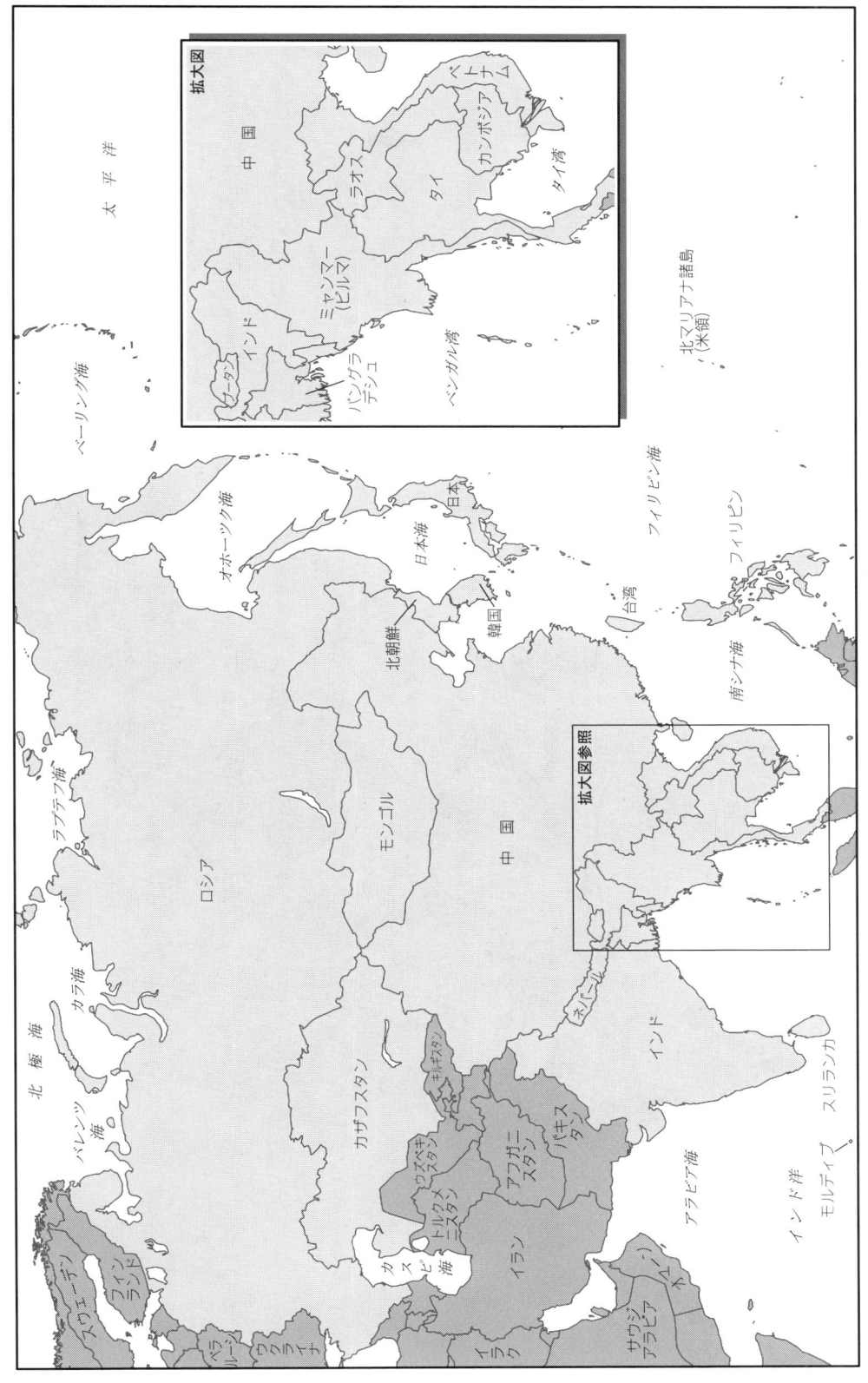

S8（オセアニア）

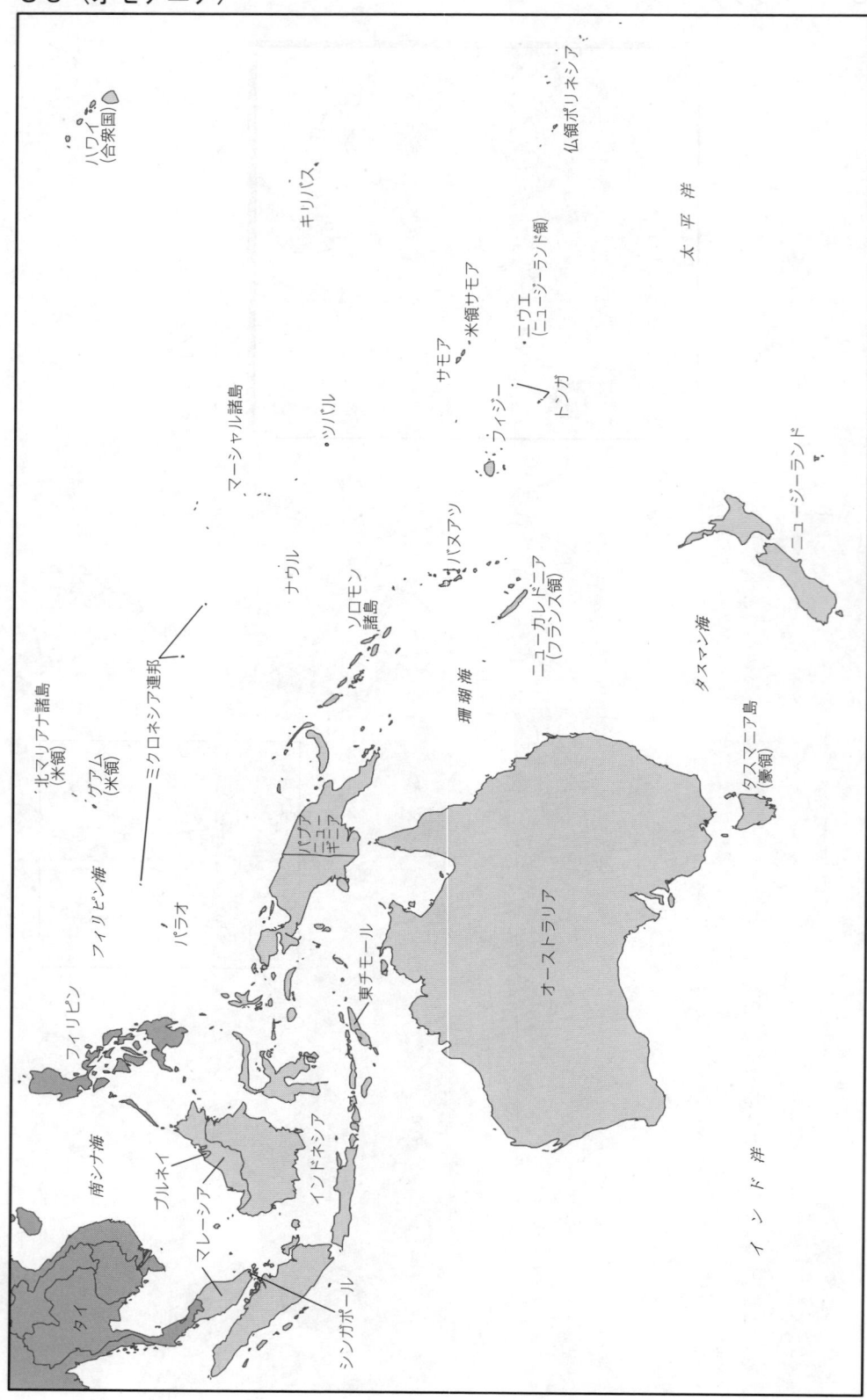

No.1329. 世界人口：1980－2050年

[年央現在。単位：100万人（4,453は44億5300万人を表す）]

年	人口 (100万人)	年平均[1] 成長率 (%)	年平均[1] 人口変化 (100万人)	年	人口 (100万人)	年平均[1] 成長率 (%)	年平均[1] 人口変化 (100万人)
1980	4,453	1.8	82.7	2015	7,231	1.0	74.7
1985	4,858	1.7	83.7	2020	7,597	0.9	70.8
1990	5,289	1.6	83.0	2025	7,941	0.8	65.6
1995	5,700	1.4	80.1	2030	8,259	0.7	60.4
2007	6,624	1.2	77.2	2035	8,551	0.6	55.5
2008	6,701	1.1	76.2	2040	8,820	0.6	50.8
2009	6,777	1.1	76.1	2045	9,064	0.5	45.9
2010	6,853	1.1	76.1	2050	9,284	(NA)	(NA)

NA　データなし　1．表示年からその翌年にかけての変化を示す

資料：U.S. Census Bureau, "International Data Base"（2010年6月刊）; ⟨http://www.census.gov/ipc/www/idb/⟩

No.1330. 大陸の人口：1980－2050年

[単位：100万人、%は除く（4,453は44億5300万人を表す）。年央値]

年	世界	アフリカ[1]	北アメリカ[1]	南アメリカ[1]	アジア	ヨーロッパ[1]	オセアニア
1980	4,453	479	371	242	2,644	695	23
1990	5,289	630	424	297	3,189	723	26
2000	6,089	803	486	348	3,691	730	30
2010	6,853	1,015	539	396	4,133	734	35
2020	7,597	1,261	595	440	4,531	731	39
2030	8,259	1,532	648	477	4,841	718	43
2040	8,820	1,827	695	504	5,049	698	46
2050	9,284	2,138	739	520	5,167	671	49
構成比(%)							
1980	100.0	10.7	8.3	5.4	59.4	15.6	0.5
2000	100.0	13.2	8.0	5.7	60.6	12.0	0.5
2050	100.0	23.0	8.0	5.6	55.7	7.2	0.5

1．フランスに関する推計値および予測値は、仏領ガイアナ・グアドループ・マルティニク・レユニオンを含む。これらの地域は現在フランスに含まれているが、以前のリリースではそれぞれの地理上の地域に含まれていた（仏領ギアナは南米、グアドループとマルティニクは北アメリカ、レユニオンはアフリカ）。サンバルテルミ島およびサンマルタン島は2007グアドループから分離してフランス領となることを投票で決定。北アメリカ大陸計に含まれる

資料：U.S. Census Bureau, "International Data Base"（2010年6月刊）; ⟨http://www.census.gov/ipc/www/idb/⟩

No.1331. 人口および人口変化——発展段階別：1950－2050年

[単位：100万人（2,557は25億5700万人を表す）、年央値。マイナス（－）は減少を示す。発展途上国には、アフリカ諸国、日本を除くアジア諸国、NIS諸国、ラテンアメリカ・カリブ海沿岸諸国およびオーストラリアとニュージーランドを除くオセアニア諸国が含まれる。発展途上国の定義は国連の採用するものと同じ]

年	人口（100万人） 世界	発展途上国[1]	先進国[1]	世界に占める割合(%) 発展途上国[1]	先進国[1]
人口					
1950	2,557	1,749	807	68.4	31.6
1960	3,042	2,132	911	70.1	29.9
1970	3,713	2,709	1,004	73.0	27.0
1980	4,453	3,371	1,082	75.7	24.3
1990	5,289	4,145	1,144	78.4	21.6
2000	6,089	4,895	1,193	80.4	19.6
2010	6,853	5,622	1,231	82.0	18.0
2020	7,597	6,338	1,259	83.4	16.6
2030	8,259	6,984	1,275	84.6	15.4
2040	8,820	7,539	1,281	85.5	14.5
2050	9,284	8,005	1,279	86.2	13.8
人口変化					
1950－1960	486	382	104	78.7	21.3
1960－1970	670	578	93	86.2	13.8
1970－1980	740	662	78	89.4	10.6
1980－1990	836	774	62	92.5	7.5
1990－2000	800	751	49	93.8	6.2
2000－2010	764	727	38	95.1	4.9
2010－2020	744	716	28	96.2	3.8
2020－2030	662	646	16	97.6	2.4
2030－2040	561	555	6	99.0	1.0
2040－2050	464	466	－2	100.3	－0.3

1．表No.1330の脚注1を参照

資料：U.S. Census Bureau, "International Data Base"（2010年6月刊）; ⟨http://www.census.gov/ipc/www/idb/⟩

No.1332. 世界の地域・国別人口：1990－2020年

[5,288,828は52億8882万8000人を表す。人口データは、現在の領土についての数値である。人口の推計値は2010年春現在得られる情報を基に推計した。データに関する概説については本章の解説を参照。推計方法、カバレッジ、信頼度の詳細については資料を参照。マイナス（－）は減少を示す。本書前年版の表No.1331も参照］

国または地域	参照地図[1]	年央人口(1,000人)				順位 2010	年成長率[2] 2010-2020 (％)	1平方マイルあたり人口 2010	面積[3] (平方マイル)
		1990	2000	2010	2020, 予測値				
世界、計	S0	5,288,828	6,088,684	6,853,019	7,597,239	(X)	1.0	134	50,972,239
アフガニスタン	S6	13,449	22,021	29,121	35,975	41	2.1	116	251,826
アルバニア	S4	3,245	3,158	2,987	3,075	135	0.3	282	10,578
アルジェリア	S5	25,089	30,429	34,586	38,594	35	1.1	38	919,591
アンドラ	S4	53	65	85	86	199	0.1	468	181
アンゴラ	S5	8,297	10,377	13,068	15,898	70	2.0	27	481,351
アンティグア・バーブーダ	S2	64	75	87	98	198	1.2	508	171
アルゼンチン	S3	33,036	37,336	41,343	45,379	32	0.9	39	1,056,637
アルメニア	S6	3,377	3,043	2,967	3,017	137	0.2	272	10,889
オーストラリア	S8	16,956	19,053	21,516	23,939	54	1.1	7	2,966,138
オーストリア	S4	7,723	8,113	8,214	8,220	92	(Z)	258	31,832
アゼルバイジャン	S6	7,200	7,809	8,304	9,058	91	0.9	260	31,903
バハマ	S2	245	283	310	338	177	0.8	80	3,865
バーレーン	S6	501	635	738	827	163	1.1	2,580	286
バングラデシュ	S7	112,213	132,151	156,118	183,109	7	1.6	3,106	50,258
バルバドス	S2	262	274	286	295	180	0.3	1,721	166
ベラルーシ	S4	10,201	10,034	9,613	9,249	88	－0.4	123	78,340
ベルギー	S4	9,969	10,264	10,423	10,465	79	(Z)	892	11,690
ベリーズ	S2	191	248	315	380	176	1.9	36	8,805
ベニン	S5	4,705	6,619	9,056	11,956	90	2.8	212	42,711
ブータン	S7	615	606	700	782	164	1.1	47	14,824
ボリビア	S3	6,574	8,195	9,947	11,640	84	1.6	24	418,263
ボスニア・ヘルツェゴビナ	S4	4,424	4,035	4,622	4,592	120	－0.1	234	19,763
ボツワナ	S5	1,265	1,680	2,029	2,312	144	1.3	9	218,815
ブラジル	S3	151,170	176,320	201,103	222,608	5	1.0	62	3,266,183
ブルネイ	S8	253	325	395	464	175	1.6	194	2,033
ブルガリア	S4	8,894	7,818	7,149	6,569	98	－0.8	171	41,888
ブルキナファソ	S5	8,361	11,588	16,242	21,978	61	3.0	154	105,714
ミャンマー（ビルマ）	S7	40,464	47,439	53,414	59,126	24	1.0	212	252,320
ブルンジ	S5	5,536	6,823	9,863	13,429	85	3.1	995	9,915
カンボジア	S7	9,368	12,351	14,454	16,927	66	1.6	212	68,152
カメルーン	S5	11,884	15,343	19,294	23,471	58	2.0	106	182,513
カナダ	S1	27,791	31,100	33,760	36,387	36	0.7	10	3,511,006
カーボヴェルデ	S5	340	430	509	583	169	1.4	327	1,557
中央アフリカ共和国	S5	3,085	3,980	4,845	5,991	116	2.1	20	240,534
チャド	S5	5,841	7,943	10,543	12,756	78	1.9	22	486,177
チリ	S3	13,129	15,156	16,746	18,058	60	0.8	58	287,186
中華人民共和国[4]	S7	1,148,364	1,263,638	1,330,141	1,384,545	1	0.4	360	3,694,942
コロンビア	S3	33,147	38,910	44,205	49,085	29	1.0	103	428,225
コモロ	S5	429	579	773	1,001	160	2.6	896	863
コンゴ（ブラザビル）[5]	S5	2,266	3,104	4,126	5,444	126	2.8	31	131,853
コンゴ（キンシャサ）[5]	S5	39,047	51,849	70,916	95,605	19	3.0	81	875,308
コスタリカ	S2	3,023	3,883	4,516	5,098	122	1.2	229	19,714
コートジボアール	S5	12,491	16,885	21,059	25,504	57	1.9	172	122,781
クロアチア	S4	4,508	4,411	4,487	4,427	123	－0.1	208	21,612
キューバ	S2	10,513	11,106	11,477	11,647	73	0.1	271	42,402
キプロス	S6	745	920	1,103	1,267	157	1.4	309	3,568
チェコ共和国	S4	10,310	10,270	10,202	10,013	81	－0.2	342	29,825
デンマーク	S4	5,141	5,337	5,516	5,642	109	0.2	337	16,384
ジブチ	S5	499	669	741	922	162	2.2	83	8,950
ドミニカ	S2	70	71	73	74	201	0.2	251	290
ドミニカ共和国	S2	7,084	8,469	9,824	11,109	86	1.2	527	18,656
エクアドル	S3	10,318	12,446	14,791	16,905	65	1.3	138	106,888
エジプト	S5	54,907	65,159	80,472	96,260	16	1.8	209	384,344
エルサルバドル	S2	5,110	5,850	6,052	6,217	106	0.3	756	8,000
赤道ギニア	S5	371	491	651	836	166	2.5	60	10,830
エリトリア	S5	3,138	4,197	5,793	7,260	108	2.3	149	38,996
エストニア	S4	1,569	1,380	1,291	1,203	154	－0.7	79	16,366
エチオピア	S5	48,397	64,165	88,013	120,420	14	3.1	228	386,100
フィジー	S8	740	805	876	936	158	0.7	124	7,056
フィンランド	S4	4,986	5,169	5,255	5,272	112	(Z)	45	117,303
フランス	S4	58,168	61,137	64,768	67,518	21	0.4	262	247,125
ガボン	S5	938	1,236	1,545	1,877	151	1.9	16	99,485
ガンビア	S5	949	1,368	1,824	2,317	147	2.4	472	3,861
グルジア	S6	5,426	4,777	4,601	4,440	121	－0.4	171	26,911
ドイツ[6]	S4	79,380	82,188	82,283	81,422	15	－0.1	611	134,622
ガーナ	S5	15,408	19,752	24,340	28,784	47	1.7	277	87,851
ギリシャ	S4	10,130	10,559	10,750	10,742	75	(－Z)	213	50,443
グレナダ	S2	94	102	108	113	191	0.5	812	133
グアテマラ	S2	8,966	11,085	13,550	16,264	68	1.8	328	41,374
ギニア	S5	6,118	8,350	10,324	13,420	80	2.6	109	94,871
ギニア・ビサウ	S5	996	1,279	1,565	1,893	150	1.9	144	10,857
ガイアナ	S3	772	786	748	754	161	0.1	10	76,003
ハイチ	S2	6,798	8,413	9,649	10,693	87	1.0	907	10,641
ホンジュラス	S2	4,794	6,359	7,989	9,465	93	1.7	185	43,201
ハンガリー	S4	10,372	10,147	9,992	9,772	83	－0.2	289	34,598
アイスランド	S1	255	281	309	329	178	0.6	8	38,707
インド	S7	838,159	1,006,300	1,173,108	1,326,093	2	1.2	1,022	1,147,951
インドネシア	S8	181,770	213,829	242,968	267,532	4	1.0	347	699,447
イラン	S6	58,100	68,632	76,923	86,543	18	1.2	130	591,349

本表末尾の脚注を参照

No.1332. 世界の地域・国別人口：1990－2020年（続）

[836頁の頭注を参照]

国または地域	参照地図[1]	年央人口（1,000人）				順位 2010	年成長率[2] 2010-2020 （％）	1平方マイルあたり人口 2010	面積[3] （平方マイル）
		1990	2000	2010	2020, 予測値				
イラク	S6	18,140	22,679	29,672	36,889	40	2.2	176	168,868
アイルランド	S4	3,508	3,822	4,623	5,177	119	1.1	174	26,596
イスラエル	S6	4,478	6,115	7,354	8,479	96	1.4	880	8,356
イタリア	S4	56,743	57,719	58,091	57,028	23	-0.2	512	113,568
ジャマイカ	S2	2,347	2,616	2,847	3,051	138	0.7	681	4,182
日本	S7	123,537	126,729	126,804	121,633	10	-0.4	901	140,728
ヨルダン	S6	3,267	4,688	6,407	7,278	102	1.3	187	34,286
カザフスタン	S7	16,398	15,032	15,460	15,977	63	0.3	15	1,042,355
ケニア	S5	23,354	30,508	40,047	48,319	33	1.9	182	219,745
キリバス	S8	71	85	99	112	195	1.2	318	313
北朝鮮	S7	20,019	21,263	22,757	23,433	50	0.3	490	46,490
大韓民国	S7	42,869	46,839	48,636	49,362	26	0.1	1,300	37,421
コソボ	S4	1,862	1,700	1,815	1,933	148	0.6	432	4,203
クウェート	S6	2,142	1,974	2,789	3,744	139	2.9	405	6,880
キルギスタン	S6	4,382	4,851	5,509	6,314	110	1.4	74	74,054
ラオス	S7	4,210	5,397	6,368	7,447	104	1.6	71	89,112
ラトビア	S4	2,664	2,376	2,218	2,077	141	-0.7	92	24,034
レバノン	S6	3,440	3,791	4,125	4,243	127	0.3	1,044	3,950
レソト	S5	1,703	1,916	1,920	1,969	146	0.3	164	11,720
リベリア	S5	2,139	2,601	3,685	4,727	129	2.5	99	37,189
リビア	S5	4,146	5,125	6,461	7,759	101	1.8	10	679,359
リヒテンシュタイン	S4	29	32	35	37	211	0.5	567	62
リトアニア	S4	3,695	3,654	3,545	3,435	130	-0.3	146	24,201
ルクセンブルク	S4	383	439	498	556	170	1.1	498	998
マケドニア	S4	1,861	2,015	2,072	2,113	143	0.2	211	9,820
マダガスカル	S5	11,633	15,742	21,282	28,374	56	2.9	95	224,533
マラウイ	S5	9,546	11,802	15,448	20,204	64	2.7	425	36,324
マレーシア	S8	17,882	23,151	28,275	32,652	43	1.4	223	126,895
モルジブ	S7	217	300	396	392	174	-0.1	3,439	115
マリ	S5	8,327	10,621	13,796	17,890	67	2.6	29	471,116
マルタ	S4	359	390	407	419	173	0.3	3,334	122
マーシャル諸島	S8	46	53	66	78	204	1.7	942	70
モーリタニア	S5	1,925	2,501	3,205	4,005	133	2.2	8	397,954
モーリシャス	S5	1,062	1,186	1,294	1,379	153	0.6	1,651	784
メキシコ	S1	84,914	99,927	112,469	124,654	11	1.0	150	750,558
ミクロネシア連邦	S8	109	108	107	102	192	-0.5	395	271
モルドバ	S4	4,394	4,391	4,317	4,267	124	-0.1	340	12,699
モナコ	S4	30	32	31	31	213	0.1	39,609	1
モンゴル	S7	2,218	2,664	3,087	3,535	134	1.4	5	599,828
モンテネグロ	S4	583	732	667	639	165	-0.4	128	5,194
モロッコ	S5	24,000	28,113	31,627	34,956	38	1.0	184	172,317
モザンビーク	S5	12,667	18,125	22,061	26,480	52	1.8	73	303,622
ナミビア	S5	1,471	1,893	2,128	2,263	142	0.6	7	317,873
ナウル	S8	9	10	9	10	223	0.5	1,143	8
ネパール	S7	18,918	24,818	28,952	34,209	42	1.7	523	55,348
オランダ	S4	14,952	15,908	16,783	17,332	59	0.3	1,283	13,086
ニュージーランド	S8	3,414	3,802	4,252	4,615	125	0.8	41	103,363
ニカラグア	S2	3,685	4,935	5,996	7,030	107	1.6	129	46,328
ニジェール	S5	7,842	10,951	15,878	22,749	62	3.6	32	489,073
ナイジェリア	S5	96,604	123,179	152,217	182,344	8	1.8	433	351,648
ノルウェー	S4	4,242	4,492	4,676	4,836	118	0.3	40	117,483
オマーン	S6	1,794	2,432	2,968	3,635	136	2.0	25	119,498
パキスタン	S6	118,816	152,429	184,405	213,719	6	1.5	620	297,635
パラオ	S8	15	19	21	22	218	0.4	118	177
パナマ	S2	2,393	2,900	3,411	3,894	132	1.3	119	28,703
パプアニューギニア	S8	3,683	4,813	6,065	7,259	105	1.8	35	174,849
パラグアイ	S3	4,200	5,418	6,376	7,192	103	1.2	42	153,398
ペルー	S3	21,600	26,087	29,907	33,230	39	1.1	61	494,207
フィリピン	S7	65,088	81,222	99,900	119,329	12	1.8	868	115,124
ポーランド	S4	38,119	38,654	38,464	37,949	34	-0.1	327	117,473
ポルトガル	S4	9,923	10,336	10,736	10,842	76	0.1	304	35,317
カタール	S6	446	627	841	905	159	0.7	188	4,473
ルーマニア	S4	22,866	22,447	21,959	21,303	53	-0.3	247	88,761
ロシア	S7	147,973	146,710	139,390	132,242	9	-0.5	22	6,323,451
ルワンダ	S5	6,999	8,398	11,056	14,327	74	2.6	1,161	9,524
セントキッツ・ネビス	S2	42	46	50	54	208	0.8	495	101
セント・ルシア	S2	138	153	161	166	188	0.3	688	234
セント・ビンセント・グレナディーン諸島	S2	107	108	104	101	194	-0.3	694	150
サモア	S8	163	176	192	204	185	0.6	176	1,089
サンマリノ	S4	23	27	31	34	212	0.8	1,336	24
サントメ・プリンシペ	S5	116	141	176	211	187	1.8	472	372
サウジアラビア	S6	16,061	21,312	25,732	29,819	46	1.5	31	829,996
セネガル	S5	7,348	9,469	12,323	15,736	71	2.4	166	74,336
セルビア	S4	7,786	7,604	7,345	7,012	97	-0.5	246	29,913
セーシェル	S5	71	79	88	96	197	0.8	503	176
シエラレオネ	S5	4,228	3,809	5,246	6,625	113	2.3	190	27,653
シンガポール	S8	3,047	4,037	4,701	5,015	117	0.6	17,723	265
スロバキア	S4	5,263	5,400	5,470	5,494	111	(Z)	295	18,573
スロベニア	S4	1,991	2,011	2,003	1,951	145	0.3	257	7,780
ソロモン諸島	S8	321	434	559	685	168	2.0	52	10,805
ソマリア	S5	6,692	7,386	10,112	13,272	82	2.7	42	242,215

本表末尾の脚注を参照

No.1332. 世界の地域・国別人口：1990－2020年（続）

[836頁の頭注を参照]

国または地域	参照地図[1]	年央人口(1,000人)				順位 2010	年成長率[2] 2010-2020 (%)	1平方マイルあたり人口 2010	面積[3] 2010 (平方マイル)
		1990	2000	2010	2020,予測値				
南アフリカ	S5	38,476	45,064	49,109	48,530	25	-0.1	105	468,907
スペイン	S4	39,351	40,589	46,506	50,016	27	0.7	241	192,656
スリランカ	S7	17,365	19,436	21,514	23,112	55	0.7	862	24,954
スーダン	S5	25,888	34,109	43,940	56,292	30	2.5	48	917,374
スリナム	S3	395	432	487	537	172	1.0	8	60,232
スワジランド	S5	882	1,144	1,354	1,513	152	1.1	204	6,642
スウェーデン	S4	8,601	8,924	9,074	9,245	89	0.2	57	158,430
スイス	S4	6,837	7,267	7,623	7,751	94	0.2	494	15,443
シリア	S6	12,500	16,471	22,198	24,744	51	1.1	313	70,900
タジキスタン	S6	5,272	6,230	7,487	8,874	95	1.7	137	54,637
タンザニア	S5	25,214	33,712	41,893	49,989	31	1.8	122	342,008
タイ	S7	55,197	62,157	67,090	70,768	20	0.5	340	197,255
東ティモール	S8	746	847	1,155	1,389	156	1.8	201	5,743
トーゴ	S5	3,721	4,992	6,587	8,608	100	2.7	314	20,998
トンガ	S8	92	102	123	141	189	1.4	443	277
トリニダード・トバゴ	S2	1,255	1,252	1,229	1,209	155	-0.2	621	1,980
チュニジア	S5	8,211	9,568	10,589	11,559	77	0.9	177	59,985
トルコ	S6	56,561	67,329	77,804	86,757	17	1.1	262	297,155
トルクメニスタン	S6	3,658	4,385	4,941	5,529	115	1.1	27	181,440
ツバル	S8	9	10	10	11	222	0.8	1,043	10
ウガンダ	S5	17,456	23,956	33,399	47,691	37	3.6	439	76,100
ウクライナ	S4	51,622	49,005	45,416	42,561	28	-0.6	203	223,679
アラブ首長国連邦	S6	1,826	3,219	4,976	6,495	114	2.7	154	32,278
イギリス	S4	57,411	59,140	62,348	65,761	22	0.5	667	93,409
合衆国	**S1**	**249,623**	**282,172**	**310,233**	**341,387**	**3**	**1.0**	**88**	**3,537,438**
ウルグアイ	S3	3,110	3,328	3,510	3,653	131	0.4	52	67,573
ウズベキスタン	S6	20,530	25,042	27,866	30,565	44	0.9	170	164,247
バヌアツ	S8	154	190	222	251	184	1.2	47	4,706
ベネズエラ	S3	19,325	23,493	27,223	31,276	45	1.4	80	340,560
ベトナム	S7	67,258	79,178	89,571	98,721	13	1.0	748	119,718
イエメン	S6	12,416	17,407	23,495	29,727	48	2.4	115	203,849
ザンビア	S5	7,858	10,345	13,460	18,065	69	2.9	47	287,026
ジンバブエ	S5	10,156	11,820	11,652	15,832	72	3.1	78	149,362
その他									
台湾[4]	S7	20,278	22,183	23,025	23,278	49	0.1	1,849	12,456
主権統治国家および属領									
米領サモア	S8	47	58	66	75	203	1.2	865	77
アンギラ	S1	8	11	15	18	220	2.0	420	35
アルバ	S1	63	90	105	119	193	1.3	1,505	69
バミューダ	S1	58	63	68	72	202	0.5	3,274	21
ケイマン諸島	S1	26	38	50	62	207	2.1	493	102
クック諸島	S8	18	16	11	9	221	-2.9	126	91
フェロー諸島	S4	47	46	49	52	209	0.5	91	538
仏領ポリネシア	S8	202	249	291	329	179	1.2	197	1,478
ガザ地区[7]	S6	646	1,130	1,604	2,121	149	2.8	11,542	139
ジブラルタル	S4	29	27	29	30	215	0.5	11,506	3
グリーンランド	S1	56	57	58	58	206	(-Z)	(Z)	160,075
グアム	S8	134	155	181	204	186	1.2	861	210
ガーンジー	S4	63	62	65	67	205	0.3	2,151	30
香港	S7	5,688	6,659	7,090	7,328	99	0.3	17,422	407
マン島	S4	69	76	84	90	200	0.8	380	221
ジャージー	S4	84	87	93	101	196	0.8	2,085	45
マカオ	S7	352	432	568	614	167	0.8	52,163	11
マヨット	S5	90	156	231	312	182	3.0	1,601	144
モンセラト	S2	11	4	5	5	227	0.5	130	39
オランダ領アンティル諸島[8]	S2	189	210	229	243	183	0.6	740	309
ニューカレドニア	S8	169	211	252	290	181	1.4	36	7,056
北マリアナ諸島	S8	44	70	48	49	210	0.1	270	179
プエルトリコ	S2	3,537	3,814	3,979	4,051	128	0.2	1,162	3,425
サンバルテルミ島	S2	5	7	7	7	225	-0.4	913	8
セントヘレナ	S5	7	7	8	8	224	0.2	64	119
サンマルタン島	S2	30	28	30	33	214	0.7	1,439	21
サンピエール、ミカロン	S1	6	6	6	5	226	-1.1	64	93
ターコス・カイコス諸島	S2	12	18	24	29	217	2.2	64	366
バージン諸島	S2	104	109	110	108	190	-0.1	822	134
英領バージン諸島	S2	16	20	25	29	216	1.5	428	58
ワリス・フツナ	S8	13	15	15	16	219	0.3	280	55
ヨルダン河西岸地区[7]	S6	1,253	1,980	2,515	3,058	140	2.0	1,155	2,178
西サハラ	S5	217	336	492	652	171	2.8	5	102,703

X 該当なし　Z 1平方マイルあたり1人未満または0.05％未満　1. 地理的位置についてはp.826-834の地図を参照　2. 指数方式で計算。年平均変化率（％）の説明については、凡例を参照　3. 資料：Central Intelligence Agency, "CIA World Factbook"（2010年8月）　4. 1979年1月1日、合衆国は中国との国交回復に伴い、中華人民共和国が唯一正当な中国政府であり、台湾は中国の一部である、とした　5.「コンゴ」はコンゴ共和国とコンゴ民主共和国に共通の短縮形。両者を区別するため米国務省は、それぞれの首都をカッコで添付している。この処置は一時的なもの　6. 1990年のデータは旧西ドイツと旧東ドイツを合わせたもの　7. ガザ地区、ヨルダン河西岸はイスラエルが占領しているが、イスラエル、パレスチナ間の交渉により帰属が決定するまで、暫定的に区別される　8. 表No.1398の脚注4を参照

資料：脚注に示されるものを除きU.S. Census Bureau, "International Data Base"; <http://www.census.gov/ipc/www/idb/>（2010年6月現在）

No.1333. OECD諸国の外国人および外国生まれ人口、労働力および純流入人口：2000、2007年

[31,108は3110万8000人を表す。オーストラリアと合衆国のデータは、外国で出生して、現在オーストラリアあるいは合衆国に居住する者を示し、欧州諸国と日本のデータは、外国人とその国籍を示す]

国	外国人人口[1] 人口（1000人）		外国人人口[1] 総人口に占める%		外国人労働力人口[2] 人口（1000人）		外国人労働力人口[2] 総人口に占める%		平均純流入率 (**1990-2007年**)[3] （人口1000人あたりの率）
	2000	2007	2000	2007	2000	2007	2000	2007	
合衆国	31,108	41,100	11.0	13.6	18,029	24,778	12.9	16.3	4.0
オーストラリア	4,412	5,254	23.0	25.0	2,373	2,827	24.7	25.8	5.7
オーストリア	702	840	8.7	10.1	346	452	10.6	13.1	3.9
ベルギー	862	971	8.4	9.1	388	449	8.6	9.5	3.2
デンマーク	259	299	4.8	5.5	97	127	3.4	4.4	2.2
フランス	(NA)	(NA)	(NA)	(NA)	1,578	1,486	6.0	5.4	1.3
ドイツ	7,297	6,745	8.9	8.2	3,546	3,874	8.8	9.4	3.0
イタリア[4]	1,380	3,433	2.4	5.8	838	1,638	3.9	6.6	3.8
日本[5]	1,686	2,151	1.3	1.7	155	194	0.2	0.3	-0.1
ルクセンブルク	165	206	37.3	43.2	153	222	58.0	66.6	9.8
オランダ	668	688	4.2	4.2	300	314	3.9	3.6	1.8
スペイン[6]	1,371	5,221	3.4	11.6	455	1,981	2.5	9.0	7.0
スウェーデン	477	525	5.4	5.7	222	(NA)	5.0	(NA)	3.0
スイス[7]	1,384	1,571	19.3	20.8	717	876	20.1	21.3	4.3
イギリス[8]	2,342	3,824	4.0	6.5	1,107	2,035	4.0	7.2	0.7

NA 該当なし 1．フランス、ギリシャ、メキシコ、ポーランドはセンサス、アイルランドとイギリスは労働力調査、ポルトガルは居住許可、オーストラリアはセンサス間推計値およびセンサス後推計値、合衆国は毎月人口調査に基づく。その他の国は外国人登録に基づく 2．ベルギー、ギリシャ、ノルウェー、ルクセンブルク、オランダを除き失業者を含む。またイギリス、ドイツ、ルクセンブルク、オランダは越境労働者を含む。ベルギーおよびイタリアは自営業者を含む。オーストリア、ドイツ、ルクセンブルクのデータは社会保障登録、デンマークは人口登録に基づく。イタリア、スペイン、スイスのデータは、居住許可または労働許可に基づく。日本とオランダの数値は推計値。その他の国のデータは労働力調査に基づく 3．または最近期間のデータ 4．18歳以下で両親の居住許可により登録されている者は含まない 5．登録された外国籍の者。90日以上日本に滞在する者を含む 6．居住許可を持つ外国人数。短期（6か月未満）の居住許可および学生は除外 7．年間居住許可および永住権を持つ外国人数。季節労働者、国境地方の労働者を除く 8．年次労働力調査に基づく推計値。年ごとの変動は標本抽出時の誤差によるものと思われる

資料：Organization for Economic Cooperation and Development (OECD), 2010, "International migration database", OECD International Migration Statistics database および "Population and vital statistics," Labour Force Statistics database (copyright), 〈http://dx.doi.org/10.1787/data-00287-en〉および〈http://dx.doi.org/10.1787/data-00342-en〉（2010年5月現在）も参照

No.1334. 世界の人口――年齢階層別：2010、2020年

[単位：%。2010年に人口1300万人以上の国]

国または地域	2010 15歳未満	2010 65歳以上	2020, 予測値 15歳未満	2020, 予測値 65歳以上	国または地域	2010 15歳未満	2010 65歳以上	2020, 予測値 15歳未満	2020, 予測値 65歳以上
世界、計	26.5	7.8	24.6	9.6	マダガスカル	43.3	3.0	41.4	3.3
					マラウィ	45.3	2.7	43.1	2.8
アフガニスタン	42.9	2.4	38.2	2.7	マレーシア	29.9	4.8	26.8	6.9
アルジェリア	24.7	5.1	21.9	6.9	マリ	47.5	3.0	44.9	2.9
アンゴラ	43.4	2.7	41.5	2.5	メキシコ	28.7	6.4	25.0	8.3
アルゼンチン	25.5	10.9	23.7	12.4	モロッコ	28.2	6.0	24.9	7.5
オーストラリア	18.4	13.7	17.6	17.0	モザンビーク	44.1	2.9	42.1	3.1
バングラデシュ	34.8	4.6	28.3	5.8	ネパール	35.6	4.3	27.6	5.1
ブラジル	26.5	6.6	23.6	8.8	オランダ	17.2	15.2	15.5	19.4
ブルキナファソ	46.0	2.5	44.3	2.4	ニジェール	49.7	2.3	48.4	2.3
ビルマ（ミャンマー）	27.9	5.0	24.7	6.2	ナイジェリア	41.2	3.1	37.9	3.4
カンボジア	32.5	3.7	30.2	4.6	パキスタン	36.1	4.2	29.7	4.8
カメルーン	40.7	3.3	37.4	3.7	ペルー	28.5	5.8	24.4	7.6
カナダ	15.9	15.5	15.4	20.1	フィリピン	34.9	4.2	31.6	5.4
チリ	22.7	9.3	19.9	12.4	ポーランド	14.8	13.5	14.5	18.6
中国[1]	17.9	8.6	17.0	12.4	ルーマニア	14.9	14.8	14.1	17.6
コロンビア	27.2	6.0	23.3	8.4	ロシア	15.0	13.3	16.3	16.0
コンゴ（キンシャサ）[2]	46.7	2.5	44.4	2.6	サウジアラビア	30.1	2.9	25.0	3.8
コートジボワール	40.2	2.9	35.6	3.7	南アフリカ	28.6	5.5	26.9	7.4
エクアドル	30.6	6.3	25.8	8.1	スペイン	15.0	16.9	15.0	18.5
エジプト	32.8	4.4	30.3	6.0	スリランカ	23.6	8.3	21.1	11.5
エチオピア	46.2	2.7	45.4	2.7	スーダン	42.5	2.6	39.6	3.1
フランス	18.6	16.5	17.1	20.0	シリア	35.8	3.7	30.0	4.6
ドイツ	13.5	20.4	12.9	22.6	台湾[1]	16.2	10.8	12.9	15.5
ガーナ	36.8	3.6	32.4	4.0	タンザニア	42.5	2.9	36.4	3.3
グアテマラ	38.7	3.8	33.0	4.9	タイ	20.1	8.9	17.9	12.3
インド	30.1	5.3	26.3	6.7	トルコ	26.9	6.2	23.4	8.1
インドネシア	27.7	6.1	23.8	7.7	ウガンダ	50.0	2.1	49.5	1.9
イラン	24.4	5.0	23.3	6.1	ウクライナ	13.7	15.5	14.5	17.8
イラク	38.4	3.1	33.7	3.9	イギリス	17.4	16.3	17.6	18.5
イタリア	13.4	20.3	12.0	23.1	合衆国	20.1	13.0	20.0	16.1
日本	13.3	22.6	11.3	28.3	ウズベキスタン	27.3	4.7	23.2	5.9
カザフスタン	21.6	7.6	22.2	9.5	ヴェネズエラ	30.0	5.3	26.1	7.4
ケニア	42.3	2.7	36.4	3.3	ヴェトナム	25.6	5.5	22.6	6.9
北朝鮮	20.9	9.6	19.6	10.6	イエメン	43.5	2.6	37.3	3.0
韓国	16.2	11.1	12.4	15.6	ザンビア	46.7	2.5	46.2	2.5

1．表No.1332の脚注4を参照 2．表No.1332の脚注5を参照

資料：U.S. Census Bureau, "International Data Base"；〈http://www.census.gov/ipc/www/idb/〉（2010年6月）

No.1335. 未婚の母による出生：1980－2008年

[すべての出生に占める割合(%)]

国	1980	1990	2000	2005	2006	2007	2008
合衆国	18.4	28.0	33.2	36.9	38.5	39.7	40.6
カナダ	12.8	24.4	28.3	25.6	27.1	27.3	(NA)
日本	0.8	1.1	1.6	2.0	2.1	(NA)	(NA)
デンマーク	33.2	46.4	44.6	45.7	46.4	46.1	46.2
フランス	11.4	30.1	43.6	48.4	50.5	51.7	52.6
ドイツ[1]	(X)	15.1	23.4	29.2	30.0	30.8	32.1
アイルランド	5.9	14.6	31.5	31.8	32.7	(NA)	(NA)
イタリア	4.3	6.5	9.7	15.2	16.2	17.7	(NA)
オランダ	4.1	11.4	24.9	34.9	37.1	39.5	41.2
スペイン	3.9	9.6	17.7	26.6	28.4	30.2	31.7
スウェーデン	39.7	47.0	55.3	55.4	55.5	54.8	54.7
イギリス	11.5	27.9	39.5	42.9	43.7	(NA)	(NA)

NA データなし　X 該当なし　1．データは1990年ではなく1991年のもの
資料：U.S. Bureau of Labor Statistics, updated and revised from "Families and Work Transitionin 12 Countries 1980-2001," *Monthly Labor Review*（2003年9月）各国の統計資料（公刊されていないものを含む）に基づく

No.1336. 婚姻率と離婚率：1980－2008年

[15－64歳人口1000人あたりの率]

国	婚姻率				離婚率			
	1980	1990	2000	2008	1980	1990	2000	2008
合衆国[1]	15.9	14.9	12.5	10.6	7.9	7.2	6.2	5.2
カナダ	11.5	10.0	7.5	6.4	3.7	4.2	3.4	(NA)
日本	9.8	8.4	9.2	(NA)	1.8	1.8	3.1	(NA)
デンマーク	8.0	9.1	10.8	10.3	4.1	4.0	4.0	4.1
フランス	9.7	7.7	7.9	6.6	2.4	2.8	3.0	(NA)
ドイツ[2]	(X)	8.2	7.6	6.9	(X)	2.5	3.5	3.5
アイルランド[3]	10.9	8.3	7.6	(NA)	(NA)	(NA)	1.0	(NA)
イタリア	8.7	8.2	7.3	6.3	0.3	0.7	1.0	1.3
オランダ	9.6	9.4	8.2	6.7	2.7	2.8	3.2	2.9
スペイン	9.4	8.5	7.9	6.2	(NA)	0.9	1.4	3.5
スウェーデン	7.1	7.4	7.0	8.3	3.7	3.5	3.8	3.5
イギリス	11.6	10.0	8.0	(NA)	4.1	4.1	4.0	(NA)

NA データなし　X 該当なし　1．離婚率には、カリフォルニア、ジョージア、ハワイ、インディアナおよびルイジアナ、ミネソタ各州の2008年のデータを含まない　2．データは1990年ではなく1991年　3．1997年以前は法により離婚はできなかった
資料：U.S. Bureau of Labor Statistics, updated and revised from "Families and Work Transitionin 12 Countries 1980-2001," *Monthly Labor Review*（2003年9月）各国の統計資料（公刊されていないものを含む）に基づく

No.1337. 片親世帯：1980－2009年

[単位：1000（6,061は606万1000を表す）。1981年の英国については、児童とは「15歳未満、および15・16・17歳でフルタイムで就学している者」それ以降は「16歳未満および16・17歳でフルタイムで就学している者」と定義される。アイルランドでは児童とは15歳未満と定義される。2009年のデンマークおよびフランスでは、児童とは25歳未満と定義されている。カナダの2001年以降とドイツの1995年以降では全年齢の児童。ドイツの1991年と他のすべての国々では、児童とは、18歳未満で家庭に住んでいるか、家庭を離れて在学している児童と定義されている。データは通常、1年間におけるものだが、年の中の特定月だけのデータの場合もある]

国および年	家族数 (1,000)	児童のいる世帯全体に占める(%)	国および年	家族数 (1,000)	児童のいる世帯全体に占める(%)
合衆国：			ドイツ：		
1980	6,061	19.5	1991	1,429	15.2
1990	7,752	24.0	1995[1]	2,496	18.8
2000	9,357	27.0	2000[1]	2,274	17.6
2008	10,536	29.5	2008	2,616	21.7
カナダ：			アイルランド：[2]		
1981	437	12.7	1981	30	7.2
1991	572	16.2	1991	44	10.7
2001[1]	1,184	23.5	2002	50	17.4
2006	1,276	24.6	2006	78	22.6
日本：			オランダ：		
1980	796	4.9	1988	179	9.6
1990	934	6.5	2000	240	13.0
2000	996	8.3	2009[1]	310	16.0
2005	1,163	10.2	スウェーデン：		
デンマーク：[2]			1985	117	11.2
1980	99	13.4	1995[1]	189	17.4
1990	117	17.8	2000	233	21.4
2001	120	18.4	2008	200	18.7
2009[1]	165	21.7	イギリス：[3]		
フランス：			1981	1,010	13.9
1982	887	10.2	1991	1,344	19.4
1990	1,175	13.2	2000	1,434	20.7
1999	1,494	17.4	2008	1,750	25.0
2005[1]	1,725	19.8			

1．統計手法に変更あり　2．世帯ではなく、家族ベースの統計　3．北アイルランドを除く
資料：U.S. Bureau of Labor Statistics, updated and revised from "Families and Work Transitionin 12 Countries 1980-2001," *Monthly Labor Review*（2003年9月）各国の統計資料（公刊されていないものを含む）に基づく

No.1338. 世帯の種類別構成比：1980－2009年

[データは大体が該当年全体に関するものだが、一部には調査年度内の特定月のみに関するものもある]

年	計	既婚夫婦世帯[1]			片親[2]	単身	その他[3]
		計	子供あり[2]	子供なし[2]			
合衆国：							
1980．．．．．．．．．．．	100.0	60.8	30.9	29.9	7.5	22.7	9.0
1990．．．．．．．．．．．	100.0	56.0	26.3	29.8	8.3	24.6	11.0
1995．．．．．．．．．．．	100.0	54.4	25.5	28.9	9.1	25.0	11.5
2000．．．．．．．．．．．	100.0	52.8	24.1	28.7	8.9	25.5	12.7
2008．．．．．．．．．．．	100.0	50.0	21.6	28.4	9.0	27.5	13.5
カナダ：							
1981．．．．．．．．．．．	100.0	66.8	36.3	30.5	5.3	20.3	7.6
1991．．．．．．．．．．．	100.0	62.8	29.6	33.2	5.7	22.9	8.6
2001[4]．．．．．．．．．．．	100.0	58.5	33.4	25.2	10.2	25.7	5.5
2006．．．．．．．．．．．	100.0	57.4	31.4	26.1	10.3	26.8	5.5
日本：							
1980．．．．．．．．．．．	100.0	68.4	42.9	25.6	2.2	19.8	9.5
1990．．．．．．．．．．．	100.0	65.2	33.1	32.1	2.3	23.1	9.4
1995．．．．．．．．．．．	100.0	62.8	27.4	35.4	2.0	25.6	9.6
2000．．．．．．．．．．．	100.0	60.3	23.6	36.7	2.1	27.6	10.0
2005．．．．．．．．．．．	100.0	57.6	20.8	36.8	2.4	29.5	10.5
デンマーク：[5]							
1980．．．．．．．．．．．	100.0	50.3	25.0	25.3	3.9	44.9	1.0
1990．．．．．．．．．．．	100.0	45.6	19.5	26.1	4.2	49.6	0.6
1995．．．．．．．．．．．	100.0	44.9	18.2	26.6	4.2	50.4	0.5
2001．．．．．．．．．．．	100.0	45.7	18.5	27.2	4.2	49.6	0.6
2009[4]．．．．．．．．．．．	100.0	47.4	21.2	26.1	5.9	46.2	0.6
フランス：							
1982．．．．．．．．．．．	100.0	67.5	39.8	27.7	4.5	24.6	3.4
1990．．．．．．．．．．．	100.0	64.0	35.9	28.1	5.5	27.1	3.4
1999．．．．．．．．．．．	100.0	59.3	29.9	29.4	6.3	31.0	3.4
2005[4]．．．．．．．．．．．	100.0	56.4	27.2	29.2	6.7	32.8	4.1
ドイツ：							
1991．．．．．．．．．．．	100.0	55.3	31.6	23.7	7.1	33.6	4.0
1995．．．．．．．．．．．	100.0	53.3	29.2	24.0	6.8	34.9	5.1
2000[4]．．．．．．．．．．．	100.0	56.8	28.0	28.8	6.0	36.1	1.2
2005．．．．．．．．．．．	100.0	54.7	25.5	29.1	6.4	37.5	1.4
2008．．．．．．．．．．．	100.0	52.6	23.6	29.0	6.5	39.4	1.5
アイルランド：							
1981．．．．．．．．．．．	100.0	(NA)	(NA)	(NA)	(NA)	16.9	(NA)
1991．．．．．．．．．．．	100.0	61.6	47.9	13.7	10.6	20.2	7.6
1996．．．．．．．．．．．	100.0	59.6	44.5	15.1	11.2	21.5	7.7
2002．．．．．．．．．．．	100.0	59.2	41.4	17.7	11.7	21.6	7.6
2006．．．．．．．．．．．	100.0	57.3	37.4	20.0	11.6	22.4	8.7
オランダ：							
1988．．．．．．．．．．．	100.0	64.7	37.3	27.4	5.4	28.7	1.2
1993．．．．．．．．．．．	100.0	63.1	33.3	29.9	5.0	30.9	1.0
2000[4]．．．．．．．．．．．	100.0	60.2	30.6	29.6	5.6	33.4	0.7
2005．．．．．．．．．．．	100.0	58.5	29.4	29.1	6.3	34.5	0.7
2007．．．．．．．．．．．	100.0	57.7	28.7	28.9	6.4	35.3	0.7
2009．．．．．．．．．．．	100.0	57.0	28.1	28.9	6.5	35.8	0.7
スウェーデン：							
1985．．．．．．．．．．．	100.0	54.8	23.8	31.0	3.2	36.1	5.9
1990．．．．．．．．．．．	100.0	52.1	21.9	30.2	3.9	39.6	4.4
1995[4]．．．．．．．．．．．	100.0	50.7	21.2	29.4	4.6	42.3	2.4
2000．．．．．．．．．．．	100.0	45.8	19.1	26.7	5.3	46.5	2.3
2008．．．．．．．．．．．	100.0	44.5	18.6	25.9	4.4	48.1	3.0
イギリス：[6]							
1981．．．．．．．．．．．	100.0	65.0	31.0	34.0	5.0	22.0	8.0
1991．．．．．．．．．．．	100.0	61.0	25.0	36.0	6.0	27.0	6.0
1994－95．．．．．．．	100.0	58.0	25.0	33.0	7.0	27.0	8.0
2000．．．．．．．．．．．	100.0	58.0	23.0	35.0	6.0	29.0	7.0
2008．．．．．．．．．．．	100.0	56.0	21.0	35.0	7.0	30.0	7.0

NA　データなし　1．結婚していない同棲カップルを含む場合がある。カナダ、デンマーク、アイルランド、フランス、オランダ、スウェーデンおよびイギリスでは、こうした同棲カップルは既婚者として扱われる。ドイツでは2000年以降、同棲者は既婚者として扱われるようになった。その他の国々では、同棲カップルが既婚夫婦とされる場合もあり、また「その他の世帯」に分類される場合もある　2．この場合の子供は、以下の年齢制限に含まれる、未婚で同居の子供である。合衆国、カナダ（1981－96）、日本、デンマーク（1980－2007）、スウェーデン、イギリスでは18歳未満、ただし英国では1981年は15－17歳、それ以降は16、17歳の者についてはフルタイムで就学している者のみとする。フランスおよび2009年のデンマークでは25歳未満。カナダ（2001以降）ドイツ、アイルランド、オランダでは年齢を問わない　3．他のどこにも分類されない家族世帯と非家族世帯を含む。兄弟姉妹による同居、親戚との同居、ルームメイトとの同居世帯などを含む。また同棲カップルもここに含まれる場合がある。脚注1を参照　4．統計手法の変更によりそれ以前の年とデータの比較はできない　5．家族ベースの統計。しかしながら単身世帯はデンマークでは家族に含まれるので、その意味では世帯統計に近い　6．北アイルランドは含まれない

資料：資料：U.S. Bureau of Labor Statistics, updated and revised from "Families and Work Transitionin 12 Countries 1980-2001," *Monthly Labor Review*（2003年9月）各国の統計資料（公刊されていないものを含む）に基づく

No.1339. 出生、死亡、平均余命——国別、地域別：2010、2020年

[2010年に人口1,300万人以上の国]

国	粗出生率[1] 2010	粗出生率[1] 2020,予測値	粗死亡率[2] 2010	粗死亡率[2] 2020,予測値	出生時の平均余命(歳) 2010	出生時の平均余命(歳) 2020,予測値	乳幼児死亡率[3] 2010	乳幼児死亡率[3] 2020,予測値	合計特殊出生率[4] 2010	合計特殊出生率[4] 2020,予測値
合衆国	**13.8**	**13.5**	**8.4**	**8.5**	**78.2**	**79.5**	**6.1**	**5.4**	**2.06**	**2.06**
アフガニスタン	38.1	34.4	17.7	15.2	44.7	48.3	151.5	129.1	5.50	4.38
アルジェリア	16.7	14.9	4.7	5.0	74.3	76.5	26.8	18.7	1.76	1.70
アンゴラ	43.3	39.1	23.7	20.5	38.5	41.4	178.1	156.0	6.05	5.16
アルゼンチン	17.8	15.6	7.4	7.3	76.8	78.5	11.1	8.5	2.33	2.15
オーストラリア	12.4	11.9	6.8	7.5	81.7	82.5	4.7	4.1	1.78	1.76
バングラデシュ	23.4	19.5	5.8	5.6	69.4	72.4	52.5	36.8	2.65	2.24
ブラジル	18.1	15.5	6.4	6.6	72.3	74.4	21.9	15.9	2.19	2.06
ブルキナファソ	44.0	39.9	13.0	10.6	53.3	56.9	83.0	67.8	6.21	5.49
ミャンマー（ビルマ）	19.5	17.3	8.2	7.9	64.5	68.0	50.8	37.2	2.28	2.09
カンボジア	25.6	21.3	8.2	7.3	62.3	65.9	56.9	43.7	2.90	2.39
カメルーン	33.6	28.3	12.0	10.7	54.0	57.0	62.2	50.4	4.25	3.47
カナダ	10.3	10.1	7.9	9.0	81.3	82.2	5.0	4.4	1.58	1.61
チリ	14.5	13.2	5.9	6.7	77.5	79.2	7.5	6.0	1.90	1.77
中国[5]	12.2	11.0	6.9	8.3	74.5	76.0	16.5	12.6	1.54	1.58
コロンビア	17.8	15.4	5.2	5.6	74.3	76.6	16.9	12.3	2.18	1.94
コンゴ（キンシャサ）[6]	42.3	37.7	11.4	9.4	54.7	58.1	79.4	61.8	6.11	5.16
コートジボアール	31.5	26.1	10.4	9.1	56.2	59.9	66.4	51.6	4.01	3.15
エクアドル	20.3	17.0	5.0	5.2	75.5	77.5	20.3	15.0	2.46	2.09
エジプト	25.0	20.8	4.9	4.8	72.4	74.9	26.2	17.9	3.01	2.67
エチオピア	43.3	39.8	11.3	9.1	55.8	59.4	79.0	61.7	6.07	5.53
フランス	12.4	11.3	8.7	9.6	81.1	82.0	3.3	3.1	1.97	1.90
ドイツ	8.2	8.4	11.0	12.2	79.4	80.7	4.0	3.6	1.42	1.49
ガーナ	28.1	22.7	8.9	7.3	60.6	65.3	49.9	38.1	3.57	2.75
グアテマラ	27.4	22.7	5.0	4.6	70.6	73.4	26.9	19.2	3.36	2.57
インド	21.3	18.2	7.5	7.3	66.5	69.7	49.1	35.4	2.65	2.35
インドネシア	18.5	15.6	6.3	6.6	71.1	73.7	28.9	20.4	2.28	2.04
イラン	18.5	16.2	5.9	6.0	69.8	72.4	43.5	33.6	1.89	1.81
イラク	29.4	23.4	4.9	4.3	70.3	73.1	43.2	30.3	3.76	2.96
イタリア	8.0	7.3	10.8	12.0	80.3	81.4	5.4	4.6	1.32	1.42
日本	7.4	6.7	9.8	12.5	82.2	82.9	2.8	2.7	1.20	1.30
カザフスタン	16.7	14.1	9.4	9.1	68.2	71.2	24.9	18.2	1.87	1.83
ケニア	35.1	20.8	9.3	7.9	58.8	61.8	53.5	42.4	4.38	2.57
北朝鮮	14.6	13.1	10.6	11.2	64.1	67.6	50.2	38.0	1.94	1.82
韓国	8.7	8.2	6.2	7.6	78.8	81.1	4.2	3.6	1.22	1.29
マダガスカル	37.9	33.8	8.0	6.4	63.3	66.8	52.8	40.2	5.09	4.44
マラウィ	41.3	36.5	13.7	10.9	50.9	55.3	83.5	63.1	5.51	4.68
マレーシア	21.4	18.3	4.9	5.3	73.6	75.9	15.5	11.4	2.70	2.43
マリ	46.1	41.0	14.6	11.4	52.2	56.6	113.7	91.9	6.54	5.51
メキシコ	19.4	17.0	4.8	5.3	76.3	78.1	17.8	13.2	2.31	2.14
モロッコ	19.4	16.9	4.7	5.0	75.7	77.7	28.6	19.5	2.23	2.07
モザンビーク	37.8	36.2	19.8	18.2	41.4	43.2	103.8	86.2	5.13	4.58
ネパール	22.4	19.7	6.9	6.4	65.8	69.2	46.0	33.2	2.53	2.11
オランダ	10.3	10.3	8.8	9.6	79.6	80.8	4.7	4.1	1.66	1.67
ニジェール	51.1	46.7	14.5	11.3	53.0	57.0	114.5	92.9	7.68	6.79
ナイジェリア	36.1	30.6	16.3	14.1	47.2	50.5	93.0	78.7	4.82	3.92
パキスタン	25.3	20.7	7.1	6.2	65.6	69.0	65.3	47.2	3.28	2.42
ペルー	19.0	16.3	6.1	6.3	71.0	73.7	27.7	20.2	2.32	2.00
フィリピン	25.7	22.2	5.1	4.9	71.4	74.0	19.9	14.7	3.23	2.83
ポーランド	10.0	8.8	10.1	10.8	75.9	77.8	6.7	5.6	1.29	1.39
ルーマニア	9.6	8.5	11.8	12.0	73.7	76.0	11.3	8.7	1.27	1.38
ロシア	11.1	9.3	16.0	15.6	66.2	68.6	10.3	8.6	1.41	1.48
サウジアラビア	19.4	17.8	3.3	3.4	73.9	76.1	16.7	12.0	2.35	2.04
南アフリカ	19.6	18.1	17.0	17.3	49.2	51.4	43.8	36.8	2.33	2.12
スペイン	10.9	8.7	8.9	9.3	81.1	82.0	3.4	3.2	1.47	1.51
スリランカ	15.9	13.3	6.2	6.8	75.3	77.3	18.1	13.2	1.96	1.85
スーダン	36.6	31.2	11.7	6.9	54.2	64.4	72.4	38.9	4.93	4.04
シリア	24.4	19.7	3.7	3.7	74.5	76.6	16.1	11.7	3.02	2.34
台湾[5]	9.0	8.2	6.9	8.2	78.2	79.7	5.3	4.6	1.15	1.23
タンザニア	33.4	25.6	12.3	11.2	52.5	54.9	68.1	56.3	4.31	3.00
タイ	13.0	11.7	6.5	7.5	75.0	77.1	16.7	12.3	1.65	1.68
トルコ	18.3	15.1	6.1	6.3	72.2	74.8	24.8	17.3	2.18	1.96
ウガンダ	47.6	45.4	11.9	10.3	53.0	55.2	63.7	51.7	6.73	6.31
ウクライナ	9.6	8.5	15.7	15.4	68.5	70.7	8.7	7.3	1.27	1.35
イギリス	12.3	11.9	9.3	9.5	79.9	81.1	4.7	4.1	1.92	1.86
ウズベキスタン	17.5	16.1	5.3	5.4	72.2	74.8	22.7	16.3	1.92	1.74
ベネズエラ	20.3	18.1	5.1	5.6	73.8	75.3	21.1	17.0	2.45	2.22
ベトナム	17.3	14.5	6.0	6.0	71.9	74.4	21.6	15.7	1.93	1.77
イエメン	34.4	25.6	7.2	5.7	63.4	66.9	56.8	41.9	4.81	3.20
ザンビア	44.6	38.9	12.8	11.0	52.0	54.1	68.4	50.6	6.07	5.26

1．（年央人口に基づく）1,000人当たりの1年間出生者数　2．（年央人口に基づく）1,000人あたりの1年間死亡者数　3．暦年1年間の、出生1,000人当たりの1歳未満死亡率　4．全ての女性が出産日に生存し、特定年に起こりえる出生率を経験していたなら生まれたであろう子供の平均数　5．表No.1332の脚注4を参照　6．表No.1332の脚注5を参照
資料：U.S. Census Bureau, "International Data Base"（2010年6月刊）；<http://www.census.gov/ipc/www/idb/>

No.1340. 主要国の出生時および65歳時平均余命——性別：1990、2008年

国	出生時平均余命 女性 1990	2008	出生時平均余命 男性 1990	2008	65歳時平均余命 女性 1990	2008	65歳時平均余命 男性 1990	2008
合衆国[1]	78.8	80.3	71.8	75.3	18.9	19.8	15.1	17.1
オーストラリア	80.1	83.7	73.9	79.2	19.0	21.6	15.2	18.6
オーストリア	79.0	83.3	72.3	77.8	18.1	21.1	14.4	17.7
ベルギー	79.5	(NA)	72.7	(NA)	18.8	(NA)	14.3	(NA)
カナダ	80.8	(NA)	74.4	(NA)	19.9	(NA)	15.7	(NA)
チェコ共和国	75.5	80.5	67.6	74.1	15.3	18.8	11.7	15.3
デンマーク	77.8	81.0	72.0	76.5	17.9	19.5	14.0	16.6
フィンランド	79.0	83.3	71.0	76.5	17.8	21.4	13.8	17.5
フランス	80.9	84.3	72.8	77.6	19.8	(NA)	15.5	(NA)
ドイツ	78.5	82.7	72.0	77.6	17.7	20.7	14.0	17.6
ギリシャ	79.5	82.5	74.6	77.5	18.0	19.9	15.7	17.7
ハンガリー	73.7	77.8	65.1	69.8	15.3	17.5	12.0	13.6
アイスランド	80.5	83.0	75.4	79.6	19.5	20.5	16.2	18.2
アイルランド	77.7	82.3	72.1	77.5	17.0	20.4	13.3	17.2
イタリア	80.3	(NA)	73.8	(NA)	19.0	(NA)	15.2	(NA)
日本	81.9	86.1	75.9	79.3	20.0	23.6	16.2	18.6
韓国	75.5	83.3	67.3	76.5	16.3	21.0	12.4	16.6
メキシコ	73.5	77.5	67.7	72.7	17.8	18.3	16.0	16.8
オランダ	80.1	82.3	73.8	78.0	18.9	20.5	14.4	17.0
ニュージーランド	78.4	82.4	72.5	78.4	18.3	20.8	14.6	18.3
ノルウェー	79.8	83.0	73.4	78.3	18.6	20.5	14.6	17.5
ポーランド	75.2	80.0	66.2	71.3	16.1	19.0	12.4	14.7
ポルトガル	77.5	82.4	70.6	76.2	17.1	20.3	14.0	16.9
スロベニア	75.4	78.7	66.6	70.9	15.7	17.5	12.2	13.8
スペイン	80.6	84.3	73.4	78.0	19.3	21.9	15.5	18.0
スウェーデン	80.4	83.2	74.8	79.1	19.0	20.8	15.3	17.9
スイス	80.9	84.6	74.0	79.8	19.7	22.3	15.3	18.9
トルコ	69.5	75.8	65.4	71.4	14.3	15.8	12.8	14.0
イギリス	78.5	(NA)	72.9	(NA)	18.5	(NA)	14.0	(NA)

NA　データなし　1．2008年の平均余命については、米国国立保健統計センターの『National Vital Statistics Reports (NVSR), "United States Life Tables," Vol. 58, No. 21』(2010年6月)および未刊行データに基づく

資料：Except as noted, Organization for Economic Cooperation and Development (OECD), 2011, "OECD Health Data," OECD Health Statistics database (copyright), ⟨http://www.oecd.org/health/healthdata⟩ (2011年4月現在) も参照

No.1341. HIV感染者およびエイズによる死亡——地域別：2001、2008年

[単位：1000 (29,000は2900万を表す)。推計値は、"plausibility bound"（一応信頼できる範囲）と呼ばれる領域に基づいている。この範囲は、各推計値の確実性を表し、現実の数値の含まれる範囲を定義している]

地域	HIV感染者 (成人・児童) 2001	2008	新規HIV感染者 (成人・児童) 2001	2008	成人のHIV感染率 (15-49歳) (%) 2001	2008	エイズによる死亡 (成人・児童) 2001	2008
計	29,000	33,400	3,200	2,700	0.8	0.8	1,900	2,000
サブサハラ・アフリカ	19,700	22,400	2,300	1,900	5.8	5.2	1,400	1,400
北アフリカおよび中東	200	310	30	35	0.2	0.2	11	20
南アジアおよび東南アジア	4,000	3,800	310	280	0.3	0.3	260	270
東アジア	560	850	99	75	(Z)	(Z)	22	59
オセアニア	36	59	6	4	0.2	0.3	(Z)	2
南アメリカ	1,600	2,000	150	170	0.5	0.6	66	77
カリブ海沿岸諸国	220	240	21	20	1.1	1.0	20	12
東ヨーロッパおよび中央アジア	900	1,500	280	110	0.5	0.7	26	87
西ヨーロッパおよび中央ヨーロッパ	660	850	40	30	0.2	0.3	8	13
北アメリカ	1,200	1,400	52	55	0.6	0.6	19	25

Z　0.1%未満または死亡者1,000人未満

資料：Joint United Nations Programme on HIV/AIDS (UNAIDS) and World Health Organization (WHO), *AIDS Epidemic Update*: (2009年12月) (copyright); ⟨http://www.unaids.org/en/KnowledgeCentre/HIVData/EpiUpdate/EpiUpdArchive/2009/default.asp⟩ も参照

No.1342. 成人肥満人口の割合：2008年

[肥満率は、BMI（体容積指数）が30kg/m²以上の人口の%を示す。BMIは、体重（kg）を身長（m）の二乗で割って導かれる数値で、個人の体重を評価する指数である。合衆国、オーストラリア、カナダ、アイルランド、日本、韓国、ルクセンブルク、メキシコ、ニュージーランドおよびイギリスは、自己申告ではなく健康診断のデータに基づく。健康診断に基づく肥満推計は、自己申告に基づくデータより大きいが信頼性も高いと考えられる。自己申告では身長・体重が正確でない場合があるからである。しかし健康診断を定期的に実施している国は少ない。国別の情報については ⟨http://www.irdes.fr/EspaceAnglais/home.htm⟩ を参照]

国	2008	国	2008	国	2008
合衆国	33.8	フランス	11.2	ルクセンブルク	[1] 20.0
オーストラリア	[1] 24.8	ドイツ	[3] 13.6	メキシコ	[2] 30.0
オーストリア	[2] 12.4	ギリシャ	18.1	ニュージーランド	[1] 26.5
ベルギー	13.8	ハンガリー	[4] 18.8	ノルウェー	10.0
カナダ	24.2	アイルランド	[1] 23.0	スペイン	[2] 14.9
チェコ共和国	17.1	イタリア	9.9	スウェーデン	10.0
デンマーク	[3] 11.4	日本	3.4	スイス	[1] 8.1
フィンランド	15.7	韓国	3.8	イギリス	24.5

1．2007年のデータ　2．2006年のデータ　3．2005年のデータ　4．2003年のデータ

資料：Organization for Economic Cooperation and Development (OECD), 2011, "OECD Health Data," OECD Health Statistics database (copyright), (2011年4月現在); ⟨http://www.oecd.org⟩ も参照

No.1343. 1日あたり国別・性別のタバコ消費：1990、2009年

[喫煙者は人口の％。喫煙用のタバコすべてを含む]

国	計 1990	計 2009	女性 1990	女性 2009	男性 1990	男性 2009
合衆国	25.5	[1] 16.5	22.8	[1] 15.1	28.4	[1] 17.9
オーストラリア	[2] 28.6	[3] 16.6	[2] 27.0	[3] 15.2	[2] 30.2	[3] 18.0
カナダ	28.2	[1] 17.5	26.7	[1] 15.1	29.8	[1] 19.9
デンマーク	44.5	16.0	42.0	14.0	47.0	18.0
フィンランド	25.9	[1] 20.4	20.0	[1] 17.6	32.4	[1] 24.0
フランス	30.0	[1] 26.2	20.0	[1] 22.3	38.0	[1] 30.6
ギリシャ	38.5	[1] 39.7	26.0	[1] 33.5	51.0	[1] 46.3
アイスランド	30.3	15.8	29.9	15.7	30.8	15.9
アイルランド	30.0	[3] 29.0	29.0	[3] 27.0	31.0	[3] 31.0
イタリア	27.8	23.3	17.8	17.1	37.8	29.9
日本	37.4	24.9	14.3	11.9	60.5	38.9
ルクセンブルグ	[4] 33.0	[1] 20.0	[4] 25.0	[1] 18.0	[4] 41.0	[1] 23.0
オランダ	37.0	28.0	32.0	24.0	43.0	32.0
ニュージーランド	28.0	[3] 18.1	27.0	[3] 17.0	28.0	[3] 19.3
ノルウェー	35.0	21.0	33.0	20.0	36.0	21.0
ポーランド	(NA)	[5] 26.3	(NA)	[5] 19.3	(NA)	[5] 33.9
スウェーデン	25.8	[1] 14.0	25.9	[1] 15.7	25.8	[1] 12.2
イギリス	30.0	[1] 22.0	30.0	[1] 21.0	31.0	[1] 22.0

NA データなし　1. 2008年のデータ　2. 1989年のデータ　3. 2007年のデータ　4. 2004年のデータ

資料：Organization for Economic Cooperation and Development (OECD), 2011, "OECD Health Data," OECD Health Statistics database (copyright), <http://www.oecd.org/health/healthdata> (2011年4月現在) も参照

No.1344. 交通事故死亡者──国別：1990－2009年

[100万人当たりの発生率]

国	1990	2000	2005	2008	2009	国	1990	2000	2005	2008	2009
合衆国[1]	44,599	41,945	43,443	37,261	33,808	日本	14,595	10,403	7,931	6,023	5,772
オーストラリア	2,331	1,817	1,627	1,441	1,502	韓国	14,174	10,236	6,376	5,870	(NA)
オーストリア	1,391	976	768	679	633	ルクセンブルグ	71	76	47	35	48
ベルギー	1,976	1,470	1,089	944	(NA)	メキシコ	5,469	5,224	4,710	5,379	4,870
カナダ	3,963	2,927	2,905	2,729	(NA)	オランダ	1,376	1,166	817	750	720
チェコ共和国	(NA)	1,486	1,286	1,076	901	ニュージーランド	729	462	405	366	384
デンマーク[2]	634	498	331	406	303	ノルウェー	332	341	224	255	212
エストニア	436	204	170	132	100	ポーランド	7,333	6,294	5,444	5,437	4,572
フィンランド	649	396	379	344	279	ポルトガル	2,646	1,857	1,247	885	737
フランス[3]	11,215	8,079	5,318	4,275	4,273	ロシア	35,366	29,594	33,957	29,936	26,084
ドイツ	7,906	7,503	5,361	4,477	4,152	スロバキア	(NA)	648	600	606	384
ギリシャ	1,737	2,037	1,658	1,553	(NA)	スロベニア	517	313	258	214	171
ハンガリー	2,432	1,200	1,278	996	(NA)	スペイン	6,948	5,776	3,857	3,100	2,714
アイスランド	24	32	19	12	17	スウェーデン	772	591	440	397	358
インド	(NA)	78,911	94,968	(NA)	(NA)	スイス	954	592	409	357	349
アイルランド	478	415	396	279	(NA)	トルコ	6,317	5,510	4,505	4,236	4,300
イタリア	7,151	7,061	5,818	4,731	(NA)	イギリス	5,402	3,580	3,336	2,645	2,337

NA データなし　1. 7月1日現在　2. 1月1日現在　3. データは翌年1月1日

資料：Organization for Economic Cooperation and Development (OECD), 2011, "Road Injury Accidents," Transport Statistics, OECD Publishing (copyright); <http://stats.oecd.org//Index.aspx?QueryId=28912> も参照

No.1345. 自殺率──性別、国別：2008年

[10万人当たりの発生率。Data are for 2008 or latest available year]

国	計	男性	女性	国	計	男性	女性
OECD平均[1]	11.1	17.6	5.2	イタリア[4]	4.9	8.0	2.1
合衆国[2]	10.1	16.6	4.0	日本	19.4	28.3	10.7
オーストラリア[1]	7.5	11.9	3.3	韓国[1]	21.5	32.0	13.2
オーストリア	11.9	19.6	5.3	ルクセンブルグ	12.0	18.6	6.2
ベルギー[3]	16.3	24.8	8.4	メキシコ[4]	4.3	7.5	1.4
カナダ[3]	10.2	15.7	4.9	オランダ[4]	7.1	10.1	4.2
チェコ共和国	11.0	18.9	3.8	ニュージーランド[1]	12.3	18.6	6.3
デンマーク[1]	9.9	15.0	5.3	ノルウェー[4]	9.6	13.5	5.7
フィンランド	17.3	27.1	7.8	ポーランド	12.9	23.2	3.5
フランス	13.5	21.1	6.8	ポルトガル	8.7	14.6	3.8
ドイツ[1]	9.1	14.5	4.3	スロバキア[2]	10.9	20.0	2.9
ギリシャ	2.6	4.5	0.9	スペイン[2]	6.3	10.0	2.9
ハンガリー	19.6	33.8	7.8	スウェーデン[4]	10.6	15.2	6.1
アイスランド	11.2	15.3	6.7	スイス[4]	14.3	20.6	8.7
アイルランド	9.1	14.3	4.0	イギリス[4]	5.8	9.2	2.5

1. 2006年のデータ　2. 2005年のデータ　3. 2004年のデータ　4. 2007年のデータ　5. 2003年のデータ

資料：Organization for Economic Cooperation and Development (OECD), 2011, "OECD Health Data," OECD Health Statistics database (copyright), <http://www.oecd.org/health/healthdata> も参照

No.1346. 主要国の保健支出：1980－2008年

[GDP＝国内総生産。GDPの説明については、第13章の解説を参照]

国	保健支出合計 (GDPに対する%)					公的保健支出 (合計に対する%)				
	1980	1990	2000	2005	2008	1980	1990	2000	2005	2008
合衆国	**9.0**	**12.2**	**13.4**	**15.4**	**16.0**	**40.8**	**39.2**	**43.2**	**44.4**	**46.5**
オーストラリア	6.1	6.7	8.0	8.4	(NA)	62.6	66.2	66.8	66.9	(NA)
オーストリア	7.4	8.3	9.9	10.4	10.5	68.8	73.4	76.8	76.1	76.9
ベルギー	6.3	7.2	9.0	10.6	11.1	(NA)	(NA)	(NA)	(NA)	(NA)
カナダ	7.0	8.9	8.8	9.9	10.4	75.6	74.5	70.4	70.3	70.2
チェコ共和国	(NA)	4.7	6.5	7.2	7.1	96.8	97.4	90.3	87.3	82.5
デンマーク	8.9	8.3	8.3	9.5	(NA)	87.8	82.7	82.4	83.7	(NA)
フィンランド	6.3	7.7	7.2	8.4	8.4	79.0	80.9	71.1	73.5	74.2
フランス	7.0	8.4	10.1	11.1	11.2	80.1	76.6	79.4	79.3	77.8
ドイツ [1]	8.4	8.3	10.3	10.7	10.5	78.7	76.2	79.8	76.8	76.8
ギリシャ	5.9	6.6	7.9	9.5	(NA)	55.6	53.7	60.0	60.1	(NA)
ハンガリー	(NA)	(NA)	7.0	8.3	7.3	(NA)	(NA)	70.7	72.3	71.0
アイスランド	6.3	7.8	9.5	9.4	9.1	88.2	86.6	81.1	81.4	83.2
アイルランド	8.2	6.1	6.1	7.5	8.7	82.0	71.7	75.3	76.6	76.9
イタリア	(NA)	7.7	8.1	8.9	9.1	(NA)	79.5	72.5	76.2	77.2
日本	6.5	6.0	7.7	8.2	(NA)	71.3	77.6	81.3	82.7	(NA)
韓国	3.9	4.2	4.8	5.7	6.5	20.0	36.3	45.5	52.1	55.3
ルクセンブルク	5.2	5.4	7.5	7.9	6.8	92.8	93.1	85.1	84.9	84.1
メキシコ	(NA)	4.4	5.1	5.9	5.9	(NA)	40.4	46.6	45.0	46.9
オランダ	7.4	8.0	8.0	9.8	9.9	69.4	67.1	63.1	(NA)	(NA)
ニュージーランド	5.9	6.9	7.7	8.9	9.9	88.0	82.4	78.0	77.1	80.4
ノルウェー	7.0	7.6	8.4	9.1	8.5	85.1	82.8	82.5	83.5	84.2
ポーランド	(NA)	4.8	5.5	6.2	7.0	(NA)	91.7	70.0	69.3	72.2
ポルトガル	5.3	5.9	8.8	10.2	(NA)	64.3	65.5	72.5	71.8	(NA)
スロヴァキア	(NA)	(NA)	5.5	7.0	8.0	(NA)	(NA)	89.4	74.4	67.8
スペイン	5.3	6.5	7.2	8.3	9.0	79.9	78.7	71.6	70.6	72.5
スウェーデン	8.9	8.2	8.2	9.2	9.4	92.5	89.9	84.9	81.6	81.9
スイス	7.3	8.2	10.2	11.2	10.7	(NA)	52.4	55.4	59.5	59.1
トルコ	2.4	2.7	4.9	5.4	6.2	29.4	61.0	62.9	67.8	71.2
イギリス	5.6	5.9	7.0	8.3	8.7	89.4	83.6	79.3	81.9	82.6

NA データなし　1．1991年以前は西ドイツ

資料：Organization for Economic Cooperation and Development (OECD), 2011, "OECD Health Data," OECD Health Statistics database (copyright), ⟨http://www.oecd.org/health/healthdata⟩（2011年4月現在）も参照

No.1347. 医師および入院加療──主要国別：2000－2008年

国	人口1,000人当たりの開業医			入院加療					
				人口1,000人当たりの救急ベッド数			平均入院期間（日数）		
	2000	2005	2008	2000	2005	2008	2000	2005	2008
合衆国	**2.3**	**2.4**	**2.4**	**2.9**	**2.7**	**[1] 2.7**	**5.8**	**5.6**	**5.5**
オーストラリア	2.5	2.8	[1] 3.0	3.6	3.5	(NA)	6.1	6.0	(NA)
オーストリア	3.9	4.3	4.6	6.2	5.8	5.6	7.6	6.9	6.8
ベルギー	3.9	4.0	3.0	4.7	4.4	4.3	7.7	7.7	[1] 7.0
カナダ	(NA)	(NA)	(NA)	3.2	2.9	[1] 2.7	7.2	7.2	[1] 7.5
チェコ共和国	3.4	3.6	3.6	5.7	5.3	5.2	8.7	8.0	7.4
デンマーク	2.9	3.3	[1] 3.4	3.5	3.2	3.0	3.8	3.5	(NA)
フィンランド	2.5	2.6	2.7	2.4	2.2	1.9	5.7	5.5	5.5
フランス	(NA)	(NA)	(NA)	4.1	3.7	3.5	5.6	5.4	5.2
ドイツ	3.3	3.4	3.6	6.4	5.9	5.7	9.2	8.1	7.6
ギリシャ	(NA)	(NA)	(NA)	3.7	3.9	4.0	6.2	5.6	(NA)
ハンガリー	2.7	2.8	3.1	5.8	5.5	4.1	7.1	6.5	6.0
アイスランド	3.4	3.7	3.7	(NA)	(NA)	(NA)	6.1	5.4	5.6
アイルランド	(NA)	(NA)	(NA)	2.8	2.8	[1] 2.7	6.4	6.5	6.2
イタリア	(NA)	(NA)	(NA)	4.1	3.3	3.0	7.0	6.7	[1] 6.7
日本	1.9	(NA)	2.2	9.6	8.2	8.1	24.8	19.8	18.8
韓国	1.3	1.6	1.9	3.9	4.6	5.4	11.0	(NA)	(NA)
ルクセンブルク	2.2	2.4	[1] 2.8	(NA)	4.5	4.5	7.5	7.6	[1] 7.3
メキシコ	1.6	1.8	2.0	1.8	1.7	1.6	4.0	4.0	3.9
オランダ	(NA)	(NA)	(NA)	3.2	3.1	2.9	9.0	7.2	5.9
ニュージーランド	2.2	2.1	2.5	(NA)	(NA)	2.2	4.3	5.4	(NA)
ノルウェー	(NA)	3.6	4.0	3.1	2.9	2.5	6.0	5.2	4.8
ポーランド	2.2	2.1	2.2	5.2	4.7	4.4	8.9	6.5	5.7
ポルトガル	(NA)	(NA)	(NA)	3.1	2.9	2.8	7.7	7.1	[1] 6.8
スロヴァキア共和国	3.2	(NA)	[1] 3.0	5.7	5.0	4.9	8.5	7.3	6.9
スペイン	3.3	3.8	3.6	2.8	2.6	2.6	7.1	6.7	6.5
スウェーデン	3.1	3.5	(NA)	2.4	2.2	(NA)	5.0	4.6	[1] 4.5
スイス	(NA)	(NA)	3.8	4.1	3.6	3.3	9.3	8.5	7.7
トルコ	(NA)	(NA)	(NA)	1.9	2.1	2.2	5.4	5.1	4.3
イギリス	2.0	2.4	2.6	3.1	3.0	2.7	8.2	7.9	7.1

NA データなし　1．2007年のデータ

資料：Organization for Economic Cooperation and Development (OECD), 2010, "OECD Health Data", OECD Health Statistics database (copyright), ⟨http://www.oecd.org/health/healthdata⟩（2011年4月現在）も参照

No.1348. 各国の国民総所得（GNI）：2000、2009年

[49は490億ドルを表す。GNIは、居住者が申請する国内外の付加価値額合計を示す。GNIは、GDPに非居住ソースからの主要所得（従業員報酬および資産収入）純収入を加えたものからなる]

国	国民総所得[1]				国民総所得購買力平価ベース[2]			
	計(10億ドル)		1人あたり(ドル)		計(10億ドル)		1人あたり(ドル)	
	2000	2009	2000	2009	2000	2009	2000	2009
アルジェリア	49	154	1,610	4,420	156	283	5,410	8,110
アルゼンチン	276	304	7,460	7,550	328	568	8,560	14,090
オーストラリア	407	958	21,260	43,770	492	842	26,740	38,510
バングラデシュ	50	93	350	580	115	251	870	1,550
ベラルーシ	14	54	1,380	5,560	52	123	5,600	12,740
ベルギー	260	488	25,400	45,270	290	395	28,930	36,610
ブラジル	674	1,564	3,870	8,070	1,189	1,968	6,920	10,160
ブルガリア	13	46	1,640	6,060	50	101	6,870	13,260
ブルキナファソ	3	8	250	510	9	18	850	1,170
カンボジア	4	10	280	650	11	27	940	1,820
カメルーン	10	23	620	1,190	24	43	1,620	2,190
カナダ	681	1,416	22,130	41,980	851	1,258	28,440	37,280
チリ	75	161	4,840	9,470	137	228	9,310	13,420
中国[3]	1,169	4,856	930	3,650	2,949	9,170	2,560	6,890
コロンビア	94	228	2,350	4,990	228	392	5,840	8,600
コンゴ(キンシャサ)[4]	4	11	80	160	10	20	200	300
コートジボアール	11	23	620	1,070	25	34	1,450	1,640
チェコ共和国	60	182	5,800	17,310	151	251	15,630	23,940
エクアドル	16	54	1,340	3,970	55	110	4,850	8,100
エジプト	97	172	1,390	2,070	251	471	3,720	5,680
エチオピア	8	27	130	330	30	79	500	930
フランス	1,482	[5]2,751	24,450	[5]42,620	1,556	2,191	27,070	33,950
ドイツ	2,097	3,476	25,510	42,450	2,113	3,017	26,590	36,850
ガーナ	6	28	330	1,190	18	37	940	1,530
ギリシャ	137	328	12,560	29,040	202	325	20,050	28,800
グアテマラ	19	37	1,730	2,650	39	64	3,560	4,570
香港	177	221	26,570	31,570	177	312	27,530	44,540
ハンガリー	48	130	4,700	12,980	120	191	12,910	19,090
インド	458	1,406	450	1,220	1,576	3,786	1,650	3,280
インドネシア	119	471	580	2,050	452	855	2,260	3,720
イラン	107	331	1,670	4,530	435	836	7,110	11,470
イタリア	1,190	2,114	20,890	35,110	1,446	1,919	26,950	31,870
日本	4,393	4,857	34,620	38,080	3,292	4,265	26,630	33,440
カザフスタン	19	110	1,260	6,920	66	164	5,260	10,320
ケニア	13	30	420	760	35	62	1,160	1,570
韓国	466	967	9,910	19,830	804	1,328	18,110	27,240
マダガスカル	4	9	250	430	12	19	840	990
マラウィ	2	4	150	290	7	12	520	780
マレーシア	80	202	3,450	7,350	195	377	8,500	13,710
メキシコ	501	962	5,110	8,960	878	1,506	9,090	14,020
モンテネグロ	(NA)	4	(NA)	6,650	4	8	6,580	13,110
モロッコ	38	90	1,310	2,770	73	143	2,730	4,400
モザンビーク	4	10	230	440	8	20	460	880
ネパール	5	13	220	440	20	35	840	1,180
ニジェール	2	5	170	340	6	10	550	680
ナイジェリア	33	185	270	1,190	141	321	1,220	2,070
パキスタン	68	170	490	1,000	233	455	1,720	2,680
ペルー	53	122	2,050	4,200	124	237	4,820	8,120
フィリピン	76	165	970	1,790	178	326	2,340	3,540
ポーランド	177	468	4,590	12,260	403	698	10,920	18,290
ポルトガル	123	233	12,070	21,910	178	256	17,990	24,080
ルーマニア	38	179	1,690	8,330	126	312	6,370	14,540
ロシア	250	1,324	1,710	9,340	974	2,599	7,260	18,330
サウジアラビア	168	437	8,150	17,210	362	610	17,550	24,020
セネガル	5	13	510	1,040	13	23	1,330	1,810
セルビア[6]	11	44	1,400	6,000	44	86	6,230	11,700
シンガポール	94	186	23,350	37,220	133	248	32,080	49,780
南アフリカ	134	284	3,050	5,760	291	496	6,750	10,050
スペイン	621	1,476	15,420	32,120	851	1,447	22,230	31,490
スリランカ	16	40	880	1,990	50	96	2,680	4,720
スーダン	11	52	320	1,220	37	84	1,150	1,990
スウェーデン	262	454	29,500	48,840	246	354	28,030	38,050
スイス	289	506	40,280	65,430	245	364	33,840	47,100
シリア	16	51	960	2,410	52	97	3,330	4,620
タンザニア	10	21	300	500	25	58	800	1,360
タイ	122	255	1,960	3,760	303	518	4,970	7,640
トルコ	265	652	3,990	8,720	580	1,010	8,110	13,500
ウガンダ	7	15	270	460	16	39	700	1,190
ウクライナ	34	129	700	2,800	156	284	3,630	6,180
イギリス	1,526	2,558	25,910	41,370	1,532	2,217	27,740	35,860
合衆国	**9,846**	**14,234**	**34,890**	**46,360**	**10,071**	**14,011**	**36,440**	**45,640**
ウズベキスタン	15	31	630	1,100	35	81	1,490	2,910
ベネズエラ	100	286	4,100	10,090	204	347	8,660	12,220
ベトナム	30	88	390	1,000	108	244	1,510	2,790
イエメン	7	25	400	1,060	31	55	1,750	2,330
ジンバブエ	...	...	480	360	(NA)	(NA)	(NA)	(NA)

NA データなし　1.世界銀行のワールドアトラス定義に基づく国民総所得（GNI）。詳細については資料を参照　2.購買力平価の解説については表No.1349の頭注を参照　3.表No.1332の脚注4を参照　4.表No.1332の脚注5を参照　5.仏領ギニア、グアドループ、マルティニク、レユニオンのフランス海外県を含む　6.表No.1404の脚注4を参照
資料：The World Bank, Washington, DC, *World Development Indicators*（年刊）(copyright);〈http://data.worldbank.org/〉（2011年5月現在）

No.1349. 1人当たり実質GDPおよび被雇用者1人当たり実質GDP——国別：1990－2009年

[米国の数値は経済分析局の国民所得・生産勘定（NIPA）に基づく。その他の国の数値は、1993年国連の国民経済計算のシステムに基づく。1人当たりの数値は総居住人口に基づく。実質GDPは、価格の変動とインフレーションについて調整した、経済の規模を測るマクロ経済指標である。被雇用者のデータには軍隊兵員を含む国もある。実質ドルは2009年の購買力平価（PPPs）に基づいて計算される。購買力平価は、異なる通貨であらわされるGDPを共通の価値（この場合米ドル）で示すための変換率である。特定の財とサービスの購入に必要な現地通貨と、同じものを合衆国内で購入するのに必要なドルを比較して算定する。本章の解説を参照]

国	1人当たり実質GDP（2009年、USドル）				被雇用者1人当たり実質GDP（2009年、USドル）			
	1990	2000	2008	2009	1990	2000	2008	2009
合衆国	35,200	43,571	47,570	45,918	72,804	88,961	98,671	99,763
カナダ	29,718	35,766	39,385	37,946	62,435	73,938	76,349	75,676
オーストラリア	27,345	34,270	39,497	39,178	58,736	72,613	78,404	79,188
日本	28,560	31,270	34,198	32,445	54,884	60,792	68,017	65,507
韓国	11,627	19,961	27,194	27,169	27,561	44,353	56,063	56,342
オーストリア	28,834	32,458	40,314	38,701	61,905	74,987	81,623	79,381
ベルギー	27,957	33,832	37,504	36,161	72,472	84,403	89,894	87,515
デンマーク	29,003	36,086	38,913	36,813	57,145	71,021	73,652	72,551
フランス	27,681	32,252	34,779	33,679	70,431	80,491	86,185	84,978
ドイツ[1]	29,397	34,643	38,229	36,452	61,149	72,737	77,940	74,120
イタリア	28,544	33,276	33,820	31,887	71,606	82,635	80,107	77,363
オランダ	29,449	37,756	42,726	40,839	69,252	76,383	81,776	78,573
ノルウェー	37,504	50,962	57,300	55,653	77,264	98,671	104,489	103,156
スペイン	23,763	30,215	34,044	32,565	61,467	70,812	72,247	74,646
スウェーデン	28,803	34,198	40,310	37,919	53,601	70,549	81,228	78,646
イギリス	26,908	33,595	38,669	36,528	57,315	71,981	80,620	77,878

NA データなし　1. 1991年以前のデータは旧西ドイツ

資料：U.S. Bureau of Labor Statistics, "International Comparisons of GDP per Capita and per Hour, 1960-2009,"（2010年10月）; <http://www.bls.gov/fls/intl_gdp_capita_gdp_hour.htm>

No.1350. 国際経済総合指数における年平均変化率——国別：1990－2010年

[直前年からの平均年変化率。2000年＝100として指数で表したものから導く。一致指数変化は暦年であり、先行指数変化は一致指数を6ヵ月平均によって先行するため6月30日を末とする1年である。G7諸国は、合衆国、カナダ、フランス、ドイツ、イタリア、イギリスそして日本である。マイナス（－）は減少を示す]

国	先行指数						一致指数					
	1990	2000	2005	2008	2009	2010	1990	2000	2005	2008	2009	2010
13ヶ国、計	2.1	6.3	5.1	0.4	-10.9	8.1	4.5	5.0	2.1	-2.3	-13.2	2.8
合衆国を除く12ヶ国	3.8	7.7	5.5	0.8	-7.0	4.3	6.8	5.4	1.7	-0.2	-12.0	4.1
G-7諸国	2.0	6.0	5.0	-	-11.5	8.0	4.5	4.8	1.9	-2.6	-13.7	2.3
北アメリカ	-0.9	4.1	4.3	-	-16.3	14.0	-0.2	4.8	2.8	-5.2	-14.5	0.6
合衆国	-1.0	3.9	4.4	-0.3	-17.4	15.1	-0.1	4.4	2.6	-5.8	-15.2	0.2
カナダ	-1.1	7.1	3.1	3.2	-4.7	3.0	-1.7	9.7	4.7	-0.3	-11.4	5.0
ヨーロッパ4ヶ国	1.8	4.4	4.1	1.1	-7.6	6.0	5.9	9.8	2.0	1.2	-10.1	3.0
フランス	1.5	1.5	6.4	-0.7	-8.0	11.9	5.7	14.4	2.1	-1.9	-14.2	0.3
ドイツ	4.5	6.2	4.4	1.6	-7.0	4.1	7.2	7.9	-0.5	5.0	-7.4	7.1
イタリア	0.2	7.2	2.4	-2.0	-9.4	4.9	9.3	16.2	5.3	-2.1	-15.4	0.9
イギリス	-0.3	2.5	2.4	5.3	-6.8	3.0	0.9	4.0	3.4	1.5	-4.6	2.8
太平洋地域7ヶ国	6.1	11.2	6.9	0.2	-6.7	2.9	8.1	1.2	1.2	-1.6	-13.9	5.1
オーストラリア	-1.4	8.2	5.3	4.7	-7.8	4.6	-0.4	5.1	3.7	2.0	-1.8	3.4
台湾[1]	4.9	8.5	6.5	2.6	-0.8	10.7	5.1	4.9	4.8	-0.8	-7.1	12.2
タイ	12.1	9.5	5.5	6.7	-0.6	9.6	11.6	9.4	6.5	3.1	-1.8	10.0
日本	6.6	11.3	7.1	-1.4	-7.6	1.2	8.6	-0.5	0.3	-2.6	-16.6	4.6
韓国	6.5	15.9	7.3	10.0	-0.7	11.9	9.9	13.7	4.7	2.9	0.2	7.4
マレーシア	5.0	19.8	4.8	12.7	-3.8	15.9	9.1	11.1	3.1	0.4	-6.3	6.5
ニュージーランド	0.8	4.6	1.2	1.1	-1.9	7.1	-1.2	2.7	6.0	-1.6	-6.2	3.2

－ ゼロを示す　1. 表No.1332の脚注4を参照

資料：Foundation for International Business and Economic Research, New York, NY, *International Economic Indicators*（月刊）

No.1351. 総付加価値に対する部門別貢献：2000、2010年

[単位：％。1993年国民経済計算システムおよび国際標準産業分類（ISIC）第3版による。付加価値は、基本費用で推計し、間接的に計測される金融仲介サービス（FISIM）を除外する。これは産業の国内総生産に対する寄与を表し、生産と中間投入の差で計算される。付加価値は労働費用、固定資本の減耗、間接税から補助金を引いたもの、純運営黒字および雑所得から成る]

国	農業[1] 2000	2010	工業 計 2000	2010	製造業 2000	2010	サービス業 2000	2010
合衆国[2]	1.2	[3]1.0	23.4	[3]20.0	15.9	[3]12.7	75.4	[3]79.0
オーストラリア	3.9	[4]2.6	25.9	[4]27.1	12.2	[4]9.4	70.2	[4]70.3
オーストリア	2.0	1.5	30.8	29.2	20.6	19.2	67.2	69.3
ベルギー	1.4	0.7	27.0	21.9	19.3	[3]14.0	71.6	77.4
カナダ	2.3	[5]1.7	33.2	[5]31.5	19.2	[5]13.4	64.5	[5]66.8
チェコ共和国	3.9	[3]2.3	38.1	37.7	26.8	[3]23.6	58.0	[3]60.0
デンマーク	2.6	1.3	26.8	22.1	16.2	12.4	70.6	76.7
フィンランド	3.5	2.9	34.7	29.0	26.5	18.8	61.8	68.1
フランス	2.8	[3]1.8	22.9	[3]19.0	16.0	[3]10.7	74.4	[3]80.2
ドイツ	1.3	0.9	30.3	27.9	22.9	20.7	68.5	71.3
ギリシャ	6.6	3.3	21.0	17.9	11.1	10.8	72.5	78.8
ハンガリー	5.4	3.5	31.7	30.7	23.0	23.0	62.9	65.8
アイスランド[2]	9.1	[3]7.2	26.1	[3]25.2	13.9	[3]15.2	64.8	[3]67.6
アイルランド	3.2	[3]1.0	41.8	[3]31.9	32.7	[3]24.2	55.0	[3]67.1
イタリア	2.8	1.9	28.4	25.3	21.0	16.8	68.8	72.8
日本[8]	1.7	[3]1.4	31.1	[3]26.0	21.3	[3]17.6	67.2	[3]72.6
韓国	4.6	2.6	38.1	39.3	28.3	30.6	57.3	58.2
ルクセンブルク	0.7	0.3	18.4	13.0	11.3	6.8	81.0	86.7
メキシコ	4.2	[3]3.6	35.8	[3]33.8	21.6	[3]17.7	61.5	[3]62.6
オランダ	2.6	1.9	24.9	23.7	15.6	13.2	72.4	74.3
ニュージーランド[7]	8.5	[8]5.4	24.2	[8]23.8	16.1	[8]14.3	67.3	[8]70.8
ノルウェー	2.1	1.6	42.0	40.8	10.6	9.2	56.0	57.6
ポーランド	5.0	3.5	31.7	31.7	18.5	18.6	63.3	64.8
ポルトガル	3.7	2.4	28.0	23.0	17.5	13.5	68.3	74.5
スロヴァキア	4.5	3.8	36.2	34.8	24.7	20.6	59.3	61.4
スペイン	4.4	2.7	29.2	25.7	18.6	[3]12.7	66.4	71.7
スウェーデン	2.1	1.9	28.8	26.6	22.0	16.4	69.1	71.6
スイス	1.6	1.1	27.3	27.2	19.0	19.1	71.1	71.7
トルコ	10.8	9.4	30.0	26.1	21.4	14.5	59.2	64.5
イギリス	1.0	0.7	27.3	21.8	17.4	11.5	71.7	77.4

1．農業、漁業、狩猟業を含む　2．付加価値は要素費用で推計　3．2009年　4．2008年　5．2007年　6．付加価値は市場価格で推計される　7．付加価値は生産者価格で推計　8．2006年

資料：Organization for Economic Cooperation and Development (OECD), 2011, "National Accounts at a Glance," OECD National Accounts Statistics database (copyright),〈http://dx.doi.org/10.1787/data-00369-en〉(2010年4月現在) も参照

No.1352. 国別工業生産指数：1990－2010年

[月間データの年間平均値。工業生産指数は、製造業、鉱業、および電気、ガス、水道等の公益事業の生産高を示す。マイナス(-)は減少を示す]

国	工業生産指数 (2005 = 100)								年平均変化率（％）				
	1990	1995	2000	2005	2007	2008	2009	2010	2000-2001	2005-2006	2007-2008	2008-2009	2009-2010
OECD加盟国、計	73.0	78.7	94.9	100.0	107.2	105.0	92.1	99.4	-2.2	3.8	-2.1	-12.2	7.9
オーストラリア	73.2	81.2	94.1	100.0	105.3	108.0	106.2	111.0	1.0	2.2	2.6	-1.6	4.4
オーストリア	59.7	64.5	85.4	100.0	113.8	116.0	103.1	110.0	3.0	7.7	1.9	-11.1	6.7
ベルギー[1]	82.3	82.9	95.8	100.0	108.0	106.8	93.1	99.7	-1.0	5.0	-1.1	-12.9	7.1
カナダ[2]	68.3	77.7	98.9	100.0	98.6	93.1	83.1	87.9	-4.0	-0.6	-5.6	-10.7	5.8
チェコ共和国[1]	89.9	67.9	74.9	100.0	119.8	117.7	101.6	111.7	10.0	8.3	-1.8	-13.6	10.0
デンマーク	72.1	82.3	96.5	100.0	102.1	101.0	85.8	87.3	1.4	4.1	-1.1	-15.0	1.8
フィンランド	58.9	66.6	91.2	100.0	114.6	115.5	94.6	100.4	0.7	9.6	0.8	-18.1	6.1
フランス	88.5	88.2	99.4	100.0	102.0	99.5	87.0	91.7	0.9	0.6	-2.4	-12.6	5.4
ドイツ[3]	85.7	85.5	93.9	100.0	113.5	113.7	94.1	105.0	0.4	6.2	0.2	-17.3	11.6
ギリシャ	83.7	82.1	100.6	100.0	102.6	102.4	92.4	87.0	-1.8	0.6	-0.3	-9.7	-5.8
ハンガリー[1]	51.9	45.9	76.0	100.0	118.5	118.5	97.6	107.8	3.5	9.9	-0.1	-17.6	10.4
アイルランド	23.6	37.5	74.9	100.0	108.5	106.1	101.4	108.8	11.0	3.1	-2.2	-4.5	7.4
イタリア	90.2	96.9	104.3	100.0	105.4	101.7	82.6	87.9	-1.3	3.5	-3.5	-18.8	6.4
日本[1]	96.9	94.0	98.4	100.0	107.2	103.8	81.7	94.8	-6.3	4.3	-3.2	-21.3	16.0
韓国[1]	31.7	47.9	74.3	100.0	115.9	119.8	119.7	139.1	0.6	8.4	3.4	-0.1	16.2
ルクセンブルク	66.5	68.1	83.7	100.0	101.9	96.3	80.5	89.5	3.1	2.1	-5.5	-16.4	11.2
メキシコ[4]	67.1	70.2	99.7	100.0	107.9	107.7	99.5	105.5	-3.5	5.7	-0.1	-7.6	6.0
オランダ	77.9	84.4	95.2	100.0	103.8	105.3	97.6	104.5	0.5	1.5	1.5	-7.4	7.0
ニュージーランド	73.0	83.3	88.0	100.0	97.6	96.8	88.9	90.1	-0.2	-3.8	-0.9	-8.1	1.3
ノルウェー	74.2	93.7	104.5	100.0	96.7	97.1	93.3	88.1	-0.7	-2.2	0.5	-3.9	-5.6
ポーランド	47.3	53.6	76.8	100.0	122.5	125.8	121.0	134.4	0.9	12.0	2.7	-3.8	11.1
ポルトガル	93.3	90.7	107.1	100.0	103.0	98.8	90.6	92.1	3.1	3.1	-4.0	-8.3	1.7
スペイン	79.1	82.0	97.8	100.0	106.0	98.4	82.8	83.5	-1.5	3.9	-7.3	-15.8	0.8
スウェーデン[5][6]	64.3	77.0	92.3	100.0	107.7	104.5	85.9	93.3	-0.5	3.6	-3.0	-17.8	8.7
スイス	78.3	81.3	99.0	100.0	118.1	119.6	110.1	117.0	-0.7	7.8	1.3	-7.9	6.2
トルコ	57.0	66.6	80.8	100.0	114.8	114.2	102.9	116.4	-8.7	7.3	-0.6	-9.9	13.1
イギリス	91.5	97.2	104.2	100.0	100.5	97.5	87.6	89.5	-1.4	0.2	-2.9	-10.1	2.1
合衆国	65.2	75.1	96.6	100.0	89.7	94.5	101.5	103.0	-3.4	2.2	-3.7	-11.2	5.3

Z　0.5％未満　1．月間労働日数の不均等等の調整はしていない　2．要素費用と1986年価格の産業の国内総生産　3．1991年以前のデータは旧西ドイツ　4．建設業を含む　5．鉱業と製造業　6．年間データは、公式の年間数値であり、月間データの平均とは異なる

資料：Organization for Economic Cooperation and Development (OECD), 2011, "Production and sales," Main Economic Indicators database (copyright),〈http://dx.doi.org/10.1787/data-00048-en〉(2011年4月現在) も参照

No.1353. 製造業主要指数──国別：1990－2009年

[2002年＝100。ベルギーでは被雇用者（賃金俸給労働者）、その他の国ではすべての被雇用者（被雇用者、自営業者、無給家族労働者）と自営を含む。マイナス（－）は減少を示す。年平均変化率（％）の説明については凡例を参照]

主要指数、年	合衆国	カナダ	日本	ベルギー	フランス	ドイツ[1]	イタリア	オランダ	ノルウェー	スウェーデン	イギリス
時間あたり生産指数：											
1990	58.1	70.7	70.9	74.5	63.6	69.8	78.1	68.3	87.8	49.4	70.1
1995	68.5	83.4	83.4	86.7	75.2	80.6	94.2	82.1	88.1	64.9	81.7
2000	88.8	100.7	96.5	97.8	94.0	95.0	100.9	96.6	94.6	91.6	93.5
2005	122.8	104.8	121.7	107.5	112.3	112.1	100.8	113.9	119.1	128.0	115.8
2008	135.7	104.0	127.9	114.1	115.1	122.4	99.4	121.5	117.2	137.5	124.0
2009	146.2	105.0	113.3	115.8	106.8	111.0	93.5	116.1	118.1	127.5	119.8
年平均変化率(%)：											
1990-2000	4.3	3.6	3.3	2.8	4.0	3.3	2.6	3.5	0.7	6.4	2.9
2007-2008	0.4	-2.4	0.2	1.0	-0.9	-0.2	-3.6	-2.3	0.9	-3.0	0.2
2008-2009	7.7	1.0	-11.4	1.5	-7.2	-9.3	-5.9	-4.4	0.8	-7.3	-3.4
時間あたり給与指数(自国通貨ベース)：[2]											
1990	62.1	68.3	77.4	69.9	64.3	59.7	61.3	61.8	58.5	61.0	58.4
1995	73.4	81.6	92.4	84.3	79.8	81.2	82.5	77.0	69.2	71.7	71.6
2000	91.3	94.2	98.0	93.2	94.7	94.1	94.1	90.9	89.0	90.6	90.2
2005	112.5	112.8	99.6	105.4	109.3	104.1	110.3	110.0	112.6	111.0	116.1
2008	123.2	121.7	98.8	116.9	119.7	112.3	120.3	121.0	132.1	124.0	129.3
2009	129.6	121.4	97.8	124.5	121.8	118.0	126.7	125.4	139.4	129.0	132.8
年平均変化率(%)：											
1990-2000	3.9	3.3	2.4	2.9	3.6	4.7	4.4	3.9	4.3	4.0	4.4
2007-2008	4.0	0.2	1.9	3.3	2.7	2.6	3.4	3.8	5.7	3.2	2.0
2008-2009	5.2	-0.2	-1.0	6.5	1.8	5.1	5.3	3.6	5.5	4.0	2.7
時間あたり実質給与指数：[3]											
1990	82.9	87.4	82.7	89.2	79.6	78.2	93.4	85.1	77.0	80.8	81.6
1995	86.0	93.5	92.3	95.3	88.0	89.5	98.1	92.2	80.9	78.4	84.6
2000	95.4	98.6	96.5	97.0	95.1	97.9	99.1	97.8	92.9	95.0	93.4
2005	103.7	105.3	100.2	98.9	102.7	99.8	103.6	104.7	107.7	107.9	106.5
2008	102.9	106.4	97.7	101.3	106.0	101.1	104.6	109.3	118.2	109.5	106.1
2009	108.7	105.5	98.1	107.9	107.6	105.7	109.4	112.0	122.1	114.3	109.5
年平均変化率(%)：											
1990-2000	1.4	1.2	1.6	0.8	1.8	2.3	0.6	1.4	1.9	1.6	1.4
2007-2008	0.1	-2.1	0.5	-1.2	-0.1	0.1	－	1.3	1.8	-2.5	-1.9
2008-2009	5.6	-0.8	0.4	6.5	1.5	4.5	4.6	2.5	3.3	4.4	3.2
単位労働コスト指数(自国通貨ベース)：[2]											
1990	107.0	96.6	109.2	93.8	101.2	85.5	78.6	90.5	66.6	123.4	83.2
1995	107.1	97.9	110.8	97.2	106.1	100.8	87.7	93.8	78.5	110.4	87.6
2000	102.8	93.5	99.5	95.3	97.6	98.1	93.2	94.1	94.1	98.9	96.5
2005	91.6	107.6	81.8	98.0	97.4	92.9	110.0	96.6	94.5	86.7	100.2
2008	90.7	117.0	77.2	102.5	103.9	91.8	121.0	99.6	112.8	90.2	104.3
2009	88.7	115.7	86.3	107.6	114.0	106.3	135.5	108.0	118.0	101.2	110.9
年平均変化率(%)：											
1990-2000	-0.4	-0.3	-0.9	0.2	-0.4	1.4	1.7	0.4	3.5	-2.2	1.5
2007-2008	3.5	2.7	1.6	2.3	3.7	2.8	7.2	6.2	4.7	6.4	1.9
2008-2009	-2.2	-1.1	11.8	5.0	9.7	15.8	12.0	8.4	4.6	12.2	6.3
単位労働コスト指数(米ドル・ベース)：[2][4]											
1990	107.0	130.1	94.3	119.7	128.9	109.4	134.3	115.9	85.0	202.6	98.8
1995	107.1	112.1	147.7	140.7	147.6	145.6	110.2	136.3	98.9	150.4	92.1
2000	102.8	98.8	115.6	93.0	95.3	95.8	91.0	91.9	85.2	104.8	97.3
2005	91.6	139.5	93.0	129.1	128.2	122.3	144.8	127.2	117.2	112.8	121.4
2008	90.7	172.4	93.5	159.6	161.9	143.0	188.5	155.1	159.7	133.2	128.7
2009	88.7	159.2	115.4	158.5	168.1	156.7	199.8	159.1	149.8	128.5	115.6
年平均変化率(%)：											
1990-2000	-0.4	-2.7	2.1	-2.5	-3.0	-1.3	-3.8	-2.3	－	-6.4	-0.2
2007-2008	3.5	3.4	15.7	9.8	11.4	10.5	15.1	14.0	8.7	9.1	-5.7
2008-2009	-2.2	-7.7	23.4	-0.7	3.8	9.6	6.0	2.6	-6.2	-3.5	-10.2
雇用指数：											
1990	116.1	98.7	128.7	118.3	117.0	131.2	110.8	111.4	102.2	119.9	134.5
1995	113.3	91.7	120.1	106.0	103.1	106.1	100.6	102.6	104.1	100.2	116.4
2000	113.0	102.2	108.0	102.8	101.4	101.9	99.4	103.0	105.0	101.3	110.0
2005	93.5	98.3	94.9	94.1	92.3	94.4	99.1	91.3	92.6	91.7	86.6
2008	88.1	90.2	95.1	92.1	88.7	96.3	99.9	91.7	102.4	92.6	80.3
2009	78.4	81.1	89.2	87.6	84.9	93.7	95.2	88.8	98.1	83.4	75.4
年平均変化率(%)：											
1990-2000	-0.3	0.3	-1.7	-1.4	-1.4	-2.5	-1.1	-0.8	0.3	-1.7	-2.0
2007-2008	-3.6	-3.3	-1.9	0.1	-1.3	1.6	-0.8	0.5	1.9	-0.4	-2.9
2008-2009	-11.0	-10.1	-6.2	-4.9	-4.3	-2.7	-4.7	-3.2	-4.2	-9.9	-6.1
労働時間指数：											
1990	116.5	97.2	139.6	116.4	128.2	135.4	113.0	112.8	104.1	110.2	135.2
1995	115.9	91.8	122.0	103.1	111.3	111.7	101.6	103.7	107.3	101.3	118.9
2000	115.1	102.7	109.0	102.7	105.4	104.0	100.5	103.6	103.8	103.8	110.8
2005	93.5	97.9	96.3	95.3	93.7	95.0	97.0	91.6	95.8	94.3	87.8
2008	88.9	89.4	95.6	93.0	90.7	95.6	98.8	92.1	106.3	94.3	81.3
2009	77.7	78.6	84.2	83.6	86.8	86.2	88.4	87.9	99.3	83.4	75.1
年平均変化率(%)：											
1990-2000	-0.1	0.6	-2.4	-1.2	-1.9	-2.6	-1.2	-0.8	0.3	-0.6	-2.0
2007-2008	-4.0	-3.8	-3.3	-1.3	-1.2	0.7	-1.3	0.3	1.7	0.1	-3.1
2008-2009	-12.6	-12.1	-11.9	-10.1	-4.3	-9.8	-10.5	-4.6	-11.6	-7.8	-7.6

─ ゼロまたは概数でゼロを示す 1. 1991年のデータは統合前の西ドイツ 2. カナダ、フランス、スウェーデン、イギリスの場合、雇用者にとっての実質的な労働コスト推計のために雇用税および政府補助金に関して調整されたデータ 3. 購買力の変化を調整するために、時間あたり給与を、消費者価格指数で割った 4. 各国通貨の指数は現行為替レートの変化を反映するように調整された

資料：U.S. Bureau of Labor Statistics, *International Comparisons of Manufacturing Productivity and Unit Labor Cost Trends 2009, Supplementary Tables, 1950-2009* (2010年12月); ⟨http://www.bls.gov/ilc⟩ も参照

No.1354. 主要国の製造業全従業員の時間当たり給与コスト指数：2000－2009年

[合衆国を100とする。給与コストは労働時間に対する支払い、その他直接支払われる手当（休暇、休日、ボーナス、その他の直接支払および現物支給を含む）、法的に要求された保険プログラムおよび契約、個人年金プランのための雇用者支出。ある国では、その他の労働税を含む。データは為替レートによる調整済。地域別平均は貿易加重値。工業製品の輸出入における合衆国の地位が国によって異なる点を調整するため。主要経済グループの平均給与コストの計算に用いられる貿易加重は、2009年の合衆国の製造業製品貿易額（輸出入）のドル建て額と各国または地域の比率に基く。詳細は資料を参照］

国、地域	2000	2005	2007	2008	2009	国、地域	2000	2005	2007	2008	2009
合衆国	**100**	**100**	**100**	**100**	**100**	アイルランド	65	98	111	122	116
計[1]	66	76	83	86	79	イスラエル	53	47	51	61	55
OECD[2]	70	82	88	92	84	イタリア	67	93	102	111	104
ヨーロッパ	86	111	121	129	118	日本	103	86	76	86	91
ユーロ圏[3]	87	113	123	134	125	韓国	40	51	62	50	42
東アジア[4]	13	21	27	32	28	メキシコ	18	18	19	19	16
東ヨーロッパ[4]	35	38	43	41	36	オランダ	85	117	126	139	130
アルゼンチン	33	18	25	31	30	ニュージーランド	38	56	61	59	52
オーストラリア	68	97	108	115	103	ノルウェー	102	144	168	181	161
オーストリア	98	122	135	148	143	フィリピン	4	4	4	5	4
ベルギー	104	134	144	158	147	ポーランド	14	18	24	29	22
ブラジル	18	17	23	26	25	ポルトガル	24	31	35	38	36
カナダ	76	90	101	101	88	シンガポール	48	45	50	58	52
チェコ共和国	14	24	31	38	33	スロヴァキア	11	20	27	34	34
デンマーク	95	127	145	155	148	スペイン	50	70	78	86	83
フィンランド	81	113	125	139	131	スウェーデン	96	119	134	137	119
フランス	87	109	121	131	120	スイス	101	121	123	136	132
ドイツ	103	128	139	150	139	台湾[5]	30	27	26	27	23
ハンガリー	12	23	28	30	26	イギリス	83	106	117	111	92

1. 取引加重調整済みのデータは32ヶ国すべて含まれる 2. OECDについては本章の解説を参照 3. ユーロ圏とは、2011年1月1日に共通通貨ユーロを採用したヨーロッパ連合加盟国を指す（オーストリア、ベルギー、キプロス、エストニア、フィンランド、フランス、ドイツ、ギリシア、アイルランド、イタリア、ルクセンブルク、マルタ、オランダ、ポルトガル、スロヴァキア、スロベニア、スペイン） 4. チェコ共和国、ハンガリー、ポーランド、スロヴァキア 5. 日本を除く 6. 表No.1332の脚注4を参照

資料：U.S. Bureau of Labor Statistics, *International Comparisons of Hourly Compensation Costs in Manufacturing, 2007* (2009年3月); <http://www.bls.gov/fls/> も参照

No.1355. 労働生産性と労働時間における年平均変化率──国別：1995－2009年

[表示年の間の変化。先進国、その他の先進国および東欧諸国では、労働生産性の成長は労働1時間当たりの国内総生産の成長である。データはThe Conference Board Total Economy Databaseより、オランダのグローニンゲン大学成長開発センターの協力を得て導出。地域別の成長率は国別労働生産性成長率を加重して合計。加重は名目GDPをPPPで調整して、2時点間の各国のシェアの平均として計算。各国の国内総生産は、GDPデフレータを用いて2010年実質ドルで計測。マイナス（－）記号は減少を示す］

国	労働生産力		総労働時間		国	労働生産力		総労働時間	
	1995－2000	2000－2009	1995－2000	2000－2009		1995－2000	2000－2009	1995－2000	2000－2009
先進諸国[1]	2.4	1.4	0.9	(Z)	イスラエル	1.2	1.2	3.7	1.7
合衆国	**2.5**	**1.7**	**1.7**	**-0.1**	ニュージーランド	1.5	0.9	1.1	1.4
日本	2.0	1.5	-1.1	-1.0	ノルウェー	2.3	0.8	1.4	0.9
					シンガポール	2.1	0.1	4.2	3.6
欧州連合(EU-15)[2]	1.8	0.9	1.1	0.3	韓国	5.4	3.9	-0.4	-0.1
オーストリア	1.8	1.2	1.2	0.3	スイス	1.6	0.5	0.4	1.0
ベルギー	2.0	0.4	0.8	0.9	台湾[4]	4.6	3.0	0.5	0.1
デンマーク	1.1	0.3	1.7	0.3					
フィンランド	2.8	1.4	1.9	0.2	**欧州連合**				
フランス	2.1	0.8	0.7	0.3	(EU-12, 新規加盟国)[5]	3.2	3.3	-0.2	0.4
ドイツ	2.0	0.9	(Z)	-0.3	ブルガリア	2.1	2.8	-2.5	1.7
ギリシャ	4.0	2.3	-0.6	0.8	キプロス	2.0	1.0	1.7	1.9
アイルランド	5.0	2.3	4.3	0.6	チェコ共和国	1.9	3.5	-0.4	-0.3
イタリア	0.9	-0.2	1.0	0.4	エストニア	8.1	4.6	-1.7	-0.8
ルクセンブルク	2.6	0.9	3.4	2.0	ハンガリー	2.2	3.0	1.4	-1.1
オランダ	1.7	1.1	2.2	0.2	ラトビア	4.4	5.0	0.8	-1.0
ポルトガル	1.3	0.8	2.8	-0.2	リトアニア	4.2	4.4	0.1	0.2
スペイン	0.2	1.1	3.8	1.2	マルタ	2.2	1.1	0.7	0.5
スウェーデン	2.6	1.5	0.8	0.2	ポーランド	5.3	1.6	(Z)	2.3
イギリス	2.5	1.2	0.9	0.2	ルーマニア	-1.2	6.2	(Z)	-1.7
					スロヴァキア	4.8	4.7	-1.5	0.1
その他の先進諸国[3]	3.3	2.1	1.0	0.7	スロヴェニア	4.8	2.2	-0.6	0.6
オーストラリア	2.3	1.4	1.5	1.5					
カナダ	2.1	0.7	2.0	0.9	**欧州連合**				
香港	2.5	2.7	2.0	0.9	(EU-27, 拡大後)[6]	2.1	1.1	0.8	0.3
アイスランド	2.3	2.1	2.5	-0.3					

Z 0.05%未満 1. 先進諸国には、合衆国、EU15ヶ国、日本、およびその他の先進諸国が含まれる 2. 2004年4月30日までにEUに加盟した国。表No.1378脚注2のEU15ヶ国を参照 3. その他の先進諸国にはオーストラリア、カナダ、香港、アイスランド、イスラエル、ニュージーランド、ノルウェー、韓国、シンガポール、スイスおよび台湾 4. 表No.1332の脚注4を参照 5. 2004年5月1日現在の新EU加盟国 6. 全EU加盟国。EU27ヶ国のリストは表No.1377の脚注5を参照

資料：The Conference Board, New York, NY, The Conference Board, Total Economy Database," (2011年1月); <http://www.conference-board.org/economics/database.cfm>. Reproduced with permission from The Conference Board, Inc., 2011, The Conference Board, Inc.

No.1356. 主要国の消費者物価年間増加率（％）：2000－2010年

[前年からの変化。データに関する概説については本章の解説を参照。各国の統計の詳細は資料を参照。マイナス記号は減少を示す]

国	2000	2005	2008	2009	2010	国	2000	2005	2008	2009	2010
合衆国	3.4	3.4	3.8	-0.4	1.6	日本	-0.7	-0.3	1.4	-1.4	-0.7
アルゼンチン	-0.9	9.6	8.6	6.3	10.8	ケニア	10.0	10.3	26.2	9.2	4.0
オーストラリア	4.5	2.7	4.4	1.8	2.8	韓国	2.3	2.8	4.7	2.8	2.9
オーストリア	2.4	2.3	3.2	0.5	1.8	マレーシア	1.5	3.0	5.4	0.6	1.7
バングラデシュ	2.2	7.0	8.9	5.4	8.1	メキシコ	9.5	4.0	5.1	5.3	4.2
ベルギー	2.5	2.8	4.5	-0.1	2.2	オランダ	2.3	1.7	2.5	1.2	1.3
ボリビア	4.6	5.4	14.0	3.3	2.5	ナイジェリア	6.9	17.9	11.6	11.5	13.7
ブラジル	7.0	6.9	5.7	4.9	5.0	ノルウェー	3.1	1.5	3.8	2.2	2.4
カナダ	2.7	2.2	2.4	0.3	1.8	パキスタン	4.4	9.1	20.3	13.6	13.9
チリ	3.8	3.1	8.7	1.5	1.4	ペルー	3.8	1.6	5.8	2.9	1.5
コロンビア	9.2	5.0	7.0	4.2	2.3	フィリピン	4.0	7.6	9.3	3.2	3.8
エクアドル	96.1	2.4	8.4	5.2	3.6	ポルトガル	2.8	2.3	2.6	-0.8	1.4
エジプト	2.7	4.9	18.3	11.8	11.3	ルーマニア	45.7	9.0	7.8	5.6	6.1
フランス	1.7	1.7	2.8	0.1	1.5	ロシア	20.8	12.7	14.1	11.7	6.9
ドイツ	1.5	1.6	2.6	0.3	1.1	南アフリカ	5.3	3.4	11.5	7.1	4.3
ガーナ	25.2	15.1	16.5	19.3	10.7	スペイン	3.4	3.4	4.1	-0.4	1.9
ギリシャ	3.2	3.5	4.2	1.2	4.7	スリランカ	6.2	11.6	22.6	3.4	5.9
グアテマラ	6.0	8.4	12.6	1.9	3.9	スウェーデン	1.0	0.5	3.4	-0.3	1.3
インド	4.0	4.2	8.4	10.9	12.0	スイス	1.5	1.2	2.4	-0.5	0.7
インドネシア	3.7	10.5	11.1	2.8	7.0	タイ	1.6	4.5	5.4	-0.9	3.3
イラン	14.5	13.4	25.5	13.5	10.1	トルコ	54.9	10.1	10.4	6.3	8.6
イスラエル	1.1	1.3	4.6	3.3	2.7	イギリス	2.9	2.8	4.0	-0.6	4.6
イタリア	2.5	2.0	3.4	0.8	1.5	ベネズエラ	16.2	16.0	31.4	28.6	29.1

資料：International Monetary Fund, Washington, DC, *International Financial Statistics*（月刊）（copyright）

No.1357. 主要OECD諸国の物価水準：2011年

[購買力平価（PPP）は各国間の価格水準の相異を除去する、通貨換算率である。相対的価格水準は、為替レートに対するPPPの率として定義される。PPPは1USドルあたりの各国通貨単位で表される。表中の数値は縦に読む。各列は、共通の代表的な消費財とサービスの購入に、各国の貨幣単位でどれだけの量が必要かを示している。どの列も、通貨単位を用いた国を100として、他国との相対的な価格水準が示されている。データの例：合衆国で1ドルで購入できる品物が日本では1.46米ドル]

国	合衆国 (米ドル)	カナダ (カナダドル)	メキシコ (メキシカンペソ)	日本 (円)	フランス (ユーロ)	ドイツ (ユーロ)	イタリア (ユーロ)	イギリス (ポンド)
合衆国	100	73	132	69	75	81	87	79
オーストラリア[1]	168	123	222	115	126	136	146	132
オーストリア	128	94	170	88	96	104	112	101
ベルギー	134	98	177	91	100	108	116	105
カナダ	137	100	181	94	102	111	119	107
チェコ共和国	89	65	118	61	67	72	77	70
デンマーク	171	125	227	117	128	139	149	135
フィンランド	145	106	193	100	109	118	127	114
フランス	134	98	177	91	100	108	116	105
ドイツ	123	90	163	84	92	100	107	97
ギリシャ	115	84	153	79	86	94	100	91
ハンガリー	86	63	114	59	64	70	75	68
アイスランド	128	93	169	87	96	104	111	100
アイルランド	144	105	191	99	108	117	125	113
イタリア	115	84	152	79	86	93	100	90
日本	146	107	193	100	109	118	127	115
韓国	86	63	113	59	64	69	75	67
ルクセンブルク	141	103	187	97	106	115	123	111
メキシコ	76	55	100	52	57	61	66	59
オランダ	128	94	169	88	96	104	111	100
ニュージーランド[1]	128	94	170	88	96	104	112	101
ノルウェー	178	130	236	122	133	144	155	140
ポーランド	75	55	99	51	56	61	65	59
ポルトガル	112	82	149	77	84	91	98	88
スロバキア	87	63	115	59	65	70	75	68
スペイン	116	85	154	80	87	94	101	91
スウェーデン	147	107	194	101	110	119	128	115
スイス	188	138	249	129	141	153	164	148
トルコ	70	51	93	48	52	57	61	55
イギリス	127	93	169	87	95	103	111	100

1. 四半期毎の消費者物価指数に基づく推計値

資料：Organization for Economic Cooperation and Development (OECD), 2011, "Prices: Comparative Price Levels," Main Economic Indicators database (copyright), ⟨http://dx.doi.org/10.1787/data-00536-en⟩（2011年4月現在）

No.1358. 海外生計費指数：2011年

[2011年1月現在。ワシントンDC＝100。指数は、代表的な財とサービス（住居と教育を除く）を海外で購入した場合の費用と、同様の財とサービスをワシントンDCで購入した場合の費用を比較している。指数は民間のアメリカ人被雇用者について計算されており、米国政府従業員にのみ与えられる特典については除外している。指数は特定の時点および為替レートにおける生計費の比較である。海外の時系列的な生計費の変動を測ることはできない。指数はアメリカ人家庭の支出と生計費のパターンのみを示すものであるから、合衆国内で生活するアメリカ人の生計費と、自国内で生活する外国人の生計費を比較するために用いることはできない]

国	都市	調査日	生計費指数[1]	国	都市	調査日	生計費指数[1]
アルジェリア	アルジェ	2009/2/16	127	ケニア	ナイロビ	2008/5/19	143
アンゴラ	ルアンダ	2008/5/21	190	韓国	ソウル	2010/2/16	140
アルゼンチン	ブエノスアイレス	2010/5/2	126	クウェート	クウェート・シティ	2009/11/21	136
アルメニア	エレバン	2010/3/14	113	ラオス	ビエンチャン	2005/12/30	107
オーストラリア	キャンベラ	2010/7/3	135	ラトビア	リガ	2007/5/30	139
オーストリア	ウィーン	2008/3/11	186	レバノン	ベイルート	2010/4/18	121
アゼルバイジャン	バクー	2009/2/1	156	リベリア	モンロヴィア	2009/8/14	149
バハマ	ナッソー	2009/6/24	143	リトアニア	ビリニュス	2010/5/22	122
バーレーン	バーレーン	2009/11/3	123	ルクセンブルグ	ルクセンブルグ	2009/12/9	162
バングラデシュ	ダッカ	2006/3/6	88	マケドニア	スコピア	2007/4/23	135
ベラルーシ	ミンスク	2007/3/15	136	マダガスカル	アンタナナリヴ	2008/1/23	128
ベルギー	ブリュッセル	2009/5/21	179	マレーシア	クアラルンプール	2008/8/24	121
ベリーズ	ベルモパン	2008/4/6	132	メキシコ	メキシコ・シティ	2009/3/6	99
ボリビア	ラパス	2009/7/1	110	モルドバ	キシナウ	2010/2/23	115
ボスニア・ヘルツェゴビナ	サラエボ	2009/8/6	126	モンゴル	ウランバートル	2009/1/16	136
ボツワナ	ハボローネ	2009/6/16	119	モロッコ	ラバト	2010/9/15	142
ブラジル	リオデジャネイロ	2009/12/29	156	モザンビーク	マプト	2009/8/16	141
ブルガリア	ソフィア	2010/5/11	135	ナミビア	ウィントフック	2009/11/23	138
ミャンマー（ビルマ）	ラングーン	2008/10/22	142	ネパール	カトマンズ	2009/9/22	103
ブルンジ	ブジュンブラ	2009/7/7	135	オランダ	ハーグ	2009/4/23	152
カンボジア	プノンペン	2009/2/8	122	ニュージーランド	ウェリントン	2010/9/27	159
カメルーン	ヤウンデ	2010/4/25	158	ニカラグア	マナグア	2008/4/5	113
カナダ	モントリオール	2007/1/12	134	ニジェール	ニアメ	2010/6/7	124
				ナイジェリア	アブジャ	2008/11/12	161
中央アフリカ共和国	バンギ	2008/8/13	189	ノルウェー	オスロ	2009/1/26	176
チャド	ンジャメナ	2009/8/26	176	オマーン	マスカット	2010/5/17	131
チリ	サンチャゴ	2010/10/22	135	パキスタン	イスラマバード	2004/12/10	102
中国[2]	北京	2010/5/17	138	パナマ	パナマシティ	2008/7/31	119
コロンビア	ボゴタ	2008/1/4	109	パラグアイ	アスンシオン	2008/5/9	114
コンゴ	キンシャサ	2008/7/16	167	ペルー	リマ	2010/1/14	142
コスタリカ	サンノゼ	2009/12/10	123	フィリピン	マニラ	2010/5/4	108
コートジボワール	アビジャン	2008/12/21	129	ポーランド	ワルシャワ	2009/9/17	130
クロアチア	ザグレブ	2010/5/31	132	ポルトガル	リスボン	2008/2/28	148
キューバ	ハバナ	2010/4/30	146	カタール	ドーハ	2010/5/12	149
キプロス	ニコシア	2010/5/17	156	ルーマニア	ブカレスト	2008/11/25	134
チェコ共和国	プラハ	2005/9/15	130	ロシア	モスクワ	2009/2/26	154
デンマーク	コペンハーゲン	2009/3/30	190	ルワンダ	キガリ	2008/11/16	136
ジブチ	ジブチ・シティ	2004/4/10	161	サウジアラビア	リヤド	2010/4/9	122
エクアドル	キト	2009/8/10	120	セルビア	ベルグラード	2009/3/17	99
エジプト	カイロ	2006/3/13	96	シエラレオネ	フリータウン	2009/6/15	131
エルサルバドル	サンサルバドル	2009/2/8	123	シンガポール		2009/1/14	133
エストニア	タリン	2010/7/6	116	スロバキア	ブラチスラバ	2009/12/7	172
エチオピア	アジスアベバ	2010/4/17	115	南アフリカ	ヨハネスブルグ	2010/9/30	143
フィンランド	ヘルシンキ	2009/4/14	171	スペイン	マドリード	2010/4/11	160
フランス	パリ	2009/10/11	201	スリランカ	コロンボ	2010/3/17	105
ガボン	リーブルヴィル	2008/9/14	157	スーダン	ハルツーム	2008/11/14	139
グルジア	トビリシ	2009/4/14	140	スウェーデン	ストックホルム	2010/5/13	185
ドイツ	ベルリン	2010/6/29	168	スイス	ジュネーブ	2008/5/21	235
ガーナ	アクラ	2010/1/20	138	シリア	ダマスカス	2008/3/26	96
ギリシャ	アテネ	2008/9/4	171	台湾[2][3]	台北	2009/2/24	145
グアテマラ	グアテマラ・シティ	2009/6/4	106	タジキスタン	ドゥシャンベ	2010/4/18	105
ギニア	コナクリ	2008/10/29	162	タンザニア	ダルエスサラーム	2009/11/16	117
ガイアナ	ジョージタウン	2009/7/28	150	タイ	バンコック	2008/2/26	126
ハイチ	ポルトープランス	2008/9/29	129	東チモール	東チモール	2007/7/11	128
ホンジュラス	テグシガルパ	2010/8/11	99	トルコ	イスタンブール	2009/4/29	151
香港		2009/5/7	156	トルクメニスタン	アシガバート	2009/11/17	130
ハンガリー	ブダペスト	2008/5/7	163	ウガンダ	カンパラ	2010/6/7	124
アイスランド	レイキャビク	2010/5/17	107	ウクライナ	キエフ	2008/10/5	131
インド	ニューデリー	2008/11/20	107	アラブ首長国連邦	ドバイ	2009/6/9	117
インドネシア	ジャカルタ	2009/6/11	116	イギリス	ロンドン	2009/2/16	159
アイルランド	ダブリン	2010/7/7	164	ウルグアイ	モンテビデオ	2009/2/18	136
イスラエル	テルアビブ	2010/6/8	146	ウズベキスタン	タシケント	2009/4/7	107
イタリア	ローマ	2009/3/31	183	ベネズエラ	カラカス	2010/9/23	180
ジャマイカ	キングズタウン	2009/6/24	112	ベトナム	ハノイ	2008/5/5	113
日本	沖縄	2002/5/14	175	イエメン	サヌア	2009/4/25	92
ヨルダン	アンマン	2008/4/14	130	ザンビア	ルサカ	2009/7/1	130
カザフスタン	アスタナ	2008/5/22	148	ジンバブエ	ハラレ	2008/1/14	243

1．「ローカル・インデックス」とも呼ばれる。生計費指数は、米国市民（民間人）の生計費を計測する。ローカル・インデックスは、海外の赴任地とワシントンDCの物価を比較するもので、海外赴任中の米国市民の支出パターンで加重した価格比を示す。すなわち、海外駐在の米国市民の生計費を、ワシントンDCの生計費と比較している。企業、その他の民間機関が、海外駐在の社員に対する生計費給付を決定するために利用される　2．表No.1331の脚注4を参照　3．台湾には米国政府の職員はいない。ここに示す数値は、米国機関のアメリカ人従業員の生計費比較であり、彼らには免税特権等一般の台湾在住アメリカ人にはない特権が与えられている

資料：U.S. Department of State, Bureau of Administration, "Indexes of Living Costs Abroad, Quarters Allowances, and Hardship Differentials," (2011年1月); <http://aoprals.state.gov/content.asp?content_id=186&menu_id=81>

No.1359. 家庭で消費される食品・アルコール・タバコ──世帯の最終消費支出に占める％：2009年

国または地域	食品[1]	アルコール飲料およびタバコ	国または地域	食品[1]	アルコール飲料およびタバコ
合衆国[2]	6.8	1.9	ラトビア	21.8	6.6
			リトアニア	31.5	3.4
アルジェリア	43.8	2.0	マレーシア	24.0	2.5
オーストラリア	10.5	4.0	メキシコ	40.4	1.3
オーストリア	11.1	3.3	モロッコ	11.5	2.9
アゼルバイジャン	46.9	2.4	オランダ	12.1	4.3
ベラルーシ	43.2	6.0	ニュージーランド	39.9	2.5
ベルギー	13.0	3.8	ナイジェリア	12.9	4.5
ボリビア	28.2	2.2	ノルウェー	45.5	2.5
ブラジル	24.7	2.0	パキスタン	29.0	2.0
ブルガリア	18.2	3.7	ペルー	36.7	1.7
カナダ	9.1	3.9	フィリピン	20.3	6.6
チリ	23.3	0.8	ポーランド	15.6	3.5
中国[2]	32.9	2.9	ポルトガル	12.7	0.3
コロンビア	27.6	4.7	ルーマニア	28.0	2.7
クロアチア	25.8	3.3	ロシア	23.7	1.3
チェコ共和国	15.6	7.7	サウジアラビア	8.0	2.4
エクアドル	19.0	1.9	シンガポール	16.6	4.8
エジプト	38.1	2.3	スロバキア	15.0	4.5
エストニア	14.6	8.0	スロベニア	19.8	4.6
フィンランド	11.9	5.0	南アフリカ	15.1	2.6
フランス	13.5	3.1	スペイン	13.2	3.1
ドイツ	11.4	3.6	スウェーデン	11.5	3.7
香港	12.2	0.8	スイス	10.2	3.6
ハンガリー	16.3	8.1	台湾[3]	24.0	2.1
インドネシア	43.0	6.3	タイ	24.8	5.6
アイルランド	7.2	5.4	チュニジア	35.7	1.0
イスラエル	17.7	1.6	トルコ	24.4	4.1
イタリア	14.2	2.7	トルクメニスタン	27.1	3.0
日本	14.2	3.2	ウクライナ	42.1	6.4
ヨルダン	40.7	4.8	アラブ首長国連邦	8.7	0.4
カザフスタン	34.9	3.7	イギリス	8.8	3.7
韓国	14.5	1.6	ベネズエラ	29.1	3.1
クウェート	19.0	6.6	ベトナム	38.1	2.8

1．非アルコール飲料を含む　2．2008年のデータ　3．表No.1332の脚注4を参照
資料：U.S. Department of Agriculture, Economic Research Service; Food, CPI, Pricesand and Expenditures: Food Expenditure Tables; <http://www.ers.usda.gov/Briefing/CPIFoodAndExpenditures/Data/>

No.1360. 公的債務、歳出および歳入：1990－2011年

[名目GDPに占める％。総債務には、携帯電話ライセンスの販売による一度限りの収益を含む。歳入と歳出は一般政府セクターに関するもので、中央政府、州政府、地方政府の総合勘定に社会保障関係費を加えたもの。歳出または総支出は、経常歳出に投資歳出を加えたものと定義される。租税外歳入は、財産所得（配当および公共事業からのその他の移転を含む）、手数料、諸料金、売上高、罰金、一般政府による資本移転収入等から成る。マイナス（－）は赤字を示す]

国	総債務			歳出			歳入		
	1990	2000	2011	1990	2000	2011	1990	2000	2011
合衆国[1]	-4.3	1.5	-9.4	37.2	33.9	40.9	32.9	35.4	31.5
オーストラリア	-2.0	0.9	-2.6	35.8	35.2	36.1	33.7	36.1	33.5
オーストリア	-2.5	-1.9	-5.8	51.5	52.2	52.8	49.0	50.3	47.1
ベルギー	-6.8	-0.1	-5.2	52.3	49.2	54.0	45.5	49.1	48.8
カナダ	-5.8	2.9	-4.5	48.8	41.1	42.9	43.0	44.1	38.4
チェコ共和国	(X)	-3.7	-5.0	(X)	41.6	45.4	(X)	37.9	40.3
デンマーク	-1.3	2.3	-4.0	55.9	53.3	58.4	54.6	55.5	54.4
フィンランド	5.4	6.9	-5.2	47.9	48.3	58.1	53.3	55.2	52.9
フランス	-2.4	-1.5	-8.0	49.4	51.6	54.8	47.0	50.1	46.8
ドイツ	(X)	1.3	-4.6	(X)	45.1	47.6	(X)	46.4	42.9
ギリシャ	-14.0	-3.7	-10.0	44.9	46.7	50.1	30.8	43.0	40.1
ハンガリー	(NA)	-3.0	-3.6	(NA)	46.9	48.8	(NA)	43.9	45.2
アイスランド	-3.3	1.7	-5.8	38.9	41.9	49.2	35.6	43.6	43.4
アイルランド	-2.8	4.8	-11.6	42.8	31.3	45.8	40.0	36.1	34.3
イタリア	-11.4	-0.9	-5.1	52.9	46.1	50.6	41.5	45.3	45.5
日本[2]	2.0	-7.6	-9.4	31.6	39.0	42.2	33.6	31.4	32.7
韓国	3.1	5.4	1.1	19.0	22.4	30.9	22.1	27.9	32.0
オランダ	-5.3	2.0	-5.3	54.9	44.2	51.1	49.6	46.1	45.7
ニュージーランド	-4.5	1.9	-3.9	53.2	39.2	43.7	48.7	41.1	39.8
ノルウェー	2.2	15.4	10.8	53.3	42.3	44.1	55.5	57.7	54.9
ポルトガル	-6.1	-3.0	-7.8	40.5	43.1	51.3	34.5	40.2	43.5
スペイン	-4.1	-1.0	-7.7	42.8	39.1	46.6	38.7	38.1	38.9
スウェーデン	3.4	3.7	-2.0	60.1	57.0	55.2	63.4	60.7	53.2
イギリス	-1.8	-12.5	-7.7	41.5	36.6	53.2	39.4	45.0	40.7

NA データなし　X 該当なし　1．公共事業の営業余剰は歳入データには含まれず、歳出データに含まれる　2．2000年の歳出データは、預金保険会社への資本移転を含む。歳入データは、2000年における郵便貯金に対する繰延税金支払を含む
資料：Organization for Economic Cooperation and Development (OECD), OECD Economic Outlook, (copyright), Vol. 2010/2, OECD Publishing; <http://dx.doi.org/10.1787/eco_outlook-v2010-2-en> も参照

No.1361. 主要国の税収の内訳（％）：1990－2008年

国、年	計[1]	所得税[2]			社会保障負担税			物品・サービス税[5]		
		計[3]	個人	法人	計[4]	被雇用者	雇用主	計[3]	一般消費税[6]	特別物品・サービス税[7]
合衆国：										
1990	100.0	46.0	37.1	8.9	25.1	11.0	12.9	17.4	8.0	7.0
2000	100.0	50.7	41.9	8.7	23.2	10.4	11.6	16.1	7.6	6.3
2008	100.0	46.8	37.9	8.9	24.5	10.8	12.4	17.0	7.8	6.2
カナダ：										
1990	100.0	48.6	40.8	7.0	12.1	4.4	7.6	25.8	14.1	10.3
2000	100.0	50.1	36.8	12.2	13.6	5.5	7.8	24.2	14.2	8.6
2008	100.0	49.5	37.3	10.7	14.5	5.8	8.3	23.4	13.2	8.5
フランス：										
1990	100.0	16.1	10.7	5.3	44.1	13.2	27.2	28.4	18.8	8.7
2000	100.0	24.9	18.0	6.9	36.0	8.9	24.8	25.7	16.9	8.2
2008	100.0	24.1	17.4	6.8	37.2	9.2	25.3	24.5	16.8	6.9
ドイツ：										
1990	100.0	32.4	27.6	4.8	37.5	16.2	19.1	26.7	16.6	9.2
2000	100.0	30.1	25.3	4.8	39.0	17.2	19.2	28.1	18.4	8.8
2008	100.0	31.9	26.8	5.2	36.4	15.9	17.2	28.9	19.4	8.5
イタリア：										
1990	100.0	36.5	26.3	10.0	32.9	6.3	23.6	28.0	14.7	10.6
2000	100.0	33.1	24.8	6.9	28.6	5.4	19.9	27.9	15.4	9.6
2008	100.0	34.6	26.8	8.6	31.1	5.5	21.2	24.4	13.7	8.3
日本：										
1990	100.0	50.2	27.8	22.4	26.4	10.6	12.7	13.7	4.4	7.5
2000	100.0	34.8	21.1	13.8	35.2	14.7	16.4	19.3	9.1	8.0
2008	100.0	55.4	32.6	22.8	(NA)	(NA)	(NA)	29.1	14.5	11.2
イギリス：										
1990	100.0	39.3	29.4	9.9	17.0	6.6	9.9	31.1	16.9	12.6
2000	100.0	39.1	29.3	9.8	17.0	6.8	9.6	31.9	18.1	12.4
2008	100.0	39.9	29.9	9.9	19.2	7.9	10.8	28.8	17.8	9.8

NA データなし　1．財産税、従業員給与所得税を含み、個別に示さない社会保障掛金、諸税を除く　2．資本所得への税を含む　3．個別に示さない他の税を含む　4．個別に示さない自営業者の掛金を含む　5．製造、販売、譲渡、賃貸、商品配達、サービス、サービスの見返りなどに対する税　6．主として付加価値と売上税　7．例としてアルコール、タバコ、ガソリンへの課税

資料：Organization for Economic Cooperation and Development (OECD), 2010, "Comparative Tables," Taxing Wages database (copyright), <http://dx.doi.org/10.1787/data-00265-en> (2010年5月現在) も参照

No.1362. 世帯の税負担――国別：2008年

[平均生産労働者の総所得に占める税の割合(%)。税負担は所得税と雇用者社会保障負担の合計から現金給付を差し引いたものである。マイナス（－）は税額控除。本書前年版の表No.1361も参照]

国	単身者子供なし	子供2人、所得者1人の家族	国	単身者子供なし	子供2人、所得者1人の家族
合衆国	22.4	5.2	日本	20.1	13.8
オーストラリア	22.0	8.6	韓国	11.8	9.1
オーストリア	32.7	18.1	ルクセンブルク	26.4	0.9
ベルギー	41.5	20.2	メキシコ	5.3	5.3
カナダ	22.8	8.8	オランダ	31.8	22.6
チェコ共和国	22.2	-6.5	ニュージーランド	18.4	0.6
デンマーク	39.4	28.8	ノルウェー	29.3	21.8
フィンランド	29.2	22.6	ポーランド	24.3	17.8
フランス	27.7	17.1	ポルトガル	22.3	8.7
ドイツ	41.3	20.8	スロバキア共和国	21.3	2.4
ギリシャ	25.1	25.4	スペイン	19.7	12.0
ハンガリー	38.2	25.3	スウェーデン	25.3	17.9
アイスランド	23.9	3.0	スイス	21.5	8.1
アイルランド	20.9	2.2	トルコ	27.2	25.7
イタリア	29.3	15.1	イギリス	25.3	18.5

資料：Organization for Economic Cooperation and Development (OECD), 2010, "Comparative Tables," Taxing Wages database (copyright), <http://dx.doi.org/10.1787/data-00265-en> (2010年5月現在) も参照

No.1363. 家計の純貯蓄率──国別：1995－2008年

[家計の可処分所得に占める%。家計の貯蓄は、家計の可処分所得から家計の消費支出を引いて、年金基金の家計の純持ち分の変化を足して推計。家計には、世帯および世帯に奉仕する非営利機関を含む。純貯蓄率は、所有者占有住宅および世帯で営まれる事業に用いられる資産について、固定資産消費（減耗）を差し引いて計算する。家計の貯蓄率は、家計の貯蓄の、家計の可処分所得（＋年金基金の世帯の純持ち分の変化）に対する割合。マイナス（－）記号は、支出が所得を上回っていることを示す]

国	1995	2000	2002	2003	2004	2005	2006	2007	2008
合衆国	5.7	3.0	3.7	3.8	3.4	1.5	2.5	1.7	2.7
EU27カ国[1]	(NA)	6.6	7.4	7.3	6.6	6.4	5.8	5.5	5.8
オーストラリア[2]	6.4	2.2	-2.7	-3.2	-2.1	-0.2	0.8	(NA)	(NA)
オーストリア	11.8	9.2	8.0	9.2	9.4	9.7	10.9	11.4	12.0
ベルギー	16.4	12.3	12.9	12.2	10.8	10.0	10.9	11.2	11.5
カナダ	9.4	4.8	3.5	2.9	3.2	2.2	3.6	2.6	3.8
チリ	(NA)	6.5	6.8	6.4	7.2	7.1	7.7	7.7	(NA)
チェコ共和国	10.0	3.3	3.0	2.4	0.5	3.2	4.8	6.3	5.8
デンマーク	1.3	-1.9	4.1	4.1	0.7	-1.5	0.4	-1.0	-0.3
フィンランド	3.9	-0.1	0.6	1.4	2.5	0.7	-1.4	-1.2	-1.0
フランス	12.7	11.8	13.7	12.5	12.4	11.4	11.4	12.0	11.6
ドイツ	11.0	9.2	9.9	10.3	10.4	10.5	10.5	10.8	11.2
ギリシャ	(NA)	-6.0	-8.0	-7.3	-7.2	-8.0	-7.3	(NA)	(NA)
アイルランド	(NA)	(NA)	5.4	5.4	8.3	5.6	3.8	2.7	4.1
イタリア	17.0	8.4	11.2	10.3	10.2	9.9	9.1	8.2	8.6
日本	(NA)	8.9	5.1	3.9	3.6	3.8	3.6	3.8	(NA)
韓国	(NA)	9.3	0.4	5.2	9.2	7.2	5.2	2.9	2.8
オランダ	14.0	6.7	8.4	7.5	7.3	6.3	6.0	8.1	6.8
ノルウェー	4.8	4.3	8.4	8.9	7.2	10.1	0.1	-1.2	(NA)
ポーランド	14.6	10.3	8.3	7.8	8.0	7.1	6.8	7.4	(NA)
ロシア	(NA)	(NA)	12.8	13.2	11.8	12.0	12.6	(NA)	(NA)
スロバキア	5.2	6.1	3.5	1.2	0.5	1.3	0.5	2.5	1.8
スロベニア	(NA)	7.0	9.9	7.6	9.2	11.1	11.2	10.5	(NA)
スペイン	(NA)	5.9	5.6	6.0	4.9	4.7	4.2	3.6	6.1
スウェーデン	9.5	4.8	9.1	9.4	7.7	6.8	7.8	9.1	12.1
スイス	12.7	11.7	10.7	9.4	9.0	10.1	11.4	12.7	(NA)
イギリス	6.9	0.1	-0.1	2.4	-1.7	-1.3	-2.9	-4.3	-4.5

NA　データなし　1．EU27カ国については、表No.1377の脚注5を参照　2．データは会計年度のもの
資料：Organization for Economic Cooperation and Development (OECD), 2010, OECD Factbook 2010: Economic, Environmental and Social Statistics, OECD Publishing (copyright); <http://www.oecd-ilibrary.org/content/serial/18147364> も参照

No.1364. 保険と年金──国別：1999－2009年

国	保険 直接総保険料 (対GDP比) 1999	保険 直接総保険料 (対GDP比) 2009	保険 2009年保険料 (100万ドル) 生命保険	保険 2009年保険料 (100万ドル) その他	保険 金融資産 (100万ドル) 1999	保険 金融資産 (100万ドル) 2009	年金[1]、2009年 金融資産 (100万ドル)	年金[1]、2009年 年金掛け金 (対GDP比)	年金[1]、2009年 年金基金からの給付 (対GDP比)
合衆国	10.5	11.4	802,310	1,222,375	3,334,437	628,045	9,603,619	[3] 3.4	[3] 4.5
オーストラリア	8.8	[4] 5.6	31,995	25,435	133,167	[4] 209,523	808,224	8.9	4.9
オーストリア	5.4	6.0	[4] 10,576	[4] 15,705	[5] 45,066	101,436	18,987	[4] 0.4	[4] 0.2
ベルギー	6.9	8.2	25,650	13,927	(NA)	(NA)	19,165	0.4	0.3
カナダ	6.4	7.3	38,478	74,215	190,851	388,908	806,350	3.2	2.7
チェコ共和国	3.0	3.9	3,162	4,405	3,620	15,915	11,332	0.9	0.4
デンマーク	6.4	[4] 9.5	[4] 21,948	[4] 10,551	[6] 60,856	(NA)	133,980	0.6	0.7
フィンランド	4.4	3.9	4,654	4,816	25,186	63,633	182,286	9.8	10.5
フランス	8.3	10.4	50,763	95,777	115,468	2,094,590	[4] 21,931	(NA)	(NA)
ドイツ	6.6	6.6	114,003	132,765	777,311	258,647	173,810	0.3	0.2
ギリシャ	2.0	[4] 2.2	3,316	3,900	[7] 3,351	11,032	63	(Z)	(Z)
アイスランド	2.6	2.3	26	251	577	(NA)	14,351	6.6	5.0
アイルランド	14.0	20.3	37,759	8,902	[7] 23,251	58,922	100,278	(NA)	(NA)
イタリア	5.5	7.7	115,096	51,748	[7] 156,926	517,175	86,818	0.6	0.2
日本	7.4	[4] 8.3	376,297	96,709	1,923,772	[4] 3,045,193	[8] 301,994	[8] 0.4	[8] 0.2
韓国	11.6	11.1	61,514	37,629	98,057	2,586	29,632	0.2	0.3
ルクセンブルク	27.5	44.1	21,502	1,562	22,130	[9] 67,921	1,171	0.9	0.1
メキシコ	1.7	[4] 1.7	7,719	9,821	(NA)	33,888	107,135	0.6	0.2
オランダ	9.3	7.9	34,142	33,027	257,354	323,717	997,922	5.3	3.9
ノルウェー	4.5	5.6	[4] 14,186	9,287	[7] 51,063	[4] 14,053	27,852	0.5	0.3
ポーランド	2.7	3.8	9,708	6,772	6,097	30,185	58,143	1.6	(Z)
ポルトガル	5.6	8.2	13,957	5,770	20,515	73,573	30,441	0.6	0.1
スロバキア	2.8	3.3	1,487	1,401	878	6,295	5,508	6.2	(NA)
スペイン	5.5	5.7	40,563	44,605	(NA)	225,037	118,159	0.6	0.4
スウェーデン	6.8	5.8	12,933	12,536	211,523	328,973	33,435	(NA)	(NA)
スイス	12.5	10.0	27,341	29,958	(NA)	371,870	551,450	8.4	5.5
トルコ	1.4	[3] 1.3	1,439	7,032	1,984	7,299	14,017	[9] 0.3	0.1
イギリス	13.9	[4] 14.5	[4] 282,776	[4] 116,853	1,473,777	[4] 2,385,748	1,753,016	2.7	3.2

－　ゼロを示す　NA　データなし、または該当なし　Z　0.05%未満　1．全てのタイプを含む（職業上または個人、強制または任意）。公的部門・民間部門双方の労働者を含む。詳細については<www.oecd.org/daf/pensions/gps>を参照　2．直接保険会社による投資　3．2007年のデータ　4．2008年のデータ　5．1996年のデータ　6．1993年のデータ　7．1997年のデータ　8．2005年のデータ　9．2006年のデータ
資料：Organization for Economic Cooperation and Development (OECD), 2011, OECD Insurance Statistics database (copyright), <http://stats.oecd.org//Index.aspx?QueryId=29073> (2011年4月現在) も参照

No.1365. 主要国の民間労働力人口、雇用、失業：1990－2010年

[125,840は1億2584万を表す。データは合衆国の労働力人口の定義に基づく（資料参照）。ただし、労働力人口の年齢の下限は国によって以下の様に異なる。合衆国、カナダ、フランス、スウェーデン、およびイギリスは16歳、オーストラリア、日本、オランダ、ドイツ、イタリア（1993年以降）は15歳。1992年以前のイタリアは14歳である]

年	合衆国	カナダ	オーストラリア	日本	フランス	ドイツ[1]	イタリア	オランダ	スウェーデン	イギリス
民間労働力人口(1,000人):										
1990	125,840	14,047	8,440	62,990	24,867	29,412	22,670	6,767	4,597	28,766
2000	[2]142,583	15,632	9,590	66,710	26,193	[2]39,302	[2]23,361	[2]8,008	4,490	28,962
2005	[2]149,320	17,056	10,529	65,386	27,061	[2]40,696	24,179	[2]8,400	[2]4,693	30,137
2009	154,142	18,058	11,602	65,362	27,972	41,507	24,705	8,716	4,888	31,274
2010	153,889	18,263	11,868	65,100	28,067	41,189	24,741	8,654	4,942	31,421
労働力参入率（%）:[3]										
1990	66.5	67.4	64.7	62.6	57.4	55.0	47.2	57.0	67.4	64.3
2000	[2]67.1	66.0	64.4	61.7	56.8	[2]48.1	[2]63.0	63.7	62.8
2005	66.0	67.3	65.4	59.5	56.2	[2]57.5	48.7	[2]64.2	[2]64.8	63.1
2009	65.4	67.2	66.7	59.3	56.6	58.5	48.4	65.2	64.8	63.3
2010	64.7	67.0	66.5	59.0	56.5	58.1	48.2	64.3	64.7	63.1
民間雇用(1,000人):										
1990	118,793	12,964	7,877	61,710	22,872	27,952	21,080	6,251	4,513	26,713
2000	[2]136,891	14,677	8,989	63,790	23,928	[2]36,236	[2]20,973	[2]7,762	4,230	27,375
2005	[2]141,730	16,032	9,998	62,910	24,632	[2]36,123	22,290	[2]7,959	4,334	28,674
2009	139,877	16,732	10,953	62,242	25,395	38,279	22,760	8,389	4,486	28,880
2010	139,064	16,969	11,247	62,000	25,423	38,209	22,621	8,264	4,534	28,944
雇用ー人口比率（%）:[4]										
1990	62.8	62.2	60.4	61.3	52.8	52.3	43.9	52.7	66.1	59.8
2000	[2]64.4	62.0	60.3	59.0	51.9	[2]52.2	[2]43.2	[2]61.1	60.1	59.4
2005	62.7	63.3	62.1	57.3	51.2	[2]51.1	44.9	[2]60.9	[2]59.9	60.0
2009	59.3	62.2	62.9	56.4	51.4	54.0	44.6	62.8	59.5	58.5
2010	58.5	62.3	63.0	56.2	51.2	53.9	44.1	61.4	59.3	58.2
失業率（%）:										
1990	5.6	7.7	6.7	2.0	8.0	5.0	7.0	7.6	1.8	7.1
2000	[2]4.0	[2]6.1	6.3	4.4	8.6	[2]7.8	[2]10.2	[2]3.1	5.8	5.5
2005	5.1	6.0	[2]5.0	3.8	9.0	[2]11.2	7.8	[2]5.3	[2]7.7	4.9
2009	9.3	7.3	5.6	4.8	9.2	7.8	7.9	3.7	8.2	7.7
2010	9.6	7.1	5.2	4.8	9.4	7.2	8.6	4.5	8.3	7.9
25歳未満	18.4	13.6	11.5	9.0	24.1	10.2	28.0	8.8	24.8	19.8
10代[5]	25.9	18.6	16.8	9.7	28.7	11.0	44.6	11.4	35.4	29.6
20－24歳	15.5	10.7	8.1	8.8	23.2	9.9	25.1	6.7	20.3	15.0
25歳以上	8.2	5.9	3.8	4.4	7.9	6.9	7.2	3.7	5.9	5.8

1．1990年以前のデータは統合前の西ドイツ。1991年以降は統合ドイツ　2．これ以前の年のデータは以後のデータと比較できない　3．民間労働年齢人口に占める民間労働力人口のパーセンテージ。ドイツと日本では、施設収容人口も労働年齢人口に含まれる　4．民間労働年齢人口に占める民間雇用のパーセンテージ。ドイツと日本では、施設収容人口も労働年齢人口に含まれる　5．合衆国、カナダ、フランス、スウェーデン、イギリスにおいては16－19歳、オーストラリア、日本、ドイツ、イタリア、オランダにおいては15－19歳

資料：U.S. Bureau of Labor Statistics, *International Comparisons of Annual Labor Force Statistics, Adjusted to U.S. Concepts, 10 Countries, 1970-2010*（2011年3月）; ⟨http://www.bls.gov/fls/flscomparelf.htm⟩ も参照

No.1366. 失業率――国別：2000－2010年

[年平均値。ここに示す標準化した失業率は失業者数を民間労働力人口に対する比であらわしたものである。失業者とは労働年齢にあって、対象期間内に就業が可能であるにもかかわらず就業しておらず、何らかの求職活動を行なっている者]

国	2000	2005	2009	2010	国	2000	2005	2009	2010
OECD、計	6.2	6.8	[1]6.0	[1]6.0	アイルランド	4.4	4.4	11.8	13.6
ユーロ地域[2]	9.2	8.9	9.0	9.6	イタリア	10.2	7.7	7.8	8.4
					日本	4.7	4.4	5.1	5.1
合衆国	**4.0**	**5.1**	**9.3**	**9.6**	韓国	4.4	3.7	3.7	3.7
オーストラリア	6.3	5.0	5.6	5.2	オランダ	3.0	4.7	3.5	4.5
オーストリア	3.5	5.2	4.8	4.4	ニュージーランド	6.2	3.8	6.1	6.5
ベルギー	7.0	8.5	7.9	8.3	ノルウェー	3.5	4.6	3.2	3.6
カナダ	6.8	6.8	8.3	8.0	ポーランド	16.1	17.8	8.2	9.6
チェコ共和国	8.9	7.9	6.7	7.3	ポルトガル	3.9	7.6	9.5	10.8
デンマーク	4.6	4.8	6.0	7.4	スペイン	13.9	9.2	18.0	20.1
フィンランド	9.8	8.4	8.2	8.4	スウェーデン	4.7	7.1	8.3	8.4
フランス	(NA)	8.9	9.1	9.3	スイス	2.5	4.2	4.1	4.2
ドイツ	7.8	11.1	7.7	7.1	イギリス	5.4	4.9	7.6	7.9
ハンガリー	6.4	7.2	10.0	11.2					

NA　データなし　1．2008年のデータ　2．表No.1377の脚注5参照

資料：Organization for Economic Cooperation and Development (OECD), 2011, "Labour: Labour Force Statistics," Main Economic Indicators database (copyright), ⟨http://dx.doi.org/10.1787/data-00046-en⟩（2011年5月現在）も参照

No.1367. 非就学・非就業の15－24歳人口の割合：2008年

[就学も就業もせず、労働力となっていない人口]

国	15－19歳			20－24歳		
	計(%)	失業者	非労働力	計(%)	失業者	非労働力
オーストラリア	6.3	3.0	3.3	10.5	3.7	6.8
ベルギー	5.5	1.9	3.6	14.2	7.8	6.4
ブラジル	13.8	3.7	10.1	22.5	7.6	14.9
カナダ	7.3	2.9	4.4	13.0	5.6	7.4
チェコ共和国	2.7	1.6	1.1	10.6	4.1	6.5
デンマーク	2.8	1.1	1.7	7.7	2.8	4.9
フィンランド	5.1	1.9	3.2	12.0	5.5	6.5
フランス	5.3	2.6	2.7	13.8	8.3	5.5
ドイツ	3.7	2.0	1.7	14.0	7.0	7.0
ギリシャ	8.4	2.3	6.1	17.1	9.9	7.2
ハンガリー	5.7	1.6	4.1	18.4	7.5	10.9
イスラエル	22.3	1.2	21.1	37.5	5.3	32.2
イタリア	9.6	2.7	6.9	22.0	8.3	13.7
メキシコ	23.2	2.8	20.4	(NA)	(NA)	(NA)
ポーランド	2.3	0.7	1.6	15.6	7.1	8.5
ポルトガル	7.1	3.7	3.4	13.4	8.2	5.2
スペイン	10.6	5.4	5.2	19.5	10.4	9.1
スウェーデン	4.4	1.8	2.6	12.9	6.5	6.4
スイス	9.4	2.4	7.0	9.1	3.7	5.4
合衆国	**7.3**	**2.4**	**4.9**	**17.2**	**6.4**	**10.8**

NA データなし

資料：Organization for Economic Cooperation and Development (OECD), 2010, "How successful are students in moving from education to work?," Education at a Glance 2010: OECD Indicators, OECD Publishing (copyright). <http://dx.doi.org/10.1787/eag-2010-24-en>（2011年4月現在）も参照

No.1368. 主要国における女性の有業率：1980－2010年

[単位：(%)。女性労働力人口を15-64歳の女性人口で除したもの]

国	1980	1990	2000	2009	2010	国	1980	1990	2000	2009	2010
OECD、計	(NA)	(NA)	60.7	63.2	(NA)	日本	54.8	60.3	64.0	68.5	(NA)
						韓国	46.1	51.2	54.9	58.3	56.7
EU-27 [1]	(NA)	(NA)	61.0	65.3	(NA)	ルクセンブルク	39.9	50.3	69.4	95.7	(NA)
オーストラリア	52.5	62.2	66.1	71.4	71.6	メキシコ	34.0	23.4	43.3	47.0	48.3
オーストリア	48.7	55.4	62.2	70.3	(NA)	オランダ	35.5	53.0	65.5	74.2	(NA)
ベルギー	46.9	52.4	56.6	61.5	(NA)	ニュージーランド	44.5	65.4	68.0	74.0	74.1
カナダ	57.3	67.5	69.8	74.3	74.4	ノルウェー	62.3	71.2	76.2	78.0	77.1
チェコ共和国	(X)	69.1	64.2	62.3	62.3	ポーランド	(NA)	(NA)	60.5	57.1	58.4
デンマーク	71.1	78.2	75.6	76.7	76.1	ポルトガル	54.6	62.4	67.3	73.1	(NA)
フィンランド	70.1	73.8	72.2	74.1	73.3	スロヴァキア共和国	(X)	63.0	60.7	61.5	
フランス	54.0	59.6	64.5	66.1	(NA)	スペイン	32.4	41.5	52.0	65.0	66.1
ドイツ [2]	52.8	56.7	63.6	71.0	(NA)	スウェーデン	74.3	80.9	75.7	77.7	77.8
ギリシャ	33.0	43.6	49.5	55.0	(NA)	スイス	54.3	65.7	76.8	82.8	(NA)
ハンガリー	(NA)	(NA)	52.1	54.9	56.4	トルコ	(NA)	36.8	30.3	28.8	(NA)
アイスランド	(NA)	(NA)	82.8	80.5	(NA)	イギリス	58.2	66.4	67.8	70.2	70.5
アイルランド	36.3	43.8	56.9	63.7	63.4	合衆国	59.5	68.6	70.8	70.2	(NA)
イタリア	39.6	45.9	46.8	51.5	51.5						

NA データなし　X 該当なし　1. 表No.1377の脚注5を参照　2. 1991年以前は旧西ドイツのデータ

資料：Organization for Economic Cooperation and Development (OECD), 2011, "Labour Market Statistics: Labour Force Statistics by Sex and Age: Indicators," OECD Employment and Labour Market Statistics database (copyright), <http://dx.doi.org/10.1787/data-00310-en>（2011年4月現在）も参照

No.1369. 主要国の民間雇用――人口比率、性別：1990－2010年

[民間労働年齢人口に対する民間雇用の割合（%）。表No.1365の頭注参照]

国	女性					男性				
	1990	1995	2000	2009	2010	1990	1995	2000	2009	2010
合衆国 [1]	**54.3**	**55.6**	**57.5**	**54.4**	**53.6**	**72.0**	**70.8**	**71.9**	**64.5**	**63.7**
カナダ	54.1	52.7	56.0	58.7	58.5	70.6	66.1	68.2	65.9	66.2
オーストラリア	49.5	50.5	52.5	56.9	56.6	71.4	68.2	68.4	69.1	69.5
日本	48.0	47.7	46.4	45.7	45.7	75.4	75.0	72.5	68.0	67.5
フランス	43.2	43.4	45.0	46.8	46.6	63.5	59.4	59.5	56.5	56.3
ドイツ [1][2][3][4]	40.5	42.7	44.4	48.3	48.1	65.6	62.1	60.6	59.9	60.1
イタリア [1]	29.2	29.1	31.6	34.7	34.5	60.0	56.2	55.8	55.3	54.5
オランダ [1][3][4]	39.4	44.4	51.7	57.1	56.2	66.5	66.7	70.8	68.6	66.7
スウェーデン	61.8	54.7	56.1	56.0	55.5	70.6	62.0	64.2	63.0	63.3
イギリス	50.3	49.8	52.5	53.1	52.8	70.0	64.7	66.9	64.2	63.8

NA データなし　1. 1990年と1995年の間には時系列に中断がある　2. 1991年以降は統一ドイツのデータ。1991年以前のデータは統一前の旧西ドイツ　3. 1995年と2000年の間には時系列に中断がある　4. 2000年と2009年の間には時系列に中断がある

資料：U.S. Bureau of Labor Statistics, International Comparisons of Annual Labor Force Adjusted to U.S. Concepts,10 Countries, 1970-2010（2011年3月）; <http://www.bls.gov/fls/flscomparelf.htm>も参照

No.1370. 産業別民間雇用：2000、2010年

[136,891は1億3681万1000を表す。合衆国概念。表No.1365を参照]

産業	合衆国[1][2]	カナダ[1]	オーストラリア	日本	フランス	ドイツ[2]	イタリア	スウェーデン[2]	イギリス
総雇用者数(1,000人)									
2000, 計	136,891	14,677	8,989	63,790	23,928	36,236	20,973	4,230	27,375
農林水産業[3]	2,464	479	442	3,070	1,095	959	1,120	122	330
工業[4]	30,050	3,204	1,856	19,710	5,861	11,898	6,634	1,000	6,632
製造業	19,644	2,240	1,083	13,180	4,222	8,647	4,944	762	4,425
サービス業[5]	104,377	10,994	6,691	41,010	16,972	23,379	13,219	3,108	20,413
2010, 計	139,064	16,969	11,247	62,000	25,423	38,209	22,621	4,534	28,944
農林水産業[3]	2,206	369	373	2,390	723	850	863	95	363
工業[4]	23,889	3,216	2,220	15,440	5,228	10,716	6,267	886	5,231
製造業	14,081	1,743	1,000	10,460	3,332	8,095	4,255	575	2,882
サービス業[5]	112,969	13,384	8,654	44,170	19,472	26,643	15,491	3,553	23,350
構成比(%)[6]									
2000, 計	100.0	100.0	100.0	100.0	100.0	100.0	100.0	100.0	100.0
農林水産業[3]	1.8	3.3	4.9	4.8	4.6	2.6	5.3	2.9	1.2
工業[4]	22.0	21.8	20.6	30.9	24.5	32.8	31.6	23.6	24.2
製造業	14.4	15.3	12.0	20.7	17.6	23.9	23.6	18.0	16.2
サービス業[5]	76.2	74.9	74.4	64.3	70.9	64.5	63.0	73.5	74.6
2010, 計	100.0	100.0	100.0	100.0	100.0	100.0	100.0	100.0	100.0
農林水産業[3]	1.6	2.2	3.3	3.9	2.8	2.2	3.8	2.1	1.3
工業[4]	17.2	19.0	19.7	24.9	20.6	28.0	27.7	19.5	18.1
製造業	10.1	10.3	8.9	16.9	13.1	21.2	18.8	12.7	10.0
サービス業[5]	81.2	78.9	76.9	71.2	76.6	69.7	68.5	78.4	80.7

NA データなし 1．合衆国とカナダのデータは2002年北米産業分類（NAICS）に基づく 2．2000年と2010年のデータは、推計手順が異なるため比較できない 3．狩猟を含む 4．製造業、鉱業、建設業を含む 5．輸送、通信、公益事業、商業、金融、行政、世帯内サービス、その他のサービス 6．民間労働年齢人口に占める民間雇用の%
資料：U.S. Bureau of Labor Statistics, International Comparisons of Annual Labor Force Statistics, 10 Countries, 1960-2010 (2011年3月)；〈http://www.bls.gov/fls/flscomparelf.htm〉も参照

No.1371. 学力の国際比較：2008、2009年

[高等教育Aには、学士課程、修士課程または同等の学位課程、および高等研究プログラムが含まれる。学力のデータはProgram for International Education Assessment (PISA)により、参加国が共同で開発した国際標準の学力テストを通じて収集される。テストは3年に一度実施される。参加各国は、学年は問わず15歳の学生を4500～10000人を代表として選抜しテストを実施する]

国	学力テスト結果（国語・科学・数学）2009年			成人人口の教育水準（%）2008年	
	国語平均点[1]	数学平均点[2]	科学平均点[3]	高校以上 (25－64歳)[4]	高等教育A (25－64歳)[5]
オーストラリア	515	514	527	70	26
オーストリア	470	496	494	81	11
カナダ	524	527	529	87	25
チェコ共和国	478	493	500	91	14
フィンランド	536	541	554	81	22
フランス	496	497	498	70	16
ドイツ	497	513	520	85	16
ギリシャ	483	466	470	61	17
イタリア	486	483	489	53	14
日本	520	529	539	(NA)	24
韓国	539	546	538	79	26
ルクセンブルグ	472	489	484	68	20
メキシコ	425	419	416	34	15
ポーランド	500	495	508	87	20
スペイン	481	483	488	51	20
スウェーデン	497	494	495	85	23
スイス	501	534	517	87	23
イギリス	494	492	514	70	24
合衆国	500	487	502	89	32
OECD平均	493	496	501	71	21

NA データなし 1．国語の学力は、各人が自分の目標を達成し、知識を得、能力を開発し、社会に参加するために、言葉を理解し、用い、文章を書く能力である 2．数学の学力は、数学が世界で果たしている役割を認識・理解し、よりよい判断を下し、建設的で思慮のある市民としての生活の必要を満たすために数学を用いる能力である 3．科学の学力は、問題を認識して実証に基く理解を得、自然の世界と、人間の活動が自然におよぼす変化について理解する助けとなる能力である 4．ISCED 3C 短期プログラムを除外 5．先進研究プログラムを含む
資料：Organization for Economic Cooperation and Development (OECD), 2010, Education at a Glance 2010: OECD Indicators, OECD Publishing (copyright)；〈http://www.pisa.oecd.org〉も参照

No.1372. 主要穀物、家畜および製品の需給：2003－2010年

[単位： 100万単位（215.0は2億1500万を表す）。主要穀物のデータは表示年のもの。食肉、乳製品については暦年データ]

商品	2003	2004	2005	2006	2007	2008	2009	2010[1]
小麦								
面積（ヘクタール）	215.0	210.0	217.2	219.7	213.0	218.2	224.7	277.1
生産（メトリック・トン）	568.6	554.8	626.7	619.1	596.3	612.1	682.2	683.8
輸出（メトリック・トン）[2]	105.7	108.7	111.8	117.0	111.8	117.3	143.7	135.8
消費（メトリック・トン）[3]	604.3	589.3	607.6	622.1	616.1	616.8	641.5	652.8
期末在庫（メトリック・トン）[4]	168.8	134.3	153.4	150.5	130.6	125.9	166.7	197.9
穀粒								
面積（ヘクタール）	291.4	305.8	300.4	300.9	305.0	318.3	313.0	310.2
生産（メトリック・トン）	873.4	915.9	1,015.4	979.5	987.6	1,080.0	1,110.2	1,108.3
輸出（メトリック・トン）[2]	102.2	103.2	101.0	107.3	117.8	127.2	113.0	123.2
消費（メトリック・トン）[3]	901.0	944.8	978.5	993.4	1,012.6	1,056.1	1,079.5	1,107.0
期末在庫（メトリック・トン）[4]	171.9	143.0	179.9	166.0	141.0	164.9	195.6	196.9
精米								
面積（ヘクタール）	146.4	148.9	151.3	153.4	154.2	155.1	157.8	156.2
生産（メトリック・トン）	379.0	392.7	401.3	418.6	420.3	433.6	448.1	440.4
輸出（メトリック・トン）[2]	28.7	27.4	28.2	29.7	31.4	31.2	28.9	30.8
消費（メトリック・トン）[3]	408.9	414.1	409.0	416.1	421.7	428.1	436.9	438.0
期末在庫（メトリック・トン）[4]	102.9	81.5	73.7	76.2	74.8	80.3	91.5	93.8
穀物、計[5]								
面積（ヘクタール）	652.8	664.7	669.0	674.0	672.2	691.6	695.5	693.5
生産（メトリック・トン）	1,821.0	1,863.3	2,043.4	2,017.3	2,004.1	2,125.7	2,240.5	2,232.5
輸出（メトリック・トン）[2]	236.6	239.4	241.0	253.9	261.0	275.7	285.6	289.8
消費（メトリック・トン）[3]	1,914.2	1,948.1	1,995.2	2,031.6	2,050.4	2,100.9	2,157.8	2,197.6
期末在庫（メトリック・トン）[4]	443.5	358.8	407.0	392.7	346.4	371.1	453.8	488.7
油脂種子								
圧搾（メトリック・トン）	269.4	279.7	302.2	319.5	328.6	339.9	338.7	357.3
生産（メトリック・トン）	331.5	335.8	381.3	391.3	403.5	391.4	396.3	441.6
輸出（メトリック・トン）	70.0	66.8	74.4	75.4	82.8	91.8	94.2	108.2
期末在庫（メトリック・トン）	49.1	45.0	57.8	64.5	72.6	60.2	55.0	70.3
粗挽き粉[6]								
生産（メトリック・トン）	185.6	190.9	206.5	217.1	224.5	231.9	228.9	243.6
輸出（メトリック・トン）	54.1	59.1	61.3	66.6	69.6	72.3	69.3	72.0
油脂[7]								
生産（メトリック・トン）	96.1	102.9	111.7	118.9	121.8	128.6	133.5	140.1
輸出（メトリック・トン）	36.0	39.3	42.9	47.8	49.2	53.9	56.0	58.3
綿								
面積（ヘクタール）	30.7	32.3	35.7	34.7	34.6	32.9	30.6	30.2
生産（梱）[8]	91.0	96.7	121.6	116.4	121.8	119.7	107.1	101.3
輸出（梱）[8]	30.5	33.2	35.0	44.9	37.5	39.0	30.1	35.6
消費（梱）[8]	97.6	97.2	107.9	115.0	122.0	121.2	107.4	118.5
期末在庫（梱）[8]	47.6	48.1	60.6	61.9	62.3	60.7	60.5	44.0
牛肉・豚肉								
生産（メトリック・トン）	144.5	147.0	150.3	153.5	152.8	156.6	157.9	158.3
消費（メトリック・トン）	144.4	146.5	149.4	152.4	152.2	156.0	157.1	157.6
輸出（メトリック・トン）[2]	10.7	11.4	12.3	12.7	12.7	13.6	13.0	13.3
ブロイラー・七面鳥								
生産（メトリック・トン）	63.2	64.8	68.2	69.5	73.6	76.9	77.0	79.4
消費（メトリック・トン）	62.7	64.0	67.5	69.3	73.3	75.9	76.2	78.2
輸出（メトリック・トン）[2]	6.5	6.6	7.4	7.1	8.0	9.1	9.0	9.2
乳製品								
牛乳生産（メトリック・トン）	409.6	415.6	421.4	427.7	436.8	435.0	435.5	440.3

NA　データなし　1．食肉・乳製品産業の利用する穀物の予測　2．欧州連合内の取引は除外する。旧ロシア連邦内の取引は含む　3．在庫のデータが入手できない場合、消費は在庫変化を含む　4．在庫データは異なる市場年度に基づいており、表示年のレベルを表さない。在庫データの入手できる国は限られている　5．小麦、雑穀類、米　6．以下の粗挽き粉を含む：コプラ、綿の実、魚粉、パーム核油、アブラナ、ヒマワリ、大豆およびピーナッツ　7．以下の油脂を含む：ココナッツ、綿の実、オリーブ、パーム核油、ピーナッツ、ヒマワリ、アブラナおよび大豆　8．480ポンド梱

資料：U.S. Dept. of Agriculture, Economic Research Service, "Agricultural Outlook: Statistical Indicators"（2011年2月）；
〈http://www.ers.usda.gov/publications/agoutlook/aotables/〉

No.1373. 世界の主要農産品生産概要：2009－2011年

[単位：100万メトリック・トン（648.2は6億4820万を表す）]

国	小麦 2009-2010	小麦 2010-2011 暫定値	雑穀類 2009-2010	雑穀類 2010-2011 暫定値	米(精米) 2009-2010	米(精米) 2010-2011 暫定値	脂肪種子[1] 2009-2010	脂肪種子[1] 2010-2011 暫定値	綿[2] 2009-2010	綿[2] 2010-2011 暫定値
世界	648.2	648.1	1,109.6	1,084.6	440.1	451.6	442.4	449.3	101.4	114.6
合衆国	60.4	60.1	348.8	330.2	7.1	7.6	98.9	100.4	12.2	18.1
カナダ	26.8	23.2	22.5	22.1	(2)	(2)	16.0	16.3	(2)	(2)
メキシコ	4.1	3.7	27.3	29.5	0.2	0.2	0.6	0.6	0.4	0.7
EU-27[3]	138.6	135.8	155.3	139.6	1.9	1.9	29.7	28.9	1.1	1.1
ロシア	61.8	41.5	31.8	16.4	0.6	0.7	8.0	7.2	(2)	(2)
ウクライナ	20.9	16.8	24.1	21.4	0.1	0.1	9.3	9.9	(2)	(2)
中国	115.1	115.0	163.6	174.2	136.6	139.3	57.8	56.8	32.0	30.5
インド	80.7	80.8	33.9	40.4	89.1	94.5	32.4	34.4	23.0	24.0
インドネシア	(2)	(2)	6.9	6.8	36.4	36.9	9.4	9.8	–	–
パキスタン	24.0	23.9	3.6	3.6	6.8	4.7	5.2	4.8	9.6	8.7
タイ	(2)	(2)	4.2	4.1	20.3	20.3	0.6	0.6	–	–
アルゼンチン	11.0	15.0	28.0	28.5	0.7	1.1	57.9	54.4	1.0	1.3
ブラジル	5.0	5.8	58.4	57.3	7.7	9.5	71.5	76.9	5.5	9.3
オーストラリア	21.9	26.0	11.1	13.6	0.1	0.6	2.6	3.7	1.8	4.4
南アフリカ	2.0	1.5	13.9	12.4	(2)	(2)	1.2	1.7	–	0.1
トルコ	18.5	17.0	11.2	10.1	0.4	0.5	1.5	1.8	1.8	2.1
その他	93.4	82.0	165.0	174.4	132.2	133.9	39.6	41.0	13.1	14.4

－ ゼロを示す　1．国により、大豆、綿実、落花生、ひまわり種子、菜種を含む。世界の合計には、ココヤシ・ヤシの実を含む　2．報告なし、あるいは生産量が極めて少ないことを示す　3．表No.1377の脚注2を参照
資料：U.S. Department of Agriculture, Foreign Agricultural Service, *World Agricultural Production* (2011年5月); <http://www.fas.usda.gov/wap_arc.asp>も参照

No.1374. 小麦、米、とうもろこしの輸出入——10大輸出入国別：2000－2010年

[単位：1,000メトリックトン（28,904は2890万4000を表す）。小麦のデータは表示年の7月に始まる取引年度。米のデータは暦年。とうもろこしのデータは表示年の10月に始まる取引年度。表示の10ヶ国は2010年度の輸出入上位10ヶ国]

主要輸出国	輸出量 2000	輸出量 2005	輸出量 2010[1]	主要輸入国	輸入量 2000	輸入量 2005	輸入量 2010[1]
小麦				小麦			
合衆国	28,904	27,291	34,700	エジプト	6,050	7,771	10,000
EU-27[2]	15,675	15,701	22,000	ブラジル	7,177	6,235	6,500
カナダ	17,316	16,020	17,000	インドネシア	4,069	5,072	5,600
オーストラリア	15,930	16,012	14,500	アルジェリア	5,600	5,483	5,300
アルゼンチン	11,325	9,635	8,500	日本	5,885	5,469	5,200
カザフスタン	3,972	3,817	5,000	EU-27[2]	3,536	6,755	4,500
ロシア	696	10,664	4,000	韓国	3,127	3,884	4,200
ウクライナ	78	6,461	3,500	モロッコ	3,632	2,390	3,900
トルコ	1,601	3,214	3,000	ナイジェリア	1,913	3,679	3,700
ブラジル	3	807	1,700	メキシコ	3,066	3,549	3,500
米				米			
タイ	7,521	7,376	10,000	ナイジェリア	1,250	1,650	1,900
ヴェトナム	3,528	4,705	6,000	インドネシア	1,500	539	1,750
合衆国	2,583	3,623	3,565	EU-27[2]	1,310	1,124	1,350
パキスタン	2,429	3,664	2,650	バングラデシュ	672	514	1,350
インド	1,685	4,688	2,400	フィリピン	1,410	1,622	1,200
カンボジア	–	350	1200	イラン	765	1,500	1,200
ウルグアイ	736	834	900	イラク	959	1,306	1,150
アルゼンチン	381	485	625	サウジアラビア	992	1,357	1,069
中国[3]	1,847	1,216	600	マレーシア	596	751	907
ブラジル	22	274	600	コートジボアール	496	775	900
とうもろこし				とうもろこし			
合衆国	49,313	54,201	49,532	日本	16,340	16,617	16,100
アルゼンチン	9,676	9,464	14,500	メキシコ	6,017	6,787	9,000
ブラジル	6,261	4,524	8,500	韓国	8,728	8,483	8,000
ウクライナ	397	2,464	5,500	EU-27[2]	3,689	2,673	6,500
インド	95	521	2,500	エジプト	5,268	4,397	5,400
南アフリカ	1,281	548	2,000	台湾[3]	4,924	4,533	4,700
セルビア	(X)	(X)	1,700	コロンビア	1,857	3,151	3,600
パラグアイ	564	1,911	1,700	イラン	1,265	2,300	3,200
EU-27[2]	585	449	1,000	マレーシア	2,588	2,517	2,800
カナダ	122	253	1,000	アルジェリア	1,600	2,026	2,400

－ ゼロまたは概数でゼロを示す　X 該当なし　1．推計値　2．表No.1377の脚注5を参照　3．表No.1332の脚注4を参照
資料：U.S. Department of Agriculture, Economic Research Service, PS&D (Production, supply and distribution) databaseからの未刊行資料

No.1375. 主要国の商用漁獲高：1990－2008年

［単位：1,000メトリック・トン（97,852は9785万2000を表す）。生体重量。魚類、甲殻類、軟体動物（貝殻重量を含む）。水生生物（魚類・海藻類等）の養殖を含むが、水棲哺乳類および水中植物は含まない］

国	1990	2000	2005	2008	国	1990	2000	2005	2008
世界[1]、計	97,852	130,957	142,691	142,287	ロシア	7,604	4,048	3,312	3,499
					フィリピン	2,209	2,291	2,803	3,302
中国[2]	31,136	41,568	49,469	47,527	ノルウェー	1,754	3,191	3,055	3,275
インド	3,800	5,609	6,653	7,584	ビルマ	743	1,169	2,217	3,169
ペルー	6,874	10,665	9,415	7,406	韓国	2,843	2,118	2,076	2,418
インドネシア	3,022	4,909	5,893	6,647	バングラデシュ	846	1,661	2,216	2,563
合衆国[3]	5,871	5,174	5,385	4,850	マレーシア	1,005	1,441	1,390	1,639
日本	10,361	5,751	4,836	4,981	メキシコ	1,383	1,369	1,438	1,740
チリ	5,195	4,692	5,027	4,398	台湾[2]	1,444	1,338	1,322	1,340
ベトナム	939	1,949	3,367	4,549	アイスランド	1,508	1,986	1,673	1,289
タイ	2,790	3,736	4,118	3,831	カナダ	1,685	1,125	1,235	(NA)

NA データなし　1. 個別に示さない国も含む　2. 表No.1332の脚注4を参照　3. 二枚貝、カキ、帆立貝およびその他の軟体動物の重量は殻の重量を含む

資料：U.S. National Oceanic and Atmospheric Administration, National Marine Fisheries Service, *Fisheries of the United States*（年刊）、Food and Agriculture Organization of the United Nations, Rome, Italyから収集のデータ

No.1376. 主要国の食肉の生産：2009、2010年

［単位：1,000メトリックトン（57,356は5735万6000トンを表す）。牛、子牛、豚、ブロイラー（16週歳のチキン）は調理加工済重量。本書前年版の表No.1376も参照］

国	牛肉、子牛肉[1] 2009	2010, 暫定値	国	豚肉 2009	2010, 暫定値	国	ブロイラー肉[2] 2009	2010, 暫定値
世界[3]	57,356	57,323	世界[3]	100,399	103,223	世界[3]	72,293	75,991
合衆国	11,891	12,048	中国[4]	48,905	51,070	合衆国	15,935	16,563
ブラジル	8,935	9,115	EU-27[5]	22,434	23,000	中国[4]	12,100	12,550
EU-27[5]	7,913	8,085	合衆国	10,442	10,187	ブラジル	11,023	12,312
中国[4]	5,764	5,600	ブラジル	3,130	3,195	EU-27[5]	8,756	9,095
インド	2,514	2,830	ロシア	1,844	1,920	メキシコ	2,781	2,809
アルゼンチン	3,380	2,600	ベトナム	1,850	1,870	インド	2,550	2,650
オーストラリア	2,129	2,087	カナダ	1,789	1,772	ロシア	2,060	2,310
メキシコ	1,700	1,751	日本	1,310	1,291	アルゼンチン	1,500	1,600
パキスタン	1,457	1,486	フィリピン	1,240	1,255	イラン	1,525	1,600
ロシア	1,460	1,435	メキシコ	1,162	1,165	タイ	1,200	1,280
カナダ	1,252	1,272	台湾[4]	779	768	南アフリカ	1,250	1,290

1. その他の牛の肉を含む　2. 鶏肉の足を除く　3. 個別に示さないその他の国を含む　4. 表No.1332の脚注4を参照　5. 表No.1377の脚注5を参照

資料：U.S. Department of Agriculture, Foreign Agricultural Service, *Livestock and Poultry: World Markets and Trade*（年刊）；<http://www.fas.usda.gov/currwmt.asp>も参照

No.1377. 主要国の食肉消費：2009、2010年

［単位：1,000メトリックトン（56,668は5666万8000トンを表す）。牛、仔牛肉、豚肉は屠殺重量、ブロイラー（16週歳のチキン）は調理用加工済重量］

国	牛肉・子牛肉[1] 2009	2010[3]	国	豚肉 2009	2010[3]	国	家禽肉[2] 2009	2010[3]
世界	56,668	56,544	世界	100,268	102,953	世界	71,860	75,127
合衆国	12,239	12,040	中国[4]	48,823	51,097	合衆国	12,940	13,463
EU-27[5]	8,262	8,185	EU-27[5]	21,057	21,271	中国[4]	12,210	12,457
ブラジル	7,374	7,592	合衆国	9,013	8,653	ブラジル	8,032	9,132
中国[4]	5,749	5,589	ロシア	2,688	2,773	EU-27[5]	8,692	8,779
ロシア	2,347	2,307	ブラジル	2,423	2,577	メキシコ	3,264	3,344
アルゼンチン	2,727	2,305	日本	2,467	2,485	ロシア	2,966	2,923
インド[6]	1,905	1,930	ベトナム	1,876	1,881	インド	2,549	2,649
メキシコ	1,971	1,944	メキシコ	1,770	1,774	日本	1,978	2,063
パキスタン	1,461	1,491	韓国	1,480	1,539	イラン	1,542	1,660
日本	1,211	1,224	フィリピン	1,298	1,358	南アフリカ	1,443	1,514
カナダ	1,016	999	ウクライナ	713	795	アルゼンチン	1,327	1,395
その他の国	10,406	10,938	その他の国	6,660	6,750	その他の国	14,917	15,748

1. その他の牛の肉を含む　2. 鶏肉の足を除く　3. 暫定値　4. 表No.1332の脚注4を参照　5. EU-27：オーストリア、ベルギー、ブルガリア、キプロス、チェコ共和国、デンマーク、エストニア、フィンランド、フランス、ドイツ、ギリシャ、ハンガリー、アイルランド、イタリア、ラトビア、リトアニア、ルクセンブルク、マルタ、オランダ、ポーランド、ポルトガル、ルーマニア、スロヴァキア、スペイン、スウェーデン、イギリス　6. バッファローも含む

資料：U.S. Department of Agriculture, Foreign Agricultural Service, *Livestock and Poultry: World Markets and Trade*（年刊）；<http://www.fas.usda.gov/currwmt.asp>も参照

No.1378. EU（欧州連合）および合衆国の有機農場——面積、農場数、売上高：2007、2008年

［EUの土地および農場数には認定有機農場と有機農場への転換途上のものを含む。合衆国のデータは認定有機農場についてのみ。「有機認定」は、農産物がUSDAの有機基準に従って生育・加工され、USDAの認定を受けた国および民間の認可機関により証明されたことを示す。1ヘクタール＝2.47エイカー］

国	2007 有機農場総面積（ヘクタール）	2007 有機農場数	2007 有機農場の割合(%)	2008 有機農場総面積（ヘクタール）	2008 有機農場数	2008 有機農場の割合(%)	小売売上高（100万ユーロ）
合衆国	1,736,825	11,352	(NA)	1,949,781	12,941	0.6	16,529
オーストリア	372,026	19,997	13.4	491,825	19,961	17.4	810
ベルギー	32,628	821	2.4	35,721	901	2.6	305
デンマーク	145,393	2,835	5.5	150,104	2,753	4.6	724
フィンランド	148,760	4,406	6.5	150,374	3,991	6.6	74
フランス	557,133	11,978	1.9	580,956	13,298	2.1	2,591
ドイツ	865,336	18,703	5.1	907,786	19,813	5.4	5,850
ギリシャ	278,397	23,769	3.3	317,824	24,057	3.8	58
アイルランド	41,122	1,134	1.0	44,751	1,220	1.1	104
イタリア	1,150,253	45,231	9.1	1,002,414	44,371	7.9	1,970
ルクセンブルグ	3,380	81	2.6	3,535	85	2.7	41
オランダ	47,019	1,374	2.5	50,434	1,402	2.6	537
ポルトガル	233,475	1,949	6.4	229,717	1,949	6.6	70
スペイン	988,323	18,226	3.9	1,129,844	21,291	4.5	350
スウェーデン	248,104	3,028	8.0	336,439	3,686	10.8	623
イギリス	660,200	5,506	4.2	737,631	5,383	4.6	2,494
EU-15 [2]	5,771,549	159,038	(NA)	6,169,355	164,161	(NA)	16,601

NA データなし　1．USドルは2008年の平均為替レートで換算、1ドル＝0.78ユーロ　2．EU-15は、オーストリア、ベルギー、デンマーク、フィンランド、フランス、ドイツ、ギリシア、アイルランド、イタリア、ルクセンブルグ、オランダ、ポルトガル、スペイン、スウェーデン、およびイギリス

資料：U.S. Department of Agriculture, Economic Research Service, "Market-Led Versus Government-Facilitated Growth: Development of the U.S. and EU Organic Agricultural Sectors,"（2005年8月）および未刊行資料；⟨http://www.ers.usda.gov/Publications/WRS0505/⟩ も参照

No.1379. 主要国の主要鉱業生産：1990－2010年

［5,347は53億4700万を表す］

鉱産物	単位	1990	2000	2009	2010, 暫定値	主要生産国, 2009
鉱物燃料						
石炭	100万米トン	5,347	4,894	7,680	(NA)	中国[3]、合衆国、インド
天然ガス（ドライ）	1兆立方フィート	73.8	88.4	106.5	(NA)	合衆国、ロシア、カナダ
液化天然ガス（精製）[1]	100万バレル[2]	1,694	2,359	2,957	3,062	合衆国、サウジアラビア、カナダ
原油、石油	100万バレル[2]	22,079	25,000	26,374	27,026	ロシア、サウジアラビア、合衆国
非金属鉱物						
セメント（水性）	100万メトリック・トン	1,160	1,600	3,010	3,300	中国[3]、インド、合衆国
ダイヤモンド（宝石および工業用）	100万カラット	111	(NA)	129	125	ロシア、ボツワナ、コンゴ（キンシャサ）[4]
窒素（アンモニア中の含有分）	100万メトリック・トン	97.5	109.0	130.0	131.0	中国[3]、インド、ロシア
燐鉱石（流通分）	100万メトリック・トン	162	133	166	176	中国[3]、合衆国、モロッコ、西サハラ
カリウム（流通分）	100万メトリック・トン	28.0	25.3	21.0	33.0	カナダ、ロシア、ベラルーシ
塩	100万メトリック・トン	183	214	276	270	中国[3]、合衆国、ドイツ
硫黄（未加工ベース）	100万メトリック・トン	58.0	57.2	68.0	68.0	合衆国、中国[3]、ロシア
金属						
アルミニウム[5]	100万メトリック・トン	19.3	24.0	37.0	41.0	中国[3]、ロシア、カナダ
ボーキサイト（総重量）	100万メトリック・トン	113	135	199	211	オーストラリア、中国[3]、ブラジル
クロム（総重量）	1,000メトリック・トン	13,200	14,400	19,300	22,000	南アフリカ、インド、カザフスタン
銅（金属含有鉱）[6]	1,000メトリック・トン	8,950	13,200	15,900	16,200	チリ、ペルー、合衆国
金（金属含有鉱）	メトリック・トン	2,180	2,550	2,450	2,500	中国[3]、合衆国、オーストラリア
鉄鉱（総重量）[7]	100万メトリック・トン	983	1,060	2,240	2,400	中国[3]、オーストラリア、ブラジル
鉛（金属含有鉱）[6]	1,000メトリック・トン	3,370	3,100	3,860	4,100	中国[3]、オーストラリア、合衆国
ニッケル（金属含有鉱）[6]	1,000メトリック・トン	974	1,250	1,390	1,550	ロシア、インドネシア、オーストラリア
錫（金属含有鉱）[6]	1,000メトリック・トン	220	238	260	261	中国[3]、インドネシア、ペルー

NA データなし　1．中華人民共和国を除く　2．42ガロン・バレル　3．表No.1332の脚注4を参照　4．表No.1332の脚注5を参照　5．非合金インゴット　6．鉱物産出　7．精選鉱および鉱塊を含む

資料：鉱物燃料については、U.S. Energy Information Administration, *International Energy Statistics database* ⟨http://tonto.eia.doe.gov/cfapps/ipdbproject/IEDIndex3.cfm⟩、非金属鉱物と金属については、1990年は、U.S. Bureau of Mines, その後は U.S. Geological Survey, *Minerals Yearbook*; *Annual Reports*; および *Mineral Commodity Summaries, 2010*

No.1380. 世界の一次エネルギー生産――地域、タイプ別：1980－2008年

[単位：1,000兆Btu（287.5は28京7500兆Btuを表す）。Btuは英国熱量単位。Btu換算については資料を参照]

地域、タイプ	1980	1990	1995	2000	2003	2004	2005	2006	2007	2008[1]
世界、計[2]	287.5	349.9	363.5	394.3	421.1	444.5	457.7	467.2	475.2	491.4
北アメリカ	83.2	92.0	96.2	98.9	98.7	99.0	98.5	100.5	100.9	101.7
合衆国	67.2	70.9	71.3	71.5	70.3	70.4	69.6	71.0	71.6	73.4
中南米	12.1	16.7	21.1	26.0	25.7	27.0	28.0	29.0	29.0	29.6
ヨーロッパ	40.2	46.9	49.0	50.6	50.3	50.3	48.6	47.3	46.3	46.5
ユーラシア[3]	56.5	72.1	51.9	55.5	62.6	65.7	67.5	69.3	70.8	71.7
中東	42.3	41.0	48.3	57.5	57.6	62.2	65.3	65.7	64.5	68.2
アフリカ	17.4	21.6	24.1	27.8	30.2	32.1	34.7	35.4	36.5	37.5
アジア・オセアニア	35.8	59.6	72.9	78.0	96.0	108.2	115.1	120.4	127.0	136.3
原油[4]	133.1	136.2	136.6	151.7	154.6	162.4	164.7	164.9	164.0	166.0
天然ガス（ドライ）	54.8	76.1	80.4	91.0	97.7	99.9	102.9	106.6	108.9	113.2
石炭	71.2	90.9	88.0	89.1	105.3	116.6	123.2	127.6	134.0	142.0
水力発電	17.9	22.3	25.3	26.7	26.7	27.9	28.9	29.7	29.6	30.7
原子力発電	7.6	20.4	23.3	25.7	26.4	27.3	27.5	27.8	27.1	27.2
地熱、ソーラー、風力、薪、および廃棄物	0.5	1.6	2.1	3.0	3.7	4.0	4.4	4.7	5.3	5.9

１．暫定値　２．個別には明示されていないが、合衆国で生産され発電用エネルギーには使用されていない地熱、ソーラー、および薪や廃棄物エネルギーを含む　３．1992年より前は旧ソ連のデータ　４．リースコンデンセートと天然ガス液を含む、原油のみ

資料：U.S. Energy Information Administration, International Energy Statistics database, <http://tonto.eia.doe.gov/cfapps/ipdbproject/IEDIndex3.cfm>（2011年1月現在）も参照

No.1381. 世界の一次エネルギー消費――地域、タイプ別：1980－2008年

[単位：1,000兆Btu（283.2は28京3200兆Btuを表す）。Btuは英国熱量単位。Btuの換算については資料を参照]

地域、タイプ	1980	1990	1995	2000	2003	2004	2005	2006	2007	2008[1]
世界、計[2][3]	283.2	347.7	365.4	397.5	425.7	448.9	461.6	470.9	482.3	493.0
北アメリカ	91.6	100.7	109.3	119.3	118.8	121.3	122.0	121.7	123.9	122.5
合衆国	78.1	85.0	91.8	99.8	98.7	101.0	101.0	100.5	102.5	100.6
中南米	11.5	14.5	17.6	20.8	21.6	22.4	23.1	24.3	24.6	25.8
ヨーロッパ	71.8	76.3	76.7	81.2	83.9	85.4	85.8	86.4	85.8	85.7
ユーラシア[4]	46.7	61.0	42.2	40.4	42.8	44.1	44.6	43.8	45.4	45.8
中東	5.8	11.2	13.8	17.3	19.8	21.0	22.9	23.9	23.9	25.5
アフリカ	6.8	9.5	10.7	12.0	13.3	14.0	14.5	14.6	15.2	16.1
アジア・オセアニア	48.9	74.5	95.1	106.5	125.5	140.7	148.5	156.1	163.5	(NA)
原油[5]	131.0	136.6	143.1	156.4	161.9	167.6	170.7	171.5	172.8	172.2
天然ガス（ドライ）	53.9	75.4	81.1	90.9	98.2	101.7	105.0	107.4	111.1	114.4
石炭	69.9	89.1	87.9	92.4	108.8	117.4	122.5	127.1	133.5	139.2

NA　データなし　１．暫定値　２．表No.1380の脚注2を参照　３．個別に明示しない水力発電、原子力発電、地熱、ソーラー、風力、木材廃棄物焼却を含む　４．1992年より前は旧ソ連のデータのみ　５．すべての石油精製製品を含む

資料：U.S. Energy Information Administration, International Energy Statistics database, <http://tonto.eia.doe.gov/cfapps/ipdbproject/IEDIndex3.cfm>（2011年4月現在）も参照

No.1382. 世界のエネルギー消費――地域、エネルギー源別：2005－2007年／および予測：2015－2030年

[単位：1,000兆Btu（472.7は47京2700兆Btuを表わす）。BtuはBritish Thermal Unit＝英国熱量単位。Btu換算については資料を参照。エネルギー合計は、石炭塊、および合衆国内の有機物質から産出された電力の純輸入を含む。独立の概数のため、計の数値は項目を足した総額とは一致しない場合がある。全国のエネルギー消費の電力部分は、国内使用向けの発電量に輸出国の総発電量に占める燃料の割合に基づいて電力取引に関してなされた調整分を加えたものからなる]

地域、源泉	2005	2006	2007	予測値			
				2015	2020	2025	2030
世界、計	472.7	483.1	495.2	543.5	590.5	638.7	686.5
北アメリカ	122.4	121.8	123.7	124.3	129.4	134.9	140.2
合衆国	100.5	99.8	101.7	101.6	105.0	108.3	111.2
西ヨーロッパ	82.4	82.9	82.3	82.0	83.0	85.0	86.5
アジア工業国	39.0	39.5	39.7	39.7	41.8	43.3	44.8
東ヨーロッパ、旧ソ連邦	50.4	51.0	51.5	52.4	54.2	56.2	57.8
アジア発展途上国	112.6	119.6	127.1	159.3	187.8	217.0	246.9
中東	22.8	23.9	25.1	32.9	36.5	39.1	41.8
アフリカ	17.2	17.3	17.8	20.8	22.5	24.5	26.5
中南米	26.0	27.1	28.0	32.1	35.5	38.7	42.2
原油	170.4	172.8	174.7	179.3	186.0	197.2	210.0
天然ガス	106.3	108.3	112.1	129.1	141.2	150.2	155.8
石炭	122.3	126.4	132.4	139.1	152.4	167.8	185.6
原子力発電	27.5	27.8	27.1	32.2	37.4	41.1	43.9
その他	46.2	47.9	48.8	63.8	73.4	82.4	91.2

資料：U.S. Energy Information Administration (EIA), *International Energy Outlook 2010*（2010年7月）；<http://www.eia.doe.gov/oiaf/ieo/ieorefcase.html>も参照

No.1383. 各国のエネルギー消費量：2000、2008年

[397.5は39京7500兆を表す。本表のデータについては本章の解説を参照。各国のデータの質およびBtu換算については資料を参照]

国	計 (10兆Btu) 2000	計 (10兆Btu) 2008	1人あたり (100万Btu) 2000	1人あたり (100万Btu) 2008	国	計 (10兆Btu) 2000	計 (10兆Btu) 2008	1人あたり (100万Btu) 2000	1人あたり (100万Btu) 2008
全世界、計	397.5	493.0	65.3	73.6	日本	22.4	21.9	177.0	171.8
合衆国	99.8	100.6	353.8	330.4	北朝鮮	0.9	0.9	40.4	39.2
アルジェリア	1.2	1.7	40.7	50.6	韓国	7.8	9.9	167.4	204.3
アルゼンチン	2.7	3.3	71.5	81.4	クウェート	0.9	1.2	460.8	459.2
オーストラリア	4.8	5.8	253.6	273.8	リビア	0.6	0.8	122.9	126.7
オーストリア	1.4	1.5	171.6	185.1	マレーシア	2.0	2.5	85.4	89.6
バーレーン	0.4	0.5	574.7	762.4	メキシコ	6.4	7.3	63.8	66.5
バングラデシュ	0.5	0.9	3.8	5.8	モロッコ	0.4	0.6	15.9	18.1
ベラルーシ	1.1	1.2	104.9	119.7	オランダ	3.8	4.1	238.5	248.6
ベルギー	2.7	2.9	266.3	280.0	ニュージーランド	0.8	0.9	223.2	211.5
ブラジル	8.5	10.6	48.4	54.1	ナイジェリア	0.8	1.1	6.6	7.4
ブルガリア	0.9	0.8	111.0	114.8	ノルウェー	2.0	1.9	436.1	418.4
ミャンマー（ビルマ）	0.2	0.3	3.3	5.1	パキスタン	1.9	2.5	12.2	13.9
カナダ	13.1	14.0	420.0	422.4	ペルー	0.5	0.7	20.3	23.8
チリ	1.0	1.2	67.2	73.9	フィリピン	1.3	1.3	15.4	13.5
中国[1]	36.4	85.1	28.8	64.6	ポーランド	3.6	3.9	93.8	101.0
コロンビア	1.2	1.4	30.1	31.8	ポルトガル	1.1	1.1	103.6	99.3
コンゴ（キンシャサ）[2]	0.1	0.1	1.8	1.6	ルーマニア	1.6	1.7	70.7	76.0
キューバ	0.5	0.4	41.2	36.4	ロシア	27.2	30.4	185.5	216.2
チェコ共和国	1.4	1.6	135.9	158.0	サウジアラビア	4.9	6.7	227.7	270.0
デンマーク	0.9	0.8	163.7	152.5	セルビア	(X)	0.7	(X)	79.1
エクアドル	0.3	0.5	27.7	34.6	南アフリカ	4.6	5.7	101.7	117.1
エジプト	2.0	3.2	30.8	41.0	スペイン	5.5	6.5	136.3	141.7
フィンランド	1.2	1.3	234.9	246.3	スウェーデン	2.3	2.2	254.2	245.3
フランス	10.9	11.3	181.7	180.3	スイス	1.3	1.3	177.3	173.1
ドイツ	14.3	14.4	173.5	174.1	シリア	0.8	0.8	47.5	39.2
ギリシャ	1.3	1.5	126.7	137.1	台湾[1]	3.8	4.6	171.6	199.0
香港	0.8	1.1	121.0	153.9	タイ	2.6	4.0	41.5	59.8
ハンガリー	1.0	1.1	100.8	110.4	トリニダード・トバゴ	0.4	0.9	336.0	720.6
インド	13.5	20.0	13.4	17.5	チュニジア	0.3	0.3	31.5	33.6
インドネシア	3.9	5.8	18.3	24.5	トルコ	3.2	4.3	47.0	56.8
イラン	5.0	8.1	73.1	108.2	ウクライナ	5.8	6.3	117.0	137.0
イラク	1.1	1.4	47.8	48.2	アラブ首長国連邦	1.9	3.3	579.7	704.9
アイルランド	0.6	0.7	157.0	152.7	イギリス	9.7	9.3	163.8	151.0
イスラエル	0.8	0.9	132.7	120.9	ベネズエラ	2.8	3.2	117.9	120.9
イタリア	7.6	7.9	132.2	135.7	ベトナム	0.7	1.6	9.3	18.3

X 該当なし　1. 表No.1332の脚注4を参照　2. 表No.1332の脚注5を参照
資料：U.S. Energy Information Administration, International Energy Statistics database, <http://www.eia.gov/cfapps/ipdbproject/IEDIndex3.cfm>（2011年4月現在）も参照

No.1384. 世界の原油日産量──主要生産国別：1980－2010年

[単位：1日あたり1,000バレル（59,558は5955万8000バレルを表す）]

国	1980	1990	1995	2000	2005	2007	2008	2009	2010
全世界、計[1]	59,558	60,492	62,385	68,492	73,712	72,986	73,655	72,259	74,043
合衆国	8,597	7,355	6,560	5,822	5,178	5,064	4,950	5,361	5,512
アルジェリア	1,106	1,175	1,202	1,254	1,797	1,834	1,825	1,741	1,729
アンゴラ	150	475	646	746	1,250	1,744	1,981	1,907	1,939
アルゼンチン	491	483	715	761	704	679	661	654	641
オーストラリア	380	575	562	722	446	465	477	475	436
ブラジル	182	631	695	1,269	1,634	1,748	1,812	1,950	2,055
カナダ	1,435	1,553	1,805	1,977	2,369	2,628	2,579	2,579	2,734
中国[2]	2,114	2,774	2,990	3,249	3,609	3,729	3,790	3,799	4,076
コロンビア	126	440	585	691	526	531	588	671	786
エクアドル	204	285	392	395	532	511	505	486	486
エジプト	595	873	920	768	658	637	581	539	523
インド	182	660	703	646	665	698	694	680	752
インドネシア	1,577	1,462	1,503	1,428	1,067	964	972	946	943
イラン	1,662	3,088	3,643	3,696	4,139	3,912	4,050	4,037	4,080
イラク	2,514	2,040	560	2,571	1,878	2,086	2,375	2,391	2,399
カザフスタン	(X)	(X)	414	718	1,288	1,360	1,345	1,455	1,525
クウェート	1,656	1,175	2,057	2,079	2,529	2,464	2,586	2,350	2,300
リビア	1,787	1,375	1,390	1,410	1,633	1,702	1,736	1,650	1,650
マレーシア	283	619	682	690	631	588	609	578	554
メキシコ	1,936	2,553	2,618	3,012	3,334	3,076	2,792	2,601	2,576
ナイジェリア	2,055	1,810	1,993	2,165	2,627	2,350	2,165	2,208	2,455
ノルウェー	486	1,630	2,766	3,222	2,698	2,270	2,182	2,067	1,869
オマーン	282	685	851	970	774	710	757	813	865
カタール	472	406	442	737	835	851	924	927	1,127
ロシア	(X)	(X)	5,995	6,479	9,043	9,437	9,357	9,495	9,674
サウジアラビア	9,900	6,410	8,231	8,404	9,550	8,722	9,261	8,250	8,900
アラブ首長国連邦	1,709	2,117	2,233	2,368	2,535	2,603	2,681	2,413	2,415
イギリス	1,622	1,820	101	68	34	26	26	24	20
ベネズエラ	2,168	2,137	2,750	3,155	2,565	2,433	2,394	2,239	2,146
イエメン	−	193	345	438	400	319	298	285	257

− ゼロを示す　X 該当なし　1. 個別に示さないその他の国々を含む　2. 表No.1332の脚注4を参照
資料：U.S. Energy Information Administration, International Energy Statistics database, <http://www.eia.gov/cfapps/ipdbproject/IEDIndex3.cfm>（2011年4月現在）も参照

No.1385. 世界の天然ガス生産量——主要生産国別：1980－2009年

[単位：1兆立方フィート（53.37は53兆3700億を表す）]

国	天然ガス生産								
	1980	1990	2000	2004	2005	2006	2007	2008	2009
全世界、計[1]	53.37	73.79	88.40	97.03	99.79	103.42	105.63	109.92	106.47
合衆国	19.40	17.81	19.18	18.59	18.05	18.50	19.27	20.29	20.96
ロシア	(X)	(X)	20.63	22.39	22.62	23.17	23.06	23.39	20.61
カナダ	2.76	3.85	6.47	6.48	6.56	6.55	6.42	6.05	5.63
イラン	0.25	0.84	2.13	2.96	3.66	3.84	3.95	4.11	4.63
ノルウェー	0.92	0.98	1.87	2.95	3.07	3.09	3.17	3.50	3.65
カタール	0.18	0.28	1.03	1.38	1.62	1.79	2.23	2.72	3.15
中国[2]	0.51	0.51	0.96	1.44	1.76	2.07	2.45	2.69	2.93
アルジェリア	0.41	1.79	2.94	2.83	3.15	3.08	3.00	3.05	2.88
オランダ	3.40	2.69	2.56	3.04	2.77	2.73	2.69	2.96	2.79
サウジアラビア	0.33	1.08	1.76	2.32	2.52	2.59	2.63	2.84	2.77
インドネシア	0.65	1.60	2.24	2.03	2.00	2.20	2.42	2.47	2.56
エジプト	0.03	0.29	0.65	1.15	1.50	1.60	1.64	2.08	2.21
ウズベキスタン	(X)	(X)	1.99	2.11	2.11	2.22	2.30	2.39	2.17
イギリス	1.32	1.75	3.83	3.43	3.12	2.82	2.55	2.47	2.09
マレーシア	0.06	0.65	1.60	1.90	1.97	1.97	1.96	2.16	2.07
メキシコ	0.90	0.90	1.31	1.25	1.35	1.74	1.68	1.69	1.77
アラブ首長国連邦	0.20	0.78	1.36	1.63	1.66	1.72	1.78	1.77	1.72
オーストラリア	0.31	0.72	1.16	1.31	1.44	1.51	1.55	1.58	1.67
アルゼンチン	0.28	0.63	1.32	1.58	1.61	1.63	1.58	1.56	1.46
トリニダード・トバゴ	0.08	0.18	0.49	0.99	1.07	1.29	1.38	1.39	1.43
インド	0.05	0.40	0.79	1.00	1.06	1.09	1.11	1.14	1.42
パキスタン	0.29	0.48	0.86	0.97	1.09	1.28	1.30	1.34	1.36
トルクメニスタン	(X)	(X)	1.64	2.07	2.22	2.23	2.43	2.49	1.35
タイ	－	0.21	0.66	0.79	0.84	0.86	0.92	1.02	1.09
オマーン	0.03	0.10	0.32	0.61	0.70	0.84	0.85	0.85	0.87
ナイジェリア	0.04	0.13	0.44	0.77	0.79	1.01	1.15	1.16	0.82
ウクライナ	(X)	(X)	0.64	0.68	0.69	0.69	0.69	0.70	0.72
バングラデシュ	0.05	0.16	0.34	0.46	0.49	0.54	0.57	0.63	0.70
ベネズエラ	0.52	0.76	0.96	0.96	0.83	0.92	0.73	0.73	0.65
アゼルバイジャン	(X)	(X)	0.20	0.18	0.21	0.24	0.38	0.59	0.58

－ ゼロまたは概数でゼロを示す　X 該当なし　1．個別に示さないその他の国々を含む　2．表No.1332の脚注4を参照

資料：U. S. Energy Information Administration, International Energy Statistics database,〈http://www.eia.gov/cfapps/ipdbproject/IEDIndex3.cfm〉（2011年4月現在）も参照

No.1386. 世界の石炭生産量——主要生産国別：1980－2009年

[単位：100万米トン（4,181.9は41億8190万を表す）]

国名	1980	1990	2000	2004	2005	2006	2007	2008	2009
全世界、計[1]	4,181.9	5,346.7	4,893.7	6,222.8	6,553.2	6,773.3	7,088.0	7,504.5	7,679.8
中国[2]	683.6	1,190.4	1,271.5	2,299.7	2,500.9	2,573.9	2,781.1	3,086.5	3,362.0
合衆国	829.7	1,029.1	1,073.6	1,112.1	1,131.5	1,162.7	1,146.6	1,171.8	1,072.8
インド	125.8	247.6	370.0	446.7	473.3	500.2	531.5	568.4	611.4
オーストラリア	115.2	225.5	338.1	388.2	404.9	405.0	430.1	438.5	440.1
インドネシア	0.6	11.6	84.5	157.2	188.2	249.7	287.2	301.6	332.4
ロシア	(X)	(X)	264.9	285.4	311.8	313.7	318.6	336.2	327.1
南アフリカ	131.9	193.2	248.9	267.7	270.1	269.8	273.0	278.1	272.6
ドイツ	(X)	(X)	226.0	232.7	227.0	220.6	225.5	214.3	203.7
ポーランド	253.5	237.1	179.2	178.3	175.0	171.1	159.8	158.0	148.3
カザフスタン	(X)	(X)	85.4	95.8	95.4	106.1	107.8	122.4	111.9
中央アフリカ共和国	12.1	32.9	58.8	72.9	80.6	88.5	92.6	97.7	98.5
コロンビア	4.5	22.6	42.0	59.2	61.5	72.3	77.1	81.0	80.9
トルコ	20.8	52.3	69.7	51.1	64.3	70.8	83.1	87.5	79.8
ギリシャ	25.6	57.2	70.4	77.2	76.5	71.4	73.1	72.4	71.3
カナダ	40.4	75.3	76.2	72.7	72.0	72.8	76.5	74.7	69.4
チェコ共和国	(X)	(X)	71.8	68.1	68.4	69.3	69.0	66.4	62.2
ウクライナ	(X)	(X)	68.8	65.7	66.5	68.0	65.0	65.7	60.6
ベトナム	5.7	5.1	12.8	28.1	35.7	42.9	46.9	44.8	48.4
セルビア	(X)	(X)	(X)	(X)	(X)	40.5	40.9	42.7	42.2
北朝鮮	48.6	51.0	32.8	35.0	38.2	38.7	33.4	35.0	41.3
ルーマニア	38.8	42.1	32.3	35.0	34.3	38.5	39.4	39.5	33.7
ブルガリア	33.3	34.9	29.2	29.2	27.2	28.3	31.4	31.7	30.0
イギリス	143.8	104.1	35.0	27.0	22.1	19.9	18.2	19.4	19.7
タイ	1.6	13.7	19.6	22.1	23.0	21.0	20.1	20.2	19.4
エストニア	(X)	(X)	12.9	15.4	16.1	15.5	18.2	17.8	16.5
モンゴル	5.3	7.9	5.7	7.6	8.3	9.2	10.4	11.3	12.3
メキシコ	4.0	8.6	12.5	10.9	11.9	12.7	13.8	12.7	11.6
ボスニア・ヘルツェゴビナ	(X)	(X)	8.2	9.8	10.1	11.2	11.7	12.9	10.5
スペイン	30.9	39.2	25.9	22.6	21.5	20.3	18.9	11.2	10.4
ハンガリー	28.7	19.7	15.5	12.4	10.5	11.0	10.8	10.4	9.9

X 該当なし　Z 50,000米トン未満　1．個別に明示されないその他の国を含む　2．表No.1332の脚注4を参照

資料：U.S. Energy Information Administration, International Energy Statistics database,〈http://www.eia.gov/cfapps/ipdbproject/IEDIndex3.cfm〉（2011年4月現在）も参照

No.1387. 世界の総発電量──発電タイプおよび国別：2008年

[単位：10億kWh （19,103.2は19兆1032億kWhを表す）]

国	計[1] (10億kWh)	構成比(%) 火力発電[2]	構成比(%) 水力発電	構成比(%) 原子力発電	国	計[1] (10億kWh)	構成比(%) 火力発電[2]	構成比(%) 水力発電	構成比(%) 原子力発電
世界、計[3]	19,103.2	67.4	16.3	13.6	ノルウェー	139.7	0.4	98.9	―
					タイ	139.0	91.6	5.1	―
合衆国	4,119.4	71.0	6.2	19.6	エジプト	123.9	87.6	11.7	―
中国[4]	3,221.0	81.3	16.2	2.0	ベネズエラ	118.1	26.6	73.4	―
日本	1,015.2	65.8	7.4	24.2	アルゼンチン	115.4	66.9	26.0	6.0
ロシア	984.5	67.6	16.6	15.7	オランダ	101.3	85.6	0.1	3.9
インド	785.5	82.0	14.4	1.7	マレーシア	91.9	92.0	8.0	―
カナダ	632.2	24.2	59.9	14.1	パキスタン	87.7	66.7	31.4	2.0
ドイツ	594.7	61.3	3.5	23.7	アラブ首長国連邦	81.1	100.0	―	―
フランス	541.9	9.5	11.6	77.0	ベルギー	78.4	38.7	0.5	55.2
ブラジル	454.8	12.2	80.4	3.1	チェコ共和国	78.4	63.4	2.6	32.2
韓国	418.2	64.8	0.7	34.3	カザフスタン	75.9	90.3	9.7	―
イギリス	361.8	80.4	1.4	13.8	フィンランド	73.6	33.2	23.0	29.6
イタリア	295.0	80.5	14.0	―	ベトナム	70.0	63.2	36.8	―
スペイン	293.5	60.7	7.9	19.1	スイス	64.4	1.3	55.4	40.9
メキシコ	245.5	77.3	15.8	3.8	ルーマニア	62.0	55.3	27.4	17.2
オーストラリア	242.2	92.7	4.9	―	オーストリア	61.9	29.4	60.7	―
南アフリカ	238.3	95.0	0.5	4.7	チリ	60.3	55.9	39.2	―
台湾[4]	221.1	78.8	1.9	17.7	ギリシャ	59.0	91.1	5.6	―
イラン	201.7	97.6	2.3	―	フィリピン	57.4	65.8	17.0	―
サウジアラビア	191.9	100.0	―	―	パラグアイ	54.9	(Z)	100.0	―
トルコ	188.8	81.6	17.4	―	イスラエル	53.0	99.6	(Z)	―
ウクライナ	181.3	47.3	6.2	46.5	コロンビア	51.0	14.3	84.5	―
ポーランド	146.1	95.8	1.5	―	ウズベキスタン	47.0	76.1	23.9	―
スウェーデン	145.1	2.4	47.1	41.8	ポルトガル	43.0	66.7	15.6	―
インドネシア	141.2	86.3	8.1	―	ブルガリア	41.7	58.3	6.7	35.3

― ゼロを示す　Z 0.05%未満　1.火力、水力、原子力および地熱、太陽熱、風力および木材・廃棄物焼却、個別に明示しないいくつかのものを含む　2.石油、石炭、ガスによる発電　3.個別に示さないその他の国々を含む　4.表No.1332の脚注4を参照

資料：U.S. Energy Information Administration, International Energy Statistics database, <http://www.eia.gov/cfapps/ipdbproject/IEDIndex3.cfm> (2011年4月現在) も参照

No.1388. 商業用原子力発電──国別：1990－2010年

[発電量は暦年データ。その他は12月現在。1,743.9は1兆7439億を表す]

国	原子炉数 1990	2000	2009	2010	総発電量 (10億kWh) 1990	2000	2009	2010	総発電能力 (1,000kW) 1990	2000	2009	2010
計	368	433	441	441	1,743.9	2,540.5	2,546.6	2,591.9	301,745	373,804	397,295	396,693
合衆国	112	104	104	104	606.4	789.1	833.6	864.1	105,998	103,129	107,023	107,642
アルゼンチン	2	2	2	2	7.0	6.2	8.2	7.1	1,005	1,005	1,005	1,005
アルメニア	(X)	1	1	1	(X)	(NA)	2.5	2.4	(X)	408	408	408
ベルギー	7	7	7	7	42.7	48.2	47.2	47.9	5,740	5,995	6,207	6,211
ブラジル	1	2	2	2	2.0	6.1	12.9	14.5	657	1,966	2,007	2,007
ブルガリア	(X)	6	2	2	(X)	(NA)	15.3	15.2	(X)	3,760	2,000	2,000
カナダ	19	21	21	19	74.0	73.8	90.9	52.2	13,855	15,795	15,367	14,331
中国[1]	(NA)	2	11	13	(NA)	14.7	(NA)	(NA)	(NA)	1,968	9,014	10,744
チェコ共和国	(X)	4	6	6	(X)	13.6	27.1	27.8	(X)	1,760	3,876	3,892
フィンランド	4	4	4	4	18.9	22.5	23.5	22.8	2,400	2,760	2,800	2,820
フランス	58	57	58	58	314.1	395.7	410.0	428.2	58,862	62,920	65,880	65,880
ドイツ	22	19	17	17	147.2	169.7	134.9	140.5	23,973	22,234	21,497	21,517
イギリス	42	33	19	19	68.8	83.6	(NA)	(NA)	15,274	15,272	12,540	11,709
ハンガリー	4	4	4	4	13.6	14.1	15.4	15.7	1,760	1,851	2,000	2,000
インド	6	13	17	19	6.0	15.5	17.0	23.3	1,330	2,960	4,120	4,560
イタリア	2	(NA)	(NA)	(NA)	―	(NA)	(NA)	(NA)	1,132	(NA)	(NA)	(NA)
日本	40	52	56	54	191.9	319.8	272.3	292.3	31,645	45,082	50,492	48,847
韓国	9	16	20	20	52.8	108.9	147.8	149.7	7,616	13,768	18,393	18,509
リトアニア	(X)	2	1	―	(X)	7.8	11.6	―	(X)	3,000	1,300	―
メキシコ	1	2	2	2	2.1	8.2	10.5	5.8	675	1,350	1,364	1,502
オランダ	2	1	1	1	3.4	3.9	4.2	3.9	540	480	515	515
パキスタン	1	1	2	2	0.4	0.4	2.9	2.7	137	137	462	462
ルーマニア	(X)	1	2	2	(X)	5.5	11.7	11.6	(X)	706	1,412	1,412
ロシア	(X)	29	31	32	(X)	128.9	163.3	167.8	(X)	21,266	23,242	24,242
スロバキア	(X)	6	4	4	(X)	16.5	(NA)	(NA)	(X)	2,640	1,894	1,894
スロベニア	1	1	1	1	4.6	4.8	5.7	5.6	664	664	727	727
南アフリカ	2	2	2	2	8.9	13.6	12.1	13.5	1,930	1,930	1,930	1,930
スペイン	10	9	8	8	54.3	62.2	52.9	61.9	7,984	7,808	7,735	7,800
スウェーデン	12	11	10	10	68.2	57.3	52.3	58.2	10,344	9,844	9,685	9,743
スイス	5	5	5	5	23.6	26.3	27.5	26.5	3,079	3,322	3,370	3,405
台湾[1]	6	6	6	6	32.9	38.5	41.6	41.6	5,146	5,144	5,144	5,144
ウクライナ	(X)	14	15	15	(X)	77.3	82.2	89.1	(X)	12,880	13,880	13,835

― ゼロを示す　NA データなし　1.表No.1332の脚注4を参照

資料：Platts Energy, A Division of The McGraw-Hill Companies Inc., New York, NY, *Nucleonics Week*, February issue (copyright)

No.1389. 化石燃料消費による二酸化炭素の放出——国別：1990－2009年

[単位：二酸化炭素100万メトリック・トン（21,616.0は216億1600万メトリックトンを表す）。石油、天然ガス、石炭の消費および天然ガスの燃焼による二酸化炭素の放出を含む]

国	1990	1995	2000	2005	2006	2007	2008	2009
世界、計[1]	21,616.0	22,150.1	23,803.6	28,366.2	28,939.2	29,724.5	30,399.5	30,313.2
合衆国	5,041.0	5,319.9	5,861.8	5,991.5	5,913.7	6,018.1	5,833.1	5,424.5
オーストラリア	267.6	289.1	356.3	397.2	400.9	410.4	425.3	417.7
ブラジル	237.3	289.1	344.4	369.7	383.1	400.4	426.5	425.2
カナダ	470.6	508.7	573.3	623.4	597.2	610.0	598.5	541.0
中国[2]	2,269.7	2,861.7	2,849.7	5,512.7	5,817.1	6,256.7	6,800.5	7,706.8
フランス	367.7	372.5	401.7	414.0	416.4	423.1	428.5	396.7
ドイツ	(X)	890.8	854.7	847.4	850.6	827.2	823.1	765.6
インド	578.6	870.2	1,003.0	1,183.1	1,282.7	1,368.4	1,463.3	1,591.1
インドネシア	156.0	214.8	266.3	330.6	360.3	390.2	405.4	414.9
イラン	202.1	262.2	320.6	449.2	475.8	489.3	512.1	528.6
イタリア	415.4	431.4	447.7	471.9	467.5	459.5	449.7	407.9
日本	1,047.0	1,116.2	1,201.4	1,241.3	1,239.9	1,254.4	1,215.5	1,098.0
韓国	242.1	381.4	438.8	493.8	484.2	503.1	521.8	528.1
メキシコ	302.2	321.4	383.0	397.8	437.0	444.3	452.1	443.6
オランダ	211.1	222.6	246.3	268.5	269.9	258.1	249.5	248.9
ポーランド	333.8	308.2	292.6	287.6	299.1	295.9	294.8	285.8
ロシア	(X)	1,603.1	1,556.1	1,652.7	1,675.5	1,627.2	1,672.0	1,556.7
サウジアラビア	208.0	235.3	290.5	405.5	406.1	396.5	425.7	438.2
南アフリカ	298.0	347.5	386.0	432.5	444.6	463.7	483.7	451.2
スペイン	224.1	243.4	317.5	382.9	376.1	387.9	360.1	329.9
台湾[2]	118.3	182.4	256.1	288.8	297.1	293.7	290.4	279.1
タイ	83.9	145.1	161.8	241.8	237.2	247.4	255.0	254.9
トルコ	129.5	153.2	201.9	230.9	251.0	280.2	272.9	253.1
ウクライナ	(X)	421.4	324.9	353.6	333.3	354.1	352.8	252.5
イギリス	601.8	560.1	560.3	583.1	585.5	569.9	563.9	519.9

NA　データなし　X　該当なし　1. 個別に明示しないその他の国を含む　2. 表No.1332の脚注4を参照

資料：U.S. Energy Information Administration, International Energy Statistics database, <http://www.eia.gov/cfapps/ipdbproject/IEDIndex3.cfm>（2011年4月現在）も参照

No.1390. 世界の主要都市の平均気温と降水量

[注記したものを除き華氏。データは標準30日間に基づく。詳細については資料を参照。合衆国の都市については表No.391-396を参照。マイナス（−）は零下を示す]

都市	1月 平均最高気温	1月 平均最低気温	1月 最高気温	1月 最低気温	1月 平均降水量（インチ）	7月 平均最高気温	7月 平均最低気温	7月 最高気温	7月 最低気温	7月 平均降水量（インチ）
アムステルダム（オランダ）	41	34	57	3	3.1	69	55	90	39	2.9
アテネ（ギリシャ）	55	44	70	28	1.9	89	73	108	61	0.2
バグダット（イラク）	58	38	75	25	1.1	110	78	122	61	−
バンコク（タイ）	89	71	95	54	0.4	90	78	99	72	6.2
北京（中国）	34	17	54	1	0.2	86	72	104	63	8.8
ベルリン（ドイツ）	35	26	58	−11	(NA)	73	56	95	41	(NA)
ボゴタ（コロンビア）	66	43	84	27	1.9	64	47	82	32	1.8
ブラジリア（ブラジル）	81	64	95	54	(NA)	79	52	97	37	(NA)
ブエノスアイレス（アルゼンチン）	85	64	104	44	4.2	58	41	88	23	2.3
カイロ（エジプト）	65	49	86	32	0.2	93	72	108	63	−
フランクフルト（ドイツ）	38	30	56	−4	1.8	75	57	97	38	2.4
ジュネーブ（スイス）	39	29	57	−2	2.2	77	56	96	41	2.8
香港（中国）	67	58	79	43	1.1	89	81	97	70	14.3
イスタンブール（トルコ）	46	37	64	16	3.7	82	66	100	50	0.7
ジャカルタ（インドネシア）	83	75	92	72	(NA)	88	74	92	67	(NA)
カラチ（パキスタン）	76	55	93	39	0.3	89	83	109	68	3.5
ラゴス（ナイジェリア）	82	79	93	64	(NA)	79	76	88	70	(NA)
ロンドン（イギリス）	45	36	61	15	2.4	72	56	93	45	1.8
マドリード（スペイン）	51	32	68	14	1.8	90	61	104	46	0.4
マニラ（フィリピン）	86	71	95	61	0.8	88	76	99	70	15.9
メキシコシティ（メキシコ）	70	45	86	26	0.3	74	56	86	37	5.1
モントリオール（カナダ）	21	7	52	−31	2.8	79	61	93	43	3.4
モスクワ（ロシア）	21	11	46	−33	1.4	74	55	95	41	3.2
ナイロビ（ケニア）	77	58	88	45	1.8	71	54	85	43	0.5
ニューデリー（インド）	68	48	85	32	0.9	93	81	111	70	7.9
パリ（フランス）	43	34	59	1	(NA)	75	58	95	41	(NA)
リオデジャネイロ（ブラジル）	91	74	109	64	5.3	81	64	102	52	1.8
ローマ（イタリア）	55	39	64	19	3.2	83	66	100	55	0.6
ソウル（韓国）	33	21	55	−1	(NA)	82	71	97	55	(NA)
シンガポール（シンガポール）	85	73	100	66	9.4	86	76	99	70	5.9
シドニー（オーストラリア）	79	65	109	49	4.0	62	44	80	32	2.5
テルアビブ（イスラエル）	62	46	84	32	(NA)	87	69	100	50	(NA)
東京（日本）	48	35	66	25	2.0	82	71	95	55	5.3
トロント（カナダ）	28	15	59	−24	1.9	79	60	99	45	2.8

−　ゼロを示す　NA　データなし

資料：U.S. National Oceanic and Atmospheric Administration, *Climates of the World*; <http://www.ncdc.noaa.gov/oa/ldpubs/> も参照

No.1391. 世界の遠隔通信サービス部門──主要グローバル・テレコム指数：2005－2010年

[単位：10億ドル（1,259は12億5900万ドルを表す）。別に注記するものを除く。全データは年間平均為替レートで換算。国別会計年度別データは暦年データに編集］

指数	2005	2007	2008	2009	2010
数（100万）					
固定電話[1]	1,259	1,271	1,240	1,215	1,197
携帯電話契約数	2,217	3,354	4,012	4,652	5,282
インターネット利用者	1,036	1,393	1,611	1,858	2,084
固定ブロードバンド加入者	216	351	413	471	555
モバイルブロードバンド加入者	73	307	458	703	940
居住者100人あたり					
固定電話[1]	19.3	19.0	18.3	17.7	17.3
携帯電話契約数	33.9	50.1	59.3	67.9	76.2
インターネット利用者	15.9	20.8	23.8	27.1	30.1
固定ブロードバンド加入者	3.3	5.2	6.1	6.9	8.0
モバイルブロードバンド加入者	1.1	4.6	6.8	10.3	13.6

1．表No.1392の脚注1を参照

資料：ITU World Telecommunication/ICT Indicators Database, <http://www.itu.int/ITU-D/ict/statistics/at_glance/KeyTelecom.html>. Reproduced with the kind permission of ITU

No.1392. 主要国における電話、携帯電話、インターネット利用：2009年

[人口100人あたりの率。国別データの詳細については資料を参照］

国	電話回線[1]	携帯電話	インターネット利用者（人口に占める%）	国	電話回線[1]	携帯電話	インターネット利用者（人口に占める%）
アフガニスタン	0.46	42.63	3.5	イラン	34.78	70.83	11.1
オーストラリア	42.36	113.75	74.3	イタリア	36.24	147.01	48.8
アゼルバイジャン	15.86	87.83	27.4	日本	34.08	91.46	78.0
ベリーズ	10.16	52.74	11.7	韓国	53.69	100.70	81.5
ブラジル	21.42	89.79	39.2	マケドニア	0.65	34.17	1.9
ブルガリア	29.23	140.18	45.0	マリ	17.64	76.20	28.3
カンボジア	0.37	42.34	0.5	メキシコ	10.99	79.11	41.3
カナダ	52.50	70.92	80.3	モロッコ	6.54	56.05	5.9
中華人民共和国[3]	23.31	55.52	28.9	ナミビア	4.44	55.80	3.5
コロンビア	16.37	92.33	49.4	パキスタン	1.95	52.18	11.3
キューバ	9.99	5.54	14.3	ポルトガル	39.74	148.77	48.3
デンマーク	37.69	124.97	86.8	ルーマニア	25.02	119.39	36.6
ドミニカ共和国	9.57	85.53	26.8	ロシア	32.21	163.62	29.0
エジプト	12.42	66.69	24.3	サウジアラビア	16.22	174.43	38.0
エストニア	36.77	202.99	72.5	セルビア	31.53	100.63	41.7
エチオピア	1.10	4.89	0.5	シンガポール	40.65	145.24	68.3
フランス	56.94	95.51	71.6	スロバキア共和国	22.56	101.70	75.2
ガンビア	2.87	84.04	7.6	スロベニア	51.19	103.98	64.3
グルジア	14.55	66.59	30.5	スペイン	45.28	113.76	62.6
ドイツ	59.27	127.79	79.3	スウェーデン	55.69	125.87	90.8
ギリシャ	47.02	119.12	44.5	スイス	61.75	122.30	81.3
ハイチ	1.08	36.36	10.0	シリア	17.67	45.57	20.4
ホンジュラス	9.59	112.39	9.8	台湾[2]	63.19	116.70	69.9
香港（中国）	60.91	179.39	69.4	トルコ	22.10	83.91	36.4
ハンガリー	30.71	118.01	61.8	イギリス	52.17	130.55	83.6
インド	3.09	43.83	5.1	合衆国	44.81	90.78	78.0
インドネシア	14.77	69.25	8.7	ベネズエラ	24.02	98.39	31.2

NA データなし　1．固定電話回線（従来は利用中の主たる電話回線）は、使用されている回線（過去3カ月以内に利用されている）で、公衆交換電話局（PSTN）に端末機器から接続し、電話交換機に専用ポートを持っている回線である。この定義は、電子通信で用いられるメインステーションやDEL（Direct Exchange Line）の定義と同義であるが、同じではない。固定電話回線はアクセスラインや加入者ではなく、実働中のアナログの固定電話回線、ISDNチャンネル、固定無線（WLL）、公衆電話、IP電話加入者を含む。居住者100人あたりの固定電話は、固定電話数を人口で割って100をかけたもの　2．表No.1332の脚注4を参照

資料：ITU World Telecommunication/ICT Indicators Database; <http://www.itu.int/ITU-D/ict/statistics/at_glance/KeyTelecom.html>. Reproduced with the kind permission of ITU も参照

No.1393. 特許数──国別：2010年

[合衆国およびその海外領土以外の居住者のみに与えられた米国特許を含む。表No.778を参照］

国	計[1]	発明	デザイン	国	計[1]	発明	デザイン
計	123,177	111,822	10,187	オランダ	1,919	1,614	113
				オーストラリア	2,079	1,748	282
日本	46,978	44,814	1,910	スイス	1,889	1,608	276
ドイツ	13,633	12,363	1,070	イスラエル	1,917	1,819	79
韓国	12,508	11,671	769	スウェーデン	1,594	1,434	150
台湾[2]	9,635	8,238	1,348	フィンランド	1,232	1,143	82
カナダ	5,511	4,852	635	ベルギー	896	820	62
イギリス	5,038	4,302	665	オーストリア	905	727	177
フランス	5,100	4,450	586	デンマーク	766	605	134
イタリア	2,254	1,798	439	その他	9,323	7,816	1,410

1．個別に明示しない、植物に関する特許および特許の再発行を含む　2．表No.1332の脚注4を参照

資料：U.S. Patent and Trademark Office, Technology Assessment and Forecast Database

No.1394. ダウ・ジョーンズ世界株価指数――国別、産業別：2000－2010年

[指数値は12月31日現在。1991=100。U.S.ドルに換算した株価に基づく。外国人の株式所有について規制のある国の株式については、外国投資家に許される割合で世界指数に含める]

国、産業	2000	2005	2009	2010	国、産業	2000	2005	2009	2010
世界、計	**210.9**	**234.1**	**226.9**	**253.9**	アジア／太平洋地域	93.0	132.0	123.0	142.5
アメリカ大陸	299.1	307.3	295.5	340.9	オーストラリア	156.0	312.5	389.7	436.9
合衆国	**306.9**	**302.4**	**276.6**	**316.6**	香港	245.6	273.6	420.8	479.6
カナダ	225.3	365.4	433.9	526.6	インドネシア	31.2	79.0	152.1	210.4
メキシコ	132.2	360.1	495.9	626.8	日本	88.3	113.5	80.6	91.8
ヨーロッパ	241.2	264.8	264.2	270.2	マレーシア	88.5	119.5	186.9	254.0
オーストリア	86.2	335.5	253.9	277.4	ニュージーランド	96.7	227.3	173.9	181.9
ベルギー	196.9	321.2	323.6	337.0	シンガポール	135.2	176.3	266.3	327.6
デンマーク	220.1	375.1	435.1	556.0	タイ	27.2	76.7	97.2	152.1
フィンランド	1,537.8	948.5	843.1	936.0					
フランス	252.9	273.3	286.0	269.0	基本素材	117.6	213.8	301.0	373.9
ドイツ	219.1	224.3	264.9	282.7	消費財	183.8	241.9	272.2	318.4
アイルランド	312.3	470.4	216.9	189.9	消費サービス	192.8	214.4	200.4	238.5
イタリア	192.2	213.8	166.0	135.1	石油、ガス	230.7	383.3	444.0	485.9
オランダ	335.7	309.6	281.7	279.8	金融	207.1	259.8	173.7	182.0
ノルウェー	151.8	276.1	344.0	388.7	保健	329.9	310.6	320.0	328.1
スペイン	193.5	288.6	374.6	282.2	工業	167.1	192.4	188.4	228.8
スウェーデン	339.0	378.3	410.7	544.6	テクノロジー	552.7	375.1	402.6	450.3
スイス	388.8	452.5	514.2	572.9	遠隔通信	273.3	201.6	219.5	234.5
イギリス	199.8	217.6	198.1	211.7	公益事業	156.0	176.9	198.3	195.1

資料：CME Group Index Services, LLC, New York, NY, Dow Jones Indexes, (copyright)

No.1395. 各国の株式市場の動向――モルガン・スタンレー・キャピタル・インターナショナル社指数：2000－2010年

[指数値は12月31日現在。注記したものを除き、1970年1月1日＝100とする。マイナス（－）は減少を示す。U.S.ドルに換算した株価に基づく。EM＝Emerging Markets＝新興市場]

指数および国	指数			変化率(%)[1]		指数および国	指数			変化率(%)[1]	
	2000	2009	2010	2009	2010		2000	2009	2010	2009	2010
全世界 (AC) 指数						香港	5,475.0	7,289.8	8,724.0	55.2	19.7
AC世界指数[2]	290.1	299.4	330.6	31.5	10.4	日本	2,552.0	2,201.7	2,495.8	4.4	13.4
						シンガポール	2,081.0	3,555.7	4,211.7	67.3	18.4
AC世界指数(合衆国を除く)[2]	193.5	242.9	263.4	37.4	8.4						
ACアジア太平洋指数[2]	89.6	120.5	137.7	34.5	14.3	新興市場					
ACヨーロッパ指数[2]	376.5	400.2	406.7	32.9	1.6	EM極東指数[4]	127.9	348.9	405.2	66.3	16.1
欧州連合[2]	361.5	365.4	364.7	32.0	-0.2	中国[6][7]	22.6	64.8	66.3	58.8	2.3
						インド[6]	114.5	468.5	559.4	100.5	19.4
先進市場						インドネシア	77.8	634.6	832.6	120.8	31.2
世界指数	1,221.0	1,168.5	1,280.1	27.0	9.6	韓国	78.7	327.1	409.9	69.4	25.3
EAFE指数[3]	1,492.0	1,580.8	1,658.3	27.7	4.9	マレーシア	160.7	341.8	452.9	47.8	32.5
ヨーロッパ指数	1,378.0	1,442.1	1,456.8	31.2	1.0	パキスタン[6]	44.6	82.0	98.0	78.1	19.5
太平洋指数	1,832.0	2,006.5	2,268.9	21.1	13.1	フィリピン	146.7	269.0	350.5	60.2	30.3
極東指数	2,583.0	2,373.9	2,709.9	10.4	14.2	スリランカ[6]	36.3	167.4	287.8	184.2	71.9
						台湾[7]	191.7	264.2	312.6	75.1	18.3
合衆国	**1,250.0**	**1,061.1**	**1,201.0**	**24.2**	**13.2**	タイ	58.9	225.8	340.5	70.0	50.8
カナダ	832.5	1,574.2	1,860.7	52.7	20.7						
オーストラリア	317.7	804.1	884.4	68.8	10.0	EM中南米	915.6	4,116.7	4,613.7	98.1	12.1
ニュージーランド[4]	56.4	96.4	99.4	43.0	3.2	アルゼンチン	1,233.0	2,101.0	3,573.0	61.1	70.1
						ブラジル	763.2	3,624.5	3,761.4	121.3	3.8
オーストリア	708.3	1,406.0	1,509.3	38.4	7.3	チリ	604.7	2,051.6	2,909.6	81.4	41.8
ベルギー	1,222.0	1,074.5	1,050.5	54.3	-2.2	コロンビア[6]	42.1	790.5	1,112.6	76.5	40.8
デンマーク	2,201.0	4,232.7	5,494.4	35.2	29.8	メキシコ	1,464.9	5,138.1	6,473.4	53.1	26.0
フィンランド[4]	921.8	460.2	492.7	7.2	7.1	ペルー	125.0	1,217.7	1,817.4	69.3	49.2
フランス	1,509.0	1,599.6	1,491.8	27.6	-6.7	ベネズエラ[6]	106.1	(NA)	(NA)	(NA)	(NA)
ドイツ	1,436.0	1,613.4	1,710.5	21.3	6.0						
ギリシャ[4]	475.8	418.3	224.4	22.6	-46.4	チェコ共和国[8]	79.9	544.6	504.3	19.6	-7.4
アイルランド[4]	308.4	132.4	106.3	9.9	-19.7	ハンガリー[8]	233.6	742.7	663.2	73.9	-10.7
イタリア	447.2	383.5	315.9	22.6	-17.6	ヨルダン	55.1	149.9	131.9	-7.7	-12.0
ルクセンブルク[5]	491.9	(NA)	(NA)	(NA)	(NA)	ポーランド[6]	499.0	902.4	1,016.4	37.3	12.6
オランダ	2,177.0	2,010.9	1,998.4	37.9	-0.6	ロシア[8]	155.2	795.3	932.0	100.3	17.2
ノルウェー	1,181.0	2,760.6	2,965.0	82.5	7.4	南アフリカ[6]	157.6	468.0	611.6	53.4	30.7
ポルトガル[4]	127.8	146.8	125.6	35.4	-14.6	トルコ	247.7	528.1	625.1	92.0	18.4
スペイン	347.1	672.4	501.7	36.5	-25.4						
スウェーデン	4,240.0	5,247.0	6,888.0	60.2	31.3						
スイス	2,695.0	3,564.5	3,915.2	22.9	9.8						
イギリス	1,146.0	1,081.9	1,137.8	37.3	5.2						

NA データなし 1．暦年間の変化率（例えば、2009年12月31日から2010年12月31日）。USドルとの為替レート変動を調整ずみ 2．1988年1月1日＝100 3．ヨーロッパ、オーストラレーシア、極東指数。先進国市場にリストされる全ヨーロッパと極東の国々およびオーストラリア、マレーシア、ニュージーランド、イスラエル 4．1988年1月1日＝100。2010年5月、先進国市場に再分類された 5．MSCI（モルガン・スタンレー・キャピタル・インターナショナル）のルクセンブルグについての指数は、2002年3月29日から休止となった 6．1993年1月1日＝100 7．表No.1332の脚注4を参照 8．1995年1月1日＝100

資料：MSCI Barra, <http://www.mscibarra.com/about/indexdata_tou.jsp?/products/indices/stdindex/performance.jsp> (copyright)。ここに示すMSCIのデータはMSCI Inc.に帰属する。MSCI、その子会社と情報提供者は、これらデータに関して何らかの保証をするものではない。ここに示すMSCIのデータは許可を得て掲載されたもので、MSCIの文書による許可を示すことなく、これを使用し、配布し、または広く普及せしめることは禁止されている。

No.1396. 諸外国の証券市場指数：1980－2010年

[年末現在。DAX-30指数は配当を含む総収益指数。その他は配当を含まない価格指数]

年	ロンドン FTSE100	東京 日経225	香港 ハンセン	ドイツ DAX-30	パリ CAC-40	ダウ・ジョーンズ ヨーロッパ STOXX 50
1980	647	7,116	1,477	481	(X)	(X)
1985	1,413	13,113	1,752	1,366	(X)	(X)
1990	2,144	23,849	3,025	1,398	1,518	835
1995	3,689	19,868	10,073	2,254	1,872	1,538
1997	5,136	15,259	10,723	4,250	2,999	2,634
1998	5,883	13,842	9,507	5,002	3,943	3,320
1999	6,930	18,934	16,962	6,958	5,958	4,742
2000	6,223	13,786	15,096	6,434	5,926	4,557
2001	5,217	10,543	11,397	5,160	4,625	3,707
2002	3,940	8,579	9,321	2,893	3,064	2,408
2003	4,477	10,677	12,576	3,965	3,558	2,660
2004	4,814	11,489	14,230	4,256	3,821	2,775
2005	5,619	16,111	14,876	5,408	4,715	3,349
2006	6,221	17,226	19,965	6,597	5,542	3,697
2007	6,457	15,308	27,813	8,067	5,614	3,684
2008	4,434	8,860	14,388	4,810	3,218	2,065
2009	5,413	10,546	21,873	5,957	3,936	2,579
2010	5,900	10,229	23,035	6,914	3,805	2,586

X 該当なし

資料：Global Financial Data, Los Angeles, CA, <http://www.globalfinancialdata.com>, 未刊行資料 (copyright)

No.1397. 各国の株式市場——資本調達および取引額：2000－2010年

[単位：10億ドル（15,104.0は15兆1040億ドルを表す）。株式の時価総額は、年度末における国内上場全企業の市場価値。企業の市場価値は、株価に発行済み株式数を乗じたもの。株式の取引額は、上場企業株式の年間出来高合計]

国名	資本調達額				取引額			
	2000	2005	2009	2010	2000	2005	2009	2010
合衆国	15,104.0	16,970.9	15,077.3	17,139.0	31,862.5	21,510.0	46,735.9	30,454.8
アルゼンチン	166.1	61.5	48.9	63.9	6.0	16.4	2.7	2.6
オーストラリア	372.8	804.1	1,258.5	1,454.5	226.3	616.1	761.8	1,221.9
オーストリア	29.9	124.4	53.6	121.8	9.4	45.9	25.5	48.1
ベルギー	182.5	288.5	261.4	269.3	38.0	125.7	127.8	111.5
ブラジル	226.2	474.6	1,167.3	1,545.6	101.3	154.2	649.2	901.1
カナダ	841.4	1,480.9	1,681.0	2,160.2	634.7	845.0	1,239.6	1,365.7
チリ	60.4	136.4	209.5	341.6	6.1	18.9	37.6	54.3
中国[1]	581.0	780.8	5,007.6	4,762.8	721.5	586.3	8,956.2	8,030.0
デンマーク	107.7	178.0	186.9	231.7	91.6	152.0	148.3	144.6
エジプト	28.7	79.7	90.0	82.5	11.1	25.4	52.8	37.1
フィンランド	293.6	209.5	91.0	212.7	206.6	273.5	91.2	178.7
フランス	1,446.6	1,758.7	1,972.0	1,926.5	1,083.3	1,526.1	1,365.8	1,452.9
ドイツ	1,270.2	1,221.3	1,297.6	1,429.7	1,069.1	1,763.2	1,288.9	1,405.0
ギリシャ	110.8	145.0	54.7	72.6	95.1	65.3	51.7	43.1
香港	623.4	1,055.0	2,291.6	2,711.3	377.9	460.1	1,489.6	1,597.5
インド	148.1	553.1	1,179.2	1,615.9	509.8	433.9	1,088.9	1,056.8
インドネシア	26.8	81.4	178.2	360.4	14.3	41.9	115.3	129.5
イラン	34.0	38.7	63.3	86.6	5.0	8.2	17.1	17.1
アイルランド	81.9	114.1	29.9	60.7	14.4	64.7	18.5	29.5
イスラエル	64.1	120.1	182.1	218.1	23.4	59.9	88.3	133.4
イタリア	768.4	798.2	317.3	570.3	778.4	1,115.2	459.7	946.3
日本	3,157.2	4,736.5	3,377.9	4,099.6	2,693.9	4,997.4	4,192.6	4,280.4
韓国	171.6	718.2	836.5	1,089.2	1,067.7	1,203.0	1,581.5	1,626.6
ルクセンブルク	34.0	51.3	105.6	101.1	1.2	0.2	0.3	0.2
マレーシア	116.9	181.2	256.0	410.5	58.5	50.0	73.0	90.2
メキシコ	125.2	239.1	340.6	454.3	45.3	52.7	77.1	108.5
モロッコ	10.9	27.2	62.9	69.2	1.1	4.1	0.3	10.8
オランダ	640.5	592.9	542.5	661.2	677.2	835.8	604.2	592.1
ニュージーランド	18.6	43.4	67.1	36.3	10.8	17.4	37.2	10.7
ノルウェー	65.0	191.0	227.2	250.9	60.1	194.8	247.8	217.1
フィリピン	51.6	40.2	80.1	157.3	8.2	7.0	3.1	26.8
ポーランド	31.3	93.9	135.3	190.2	14.6	30.0	17.2	77.5
ポルトガル	60.7	67.0	98.6	82.0	54.4	41.6	45.8	54.8
ロシア	38.9	548.6	861.4	1,004.5	20.3	159.3	1.9	799.7
サウジアラビア	67.2	646.1	318.8	353.4	17.3	1,103.5	682.5	203.2
シンガポール	152.8	316.7	310.8	370.1	91.5	119.8	252.3	282.1
スウェーデン	328.3	403.9	432.3	581.2	390.0	464.0	390.3	439.6
スイス	792.3	938.6	1,070.7	1,229.4	609.1	883.3	795.6	869.4
台湾[1]	247.6	516.0	695.9	804.1	983.5	716.5	1,066.1	892.6
タイ	29.5	124.9	138.2	277.7	23.3	89.3	134.9	217.9
トルコ	69.7	161.5	225.7	307.7	179.2	201.3	243.5	421.6
イギリス	2,580.0	3,058.2	2,796.4	3,107.0	1,835.3	4,167.0	3,402.5	3,006.7

1. 表No.1332の脚注4を参照

資料：Standard and Poor's, New York, NY, *Standard & Poor's Emerging Stock Markets Factbook 2011* (copyright).

No.1398. 外国為替相場：2010年

［１米国ドルあたりの諸外国通貨単位。市場相場、公定相場、基本相場、２次相場を含む］

国名	通貨	2010	国名	通貨	2010
アフガニスタン[1]	アフガニ	46.45	キルギスタン	ソン	46.34
アルバニア	レク	104.08	ラオス	キップ	8,320.27
アルジェリア	アルジェリア・ディナール	76.00	ラトビア	ラト	0.54
アンティグア・バーブーダ	東カリブ・ドル	2.70	レバノン	レバノン・ポンド	1,507.50
アルゼンチン	アルゼンチン・ペソ	3.90	レソト	マロチ	7.90
アルメニア	ドラム	374.29	リベリア[1]	リベリア・ドル	(NA)
アルバ	アルバ・ギルダー	(NA)	リビア[1]	リビア・ディナール	1.26
オーストラリア	オーストラリア・ドル	1.09	リトアニア	リタイ	2.66
オーストリア	ユーロ	0.76	ルクセンブルク	ユーロ	0.76
バハマ	バハマ・ドル	1.00	マケドニア	ディナール	46.43
バーレーン	バーレーン・ディナール	0.38	マダガスカル	マダガスカル・アリアリ	2,062.50
バングラデシュ	タカ	70.59	マレーシア	リンゲット	3.04
バルバドス	バルバドス・ドル	(NA)	マリ	セーファー・フラン	495.28
ベラルーシ	ベラルーシ・ルーブル	3,019.90	マルタ	ユーロ	0.76
ベルギー	ユーロ	0.76	モーリタニア	ウギア	261.50
ベリーズ	ベリーズ・ドル	2.00	モーリシャス	モーリシャス・ルピー	30.99
ベナン	セーファー・フラン	495.28	メキシコ	メキシコ・ペソ	12.69
ボリビア	ボリビアーノ	7.04	モルドバ	レイ	12.37
ボツワナ	プラ	6.74	モンゴル	トゥグルグ	1,357.50
ブラジル	レアル	1.77	モロッコ	ディルハム	8.36
ブルガリア	レフ	1.51	モザンビーク	メティカル	35.00
ブルキナファソ	セーファー・フラン	495.28	ナミビア	ナミビア・ドル	7.57
ミャンマー（ビルマ）[1]	キャット	966.00	ネパール	ネパール・ルピー	72.56
カンボジア	リエル	4,145.00	オランダ	ユーロ	0.76
カメルーン	セーファー・フラン	495.28	ニュージーランド	ニュージーランド・ドル	1.39
カナダ	カナダ・ドル	1.03	ニカラグア	コルドバ	21.35
中央アフリカ共和国	セーファー・フラン	495.28	ニジェール	セーファー・フラン	495.28
チャド	セーファー・フラン	495.28	ナイジェリア	ナイラ	150.88
チリ	チリ・ペソ	525.34	ノルウェー	ノルウェー・クローネ	6.04
中国[2]	元（ユアン）	6.79	オマーン	オマーン・レアル	0.38
コロンビア	コロンビア・ペソ	1,869.90	パキスタン	パキスタン・ルピー	85.27
コモロ	コモロ・フラン	(NA)	パナマ	バルボア	1.00
コンゴ（ブラザビル）[3]	セーファー・フラン	507.71	パプアニューギニア	キナ	2.75
コスタリカ	コロン	583.00	パラグアイ	グアラニー	4,767.60
コートジボアール	セーファー・フラン	495.28	ペルー	ヌエボソーレ	2.82
クロアチア	クナ	5.64	フィリピン	フィリピン・ペソ	45.11
キュラソー[4]	ギルダー	1.79	ポーランド	ズオチ	3.07
キプロス	ユーロ	0.76	ポルトガル	ユーロ	0.76
チェコ共和国	コルナ	19.11	カタール	カタール・リアル	3.64
デンマーク	クローネ	5.62	ルーマニア	レイ	3.20
ジブチ	ジブチ・フラン	(NA)	ロシア	ルーブル	30.00
ドミニカ	東カリブ・ドル	2.70	ルワンダ	ルワンダ・フラン	586.25
ドミニカ共和国	ドミニカ・ペソ	36.92	セントキッツ・ネイビス	東カリブ・ドル	2.70
エクアドル	U.S. ドル	1.00	セントルシア	東カリブ・ドル	2.70
エジプト	エジプト・ポンド	5.61	セントビンセントおよび グレナディーン諸島	東カリブ・ドル	2.70
エルサルバドル	U.S. ドル	(NA)	サウジアラビア	サウジ・リアル	3.75
赤道ギニア	セーファー・フラン	495.28	セネガル	セーファー・フラン	495.28
エストニア	クローン	11.80	シエラレオネ	レオネ	(NA)
エチオピア[1]	ブル	14.40	シンガポール	シンガポール・ドル	1.37
フィジー	フィジー・ドル	(NA)	スロバキア	ユーロ	0.76
フィンランド	ユーロ	0.76	スロベニア	ユーロ	0.76
フランス	ユーロ	0.76	南アフリカ	ランド	7.38
ガボン	セーファー・フラン	495.28	スペイン	ユーロ	0.76
グルジア	ラリ	1.80	スリランカ	スリランカ・ルピー	113.36
ドイツ	ユーロ	0.76	スーダン	スーダン・ディナール	2.36
ギリシャ	ユーロ	0.77	スリナム[1]	スリナム・ドル	2.75
グアテマラ	ケツアル	8.08	スワジランド	リランゲニ	7.57
ガイアナ	ガイアナ・ドル	204.07	スウェーデン	スウェーデン・クローネ	7.51
ハイチ	グールド	40.15	スイス	スイス・フラン	1.04
ホンジュラス	レンピラ	18.90	シリア	シリア・ポンド	46.46
香港	香港・ドル	7.78	タンザニア	タンザニア・シリング	1,423.30
ハンガリー	フォリント	206.15	タイ	バーツ	31.66
アイスランド	クローネ	139.32	トーゴ	セーファー・フラン	495.28
インド	インド・ルピー	46.16	トリニダード・トバゴ	トリニダード・トバゴ・ドル	6.33
インドネシア	ルピア	9,169.50	チュニジア	チュニジア・ディナール	1.44
イラン	リアル	10,308.20	トルコ	リラ	1.52
イラク	ディナール	1,170.00	ウガンダ	ウガンダ・シリング	2,166.00
アイルランド	ユーロ	0.76	ウクライナ	フリブナ	7.91
イスラエル	ニュー・シェケル	3.74	アラブ首長国連邦	ディルハム	3.67
イタリア	ユーロ	0.77	イギリス	スターリング・ポンド	0.64
ジャマイカ	ジャマイカ・ドル	87.41	ウルグアイ	ウルグアイ・ペソ	20.05
日本	円	87.78	バヌアツ	バツ	(NA)
ヨルダン	ヨルダン・ディナール	0.71	ベネズエラ	ボリバル	4.30
カザフスタン	テンゲ	147.28	イエメン	イエメン・リアル	220.05
ケニア	ケニア・シリング	79.22	ザンビア	ザンビア・クワチャ	4,823.60
韓国	ウォン	1,153.77	ジンバブエ	ジンバブエ・ドル	234.25
クウェート	クウェート・ディナール	0.29			

NA データなし　1．年間平均データがない場合年末価額。年度内の相場の一部からの推計値もあり　2．表No.1332の脚注4を参照　3．表No.1332の脚注5を参照　4．オランダ領アンティルは2010年10月10日に解体され、キュラソー島とシント・マールテン島はそれぞれオランダ王国の自治領となった

資料：Central Intelligency Agency, *The World Factbook*;〈https://www.cia.gov/library/publications/the-world-factbook/index.html/〉(2011年5月現在) も参照

No.1399 各国の保有資産と国際収支：2000－2010年

[単位：100万ドル（43,442は434億4200万ドルを表す）。資産は、IMFにおける、交換可能な外貨の保有、特別引出権、準備ポジションを含む、金の保有を除く。マイナス（－）は減少を示す]

国	総保有資産 2000	総保有資産 2009	総保有資産 2010 計	総保有資産 2010 外貨保有高[1]	経常収支 2000	経常収支 2009	経常収支 2010	貿易収支 2000	貿易収支 2009	貿易収支 2010
合衆国	43,442	76,366	78,824	33,814	−416,374	−378,435	(NA)	−444	−503,578	(NA)
アルジェリア	9,229	95,070	105,592	104,263	(NA)	160	(NA)	(NA)	7,784	(NA)
アルゼンチン	19,301	29,402	32,294	30,272	−8,981	8,373	(NA)	2,452	18,528	(NA)
オーストラリア	13,906	24,846	25,103	21,294	−14,763	−43,836	(NA)	−4,862	−4,406	(NA)
オーストリア	10,990	5,176	6,290	4,073	−1,339	10,995	(NA)	−3,978	−3,258	(NA)
バングラデシュ	1,141	6,518	6,860	6,431	−306	3,345	(NA)	−1,654	−4,693	(NA)
ベルギー[2]	7,671	10,147	10,714	5,117	(NA)	3,522	(NA)	(NA)	−2,939	(NA)
ブラジル	24,894	151,410	186,396	182,185	−24,225	−24,302	(NA)	−698	25,290	(NA)
ミャンマー(ビルマ)	171	(NA)	(NA)	(NA)	−212	(NA)	(NA)	−504	(NA)	(NA)
カメルーン	163	2,345	(NA)	(NA)	−249	−1,137	(NA)	502	−326	(NA)
カナダ	24,639	34,597	37,011	29,148	19,622	−38,380	(NA)	45,047	−4,246	(NA)
チリ	11,540	16,128	18,062	17,089	−898	4,217	(NA)	2,119	13,982	(NA)
中華人民共和国[3]	129,155	1,541,150	1,861,050	1,848,880	20,518	297,142	(NA)	34,474	249,509	(NA)
コロンビア	6,843	15,786	18,030	17,110	795	−5,001	(NA)	2,670	2,546	(NA)
コンゴ(ブラザビル)[4]	170	2,428	(NA)	(NA)	648	(NA)	(NA)	2,037	(NA)	(NA)
コートジボアール	513	2,084	(NA)	(NA)	−241	1,670	(NA)	1,486	4,185	(NA)
デンマーク	11,596	47,389	47,728	45,671	2,262	11,222	(NA)	6,641	8,103	(NA)
エクアドル	727	1,833	932	898	926	−268	(NA)	1,399	78	(NA)
エジプト	10,068	20,574	21,825	21,007	−971	−3,349	(NA)	−8,321	−16,818	(NA)
フィンランド	6,122	6,194	4,758	3,195	10,526	6,814	(NA)	13,684	4,790	(NA)
フランス	28,428	29,747	36,233	23,513	19,674	−51,858	(NA)	−3,173	−61,965	(NA)
ドイツ	43,664	38,225	40,450	24,257	−32,279	165,471	(NA)	55,466	188,348	(NA)
ガーナ	178	(NA)	(NA)	(NA)	−387	−1,198	(NA)	−830	−2,207	(NA)
ギリシャ	10,303	[5]992	850	70	−9,820	−35,913	(NA)	−20,239	−42,836	(NA)
ハンガリー	8,588	28,114	29,122	28,299	−4,004	−699	(NA)	−2,913	4,756	(NA)
インド	29,091	169,154	178,748	173,902	−4,601	−26,626	(NA)	−10,641	−78,816	(NA)
インドネシア	21,876	40,546	60,329	58,421	7,992	10,192	6,294	25,042	30,147	31,093
アイルランド	4,114	1,238	1,196	326	−516	−6,488	(NA)	25,010	44,960	(NA)
イスラエル	17,869	38,663	46,043	44,976	−2,209	7,592	(NA)	−3,857	−96	(NA)
イタリア	19,623	29,196	30,963	23,167	−5,781	−66,199	(NA)	9,549	3,259	(NA)
日本	272,392	652,065	689,266	672,880	119,660	142,194	(NA)	116,716	43,632	(NA)
ケニア	689	2,455	2,805	2,585	−199	−1,661	(NA)	−1,262	−4,989	(NA)
韓国	73,781	172,185	189,276	186,312	12,251	32,791	28,213	16,954	37,862	41,876
クウェート	5,436	12,928	13,790	12,093	14,672	28,605	(NA)	13,027	33,263	(NA)
マレーシア	21,744	60,874	68,088	66,426	8,488	31,801	(NA)	20,827	40,254	(NA)
メキシコ	27,254	63,526	78,092	74,598	−18,767	−6,303	−5,703	−8,337	−4,602	−3,121
モロッコ	3,702	14,542	14,668	14,115	−501	−5,362	(NA)	−3,235	−16,364	(NA)
ネパール	726	(NA)	(NA)	(NA)	−299	−256	(NA)	−814	−3,461	(NA)
オランダ	7,401	11,399	11,994	5,780	7,264	36,581	(NA)	17,800	51,066	(NA)
ナイジェリア	7,607	28,553	22,675	20,999	7,427	21,659	(NA)	10,415	29,042	(NA)
ノルウェー	21,181	31,166	34,324	32,338	25,079	50,122	(NA)	25,908	54,405	(NA)
パキスタン	1,162	7,220	9,315	8,516	−85	−3,993	(NA)	−1,157	−10,270	(NA)
ペルー	6,427	20,420	27,693	27,047	−1,546	247	(NA)	−403	5,873	(NA)
フィリピン	10,047	24,739	35,949	35,059	−2,228	8,788	(NA)	−5,971	−8,863	(NA)
ポーランド	20,387	48,430	57,675	56,049	−10,343	−9,598	(NA)	−12,307	−4,355	(NA)
ポルトガル	6,838	1,566	2,371	1,307	−12,189	−23,952	(NA)	−15,156	−24,410	(NA)
ルーマニア	1,896	25,998	28,156	27,469	−1,355	−6,955	−6,744	−1,684	−9,606	−7,749
サウジアラビア	15,032	261,336	288,775	287,893	14,317	20,955	(NA)	49,777	105,230	(NA)
シンガポール	61,532	119,796	146,565	145,380	10,178	32,628	(NA)	13,678	30,231	(NA)
南アフリカ共和国	4,669	22,477	24,789	22,999	−191	−11,327	(NA)	4,698	534	(NA)
スペイン	23,784	11,613	12,433	8,640	−23,185	−80,375	(NA)	−37,087	−62,833	(NA)
スリランカ	797	2,944	(NA)	(NA)	−1,044	−292	(NA)	−1,044	−2,101	(NA)
スーダン	106	698	(NA)	(NA)	−557	−3,908	(NA)	440	−694	(NA)
スウェーデン	11,407	27,339	27,639	24,622	6,617	31,460	(NA)	15,215	14,015	(NA)
スイス	24,769	62,640	145,114	141,132	32,830	38,972	(NA)	2,064	1,391	(NA)
タイ	24,573	86,422	108,784	107,567	9,313	21,861	(NA)	11,701	32,691	(NA)
トリニダード・トバゴ	1,064	5,854	(NA)	(NA)	544	(NA)	(NA)	969	(NA)	(NA)
トルコ	17,260	45,209	52,410	51,327	−9,920	−13,991	−48,561	−22,057	−24,850	−56,354
イギリス	29,759	35,532	44,379	32,035	−38,800	−37,051	(NA)	−49,850	−128,558	(NA)
ベネズエラ	10,046	13,844	8,530	5,969	11,853	8,561	(NA)	16,664	19,153	(NA)

NA データなし 1．交換可能な外貨保有 2．2004年の経常収支および貿易収支はベルギーとルクセンブルクの合計、その後はベルギーのみのデータ 3．表No.1332の脚注4を参照 4．表No.1332の脚注5を参照 5．データの連続性が失われている。これ以前の年のデータとの比較はできない

資料：International Monetary Fund, Washington, DC, *International Financial Statistics*（月刊）(copyright)

No.1400. 世界の観光業――観光客、観光支出、観光収入：2000－2009年

[単位：観光支出と観光収入は100万ドル。観光客数は1000人。観光客数における非居住旅行者の数。（国境における非居住旅行者は除く）。日帰り旅行者は除く）。77,190は7719万人を表す。観光収入は外国からの旅行者が表示の国内で使った金額をドルで表したもの。観光支出は、表示の国の居住国からの訪問者が居住国以外の国で旅行中に支出した金額をドルで表したもの。国際輸送収入は除外]

国	到着数 (1,000)					支出 (100万ドル)					収入 (100万ドル)				
	2000	2005	2007	2008	2009, 暫定値	2000	2005	2008	2009, 暫定値		2000	2005	2007	2008	2009, 暫定値
フランス	77,190	74,988	80,853	79,218	76,800	22,533	31,727	41,570	38,575		32,855	43,954	54,209	57,236	49,450
合衆国	51,238	49,206	55,979	57,937	54,884	67,043	73,320	85,323	79,222		97,943	102,070	119,586	134,972	121,131
スペイン	46,403	55,914	58,666	57,192	52,178	5,922	15,046	20,363	16,911		29,802	47,789	57,734	61,978	53,337
中国	31,229	46,809	54,720	53,049	50,875	13,114	21,759	36,157	43,702		16,231	29,296	37,233	40,843	39,675
イタリア	41,181	36,513	43,654	42,734	43,239	15,685	22,370	30,927	27,864		27,493	35,319	42,660	46,192	40,311
イギリス[2]	25,209	29,970	32,778	31,888	29,889	38,262	59,532	69,792	50,559		21,769	30,573	38,698	36,424	30,498
香港[3]	13,059	23,359	28,169	29,507	29,591	12,502	13,305	16,095	15,960		5,868	10,179	13,566	15,018	16,020
トルコ	9,586	20,273	22,248	24,994	25,994	1,713	2,872	3,506	4,147		7,636	18,152	18,487	21,951	21,250
ドイツ[3]	18,983	21,500	24,421	24,884	24,220	52,824	74,189	91,598	81,044		18,611	29,121	36,101	40,021	34,781
ロシア[2]	21,169	22,201	22,909	23,676	(NA)	8,848	17,314	23,778	20,763		3,429	5,870	9,447	11,795	9,297
マレーシア	10,222	16,431	20,973	22,052	23,646	2,075	3,711	6,709	6,508		5,011	8,846	14,050	15,293	15,798
メキシコ	20,641	21,915	21,370	22,637	21,454	5,499	7,600	8,526	7,134		8,294	11,803	12,852	13,289	11,275
オーストリア[3]	17,982	19,952	20,773	21,935	21,355	6,232	9,316	11,432	10,817		9,899	16,243	18,559	21,630	19,176
ウクライナ	6,431	17,631	23,122	25,449	20,798	470	2,805	4,023	3,330		394	3,125	4,597	5,768	3,576
カナダ	19,627	18,771	17,935	17,142	15,737	12,438	18,017	27,210	24,169		10,778	13,768	15,568	15,668	13,707
ギリシャ	13,096	14,765	16,165	15,939	14,915	4,558	3,039	3,930	3,381		9,219	13,334	15,550	17,416	14,681
タイ	9,579	11,567	14,464	14,584	14,150	2,772	3,800	5,003	4,343		7,483	9,577	16,667	18,163	15,665
エジプト	5,116	8,244	10,610	12,296	11,914	1,072	1,629	2,915	2,538		4,345	6,851	9,303	10,985	10,755
ポーランド[4]	17,400	15,200	14,975	12,960	11,890	3,315	5,548	9,903	7,327		5,677	6,274	10,599	11,768	9,011
サウジアラビア[4]	6,585	8,037	11,531	14,757	10,897	(NA)	9,087	15,129	18,814		(NA)	4,626	5,972	5,910	5,964
マカオ[4]	5,197	9,014	12,942	(NA)	10,402	(NA)	358	554	510		(NA)	7,759	13,076	16,761	17,886
ポルトガル	12,097	10,612	12,321	10,610	(NA)	2,228	3,050	4,328	3,776		5,243	7,676	10,175	10,980	9,707
南アフリカ	5,872	7,369	9,091	9,592	9,934	2,085	3,374	4,404	4,151		2,677	7,516	8,779	7,956	7,624
オランダ	10,003	10,012	11,008	10,104	9,921	12,191	16,140	21,825	20,757		7,197	10,450	13,339	13,346	12,408
クロアチア[3]	5,831	8,467	9,307	9,415	9,335	568	754	1,113	1,013		2,758	7,370	9,233	11,280	9,000
ハンガリー	(NA)	9,979	8,638	8,814	9,058	1,651	2,382	4,037	3,638		3,733	4,120	4,739	6,033	5,712
モロッコ	3,535	9,178	9,284	9,016	8,547	4,669	6,850	9,678	(NA)		3,671	5,293	5,976	6,242	5,679
スイス[5]	4,278	5,843	7,408	7,879	8,341	425	612	1,090	1,106		2,039	4,610	7,181	7,221	6,625
韓国[5]	5,322	7,229	8,448	8,608	8,294	5,419	8,782	10,923	10,628		6,652	10,041	12,183	14,458	13,816
ルーマニア	5,264	5,839	6,448	6,891	7,818	7,132	15,406	19,065	13,330		6,834	5,806	6,138	9,774	9,442
シンガポール	6,062	7,079	7,957	8,862	7,575	425	925	2,176	1,473		359	1,052	1,610	1,991	1,228
アイルランド	6,646	7,333	8,332	8,026	7,489	4,535	10,070	15,136	15,808		5,142	6,205	9,083	10,719	9,200
アラブ首長国連邦[5][6]	3,907	7,126	(NA)	(NA)	7,189	2,525	6,074	10,413	8,773		2,615	4,782	6,074	6,356	4,894
チュニジア	5,058	6,747	6,762	7,050	6,901	3,019	6,186	13,288	(NA)		1,063	3,218	6,072	7,162	9,000
ベルギー	6,457	6,747	7,045	7,165	6,815	263	374	458	415		1,682	2,143	2,575	2,953	2,773
チェコ[2]	4,757	6,728	8,347	8,351	6,790	9,429	14,948	19,822	17,923		6,592	9,845	11,017	11,801	9,967
日本[2]	5,064	5,002	5,506	6,234	6,324	31,884	37,565	27,901	25,199		3,373	12,430	9,345	10,820	10,329
インドネシア	5,064	5,002	5,506	6,234	6,324	3,197	3,584	5,554	5,165		4,975	4,522	5,346	7,377	6,318
シリア[3]	2,100	3,571	4,158	5,430	6,092	669	550	800	(NA)		1,082	1,944	2,884	3,150	(NA)
チェコ共和国[3]	4,773	6,336	6,680	6,649	6,032	1,276	2,405	4,585	4,077		2,973	4,676	6,388	7,204	6,477

NA データなし　1．表No.1332の脚注4を参照　2．観光客数はホテル等の非居住旅行者の到着数　3．国境を通過した非居住訪問者の数　4．観光客数は、あらゆる種類の宿泊施設に宿泊した非居住旅行者の数　5．観光客数はホテル等の非居住旅行者の到着数　6．観光支出と観光収入は移動のための運賃を含む　観光収入は移動のための運賃

資料：World Tourism Organization, Madrid, Spain, *World Tourism Barometer*, 2011年4月 (copyright)

No.1401. 世界各国の研究開発（R&D）支出

[注記のあるものを除き、2007年または入手可能な最新年の数値。GDPは国内総生産。説明については第13章の解説を参照]

国	研究開発、国内総支出（GERD） GDP比（%）	資金源の構成（%）政府	資金源の構成（%）産業	一人当たり名目ドル、PPP[1]	R&Dのための高等教育支出 対GERD比	R&Dのための高等教育支出 対GDP比
OECD諸国、計	2.29	28.56	63.79	748	16.8	0.38
EU15か国[2]	1.90	33.36	55.60	635	21.6	0.41
EU27か国[3]	1.77	34.11	54.98	530	21.8	0.39
オーストラリア[4]	2.01	38.37	57.23	716	25.7	0.52
オーストリア[4]	2.56	35.60	47.68	952	24.1	0.62
ベルギー	1.87	24.65	59.68	662	21.8	0.41
ブラジル	1.02	57.88	39.38	92	(NA)	(NA)
カナダ[4]	1.88	31.42	49.40	724	33.7	0.63
中国[5][6]	1.49	24.62	70.37	77	8.5	0.13
チェコ共和国	1.54	41.19	53.96	369	16.9	0.26
デンマーク	2.55	27.58	59.53	917	27.5	0.70
フィンランド	3.47	24.05	68.20	1,206	18.7	0.65
フランス	2.08	38.42	52.44	680	19.2	0.40
ドイツ	2.54	27.76	68.07	874	16.3	0.41
ギリシャ	0.57	46.82	31.06	163	50.4	0.29
ハンガリー	0.97	44.41	43.86	181	23.4	0.23
アイスランド	2.75	38.80	50.35	980	25.1	0.69
インド	0.71	80.81	16.11	13	4.9	0.03
アイルランド	1.31	30.13	59.26	591	26.4	0.35
イタリア	1.13	48.32	40.42	334	30.3	0.34
日本[4]	3.44	15.63	77.71	1,157	12.6	0.43
韓国	3.47	24.80	73.65	861	10.7	0.37
ルクセンブルク	1.63	16.61	79.72	1,300	3.0	0.05
メキシコ	0.46	45.34	46.49	57	27.4	0.13
オランダ	1.70	36.23	51.06	669	26.6	0.45
ニュージーランド	1.21	42.66	40.14	325	30.1	0.36
ノルウェー	1.64	44.87	45.25	878	31.4	0.51
ポーランド	0.57	58.61	34.26	91	33.9	0.19
ポルトガル	1.18	55.20	36.27	269	29.9	0.35
ロシア	1.12	62.62	29.45	165	6.3	0.07
スロバキア	0.46	53.92	35.60	92	25.0	0.11
南アフリカ	0.92	38.19	43.87	76	19.3	0.18
スペイン	1.27	42.49	47.07	401	26.4	0.33
スウェーデン	3.60	24.43	63.86	1,320	21.3	0.77
スイス	2.90	22.71	69.73	1,003	22.9	0.66
トルコ	0.71	47.07	48.45	92	48.2	0.34
英国	1.79	29.33	47.19	640	24.5	0.44
合衆国[4][7][8]	2.68	27.73	66.44	1,221	13.3	0.36

NA データなしまたは該当なし　1.購買力平価。表No.1349の頭注を参照　2.表No.1378の脚注2を参照　3.表No.1377の脚注5を参照　4.政府のR&Dへの予算配分。連邦政府のみ　5.表No.1322の脚注4を参照　6.政府または産業によって資金提供されるGERD/BERDの%。各項の合計は計と一致しない　7.GERD、BERD。資本支出の大半またはすべてを除外　8.HERD。資本支出の大半またはすべてを除外

資料：Organization for Economic Cooperation and Development (OECD), 2010, "Main Science and Technology Indicators," OECD Science, Technology and R&D Statistics database (copyright), <http://dx.doi.org/10.1787/data-00182-en>（2010年5月現在）も参照

No.1402. 開発援助——国別：2009年

[119,782は1197億8200万ドルを表す]

国	政府開発援助（ODA）100万USドル	政府開発援助（ODA）GNI比（%）[1]	政府開発援助（ODA）DACのODA比（%）[2]	多国籍ODA（100万USドル）	純民間助成金（100万USドル）
DAC計[2]	119,782	0.31	100.0	36,278	22,047
EU15カ国[3]	67,211	0.44	56.1	26,226	3,328
合衆国	28,831	0.21	24.1	3,658	16,288
オーストラリア	2,762	0.29	2.3	450	(NA)
オーストリア	1,142	0.30	1.0	635	140
ベルギー	2,610	0.55	2.2	1,025	377
カナダ	4,000	0.30	3.3	859	1,338
デンマーク	2,810	0.88	2.3	904	116
フィンランド	1,290	0.54	1.1	499	17
フランス	12,602	0.47	10.5	5,581	(NA)
ドイツ	12,079	0.35	10.1	4,983	1,369
ギリシャ	607	0.19	0.5	310	2
アイルランド	1,006	0.54	0.8	313	182
イタリア	3,297	0.16	2.8	2,423	162
日本	9,457	0.18	7.9	3,290	533
韓国	816	0.10	0.7	235	156
ルクセンブルク	415	1.04	0.3	149	13
オランダ	6,426	0.82	5.4	1,628	542
ニュージーランド	309	0.28	0.3	83	46
ノルウェー	4,086	1.06	3.4	918	(NA)
ポルトガル	513	0.23	0.4	236	4
スペイン	6,584	0.46	5.5	2,111	(NA)
スウェーデン	4,548	1.12	3.8	1,539	74
スイス	2,310	0.45	1.9	559	357
イギリス	11,283	0.51	9.4	3,891	329

NA データなし　1.国民総所得。表No.1348の頭注参照　2.DACは、OECDの開発援助委員会　3.表No.1378の脚注2を参照

資料：Organization for Economic Cooperation and Development (OECD), 2011, "Aggregate Aid Statistics: ODA by donor," OECD International Development Statistics database (copyright); <http://stats.oecd.org//Index.aspx?QueryId=29354>（2011年4月現在）も参照

No.1403. 開発途上国への資金ネットフロー――資金源泉別：1995―2009年

[167,206は1672億600万ドルを表す。ネットフローは借款、贈与、および贈与の性格を持った援助の合計から借款の元本返済を差引いたもの。軍事援助フローは除く。開発援助委員会（DAC）は「開発途上国」とみなされる国を決定している。GNI＝国民総所得。GNIに関する解説は表No.1348の頭注を参照。マイナス記号（―）は純流入を示す]

援助の種類と国名	額(100万ドル)				GNIに占める割合(%)			
	1995	2000	2008	2009	1995	2000	2008	2009
供与国、計[1]	167,206	134,239	275,776	377,724	0.73	0.55	0.68	0.98
合衆国	46,984	25,252	13,678	115,276	0.65	0.25	0.09	0.82
オーストラリア	2,536	1,961	3,997	3,188	0.73	0.53	0.43	0.34
オーストリア	958	1,135	10,831	3,273	0.41	0.61	2.71	0.87
ベルギー	−234	2,281	4,425	3,224	−0.09	1.00	0.89	0.68
カナダ	5,724	6,483	24,069	7,340	1.04	0.95	1.63	0.56
デンマーク	1,799	2,176	5,150	3,757	1.07	1.39	1.50	1.18
フィンランド	604	1,087	−222	3,185	0.48	0.91	−0.08	1.34
フランス	12,477	5,557	40,641	38,420	0.81	0.41	1.44	1.43
ドイツ	21,197	12,331	35,727	29,130	0.87	0.66	0.98	0.86
ギリシャ	(NA)	229	1,166	850	(NA)	0.20	0.35	0.26
アイルランド	247	740	6,101	4,188	0.46	0.93	2.71	2.27
イタリア	2,800	10,846	5,581	5,569	0.26	1.01	0.25	0.27
日本	42,295	11,423	31,805	45,444	0.79	0.24	0.63	0.88
韓国	1,973	44	10,700	6,442	0.38	0.01	1.14	0.77
ルクセンブルク	72	129	426	428	0.40	0.73	0.99	1.08
オランダ	6,795	6,947	−14,022	6,045	1.71	1.85	−1.61	0.77
ニュージーランド	166	142	433	387	0.31	0.32	0.38	0.35
ノルウェー	1,670	1,437	3,759	4,089	1.15	0.87	0.83	1.06
ポルトガル	395	4,622	1,528	−1,060	0.38	4.45	0.67	−0.48
スペイン	2,025	23,471	30,087	13,233	0.37	4.25	1.96	0.92
スウェーデン	2,224	3,952	5,896	7,164	1.00	1.76	1.22	1.77
スイス	1,118	1,765	12,141	9,106	0.35	0.68	2.63	1.77
イギリス	13,382	10,230	41,878	69,045	1.19	0.72	1.57	3.11

NA データなし　1．DAC：OECDの開発援助委員会

資料：Organization for Economic Cooperation and Development (OECD), 2011, "Official and private flows," OECDInternational Development Statistics database (copyright), 〈http://dx.doi.org/10.1787/data-00072-en〉（2011年4月現在）も参照

No.1404. 国別対外債務：1990－2009年

[単位：10億ドル（28.1は281億ドルを表す）。総対外債務は、外貨、財、サービスで購われる非居住者に対する債務の総額。公的債務、公的保証債務、民間の非保証長期債務、IMFクレジットの利用、短期債務の合計。短期債務には満期が1年未満のすべての債務と、長期債務の残高に対する利子が含まれる]

国名	1990	2000	2008	2009	国名	1990	2000	2008	2009
アルジェリア	28.1	25.4	5.8	5.3	モンテネグロ	(NA)	(NA)	1.5	2.3
アンゴラ	8.6	9.4	15.1	16.7	モロッコ	25.0	20.7	20.8	23.8
アルゼンチン	62.2	140.9	118.9	120.2	ネパール	1.6	2.9	3.7	3.7
バングラデシュ	12.3	15.5	22.9	23.8	ナイジェリア	33.4	31.4	11.5	7.8
ブラジル	119.7	241.5	262.1	276.9	パキスタン	20.6	32.7	48.5	53.7
ブルガリア	10.9	11.2	39.8	40.6	パナマ	6.5	6.6	10.7	12.4
カメルーン	6.6	10.3	2.8	2.9	ペルー	20.0	28.6	27.9	29.6
チリ	19.2	37.3	64.3	71.6	フィリピン	30.6	58.3	64.9	62.9
中国[1]	55.3	145.7	378.2	428.4	ポーランド	(NA)	(NA)	(NA)	(NA)
コロンビア	17.2	33.9	46.6	52.1	ルーマニア	1.1	11.2	117.5	117.5
コンゴ(キンシャサ)[2]	10.3	11.7	12.2	12.2	ロシア[3]	(NA)	160.0	402.5	381.3
コートジボアール	17.3	12.1	12.6	11.7	セルビア[4]	17.8	11.5	30.7	33.4
エクアドル	12.1	13.3	17.3	12.9	シエラレオネ	1.2	1.2	0.4	0.4
エジプト	33.0	29.0	33.4	33.3	南アフリカ	(NA)	24.9	41.9	42.1
エチオピア	8.6	5.5	2.9	5.0	スリランカ	5.9	9.1	15.6	17.2
ガーナ	3.7	6.1	4.9	5.7	スーダン	14.8	16.0	19.5	20.1
グアテマラ	2.8	3.9	14.8	13.8	タンザニア	6.4	7.1	6.0	7.3
インド	85.7	100.2	224.7	237.7	タイ	28.1	79.7	54.9	58.8
インドネシア	69.9	143.4	146.2	157.5	チュニジア	7.7	11.3	20.8	21.7
イラン	9.0	7.7	14.0	13.4	トルコ	49.4	116.6	263.5	251.4
ジャマイカ	4.8	4.7	10.3	11.0	ウクライナ	(NA)	12.2	93.1	93.2
ヨルダン	8.3	7.4	6.6	6.6	ウルグアイ	4.4	8.4	11.0	12.2
カザフスタン	(NA)	12.4	107.3	109.9	ベネズエラ	33.2	42.3	50.2	54.5
レバノン	1.8	10.2	24.3	24.9	ベトナム	23.3	12.8	25.0	28.7
マレーシア	15.3	41.9	66.2	66.4	ジンバブエ	3.3	3.8	5.3	5.0
メキシコ	104.4	150.9	203.6	192.0					

NA データなし　1．表No.1232の脚注4を参照　2．表No.1332の脚注5を参照　3．旧ソ連のデータには、1991年現在の全未払い対外債務が100％ロシア連邦の債務となったことを前提に、1990年以降のロシアのデータに含まれている。2000年以降ロシア連邦のデータも改訂されており、1996年現在154億ドルに達した貿易関連貸付を形成する旧経済相互援助会議（former Council for Mutual Economic Assistance）加盟国およびその他の国々に対する債務を含んでいる　4．2006年6月に、セルビアとモンテネグロは別々の国となった（前身はユーゴスラビア）。2000年のデータはセルビアとモンテネグロのものである。2006年以降のデータはモンテネグロを除く。世界銀行、国際通貨基金、および短期貸付を除く2000年以前のボスニア・ヘルツェゴビナの対外債務は、セルビア・モンテネグロのデータに含まれている。2000年以降のデータは推計値で、まだ継承国に割り当てられていない旧ユーゴスラビアによる借入を反映している

資料：The World Bank, Washington, DC, 2011 World Development Indicators (copyright); 〈http://data.worldbank.org/〉も参照

No.1405. OECD諸国の対外直接投資のフロー：2000－2009年

[単位：10億ドル（314.0は3140億ドルを表す）。データは年平均為替相場を用いてUSドルに換算]

国	直接投資受入れ				対外直接投資			
	2000	2008	2009[1]	累積額 1990-2009	2000	2008	2009[1]	累積額 1990-2009
合衆国	314.0	324.6	129.9	2,689.8	142.6	330.5	248.1	2,908.8
オーストラリア	6.8	46.6	(NA)	224.4	1.1	35.8	(NA)	116.0
オーストリア	8.8	6.8	8.6	112.6	5.7	29.4	6.5	148.9
ベルギー	(NA)	109.9	-39.8	350.8	(NA)	131.9	-77.4	302.8
カナダ	66.8	55.2	18.7	514.8	44.7	80.8	38.9	558.2
チェコ共和国	5.0	6.4	2.7	79.8	(Z)	4.3	1.3	11.0
デンマーク	33.0	2.2	3.0	112.2	25.0	14.1	6.9	137.1
フィンランド	8.8	-1.0	(-Z)	75.4	24.0	9.3	3.8	110.4
フランス	42.9	62.1	59.6	806.0	175.6	160.8	147.2	1,514.8
ドイツ	198.3	26.4	38.8	735.6	56.6	134.3	61.1	1,125.2
ギリシャ	(NA)	4.5	2.4	25.6	(NA)	2.4	2.1	17.6
ハンガリー	2.8	66.0	3.1	201.2	0.6	63.7	3.2	159.2
アイスランド	0.2	0.9	0.1	16.9	0.4	-4.3	4.5	27.2
アイルランド	26.5	-16.4	24.6	104.0	4.6	18.9	23.9	145.6
イタリア	13.4	17.0	30.5	262.7	12.4	43.8	43.9	415.7
日本	29.0	2.4	11.9	219.4	49.8	128.0	74.7	1,032.5
韓国	8.6	7.6	6.6	78.2	3.5	17.3	20.3	103.0
ルクセンブルク	(NA)	103.3	194.9	1,016.4	(NA)	132.7	222.3	1,167.5
メキシコ	17.8	22.5	14.5	290.3	(NA)	(NA)	(NA)	(NA)
オランダ	63.9	-0.1	32.6	525.8	75.7	67.2	28.9	824.0
ニュージーランド	1.4	2.2	-1.3	43.6	0.6	-0.4	-0.3	8.5
ノルウェー	6.0	10.4	(NA)	66.1	8.3	26.0	(NA)	120.9
ポーランド	9.3	14.9	13.7	150.1	(Z)	4.5	5.2	29.6
ポルトガル	6.6	4.7	2.9	66.9	8.1	2.7	1.3	59.5
スペイン	39.6	73.4	8.1	468.1	58.2	75.4	10.3	685.3
スウェーデン	23.2	33.7	10.9	299.1	40.6	27.8	30.3	346.4
スイス	19.3	15.1	27.0	201.2	44.7	55.3	33.3	516.2
トルコ	1.0	18.3	8.4	97.5	0.9	2.5	1.6	11.8
イギリス	118.8	89.5	71.3	1,252.5	233.5	181.9	33.1	1,723.2

NA データなし　Z 5000万ドル未満　1. 暫定値

資料：Organization for Economic Cooperation and Development (OECD), 2011, "Foreign Direct Investment: Flows by Partner Country," OECD International Direct Investment Statistics database (copyright); <http://dx.doi.org/10.1787/data-00335-en> (2011年4月現在) も参照

No.1406. 軍事支出：2009年、兵役適格者：2010年――国別

[単位：1,000 (120,022は1億2002万2000を表す)。兵役適格者は16-49歳で、兵役に適うとみなされる男女の人口を示す]

国	軍事支出 (GDPに占める%)[1]	兵役適格者 (1000人)	国	軍事支出 (GDPに占める%)[1]	兵役適格者 (1000人)
合衆国	[2] 4.1	120,022	アイルランド	[2] 0.9	1,944
アフガニスタン	1.9	7,847	イスラエル	[3] 7.3	2,964
アルジェリア	[3] 3.3	17,249	イタリア	[2] 1.8	22,596
アルゼンチン	0.8	16,873	日本	[3] 0.8	43,931
オーストラリア	3.0	8,652	カザフスタン	[7] 1.1	6,438
オーストリア	0.8	3,134	北朝鮮	(NA)	10,067
ベルギー	[2] 1.3	3,812	大韓民国	[3] 2.7	21,033
ボリビア	1.3	3,776	レバノン	[3] 3.1	1,863
ブラジル	1.7	83,836	リビア	[2] 3.9	2,970
ブルガリア	[2] 2.6	2,659	マレーシア	[2] 2.0	12,423
ミャンマー（ビルマ）	[2] 2.1	21,633	メキシコ	[3] 0.5	48,882
カンボジア	[2] 3.0	5,603	モロッコ	[5] 5.0	14,403
カナダ	[2] 1.1	13,023	オランダ	[2] 1.6	6,324
チリ	[2] 2.7	7,183	ニカラグア	[3] 0.6	2,563
中国[4]	[3] 4.3	618,589	ナイジェリア	[3] 1.5	40,708
コロンビア	[2] 3.4	19,012	ノルウェー	[2] 1.9	1,754
コンゴ（ブラザビル）[5]	0.9	1,145	パキスタン	[3] 3.0	75,327
コートジボアール	1.5	6,556	ペルー	[3] 1.5	12,354
キューバ	[3] 3.8	4,822	フィリピン	[2] 0.9	41,571
チェコ共和国	[6] 1.5	4,061	ポーランド	[2] 1.7	15,584
デンマーク	[6] 1.3	2,018	ロシア	[2] 3.9	46,813
エクアドル	0.9	6,104	サウジアラビア	[2] 10.0	13,043
エジプト	[2] 3.4	35,305	南アフリカ	[3] 1.7	14,093
エルサルバドル	0.6	2,452	スペイン	[2] 1.2	18,721
エチオピア	1.2	24,757	スーダン	[2] 3.0	13,316
フランス	[2] 2.6	23,747	スウェーデン	[2] 1.5	3,359
ドイツ	[2] 1.5	29,538	シリア	[2] 5.9	9,940
ギリシャ	[2] 4.3	4,049	タイ	[2] 1.8	27,491
ハンガリー	[2] 1.8	3,800	トルコ	[2] 5.3	35,005
インド	[3] 2.5	489,571	ウクライナ	[2] 1.4	15,686
インドネシア	[3] 2.0	107,539	イギリス	[2] 2.4	24,035
イラン	[3] 2.5	39,566	ベネズエラ	[2] 1.2	11,690
イラク	[8] 8.6	13,013	ベトナム	[2] 2.5	41,504

NA データなし　1. GDPは為替レートベースで計算される　2. データは2005年　3. データは2006年　4. 表No.1332の脚注4を参照　5. 表No.1332の脚注5を参照　6. データは2007年　7. データは2010年　8. データは2003年

資料：Central Intelligence Agency, The World Factbook;<https://www.cia.gov/library/publications/the-world-factbook/index.html> (2011年6月現在) も参照

付録 I
『アメリカ歴史統計』クロスリファレンス

［本書の時系列的補遺の最新版として建国200年を記念して刊行したものが『アメリカ歴史統計、植民地時代～1970年』である。以下に示すのは、本書に所収の統計のうち『アメリカ歴史統計』と時系列的な比較が可能なものについて、本書の表番号と『アメリカ歴史統計』の系列番号を対照したものである。歴史統計の系列番号は、1970年以前において1年以上の期間、関連データまたは比較可能データが得られるものを掲載している。数値の比較のためには、数値を合計しなくてはならない場合もある。］

本書に示す表No.	アメリカ歴史統計系列番号	本書に示す表No.	アメリカ歴史統計系列番号	本書に示す表No.	アメリカ歴史統計系列番号	本書に示す表No.	アメリカ歴史統計系列番号
第1章			J110-136	第11章		第15章	
			J164-267				
2	A6-8			544	H172-185	745	V1-12
7	A119-134	第7章		545	H197-229	747	V4-6
56	A160-171			546	H238-242	748	V7-9
59	A288-319			549	H262-270	753	Y381, 392
		405	Y84-134	558	H305-317	755	V167-183,
		406	Y135-186	561	H332-345		193-196
第2章		409	Y211-214	580	H398-411	778	W96-108
		411	Y204-210				
		414	Y189-198				
85	B28-35	415	Y199-203	第12章		第16章	
第3章		第8章		586	D11-19, 85, 86	803	W126
				587	D42-48	806	W144-160
				588	D11-19, 85, 86	820	W167
164	B275-280	432	Y638-651	592	D29-41		
175	B384-387	435	Y652-709	598	D49-62	第17章	
184	B291-303	436	Y505-637,	604	D116-126		
217	G881-915		652-848	630	D127-141, 803,	824	K4-7
		437	Y523, 524,		878, 881,	827	K162-173
			673-674,		884, 890	828	K109-113,
第4章			740-741, 787,	632	D127-145,		142-146
			788		D802-810,	839	K204-219
219	H421-429	439	Y680, 747, 794		D877-892	846	K344-353
220	H494, 499, 500	451	Y710-782	641	W14, 17, 19,	847	K358-360
223	H442-476	461	Y272-307		30-54, 62-65	849	K251-255
278	H690-692, 710			644	D877-892	857	K496-501
		第9章				858	K506-563
第5章				第13章		859	K502-508
		475	Y343-351,			860	K520-522
			Y472-487	675	F566-594	861	K506-508
306	H952-961	480	Y358-373	696	G1-8, 16-23,	869	K583-594
313	H971-978	494	Y412-439		197-199	870	K564-569,
330	H987-998	495	Y412-439	698	G1-8		575-582
331	H1060-1078	496	Y308-317	699	G179-188	875	K595-601
350	H1135-1140	497	Y318-331			877	K614-623
352	H1155-1167			第14章		878	K614, 621
		第10章					
第6章				725	E135-173		
		503	Y472, 473, 476	734	E73-86		
358	A210-263	510	Y904-916				
371	J92-103	524	Y889-999				
388	J268-278						
	J164-267,						

本書に示す表No.	アメリカ歴史統計系列番号	本書に示す表No.	アメリカ歴史統計系列番号	本書に示す表No.	アメリカ歴史統計系列番号	本書に示す表No.	アメリカ歴史統計系列番号
第18章		第20章		第25章		第28章	
888	L72-97	966	N78-100	1169	X114-147	1286	U1-25
891	L199-205	984	N24-258	1177	X588-609	1296	U41-46
892	L206-210	969	N156-163, 170	1178	X588-609	1297	U75-186
894	L172, 174, 178-191			1183	X864-878	1303	U264-273
895	L224-226	第21章		1190	X511-560	1307	U317-352
900	L338-358			1192	N273, 276		
903	M68-71	1018	P74-92	1197	X444-453		
912	M138-142, 147-161			1198	X474-491		
916	M143-146	第22章		1207	X492-498		
917	M147-161			1220	X879-889		
920	M93-126	1046	T280-371	1221	X879, 890-917		
第19章		第23章		第26章			
936	M100, 101, 127, 128, 140, 141, 178, 181	1088	Q50, 51, 55	1243	H862-864, 871, 874, 877		
		1093	Q233, 234	1245	H865-870, 872		
955	S190-204	1094	Q136-147	1252	H806-828		
957	S205-218	1095	Q90-94	1267	H921, 928, 941, 945		
		1101	Q199-207				
		1102	Q156-162				
		1103	Q208, 224-232				
		1122	Q284-312, 319, 330, 400, 401				
		1126	R188-191				
		1127	R143-171				

付録 II

大都市地区の統計および小都市統計地区：
概念と構成および人口

　本書に収録されている大都市統計地区および小都市統計地区は合衆国行政予算管理局（the U.S. Office of Management and Budget: OMB）が定義したもので、センサス局のデータに適用される。大都市地区、小都市地区の一般概念は、人口をかかえる中核地区と、それに隣接して経済的社会的に密接に結びついたコミュニティを合わせたものである。現在の大都市地区、小都市地区は2000年の基準（2000年12月27日付け『Federal Register』に掲載）に基づいて、2000年センサスデータに定義されている。現在の大都市地区、小都市地区の定義は、OMBにより2003年12月に、その後2004年11月、2005年12月、2006年12月、2007年11月、2008年11月および2009年12月に改訂されたものである。

　大都市地区は、1949年に予算局（管理予算局の前身）によって標準大都市地区（standard metropolitan area: SMA）として初めて定義された。1959年にこれが標準大都市統計地区（standard metropolitan statistical area: SMSA）に、1983年には大都市統計地区（metropolitan statistical area : MSA）に変更された。現在使用されている大都市地区（metropolitan area : MA）は1990年より用いられている。大都市地区には、大都市統計地区(MSA)、統合大都市統計地区（CMSA）および基本大都市統計地区（PMSA）がある。中核統計地区（CBSA）は2000年に発効し、大都市地区と小都市地区を合わせたものである。行政予算管理局は大都市地区に関してその最初の定義の時からの監督官庁であるが、1977－81年の間、商務省の連邦統計政策基準局に移管されたことがある。大都市地区の定義の基準は1958年、1971年、1975年、1980年、1990年および2000年に改訂されている。

大都市地区と小都市地区の定義

　2000年基準によって、各中核統計地区は人口10,000人以上の都市を少なくとも１つ含むとされている。また大都市統計地区は人口50,000人以上の都市を少なくとも１つ含み、小都市統計地区は人口50,000人未満、10,000人以上の都市を少なくとも１つ含むとされる。

　この基準では、人口10,000人以上の都市地区の50％以上の人口が住む郡、もしくは人口10,000人以上の単一都市地区に住む最低5,000人を含む郡が「中心郡」と定義される。加えて、中心郡への通勤に関して一定の基準を満たせば、「外縁郡」は中核統計地区に含まれる。郡とそれに相当する地域は合衆国とプエルトリコの地理的基礎となっている。

　特定の基準を満たせば、人口250万人以上の単一中央を持つ大都市統計地区は「大都市区」とよばれるいくつかのより小さな郡のグループに分けられる場合がある。

　2009年11月現在、合衆国には366の大都市統計地区と576の小都市統計地区がある。また、プエルトリコには８の大都市統計地区と５の小都市統計地区がある。

主要都市、大都市統計地区、小都市統計地区の名称

　大都市統計地区、小都市統計地区の最大都市は、主要都市であり、人口規模や雇用のパターンに関する基準によって、同地区内の他の地域を格付けする。大都市統計地区、小都市統計地区の名前は、主要都市の名前を最高３つまで挙げて、当該地区の存在する州の名前を付したものである。大都市区の名前は中心都市の名前あるいは郡の名前で構成される。

ニューイングランド市町地区の定義

　ニューイングランドの市町の重要性を鑑み、2000年基準は６つのニューイングランドの州に位置する市町の定義を定めている。ニューイングランド市町地区は大都市統計地区、小都市統計地区の基準と同一の基準で定義され、人口50,000以上の都市がある場合は大都市地区、人口10,000人以上50,000人未満の場合は小都市地区とされる。特定の基準を満たせば、人口250万人以上の単一中央を持つニューイングランド市町地区は「ニューイングランド市町地区区域」とよばれるいくつかのより小さな市や町のグループに分けられる場合がある。

定義の変遷

　1950年センサス以降の定義の変遷は、主として（1）新たな地域の認定（当該地域あるいは都市が人口に関する最低条件を充たすようになったため）、（2）新たな人口センサスの結果、既存のMAへの新しい郡（ニューイングランドでは市町村）の追加、に関するものであった。また、いくつかの既存の地区の合併、ある地域を他の地区に移動、あるいは地区の指定から外すといった改訂も行なわれた。大多数の改訂の基となるのは10年毎の人口センサスデータであるが、センサスとセンサスの間にも、センサス局の人口予測および特殊センサスに基づいてアップデートされる。

　定義は改訂によって、範囲の変更があった地域では時系列でのデータの比較が困難になる。所与の日付でデータを比較するのがよい場合もあれば、定義を一致させた方がよい場合もある。大都市地区の定義は1950、1960、1963、1970、1973、1981、1983、1990、1993、1999年になされた。

　第1章の表No.20－24と第12章の表No.594と第13章の表No.682と本付録の下記の表を除けば、本年版で大都市地区について扱っているデータはすべて1999年、もしくはそれ以前の大都市地区の定義に基づいている。1999年の定義に従った地区のリストは本書の2002年版または〈http://www.census.gov/population/www/estimates/pastmetro.html〉を参照。

図A1
合衆国の大都市および小都市統計地区
[2008年11月の合衆国予算管理局の定義による]

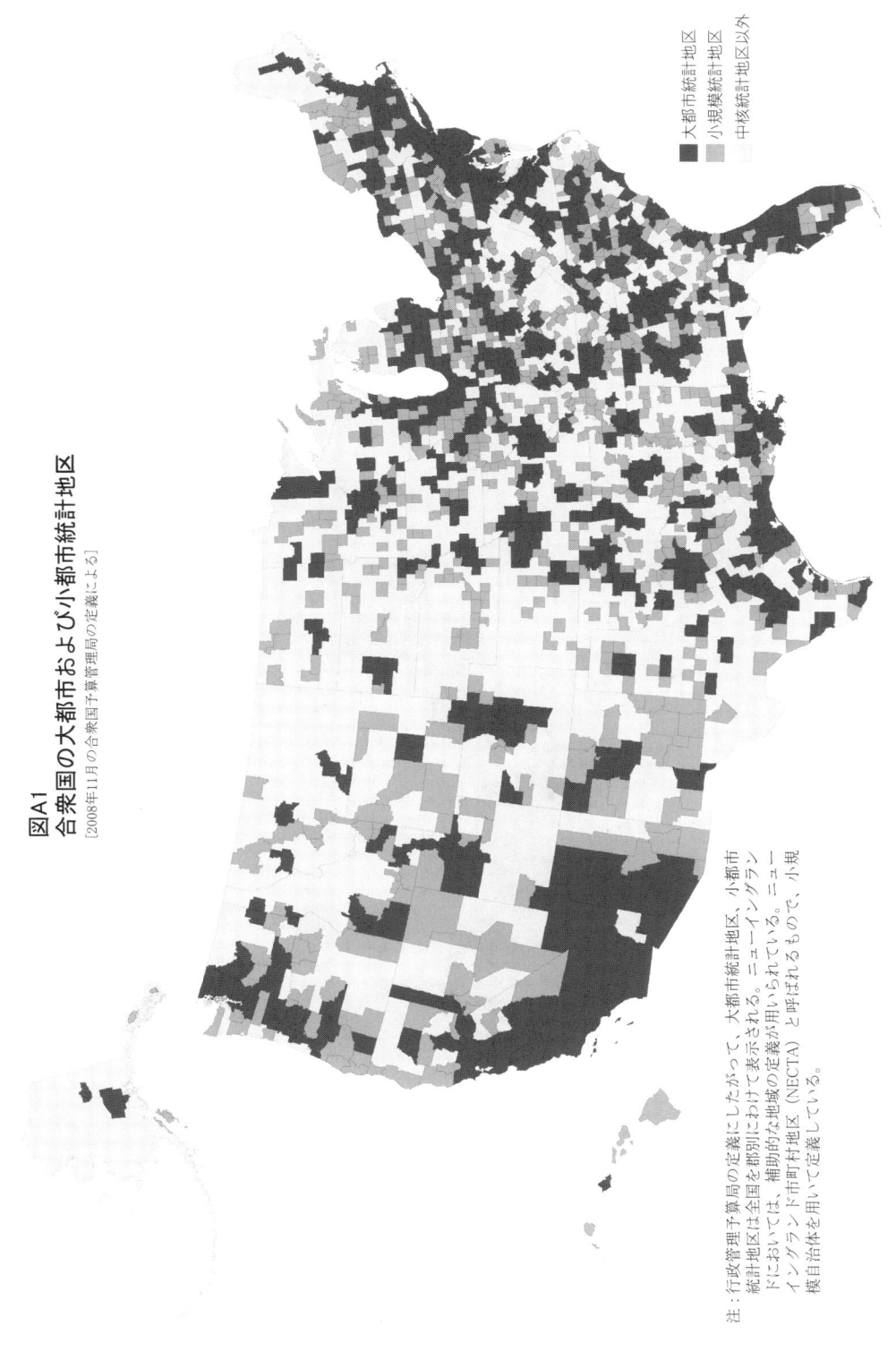

注：行政管理予算局の定義にしたがって，大都市統計地区，小都市統計地区は全国を郡別に補助的な地域の定義が用いられている。ニューイングランドにおいては，補助的な地域の定義が用いられている。ニューイングランド市町村地区（NECTA）と呼ばれるもので，小規模自治体を用いて定義している。

図A2
大都市および小都市ニューイングランド市町地区
[2008年11月の予算管理局の定義による]

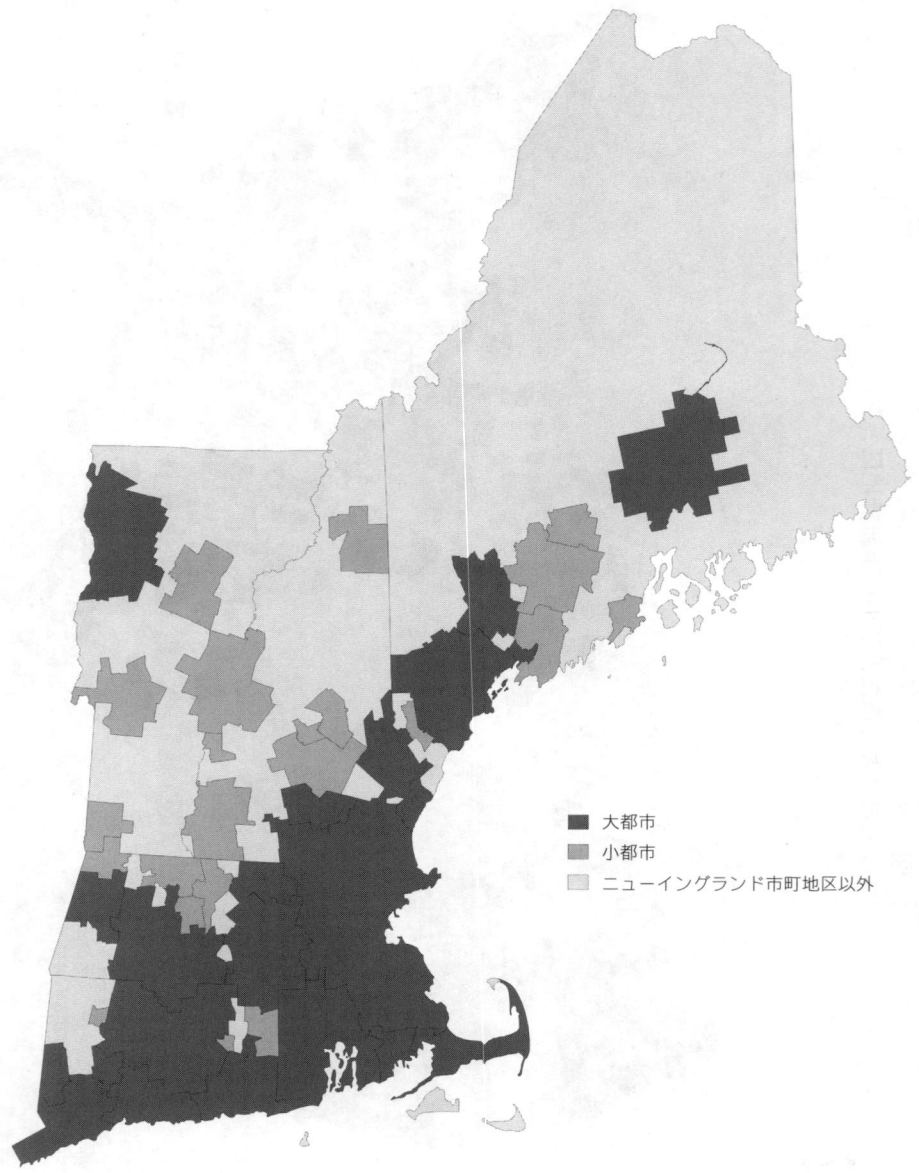

凡例：
- 大都市
- 小都市
- ニューイングランド市町地区以外

注：行政管理予算局の定義にしたがって、大都市統計地区、小都市統計地区は全国を郡別にわけて表示される。ニューイングランドにおいては、補助的な地域の定義が用いられている。ニューイングランド市町村地区（NECTA）と呼ばれるもので、小規模自治体を用いて定義している。

表Ａ．大都市統計地区とその構成——人口：2010年現在

［人口は2010年4月現在（165は16万5000人を表す）。2009年12月現在の合衆国行政管理予算局の定義による大都市統計地区。2009年人口推計による境界線は2009年1月1日現在で定義されている。大都市統計地区をアルファベット順で表示］

Metropolitan statistical area / Metropolitan division / Component county	2010年 人口 (1,000)
Abilene, TX	165
Callahan County, TX	14
Jones County, TX	20
Taylor County, TX	132
Akron, OH	703
Portage County, OH	161
Summit County, OH	542
Albany, GA	157
Baker County, GA	3
Dougherty County, GA	95
Lee County, GA	28
Terrell County, GA	9
Worth County, GA	22
Albany-Schenectady-Troy, NY	871
Albany County, NY	304
Rensselaer County, NY	159
Saratoga County, NY	220
Schenectady County, NY	155
Schoharie County, NY	33
Albuquerque, NM	887
Bernalillo County, NM	663
Sandoval County, NM	132
Torrance County, NM	16
Valencia County, NM	77
Alexandria, LA	154
Grant Parish, LA	22
Rapides Parish, LA	132
Allentown-Bethlehem-Easton, PA-NJ	821
Warren County, NJ	109
Carbon County, PA	65
Lehigh County, PA	349
Northampton County, PA	298
Altoona, PA	127
Blair County, PA	127
Amarillo, TX	250
Armstrong County, TX	2
Carson County, TX	6
Potter County, TX	121
Randall County, TX	121
Ames, IA	90
Story County, IA	90
Anchorage, AK	381
Anchorage Municipality, AK	292
Matanuska-Susitna Borough, AK	89
Anderson, IN	132
Madison County, IN	132
Anderson, SC	187
Anderson County, SC	187
Ann Arbor, MI	345
Washtenaw County, MI	345
Anniston-Oxford, AL	119
Calhoun County, AL	119
Appleton, WI	226
Calumet County, WI	49
Outagamie County, WI	177
Asheville, NC	425
Buncombe County, NC	238
Haywood County, NC	59
Henderson County, NC	107
Madison County, NC	21
Athens-Clarke County, GA	193
Clarke County, GA	117
Madison County, GA	28
Oconee County, GA	33
Oglethorpe County, GA	15
Atlanta-Sandy Springs-Marietta, GA	5,269
Barrow County, GA	69
Bartow County, GA	100
Butts County, GA	24
Carroll County, GA	111
Cherokee County, GA	214
Clayton County, GA	259
Cobb County, GA	688
Coweta County, GA	127
Dawson County, GA	22
DeKalb County, GA	692
Douglas County, GA	132
Fayette County, GA	107
Forsyth County, GA	176
Fulton County, GA	921
Gwinnett County, GA	805
Haralson County, GA	29
Heard County, GA	12
Henry County, GA	204
Jasper County, GA	14
Lamar County, GA	18
Meriwether County, GA	22
Newton County, GA	100
Paulding County, GA	142
Pickens County, GA	29
Pike County, GA	18
Rockdale County, GA	85
Spalding County, GA	64
Walton County, GA	84
Atlantic City-Hammonton, NJ	275
Atlantic County, NJ	275
Auburn-Opelika, AL	140
Lee County, AL	140
Augusta-Richmond County, GA-SC	557
Burke County, GA	23
Columbia County, GA	124
McDuffie County, GA	22
Richmond County, GA	201
Aiken County, SC	160
Edgefield County, SC	27
Austin-Round Rock-San Marcos, TX	1,716
Bastrop County, TX	74
Caldwell County, TX	38
Hays County, TX	157
Travis County, TX	1,024
Williamson County, TX	423
Bakersfield-Delano, CA	840
Kern County, CA	840
Baltimore-Towson, MD	2,710
Anne Arundel County, MD	538
Baltimore County, MD	805
Carroll County, MD	167
Harford County, MD	245
Howard County, MD	287
Queen Anne's County, MD	48
Baltimore city, MD	621
Bangor, ME	154
Penobscot County, ME	154
Barnstable Town, MA	216
Barnstable County, MA	216
Baton Rouge, LA	802
Ascension Parish, LA	107
East Baton Rouge Parish, LA	440
East Feliciana Parish, LA	20
Iberville Parish, LA	33
Livingston Parish, LA	128
Pointe Coupee Parish, LA	23
St. Helena Parish, LA	11
West Baton Rouge Parish, LA	24
West Feliciana Parish, LA	16
Battle Creek, MI	136
Calhoun County, MI	136
Bay City, MI	108
Bay County, MI	108
Beaumont-Port Arthur, TX	389
Hardin County, TX	55
Jefferson County, TX	252
Orange County, TX	82
Bellingham, WA	201
Whatcom County, WA	201
Bend, OR	158
Deschutes County, OR	158
Billings, MT	158
Carbon County, MT	10
Yellowstone County, MT	148
Binghamton, NY	252
Broome County, NY	201
Tioga County, NY	51
Birmingham-Hoover, AL	1,128
Bibb County, AL	23
Blount County, AL	57
Chilton County, AL	44
Jefferson County, AL	658
St. Clair County, AL	84
Shelby County, AL	195
Walker County, AL	67
Bismarck, ND	109
Burleigh County, ND	81
Morton County, ND	27
Blacksburg-Christiansburg-Radford, VA	163
Giles County, VA	17
Montgomery County, VA	94
Pulaski County, VA	35
Radford city, VA	16
Bloomington, IN	193
Greene County, IN	33
Monroe County, IN	138
Owen County, IN	22
Bloomington-Normal, IL	170
McLean County, IL	170
Boise City-Nampa, ID	617
Ada County, ID	392
Boise County, ID	7
Canyon County, ID	189
Gem County, ID	17
Owyhee County, ID	12
Boston-Cambridge-Quincy, MA-NH	4,552
Boston-Quincy, MA	1,888
Norfolk County, MA	671
Plymouth County, MA	495
Suffolk County, MA	722

Metropolitan statistical area / Metropolitan division / Component county	2010年 人口 (1,000)	Metropolitan statistical area / Metropolitan division / Component county	2010年 人口 (1,000)	Metropolitan statistical area / Metropolitan division / Component county	2010年 人口 (1,000)
Cambridge-Newton-Framingham, MA	1,503	Dorchester County, SC	137	Geauga County, OH	93
Middlesex County, MA	1,503	**Charlotte-Gastonia-Rock Hill, NC-SC**	1,758	Lake County, OH	230
Peabody, MA	743	Anson County, NC	27	Lorain County, OH	301
Essex County, MA	743	Cabarrus County, NC	178	Medina County, OH	172
Rockingham County-Strafford County, NH	418	Gaston County, NC	206	**Coeur d'Alene, ID**	138
Rockingham County, NH	295	Mecklenburg County, NC	920	Kootenai County, ID	138
Strafford County, NH	123	Union County, NC	201	**College Station-Bryan, TX**	229
		York County, SC	226	Brazos County, TX	195
Boulder, CO	295			Burleson County, TX	17
Boulder County, CO	295	**Charlottesville, VA**	202	Robertson County, TX	17
		Albemarle County, VA	99		
Bowling Green, KY	126	Fluvanna County, VA	26	**Colorado Springs, CO**	646
Edmonson County, KY	12	Greene County, VA	18	El Paso County, CO	622
Warren County, KY	114	Nelson County, VA	15	Teller County, CO	23
		Charlottesville city, VA	43		
Bremerton-Silverdale, WA	251			**Columbia, MO**	173
Kitsap County, WA	251	**Chattanooga, TN-GA**	528	Boone County, MO	163
		Catoosa County, GA	64	Howard County, MO	10
Bridgeport-Stamford-Norwalk, CT	917	Dade County, GA	17		
Fairfield County, CT	917	Walker County, GA	69	**Columbia, SC**	768
		Hamilton County, TN	336	Calhoun County, SC	15
Brownsville-Harlingen, TX	406	Marion County, TN	28	Fairfield County, SC	24
Cameron County, TX	406	Sequatchie County, TN	14	Kershaw County, SC	62
				Lexington County, SC	262
Brunswick, GA	112	**Cheyenne, WY**	92	Richland County, SC	385
Brantley County, GA	18	Laramie County, WY	92	Saluda County, SC	20
Glynn County, GA	80	**Chicago-Joliet-Naperville, IL-IN-WI**	9,461	**Columbus, GA-AL**	295
McIntosh County, GA	14			Russell County, AL	53
		Chicago-Joliet-Naperville, IL	7,883	Chattahoochee County, GA	11
Buffalo-Niagara Falls, NY	1,136	Cook County, IL	5,195	Harris County, GA	32
Erie County, NY	919	DeKalb County, IL	105	Marion County, GA	9
Niagara County, NY	216	DuPage County, IL	917	Muscogee County, GA	190
		Grundy County, IL	50		
Burlington, NC	151	Kane County, IL	515	**Columbus, IN**	77
Alamance County, NC	151	Kendall County, IL	115	Bartholomew County, IN	77
		McHenry County, IL	309		
Burlington-South Burlington, VT	211	Will County, IL	678	**Columbus, OH**	1,837
Chittenden County, VT	157	**Gary, IN**	708	Delaware County, OH	174
Franklin County, VT	48	Jasper County, IN	33	Fairfield County, OH	146
Grand Isle County, VT	7	Lake County, IN	496	Franklin County, OH	1,163
		Newton County, IN	14	Licking County, OH	166
Canton-Massillon, OH	404	Porter County, IN	164	Madison County, OH	43
Carroll County, OH	29	**Lake County-Kenosha County, IL-WI**	870	Morrow County, OH	35
Stark County, OH	376	Lake County, IL	703	Pickaway County, OH	56
		Kenosha County, WI	166	Union County, OH	52
Cape Coral-Fort Myers, FL	619				
Lee County, FL	619	**Chico, CA**	220	**Corpus Christi, TX**	428
		Butte County, CA	220	Aransas County, TX	23
Cape Girardeau-Jackson, MO-IL	96	**Cincinnati-Middletown, OH-KY-IN**	2,130	Nueces County, TX	340
Alexander County, IL	8			San Patricio County, TX	65
Bollinger County, MO	12	Dearborn County, IN	50		
Cape Girardeau County, MO	76	Franklin County, IN	23	**Corvallis, OR**	86
		Ohio County, IN	6	Benton County, OR	86
Carson City, NV	55	Boone County, KY	119	**Crestview-Fort Walton Beach-Destin, FL**	181
Carson City, NV	55	Bracken County, KY	8	Okaloosa County, FL	181
		Campbell County, KY	90		
Casper, WY	75	Gallatin County, KY	9	**Cumberland, MD-WV**	103
Natrona County, WY	75	Grant County, KY	25	Allegany County, MD	75
		Kenton County, KY	160	Mineral County, WV	28
Cedar Rapids, IA	258	Pendleton County, KY	15		
Benton County, IA	26	Brown County, OH	45	**Dallas-Fort Worth-Arlington, TX**	6,372
Jones County, IA	21	Butler County, OH	368	**Dallas-Plano-Irving, TX**	4,236
Linn County, IA	211	Clermont County, OH	197	Collin County, TX	782
		Hamilton County, OH	802	Dallas County, TX	2,368
Champaign-Urbana, IL	232	Warren County, OH	213	Delta County, TX	5
Champaign County, IL	201			Denton County, TX	663
Ford County, IL	14	**Clarksville, TN-KY**	274	Ellis County, TX	150
Piatt County, IL	17	Christian County, KY	74	Hunt County, TX	86
		Trigg County, KY	14	Kaufman County, TX	103
Charleston, WV	304	Montgomery County, TN	172	Rockwall County, TX	78
Boone County, WV	25	Stewart County, TN	13		
Clay County, WV	9			**Fort Worth-Arlington, TX**	2,136
Kanawha County, WV	193	**Cleveland, TN**	116	Johnson County, TX	151
Lincoln County, WV	22	Bradley County, TN	99	Parker County, TX	117
Putnam County, WV	55	Polk County, TN	17	Tarrant County, TX	1,809
				Wise County, TX	59
Charleston-North Charleston-Summerville, SC	665	**Cleveland-Elyria-Mentor, OH**	2,077		
Berkeley County, SC	178	Cuyahoga County, OH	1,280		
Charleston County, SC	350				

Metropolitan statistical area / Metropolitan division / Component county	2010年 人口 (1,000)
Dalton, GA	142
Murray County, GA	40
Whitfield County, GA	103
Danville, IL	82
Vermilion County, IL	82
Danville, VA	107
Pittsylvania County, VA	64
Danville city, VA	43
Davenport-Moline-Rock Island, IA-IL	380
Henry County, IL	50
Mercer County, IL	16
Rock Island County, IL	148
Scott County, IA	165
Dayton, OH	842
Greene County, OH	162
Miami County, OH	103
Montgomery County, OH	535
Preble County, OH	42
Decatur, AL	154
Lawrence County, AL	34
Morgan County, AL	119
Decatur, IL	111
Macon County, IL	111
Deltona-Daytona Beach-Ormond Beach, FL	495
Volusia County, FL	495
Denver-Aurora-Broomfield, CO	2,543
Adams County, CO	442
Arapahoe County, CO	572
Broomfield County, CO	56
Clear Creek County, CO	9
Denver County, CO	600
Douglas County, CO	285
Elbert County, CO	23
Gilpin County, CO	5
Jefferson County, CO	535
Park County, CO	16
Des Moines-West Des Moines, IA	570
Dallas County, IA	66
Guthrie County, IA	11
Madison County, IA	16
Polk County, IA	431
Warren County, IA	46
Detroit-Warren-Livonia, MI	4,296
Detroit-Livonia-Dearborn, MI	1,821
Wayne County, MI	1,821
Warren-Troy-Farmington Hills, MI	2,476
Lapeer County, MI	88
Livingston County, MI	181
Macomb County, MI	841
Oakland County, MI	1,202
St. Clair County, MI	163
Dothan, AL	146
Geneva County, AL	27
Henry County, AL	17
Houston County, AL	102
Dover, DE	162
Kent County, DE	162
Dubuque, IA	94
Dubuque County, IA	94
Duluth, MN-WI	280
Carlton County, MN	35
St. Louis County, MN	200
Douglas County, WI	44
Durham-Chapel Hill, NC	504
Chatham County, NC	64
Durham County, NC	268
Orange County, NC	134
Person County, NC	39
Eau Claire, WI	161
Chippewa County, WI	62
Eau Claire County, WI	99
El Centro, CA	175
Imperial County, CA	175
Elizabethtown, KY	120
Hardin County, KY	106
Larue County, KY	14
Elkhart-Goshen, IN	198
Elkhart County, IN	198
Elmira, NY	89
Chemung County, NY	89
El Paso, TX	801
El Paso County, TX	801
Erie, PA	281
Erie County, PA	281
Eugene-Springfield, OR	352
Lane County, OR	352
Evansville, IN-KY	359
Gibson County, IN	34
Posey County, IN	26
Vanderburgh County, IN	180
Warrick County, IN	60
Henderson County, KY	46
Webster County, KY	14
Fairbanks, AK	98
Fairbanks North Star Borough, AK	98
Fargo, ND-MN	209
Clay County, MN	59
Cass County, ND	150
Farmington, NM	130
San Juan County, NM	130
Fayetteville, NC	366
Cumberland County, NC	319
Hoke County, NC	47
Fayetteville-Springdale-Rogers, AR-MO	463
Benton County, AR	221
Madison County, AR	16
Washington County, AR	203
McDonald County, MO	23
Flagstaff, AZ	134
Coconino County, AZ	134
Flint, MI	426
Genesee County, MI	426
Florence, SC	206
Darlington County, SC	69
Florence County, SC	137
Florence-Muscle Shoals, AL	147
Colbert County, AL	54
Lauderdale County, AL	93
Fond du Lac, WI	102
Fond du Lac County, WI	102
Fort Collins-Loveland, CO	300
Larimer County, CO	300
Fort Smith, AR-OK	299
Crawford County, AR	62
Franklin County, AR	18
Sebastian County, AR	126
Le Flore County, OK	50
Sequoyah County, OK	42
Fort Wayne, IN	416
Allen County, IN	355
Wells County, IN	28
Whitley County, IN	33
Fresno, CA	930
Fresno County, CA	930
Gadsden, AL	104
Etowah County, AL	104
Gainesville, FL	264
Alachua County, FL	247
Gilchrist County, FL	17
Gainesville, GA	180
Hall County, GA	180
Glens Falls, NY	129
Warren County, NY	66
Washington County, NY	63
Goldsboro, NC	123
Wayne County, NC	123
Grand Forks, ND-MN	98
Polk County, MN	32
Grand Forks County, ND	67
Grand Junction, CO	147
Mesa County, CO	147
Grand Rapids-Wyoming, MI	774
Barry County, MI	59
Ionia County, MI	64
Kent County, MI	603
Newaygo County, MI	48
Great Falls, MT	81
Cascade County, MT	81
Greeley, CO	253
Weld County, CO	253
Green Bay, WI	306
Brown County, WI	248
Kewaunee County, WI	21
Oconto County, WI	38
Greensboro-High Point, NC	724
Guilford County, NC	488
Randolph County, NC	142
Rockingham County, NC	94
Greenville, NC	190
Greene County, NC	21
Pitt County, NC	168
Greenville-Mauldin-Easley, SC	637
Greenville County, SC	451
Laurens County, SC	67
Pickens County, SC	119
Gulfport-Biloxi, MS	249
Hancock County, MS	44
Harrison County, MS	187
Stone County, MS	18
Hagerstown-Martinsburg, MD-WV	269
Washington County, MD	147
Berkeley County, WV	104
Morgan County, WV	18
Hanford-Corcoran, CA	153
Kings County, CA	153

Metropolitan statistical area / Metropolitan division / Component county	2010年 人口 (1,000)	Metropolitan statistical area / Metropolitan division / Component county	2010年 人口 (1,000)	Metropolitan statistical area / Metropolitan division / Component county	2010年 人口 (1,000)
Harrisburg-Carlisle, PA	549	**Iowa City, IA**	153	**Killeen-Temple-Fort Hood, TX**	405
Cumberland County, PA	235	Johnson County, IA	131	Bell County, TX	310
Dauphin County, PA	268	Washington County, IA	22	Coryell County, TX	75
Perry County, PA	46	**Ithaca, NY**	102	Lampasas County, TX	20
		Tompkins County, NY	102		
Harrisonburg, VA	125			**Kingsport-Bristol-Bristol, TN-VA**	310
Rockingham County, VA	76	**Jackson, MI**	160	Hawkins County, TN	57
Harrisonburg city, VA	49	Jackson County, MI	160	Sullivan County, TN	157
Hartford-West Hartford-East Hartford, CT	1,212	**Jackson, MS**	539	Scott County, VA	23
		Copiah County, MS	29	Washington County, VA	55
Hartford County, CT	894	Hinds County, MS	245	Bristol city, VA	18
Middlesex County, CT	166	Madison County, MS	95		
Tolland County, CT	153	Rankin County, MS	142	**Kingston, NY**	182
		Simpson County, MS	28	Ulster County, NY	182
Hattiesburg, MS	143				
Forrest County, MS	75	**Jackson, TN**	115	**Knoxville, TN**	698
Lamar County, MS	56	Chester County, TN	17	Anderson County, TN	75
Perry County, MS	12	Madison County, TN	98	Blount County, TN	123
				Knox County, TN	432
Hickory-Lenoir-Morganton, NC	365	**Jacksonville, FL**	1,346	Loudon County, TN	49
Alexander County, NC	37	Baker County, FL	27	Union County, TN	19
Burke County, NC	91	Clay County, FL	191		
Caldwell County, NC	83	Duval County, FL	864	**Kokomo, IN**	99
Catawba County, NC	154	Nassau County, FL	73	Howard County, IN	83
		St. Johns County, FL	190	Tipton County, IN	16
Hinesville-Fort Stewart, GA	78				
Liberty County, GA	63	**Jacksonville, NC**	178	**La Crosse, WI-MN**	134
Long County, GA	14	Onslow County, NC	178	Houston County, MN	19
				La Crosse County, WI	115
Holland-Grand Haven, MI	264	**Janesville, WI**	160		
Ottawa County, MI	264	Rock County, WI	160	**Lafayette, IN**	202
				Benton County, IN	9
Honolulu, HI	953	**Jefferson City, MO**	150	Carroll County, IN	20
Honolulu County, HI	953	Callaway County, MO	44	Tippecanoe County, IN	173
		Cole County, MO	76		
Hot Springs, AR	96	Moniteau County, MO	16	**Lafayette, LA**	274
Garland County, AR	96	Osage County, MO	14	Lafayette Parish, LA	222
				St. Martin Parish, LA	52
		Johnson City, TN	199		
Houma-Bayou Cane-Thibodaux, LA	208	Carter County, TN	57	**Lake Charles, LA**	200
Lafourche Parish, LA	96	Unicoi County, TN	18	Calcasieu Parish, LA	193
Terrebonne Parish, LA	112	Washington County, TN	123	Cameron Parish, LA	7
		Johnstown, PA	144	**Lake Havasu City-Kingman, AZ**	200
Houston-Sugar Land-Baytown, TX	5,947	Cambria County, PA	144	Mohave County, AZ	200
Austin County, TX	28	**Jonesboro, AR**	121		
Brazoria County, TX	313	Craighead County, AR	96	**Lakeland-Winter Haven, FL**	602
Chambers County, TX	35	Poinsett County, AR	25	Polk County, FL	602
Fort Bend County, TX	585				
Galveston County, TX	291	**Joplin, MO**	176	**Lancaster, PA**	519
Harris County, TX	4,092	Jasper County, MO	117	Lancaster County, PA	519
Liberty County, TX	76	Newton County, MO	58		
Montgomery County, TX	456			**Lansing-East Lansing, MI**	464
San Jacinto County, TX	26	**Kalamazoo-Portage, MI**	327	Clinton County, MI	75
Waller County, TX	43	Kalamazoo County, MI	250	Eaton County, MI	108
		Van Buren County, MI	76	Ingham County, MI	281
Huntington-Ashland, WV-KY-OH	288	**Kankakee-Bradley, IL**	113	**Laredo, TX**	250
Boyd County, KY	50	Kankakee County, IL	113	Webb County, TX	250
Greenup County, KY	37				
Lawrence County, OH	62	**Kansas City, MO-KS**	2,035	**Las Cruces, NM**	209
Cabell County, WV	96	Franklin County, KS	26	Doña Ana County, NM	209
Wayne County, WV	42	Johnson County, KS	544		
		Leavenworth County, KS	76	**Las Vegas-Paradise, NV**	1,951
Huntsville, AL	418	Linn County, KS	10	Clark County, NV	1,951
Limestone County, AL	83	Miami County, KS	33		
Madison County, AL	335	Wyandotte County, KS	158	**Lawrence, KS**	111
		Bates County, MO	17	Douglas County, KS	111
Idaho Falls, ID	130	Caldwell County, MO	9		
Bonneville County, ID	104	Cass County, MO	99	**Lawton, OK**	124
Jefferson County, ID	26	Clay County, MO	222	Comanche County, OK	124
		Clinton County, MO	21		
Indianapolis-Carmel, IN	1,756	Jackson County, MO	674	**Lebanon, PA**	134
Boone County, IN	57	Lafayette County, MO	33	Lebanon County, PA	134
Brown County, IN	15	Platte County, MO	89		
Hamilton County, IN	275	Ray County, MO	23	**Lewiston, ID-WA**	61
Hancock County, IN	70	**Kennewick-Pasco-Richland, WA**	253	Nez Perce County, ID	39
Hendricks County, IN	145			Asotin County, WA	22
Johnson County, IN	140	Benton County, WA	175		
Marion County, IN	903	Franklin County, WA	78	**Lewiston-Auburn, ME**	108
Morgan County, IN	69			Androscoggin County, ME	108
Putnam County, IN	38				
Shelby County, IN	44				

Metropolitan statistical area / Metropolitan division / Component county	2010年 人口 (1,000)	Metropolitan statistical area / Metropolitan division / Component county	2010年 人口 (1,000)	Metropolitan statistical area / Metropolitan division / Component county	2010年 人口 (1,000)
Lexington-Fayette, KY	472	**Madison, WI**	569	**Mobile, AL**	413
Bourbon County, KY	20	Columbia County, WI	57	Mobile County, AL	413
Clark County, KY	36	Dane County, WI	488	**Modesto, CA**	514
Fayette County, KY	296	Iowa County, WI	24	Stanislaus County, CA	514
Jessamine County, KY	49	**Manchester-Nashua, NH**	401	**Monroe, LA**	176
Scott County, KY	47	Hillsborough County, NH	401	Ouachita Parish, LA	154
Woodford County, KY	25			Union Parish, LA	23
Lima, OH	106	**Manhattan, KS**	127	**Monroe, MI**	152
Allen County, OH	106	Geary County, KS	34	Monroe County, MI	152
		Pottawatomie County, KS	22		
Lincoln, NE	302	Riley County, KS	71	**Montgomery, AL**	375
Lancaster County, NE	285			Autauga County, AL	55
Seward County, NE	17	**Mankato-North Mankato, MN**	97	Elmore County, AL	79
		Blue Earth County, MN	64	Lowndes County, AL	11
Little Rock-North Little Rock-Conway, AR	700	Nicollet County, MN	33	Montgomery County, AL	229
Faulkner County, AR	113	**Mansfield, OH**	124	**Morgantown, WV**	130
Grant County, AR	18	Richland County, OH	124	Monongalia County, WV	96
Lonoke County, AR	68	**McAllen-Edinburg-Mission, TX**	775	Preston County, WV	34
Perry County, AR	10	Hidalgo County, TX	775		
Pulaski County, AR	383			**Morristown, TN**	137
Saline County, AR	107	**Medford, OR**	203	Grainger County, TN	23
		Jackson County, OR	203	Hamblen County, TN	63
Logan, UT-ID	125			Jefferson County, TN	51
Franklin County, ID	13	**Memphis, TN-MS-AR**	1,316		
Cache County, UT	113	Crittenden County, AR	51	**Mount Vernon-Anacortes, WA**	117
		DeSoto County, MS	161	Skagit County, WA	117
Longview, TX	214	Marshall County, MS	37		
Gregg County, TX	122	Tate County, MS	29	**Muncie, IN**	118
Rusk County, TX	53	Tunica County, MS	11	Delaware County, IN	118
Upshur County, TX	39	Fayette County, TN	38	**Muskegon-Norton Shores, MI**	172
		Shelby County, TN	928	Muskegon County, MI	172
Longview, WA	102	Tipton County, TN	61		
Cowlitz County, WA	102			**Myrtle Beach-North Myrtle Beach-Conway, SC**	269
		Merced, CA	256	Horry County, SC	269
Los Angeles-Long Beach-Santa Ana, CA	12,829	Merced County, CA	256		
Los Angeles-Long Beach-Glendale, CA	9,819	**Miami-Fort Lauderdale-Pompano Beach, FL**	5,565	**Napa, CA**	136
Los Angeles County, CA	9,819	**Fort Lauderdale-Pompano Beach-Deerfield Beach, FL**	1,748	Napa County, CA	136
Santa Ana-Anaheim-Irvine, CA	3,010	Broward County, FL	1,748	**Naples-Marco Island, FL**	322
Orange County, CA	3,010	**Miami-Miami Beach-Kendall, FL**	2,496	Collier County, FL	322
Louisville/Jefferson County, KY-IN	1,284	Miami-Dade County, FL	2,496	**Nashville-Davidson—Murfreesboro—Franklin, TN**	1,590
Clark County, IN	110	**West Palm Beach-Boca Raton-Boynton Beach, FL**	1,320	Cannon County, TN	14
Floyd County, IN	75	Palm Beach County, FL	1,320	Cheatham County, TN	39
Harrison County, IN	39			Davidson County, TN	627
Washington County, IN	28	**Michigan City-La Porte, IN**	111	Dickson County, TN	50
Bullitt County, KY	74	LaPorte County, IN	111	Hickman County, TN	25
Henry County, KY	15			Macon County, TN	22
Jefferson County, KY	741	**Midland, TX**	137	Robertson County, TN	66
Meade County, KY	29	Midland County, TX	137	Rutherford County, TN	263
Nelson County, KY	43			Smith County, TN	19
Oldham County, KY	60	**Milwaukee-Waukesha-West Allis, WI**	1,556	Sumner County, TN	161
Shelby County, KY	42	Milwaukee County, WI	948	Trousdale County, TN	8
Spencer County, KY	17	Ozaukee County, WI	86	Williamson County, TN	183
Trimble County, KY	9	Washington County, WI	132	Wilson County, TN	114
		Waukesha County, WI	390		
Lubbock, TX	285			**New Haven-Milford, CT**	862
Crosby County, TX	6	**Minneapolis-St. Paul-Bloomington, MN-WI**	3,280	New Haven County, CT	862
Lubbock County, TX	279	Anoka County, MN	331		
		Carver County, MN	91	**New Orleans-Metairie-Kenner, LA**	1,168
Lynchburg, VA	253	Chisago County, MN	54	Jefferson Parish, LA	433
Amherst County, VA	32	Dakota County, MN	399	Orleans Parish, LA	344
Appomattox County, VA	15	Hennepin County, MN	1,152	Plaquemines Parish, LA	23
Bedford County, VA	69	Isanti County, MN	38	St. Bernard Parish, LA	36
Campbell County, VA	55	Ramsey County, MN	509	St. Charles Parish, LA	53
Bedford city, VA	6	Scott County, MN	130	St. John the Baptist Parish, LA	46
Lynchburg city, VA	76	Sherburne County, MN	88	St. Tammany Parish, LA	234
		Washington County, MN	238		
Macon, GA	232	Wright County, MN	125	**New York-Northern New Jersey-Long Island, NY-NJ-PA**	18,897
Bibb County, GA	156	Pierce County, WI	41	**Edison-New Brunswick, NJ**	2,340
Crawford County, GA	13	St. Croix County, WI	84	Middlesex County, NJ	810
Jones County, GA	29			Monmouth County, NJ	630
Monroe County, GA	26	**Missoula, MT**	109	Ocean County, NJ	577
Twiggs County, GA	9	Missoula County, MT	109	Somerset County, NJ	323
Madera-Chowchilla, CA	151				
Madera County, CA	151				

Metropolitan statistical area / Metropolitan division / Component county	2010年 人口 (1,000)	Metropolitan statistical area / Metropolitan division / Component county	2010年 人口 (1,000)	Metropolitan statistical area / Metropolitan division / Component county	2010年 人口 (1,000)
Nassau-Suffolk, NY	2,833	**Oxnard-Thousand Oaks-**		York County, ME	197
Nassau County, NY	1,340	**Ventura, CA**	823	**Portland-Vancouver-Hillsboro,**	
Suffolk County, NY	1,493	Ventura County, CA	823	**OR-WA**	2,226
Newark-Union, NJ-PA	2,148	**Palm Bay-Melbourne-Titusville,**		Clackamas County, OR	376
Essex County, NJ	784	**FL**	543	Columbia County, OR	49
Hunterdon County, NJ	128	Brevard County, FL	543	Multnomah County, OR	735
Morris County, NJ	492			Washington County, OR	530
Sussex County, NJ	149			Yamhill County, OR	99
Union County, NJ	536	**Palm Coast, FL**	96	Clark County, WA	425
Pike County, PA	57	Flagler County, FL	96	Skamania County, WA	11
New York-White Plains-		**Panama City-Lynn Haven-**			
Wayne, NY-NJ	11,576	**Panama City Beach, FL**	169	**Port St. Lucie, FL**	424
Bergen County, NJ	905	Bay County, FL	169	Martin County, FL	146
Hudson County, NJ	634			St. Lucie County, FL	278
Passaic County, NJ	501	**Parkersburg-Marietta-Vienna,**			
Bronx County, NY	1,385	**WV-OH**	162	**Poughkeepsie-Newburgh-**	
Kings County, NY	2,505	Washington County, OH	62	**Middletown, NY**	670
New York County, NY	1,586	Pleasants County, WV	8	Dutchess County, NY	297
Putnam County, NY	100	Wirt County, WV	6	Orange County, NY	373
Queens County, NY	2,231	Wood County, WV	87		
Richmond County, NY	469			**Prescott, AZ**	211
Rockland County, NY	312	**Pascagoula, MS**	162	Yavapai County, AZ	211
Westchester County, NY	949	George County, MS	23		
		Jackson County, MS	140	**Providence-New Bedford-Fall**	
Niles-Benton Harbor, MI	157			**River, RI-MA**	1,601
Berrien County, MI	157	**Pensacola-Ferry Pass-Brent, FL**	449	Bristol County, MA	548
		Escambia County, FL	298	Bristol County, RI	50
North Port-Bradenton-Sarasota,		Santa Rosa County, FL	151	Kent County, RI	166
FL	702			Newport County, RI	83
Manatee County, FL	323	**Peoria, IL**	379	Providence County, RI	627
Sarasota County, FL	379	Marshall County, IL	13	Washington County, RI	127
		Peoria County, IL	186		
Norwich-New London, CT	274	Stark County, IL	6	**Provo-Orem, UT**	527
New London County, CT	274	Tazewell County, IL	135	Juab County, UT	10
		Woodford County, IL	39	Utah County, UT	517
Ocala, FL	331	**Philadelphia-Camden-**			
Marion County, FL	331	**Wilmington, PA-NJ-DE-MD**	5,965	**Pueblo, CO**	159
		Camden, NJ	1,251	Pueblo County, CO	159
Ocean City, NJ	97	Burlington County, NJ	449		
Cape May County, NJ	97	Camden County, NJ	514	**Punta Gorda, FL**	160
		Gloucester County, NJ	288	Charlotte County, FL	160
Odessa, TX	137	Philadelphia, PA	4,009		
Ector County, TX	137	Bucks County, PA	625	**Racine, WI**	195
		Chester County, PA	499	Racine County, WI	195
Ogden-Clearfield, UT	547	Delaware County, PA	559		
Davis County, UT	306	Montgomery County, PA	800	**Raleigh-Cary, NC**	1,130
Morgan County, UT	9	Philadelphia County, PA	1,526	Franklin County, NC	61
Weber County, UT	231	Wilmington, DE-MD-NJ	706	Johnston County, NC	169
		New Castle County, DE	538	Wake County, NC	901
Oklahoma City, OK	1,253	Cecil County, MD	101		
Canadian County, OK	116	Salem County, NJ	66	**Rapid City, SD**	126
Cleveland County, OK	256			Meade County, SD	25
Grady County, OK	52	**Phoenix-Mesa-Glendale, AZ**	4,193	Pennington County, SD	101
Lincoln County, OK	34	Maricopa County, AZ	3,817		
Logan County, OK	42	Pinal County, AZ	376	**Reading, PA**	411
McClain County, OK	35			Berks County, PA	411
Oklahoma County, OK	719	**Pine Bluff, AR**	100		
		Cleveland County, AR	9	**Redding, CA**	177
Olympia, WA	252	Jefferson County, AR	77	Shasta County, CA	177
Thurston County, WA	252	Lincoln County, AR	14		
				Reno-Sparks, NV	425
Omaha-Council Bluffs, NE-IA	865	**Pittsburgh, PA**	2,356	Storey County, NV	4
Harrison County, IA	15	Allegheny County, PA	1,223	Washoe County, NV	421
Mills County, IA	15	Armstrong County, PA	69		
Pottawattamie County, IA	93	Beaver County, PA	171	**Richmond, VA**	1,258
Cass County, NE	25	Butler County, PA	184	Amelia County, VA	13
Douglas County, NE	517	Fayette County, PA	137	Caroline County, VA	29
Sarpy County, NE	159	Washington County, PA	208	Charles City County, VA	7
Saunders County, NE	21	Westmoreland County,		Chesterfield County, VA	316
Washington County, NE	20	PA	365	Cumberland County, VA	10
				Dinwiddie County, VA	28
Orlando-Kissimmee-Sanford, FL	2,134	**Pittsfield, MA**	131	Goochland County, VA	22
Lake County, FL	297	Berkshire County, MA	131	Hanover County, VA	100
Orange County, FL	1,146			Henrico County, VA	307
Osceola County, FL	269	**Pocatello, ID**	91	King and Queen County,	
Seminole County, FL	423	Bannock County, ID	83	VA	7
		Power County, ID	8	King William County, VA	16
Oshkosh-Neenah, WI	167			Louisa County, VA	33
Winnebago County, WI	167	**Portland-South Portland-**		New Kent County, VA	18
		Biddeford, ME	514	Powhatan County, VA	28
Owensboro, KY	115	Cumberland County, ME	282	Prince George County,	
Daviess County, KY	97	Sagadahoc County, ME	35	VA	36
Hancock County, KY	9			Sussex County, VA	12
McLean County, KY	10				

Metropolitan statistical area / Metropolitan division / Component county	2010年 人口 (1,000)	Metropolitan statistical area / Metropolitan division / Component county	2010年 人口 (1,000)	Metropolitan statistical area / Metropolitan division / Component county	2010年 人口 (1,000)
Colonial Heights city, VA	17	**Salem, OR**	391	**Seattle-Tacoma-Bellevue, WA**	3,440
Hopewell city, VA	23	Marion County, OR	315	Seattle-Bellevue-Everett, WA	2,645
Petersburg city, VA	32	Polk County, OR	75	King County, WA	1,931
Richmond city, VA	204			Snohomish County, WA	713
		Salinas, CA	415	Tacoma, WA	795
Riverside-San Bernardino-Ontario, CA	4,225	Monterey County, CA	415	Pierce County, WA	795
Riverside County, CA	2,190	**Salisbury, MD**	125	**Sebastian-Vero Beach, FL**	138
San Bernardino County, CA	2,035	Somerset County, MD	26	Indian River County, FL	138
		Wicomico County, MD	99		
Roanoke, VA	309	**Salt Lake City, UT**	1,124	**Sheboygan, WI**	116
Botetourt County, VA	33	Salt Lake County, UT	1,030	Sheboygan County, WI	116
Craig County, VA	5	Summit County, UT	36		
Franklin County, VA	56	Tooele County, UT	58	**Sherman-Denison, TX**	121
Roanoke County, VA	92			Grayson County, TX	121
Roanoke city, VA	97	**San Angelo, TX**	112		
Salem city, VA	25	Irion County, TX	2	**Shreveport-Bossier City, LA**	399
		Tom Green County, TX	110	Bossier Parish, LA	117
Rochester, MN	186			Caddo Parish, LA	255
Dodge County, MN	20	**San Antonio-New Braunfels, TX**	2,143	De Soto Parish, LA	27
Olmsted County, MN	144	Atascosa County, TX	45	**Sioux City, IA-NE-SD**	144
Wabasha County, MN	22	Bandera County, TX	20	Woodbury County, IA	102
		Bexar County, TX	1,715	Dakota County, NE	21
Rochester, NY	1,054	Comal County, TX	108	Dixon County, NE	6
Livingston County, NY	65	Guadalupe County, TX	132	Union County, SD	14
Monroe County, NY	744	Kendall County, TX	33		
Ontario County, NY	108	Medina County, TX	46	**Sioux Falls, SD**	228
Orleans County, NY	43	Wilson County, TX	43	Lincoln County, SD	45
Wayne County, NY	94			McCook County, SD	6
		San Diego-Carlsbad-San Marcos, CA	3,095	Minnehaha County, SD	169
Rockford, IL	349	San Diego County, CA	3,095	Turner County, SD	8
Boone County, IL	54				
Winnebago County, IL	295	**Sandusky, OH**	77	**South Bend-Mishawaka, IN-MI**	319
		Erie County, OH	77	St. Joseph County, IN	267
Rocky Mount, NC	152			Cass County, MI	52
Edgecombe County, NC	57	**San Francisco-Oakland-Fremont, CA**	4,335		
Nash County, NC	96	Oakland-Fremont-Hayward, CA	2,559	**Spartanburg, SC**	284
		Alameda County, CA	1,510	Spartanburg County, SC	284
Rome, GA	96	Contra Costa County, CA	1,049	**Spokane, WA**	471
Floyd County, GA	96	San Francisco-San Mateo-Redwood City, CA	1,776	Spokane County, WA	471
Sacramento—Arden-Arcade—Roseville, CA	2,149	Marin County, CA	252	**Springfield, IL**	210
El Dorado County, CA	181	San Francisco County, CA	805	Menard County, IL	13
Placer County, CA	348	San Mateo County, CA	718	Sangamon County, IL	197
Sacramento County, CA	1,419				
Yolo County, CA	201	**San Jose-Sunnyvale-Santa Clara, CA**	1,837	**Springfield, MA**	693
		San Benito County, CA	55	Franklin County, MA	71
Saginaw-Saginaw Township North, MI	200	Santa Clara County, CA	1,782	Hampden County, MA	463
Saginaw County, MI	200			Hampshire County, MA	158
		San Luis Obispo-Paso Robles, CA	270	**Springfield, MO**	437
St. Cloud, MN	189	San Luis Obispo County, CA	270	Christian County, MO	77
Benton County, MN	38			Dallas County, MO	17
Stearns County, MN	151	**Santa Barbara-Santa Maria-Goleta, CA**	424	Greene County, MO	275
		Santa Barbara County, CA	424	Polk County, MO	31
St. George, UT	138			Webster County, MO	36
Washington County, UT	138	**Santa Cruz-Watsonville, CA**	262		
		Santa Cruz County, CA	262	**Springfield, OH**	138
St. Joseph, MO-KS	127			Clark County, OH	138
Doniphan County, KS	8	**Santa Fe, NM**	144		
Andrew County, MO	17	Santa Fe County, NM	144	**State College, PA**	154
Buchanan County, MO	89			Centre County, PA	154
DeKalb County, MO	13	**Santa Rosa-Petaluma, CA**	484		
		Sonoma County, CA	484	**Steubenville-Weirton, OH-WV**	124
St. Louis, MO-IL [1]	2,813	**Savannah, GA**	348	Jefferson County, OH	70
Bond County, IL	18	Bryan County, GA	30	Brooke County, WV	24
Calhoun County, IL	5	Chatham County, GA	265	Hancock County, WV	31
Clinton County, IL	38	Effingham County, GA	52		
Jersey County, IL	23			**Stockton, CA**	685
Madison County, IL	269	**Scranton—Wilkes-Barre, PA**	564	San Joaquin County, CA	685
Monroe County, IL	33	Lackawanna County, PA	214		
St. Clair County, IL	270	Luzerne County, PA	321	**Sumter, SC**	107
Franklin County, MO	101	Wyoming County, PA	28	Sumter County, SC	107
Jefferson County, MO	219				
Lincoln County, MO	53			**Syracuse, NY**	663
St. Charles County, MO	360			Madison County, NY	73
St. Louis County, MO	999			Onondaga County, NY	467
Warren County, MO	33			Oswego County, NY	122
Washington County, MO	25				
St. Louis city, MO	319			**Tallahassee, FL**	367
				Gadsden County, FL	46

付　録 Ⅱ　889

Metropolitan statistical area / Metropolitan division / Component county	2010年人口(1,000)	Metropolitan statistical area / Metropolitan division / Component county	2010年人口(1,000)	Metropolitan statistical area / Metropolitan division / Component county	2010年人口(1,000)
Jefferson County, FL	15	Victoria, TX	115	Waterloo-Cedar Falls, IA	168
Leon County, FL	275	Calhoun County, TX	21	Black Hawk County, IA	131
Wakulla County, FL	31	Goliad County, TX	7	Bremer County, IA	24
Tampa-St. Petersburg-Clearwater, FL	**2,783**	Victoria County, TX	87	Grundy County, IA	12
Hernando County, FL	173	**Vineland-Millville-Bridgeton, NJ**	**157**	**Wausau, WI**	**134**
Hillsborough County, FL	1,229	Cumberland County, NJ	157	Marathon County, WI	134
Pasco County, FL	465	**Virginia Beach-Norfolk-Newport News, VA-NC**	**1,672**	**Wenatchee-East Wenatchee, WA**	**111**
Pinellas County, FL	917	Currituck County, NC	24	Chelan County, WA	72
Terre Haute, IN	**172**	Gloucester County, VA	37	Douglas County, WA	38
Clay County, IN	27	Isle of Wight County, VA	35	**Wheeling, WV-OH**	**148**
Sullivan County, IN	21	James City County, VA	67	Belmont County, OH	70
Vermillion County, IN	16	Mathews County, VA	9	Marshall County, WV	33
Vigo County, IN	108	Surry County, VA	7	Ohio County, WV	44
Texarkana, TX-Texarkana, AR	**136**	York County, VA	65	**Wichita, KS**	**623**
Miller County, AR	43	Chesapeake city, VA	222	Butler County, KS	66
Bowie County, TX	93	Hampton city, VA	137	Harvey County, KS	35
Toledo, OH	**651**	Newport News city, VA	181	Sedgwick County, KS	498
Fulton County, OH	43	Norfolk city, VA	243	Sumner County, KS	24
Lucas County, OH	442	Poquoson city, VA	12	**Wichita Falls, TX**	**151**
Ottawa County, OH	41	Portsmouth city, VA	96	Archer County, TX	9
Wood County, OH	125	Suffolk city, VA	85	Clay County, TX	11
Topeka, KS	**234**	Virginia Beach city, VA	438	Wichita County, TX	132
Jackson County, KS	13	Williamsburg city, VA	14	**Williamsport, PA**	**116**
Jefferson County, KS	19	**Visalia-Porterville, CA**	**442**	Lycoming County, PA	116
Osage County, KS	16	Tulare County, CA	442	**Wilmington, NC**	**362**
Shawnee County, KS	178	**Waco, TX**	**235**	Brunswick County, NC	107
Wabaunsee County, KS	7	McLennan County, TX	235	New Hanover County, NC	203
Trenton-Ewing, NJ	**367**	**Warner Robins, GA**	**140**	Pender County, NC	52
Mercer County, NJ	367	Houston County, GA	140	**Winchester, VA-WV**	**128**
Tucson, AZ	**980**	**Washington-Arlington-Alexandria, DC-VA-MD-WV**	**5,582**	Frederick County, VA	78
Pima County, AZ	980	**Bethesda-Rockville-Frederick, MD**	**1,205**	Winchester city, VA	26
Tulsa, OK	**937**	Frederick County, MD	233	Hampshire County, WV	24
Creek County, OK	70	Montgomery County, MD	972	**Winston-Salem, NC**	**478**
Okmulgee County, OK	40	**Washington-Arlington-Alexandria, DC-VA-MD-WV**	**4,377**	Davie County, NC	41
Osage County, OK	47	District of Columbia, DC	602	Forsyth County, NC	351
Pawnee County, OK	17	Calvert County, MD	89	Stokes County, NC	47
Rogers County, OK	87	Charles County, MD	147	Yadkin County, NC	38
Tulsa County, OK	603	Prince George's County, MD	863	**Worcester, MA**	**799**
Wagoner County, OK	73	Arlington County, VA	208	Worcester County, MA	799
Tuscaloosa, AL	**219**	Clarke County, VA	14	**Yakima, WA**	**243**
Greene County, AL	9	Fairfax County, VA	1,082	Yakima County, WA	243
Hale County, AL	16	Fauquier County, VA	65	**York-Hanover, PA**	**435**
Tuscaloosa County, AL	195	Loudoun County, VA	312	York County, PA	435
Tyler, TX	**210**	Prince William County, VA	402	**Youngstown-Warren-Boardman, OH-PA**	**566**
Smith County, TX	210	Spotsylvania County, VA	122	Mahoning County, OH	239
Utica-Rome, NY	**299**	Stafford County, VA	129	Trumbull County, OH	210
Herkimer County, NY	65	Warren County, VA	38	Mercer County, PA	117
Oneida County, NY	235	Alexandria city, VA	140	**Yuba City, CA**	**167**
Valdosta, GA	**140**	Fairfax city, VA	23	Sutter County, CA	95
Brooks County, GA	16	Falls Church city, VA	12	Yuba County, CA	72
Echols County, GA	4	Fredericksburg city, VA	24	**Yuma, AZ**	**196**
Lanier County, GA	10	Manassas city, VA	38	Yuma County, AZ	196
Lowndes County, GA	109	Manassas Park city, VA	14		
Vallejo-Fairfield, CA	**413**	Jefferson County, WV	53		
Solano County, CA	413				

1. ミズーリ州クロフォード郡サリバン市の一部は法的にセントルイス大都市統計地区の一部である。セントルイス大都市統計地区についての推計値はこの地域を含まない。

資料：U.S. Census Bureau, 2010 Census ⟨http://www.census.gov/2010census/data/⟩

表B. 小都市統計地区とその構成——人口：2010年現在

[人口は2010年4月現在。58は5万8000人を表す。2009年12月現在の合衆国行政管理予算局の定義による大都市統計地区。2009年人口推計による境界線は2009年1月1日現在で定義されている。大都市統計地区をアルファベット順で表示]

Micropolitan statistical area / Component county	2010年 人口 (1,000)
Abbeville, LA	58
Vermilion Parish, LA	58
Aberdeen, SD	41
Brown County, SD	37
Edmunds County, SD	4
Aberdeen, WA	73
Grays Harbor County, WA	73
Ada, OK	37
Pontotoc County, OK	37
Adrian, MI	100
Lenawee County, MI	100
Alamogordo, NM	64
Otero County, NM	64
Albany-Lebanon, OR	117
Linn County, OR	117
Albemarle, NC	61
Stanly County, NC	61
Albert Lea, MN	31
Freeborn County, MN	31
Albertville, AL	93
Marshall County, AL	93
Alexander City, AL	53
Coosa County, AL	12
Tallapoosa County, AL	42
Alexandria, MN	36
Douglas County, MN	36
Alice, TX	41
Jim Wells County, TX	41
Allegan, MI	111
Allegan County, MI	111
Alma, MI	42
Gratiot County, MI	42
Alpena, MI	30
Alpena County, MI	30
Altus, OK	26
Jackson County, OK	26
Americus, GA	38
Schley County, GA	5
Sumter County, GA	33
Amsterdam, NY	50
Montgomery County, NY	50
Andrews, TX	15
Andrews County, TX	15
Angola, IN	34
Steuben County, IN	34
Arcadia, FL	35
DeSoto County, FL	35
Ardmore, OK	57
Carter County, OK	48
Love County, OK	9
Arkadelphia, AR	23
Clark County, AR	23
Ashland, OH	53
Ashland County, OH	53
Ashtabula, OH	101
Ashtabula County, OH	101
Astoria, OR	37
Clatsop County, OR	37
Atchison, KS	17
Atchison County, KS	17
Athens, OH	65
Athens County, OH	65
Athens, TN	52
McMinn County, TN	52
Athens, TX	79
Henderson County, TX	79
Auburn, IN	42
DeKalb County, IN	42
Auburn, NY	80
Cayuga County, NY	80
Augusta-Waterville, ME	122
Kennebec County, ME	122
Austin, MN	39
Mower County, MN	39
Bainbridge, GA	28
Decatur County, GA	28
Baraboo, WI	62
Sauk County, WI	62
Barre, VT	60
Washington County, VT	60
Bartlesville, OK	51
Washington County, OK	51
Bastrop, LA	28
Morehouse Parish, LA	28
Batavia, NY	60
Genesee County, NY	60
Batesville, AR	37
Independence County, AR	37
Bay City, TX	37
Matagorda County, TX	37
Beatrice, NE	22
Gage County, NE	22
Beaver Dam, WI	89
Dodge County, WI	89
Beckley, WV	79
Raleigh County, WV	79
Bedford, IN	46
Lawrence County, IN	46
Beeville, TX	32
Bee County, TX	32
Bellefontaine, OH	46
Logan County, OH	46
Bemidji, MN	44
Beltrami County, MN	44
Bennettsville, SC	29
Marlboro County, SC	29
Bennington, VT	37
Bennington County, VT	37
Berlin, NH-VT	39
Coos County, NH	33
Essex County, VT	6
Big Rapids, MI	43
Mecosta County, MI	43
Big Spring, TX	35
Howard County, TX	35
Bishop, CA	19
Inyo County, CA	19
Blackfoot, ID	46
Bingham County, ID	46
Bloomsburg-Berwick, PA	86
Columbia County, PA	67
Montour County, PA	18
Bluefield, WV-VA	107
Tazewell County, VA	45
Mercer County, WV	62
Blytheville, AR	46
Mississippi County, AR	46
Bogalusa, LA	47
Washington Parish, LA	47
Bonham, TX	34
Fannin County, TX	34
Boone, IA	26
Boone County, IA	26
Boone, NC	51
Watauga County, NC	51
Borger, TX	22
Hutchinson County, TX	22
Bozeman, MT	90
Gallatin County, MT	90
Bradford, PA	43
McKean County, PA	43
Brainerd, MN	91
Cass County, MN	29
Crow Wing County, MN	63
Branson, MO	84
Stone County, MO	32
Taney County, MO	52
Brenham, TX	34
Washington County, TX	34
Brevard, NC	33
Transylvania County, NC	33
Brigham City, UT	50
Box Elder County, UT	50
Brookhaven, MS	35
Lincoln County, MS	35

Micropolitan statistical area Component county	2010年 人口 (1,000)	Micropolitan statistical area Component county	2010年 人口 (1,000)	Micropolitan statistical area Component county	2010年 人口 (1,000)
Brookings, OR	22	**Chester, SC**	33	**Coshocton, OH**	37
Curry County, OR	22	Chester County, SC	33	Coshocton County, OH	37
Brookings, SD	32	**Chillicothe, OH**	78	**Crawfordsville, IN**	38
Brookings County, SD	32	Ross County, OH	78	Montgomery County, IN	38
Brownsville, TN	19	**Claremont, NH**	44	**Crescent City, CA**	29
Haywood County, TN	19	Sullivan County, NH	44	Del Norte County, CA	29
Brownwood, TX	38	**Clarksburg, WV**	94	**Crossville, TN**	56
Brown County, TX	38	Doddridge County, WV	8	Cumberland County, TN	56
		Harrison County, WV	69		
Bucyrus, OH	44	Taylor County, WV	17	**Crowley, LA**	62
Crawford County, OH	44			Acadia Parish, LA	62
		Clarksdale, MS	26		
Burley, ID	43	Coahoma County, MS	26	**Cullman, AL**	80
Cassia County, ID	23			Cullman County, AL	80
Minidoka County, ID	20	**Clearlake, CA**	65		
		Lake County, CA	65	**Culpeper, VA**	47
Burlington, IA-IL	48			Culpeper County, VA	47
Henderson County, IL	7	**Cleveland, MS**	34		
Des Moines County, IA	40	Bolivar County, MS	34	**Danville, KY**	53
				Boyle County, KY	28
Butte-Silver Bow, MT	34	**Clewiston, FL**	39	Lincoln County, KY	25
Silver Bow County, MT	34	Hendry County, FL	39		
				Daphne-Fairhope-Foley, AL	182
Cadillac, MI	48	**Clinton, IA**	49	Baldwin County, AL	182
Missaukee County, MI	15	Clinton County, IA	49		
Wexford County, MI	33			**Decatur, IN**	34
		Clovis, NM	48	Adams County, IN	34
Calhoun, GA	55	Curry County, NM	48		
Gordon County, GA	55			**Defiance, OH**	39
		Coffeyville, KS	35	Defiance County, OH	39
Cambridge, MD	33	Montgomery County, KS	35		
Dorchester County, MD	33			**Del Rio, TX**	49
		Coldwater, MI	45	Val Verde County, TX	49
Cambridge, OH	40	Branch County, MI	45		
Guernsey County, OH	40			**Deming, NM**	25
		Columbia, TN	81	Luna County, NM	25
Camden, AR	31	Maury County, TN	81		
Calhoun County, AR	5			**DeRidder, LA**	36
Ouachita County, AR	26	**Columbus, MS**	60	Beauregard Parish, LA	36
		Lowndes County, MS	60		
Campbellsville, KY	25			**Dickinson, ND**	25
Taylor County, KY	25	**Columbus, NE**	32	Billings County, ND	1
		Platte County, NE	32	Stark County, ND	24
Cañon City, CO	47				
Fremont County, CO	47	**Concord, NH**	146	**Dillon, SC**	32
		Merrimack County, NH	146	Dillon County, SC	32
Canton, IL	37				
Fulton County, IL	37	**Connersville, IN**	24	**Dixon, IL**	36
		Fayette County, IN	24	Lee County, IL	36
Carbondale, IL	60				
Jackson County, IL	60	**Cookeville, TN**	106	**Dodge City, KS**	34
		Jackson County, TN	12	Ford County, KS	34
Carlsbad-Artesia, NM	54	Overton County, TN	22		
Eddy County, NM	54	Putnam County, TN	72	**Douglas, GA**	51
				Atkinson County, GA	8
Cedar City, UT	46	**Coos Bay, OR**	63	Coffee County, GA	42
Iron County, UT	46	Coos County, OR	63		
				Dublin, GA	58
Cedartown, GA	41	**Corbin, KY**	36	Johnson County, GA	10
Polk County, GA	41	Whitley County, KY	36	Laurens County, GA	48
Celina, OH	41	**Cordele, GA**	23	**DuBois, PA**	82
Mercer County, OH	41	Crisp County, GA	23	Clearfield County, PA	82
Central City, KY	31	**Corinth, MS**	37	**Dumas, TX**	22
Muhlenberg County, KY	31	Alcorn County, MS	37	Moore County, TX	22
Centralia, IL	39	**Cornelia, GA**	43	**Duncan, OK**	45
Marion County, IL	39	Habersham County, GA	43	Stephens County, OK	45
Centralia, WA	75	**Corning, NY**	99	**Dunn, NC**	115
Lewis County, WA	75	Steuben County, NY	99	Harnett County, NC	115
Chambersburg, PA	150	**Corsicana, TX**	48	**Durango, CO**	51
Franklin County, PA	150	Navarro County, TX	48	La Plata County, CO	51
Charleston-Mattoon, IL	65	**Cortland, NY**	49	**Durant, OK**	42
Coles County, IL	54	Cortland County, NY	49	Bryan County, OK	42
Cumberland County, IL	11				

Micropolitan statistical area / Component county	2010年人口 (1,000)	Micropolitan statistical area / Component county	2010年人口 (1,000)	Micropolitan statistical area / Component county	2010年人口 (1,000)
Dyersburg, TN	38	**Farmington, MO**	65	**Georgetown, SC**	60
Dyer County, TN	38	St. Francois County, MO	65	Georgetown County, SC	60
Eagle Pass, TX	54	**Fergus Falls, MN**	57	**Gettysburg, PA**	101
Maverick County, TX	54	Otter Tail County, MN	57	Adams County, PA	101
East Liverpool-Salem, OH	108	**Fernley, NV**	52	**Gillette, WY**	46
Columbiana County, OH	108	Lyon County, NV	52	Campbell County, WY	46
Easton, MD	38	**Findlay, OH**	75	**Glasgow, KY**	52
Talbot County, MD	38	Hancock County, OH	75	Barren County, KY	42
East Stroudsburg, PA	170	**Fitzgerald, GA**	27	Metcalfe County, KY	10
Monroe County, PA	170	Ben Hill County, GA	18	**Gloversville, NY**	56
Edwards, CO	60	Irwin County, GA	10	Fulton County, NY	56
Eagle County, CO	52	**Forest City, NC**	68	**Granbury, TX**	60
Lake County, CO	7	Rutherford County, NC	68	Hood County, TX	51
Effingham, IL	34	**Forrest City, AR**	28	Somervell County, TX	8
Effingham County, IL	34	St. Francis County, AR	28	**Grand Island, NE**	73
El Campo, TX	41	**Fort Dodge, IA**	38	Hall County, NE	59
Wharton County, TX	41	Webster County, IA	38	Howard County, NE	6
El Dorado, AR	42	**Fort Leonard Wood, MO**	52	Merrick County, NE	8
Union County, AR	42	Pulaski County, MO	52	**Grants, NM**	27
Elizabeth City, NC	64	**Fort Madison-Keokuk, IA-MO**	43	Cibola County, NM	27
Camden County, NC	10	Lee County, IA	36	**Grants Pass, OR**	83
Pasquotank County, NC	41	Clark County, MO	7	Josephine County, OR	83
Perquimans County, NC	13	**Fort Morgan, CO**	28	**Great Bend, KS**	28
Elk City, OK	22	Morgan County, CO	28	Barton County, KS	28
Beckham County, OK	22	**Fort Payne, AL**	71	**Greeneville, TN**	69
Elko, NV	51	DeKalb County, AL	71	Greene County, TN	69
Elko County, NV	49	**Fort Polk South, LA**	52	**Greensburg, IN**	26
Eureka County, NV	2	Vernon Parish, LA	52	Decatur County, IN	26
Ellensburg, WA	41	**Fort Valley, GA**	28	**Greenville, MS**	51
Kittitas County, WA	41	Peach County, GA	28	Washington County, MS	51
Emporia, KS	36	**Frankfort, IN**	33	**Greenville, OH**	53
Chase County, KS	3	Clinton County, IN	33	Darke County, OH	53
Lyon County, KS	34	**Frankfort, KY**	71	**Greenwood, MS**	43
Enid, OK	61	Anderson County, KY	21	Carroll County, MS	11
Garfield County, OK	61	Franklin County, KY	49	Leflore County, MS	32
Enterprise-Ozark, AL	100	**Fredericksburg, TX**	25	**Greenwood, SC**	70
Coffee County, AL	50	Gillespie County, TX	25	Greenwood County, SC	70
Dale County, AL	50	**Freeport, IL**	48	**Grenada, MS**	22
Escanaba, MI	37	Stephenson County, IL	48	Grenada County, MS	22
Delta County, MI	37	**Fremont, NE**	37	**Guymon, OK**	21
Espanola, NM	40	Dodge County, NE	37	Texas County, OK	21
Rio Arriba County, NM	40	**Fremont, OH**	61	**Hammond, LA**	121
Eufaula, AL-GA	30	Sandusky County, OH	61	Tangipahoa Parish, LA	121
Barbour County, AL	27	**Gaffney, SC**	55	**Hannibal, MO**	39
Quitman County, GA	3	Cherokee County, SC	55	Marion County, MO	29
Eureka-Arcata-Fortuna, CA	135	**Gainesville, TX**	38	Ralls County, MO	10
Humboldt County, CA	135	Cooke County, TX	38	**Harriman, TN**	54
Evanston, WY	21	**Galesburg, IL**	71	Roane County, TN	54
Uinta County, WY	21	Knox County, IL	53	**Harrisburg, IL**	25
Fairmont, MN	21	Warren County, IL	18	Saline County, IL	25
Martin County, MN	21	**Gallup, NM**	71	**Harrison, AR**	45
Fairmont, WV	56	McKinley County, NM	71	Boone County, AR	37
Marion County, WV	56	**Garden City, KS**	37	Newton County, AR	8
Fallon, NV	25	Finney County, KS	37	**Hastings, NE**	38
Churchill County, NV	25	**Gardnerville Ranchos, NV**	47	Adams County, NE	31
Faribault-Northfield, MN	64	Douglas County, NV	47	Clay County, NE	7
Rice County, MN	64			**Havre, MT**	16
				Hill County, MT	16

Micropolitan statistical area / Component county	2010年 人口 (1,000)
Hays, KS	28
Ellis County, KS	28
Heber, UT	24
Wasatch County, UT	24
Helena, MT	75
Jefferson County, MT	11
Lewis and Clark County, MT	63
Helena-West Helena, AR	22
Phillips County, AR	22
Henderson, NC	45
Vance County, NC	45
Hereford, TX	19
Deaf Smith County, TX	19
Hilo, HI	185
Hawaii County, HI	185
Hilton Head Island-Beaufort, SC	187
Beaufort County, SC	162
Jasper County, SC	25
Hobbs, NM	65
Lea County, NM	65
Homosassa Springs, FL	141
Citrus County, FL	141
Hood River, OR	22
Hood River County, OR	22
Hope, AR	32
Hempstead County, AR	23
Nevada County, AR	9
Houghton, MI	39
Houghton County, MI	37
Keweenaw County, MI	2
Hudson, NY	63
Columbia County, NY	63
Humboldt, TN	50
Gibson County, TN	50
Huntingdon, PA	46
Huntingdon County, PA	46
Huntington, IN	37
Huntington County, IN	37
Huntsville, TX	68
Walker County, TX	68
Huron, SD	17
Beadle County, SD	17
Hutchinson, KS	65
Reno County, KS	65
Hutchinson, MN	37
McLeod County, MN	37
Indiana, PA	89
Indiana County, PA	89
Indianola, MS	29
Sunflower County, MS	29
Iron Mountain, MI-WI	31
Dickinson County, MI	26
Florence County, WI	4
Jackson, WY-ID	31
Teton County, ID	10
Teton County, WY	21
Jacksonville, IL	41
Morgan County, IL	36
Scott County, IL	5
Jacksonville, TX	51
Cherokee County, TX	51
Jamestown, ND	21
Stutsman County, ND	21
Jamestown-Dunkirk-Fredonia, NY	135
Chautauqua County, NY	135
Jasper, IN	55
Dubois County, IN	42
Pike County, IN	13
Jennings, LA	32
Jefferson Davis Parish, LA	32
Jesup, GA	30
Wayne County, GA	30
Juneau, AK	31
Juneau City and Borough, AK	31
Kahului-Wailuku, HI	155
Maui County, HI	155
Kalispell, MT	91
Flathead County, MT	91
Kapaa, HI	67
Kauai County, HI	67
Kearney, NE	53
Buffalo County, NE	46
Kearney County, NE	6
Keene, NH	77
Cheshire County, NH	77
Kendallville, IN	48
Noble County, IN	48
Kennett, MO	32
Dunklin County, MO	32
Kerrville, TX	50
Kerr County, TX	50
Ketchikan, AK	13
Ketchikan Gateway Borough, AK	13
Key West, FL	73
Monroe County, FL	73
Kill Devil Hills, NC	34
Dare County, NC	34
Kingsville, TX	32
Kenedy County, TX	(Z)
Kleberg County, TX	32
Kinston, NC	59
Lenoir County, NC	59
Kirksville, MO	30
Adair County, MO	26
Schuyler County, MO	4
Klamath Falls, OR	66
Klamath County, OR	66
Kodiak, AK	14
Kodiak Island Borough, AK	14
Laconia, NH	60
Belknap County, NH	60
La Follette, TN	41
Campbell County, TN	41
La Grande, OR	26
Union County, OR	26
LaGrange, GA	67
Troup County, GA	67
Lake City, FL	68
Columbia County, FL	68
Lamesa, TX	14
Dawson County, TX	14
Lancaster, SC	77
Lancaster County, SC	77
Laramie, WY	36
Albany County, WY	36
Las Vegas, NM	29
San Miguel County, NM	29
Laurel, MS	85
Jasper County, MS	17
Jones County, MS	68
Laurinburg, NC	36
Scotland County, NC	36
Lawrenceburg, TN	42
Lawrence County, TN	42
Lebanon, MO	36
Laclede County, MO	36
Lebanon, NH-VT	175
Grafton County, NH	89
Orange County, VT	29
Windsor County, VT	57
Levelland, TX	23
Hockley County, TX	23
Lewisburg, PA	45
Union County, PA	45
Lewisburg, TN	31
Marshall County, TN	31
Lewistown, PA	47
Mifflin County, PA	47
Lexington, NE	26
Dawson County, NE	24
Gosper County, NE	2
Lexington Park, MD	105
St. Mary's County, MD	105
Liberal, KS	23
Seward County, KS	23
Lincoln, IL	30
Logan County, IL	30
Lincolnton, NC	78
Lincoln County, NC	78
Lock Haven, PA	39
Clinton County, PA	39
Logansport, IN	39
Cass County, IN	39
London, KY	59
Laurel County, KY	59
Los Alamos, NM	18
Los Alamos County, NM	18

Micropolitan statistical area / Component county	2010年人口(1,000)
Lufkin, TX	87
Angelina County, TX	87
Lumberton, NC	134
Robeson County, NC	134
Macomb, IL	33
McDonough County, IL	33
Madison, IN	32
Jefferson County, IN	32
Madisonville, KY	47
Hopkins County, KY	47
Magnolia, AR	25
Columbia County, AR	25
Malone, NY	52
Franklin County, NY	52
Manitowoc, WI	81
Manitowoc County, WI	81
Marble Falls, TX	43
Burnet County, TX	43
Marinette, WI-MI	66
Menominee County, MI	24
Marinette County, WI	42
Marion, IN	70
Grant County, IN	70
Marion, OH	67
Marion County, OH	67
Marion-Herrin, IL	66
Williamson County, IL	66
Marquette, MI	67
Marquette County, MI	67
Marshall, MN	26
Lyon County, MN	26
Marshall, MO	23
Saline County, MO	23
Marshall, TX	66
Harrison County, TX	66
Marshalltown, IA	41
Marshall County, IA	41
Marshfield-Wisconsin Rapids, WI	75
Wood County, WI	75
Martin, TN	35
Weakley County, TN	35
Martinsville, VA	68
Henry County, VA	54
Martinsville city, VA	14
Maryville, MO	23
Nodaway County, MO	23
Mason City, IA	52
Cerro Gordo County, IA	44
Worth County, IA	8
Mayfield, KY	37
Graves County, KY	37
Maysville, KY	31
Lewis County, KY	14
Mason County, KY	17
McAlester, OK	46
Pittsburg County, OK	46

Micropolitan statistical area / Component county	2010年人口(1,000)
McComb, MS	54
Amite County, MS	13
Pike County, MS	40
McMinnville, TN	40
Warren County, TN	40
McPherson, KS	29
McPherson County, KS	29
Meadville, PA	89
Crawford County, PA	89
Menomonie, WI	44
Dunn County, WI	44
Meridian, MS	107
Clarke County, MS	17
Kemper County, MS	10
Lauderdale County, MS	80
Merrill, WI	29
Lincoln County, WI	29
Mexico, MO	26
Audrain County, MO	26
Miami, OK	32
Ottawa County, OK	32
Middlesborough, KY	29
Bell County, KY	29
Midland, MI	84
Midland County, MI	84
Milledgeville, GA	55
Baldwin County, GA	46
Hancock County, GA	9
Minden, LA	41
Webster Parish, LA	41
Mineral Wells, TX	28
Palo Pinto County, TX	28
Minot, ND	70
McHenry County, ND	5
Renville County, ND	2
Ward County, ND	62
Mitchell, SD	23
Davison County, SD	20
Hanson County, SD	3
Moberly, MO	25
Randolph County, MO	25
Monroe, WI	37
Green County, WI	37
Montrose, CO	41
Montrose County, CO	41
Morehead City, NC	66
Carteret County, NC	66
Morgan City, LA	55
St. Mary Parish, LA	55
Moscow, ID	37
Latah County, ID	37
Moses Lake, WA	89
Grant County, WA	89
Moultrie, GA	45
Colquitt County, GA	45
Mountain Home, AR	42
Baxter County, AR	42
Mountain Home, ID	27
Elmore County, ID	27

Micropolitan statistical area / Component county	2010年人口(1,000)
Mount Airy, NC	74
Surry County, NC	74
Mount Pleasant, MI	70
Isabella County, MI	70
Mount Pleasant, TX	32
Titus County, TX	32
Mount Sterling, KY	44
Bath County, KY	12
Menifee County, KY	6
Montgomery County, KY	26
Mount Vernon, IL	47
Hamilton County, IL	8
Jefferson County, IL	39
Mount Vernon, OH	61
Knox County, OH	61
Murray, KY	37
Calloway County, KY	37
Muscatine, IA	54
Louisa County, IA	11
Muscatine County, IA	43
Muskogee, OK	71
Muskogee County, OK	71
Nacogdoches, TX	65
Nacogdoches County, TX	65
Natchez, MS-LA	53
Concordia Parish, LA	21
Adams County, MS	32
Natchitoches, LA	40
Natchitoches Parish, LA	40
New Bern, NC	127
Craven County, NC	104
Jones County, NC	10
Pamlico County, NC	13
Newberry, SC	38
Newberry County, SC	38
New Castle, IN	49
Henry County, IN	49
New Castle, PA	91
Lawrence County, PA	91
New Iberia, LA	73
Iberia Parish, LA	73
New Philadelphia-Dover, OH	93
Tuscarawas County, OH	93
Newport, TN	36
Cocke County, TN	36
Newton, IA	37
Jasper County, IA	37
New Ulm, MN	26
Brown County, MN	26
Nogales, AZ	47
Santa Cruz County, AZ	47
Norfolk, NE	48
Madison County, NE	35
Pierce County, NE	7
Stanton County, NE	6
North Platte, NE	38
Lincoln County, NE	36
Logan County, NE	1
McPherson County, NE	1

Micropolitan statistical area Component county	2010年 人口 (1,000)	Micropolitan statistical area Component county	2010年 人口 (1,000)	Micropolitan statistical area Component county	2010年 人口 (1,000)
North Vernon, IN.	29	Paragould, AR	42	Prineville, OR	21
Jennings County, IN.	29	Greene County, AR	42	Crook County, OR	21
North Wilkesboro, NC	69	Paris, TN	32	Pullman, WA	45
Wilkes County, NC	69	Henry County, TN	32	Whitman County, WA	45
Norwalk, OH	60	Paris, TX	50	Quincy, IL-MO	77
Huron County, OH	60	Lamar County, TX	50	Adams County, IL	67
				Lewis County, MO	10
Oak Harbor, WA	79	Parsons, KS	22		
Island County, WA	79	Labette County, KS	22	Raymondville, TX	22
				Willacy County, TX	22
Oak Hill, WV	46	Payson, AZ	54		
Fayette County, WV	46	Gila County, AZ	54	Red Bluff, CA	63
				Tehama County, CA	63
Ocean Pines, MD	51	Pecos, TX	14		
Worcester County, MD	51	Reeves County, TX	14	Red Wing, MN	46
				Goodhue County, MN	46
Ogdensburg-Massena, NY	112	Pella, IA	33		
St. Lawrence County, NY	112	Marion County, IA	33	Rexburg, ID	51
				Fremont County, ID	13
Oil City, PA	55	Pendleton-Hermiston, OR	87	Madison County, ID	38
Venango County, PA	55	Morrow County, OR	11		
		Umatilla County, OR	76	Richmond, IN	69
Okeechobee, FL	40			Wayne County, IN	69
Okeechobee County, FL	40	Peru, IN	37		
		Miami County, IN	37	Richmond-Berea, KY	100
Olean, NY	80			Madison County, KY	83
Cattaraugus County, NY	80	Phoenix Lake-Cedar Ridge, CA	55	Rockcastle County, KY	17
		Tuolumne County, CA	55		
Oneonta, NY	62			Rio Grande City-Roma, TX	61
Otsego County, NY	62	Picayune, MS	56	Starr County, TX	61
		Pearl River County, MS	56		
Ontario, OR-ID	54			Riverton, WY	40
Payette County, ID	23	Pierre, SD	20	Fremont County, WY	40
Malheur County, OR	31	Hughes County, SD	17		
		Stanley County, SD	3	Roanoke Rapids, NC	77
Opelousas-Eunice, LA	83			Halifax County, NC	55
St. Landry Parish, LA	83	Pierre Part, LA	23	Northampton County, NC	22
		Assumption Parish, LA	23		
Orangeburg, SC	93			Rochelle, IL	53
Orangeburg County, SC	93	Pittsburg, KS	39	Ogle County, IL	53
		Crawford County, KS	39		
Oskaloosa, IA	22			Rockingham, NC	47
Mahaska County, IA	22	Plainview, TX	36	Richmond County, NC	47
		Hale County, TX	36		
Ottawa-Streator, IL	155			Rockland, ME	40
Bureau County, IL	35	Platteville, WI	51	Knox County, ME	40
LaSalle County, IL	114	Grant County, WI	51		
Putnam County, IL	6			Rock Springs, WY	44
		Plattsburgh, NY	82	Sweetwater County, WY	44
Ottumwa, IA	36	Clinton County, NY	82		
Wapello County, IA	36			Rolla, MO	45
		Plymouth, IN	47	Phelps County, MO	45
Owatonna, MN	37	Marshall County, IN	47		
Steele County, MN	37			Roseburg, OR	108
		Point Pleasant, WV-OH	58	Douglas County, OR	108
Owosso, MI	71	Gallia County, OH	31		
Shiawassee County, MI	71	Mason County, WV	27	Roswell, NM	66
				Chaves County, NM	66
Oxford, MS	47	Ponca City, OK	47		
Lafayette County, MS	47	Kay County, OK	47	Ruidoso, NM	20
				Lincoln County, NM	20
Paducah, KY-IL	99	Pontiac, IL	39		
Massac County, IL	15	Livingston County, IL	39	Russellville, AR	84
Ballard County, KY	8			Pope County, AR	62
Livingston County, KY	10	Poplar Bluff, MO	43	Yell County, AR	22
McCracken County, KY	66	Butler County, MO	43		
				Ruston, LA	63
Pahrump, NV	44	Portales, NM	20	Jackson Parish, LA	16
Nye County, NV	44	Roosevelt County, NM	20	Lincoln Parish, LA	47
Palatka, FL	74	Port Angeles, WA	71	Rutland, VT	62
Putnam County, FL	74	Clallam County, WA	71	Rutland County, VT	62
Palestine, TX	58	Portsmouth, OH	79	Safford, AZ	46
Anderson County, TX	58	Scioto County, OH	79	Graham County, AZ	37
				Greenlee County, AZ	8
Pampa, TX	23	Pottsville, PA	148		
Gray County, TX	23	Schuylkill County, PA	148	St. Marys, GA	51
Roberts County, TX	1			Camden County, GA	51
		Price, UT	21		
		Carbon County, UT	21		

Micropolitan statistical area / Component county	2010年 人口 (1,000)	Micropolitan statistical area / Component county	2010年 人口 (1,000)	Micropolitan statistical area / Component county	2010年 人口 (1,000)
St. Marys, PA	32	Sikeston, MO	39	Talladega-Sylacauga, AL	82
Elk County, PA	32	Scott County, MO	39	Talladega County, AL	82
Salina, KS	62	Silver City, NM	30	Tallulah, LA	12
Ottawa County, KS	6	Grant County, NM	30	Madison Parish, LA	12
Saline County, KS	56	Silverthorne, CO	28	Taos, NM	33
Salisbury, NC	138	Summit County, CO	28	Taos County, NM	33
Rowan County, NC	138	Snyder, TX	17	Taylorville, IL	35
Sanford, NC	58	Scurry County, TX	17	Christian County, IL	35
Lee County, NC	58	Somerset, KY	63	The Dalles, OR	25
Sault Ste. Marie, MI	39	Pulaski County, KY	63	Wasco County, OR	25
Chippewa County, MI	39	Somerset, PA	78	The Villages, FL	93
Sayre, PA	63	Somerset County, PA	78	Sumter County, FL	93
Bradford County, PA	63	Southern Pines-Pinehurst, NC	88	Thomaston, GA	27
Scottsbluff, NE	38	Moore County, NC	88	Upson County, GA	27
Banner County, NE	1	Spearfish, SD	24	Thomasville, GA	45
Scotts Bluff County, NE	37	Lawrence County, SD	24	Thomas County, GA	45
Scottsboro, AL	53	Spencer, IA	17	Thomasville-Lexington, NC	163
Jackson County, AL	53	Clay County, IA	17	Davidson County, NC	163
Scottsburg, IN	24	Spirit Lake, IA	17	Tiffin, OH	57
Scott County, IN	24	Dickinson County, IA	17	Seneca County, OH	57
Seaford, DE	197	Starkville, MS	48	Tifton, GA	40
Sussex County, DE	197	Oktibbeha County, MS	48	Tift County, GA	40
Searcy, AR	77	Statesboro, GA	70	Toccoa, GA	26
White County, AR	77	Bulloch County, GA	70	Stephens County, GA	26
Sebring, FL	99	Statesville-Mooresville, NC	159	Torrington, CT	190
Highlands County, FL	99	Iredell County, NC	159	Litchfield County, CT	190
Sedalia, MO	42	Staunton-Waynesboro, VA	119	Traverse City, MI	143
Pettis County, MO	42	Augusta County, VA	74	Benzie County, MI	18
Selinsgrove, PA	40	Staunton city, VA	24	Grand Traverse County, MI	87
Snyder County, PA	40	Waynesboro city, VA	21	Kalkaska County, MI	17
Selma, AL	44	Stephenville, TX	38	Leelanau County, MI	22
Dallas County, AL	44	Erath County, TX	38	Troy, AL	33
Seneca, SC	74	Sterling, CO	23	Pike County, AL	33
Oconee County, SC	74	Logan County, CO	23	Truckee-Grass Valley, CA	99
Seneca Falls, NY	35	Sterling, IL	58	Nevada County, CA	99
Seneca County, NY	35	Whiteside County, IL	58	Tullahoma, TN	100
Sevierville, TN	90	Stevens Point, WI	70	Coffee County, TN	53
Sevier County, TN	90	Portage County, WI	70	Franklin County, TN	41
Seymour, IN	42	Stillwater, OK	77	Moore County, TN	6
Jackson County, IN	42	Payne County, OK	77	Tupelo, MS	136
Shawnee, OK	69	Storm Lake, IA	20	Itawamba County, MS	23
Pottawatomie County, OK	69	Buena Vista County, IA	20	Lee County, MS	83
Shelby, NC	98	Sturgis, MI	61	Pontotoc County, MS	30
Cleveland County, NC	98	St. Joseph County, MI	61	Tuskegee, AL	21
Shelbyville, TN	45	Sulphur Springs, TX	35	Macon County, AL	21
Bedford County, TN	45	Hopkins County, TX	35	Twin Falls, ID	100
Shelton, WA	61	Summerville, GA	26	Jerome County, ID	22
Mason County, WA	61	Chattooga County, GA	26	Twin Falls County, ID	77
Sheridan, WY	29	Sunbury, PA	95	Ukiah, CA	88
Sheridan County, WY	29	Northumberland County, PA	95	Mendocino County, CA	88
Show Low, AZ	107	Susanville, CA	35	Union, SC	29
Navajo County, AZ	107	Lassen County, CA	35	Union County, SC	29
Sidney, OH	49	Sweetwater, TX	15	Union City, TN-KY	39
Shelby County, OH	49	Nolan County, TX	15	Fulton County, KY	7
Sierra Vista-Douglas, AZ	131	Tahlequah, OK	47	Obion County, TN	32
Cochise County, AZ	131	Cherokee County, OK	47	Urbana, OH	40
				Champaign County, OH	40
				Uvalde, TX	26
				Uvalde County, TX	26

Micropolitan statistical area / Component county	2010年 人口 (1,000)	Micropolitan statistical area / Component county	2010年 人口 (1,000)	Micropolitan statistical area / Component county	2010年 人口 (1,000)
Valley, AL	34	**Warrensburg, MO**	53	**Willimantic, CT**	118
Chambers County, AL	34	Johnson County, MO	53	Windham County, CT	118
Van Wert, OH	29	**Warsaw, IN**	77	**Williston, ND**	22
Van Wert County, OH	29	Kosciusko County, IN	77	Williams County, ND	22
Vermillion, SD	14	**Washington, IN**	32	**Willmar, MN**	42
Clay County, SD	14	Daviess County, IN	32	Kandiyohi County, MN	42
Vernal, UT	33	**Washington, NC**	48	**Wilmington, OH**	42
Uintah County, UT	33	Beaufort County, NC	48	Clinton County, OH	42
Vernon, TX	14	**Washington Court House, OH**	29	**Wilson, NC**	81
Wilbarger County, TX	14	Fayette County, OH	29	Wilson County, NC	81
Vicksburg, MS	49	**Watertown, SD**	33	**Winfield, KS**	36
Warren County, MS	49	Codington County, SD	27	Cowley County, KS	36
		Hamlin County, SD	6		
Vidalia, GA	36			**Winona, MN**	51
Montgomery County, GA	9	**Watertown-Fort Atkinson, WI**	84	Winona County, MN	51
Toombs County, GA	27	Jefferson County, WI	84		
				Woodward, OK	20
Vincennes, IN	38	**Watertown-Fort Drum, NY**	116	Woodward County, OK	20
Knox County, IN	38	Jefferson County, NY	116		
				Wooster, OH	115
Wabash, IN	33	**Wauchula, FL**	28	Wayne County, OH	115
Wabash County, IN	33	Hardee County, FL	28		
				Worthington, MN	21
Wahpeton, ND-MN	23	**Waycross, GA**	55	Nobles County, MN	21
Wilkin County, MN	7	Pierce County, GA	19		
Richland County, ND	16	Ware County, GA	36	**Yankton, SD**	22
				Yankton County, SD	22
Walla Walla, WA	59	**Weatherford, OK**	27		
Walla Walla County, WA	59	Custer County, OK	27	**Yazoo City, MS**	28
				Yazoo County, MS	28
Walterboro, SC	39	**West Plains, MO**	40		
Colleton County, SC	39	Howell County, MO	40	**Zanesville, OH**	86
				Muskingum County, OH	86
Wapakoneta, OH	46	**West Point, MS**	21		
Auglaize County, OH	46	Clay County, MS	21		
Warren, PA	42	**Whitewater, WI**	102		
Warren County, PA	42	Walworth County, WI	102		

Z 500未満
資料:U.S. Census Bureau, 2010 Census ⟨http://www.census.gov/2010census/data/⟩

付録Ⅲ
統計的方法論と信頼性

　本書に収録されているデータは多くの原資料に基づいている。それらは連邦政府の統計局および類似統計専門機関の資料とは限らない。政府内の行政・監督関係の省庁・部局、民間団体、貿易、保険等の業界団体、全米教育教会(National Education Association)や慈善団体のような民間組織の資料も含まれる。したがって、データの対象期間、用語の定義、および時系列データの入手可能な期間等は著しく異なる。

　本書に掲載した統計の調査方法も様々である。悉皆調査またはセンサスによる統計もあれば、標本調査による統計もある。ある情報は行政・監理上の目的で保存されている記録（就学者記録、病院記録、社会保障登録、財政記録所得税申告等）から引用されているし、他の情報は面接調査または郵便調査によって入手されている。推計方法も、高度の技術から単なる「聞きとり情報」まで多岐にわたっている。

　掲載した調査結果は、完全な母集団（populationまたはuniverse）としての意味を持つものもあれば推定された母集団（target populationまたはtarget universe）としての意味を持つものもある。推定母集団の場合には、データの収集の前に定義を明確にすることが重要である。たとえば、合衆国の家計を主体の母集団（universe）として調査する場合には「家計」の定義が必要である。推定母集団は、本来全数調査は不可能である。費用、その他の条件からデータ収集は制約を受ける。不正確なデータ、対象期間の異なるデータ、若干定義が異なるデータであることを承知の上で既存のデータに頼らざるを得ないこともある。このようなデータはサーベイ・フレーム（survey frame）またはサンプリング・フレーム（sampling frame）と呼ばれる。

　したがって本書のデータは大部分、母集団か標本データのどちらかである。標本は科学的標本抽出法に基づいて抽出された確率標本である。これは、個々の標本が母集団からそれぞれある一定の確率で抽出されるように設計されたものである。ある一定の確率とは、抽出されやすさを反映したものであり、0から1の間をとる。

　大規模標本調査は、多段階標本抽出法によって抽出される。多段階標本抽出では最初に、第1次標本単位（PSU）と呼ばれる大きいグループの確率標本を選ぶ。たとえば、郡や郡グループが最初に選ばれる。次の第2段階として、第1次標本単位の中で第2次標本単位が抽出される。この中からさらに第3次・第4次の抽出を行なうこともある。多段階標本抽出ではすべての段階で無作為標本抽出法を用いなければならない。

　多段階標本抽出でも一段階だけの標本抽出でも、抽出の前に標本リストまたは標本フレームを入手しなければならない。たとえば、家計標本の抽出の第一段階ではPSUとなる郡や郡グループのリストが必要である。抽出の最終段階においては世帯のリストさらには各世帯の構成人員のリストも必要となる。センサス局は、経済主体の調査および経済センサスのために通常、センサス局の企業登録簿から構成したフレームを用いる。企業登録簿は、合衆国内において給与を発生する、一事業所から成る小企業から多数の事業所を持つ企業までをカバーしている。

　本書では、統計表の数値が母集団のベースのものであってもそれが標本調査データから推計されたものである場合には、標本推計値と明記してある。このような場合には、推定母集団値ができるだけ完全なセンサスから得られるであろう値に近いものになるよう可能な限りの試みが行なわれている。しかしながら、標本に基づく推計値は誤差を持つことは否定できない。標本調査に基づく推計値の誤差には次の2種類がある。すなわち、（1）標本抽出によって生ずる誤差＝母集団を推定するために、センサスを行なわず標本抽出を行なうことから発生する誤差、および（2）それ以外の誤差＝標本抽出の手続き以外の原因で発生する誤差、である。標本抽出誤差の大きさは通常標本データから推定できる。しかし、非標本抽出誤差の大きさの推定はほとんど不可能である。したがって、推定値の実際の誤差は標本誤差より一般的に大きくなる。

　実際に採用される標本は、抽出される可能性のある多数の標本の1つにすぎない。それゆえ、標本抽出を多数回行なえば、その都度異なる推定値が得られるであろう。標準誤差（Standard error：SE）は、すべての潜在的標本から抽出した推定値の間の分散を推定したものである。標準誤差は、標本抽出誤差

の尺度として最も一般的なものである。調査推計値に関する標準誤差の妥当な推計は、無作為抽出によって収集されたデータから算出できるのが通常である。便宜上、標準誤差を推計値に対する百分率で表わすことがあり、これを変動係数（CV）または標準誤差率と呼んでいる。たとえば、推計値200に対する標準誤差が10であれば、変動係数は5％になる。

標本推計値やその標準誤差または変動係数の推計値は、区間推定の構築に用いることができる。区間推定は、既知の確率に従った全抽出可能標本から得た推計の平均値が、その区間に含まれているという所定の信頼を有している。たとえば、全抽出可能標本が本質的に同一の一般条件のもとに、同一の標本抽出法を用いて抽出されている場合、また、推計値とその標準誤差が各標本から算出されている場合——
——(1) 全抽出可能標本から得られる平均推計値は、標本推計値プラス・マイナス1標準誤差の区間の約68％に含まれるか、(2) 標本推計値プラス・マイナス1.6標準誤差の区間の約90％もしくは (3) 標本推計値プラス・マイナス2標準誤差の区間の約95％に含まれるであろう。

したがって、ある特定の標本に関して、相応（例えば90ないしは95％）の信頼を持って、全抽出可能標本の平均値は構築された区間に含まれると考えて差し支えない。信頼区間の例として、標本推計値が200で、標準誤差が10であった場合、約90％の信頼区間（プラス・マイナス1.6標準誤差）は、184から216である。

いかなる調査やセンサスも非標本抽出誤差の影響を受けることを前提としている。非標本抽出誤差には、無作為のものと無作為ではないもの（random and nonrandom）の2種類がある。無作為の非標本抽出誤差は、回答者または質問者による質問の解釈の相違であるとか、回答を記号化する者やキーボード入力者あるいはその他の処理担当者によるデータ処理上の相違といった原因で生じる。また、回答者にとって何らかの推定が必要となる場合にも起りうる。無作為でない非標本抽出誤差は、完全な無回答（標本単位について有効なデータが得られない）、部分的無回答または特定項目に対する無回答（回答の一部のみが有効な場合もある）、回答者側の正確な情報提供に要する能力や意志の欠如、質問解釈上の問題、データの記録や入力のミス、データ収集や処理のエラー、母集団の漏れ（アンダーカバレッジ）や重複（オーバーカバレッジ）といったカバレッジによる問題等に起因する。通常（例外もあるが）、無作為の無回答誤差は、標本抽出誤差の過小評価やそれによる調査推計値の精度に対する過大評価に帰着する。非標本抽出誤差の大きさを推定するには、特殊な手法あるいは独立したデータへのアクセスを要すが、その結果、誤差の大きさが得られることは稀である。

調査に影響を及ぼす非標本抽出誤差のほとんどすべての種類が、完全なセンサスにおいても生じうる。サーベイはセンサスよりも小規模に実施されるので、非標本抽出誤差をより厳しく管理することが可能と言える。回答の明確化、回答誤差の追跡と修正、およびデータ処理におけるエラーを縮小するために多くの資金と努力が払われている。結果として、サーベイの方が時にはセンサス結果より正確になることがある。

無作為でない誤差を含む疑いのある調査結果を補正するために、標本推定値の調整がしばしば行なわれる。たとえば、全体的および部分的無回答に対する調整も頻繁に行なわれている。どちらの種類の無回答に対しても行なわれる調整は「帰属計算（imputation）」に委ねられることが多い。通常、全体的無回答に対する帰属計算は、無回答者の回答の代わりに回答者の平均的回答で補完することによって行なわれる。このような帰属計算は、近接した意図もしくは従属的な特徴を持つ回答者と無回答者を一緒に提起する試みによって形成される標本単位の様々なグループ内で、個別に行なわれることが多い。項目に対する無回答についての帰属計算は、通常、その無回答者の特徴に近接した特徴を持つ回答者の当該項目に対する回答によって、欠測値データを補完して行なわれる。

標本調査から発生する推計値には、標本誤差と非標本誤差が発生している。標本誤差は標本調査法によって発生せざるをえない誤差のことであり、非標本調査は標本調査法に起因しない誤差である。全数センサス調査によって得られる母集団の推定値において発生するエラーは非標本誤差のみである。理想的には、アメリカデータ総覧の表に現れる数値にはすべての推計誤差が算出されているのが望ましい。しかしながら、非標本誤差を把握することはできないので、標本誤差に起因する誤差に基づいた標準誤差あるいは変動係数のみが算出されている。ある特定の標本から得られる推定値の標準誤差の推定値については、各表の脚注に示されている報告書を参照されたい。

補足資料 The Federal Committee on Statistical Methodology (FCSM)は、連邦政府の統計の精度向上の

ための関係省庁合同委員会。〈http://fcsm.ssd.census.gov〉

主要データベース　　以下に示しているのは、本書に載っているデータのかなりの部分を占めている35の標本調査とセンサスの概説である。

主要データベース　以下に示しているのは、本書に載っているデータのかなりの部分を占めている35の標本調査とセンサスの概説である。

U.S.DEPATMENT OF AGRICULTURE, National Agriculture Statistics Service
米国農務省、農業統計局

Basic Area Frame Sample

母集団、調査頻度、データ項目　毎年6月の農業調査は、北米大陸48州とハワイ州のすべての土地について、耕作面積と家畜の在庫についてのデータを収集している。また、この調査ではリストの不備を調べ、Multiple Frame Surveyのための副標本をとる。

データの収集方法　約1平方マイルを1単位とする約11,000の農地に対する層化確率抽出法（都市部の0.1平方マイルから牧草地の数平方マイルまで）。標本には農地区画42,000を含む。標本の約20%を、毎年更新。

データ収集・帰属計算手続　データの収集は自己記入方式による。帰属計算は、計数処理および同種の農業を営む者の回答を基に実施。

標本誤差の推定　主要作物の耕作面積と家畜頭数の推計変動係数は、1～2%（地域別推計値）から3～6%（州別推計値）。

非標本誤差　データ収集時の厳密な精密管理と全データの詳細な検討により、誤差を最小にしている。

補足資料　U.S. Department of Agriculture, *National Agricultural Statistics Service, USDA's National Agricultual Statistics Service: The Fact Finders of Agriculture* （2007年3月）

Multiple Frame Surveys

母集団、調査頻度、データ項目　合衆国の農場経営者を対象とする。主要家畜頭数、主な作付面積と生産高、穀物の在庫、農場労働の諸特徴データと、農場の財務と化学薬品使用のデータを収集。データはシリーズによって、4半期毎、半年毎、年別に推計される。

データの収集方法　第1次フレームは一般向または特別目的のリストから入手し、リストの不完全な部分を推計するために農地面積に関する確率比例抽出で補っている。

データの収集・帰属計算手続　1次データの収集は、郵便調査、電話による調査および面接調査による。郵便調査に対する無回答については、電話調査と面接調査を実施。帰属計算は得られた回答の平均による。

標本誤差の推定　作物・家畜のデータシリーズの推定変動係数は1～2%、経済データについては3～5%（合衆国全体）。地域別の変動係数は3～6%、州別推計値では5～10%。

非標本誤差　上記の手続きに加え、調査課程における変動要因を調査するために再標本調査を実施。

補足資料　U.S. Department of Agriculture, *National Agricultural Statistics Service, USDA's National Agricultual Statistics Service: The Fact Finder of Agriculture* （2007年3月）

Objective Yield Surveys

母集団、調査頻度、データ項目　エーカーあたりの生産量を予測・推計するために、とうもろこし、綿花、じゃがいも、大豆、小麦の生育シーズンに、主要生産州で実施される月次調査。

データの収集方法　耕地の確率比例抽出法による、調査地点の無作為行為抽出。とうもろこし、綿、大豆、春小麦、デュラム小麦については、6月実施のBasic Area Frame Sampleによる（上記の説明を参照）。冬小麦とじゃがいもについては、3、6月実施のMultiple Frame surveyによる。

データの収集・帰属計算手続　標本抽出された耕地で、作物について調査員が算定または測定。収穫高は、収穫時の測定。収穫における損失は、収穫後の落穂拾いの際に測定。

標本誤差の推定　収穫高の推計に関する全国の変動係数は、約2～3%。

非標本誤差　上記の手続に加え、調査課程における変動要因を測定するために再標本調査を実施。

補足資料 U.S. Department of Agriculture, *National Agricultural Statistics Service: The Fact Finder of Agriculture* (2007年3月)

U.S. BUREAU OF JUSTICE STATISTICS (BJS)
司法統計局

National Crime Victimization Survey (NCVS：全米犯罪被害者調査)

母集団、調査頻度、データ項目 合衆国内の個人および世帯に対する毎月調査。年間の推計統計を編集するために調査単位における犯罪被害のデータを収集。

データの収集方法 全米を対象とする確率比例抽出法による。1990年センサスにおける新規建設認可に関する補遺から、建設認可を必要としない地域の標本による住所一覧に基づいて抽出した203の第1次標本単位から約46,000世帯を抽出し、面接調査を行なった。

データの収集・帰属計算手続 面接調査は、抽出された各世帯につき、3年間にわたり6ヵ月ごとに実施。また7,700世帯については毎月調査。個人への面接調査は、世帯調査の第1回に実施。各調査時の間の面接調査は、可能な場合は世帯電話調査による。

標本調査の推定 2009年の変動係数は、暴力犯罪4.0%、強姦・性犯罪の推計値に対して19.1%、強盗10.2%、暴行4.7%、対人窃盗(ひったくりとスリ)が18.6%、財産権の侵害2.2%、不法侵入4.2%、窃盗(財産の)2.5%、自動車窃盗7.3%。

非標本誤差 回答の回収時に起こり得る誤差としては、調査期間外に行なわれた報告、調査員のコーディングおよび処理手続エラー、その他報告・分類時に発生し得るエラーがあげられる。世帯調査で面接を行なわなかったもの(約8%)と、世帯内個人で面接を行なわなかったもの(13%)について補正を行なっている。

補足資料 U.S. Bureau of Justice Statistics, *Criminal Victimization in the United States* (年刊)

U.S. BUREAU OF LABOR STATISTICS
労働統計局

Consumer Expenditure Survey (CE：消費者支出調査)

母集団、調査頻度、データ項目 3ヵ月毎の面接調査と毎週のダイアリーもしくはデータ管理調査の2つの連続的な構成要素から成る。いずれも、消費者の支出、所得、特徴、および資産と債務に関するデータを収集する全国調査である。標本は、施設に収容されていない全国の代表的な民間人母集団である世帯の確率標本。調査は1980年から継続している。

データの収集方法 パネルローテーション調査による面接調査。各パネルは、5期(15ヵ月)にわたって面接を受けた後、調査から外れる。各四半期に約15,000の消費者単位が面接される。ダイアリー調査の標本は、約3,200の消費者単位から成り、年毎に一新される。データは、91の地域の第1次標本単位から継続的に収集されている。

データの収集・帰属計算手続 面接調査では、連続した5期において各期一度の面接を受ける消費者単位との個人面接によってデータを収集する。高額支出や頻発的支出といった、回答者が3ヵ月あるいはそれ以上の期間思い出せる様な情報を収集するように意図されている。ダイアリー調査では、回答者が連続する2週分の自己報告用ダイアリーに自身の全支出を記録する。こちらは、詳細にわたる食費等の長期になると思い出しにくい項目を取り上げている。欠測値あるいは無効な属性や支出については帰属計算される。所得、資産、債務は、帰属計算されない。合衆国センサス局は、労働統計局用のデータも収集している。

標本誤差の推定 標準誤差一覧は2000年から入手可能。

非標本誤差 回答者からの不正確な情報、データ処理ミス、面接調査員のミス等々を含む。これらは、デー

タ収集が単一標本からか母集団全体からかに関わらず発生する。
補足資料　Bureau of Labour Statistics; 〈http://www.bls.gov/cex〉

Consumer Price Index（CPI：消費者物価指数）

母集団、調査頻度、データ項目　1978年より前の都市賃金獲得者と事務職従事者、それ以降は都市消費者が購入する、あらゆる形態の財およびサービスの価格変化に関する毎月調査。両指数とも継続して公表されている。
データの収集方法　1978年より前および1998年からは87の都市部における各種の消費品目、1978〜1997年は85の第1次標本単位における標本調査。ただし、1987年1月から1988年3月は91の地域より標本抽出。
データの収集・帰属計算手続　消費品目の価格は、87地域の約25,500の小売店舗と約4000世帯から毎月収集されている。食料、燃料およびその他の数項目は毎月収集。ほとんどの財、サービスの価格は、3大地域で毎月収集、その他の価格は2ヵ月ごとに収集。
標本誤差の推定　標本誤差の推定値は、現時点では入手可能。
非標本誤差　不正確な報告、概念の明確化やその作業実行上の問題、および品目属性の変更や新たな品目の導入等による誤差。
補足資料　U.S. Bureau of Labor Statistics, 〈http://www.stats.bls.gov/cpi/home.htm〉および *BLS Handbook of Methods*の第17章; 〈http://www.bls.gov/opub/hom/pdf/homch17.pdf〉

Current Employment Statistics（CES）Program（雇用統計プログラム）

母集団、調査頻度、データ項目　約890万以上の雇用保険税負担事業者を対象とした毎月調査。産業別の雇用状況、就労時間、所得のデータを収集。
データの収集方法　2009年には、140,000の民間および政府機関を標本としており、およそ410,000の就労所を代表している。
データの収集・帰属計算手続　労働統計局データ収集センター以外にも、州政府機関が労働統計局と協力して様々な自動化された収集方法やメールによって毎月データ収集に当たっている。労働統計局ワシントン支局のスタッフが、雇用、労働時間、所得の国全体の推計を取りまとめ、各州はそのデータを用いて州と地域の推計を進展させている。
標本誤差の推定　総非農業雇用に関する相対標準誤差は0.1%。2008年4月から2009年3月までの累積の出生/死亡モデルは779,000の増加。
非標本誤差　完全母集団を反映するために毎年補正される雇用の推計。ここ10年間の補正率は0.15%未満から0.7%未満の範囲で、平均値は0.3%。
補足資料　U.S. Bureau of Labor Statistics, *Employment and Earnings*（月刊）、Explanatory Notes and Estimates of Error, 表2-Aから2-F; 〈http://www.bls.gov/web/cestntab.htm〉

National Compensation Survey（NCS：全国報酬調査）

母集団、調査頻度、データ項目　NCSは、雇用の規模を問わず、民間企業と州・地方政府のすべての事業所からデータを収集する。調査は地域別および産業別にデータを階層化する。NCSは労働スケジュール、賃金給与および被雇用者給付の雇用者負担についてデータを収集する。約80の大都市地区と全国について、NCSはあらゆるレベルの様々な職種の労働者の賃金と給付に関する情報を提供する。NCSはまた四半期毎に2つの指数を発表する。1つは雇用費用指数（Employment Cost Index：ECI）で、雇用の費用の変化をパーセンテージで表わす。もう1つは被雇用者給与の雇用者費用（ECEC）で、これは労働時間1時間あたりの個人の給付費用を計測するものである。NCSはデータを、産業部門別、産業グループ別、職種別、労働協約別、大都市地域別、センサス地域別、センサス部門別に提供する。ECECは事業所規模別のデータも提供する。

データの収集方法　調査対象の事業所は、雇用の確率比例サンプリングに基づく調査によって選択される。NCSはこの標本を連続ベースに置き換える。民間産業の事業所は約5年間調査対象となる。

データの収集・帰属計算手続　データ収集の最初の手続きは事業所への訪問である。四半期毎に、郵便、ファックス、電話で連絡をとって、データが更新される。個人給付金について帰属計算が行なわれる。

標本誤差の推定　NCSは出版物の評価に標準誤差を用いている。標準誤差については〈http://www.bls.gov/ncs/ect/home.htm〉を参照。

非標本誤差　非標本誤差の原因となるものは多数ある。最も大きい原因は、(1) 調査への非回答、および (2) データの収集時および処理時の誤差、である。非標本誤差は計測されない。品質保証プログラムの利用によって非標本誤差発生の可能性を減少させることができる。このプログラムには、再インタビュー、インタビューの観察、報告書を系統的に専門家がチェックすること、が含まれる。またこうしたプログラムは、担当エコノミスト（またはデータ収集者）が誤差をフィードバックできる訓練装置としても機能する。品質保証プログラムは、誤差の源泉に関する情報も提供する。この情報は誤差を減少させるための改良手段として利用される。NCSはデータ収集における高い基準を維持するため、エコノミストの集中訓練も実施している。

補足資料　Bureau of Labor Statistics, *BLS Handbook of Methods*の第8章；〈http://www.bls.gov/opub/hom/pdf/homch8.pdf〉

Producer Price Index（PPI：生産者物価指数）

母集団、調査頻度、データ項目　製造業企業を対象とする毎月調査。合衆国内の1次市場で取引するために生産される全商品の価格変化を調査。データは、農業、林業、水産業、製造業、鉱業、ガス・電力事業、建設業、公共事業、卸売業、小売業、輸送業、健康産業、およびその他のサービス業にわたる。

データの収集方法　約30,000の事業所を対象とする確率比例抽出法。1ヵ月あたり約120,000の価格データを入手。

データの収集・帰属計算手続　データは郵送・ファックス調査により収集。価格データのない場合には、類似の製品またはサービスの価格についての回答から推計。一部の価格については、流通に関する出版物、商品取引団体、政府機関から入手。算出方法として、価格変化に、製造業センサスから得られる2002年出荷額に基づく相対ウエイトをかけている。

標本誤差の推定　該当する問題はなし。

非標本誤差　現時点では入手不能。

補足資料　U.S. Bureau of Labor Statistics, *BLS Handbook of Methods*, Bulletin 2490の第14章；U.S. Bureau of Labor Statisticsのサイト〈http://stats.bls.gov/ppi〉

BOARD OF GOVERNORS OF THE FEDERAL RESERVE SYSTEM
連邦準備制度理事会

Survey of Consumer Finances（消費者金融調査）

母集団、調査頻度、データ項目　世帯に対する定期的な標本調査。本調査では、対象となる世帯を、1次経済単位とその他の経済単位に分割する。1次経済単位となるのは個人であり、家の名義人あるいは賃貸契約者である個人またはカップルが選ばれる。その他の世帯構成員はその個人またはカップルに経済的に依存している。1次経済単位は、参照世帯として用いられる。本調査では、世帯の収支の構成、ローンの条件、金融機関との関係等についての詳細なデータを収集している。また、回答者およびその配偶者（配偶者と見做される者も含む）に関する、職歴、年金についてもデータを収集している。

データの収集方法　標本となる世帯は2種の方法で選択される。第一は50州からの標準多段確率比例抽出による選定、第二は徴税のデータによる選別である。第二の方法については、守秘義務に関する厳しい規定があり、また回答者は調査への参加を拒否する権利が認められている。

データの収集・帰属計算手続　1992年から、シカゴ大学の世論研究センター（National Opinion Research

Center: NORC) が調査している。1995年からはコンピュータを用いたインタビューを行なっている。無回答による誤差の調整は、回答を得られなかった質問を帰属方法で自動的に処理し、また調整を拒否した標本世帯のデータを基にウエイトをかけて処理する方法をとっている。

標本誤差の推定 調査項目が複雑なため、標本誤差の推定が困難。複製ベースの過程は入手可能。

非標本誤差 4,500の面接調査で当該地域の標本の3分の2をカバーしようとするもの。地域別確率比例抽出法による標本の回答率は70％、徴税のデータから抽出された標本の回答率は約35％。面接実施者に対して適切な訓練を施し、質問の組立を慎重に行ない、結果の編集を機械的に行なうことにより、回答の不確かさを軽減する努力がなされている。

補足資料 Board of Governors of the Federal Reserve System, "Recent Changes in Family Finances: Evidence from the Survey of Consumer Finance," *Federal Reserve Bulletin* (2010年); <http://www.federalreserve.gov/Pubs/Bulletin>

U.S. CENSUS BUREAU
センサス局

2007 Economic Census（2007年経済センサス）

Industry Series, Geographic Area Series および Subject Series Reports（NAICS分類の部門21〜81を対象とする）

母集団、調査頻度、データ項目 5年毎に実施される、事業所数、従業員数、給与支払規模、総売上、収入およびその他の産業ごとの状況を示すデータを収集する調査。母集団は、農林水産業、狩猟および政府を除く、雇用、非雇用事業所。2007年の変更点は、センサスの指定地（未統合地域）を含んだ作成、事業主統計の拡大、フランチャイズについてより多くの産業データを拡充、北米製品分類（NAPCS）への準拠、である。

データの収集方法 給与支払規模によって、雇用企業を大企業と小企業に分類し、大企業に関しては悉皆調査、小企業に関しては5〜25％の標本調査。従業員のいない企業についてはセンサスに回答する義務なし。

データの収集・帰属計算手続 郵送調査。無回答については郵便と電話により追跡調査。事業者は、インターネットを通じて回答することもできる。無回答または質問票を郵送しなかった小雇用企業については他の政府機関の行政記録からデータを入手するか、帰属計算を用いる。

標本誤差の推定 売上高、収入、給与等について、該当する問題はなし。

非標本誤差 2002年NAICS部門別の事業所回答率は80〜89％。非標本誤差は、データ収集、報告、データ入力および産業分類間違いに起因する。

補足資料 U.S. Census Bureau, <http://www.census.gov/econ/census07/www/methodology/>

American Community Survey（ACS：アメリカンコミュニティサーベイ）

母集団・調査頻度・データ項目 住民、世帯、住宅単位について、人口統計的特徴、社会的特徴、経済的特徴、住宅特徴を収集する全国調査。世帯人口を調査対象とし、2006年以降、矯正施設、介護施設、兵舎、大学寮、その他の集団居住施設に居住する人口を含む。

データの収集方法 8月と1月に年2回実行されます。第一段階の母集団は、2つの手順を経て第二段階の母集団を形成する。まず、過去4年間に第二段階の標本として抽出された世帯をすべて除外する。これによって5年間に2度以上標本となる世帯がなくなる。次に、新規世帯(以前の標本世帯台帳〔Master Address File: MAF〕に載ったことない世帯）から20％を機械的に抽出し、その年度の標本世帯と4つのバックアップに分ける。この手順を母集団の5グループ（20％ずつ5つ）について繰り返す。標本収集の第一段階は、合衆国の約300万世帯とプエルトリコの3万6000世帯について、主要抽出・補助抽出を行なう。標本抽出は、少人数（15人以下）と大人数（15人以上）の施設にわけて実施されるが、目標率は双方ともに、集団居住施設人口の2.5％の標本抽出である。合衆国内で約20万、プエルトリコで1,000の

集団居住施設が選ばれる。

データの収集と帰属計算手続　毎月実施される独立標本調査。住居のデータの収集方法は3段階で行われる。郵便、電話、訪問調査である。第一段階では、独立した月間標本の各住宅単位に対して、回答提出用の住所選択を告知する予告文書、調査質問票セット、および督促はがきが郵送される。最初の質問票が所定期日までに返送されなかった場合、これらの標本単位にもう１つの（代用）質問票セットが送られる。郵送された質問票に回答して返送するシステムをとる調査地域では、電話番号のわかる無回答標本単位を、電話による無回答追跡調査の対象母集団としている。これらの郵便調査に対する無回答に関しては、調査員が連絡を取って聴き込み調査を試みている。第三段階では質問票郵送から２ヵ月が経過した時点、および電話による追跡調査の完了直後の時点でまだ応答がない全地域の標本単位は、２つのうちの１つと３つのうち１つの間の割合で副次抽出される。抽出された無回答標本単位は、実地調査員に割当てられる。各調査員は標本単位を訪問し、標本単位の存在確認または存在しない旨の申告、職業の特定、および面接調査を行なう。郵送した質問票に回答がない、あるいは電話調査ができなかった場合でも、住所が判明している場合には、2分の1、5分の2、あるいは3分の1が標本となる。この割合は、地域レベルで完全な調査結果を得るために必要とされる割合に決定される。郵送可能な住所がない場合でも3分の2が標本とされる。集団居住施設のデータ収集は、現場の代表者によって実施される。その方法は、居住者と面談あるいは電話で話しながら質問表を埋める、親戚や保護者等の代理人との面談によってデータを収集する、質問用紙を各居住者に渡して記入済みのものを回収する、等がある。最後の方法は、連邦刑務所でのデータ収集に用いられる方法である。データ収集終了後、不完全もしくは不整合な報告は、収集データの最終的な自動編集の過程で帰属計算される。

標本誤差の推定　ACSのデータは、同一手法を用いて全母集団を調査した場合に得られたと仮定する実数の推計値である。特定標本からの推計値も、住宅単位やその住民に関するその他の標本とは異なる。

非標本誤差　標本誤差に加えて、調査データの収集や処理に用いられる種々の複雑な作業のいずれの過程にも、その他のタイプの誤差が発生する可能性のあることを承知しておく必要がある。ACSにとって大切な目標の１つは、標本住宅単位の無回答から発生する非標本誤差の最小化である。これを実現する方法の１つとして、郵便調査に対する無回答者の追跡調査がある。

補足資料　U.S. Census Bureau, Amerifcan Community Surveyのウェブサイト〈http://www.census.gov/acs/www/index.html〉; U.S. Census Bureau, American Community Survey, Accuracy of the Dataの文書は、〈http://www.census.gov/acs/www/data_documentation/documentation_main/〉で閲覧できる。

American Housing Survey（AHS：アメリカ住宅調査）

母集団、調査頻度、データ項目　奇数年の秋に実施の全国調査。集団施設を除く合衆国内の約１億2400万件の居住住宅と空家のデータ。居住住宅の諸特徴、空家、新規建設住宅と移動住宅、財務上の諸特徴、転居、居住環境、光熱エネルギーのデータを収集。

データの収集方法　2005年の全国標本は、面接調査に適当な約57,000件を対象とする多段階確率抽出法による。標本住宅は394の第１次標本単位から抽出され、４ヵ月以上にわたり調査対象となる。

データの収集・帰属計算手続　2005年の調査は、全てが面接調査による。調査員は居住者または空家の場合は地主、不動産会社、近隣の住人等に接触してデータを収集。

標本誤差の推定　全国標本の標本誤差の推定については、2005年版の付録Dにそれぞれ解説が付記されている。

非標本誤差　回答率は約90％。非標本誤差としては、不正確・不完全な回答、コーディング・記録上のエラー、手続上のエラーが考えられる。2005年版の付録Dに、誤差に関する詳細な論議が示されている。

補足資料　U.S. Census Bureau, *Current Housing Reports*, series H-150, H-170, American Housing Survey; 〈http://www.census.gov/hhes/www/ahs.html〉

Annual Survey of Government Employment and Payroll（連邦政府公務員雇用および給与年次調査）

母集団、調査頻度、データ項目　この調査は、州・地方政府および連邦政府公務員（軍人を除く）の雇用と給与について、3月12日を含む給与計算期間を対象にして集計している。この調査はすべての州・地方政府のセンサスが実施される「2」と「7」で終わる年度を除き、毎年実施される。常勤および非常勤の雇用、非常勤雇用の労働時間、フルタイム換算の雇用、給与統計を、公務員の職種別（初等・中等教育、高等教育、警察、消防、財政、人事、法務、道路、福祉、固形廃棄物処理、下水道、公園・レクリエーション、保健、病院、上水道、電力、ガス、輸送、天然資源、矯正施設、図書館、空輸、水運・港湾、その他の教育、州管轄の種類販売店、社会保険運営、住宅・コミュニティ開発）に集計する。

データの収集方法　標本は2002年政府センサスから得られる、約11,000の地方政府である。これらの標本は、83,767の地方政府（郡、市、町、特別区、学校区）と50の州政府およびコロンビア特別区が含まれる抽出枠から抽出される。この抽出枠は、財政年次調査の抽出枠とは少し異なっている。42の州政府が、その機関や組織のすべてあるいは大半について給与記録のデータを中央データベースに提供している。その他の州政府の政府管轄機関・組織のデータは、質問表を郵送して得ている。地方政府についても同様に質問表が郵送される。しかし、フロリダ、ノースダコタ、ワシントン各州の初等・中等教育制度のデータは、それぞれの州の州教育局の特別な手配によって提供される。質問表を受け取ったすべての回答者は、データの報告のために用意されたウェブサイトを通じて回答することもできる。州管轄の機関および地方政府の回答者の約26%は、ウェブサイトを通じて回答することを選択した。

データの編集と帰属計算手続　編集：編集はデータの正確性を高めるためのプロセスである。データの収集、処理、作表の各段階で、エラーを最小限にするための努力がなされている。インターネット上でのデータ収集プログラムやデータ入力プログラムでも多少の編集は行なわれるが、編集のほとんどはセンサス局のデータベースにデータがロードされた後で行なわれる。編集には主として2つのタイプがある。1つは、報告されたデータの値を前年度の値と比較して、その整合性や割合を見るもので、データ項目の論理的整合性をチェックする。たとえば、職種別雇用の項目に数値があったならば、給与についても数値がなければならない。非常勤雇用とその給与のデータが報告されているのならば、非常勤雇用の労働時間も報告されなければならない、といったことである。当該年度と前年度の比較は、雇用の数、その職種、および平均給与について行なわれる。データの数値が著しく減少している場合には、その項目には再検討のマークがつけられる。もう1つは、財政年次調査のデータを、本調査に報告されたデータと比較して、さらなるチェックを行なうものである。本調査に報告された公務員の職種別のデータを、財政調査の対応する支出データで確認するのである。どちらの編集も、編集の結果はアナリストによって再検討され、必要があれば調整される。アナリストが編集結果について納得できない場合、回答者に連絡をとってデータの確認または訂正が求められる。

　帰属計算手続：すべての回答者が、質問表のすべての項目に回答しているわけではない。回答率をあげるためのあらゆる努力にもかかわらず、回答そのものがない場合もある。帰属計算は、完全なデータセットを得るために、データの欠落や不備を埋めるための手順である。一般政府や学校については、時系列で最新のデータに基づいて帰属計算を行なう。年次調査前年度のデータまたは可能であれば最新のセンサス値である。これらのデータは、規模、地理的環境、政府の種別が非回答者と似通った標本の成長率を参考にした成長率で調整される。最近の時系列データが入手できない場合は、非回答者と似通った標本からランダムに選んで帰属計算を行なう。参照される標本データは、各データ項目毎に、標本の人口（または就学者数）で割り、その結果に非回答者の人口（または就学者数）をかけて調整される。特別区については、前年度のデータがあれば、全国の成長率によってそのデータを伸長する。そうでない場合はゼロとする。データの入手先として適当な2次資料がある場合には、その資料のデータを使用する。

標本誤差の推定　推計されるすべての変数の相対標準誤差はウェブサイトの表に示される。合衆国政府および州・地方政府レベルの、フルタイム換算の総雇用と給与総額の推計値については、ほとんどの相対標準誤差が通常1%未満であるが、種々の特徴別の推計値についてはかなり大きく変動する。

非標本誤差　データの収集、処理、作表のすべての段階であらゆる努力がなされているにもかかわらず、標本データは、標本中のすべての単位においてすべての変数を得ることができない、分類の誤り、回答の誤り、質問の解釈の誤り、キー操作の誤り、コード入力の誤り、適用範囲の誤り等のさまざまな非標本誤差の影響を受ける。同様のことがセンサスのデータ収集にも起こるので、標本の調整段階で、推計および帰属計算に用いられる政府センサスのデータにも非標本誤差は影響を与えている。

補足資料　<http://www.census.gov/govs/www/apes.html> および <http://www.census.gov/govs/www/apesstl06.html>

Annual Survey of Government Finances（連邦政府財政年次調査）

母集団、調査頻度、データ項目　合衆国センサス局は法（合衆国法典第13編第182条）の下に、政府財政年次調査を実施している。「2」と「7」で終わる年については、代わりに5年毎の政府センサスが実施され、この中に財政調査も含まれる（第13編第161条）。調査対象には合衆国のすべての州・地方政府が含まれる。センサスと年次調査における財政のデータ項目は等しく、政府の財務活動（歳入、歳出、負債、資産）について、その全容が把握できるようになっている。

データの収集方法　年次調査のデータ収集は2つの方法で行なわれる。質問表の郵送と、各州が中央のデータベースに送る資料によるものである。28州については、センサス局と州政府機関との協力ができあがっていて、地方政府の一般会計のデータについては、すべてあるいは一部を入手することができる。これらは双方の必要に応じて行なわれるデータ収集によるもので、州政府機関は会計、監査、情報として、センサス局は統計目的でデータを収集する。本調査における地方政府の財政収支データは、郡・市・町・特別区・学校区の政府に直接質問表を送付して得られたものである。学校区のデータは、州政府の教育局の協力を得て収集する。州政府のデータは、通常は州政府の協力により、センサス局のアナリストによって編集される。データは州政府の会計、予算およびその他の報告書（書類と電子資料）から編集される。編集には、州の財務記録を、センサス局が報告に用いる分類に応じて再編集することが含まれる。

データの収集と帰属計算手続　調査は郵送調査（非回答者への再郵送を含む）。すべての非回答項目についての帰属計算は、前年の報告書、新しい政府の場合には状況の似通った政府のデータを基に行なわれる。

標本誤差の推定　本調査の地方政府統計は標本調査によるものである。したがって、地方の計は、州-地方の合計などと同様、標本誤差を含む推計値である。この調査で示す州-地方の合計は、各地方政府別推計値よりも（相対標準誤差の観点から）信頼性が高い。地方政府データの合衆国計の大半の推計値は、0.5％未満の標本抽出時の誤差がある。州-地方政府の合計は通常3％未満の標本抽出時の誤差がある。

非標本誤差　推計値はまた、不正確な分類・回答・処理によって影響を受ける。データの収集、処理、作表のあらゆる段階で、誤差を最小にすべく努力がなされるが、欠落したデータの推計、誤った報告による誤差、分類ミス、報告に含まれるべきすべての項目を認識することの困難、等により誤差が生まれる。検証、演習、政府職員によって報告されたデータの導入などによって、これらの誤差も最小にすべくあらゆる努力がなされている。

補足資料　<http://www.census.gov/govs/index.html> および <http://www.census.gov/govs/state/index.html>

Annual Survey of Manufactures（ASM：製造業年次調査）

母集団、調査頻度、データ項目　製造業年次調査（ASM）は、「2」と「7」で終わる年を除いて、有給従業員のいるすべての製造事業所を対象に毎年実施される。ASMの目的は、製造業の活動、製品、公的／民間部門の場所について、センサス間の情報を得ることである。ASMにより、雇用、給与、労働時間、給与外手当、原材料賃、付加価値、資本支出、在庫、エネルギー消費に関する統計が得られる。また1,800種の製造業製品の出荷額の推計値も得られる。

データの収集方法　ASMでは、センサスの母集団である346,000製造業事業所から約50,000を選んで対象とする。そのうち24,000の規模の大きい事業所は確実性、26,000は雇用規模による確率比例抽出。調査は2つの資料によってアップデートされる。内国歳入局の行政記録からは新規参入の単体製造業者のデータ、Company Organization Surveyからは複数のユニットを持つ会社の新設事業所のデータが得られる。

データの収集・帰属計算手続　調査は郵便調査により、無回答については郵便と電話による追加調査を実施。すべての無回答に対する帰属計算は、前年度の調査に基づく。新規製造業者の場合は、業界の平均値に基づく。

標本誤差の推定 雇用者数、新規支出、付加価値合計に関する推計変動係数は、各年の刊行物において公表されている。全国レベルの工業統計については、推計される相対標準誤差は2％未満である。しかし、より詳細な分類別のデータについては、標準誤差は大きく異なる。
非標本誤差 回答率は約85％。非標本誤差としてデータの収集・報告・転載の際のエラーが考えられるが、これらの多くはコンピュータ・チェックとデスク・チェックにより訂正されている。
補足資料 U.S. Census Bureau, *Annual Survey of Manufactures*, および Technical Paper 24

Census of Population（人口センサス）

母集団、調査頻度、データ項目 合衆国の全人口を対象とする悉皆調査。1790年以降、10年毎に実施。人口数と居住者の諸特徴に関するデータを収集。
データの収集方法 1900年と2000年のセンサスにおいては、データが100％得られた項目は、年齢、生年月日、性別、人種、ヒスパニック、世帯主との続柄。1980年に全住宅の約19％を、1990、2000年は17％を対象とする標本を含む。
データの収集・帰属計算手続 1980、1990、2000年は郵便調査が用いられたが、残りの年度には面接調査も広範囲に行なわれた。各センサスでは、無回答者に対して電話と面接による広範囲な追跡調査が実施された。欠測項目に関しては帰属計算された。
標本誤差の推定 標本誤差は標本抽出によって収集された全データについて推定され、項目および地域によって異なる。全国、州別のデータに関する推定変動係数（CVs）は、一般に非常に小さい。
非標本誤差 1950年以来、回答におけるバイアスやカバレッジの不足等の非標本誤差の大きさについての情報を提供するため評価手続きが行なわれてきた。1990年センサスについての評価の結果、カバレッジは前年度までに比して大幅に改善されたことが示されている。1990年における人口統計分析の純誤差は1.5％であると推定される。2000年センサスの評価手続きには居住人口の0.5％の過大評価が含まれる。
補足資料 U.S. Census Bureau, *The Coverage of Population in the 1980 Census, PHC80-E4 ; Content Reinterview Study : Accuracy of Data for Selected Population and Housing Characteristics as Measured by Reinterview*, PHC80-E 2 ; 1980 *Census of Population*, vol. 1.（PC80-1），付録B, C, D. *1990 Census of Population and Housing, Content Reinterview Survey: Accuracy of Data for Selected Population and Housing Caracteristics as measured by Reinterview*（1990年），CPH-E-1; *Effectiveness of Quality Assurance*, CPH-E-2, *Programs to Improve Coverage in the 1990 Census*（1990年），CPH-E-3; 2000年センサスについては <http://www.census.gov/pred/www>

County Business Patterns（全国企業パターン）

母集団、調査頻度、データ項目 センサス局が作成、更新する、事業所（単一および複数）を有するすべての会社を網羅したリスト（標準統計企業リスト）から基本的なデータ項目について年毎に集計。事業所の数、従業員数、第一四半期および年間の給与支払い総額、雇用規模別事業所数等のデータを含む。自営業者、家庭内サービス労働者、鉄道員、農場労働者、公務員はデータに含まれない。
データの収集方法 毎年実施される企業組織調査により、複数事業所を有する企業の個々の事業所についてのデータが収集される。単一事業所企業に関してはセンサス局の実施する数々のプログラム（製造業調査や景気調査）からデータが得られる。また、内国歳入局や社会保障局の行政記録、労働統計局からもデータを得ている。
標本誤差の推定 該当する問題はなし。
非標本誤差 データは非標本誤差を含む。非標本誤差とは、母集団のすべてについて把握することが不可能であること、定義や分類の誤差、質問の解釈の誤り、収集したデータの記録やコード入力の誤り、雇用者の報告が遅すぎて編集に間に合わない場合の推計、欠落したデータや明らかに間違っていると思われるデータの推計等である。
補足資料 U.S. Census Bureau, *General Explanation of County Business Patterns* <http://www.census.gov/econ/cbp/index.html>

Current Population Survey（CPS：毎月人口調査）

母集団、調査頻度、データ項目　全国の毎月標本調査。16歳以上非施設収容人口の労働力としての諸特徴を全国および州別に推計するために行なわれる。

データの収集方法　824の標本地域における7万2000世帯の多段階確率標本。いくつかの州においては、年次平均ベースでのデータの信頼性を高めるために標本が増加した。継続標本調査を実施、標本世帯は4ヵ月間調査対象となり、8ヵ月の間をおいて再び4ヵ月間、調査対象となる。毎月継続して調査対象となる世帯は全標本の75%、毎年継続して調査対象となる世帯は全標本の50%。

データの収集・帰属計算手続　標本世帯が新たに抽出される1ヵ月目と5ヵ月目は面接抽出、その他の月は電話調査により、回答率は約85%。帰属計算は、特定項目に対する無回答について実施。完全無回答についての補正は、大都市統計地区（MSA）の規模と特徴別に、あらかじめ定義された標本単位の一団ごとに行なわれる。特定項目に対する無回答についての帰属計算は、項目の内容によって様々である。

標本誤差の推定　民間労働力と雇用の全国計の推計値の変動係数は、月間値で約0.2%、年間平均で約0.1%。失業は数値がかなり小さいこともあって、民間労働力や雇用よりも変動係数は大きくなる。全国の失業率は、毎月人口調査の最重要統計であり、月別データで約2%、年間平均で約1%の変動係数。失業率6%と仮定すると、州の変動係数は年間平均で約8%。家計所得と貧困水準に関する2005年の推定変動係数（CVs）は、それぞれ0.4%と1.2%。全米統計に準ずる州等のデータに関する推定変動係数はこれにより大きくなると推定されるが、その大きさは地域によって異なる。

非標本誤差　非雇用者の回答におけるバイアスは推定不能。失業率推計値については、毎月人口調査による失業率の−2.4%から1%が再調査によるものである（2004年1月から2006年6月までの30ヵ月以上）。標本世帯の約82%が毎月人口調査対象となり、回答率は92%。

補足資料　U.S. Census Bureau,　および Bureau of Labor Statistics, *Current Population Survey*; Design and Methodology, (Tech. Paper66)，インターネット ⟨http://www.census.gov/prod/2006pubs/tp-66.pdf⟩。Bureau of Labor Statistics, ⟨http://www.bls.gov/cps/⟩ および *BLS Handbook of Methods,* 第1章，インターネット ⟨http://www.bls.gov/opub/hom/homch1_a.htm⟩

Foreign Trade − Export Statistics（外国貿易 — 輸出統計）

母集団、調査頻度、データ項目　合衆国税関国境警備局の収集する輸出申告書類は合衆国の商品貿易の変化を見るための資料として毎月処理されている。商品別、輸出相手国別、輸送方法別、および管轄税関別の、輸出額、輸出量、出荷重量が集計される。

データの収集方法　2500ドル超の商品を輸出する際には輸出申告書類（ペーパーまたは電子ファイル）の提出が義務付けられる。2501ドル未満の出荷については、国毎にパーセンテージが定められており、その比率に従って推計される。

データの収集・帰属計算手続き　輸出申告書類は全国の税関から毎日転送され、月毎に集計される。2500ドル超の輸出については完全な集計処理がなされる。2500ドル以下の出荷については国毎に定められたパーセンテージに従って推計される。

標本誤差の推定　該当する問題はなし。

非標本誤差　データは税関による全書類に基づいているため標本誤差はないが、いくつかの非標本誤差がある。品質確認は収集、加工、集計のあらゆる過程で行なわれるが、非標本誤差は排除されない。最も主要な原因は、報告ミス、書面で申告されない出荷、適時性、データ補足時のミス、小ロットの輸送における推計誤差である。輸出データに影響する誤差に関するさらなる情報については ⟨http://www.census.gov/foreign-trade/Press-Release/currentpressrelease/explain.pdf⟩ を参照。

補足資料　Effect of Mandatory Electronic Filing on Export data, ⟨http://www.census.gov/foreign-trade/aip/mandatoryelectronicfiling.html\⟩, U.S. Census Bureau, FT 900 U.S. International Trade in Goods and Services, FT 925 (discounted after 1996), U.S. Merchandise Trade, FT 895 U.S. Trade with Puerto Rico and U.S. Posses-sions, FT 920 U.S. Merchandise trade: selected highlights および ⟨http://www.census.gov/ft900⟩ の財・サービスに関する情報セクション

Foreign Trade - Import Statistics（外国貿易 — 輸入統計）

母集団、調査頻度、データ項目 合衆国税関国境警備局が収集する輸入通関書類は毎月集計されて、合衆国に輸入された商品の動きを表わすデータが得られる。商品別、相手国別、管轄税関別、および輸送方法別の輸入の額、量、重量のデータが集計される。

データの収集方法 2000ドル超の商品と輸入手続きを必要とする品目の合衆国への輸入は、輸入申告書類（ペーパーまたは電子ファイル）の提出を義務付けられる。合衆国税関国境警備局はフローベースのデータ編集のため、書類のコピーを毎日センサス局に送っている。2001ドル未満の輸入と輸入申告を必要としない輸入については、国毎に総計のパーセンテージが定められており、その比率に従って推計される。

データの収集・帰属計算手続き 輸入申告書類は全国の税関から毎日転送され、月毎に集計される。2001ドル以上の輸入および申告を必要とする輸入については完全な集計処理がなされる。

標本誤差の推定 該当する問題はなし。

非標本誤差 データは税関による全書類に基づいているため標本誤差はないが、いくつかの非標本誤差がある。品質確認は収集、加工、集計のあらゆる過程で行なわれるが、非標本誤差は排除されない。最も主要な原因は、報告ミス、書面で申告されない出荷、適時性、データ補足時のミス、小ロットの輸送における推計誤差である。輸入データに影響する誤差に関するさらなる情報については〈http://www.census.gov/foreign-trade/Press-Release/current_press_release/explain.pdf〉を参照。

補足資料 U.S. Census Bureau, FT 900 U.S. Inter-national Trade in Goods and Services, FT 925 (discounted after 1996), U.S. Merchandise Trade, FT 895 U.S. Trade with Puerto Rico and U.S. Possessions, FT920 U.S. Merchan-dise Trade: selected highlights および〈http://www.census.gov/ft900〉の財・サービスに関する情報セクション

Monthly Retail Trade and Food Service Survey（小売業および食品サービス業月次調査）

母集団、調査頻度、データ項目 業種別に小売業、食品サービス業の月間売上高推計値および小売店の月末在庫を収集する。

データの収集方法 リスト・フレームにある全企業から確率抽出。リスト・フレームは、センサス局の企業登録簿、四半期毎に内国歳入局が刊行する『Employer Identification Numbers』の最新版である。業種別は社会保障局により決定される。大企業は毎月調査の対象となる。その他については毎月標本調査。

データの収集・帰属計算手続 郵送調査、無回答については電話、FAXでフォローする。無回答または疑問のある回答については、項目毎に帰属計算。

標本誤差の推定 2006年の月次調査の変動係数は、小売業総売上高について約0.4％、小売業総在庫について0.7％。標本抽出時の誤差については毎月の刊行物に明記。

非標本誤差 帰属計算の割合は、月間小売、食品サービス売上高で22％、月間小売在庫で29％。

補足資料 U.S. Census Bureau, *Current Business Reports*, Annual Revision of Monthly Retail and Food Services: Sales and Inventories

Monthly Survey of Construction（建設業月次調査）

母集団、調査頻度、データ項目 新規建設された住宅を対象とする毎月調査（移動住宅を除く）。建設着工、完成、販売のデータを収集（年間数値は、毎月の推計値の合計）。

データの収集方法 合衆国内の20,000の認可発行管轄区域から約900を多段確率標本抽出する。

データの収集・帰属計算手続 無回答／カバレッジ不備を補足するために、最新の報告データを参考にして調整している。

標本誤差の推定 新規着工物件に関する推定確率変動係数は5〜6％であるが、集合住宅建物といったより詳しい特徴別の推計については20％以上となる。

非標本誤差 回答率は、ほとんどの項目で90％以上。非標本誤差としては、定義上の問題、質問の解釈

の相違、不正確な報告、標本から必要な情報を入手できない場合、手続上の誤差等に起因するものがあげられる。

補足資料 すべてのデータはインターネットから入手可能。<http://www.census.gov/starts>,<http://www.census.gov/const/www/newressalesindex.html> あるいは <http://www.census.gov/const/www/newsresconstindex.html>。調査のより詳細な内容も閲覧可能。

Nonemployer Statistics（非雇用者統計）

母集団、調査頻度、データ項目 非雇用者統計は、連邦個人所得税の対象となる賃金支払を受ける従業員のいない活動中の企業に関する産業別経済データの年次統計資料。企業数と収入を産業別に示したデータは、連邦、州、郡、および主要都市エリアについて入手可能。非雇用者統計には、センサス局の経済統計プログラムで扱われる大多数のタイプの企業が含まれているが、非課税企業と農業生産企業は除外される。

データの収集方法 非雇用者企業の母集団は、雇用者企業に関するセンサス局企業登録簿整備処理の副産物として毎年新たにつくり出される。ある企業が活動中であっても賃金支払のある従業員がいなければ、潜在的な非雇用者母集団の一部となる。各潜在的非雇用者企業に関して、産業分類と所得額が入手可能。これらのデータは、主として国税庁の法人所得税納税申告から得た。潜在的非雇用者の母集団は、センサス局での複雑なデータ処理、編集、および分析的再調査手続を経ることによって、雇用者と非雇用者を識別し、データ表作成に用いられるデータ項目を正確かつ完全なものにしている。

標本誤差の推定 該当する問題はなし。

非標本誤差 データは非標本誤差を含む。産業分類の誤り、回答の間違い、入力ミス、未報告、カバレッジの誤り等が原因である。

補足資料 U.S. Census Bureau, Nonemployer Statistics: <http://www.census.gov/epcd/nonemployer/index.htm>

Service Annual Survey（サービス業年次調査）

母集団、調査頻度、データ項目 統計局による調査であり、主要なサービス業の課税対象企業および非課税企業の収入、支出、主要なサービス業の支出についての全国的な推計値を提供する。2002年北米産業分類（NAICS）に基づく。本調査の対象となる産業は、以下に示すNAICS分類の一部または全部である：公益事業（NAICS22）；輸送および倉庫業（NAICS48-49）；情報（NAICS51）；金融・保険（NAICS52）；不動産および賃貸（NAICSS53）；専門、科学、技術サービス（NAICS54）；管理、支援、廃棄物処理および再生サービス（NAICS56）；教育サービス（NAICS61）；保健および社会保障（NAICS62）；芸術、エンターテインメント、レクリエーション（NAICS71）；その他のサービス、行政を除く（NAICS81）。収集されたデータには、総収入、総支出、支出の内訳、e-コマース取引が含まれる。また主要産業についてはサービス製品別の収入、輸出による収入および在庫のデータも含まれる。非営利事業が大きな部分を占める産業については、課税対象企業および連邦所得税非課税企業・組織を分離して推計する方法が用いられる。本調査の質問票は1月に郵送され、前年の暦年データを収集する。郵送開始から約12ヵ月後にデータは公刊される。

データの収集方法 サービス業年次調査の推計値は、雇用者である企業の確率標本抽出および非雇用企業の行政記録から導かれる。質問票は、合衆国内の有給従業員のいる事業所から定期的に抽出された標本に郵送される。標本には、あらゆる規模の事業所が含まれ、課税企業と連邦所得税非課税企業をカバーしている。四半期毎の新規企業の参入データで補完する。有給従業員のいない企業および従業員のいない企業の推計には、他の連邦機関から提供される補完データと管理データの両方か片方を用いる。信頼性、標本誤差、非標本誤差、標本抽出の方法、定義、質問票について、詳しくは <http://www.census.gov/services/index.html> を参照。

標本誤差の推定 2007年調査の偏差係数（CVs）は、北米産業分類（NAICS）の2桁レベルで計算された総収入推計の0.7～2.3%と推計される。より詳細な産業別の標本誤差については対応する出版物を参照。偏差係数を含む2007年の調査については <http://www.census.gov/services/index.html> でも見るこ

とができる。標本誤差に関して詳しくは〈http://www.census.gov/services/sas/cv.html〉。

非標本誤差 データは、標本単位の無回答、項目に対する無回答、編集漏れの報告データ等に関して帰属計算されている。2009年調査の偏差係数（CVs）は北米産業分類（NAICS）の2桁レベルで計算された総収入推計の6.5～19.3%と推計される。

補足資料 U.S. Census Bureau, *Current Business Reports, Service Annual Survey* および〈http://www.census.gov/services/index.html〉

SBO（事業主調査）

母集団、調査頻度、データ項目 事業主調査（SBO）は、従来は少数民族および女性所有事業調査（SMOBE/SWOBE）として実施されていた。合衆国の事業の構成を、性別、民族別、人種別、退役軍人か否か、で分類して統計をとるものである。データは事業主を、アメリカインディアンおよびアラスカ原住民、アジア系、黒人、ヒスパニック、ハワイ原住民およびその他の太平洋諸島民、退役軍人、女性に分類して表示する。2007年に操業して1000ドル以上の収益を得た合衆国のすべての企業を、北米産業分類（NAICS）のコード11から99に分類し、表示する。（NAICS111、112、4811（部分）、481111、482、491、525、813、814、および92は除外）全企業の（またはサンプルフレーム）のリストは、事業税申告および他の経済センサスの報告書を合わせて作成される。刊行されたデータには、企業数、売上高と収益、有給従業員数、年間給与が含まれる。データは産業分類別、地理的区分別（州別、大都市・小都市統計地区別、郡別、および市町村集落を含む統合自治体別）、企業の規模別（従業員数および収益）に示される。

データの収集方法 調査は約2710万社の母集団から約230万社を層別確率抽出して行われる。有給従業員のいる企業が570万、有給従業員のいない企業が2140万である。

データの収集は、質問票の郵送・回収で行われる。欠落したデータの補完は、再加重、訂正、標準的な統計帰属計算で行われる。

標本誤差の推定 標本調査であり、母集団全体を算定したものではないため、当然標本誤差は存在する。推計値は確率標本に基づくため、調査の推計値の標本変動性は推計することができる。標準誤差（SE）は変動性の指標である。相対標準誤差（RSE）または変動係数（CV）は、推計値のばらつきを示す指標であり、標準誤差の推計値を百分率で表す。全国レベルの企業数と収益の変動係数は0-4%。

その他の非標本誤差 非標本誤差は多くの原因でおきる。母集団のすべてのケースについて情報を得ることが不可能なこと、非回答者を補完するために回答者に加重して調整すること、欠落したデータの帰属計算、データ自体のエラーやバイアス、データの記録時や入力時のミス、データの集計や処理時のエラー、およびカバレッジの問題等がその原因である。これらの非標本誤差の影響を明確に計測することはできない。しかしながら、一番重要な処理上のエラーやデータのエラーは、データの一貫性や合理性をチェックする自動的なデータ編集を通じて、排除し訂正することができると思われる。データ処理の手順が正しく進められるように品質管理技術が導入されている。

補足資料 センサス局、事業主調査、http://www.census.gov/econ/sbo、センサス局、2007年経済センサス・ユーザーズガイド、http://www.census.gov/econ/census07/www/user_guide.html

U.S. DEPARTMENT OF EDUCATION, National Center for Education Statistics
教育省、全米教育統計センター

Integrated Postsecondary Education Data Survey（IPEDS），高等教育総合データシステム（IPEDS）

母集団、調査頻度、データ項目 Title IV（連邦政府の財政援助）の資格のあるすべての高等教育機関から、就学者数、教授とスタッフの費用、施設費用、財政援助、および学位授与その他の賞、学問分野別の授与、学位、性別、人種、民族についてのデータを収集する年次調査。

データの収集方法 悉皆調査。

データの収集・帰属計算手続 データは、毎年秋に実施されるインターネットによる調査から収集した。

欠測値データについては、類似の教育機関のデータを用いて帰属計算されている。
標本誤差の推定　該当する問題はなし。
非標本誤差　学位授与機関の2005〜2006年の回答率は100%
補足資料　U.S. Department of Education, National Center for Education Statistics, *Postsecondary Institusions in the United States: Fall 2009 and Degrees and Other Awards Conferred: 2008-09* および *12-month enrollment, 2008-09*; <http://www.nces.ed.gov/ipeds/>

National Household Education Surveys（NHES）Program（全米家庭教育調査プログラム）

母集団、調査頻度、データ項目　The National Household Education Survey（NHES）Programは、施設に収容されていない合衆国の民間人母集団に対する電話調査のシステムである。NHESにおける調査には、特定の調査によって重点の異なる様々な母集団が存在する。各調査で扱う特定項目は、ウェブサイト<http://nces.ed.gov/nhes>で閲覧できる。次に示すのは、NHESの一部として実施される調査、各母集団、およびそれらが実施された年度のリスト。
1．Adult Education Interviewsは、12年級以下には就学しておらず、施設に収容されていない16歳以上の者に限定した民間人の代表的標本を対象に行なわれた（1991、1995、1999、2001、2003、2005年の各年）。
2．After-School Programs and Activities Interviewsは、幼稚園から8年級までの生徒の代表的標本の父母を対象に行なわれた（1999、2001、2005年）。
3．Civic Involvement Interviewsは、父母、青少年、および成人の代表的標本を対象に行なわれた（1996、1999年）。
4．Early Childhook Program Participation Interviewsは、年度によって異なる特定年齢グループに対して、新生児から3年級までの子供の代表的標本の父母を対象に行なわれた（1991、1995、1999、2001、2005年）。
5．Parent and Family Involvement in Education Interviewsは、3歳から12年級まで、もしくは幼稚園から12年級までの子供の代表的標本の父母を対象に行なわれた（1996、1999、2003年および2007年）。
6．School Readiness Interviewsは、3歳から7歳までの子供の代表的標本の父母を対象に行なわれた（1993、1999年および2007年〔近刊〕）。
7．就学準備生：3-7歳の児童（1993, 1999年）および3-5歳で幼稚園にはいっていない児童（2007年）の両親の代表標本に対しインタビュー調査を実施。
8．学校の安全性と規律：第6-12学年の生徒、両親、および第3-12学年の生徒の代表標本の両親に対してインタビュー調査を実施。
データの収集方法　電話調査によるデータ収集。
データの収集・帰属計算手続　無作為の番号をダイアルする手法を用いて電話番号を選び出している。およそ45,000から64,000の世帯にコンタクトして、相手が調査に適格であるかを確認している。データは、コンピュータ援用の電話調査（computer-assisted telephone interview＝CATI）の手続を用いて収集される。欠測値データに関しては、ホットデック法を用いて帰属計算される。
標本誤差の推定　非加重の標本規模は2,250から55,708。NHESの調査の平均ルートデザイン効果は1.1〜1.5である。
非標本誤差　標本単位の無回答や、全世帯ではなく電話のある世帯から標本が抽出されていることにより、無回答および（もしくは）カバレッジが原因のバイアスが存在する推計値も有り得る。しかし、いずれの潜在的バイアス原因も、加重値処理で補正されている。NHESにおけるどちらの潜在的バイアス原因に対する分析結果も既に研究されているので、有意のバイアスは検知されていない。
補足資料　NHESのウェブサイト<http://nces.ed.gov/nhes>を参照。

School and Stuffing Survey（SASS：学校職員調査）

母集団、調査頻度、データ項目　NCESはSASS調査システムによって、教師の需要と不足、教師と管理者の特徴、学校制度、学校の一般的な状況を明らかにしようとしている。また、SASSではその他にも多くの問題に関するデータも収集している。学校の風紀や問題に関する校長や教師の認識、教師の報

酬、地域の雇用実態や学生の諸特徴および、今回初めて、授業時間と教師や学校のパフォーマンスについてである。SASSには4つの主要部分がある。学校、教師、校長、および学校区に対するそれぞれの質問表である。2007～08年度のSASSでは、公立チャータースクールのデータは、公立校への質問表の一部として標本に含まれる。1987～88年度から、SASSは合衆国における、第12学年までの学校区・学校・教師・管理者に関する最大で詳細な調査となっている。SASSは3～4年毎に（予算の制約による）実施される。SASSでは公立、私立、およびインディアン局の管轄する学校からデータを収集する。したがって、SASSは初等中等教育に関する分析と報告のための数多くの機会を提供している。

データの収集方法 センサス局はデータを収集した後、調査年の8、9月に、標本となる地方教育局（Local Education Agency: LEA）と学校に書面を送付する。10月以降、質問表はセンサス局の専門部署に返送される。公立校の標本抽出枠は、最新のCommon Core of Data（CCD）の学校ファイルである。CCDは合衆国のすべての小中高校を含む母集団である。国防省管轄の学校、幼児教育のみの学校、前幼児教育の学校、成人教育の学校は標本から除外される。私立学校の標本調査枠に用いられるのは私立学校母集団調査（Private School Universe Survey: PSS）のリストで、私立学校協会のリストも参照して、最新のデータを利用する。標本抽出地域については、特定の地域の私立学校について調査することで補う。インディアン教育局（Bureau of Indian Education: BIE）の設立した学校の母集団は別に存在しており、BIEの保持するProgram Education Directoryに掲載されている。BIEのファイルとの重複を避けるため、CCDの学校ファイルにリストされているBIEの学校は公立学校として扱う。

標本誤差の推定 標本誤差の計算は、反復ウエイト法およびBalanced Repeated Replication法を混合した本調査用に開発された方法論を用いて行なう。誤差はセルのサイズにより変動し、1％未満から5％以上まで様々である（通常のセルサイズの場合）。

非標本誤差 無回答のために、標本セルのいくつかにはバイアスが生じる。しかし、バイアスは加重のプロセスによって調整される。バイアスについては分析されており、重要度の高いバイアスは発見されていない。

補足資料 SASSのウェブサイト〈http://nces.ed.gov/surveys/sass/〉を参照

U.S. DEPARTMENT OF JUSTICE, FEDERAL BUREAU OF INVESTIGATION (FBI)
司法省、連邦捜査局

Uniform Crime Reporting (UCR) Program（統一犯罪報告プログラム）

母集団、調査頻度、データ項目 司法当局の関知した犯罪行為の件数に関する毎月の報告。犯人逮捕により解決した犯罪の、犯罪者の年齢、性別、人種、法執行機関の被雇用者数、警察官等法執行機関のオフィサーに対する暴行致死・暴行、および怨恨犯罪のデータを収集。

データの収集方法 犯罪統計は、発生した犯罪に関わった司法当局からFBIに対して直接提出されるか、またはUCRプログラムに参画している州を通じて提出される報告に基づく。

データの収集・帰属計算手順 UCRプログラムに参画している州は、個々の司法当局から直接データを収集し、UCRで定める基準に適合させてからFBIに送付する。統計の精度と一貫性については、FBIが責を負う。

標本誤差の指定 該当する問題はなし。

非標本誤差 2008年、UCRプログラムを導入した法執行機関は、総人口の94.9％をカバーする。大都市統計地区に限れば人口の96.0％、大都市統計地区外の都市では87.6％、大都市地区に含まれない郡部で90.0％をカバーする。

補足資料 U.S. Department of Justice, Federal Bureau of Investigation, *Crime in the United States*（年刊），*Hate Crime Statistics*（年刊），*Law Enforcement Officers killed & Assaulted*（年刊），〈http://www.fbi.gov/ucr/ucr.htm〉

U.S. INTERNAL REVENUE SERVICE
内国歳入庁
Corporation Income Tax Returns（法人所得税申告）

母集団、調査頻度、データ項目　法律上、会社と定義される企業の申告する未監査の企業所得税納税申告（Form 1120および1120のA、F、L、PC、REIT、RIC、S）。様々な財務特徴を産業別、収益別、資産総額別に収集。

データの収集方法　2008年度に申告のあった会社からの112,000の標本を層化確率抽出。申告の種類、資産総額、収益・損失総額、事業内容を複合して考慮し、標本層に分類。抽出率は、0.25～100％までのばらつきがある。

データの収集・帰属計算手順　納税申告記録からコンピュータで標本抽出。データは、他の申告記録と整合するよう、手続の不正確や誤り、矛盾する報告等を統計上の定義に合致するよう編集訂正してある。

標本誤差の推定　2008課税年度の推定変動係数：変動係数は『2008 Statistics of Income corporation Income Tax Returns』の表1に、産業別の数値が掲載されている。

非標本誤差　カバレッジのエラー、処理手続上のエラーおよび回答エラー。

補足資料　U.S. Internal Revenue Service, *Statistics of Income, Corporation Income Tax Returns*（年刊）

Individual Income Tax Returns（個人所得税納税申告）

母集団、調査頻度、データ項目　合衆国市民および居住者の提出する未監査の個人所得税納税申告書（Form 1040、1040A、および1040EZ）の年次調査。調整済総所得（AGI）の額、婚姻状況、課税・非課税別の、様々な財政上の特徴についてのデータを得る。州別データは、申告書を提出した人口に基づいており、1040NRの申告書、非居住外国人、および自営業者の所得税申告を含む。

データの収集方法　2008年課税年度の、328,630の申告から層化確率抽出。総所得もしくは総損失額、事業および農場収入の規模、その他税制度において申告書を有益に利用するための基準に基づいて標本階層が構築される。標本層からの抽出率は、0.10～100％までばらつきがある。

データの収集・帰属計算手続　納税申告記録からコンピュータで標本抽出。データは、他の納税申告と整合するよう、手続の不正確や誤り、矛盾する報告書を、編集の際に修正してある。

標本誤差の推定　2008年度の推計変動係数は、調整済総所得から負債を引いたものが0.08％、給与賃金は0.16％、非課税利子受取額1.07％である（州別のデータには標本抽出誤差はない）。

非標本誤差　処理手続上のエラーとデータの許容限界チェックの際に生じるエラー。

補足資料　U.S. Internal Revenue Service, *Statistics of Income, Individual Income Tax Returns*（年刊）(Publication 1304)

Partnership Income Tax Returns（合資会社所得税納税申告）

母集団、調査頻度、データ項目　2008年（暦年）に財務・課税対象の活動のあった合資会社および2009年（暦年）1065および1065BのフォームでIRSに報告を行った合資会社の、事前監査済みの法人税申告書に関する年次研究。データは、IRSの使用する北米産業分類に基づいて、産業別で提供される。

データの収集方法　2009年（暦年）に申告のあった330万から約34,496の合資会社を層化確率抽出。総所得、純所得もしくは純損失、資産総額、産業別の各項目を複合して考慮し、標本層に分類。抽出率は0.04～100％までのばらつきがある。

データ収集・帰属計算手続　法人税申告記録の標本は、データをIRSが転記して行政記録に掲載したのち、コンピュータを通じて選択される。データは、他の納税申告と整合するよう、手続の不正確や誤り、矛盾する報告等を、編集の際に修正してある。規制によって入手できないデータについては、加重調整によって処理される。

標本誤差の推定　2008課税年度の推定変動係数（総計の推計標準誤差を、総計の推計値で割った数値）は、合資会社が0.36％、収益が2.63％、純所得が2.83％、および経常事業収益について2.23％。

非標本誤差　事前に会計監査を受けていても、申告書が入手できないことによる誤差、データ処理上の

誤差、申告者のミスによる誤差の可能性がある。
補足資料 U.S. Internal Revenue Service, Statistics of Income, *Partnership Returns* および *Statistics if Income Bulletin*, vol.28, No.2（2009年秋号）

Sole Proprietorship Income Tax Returns（非農業個人企業所得税納税申告）

母集団、調査頻度、データ項目 非農業個人企業が申告する未監査の所得納税申告（Form 1040の企業・農業細目）に関する年次研究。産業別、総所得別の様々な財務特徴のデータを収集。
データの収集方法 2008課税年度の90,000の個人企業からの層化無作為抽出法。標本は特定のビジネス・スケジュールの有無、総所得または総損失の大きい方、事業および農場収入の規模、その他税制度において申告書を有益に利用するための基準に基づいて分類される。標本層からの抽出は0.1%～100%までのばらつきがある。
データ収集・帰属計算手続 納税申告記録からコンピュータで標本抽出。データは、他の納税申告と整合するよう、手続の不正確や誤り、矛盾する報告等を、編集の際に修正してある。
標本誤差の推定 2008課税年度の推定変動係数は入手可能。個人企業に関しては、収益が0.53%、減価償却が1.21%。
非標本誤差 処理手続上のエラーと、データの許容限界のチェックの際に生じるエラー。
補足資料 U.S. Internal Revenue Service, *Statistics of Income, Sole Proprietorship Returns*（1980～1983年まで）および *Statistics of Income Bulletin*, Vol.28, No.2（2008年秋号）

U.S. NATIONAL CENTER FOR HEALTH STATISTICS (NCHS)
国立衛生統計センター

National Health Interview Survey（NHIS：全国保健インタビュー調査）

母集団、調査頻度、データ項目 民間非施設収容人口を対象とした継続的データ収集。人口統計上の諸特徴、健康状態、傷害、健康障害、公共医療の利用状況、保健行動、その他の健康に関する項目の情報を収集。
データの収集方法 1985-1994年は49,000世帯（第1次標本調査は198）、1995-2005年は、36,000～40,000世帯（第1次標本単位は358、州境によって分断されている場合は449の第1次標本単位）、2006年以降は推定完了世帯35,000世帯（有効1次標本単位は428）からの多段確率抽出法による。
データの収集・帰属計算手続 欠測値データ項目（たとえば人種、民族）については、ホット・デック帰属値を基に補正。家族所得の多重内挿ファイルを作成するために、シークエンシャル回帰モデルを用いる。無回答のユニットについては、調査のウエイトで調整して補正。
標本誤差の推定 標本誤差の推計値は、2006年の過去12ヵ月間の医師の処置が必要となった負傷・中毒について、1,000人あたり女性50.43人（4.30）、男性34.87人（3.73）；2008年の家庭内の負傷について、1,000人あたり27.90人（2.28）である。
非標本誤差 1996年の回答率は93.8%。2008年の世帯回答率は84.9%、家庭回答率は84.5%、標本成人回答率は62.6%（1997年にNHISの標本デザインが変更され、2006年に質問票が変更された）。
補足資料 National Center for Health Statistics, Summary Health Statistics for U.S. Population: National Health Interview Survey（2009年）, Vital and Health Statistics, Series 10 No248; National Center for Health Statistics, Summary Health Statistics for U.S. Children: National Health Interview Survey（2009年）, Vital and Health Statistics, Series 10 No247; National Center for Health Statistics, Summary Health Statistics for U.S. Adults: National Health Interview Survey（2009年）, Vital and Health Statistics, Series 10 No249; U.S. National Center for Health Statistics, Design and Estimation for the National Health Interview Survey（1995～2004年）, Vital and Health Statistics, Series 2 No130

National Survey of Family Growth（NSFG：家族成長に関する定期調査）

母集団、調査頻度、データ項目　合衆国の世帯人口に含まれる15〜44歳の男女に対する定期的調査。2002年の調査は訓練を受けた女性担当者の面会調査で行なわれた。面会調査の項目は、出産、妊娠、結婚、離婚、同棲、性行為、避妊、医療についてである。男性に対しては、子供との関わりに関するデータも収集される。HIVや性感染症のリスクのある性的行為については、最も気配りが必要となるため、データは本人によりコンピュータに入力する形で収集される。

データの収集方法　2002年NSFG（第6回）においては、標本は合衆国の15〜44歳の世帯人口の男女から多段地域確率標本抽出された。15〜44歳の世帯員が1人以上いる世帯から1人だけ15〜44歳の標本を選択する。収集されたデータはノートブック・パソコンに入力される。本人自身が入力する部分では、回答者自らが入力を行なう。標本は12,571件の面会調査を含む。回答率は79%。ヒスパニックおよび黒人の15〜19歳については、白人の成人よりも多くの標本が選ばれている。NSFGに関するすべてのパーセンテージや統計は全国推計値の作成のために加重されている。加重は各グループの標本抽出率の違いや、非回答を調整するために行なわれる。

データの収集・帰属計算手続き　インタビューの内容は、その一貫性と質について見直しが行なわれた後、分析変数（記号）が作成される。この記号化の際に欠落しているデータは多重回帰分析のテクニックを用いて帰属計算され、その後さらに一貫性のチェックが行なわれる。変数が帰属計算された値であることを示せば、データファイルに掲載される。

標本誤差の推計　標本誤差のコードはデータファイルに含まれているので、ユーザーは各自で標本誤差を推計することができる。9つの実証分析における標本誤差の推計がNSFGのウェブサイト <http://www.cdc.gov/nchs.nsfg.htm> に掲載されている。標本誤差推計はNCHSの報告書でも見ることができる。

非標本誤差　どのような調査においても誤差は発生する。回答者（面会調査を受ける人）は質問されている特定の事項についてかならずしも正確な記憶を持っているわけではないからである。2002年NSFGの質問表はインタビュー実施中に回答の一貫性をチェックできるように作成されている。調査員と回答者は情報に一貫性がないと気づいた場合に、それを正すことができる。面会調査後にもデータの見直しは行なわれ、さらにデータの取りまとめと帰属計算の際にもさらなるチェックが行なわれる。通常データの欠落により帰属計算が必要となるケースは1%未満。

補足資料　以下の参考文献は <http://www.cdc.gov/nchs/hsfg.htm> で見ることができる。"National Survey of Family Growth, Cycle 6: Sample Design, Weighting, and Variance Estimation." *Vital and Health Statistics*, Series 2, Number 142 (2006年7月)。"Plan and Operation of Cycle 6 of the National Survey of Family Growth." *Vital and Health Statistics*, Series 1, No. 42. (2005年8月)。"Sexual Behavior and Selected Health Measures: Men and Women 15–44 Years of Age, United States, 2002." *Advance Data from Vital and Health Statistics*, No. 362, (2005年9月15日)。

National Vital Statistics System（全米人口動態統計システム）

母集団、調査頻度、データ項目　合衆国の出生・死亡に関する年別データ

データの収集方法　死亡データは、死亡届の記録に基づく悉皆調査。ただし、1972年は50%標本調査。出生統計は、1951〜1971年は、NCHSに届出のあった出生証明の50%標本調査。ただし、1967年は20〜50%標本調査。

データの収集・帰属手計算手続　報告はすべて、すべての州、コロンビア特別区、ニューヨーク市、プエルトリコ、バージン諸島、グアム、米領サモア、北マリアナ諸島の各登録事務部局の記録に基づく。

標本誤差の推定　近年に関しては標本抽出されていない。資料は届出によって登記された記録に100%基づいている。

非標本誤差　出生・死亡に関するデータは、99%以上、完全であると思われる。

補足資料　U.S. National Center for Health Statistics, *Vital Statistics of the United States*, Vol. I, II (年刊) および *National Vital Statistics Report*; <http://www.cdc.gov/nchs/nvss.htm>

National Highway Traffic Safety Administration (NHTSA)
国家道路交通安全局

Fatality Analysis Reporting System（FARS：死傷分析報告システム）
母集団、調査頻度、データ項目　FARSは、コロンビア特別区とプエルトリコを含む合衆国全域の車道で発生する、慣例上一般公開されている自動車による全死亡事故のセンサス。こうした事故は、州および司法当局に届け出なければならず、少なくとも死亡が事故に直接関係している場合は、事故当日から30日以内に届出が行なわれなければならない。

データの収集方法　各州では1名以上のアナリストが、当局の記録からデータを抽出し、標準化されたデータベースに入力している。

データの収集・帰属計算手続　人と自動車が関わった致死事故の特徴を示した詳細なデータは、警察の事故記録、運転者と自動車の登録簿、検視報告、幹線道路部門等から得ている。コンピュータを使用した編集チェックによって、データの精度と完成度を監視している。FARSは高度に数学的な多重帰属計算手続を組み入れて、ドライバー・歩行者・二輪利用者に関するデータベースにおける血中アルコール濃度（blood alcohol concentration: BAC）の欠測値データの確率分布を引き出している。

標本誤差の推定　センサスデータのため、標本誤差は存在しない。

非標本誤差　FARSは、警察に報告されたすべての衝突事故と、州レベルで把握しているすべてのデータのセンサスである。FARSのデータは、報告の際の誤謬を防ぐために、非常に厳格な報告手順が定められている。ただし、これらのデータは警察の事故記録の精度に大きく左右される。警察の事故記録に内在する誤差や遺漏は検知されないことがある。

補足資料　The FARS Coding and Validation Manual, ANSI D16.1 Manual on Classification of Motor Vehicle Traffic Accidents（第6版）

付録Ⅳ
2011年度版から削除された表

2011年版の
表No.

　　　　第1章　人　口
14.　　州別居住人口予測：2010－2030年
18.　　年齢・州別居住人口——予測：2010、2015年

　　　　第2章　出生、死亡、結婚、離婚
96.　　家族計画および医療サービスの利用——15－44歳の女性：2002年

　　　　第3章　保健・栄養
136.　　個人保健医療支出——目的別、負担者別：2008年

　　　　第4章　教　育
259.　　小中学校および高校教育におけるコンピュータ利用：2005－2006年
284.　　大学生の奨学金平均受給額：2007－2008年

　　　　第5章　法律の執行・裁判所および刑務所
319.　　憎悪犯罪——州別：2008年
320.　　逮捕者数——罪状別、人種、性別：2008年
322.　　18歳以上の逮捕者：2008年
323.　　18歳未満の逮捕者：2008年
330.　　合衆国地方裁判所——有罪、懲役、懲役期間：2000、2006年
331.　　検察官による捜査対象となった犯罪の容疑者——犯罪別：1995－2006年
332.　　控訴件数——犯罪別：1995－2005年

　　　　第6章　地理・環境
389.　　標準平均気温、日中最高気温、日中最低気温——主要都市別
392.　　各月および年間標準降水量——主要都市別

　　　　第7章　選　挙
413.　　黒人の公選公務員——職位別：1970－2002年／および州別：2002年

　　　　第12章　労働力・雇用・所得
590.　　労働に障害のある者の労働力状況——年齢別：2008年

　　　　第15章　企　業
766.　　雇用企業の設立と廃業および倒産——州別：2005－2008年

　　　　第16章　科学と技術
817.　　合衆国および世界の商業宇宙産業の収入——タイプ別：2000－2008年

　　　　第17章　農　業
825.　　農場経営者——所有形態と諸特徴：2002、2007年

2011年版の
表No.

　　　　第19章　エネルギーと公益事業
926.　製造業の主要エネルギー消費——燃料種類別、産業別：2006年

　　　　第21章　製造業
1008.　製造業のe-コマースによる出荷——産業別：2007、2008年
1009.　製造業の労働1時間あたりの雇用主負担の労働費用：2000－2010年
1028.　アルミニウム——供給、出荷、および貿易：1990－2008年
1031.　コンピュータおよび周辺機器の出荷：2008、2009年

　　　　第24章　情報およびコミュニケーション
1130.　メディア利用と消費者の支出：2003－2009年

　　　　第30章　国際比較統計
1364.　女性の国会議員の割合（％）——国別：2009年
1402.　GDPに示す娯楽・文化関連の世帯支出：1980－2007年

付録Ⅴ
2012年度版の新規掲載表

表No.		ページ
	第1章　人　口	1
8.	センサス間居住人口推計——性別・年齢別：2001－2009年	11
18.	居住人口——ヒスパニック、州別：2010年	23
	第2章　出生、死亡、結婚、離婚	63
90.	前年に出産した女性の家族構成、年齢および教育水準：2010年	70
94.	過去12か月間に出産した女性の市民権、教育水準および貧困状況——州別：2009年	72
97.	男女間の性認識：2006－2008年	74
127.	自殺および自殺率——年齢および方法別：2007年	94
132.	過去12か月間の結婚と離婚——州別：2009年	97
	第3章　保健・栄養	99
140.	国民保健支出——支払者別：1990－2009年	104
	第4章　教　育	143
263.	公立小中高校——学校の種類、人種/民族の集中度、学校給食費の減免：2000－2008年	171
287.	大学新入生の居住と移住——州別：2008年	184
	第5章　法律の執行・裁判所および刑務所	193
323.	ヘイトクライム——動機および事件の場所別：2009年	205
324.	逮捕者数——性別および年齢別：2009年	206
325.	逮捕者数——人種別：2009年	206
332.	控訴件数——犯罪別：1995－2005年	209
334.	米国控訴裁判所——提訴内容または地方裁判所の判決を不服とする上訴：2000－2010年	210
335.	各州の事実審裁判所における訴訟開始件数——取扱い事件別：2008年	211
	第6章　地理・環境	221
362.	最もハリケーン被害の多い沿岸地域：1960－2008年	224
	第7章　選　挙	243
408.	各州の下院議員配分数：1800－2010年	252
	第15章　企　業	489
770.	少数民族所有企業——事業種別：2007年	508
771.	ヒスパニック所有企業——事業種別：2007年	508
772.	黒人所有企業——事業種別：2007年	509
773.	アジア人所有企業——事業種別：2007年	509
774.	ハワイ原住民およびその他の太平洋諸島民所有企業——事業種別：2007年	510
775.	アメリカインディアンおよびアラスカ原住民所有企業—事業種別：2007年	510
	第17章　農　業	533
830.	家族経営農場の世帯所得と資産：2005－2009年および総売り上げ別：2009年	538
868.	園芸作物栽培所、売上高、栽培面積：2009年	554
	第24章　情報およびコミュニケーション	707
1131.	情報産業——事業所、従業員および年間給与——州別：2007年	711

英文索引

(数字は表No.)

A

Abortions 妊娠中絶 101, 102, 103
Accidents and fatalities 事故および死亡者数 200, 201, 1070, 1103, 1104, 1112, 1122
  Age of driver 年齢別運転者 1114
  Aircraft 航空機事故 1070, 1077, 1078
  Alcohol involvement 飲酒 1110, 1111, 1113
  Costs 損失額 202
  Distracted driving 死亡数、死亡率 1109
  Fires 火災 202, 357
  Industrial 産業災害 645, 657, 658, 658
  Injuries 負傷者 200, 201, 902
  Mining 鉱業 902
  Motor vehicles 自動車事故 117, 120, 122, 1070, 1103, 1104, 1105, 1106, 1107, 1108, 1112, 1113, 1114
  Motorcycle オートバイ事故 1103, 1105, 1113
  Police officers assaulted, killed 警官に対する暴行・殺害 330
  Railroad 鉄道事故 1070, 1122
  Transportation 輸送事故 1066, 1308
  Vehicle rollovers 自転車の転倒 1107
  Work fatalities/injuries 労働災害 658, 659, 660, 666
  Work time lost 喪失時間 658
Accommodation and food services industry: 宿泊サービス：
  Capital 資本 769, 770, 771, 772, 773, 774, 775, 781, 783, 785
  Earnings 所得 630, 632, 643, 756, 759, 760, 769, 770, 771, 772, 773, 774, 775, 1272, 1274, 1276
  Electronic commerce e-コマース 1278
  Employees 被雇用者数 630, 632, 756, 1266, 1272, 1274, 1275, 1276
  Equipment and software expenditures 設備およびコンピュータソフトウェア支出 783
  Establishments 事業所数 756, 757, 760, 1272, 1273, 1274, 1276
  Finances 財政 746, 749
  Gross domestic product 国内総生産 670
  Hires and separations 雇用と離職 637
  Hours 時間 630
  Nonemployers 非雇用事業所 757, 1273
  Occupational safety 労働災害補償 660
  Productivity 生産性 641
  Profits 利潤 793
  Sales 売上 746, 749, 754, 755, 756, 757, 769, 770, 771, 772, 773, 774, 775, 1266, 1272, 1273, 1281, 1283
Accountants and auditors 会計、監査 616, 618
Accounting, tax preparation, bookkeeping, and payroll services: 会計、税務、簿記、給与計算：
  Earnings 所得 632, 1274
  Employees 被雇用者数 632, 1274
  Establishments 事業所数 1273, 1274
  Finances 財務 746
  Nonemployers 自営業 1273
  Receipts 収益 746, 1273, 1277
Administrative & support & waste management & remediation services industry: 経営、支援、廃棄物処理、再生サービス産業：
  Capital 資本 781, 783, 785
  Earnings 所得 630, 632, 643, 756, 759, 760, 769, 770, 771, 772, 773, 774, 775, 1272, 1274, 1276
  Electronic commerce e-コマース 1278
  Employees 被雇用者数 630, 632, 756, 759, 760, 1272, 1274, 1276
  Equipment and software expenditures 設備およびコンピュータソフトウェア支出 783
  Establishments 事業所 756, 757, 759, 1272, 1273, 1274, 1276
  Finance 財務 746, 749

Gross domestic product 国内総生産 670
Nonemployers 自営業 757, 1273
Occupational safety 労働災害補償 638
Payroll 給与 1274
Productivity 生産性 641
Profits 利潤 756
Sales 売上、出荷、収益 746, 749, 754, 755, 756, 757, 769, 770, 771, 772, 773, 774, 775, 1272, 1273, 1280
Adopted children 養子 46, 579
Adult education 成人教育 1371
Advertising and related services: 広告関連サービス：
  Earnings 所得 632, 1274
  Employees 被雇用者 632, 1274
  Establishments 事業所 1274
  Expenditures 支出 1279
  Productivity 生産性 641
Aerobics エアロビクス 1249, 1251
Aeronautics, civil. (See Air transportation.) 民間航空 (「航空輸送」を参照)
Aerospace engineering, degrees conferred 航空宇宙工学、学位授与 815
Aerospace industry: 航空宇宙産業：
  Earnings 所得 632, 762, 818, 1011
  Employees 被雇用者数 632, 762, 818, 1011, 1083
  Foreign trade 貿易 1308, 1309
  Industrial production 工業生産 789
  Launches 打ち上げ 822
  New orders, backlog 新規発注、受注残 1037
  Productivity 生産性 641
  Research and development 研究開発 805, 806
  Sales 売上 1037, 1040
  Shipments 出荷 1011, 1037, 1038, 1039, 1040
Afghanistan. (See Foreign countries.) アフガニスタン(「外国」を参照)
Africa. (See Foreign countries.) アフリカ (「外国」を参照)
African American. (See Black population.) アフリカ系アメリカ人 (「黒人人口」を参照)
Aggravated assault 加重暴行 306, 307, 308, 309
Agricultural loans. (See Farm mortgage loans.) 農業金融 (「農場抵当金融」を参照)
Agricultural products. (See Farms and individual products.) 農業生産 (「農場」および「個々の農産物を参照)
Agricultural sciences: 農学：
  Degrees conferred 学位授与数 301, 302, 303, 810, 814
Agriculture (see also Farms, and Farmers and farm workers): 農業 (「農場」および「農業人口および雇用」も参照)：
  Employees 被雇用者数 616
  Federal aid to state and local governments 州・地方政府に対する連邦政府補助金 415
  Foreign trade 貿易 741, 849, 850, 851, 853, 854, 855, 856, 1306
  Government payments 政府支払 840, 841, 844
  Value added 付加価値 841
Agriculture, construction, and mining machinery manufacturing (see also Machine tools, and Machinery manufacturing) 農業・建設・鉱業用機械製造業 (「工作機械」および「機械工業」も参照) 632, 641, 1011
Agriculture, forestry, and fishing industry: 農林水産業：
  Capital 資本 781, 785
  Earnings 所得 643, 759, 769, 770, 771, 772, 773, 774, 775, 879, 880
  Employees 被雇用者 620, 759, 769, 770, 771, 772, 773, 774, 775, 879, 880
  Establishments 事業所 759, 876, 879, 880
  Finances 財務 744, 746, 749
  Gross domestic product 国内総生産 670, 883

924 索 引

Occupational safety 労働災害補償 657, 660
Profits 利潤 744, 793
Sales 売上、出荷、収益 744, 746, 749, 754, 755, 775, 793, 879
Aid to families with dependent children (See Temporary Assistance for Needy Families.) 扶養児童を有する家族への援助プログラム（「対家族臨時援助プログラム」を参照）
AIDS (Acquired Immuno-Deficiency Syndrome) エイズ（後天性免疫不全症候群） 122, 129, 184, 185, 186, 187, 1341
Air conditioning, homes with 冷暖房装置（エアコン）使用世帯数 988
Air Force, personnel 空軍兵員 508, 510
Air pollution: 大気汚染：
　Air pollution control equipment 大気汚染対策装置 380
　Emissions 大気汚染物質の放射 372, 373, 374, 375, 376, 381, 382, 383, 1389
　Greenhouse gases 温室効果ガス 375, 376
　Toxic chemicals 有害化学物質 381, 382, 383
Air transportation: 航空輸送：
　Accidents and deaths 事故および死傷者数 1070, 1077, 1078
　Airports 空港概要 1075, 1076, 1080, 1269
　Carrier delays, cancellations 遅延・欠航 1079
　Civil aviation 民間航空 1083
　Consumer complaints 利用者の苦情 1081
　Cost indexes コスト指数 1074
　Employees 雇用者 1073
　Federal outlays 連邦政府歳出 473
　Finances 財政 1073
　Fleet size 機体種別 1069, 1083
　Freight 貨物 1073, 1302
　Fuel consumption 燃料消費 929
　Jet transport aircraft, orders ジェット輸送機発注 1038
　Passenger screening 旅客審査 536
　Price indexes 物価指数 727, 739
　Regional airlines 地方航空路線 1082
　Traffic carried 交通量 536, 1073, 1082, 1269
Air transportation industry: 航空輸送業：
　Capital 資本 781
　Earnings 所得 632, 1063, 1066, 1274
　Employees 被雇用者 632, 1063, 1065, 1066, 1266, 1274
　Establishments 事業所 1063, 1066, 1274
　Finances 財政 1073, 1074
　Gross domestic product 国内総生産 670
　Occupational safety 労働災害補償 660
　Productivity 生産性 641
　Profits 利潤 1073
　Revenues 収益 1063, 1073
Aircraft manufacturing. (See Aerospace industry.) 航空機製造業（「航空宇宙産業」を参照）
Airline operations (see also Air transportation) 航空産業（「航空輸送」を参照） 1073, 1076
Airplanes 航空機 1308
Airports or airfields 空港、飛行場 1083
　Federal aid to state and local government 州および地方政府への連邦政府補助金 432
　Serving regional airlines 営業中の地方航空会社 1082
　Traffic 航空輸送 1075, 1080, 1269
Alaska Native. (See American Indian, Alaska Native population.) アラスカ原住民（「アメリカインディアン、アラスカ原住民」を参照）
Alcoholic beverages (see also and Beer, wine, and liquor stores, and Liquors and beverages): アルコール飲料（「ビール、ワイン、リキュール販売店」「酒と飲料」も参照）：
　Alcoholism treatment アルコール中毒治療 179, 206
　Consumer expenditures 消費支出 684, 686, 687, 1062, 1359
　Consumption アルコール摂取 207, 208, 215
　Foreign trade 貿易 1308
　Price indexes 物価指数 727, 737
　Sales 売上 1056, 1062
Alcohol-induced deaths アルコール摂取による死亡 120
Alcohol involvement in fatal crashes アルコール中毒治療 1110, 1111, 1113

Alcoholism treatment 飲酒運転による死亡事故 179, 206
Aleut population. (See American Indian, Alaska Native population.) アリュート人口（「アメリカインディアン、アラスカ原住民」を参照）
Algeria. (See Foreign countries.) アルジェリア（「外国」を参照）
Aliens, illegal deported 外国人国外退去 530, 532
Alimony 扶助料 490, 491, 542
Almonds アーモンド 843, 864, 865, 888
Alternative fueled vehicles 代替燃料使用車 1097
Alternative medicine 代替最低税 167
Alternative minimum tax 代替医療 486
Altitudes, geographical 標高 366
Aluminum: アルミニウム：
　Consumption 消費 904
　Employment 被雇用者 904
　Foreign trade 貿易 742, 743, 904, 909, 1308
　Prices 価格 737, 742, 743, 904
　Production 製品 1029
　Recycling 再利用 378, 379
　World production 世界生産量 908
Alzheimer's disease, deaths アルツハイマー病、死者数 118, 119, 120, 121, 122, 123
Ambulatory health care services industry: 通院保健サービス産業：
　Capital 資本 781
　Earnings 収益 160, 632, 756
　Employees 被雇用者 632, 756
　Establishments 事業所 756
　Finances 財政 746
　Gross domestic product 国内総生産 670
　Sales, receipts 売上 746, 756
American College Testing Program (ACT) 米国大学入学能力テストプログラム 279
American Indian, Alaska Native population アメリカインディアン、アラスカ原住民 5, 6, 10, 11, 12, 19
　Age and/or sex 年齢／性別 6, 10, 11, 12
　Births, birth rates 出生、出生率 5, 80, 82, 83, 84, 85, 86
　Business owners 企業所有者 768, 775
　Cancer deaths 悪性腫瘍死亡者 126
　Charter schools チャータースクール 239
　Children 子供 10, 11, 12
　College enrollment 大学在籍数 279
　Deaths, death rates 死亡、死亡率 5, 109, 110, 111, 124, 126, 128, 129
　Degrees conferred 学位授与数 300, 814
　Educational attainment 就学状況 36
　Elderly 老齢者 10, 11, 12
　Food stamp participants フードスタンプ受給者 573
　Gaming revenue 賭博収入 1258
　Grandparents living with grandchildren 孫との同居人口 70
　Health care visits to professionals 専門家への訪問ケア 166, 168
　Heart disease, deaths 心臓病死亡者 124
　HIV disease HIV感染症 129
　Hospital visits 病院外来 168, 178
　Housing tenure 持ち家状況 36
　Immunization of children 児童の予防接種 192
　Internet usage インターネット利用者 1155
　Metropolitan area population 大都市地区人口 23
　Migration 移住 5
　Occupation 職業 36
　Poverty 貧困 36
　States 州別 19
　Suicides, death 自殺、死亡数 128
　Teachers 教員 257
　Veterans 退役軍人 522
　Weapons in school 火器、学校内 249
American Samoa. (See Island areas of the U.S.) 米領サモア（「合衆国の海外領土」を参照）
American Sign Language アメリカの手話 284
American Stock Exchange 証券取引所 1207, 1209
AMTRAK 全米鉄道旅客輸送公社 1122

Amusement and recreation services. (See Arts, recreation, and travel.) 娯楽、レクリエーション・サービス（「芸術、レクリエーションおよび旅行」を参照）
Amusement, gambling, and recreation industry: 娯楽、ギャンブル、レクリエーション産業：
  Capital 資本 781
  Earnings 所得 632, 756, 1230, 1231
  Employees 被雇用者数 632, 756,
  Establishments 事業所 756, 1230, 1231
  Gaming revenue 賭博収入 1258, 1259
  Gross domestic product 国内総生産 670
  Nonemployer establishments 非雇用事業所 1230
  Occupational safety 労働災害補償 660
  Productivity 生産性 641
  Receipts, revenue 収益 756, 1230
Amusement parks 遊園地 1228, 1230, 1231, 1239
Analgesics 鎮痛剤 207
Ancestry 家系 52
Andorra. (See Foreign countries.) アンドラ（「外国」を参照）
Anemias, deaths 貧血症（死因） 117, 120
Anesthesiologists 麻酔医 164
Angiocardiography 血管心臓撮影 171
Angola. (See Foreign countries.) アンゴラ（「外国」を参照）
Anguilla. (See Foreign countries.) アンギラ（「外国」を参照）
Animal oils and fats. (See Oils, animal.) 動物性油脂（「油、動物性油脂」を参照）
Animal slaughtering and processing industry 屠殺加工 632, 641
Animals, domestic (see also individual classes): 動物（個々の動物も参照）：
  Charitable contributions 慈善団体への寄付 583
  Livestock 家畜 823, 833, 870
  Pets ペット 632, 1241, 1284
Annuities. (See Pensions and retirement benefits.) 年金（「年金および退職金」を参照）
Antigua and Barbuda. (See Foreign countries.) アンティグアおよびバルブダ（「外国」を参照）
Antimony アンチモン 904
Apparel goods (see also Clothing accessory stores): 衣料品（「衣類およびアクセサリー小売店」も参照）：
  Consumer expenditures 消費者支出 684, 686, 687
  Foreign trade 貿易 1308
  Prices 価格 725, 726, 727, 737, 739
  Sales 売上 1056
Apparel manufacturing: 衣料品製造：
  Capital 資本 781
  Earnings 所得 632, 1009, 1011, 1017
  Employees 被雇用者 632, 1009, 1011, 1013, 1017
  Establishments 事業所 1011
  Finances 財政 794
  Foreign trade 貿易 1312
  Gross domestic product 工業生産指数 670, 1007
  Industrial production index 国内総生産 789
  Occupational safety 労働災害補償 660
  Productivity 生産性 641
  Profits 利潤 794
  Shipments 出荷 1011
  Toxic chemical releases 有害化学物質放出 382
Appeals Courts, U.S. 連邦高等裁判所 332, 334
Apples りんご 218, 733, 843, 864
Appliances, household: 家庭用器具：
  Consumer expenditures 消費者支出 686, 687
  Homes with 世帯保有数 988
  Price indexes 物価指数 727, 737
  Sales and shipments 売上、出荷 1041, 1056
Appliances (household) manufacturing: 家庭用器具製造：
  Inventories 在庫 1020
  Shipments 出荷 1020
Apricots あんず 864
Aquaculture 栽培漁業 843, 898
Archery アーチェリー 1249, 1250

Architects 建築家 616
Architectural services. (See Engineering and architectural services.) 建築業（「工学者・建築サービス」を参照）
Area of: 面積：
  Developed land 開発地域 367, 368
  Foreign countries 諸外国 1332
  Forest land 森林地域 367, 368, 369, 884
  Island areas of the U.S. 合衆国の海外領土 358
  Lakes 湖 359, 360, 361
  Parks 公園 1252, 1253, 1254, 1255
  States 州 358
  Timberland 伐採用森林 884
  United States 合衆国 1, 358, 1332
  Water 水域 1, 358, 370
  World 世界 1332
Argentina. (See Foreign countries.) アルゼンチン（「外国」を参照）
Arizona. (See State data.) アリゾナ（「州のデータ」を参照）
Arkansas. (See State data.) アーカンソー（「州のデータ」を参照）
Armed Forces 軍隊、兵力 508, 509, 510, 511, 512, 513, 515, 517, 1406
Armenia. (See Foreign countries.) アルメニア（「外国」を参照）
Army, personnel 陸軍兵員 508, 510
Arrests (see also Law enforcement) 逮捕者数（「法的処分」を参照） 324, 325, 326, 327, 328
Arson 放火 357
Arthritis 関節炎 196
Artists, employed 芸術家 616
Arts and humanities: 芸術、人文科学：
  Aid to 助成・援助 1235
  Appropriations by state 州別承認予算額 1236
  Attendance 入場者数 1234, 1238
  Charitable contributions 寄付 580, 583
  Federal aid 連邦助成金額 1235
  Grants, foundations 贈与、財団 583
  Participation 参加 1237
  Philanthropy 慈善 580, 583
  States 州 1236
Arts, recreation, and travel: 芸術、レクリエーションおよび旅行：
  Capital 資本 781, 783, 785
  Earnings 所得 630, 632, 643, 756, 759, 760, 769, 770, 771, 772, 773, 774, 775, 1230
  Employees 被雇用者 630, 632, 756, 759, 760, 769, 770, 771, 772, 773, 774, 775, 1229, 1230, 1231
  Equipment and software expenditures 設備およびコンピュータソフトウェア支出 783
  Establishments 事業所 756, 757, 759, 1229, 1230, 1231
  Finances 財政 746, 749, 1228, 1230
  Gaming 賭博 1258, 1259
  Gross domestic product 国内総生産 670
  Hires and separations 雇用と離職 637
  Hours 時間 630
  Nonemployers 非雇用 757, 1231
  Occupational safety 労働災害補償 660
  Payroll 給料 1231
  Productivity 生産性 641
  Profits 利益 793
  Receipts, revenue 収益 746, 749, 754, 755, 756, 757, 769, 770, 771, 772, 773, 774, 775, 1228, 1230, 1231
Aruba. (See Foreign countries.) アルバ（「外国」を参照）
Asbestos アスベスト（石綿） 333, 904, 905, 908, 909
Asia. (See Foreign countries.) アジア（「外国」を参照）
Asian and Pacific Islander population: アジア、太平洋諸島民人口
  After-school activities 放課後の活動 252
  Births 出生 80, 82, 83, 84, 85, 86
  Body weight 体重 211
  Business owners 所有企業 768, 773, 774
  Cancer, deaths 悪性腫瘍、死亡数 126

Charter school enrollment　チャータースクールの生徒数　239
Congress, members of　議会議員　413
Consumer expenditures　消費者支出　686
Deaths, death rates　死亡数、死亡率　109, 110, 111, 124, 126, 128, 129
Doctorates　博士号　814
Educational attainment　教育水準　229, 230
Health insurance coverage　健康保険加入　155, 157
Heart disease, deaths　心臓病、死亡数　124
Hospital visits　病院外来　168, 178
HIV disease　HIV 感染症　129
Income　所得　693, 695, 704, 705
Language　言語　236
Poverty　貧困　711, 712, 715
Science doctorates　科学の博士号　814
States　州　19
Suicides, deaths　自殺、死亡数　128
Weapons in school　火器、学校内　249
Asian population　アジア人口　5, 6, 10, 11, 12, 36, 42
　Adoption　養子縁組　579
　Births　出生　5
　Bullying　いじめ　251
　Business owners　企業所有者　768, 773, 774
　Children　児童　10, 11, 12, 69
　College costs　大学の学費　288, 289
　College enrollment　大学在籍者数　283
　Deaths　死亡　5
　Disabled students　障害のある学生　285
　Educational attainment　就学状況　36, 229, 230
　Elderly　老齢者　10, 11, 12
　Family type　家族形態　67
　Food stamp participants　フードスタンプ受給者　573
　Foreign-born population　外国生まれ人口　228
　Foster care　里親制度　579
　Grandparents living with grandchildren　孫との同居人口　70
　Health care visits to professionals　保健・医療ケア専門家への訪問　166
　Health insurance coverage　健康保険加入　155, 157
　Hospital visits　通院　166
　Households　世帯　62, 64, 66
　Housing tenure　持ち家状況　36
　Immunization of children　児童の予防接種　192
　Income　所得　36, 693, 695, 701, 704, 705
　Internet usage　インターネット利用者　1155
　Labor force　労働力　587, 588, 589, 593, 596, 600, 616, 622, 627, 648, 653, 665
　　Class of worker　労働者の種類　605
　　Industry　産業　620
　　Job search　求職　623
　　Multiple job holders　複数の仕事を持つ者　610
　　Occupation　職業　36, 619
　　Public assistance　公的扶助　543, 573, 574
　Living arrangements　居住形態　58
　Marital status　婚姻状況　56
　Metropolitan area population　大都市地区人口　23
　Migration　移住　5
　Occupation　職業　36
　Poverty　貧困　36, 711, 712, 713, 715, 716
　School enrollment　学校在籍者数　228, 253, 283
　Veterans　退役軍人　522
　Weapons in schools　火器、学校内　249
Asparagus　アスパラガス　218
Asphalt　アスファルト　737
Assaults　暴行　118, 119, 306, 307, 308, 309, 315, 316, 317
Asset-backed securities　抵当証券発行業　752, 1166, 1167, 1191, 1199
Assets, personal　個人資産　717, 720, 721, 722, 1170
Assistance, public. (See Public aid, assistance.)　公的扶助（「公的扶助」を参照）
Associations, national, nonprofit　団体（全国規模、非営利団体）　580, 581, 582, 583, 1285
Asthma　喘息　117, 120, 121, 123, 169, 179, 198, 193

Astronomy　天文学　815
Athletic goods. (See Sporting and athletic goods.)　運動用具（「スポーツ用品」を参照）
ATMs (automated teller machines)　現金自動預け払い機 (ATM)　1184, 1185
Attention deficit hyperactivity disorder, (ADHD)　注意力障害　188
Audio equipment　オーディオ機器　739
Auditing. (See Accounting, tax preparation, bookkeeping, and payroll services.)　監査（「会計、税務、監査、簿記、給与計算」を参照）
Australia. (See Foreign countries.)　オーストラリア（「外国」を参照）
Austria. (See Foreign countries.)　オーストリア（「外国」を参照）
Authors　作家　616
Automatic bill payment　現金自動預け払い機 (ATM)　1185
Automobile dealers：　自動車ディーラー：
　Earnings　所得　632, 1047, 1048
　Employees　被雇用者　632, 1047, 1048
　Establishments　事業所　1047, 1048
　Inventories　在庫　1054
　Productivity　生産性　641
　Sales　売上　1051
Automobile loans　自動車購入ローン　1190
Automobile rentals and leasing. (See Automotive equipment rental and leasing and Rental and leasing services.)　自動車のレンタル・リース（「自動車設備のレンタル・リース」および「レンタル・リースサービス」を参照）
Automobiles (see also Motor vehicles):　自動車（「自動車」＝Motor vehiclesを参照）：
　Alternative fueled vehicles　代替燃料自動車　1097
　Consumer expenditures　消費支出　684, 685, 686, 687, 688
　Energy consumption　エネルギー消費　929
　Expenditure per new car　新車あたり平均支出額　1060
　Foreign trade　貿易　1308
　Imports　輸入　1060
　Insurance　保険　9, 677
　Lease　リース　727
　Price indexes　物価指数　727, 737
　Production　生産　1060
　Sales　売上　1060
Automotive equipment rental and leasing　自動車レンタル・リース　632, 641
Automotive products. (See Motor vehicles, Tires and tubes, etc.)　自動車生産（「自動車」「タイヤとチューブ」等を参照）
Automotive repair and maintenance service:　自動車修理、メンテナンスサービス：
　Earnings　所得　632
　Employees　被雇用者数　632, 1275
　Establishments　事業所　1274
　Nonemployers　非雇用者　1273
　Productivity　生産性　641
　Receipts/revenue　収益　1273, 1284
Avocados　アボカド　864
Azerbaijan. (See Foreign countries.)　アゼルバイジャン（「外国」を参照）

B

Backpacking　バックパッキング　1249
Bacon　ベーコン　733
Bahamas, The. (See Foreign countries.)　バハマ（「外国」を参照）
Bahrain. (See Foreign countries.)　バーレーン（「外国」を参照）
Bakeries and tortilla manufacturing　パン製品製造業　632, 641, 1011
Bakery products　パン製品　686, 687, 727, 737
Balance of payments　貿易収支　1286, 1287, 1300
Balance sheet　バランスシート　750, 751, 753
Ballet　バレエ　1238

Bananas バナナ 218, 733
Bangladesh. (See Foreign countries.) バングラデシュ（「外国」を参照）
Bankruptcies 破産申告 776, 777
Banks, commercial: 商業銀行：
    Consumer credit 消費者金融利率 1190, 1191
    Credit cards クレジット・カード 1177, 1188
    Debit cards デビット・カード 1187
    Debit held by families 世帯の負債 1173
    Delinquency rates, repossessions, loans 滞納発生率、抵当流れ発生率、ローン 1195
    Deposits 預金 1176, 1177, 1182
    Earnings 所得 632, 1165
    Employees 被雇用者数 632, 1165
    Establishments 事業所 1165, 1177
    Finances 財務 1166, 1167, 1176, 1177, 1178, 1179, 1180, 1181, 1182, 1192, 1196, 1215
    Flow of funds 資金フロー 1166, 1167, 1215
    Foreign banking offices in United States 外国商業銀行 1182
    Gross domestic product 国内総生産 670, 1162
    Individual Retirement Accounts (IRAs); 401(k) plans 401(K) プラン 554, 557, 1216
    Insured banks 保険加入商業銀行 1176, 1180
    Loans 融資 1177
    Productivity 生産性 641
    Profits 利潤 1178, 1179
    Robbery 強盗 321
    Service charges サービス手数料 677
    State data 州のデータ 1180, 1181
    Stock and bond prices and yields 株式・証券価格 1207
Barbados. (See Foreign countries.) バルバドス（「外国」を参照）
Barbecuing バーベキュー 1240
Barber shops 理容室 677, 1284
Barite 重晶石 904, 905, 908, 909
Bars. (See Food Services and drinking places.) バー（「料理店、喫茶店」を参照）
Base, military closings 基地、軍隊 508
Baseball 野球 1243, 1245, 1246, 1247, 1248, 1249, 1250
Basketball バスケットボール 1245, 1246, 1247, 1248, 1249, 1250
Bauxite ボーキサイト 905, 908, 909, 1379
Beans 豆類 218, 833, 843, 846, 862
Beauty shops 美容院 1284
Bee colonies 蜂、コロニー 866
Beef (see also Meat and meat products): 牛肉（「食肉および食肉加工業」も参照）：
    Consumer expenditures 消費者支出 684, 686, 687
    Consumption 消費量 217, 869, 1372, 1377
    Foreign trade 貿易 850, 869
    Price indexes 物価指数 727
    Prices 価格 727, 733, 737
    Production 生産 869, 1372, 1376
Beer. (See Malt beverages.) ビール（「モルト飲料」を参照）
Beer, wine, and liquor stores: ビール、ワイン、酒類販売：
    Earnings 所得 632, 1048
    Employees 被雇用者数 632, 1048
    Establishments 事業所 1048
    Productivity 生産性 641
    Sales 売上 1051, 1062
Belarus. (See Foreign countries.) ベラルーシ（「外国」を参照）
Belgium. (See Foreign countries.) ベルギー（「外国」を参照）
Belize. (See Foreign countries.) ベリーズ（「外国」を参照）
Benin. (See Foreign countries.) ベニン（「外国」を参照）
Bermuda. (See Foreign countries.) バミューダ（「外国」を参照）
Beryllium ベリリウム 904
Beverages (see also Alcoholic beverages): 飲料（「アルコール飲料」も参照）：
    Consumption 消費 215
    Expenditure 支出 686, 687
    Price indexes 物価指数 725, 726, 727, 739, 742, 743
Beverages and tobacco product manufacturing: 飲料、タバコ製造業：
    Earnings 所得 632, 1009, 1011
    Employees 雇用 632, 1009, 1011, 1013
    Finances 財政 794
    Gross domestic product 国内総生産 670
    Industrial production index 工業生産指数 789
    Productivity 生産性 641
    Profits 消費 794
    Shipments 出荷 1011, 1019, 1020
Bhutan. (See Foreign countries.) ブータン（「外国」を参照）
Bicycles 自転車 321, 727, 1249, 1250
Billiards ビリヤード 1249
Biofuels バイオ燃料 925, 933
Biological sciences: 生物学：
    Degrees conferred 学位授与数 814, 815
    Employment 雇用者数 616
    Enrollment 在籍者数 810
Biomass バイオマス 932, 945, 946, 954
Bird ownership 小鳥（ペット） 1241
Births and birth rates 出生数および出生率 4, 5, 78, 79, 80, 81, 82, 83, 85, 87, 89, 92, 93
    American Indian, Eskimo, and Aleut population アメリカンインディアン、エスキモー、アリュート人 5, 80, 82, 83, 84, 85, 86
    Asian and Pacific Islander population アジア系、太平洋諸島系 80, 82, 83, 84, 85, 92
    Asian population アジア系 5
    Assisted reproductive technology 生殖補助医療 100
    Birth weight 出生時体重 89
    Births to single or unmarried women 独身および未婚女性の出産 85, 92, 1335
    Births to teenage mothers 10代の出産 84, 86, 92
    Black, African American population 黒人、アフリカ系アメリカ人の人口 5, 79, 80, 81, 82, 83, 84, 85, 86, 87, 92
    Cesarean section deliveries 帝王切開出産 87, 171
    Characteristics of mother 母乳の諸特徴 80, 84, 85, 86, 87, 92, 93
    Citizenship 市民権 94
    Delivery procedures 出産補助 87, 171
    Education 教育 94
    First births 初産 91, 92, 93
    Foreign countries 諸外国 1335, 1339
    Hispanic population ヒスパニック人口 5, 79, 82, 83, 84, 85, 86, 87, 92
    Induction of labor 分娩誘発 88
    Island areas of the U.S. 合衆国の海外領土 82, 89, 1314
    Life expectancy 平均余命 104, 105, 106, 107, 1340
    Living arrangements 家族構成 90
    Native Hawaiian, Other Pacific Islander ハワイ原住民、その他の太平洋諸島民 5
    Poverty 貧困 94
    Race 人種別 5, 79, 80, 81, 82, 83, 84, 85, 86, 87
    States 州 15, 82, 89
Births, businesses 事業所開設 764, 765, 766
Birth control 避妊 97, 98
Birth weights 出生時体重 89
Bismuth ビスマス 904
Black, African American population 黒人、アフリカ系アメリカ人の人口 5, 6, 10, 11, 12, 19, 36, 40
    Abortions 妊娠中絶 101, 102
    Adoption 養子縁組 579
    After-school activities 放課後の活動 252
    Age and/or sex 年齢別・性別人口 6, 7, 11, 12
    AIDS エイズ 187
    Birth and birth rates 出生数および出生率 5, 79, 80, 82, 86, 90
        Births to teenage mothers 10代の出産 84, 86
        Births to unmarried women 未婚女性の出産 85
    Body weight 体重 211
    Breastfeeding 母乳保育 91
    Bullying いじめ 251
    Business owners 企業経営者 768, 772

Cancer　癌　126, 182
Child care　託児　578
Children　18歳未満の子供　2, 10, 11, 12, 69
　Literacy activities　識字学習　234, 235
　Poverty　貧困家庭　712, 713
Cigarette smoking　喫煙者　204
Congress, members of　議会議員数　413
Consumer expenditures　消費者支出　686
Contraceptive use　避妊手段　97, 98
Criminal victimizations　犯罪の被害者　316, 319
Deaths and death rates　死亡数および死亡率　5, 109, 110, 111, 115, 116, 124, 126, 128, 129
Degrees conferred　学位授与　300, 814
Disabled persons　障害者　285, 560
Educational attainment　就学状況　36, 229, 230, 231, 232
Elderly　老齢者（65歳以上）　10, 11, 12, 713
Families, characteristics　家族、諸特徴　36, 64, 66, 67
Fertility　特殊出生率　83
Food stamp participants　フードスタンプ受給者　560, 573
Foreign-born population　外国生まれ人口　228
Foster care, children in　里親制度　579
Grandparents living with grandchildren　孫との同居人口　70
Health care, visits to professionals　健康ケア専門家への訪問　166, 168
Health insurance coverage　健康保険加入　148, 155, 157
Heart disease, deaths　心臓病、死亡数　124
High school graduates and dropouts　高校卒業者および中退者　271, 273
HIV disease　HIV感染症　129, 187
Homeschooled　ホームスクール　240
Homicides　殺人　311, 312, 313
Hospital use　病院の利用　168, 178
Households, characteristics　世帯、諸特徴　62, 64, 66
Housing　住宅　36, 899, 991, 995, 998, 1002
Immunization of children　児童の予防接種　192
Income　所得　36, 542, 690, 691, 695, 696, 697, 701, 704, 705
Infant deaths　乳幼児死亡　115, 116
Internet access/use　インターネット利用者　1155, 1158
Jail inmates　拘置所収監者　349
Job search　求職者数　623
Labor force　労働力　587, 588, 589, 593
　Class of worker　労働者の種類　605
　Displaced workers　解雇者　614
　Earnings　所得　464, 648
　Employed　雇用　464, 588, 608, 610, 611, 616, 619, 620
　Educational attainment　教育水準　274, 596, 593, 627
　Unemployed　失業者　622, 623, 627
Life expectancy　平均余命　104, 106, 107, 108
Living arrangements　居住形態　58, 69
Marital status　婚姻状況　56
Metropolitan area population　大都市地区人口　23
Migration　移民　5
Minimum wage workers　最低賃金労働者　653
Nurses　看護師　616
Occupations　職業　36, 616, 619
Physical activity　運動　212
Poverty　貧困状況　36, 711, 712, 713, 716
Property owners　資産所有者　899, 995, 998, 1002
Public assistance　公的扶助　543, 560, 573, 574
Recreation activities　レクリエーション活動　1238, 1239
Schools and education：　学校、教育：
　American College Testing Program (ACT)　米国大学入学能力テストプログラム　268
　Dropouts　中退者　272, 274
　Enrollment　在籍者数　224, 228, 237, 238, 253, 283
　Charter schools　チャータースクール　239
　College costs　学費　288, 289
　College enrollment　大学在籍者数　279, 280, 281
　Doctrate conferred　博士号授与　814
　Enrollment　在籍者　228, 279, 280, 281
　High school dropouts　高校中退者　271, 272, 274

High school graduates　高校卒業者　274
Higher education institutions：　高等教育機関：
Parent participation　保護者の参加　252
Racial/ethnic concentration　人種／民族の集中度　263
Scholastic Assessment Test (SAT)　SAT（教育能力テスト）　267
Students with weapons　武器を携帯する学生　246
Teachers　教員数　255, 257, 260, 616
Weapons in school　火器、学校内　249
Senior citizen communities　高齢者コミュニティ　899
Sexual activity　性的体験　95
States　州別人口　19
Suicides　自殺　128
Union membership　労働組合員数　665
Veterans　退役軍人　522
Voter registration and turnout　有権者登録および投票率　399
Black lung benefit program　炭塵肺給付プログラム　543, 561, 562
Blackberries　ブラックベリー　864
Blast furnace and basic steel products. (See Iron and steel products.)　高炉および塩基性鋼製品（「銑鉄、鉄鋼製品」を参照）
Blind persons　盲人　151, 563
Blood alcohol concentration　メディケイド（低所得者医療保障制度）給付支払いおよび受給者　1110, 1111, 1113
Blood poisoning (See Septicemia.)　血中アルコール濃度
Blueberries　ブルーベリー　843, 864
Boats. (See Ships.)　ボート（「船舶」を参照）
Body Mass Index (BMI)　ボディ・マス・インデックス（BMI）　211
Bolivia. (See Foreign countries.)　ボリビア（「外国」を参照）
Bolts, nuts, etc. (See Iron and steel products.)　ボルト、ナット（「銑鉄、鉄鋼製品」を参照）
Bonds：　債権：
　Foreign　外国　1203, 1204
　Holdings by sector　部門別保有額　722, 1167, 1168, 1169, 1201, 1204, 1206
　Life insurance companies　生命保険会社　1201, 1221
　New issues　新規発行　1202
　Prices, yields, sales, and issues　価格、利回り、販売高および発行高　478, 1198, 1200, 1203, 1205
　Rating　評価　445, 446
　U.S. savings　米国貯蓄債権　478, 1170
Book, periodical, and music stores　書籍、定期刊行物、音楽販売店　632, 641, 1048, 1049, 1051
Book publishing industry　出版業　1128, 1129, 1134
Bookkeeping. (See Accounting, tax preparation, bookkeeping, and payroll services.)　簿記（「会計、税務、簿記、給与計算」を参照）
Books (see also Information industry, Libraries and librarians, and Publishing industry)　書籍（「情報産業」「図書館」「出版業」も参照）：　1056, 1131, 1134, 1137
Boots. (See Footwear.)　長靴（「履物」を参照）
Borders, Canada and Mexico　カナダ・メキシコとの国境線長　363
Border Patrol activities　国境警備活動　530, 531
Boron　硼素　905, 906
Bosnia and Herzegovina. (See Foreign countries.)　ボスニア、ヘルツェゴビナ（「外国」を参照）
Botox　ボトックス　180
Botswana. (See Foreign countries.)　ボツワナ（「外国」を参照）
Bowling　ボーリング　1243, 1246, 1249, 1250
Bowling center industry　ボーリングセンター　641, 1228, 1230, 1231
Boxing　ボクシング　1246
Brazil. (See Foreign countries.)　ブラジル（「外国」を参照）
Bread　パン　727, 733
Breastfeeding　母乳保育　91
Bridges　橋梁　1090
British Virgin Islands. (See Foreign countries.)　英領バージン諸島（「外国」を参照）
Broadband　ブロードバンド　1132, 1151, 1154, 1157, 1158,

索　引　929

1391
Broadcasting industry: 放送局通信事業：
　Capital　資本　781
　Earnings　所得　632, 756, 1128, 1130
　Employees　被雇用者　632, 756, 1128, 1130
　Establishments　事業所　756, 1128, 1130
　Finances　財政　746, 1129
　Gross domestic product　国内総生産　670
　Multinational companies　多国籍企業　796, 797
　Number of stations　局数　1132
　Productivity　生産性　641
　Receipts, revenue　収益　746, 756, 1129, 1130
Broadway and off-Broadway shows　ブロードウェイおよびオフブロードウェイ劇場　1234
Broccoli　ブロッコリー　218, 843, 862
Broilers (see also Poultry)　ブロイラー（「家禽類」も参照）　737, 842, 843, 869, 877, 878
Bromine　臭素　904, 905
Bronchitis　気管支炎、肺気腫等　117, 120, 121, 122, 123, 169, 170, 198
Brunei. (See Foreign countries.)　ブルネイ（「外国」を参照）
Buddhist population. (See Religion.)　仏教徒人口（「宗教」を参照）
Budget, federal:　予算、連邦政府：
　Debt　債務　470
　Outlays　歳出　469, 471, 472, 473
　Receipts　歳入　469, 475
　Tax expenditures　税控除　477
　Taxes　税　475
Building construction:　一般建設業：
　Earnings　所得　632, 961
　Employees　被雇用者　632, 961
　Establishments　事業所　961
　Occupational safety　労働災害補償　660
Building materials, and garden supplies stores:　建築資材、園芸用品（小売店）：
　Earnings　所得　632, 756, 1048
　Electronic commerce　e-コマース　1055
　Employees　被雇用者　632, 756, 1048
　Establishments　事業所　756, 1048, 1049
　Inventories　在庫　1023
　Nonemployers　自営業　1049
　Productivity　生産性　641
　Sales　売上　756, 1049, 1051, 1053, 1059
Building permits. (See Construction industry, and Housing and housing units.)　建設許可（「建設産業」「住宅供給および住宅ユニット」も参照）
Buildings (see also Construction industry, and Housing and housing units):　建物（「建設産業」「住宅供給および住宅ユニット」も参照）：
　Characteristics of　諸特徴　1006
　Construction value　建設価額　963, 964, 965, 966
　Federal　連邦政府　502
　Fires and property loss　火災による損失　356, 357
　Floorspace　床面積　502, 1006
Bulgaria. (See Foreign countries.)　ブルガリア（「外国」を参照）
Bullying　いじめ　251
Burglaries　強盗　306, 307, 308, 309, 320, 321
Burkina Faso. (See Foreign countries.)　ブルキナファソ（「外国」を参照）
Burma. (See Foreign countries.)　ビルマ（「外国」を参照）
Burundi. (See Foreign countries.)　ブルンジ（「外国」を参照）
Buses and bus transportation. (See Passenger transit and Motor vehicles.)　バスおよびバス輸送（「旅客輸送」「自動車」も参照）：
Business cycles　景気循環　786
Business enterprises (see also individual types of business and industry):　企業（個々の企業および産業も参照）：
　Ages of firms　企業年齢　763, 764
　American Indian-and Alaska Native-owned businesses　アメリカインディアンおよびアラスカ原住民所有企業　768, 775
　Asian-owned businesses　アジア系所有企業　768, 773
　Bankruptcies filed　破産登録件数　776, 777
　Births and deaths of　開設・閉鎖　764, 765, 766
　Black-owned businesses　黒人所有企業　768, 772
　Capital　産業別固定資本　781
　Corporations, partnerships, and proprietorships　株式会社、合資会社、個人企業　580, 744, 746, 747, 748, 749, 754, 755
　Employees　被雇用者　758, 759, 761, 762, 763, 764, 766, 795, 1275
　Establishments　事業所　756, 758, 759, 762, 763, 764, 766
　Expansions and contractions　倒産および開始件数　764, 766
　Finances　財務データ　744, 747, 748, 750, 751, 792, 794, 796, 797, 1023, 1024
　Firms　農業　761, 762, 763, 764, 766
　Flow of funds　資金フロー　1166
　Foreign investment in the U.S.　合衆国への外国直接投資　1291, 1292, 1293, 1294
　Hispanic-owned businesses　ヒスパニック所有企業　768, 771
　Leading indicators　先行指標　787
　Loans to minority-operated small businesses　少数民族所有中小企業に対する融資　767
　Minority-owned　少数民族所有　768, 770
　Multinational companies　多国籍企業　795, 796, 797, 798
　Native Hawaiian and Other Pacific Islander-owned business　ハワイ原住民およびその他の太平洋諸島民所有企業　768, 774
　Patents　特許　778, 779, 1393
　Payroll　支払い給与額　758, 761, 762
　Profits　利潤　791, 792, 793, 794, 1023, 1024
　Sales, shipments, receipts　売上、出荷、収益　1018, 1020, 1021, 1024
　Small business　小企業　761, 762, 765, 767
　Startups　開業　763
　Veteran-owned　退役軍人所有　768
　White-owned　白人所有　768
　Women-owned businesses　女性所有企業　768, 769
Business management, degrees conferred　ブタン　298, 301, 302, 303
Butane　ブチレン　876
Butter　バター　217, 733, 875

C

Cabbage　キャベツ　862
Cable and other pay television services　ケーブルテレビ（CATV）、その他有料テレビサービス　727, 1132, 1132, 1333, 1279
Cable and other subscription programming:　ケーブルテレビおよびその他の有線番組サービス：
　Earnings　賃金　632, 1128
　Employees　雇用　632, 1128
　Establishments　事業所　1128
　Finances　財政　1129, 1143
　Revenue　収益　1129, 1143
Cadmium　カドミウム　905, 908
Cafeterias. (See Eating and drinking places.)　カフェテリア（「飲食店」を参照）
California. (See State data.)　カリフォルニア（「州のデータ」を参照）
Calves　仔牛　843, 869, 870, 873
Cambodia. (See Foreign countries.)　カンボジア（「外国」を参照）
Cameras　カメラ　1033
Cameroon. (See Foreign countries.)　カメルーン（「外国」を参照）
Campaigns, fundraising　予備選挙キャンペーン、政治活動団体数　422, 423, 424, 425, 426, 427
Camping　キャンプ　1249, 1250
Canada　カナダ（「外国」を参照）　360, 363 (See also Foreign countries.)
Cancer (malignancies)　癌（悪性腫瘍）　169, 179, 182, 183
　Deaths　死亡者数　117, 118, 119, 120, 121, 122, 123, 126, 183
Candy　飴　727
Capacity utilization, index　製造能力指数　790

Cape Verde. (See Foreign countries.) ケープヴァード諸島（カーボヴェルデ諸島）、「外国」を参照）
Capital (see also individual industries): 資本（個々の産業を参照）
　Banking 銀行 1177, 1178
　Expenditures 資本支出 782, 783, 784, 785, 1011
　New security issues 有価証券の新規発行 1202
　Residential 住宅 1005
　Stocks 資本ストック 781, 1018
　Utilities 公益事業体 953, 957, 1147
Capital equipment, producer price indexes 資本設備資材（生産者物価指数） 737
Capital gains キャピタルゲイン 485
Capital punishment 行政当局による刑罰 352, 353
Carbon dioxide emissions 二酸化炭素の放出 375, 376, 1389
Cardiovascular disease. (See Diseases of heart.) 心臓血管病（「心臓病」を参照）
Carrots にんじん 218, 843, 862
Cars. (See Automobiles.) 自動車（「自動車」＝ Automobiles を参照）
Casualty insurance 災害保険 1222
Catalog and mail order sales カタログ、メール注文販売 1049, 1051, 1055, 1056
Catfish ナマズ 843, 898
Catholic population. (See Religion.) カトリック教徒人口（「宗教」を参照）
Cat ownership 猫（ペット） 1241
CAT scans CT スキャン 171
Cattle: 肉牛：
　Farm marketings, sales 農産物市場取引 842, 843
　Imports 輸入 850
　Number on farms 農場頭数 870, 871, 873
　Prices 価格 737, 870
　Production 生産 870, 873
　Slaughter 屠殺 873
　Value on farms 農場価格 870
Cauliflower カリフラワー 218, 862
Cayman Islands. (See Foreign countries.) ケイマン諸島（「外国」を参照）
Celery セロリ 218, 862
Cellular and other wireless telecommunications 携帯電話およびその他の無線遠隔通信 251, 1128, 1129
Cellular telephones (see also Telephone carriers.) 携帯電話（「電話事業体」を参照） 1112, 1113, 1148, 1354, 1391
Cement (see also Nonmetallic mineral product manufacturing) セメント（「非金属鉱物製造業」を参照） 904, 905
　Earnings 所得 632
　Employment 被雇用者 632, 905
　Prices 価格 737, 905
　Productivity 生産性 641
　World production 世界生産量 1379
Central African Republic. (See Foreign countries.) 中央アフリカ共和国（「外国」を参照）
Central America. (See Foreign countries.) 中央アメリカ（「外国」を参照）
Central and South American population (see also Hispanic or Latino origin population) 中南米系人口（ヒスパニック） 37, 79, 86
Cereal and bakery products: 穀物・パン製品：
　Expenditures, prices 支出、価格 686, 687, 727
　Per capita consumption 1人当たり消費 217
Cerebrovascular diseases, deaths 脳血管の疾患、死亡者数 117, 118, 119, 120, 121, 122, 123, 170, 179
Certificates of deposit 預金証書 1170, 1197
Cesarean section deliveries 帝王切開出産 87, 171
Chad. (See Foreign countries.) チャド（「外国」を参照）
Charitable contributions (see also Philanthropy) 慈善寄付（「慈善事業」も参照） 489, 491, 580, 582, 583, 584
Charter schools チャータースクール 239, 263
Checks, payments made 小切手 1184
Cheese (see also Dairy products) チーズ（「乳製品」も参照） 217, 733, 875

Chemical engineering, degrees conferred 化学、学位授与 815
Chemical products: 化学製品：
　Foreign trade 貿易 1301, 1308, 1312
　Price indexes 物価指数 737, 742, 743
　Production 生産 789, 1028
Chemicals manufacturing (see also individual chemicals): 化学薬品製造業（個々の化学薬品も参照）：
　Capital 資本 781
　Earnings 所得 632, 1009, 1011, 1017
　Employees 被雇用者 632, 1009, 1011, 1013, 1017
　Establishments 事業所 1009
　Finances 財務 794
　Foreign trade 貿易 1312
　Gross domestic product 国内総生産 670, 1007
　Industrial production index 工業生産指数 789
　Inventories 在庫 1019, 1020
　Multinational companies 多国籍企業 796, 797, 798
　Productivity 生産性 641
　Profits 利潤 792, 794
　Research and development 研究開発 805, 806
　Shipments 出荷 1011, 1019, 1020
　Toxic chemical releases 有毒化学物質放出 381, 382, 383
Chemistry (see also Physical sciences): 化学（「物理科学」も参照）：
　Degrees conferred 学位授与数 815
　Employment 雇用 616
　Salary offers 初任給 298
Cherries さくらんぼ 843, 864
Chicken pox 水疱瘡 184
Chickens. (See Poultry.) 鶏肉（「家禽類」を参照）
Child abuse 児童虐待 342, 343
Child care 児童の世話 578, 616, 618, 621, 727, 899
　Expenditures for 子供への支出 689
　Tax credit 税 491, 492
Child day care services 昼間託児サービス： 576, 616, 632
Child support 児童扶助 542, 568, 569
Children (see also Births, Deaths, Marriages, Divorces, and Population): 児童（「出生」「死亡」「離婚」「結婚」および「人口」も参照）：
　Adopted 養子縁組 579
　Age and/or sex 児童人口、年齢・性別 7, 9, 10, 11, 12, 16
　Aid, social welfare programs 児童手当、社会福祉、公的扶助 540, 542, 545, 565, 566, 567, 568, 569, 570, 573, 574, 576, 577
　AIDS エイズ 186, 187, 1341
　Alcohol use 児童の飲酒 207
　American Indian, Alaska Native population アメリカインディアン、アラスカ原住民 10, 11, 12
　Asian population アジア系 10, 11, 12, 69
　Asthma 喘息 193
　Attention Deficit Disorder 注意欠陥 188
　Black, African American population 黒人およびアフリカ系アメリカ人 10, 11, 12, 69
　Child abuse 児童虐待 342, 343
　Child day care 児童保育所 578, 727
　Child support 養育扶助 542, 568, 569
　Cigarette smoking 喫煙 207
　Computer use コンピュータの使用 258
　Congenital abnormalities 養育費 179
　Crime, arrests 犯罪（逮捕済） 326
　Deaths and death rates 死亡数、死亡率 114, 115, 116, 121, 122
　Dependency ratios 従属人口指数 17
　Disability status 障害の程度 189
　Drug use 児童の薬物使用 203
　Families with 世帯の子供の有無 64, 65, 66, 67, 68
　Food cost 食費 732
　Food insecurity 食料不足 214
　Food stamp program フードスタンプ・プログラム 572, 573
　Foreign-born population 外国生まれの人口 40, 41, 589
　Foreign country 外国 1334, 1337, 1338, 1339, 1341, 1371

Foster care 里親 579
Grandparents living with grandchildren 孫との同居人口 70
Head Start program ヘッドスタート 574
Health insurance coverage 健康保険加入者 145, 148, 155, 156, 157
High school dropouts 高校中退者 271, 272
High school graduates 高校卒業者 270, 276
Hispanic origin population ヒスパニック人口 10, 11, 12
HIV HIV感染 1341
Homeschooled ホームスクール 240
Hospital use 病院利用 169, 170, 178, 179
Hunger 飢餓 214
Immigrants 移民 48
Immunization against diseases 予防接種 192
Income, families with children 子供のいる家族の所得 698
Injuries 負傷 200
Juvenile delinquency institutions 青少年の非行矯正施設 340
Labor force (16 to 19 years old) 労働力（16－19歳）587
   Employed 被雇用者 602, 605, 610, 612
   Employment status 雇用の状況 596
   Minimum wage workers 最低賃金労働者 653
   Multiple job holders 複数の仕事を持つ者 610
   Participation rates 有業率 597
   Sex 性別 587, 592
   Unemployed 失業 622, 623, 628
Language proficiency 言語熟達度 236
Literacy activities, skills 識字学習 234, 235
Literacy, comparative 国語平均点 1371
Living arrangements 居住形態 69
Metropolitan areas 大都市地区 22
Mobility status 人口移動状況 30
Mothers in the labor force 子供のいる女性労働者（子供の年齢別）92, 93, 599, 600
Native Hawaiian, Other Pacific Islander population ハワイ原住民、太平洋諸島民 10, 11, 12
Physician visits 医師に通院 166, 168, 169
Pneumonia 肺炎 179
Poverty 貧困 712, 713
Projections 予測 9, 12
Races, two or more 人種、複数人種 10, 11, 12
Respiratory infection, acute 呼吸器系感染症、急性 169, 170
School enrollment 就学者数 219, 221, 223, 224, 225, 226, 227, 237, 242, 246
School readiness 就学準備 235
Social security beneficiaries and payments 社会保障受給者、給付金 545
Special education 特殊教育 190
Stay-at-home parents 専業主婦または専業主夫 68
Suicides 自殺 121
Chile. (See Foreign countries.) チリ（「外国」を参照）
China. (See Foreign countries.) 中国（「外国」を参照）
Chinese population 中国系の人口 86
Chiropractors カイロプラクティック 160
Chocolate. (See Cocoa.) チョコレート（「ココア」「菓子」を参照）
Christian population. (See Religion.) クリスチャン人口（「宗教」を参照）
Christmas trees クリスマスツリー 843
Chromite クロム鉄鉱 1379
Chromium クロム 909
Churches (see also Religion): 教会（「宗教」も参照）：
   Clergy 616
   Construction value 建築総額 966
   Grants, foundations 贈与（財団）580, 583
   Membership 教会数および教会会員数 76
   Schools 学校 238
   Volunteers ボランティア 585
Cigar smoking 紙たばこ使用 207
Cigarettes (see also Tobacco): 紙たばこ（「煙草製品」も参照）：
   Consumption 消費 1343, 1359
   Price indexes 物価指数 738
   Smokers and use 喫煙者と喫煙 204, 205, 207, 208

Circuit boards 配線基盤 1031
Circulation of media 新聞・雑誌の発行部数 1132, 1135, 1136
Circulatory diseases 循環器障害 197
Cirrhosis of liver, deaths 肝硬変、死亡者数 121, 122
Cities (see also Metropolitan areas): 都市（「大都市地区」も参照）：
   Climate 気候 393, 394, 395, 396, 1390
   Crime 犯罪 309
   Debts 負債 458
   Employees, earnings, payrolls 市政府公務員給与 467
   Finances of city governments 市政府の財政 457, 458
   Foreign born 外国生まれ 39
   Governmental units 行政単位 428, 429
   Income 所得 708
   Language spoken at home 家庭で話される言語 55
   Officials elected 公選公務員 421
   Population 都市人口 27, 28
   Poverty 貧困 708
   Property tax rates 財産税率 448
   Taxes 家計の所得水準別税支払額 447
   Travel 旅行 1261
Citizenship 市民権 47, 94
Citrus fruits 柑橘類 218, 863, 864
Civil aviation. (See Air transportation.) 民間航空（「航空輸送」を参照）
Civil cases, U.S. Courts 民間訴訟（合衆国地方裁判所）333, 334, 335
Civil service employees. (See Government.) 公務員（「政府」を参照）
Clams 蛤 897, 899, 900
Classical music クラシック音楽 1237, 1238
Cleaning supplies 掃除必需品 686, 687
Clergy 聖職者 616
Climate, selected cities: 気候、主要都市
   Precipitation 降水量 395, 1390
   Temperature 気温 391, 393, 394, 1390
Clocks and watches 時計、腕時計 727, 739
Clothing and accessory stores, retail: 衣類およびアクセサリー小売店：
   Earnings 所得 632, 1042, 1048, 1050
   Electronic commerce e-コマース 1024
   Employees 被雇用者 632, 756, 1042, 1048, 1050
   Establishments 事業所 756, 1042, 1048, 1049
   Finances 財務 794
   Inventories 在庫 1054
   Nonemployers 自営業 1049
   Price indexes 物価指数 727, 739
   Productivity 生産性 641
   Profits 利益 794
   Sales 売上 756, 1049, 1051, 1053, 1059
Coal (see also Petroleum and coal product manufacturing and Coal mining): 石炭（「石炭採掘業」「石油および石炭製造業」も参照）：
   Car loadings 鉄道輸送量 1123, 1124
   Consumption 消費量 919, 925, 926, 931, 934, 945, 1381, 1382
   Emissions 放出 375, 376
   Expenditures 支出 928
   Foreign trade 貿易 919, 920, 926, 935, 936, 1308
   Freight, on waterways 貨物輸送・水路 1084
   Net generation 純発電量 945
   Net summer capacity 夏期純発電能力 946
   Prices 価格 737, 906, 919, 920
   Production 生産 920, 925, 926
   World production 世界生産量 908, 920, 1379, 1380, 1386
   Reserves 埋蔵量 921, 922
Coal bed methane 炭層ガス 918
Coal mining: 石炭採掘業：
   Earnings 所得 880, 901
   Employment 雇用 880, 901, 902, 920
   Establishments 事業所 880

Fatalities 死亡数 902
Gross domestic product 国内総生産 670
Injuries 負傷 902
Inspections 検査 902
Mines 炭鉱 902, 920
Output 生産高 903, 925
Productivity 生産性 903, 920
Safety 安全性 902
Shipments 出荷 901
Supply 供給 919
Coast Guard 沿岸警備隊員 386, 534
Coastal population 沿岸部人口 25, 26, 362
Coastlines 沿岸部 362, 364
Cobalt コバルト 905
Cocaine (see also Drugs (illegal), and Arrests) コカイン（使用、検挙）（「薬物（違法薬物）」も参照） 207, 327, 328
Cocoa ココア 217, 850
Cod タラ 897, 900
Coffee: コーヒー：
　Consumption 消費 215, 217
　Foreign trade 貿易 848, 850
　Price indexes 物価指数 727
　Prices 価格 727, 733, 737
Cogeneration of electricity (combined-heat-and-power) 電力発電 930, 945
Cohabitation, unmarried 同棲、未婚 63, 90, 95
Coke. (See Coal.) コークス（「石炭」を参照）
College: 大学：
　Costs 費用 288, 289
　Enrollment 在籍者数 219, 225, 226, 227, 277, 278, 279, 280, 282, 283, 284, 287
　Federal obligations 連邦政府助成 809
　Freshmen 新入生 286
　Price index 物価指数 290, 727
　Research & development 研究開発 808
　Science & engineering 科学工学 810, 812, 813
　State appropriations 州予算支出 292
　Tuition 授業料 293
Colleges and universities. (See Education, and Higher education institutions.) 大学（「教育、高等教育機関」を参照）
Colombia. (See Foreign countries.) コロンビア（「外国」を参照）
Colorado. (See State data.) コロラド（「州のデータ」を参照）
Commerce: 通商：
　Domestic, by rail 国内鉄道輸送量 1123, 1124
　Domestic, by water 内陸水路 1084, 1085
　Foreign. (See Foreign trade.) 外国（「貿易」を参照）
Commercial buildings: 商業用建物：
　Characteristics 諸特徴 1006
　Construction value 建築額 966
　Crime incidents 犯罪 317
　Floorspace 床面積 966
Commercial energy 商用エネルギー 928, 930, 931, 932, 934, 947, 950, 951, 952, 955
Commodities. (See individual types of commodities.) 商品（個々の商品を参照）
Commodity flow コモディティ・フロー 1071
Communicable diseases 伝染病 184
Communications: コミュニケーション：
　Degrees conferred 授与学位 301, 302, 303
　Price indexes 物価指数 725
Communications equipment manufacturing: 通信装置製造業：
　Earnings 所得 632, 818, 1009, 1011
　Employees 被雇用者数 632, 818, 1009, 1011
　Establishments 事業所 1009
　Foreign trade 外国貿易 1310
　Inventories 在庫 1020
　Productivity 生産性 641
　Shipments 出荷 1011, 1020, 1034
Communications industry. (See Information industry.) 通信産業（「情報産業」も参照）

Community development 地域開発、住宅供給、連邦支出 454, 473
Community food, housing services 家庭食料援助サービス 576
Community service コミュニティ・サービス 585
Commuting to work 通勤 656, 1100
Complementary and alternative medicine 補完代替医療 167
Comoros. (See Foreign countries.) コモロ諸島（「外国」を参照）
Compact disks コンパクト・ディスク（CD-ROM）1140
Computers: コンピュータ：
　Broadband ブロードバンド 1132, 1151, 1154, 1156, 1157, 1158, 1391
　Consumer expenditures 消費支出 739
　Cyber-bullying ネットいじめ 251
　Foreign trade 貿易 1301, 1310, 1312
　Injuries associated with 負傷 201
　Sales 売上 783, 1056
　Use 利用状況 251, 264, 1132, 1133, 1157, 1158, 1159, 1160, 1161, 1391, 1392
　Computer programming and data processing services 学校における利用 632
Computer sales コンピュータ売り上げ 1033
Computer specialists: コンピュータ専門家：
　Degrees conferred 学位授与数 301, 302, 303, 810, 814, 815
　Labor force 労働力 616, 618, 817
　Research & development 研究開発 802, 805, 808, 820
　Salary offers 初任給 298
Computer systems design: コンピュータシステムデザイン：
　Capital 資本 781
　Earnings 所得 1274
　Employees 被雇用者 1274
　Establishments 事業所 1274
　Gross domestic product 国内総生産 670
　Receipts 収入 1277
　Research and development 研究開発 805, 806
Computerized axial tomography (CAT scans) CTスキャン 171
Computers and electronic product manufacturing: コンピュータ、電子機器製造業：
　Capital 資本 781
　Earnings 所得 632, 818, 1009, 1011
　Employees 被雇用者 632, 818, 1009, 1011, 1013
　Establishments 事業所 1009
　Finances 財務 794
　Foreign trade 貿易 1312
　Gross domestic product 国内総生産 670
　Industrial production index 工業生産指数 789
　Inventories 在庫 1019, 1020
　Multinational companies 多国籍企業 796, 797
　Productivity 生産性 641
　Profits 利益 794
　Research and development 研究開発 806
　Shipments 出荷 1011, 1019, 1020, 1032
Concerts, symphony orchestras コンサート、交響楽団 1234, 1236
Condensed and evaporated milk コンデンス（濃縮）ミルク 217, 875
Congestion, on roads 道路の混雑状況 1099
Congo (Brazzaville). (See Foreign countries.) コンゴ（ブラザビル）（「外国」を参照）
Congo (Kinshasa). (See Foreign countries.) コンゴ（キンシャサ）（「外国」を参照）
Congress, U.S.: 合衆国議会：
　Apportionment of 議員配分 408
　Asian, Pacific Islanders アジア、太平洋諸島民 413
　Bills, acts, resolutions 法律、法令、決議 414, 415
　Blacks 黒人議員 413
　Campaign finances キャンペーン予算 426, 427
　Composition of 政党別構成 412
　Congressional districts 選挙区；候補者、得票数 410
　Hispanics ヒスパニック議員 413

索　引　933

Seniority　先任順　413
Time, in sessions　開会日時数　414
Women　女性議員　413
Votes cast　投票率　398, 407, 409, 410
Connecticut. (See State data.)　コネチカット（「州のデータ」を参照）
Construction industry (see also Building materials and Highways):　建設産業（「建築資材」および「幹線道路」も参照）：
　Building permits　認可建物数　968
　Capital　資本　781, 783, 785
　Construction contracts　建設契約額　966, 967
　Earnings　所得　630, 632, 643, 644, 756, 759, 760, 769, 770, 771, 772, 773, 774, 775, 961, 1328
　Employees　被雇用者　620, 630, 631, 632, 661, 756, 759, 760, 769, 770, 771, 772, 773, 774, 775, 817, 961, 1328
　Equipment and software expenditures　設備およびコンピュータソフトウェア支出　783
　Establishments　事業所　756, 757, 759, 961, 1328
　Finances　財務　746, 749, 1323
　Gross domestic product　国内総生産　670, 1323
　Hires and separations　雇用と離職　637
　Nonemployers　自営業　757
　Occupational safety　労働災害補償　657, 660
　Producer price indexes　生産者価格指数　962
　Profits　利潤　744, 793
　Residential　居住用建物　968, 969, 970, 971
　Shipments, receipts　出荷、収益　744, 746, 749, 754, 755, 756, 757, 769, 770, 771, 772, 773, 774, 775
　Unions　労働組合　665
　Value, of　事業費総額　963, 964, 965
Construction machinery, manufacturing:　建設用機械製造業：
　Earnings　所得　632, 1011
　Employees　被雇用者数　632, 1011
　Productivity　在庫　641
　Shipments　出荷　1011
Construction materials. (See Building materials.)　建設材料（「建築資材」を参照）
Consumers:　消費者：
　Consumer complaints against airlines　航空会社に対する苦情申し立て　1081
　Consumer goods　消費財　737
　Credit　消費者信用　751, 1169, 1172, 1175, 1188, 1189, 1190, 1191, 1195
　Expenditures:　消費支出額
　　Entertainment　娯楽　686, 687, 1233
　　Food　食糧　684, 685, 686, 687, 688, 847, 739
　　Housing　住居　684, 685, 686, 687, 688, 739
　　Medical care　医療支出　136, 137, 139, 140, 143, 684, 685, 686, 687, 688, 739
　　Metropolitan areas　大都市地区　685
　　Reading material　読みもの　686, 687, 1233
　　Sporting goods　スポーツ用品　1250
　　Transportation　輸送　671, 680, 739
Consumer price indexes　消費者物価指数　712, 724, 725, 726, 727
　Foreign countries　外国　1356, 1358
　Medical care　医療　142, 725, 727
　Purchasing power of the dollar　ドルの購買力　724
Consumption. (See individual commodities.)　消費（個々の商品の項目を参照）
Contraception, use of　避妊　97, 98
Convenience stores, (See Food and Beverage Stores.)　コンビニエンス・ストア
Cook Islands. (See Foreign countries.)　クック諸島（「外国」を参照）
Copper:　銅：
　Consumption　消費　905
　Foreign trade　貿易　905
　Prices　価格　737, 742, 743, 905, 906
　Production and value　生産量、生産額　905, 908, 1379

Copyrights, registration　著作権登録　780
Corn:　とうもろこし：
　Acreage　収穫面積　858, 859
　Consumption　消費　217, 218
　Ethanol　エタノール　858
　Farm marketings, sales　農産物市場取引、売上　842, 843
　Foreign trade　貿易　852, 854, 855, 858, 1308, 1374
　Genetically engineered　遺伝子組み換え　834
　Organic　有機　833
　Prices　価格　737, 742, 858, 859
　Production　生産　852, 858, 859, 862
　Supply and disappearance　供給および消費量　858
Corporations:　株式会社：
　Capital　資本　753
　Dividend payments　配当支払　791
　Finances　財務　744, 745, 746, 747, 748, 749, 751, 752, 753, 754, 755, 1166, 1167, 1215
　Manufacturing　製造業　1023
　Nonfinancial　非金融会社　751, 752
　Philanthropy　慈善事業　580
　Profits　利潤　744, 791, 792, 793, 794, 1022, 1023
　Receipts　収入　744
　Sales　売上　749, 754, 755, 1022
　Stocks and bonds　株式および債券発行高　1198, 1199
　Taxes:　課税額：
　　Corporate income tax　法人税　436, 451, 453, 455, 791
　　Returns　申告　744, 745, 753
Correctional institutions (see also Prisons and prisoners):　矯正施設（「刑務所、囚人数」も参照）：
　Employment　被雇用者数　465, 616
　Expenditures　支出　345, 451, 454
　Prisoners　囚人数　347, 1317
Cosmetic surgery　美容手術（外科）　180
Cosmetics, foreign trade　化粧品、香水等、貿易　727, 737
Costa Rica. (See Foreign countries.)　コスタリカ（「外国」を参照）
Cost-of-living indexes　生計費指数　728, 1358
Cote d'Ivoire. (See Foreign countries.)　コートジボアール（「外国」を参照）
Cotton:　綿花：
　Acreage　収穫面積　858, 1372
　Consumption　消費　1025, 1372
　Farm marketings, sales　農産物市場取引、売上げ　841, 843, 845
　Foreign trade　貿易　848, 852, 854, 855, 858, 1308
　Genetically engineered　遺伝子組み換え　834
　Organic　有機　833
　Prices　価格　737, 846, 858, 859
　Production　生産　852, 858, 859, 1372, 1373
　Supply and disappearance　供給と消費　858
Countries (See Foreign countries.)　各国のデータ（「外国」を参照）
County governments　郡政府　428, 429
　Debt　債務　460
　Elected officials　公選公務員　421
　Employees　被雇用者　468
　Finances　財務　459, 460
Couriers and messengers:　特急便、速達便：
　Earnings　所得　632, 1063, 1066
　Employees　被雇用者　632, 1063, 1065, 1066
　Establishments　事業所　1063, 1066
　Occupational safety　労働災害補償　660
　Revenue　収入　1063, 1120
Courts:　裁判所
　Appeals courts　高等裁判所　332, 334
　District courts, U.S.　地方裁判所　332, 333, 336
　Judicial officers　裁判所　332
　Juror service　陪審選任　336
　Juveniles　青少年裁判所の未成年者処理件数　340
　Public corruption　政治汚職　338
　State courts　州、重罪判決　335
　Supreme Court, U.S. 331　最高裁判所

Cows (see also Cattle and Dairy products) 牛（「肉牛」および「乳製品」も参照） 871, 874, 875
Crabs 蟹 897, 899, 900
Crack cocaine. (See cocaine.) クラックコカイン
Cranberries クランベリー 864
Credit cards クレジットカード 1173, 1184, 1188, 1189, 1190, 1195
Credit intermediation industry: 信用仲介事業：
　Capital 資本 781
　Earnings 所得 1163, 1165
　Employees 被雇用者 1163, 1165
　Establishments 事業所 1163, 1164, 1165
　Nonemployers 非雇用事業 1164
　Receipts 収益 1163, 1164
Credit markets 信用市場 1167, 1190
Credit unions: 信用組合：
　Consumer credit 消費者信用 1155
　Debt held by families 世帯の負債 1173
　Earnings 所得 1165
　Employees 被雇用者 1165
　Establishments 事業所 1165, 1183
　Finances 財務 1166, 1183, 1190, 1192, 1215
　Individual Retirement Accounts (IRAs) 個人退職年金 1216
Crime (see also Criminal victimizations, and Law enforcement): 犯罪（「犯罪の被害者」「法的処分」も参照）：
　Assault 暴行 306, 307, 308, 309, 315
　Burglary 住宅窃盗 306, 307, 308, 309, 315, 320, 321
　Child abuse and neglect 児童虐待および児童遺棄 342, 343
　Drug abuse violations 麻薬取締り法違反 327
　Financial crime 金融犯罪 339
　Hate crimes 憎悪犯罪 322, 323
　Homicides 殺人（人種、性別） 311, 312, 313
　Larceny-theft 窃盗 306, 307, 308, 309, 321
　Motor vehicle theft 自動車窃盗 306, 307, 308, 309, 320, 321
　Murders 殺人、殺人の状況 306, 307, 308, 309, 310
　Place of occurrence 発生場所、発生時間 317
　Police officers assaulted, killed 警官に対する暴行・殺害 330
　Property crime 財産に対する犯罪 306, 307, 308, 309, 320, 321
　Rape, forcible 強姦 306, 307, 308, 309, 314, 315
　Robbery 強盗 306, 307, 308, 309, 315, 321
　Schools 学校における犯罪 247, 249, 250, 317
　Value lost 万引き 321
　Violent crime 暴力犯罪 306, 307, 308, 309, 310, 318
　Workplace 職場 661
Criminal justice expenditures 刑事裁判の支出 345
Criminal victimizations 犯罪の被害者 315, 316, 317, 318, 319, 320, 321, 322, 323, 646
Croatia. (See Foreign countries.) クロアチア（「外国」を参照）
Crops (see also Farms and individual crops): 穀物（「農場」および個々の作物も参照）：
　Acreage 作付面積 857, 858, 1326, 1372
　Farm marketings, sales 農産物市場取引、売上 823, 841, 843, 845
　Foreign trade 貿易 853, 855, 858, 1372
　Organic 有機 832
　Prices 価格 846, 858
　Production 生産 858, 1372, 1373
　Productivity 生産性 857
　Supply and disappearance 供給と消費 858, 1372
Cross country (running) クロスカントリー（ランニング） 1247, 1248
Crossword puzzles クロスワードパズル 1240
Crude materials, prices 粗原材料： 734, 736, 737
Crude oil (see also Petroleum and products): 原油（「石油および石油製品」も参照）：
　Foreign trade 貿易 910, 911, 926, 936, 937, 938
　Prices 価格 720, 737, 738, 906, 910, 927
　Production 生産量 904, 910, 911, 914, 925, 938, 1348
Cruise industry クルーズ運航産業 1260
Crustaceans 甲殻類 897, 899, 900
Cryptosporidiosis クリプトスポルジア症 184
Cuba. (See Foreign countries.) キューバ（「外国」を参照）

Cuban population キューバ系人口 37, 79, 86, 229, 588
Currency: 通貨：
　Foreign exchange rate 為替相場 1398
　Personal saving component 個人貯蓄の構成 678
　Supply 通貨供給 1196
Customs and Border Protection (CBP) 税関・国境警備局 (CBP) 530, 531, 532, 533, 535, 537
Cyber-bullying ネットいじめ 251
Cyprus. (See Foreign countries.) キプロス（「外国」を参照）
Czech Republic. (See Foreign countries.) チェコ共和国（「外国」を参照）

D

Dairy products (see also individual products): 乳製品（個々の製品も参照）：
　Consumer expenditures 消費支出 684, 687
　Consumption 消費 215, 217, 1372
　Farm marketings, sales 農産物市場取引、売上 841, 843, 875
　Foreign trade 貿易 850, 853
　Manufacture 製造業 875, 641, 1011
　Prices 価格 737, 846
　Production 生産 875, 1372
Dance ダンス 1238
Data processing services. (See Computer programming and data processing services.) データプロセス（「コンピュータ、データ処理サービス」を参照）
Dates ナツメヤシ 864
Day care. (See Child day care services.) デイケア（「昼間託児サービス」も参照）
DAX, German stock index ドイツ証券市場指数、DAX 1396
Death care services デスケアサービス 632, 727, 1272, 1273, 1274, 1284
Death penalty 死刑 352, 353
Deaths, and death rates (see also Accidents and fatalities): 死亡数および死亡率（「事故および死者数」も参照）：
　Age and sex 年齢別・性別 106, 107, 109, 110, 111, 121, 122, 124, 130
　AIDS エイズ 117, 187, 1341
　American Indian, Alaska Native population アメリカインディアン、アラスカ原住民 5
　Asian population アジア系 5
　Black, African American population 黒人、アフリカ系アメリカ人人口 5, 106, 107, 109, 110, 111, 115, 116, 124, 126, 128, 129
　Causes of death 死亡原因 117, 118, 119, 120, 121, 122, 123, 124, 125, 126, 128, 129, 130, 1070, 1122
　Fetal and neonatal 胎児および新生児 114, 115, 116
　Foreign countries 諸外国 1339, 1344, 1345
　Heart disease 心臓病 117, 121, 122, 123, 124, 130
　Hispanic or Latino origin ヒスパニックまたはラテン系 5, 109, 111, 112, 119, 126, 128, 129
　Industrial 産業別 657, 658
　Infant 乳幼児 114, 115, 116
　Injuries 外傷 120
　Island areas of the U.S. 合衆国海外の領土 113, 116, 123, 1314
　Maternal 産婦 115
　Military deaths 兵員の死亡 516
　Native Hawaiian, Other Pacific Islander population ハワイ原住民およびその他の太平洋諸民人口 5
　Race 人種別 5, 106, 107, 109, 111, 115, 116, 124, 126, 128, 129
　States 州 15, 113, 116, 123
　Suicide 自殺 117, 121, 122, 128, 1345
　Traffic fatalities 交通死亡事故 1070, 1103, 1104, 1105, 1106, 1108, 1110, 1111, 1344
　Weather related 天災 392
　Workers' deaths 労働者の死亡 657, 658, 661, 902
Deaths, of businesses 企業廃止 764, 765, 766
Debit cards デビット・カード 1184, 1185, 1187
Debt (see also Loans and mortgages): 債務（「融資と抵当」も参照）：
　City 市政府 458
　Consumer 消費者 1175, 1190

索 引 935

County governments　郡政府　460
Farm　農場　839
Federal government　連邦政府　470
Foreign countries　諸外国　1404
Households　世帯　1167, 1172
Individual　個人　717
Local government　地方政府　439, 456
State and local government　州、地方政府　439, 443, 451, 454, 1094
Deductions, taxes　控除（税）　489, 490, 491
　Business　事業　747, 748, 749, 753
Defense, Department of (see also Army, Air Force, Marine Corps, and Navy):　国防総省（「陸軍」「空軍」「海兵隊」および「海軍」も参照）：
　Budget authority, outlays　予算当局、支出　471, 473, 503, 504
　Contract and grant awards　契約金および助成金　505, 506
　Employees, civilian　被雇用者数、非兵員（民間人）　505, 507, 508
　Expenditures　支出　135, 138, 505, 506, 507
　Military bases　陸軍基地　507, 508
　Military personnel　兵員　505, 507, 508, 509, 510, 511, 517
　Military reserve and National Guard　予備役および州兵　513, 514, 515
　Military retirees　退役軍人　506, 512, 542, 548
Defined contribution plans　確定拠出プラン　1166, 1216
Degrees conferred (see also individual fields)　学位授与数(個々の分野も参照）　299, 300, 301, 302, 303, 304, 811, 812, 813, 814, 815
　Salary offers　初任給　298
Delaware. (See State data.)　デラウェア（「州のデータ」を参照）
Delinquency. (See Juveniles.)　犯罪（「青少年」を参照）
Denmark. (See Foreign countries.)　デンマーク（「外国」を参照）
Dentists　歯科医　162, 616
　Charges and expenditures for　歯科治療費　136, 137, 140, 142, 739
　Dental schools, students, and graduates　歯科大学、学生および卒業生　304
　Medicaid payments, recipients　メディケイド（受給者）　151
　Offices　事業所　160, 161
Department stores：　百貨店：
　Earnings　所得　632, 1048, 1053
　Employees　被雇用者数　632, 1048, 1053
　Establishments　事業所　1048, 1053
　Inventories　在庫　1054
　Productivity　生産性　641
　Sales　売上　1051, 1053, 1054, 1059, 1283
Deportations, illegal immigrants　不法滞在　530, 532
Deposit Insurance Fund　預金保険基金　1176
Deposits. (See Banks.)　銀行預金（「銀行」を参照）
Dermatologists　皮膚科医　164
Development aid　開発援助　1402
Diabetes　糖尿病　117, 118, 119, 121, 122, 123, 169, 196
Diamonds　ダイヤモンド　905, 1379
Diatomite　珪藻土　904, 905
Diesel, fuel　ディーゼル、燃料　933, 929
Dietitians and nutritionists　栄養士、治療士　616
Direct deposit, banking　電子取引直接預金　1185
Direct mail advertising industry　ダイレクト・メール、広告業　1274, 1277, 1279
Directory and mailing list publications industry　電話帳および名簿出版業　1128, 1129, 1134
Disabilities:　障害者：
　Age　年齢　191
　Beneficiaries　受給者　542, 545
　Benefits paid　給付金支払い額　545, 547
　Elderly　高齢者　35
　Food stamp participants　フードスタンプ受給者　572, 573
　Government transfer payments　政府移転支出　539, 540, 541
　Hate crimes　憎悪犯罪　322, 323
　Labor force status　労働力状況　591
　Learning　学習　188
　Medicaid payments and or recipients　メディケイド支払額、受給者　151, 560
　Military retirement system　軍人退役の制度　512
　Payments　支払額　547
　Persons with disability　労働障害のある者　560
　Poverty　貧困　700
　Public assistance recipients and/or payments　公的扶助受給者、支払額　560, 563
　Social security recipients　社会保障受給者　545, 546
　Students with disabilities　学習障害児童　189, 190, 285
　Supplemental security income recipients and payments　所得安定補助金受給者、支払額　563
　Veterans receiving compensation　補償給付を受けている退役軍人　523
Disability Insurance Trust Fund (Social Security)　身体障害者保険基金（社会保障）　547
Disasters, natural　災害（竜巻、洪水等）　388, 392
Discount rates, Federal Reserve Bank of New York　公定歩合（ニューヨーク連邦準備銀行）　1197
Diseases (see also specific Diseases and Deaths and Death rates)　疾患（「死亡数および死亡率」および特定疾患も参照）　179, 184, 196
　Deaths from　死因　117, 121, 122, 123, 124, 125, 129
Dishwashers, in housing units　皿洗い機　988
Disposable personal income (see also Income, and National income)　個人可処分所得（「所得」と「国民所得」も参照）　678, 679, 682, 1175
District Courts, U.S.　合衆国地方裁判所　332, 333, 336
District of Columbia. (See State data.)　コロンビア特別区（「州のデータ」を参照）
Dividends:　配当金：
　Corporation　法人企業　791
　Individual income tax returns　個人所得税還付　483
　National and/or personal income components　国民所得および個人所得の分配構成　678
　Persons receiving income　有所得者　542
　Railroad stock　鉄道株式の配当　1122
Divorces, (see also Marriages and Marital status)　離婚（「結婚と離婚」「婚姻状況」を参照）　78, 131, 132, 133, 1335
Djibouti. (See Foreign countries.)　ジブチ（「外国」を参照）
Doctorates:　医学博士（「医師」を参照）
　Conferred　学位授与　299, 300, 811, 814
　Field　分野　303, 814, 815
　Non U.S. citizen　外国人　811, 814, 815
　Sex　性別　299
　State　州　812, 814
Doctors, M.D.s. (See Physicians.)　医者（「医師」を参照）
Dog ownership　犬飼育　1241
Dominica. (See Foreign countries.)　ドミニカ（「外国」を参照）
Dominican Republic. (See Foreign countries.)　ドミニカ共和国（「外国」を参照）
Dow-Jones stock index　ダウ・ジョーンズ指数　1207, 1208
Dress codes　服装規定　250
Drinking places. (See Food services and drinking places.)　飲食店（「料理店、喫茶店」を参照）
Drinking water　上水道　929, 959
Driving (see also Motor vehicles, and Transportation):　運転（「自動車」「運輸」も参照）：
　Crashes　衝突　1107, 1112
　Distracted driving　不注意運転　1109
　Fatal accidents　死亡事故　1070, 1103, 1104, 1105
　Intoxicated　酒酔　1110, 1111, 1113
　Licensed drivers　運転免許取得者　1098
Drug stores and proprietary stores. (See Pharmacies and drug stores.)　ドラッグストア、薬局（「医薬品店」を参照）
Drugs, illegal：　薬物（違法薬物）：
　Arrests　逮捕者数　327
　Deaths　死亡　120
　Enforcement activities　取締り活動　328
　Juveniles　青少年　340
　Seizures　押収　328
　Testing, schools　薬物テスト、学校　250

Usage 使用 207, 208, 327
Drugs and medicines (see also Pharmaceutical and medicine manufacturing): 薬剤および薬品（「医薬品製造業」も参照）：
　Consumer price indexes 消費者物価指数 142, 727
　Expenditures for 薬品支出 134, 136, 137, 138, 140, 141, 143, 159
　Foreign trade 貿易 1308
　Medicaid payments メディケイド支出額 151
　Price indexes 物価指数 142, 727, 739
　Retail sales 小売売上 159, 1056
Dry-cleaning and laundry services: ドライクリーニング、洗濯サービス：
　Earnings 所得 632, 1274
　Employees 被雇用者 632, 1274
　Establishments 事業所 1273, 1274
　Expenditures 支出 671, 681
　Productivity 生産性 641
　Receipts 収益 1273, 1284
Dwellings. (See Housing and housing units, and Households or families.) 住宅（「住宅供給および住宅ユニット」「世帯または家族」を参照）

E

Earnings, (see also individual industries) 所得・収益 646, 647
　Airlines 航空輸送 1073
　American Indian and Alaska Native-owned businesses アメリカインディアンおよびアラスカ原住民所有企業 768, 775
　Asian-owned businesses アジア系所有企業 768, 773
　Black-owned businesses 黒人所有企業 768, 772
　College faculty 大学教員 295
　College graduates, salaries 大卒初任給 298
　Construction industry 建設業 759, 760
　Educational attainment 教育水準 232, 703
　Employment covered by social insurance 社会保険の適用を受ける被雇用者 544, 559, 561
　Family type 家計タイプ 698, 699
　Foreign-born population 外国生まれ人口 40
　Government employees: 公務員：
　　Federal 連邦政府 461, 462, 496, 497, 643, 646
　　State and local 州・地方政府 461, 462, 466, 643, 646
　Hispanic or Latino origin-owned businesses ヒスパニック、ラテン系所有企業 771
　Income tax returns (reported totals) 所得税還付 483, 484
　Industry 産業 643, 759, 760
　Manufacturing 製造業 759, 760, 879, 880, 1009, 1011, 1016
　Mineral industries 鉱業 901
　Minimum wage workers 最低賃金労働者 652, 653
　Mining industry 鉱業 759
　Minority-owned businesses 少数民族所有企業 770
　Municipal employees 市政府公務員 467
　Native Hawaiian and Other Pacific Islander-owned businesses ハワイ原住民および太平洋諸島民所有企業 774
　Occupations 職業別 645, 648, 650, 651
　Personal income 個人所得 678, 680, 681, 682, 683
　Private employer firms 民間企業の事業所数 646, 647, 760, 761, 762
　Railroads 鉄道の収益 1086
　School teachers 教員 242, 255, 256, 266
　States 647
　Union members 労働組合員 645, 665
　Women 女性 649, 769
Earthquakes 地震 389
Earth sciences, degrees conferred 地球科学、学位授与者 814, 815
Eating and drinking places. (See Food services and drinking places.) 飲食店（「料理店、喫茶店」も参照）：
E coli 大腸菌O157 184
E-commerce. (See Electronic commerce.) E-コマース
Economic aid, foreign 経済援助、外国 1298
Economic growth rates 経済成長率 668

Ecuador. (See Foreign countries.) エクアドル（「外国」を参照）
Education: 教育：
　Adult education 成人教育 1371
　After-school activities 放課後の活動 252
　Alternative school 選択教育校 244
　American College Testing (ACT) Program 米国大学入学試験プログラム 268
　Attainment 教育水準 34, 36, 229, 230, 231, 233, 252, 1371
　　American Indian, Alaska Native population アメリカインディアン、アラスカ原住民 36
　　Asian population アジア系 36
　　Asian and Pacific Islander population アジア系、太平洋諸島民 229, 230
　　Black, African American population 黒人、アフリカ系アメリカ人 36, 229, 230, 231, 272, 273
　　Elderly 高齢者 34
　　Foreign born 外国生まれ 40, 41
　　Foreign countries 諸外国 1371
　　General Education Development certificates (GEDs) 一般教育向上 (GED) 証書 275
　　Hispanic origin population ヒスパニック人口 36, 37, 229, 230, 231, 272, 280
　　Income 所得 692, 698
　　Internet access/use インターネットへのアクセス 1133, 1157, 1158
　　Island areas of the U.S. 合衆国海外の領土 1315
　　Labor force status 雇用状況 593, 627
　　Media users メディア利用者 1133
　　Native Hawaiian, Other Pacific Islander population ハワイ原住民、その他太平洋諸島民 36
　　Occupation 職業 619
　　Parents 両親 238, 240
　　Poverty 貧困 716
　　Race 人種 36, 273
　　Recreation activities レクリエーション活動 1239
　　States 州別 233
　　Women 女性 226, 230, 231
　Bullying いじめ 251
　Catholic schools カトリック系学校 265
　Charitable contributions 寄付 583
　Charter schools チャータースクール 239
　College freshman 大学新入生 286, 287
　Computer use in schools 学校のコンピュータ使用状況 264
　Construction, value 建設費総額 964, 965
　Crime incidents 犯罪 247, 249, 251, 317
　Degrees conferred 学位取得者数 299, 300, 301, 302, 303, 304, 811, 814, 815
　　Nonresident aliens 非居住外国人 300
　　Salary offers 初任給 298
　Disabled students 障害者児童 189, 285
　Disciplinary problems 規律上の問題 248
　Dress code 服装規定 250
　Drug testing 薬物テスト 250
　Employment, state and local government 州および地方政府の雇用 465
　Employment status of high school graduates and dropouts 高等学校卒業者および中退者の雇用状況 274
　Enrollment 在籍数 219, 221, 223, 224, 225, 226, 227, 237, 241, 242, 246, 253, 277, 278, 280, 283, 810
　　Catholic schools カトリック系学校 265
　　Disabled 障害のある 285
　　Foreign-born students 外国生まれの学生 228
　　Homeschooling ホームスクール 240
　　Island areas of U.S. 海外領土における就学 1315, 1321
　　Preprimary schools 就学前教育（保育園、幼稚園）225, 237
　　States 州別データ 246, 275, 287
　Expenditures (see also Finances): 学校支出（「金融」も参照）：
　　City government 市政府 458
　　Control 経営主体 220
　　County government 郡政府 460
　　Local government 地方政府 456

索　引　937

Private　個人　220
　　State and local government　州および地方政府の支出　435, 451, 454
　　Federal aid　連邦政府助成　222, 291, 432, 433, 434, 539, 540, 541, 799, 801, 808, 809
　Foreign countries　外国　1371
　Foreign language　外国語履修　236
　Fundraising　募金活動　252
　General Education Development (GEDs)　一般教育向上（GED）275
　Grants to institutions from foundations　財団からの教育機関への贈与　583
　Handicapped students　障害者教育プログラム対象生徒　189
　Higher education institutions:　高等教育機関：
　　Costs　費用　288, 289
　　Degrees conferred　学位授与数　221, 299, 300, 301, 302, 303, 304, 812, 811, 814, 815
　　Dormitory charges　学生寮　293
　　Enrollment　在籍者数　219, 221, 225, 226, 227, 252, 277, 278, 279, 280, 282, 810
　　Expenditures　学校支出　220, 221
　　Faculty　常勤教員　278, 295, 296, 297
　　Finances　高等教育機関の財政　220, 221, 292
　　Financial aid　高等教育機関への財政援助　291
　　Foreign-born students　外国生まれ学生　228, 816
　　Foreign languages　外国語　284
　　Libraries　図書館　305, 1152
　　Number　高等教育機関数　278, 280
　　Price indexes　価格指数　290, 727
　　Research and development　研究開発　799, 801, 808, 809, 1401
　　Salary offers, college graduates　初任給、学位取得者　298
　　State appropriations　州予算配分　292
　　Tuition and fees　授業料　293
　　Voluntary financial support　高等教育に対する助成金　294
　High school dropouts　高校中退者　233, 272, 273, 274
　Homeschooling　家庭学習　240
　Island areas of the U.S.　合衆国海外の領土　1315, 1321
　Language spoken at home　家庭における日常言語　236, 252
　Literacy　教養　1371
　Loans and grants, federal government　連邦政府の学費貸付および給付金　291
　Lunch programs　学校給食　263, 570
　Magnet schools　マグネットスクール　263
　Math　数学　1371
　Metal detectors　金属探知機　250
　Montessori schools　モンテッソーリ教育法の学校　265
　Online curriculum　オンラインカリキュラム　264
　Parent participation　保護者の参加　252
　Parent Teacher Association (PTA)　PTA　252
　Participation in arts and leisure　芸術・レジャーへの参加　1203, 1238
　Philanthropy　慈善事業　580, 583
　Price indexes　価格指数　725, 727, 740
　Private elementary and secondary schools:　私立小・中・高校：
　　Church related　キリスト教系　238
　　Computer use　コンピュータ使用状況　258
　　Enrollment　小学校・中学校在籍者数　219, 220, 225, 227, 254, 265
　　Expenditures　学校の支出　220
　　Number　学校数　254, 265
　　School choice　公立校選択制度　238
　　Teachers　教員　257, 265
　Program for International Student Assessment (PISA)　PISA　1371
　Public elementary and secondary schools:　公立小・中・高校：
　　Alternative education　新式学校　244
　　Bullying　いじめ　251
　　Charter schools　チャータースクール　239
　　Computer use　コンピュータ使用状況　264
　　Crimes against students　学生への犯罪　247
　　Disciplinary problems　規律上の問題　248
　　Dress code　服装規定　250
　　Enrollment　在籍者数　219, 221, 225, 227, 241, 242, 246
　　Finances　公立学校の財政　220, 221, 261, 262

　　Fundraising　募金活動　252
　　High school graduates　高等学校卒業者数　221, 270
　　Metal detectors　金属探知機　250
　　Number　学校数　241
　　Parent participation　保護者の参加　252
　　Personnel　教員数　259, 260
　　School districts　学区　245, 429
　　Special education programs　特別教育プログラム　189, 190, 241
　　Teachers　教員　221, 242, 252, 255, 256, 257, 258, 260
　　Vocational education　職業教育　244
　　Weapons in school　火器、学校内　249
　Reading　国語　1371
　Research and development　研究開発　799, 801, 808, 809
　Safety and security measures　安全警備対策　250
　Scholastic Assessment Test (SAT)　教育能力テスト　267
　School districts　学区　245, 429
　School type　学校の種類　235, 239, 241, 252
　Science and engineering　科学および工学　808, 810, 811, 812, 813, 814, 815, 816, 1371
　Special education programs　特別教育プログラム　189, 190, 263, 265
　State data:　州別データ：
　　Elementary and secondary　小・中・高校　244, 246, 256, 262, 270
　　Higher education　高等教育　280, 292
　Student language spoken at home　学生の家庭における日常言語　236
　Teachers:　教員：
　　Catholic schools　カトリック系初等・中等学校　265
　　Conferences　面談　252
　　Elementary and secondary　小・中・高校　242, 254, 256, 265
　　Employment projections　教員被雇用者数予測　221, 618
　　Higher education　高等教育　278, 295
　　Mobility　異動　257, 258
　Tests, standardized　テスト　267, 268, 269, 1371
　Vocational education　職業教育　244
　Volunteers　ボランティア活動　252, 585
Education and health services:　教育健康サービス：
　Earnings　所得　630, 632, 644
　Employees　被雇用者数　630, 631, 632
　Hires and separations　雇用と退職　637
　Hours　時間　630
Educational expense indexes　教育費指数　727
Educational services:　教育サービス：
　Capital　資本　781, 783, 785
　Earnings　所得　643, 756, 759, 760, 769, 770, 771, 772, 773, 774, 775
　Employees　被雇用者数　621, 630, 632, 756, 759, 760, 769, 770, 771, 772, 773, 774, 775
　Equipment and software expenditures　設備およびコンピュータソフトウェア支出　783
　Establishments　事業所　756, 757, 759, 760
　Finances　財務　746, 749
　Gross domestic product (GDP)　国内総生産　670
　Hires and separations　雇用と離職　637
　Industry　工業　756
　Nonemployers　非雇用　757
　Occupational safety　労働災害補償　660
　Profits　利潤　793
　Receipts　収益　746, 749, 754, 755, 756, 757, 769, 770, 771, 772, 773, 774, 775
Eggs (see also Poultry):　鶏卵（「家禽類」も参照）：
　Consumption　消費　217
　Farm marketings, sales　農畜物市場（売上）　843
　Prices　価格　727, 733, 737, 877
　Production　生産　877
Egypt. (See Foreign countries.)　エジプト（「外国」を参照）
Elderly (see also Population):　高齢者（「人口」も参照）：
　Age and/or sex　年齢別・性別高齢者数　7, 9, 10, 11, 12, 16, 34
　AIDS　エイズ　187
　Asian population　アジア系人口　10, 11, 12
　Assets　資産　721, 1170
　Black, African American population　黒人、アフリカ系アメリカ人　10, 11, 12

Body weight　体重　211
Cancer　高齢者の癌　121, 122, 179
Cerebrovascular disease　脳血管疾患　122, 179
Cigarette smoking　喫煙者　204
Computer use　コンピュータの使用　1133, 1157, 1158, 1160
Deaths and death rates　死亡数および死亡率　110, 112, 122, 124, 125, 126, 128, 129, 130
Dependency ratios　従属人口指数　17
Disabilities　障害者数　35, 191
Educational attainment　高齢者教育　34, 231
Food stamps, programs　フードスタンプ・プログラム　572, 573
Foreign-born population　外国生まれ人口　40
Grandparents living with grandchildren　孫との同居人口　70
Health care expenditures　健康医療支出　143
Health insurance coverage　健康保険加入　148, 155, 157
Heart disease　心臓病　121, 124, 179
Height distribution　身長区分　209
Hispanic origin population　ヒスパニック人口　10, 11, 12, 37
Homeownership　持ち家　899, 983, 992, 995, 998, 1002
Hospital use　病院利用状況　169, 170, 178, 179
Households　世帯　62, 71, 72
Immigrants　移民　49
Income　収入　542
Internet access/use　インターネットへのアクセス　1133, 1158
Individual Retirement Accounts (IRAs)　個人退職金勘定　554
Job search　仕事探し　623, 1157, 1159, 1160
Labor force　労働力人口　587, 592, 597, 622
　Displaced workers　障害者　614
　Employed　被雇用者　602, 605, 608, 610, 612
　Participation rates　有業者　587, 597
　Reason not in　非労働の理由　615
　Tenure with employer　就業期間　612
　Unemployed　失業者　622
Living arrangements　居住形態　35, 58
Marital status　婚姻状況　34, 57
Media users　メディア利用者　1133
Medicaid payments and recipients　メディケイドの給付支払と受給者　148, 151
Medicare program　メディケアプログラム　144, 146, 147
Metropolitan areas　大都市地区　22
Mobility status　人口移動　30
Mutual fund owners　ミューチュアル・ファンド所有者　1212, 1213
Native Hawaiian, Other Pacific Islander population　ハワイ原住民、太平洋諸島民　10, 11, 12
Nursing homes　介護施設　738, 739
Persons living alone (one-person households)　単身生活者（単身世帯）　72
Physical activity　運動　212
Physician visits　医師の外来患者　166, 168, 169, 170
Pneumonia　肺炎　121, 122, 179
Poverty　貧困　34, 713
Projections　人口予測　9, 12
Property owners　資産所有者　992, 998
Public assistance　政府の扶助　542
Recreation activities　レクリエーション活動　1233, 1238, 1239, 1249, 1251
Senior citizens' communities　高齢者コミュニティ　899
States　州別　16
Stock ownership　株式の所有　1170, 1211
Suicide　自殺　121
Victimization, criminal　犠牲者　316
Votes cast　有権者登録および投票数　399
Weight distribution　体重構成比　210
Elections:　選挙：
　Campaign finances　選挙運動予算　422, 424, 425, 426, 427
　Congressional　議会選挙　409, 410, 397, 398
　Gubernatorial　州知事選挙　417
　Hispanic origin officials　ヒスパニック人州議会議員および市長　421
　Political action committees (PAC)　政治活動団体　422, 423, 427
　Presidential　大統領選挙　402, 403, 404, 405, 406, 397, 398, 424, 425
　State legislatures　州議会　418, 419, 420

Voter registration　有権者登録　397, 398, 399, 400, 401
Voter turnout　投票率　398, 399, 400, 401
Votes cast　投票数　400, 402, 403, 405, 406, 407, 409, 410, 417
Voting-age population　有権者人口　398, 399, 400
Women in public office　公職についている女性　420
Electric light and power industry (see also Electricity, Utilities):　電力産業（「電力」と「公益事業」も参照）：
　Capital expenditures　資本支出　782, 784
　Customers　顧客数　952, 955
　Emissions　放出　374, 375, 376
　Finances　財務　953
　General capacity　通常の発電能力　948, 949
　Industrial production index　工業生産指数　789
　Multinational companies　多国籍企業　797
　Peak load　ピーク負荷　949
　Water use　水利用　923, 924, 945, 946
Electrical engineering　電気工学　815, 817
Electrical equipment, appliances, and components manufacturing (see also Computers and electronic product manufacturing):　電気製品製造業（「コンピュータ、電子機器製造業」も参照）：
　Capital　資本　781
　Earnings　所得　632, 1009, 1011, 1017
　Employees　被雇用者数　632, 1009, 1011, 1012, 1013, 1017
　Establishments　事業所　1009
　Finances　財務　794
　Foreign trade　貿易　1312
　Gross domestic product　国内総生産　670, 1007
　Industrial production index　工業生産指数　789
　Inventories　在庫　1019, 1020
　Multinational companies　多国籍企業　797
　Occupational safety　労働災害補償　660
　Productivity　生産性　641
　Profits　利潤　794
　Research and development　研究開発　805, 806
　Shipments　出荷　1011, 1019, 1020
　Toxic chemical releases　有毒化学物質放出　382
　Value added　付加価値　1011, 1020
Electricity (see also Electric light and power industry):　電力（「電力産業」も参照）：
　Capability　発電能力　948, 949
　Cogeneration of　商業用建物　930, 945
　Consumption　電力消費　929, 950, 952
　Expenditures　686, 687, 931, 934, 903
　Foreign countries　諸外国　1387, 1388
　Hydroelectric power　水力発電　925, 954, 1387
　Nuclear　原子力発電　925, 941, 942, 1387, 1388
　Price indexes　電力価格指数　727, 739
　Prices　価格　730, 737, 947, 951
　Production　電力生産　945, 948, 952, 1387
　Renewable sources　再生可能エネルギー　945, 946, 954
　Residential　住居用電力消費　952
　Sales　売上　950, 952
　Service, class of　契約別　951
Electronic benefits transfer cards　電子困窮者援助給付カード　1184
Electronic commerce (e-commerce):　e-コマース：
　Business sales　企業間販売　1055
　Consumer sales　消費者販売　1056
　Establishments　事業所　1008
　Nonemployer　非雇用　1049
　Retail trade　小売業　1055, 1056
　Services　サービス業　1278
　Wholesale　卸売業　1045
Electronic goods:　電子機器：
　Foreign trade　貿易　1308, 1310
　Sales　売上、出荷、収益　737, 1031, 1032, 1033, 1034, 1056
Electronic instruments manufacturing　電子楽器製造業　632, 641
Electronic shopping and mail order houses　電子販売、メールオーダー　632, 641, 1051, 1056

Electronics and appliance stores: 電子装置、機器販売店：
  Earnings 所得 632, 756, 1048
  Electronic commerce e‐コマース 1055
  Employees 被雇用者 632, 756, 1048
  Establishments 事業所 756, 1048
  Productivity 生産性 641
  Sales 売上 756, 1051, 1053, 1055
Elevation, extreme and mean by state 州別最高・最低・平均標高 366
El Salvador. (See Foreign countries.) エルサルバドル（「外国」を参照）
Emergency medicine, departments 緊急医療局 164, 168, 170
Emergency shelters 緊急シェルター 575
Emissions. (See Air pollution.) 有害物質の放出（「大気汚染」を参照）
Emphysema 肺気腫 120, 121, 198
Employee benefits 福利厚生費 158, 463, 538, 655, 656
Employees. (See Business enterprise, and individual industries.) 被雇用者（「企業」および個々の産業を参照）
Employment. (See Labor Force, Employment and Earnings.) 雇用（「労働力」「雇用および給与」を参照）
Employment service industry 雇用サービス産業： 632, 1274
Endangered species 絶滅の危機のある動植物 387
Energy (see also Electric light and power industry, and various fuel types): エネルギー需給（「電力産業」および種々の燃料も参照）：
  Air pollutant emissions 大気汚染物質の放射 372, 373, 374, 375, 376, 1389
  Commercial buildings 商業用建物のエネルギー需給 1006
  Consumption エネルギー消費 925, 930, 931, 932, 933, 1381
    End-use sector 用途別 376, 930, 931
    Foreign countries 諸外国 1381, 1382, 1383
    Renewable sources 再生可能資源 925, 926, 932, 944, 945, 946, 954
    Source 源泉別エネルギー消費 376, 925, 931
    Transportation 輸送業 929
  Electric 電力 923, 924, 928, 931, 934, 941, 942, 943, 945, 946, 947, 948, 949, 950, 951, 952, 953, 954
  End-use sector 用途部門 930, 931, 934
  Expenditures エネルギー支出 934, 928, 934, 1006
  Federal outlays 連邦政府の歳出 473
  Price indexes: 物価指数：
    Consumer 消費者 725, 726, 727
    Futures 先物 735
    Producer 生産者 735, 737
  Prices 価格 730, 927, 947
  Solar collectors, manufacturer's shipments 太陽熱利用設備、出荷 944
Engineering and architectural services: 工学・建築サービス：
  Earnings 所得 632, 818, 819, 1274
  Employees 被雇用者数 632, 818, 1273, 1274
  Establishments 事業所 1274
  Nonemployers 非雇用 1273
  Receipts 収益 1273, 1277
  Research and development 研究・開発 805
Engineers and scientists (see also individual fields): 工学者および科学者（個々の分野も参照）：
  Degrees conferred 学位授与数 301, 302, 303, 798, 804, 812, 813, 814
  Employment 616, 817, 819, 820
  Research and development 研究・開発 805, 808, 820
  Salary offers 初任給 298
English, ability to speak 英語、話すことができる 55, 236, 252
Entertainment: 娯楽：
  Consumer expenditures 消費者支出 686, 687, 1033, 1233
  Consumer price indexes 消費者物価指数 727
  Gaming ゲーム 1033, 1258, 1259
  Personal expenditures 個人支出 677, 686, 687, 1233
Environment (see also Pollution): 環境（「汚染」も参照）：
  Charitable contributions 慈善団体への寄付 583
  Environmental industries 環境産業 380

Volunteers ボランティア 585
Wetlands 湿地帯 368, 370
Environmental science 環境科学： 802, 808, 810, 815
Equatorial Guinea. (See Foreign countries.) 赤道ギニア（「外国」を参照）
Eritrea. (See Foreign countries.) エリトリア（「外国」を参照）
Eskimo population. (See American Indian, Alaska Native population.) エスキモーの人口（「アメリカンインディアン、アラスカ原住民」も参照）
Establishments. (See Business enterprise, and individual industries.) 事業所（「企業」および個々の産業も参照）
Estate and gift taxes 不動産および贈与税 480
Estonia. (See Foreign countries.) エストニア（「外国」を参照）
Ethane エタン 911
Ethanol エタノール 858, 933
Ethiopia. (See Foreign countries.) エチオピア（「外国」を参照）
Ethnicities. (See Hispanic or Latio origin population.) 民族（「ヒスパニック」および「ラテン系」を参照）
Ethylene エチレン 911
Europe (See Foreign countries.) ヨーロッパ（「外国」を参照）
European Union (See Foreign countries.) ヨーロッパ連合（EU）（「外国」を参照）
Exchange-traded funds 上場投資信託 1166, 1201
Excise taxes 内国消費税 475, 480
Executions, of prisoners 死刑執行 352, 353
Executive Office of the President (federal) 大統領行政府 499
Exercise program エクササイズ 1239
Exercise equipment 運動用具 1232, 1250, 1251
Expectation of life (average lifetime) 平均余命 104, 106, 107
  Foreign countries 諸外国 1339
  Life years lost 損失余命 130
  Projections 予測 104
Expenditures (See individual subjects) 支出（それぞれの項目を参照）
Expenditures of state and local government (See individual governmental units.) 州・地方政府の支出（それぞれの行政単位を参照）
Expenditures of U.S. government 合衆国政府の歳出 431, 432, 434, 473, 676, 1092, 1297, 1298, 1299
  Aid to the arts and humanities 芸術・人文科学への助成 1235
  Aid to Island areas 海外領土への援助 434, 1318
  Aid to state and local government 州、地方政府への補助金 431, 432, 434, 1092
  Budget outlays 歳出 469, 471, 472, 473, 474, 475
  Contract awards 優先入札契約 505, 506, 507
  Education. (See Federal aid to education.) 教育（「連邦政府の教育助成金」を参照）
  Food programs, federal 食糧援助プログラム 570, 571
  Health 保健 134, 135, 136, 137, 138
  Homeland security 国土安全保障 51, 525
  Hospitals 病院 172
  Military personnel 兵員数 505, 507
  National defense 国防 503, 504, 740
  Outlays 歳出 469, 470, 471, 472, 473, 474
  Payrolls 給与支払額 461, 462, 496, 497, 498
  Price indexes 物価指数 740
  Public debt 公的債務 470
  Public roads 幹線道路 434, 1092
  Research and development 研究開発 799, 800, 801, 803, 804, 1357
  Retirement benefits 退職給付 538
  Schools 学校 222
  Science/space 科学、宇宙 821
  Veterans benefits. (See Veterans affairs.) 退役軍人給付
Exports. (See Foreign trade.) 輸出（「貿易」を参照）
Express mail 速達郵便 1126, 1127

F

Fabricated metal product manufacturing: 組立金属製品製造業：
  Capital 資本 781, 1295

Earnings 所得 632, 1009, 1011, 1017
Employees 被雇用者数 632, 1009, 1011, 1013, 1017
Establishments 事業所 1009
Finance 財務 794, 1030
Foreign trade 貿易 1030, 1312
Gross domestic product 国内総生産 670, 1007
Industrial production index 工業生産指数 789
Occupational safety 労働災害補償 660
Productivity 生産性 641
Profits 利潤 792, 794
Research and development 研究開発 805
Shipments 出荷 1011, 1019, 1020
Toxic chemical releases 有害化学物質放射 382
Fabrics. (See Textile mill products.) 織布（「繊維製品」を参照）
Falls, accidental deaths 転落、転落死 120, 121
Families. (See Households.) 家族（「世帯」を参照）
Family and consumer sciences, degrees conferred 家庭・消費者科学、学位授与 301, 302, 303
Family farms 家族農場 830, 831
Farm mortgage loans 農場抵当金融 1192
Farmers market ファーマーズマーケット 868
Farms: 農場：
　Acreage 面積 824, 825, 826, 827, 828, 829, 831, 835, 838
　　Cropland 耕作地 367, 369, 823, 857
　　Crops harvested (see also individual crops) 収穫量（個々の作物も参照） 857, 858, 859, 860, 861, 862, 1372
　　Farm type 農場の種類 831
　　Organic 有機 832
　Agrichemicals 農薬 841, 846
　Agricultural products: 農産物：
　　Exports 輸出用作物 1374
　　Foreign countries, production 諸外国の農産物生産 1373, 1376
　　Market value 市場価格 823
　　Prices. (See Prices received by farmers.) 価格（「農場価格」を参照）
　　Railroad car loadings 鉄道輸送量 1123, 1124
　　Waterborne commerce 水上輸送 1085
　　World production 世界生産量 1372, 1373, 1376
　Assets and liabilities 資産と負債 839, 1166
　Corporate 法人農場 826, 829, 831, 1291
　Crops (see also individual crops): 作物（個々の作物も参照）：
　　Acreage 面積 857, 858, 1326
　　Fruits and nuts 果物と木の実 863, 864, 865, 1327
　　Income 所得 843, 845, 1326
　　Production 生産 852, 857, 858, 1372, 1373, 1376
　　Vegetables 野菜 862
　Debt 債務 836, 839, 1192
　Expenses 支出 837, 841
　Family or individual 家族経営または個人経営 826, 828, 830, 1326
　Farm land and buildings value 農場の土地建物の価額 828, 829, 838, 839
　Farm operators 農場経営者 833, 838
　Farm products sold, marketing receipts 農産物売上、市場取引収益 828, 829, 832, 835, 836, 838, 840, 841, 842, 843, 845
　Fertilizers: 肥料：
　　Farm expenditures for 農場支出 841
　　Foreign trade 貿易 1308
　　Prices 価格 737, 846
　　Shipments 出荷額 1028
　Government payments to farmers 政府の農業補助金 836, 838, 840, 841, 844, 845
　Gross farm value added 農場総生産・付加価値 670, 840
　Housing, rental value 農場家賃 841
　Income 所得 830, 840, 841, 843, 844, 845
　Inventories, change in 在庫変動 840
　Labor expenses 労働者への経費 841, 846
　Machinery and motor vehicles 機械、自動車 839, 841
　Mortgage loans 抵当融資 1192
　Number of farms 農場数 824, 825, 826, 827, 828, 835, 836, 838
　Organic acreage, livestock 家畜用有機農地 832, 833, 1378
　Parity ratio パリティー比率 846
　Partnerships 合資会社 826, 828, 1326

Prices 価格 846, 858, 870
Taxes 税金 840, 846
Value of land and buildings 土地、建物の価額 828, 829, 838, 839
Faroe Islands. (See Foreign countries.) フェロー諸島（「外国」を参照）
Fats, nutrition (See also Lard, Margarine and Oils) 脂肪、栄養素（「ラード」「マーガリン」および「油」を参照） 216
Fatalities. (See Accidents and fatalities.) 災害（「事故および死亡者数」を参照）
Fatigue 疲労 195
Federal aid to education 連邦政府の教育補助金 222, 432, 434, 435
　Elementary and secondary education 小・中・高校教育 222
　Higher education institutions 高等教育機関 222
　Research and development 研究開発 801, 804, 809
　Science and engineering 科学・技術者の育成 808
Federal aid to state and local government 連邦政府の州・地方政府への補助金 431, 432, 434, 435
Federal budget. (See Expenditures of U.S. government.) 連邦政府の歳出（「合衆国政府の歳出」を参照）
Federal debt 連邦政府の負債 470, 1199
Federal employees retirement trust fund. (See Government.) 連邦政府職員退職年金制度（「政府」を参照）
Federal funds, summary distribution by state 連邦基金、州別の配分 479
Federal government. (See Government.) 連邦政府（「政府」を参照）
Federal government finances. (See Receipts and Expenditures of U.S. government.) 連邦政府財政（「連邦政府の歳入と歳出」を参照）
Federal Housing Administration, mortgage loans 連邦住宅局保証ローン 1194
Federal trust funds 連邦政府信託基金 476
Feed. (See Grain.) 飼料（「穀物」を参照）
Feedstock 供給原料 933
Feldspar 長石 904, 905, 908
Felony convictions 重罪判決 346
Female householders. (See Households or families.) 女性世帯主（「世帯または家族」を参照）
Female population. (See Women.) 女性人口（「女性」を参照）
Fencing フェンシング 1247
Fertility rates 特殊出生率 79, 80, 82, 83
Fertilizers: 肥料：
　Farm expenditures for 農場の肥料支出 841
　Foreign trade 貿易 1308
　Prices 価格 737, 846
　Shipments 出荷 1028
Fetal deaths (neonatal) 胎児死亡数 114, 115
Fiber, dietary 食物繊維 216
Fibers 繊維 736, 737, 1025
Field hockey フィールドホッケー 1247
Figs イチジク 864
Fiji. (See Foreign countries.) フィジー（「外国」を参照）
Filberts (hazelnuts) ハシバミ（食用） 864, 865
Filling stations. (See Gasoline stations.) 給油所（「ガソリンスタンド」を参照）
Finance and insurance industry: 金融・保険業：
　Capital 資本 781, 783, 785, 1202
　Earnings 所得 630, 632, 643, 644, 756, 759, 760, 769, 770, 771, 772, 773, 774, 775, 1163, 1165
　Employees 被雇用者 605, 620, 630, 631, 632, 756, 759, 760, 769, 770, 771, 772, 773, 774, 775, 1163, 1165
　Equipment and software expenditures 設備およびコンピュータソフトウェア支出 783
　Establishments 事業所 756, 757, 759, 1163, 1164, 1165
　Finances 金融 746, 749, 1156, 1189, 1190, 1323
　Foreign investments in U.S. 合衆国への外国直接投資ポジション 1292
　Gross domestic product 国内総生産 670, 672, 1162, 1323
　Hires and separations 雇用と離職 637

索 引 941

Hours 時間 630
Multinational companies 多国籍企業 796, 797
Nonemployers 自営業 757, 1164
Occupational safety 労働災害補償 660
Profits 利潤 793
Sales or receipts 売上と収益 746, 749, 754, 755, 756, 757, 769, 770, 771, 772, 773, 774, 775, 1163, 1164
Union membership 労働組合員 665
Finance companies 金融業 1166, 1167
Consumer credit 消費者信用 1190, 1191
Corporate funds 法人資金 752
Financial crime 金融犯罪 339
Financial institutions. (See Banks, commercial; Credit unions; and Savings institutions.) 金融機関（「商業銀行」「信用組合」「貯蓄組合」を参照）
Finished consumer goods, producer price indexes 最終消費財、生産者物価指数 737
Finland. (See Foreign countries.) フィンランド（「外国」を参照）
Fire departments and personnel 消防署（「公安」を参照） 355
Fire insurance 火災保険 1222
Firearms 銃火器 321, 329, 1249, 1250
Fires 火災 390
Fires and property loss 火災、火災による損失 354, 356, 357
Firms. (See Business enterprise, and individual types of businesses and industries.) 会社（「企業」および個々の企業と産業を参照）
Fish (see also individual species): 魚（個々の魚類も参照）:
    Aquaculture 養殖 843, 898
    Canning and preserving 缶詰、保存食 900
    Catch, quantity, value 漁獲量、水揚げ高 895, 896, 897, 1375
    Consumer expenditures 消費者支出 686, 687
    Consumption 消費量 217
    Foreign trade 貿易 895, 1312
    Prices 価格 727, 737, 742, 743, 868
    Production and value, processed products 生産および価額、加工製品 898, 900
    Sales 売上 898
    Supply 供給 895
Fishing, commercial 漁業 895, 896, 897, 900, 1375
Fishing and hunting industry 漁獲量、水揚げ高 769, 770, 771, 772, 773, 774, 775, 880, 883, 1249, 1250, 1256, 1269
Floods 洪水 388, 392
Floriculture 花栽培 843
Florida. (See State data.) フロリダ（「州のデータ」を参照）
Florists 生花店 632, 641, 1048
Flounder ヒラメ類（食用） 897, 900
Flour 小麦類 217, 733, 737
Flowers 花 1242
Flu (influenza) インフルエンザ 117, 121
Fluorspar 剝石（へげいし）粉末 904, 905, 908
Food (see also individual commodities): 食糧（個々の食品、産業データも参照）:
    Car loadings 鉄道輸送量 1123
    Commercial vegetables 野菜 862
    Consumption 消費 216, 217, 218
    Expenditures 支出 684, 686, 687, 688, 689, 847, 1062, 1359
    Fish products 魚 727, 733, 737, 738, 895, 896, 897, 898, 899, 900
    Food costs 食費 728, 732, 733
    Hunger, insecurity 飢餓 214
    Prices (see also individual commodities) 価格（個々の商品も参照） 725, 726, 727, 732, 733, 734, 736, 737, 738, 739, 742, 743
    Sales 売上 1025
    World production 世界の生産量 1372, 1373, 1376
Food and beverage stores: 食糧品店:
    Earnings 収益 632, 756, 1048, 1050
    Employees 被雇用者数 632, 756, 1042, 1048, 1050
    Establishments 事業所 756, 1042, 1048, 1049
    Finances 財政 746
    Inventories 在庫 1054

Nonemployers 失業者 1049
Productivity 生産性 641
Profits 利益 794
Sales 売上 746, 756, 1047, 1049, 1051, 1053, 1054, 1059, 1062
Food insecurity 食糧不足 214
Food manufacturing: 食品製造業:
    Capital 資本 781
    Earnings 所得 632, 1009, 1011, 1017
    Employees 被雇用者 632, 1009, 1011, 1013, 1017, 1266
    Establishments 事業所 1009
    Finances 財務 794
    Foreign trade 貿易 1312
    Gross domestic product 国内総生産 670, 1007
    Industrial production index 工業生産指数 789
    Occupational safety 労働災害補償 660
    Profits 利潤 794
    Research and development 研究開発 805
    Sales or shipments 売上、出荷 1011, 1019, 1020
    Toxic chemical releases 有害化学物質の放出 382
Food services and drinking places: 飲食店、喫茶店:
    Capital 資本 781
    Earnings 所得 632, 756, 1050, 1272, 1274
    Employees 被雇用者数 632, 756, 1042, 1050, 1272, 1273, 1274, 1275
    Establishments 事業所 756, 1042, 1047, 1272, 1273, 1274, 1283
    Finances 財政 746
    Nonemployers 自営業 1273
    Productivity 生産性 641, 1272, 1273
    Sales 売上 746, 756, 1051, 1053, 1059, 1062, 1266, 1281, 1283
Food stamps, programs 食糧援助プログラム（フード・スタンプ） 540, 543, 570, 571, 572, 573
Football フットボール 1244, 1246, 1247, 1248
Footwear: 履物:
    Consumer expenditures 消費者支出 686, 687
    Foreign trade 貿易 1308
    Prices 価格 727, 737, 743
    Sport footwear 運動靴 1250
Foreign aid or assistance 外国への援助 1297, 1298, 1299, 1402, 1403
Foreign-born population 外国生まれの人口 38, 40, 41, 42
    Age 年齢 40, 41
    Cities 市 39
    Doctorates 博士 811, 814
    Earnings 所得 40
    Educational attainment 就学状況 40, 41
    Employment 雇用 589, 605, 1333
    Foreign countries 外国 1333
    Households 世帯 40
    Income 収入 40, 41
    Marital status 婚姻状況 40
    Poverty status 貧困状況 40
    States 州 38
    Tenure 住宅保有 40, 41
Foreign companies, U.S. affiliates 外国企業の合衆国内子会社 1292, 1293, 1294
Foreign countries: 外国:
    Age distribution 年齢階層 1334
    Agriculture 農業 1351, 1372, 1373, 1374, 1378
    Agricultural trade 農産物貿易 851, 856, 1306
    Aid to developing countries 開発途上国への援助 1297, 1298, 1299, 1402, 1403
    AIDS エイズ 1341
    Alcohol, consumption アルコール 1359
    Area, of 地域 1332
    Armed Forces personnel 軍隊兵員 1406
    Balance of payments 貿易収支 1399
    Births and birth rates 出生数および出生率 1335, 1339
    Border crossings 国境通過 1270
    Border lengths 国境線長 363
    Carbon dioxide emissions 二酸化炭素の放出 1389
    Cellular phones 携帯電話 1392
    Cigarettes タバコ 1343, 1359

942 索引

Coal production 石炭産出	920, 1380, 1381, 1382, 1386
College students enrolled in U.S. 合衆国大学在籍者数	282
Communications 遠隔通信	1391, 1392
Consumer prices 消費者物価	1356, 1357
Consumption expenditures 消費支出	1359
Corn とうもろこし	1374
Cost of living 生計費	1358
Cotton 綿	852, 1372, 1373
Crude oil 原油	936, 937, 1382, 1384
Dairy 乳製品	1372
Death and death rates 死亡者数および死亡率	1339, 1344, 1345
Debt 債務	1360, 1404
Developing countries 発展途上国	1331, 1403
Development aid 開発援助	1402
Doctorates 博士号	811
Doctors 博士	1347
Economic indicators 経済指標	1350, 1351, 1352
Economic sectoral contributions 経済部門別貢献	1351
Education 教育	1371
Electricity generation 発電量	1387
Emissions 二酸化炭素放出	1389
Employment and labor force 雇用、労働力人口	1350, 1353, 1354, 1365, 1366, 1367, 1368, 1369, 1370
Energy production and consumption エネルギー生産（消費と価格）	1380, 1381, 1382, 1383
Exchange rates 為替相場	1398
Exports and imports 輸出入	1305, 1374
Fertility 出生率	1339
Financial assets, liabilities (flow of funds) 金融資産、負債（資金フロー）	1168
Fish catches 漁獲量	1375
Food consumption 食糧消費量	1359, 1372, 1377
Food production 食糧生産	1372, 1378
Foreign born 外国生まれ	1333
Foreign direct investment 対外直接投資	1405
Foreign population 外国人口	1333
Gas ガス	1379, 1380, 1381, 1382, 1385
Geothermal energy 地熱発電	1380, 1381
Government finances 政府財政	1349, 1360, 1361
Grain 穀物	852, 1372, 1373
Gross domestic product 国内総生産	1351
Gross national income 国民総所得	1348
Health care expenditures 保健衛生支出	1346
HIV infection エイズ感染	1341
Hours worked 労働時間	1355
Households and families 世帯および家族	1337, 1338, 1359
Hydroelectric power 水力発電	1380, 1381, 1387
Immigrant population 移民人口	1333
Immigration to U.S. 合衆国への移民	45, 50, 51
Income taxes 所得税	1361, 1362
Infant mortality 乳幼児死亡率	1339
Inpatient care 入院加療	1347
Insurance premiums 保険料	1364
International transactions, balances 国際収支	1287, 1288, 1399
Investment in U.S. 合衆国に対する外国投資額	1168, 1205, 1206, 1289, 1291, 1292, 1293, 1294
Labor costs 労働コスト	1353, 1354
Labor force 労働力	1333, 1365, 1368, 1369
Labor productivity 労働生産性	1355
Life expectancy 平均余命、平均寿命	1339, 1340
Living costs 生計費	1358
Manufacturing 製造業	1351, 1353, 1354, 1370
Marriage and divorce 婚姻および離婚	1336, 1338
Meat 食肉	1372, 1376, 1377
Migration 移住	1333
Military manpower 兵役適格者	1406
Military personnel, U.S. on active duty 合衆国の現役兵員	509, 517
Military sales 軍事物資販売額	518, 519
Minerals 鉱業	1379
Multilateral grants 多国籍援助	1404
Multinational companies 多国籍企業	798

Natural gas 天然ガス	1380, 1381, 1382, 1383, 1385
Net savings, households 家計の純貯蓄	1363
Nongovernmental organizations 非政府組織（NGO）	1402
Nuclear power generation 原子力発電	1380, 1381, 1382, 1387, 1388
Obesity 肥満	1342
Oil 石油	936, 937, 1382, 1384
Oil seeds 油肥種子	852, 1372, 1373
Organic farms 有機農場	1378
Patents 特許	1393
Pensions 年金	1364
Petroleum production 石油生産	1380, 1381, 1382, 1384
Physicians 医師	1347
Population 人口	1332, 1333, 1334
Poultry 家禽	1372, 1376, 1377
Precipitation, in cities 降水量（都市）	1390
Prices 価格	1356, 1357
Production: 生産：	
Crops 作物	852, 1372, 1373
Industrial 工業	1352
Meat 食肉	1376
Minerals 鉱産物	908, 1379
Productivity 労働生産性 labor,	1355
Purchasing power parity 購買力平価	1348, 1349
Rainfall in cities 降雨量（都市）	1390
Refugees, admitted to U.S. 合衆国の難民受入れ数	51
Research and development expenditures 研究開発支出	800, 1401
Reserve assets 保有資産	1399
Rice 米	852, 1372, 1373, 1374
Savings rates, households 家計の貯蓄率	1363
Single-parent households 片親世帯	1337, 1338
Social security contributions 社会保障負担	1361
Stocks and bonds 株式および有価証券	1203, 1204, 1205, 1206, 1394, 1395, 1396, 1397
Suicide 自殺	1345
Tax burden 税負担	1361, 1362
Tax revenues 税収	1360, 1361
Telephones 電話サービス	1391, 1392
Temperature (cities) 気温（都市）	1390
Tobacco タバコ	1343, 1359
Tourism 観光	1400
Trade with United States 合衆国との貿易	854, 856, 1288, 1307, 1399
Traffic fatalities 交通事故死亡者	1344
Travelers and expenditures 旅行者および費用	1261, 1267, 1268
Unemployment 失業	1365, 1366, 1367
Unmarried women, births to 未婚の母	1338
U.S. investment abroad 合衆国直接投資	1203, 1204, 1296
Visitors from 外国人旅行者	1271
Vital statistics 人口動態統計	1339
Weather 気候	1390
Wheat 小麦	852, 1367, 1372, 1373, 1374
Women 女性	1335, 1368
Foreign currency holdings 保有資産	1399
Foreign exchange rates 外国為替相場	1398
Foreign grants and credits, U.S. government 合衆国政府の対外補助金と信用貨	1297
Foreign investments 外国投資	1168, 1205, 1291, 1292, 1293, 1295
Foreign languages: 外国語：	
Degrees conferred 学位授与数	301, 302, 303
Persons speaking 使用者数	53, 54, 55, 236
Students enrolled 履修生徒数	284
Foreign sales and assistance by U.S. government 合衆国政府の海外援助・販売	518, 519, 1298, 1299
Foreign students, college 外国人学生数（高等教育機関）	282
Foreign trade (see also Foreign aid, Foreign countries, and individual commodities) 貿易（「外国への援助」「外国」および個々の商品も参照）	1301, 1303, 1304, 1305, 1306, 1307, 1312
Aerospace products 航空宇宙機器	1308, 1309
Agricultural products 農産物	848, 849, 850, 851, 852, 853, 855, 856,

863, 865, 1306
　Aircraft and aircraft parts　飛行機、部品　1038, 1308
　Automobiles　自動車　1308
　Balance of trade　貿易収支　1286, 1287, 1307
　Chemicals　化学　1301, 1308, 1312
　Coal　石炭　920, 935, 936
　Companies exporting　輸出企業　1311
　Computer and electronic products　コンピュータおよび電子製品　1301, 1312
　Countries　相手国別　1307
　Crude oil　原油　911, 936, 937, 938
　Customs districts　管轄税関別　1303
　Electrical equipment, appliances and components　電気機器、装置、部品　1301, 1308, 1312
　Fishery products　水産物　895
　High technology exports　ハイテク製品輸出　1310
　Indexes, unit value　単位価格指数　1304
　Industry　産業　1312
　International transactions, balances　合衆国の国際取引収支　U.S., 1286, 1287, 1288, 1300
　Mineral imports　輸入鉱物　909
　Oil and gas　石油およびガス　911, 1301, 1312
　Petroleum products　石油製品　911
　Price indexes　物価指数　740, 741, 742
　Puerto Rico　プエルトリコ　1325
　Related party trade　関連企業間取引　1301
　Services　サービス　1286, 1288
　Timber products　木材製品　888, 889, 1308
　Transportation equipment　輸送機器　1301, 1308, 1309, 1312
　U.S. affiliates of foreign companies　外国企業の合衆国内子会社　1292
Forest products (See also individual products):　木材・木製品（個々の製品も参照）：
　Car loadings　鉄道輸送量　1123, 1124
　Consumption　消費量　888
　Farm income　農家収入　843
　Foreign trade　貿易　888, 889
　Growth　成長　886
　Industry　工業　769, 770, 771, 772, 773, 774, 775, 879, 880, 881, 882, 883, 889, 890, 891, 893
　Prices　生産者物価　737, 738, 742, 743, 892
　Removal　減失　886, 887
　Sales　売上　841
　Volume　生産量　886
Forests　森林　367, 369, 884, 885
Foster care　里親制度　579
Foundations, philanthropic　財団、慈善事業　580, 581, 582, 583
401(k) plans　401(K) プラン　551, 557, 1216
France. (See Foreign countries.)　フランス（「外国」を参照）
Franchised car dealerships　フランチャイズ店舗数　1057
Freight traffic. (See Air transportation, Railroads, Rivers, and Waterways.)　貨物輸送（「航空輸送」「鉄道」「河川」「水路」を参照）
French Guiana. (See Foreign countries.)　フランス領ギアナ諸島（「外国」を参照）
French Polynesia. (See Foreign countries.)　フランス領ポリネシア（「外国」を参照）
Freshman　新入生　286, 287
Fruit and vegetable preserving manufacturing　果実・野菜の保存加工　632, 1011
Fruit juices　果実飲料　215, 218, 848
Fruits:　果実：
　Consumer expenditures　消費者支出　684, 686, 687
　Consumption　消費量　218, 863
　Farm marketings and sales　農産物市場取引、売上　841, 843
　Foreign trade　貿易　848, 853, 855, 863, 1308
　Organic　有機　833
　Prices　価格　727, 733, 737, 742, 846
　Production　生産量　863, 864
Fuel (see also Energy, and individual types):　燃料（「エネルギー需給」および個々の種類も参照）：

　Commercial building use　商業用ビルの使用量　928, 1006
　Consumer expenditures　消費者支出　686, 687
　Consumption, motor vehicles　消費量、自動車　1102
　Electricity generated by　発電　932, 941, 942, 945, 946, 954
　Prices　価格　725, 730, 726, 727, 730, 734, 737, 742, 743, 846, 906, 927, 928, 947
　Production and value　生産量および生産額　908, 911, 925
　Renewable. (See Energy.)　再生可能（「エネルギー需給」を参照）
　Residential use　住宅部門消費　922, 928, 932
Funds, trusts, and other financial vehicles　ファンド、信託およびその他の金融商品　632, 781, 1165
Funeral service and crematories. (See Death care services.)　葬儀屋、火葬場（「デスケアサービス」を参照）
Furniture　家具　686, 687, 727, 737, 739, 743, 1308
Furniture and home furnishing stores:　家具・什器小売業：
　Earnings　所得　632, 756, 1048, 1050
　Employees　被雇用者数　632, 756, 1048, 1050
　Establishments　事業所　756, 1048, 1049
　Inventories　在庫　1054
　Nonemployers　非雇用事業　1049
　Sales　売上　756, 1051, 1053, 1054, 1056
Furniture and related product manufacturing:　家具、関連製品製造業：
　Capital　資本　781
　Earnings　所得　632, 1009, 1011, 1017
　Employees　被雇用者数　632, 1009, 1011, 1017
　Establishments　事業所　1009
　Finances　財務　794
　Foreign trade　貿易　1312
　Gross domestic product　国内総生産　670, 1007
　Industrial production index　工業生産指数　789
　Occupational safety　労働災害補償　660
　Productivity　生産性　641
　Profits　利益　794
　Shipments　出荷　1011, 1019, 1020
　Toxic chemical releases　有毒化学物質の放出　382
Futures Price Indexes, Commodity Research Bureau　商品先物取引価格指数、主要商品　735

G

Gabon. (See Foreign countries.)　ガボン（「外国」を参照）
Gambia, The. (See Foreign countries.)　ガンビア（「外国」を参照）
Gambling　賭博　1231
Gaming　ゲーム　1033, 1258, 1259
Garages. (See Gasoline stations, and Automobile repair and maintenance service.)　ガレージ（「ガソリンスタンド」「自動車修理維持サービス」を参照）
Garden activities and equipment　家庭園芸と道具　727, 737, 1242
Garden supplies. (See Building materials and garden supplies.)　園芸用品（「建築資材、園芸用品」を参照）
Garlic　ニンニク　862
Garnet (industrial)　ガーネット（研磨剤）　904, 905
Gas (see also Gas utility industry, Gasoline, and Petroleum)　ガス（「ガス供給産業」「ガソリン」「石油」も参照）：
　Liquefied petroleum gases　液化石油ガス　911
　Natural　天然ガス　901, 906, 911, 917
　　Consumption　消費　917, 925, 929
　　Energy expenditures　エネルギー支出　928, 934
　　Foreign trade　外国貿易　926, 935, 936, 1312
　　Offshore lease revenues　沖合探索機材の貸付け収入　914
　　Prices　価格　730, 731, 739, 927
　　Production and value　生産量と生産額　911, 917, 918, 925, 1379, 1380
　　　Foreign countries　諸外国の生産量　1379, 1385
　　　Indexes　指数　903
　　Reserves　埋蔵量　913, 917, 918
　　Residential　家庭用消費　956
　　World production　世界の生産量　1379, 1380, 1385

Unconventional, dry 非従来型天然ガス 918
Natural gas plant liquids 天然ガス、液体 911, 916
Price indexes 価格指数 727
Gas and electric utilities. (See Utilities.) ガス・電気供給事業（「公益事業」も参照）
Gas utility industry (see also Utilities): ガス供給産業（「公益事業」も参照）：
Accidents and deaths 事故および死亡者数 1070
Construction expenditures 建設支出 955
Customers 顧客数 955, 956
End users 顧客 955
Finances 財務データ 957
Mains, mileage 主要マイル数 955
Prices 価格 955
Revenues 収益 924, 955, 956, 957
Sales 売上 955, 956
Gasoline (see also Motor fuel): ガソリン（「自動車燃料」も参照）：
Blending components 混合組成 926
Consumer expenditures 消費者支出 684, 685, 686, 687, 688
Excise taxes ガソリン税 1093
Finished motor gasoline 加工済自動車用ガソリン 910, 911
Prices 価格 730, 731, 739
Transportation 輸送 929
Gasoline stations, retail: ガソリンスタンド、小売業：
Earnings 給与 632, 756, 1048
Employees 雇用 632, 756, 1048
Establishments 事業所 756, 1048
Finances 財政 746
Productivity 生産性 641
Sales 売上 746, 756, 1051, 1053, 1059, 1283
Gaza Strip. (See Foreign countries.) ガザ地区（「外国」を参照）
Gemstones 宝石 905
General merchandise stores: 雑貨、小売店：
Earnings 所得 632, 756, 1048
Electronic commerce e‐コマース 1055
Employees 被雇用者数 632, 756, 1048
Establishments 事業所 756, 1048
Finances 財政 794
Inventories 在庫 1054
Productivity 生産性 641
Profits 利益 794
Sales 売上 756, 1051, 1053, 1055, 1059, 1283
Geography and cartography. (See Land.) 地理学および地図学（「国土」を参照）
Georgia. (See Foreign countries and State data.) グルジア（「外国」を参照）
Geothermal energy 地熱エネルギー 932, 945, 946, 1380, 1381
Germanium ゲルマニウム 905
German stock market index (DAX) ドイツ DX30 指数 1396
Germany. (See Foreign countries.) ドイツ（「外国」を参照）
Ghana. (See Foreign countries.) ガーナ（「外国」を参照）
Gibraltar. (See Foreign countries.) ジブラルタル（「外国」を参照）
Gift and estate taxes 贈与税、不動産税 436, 480
Glass ガラス 377, 378, 379, 737
Gold: 金：
Consumption 消費 905
Employment 雇用 901, 903, 905
Foreign trade 貿易 905, 1308
Prices 価格 737, 905, 906
Production and value 生産量、生産額 904, 905, 908, 1379
Reserve assets 保有資産 1290
Golf ゴルフ 899, 1243, 1246, 1247, 1248, 1249, 1250, 1251
Golf courses, industry ゴルフ場 1228, 1231
Gonorrhea 淋病 184
Government (see also Expenditures of U.S. government, and Receipts, and individual governmental units): 政府（「合衆国政府の歳出」「収入」および個々の政府単位も参照）：
Buildings 建物 502

Capital stock 固定資本のストック 723
Consumer credit holdings 与信者別消費者信用 1191
Earnings 給与 466, 630, 643, 646
Employees 被雇用者数 501, 630, 631, 632, 646, 817
Benefits 給付金 463
City government 市政府 467
County government 郡政府 468
Federal, civilian 連邦政府、文官 461, 462, 497, 498, 499, 500
Local government 地方政府 461, 462, 465, 466
Retirement systems 退職金制度 542, 548, 549, 550
State government 州政府 461, 462, 465, 466
Employment cost index 雇用費用指数 651
Expenditures: 支出：
Capital outlays 資本支出 437, 438
City government 市政府 458, 463, 467
Consumption 消費 676, 740
County government 郡政府 460, 468
Federal 連邦政府 469, 471, 473, 475, 477
Agriculture 農業 840, 841, 844
Aid to state and local government 連邦政府の州・地方政府への補助金 431, 432, 435, 1092
Capital outlay 資本支出 437, 438
Local government 地方政府 437, 438, 455, 456
State and local government 州・地方政府 435, 436, 437, 438
State government 州政府 436, 437, 438, 444, 451, 454
Transfer payments 移転支出 539, 540, 541
Federally owned land 連邦政府所有地 502
Flow of funds 資金フロー 1166, 1167
Highways 幹線道路 443, 454, 456, 1088, 1091, 1092, 1093, 1094, 1095
Hires and separations 雇用と離職 637
Hospitals 病院 172
Insurance. (See Social insurance.) 保険（「社会保険」を参照）
Land. (See Public lands.) 国土（「官有地」を参照）
Local government: 地方政府：
Cities 市政府 457, 458, 467
Counties 郡 459, 460, 468
Employees 被雇用者、賃金、支払給与 461, 462, 465, 466, 646
Number, by type 被雇用者数 428, 429
Payroll 給料 461, 462, 466, 467, 468
Number of units, by type of government 行政単位 428, 429
Occupational safety 労働災害補償 657
Payrolls 支払給与額 461, 462, 467, 468
Purchases of goods and services 財・サービス購入額 667, 668
Salaries and wages (see also Income, and individual industries): 賃金俸給（「所得」および個々の産業も参照）：
Federal 連邦政府 496
National income component 賃金俸給の国民所得 643
State and local government employees 州・地方政府公務員 242, 465, 466
Securities 証券類 440, 1197, 1198, 1205
Bond ratings 債権評価 445, 446
State and local government: 州政府および地方政府：
Benefits 給付 463
Employees 非雇用者 455, 460, 461, 462
Federal aid 連邦政府助成金 431, 432, 433, 434, 1092
Finances 財政 434, 435, 436, 437, 438, 439, 442, 443
Payroll 給与支払額 461, 462, 465, 466
Revenue from pari.mutuel and amusement taxes and lotteries 配当税、遊興税、宝くじからの歳入 449
State government 州政府 444, 452, 453, 454, 646
Government National Mortgage Association loans 政府全国抵当協会貸付 1192
Governors 州知事、人数および得票数 416, 417
Graduates: 卒業生：
College 大学 299, 302, 303, 304, 814, 815
High school 高等学校 221, 270, 273, 274, 276
Grain (see also individual classes): 穀物（個々の種類も参照）：
Car loadings 鉄道輸送量 1124
Consumption 消費 217, 1372
Farm marketings, sales 農産物市場取引、売上 843

索 引 945

Foreign trade 貿易 848, 850, 852, 853, 855
Organic 有機 833
Prices 価格 735, 846
Production 生産 841, 852, 858, 1372, 1373
Grandparents, living with grandchildren 孫との同居人口 70
Grants, by foundations 財団の補助 580, 581, 582, 583
Grapefruit グレープフルーツ 218, 733, 864
Grapes ぶどう 218, 733, 843, 864
Graphite 黒鉛 905
Great Britain. (See Foreign countries.) イギリス（「外国」を参照）
Great Lakes 五大湖 359, 360, 361, 1084
Greece. (See Foreign countries.) ギリシャ（「外国」を参照）
Greenhouse and nursery crops 温室栽培、種苗栽培 843
Greenhouse gases 温室効果ガス 375, 376
Greenland. (See Foreign countries.) グリーンランド（「外国」を参照）
Grenada. (See Foreign countries.) グレナダ（「外国」を参照）
Grocery stores (See also Food and beverage stores) 食糧雑貨品店（「食料品店」も参照） 632, 641, 1048, 1051, 1059
Gross domestic product (GDP): 国内総生産:
  Components, annual growth rates 構成要素、年成長率 667, 668, 669, 1064
  Foreign countries 外国 1349
  Implicit price deflators for インプリシット価格デフレイター 667
  Industry 産業 670
  National defense outlays 国防支出 503
  Per capita 1人当たり 679, 1349
  Per employed person 被雇用者1人当たり 1349
  Price indexes 物価指数 740
  Relation to national and personal income 国と個人所得との関係 673
  Sectoral contributions 部門別貢献 1351
  State 州別 671, 672
Gross national product 国民総生産 679, 1348
Gross private domestic investment 民間国内総投資 667, 668, 740
Gross value added 総付加価値 1351
Ground water used 地下水利用 371
Group quarters population 団体健康保険 74
Guadeloupe. (See Foreign countries.) グアドループ（「外国」を参照）
Guam. (See Island areas of the U.S.) グアム（「合衆国の海外領土」を参照）
Guamanian population グアム人口 1313
Guatemala. (See Foreign countries.) グアテマラ（「外国」を参照）
Guernsey. (See Foreign countries.) ガンジー（「外国」を参照）
Guinea. (See Foreign countries.) ギニア（「外国」を参照）
Guinea-Bissau. (See Foreign countries.) ギニア・ビサウ（「外国」を参照）
Guns. (See Firearms.) 銃（「銃火器」を参照）
Guyana. (See Foreign countries.) ガイアナ（「外国」を参照）
Gymnastics 体操 1208
Gypsum and gypsum products 石膏およびその製品 737, 904, 905, 908, 962

H

Haddock ハドック（太平洋産） 900
Haiti. (See Foreign countries.) ハイチ（「外国」を参照）
Halibut おひょう 897
Hallucinogenic drugs 幻覚剤 207
Handguns ピストル 310, 329
Handicapped 身体障害者
Harrasment victimization ハラスメントの被害 319
Hate crimes 憎悪犯罪 322, 323
Hawaii. (See State data.) ハワイ（「州のデータ」を参照）
Hawaiian population. (See Native Hawaiian and Other Pacific Islander population.) ハワイ人口（「ハワイ原住民及びその他の太平洋諸島民」を参照）
Hay 干し草 843, 858
Hazardous waste/materials 危険廃棄物 384, 385, 1033, 1071

Hazelnuts (filberts) ヘーゼルナッツ（はしばみの実） 864, 865
Head Start program ヘッド・スタートプログラム 574
Health and education service industries 健康・教育サービス産業 631, 665
Health and personal care stores: 健康グッズ:
  Earnings 所得 632, 756, 1048
  Employees 被雇用者数 632, 756, 1048
  Establishments 事業所 756, 1048, 1049
  Nonemployers 自営業 1049
  Productivity 生産性 641
  Sales 売上 756, 1049, 1051, 1053, 1054
Health care and social assistance industry: 保健医療および社会扶助事業:
  Capital 資本 781, 783
  Earnings 所得 630, 643, 756, 759, 760, 769, 770, 771, 772, 773, 774, 775, 1274
  Electronic commerce e-コマース 1278
  Employees 被雇用者 160, 630, 756, 769, 770, 771, 772, 773, 774, 775, 1274
  Equipment and software expenditures 設備およびコンピュータソフトウェア支出 759, 760, 783
  Establishments 事業所 756, 757
  Finances 財政 746, 749
  Gross domestic product 国内総生産 670
  Hires and separations 雇用と離職 637
  Hours 時間 611
  Nonemployers 自営業 757
  Profits 利潤 793
  Receipts 収入 746, 749, 754, 755, 756, 757, 769, 770, 771, 772, 773, 774, 775
Health insurance (see also Health services, Insurance carriers, Medicaid, Medicare, and SCHIP): 健康保険（「保健サービス」「保険業」「メディケイド」「メディケア」「SCHIP」も参照）:
  Contributions 支払い 158
  Coverage 健康保険加入状況 145, 148, 155, 156, 157, 158
  Enrollment and payments 加入者、支払い 145, 147, 151, 152, 153, 154
  Expenditures 健康保険支出 134, 135, 136, 137, 138, 139, 140, 141, 143, 145, 158, 538, 684, 685, 686, 687, 688, 739
  Premiums and policy reserves, life insurance companies 生命保険会社、保険料および保険証券 1221
  State Children's Health Insurance program 児童健康保険制度 145
Health insurance industry, employment 健康保険産業就業者 162
Health maintenance organizations (HMO) 会員制健康医療団体 154
Health sciences, degrees conferred 保健科学、学位授与数 301, 302, 303, 304
Health services: 保健サービス:
  Buildings and floor space 建物、床面積 1006
  Charitable contributions 慈善団体寄付 580, 583
  Construction, value 建設業、価額 964, 965
  Coverage 適用者 146, 147, 148, 152, 155, 524
  Expenditures 支出 134, 135, 136, 137, 139, 140, 141, 143, 435, 436, 443, 451, 454, 458, 460, 686, 1346
  Government employment and payrolls 政府支出 462
  Government, federal expenditures 連邦政府 141, 432, 434, 474
  Hospitals 病院 172, 173, 174, 175, 176, 178, 179
  Industry 産業 162, 632, 660, 781
  Medicaid メディケイド 141, 148, 151, 152, 153, 155, 432, 474
  Medicare メディケア 135, 138, 141, 144, 146, 147, 149, 150, 155, 474, 547
  Nursing homes 介護施設 136, 137, 140
  Occupations 職業 164, 165, 616
  Philanthropy 慈善事業 580
  Price indexes 物価指数 142, 727
  Veterans' health care 退役軍人保健医療 135, 138
  Volunteers ボランティア活動 585
Heart disease 心臓病 124, 169, 179

Deaths 死亡 117, 118, 119, 121, 122, 123
Heating and plumbing equipment 暖房鉛管装置 944, 971, 988
Heating oil 暖房用石油 730
Heavy and civil engineering construction 土木建設 632, 660, 961
HVAC and commercial refrigeration equipment manufacturing 商業用冷蔵設備製造業 632
Height, average 身長（性別・年齢別） 209
Helium ヘリウム 904
Hepatitis 肝炎 122, 184
Heroin ヘロイン 207, 327, 328
Herring, sea にしん 897
Heterosexual identity ヘテロセクシャル性認識 97
Higher education institutions: 高等教育機関：
　Costs 学費 288, 289
　Degrees conferred 学位授与 221, 299, 300, 301, 302, 303, 304, 812, 811, 814, 815
　Dormitory charges 寮費 293
　Enrollment 在籍者 219, 221, 225, 226, 227, 252, 277, 278, 279, 280, 282, 810
　Expenditures 支出 220, 221
　Faculty 常勤 278, 295, 296, 297
　Finances 財政 220, 221, 292
　Financial aid 奨学金 291
　Foreign-born students 外国生まれの学生 228, 816
　Foreign languages 外国語 284
　Libraries 図書館 305, 1152
　Number 人数 278, 280
　Price indexes 価格指数 290, 727
　Research and development 研究、開発 799, 801, 808, 809, 1401
　Salary offers, college graduates 初任給、学位取得者 298
　State appropriations 予算割り当て 292
　Tuition and fees 授業料 293
　Voluntary financial support 寄付金 294
Highways: 幹線道路：
　Accidents 事故 1103, 1107, 1112, 1309
　Bridge inventory 橋梁 1090
　Debt, state and local government 州および地方政府の債務 1094
　Distracted driving 不注意運転 1109
　Employees, government 被雇用者数（州および地方政府） 462, 465
　Expenditures: 道路支出：
　　City government 市政府 458
　　County government 郡政府 460
　　Local government 地方政府 456
　　State and local government 州および地方政府 434, 435, 436, 437, 438, 443
　　State government 州政府 451, 454
　　U.S. government 合衆国政府 432, 434, 435, 1092
　Federal-aid systems 連邦政府助成による幹線道路の状況 1088, 1092
　Interstate mileage 州間道路長 1089
　Mileage 道路長 1088, 1089
　Motor fuel consumption 自動車燃料消費 929, 1102
　Motor fuel tax 自動車燃料税 1093
　Transit savings トランジット・セービング 1116
　Types of roads 種類別道路長および使用状況 1088, 1089
　Value of new construction 建設着工額 965
Hiking ハイキングと登山 1249
Hindu population. (See Religions.) ヒンズー教徒人口（「宗教」を参照）
Hispanic or Latino origin population ヒスパニックおよびラテン系人口 5, 6, 10, 11, 12, 19, 37
　Adoption 養子 579
　After-school activities 放課後の活動 252
　Age and/or sex 年齢／性別人口 6, 10, 11, 12, 37
　AIDS エイズ 187
　Births and birth rates 出生数、出生率 5, 79, 81, 82, 83, 84, 85, 86, 87, 92
　Body weight 体重 211
　Bullying, student いじめ、学生 251

Business owners 企業経営者 768, 771
Cancer, deaths 癌、死亡 126
Child care 託児 578
Children under 18 years old 18歳未満の子供 6, 10, 11, 12, 37, 69
College costs 学費 288, 289
College enrollment 学校在籍者数 279
Congress, members of 国会議員 413
Consumer expenditure 消費者支出 686
Contraceptive use 避妊手段 97, 98
Criminal victimizations 犯罪犠牲者 316, 319, 320, 322
Deaths 死亡率 5, 111, 112, 124, 126, 128, 129
Degrees conferred 学位授与数 300, 814
Disability status 障害者状況 285, 560
Educational attainment 学校修了年数 36, 37, 229, 230, 231, 232
Elderly 高齢者 6, 10, 11, 12, 713
Elected officials 公選公務員 413, 421
Elections, voter registration and turnout 選挙、登録投票者および投票率 399
Families, characteristics 家族 37, 64, 66, 67
Food stamp participants フードスタンプ受給者 573
Foreign-born populations 外国生まれ人口 41, 228, 589
Foster care 里親 579
Grandparents living with grandchildren 孫との同居人口 70
Hate crimes 憎悪犯罪 322, 323
Health insurance coverage 健康保険加入状況 148, 155, 157
Heart disease, deaths 心臓病、死亡 124
High school dropouts 高校中退者 271, 272, 273
Household or family characteristics 世帯構成 37, 60, 62, 64, 66, 67
Housing 住宅 36, 37, 899, 968, 991, 994, 995
Immunization of children 児童の予防接種 192
Income: 収入：
　Family 家計所得 36, 695, 696, 697, 698
　Household 世帯所得 690, 691, 692, 693
　Persons 個人所得 36, 701, 704, 705
Internet access/use インターネット 1155
Jail inmates 拘置所収監者 349
Job search 職探し 623
Labor force and employment 労働力人口と雇用 587, 588, 589, 593, 596
　Displaced workers 離職者 614
　Earnings 所得 648
　Employed 被雇用者 37, 588, 589, 593, 605, 608, 610, 611, 616, 619, 620
　Job search 求職者 623
　Unemployed 失業者 37, 588, 622, 623
　Union membership 労働組合員 665
Living arrangements 居住形態 58, 69
Literacy activities 識字学習 234, 235
Marital status 婚姻状況 56
Metropolitan area population 大都市人口地区 23
Migration 移住 5
Nurses 看護師 616
Occupation 職業 36, 616, 619
Pension plan coverage 年金プラン 542
Physical activity 運動 212
Poverty 貧困者 36, 37, 148, 711, 712, 713, 716
Projections 予測 12
Public assistance 公的扶助 560, 573, 574
School enrollment 学校在籍者 224, 228, 238, 253, 273, 279, 283, 596
　Charter schools チャータースクール 239, 263
　College costs 学費 288, 289
　Homeschooled ホームスクール 240
　Parent participation 保護者の参加 252
　Preprimary school 就学前学校 237
　Teachers 教職員 255, 257, 266, 616
Senior citizen communities 高齢者コミュニティ 899
Sexual activity 性的体験 95
Sports participation 体育活動 213
States 州別 19
Suicides, deaths 自殺、死亡数 128
Teachers 教職員 255, 266

索　引　947

Volunteers ボランティア 665
Voter registration 有権者投票および投票率 399, 401
HIV infection (see also AIDS) HIV 感染（「エイズ」も参照）
　118, 119, 121, 122, 129, 185, 186, 187, 1341
Hockey, ice ホッケー 1246, 1247, 1249
Hogs 豚 737, 843, 869, 870, 871, 872
Home equity loans/lines of credit 住宅担保ローン 998, 1172,
　1177, 1192
Home furnishings. (See Appliances.) 家具・建具（「器具」を
　参照）
Home furnishings stores 家具・建具店 632, 641, 1048, 1051
Home health care 家庭保健 149, 616, 618
Home health care services: 家庭保健サービス：
　Earnings 収益 632
　Employees 被雇用者 632
　Expenditures 支出 136, 137, 138, 140
　Finances 財政 160
Home remodeling 改築 1003
Homeland Security, Department of Defense (see also National
　Security, and Veterans Affairs): 国土安全保障省（「国防」
　「退役軍人局」も参照）：
　Employees 職員 526
　Expenditures 支出 526
　Funding 支出 526
　Grants by infrastructure インフラストラクチャーによる助成 529
　Grants by state 州別補助金 527
　Grants by urban area 都市部別助成金 528
　National workload statistics 国通通過統計 535
　Outlays 歳出 472
　Personnel 人員 526
Homeless, assistance and shelters ホームレス、支援および
　シェルター 575
Homeowners' insurance 住宅所有者保険 1222, 1224
Homes. (See Housing and housing units.) 家（「住宅供給およ
　び住宅ユニット」を参照）
Homeschooling 家庭学習 240
Homicides 殺人 120, 121, 122, 306, 307, 308, 309, 310, 311,
　312, 313
Homosexual identity ホモセクシャル性認識 97
Honduras. (See Foreign countries.) ホンジュラス（「外国」を
　参照）
Honey 蜂蜜 866
Hong Kong. (See Foreign countries.) 香港（「外国」を参照）
Hong Kong Hong Seng stock market index 香港ハンセン証券
　市場指数 1396
Horses 馬 843, 1241, 1246
Horticultural specialty crops 特殊園芸作物 867
Hospices ホスピス 149
Hospitals: 病院：
　Average daily patient care 平均1日あたり病室代 173, 174
　Beds ベッド数 172, 174, 1347
　Capital 資本 781
　Charges and personal expenditure for 病院への支払、関係個人支出
　　136, 137, 138, 139, 140, 141, 151
　Construction 新規病院建設額 966
　Consumer price index 消費者物価指数 142
　Cost to hospital per patient 患者1人あたり病室代 173, 174
　Diagnostic procedures 診断 171
　Discharges from 退院 176, 177, 178, 179
　Earnings 平均時給 632, 756
　Emergency departments 救急外来 168, 170
　Employees 被雇用者数 162, 172, 465, 632, 756
　Establishments 事業所 172, 174, 756
　Finances 財務 160, 161, 172, 1283
　Gross domestic product 国内総生産 670
　Medicare program メディケア（老齢者医療保障制度） 144, 146,
　　149, 150
　Mental hospitals 精神病院 172, 175
　National expenditures 国民支出 134, 135, 136, 137, 138, 139, 140,
　　141
　Outpatient visits 外来患者 168, 169, 172, 174, 175

Patients 患者数 172, 173, 174
Prices 価格 727, 739
Public expenditures 公共支出 135, 136, 137, 139, 140, 141
　City governments 市政府 458
　County governments 郡政府 460
　State governments 州政府 451, 454
Receipts 収入 160, 161, 756
States 州別統計 174
Surgery 外科 171, 181
Use, admissions, and patient days 病院利用（入院及び治療日数）
　172, 174, 175, 176, 178, 179
Hotels and other lodging places (see also Accommodation and
　food services): ホテルおよびその他の宿泊施設（「宿泊
　サービス」も参照）：
　Buildings and floor space 建物、床面積 1006
　Earnings 平均時給（単純労働者） 632
　Employees 従業員 632
　Establishments 事業所数 1282
　New construction 新規建設 977
　Occupancy rate 客室利用率 1282
　Occupational safety 労働災害補償 660
　Prices 価格 727
　Productivity 生産性 641
　Receipts 収入 1283
House of Representatives 下院 409, 410, 412, 413, 414
Households or families (see also Housing and housing units)
　世帯または家族（「住宅供給および住宅ユニット」も参照）
　58, 59, 61, 62, 65, 66, 67, 71, 72
Adoption 養子 579
Age of householder 世帯主の年齢 62, 66, 692, 1170, 1172, 1212
Asian population アジア人 62, 64, 66, 67
Assets 資産 722, 1166, 1169, 1170, 1201, 1215
Automobiles, ownership 自動車保有台数 1002
Balance sheet 収支 722
Black, African American population 黒人、アフリカ系アメリカ人
　62, 64, 66, 67, 681, 690, 691, 693, 695
Characteristics 諸特徴 61, 62, 63, 64, 65, 66, 67, 71, 692
Children under 18 years 18歳未満の児童 64, 65, 66, 67, 68, 69, 689,
　700
Computer use コンピュータ使用 1133, 1157
Consumer credit 消費者信用 1137, 1171, 1172
Consumer expenditures 消費支出 684, 685, 686, 687, 688
Criminal victimization 犯罪の被害 320, 321
Debt 負債 722, 1135, 1169, 1172, 1174, 1175
Educational attainment 教育水準 692, 698
Elderly 老齢者 62, 66, 71, 72, 692
Employment of parents 親の雇用 601
Female householder 女性世帯主 59, 61, 62, 63, 64, 65, 66, 67, 71, 72
Finances, financial services 財政、金融 1166, 1167, 1169, 1170, 1192,
　1201, 1212, 1215
Flow of funds 資金フロー 1166, 1167, 1169
Food costs 食費 732
Food insecurity 食料不足 214
Food stamp program フードスタンプ、プログラム 572, 573
Foreign-born population 外国生まれ人口 40
Foster care 里親 579
Hispanic origin population ヒスパニック人口 36, 37, 60, 62, 64, 66,
　67
Hunger 飢餓 214
Income 所得 36, 690, 691, 692, 693, 695, 696, 697, 698, 699, 700,
　1170, 1172, 1212
Individual retirement accounts (IRAs) 個人退職預金積立制度 554
Internet access インターネットへのアクセス 1133
Interracial married couples 異人種間夫婦 60
Language spoken at home 家庭における日常言語 236, 252
Living arrangements 居住形態 35, 58, 69
Male householder 男性世帯主 61, 63, 65, 66
Marital status of householder 世帯主の婚姻状況 66, 71, 1335, 1336,
　1337, 1338
Married couples with or without own children 既婚夫婦、子供あり、
　または子供なし 59, 60, 61, 62, 64, 65, 66

948　索　引

Media users　メディア利用者　1133
Mobility status　移動　32
Mortgages　抵当　1171, 1172, 1173
Mutual fund ownership　ミューチュアル・ファンド所有　1212
Net worth　純資産　720, 721, 722
Nonfamily　家族を構成しない　59, 61, 71, 72
Participation in education　教育への参加　252
Persons living alone (one-person households)　単身生活者（1人世帯）　58, 59, 61, 62, 71, 72
Pets　ペット　1241
Poverty　貧困　36, 716
Public assistance to families　家族への公的扶助　36, 37, 543
Race　人種別　66
Region of householder　地域別世帯数　698
Savings rate　貯蓄率　1363
School choice　公立校選択制度　238
Single parent　片親　59, 64, 65, 66, 67, 1335, 1337, 1338
Size　世帯の大きさ　40, 59, 62
Stay-at-home parents　専業主婦または専業主夫　68
Stock ownership　資産所有者　1170, 1211
Taxes paid　税金納付　494, 495
Telephones　電話　1132
Tenure　保有　36, 59, 61, 62, 71, 72
Unmarried partners　未婚のパートナー　63
Wealth　富　720, 721
Household work　家事労働　639
Housekeeping supplies expenditures　住宅維持用品支出　686, 687
Housing and household operations, price indexes　住宅、家庭用光熱費、物価指数　727, 739
Housing and housing units (see also Households or families)：住宅供給および住宅ユニット（「世帯または家族」も参照）：
　Age of housing stocks　建築年数　988
　Amenities　アメニティ　971, 1002
　Appliances　家庭用具　727
　Building permit value　建築許可額　968
　Capital　資本　1005
　Coastal counties　沿岸部　26
　Condominiums　コンドミニアム（分譲マンション）　980
　Construction：建築：
　　Apartments completed and rented　集合住宅完成戸数および賃貸戸数　981
　　New units　新築ユニット　968, 969, 970
　　Time to completion　完成所用時間　972
　　Value　建設総額　963, 966
　Consumer expenditures　消費支出　684, 685, 686, 687, 688
　Consumer price indexes　消費者物価指数　725, 726, 727
　Cost of living index　生計費指数　728
　Costs　費用　995
　Deficiencies　不備　1002
　Elderly　老齢者　992, 995, 1002
　Energy　エネルギー　928, 930, 934, 971
　Fires, and property loss　火災、財産の焼失　356
　Floorspace　床面積　971
　Government expenditures　政府歳出　435, 436, 451, 458, 460, 473
　Heating equipment used　暖房設備　971, 988, 1001
　Homeless　ホームレス　575
　Hurricanes　ハリケーン　362
　Improvements　改築　1003
　Kitchen equipment　厨房設備　988
　Loans and mortgages　融資と抵当　971, 974, 998, 999, 1004, 1192, 1193, 1194
　Lot size　敷地面積　990
　Maintenance and repair expenditures　住宅維持・管理支出　686, 687
　Metropolitan area data　大都市地区のデータ　978
　Mobile homes　移動住宅　737, 976, 988, 989
　Neighborhood indicators　近隣の環境指数　899
　New privately owned homes, characteristics　新築民間住宅（諸特徴）　971
　Ownership　所有権　30, 36, 37, 40, 692, 982, 983, 985, 988, 991, 992, 993, 994, 995, 996, 1218
　Plumbing　配管　988
　Price indexes　物価指数　726, 729, 973
　Prices, or costs　住宅価格、取得費用　975, 976, 977, 978, 980, 994, 995
　Public housing, low rent units　公営住宅、低家賃ユニット　432, 434, 560
　Puerto Rico　プエルトリコ　1003, 1320
　Remodeling　改築　1003
　Rent, rental value　家賃　994, 995
　Rooms　部屋数　990
　Sales　売上　974, 977, 979
　Secured communities　コミュニティの安全性　899
　Senior citizen communities　高齢者コミュニティ　899
　Shelters　シェルター　575
　Square footage　面積　953
　State data　州別データ　993
　Structural type　住宅の構造　969, 984, 988, 989
　Supportive　支援　575
　Tenure　保有　30, 36, 37, 40, 692, 720, 721, 982, 983, 985, 986, 987, 988, 991, 992, 993, 994, 995, 996, 1218, 1320
　Transitional　一時的　575
　Vacancies　空家・空室　982, 984, 985, 988
　Value　価値　722, 994, 996
　Year built　建築年数　988, 992
Housing and Urban Development, Dept. of　住宅都市開発省　432, 434, 499
Housing assistance　住宅扶助　543, 575
Human immunodeficiency virus (HIV) infection (see also AIDS)　ヒト免疫不全ウイルス（HIV）感染（「エイズ」も参照）　121, 122, 129, 186, 187, 1341
Human services　人的サービス　575, 583, 584
Hungary. (See Foreign countries.)　ハンガリー（「外国」を参照）
Hunger　飢餓　214
Hunting and fishing　狩猟と釣り　880, 883, 1249, 1250, 1256, 1269
Hurricanes　ハリケーン　362, 388, 392
Hydroelectric power　水力発電　932, 954
　Capacity　発電能力　954
　Consumption　消費電力　925, 931, 932, 945, 1381
　Net generation　純発電　948, 954
　Net summer capacity　夏期純発電能力　946
　Production　発電量　925, 1380, 1387
Hydrogen-powered vehicles　水素燃料車　1097
Hypertension　高血圧　169
Hysterectomy　子宮切除術　171

I

Ice cream　アイスクリーム　217, 733, 875
Ice hockey　アイスホッケー　1246, 1247, 1249
Ice skating　アイススケート　1249
Iceland. (See Foreign countries.)　アイスランド（「外国」を参照）
Idaho. (See State data.)　アイダホ（「州のデータ」を参照）
Identity theft　身元情報不正使用　336
Illegal aliens deported　不法入国（「移民」を参照）　530, 532
Illinois. (See State data.)　イリノイ（「州のデータ」を参照）
Immigrants (see also Foreign-born population)：移民（「外国生まれの人口」も参照）
　Class of admission　許可の種類別　43, 48, 49
　Country of birth　出生国別　46, 49, 50, 51
　Deported　強制送還　530, 532
　Doctorates　博士号　811, 814
　Foreign countries　外国　1333
　Interdiction　阻止　534
　Orphans, adoption of　捜査　46
　Refugees　難民　48, 49, 51
　Unauthorized　不法入国（「移民」を参照）　45
Immunization, of children　児童の予防接種　192
Imports. (See Foreign trade.)　輸入（「貿易」を参照）

索引　949

Income (see also Consumer expenditures, Earnings, and Poverty): 所得（「消費支出額」「所得・収益」「貧困」も参照）：
　Aggregate income　総所得　694
　American Indian, Alaska Native population　アメリカインディアン、アラスカ原住民　36
　Asian and Pacific Islander population　アジア人、太平洋諸島民　691, 696, 697
　Asian population　アジア人　36, 693, 695, 696, 697, 701, 704, 705, 716
　Black, African American population　黒人、アフリカ系アメリカ人　36, 542, 696, 697, 698, 701, 704, 716
　City　都市別　708
　Consumer expenditures　消費者支出　688
　Corporate　法人所得　744, 746, 753, 754
　Disposable personal　可処分所得　678, 679, 682
　Distribution　所得分布　690, 692, 696, 698, 702
　Families　家族所得　34, 36, 37, 695, 696, 697, 698, 699, 707, 708, 1321
　Farms　農家所得　840, 843, 844, 845
　Foreign born　外国生まれ　40, 41
　Hispanic or Latino origin population　ヒスパニック　36, 37, 542, 690, 691, 693, 695, 701, 704, 705
　Households:　世帯数
　　Age　年齢別　692, 703
　　Asian population　アジア系　693
　　Black, African American population　黒人、アフリカ系アメリカ人　690, 691, 693
　　Computer use　コンピュータ使用　1157
　　Educational attainment　教育水準別　692, 703
　　Elderly　高齢者　692
　　Hispanic origin population　ヒスパニック　690, 691, 693
　　Homeschooling　ホームスクール　240
　　Internet access/use　インターネットへのアクセス／使用　1158
　　Mobility status　移動状況　32
　　Recreation activities, physical activity　余暇活動　212, 1249, 1251
　　Stock, mutual fund ownership　株式（ミューチュアル・ファンド所有）　1170, 1211, 1213
　　Taxes　税　1362
　　Tenure　世帯の現金収入　692
　Individuals　個人　717, 718, 719
　Millionaires　富裕層　717, 718, 719
　National income　国民所得　667, 668, 669, 673, 679, 840
　Native Hawaiian, Other Pacific Islander population　ハワイ原住民、その他の太平洋諸島民　36
　Participation in arts and leisure　芸術・レジャーへの参加　1239
　Per capita　1人あたり国民所得　679, 704
　Personal　個人所得　678, 680, 681, 683
　Persons　人口　40, 690, 701, 704
　　Educational attainment　教育水準　702, 703
　　Source of income　収入源　542
　Savings　貯蓄　674, 675
　Sports participation, goods　スポーツ参加、用具　1249, 1251
　State data:　州別データ：
　　Gross domestic product　州内総生産　671, 672
　　Family　家族　707
　　Household　世帯　706
　　Personal income　個人所得　680, 681, 682
　　Wealth　富裕層　719
Income tax (see also Tax receipts): 所得税（「税収」も参照）：
　Alternative minimum tax　代替最低税　486
　Average tax by income level　所得水準別平均納税額　481, 488
　Capital gains　キャピタルゲイン　485
　Corporation　法人企業　480, 481, 753
　Deductions　控除　489, 490, 491
　Foreign countries　外国　1361
　Individual　個人　481, 482, 484, 485, 486, 487, 488, 489, 490, 491, 493, 494, 495
　Rates　税率　494, 495
　Tax credits　税率控除　492
Index numbers. (See individual subjects.) 指数（個々の項目を参照）
India. (See Foreign countries.) インド（「外国」を参照）

Indian, American population. (See American Indian, Alaska Native population.) アメリカインディアン（「アメリカインディアン、アラスカ原住民」を参照）
Indian, Asian population. (See Asian Indian population.) インド人人口（「インド人人口」= Asian Indian populationを参照）
Indiana. (See State data.) インディアナ（「州のデータ」を参照）
Individual retirement accounts (IRAs)　個人退職預金積立制度（IRA's）　490, 491, 554, 555, 556, 1213, 1216
Indo-European languages　印欧言語　236
Indonesia. (See Foreign countries.) インドネシア（「外国」を参照）
Industrial energy　工業用エネルギー　928, 930, 931, 932, 934, 947, 950, 951, 952, 955
Industrial minerals　工業用鉱産物　904
Industrial production indexes　製造業生産指数　789, 1352
Industry. (See Corporations, and individual industries.) 産業（「株式会社」および個々の産業を参照）
Infant deaths (see also Deaths and death rates)　幼児の死亡（「死亡数および死亡率」も参照）　78, 115, 116, 1314, 1339
Inflation. (See, consumer, Consumer price indexes, and Prices.) インフレーション（「消費者物価指数」「物価」を参照）
Information and communications technology equipment　情報通信技術設備　725, 783, 1031
Information industry:　情報産業：
　Capital　資本　781, 782, 783, 785
　Earnings　収益　630, 632, 643, 644, 678, 756, 759, 760, 769, 770, 771, 772, 773, 774, 775, 1128, 1130, 1274
　Electronic commerce　e-コマース　1278
　Employees　被雇用者　630, 631, 632, 756, 759, 760, 769, 770, 771, 772, 773, 774, 775, 817, 1128, 1130, 1274
　Equipment and software expenditures　設備およびコンピュータソフトウェア支出　783
　Establishments　事業所　756, 757, 759, 1009, 1128, 1130, 1274
　Finances　財政　746, 749, 1129
　Foreign countries　外国　1391
　Gross domestic product　国内総生産　670, 672
　Hires and separations　雇用と離職　637
　Hours　時間　630
　Multinational companies　多国籍企業　796, 797
　Nonemployers　非雇用事業　757
　Occupational safety　労働災害補償　660
　Productivity　生産性　641
　Profits　利潤　746, 792, 793
　Research and development　研究開発　806
　Shipments, revenue　出荷、収益　746, 749, 754, 755, 756, 757, 1769, 770, 771, 772, 773, 774, 775, 1129, 1130
Influenza and pneumonia　インフルエンザおよび肺炎　117, 118, 119, 121, 123, 184
Infrastructure expenditures. (See Government.) インフラストラクチャー支出（「政府」を参照）
Inhalants, persons using　吸入薬常用者　207
Injuries (see also Accidents, and Occupational safety)　負傷（「事故」「労災保険」も参照）　115, 130, 170, 179, 200, 201, 202, 1070, 1114, 1121
　Crime victimization　犯罪被害　315
　Industrial　工業関連　657, 658, 659, 660, 902
Inmates (see also Correctional institutions and Prisons and prisoners)　収監者（「矯正施設」も参照）　349, 350
Installment loans (see also Loans and mortgages)　分割払い（「融資と抵当」も参照）　1172, 1173, 1190
Institutional care facilities (see also Hospitals, and Nursing and residential care facilities)　入院治療施設（「病院」「養護・医療施設」も参照）　172, 175
Instruments and related products, manufacturing: 器具および関連製品製造業：
　Earnings　給料　632, 1017
　Employees　雇用　632, 1017
　Foreign trade　貿易　742, 743, 1312

950　索引

Gross domestic product 国内総生産 1007
Productivity 生産性 641
Profits 利益 794
Toxic chemical releases 有害化学物質の放出 382
Insurance. (See individual forms of insurance.) 保険（個々の保険形態を参照）
Insurance agents, brokers, and service: 保険代理、仲介サービス：
　Earnings 所得 1165
　Employees 被雇用者数 1165
　Establishments 事業所数 1165, 1177
　Finances 財務 1201, 1222
　Gross domestic product 国内総生産 1162
　Prices 価格 727, 739
Insurance carriers: 保険業：
　Capital 資本 781
　Earnings 所得 632, 1163, 1165
　Employees 被雇用者数 632, 1163, 1165
　Establishments 事業所数 1163, 1164, 1165
　Finances 財務 1166, 1222
　Gross domestic product 国内総生産 1162
　Nonemployers 非雇用事業 1164
　Occupational safety 労働災害補償 660
　Profits 利潤 1222
　Receipts 収入 1163, 1164
Insurance, government. (See Social insurance.) 政府の保険（「社会保険」を参照）
Insurance, medical care 医療保険 135, 139, 140, 1364
Interest: 利子：
　Payments, federal government 連邦政府の利子支払い額 473
　Persons receiving income 所得需給者 542
　Receipts, by source: 収入源別：
　　Individual income tax returns 所得税 483
　　National and personal income component 国民所得、個人所得 678
Interest rates 利率 1193, 1197
Intermediate goods, price indexes, producer 中間財（生産者物価） 737
Internal revenue collections (see also Tax receipts) 内国税徴収（「課税収入」も参照） 480
Internal waterways, traffic 内陸水路（交通） 1084
International affairs: 国際関係：
　Charitable organizations 慈善団体 583
　Commerce 貿易収支 1303, 1304, 1307, 1325
　Development aid 慈善団体への寄付 1402, 1403, 1405
　Federal outlays 連邦政府支出 473
　Foreign exchange rates 外国為替相場 1398
　Foreign investments in U.S. 合衆国への外国投資 1205, 1206, 1289, 1291
　International transactions, U.S. 合衆国対外取引 1286, 1287, 1288, 1289, 1290
　U.S. government aid 合衆国の援助 1297, 1298, 1299
　U.S. investments 合衆国の対外投資 1203, 1204, 1286, 1296
International data (See Foreign countries, or World summary statistics.) 国際データ（「外国」および「世界諸統計」を参照）
International investment position, U.S. 国際投資ポジション 1286, 1289, 1296
International mail (U.S. postal) 国際郵便（米国郵便） 1126
Internet access/use インターネット利用 1132, 1133, 1157, 1240, 1391
　Activities 活動 1159, 1160, 1161
　Connection type 接続 1156, 1158, 1161
　Public libraries 公共図書館 1154
　Schools 学校 251, 264
Internet publishing and broadcasting: インターネット出版、放送：
　Earnings 所得 632, 756, 1128
　Employees 被雇用者数 632, 756, 1128
　Establishments 事業所 756, 1128
　Finances 財政 1129

Revenue 収益 756, 1129, 1144
Internet service providers, Web search portals, data processing: インターネットサービスプロバイダ、ウェブ検索ポータル、データ処理：
　Earnings 所得 632, 756, 1128
　Employees 被雇用者数 632, 756, 1128
　Establishments 事業所 756, 1128
　Finances 財政 1129
　Revenue 収益 756, 1129, 1151
Interracial married couples 異人種間結婚 60
Inventories (see also commodities, and Stocks) 在庫（「商品」「株式」も参照） 667, 1018, 1019, 1020, 1021, 1046, 1054, 1057
Investments (see also Capital stock, and Securities): 投資（「資本ストック」「有価証券」も参照）：
　Foreign, in U.S. 合衆国への外国投資 1205, 1206, 1286, 1289, 1291, 1293, 1294, 1295, 1405
　Private domestic, gross 民間国内総投資 667, 674, 740
　U.S. government obligations 合衆国政府の債務 1177
　U.S. international 合衆国の国際投資 1203, 1204, 1286, 1289, 1296
Iowa. (See State data.) アイオワ（「州のデータ」を参照）
Iran. (See Foreign countries.) イラン（「外国」を参照）
Iraq. (See Foreign countries.) イラク（「外国」を参照）
Ireland. (See Foreign countries.) アイルランド（「外国」を参照）
Iron, nutritional 鉄分（栄養素） 216
Iron (see also Steel): 鉄（「鉄鋼」も参照）：
　Foreign trade 貿易 909, 1308
　Mining industry 鉄鉱石採掘業 641, 901
　Prices 価格 737, 905
　Production 生産量 904, 905, 908, 977, 1379
Iron and steel mills (see also Primary metal manufacturing): 鉄鋼製品（「一次金属工業」も参照）：
　Capital 資本 1030
　Earnings 所得 632, 1009, 1011
　Employees 被雇用者数 632, 1009, 1011, 1030
　Establishments 事業所 1009
　Foreign trade 外国貿易 1030
　Shipments 出荷額 1011, 1030
Iron and steel products 銑鉄、鉄鋼製品 742, 743, 904, 905, 908, 909, 1308
Irrigation 灌漑 371
Islamic population. (See Religions.) イスラム教徒（「宗教」を参照）
Island Areas of the U.S.: 合衆国の海外領土：
　Agriculture 農業 1326, 1327
　Aid by U.S 合衆国政府の贈与 government, 1318
　Area 面積 358
　Banks and banking 銀行および銀行業 1321
　Births 出生 82, 1314
　Climate (Puerto Rico) 気象（プエルトリコ） 393, 394, 395, 396
　Commerce 商業 1323, 1325
　Deaths 死亡 113, 116, 123
　Economic summary 商業 1322, 1328
　Education 教育 1315, 1321
　Employees 被雇用者 1322, 1328
　Establishments 事業所 1322, 1328
　Federal payments 対個人連邦政府直接給付 479, 1318
　Finances 財政 1323, 1324
　Foreign investment 対米投資 1293
　Foreign trade 外国貿易 1325
　Geography 地理 358
　Gross product 総生産 1323
　Income 所得 1321
　Industry 産業 1322, 1323, 1328
　Labor force and employment 労働力人口と雇用 1321
　Occupations 職種 1316
　Parks 公園 1254
　Payroll by industry 産業別給与支払 1322, 1328
　Population and/or area 人口、面積 358, 1313, 1321, 1332
　Prisoners in 収監者 1317

索 引 951

Public aid　公的扶助　564, 1318
Social insurance　社会保険　546
Tourism　観光収入　1286
Unemployment insurance　失業保険　559
Vital statistics　人口動態統計　1314
Isle of Man. (See Foreign countries.)　マン島(「外国」を参照)
Isobutane　イソブタン　911
Israel. (See Foreign countries.)　イスラエル(「外国」を参照)
Italy. (See Foreign countries.)　イタリア(「外国」を参照)
Itemized deductions (taxes)　項目別控除(税金)　489, 490, 491

J

"Jails,(see also Correctional Institutions and Prisons and prisoners)"　拘置所　348, 349
Jamaica. (See Foreign countries.)　ジャマイカ(「外国」を参照)
Japan. (See Foreign countries.)　日本(「外国」を参照)
Jazz　ジャズ　1238
Jersey. (See Foreign countries.)　ジャージー(「外国」を参照)
Jet fuel　ジェット燃料　911, 929
Jewelry, luggage and leather goods stores　宝石、かばん、皮革製品店　632, 641
Jewelry　宝石店　727, 737, 739, 1051
Jewish population. (See Religions.)　ユダヤ人人口(「宗教」を参照)
Jobs　求職方法　635, 636
　Search methods　仕事　611, 623
Jogging　ジョギング　1249, 1250, 1251
Jordan. (See Foreign countries.)　ヨルダン(「外国」を参照)
Judiciary, federal　連邦裁判：332
　Appeals Courts, U.S.　米国控訴裁判所　334
　District Courts, U.S.　米国地方裁判所　333, 336
　Employees and payrolls　被雇用者数、給与支払額　496
　Federal outlays　連邦政府の歳出　473
　Supreme Court, U.S.　最高裁判所　331
Juices　ジュース　215, 727
Juveniles　青少年　326, 335, 340, 341

K

Kansas. (See State data.)　カンザス(「州のデータ」を参照)
Karaoke　カラオケ　1240
Kazakhstan. (See Foreign countries.)　カザフスタン(「外国」を参照)
Kentucky. (See State data.)　ケンタッキー(「州のデータ」を参照)
Kenya. (See Foreign countries.)　ケニア(「外国」を参照)
Keogh plans　キーオープラン　491, 1170
Kerosene　ケロシン　911
Kidney disease and infections, deaths (See also Nephritis)　腎臓病および感染症、死因(「腎炎」も参照)　117, 118, 119, 196
Kiribati. (See Foreign countries.)　キリバス(「外国」を参照)
Korea. (See Foreign countries.)　韓国(「外国」を参照)
Kuwait. (See Foreign countries.)　クウェート(「外国」を参照)
Kyrgyzstan. (See Foreign countries.)　キルギスタン(「外国」を参照)

L

Laboratories, medical and dental　研究所、医学、歯学　160
Labor force (see also individual industries or occupations):　労働力人口と雇用および所得(個々の産業および職業も参照)：
　Accidents and fatalities　事故および死亡者数　657, 658, 659, 660, 661
　Average pay, states　年間平均所得、州別　647
　City government　市政府　467
　Civilian labor force:　民間労働力：
　　Asian and Pacific Islander population　アジア人、太平洋諸島民　587, 588, 593, 622, 627, 648
　　Asian population　アジア人　587, 588, 589, 593, 596, 608, 610, 612, 614, 616, 619, 620, 622, 623, 627, 648, 653, 665
　　Black, African American population　黒人、アフリカ系アメリカ人　587, 588, 593, 596, 608, 616, 627
　　Displaced workers　離職者　614
　　Educational attainment　学校修了年数　593, 619, 627
　　Employed　有業者　586, 588, 589, 594, 595, 596, 599, 601, 603, 605, 608, 609, 610, 611, 613, 619, 620
　　Females　女性　588, 589, 592, 593, 594, 596, 597, 598, 599, 600, 601, 608, 609, 610, 620
　　Foreign-born population　外国生まれの人口　40, 589
　　High school graduates, dropouts　高等学校卒業、中退者　274
　　Hispanic origin population　ヒスパニック　36, 37, 587, 588, 608, 616, 620
　　Hours worked per day　在宅ワーク　640
　　Married couples with children　子供ありの既婚夫婦　601
　　Metropolitan areas　大都市地区　595
　　Minimum wage workers　最低時給率以下の労働者　653
　　Multiple job holders　複数の仕事を持つ者　610, 640
　　Not at work　非就業状態の雇用者　604
　　Part-time　パートタイム労働者　613
　　Participation rates　有業率　587, 588, 593, 594, 597, 598, 599, 600, 1365, 1368
　　Projections　予測　587, 618, 621
　　Race　人種別　587, 588, 593, 596, 608, 616, 627
　　Reason not in　非労働の理由　615
　　School enrollment, persons 16 to 24 years old　16－24歳の就学状況　596
　　Self-employed workers　自営業者　605, 606
　　States　州別　594
　　Unemployed　失業者　586, 588, 594, 595, 596, 599, 622, 623, 624, 625, 626, 627, 628, 629
　　Women who had a birth in previous year　センサスの前年に子供がいた女性　92, 93, 600
　Commuting to work　通勤　1100
　Computer use　コンピュータの使用　1133
　Disabled persons　労働障害のある者　560
　Displaced workers　離職者　614
　Earnings　所得　643, 646, 647, 648, 649, 650
　Educational attainment　教育水準　231, 593, 627
　Elderly　高齢者(65歳以上)　34, 587, 589, 592, 597, 602, 610
　Employee benefits　雇用者の福利厚生費　158, 463, 552, 640, 650
　Employees　被雇用者　630, 631, 632, 646, 765, 766, 788, 1013
　Employer costs　雇用コスト　654
　Employment cost index　雇用コスト指数　651, 1353, 1354
　Employment taxes and contributions　雇用税および分担金　475
　Females　女性　588, 592, 593, 594, 596, 597, 598, 599, 600, 616, 620, 623, 624, 625, 627, 628, 648, 650
　Firm sizes　企業規模　763
　Flexible schedules　フレックスタイム　607, 608
　Foreign countries　外国　1355, 1365, 1366, 1368, 1369, 1370
　Foreign-owned firms　外国人所有企業　1292, 1293
　Government. (See Government.)　政府(「政府」を参照)
　High school graduates and dropouts　高等学校卒業者および中退者　274
　Hires and separations　雇用と離職　637, 638
　Hispanic origin population　ヒスパニック人口　37, 587, 588, 620, 622
　Hours　労働時間　640, 1353, 1355
　Indexes of compensation　給与支払額指数　642, 1354
　Internet access　インターネット利用者　1133, 1157
　Job creation　雇用の増減　763
　Job search　求職　611
　Labor strikes　ストライキ　663
　Mass layoffs　大量レイオフ　634
　Metropolitan areas　大都市地区　595
　Minimum wage workers　最低時給率以下の労働者　653
　Mobility status　人口移動　30
　Occupational groups. (See Occupations, and individual occupations.)　職業グループ(「職業」および個々の職業を参照)
　Occupational safety　労働災害補償　657, 658, 659, 660, 661
　Part-time work　パートタイム　605, 612, 642, 654, 655, 656

Poverty status　貧困状況　714
Presence of children　子供の有無　589
Production workers　生産労働者　1011, 1012
Productivity　生産性　641, 642, 1353, 1355
Projections　予測　587, 618, 621
Self-employed　自営業者　605, 606, 817
Social insurance coverage　社会保険加入者　544
State data　州別　594, 617, 629, 647
Tenure with employer　就業期間　612
Unemployed workers:　失業中の労働者数：
　Age　年齢　596, 622
　Asian and Pacific Islander population　アジア人、太平洋諸島民　588, 622, 627
　Asian population　アジア人　588, 596, 622, 623, 627
　Black, African American population　黒人、アフリカ系アメリカ人　588, 596, 622, 623, 627
　Educational attainment　学校修了年数　231, 627
　Foreign-born population　外国生まれの人口　40
　Foreign countries　外国　1365, 1366
　High school graduates and dropouts　高等学校卒業・中退者　274
　Hispanic origin population　ヒスパニック　37, 588, 622, 623, 627
　Industry　産業別　625
　Job search activities　求職活動　623
　Occupation　職業別　626
　Race　人種　588, 596, 622, 623, 627
　Reason　失業理由　624, 628
　Sex　性別　588, 594, 596, 599, 622, 623, 624, 625, 626, 627, 628
　States　州別　594, 629
Union membership　労働組合員　664, 665, 666
Veterans　退役軍人　590
Work arrangements　労働形態　608, 609
Work stoppages　ストライキ　663
Workplace deaths/injuries　職場における負傷　657, 658, 659, 660, 661
Workplace violence/security measures　職場における暴力事件と警備　662
Labor organizations or unions:　労働団体、労働組合：
　Membership　組合員数　664, 665, 666
　Political action committees (PAC)　政治活動団体　422, 423
Labor strikes　ストライキ　663
Lacrosse　ラクロス　1247
Lakes　湖　358, 359, 360, 361, 370, 386
Lamb and mutton (see also Meat and meat products)　ラムおよびマトン（「食肉および食肉加工業」も参照）　217, 869
Lambs. (See Sheep and lambs.)　ラム肉（「羊と小羊」を参照）
Land (see also Farms, and Public lands):　土地（「農場」「官有地」も参照）：
　Area:　面積：
　　Border lengths　国境線長　363
　　Coastal　沿岸部　25, 364
　　Foreign countries　外国　1332
　　Island areas　合衆国の海外領土　358
　　Land cover/use　土地利用　367, 368, 369
　　National parks　国立公園　1252, 1254, 1255
　　States　州　358
　　United States　合衆国　1, 358
　Farmland　農業用地　367, 369, 824, 825, 826, 827, 828
　Federal land　連邦政府所有地　367, 884
　Foreign investors　外国人投資家　1292, 1293
　Forest, area and ownership　森林、面積及び所有形態　367, 368, 369, 884
　Parks　公園　1252, 1253, 1254, 1255
　Shoreline　海岸線　364
　Use　使用　367, 368, 369
　Wetlands　湿地帯　368, 370
Landfills (see also Solid waste)　埋め立て（「固形廃棄物」も参照）　377, 954
Languages spoken at home　家庭内使用言語　53, 54, 55, 236, 252
Laos. (See Foreign countries.)　ラオス（「外国」を参照）
Larceny, larceny-theft　窃盗　306, 307, 308, 309, 315, 321, 320

Lard　ラード　217
Latex. (See Rubber.)　ラテックス（「ゴムおよびゴム製品」を参照）
Latvia. (See Foreign countries.)　ラトビア（「外国」を参照）
Laundry, cleaning, and garment services. (See Dry-cleaning and laundry services.)　洗濯、クリーニング、衣服サービス（「ドライクリーニング、洗濯サービス」を参照）
Law degrees conferred　法学学位授与数　301, 302, 303, 304
Law enforcement (see also Courts, Correctional institutions, and Crime):　法的処分（「矯正施設」「裁判所」「犯罪」も参照）：
　Arrests　逮捕　327
　Drug enforcement　薬物取締　327, 328
　Employees　雇用者　344, 462
　Expenditures　法的処分にかかる支出　343, 435, 436, 451, 454
　Handgun checks　拳銃の販売前チェック　329
　Police officers　警察官　330, 344, 462, 616
Lawn care　芝生の手入れ　727, 737, 1242
Lawyers (see also Legal services)　法律家（「法律サービス」も参照）　616
Lead　鉛　372, 373, 904, 905, 906, 908, 1379
Learning disabilities　学習障害　188
Leasing. (See Real estate, Rental and leasing industry.)　リース（「不動産業」および「レンタル・リース業」を参照）
Leather and allied product, manufacturing (see also Footwear):　皮革および皮革製品（「履物」「獣皮およびなめし皮製品」も参照）：
　Capital　資本　781
　Earnings　所得　632, 1009, 1011, 1017
　Employees　被雇用者数　632, 1009, 1011, 1013, 1017
　Establishments　事業所数　1009
　Foreign trade　貿易　1312
　Gross domestic product　国内総生産　670, 1007
　Industrial production index　工業生産指数　789
　Prices　価格　737
　Shipments　出荷　1020
　Toxic chemical releases　有害化学物質の放出　382
Lebanon. (See Foreign countries.)　レバノン（「外国」を参照）
Legal assistants　司法アシスタント　616
Legal services:　法律サービス：
　Capital　資本　781
　Earnings　所得　632, 1274
　Employees　雇用者数　632, 1274
　Establishments　事業所数　1274, 1277
　Finances　財務　746
　Gross domestic product　国内総生産　670
　Prices　価格　727, 739
　Receipts　収益　746, 1277
Legionellosis　在郷軍人病　184
Legislatures, state party composition　州議会（州別・政党構成）　418, 419
Leisure activities　レジャー（「レクリエーション」を参照）　1239, 1240
Leisure and hospitality industry:　レジャー産業：
　Earnings　所得　630, 632, 644
　Employees　被雇用者数　630, 631, 632
　Hires and separations　雇用と離職　637
　Hours　時間　630
　Occupational safety　労働災害補償　660
Lemons　レモン　733, 843, 864
Lesotho. (See Foreign countries.)　レソト（「外国」を参照）
Letters (postal)　手紙（郵便）　1126, 1127
Lettuce　レタス　218, 733, 843, 862
Liberia. (See Foreign countries.)　リベリア（「外国」を参照）
Libraries and librarians　図書館、司書　1152, 1154
　Colleges and universities　大学　305
　Degrees conferred　学位授与数　301, 303
　Employees　被雇用者数　616, 1116
　Internet use　インターネット利用　264, 1153, 1154
　Library visits　図書館来館者　1153
Libya. (See Foreign countries.)　リビア（「外国」を参照）
Liechtenstein. (See Foreign countries.)　リヒテンシュタイン

（「外国」を参照）
Life expectancy　平均余命、平均寿命　104, 105, 106, 107, 108, 1339, 1340
Life insurance:　生命保険
　Capital　資本　1221
　Cash value　現金価額　1170
　Consumer expenditures　消費者支出　684, 686, 739
　Establishments　事業所数　1221
　Finances　財務　538, 1166, 1192, 1201, 1215, 1221
　Flow of funds　資金フロー　1201, 1215
　In force　保有契約　1220
　Individual Retirement Accounts (IRAs)　個人退職預金勘定　1216
　Mortgage loans outstanding　抵当債務残高　1192
　Purchases, policies　保険加入　1220
　Reserves　積立金　722, 1169, 1221
　Sales　売上　1220, 1221
Life sciences　生命科学　301, 302, 303, 802, 808, 814, 817
Life tables　生命表　104, 105, 106, 107, 108
Life years lost　失われた余命　130
Light and power. (See Electric light and power industry.)　電力（「電力産業」を参照）
Lightning　雷　388
Lime, mineral　石灰　904, 905
Liposuction　脂肪吸引　180
Liquor stores, retail. (See Beer, wine, and liquor stores.)　酒類小売店（「ビール、ワイン、リキュール販売店」を参照）
Liquors and beverages:　酒と飲料：
　Alcoholism treatment　アルコール中毒治療　206
　Consumption　消費　207, 215
　Government revenues　政府歳入　435, 436, 442, 451, 452, 455
Literacy activities　文芸活動　234, 235
Literacy, comparative　学力国際比較　1371
Lithuania. (See Foreign countries.)　リトアニア（「外国」を参照）
Livestock and livestock products (see also Animals, domestic, and individual classes):　家畜、酪農品（「家畜」および個々の家畜も参照）：
　Commodity futures trading　商品先物取引　735
　Consumption　消費　217, 869, 1377
　Farm marketings, sales　農産物市場取引、販売高　841, 843, 845, 1327
　Foreign trade　貿易　848, 850, 853, 855, 869, 1312
　Number on farms　飼育頭数、生産高　870, 871, 872, 874, 1327
　Organic　有機　832
　Prices　価格　736, 743, 846, 870
　Production　生産量　869, 870, 872, 873, 1376
　Purchases　購入　841
　Supply　供給　869
　Value on farms　農場価格　870
Living cost. (See Consumer price indexes and Prices.)　生計（「消費者物価指数」「物価」を参照）
Loans and mortgages (see also Debt):　融資と抵当（「債務」も参照）：
　Automobile loans　自動車ローン　1173, 1190
　Banks, commercial　銀行（資産と融資額）　1177, 1195
　Consumer credit　消費者信用　1169, 1172, 1173, 1175, 1177, 1187, 1190, 1195
　Credit market, flow of funds　信用市場の資金フロー　1167, 1169
　Credit unions　信用組合　1165
　Delinquency rates　返済滞納発生率　1194, 1195
　Farms. (See Farm mortgage loans.)　農場（「農場抵当融資」を参照）
　Federal Housing Administration (FHA)　連邦住宅局（住宅金融公庫）　1194
　Foreclosure rates　抵当流れ発生率　1194
　Gross assets　総資産　717
　Home mortgage/equity loans　住宅抵当額　717, 718, 998, 999, 1004, 1172, 1175, 1192, 1195
　Installment loans　分割払い　1172, 1173
　Interest rates　利子　1193, 1197
　Life insurance　生命保険　1221
　Minority-operated small businesses　小企業への政府融資（少数民族）

767
　Mortgage-backed securities　抵当証券　1199
　Mortgage pools　抵当カルテル（プール）　1167
　Mortgages　抵当　717, 746, 750, 751, 999, 1004, 1167, 1169, 1172, 1192
　Personal loans　個人向け金融　1190
　Savings institutions　貯蓄機関　1183
　Veterans Administration (VA)　退役軍人援護局　1194
Lobsters　ロブスター　897, 899
Local and suburban transit. (See Passenger transit industry.)　地方交通（「旅客輸送業」を参照）
Local government. (See State and local government, and individual governmental units.)　地方政府（「州および地方政府」および「個々の政府単位」を参照）
Locomotives (railroad)　機関車（鉄道）　1122
Lodging industries. (See Hotels and other lodging places.)　宿泊業（「ホテルおよびその他の宿泊施設」を参照）
London FTSE 100 stock market index　ロンドンFTSE証券市場指数　1396
Long-term care insurance　長期保障保険　656
Lotteries　宝くじ　449, 450
Louisiana. (See State data.)　ルイジアナ（「州のデータ」を参照）
Low birth weight　未熟児　86, 89
Lumber (see also Forest products, and Wood products manufacturing):　製材（「木材・木製品」「木材製品製造業」も参照）：
　Consumption　消費　888, 890
　Foreign trade　外国　888, 889
　Prices　価格　737, 892
　Production　生産量　888
　Railroad car loadings　鉄道輸送量　1123, 1124
　Waterborne commerce　水上輸送　1085
Lung disease. (See Pulmonary or respiratory disease.)　肺結核（「肺疾患」「呼吸器疾患」も参照）
Luxembourg. (See Foreign countries.)　ルクセンブルク（「外国」を参照）
Lyme disease　ライム病　184

M

Macadamia nuts　マカダミアナッツ　864
Macau. (See Foreign countries.)　マカオ（「外国」を参照）
Macedonia. (See Foreign countries.)　マケドニア（「外国」を参照）
Machine tools　工作機械　727, 737, 1046
Machinery manufacturing:　機械工業：
　Capital　資本　781
　Earnings　所得　632, 1009, 1011
　Employees　被雇用者数　632, 1009, 1011, 1013
　Establishments　事業所数　1009
　Finances　財務　794
　Foreign trade　貿易　742, 743
　Gross domestic product　国内総生産　670, 1007
　Industrial production index　工業生産指数　789
　Inventories　在庫　1020
　Productivity　生産性　641
　Profits　利益　794
　Research and development　研究開発　805, 806
　Shipments　出荷　1011, 1019, 1020
　Toxic chemical releases　有害物質の放出　382
Madagascar. (See Foreign countries.)　マダガスカル（「外国」を参照）
Magazines　雑誌　379, 1131, 1279
Magnesium　マグネシウム　905, 908
Mail　郵便物　1126, 1127
Mail order houses (including electronic shopping):　メールオーダー（インターネット通販を含む）：
　Earnings　所得　632, 1048
　Employees　被雇用者数　632, 1048
　Establishments　事業所数　1048, 1049
　Productivity　生産性　641

954　索　引

Sales 売上 1049, 1051, 1055, 1056
Maine. (See State data.) メーン（「州のデータ」を参照）
Malaria マラリア 184
Malawi. (See Foreign countries.) マラウィ（「外国」を参照）
Malaysia. (See Foreign countries.) マレーシア（「外国」を参照）
Maldives. (See Foreign countries.) モルジブ（「外国」を参照）
Male householders. (See Households or families.) 男性世帯主（「世帯または家族」を参照）
Mali. (See Foreign countries.) マリ（「外国」を参照）
Malt beverages (see also Beverages) モルト飲料（「飲料」も参照）215, 727, 848, 850
Malta. (See Foreign countries.) マルタ（「外国」を参照）
Mammography testing 乳がん検査 203
Managed care health plans マネージケア 149, 153
Management of companies and enterprises: 企業経営：
　Capital 資本 781, 783, 785
　Earnings 所得 632, 759, 1272, 1274
　Employees 被雇用者数 632, 759, 1272, 1274
　Establishments 事業所数 759, 1272, 1273, 1274
　Equipment and software expenditures 設備およびコンピュータソフトウェア支出 783
　Finances 財政 746, 749, 754
　Gross domestic product 国内総生産 670
　Profits 利潤 756
　Receipts 収入 746, 749, 754, 755, 1272, 1273
　Research and development 研究開発 805
Managers. (See Proprietors.) マネージャー（「経営者」等を参照）
Manganese マンガン 905, 909
Manganiferous ore マンガン含有鉱 904
Manufacturing industry (see also individual industries): 製造業（個々の産業も参照）：
　Capital 資本 781, 783, 785, 1202
　Earnings 所得 630, 632, 643, 644, 756, 759, 760, 769, 770, 771, 772, 773, 774, 775, 1011, 1016, 1328
　Economic indicators 経済循環指標 787
　Employees 被雇用者数 620, 630, 631, 632, 744, 756, 759, 760, 817, 769, 770, 771, 772, 773, 774, 775, 1012, 1013, 1328
　Equipment and software expenditures 設備およびコンピュータソフトウェア支出 783
　Establishments 事業所 756, 757, 759, 1011, 1016, 1328
　Finances 財政 746, 749, 794, 1023, 1024, 1323
　Foreign countries 外国 1353, 1354
　Foreign investments in U.S. 合衆国への外国投資 1291
　Form of organization 組織形態別 1011
　Gross domestic product 国内総生産 670, 672, 1007, 1323
　Hires and separations 雇用と離職 637
　Hours 時間 630
　Industrial production index 工業生産指数 789
　Inventories 在庫 1019, 1020
　Investment abroad 海外投資 1296
　Island areas of the United States 合衆国の海外領土 1322, 1328
　Multinational companies 多国籍企業 796, 797, 798
　Nonemployers 非雇用事業 757, 1008
　Occupational safety 労働災害補償 657, 660
　Productivity 生産性 641, 642, 790, 1353
　Profits 利潤、収益 744, 792, 794, 1024
　Sales, shipments, receipts 売上、出荷、収益 744, 746, 749, 754, 755, 756, 757, 769, 770, 771, 772, 773, 774, 775, 1011, 1016, 1018, 1019, 1020, 1024
　State data 州データ 1010, 1012, 1016
　Toxic chemical releases 有害化学物質の放出 382
　Union membership 組合加入状況 665
　Value added 付加価値 1016
Margarine マーガリン 217, 718
Marijuana (see also Drugs, illegal) マリファナ（「薬物（違法薬物）」も参照）: 207, 208, 327, 328
Marine Corps 海兵隊 508, 510
Marital status: 婚姻状況
　Asian population アジア系 56, 57
　Black, African American population 黒人、アフリカ系アメリカ人 56, 57
　Computer use コンピュータの使用 1157
　Contraceptive use 避妊手段 97, 98
　Couples with or without own household 世帯を構成する夫婦 59
　Elderly 高齢者 34, 57
　Employed persons 雇用状況 599, 601
　Female householder 女性世帯主 66, 1335
　First marriages 初婚 131
　Foreign-born population 外国生まれ人口 40
　Foreign countries 外国 1338
　Hispanic origin population ヒスパニック人口 56
　Householder status 世帯主の婚姻状況 66, 1337, 1338
　Internet access インターネット接続 1157
　Labor force participation rates 労働力人口の有業率 597, 598, 599, 600
　Male householder 男性世帯 66
　Nonfamily householder 家族を構成しない世帯主 71
　Scientists and engineers 科学者・工学者 816
　Sexual activity 性的体験 95
　Unmarried partners 未婚パートナー 63
　Women in the labor force 女性労働力人口 598, 599
　Work schedules 労働時間 608
Marriages (see also Marital status) 結婚と離婚（「婚姻状況」も参照）78, 131, 132, 133, 1336
Married couples. (See Households or families.) 既婚夫婦（「世帯または家族」を参照）
Married persons. (See Marital status.) 既婚者（「婚姻状況」を参照）
Marshall Islands. (See Foreign countries.) マーシャル諸島（「外国」を参照）
Martinique. (See Foreign countries.) マルティニク島（「外国」を参照）
Maryland. (See State data.) メリーランド（「州のデータ」を参照）
Massachusetts. (See State data.) マサチューセッツ（「州のデータ」を参照）
Maternal and child health services, expenditures for 母子保健支出 135
Mathematics: 数学：
　Degrees conferred 学位授与数 301, 302, 303, 810, 814, 815
　Employment 雇用 817, 819
　Literacy 学力 1371
　Research & development 研究開発 802, 808
　Salary offers 初任給 298, 819
Mauritania. (See Foreign countries.) モーリタニア（「外国」を参照）
Mauritius. (See Foreign countries.) モーリシャス（「外国」を参照）
Mayotte. (See Foreign countries.) マヨット島（「外国」を参照）
Measles はしか 184, 192
Meat and meat products (see also Food manufacturing, and individual meats): 食肉および食肉加工業（「食品製造業」、個々の食肉を参照）：
　Consumer expenditures 消費者支出額 686, 687
　Consumption 消費量 217, 869, 1372, 1377
　Farm marketings 農産物市場 841, 843
　Foreign trade 貿易 848, 853, 855, 869, 1308
　Price indexes 物価指数 727, 733, 735, 736, 743
　Production 生産量 869, 1372, 1376
　Supply 供給 869
Mechanical engineering 機械工学 815
Media (see also individual medium) メディア（個別のメディアも参照）1132, 1133
Medicaid: メディケイド（保健医療制度、低所得者対象）：
　Coverage, recipients 加入者（適用者）および受給者 148, 151, 152, 153, 155, 543
　Expenditures 支出額 141, 151, 152, 161
　Federal payments 連邦歳出 474
　Nursing homes 看護施設 151
　State data 州のデータ 152, 153
Medical care (see also Health services): 医療（「保健サービス」

索　引　955

もも参照）:
Expenditures for 保健医療支出　135, 136, 137, 138, 139, 140, 141, 539, 540, 541, 684, 686, 687, 1346
Insurance benefits 保険支給　135, 136, 139
Price indexes, consumer 消費者物価指数　142, 725, 726, 727, 739
Medical equipment and supplies manufacturing 医療設備用品製造業　632, 641, 1011
Medical malpractice insurance 医療過誤保険　1222
Medical research 医療研究　135
Medical schools 医科大学　164, 304
Medical sciences, employment 医療関係専門職、雇用　162, 616
Medical services. (See Health services.) 医療サービス（「保健サービス」を参照）
Medicare: メディケア（老齢者医療保障制度）:
Ambulatory care visits 外来医療　168
Benefit payments, expenditures 支給金、支出額　135, 140, 141, 144, 150, 161, 538, 540
Contributions 保険料　150
Enrollees 加入者　146, 147
Federal payments 連邦歳出　474
Hospital visits 通院　168
State data 州のデータ　147
Trust funds 信託基金　150
Utilization and charges 病院利用状況と入院、医療費　144, 149
Medicines (see Drugs and medicines, and Pharmaceutical and medicine manufacturing): 医学（「薬剤および薬品」「医薬品製造業」を参照）
Melons メロン　218, 862
Membership organizations: 会員制組織:
Charitable contributions 慈善団体への寄付　583
Earnings 所得　632
Employees 従業員　632
Establishments 事業所　1274
Revenue 収入　1284
Menhaden メンハーデン　897
Meningitis 骨髄炎　184
Mental hospitals 精神病院　172, 175
Mercury 水銀　904, 905, 908
Metal detectors, in public schools 金属探知機　250
Metal ore mining industry 金属鉱業　901, 902, 903, 670
Metals 金属　901, 904, 905, 906, 908, 909, 1123
Foreign trade 貿易　1308, 1312
Prices 価格　735, 737, 742
Production and value 生産量と生産額　903, 904, 905
Railroad, car loadings of 鉄道輸送量　1123, 1124
Spot market price indexes スポット価格指数　736
World production 世界の生産量　908, 1379
Metalworking manufacturing 金属工作機械　632, 641, 1011
Methamphetamine, (See also Drugs, illegal) 覚醒剤（違法使用）　207
Methane gases メタンガス　375
Metropolitan statistical areas: 大都市統計地区:
Airline markets 航空路線市場　1076
American Indian and Alaska Native population アメリカインディアンおよびアラスカ原住民人口　23
Asian population アジア系　23
Black population 黒人　23
Civilian labor force 民間労働力　595
Components of change 人口変化　21
Consumer expenditures 消費者支出　685
Consumer price index 消費者物価指数　728
Elderly 老齢者　22
Hispanic origin population ヒスパニック　23
Housing prices 住宅販売価格　978
Income 収入、所得　683
Migration 移住　21
Native Hawaiian and Other Pacific Islander population ハワイ原住民、その他の太平洋諸島民　23
Population 人口　20, 22, 23
States 州のデータ　24

Mexican-origin population メキシコ系住民人口　37
Births and birth rates 出生と出生率　79, 86
Breastfeeding 母乳保育　91
Educational attainment 学歴　229
Labor force 民間労働力人口　588
Mexico. (See Foreign countries.) メキシコ（「外国」を参照）
Mica: 雲母:
Foreign trade (sheet) 貿易　909
Production and value 生産量と生産額　904, 905
World production 世界の生産　908
Michigan. (See State data.) ミシガン（「州のデータ」を参照）
Microcomputers (See Computers.) マイクロコンピュータ（「コンピュータ」を参照）
Micronesia, Federated States of. (See Foreign countries.) ミクロネシア連邦（「外国」を参照）
Migraines 偏頭痛　199
Migration 人口移動　4, 5, 14, 30, 31, 32, 33, 1333
Military bases 軍事基地　507, 508
Military manpower 兵役適格者　507, 508, 509, 517, 1406
Military outlays 軍事支出　503, 504
Military sciences, degrees conferred 軍事学、学位授与数　301
Military services: 軍務:
Casualties 死傷者　516
Contract and grant awards 落札契約額　505, 506, 507
Expenditures 支出　505, 506, 507, 528
National Guard 州兵　515
Pay grades 給与等級　511
Payroll 給与支払い総額　505, 507
Personnel 兵員数　505, 507, 508, 509, 510, 511, 517
Reserves 予備役　513, 514
Retirees 生存退役軍人　505
Retirement system 退職金制度　512, 538, 548
Milk, cream, and other dairy products: 牛乳、クリームおよびその他の乳製品:
Consumption 消費量　217, 876
Prices 価格　733, 737
Production 生産量　874, 875, 876
Sales 販売量　875
Mine safety 鉱業の安全性　902
Mineral fuels 鉱物燃料　742, 743, 904, 906
Mineral leases 鉱物貸付け　914
Minerals and mineral products (see also Mining, and individual minerals): 鉱物および鉱物製品（「鉱業」および個々の鉱物も参照）:
Foreign trade 貿易　909, 1085
Imports as percent of consumption 消費量に対する純輸入の割合　909
Price indexes 物価指数　742, 743
Prices 価格　905
Production and value 生産量、生産額　904, 905, 907, 908, 1379
World production 世界の生産量　908, 1379
Mining industry (see also Minerals and mineral products, and individual minerals): 鉱業（「鉱物および鉱物製品」および個々の鉱物も参照）:
Capital 資本　781, 783, 785
Earnings 賃金　632, 643, 756, 759, 769, 770, 771, 772, 773, 774, 775, 879, 880, 901
Employees 被雇用者数　620, 632, 756, 759, 769, 770, 771, 772, 773, 774, 775, 817, 879, 880, 901
Equipment and software expenditures 設備およびコンピュータソフトウェア支出　783
Establishments 事業所数　756, 757, 759, 879, 880, 901
Finances 財務　746, 749, 794, 1323
Gross domestic product 国内総生産　670, 1323
Industrial production index 工業生産指数　789
Multinational companies 多国籍企業　796, 797, 798, 1295
Nonemployers 自営業者　757
Occupational safety 労働災害補償　657, 660, 902
Productivity 生産性　641
Profits 利潤　744, 794

Receipts 収益 744, 746, 749, 754, 755, 756, 757, 769, 770, 771, 772, 773, 774, 775, 879
Safety 安全 902
Union membership 組合加入状況 665
Mining machinery, manufacturing 鉱業機械製造業 632, 1011
Minnesota. (See State data.) ミネソタ(「州のデータ」を参照)
Mississippi. (See State data.) ミシシッピ(「州のデータ」を参照)
Mississippi River, freight ミシシッピ川水路網 1084
Missouri. (See State data.) ミズーリ(「州のデータ」を参照)
Mobile homes 移動住宅(トレーラー式) 737, 976, 988, 989
Mobility status of population 人口の移動状況 30, 31, 32, 33
Moldova. (See Foreign countries.) モルドバ(「外国」を参照)
Molybdenum モリブデン 905, 908
Monaco. (See Foreign countries.) モナコ(「外国」を参照)
Monetary authorities, flow of funds 金融制度と銀行、資金フロー 1166, 1201
Money market accounts, funds 金融市場口座、資金 750, 1166, 1168, 1169, 1199, 1170, 1213
Money market rates 金融市場利率 1197
Money market indexes 金融市場指数 1197
Money orders 郵便書留 1127
Money supply (stock) 通貨供給および流動資産 1196
Mongolia. (See Foreign countries.) モンゴル(「外国」を参照)
Montana. (See State data.) モンタナ(「州のデータ」を参照)
Montenegro. (See Foreign countries.) モンテネグロ(「外国」を参照)
Montserrat. (See Foreign countries.) モントセラト(「外国」を参照)
Morocco. (See Foreign countries.) モロッコ(「外国」を参照)
Mortality costs 生涯所得の損失 130
Mortgage pools and trusts 抵当融資の購入および売却 1166, 1167, 1192
Mortgages. (See Loans and mortgages.) 抵当(「融資と抵当」を参照)
Motels. (See Hotels.) モーテル(「ホテル」を参照)
Motion picture and sound recording industry: 映画音楽産業:
　Capital 資本 781
　Earnings 賃金 632, 756, 1128, 1130
　Employees 被雇用者数 632, 756, 1128, 1130
　Establishments 事業所 756, 1128, 1130
　Finances 財政 1129
　Gross domestic product 国内総生産 670
　Productivity 生産性 632
　Receipts, revenue 総収入 756, 1129, 1130, 1139, 1243
Motor freight transportation and warehousing (See Trucking and warehousing.) 自動車貨物便と倉庫業(「トラック輸送」と「倉庫業」を参照)
Motor fuel taxes 自動車燃料税 451, 1093, 1102
Motor vehicle and parts dealers, retail: 自動車販売代理店:
　Earnings 賃金 632, 756, 1048, 1050, 1057
　Electronic commerce e-コマース 1055
　Employees 被雇用者 632, 756, 1042, 1048, 1050, 1057
　Establishments 事業所 756, 1042, 1047, 1048, 1049, 1057
　Finances 財務 746, 1057
　Franchises フランチャイズ 1057
　Inventories 在庫 1054, 1057
　Nonemployers 非雇用事業所 1049
　Price indexes 物価指数 727, 737, 739
　Profits 利潤 1057
　Sales 売上 746, 756, 1042, 1047, 1049, 1051, 1053, 1055, 1057, 1059
Motor vehicle manufacturing: 自動車、部品製造業:
　Capital 資本 781
　Earnings 賃金 632, 1017
　Employees 被雇用者 632, 1013, 1017, 1035, 1036
　Foreign trade 貿易 1312
　Gross domestic product 国内総生産 670, 1007
　Industrial production index 工業生産指数 789
　Inventories 在庫 1020
　Productivity 生産性 641
　Research and development 研究開発 805, 806

Sales 売上、出荷、収益 1011, 1021, 1035, 1036, 1058
State data 州データ 1036
Motor vehicles: 自動車:
　Accidents/deaths 事故および死亡者 123, 1070, 1103, 1105, 1112
　Air pollutant emissions 大気汚染の放出 374
　Alternative fueled vehicles 代替燃料使用車 1097
　Buses バス 929
　Common carriers 輸送業 1115
　Consumer expenditures 消費支出 684, 685, 686, 687
　Crashes 衝突 1107
　Distracted driving 不注意運転 1109
　Drivers' licenses 運転免許 1098
　Expenditure per new car 新車あたり支出 1060
　Foreign trade 貿易 742, 743, 1308
　Fuel consumed 燃料消費量 929, 1102
　Imports 輸入 1060
　Insurance 自動車保険 677, 1222
　Miles of travel 走行マイル数 1101
　Number 数 1069
　Ownership 世帯保有自動車台数 1002
　Price indexes 価格指数(消費者) 727, 737, 739, 742, 743
　Production 生産 1060
　Railroad car loadings 鉄道輸送量 1124
　Registrations 登録台数 1096, 1098
　Sales 売上 1060
　Service and repair shops. (See Automotive repair and maintenance service.) 自動車修理サービス(「自動車修理、維持サービス」を参照)
　Taxes, licenses and motor fuel 運転免許およびモーター燃料税 436, 442, 453, 454
　Theft 自動車窃盗 306, 307, 308, 309, 320, 321
　Traffic fatalities 交通死亡事故 1103, 1104, 1105, 1106, 1108, 1110, 1111
　Trucks 新規登録トラック 929, 1101, 1102
Motorcycles オートバイ 1098, 1103
　Accidents and deaths 事故および死亡数 1103
　Fuel consumption 燃料消費 929
　Racing レース 1246
Mountain biking マウンテン・バイク 1249
Movie theaters 映画館 1139, 1239, 1243
Mozambique. (See Foreign countries.) モザンビーク(「外国」を参照)
Multilateral grants 多国籍援助 1404
Multinational companies 多国籍企業 795, 796, 797, 798, 1295
Multiple births 多胎出産 81
Multiple jobholders 複数の仕事を持つ者 610, 640
Mumps おたふく風邪 184
Municipal and state bonds 地方・州政府債券 445, 446, 750, 751, 752, 1167, 1169, 1198, 1199, 1207
Municipal waste 地方自治体の廃棄物処理 377, 378, 379
Municipalities. (See Cities and Metropolitan areas.) 自治体(「都市」および「大都市地区」を参照)
Murders 殺人 306, 307, 308, 309, 310, 311, 313
Museums 美術館 1238
Museums, historical sites: 博物館:
　Earnings 所得 632, 756
　Employees 被雇用者 632, 756, 1230, 1231
　Establishments 事業所 756, 1230, 1231
　Federal aid 連邦政府助成 1235
　Finances 財務 1230
　Nonemployers 自営業者 1231
　Receipts, revenue 収益 756, 1228, 1230, 1231
Mushrooms マッシュルーム 843
Music: 音楽:
　E-commerce sales e-コマース売上 1056
　Industry receipts 音楽産業収益 1140
　Listening to 支出 1237, 1238
Musicians and composers 音楽家、作曲家 616
Muslim population. (See Religions.) イスラム教徒(「宗教」を参照)

索　引　957

Mutton (see also Meat and meat products)　マトン（「食肉および食肉加工業」も参照）　217, 869
Mutual funds　投資信託、ミューチュアル・ファンド　751, 752, 1166, 1168, 1169, 1170, 1201, 1212, 1213, 1214, 1215, 1216, 1219

N

Nail salons　ネイルサロン　1284
National Association of Securities Dealers (NASDAQ), stock prices　ナスダック株価指数　1207
National College Athletic Association (NCAA) sports participation　米国航空宇宙局（NASA）、予算：　1244, 1247
National debt. (See Debt.)　国債（「債務」を参照）
National forests. (See Forests.)　国有林（「森林」を参照）
National Guard　州兵　515
National health expenditures　国民保健支出　134, 135, 136, 137, 138, 139, 140, 141
National income (see also Gross domestic product)　国民所得（「国内総生産」も参照）　679
National Security. (See, Department of Defense, Department of Homeland Security, and individual military services.)　国防（「国防総省」「国土安全保障省」および個々の軍役を参照）
Native Hawaiian and Other Pacific Islander　ハワイ原住民およびその他太平洋諸島民　5, 6, 10, 11
　Births　出産　5, 86
　Business owners　事業所有者　768, 774
　Children　子供　10, 11
　College costs　学費　288, 289
　Deaths　死亡　5
　Educational attainment　就学状況　36
　Elderly　老齢者　10, 11
　Grandparents, living with grandchildren　孫との同居人口　70
　Head Start　ヘッドスタート　574
　Housing tenure　持ち家　36
　Income　所得　36
　Metropolitan area population　大都市地区人口　23
　Migration　移住　5
　Occupation　職業　36
　Poverty　貧困　75
　Veterans　退役軍人　522
　Weapons in school　学校内で火器使用　249
Natural gas:　天然ガス：
　Coalbed methane　炭層ガス　918
　Consumption　消費　925, 926, 929, 931, 945, 1381, 1382
　Electricity generation　電力発電　948
　Expenditures　支出　928
　Foreign trade　貿易　926, 935, 936, 1308
　Prices　価格　727, 905, 917, 927
　Production　生産　911, 912, 916, 917, 918, 925, 926
　World　世界　908, 917, 1379, 1380, 1383, 1385
　Reserves　埋蔵量　913, 917
　Shale gas　シェールガス　918
　Unconventional dry　非在来型天然ガス　918
Natural gas distribution industry　天然ガス配送業　632, 641
Natural gas plant liquids　天然ガス液化プラント　910, 911, 912, 913, 916, 918
Natural resources (see also Forest products, Minerals and mineral products, Paper and paperboard products, Timber, Wood products manufacturing, and individual resources and minerals):　天然資源（「木材・木製品」「鉱物および鉱物製品」「紙パルプ産業」「材木」「木材製品製造業」および個々の資源と鉱物も参照）：
　Federal outlays　連邦政府支出　473
　Fisheries and fish products　魚および水産品　895, 896, 897, 898, 899, 900
　Forests and timberland　森林　884, 885, 886, 887
　Governmental finances　政府財務　436
　　Aid to state and local governments　州・地方政府に対する補助金　432
　　Government employment and payrolls　公務員・賃金・給与　462
　　Governmental revenue　政府収入　436
　　State and local governments　州および地方政府支出　435, 443
　　State governments　州政府支出　451
　Minerals　鉱物　901, 906
　　Coal　石炭　919, 920, 921
　　Consumption　消費　870
　　Employment　被雇用者数　905
　　Mining　鉱業　660, 902, 903
　　Natural gas　天然ガス　912, 913, 914, 915, 916, 917, 918
　　Petroleum　石油　910, 912, 913, 914, 915
　　Price　価格　905
　　Production　生産　904, 905, 907, 908, 1379
　　Products　製品　906
　　Trade　貿易　905, 909
　　Uranium　ウラン　922
　Paper products　紙製品　889, 892, 893, 894
　Wood products　木材製品　888, 889, 890, 892, 893
Natural resource-related industry (see also Mining industry, Oil and gas extraction, and individual industries):　天然資源および関連産業（「鉱業」「石油・ガス抽出」および個々の産業も参照）：
　Employment　被雇用者数　632, 637, 879, 880
　Establishments　事業所　879, 880
　Gross Domestic Product　国内総生産　883
　Mineral industry　鉱業　901
　Oil and gas extraction　石油、ガス抽出　915
　Payroll and earnings　賃金および所得　632, 879, 880
　Petroleum industry　石油産業　910
　Sales and revenue　売上および所得　879
　Timber-related industry　木材関連産業　881, 882
Naturalized citizens　帰化　47, 401
Nauru. (See Foreign countries.)　ナウル（「外国」を参照）
Navy, personnel　海軍　508, 510
Nebraska. (See State data.)　ネブラスカ（「州のデータ」を参照）
Nectarines　ネクタリン　218, 864
Neonatal deaths (see also Deaths and death rates)　新生児死亡（「死亡数および死亡率」も参照）　115
Nepal. (See Foreign countries.)　ネパール（「外国」を参照）
Nephritis, nephrotic syndrome, and nephrosis (See Kidney disease)　腎炎、腎臓疾患、ネフローゼ　117, 118, 119, 120, 121, 122, 123
Netherlands. (See Foreign countries.)　オランダ（「外国」を参照）
Netherlands Antilles. (See Foreign countries.)　オランダ領アンティル諸島（「外国」を参照）
Net worth　総資産　717
Neurologists　神経科医　164
Nevada. (See State data.)　ネバダ（「州のデータ」を参照）
New Caledonia. (See Foreign countries.)　ニューカレドニア（「外国」を参照）
New Hampshire. (See State data.)　ニューハンプシャー（「州のデータ」を参照）
New Jersey. (See State data.)　ニュージャージー（「州のデータ」を参照）
New Mexico. (See State data.)　ニューメキシコ（「州のデータ」を参照）
New York. (See State data.)　ニューヨーク（「州のデータ」を参照）
New York Stock Exchange　ニューヨーク証券取引所　1207, 1209
New Zealand. (See Foreign countries.)　ニュージーランド（「外国」を参照）
Newspaper, book, and directory publishers:　新聞、書籍出版業：
　Earnings　所得　632, 1128
　Employees　雇用者数　632, 1128
　Establishments　事業所数　1128
　Finances　財政　1129, 1134

Productivity 生産性 641
Revenue 収入 1129, 1134
Newspapers (See also Publishing industry): 新聞（「出版業」も参照）：
　Advertising expenditures 広告支出 1279
　Expenditures, consumer 消費支出 1232
　Number and circulation 新聞数と発行部数 1132, 1135
　Online-news インターネットニュース 1161
　Reading 購読状況 1132, 1133
　Receipts 収益 1130
　Recycling 再生 379
Newsprint 新聞 892, 894
Nicaragua. (See Foreign countries.) ニカラグア（「外国」を参照）
Nickel: ニッケル
　Consumption 消費 905
　Employment 雇用 905
　Foreign trade 貿易 905, 909
　Prices 価格 905
　Production and value 生産量と生産額 904, 905, 908
　World production 世界の生産量 908, 1379
Niger. (See Foreign countries.) ニジェール（「外国」を参照）
Nigeria. (See Foreign countries.) ナイジェリア（「外国」を参照）
Nitrogen in ammonia, world production 窒素（アンモニア中の含有分）、世界の生産量 904, 1379
Nonalcoholic beverages 清涼飲料水 686, 687
Nonemployer establishments 自営企業 577, 757, 881, 1008, 1043, 1049, 10671164, 1067, 1225, 1230, 1273
Nonmetallic mineral mining and quarrying, except fuels 非鉄金属（燃料を除く）641, 781, 794, 883, 901, 902
Nonmetallic mineral product manufacturing (see also Metals and metal products): 非鉄金属業（「金属および金属製品」も参照）：
　Earnings 所得 632, 1009, 1011, 1017
　Employees 被雇用者数 632, 1009, 1011, 1013, 1017
　Establishments 事業所数 1009
　Foreign trade 貿易 1312
　Gross domestic product 国内総生産 670, 1007
　Occupational safety 労働災害補償 660
　Productivity 生産性 641
　Profits 利益 794
　Sales, shipments, receipts 売上、出荷、収入 1011, 1019, 1020
　Stone, clay, and glass 石、粘土、ガラス 1123, 1124
　Toxic chemical releases 有害物の放出 382
Nonprofit organizations 非営利組織 580, 581, 582, 583, 632, 1284, 1285
Nongovernmental organizations 非政府組織 1402
North Carolina. (See State data.) ノースカロライナ（「州のデータ」を参照）
North Dakota. (See State data.) ノースダコタ（「州のデータ」を参照）
North Korea. (See Foreign countries.) 北朝鮮（「外国」を参照）
Northern Mariana Islands. (See Island areas of the U.S.) 北マリアナ諸島（「合衆国の海外領土」を参照）
Norway. (See Foreign countries.) ノルウェー（「外国」を参照）
Notifiable diseases 届出疾患 184
Nuclear power 原子力発電 941, 942, 943
　Capacity 最大発電能力 941, 942, 1388
　Commercial generation, by country 商業用発電量 1388
　Consumption 消費電力 925, 926, 1381, 1382
　Production 発電量 941, 942, 948, 1380, 1387, 1388
　Reactors 原子炉数 942, 1388
　State data 州別データ 941, 942, 948
Nursery and greenhouse products 苗床、温室製品 843, 1242
Nursing and residential care facilities: 介護・医療施設：
　Capital 資本 781
　Earnings 賃金 632, 756
　Employees 被雇用者 162, 632, 756
　Establishments 事業所 756
　Expenditures 支出 134, 136, 137, 138, 140, 141

Occupational safety 労働災害補償 660
　Receipts 収益 160, 161, 756
Nursing personnel 看護師 165, 616, 618
Nutrients and nutritional intake 栄養素および栄養摂取量 216
Nuts ナッツ 843, 853, 855, 865

O

Obesity 肥満 211, 1342
Obstetricians (see also Physicians) 産科医（「医師」も参照）164
Occupational safety 労災保険 659, 660, 902
Occupations (see also individual occupations): 職業（個々の職業も参照）：
　American Indian, Alaska Native population アメリカインディアン、アラスカ原住民 36
　Asian population アジア人口 36, 616, 619
　Black, African American population 黒人、アフリカ系アメリカ人 36, 616, 619
　Earnings 収入 645, 648, 650
　Employment 雇用 36, 608, 616, 617, 619, 620, 656
　Employment cost index 雇用コスト指数 651
　Hispanic origin population ヒスパニック人口 36, 616
　Island areas 海外領土 1324
　Mobility status 移動状況 30
　Native Hawaiian, Other Pacific Islander population ハワイ原住民、その他の太平洋諸島民 36
　Pension plan/health plan coverage 年金プラン／団体健康保険の適 655
　Science and engineering 科学および工学 817, 818, 819
Office buildings. (See Commercial buildings.) 事務所用ビル（「商業用建物」も参照）
Office equipment. (See Computer and office equipment.) 事務（「コンピュータと事務機器」を参照）
Office supplies, stationery, and gift stores オフィス用具、文具、ギフト店 632, 641, 1048
Offshore leases 沖合探鉱機材貸付け 914
Ohio. (See State data.) オハイオ（「州のデータ」を参照）
Oil. (See Petroleum and products.) 石油（「石油および石油製品」を参照）
Oil and gas extraction industry: 石油・ガス抽出：
　Capital 資本 781
　Earnings 所得 632, 756, 879, 880, 901
　Employees 被雇用者数 632, 756, 879, 880, 901, 915
　Establishments 事業所数 756, 879, 880, 901, 915
　Gross domestic product 国内総生産 670, 883
　Output 生産量 903
　Payroll 給与 915
　Production indexes 生産指数 903
　Productivity 生産性 641
　Sales 売上 886
　Shipments, receipts 出荷、収益 756
　Value added 付加価値 901
Oil crops 搾油作物 841, 846, 848, 850
Oil spills 脂肪種子 386
Oils: 油：
　Animal oils and fats 動物性油脂 217
　Prices 価格 733, 736, 737
　Vegetable 植物油 217, 848, 852, 853, 855, 1308
Oilseeds 油脂種子 735, 742, 848, 1372, 1373
Oklahoma. (See State data.) オクラホマ（「州のデータ」を参照）
Old-age pensions. (See Pensions.) 老齢年金（「年金」を参照）
Old-age, survivors, disability, and health insurance. (See Social insurance.) 老齢・遺族・障害・健康保険（「社会保険」を参照）
Olives オリーブ 864
Oman. (See Foreign countries.) オマーン（「外国」を参照）
Onions たまねぎ 218, 843, 862
Online. (See Internet access/use.)

索　引　959

Opera オペラ 1234
Operations performed, medical 手術 171
Ophthalmologists 眼科医 164
Optometrists 視力検定医 160
Oranges オレンジ 218, 733, 843, 864
Oregon. (See State data.) オレゴン（「州のデータ」を参照）
Ores, crude (see also individual ores) 原鉱石（個々の原鉱石 も参照） 1308
Organ transplants 臓器移植 181
Organic, farmland, livestock 有機農場、家畜 832, 833, 868, 1378
Osteopaths (see also Physicians) 整骨医（「医師」も参照） 163
Outdoor, recreation activities (see also Recreation, and specific forms of recreation) 戸外レクリエーション（「レクリエーション」および個々のレクリエーションも参照） 1239, 1249, 1256
Outlays, federal budget 連邦予算支出 469, 470, 471, 472, 473, 474, 821
Outpatient care centers industry 外来ケアセンター 160
Outpatient hospital visits 外来患者 168, 172, 174
Overweight persons 体重過多 210, 211, 1342
Oysters カキ 897, 899, 900

P

Pain, lower back, neck, and face 痛み、腰・首・顔 199
Pain relievers, illegal use 苦痛緩和剤（違法使用） 207
Pakistan. (See Foreign countries.) パキスタン（「外国」を参照）
Palau. (See Foreign countries.) パラオ（「外国」を参照）
Panama. (See Foreign countries.) パナマ（「外国」を参照）
Paper and paperboard products: 紙パルプ産業：
　Foreign trade 貿易 1308
　Prices 生産者価格 737, 742, 892
　Production 生産 893, 894
　Railroad car loadings 鉄道輸送量 1123, 1124
　Recycling 再生 378, 379
Paper products, manufacturing: 紙製品：
　Capital 資本 781
　Earnings 賃金 632, 879, 880, 881, 882, 1009, 1011, 1017
　Employees 被雇用者 632, 879, 880, 882, 1009, 1011, 1013, 1017
　Establishments 事業所 879, 880, 1009
　Finances 財政 794, 881
　Foreign trade 貿易 1312
　Gross domestic product 国内総生産 670, 883, 1007
　Industrial production index 工業生産指数 789
　Output 生産高 894
　Productivity 生産性 641
　Profits 利益 794
　Research and development 研究開発 805
　Sales 売上、出荷、利益 864, 879, 881, 882, 1011, 1019, 1020
　Toxic chemical releases 有害化学物質の放出 382
Papua New Guinea. (See Foreign countries.) パプアニューギニア（「外国」を参照）
Paraguay. (See Foreign countries.) パラグアイ（「外国」を参照）
Parent Teacher Association (PTA) PTA 252
Parent Teacher Conferences 教師との面談 252
Parent Teacher Organization (PTO) PTO 252
Paris CAC-40 stock market index パリ CAC-40 証券市場指数 1396
Parkinson's disease, deaths パーキンソン病 120, 121
Parks 公園 1252, 1253, 1254, 1255, 462
Parolees (see also Correctional institutions, and Prisons and prisoners) 仮釈放者（「矯正施設」「刑務所、囚人数」も参照） 348
Parties, political. (See Political parties.) 党、政治的（「政党」を参照）
Partnerships, establishments and finances 共同経営（事業所と財政） 744, 745, 746, 748, 749
Passenger transit industry (see also Passengers) 旅客輸送業 （「旅客輸送」も参照） 625, 632, 739, 929, 1116
Passengers (see also Passenger transit industry, and various transportation modes): 旅客輸送（「旅客輸送業」および種々の輸送手段も参照）：
　Arriving from overseas 海外からの旅行者 1261, 1267, 1268, 1269
　Border crossings 国境通過 535, 1270
　Carrier operation, summary 輸送機関 1073, 1082, 1115, 1122
　Passenger traffic, volume 旅客輸送量 535
　Railroads 鉄道 1122
Patents and trademarks 特許および商標 778, 779, 1393
Pathologists 病理学医 164
Payrolls. (See Earnings, and individual industries.) 給与支払（「所得・収益」および個々の産業を参照）
Peaches 桃 218, 843, 864
Peanuts ピーナッツ 217, 842, 843
Pears 洋梨 218, 733, 864
Peas, green グリンピース 862
Peat 泥炭 904, 905
Pecans ペカン（ナッツ） 864, 865
Pediatricians (see also Physicians) 小児科医（「医師」も参照） 164
Pennsylvania. (See State data.) ペンシルベニア（「州のデータ」を参照）
Pensions and retirement benefits (see also Social insurance): 年金および退職金（「社会保険」も参照）：
　Annuities 年金 1216, 1221
　Expenditures 消費者支出 538, 548, 684
　Families receiving 受給世帯 542, 554
　Foreign countries 外国 1364
　Funds (flow of funds) 基金 1166, 1169, 1217
　Government employees 政府雇用者 542, 548, 549, 550
　Plans 計画 553, 1216
　Railroad 鉄道職員 542
　Retirement and pension plans 退職、年金プラン 548, 551, 552, 1201, 1215, 1216
　Veterans 退役軍人 520, 542
Pentanes plus ペンタンプラス 911
Peppers こしょう 843, 862
Perch パーチ、スズキ 900
Performing arts 上演芸術 1231, 1234, 1238
Performing arts, spectator sports industry: 芸術鑑賞、観戦スポーツ：
　Capital 資本 781
　Earnings 所得 632, 756, 1230
　Employees 被雇用者数 632, 756, 1231
　Establishments 事業所 756, 1230, 1231
　Nonemployers 非雇用事業所 1230
　Occupational safety 労働災害補償 660
　Receipts, revenue 収入、歳入 756, 1192, 1227
Periodical publishing 定期刊行物 1128, 1129, 1134
Perlite 真珠石 904, 905
Personal and laundry services: 対個人サービス業：
　Earnings 賃金 632, 756, 1274
　Employees 被雇用者数 632, 756, 1274, 1275
　Establishments 事業所数 756, 1273, 1274
　Finances 財政 746
　Productivity 生産性 641
　Receipts 収益 746, 756, 1273, 1284
Personal care 個人向けケアワーカー 616, 727
Personal computers (PC's). (See Computers.) パーソナルコンピュータ（「コンピュータ」を参照）
Personal consumption expenditures 個人消費支出 667, 668, 679, 739, 740, 1232
Personal health care expenditures 個人保険医療支出 136, 137, 139, 140
Personal income 個人所得 678, 680, 681, 682, 683
Personal savings 個人貯蓄 674, 675
Peru. (See Foreign countries.) ペルー（「外国」を参照）
Pesticides 殺虫剤 841
Pets ペット飼育 727, 1048, 1241
Petroleum and coal product manufacturing: 石油および石炭

製造業：
　Capital　資本　781
　Earnings　賃金　632, 879, 1009, 1017
　Employees　被雇用者数　632, 879, 1009, 1013, 1017
　Establishments　事業所数　879, 1009
　Finances　財務　794, 940
　Foreign investments in U.S.　合衆国への外国直接投資　1291, 1292, 1294
　Foreign trade　貿易　1312
　Gross domestic product　国内総生産　670, 1007
　Industrial production index　工業生産指数　789
　Multinational companies　多国籍企業　796, 797
　Productivity　生産性　641
　Profits　利潤　792, 794, 939, 940
　Research and development　研究開発　805, 806
　Sales, shipments　売上、出荷　879, 901, 1019, 1020
　Toxic chemical releases　有害化学物質の放出　382
Petroleum and natural gas extraction　石油および天然ガス抽出　915
Petroleum and products:　石油および石油製品：
　Consumption　消費　909, 925, 926, 931, 945, 1381, 1382
　Disposition　流通　911
　Electricity generation　電力発電　948
　Emissions　放出　375, 376
　Expenditures　支出　934
　Foreign trade　貿易　909, 911, 926, 935, 936, 937, 938, 939, 957, 1301, 1312
　Net summer capacity　夏期純発電能力　946
　Oilspills　石油流出　386
　Prices　価格　730, 737, 741, 906, 927
　Production　生産量　904, 908, 911, 914, 925, 926
　　World　世界　908, 1379, 1380, 1384
　Railroad car loadings of　鉄道輸送量　1123, 1124
　Refineries　精錬　911
　Reserves　埋蔵量　913, 914
　Stocks　備蓄量　911, 938
　Strategic reserve　戦略備蓄　911, 938
　Value　価額　910, 912
　Wells　油田　910, 914
Pharmaceutical and medicine manufacturing　医薬品製造業　632, 641, 1009, 1011, 1027
Pharmacies and drug stores　医薬品店　159, 1048, 1051, 1053
Pharmacists　薬剤師　616
Philanthropy　慈善事業　580, 581, 582, 583, 584
Philippines. (See Foreign countries.)　フィリピン（「外国」を参照）
Phosphate rock　燐鉱　904, 905, 908, 1379
Photographic equipment and supplies　写真機と写真用品　1308
Physical activity　運動　212, 213
Physical sciences:　物理科学：
　Degrees conferred　学位授与数　301, 302, 303, 810, 814, 815
　Employees　被雇用者　616, 819
　Research & development expenditures　研究開発支出　802, 810
Physicians　医師　162, 164, 165
　Degrees conferred　学位授与数　304
　Employment　雇用　164, 165, 616
　Expenditures for　医師への支払い額　134, 136, 137, 138, 139, 140, 141
　Foreign countries　諸外国　1347
　International medical school graduates　外国の医科大学卒業者　164
　Medical schools, students and graduates　医学校（生徒数と卒業者数）学位授与数　304
　Offices　診療所　160, 161
　Osteopaths　接骨医　163
　Price index　価格指数　142, 727, 739
　Specialty and professional activity　専門および専門医活動　164
　State data　州のデータ　165
　Type of practice　業務内容　163, 164
　Visits to　来診患者数　166, 168, 169
Physics (see also Physical sciences):　物理学（「物理科学」も参照）：

Degrees conferred　学位授与数　815
　Enrollment　在籍者数　810
　Salary offers　初任給　298
Pig iron. (See Iron.)　銑鉄（「鉄」を参照）
Pigs. (See Hogs.)　豚（「豚」= Hogs を参照）
Pilchard. (See Sardines.)　まいわし（「イワシ」を参照）
Pipe smoking　パイプ（喫煙）　207
Pipeline, freight and mileage　パイプライン、輸送、全長　1068, 1125
Pipelines, transportation industry:　石油パイプライン：
　Capital　資本　781, 1125
　Earnings　賃金　632, 1063, 1066
　Employees　被雇用者数　632, 1063, 1065, 1066
　Establishments　事業所数　1063, 1066
　Finances　財務　1125
　Gross domestic product　国内総生産　670
　Output　生産高　1125
　Revenue　収入　1063
Pistachios　ピスタチオ　843, 864, 865
Pistols. (See Firearms.)　ピストル（「銃火器」を参照）
Plague　ペスト　184
Plants　栽培　1242
Plastic and rubber products manufacturing:　プラスチック・ゴム産業：
　Capital　資本　781
　Earnings　賃金　632, 1009, 1011, 1017
　Employees　被雇用者数　632, 1009, 1011, 1013, 1017
　Establishments　事業所数　1009
　Finances　財政　794
　Foreign trade　貿易　1312
　Gross domestic product　国内総生産　670, 1007
　Industrial production index　工業生産指数　789
　Inventories　在庫　1020
　Occupational safety　労働災害補償　660
　Prices　価格　737, 742, 743
　Productivity　生産性　641
　Profits　利益　794
　Research and development　研究開発　805
　Sales, shipments, receipts　売上、出荷、収入　1011, 1019, 1020
　Toxic chemical releases　有害物質の放出　382
Plastic surgeons　整形外科　164
Plastics　プラスチック　377, 378, 379
Platinum-group metals　プラチナ類（白金属）　737, 904, 905, 906, 909
Plums and prunes　プラムおよびプルーン　218, 864
Plural births　多胎出産　81
Plywood　合板　880, 881, 882, 888, 889, 892
Pneumonia and influenza　肺炎　117, 118, 119, 121, 122, 170, 179
Poland. (See Foreign countries.)　ポーランド（「外国」を参照）
Police. (See Law enforcement and Public safety.)　警察（「法的処分」および「公安」を参照）
Political action committees (PAC)　政治活動団体（PAC）　422, 423, 427
Political parties, organizations:　政党：
　Campaign finances　活動資金（選挙運動も含む）　425, 426, 427
　Congress, composition of　議会の政党別構成　412
　Congressional districts　選挙区　410
　Governors, by party affiliation　各州知事（政党党派別）　416
　State legislatures, composition of　州議会の構成（政党別）　418, 419, 420
　Volunteers　ボランティア　585
　Votes　得票数　402, 404, 405, 406, 407, 410, 417
Political science　政治学　815
Pollock　スケトウダラ　897, 900
Pollution:　汚染：
　Air　大気汚染　372, 373, 374, 375
　Hazardous waste sites　危険廃棄物所在地　384
　Industry　産業　382
　Motor vehicle emissions　自動車の汚染物質　374
　Oil spills　重油流出　386

索　引　961

Toxic releases　有害物質の放出　381, 382, 383
Wastewater treatment　下水処理　958
Poor, the. (See Income and Poverty.)　貧困者（「所得」「貧困」を参照）
Population (see also Birth, Death, Divorces, and Marriages):　人口（「出生」「死亡」「離婚」および「結婚」も参照）：
  Adopted children　養子　579
  Age:　年齢：
    American Indian, Alaska Native population　アメリカインディアン、アラスカ原住民族　10, 11, 12
    Asian population　アジア人　10, 11, 12
    Black, African American population　黒人、アフリカ系アメリカ人　10, 11, 12
    Distribution　年齢別人口構成　7, 9, 10, 11, 12, 16, 40
    Foreign born　外国生まれ　40, 41
    Hispanic or Latino origin population　ヒスパニック人口　10, 11, 12, 37
    Metropolitan areas　大都市地区　22
    Native Hawaiian, Other Pacific Islander population　ハワイ原住民、その他の太平洋諸島民　10, 11
    Race　人種別　7, 10, 11, 12
    School enrollment　学校在籍者　223, 224
    Sex　性別　7, 9, 34
    State　州別　16
    Voting-age population　有権者人口　399, 398
  American Indian, Alaska Native. (See American Indian, Alaska Native population.)　アメリカインディアン、エスキモー、アリュート（「アメリカインディアン、アラスカ原住民」を参照）
  Ancestry　家系　52
  Asian, Pacific Islander population. (See Asian, Pacific Islander population.)　アジア・太平洋諸島民（「アジア・太平洋諸島民人口」を参照）
  Asian population. (See Asian population.)　アジア人（「アジア人人口」を参照）
  Black. (See Black, African American population.)　黒人（「黒人、アフリカ系アメリカ人の人口」を参照）
  Cities　都市人口　27, 28
  Civilian　民間人口　2
  Coastal　沿岸部人口　25, 26
  Components of change　人口変化の要因　4, 5, 15, 21
  Continents　大陸別　1330
  Density　人口密度　1, 14, 1332
  Dependency ratio　従属人口指数　17
  Developed countries　先進国　1331
  Elderly　老齢者（65歳以上）　7, 9, 10, 11, 12, 16, 34, 72
  Ethnic origin　出生国別　52
  Fertility　特殊出生率　83
  Foreign born　外国生まれ人口　38, 39, 40, 41, 42, 228, 1333
  Foreign countries　諸外国の人口　1331, 1332, 1334
  Foster children　里子　579
  Group quarters　集団居住　74
  Hispanic origin. (See Hispanic or Latino origin population.)　ヒスパニック（「ヒスパニック人口」を参照）
  Households and/or families. (See Households or families.)　家計と家族、家計もしくは家庭（「世帯または家族」を参照）
  Immigrants　移民　38, 39, 40, 41, 42, 43, 44, 45, 48, 50, 51
  Island areas of the U.S.　合衆国の海外領土　1313, 1321
  Labor force. (See Labor force.)　労働力（「労働力人口と雇用および所得」を参照）
  Less developed countries　途上国　1331
  Life expectancy　余命　1339, 1340
  Marital status. (See Marital status of population.)　婚姻状況（「婚姻人口」を参照）
  Metropolitan areas　大都市地区　20, 21, 22, 23
  Migration　移動　4, 5, 21, 30, 31, 32, 33, 1333
  Mobility　人口移動　21, 30, 31, 32, 33
  Native Hawaiian, Other Pacific Islander population. (See Native Hawaiian, Other Pacific Islander population.)　ハワイ原住民、その他の太平洋諸島民（「ハワイ原住民およびその他太平洋諸島民人口」を参照）
  Nativity　本国生まれ　38, 40

  Obesity　肥満　211, 1342
  Place of birth　出生地　38
  Projections　予測　3, 4, 9, 12
  Race　人種別　5, 6, 10, 11, 12, 19
  Resident　居住人口　1, 2, 3, 4, 7, 13, 25
  Rural　地方　29
  Sex　性別　7, 9, 40
  States　州別データ　13, 14, 15, 16, 19
    American Indian, Alaska Native population　アメリカインディアン、アラスカ原住民　19
    Asian population　アジア系人口　19
    Black, African American population　黒人、アフリカ系アメリカ人　人口　19
    Density　人口密度　14
    Hispanic origin population　ヒスパニック人口　19
    Native Hawaiian, Other Pacific Islander population　ハワイ原住民、その他の太平洋諸島民　19
    Race　人種別　19
    Voting age　有権者　398, 399
  Total, including Armed Forces overseas　総人口（海外駐留軍人を含む）　2
  Urban　都市　29
  Veterans　退役軍人　522
  World　世界人口　1329, 1331, 1332, 1334
Pork (see also Meat and meat products):　豚肉（「食肉および食肉加工業」も参照）：
  Consumption　消費量　217, 869, 1377
  Foreign trade　輸出入　850, 869
  Prices　価格　727, 737
  Production　生産　869, 870, 1372, 1376
  Supply　供給　869
Portland cement　ポートランドセメント　904
Ports, U.S.　港（合衆国）　1086, 1087
Portugal. (See Foreign countries.)　ポルトガル（「外国」を参照）
Postal rates　郵便料金　1126
Postal Service　郵便事業　641, 1127
Potash (potassium salts)　カリ（カリウム塩）　904, 908, 909
Potatoes:　じゃがいも：
  Acreage　耕地面積　858, 862
  Consumption　消費量　218, 863
  Farm marketings, sales　農産物市場取引、売上　843
  Foreign trade　輸出入　863
  Prices　価格　733, 846, 858
  Production　生産　858, 862, 863
Poultry (see also Eggs):　家禽類（「鶏卵」も参照）：
  Consumer expenditures　消費者支出　686, 687
  Consumption　消費量　217, 869, 1372, 1377
  Farm marketings, sales　農産物市場、売上　842, 843
  Foreign trade　貿易　853, 854, 855, 869
  Number on farms　家禽農場数　877
  Organic　有機認定　833
  Prices　価格　727, 733, 737, 846, 877
  Production and sales　生産、売上　869, 877, 878, 1372, 1376
  Value　価値　877
Poverty:　貧困：
  Asian and Pacific Islander population　アジア人、太平洋諸島民　543, 711, 712, 715
  Asian population　アジア人　36, 543, 711, 712, 713, 715
  Black, African American population:　黒人、アフリカ系アメリカ人：
    Families　家族　36, 708, 709, 716
    Households　世帯　543
    Persons　貧困者人口　36, 711, 712, 713, 715
  Children　子供数　712, 713
  Families　貧困世帯数　36, 715, 716
    American Indian, Alaska Native population　アメリカインディアン、アラスカ原住民　36
    Asian and Pacific Islander population　アジア、太平洋諸島民　715
    Asian population　アジア人　36, 715, 716
    Black, African American population　黒人、アフリカ系アメリカ人　36, 715, 716
    Elderly　高齢者　698

Hispanic origin population　ヒスパニック　36, 37, 716
Housing　住宅　543, 962
Labor force　労働力人口　714, 716
Native Hawaiian, Other Pacific Islander population　ハワイ原住民、その他の太平洋諸島民　36
Foreign born　外国生まれ　40
Hispanic origin population:　ヒスパニック人口：
　Families　家族　36, 37, 716
　Households　世帯　543
　Persons　貧困者人口　36, 37, 711, 712, 713
Native Hawaiian, Other Pacific Islander population　ハワイ原住民、その他の太平洋諸島民　36
Persons　貧困者人口　708
　Age　年齢　713, 714
　American Indian, Alaska Native population　アメリカインディアン、アラスカ原住民族　36
　Asian population　アジア人　36
　Black, African American population　黒人、アフリカ系アメリカ人　36, 711, 712, 713, 715
　Children　子供　712, 713
　City　都市別　708
　Elderly　高齢者　34, 713
　Hispanic origin population　ヒスパニック　36, 37, 711, 712, 713
　Native Hawaiian and Other Pacific Islander population　ハワイ原住民、その他の太平洋諸島民　36
　State　州別　709
　Threshold　水準　710
Power (see also Electric light and power industry):　動力（「電力産業」も参照）：
　Electric　電気　945, 948, 949, 950, 952, 953
　Hydro　水力発電　954
　Nuclear　原子力発電　941, 1388
　Prices　価格　730, 737, 928
　Water (see hydroelectric power)　水力（「水力発電」も参照）　954
Power generation and supply industry　電力発電、供給産業　632, 641
Power plants. (See Electric light and power industry.)　発所電（「電力産業」を参照）
Precipitation, selected cities　降水量、主要都市別　395, 1390
Pregnancies, (see also Births and birth rates)　妊娠（「出生」および「出生率」も参照）　100, 169
　Teen pregnancies　10代の妊娠　80, 84, 85, 86, 89
Prescription drugs　処方薬の使用　134, 136, 137, 138, 139, 140, 141, 142, 159, 727
Presidents, U.S., elections for　大統領　398, 402, 403, 404, 405, 406
　Campaign finances　選挙キャンペーン資金　424, 425
Prices (see also individual commodities):　物価（個々の商品も参照）：
　Bonds　債券　1207
　Electricity　電気料金　730, 928, 947, 951
　Energy　エネルギー　927
　Fish　魚類　896
　Food　食品　732, 733
　Foreign countries　諸外国　1356, 1357, 1358
　Fuel　燃料　730
　Gas　ガス　731
　Housing　住宅　729, 975, 976, 977, 978, 980
　Indexes:　物価指数：
　　Airline cost　航空輸送コスト　1074
　　Construction materials　建設資材　962
　　Consumer price　消費者物価　725, 727, 1356
　　Foreign countries　諸外国　1356, 1358
　　Medical care　医療費　142
　　Metropolitan areas　大都市地区　726, 728
　　Exports　輸出価格指数　740, 742
　　Futures price index　先物価格指数　735
　　Gross domestic product　国内総生産　740
　　Housing price index　住宅価格指数　729
　　Imports　輸入価格指数　740, 743
　　Producer prices　生産者物価　724, 734, 737, 738

Construction materials　建設資材　962
Stage-of-processing　加工段階　734
Timber　木材製品　892
Purchasing power of the dollar　ドルの購買力　724
Received by farmers　農家収入　846
School expenditures　学校支出　290
Spot market price　スポット市場取引価格　736
Tourism commodities　観光商品　1265
Living abroad　海外生計費　1358
Lumber and stumpage　丸太と立木　891
Mineral products (see also individual minerals)　鉱産物（個々の鉱物も参照）　905
Received by farmers:　農場価格：
　Crops　作物　858
　Indexes　物価指数　846
　Livestock and products, poultry　家畜および乳製品、家禽　870, 877
Stocks　株価　1207
Primary metal manufacturing:　一次金属工業：
　Capital　資本　781
　Earnings　賃金　632, 1009, 1011, 1017
　Employees　被雇用者数　632, 1009, 1011, 1013, 1017
　Establishments　事業所数　1009
　Finance　財政　794, 1030
　Foreign trade　貿易　1030, 1312
　Gross domestic product　国内総生産　670, 1007
　Industrial production index　工業生産指数　789
　Occupational safety　労働災害補償　660
　Productivity　生産性　641
　Profits　利益　792, 794
　Research and development　研究開発　805
　Shipments　出荷　1011, 1019, 1020
　Toxic chemical releases　有害化学物質の放出　382
Printing and related support activities. (See Publishing industry.)　印刷関連産業（「出版業」を参照）
Prisons and prisoners (see also Correctional institutions)　刑務所、囚人数（「矯正施設」も参照）　347, 348, 350, 351, 352, 353, 1317
　Death sentences　死刑　351, 352, 353
　Executions　死刑執行　352, 353
　Expenditures　支出　451, 454
　Per capita　1人当たり　345
　Inmate characteristics　収監者の諸特徴　348
Probation　保護監察　348
Producer price indexes　生産者物価指数　734, 737, 738
　Construction materials　建設資材　962
　Stage-of-processing　加工段階別　734
　Timber　材木　892
Productivity (see also individual industries):　生産性（個々の産業も参照）：
　Capacity utilization　製造能力　790
　Farm output　農場生産指数　857
　Labor　労働　641, 642, 1353, 1354, 1355
　Mining industries　採掘業　920
Professional and business services:　専門、経営サービス：
　Earnings　所得　632, 644
　Employees　被雇用者　631, 632, 1275
　Hires and separations　雇用と退職　637
Professional, scientific and technical services:　専門、科学、技術サービス：
　Capital　資本　781, 783, 785
　Earnings　所得　630, 632, 756, 759, 760, 769, 770, 771, 772, 773, 774, 775, 1272, 1277
　E-commerce　e-コマース　1278
　Employees　被雇用者　630, 632, 756, 759, 760, 769, 770, 771, 772, 773, 774, 775, 1272, 1273, 1274, 1275, 1276
　Equipment and software expenditures　設備、コンピュータソフトウェア支出　783
　Establishments　事業所数　756, 757, 759, 1272, 1273, 1276
　Finances　財政　746, 749
　Gross domestic product　国内総生産　670

索　引　963

Hours 時間 630
Multinational companies 多国籍企業 796, 797, 798
Nonemployers 非雇用事業所 757, 1273
Occupational safety 労働災害補償 660
Profits 利潤 793
Sales, receipts 売上、収入 746, 749, 754, 755, 756, 757, 769, 770, 771, 772, 773, 774, 775, 1272, 1273, 1277
Profits 利潤 753, 1057, 1178, 1179, 1219, 1222
   Corporations 株式会社 674, 744, 791, 792, 793, 794, 1022
   Partnerships and proprietorships 合資会社と個人企業 744, 747, 748
Projections: 予測：
   Births 出生数 1339
   College enrollment 大学在籍者数 219, 221
   Deaths 死亡 1339
   Degrees conferred 学位授与数 221
   Employment 雇用 618, 621
   Energy エネルギー 926
   High school graduates 高校卒業生 221
   Island areas 海外領土 1313
   Labor force 労働力 587, 618, 621
   Life expectancy 平均余命 104, 1339
   Population 人口 3, 9, 12, 1313, 1329, 1330, 1331, 1332
   School enrollment 学校在籍者数 219, 221
   Teachers 教員 221
Propane プロパン 876
Property and casualty insurance 損害保険および災害保険 1201, 1215, 1222
   Fire losses 火災損失額 354, 356, 357
Property crime 財産犯罪 306, 307, 308, 309, 320, 321
Property tax 財産税、固定資産税 436, 451
   Rates, selected cities 財産税率 448
   State and local government 州・地方政府 435, 436
Proprietors' income 経営者所得 678
Proprietorships 個人企業 744, 746, 747
Propylene プロピレン 911
Protective service workers. (See Public safety.) 警備サービス従事者（「公安」を参照）
Protein, available for consumption 消費可能なたんぱく質 216
Protestants. (See Religions.) プロテスタント（「宗教」を参照）
Psychiatric care and institutions. (See Mental hospitals.) 精神病治療と施設（「精神病院」を参照）
Psychology: 心理学：
   Degrees conferred 学位授与数 301, 302, 303, 814, 815
   Employment 雇用 616
   Enrollment 在籍者数 810
   Research, U.S. government obligations for 連邦政府の研究助成 802
Psychotherapeutic drugs, nonmedical use 精神病治療薬、医療外使用 207
Public administration. (See Government.) 行政（「政府」を参照）
Public aid, assistance: 公的扶助
   Benefits paid 支給額 538, 564
   Federal aid to state and local governments 州・地方政府に対する連邦政府補助金 432, 433, 434
   Federal expenditures 連邦政府の公的扶助支出 135, 136, 138, 139, 147, 151, 152, 565, 566
   Homeless ホームレス 575
   Means-tested 公的扶助の家計調査 543
   Program participation of household 世帯の公的扶助プログラム参加 543
   Recipients 受給者 542, 564, 565, 566
Public domain. (See Public lands.) 公的地所（「官有地」を参照）
Public housing 公有住宅（低所得者住宅援助）434, 546, 575
Public lands (see also Forests): 官有地（「森林」も参照）：
   Area 面積 367, 369, 884, 1254, 1255
   Leases, permits, licenses リース、使用許可、ライセンス 914
   National forests 国有林 884
   National park system 国立公園システム 1252, 1254, 1255
   Ownership 所有者 884
   Recreation レクリエーション 1252, 1254, 1255

States 州 1253
Public officials, prosecutions 政治汚職に対する連邦起訴 338
Public roads. (See Highways.) 公道（「幹線道路」を参照）
Public safety (see also Law enforcement): 公安（「法的処分」も参照）：
   Employment 雇用 616
      City government 市政府 467
      Fire protection 消防 355, 462, 465
      Police protection and correction 警察治安および矯正施設 462, 465
   Expenditures: 支出：
      City government 市政府 458
      Construction, value 建設 964, 965
      County government 郡政府 460
      Local government 地方政府 456
      State and local government 州・地方政府 435, 471
      State government 州政府 451, 454
   Volunteers ボランティア 585
Public schools. (See Education.) 公立学校（「教育」を参照）
Public transportation 公営交通機関指数 686, 687, 727
Public utilities 公共福祉 924, 955, 956, 958, 959, 960
Publishing. (see also Books, Newspapers, and Printing.): 出版（「書籍」「新聞」「印刷」を参照）：
   Books 書籍 737, 1128, 1129, 1134
   Newspapers 新聞 1128, 1129, 1134, 1135, 1136
   Periodicals 定期刊行物 1128, 1129, 1134
   Directory and mailing list 名簿 1128, 1129, 1134
Publishing industry: 出版業：
   Capital 資本 781
   Earnings 所得 632, 756, 1128, 1130
   Employees 被雇用者 632, 756, 1128, 1130
   Establishments 事業所 756, 1128, 1130
   Finances 財政 794, 1129
   Gross domestic product 国内総生産 670, 1007
   Industrial production index 工業生産指数 789
   Profit 利益 794
   Receipts, revenue 収入、歳入 756, 1129, 1130
Puerto Rican population (see also Hispanic origin population): プエルトリコ人の人口（「ヒスパニック人口」も参照）
   Agriculture 農業 1326, 1327
   Births 出生、出生率 79, 86, 1315
   Deaths 死亡 113, 116, 123, 1315
   Educational attainment 教育水準 230
   Households 世帯 1319, 1320
   Labor force 労働力 564, 593
   Population 人口 37, 1281, 1314
   Summary 概要 1321
   Tenure 保有 1319
Puerto Rico. (See Island areas of the U.S.) プエルトリコ（「合衆国の海外領土」を参照）
Pulmonary diseases (see also Respiratory diseases) 肺疾患（「呼吸器疾患」も参照）117, 118, 119, 120, 121, 123, 179, 184
Pulp manufacturing パルプ製造業 880, 881, 882
Pulpwood パルプ材 887, 888, 889, 893
Pulses 豆類 218
Pumice and pumicite 軽石 904, 905
Purchasing power of the dollar ドルの購買力 724
Pyrites 黄鉄鉱 906

Q

Qatar. (See Foreign countries.) カタール（「外国」を参照）
Quarries. (See Mining industries.) 採石場（「鉱業」を参照）
Quicksilver (mercury) 水銀 904, 905

R

Rabies 狂犬病 184
Race (See individual race categories.) 人種（「人種」を参照）
Racquetball ラケットボール 1249

Radio advertising expenditures ラジオ放送 1279
Radio broadcasting industry (see also Broadcasting, and Telecommunications): ラジオ産業（「放送」「遠隔通信」も参照）：
　　Earnings 所得 632, 1128, 1130
　　Employees 雇用者数 632, 1128, 1130
　　Establishments 事業所数 1128, 1130
　　Finances 財務 1129, 1141
　　Productivity 生産性 641
　　Revenue 収入 1129, 1130, 1141
　　Stations 放送局数 1132
Radiologists 放射線科 164
Radios ラジオ 1132, 1133
Rail transportation industry (see also Railroads): 鉄道輸送産業（「鉄道」も参照）：
　　Capital 資本 781
　　Earnings 所得 632, 1122
　　Employees 雇用者数 632, 1065, 1122
　　Finances 財政 1122
　　Gross domestic product 国内総生産 670
Railroad employees' retirement funds 鉄道職員退職年金基金 538, 540
Railroads: 鉄道：
　　AMTRAK 全米鉄道旅客輸送公社 929, 1122
　　Carloadings, by commodity 商品輸送量 1123, 1124
　　Energy consumption エネルギー消費 929
　　Equipment in service 営業車両数 1122
　　Freight traffic 貨物輸送 1122, 1123, 1124
　　Mileage owned and operated 路線総マイル数 1122
　　Occupational safety 労働災害補償 1070, 1122
　　Passenger traffic and revenue 旅客輸送および収入 1122, 1270
　　Vehicles 自動車 1069
Rainfall, selected cities 降雨量 1390
Raisins 干しぶどう 843
Rankings: 順位：
　　Airport traffic 主要空港 1075, 1269
　　Cities: 都市：
　　　　Population 人口 27
　　　　Residential property tax 居住財産税率 448
　　Countries: 国：
　　　　Agricultural exports and imports 農産物輸出入 1374
　　　　Consumption of beef, pork, poultry 牛肉、豚肉、家禽肉の消費量 1377
　　　　Population 人口 1332
　　Federal R&D obligations to higher education 高等教育に対する連邦助成金 809
　　Sports participation スポーツ活動 1248, 1249
　　State: 州：
　　　　Domestic travel expenditures 国内旅行支出 1263
　　　　Exports 輸出 1305
　　　　Farm marketings 農産物市場取引 845
　　　　Foreign trade 貿易 1305
　　　　Government finances 政府財政 452
　　　　Personal income per capita 1人あたり個人所得 681
　　　　Population 人口 14
　　　　Public elementary/secondary school finances 公立小中高校財政 262
Rape, forcible 強姦 306, 307, 308, 309, 314, 315, 316, 317
Raspberries ラズベリー 864
Raw materials. (See Crude materials.) 未加工材料（「粗原料」を参照）
Reading (see also Books, and Libraries) 読書（「書籍」「図書館」も参照） 686, 687, 1233, 1240
　　Literacy 読み書き 234, 1371
Real estate (see also Housing) 不動産（住宅を参照） 718
Real estate and rental and leasing industry: 不動産業：
　　Capital 資本 781, 783, 785
　　Earnings 所得 630, 632, 643, 756, 759, 769, 770, 771, 772, 773, 774, 775, 1163, 1226
　　Employees 被雇用者数 616, 630, 632, 756, 759, 769, 770, 771, 772, 773, 774, 775, 1163, 1226

Equipment and software expenditures 設備、コンピュータソフトウェア支出 783
　　Establishments 事業所数 756, 757, 759, 1163, 1225, 1226
　　Finances 財政 746, 749
　　Gross domestic product 国内総生産 670, 672, 1162
　　Hires and separations 雇用と離職 637
　　Hours 時間 630
　　Nonemployers 非雇用事業所 757, 1225
　　Productivity 生産性 641
　　Receipts 収益 746, 749, 754, 755, 756, 757, 769, 770, 771, 772, 773, 774, 775, 1163, 1225, 1226
Real estate investment trust (REITs) 不動産投資信託 1166, 1167, 1192
Receipts (see also Tax receipts, and individual industries): 収入（「課税収入」および個々の産業も参照）：
　　American Indian and Alaska Native-owned businesses アメリカインディアン、アラスカ原住民所有企業 775
　　Asian-owned businesses アジア系所有企業 773
　　Black-owned businesses 黒人所有企業 772
　　Corporations, partnerships, and proprietorships 株式会社、共同経営および個人経営 744, 745, 746, 747, 748, 749, 753, 754, 755
　　Hispanic- or Latino-owned businesses ヒスパニック、ラテン系所有企業 771
　　International transportation 国際輸送 1286
　　Minority-owned businesses 少数民族所有企業 770
　　Native Hawaiian and Other Pacific Islander-owned businesses ハワイ原住民、その他の太平洋諸島民所有企業 768, 769
　　Revenue: 歳入：
　　　　Local governments 地方政府 436, 455
　　　　City governments 市政府 457
　　　　County governments 郡政府 459
　　　　State and local governments combined 州・地方政府の連合 435, 442
　　　　State governments 州政府 436, 444, 451, 452
　　　　Tax collections 税収 453
　　　　United States government 合衆国政府 436, 469, 475, 480
　　　　Women-owned businesses 女性所有の企業 769
Recreation (see also Arts, recreation, and travel, and Sports): レクリエーション（「芸術、レクリエーションおよび旅行」および「スポーツ」も参照）：
　　Activities 活動状況 212, 1234, 1238, 1239, 1240, 1242, 1243, 1249, 1252, 1253
　　Art 芸術 1237, 1238
　　Building construction, value 建設総額 966
　　Consumer expenditures 消費者支出 1232, 1250, 1251
　　Consumer price indexes 消費者物価指数 727, 739
　　Employment and expenditures, government 雇用と支出（政府） 473
　　　　All governments 州・地方政府 458, 462, 465
　　　　County governments 郡政府 460
　　Leisure レジャー 1239, 1240
　　Parks: 公園：
　　　　Government expenditures 政府の資本支出 435, 437
　　　　Visits 入園者数 1252, 1253, 1254, 1255
　　Performing arts 上演芸術 1234
　　Travel 旅行者数 1263, 1267, 1268, 1269, 1270
　　Volunteers ボランティア 575
　　Wildlife 野生生物 1256, 1257
Recreational vehicles (RVs) レクリエーション用乗用車（トレーラー、キャンピングカー等） 1243, 1250
RV parks and recreational camps RVパーク、レクリエーションキャンプ 632, 1274, 1281
Recycling waste 資源再利用 377, 378, 379, 381
Refrigerators and refrigeration equipment 冷蔵庫および冷蔵装置 1041
Refinery production 精製生産 911
Refugees 難民 44, 48, 49, 51
Refuse collection ゴミ収集 727
Religions 宗教 75, 76, 77
　　After-school activities 放課後の活動 252
　　Charitable contributions 慈善寄付 583
　　Hate crimes 憎悪犯罪 322, 323

Philanthropy 慈善事業 580, 583
Theology degrees 神学学位 304
Religious building construction 宗教関連ビルの建設 1006
Religious, grantmaking, civic, professional organizations: 宗教の助成金、市民団体、専門職団体：
Employees 雇用者 756, 1274
Establishments 事業所 756, 1274
Revenues 収入 756, 1284
Schools 学校 247
Volunteers ボランティア 585
Religious identification 宗教の帰属 75
Renewable energy. (See Energy.) 再利用可能なエネルギー（「エネルギー需給」を参照）
Rental and leasing services: レンタル・リース業：
Capital 資本 781
Earnings 所得 1163, 1226
Electronic commerce e-コマース 1278
Employees 雇用者 1163, 1226
Establishments 事業所 1163, 1226, 1274
Revenues 収入 1163, 1227, 1278
Renters' insurance 賃貸者住宅保険 1224
Rents 家賃 727, 997
Repair services. (See Automobile repair and maintenance service.) 修理サービス（「自動車修理、維持サービス」を参照）
Representatives, U.S. (See Congress, U.S.) 下院議員（「合衆国議会」を参照）
Research and development: 研究開発：
Employment 雇用 820, 1275
Expenditures: 研究開発支出：
College and universities 大学における研究開発 799, 801, 808, 1401
Federal 連邦政府 799, 800, 801, 802, 803, 804, 809, 1401
Foreign countries 外国 800, 1401
Industry 産業別 799, 801, 805, 806, 1401
Manufacturing 製造業別 780
National defense 国防関連 799, 1401
Nonprofit 非営利団体 799, 801
Space related 航空宇宙関連 799, 803
State 州 807
Residential buildings. (See Construction industry, and Housing and housing units.) 居住用建物（「建設産業」および「住宅供給および住宅ユニット」を参照）
Residential capital 住宅資本 1005
Residential energy 住宅および家庭用エネルギー 737, 928, 930, 931, 932, 934, 947, 950, 951, 952, 955
Respiratory conditions (see also Pulmonary diseases) 呼吸器疾患 118, 119, 193, 198
Restaurants. (See Food services and drinking places.) レストラン（「料理店、喫茶店」を参照）
Retail trade: 小売業：
Capital expenditures 資本消費 781, 783, 785
Earnings 所得 630, 632, 643, 756, 759, 760, 769, 770, 771, 772, 773, 774, 775, 1047, 1050, 1328
Employees 被雇用者数 620, 630, 632, 756, 759, 760, 769, 770, 771, 772, 773, 774, 775, 1042, 1047, 1050, 1266, 1322, 1328
Equipment and software expenditures 設備、コンピュータソフトウェア支出 783
Establishments 事業所数 756, 757, 759, 1042, 1047, 1049, 1322, 1328
Finances 財務 746, 749, 794, 1190
Foreign investments in the U.S. 外国人の直接投資 1292
Gross domestic product 国内総生産 670, 672
Hires and separations 雇用と離職 637
Hours 時間 630, 1050
Inventories 在庫 788, 1054
Multinational companies 多国籍企業 796, 797
Nonemployers 非雇用事業所 757, 1049
Occupational safety 労働災害補償 660
Productivity 生産性 641
Profits 利益 794
Sales 売上、収益 746, 749, 754, 755, 756, 757, 769, 770, 771, 772, 773, 774, 775, 1042, 1047, 1049, 1051, 1052, 1054, 1059, 1266, 1328
Retirement systems: 退職年金制度：
Benefits paid 給付金支払い額 538, 548
Civil service 公務員 548, 549, 1217
Defined benefit retirement plans 確定拠出型退職プラン 553, 1216
Defined contribution plans 確定拠出型プラン 1216
Federal government 連邦政府 548, 549, 1166, 1216, 1217
Government transfer payments 政府移転支出 539, 540, 541
Military retirement system 軍人退役の制度 512
Old-age, survivors, disability, and health insurance. (See Social insurance.) 老齢・遺族・障害・健康保険（「社会保険」を参照）
Pension plans 年金プラン 538, 548, 552, 1216, 1217
Public employees 公務員 538, 548
Railroad 鉄道員 1217
Social security trust funds 社会保険信託基金 547
State and local government 州および地方政府 443, 451, 1216, 1217
Reunion. (See Foreign countries.) 併合（「外国」を参照）
Revolvers. (See Firearms.) リボルバー（「銃火器」を参照）
Rhode Island. (See State data.) ロードアイランド（「州のデータ」を参照）
Rice: 米：
Acreage 面積 1372
Consumption 消費量 217, 1372
Farm marketings, sales 農産物売買 843
Foreign trade 貿易 848, 852
Prices 価格 733, 737
Production 生産量 852, 1372, 1373
Rifles (NCAA) ライフル射撃（NCAAスポーツ） 1247
Rivers 河川・運河・港湾等 365, 1084
Roads, public. (See Highways.) 公道（「幹線道路」を参照）
Roadway congestion 道路混雑状況 1099
Robbery 強盗 306, 307, 308, 309, 315, 316, 317, 321
Rodeos ロデオ 1246
Roller skating ローラースケート 1249
Romania. (See Foreign countries.) ルーマニア（「外国」を参照）
Roth IRAs ロスIRA 554, 555, 556, 1216
Rowing 漕艇競技 1247
Rubber, crude natural 天然ゴム 848, 850
Rubber products ゴム製品 737, 1308
Rugs 敷物 737, 1025
Running/jogging ランニング／ジョギング 1249
Rural population 地方人口（「人口」を参照） 29
Russell, stock index ラッセル指数 1207
Russia. (See Foreign countries.) ロシア（「外国」を参照）
Rwanda. (See Foreign countries.) ルワンダ（「外国」を参照）

S

Safety and security measures 安全および警備対策 250, 660, 902
Sailing ギンダラ 1249
Saint Kitts and Nevis. (See Foreign countries.) セント・キッツ・アンド・ネビス（「外国」を参照）
Saint Lucia. (See Foreign countries.) セント・ルシア（「外国」を参照）
Saint Vincent and the Grenadines. (See Foreign countries.) セントビンセントおよびグレナディーン諸島（「外国」を参照）
Salad and cooking oils, consumption サラダオイル、調理用オイル（消費量） 217
Salaries and wages. (See Earnings.) 給与賃金（「所得・収益」を参照）
Sales. (See individual commodities and industries.) 売上高（個々の商品および産業を参照）
Salesworkers セールスマン 616, 626, 634, 642
Salmon サケ 897, 899, 900
Salmonellosis サルモネラ病 184
Salt (common), production/value 塩（生産／価額） 904, 905, 1379
Samoa. (See Foreign countries.) サモア（「外国」を参照）
Samoa, American. (See Island areas of the U.S.) 米領サモア

（「合衆国の海外領土」を参照）
Samoan population　サモア人人口　1313
San Marino. (See Foreign countries.)　サンマリノ（「外国」を参照）
Sand and gravel industry (see also Mining industry)　砂、砂利産業（「鉱業」も参照）　737, 904
Sanitation. (See Health and Sewage treatment.)　衛生設備（「保健」「下水道」を参照）
Sao Tome and Principe. (See Foreign countries.)　サントーメ・プリンシペ（「外国」を参照）
Sardines　イワシ　900
Saudi Arabia. (See Foreign countries.)　サウジアラビア（「外国」を参照）
Savings:　貯蓄：
  Credit unions　信用組合　1183
  Deposits　銀行預金　675, 1169
  Gross savings, sources and uses　総預金額、源泉別および投資額　674
  Personal　個人貯蓄　674, 678
  Rates　率　1363
Savings banks. (See Savings institutions.)　貯蓄銀行（「貯蓄機関」を参照）
Savings bonds　貯蓄債券　478, 1170
Savings institutions:　貯蓄機関：
  Consumer credit　消費者信用　1191
  Debt held by families　世帯の負債　1173
  Earnings　所得　1165
  Employees　被雇用者　1165
  Establishments　事業所　1165, 1177
  Finances　財務　1166, 1167, 1176, 1179, 1192, 1196
  Individual Retirement Accounts (IRAs)　個人退職預金勘定　1216
  Service charges　サービス手数料　677
Saw logs　木材　888, 892
Saw mills　製材　880, 881, 882
Scallops　帆立貝　897, 899
Scenic and sightseeing transportation industry　観光輸送業　632, 1063, 1065, 1066
SCHIP (See Children's Health Insurance Program.)　SCHIP（「州の子供健康保険プログラム」を参照）
Scholastic Assessment Test (SAT)　統一学力テスト　267
Schools (see also Education):　学校（「教育」も参照）：
  After-school activities　放課後の活動　252
  Alternative　代替校　244, 263
  Boards, elected officials　教育委員会、選出委員　421
  Bullying　いじめ　251
  Charter schools　チャーター・スクール　239, 263
  Choice　選択　238
  Computer use　コンピュータ利用　264
  Districts　学校区　242, 429
  Dress code　服装規定　250
  Drug testing　薬物検査　250
  Fundraising　募金活動　252
  Homeschooling　ホームスクール　240
  Libraries　図書館　264, 265
  Lunch programs　給食プログラム　263, 570
  Magnet schools　マグネットスクール　263
  Number　学校数　241, 265, 278, 280
  Parent participation　保護者の参加　252
  Parent Teacher Association (PTA)　PTA　252
  Parent Teacher Organization (PTO)　PTO　252
  Safety and security　安全および警備　250
  Special education　特殊教育　189, 190, 244, 263
  Types　種類　239, 241, 244, 263
  Vocational　職業教育　244, 263
  Volunteers　ボランティア　252
  Weapons　火器　249
Science, literacy　科学の能力　1371
Scientific instruments. (See Instruments.)　科学器具（「器具」を参照）
Scientific research. (See Research and development.)　科学研究（「研究開発」を参照）

Scientists and engineers (see also individual fields):　科学者、技術者（個々の分野も参照）
  Characteristics　特徴　816
  Degrees conferred　学位授与数　301, 302, 303, 811, 812, 813, 814, 815
  Employment　雇用　616, 817, 819, 820
  Non U.S. citizens　外国人　811, 814, 816
  Occupation　産業部門別　800, 812, 817
Scrap metal. (See individual commodities.)　スクラップ金属（個々の商品も参照）
Scuba diving　スキューバ・ダイビング　1249, 1250
Seafood　シーフード（海産物）　897, 899, 900
Securities:　有価証券：
  Brokerage charges　ブローカー手数料　677
  Foreign holdings　外国所有　1168, 1206, 1286, 1289, 1397
  Foreign purchases and sales　諸外国による購入、取引　1203, 1205, 1394, 1395, 1397
  Government　政府　440, 750, 751, 1168, 1199, 1205, 1206
  Held by life insurance　生命保険会社所有株　1221
  Holdings of banks　銀行所有　750, 751, 1177
  Holdings of individuals and businesses　個人および事業所所有　1169
  New issues　新規発行高　1199, 1202
  Prices, indexes, yields, and issues　価格・指数・利息および発行高　1198, 1207, 1208, 1395
  Sales, stocks and bonds　販売額（株式および債券）　1199, 1203, 1205, 1394, 1395, 1397
  Savings of individuals　個人の貯蓄額　675
  State and local government　州および地方政府　440, 722, 750, 751, 1199
Securities, commodity contracts, and investments (industry):　証券、商品取引および投資：
  Capital　資本　781
  Earnings　所得　632, 1163, 1165
  Electronic commerce　e-コマース　1278
  Employees　被雇用者数　632, 1163, 1165
  Establishments　事業所数　1163, 1164, 1165
  Finances　財務　1166, 1218, 1219
  Gross domestic product　国内総生産　1162
  Nonemployers　非雇用　1164
  Profits　利潤　1219
  Receipts　収入　1163, 1164
Sedatives, persons using　鎮痛剤、常用者　207
Seeds　種子　841
Selenium, dietary　セレニウム、鉱物　216
Self-employed　自営業　605, 606, 817
Semiconductors (see also Computer and electronic product components)　半導体（「コンピュータ、電子部品」も参照）　818, 1031, 1310
Senators, U.S.　上院議員、米国　407, 412, 413
Senegal. (See Foreign countries.)　セネガル（「外国」を参照）
Septicemia　敗血症　117, 118, 119, 120, 121, 122
Serbia. (See Foreign countries.)　セルビア（「外国」を参照）
Service industries (see also specific sectors):　サービス業（特定部門も参照）：
  Capital　資本　781, 783
  Earnings　所得　632, 643, 644, 769, 770, 771, 772, 773, 774, 775, 1272, 1274, 1328
  Electronic commerce　e-コマース　1278
  Employees　被雇用者数　162, 620, 631, 632, 769, 770, 771, 772, 773, 774, 775, 1272, 1274, 1322, 1328
  Equipment and software expenditures　設備、コンピュータソフトウェア支出　783
  Establishments　事業所数　1322, 1328
  Finances　財務　756, 757, 759
  Foreign trade　貿易　1286, 1288, 1300
  Gross domestic product　国内総生産　672, 1323
  Industry　工業　756
  Multinational companies　多国籍企業　796, 797
  Occupational safety　労働災害補償　657, 660
  Price indexes　物価指数　725
  Productivity　生産性　641
  Profits　利潤　744, 793

索　引　967

Sales or receipts　売上、収益　756, 757, 769, 770, 771, 772, 773, 774, 775, 1272, 1273, 1328
Service occupations：　サービス職：
　Benefits　給付　655
　Earnings　所得　648, 650
　Employment　雇用　616, 617, 618, 1275
　Unemployment　失業者　626
　Union membership　組合員数　665
Service stations. (See Gasoline service stations.)　サービスステーション（「ガソリンスタンド」を参照）
Service workers. (See Service industries, and Service occupations.)　サービス業従事者（「サービス業」および「サービス職」を参照）
Sewage treatment systems　下水道設備　923, 924, 958
　Construction　建設　438
　Expenditures　歳出　435, 436, 437, 438
　Prices　支出　727
　Residences　住宅　988, 992
Sexual activity　性的活動　95, 96
Sexual assault. (See Rape and assault.)　性的暴行（「レイプ」および「暴行」を参照）
Sexual identity　性認識　97
Seychelles. (See Foreign countries.)　セイシェル（「外国」を参照）
Shale gas　シェールガス　918
Sheep and lambs　羊と小羊　843, 869, 870
Shellfish：　魚貝類：
　Canned, quantity and value　缶詰、生産量と生産高　900
　Catch, quantity and value　漁獲（水揚げ量および水揚げ高）　897
　Consumption　消費量　217
　Prices　価格　737
　Sales　売上　898
Shelters, homeless (see also Consumer price indexes, and Housing and housing units)　住居（「消費者物価指数」「住宅供給および住宅ユニット」も参照）　575, 725, 727
Shigellosis　シゲラ病　184
Shipments, manufacturers' (see also individual industries or products)　造船・修理業　1011, 1012, 1020, 1021
Shipping. (See Waterborne commerce)　出荷（製造業の）（個々の産業および製品も参照）
Ships　船舶　737, 1260
Shoe stores　靴店　632, 641, 1051
Shoes. (See Footwear.)　靴（「履物」を参照）
Shoplifting　万引き　321
Shortening　ショートニング　217, 733, 737
Shoreline　沿岸線　360, 364
Shrimp　小エビ　897, 899, 900
Sickness. (See Illness.)　病気
Sierra Leone. (See Foreign countries.)　シエラレオネ（「外国」を参照）
Silicon　シリコン　904
Silver　銀　904, 908, 909, 914
　Consumption　消費量　905
　Employment　雇用　870
　Foreign trade　輸出入　905, 909
　Prices　価格　905, 906
　Production and value　生産量、生産額　905, 908, 914
　World production　世界の生産　908
Silverware. (See Jewelry.)　銀器（「宝石」を参照）
Singapore. (See Foreign countries.)　シンガポール（「外国」を参照）
Single-parent households　片親世帯　59, 64, 65, 66, 67, 1335, 1337, 1338
Single persons. (See Marital status.)　独身者（「婚姻状況」を参照）
Sinusitis　副鼻腔炎　198
Skateboarding　スケートボード　1249
Skiing　スキー　1243, 1247, 1249, 1250
Skins. (See Hides, etc.)　皮膚（「皮革」を参照）
Slaughtering and meat-packing industry. (See Meat and meat products.)　屠殺、精肉業（「食肉および食肉加工業」を参照）
Sleep　睡眠　195
Slovakia. (See Foreign countries.)　スロバキア（「外国」を参照）
Slovenia. (See Foreign countries.)　スロベニア（「外国」を参照）
Small business：　中小企業管理局：
　Employees　従業員　760, 761, 762, 765
　Firms　農場　761, 762, 765, 760
　Loans　融資　767
　Payroll　給与　760, 761, 762
Smart cards　スマートカード　1185
Smoking　喫煙　204, 205, 207
Snow and ice pellets, selected cities　降雪量、降氷量　395
Snowboarding　スノーボード　1249
Snowmobiles　スノーモービル　1250
Soap　石鹸　737
Soccer　サッカー　1246, 1247, 1248, 1249
Social assistance industry：　社会援助産業：
　Capital　資本　781
　Earnings　賃金　632, 756
　Employees　雇用者数　632, 756
　Establishments　事業所数　577, 756
　Gross domestic product　国内総生産　670
　Nonemployers　自営業者　577
　Receipts　収入　160, 576, 577, 756
Social insurance (see also Medicare, Retirement systems, and Social Security)：　社会保険（「メディケア」「退職年金制度」「社会保障」も参照）：
　Employment covered　適用者　544
　Expenditures　公的支出、給付額　539, 540, 541
　Foreign countries　諸外国　1364
　Government insurance trust funds　政府の保険信託歳入、歳出　436
　　Federal receipts and expenditures　連邦政府収支　547
　　State and local receipts, expenditures　州および地方政府財政　435, 451, 550
　Government transfer payments　政府移転支出　539, 540, 541
　Individual programs：　社会保険の種類別：
　　Beneficiaries and benefits　受給者と給付金額　545, 546
　　Coverage　適用範囲　544, 550
　　Federal retirement insurance　公務員退職保険　549, 1166, 1217
　　Old-age, survivors, disability, and health insurance：　老齢・遺族・障害・健康保険：
　　　Contributions　保険料所得　547
　　　Coverage, workers and earnings　適用を受ける労働者数と所得　544
　　　Payments　給付額　540, 545, 546, 547
　　　Tax collections　徴税　480
　　　Trust funds　信託基金　547
　　Railroad insurance　鉄道員保険　540
　　State and local government retirement systems　州および地方政府の退職保険　550, 1166, 1217
　　　Trust funds　信託基金　1217
　　Unemployment insurance (federal and State)　失業保険（連邦および州政府）　539, 540, 541, 558, 559
　　Workers' compensation　労働者に対する補償　135, 138, 540, 561, 562
Social sciences：　社会科学：
　Degrees conferred　学位授与数　301, 302, 303, 810, 814, 815
　Employment　雇用　616, 817, 819
　Enrollment　被雇用者数　810
　Research & development　研究開発　802, 808
　Salary offers　初任給　298, 819
Social Security Trust Funds (see also Social insurance)：　社会保障（老齢・遺族・障害・健康保険）（「社会保険」も参照）：
　Beneficiaries and payments　受給者および給与額　545, 546, 547, 1361
　Coverage, workers and earnings　適用を受ける労働者数と所得　544
　Families receiving　受給家族　542
　Federal government outlays　連邦政府歳出額　473, 474
　Food stamp participants　フードスタンプ受給者　573
　Payments　給付金　538, 540, 545, 546
　Trust funds　信託基金　547
Social services　社会事業　632, 660, 782
Social welfare (see also assistance, Public aid, and individual programs)：　社会福祉（「公的扶助」および個々のプロ

グラムも参照）:
  Charitable contributions 非営利団体 580, 583
  Employees (state and local government) 被雇用者（州および地方政府） 465
  Expenditures: 社会福祉支出:
    City government 市政府 458
    County government 郡政府 460
    Program participation 公的扶助プログラム参加 543
    State and local government 州および地方政府 435
    State government 州政府 451, 454
    Volunteers ボランティア 585
Sodium, dietary ナトリウム、食物 216
Sodium carbonate 炭酸ナトリウム 904, 905
Sodium sulfate 硫酸塩ナトリウム 904, 905
Soft drinks (see also Beverages) 清涼飲料（「飲料」も参照） 215, 727, 737
Softball ソフトボール 1247, 1248, 1249
Software publishing industry (see also Publishing): ソフトウェア（「出版」も参照）
  Earnings 所得 632, 1128
  Employees 被雇用者 632, 1128
  Establishments 事業所数 1128
  Finances 財政 1129, 1138
  Inventory 在庫 1138
  Productivity 生産性 641
  Research and development 研究開発 805
  Revenue 収入 1129, 1138
Software, expenditures for ソフトウェア販売 783
Solar energy 太陽熱 932, 944, 945, 946
Solid waste: 固形廃棄物:
  Disposal 処理 366, 377, 385
  Expenditures 支出 438, 456
  Industry 産業 380
  Landfills 埋め立て 377, 379, 385
  Recycling 資源再利用 378
Solomon Islands. (See Foreign countries.) ソロモン諸島（「外国」を参照）
Somalia. (See Foreign countries.) ソマリア（「外国」を参照）
South Africa. (See Foreign countries.) 南アフリカ（「外国」を参照）
South Carolina. (See State data.) サウスカロライナ（「州のデータ」を参照）
South Dakota. (See State data.) サウスダコタ（「州のデータ」を参照）
South Korea. (See Foreign countries.) 韓国（「外国」を参照）
Soybeans: 大豆:
  Acreage 収穫面積 858, 860
  Farm marketings, sales 農産物市場取引 843
  Foreign trade 貿易 852, 854, 855, 858, 1308
  Genetically engineered 遺伝子組み換え 834
  Organic 有機 833
  Prices 価格 737, 858, 860
  Production 生産量 852, 858, 860
  Supply and disappearance 需要バランス 858
Space industry, commercial 宇宙産業、商用 822
Space research and technology, federal outlays 宇宙研究開発、連邦支出 473, 821, 1040
Spain. (See Foreign countries.) スペイン（「外国」を参照）
Spanish speakers スペイン語 53, 55, 236
Special education 特殊教育 189, 190, 263
Specialty trade contractors 特殊工事請負契約 632, 660, 961
Speeding スピード違反 1108
Spices 香辛料 727
Spinach ホウレンソウ 862
Sporting and athletic goods (see also Sports and Retail trade) スポーツ用品（「小売業」および「スポーツ」も参照） 727, 737, 1250, 1251, 1308
Sporting goods, hobby, book, and music stores: スポーツ用品、玩具、書籍、音楽店:
  Earnings 賃金 632, 756, 1042, 1048, 1050
  Electronic commerce e-コマース 1055
  Employees 雇用者 632, 756, 1042, 1048, 1050
  Establishments 事業所 756, 1048, 1049
  Nonemployers 非雇用事業 1049
  Productivity 生産性 641
  Sales 売上 756, 1042, 1049, 1051, 1053, 1054, 1055
Sports スポーツ 1240, 1243, 1244, 1245, 1246, 1247, 1248
  Expenditures 支出 1232, 1250
  NCAA NCAA 1244, 1245, 1247
  Volunteers ボランティア 585
Sports associations スポーツ関係非営利団体 1285
Sports industry スポーツ産業 1228, 1230, 1231
Spot market price index スポット価格指数 736
Squash (NCAA) スカッシュ 1247
Squash (vegetable) かぼちゃ 862
Squid やりいか 897
Sri Lanka. (See Foreign countries.) スリランカ（「外国」を参照）
Stalking victimization ストーキングの被害 319
Stamps, postage, receipts from 郵便切手、販売収益 1127
Standard & Poor's (S&P) スタンダード・アンド・プアーズ株価指数 443, 444, 1207
Start ups, firms 開業 763, 768
State and local governments, combined data (see also individual governmental units): 州および地方政府（個々の政府も参照）:
  Debt 負債、公債 435, 436, 439
    Highways 道路 1094
  Employees 被雇用者数 461, 462, 465, 466
    Benefits 手当 463, 538
  Employer costs 雇用費用 654
  Expenditures (see also Finances) 歳出（「金融」も参照） 292, 435, 436, 437, 438, 440, 443
    By type 種類別 436, 437
    Capital outlay 資本支出 437, 438
    Construction, value 建設、価格 965
    Hospitals and medical care 病院・医療支出 138, 172, 443
  Federal aid 連邦政府補助金 431, 432, 433, 434, 471
  Finances 財政 432, 435, 436, 442, 1192
  Flow of funds 資金フロー 1167
  Governmental units 行政単位数 428
  Gross domestic product 国内総生産 670
  Hospitals 病院 172, 173
  Mortgage holdings 抵当、保有 1192
  Payrolls 給料 461, 462
  Purchases of goods and services 財・サービスの購入額 667, 669
  Receipts by source 歳入、財源別 436
  Retirement systems 退職金制度 538, 548, 550, 1166, 1201, 1215, 1216, 1217
  Securities issued 債券発行額 440
  Treasury securities holdings 財務省証券の保有高 1201
  Women holding public office 州・地方政府の公職に就いている女性 420
State and regional data: 州のデータ:
  Abortion 中絶 103
  Agriculture 農業 825, 838, 844, 845
  AIDS エイズ感染者 185
  Alcohol use アルコールの摂取 208
  Altitudes 標高 366
  American Indian, Alaska Native population アメリカインディアン、アラスカ原住民族人口 19
  Apparel and accessory stores, sales 衣料品、アクセサリー 1059
  Area 面積 358
  Arts, funding 芸術、資金 1236
  Asian population アジア人口 19
  Automobile insurance expenditures 自動車保険支出 1223
  Automotive dealers 自動車ディーラー 1059
  Average pay 平均給料 647
  Bankruptcies 破産 777
  Births and birth rates 出生数および出生率 15, 82, 89
  Black, African American population 黒人、アフリカ系アメリカ人人口 19

索 引 969

Blood alcohol concentration (BAC)　血中アルコール濃度　1111
Border crossings　国境通過　1270
Border lengths　国境長　363
Building materials and garden supplies, sales　建築資材および園芸用品　1059
Building permits　建築許可法　968
Cancer　癌　183
Capital punishment　死刑　353
Charitable contributions　慈善寄付　584
Child abuse cases　児童虐待　343
Cigarette smoking　喫煙者　205, 208
Civilian labor force　民間労働力　594
Climate　気候　393, 394, 395, 396
Coal and coke production　石炭およびコークス生産量　920
Coastal population　沿岸部人口　26
Coastline　沿岸部　364
College enrollment　大学在籍者　287
Commuting to work　乗物で通勤　1100
Congressional apportionment, U.S.　合衆国議会の構成　408, 412
Construction contracts　契約総額　967
Corrections　矯正施設　451, 465
Court cases　訴訟取扱い　335
Crime rates　犯罪率　308
Criminal justice expenditures　刑事裁判による支出　345
Crops, principal　主要作物　859, 860, 861
Deaths and death rates　死亡者数および死亡率　15, 113, 116, 123
　Infant　幼児死亡率　116
Defense contracts　国防落札契約額　506
Department stores, sales　デパート　1059
Doctorates　博士号　808
Domestic travel expenditures　国内旅行支出　1263
Drinking water　上水道　960
Drivers' licenses　運転免許証　1098
Drug use　薬物の使用　208
Earnings　給与　647, 1010, 1047
Eating and drinking places, sales　飲食店および食料品店　1059
Education, (see also Education)　教育　233, 244, 246, 256, 262, 269, 270, 280, 292
Elections　選挙　398, 400, 405, 406, 407, 410, 412, 417, 419
Electrical power　電力　948, 950, 951
Elevations　海抜　366
Employees　被雇用者数　465, 466, 498, 631, 761, 1010, 1012, 1036, 1047, 1276
Energy consumption　エネルギー、消費　931
Energy expenditures　エネルギー、支出　934
Energy, renewable　エネルギー、再生　954
Establishments　事業所数　1010, 1047, 1276
Exports　輸出　1305, 1306
Farms　農場　825, 838
　Government payments　政府支払　844
　Income　所得　838, 844, 845
Federal funds　連邦政府支金　479
Financial institutions　金融機関　1180, 1181
Fire protection　防火　454
Food stamp program　フードスタンププログラム　571
Food stores　飲食店　1059
Foreign born　外国生まれ　38
Foreign investment in the U.S.　合衆国への外国投資　1293
Foreign trade　外国貿易　1305, 1306
Foreign travel to　海外旅行　1261
Forest land　森林面積　884, 885
Fuel production　燃料生産量　912
Furniture, home furnishings stores　家具、家庭用調度品　1059
Gas utility industry　ガス事業　956
Gasoline service stations　ガソリンスタンド　1059
Gasoline tax rates　ガソリン税率　1093
General merchandise stores, sales　総合小売業　1059
Government finances:　政府財政:
　Agricultural payments　農業への支払　844
　Federal aid to state and local governments　州および地方政府に対する連邦政府補助金　433, 434

Federal (income tax returns)　連邦政府の税収　493
Grants　補助金　527
Local government　地方政府　455
State and local governments　州・地方政府　442, 443
State governments　州政府　444, 451, 452, 454
Tax collections　税収　449, 453
Transfer payments　運輸支出　541
Governors, vote cast　州知事（得票数）　417
Gross domestic product　国内総生産　671, 672
Hazardous waste　危険廃棄物所在地　383, 385
Health insurance coverage　健康保険適用　156
Health maintenance organizations (HMO)　健康維持機関　154
Highway funds　幹線道路基金　1095
Highway mileage　幹線道路の道路長　1089
Highway trust fund　幹線道路信託基金　1092
Hispanic elected officials　ヒスパニック公選公務員　421
Hispanic origin population　ヒスパニック人口　19
Hospitals　病院　174, 443, 465
Housing　住宅　729, 968, 970, 979, 985, 989, 993, 996, 997
Immigrants, unauthorized　入国許可　45
Income　所得　844
　Disposable personal　可処分所得　680, 682
　Family　家族　707
　Household　世帯所得　706
　Personal　個人所得　680, 681
Income tax returns　所得税納税申告　493
Internet usage/connection　インターネット利用／接続　1156
Job gains/losses　土地　635, 636
Lakes　湖　361
Language spoken at home　家庭使用言語　54
Legislatures, composition　立法機関の構成　418, 419
Libraries　図書館　1153
Livestock　家畜　833, 873, 874
Local government units　地方政府　429
Lotteries, revenue from　宝くじ（歳入）　449
Manufactures, summary statistics　製造業　1016
Marriages and divorces　結婚と離婚　132, 133
Medicaid　メディケイド（医療保障制度）　152
Medicare　メディケア　147
Metropolitan area population　大都市地区人口　24
Migration　移住、移動　15, 33
Milk production　乳製品　874
Millionaires　百万長者　719
Minimum wage　最低賃金　652
Mining, mineral production value　鉱業生産量、生産額　907
Motor fuel tax　自動車燃料税　1093
Motor vehicle dealers　自動車ディーラー　1059
Motor vehicle manufacturing　自動車産業　1036
Motor vehicle registrations　自動車登録台数　1098
Motorcycles　原付自転車　1098
Native Hawaiian, Other Pacific Islander population　ハワイその他諸島民人口　19
Natural gas　天然ガス　912, 913, 915, 918
Newspapers, number and circulation　新聞（紙数と発行部数）　1136
Nurses　看護師　165
Occupations　職業　617
Parks　公園　1253, 1254, 1255
Patents　特許　779
Philanthropy　慈善活動　584
Physicians　警察保護　165
Police protection　警察・治安　454, 465
Population　人口　13, 14, 15, 16, 19
　Age distribution　年齢別人口　16
　American Indian, Alaska Native population　アメリカ・インディアン、アラスカ原住民　19
　Asian population　アジア人　19
　Black African American population　黒人、アフリカ系アメリカ人　19
　Components of change　人口構成変化　15
　Density　人口密度　14
　Dependency ratio　従属人口指数　17

Hispanic origin population　ヒスパニック人口　19
Metropolitan area population　大都市地区人口　24
Native Hawaiian, Other Pacific Islander population　ハワイその他諸島民　19
Poultry　家禽　878
Poverty　貧困　406, 709
President, vote cast　大統領選挙（得票数）　405, 406
Prisons and prisoners　刑務所および囚人　347
Public aid　公的扶助　564
Public road and street mileage　公道と道路長　1089
Public water systems　上水道　960
Recreational areas　レクリエーション地域　1253
Representatives, U.S. vote cast for　下院議員（得票数）　409
Retail trade, sales　小売業　1047, 1059
Roads and highways　道路、幹線道路　1089, 1092, 1095
Rural population　地方の人口　29
Sales　売上　1047, 1059
Senators, vote cast for　上院議員（得票率）　407
Services industry　サービス業　1276
Shorelines　海岸線　364
Small businesses　小企業　761
Social Security program　社会保障プログラム　546
State children's health insurance　州別児童健康保険　145
Supplemental Security Income　所得安定補助金　564
Taxation　課税額　452, 453, 493
Teachers　教員　256
Temperatures (highs and lows)　気温（最高・最低）　391
Temporary assistance for needy families program (TANF)　対家族臨時援助　566, 567
Toxic chemical releases　有毒物質の放出　383
Traffic fatalities　交通死亡事故　1104, 1111
Transit aid　交通への補助金　1119
Travel expenditures　旅行支出　1263
Unemployment　失業　594, 629
Unemployment insurance　失業保険　541, 559
Union membership　労働組合加入者　666
Urban population　都市の人口　29
Vehicle miles of travel　延べ走行距離　1098
Veterans, number and expenditures　退役軍人および支払い　520, 541
Voter registration　有権者登録　400
Votes cast　投票率　397, 398, 404, 405, 406, 407, 409, 410, 417
Voting age population　有権者人口　398, 400
Water, sewage, and other services　上下水道および他のサービス　958, 959, 960
Wealth　富裕層　719
Wildland fires　原野火災　390
Women holding public office　公職に就いている女性　420
State government (see also State and local governments):　州政府（「州および地方政府」も参照）：
　Bond ratings　負債　443
　Debt　幹線道路公債　436, 439, 451, 454, 1094
　Employees and payrolls　被雇用者、賃金給与　461, 462, 465, 466
　Finances　財政　436, 438, 444, 451, 454
　Revenue from lotteries　宝くじ歳入　449
　Tax collections　税収　452, 453
　Highway funds, disbursements of　幹線道路基金（臨時歳出）　1095
　Hires and separations　雇用と離職　637
　National Park systems　州立公園　1253, 1254
　Receipts, highways　幹線道路収入　1091
　Taxes　税　452, 453
State highways. (See Highways.)　州道（「幹線道路」を参照）
State park systems　州立公園　1253
Stationery　文房具　686, 687
Stay-at-home parents　専業主婦または専業主夫　68
Steak　ステーキ肉　727, 733
Steam engines and turbines, electric, locomotive (railroad)　蒸気機関、タービン：機関車（鉄道）　1122
Steel (see also Iron and steel)　鉄鋼（「鉄鋼製品」も参照）　737, 908, 1030
Steel works and rolling mills. (See Iron and steel.)　鉄鋼製品および圧延工場（「鉄鋼製品」を参照）

Stimulants, persons using　興奮剤、常用者　207
Stock exchanges:　証券取引所：
　Prices　取引価格　1207
　Volume of trading　取引量　1209, 1210
Stockholders' equity, profit rates on　株価利益率　1178
Stocks:　株式：
　Corporate, flow of funds　株式会社、資金フロー　1166, 1201
　Foreign　諸外国　1204, 1205
　Foreign market indices　諸外国の証券市場指数　1396
　Holdings by sector　部門別所有　1168, 1170, 1201, 1204, 1206
　Households　世帯　720
　Life insurance　生命保険　1201, 1221
　New issues　新規発行　1202
　Ownership　所有　1211
　Prices, yield, sales, issues, etc.　価格、利回り、発行高　1198, 1200, 1207, 1209, 1394, 1395, 1397
Stone　石材　905
Stone, clay, and concrete products manufacturing. (See Nonmetallic mineral product manufacturing.)　石・粘土・コンクリート製品工業（「非鉄金属業」を参照）
Stone, clay, and glass products, 742, 743, 1123, 1124, Stone (crushed)　石・粘土・ガラス製品　737, 904
Strategic petroleum reserves　戦略石油備蓄　917
Strawberries　いちご　843, 864
Strikes, labor　ストライキ、労働者　663
Strokes (see Cerebrovascular diseases)　卒中（「脳血管の疾患」も参照）
Strontium, foreign trade　ストロンチウム（貿易）　909
Students. (See Education, enrollment.)　学生（「教育、在籍者数」を参照）
Subprime loans　プライムレート以下の融資　1194
Subways and urban railways　地下鉄、鉄道　1115, 1117, 1118
Sudan. (See Foreign countries.)　スーダン（「外国」を参照）
Sugar and sugar cane (see also Food):　砂糖と砂糖きび（「食糧」および類似の製品も参照）：
　Beets　てんさい（ビート）　843
　Consumption　消費量　217
　Expenditures　支出　686, 687
　Farm marketings　農場価格　843
　Foreign trade　貿易　850
　Prices　価格　727, 733, 737
Suicides　自殺　117, 118, 119, 121, 122, 127, 128, 1345
Sulfur　硫黄　905, 908, 1379
Superfund environmental program　スーパーファンド環境プログラム　384
Supermarkets. (See Grocery stores.)　スーパーマーケット（「食糧雑貨品店」を参照）
Supplemental Security Income　所得安定補助金　540, 542, 563, 564, 573
Supreme Court, U.S.　合衆国最高裁判所　331
Surgical procedures　外科処置　171, 180, 181
Suriname. (See Foreign countries.)　スリナム（「外国」を参照）
Swaziland. (See Foreign countries.)　スワジランド（「外国」を参照）
Sweden. (See Foreign countries.)　スウェーデン（「外国」を参照）
Sweet potatoes　さつまいも　218, 862
Swimming　水泳　1247, 1248, 1249
Swine. (See Hogs.)　豚（「豚」＝ Hogs を参照）
Switzerland. (See Foreign countries.)　スイス（「外国」を参照）
Symphony orchestras　交響楽団　1234
Synagogues. (See Religion.)　シナゴーグ（ユダヤ教会）（「宗教」を参照）
Syphilis　梅毒　184, 185
Syria. (See Foreign countries.)　シリア（「外国」を参照）

T

Taiwan. (See Foreign countries.)　台湾（「外国」を参照）
Tajikistan. (See Foreign countries.)　タジキスタン（「外国」を参照）

索引　971

Talc, pyrophyllite, and soapstone　滑石、葉蝋石および石鹸石　904, 905
Tangerines　タンジェリン（柑橘類）　864
Tantalum　タンタル　909
Tanzania. (See Foreign countries.)　タンザニア（「外国」を参照）
Target shooting　射撃　1249
Tariff. (See Customs receipts.)　関税（「税収」を参照）
Taxes：　税：
　Corporate　法人税　475, 480, 481, 745, 753, 791
　Deductions　控除　489, 490, 491, 747, 748
　Employment taxes　雇用税　475, 480, 481
　Estate and gift taxes　不動産税　475, 480, 481
　Excise taxes　消費税　442, 451, 452, 453, 475, 480
　Individual income　個人所得税　436, 442, 451, 452, 453, 475, 480, 481, 482, 483, 484, 485, 486, 487, 488, 489, 490, 491, 492, 493
Tax receipts：　課税収入：
　Foreign countries　諸外国　1360, 1361
　Governmental revenue, by type of tax　政府の税収、税の種類別　436
　Motor-fuel taxes and motor-vehicle fees　ガソリン税と自動車税　1093
　Federal budget receipts　連邦政府予算歳入　475
　Marginal tax Rates　限界税率　494, 495
　Property taxes：　財産税：
　　City government　市政府　457
　　County government　郡政府　459
　　Rates, selected cities　主要大都市の居住財産税率　448
　　State and local government　州および地方政府　435, 436, 442, 453
　State and local government：　州および地方政府：
　　City government　市政府　448, 457
　　County government　郡政府　459
　　Households　家計　447
　　Local government　地方政府　455
　　State government　州政府　451, 452, 454
　　Type of tax　税の種類　435, 436, 442
Tea　茶　215, 727
Teachers：　教員：
　Catholic schools　カトリック系学校　265
　Conferences　面談　252
　Degrees conferred　学位授与　300, 301, 302, 303
　Employment　雇用　242, 254, 278, 296, 297, 616
　　Projections　雇用の予測　221, 618
　Higher education institutions　高等教育機関　278
　Private schools　私立学校　265, 266
　Public schools　公立学校　221, 242, 256
　　Experience, and degrees held　経験年数および所有学位　255
　　Number　学校数　221, 242, 254, 255, 256
　　Salaries　給与　242, 256
　States　州別データ　256
Technicians　専門技術者　817, 819
Teenagers：　10代
　Abortions　中絶　102
　AIDS　エイズ　187
　Alcohol use　アルコール摂取　207
　American Indian, Alaska Native population　アメリカンインディアン、アラスカ原住民人口　10, 11, 12
　Births/birth rates　出生、出生率　80, 84, 85, 86, 89
　Black, African American population　黒人、アフリカ系アメリカ人人口　10, 11, 12
　Bullying, in school　いじめ　251
　Child abuse　児童虐待　342
　Cigarette smoking　喫煙　207
　Contraception use　避妊手段　97, 98
　Cost of raising　養育費　689
　Crimes, arrests　犯罪　316, 326
　Homicide rates　殺人率　311
　Disabled　障害　285
　Drug use　ドラッグの使用　207
　Education：　教育：
　　College costs　大学の学費　288, 289
　　College freshmen, characteristics　大学入学者の特徴　286
　　Enrollment　在籍　219, 221, 223, 224, 225, 226, 242, 246, 253, 265, 276, 277, 283
　　High school dropouts　高校中退　271, 272
　　High school graduates　高校卒業　242, 270, 276
　　Test scores　テスト点数　267, 268, 1371
　Health insurance coverage　健康保険適用範囲　155
　Hispanic or Latino origin population　ヒスパニック人口　10, 11, 12
　Juvenile delinquency　青少年非行　340, 341
　Labor force：　労働力
　　Employed　就業者　602, 605, 608, 610, 612
　　Minimum wage workers　最低賃金労働者　653
　　Multiple job holders　複数の仕事を持つ者　610
　　Participation rates　参加率　597
　　School enrollment status　就学状況　596, 1367
　　Sex　性別　587, 592
　　Unemployed　失業者　622, 623, 628
　Life expectancy　余命　107
　Marital status　婚姻状況　57
　Mobility status　人口移動　30
　Native Hawaiian, Other Pacific Islander population　ハワイ原住民、その他の太平洋諸島民人口　10, 11, 12
　Population　人口　7, 9, 10, 11, 12
　Sexual activity　性的活動　95, 96
　Sports activity participation　スポーツへの参加　1248, 1249
　Sporting goods purchasers　スポーツ用品の購入　1251
　Suicides　自殺　121
　Victimization　被害者　249, 316
Telecommunications　遠隔通信　1034, 1145, 1391
Telecommunications industry (See also Broadcasting)：　遠隔通信産業（「放送局通信事業」も参照）：
　Broadcast stations　放送局　1132
　Earnings　所得　632, 1128, 1130
　Employees　被雇用者　632, 1128, 1130
　Establishments　事業所　1128, 1130
　Finances　財務　746, 1129, 1130, 1145, 1146
　Productivity　生産性　641
　Receipts　収益　746, 1129, 1146
Telemarketers　電話による広告販売業　616
Telephone carriers　電話事業体　1145
　Cellular　携帯通信産業　1148, 1149, 1392
Telephone communication：　電話通信：
　Earnings　所得　632, 1145, 1147
　Employees　被雇用者　632, 1147, 1149
　Finances　財務　1147, 1149
　Price indexes　物価指数　727
　Productivity　生産性　641
　Receipts　収益　1147
Telephones：　電話（「電信」等も参照）：
　Access lines　回線ケーブル数　1147, 1391
　Calls　通話　1147, 1391
　Consumer expenditures　消費者支出　686, 687, 1148
　Households with service　保有世帯　1132, 1147, 1148
　Number　1147, 1392
　Sales or shipments　売上および出荷　1034
　Text messages　テキスト・メッセージ　1149
Television broadcasting (see also Cable and other pay TV services)：　テレビ放送（「ケーブルテレビ、その他有料テレビサービス」も参照）：
　Advertising expenditures　広告支出　1279
　Broadcasting stations　放送局　1132
Television broadcasting industry：　テレビ放送産業：
　Earnings　所得　632, 1128
　Employees　被雇用者　632, 1128
　Finances　財務　1128, 1142
　Productivity　生産性　641
　Revenue　収益　1129, 1141
　Stations, number of　放送局数　1132
Televisions：　テレビ：
　Consumer expenditures　個人支出　1232, 1233
　Injuries associated　負傷者　201
　Sales or shipments　売上および出荷　1033
　Viewing　視聴者　1133

Temperature: 気温：
　Cities 都市 393, 394, 396
　Foreign cities 海外の都市 1390
　States (highs and lows) 州（最高・最低） 391
Temporary Assistance for Needy Families (TANF) 対家族臨時援助プログラム 434, 474, 540, 542, 565, 566, 567, 569, 573
Tennessee. (See State data.) テネシー（「州のデータ」を参照）
Tennis テニス 1243, 1246, 1247, 1248, 1249, 1250
Tenure. (See Housing and housing units and Farms.) 保有（「住宅供給および住宅ユニット」および「農場」を参照）
Tetanus 破傷風 184
Texas. (See State data.) テキサス（「州のデータ」を参照）
Text messages テキスト・メッセージ 251, 1149
Textile mill products: 繊維製品：
　End-use 末端用途 1025
　Foreign trade 貿易 1026, 1308, 1312
　Prices 価格 736, 742
　Production 生産量 1026
Textile mills and product manufacturing: 繊維製品、繊維産業：
　Capital 資本 781
　Earnings 所得 632, 1009, 1011, 1017
　Employees 被雇用者 632, 1009, 1011, 1013, 1017
　Establishments 事業所 1009
　Finances 財務 794
　Foreign trade 貿易 1312
　Gross domestic product 国内総生産 670, 1007
　Industrial production index 工業生産指数 789
　Inventories 在庫 1020
　Occupational safety 労働災害補償 660
　Profits 利益 794
　Shipments 出荷 1011, 1019, 1020
　Toxic chemical releases 有毒物質の放出 382
Textiles 布類 686, 687
Thailand. (See Foreign countries.) タイ（「外国」を参照）
Theaters 劇場 1234, 1235, 1240
Theft. (See Crime and criminals.) 窃盗（「犯罪及および犯罪者」を参照）
Theology, degrees conferred 神学、学位授与 304
Thrift institutions. (See Savings institutions.) 貯蓄機関（「貯蓄機関」＝Savings institutions を参照）
Thrift Savings Plan 貯蓄積立プラン 548
Timber (see also Forest products, Lumber, and Wood products): 材木（「製材、木材製品」も参照）：
　Area 面積 884
　Consumption 消費量 888
　Growth 成長 884
　Foreign trade 輸出入 888, 889
　Ownership 所有 884
　Producer prices 生産者価格 891, 892
　Production 生産量 888
　Manufacturing 製造業 880, 881, 882, 883
　Removals 滅失 884, 887
　Roundwood products 丸太製品 887, 888
　Volume 量 884
Timor.Leste. (See foreign countries.) 東ティモール（「外国」を参照）
Tin 錫 906, 908, 909, 1342
Tires and tubes タイヤとチューブ 737, 739, 1308
Titanium チタニウム 904, 905, 908, 909
Tobacco (see also Cigarettes, Tobacco manufacturing): 煙草（「紙たばこ」および「煙草製品製造業」も参照）：
　Consumer expenditures 消費者支出 684, 686, 687, 739, 1359
　Consumption and use 消費量 204, 205, 207, 1343
　Farm marketings, sales 農業市場 841, 843
　Foreign countries 外国 1343
　Foreign trade 貿易 742, 743, 848, 1308
　Prices 価格 727, 737, 739, 742, 743, 846
Tobacco manufacturing (see also Beverage and tobacco product manufacturing): 煙草製品製造業（「飲料、たばこ製造業」

　も参照）：
　Capital 資本 781
　Earnings 所得 1017
　Employees 被雇用者数 1017
　Foreign trade 貿易 1312
　Inventories 在庫 1020
　Price indexes 物価指数 727, 738
　Shipments 出荷 1019, 1020
　Toxic chemical releases 有毒化学物質の放出 382
Togo. (See Foreign countries.) トーゴ（「外国」を参照）
Toilet articles and preparations 化粧用品、化粧品 677
Tokyo Nikkei 225 stock market index 東京日経225証券市場指数 1396
Tomatoes トマト 218, 733, 843, 862
Tonga. (See Foreign countries.) トンガ（「外国」を参照）
Tools. (See Machine tools.) 道具（「工作機械」を参照）
Tornadoes たつまき 388
Tourism, (see also Travel) 観光、国内および海外（「旅行」も参照） 1260, 1261, 1262, 1263, 1264, 1265, 1266
　Foreign 外国 1267, 1268, 1269, 1270, 1271, 1400
Townships and special districts 町区（郡内の行政区）および特別地区 428, 429
Toxic chemical release 有害化学物質の放出 381, 382, 383
Toxic-shock syndrome 毒物によるショック症状 184
Toys and sporting goods 玩具、スポーツ用品 727, 737, 1232, 1308
Track and field トラック、フィールド 1247, 1248
Trade (See Commerce, Foreign trade, Retail trade, and Wholesale trade.) 貿易（企業）（「通商」「貿易」「小売業」および「卸売業」を参照）
Trade, transportation and utilities 貿易、運輸、公益事業 631, 632, 637, 644, 660
Traffic fatalities 交通死亡事故 1103, 1104, 1105, 1106, 1108, 1109, 1110, 1111, 1344
Tranquilizers 精神安定剤 207
Transfer payments (See Public aid, assistance.) 移転支出（「公的扶助」を参照）
Transit and ground transportation industry. (see also Passenger transit industry): 輸送業（「旅客輸送業」を参照）：
　Capital 資本 781
　Earnings 所得 632, 1063, 1066
　Employees 従業員 632, 1063, 1065, 1066
　Establishments 事業所 1063, 1066
　Gross domestic product 国内総生産 670
　Revenue 収入 1063
Transit systems: 輸送システム：
　Characteristics 特徴 1117
　Cities served 都市交通局 1117
　Consumer expenditures 消費者支出 724
　Energy consumption エネルギー消費 929
　Federal aid to states 州政府への補助金 1119
　Mileage 輸送距離 1068
　Mode 種類 1117, 1118
　Transit subsidies 利用客 1116
　Trips taken 乗降数 1118
　Vehicles 自動車 1069
Transportation (see also Motor vehicles, and individual modes): 運輸（「自動車」および個々の車輛も参照）：
　Accidents 事故 1077, 1078, 1344
　Alternative fueled vehicles 代替燃料使用車 1097
　Carriers of passengers 旅客輸送業 1073, 1115, 1122, 1269
　Carriers of property 貨物輸送業 1123, 1124
　Commodity shipments 商品出荷 1071
　Commuting to work 乗物で通勤 1100
　Construction, value 建設額 964, 965
　Consumer complaints 利用者の苦情 1081
　Consumer expenditures 消費者支出 684, 685, 686, 687, 688
　Consumer price indexes 消費者物価指数 725, 726, 727, 739
　Motor fuel 発動機燃料 727
　New cars and new trucks 新規乗用車、トラック 727
　Cost indexes 物価指数 728

Airlines　航空輸送　1074
Tourism commodities　観光商品　1265
Energy　エネルギー消費　928, 929, 930, 931, 932, 947
Expenditures　支出　677
Federal government:　連邦政府：
　Aid to state and local governments　州・地方政府に対する連邦政府補助金　432, 434
　Outlays　支出　473, 803
Freight　貨物輸送　1302
Government employees and payrolls　政府職員および給与　462
Government finances　政府財政　435, 436, 437, 438, 451, 452, 454, 473
Hazardous shipments　有害廃棄物出荷　1071
Metropolitan areas　大都市地区　1076
Occupations　職業　616, 626
Port traffic　港湾輸送　1086
Producer prices　生産者価格　738
Stock and bond prices and yields　債券、株式利回り　1207
System mileage　マイレージシステム　1068
Transit subsidies　トランジット補助金　1116
Travel trends　旅行状況　1264
Travel volume　運行量　1073, 1082
Waterborne commerce　水上輸送　1084, 1085, 1086, 1087
Transportation and warehousing:　輸送保管業：
　Capital　資本　781, 783, 785
　Earnings　所得　630, 632, 644, 756, 759, 760, 1063, 1066
　Employees　雇用者数　630, 632, 756, 759, 760, 1063, 1065, 1066
　Equipment and software expenditures　設備、コンピュータソフトウェア支出　783
　Establishments　事業所　756, 757, 759, 1063, 1066
　Finances　財務　746, 749
　Hires and separations　雇用と退職　637
　Hours　時間　630
　Nonemployers　非雇用事業所　757
　Occupational safety　労働災害補償　660
　Productivity　生産性　641
　Revenue　収入　1063, 1120, 1121
　Sales　売上、収入　746, 749, 754, 755, 756, 757
Transportation equipment manufacturing (see also Aerospace, Motor vehicles):　輸送機器製造業（「航空宇宙産業」「自動車」も参照）：
　Earnings　所得　632, 1009, 1011, 1017
　Employees　雇用者数　632, 1009, 1011, 1013, 1017
　Establishments　事業所数　1009
　Finances　財務　794
　Gross domestic product　国内総生産　670
　Inventories　在庫　1020
　Multinational companies　多国籍企業　796, 797, 798
　Occupational safety　労働災害補償　660
　Producer prices　生産者価格　738
　Productivity　生産性　641
　Profits　利益　794
　Research and development　研究開発　805
　Shipments　出荷　1011, 1019, 1020
　Toxic chemical releases　有毒化学物質の放出　382
Transportation, communications, and utilities industry (see also Energy, Information industry, Transportation and warehousing, and Utilities):　運輸、通信、公共資本産業（「エネルギー需給」「情報産業」「運輸保管業」「公益事業」も参照）：
　Earnings　資本　769, 770, 771, 772, 773, 774, 775, 923, 924
　Employees　被雇用者　769, 770, 771, 772, 773, 774, 775, 923, 924, 958
　Profits　利益　923, 931, 951, 953, 955
Transportation support services industry　運輸補助サービス産業　1063, 1065, 1066
Travel (see also Arts, recreation, and travel):　旅行（「芸術、レクリエーションおよび旅行」も参照）：
　Accidents　事故　1070, 1077, 1078, 1267
　Border crossings　国境通過　535, 1270
　Business, pleasure travelers　業務、行楽旅行者　1271
　Cruise ships　船舶クルーズ　1260
　Domestic　国内旅行支出　363, 1263, 1264, 1270

Forecast　予測　1264
Foreign　外国旅行　1261, 1267, 1268, 1400
Highway mileage　幹線道路　1088, 1089
International expenditures　国際支出　1264, 1267
Passengers　旅客数　1068, 1073, 1082, 1267, 1268, 1269
Person trips　個人旅行　1253, 1264
Price indices　価格指数　1265
Services　サービス　1300
Tourism output　観光業生産高　1262
Tourists　観光客　1267, 1268, 1269, 1400, 1261
Volume　移動マイル数　1073, 1082
Travel accommodations industry　旅行宿泊業　632, 641, 1265, 1266, 1274
Travel arrangement industry　旅行施設産業　632, 769, 770, 771, 772, 773, 774, 775, 1274, 1280
Travelers' checks　トラベラーズチェック　1196
Treasury bonds　国債　751, 1198, 1199, 1201, 1205, 1206
Trichinosis　旋毛虫症　184
Trinidad and Tobago. (See Foreign countries.)　トリニダード・トバゴ（「外国」を参照）
Trout　マス　898
Truck and tractor pull　トラック／トラクターのプルレース　1246
Truck transportation industry:　トラック運輸産業：
　Capital　資本　781
　Commodities handled　扱い荷物　1121
　Earnings　所得　632, 1063, 1066
　Employees　被雇用者　632, 1063, 1065, 1066
　Establishments　事業所　1063, 1066
　Finances　財務　1120
　Gross domestic product　国内総生産　670
　Occupational safety　労働災害補償　660
　Productivity　生産性　641
　Revenue　収入　1063, 1120, 1121
　Shipping　出荷　1071, 1072
Trucks　トラック　929, 1060, 1098, 1102
Tuberculosis　結核　172, 184, 185
Tuition　授業料　293, 727
Tuna　まぐろ　897, 899, 900
Tungsten　タングステン　904, 905, 908, 909
Tunisia. (See Foreign countries.)　チュニジア（「外国」を参照）
Turbines. (See Steam engines.)　タービン（「蒸気機関」を参照）
Turkey. (See Foreign countries.)　トルコ（「外国」を参照）
Turkeys　七面鳥　733, 737, 843, 869, 878
Turkmenistan. (See Foreign countries.)　トルクメニスタン（「外国」を参照）
Turks and Caicos Islands. (See Foreign countries.)　タークス・カイコス諸島（「外国」を参照）
Tuvalu. (See Foreign countries.)　ツバル（「外国」を参照）
Typhoid fever　腸チフス　184

U

Uganda (See Foreign countries.)　ウガンダ（「外国」を参照）
Ukraine (See Foreign countries.)　ウクライナ（「外国」を参照）
Ulcers　潰瘍　196
Ultrasound, diagnostic　超音波診断　171
Unemployment. (See Labor force, unemployed workers.)　失業（「労働力人口、失業中の労働者数」を参照）
Unemployment insurance:　失業保険：
　Beneficiaries　受給者　542, 558, 559, 629
　Coverage, workers and earnings　適用範囲、労働者、給料　559
　Governmental finances　政府の失業保険収支　435, 451, 475
　Payments　支払額　538, 539, 540, 541, 558, 559
Union membership　組合　664, 665, 666
United Arab Emirates. (See Foreign countries.)　アラブ首長国連邦（「外国」を参照）
United Kingdom. (See Foreign countries.)　イギリス（「外国」を参照）
United States securities (see also Debt)　合衆国証券（「債務」も参照）　1169, 1177, 1197, 1198, 1199, 1201, 1205, 1206

Universities. (See Education, higher education institutions.) 大学（「教育、高等教育機関」を参照）
Unpaid work　無給　639
Uranium (see also Nuclear power)　ウラニウム（「原子力発電」も参照）　904, 922, 943
Urban population　都市人口　29
Urban transit systems industry　都市輸送産業　1066
Uruguay. (See Foreign countries.)　ウルグアイ（「外国」を参照）
Utah. (See State data.)　ユタ（「州のデータ」を参照）
Utilities (see also Electric light power industry, and Gas utility industry.):　公益事業（「電力産業」「ガス供給産業」も参照）：
　Capital　資本　781, 783, 785, 924, 955, 956, 958, 959, 960
　Cost of living　生計費　728
　Customers and bills　顧客数および販売額　952
　Earnings　所得　630, 632, 643, 644, 756, 759, 760, 769, 770, 771, 772, 773, 774, 775, 923, 924
　Electric　電力　949
　Employees　被雇用者　630, 632, 756, 759, 769, 770, 771, 772, 773, 774, 775, 923, 924
　Equipment and software expenditures　設備およびコンピュータソフトウェア支出　783
　Establishments　事業所　756, 757, 759, 924
　Expense　支出　953
　Finances　財政　746, 749
　Gross domestic product　国内総生産　670
　Gas　ガス　955, 956, 957
　Hours　時間　630
　Income　所得　953
　Industrial production index　工業生産指数　789
　Industry　産業　756, 923, 924, 949
　Investor owned　事業者　953
　Multinational companies　多国籍企業　796, 797
　Net generation　純発電量　949, 952
　Net summer capacity　純夏期負荷　949
　Nonemployers　非雇用者　757
　Occupational safety　労働災害補償　660
　Price indexes　物価指数　726
　Productivity　生産性　641
　Revenue　利益　952, 953
　Sales　売上、出荷、収入　746, 749, 754, 755, 756, 757, 769, 770, 771, 772, 773, 774, 775
　Sewage treatment　下水処理　924, 958
　States　州別　951
　Water　924, 959, 960
Uzbekistan. (See Foreign countries.)　ウズベキスタン（「外国」を参照）

V

Vacancy rates, housing　空室率（住宅）　982, 984, 985, 986, 987
Vanadium　バナジウム　908, 909
Vanuatu. (See Foreign countries.)　バヌアツ（「外国」を参照）
Veal (see also Beef, Meat, and meat products)　仔牛肉（「牛肉」および「食肉および食肉加工業」を参照）　217, 737, 869, 1377
Vegetable oils. (See Oils.)　植物油（「油」を参照）
Vegetables (see also individual commodities):　野菜（個々の種類も参照）：
　Acreage　耕地面積　862
　Consumer expenditures　消費支出　686, 687
　Consumption　消費量　218, 863
　Farm marketings, sales　農産物市場、売上　841, 843
　Foreign trade　貿易　848, 850, 853, 855, 863, 1308
　Gardens　菜園　1242
　Organic　有機　833
　Prices　価格　727, 737, 738, 742, 846
　Production　生産量　862, 863
Vehicles. (See Motor vehicles.)　車両（「自動車」「トラクター」等を参照）

Veneer, wood products　ベニア、木材製品　880, 881, 882, 895
Venereal diseases (see also AIDS)　性病（「エイズ」も参照）　184
Venezuela. (See Foreign countries.)　ベネズエラ（「外国」を参照）
Vermiculite　ひる石　904, 905
Vermont. (See State data.)　バーモント（「州のデータ」を参照）
Vessels. (See Ships.)　船（「船舶」を参照）
Veterans:　退役軍人：
　Business owners　企業所有者　768
　Characteristics　特徴　522
　Employment　雇用　590
　Number　人数　520
　Pensions and other benefits:　年金その他の給付金：
　　Service-connected compensation　任務関連障害に対する補償　523, 524
　　Disbursements　支払額　503, 524, 538, 540
　　Federal aid to state and local governments　連邦政府の州および地方政府への補助金　432
　　Federal payments　連邦政府歳出　474
　　Health expenditures　保健支出　135, 138
　Veterans or dependents receiving　退役軍人およびその扶養家族　523, 542
Veterans Affairs, Dept. of:　退役軍人局：
　Expenditures　歳出　135, 138, 523, 524, 539, 540, 541
　Home loans　住宅ローン　1194
Vetoed bills, Congressional　拒否権を行使した法案　415
Victimizations, criminal　犯罪被害　315, 316, 317, 318, 319, 320, 321, 322, 323
Vietnam. (See Foreign countries.)　ベトナム（「外国」を参照）
Violent crime, (see also Crime)　暴力犯罪（「犯罪」を参照）　306, 307, 308, 309, 310, 318.
Virgin Islands. (See Island areas of the U.S.)　バージン諸島（「合衆国の海外領土」を参照）
Virginia. (See State data.)　バージニア（「州のデータ」を参照）
Visa holders, doctorates　ビザ取得、博士号　811
Vital statistics. (See Births and birth rates, Deaths and death rates, Divorces, and Marriages.):　人口動態統計（「出生」「死亡」「離婚」「結婚」も参照）：
Vitamins　ビタミン　216
Vocational rehabilitation　職場復帰の為の訓練プログラム　135, 576
Volleyball　バレーボール　1247, 1248, 1249
Volunteer activities　ボランティア　252, 585, 1239
Votes:　投票数：
　Congressional　議会選挙　407, 409, 410, 398
　Gubernatorial　州知事選挙　417
　Presidential　大統領選挙　402, 403, 404, 405, 406, 398
　Votes cast　投票数　399, 400, 401
Voting-age population　有権者人口　399, 400, 398

W

Wage earners. (See Labor force and individual industries.)　賃金労働者（「労働力人口と雇用および所得」および個別の企業を参照）
Wages and wage rates. (See Earnings.)　賃金および賃金上昇率（「所得・収益」を参照）
Wallis and Futuna. (See Foreign countries.)　ウォリス・フツナ（「外国」を参照）
Walnuts　ウォールナッツ（くるみ）　843, 864, 865
Warehouse clubs and superstores　ウェアクラブハウス、スーパーストア　1048, 1051
Warehouses (see also Trucking and warehousing)　倉庫業　1006
Warehousing and storage industry:　倉庫業：
　Capital　資本　781
　Earnings　所得　632, 1063, 1066
　Employees　被雇用者　632, 1063, 1065, 1066
　Establishments　事業所　1063, 1066
　Gross domestic product　国内総生産　670

索引　975

Occupational safety　労働災害補償　660
　Revenue　収入　1063, 1120
Washing machines, homes with　電気洗濯機、所有家庭数　988
Washington. (See State data.)　ワシントン（「州のデータ」を参照）
Waste management & remediation services　廃棄物管理および改善サービス　756, 781
Wastepaper　古紙　737, 892
Wastewater treatment　下水処理　923, 924, 958
Watches. (See Clocks and watches.)　腕時計（「時計、腕時計」等を参照）
Water (see also Wastewater treatment, and Water transportation industry):　水（「下水処理」「水上輸送」も参照）：
　Area　水域面積　1, 358
　Consumption　消費　371
　Freight　貨物　1084, 1085
　Lakes　湖　359, 360, 361
　Pollution　汚染　381, 383, 386
　Power　水力発電　954
　Public supply　水消費量　371, 959, 960, 988
　Vessels　船　1069, 1243
Water polo　水球　1247
Water transportation industry:　水上輸送：
　Capital　資本　781
　Earnings　所得　632, 1063, 1066
　Employees　被雇用者数　632, 1063, 1065, 1066
　Establishments　事業所　1063, 1066
　Foreign trade　貿易　1085
　Freight　貨物　1084, 1085, 1302
　Fuel consumption　燃料消費　929
　Gross domestic product　国内総生産　670, 1302
　Occupational safety　労働災害補償　1070
　Outlays　支出　473
　Revenue　収入　1063
Water utility　水道業　686, 687, 727, 923, 924, 959, 960
Water, sewage and other systems　上下水道およびその他のサービス　632, 923, 924, 958, 959, 960
Waterborne commerce　水上輸送　1084, 1085, 1086, 1087
Watermelons　すいか　843, 862
Waterways　水路　1084
Wealth:　財産：
　Business　民間企業　723
　Families　世帯　720, 721
　Family farms　家族経営農場　830
　Government　政府　723
　Households　世帯　723
　Millionaires　百万長者　719
　Persons　人数　717, 718, 719
Weather　気候　388, 391, 392, 393, 394, 395, 396, 1390
Weight　体重　210
Welfare services. (See Public aid, assistance, Social welfare, and individual programs.)　福祉サービス（「公的扶助」「社会福祉」および個々のプログラムを参照）
West Bank. (See Foreign countries.)　ヨルダン河西岸（「外国」を参照）
West Virginia. (See State data.)　ウエストバージニア（「州のデータ」を参照）
Western Sahara. (See Foreign countries.)　西サハラ（「外国」を参照）
Wetlands　野生動物保護湿地　368, 370
Wheat:　小麦：
　Acreage　栽培面積　858, 861, 1372
　Farm marketings, sales　農産物市場取引、売上　843
　Farm prices　農場価格　858, 861
　Foreign trade　貿易　845, 848, 855, 858, 1308, 1374
　Price indexes　生産者価格指数　737, 742
　Production　生産量　852, 858, 861, 1372, 1373
　Supply and disappearance　供給量と消費・輸出量　858
Wheat flour　小麦粉　217
Whiting　タラ、漁獲量および水揚げ量　897

Wholesale trade:　卸売業：
　Capital expenditures　資本支出　781, 783, 785
　Earnings　所得　630, 632, 643, 756, 759, 760, 769, 770, 771, 772, 773, 774, 775, 1042, 1044, 1328
　Employees　被雇用者数　620, 630, 632, 756, 759, 760, 769, 770, 771, 772, 773, 774, 775, 1042, 1044, 1322, 1328
　Equipment and software expenditures　設備、コンピュータソフトウェア支出　783
　Establishments　事業所　756, 757, 759, 1042, 1043, 1044, 1322, 1328
　Finances　財務　746, 749, 794
　Foreign investments in U.S.　外国人による投資　1292, 1294
　Gross domestic product　国内総生産　670, 672
　Hires and separations　雇用と離職　637
　Hours　時間　630
　Inventories　在庫　1046
　Multinational companies　多国籍企業　796, 797, 798
　Nonemployers　非雇用事業　757
　Occupational safety　労働災害補償　660
　Productivity　生産性　641
　Profits　総所得　794
　Sales　売上、収益　746, 749, 754, 755, 756, 757, 769, 770, 771, 772, 773, 774, 775, 1042, 1043, 1046, 1328
Whooping cough (pertussis)　百日咳　184
Wildfires　森林火災　390
Wildlife　野生動物　387, 1256, 1269
Wilshire equity index　ウィルシャー株価指数　1207
Wind:　風：
　Energy sources　エネルギー源　925, 932, 945, 946, 954
　Average speed　平均風速　396
Wines (see also Alcoholic beverages)　ワイン（「アルコール飲料」も参照）　215, 727, 848, 850
Wisconsin. (See State data.)　ウィスコンシン（「州のデータ」を参照）
Women:　女性：
　Abortions　妊娠中絶　101, 102
　Age　年齢　7, 9
　AIDS　エイズ　186, 187
　American Indian, Alaska Native population　アメリカインディアン、アラスカ原住民　6
　Apparel　衣類　686, 687
　Asian population　アジア人　6
　Births and birth rates　出生数および出生率　78, 79, 80, 85, 87, 92, 93, 1339
　　Births to unmarried women　未婚女性の出産数　85, 86, 89, 92, 1335
　　Breastfeeding　母乳保育　91
　　Cesarean section deliveries　帝王切開　87, 171
　　Induction of labor　分娩誘発　88
　Black, African American population　黒人、アフリカ系アメリカ人　6
　Body Mass Index (BMI)　ボディ・マス・インデックス（BMI）　211
　Business owners　企業所有者　768, 769
　Cancer　癌　126, 182
　Cerebrovascular diseases, deaths　脳血管疾患による死亡数　125
　Child day care　託児施設　578
　Child support　養育費　568
　Cigarette smoking　喫煙　204, 205
　Community service　コミュニティ・サービス　585
　Computer use　コンピュータの利用　1133, 1157
　Contraceptive use　避妊手段　97, 98
　Cosmetic surgery　美容手術（外科）　180
　Criminal victimizations　犯罪の犠牲者　316, 318
　Deaths and death rates　死亡数および死亡率　109, 110, 111, 114, 115, 124, 125, 126, 128, 129, 1345
　Delivery procedures, births　出産および出産前処置・検診　87, 171
　Divorces　離婚　132, 133, 1336
　Education:　教育：
　　American College Testing program　米国大学入学試験プログラム　268
　　Attainment　教育水準　229, 231, 232, 273, 274, 276
　　Bullying　いじめ　251

College costs　学費　288, 289
College enrollment　大学在籍者数　221, 226, 276, 277, 278, 279, 280, 285, 810
Degrees conferred　学位授与数　299, 301, 302, 303, 304, 812, 814
Enrollment by level　在籍者数、教育段階別　226, 253, 283
High school dropouts　高校中退者数　271, 273, 274
SAT tests　教育能力テスト　267
Teachers　教員　255, 257, 296, 616
Elected officials　公選職員　413, 420
Fertility rate　出産数および出生率　83
Food cost, weekly　食費　732
Food stamp participants　フードスタンプ受給者　573
Gynecological services　婦人科処置　169, 171
Harassment victimization　ハラスメントの被害　319
Health insurance coverage　健康保険加入者　155, 157
Heart disease, deaths　心臓病による死亡数　124
Height distribution　身長区分　209
Hispanic origin, population　ヒスパニック人口　6
HIV disease　HIV感染症　129
Homicides　殺人の被害者　313
Hospital use　病院利用　169, 170, 171, 176, 179
Householders　世帯主　59, 61, 62, 64, 65, 66, 71, 72
Illness/injury　病気、障害　200
Income　所得　701, 702, 703
Injuries　障害　200
Internet access/use　インターネットへのアクセス　1133, 1157, 1158
Job search　職探し　623
Labor force and employment：労働力と雇用：
　Age　年齢　587, 592
　Children　子供　92, 93
　Displaced workers　退職者　614
　Earnings　所得　648, 650
　Educational attainment　教育水準　593, 611, 627
　Employed　雇用者数　588, 594, 596, 599, 605, 608, 610, 612, 616, 620, 633
　Foreign born　外国生まれ　589
　Foreign countries　外国　1367, 1368, 1369
　Hours worked per day　平均労働時間　640
　Industry　産業　620, 633
　Marital status　婚姻状況　597, 598, 599, 600
　Occupation　職業　616, 650
　Participation rates　有業率　587, 588, 593, 594, 597, 598, 599, 600
　Projections　予測　587
　Reason not in　非労働の理由　615
　School enrollment　学校在籍者数　596
　States　州別　594
　Tenure with employer　就業期間　612
　Unemployed　失業者数　588, 594, 596, 599, 622, 624, 625, 626, 627, 628
　Union membership　労働組合員数　665
Life expectancy　平均余命　104, 105, 106, 107, 108, 1340
Mammography　マンモグラフィー　203
Marital status　婚姻状況　56, 57, 60
Marriages　結婚、離婚　132, 133, 1336
Military personnel　兵員　510, 514, 515
Native Hawaiian, Other Pacific Islander population　ハワイ原住民、その他の太平洋諸島民　6
Persons living alone (one-person households)　単身生活者　72
Physical activity　運動　212
Physicians　医師　164, 166, 168, 169
Pilots　パイロット　1083
Population　人口　6, 7, 9
Property owners　資産所有者　992
Public assistance　公的扶助　543, 544, 560, 573
Rape　強姦　306, 307, 308, 309, 314
Recreational activities　余暇活動　1238, 1239, 1249, 1251
Science & engineering　科学および工学　810, 812, 814
Sexual activity　性的活動　95, 96
Sexual identity　性認識　97
Social security beneficiaries and payments　社会保障給付金　545
Sports participation in school　スポーツ参加、学校での　1247, 1248

Stalking victimization　ストーキングの被害　312
Suicides　自殺　128, 1345
Surgical procedures　外科処置　171
Tobacco consumption　タバコ消費　1343
Unemployment　失業者　588, 594, 596, 599, 622, 624, 625, 626, 627, 628
Union membership　労働組合員数　665
Unmarried-partner households　同棲世帯　63
Volunteers　ボランティア　585
Wealth　資産　717
Weight　体重　210
Wood and wood products. (See Forest products, and Lumber.)　木と木材製品（「木材・木製品」「製材」を参照）
Wood products manufacturing：木材製品製造業：
　Capital　資本　781
　Earnings　所得　632, 879, 880, 881, 882, 1009, 1011, 1017
　Employees　被雇用者数　632, 879, 880, 881, 882, 1009, 1011, 1013, 1017, 1293
　Establishments　事業所数　879, 880, 881, 1009, 1293
　Finances　財務　794, 881
　Foreign trade　貿易　1312
　Gross domestic product　国内総生産　670, 883, 1007
　Industrial production index　工業生産指数　789
　Prices　価格　892
　Productivity　生産性　641
　Profits　利益　794
　Railroad car loadings　鉄道貨物　1123, 1124
　Receipts　収益　879
　Renewable energy　再生エネルギー　954
　Shipments　出荷　879, 881, 882, 1011
　Toxic chemical releases　有害物質の放出　382
Woodpulp (see also Paper and paperboard products)：木材パルプ（「紙パルプ産業」も参照）：
　Foreign trade　貿易　889
　Producer price indexes　生産者物価指数　892
　Production　生産　893
Work flexibility　労働条件の可変度　607, 608, 609
Work stoppages　就業停止（ストライキ）　663
Workplace deaths/injuries　職場における死亡／負傷　657, 658, 659, 660, 661
Workplace violence/security measures　職場における暴行事件　662
Workers. (See Employment, and Labor force.)　労働者（「雇用および労働力」を参照）
Workers' compensation program　労働者に対する各種補償手当て　135, 161, 538, 540, 542, 561, 562
Workstations. (See Computers.)　ワークステーション（「コンピュータ」を参照）
World. (See Foreign countries, International Affairs, and World summary statistics.)　世界（「外国」を参照）
World summary statistics：世界の諸統計：
　Age distribution　年齢階層別　1334
　Agriculture　農業　1372, 1373
　Communications　通信　1391
　Comparative data (area, population, etc.)　面積・人口等、国際比較　1332, 1334
　Emissions　二酸化炭素放出　1389
　Energy　エネルギー　1380, 1381, 1382, 1383, 1387, 1388
　Farm commodities　農業製品　852, 1373
　Fisheries　漁獲高　1375
　HIV and AIDS　エイズ　1341
　Labor　労働　1354
　Mineral production　鉱業生産　917, 920
　Minerals　鉱業　1379
　Natural resources (oil, gas, coal)　天然資源（原油、ガス、石炭）　1384, 1385, 1386
　Patents　特許　1393
　Population　人口　1329, 1330, 1332, 1334
　Stock market　株式市場　1394, 1395
　Telecommunication service sector　遠隔通信サービス部門　1391
Wrestling　レスリング　1246, 1247, 1248

索　引　977

Wyoming. (See State data.) ワイオミング（「州のデータ」を参照）

Y

Yemen. (See Foreign countries.) イエメン（「外国」を参照）
Yogurt ヨーグルト消費量／生産 217, 875

Z

Zambia. (See Foreign countries.) ザンビア（「外国」を参照）
Zimbabwe. (See Foreign countries.) ジンバブエ（「外国」を参照）
Zinc: 亜鉛
    Foreign trade 貿易　905, 909
    Mining industry 鉱業　903
    Prices 価格　905, 906
    Production and value (mine and smelter) 生産量、生産額（採鉱と精錬）　904, 905, 908, 1379

和文索引

(数字は表No.)

ア

アーカンソー(「州のデータ」を参照) Arkansas. (See State data.)
アーチェリー Archery 1249, 1250
アーモンド Almonds 843, 864, 865, 888
RVパーク、レクリエーションキャンプ RV parks and recreational camps 632, 1274, 1281
アイオワ(「州のデータ」を参照) Iowa. (See State data.)
アイスクリーム Ice cream 217, 733, 875
アイススケート Ice skating 1249
アイスホッケー Ice hockey 1246, 1247, 1249
アイスランド(「外国」を参照) Iceland. (See Foreign countries.)
アイダホ(「州のデータ」を参照) Idaho. (See State data.)
アイルランド(「外国」を参照) Ireland. (See Foreign countries.)
亜鉛 Zinc:
  価格 Prices 905, 906
  鉱業 Mining industry 903
  生産量、生産額(採鉱と精錬) Production and value (mine and smelter) 904, 905, 908, 1379
  貿易 Foreign trade 905, 909
アジア(「外国」を参照) Asia. (See Foreign countries.)
アジア、太平洋諸島民人口 Asian and Pacific Islander population:
  悪性腫瘍、死亡数 Cancer, deaths 126
  HIV感染症 HIV disease 129
  科学の博士号 Science doctorates 814
  火器、学校内 Weapons in school 249
  議会議員 Congress, members of 413
  教育水準 Educational attainment 229, 230
  言語 Language 236
  健康保険加入 Health insurance coverage 155, 157
  自殺、死亡数 Suicides, deaths 128
  死亡数、死亡率 Deaths, death rates 109, 110, 111, 124, 126, 128, 129
  州 States 19
  出生 Births 80, 82, 83, 84, 85, 86
  消費者支出 Consumer expenditures 686
  所得 Income 693, 695, 704, 705
  所有企業 Business owners 768, 773, 774
  心臓病、死亡数 Heart disease, deaths 124
  体重 Body weight 211
  チャータースクールの生徒数 Charter school enrollment 239
  博士号 Doctorates 814
  病院外来 Hospital visits 168, 178
  貧困 Poverty 711, 712, 715
  放課後の活動 After-school activities 252
アジア人口 Asian population 5, 6, 10, 11, 12, 36, 42
  いじめ Bullying 251
  移住 Migration 5
  インターネット利用者 Internet usage 1155
  外国生まれ人口 Foreign-born population 228
  火器、学校内 Weapons in schools 249
  家族形態 Family type 67
  学校在籍者数 School enrollment 228, 253, 283
  企業所有者 Business owners 768, 773, 774
  居住形態 Living arrangements 58
  健康保険加入 Health insurance coverage 155, 157
  婚姻状況 Marital status 56
  里親制度 Foster care 579
  児童 Children 10, 11, 12, 69
  児童の予防接種 Immunization of children 192
  死亡 Deaths 5

就学状況 Educational attainment 36, 229, 230
出生 Births 5
障害のある学生 Disabled students 285
職業 Occupation 36
所得 Income 36, 693, 695, 701, 704, 705
世帯 Households 62, 64, 66
退役軍人 Veterans 522
大学在籍者数 College enrollment 283
大学の学費 College costs 288, 289
大都市地区人口 Metropolitan area population 23
通院 Hospital visits 166
貧困 Poverty 36, 711, 712, 713, 715, 716
フードスタンプ受給者 Food stamp participants 573
保健・医療ケア専門家への訪問 Health care visits to professionals 166
孫との同居人口 Grandparents living with grandchildren 70
持ち家状況 Housing tenure 36
養子縁組 Adoption 579
労働力 Labor force 587, 588, 589, 593, 596, 600, 616, 622, 627, 648, 653, 665
  求職 Job search 623
  公的扶助 Public assistance 543, 573, 574
  産業 Industry 620
  職業 Occupation 36, 619
  複数の仕事を持つ者 Multiple job holders 610
  労働者の種類 Class of worker 605
老齢者 Elderly 10, 11, 12
アスパラガス Asparagus 218
アスファルト Asphalt 737
アスベスト(石綿) Asbestos 333, 904, 905, 908, 909
アゼルバイジャン(「外国」を参照) Azerbaijan. (See Foreign countries.)
アフガニスタン(「外国」を参照) Afghanistan. (See Foreign countries.)
油： Oils:
  価格 Prices 733, 736, 737
  植物油 Vegetable 217, 848, 852, 853, 855, 1308
  動物性油脂 Animal oils and fats 217
アフリカ(「外国」を参照) Africa. (See Foreign countries.)
アフリカ系アメリカ人(「黒人人口」を参照) African American. (See Black population.)
アボカド Avocados 864
飴 Candy 727
アメリカンインディアン、アラスカ原住民 American Indian, Alaska Native population 5, 6, 10, 11, 12, 19
  悪性腫瘍死亡者 Cancer deaths 126
  移住 Migration 5
  インターネット利用者 Internet usage 1155
  HIV感染症 HIV disease 129
  火器、学校内 Weapons in school 249
  学位授与数 Degrees conferred 300, 814
  企業所有者 Business owners 768, 775
  教員 Teachers 257
  子供 Children 10, 11, 12
  自殺、死亡数 Suicides, death 128
  児童の予防接種 Immunization of children 192
  死亡、死亡率 Deaths, death rates 5, 109, 110, 111, 124, 126, 128, 129
  就学状況 Educational attainment 36
  州別 States 19
  出生、出生率 Births, birth rates 5, 80, 82, 83, 84, 85, 86
  職業 Occupation 36
  心臓病死亡者 Heart disease, deaths 124
  専門家への訪問ケア Health care visits to professionals 166, 168
  退役軍人 Veterans 522

索 引 979

大学在籍者数　College enrollment　279
大都市地区人口　Metropolitan area population　23
チャータースクール　Charter schools　239
賭博収入　Gaming revenue　1258
年齢／性別　Age and/or sex　6, 10, 11, 12
病院外来　Hospital visits　168, 178
貧困　Poverty　36
フードスタンプ受給者　Food stamp participants　573
孫との同居人口　Grandparents living with grandchildren　70
持ち家状況　Housing tenure　36
老齢者　Elderly　10, 11, 12
アメリカインディアン（「アメリカインディアン、アラスカ原住民」を参照）　Indian, American population. (See American Indian, Alaska Native population.)
アメリカの手話　American Sign Language　284
アラスカ原住民（「アメリカインディアン、アラスカ原住民」を参照）　Alaska Native. (See American Indian, Alaska Native population.)
アラブ首長国連邦（「外国」を参照）　United Arab Emirates. (See Foreign countries.)
アリゾナ（「州のデータ」を参照）　Arizona. (See State data.)
アリュート人口（「アメリカインディアン、アラスカ原住民」を参照）　Aleut population. (See American Indian, Alaska Native population.)
アルコール飲料（「ビール、ワイン、リキュール販売店」「酒と飲料」も参照）：　Alcoholic beverages (see also and Beer, wine, and liquor stores, and Liquors and beverages):
　アルコール摂取　Consumption　207, 208, 215
　アルコール中毒治療　Alcoholism treatment　179, 206
　売上　Sales　1056, 1062
　消費支出　Consumer expenditures　684, 686, 687, 1062, 1359
　物価指数　Price indexes　727, 737
　貿易　Foreign trade　1308
アルコール摂取による死亡　Alcohol-induced deaths　120
アルコール中毒治療　Alcohol involvement in fatal crashes　1110, 1111, 1113
アルジェリア（「外国」を参照）　Algeria. (See Foreign countries.)
アルゼンチン（「外国」を参照）　Argentina. (See Foreign countries.)
アルツハイマー病、死者数　Alzheimer's disease, deaths　118, 119, 120, 121, 122, 123
アルバ（「外国」を参照）　Aruba. (See Foreign countries.)
アルミニウム：　Aluminum:
　価格　Prices　737, 742, 743, 904
　再利用　Recycling　378, 379
　消費　Consumption　904
　製品　Production　1029
　世界生産量　World production　908
　被雇用者　Employment　904
　貿易　Foreign trade　742, 743, 904, 909, 1308
アルメニア（「外国」を参照）　Armenia. (See Foreign countries.)
アンギラ（「外国」を参照）　Anguilla. (See Foreign countries.)
アンゴラ（「外国」を参照）　Angola. (See Foreign countries.)
あんず　Apricots　864
安全および警備対策　Safety and security measures　250, 660, 902
アンチモン　Antimony　904
アンティグアおよびバルブダ（「外国」を参照）　Antigua and Barbuda. (See Foreign countries.)
アンドラ（「外国」を参照）　Andorra. (See Foreign countries.)

イ

E-コマース　E-commerce. (See Electronic commerce.)
e-コマース：　Electronic commerce (e-commerce):
　卸売業　Wholesale　1045
　企業間販売　Business sales　1055
　小売業　Retail trade　1055, 1056

サービス業　Services　1278
事業所　Establishments　1008
消費者販売　Consumer sales　1056
非雇用　Nonemployer　1049
家（「住宅供給および住宅ユニット」を参照）　Homes. (See Housing and housing units.)
イエメン（「外国」を参照）　Yemen. (See Foreign countries.)
硫黄　Sulfur　905, 908, 1379
医学（「薬剤および薬品」「医薬品製造業」を参照）　Medicines (see Drugs and medicines, and Pharmaceutical and medicine manufacturing)
医学博士（「医師」を参照）　Doctorates:
　外国人　Non U.S. citizen　811, 814, 815
　学位授与　Conferred　299, 300, 811, 814
　州　State　812, 814
　性別　Sex　299
　分野　Field　303, 814, 815
医科大学　Medical schools　164, 304
イギリス（「外国」を参照）　Great Britain. (See Foreign countries.)
イギリス（「外国」を参照）　United Kingdom. (See Foreign countries.)
医師　Physicians　162, 164, 165
　医学校（生徒数と卒業者数）学位授与数　Medical schools, students and graduates　304
　医師への支払い額　Expenditures for　134, 136, 137, 138, 139, 140, 141
　外国の医科大学卒業者　International medical school graduates　164
　価格指数　Price index　142, 727, 739
　学位授与数　Degrees conferred　304
　業務内容　Type of practice　163, 164
　雇用　Employment　164, 165, 616
　州のデータ　State data　165
　諸外国　Foreign countries　1347
　診療所　Offices　160, 161
　接骨医　Osteopaths　163
　専門および専門医活動　Specialty and professional activity　164
　来診患者数　Visits to　166, 168, 169
石・粘土・ガラス製品　Stone, clay, and glass products, 742, 743, 1123, 1124, Stone (crushed)　737, 904
石・粘土・コンクリート製品工業（「非鉄金属業」を参照）　Stone, clay, and concrete products manufacturing. (See Nonmetallic mineral product manufacturing.)
いじめ　Bullying　251
医者（「医師」を参照）　Doctors, M.D.s. (See Physicians.)
異人種間結婚　Interracial married couples　60
イスラエル（「外国」を参照）　Israel. (See Foreign countries.)
イスラム教徒（「宗教」を参照）　Islamic population. (See Religions.)
イスラム教徒（「宗教」を参照）　Muslim population. (See Religions.)
イソブタン　Isobutane　911
痛み、腰・首・顔　Pain, lower back, neck, and face　199
イタリア（「外国」を参照）　Italy. (See Foreign countries.)
いちご　Strawberries　843, 864
一次金属工業：　Primary metal manufacturing:
　研究開発　Research and development　805
　工業生産指数　Industrial production index　789
　国内総生産　Gross domestic product　670, 1007
　財政　Finance　794, 1030
　事業所数　Establishments　1009
　資本　Capital　781
　出荷　Shipments　1011, 1019, 1020
　生産性　Productivity　641
　賃金　Earnings　632, 1009, 1011, 1017
　被雇用者数　Employees　632, 1009, 1011, 1013, 1017
　貿易　Foreign trade　1030, 1312
　有害化学物質の放出　Toxic chemical releases　382
　利益　Profits　792, 794
　労働災害補償　Occupational safety　660
イチジク　Figs　864
一般建設業：　Building construction:

事業所　Establishments　961
所得　Earnings　632, 961
被雇用者　Employees　632, 961
労働災害補償　Occupational safety　660
移転支出（「公的扶助」を参照）　Transfer payments (See Public aid, assistance.)
移動住宅（トレーラー式）　Mobile homes　737, 976, 988, 989
犬飼育　Dog ownership　1241
移民（「外国生まれの人口」も参照）　Immigrants (see also Foreign-born population):
　外国　Foreign countries　1333
　強制送還　Deported　530, 532
　許可の種類別　Class of admission　43, 48, 49
　出生国別　Country of birth　46, 49, 50, 51
　捜査　Orphans, adoption of　46
　阻止　Interdiction　534
　難民　Refugees　48, 49, 51
　博士号　Doctorates　811, 814
　不法入国（「移民」を参照）　Unauthorized　45
医薬品製造業　Pharmaceutical and medicine manufacturing　632, 641, 1009, 1011, 1027
医薬品店　Pharmacies and drug stores　159, 1048, 1051, 1053
イラク（「外国」を参照）　Iraq. (See Foreign countries.)
イラン（「外国」を参照）　Iran. (See Foreign countries.)
イリノイ（「州のデータ」を参照）　Illinois. (See State data.)
医療（「保健サービス」も参照）：　Medical care (see also Health services):
　消費者物価指数　Price indexes, consumer　142, 725, 726, 727, 739
　保健医療支出　Expenditures for　135, 136, 137, 138, 139, 140, 141, 539, 540, 541, 684, 686, 687, 1346
　保険支給　Insurance benefits　135, 136, 139
医療過誤保険　Medical malpractice insurance　1222
医療関係専門職、雇用　Medical sciences, employment　162, 616
医療研究　Medical research　135
医療サービス（「保健サービス」参照）　Medical services. (See Health services.)
医療設備用品製造業　Medical equipment and supplies manufacturing　632, 641, 1011
衣料品（「衣類およびアクセサリー小売店」も参照）：　Apparel goods (see also Clothing accessory stores):
　売上　Sales　1056
　価格　Prices　725, 726, 727, 737, 739
　消費者支出　Consumer expenditures　684, 686, 687
　貿易　Foreign trade　1308
衣料品製造：　Apparel manufacturing:
　工業生産指数　Gross domestic product　670, 1007
　国内総生産　Industrial production index　789
　財政　Finances　794
　事業所　Establishments　1011
　資本　Capital　781
　出荷　Shipments　1011
　所得　Earnings　632, 1009, 1011, 1017
　生産性　Productivity　641
　被雇用者　Employees　632, 1009, 1011, 1013, 1017
　貿易　Foreign trade　1312
　有害化学物質放出　Toxic chemical releases　382
　利潤　Profits　794
　労働災害補償　Occupational safety　660
医療保険　Insurance, medical care　135, 139, 140, 1364
衣類およびアクセサリー小売店：　Clothing and accessory stores, retail:
　e‐コマース　Electronic commerce　1024
　売上　Sales　756, 1049, 1051, 1053, 1059
　在庫　Inventories　1054
　財務　Finances　794
　自営業　Nonemployers　1049
　事業所　Establishments　756, 1042, 1048, 1049
　所得　Earnings　632, 1042, 1048, 1050
　生産性　Productivity　641
　被雇用者　Employees　632, 756, 1042, 1048, 1050

物価指数　Price indexes　727, 739
利益　Profits　794
イワシ　Sardines　900
印欧言語　Indo-European languages　236
印刷関連産業（「出版業」を参照）　Printing and related support activities. (See Publishing industry.)
飲酒運転による死亡事故　Alcoholism treatment　179, 206
飲食店（「料理店、喫茶店」を参照）　Drinking places. (See Food services and drinking places.)
飲食店（「料理店、喫茶店」を参照）：　Eating and drinking places. (See Food services and drinking places.)
飲食店、喫茶店：　Food services and drinking places:
　売上　Sales　746, 756, 1051, 1053, 1059, 1062, 1266, 1281, 1283
　財政　Finances　746
　自営業　Nonemployers　1273
　事業所　Establishments　756, 1042, 1047, 1272, 1273, 1274, 1283
　資本　Capital　781
　所得　Earnings　632, 756, 1050, 1272, 1274
　生産性　Productivity　641, 1272, 1273
　被雇用者数　Employees　632, 756, 1042, 1050, 1272, 1273, 1274, 1275
インターネットサービスプロバイダ、ウェブ検索ポータル、データ処理：　Internet service providers, Web search portals, data processing:
　財政　Finances　1129
　事業所　Establishments　756, 1128
　収益　Revenue　756, 1129, 1151
　所得　Earnings　632, 756, 1128
　被雇用者数　Employees　632, 756, 1128
インターネット出版、放送：　Internet publishing and broadcasting:
　財政　Finances　1129
　事業所　Establishments　756, 1128
　収益　Revenue　756, 1129, 1144
　所得　Earnings　632, 756, 1128
　被雇用者数　Employees　632, 756, 1128
インターネット利用　Internet access/use　1132, 1133, 1157, 1240, 1391
　活動　Activities　1159, 1160, 1161
　学校　Schools　251, 264
　公共図書館　Public libraries　1154
　接続　Connection type　1156, 1158, 1161
インディアナ（「州のデータ」を参照）　Indiana. (See State data.)
インド（「外国」を参照）　India. (See Foreign countries.)
インド人人口（「インド人口」を参照）＝　Asian Indian population を参照）　Indian, Asian population. (See Asian Indian population.)
インドネシア（「外国」を参照）　Indonesia. (See Foreign countries.)
インフラストラクチュア支出（「政府」を参照）　Infrastructure expenditures. (See Government.)
インフルエンザ　Flu (influenza)　117, 121
インフルエンザおよび肺炎　Influenza and pneumonia　117, 118, 119, 121, 123, 184
インフレーション（「消費者物価指数」「物価」を参照）　Inflation. (See, consumer, Consumer price indexes, and Prices.)
飲料、タバコ製造業：　Beverages and tobacco product manufacturing:
　工業生産指数　Industrial production index　789
　国内総生産　Gross domestic product　670
　雇用　Employees　632, 1009, 1011, 1013
　財政　Finances　794
　出荷　Shipments　1011, 1019, 1020
　消費　Profits　794
　所得　Earnings　632, 1009, 1011
　生産性　Productivity　641
飲料（「アルコール飲料」も参照）：　Beverages (see also Alcoholic beverages):
　支出　Expenditure　686, 687
　消費　Consumption　215

索　引　981

物価指数　Price indexes　725, 726, 727, 739, 742, 743

ウ

ウィスコンシン（「州のデータ」を参照）　Wisconsin. (See State data.)
ウィルシャー株価指数　Wilshire equity index　1207
ウェアクラブハウス、スーパーストア　Warehouse clubs and superstores　1048, 1051
ウエストバージニア（「州のデータ」を参照）　West Virginia. (See State data.)
ウォールナッツ（くるみ）　Walnuts　843, 864, 865
ウォリス・フツナ（「外国」を参照）　Wallis and Futuna. (See Foreign countries.)
ウガンダ（「外国」を参照）　Uganda (See Foreign countries.)
ウクライナ（「外国」を参照）　Ukraine (See Foreign countries.)
牛（「肉牛」および「乳製品」も参照）　Cows (see also Cattle and Dairy products)　871, 874, 875
失われた余命　Life years lost　130
ウズベキスタン（「外国」を参照）　Uzbekistan. (See Foreign countries.)
宇宙研究開発、連邦支出　Space research and technology, federal outlays　473, 821, 1040
宇宙産業、商用　Space industry, commercial　822
腕時計（「時計、腕時計」等を参照）　Watches. (See Clocks and watches.)
馬　Horses　843, 1241, 1246
埋め立て（「固形廃棄物」も参照）　Landfills (see also Solid waste)　377, 954
ウラニウム（「原子力発電」も参照）　Uranium (see also Nuclear power)　904, 922, 943
売上高（個々の商品および産業を参照）　Sales. (See individual commodities and industries.)
ウルグアイ（「外国」を参照）　Uruguay. (See Foreign countries.)
運転（「自動車」「運輸」も参照）：　Driving (see also Motor vehicles, and Transportation):
　運転免許取得者　Licensed drivers　1098
　酒酔　Intoxicated　1110, 1111, 1113
　死亡事故　Fatal accidents　1070, 1103, 1104, 1105
　衝突　Crashes　1107, 1112
　不注意運転　Distracted driving　1109
運動　Physical activity　212, 213
運動用具（「スポーツ用品」を参照）　Athletic goods. (See Sporting and athletic goods.)
運動用具　Exercise equipment　1232, 1250, 1251
雲母　Mica:
　生産量と生産額　Production and value　904, 905
　世界の生産　World production　908
　貿易　Foreign trade (sheet)　909
運輸（「自動車」および個々の車輌も参照）：　Transportation (see also Motor vehicles, and individual modes):
　運行量　Travel volume　1073, 1082
　エネルギー消費　Energy　928, 929, 930, 931, 932, 947
　貨物輸送　Freight　1302
　貨物輸送業　Carriers of property　1123, 1124
　建設額　Construction, value　964, 965
　港湾輸送　Port traffic　1086
　債券、株式利回り　Stock and bond prices and yields　1207
　事故　Accidents　1077, 1078, 1344
　支出　Expenditures　677
　消費者支出　Consumer expenditures　684, 685, 686, 687, 688
　消費者物価指数　Consumer price indexes　725, 726, 727, 739
　新規乗用車、トラック　New cars and new trucks　727
　発動機燃料　Motor fuel　727
　商品出荷　Commodity shipments　1071
　職業　Occupations　616, 626
　水上輸送　Waterborne commerce　1084, 1085, 1086, 1087
　生産者価格　Producer prices　738
　政府財政　Government finances　435, 436, 437, 438, 451, 452, 454, 473

政府職員および給与　Government employees and payrolls　462
代替燃料使用車　Alternative fueled vehicles　1097
大都市地区　Metropolitan areas　1076
トランジット補助金　Transit subsidies　1116
乗物で通勤　Commuting to work　1100
物価指数　Cost indexes　728
　観光商品　Tourism commodities　1265
　航空輸送　Airlines　1074
マイレージシステム　System mileage　1068
有害廃棄物出荷　Hazardous shipments　1071
利用者の苦情　Consumer complaints　1081
旅客輸送業　Carriers of passengers　1073, 1115, 1122, 1269
旅行状況　Travel trends　1264
連邦政府：　Federal government:
　支出　Outlays　473, 803
　州・地方政府に対する連邦政府補助金　Aid to state and local governments　432, 434
運輸、通信、公共資本産業（「エネルギー需給」「情報産業」「運輸保管業」「公益事業」も参照）：　Transportation, communications, and utilities industry (see also Energy, Information industry, Transportation and warehousing, and Utilities):
　資本　Earnings　769, 770, 771, 772, 773, 774, 775, 923, 924
　被雇用者　Employees　769, 770, 771, 772, 773, 774, 775, 923, 924, 958
　利益　Profits　923, 931, 951, 953, 955
運輸補助サービス産業　Transportation support services industry　1063, 1065, 1066

エ

エアロビクス　Aerobics　1249, 1251
映画音楽産業：　Motion picture and sound recording industry:
　国内総生産　Gross domestic product　670
　財政　Finances　1129
　事業所　Establishments　756, 1128, 1130
　資本　Capital　781
　生産性　Productivity　632
　総収入　Receipts, revenue　756, 1129, 1130, 1139, 1243
　賃金　Earnings　632, 756, 1128, 1130
　被雇用者数　Employees　632, 756, 1128, 1130
映画館　Movie theaters　1139, 1239, 1243
英語、話すことができる　English, ability to speak　55, 236, 252
エイズ（後天性免疫不全症候群）　AIDS (Acquired Immuno-Deficiency Syndrome)　122, 129, 184, 185, 186, 187, 1341
衛生設備（「保健」「下水道」を参照）　Sanitation. (See Health and Sewage treatment.)
HIV感染（「エイズ」も参照）　HIV infection (see also AIDS)　118, 119, 121, 122, 129, 185, 186, 187, 1341
栄養士、治療士　Dietitians and nutritionists　616
栄養素および栄養摂取量　Nutrients and nutritional intake　216
英領バージン諸島（「外国」を参照）　British Virgin Islands. (See Foreign countries.)
エクアドル（「外国」を参照）　Ecuador. (See Foreign countries.)
エクササイズ　Exercise program　1239
エジプト（「外国」を参照）　Egypt. (See Foreign countries.)
エスキモーの人口（「アメリカインディアン、アラスカ原住民」も参照）　Eskimo population. (See American Indian, Alaska Native population.)
SCHIP（「州の子供健康保険プログラム」を参照）　SCHIP (See Children's Health Insurance Program.)
エストニア（「外国」を参照）　Estonia. (See Foreign countries.)
エタノール　Ethanol　858, 933
エタン　Ethane　911
エチオピア（「外国」を参照）　Ethiopia. (See Foreign countries.)
エチレン　Ethylene　911

エネルギー需給（「電力産業」および種々の燃料も参照）：
　　　Energy (see also Electric light and power industry, and various fuel types):
　エネルギー支出　Expenditures　934, 928, 934, 1006
　エネルギー消費　Consumption　925, 930, 931, 932, 933, 1381
　源泉別エネルギー消費　Source　376, 925, 931
　再生可能資源　Renewable sources　925, 926, 932, 944, 945, 946, 954
　諸外国　Foreign countries　1381, 1382, 1383
　輸送業　Transportation　929
　用途別　End-use sector　376, 930, 931
　価格　Prices　730, 927, 947
　商業用建物のエネルギー需給　Commercial buildings　1006
　大気汚染物質の放射　Air pollutant emissions　372, 373, 374, 375, 376, 1389
　太陽熱利用設備、出荷　Solar collectors, manufacturer's shipments　944
　電力　Electric　923, 924, 928, 931, 934, 941, 942, 943, 945, 946, 947, 948, 949, 950, 951, 952, 953, 954
　物価指数：　Price indexes:
　　先物　Futures　735
　　消費者　Consumer　725, 726, 727
　　生産者　Producer　735, 737
　　用途部門　End-use sector　930, 931, 934
　連邦政府の歳出　Federal outlays　473
エリトリア（「外国」を参照）　Eritrea. (See Foreign countries.)
エルサルバドル（「外国」を参照）　El Salvador. (See Foreign countries.)
遠隔通信　Telecommunications　1034, 1145, 1391
遠隔通信産業（「放送局通信事業」も参照）：
　　Telecommunications industry (See also Broadcasting):
　財務　Finances　746, 1129, 1130, 1145, 1146
　事業所　Establishments　1128, 1130
　収益　Receipts　746, 1129, 1146
　所得　Earnings　632, 1128, 1130
　生産性　Productivity　641
　被雇用者　Employees　632, 1128, 1130
　放送局　Broadcast stations　1132
沿岸警備隊員　Coast Guard　386, 534
沿岸線　Shoreline　360, 364
沿岸部　Coastlines　362, 364
沿岸部人口　Coastal population　25, 26, 362
園芸用品（「建築資材、園芸用品」を参照）　Garden supplies. (See Building materials and garden supplies.)

オ

黄鉄鉱　Pyrites　906
オーストラリア（「外国」を参照）　Australia. (See Foreign countries.)
オーストリア（「外国」を参照）　Austria. (See Foreign countries.)
オーディオ機器　Audio equipment　739
オートバイ　Motorcycles　1098, 1103
　事故および死亡数　Accidents and deaths　1103
　燃料消費　Fuel consumption　929
　レース　Racing　1246
沖合探索機材貸付け　Offshore leases　914
オクラホマ（「州のデータ」を参照）　Oklahoma. (See State data.)
汚染：　Pollution:
　危険廃棄物所在地　Hazardous waste sites　384
　下水処理　Wastewater treatment　958
　産業　Industry　382
　自動車の汚染物質　Motor vehicle emissions　374
　重油流出　Oil spills　386
　大気汚染　Air　372, 373, 374, 375
　有害物質の放出　Toxic releases　381, 382, 383
おたふく風邪　Mumps　184
オハイオ（「州のデータ」を参照）　Ohio. (See State data.)
おひょう　Halibut　897

オフィス用具、文具、ギフト店　Office supplies, stationery, and gift stores　632, 641, 1048
オペラ　Opera　1234
オマーン（「外国」を参照）　Oman. (See Foreign countries.)
オランダ（「外国」を参照）　Netherlands. (See Foreign countries.)
オランダ領アンティル諸島（「外国」を参照）　Netherlands Antilles. (See Foreign countries.)
オリーブ　Olives　864
オレゴン（「州のデータ」を参照）　Oregon. (See State data.)
オレンジ　Oranges　218, 733, 843, 864
卸売業：　Wholesale trade:
　売上、収益　Sales　746, 749, 754, 755, 756, 757, 769, 770, 771, 772, 773, 774, 775, 1042, 1043, 1046, 1328
　外国人による投資　Foreign investments in U.S.　1292, 1294
　国内総生産　Gross domestic product　670, 672
　雇用と離職　Hires and separations　637
　在庫　Inventories　1046
　財務　Finances　746, 749, 794
　時間　Hours　630
　事業所　Establishments　756, 757, 759, 1042, 1043, 1044, 1322, 1328
　資本支出　Capital expenditures　781, 783, 785
　所得　Earnings　630, 632, 643, 756, 759, 760, 769, 770, 771, 772, 773, 774, 775, 1042, 1044, 1328
　生産性　Productivity　641
　設備、コンピュータソフトウェア支出　Equipment and software expenditures　783
　総所得　Profits　794
　多国籍企業　Multinational companies　796, 797, 798
　非雇用事業　Nonemployers　757
　被雇用者数　Employees　620, 630, 632, 756, 759, 760, 769, 770, 771, 772, 773, 774, 775, 1042, 1044, 1322, 1328
　労働災害補償　Occupational safety　660
音楽：　Music:
　e-コマース　E-commerce sales　1056
　音楽産業収益　Industry receipts　1140
　支出　Listening to　1237, 1238
　音楽家、作曲家　Musicians and composers　616
温室効果ガス　Greenhouse gases　375, 376
温室栽培、種苗栽培　Greenhouse and nursery crops　843

カ

ガーナ（「外国」を参照）　Ghana. (See Foreign countries.)
ガーネット（研磨剤）　Garnet (industrial)　904, 905
ガイアナ（「外国」を参照）　Guyana. (See Foreign countries.)
会員制健康医療団体　Health maintenance organizations (HMO)　154
会員制組織：　Membership organizations:
　事業所　Establishments　1274
　慈善団体への寄付　Charitable contributions　583
　従業員　Employees　632
　収入　Revenue　1284
　所得　Earnings　632
開業　Start ups, firms　763, 768
海軍　Navy, personnel　508, 510
会計、監査　Accountants and auditors　616, 618
会計、税務、簿記、給与計算：　Accounting, tax preparation, bookkeeping, and payroll services:
　財務　Finances　746
　自営業　Nonemployers　1273
　事業所数　Establishments　1273, 1274
　収益　Receipts　746, 1273, 1277
　所得　Earnings　632, 1274
　被雇用者数　Employees　632, 1274
介護・医療施設：　Nursing and residential care facilities:
　事業所　Establishments　756
　支出　Expenditures　134, 136, 137, 138, 140, 141
　資本　Capital　781
　収益　Receipts　160, 161, 756
　賃金　Earnings　632, 756

索　引　983

被雇用者　Employees　162, 632, 756
労働災害補償　Occupational safety　660
外国： 　Foreign countries:
　アルコール　Alcohol, consumption　1359
　医師　Physicians　1347
　移住　Migration　1333
　移民人口　Immigrant population　1333
　エイズ　AIDS　1341
　エイズ感染　HIV infection　1341
　エネルギー生産（消費と価格）　Energy production and consumption
　　　1380, 1381, 1382, 1383
　遠隔通信　Communications　1391, 1392
　外国生まれ　Foreign born　1333
　外国人旅行者　Visitors from　1271
　外国人口　Foreign population　1333
　開発援助　Development aid　1402
　開発途上国への援助　Aid to developing countries　1297, 1298, 1299,
　　　1402, 1403
　価格　Prices　1356, 1357
　家禽　Poultry　1372, 1376, 1377
　家計の純貯蓄　Net savings, households　1363
　家計の貯蓄率　Savings rates, households　1363
　ガス　Gas　1379, 1380, 1381, 1382, 1385
　片親世帯　Single-parent households　1337, 1338
　合衆国大学在籍者数　College students enrolled in U.S.　282
　合衆国直接投資　U.S. investment abroad　1203, 1204, 1296
　合衆国との貿易　Trade with United States　854, 1286, 1288, 1307, 1399
　合衆国の現役兵員　Military personnel, U.S. on active duty　509, 517
　合衆国の難民受入れ数　Refugees, admitted to U.S.　51
　合衆国への移民　Immigration to U.S.　45, 50, 51
　合衆国に対する外国投資額　Investment in U.S.　1168, 1205, 1206,
　　　1289, 1291, 1292, 1293, 1294
　株式および有価証券　Stocks and bonds　1203, 1204, 1205, 1206, 1394,
　　　1395, 1396, 1397
　為替相場　Exchange rates　1398
　観光　Tourism　1400
　気温（都市）　Temperature (cities)　1390
　気候　Weather　1390
　教育　Education　1371
　漁獲量　Fish catches　1375
　金融資産、負債（資金フロー）　Financial assets, liabilities (flow of
　　　funds)　1168
　軍事物資販売額　Military sales　518, 519
　軍隊兵員　Armed Forces personnel　1406
　経済指標　Economic indicators　1350, 1351, 1352
　経済部門別貢献　Economic sectoral contributions　1351
　携帯電話　Cellular phones　1392
　研究開発支出　Research and development expenditures　800, 1401
　原子力発電　Nuclear power generation　1380, 1381, 1382, 1387, 1388
　原油　Crude oil　936, 937, 1382, 1384
　降雨量（都市）　Rainfall in cities　1390
　降水量（都市）　Precipitation, in cities　1390
　鉱業　Minerals　1379
　交通事故死亡者　Traffic fatalities　1344
　購買力平価　Purchasing power parity　1348, 1349
　国際収支　International transactions, balances　1287, 1288, 1399
　国内総生産　Gross domestic product　1351
　国民総所得　Gross national income　1348
　穀物　Grain　852, 1372, 1373
　国境通過　Border crossings　1270
　国境線長　Border lengths　363
　小麦　Wheat　852, 1367, 1372, 1373, 1374
　米　Rice　852, 1372, 1373, 1374
　雇用、労働力人口　Employment and labor force　1350, 1353, 1354,
　　　1365, 1366, 1367, 1368, 1369, 1370
　婚姻および離婚　Marriage and divorce　1336, 1338
　債務　Debt　1360, 1404
　自殺　Suicide　1345
　失業　Unemployment　1365, 1366, 1367
　地熱発電　Geothermal energy　1380, 1381
　死亡者数および死亡率　Death and death rates　1339, 1344, 1345

　社会保障負担　Social security contributions　1361
　出生率　Fertility　1339
　出生数および出生率　Births and birth rates　1335, 1339
　消費支出　Consumption expenditures　1359
　消費者物価　Consumer prices　1356, 1357
　食肉　Meat　1372, 1376, 1377
　食糧消費量　Food consumption　1359, 1372, 1377
　食糧生産　Food production　1372, 1378
　女性　Women　1335, 1368
　所得税　Income taxes　1361, 1362
　人口　Population　1332, 1333, 1334
　人口動態統計　Vital statistics　1339
　水力発電　Hydroelectric power　1380, 1381, 1387
　生計費　Cost of living　1358
　生計費　Living costs　1358
　生産： 　Production:
　　工業　Industrial　1352
　　鉱産物　Minerals　908, 1379
　　作物　Crops　852, 1372, 1373
　　食肉　Meat　1372
　税収　Tax revenues　1360, 1361
　製造業　Manufacturing　1351, 1353, 1354, 1370
　政府財政　Government finances　1349, 1360, 1361
　税負担　Tax burden　1361, 1362
　石炭産出　Coal production　920, 1380, 1381, 1382, 1386
　石油　Oil　936, 937, 1382, 1384
　石油生産　Petroleum production　1380, 1381, 1382, 1384
　世帯および家族　Households and families　1337, 1338, 1359
　対外直接投資　Foreign direct investment　1405
　多国籍援助　Multilateral grants　1404
　多国籍企業　Multinational companies　798
　タバコ　Cigarettes　1343, 1359
　タバコ　Tobacco　1343, 1359
　地域　Area, of　1332
　天然ガス　Natural gas　1380, 1381, 1382, 1383, 1385
　電話サービス　Telephones　1391, 1392
　とうもろこし　Corn　1374
　特許　Patents　1393
　二酸化炭素の放出　Carbon dioxide emissions　1389
　二酸化炭素放出　Emissions　1389
　入院加療　Inpatient care　1347
　乳製品　Dairy　1372
　乳幼児死亡率　Infant mortality　1339
　年金　Pensions　1364
　年齢階層　Age distribution　1334
　農業　Agriculture　1351, 1372, 1373, 1374, 1378
　農産物貿易　Agricultural trade　851, 856, 1306
　博士　Doctors　1347
　博士号　Doctorates　811
　発展途上国　Developing countries　1331, 1403
　発電量　Electricity generation　1387
　非政府組織（NGO）　Nongovernmental organizations　1402
　肥満　Obesity　1342
　兵役適格者　Military manpower　1406
　平均余命、平均寿命　Life expectancy　1339, 1340
　貿易収支　Balance of payments　1399
　保健衛生支出　Health care expenditures　1346
　保険料　Insurance premiums　1364
　保有資産　Reserve assets　1399
　未婚の母　Unmarried women, births to　1335
　綿　Cotton　852, 1372, 1373
　有機農場　Organic farms　1378
　輸出入　Exports and imports　1305, 1374
　油肥種子　Oil seeds　852, 1372, 1373
　旅行者および費用　Travelers and expenditures　1261, 1267, 1268
　労働コスト　Labor costs　1353, 1354
　労働時間　Hours worked　1355
　労働生産性　Labor productivity　1355
　労働生産性　Productivity, labor, 1355
　労働力　Labor force　1333, 1365, 1368, 1369
外国生まれの人口　Foreign-born population　38, 40, 41, 42

外国　Foreign countries　1333
　雇用　Employment　589, 605, 1333
　婚姻状況　Marital status　40
　市　Cities　39
　州　States　38
　住宅保有　Tenure　40, 41
　就学状況　Educational attainment　40, 41
　収入　Income　40, 41
　所得　Earnings　40
　世帯　Households　40
　年齢　Age　40, 41
　博士　Doctorates　811, 814
　貧困状況　Poverty status　40
外国為替相場　Foreign exchange rates　1398
外国企業の合衆国内子会社　Foreign companies, U.S. affiliates　1292, 1293, 1294
外国語：　Foreign languages：
　学位授与数　Degrees conferred　301, 302, 303
　使用者数　Persons speaking　53, 54, 55, 236
　履修生徒数　Students enrolled　284
外国人学生数（高等教育機関）　Foreign students, college　282
外国人国外退去　Aliens, illegal deported　530, 532
外国投資　Foreign investments　1168, 1205, 1291, 1292, 1293, 1295
外国への援助　Foreign aid or assistance　1297, 1298, 1299, 1402, 1403
会社（「企業」および個々の企業と産業を参照）　Firms. (See Business enterprise, and individual types of businesses and industries.)
改築　Home remodeling　1003
開発援助　Development aid　1402
海兵隊　Marine Corps　508, 510
潰瘍　Ulcers　196
外来患者　Outpatient hospital visits　168, 172, 174
外来ケアセンター　Outpatient care centers industry　160
カイロプラクティック　Chiropractors　160
下院　House of Representatives　409, 410, 412, 413, 414
下院議員（「合衆国議会」を参照）　Representatives, U.S. (See Congress, U.S.)
化学（「物理科学」も参照）：　Chemistry (see also Physical sciences)：
　学位授与数　Degrees conferred　815
　雇用　Employment　616
　初任給　Salary offers　298
化学、学位授与　Chemical engineering, degrees conferred　815
科学器具（「器具」を参照）　Scientific instruments. (See Instruments.)
科学研究（「研究開発」を参照）　Scientific research. (See Research and development.)
科学者、技術者（個々の分野も参照）　Scientists and engineers (see also individual fields)：
　外国人　Non U.S. citizens　811, 814, 816
　学位授与数　Degrees conferred　301, 302, 303, 811, 812, 813, 814, 815
　雇用　Employment　616, 817, 819, 820
　産業部門別　Occupation　800, 812, 817
　特徴　Characteristics　816
化学製品：　Chemical products：
　生産　Production　789, 1028
　物価指数　Price indexes　737, 742, 743
　貿易　Foreign trade　1301, 1308, 1312
科学の能力　Science, literacy　1371
化学薬品製造業（個々の化学薬品も参照）：　Chemicals manufacturing (see also individual chemicals)：
　研究開発　Research and development　805, 806
　工業生産指数　Industrial production index　789
　国内総生産　Gross domestic product　670, 1007
　在庫　Inventories　1019, 1020
　財務　Finances　794
　事業所　Establishments　1009

　資本　Capital　781
　出荷　Shipments　1011, 1019, 1020
　所得　Earnings　632, 1009, 1011, 1017
　生産性　Productivity　641
　多国籍企業　Multinational companies　796, 797, 798
　被雇用者　Employees　632, 1009, 1011, 1013, 1017
　貿易　Foreign trade　1312
　有毒化学物質放出　Toxic chemical releases　381, 382, 383
　利潤　Profits　792, 794
カキ　Oysters　897, 899, 900
家禽類（「鶏卵」も参照）：　Poultry (see also Eggs)：
　価格　Prices　727, 733, 737, 846, 877
　家禽農場数　Number on farms　877
　価値　Value　877
　消費者支出　Consumer expenditures　686, 687
　消費量　Consumption　217, 869, 1372, 1377
　生産、売上　Production and sales　869, 877, 878, 1372, 1376
　農産物市場、売上　Farm marketings, sales　842, 843
　貿易　Foreign trade　853, 854, 855, 869
　有機認定　Organic　833
家具　Furniture　686, 687, 727, 737, 739, 743, 1308
家具、関連製品製造業：　Furniture and related product manufacturing：
　工業生産指数　Industrial production index　789
　国内総生産　Gross domestic product　670, 1007
　財務　Finances　794
　事業所　Establishments　1009
　資本　Capital　781
　出荷　Shipments　1011, 1019, 1020
　所得　Earnings　632, 1009, 1011, 1017
　生産性　Productivity　641
　被雇用者数　Employees　632, 1009, 1011, 1017
　貿易　Foreign trade　1312
　有毒化学物質の放出　Toxic chemical releases　382
　利益　Profits　794
　労働災害補償　Occupational safety　660
学位授与数（個々の分野も参照）　Degrees conferred (see also individual fields)　299, 300, 301, 302, 303, 304, 811, 812, 813, 814, 815
初任給　Salary offers　298
家具・建具（「器具」を参照）　Home furnishings. (See Appliances.)
家具・建具店　Home furnishings stores　632, 641, 1048, 1051
家具・什器小売業：　Furniture and home furnishing stores：
　売上　Sales　756, 1049, 1051, 1053, 1054, 1056
　在庫　Inventories　1054
　事業所　Establishments　756, 1048, 1049
　所得　Earnings　632, 756, 1048, 1050
　被雇用者　Employees　632, 756, 1048, 1050
　非雇用事業　Nonemployers　1049
学習障害　Learning disabilities　188
学生（「教育、在籍者数」を参照）　Students. (See Education, enrollment.)
覚醒剤（違法使用）　Methamphetamine, (See also Drugs, illegal)　207
確定拠出プラン　Defined contribution plans　1166, 1216
学力国際比較　Literacy, comparative　1371
家系　Ancestry　52
火災　Fires　390
火災、火災による損失　Fires and property loss　354, 356, 357
火災保険　Fire insurance　1222
ガザ地区（「外国」を参照）　Gaza Strip. (See Foreign countries.)
カザフスタン（「外国」を参照）　Kazakhstan. (See Foreign countries.)
果実：　Fruits：
　価格　Prices　727, 733, 737, 742, 846
　消費者支出　Consumer expenditures　684, 686, 687
　消費量　Consumption　218, 863
　生産量　Production　863, 864
　農産物市場取引、売上　Farm marketings and sales　841, 843

索　引　985

貿易　Foreign trade　848, 853, 855, 863, 1308
有機　Organic　833
果実飲料　Fruit juices　215, 218, 848
果実・野菜の保存加工　Fruit and vegetable preserving manufacturing　632, 1011
加重暴行　Aggravated assault　306, 307, 308, 309
家事労働　Household work　639
ガス（「ガス供給産業」「ガソリン」「石油」も参照）：　Gas (see also Gas utility industry, Gasoline, and Petroleum):
　液化石油ガス　Liquefied petroleum gases　911
　価格指数　Price indexes　727
　天然ガス　Natural　901, 906, 911, 917
　天然ガス、液体　Natural gas plant liquids　911, 916
　　エネルギー支出　Energy expenditures　928, 934
　　沖合探査機材の貸付け収入　Offshore lease revenues　914
　　外国貿易　Foreign trade　926, 935, 936, 1312
　　価格　Prices　730, 731, 737, 739, 927
　　家庭用消費　Residential　956
　　消費　Consumption　917, 925, 929
　　生産量と生産額　Production and value　911, 917, 918, 925, 1379, 1380
　　　指数　Indexes　903
　　諸外国の生産量　Foreign countries　1379, 1385
　　世界の生産量　World production　1379, 1380, 1385
　　非従来型天然ガス　Unconventional, dry　918
　　埋蔵量　Reserves　913, 917, 918
ガス供給産業（「公益事業」も参照）：　Gas utility industry (see also Utilities):
　売上　Sales　955, 956
　価格　Prices　955
　建設支出　Construction expenditures　955
　顧客　End users　955
　顧客数　Customers　955, 956
　財務データ　Finances　957
　事故および死亡者数　Accidents and deaths　1070
　収益　Revenues　924, 955, 956, 957
　主要マイル数　Mains, mileage　955
ガス・電気供給事業（「公益事業」も参照）　Gas and electric utilities. (See Utilities.)
風：　Wind:
　エネルギー源　Energy sources　925, 932, 945, 946, 954
　平均風速　Average speed　396
課税収入：　Tax receipts:
　ガソリン税と自動車税　Motor-fuel taxes and motor-vehicle fees　1093
　限界税率　Marginal tax Rates　494, 495
　財産税：　Property taxes:
　　郡政府　County government　459
　　市政府　City government　457
　　州および地方政府　State and local government　435, 436, 442, 453
　　主要大都市の居住財産税率　Rates, selected cities　448
　州および地方政府：　State and local government:
　　家計　Households　447
　　郡政府　County government　459
　　市政府　City government　448, 457
　　州政府　State government　451, 452, 454
　　税の種類　Type of tax　435, 436, 442
　　地方政府　Local government　455
　諸外国　Foreign countries　1360, 1361
　政府の税収、税の種類別　Governmental revenue, by type of tax　436
　連邦政府予算歳入　Federal budget receipts　475
河川・運河・港湾等　Rivers　365, 1084
家族（「世帯」を参照）　Families. (See Households.)
家族農場　Family farms　830, 831
ガソリン（「自動車燃料」も参照）：　Gasoline (see also Motor fuel):
　価格　Prices　730, 731, 739
　加工済自動車用ガソリン　Finished motor gasoline　910, 911
　ガソリン税　Excise taxes　1093
　混合組成　Blending components　926
　消費者支出　Consumer expenditures　684, 685, 686, 687, 688

輸送　Transportation　929
ガソリンスタンド、小売業：　Gasoline stations, retail:
　売上　Sales　746, 756, 1051, 1053, 1059, 1283
　給与　Earnings　632, 756, 1048
　雇用　Employees　632, 756, 1048
　財政　Finances　746
　事業所　Establishments　756, 1048
　生産性　Productivity　641
カタール（「外国」を参照）　Qatar. (See Foreign countries.)
片親世帯　Single-parent households　59, 64, 65, 66, 67, 1335, 1337, 1338
カタログ、メール注文販売　Catalog and mail order sales　1049, 1051, 1055, 1056
家畜、酪農品（「家畜」および個々の家畜も参照）：　Livestock and livestock products (see also Animals, domestic, and individual classes):
　価格　Prices　736, 743, 846, 870
　供給　Supply　869
　購入　Purchases　841
　飼育頭数、生産高　Number on farms　870, 871, 872, 874, 1327
　消費　Consumption　217, 869, 1377
　商品先物取引　Commodity futures trading　735
　生産量　Production　869, 870, 872, 873, 1376
　農産物市場取引、販売高　Farm marketings, sales　841, 843, 845, 1327
　農場価格　Value on farms　870
　貿易　Foreign trade　848, 850, 853, 855, 869, 1312
　有機　Organic　832
学校（「教育」も参照）：　Schools (see also Education):
　安全および警備　Safety and security　250
　いじめ　Bullying　251
　火器　Weapons　249
　学校数　Number　241, 265, 278, 280
　学校区　Districts　242, 429
　給食プログラム　Lunch programs　263, 570
　教育委員会、選出委員　Boards, elected officials　421
　コンピュータ利用　Computer use　264
　種類　Types　239, 241, 244, 263
　職業教育　Vocational　244, 263
　選択　Choice　238
　代替校　Alternative　244, 263
　チャーター・スクール　Charter schools　239, 263
　特殊教育　Special education　189, 190, 244, 263
　図書館　Libraries　264, 265
　PTA　Parent Teacher Association (PTA)　252
　PTO　Parent Teacher Organization (PTO)　252
　服装規定　Dress code　250
　放課後の活動　After-school activities　252
　募金活動　Fundraising　252
　保護者の参加　Parent participation　252
　ホームスクール　Homeschooling　240
　ボランティア　Volunteers　252
　マグネットスクール　Magnet schools　263
　薬物検査　Drug testing　250
各国のデータ（「外国」を参照）　Countries (See Foreign countries.)
合衆国議会：　Congress, U.S.:
　アジア、太平洋諸島民　Asian, Pacific Islanders　413
　開会日時数　Time, in sessions　414
　議員配分　Apportionment of　408
　キャンペーン予算　Campaign finances　426, 427
　黒人議員　Blacks　413
　女性議員　Women　413
　政党別構成　Composition of　412
　選挙区：候補者、得票数　Congressional districts　410
　先任順　Seniority　413
　投票率　Votes cast　398, 407, 409, 410
　ヒスパニック議員　Hispanics　413
　法律、法令、決議　Bills, acts, resolutions　414, 415
合衆国最高裁判所　Supreme Court, U.S.　331
合衆国証券（「債務」も参照）　United States securities (see

also Debt) 1169, 1177, 1197, 1198, 1199, 1201, 1205, 1206
合衆国政府の海外援助・販売　Foreign sales and assistance by U.S. government　518, 519, 1298, 1299
合衆国政府の歳出　Expenditures of U.S. government　431, 432, 434, 473, 676, 1092, 1297, 1298, 1299
　海外領土への援助　Aid to Island areas　434, 1318
　科学、宇宙　Science/space　821
　学校　Schools　222
　幹線道路　Public roads　434, 1092
　給与支払額　Payrolls　461, 462, 496, 497, 498
　教育（「連邦政府の教育助成金」を参照）Education. (See Federal aid to education.)
　芸術・人文科学への助成　Aid to the arts and humanities　1235
　研究開発　Research and development　799, 800, 801, 803, 804, 1357
　公的債務　Public debt　470
　国土安全保障　Homeland security　51, 525
　国防　National defense　503, 504, 740
　歳出　Budget outlays　469, 471, 472, 473, 474, 475
　歳出　Outlays　469, 470, 471, 472, 473, 474
　州、地方政府への補助金　Aid to state and local government　431, 432, 434, 1092
　食糧援助プログラム　Food programs, federal　570, 571
　退役軍人給付　Veterans benefits. (See Veterans affairs.)
　退職給付　Retirement benefits　538
　病院　Hospitals　172
　物価指数　Price indexes　740
　兵員数　Military personnel　505, 507
　保健　Health　134, 135, 136, 137, 138
　優先入札契約　Contract awards　505, 506, 507
合衆国政府の対外補助金と信用貸　Foreign grants and credits, U.S. government　1297
合衆国地方裁判所　District Courts, U.S.　332, 333, 336
合衆国の海外領土：　Island Areas of the U.S.:
　外国貿易　Foreign trade　1325
　合衆国政府の贈与　Aid by U.S government, 1318
　観光収入　Tourism　1286
　気象（プエルトリコ）Climate (Puerto Rico)　393, 394, 395, 396
　教育　Education　1315, 1321
　銀行および銀行業　Banks and banking　1321
　公園　Parks　1254
　公的扶助　Public aid　564, 1318
　財政　Finances　1323, 1324
　産業　Industry　1322, 1323, 1328
　産業別給与支払　Payroll by industry　1322, 1328
　事業所　Establishments　1322, 1328
　失業保険　Unemployment insurance　559
　死亡　Deaths　113, 116, 123
　社会保険　Social insurance　546
　収監者　Prisoners in　1317
　出生　Births　82, 1314
　商業　Commerce　1323, 1325
　経済要約　Economic summary　1322, 1328
　職種　Occupations　1316
　所得　Income　1321
　人口、面積　Population and/or area　358, 1313, 1321, 1332
　人口動態統計　Vital statistics　1314
　総生産　Gross product　1323
　対個人連邦政府直接給付　Federal payments　479, 1318
　対米投資　Foreign investment　1293
　地理　Geography　358
　農業　Agriculture　1326, 1327
　被雇用者　Employees　1322, 1328
　面積　Area　358
　労働力人口と雇用　Labor force and employment　1321
滑石、葉蝋石および石鹸石　Talc, pyrophyllite, and soapstone　904, 905
家庭園芸と道具　Garden activities and equipment　727, 737, 1242
家庭学習　Homeschooling　240
家庭・消費者科学、学位授与　Family and consumer sciences, degrees conferred　301, 302, 303

家庭食料援助サービス　Community food, housing services　576
家庭内使用言語　Languages spoken at home　53, 54, 55, 236, 252
家庭保健　Home health care　149, 616, 618
家庭保健サービス：　Home health care services:
　財政　Finances　160
　支出　Expenditures　136, 137, 138, 140
　収益　Earnings　632
　被雇用者　Employees　632
家庭用器具：　Appliances, household:
　売上、出荷　Sales and shipments　1041, 1056
　消費者支出　Consumer expenditures　686, 687
　世帯保有数　Homes with　988
　物価指数　Price indexes　727, 737
家庭用器具製造：　Appliances (household) manufacturing:
　在庫　Inventories　1020
　出荷　Shipments　1020
カドミウム　Cadmium　905, 908
カトリック教徒人口（「宗教」を参照）Catholic population. (See Religion.)
カナダ（「外国」を参照）Canada　360, 363 (See also Foreign countries.)
カナダ・メキシコとの国境線長　Borders, Canada and Mexico　363
蟹　Crabs　897, 899, 900
カフェテリア（「飲食店」を参照）Cafeterias. (See Eating and drinking places.)
株価利益率　Stockholders' equity, profit rates on　1178
株式：　Stocks:
　価格、利回り、発行高　Prices, yield, sales, issues, etc.　1198, 1200, 1207, 1209, 1394, 1395, 1397
　株式会社、資金フロー　Corporate, flow of funds　1166, 1201
　諸外国　Foreign　1204, 1205
　諸外国の証券市場指数　Foreign market indices　1396
　所有　Ownership　1211
　新規発行　New issues　1202
　生命保険　Life insurance　1201, 1221
　世帯　Households　720
　部門別所有　Holdings by sector　1168, 1170, 1201, 1204, 1206
株式会社：　Corporations:
　売上　Sales　749, 754, 755, 1022
　課税額：　Taxes:
　申告　Returns　744, 745, 753
　法人税　Corporate income tax　436, 451, 453, 455, 791
　株式および債券発行高　Stocks and bonds　1198, 1199
　財務　Finances　744, 745, 746, 747, 748, 749, 751, 752, 753, 754, 755, 1166, 1167, 1215
　慈善事業　Philanthropy　580
　資本　Capital　753
　収入　Receipts　744
　製造業　Manufacturing　1023
　配当支払　Dividend payments　791
　非金融会社　Nonfinancial　751, 752
　利潤　Profits　744, 791, 792, 793, 794, 1022, 1023
かぼちゃ　Squash (vegetable)　862
ガボン（「外国」を参照）Gabon. (See Foreign countries.)
紙製品：　Paper products, manufacturing:
　売上、出荷、利益　Sales　864, 879, 881, 882, 1011, 1019, 1020
　研究開発　Research and development　805
　工業生産指数　Industrial production index　789
　国内総生産　Gross domestic product　670, 883, 1007
　財政　Finances　794, 881
　事業所　Establishments　879, 880, 1009
　資本　Capital　781
　生産性　Productivity　641
　生産高　Output　894
　賃金　Earnings　632, 879, 880, 881, 882, 1009, 1011, 1017
　被雇用者　Employees　632, 879, 880, 882, 1009, 1011, 1013, 1017
　貿易　Foreign trade　1312
　有害化学物質の放出　Toxic chemical releases　382

索　引　987

利益　Profits　794
紙たばこ（「煙草製品」も参照）：　Cigarettes (see also Tobacco):
　喫煙者と喫煙　Smokers and use　204, 205, 207, 208
　消費　Consumption　1343, 1359
　物価指数　Price indexes　738
紙たばこ使用　Cigar smoking　207
雷　Lightning　388
紙パルプ産業：　Paper and paperboard products:
　再生　Recycling　378, 379
　生産　Production　893, 894
　生産者価格　Prices　737, 742, 892
　鉄道輸送量　Railroad car loadings　1123, 1124
　貿易　Foreign trade　1308
カメラ　Cameras　1033
カメルーン（「外国」を参照）　Cameroon. (See Foreign countries.)
貨物輸送（「航空輸送」「鉄道」「河川」「水路」を参照）　Freight traffic. (See Air transportation, Railroads, Rivers, and Waterways.)
カラオケ　Karaoke　1240
ガラス　Glass　377, 378, 379, 737
カリ（カリウム塩）　Potash (potassium salts)　904, 908, 909
仮釈放者（「矯正施設」「刑務所、囚人数」も参照）　Parolees (see also Correctional institutions, and Prisons and prisoners)　348
カリフォルニア（「州のデータ」を参照）　California. (See State data.)
カリフラワー　Cauliflower　218, 862
軽石　Pumice and pumicite　904, 905
ガレージ（「ガソリンスタンド」「自動車修理維持サービス」を参照）　Garages. (See Gasoline stations, and Automobile repair and maintenance service.)
癌（悪性腫瘍）　Cancer (malignancies)　169, 179, 182, 183
　死亡数　Deaths　117, 118, 119, 120, 121, 122, 123, 126, 183
肝炎　Hepatitis　122, 184
灌漑　Irrigation　371
眼科医　Ophthalmologists　164
柑橘類　Citrus fruits　218, 863, 864
環境（「汚染」も参照）：　Environment (see also Pollution):
　環境産業　Environmental industries　380
　慈善団体への寄付　Charitable contributions　583
　湿地帯　Wetlands　368, 370
　ボランティア　Volunteers　585
環境科学：　Environmental science　802, 808, 810, 815
玩具、スポーツ用品　Toys and sporting goods　727, 737, 1232, 1308
観光、国内および海外（「旅行」も参照）　Tourism, (see also Travel)　1260, 1261, 1262, 1263, 1264, 1265, 1266
　外国　Foreign　1267, 1268, 1269, 1270, 1271, 1400
肝硬変、死亡者数　Cirrhosis of liver, deaths　121, 122
観光輸送業　Scenic and sightseeing transportation industry　632, 1063, 1065, 1066
韓国（「外国」を参照）　Korea. (See Foreign countries.)
韓国（「外国」を参照）　South Korea. (See Foreign countries.)
看護師　Nursing personnel　165, 616, 618
監査（「会計、税務、監査、簿記、給与計算」を参照）　Auditing. (See Accounting, tax preparation, bookkeeping, and payroll services.)
カンザス（「州のデータ」を参照）　Kansas. (See State data.)
ガンジー（「外国」を参照）　Guernsey. (See Foreign countries.)
関税（「税収」を参照）　Tariff. (See Customs receipts.)
関節炎　Arthritis　196
幹線道路：　Highways:
　橋梁　Bridge inventory　1090
　建設着工額　Value of new construction　965
　事故　Accidents　1103, 1107, 1112, 1309
　自動車燃料消費　Motor fuel consumption　929, 1102
　自動車燃料税　Motor fuel tax　1093

州および地方政府の債務　Debt, state and local government　1094
州間道路長　Interstate mileage　1089
種類別道路長および使用状況　Types of roads　1088, 1089
道路支出：　Expenditures:
　合衆国政府　U.S. government　432, 434, 435, 1092
　郡政府　County government　460
　市政府　City government　458
　州および地方政府　State and local government　434, 435, 436, 437, 438, 443
　州政府　State government　451, 454
　地方政府　Local government　456
道路長　Mileage　1088, 1089
トランジット・セービング　Transit savings　1116
被雇用者数（州および地方政府）　Employees, government　462, 465
不注意運転　Distracted driving　1109
連邦政府助成による幹線道路の状況　Federal-aid systems　1088, 1092
ガンビア（「外国」を参照）　Gambia, The. (See Foreign countries.)
カンボジア（「外国」を参照）　Cambodia. (See Foreign countries.)
官有地（「森林」も参照）：　Public lands (see also Forests):
　国有林　National forests　884
　国立公園システム　National park system　1252, 1254, 1255
　州　States　1253
　所有者　Ownership　884
　面積　Area　367, 369, 884, 1254, 1255
　リース、使用許可、ライセンス　Leases, permits, licenses　914
　レクリエーション　Recreation　1252, 1254, 1255

キ

キーオープラン　Keogh plans　491, 1170
気温：　Temperature:
　海外の都市　Foreign cities　1390
　州（最高・最低）　States (highs and lows)　391
　都市　Cities　393, 394, 396
帰化　Naturalized citizens　47, 401
飢餓　Hunger　214
機械工学　Mechanical engineering　815
機械工業：　Machinery manufacturing:
　研究開発　Research and development　805, 806
　工業生産指数　Industrial production index　789
　国内総生産　Gross domestic product　670, 1007
　在庫　Inventories　1020
　財務　Finances　794
　事業所数　Establishments　1009
　資本　Capital　781
　出荷　Shipments　1011, 1019, 1020
　所得　Earnings　632, 1009, 1011
　生産性　Productivity　641
　被雇用者数　Employees　632, 1009, 1011, 1013
　貿易　Foreign trade　742, 743
　有害物質の放出　Toxic chemical releases　382
　利益　Profits　794
気管支炎、肺気腫等　Bronchitis　117, 120, 121, 122, 123, 169, 170, 198
機関車（鉄道）　Locomotives (railroad)　1122
企業（個々の企業および産業も参照）：　Business enterprises (see also individual types of business and industry):
　アジア系所有企業　Asian-owned businesses　768, 773
　アメリカインディアンおよびアラスカ原住民所有企業　American Indian-and Alaska Native-owned businesses　768, 775
　売上、出荷、収益　Sales, shipments, receipts　1018, 1020, 1021, 1024
　開業　Startups　763
　開設・閉鎖　Births and deaths of　764, 765, 766
　合衆国への外国直接投資　Foreign investment in the U.S.　1291, 1292, 1293, 1294
　株式会社、合資会社、個人企業　Corporations, partnerships, and proprietorships　580, 744, 746, 747, 748, 749, 754, 755
　企業年齢　Ages of firms　763, 764

988　索引

黒人所有企業　Black-owned businesses　768, 772
財務データ　Finances　744, 747, 748, 750, 751, 792, 794, 796, 797, 1023, 1024
産業別固定資本　Capital　781
事業所　Establishments　756, 758, 759, 762, 763, 764, 766
資金フロー　Flow of funds　1166
支払い給与額　Payroll　758, 761, 762
小企業　Small business　761, 762, 765, 767
少数民族所有　Minority-owned　768, 770
少数民族所有中小企業に対する融資　Loans to minority-operated small businesses　767
女性所有企業　Women-owned businesses　768, 769
先行指標　Leading indicators　787
退役軍準所有　Veteran.owned　768
多国籍企業　Multinational companies　795, 796, 797, 798
倒産および開件数　Expansions and contractions　764, 766
特許　Patents　778, 779, 1393
農業　Firms　761, 762, 763, 764, 766
白人所有　White.owned　768
破産登録件数　Bankruptcies filed　776, 777
ハワイ原住民およびその他の太平洋諸島民所有企業　Native Hawaiian and Other Pacific Islander-owned business　768, 774
被雇用者　Employees　758, 759, 761, 762, 763, 764, 766, 795, 1275
ヒスパニック所有企業　Hispanic-owned businesses　768, 771
利潤　Profits　791, 792, 793, 794, 1023, 1024
企業経営：　Management of companies and enterprises:
　研究開発　Research and development　805
　国内総生産　Gross domestic product　670
　財政　Finances　746, 749, 754
　事業所数　Establishments　759, 1272, 1273, 1274
　資本　Capital　781, 783, 785
　収入　Receipts　746, 749, 754, 755, 1272, 1273
　所得　Earnings　632, 759, 1272, 1274
　設備およびコンピュータソフトウェア支出　Equipment and software expenditures　783
　被雇用者数　Employees　632, 759, 1272, 1274
　利潤　Profits　756
企業廃止　Deaths, of businesses　764, 765, 766
器具および関連製品製造業：　Instruments and related products, manufacturing:
　外国貿易　Foreign trade　742, 743, 1312
　給料　Earnings　632, 1017
　国内総生産　Gross domestic product　1007
　雇用　Employees　632, 1017
　生産性　Productivity　641
　有害化学物質の放出　Toxic chemical releases　382
　利益　Profits　794
危険廃棄物　Hazardous waste/materials　384, 385, 1033, 1071
気候　Weather　388, 391, 392, 393, 394, 395, 396, 1390
気候、主要都市　Climate, selected cities:
　気温　Temperature　391, 393, 394, 1390
　降水量　Precipitation　395, 1390
既婚者（「婚姻状況」を参照）　Married persons. (See Marital status.)
既婚夫婦（「世帯または家族」を参照）　Married couples. (See Households or families.)
北朝鮮（「外国」を参照）　North Korea. (See Foreign countries.)
北マリアナ諸島（「合衆国の海外領土」を参照）　Northern Mariana Islands. (See Island areas of the U.S.)
基地、軍隊　Base, military closings　508
喫煙　Smoking　204, 205, 207
木と木材製品（「森林製品」「製材」を参照）　Wood and wood products. (See Forest products, and Lumber.)
ギニア（「外国」を参照）　Guinea. (See Foreign countries.)
ギニア・ビサウ（「外国」を参照）　Guinea-Bissau. (See Foreign countries.)
キプロス（「外国」を参照）　Cyprus. (See Foreign countries.)
キャピタルゲイン　Capital gains　485
キャベツ　Cabbage　862
キャンプ　Camping　1249, 1250

求職方法　Jobs　635, 636
牛肉（「食肉および食肉加工業」も参照）：　Beef (see also Meat and meat products):
　価格　Prices　727, 733, 737
　消費者支出　Consumer expenditures　684, 686, 687
　消費量　Consumption　217, 869, 1372, 1377
　生産　Production　869, 1372, 1376
　物価指数　Price indexes　727
　貿易　Foreign trade　850, 869
牛乳、クリームおよびその他の乳製品：　Milk, cream, and other dairy products:
　価格　Prices　733, 737
　消費量　Consumption　217, 876
　生産量　Production　874, 875, 876
　販売量　Sales　875
吸入薬常用者　Inhalants, persons using　207
キューバ（「外国」を参照）　Cuba. (See Foreign countries.)
キューバ系人口　Cuban population　37, 79, 86, 229, 588
給油所（「ガソリンスタンド」を参照）　Filling stations. (See Gasoline stations.)
給与支払（「所得・収益」および個々の産業を参照）　Payrolls. (See Earnings, and individual industries.)
給与賃金（「所得・収益」を参照）　Salaries and wages. (See Earnings.)
教育：　Education:
　安全警備対策　Safety and security measures　250
　いじめ　Bullying　251
　一般教育向上（GED）　General Education Development (GEDs)　275
　オンラインカリキュラム　Online curriculum　264
　外国　Foreign countries　1371
　外国語履修　Foreign language　236
　科学および工学　Science and engineering　808, 810, 811, 812, 813, 814, 815, 816, 1371
　価格指数　Price indexes　725, 727, 740
　学位取得者数　Degrees conferred　299, 300, 301, 302, 303, 304, 811, 814, 815
　初任給　Salary offers　298
　非居住外国人　Nonresident aliens　300
　学生の家庭における日常言語　Student language spoken at home　236
　学区　School districts　245, 429
　学校給食　Lunch programs　263, 570
　学校支出（「金融」も参照）：　Expenditures (see also Finances):
　　郡政府　County government　460
　　経営主体　Control　220
　　個人　Private　220
　　市政府　City government　458
　　州および地方政府の支出　State and local government　435, 451, 454
　　地方政府　Local government　456
　学校のコンピュータ使用状況　Computer use in schools　264
　学校の種類　School type　235, 239, 241, 252
　合衆国外の領土　Island areas of the U.S.　1315, 1321
　家庭学習　Homeschooling　240
　家庭における日常言語　Language spoken at home　236, 252
　カトリック系学校　Catholic schools　265
　寄付　Charitable contributions　583
　教育水準　Attainment　34, 36, 229, 230, 231, 233, 252, 1371
　　アジア系　Asian population　36
　　アジア系、太平洋諸島民　Asian and Pacific Islander population　229, 230
　　アメリカインディアン、アラスカ原住民　American Indian, Alaska Native population　36
　一般教育向上（GED）証書　General Education Development certificates (GEDs)　275
　インターネットへのアクセス　Internet access/use　1133, 1157, 1158
　外国生まれ　Foreign born　40, 41
　合衆国海外の領土　Island areas of the U.S.　1315
　高齢者　Elderly　34
　黒人、アフリカ系アメリカ人　Black, African American population

索　引　989

36, 229, 230, 231, 272, 273
雇用状況　Labor force status　593, 627
州別　States　233
諸外国　Foreign countries　1371
職業　Occupation　619
女性　Women　226, 230, 231
所得　Income　692, 698
人種　Race　36, 273
ハワイ原住民、その他太平洋諸島民　Native Hawaiian, Other Pacific Islander population　36
ヒスパニック人口　Hispanic origin population　36, 37, 229, 230, 231, 272, 280
貧困　Poverty　716
メディア利用者　Media users　1133
両親　Parents　238, 240
レクリエーション活動　Recreation activities　1239
教育能力テスト　Scholastic Assessment Test (SAT)　267
教員：　Teachers:
　異動　Mobility　257, 258
　カトリック系初等・中等学校　Catholic schools　265
　教員被雇用者数予測　Employment projections　221, 618
　高等教育　Higher education　278, 295
　小・中・高校　Elementary and secondary　242, 254, 256, 265
　面談　Conferences　252
教養　Literacy　1371
規律上の問題　Disciplinary problems　248
金属探知機　Metal detectors　250
芸術・レジャーへの参加　Participation in arts and leisure　1203, 1238
研究開発　Research and development　799, 801, 808, 809
建設費総額　Construction, value　964, 965
高校中退者　High school dropouts　233, 272, 273, 274
高等学校卒業者および中退者の雇用状況　Employment status of high school graduates and dropouts　274
高等教育機関：　Higher education institutions:
　外国生まれ学生　Foreign-born students　228, 816
　外国語　Foreign languages　284
　価格指数　Price indexes　290, 727
　学位授与数　Degrees conferred　221, 299, 300, 301, 302, 303, 304, 812, 811, 814, 815
　学生寮　Dormitory charges　293
　学校支出　Expenditures　220, 221
　研究開発　Research and development　799, 801, 808, 809, 1401
　高等教育機関数　Number　278, 280
　高等教育機関の財政　Finances　220, 221, 292
　高等教育機関への財政援助　Financial aid　291
　高等教育に対する助成金　Voluntary financial support　294
　在籍者数　Enrollment　219, 221, 225, 226, 227, 252, 277, 278, 279, 280, 282, 810
　州予算配分　State appropriations　292
　授業料　Tuition and fees　293
　常勤教員　Faculty　278, 295, 296, 297
　初任給、学位取得者　Salary offers, college graduates　298
　図書館　Libraries　305, 1152
　費用　Costs　288, 289
公立小・中・高校：　Public elementary and secondary schools:
　いじめ　Bullying　251
　火器、学校内　Weapons in school　249
　生徒への犯罪　Crimes against students　247
　学区　School districts　245, 429
　学校数　Number　241
　教員　Teachers　221, 242, 252, 255, 256, 257, 258, 260
　教員数　Personnel　259, 260
　規律上の問題　Disciplinary problems　248
　金属探知機　Metal detectors　250
　高等学校卒業者数　High school graduates　221, 270
　公立学校の財政　Finances　220, 221, 261, 262
　コンピュータ使用状況　Computer use　264
　在籍者数　Enrollment　219, 221, 225, 227, 241, 242, 246
　職業教育　Vocational education　244
　新式学校　Alternative education　244

チャータースクール　Charter schools　239
特別教育プログラム　Special education programs　189, 190, 241
服装規定　Dress code　250
募金活動　Fundraising　252
保護者の参加　Parent participation　252
国語　Reading　1371
在籍者数　Enrollment　219, 221, 223, 224, 225, 226, 227, 237, 241, 242, 246, 253, 277, 278, 280, 283, 810
外国生まれの学生　Foreign-born students　228
海外領土における就学　Island areas of U.S.　1315, 1321
カトリック系学校　Catholic schools　265
就学前教育（保育園、幼稚園）　Preprimary schools　225, 237
州別データ　States　246, 275, 287
障害のある　Disabled　285
ホームスクール　Homeschooling　240
財団からの教育機関への贈与　Grants to institutions from foundations　583
慈善事業　Philanthropy　580, 583
州および地方政府の雇用　Employment, state and local government　465
州別データ：　State data:
　高等教育　Higher education　280, 292
　小・中・高校　Elementary and secondary　244, 246, 256, 262, 270
　障害者教育プログラム対象生徒　Handicapped students　189
障害児童　Disabled students　189, 285
職業教育　Vocational education　244
私立小・中・高校：　Private elementary and secondary schools:
　学校数　Number　254, 265
　学校の支出　Expenditures　220
　教員　Teachers　257, 265
　キリスト教系　Church related　238
　公立校選択制度　School choice　238
　コンピュータ使用状況　Computer use　258
　小学校・中学校在籍者数　Enrollment　219, 220, 225, 227, 254, 265
数学　Math　1371
成人教育　Adult education　1371
選択教育校　Alternative school　244
大学新入生　College freshman　286, 287
チャータースクール　Charter schools　239
テスト　Tests, standardized　267, 268, 269, 1371
特別教育プログラム　Special education programs　189, 190, 263, 265
犯罪　Crime incidents　247, 249, 251, 317
PISA　Program for International Student Assessment (PISA)　1371
PTA　Parent Teacher Association (PTA)　252
服装規定　Dress code　250
米国大学入学試験プログラム　American College Testing (ACT) Program　268
放課後の活動　After-school activities　252
募金活動　Fundraising　252
保護者の参加　Parent participation　252
ボランティア活動　Volunteers　252, 585
マグネットスクール　Magnet schools　263
モンテッソーリ教育法の学校　Montessori schools　265
薬物テスト　Drug testing　250
連邦政府助成　Federal aid　222, 291, 432, 433, 434, 539, 540, 541, 799, 801, 808, 809
連邦政府の学費貸付および給付金　Loans and grants, federal government　291
教育健康サービス：　Education and health services:
　雇用と退職　Hires and separations　637
　時間　Hours　630
　所得　Earnings　630, 632, 644
　被雇用者数　Employees　630, 631, 632
教育サービス：　Educational services:
　工業　Industry　756
　国内総生産　Gross domestic product (GDP)　670
　雇用と離職　Hires and separations　637
　財務　Finances　746, 749
　事業所　Establishments　756, 757, 759, 760
　資本　Capital　781, 783, 785
　収益　Receipts　746, 749, 754, 755, 756, 757, 769, 770, 771, 772, 773,

774, 775
所得　Earnings　643, 756, 759, 760, 769, 770, 771, 772, 773, 774, 775
設備およびコンピュータソフトウェア支出　Equipment and software expenditures　783
非雇用　Nonemployers　757
被雇用者数　Employees　621, 630, 632, 756, 759, 760, 769, 770, 771, 772, 773, 774, 775
利潤　Profits　793
労働災害補償　Occupational safety　660
教育費指数　Educational expense indexes　727
教員：　Teachers:
　学位授与　Degrees conferred　300, 301, 302, 303
　カトリック系学校　Catholic schools　265
　高等教育機関　Higher education institutions　278
　公立学校　Public schools　221, 242, 256
　　学校数　Number　221, 242, 254, 255, 256
　　給与　Salaries　242, 256
　　経験年数および所有学位　Experience, and degrees held　255
　　雇用　Employment　242, 254, 278, 296, 297, 616
　　雇用の予測　Projections　221, 618
　　州別データ　States　256
　私立学校　Private schools　265, 266
　面談　Conferences　252
教会（「宗教」も参照）：　Churches (see also Religion):
　聖職者　Clergy　616
　学校　Schools　238
　教会数および教会会員数　Membership　76
　建築総額　Construction value　966
　贈与（財団）　Grants, foundations　580, 583
　ボランティア　Volunteers　585
供給原料　Feedstock　933
狂犬病　Rabies　184
教師との面談　Parent Teacher Conferences　252
行政（「政府」を参照）　Public administration. (See Government.)
矯正施設（「刑務所、囚人数」も参照）：　Correctional institutions (see also Prisons and prisoners):
　支出　Expenditures　345, 451, 454
　囚人数　Prisoners　347, 1317
　被雇用者数　Employment　465, 616
行政当局による刑罰　Capital punishment　352, 353
共同経営（事業所と財務）　Partnerships, establishments and finances　744, 745, 746, 748, 749
橋梁　Bridges　1090
魚貝類：　Shellfish:
　売上　Sales　898
　価格　Prices　737
　缶詰、生産量と生産高　Canned, quantity and value　900
　漁獲（水揚げ量および水揚げ高）　Catch, quantity and value　897
　消費量　Consumption　217
漁業　Fishing, commercial　895, 896, 897, 900, 1375
漁獲量、水揚げ高　Fishing and hunting industry　769, 770, 771, 772, 773, 774, 775, 880, 883, 1249, 1250, 1256, 1269
居住用建物（「建設産業」および「住宅供給および住宅ユニット」を参照）　Residential buildings. (See Construction industry, and Housing and housing units.)
拒否権を行使した法案　Vetoed bills, Congressional　415
ギリシャ（「外国」を参照）　Greece. (See Foreign countries.)
キリバス（「外国」を参照）　Kiribati. (See Foreign countries.)
キルギスタン（「外国」を参照）　Kyrgyzstan. (See Foreign countries.)
金：　Gold:
　価格　Prices　737, 905, 906
　雇用　Employment　901, 903, 905
　消費　Consumption　905
　生産量、生産額　Production and value　904, 905, 908, 1379
　貿易　Foreign trade　905, 1308
　保有資産　Reserve assets　1290
銀　Silver　904, 908, 909, 914
　価格　Prices　905, 906
　雇用　Employment　870

消費量　Consumption　905
生産量、生産額　Production and value　905, 908, 914
世界の生産　World production　908
輸出入　Foreign trade　905, 909
銀器（「宝石」を参照）　Silverware. (See Jewelry.)
緊急医療局　Emergency medicine, departments　164, 168, 170
緊急シェルター　Emergency shelters　575
銀行預金（「銀行」を参照）　Deposits. (See Banks.)
金属：　Metals　901, 904, 905, 906, 908, 909, 1123
　価格　Prices　735, 737, 742
　スポット価格指数　Spot market price indexes　736
　生産量と生産額　Production and value　903, 904, 905
　世界の生産量　World production　908, 1379
　鉄道輸送量　Railroad, car loadings of　1123, 1124
　貿易　Foreign trade　1308, 1312
金属鉱業　Metal ore mining industry　901, 902, 903, 670
金属工作機械　Metalworking manufacturing　632, 641, 1011
金属探知機　Metal detectors, in public schools　250
ギンダラ　Sailing　1249
金融機関（「商業銀行」「信用組合」「貯蓄組合」を参照）　Financial institutions. (See Banks, commercial; Credit unions; and Savings institutions.)
金融業　Finance companies　1166, 1167
　消費者信用　Consumer credit　1190, 1191
　法人資金　Corporate funds　752
金融市場口座、資金　Money market accounts, funds　750, 1166, 1168, 1169, 1199, 1170, 1213
金融市場利率　Money market rates　1197
金融制度と銀行、資金フロー　Monetary authorities, flow of funds　1166, 1201
金融犯罪　Financial crime　339
金融・保険業：　Finance and insurance industry:
　売上と収益　Sales or receipts　746, 749, 754, 755, 756, 757, 769, 770, 771, 772, 773, 774, 775, 1163, 1164
　合衆国への外国直接投資ポジション　Foreign investments in U.S.　1292
　金融　Finances　746, 749, 1166, 1190, 1323
　国内総生産　Gross domestic product　670, 672, 1162, 1323
　雇用と離職　Hires and separations　637
　自営業　Nonemployers　757, 1164
　時間　Hours　630
　事業所　Establishments　756, 757, 759, 1163, 1164, 1165
　資本　Capital　781, 783, 785, 1202
　所得　Earnings　630, 632, 643, 644, 756, 759, 760, 769, 770, 771, 772, 773, 774, 775, 1163, 1165
　設備およびコンピュータソフトウェア支出　Equipment and software expenditures　783
　多国籍企業　Multinational companies　796, 797
　被雇用者　Employees　605, 620, 630, 631, 632, 756, 759, 760, 769, 770, 771, 772, 773, 774, 775, 1163, 1165
　利潤　Profits　793
　労働組合員　Union membership　665
　労働災害補償　Occupational safety　660

ク

グアテマラ（「外国」を参照）　Guatemala. (See Foreign countries.)
グアドループ（「外国」を参照）　Guadeloupe. (See Foreign countries.)
グアム（「合衆国の海外領土」を参照）　Guam. (See Island areas of the U.S.)
グアム人口　Guamanian population　1313
クウェート（「外国」を参照）　Kuwait. (See Foreign countries.)
空軍兵員　Air Force, personnel　508, 510
空港、飛行場　Airports or airfields　1083
　営業中の地方航空会社　Serving regional airlines　1082
　航空輸送　Traffic　1075, 1080, 1269
　州および地方政府への連邦政府補助金　Federal aid to state and local government　432

索　引　991

空室率（住宅）　Vacancy rates, housing　982, 984, 985, 986, 987
靴（「履物」を参照）　Shoes. (See Footwear.)
苦痛緩和剤（違法使用）　Pain relievers, illegal use　207
クック諸島（「外国」を参照）　Cook Islands. (See Foreign countries.)
靴店　Shoe stores　632, 641, 1051
組合　Union membership　664, 665, 666
組立金属製品製造業：　Fabricated metal product manufacturing:
　研究開発　Research and development　805
　工業生産指数　Industrial production index　789
　国内総生産　Gross domestic product　670, 1007
　財務　Finance　794, 1030
　事業所　Establishments　1009
　資本　Capital　781, 1295
　出荷　Shipments　1011, 1019, 1020
　所得　Earnings　632, 1009, 1011, 1017
　生産性　Productivity　641
　被雇用者数　Employees　632, 1009, 1011, 1013, 1017
　貿易　Foreign trade　1030, 1312
　有害化学物質放射　Toxic chemical releases　382
　利潤　Profits　792, 794
　労働災害補償　Occupational safety　660
クラシック音楽　Classical music　1237, 1238
クラックコカイン　Crack cocaine. (See cocaine.)
クランベリー　Cranberries　864
グリーンランド（「外国」を参照）　Greenland. (See Foreign countries.)
クリスチャン人口（「宗教」を参照）　Christian population. (See Religion.)
クリスマスツリー　Christmas trees　843
クリプトスポルジア症　Cryptosporidiosis　184
グリンピース　Peas, green　862
クルーズ運航産業　Cruise industry　1260
グルジア（「外国」を参照）　Georgia. (See Foreign countries and State data.)
グレープフルーツ　Grapefruit　218, 733, 864
クレジットカード　Credit cards　1173, 1184, 1188, 1189, 1190, 1195
グレナダ（「外国」を参照）　Grenada. (See Foreign countries.)
クロアチア（「外国」を参照）　Croatia. (See Foreign countries.)
クロスカントリー（ランニング）　Cross country (running)　1247, 1248
クロスワードパズル　Crossword puzzles　1240
クロム　Chromium　909
クロム鉄鉱　Chromite　1379
軍事学、学位授与数　Military sciences, degrees conferred　301
軍事基地　Military bases　507, 508
軍事支出　Military outlays　503, 504
郡政府　County governments　428, 429
　公選公務員　Elected officials　421
　債務　Debt　460
　財政　Finances　459, 460
　被雇用者　Employees　468
軍隊、兵力　Armed Forces　508, 509, 510, 511, 512, 513, 515, 517, 1406
軍務：　Military services:
　給与支払い総額　Payroll　505, 507
　給与等級　Pay grades　511
　支出　Expenditures　505, 506, 507, 528
　死傷者　Casualties　516
　州兵　National Guard　515
　生存退役軍人　Retirees　505
　退職金制度　Retirement system　512, 538, 548
　兵員数　Personnel　505, 507, 508, 509, 510, 511, 517
　予備役　Reserves　513, 514
　落札契約額　Contract and grant awards　505, 506, 507

ケ

経営、支援、廃棄物処理、再生サービス産業：　Administrative & support & waste management & remediation services industry:
　e‐コマース　Electronic commerce　1278
　売上、出荷、収益　Sales　746, 749, 754, 755, 756, 757, 769, 770, 771, 772, 773, 774, 775, 1272, 1273, 1280
　給与　Payroll　1274
　国内総生産　Gross domestic product　670
　財務　Finance　746, 749
　自営業　Nonemployers　757, 1273
　事業所　Establishments　756, 757, 759, 1272, 1273, 1274, 1276
　資本　Capital　781, 783, 785
　所得　Earnings　630, 632, 643, 756, 759, 760, 769, 770, 771, 772, 773, 774, 775, 1272, 1274, 1276
　生産性　Productivity　641
　設備およびコンピュータソフトウェア支出　Equipment and software expenditures　783
　被雇用者数　Employees　630, 632, 756, 759, 760, 1272, 1274, 1276
　利潤　Profits　756
　労働災害補償　Occupational safety　638
経営者所得　Proprietors' income　678
景気循環　Business cycles　786
経済援助、外国　Economic aid, foreign　1298
経済成長率　Economic growth rates　668
警察（「法的処分」および「公安」を参照）　Police. (See Law enforcement and Public safety.)
刑事裁判の支出　Criminal justice expenditures　345
芸術、人文科学：　Arts and humanities:
　寄付　Charitable contributions　580, 583
　参加　Participation　1237
　慈善　Philanthropy　580, 583
　州　States　1236
　州別承認予算額　Appropriations by state　1236
　助成・援助　Aid to　1235
　贈与、財団　Grants, foundations　583
　入場者数　Attendance　1234, 1238
　連邦助成金額　Federal aid　1235
芸術、レクリエーションおよび旅行：　Arts, recreation, and travel:
　給料　Payroll　1231
　国内総生産　Gross domestic product　670
　雇用と離職　Hires and separations　637
　財政　Finances　746, 749, 1228, 1230
　時間　Hours　630
　事業所　Establishments　756, 757, 759, 1229, 1230, 1231
　資本　Capital　781, 783, 785
　収益　Receipts, revenue　746, 749, 754, 755, 756, 757, 769, 770, 771, 772, 773, 774, 775, 1228, 1230, 1231
　所得　Earnings　630, 632, 643, 756, 759, 760, 769, 770, 771, 772, 773, 774, 775, 1230
　生産性　Productivity　641
　設備およびコンピュータソフトウェア支出　Equipment and software expenditures　783
　賭博　Gaming　1258, 1259
　非雇用　Nonemployers　757, 1231
　被雇用者　Employees　630, 632, 756, 759, 760, 769, 770, 771, 772, 773, 774, 775, 1229, 1230, 1231
　利益　Profits　793
　労働災害補償　Occupational safety　660
芸術家　Artists, employed　616
芸術鑑賞、観戦スポーツ：　Performing arts, spectator sports industry:
　事業所数　Establishments　756, 1230, 1231
　資本　Capital　781
　収入、歳入　Receipts, revenue　756, 1192, 1227
　所得　Earnings　632, 756, 1230
　被雇用者数　Employees　632, 756, 1231
　非雇用事業所　Nonemployers　1230
　労働災害補償　Occupational safety　660

珪藻土　Diatomite　904, 905
携帯電話（「電話事業体」を参照）　Cellular telephones (see also Telephone carriers.)　1112, 1113, 1148, 1354, 1391
携帯電話およびその他の無線遠隔通信　Cellular and other wireless telecommunications　251, 1128, 1129
警備サービス従事者（「公安」を参照）　Protective service workers. (See Public safety.)
ケイマン諸島（「外国」を参照）　Cayman Islands. (See Foreign countries.)
刑務所、囚人数（「矯正施設」も参照）　Prisons and prisoners (see also Correctional institutions)　347, 348, 350, 351, 352, 353, 1317
　死刑　Death sentences　351, 352, 353
　死刑執行　Executions　352, 353
　支出　Expenditures　451, 454
　1人当たり　Per capita　345
　収監者の諸特徴　Inmate characteristics　348
鶏卵（「家禽類」も参照）：　Eggs (see also Poultry):
　価格　Prices　727, 733, 737, 877
　消費　Consumption　217
　生産　Production　877
　農産物市場（売上）　Farm marketings, sales　843
ケープヴァード諸島（カーボヴェルデ諸島）、（「外国」を参照）　Cape Verde. (See Foreign countries.)
ケーブルテレビ（CATV）、その他有料テレビサービス　Cable and other pay television services　727, 1132, 1132, 1333, 1279
ケーブルテレビおよびその他の有線番組サービス：　Cable and other subscription programming:
　雇用　Employees　632, 1128
　財政　Finances　1129, 1143
　事業所　Establishments　1128
　収益　Revenue　1129, 1143
　賃金　Earnings　632, 1128
ゲーム　Gaming　1033, 1258, 1259
外科処置　Surgical procedures　171, 180, 181
劇場　Theaters　1234, 1235, 1240
化粧品、香水等、貿易　Cosmetics, foreign trade　727, 737
化粧用品、化粧品　Toilet articles and preparations　677
下水処理　Wastewater treatment　923, 924, 958
下水道設備　Sewage treatment systems　923, 924, 958
　建設　Construction　438
　歳出　Expenditures　435, 436, 437, 438
　支出　Prices　727
　住宅　Residences　988, 992
結核　Tuberculosis　172, 184, 185
血管心臓撮影　Angiocardiography　171
結婚と離婚（「婚姻状況」も参照）　Marriages (see also Marital status)　78, 131, 132, 133, 1336
血中アルコール濃度　Blood poisoning (See Septicemia.)
ケニア（「外国」を参照）　Kenya. (See Foreign countries.)
ゲルマニウム　Germanium　905
ケロシン　Kerosene　911
幻覚剤　Hallucinogenic drugs　207
研究開発：　Research and development:
　研究開発支出：　Expenditures:
　　外国　Foreign countries　800, 1401
　　国防関連　National defense　799, 1401
　　産業別　Industry　799, 801, 805, 806, 1401
　　製造業　Manufacturing　780
　　大学における研究開発　College and universities　799, 801, 808, 1401
　　非営利団体　Nonprofit　799, 801
　　連邦政府　Federal　799, 800, 801, 802, 803, 804, 809, 1401
　　航空宇宙関連　Space related　799, 803
　雇用　Employment　820, 1275
　州　State　807
研究所、医学、歯学　Laboratories, medical and dental　160
現金自動預け払い機（ATM）　ATMs (automated teller machines)　1184, 1185
現金自動預け払い機（ATM）　Automatic bill payment　1185

健康・教育サービス産業　Health and education service industries　631, 665
健康グッズ：　Health and personal care stores:
　売上　Sales　756, 1049, 1051, 1053, 1054
　自営業　Nonemployers　1049
　事業所　Establishments　756, 1048, 1049
　所得　Earnings　632, 756, 1048
　生産性　Productivity　641
　被雇用者数　Employees　632, 756, 1048
原鉱石（個々の原鉱石も参照）　Ores, crude (see also individual ores)　1308
健康保険（「保健サービス」「保険業」「メディケイド」「メディケア」「SCHIP」も参照）：　Health insurance (see also Health services, Insurance carriers, Medicaid, Medicare, and SCHIP):
　加入者、支払い　Enrollment and payments　145, 147, 151, 152, 153, 154
　健康保険加入状況　Coverage　145, 148, 155, 156, 157, 158
　健康保険支出　Expenditures　134, 135, 136, 137, 138, 139, 140, 141, 143, 145, 158, 538, 684, 685, 686, 687, 688, 739
　児童健康保険制度　State Children's Health Insurance program　145
　支払い　Contributions　158
　生命保険会社、保険料および保険証券　Premiums and policy reserves, life insurance companies　1221
健康保険産業就業者　Health insurance industry, employment　162
原子力発電　Nuclear power　941, 942, 943
　原子炉数　Reactors　942, 1388
　最大発電能力　Capacity　941, 942, 1388
　州別データ　State data　941, 942, 948
　商業用発電量　Commercial generation, by country　1388
　消費電力　Consumption　925, 926, 1381, 1382
　発電量　Production　941, 942, 948, 1380, 1387, 1388
建設許可（「建設産業」「住宅供給および住宅ユニット」も参照）　Building permits. (See Construction industry, and Housing and housing units.)
建設材料（「建設資材」を参照）　Construction materials. (See Building materials.)
建設産業（「建築資材」および「幹線道路」も参照）：　Construction industry (see also Building materials and Highways):
　居住用建物　Residential　968, 969, 970, 971
　建設契約額　Construction contracts　966, 967
　国内総生産　Gross domestic product　670, 1323
　雇用と離職　Hires and separations　637
　財務　Finances　746, 749, 1323
　自営業　Nonemployers　757
　事業所　Establishments　756, 757, 759, 961, 1328
　事業費総額　Value, of　963, 964, 965
　資本　Capital　781, 783, 785
　出荷、収益　Shipments, receipts　744, 746, 749, 754, 755, 756, 757, 769, 770, 771, 772, 773, 774, 775
　所得　Earnings　630, 632, 643, 644, 756, 759, 760, 769, 770, 771, 772, 773, 774, 775, 961, 1328
　生産者価格指数　Producer price indexes　962
　設備およびコンピュータソフトウェア支出　Equipment and software expenditures　783
　認可建物数　Building permits　968
　被雇用者　Employees　620, 630, 631, 632, 661, 756, 759, 760, 769, 770, 771, 772, 773, 774, 775, 817, 961, 1328
　利潤　Profits　744, 793
　労働組合　Unions　665
　労働災害補償　Occupational safety　657, 660
建設用機械製造業：　Construction machinery, manufacturing:
　在庫　Productivity　641
　出荷　Shipments　1011
　所得　Earnings　632, 1011
　被雇用者数　Employees　632, 1011
ケンタッキー（「州のデータ」を参照）　Kentucky. (See State data.)
建築家　Architects　616

建築業（「工学者・建築サービス」を参照） Architectural services. (See Engineering and architectural services.)
建築資材、園芸用品（小売店）： Building materials, and garden supplies stores:
　e-コマース　Electronic commerce　1055
　売上　Sales　756, 1049, 1051, 1053, 1059
　在庫　Inventories　1023
　自営業　Nonemployers　1049
　事業所　Establishments　756, 1048, 1049
　所得　Earnings　632, 756, 1048
　生産性　Productivity　641
　被雇用者　Employees　632, 756, 1048
原油（「石油および石油製品」も参照）： Crude oil (see also Petroleum and products):
　価格　Prices　730, 737, 738, 906, 910, 927
　生産量　Production　904, 910, 911, 914, 925, 938, 1348
　貿易　Foreign trade　910, 911, 926, 936, 937, 938

コ

コークス（「石炭」を参照）　Coke. (See Coal.)
コートジボアール（「外国」を参照）　Cote d'Ivoire. (See Foreign countries.)
コーヒー： Coffee:
　価格　Prices　727, 733, 737
　消費　Consumption　215, 217
　物価指数　Price indexes　727
　貿易　Foreign trade　848, 850
公安（「法的処分」も参照）： Public safety (see also Law enforcement):
　雇用　Employment　616
　警察治安および矯正施設　Police protection and correction　462, 465
　市政府　City government　467
　消防　Fire protection　355, 462, 465
　支出： Expenditures:
　　郡政府　County government　460
　　建設　Construction, value　964, 965
　　市政府　City government　458
　　州政府　State government　451, 454
　　州・地方政府　State and local government　435, 471
　　地方政府　Local government　456
降雨量　Rainfall, selected cities　1390
公営交通機関指数　Public transportation　686, 687, 727
公益事業（「電力産業」「ガス供給産業」も参照）： Utilities (see also Electric light power industry, and Gas utility industry.):
　売上、出荷、収入　Sales　746, 749, 754, 755, 756, 757, 769, 770, 771, 772, 773, 774, 775
　ガス　Gas　955, 956, 957
　下水処理　Sewage treatment　924, 958
　工業生産指数　Industrial production index　789
　顧客数および販売額　Customers and bills　952
　国内総生産　Gross domestic product　670
　財政　Finances　746, 749
　産業　Industry　756, 923, 924, 949
　時間　Hours　630
　事業者　Investor owned　953
　事業所　Establishments　756, 757, 759, 924
　支出　Expense　953
　資本　Capital　781, 783, 785, 924, 955, 956, 958, 959, 960
　州別　States　951
　純夏期負荷　Net summer capacity　949
　純発電量　Net generation　949, 952
　所得　Earnings　630, 632, 643, 644, 756, 759, 760, 769, 770, 771, 772, 773, 774, 775, 923, 924
　所得　Income　953
　生計費　Cost of living　728
　生産性　Productivity　641
　設備およびコンピュータソフトウェア支出　Equipment and software expenditures　783
　多国籍企業　Multinational companies　796, 797
　電力　Electric　949
　被雇用者　Employees　630, 632, 756, 759, 769, 770, 771, 772, 773, 774, 775, 923, 924
　非雇用者　Nonemployers　757
　物価指数　Price indexes　726
　水　Water　924, 959, 960
　利益　Revenue　952, 953
　労働災害補償　Occupational safety　660
公園　Parks　1252, 1253, 1254, 1255, 462
工学・建築サービス： Engineering and architectural services:
　研究・開発　Research and development　805
　事業所　Establishments　1274
　収益　Receipts　1273, 1277
　所得　Earnings　632, 818, 819, 1274
　非雇用　Nonemployers　1273
　被雇用者数　Employees　632, 818, 1273, 1274
工学者および科学者（個々の分野も参照）： Engineers and scientists (see also individual fields):
　学位授与数　Degrees conferred　301, 302, 303, 798, 804, 812, 813, 814
　研究・開発　Research and development　805, 808, 820
　雇用　Employment　616, 817, 819, 820
　初任給　Salary offers　298
甲殻類　Crustaceans　897, 899, 900
強姦　Rape, forcible　306, 307, 308, 309, 314, 315, 316, 317
鉱業（「鉱物および鉱物製品」および個々の鉱物も参照）： Mining industry (see also Minerals and mineral products, and individual minerals):
　安全　Safety　902
　組合加入状況　Union membership　665
　工業生産指数　Industrial production index　789
　国内総生産　Gross domestic product　670, 1323
　財務　Finances　746, 749, 794, 1323
　自営業者　Nonemployers　757
　事業所数　Establishments　756, 757, 759, 879, 880, 901
　資本　Capital　781, 783, 785
　収益　Receipts　744, 746, 749, 754, 755, 756, 757, 769, 770, 771, 772, 773, 774, 775, 879
　生産性　Productivity　641
　設備およびコンピュータソフトウェア支出　Equipment and software expenditures　783
　多国籍企業　Multinational companies　796, 797, 798, 1295
　賃金　Earnings　632, 643, 756, 759, 769, 770, 771, 772, 773, 774, 775, 879, 880, 901
　被雇用者数　Employees　620, 632, 756, 759, 769, 770, 771, 772, 773, 774, 775, 817, 879, 880, 901
　利潤　Profits　744, 794
　労働災害補償　Occupational safety　657, 660, 902
交響楽団　Symphony orchestras　1234
鉱業機械製造業　Mining machinery, manufacturing　632, 1011
鉱業の安全性　Mine safety　902
公共福祉　Public utilities　924, 955, 956, 958, 959, 960
工業用エネルギー　Industrial energy　928, 930, 931, 932, 934, 947, 950, 951, 952, 955
工業用鉱産物　Industrial minerals　904
航空宇宙工学、学位授与　Aerospace engineering, degrees conferred　815
航空宇宙産業： Aerospace industry:
　打ち上げ　Launches　822
　売上　Sales　1037, 1040
　研究開発　Research and development　805, 806
　工業生産　Industrial production　789
　出荷　Shipments　1011, 1037, 1038, 1039, 1040
　所得　Earnings　632, 762, 818, 1011
　新規発注、受注残　New orders, backlog　1037
　生産性　Productivity　641
　被雇用者数　Employees　632, 762, 818, 1011, 1083
　貿易　Foreign trade　1308, 1309

航空機　Airplanes　1308
航空機製造業（「航空宇宙産業」を参照）　Aircraft manufacturing. (See Aerospace industry.)
航空産業（「航空輸送」を参照）　Airline operations (see also Air transportation)　1073, 1076
航空輸送：　Air transportation:
　貨物　Freight　1073, 1302
　機体種別　Fleet size　1069, 1083
　空港概要　Airports　1075, 1076, 1080, 1269
　交通量　Traffic carried　536, 1073, 1082, 1269
　コスト指数　Cost indexes　1074
　雇用者　Employees　1073
　財政　Finances　1073
　ジェット輸送機発注　Jet transport aricraft, orders　1038
　事故および死傷者数　Accidents and deaths　1070, 1077, 1078
　遅延・欠航　Carrier delays, cancellations　1079
　地方航空路線　Regional airlines　1082
　燃料消費　Fuel consumption　929
　物価指数　Price indexes　727, 739
　民間航空　Civil aviation　1083
　利用者の苦情　Consumer complaints　1081
　旅客審査　Passenger screening　536
　連邦政府歳出　Federal outlays　473
航空輸送業：　Air transportation industry:
　国内総生産　Gross domestic product　670
　財政　Finances　1073, 1074
　事業所　Establishments　1063, 1066, 1274
　資本　Capital　781
　収益　Revenues　1063, 1073
　所得　Earnings　632, 1063, 1066, 1274
　生産性　Productivity　641
　被雇用者　Employees　632, 1063, 1065, 1066, 1266, 1274
　利潤　Profits　1073
　労働災害補償　Occupational safety　660
高血圧　Hypertension　169
広告関連サービス：　Advertising and related services:
　事業所　Establishments　1274
　支出　Expenditures　1279
　所得　Earnings　632, 1274
　生産性　Productivity　641
　被雇用者　Employees　632, 1274
工作機械　Machine tools　727, 737, 1046
仔牛　Calves　843, 869, 870, 873
仔牛肉（「牛肉」および「食肉および食肉加工業」を参照）　Veal (see also Beef, Meat, and meat products)　217, 737, 869, 1377
控除（税）　Deductions, taxes　489, 490, 491
　事業　Business　747, 748, 749, 753
香辛料　Spices　727
洪水　Floods　388, 392
降水量、主要都市別　Precipitation, selected cities　395, 1390
降雪量、降氷量　Snow and ice pellets, selected cities　395
拘置所　"Jails,(see also Correctional Institutions and Prisons and prisoners)"　348, 349
交通死亡事故　Traffic fatalities　1103, 1104, 1105, 1106, 1108, 1109, 1110, 1111, 1344
公定歩合（ニューヨーク連邦準備銀行）　Discount rates, Federal Reserve Bank of New York　1197
公的地所（「官有地」を参照）　Public domain. (See Public lands.)
公的扶助（「公的扶助」を参照）　Assistance, public. (See Public aid, assistance.)
公的扶助：　Public aid, assistance:
　公的扶助の家計調査　Means-tested　543
　支給額　Benefits paid　538, 564
　州・地方政府に対する連邦政府補助金　Federal aid to state and local governments　432, 433, 434
　受給者　Recipients　542, 564, 565, 566
　世帯の公的扶助プログラム参加　Program participation of household　543
　ホームレス　Homeless　575

連邦政府の公的扶助支出　Federal expenditures　135, 136, 138, 139, 147, 151, 152, 565, 566
公道（「幹線道路」を参照）　Public roads. (See Highways.)
公道（「幹線道路」を参照）　Roads, public. (See Highways.)
強盗　Burglaries　306, 307, 308, 309, 320, 321
強盗　Robbery　306, 307, 308, 309, 315, 316, 317, 321
高等教育機関：　Higher education institutions:
　外国生まれの学生　Foreign-born students　228, 816
　外国語　Foreign languages　284
　価格指数　Price indexes　290, 727
　学位授与　Degrees conferred　221, 299, 300, 301, 302, 303, 304, 812, 811, 814, 815
　学費　Costs　288, 289
　寄付金　Voluntary financial support　294
　研究、開発　Research and development　799, 801, 808, 809, 1401
　財政　Finances　220, 221, 292
　在籍者　Enrollment　219, 221, 225, 226, 227, 252, 277, 278, 279, 280, 282, 810
　支出　Expenditures　220, 221
　授業料　Tuition and fees　293
　奨学金　Financial aid　291
　常勤　Faculty　278, 295, 296, 297
　初任給、学位取得者　Salary offers, college graduates　298
　図書館　Libraries　305, 1152
　人数　Number　278, 280
　予算割り当て　State appropriations　292
　寮費　Dormitory charges　293
合板　Plywood　880, 881, 882, 888, 889, 892
鉱物および鉱物製品（「鉱業」および個々の鉱物も参照）：　Minerals and mineral products (see also Mining, and individual minerals):
　価格　Prices　905
　消費量に対する純輸入の割合　Imports as percent of consumption　909
　生産量、生産額　Production and value　904, 905, 907, 908, 1379
　世界の生産量　World production　908, 1379
　物価指数　Price indexes　742, 743
　貿易　Foreign trade　909, 1085
鉱物貸付け　Mineral leases　914
鉱物燃料　Mineral fuels　742, 743, 904, 906
興奮剤、常用者　Stimulants, persons using　207
公務員（「政府」を参照）　Civil service employees. (See Government.)
項目別控除（税金）　Itemized deductions (taxes)　489, 490, 491
公有住宅（低所得者住宅援助）　Public housing　434, 546, 575
小売業：　Retail trade:
　売上、収益　Sales　746, 749, 754, 755, 756, 757, 769, 770, 771, 772, 773, 774, 775, 1042, 1047, 1049, 1051, 1052, 1054, 1059, 1266, 1328
　外国人の直接投資　Foreign investments in the U.S.　1292
　国内総生産　Gross domestic product　670, 672
　雇用と離職　Hires and separations　637
　在庫　Inventories　788, 1054
　財務　Finances　746, 749, 794, 1190
　時間　Hours　630, 1050
　事業所数　Establishments　756, 757, 759, 1042, 1047, 1049, 1322, 1328
　資本消費　Capital expenditures　781, 783, 785
　所得　Earnings　630, 632, 643, 756, 759, 760, 769, 770, 771, 772, 773, 774, 775, 1047, 1050, 1328
　生産性　Productivity　641
　設備、コンピュータソフトウェア支出　Equipment and software expenditures　783
　多国籍企業　Multinational companies　796, 797
　非雇用事業所　Nonemployers　757, 1049
　被雇用者数　Employees　620, 630, 632, 756, 759, 760, 769, 770, 771, 772, 773, 774, 775, 1042, 1047, 1050, 1266, 1322, 1328
　利益　Profits　794
　労働災害補償　Occupational safety　660
公立学校（「教育」を参照）　Public schools. (See Education.)
高齢者（「人口」も参照）：　Elderly (see also Population):
　アジア系人口　Asian population　10, 11, 12

索引　995

医師の外来患者　Physician visits　166, 168, 169, 170
移民　Immigrants　49
インターネットへのアクセス　Internet access/use　1133, 1158
運動　Physical activity　212
エイズ　AIDS　187
外国生まれ人口　Foreign-born population　40
株式の所有　Stock ownership　1170, 1211
犠牲者　Victimization, criminal　316
喫煙者　Cigarette smoking　204
居住形態　Living arrangements　35, 58
健康医療支出　Health care expenditures　143
健康保険加入　Health insurance coverage　148, 155, 157
高齢者教育　Educational attainment　34, 231
高齢者コミュニティ　Senior citizens' communities　899
高齢者の癌　Cancer　121, 122, 179
黒人、アフリカ系アメリカ人　Black, African American population　10, 11, 12
個人退職金勘定　Individual Retirement Accounts (IRAs)　554
婚姻状況　Marital status　34, 57
コンピュータの使用　Computer use　1133, 1157, 1158, 1160
仕事探し　Job search　623, 1157, 1159, 1160
自殺　Suicide　121
資産　Assets　721, 1170
資産所有者　Property owners　992, 998
死亡数および死亡率　Deaths and death rates　110, 112, 122, 124, 125, 126, 128, 129, 130
従属人口指数　Dependency ratios　17
収入　Income　542
州別　States　16
障害者数　Disabilities　35, 191
人口移動　Mobility status　30
人口予測　Projections　9, 12
心臓病　Heart disease　121, 124, 179
身長区分　Height distribution　209
政府の扶助　Public assistance　542
世帯　Households　62, 71, 72
体重構成比　Weight distribution　210
体重　Body weight　211
大都市地区　Metropolitan areas　22
単身生活者（単身世帯）　Persons living alone (one-person households)　72
年齢別・性別高齢者数　Age and/or sex　7, 9, 10, 11, 12, 16, 34
脳血管疾患　Cerebrovascular disease　122, 179
肺炎　Pneumonia　121, 122, 179
ハワイ原住民、太平洋諸島民　Native Hawaiian, Other Pacific Islander population　10, 11, 12
ヒスパニック人口　Hispanic origin population　10, 11, 12, 37
病院利用状況　Hospital use　169, 170, 178, 179
貧困　Poverty　34, 713
フードスタンプ・プログラム　Food stamps, programs　572, 573
孫との同居人口　Grandparents living with grandchildren　70
ミューチュアル・ファンド所有者　Mutual fund owners　1212, 1213
メディア利用者　Media users　1133
メディケアプログラム　Medicare program　144, 146, 147
メディケイドの給付支払と受給者　Medicaid payments and recipients　148, 151
持ち家　Homeownership　899, 983, 992, 995, 998, 1002
有権者登録および投票数　Votes cast　399
介護施設　Nursing homes　738, 739
レクリエーション活動　Recreation activities　1233, 1238, 1239, 1249, 1251
労働力人口　Labor force　587, 592, 597, 622
　失業者　Unemployed　622
　就業期間　Tenure with employer　612
　障害者　Displaced workers　614
　被雇用者　Employed　602, 605, 608, 610, 612
　非労働の理由　Reason not in　615
　有業者　Participation rates　587, 597
高炉および塩基性鋼製品（「銑鉄、鉄鋼製品」を参照）　Blast furnace and basic steel products. (See Iron and steel products.)

小エビ　Shrimp　897, 899, 900
戸外レクリエーション（「レクリエーション」および個々のレクリエーションも参照）　Outdoor, recreation activities (see also Recreation, and specific forms of recreation)　1239, 1249, 1256
コカイン（使用、検挙）（「薬物（違法薬物）」も参照）　Cocaine (see also Drugs (illegal), and Arrests)　207, 327, 328
小切手　Checks, payments made　1184
呼吸器疾患　Respiratory conditions (see also Pulmonary diseases)　118, 119, 193, 198
黒鉛　Graphite　905
国債（「債務」を参照）　National debt. (See Debt.)
国債　Treasury bonds　751, 1198, 1199, 1201, 1205, 1206
国際関係：　International affairs:
　外国為替相場　Foreign exchange rates　1398
　合衆国対外取引　International transactions, U.S.　1286, 1287, 1288, 1289, 1290
　合衆国の援助　U.S. government aid　1297, 1298, 1299
　合衆国の対外投資　U.S. investments　1203, 1204, 1286, 1296
　合衆国への外国投資　Foreign investments in U.S.　1205, 1206, 1289, 1291
　慈善団体　Charitable organizations　583
　慈善団体への寄付　Development aid　1402, 1403, 1405
　貿易収支　Commerce　1303, 1304, 1307, 1325
　連邦政府支出　Federal outlays　473
国際データ（「外国」および「世界諸統計」を参照）　International data (See Foreign countries, or World summary statistics.)
国際投資ポジション　International investment position, U.S.　1286, 1289, 1296
国際郵便（米国郵便）　International mail (U.S. postal)　1126
黒人、アフリカ系アメリカ人の人口　Black, African American population　5, 6, 10, 11, 12, 19, 36, 40
いじめ　Bullying　251
移民　Migration　5
インターネット利用者　Internet access/use　1155, 1158
運動　Physical activity　212
エイズ　AIDS　187
HIV感染症　HIV disease　129, 187
外国生まれ人口　Foreign-born population　228
学位授与　Degrees conferred　300, 814
家族、諸特徴　Families, characteristics　36, 64, 66, 67
学校、教育：　Schools and education:
　SAT（教育能力テスト）　Scholastic Assessment Test (SAT)　267
　火器、学校内　Weapons in school　249
　教員数　Teachers　255, 257, 260, 616
　高校卒業者　High school graduates　274
　高校中退者　High school dropouts　271, 272, 274
　高等教育機関：　Higher education institutions:
　　在籍数　Enrollment　224, 228, 237, 238, 253, 283
　　学費　College costs　288, 289
　　在籍者　Enrollment　228, 279, 280, 281
　　大学在籍数　College enrollment　279, 280, 281
　　チャータースクール　Charter schools　239
　　博士号授与　Doctrate conferred　814
　　人種／民族の集中度　Racial/ethnic concentration　263
　　中退者　Dropouts　272, 274
　　武器を携帯する学生　Students with weapons　246
　　米国大学入学能力テストプログラム　American College Testing Program (ACT)　268
　　保護者の参加　Parent participation　252
癌　Cancer　126, 182
看護師　Nurses　616
議会議員数　Congress, members of　413
企業経営者　Business owners　768, 772
喫煙者　Cigarette smoking　204
求職者数　Job search　623
居住形態　Living arrangements　58, 69
健康ケア専門家への訪問　Health care, visits to professionals　166, 168

996　索　引

健康保険加入　Health insurance coverage　148, 155, 157
高校卒業者および中退者　High school graduates and dropouts　271, 273
拘置所収監者　Jail inmates　349
公的扶助　Public assistance　543, 560, 573, 574
高齢者コミュニティ　Senior citizen communities　899
婚姻状況　Marital status　56
最低賃金労働者　Minimum wage workers　653
殺人　Homicides　311, 312, 313
里親制度　Foster care, children in　579
自殺　Suicides　128
資産所有者　Property owners　899, 995, 998, 1002
失業者　Unemployed　622, 623, 627
児童の予防接種　Immunization of children　192
死亡数および死亡率　Deaths and death rates　5, 109, 110, 111, 115, 116, 124, 126, 128, 129
就学状況　Educational attainment　36, 229, 230, 231, 232
住宅　Housing　36, 899, 991, 995, 998, 1002
18歳未満の子供　Children　2, 10, 11, 12, 69
　識字学習　Literacy activities　234, 235
　貧困家庭　Poverty　712, 713
州別人口　States　19
出生数および出生率　Birth and birth rates　5, 79, 80, 82, 86, 90
　10代の出産　Births to teenage mothers　84, 86
　未婚女性の出産　Births to unmarried women　85
障害者　Disabled persons　285, 560
消費者支出　Consumer expenditures　686
職業　Occupations　36, 616, 619
所得　Income　36, 542, 690, 691, 693, 695, 696, 697, 701, 704, 705
心臓病、死亡数　Heart disease, deaths　124
性的体験　Sexual activity　95
世帯、諸特徴　Households, characteristics　62, 64, 66
退役軍人　Veterans　522
体重　Body weight　211
大都市地区人口　Metropolitan area population　23
託児　Child care　578
特殊出生率　Fertility　83
乳幼児死亡　Infant deaths　115, 116
妊娠中絶　Abortions　101, 102
年齢別・性別人口　Age and/or sex　6, 7, 11, 12
犯罪の被害者　Criminal victimizations　316, 319
避妊手段　Contraceptive use　97, 98
病院の利用　Hospital use　168, 178
貧困状況　Poverty　36, 711, 712, 713, 716
フードスタンプ受給者　Food stamp participants　560, 573
平均余命　Life expectancy　104, 106, 107, 108
放課後の活動　After-school activities　252
母乳保育　Breastfeeding　91
ホームスクール　Homeschooled　240
孫との同居人口　Grandparents living with grandchildren　70
有権者登録および投票率　Voter registration and turnout　399
養子縁組　Adoption　579
レクリエーション活動　Recreation activities　1238, 1239
労働組合員数　Union membership　665
労働力　Labor force　587, 588, 589, 593
　解雇者　Displaced workers　614
　教育水準　Educational attainment　274, 596, 593, 627
　雇用　Employed　464, 588, 608, 610, 611, 616, 619, 620
　所得　Earnings　464, 648
　労働者の種類　Class of worker　605
老齢者（65歳以上）　Elderly　10, 11, 12, 713
国土安全保障省（「国防」「退役軍人局」も参照）：　Homeland Security, Department of (see also National Security, and Veterans Affairs):
　インフラストラクチャーによる助成　Grants by infrastructure　529
　国境通過統計　National workload statistics　535
　歳出　Outlays　472
　支出　Expenditures　526
　支出　Funding　525
　州別補助金　Grants by state　527
　職員　Employees　526

人員　Personnel　526
都市部別助成金　Grants by urban area　528
国内総生産：　Gross domestic product (GDP):
　インプリシット価格デフレイター　Implicit price deflators for　667
　外国　Foreign countries　1349
　国と個人所得の関係　Relation to national and personal income　673
　構成要素、年成長率　Components, annual growth rates　667, 668, 669, 1064
　国防支出　National defense outlays　503
　産業　Industry　670
　州別　State　671, 672
　被雇用者1人当たり　Per employed person　1349
　1人当たり　Per capita　679, 1349
　物価指数　Price indexes　740
　部門別貢献　Sectoral contributions　1351
国防（「国防総省」「国土安全保障省」および個々の軍役を参照）　National Security. (See, Department of Defense, Department of Homeland Security, and individual military services.)
国防総省（「陸軍」「空軍」「海兵隊」および「海軍」も参照）：　Defense, Department of (see also Army, Air Force, Marine Corps, and Navy):
　契約金および補助金　Contract and grant awards　505, 506
　支出　Expenditures　135, 138, 505, 506, 507
　退役軍人　Military retirees　506, 512, 542, 548
　被雇用者数、非兵員（民間人）　Employees, civilian　505, 507, 508
　兵員　Military personnel　505, 507, 508, 509, 510, 511, 517
　予算当局、支出　Budget authority, outlays　471, 473, 503, 504
　予備役および州兵　Military reserve and National Guard　513, 514, 515
　陸軍基地　Military bases　507, 508
国民所得（「国内総生産」も参照）　National income (see also Gross domestic product)　679
国民総生産　Gross national product　679, 1348
国民保健支出　National health expenditures　134, 135, 136, 137, 138, 139, 140, 141
穀物・パン製品：　Cereal and bakery products:
　支出、価格　Expenditures, prices　686, 687, 727
　1人当たり消費　Per capita consumption　217
穀物（「農場」および個々の作物も参照）：　Crops (see also Farms and individual crops):
　価格　Prices　846, 858
　供給と消費　Supply and disappearance　858, 1372
　作付面積　Acreage　857, 858, 1326, 1372
　生産　Production　858, 1372, 1373
　生産性　Productivity　857
　農産物市場取引、売上　Farm marketings, sales　823, 841, 843, 845
　貿易　Foreign trade　853, 855, 858, 1372
　有機　Organic　832
穀物（個々の種類も参照）：　Grain (see also individual classes):
　価格　Prices　735, 846
　消費　Consumption　217, 1372
　生産　Production　841, 852, 858, 1372, 1373
　鉄道輸送量　Car loadings　1124
　農産物市場取引、売上　Farm marketings, sales　843
　貿易　Foreign trade　848, 850, 852, 853, 855
　有機　Organic　833
国有林（「森林」を参照）　National forests. (See Forests.)
固形廃棄物：　Solid waste:
　埋め立て　Landfills　377, 379, 385
　産業　Industry　380
　資源再利用　Recycling　378
　支出　Expenditures　438, 456
　処理　Disposal　366, 377, 385
ココア　Cocoa　217, 850
古紙　Wastepaper　737, 892
こしょう　Peppers　843, 862
個人可処分所得（「所得」と「国民所得」も参照）　Disposable personal income (see also Income, and National income)　678, 679, 682, 1175

索　引　997

個人企業　Proprietorships　744, 746, 747
個人資産　Assets, personal　717, 720, 721, 722, 1170
個人消費支出　Personal consumption expenditures　667, 668, 679, 739, 740, 1232
個人所得　Personal income　678, 680, 681, 682, 683
個人退職預金積立制度（IRA's）　Individual retirement accounts (IRAs)　490, 491, 554, 555, 556, 1213, 1216
個人貯蓄　Personal savings　674, 675
個人保険医療支出　Personal health care expenditures　136, 137, 139, 140
個人向けケアワーカー　Personal care　616, 727
コスタリカ（「外国」を参照）　Costa Rica. (See Foreign countries.)
五大湖　Great Lakes　359, 360, 361, 1084
国境警備活動　Border Patrol activities　530, 531
骨髄炎　Meningitis　184
小鳥（ペット）　Bird ownership　1241
コネチカット（「州のデータ」を参照）　Connecticut. (See State data.)
コバルト　Cobalt　905
ゴミ収集　Refuse collection　727
コミュニケーション：　Communications:
　授与学位　Degrees conferred　301, 302, 303
　物価指数　Price indexes　725
コミュニティ・サービス　Community service　585
小麦：　Wheat:
　供給量と消費・輸出量　Supply and disappearance　858
　栽培面積　Acreage　858, 861, 1372
　生産者価格指数　Price indexes　737, 742
　生産量　Production　852, 858, 861, 1372, 1373
　農産物市場取引、売上　Farm marketings, sales　843
　農場価格　Farm prices　858, 861
　貿易　Foreign trade　845, 848, 855, 858, 1308, 1374
小麦粉　Wheat flour　217
小麦類　Flour　217, 733, 737
ゴム製品　Rubber products　737, 1308
米：　Rice:
　価格　Prices　733, 737
　消費量　Consumption　217, 1372
　生産量　Production　852, 1372, 1373
　農産物売買　Farm marketings, sales　843
　貿易　Foreign trade　848, 852
　面積　Acreage　1372
コモディティ・フロー　Commodity flow　1071
コモロ諸島（「外国」を参照）　Comoros. (See Foreign countries.)
雇用（「労働力」「雇用および給与」を参照）　Employment. (See Labor Force, Employment and Earnings.)
雇用サービス産業：　Employment service industry　632, 1274
娯楽、レクリエーション・サービス（「芸術、レクリエーションおよび旅行」を参照）　Amusement and recreation services. (See Arts, recreation, and travel.)
娯楽：　Entertainment:
　ゲーム　Gaming　1033, 1258, 1259
　個人支出　Personal expenditures　677, 686, 687, 1233
　消費者支出　Consumer expenditures　686, 687, 1033, 1233
　消費者物価指数　Consumer price indexes　727
娯楽、ギャンブル、レクリエーション産業：　Amusement, gambling, and recreation industry:
　国内総生産　Gross domestic product　670
　事業所　Establishments　756, 1230, 1231
　資本　Capital　781
　収益　Receipts, revenue　756, 1230
　所得　Earnings　632, 756, 1230, 1231
　生産性　Productivity　641
　賭博収入　Gaming revenue　1258, 1259
　非雇用事業所　Nonemployer establishments　1230
　被雇用者数　Employees　632, 756
　労働災害補償　Occupational safety　660
ゴルフ　Golf　899, 1243, 1246, 1247, 1248, 1249, 1250, 1251

ゴルフ場　Golf courses, industry　1228, 1231
コロラド（「州のデータ」を参照）　Colorado. (See State data.)
コロンビア（「外国」を参照）　Colombia. (See Foreign countries.)
コロンビア特別区（「州のデータ」を参照）　District of Columbia. (See State data.)
婚姻状況　Marital status:
　アジア系　Asian population　56, 57
　インターネット接続　Internet access　1157
　外国　Foreign countries　1338
　外国生まれ人口　Foreign-born population　40
　科学者・工学者　Scientists and engineers　816
　家族を構成しない世帯主　Nonfamily householder　71
　高齢者　Elderly　34, 57
　黒人、アフリカ系アメリカ人　Black, African American population　56, 57
　雇用状況　Employed persons　599, 601
　コンピュータの使用　Computer use　1157
　初婚　First marriages　131
　女性世帯主　Female householder　66, 1335
　女性労働力人口　Women in the labor force　598, 599
　性的体験　Sexual activity　95
　世帯主の婚姻状況　Householder status　66, 1337, 1338
　世帯を構成する夫婦　Couples with or without own household　59
　男性世帯　Male householder　66
　ヒスパニック人口　Hispanic origin population　56
　避妊手段　Contraceptive use　97, 98
　未婚パートナー　Unmarried partners　63
　労働時間　Work schedules　608
　労働力人口の有業率　Labor force participation rates　597, 598, 599, 600
コンゴ（キンシャサ）（「外国」を参照）　Congo (Kinshasa). (See Foreign countries.)
コンゴ（ブラザビル）（「外国」を参照）　Congo (Brazzaville). (See Foreign countries.)
コンサート、交響楽団　Concerts, symphony orchestras　1234, 1236
コンデンス（濃縮）ミルク　Condensed and evaporated milk　217, 875
コンパクト・ディスク（CD-ROM）　Compact disks　1140
コンビニエンス・ストア　Convenience stores, (See Food and Beverage Stores.)
コンピュータ：　Computers:
　売上　Sales　783, 1056
　学校における利用　Computer programming and data processing services　632
　消費支出　Consumer expenditures　739
　ネットいじめ　Cyber-bullying　251
　負傷　Injuries associated with　201
　ブロードバンド　Broadband　1132, 1151, 1154, 1156, 1157, 1158, 1391
　貿易　Foreign trade　1301, 1310, 1312
　利用状況　Use　251, 264, 1132, 1133, 1157, 1158, 1159, 1160, 1161, 1391, 1392
コンピュータ売り上げ　Computer sales　1033
コンピュータシステムデザイン：　Computer systems design:
　研究開発　Research and development　805, 806
　国内総生産　Gross domestic product　670
　事業所　Establishments　1274
　資本　Capital　781
　収入　Receipts　1277
　所得　Earnings　1274
　被雇用者　Employees　1274
コンピュータ専門家：　Computer specialists:
　学位授与数　Degrees conferred　301, 302, 303, 810, 814, 815
　研究開発　Research & development　802, 805, 808, 820
　初任給　Salary offers　298
　労働力　Labor force　616, 618, 817
コンピュータ、電子機器製造業：　Computers and electronic product manufacturing:
　研究開発　Research and development　806

工業生産指数　Industrial production index　789
国内総生産　Gross domestic product　670
在庫　Inventories　1019, 1020
財務　Finances　794
事業所　Establishments　1009
資本　Capital　781
出荷　Shipments　1011, 1019, 1020, 1032
所得　Earnings　632, 818, 1009, 1011
生産性　Productivity　641
多国籍企業　Multinational companies　796, 797
被雇用者　Employees　632, 818, 1009, 1011, 1013
貿易　Foreign trade　1312
利益　Profits　794

サ

サービス業（特定部門も参照）：　Service industries (see also specific sectors):
　e‐コマース　Electronic commerce　1278
　売上、収益　Sales or receipts　756, 757, 769, 770, 771, 772, 773, 774, 775, 1272, 1273, 1328
　工業　Industry　756
　国内総生産　Gross domestic product　672, 1323
　財務　Finances　756, 757, 759
　事業所数　Establishments　1322, 1328
　資本　Capital　781, 783
　所得　Earnings　632, 643, 644, 769, 770, 771, 772, 773, 774, 775, 1272, 1274, 1328
　生産性　Productivity　641
　設備、コンピュータソフトウェア支出　Equipment and software expenditures　783
　多国籍企業　Multinational companies　796, 797
　被雇用者数　Employees　162, 620, 631, 632, 769, 770, 771, 772, 773, 774, 775, 1272, 1274, 1322, 1328
　物価指数　Price indexes　725
　貿易　Foreign trade　1286, 1288, 1300
　利潤　Profits　744, 793
　労働災害補償　Occupational safety　657, 660
サービス業従事者（「サービス業」および「サービス職」を参照）　Service workers. (See Service industries, and Service occupations.)
サービス職：　Service occupations:
　給付　Benefits　655
　組合員数　Union membership　665
　雇用　Employment　616, 617, 618, 1275
　失業者　Unemployment　626
　所得　Earnings　648, 650
サービスステーション（「ガソリンスタンド」を参照）　Service stations. (See Gasoline service stations.)
　サービス手数料　Service charges　677
災害（竜巻、洪水等）　Disasters, natural　388, 392
災害（「事故および死亡者数」を参照）　Fatalities. (See Accidents and fatalities.)
災害保険　Casualty insurance　1222
債権：　Bonds:
　外国　Foreign　1203, 1204
　価格、利回り、販売高および発行高　Prices, yields, sales, and issues　478, 1198, 1200, 1203, 1205
　新規発行　New issues　1202
　生命保険会社　Life insurance companies　1201, 1221
　評価　Rating　445, 446
　部門別保有額　Holdings by sector　722, 1167, 1168, 1169, 1201, 1204, 1206
　米国貯蓄債権　U.S. savings　478, 1170
在庫（「商品」「株式」も参照）　Inventories (see also commodities, and Stocks)　667, 1018, 1019, 1020, 1021, 1046, 1054, 1057
在郷軍人病　Legionellosis　184
財産：　Wealth:
　家族経営農場　Family farms　830
　政府　Government　723

世帯　Families　720, 721
世帯　Households　723
人数　Persons　717, 718, 719
百万長者　Millionaires　719
民間企業　Business　723
財産税、固定資産税　Property tax　436, 451
　財産税率　Rates, selected cities　448
　州・地方政府　State and local government　435, 436
財産犯罪　Property crime　306, 307, 308, 309, 320, 321
最終消費財、生産者物価指数　Finished consumer goods, producer price indexes　737
採石場（「鉱業」を参照）　Quarries. (See Mining industries.)
財団、慈善事業　Foundations, philanthropic　580, 581, 582, 583
財団の補助　Grants, by foundations　580, 581, 582, 583
栽培　Plants　1242
栽培漁業　Aquaculture　843, 898
裁判所　Courts:
　高等裁判所　Appeals courts　332, 334
　最高裁判所　Supreme Court, U.S.　331
　裁判所　Judicial officers　332
　州、重罪判決　State courts　335
　政治汚職　Public corruption　338
　青少年裁判所の未成年者処理件数　Juveniles　340
　地方裁判所　District courts, U.S.　332, 333, 336
　陪審選任　Juror service　336
債務（「融資と抵当」も参照）：　Debt (see also Loans and mortgages):
　郡政府　County governments　460
　個人　Individual　717
　市政府　City　458
　州、地方政府　State and local government　439, 443, 451, 454, 1094
　消費者　Consumer　1175, 1190
　諸外国　Foreign countries　1404
　世帯　Households　1167, 1172
　地方政府　Local government　439, 456
　農場　Farm　839
　連邦政府　Federal government　470
材木（「製材、木材製品」も参照）：　Timber (see also Forest products, Lumber, and Wood products):
　消費量　Consumption　888
　所有　Ownership　884
　生産者価格　Producer prices　891, 892
　生産量　Production　888
　製造業　Manufacturing　880, 881, 882, 883
　成長　Growth　884
　丸太製品　Roundwood products　887, 888
　滅失　Removals　884, 887
　面積　Area　884
　輸出入　Foreign trade　888, 889
　量　Volume　884
再利用可能なエネルギー（「エネルギー需給」を参照）　Renewable energy. (See Energy.)
サウジアラビア（「外国」を参照）　Saudi Arabia. (See Foreign countries.)
サウスカロライナ（「州のデータ」を参照）　South Carolina. (See State data.)
サウスダコタ（「州のデータ」を参照）　South Dakota. (See State data.)
サッカー　Soccer　1246, 1247, 1248, 1249
魚（個々の魚類も参照）：　Fish (see also individual species):
　売上　Sales　898
　価格　Prices　727, 737, 742, 743, 868
　缶詰、保存食　Canning and preserving　900
　供給　Supply　895
　漁獲量、水揚げ高　Catch, quantity, value　895, 896, 897, 1375
　消費者支出　Consumer expenditures　686, 687
　消費量　Consumption　217
　生産および価額、加工製品　Production and value, processed products　898, 900
　貿易　Foreign trade　895, 1312

索引　999

養殖　Aquaculture　843, 898
搾油作物　Oil crops　841, 846, 848, 850
さくらんぼ　Cherries　843, 864
サケ　Salmon　897, 899, 900
酒と飲料：　Liquors and beverages:
　アルコール中毒治療　Alcoholism treatment　206
　消費　Consumption　207, 215
　政府歳入　Government revenues　435, 436, 442, 451, 452, 455
酒類小売店（「ビール、ワイン、リキュール販売店」を参照）
　　Liquor stores, retail. (See Beer, wine, and liquor stores.)
作家　Authors　616
雑貨、小売店：　General merchandise stores:
　e - コマース　Electronic commerce　1055
　売上　Sales　756, 1051, 1053, 1055, 1059, 1283
　在庫　Inventories　1054
　財政　Finances　794
　事業所　Establishments　756, 1048
　所得　Earnings　632, 756, 1048
　生産性　Productivity　641
　被雇用者数　Employees　632, 756, 1048
　利益　Profits　794
雑誌　Magazines　379, 1131, 1279
殺人　Homicides　120, 121, 122, 306, 307, 308, 309, 310, 311, 312, 313
殺人　Murders　306, 307, 308, 309, 310, 311, 313
殺虫剤　Pesticides　841
さつまいも　Sweet potatoes　218, 862
砂糖と砂糖きび（「食糧」および類似の製品も参照）:
　　Sugar and sugar cane (see also Food):
　価格　Prices　727, 733, 737
　支出　Expenditures　686, 687
　消費量　Consumption　217
　てんさい（ビート）　Beets　843
　農場価格　Farm marketings　843
　貿易　Foreign trade　850
里親制度　Foster care　579
サモア（「外国」を参照）　Samoa. (See Foreign countries.)
サモア人人口　Samoan population　1313
皿洗い機　Dishwashers, in housing units　988
サラダオイル、調理用オイル（消費量）　Salad and cooking oils, consumption　217
サルモネラ病　Salmonellosis　184
産科医（「医師」も参照）　Obstetricians (see also Physicians)　164
産業（「株式会社」および個々の産業を参照）　Industry. (See Corporations, and individual industries.)
サントーメ・プリンシペ（「外国」を参照）　Sao Tome and Principe. (See Foreign countries.)
ザンビア（「外国」を参照）　Zambia. (See Foreign countries.)
サンマリノ（「外国」を参照）　San Marino. (See Foreign countries.)

シ

CTスキャン　CAT scans　171
CTスキャン　Computerized axial tomography (CAT scans)　171
自営企業　Nonemployer establishments　577, 757, 881, 1008, 1043, 1049, 10671164, 1067, 1225, 1230, 1273
自営業　Self-employed　605, 606, 817
シェールガス　Shale gas　918
ジェット燃料　Jet fuel　911, 929
シエラレオネ（「外国」を参照）　Sierra Leone. (See Foreign countries.)
塩（生産／価格）　Salt (common), production/value　904, 905, 1379
歯科医　Dentists　162, 616
　歯科大学、学生および卒業生　Dental schools, students, and graduates　304
　歯科治療費　Charges and expenditures for　136, 137, 140, 142, 739
　事業所　Offices　160, 161

メディケイド（受給者）　Medicaid payments, recipients　151
織布（「繊維製品」を参照）　Fabrics. (See Textile mill products.)
敷物　Rugs　737, 1025
子宮切除術　Hysterectomy　171
事業所（「企業」および個々の産業も参照）　Establishments. (See Business enterprise, and individual industries.)
死刑　Death penalty　352, 353
死刑執行　Executions, of prisoners　352, 353
シゲラ病　Shigellosis　184
資源再利用　Recycling waste　377, 378, 379, 381
事故および死亡者数　Accidents and fatalities　200, 201, 1070, 1103, 1104, 1112, 1122
　飲酒　Alcohol involvement　1110, 1111, 1113
　オートバイ事故　Motorcycle　1103, 1105, 1113
　火災　Fires　202, 357
　警官に対する暴行・殺人　Police officers assaulted, killed　330
　鉱業　Mining　902
　航空機事故　Aircraft　1070, 1077, 1078
　産業災害　Industrial　645, 657, 658, 658
　自転車の転倒　Vehicle rollovers　1107
　自動車事故　Motor vehicles　117, 120, 122, 1070, 1103, 1104, 1105, 1106, 1107, 1108, 1112, 1113, 1114
　死亡数、死亡率　Distracted driving　1109
　喪失時間　Work time lost　658
　損害額　Costs　202
　鉄道事故　Railroad　1070, 1122
　年齢別運転者　Age of driver　1114
　負傷者　Injuries　200, 201, 902
　輸送事故　Transportation　1066, 1308
　労働災害　Work fatalities/injuries　658, 659, 660, 666
　仕事　Search methods　611, 623
自殺　Suicides　117, 118, 119, 121, 122, 127, 128, 1345
支出（それぞれの項目を参照）　Expenditures (See individual subjects)
地震　Earthquakes　389
指数（個々の項目を参照）　Index numbers. (See individual subjects.)
慈善寄付（「慈善事業」も参照）　Charitable contributions (see also Philanthropy)　489, 491, 580, 582, 583, 584
慈善事業　Philanthropy　580, 581, 582, 583, 584
自治体（「都市」および「大都市地区」を参照）　Municipalities. (See Cities and Metropolitan areas.)
七面鳥　Turkeys　733, 737, 843, 869, 878
疾患（「死亡数および特定疾患も参照」）　Diseases (see also specific Diseases and Deaths and Death rates)　179, 184, 196
死因　Deaths from　117, 121, 122, 123, 124, 125, 129
失業（「労働力人口、失業中の労働者数」を参照）　Unemployment. (See Labor force, unemployed workers.)
失業保険：　Unemployment insurance:
　支払額　Payments　538, 539, 540, 541, 558, 559
　受給者　Beneficiaries　542, 558, 559, 629
　政府の失業保険収支　Governmental finances　435, 451, 475
　適用範囲、労働者、給料　Coverage, workers and earnings　559
自転車　Bicycles　321, 727, 1249, 1250
児童（「出生」「死亡」「離婚」「結婚」および「人口」も参照）:
　　Children (see also Births, Deaths, Marriages, Divorces, and Population):
　アジア系　Asian population　10, 11, 12, 69
　アメリカインディアン、アラスカ原住民　American Indian, Alaska Native population　10, 11, 12
　医師に通院　Physician visits　166, 168, 169
　移民　Immigrants　48
　エイズ　AIDS　186, 187, 1341
　HIV感染　HIV　1341
　外国　Foreign country　1334, 1337, 1338, 1339, 1341, 1371
　外国生まれの人口　Foreign-born population　40, 41, 589
　飢餓　Hunger　214
　喫煙　Cigarette smoking　207
　居住形態　Living arrangements　69

1000　索　引

健康保険加入者　Health insurance coverage　145, 148, 155, 156, 157
言語熟達度　Language proficiency　236
高校卒業者　High school graduates　270, 276
高校中退者　High school dropouts　271, 272
呼吸器系感染症、急性　Respiratory infection, acute　169, 170
国語平均点　Literacy, comparative　1371
黒人およびアフリカ系アメリカ人　Black, African American population　10, 11, 12, 69
子供のいる家族の所得　Income, families with children　698
子供のいる女性労働者（子供の年齢別）　Mothers in the labor force　92, 93, 599, 600
コンピュータの使用　Computer use　258
里親　Foster care　579
識字学習　Literacy activities, skills　234, 235
自殺　Suicides　121
児童虐待　Child abuse　342, 343
児童人口、年齢・性別　Age and/or sex　7, 9, 10, 11, 12, 16
児童手当、社会福祉、公的扶助　Aid, social welfare programs　540, 542, 545, 565, 566, 567, 568, 569, 570, 573, 574, 576, 577
児童の飲酒　Alcohol use　207
児童の薬物使用　Drug use　203
児童保育所　Child day care　578, 727
死亡数、死亡率　Deaths and death rates　114, 115, 116, 121, 122
社会保障受給者、給付金　Social security beneficiaries and payments　545
就学者数　School enrollment　219, 221, 223, 224, 225, 226, 227, 237, 242, 246
就学準備　School readiness　235
従属人口指数　Dependency ratios　17
障害の程度　Disability status　189
食費　Food cost　732
食料不足　Food insecurity　214
人口移動状況　Mobility status　30
人種、複数人種　Races, two or more　10, 11, 12
青少年の非行矯正施設　Juvenile delinquency institutions　340
世帯の子供の有無　Families with　64, 65, 66, 67, 68
専業主婦または専業主夫　Stay-at-home parents　68
喘息　Asthma　193
大都市地区　Metropolitan areas　22
注意欠陥　Attention Deficit Disorder　188
特殊教育　Special education　190
肺炎　Pneumonia　179
ハワイ原住民、太平洋諸島民　Native Hawaiian, Other Pacific Islander population　10, 11, 12
犯罪（逮捕済）　Crime, arrests　326
ヒスパニック人口　Hispanic origin population　10, 11, 12
病院利用　Hospital use　169, 170, 178, 179
貧困　Poverty　712, 713
フードスタンプ・プログラム　Food stamp program　572, 573
負傷　Injuries　200
ヘッドスタート　Head Start program　574
ホームスクール　Homeschooled　240
孫との同居人口　Grandparents living with grandchildren　70
養育費　Congenital abnormalities　179
養育扶助　Child support　542, 568, 569
養子縁組　Adopted　579
予測　Projections　9, 12
予防接種　Immunization against diseases　192
労働力（16－19歳）：　Labor force (16 to 19 years old)　587
　雇用の状況　Employment status　596
　最低賃金労働者　Minimum wage workers　653
　失業　Unemployed　622, 623, 628
　性別　Sex　587, 592
　被雇用者　Employed　602, 605, 610, 612
　複数の仕事を持つもの　Multiple job holders　610
　有業率　Participation rates　597
児童虐待　Child abuse　342, 343
自動車（「自動車」＝ Automobiles を参照）　Cars. (See Automobiles.)
自動車、部品製造業：　Motor vehicle manufacturing:
　売上、出荷、収益　Sales　1011, 1021, 1035, 1036, 1058

研究開発　Research and development　805, 806
工業生産指数　Industrial production index　789
国内総生産　Gross domestic product　670, 1007
在庫　Inventories　1020
資本　Capital　781
州データ　State data　1036
生産性　Productivity　641
賃金　Earnings　632, 1017
被雇用者　Employees　632, 1013, 1017, 1035, 1036
貿易　Foreign trade　1312
自動車（「自動車」＝ Motor vehicles を参照）：　Automobiles (see also Motor vehicles):
自動車：　Motor vehicles:
　売上　Sales　1060
　売上　Sales　1060
　運転免許およびモーター燃料税　Taxes, licenses and motor fuel　436, 442, 453, 454
　運転免許　Drivers' licenses　1098
　エネルギー消費　Energy consumption　929
　価格指数（消費者）　Price indexes　727, 737, 739, 742, 743
　数　Number　1069
　交通死亡事故　Traffic fatalities　1103, 1104, 1105, 1106, 1108, 1110, 1111
　事故および死亡者　Accidents/deaths　123, 1070, 1103, 1105, 1112
　自動車修理サービス（「自動車修理、維持サービス」を参照）　Service and repair shops. (See Automotive repair and maintenance service.)
　自動車窃盗　Theft　306, 307, 308, 309, 320, 321
　自動車保険　Insurance　677, 1222
　消費支出　Consumer expenditures　684, 685, 686, 687, 688
　衝突　Crashes　1107
　消費支出　Consumer expenditures　684, 685, 686, 687
　新車あたり平均支出額　Expenditure per new car　1060
　新規登録トラック　Trucks　929, 1101, 1102
　生産　Production　1060
　世帯保有自動車台数　Ownership　1002
　走行マイル数　Miles of travel　1101
　大気汚染の放出　Air pollutant emissions　374
　代替燃料自動車　Alternative fueled vehicles　1097
　代替燃料使用車　Alternative fueled vehicles　1097
　鉄道輸送量　Railroad car loadings　1124
　登録台数　Registrations　1096, 1098
　燃料消費量　Fuel consumed　929, 1102
　バス　Buses　929
　不注意運転　Distracted driving　1109
　物価指数　Price indexes　727, 737
　貿易　Foreign trade　742, 743, 1308
　保険　Insurance　9, 677
　輸送業　Common carriers　1115
　輸入　Imports　1060
　リース　Lease　727
自動車貨物便と倉庫業（「トラック輸送」と「倉庫業」を参照）　Motor freight transportation and warehousing (See Trucking and warehousing.)
自動車購入ローン　Automobile loans　1190
自動車修理、メンテナンスサービス：　Automotive repair and maintenance service:
　事業所　Establishments　1274
　収益　Receipts/revenue　1273, 1284
　所得　Earnings　632
　生産性　Productivity　641
　非雇用者　Nonemployers　1273
　被雇用者数　Employees　632, 1275
自動車生産（「自動車」「タイヤとチューブ」等を参照）　Automotive products. (See Motor vehicles, Tires and tubes, etc.)
自動車ディーラー：　Automobile dealers:
　売上　Sales　1051
　在庫　Inventories　1054
　事業所　Establishments　1047, 1048
　所得　Earnings　632, 1047, 1048

索　引　1001

生産性　Productivity　641
被雇用者　Employees　632, 1047, 1048
自動車燃料税　Motor fuel taxes　451, 1093, 1102
自動車のレンタル・リース（「自動車設備のレンタル・リース」および「レンタル・リースサービス」を参照）　Automobile rentals and leasing. (See Automotive equipment rental and leasing and Rental and leasing services.)
自動車販売代理店：　Motor vehicle and parts dealers, retail:
  e-コマース　Electronic commerce　1055
  売上　Sales　746, 756, 1042, 1047, 1049, 1051, 1053, 1055, 1057, 1059
  在庫　Inventories　1054, 1057
  財務　Finances　746, 1057
  事業所　Establishments　756, 1042, 1047, 1048, 1049, 1057
  賃金　Earnings　632, 756, 1048, 1050, 1057
  非雇用事業所　Nonemployers　1049
  被雇用者　Employees　632, 756, 1042, 1048, 1050, 1057
  物価指数　Price indexes　727, 737, 739
  フランチャイズ　Franchises　1057
  利潤　Profits　1057
自動車レンタル・リース　Automotive equipment rental and leasing　632, 641
児童の世話　Child care　578, 616, 618, 621, 727, 899
  子供への支出　Expenditures for　689
  税　Tax credit　491, 492
児童の予防接種　Immunization, of children　192
児童扶助　Child support　542, 568, 569
シナゴーグ（ユダヤ教会）（「宗教」を参照）　Synagogues. (See Religion.)
地熱エネルギー　Geothermal energy　932, 945, 946, 1380, 1381
芝生の手入れ　Lawn care　727, 737, 1242
ジブチ（「外国」を参照）　Djibouti. (See Foreign countries.)
シーフード（海産物）　Seafood　897, 899, 900
ジブラルタル（「外国」を参照）　Gibraltar. (See Foreign countries.)
脂肪、栄養素（「ラード」「マーガリン」および「油」を参照）　Fats, nutrition (See also Lard, Margarine and Oils)　216
司法アシスタント　Legal assistants　616
脂肪吸引　Liposuction　180
脂肪種子　Oil spills　386
死亡数および死亡率（「事故および死亡者数」も参照）：　Deaths, and death rates (see also Accidents and fatalities):
  アジア系　Asian population　5
  アメリカインディアン、アラスカ原住民　American Indian, Alaska Native population　5
  エイズ　AIDS　117, 187, 1341
  外傷　Injuries　120
  合衆国海外の領土　Island areas of the U.S.　113, 116, 123, 1314
  交通死亡事故　Traffic fatalities　1070, 1103, 1104, 1105, 1106, 1108, 1110, 1111, 1344
  黒人、アフリカ系アメリカ人人口　Black, African American population　5, 106, 107, 109, 110, 111, 115, 116, 124, 126, 128, 129
  産業別　Industrial　657, 658
  産婦　Maternal　115
  自殺　Suicide　117, 121, 122, 128, 1345
  死亡原因　Causes of death　117, 118, 119, 120, 121, 122, 123, 124, 125, 126, 128, 129, 130, 1070, 1122
  州　States　15, 113, 116, 123
  諸外国　Foreign countries　1339, 1344, 1345
  人種別　Race　5, 106, 107, 109, 111, 115, 116, 124, 126, 128, 129
  心臓病　Heart disease　117, 121, 122, 123, 124, 130
  胎児および新生児　Fetal and neonatal　114, 115, 116
  天災　Weather related　392
  乳幼児　Infant　114, 115, 116
  年齢別・性別　Age and sex　106, 107, 109, 110, 111, 121, 122, 124, 130
  ハワイ原住民およびその他の太平洋諸島民人口　Native Hawaiian, Other Pacific Islander population　5
  ヒスパニックまたはラテン系　Hispanic or Latino origin　5, 109, 111, 112, 119, 126, 128, 129
  兵員の死亡　Military deaths　516
  労働者の死亡　Workers' deaths　657, 658, 661, 902

資本（個々の産業を参照）：　Capital (see also individual industries):
  銀行　Banking　1177, 1178
  公益事業体　Utilities　953, 957, 1147
  資本支出　Expenditures　782, 783, 784, 785, 1011
  資本ストック　Stocks　781, 1018
  住宅　Residential　1005
  有価証券の新規発行　New security issues　1202
資本設備資材（生産者物価指数）　Capital equipment, producer price indexes　737
市民権　Citizenship　47, 94
事務（「コンピュータと事務機器」を参照）　Office equipment. (See Computer and office equipment.)
事務所用ビル（「商業用建物」も参照）　Office buildings. (See Commercial buildings.)
ジャージー（「外国」を参照）　Jersey. (See Foreign countries.)
社会援助産業：　Social assistance industry:
  国内総生産　Gross domestic product　670
  雇用者数　Employees　632, 756
  自営業者　Nonemployers　577
  事業所数　Establishments　577, 756
  資本　Capital　781
  収入　Receipts　160, 576, 577, 756
  賃金　Earnings　632, 756
社会科学：　Social sciences:
  学位授与数　Degrees conferred　301, 302, 303, 810, 814, 815
  研究開発　Research & development　802, 808
  雇用　Employment　616, 817, 819
  初任給　Salary offers　298, 819
  被雇用者数　Enrollment　810
社会事業　Social services　632, 660, 782
社会福祉（「公的扶助」および個々のプログラムも参照）：　Social welfare (see also assistance, Public aid, and individual programs):
  プログラム参加　Program participation　543
  社会福祉支出：　Expenditures:
    郡政府　County government　460
    市政府　City government　458
    州および地方政府　State and local government　435
    州政府　State government　451, 454
  非営利団体　Charitable contributions　580, 583
  被雇用者（州および地方政府）　Employees (state and local government)　465
  ボランティア　Volunteers　585
社会保険（「メディケア」「退職年金制度」「社会保障」も参照）：　Social insurance (see also Medicare, Retirement systems, and Social Security):
  諸外国　Foreign countries　1364
  公的支出、給付額　Expenditures　539, 540, 541
  失業保険（連邦および州政府）　Unemployment insurance (federal and State)　539, 540, 541, 558, 559
  社会保険の種類別：　Individual programs:
    公務員退職保険　Federal retirement insurance　549, 1166, 1217
    受給者と給付金額　Beneficiaries and benefits　545, 546
    適用範囲　Coverage　544, 550
  老齢・遺族・障害・健康保険：　Old-age, survivors, disability, and health insurance:
    給付額　Payments　540, 545, 546, 547
    信託基金　Trust funds　547
    徴税　Tax collections　480
    適用を受ける労働者数と所得　Coverage, workers and earnings　544
    保険料所得　Contributions　547
  州および地方政府の退職保険　State and local government retirement systems　550, 1166, 1217
  信託基金　Trust funds　1217
  政府移転支出　Government transfer payments　539, 540, 541
  政府の保険信託歳入、歳出　Government insurance trust funds　436
  州および地方政府財政　State and local receipts, expenditures　435, 451, 550
  連邦政府収支　Federal receipts and expenditures　547
  適用者　Employment covered　544

鉄道員保険　Railroad insurance　540
労働者に対する補償　Workers' compensation　135, 138, 540, 561, 562
社会保障（老齢・遺族・障害・健康保険）（「社会保険」も参照）：
　Social Security Trust Funds (see also Social insurance):
　給付金　Payments　538, 540, 545, 546
　受給家族　Families receiving　542
　受給者および給与額　Beneficiaries and payments　545, 546, 547, 1361
　信託基金　Trust funds　547
　適用を受ける労働者数と所得　Coverage, workers and earnings　544
　フードスタンプ受給者　Food stamp participants　573
　連邦政府歳出額　Federal government outlays　473, 474
じゃがいも：　Potatoes:
　価格　Prices　733, 846, 858
　耕地面積　Acreage　858, 862
　消費量　Consumption　218, 863
　生産　Production　858, 862, 863
　農産物市場取引、売上　Farm marketings, sales　843
　輸出入　Foreign trade　863
射撃　Target shooting　1249
写真機と写真用品　Photographic equipment and supplies　1308
ジャズ　Jazz　1238
ジャマイカ（「外国」を参照）　Jamaica. (See Foreign countries.)
車両（「自動車」「トラクター」等を参照）　Vehicles. (See Motor vehicles.)
ジュース　Juices　215, 727
銃（「銃火器」を参照）　Guns. (See Firearms.)
州および地方政府（個々の政府も参照）：　State and local governments, combined data (see also individual governmental units):
　給料　Payrolls　461, 462
　行政単位数　Governmental units　428
　国内総生産　Gross domestic product　670
　雇用費用　Employer costs　654
　債券発行高　Securities issued　440
　財・サービスの購入額　Purchases of goods and services　667, 669
　建設、価格　Construction, value　965
　歳出（「金融」も参照）　Expenditures (see also Finances)　292, 435, 436, 437, 438, 440, 443
　　資本支出　Capital outlay　437, 438
　　種類別　By type　436, 437
　　病院・医療支出　Hospitals and medical care　138, 172, 443
　財政　Finances　432, 435, 436, 442, 1192
　歳入、財源別　Receipts by source　436
　財務省証券の保有高　Treasury securities holdings　1201
　資金フロー　Flow of funds　1166, 1167
　州・地方政府の公職に就いている女性　Women holding public office　420
　退職金制度　Retirement systems　538, 548, 550, 1166, 1201, 1215, 1216, 1217
　抵当、保有　Mortgage holdings　1192
　被雇用者数　Employees　461, 462, 465, 466
　　手当　Benefits　463, 538
　　病院　Hospitals　172, 173
　負債、公債　Debt　435, 436, 439
　　道路　Highways　1094
　連邦政府補助金　Federal aid　431, 432, 433, 434, 471
銃火器　Firearms　321, 329, 1249, 1250
収監者（「矯正施設」も参照）　Inmates (see also Correctional institutions and Prisons and prisoners)　349, 350
州議会（州別・政党構成）　Legislatures, state party composition　418, 419
住居（「消費者物価指数」「住宅供給および住宅ユニット」も参照）　Shelters, homeless (see also Consumer price indexes, and Housing and housing units)　575, 725, 727
宗教　Religions　75, 76, 77
　慈善寄付　Charitable contributions　583
　慈善事業　Philanthropy　580, 583
　神学学位　Theology degrees　304
　憎悪犯罪　Hate crimes　322, 323

放課後の活動　After-school activities　252
宗教関連ビルの建設　Religious building construction　1006
就業停止（ストライキ）　Work stoppages　663
宗教の帰属　Religious identification　75
宗教の助成金、市民団体、専門職団体：　Religious, grantmaking, civic, professional organizations:
　学校　Schools　247
　雇用者　Employees　756, 1274
　事業所　Establishments　756, 1274
　収入　Revenues　756, 1284
　ボランティア　Volunteers　585
重罪判決　Felony convictions　346
重晶石　Barite　904, 905, 908, 909
州政府（「州および地方政府」も参照）：　State government (see also State and local governments):
　幹線道路基金（臨時歳出）　Highway funds, disbursements of　1095
　幹線道路収入　Receipts, highways　1091
　雇用と離職　Hires and separations　637
　財政　Finances　436, 438, 444, 451, 454
　税収　Tax collections　452, 453
　宝くじ歳入　Revenue from lotteries　449
　州立公園　National Park systems　1253, 1254
　税　Taxes　452, 453
　被雇用者、賃金給与　Employees and payrolls　461, 462, 465, 466
　負債　Bond ratings　443
　幹線道路公債　Debt　436, 439, 451, 454, 1094
臭素　Bromine　904, 905
10代　Teenagers:
　アメリカインディアン、アラスカ原住民人口　American Indian, Alaska Native population　10, 11, 12
　アルコール摂取　Alcohol use　207
　いじめ　Bullying, in school　251
　エイズ　AIDS　187
　喫煙　Cigarette smoking　207
　教育：　Education:
　　高校卒業　High school graduates　242, 270, 276
　　高校中退　High school dropouts　271, 272
　　在籍　Enrollment　219, 221, 223, 224, 225, 226, 242, 246, 253, 265, 276, 277, 283
　　大学入学者の特徴　College freshmen, characteristics　286
　　大学の学費　College costs　288, 289
　　テスト点数　Test scores　267, 268, 1371
　健康保険適用範囲　Health insurance coverage　155
　黒人、アフリカ系アメリカ人人口　Black, African American population　10, 11, 12
　婚姻状況　Marital status　57
　自殺　Suicides　121
　児童虐待　Child abuse　342
　出生、出生率　Births/birth rates　80, 84, 85, 86, 89
　障害　Disabled　285
　人口　Population　7, 9, 10, 11, 12
　人口移動　Mobility status　30
　スポーツへの参加　Sports activity participation　1248, 1249
　スポーツ用品の購入　Sporting goods purchasers　1251
　青少年非行　Juvenile delinquency　340, 341
　性的活動　Sexual activity　95, 96
　中絶　Abortions　102
　ドラッグの使用　Drug use　207
　ハワイ原住民、その他の太平洋諸島民人口　Native Hawaiian, Other Pacific Islander population　10, 11, 12
　犯罪　Crimes, arrests　316, 326
　殺人率　Homicide rates　311
　被害者　Victimization　315, 316
　ヒスパニック人口　Hispanic or Latino origin population　10, 11, 12
　避妊手段　Contraception use　97, 98
　養育費　Cost of raising　689
　余命　Life expectancy　107
　労働力　Labor force:
　　最低賃金労働者　Minimum wage workers　653
　　参加率　Participation rates　597
　　失業者　Unemployed　622, 623, 628

就学状況　School enrollment status　596, 1367
就業者　Employed　602, 605, 608, 610, 612
性別　Sex　587, 592
複数の仕事を持つ者　Multiple job holders　610
住宅（「住宅供給および住宅ユニット」「世帯または家族」を参照）　Dwellings. (See Housing and housing units, and Households or families.)
住宅、家庭用光熱費、物価指数　Housing and household operations, price indexes　727, 739
住宅維持用品支出　Housekeeping supplies expenditures　686, 687
住宅および家庭用エネルギー　Residential energy　737, 928, 930, 931, 932, 934, 947, 950, 951, 952, 955
住宅供給および住宅ユニット（「世帯または家族」も参照）：　Housing and housing units (see also Households or families):
　空家・空室　Vacancies　982, 984, 985, 988
　アメニティ　Amenities　971, 1002
　一時的　Transitional　575
　移動住宅　Mobile homes　737, 976, 988, 989
　売上　Sales　974, 977, 979
　エネルギー　Energy　928, 930, 934, 971
　沿岸部　Coastal counties　26
　改築　Improvements　1003
　改築　Remodeling　1003
　火災、財産の焼失　Fires, and property loss　356
　価値　Value　722, 994, 996
　家庭用器具　Appliances　727
　近隣の環境指数　Neighborhood indicators　899
　建築：　Construction:
　　完成所用時間　Time to completion　972
　　建設総額　Value　963, 966
　　集合住宅完成戸数および賃貸戸数　Apartments completed and rented　981
　　新築ユニット　New units　968, 969, 970
　　建築許可価額　Building permit value　968
　建築年数　Age of housing stocks　988
　建築年数　Year built　988, 992
　公営住宅、低家賃ユニット　Public housing, low rent units　432, 434, 560
　高齢者コミュニティ　Senior citizen communities　899
　コミュニティの安全性　Secured communities　899
　コンドミニアム（分譲マンション）　Condominiums　980
　シェルター　Shelters　575
　支援　Supportive　575
　敷地面積　Lot size　990
　資本　Capital　1005
　住宅維持・管理支出　Maintenance and repair expenditures　686, 687
　住宅価格、取得費用　Prices, or costs　975, 976, 977, 978, 980, 994, 995
　住宅の構造　Structural type　969, 984, 988, 989
　州別データ　State data　993
　消費支出　Consumer expenditures　684, 685, 686, 687, 688
　消費者物価指数　Consumer price indexes　725, 726, 727
　所有権　Ownership　30, 36, 37, 40, 692, 982, 983, 985, 988, 991, 992, 993, 994, 995, 996, 1218
　新築民間住宅（諸特徴）　New privately owned homes, characteristics　971
　生計費指数　Cost of living index　728
　政府歳出　Government expenditures　435, 436, 451, 458, 460, 473
　大都市地区のデータ　Metropolitan area data　978
　暖房設備　Heating equipment used　971, 988, 1001
　厨房設備　Kitchen equipment　988
　配管　Plumbing　988
　ハリケーン　Hurricanes　362
　費用　Costs　995
　プエルトリコ　Puerto Rico　1003, 1320
　物価指数　Price indexes　726, 729, 973
　不備　Deficiencies　1002
　部屋数　Rooms　990
　ホームレス　Homeless　575

　保有　Tenure　30, 36, 37, 40, 692, 720, 721, 982, 983, 985, 986, 987, 988, 991, 992, 993, 994, 995, 996, 1218, 1320
　面積　Square footage　953
　家賃　Rent, rental value　994, 995
　融資と抵当　Loans and mortgages　971, 974, 998, 999, 1004, 1192, 1193, 1194
　床面積　Floorspace　971
　老齢者　Elderly　992, 995, 1002
住宅資本　Residential capital　1005
住宅所有者保険　Homeowners' insurance　1222, 1224
住宅担保ローン　Home equity loans/lines of credit　998, 1172, 1177, 1192
住宅都市開発省　Housing and Urban Development, Dept. of　432, 434, 499
住宅扶助　Housing assistance　543, 575
州知事、人数および得票数　Governors　416, 417
州・地方政府の支出（それぞれの行政単位を参照）　Expenditures of state and local government (See individual governmental units.)
州道（「幹線道路」を参照）　State highways. (See Highways.)
収入（「課税収入」および個々の産業も参照）：　Receipts (see also Tax receipts, and individual industries):
　アジア系所有企業　Asian-owned businesses　773
　アメリカインディアン、アラスカ原住民所有企業　American Indian and Alaska Native-owned businesses　775
　株式会社、共同経営および個人経営　Corporations, partnerships, and proprietorships　744, 745, 746, 747, 748, 749, 753, 754, 755
　国際輸送　International transportation　1286
　黒人所有企業　Black-owned businesses　772
　歳入：　Revenue:
　　合衆国政府　United States government　436, 469, 475, 480
　　州政府　State governments　436, 444, 451, 452
　　税収　Tax collections　453
　　州・地方政府の連合　State and local governments combined　435, 442
　女性所有の企業　Women-owned businesses　769
　地方政府　Local governments　436, 455
　郡政府　County governments　459
　市政府　City governments　457
　少数民族所有企業　Minority-owned businesses　770
　ハワイ原住民、その他の太平洋諸島民所有企業　Native Hawaiian and Other Pacific Islander-owned businesses　768, 769
　ヒスパニック、ラテン系所有企業　Hispanic- or Latino-owned businesses　771
州のデータ：　State and regional data:
　アジア人人口　Asian population　19
　アメリカインディアン、アラスカ原住民族人口　American Indian, Alaska Native population　19
　アルコールの摂取　Alcohol use　208
　移住、移動　Migration　15, 33
　衣料品、アクセサリー　Apparel and accessory stores, sales　1059
　飲食店　Food stores　1059
　飲食店および食料品店　Eating and drinking places, sales　1059
　インターネット利用／接続　Internet usage/connection　1156
　売上　Sales　1047, 1059
　運転免許証　Drivers' licenses　1098
　エイズ感染者　AIDS　185
　エネルギー、再生　Energy, renewable　954
　エネルギー、支出　Energy expenditures　934
　エネルギー、消費　Energy consumption　931
　沿岸部　Coastline　364
　沿岸部人口　Coastal population　26
　海外旅行　Foreign travel to　1261
　外国生まれ　Foreign born　38
　外国貿易　Foreign trade　1305, 1306
　海抜　Elevations　366
　下院議員（得票数）　Representatives, U.S. vote cast for　409
　家禽　Poultry　878
　家具、家庭用調度品　Furniture, home furnishings stores　1059
　ガス事業　Gas utility industry　956
　課税額　Taxation　452, 453, 493

ガソリンスタンド　Gasoline service stations　1059
ガソリン税率　Gasoline tax rates　1093
家畜　Livestock　833, 873, 874
合衆国議会の構成　Congressional apportionment, U.S.　408, 412
合衆国への外国投資　Foreign investment in the U.S.　1293
家庭使用言語　Language spoken at home　54
癌　Cancer　183
看護師　Nurses　165
幹線道路基金　Highway funds　1095
幹線道路信託基金　Highway trust fund　1092
幹線道路の道路長　Highway mileage　1089
気温（最高・最低）　Temperatures (highs and lows)　391
危険廃棄物所在地　Hazardous waste　383, 385
気候　Climate　393, 394, 395, 396
喫煙者　Cigarette smoking　205, 208
教育　Education, (see also Education)　233, 244, 246, 256, 262, 269, 270, 280, 292
教員　Teachers　256
矯正施設　Corrections　451, 465
金融機関　Financial institutions　1180, 1181
警察・治安　Police protection　454, 465
警察保護　Physicians　165
刑事裁判による支出　Criminal justice expenditures　345
芸術、資金　Arts, funding　1236
刑務所および囚人　Prisons and prisoners　347
契約総額　Construction contracts　967
結婚と離婚　Marriages and divorces　132, 133
血中アルコール濃度　Blood alcohol concentration (BAC)　1111
健康維持機関　Health maintenance organizations (HMO)　154
健康保険適用　Health insurance coverage　156
建築許可　Building permits　968
建築資材および園芸用品　Building materials and garden supplies, sales　1059
原付自転車　Motorcycles　1098
原野火災　Wildland fires　390
公園　Parks　1253, 1254, 1255
鉱業生産量、生産額　Mining, mineral production value　907
公職に就いている女性　Women holding public office　420
交通死亡事故　Traffic fatalities　1104, 1111
交通への補助金　Transit aid　1119
公的扶助　Public aid　564
公道と道路長　Public road and street mileage　1089
小売業　Retail trade, sales　1047, 1059
黒人、アフリカ系アメリカ人人口　Black, African American population　19
国内総生産　Gross domestic product　671, 672
国内旅行支出　Domestic travel expenditures　1263
国防落札契約額　Defense contracts　506
国境長　Border lengths　363
国境通過　Border crossings　1270
サービス業　Services industry　1276
最低賃金　Minimum wage　652
事業所数　Establishments　1010, 1047, 1276
死刑　Capital punishment　353
慈善活動　Philanthropy　584
慈善寄付　Charitable contributions　584
失業　Unemployment　594, 629
失業保険　Unemployment insurance　541, 559
児童虐待　Child abuse cases　343
自動車産業　Motor vehicle manufacturing　1036
自動車ディーラー　Automotive dealers　1059
自動車ディーラー　Motor vehicle dealers　1059
自動車登録台数　Motor vehicle registrations　1098
自動車燃料税　Motor fuel tax　1093
自動車保険支出　Automobile insurance expenditures　1223
死亡者数および死亡率　Deaths and death rates　15, 113, 116, 123
幼児死亡率　Infant　116
社会保障プログラム　Social Security program　546
住宅　Housing　729, 968, 970, 979, 985, 989, 993, 996, 997
州知事（得票数）　Governors, vote cast　417
州別児童健康保険　State children's health insurance　145

出生数および出生率　Births and birth rates　15, 82, 89
主要作物　Crops, principal　859, 860, 861
上院議員（得票率）　Senators, vote cast for　407
小企業　Small businesses　761
上下水道および他のサービス　Water, sewage, and other services　958, 959, 960
上水道　Drinking water　960
上水道　Public water systems　960
職業　Occupations　617
海岸線　Shorelines　364
所得　Income　844
所得安定補助金　Supplemental Security Income　564
可処分所得　Disposable personal　680, 682
家族　Family　707
個人所得　Personal　680, 681
所得税納税申告　Income tax returns　493
世帯所得　Household　706
人口　Population　13, 14, 15, 16, 19
アジア人　Asian population　19
アメリカ・インディアン、アラスカ原住民　American Indian, Alaska Native population　19
黒人、アフリカ系アメリカ人　Black African American population　19
従属人口指数　Dependency ratio　17
人口構成変化　Components of change　15
人口密度　Density　14
大都市地区人口　Metropolitan area population　24
年齢別人口　Age distribution　16
ハワイその他諸島民　Native Hawaiian, Other Pacific Islander population　19
ヒスパニック人口　Hispanic origin population　19
新聞（紙数と発行部数）　Newspapers, number and circulation　1136
森林面積　Forest land　884, 885
製造業　Manufactures, summary statistics　1016
政府財政：　Government finances:
運輸支出　Transfer payments　541
州および地方政府に対する連邦政府補助金　Federal aid to state and local governments　433, 434
州政府　State governments　444, 451, 452, 454
州・地方政府　State and local governments　442, 443
税収　Tax collections　449, 453
地方政府　Local government　455
農業への支払　Agricultural payments　844
補助金　Grants　527
連邦政府の税収　Federal (income tax returns)　493
石炭およびコークス生産量　Coal and coke production　920
選挙　Elections　398, 400, 405, 406, 407, 410, 412, 417, 419
総合小売業　General merchandise stores, sales　1059
訴訟取扱い　Court cases　335
退役軍人および支払い　Veterans, number and expenditures　520, 541
大学在籍者　College enrollment　287
対家族臨時援助　Temporary assistance for needy families program (TANF)　566, 567
大統領選挙（得票数）　President, vote cast　405, 406
大都市地区人口　Metropolitan area population　24
宝くじ（歳入）　Lotteries, revenue from　449
地方政府　Local government units　429
地方の人口　Rural population　29
中絶　Abortion　103
デパート　Department stores, sales　1059
天然ガス　Natural gas　912, 913, 915, 918
電力　Electrical power　948, 950, 951
投票率　Votes cast　397, 398, 404, 405, 406, 407, 409, 410, 417
道路、幹線道路　Roads and highways　1089, 1092, 1095
都市の人口　Urban population　29
図書館　Libraries　1153
土地　Job gains/losses　635, 636
特許　Patents　779
入国許可　Immigrants, unauthorized　45
乳製品　Milk production　874
燃料生産量　Fuel production　912

索　引　1005

農業　Agriculture　825, 838, 844, 845
農場　Farms　825, 838
　　所得　Income　838, 844, 845
　　政府支払　Government payments　844
延べ走行距離　Vehicle miles of travel　1098
乗物で通勤　Commuting to work　1100
博士号　Doctorates　808
破産　Bankruptcies　777
ハワイその他諸島民人口　Native Hawaiian, Other Pacific Islander population　19
犯罪率　Crime rates　308
被雇用者数　Employees　465, 466, 498, 631, 761, 1010, 1012, 1036, 1047, 1276
ヒスパニック公選公務員　Hispanic elected officials　421
ヒスパニック人口　Hispanic origin population　19
百万長者　Millionaires　719
病院　Hospitals　174, 443, 465
標高　Altitudes　366
貧困　Poverty　406, 709
フードスタンププログラム　Food stamp program　571
富裕層　Wealth　719
平均給料　Average pay　647
給与　Earnings　647, 1010, 1047
防火　Fire protection　454
湖　Lakes　361
民間労働力　Civilian labor force　594
メディケア　Medicare　147
メディケイド（医療保障制度）　Medicaid　152
面積　Area　358
薬物の使用　Drug use　208
有権者人口　Voting age population　398, 400
有権者登録　Voter registration　400
有毒物質の放出　Toxic chemical releases　383
輸出　Exports　1305, 1306
立法機関の構成　Legislatures, composition　418, 419
旅行支出　Travel expenditures　1263
レクリエーション地域　Recreational areas　1253
連邦政府支出　Federal funds　479
労働組合加入者　Union membership　666
州兵　National Guard　515
州別最高・最低・平均標高　Elevation, extreme and mean by state　366
修理サービス（「自動車修理、維持サービス」を参照）　Repair services. (See Automobile repair and maintenance service.)
州立公園　State park systems　1253
授業料　Tuition　293, 727
宿泊業（「ホテルおよびその他の宿泊施設」を参照）　Lodging industries. (See Hotels and other lodging places.)
宿泊サービス：　Accommodation and food services industry:
　e-コマース　Electronic commerce　1278
　売上　Sales　746, 749, 754, 755, 756, 757, 769, 770, 771, 772, 773, 774, 775, 1266, 1272, 1273, 1281, 1283
　国内総生産　Gross domestic product　670
　雇用と離職　Hires and separations　637
　財政　Finances　746, 749
　時間　Hours　630
　事業所数　Establishments　756, 757, 760, 1272, 1273, 1274, 1276
　資本　Capital　746, 770, 771, 772, 773, 774, 775, 781, 783, 785
　所得　Earnings　630, 632, 643, 756, 759, 760, 769, 770, 771, 772, 773, 774, 775, 1272, 1274, 1276
　生産性　Productivity　641
　設備およびコンピュータソフトウェア支出　Equipment and software expenditures　783
　非雇用事業所　Nonemployers　757, 1273
　被雇用者数　Employees　630, 632, 756, 1266, 1272, 1274, 1275, 1276
　利潤　Profits　793
　労働災害補償　Occupational safety　660
種子　Seeds　841
手術　Operations performed, medical　171
出荷（製造業の）（個々の産業および製品も参照）　Shipping. (See Waterborne commerce)
出生時体重　Birth weights　89
出生数および出生率　Births and birth rates　4, 5, 78, 79, 80, 81, 82, 83, 85, 87, 89, 92, 93
　アジア系　Asian population　5
　アジア系、太平洋諸島系　Asian and Pacific Islander population　80, 82, 83, 84, 85, 92
　アメリカインディアン、エスキモー、アリュート人　American Indian, Eskimo, and Aleut population　5, 80, 82, 83, 84, 85, 86
　家族構成　Living arrangements　90
　合衆国の海外領土　Island areas of the U.S.　82, 89, 1314
　教育　Education　94
　黒人、アフリカ系アメリカ人の人口　Black, African American population　5, 79, 80, 81, 82, 83, 84, 85, 86, 87, 92
　諸外国　Foreign countries　1335, 1339
事業所開設　Births, businesses　764, 765, 766
　市民権　Citizenship　94
　州　States　15, 82, 89
　10代の出産　Births to teenage mothers　84, 86, 92
　出産補助　Delivery procedures　87, 171
　出生時体重　Birth weight　89
　初産　First births　91, 92, 93
　人種別　Race　5, 79, 80, 81, 82, 83, 84, 85, 86, 87
　生殖補助医療　Assisted reproductive technology　100
　帝王切開出産　Cesarean section deliveries　87, 171
　独身および未婚女性の出産　Births to single or unmarried women　85, 92, 1335
　ハワイ原住民、その他の太平洋諸島民　Native Hawaiian, Other Pacific Islander　5
　ヒスパニック人口　Hispanic population　5, 79, 82, 83, 84, 85, 86, 87, 92
　貧困　Poverty　94
　分娩誘発　Induction of labor　88
　平均余命　Life expectancy　104, 105, 106, 107, 1340
　母乳の諸特徴　Characteristics of mother　80, 84, 85, 86, 87, 92, 93
出版（「書籍」「新聞」「印刷」を参照）：　Publishing. (see also Books, Newspapers, and Printing.):
　書籍　Books　737, 1128, 1129, 1134
　新聞　Newspapers　1128, 1129, 1134, 1135, 1136
　定期刊行物　Periodicals　1128, 1129, 1134
　名簿　Directory and mailing list　1128, 1129, 1134
　出版業　Book publishing industry　1128, 1129, 1134
出版業：　Publishing industry:
　工業生産指数　Industrial production index　789
　国内総生産　Gross domestic product　670, 1007
　財政　Finances　794, 1129
　事業所　Establishments　756, 1128, 1130
　資本　Capital　781
　収入、歳入　Receipts, revenue　756, 1129, 1130
　所得　Earnings　632, 756, 1128, 1130
　被雇用者　Employees　632, 756, 1128, 1130
　利益　Profit　794
狩猟と釣り　Hunting and fishing　880, 883, 1249, 1250, 1256, 1269
順位：　Rankings:
　国：　Countries:
　　牛肉、豚肉、家禽肉の消費量　Consumption of beef, pork, poultry　1377
　　人口　Population　1332
　　農産物輸出入　Agricultural exports and imports　1374
　　高等教育に対する連邦助成金　Federal R&D obligations to higher education　809
　州：　State:
　　公立小中高校財政　Public elementary/secondary school finances　262
　　国内旅行支出　Domestic travel expenditures　1263
　　人口　Population　14
　　政府財政　Government finances　452
　　農産物市場取引　Farm marketings　845
　　1人あたり個人所得　Personal income per capita　681
　　貿易　Foreign trade　1305

輸出　Exports　1305
主要空港　Airport traffic　1075, 1269
スポーツ活動　Sports participation　1248, 1249
都市：　Cities:
　居住財産税率　Residential property tax　448
　人口　Population　27
循環器障害　Circulatory diseases　197
上院議員、米国　Senators, U.S.　407, 412, 413
上演芸術　Performing arts　1231, 1234, 1238
障害者：　Disabilities:
所得安定補助金受給者、支払額　Supplemental security income recipients and payments　563
学習障害児童　Students with disabilities　189, 190, 285
学習　Learning　188
給付金支払い額　Benefits paid　545, 547
軍人退役の制度　Military retirement system　512
公的扶助受給者、支払額　Public assistance recipients and/or payments　560, 563
高齢者　Elderly　35
支払額　Payments　547
社会保障受給者　Social security recipients　545, 546
受給者　Beneficiaries　542, 545
政府移転支出　Government transfer payments　539, 540, 541
憎悪犯罪　Hate crimes　322, 323
年齢　Age　191
貧困　Poverty　700
フードスタンプ受給者　Food stamp participants　572, 573
補償給付を受けている退役軍人　Veterans receiving compensation　523
メディケイド支払額、受給者　Medicaid payments and or recipients　151, 560
労働障害のある者　Persons with disability　560
労働力状況　Labor force status　591
生涯所得の損失　Mortality costs　130
蒸気機関、タービン：機関車（鉄道）　Steam engines and turbines, electric, locomotive (railroad)　1122
商業銀行：　Banks, commercial:
外国商業銀行　Foreign banking offices in United States　1182
株式・証券価格　Stock and bond prices and yields　1207
クレジット・カード　Credit cards　1177, 1188
強盗　Robbery　321
国内総生産　Gross domestic product　670, 1162
401(K)プラン　Individual Retirement Accounts (IRAs); 401(k) plans　554, 557, 1216
サービス手数料　Service charges　677
財務　Finances　1166, 1167, 1176, 1177, 1178, 1179, 1180, 1181, 1182, 1192, 1196, 1215
事業所数　Establishments　1165, 1177
資金フロー　Flow of funds　1166, 1167, 1215
州のデータ　State data　1180, 1181
消費者金融利率　Consumer credit　1190, 1191
所得　Earnings　632, 1165
生産性　Productivity　641
世帯の負債　Debit held by families　1173
滞納発生率、抵当流れ発生率、ローン　Delinquency rates, repossessions, loans　1195
デビット・カード　Debit cards　1187
被雇用者数　Employees　632, 1165
保険加入商業銀行　Insured banks　1176, 1180
融資　Loans　1177
預金　Deposits　1176, 1177, 1182
利潤　Profits　1178, 1179
商業用建物：　Commercial buildings:
建築額　Construction value　966
諸特徴　Characteristics　1006
犯罪　Crime incidents　317
床面積　Floorspace　966
商業用冷蔵設備製造業　HVAC and commercial refrigeration equipment manufacturing　632
上下水道およびその他のサービス　Water, sewage and other systems　632, 923, 924, 958, 959, 960

証券、商品取引および投資：　Securities, commodity contracts, and investments (industry):
e-コマース　Electronic commerce　1278
国内総生産　Gross domestic product　1162
財務　Finances　1166, 1218, 1219
事業所数　Establishments　1163, 1164, 1165
資本　Capital　781
収入　Receipts　1163, 1164
所得　Earnings　632, 1163, 1165
非雇用　Nonemployers　1164
被雇用者数　Employees　632, 1163, 1165
利潤　Profits　1219
証券取引所　American Stock Exchange　1207, 1209
証券取引所：　Stock exchanges:
取引価格　Prices　1207
取引量　Volume of trading　1209, 1210
上場投資信託　Exchange-traded funds　1166, 1201
上水道　Drinking water　929, 959
小児科医（「医師」も参照）　Pediatricians (see also Physicians)　164
消費（個々の商品の項目を参照）　Consumption. (See individual commodities.)
消費可能なたんぱく質　Protein, available for consumption　216
消費者：　Consumers:
航空会社に対する苦情申し立て　Consumer complaints against airlines　1081
消費財　Consumer goods　737
消費支出額：　Expenditures:
医療支出　Medical care　136, 137, 139, 140, 143, 684, 685, 686, 687, 688, 739
娯楽　Entertainment　686, 687, 1233
住居　Housing　684, 685, 686, 687, 688, 739
食糧　Food　684, 685, 686, 687, 688, 847, 939
スポーツ用品　Sporting goods　1250
大都市地区　Metropolitan areas　685
輸送　Transportation　671, 680, 739
読みもの　Reading material　686, 687, 1233
消費者信用　Credit　751, 1169, 1172, 1175, 1188, 1189, 1190, 1191, 1195
消費者物価指数　Consumer price indexes　712, 724, 725, 726, 727
医療　Medical care　142, 725, 727
外国　Foreign countries　1356, 1358
ドルの購買力　Purchasing power of the dollar　724
商品（個々の商品を参照）　Commodities. (See individual types of commodities.)
商品先物取引価格指数、主要商品　Futures Price Indexes, Commodity Research Bureau　735
情報産業：　Information industry:
e-コマース　Electronic commerce　1278
外国　Foreign countries　1278
研究開発　Research and development　806
国内総生産　Gross domestic product　670, 672
雇用と離職　Hires and separations　637
財政　Finances　746, 749, 1129
時間　Hours　630
事業所　Establishments　756, 757, 759, 1009, 1128, 1130, 1274
資本　Capital　781, 782, 783, 785
収益　Earnings　630, 632, 643, 644, 678, 756, 759, 760, 769, 770, 771, 772, 773, 774, 775, 1128, 1130, 1274
出荷、収益　Shipments, revenue　746, 749, 754, 755, 756, 757, 1769, 770, 771, 772, 773, 774, 775, 1129, 1130
生産性　Productivity　641
設備およびコンピュータソフトウェア支出　Equipment and software expenditures　783
多国籍企業　Multinational companies　796, 797
非雇用事業　Nonemployers　757
被雇用者　Employees　630, 631, 632, 756, 759, 760, 769, 770, 771, 772, 773, 774, 775, 817, 1128, 1130, 1274
利潤　Profits　746, 792, 793

労働災害補償　Occupational safety　660
消防署（「公安」を参照）　Fire departments and personnel　355
情報通信技術設備　Information and communications technology equipment　725, 783, 1031
商用エネルギー　Commercial energy　928, 930, 931, 932, 934, 947, 950, 951, 952, 955
ジョギング　Jogging　1249, 1250, 1251
職業（個々の職業も参照）：　Occupations (see also individual occupations):
　アジア人人口　Asian population　36, 616, 619
　アメリカインディアン、アラスカ原住民　American Indian, Alaska Native population　36
　移動状況　Mobility status　30
　海外領土　Island areas　1324
　科学および工学　Science and engineering　817, 818, 819
　黒人、アフリカ系アメリカ人　Black, African American population　36, 616, 619
　雇用　Employment　36, 608, 616, 617, 619, 620, 656
　雇用コスト指数　Employment cost index　651
　収入　Earnings　645, 648, 650
　年金プラン／団体健康保険の適　Pension plan/health plan coverage　655
　ハワイ原住民、その他の太平洋諸島民　Native Hawaiian, Other Pacific Islander population　36
　ヒスパニック人口　Hispanic origin population　36, 616
食肉および食肉加工業（「食品製造業」、個々の食肉を参照）：　Meat and meat products (see also Food manufacturing, and individual meats):
　供給　Supply　869
　消費者支出額　Consumer expenditures　686, 687
　消費量　Consumption　217, 869, 1372, 1377
　生産量　Production　869, 1372, 1376
　農産物市場　Farm marketings　841, 843
　物価指数　Price indexes　727, 733, 735, 736, 743
　貿易　Foreign trade　848, 853, 855, 869, 1308
職場における死亡／負傷　Workplace deaths/injuries　657, 658, 659, 660, 661
職場における暴行事件　Workplace violence/security measures　662
職場復帰の為の訓練プログラム　Vocational rehabilitation　135, 576
食品製造業：　Food manufacturing:
　売上、出荷　Sales or shipments　1011, 1019, 1020
　研究開発　Research and development　805
　工業生産指数　Industrial production index　789
　国内総生産　Gross domestic product　670, 1007
　財務　Finances　794
　事業所　Establishments　1009
　資本　Capital　781
　所得　Earnings　632, 1009, 1011, 1017
　被雇用者　Employees　632, 1009, 1011, 1013, 1017, 1266
　貿易　Foreign trade　1312
　有害化学物質の放出　Toxic chemical releases　382
　利潤　Profits　794
　労働災害補償　Occupational safety　660
植物油（「油」を参照）　Vegetable oils. (See Oils.)
食物繊維　Fiber, dietary　216
食糧（個々の食品、産業データも参照）：　Food (see also individual commodities):
　売上　Sales　1025
　価格（個々の商品も参照）　Prices (see also individual commodities)　725, 726, 727, 732, 733, 734, 736, 737, 738, 739, 742, 743
　飢餓　Hunger, insecurity　214
　魚　Fish products　727, 733, 737, 738, 895, 896, 897, 898, 899, 900
　支出　Expenditures　684, 686, 687, 688, 689, 847, 1062, 1359
　消費　Consumption　216, 217, 218
　食費　Food costs　728, 732, 733
　世界の生産　World production　1372, 1373, 1376
　鉄道輸送量　Car loadings　1123
　野菜　Commercial vegetables　862

食糧援助プログラム（フード・スタンプ）　Food stamps, programs　540, 543, 570, 571, 572, 573
食糧雑貨店（「食糧品店」も参照）　Grocery stores (See also Food and beverage stores)　632, 641, 1048, 1051, 1059
食糧品店：　Food and beverage stores:
　売上　Sales　746, 756, 1047, 1049, 1051, 1053, 1054, 1059, 1062
　在庫　Inventories　1054
　財政　Finances　746
　事業所　Establishments　756, 1042, 1048, 1049
　失業者　Nonemployers　1049
　収益　Earnings　632, 756, 1048, 1050
　生産性　Productivity　641
　被雇用者数　Employees　632, 756, 1042, 1048, 1050
　利益　Profits　794
食糧不足　Food insecurity　214
女性：　Women:
　アジア人　Asian population　6
　アメリカインディアン、アラスカ原住民　American Indian, Alaska Native population　6
　医師　Physicians　164, 166, 168, 169
　衣類　Apparel　686, 687
　インターネットへのアクセス　Internet access/use　1133, 1157, 1158
　運動　Physical activity　212
　エイズ　AIDS　186, 187
　HIV感染症　HIV disease　129
　科学および工学　Science & engineering　810, 812, 814
　癌　Cancer　126, 182
　企業所有者　Business owners　768, 769
　喫煙　Cigarette smoking　204, 205
　教育：　Education:
　　いじめ　Bullying　251
　　学費　College costs　288, 289
　　教育水準　Attainment　229, 231, 232, 273, 274, 276
　　教員　Teachers　255, 257, 296, 616
　　大学在籍者数　College enrollment　221, 226, 276, 277, 278, 279, 280, 285, 810
　　学位授与数　Degrees conferred　299, 301, 302, 303, 304, 812, 814
　　教育能力テスト　SAT tests　267
　　高校中退者数　High school dropouts　271, 273, 274
　　在籍者数、教育段階別　Enrollment by level　226, 253, 283
　　米国大学入学試験プログラム　American College Testing program　268
　外科処置　Surgical procedures　171
　結婚、離婚　Marriages　132, 133, 1336
　健康保険加入者　Health insurance coverage　155, 157
　強姦　Rape　306, 307, 308, 309, 314
　公選職員　Elected officials　413, 420
　公的扶助　Public assistance　543, 544, 560, 573
　黒人、アフリカ系アメリカ人　Black, African American population　6
　コミュニティ・サービス　Community service　585
　婚姻状況　Marital status　56, 57, 60
　コンピュータの利用　Computer use　1133, 1157
　殺人の被害者　Homicides　313
　自殺　Suicides　128, 1345
　資産　Wealth　717
　資産所有者　Property owners　992
　失業者　Unemployment　588, 594, 596, 599, 622, 624, 625, 626, 627, 628
　死亡数および死亡率　Deaths and death rates　109, 110, 111, 114, 115, 124, 125, 126, 128, 129, 1345
　社会保障給付金　Social security beneficiaries and payments　545
　出産および出産前処置・検診　Delivery procedures, births　87, 171
　出産数および出産率　Fertility rate　83
　出生数および出生率　Births and birth rates　78, 79, 80, 85, 87, 92, 93, 1339
　　帝王切開　Cesarean section deliveries　87, 171
　　母乳保育　Breastfeeding　91
　　未婚女性の出産数　Births to unmarried women　85, 86, 89, 92, 1335
　障害　Injuries　200

職探し　Job search　623
食費　Food cost, weekly　732
所得　Income　701, 702, 703
人口　Population　6, 7, 9
心臓病による死亡数　Heart disease, deaths　124
身長区分　Height distribution　209
ストーキングの被害　Stalking victimization　312
スポーツ参加、学校での　Sports participation in school　1247, 1248
性的活動　Sexual activity　95, 96
性認識　Sexual identity　97
世帯主　Householders　59, 61, 62, 64, 65, 66, 71, 72
体重　Weight　210
託児施設　Child day care　578
タバコ消費　Tobacco consumption　1343
単身生活者　Persons living alone (one-person households)　72
同棲世帯　Unmarried-partner households　63
妊娠中絶　Abortions　101, 102
年齢　Age　7, 9
脳血管疾患による死亡数　Cerebrovascular diseases, deaths　125
パイロット　Pilots　1083
ハラスメントの被害　Harassment victimization　319
ハワイ原住民、その他の太平洋諸島民　Native Hawaiian, Other Pacific Islander population　6
犯罪の犠牲者　Criminal victimizations　316, 318
ヒスパニック人口　Hispanic origin, population　6
避妊手段　Contraceptive use　97, 98
美容手術（外科）　Cosmetic surgery　180
病院利用　Hospital use　169, 170, 171, 176, 179
病気、障害　Illness/injury　200
フードスタンプ受給者　Food stamp participants　573
婦人科処置　Gynecological services　169, 171
　分娩誘発　Induction of labor　88
兵員　Military personnel　510, 514, 515
平均余命　Life expectancy　104, 105, 106, 107, 108, 1340
ボディ・マス・インデックス（BMI）　Body Mass Index (BMI)　211
ボランティア　Volunteers　585
マンモグラフィー　Mammography　203
養育費　Child support　568
余暇活動　Recreational activities　1238, 1239, 1249, 1251
離婚　Divorces　132, 133, 1336
労働組合員数　Union membership　665
労働力と雇用：　Labor force and employment:
　外国　Foreign countries　1367, 1368, 1369
　外国生まれ　Foreign born　589
　学校在籍者数　School enrollment　596
　教育水準　Educational attainment　593, 611, 627
　子供　Children　92, 93
　雇用者数　Employed　588, 594, 596, 599, 605, 608, 610, 612, 616, 620, 633
　婚姻状況　Marital status　597, 598, 599, 600
　産業　Industry　620, 633
　失業者数　Unemployed　588, 594, 596, 599, 622, 624, 625, 626, 627, 628
　就業期間　Tenure with employer　612
　州別　States　594
　職業　Occupation　616, 650
　所得　Earnings　648, 650
　退職者　Displaced workers　614
　年齢　Age　587, 592
　非労働の理由　Reason not in　615
　平均労働時間　Hours worked per day　640
　有業率　Participation rates　587, 588, 593, 594, 597, 598, 599, 600
　予測　Projections　587
　労働組合員数　Union membership　665
女性人口（「女性」を参照）　Female population. (See Women.)
女性世帯主（「世帯または家族」を参照）　Female householders. (See Households or families.)
書籍（「情報産業」「図書館」「出版業」も参照）：　Books (see also Information industry, Libraries and librarians, and Publishing industry)　1056, 1131, 1134, 1137
書籍、定期刊行物、音楽販売店　Book, periodical, and music stores　632, 641, 1048, 1049, 1051

所得（「消費支出額」「所得・収益」「貧困」も参照）：　Income (see also Consumer expenditures, Earnings, and Poverty):
　アジア人　Asian population　36, 693, 695, 696, 697, 701, 704, 705, 716
　アジア人、太平洋諸島民　Asian and Pacific Islander population　691, 696, 697
　アメリカインディアン、アラスカ原住民　American Indian, Alaska Native population　36
　外国生まれ　Foreign born　40, 41
　可処分所得　Disposable personal　678, 679, 682
　家族所得　Families　34, 36, 37, 695, 696, 697, 698, 699, 707, 708, 1321
　芸術・レジャーへの参加　Participation in arts and leisure　1239
　黒人、アフリカ系アメリカ人　Black, African American population　36, 542, 696, 697, 698, 701, 704, 716
　国民所得　National income　667, 668, 669, 673, 679, 840
　個人　Individuals　717, 718, 719
　個人所得　Personal　678, 680, 681, 683
　州別データ：　State data:
　　家族　Family　707
　　個人所得　Personal income　680, 681, 682
　　州内総生産　Gross domestic product　671, 672
　　世帯　Household　706
　消費者支出　Consumer expenditures　688
　所得分布　Distribution　690, 692, 696, 698, 702
　人口　Persons　40, 690, 701, 704
　教育水準　Educational attainment　702, 703
　収入源　Source of income　542
　スポーツ参加、用具　Sports participation, goods　1249, 1251
　世帯数　Households:
　　アジア系　Asian population　693
　　移動状況　Mobility status　32
　　インターネットへのアクセス／使用　Internet access/use　1158
　　株式（ミューチュアル・ファンド所有）　Stock, mutual fund ownership　1170, 1211, 1213
　　教育水準別　Educational attainment　692, 703
　　高齢者　Elderly　692
　　黒人、アフリカ系アメリカ人　Black, African American population　690, 691, 693
　　コンピュータ使用　Computer use　1157
　　税　Taxes　1362
　　世帯の現金収入　Tenure　692
　　年齢別　Age　692, 703
　　ヒスパニック　Hispanic origin population　690, 691, 693
　　余暇活動　Recreation activities, physical activity　212, 1249, 1251
　総所得　Aggregate income　694
　貯蓄　Savings　674, 675
　都市別　City　708
　農家所得　Farms　840, 843, 844, 845
　ハワイ原住民、その他の太平洋諸島民　Native Hawaiian, Other Pacific Islander population　36
　ヒスパニック　Hispanic or Latino origin population　36, 37, 542, 690, 691, 693, 695, 701, 704, 705
　1人あたり国民所得　Per capita　679, 704
　富裕層　Millionaires　717, 718, 719
　　富裕層　Wealth　719
　法人所得　Corporate　744, 746, 753, 754
　ホームスクール　Homeschooling　240
所得・収益　Earnings, (see also individual industries)　646, 647
　アジア系所有企業　Asian-owned businesses　768, 773
　アメリカインディアンおよびアラスカ原住民所有企業　American Indian and Alaska Native-owned businesses　768, 775
　外国生まれ人口　Foreign-born population　40
　家計タイプ　Family type　698, 699
　教育水準　Educational attainment　232, 703
　教員　School teachers　242, 255, 256, 266
　建設業　Construction industry　759, 760
　鉱業　Mineral industries　901
　鉱業　Mining industry　759
　航空輸送　Airlines　1073
　公務員：　Government employees:

索引　1009

州・地方政府　State and local　461, 462, 466, 643, 646
連邦政府　Federal　461, 462, 496, 497, 643, 646
黒人所有企業　Black-owned businesses　768, 772
個人所得　Personal income　678, 680, 681, 682, 683
最低賃金労働者　Minimum wage workers　652, 653
産業　Industry　643, 759, 760
市政府公務員　Municipal employees　467
社会保険の適用を受ける被雇用者　Employment covered by social insurance　544, 559, 561
州　States　647
少数民族所有企業　Minority-owned businesses　770
職業別　Occupations　645, 648, 650, 651
女性　Women　649, 769
所得税還付　Income tax returns (reported totals)　483, 484
製造業　Manufacturing　759, 760, 879, 880, 1009, 1011, 1016
大学教員　College faculty　295
大卒初任給　College graduates, salaries　298
鉄道の収益　Railroads　1086
ハワイ原住民および太平洋諸島民所有企業　Native Hawaiian and Other Pacific Islander-owned businesses　774
ヒスパニック、ラテン系所有企業　Hispanic or Latino origin-owned businesses　771
民間企業の事業所数　Private employer firms　646, 647, 760, 761, 762
労働組合員　Union members　645, 665
所得安定補助金　Supplemental Security Income　540, 542, 563, 564, 573
所得税（「税収」も参照）：　Income tax (see also Tax receipts):
　外国　Foreign countries　1361
　キャピタルゲイン　Capital gains　485
　控除　Deductions　489, 490, 491
　個人　Individual　481, 482, 484, 485, 486, 487, 488, 489, 490, 491, 493, 494, 495
　所得水準別平均納税額　Average tax by income level　481, 488
　税率　Rates　494, 495
　税率控除　Tax credits　492
　代替最低税　Alternative minimum tax　486
　法人企業　Corporation　480, 481, 753
ショートニング　Shortening　217, 733, 737
処方薬の使用　Prescription drugs　134, 136, 137, 138, 139, 140, 141, 142, 159, 727
シリア（「外国」を参照）　Syria. (See Foreign countries.)
シリコン　Silicon　904
飼料（「穀物」を参照）　Feed. (See Grain.)
視力検定医　Optometrists　160
腎炎、腎臓疾患、ネフローゼ　Nephritis, nephrotic syndrome, and nephrosis (See Kidney disease)　117, 118, 119, 120, 121, 122, 123
神学、学位授与　Theology, degrees conferred　304
シンガポール（「外国」を参照）　Singapore. (See Foreign countries.)
神経科医　Neurologists　164
人口（「出生」「死亡」「離婚」および「結婚」も参照）：　Population (see also Birth, Death, Divorces, and Marriages):
　アジア人（「アジア人人口」を参照）　Asian population. (See Asian population.)
　アジア・太平洋諸島民（「アジア・太平洋諸島民人口」を参照）　Asian, Pacific Islander population. (See Asian, Pacific Islander population.)
　アメリカインディアン、エスキモー、アリュート（「アメリカインディアン、アラスカ原住民」を参照）　American Indian, Alaska Native. (See American Indian, Alaska Native population.)
　移動　Migration　4, 5, 21, 30, 31, 32, 33, 1333
　移民　Immigrants　38, 39, 40, 41, 42, 43, 44, 45, 48, 50, 51
　沿岸部人口　Coastal　25, 26,
　外国生まれ人口　Foreign born　38, 39, 40, 41, 42, 228, 1333
　家系　Ancestry　52
　家計と家族、家計もしくは家庭（「世帯または家族」を参照）　Households and/or families. (See Households or families.)
　合衆国の海外領土　Island areas of the U.S.　1313, 1321
　居住人口　Resident　1, 2, 3, 4, 7, 13, 25

黒人（「黒人、アフリカ系アメリカ人の人口」を参照）　Black. (See Black, African American population.)
婚姻状況（「婚姻人口」を参照）　Marital status. (See Marital status of population.)
里子　Foster children　579
従属人口指数　Dependency ratio　17
集団居住　Group quarters　74
州別データ　States　13, 14, 15, 16, 19
　アジア系人口　Asian population　19
　アメリカインディアン、アラスカ原住民　American Indian, Alaska Native population　19
　黒人、アフリカ系アメリカ人人口　Black, African American population　19
　人口密度　Density　14
　人種別　Race　19
　ハワイ原住民、その他の太平洋諸島民　Native Hawaiian, Other Pacific Islander population　19
　ヒスパニック人口　Hispanic origin population　19
　有権者　Voting age　398, 399
出生国別　Ethnic origin　52
出生地　Place of birth　38
諸外国の人口　Foreign countries　1331, 1332, 1334
人口移動　Mobility　21, 30, 31, 32, 33
人口変化の要因　Components of change　4, 5, 15, 21
人口密度　Density　1, 14, 1332
人種別　Race　5, 6, 10, 11, 12, 19
性別　Sex　7, 9, 40
世界人口　World　1329, 1331, 1332, 1334
先進国　Developed countries　1331
総人口（海外駐留軍人を含む）　Total, including Armed Forces overseas　2
退役軍人　Veterans　522
大都市地区　Metropolitan areas　20, 21, 22, 23
大陸別　Continents　1330
地方　Rural　29
特殊出生率　Fertility　83
都市　Urban　29
都市人口　Cities　27, 28
途上国　Less developed countries　1331
年齢：　Age:
　アジア人　Asian population　10, 11, 12
　アメリカインディアン、アラスカ原住民族　American Indian, Alaska Native population　10, 11, 12
　外国生まれ　Foreign born　40, 41
　学校在籍者　School enrollment　223, 224
　黒人、アフリカ系アメリカ人　Black, African American population　10, 11, 12
　州別　State　16
　人種別　Race　7, 10, 11, 12
　性別　Sex　7, 9, 34
　大都市地区　Metropolitan areas　22
　年齢別人口構成　Distribution　7, 9, 10, 11, 12, 16, 40
　ハワイ原住民、その他の太平洋諸島民　Native Hawaiian, Other Pacific Islander population　10, 11
　ヒスパニック人口　Hispanic or Latino origin population　10, 11, 12, 37
　有権者人口　Voting-age population　399, 398
ハワイ原住民、その他の太平洋諸島民（「ハワイ原住民およびその他太平洋諸島民人口」を参照）　Native Hawaiian, Other Pacific Islander population. (See Native Hawaiian, Other Pacific Islander population.)
ヒスパニック（「ヒスパニック人口」を参照）　Hispanic origin. (See Hispanic or Latino origin population.)
肥満　Obesity　211, 1342
本国生まれ　Nativity　38, 40
民間人口　Civilian　2
養子　Adopted children　579
予測　Projections　3, 4, 9, 12
余命　Life expectancy　1339, 1340
労働力（「労働力人口と雇用および所得」を参照）　Labor force. (See Labor force.)

老齢者（65歳以上）　Elderly　7, 9, 10, 11, 12, 16, 34, 72
人口移動　Migration　4, 5, 14, 30, 31, 32, 33, 1333
人口動態統計（「出生」「死亡」「離婚」「結婚」も参照）：
　　Vital statistics. (See Births and birth rates, Deaths and death rates, Divorces, and Marriages.):
人口の移動状況　Mobility status of population　30, 31, 32, 33
人種（「人種」を参照）　Race (See individual race categories.)
真珠石　Perlite　904, 905
新生児死亡（「死亡数および死亡率」も参照）　Neonatal deaths (see also Deaths and death rates)　115
心臓血管病（「心臓病」を参照）　Cardiovascular disease. (See Diseases of heart.)
心臓病　Heart disease　124, 169, 179
腎臓病および感染症、死因（「腎炎」も参照）　Kidney disease and infections, deaths (See also Nephritis)　117, 118, 119, 196
　死亡　Deaths　117, 118, 119, 121, 122, 123
身体障害者　Handicapped
身体障害者保険基金（社会保障）　Disability Insurance Trust Fund (Social Security)　547
身長（性別・年齢別）　Height, average　209
人的サービス　Human services　575, 583, 584
新入生　Freshman　286, 287
ジンバブエ（「外国」を参照）　Zimbabwe. (See Foreign countries.)
新聞　Newsprint　892, 894
新聞（「出版業」も参照）：　Newspapers (See also Publishing industry):
　インターネットニュース　Online-news　1161
　広告支出　Advertising expenditures　1279
　購読状況　Reading　1132, 1133
　再生　Recycling　379
　収益　Receipts　1130
　消費支出　Expenditures, consumer　1232
　新聞数と発行部数　Number and circulation　1132, 1135
新聞・雑誌の発行部数　Circulation of media　1132, 1135, 1136
新聞、書籍出版業：　Newspaper, book, and directory publishers:
　財政　Finances　1129, 1134
　事業所数　Establishments　1128
　収入　Revenue　1129, 1134
　所得　Earnings　632, 1128
　生産性　Productivity　641
　被雇用者数　Employees　632, 1128
信用組合：　Credit unions:
　個人退職年金　Individual Retirement Accounts (IRAs)　1216
　財務　Finances　1166, 1183, 1190, 1192, 1215
　事業所　Establishments　1165, 1183
　消費者信用　Consumer credit　1155
　所得　Earnings　1165
　世帯の負債　Debt held by families　1173
　被雇用者　Employees　1165
信用市場　Credit markets　1167, 1190
信用仲介事業：　Credit intermediation industry:
　事業所　Establishments　1163, 1164, 1165
　資本　Capital　781
　収益　Receipts　1163, 1164
　所得　Earnings　1163, 1165
　非雇用事業　Nonemployers　1164
　被雇用者　Employees　1163, 1165
心理学：　Psychology:
　学位授与数　Degrees conferred　301, 302, 303, 814, 815
　雇用　Employment　616
　在籍者数　Enrollment　810
　連邦政府の研究助成　Research, U.S. government obligations for　802
森林　Forests　367, 369, 884, 885
森林火災　Wildfires　390

ス
スーダン（「外国」を参照）　Sudan. (See Foreign countries.)
スーパーファンド環境プログラム　Superfund environmental program　384
スーパーマーケット（「食糧雑貨品店」を参照）　Supermarkets. (See Grocery stores.)
水泳　Swimming　1247, 1248, 1249
すいか　Watermelons　843, 862
水球　Water polo　1247
水銀　Mercury　904, 905, 908
水銀　Quicksilver (mercury)　904, 905
水上輸送　Waterborne commerce　1084, 1085, 1086, 1087
水上輸送：　Water transportation industry:
　貨物　Freight　1084, 1085, 1302
　国内総生産　Gross domestic product　670, 1302
　事業所　Establishments　1063, 1066
　支出　Outlays　473
　資本　Capital　781
　収入　Revenue　1063
　所得　Earnings　632, 1063, 1066
　燃料消費　Fuel consumption　929
　被雇用者数　Employees　632, 1063, 1065, 1066
　貿易　Foreign trade　1085
　労働災害補償　Occupational safety　1070
スイス（「外国」を参照）　Switzerland. (See Foreign countries.)
水素燃料車　Hydrogen-powered vehicles　1097
水道業　Water utility　686, 687, 727, 923, 924, 959, 960
睡眠　Sleep　195
水力発電　Hydroelectric power　932, 954
　夏期純発電能力　Net summer capacity　946
　消費電力　Consumption　925, 931, 932, 945, 1381
　純発電　Net generation　948, 954
　発電能力　Capacity　954
　発電量　Production　925, 1380, 1387
水路　Waterways　1084
スウェーデン（「外国」を参照）　Sweden. (See Foreign countries.)
数学：　Mathematics:
　学位授与数　Degrees conferred　301, 302, 303, 810, 814, 815
　学力　Literacy　1371
　研究開発　Research & development　802, 808
　雇用　Employment　817, 819
　初任給　Salary offers　298, 819
スカッシュ　Squash (NCAA)　1247
スキー　Skiing　1243, 1247, 1249, 1250
スキューバ・ダイビング　Scuba diving　1249, 1250
スクラップ金属（個々の商品も参照）　Scrap metal. (See individual commodities.)
スケートボード　Skateboarding　1249
錫　Tin　906, 908, 909, 1342
スタンダード・アンド・プアーズ株価指数　Standard & Poor's (S&P)　443, 444, 1207
ステーキ肉　Steak　727, 733
ストーキングの被害　Stalking victimization　319
ストライキ　Labor strikes　663
ストライキ、労働者　Strikes, labor　663
ストロンチウム（貿易）　Strontium, foreign trade　909
砂、砂利産業（「鉱業」も参照）　Sand and gravel industry (see also Mining industry)　737, 904
スノーボード　Snowboarding　1249
スノーモービル　Snowmobiles　1250
スピード違反　Speeding　1108
スペイン（「外国」を参照）　Spain. (See Foreign countries.)
スペイン語　Spanish speakers　53, 55, 236
スポーツ　Sports　1240, 1243, 1244, 1245, 1246, 1247, 1248
　NCAA　NCAA　1244, 1245, 1247
　支出　Expenditures　1232, 1250
　ボランティア　Volunteers　585
スポーツ関係非営利団体　Sports associations　1285

索　引　1011

スポーツ産業　Sports industry　1228, 1230, 1231
スポーツ用品、玩具、書籍、音楽店：　Sporting goods, hobby, book, and music stores:
　e‐コマース　Electronic commerce　1055
　売上　Sales　756, 1042, 1049, 1051, 1053, 1054, 1055
　雇用者　Employees　632, 756, 1042, 1048, 1050
　事業所　Establishments　756, 1048, 1049
　生産性　Productivity　641
　賃金　Earnings　632, 756, 1042, 1048, 1050
　非雇用事業　Nonemployers　1049
スポーツ用品（「小売業」および「スポーツ」も参照）　Sporting and athletic goods (see also Sports and Retail trade)　727, 737, 1250, 1251, 1308
スポット価格指数　Spot market price index　736
スマートカード　Smart cards　1185
スリナム（「外国」を参照）　Suriname. (See Foreign countries.)
スリランカ（「外国」を参照）　Sri Lanka. (See Foreign countries.)
スロバキア（「外国」を参照）　Slovakia. (See Foreign countries.)
スロベニア（「外国」を参照）　Slovenia. (See Foreign countries.)
スワジランド（「外国」を参照）　Swaziland. (See Foreign countries.)

セ

セールスマン　Salesworkers　616, 626, 634, 642
税：　Taxes:
　控除　Deductions　489, 490, 491, 747, 748
　個人所得税　Individual income　436, 442, 451, 452, 453, 475, 480, 481, 482, 483, 484, 485, 486, 487, 488, 489, 490, 491, 492, 493
　雇用税　Employment taxes　475, 481
　消費税　Excise taxes　442, 451, 452, 453, 475, 480
　不動産税　Estate and gift taxes　475, 480, 481
　法人税　Corporate　475, 480, 481, 745, 753, 791
生花店　Florists　632, 641, 1008
税関・国境警備局（CBP）　Customs and Border Protection (CBP)　530, 531, 532, 533, 535, 537
生計（「消費者物価指数」「物価」を参照）　Living cost. (See Consumer price indexes and Prices.)
整形外科　Plastic surgeons　164
生計費指数　Cost-of-living indexes　728, 1358
整骨医（「医師」も参照）　Osteopaths (see also Physicians)　163
製材　Saw mills　880, 881, 882
製材（「木材・木製品」「木材製品製造業」も参照）：　Lumber (see also Forest products, and Wood products manufacturing):
　価格　Prices　737, 892
　消費　Consumption　888, 890
　水上輸送　Waterborne commerce　1085
　生産量　Production　888
　鉄道輸送量　Railroad car loadings　1123, 1124
　貿易　Foreign trade　888, 889
生産者物価指数　Producer price indexes　734, 737, 738
　加工段階別　Stage-of-processing　734
　建設資材　Construction materials　962
　材木　Timber　892
生産性（個々の産業も参照）：　Productivity (see also individual industries):
　採掘業　Mining industries　920
　製造能力　Capacity utilization　790
　農場生産指数　Farm output　857
　労働　Labor　641, 642, 1353, 1354, 1355
セイシェル（「外国」を参照）　Seychelles. (See Foreign countries.)
政治汚職に対する連邦起訴　Public officials, prosecutions　338
政治学　Political science　815
政治活動団体（PAC）　Political action committees (PAC)　422, 423, 427
青少年　Juveniles　326, 335, 340, 341
聖職者　Clergy　616
精神安定剤　Tranquilizers　207
成人教育　Adult education　1371
精神病院　Mental hospitals　172, 175
精神病治療と施設（「精神病院」を参照）　Psychiatric care and institutions. (See Mental hospitals.)
精神病治療薬、医療外使用　Psychotherapeutic drugs, nonmedical use　207
精製生産　Refinery production　911
製造業（個々の産業も参照）：　Manufacturing industry (see also individual industries):
　売上、出荷、収益　Sales, shipments, receipts　744, 746, 749, 754, 755, 756, 757, 769, 770, 771, 772, 773, 774, 775, 1011, 1016, 1018, 1019, 1020, 1024
　海外投資　Investment abroad　1296
　外国　Foreign countries　1353, 1354
　合衆国の海外領土　Island areas of the United States　1322, 1328
　合衆国への外国投資　Foreign investments in U.S.　1291
　組合加入状況　Union membership　665
　経済循環指標　Economic indicators　787
　工業生産指数　Industrial production index　789
　国内総生産　Gross domestic product　670, 672, 1007, 1323
　雇用と離職　Hires and separations　637
　在庫　Inventories　1019, 1020
　財務　Finances　746, 749, 794, 1023, 1024, 1323
　時間　Hours　630
　事業所　Establishments　756, 757, 759, 1011, 1016, 1328
　資本　Capital　781, 783, 785, 1202
　州データ　State data　1010, 1012, 1016
　所得　Earnings　630, 632, 643, 644, 756, 759, 760, 769, 770, 771, 772, 773, 774, 775, 1011, 1016, 1328
　生産性　Productivity　641, 642, 790, 1353
　設備およびコンピュータソフトウェア支出　Equipment and software expenditures　783
　組織形態別　Form of organization　1011
　多国籍企業　Multinational companies　796, 797, 798
　被雇用者数　Employees　620, 630, 631, 632, 744, 756, 759, 760, 817, 769, 770, 771, 772, 773, 774, 775, 1012, 1013, 1328
　非雇用事業　Nonemployers　757, 1008
　付加価値　Value added　1016
　有害化学物質の放出　Toxic chemical releases　382
　利潤、収益　Profits　744, 792, 794, 1024
　労働災害補償　Occupational safety　657, 660
製造業生産指数　Industrial production indexes　789, 1352
製造能力指数　Capacity utilization, index　790
性的活動　Sexual activity　95, 96
性的暴行（「レイプ」および「暴行」を参照）　Sexual assault. (See Rape and assault.)
政党：　Political parties, organizations:
　各州知事（政党党派別）　Governors, by party affiliation　416
　活動資金（選挙運動も含む）　Campaign finances　425, 426, 427
　議会の政党別構成　Congress, composition of　412
　州議会の構成（政党別）　State legislatures, composition of　418, 419, 420
　選挙区　Congressional districts　410
　得票数　Votes　402, 404, 405, 406, 407, 410, 417
　ボランティア　Volunteers　585
性認識　Sexual identity　97
性病（「エイズ」も参照）　Venereal diseases (see also AIDS)　184
政府（「合衆国政府の歳出」「収入」および個々の政府単位も参照）：　Government (see also Expenditures of U.S. government, and Receipts, and individual governmental units):
　幹線道路　Highways　443, 454, 456, 1088, 1091, 1092, 1093, 1094, 1095
　給与　Earnings　466, 630, 643, 646
　　給料　Payroll　461, 462, 466, 467, 468
　国土（「官有地」を参照）　Land. (See Public lands.)

固定資本のストック　Capital stock　723
雇用と離職　Hires and separations　637
雇用費用指数　Employment cost index　651
財・サービス購入額　Purchases of goods and services　667, 668
資金フロー　Flow of funds　1166, 1167
支出：　Expenditures:
　移転支出　Transfer payments　539, 540, 541
　郡政府　County government　460, 468
　市政府　City government　458, 463, 467
　資本支出　Capital outlays　437, 438
　州政府　State government　436, 437, 438, 444, 451, 454
　州・地方政府　State and local government　435, 436, 437, 438
　消費　Consumption　676, 740
　地方政府　Local government　437, 438, 455, 456
　連邦政府　Federal　469, 471, 473, 475, 477
　　資本支出　Capital outlay　437, 438
　　農業　Agriculture　840, 841, 844
　　連邦政府の州・地方政府への補助金　Aid to state and local government　431, 432, 435, 1092
支払給与額　Payrolls　461, 462, 467, 468
州政府　State government　444, 452, 453, 454, 646
州政府および地方政府　State and local government:
　給付　Benefits　463
　給与支払額　Payroll　461, 462, 465, 466
　財政　Finances　434, 435, 436, 437, 438, 439, 442, 443
　配当税、遊興税、宝くじからの歳入　Revenue from pari.mutuel and amusement taxes and lotteries　449
　非雇用者　Employees　455, 460, 461, 462
　連邦政府助成金　Federal aid　431, 432, 433, 434, 1092
証券類　Securities　440, 1197, 1198, 1205
債権評価　Bond ratings　445, 446
建物　Buildings　502
地方政府：　Local government:
　行政単位　Number of units, by type of government　428, 429
　郡　Counties　459, 460, 468
　被雇用者　Employees　461, 462, 465, 466, 646
　市政府　Cities　457, 458, 467
　被雇用者数　Number, by type　428, 429
賃金俸給（「所得」および個々の産業も参照）：　Salaries and wages (see also Income, and individual industries):
　州・地方政府公務員　State and local government employees　242, 465, 466
　賃金俸給の国民所得　National income component　643
　連邦政府　Federal　496
被雇用者数　Employees　501, 630, 631, 632, 646, 817
　給付金　Benefits　463
　郡政府　County government　468
　市政府　City government　467
　州政府　State government　461, 462, 465, 466
　退職金制度　Retirement systems　542, 548, 549, 550
　地方政府　Local government　461, 462, 465, 466
　連邦政府、文官　Federal, civilian　461, 462, 497, 498, 499, 500
病院　Hospitals　172
保険（「社会保険」を参照）　Insurance. (See Social insurance.)
与信者別消費者信用　Consumer credit holdings　1191
連邦政府所有地　Federally owned land　502
労働災害補償　Occupational safety　657
政府全国抵当協会貸付　Government National Mortgage Association loans　1192
生物学：　Biological sciences:
　学位授与数　Degrees conferred　814, 815
　雇用者数　Employment　616
　在籍者数　Enrollment　810
政府の保険（「社会保険」を参照）　Insurance, government. (See Social insurance.)
生命科学　Life sciences　301, 302, 303, 802, 808, 814, 817
生命表　Life tables　104, 105, 106, 107, 108
生命保険　Life insurance:
　売上　Sales　1220, 1221
　現金価額　Cash value　1170
　個人退職預金勘定　Individual Retirement Accounts (IRAs)　1216

財務　Finances　538, 1166, 1192, 1201, 1215, 1221
事業所数　Establishments　1221
資金フロー　Flow of funds　1201, 1215
資本　Capital　1221
消費者支出　Consumer expenditures　684, 686, 739
積立金　Reserves　722, 1169, 1221
抵当債務残高　Mortgage loans outstanding　1192
保険加入　Purchases, policies　1220
保有契約　In force　1220
清涼飲料（「飲料」も参照）　Soft drinks (see also Beverages)　215, 727, 737
清涼飲料水　Nonalcoholic beverages　686, 687
世界（「外国」を参照）　World. (See Foreign countries, International Affairs, and World summary statistics.)
世界の諸統計：　World summary statistics:
　エイズ　HIV and AIDS　1341
　エネルギー　Energy　1380, 1381, 1382, 1383, 1387, 1388
　遠隔通信サービス部門　Telecommunication service sector　1391
　株式市場　Stock market　1394, 1395
　漁獲高　Fisheries　1375
　鉱業　Minerals　1379
　鉱業生産　Mineral production　917, 920
　人口　Population　1329, 1330, 1332, 1334
　通信　Communications　1391
　天然資源（原油、ガス、石炭）　Natural resources (oil, gas, coal)　1384, 1385, 1386
　特許　Patents　1393
　二酸化炭素放出　Emissions　1389
　年齢階層別　Age distribution　1334
　農業　Agriculture　1372, 1373
　農業製品　Farm commodities　852, 1373
　面積・人口等、国際比較　Comparative data (area, population, etc.)　1332, 1334
　労働　Labor　1354
石材　Stone　905
石炭（「石炭採掘業」「石油および石炭製造業」も参照）：　Coal (see also Petroleum and coal product manufacturing and Coal mining):
　価格　Prices　737, 906, 919, 920
　夏期純発電能力　Net summer capacity　946
　貨物輸送・水路　Freight, on waterways　1084
　支出　Expenditures　928
　純発電量　Net generation　945
　消費量　Consumption　919, 925, 926, 931, 934, 945, 1381, 1382
　生産　Production　920, 925, 926
　世界生産量　World production　908, 920, 1379, 1380, 1386
炭層ガス　Coal bed methane　918
　鉄道輸送量　Car loadings　1123, 1124
　貿易　Foreign trade　919, 920, 926, 935, 936, 1308
　放出　Emissions　375, 376
　埋蔵量　Reserves　921, 922
石炭採掘業：　Coal mining:
　安全性　Safety　902
　供給　Supply　919
　検査　Inspections　902
　国内総生産　Gross domestic product　670
　雇用　Employment　880, 901, 902, 920
　事業所　Establishments　880
　死亡数　Fatalities　902
　出荷　Shipments　901
　所得　Earnings　880, 901
　生産性　Productivity　903, 920
　生産高　Output　903, 925
　炭鉱　Mines　902, 920
　負傷　Injuries　902
赤道ギニア（「外国」を参照）　Equatorial Guinea. (See Foreign countries.)
石油（「石油および石油製品」を参照）　Oil. (See Petroleum and products.)
石油および石炭製造業：　Petroleum and coal product manufacturing:

索引　1013

売上、出荷　Sales, shipments　879, 901, 1019, 1020
合衆国への外国直接投資　Foreign investments in U.S.　1291, 1292, 1294
研究開発　Research and development　805, 806
工業生産指数　Industrial production index　789
国内総生産　Gross domestic product　670, 1007
財務　Finances　794, 940
事業所数　Establishments　879, 1009
資本　Capital　781
生産性　Productivity　641
多国籍企業　Multinational companies　796, 797
賃金　Earnings　632, 879, 1009, 1017
被雇用者数　Employees　632, 879, 1009, 1013, 1017
貿易　Foreign trade　1312
有害化学物質の放出　Toxic chemical releases　382
利潤　Profits　792, 794, 939, 940
石油および石油製品：　Petroleum and products:
　価格　Prices　730, 737, 741, 906, 927
　価額　Value　910, 912
　夏期純発電能力　Net summer capacity　946
　支出　Expenditures　934
　消費　Consumption　909, 925, 926, 931, 945, 1381, 1382
　生産量　Production　904, 908, 911, 914, 925, 926
　　世界　World　908, 1379, 1380, 1384
　精錬　Refineries　911
　石油流出　Oilspills　386
　戦略備蓄　Strategic reserve　911, 938
　鉄道輸送量　Railroad car loadings of　1123, 1124
　電力発電　Electricity generation　948
　備蓄量　Stocks　911, 938
　貿易　Foreign trade　909, 911, 926, 935, 936, 937, 938, 939, 957, 1301, 1312
　放出　Emissions　375, 376
　埋蔵量　Reserves　913, 914
　油田　Wells　910, 914
　流通　Disposition　911
石油および天然ガス抽出　Petroleum and natural gas extraction　915
石油・ガス抽出：　Oil and gas extraction industry:
　売上　Sales　886
　給与　Payroll　915
　国内総生産　Gross domestic product　670, 883
　事業所数　Establishments　756, 879, 880, 901, 915
　資本　Capital　781
　出荷、収益　Shipments, receipts　756
　所得　Earnings　632, 756, 879, 880, 901
　生産指数　Production indexes　903
　生産性　Productivity　641
　生産高　Output　903
　被雇用者数　Employees　632, 756, 879, 880, 901, 915
　付加価値　Value added　901
石油パイプライン：　Pipelines, transportation industry:
　国内総生産　Gross domestic product　670
　財務　Finances　1125
　事業所数　Establishments　1063, 1066
　資本　Capital　781, 1125
　収入　Revenue　1063
　生産高　Output　1125
　賃金　Earnings　632, 1063, 1066
　被雇用者数　Employees　632, 1063, 1065, 1066
世帯または家族（「住宅供給および住宅ユニット」も参照）　Households or families (see also Housing and housing units)　58, 59, 61, 62, 65, 66, 67, 71, 72
　アジア人　Asian population　62, 64, 66, 67
　異人種間夫婦　Interracial married couples　60
　移動　Mobility status　32
　インターネットへのアクセス　Internet access　1133
　親の雇用　Employment of parents　601
　外国生まれ人口　Foreign-born population　40
　家族への公的扶助　Public assistance to families　36, 37, 543
　家族を構成しない　Nonfamily　59, 61, 71, 72
　片親　Single parent　59, 64, 65, 66, 67, 1335, 1337, 1338

家庭における日常言語　Language spoken at home　236, 252
飢餓　Hunger　214
既婚夫婦、子供あり、または子供なし　Married couples with or without own children　59, 60, 61, 62, 64, 65, 66
教育水準　Educational attainment　692, 698
教育への参加　Participation in education　252
居住形態　Living arrangements　35, 58, 69
公立校選択制度　School choice　238
黒人、アフリカ系アメリカ人　Black, African American population　62, 64, 66, 67, 681, 690, 691, 693, 695
個人退職預金積立制度　Individual retirement accounts (IRAs)　554
コンピュータ使用　Computer use　1133, 1157
財政、金融　Finances, financial services　1166, 1167, 1169, 1170, 1192, 1201, 1212, 1215
里親　Foster care　579
資金フロー　Flow of funds　1166, 1167, 1169
資産　Assets　722, 1166, 1169, 1170, 1201, 1215
資産所有者　Stock ownership　1170, 1211
自動車保有台数　Automobiles, ownership　1002
収支　Balance sheet　722
18歳未満の児童　Children under 18 years　64, 65, 66, 67, 68, 69, 689, 700
純資産　Net worth　720, 721, 722
消費支出　Consumer expenditures　684, 685, 686, 687, 688
消費者信用　Consumer credit　1137, 1171, 1172
食費　Food costs　732
食料不足　Food insecurity　214
女性世帯主　Female householder　59, 61, 62, 63, 64, 65, 66, 67, 71, 72
所得　Income　36, 690, 691, 692, 693, 695, 696, 697, 698, 699, 700, 1170, 1172, 1212
諸特徴　Characteristics　61, 62, 63, 64, 65, 66, 67, 71, 692
人種別　Race　66
税金納付　Taxes paid　494, 495
世帯主の年齢　Age of householder　62, 66, 692, 1170, 1172, 1212
世帯主の婚姻状況　Marital status of householder　66, 71, 1335, 1336, 1337, 1338
世帯の大きさ　Size　40, 59, 62
専業主婦または専業主夫　Stay-at-home parents　68
単身生活者（1人世帯）　Persons living alone (one-person households)　58, 59, 61, 62, 71, 72
男性世帯主　Male householder　61, 63, 65, 66
地域別世帯数　Region of householder　698
貯蓄率　Savings rate　1363
抵当　Mortgages　1171, 1172, 1173
電話　Telephones　1132
富　Wealth　720, 721
犯罪の被害　Criminal victimization　320, 321
ヒスパニック人口　Hispanic origin population　36, 37, 60, 62, 64, 66, 67
貧困　Poverty　36, 716
フードスタンプ、プログラム　Food stamp program　572, 573
負債　Debt　722, 1135, 1169, 1172, 1174, 1175
ペット　Pets　1241
保有　Tenure　36, 59, 61, 62, 71, 72
未婚のパートナー　Unmarried partners　63
ミューチュアル・ファンド所有　Mutual fund ownership　1212
メディア利用者　Media users　1133
養子　Adoption　579
老齢者　Elderly　62, 66, 71, 72, 692
石灰　Lime, mineral　904, 905
石鹸　Soap　737
石膏およびその製品　Gypsum and gypsum products　737, 904, 905, 908, 962
窃盗　Larceny, larceny-theft　306, 307, 308, 309, 315, 321, 320
窃盗（「犯罪及および犯罪者」を参照）　Theft. (See Crime and criminals.)
絶滅の危機のある動植物　Endangered species　387
セネガル（「外国」を参照）　Senegal. (See Foreign countries.)
セメント（「非金属鉱物製造業」を参照）　Cement (see also Nonmetallic mineral product manufacturing)　904, 905
　価格　Prices　737, 905

所得　Earnings　632
生産性　Productivity　641
世界生産量　World production　1379
被雇用者　Employment　632, 905
セルビア（「外国」を参照）　Serbia. (See Foreign countries.)
セレニウム、鉱物　Selenium, dietary　216
セロリ　Celery　218, 862
繊維　Fibers　736, 737, 1025
繊維製品：　Textile mill products:
　価格　Prices　736, 742
　生産量　Production　1026
　貿易　Foreign trade　1026, 1308, 1312
　末端用途　End-use　1025
繊維製品、繊維産業：　Textile mills and product manufacturing:
　工業生産指数　Industrial production index　789
　国内総生産　Gross domestic product　670, 1007
　在庫　Inventories　1020
　財務　Finances　794
　事業所　Establishments　1009
　資本　Capital　781
　出荷　Shipments　1011, 1019, 1020
　所得　Earnings　632, 1009, 1011, 1017
　被雇用者　Employees　632, 1009, 1011, 1013, 1017
　貿易　Foreign trade　1312
　有毒物質の放出　Toxic chemical releases　382
　利益　Profits　794
　労働災害補償　Occupational safety　660
選挙：　Elections:
　議会選挙　Congressional　409, 410, 397, 398
　公職についている女性　Women in public office　420
　州議会　State legislatures　418, 419, 420
　州知事選挙　Gubernatorial　417
　政治活動団体　Political action committees (PAC)　422, 423, 427
　選挙運動予算　Campaign finances　422, 424, 425, 426, 427
　大統領選挙　Presidential　402, 403, 404, 405, 406, 397, 398, 424, 425
　投票数　Votes cast　400, 402, 403, 405, 406, 407, 409, 410, 417
　投票率　Voter turnout　398, 399, 400, 401
　ヒスパニック人州議会議員および市長　Hispanic origin officials　421
　有権者人口　Voting-age population　398, 399, 400
　有権者登録　Voter registration　397, 398, 399, 400, 401
専業主婦または専業主夫　Stay-at-home parents　68
喘息　Asthma　117, 120, 121, 123, 169, 179, 198, 193
洗濯、クリーニング、衣服サービス（「ドライクリーニング、洗濯サービス」を参照）　Laundry, cleaning, and garment services. (See Dry-cleaning and laundry services.)
銑鉄（「鉄」を参照）　Pig iron. (See Iron.)
銑鉄、鉄鋼製品　Iron and steel products　742, 743, 904, 905, 908, 909, 1308
セント・キッツ・アンド・ネビス（「外国」を参照）　Saint Kitts and Nevis. (See Foreign countries.)
セントビンセントおよびグレナディーン諸島（「外国」を参照）　Saint Vincent and the Grenadines. (See Foreign countries.)
セント・ルシア（「外国」を参照）　Saint Lucia. (See Foreign countries.)
船舶　Ships　737, 1260
全米鉄道旅客輸送公社　AMTRAK　1122
旋毛虫症　Trichinosis　184
専門、科学、技術サービス：　Professional, scientific and technical services:
　e-コマース　E-commerce　1278
　売上、収入　Sales, receipts　746, 749, 754, 755, 756, 757, 769, 770, 771, 772, 773, 774, 775, 1272, 1273, 1277
　国内総生産　Gross domestic product　670
　財政　Finances　746, 749
　時間　Hours　630
　事業所数　Establishments　756, 757, 759, 1272, 1273, 1276
　資本　Capital　781, 783, 785
　所得　Earnings　630, 632, 756, 759, 760, 769, 770, 771, 772, 773, 774, 775, 1272, 1277

設備、コンピュータソフトウェア支出　Equipment and software expenditures　783
多国籍企業　Multinational companies　796, 797, 798
非雇用事業所　Nonemployers　757, 1273
被雇用者　Employees　630, 632, 756, 759, 760, 769, 770, 771, 772, 773, 774, 775, 1272, 1273, 1274, 1275, 1276
利潤　Profits　793
労働災害補償　Occupational safety　660
専門、経営サービス：　Professional and business services:
　雇用と退職　Hires and separations　637
　所得　Earnings　632, 644
　被雇用者　Employees　631, 632, 1275
専門技術者　Technicians　817, 819
戦略石油備蓄　Strategic petroleum reserves　917

ソ

憎悪犯罪　Hate crimes　322, 323
臓器移植　Organ transplants　181
葬儀屋、火葬場（「デスケアサービス」を参照）　Funeral service and crematories. (See Death care services.)
倉庫業　Warehouses (see also Trucking and warehousing)　1006
倉庫業：　Warehousing and storage industry:
　国内総生産　Gross domestic product　670
　事業所　Establishments　1063, 1066
　資本　Capital　781
　収入　Revenue　1063, 1120
　所得　Earnings　632, 1063, 1066
　被雇用者　Employees　632, 1063, 1065, 1066
　労働災害補償　Occupational safety　660
総資産　Net worth　717
掃除必需品　Cleaning supplies　686, 687
造船・修理業　Shipments, manufacturers' (see also individual industries or products)　1011, 1012, 1020, 1021
漕艇競技　Rowing　1247
総付加価値　Gross value added　1351
贈与税、不動産税　Gift and estate taxes　436, 480
速達郵便　Express mail　1126, 1127
粗原材料：　Crude materials, prices　734, 736, 737
卒業生：　Graduates:
　高等学校　High school　221, 270, 273, 274, 276
　大学　College　299, 302, 303, 304, 814, 815
卒中（「脳血管の疾患」も参照）　Strokes (see Cerebrovascular diseases)
ソフトウェア（「出版」も参照）　Software publishing industry (see also Publishing):
　研究開発　Research and development　805
　在庫　Inventory　1138
　財政　Finances　1129, 1138
　事業所数　Establishments　1128
　収入　Revenue　1129, 1138
　所得　Earnings　632, 1128
　生産性　Productivity　641
ソフトウェア販売　Software, expenditures for　783
　被雇用者　Employees　632, 1128
ソフトボール　Softball　1247, 1248, 1249
ソマリア（「外国」を参照）　Somalia. (See Foreign countries.)
ソロモン諸島（「外国」を参照）　Solomon Islands. (See Foreign countries.)
損害保険および災害保険　Property and casualty insurance　1201, 1215, 1222
　火災損失額　Fire losses　354, 356, 357

タ

タークス・カイコス諸島（「外国」を参照）　Turks and Caicos Islands. (See Foreign countries.)
タービン（「蒸気機関」を参照）　Turbines. (See Steam engines.)
タイ（「外国」を参照）　Thailand. (See Foreign countries.)

退役軍人： Veterans:
　企業所有者　Business owners　768
　雇用　Employment　590
　特徴　Characteristics　522
　人数　Number　520
　年金その他の給付金： Pensions and other benefits:
　　支払額　Disbursements　503, 524, 538, 540
　　退役軍人およびその扶養家族　Veterans or dependents receiving　523, 542
　　任務関連障害に対する補償　Service-connected compensation　523, 524
　　保健支出　Health expenditures　135, 138
　　連邦政府歳出　Federal payments　474
　　連邦政府の州および地方政府への補助金　Federal aid to state and local governments　432
退役軍人局： Veterans Affairs, Dept. of:
　歳出　Expenditures　135, 138, 523, 524, 539, 540, 541
　住宅ローン　Home loans　1194
大学（「教育、高等教育機関」を参照） Colleges and universities. (See Education, and Higher education institutions.)
大学（「教育、高等教育機関」を参照） Universities. (See Education, higher education institutions.)
大学： College:
　科学工学　Science & engineering　810, 812, 813
　研究開発　Research & development　808
　在籍者数　Enrollment　219, 225, 226, 227, 277, 278, 279, 280, 282, 283, 284, 287
　授業料　Tuition　293
　州予算支出　State appropriations　292
　新入生　Freshmen　286
　費用　Costs　288, 289
　物価指数　Price index　290, 727
　連邦政府助成　Federal obligations　809
対家族臨時援助プログラム　Temporary Assistance for Needy Families (TANF)　434, 474, 540, 542, 565, 566, 567, 569, 573
大気汚染： Air pollution:
　温室効果ガス　Greenhouse gases　375, 376
　大気汚染対策装置　Air pollution control equipment　380
　大気汚染物質の放射　Emissions　372, 373, 374, 375, 376, 381, 382, 383, 1389
　有害化学物質　Toxic chemicals　381, 382, 383
対個人サービス業： Personal and laundry services:
　財政　Finances　746
　事業所数　Establishments　756, 1273, 1274
　収益　Receipts　746, 756, 1273, 1284
　生産性　Productivity　641
　賃金　Earnings　632, 756, 1274
　被雇用者数　Employees　632, 756, 1274, 1275
胎児死亡数　Fetal deaths (neonatal)　114, 115
体重　Weight　210
体重過多　Overweight persons　210, 211, 1342
退職年金制度： Retirement systems:
　確定給付型退職プラン　Defined benefit retirement plans　553, 1216
　確定拠出型プラン　Defined contribution plans　1166, 1216
　給付金支払い額　Benefits paid　538, 548
　軍人退役の制度　Military retirement system　512
　公務員　Civil service　548, 549, 1217
　公務員　Public employees　538, 548
　社会保険信託基金　Social security trust funds　547
　州および地方政府　State and local government　443, 451, 1216, 1217
　政府移転支出　Government transfer payments　539, 540, 541
　鉄道員　Railroad　1217
　年金プラン　Pension plans　538, 548, 552, 1216, 1217
　連邦政府　Federal government　548, 549, 1166, 1216, 1217
　老齢・遺族・障害・健康保険（「社会保険」を参照） Old-age, survivors, disability, and health insurance. (See Social insurance.)
大豆： Soybeans:
　遺伝子組み換え　Genetically engineered　834
　価格　Prices　737, 858, 860

収穫面積　Acreage　858, 860
需要バランス　Supply and disappearance　858
生産量　Production　852, 858, 860
農産物市場取引　Farm marketings, sales　843
貿易　Foreign trade　852, 854, 855, 858, 1308
有機　Organic　833
体操　Gymnastics　1208
代替医療　Alternative minimum tax　486
代替最低税　Alternative medicine　167
代替燃料使用車　Alternative fueled vehicles　1097
大腸菌 O157　E coli　184
大統領　Presidents, U.S., elections for　398, 402, 403, 404, 405, 406
大統領行政府　Executive Office of the President (federal)　499
　選挙キャンペーン資金　Campaign finances　424, 425
大都市統計地区： Metropolitan statistical areas:
　アジア系　Asian population　23
　アメリカンインディアンおよびアラスカ原住民人口　American Indian and Alaska Native population　23
　移住　Migration　21
　航空路線市場　Airline markets　1076
　黒人　Black population　23
　消費者支出　Consumer expenditures　685
　消費者物価指数　Consumer price index　728
　住宅販売価格　Housing prices　978
　収入、所得　Income　683
　州のデータ　States　24
　人口　Population　20, 22, 23
　人口変化　Components of change　21
　ハワイ原住民、その他の太平洋諸島民　Native Hawaiian and Other Pacific Islander population　23
　ヒスパニック　Hispanic origin population　23
　民間労働力　Civilian labor force　595
　老齢者　Elderly　22
逮捕者数（「法的処分」を参照） Arrests (see also Law enforcement)　324, 325, 326, 327, 328
タイヤとチューブ　Tires and tubes　737, 739, 1308
ダイヤモンド　Diamonds　905, 1379
太陽熱　Solar energy　932, 944, 945, 946
ダイレクト・メール、広告業　Direct mail advertising industry　1274, 1277, 1279
台湾（「外国」を参照） Taiwan. (See Foreign countries.)
ダウ・ジョーンズ指数　Dow-Jones stock index　1207, 1208
宝くじ　Lotteries　449, 450
多国籍援助　Multilateral grants　1404
多国籍企業　Multinational companies　795, 796, 797, 798, 1295
タジキスタン（「外国」を参照） Tajikistan. (See Foreign countries.)
多胎出産　Multiple births　81
多胎出産　Plural births　81
たつまき　Tornadoes　388
建物（「建設産業」「住宅供給および住宅ユニット」も参照）: Buildings (see also Construction industry, and Housing and housing units):
　火災による損失　Fires and property loss　356, 357
　建設価額　Construction value　963, 964, 965, 966
　諸特徴　Characteristics of　1006
　床面積　Floorspace　502, 1006
　連邦政府　Federal　502
煙草（「紙たばこ」および「煙草製品製造業」も参照）: Tobacco (see also Cigarettes, Tobacco manufacturing):
　外国　Foreign countries　1343
　価格　Prices　727, 737, 739, 742, 743, 846
　消費者支出　Consumer expenditures　684, 686, 687, 739, 1359
　消費量　Consumption and use　204, 205, 207, 1343
　農業市場　Farm marketings, sales　841, 843
　貿易　Foreign trade　742, 743, 848, 1308
煙草製品製造業（「飲料、たばこ製造業」も参照）: Tobacco manufacturing (see also Beverage and tobacco product manufacturing):

在庫　Inventories　1020
資本　Capital　781
出荷　Shipments　1019, 1020
所得　Earnings　1017
被雇用者数　Employees　1017
物価指数　Price indexes　727, 738
貿易　Foreign trade　1312
有毒化学物質の放出　Toxic chemical releases　382
たまねぎ　Onions　218, 843, 862
タラ　Cod　897, 900
スケトウダラ　Pollock　897, 900
タラ、漁獲量および水揚げ量　Whiting　897
タングステン　Tungsten　904, 905, 908, 909
タンザニア（「外国」を参照）　Tanzania. (See Foreign countries.)
炭酸ナトリウム　Sodium carbonate　904, 905
タンジェリン（柑橘類）　Tangerines　864
炭塵肺給付プログラム　Black lung benefit program　543, 561, 562
ダンス　Dance　1238
男性世帯主（「世帯または家族」を参照）　Male householders. (See Households or families.)
団体（全国規模、非営利団体）　Associations, national, nonprofit　580, 581, 582, 583, 1285
団体健康保険　Group quarters population　74
タンタル　Tantalum　909
暖房鉛管装置　Heating and plumbing equipment　944, 971, 988
暖房用石油　Heating oil　730

チ

チーズ（「乳製品」も参照）　Cheese (see also Dairy products)　217, 733, 875
地域開発、住宅供給、連邦支出　Community development　454, 473
チェコ共和国（「外国」を参照）　Czech Republic. (See Foreign countries.)
地下水利用　Ground water used　371
地下鉄、鉄道　Subways and urban railways　1115, 1117, 1118
地球科学、学位授与者　Earth sciences, degrees conferred　814, 815
チタニウム　Titanium　904, 905, 908, 909
窒素（アンモニア中の含有分）、世界の生産量　Nitrogen in ammonia, world production　904, 1379
地方交通（「旅客輸送業」を参照）　Local and suburban transit. (See Passenger transit industry.)
地方自治体の廃棄物処理　Municipal waste　377, 378, 379
地方・州政府債券　Municipal and state bonds　445, 446, 750, 751, 752, 1167, 1169, 1198, 1199, 1207
地方人口（「人口」を参照）　Rural population　29
地方政府（「州および地方政府」および「個々の政府単位」を参照）　Local government. (See State and local government, and individual governmental units.)
茶　Tea　215, 727
チャータースクール　Charter schools　239, 263
チャド（「外国」を参照）　Chad. (See Foreign countries.)
注意力障害　Attention deficit hyperactivity disorder, (ADHD)　188
中央アフリカ共和国（「外国」を参照）　Central African Republic. (See Foreign countries.)
中央アメリカ（「外国」を参照）　Central America. (See Foreign countries.)
中間財（生産者物価）　Intermediate goods, price indexes, producer　737
昼間託児サービス：　Child day care services　576, 616, 632
中国（「外国」を参照）　China. (See Foreign countries.)
中国系の人口　Chinese population　86
中小企業管理局：　Small business:
　給与　Payroll　760, 761, 762
　従業員　Employees　760, 761, 762, 765

農場　Firms　761, 762, 765, 760
融資　Loans　767
中南米系人口（ヒスパニック）　Central and South American population (see also Hispanic or Latino origin population)　37, 79, 86
チュニジア（「外国」を参照）　Tunisia. (See Foreign countries.)
超音波診断　Ultrasound, diagnostic　171
長期保障保険　Long-term care insurance　656
町区（郡内の行政区）および特別地区　Townships and special districts　428, 429
長石　Feldspar　904, 905, 908
腸チフス　Typhoid fever　184
チョコレート（「ココア」「菓子」を参照）　Chocolate. (See Cocoa.)
著作権登録　Copyrights, registration　780
貯蓄：　Savings:
　銀行預金　Deposits　675, 1169
　個人貯蓄　Personal　674, 678
　信用組合　Credit unions　1183
　総預金額、源泉別および投資額　Gross savings, sources and uses　674
　率　Rates　1363
貯蓄機関：　Savings institutions:
　個人退職預金勘定　Individual Retirement Accounts (IRAs)　1216
　財務　Finances　1166, 1167, 1176, 1179, 1192, 1196
　事業所　Establishments　1165, 1177
　消費者信用　Consumer credit　1191
　所得　Earnings　1165
　世帯の負債　Debt held by families　1173
　被雇用者　Employees　1165
貯蓄機関（「貯蓄機関」＝Savings institutions を参照）　Thrift institutions. (See Savings institutions.)
貯蓄銀行（「貯蓄機関」を参照）　Savings banks. (See Savings institutions.)
貯蓄債券　Savings bonds　478, 1170
貯蓄積立プラン　Thrift Savings Plan　548
チリ（「外国」を参照）　Chile. (See Foreign countries.)
地理学および地図学（「国土」を参照）　Geography and cartography. (See Land.)
賃金および賃金上昇率（「所得・収益」を参照）　Wages and wage rates. (See Earnings.)
賃金労働者（「労働力人口と雇用および所得」および個別の企業を参照）　Wage earners. (See Labor force and individual industries.)
賃貸者住宅保険　Renters' insurance　1224
鎮痛剤　Analgesics　207
鎮痛剤、常用者　Sedatives, persons using　207
通院保健サービス産業：　Ambulatory health care services industry:
　売上　Sales, receipts　746, 756
　国内総生産　Gross domestic product　670
　財政　Finances　746
　事業所　Establishments　756
　資本　Capital　781
　収益　Earnings　160, 632, 756
　被雇用者　Employees　632, 756

ツ

通貨：　Currency:
　為替相場　Foreign exchange rate　1398
　個人貯蓄の構成　Personal saving component　678
　通貨供給　Supply　1196
通貨供給および流動資産　Money supply (stock)　1196
通勤　Commuting to work　656, 1100
通商：　Commerce:
　外国（「貿易」を参照）　Foreign. (See Foreign trade.)
　国内鉄道輸送量　Domestic, by rail　1123, 1124
　内陸水路　Domestic, by water　1084, 1085
通信産業（「情報産業」も参照）　Communications industry. (See

索　引　1017

Information industry.)
通信装置製造業： Communications equipment manufacturing:
　外国貿易　Foreign trade　1310
　在庫　Inventories　1020
　事業所　Establishments　1009
　出荷　Shipments　1011, 1020, 1034
　所得　Earnings　632, 818, 1009, 1011
　生産性　Productivity　641
　被雇用者数　Employees　632, 818, 1009, 1011
ツバル（「外国」を参照）　Tuvalu. (See Foreign countries.)

テ

データプロセス（「コンピュータ、データ処理サービス」を参照）　Data processing services. (See Computer programming and data processing services.)
ディーゼル、燃料　Diesel, fuel　933, 929
帝王切開出産　Cesarean section deliveries　87, 171
定期刊行物　Periodical publishing　1128, 1129, 1134
デイケア（「昼間託児サービス」も参照）　Day care. (See Child day care services.)
泥炭　Peat　904, 905
抵当（「融資と抵当」を参照）　Mortgages. (See Loans and mortgages.)
抵当証券発行業　Asset-backed securities　752, 1166, 1167, 1191, 1199
抵当融資の購入および売却　Mortgage pools and trusts　1166, 1167, 1192
手紙（郵便）　Letters (postal)　1126, 1127
テキサス（「州のデータ」を参照）　Texas. (See State data.)
テキスト・メッセージ　Text messages　251, 1149
デスケアサービス　Death care services　632, 727, 1272, 1273, 1274, 1284
鉄（「鉄鋼」も参照）：　Iron (see also Steel):
　価格　Prices　737, 905
　生産量　Production　904, 905, 908, 977, 1379
　鉄鉱石採掘業　Mining industry　641, 901
　貿易　Foreign trade　909, 1308
鉄鋼（「鉄鋼製品」も参照）　Steel (see also Iron and steel)　737, 908, 1030
鉄鋼（「一次金属工業」も参照）：　Iron and steel mills (see also Primary metal manufacturing):
　外国貿易　Foreign trade　1030
　事業所　Establishments　1009
　資本　Capital　1030
　出荷額　Shipments　1011, 1030
　所得　Earnings　632, 1009, 1011
　被雇用者数　Employees　632, 1009, 1011, 1030
鉄鋼製品および圧延工場（「鉄鋼製品」を参照）　Steel works and rolling mills. (See Iron and steel.)
鉄道：　Railroads:
　営業車両数　Equipment in service　1122
　エネルギー消費　Energy consumption　929
　貨物輸送　Freight traffic　1122, 1123, 1124
　自動車　Vehicles　1069
　商品輸送量　Carloadings, by commodity　1123, 1124
　全米鉄道旅客輸送公社　AMTRAK　929, 1122
　旅客輸送および収入　Passenger traffic and revenue　1122, 1270
　労働災害補償　Occupational safety　1070, 1122
　路線総マイル数　Mileage owned and operated　1122
鉄道職員退職年金基金　Railroad employees' retirement funds　538, 540
鉄道輸送産業（「鉄道」も参照）：　Rail transportation industry (see also Railroads):
　国内総生産　Gross domestic product　670
　財政　Finances　1122
　資本　Capital　781
　所得　Earnings　632, 1122
　被雇用者数　Employees　632, 1065, 1122
鉄分（栄養素）　Iron, nutritional　216

テニス　Tennis　1243, 1246, 1247, 1248, 1249, 1250
テネシー（「州のデータ」を参照）　Tennessee. (See State data.)
デビット・カード　Debit cards　1184, 1185, 1187
デラウェア（「州のデータ」を参照）　Delaware. (See State data.)
テレビ：　Televisions:
　売上および出荷　Sales or shipments　1033
　個人支出　Consumer expenditures　1232, 1233
　視聴者　Viewing　1133
　負傷者　Injuries associated　201
テレビ放送（「ケーブルテレビ、その他有料テレビサービス」も参照）：　Television broadcasting (see also Cable and other pay TV services):
　広告支出　Advertising expenditures　1279
　放送局　Broadcasting stations　1132
テレビ放送産業：　Television broadcasting industry:
　財務　Finances　1128, 1142
　収益　Revenue　1129, 1141
　所得　Earnings　632, 1128
　生産性　Productivity　641
　被雇用者　Employees　632, 1128
　放送局数　Stations, number of　1132
電気工学　Electrical engineering　815, 817
電気製品製造業（「コンピュータ、電子機器製造業」も参照）：　Electrical equipment, appliances, and components manufacturing (see also Computers and electronic product manufacturing):
　研究開発　Research and development　805, 806
　工業生産指数　Industrial production index　789
　国内総生産　Gross domestic product　670, 1007
　在庫　Inventories　1019, 1020
　財務　Finances　794
　事業所　Establishments　1009
　資本　Capital　781
　出荷　Shipments　1011, 1019, 1020
　所得　Earnings　632, 1009, 1011, 1017
　生産性　Productivity　641
　多国籍企業　Multinational companies　797
　被雇用者数　Employees　632, 1009, 1011, 1012, 1013, 1017
　付加価値　Value added　1011, 1020
　貿易　Foreign trade　1312
　有毒化学物質放出　Toxic chemical releases　382
　利潤　Profits　794
　労働災害補償　Occupational safety　660
電気洗濯機、所有家庭数　Washing machines, homes with　988
電子楽器製造業　Electronic instruments manufacturing　632, 641
電子機器：　Electronic goods:
　売上、出荷、収益　Sales　737, 1031, 1032, 1033, 1034, 1056
　貿易　Foreign trade　1310
電子困窮者援助給付カード　Electronic benefits transfer cards　1184
電子装置、機器販売店：　Electronics and appliance stores:
　e-コマース　Electronic commerce　1055
　売上　Sales　756, 1051, 1053, 1055
　事業所　Establishments　756, 1048
　所得　Earnings　632, 756, 1048
　生産性　Productivity　641
　被雇用者　Employees　632, 756, 1048
電子取引直接預金　Direct deposit, banking　1185
電子販売、メールオーダー　Electronic shopping and mail order houses　632, 641, 1051, 1056
伝染病　Communicable diseases　184
天然ガス：　Natural gas:
　価格　Prices　727, 905, 917, 927
　シェールガス　Shale gas　918
　支出　Expenditures　928
　消費　Consumption　925, 926, 929, 931, 945, 1381, 1382
　生産　Production　911, 912, 916, 917, 918, 925, 926

世界　World　908, 917, 1379, 1380, 1383, 1385
炭層ガス　Coalbed methane　918
電力発電　Electricity generation　948
非在来型天然ガス　Unconventional dry　918
貿易　Foreign trade　926, 935, 936, 1308
埋蔵量　Reserves　913, 917
天然ガス液化プラント　Natural gas plant liquids　910, 911, 912, 913, 916, 918
天然ガス配送業　Natural gas distribution industry　632, 641
天然ゴム　Rubber, crude natural　848, 850
天然資源（「木材・木製品」「鉱物および鉱物製品」「紙パルプ産業」「材木」「木材製品製造業」および個々の資源と鉱物も参照）：　Natural resources (see also Forest products, Minerals and mineral products, Paper and paperboard products, Timber, Wood products manufacturing, and individual resources and minerals):
　紙製品　Paper products　889, 892, 893, 894
　鉱物　Minerals　901, 906
　　ウラン　Uranium　922
　　価格　Price　905
　　鉱業　Mining　660, 902, 903
　　消費　Consumption　870
　　生産　Production　904, 905, 907, 908, 1379
　　製品　Products　906
　　石炭　Coal　919, 920, 921
　　石油　Petroleum　910, 912, 913, 914, 915
　　天然ガス　Natural gas　912, 913, 914, 915, 916, 917, 918
　　被雇用者数　Employment　905
　　貿易　Trade　905, 909
　魚および水産品　Fisheries and fish products　895, 896, 897, 898, 899, 900
　森林　Forests and timberland　884, 885, 886, 887
　政府財務　Governmental finances　436
　　公務員・賃金・給与　Government employment and payrolls　462
　　州および地方政府支出　State and local governments　435, 443
　　州政府支出　State governments　451
　　州・地方政府に対する補助金　Aid to state and local governments　432
　　政府収入　Governmental revenue　436
　　木材製品　Wood products　888, 889, 890, 892, 893
　　連邦政府支出　Federal outlays　473
天然資源および関連産業（「鉱業」「石油・ガス抽出」および個々の産業も参照）：　Natural resource-related industry (see also Mining industry, Oil and gas extraction, and individual industries):
　売上および収益　Sales and revenue　879
　鉱業　Mineral industry　901
　国内総生産　Gross Domestic Product　883
　事業所　Establishments　879, 880
　石油、ガス抽出　Oil and gas extraction　915
　石油産業　Petroleum industry　910
　賃金および所得　Payroll and earnings　632, 879, 880
　被雇用者数　Employment　632, 637, 879, 880
　木材関連産業　Timber-related industry　881, 882
デンマーク（「外国」を参照）　Denmark. (See Foreign countries.)
天文学　Astronomy　815
転落、転落死　Falls, accidental deaths　120, 121
電力（「電力産業」を参照）　Light and power. (See Electric light and power industry.)
電力（「電力産業」も参照）：　Electricity (see also Electric light and power industry):
　支出　Expenditures　686, 687, 931, 934, 903
　売上　Sales　950, 952
　価格　Prices　730, 737, 947, 951
　契約別　Service, class of　951
　原子力発電　Nuclear　925, 941, 942, 1387, 1388
　再生可能エネルギー　Renewable sources　945, 946, 954
　住居用電力消費　Residential　952
　商業用建物　Cogeneration of　930, 945
　諸外国　Foreign countries　1387, 1388

水力発電　Hydroelectric power　925, 954, 1387
電力価格指数　Price indexes　727, 739
電力消費　Consumption　929, 950, 952
電力生産　Production　945, 948, 952, 1387
発電能力　Capability　948, 949
電力産業（「電力」と「公益事業」も参照）：　Electric light and power industry (see also Electricity, Utilities):
　工業生産指数　Industrial production index　789
　顧客数　Customers　952, 955
　財務　Finances　953
　資本支出　Capital expenditures　782, 784
　多国籍企業　Multinational companies　797
　通常の発電能力　General capacity　948, 949
　ピーク負荷　Peak load　949
　放出　Emissions　374, 375, 376
　水利用　Water use　923, 924, 945, 946
電力発電　Cogeneration of electricity (combined-heat-and-power)　930, 945
電力発電、供給産業　Power generation and supply industry　632, 641
電話（「電信」等も参照）：　Telephones:
　売上および出荷　Sales or shipments　1034
　回線ケーブル数　Access lines　1147, 1391
　数　Number　1147, 1392
　消費者支出　Consumer expenditures　686, 687, 1148
　通話　Calls　1147, 1391
　テキスト・メッセージ　Text messages　1149
　保有世帯　Households with service　1132, 1147, 1148
電話事業体　Telephone carriers　1145
携帯電話産業　Cellular　1148, 1149, 1392
電話帳および名簿出版業　Directory and mailing list publications industry　1128, 1129, 1134
電話通信：　Telephone communication:
　財務　Finances　1147, 1149
　収益　Receipts　1147
　所得　Earnings　632, 1145, 1147
　生産性　Productivity　641
　被雇用者　Employees　632, 1147, 1149
　物価指数　Price indexes　727
電話による広告販売業　Telemarketers　616
ドイツ（「外国」を参照）　Germany. (See Foreign countries.)
ドイツ証券市場指数、DAX　DAX, German stock index　1396
ドイツ DX30 指数　German stock market index (DAX)　1396

ト

銅：　Copper:
　価格　Prices　737, 742, 743, 905, 906
　消費　Consumption　905
　生産量、生産額　Production and value　905, 908, 1379
　貿易　Foreign trade　905
統一学力テスト　Scholastic Assessment Test (SAT)　267
東京日経 225 証券市場指数　Tokyo Nikkei 225 stock market index　1396
道具（「工作機械」を参照）　Tools. (See Machine tools.)
投資（「資本ストック」「有価証券」も参照）　Investments (see also Capital stock, and Securities):
　合衆国政府の債務　U.S. government obligations　1177
　合衆国の国際投資　U.S. international　1203, 1204, 1286, 1289, 1296
　合衆国への外国投資　Foreign, in U.S.　1205, 1206, 1286, 1289, 1291, 1293, 1294, 1295, 1405
　民間国内総投資　Private domestic, gross　667, 674, 740
投資信託、ミューチュアル・ファンド　Mutual funds　751, 752, 1166, 1168, 1169, 1170, 1201, 1212, 1213, 1214, 1215, 1216, 1219
同棲、未婚　Cohabitation, unmarried　63, 90, 95
党、政治的（「政党」を参照）　Parties, political. (See Political parties.)
糖尿病　Diabetes　117, 118, 119, 121, 122, 123, 169, 196
投票数：　Votes:
　議会選挙　Congressional　407, 409, 410, 398

索引　1019

州知事選挙　Gubernatorial　417
大統領選挙　Presidential　402, 403, 404, 405, 406, 398
投票数　Votes cast　399, 400, 401
動物（個々の動物も参照）：　Animals, domestic (see also individual classes):
　家畜　Livestock　823, 833, 870
　慈善団体への寄付　Charitable contributions　583
　ペット　Pets　632, 1241, 1284
動物性油脂（「油、動物性油脂」を参照）　Animal oils and fats. (See Oils, animal.)
とうもろこし：　Corn:
　遺伝子組み換え　Genetically engineered　834
　エタノール　Ethanol　858
　価格　Prices　737, 742, 858, 859
　供給および消費量　Supply and disappearance　858
　収穫面積　Acreage　858, 859
　消費　Consumption　217, 218
　生産　Production　852, 858, 859, 862
　農産物市場取引、売上　Farm marketings, sales　842, 843
　貿易　Foreign trade　852, 854, 855, 858, 1308, 1374
　有機　Organic　833
動力（「電力産業」も参照）：　Power (see also Electric light and power industry):
　価格　Prices　730, 737, 928
　原子力発電　Nuclear　941, 1388
　水力（「水力発電」も参照）　Water (see hydroelectric power)　954
　水力発電　Hydro　954
　電気　Electric　945, 948, 949, 950, 952, 953
道路混雑状況　Roadway congestion　1099
道路の混雑状況　Congestion, on roads　1099
特殊園芸作物　Horticultural specialty crops　867
特殊教育　Special education　189, 190, 263
特殊工事請負契約　Specialty trade contractors　632, 660, 961
特殊出生率　Fertility rates　79, 80, 82, 83
読書（「書籍」「図書館」も参照）　Reading (see also Books, and Libraries)　686, 687, 1233, 1240
　読み書き　Literacy　234, 1371
独身者（「婚姻状況」を参照）　Single persons. (See Marital status.)
毒物によるショック症状　Toxic-shock syndrome　184
時計、腕時計　Clocks and watches　727, 739
トーゴ（「外国」を参照）　Togo. (See Foreign countries.)
屠殺、精肉業（「食肉および食肉加工業」を参照）　Slaughtering and meat-packing industry. (See Meat and meat products.)
屠殺加工　Animal slaughtering and processing industry　632, 641
都市（「大都市地区」も参照）：　Cities (see also Metropolitan areas):
　外国生まれ　Foreign born　39
　家計の所得水準別税支払額　Taxes　447
　家庭で話される言語　Language spoken at home　55
　気候　Climate　393, 394, 395, 396, 1390
　行政単位　Governmental units　428, 429
　公選公務員　Officials elected　421
　財産税率　Property tax rates　448
　市政府公務員給与　Employees, earnings, payrolls　467
　市政府の財政　Finances of city governments　457, 458
　所得　Income　708
　都市人口　Population　27, 28
　犯罪　Crime　309
　貧困　Poverty　708
　負債　Debts　458
　旅行　Travel　1261
都市人口　Urban population　29
都市輸送産業　Urban transit systems industry　1066
図書館、司書　Libraries and librarians　1152, 1154
　インターネット利用　Internet use　264, 1153, 1154
　学位授与数　Degrees conferred　301, 303
　大学　Colleges and universities　305
　被雇用者数　Employees　616, 1116

図書館来館者　Library visits　1153
土地（「農場」「官有地」も参照）：　Land (see also Farms, and Public lands):
　海岸線　Shoreline　364
　外国人投資家　Foreign investors　1292, 1293
　公園　Parks　1252, 1253, 1254, 1255
　湿地帯　Wetlands　368, 370
　使用　Use　367, 368, 369
　森林、面積及び所有形態　Forest, area and ownership　367, 368, 369, 884
　農業用地　Farmland　367, 369, 824, 825, 826, 827, 828
　面積：　Area:
　　沿岸部　Coastal　25, 364
　　外国　Foreign countries　1332
　　合衆国　United States　1, 358
　　合衆国の海外領土　Island areas　358
　　国立公園　National parks　1252, 1254, 1255
　　国境線長　Border lengths　363
　　州　States　358
　土地利用　Land cover/use　367, 368, 369
　連邦政府所有地　Federal land　367, 884
特急便、速達便：　Couriers and messengers:
　事業所　Establishments　1063, 1066
　収入　Revenue　1063, 1120
　所得　Earnings　632, 1063, 1066
　被雇用者　Employees　632, 1063, 1065, 1066
　労働災害補償　Occupational safety　660
特許および商標　Patents and trademarks　778, 779, 1393
届出疾患　Notifiable diseases　184
賭博　Gambling　1231
土木建設　Heavy and civil engineering construction　632, 660, 961
トマト　Tomatoes　218, 733, 843, 862
ドミニカ（「外国」を参照）　Dominica. (See Foreign countries.)
ドミニカ共和国（「外国」を参照）　Dominican Republic. (See Foreign countries.)
ドライクリーニング、洗濯サービス：　Dry-cleaning and laundry services:
　事業所　Establishments　1273, 1274
　支出　Expenditures　671, 681
　収益　Receipts　1273, 1284
　所得　Earnings　632, 1274
　生産性　Productivity　641
　被雇用者　Employees　632, 1274
トラック　Trucks　929, 1060, 1098, 1102
ドラッグストア、薬局（「医薬品店」を参照）　Drug stores and proprietary stores. (See Pharmacies and drug stores.)
トラック／トラクターのプルレース　Truck and tractor pull　1246
トラック、フィールド　Track and field　1247, 1248
トラック運輸産業：　Truck transportation industry:
　扱い荷物　Commodities handled　1121
　国内総生産　Gross domestic product　670
　財務　Finances　1120
　事業所　Establishments　1063, 1066
　資本　Capital　781
　収入　Revenue　1063, 1120, 1121
　出荷　Shipping　1071, 1072
　所得　Earnings　1063, 1066
　生産性　Productivity　641
　被雇用者　Employees　632, 1063, 1065, 1066
　労働災害補償　Occupational safety　660
トラベラーズチェック　Travelers' checks　1196
鶏肉（「家禽類」を参照）　Chickens. (See Poultry.)
トリニダードトバゴ（「外国」を参照）　Trinidad and Tobago. (See Foreign countries.)
トルクメニスタン（「外国」を参照）　Turkmenistan. (See Foreign countries.)
トルコ（「外国」を参照）　Turkey. (See Foreign countries.)
ドルの購買力　Purchasing power of the dollar　724

トンガ（「外国」を参照）　Tonga. (See Foreign countries.)

ナ

内国消費税　Excise taxes　475, 480
内国税徴収（「課税収入」も参照）　Internal revenue collections (see also Tax receipts)　480
ナイジェリア（「外国」を参照）　Nigeria. (See Foreign countries.)
内陸水路（交通）　Internal waterways, traffic　1084
ナウル（「外国」を参照）　Nauru. (See Foreign countries.)
苗床、温室製品　Nursery and greenhouse products　843, 1242
長靴（「履物」を参照）　Boots. (See Footwear.)
ナスダック株価指数　National Association of Securities Dealers (NASDAQ), stock prices　1207
ナッツ　Nuts　843, 853, 855, 865
ナツメヤシ　Dates　864
ナトリウム、食物　Sodium, dietary　216
ナマズ　Catfish　843, 898
鉛　Lead　372, 373, 904, 905, 906, 908, 1379
難民　Refugees　44, 48, 49, 51

ニ

ニカラグア（「外国」を参照）　Nicaragua. (See Foreign countries.)
肉牛：　Cattle:
　価格　Prices　737, 870
　生産　Production　870, 873
　屠殺　Slaughter　873
　農産物市場取引　Farm marketings, sales　842, 843
　農場価格　Value on farms　870
　農場頭数　Number on farms　870, 871, 873
　輸入　Imports　850
二酸化炭素の放出　Carbon dioxide emissions　375, 376, 1389
ニジェール（「外国」を参照）　Niger. (See Foreign countries.)
西サハラ（「外国」を参照）　Western Sahara. (See Foreign countries.)
にしん　Herring, sea　897
ニッケル　Nickel:
　価格　Prices　905
　雇用　Employment　905
　消費　Consumption　905
　生産量と生産額　Production and value　904, 905, 908
　世界の生産量　World production　908, 1379
　貿易　Foreign trade　905, 909
日本（「外国」を参照）　Japan. (See Foreign countries.)
ニューカレドニア（「外国」を参照）　New Caledonia. (See Foreign countries.)
ニュージーランド（「外国」を参照）　New Zealand. (See Foreign countries.)
ニュージャージー（「州のデータ」を参照）　New Jersey. (See State data.)
ニューハンプシャー（「州のデータ」を参照）　New Hampshire. (See State data.)
ニューメキシコ（「州のデータ」を参照）　New Mexico. (See State data.)
ニューヨーク（「州のデータ」を参照）　New York. (See State data.)
ニューヨーク証券取引所　New York Stock Exchange　1207, 1209
入院治療施設（「病院」「養護・医療施設」も参照）　Institutional care facilities (see also Hospitals, and Nursing and residential care facilities)　172, 175
乳がん検査　Mammography testing　203
乳製品（個々の製品も参照）：　Dairy products (see also individual products):
　価格　Prices　737, 846
　消費　Consumption　215, 217, 1372
　消費支出　Consumer expenditures　684, 687
　生産　Production　875, 1372
　製造業　Manufacture　875, 641, 1011
　農産物市場取引、売上　Farm marketings, sales　841, 843, 875
　貿易　Foreign trade　850, 853
にんじん　Carrots　218, 843, 862
妊娠（「出生」および「出生率」も参照）　Pregnancies, (see also Births and birth rates)　100, 169
　10代の妊娠　Teen pregnancies　80, 84, 85, 86, 89
妊娠中絶　Abortions　101, 102, 103
ニンニク　Garlic　862

ヌ

布類　Textiles　686, 687

ネ

ネイルサロン　Nail salons　1284
ネクタリン　Nectarines　218, 864
猫（ペット）　Cat ownership　1241
ネットいじめ　Cyber-bullying　251
ネパール（「外国」を参照）　Nepal. (See Foreign countries.)
ネバダ（「州のデータ」を参照）　Nevada. (See State data.)
ネブラスカ（「州のデータ」を参照）　Nebraska. (See State data.)
年金（「年金および退職金」を参照）　Annuities. (See Pensions and retirement benefits.)
年金および退職金（「社会保険」も参照）：　Pensions and retirement benefits (see also Social insurance):
　外国　Foreign countries　1364
　基金　Funds (flow of funds)　1166, 1169, 1217
　計画　Plans　553, 1216
　受給世帯　Families receiving　542, 554
　消費者支出　Expenditures　538, 548, 684
　政府雇用者　Government employees　542, 548, 549, 550
　退役軍人　Veterans　520, 542
　退職、年金プラン　Retirement and pension plans　548, 551, 552, 1201, 1215, 1216
　鉄道職員　Railroad　542
　年金　Annuities　1216, 1221
燃料（「エネルギー需給」および個々の種類も参照）：　Fuel (see also Energy, and individual types):
　価格　Prices　725, 730, 726, 727, 730, 734, 737, 742, 743, 846, 906, 927, 928, 947
　再生可能（「エネルギー需給」を参照）　Renewable. (See Energy.)
　住宅部門消費　Residential use　922, 928, 932
　商業用ビルの使用量　Commercial building use　928, 1006
　消費者支出　Consumer expenditures　686, 687
　消費量、自動車　Consumption, motor vehicles　1102
　生産量および生産額　Production and value　908, 911, 925
　発電　Electricity generated by　932, 941, 942, 945, 946, 954

ノ

ノースカロライナ（「州のデータ」を参照）　North Carolina. (See State data.)
ノースダコタ（「州のデータ」を参照）　North Dakota. (See State data.)
農学：　Agricultural sciences:
　学位授与数　Degrees conferred　301, 302, 303, 810, 814
農業（「農場」および「農業人口および雇用」も参照）：　Agriculture (see also Farms, and Farmers and farm workers):
　州・地方政府に対する連邦政府補助金　Federal aid to state and local governments　415
　政府支払　Government payments　840, 841, 844
　被雇用者数　Employees　616
　付加価値　Value added　841
　貿易　Foreign trade　741, 849, 850, 851, 853, 854, 855, 856, 1306
農業金融（「農場抵当金融」を参照）　Agricultural loans. (See Farm mortgage loans.)
農業・建設・鉱業用機械製造業（「工作機械」および「機械

工業」も参照） Agriculture, construction, and mining machinery manufacturing (see also Machine tools, and Machinery manufacturing) 632, 641, 1011
農業生産（「農場」および個々の農産物を参照） Agricultural products. (See Farms and individual products.)
脳血管の疾患、死亡者数 Cerebrovascular diseases, deaths 117, 118, 119, 120, 121, 122, 123, 170, 179
農場： Farms:
 価格 Prices 846, 858, 870
 家族経営または個人経営 Family or individual 826, 828, 830, 1326
 機械、自動車 Machinery and motor vehicles 839, 841
 合資会社 Partnerships 826, 828, 1326
 在庫変動 Inventories, change in 840
 債務 Debt 836, 839, 1192
 作物（個々の作物も参照）： Crops (see also individual crops):
  果物と木の実 Fruits and nuts 863, 864, 865, 1327
  所得 Income 843, 845, 1326
  生産 Production 852, 857, 858, 1372, 1373, 1376
  面積 Acreage 857, 858, 1326
  野菜 Vegetables 862
 資産と負債 Assets and liabilities 839, 1166
 支出 Expenses 837, 841
 所得 Income 830, 840, 841, 843, 844, 845
 税金 Taxes 840, 846
 政府の農業補助金 Government payments to farmers 836, 838, 840, 841, 844, 845
 抵当融資 Mortgage loans 1192
 土地、建物の価額 Value of land and buildings 828, 829, 838, 839
 農産物： Agricultural products:
  価格（「農場価格」を参照） Prices. (See Prices received by farmers.)
  市場価格 Market value 823
  諸外国の農産物生産 Foreign countries, production 1373, 1376
  水上輸送 Waterborne commerce 1085
  世界生産量 World production 1372, 1373, 1376
  鉄道輸送量 Railroad car loadings 1123, 1124
  輸出用作物 Exports 1374
 農産物売上、市場取引収益 Farm products sold, marketing receipts 828, 829, 832, 835, 836, 838, 840, 841, 842, 843, 845
 農場経営者 Farm operators 833, 838
 家畜用有機農地 Organic acreage, livestock 832, 833, 1378
 農場総生産・付加価値 Gross farm value added 670, 840
 農場数 Number of farms 824, 825, 826, 827, 828, 835, 836, 838
 農場の土地建物の価額 Farm land and buildings value 828, 829, 838, 839
 農場家賃 Housing, rental value 841
 農薬 Agrichemicals 841, 846
 パリティー比率 Parity ratio 846
 法人農場 Corporate 826, 829, 831, 1291
 面積 Acreage 824, 825, 826, 827, 828, 829, 831, 835, 838
  耕作地 Cropland 367, 369, 823, 857
  収穫量（個々の作物も参照） Crops harvested (see also individual crops) 857, 858, 859, 860, 861, 862, 1372
  農場の種類 Farm type 831
  有機 Organic 832
 労働者への経費 Labor expenses 841, 846
農場抵当金融 Farm mortgage loans 1192
農林水産業： Agriculture, forestry, and fishing industry:
 売上、出荷、収益 Sales 744, 746, 749, 754, 755, 775, 793, 879
 国内総生産 Gross domestic product 670, 883
 財務 Finances 744, 746, 749
 事業所 Establishments 759, 876, 879, 880
 資本 Capital 781, 785
 所得 Earnings 643, 759, 769, 770, 771, 772, 773, 774, 775, 879, 880
 被雇用者 Employees 620, 759, 769, 770, 771, 772, 773, 774, 775, 879, 880
 利潤 Profits 744, 793
 労働災害補償 Occupational safety 657, 660
ノルウェー（「外国」を参照） Norway. (See Foreign countries.)

ハ
バー（「料理店、喫茶店」を参照） Bars. (See Food Services and drinking places.)
パーキンソン病 Parkinson's disease, deaths 120, 121
バージニア（「州のデータ」を参照） Virginia. (See State data.)
バージン諸島（「合衆国の海外領土」を参照） Virgin Islands. (See Island areas of the U.S.)
パーソナルコンピュータ（「コンピュータ」を参照） Personal computers (PC's). (See Computers.)
パーチ、スズキ Perch 900
バーベキュー Barbecuing 1240
バーモント（「州のデータ」を参照） Vermont. (See State data.)
バーレーン（「外国」を参照） Bahrain. (See Foreign countries.)
肺炎 Pneumonia and influenza 117, 118, 119, 121, 122, 170, 179
バイオ燃料 Biofuels 925, 933
バイオマス Biomass 932, 945, 946, 954
肺気腫 Emphysema 120, 121, 198
廃棄物管理および改善サービス Waste management & remediation services 756, 781
ハイキングと登山 Hiking 1249
肺結核（「肺疾患」「呼吸器疾患」も参照） Lung disease. (See Pulmonary or respiratory disease.)
敗血症 Septicemia 117, 118, 119, 120, 121, 122
肺疾患（「呼吸器疾患」も参照） Pulmonary diseases (see also Respiratory diseases) 117, 118, 119, 120, 121, 123, 179, 184
配線基盤 Circuit boards 1031
ハイチ（「外国」を参照） Haiti. (See Foreign countries.)
配当金： Dividends:
 国民所得および個人所得の分配構成 National and/or personal income components 678
 個人所得税還付 Individual income tax returns 483
 鉄道株式の配当 Railroad stock 1122
 法人企業 Corporation 791
 有所得者 Persons receiving income 542
梅毒 Syphilis 184, 185
パイプ（喫煙） Pipe smoking 207
パイプライン、輸送、全長 Pipeline, freight and mileage 1068, 1125
パキスタン（「外国」を参照） Pakistan. (See Foreign countries.)
履物： Footwear:
 運動靴 Sport footwear 1250
 価格 Prices 727, 737, 743
 消費者支出 Consumer expenditures 686, 687
 貿易 Foreign trade 1308
博物館： Museums, historical sites:
 財務 Finances 1230
 自営業者 Nonemployers 1231
 事業所 Establishments 756, 1230, 1231
 収益 Receipts, revenue 756, 1228, 1230, 1231
 所得 Earnings 632, 756
 被雇用者 Employees 632, 756, 1230, 1231
 連邦政府助成 Federal aid 1235
破産申告 Bankruptcies 776, 777
はしか Measles 184, 192
ハシバミ（食用） Filberts (hazelnuts) 864, 865
破傷風 Tetanus 184
バスおよびバス輸送（「旅客輸送」「自動車」も参照）： Buses and bus transportation. (See Passenger transit and Motor vehicles.)
バスケットボール Basketball 1245, 1246, 1247, 1248, 1249, 1250
バター Butter 217, 733, 875
蜂、コロニー Bee colonies 866
蜂蜜 Honey 866

バックパッキング　Backpacking　1249
発電所（「電力産業」を参照）　Power plants. (See Electric light and power industry.)
ハドック（太平洋産）　Haddock　900
花　Flowers　1242
花栽培　Floriculture　843
バナジウム　Vanadium　908, 909
バナナ　Bananas　218, 733
パナマ（「外国」を参照）　Panama. (See Foreign countries.)
バヌアツ（「外国」を参照）　Vanuatu. (See Foreign countries.)
バハマ（「外国」を参照）　Bahamas, The. (See Foreign countries.)
パプアニューギニア（「外国」を参照）　Papua New Guinea. (See Foreign countries.)
蛤　Clams　897, 899, 900
バミューダ（「外国」を参照）　Bermuda. (See Foreign countries.)
パラオ（「外国」を参照）　Palau. (See Foreign countries.)
パラグアイ（「外国」を参照）　Paraguay. (See Foreign countries.)
ハラスメントの被害　Harrasment victimization　319
バランスシート　Balance sheet　750, 751, 753
ハリケーン　Hurricanes　362, 388, 392
パリ CAC-40 証券市場指数　Paris CAC-40 stock market index　1396
バルバドス（「外国」を参照）　Barbados. (See Foreign countries.)
パルプ材　Pulpwood　887, 888, 889, 893
パルプ製造業　Pulp manufacturing　880, 881, 882
バレーボール　Volleyball　1247, 1248, 1249
バレエ　Ballet　1238
ハワイ（「州のデータ」を参照）　Hawaii. (See State data.)
ハワイ原住民およびその他太平洋諸島民　Native Hawaiian and Other Pacific Islander　5, 6, 10, 11
　移住　Migration　5
　学費　College costs　288, 289
　学校内で火器使用　Weapons in school　249
　子供　Children　10, 11
　事業所有者　Business owners　768, 774
　死亡　Deaths　5
　就学状況　Educational attainment　36
　出産　Births　5, 86
　職業　Occupation　36
　所得　Income　36
　退役軍人　Veterans　522
　大都市地区人口　Metropolitan area population　23
　貧困　Poverty　36
　ヘッドスタート　Head Start　574
　孫との同居人口　Grandparents, living with grandchildren　70
　持ち家　Housing tenure　36
　老齢者　Elderly　10, 11
ハワイ人人口（「ハワイ原住民及びその他の太平洋諸島民」を参照）　Hawaiian population. (See Native Hawaiian and Other Pacific Islander population.)
パン　Bread　727, 733
ハンガリー（「外国」を参照）　Hungary. (See Foreign countries.)
バングラデシュ（「外国」を参照）　Bangladesh. (See Foreign countries.)
犯罪（「青少年」を参照）　Delinquency. (See Juveniles.)
犯罪（「犯罪の被害者」「法的処分」も参照）：　Crime (see also Criminal victimizations, and Law enforcement):
　学校における犯罪　Schools　247, 249, 250, 317
　金融犯罪　Financial crime　339
　警官に対する暴行・殺害　Police officers assaulted, killed　330
　強姦　Rape, forcible　306, 307, 308, 309, 314, 315
　強盗　Robbery　306, 307, 308, 309, 315, 321
　財産に対する犯罪　Property crime　306, 307, 308, 309, 320, 321
　殺人（人種、性別）　Homicides　311, 312, 313
　殺人、殺人の状況　Murders　306, 307, 308, 309, 310
　児童虐待および児童遺棄　Child abuse and neglect　342, 343

　自動車窃盗　Motor vehicle theft　306, 307, 308, 309, 320, 321
　住宅窃盗　Burglary　306, 307, 308, 309, 315, 320, 321
　職場　Workplace　661
　窃盗　Larceny-theft　306, 307, 308, 309, 321
　憎悪犯罪　Hate crimes　322, 323
　発生場所、発生時間　Place of occurrence　317
　暴行　Assault　306, 307, 308, 309, 315
　暴力犯罪　Violent crime　306, 307, 308, 309, 310, 318
　麻薬取締り法違反　Drug abuse violations　327
　万引き　Value lost　321
犯罪の被害者　Criminal victimizations　315, 316, 317, 318, 319, 320, 321, 322, 323, 646
犯罪被害　Victimizations, criminal　315, 316, 317, 318, 319, 320, 321, 322, 323
パン製品　Bakery products　686, 687, 727, 737
パン製品製造業　Bakeries and tortilla manufacturing　632, 641, 1011
半導体（「コンピュータ、電子部品」も参照）　Semiconductors (see also Computer and electronic product components)　818, 1031, 1310

ヒ

PTA　Parent Teacher Association (PTA)　252
PTO　Parent Teacher Organization (PTO)　252
ピーナッツ　Peanuts　217, 842, 843
ビール（「モルト飲料」を参照）　Beer. (See Malt beverages.)
　売上　Sales　1051, 1062
　事業所　Establishments　1048
　所得　Earnings　632, 1048
　生産性　Productivity　641
　被雇用者数　Employees　632, 1048
ビール、ワイン、酒類販売　Beer, wine, and liquor stores:
非営利組織　Nonprofit organizations　580, 581, 582, 583, 632, 1284, 1285
皮革および皮革製品（「履物」「獣皮およびなめし皮製品」も参照）：　Leather and allied product, manufacturing (see also Footwear):
　価格　Prices　737
　工業生産指数　Industrial production index　789
　国内総生産　Gross domestic product　670, 1007
　事業所数　Establishments　1009
　資本　Capital　781
　出荷　Shipments　1020
　所得　Earnings　632, 1009, 1011, 1017
　被雇用者数　Employees　632, 1009, 1011, 1013, 1017
　貿易　Foreign trade　1312
　有害化学物質の放出　Toxic chemical releases　382
東ティモール（「外国」を参照）　Timor.Leste. (See foreign countries.)
被雇用者（「企業」および個々の産業を参照）　Employees. (See Business enterprise, and individual industries.)
ビザ取得、博士号　Visa holders, doctorates　811
美術館　Museums　1238
ピスタチオ　Pistachios　843, 864, 865
ピストル　Handguns　310, 329
ピストル（「銃火器」を参照）　Pistols. (See Firearms.)
ヒスパニックおよびラテン系人口　Hispanic or Latino origin population　5, 6, 10, 11, 12, 19, 37
　いじめ、学生　Bullying, student　251
　移住　Migration　5
　インターネット　Internet access/use　1155
　運動　Physical activity　212
　エイズ　AIDS　187
　外国生まれ人口　Foreign-born populations　41, 228, 589
　学位授与数　Degrees conferred　300, 814
　学費　College costs　288, 289
　家族　Families, characteristics　37, 64, 66, 67
　学校在籍者　School enrollment　224, 228, 238, 253, 273, 279, 283, 596
　　学費　College costs　288, 289
　　教職員　Teachers　255, 257, 266, 616

索引　1023

就学前学校　Preprimary school　237
学校在籍者数　College enrollment　279
　チャータースクール　Charter schools　239, 263
　保護者の参加　Parent participation　252
　ホームスクール　Homeschooled　240
学校修了年数　Educational attainment　36, 37, 229, 230, 231, 232
癌、死亡　Cancer, deaths　126
看護師　Nurses　616
企業経営者　Business owners　768, 771
教職員　Teachers　255, 266
居住形態　Living arrangements　58, 69
健康保険加入状況　Health insurance coverage　148, 155, 157
高校中退者　High school dropouts　271, 272, 273
公選公務員　Elected officials　413, 421
拘置所被監者　Jail inmates　349
公的扶助　Public assistance　560, 573, 574
高齢者　Elderly　6, 10, 11, 12, 713
高齢者コミュニティ　Senior citizen communities　899
国会議員　Congress, members of　413
婚姻状況　Marital status　56
里親　Foster care　579
識字学習　Literacy activities　234, 235
自殺、死亡数　Suicides, deaths　128
児童の予防接種　Immunization of children　192
死亡率　Deaths　5, 111, 112, 124, 126, 128, 129
住宅　Housing　36, 37, 899, 968, 991, 994, 995
収入：　Income:
　家計所得　Family　36, 695, 696, 697, 698
　個人所得　Persons　36, 701, 704, 705
　世帯所得　Household　690, 691, 692, 693
18歳未満の子供　Children under 18 years old　6, 10, 11, 12, 37, 69
州別　States　19
出生数、出生率　Births and birth rates　5, 79, 81, 82, 83, 84, 85, 86, 87, 92
障害者状況　Disability status　285, 560
消費者支出　Consumer expenditure　686
職業　Occupation　36, 616, 619
職探し　Job search　623
心臓病、死亡　Heart disease, deaths　124
性的体験　Sexual activity　95
世帯構成　Household or family characteristics　37, 60, 62, 64, 66, 67
選挙、登録投票者および投票率　Elections, voter registration and turnout　399
憎悪犯罪　Hate crimes　322, 323
体育活動　Sports participation　213
体重　Body weight　211
大都市人口地区　Metropolitan area population　23
託児　Child care　578
年金プラン　Pension plan coverage　542
年齢／性別人口　Age and/or sex　6, 10, 11, 12, 37
犯罪犠牲者　Criminal victimizations　316, 319, 320, 322
避妊手段　Contraceptive use　97, 98
貧困者　Poverty　36, 37, 148, 711, 712, 713, 716
フードスタンプ受給者　Food stamp participants　573
放課後の活動　After-school activities　252
ボランティア　Volunteers　665
孫との同居人口　Grandparents living with grandchildren　70
有権者投票および投票率　Voter registration　399, 401
養子　Adoption　579
予測　Projections　12
労働力人口と雇用　Labor force and employment　587, 588, 589, 593, 596
　求職者　Job search　623
　失業者　Unemployed　37, 588, 622, 623
　所得　Earnings　648
　被雇用者　Employed　37, 588, 589, 593, 605, 608, 610, 611, 616, 619, 620
　離職者　Displaced workers　614
　労働組合員　Union membership　665
ビスマス　Bismuth　904
非政府組織　Nongovernmental organizations　1402

硼素　Boron　905, 906
ビタミン　Vitamins　216
羊と小羊　Sheep and lambs　843, 869, 870
非鉄金属（燃料を除く）　Nonmetallic mineral mining and quarrying, except fuels　641, 781, 794, 883, 901, 902
非鉄金属業（「金属および金属製品」も参照）：　Nonmetallic mineral product manufacturing (see also Metals and metal products):
　石、粘土、ガラス　Stone, clay, and glass　1123, 1124
　売上、出荷、収入　Sales, shipments, receipts　1011, 1019, 1020
　国内総生産　Gross domestic product　670, 1007
　事業所数　Establishments　1009
　所得　Earnings　632, 1009, 1011, 1017
　生産性　Productivity　641
　被雇用者数　Employees　632, 1009, 1011, 1013, 1017
　貿易　Foreign trade　1312
　有害物の放出　Toxic chemical releases　382
　利益　Profits　794
　労働災害補償　Occupational safety　660
ヒト免疫不全ウイルス（HIV）感染（「エイズ」も参照）　Human immunodeficiency virus (HIV) infection (see also AIDS)　121, 122, 129, 186, 187, 1341
避妊　Birth control　97, 98
避妊　Contraception, use of　97, 98
皮膚（「皮革」を参照）　Skins. (See Hides, etc.)
皮膚科医　Dermatologists　164
肥満　Obesity　211, 1342
百日咳　Whooping cough (pertussis)　184
百貨店：　Department stores:
　売上　Sales　1051, 1053, 1054, 1059, 1283
　在庫　Inventories　1054
　事業所　Establishments　1048, 1053
　所得　Earnings　632, 1048, 1053
　生産性　Productivity　641
　被雇用者数　Employees　632, 1048, 1053
美容院　Beauty shops　1284
病院：　Hospitals:
　外来患者　Outpatient visits　168, 169, 172, 174, 175
　価格　Prices　727, 739
　患者1人あたり病室代　Cost to hospital per patient　173, 174
　患者数　Patients　172, 173, 174
　救急外来　Emergency departments　168, 170
　外科　Surgery　171, 181
　公共支出　Public expenditures　135, 136, 137, 139, 140, 141
　　郡政府　County governments　460
　　市政府　City governments　458
　　州政府　State governments　451, 454
　国内総生産　Gross domestic product　670
　国民支出　National expenditures　134, 135, 136, 137, 138, 139, 140, 141
　財務　Finances　160, 161, 172, 1283
　事業所　Establishments　172, 174, 756
　資本　Capital　781
　収入　Receipts　160, 161, 756
　州別統計　States　174
　消費者物価指数　Consumer price index　142
　新規病院建設額　Construction　966
　診断　Diagnostic procedures　171
　精神病院　Mental hospitals　172, 175
　退院　Discharges from　176, 177, 178, 179
　被雇用者数　Employees　162, 172, 465, 632, 756
　病院への支払、関係個人支出　Charges and personal expenditure for　136, 137, 138, 139, 140, 141, 151
　病院利用（入院及び治療日数）　Use, admissions, and patient days　172, 174, 175, 176, 178, 179
　平均1日あたり病室代　Average daily patient care　173, 174
　平均時給　Earnings　632, 756
　ベッド数　Beds　172, 174, 1347
　メディケア（老齢者医療保障制度）　Medicare program　144, 146, 149, 150
病気　Sickness. (See Illness.)

標高　Altitudes, geographical　366
美容手術（外科）　Cosmetic surgery　180
病理学医　Pathologists　164
ヒラメ類（食用）　Flounder　897, 900
ビリヤード　Billiards　1249
肥料：　Fertilizers:
　価格　Prices　737, 846
　　外国貿易　Foreign trade　1308
　　価格　Prices　737, 846
　出荷　Shipments　1028
　　出荷額　Shipments　1028
　農場の肥料支出　Farm expenditures for　841
　　農場支出　Farm expenditures for　841
　貿易　Foreign trade　1308
ひる石　Vermiculite　904, 905
ビルマ（「外国」を参照）　Burma. (See Foreign countries.)
疲労　Fatigue　195
貧血症（死因）　Anemias, deaths　117, 120
貧困：　Poverty:
　アジア人　Asian population　36, 543, 711, 712, 713, 715
　アジア人、太平洋諸島民　Asian and Pacific Islander population 543, 711, 712, 715
　外国生まれ　Foreign born　40
　黒人、アフリカ系アメリカ人：　Black, African American population:
　　家族　Families　36, 708, 709, 716
　　世帯　Households　543
　　貧困者人口　Persons　36, 711, 712, 713, 715
　　子供数　Children　712, 713
　　水準　Threshold　710
　ハワイ原住民、その他の太平洋諸島民　Native Hawaiian, Other Pacific Islander population　36
　ヒスパニック人口：　Hispanic origin population:
　　家族　Families　36, 37, 716
　　世帯　Households　543
　　貧困者人口　Persons　36, 37, 711, 712, 713
　貧困者人口　Persons　708
　　アジア人　Asian population　36
　　アメリカインディアン、アラスカ原住民族　American Indian, Alaska Native population　36
　　高齢者　Elderly　34, 713
　　黒人、アフリカ系アメリカ人　Black, African American population 36, 711, 712, 713, 715
　　子供　Children　712, 713
　　州別　State　709
　　都市別　City　708
　　年齢　Age　713, 714
　　ハワイ原住民、その他の太平洋諸島民　Native Hawaiian and Other Pacific Islander population　36
　　ヒスパニック　Hispanic origin population　36, 37, 711, 712, 713
　貧困世帯数　Families　36, 715, 716
　　アジア人　Asian population　36, 715, 716
　　アジア諸島民　Asian and Pacific Islander population　715
　　アメリカインディアン、アラスカ原住民　American Indian, Alaska Native population　36
　　高齢者　Elderly　698
　　黒人、アフリカ系アメリカ人　Black, African American population 36, 715, 716
　　住宅　Housing　543, 962
　　ハワイ原住民、その他の太平洋諸島民　Native Hawaiian, Other Pacific Islander population　36
　　ヒスパニック　Hispanic origin population　36, 37, 716
　　労働力人口　Labor force　714, 716
貧困者（「所得」「貧困」を参照）　Poor, the. (See Income and Poverty.)
ヒンズー教徒人口（「宗教」を参照）　Hindu population. (See Religions.)

フ

ファーマーズマーケット　Farmers market　868
ブータン（「外国」を参照）　Bhutan. (See Foreign countries.)

ファンド、信託およびその他の金融商品　Funds, trusts, and other financial vehicles　632, 781, 1165
フィールドホッケー　Field hockey　1247
フィジー（「外国」を参照）　Fiji. (See Foreign countries.)
フィリピン（「外国」を参照）　Philippines. (See Foreign countries.)
フィンランド（「外国」を参照）　Finland. (See Foreign countries.)
プエルトリコ（「合衆国の海外領土」を参照）　Puerto Rico. (See Island areas of the U.S.)
プエルトリコ人の人口（「ヒスパニック人口」も参照） Puerto Rican population (see also Hispanic origin population):
　概要　Summary　1321
　教育水準　Educational attainment　230
　死亡　Deaths　113, 116, 123, 1315
　出生、出生率　Births　79, 86, 1315
　人口　Population　37, 1281, 1314
　世帯　Households　1319, 1320
　農業　Agriculture　1326, 1327
　保有　Tenure　1319
　労働力　Labor force　564, 593
フェロー諸島（「外国」を参照）　Faroe Islands. (See Foreign countries.)
フェンシング　Fencing　1247
福祉サービス（「公的扶助」「社会福祉」および個々のプログラムを参照）　Welfare services. (See Public aid, assistance, Social welfare, and individual programs.)
複数の仕事を持つ者　Multiple jobholders　610, 640
服装規定　Dress codes　250
副鼻腔炎　Sinusitis　198
福利厚生費　Employee benefits　158, 463, 538, 655, 656
負傷（「事故」「労災保険」も参照）　Injuries (see also Accidents, and Occupational safety)　115, 130, 170, 179, 200, 201, 202, 1070, 1114, 1121
　工業関連　Industrial　657, 658, 659, 660, 902
　犯罪被害　Crime victimization　315
扶助料　Alimony　490, 491, 542
豚　Hogs　737, 843, 869, 870, 871, 872
豚（「豚」＝Hogsを参照）　Pigs. (See Hogs.)
豚（「豚」＝Hogsを参照）　Swine. (See Hogs.)
豚肉（「食肉および食肉加工業」も参照）：　Pork (see also Meat and meat products):
　価格　Prices　727, 737
　供給　Supply　869
　消費量　Consumption　217, 869, 1377
　生産　Production　869, 870, 1372, 1376
　輸出入　Foreign trade　850, 869
ブタン　Business management, degrees conferred　298, 301, 302, 303
ブチレン　Butane　876
物価（個々の商品も参照）：　Prices (see also individual commodities):
　エネルギー　Energy　927
　海外生計費　Living abroad　1358
　ガス　Gas　731
　株価　Stocks　1207
　魚類　Fish　896
　鉱産物（個々の鉱物も参照）　Mineral products (see also individual minerals)　905
　債券　Bonds　1207
　住宅　Housing　729, 975, 976, 977, 978, 980
　諸外国　Foreign countries　1356, 1357, 1358
　食品　Food　732, 733
　電気料金　Electricity　730, 928, 947, 951
　燃料　Fuel　730
　農場価格：　Received by farmers:
　　家畜および乳製品、家禽　Livestock and products, poultry　870, 877
　　作物　Crops　858
　　物価指数　Indexes　846

索　引　1025

物価指数： Indexes:
　学校支出　School expenditures　290
　観光商品　Tourism commodities　1265
　建設資材　Construction materials　962
　航空輸送コスト　Airline cost　1074
　国内総生産　Gross domestic product　740
　先物物価指数　Futures price index　735
　住宅価格指数　Housing price index　729
　消費者物価　Consumer price　725, 727, 1356
　医療費　Medical care　142
　諸外国　Foreign countries　1356, 1358
　大都市地区　Metropolitan areas　726, 728
　スポット市場取引価格　Spot market price　736
　生産者物価　Producer prices　724, 734, 737, 738
　　加工段階　Stage-of-processing　734
　　建設資材　Construction materials　962
　　木材製品　Timber　892
　ドルの購買力　Purchasing power of the dollar　724
　農家収入　Received by farmers　846
　輸出価格指数　Exports　740, 742
　輸入価格指数　Imports　740, 743
　丸太と立木　Lumber and stumpage　891
仏教徒人口（「宗教」を参照）　Buddhist population. (See Religion.)
フットボール　Football　1244, 1246, 1247, 1248
物理科学：　Physical sciences:
　学位授与数　Degrees conferred　301, 302, 303, 814, 815
　研究開発支出　Research & development expenditures　802, 810
　被雇用者　Employees　616, 819
物理学（「物理科学」も参照）： Physics (see also Physical sciences):
　学位授与数　Degrees conferred　815
　在籍者数　Enrollment　810
　初任給　Salary offers　298
ぶどう　Grapes　218, 733, 843, 864
不動産（住宅を参照）　Real estate (see also Housing)　718
不動産および贈与税　Estate and gift taxes　480
不動産業：　Real estate and rental and leasing industry:
　国内総生産　Gross domestic product　670, 672, 1162
　雇用と離職　Hires and separations　637
　財政　Finances　746, 749
　時間　Hours　630
　事業所数　Establishments　756, 757, 759, 1163, 1225, 1226
　資本　Capital　781, 783, 785
　収益　Receipts　746, 749, 754, 755, 756, 757, 769, 770, 771, 772, 773, 774, 775, 1163, 1225, 1226
　所得　Earnings　630, 632, 643, 756, 759, 769, 770, 771, 772, 773, 774, 775, 1163, 1226
　生産性　Productivity　641
　設備、コンピュータソフトウェア支出　Equipment and software expenditures　783
　非雇用事業所　Nonemployers　757, 1225
　被雇用者数　Employees　616, 630, 632, 756, 759, 769, 770, 771, 772, 773, 774, 775, 1163, 1226
不動産投資信託　Real estate investment trust (REITs)　1166, 1167, 1192
船（「船舶」を参照）　Vessels. (See Ships.)
不法滞在　Deportations, illegal immigrants　530, 532
不法入国（「移民」を参照）　Illegal aliens deported　530, 532
扶養児童を有する家族への援助プログラム（「対家族臨時援助プログラム」を参照）　Aid to families with dependent children (See Temporary Assistance for Needy Families.)
プライムレート以下の融資　Subprime loans　1194
ブラジル（「外国」を参照）　Brazil. (See Foreign countries.)
プラスチック　Plastics　377, 378, 379
プラスチック・ゴム産業：　Plastic and rubber products manufacturing:
　売上、出荷、収入　Sales, shipments, receipts　1011, 1019, 1020
　価格　Prices　737, 742, 743
　研究開発　Research and development　805
　工業生産指数　Industrial production index　789

国内総生産　Gross domestic product　670, 1007
在庫　Inventories　1020
財政　Finances　794
事業所数　Establishments　1009
資本　Capital　781
生産性　Productivity　641
賃金　Earnings　632, 1009, 1011, 1017
被雇用者数　Employees　632, 1009, 1011, 1013, 1017
貿易　Foreign trade　1312
有害物質の放出　Toxic chemical releases　382
利益　Profits　794
労働災害補償　Occupational safety　660
プラチナ類（白金属）　Platinum-group metals　737, 904, 905, 906, 909
ブラックベリー　Blackberries　864
プラムおよびプルーン　Plums and prunes　218, 864
フランス（「外国」を参照）　France. (See Foreign countries.)
フランス領ギアナ諸島（「外国」を参照）　French Guiana. (See Foreign countries.)
フランス領ポリネシア（「外国」を参照）　French Polynesia. (See Foreign countries.)
フランチャイズ店舗数　Franchised car dealerships　1057
ブルーベリー　Blueberries　843, 864
ブルガリア（「外国」を参照）　Bulgaria. (See Foreign countries.)
ブルキナファソ（「外国」を参照）　Burkina Faso. (See Foreign countries.)
ブルネイ（「外国」を参照）　Brunei. (See Foreign countries.)
ブルンジ（「外国」を参照）　Burundi. (See Foreign countries.)
ブロイラー（「家禽類」も参照）　Broilers (see also Poultry)　737, 842, 843, 869, 877, 878
ブロードウェイおよびオフブロードウェイ劇場　Broadway and off-Broadway shows　1234
ブロードバンド　Broadband　1132, 1151, 1154, 1157, 1158, 1391
ブロッコリー　Broccoli　218, 843, 862
プロテスタント（「宗教」を参照）　Protestants. (See Religions.)
プロパン　Propane　876
プロピレン　Propylene　911
フロリダ（「州のデータ」を参照）　Florida. (See State data.)
分割払い（「融資と抵当」を参照）　Installment loans (see also Loans and mortgages)　1172, 1173, 1190
文芸活動　Literacy activities　234, 235
文房具　Stationery　686, 687

へ

ベーコン　Bacon　733
ヘーゼルナッツ（はしばみの実）　Hazelnuts (filberts)　864, 865
兵役適格者　Military manpower　507, 508, 509, 517, 1406
平均余命、平均寿命　Life expectancy　104, 105, 106, 107, 108, 1339, 1340
平均余命　Expectation of life (average lifetime)　104, 106, 107
　諸外国　Foreign countries　1339
　損失余命　Life years lost　130
　予測　Projections　104
併合（「外国」を参照）　Reunion. (See Foreign countries.)
米国航空宇宙局（NASA）、予算：　National College Athletic Association (NCAA) sports participation　1244, 1247
米国大学入学能力テストプログラム　American College Testing Program (ACT)　268
米領サモア（「合衆国の海外領土」を参照）　American Samoa. (See Island areas of the U.S.)
米領サモア（「合衆国の海外領土」を参照）　Samoa, American. (See Island areas of the U.S.)
ペカン（ナッツ）　Pecans　864, 865
剝石（へげいし）粉末　Fluorspar　904, 905, 908
ペスト　Plague　184
ペット飼育　Pets　727, 1048, 1241

ヘッド・スタートプログラム　Head Start program　574
ヘテロセクシャル性認識　Heterosexual identity　97
ベトナム（「外国」を参照）　Vietnam. (See Foreign countries.)
ベニア、木材製品　Veneer, wood products　880, 881, 882, 895
ベニン（「外国」を参照）　Benin. (See Foreign countries.)
ベネズエラ（「外国」を参照）　Venezuela. (See Foreign countries.)
ベラルーシ（「外国」を参照）　Belarus. (See Foreign countries.)
ベリーズ（「外国」を参照）　Belize. (See Foreign countries.)
ヘリウム　Helium　904
ベリリウム　Beryllium　904
ペルー（「外国」を参照）　Peru. (See Foreign countries.)
ベルギー（「外国」を参照）　Belgium. (See Foreign countries.)
ヘロイン　Heroin　207, 327, 328
ペンシルベニア（「州のデータ」を参照）　Pennsylvania. (See State data.)
偏頭痛　Migraines　199
ペンタンプラス　Pentanes plus　911

ホ

ボーキサイト　Bauxite　905, 908, 909, 1379
ボート（「船舶」を参照）　Boats. (See Ships.)
ホームレス、支援およびシェルター　Homeless, assistance and shelters　575
ポーランド（「外国」を参照）　Poland. (See Foreign countries.)
ボーリング　Bowling　1243, 1246, 1249, 1250
ボーリングセンター　Bowling center industry　641, 1228, 1230, 1231
貿易（「外国への援助」「外国」および個々の商品も参照）　Foreign trade (see also Foreign aid, Foreign countries, and individual commodities)　1301, 1303, 1304, 1305, 1306, 1307, 1312
　相手国別　Countries　1307
　外国企業の合衆国内子会社　U.S. affiliates of foreign companies　1292
　化学　Chemicals　1301, 1308, 1312
　合衆国の国際取引収支　International transactions, balances　U.S., 1286, 1287, 1288, 1300
　管轄税関別　Customs districts　1303
　関連企業間取引　Related party trade　1301
　原油　Crude oil　911, 936, 937, 938
　航空宇宙機器　Aerospace products　1308, 1309
　コンピュータおよび電子製品　Computer and electronic products　1301, 1312
　サービス　Services　1286, 1288
　産業　Industry　1312
　自動車　Automobiles　1308
　水産物　Fishery products　895
　石炭　Coal　920, 935, 936
　石油およびガス　Oil and gas　911, 1301, 1312
　石油製品　Petroleum products　911
　単位価格指数　Indexes, unit value　1304
　電気機器、装置、部品　Electrical equipment, appliances and components　1301, 1308, 1312
　農産物　Agricultural products　848, 849, 850, 851, 852, 853, 855, 856, 863, 865, 1306
　ハイテク製品輸出　High technology exports　1310
　飛行機、部品　Aircraft and aircraft parts　1038, 1308
　プエルトリコ　Puerto Rico　1325
　物価指数　Price indexes　740, 741, 742
　貿易収支　Balance of trade　1286, 1287, 1307
　木材製品　Timber products　888, 889, 1308
　輸出企業　Companies exporting　1311
　輸送機器　Transportation equipment　1301, 1308, 1309, 1312
　輸入鉱物　Mineral imports　909
貿易、運輸、公益事業　Trade, transportation and utilities　631, 632, 637, 644, 660
貿易（企業）（「通商」「貿易」「小売業」および「卸売業」を参照）　Trade (See Commerce, Foreign trade, Retail trade, and Wholesale trade.)
貿易収支　Balance of payments　1286, 1287, 1300
放火　Arson　357
法学学位授与数　Law degrees conferred　301, 302, 303, 304
暴行　Assaults　118, 119, 306, 307, 308, 309, 315, 316, 317
放射線科　Radiologists　164
宝石　Gemstones　905
宝石、かばん、皮革製品店　Jewelry, luggage and leather goods stores　632, 641
宝石店　Jewelry　727, 737, 739, 1051
放送局通信事業：　Broadcasting industry：
　局数　Number of stations　1132
　国内総生産　Gross domestic product　670
　財政　Finances　746, 1129
　事業所　Establishments　756, 1128, 1130
　資本　Capital　781
　収益　Receipts, revenue　746, 756, 1129, 1130
　所得　Earnings　632, 756, 1128, 1130
　生産性　Productivity　641
　多国籍企業　Multinational companies　796, 797
　被雇用者　Employees　632, 756, 1128, 1130
法的処分（「矯正施設」「裁判所」「犯罪」も参照）：　Law enforcement (see also Courts, Correctional institutions, and Crime)：
　警察官　Police officers　330, 344, 462, 616
　拳銃の販売前チェック　Handgun checks　329
　雇用者　Employees　344, 462
　逮捕　Arrests　327
　法的処分にかかる支出　Expenditures　343, 435, 436, 451, 454
　薬物取締　Drug enforcement　327, 328
法律家（「法律サービス」も参照）　Lawyers (see also Legal services)　616
法律サービス：　Legal services：
　価格　Prices　727, 739
　国内総生産　Gross domestic product　670
　雇用者数　Employees　632, 1274
　財務　Finances　746
　事業所数　Establishments　1274, 1277
　資本　Capital　781
　収益　Receipts　746, 1277
　所得　Earnings　632, 1274
暴力犯罪（「犯罪」を参照）　Violent crime, (see also Crime)　306, 307, 308, 309, 310, 318.
ホウレンソウ　Spinach　862
ポートランドセメント　Portland cement　904
補完代替医療　Complementary and alternative medicine　167
簿記（「会計、税務、簿記、給与計算」を参照）　Bookkeeping. (See Accounting, tax preparation, bookkeeping, and payroll services.)
ボクシング　Boxing　1246
保険（個々の保険形態を参照）　Insurance. (See individual forms of insurance.)
保健医療および社会扶助事業：　Health care and social assistance industry：
　e - コマース　Electronic commerce　1278
　国内総生産　Gross domestic product　670
　雇用と離職　Hires and separations　637
　財政　Finances　746, 749
　自営業　Nonemployers　757
　時間　Hours　611
　事業所　Establishments　756, 757
　資本　Capital　781, 783
　収入　Receipts　746, 749, 754, 755, 756, 757, 769, 770, 771, 772, 773, 774, 775
　所得　Earnings　630, 643, 756, 759, 760, 769, 770, 771, 772, 773, 774, 775, 1274
　設備およびコンピュータソフトウェア支出　Equipment and software expenditures　759, 760, 783
　被雇用者　Employees　160, 630, 756, 769, 770, 771, 772, 773, 774, 775, 1274
　利潤　Profits　793
保健科学、学位授与数　Health sciences, degrees conferred

301, 302, 303, 304
保険業： Insurance carriers:
　国内総生産　Gross domestic product　1162
　財務　Finances　1166, 1222
　事業所数　Establishments　1163, 1164, 1165
　資本　Capital　781
　収入　Receipts　1163, 1164
　所得　Earnings　632, 1163, 1165
　非雇用事業　Nonemployers　1164
　被雇用者数　Employees　632, 1163, 1165
　利潤　Profits　1222
　労働災害補償　Occupational safety　660
保健サービス： Health services:
　介護施設　Nursing homes　136, 137, 140
　建設業、価額　Construction, value　964, 965
　産業　Industry　162, 632, 660, 781
　支出　Expenditures　134, 135, 136, 137, 139, 140, 141, 143, 435, 436, 443, 451, 454, 458, 460, 686, 1346
　慈善事業　Philanthropy　580
　慈善団体寄付　Charitable contributions　580, 583
　職業　Occupations　164, 165, 616
　政府支出　Government employment and payrolls　462
　連邦政府　Government, federal expenditures　141, 432, 434, 474
　退役軍人保健医療　Veterans' health care　135, 138
　建物、床面積　Buildings and floor space　1006
　適用者　Coverage　146, 147, 148, 152, 155, 524
　病院　Hospitals　172, 173, 174, 175, 176, 178, 179
　物価指数　Price indexes　142, 727
　ボランティア活動　Volunteers　585
　メディケア　Medicare　135, 138, 141, 144, 146, 147, 149, 150, 155, 474, 547
　メディケイド　Medicaid　141, 148, 151, 152, 153, 155, 432, 474
保険代理、仲介サービス： Insurance agents, brokers, and service:
　価格　Prices　727, 739
　国内総生産　Gross domestic product　1162
　財務　Finances　1201, 1222
　事業所数　Establishments　1165, 1177
　所得　Earnings　1165
　被雇用者数　Employees　1165
保護監察　Probation　348
干し草　Hay　843, 858
干しぶどう　Raisins　843
母子保健支出　Maternal and child health services, expenditures for　135
ボスニア、ヘルツェゴビナ（「外国」を参照）　Bosnia and Herzegovina. (See Foreign countries.)
ホスピス　Hospices　149
帆立貝　Scallops　897, 899
ホッケー　Hockey, ice　1246, 1247, 1249
ボツワナ（「外国」を参照）　Botswana. (See Foreign countries.)
ボディ・マス・インデックス（BMI）　Body Mass Index (BMI)　211
ホテルおよびその他の宿泊施設（「宿泊サービス」も参照）： Hotels and other lodging places (see also Accommodation and food services):
　価格　Prices　727
　客室利用率　Occupancy rate　1282
　事業所数　Establishments　1282
　従業員　Employees　632
　収入　Receipts　1283
　新規建設　New construction　977
　生産性　Productivity　641
　建物、床面積　Buildings and floor space　1006
　平均時給（単純労働者）　Earnings　632
　労働災害補償　Occupational safety　660
ボトックス　Botox　180
母乳保育　Breastfeeding　91
ホモセクシャル性認識　Homosexual identity　97
保有（「住宅供給および住宅ユニット」および「農場」を参照）　Tenure. (See Housing and housing units and Farms.)
保有資産　Foreign currency holdings　1399
ボランティア　Volunteer activities　252, 585, 1239
ボリビア（「外国」を参照）　Bolivia. (See Foreign countries.)
ボルト、ナット（「銑鉄、鉄鋼製品」を参照）　Bolts, nuts, etc. (See Iron and steel products.)
ポルトガル（「外国」を参照）　Portugal. (See Foreign countries.)
香港（「外国」を参照）　Hong Kong. (See Foreign countries.)
香港ハンセン証券市場指数　Hong Kong Hong Seng stock market index　1396
ホンジュラス（「外国」を参照）　Honduras. (See Foreign countries.)

マ

マーガリン　Margarine　217, 718
マーシャル諸島（「外国」を参照）　Marshall Islands. (See Foreign countries.)
マイクロコンピュータ（「コンピュータ」を参照）　Microcomputers (See Computers.)
まいわし（「イワシ」を参照）　Pilchard. (See Sardines.)
マウンテン・バイク　Mountain biking　1249
マカオ（「外国」を参照）　Macau. (See Foreign countries.)
マカダミアナッツ　Macadamia nuts　864
マグネシウム　Magnesium　905, 908
まぐろ　Tuna　897, 899, 900
マケドニア（「外国」を参照）　Macedonia. (See Foreign countries.)
孫との同居人口　Grandparents, living with grandchildren　70
マサチューセッツ（「州のデータ」を参照）　Massachusetts. (See State data.)
マス　Trout　898
麻酔医　Anesthesiologists　164
マダガスカル（「外国」を参照）　Madagascar. (See Foreign countries.)
マッシュルーム　Mushrooms　843
マトン（「食肉および食肉加工業」も参照）　Mutton (see also Meat and meat products)　217, 869
マネージケア　Managed care health plans　149, 153
マネージャー（「経営者」等を参照）　Managers. (See Proprietors.)
豆類　Beans　218, 833, 843, 846, 862
豆類　Pulses　218
マヨット島（「外国」を参照）　Mayotte. (See Foreign countries.)
マラウィ（「外国」を参照）　Malawi. (See Foreign countries.)
マラリア　Malaria　184
マリ（「外国」を参照）　Mali. (See Foreign countries.)
マリファナ（「薬物（違法薬物）」も参照）： Marijuana (see also Drugs, illegal)　207, 208, 327, 328
マルタ（「外国」を参照）　Malta. (See Foreign countries.)
マルティニク島（「外国」を参照）　Martinique. (See Foreign countries.)
マレーシア（「外国」を参照）　Malaysia. (See Foreign countries.)
マンガン　Manganese　905, 909
マンガン含有鉱　Manganiferous ore　904
マン島（「外国」を参照）　Isle of Man. (See Foreign countries.)
万引き　Shoplifting　321

ミ

未加工材料（「粗原材料」を参照）　Raw materials. (See Crude materials.)
ミクロネシア連邦（「外国」を参照）　Micronesia, Federated States of. (See Foreign countries.)
ミシガン（「州のデータ」を参照）　Michigan. (See State data.)
ミシシッピ（「州のデータ」を参照）　Mississippi. (See State data.)
ミシシッピ川水路網　Mississippi River, freight　1084

未熟児　Low birth weight　86, 89
水（「下水処理」「水上輸送」も参照）：　Water (see also Wastewater treatment, and Water transportation industry):
　汚染　Pollution　381, 383, 386
　貨物　Freight　1084, 1085
　消費　Consumption　371
　水域面積　Area　1, 358
　水力発電　Power　954
　船　Vessels　1069, 1243
　湖　Lakes　359, 360, 361
　水消費量　Public supply　371, 959, 960, 988
ミズーリ（「州のデータ」を参照）　Missouri. (See State data.)
湖　Lakes　358, 359, 360, 361, 370, 386
水疱瘡　Chicken pox　184
港（合衆国）　Ports, U.S.　1086, 1087
南アフリカ（「外国」を参照）　South Africa. (See Foreign countries.)
ミネソタ（「州のデータ」を参照）　Minnesota. (See State data.)
身元情報不正使用　Identity theft　336
民間航空（「航空輸送」を参照）　Aeronautics, civil. (See Air transportation.)
民間航空（「航空輸送」を参照）　Civil aviation. (See Air transportation.)
民間国内総投資　Gross private domestic investment　667, 668, 740
民間訴訟（合衆国地方裁判所）　Civil cases, U.S. Courts　333, 334, 335
民族（「ヒスパニック」および「ラテン系」を参照）　Ethnicities. (See Hispanic or Latio origin population.)

ム

無給　Unpaid work　639

メ

メールオーダー（インターネット通販を含む）：　Mail order houses (including electronic shopping):
　売上　Sales　1049, 1051, 1055, 1056
　事業所数　Establishments　1048, 1049
　所得　Earnings　632, 1048
　生産性　Productivity　641
　被雇用者数　Employees　632, 1048
メーン（「州のデータ」を参照）　Maine. (See State data.)
メキシコ（「外国」を参照）　Mexico. (See Foreign countries.)
メキシコ系住民人口　Mexican-origin population　37
　学歴　Educational attainment　229
　出生と出生率　Births and birth rates　79, 86
　母乳保育　Breastfeeding　91
　民間労働力人口　Labor force　588
メタンガス　Methane gases　375
メディア（個別のメディアも参照）　Media (see also individual medium)　1132, 1133
メディケア（老齢者医療保障制度）：　Medicare:
　外来医療　Ambulatory care visits　168
　加入者　Enrollees　146, 147
　支給金、支出額　Benefit payments, expenditures　135, 140, 141, 144, 150, 161, 538, 540
　州のデータ　State data　147
　信託基金　Trust funds　150
　通院　Hospital visits　168
　病院利用状況と入院、医療費　Utilization and charges　144, 149
　保険料　Contributions　150
　連邦歳出　Federal payments　474
メディケイド（保健医療制度、低所得者対象）：　Medicaid:
　加入者（適用者）および受給者　Coverage, recipients　148, 151, 152, 153, 155, 543
　看護施設　Nursing homes　151
　支出額　Expenditures　141, 151, 152, 161

　州のデータ　State data　152, 153
　連邦歳出　Federal payments　474
メリーランド（「州のデータ」を参照）　Maryland. (See State data.)
メロン　Melons　218, 862
綿花　Cotton:
　遺伝子組み換え　Genetically engineered　834
　価格　Prices　737, 846, 858, 859
　供給と消費　Supply and disappearance　858
　収穫面積　Acreage　858, 1372
　消費　Consumption　1025, 1372
　生産　Production　852, 858, 859, 1372, 1373
　農産物市場取引、売上げ　Farm marketings, sales　841, 843, 845
　貿易　Foreign trade　848, 852, 854, 855, 858, 1308
　有機　Organic　833
面積：　Area of:
　開発地域　Developed land　367, 368
　合衆国　United States　1, 358, 1332
　合衆国の海外領土　Island areas of the U.S.　358
　公園　Parks　1252, 1253, 1254, 1255
　州　States　358
　諸外国　Foreign countries　1332
　森林地域　Forest land　367, 368, 369, 884
　水域　Water　1, 358, 370
　世界　World　1332
　伐採用森林　Timberland　884
　湖　Lakes　359, 360, 361
メンハーデン　Menhaden　897

モ

モーテル（「ホテル」を参照）　Motels. (See Hotels.)
モーリシャス（「外国」を参照）　Mauritius. (See Foreign countries.)
モーリタニア（「外国」を参照）　Mauritania. (See Foreign countries.)
盲人　Blind persons　151, 563
メディケイド（低所得者医療保障制度）給付支払いおよび受給者　Blood alcohol concentration　1110, 1111, 1113
木材　Saw logs　888, 892
木材・木製品（個々の製品も参照）：　Forest products (See also individual products):
　売上　Sales　841
　減失　Removal　886, 887
　工業　Industry　769, 770, 771, 772, 773, 774, 775, 879, 880, 881, 882, 883, 889, 890, 891, 893
　消費量　Consumption　888
　生産者物価　Prices　737, 738, 742, 743, 892
　生産量　Volume　886
　成長　Growth　886
　鉄道輸送量　Car loadings　1123, 1124
　農家収入　Farm income　843
　貿易　Foreign trade　888, 889
木材製品製造業：　Wood products manufacturing:
　価格　Prices　892
　工業生産指数　Industrial production index　789
　国内総生産　Gross domestic product　670, 883, 1007
　再生エネルギー　Renewable energy　954
　財務　Finances　794, 881
　事業所数　Establishments　879, 880, 881, 1009, 1293
　資本　Capital　781
　収益　Receipts　879
　出荷　Shipments　879, 881, 882, 1011
　所得　Earnings　632, 879, 880, 881, 882, 1009, 1011, 1017
　生産性　Productivity　641
　鉄道貨物　Railroad car loadings　1123, 1124
　被雇用者数　Employees　632, 879, 880, 881, 882, 1009, 1011, 1013, 1017, 1293
　貿易　Foreign trade　1312
　有害物質の放出　Toxic chemical releases　382
　利益　Profits　794

索　引　1029

木材パルプ(「紙パルプ産業」も参照):　Woodpulp (see also Paper and paperboard products):
　生産　Production　893
　生産者物価指数　Producer price indexes　892
　貿易　Foreign trade　889
モザンビーク(「外国」を参照)　Mozambique. (See Foreign countries.)
モナコ(「外国」を参照)　Monaco. (See Foreign countries.)
桃　Peaches　218, 843, 864
モリブデン　Molybdenum　905, 908
モルジブ(「外国」を参照)　Maldives. (See Foreign countries.)
モルト飲料(「飲料」も参照)　Malt beverages (see also Beverages)　215, 727, 848, 850
モルドバ(「外国」を参照)　Moldova. (See Foreign countries.)
モロッコ(「外国」を参照)　Morocco. (See Foreign countries.)
モンゴル(「外国」を参照)　Mongolia. (See Foreign countries.)
モンタナ(「州のデータ」を参照)　Montana. (See State data.)
モンテネグロ(「外国」を参照)　Montenegro. (See Foreign countries.)
モントセラット(「外国」を参照)　Montserrat. (See Foreign countries.)

ヤ

野球　Baseball　1243, 1245, 1246, 1247, 1248, 1249, 1250
薬剤および薬品(「医薬品製造業」も参照)　Drugs and medicines (see also Pharmaceutical and medicine manufacturing):
　小売売上　Retail sales　159, 1056
　消費者物価指数　Consumer price indexes　142, 727
　物価指数　Price indexes　142, 727, 739
　貿易　Foreign trade　1308
　メディケイド支出額　Medicaid payments　151
　薬品支出　Expenditures for　134, 136, 137, 138, 140, 141, 143, 159
薬剤師　Pharmacists　616
薬物(違法薬物)　Drugs, illegal:
　押収　Seizures　328
　死亡　Deaths　120
　使用　Usage　207, 208, 327
　青少年　Juveniles　340
　逮捕者数　Arrests　327
　取締り活動　Enforcement activities　328
　薬物テスト、学校　Testing, schools　250
野菜(個々の種類も参照)　Vegetables (see also individual commodities):
　価格　Prices　727, 737, 738, 742, 846
　耕地面積　Acreage　862
　菜園　Gardens　1242
　消費支出　Consumer expenditures　686, 687
　消費量　Consumption　218, 863
　生産量　Production　862, 863
　農産物市場、売上　Farm marketings, sales　841, 843
　貿易　Foreign trade　848, 850, 853, 855, 863, 1308
　有機　Organic　833
野生動物　Wildlife　387, 1256, 1269
野生動物保護湿地　Wetlands　368, 370
家賃　Rents　727, 997
やりいか　Squid　897

ユ

遊園地　Amusement parks　1228, 1230, 1231, 1239
有害化学物質の放出　Toxic chemical release　381, 382, 383
有害物質の放出(「大気汚染」を参照)　Emissions. (See Air pollution.)
有価証券:　Securities:
　外国所有　Foreign holdings　1168, 1206, 1286, 1289, 1397
　価格・指数・利息および発行高　Prices, indexes, yields, and issues　1198, 1207, 1208, 1395
　銀行所有　Holdings of banks　750, 751, 1177
　個人および事業所所有　Holdings of individuals and businesses　1169
　個人の貯蓄額　Savings of individuals　675
　州および地方政府　State and local government　440, 722, 750, 751, 1199
　諸外国による購入、取引　Foreign purchases and sales　1203, 1205, 1394, 1395, 1397
　新規発行高　New issues　1199, 1202
　政府　Government　440, 750, 751, 1168, 1199, 1205, 1206
　生命保険会社所有株　Held by life insurance　1221
　販売額(株式および債券)　Sales, stocks and bonds　1199, 1203, 1205, 1394, 1395, 1397
　ブローカー手数料　Brokerage charges　677
有機農場、家畜　Organic, farmland, livestock　832, 833, 868, 1378
有権者人口　Voting-age population　399, 400, 398
融資と抵当(「債務」も参照):　Loans and mortgages (see also Debt):
　銀行(資産と融資額)　Banks, commercial　1177, 1195
　個人向け金融　Personal loans　1190
　自動車ローン　Automobile loans　1173, 1190
　住宅抵当額　Home mortgage/equity loans　717, 718, 998, 999, 1004, 1172, 1173, 1175, 1192, 1195
　小企業への政府融資(少数民族)　Minority-operated small businesses　767
　消費者信用　Consumer credit　1169, 1172, 1173, 1175, 1177, 1187, 1190, 1195
　信用組合　Credit unions　1165
　信用市場の資金フロー　Credit market, flow of funds　1167, 1169
　生命保険　Life insurance　1221
　総資産　Gross assets　717
　退役軍人援護局　Veterans Administration (VA)　1194
　貯蓄機関　Savings institutions　1183
　抵当　Mortgages　717, 746, 750, 751, 999, 1004, 1167, 1169, 1172, 1192
　抵当カルテル(プール)　Mortgage pools　1167
　抵当証券　Mortgage-backed securities　1199
　抵当流れ発生率　Foreclosure rates　1194
　農場(「農場抵当融資」を参照)　Farms. (See Farm mortgage loans.)
　分割払い　Installment loans　1172, 1173
　返済滞納発生率　Delinquency rates　1194, 1195
　利子　Interest rates　1193, 1197
　連邦住宅局(住宅金融公庫)　Federal Housing Administration (FHA)　1194
郵便書留　Money orders　1127
郵便切手、販売収益　Stamps, postage, receipts from　1127
郵便事業　Postal Service　641, 1127
郵便物　Mail　1126, 1127
郵便料金　Postal rates　1126
油脂種子　Oilseeds　735, 742, 848, 1372, 1373
輸出(「貿易」を参照)　Exports. (See Foreign trade.)
輸送機器製造業(「航空宇宙産業」「自動車」も参照):　Transportation equipment manufacturing (see also Aerospace, Motor vehicles):
　研究開発　Research and development　805
　国内総生産　Gross domestic product　670
　雇用者数　Employees　632, 1009, 1011, 1013, 1017
　在庫　Inventories　1020
　財務　Finances　794
　事業所数　Establishments　1009
　出荷　Shipments　1011, 1019, 1020
　所得　Earnings　632, 1009, 1011, 1017
　生産者価格　Producer prices　738
　生産性　Productivity　641
　多国籍企業　Multinational companies　796, 797, 798
　有毒化学物質の放出　Toxic chemical releases　382
　利益　Profits　794
　労働災害補償　Occupational safety　660
輸送業(「旅客輸送業」を参照):　Transit and ground transportation industry. (see also Passenger transit industry):
　国内総生産　Gross domestic product　670
　事業所　Establishments　1063, 1066

資本　Capital　781
収入　Revenue　1063
従業員　Employees　632, 1063, 1065, 1066
所得　Earnings　632, 1063, 1066
輸送システム：　Transit systems:
　エネルギー消費　Energy consumption　929
　自動車　Vehicles　1069
　州政府への補助金　Federal aid to states　1119
　種類　Mode　1117, 1118
　消費者支出　Consumer expenditures　724
　乗降数　Trips taken　1118
　特徴　Characteristics　1117
　都市交通局　Cities served　1117
　輸送距離　Mileage　1068
　利用客　Transit subsidies　1116
輸送保管業：　Transportation and warehousing:
　売上、収入　Sales　746, 749, 754, 755, 756, 757
　雇用者数　Employees　630, 632, 756, 759, 760, 1063, 1065, 1066
　雇用と退職　Hires and separations　637
　財務　Finances　746, 749
　時間　Hours　630
　事業所　Establishments　756, 757, 759, 1063, 1066
　資本　Capital　781, 783, 785
　収入　Revenue　1063, 1120, 1121
　所得　Earnings　630, 632, 644, 756, 759, 760, 1063, 1066
　生産性　Productivity　641
　設備、コンピュータソフトウェア支出　Equipment and software expenditures　783
　非雇用事業所　Nonemployers　757
　労働災害補償　Occupational safety　660
ユタ（「州のデータ」を参照）　Utah. (See State data.)
ユダヤ人人口（「宗教」を参照）　Jewish population. (See Religions.)
輸入（「貿易」を参照）　Imports. (See Foreign trade.)

ヨ

ヨーグルト消費量／生産　Yogurt　217, 875
ヨーロッパ（「外国」を参照）　Europe (See Foreign countries.)
ヨーロッパ連合（EU）（「外国」を参照）　European Union (See Foreign countries.)
養子　Adopted children　46, 579
幼児の死亡（「死亡数および死亡率」も参照）　Infant deaths (see also Deaths and death rates)　78, 115, 116, 1314, 1339
洋梨　Pears　218, 733, 864
預金証券　Certificates of deposit　1170, 1197
預金保険基金　Deposit Insurance Fund　1176
予算、連邦政府：　Budget, federal:
　歳出　Outlays　469, 471, 472, 473
　歳入　Receipts　469, 475
　債務　Debt　470
　税　Taxes　475
　税控除　Tax expenditures　477
予測：　Projections:
　エネルギー　Energy　926
　海外領土　Island areas　1313
　学位授与数　Degrees conferred　221
　学校在籍数　School enrollment　219, 221
　教員　Teachers　221
　高校卒業生　High school graduates　221
　雇用　Employment　618, 621
　死亡　Deaths　1339
　出生数　Births　1339
　人口　Population　3, 9, 12, 1313, 1329, 1330, 1331, 1332
　大学在籍数　College enrollment　219, 221
　平均余命　Life expectancy　104, 1339
　労働力　Labor force　587, 618, 621
予備選挙キャンペーン、政治活動団体数　Campaigns, fundraising　422, 423, 424, 425, 426, 427
ヨルダン（「外国」を参照）　Jordan. (See Foreign countries.)
ヨルダン河西岸（「外国」を参照）　West Bank. (See Foreign countries.)
401(K)プラン　401(k) plans　551, 557, 1216

ラ

ラード　Lard　217
ライフル射撃（NCAAスポーツ）　Rifles (NCAA)　1247
ライム病　Lyme disease　184
ラオス（「外国」を参照）　Laos. (See Foreign countries.)
ラクロス　Lacrosse　1247
ラケットボール　Racquetball　1249
ラジオ　Radios　1132, 1133
ラジオ産業（「放送」「遠隔通信」も参照）：　Radio broadcasting industry (see also Broadcasting, and Telecommunications):
　雇用者数　Employees　632, 1128, 1130
　財務　Finances　1129, 1141
　事業所数　Establishments　1128, 1130
　収入　Revenue　1129, 1130, 1141
　所得　Earnings　632, 1128, 1130
　生産性　Productivity　641
　放送局数　Stations　1132
ラジオ放送　Radio advertising expenditures　1279
ラズベリー　Raspberries　864
ラッセル指数　Russell, stock index　1207
ラテックス（「ゴムおよびゴム製品」を参照）　Latex. (See Rubber.)
ラトビア（「外国」を参照）　Latvia. (See Foreign countries.)
ラムおよびマトン（「食肉および食肉加工業」も参照）　Lamb and mutton (see also Meat and meat products)　217, 869
ラム肉（「羊と小羊」を参照）　Lambs. (See Sheep and lambs.)
ランニング／ジョギング　Running/jogging　1249

リ

リース（「不動産業」および「レンタル・リース業」を参照）　Leasing. (See Real estate, Rental and leasing industry.)
陸軍兵員　Army, personnel　508, 510
離婚（「結婚と離婚」「婚姻状況」を参照）　Divorces, (see also Marriages and Marital status)　78, 131, 132, 133, 1335
利子：　Interest:
　収入源別：　Receipts, by source:
　　国民所得、個人所得　National and personal income component　678
　　所得税　Individual income tax returns　483
　　所得需給者　Persons receiving income　542
　　連邦政府の利子支払い額　Payments, federal government　473
利潤　Profits　753, 1057, 1178, 1179, 1219, 1222
　株式会社　Corporations　674, 744, 791, 792, 793, 794, 1022
　合資会社と個人企業　Partnerships and proprietorships　744, 747, 748
リトアニア（「外国」を参照）　Lithuania. (See Foreign countries.)
リビア（「外国」を参照）　Libya. (See Foreign countries.)
リヒテンシュタイン（「外国」を参照）　Liechtenstein. (See Foreign countries.)
リベリア（「外国」を参照）　Liberia. (See Foreign countries.)
リボルバー（「銃火器」を参照）　Revolvers. (See Firearms.)
硫酸塩ナトリウム　Sodium sulfate　904, 905
理容室　Barber shops　677, 1284
旅客輸送（「旅客輸送業」および種々の輸送手段も参照）：　Passengers (see also Passenger transit industry, and various transportation modes):
　海外からの旅行者　Arriving from overseas　1261, 1267, 1268, 1269
　国境通過　Border crossings　535, 1270
　鉄道　Railroads　1122
　輸送機関　Carrier operation, summary　1073, 1082, 1115, 1122
　旅客輸送量　Passenger traffic, volume　535
旅客輸送業（「旅客輸送」も参照）　Passenger transit industry (see also Passengers)　625, 632, 739, 929, 1116
旅行（「芸術、レクリエーションおよび旅行」も参照）：

索　引　1031

Travel (see also Arts, recreation, and travel):
 移動マイル数　Volume　1073, 1082
 外国旅行　Foreign　1261, 1267, 1268, 1400
 価格指数　Price indices　1265
 観光客　Tourists　1267, 1268, 1269, 1400, 1261
 観光業生産高　Tourism output　1262
 幹線道路　Highway mileage　1088, 1089
 業務、行楽旅行者　Business, pleasure travelers　1271
 国際支出　International expenditures　1264, 1267
 国内旅行支出　Domestic　363, 1263, 1264, 1270
 個人旅行　Person trips　1253, 1264
 国境通過　Border crossings　535, 1270
 サービス　Services　1300
 事故　Accidents　1070, 1077, 1078, 1267
 船舶クルーズ　Cruise ships　1260
 予測　Forecast　1264
 旅客数　Passengers　1068, 1073, 1082, 1267, 1268, 1269
旅行宿泊業　Travel accommodations industry　632, 641, 1265, 1266, 1274
旅行施設産業　Travel arrangement industry　632, 769, 770, 771, 772, 773, 774, 775, 1274, 1280
利率　Interest rates　1193, 1197
りんご　Apples　218, 733, 843, 864
燐鉱　Phosphate rock　904, 905, 908, 1379
淋病　Gonorrhea　184

ル

ルーマニア（「外国」を参照）　Romania. (See Foreign countries.)
ルイジアナ（「州のデータ」を参照）　Louisiana. (See State data.)
ルクセンブルク（「外国」を参照）　Luxembourg. (See Foreign countries.)
ルワンダ（「外国」を参照）　Rwanda. (See Foreign countries.)
冷蔵庫および冷蔵装置　Refrigerators and refrigeration equipment　1041

レ

冷暖房装置（エアコン）使用世帯数　Air conditioning, homes with　988
レクリエーション（「芸術、レクリエーションおよび旅行」および「スポーツ」も参照）：　Recreation (see also Arts, recreation, and travel, and Sports):
 活動状況　Activities　212, 1234, 1238, 1239, 1240, 1242, 1243, 1249, 1252, 1253
 芸術　Art　1237, 1238
 建設総額　Building construction, value　966
 公園：　Parks:
  政府の資本支出　Government expenditures　435, 437
  入園者数　Visits　1252, 1253, 1254, 1255
 雇用と支出（政府）　Employment and expenditures, government　473
 郡政府　County governments　460
 州・地方政府　All governments　458, 462, 465
 上演芸術　Performing arts　1234
 消費者支出　Consumer expenditures　1232, 1250, 1251
 消費者物価指数　Consumer price indexes　727, 739
 ボランティア　Volunteers　575
 野生生物　Wildlife　1256, 1257
 旅行者数　Travel　1263, 1267, 1268, 1269, 1270
 レジャー　Leisure　1239, 1240
レクリエーション用乗用車（トレーラー、キャンピングカー等）　Recreational vehicles (RVs)　1243, 1250
レジャー（「レクリエーション」を参照）　Leisure activities　1239, 1240
レジャー産業：　Leisure and hospitality industry:
 雇用と離職　Hires and separations　637
 時間　Hours　630
 所得　Earnings　630, 632, 644
 被雇用者数　Employees　630, 631, 632

労働災害補償　Occupational safety　660
レストラン（「料理店、喫茶店」を参照）　Restaurants. (See Food services and drinking places.)
レスリング　Wrestling　1246, 1247, 1248
レソト（「外国」を参照）　Lesotho. (See Foreign countries.)
レタス　Lettuce　218, 733, 843, 862
レバノン（「外国」を参照）　Lebanon. (See Foreign countries.)
レモン　Lemons　733, 843, 864
レンタル・リース業：　Rental and leasing services:
 e - コマース　Electronic commerce　1278
 事業所　Establishments　1163, 1226, 1274
 資本　Capital　781
 収入　Revenues　1163, 1227, 1278
 所得　Earnings　1163, 1226
 被雇用者　Employees　1163, 1226
連邦基金、州別の配分　Federal funds, summary distribution by state　479
連邦高等裁判所　Appeals Courts, U.S.　332, 334
連邦裁判：　Judiciary, federal　332
 最高裁判所　Supreme Court, U.S.　331
 被雇用者数、給与支払額　Employees and payrolls　496
 米国控訴　Appeals Courts, U.S.　334
 米国地方裁判所　District Courts, U.S.　333, 336
連邦政府の歳出　Federal outlays　473
連邦住宅局保証ローン　Federal Housing Administration, mortgage loans　1194
連邦政府（「政府」を参照）　Federal government. (See Government.)
連邦政府財政（「連邦政府の歳入と歳出」を参照）　Federal government finances. (See Receipts and Expenditures of U.S. government.)
連邦政府職員退職金制度（「政府」を参照）　Federal employees retirement trust fund. (See Government.)
連邦政府信託基金　Federal trust funds　476
連邦政府の教育補助金　Federal aid to education　222, 432, 434, 435
 科学・技術者の育成　Science and engineering　808
 研究開発　Research and development　801, 804, 809
 高等教育機関　Higher education institutions　222
 小・中・高校教育　Elementary and secondary education　222
連邦政府の州・地方政府への補助金　Federal aid to state and local government　431, 432, 434, 435
連邦政府の負債　Federal debt　470, 1199
連邦政府予算（「合衆国政府の歳出」を参照）　Federal budget. (See Expenditures of U.S. government.)
連邦予算支出　Outlays, federal budget　469, 470, 471, 472, 473, 474, 821

ロ

ロードアイランド（「州のデータ」を参照）　Rhode Island. (See State data.)
ローラースケート　Roller skating　1249
労災保険　Occupational safety　659, 660, 902
労働者（「雇用および労働力」を参照）　Workers. (See Employment, and Labor force.)
労働者に対する各種補償手当て　Workers' compensation program　135, 161, 538, 540, 542, 561, 562
労働条件の可変性　Work flexibility　607, 608, 609
労働団体、労働組合：　Labor organizations or unions:
 組合員数　Membership　664, 665, 666
 政治活動団体　Political action committees (PAC)　422, 423
労働力人口および雇用および所得（個々の産業および職業も参照）：　Labor force (see also individual industries or occupations):
 インターネット利用者　Internet access　1133, 1157
 外国　Foreign countries　1355, 1365, 1366, 1368, 1369, 1370
 外国人所有企業　Foreign-owned firms　1292, 1293
 企業規模　Firm sizes　763
 求職　Job search　611
 給与支払額指数　Indexes of compensation　642, 1354

教育水準　Educational attainment　231, 593, 627
高等学校卒業者および中退者　High school graduates and dropouts　274
高齢者（65歳以上）　Elderly　34, 587, 589, 592, 597, 602, 610
子供の有無　Presence of children　589
雇用コスト　Employer costs　654
雇用コスト指数　Employment cost index　651, 1353, 1354
雇用者の福利厚生費　Employee benefits　158, 463, 552, 640, 650
雇用税および分担金　Employment taxes and contributions　475
雇用と離職　Hires and separations　637, 638
雇用の増減　Job creation　763
コンピュータの使用　Computer use　1133
最低時給率以下の労働者　Minimum wage workers　653
自営業者　Self-employed　605, 606, 817
事故および死亡者数　Accidents and fatalities　657, 658, 659, 660, 661
市政府　City government　467
失業中の労働者数：　Unemployed workers:
　アジア人　Asian population　588, 596, 622, 623, 627
　アジア人、太平洋諸島民　Asian and Pacific Islander population　588, 622, 627
　黒人、アフリカ系アメリカ人　Black, African American population　588, 596, 622, 623, 627
　外国　Foreign countries　1365, 1366
　外国生まれの人口　Foreign-born population　40
　学校修了年数　Educational attainment　231, 627
　求職活動　Job search activities　623
　高等学校卒業・中退者　High school graduates and dropouts　274
　産業別　Industry　625
　失業理由　Reason　624, 628
　州別　States　594, 629
　職業別　Occupation　626
　人種　Race　588, 596, 622, 623, 627
　性別　Sex　588, 594, 596, 599, 622, 623, 624, 625, 626, 627, 628
　年齢　Age　596, 622
　ヒスパニック　Hispanic origin population　37, 588, 622, 623, 627
社会保険加入者　Social insurance coverage　544
就業期間　Tenure with employer　612
州別　State data　594, 617, 629, 647
職業グループ（「職業」および個々の職業を参照）　Occupational groups. (See Occupations, and individual occupations.)
職場における負傷　Workplace deaths/injuries　657, 658, 659, 660, 661
職場における暴力事件と警備　Workplace violence/security measures　662
女性　Females　588, 592, 593, 594, 596, 597, 598, 599, 600, 616, 620, 623, 624, 625, 627, 628, 648, 650
所得　Earnings　643, 646, 647, 648, 649, 650
人口移動　Mobility status　30
ストライキ　Labor strikes　663
ストライキ　Work stoppages　663
生産性　Productivity　641, 642, 1353, 1355
生産労働者　Production workers　1011, 1012
政府（「政府」を参照）　Government. (See Government.)
退役軍人　Veterans　590
大都市地区　Metropolitan areas　595
大量レイオフ　Mass layoffs　634
通勤　Commuting to work　1100
年間平均所得、州別　Average pay, states　647
パートタイム　Part-time work　605, 612, 642, 654, 655, 656
被雇用者　Employees　630, 631, 632, 646, 765, 766, 788, 1013
ヒスパニック人口　Hispanic origin population　37, 587, 588, 620, 622
貧困状況　Poverty status　714
フレックスタイム　Flexible schedules　607, 608
民間労働力：　Civilian labor force:
　アジア人　Asian population　587, 588, 589, 593, 596, 608, 610, 612, 614, 616, 619, 620, 622, 623, 627, 648, 653, 665
　アジア人、太平洋諸島民　Asian and Pacific Islander population　587, 588, 593, 622, 627, 648
　外国生まれの人口　Foreign-born population　40, 589
　学校修了年数　Educational attainment　593, 619, 627
　高等学校卒業、中退者　High school graduates, dropouts　274
　黒人、アフリカ系アメリカ人　Black, African American population　587, 588, 593, 596, 608, 616, 627
　子供ありの既婚夫婦　Married couples with children　601
　在宅ワーク　Hours worked per day　640
　最低時給率以下の労働者　Minimum wage workers　653
　自営業者　Self-employed workers　605, 606
　失業者　Unemployed　586, 588, 594, 595, 596, 599, 622, 623, 624, 625, 626, 627, 628, 629
　州別　States　594
　16－24歳の就学状況　School enrollment, persons 16 to 24 years old　596
　女性　Females　588, 589, 592, 593, 594, 595, 596, 597, 598, 599, 600, 601, 608, 609, 610, 627
　人種別　Race　587, 588, 593, 596, 608, 616, 627
　センサスの前年に子供がいた女性　Women who had a birth in previous year　92, 93, 600
　大都市地区　Metropolitan areas　595
　パートタイム労働者　Part-time　613
　非就業状態の雇用者　Not at work　604
　ヒスパニック　Hispanic origin population　36, 37, 587, 588, 608, 616, 620
　非労働の理由　Reason not in　615
　複数の仕事を持つ者　Multiple job holders　610, 640
　有業者　Employed　586, 588, 589, 594, 595, 596, 599, 601, 603, 605, 608, 609, 610, 611, 613, 619, 620
　有業率　Participation rates　587, 588, 593, 594, 597, 598, 599, 600, 1365, 1368
　予測　Projections　587, 618, 621
　離職者　Displaced workers　614
　予測　Projections　587, 618, 621
　離職者　Displaced workers　614
労働組合員　Union membership　664, 665, 666
労働形態　Work arrangements　608, 609
労働災害補償　Occupational safety　657, 658, 659, 660, 661
労働時間　Hours　640, 1353, 1355
労働障害のある者　Disabled persons　560
老齢・遺族・障害・健康保険（「社会保険」を参照）　Old-age, survivors, disability, and health insurance. (See Social insurance.)
老齢年金（「年金」を参照）　Old-age pensions. (See Pensions.)
ロシア（「外国」を参照）　Russia. (See Foreign countries.)
ロス IRA　Roth IRAs　554, 555, 556, 1216
ロデオ　Rodeos　1246
ロブスター　Lobsters　897, 899
ロンドン FTSE 証券市場指数　London FTSE 100 stock market index　1396

ワ

ワークステーション（「コンピュータ」を参照）　Workstations. (See Computers.)
ワイオミング（「州のデータ」を参照）　Wyoming. (See State data.)
ワイン（「アルコール飲料」も参照）　Wines (see also Alcoholic beverages)　215, 727, 848, 850
ワシントン（「州のデータ」を参照）　Washington. (See State data.)

現代アメリカデータ総覧 2012
⟨Statistical Abstract of the United States⟩

2015年5月10日　第1刷

編　者	ⓒアメリカ合衆国商務省センサス局
監訳者	ⓒ鳥居泰彦
発行者	伊藤甫律
発行所	株式会社　柊風舎
	〒161-0034
	東京都新宿区上落合1-29-7
	ムサシヤビル　5F

TEL 03-5337-3299／FAX 03-5337-3290

印刷　明光社印刷所／製本　小髙製本工業

ISBN978-4-86498-026-5

定価はケースに表示してあります。

図Ⅰ. アメリカ合衆国地域区分図

資料：U. S. Census Bureau